Inhaltsübersicht

Bibliografische Information der Deutschen Nationalbibliothek
Die Deutsche Nationalbibliothek verzeichnet diese Publikation in der Deutschen Nationalbibliografie; detaillierte bibliografische Daten sind im Internet über <http://dnb.d-nb.de> abrufbar.

10 9 8 7 6 5 4 3 2 1

14 13 12

ISBN 978-3-8273-3147-2

Einbandgestaltung: Marco Lindenbeck, webwo GmbH (mlindenbeck@webwo.de)
Lektorat: Boris Karnikowski, bkarnikowski@pearson.de
Korrektorat: Friederike Daenecke, Zülpich
Herstellung: Monika Weiher, mweiher@pearson.de
Satz: Michael Kofler, Graz
Druck und Verarbeitung: Kösel, Krugzell (www.KoeselBuch.de)
Printed in Germany

Michael Kofler

Linux 2012

Installation, Konfiguration, Anwendung

11., überarbeitete und erweiterte Auflage

ADDISON-WESLEY

An imprint of Pearson

München • Boston • San Francisco • Harlow, England
Don Mills, Ontario • Sydney • Mexico City
Madrid • Amsterdam

Inhaltsverzeichnis

Vorwort

Linux zählt mit Microsoft Windows und Apple Mac OS X zu den wichtigsten Betriebssystemen für PCs. Linux hat im Server-Bereich große Marktanteile (Google und Amazon verwenden beispielsweise Linux) und läuft auf immer mehr Android-basierten Smartphones und Tablets sowie in vielen Embedded Systems (also fertigen Geräten, die nicht wie Computer aussehen, z. B. ADSL- oder WLAN-Router).

Kurzum: Unzählige Anwender, die mit dem Begriff »Linux« gar nichts anfangen können, nutzen dieses Betriebssystem in der einen oder anderen Form. Das alte Vorurteil, Linux sei kompliziert zu bedienen, ist überholt. Gewiss, Linux ist *anders* zu bedienen als Windows, aber die Umstiegshürde ist nicht höher als beim Wechsel von Windows XP zu Windows 7. Gleichzeitig sind die meisten Linux-Distributionen kostenlos und erwiesenermaßen sicherer als Windows. Probleme mit Viren und Trojanern werden Sie unter Linux keine haben.

Zum Inhalt

Wenn Linux so einfach zu bedienen ist, warum hat dieses Buch dann 1100 Seiten? Dafür gibt es mehrere Gründe:

» Linux ist mehr als ein Ersatz für Windows auf dem Desktop. Es bietet unzählige weitere Funktionen und Anwendungsmöglichkeiten, die von der Automatisierung alltäglicher Aufgaben bis hin zur Konfiguration von Netzwerk-Servern reichen. Und während heute fast jeder mit Webbrowsern, E-Mail- und Office-Programmen vertraut ist, bedarf es bei den technisch komplexeren Themen einer ausführlicheren Beschreibung.

» Es gibt nicht ein Linux, sondern viele Linux-Distributionen. (Vereinfacht ausgedrückt: Eine Distribution ist eine Sammlung von Programmen rund um Linux. Zu den bekanntesten Distributionen zählen Debian, Red Hat, openSUSE und Ubuntu.) Diese Vielfalt hat eine Menge Vorteile, aber natürlich auch einen entscheidenden Nachteil: Viele Details sind je nach Distribution unterschiedlich gelöst. Dieses Buch verfolgt so weit wie möglich einen distributionsunabhängigen Ansatz. Da ist es nicht zu vermeiden, hin und wieder auf verschiedene Varianten hinzuweisen – ganz nach dem Motto: Bei openSUSE funktioniert es auf die eine Weise, bei Debian auf die andere. Beide werden in diesem Buch beschrieben.

» Mit diesem Buch sollen Sie Linux nicht nur anwenden, sondern auch verstehen lernen. Das macht dieses Buch manchmal unbequem: Sie werden hier keine Sammlungen von Screenshots mit Anweisungen der Art *Klicken Sie hier* finden. Mein Anliegen ist es vielmehr, Ihnen die Grundlagen von Linux zu erklären und Ihnen ein wenig die Philosophie von Unix/Linux nahezubringen – gewissermaßen *the Linux way to do it.*

eBook-Ausgabe Mit dem Kauf dieses Buchs erwerben Sie das Recht, auf der Website von Addison-Wesley kostenlos die eBook-Version des Buchs in Form einer DRM-freien PDF-Datei herunterzuladen. (Den Download-Code finden Sie auf der ersten Seite des Buchs.) Wenn Sie also mit Ihrem Linux-Notebook unterwegs sind, haben Sie nun jederzeit vollen Zugriff auf alle Inhalte dieses Buchs, ohne die mehr als ein Kilogramm schwere Papierausgabe mit sich herumzuschleppen!

Im Vergleich zur gedruckten Ausgabe des Buchs enthält die eBook-Version sogar ein zusätzliches Kapitel: Die Kommandoreferenz fasst die Syntax der wichtigsten Linux-Kommandos zusammen.

Online-Updates Linux verändert sich schnell. Mit diesem Buch bleiben Sie bis Ende 2012 auf dem aktuellen Stand: Zu jeder neuen Version von Debian, Fedora, openSUSE und Ubuntu, die bis Ende 2012 erscheint, wird es innerhalb weniger Wochen ein kostenloses Update-Kapitel (PDF-Datei) auf http://kofler.info geben.

Viel Spaß! Natürlich können Sie Linux wie jedes andere Betriebssystem einfach nur auf dem Desktop nutzen. Im Vergleich zu kommerziellen Produkten bietet Linux Ihnen aber auch die Möglichkeit, Ihr Betriebssystem beinahe grenzenlos an Ihre eigenen Bedürfnisse und Vorlieben anzupassen – sei es zur Programmierung, für den Netzwerkeinsatz oder als Server. Für nahezu jede Aufgabe stehen mehrere Werkzeuge zur Wahl. Und je mehr Sie sich in die Linux-Welt einarbeiten, desto mehr wird Linux *Ihr* Betriebssystem. Ich wünsche Ihnen viel Freude beim Experimentieren, Kennenlernen und Arbeiten mit Linux!

Michael Kofler
http://kofler.info

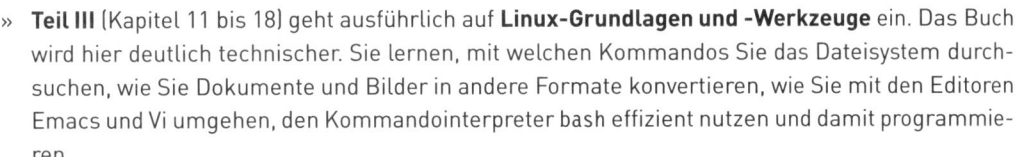

Konzeption

Das Buch ist in sieben Teile gegliedert:

» **Teil I** (Kapitel 1 bis 5) dient als **Einführung** und begleitet Sie bei den ersten Schritten mit Linux – von der Installation bis zur Nutzung der Desktop-Systeme Gnome und KDE.

» **Teil II** (Kapitel 6 bis 10) beschreibt die **Anwendung** von Linux. Hier finden Sie Tipps zum Umgang mit Webbrowsern und E-Mail-Clients, zur Büroarbeit mit OpenOffice, zur Verwaltung von Fotos, zum Abspielen von Videos, zur Ausführung von Windows im Virtualisierungssystem VirtualBox etc.

» **Teil III** (Kapitel 11 bis 18) geht ausführlich auf **Linux-Grundlagen und -Werkzeuge** ein. Das Buch wird hier deutlich technischer. Sie lernen, mit welchen Kommandos Sie das Dateisystem durchsuchen, wie Sie Dokumente und Bilder in andere Formate konvertieren, wie Sie mit den Editoren Emacs und Vi umgehen, den Kommandointerpreter bash effizient nutzen und damit programmieren.

» **Teil IV** (Kapitel 19 bis 26) widmet sich der **Konfiguration**. Egal, ob es gerade bei Ihrer Hardware Probleme gibt oder ob Sie ganz besondere Anforderungen stellen – hier erfahren Sie, wie Sie das Dateisystem administrieren, das Grafiksystem konfigurieren, Software-Pakete installieren und aktualisieren, den Systemstart konfigurieren sowie den Kernel und seine Module einrichten bzw. neu kompilieren.

» **Teil V** (Kapitel 27 bis 30) behandelt die **Netzwerkkonfiguration** – vom Client (LAN, WLAN, ADSL, UMTS, VPN) bis zum Server (Internet-Gateway, DNS, NFS, Samba, FTP- und Webserver, Mail-Server etc.). Dabei darf natürlich die Sicherheit nicht zu kurz kommen: Mit Firewalls, SELinux oder AppArmor schützen Sie insbesondere Netzwerk-Server optimal vor Angriffen von außen. Mit KVM können Sie zudem einzelne Server-Funktionen in getrennten virtuellen Maschinen implementieren und so noch besser voneinander isolieren.

» **Teil VI** (Kapitel 34 bis 37) fasst distributionsspezifische Details für die folgenden **Distributionen** zusammen:

Debian 6.0
Fedora 16
openSUSE 12.1
Ubuntu 11.10

» **Teil VII** (nur in der eBook-Ausgabe!) enthält eine alphabetische **Referenz** der wichtigsten Kommandos und ihrer Optionen ab. Hier können Sie rasch nachsehen, wie Sie mit `apt-get` ein Paket entfernen oder wie Sie mit `find` nach Verzeichnissen suchen.

Neu in dieser Auflage

Das Buch wurde für diese Auflage einmal mehr umfassend überarbeitet, aktualisiert und neu strukturiert. Die folgende Liste fasst die wichtigsten inhaltlichen Neuerungen im Vergleich zur 10. Auflage zusammen:

» aktuell zu Kernel 3.*n*

» aktuell zu KDE 4.7 und Gnome 3.2

» aktuell zu Firefox 7, Thunderbird 7, VirtualBox 4.1

» Init-System `systemd`

Formales

In diesem Buch werden häufig Kommandos angegeben. Dabei werden die Teile, die tatsächlich einzugeben sind, fett hervorgehoben. Der Rest der Listings besteht aus dem sogenannten »Kommandoprompt« (der systemabhängig ist) und Ausgaben des Kommandos. Im folgenden Beispiel müssen Sie also nur `ls *.tex` eingeben, um sich die Liste aller `*.tex`-Dateien im aktuellen Verzeichnis anzeigen zu lassen.

```
user$  ls *.tex
article.tex
config.tex
lanclient.tex
...
```

root Manche Kommandos können nur vom Systemadministrator root ausgeführt werden. In diesem Fall wird der Kommandoprompt in diesem Buch als root# dargestellt:

```
root#  /etc/init.d/nfs restart
```

sudo Bei manchen Distributionen ist der Account für root gesperrt (z. B. bei Ubuntu). In diesem Fall führen Sie Systemkommandos mit sudo aus, wobei Sie nochmals Ihr Passwort angeben müssen. Darauf wird in diesem Buch nicht jedes Mal extra hingewiesen. Hintergrundinformationen zu sudo finden Sie auf Seite 317.

```
user$  sudo service nfs restart
Password:  ********
```

Mehrzeilige Kommandos Falls einzelne Kommandos so lang sind, dass sie nicht in einer Zeile Platz finden, werden sie mit dem Zeichen \ auf zwei oder mehr Zeilen verteilt. In diesem Fall können Sie die Eingabe entweder in einer Zeile ohne \ tippen oder sie wie im Buch auf mehrere Zeilen verteilen. \ ist also ein unter Linux zulässiges Zeichen, um mehrzeilige Kommandoeingaben durchzuführen.

Teil 1

Einführung und Installation

1. Was ist Linux?

Um die einleitende Frage zu beantworten, erkläre ich in diesem Kapitel zuerst einige wichtige Begriffe, die im gesamten Buch immer wieder verwendet werden: Betriebssystem, Unix, Distribution, Kernel etc. Ein knapper Überblick über die Merkmale von Linux und die verfügbaren Programme macht deutlich, wie weit die Anwendungsmöglichkeiten von Linux reichen. Es folgt ein kurzer Ausflug in die noch junge Geschichte von Linux: Sie erfahren, wie Linux entstanden ist und auf welchen Komponenten es basiert.

Von zentraler Bedeutung ist dabei natürlich die *General Public License* (kurz GPL), die angibt, unter welchen Bedingungen Linux weitergegeben werden darf. Erst die GPL macht Linux zu einem freien System (wobei »frei« mehr heißt als einfach »kostenlos«).

1.1 Einführung

Linux ist ein Unix-ähnliches Betriebssystem. Der wichtigste Unterschied gegenüber herkömmlichen Unix-Systemen besteht darin, dass Linux zusammen mit dem vollständigen Quellcode frei kopiert werden darf. (Details zu den Bedingungen, unter denen Linux und die dazugehörigen Programme weitergegeben werden dürfen, folgen auf Seite 31.)

Betriebssystem

Ein Betriebssystem ist ein Bündel von Programmen, mit denen die grundlegendsten Funktionen eines Rechners realisiert werden: die Schnittstelle zwischen Mensch und Maschine (also konkret: die Verwaltung von Tastatur, Bildschirm etc.) und die Verwaltung der Systemressourcen (Rechenkapazität, Speicher etc.). Sie benötigen ein Betriebssystem, damit Sie ein Anwendungsprogramm überhaupt starten und eigene Daten in einer Datei speichern können. Die populärsten Betriebssysteme sind momentan Windows, Mac OS X und Linux.

Unix

Schon lange vor den ersten Windows-, Linux- oder Mac-OS-X-Versionen gab es Unix. Dieses Betriebssystem war von Anfang an mit Merkmalen ausgestattet, die von Microsoft erst sehr viel später in einer vergleichbaren Form angeboten wurden: echtes Multitasking, eine Trennung der Prozesse voneinander, klar definierte Zugriffsrechte für Dateien, ausgereifte Netzwerkfunktionen etc. Allerdings bot Unix anfänglich nur eine spartanische Benutzeroberfläche und stellte hohe Hardware-Anforderungen. Das erklärt, warum Unix fast ausschließlich auf teuren Workstations im wissenschaftlichen und industriellen Bereich eingesetzt wurde.

Unix wird in diesem Buch als Oberbegriff für diverse vom ursprünglichen Unix abgeleitete Betriebssysteme verwendet. Die Namen dieser Betriebssysteme enden im Regelfall auf -ix (Irix, Xenix etc.) und sind zumeist geschützte Warenzeichen der jeweiligen Firmen. Auch UNIX selbst ist ein geschütztes Warenzeichen.

Linux Linux ist eine Unix-Variante, bei der aber der Quelltext frei verfügbar ist. Große Teile des Internets (z. B. Google) werden heute von Linux getragen.

Linux läuft nicht nur auf herkömmlichen Rechnern, sondern auch auf vielen Mobilfunkgeräten (Android), Embedded Devices (z. B. ADSL-Routern, NAT-Festplatten) und Supercomputern. Im Juni 2010 verwendeten 91 Prozent der 500 schnellsten Rechner Linux als Betriebssytem (http://www.top500.org/stats/).

Kernel Genau genommen bezeichnet der Begriff Linux nur den Kernel: Er ist der innerste Teil (Kern) eines Betriebssystems mit ganz elementaren Funktionen wie Speicherverwaltung, Prozessverwaltung und Steuerung der Hardware. Die Informationen in diesem Buch beziehen sich auf den Kernel 2.6. Hintergrundinformationen zum Kernel und seinen Eigenschaften finden Sie ab Seite 715. Dort wird auch beschrieben, wie Sie einen aktuellen Kernel selbst übersetzen können.

Hardware-Unterstützung Linux unterstützt beinahe die gesamte gängige PC-Hardware – mit wenigen Ausnahmen:

- Ganz neue Grafikkarten werden oft nur eingeschränkt unterstützt. Für manche Grafikkarten stellen die Hardware-Firmen (z. B. NVIDIA) eigene Treiber zur Verfügung, deren Integration in Linux aber mühsam sein kann.
- Neue Notebooks enthalten bisweilen neue WLAN-Controller, die von Linux (noch) nicht unterstützt werden.
- Eine weitere Problemquelle ist Windows-spezifische Zusatz-Hardware, die keinen öffentlichen Standards entspricht und einen eigens für Windows entwickelten Treiber erfordert. Zum Glück werden solche Komponenten (WinModems, GDI-Drucker etc.) zunehmend seltener.

Aus diesen Gründen sollten Sie *vor* dem Kauf eines neuen Rechners bzw. einer Hardware-Erweiterung sicherstellen, dass alle Komponenten von Linux unterstützt werden. Werfen Sie dazu einen Blick in die in Tabelle 1.1 aufgelisteten Webseiten. Auch eine Internetsuche nach *linux hardwarename* ist empfehlenswert.

DISTRIBUTION/HARDWARE	LINK
Debian	http://wiki.debian.org/Hardware
Fedora	http://fedoraproject.org/wiki/HCL
openSUSE	http://en.opensuse.org/Hardware
Ubuntu	http://wiki.ubuntuusers.de/Hardwaredatenbank https://wiki.ubuntu.com/HardwareSupport/
Notebooks	http://www.linux-on-laptops.com http://tuxmobil.org/
Grafikkarten	http://wiki.x.org/wiki/Projects/Drivers
Drucker	http://www.linuxfoundation.org/collaborate/workgroups/
Scanner	http://www.sane-project.org/

Tabelle 1.1: **Webseiten zum Thema Linux-Hardware**

1.2 Distributionen

Noch immer ist die einleitende Frage – Was ist Linux? – nicht ganz beantwortet. Viele Anwender interessiert der Kernel nämlich herzlich wenig, – sofern er nur läuft und die vorhandene Hardware unterstützt. Für sie umfasst der Begriff Linux, wie er umgangssprachlich verwendet wird, neben dem Kernel auch das riesige Bündel von Programmen, das mit Linux mitgeliefert wird: Dazu zählen neben unzähligen Kommandos die Desktop-Systeme KDE und Gnome, das Office-Paket OpenOffice, der Webbrowser Firefox, das Zeichenprogramm Gimp, zahllose Programmiersprachen und Server-Programme (Webserver, Mail-Server, File-Server etc.).

Als Linux-Distribution wird also die Einheit bezeichnet, die aus dem eigentlichen Betriebssystem (Kernel) und seinen Zusatzprogrammen besteht. Eine Distribution ermöglicht eine rasche und bequeme Installation von Linux. Die meisten Distributionen können kostenlos aus dem Internet heruntergeladen werden, lediglich einige kommerzielle Angebote sind kostenpflichtig.

Distributionen unterscheiden sich vor allem durch folgende Punkte voneinander:

» **Umfang, Aktualität:** Die Anzahl, Auswahl und Aktualität der mitgelieferten Programme und Bibliotheken variiert stark. Manche Distributionen setzen bewusst auf etwas ältere, stabile Versionen (z. B. Debian).

» **Installations- und Konfigurationswerkzeuge:** Die mitgelieferten Programme zur Installation, Konfiguration und Wartung des Systems helfen dabei, die Konfigurationsdateien einzustellen. Gut funktionierende Konfigurationswerkzeuge stellen eine enorme Zeitersparnis dar.

» **Konfiguration des Desktops (KDE, Gnome):** Manche Distributionen lassen dem Anwender die Wahl zwischen KDE, Gnome und eventuell weiteren Window Managern. Es gibt aber auch Unterschiede in der Detailkonfiguration von KDE oder Gnome, die das Aussehen, die Menüanordnung etc. betreffen.

» **Hardware-Unterstützung:** Linux kommt mit den meisten PC-Hardware-Komponenten zurecht. Dennoch gibt es im Detail Unterschiede zwischen den Distributionen, insbesondere wenn es darum geht, Nicht-Open-Source-Treiber (z. B. für NVIDIA-Grafikkarten) in das System zu integrieren.

» **Paketsystem:** Das Paketsystem bestimmt, wie einfach die spätere Installation zusätzlicher Programme bzw. das Update vorhandener Programme ist. Zurzeit sind drei zueinander inkompatible Paketsysteme üblich: RPM (unter anderem bei Mandriva, Red Hat, SUSE), DEB (Debian, Ubuntu) und TGZ (Slackware).

Grundsätzlich gilt, dass Sie eine Linux-Distribution nur so lange sicher betreiben können, wie Sie Updates bekommen. Danach ist aus Sicherheitsgründen ein Wechsel auf eine neue Version der Distribution erforderlich. Deswegen ist es bedeutsam, wie lange es für eine Distribution Updates gibt. Hier gilt meist die Grundregel: je teurer die Distribution, desto länger der Zeitraum. Einige Beispiele (Stand November 2011):

Fedora:	13 Monate
Ubuntu:	normalerweise 18 Monate, bei LTS-Versionen 3 bis 5 Jahre
openSUSE:	18 Monate
Red Hat Enterprise Linux:	5 Jahre
Novell/SUSE Enterprise Server:	5 Jahre

- **Live-System:** Viele Distributionen ermöglichen den Linux-Betrieb direkt von einer CD oder DVD. Das ist zwar vergleichsweise langsam und unflexibel, ermöglicht aber ein einfaches Ausprobieren von Linux. Außerdem bieten Live-Systeme eine ideale Möglichkeit, um ein defektes Linux-System zu reparieren.
- **Zielplattform (CPU-Architektur):** Viele Distributionen sind nur für Intel- und AMD-kompatible Prozessoren erhältlich, in der Regel in einer 32- und in einer 64-Bit-Variante. Es gibt aber auch Distributionen für andere Prozessorplattformen, z. B. für ARM- oder für PowerPC-CPUs.
- **Dokumentation:** Große Unterschiede gibt es bei der Qualität und dem Umfang der Online-Dokumentation. Gedruckte Handbücher sind nur noch ganz vereinzelt zu bekommen.
- **Support:** Bei manchen Distributionen bekommen Sie kostenlos Hilfe bei der Installation (via E-Mail und/oder per Telefon).
- **Lizenz:** Die meisten Distributionen sind kostenlos erhältlich. Bei einigen Distributionen gibt es hier aber Einschränkungen: Beispielsweise ist bei den Enterprise-Distributionen von Red Hat und Novell ein Zugriff auf das Update-System nur für registrierte Kunden möglich. Zudem verbieten manche Distributionen den Weiterverkauf. Da Linux und die meisten mitgelieferten Programme an sich frei erhältlich sind (siehe den Lizenzabschnitt ab Seite 31) bezieht sich das Verkaufsverbot meist auf die Nutzung von Markenzeichen.

Kommerzielle Distributionen

Die Behauptung, Linux sei frei, steht scheinbar im krassen Widerspruch zu dem Preis für Enterprise-Distributionen für den Unternehmenseinsatz. Allerdings zahlen Sie bei kommerziellen Distributionen von Red Hat, Novell oder anderen Anbietern nicht für die Software an sich, sondern für die dazugehörenden Zusatzleistungen: Update-Service, Support etc.

Freie Distributionen

Die im Privatbereich populärsten Distributionen sind durchwegs kostenlos: Debian, Fedora, openSUSE, Ubuntu etc. Bei diesen Distributionen können Sie ISO-Dateien aus dem Internet herunterladen und damit selbst die Installations-CDs oder -DVDs brennen.

Welche Distribution für welchen Zweck?

Die Frage, welche Distribution die beste sei, welche wem zu empfehlen sei etc., artet leicht zu einem Glaubenskrieg aus. Wer sich einmal für eine Distribution entschieden und sich an deren Eigenheiten gewöhnt hat, steigt nicht so schnell auf eine andere Distribution um. Ein Wechsel der Distribution ist nur durch eine Neuinstallation möglich, bereitet also einige Mühe.

Kriterien für die Auswahl einer Distribution sind die Aktualität ihrer Komponenten (achten Sie auf die Versionsnummer des Kernels und wichtiger Programme, etwa des C-Compilers), die Qualität der Installations- und Konfigurationstools, der angebotene Support, mitgelieferte Handbücher etc.

Linux Standard Base (LSB)

So belebend die Konkurrenz vieler Distributionen für deren Weiterentwicklung ist, so lästig ist sie bei der Installation von Programmen, die nicht mit der Distribution mitgeliefert werden (und insbesondere bei kommerziellen Programmen). Eine fehlende oder veraltete Programmbibliothek ist oft die Ursache dafür, dass ein Programm nicht läuft. Die Problembehebung ist insbesondere für Linux-Einsteiger fast unmöglich. Abhilfe soll das Linux-Standard-Base-Projekt (LSB) schaffen. Die LSB-Spezifikation definiert Regeln, die einen gemeinsamen Nenner aller am LSB-Projekt beteiligten Distributionen sicherstellen:

http://www.linuxfoundation.org/collaborate/workgroups/lsb

Gängige Linux-Distributionen

Der folgende Überblick über die wichtigsten verfügbaren Distributionen (in alphabetischer Reihenfolge und ohne Anspruch auf Vollständigkeit!) soll eine erste Orientierungshilfe geben. Beachten Sie bitte, dass die Landschaft der Linux-Distributionen sich ständig verändert: Neue Distributionen entstehen und werden oft rasch beliebt (das ist beinahe wie mit Mode-Trends), andere verlieren ebenso rasch an Bedeutung oder werden ganz eingestellt. Dieser Abschnitt ist also nur eine – ohnedies subjektive – Momentaufnahme.

Android ist eine von Google entwickelte Plattform für Mobilfunkgeräte und Tablets. Die Open-Source-Freiheiten stoßen bei Android allerdings rasch an ihre Grenzen: Viele Handy-Hersteller verbieten die manuelle Installation einer eigenen Android-Version. Android

CentOS und **Scientific Linux** sind zwei kostenlose Varianten zu Red Hat Enterprise Linux (RHEL). Beide Distributionen sind binärkompatibel zu RHEL, es fehlen aber alle Red-Hat-Markenzeichen, -Logos etc. Die Distributionen sind vor allem für Server-Betreiber interessant, die kompatibel zu RHEL sein möchten, sich die hohen RHEL-Kosten aber nicht leisten können und auf den Red-Hat-Support verzichten können. CentOS und Scientific Linux

Das **Chrome OS** wird wie Android von Google entwickelt. Es ist für Notebooks optimiert und setzt zur Nutzung eine aktive Internetverbindung voraus. Die minimalistische Benutzeroberfläche basiert auf dem Google Chrome Webbrowser. Chrome OS

Debian ist die älteste vollkommen freie Distribution. Sie wird von engagierten Linux-Entwicklern zusammengestellt, wobei die Einhaltung der Spielregeln »freier« Software eine hohe Priorität genießt. Die strikte Auslegung dieser Philosophie hat in der Vergangenheit mehrfach zu Verzögerungen geführt. Debian

Debian richtet sich an fortgeschrittene Linux-Anwender und hat einen großen Marktanteil bei Server-Installationen. Im Vergleich zu anderen Distributionen ist Debian stark auf maximale Stabilität hin optimiert und enthält deswegen oft relativ alte Programmversionen. Dafür steht Debian für neun Hardware-Plattformen zur Verfügung (amd64, ARM (Armel), i386, IA64, Mips, Mipsel, PPC, S390 und Sparc). Es gibt zahlreiche Distributionen, die sich von Debian ableiten (z. B. Ubuntu).

Fedora ist der kostenlose Entwicklungszweig von Red Hat Linux. Die Entwicklung wird von Red Hat unterstützt und gelenkt. Für Red Hat ist Fedora eine Art Spielwiese, auf der neue Funktionen ausprobiert werden können, ohne die Stabilität der Enterprise-Versionen zu gefährden. Programme, die sich unter Fedora bewähren, werden später in die Enterprise-Versionen integriert. Für technisch interessierte Linux-Fans ist Fedora interessant, weil diese Distribution oft eine Vorreiterrolle spielt: Neue Linux-Funktionen finden sich oft zuerst in Fedora und erst später in anderen Distributionen. Neue Fedora-Versionen erscheinen alle sechs Monate. Updates werden einen Monat nach dem Erscheinen der übernächsten Version eingestellt, d. h., die Lebensdauer ist mit 13 Monaten sehr kurz. Fedora

Gentoo richtet sich besonders an Programmentwickler und an Anwender, die maximale Flexibilität und Kontrolle über ihre Distribution wünschen. Die Besonderheit von Gentoo besteht darin, dass jedes Programmpaket eigens kompiliert und so optimal an die jeweilige Hardware angepasst werden Gentoo kann. (Natürlich können Linux-Profis bei jeder Distribution ihre Programme selbst kompilieren. Aber Gentoo unterstützt diesen Prozess besonders gut durch entsprechende Konfigurationswerkzeuge.)

Knoppix

Das auf Debian basierende **Knoppix** war vor einigen Jahren eines der ersten und am besten funktionierenden Live-Systeme. Mittlerweile bietet nahezu jede Distribution auch eine Live-Variante an. Dementsprechend hat Knoppix an Popularität verloren.

Mandriva

Mandriva ist aus dem Zusammenschluss von **Mandrakelinux** (Frankreich) und **Connectiva** (Brasilien) entstanden. Mandrakelinux zählte früher zu den populärsten kommerziellen Linux-Distributionen. Mittlerweile ist die Verbreitung außerhalb der Ursprungsländer stark gesunken.

openSUSE

openSUSE ist eine kostenlose Linux-Distribution, die gleichzeitig als Entwicklungs- und Testbasis für die Enterprise-Versionen von SUSE dient. openSUSE-Versionen erscheinen in einem 8-Monatsrhythmus. Zu openSUSE ist auch eine Box mit Handbüchern und Support verfügbar. Der Update-Zeitraum beträgt 13 Monate.

Oracle

Oracle bietet seit Herbst 2006 eine eigene Version von Red Hat Enterprise Linux (RHEL) an, anfänglich unter dem Namen **Oracle Unbreakable Linux**, mittlerweile einfach als »Oracle Linux«. Das ist aufgrund der Open-Source-Lizenzen eine zulässige Vorgehensweise. Technisch gibt es nur wenige Unterschiede zu RHEL, die Oracle-Variante und insbesondere dessen Update-Service sind aber billiger. Dennoch ist die Verbreitung von Oracles Linux-Variante bisher gering.

Red Hat

Red Hat ist die international bekannteste und erfolgreichste Linux-Firma. Red-Hat-Distributionen dominieren insbesondere den amerikanischen Markt. Die Paketverwaltung auf der Basis des RPM-Formats (einer Eigenentwicklung von Red Hat) wurde von vielen anderen Distributionen übernommen.

Red Hat ist überwiegend auf Unternehmenskunden ausgerichtet. Die Enterprise-Versionen (RHEL = **Red Hat Enterprise Linux**) sind vergleichsweise teuer. Sie zeichnen sich durch hohe Stabilität und einen fünfjährigen Update-Zeitraum aus. Für Linux-Enthusiasten und -Entwickler, die ein Red-Hat-ähnliches System zum Nulltarif suchen, bieten sich **CentOS**, **Scientific Linux** und **Fedora** an.

SUSE

Nachdem Novell 2010 von Attachmate übernommen wurde, werden die kommerziellen SUSE-Distributionen von der nun wieder selbstständingen SUSE GmbH entwickelt und verkauft. SUSE gilt weltweit als die Nummer zwei auf dem kommerziellen Linux-Markt. Ähnlich wie Red Hat fährt auch SUSE zweigleisig: Auf der einen Seite gibt es unter dem Namen SUSE diverse Enterprise-Distributionen für Firmenkunden. Auf der anderen Seite steht die freie Distribution openSUSE, die sich an private Linux-Anwender und -Entwickler richtet (siehe unten). Eine Kooperation mit Microsoft schützt SUSE vor Patentklagen. Allerdings wurde dieses noch von Novell ausgehandelte Übereinkommen von vielen Open-Source-Entwicklern als indirekte Anerkennung der Patentansprüche Microsofts kritisiert.

Ubuntu

Ubuntu ist die zurzeit populärste Distribution für Privatanwender. Ubuntu verwendet als Basis Debian, ist aber besser für Desktop-Anwender optimiert (Motto: *Linux for human beings*). Die kostenlose Distribution erscheint im Halbjahresrhythmus. Für gewöhnliche Versionen werden Updates über 18 Monate zur Verfügung gestellt. Für die alle zwei Jahre erscheinenden LTS-Versionen gibt es sogar 3 bzw. 5 Jahre lang Updates (für Desktop- bzw. Server-Pakete). Finanziell wird Ubuntu Linux durch die Firma Canonical unterstützt. Zu Ubuntu gibt es diverse offizielle und inoffizielle Varianten (**Kubuntu**, **Xubuntu**, **Ubuntu Server**, **Linux Mint** etc.).

Andere Distributionen

Neben den oben aufgezählten »großen« Distributionen gibt es im Internet zahlreiche Zusammenstellungen von Miniatursystemen (bis hin zum kompletten Linux-System auf einer einzigen Diskette!). Diese Distributionen basieren zumeist auf alten und daher kleineren Kernelversionen. Sie sind vor allem für Spezialaufgaben konzipiert, etwa für Wartungsarbeiten (Emergency-System) oder um ein Linux-System ohne eigentliche Installation verwenden zu können (Live-Systeme). Populäre Vertreter dieser Linux-Gattung sind **Devil Linux**, **Damn Small Linux**, **Parted Magic**, **Puppy**, **SystemRescueCd**, **TinyCore** und **TinyMe**.

Einen ziemlich guten Überblick über alle momentan verfügbaren Linux-Distributionen (egal ob kommerziellen oder anderen Ursprungs) finden Sie im Internet auf den folgenden Seiten:

http://www.distrowatch.com/
http://lwn.net/Distributions/
http://www.linuxhq.com/dist.html

Die Qual der Wahl

Eine Empfehlung für eine bestimmte Distribution ist schwierig. Für Linux-Einsteiger ist es zumeist ein Vorteil, sich vorerst für eine weitverbreitete Distribution wie Fedora, openSUSE oder Ubuntu zu entscheiden. Zu diesen sind sowohl im Internet als auch im Buch- und Zeitschriftenhandel viele Informationen verfügbar. Bei Problemen ist es vergleichsweise leicht, Hilfe zu finden.

Kommerzielle Linux-Anwender bzw. Server-Administratoren müssen sich entscheiden, ob sie bereit sind, für professionellen Support Geld auszugeben. In diesem Fall spricht wenig gegen die Marktführer Red Hat und Novell. Andernfalls sind CentOS, Debian und Ubuntu attraktive kostenlose Alternativen.

1.3 Traum und Wirklichkeit

Dieser Abschnitt nimmt zu einigen oft gehörten Behauptungen und Vorurteilen zu Linux Stellung. Mein Ziel ist es, Ihnen ein abgerundetes Bild von Linux zu präsentieren, ohne die Übertreibungen vieler begeisterter Linux-Fans, aber auch ohne die Schwarzmalerei der Linux-Gegner, die Linux oft nur deswegen schlechtmachen, weil sie ihre eigenen Software-Geschäfte in Gefahr sehen.

Linux ist schneller als Windows

Es lässt sich nicht allgemeingültig sagen, ob Windows oder Linux schneller bzw. effizienter läuft. Wenn einzelne Programme unter Linux oder unter Windows schneller ausgeführt werden, hat das zumeist damit zu tun, für welches Betriebssystem das Programm optimiert wurde, welche Linux- und Windows-Versionen miteinander verglichen werden, welche Hardware für den Vergleich verwendet wurde etc.

Linux benötigt weniger Ressourcen als Windows

Nach wie vor gibt es Linux-Distributionen, die auf einem uralten 486er PC mit einigen MByte RAM laufen – freilich nur im Textmodus und nicht mit dem Funktionsreichtum aktueller Betriebssysteme. Interessanter ist ein Vergleich zwischen einer aktuellen Linux-Distribution und Windows 7: Für einen komfortablen Desktop-Einsatz benötigen Sie in beiden Fällen einen einigermaßen aktuellen Rechner. Linux stellt dabei etwas geringere Hardware-Anforderungen als Windows.

Linux ist sicherer als Windows

Alle gängigen Betriebssysteme leiden an Sicherheitsproblemen. Linux schneidet in den meisten Vergleichen relativ gut ab. Dennoch gibt es selbst in jahrzehntealten Netzwerkprogrammen immer wieder neue Sicherheitslücken. Letztlich hängt es vom Einsatzzweck ab, wie sicher Linux ist:

» In Desktop-Anwendungen ist Linux im Gegensatz zu Windows fast vollständig virensicher. Es hat bis jetzt keinen einzigen nennenswerten Virenbefall unter Linux gegeben. Gewöhnliche Benutzer können unter Linux kaum größere Schäden am System anrichten. Anders als unter Windows es unter Linux verpönt, gewöhnliche Programme mit Systemadministratorrechten auszuführen.

» Bei der Anwendung von Linux als Netzwerk- oder Internet-Server hängt die Sicherheit sehr stark von der Wartung des Systems ab. Beinahe zu allen Sicherheitsproblemen der vergangenen Jahre gab es bereits Updates, bevor diese Sicherheitsrisiken allgemein bekannt und von Hackern ausgenutzt wurden. Regelmäßige Updates sind also unverzichtbar!

Zu nahezu allen Linux-Distributionen gibt es Update-Systeme. Sie aktualisieren sämtliche installierten Programme, sobald es neue bzw. sicherere Versionen gibt. Diese Update-Systeme funktionieren ausgezeichnet, setzen aber eine gute Internetverbindung voraus: Bei vielen Distributionen sind pro Monat Dutzende, manchmal über 100 MByte große Downloads erforderlich.

Linux ist stabiler als Windows

Als Linux in den 90er-Jahren populär wurde, begann Microsoft Windows 95 gerade seinen Siegeszug. Die Aussage, dass Linux viel stabiler als Windows sei, war damals leicht zu untermauern. Mittlerweile hat Microsoft durchaus respektable und stabile Windows-Versionen zustande gebracht. In jedem Fall erfordern Aussagen zur Stabilität von Linux jetzt eine Differenzierung:

» Der Kernel an sich ist außerordentlich stabil. Ich arbeite nun schon seit vielen Jahren mit Linux, aber einen richtigen Absturz des gesamten Betriebssystems habe ich nur sehr selten erlebt (und meist war defekte oder falsch konfigurierte Hardware daran schuld).

» Wenn Sie mit Linux aber das Gesamtsystem der mitgelieferten Software meinen (also eine ganze Distribution, inklusive Grafiksystem, KDE oder Gnome etc.), dann sieht es mit der Stabilität erheblich schlechter aus. Programme wie Firefox oder OpenOffice sind auch unter Linux nicht vor Abstürzen sicher.

Als wie stabil Sie Linux empfinden, hängt davon ab, wie Sie Linux einsetzen: Die besten Erfahrungen werden Sie machen, wenn Sie Linux primär als Netzwerk-Server, als Workstation für eher wissenschaftlich orientierte Arbeiten oder zum Programmieren einsetzen. Je stärker Sie sich aber anwendungsorientierten Programmen zuwenden und Linux als Desktop-System einsetzen, desto eher werden Sie auch die negativen Seiten kennenlernen.

Linux ist billiger als Windows

Linux ist kostenlos erhältlich. Microsoft weist deswegen gern darauf hin, dass auch Schulungskosten etc. berücksichtigt werden müssen. (In solchen Rechenbeispielen wird Windows-Wissen meist als gottgegeben vorausgesetzt.) Außerdem ist nicht jede Linux-Distribution tatsächlich kostenlos. Gerade Firmen greifen oft zu den kommerziellen Angeboten von Red Hat oder Novell, die Support, lange Update-Zeiträume etc. einschließen. Aber selbst bei Berücksichtigung dieser Faktoren ist der Kostenvorteil von Linux nicht zu leugnen.

Wenn man einen PC kauft, ist Windows meist schon vorinstalliert. Insofern stellt es natürlich einen Mehraufwand dar, Linux zusätzlich zu installieren. Wie Sie im nächsten Kapitel feststellen werden, ist eine Linux-Installation aber mittlerweile unkompliziert – und sicher nicht schwieriger als eine Windows-Installation. (Aber wer installiert Windows schon selbst?)

Linux ist kompliziert zu installieren

Problematisch ist lediglich die Unterstützung neuer Hardware, die unter Windows besser ist: Jeder Hersteller von Computer-Komponenten stellt selbstverständlich einen Windows-Treiber zur Verfügung. Vergleichbare Treiber für Linux müssen dagegen oft von der Open-Source-Gemeinschaft programmiert werden. Das dauert natürlich eine gewisse Zeit.

Linux ist kompliziert zu bedienen

Dieses Vorurteil ist alt, aber nicht mehr bzw. nur noch in einem sehr geringen Maß zutreffend. Linux ist anders zu bedienen als Windows, so wie auch Apples Mac OS X anders zu bedienen ist. Wirklich schwieriger ist die Handhabung von Linux zumeist nicht, lediglich die Umgewöhnung von Windows kann manchmal mühsam sein.

Windows-Programme können unter Linux nicht ausgeführt werden

Viele Programme wie Microsoft Office, Adobe Photoshop etc. stehen momentan nur für die Betriebssysteme Windows und Mac OS X zur Verfügung. Es gibt aber einige Auswege aus diesem Software-Dilemma:

» Für viele Anwendungen stehen unter Linux vergleichbare Programme zur Verfügung – beispielsweise OpenOffice oder das Bildverarbeitungsprogramm Gimp.

» Manche Windows-Programme können mit der kostenlosen Laufzeitumgebung Wine (*Wine is not an emulator*) unter Linux ausgeführt werden. Wine bietet allerdings wenig Komfort und ist nur für fortgeschrittene Linux-Anwender geeignet.

» Einen höheren Grad an Kompatibilität bietet das kommerzielle Programm CrossOver, das auf Wine basiert. CrossOver erleichtert die Installation und Ausführung der meisten Microsoft-Office-Komponenten sowie einiger anderer Programme.

» Die Programme VMware, VirtualBox sowie diverse andere Virtualisierungslösungen gehen noch einen Schritt weiter: Sie emulieren gleich einen ganzen Rechner. Sie können darin eine Windows-Installation durchführen und Windows dann in einem Fenster ausführen. Das funktioniert hervorragend, ist aber teuer: Sie brauchen eine Lizenz für Windows, dazu kommen bei kommerziellen Virtualisierungsprogrammen noch deren Kosten.

1.4 Open-Source-Lizenzen (GPL & Co.)

Die Grundidee von »Open Source« besteht darin, dass der Quellcode von Programmen frei verfügbar ist und von jedem erweitert bzw. geändert werden darf. Allerdings ist damit auch eine Verpflichtung verbunden: Wer Open-Source-Code zur Entwicklung eigener Produkte verwendet, muss den gesamten Code ebenfalls wieder frei weitergeben.

Die Open-Source-Idee verbietet übrigens keinesfalls den Verkauf von Open-Source-Produkten. Auf den ersten Blick scheint das ein Widerspruch zu sein. Tatsächlich bezieht sich die Freiheit in »Open Source« mehr auf den Code als auf das fertige Produkt. Zudem regelt die freie Verfügbarkeit des Codes auch die Preisgestaltung von Open-Source-Produkten: Nur wer neben dem Kompilat eines

Open-Source-Programms weitere Zusatzleistungen anbietet (Handbücher, Support etc.), wird überleben. Sobald der Preis in keinem vernünftigen Verhältnis zu den Leistungen steht, werden sich andere Firmen finden, die es günstiger machen.

General Public License (GPL)

Das Ziel der Open-Source-Entwickler ist es, ein System zu schaffen, dessen Quellen frei verfügbar sind und es auch bleiben. Um einen Missbrauch auszuschließen, sind viele Open-Source-Programme durch die *GNU General Public License* (kurz GPL) geschützt. Hinter der GPL steht die *Free Software Foundation* (FSF). Diese Organisation wurde von Richard Stallman (der unter anderem auch Autor des Editors Emacs ist) gegründet, um hochwertige Software frei verfügbar zu machen.

Die Kernaussage der GPL besteht darin, dass zwar jeder den Code verändern und sogar die resultierenden Programme verkaufen darf, dass aber gleichzeitig der Anwender/Käufer das Recht auf den vollständigen Code hat und diesen ebenfalls verändern und wieder kostenlos weitergeben darf. Jedes GNU-Programm muss zusammen mit dem vollständigen GPL-Text weitergegeben werden. Die GPL schließt damit aus, dass jemand ein GPL-Programm weiterentwickeln und verkaufen kann, *ohne* die Veränderungen öffentlich verfügbar zu machen. Jede Weiterentwicklung ist somit ein Gewinn für *alle* Anwender. Den vollständigen Text der GPL finden Sie hier:

http://www.gnu.org/licenses/gpl.html

Die Grundidee der GPL ist recht einfach zu verstehen, im Detail treten aber immer wieder Fragen auf. Viele dieser Fragen werden hier beantwortet:

http://www.gnu.org/licenses/gpl-faq.html

Wenn Sie glauben, dass Sie alles verstanden haben, sollten Sie das GPL-Quiz ausprobieren:

http://www.gnu.org/cgi-bin/license-quiz.cgi

GPL-Versionen

Zurzeit sind drei GPL-Versionen gebräuchlich: GPL 1 (1985), GPL 2 (1991) und GPL 3 (2007). Zu den wichtigsten Neuerungen der GPL 3 zählen:

- Internationalisierung: Die GPL 3 ist mit den Rechtskonzepten vieler Länder kompatibel.
- Software-Patente: Wer Software unter der GPL 3 entwickelt bzw. weitergibt, darf die Nutzer der Software nicht aufgrund von Software-Patenten verklagen.
- DRM (Digital Rights Management): Die GPL 3 nimmt gegen DRM-Software Stellung und stellt fest, dass DRM fundamental inkompatibel mit den Ideen der GPL ist.

Die GPL 3 hat noch keine so breite Anwendung gefunden wie die GPL 2. Beispielsweise haben sich namhafte Kernelentwickler, darunter Linus Torvalds, gegen eine Umstellung der Kernellizenz auf die GPL 3 ausgesprochen. Das wäre auch aus praktischen Gründen schwierig: Sämtliche Entwickler, die Code zum Kernel beigesteuert haben, müssten zustimmen.

Lesser General Public License (LGPL)

Neben der GPL existiert noch die Variante LGPL (Lesser GPL). Der wesentliche Unterschied zur GPL besteht darin, dass eine derart geschützte Bibliothek auch von kommerziellen Produkten genutzt werden darf, deren Code *nicht* frei verfügbar ist. Ohne die LGPL könnten GPL-Bibliotheken nur wieder für GPL-Programme genutzt werden, was in vielen Fällen eine unerwünschte Einschränkung für kommerzielle Programmierer wäre.

Andere Lizenzen

Durchaus nicht alle Teile einer Linux-Distribution unterliegen den gleichen Copyright-Bedingungen! Obwohl der Kernel und viele Tools der GPL unterliegen, gelten für manche Komponenten und Programme andere rechtliche Bedingungen:

» Beispielsweise gibt es für das X Window System eine eigene Lizenz. Das X Window System wurde ursprünglich von der amerikanischen Universität MIT entwickelt. Die jetzige Lizenz ist von einer früheren Lizenz des MIT abgeleitet.

» Für manche Netzwerk-Tools gilt die BSD-Lizenz. BSD ist wie Linux ein freies Unix-System. Die BSD-Lizenz ist insofern liberaler als die GPL, als die kommerzielle Nutzung ohne die Freigabe des Codes zulässig ist. Die Lizenz ist daher vor allem für kommerzielle Programmierer interessant, die Produkte entwickeln möchten, deren Code sie nicht veröffentlichen müssen.

» Für einige Programme gelten Doppellizenzen. Beispielsweise können Sie den Datenbank-Server MySQL für Open-Source-Projekte bzw. für die innerbetriebliche Anwendung gemäß der GPL kostenlos einsetzen. Wenn Sie hingegen ein kommerzielles Produkt auf der Basis von MySQL entwickeln und samt MySQL verkaufen möchten (ohne Ihren Quellcode zur Verfügung zu stellen), kommt die kommerzielle Lizenz zum Einsatz. Die Weitergabe von MySQL wird in diesem Fall kostenpflichtig.

» Andere Programme sind zwar kommerziell, es ist aber dennoch eine kostenlose Nutzung möglich. Ein bekanntes Beispiel ist der Adobe Reader zum Lesen von PDF-Dokumenten: Zwar ist das Programm unter Linux kostenlos erhältlich (und darf auch in Firmen kostenlos eingesetzt werden), aber der Quellcode zu diesem Programm ist nicht verfügbar.

Manche Distributionen kennzeichnen die Produkte, bei denen die Nutzung oder Weitergabe eventuell lizenzrechtliche Probleme verursachen könnte. Bei Debian befinden sich solche Programme in der Paketquelle *non-free*.

Das Dickicht der zahllosen, mehr oder weniger »freien« Lizenzen ist schwer zu durchschauen. Die Bandbreite zwischen der manchmal fundamentalistischen Auslegung von »frei« im Sinne der GPL und den verklausulierten Bestimmungen mancher Firmen, die ihr Software-Produkt zwar frei nennen möchten (weil dies gerade modern ist), in Wirklichkeit aber uneingeschränkte Kontrolle über den Code behalten möchten, ist groß. Eine gute Einführung in das Thema geben die beiden folgenden Websites. Das Ziel von `opensource.org` ist es, unabhängig von Einzel- oder Firmeninteressen die Idee (oder das Ideal) von Software mit frei verfügbarem Quellcode zu fördern. Dort finden Sie auch eine Liste von Lizenzen, die der Open-Source-Idee entsprechen.

http://www.heise.de/open/artikel/75786
http://www.opensource.org

Lizenzkonflikte zwischen Open- und Closed-Source-Software

Open-Source-Lizenzen für Software-Entwickler

Wenn Sie Programme entwickeln und diese zusammen mit Linux bzw. in Kombination mit diversen Open-Source-Programmen oder -Bibliotheken verkaufen möchten, müssen Sie sich in die bisweilen verwirrende Problematik der unterschiedlichen Software-Lizenzen tiefer einarbeiten. Viele Open-Source-Lizenzen erlauben die Weitergabe nur, wenn auch Sie Ihren Quellcode im Rahmen einer Open-Source-Lizenz frei verfügbar machen. Auf je mehr Open-Source-Komponenten mit unterschiedlichen Lizenzen Ihr Programm basiert, desto komplizierter wird die Weitergabe.

Es gibt aber auch Ausnahmen, die die kommerzielle Nutzung von Open-Source-Komponenten erleichtern: Beispielsweise gilt für Apache und PHP sinngemäß, dass Sie diese Programme auch in Kombination mit einem Closed-Source-Programm frei weitergeben dürfen.

Die Einhaltung der Regeln der GPL kann zumindest in Deutschland gerichtlich erzwungen werden. Diverse Fälle, in denen Firmen Open-Source-Bibliotheken eingesetzt haben, aber ihren eigenen Code nicht zur Verfügung stellen wollten, sind auf der folgenden Website dokumentiert. In den meisten Fällen konnte eine Einigung ohne Gerichtsverfahren erzielt werden.

http://gpl-violations.org/

GPL-Probleme mit Hardware-Treibern

Manche proprietäre Treiber für Hardware-Komponenten (z. B. für NVIDIA-Grafikkarten) bestehen zumeist aus einem kleinen Kernelmodul (Open Source) und diversen exteren Programmen oder Bibliotheken, deren Quellcode nicht verfügbar ist (Closed Source). Das Kernelmodul hat nur den Zweck, eine Verbindung zwischen dem Kernel und dem Closed-Source-Treiber herzustellen.

Diese Treiber sind aus Sicht vieler Linux-Anwender eine gute Sache: Sie sind kostenlos verfügbar und ermöglichen es, diverse Hardware-Komponenten zu nutzen, zu denen es entweder gar keine oder zumindst keine vollständigen Open-Source-Treiber für Linux gibt. Die Frage ist aber, ob bzw. in welchem Ausmaß die Closed-Source-Treiber wegen der engen Verzahnung mit dem Kernel (der ja der GPL untersteht) die GPL verletzen. Viele Open-Source-Entwickler dulden die Treiber nur widerwillig. Eine direkte Weitergabe mit GPL-Produkten ist nicht zulässig, weswegen der Benutzer die Treiber in der Regel selbst herunterladen und installieren muss.

1.5 Die Geschichte von Linux

1982: GNU

Da Linux ein Unix-ähnliches Betriebssystem ist, müsste ich an dieser Stelle eigentlich mit der Geschichte von Unix beginnen – aber dazu fehlt hier der Platz. Stattdessen beginnt diese Geschichtsstunde mit der Gründung des GNU-Projekts durch Richard Stallman. GNU steht für *GNU is not Unix*. In diesem Projekt wurden seit 1982 Open-Source-Werkzeuge entwickelt. Dazu zählen der GNU-C-Compiler, der Texteditor Emacs, diverse GNU-Utilities wie `find` und `grep` etc.

1989: GPL

Erst sieben Jahre nach dem Start des GNU-Projekts war die Zeit reif für die erste Version der *General Public License*. Diese Lizenz stellt sicher, dass freier Code frei bleibt.

1991: Linux-Kernel 0.01

Die allerersten Teile des Linux-Kernels (Version 0.01) entwickelte Linus Torvalds, der den Programmcode im September 1991 über das Internet freigab. In kürzester Zeit fanden sich weltweit Programmierer, die an der Idee Interesse hatten und Erweiterungen dazu programmierten. Sobald der Kernel von Linux so weit entwickelt worden war, dass der GNU-C-Compiler darauf lief, stand mit einem Schlag die gesamte Palette der GNU-Tools zur Verfügung. Aus dem bloßen Kernel wurde also ein vollständiges System. Weitere Komponenten waren das Dateisystem Minix, Netzwerk-Software von BSD-Unix, das X Window System des MIT und dessen Portierung XFree86 etc.

Damit sollte klar sein, dass Linux nicht allein Linus Torvalds zu verdanken ist. Hinter Linux stehen vielmehr eine Menge engagierter Menschen, die seit Jahren in ihrer Freizeit, im Rahmen ihres

Informatikstudiums und zum Teil auch bezahlt von Firmen wie Google, IBM oder HP freie Software produzieren. Allein der Kernel von Linux umfasst mittlerweile viele Millionen Programmzeilen!

1994: Erste Distributionen

Informatik-Freaks an Universitäten konnten sich Linux und seine Komponenten selbst herunterladen, kompilieren und installieren. Eine breite Anwendung fand Linux aber erst mit Linux-Distributionen, die Linux und die darum entstandene Software auf Disketten bzw. CD-ROMs verpackten und mit einem Installationsprogramm versahen. Vier der zu dieser Zeit entstandenen Distributionen existieren heute noch: Debian, Red Hat, Slackware und SUSE.

1996: Pinguin

1996 wurde der Pinguin zum Linux-Logo.

1998: Microsoft nimmt Linux wahr

Mit dem rasanten Siegeszug des Internets stieg auch die Verbreitung von Linux, vor allem auf Servern. Gewissermaßen zum Ritterschlag für Linux wurde der legendäre Ausspruch von Steve Ballmer: *Microsoft is worried about free software* .... Ein Jahr später ging Red Hat spektakulär an die Börse.

2002: Linux fürs Büro

Nachdem Sun StarOffice gekauft und den Quellcode veröffentlicht hatte, wurde 2002 schließlich OpenOffice 1.0 fertiggestellt. Ein komplettes Office-Paket, eingebettet in eine komfortable Benutzeroberfläche (KDE oder Gnome), machte Linux büro- und massentauglich. Damit gelang Linux der Schritt aus der Freak- und Server-Ecke heraus. 2003 entschied sich die Stadt München dafür, rund 14.000 Rechner von Windows NT auf Linux umzustellen.

2009: Android

Die Android-Plattform von Google bringt Linux ab 2009 auf das Handy. Mittlerweile ist Android die (nach Stückzahlen) dominierende Plattform für Smartphones. Eine ähnliche Entwicklung wird ab 2012 auch für Tablets erwartet.

1.6 Software-Patente und andere Ärgernisse

Vieles deutet darauf hin, dass Linux in Zukunft eine noch höhere Bedeutung und Verbreitung finden wird: Die Entwicklung schreitet auf allen Ebenen (Kernel, Server-Programme, Anwendungen) rasch voran, immer mehr Behörden und Firmen erkennen die Vorteile von Linux etc. Es gibt aber auch Stolpersteine, die das Thema dieses Abschnitts sind.

Software-Patente

Software-Patente schützen in den USA und einigen anderen Ländern Software-Ideen, -Konzepte und Algorithmen. Alles Mögliche und Unmögliche ist schon patentiert, bisweilen vollkommen triviale Dinge wie die Darstellung eines Fortschrittsbalkens oder die berühmte 1-Click-Bestellung (Amazon). Der Missbrauch derartiger Trivialpatente und die für die schnelllebige Software-Branche unsinnig langen Laufzeiten von 20 Jahren tragen zum Widerwillen gegen Software-Patente bei. Sie können davon ausgehen, dass jedes Programm, das mehr als einige 100 Zeilen Code enthält, weltweit irgendwelche Patente verletzt ...

Die Entscheidung des Europäischen Patentamts gegen die Einführung von Software-Patenten in Europa im Sommer 2005 war einer der wenigen Lichtblicke. Da Linux aber auch außerhalb Europas eingesetzt wird, beschränken Software-Patente den Lieferumfang vieler Distributionen: Beispielsweise verzichten viele Distributionen aus Angst vor Klagen darauf, Bibliotheken zum Abspielen von MP3-Dateien mitzuliefern; die darin eingesetzten Algorithmen sind durch Patente geschützt. Es bleibt jedem Benutzer überlassen, entsprechende Bibliotheken selbst zu installieren.

Während Patente selten ein Risiko für einzelne Software-Entwickler sind, spielen sie im Kampf um Marktanteile eine immer größere Rolle, besonders im heiß umkämpften Smartphone- und Tablet-Markt. Jeder großer Hersteller verklagt jeden anderen, mit ungewissem Ausgang, aber auf jeden Fall zur Freude der beteiligten Rechtsanwälte und Kanzleien. Besonders geschickt agiert Microsoft: In Form von Lizenzierungsverträgen für die Hersteller von Smartphones verdient die Firma am Verkauf von Android-Handys – ohne selbst eine Zeile Code dafür geschrieben zu haben und ohne bisher selbst eine relevante Rolle auf dem Smartphone-Markt zu spielen oder durch besondere Innovationen aufzufallen.

Patent-Pools der Open-Source-Gemeinde

Ganz aussichtslos ist die Lage freilich auch nicht. Das liegt vor allem daran, dass einige Linux nahestehende Firmen wie IBM selbst über riesige Patent-Pools verfügen. Gleichzeitig haben diverse Linux-Firmen damit begonnen, selbst Patente zu sammeln, die teilweise von anderen Firmen gleichsam für Open-Source-Zwecke »gespendet« wurden. Das Absurde der Situation besteht darin, dass ein verfehltes Patentrecht die Open-Source-Gemeinde dazu zwingt, selbst Patente einzusetzen, um sich gegen eventuelle Klagen zu schützen. Details über Patent-Tools der Open-Source-Gemeinde finden Sie hier:

http://www.openinventionnetwork.com/

Multimedia

Ein weiteres Problemfeld ist der Multimedia-Markt. Schon jetzt können Sie unter Linux Ihre ganz legal erworbenen DVDs nicht abspielen. Diese Einschränkung ist juristischer Natur, nicht technischer. Die meisten DVDs sind durch ein ziemlich primitives Verschlüsselungsverfahren geschützt. Ähnlich sieht es bei Blu-Ray-Disks aus: Deren Schutzverfahren sind zwar technisch etwas ausgereifter als bei DVDs, mittlerweile aber ebenfalls geknackt.

Das ist aber noch keine echte Lösung für das Problem: Diverse Gesetze verbieten in vielen Ländern sowohl die Weitergabe der erforderlichen Bibliotheken als auch die bloße Beschreibung, wie diese zu installieren sind (Urheberrechtsgesetz in Deutschland).

Digital Rights Management

Nicht besser sieht es mit online erworbenen Daten (Audio, Video, Textdokumenten etc.) aus, die durch DRM geschützt sind. DRM steht für *Digital Rights Management* und bezeichnet diverse Verfahren, die Nutzung der Daten so einzuschränken, dass sie nur auf einem ganz bestimmten Rechner möglich ist. Sozusagen nebenbei werden Sie dadurch auf eine bestimmte Hardware (z. B. iPod oder iPhone) bzw. auf ein bestimmtes Betriebssystem (z. B. Windows, OS X) beschränkt. DRM-Gegner bezeichnen das System nicht umsonst als *Digital Restriction Management*. DRM und Open Source sind fundamental inkompatibel zueinander. Deswegen erfordert der legale Zugriff auf DRM-geschützte Inhalte kommerzielle Closed-Source-Programme, die für Linux aber selten verfügbar sind.

SCO

Ein Thema für sich war die SCO-Klage: Am 7. März 2003 reichte die Firma SCO eine Klage gegen die Firma IBM ein (Streitwert: eine Milliarde Dollar). SCO warf IBM unter anderem vor, dass IBM im Linux-Kernel durch Copyrights geschützten Unix-Code von SCO eingesetzt habe. Daraus folgerte SCO, dass jede Anwendung von Linux ab Kernel 2.4 illegal sei. Zur Legalisierung bot SCO Linux-Anwendern eine Weile eine spezielle Lizenz an, deren Preis aber ein Vielfaches dessen betrug, was eine Linux-Distribution üblicherweise kostet. SCO hat allerdings sämtliche Prozesse bzw. Instanzen verloren. 2011 wurde dieser vollkommen sinnlose Rechtsstreit endgültig beigelegt.

2. Installation

Dieses Kapitel gibt einen Überblick über die Installation eines Linux-Systems auf einem PC oder einem Notebook mit einem Intel-kompatiblen Prozessor. Das Kapitel bezieht sich nicht auf eine spezielle Distribution, sondern beschreibt wesentliche Installationsschritte wie die Partitionierung der Festplatte in allgemeiner Form und vermittelt das erforderliche Grundlagenwissen. Spezifische Details zur Installation einiger ausgewählter Distributionen finden Sie ab Seite 1001.

Die Installation ist in den vergangenen Jahren immer einfacher geworden. Im Idealfall – d. h., wenn Sie Standard-Hardware verwenden und ausreichend Platz für Linux vorhanden ist – sollten 30 Minuten ausreichen, um zu einem funktionierenden Linux-System zu gelangen. Schwierig wird die Installation zumeist nur deswegen, weil im Regelfall ein wechselweiser Betrieb von einem schon vorhandenen Windows-Betriebssystem und von Linux gewährleistet werden soll. Probleme kann es aber auch bei der Unterstützung ungewöhnlicher oder ganz neuer Hardware geben.

2.1 Voraussetzungen

Damit Sie Linux installieren können, müssen mehrere Voraussetzungen erfüllt sein:

» Sie benötigen einen PC bzw. ein Notebook mit einem Intel-Pentium-kompatiblen Prozessor. Dazu zählen alle gängigen 32- und 64-Bit-Prozessoren von Intel, AMD und VIA. Es gibt auch Linux-Distributionen für Systeme mit anderen Prozessor-Architekturen (z. B. IBM PowerPC oder Arm).

» Sie benötigen eine freie Partition mit ausreichend Platz auf Ihrer Festplatte. Wie viel »ausreichend« ist, hängt von der Distribution und davon ab, wie viele Programme Sie installieren und welche persönlichen Daten Sie speichern möchten (Fotos, Videos etc.). Meine Minimalempfehlung lautet 10 GByte. Damit haben Sie nicht nur Platz für viele Programme, sondern auch noch etwas Reserve für eigene Daten. (Was eine Partition ist, wird ab Seite 45 ausführlich erklärt.)

» Sie benötigen Hardware-Komponenten, die von Linux erkannt und unterstützt werden. Gegenwärtig ist das bei einem Großteil der Standard-Hardware der Fall. Probleme können ganz neue Grafikkarten sowie manche WLAN-Karten bereiten. Eine weitere Problemquelle sind neue Notebooks. Nicht unterstützt werden die meisten sogenannten GDI-Drucker und Win-Modems. (Aktuelle Informationen zu diesem Thema finden Sie im Internet. Tabelle 1.1 auf Seite 24 listet entsprechende Internet-Seiten auf.)

» Manche Linux-Programme nutzen die mittlere Maustaste. Insofern ist eine Maus mit drei Tasten oder eine Maus mit einem drückbaren Rad praktisch. (Bei Mäusen mit nur zwei Tasten müssen beide Tasten gemeinsam gedrückt werden, um die fehlende dritte Taste zu simulieren.)

Hinweis

Wie ich im vorigen Kapitel erwähnt habe, gibt es auch Minimal-Distributionen, die wesentlich geringere Hardware-Anforderungen stellen. In diesem Kapitel gehe ich aber davon aus, dass Sie eine gewöhnliche Distribution installieren – z. B. Debian, Fedora, Kubuntu, Mandriva, Red Hat, SUSE oder Ubuntu.

Wenn Sie Virtualisierungsprogramme wie VirtualBox oder VMware einsetzen, können Sie Linux auch innerhalb von Windows in einer virtuellen Umgebung installieren und ausführen. Das vereinfacht die Installation, mindert aber auch die Funktionalität (nur limitierter Hardware-Zugriff, deutlich geringere Ausführungsgeschwindigkeit etc.). Einige Tipps zum virtuellen Linux-Einstieg finden Sie auf Seite 73.

32- oder 64-Bit?

In fast allen gängigen PCs und Notebooks befinden sich 64-Bit-Prozessoren. Der wesentliche Unterschied zu 32-Bit-Prozessoren besteht darin, dass damit Speicherbereiche über 4 GByte direkt adressiert werden können. Dieser Vorteil kommt zum Tragen, wenn Sie zumindest 4 GByte RAM besitzen, Programme mit sehr hohem Speicherbedarf nutzen und eine 64-Bit-Distribution einsetzen. Im gewöhnlichen Desktop-Einsatz auf PCs mit bis zu 4 GByte Speicher bieten 64-Bit-Prozessoren dagegen keine nennenswerten Vorteile.

64-Bit-Distributionen

Aus technischen Gründen werden die Vorteile der 64-Bit-Architektur nur wirksam, wenn die gesamte Distribution aus 64-Bit-Programmen und -Bibliotheken besteht. Aus diesem Grund ist eine universelle 32/64-Bit-Distribution unmöglich. Stattdessen gibt es von den meisten Distributionen zwei Ausführungen: eine 32-Bit-Version (übliche Kürzel sind i386, i586 oder i686 und beziehen sich auf Intel-Prozessorfamilien) und eine 64-Bit-Version (Kürzel x86_64 oder AMD64). openSUSE-Distributoren verpacken beide Versionen auf eine einzige doppellagige DVD, aber das ändert nichts daran, dass es sich letztlich doch um zwei unterschiedliche Varianten derselben Distribution handelt.

Gängige 64-Bit-Prozessoren sind vollständig abwärtskompatibel zu 32-Bit-Prozessoren. Aus diesem Grund ist es möglich, auf einem 64-Bit-Rechner wahlweise eine 32-Bit- oder eine 64-Bit-Distribution zu installieren. Diese Entscheidung ist endgültig: Ein späterer Wechsel zwischen 32/64-Bit ist nur durch eine Neuinstallation möglich.

In der Vergangenheit mussten sich Anwender von 64-Bit-Distributionen damit herumärgern, dass es diverse Nicht-Open-Source-Programme und -Treiber nur in 32-Bit-Versionen gab. Das hat sich mittlerweile zum Glück geändert. Einzelne Programme, die noch immer nicht als 64-Bit-Kompilat zur Verfügung stehen (z. B. der Adobe Reader), können nach der Installation einiger 32-Bit-Bibliotheken auch in einer 64-Bit-Distribution ausgeführt werden.

Empfehlungen

Es gibt eigentlich keinen vernünftigen Grund mehr, der *gegen* eine 64-Bit-Installation spricht. Die einzige Ausnahme sind Netbooks mit dem Atom-Prozessor von Intel, der nicht 64-Bit-kompatibel ist. Während der Arbeit an diesem Buch habe ich ausschließlich mit 64-Bit-Distributionen gearbeitet.

2.2 Installationsvarianten

Bis vor wenigen Jahren verwendeten die meisten Distributionen dasselbe Installationsverfahren: Der Rechner wird neu gestartet, das auf der CD oder DVD befindliche Installationsprogramm wird ausgeführt, und Linux wird auf die Festplatte installiert. Dieses Verfahren ist nach wie vor populär, es gibt aber mittlerweile eine Menge Varianten, die ich Ihnen hier vorstelle.

Installationsmedium

Das gängigste Installationsmedium ist eine CD oder DVD. Soweit Sie den Datenträger nicht aus einer Zeitschrift oder einem Buch entnehmen, laden Sie die entsprechende ISO-Datei aus dem Internet herunter und brennen die CD oder DVD einfach selbst. Anschließend starten Sie Ihren Rechner neu und führen das auf der CD oder DVD befindliche Installationsprogramm aus.

Mit der wachsenden Verbreitung von Netbooks und Mini-Notebooks, denen ein CD/DVD-Laufwerk fehlt, sind die Distributoren auf die Idee gekommen, auch USB-Sticks als Installationsmedium zu unterstützen. Die ISO-Dateien der meisten Distributionen sind mittlerweile so konzipiert, dass sie direkt von USB-Datenträgern bootfähig sind. Unter Linux können Sie derartige Image-Dateien einfach mit dem Kommando dd auf den USB-Stick oder die Speicherkarte kopieren:

```
user$  dd if=ubuntu.img of=/dev/sdc bs=512
```

Passen Sie aber auf, dass Sie mit `of=...` das korrekte Gerät angeben! Wer sich das nicht zutraut, kann diesen Schritt komfortabler mit einer Benutzeroberfläche durchführen, beispielsweise mit dem USB-ImageWriter (siehe Seite 1057). Anschließend starten Sie Ihren Rechner neu und booten das Linux-Installationsprogramm vom USB-Stick.

Etwas schwieriger ist es, eine ISO-Datei als Grundlage für eine USB-Installation zu verwenden, wenn das Image nicht explizit für den Einsatz auf USB-Sticks optimiert ist. In diesem Fall müssen Sie den Inhalt einer ISO-Datei auf dem USB-Medium auspacken und dort das Programm Syslinux installieren. Die manuelle Durchführung dieser Schritte ist schwierig und Linux-Profis vorbehalten.

Besser ist es, zum Beschreiben des USB-Sticks das Programm *UNetbootin* einzusetzen (siehe Abbildung 2.1), das Sie wahlweise unter Linux oder Windows ausführen. Anschließend wählen Sie entweder eine Distribution zum Download aus oder geben den Speicherort einer bereits vorher heruntergeladenen ISO-Datei an. Außerdem müssen Sie einstellen, in welches Device bzw. Laufwerk die Daten kopiert werden sollen. Da die ISO-Datei in entpackter Form auf den USB-Datenträger geschrieben wird, muss dieser oftmals wesentlich größer als die ISO-Datei sein. Sie finden dieses ausgesprochen nützliche Programm hier zum Download:

http://unetbootin.sourceforge.net/

Installationsprogramm versus Live-System

Traditionell wird von der Installations-CD oder -DVD zuerst ein minimales Linux-System und darin ein Installationsprogramm ausgeführt. Ein anderes Verfahren besteht darin, vom Installationsmedium ein Live-System zu starten. Das Installationsprogramm wird dann bei Bedarf innerhalb dieses Live-Systems gestartet. Diese Vorgehensweise hat den Vorteil, dass das Live-System auch für andere Zwecke verwendet werden kann – etwa um die Distribution auszuprobieren, um Reparaturarbeiten durchzuführen etc.

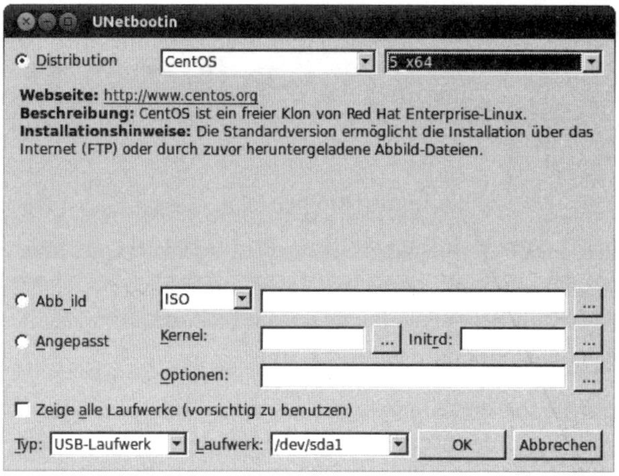

Abbildung 2.1: **ISO-Datei auf USB-Medium übertragen**

Viele Distributionen bieten für beide Installationsvarianten eigene ISO-Dateien an. Der Vorteil der Live-Variante ist vielfach der geringere Download-Bedarf (eine CD statt einer DVD). Allerdings bietet die Live-Variante in der Regel weniger Auswahl- und Konfigurationsmöglichkeiten. Außerdem werden vielfach nur englische Sprachpakete installiert. Eine positive Ausnahme ist in dieser Hinsicht Ubuntu, das sich auch bei einer Live-Installation um die korrekte Installation der gewünschten Sprachpakete kümmert.

Kurzum: Wenn Sie die Wahl haben, sollten Sie das traditionelle Installationsverfahren vorziehen. Das gilt insbesondere dann, wenn Sie spezielle Konfigurationswünsche haben (LVM, RAID, Auswahl eines eigenen Dateisystemtyps etc.).

Installation im Textmodus

Bei nahezu allen Distributionen erfolgt die Installation innerhalb einer grafischen Benutzeroberfläche. Optional kann die Installation zumeist auch im Textmodus durchgeführt werden, etwa wenn es Probleme bei der korrekten Erkennung der Grafikkarte gibt. Vereinzelt gibt es auch noch immer Distributionen, die *nur* im Textmodus installiert werden können, beispielsweise die Server-Variante von Ubuntu.

Installation auf ein USB-Medium

USB-Medien werden nicht nur als Quellmedium für das Installationsprogramm immer beliebter, sondern auch als Ziel einer Installation: Einige Distributionen bieten die Möglichkeit, Linux auf einen USB-Stick zu installieren. Das ergibt dann ein »Linux zum Mitnehmen«, das unterwegs nahezu auf jedem beliebigen Rechner ausgeführt werden kann. Oft handelt es sich bei dieser Installationsvariante nicht um eine vollwertige Installation; vielmehr wird einfach ein Live-System auf den USB-Stick übertragen. Daraus ergeben sich diverse Einschränkungen, etwa was die Installation weiterer Programme oder die Durchführung von Updates betrifft. Ein Live-System – egal, ob auf einer CD oder auf einem USB-Stick – kann eine »richtige« Installation nie ersetzen.

Installation auf eine externe Festplatte

Sie können Linux auch auf eine externe Festplatte installieren. Diese Variante sieht auf den ersten Blick verlockend aus, insbesondere bei Notebooks, deren eingebaute Festplatte schon voll ist. Leider gibt es bei dieser Installationsvariante oft Probleme, das Linux-System anschließend zu starten. Deswegen ist diese Installationsform nur fortgeschrittenen Linux-Anwendern zu empfehlen. Entscheidend ist der Ort, wohin der Bootloader GRUB installiert wird. Dabei gibt es zwei Varianten:

- » Der Bootloader wird in den ersten Sektor der externen Festplatte installiert. Gleichzeitig muss das BIOS des Rechners so eingestellt werden, dass die externe Festplatte als bevorzugtes Boot-Medium gilt. Mit anderen Worten: Wenn die externe Festplatte angesteckt ist, startet Linux, sonst das auf der internen Festplatte befindliche Windows.
- » Der Bootloader wird in den ersten Sektor der ersten internen Festplatte installiert. Der Bootprozess gelingt allerdings nur, wenn die externe Festplatte während des Bootprozesses korrekt erkannt wird. Das ist nach meinen Erfahrungen nicht immer der Fall.

Windows-Installation

Der irreführende Begriff »Windows-Installation« bedeutet, dass die Linux-Installation nicht mit einem Neustart des Rechners, sondern direkt unter Windows beginnt. Es gab in der Vergangenheit mehrfach den Versuch, die Hemmschwelle einer Linux-Installation auf diese Weise zu minimieren. Wirklich ausgereift ist in dieser Hinsicht allerdings nur WUBI: Dabei handelt es sich um eine besonders einfache Installationsvariante für Ubuntu. Die Installationseinstellungen und Vorbereitungsarbeiten werden unter Windows durchgeführt. Anschließend ist aber auch bei WUBI ein Neustart des Rechners erforderlich. Die weitere Installation erfolgt automatisch. Weitere Informationen zu WUBI finden Sie auf Seite 1058 sowie auf der folgenden Webseite:

http://wubi-installer.org/

Netzwerk-installation

Bei einer Netzwerkinstallation werden die Installationsdateien nicht von einer CD oder DVD gelesen, sondern aus dem Netzwerk. Dabei gibt es zwei Varianten, die sich darin unterscheiden, wie die Installation beginnt:

- » **Installationsstart mit einem herkömmlichen Medium:** Hier startet die Installation von einer CD oder einem USB-Stick. Das Installationsprogramm hilft bei der Herstellung der Netzwerkverbindung und lädt dann alle weiteren Daten aus dem Netz. Besonders populär ist diese Installationsform bei Debian (mit dem sogenannten *netinst*-Image).
- » **Installationsstart via Netzwerk:** Diese »echte« Netzwerkinstallation setzt voraus, dass Ihr Rechner die Boot-Daten aus dem lokalen Netzwerk laden kann. Die meisten gängigen Mainboards sind dazu in der Lage, wenn das BIOS korrekt eingestellt wird. Außerdem muss es im lokalen Netzwerk einen Server geben, der das Linux-Installationsprogramm als Boot-Daten anbietet. Diese Vorgehensweise ist optimal, um viele Linux-Installationen auf einmal durchzuführen (z. B. in einer Firma oder einer Schule). Allerdings ist das Einrichten des Installations-Servers nicht ganz einfach. Zudem unterstützen nur ausgewählte Distributionen dieses Installationsverfahren (z. B. Red Hat und SUSE). Wenn Sie Debian auf mehreren Rechnern automatisch installieren möchten, werfen Sie einen Blick auf die folgende Seite:

  http://fai-project.org/

Installation mehrerer Linux-Distributionen auf einem Rechner

Um mehrere Distributionen auszuprobieren oder um eine neue Version Ihrer Distribution parallel zur vorhandenen Version zu installieren, können Sie die Distributionen gleichsam nebeneinander auf Ihrer Festplatte installieren. Dazu benötigt jede Distribution ihre eigene Systempartition. Die wichtigste Voraussetzung besteht also darin, dass auf Ihrer Festplatte Platz für weitere Partitionen ist. (Swap- und Datenpartitionen können auf Wunsch von unterschiedlichen Distributionen gemeinsam genutzt werden.)

Der zweite entscheidende Punkt ist die richtige Installation des Bootloaders. Wenn Sie den Bootloader einfach in den Bootsektor der Festplatte installieren und das Installationsprogramm die bereits installierten Distributionen nicht erkennt, können Sie anschließend nur die neue, nicht aber die alte Distribution starten. Sicherer ist es, Sie befolgen die auf Seite 668 beschriebene Vorgehensweise: Kurz gefasst geht es darum, den Bootloader bei der Neuinstallation in den Bootsektor der neuen Systempartition zu installieren, dann wieder die alte Distribution zu starten und dort die Konfigurationsdatei des Bootloaders so zu ändern, dass in Zukunft beide Distributionen zur Auswahl stehen.

2.3 Überblick über den Installationsprozess

Dieser Abschnitt fasst die Schritte einer gewöhnlichen Linux-Installation zusammen. »Gewöhnlich« bedeutet hier, dass auf dem Rechner bereits Microsoft Windows installiert ist. Wesentlich einfacher verläuft die Installation, wenn auf dem Rechner noch kein Betriebssystem installiert ist oder wenn dieses gelöscht werden darf. Nun aber zu den Installationsschritten:

» **Linux-Installation starten:** Legen Sie die Installations-CD in das Laufwerk ein, und starten Sie den Rechner neu. Das Linux-Installationsprogramm sollte automatisch gestartet werden (siehe Seite 43). Das Installationsprogramm sieht bei jeder Distribution ein wenig anders aus. Für einige Distributionen finden Sie ab Seite 1001 Details zur Bedienung dieses Programms. Die ersten Fragen betreffen zumeist die Sprache der Benutzeroberfläche sowie die Konfiguration von Tastatur und Maus.

  Falls Sie als Installationsmedium einen USB-Stick oder eine Speicherkarte verwenden, müssen Sie während des Starts explizit angeben, dass Sie davon booten möchten. Die erforderlichen Tastenkombinationen hängen vom BIOS Ihres Rechners ab. (Sehr alte Rechner sind nicht in der Lage, von USB-Medien zu booten.)

» **Windows-Partition verkleinern:** Normalerweise füllt Windows die gesamte Festplatte in einer einzigen, sehr großen Partition. Um Platz für Linux zu machen, muss diese Partition verkleinert werden. Bei den meisten Distributionen kümmert sich das Installationsprogramm um diesen Schritt. Nur wenn Ihre Distribution diese Möglichkeit nicht bietet oder wenn die Verkleinerung nicht klappt, müssen Sie Hand anlegen und die Windows-Partition vor dem Start der Linux-Installation selbst verkleinern (siehe ab Seite 56).

» **Linux-Partitionen anlegen:** Ein wesentlicher Schritt jeder Installation ist das Anlegen von Linux-Partitionen auf der Festplatte. Wie das Partitionierprogramm aussieht, hängt stark von der jeweiligen Distribution ab. Davon unabhängig finden Sie ab Seite 57 Grundlageninformationen und Tipps zur Partitionierung.

» **Installationsumfang auswählen:** Bei vielen Distributionen können Sie auswählen, welche Teile der Linux-Distribution Sie installieren möchten (siehe Seite 61). Bei einigen Distributionen entfällt dieser Schritt (z. B. bei Ubuntu). Stattdessen wird hier ein relativ kleines Grundsystem installiert. Weitere Programme fügen Sie dann später bei Bedarf im laufenden Betrieb hinzu.

» **Konfiguration:** Je nach Installationsprogramm folgen nun diverse Rückfragen zur Konfiguration – z. B. zum gewünschten Passwort für den Administrator root, zu den Netzwerkeinstellungen, zur Druckerkonfiguration etc. (siehe Seite 62).

» **Bootloader:** Ungeklärt ist jetzt nur noch eine Frage: Wie soll Linux in Zukunft gestartet werden? Dazu wird bei den meisten Distributionen das Programm GRUB eingesetzt (siehe Seite 65).

GRUB kann wahlweise in den Bootsektor der Festplatte oder in den ersten Sektor einer Linux-Partition installiert werden. Am komfortabelsten ist die erste Variante: In diesem Fall erscheint der Bootloader bei jedem Start, und Sie können auswählen, welches Betriebssystem Sie starten möchten. Der Nachteil besteht allerdings darin, dass die GRUB-Installation in seltenen Fällen Konflikte mit dem bisher installierten Bootloader verursacht.

Insgesamt wird die Erstinstallation von Linux vermutlich etwa eine Stunde in Anspruch nehmen. (Mit etwas Übung und einem schnellen Rechner gelingt sie aber auch in 15 Minuten!) Anschließend können Sie mit Linux zu arbeiten beginnen bzw. manuell weitere Konfigurationsschritte durchführen und Linux optimal an Ihre besonderen Ansprüche anpassen. Tipps für Ihre ersten Schritte unter Linux finden Sie ab Seite 75.

Hinweis

Es gibt während einer Linux-Installation nur zwei kritische Phasen, in denen Sie unbeabsichtigt Daten anderer Betriebssysteme zerstören oder Ihren Rechner nicht mehr startbar machen können: bei der Partitionierung der Festplatte und bei der Installation des Bootloaders auf die Festplatte. Führen Sie diese Schritte also mit besonderer Vorsicht aus.

Diverse Installationsvarianten werden ab Seite 39 behandelt: Dort finden Sie unter anderem Informationen zur Installation über ein Netzwerk.

2.4 Start der Linux-Installation

Von einer CD/DVD starten

Sie beginnen die Installation damit, dass Sie die Installations-CD oder -DVD in Ihr CD/DVD-Laufwerk legen und den Rechner neu starten. Statt des üblichen Starts Ihres bereits installierten Betriebssystems sollte nun ein Linux-System bzw. das Linux-Installationsprogramm direkt von der CD starten.

Sollte dies nicht gelingen, ist Ihr BIOS vermutlich so konfiguriert, dass ein Booten von einer CD/DVD nicht möglich ist. Das BIOS steuert auf unterster Ebene Ihren Rechner. Diverse Konfigurationsdaten werden in einem kleinen BIOS-RAM gespeichert. Dieser Speicher ist durch eine Batterie gepuffert und bleibt daher auch nach dem Ausschalten erhalten.

Um die BIOS-Einstellungen zu ändern, müssen Sie unmittelbar nach dem Einschalten des Rechners eine Taste drücken (häufig Entf oder F1). Wie Sie in das BIOS-Menü gelangen bzw. wie die Veränderung des BIOS im Detail erfolgt, hängt von Ihrem Mainboard ab und kann daher hier nicht beschrieben werden. Informationen darüber finden Sie im Handbuch zu Ihrem Rechner (genau genommen: zum Mainboard). Beachten Sie, dass während der BIOS-Einstellung meist das amerikanische Tastaturlayout vorausgesetzt wird. Unter anderem sind Y und Z vertauscht!

Von einem USB-Stick starten

Auch wenn Sie als Installationsmedium einen USB-Stick oder eine Speicherkarte verwenden, müssen Sie den Rechner neu starten. Abermals ist das BIOS dafür verantwortlich, ob ein Booten vom USB-Stick oder von der Speicherkarte möglich ist.

Erste Einstellungen

Bei einigen Distributionen können Sie noch vor dem eigentlichen Start von Linux durch Funktionstasten die Sprache, das Tastaturlayout und eventuell einige weitere Parameter einstellen (siehe Abbildung 2.2). Bei anderen Distributionen erfolgen diese Einstellungen wenige Sekunden nach dem Start.

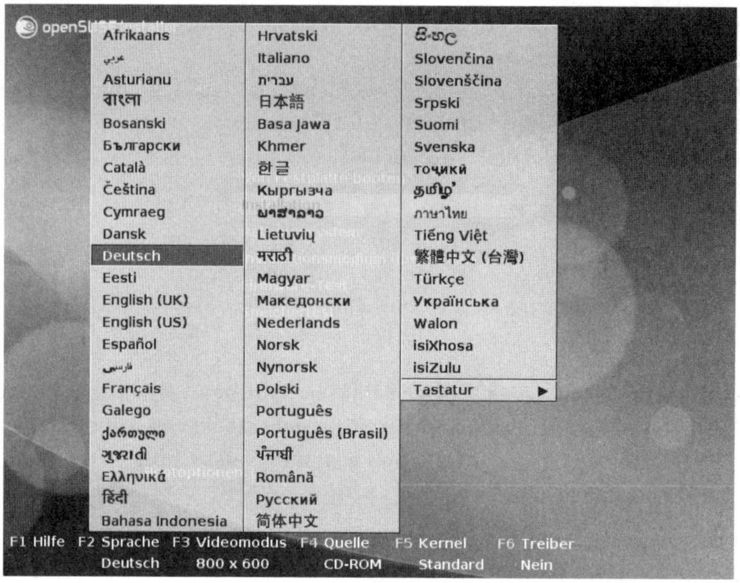

Abbildung 2.2: **Sprachauswahl am Beginn einer SUSE-Installation**

Tastatureinstellungen

Bei manchen Distributionen können Sie ein Tastaturlayout mit oder ohne sogenannte Dead Keys auswählen. Mit diesen Tasten sind beispielsweise [´] und [~] gemeint. (De)aktiviert werden nicht die Tasten an sich, sondern das Zusammensetzen von Buchstaben mit diesen Tasten.

Bei einem Tastaturlayout mit Dead Keys können Sie beispielsweise den Buchstaben Ç in der Form [~], [C] eingeben. Wenn Sie die den Dead Keys zugeordneten Zeichen selbst eingeben möchten, müssen Sie die betreffende Taste und danach die Leerzeichentaste drücken – also [~], [Leertaste] für ~. (Dieses Zeichen wird unter Linux relativ häufig benötigt.)

Bei einem Tastaturlayout ohne Dead Keys können Sie keine ausländischen Sonderzeichen zusammensetzen. Dafür ist jetzt die Eingabe der den Dead Keys zugeordneten Zeichen einfacher, weil das betreffende Zeichen sofort erscheint.

Interna

Das Installationsprogramm läuft selbst unter Linux. Dazu wird vom Installationsmedium zuerst der Linux-Kernel geladen und dann das eigentliche Installationsprogramm gestartet.

Der Kernel muss beim Start Ihre Hardware erkennen. Es werden zwar nicht alle Hardware-Komponenten benötigt – die Soundkarte spielt für die Installation beispielsweise keine Rolle –, aber zumindest der Zugriff auf die Festplatten, auf das CD- oder DVD-Laufwerk oder auf die Netzwerkkarte muss funktionieren. Nun gibt es leider Dutzende SCSI-Karten und vermutlich Hunderte von Netzwerkkarten.

Anstatt gleich alle erdenklichen Treiber zu aktivieren, wird zuerst ein Minimalkernel geladen, der nur Standard-Hardware erkennt. Alle weiteren Hardware-Komponenten werden durch sogenannte Module unterstützt. Das Installationsprogramm versucht selbstständig, die richtigen Module zu aktivieren. Sollte das bei Ihrem Rechner nicht gelingen (das ist unwahrscheinlich), können Sie manche Installationsprogramme in einem speziellen Modus für Experten bzw. fortgeschrittene Computer-Anwender ausführen und die erforderlichen Hardware-Informationen selbst beisteuern.

2.5 Grundlagen der Festplattenpartitionierung

Nach dem Start des Installationsprogramms und diversen elementaren Einstellungen ist die Partitionierung der Festplatte der erste entscheidende Schritt der Installation. Zwar bieten viele Installationsprogramme an, diesen Schritt automatisch zu erledigen, dabei ist aber Vorsicht angebracht: Nur in seltenen Glücksfällen entspricht das Resultat wirklich Ihren Bedürfnissen. Bevor der nächste Abschnitt konkrete Tipps zur Partitionierung gibt, erklärt dieser Abschnitt, was Partitionen sind und welche Regeln beim Anlegen von Partitionen zu beachten sind.

Was sind Partitionen?

Partitionen sind Abschnitte auf der Festplatte. Windows-Partitionen bekommen eigene Buchstaben (`C:`, `D:` etc.) und verhalten sich scheinbar wie selbstständige Festplatten.

Im einfachsten Fall gibt es nur eine einzige Partition, die einfach die gesamte Festplatte umfasst. Wenn Sie einen vorkonfigurierten PC mit einem Windows-Betriebssystem kaufen, ist das der Regelfall.

Wozu mehrere Partitionen?

Mehrere Partitionen benötigen Sie, sobald Sie mehrere Betriebssysteme gleichzeitig auf Ihrem Rechner installieren möchten. Der Grund dafür besteht darin, dass unterschiedliche Betriebssysteme im Regelfall auch unterschiedliche Dateisysteme verwenden. Selbst wenn mehrere Betriebssysteme das gleiche Dateisystem unterstützen, ist es zumeist unumgänglich, die Betriebssysteme in unterschiedliche Partitionen zu installieren, um Doppelgleisigkeiten bei den Verzeichnisnamen zu vermeiden.

Unter Linux kommt noch hinzu, dass es zumeist sinnvoll ist, für Linux selbst mehrere Partitionen vorzusehen – z. B. eine Partition für das Betriebssystem, eine für die eigenen Daten und eine als sogenannte Swap-Partition. Dabei handelt es sich um das Gegenstück zur Auslagerungsdatei von Windows.

Hinweis

Um es nochmals zu verdeutlichen: Für eine Linux-Installation kommt es nicht darauf an, wie viel Platz auf Ihrer Festplatte unter Windows noch frei ist. Diesen Platz – innerhalb einer Windows-Partition – können Sie nämlich für Linux nicht nutzen. Sie benötigen für die Linux-Installation Platz außerhalb der Windows-Partition, um dort neue Partitionen anzulegen. Die einzige Ausnahme ist eine WUBI-Installation, bei der ein Dateisystem innerhalb einer Windows-Datei angelegt wird (siehe Seite 1058).

Partitionierungshilfen

Um die Aufteilung der Festplatte zu verändern, sieht jedes Betriebssystem eigene Werkzeuge vor. Unter Windows 9x/ME ist es noch immer das aus DOS-Zeiten bekannte Programm FDISK. Seit Windows NT steht ein komfortableres Werkzeug mit grafischer Benutzeroberfläche zur Verfügung; der Aufruf ist allerdings bei jeder dieser Windows-Versionen ein wenig anders. Unter Windows 7 führen Sie SYSTEMSTEUERUNG|SYSTEM UND SICHERHEIT|VERWALTUNG|COMPUTERVERWALTUNG|DATENTRÄGERVERWALTUNG aus. Unter Linux stehen je nach Installationsprogramm diverse Partitionierungshilfen zur Verfügung. Sollte es damit Probleme geben, können Linux-Profis auch auf die Kommandos `fdisk` oder `parted` zurückgreifen (siehe Seite 573).

Tipp

Die Partitionierung der Festplatte lässt sich nachträglich nur mit großem Aufwand ändern. In der Regel geht der Inhalt einer Partition verloren, wenn deren Größe verändert wird. Auch ein Verschieben von Partitionen ist nicht vorgesehen. Zwar gibt es kommerzielle und kostenlose Spezialprogramme, die bei derartigen Arbeiten helfen, aber auch für sie gelten viele Einschränkungen. Daher ist es empfehlenswert, die Partitionierung von Anfang an gut zu bedenken.

Linux-Profis können viele Einschränkungen umgehen, indem sie das System LVM einsetzen (siehe Seite 51). Dabei handelt es sich um eine Zwischenschicht zwischen Partitionen und Dateisystemen.

MBR versus GPT

Es gibt aktuell zwei Verfahren zur Verwaltung der Partitionierungsinformationen auf der Festplatte:

» **MBR:** Die Partitionierungskonzepte auf Basis der MBR-Partitionstabellen reichen bis in die DOS-Zeit zurück, und entsprechend angestaubt wirken manche Regeln und Einschränkungen. Dennoch gelten sie für nahezu alle gängigen Festplatten, sofern diese in Linux- oder Windows-PCs eingesetzt werden. Die Partitionierungstabelle wird in diesem Fall im Master Boot Record (MBR) gespeichert, also dem ersten Sektor der Festplatte.

» **GPT:** Um die vielen MBR-Einschränkungen zu umgehen, wurde schon vor Jahren ein neuer Standard geschaffen: *GUID Partition Tables*. Apple ist zuerst auf GPT umgestiegen, der PC-Markt wird in den kommenden Jahren folgen. So lange müssen Sie aber nicht warten: Der BIOS-Nachfolger *Extensible Firmware Interface* (EFI) unterstützt GPT standardmäßig, und auch Rechner mit einem herkömmlichen BIOS können von Festplatten mit einer GPT booten. Die meisten aktuellen Distributionen kommen ebenfalls problemlos mit GPT-Festplatten zurecht. Als erste Distribution richtet Fedora 16 bei neuen, noch unpartitionierten Festplatten automatisch eine GPT ein. (Bei bereits partitionierten Festplatten bleibt Fedora aber bei der MBR-Partitionierung.)

MBR-Grundlagen

Partitionstypen

Bei Festplatten mit MBR-Partitionierung gibt es drei Typen von Festplattenpartitionen: primäre, erweiterte und logische Partitionen. Auf der Festplatte können maximal vier primäre Partitionen existieren. Außerdem besteht die Möglichkeit, statt einer dieser vier primären Partitionen eine erweiterte Partition zu definieren. Innerhalb der erweiterten Partition können dann mehrere logische Partitionen angelegt werden.

Der Sinn von erweiterten und logischen Partitionen besteht darin, das historisch vorgegebene Limit von nur vier primären Partitionen zu umgehen. Beachten Sie, dass manche Partitionierwerkzeuge an der Oberfläche nicht zwischen verschiedenen Partitionstypen unterscheiden und sich selbstständig darum kümmern, wie die Partitionen intern angelegt werden.

Eine erweiterte Partition dient nur als Container für logische Partitionen. Zur eigentlichen Speicherung von Daten sind nur primäre und logische Partitionen geeignet.

Der Begriff »Partitionstyp« wird auch in einem anderen Kontext verwendet: Zusammen mit jeder Partition wird eine Zusatzinformation (eine Kennzahl) gespeichert, die angibt, für welches Betriebssystem die Partition gedacht ist (z. B. Windows, Linux, Novell Netware, BSD) bzw. welche Aufgabe der Partition zugeteilt ist.

Maximalanzahl der Partitionen

Linux kann auf jeder Festplatte maximal 15 Partitionen ansprechen, davon maximal 11 logische Partitionen.

Maximale Partitionsgröße

Die maximale Partitionsgröße beträgt 2 TByte. Da es mittlerweile Festplatten mit mehr als 2 TByte Speichervolumen gibt, ist eine sinnvolle Nutzung von Festplatten mit mehr als 2 TByte nur noch mit GPT-Partitionstabellen möglich.

Die Computerzeitschrift c't beschreibt im Heft 4/2011, wie Sie den Umstieg auf GPT noch ein wenig hinauszögern können: Wenn die letzte Partition innerhalb der ersten 2 TByte beginnt und selbst 2 TByte groß ist, kann sie noch vollständig angesprochen werden – z. B. als Physical Volume für das LVM-System. Auf diese Weise lassen sich zumindest unter Linux auch mit MBR-Partitionierung bis zu 4 TByte nutzen. Ob diese Vorgehensweise wirklich empfehlenswert ist, steht jedoch auf einem anderen Blatt. Es ist nicht auszuschließen, dass dabei doch Probleme auftreten.

GPT-Grundlagen

GPT steht für *GUID Partition Table*. Jede Partition wird durch einen *Global Unique Identifier* (GUID) gekennzeichnet. In der GPT-Partitionstabelle ist Platz für 128 Partitionen, wobei Sie unter Linux aber nur die ersten 15 ansprechen können. Alle Partitionen sind gleichwertig, d. h. es gibt keine Unterscheidung zwischen primären, erweiterten und logischen Partitionen. Jede Partition kann bis zu 8 Zetabyte groß sein (2^{73} Byte, das sind ca. $9,4 * 10^{21}$ Byte oder rund eine Milliarde TByte). Das sollte für die nächste Zeit reichen.

Die Partitionstabelle befindet sich in den ersten 34 * 512 = 17.408 Byte der Festplatte. Eine Kopie dieser Informationen nimmt weitere 17 kByte am Ende der Festplatte in Anspruch. Aus Sicherheitsgründen beginnt die GPT-Partitionstabelle mit MBR-Partitionsinformationen, um MBR-kompatiblen Programmen den Eindruck zu vermitteln, die gesamte Festplatte würde bereits von einer Partition genutzt, die die gesamte Festplatte füllt.

Kompatibilität

Grundsätzlich können GPT-Partitionstabellen auf *jeder* Festplatte verwendet werden. Allerdings kommen nur moderne Betriebssysteme mit diesen Partitionstabellen zurecht. Zu den GPT-kompatiblen Betriebssystemen zählen neben allen einigermaßen aktuellen Linux-Distributionen auch OS X ab Version 10.4 sowie die meisten 64-Bit-Versionen von Windows (ab Windows XP).

Einige 32-Bit-Versionen von Windows sind immerhin eingeschränkt GPT-kompatibel: Dazu zählen Windows Vista, Windows Server 2008 und Windows 7. Diese Windows-Versionen können allerdings nur dann von einer GPT-Festplatte starten, wenn statt des herkömmlichen BIOS das neuere EFI (Extensible Firmware Interface) im Einsatz ist. Für Linux sowie für die 64-Bit-Versionen von Windows gilt diese Einschränkung nicht, d. h., ein traditionelles BIOS ist vollkommen ausreichend.

Umfassende Informationen zum Aufbau der GPT-Partitionstabelle sowie zur Kompatibilität mit diversen Betriebssystemversionen gibt die englische Wikipedia-Seite:

http://en.wikipedia.org/wiki/GUID_Partition_Table

Umstieg auf GPT

Die Umstellung einer Festplatte von MBR auf GPT ist mit dem Verlust aller Daten auf der Festplatte verbunden! Wenn Sie eine Festplatte dennoch auf GPT umstellen möchten, verwenden Sie am besten ein Linux-Live-System. Anschließend führen Sie das Kommando `parted` aus und darin wiederum den Befehl `mklabel gpt`. Damit wird die Partitionstabelle im GPT-Format neu eingerichtet.

```
root# parted /dev/sda
(parted) mklabel gpt
(parted) quit
```

Dateisysteme

Durch das Partitionieren wird auf der Festplatte lediglich Platz reserviert. Bevor Sie in einer Partition Dateien speichern können, muss ein sogenanntes Dateisystem angelegt werden. Es enthält neben den eigentlichen Daten diverse Verwaltungsinformationen. Sowohl Windows als auch Linux kennen unterschiedliche Dateisystemtypen:

- Unter Windows sind VFAT (Windows 9x/ME) und NTFS (alle Versionen ab Windows NT) gebräuchlich.
- Unter Linux ist mittlerweile `ext4` der beliebteste Dateisystemtyp. Auch sein Vorgänger `ext3` ist eine gute Wahl. Tipps zur Auswahl des richtigen Dateisystemtyps finden Sie auf Seite 60. Detaillierte Hintergrundinformationen folgen ab Seite 580.

Das Anlegen eines Dateisystems in einer Partition wird auch Formatieren genannt. Unter Windows können Sie diese Operation über ein Kontextmenü im Explorer oder mit dem Programm `FORMAT` durchführen. Bei einer Linux-Installation kümmert sich das Installationsprogramm um die Formatierung, wobei hinter den Kulissen ein Kommando wie `mkfs.ext4` zum Einsatz kommt.

Achtung

Im Regelfall gehen sowohl durch die Partitionierung als auch durch das Formatieren alle in der betroffenen Partition gespeicherten Daten verloren!

Die einzige Ausnahme sind spezielle Werkzeuge zur verlustfreien Verkleinerung von Partitionen (siehe ab Seite 56).

Partitionsnamen

Windows

Unter Windows werden Partitionen, die das Betriebssystem nutzen kann, mit Laufwerksbuchstaben bezeichnet. `A:` und `B:` sind für Disketten reserviert. Die weiteren Buchstaben bezeichnen die primären und logischen Partitionen der Festplatte. (Erweiterte Partitionen erhalten keinen Laufwerksbuchstaben und sind somit unsichtbar.)

Die verschiedenen Windows-Versionen gehen unterschiedlich mit dem Fall um, dass später neue Partitionen oder Laufwerke hinzukommen. Bei Windows 9x/ME bekommen zuerst die primären Partitionen aller Festplatten bzw. Laufwerke einen Buchstaben. Erst anschließend werden auch die logischen Partitionen benannt. Ab Windows NT ändern sich bereits genutzte Laufwerksbuchstaben dagegen nicht mehr. Neue Laufwerke bzw. Partitionen bekommen einfach den ersten freien Buchstaben. Außerdem können Sie Laufwerken einen freien Buchstaben fix zuordnen.

Partitionen mit fremden Dateisystemen (also z. B. Linux-Partitionen) bekommen keinen Laufwerksbuchstaben und sind daher in den meisten Programmen unsichtbar. Die Partitionen werden nur in Partitionierungsprogrammen angezeigt.

Linux

Unter Linux erfolgt der interne Zugriff auf Festplatten bzw. deren Partitionen über sogenannte Devicedateien (siehe Tabelle 2.1). Die Festplatten erhalten der Reihe nach die Bezeichnung /dev/sda, /dev/sdb, /dev/sdc etc.

Um eine einzelne Partition und nicht die ganze Festplatte anzusprechen, wird der Name um die Partitionsnummer ergänzt. Bei der MBR-Partitionierung sind die Zahlen 1 bis 4 für primäre und erweiterte Partitionen reserviert. Logische Partitionen beginnen mit der Nummer 5 (auch dann, wenn es weniger als vier primäre oder erweiterte Partitionen gibt). Bei der GPT-Partitionierung werden einfach alle Partitionen der Reihe nach durchnummeriert.

DEVICENAME	BEDEUTUNG
/dev/sda	erste Festplatte
/dev/sdb	zweite Festplatte
...	
/dev/sda1	die erste primäre Partition der Festplatte /dev/sda
/dev/sda2	die zweite primäre Partition
/dev/sda3	die erweiterte Partition (nur MBR)
/dev/sda5	die erste logische Partition (nur MBR)
/dev/sda8	die vierte logische Partition (nur MBR)
...	

Tabelle 2.1: **Device-Namen von Festplattenpartitionen**

2.6 RAID, LVM und Verschlüsselung

Dieser Abschnitt führt in die Grundlagen von RAID und LVM ein und geht kurz auf das Thema Verschlüsselung ein. Auch wenn Sie nicht vorhaben, diese modernen Hilfsmittel zur Verwaltung und Absicherung von Festplatten einzusetzen, sollten Sie diesen Abschnitt zumindest überfliegen: Viele Linux-Installationsprogramme unterstützen alle drei Verfahren. Nur wenn Sie die zugrunde liegenden Techniken zumindest oberflächlich kennen, können Sie die Tragweite einer Entscheidung für oder wider den Einsatz von RAID, LVM und Verschlüsselungstechniken abschätzen.

Redundant Array of Independent Disks (RAID)

Die Grundidee von RAID besteht darin, Partitionen mehrerer Festplatten logisch miteinander zu verknüpfen. Das Ziel ist dabei, ein zuverlässigeres und/oder schnelleres Gesamtsystem zu schaffen:

» Durch RAID kann die Datenübertragung gesteigert werden, indem der Datenzugriff von mehreren Festplatten parallel erfolgt.

» Durch RAID kann aber auch die Sicherheit gesteigert werden, indem Daten redundant (mehrfach) gespeichert werden. Das ist allerdings mit Geschwindigkeitseinbußen verbunden und beansprucht zusätzlichen Speicherplatz.

Hardware versus Software-RAID

Es gibt zwei grundsätzliche Möglichkeiten, RAID zu realisieren: durch Hardware (also durch einen Festplattencontroller, der die RAID-Logik selbst ausführt) oder durch Software, die von der CPU des Rechners ausgeführt wird. Hardware-RAID kommt vor allem in teuren Server-Systemen zum Einsatz. Seine größten Vorzüge liegen darin, dass die CPU nicht durch RAID-Aufgaben belastet wird und dass der RAID-Controller unabhängig vom Betriebssystem agiert.

Bei Software-RAID wird zwischen verschiedenen Formen unterschieden, je nachdem, woher die Software kommt:

» **BIOS-RAID:** Beim BIOS-RAID realisiert das BIOS eines ansonsten recht gewöhnlichen (also billigen) SATA- oder SCSI-Controllers in Kombination mit einem Betriebssystem-Treiber verschiedene RAID-Level. BIOS-RAID wird oft abfällig als *Fakeraid* bezeichnet. Das erklärt sich daraus, dass viele BIOS-RAID-Controller so angepriesen werden, als wären sie echte Hardware-RAID-Controller – und das ist ganz einfach falsch. Das gilt insbesondere für die meisten gängigen SATA-RAID-Lösungen:

  http://linux-ata.org/faq-sata-raid.html

» **Linux-Software-RAID:** Linux kann durch den Multi Devices Driver Support mehrere Festplatten(partitionen) zu einem RAID verbinden. Das ist genauso schnell wie BIOS-RAID, lässt sich aber wesentlich besser administrieren. Aus Linux-Sicht ist diese RAID-Variante vorzuziehen. Wenn in diesem Buch ohne weitere Erläuterungen von RAID die Rede ist, dann ist immer Linux-Software-RAID gemeint!

» **Windows-Software-RAID:** Auch Windows unterstützt seit Windows NT verschiedene RAID-Varianten in Form von Software-RAID. Derart eingerichtete Windows-Dateisysteme sind für Linux nicht lesbar.

Achtung

BIOS-RAID wird von vielen Distributionen nicht oder nur sehr halbherzig unterstützt. Versuchen Sie, BIOS-RAID nach Möglichkeit zu vermeiden! Wenn Sie auf Ihrem Rechner bereits BIOS-RAID eingerichtet haben und die auf den Festplatten gespeicherten Daten nicht verlieren möchten, sollten Sie Fedora oder Red Hat einsetzen. Diese Distributionen zeichnen sich durch die beste BIOS-RAID-Unterstützung bereits während der Installation aus.

RAID-Level

Es gibt verschiedene Verfahren, um Festplattenpartitionen zu verbinden. Diese Varianten werden als »RAID-Level« bezeichnet:

» **RAID-0 (Striping):** Bei RAID-0 werden mehrere physikalische Partitionen zu einer größeren Partition vereint. Dabei werden die Daten parallel in kleinen Blöcken (z. B. 4 kByte) auf die einzelnen Partitionen verteilt, sodass die Daten beim Zugriff alternierend von allen Festplatten gelesen werden. Daraus ergibt sich im Idealfall eine Vervielfachung der Datenrate (d. h. bei drei Festplatten eine Verdreifachung). In der Praxis ist der Effekt meist kleiner als erhofft und kommt nur bei großen Dateien wirklich zum Tragen. Die Anzahl der Random-Access-Zugriffe pro Sekunde wird durch das Striping nicht verbessert. RAID-0 hat einen gravierenden Nachteil: Das Ausfallrisiko ist hoch, weil *eine* defekte Festplatte zum Verlust *aller* Daten führt.

» **RAID-1 (Mirroring):** Bei RAID-1 werden dieselben Daten in der Regel auf zwei Partitionen gespeichert (selten auf mehr Partitionen). Wenn eine Festplatte ausfällt, stehen alle Daten auf der anderen Festplatte zur Verfügung. Der Vorteil ist die höhere Sicherheit, der Nachteil die halbierte Kapazität. RAID-1 bietet keine Geschwindigkeitsvorteile, vielmehr werden insbesondere

Schreibvorgänge sogar ein wenig langsamer ausgeführt als bei der einfachen Verwendung einer Festplatte.

- **RAID-10:** RAID-10 kombiniert RAID-1 und RAID-0 und setzt mindestens vier Festplatten bzw. Partitionen voraus: Die Festplatten 1 und 2 bilden einen RAID-1-Verbund, die Festplatten 3 und 4 einen weiteren RAID-1-Verbund. Auf der nächsten Ebene werden die beiden RAID-1-Verbunde zu einem RAID-0-Verbund kombiniert. Damit kombiniert RAID-10 die Vorteile von RAID-0 (Geschwindigkeit) und RAID-1 (Sicherheit).
- **RAID-5 (Parity Striping):** RAID-5 funktioniert im Prinzip wie RAID-0, allerdings werden zusätzlich in einer (für jeden Datenblock wechselnden) Partition Paritätsinformationen gespeichert. Wenn eine Festplatte ausfällt, können die gesamten Daten rekonstruiert werden. Der Ausfall von zwei oder mehr Festplatten führt allerdings zu einem kompletten Datenverlust. RAID-5 setzt zumindest drei Festplatten voraus.

  RAID-5 ist ebenso sicher wie RAID-1 und bei Lesezugriffen etwa so schnell wie RAID-0. Zudem hat RAID-5 den Vorteil, dass der für die Redundanz erforderliche Datenanteil mit der Anzahl der Festplatten kleiner wird: Bei RAID-1 beträgt der Kapazitätsverlust immer 50 Prozent, bei RAID-5 beträgt er nur 33 Prozent bei drei Festplatten, 25 Prozent bei vier, 20 Prozent bei fünf etc.

  RAID-5 hat gegenüber RAID-1 allerdings auch Nachteile: Zum einen sind Schreiboperationen langsamer als bei RAID-1, insbesondere wenn sich häufig kleine Datenmengen ändern. Der Grund ist, dass selbst bei kleinen Veränderungen die Paritätsinformationen für einen ganzen Datenblock neu berechnet und gespeichert werden müssen.

  Nach dem Austausch einer defekten Platte dauert die Rekonstruktion des RAID-5-Verbunds sehr lange (viel länger als bei RAID-1). Bei einem Software-RAID kann der RAID-Verbund während dieser Zeit nicht genutzt werden. Sollte während der Rekonstruktion eine weitere Platte ausfallen, sind alle Daten verloren.
- **RAID-6:** RAID-6 funktioniert wie RAID-5, ist aber doppelt redundant und erfordert zumindest vier Festplatten. Selbst beim Ausfall von zwei Festplatten kommt es zu keinem Datenverlust.

Weitere RAID-Level sowie viele interessante Details und Grundlagen zu RAID finden Sie im folgenden Wikipedia-Artikel:

http://de.wikipedia.org/wiki/RAID

Logical Volume Manager (LVM)

Der Logical Volume Manager setzt eine logische Schicht zwischen das Dateisystem und die Partitionen der Festplatte. Was zuerst sehr abstrakt klingt, hat in der Praxis durchaus handfeste Vorteile:

- Im Rahmen des von LVM verwalteten Festplattenbereichs können Sie im laufenden Betrieb ohne Rechnerneustart Partitionen anlegen, vergrößern und verkleinern. Den vorhandenen LVM-Speicherpool können Sie jederzeit durch den Einbau einer weiteren Festplatte vergrößern.
- Sie können dank LVM Bereiche mehrerer Festplatten zu einer einzigen, riesigen virtuellen Partition zusammenfassen.
- Sie können sehr einfach einen sogenannten Snapshot eines Dateisystems erstellen. Das ist ideal für Backups im laufenden Betrieb.

» LVM ist sehr schnell. Sie bezahlen für die höhere Flexibilität also nicht mit einer spürbar verringerten Geschwindigkeit. (Der Geschwindigkeitsunterschied gegenüber dem direkten Ansprechen einer Festplattenpartition ist kaum messbar. Die CPU-Belastung ist nur geringfügig höher.)

LVM kann mit RAID kombiniert werden, indem ein RAID-Verbund als Grundlage für LVM verwendet wird. In diesem Fall muss zuerst RAID und dann darauf aufbauend LVM konfiguriert werden.

Glossar Die Fülle ähnlich lautender Begriffe und Abkürzungen erschwert den Einstieg in die LVM-Welt. Um die Konfusion nicht noch zu vergrößern, verzichte ich in diesem Abschnitt bewusst auf eine Übersetzung der Begriffe. Zwischen der Festplatte und dem Dateisystem stehen drei Ebenen: Physical Volumes, Volume Groups und Logical Volumes:

» **Physical Volume (PV):** Ein PV ist im Regelfall eine von LVM verwaltete Partition der Festplatte. Es kann sich auch um eine ganze Festplatte oder um ein RAID-Device handeln. Entscheidend ist, dass die Partition, die Festplatte oder der RAID-Verbund als PV gekennzeichnet ist, damit die unterschiedlichen LVM-Kommandos funktionieren.

» **Volume Group (VG):** Ein oder mehrere Physical Volumes können zu einer Gruppe zusammengefasst werden. Auf diese Weise ist es möglich, Partitionen unterschiedlicher Festplatten quasi zusammenzuhängen, also einheitlich zu nutzen. Die Volume Group stellt eine Art Speicherpool dar, der alle zur Verfügung stehenden physikalischen Speichermedien vereint. Dieser Pool kann jederzeit um weitere Physical Volumes erweitert werden.

» **Logical Volume (LV):** Ein Logical Volume ist ein Teil der Volume Group. Für den Anwender wirkt ein Logical Volume wie eine virtuelle Partition. Im Logical Volume wird das Dateisystem angelegt. (Das heißt, anstatt ein Dateisystem in /dev/sda7 anzulegen, geben Sie jetzt den Devicenamen des Logical Volume an.) Falls in der Volume Group noch Speicher verfügbar ist, können Logical Volumes jederzeit vergrößert werden.

In der LVM-Dokumentation kommen noch zwei weitere Begriffe häufig vor:

» **Physical Device (PD):** Dabei handelt es sich einfach um eine Festplatte. LVM kann die gesamte Festplatte oder auch Partitionen dieser Festplatte in Form von Physical Volumes nutzen.

» **Physical Extent (PE):** Bei Volume Groups und Logical Volumes kann nicht jedes einzelne Byte einzeln verwaltet werden. Die kleinste Dateneinheit ist vielmehr ein Physical Extent (standardmäßig 4 MByte). Die Anzahl der PEs ist unbegrenzt. Zu viele PEs machen aber die Verwaltung ineffizient, weswegen Sie für sehr große Logical Volumes die Größe von PEs hinaufsetzen sollten.

Beispiel Das folgende Beispiel (siehe Abbildung 2.3) veranschaulicht die oben definierten Begriffe: Auf einem System dienen die beiden Partitionen /dev/sda3 und /dev/sdb1 als Physical Volumes für eine Volume Group eines LVM-Systems. /dev/sda3 umfasst 400 GByte, /dev/sdb1 umfasst 900 GByte. Der LVM-Speicherpool (also die Volume Group) ist somit 1,3 TByte groß. Darin befinden sich nun diverse Logical Volumes:

LV1 mit der Systempartition (50 GByte)
LV2 mit der Partition /var (200 GByte)
LV3 mit der Partition /var/lib/mysql (200 GByte)
LV4 mit der Partition /home (400 GByte)

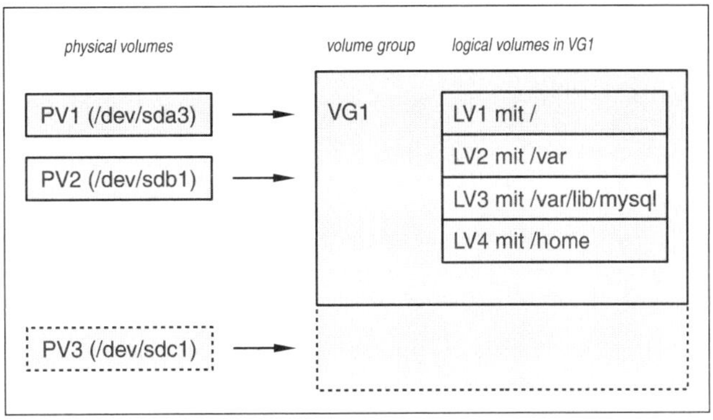

Abbildung 2.3: **LVM-System**

Insgesamt sind somit 850 GByte mit Partitionen belegt, und 450 GByte sind noch frei. Damit können Sie zu einem späteren Zeitpunkt vorhandene Partitionen vergrößern oder neue Partitionen anlegen. Sollte der gesamte LVM-Pool erschöpft sein, können vorhandene LVs/Dateisysteme verkleinert werden (wenn sich herausgestellt hat, dass sie ursprünglich zu großzügig dimensioniert wurden), um so Platz zur Vergrößerung anderer LVs/Dateisysteme zu schaffen. Reicht das nicht aus, fügen Sie eine weitere Festplatte hinzu und fügen eine Partition dieser Festplatte als drittes Physical Volume zur Volume Group hinzu.

Verschlüsselung

Viele Distributionen bieten die Möglichkeit, die Installation in verschlüsselten Partitionen durchzuführen bzw. zumindest die Partition für die persönlichen Daten verschlüsselt anzulegen. Beim Systemstart muss dann ein Passwort angegeben werden, bevor auf das Dateisystem zugegriffen werden kann. Sofern Sie ein ausreichend langes und nicht erratbares Passwort verwenden, schützt die Verschlüsselung Ihre Daten wirkungsvoll: Auch wenn Ihr Notebook in falsche Hände gelangt, kann niemand Ihre Dateien lesen.

Wahrscheinlich fragen Sie sich, was Verschlüsselung mit RAID und LVM zu tun hat: Die meisten Verschlüsselungssysteme beruhen darauf, dass das verschlüsselte Dateisystem nicht direkt angesprochen wird, sondern über eine Zwischenschicht, die für die Verschlüsselung verantwortlich ist. Technisch gesehen ist die Vorgehensweise ganz ähnlich wie bei LVM, und deswegen gelten auch dieselben Einschränkungen wie bei LVM.

Einschränkungen

Der Einsatz von RAID, LVM und Verschlüsselung hat nicht nur Vorteile, sondern ist auch mit diversen Einschränkungen bzw. Nachteilen verbunden:

» Der auf vielen älteren und manchen aktuellen Distributionen (z. B. bei openSUSE 12.1) noch immer eingesetzte Bootloader GRUB 0.97 ist zu RAID, LVM und zu den meisten Verschlüsselungssystemen inkompatibel. Deswegen ist eine eigene Bootpartition erforderlich, deren Daten außerhalb des durch RAID oder LVM verwalteten bzw. außerhalb des verschlüsselten Bereichs liegen. (Es gibt eine Ausnahme: RAID-1-Partitionen sind GRUB-kompatibel, weil sich hier auf jeder Partition exakt dieselben Daten befinden. GRUB merkt also gar nicht, dass RAID im Spiel ist.) Debian ab Version 6, Ubuntu ab Version 9.10 und Fedora ab Version 16 verwenden bereits GRUB 2 als Bootloader. Diese GRUB-Version kommt problemlos mit LVM und RAID zurecht.

» Vermeiden Sie BIOS-RAID! Selbst bei Distributionen, die diese RAID-Variante an sich gut unterstützen (z. B. Fedora), führt BIOS-RAID oft zu Problemen.

» Die Administration ist relativ kompliziert. Während der Installation unterstützt Sie das Installationsprogramm beim Einrichten von LVM, RAID bzw. der verschlüsselten Partition. Wenn Sie dann aber im laufenden Betrieb die Konfiguration verändern möchten, sind Sie bei den meisten Distributionen auf relativ sperrige Kommandos angewiesen. Ausführliche Informationen zum Umgang mit diesen Kommandos finden Sie in diesem Buch in den Abschnitten 23.15 (RAID), 23.16 (LVM) und 23.18 (Verschlüsselung) ab Seite 625.

» Wenn in einem RAID-Verbund ein Problem auftritt, wird die Fehlermeldung üblicherweise per E-Mail versandt. Das setzt voraus, dass auf dem Rechner ein E-Mail-Server läuft (genau genommen ein sogenannter Mail Transfer Agent, kurz MTA). Dessen sichere Konfiguration und Administration ist alles andere als trivial. Gerade auf Privat-PCs gibt es normalerweise keinen Grund, überhaupt einen eigenen E-Mail-Server zu betreiben.

» Swap-Partitionen sollten aus Performance-Gründen in gewöhnlichen Partitionen ohne die Verwendung von LVM oder RAID angelegt werden (idealerweise auf jeder Festplatte eine). Wenn Ihnen optimale Sicherheit wichtiger ist als maximale Geschwindigkeit, sollten Sie bei RAID-Systemen allerdings auch die Swap-Partition innerhalb des RAID-Verbunds einrichten. Das stellt sicher, dass auch bei einem Festplattenausfall keine Daten des Swap-Speichers verloren gehen.

» Wenn Sie ein verschlüsseltes Dateisystem einsetzen, um Ihre Daten zu schützen, sollte auch die Swap-Partition verschlüsselt werden. Noch besser ist es zumeist, auf die Swap-Partition gleich ganz zu verzichten. Was nützt es, wenn Ihr Dateisystem sicher ist, die Swap-Partition aber ausgelagerte Speicherblöcke mit unverschlüsselten kritischen Daten enthält?

» Während LVM und RAID die Geschwindigkeit Ihres Systems kaum beeinträchtigen und manche RAID-Level sogar zu einem besseren Datenumsatz führen können, kostet die Verschlüsselung viel CPU-Kapazität und verlangsamt Lese- und Schreiboperationen spürbar. Ein weiterer Nachteil besteht darin, dass das Verschlüsselungspasswort bei jedem Rechnerstart manuell eingegeben werden muss. Prinzipbedingt ist die Verschlüsselung ganzer Dateisysteme somit ungeeignet für Server, die automatisch (neu) starten sollen.

Kurz und gut: Bei allen Vorteilen, die mit RAID, LVM und diversen Verschlüsselungstechniken verbunden sind, nimmt die Komplexität des Gesamtsystems doch sehr stark zu.

Empfehlung

Linux-Einsteigern rate ich, wegen der damit verbundenen Komplexität auf RAID, LVM und Verschlüsselung gleichermaßen zu verzichten. Das gilt insbesondere, wenn Sie RAID-1 oder RAID-5 einsetzen möchten, um eine höhere Datensicherheit zu erzielen! Sicherheit vor Datenverlusten haben Sie nur, wenn Sie nach dem Ausfall einer Festplatte auch in der Lage sind, die richtigen Kommandos auszuführen, um die defekte Platte zu deaktivieren und um dem RAID-Verbund eine neue Festplatte hinzuzufügen (siehe auch Seite 630). Linux-Einsteiger sind damit sicherlich überfordert, vor allem, wenn sie aufgrund des drohenden Datenverlusts gerade unter Stress stehen. Aus diesem Grund sind einfache, aber konsequent durchgeführte Backups besser als eine technisch noch so hervorragende RAID-Konfiguration!

Beim Einrichten eines Servers sind RAID und LVM dagegen empfehlenswert, aber selbst da lautet die goldene Regel KISS (Keep it simple, stupid!, sinngemäß also: Mach's einfach, Dummkopf!). Persönlich bevorzuge ich in solchen Fällen den Einsatz zweier gleich großer Festplatten, auf denen ich jeweils drei Partitionen einrichte. Diese Partitionen verbinde ich zu drei RAID-1-Verbunden für die Boot-Partition, die Swap-Partition und für LVM (siehe Abbildung 2.4). Im LVM-Bereich richte ich dann nach Bedarf die Root- sowie diverse Datenpartitionen ein.

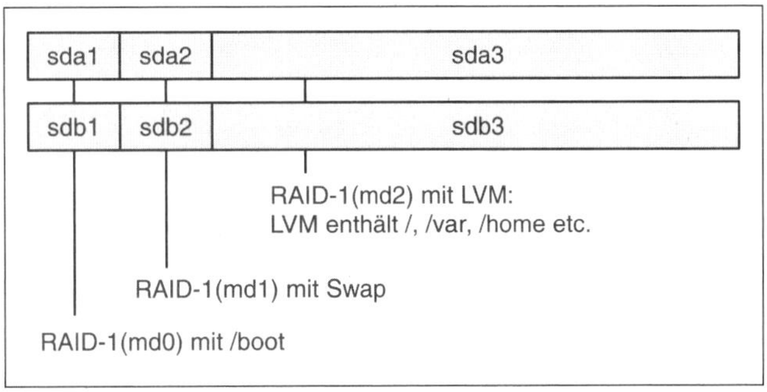

Abbildung 2.4: **Server-Konfiguration mit RAID-1 und LVM auf zwei Festplatten**

Tipp

Aus Sicherheitsgründen ist es bei RAID-Konfigurationen empfehlenswert, Festplatten unterschiedlicher Hersteller einzusetzen! Wenn Sie nämlich zwei baugleiche Festplatten kaufen (ich weiß, die Versuchung ist groß) und der Hersteller gerade Fertigungsprobleme hatte, kann es Ihnen passieren, dass beide Festplatten innerhalb weniger Tage ausfallen.

2.7 Partitionierung der Festplatte

Einer der wichtigsten Schritte während der Linux-Installation ist das Anlegen neuer Linux-Partitionen. Alle gängigen Installationsprogramme enthalten zu diesem Zweck einfach zu bedienende Partitionierungshilfen. Abbildung 2.5 zeigt exemplarisch den Partitionseditor von Fedora. Die Details der Bedienung sind distributionsabhängig und werden für einige ausgewählte Distributionen ab Kapitel 34 beschrieben.

An dieser Stelle geht es um grundsätzlichere Fragen: Wie viele Partitionen sollten Sie für Linux einrichten? In welcher Größe? Welche Auswirkungen hat dies auf die Geschwindigkeit, auf die spätere Wartung und auf eine eventuelle Neuinstallation einer anderen oder aktualisierten Linux-Distribution?

Partitionierung im laufenden Betrieb ändern

Wenn Sie Linux bereits installiert haben und im laufenden Betrieb eine neue Partition anlegen möchten, brauchen Sie ein Partitionierwerkzeug, das unabhängig vom Installationsprogramm Ihrer Distribution funktioniert. Einige gängige Werkzeuge, unter anderem `fdisk`, `parted` und `gparted`, stelle ich Ihnen ab Seite 569 vor.

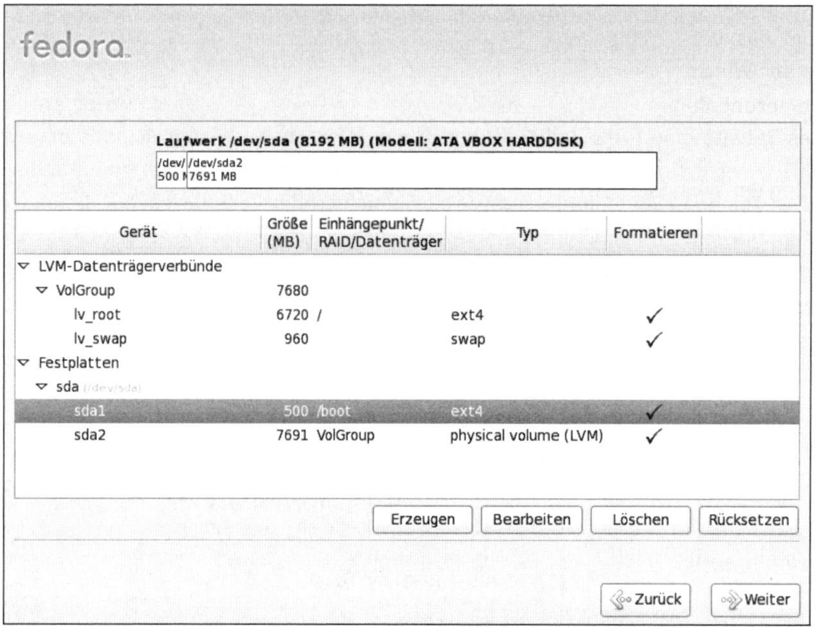

Abbildung 2.5:
Fedora-Partitionseditor

Achtung

Wie ich bereits erwähnt habe, sind viele Linux-Distributionen nicht BIOS-RAID-kompatibel! Wenn das BIOS Ihres Rechners mehrere Festplatten zu einem RAID-Verbund zusammenschließt, erscheinen diese Festplatten für Windows wie eine einzige, große Festplatte. Wenn das Partitionierungswerkzeug Ihrer Linux-Distribution hingegen mehrere Einzelfestplatten sieht, erkennt es das RAID-System nicht richtig. Brechen Sie die Installation ab! Sie riskieren den Verlust Ihrer gesamten Daten! Installieren Sie stattdessen eine Distribution, die BIOS-Software-RAID-kompatibel ist (z. B. Fedora). Noch besser ist es, BIOS-RAID ganz zu vermeiden und stattdessen unter Windows und unter Linux Software-RAID zu verwenden.

Windows-Partition verkleinern

Oft befindet sich das bereits installierte Windows in einer einzigen, sehr großen Partition, die die gesamte Festplatte ausfüllt. Dass innerhalb dieser Partition womöglich Hunderte GByte frei sind, nützt nichts: Linux braucht für die Installation eine oder besser gleich mehrere eigene Partitionen. Und bevor Sie diese Partitionen anlegen können, müssen Sie die Windows-Partition verkleinern – und das möglichst ohne Datenverlust!

Die radikalere und einfachere Lösung bestünde darin, die Windows-Partition einfach zu löschen. Aber die meisten Linux-Umsteiger wollen Windows als alternatives Betriebssystem vorerst erhalten – beispielsweise zum Spielen oder zur Ausführung von Programmen, die es unter Linux nicht gibt. Deswegen gehe ich in diesem Buch davon aus, dass Windows bereits installiert ist und auch weiterhin genutzt werden soll.

Bei den meisten Distributionen ist das Installationsprogramm selbst in der Lage, eine zu große Windows-Partition und das darin befindliche Dateisystem zu verkleinern. Je nach Distribution ändern Sie die Größe der Windows-Partition einfach im Partitionierungsprogramm oder rufen die entsprechende Verkleinerungsfunktion über ein Menü auf. Die Verkleinerung funktioniert sowohl für VFAT- als auch für NTFS-Dateisysteme.

Verkleinerung während der Installation

Wenn eine Verkleinerung der Windows-Partition durch das Linux-Installationsprogramm nicht möglich ist oder zu Problemen führt, können Sie diesen Schritt auch vor der Installation durch andere Werkzeuge vornehmen. Hier eine kleine Auswahl:

Verkleinern vor der Installation

» **Direkt unter Windows:** Seit Windows Vista ist eine verlustfreie Verkleinerung von Windows-Partitionen im laufenden Betrieb möglich. Unter Windows 7 führen Sie dazu SYSTEMSTEUERUNG|SYSTEM UND SICHERHEIT|VERWALTUNG|COMPUTERVERWALTUNG|DATENTRÄGERVERWALTUNG aus, klicken die Windows-Partition mit der rechten Maustaste an und führen VOLUME VERKLEINERN AUS.

  Ältere Windows-Versionen bieten selbst keine Möglichkeit, Partitionen zu verkleinern. Sie können Partitionen lediglich löschen und neu anlegen. Dabei verlieren Sie aber den gesamten Inhalt der Partition.

» **Mit einem Live-System:** Live-Systeme wie Knoppix, GParted oder SystemRescueCD enthalten verschiedene Kommandos bzw. Programme, um Windows-Partitionen zu verkleinern. Die Bedienung dieser Werkzeuge ist allerdings teilweise kompliziert. Am benutzerfreundlichsten ist das Programm `gparted`, das in diesem Buch auf Seite 578 vorgestellt wird.

» **Kommerzielle Programme:** Den größten Komfort bieten kommerzielle Partitionierungsprogramme, die aber leider relativ teurer sind:

  http://www.acronis.com/homecomputing/products/diskdirector/

Falls auf Ihrem Rechner noch gar kein Betriebssystem installiert ist und Sie vorhaben, sowohl Windows als auch Linux zu installieren, sollten Sie mit Windows beginnen. Auch während der Windows-Installation müssen Sie die Festplatte partitionieren. Geben Sie hier an, dass die Windows-Partition nicht die ganze Festplatte füllen soll, sondern nur so viele GByte, wie Sie unter Windows eben nutzen möchten (z. B. 50 GByte). Entscheiden Sie sich im Zweifelsfall lieber für einen kleineren Wert – es ist einfacher, später eine weitere Windows-Partition hinzuzufügen als die vorhandene Partition zu verkleinern.

Windows und Linux neu installieren

Anzahl und Größe von Linux-Partitionen

Immer wieder wird mir die Frage gestellt, wie eine Festplatte mit *n* GByte am besten in Partitionen zerlegt werden soll. Leider gibt es darauf keine allgemeingültige Antwort. Dieser Abschnitt soll Ihnen aber zumindest ein paar Faustregeln für die richtige Anzahl und Größe von Partitionen vermitteln.

Möglicherweise überrascht Sie der Umstand, dass hier fast selbstverständlich von mehreren Partitionen die Rede ist. Wenn für Windows eine Partition ausreicht, sollte dies wohl auch für Linux gelten. Tatsächlich ist es so, dass Sie Linux mit einer einzigen Partition betreiben können – aber eben nicht optimal. Vielmehr bietet es sich an, den Platz auf die im Folgenden beschriebenen Partitionen zu verteilen.

Systempartition Die Systempartition ist die einzige Partition, die Sie unbedingt benötigen. Sie nimmt das Linux-System mit all seinen Programmen auf. Diese Partition bekommt immer den Namen /. Dabei handelt es sich genau genommen um den Punkt, an dem die Partition in das Dateisystem eingebunden wird (den `mount`-Punkt). Wenn das System also einmal läuft, sprechen Sie diese Partition mit dem Pfad / an. (/ bezeichnet die Wurzel, also den Anfang des Dateisystems. Aus diesem Grund wird die Systempartition oft auch als Root-Partition bezeichnet.)

Eine vernünftige Größe für die Installation und den Betrieb einer gängigen Distribution liegt bei rund 10 GByte. Dazu kommt natürlich noch der Platzbedarf für Ihre eigenen Daten (es sei denn, Sie speichern eigene Dateien in einer separaten Datenpartition).

Es ist übrigens durchaus möglich, mehrere Linux-Distributionen parallel auf einen Rechner zu installieren. (Auf meinen Testrechnern ist das der Regelfall.) Dazu benötigen Sie für jede Distribution zumindest eine eigene Systempartition. Swap- und Datenpartitionen können gemeinsam genutzt werden. Wenn Sie das System richtig konfigurieren, können Sie dann beim Rechnerstart zwischen Windows und allen installierten Linux-Distributionen wählen (siehe auch Seite 668).

Bootpartition Unter Umständen ist es erforderlich, eine eigene Bootpartition mit dem Namen /boot anzulegen. Diese Partition beherbergt lediglich die Daten, die während der ersten Phase des Rechnerstarts benötigt werden. Dabei handelt es sich insbesondere um die Kerneldatei `vmlinuz*`, die Initial-RAM-Disk-Datei `initrd*` sowie um einige kleinere Dateien des Bootloaders. Insgesamt enthält die Bootpartition selten mehr als 200 MByte Daten.

Sie brauchen eine eigene Bootpartition, wenn der Bootloader GRUB nicht in der Lage ist, Dateien aus der Systempartition zu lesen. Das ist dann der Fall, wenn das ganze Dateisystem verschlüsselt ist, wenn Sie LVM oder RAID einsetzen oder wenn Sie ein (noch) nicht GRUB-kompatibles Dateisystem wie `btrfs` einsetzen. Die für den Bootprozess erforderlichen Dateien müssen dann in einer eigenen Bootpartition mit einem Standarddateisystem gespeichert werden – in der Regel `ext2` oder `ext3`.

Im Zweifelsfall schadet es nicht, eine eigene Bootpartition zu verwenden. Wenn Sie allerdings vorhaben, mehrere Linux-Distributionen parallel auf Ihre Festplatte zu installieren, führen getrennte Boot- und Systempartitionen oft zu einer unübersichtlichen Zersplitterung der Festplatte.

Home-Partition Mit einer Datenpartition trennen Sie den Speicherort für die Systemdateien und für Ihre eigenen Dateien. Das hat einen wesentlichen Vorteil: Sie können später problemlos eine neue Distribution in die Systempartition installieren, ohne die davon getrennte Datenpartition mit Ihren eigenen Daten zu gefährden.

Bei der Datenpartition wird üblicherweise /home als Name bzw. `mount`-Punkt verwendet, weswegen bisweilen auch von einer Home-Partition die Rede ist. Es ist nicht möglich, eine Empfehlung für die Größe der Datenpartition zu geben – das hängt zu sehr davon ab, welche Aufgaben Sie mit Ihrem Linux-System erledigen möchten.

Weitere Datenpartitionen Die Aufteilung der Festplatte in Partitionen lässt sich noch viel weiter treiben. Wenn Sie den Linux-Rechner beispielsweise innerhalb eines größeren Netzwerks als speziellen Server für Netzwerk- oder Datenbank-Aufgaben einsetzen möchten, können Sie für die dabei anfallenden Daten eigene Partitionen vorsehen und ein für die Art des Datenzugriffs optimales Dateisystem auswählen. Diese Art der Optimierung ist allerdings nur für Linux-Experten zweckmäßig.

Sofern auf Ihrer Festplatte noch unpartitionierter Platz frei ist, stellt es kein Problem dar, ein laufendes System um weitere Partitionen zu erweitern und gegebenenfalls Daten von einer vorhandenen Partition in eine neue zu verschieben. Wenn Sie also unsicher sind, warten Sie mit der Partitionierung vorerst einfach noch ein wenig ab, und lassen Sie einen Teil der Festplatte ohne Partitionen.

Swap-Partition

Die Swap-Partition ist das Gegenstück zur Auslagerungsdatei von Windows: Wenn Linux zu wenig RAM hat, lagert es Teile des gerade nicht benötigten RAM-Inhalts dorthin aus. Die Verwendung einer eigenen Partition (statt wie unter Windows einer gewöhnlichen Datei) hat vor allem Geschwindigkeitsvorteile. Linux kann zwar ebenfalls so konfiguriert werden, dass es statt einer Swap-Partition eine Swap-Datei verwendet, das ist aber unüblich und langsam.

Im Gegensatz zu den anderen Partitionen bekommt die Swap-Partition keinen Namen (keinen `mount`-Punkt). Der Grund: Aus Effizienzgründen wird die Swap-Partition direkt und nicht über ein Dateisystem angesprochen.

Wenn Sie viel RAM haben, können Sie grundsätzlich ganz auf die Swap-Partition verzichten. Das ist aber nicht empfehlenswert: Wenn Linux – etwa wegen eines außer Kontrolle geratenen Programms – kein RAM mehr findet, muss es laufende Prozesse (Programme) beenden. Welche Prozesse beendet werden, ist nicht vorhersehbar und kann daher zum Absturz des Rechners führen. Wenn eine Swap-Partition existiert, wird Linux aufgrund der RAM-Auslagerung immer langsamer. Das ist zwar lästig, gibt Ihnen aber die Chance, dem Problem noch rechtzeitig auf den Grund zu gehen und das fehlerhafte Programm gezielt zu beenden. Die Swap-Partition dient damit weniger als RAM-Reserve, sondern als eine Art automatische Notbremse.

Eine Richtgröße für die Swap-Partition ist die ein- bis zweifache Größe Ihres RAMs, wobei bei einem großen RAM die einfache Größe ausreicht. Bei einem Rechner mit 1 GByte RAM ist die Swap-Partition mit ebenfalls 1 GByte gut bemessen. Wenn Sie bei Notebooks Suspend to Disk nutzen möchten, sollte die Swap-Partition zumindest eineinhalbmal so groß wie das RAM sein.

Die maximale Größe für Swap-Partitionen auf 32-Bit-Systemen beträgt 2 GByte. Wenn Sie mehr Swap-Speicher benötigen, richten Sie einfach mehrere Swap-Partitionen ein. Das ist aber selten sinnvoll: Wenn Ihre Anwendungen tatsächlich so viel Speicher benötigen, ist Linux nur noch mit der Übertragung von Seiten zwischen der Swap-Partition und dem RAM beschäftigt und praktisch nicht mehr bedienbar. Abhilfe schaffen hier nicht größere bzw. mehr Swap-Partitionen, sondern eine 64-Bit-Distribution und mehr RAM. Weitere Tipps zur optimalen Dimensionierung der Swap-Partition finden Sie auf Seite 623.

BIOS-GRUB-Partition

Unter ganz bestimmten Umständen sollten Sie schließlich eine BIOS-GRUB-Partition vorsehen: Diese üblicherweise nur 1 MByte große Partition dient als Ort zur Installation des Bootloaders. Sie ist nur erforderlich, wenn die folgenden drei Bedingungen alle erfüllt sind: Ihr Rechner verwendet ein BIOS (und nicht EFI) zum Hochfahren, die darin enthaltene Festplatte hat eine GPT (also keine MBR-Partitionstabelle) und Ihre Distribution verwendet den Bootloader GRUB 2. Wenn Sie eine automatische Partitionierung mit Fedora 16 durchführen, wird die Partition gegebenenfalls automatisch eingerichtet. Bei allen anderen Partitionen müssen Sie das selbst erledigen. Die Partition muss nicht formatiert werden (d. h. es ist kein Dateisystem erforderlich), es muss aber das Flag `bios_grub` gesetzt werden. (Hintergrundinformationen zum Zusammenspiel von GRUB 2 mit GPT-Festplatten finden Sie ab Seite 685.)

Fazit Bei jeder Linux-Installation benötigen Sie eine Systempartition. Darüber hinaus ist eine Swap-Partition sehr zu empfehlen. Das Einrichten weiterer Partitionen ist optional, sehr stark von der geplanten Anwendung von Linux abhängig und auch eine Geschmacksfrage. Meine persönliche Empfehlung für eine Linux-Erstinstallation ist in Tabelle 2.2 zusammengefasst.

VERZEICHNIS	VERWENDUNG
	BIOS-GRUB-Partition (1 MByte, nur für die Kombination BIOS + GPT + GRUB 2)
	Swap-Partition (ein- bis zweimal so groß wie das RAM)
/	Systempartition (ca. 10 GByte)
/home	Datenpartition (Größe je nach geplanter Nutzung)

Tabelle 2.2: **Empfohlene Partitionen für den Desktop-Einsatz**

Hinweis

In diesem Buch, im Großteil der sonstigen Linux-Dokumentation und für die meisten Linux-Werkzeuge gilt:

1 kByte = 1024 Byte
1 MByte = 1024^2 Byte = 1.048.576 Byte
1 GByte = 1024^3 Byte = 1.073.741.824 Byte
1 TByte = 1024^4 Byte = 1.099.511.627.776 Byte

Viele Festplattenhersteller rechnen dagegen mit 1000er-Potenzen. Deswegen hat eine Festplatte, die laut Hersteller ein TByte umfasst, gemäß den Konventionen in diesem Buch nur ca. 931 GByte.

Welches Dateisystem?

Linux unterstützt eine Menge unterschiedlicher Dateisysteme, unter anderem ext2, ext3, ext4, `btrfs`, `reiserfs` und `xfs`. Im Detail werden diese Dateisysteme ab Seite 580 vorgestellt. Alle Dateisysteme mit der Ausnahme von ext2 unterstützen Journaling-Funktionen, stellen also sicher, dass das Dateisystem auch bei einem unvorhergesehenen Absturz oder Stromausfall konsistent bleibt. (Die Journaling-Funktionen schützen allerdings *nicht* vor einem Datenverlust bei Dateien, die gerade geöffnet sind!)

ext3 versus ext4 Die beiden populärsten Dateisystemtypen sind zurzeit ext3 und dessen Nachfolger ext4. Fast alle Distributionen setzen standardmäßig `ext4` ein. Wenn Sie Wert auf maximale Stabilität legen, sollten Sie dennoch die ältere Variante `ext3` in Erwägung ziehen: Kein anderer Dateisystemtyp ist so ausgereift und sicher!

Die Vorteile von ext4 sind die höhere maximale Dateisystemgröße (bis zu 1.000.000 TByte, bei ext3 sind es dagegen »nur« 2 bis 32 TByte je nach Blockgröße) und eine höhere Geschwindigkeit bei manchen Dateioperationen und insbesondere eine wesentlich schnellere Überprüfung des Dateisystems.

Die meisten Linux-Dateisystementwickler betrachten ext4 lediglich als Übergangslösung, bis das von Grund auf neu entwickelte Dateisystem btrfs fertiggestellt ist. Das wird aber wohl noch ein, zwei Jahre dauern. Momentan ist der Einsatz von btrfs nur experimentierfreudigen Linux-Entwicklern zu empfehlen. Umfassende Informationen zum Einsatz von btrfs finden Sie in Abschnitt 23.8. **btrfs**

Wie ich bereits auf Seite 54 begründet habe, rate ich Linux-Einsteigern vom Einsatz von RAID und LVM ab. Linux-Profis und Server-Administratoren profitieren dagegen von den zusätzlichen Funktionen und sollten eine Installationsvariante mit RAID und/oder LVM wählen. **LVM, RAID**

In der Swap-Partition wird *kein* richtiges Dateisystem eingerichtet! Die Partition muss aber vor der ersten Verwendung durch mkswap formatiert werden. Alle Linux-Distributionen kümmern sich automatisch darum. **Swap-Partition**

Auch in der BIOS-GRUB-Partition wird *kein* richtiges Dateisystem eingerichtet! Die Partition muss aber mit dem Flag bios_grub gekennzeichnet werden. **BIOS-GRUB-Partition**

Tabelle 2.3 fasst zusammen, welche Dateisysteme Sie am besten für welche Partitionen einsetzen. Die Empfehlungen gelten für eine gewöhnliche Installation als Desktop- oder Entwicklungssystem. **Fazit**

PARTITION	VERWENDUNG
Swap-Partition	kein Dateisystem erforderlich
/	ext4 oder ext3
/boot	ext3
/home	ext4 oder ext3

Tabelle 2.3: **Empfohlene Dateisystemtypen für den Desktop-Einsatz**

2.8 Installationsumfang festlegen (Paketauswahl)

Bei vielen Distributionen können Sie während der Installation auswählen, welche Komponenten, Programme bzw. Pakete installiert werden. Aus verschiedenen Gründen ist es selten sinnvoll, einfach alles zu installieren:

» Die riesige Anzahl der verfügbaren Software-Pakete überfordert Einsteiger. Erheblich übersichtlicher ist es, vorerst nur eine Grundinstallation durchzuführen und die benötigten Zusatzprogramme später bei Bedarf nachzuinstallieren. (Das ist problemlos möglich.)

» Es gibt Programme, die sich gegenseitig im Weg sind. So können Sie beispielsweise auf einem Rechner nicht zwei verschiedene E-Mail-Server gleichzeitig betreiben. Sie müssen sich für eine Variante entscheiden.

» Wenn Sie vorhaben, den Rechner als Netzwerk-Server einzusetzen, vergrößert jeder aktive Netzwerkdienst die potenziellen Sicherheitsrisiken. Pakete für Netzwerkfunktionen, die Sie nicht benötigen, sollten Sie gar nicht erst installieren.

Die Auswahl der Software-Pakete erfolgt oft in Form von vorkonfigurierten Gruppen. Es gibt auch Distributionen wie Ubuntu, bei denen Sie während der Installation gar keinen Einfluss auf die Paketauswahl haben: In diesem Fall wird einfach nur ein Grundsystem installiert. Auch bei den meisten Installationsprogrammen, die aus einem Live-System heraus gestartet werden, ist eine Paketauswahl unmöglich – es wird einfach das gesamte Live-System auf die Festplatte übertragen. In beiden Fällen installieren Sie alle weiteren Programme erst später bei Bedarf.

Installationsempfehlungen

Gnome oder KDE

Bei manchen Distributionen haben Sie die Wahl zwischen den Desktop-Systemen KDE und Gnome bzw. können sogar beide Systeme parallel installieren. Dabei handelt es sich um unterschiedliche Benutzeroberflächen zu Linux. Kurz gefasst: Gnome ist einfacher zu bedienen, dafür bietet KDE für technisch versierte Nutzer mehr Funktionen und Einstellmöglichkeiten. Bei einer Parallelinstallation haben Sie maximale Flexibilität und können bei jedem Login auswählen, ob Sie mit Gnome oder KDE arbeiten. Die beiden Desktop-Systeme werden in den Kapiteln 4 und 5 genauer vorgestellt.

Netzwerkdienste (Server)

Für die Desktop-Anwendung von Linux brauchen Sie üblicherweise keinen Web-, Mail-, News-, NFS-Server etc. Es gibt allerdings drei Ausnahmen:

» Um Ihren Drucker verwenden zu können, brauchen Sie einen Drucker-Server (in der Regel CUPS). Bei den meisten Distributionen wird CUPS standardmäßig installiert.

» Um Ihren Rechner über das Netzwerk steuern zu können, sollten Sie den SSH-Server sshd installieren.

» Wenn Sie eigene Verzeichnisse mit Windows-Rechnern im lokalen Netz teilen möchten, müssen Sie das Programm Samba installieren.

Entwicklungswerkzeuge und Kernel-Header

Gerade Linux-Einsteiger haben vermutlich wenig Ambitionen, den Linux-Kernel neu zu kompilieren. Dennoch ist die Installation der elementaren Entwicklungswerkzeuge (C-Compiler, make etc.) und der sogenannten Kernel-Header-Dateien empfehlenswert. Damit sind Sie in der Lage, selbst neue Kernelmodule zu kompilieren. Das ist erforderlich, wenn Sie zusätzliche Hardware-Treiber installieren möchten, die nicht vollständig als Open-Source-Code verfügbar sind, oder wenn Sie kommerzielle Virtualisierungsprogramme einsetzen möchten. (Die Installation des vollständigen Kernelcodes ist nicht erforderlich!)

2.9 Grundkonfiguration

Dieser Abschnitt gibt einige Hintergrundinformationen zu den üblichen Schritten der Basiskonfiguration. Reihenfolge, Details und Umfang der Grundkonfiguration variieren stark je nach Distribution. Einige Distributionen beschränken die Konfiguration während der Installation auf ein Minimum. Die weitergehende (Hardware-)Konfiguration erfolgt dann erst im laufenden Grundsystem. Generell gilt: Nahezu alle Einstellungen können auch später durchgeführt werden. Verschieben Sie die Konfiguration von momentan nicht benötigten Komponenten einfach auf später!

Root-Passwort

Unter Linux ist in der Regel der Benutzer root für die Systemadministration zuständig. Dieser Benutzer hat uneingeschränkte Rechte, aber natürlich ist damit auch das Schadenspotenzial uneingeschränkt. Es ist daher unbedingt erforderlich, dass der Zugang zu root mit einem Passwort abgesichert wird.

Bei Ubuntu und einigen anderen Distributionen ist der Benutzer-Account root vollständig deaktiviert. Eine Passwortabsicherung für root ist daher nicht nötig. Administrative Aufgaben werden bei Ubuntu von dafür vorgesehenen Benutzern durchgeführt und erfordern die nochmalige Angabe des Benutzerpassworts.

Bei openSUSE erhalten root und der Standardbenutzer dasselbe Passwort. Wenn Sie das nicht wünschen, müssen Sie die leicht zu übersehende Option im Installationsprogramm deaktivieren.

Benutzerverwaltung

Es ist unter Linux unüblich, als root zu arbeiten (außer natürlich bei der Durchführung administrativer Aufgaben). Wenn Sie eine E-Mail schreiben, ein Programm kompilieren oder im Internet surfen, melden Sie sich als gewöhnlicher Benutzer an. Während der Installation haben Sie die Möglichkeit, einen oder mehrere derartige Benutzer samt Passwort einzurichten. Im laufenden Betrieb können Sie später weitere Benutzer hinzufügen, das Passwort vorhandener Benutzer verändern etc.

Linux-Benutzernamen sollten aus maximal acht Buchstaben und Ziffern bestehen. Verwenden Sie keine deutschen Sonderzeichen. (Die funktionieren zwar meistens, aber nicht immer.) Es ist üblich, nur Kleinbuchstaben zu verwenden – aber das ist keine Bedingung.

Das Passwort sollte sechs bis maximal acht Zeichen lang sein. Idealerweise enthält es sowohl Groß- als auch Kleinbuchstaben sowie mindestens eine Ziffer. Auch diverse Sonderzeichen sind erlaubt, z. B. `+-*/_.,;:()[]`. Deutsche Sonderzeichen (äöüß) und andere Buchstaben, die nicht im ASCII-Zeichensatz definiert sind, sollten Sie hingegen vermeiden.

Netzwerkkonfiguration

Damit Sie Ihren Rechner in einem lokalen Netz einsetzen können, ist eine Netzwerkkonfiguration erforderlich. Die Konfiguration erfolgt vollautomatisch, wenn das Installationsprogramm im lokalen Netz einen sogenannten DHCP-Server erkennt. (Das ist ein Rechner, der allen anderen Rechnern im Netzwerk automatisch die Netzwerkparameter sendet.) In diesem Fall reduziert sich die gesamte Netzwerkkonfiguration auf das Anklicken der entsprechenden Option und eventuell auf die Angabe des gewünschten Rechnernamens.

Bei einer manuellen Netzwerkkonfiguration werden Sie nach den folgenden Parametern gefragt. Hintergrundinformationen und Erklärungen zu den hier verwendeten Fachausdrücken finden Sie ab Seite 748, wo die Grundlagen der Netzwerkkonfiguration beschrieben sind.

» **Host- und Domainname:** Der Host- und der Domainname entsprechen unter Windows dem Rechnernamen und dem Workgroup-Namen. In einem lokalen Netz ist der Domainname meist vorgegeben. Der Hostname sollte eindeutig sein. Verwenden Sie als Hostnamen nicht `localhost`, dieser Name hat eine besondere Bedeutung!

» **IP-Adresse des Rechners:** Diese Zahl in der Form a.b.c.d (z. B. 192.168.27.35) dient zur internen Identifizierung des Rechners im Netz. Üblicherweise sind die drei ersten Zahlengruppen bereits durch das lokale Netz vorgegeben (z. B. 192.168.27); die vierte Zahl muss innerhalb des Netzes eindeutig sein.

- **Netzwerkmaske, Netzwerkadresse und Broadcast-Adresse:** Die Ausdehnung eines lokalen Netzes wird durch zwei oder drei Masken ausgedrückt, die hier ganz kurz anhand eines Beispiels erläutert werden: Wenn das lokale Netz alle Nummern 192.168.27.*n* umfasst, lautet die dazugehörige Netzwerkmaske 255.255.255.0 (der Regelfall für kleine, lokale Netze). Als Netzwerkadresse ergibt sich 192.168.27.0, als Broadcast-Adresse 192.168.27.255.
- **Gateway-Adresse:** Wenn es im lokalen Netz einen Rechner gibt, der für alle anderen Rechner den Internetzugang herstellt, dann geben Sie dessen IP-Adresse an.
- **Nameserver-Adresse:** Der sogenannte Nameserver (oft auch DNS für Domain Name Server) ist für die Auflösung von Netzwerknamen in IP-Adressen zuständig. Der Nameserver ist also dafür verantwortlich, dass Sie in einem Webbrowser http://www.google.de eingeben können und der Rechner automatisch die dazugehörige IP-Adresse ermittelt. Beim Nameserver kann es sich wahlweise um einen Rechner im lokalen Netz handeln (wenn er auch für die Auflösung lokaler Namen zuständig ist) oder um einen externen Rechner des Internet Service Providers. Wenn die Gateway- und die Nameserver-Adresse korrekt angegeben werden, ist Ihr Rechner damit bereits ans Internet angeschlossen.

Firewall Die meisten Distributionen schützen den Netzwerk- bzw. Internetzugang standardmäßig durch eine Firewall. Diese Firewall lässt von Ihnen initiierte Verbindungen zu, blockiert aber von außen kommende Anfragen und erhöht so die Sicherheit erheblich. Falls Sie vorhaben, auf Ihrem Rechner selbst Netzwerkdienste anzubieten (z. B. einen SSH- oder Webserver), können Sie für diese Dienste Ausnahmen definieren und externe Zugriffe zulassen. Grundlagen und Interna zur Funktion einer Firewall sind in Kapitel 29 ab Seite 829 beschrieben.

SELinux, AppArmor Manche Distributionen sehen über die Paketfilter-Firewall hinaus zusätzliche Schutzsysteme vor, die wichtige Programme gegen Fehlfunktionen schützen. Red Hat bzw. Fedora setzen hierfür SELinux ein, Novell bzw. SUSE das System AppArmor. Solange Sie nur Programme Ihrer Distribution einsetzen, funktionieren SELinux bzw. AppArmor zumeist problemlos. Wenn Sie vorhaben, selbst kompilierte Netzwerkprogramme einzusetzen oder sonst von elementaren Konfigurationsvorgaben Ihrer Distribution abweichen, führen SELinux bzw. AppArmor oft zu Problemen. Deren einfachste Lösung besteht darin, SELinux bzw. AppArmor einfach zu deaktivieren (was auch im laufenden Betrieb möglich ist). Hintergrundinformationen zu SELinux und AppArmor finden Sie ab Seite 868.

Zeitzone Damit die Uhrzeit korrekt eingestellt wird, muss das Installationsprogramm wissen, ob die CMOS-Uhr Ihres Rechners die lokale Uhrzeit oder die *Universal Coordinated Time* (UTC) enthält und in welcher Zeitzone Sie sich befinden. Falls Ihr Rechner ständigen Internetzugang hat, können Sie viele Distributionen auch so konfigurieren, dass die Uhrzeit mit einem Zeit-Server (NTP-Server) aus dem Internet synchronisiert wird.

Sprache Standardmäßig wird Linux in der zu Beginn der Installation eingestellten Sprache installiert – für die Leser dieses Buchs also in der Regel Deutsch. Standardmäßig werden auch die englischen Sprachdateien installiert. Das stellt sicher, dass zumindest englische Menü-, Dialog- und Hilfetexte zur Verfügung stehen, falls es keine deutsche Übersetzung gibt.

Wenn einzelne Benutzer Ihres Rechners Linux auch in anderen Sprachen nutzen möchten, müssen Sie zusätzlich entsprechende Sprachdateien installieren (in Form von sogenannten Lokalisierungspaketen). Sie können dann bei jedem Login die gewünschte Sprache wählen.

2.10 Installation des Bootloaders

Die letzte Frage ist nun noch, wie Linux in Zukunft gestartet werden soll. Dazu wird bei den meisten Distributionen das Programm GRUB eingesetzt. Informationen zur manuellen Installation, Konfiguration und Reparatur von GRUB finden Sie ab Seite 647.

Der erste Sektor der Festplatte wird auch Bootsektor, Master Boot Record oder kurz MBR genannt. Die meisten Installationsprogramme schreiben GRUB in diesen Sektor. Dadurch wird der bisher vorhandene Bootsektor, der meist von Windows stammt, überschrieben. Damit ist in Zukunft GRUB nicht nur für den Linux-Start verantwortlich, sondern auch für das richtige Verzweigen in den Windows-Bootloader. Beim Start des Rechners erscheint ein kleines Menü, in dem Sie zwischen Windows und Linux wählen. Wenn Sie sich für Windows entscheiden, aktiviert GRUB den Windows-Bootloader, der sich im ersten Sektor der Windows-Partition befindet.

Probleme

Die Installation des Bootloaders funktioniert mittlerweile bei nahezu allen Hard- und Software-Kombinationen – aber in ganz seltenen Fällen geht doch etwas schief. Sie können dann weder Windows noch Linux starten! Tipps, wie Sie mit dieser Situation fertig werden, finden Sie ab Seite 67.

Installationsvarianten

Es ist möglich, den Bootloader nicht in den Bootsektor der Festplatte, sondern in den Bootsektor der Linux-Systempartition zu installieren. Dort bleibt der Bootloader allerdings vorerst wirkungslos, d. h., Sie können bei einem Neustart weiter nur Windows, nicht aber Linux starten. Es bestehen nun zwei Möglichkeiten, den Bootsektor zum Leben zu erwecken:

» Die kostspielige Variante ist die Verwendung eines kommerziellen Boot-Managers (z. B. des Acronis Boot Managers). Persönlich halte ich von dieser Lösung nicht viel. Sie verursacht zumindest ebenso viele Probleme wie GRUB.

» Falls Sie mit Windows Vista oder Windows 7 arbeiten, können Sie die Linux-Systempartition in das Windows-Boot-Menü integrieren. Dazu verwenden Sie am besten das kostenlose Programm EasyBCD von http://neosmart.net/software.php, das auf Seite 667 kurz beschrieben ist.

Rechnerstart

Wenn alles geklappt hat, erscheint nun bei jedem Rechnerstart ein Menü, in dem Sie das gewünschte Betriebssystem auswählen können (siehe Abbildung 2.6). Je nach Distribution erscheint nach dem ersten Start nochmals das Installationsprogramm. Anschließend beginnen Sie Ihre erste Erkundungsreise durch die Linux-Welt. Das nächste Kapitel (ab Seite 75) gibt dazu einige Tipps.

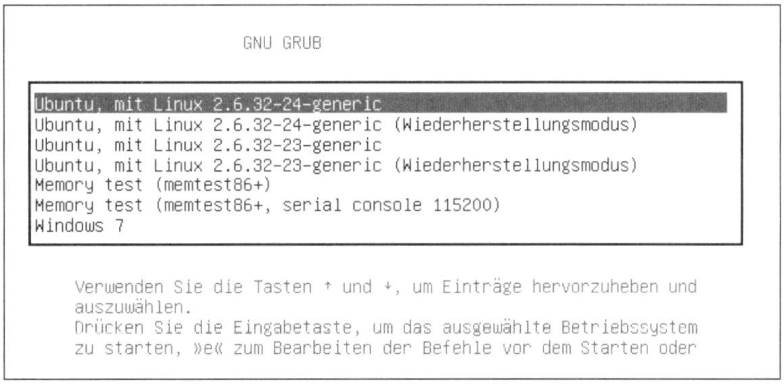

Abbildung 2.6: **Windows oder Ubuntu Linux starten**

2.11 Probleme während der Installation

Dieser Abschnitt geht auf einige typische Probleme ein, die während der Installation auftreten können. So weit möglich, finden Sie hier auch Lösungsansätze. Am wichtigsten ist aber sicherlich gleich der nächste Abschnitt. Dieses Buch kann trotz seines großen Umfangs nicht das ganze Linux- und Hardware-Universum umfassen. Sie müssen daher lernen, sich selbst zu helfen – je früher, desto besser.

Hilfe zur Selbsthilfe

Was tun Sie, wenn es während der Installation Probleme gibt, der Rechner stehen bleibt, Hardware nicht oder falsch erkennt etc.? Der erste Tipp ist geradezu trivial: Lesen Sie vor Beginn der Installation auf jeden Fall die sogenannten Release-Notes im Internet oder auf der CD-ROM!

Ein weiterer guter Startpunkt sind natürlich die Homepages der jeweiligen Distributionen. Dort gibt es eigene Support-Bereiche, Foren und Wikis, in denen Sie Antworten zu häufigen Fragen bzw. Problemen finden.

Hardware-Probleme

Wenn Linux für die Installation wichtige Hardware-Komponenten nicht richtig erkennt oder bei deren Erkennung hängen bleibt, helfen eventuell Kernelparameter weiter. Dahinter verbirgt sich ein Mechanismus, dem Kernel beim Start Informationen zur besseren Hardware-Erkennung zu geben. Derartige Parameter geben Sie unmittelbar beim Installationsstart an. Weitere Informationen zu diesem Mechanismus und einen Überblick über einige wichtige bzw. häufig benötigte Parameter finden Sie ab Seite 735.

Partitionierungsprobleme

Die Partitionierhilfen des Linux-Installationsprogramms sollten dieselben Partitionen erkennen wie vergleichbare Werkzeuge unter Windows (bei Windows 7 SYSTEMSTEUERUNG|SYSTEM UND SICHERHEIT|VERWALTUNG|COMPUTERVERWALTUNG|DATENTRÄGERVERWALTUNG). Wenn das nicht der Fall ist bzw. Linux statt einer Windows-Partition mehrere Einzelfestplatten sieht, haben Sie die Festplatten Ihres Rechners wahrscheinlich zu einem RAID-System verbunden, das Linux nicht richtig erkennt (siehe auch die Warnung auf Seite 56). Abhilfe schafft die Verwendung einer Linux-Distribution, die korrekt mit BIOS-Software-RAID umgehen kann (z. B. aktuelle Fedora-Versionen).

Tastaturprobleme

In den ersten Phasen der Installation kann es vorkommen, dass noch kein deutscher Tastaturtreiber installiert ist und daher das amerikanische Tastaturlayout gilt. Das trifft meistens auch während des Starts des Bootloaders zu.

Solange der Rechner glaubt, dass Sie mit einer US-Tastatur arbeiten, während tatsächlich aber ein deutsches Modell im Einsatz ist, sind [Y] und [Z] vertauscht; außerdem bereitet die Eingabe von Sonderzeichen Probleme.

Tabelle 2.4 zeigt, wie Sie diverse Sonderzeichen auf einer deutschen Tastatur trotz eines fehlenden Tastaturtreibers eingeben können. Dabei zeigt die erste Spalte die auf einer deutschen Tastatur erforderliche Tastenkombination, um das Zeichen in der zweiten Spalte zu erzeugen. Verwenden Sie auch den numerischen Tastaturblock – die dort befindlichen Sonderzeichen funktionieren mit Ausnahme des Kommas problemlos!

KÜRZEL	ERGEBNIS	KÜRZEL	ERGEBNIS	KÜRZEL	ERGEBNIS
Z	Y	Ö	;	⇧+9	(
Y	Z	⇧+Ö	:	⇧+0	)
-	/	⇧+-	?	Ü	[
#	\	⇧+Ä	"	+	]
ß	- (Bindestrich/Minus)	Ä	'	⇧+Ü	{
⇧+ß	_ (Unterstrich)	^	`	⇧++	}
´	=	⇧+^	~	⇧+,	<
⇧+´	+	⇧+2	@	⇧+.	>
⇧+8	*	⇧+3	#		
⇧+7	&	⇧+6	^		

Tabelle 2.4: **Tastenkürzel zur Eingabe von Sonderzeichen für das US-Tastaturlayout**

Falls es auch nach der Installation noch Tastaturprobleme gibt, finden Sie auf Seite 436 (Textmodus) bzw. auf Seite 542 (Grafikmodus) eine Anleitung, wie Sie dieses Manko beheben können.

2.12 Probleme nach der Installation

Manchmal läuft eine Installation ohne Schwierigkeiten bis zum Ende. Erst beim nächsten Neustart treten Probleme auf. Dieser Abschnitt gibt einige Tipps zu häufigen Problemquellen.

Der Rechner kann nicht mehr gestartet werden

Der schlimmste Fall bei einer Linux-Installation besteht darin, dass der Rechner anschließend nicht mehr gestartet werden kann oder dass zumindest einzelne der installierten Betriebssysteme nicht mehr zugänglich sind. Dabei gibt es verschiedene Varianten, die im Folgenden erörtert werden. Wenn diese Informationen nicht weiterhelfen, werfen Sie auch einen Blick in das Stichwortverzeichnis, Eintrag *Notfall*!

» **Linux-Absturz (Hardware-Probleme):** Nach dem Neustart des Rechners erscheinen zuerst diverse Meldungen von Linux. Anschließend bleibt der Rechner stehen bzw. stürzt ab.

  Mögliche Ursache: Die wahrscheinlichste Ursache sind Hardware-Probleme.

  Abhilfe: Durch die Angabe von sogenannten Bootoptionen können Sie Linux bei der Erkennung der Hardware helfen (siehe Seite 735). Bootoptionen werden direkt an den Kernel übergeben und werden deswegen auch Kernelparameter genannt. Die Eingabe derartiger Optionen erfolgt im Bootloader GRUB unmittelbar nach dem Rechnerstart. Dazu drücken Sie zuerst Esc, um in das GRUB-Menü zu gelangen. Dann wählen Sie mit den Cursortasten die zu startende Linux-Distribution aus. Mit E gelangen Sie in den GRUB-Editor, der einige Zeilen angezeigt, die so ähnlich wie das folgende Muster aussehen:

```
kernel (hd0,5)/boot/vmlinuz root=/dev/sda6 splash=silent vga=normal
initrd (hd0,5)/boot/initrd
```

Wählen Sie mit den Cursortasten die `kernel`-Zeile aus, und drücken Sie abermals [E], um diese Zeile zu verändern, und fügen Sie an das Ende dieser Zeile die zusätzlichen Bootoptionen an. Mit [↵] bestätigen Sie die Änderung. [Esc] führt zurück zum Bootmenü, wo Sie Linux dann starten. (Die Änderung an den Kernelparametern gilt nur für dieses eine Mal, sie wird also nicht bleibend gespeichert.)

Hinweis

Bei Hardware-Problemen, die durch Kernelmodule verursacht werden, bleiben die Bootoptionen wirkungslos. Stattdessen muss eine der Dateien im Verzeichnis `/etc/modprobe.d` geändert werden. Dazu starten Sie ein Live-System oder ein sogenanntes Rescue-System (Rettungssystem, Notfallsystem), das sich bei vielen Distributionen auf der Installations-CD befindet. Der Umgang mit einem derartigen System erfordert allerdings einiges an Linux-Wissen und empfiehlt sich daher nicht für Linux-Einsteiger. Hintergrundinformationen zur Modulverwaltung und zu `modprobe.conf` finden Sie ab Seite 718.

» **Linux-Absturz (unable to mount root fs):** Der Start des Linux-Kernels hat geklappt, Linux konnte aber anschließend die Linux-Systempartition nicht finden.

Mögliche Ursache: Es liegt ein Problem in der GRUB-Konfiguration vor. Der Fehler kann auch dann auftreten, wenn die Verkabelung von Festplatten geändert wurde.

Abhilfe: Geben Sie beim Linux-Start die richtige Partition als Bootoption in der Form `root=/dev/sda6` an. Wenn der Start so gelingt, können Sie unter Linux GRUB neu konfigurieren (siehe Seite 647). Unter Umständen müssen Sie auch die Datei `/etc/fstab` entsprechend anpassen (siehe Seite 587).

» **Linux startet nicht:** Nach dem Neustart des Rechners wird ohne Rückfrage einfach Windows gestartet. Von Linux ist keine Spur zu sehen.

Mögliche Ursache: Die Installation von GRUB (oder eines anderen Bootloaders) auf die Festplatte hat aus irgendeinem Grund nicht funktioniert.

Abhilfe: Starten Sie ein Rescue-System oder eine Live-CD, und installieren Sie GRUB neu (siehe Seite 671).

» **Windows startet nicht:** Nach dem Neustart wird automatisch Linux gestartet. Windows scheint verschwunden zu sein.

Mögliche Ursache: Wahrscheinlich hat die GRUB-Installation funktioniert. Sie können nun unmittelbar nach dem Rechnerstart auswählen, welches Betriebssystem gestartet werden soll. Tun Sie nichts, wird nach einer Weile automatisch Linux gestartet. Eventuell erscheint das Menü erst nach dem Drücken von [Esc].

Abhilfe: Falls ein Menü angezeigt wird, wählen Sie mit den Cursortasten `windows` aus und drücken [↵]. Falls es kein Menü gibt, starten Sie Linux und fügen in die GRUB-Konfigurationsdatei einen zusätzlichen Eintrag zum Start von Windows ein (siehe Seite 647).

» **Weder Linux noch Windows startet:** Nach dem Rechnerstart wird GRUB ausgeführt, stürzt aber sofort ab bzw. zeigt eine endlose Liste von Fehlermeldungen an.

Mögliche Ursache: Die GRUB-Installation ist fehlgeschlagen.

Abhilfe: Starten Sie ein Rescue-System oder eine Live-CD, und installieren Sie GRUB neu (siehe Seite 671). Alternativ können Sie auch den früheren Zustand des Bootsektors (MBR) wiederherstellen (siehe Seite 72). Wenn das gelingt, kann Windows anschließend wieder normal gestartet werden. Linux lässt sich allerdings weiterhin nicht starten.

Das Grafiksystem startet nicht

Es kann vorkommen, dass Linux nur im Textmodus startet. Das X Window System, das die Basis für die Desktop-Systeme KDE oder Gnome darstellt, funktioniert dann nicht.

X automatisch starten

Zuerst sollten Sie testen, ob sich X manuell starten lässt. Dazu loggen Sie sich mit Ihrem Benutzernamen und dem Passwort im Textmodus ein und führen dann das Kommando `startx` aus. Wenn das klappt, funktioniert das Grafiksystem prinzipiell. Es geht jetzt nur noch darum, das System so zu konfigurieren, dass das Grafiksystem automatisch gestartet wird. Die Vorgehensweise ist distributionsabhängig und wird im Detail ab Seite 522 beschrieben.

X neu konfigurieren

Sollte `startx` nicht zum Erfolg führen, resultieren die Probleme wahrscheinlich aus einer falschen oder gar nicht erfolgten Konfiguration des X Window Systems. Ausführliche Hintergrundinformationen zur richtigen X-Konfiguration finden Sie in einem eigenen Kapitel ab Seite 515.

Die Tastatur funktioniert nicht

Tastaturprobleme äußern sich im Regelfall dadurch, dass statt der gewünschten Buchstaben andere Zeichen erscheinen. Die Ursache ist fast immer eine falsche Einstellung des Tastaturlayouts (d. h., Linux glaubt beispielsweise, Sie würden mit einer US-Tastatur arbeiten, in Wirklichkeit besitzen Sie aber ein deutsches Modell). Bei Gnome und KDE können Sie das gewünschte Tastaturlayout vor dem Login einstellen. Die Standardeinstellungen für die Tastatur erfolgen getrennt für den Text- und den Grafikmodus (siehe Seite 436 bzw. Seite 542).

Menüs erscheinen in der falschen Sprache

Alle Linux-Programme sind in der Lage, Fehlermeldungen, Menüs etc. in englischer Sprache auszugeben. Sehr viele Programme (insbesondere KDE- und Gnome-Programme) stellen darüber hinaus aber auch Menüs in vielen Landessprachen zur Verfügung. Informationen zur Einstellung der gewünschten Sprache finden Sie ab Seite 452. Unter Umständen müssen Sie vorher das richtige Sprachpaket installieren, das die Übersetzungen der Menüs und anderer Texte in Ihre Sprache enthält.

2.13 Systemveränderungen, Erweiterungen, Updates

Wenn Ihr Linux-System einmal stabil läuft, wollen Sie es zumeist nach Ihren eigenen Vorstellungen konfigurieren, erweitern, aktualisieren etc. Detaillierte Informationen zu diesen Themen sind über das gesamte Buch verteilt. Dieser Abschnitt dient daher primär als Referenz, um Ihnen die Sucharbeit so weit wie möglich zu ersparen.

Software-Installation, Paketverwaltung

Je nach Distribution existieren verschiedene Kommandos und Programme, mit denen Sie im laufenden Betrieb weitere Software-Pakete installieren, aktualisieren oder entfernen. Einführende Informationen zur unter Linux üblichen Paketverwaltung finden Sie in einem eigenen Kapitel ab Seite 471. Außerdem finden Sie ab Seite 1001 Tipps zu einigen distributionsspezifischen Paketverwaltungsprogrammen.

Generell sollten Sie bei der Installation zusätzlicher Software nur die von Ihrer Distribution vorgesehenen Werkzeuge verwenden und nur zur Distribution passende Pakete verwenden. Wenn Sie hingegen eine SUSE-Distribution durch ein Red-Hat-Paket erweitern, können aufgrund unterschiedlicher Installationspfade oder unterschiedlicher Bibliotheksanforderungen Probleme auftreten.

Updates

Normale Updates

Alle Distributionen bieten Werkzeuge an, um alle installierten Programme bzw. Pakete mit wenigen Mausklicks zu aktualisieren. Diese Werkzeuge werden im Kapitel zur Paketverwaltung ab Seite 471 bzw. für einige Distributionen ab Kapitel 34 vorgestellt. Durch das Update-System werden gravierende Fehler und Sicherheits-Updates behoben.

Das erste Update nach der Neuinstallation einer Distribution dauert oft sehr lange, bisweilen länger als die eigentliche Installation! Das liegt daran, dass damit sämtliche Updates installiert werden, die seit der Fertigstellung der Distribution freigegeben wurden. Alle weiteren Updates, die regelmäßig durchgeführt werden, betreffen dann nur noch wenige Pakete und erfolgen entsprechend schneller.

Distributions-Updates

Durch das Update-System werden Fehler und Sicherheitsmängel behoben, aber in der Regel keine grundlegend neuen Programmversionen installiert. Auf ein Update von LibreOffice 3.4 auf Version 3.5 werden Sie also vergeblich warten. Dazu müssen Sie vielmehr Ihre gesamte Distribution auf die nächste Version aktualisieren – daher die Bezeichnung »Distributions-Update«.

Es gibt zwei unterschiedliche Verfahren für Distributions-Updates: Entweder beginnen Sie die Installation von einem Datenträger und geben dann an, dass Sie eine vorhandene Distribution aktualisieren möchten, oder Sie führen das Update im laufenden Betrieb durch und müssen anschließend nur einen Neustart durchführen. Das zweite Verfahren ist wesentlich eleganter, weil es ohne Installationsmedien durchgeführt werden kann (die neuen Pakete werden einfach aus dem Internet heruntergeladen) und die Zeit minimiert, während der die Distribution nicht läuft bzw. während der ein Server offline ist. Tabelle 2.5 fasst zusammen, welche Distributionen welche Verfahren unterstützen.

	UPDATE WÄHREND DER INSTALLATION	UPDATE IM LAUFENDEN BETRIEB
Debian		•
Fedora	•	
openSUSE	•	•
Red Hat	•	
Ubuntu		•

Tabelle 2.5: **Verfahren für Distributions-Updates**

Was in der Theorie toll klingt, funktioniert in der Praxis leider oft schlecht. Nach dem Update funktionieren bisweilen Programme nicht mehr wie vorher, und die Suche nach den Fehlern kann zeitraubend sein. Ich selbst habe nach zahllosen Problemen den Glauben an Distributions-Updates verloren.

Persönlich tendiere ich dazu, nicht jedes Distributions-Update mitzumachen (soweit mich nicht die Arbeit an diesem Buch dazu zwingt). Stattdessen führe ich bei Bedarf – oft erst nach zwei, drei Jahren – eine komplette Neuinstallation in eine eigene Systempartition durch, wobei ich die Datenpartition (`/home`) unverändert weiternutze.

Nun kann ich während einer Übergangsphase sowohl die alte als auch die neue Version nutzen. Diese Doppelgleisigkeit erleichtert auch die Neukonfiguration ganz erheblich, weil alle bisherigen Konfigurationsdateien weiterhin zur Verfügung stehen.

Konfiguration

Zwar gab es in der Vergangenheit immer wieder Bemühungen, die Konfiguration von Linux zu vereinheitlichen, tatsächlich unterscheiden sich die einzelnen Distributionen leider nach wie vor erheblich. Aus diesem Grund sollten Sie zur weiteren Konfiguration nach Möglichkeit die jeweils mitgelieferten Werkzeuge einsetzen. Einen Überblick über distributionsspezifische Konfigurationshilfen geben die Distributionskapitel ab Seite 1001.

Die Lösung mancher Konfigurationsprobleme erfordert freilich mehr als ein paar Mausklicks. Deswegen gehe ich in diesem Buch losgelöst von speziellen Distributionen ausführlich auf Grundlagen und Hintergründe verschiedener Soft- und Hardware-Komponenten ein.

THEMA	SEITE	THEMA	SEITE
Gnome	Seite 83	X (Grafiksystem)	Seite 515
KDE	Seite 109	Systemstart	Seite 647
E-Mail	Seite 159	Kernel, Module	Seite 715
Scanner, Digitalkamera	Seite 181	Netzwerkkonfiguration	Seite 741
Basiskonfiguration	Seite 433	Server-Konfiguration	Seite 793
Paketverwaltung	Seite 471	Drucker	Seite 912

Tabelle 2.6: **Linux-Konfiguration**

2.14 Linux wieder entfernen

Falls Sie zu einem späteren Zeitpunkt den von Linux beanspruchten Platz auf der Festplatte wieder freigeben möchten, müssen Sie Linux deinstallieren. Dazu sind zwei Schritte erforderlich:

» Sie löschen alle Linux-Partitionen, damit Sie den Platz später wieder unter Windows nutzen können.

» Sie entfernen den Bootloader und stellen den ursprünglichen Zustand des Bootsektors der Festplatte wieder her.

Linux-Partitionen löschen

Es ist empfehlenswert, Partitionen eines bestimmten Betriebssystems möglichst nur mit den Werkzeugen dieses Betriebssystems zu ändern. Insofern sollten zum Löschen der Linux-Partitionen idealerweise Linux-Werkzeuge eingesetzt werden. Da es unmöglich ist, die Systempartition eines laufenden Linux-Systems direkt zu löschen, setzen Sie zum Löschen der Linux-Partitionen am besten ein Live-System ein.

Zum eigentlichen Löschen der Linux-Distributionen setzen Sie die Kommandos `fdisk` oder `parted` bzw. dessen grafische Variante `gparted` ein. Die Bedienung dieser Programme wird ab Seite 573 beschrieben.

Original-MBR wiederherstellen

Nach einer Linux-Installation befinden sich im Master-Boot-Record (MBR) normalerweise Daten des Bootloaders GRUB. Um GRUB zu deaktivieren, stellen Sie den ursprünglichen Zustand des MBRs wieder her. Die Vorgehensweise variiert je nach Windows-Version:

» Bei Windows 2000/XP starten Sie den Rechner mit der Windows-Installations-CD und aktivieren mit [R], [K] (Windows 2000) bzw. nur mit [R] (Windows XP) die sogenannte Wiederherstellungskonsole. Dort können Sie aus einer Liste Ihre Windows-Installation auswählen. Nach der Eingabe Ihres Administrator-Passworts führen Sie das Kommando `FIXMBR` aus. Anschließend starten Sie den Computer mit `EXIT` neu.

» Bei Windows Vista und Windows 7 starten Sie den Rechner mit der Installations-DVD. Nach der Sprach- und Tastatureinstellung klicken Sie auf den Eintrag COMPUTERREPARATUROPTIONEN und wählen dann Ihre Windows-Version aus. Im Dialog SYSTEMWIEDERHERSTELLUNGSOPTIONEN wählen Sie den Punkt EINGABEAUFFORDERUNG und gelangen so in ein Konsolenfenster. Dort führen Sie das folgende Kommando aus:

```
> BOOTREC /fixmbr
Der Vorgang wurde abgeschlossen.
```

Anschließend starten Sie den Rechner neu. Weitere Informationen zu `BOOTREC` gibt diese Webseite:

http://support.microsoft.com/kb/927392/en-us

2.15 Linux in eine virtuelle Umgebung installieren

Virtualisierungsprogramme wie VMware Player, Virtual PC oder VirtualBox erfreuen sich immer größerer Beliebtheit. Damit bilden Sie ein System ab, das sich wie ein richtiger PC verhält. Innerhalb eines Betriebssystems können Sie so ein zweites Betriebssystem installieren und ausführen. Kapitel 10 ab Seite 229 beschäftigt sich ausführlich mit den Grundlagen von Virtualisierungssystemen und beschreibt detailliert den Einsatz von VirtualBox.

Aber auch der umgekehrte Weg ist möglich: Sie arbeiten wie bisher unter Windows weiter und führen Linux in einem Fenster aus. Der größte Vorteil besteht darin, dass die Installation von Linux in eine virtuelle Umgebung wesentlich einfacher ist als auf einem richtigen Rechner: Sie müssen keine Rücksicht auf das vorhandene System nehmen, die Partitionierung der Festplatte spielt keine Rolle, und es ist ausgeschlossen, dass sich Windows und Linux in die Quere kommen. Je nachdem, welches Virtualisierungssystem Sie verwenden, finden Sie im Internet sogar fertige Linux-Image-Dateien und ersparen sich damit die Installation.

Dem stehen freilich auch Nachteile gegenüber: Linux läuft in der virtuellen Umgebung deutlich langsamer, insbesondere bei Festplattenzugriffen. Auch die Nutzung diverser Hardware-Komponenten unterliegt Einschränkungen: CDs/DVDs können nur gelesen, aber nicht beschrieben werden, für 3D-Grafik gibt es zumeist keine Hardware-Unterstützung etc. Relativ mühsam ist schließlich der Datenaustausch zwischen Windows und Linux.

Trotz all dieser Einschränkungen bieten virtuelle Maschinen eine attraktive Möglichkeit, Linux auszuprobieren. Die folgende Liste beschreibt ganz kurz einige geeignete Virtualisierungsprogramme:

» **VirtualBox:** Dieses Programm von Sun/Oracle ist kostenlos verfügbar, es gibt sogar eine mit nur wenigen Einschränkungen verbundene Open-Source-Variante. VirtualBox ist das zurzeit beste Virtualisierungsprogramm für Linux-Desktop-Anwender.

  http://www.virtualbox.org/

» **Windows Virtual PC:** Dieses Programm ist eine kostenlose Erweiterung zu Windows. Linux wird als Gastsystem nicht offiziell unterstützt, einige Linux-Distributionen laufen aber dennoch:

  http://www.microsoft.com/windows/virtual-pc/

» **VMware Workstation/Player:** VMware Workstation bietet noch mehr Funktionen als VirtualBox oder Virtual PC, ist allerdings relativ teuer. Immerhin können Sie es für 30 Tage kostenlos ausprobieren. VMware Player ist eine kostenlose Variante zu VMware Workstation, die in vielen Fällen auch ausreicht.

  http://www.vmware.com/

3. Linux-Schnelleinstieg

Dieses Kapitel hilft Ihnen bei den ersten Schritten unter Linux: einloggen, Programme ausführen, auf Dateien und Datenträger zugreifen, ausloggen bzw. Rechner herunterfahren etc. Das Kapitel vermittelt ein minimales Grundlagenwissen über die Dateiverwaltung von Linux und verrät, wo Sie im installierten System bzw. im Internet nach Online-Dokumentation suchen.

Ein Grundproblem bei einer allgemeinen Beschreibung von Linux besteht darin, dass nahezu jede Funktion frei konfigurierbar ist. Daher sieht beispielsweise das Startmenü des Desktops bei jeder Distribution ein wenig anders aus. Es kann sein, dass eine bestimmte Tasten- oder Mauskombination unter Red Hat eine andere Reaktion hervorruft als unter SUSE. Aus diesem Grund gibt es in diesem Kapitel viele Formulierungen mit *meistens*, *gewöhnlich* etc. Das ist leider nicht zu ändern. Die einzige Alternative bestünde darin, Linux so zu beschreiben, wie es bei einer ganz bestimmten Distribution – und da wiederum bei einer ganz bestimmten Versionsnummer – funktioniert.

3.1 Linux starten und beenden

Um Linux zu starten, müssen Sie Ihren Rechner neu starten. Beim Neustart geben Sie in einem Menü an, dass Sie Linux und nicht Windows ausführen möchten. Es ist nicht möglich, Linux von Windows aus zu starten – es sei denn, Sie verwenden unter Windows ein Programm wie VMware und führen Linux in einer virtuellen Umgebung aus.

Der Linux-Bootprozess dauert üblicherweise rund eine Minute. Bei vielen Distributionen erscheint während dieser Zeit ein Fortschrittsbalken. Andere Distributionen zeigen hingegen unzählige Detailinformationen über den Systemstart an. Diese Informationen sind aber nur dann von Interesse, wenn irgendetwas nicht funktionieren sollte.

Login

Im Normalfall endet der Bootprozess mit dem Erscheinen einer grafischen Login-Box. Dort melden Sie sich mit Ihrem Benutzernamen und dem Passwort an. Anschließend erscheint Ihre Arbeitsumgebung im Standard-Desktop-System Ihrer Distribution, üblicherweise Gnome oder KDE. Eine Einführung in beide Desktop-Systeme folgt in den beiden nächsten Kapiteln.

Melden Sie sich aber nicht als root an, sondern verwenden Sie einen gewöhnlichen Login! Der Benutzer root hat uneingeschränkte Rechte. Es ist unter Linux nicht üblich, mit root-Rechten zu arbeiten. Stattdessen werden für administrative Aufgaben nur einzelne Programme mit root-Rechten ausgeführt, wobei Sie diesen Vorgang durch die Eingabe des root-Passworts bzw. Ihres

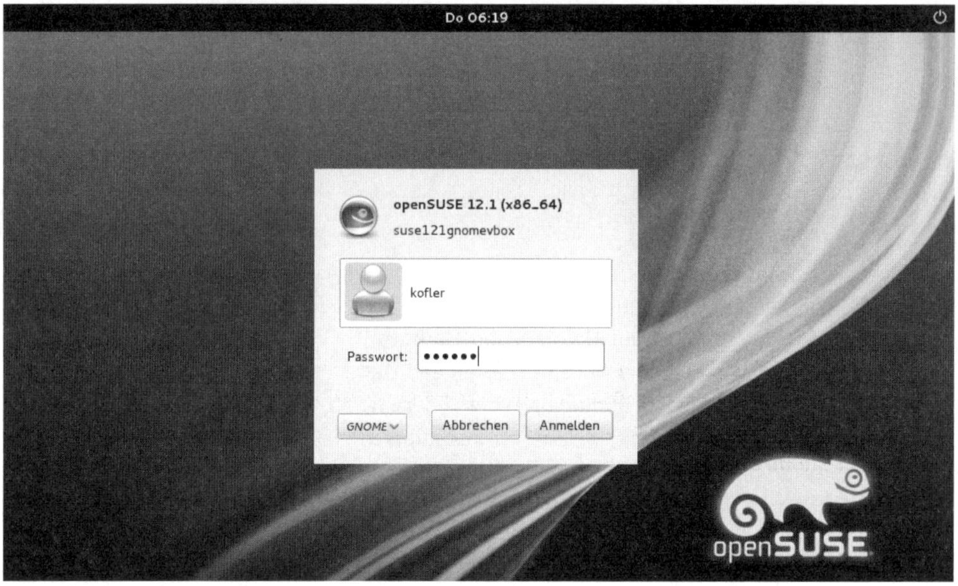

Abbildung 3.1: **Login-Bildschirm bei openSUSE**

eigenen Passworts (Ubuntu) bestätigen müssen. Die Veränderung des Passworts für root und das Einrichten neuer Benutzer wird ab Seite 439 beschrieben.

Sofern Sie mehrere Desktop-Systeme parallel installiert haben (also Gnome *und* KDE), können Sie beim Login den gewünschten Desktop auswählen. Bei einigen Distributionen haben Sie beim Login auch die Möglichkeit, das Tastaturlayout und die Sprache einzustellen.

Tipp

Gnome bzw. KDE können so konfiguriert werden, dass nach dem Rechnerstart ein automatischer Login erfolgt. Das ist zwar bequem, aber sicherheitstechnisch nicht optimal. Tipps zur Konfiguration der Auto-Login-Funktion von Gnome und KDE finden Sie ab Seite 525.

Logout Die KDE- bzw. Gnome-Menüs bzw. das Panel sehen jeweils ein Kommando zum Logout vor. Die genaue Bezeichnung des Menükommandos variiert je nach Distribution und lautet z. B. SYSTEM| BENUTZER ABMELDEN. Damit werden sämtliche auf dem Desktop laufenden Programme beendet. (Sichern Sie vorher alle noch offenen Dateien!) Der Logout führt zurück zur Login-Box, in der Sie sich nun neu einloggen oder den Rechner herunterfahren können.

Benutzerwechsel Normalerweise müssen Sie sich für einen Benutzerwechsel aus- und dann neu einloggen. Gnome und KDE ermöglichen einen Benutzerwechsel aber auch ohne Logout. Dabei wird das Grafiksystem ein weiteres Mal gestartet, was mit einem relativ hohen Ressourcenaufwand verbunden ist. Dafür ist anschließend ein rascher Wechsel zwischen den beiden Logins möglich.

Login und Logout im Textmodus Viele Funktionen von Linux können auch im Textmodus genutzt werden. Gerade bei Server-Installationen wird manchmal auf das X Window System verzichtet bzw. wird sein automatischer Start deaktiviert. Zum Arbeiten führen Sie den Login in einer Textkonsole durch (siehe auch Kapitel 11 ab Seite 245). Zum Logout drücken Sie einfach [Strg]+[D] oder führen das Kommando `exit` aus.

Linux beenden (Shutdown)

Die grafischen Benutzeroberflächen sehen Menükommandos zum Herunterfahren des Rechners vor oder bieten eine entsprechende Option im Abmelde-Dialog. Im Textmodus erfolgt ein ordnungsgemäßes Herunterfahren des Systems mit dem Kommando `shutdown -h now`. Dieses Kommando darf allerdings nur von `root` ausgeführt werden.

Auf vielen Linux-Systemen gibt es eine bequemere Alternative zum `shutdown`-Kommando: Drücken Sie im Textmodus einfach die Tasten [Strg]+[Alt]+[Entf]. Falls Sie unter X arbeiten, müssen Sie vorher mit [Strg]+[Alt]+[F2] in eine Textkonsole wechseln. Die Reaktion auf die Tastenkombination [Strg]+[Alt]+[Entf] wird je nach Distribution durch dessen Init-System gesteuert – siehe Kapitel 25.

Tipp

Wenn Linux auf [Strg]+[Alt]+[Entf] nicht reagiert und Sie kein `root`-Passwort besitzen, den Rechner aber dennoch neu starten müssen, sollten Sie vorher zumindest das Kommando `sync` ausführen. Damit werden alle gepufferten Schreibzugriffe auf die Festplatte ausgeführt. Unmittelbar danach schalten Sie Ihren Rechner aus. Das ist allerdings nur eine Notlösung zur Schadensminimierung.

3.2 Tastatur, Maus und Zwischenablage

Wichtige Tastenkürzel

Welche Tastenkürzel zur Verfügung stehen, hängt davon ab, ob Sie im Grafikmodus oder in einer Textkonsole arbeiten. Dieser Abschnitt setzt voraus, dass Sie den Grafikmodus nutzen. Darin werden Tastenkürzel durch drei Programmebenen definiert:

» Das X Window System ist für die elementaren Funktionen des Grafiksystems verantwortlich. Das X Window System stellt nur relativ wenige Tastenkürzel zur Verfügung (siehe Tabelle 3.1).

» Die Desktop-Systeme Gnome und KDE bauen auf X auf. Auch durch sie werden einige Tastenkürzel definiert. Erfreulicherweise hat hier in den letzten Jahren eine Vereinheitlichung stattgefunden, sodass zumindest für die wichtigsten Operationen dieselben Tastenkürzel gelten (siehe Tabelle 3.2). Genau genommen stammen die dort zusammengefassten Tastenkürzel vom Window Manager des Desktops. Aber ich will Sie hier nicht mit derartigen Spitzfindigkeiten quälen. Was ein Window Manager ist, erfahren Sie auf Seite 516.

» Schließlich hängen die verfügbaren Tastenkürzel natürlich vom individuellen Programm ab, das gerade läuft. Je nachdem, ob Sie mit Firefox im Web surfen, mit OpenOffice einen Brief schreiben oder im Editor Emacs Programmcode ändern – in jedem Fall gelten andere Tastenkürzel, die in diesem Abschnitt natürlich nicht beschrieben werden können.

  Bei Programmen mit grafischer Benutzeroberfläche gelten für wichtige Operationen dieselben Kürzel wie unter Windows. Das betrifft beispielsweise das Kopieren von Text in die Zwischenablage mit [Strg]+[Einf] oder [Strg]+[C], das Einfügen des kopierten Texts mit [⇧]+[Einf] oder [Strg]+[V] oder das Speichern einer Datei mit [Strg]+[S].

  Für viele textorientierte Kommandos gelten andere Konventionen, die sich im Verlauf der Unix/Linux-Geschichte etabliert haben. Wichtige Tastenkürzel für derartige Programme sind auf Seite 247 zusammengefasst.

Leider gibt es keine Garantie, dass die hier zusammengefassten Tastenkürzel wirklich bei jeder Distribution gelten. Alle Tastenkürzel sind konfigurierbar, und manche Distributoren weichen von den üblichen Konventionen ab. Beispielsweise verwenden Fedora und Red Hat nicht die siebte, sondern die erste Konsole für den Grafikmodus. Die Tastenkombination [Strg]+[Alt]+[Backspace] ist auf immer mehr Distributionen standardmäßig deaktiviert oder wird erst bei zweimaligem Drücken wirksam.

KÜRZEL	BEDEUTUNG
[Strg]+[Alt]+[Backspace]	beendet das Grafiksystem (das X Window System) gewaltsam. Unter SUSE muss diese Tastenkombination zweimal gedrückt werden. Bei einigen Distributionen ist die Tastenkombination auch ganz deaktiviert.
[Strg]+[Alt]+[Fn]	wechselt vom Grafiksystem in die Konsole *n*.
[Strg]+[Alt]+[Fn]	wechselt vom Textmodus in die Konsole *n*. Bei den meisten Distributionen führt [Alt]+[F7] zurück in den Grafikmodus, bei Fedora drücken Sie [Alt]+[F1].

Tabelle 3.1: **Tastenkürzel unter X**

KÜRZEL	BEDEUTUNG
[Alt]+[↹]	wechselt das aktive Fenster.
[Alt]+[F1]	zeigt das Desktop-Menü an.
[Alt]+[F2]	startet ein Programm.
[Alt]+[F3]	zeigt das Fenstermenü des aktuellen Fensters.
[Alt]+[F4]	schließt das Fenster bzw. beendet das Programm.

Tabelle 3.2: **Wichtige Tastenkürzel des Desktops (Gnome, KDE)**

Verwendung der Maus

Linux orientiert sich tendenziell immer mehr an den Konventionen der Windows- bzw. Mac-OS-Welt. Dennoch existieren je nach Desktop bzw. je nachdem, welches Programm Sie gerade einsetzen, einige Besonderheiten, die in diesem Abschnitt zusammengefasst sind.

Einfach- oder Doppelklick

Unter Gnome ist wie unter Windows für viele Operationen – etwa das Öffnen einer Datei – ein Doppelklick erforderlich. In KDE werden dagegen viele Mausoperationen standardmäßig durch einen einfachen Mausklick ausgeführt. Wie Sie auch in KDE den Doppelklickmodus aktivieren, ist auf Seite 109 beschrieben.

Texte mit der Maus kopieren und einfügen

In fast allen Linux-Programmen können Sie mit der Maus Textausschnitte kopieren und an einer anderen Stelle oder in einem anderen Programm wieder einfügen. Zum Markieren von Textausschnitten bewegen Sie die Maus einfach mit gedrückter linker Maustaste über den Text. Der so markierte Text wird dabei automatisch in einen Puffer kopiert. Sobald Sie die mittlere Maustaste drücken, wird der Text dort eingefügt, wo der aktive Eingabecursor steht. (Bei einzelnen Programmen können Sie auch die rechte Maustaste zum Einfügen verwenden, was besonders dann praktisch ist, wenn Sie eine Maus mit nur zwei Tasten verwenden.)

Das Markieren und Kopieren erfolgt also allein mit der Maus, ohne Tastatur! Wenn Sie sich einmal an diese Methode gewöhnt haben, werden Sie sich immer fragen, warum das unter Windows nicht möglich ist.

Eingabefokus

Bei einigen älteren X-Programmen (nicht bei KDE- oder Gnome-Programmen) kann bei Dialogen nur dann Text in Eingabefelder eingegeben werden, wenn sich die Maus über diesem Feld befindet. Der Eingabefokus hängt also nicht nur davon ab, welches Programm gerade aktiv ist, sondern auch davon, wo sich die Maus befindet.

Dieses Verhalten kann bei einigen Desktop-Systemen auch für Fenster aktiviert werden (*focus follows mouse*): Dann ist es nicht mehr erforderlich, ein Fenster anzuklicken, um darin Eingaben durchzuführen. Es reicht, die Maus richtig zu positionieren. Allerdings führt eine unbeabsichtigte Bewegung der Maus nun oft dazu, dass Texteingaben an das falsche Fenster oder Programm weitergeleitet werden. Aus diesem Grund ist der Modus *focus follows mouse* kaum mehr gebräuchlich.

Maussteuerung per Tastatur

Wenn die Maus nicht funktioniert, können Sie den Mauszeiger bei einigen Distributionen zur Not auch mit der Tastatur steuern (siehe Tabelle 3.3). Dazu müssen Sie mit ⇧+Strg+Num einen speziellen Tastaturmodus aktivieren, der eine Tastatur mit eigenen Ziffernblock voraussetzt.

KÜRZEL	BEDEUTUNG
4, 6	Maus nach links bzw. rechts bewegen
2, 8	Maus nach unten bzw. oben bewegen
5	linke Maustaste kurz drücken
+	Doppelklick
0	Maustaste bleibend drücken (5 löst die Taste wieder)
-	auf die rechte Maustaste umschalten (5, + und 0 gelten jetzt für die rechte Maustaste)
*	wieder auf die linke Maustaste umschalten

Tabelle 3.3: **Tastenkürzel zur Maussteuerung durch den numerischen Ziffernblock**

Zwischenablage

Wie gerade erwähnt wurde, landet jeder mit der Maus markierte Text in einer Art Ad-hoc-Zwischenablage. Solange die Markierung besteht, kann der markierte Text mit der mittleren Maustaste in ein anderes Programm eingefügt werden. Der Vorteil dieses Verfahrens besteht darin, dass es ohne Tastatur funktioniert. Das Verfahren hat aber auch Nachteile: Durch jede neue Markierung wird die bisherige Markierung (und damit die Ad-hoc-Zwischenablage) gelöscht, was oft lästig ist. Außerdem hat nicht jede Maus drei Tasten.

Deswegen bieten viele Programme (alle KDE- und Gnome-Programme, Firefox, OpenOffice etc.) zusätzlich die Möglichkeit, wie unter Windows mit einem bestimmten Tastenkürzel Texte in eine eigene Zwischenablage zu kopieren, die unabhängig von der aktuellen Markierung ist. Das Tastenkürzel lautet meist wie unter Windows Strg+C bzw. Strg+Einfg. Die Tastenkürzel zum Einfügen des Inhalts der Zwischenablage lauten üblicherweise Strg+V bzw. ⇧+Einfg.

3.3 Umgang mit Dateien, Zugriff auf externe Datenträger

Das Dateisystem beginnt mit dem Wurzelverzeichnis /. Auch wenn es mehrere Festplatten bzw. Festplattenpartitionen sowie CD- und DVD-Laufwerke gibt, sind alle Daten in den Verzeichnisbaum eingebunden. Beispielsweise kann der Inhalt eines CD-Laufwerks üblicherweise unter dem Verzeichnis /media/cdrom gelesen werden. Aus diesem Grund besteht unter Linux keine Notwendigkeit für die Laufwerksbuchstaben A:, C: etc., die unter Windows üblich sind.

Linux unterscheidet bei Datei- und Verzeichnisnamen zwischen Groß- und Kleinbuchstaben. readme, Readme und README bezeichnen drei verschiedene Dateien! Dateinamen dürfen bis zu 255 Zeichen lang sein.

Heimatverzeichnis

Nach dem Einloggen befinden Sie sich automatisch in einem Verzeichnis, das Ihnen gehört. Dieses Verzeichnis wird Heimat- oder Home-Verzeichnis genannt. Alle darin enthaltenen Dateien und Unterverzeichnisse gehören Ihnen. Andere Benutzer (mit Ausnahme von root) dürfen diese Dateien weder verändern noch löschen, aber in der Regel lesen. Das Heimatverzeichnis wird mit der Tilde ~ abgekürzt. Bei gewöhnlichen Linux-Anwendern befindet sich das Heimatverzeichnis in /home/name. Bei root lautet der Speicherort dagegen /root.

CDs, DVDs, USB-Sticks

Im Idealfall funktioniert der Zugriff auf externe Datenträger weitgehend automatisch: Nach dem Einlegen bzw. Anstecken eines Datenträgers erscheint am Desktop automatisch ein entsprechendes Icon oder ein Fenster des Datei-Managers.

Wenn das automatische Einbinden externer Datenträger nicht funktioniert bzw. wenn Sie in einer Textkonsole arbeiten, müssen Sie manuell das Kommando mount ausführen (und später umount, um den Datenträger wieder zu lösen). Die Vorgehensweise wird ausführlich in Abschnitt 23.5 ab Seite 584 beschrieben.

Achtung

Bevor Sie einen Datenträger mit Schreibzugriff entfernen bzw. das Kabel lösen, müssen Sie ihn explizit abmelden. Die Details hängen vom Desktop-System bzw. von der Distribution ab. In der Regel klicken Sie das Icon an und führen ein Kommando in der Art DATENTRÄGER LÖSEN oder DATENTRÄGER SICHER ENTFERNEN aus. Wenn Sie das vergessen, riskieren Sie ein inkonsistentes Dateisystem auf dem Datenträger und Datenverluste!

df

Mit dem Kommando df stellen Sie fest, welche Partitionen momentan in das Dateisystem eingebunden sind und wie viel Speicher dort noch frei ist. Die Option -h bewirkt, dass als Maßeinheit nicht starr kByte verwendet wird, sondern eine zur Größe der Partition passende Einheit (MByte, GByte etc.). Im folgenden Beispiel ist außer der Systempartition / noch die Datenpartition /myhome in das Dateisystem eingebunden. (df zählt außerdem einige virtuelle Dateisysteme auf, die nur zur internen Verwaltung von Linux relevant sind. Lassen Sie sich davon nicht verwirren!)

```
user$ df -h
Dateisystem           Größe Benut  Verf Ben% Eingehängt auf
/dev/sdb6              9,2G  4,0G  4,8G  46% /
/dev/sdb5               14G  6,9G  6,2G  53% /myhome
tmpfs                  754M     0  754M   0% /lib/init/rw
varrun                 754M  332K  754M   1% /var/run
...
```

3.4 Dokumentation zu Linux

Zu Linux gibt es nahezu unendlich viel Dokumentation, die teilweise gleich mitgeliefert wird und ansonsten im Internet zu finden ist. Experten können zudem einen Blick in den Quellcode werfen, der ebenfalls oft gut dokumentiert ist. Dieser Abschnitt gibt einen Überblick über die wichtigsten Informationsquellen.

So groß die Menge der Dokumentation ist, so schwierig ist es bisweilen, zu einem spezifischen Problem tatsächlich passende Informationen zu finden. Allzu oft geht der entscheidende Tipp in einer Fülle veralteter Informationen, versions- bzw. distributionsspezifischer Nebensächlichkeiten und wirren Diskussionen unter. Zudem gilt: Wer Englisch beherrscht, ist klar im Vorteil. Egal, ob es sich um die Online-Hilfe zu einem Programm oder um die technische Beschreibung eines Server-Dienstes handelt – deutsche Übersetzungen sind Mangelware und, soweit überhaupt vorhanden, oft unvollständig oder veraltet.

Tipp

Der Großteil der Linux-Dokumentation befindet sich in einfachen Textdateien oder in HTML- bzw. PDF-Dokumenten. Vereinzelt werden Sie aber auch auf PostScript-Dateien stoßen. Zum Lesen solcher Dateien verwenden Sie einen PostScript-Viewer, beispielsweise Evince oder Okular. Normalerweise startet ein Doppelklick im Datei-Manager Ihres Desktop-Systems automatisch das richtige Programm.

Unter Umständen ist die Datei komprimiert. Das erkennen Sie an der Dateinamenserweiterung `.gz` **oder** `.bz2`. **Zur Dekompression führen Sie** `gunzip datei.gz` **bzw.** `bunzip2 datei.bz2` **aus. Dadurch wird die komprimierte Datei durch eine entkomprimierte Version ersetzt.**

Online-Hilfe

Bei fast allen Programmen mit grafischer Benutzeroberfläche führt [F1] zur Online-Hilfe. Sollte das nicht funktionieren, stellen Sie sicher, dass die Hilfedateien installiert sind. Bei einigen großen Programmen wie Gimp oder OpenOffice befinden sich die umfangreichen Hilfedateien in eigenen Paketen, die manchmal nicht standardmäßig installiert werden.

man und info

Bei vielen textorientierten Kommandos führen `man` *name* oder `info` *name* zu einer genauen Beschreibung und Syntaxreferenz. Weitere Informationen zu `man` und `info` finden Sie ab Seite 253. `man`- und `info`-Texte können Sie auch in den Hilfesystemen von Gnome und KDE lesen.

Paket-dokumentation

Unter Linux werden Programme in Form von Paketen installiert. Ein Paket enthält neben allen für ein Programm erforderlichen Dateien oft auch Dokumentationsdateien. Diese Dokumentation wird je nach Distribution in die folgenden Verzeichnisse installiert:

Debian, Fedora, Red Hat, Ubuntu:	`/usr/share/doc/`*paketname*
SUSE:	`/usr/share/doc/packages/`*paketname*

Was tun Sie, wenn Sie Zusatzdokumentation zu einem bestimmten Kommando suchen, aber nicht wissen, zu welchem Paket das Kommando gehört? Der erste Schritt besteht darin, den genauen Dateinamen des Kommandos festzustellen. Dazu führen Sie `which -a kommando` aus:

```
user$  which -a cp
/bin/cp
```

Im nächsten Schritt ermitteln Sie, zu welchem Paket diese Datei gehört. Die Vorgehensweise hängt davon ab, welches Paketformat Ihre Distribution verwendet (siehe auch Kapitel 20 ab Seite 471). Das folgende Kommando verrät, dass cp ein Teil des Pakets coreutils ist:

```
user$  rpm -qf /bin/cp        (Fedora, Red Hat, SUSE)
coreutils-6.4-10
user$  dpkg -S /bin/cp        (Debian, Ubuntu)
coreutils: /bin/cp
```

Linux-Foren und -Wikis im Internet

Im Internet gibt es unzählige Foren, Wikis und sonstige Websites von Linux-Firmen und -Enthusiasten. Eine Aufzählung erscheint hier sinnlos – eine kurze Suche nach *fedora forum* oder *ubuntu wiki* führt unweigerlich zu den richtigen Seiten. Bei distributionsspezifischen Fragen sind Sie im Vorteil, wenn Sie eine populäre Distribution einsetzen: Je größer die Verbreitung einer Distribution ist, desto reger ist der Informationsaustausch in Foren. Ein leuchtendes Beispiel sind momentan die Foren und Wikis zu Ubuntu.

Newsgroups

Die Bedeutung von Newsgroups zur Diskussion über Linux ist nicht mehr sehr groß. Linux-Einsteiger ziehen Foren und Wikis vor, Entwickler kommunizieren hingegen häufig über Mailing-Listen. Dennoch hilft das Archiv alter News-Beiträge mituner bei der Lösung von Konfigurations- oder Hardware-Problemen. Die populärste Suchmaschine für Newsgroups ist Google:

http://groups.google.com

Das Linux Documentation Project

Das *Linux Documentation Project* (LDP) hat sich das Ziel gesetzt, eine möglichst umfassende und zentrale Sammlung frei verfügbarer Linux-Dokumentation zu schaffen. Tatsächlich ist die Informationsfülle auf der folgenden Seite beeindruckend:

http://www.tldp.org/

Die Mehrzahl der Dokumente ist in einem von drei Formaten erschienen: als HOWTO-Text (grundlagenorientierte Anleitungen), als FAQ-Text (Fragen und Antworten) oder als Guide (Buchform). Beachten Sie aber, dass viele LDP-Texte nicht mehr gewartet werden bzw. veraltet sind. Immer mehr Linux-Projekte bzw. -Websites setzen zur Dokumentation stattdessen Wiki-Systeme ein, bei denen alle Anwender zur Dokumentation beitragen können.

Kernel-dokumentation

Eine Menge hardware-spezifische Informationen finden Sie in der Kerneldokumentation. Sie ist Teil des Kernelcodes. Die Dokumentation des gerade aktuellen Linux-Kernels können Sie auch im Internet nachlesen:

http://www.kernel.org/doc/Documentation/

RFCs

RFC steht für *request for comment*. Dahinter verbergen sich Dokumente, die diverse Protokolle (darunter z. B. TCP, IP, FTP, PPP etc.) im Detail beschreiben. Das etwas merkwürdige Kürzel RFC deutet auf die Entstehungsgeschichte dieser Protokolle hin: Sie wurden im Regelfall nicht durch eine Person, Organisation oder Firma diktiert, sondern sind aus einem (oft langwierigen) Diskussionsprozess entstanden. Die hier dargestellten Informationen sind sehr technischer Natur. RFCs finden Sie z. B. hier:

http://www.faqs.org/rfcs/

4. Gnome

Wenn Sie unter Windows oder Mac OS X arbeiten, gibt es ganz einfach *eine* Benutzeroberfläche, die Teil des Betriebssystems ist. Unter Linux ist das anders: Das Betriebssystem ist nur für die Grundfunktionen verantwortlich. Für die Benutzeroberfläche sind darauf aufbauende Programme zuständig. Aus unterschiedlichen Gründen sind im Laufe der Zeit mehrere Desktop-Systeme entstanden. Die zwei populärsten sind Gnome und KDE (siehe das folgende Kapitel).

Egal, ob Sie Gnome oder KDE einsetzen, die Grundfunktionen eines Desktop-Systems sind dieselben. Zu den wichtigsten Funktionen zählen

- die eigentliche Desktop-Verwaltung, die aus einem oder zwei Panels (Leisten) besteht, die das Startmenü, die Taskleiste und andere Miniprogramme beherbergen,
- ein Window Manager, der für die Verwaltung der Fenster zuständig ist (aktives Fenster wechseln, Fenster verschieben etc.) sowie
- zahllose Anwendungs- und Konfigurationsprogramme.

Gnome 3

Mit Gnome 3 haben die Gnome-Entwickler ihren Desktop radikal umgestaltet. Eine zentrale Rolle spielt dabei die vollkommen neue »Gnome Shell«: Das ist jene Komponente von Gnome, die sich um den Start von Programmen und die Verwaltung von Fenstern kümmert.

Das Ergebnis ist zwar optisch ansprechend, an der Funktionalität scheiden sich aber die Geister. Durch das Abrücken von bekannten Bedienungsmustern sowie wegen der fehlenden Konfigurierbarkeit hat sich das Gnome-Projekt den Unmut vieler Linux-Profis zugezogen. Linus Torvalds hat seinem Ärger öffentlich Ausdruck verliehen und ist auf das simplere Desktop-System Xfce umgestiegen:

https://plus.google.com/106327083461132854143/posts/SbnL3KaVRtM

Die Gnome-Entwickler verteidigen sich damit, die Bedienung des Desktops für Einsteiger einfacher machen zu wollen. Es ist aber zweifelhaft, ob das gelungen ist. Canonical ist auf jeden Fall vom Gegenteil überzeugt und hat wichtige Komponenten von Gnome durch die Eigenentwicklung *Unity* ersetzt. Die Begeisterung der Ubuntu-Community über diesen Schritt hielt sich bisher freilich in Grenzen – auch Unity zwingt zum Umlernen und macht dabei vieles anders als Gnome, aber wenig besser.

Ein weiterer Kritikpunkt ist die Abhängigkeit von 3D-Grafiktreibern: Steht kein geeigneter Treiber zur Verfügung (z. B. bei Rechnern mit modernen NVIDIA-Grafikkarten, solange der proprietäre NVIDIA-Treiber nicht installiert ist, oder in virtuellen Maschinen), startet Gnome in einem eingeschränkten Modus (siehe Seite 90). Die Bedienung dieses Modus erinnert an Gnome 2.*n* (ohne aber damit kompatibel zu sein!) und unterscheidet sich deutlich von Gnome 3.*n*. Diese wenig ideale Lösung soll voraussichtlich 2012 durch neue Bibliotheken behoben werden, die die Ausführung von Gnome 3.*n* auch ohne 3D-Grafiktreiber ermöglichen.

Im Mittelpunkt dieses Kapitels stehen die Basisfunktionen von Gnome 3.*n*. Zusammen mit Gnome werden auch zahllose Programme installiert, die sich in Funktionsweise und Aussehen in den Desktop einfügen. In diesem Kapitel stelle ich allerdings nur einen Bruchteil davon vor. Beschreibungen zu weiteren Programmen sind über das ganze Buch verteilt, z. B. finden Sie die Bildverwaltungsprogramme Shotwell im Kapitel zum Umgang mit Digitalkameras (siehe ab Seite 187) oder den Multimedia-Player Totem im Audio- und Video-Kapitel (siehe Seite 209). Als Grundlage für dieses Kapitel habe ich Fedora 16 mit Gnome 3.2 eingesetzt.

Gnome ist nicht gleich Gnome!

Es ist schwierig, Gnome allgemeingültig zu beschreiben. Zum einen erscheint zweimal jährlich eine neue Version von Gnome (im Frühjahr 2011 Version 3.0, im Herbst 2011 3.2 etc.). Zum anderen modifiziert jede Distribution Gnome nach Gutdünken: Die optische Gestaltung des Desktops und die Auswahl der mitgelieferten Programme und Konfigurationshilfen variieren daher stark.

- **Debian und Fedora:** Am ehesten ein originales Gnome erhalten Sie momentan mit Fedora. Auch Debian vermeidet es, den Gnome-Entwicklern ins Handwerk zu pfuschen. Das Problem bei Debian besteht aber darin, dass Sie beim Einsatz einer stabilen Debian-Version eine Uralt-Version von Gnome serviert bekommen, die circa ein bis zwei Jahre hinter dem aktuellen Stand von Gnome ist. So enthält Debian 6 noch die alte Gnome-Version 2.30.
- **SUSE:** SUSE hat in der Vergangenheit Gnome stark modifiziert und beispielsweise durch ein eigenes Menü erweitert. In openSUSE 12.1 ist man davon abgekommen, d. h., der mit der aktuellen openSUSE-Version mitgelieferte Gnome-Desktop entspricht fast dem originalen Gnome. Ob sich die SUSE-Entwickler auch bei künftigen Versionen derart zurückhalten, bleibt abzuwarten.
- **Ubuntu:** Eine ganz andere Strategie hat Canonical: Durch diverse Eigenentwicklungen versuchen die Ubuntu-Entwickler das Aussehen von Gnome zu modernisieren, seine Bedienung zu erleichtern und sich generell von den Mitbewerbern abzuheben. Mit Version 11.04 hat Ubuntu zudem die Gnome Shell durch *Unity* ersetzt. Deswegen gelten für den Start von Programmen, die Verwaltung der Fenster und des gesamten Desktops vollkommen andere Regeln als bei anderen Distributionen. Die Ubuntu-spezifischen Änderungen sind in Kapitel 37 beschrieben.

  Trotz aller Unterschiede basiert Ubuntu aber weiterhin auf Gnome! Es kommen also auch unter Ubuntu die üblichen Gnome-Standardprogramme zum Einsatz, z. B. der in diesem Kapitel beschriebene Dateimanager Nautilus.

Gnome-Alternativen

Die populärste Alternative zu Gnome ist das Desktop-System KDE, das ich Ihnen im nächsten Kapitel vorstelle. Darüber hinaus existieren für Linux eine Menge weiterer Desktop-Systeme bzw. Window Manager. Zunehmend beliebt sind Xfce und das besonders ressourcensparende LXDE, das sich besonders gut für alte Rechner mit wenig RAM und leistungsschwachen CPUs eignet.

4.1 Der Aufbau des Desktops

Login und Logout

Bevor Sie unter Gnome arbeiten können, müssen Sie sich mit Ihrem Benutzernamen (Login-Namen) und dem Passwort anmelden. Falls auf Ihrem Rechner mehrere Desktop-Systeme installiert sind, können Sie in der Login-Box auch das gewünschte System auswählen.

Um sich wieder abzumelden, klicken Sie rechts oben im Gnome-Panel auf das Menü mit Ihrem Login-Namen und führen das Menükommando ABMELDEN aus. Was aber, wenn Sie sich nicht abmelden, sondern den Rechner ganz ausschalten oder neu starten möchten? Den entsprechender Menüeintrag haben die Gnome-Entwickler gut versteckt. Er erscheint erst, wenn Sie [Alt] drücken! (Dieses verrückte Versteckspiel lässt sich ebenso wie einige andere fragwürdige Vorgaben in Gnome 3.*n* durch das *Gnome Tweak Tool* beheben (siehe Seite 100). Bei einigen Distributionen ist Gnome von Haus aus so konfiguriert, dass das Ausschalten des Rechners unkompliziert möglich ist.)

Benutzerwechsel

Wenn mehrere Benutzer einen Rechner verwenden, ist es nicht notwendig, dass sich der eine abmeldet, nur damit der andere rasch seine E-Mails lesen kann. Vielmehr können sie im Menü BENUTZERNAME (siehe rechts oben in Abbildung 4.1) einen »fliegenden Benutzerwechsel« durchführen. Intern wird für jeden Benutzer ein eigener X-Server gestartet. Mehrere parallele Logins erfordern daher eine Menge Ressourcen.

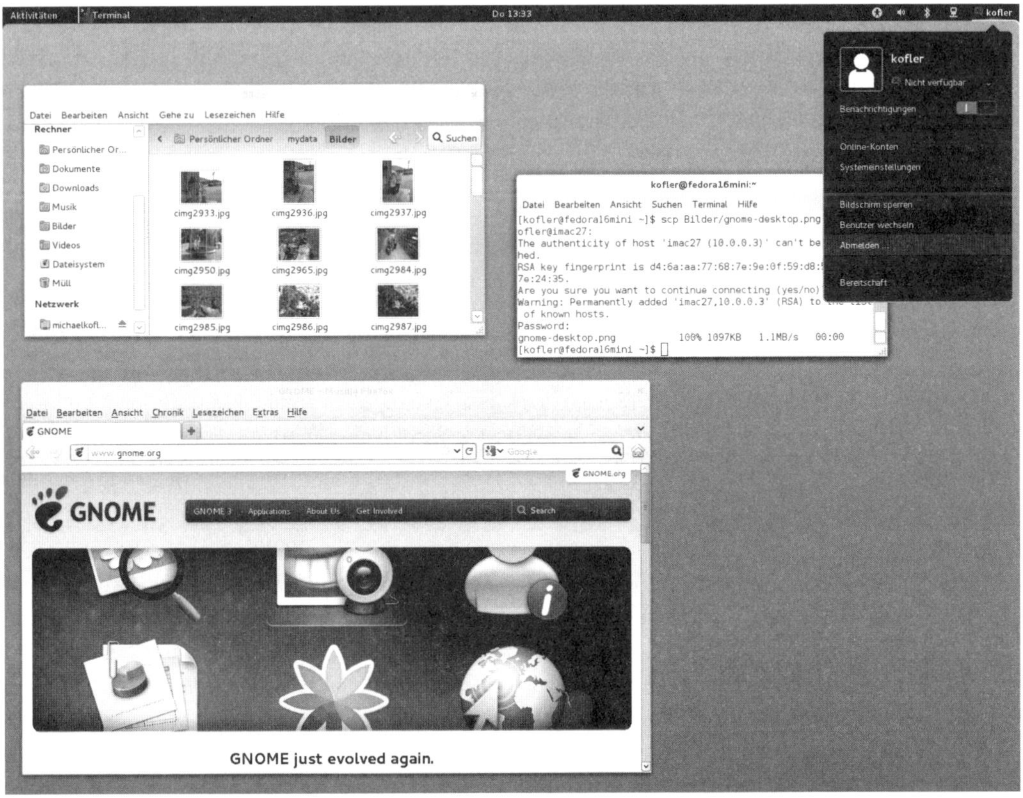

Abbildung 4.1:
Der Gnome-Desktop

Panel Das einzige Bedienungselement des Desktops ist das Panel, das unverrückbar am oberen Bildschirmrand angezeigt wird. Es enthält den Button AKTIVITÄTEN, ein Icon für das gerade aktive Programm, die Uhrzeit sowie am rechten Rand diverse Status-Icons und -Menüs. Ganz rechts befindet sich das bereits erwähnte Menü BENUTZERNAME, über dessen Einträge Sie sich abmelden, die Systemeinstellungen verändern oder den aktiven Benutzer wechseln können.

Der eigentliche Arbeitsbereich ist – wenn man von eventuell offenen Fenstern einmal absieht – vollkommen leer. Die Darstellung von Icons auf dem Desktop ist nicht mehr vorgesehen.

Statusbereich Der untere Rand des Bildschirms ist für Statusmeldungen und Benachrichtigungen reserviert. Der Statusbereich ist normalerweise ausgeblendet. Um dort enthaltene Informationen anzusehen, müssen Sie die Maus in die rechte untere Ecke des Bildschirms bewegen.

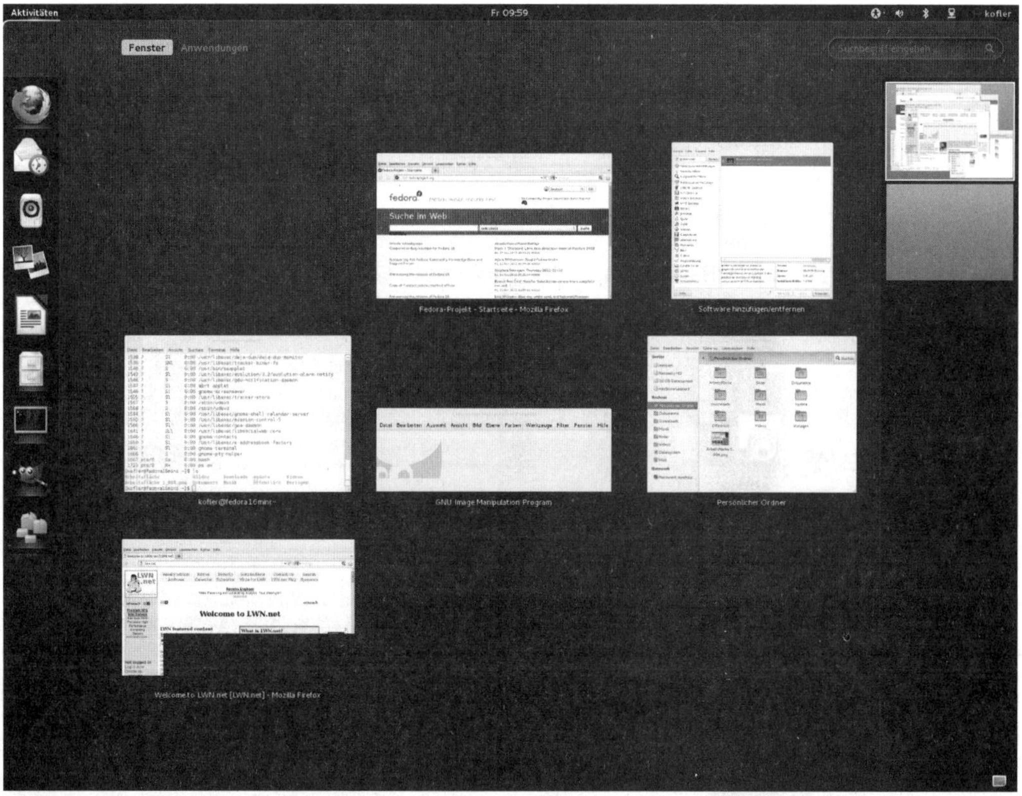

Abbildung 4.2: **Aktivitäten-Ansicht**

Aktivitäten Ein Mausklick auf den Button AKTIVITÄTEN, das Verschieben des Mauscursors in die linke obere Ecke des Bildschirms oder das Drücken der `Windows`-Taste oder der Tastenkombination `Alt`+`F1` aktiviert die Aktivitäten-Ansicht. Standardmäßig zeigt diese Ansicht links ein Dock mit den Icons oft benötigter sowie aller laufender Programme an, rechts eine Vorschau der aktiven Arbeitsflächen. Dazwischen werden in einer Art Exposé-Ansicht alle Fenster der Arbeitsfläche angezeigt. Nun können Sie beispielsweise Fenster in eine andere Arbeitsfläche verschieben, Icons von häufig benötigten Programmen in der Icon-Leiste am linken Bildschirmrand neu positionieren etc.

Suchfunktion

In der Aktivitäten-Ansicht ist automatisch das Suchfeld rechts oben aktiv. Sobald Sie per Tastatur einen Suchbegriff eingeben, ersetzt Gnome die Exposé-Ansicht aller Fenster durch die Suchergebnisse, wobei Programme, Systemeinstellungsmodule, Verzeichnisse, Kontakte sowie die zuletzt verwendeten Dateien berücksichtigt werden. Das gewünschte Objekt können Sie wahlweise mit der Maus oder mit den Cursortasten ↑ und ↓ auswählen. (Die Cursortasten ← und → stehen leider nicht zur Verfügung; sie dienen zur Cursorsteuerung im Sucheingabefeld.)

Die Suchfunktion ist zweifelslos die beste Neuerung in Gnome 3.*n*. Wenn Sie beispielsweise rasch Gimp öffnen möchten, geben Sie einfach `Windows` gi ↵ ein. Sobald Sie sich daran gewöhnt haben und die Anfangsbuchstaben der wichtigsten Programme auswendig kennen, gelingt der Programmstart so äußerst schnell und effizient.

Beachten Sie, dass `Windows` xxx ↵ bereits laufende Programme aktiviert und nicht eine neue Instanz startet. Das ist meistens zweckmäßig, aber nicht immer: Wenn Sie beispielsweise nicht ein bereits laufendes Terminalfenster aktivieren möchten, sondern ein neues Terminalfenster öffnen möchten, müssen Sie `Strg`+↵ drücken bzw. das Terminal-Icon zusammen mit `Strg` anklicken.

Programme starten

Um ein Programm zu starten, dessen Namen Sie nicht kennen, klicken Sie in der Aktivitäten-Ansicht auf den Button ANWENDUNGEN. Damit gelangen Sie in eine alphabetisch geordnete Icon-Übersicht aller installierten Programme. Diese Liste ist in der Regel ebenso lang wie unübersichtlich. Abhilfe schafft entweder die Eingabe eines Suchbegriffs oder die Filterung der Suchergebnisse nach einem bestimmten Programmtyp (z. B. INTERNET).

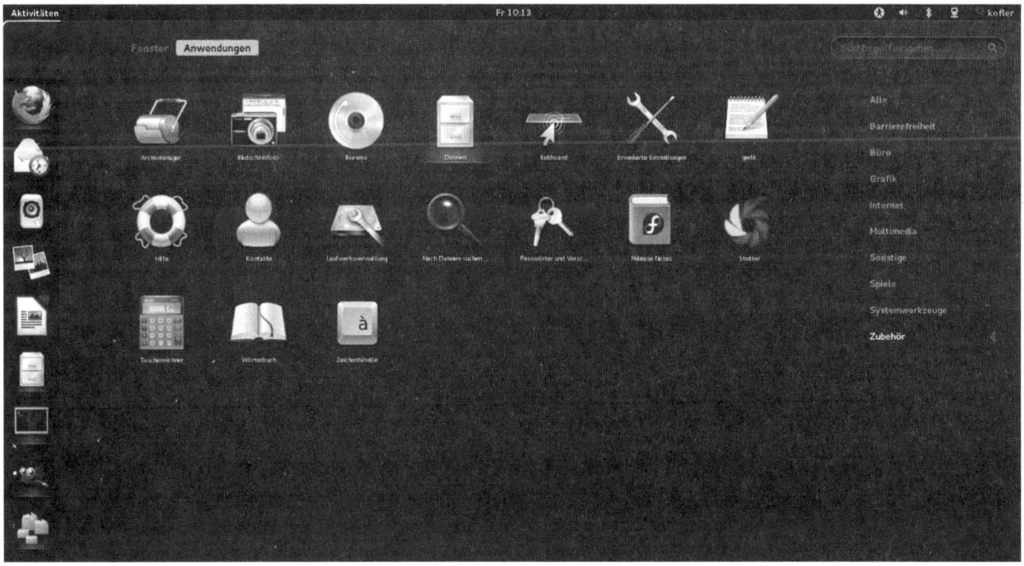

Abbildung 4.3: **Programme starten**

Das aktive Programm wechseln

Nicht besonders intuitiv ist die Bedienung von Gnome mit der Tastatur. Besonders irritierend ist anfänglich, dass `Alt`+⇆ nicht mehr zwischen Fenstern wechselt, sondern zwischen Programmen. (Dieses Konzept verfolgt OS X schon lange, aber auch Apple hat mich nicht überzeugen können, dass das eine gute Idee ist.) Ist das richtige Programm einmal gefunden, kann das Fenster mit `Alt` und den Cursor-Tasten ausgewählt werden. Das erfordert aber Geduld! Einfacher ist es, zum

Fensterwechsel Alt+Esc zu verwenden; dieses Tastenkürzel funktioniert im Wesentlichen so wie früher Alt+Tab. Ebenfalls praktisch: Alt+^ wechselt zwischen den Fenstern innerhalb des gerade aktiven Programms. Und so haben wir nun *drei* Tastenkürzel, um das zu tun, was bisher mit einem Tastenkürzel wunderbar funktionierte.

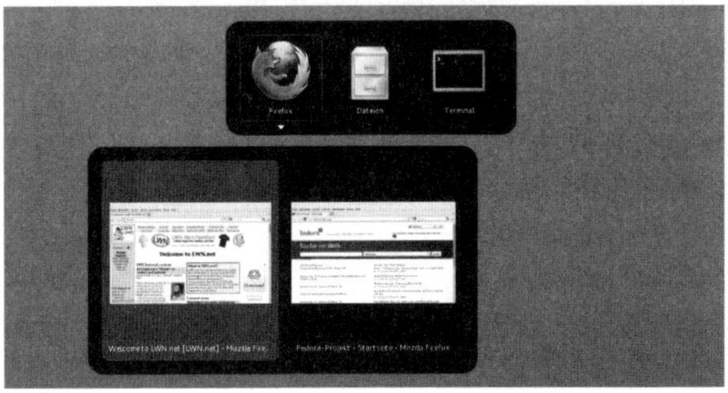

Abbildung 4.4: **Wechsel des aktiven Programms mit Alt+Tab**

Dock In Gnome 3.*n* gibt es keine ständig sichtbare Task- oder Fenster-Leiste. Diese Rolle übernimmt die vertikale Icon-Leiste am linken Rand der Aktivitäten-Ansicht. Die Gnome-Entwickler bezeichnen sie als *Dash*, ich bleibe in diesem Buch aber bei dem gebräuchlicheren Begriff *Dock*.

Das Dock enthält im oberen Bereich standardmäßig einige Programme, von denen die Gnome-Entwickler denken, dass Sie sie häufig benötigen werden. Der untere Bereich des Docks enthält Icons aller gerade laufenden Programme, soweit sich diese nicht sowieso im Dock befinden.

Laufende Programme werden durch einen kaum wahrnehmbaren Schatten hervorgehoben. Die Icon-Größe im Dock wird automatisch so angepasst, dass alle Icons angezeigt werden können. Wenn also sehr viele Programme gleichzeitig laufen, schrumpfen die Icons entsprechend.

Um ein Icon aus dem Dock zu entfernen, führen Sie das Kontextmenükommando AUS FAVORITEN ENTFERNEN aus. Um dem Dock ein Programm hinzuzufügen, verschieben Sie das betreffende Programm per Drag&Drop aus der Ansicht ANWENDUNGEN in das Dock. Alternativ führen Sie bei einem bereits laufenden Programm das Kontextmenükommando ZU FAVORITEN HINZUFÜGEN aus.

Fenster In Gnome 3.*n* fehlen die Fensterbuttons MINIMIEREN und MAXIMIEREN. Um ein Fenster zu minimieren, klicken Sie die Fensterleiste mit der rechten Maustaste an und führen MINIMIEREN aus; um es zu maximieren, verschieben Sie es an den oberen Bildschirmrand oder doppelklicken auf die Fensterleiste. (Wie Sie die Fensterbuttons wiederherstellen können, verrate ich Ihnen auf Seite 99.)

Wie unter Windows können Sie ein Fenster in der linken oder rechten Bildschirmhälfte platzieren, indem Sie es an den linken oder rechten Fensterrand verschieben.

Arbeitsflächen Arbeitsflächen ermöglichen es, die Fenster der laufenden Programme auf mehrere virtuelle Desktops zu verteilen und zwischen diesen Desktops zu wechseln. Das erleichtert die Arbeit und verbessert die Übersicht, wenn Sie sehr viele Fenster gleichzeitig öffnen. Beispielsweise können Sie das Bildverarbeitungsprogramm Gimp in einer eigenen Arbeitsfläche starten. Damit befinden sich die vielen Gimp-Fenster in einer Arbeitsfläche und alle anderen Fenster in einer zweiten Arbeitsfläche.

Arbeitsflächen werden in Gnome 3.*n* dynamisch verwaltet. Standardmäßig gibt es nur eine Arbeitsoberfläche. In der Aktivitätenansicht können Sie Fenster in eine zweite Arbeitsoberfläche verschieben. Sobald es zwei aktive Arbeitsflächen gibt, sieht Gnome eine dritte, vorerst leere Arbeitsfläche vor. Ganz egal, wie viele Arbeitsflächen Sie einsetzen – es gibt immer noch eine.

Für ständig benötigte Fenster besteht die Möglichkeit, diese so zu kennzeichnen, dass sie nicht auf einer, sondern auf allen Arbeitsflächen sichtbar sind. Dazu öffnen Sie mit der rechten Maustaste oder mit [Alt]+[Leertaste] das Fenstermenü und aktivieren die Option IMMER AUF DER SICHTBAREN ARBEITSFLÄCHE.

Tastenkürzel

Tabelle 4.1 fasst die wichtigsten Tastenkürzel von Gnome 3.*n* zusammen. Weitere Tastenkürzel finden Sie in den Systemeinstellungen, Modul TASTATUR, Dialogblatt TASTENKÜRZEL.

TASTENKÜRZEL	BEDEUTUNG
[Win] oder [Alt]+[F1]	wechselt zwischen der Standardansicht und der Desktop-Übersicht (Exposé-Ansicht). In diese Ansicht gelangen Sie auch, wenn Sie die Maus in die linke obere Ecke des Fensters bewegen. Sie können nun die Tastatur zur Eingabe von Suchtexten verwenden.
[Alt]+[F2]	startet das Programm, dessen Namen Sie angeben.
[Alt]+[⇆]	wechselt zwischen Programmen (nicht Fenstern!).
[Alt]+[Esc]	wechselt zwischen allen Fenstern (so wie früher [Alt]+[⇆]).
[Alt]+[^]	wechselt zwischen den Fenstern innerhalb des gerade aktiven Programms.
[Strg]+[Alt]+[⇆]	bewegt in der Standardansicht den Eingabefokus in das Panel und ermöglicht so eine Bedienung der Panelelemente. In der Desktop-Übersicht wechselt [Strg]+[Alt]+[⇆] zwischen verschiedenen Desktop-Elementen, also dem Panel, der Seitenleiste (Dash), den Fenstern, den Arbeitsflächen etc.
[Strg]+[Alt]+[↑]/[↓]	wechselt zwischen den Arbeitsflächen.
[⇧]+[Strg]+[Alt]+[↑]/[↓]	verschiebt das aktuelle Fenster in die nächste Arbeitsfläche.

Tabelle 4.1: **Wichtige Gnome-3.0-Tastenkürzel**

Applets

Die im rechten Teil des Panels angezeigten Applets sind nicht veränderlich. Es gibt keinen Dialog, um weitere Applets hinzuzufügen. Wenn Sie zusätzlich zu den vorgegebenen Applets weitere Applets nutzen möchten, müssen Sie das entsprechende Paket installieren und sich neu einloggen. Gnome-2.*n*-Applets sind nicht kompatibel zu Gnome 3.*n* und können daher nicht mehr genutzt werden. Das Angebot Gnome-3.*n*-kompatibler Applets ist momentan noch sehr überschaubar, es ist aber zu erwarten, dass die Auswahl in den nächsten Monaten und Jahren besser wird.

Von den vielen Gnome-2.*n*-Applets, die nun nicht mehr zur Verfügung stehen, vermisse ich am meisten ein Applet, das den aktuellen Systemstatus anzeigt, also die CPU-Auslastung, die Speichernutzung etc. Ein derartiges Programm für Gnome 3.0 ist immerhin schon in Arbeit. Weitere

Informationen sowie eine Installationsanleitung (momentan ist es erforderlich, das Programm selbst zu kompilieren) finden Sie hier:

https://github.com/paradoxxxzero/gnome-shell-system-monitor-applet
http://www.webupd8.org/2011/06/gnome-shell-system-monitor-extension.html

Zweifelsohne lobenswert ist die Integration des Applets BARRIEREFREIHEIT in das Panel. Dass es aber keinen einfachen Weg gibt, dieses Applet zu deaktivieren, wenn es nicht benötigt wird, ist ärgerlich. Unter Gnome 3.2 schafft eine Veränderung der Datei `/usr/share/gnome-shell/js/ui/panel.js` Abhilfe. Dort müssen Sie die Zeile auskommentieren, die mit `a11y: imports.ui` beginnt:

```
// Änderung in /usr/share/gnome-shell/js/ui/panel.js
...
// 'a11y': imports.ui.status.accessibility.ATIndicator,
...
```

Beachten Sie, dass `a11y` nicht *ally* geschrieben wird, sondern *a11y* mit zwei Einsen. Anschließend starten Sie die Gnome Shell mit [Alt]+[F2] r [↵] neu. Beachten Sie, dass die Veränderung von `panel.js` natürlich nur ein Hack ist. Bei einem Update von Gnome wird die Datei überschrieben, und in zukünftigen Gnome-Versionen besteht die Möglichkeit vielleicht überhaupt nicht mehr.

Fallback-Modus

Gnome 3.*n* setzt eine Grafikkarte mit 3D-Unterstützung sowie einen dazu passenden Treiber voraus. Bei Rechnern mit Intel-Chipset-Grafik sowie mit einer ATI-Grafikkarte sind diese Voraussetzungen normalerweise auf Anhieb erfüllt. Etwas differenzierter ist das Bild bei NVIDIA-Grafikkarten: Standardmäßig kommt für solche Grafikkarten der Nouveau-Treiber zum Einsatz. Dessen 3D-Funktionen sind aber noch unausgereift und funktionieren nur bei älteren Grafikkarten auf Anhieb. Bei neueren Modellen führt aber leider kein Weg an der Installation des proprietären NVIDIA-Treibers vorbei.

Wenn die Hardware-Voraussetzungen nicht erfüllt sind, gibt es einen sogenannten Fallback-Modus, der so ähnlich aussieht wie der herkömmliche Gnome-2.*n*-Desktop, sich aber in einigen Details anders verhält. Der wichtigste Unterschied besteht darin, dass statt des AKTIVITÄTEN-Buttons das vertraute Startmenü angezeigt wird. Erfreulicherweise sind auch ein Großteil der Konfigurationsmöglichkeiten der Panels erhalten geblieben. Neu ist allerdings, dass Sie für alle Veränderungen zusätzlich zur linken oder rechten Maustaste auch [Alt] drücken müssen. Auf diese Weise soll der Desktop vor ungewollten Veränderungen geschützt werden.

Wenn Sie den Fallback-Modus auch nutzen möchten, obwohl Ihr Rechner 3D-tauglich ist, aktivieren Sie im Dialogblatt SYSTEM-INFORMATION|GRAFIK der Systemeinstellungen die Option ERZWUNGENER AUSWEICHMODUS.

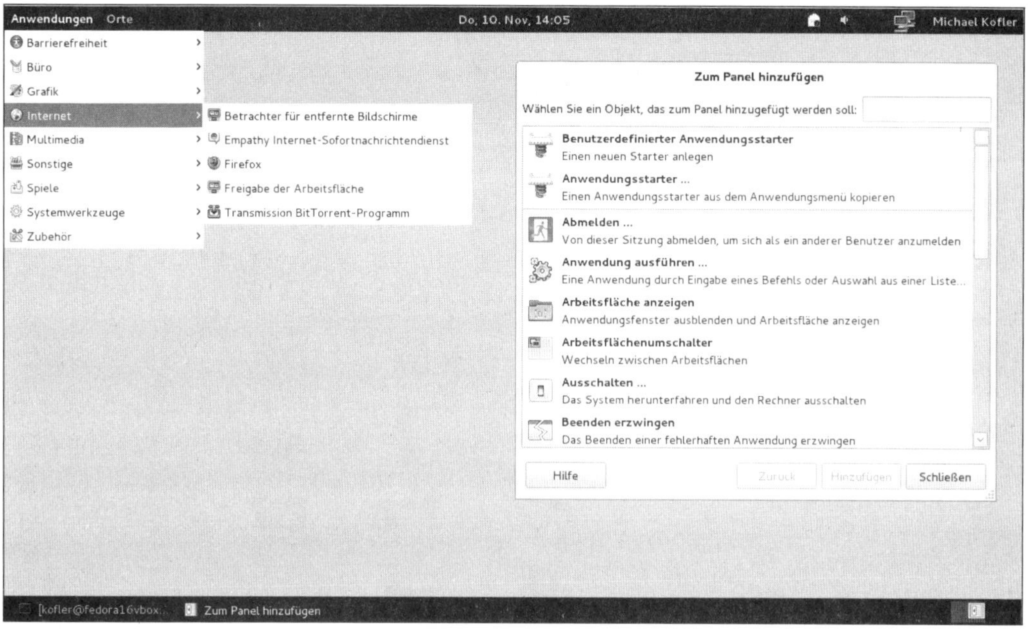

Abbildung 4.5: **Im Fallback-Modus sieht Gnome 3 beinahe so aus wie Gnome 2.**

4.2 Nautilus

Das Programm Nautilus ist der Dateimanager des Gnome-Desktops (siehe Abbildung 4.6). Es gibt nicht nur Zugriff auf Dateien und Verzeichnisse, sondern ermöglicht auch den Zugriff auf externe Datenträger und Netzwerkverzeichnisse. Dieser Abschnitt beschreibt die Bedienung von Nautilus, geht aber nicht im Detail auf die Besonderheiten der Dateiverwaltung unter Linux ein. Diesem Thema ist ein eigenes Kapitel gewidmet, das auf Seite 255 beginnt. Dort erfahren Sie unter anderem, was Links sind, wie verborgene Dateien gekennzeichnet werden und wie Zugriffsrechte unter Linux funktionieren.

Den Dateimanager starten Sie am einfachsten durch einen Klick auf dessen Icon im Dock der Aktivitätenansicht. Der Dateimanager zeigt den Inhalt des ausgewählten Verzeichnisses standardmäßig in der Symbolansicht an. Jede Datei wird durch ein Icon dargestellt, das bei Bildern und einigen anderen Dateitypen gleichzeitig eine Vorschau auf den Inhalt gibt. Die Vorschau funktioniert standardmäßig nur bei lokalen Dateien (nicht in Netzwerkverzeichnissen) bis zu 10 MByte. Das können Sie mit BEARBEITEN|EINSTELLUNGEN|VORSCHAU verändern.

Damit die Vorschau nicht immer wieder neu erzeugt werden muss, speichert Nautilus die Bilder im Verzeichnis `~/.thumbnails`. Auch viele andere Gnome-Programme nutzen dieses Verzeichnis.

Seitenleiste

Der linke Fensterrand enthält normalerweise eine Seitenleiste, die einen raschen Wechsel zu wichtigen Verzeichnissen ermöglicht (ORTE-Ansicht). Sie können in der Seitenleiste aber auch einen Verzeichnisbaum anzeigen. [F9] schaltet die Seitenleiste aus bzw. wieder ein.

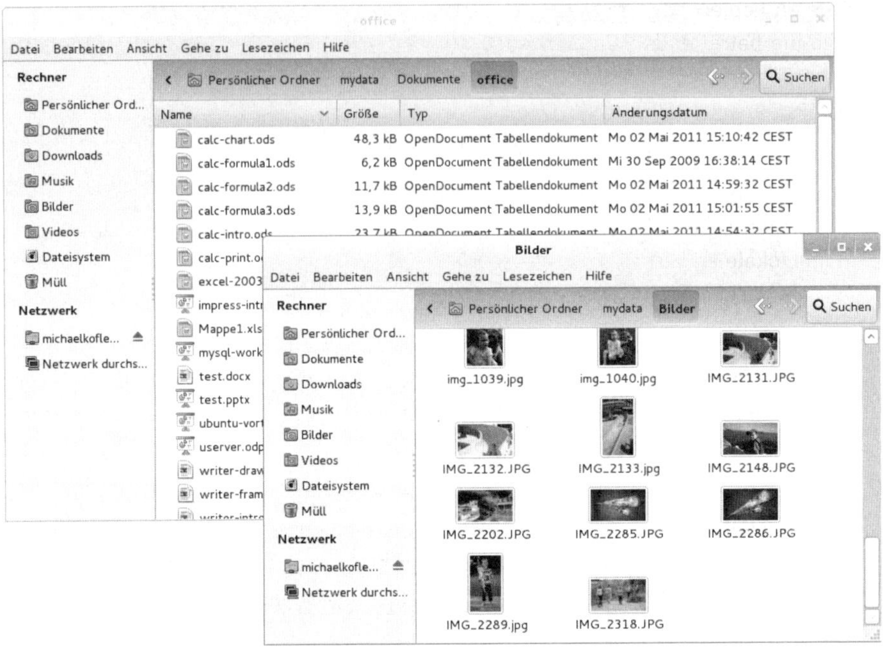

Abbildung 4.6:
Nautilus

Verzeichniswechsel Unterhalb der Symbolleiste befinden sich einige Buttons, mit denen Sie rasch in übergeordnete Verzeichnisse wechseln können. Aus den Buttons geht auch der aktuelle Verzeichnispfad hervor. Alternativ zeigt Nautilus an dieser Stelle mit [Strg]+[L] den kompletten Pfad an, was vor allem die rasche Eingabe eines anderen Verzeichnisses erleichtert.

Reiter Mit DATEI|NEUER REITER oder [Strg]+[T] öffnen Sie ein neues Dialogblatt. Besonders praktisch sind Dialogblätter, wenn Sie Dateien von einem Verzeichnis in ein anderes kopieren oder verschieben möchten: Während Drag&Drop-Operationen können Sie das aktive Dialogblatt wechseln. Beachten Sie aber, dass Sie die Dateien im Dialogblatt, nicht aber in dessen Beschriftung (also im Reiter) fallen lassen.

Dateien öffnen Bei den meisten Dateitypen wird die Datei durch einen Doppelklick geöffnet. Der Dateimanager startet automatisch das geeignete Programm. Wenn der Dateityp dem Dateimanager nicht bekannt ist, klicken Sie die Datei mit der rechten Maustaste an und führen ÖFFNEN MIT|ANDERER ANWENDUNG aus. Damit gelangen Sie in einen Dialog, der die meisten auf dem Rechner installierten Programme zur Auswahl anbietet.

Bei manchen Dateien sind mehrere Programme zur Bearbeitung geeignet. Beispielsweise können Sie Bilddateien wahlweise mit einem Bildbetrachter, mit Gimp oder mit Firefox öffnen. Eines dieser Programme gilt als Standardprogramm und wird per Doppelklick gestartet. Wenn Sie das Standardprogramm ändern möchten, klicken Sie die Datei mit der rechten Maustaste an, führen EIGENSCHAFTEN|ÖFFNEN MIT aus und wählen das gewünschte Programm. Die Einstellung gilt in Zukunft für alle Dateien mit derselben Endung, also beispielsweise für alle *.png-Dateien.

Dateien verschieben und kopieren

Zuvor markierte Dateien kopieren Sie mit Strg+C bzw. schneiden Sie mit Strg+X aus. Anschließend fügen Sie die betreffenden Dateien mit Strg+V am neuen Ort wieder ein. (Ausgeschnittene Dateien werden erst jetzt am Ursprungsort gelöscht.)

Deutlich einfacher ist es, wenn Sie statt der Tastatur die Maus einsetzen und Dateien per Drag&Drop von einem Dateimanager-Fenster in ein zweites verschieben. Dabei werden die Dateien normalerweise verschoben, nicht kopiert. Eine Ausnahme von dieser Regel sind Drag&Drop-Operationen zwischen unterschiedlichen Datenträgern, also beispielsweise von der CD oder von einem Netzwerkverzeichnis in das lokale Dateisystem. Im Mauszeiger wird in solchen Fällen ein Plus-Symbol eingeblendet, sodass die Wirkung der Operation klar sein sollte.

Wenn Sie eine Datei gezielt kopieren statt verschieben möchten, drücken Sie während der Drag&Drop-Operation die Strg-Taste. Wenn Sie den Verschiebemodus selbst angeben möchten, drücken Sie die Alt-Taste. Nach dem Loslassen der Maus haben Sie die Möglichkeit, die Datei zu kopieren, zu verschieben oder eine Verknüpfung (einen Link) einzurichten.

Dateien suchen

Mit GEHE ZU|NACH DATEIEN SUCHEN bzw. dem SUCHEN-Button können Sie im Adressfeld einen Suchbegriff eingeben. Nautilus liefert dann eine Liste aller Dateien, die den Suchbegriff im Dateinamen enthalten. Im Anschluss an die Suche können Sie die Suchergebnisse auf einen bestimmten Dokumenttyp oder ein Verzeichnis einschränken. Vergessen Sie dabei nicht, den Button AKTUALISIEREN anzuklicken!

Alternativ können Sie zur Suche auch das Programm NACH DATEIEN SUCHEN verwenden (Programmname `gnome-search-tool`). Das Programm akzeptiert wesentlich mehr Suchkriterien, arbeitet aber recht langsam. Wesentlich schneller finden Sie die gewünschte Datei, wenn Sie die Desktop-Suche Tracker einsetzen (siehe Seite 272).

Verborgene Dateien

Unter Linux gelten alle Dateien und Verzeichnisse, deren Namen mit einem Punkt beginnen, als verborgen. Das bedeutet, dass sie im Dateimanager bzw. in Dateiauswahldialogen normalerweise nicht angezeigt werden. Verborgene Dateien enthalten oft Konfigurationseinstellungen oder andere Daten, die nicht direkt verändert werden sollen. Eine direkte Bearbeitung versteckter Dateien und Verzeichnisse ist nur in Ausnahmefällen zweckmäßig (z. B. wenn Sie ein Backup Ihrer E-Mail-Verzeichnisse in `~/.thunderbird` durchführen möchten). Damit solche Dateien und Verzeichnisse im Dateimanager sichtbar werden, führen Sie ANSICHT|VERBORGENE DATEIEN ANZEIGEN aus oder drücken Strg+H.

Zugriffsrechte

Damit nicht jeder Benutzer alle Dateien und Verzeichnisse lesen bzw. verändern kann, speichert Linux zu jeder Datei und zu jedem Verzeichnis den Besitzer sowie die Zugriffsrechte. Das zugrunde liegende Konzept wird ab Seite 292 ausführlich beschrieben. Um den Besitzer oder die Zugriffsrechte zu ändern, klicken Sie die Datei mit der rechten Maustaste an und führen EIGENSCHAFTEN|ZUGRIFFSRECHTE aus.

Dateien löschen

Wenn Sie Dateien und Verzeichnisse löschen, landen diese vorerst im Papierkorb. Den Inhalt des Papierkorbs sehen Sie im Dateimanager mit GEHE ZU|MÜLL oder durch einen Klick auf das Müll-Icon. Erst wenn Sie dort alle Objekte markieren und Entf drücken, werden die Dateien endgültig gelöscht. Um Dateien sofort endgültig zu löschen, verwenden Sie ⇧+Entf.

Externe Datenträger

Beim Einlegen einer CD oder DVD bzw. beim Anstecken eines USB-, Firewire- oder eSATA-Laufwerks erscheint automatisch ein neues Nautilus-Fenster mit dem Inhalt des Datenträgers. Nautilus kümmert sich selbst darum bzw. um den Start eines geeigneten Programms. Die zugrunde liegenden Einstellungen finden Sie in den Systemeinstellungen im Modul WECHSELMEDIEN.

Denken Sie daran, dass Sie externe Festplatten oder USB-Sticks explizit abmelden müssen, bevor Sie das Kabel zum Computer lösen! Dazu klicken Sie auf den Auswerfen-Button in der Seitenleiste von Nautilus.

Netzwerkfunktionen

Windows-Freigaben

Das Kommando GEHE ZU|NETZWERK führt in ein Nautilus-Fenster, in dem nach einigen Sekunden Icons für alle erkannten Netzwerke angezeigt werden. In der Praxis ist das oft nur ein WINDOWS-NETZWERK. Ein Doppelklick führt zur nächsten Ansicht mit allen erkannten Windows-Netzwerken. Ein weiterer Doppelklick zeigt alle in diesem Netz sichtbaren Rechner an. Noch ein Doppelklick, und Sie wissen, welche Ressourcen dieser Rechner anbietet (sogenannte Windows-Freigaben, siehe Abbildung 4.7).

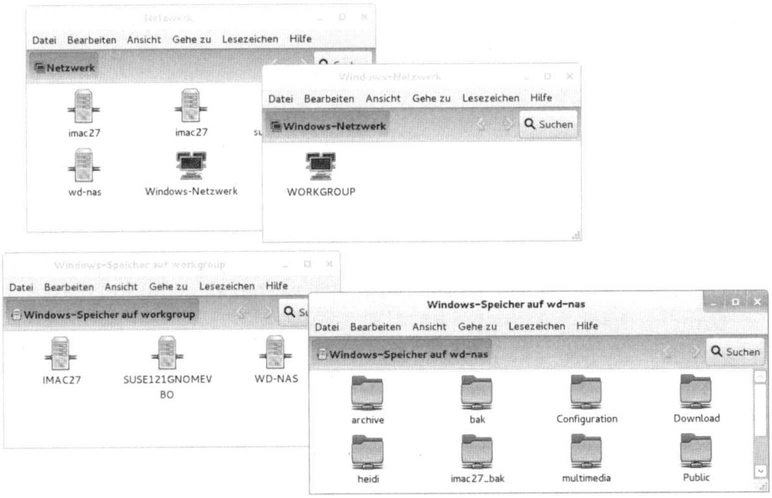

Abbildung 4.7: **Der Weg in ein Windows-Verzeichnis führt über vier Stationen.**

Wenn das Netzwerkverzeichnis durch ein Passwort geschützt ist, müssen Sie den Login-Namen und das Passwort angeben. Dabei bekommen Sie die Möglichkeit, diese Daten bleibend in einer Passwortdatenbank zu speichern, die aber selbst wiederum durch ein Master-Passwort geschützt ist (siehe Seite 98).

Wenn Nautilus ein Netzwerkverzeichnis ohne Passwort nutzen kann, entscheidet es sich immer für diese Variante. Diese Vorgehensweise ist allerdings nicht immer ideal: Je nachdem, wie der Windows- oder Samba-Server konfiguriert ist, zeigt Nautilus anschließend nur ein leeres Verzeichnis. Über die Benutzeroberfläche besteht nun keine Möglichkeit mehr, sich namentlich anzumelden. Abhilfe: Drücken Sie [Strg]+[L], und fügen Sie Ihren Login-Namen in den Pfad ein. Die korrekte Schreibweise lautet `smb://login@servername/verzeichnisname`.

Sollte Nautilus keine Windows-Server finden, ist die wahrscheinlichste Fehlerursache eine zu restriktive Firewall zwischen Ihrem Rechner und dem Windows-Rechner. Manchmal funktioniert auch nur die Namensauflösung nicht. Abhilfe: Drücken Sie Strg+L, und geben Sie die Adresse `smb://servername` ein.

Damit Sie den relativ umständlichen Weg in ein Netzwerkverzeichnis nicht immer wieder neu beschreiten müssen, richten Sie mit Strg+D ein Lesezeichen ein.

Sofern die Nautilus-Erweiterung `nautilus-share` installiert ist, hilft Ihnen der Dateimanager auch dabei, selbst Verzeichnisse im Netzwerk freizugeben. Das funktioniert aber nur dann, wenn die lokale Firewall die Nutzung des Rechners als Samba-Server zulässt und wenn Sie das Verzeichnis ohne Passwort freigeben. Bei einigen Distributionen ist außerdem vorher eine Samba-Basiskonfiguration erforderlich (z. B. bei SUSE, wo Sie dazu das YaST-Modul NETZWERKDIENSTE|SAMBA-SERVER einsetzen). Weitere Details zur Freigabe eines Netzwerkverzeichnisses mit Nautilus sind auf Seite 904 zusammengefasst.

Andere Netzwerkdienste

Mit Strg+L können Sie auch eine Verbindung zu anderen Server-Diensten herstellen (FTP, WebDAV, SSH etc.). Tabelle 4.2 fasst die wichtigsten Adressen bzw. Protokolle zusammen. In der Tabelle finden Sie auch die Spezialadressen `computer:` und `trash:`.

ADRESSE	ERGEBNIS
`computer:`	Liste aller Datenträger
`ftp://hostname`	Zugriff auf FTP-Server
`network:`	Verwendung als allgemeiner Netzwerk-Browser
`sftp://hostname`	Zugriff auf SFTP-Server (SSH-Protokoll)
`smb:`	Verwendung als Windows-Netzwerk-Browser
`smb://hostname`	Zugriff auf die Netzwerkverzeichnisse eines Windows-Rechners
`trash:`	Papierkorb (gelöschte Dateien)

Tabelle 4.2: **Nautilus-Spezialadressen**

gvfs

Für den Zugriff auf Netzwerkverzeichnisse verwendet Gnome das GVFS (Gnome Virtual File System) und bindet die externen Verzeichnisse als Unterverzeichnisse von `~/.gvfs` in den Verzeichnisbaum ein. Nautilus sowie Gnome-Dateiauswahldialoge zeigen externe Netzwerkverzeichnisse in der Seitenleiste an (drücken Sie gegebenenfalls F9).

Selbst Netzwerkverzeichnisse anbieten

Wenn Sie selbst Verzeichnisse im Netzwerk anbieten möchten, unterstützt Gnome Sie auch dabei. Zuerst müssen Sie allerdings den Samba-Server bzw. den NFS-Server installieren. Anschließend starten Sie mit SYSTEM|ADMINISTRATION|GEMEINSAME ORDNER das Programm `shares-admin`. Besonders ausgereift ist dieses Programm leider nicht, weswegen ich von seiner Anwendung abrate. Wie Sie Samba bzw. NFS sicher konfigurieren, erfahren Sie in Kapitel 30 ab Seite 879.

4.3 CDs/DVDs brennen mit Brasero

Daten-CDs und -DVDs

Nichts ist einfacher, als einige Dateien oder ganze Verzeichnisse auf eine CD oder DVD zu brennen: Das Fenster CD/DVD-ERSTELLER erscheint automatisch, sobald Sie einen CD- oder DVD-Rohling einlegen. Sollte das nicht funktionieren, starten Sie das Programm *Brasero* und klicken auf den Button DATEN-PROJEKT. Nun kopieren Sie von einem Dateimanager-Fenster die zu sichernden Dateien und Verzeichnisse per Drag&Drop in das Fenster des Brennprogramms. Im Dialog BRENNEN stellen Sie die Brenngeschwindigkeit ein, und los geht's!

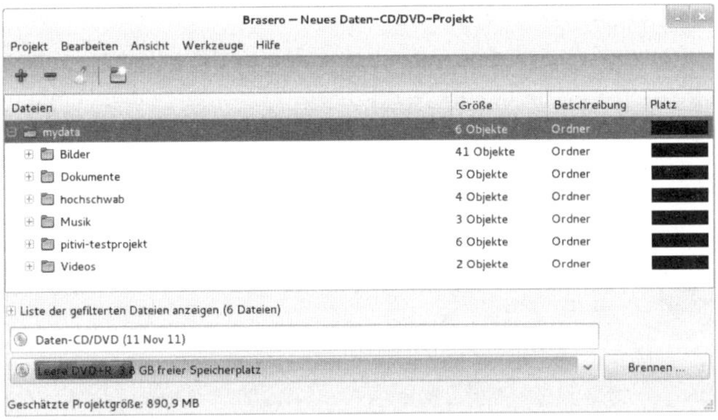

Abbildung 4.8: **CDs/DVDs brennen mit Brasero**

Nach dem Brennen überprüft Brasero automatisch, ob die neue CD oder DVD fehlerfrei ist. Wenn Sie das nicht wünschen, deaktivieren Sie in der Benutzeroberfläche von Brasero mit BEARBEITEN| PLUGINS die Prüfsummen-Plugins.

CDs/DVDs kopieren

Um eine CD oder DVD zu kopieren, legen Sie diese in das Laufwerk, starten abermals das Programm Brasero und führen dort CD/DVD KOPIEREN aus. Brasero schreibt den Inhalt der CD/DVD nun in eine ISO- oder TOC-Datei. Wenn das Auslesen der Daten abgeschlossen ist, können Sie diese Datei auf eine leere CD/DVD schreiben.

ISO- und TOC-Dateien

ISO- bzw. TOC-Dateien enthalten den gesamten Inhalt einer CD oder DVD. Um eine derartige Datei zu brennen, klicken Sie die Datei mit der rechten Maustaste an und führen AUF CD/DVD SCHREIBEN aus.

Übrigens können Sie vorher auch den Inhalt der ISO-Datei ansehen. Ein Doppelklick auf die Datei öffnet den Archivmanager, der die ISO-Datei ähnlich wie eine ZIP-Datei behandelt. Sie können den Inhalt der ISO-Datei allerdings nicht verändern.

Sie können ISO-Dateien auch selbst herstellen: Dazu gehen Sie wie beim Brennen einer Daten-CD bzw. -DVD vor, wählen aber als Zielmedium eine ABBILDDATEI.

Audio-CDs

Wenn Sie aus MP3- oder Ogg-Dateien eine Audio-CD machen möchten, die mit einem gewöhnlichen CD-Player angehört werden kann, starten Sie wiederum Brasero und beginnen dort ein neues AUDIO-PROJEKT. In dieses fügen Sie die gewünschten Audio-Dateien wahlweise per Drag&Drop, mit dem EINFÜGE-Button oder aus dem in die Seitenleiste (F7) integrierten Dateibrowser ein. Der Button BRENNEN startet den Brennvorgang. Der eigentliche Brennvorgang dauert nun ein wenig länger als üblich, weil die Audio-Dateien zuerst in das WAV-Format umgewandelt werden müssen.

4.4 Gnome-Standardprogramme

Dateiarchive (file-roller)

Zur Weitergabe von Dateien per E-Mail bzw. zum Anlegen von Sicherungskopien ist es oft zweckmäßig, mehrere Dateien oder den gesamten Inhalt eines Verzeichnisses zu komprimieren. Dabei hilft der sogenannte Archivmanager (siehe Abbildung 4.9). Das Programm starten Sie üblicherweise durch einen Doppelklick auf die Archivdatei. Der Archivmanager zeigt das Archiv so an, als wäre es ein ganz gewöhnliches Verzeichnis. Wenn Sie rasch einen Überblick über alle Dateien bekommen möchten, führen Sie ANSICHT|ALLE DATEIEN ANZEIGEN aus. Um das gesamte Archiv auszupacken, klicken Sie auf den Button ENTPACKEN. Um ein neues Archiv zu erstellen, führen Sie [Alt]+[F2] `file-roller` aus. Sie können nun einfach per Drag&Drop Dateien bzw. ganze Verzeichnisse einfügen.

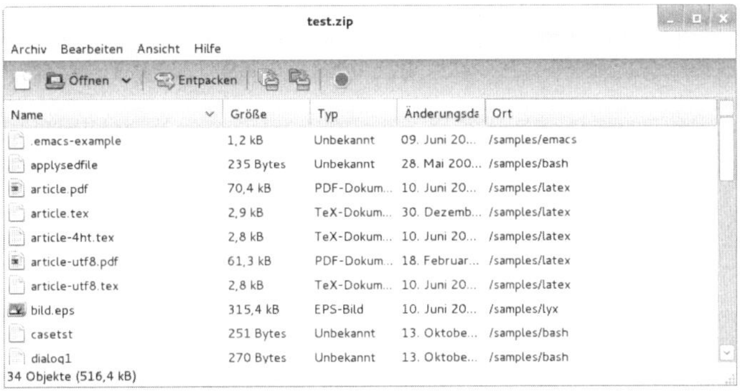

Abbildung 4.9: **Dateiarchive bearbeiten**

Farbprofile

Im Systemeinstellungsmodul FARBE können Sie ICC/ICM-Farbprofile verwalten. Das ist vor allem für Fotografen und Grafiker interessant.

Fernwartung

Wenn Sie auf Ihrem Rechner ein Problem haben, z. B. weil ein Programm nicht richtig funktioniert, werden Sie üblicherweise per Telefon oder E-Mail Hilfe anfordern. Erfahrungsgemäß sind derartige Hilfsversuche aber recht umständlich: *Klick einfach auf den Button xy! – Wo ist dieser Button? – Du kannst auch das Menükommando* ABC|EFG *verwenden! – Bei welchem Programm?*

Für solche Fälle gibt es ein viel eleganteres Hilfsmittel: Per Fernwartung bekommt der Helfer für einige Zeit volle Kontrolle über Ihren Computer. Der Helfer sieht auf seinem Rechner in einem Fenster den gesamten Inhalt Ihres Bildschirms und kann per Maus und Tastatur alle Programme bedienen. Unter Gnome starten Sie die Fernwartung als Hilfesuche mit dem Programm *Freigabe der Arbeitsfläche* (Programmname `vino-preferences`). Der Helfer kann einen beliebigen VNC-Client einsetzen, beispielsweise das Gnome-Programm `vinagre`. Hintergründe zur Fernwartung sind ab Seite 557 beschrieben.

Festplattennutzung (baobab)

Wenn Sie wissen möchten, in welchen Ihrer Verzeichnisse sich die größten Datenmengen befinden, ist das Programm *Festplattenbelegung analysieren* eine wertvolle Hilfe (Programmname `baobab`). Das Programm zeigt in einer anschaulichen Grafik an, welche Verzeichnisse und Unterverzeichnisse wie viele Daten enthalten (siehe Abbildung 4.10). Zur Erzeugung dieser Grafik müssen alle Unterverzeichnisse eingelesen werden. Dazu klicken Sie auf den Button PERSÖNLICHEN ORDNER EINLESEN oder DATEISYSTEM EINLESEN, wenn Sie das gesamte Dateisystem analysieren möchten (das kann eine ganze Weile dauern!).

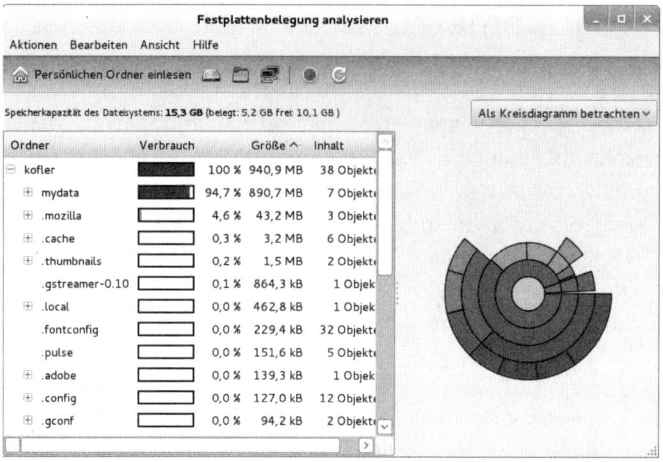

Abbildung 4.10: **Platzbedarf von Verzeichnissen darstellen**

Konsole (gnome-terminal)

Das Programm `gnome-terminal` ist die Gnome-Variante des Shell-Fensters `xterm`. Das Programm zeichnet sich durch einige Besonderheiten aus:

» Webadressen werden automatisch unterstrichen, sobald Sie die Maus darüber bewegen. Mit der rechten Maustaste können Sie einen Webbrowser starten, um die Seite anzuzeigen.

» Wenn Sie Dateien oder Verzeichnisse von Nautilus per Drag&Drop in das Shell-Fenster bewegen, wird der vollständige Dateiname eingefügt.

» Mit Strg+[+] bzw. Strg+[-] ändern Sie rasch die Schriftgröße.

» Mit DATEI|NEUER REITER bzw. Strg+⇧+T öffnen Sie innerhalb des Fensters ein neues Terminal. Zwischen den Terminals können Sie per Mausklick oder mit Strg+Bild ↑ bzw. Strg+Bild ↓ wechseln.

» Tastenkürzel wie Alt+D führen in das Menü des Terminalfensters. Wenn Sie diese Tastenkürzel lieber zur Bearbeitung der Eingabezeile verwenden möchten, führen Sie BEARBEITEN|TASTENKOMBINATIONEN aus und aktivieren die Option ALLE MENÜKÜRZEL DEAKTIVIEREN.

» Eine Menge weiterer Konfigurationsmöglichkeiten bietet BEARBEITEN|PROFILE. Die Einstellungen können unterschiedlichen Profilen zugeordnet werden. Jedem Terminal kann dann sein eigenes Profil zugeordnet werden.

Orca

Wenn Sie im Modul BARRIEREFREIHEIT der Systemeinstellungen die Option BILDSCHIRMLESER aktivieren, wird beim nächsten Login das Programm Orca gestartet. Es liest Dialog- und Menütexte, aber auch andere Texte am Bildschirm vor. Die von einem Sprachsynthesizer erzeugten Texte sind anfänglich nur schwer verständlich, können aber bei längerer Nutzung eine echte Hilfe für Benutzer mit eingeschränktem Sehvermögen darstellen.

Passwort und Schlüsselverwaltung

Diverse Gnome-Programme erfordern die Eingabe von Benutzerdaten und Passwörtern. Damit sich nicht jedes Programm selbst um die (möglichst sichere) Verwaltung der Passwörter kümmern muss, gibt es in Gnome eine zentrale Passwortverwaltung. Sie wird beispielsweise von den Programmen Nautilus, Evolution und NetworkManager genutzt. Die Passwortdatenbank ist durch ein Master-Passwort abgesichert, das bei der ersten Nutzung des Programms abgefragt wird. Alle weiteren Datenbankzugriffe erfolgen dann aber ohne weitere Rückfragen.

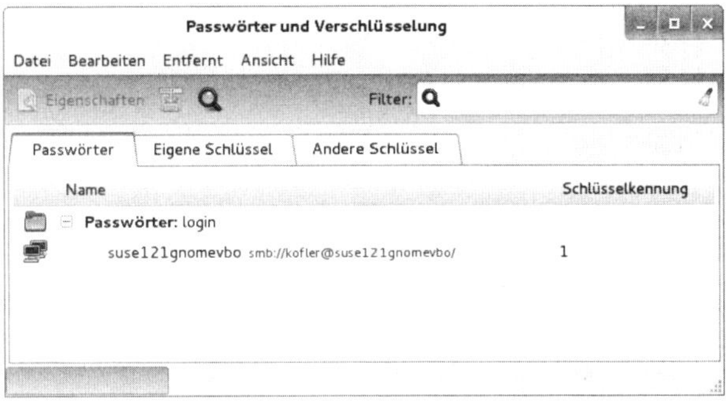

Abbildung 4.11: **Zentrale Passwortverwaltung**

Um gezielt einzelne Einträge aus der Datenbank zu entfernen, starten Sie das Programm *Passwörter und Verschlüsselung* (Programmname seahorse, siehe Abbildung 4.11). Das Programm hilft auch bei der Verwaltung von GPG- und SSH-Schlüsseln. Derartige Schlüssel brauchen Anwender zum Verschlüsseln oder Signieren ihrer E-Mails, Programmierer zum Signieren ihres Codes, Webentwickler zum Einloggen auf externen Rechnern etc.

PDF- und PostScript-Dateien anzeigen (Evince)

Ein Doppelklick auf `*.pdf`- oder `*.ps`-Dateien startet das Programm Evince und zeigt das Dokument an. Sie können das Dokument nun durchsuchen, einzelne Seiten ausdrucken etc. (Bei komplexen PDF-Dokumenten erzielen Sie mit dem Adobe Reader eine bessere Darstellung. Die Installation dieses kostenlosen, aber leider nicht als Open-Source-Code verfügbaren Programms ist auf Seite 153 beschrieben.)

Texteditor (gedit)

Der Standardtexteditor von Gnome ist `gedit`. Das Programm ist leicht zu erlernen und für einfache Aufgaben vollkommen ausreichend. (Profis werden aber bei Emacs oder Vi bleiben.)

4.5 Konfiguration und Interna

In Gnome 2.*n* waren die meisten Desktop-Elemente konfigurierbar: Panels konnten an allen vier Bildschirmrändern platziert werden, die darin enthaltenen Komponenten waren frei wählbar etc. Damit ist mit Gnome 3.*n* Schluss! Die Bordmittel von Gnome sehen gerade einmal eine Veränderung des Bildschirmhintergrundbilds vor – das war es.

Fenster-Buttons

Ubuntu hat die Fenster-Buttons von rechts nach links verschoben, Gnome hat sie bis auf den SCHLIESSEN-Button gleich ganz eliminiert! Angeblich sind diese Buttons überflüssig. Dieser Meinung kann ich mich freilich nicht anschließen. Zumindest der MINIMIEREN-Button ist für mich unentbehrlich. Abhilfe: Führen Sie im Terminal das folgende Kommando aus:

```
user$  gconftool-2 --set /desktop/gnome/shell/windows/button_layout \
        --type string ":minimize,maximize,close"
```

Wenn Sie die Fenster-Buttons wie in Mac OS X oder Ubuntu am linken Rand haben möchten, sieht das entsprechende Kommando so aus:

```
user$  gconftool-2 --set /desktop/gnome/shell/windows/button_layout \
        --type string "close,minimize,maximize"
```

Damit die geänderte Einstellung wirksam wird, müssen Sie die Gnome Shell neu starten: Dazu drücken Sie [Alt]+[F2] r [↵].

Gnome Tweak Tool

Neben der Button-Konfiguration können Sie auch diverse andere Gnome-Einstellungen mit `gconftool`- oder `gsettings`-Kommandos verändern. Komfortabler ist es, dazu das Gnome Tweak Tool zu installieren (der Paketname lautet in der Regel `gnome-tweak-tool`, siehe Abbildung 4.12). Mit dem Programm können Sie unter anderem einstellen,

- » welche Buttons in der Fensterleiste dargestellt werden,
- » welche Schrift auf dem Desktop verwendet werden soll,
- » welches Fensterthema gelten soll,
- » wie sich Notebooks beim Schließen des Deckels verhalten sollen
- » ob der Dateimanager auf dem Desktop Icons darstellen darf und
- » ob das Uhrzeit-Applet auch das Datum anzeigen soll.

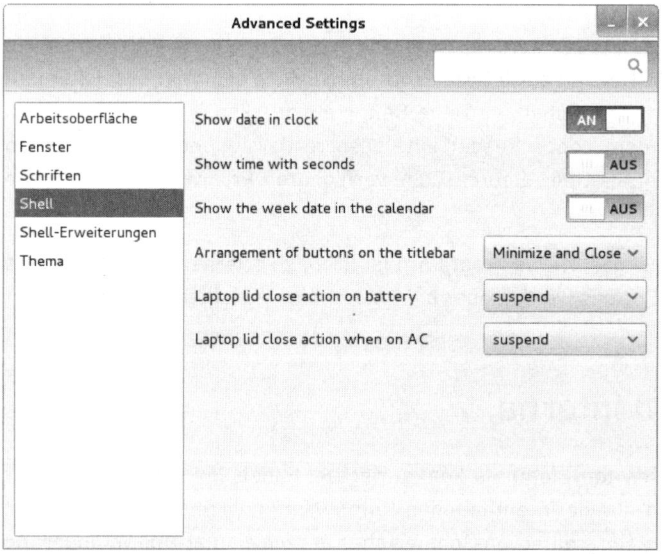

Abbildung 4.12: **Gnome Tweak Tool**

Manche Konfigurationsänderungen werden erst wirksam, wenn Sie die Gnome Shell mit [Alt]+[F2] r [↵] neu starten bzw. sich aus- und neu einloggen. Beachten Sie, dass die meisten Einstellungen nur für die Vollversion von Gnome 3.*n* gelten, nicht aber für den Fallback-Modus.

Gnome-Konfigurationsdateien

dconf-Datenbank

Parallel zu Gnome 3.0 wurde das neue dconf-System zur Speicherung von Programmeinstellungen entwickelt. Die dconf-Daten befinden sich in der binären Datenbankdatei `.config/dconf/user`. Allerdings verwenden noch nicht alle Gnome-Programme das dconf-System.

In Entwicklerkreisen war die Einführung des dconf-Formats nicht unumstritten. Kritiker befürchten, dass die binäre Datei auf lange Sicht ähnlich schwer zu warten ist wie die Windows-Registrierungsdatenbank. Zudem erscheint es riskant, Einstellungen zahlreicher Programme in einer einzigen binären Datei zu vereinen: Sollte diese Datei irrtümlich oder durch einen Dateisystemfehler zerstört werden, hätte das Auswirkungen auf große Teile des Desktops.

Der Vorteil von dconf gegenüber dem älteren gconf-System (siehe unten) liegt in der wesentlich höheren Zugriffsgeschwindigkeit. Während des Starts von Gnome müssen unzählige Einstellungen gelesen werden. Ein kompletter Umstieg auf das dconf-System würde den Gnome-Start spürbar beschleunigen.

Gnome-Programme greifen direkt über API-Funktionen (Application Programming Interface) auf die dconf-Datenbank zu. Wenn Sie dconf-Einstellungen von außen lesen oder ändern möchten, installieren Sie das Paket `dconf-tools` und starten dann das gleichnamige Programm. Die Benutzeroberfläche zeigt links eine baumartige Struktur aller Einstellungsverzeichnisse, rechts die in diesem Verzeichnis enthaltenen Parameter.

Mit dem Kommando `gsettings` ist es möglich, die dconf-Einstellungen im Terminal oder durch ein Script zu verändern. Das folgende Kommando bewirkt, dass Nautilus beim Löschen von Dateien nicht mehr nachfragt:

```
user$  gsettings set org.gnome.nautilus.preferences confirm-trash false
```

Abbildung 4.13: **Einstellungen in der dconf-Datenbank verändern**

gconf-Datenbank

Ältere bzw. noch nicht auf das dconf-System umgestellte Gnome-Programme speichern ihre Einstellungen zumeist in der gconf-Datenbank. Intern besteht diese Datenbank aus unzähligen kleinen XML-Dateien, die im Verzeichnis `.gconf` sowie in dessen Unterverzeichnissen gespeichert werden. Auch zur Veränderung von gconf-Einstellungen gibt es mit dem `gconf-editor` eine einfache

Benutzeroberfläche. Sie sieht ganz ähnlich aus wie die des `dconf-editor`, bietet aber zusätzlich eine Suchfunktion.

Sie können die Einstellungen auch ohne Benutzeroberfläche mit dem Kommando `gconftool-2` verändern. Zwei Beispiele für die Verwendung dieses Kommandos finden Sie auf Seite 99).

Gnome Shell Extensions

Die Gnome Shell greift intern stark auf JavaScript zurück. Deswegen können Sie mit wenigen Zeilen JavaScript-Code umfassende Modifikationen am Desktop durchführen. Gnome sieht hierfür einen speziellen Extensions-Mechanismus vor. Eine Menge Hintergrundinformationen sowie viele interessante Links finden Sie im folgenden Blog:

http://blog.fpmurphy.com/

Diverse JS-Scripts finden Sie z. B. hier:

http://git.gnome.org/browse/gnome-shell-extensions/
http://nbprashanth.wordpress.com/2011/10/01/customizing-gnome3/

Längerfristig ist geplant, dass Gnome so unkompliziert mit JavaScript-Extensions erweitert werden kann wie Firefox mit Add-ons. Wenn das gelingt, könnte Gnome 3.*n* einen Durchbruch in der Nutzergunst erreichen. Momentan sind die Gnome-Entwickler davon aber noch ein Stück entfernt: Viele für Gnome 3.0 entwickelte Erweiterungen erwiesen sich wegen Syntaxänderungen als inkompatibel zu Gnome 3.2 und mussten für diese Version neuerlich adaptiert werden:

http://www.mjfox.ch/wordpress/gnome-3-2-shell-and-extensions/

Fertige gnome-shell-extensions

Manche Distributionen liefern eine ganze Sammlung von Gnome-Extensions in Form fertiger Pakete mit. Wenn Sie im Paketmanager von Fedora 16 oder openSUSE 12.1 nach `gnome-shell-extension` suchen, werden Sie auf zahlreiche Erweiterungen stoßen, von denen ich hier einige kurz vorstelle:

» `gnome-shell-extensions-alternative-status-menu` ergänzt das Statusmenü rechts im Panel um einen AUSSCHALTEN-Eintrag.

» `gnome-shell-extensions-alternative-tab` stellt das herkömmliche Verhalten von [Alt]+[Tab] wieder her.

» `gnome-shell-extensions-apps-menu` integriert ein herkömmliches Startmenü in das Gnome-Panel.

» `gnome-shell-extensions-auto-move-windows` ermöglicht eine fixe Zuordnung zwischen Programmen und Arbeitsflächen.

» `gnome-shell-extensions-dock` zeigt am rechten Bildschirmrand ständig ein Dock an, das denselben Inhalt hat wie die Dash in der Aktivitäten-Ansicht.

» `gnome-shell-extensions-drive-menu` fügt ein Menü in das Panel ein, das für jeden externen Datenträger (z. B. einen USB-Stick) einen Eintrag enthält. Damit kann der Inhalt des Datenträgers angezeigt werden bzw. der Datenträger aus dem Dateisystem gelöst werden.

» `gnome-shell-extensions-icon-manager` erlaubt es, Icons zum Start wichtiger Programme in das Panel einzubetten – leider nicht per Drag&Drop, sondern durch eine Veränderung der dconf-Einstellungen. Die Details sind in der mitgelieferten Datei `/usr/share/doc/gnome-shell-extension-icon-manager-0/README` dokumentiert.

» `gnome-shell-extensions-icon-manager` ermöglicht die Steuerung von Audio- bzw. Media-Playern im Panel (ähnlich wie das entsprechende Indikator-Menü unter Ubuntu).

» `gnome-shell-extensions-places-menu` fügt ein weiteres Menü in das Panel ein, mit dem Sie rasch oft benötigte Verzeichnisse öffnen können (wie im ORTE-Menü in Gnome 2.n).

» `gnome-shell-extensions-systemMonitor` zeigt im Statusbereich des Desktops Diagramme für die CPU- und Speichernutzung an.

Nach der Installation müssen Sie jede einzelne Erweiterungen im Dialogblatt SHELL-ERWEITERUNG des Gnome Tweak Tools explizit aktivieren. Damit die Änderungen nach der Installation der oben aufgezählten Pakete wirksam werden, müssen Sie die Gnome Shell neu starten: [Alt]+[F2] r [↵].

Nach meinen Erfahrungen funktionieren leider nicht alle der mit Fedora 16 bzw. openSUSE 12.1 mitgelieferten Erweiterungen tatsächlich. Es ist zu hoffen, dass Gnome 3.4 hier deutliche Verbesserungen mit sich bringt.

Systemeinstellungen

Gnome bietet zwar nur noch wenige Dialoge, um das Erscheinungsbild des Desktops zu verändern, dafür stellt es aber eine ganze Sammlung von Werkzeugen zur Systemkonfiguration zur Verfügung. Diese Konfigurationswerkzeuge sind im neuen Programm SYSTEMEINSTELLUNGEN gesammelt. Am schnellsten starten Sie dieses Programm mit dem Menü BENUTZERNAME rechts oben im Panel.

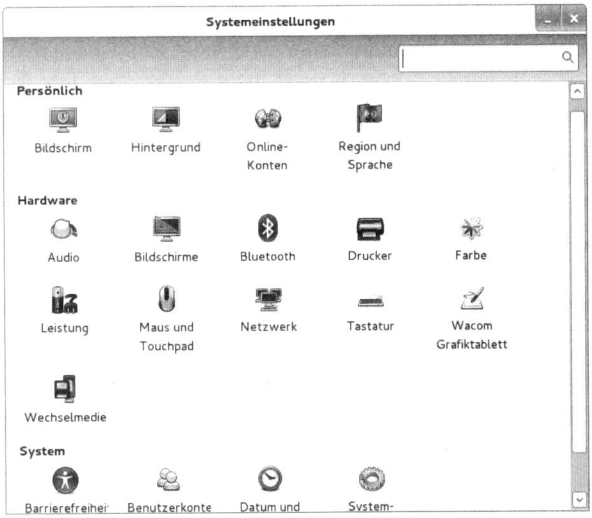

Abbildung 4.14: **Gnome-Systemeinstellungen**

Die Systemeinstellungen beinhalten nur noch einen Bruchteil der bisher verfügbaren Werkzeuge. Ein Teil der früher üblichen Einstellungsprogramme wurde einfach eliminiert, andere (insbesondere Systemwerkzeuge) müssen wie gewöhnliche Programme gestartet werden (AKTIVITÄTEN|ANWENDUNGEN|SYSTEMWERKZEUGE).

Die Module der Systemeinstellungen helfen nicht nur bei den grundlegenden Einstellungen (Bildschirmhintergrund, Energiesparmodus, Spracheinstellungen etc.), sondern auch bei diversen Aufgaben zur Systemadministration: Netzwerkeinstellungen, Bluetooth, Benutzerverwaltung, Zeiteinstellung etc. Wie alle Gnome-Werkzeuge beschränken sich auch die Systemeinstellungen auf das absolute Minimum (Motto: »Weniger ist mehr, auf keinen Fall den Benutzer durch überflüssige Optionen verwirren!«). Beispielsweise können Sie mit dem Modul BENUTZERKONTEN zwar neue Benutzer einrichten, aber keine Gruppen verwalten. Wenn Sie also an die Grenzen der Gnome-Systemeinstellungen stoßen, müssen Sie auf Konsolenwerkzeuge oder auf die mitgelieferten Konfigurationsprogramme Ihrer Distribution zurückgreifen.

Drucker

Im Idealfall erfolgt die Druckerkonfiguration automatisch: Viele Distributionen erkennen die meisten USB-Drucker direkt beim Anstecken und führen die Konfiguration selbstständig durch. Das Gerät ist wenige Sekunden später bereit zum Drucken. Bequemer geht es nicht mehr!

Wenn dies nicht funktioniert bzw. wenn Sie einen Netzwerkdrucker besitzen, sollte bei der Konfiguration das neue Modul DRUCKER der Systemeinstellungen helfen. Alle meine Versuche, damit einen Netzwerkdrucker einzurichten, sind freilich kläglich gescheitert. Das Konfigurationswerkzeug kann offensichtlich nur Drucker konfigurieren, die es selbst im Netz erkennt – und dazu war das Programm selbst bei deaktivierter Firewall nicht in der Lage. Eine manuelle Eingabe des Hostnamens oder der IP-Adresse des Druckers ist nicht vorgesehen. Schöne neue Gnome-Welt!

Abhilfe schafft das bei den meisten Distributionen weiterhin mitgelieferte Programm `system-config-printer`. Dieses Programm ist zwar alt und optisch weniger elegant als das DRUCKER-Modul der Systemeinstellungen, aber dafür ausgereift. HINZUFÜGEN|DRUCKER führt zu einem Assistenten, der eine Liste aller zur Auswahl stehenden Druckertypen anzeigt (inklusive eventuell erkannter Drucker, siehe Abbildung 4.15). Bei Netzwerkdruckern führt zumeist APPSOCKET/HP JETDIRECT zum Ziel. Nach der Auswahl des Druckertyps wählen Sie den Druckertreiber aus. Dabei geben Sie den Hersteller und das Modell an. Zuletzt müssen Sie dem Drucker noch einen Namen geben. Damit ist die Basiskonfiguration beendet. Alle weitergehenden Einstellungen und Druckeroptionen (Papiergröße, Duplex-Modus etc.) sind optional und erfolgen im Dialog EIGENSCHAFTEN.

Online-Konten

Ein relativ neues Modul der Systemeinstellungen ist ONLINE-KONTEN. Damit können Sie die Login-Parameter eines Twitter- oder Google-Kontos angeben. (Andere Kontentypen werden zurzeit nicht unterstützt.) Die Konten können dann in anderen Gnome-Programmen verwendet werden, z. B. *Kontakte* (`gnome-contacts`), Empathy, Evolution und dem Kalender-Applet. Bei meinen Tests funktionierte die Integration von Online-Diensten in Gnome aber nicht immer zuverlässig.

Standardprogramme einstellen

Standardmäßig verwendet Gnome zumeist Firefox als Webbrowser, Evolution als E-Mail-Programm etc. Wenn Sie möchten, dass Gnome beim Anklicken entsprechender Links andere Programme startet, finden Sie entsprechende Einstellmöglichkeiten im Dialogblatt SYSTEM-INFORMATION|VORGABE-ANWENDUNGEN in den Systemeinstellungen (siehe Abbildung 4.16).

Welches Programm Gnome beim Einlegen einer Audio-CD, Video-DVD bzw. beim Anstecken eines MP3-Players starten soll; legen Sie im Modul WECHSELMEDIEN der Systemeinstellungen fest.

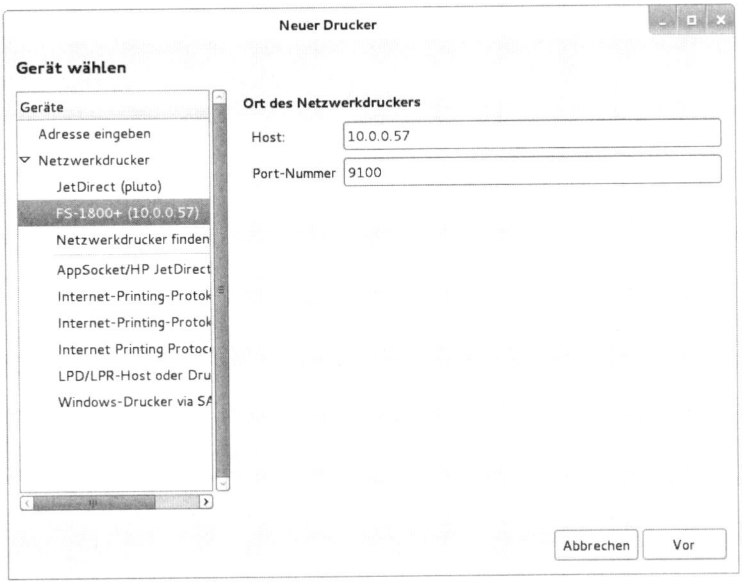

Abbildung 4.15: **Druckerverwaltung mit system-config-printer**

Tastaturlayout

Ich habe lange nach einer Möglichkeit gesucht, das Tastaturlayout zu verändern. Sie befindet sich jetzt im Dialogblatt BELEGUNGEN des Moduls REGION UND SPRACHE der Systemeinstellungen (und nicht, wie man vielleicht hätte erwarten können, im Modul TASTATUR).

Gnome-Interna

Hinter den Kulissen ist für die Verwaltung der Fenster sowie für den Start von Programmen (AKTIVITÄTEN) das Programm *Gnome Shell* (Kommando `gnome-shell`) verantwortlich, in den wiederum der neue Window Manager *Mutter* integriert ist. Mutter ist eine Weiterentwicklung des Window Managers *Metacity*, wobei die wichtigste Neuerung die Unterstützung von 3D-Effekten ist. Compiz ist deswegen für die Ausführung von Gnome 3.*n* nicht mehr erforderlich.

Autostart

Während des Starts von Gnome werden eine Menge Programme automatisch gestartet. Welche dies sind, steuern `*.desktop`-Dateien aus den folgenden Autostart-Verzeichnissen:

`~/.config/autostart/*.desktop`	(persönliche Autostart-Programme)
`/usr/share/gnome/autostart/*.desktop`	(globale Autostart-Programme für Gnome)
`/etc/xdg/autostart/*.desktop`	(globale Autostart-Programme für alle Desktops, also für Gnome und KDE)

In Gnome 3.*n* gibt es leider keine grafische Benutzeroberfläche mehr, um den automatischen Start von Programmen zu steuern. Gegebenenfalls müssen Sie die `*.desktop`-Dateien manuell entfernen bzw. einrichten. Der Aufbau solcher Dateien geht aus dem folgenden Beispiel hervor. Die Datei ist für das Abspielen des Login-Tons verantwortlich:

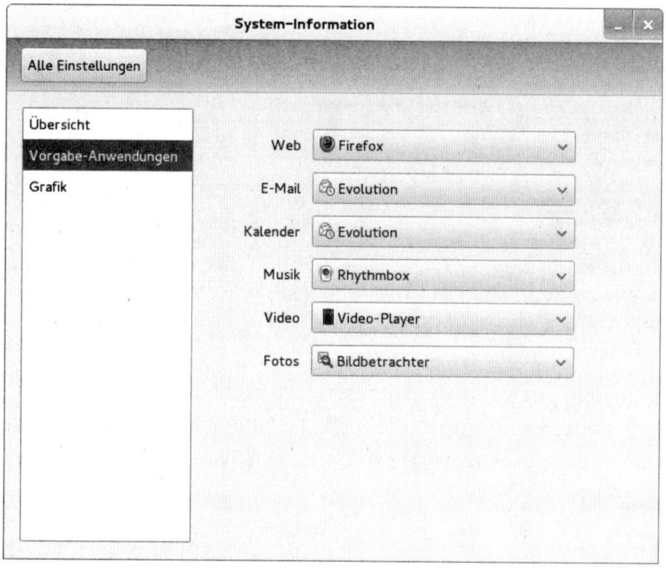

Abbildung 4.16: **Standardprogramme festlegen**

```
[Desktop Entry]
Type=Application
Name=GNOME Login Sound
Comment=Plays a sound whenever you log in
Exec=/usr/bin/canberra-gtk-play --id="desktop-login" --description="GNOME Login"
OnlyShowIn=GNOME;
AutostartCondition=GSettings org.gnome.desktop.sound event-sounds
X-GNOME-Autostart-Phase=Application
X-GNOME-Provides=login-sound
```

GDM Für den Login bei auf Gnome basierenden Distributionen ist in der Regel der *Gnome Display Manager* (gdm) verantwortlich. Eine Ausnahme ist Ubuntu, das seit Version 11.10 stattdessen den *Light Display Manager* (`lightdm`) verwendet.

Eine kurze Beschreibung von GDM finden Sie im Kapitel zum Grafiksystem X ab Seite 525. Dort erfahren Sie auch, wie Sie die Konfigurationsdatei `/etc/gdm/custom.conf` einrichten, wenn Sie den Login während des Rechnerstarts automatisieren möchten. Nur unter openSUSE sollten Sie auf Veränderungen an `custom.conf` verzichten und den Auto-Login stattdessen mit YaST einrichten (siehe Seite 1048).

MIME Wenn nach einem Doppelklick auf eine MP3-Datei in Nautilus automatisch Rhythmbox oder Banshee erscheint, dann sind hierfür die MIME-Einstellungen von Gnome verantwortlich. MIME steht für Multipurpose Internet Mail Extensions und ist eine Art Datenbank, die eine Zuordnung zwischen Dateitypen und Programmen herstellt (siehe auch Seite 266).

Am einfachsten erfolgen Änderungen an der MIME-Konfiguration direkt in Nautilus: Dort klicken Sie die betreffende Datei an, führen per Kontextmenü EIGENSCHAFTEN|ÖFFNEN MIT aus und wählen das gewünschte Programm. Die Einstellung gilt in Zukunft für alle Dateien mit derselben Endung.

Individuelle Änderungen an der MIME-Konfiguration werden hier gespeichert:

```
~/.local/share/mime/*
~/.local/share/applications/mimeapps.list
```

Weitere Informationen zur Verwaltung der MIME-Datenbank unter Gnome finden hier:

http://library.gnome.org/admin/system-admin-guide/stable/mimetypes-database.html.en

4.6 Der gemeinsame Desktop-Standard Portland/Xdg

Das Portland-Projekt definiert eine Reihe gemeinsamer Standards, die unabhängig vom Desktop-System gelten. Diese Standards helfen dabei, Programme unabhängig von Gnome oder KDE richtig in den Desktop zu integrieren. Portland bzw. Xdg ist also eigentlich kein Gnome-Thema, sondern gilt auch für KDE.

http://portland.freedesktop.org/wiki/XdgUtils

Standardverzeichnisse

Beim ersten Login werden im Heimatverzeichnis die Unterverzeichnisse `Bilder`, `Dokumente`, `Downloads`, `Musik`, `Öffentlich`, `Videos` und `Vorlagen` erzeugt. Wenn eine andere Sprache als Deutsch eingestellt ist, erhalten diese Verzeichnisse andere Namen. Hinter den Kulissen ist das Paket `xdg-user-dirs` für die Verzeichnisse verantwortlich.

Die Konfiguration erfolgt durch die Datei ~/`user-dirs.dirs`. Dieses Verzeichnis stellt sicher, dass Xdg-kompatible Programme die Verzeichnisse unabhängig von der eingestellten Sprache finden. Unter Gnome werden die Verzeichnisse, wenn die Sprache verändert wurde, nach einer Rückfrage sogar entsprechend umbenannt (Paket `xdg-user-dirs-gtk`).

Wenn Sie die Standardverzeichnisse nicht wünschen, löschen Sie die Verzeichnisse und legen die folgende neue Datei an:

```
# ~/.config/user-dirs.conf
enabled=False
```

Sie können diese Einstellung auch systemweit in `/etc/xdg/user-dirs.conf` vornehmen.

xdg-Scripts

Das Paket `xdg-utils` stellt die folgenden Scripts zur Verfügung. (Eine genauere Beschreibung gibt `man xdg-`*kommando*.)

- `xdg-desktop-menu` fügt dem Desktop-Menü einen neuen Eintrag hinzu.
- `xdg-desktop-icon` installiert ein neues Icon auf dem Desktop.
- `xdg-icon-resource` installiert Icon-Ressourcen.
- `xdg-mime` fragt die MIME-Datenbank ab bzw. richtet einen neuen MIME-Datentyp ein.
- `xdg-open` öffnet ein Dokument im Standardprogramm des Benutzers.
- `xdg-email` sendet eine E-Mail im Standard-E-Mail-Programm des Benutzers.
- `xdg-screensaver` steuert den Bildschirmschoner.

5. KDE

KDE ist eine populäre Alternative zu dem im vorigen Kapitel vorgestellten Gnome-Desktop. KDE erfüllt im Prinzip dieselben Aufgaben, sieht aber anders aus und verwendet intern auch andere Bibliotheken und Protokolle. Die Abkürzung KDE stand ursprünglich für *Kool Desktop Environment*, später wurde daraus das *K Desktop Environment*. Intern basiert KDE auf Qt, einer Open-Source-Bibliothek. (Ursprünglich wurde Qt von Troll Tech entwickelt. 2008 übernahm Nokia Troll Tech.) Umfassende Informationen zu KDE gibt diese Website:

http://kde.org/

Im Vergleich zu Gnome bietet KDE mehr Spezialfunktionen und Konfigurationsmöglichkeiten, die technisch versierten Linux-Benutzern entgegenkommen. Dem steht aber eine etwas schwierigere Bedienung gegenüber, weswegen viele Distributionen standardmäßig auf Gnome basieren. Lassen Sie sich davon nicht abschrecken! Sofern Ihre Distribution entsprechende Pakete anbietet, spricht nichts gegen eine Parallelinstallation von Gnome und KDE. Sie können dann vor dem Login angeben (üblicherweise mit dem Button bzw. mit dem Menüpunkt SITZUNG), ob Sie KDE oder Gnome nutzen möchten.

Im Mittelpunkt dieses Kapitels stehen die Basisfunktionen von KDE. Freilich sieht KDE je nach Distribution ganz unterschiedlich aus: Der Aufbau des Login-Bildschirms, die Menüeinträge des Startmenüs, die optische Gestaltung des Desktops und die Auswahl der mitgelieferten Programme und Konfigurationshilfen variieren stark. Die Grundlage für dieses Kapitel war die KDE-Version 4.7, die ich unter openSUSE 12.1 getestet habe.

KDE und die Maus

Der vielleicht offensichtlichste Unterschied zwischen KDE und anderen Benutzeroberflächen ist der Umgang mit der Maus: Unter KDE reicht ein einziger Mausklick (statt eines Doppelklicks), um Dateien zu öffnen oder vergleichbare Operationen durchzuführen. Das ist anfangs gewöhnungsbedürftig, ermöglicht aber ein sehr effizientes und komfortables Arbeiten. Wenn Sie sich nicht umstellen wollen, können Sie natürlich auch KDE doppelklick-konform einrichten: Dazu starten Sie im KDE-Menü die SYSTEMEINSTELLUNGEN, wechseln in das Modul EINGABEGERÄTE|MAUS und aktivieren die Option DOPPELKLICK ZUM ÖFFNEN VON DATEIEN UND ORDNERN.

5.1 Aufbau des Desktops

Login und Logout Bevor Sie unter KDE arbeiten können, müssen Sie sich mit Ihrem Benutzernamen (Login-Namen) und dem Passwort anmelden. Im Login-Bildschirm gibt es zudem ein Menü SITZUNGSART (normalerweise links unten). Wenn Sie außer KDE andere Desktop-Systeme oder Window Manager installiert haben, können Sie hier das gewünschte Programm auswählen.

Um sich abzumelden oder den Rechner herunterzufahren, wählen Sie im KDE-Menü den Eintrag VERLASSEN|ABMELDEN bzw. VERLASSEN|HERUNTERFAHREN. Je nach Hardware besteht hier auch die Möglichkeit, den Rechner in einen Ruhe- oder Energiesparmodus zu versetzen.

Benutzerwechsel Das KDE-Menü bietet mit dem Kommando VERLASSEN|BENUTZER WECHSELN die Möglichkeit, dass sich ein zweiter Benutzer anmeldet, ohne dass der aktuelle Benutzer alle seine Programme beenden muss. Intern wird für jeden Benutzer ein eigenes Grafiksystem (ein X-Server) gestartet. Mehrere parallele Logins erfordern daher eine Menge Ressourcen und funktionieren nur auf schnellen Rechnern zufriedenstellend. Zum raschen Wechsel zwischen den angemeldeten Benutzern gelten bei den meisten Distributionen die folgenden Tastenkürzel (nur bei Fedora ist dem ersten Benutzer das Tastenkürzel `Strg`+`Alt`+`F1` zugeordnet):

`Strg`+`Alt`+`F7`	erster Benutzer
`Strg`+`Alt`+`F8`	zweiter Benutzer
`Strg`+`Alt`+`F9`	dritter Benutzer
...	...

Desktop Abbildung 5.1 zeigt den Desktop eines KDE-4.7-Systems. Wie bereits erwähnt, hängt das Aussehen des Desktops stark von der Distribution und der eigenen Konfiguration ab. Der Desktop setzt sich standardmäßig aus einem Panel am unteren Bildschirmrand und dem eigentlichen Arbeitsbereich zusammen. Das Panel enthält das KDE-Menü, eventuell einige Icons zum raschen Start von Programmen, eine Task-Leiste mit Icons aller offenen Fenster sowie diverse Hilfsprogramme.

Plasma Die vielleicht wichtigste KDE-Komponente heißt Plasma. Sie ermöglicht es, interaktive Objekte auf dem Desktop oder im Panel abzulegen und dort zu bedienen. Diese Funktion ist mit Apples Dashboard vergleichbar.

Plasmoids Der eigentliche Arbeitsbereich (Desktop) ist anfänglich zumeist leer. Sie können direkt im Desktop oder im Panel Miniprogramme ausführen, die in der KDE-4-Nomenklatur *Plasmoids* heißen. Die Uhr rechts oben in Abbildung 5.1 ist ein Beispiel für ein Plasmoid. Über das Kontextmenükommando MINIPROGRAMME HINZUFÜGEN bzw. über den Button WERKZEUGKASTEN in der linken oberen Ecke des Bildschirms fügen Sie Plasmoids in den Desktop ein (siehe Abbildung 5.2). Leider ist die Plasmoid-Auswahl aus einer schmalen Liste sehr unübersichtlich. Immerhin ist es möglich, mit dem Mausrad durch die Plasmoids zu scrollen.

Es ist möglich, auf dem Desktop Icons abzulegen, wobei sich Plasma um die optische Darstellung kümmert. Die nun empfohlene Vorgehensweise besteht aber darin, das Plasmoid ORDNER-ANSICHT zu verwenden, um damit das Verzeichnis `Desktop` und die darin enthaltenen Icons in einer Art Plasma-Fenster anzuzeigen (links oben in Abbildung 5.1). Es handelt sich dabei um kein herkömmliches Fenster. Die ORDNER-ANSICHT befindet sich immer hinter allen regulären Fenstern und sieht auch optisch anders aus.

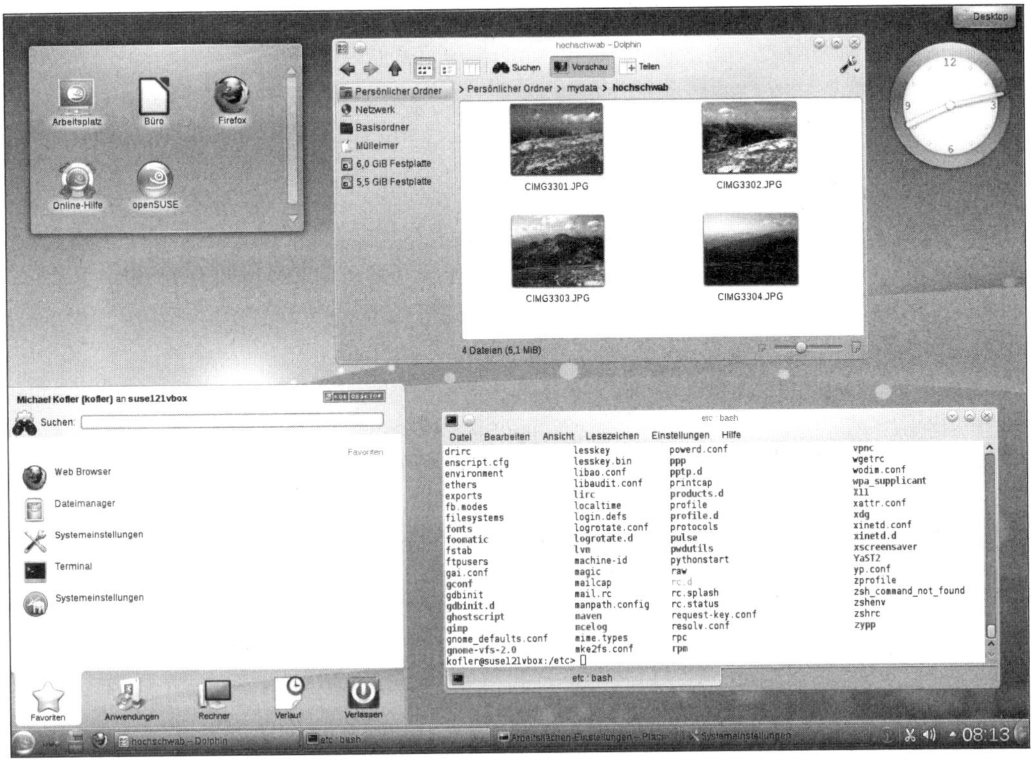

Abbildung 5.1: **Der KDE-Desktop**

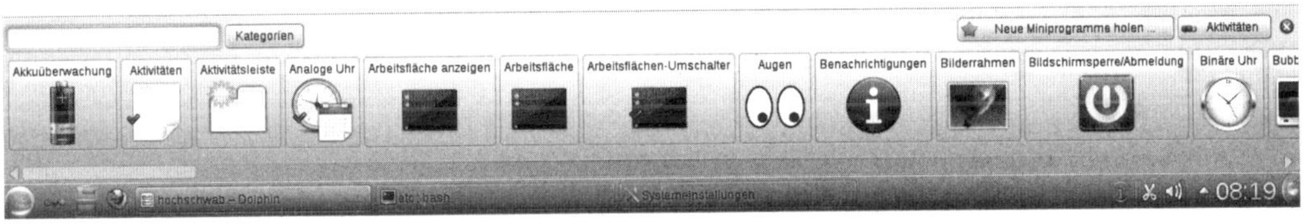

Abbildung 5.2: **Miniprogramme (Plasmoids) einfügen**

Tipp

Persönlich bin ich kein Freund von Icons, Miniprogrammen und anderen Desktop-Objekten: Bei mir verdecken in der Regel mehrere große Fenster den gesamten Arbeitsbereich. Wenn Sie gern Icons und Plasmoids verwenden, sollten Sie sich die neue Tastenkombination Strg+F12 merken: Sie rückt die Desktop-Elemente in den Vordergrund und stellt alle Fenster abgedunkelt in den Hintergrund. Nochmals Strg+F12 oder Esc stellen den bisherigen Desktop-Zustand wieder her.

Sobald Sie die Maus über ein Icon oder Plasmoid bewegen, erscheinen auf einer Seite einige Buttons, mit denen Sie die Größe und Konfiguration des Miniprogramms verändern können. Diese Einstellungen werden in der Datei `~/.kde4/share/config/plasma-desktop-appletsrc` gespeichert.

Panels

Ein Panel bzw. eine Kontrollleiste ist ein rechteckiger Bereich, der sich an einem Bildschirmrand befindet (standardmäßig unten). Das Panel an sich hat keine Funktion, sondern dient nur als Container für Miniprogramme. Auch so grundlegende Elemente wie das Menü und die Taskleiste sind in KDE 4 als Plasmoids implementiert! Deswegen ist es grundsätzlich möglich (wenngleich unüblich), auf ein Panel ganz zu verzichten und das Menü, die Taskleiste und andere typische Panel-Inhalte direkt auf dem Desktop abzulegen. Der größte Vorteil des Panels besteht darin, dass dieser Bereich nicht von Fenstern überdeckt werden kann. Außerdem spart die kompakte Anordnung mehrerer Plasmoids in einem Panel viel Platz.

Über das Kontextmenükommando EINSTELLUNGEN FÜR DIE KONTROLLEISTE können Sie Größe, Position und andere Eigenschaften des Panels verändern sowie Miniprogramme hinzufügen, verschieben und entfernen. Dazu wird oberhalb bzw. neben dem Panel eine Art Menü eingeblendet (siehe Abbildung 5.3). Die Farbe bzw. Hintergrundgrafik des Panels ist übrigens durch das Desktop-Design vorgegeben und kann nur durch die Auswahl eines anderen Designs verändert werden (siehe Seite 124).

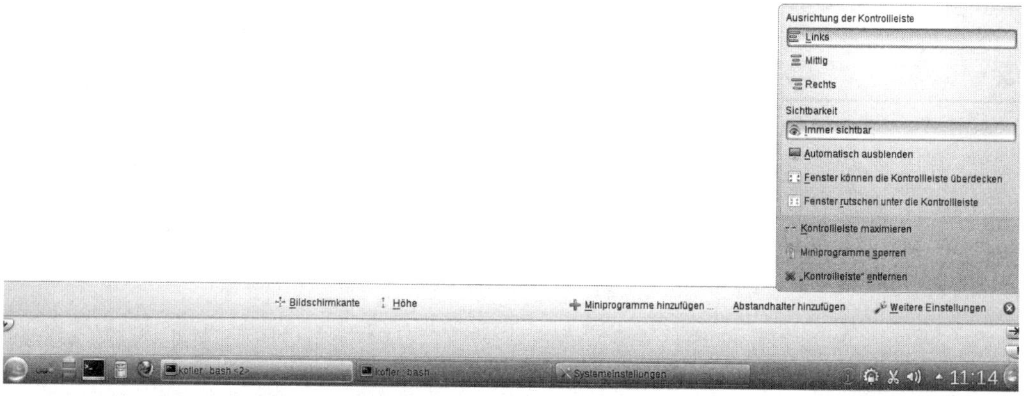

Abbildung 5.3: **Panel-Konfiguration**

Wichtige Miniprogramme (Plasmoids)

KDE-Menü (Kickstart)

Das wahrscheinlich wichtigste Plasmoid ist das KDE-Menü Kickstart (siehe Abbildung 5.4). Es ist in fünf Kategorien gegliedert:

» FAVORITEN enthält die für den Benutzer wichtigsten Programme. Die Favoritenliste wird nicht automatisch erzeugt (etwa nach der Häufigkeit, mit der verschiedene Programme gestartet werden); vielmehr müssen Sie Programme, die im FAVORITEN-Bereich erscheinen sollen, explizit aus anderen Menükategorien über ein Kontextmenükommando zu den Favoriten hinzufügen.

» ANWENDUNGEN enthält eine hierarchisch gegliederte Aufzählung aller Programme. Das Blättern durch die Programme unterscheidet sich von einer gewöhnlichen Menüauswahl und ist gewöhnungsbedürftig. Einerseits ist es angenehm, dass die Maustaste nicht die ganze Zeit gedrückt werden muss; andererseits sind wesentlich mehr Mausklicks als bisher erforderlich.

» RECHNER gibt die Möglichkeit, diverse Administrationsprogramme zu starten sowie wichtige Verzeichnisse zu öffnen: den persönlichen Ordner, das Basisverzeichnis, je nach Konfiguration diverse externe Datenträger, den Mülleimer etc.

» VERLAUF enthält eine Liste der zuletzt gestarteten Programme bzw. zuletzt genutzten Dateien oder Verzeichnisse.

» VERLASSEN enthält Kommandos zum Abmelden, zum Benutzerwechsel sowie zum Herunterfahren des Rechners.

Abbildung 5.4:
Das KDE-Menü

Losgelöst von den Kategorien enthält das KDE-Menü eine Suchfunktion. Sie eignet sich insbesondere dazu, um Programme rasch zu starten, ohne durch das mehrblättrige Menü PROGRAMME zu navigieren. Sie können das Menü selbst modifizieren. Dazu klicken Sie den Menü-Startbutton mit der rechten Maustaste an und starten den MENÜ-EDITOR. Oft benötigte Programme können Sie per Drag&Drop in einen leeren Bereich des Panels oder Desktops verschieben. Sie erscheinen dort als Icons und ermöglichen so einen besonders schnellen Start.

Wenn Ihnen das herkömmliche KDE-3-Menü sympathischer war, können Sie es weiterhin nutzen. Dazu klicken Sie den Menü-Startbutton mit der rechten Maustaste an und führen ZUM KLASSISCHEN MENÜSTIL WECHSELN aus.

Task-Leiste (Fensterleiste)

Das Miniprogramm FENSTERLEISTE zeigt für jedes Fenster ein Icon an und entspricht so der aus Windows bekannten Task-Leiste. Über den Einstellungsdialog können Sie angeben, ob mehrere Fenster eines Programms zu einer Gruppe zusammengefasst werden sollen (z. B. alle Gimp-Fenster) und wie die Fenster sortiert werden sollen (alphabetisch, in der Reihenfolge des Programmstarts oder manuell).

Die Fensterleiste kann ähnlich wie das Mac-OS-X-Dock bzw. wie unter Windows 7 auch dazu verwendet werden, um darin Start-Icons von gerade nicht laufenden Programmen abzulegen. Dazu führen Sie bei einem laufenden Programm das Kontextmenükommando ERWEITERT|EINEN STARTER FÜR *Programmname* ANZEIGEN, WENN ES NICHT LÄUFT aus.

Arbeitsflächen

Arbeitsflächen ermöglichen es, die Fenster der laufenden Programme auf mehrere virtuelle Desktops zu verteilen und zwischen diesen Desktops zu wechseln. Das erleichtert die Arbeit und verbessert die Übersicht, wenn Sie sehr viele Fenster gleichzeitig öffnen. Für die Verwaltung der Arbeitsflächen ist das Plasmoid ARBEITSFLÄCHEN-UMSCHALTER verantwortlich. In dessen Einstellungsmenü stellen Sie die gewünschte Anzahl von Arbeitsflächen sowie diverse andere Optionen ein.

Für ständig benötigte Fenster besteht die Möglichkeit, diese so zu kennzeichnen, dass sie nicht auf einer, sondern auf allen Arbeitsflächen sichtbar sind. Dazu öffnen Sie mit der Maus oder mit [Alt]+[Leertaste] das Fenstermenü und aktivieren die Option AUF ARBEITSFLÄCHE|ALLE ARBEITSFLÄCHEN.

Aktivitäten

»Aktivitäten« verfolgen eine ähnliche Idee wie Arbeitsflächen. Über den durch drei farbige Punkte gekennzeichneten Aktivitäten-Button bzw. mit [Alt]+[A], [Alt]+[D] sowie noch schneller mit [Windows]+[⇆] können Sie zwischen verschiedenen Desktops wechseln. Dabei startet der Pfeil-Button die Aktivität, der quadratische schwarze Button stoppt sie wieder.

Aktivitäten sind aber mehr als nur eine Neuimplementierung von Arbeitsflächen: Jede Aktivität kann einen eigenen Bildschirmhintergrund haben, eigene Plasmoids ausführen und eigene Arbeitsflächen verwalten. Bei der erstmaligen Verwendung einer Aktivität können automatisch Programme gestartet werden (wenngleich ich hierfür keine Konfigurationsmöglichkeit gefunden habe). Einige Aktivitäten sind vordefiniert, z. B. DESKTOP (kommt standardmäßig zum Einsatz), SUCHEN UND AUSFÜHREN und DESKTOP ICONS. Sie können selbst neue Aktivitäten definieren und einrichten.

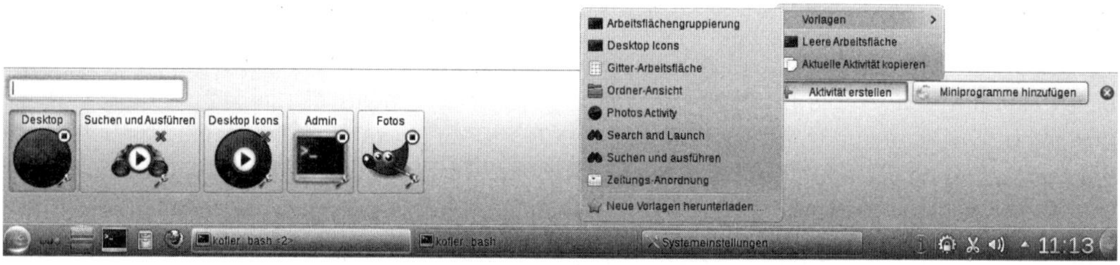

Abbildung 5.5: **Aktivitäten einrichten**

Obwohl das Aktivitäten-Konzept interessant ist, erschweren die fehlende Dokumentation und die unübersichtliche Konfiguration eine effiziente Nutzung.

Systemabschnitt

Wenn das Panel den sogenannten Systemabschnitt enthält, können Hintergrundprogramme im Panel auf sich aufmerksam machen (z. B. wenn neue Updates verfügbar sind oder eine neue E-Mail eingetroffen ist). Der Systemabschnitt befindet sich normalerweise am rechten oder unteren Ende des Panels. Er erfüllt für sich keine Funktion, sondern ist lediglich ein Platzhalter, in dem andere Programme Icons darstellen können. Diese Funktion scheint selbstverständlich zu sein, und tatsächlich werden Sie auf den Systemabschnitt wohl nur aufmerksam, wenn er aus irgendeinem Grund im Panel fehlt und Benachrichtigungen über E-Mails, Updates etc. ausbleiben.

Geräteüberwachung

Das Plasmoid GERÄTEÜBERWACHUNG informiert über neu angeschlossene externe Datenträger und hilft dabei, deren Dateisystem zu öffnen bzw. wieder sicher aus dem Verzeichnisbaum zu lösen (umount).

Schnellzugriff

Das Miniprogramm SCHNELLZUGRIFF ermöglicht einen raschen Zugriff auf den Inhalt des Heimatverzeichnisses und aller darin befindlichen Unterverzeichnisse und Dateien. Durch das Anklicken einer Datei starten Sie das zugrunde liegende Programm. Um einzelne Verzeichnisse mit Dolphin anzusehen, wählen Sie mit der rechten Maustaste das Kontextmenükommando ÖFFNEN aus.

Fensterverwaltung

Die meisten Funktionen zur KDE-Fensterverwaltung sind Ihnen sicherlich aus anderen Betriebs- bzw. Desktop-Systemen vertraut: Sie können Fenster verschieben, maximieren, minimieren etc. KDE wartet darüber hinaus aber mit einigen Besonderheiten auf, die auf den ersten Blick nicht offensichtlich sind:

» **Fenster vertikal/horizontal maximieren:** Wenn Sie den Fenster-Button zum Maximieren des Fensters mit der mittleren bzw. rechten Maustaste anklicken, wird das Fenster nur vertikal bzw. horizontal maximiert.

» **Fenster gruppieren:** Um mehrere inhaltlich zusammengehörende Fenster zu einer Gruppe zusammenzufassen, klicken Sie die Titelleiste des einen Fensters mit der rechten Maustaste an und führen FENSTER ZUR GRUPPE VERSCHIEBEN|FENSTERNAME aus. Damit wird das aktuelle Fenster in das Fenster FENSTERNAME integriert. Beide Fenster bzw. beide Programme sind nun als Dialogblätter in einem Fenster zusammengeführt (beachten Sie die geteilte Fensterleiste in Abbildung 5.6!) und können gemeinsam minimiert, maximiert und verschoben werden. Durch eine Drehung des Mausrads über der Titelleiste eines geteilten Fensters wechseln Sie das gerade aktive Dialogblatt. Mit dem Kontextmenükommando AUS GRUPPE LÖSEN machen Sie aus dem Dialogblatt wieder ein eigenständiges Fenster.

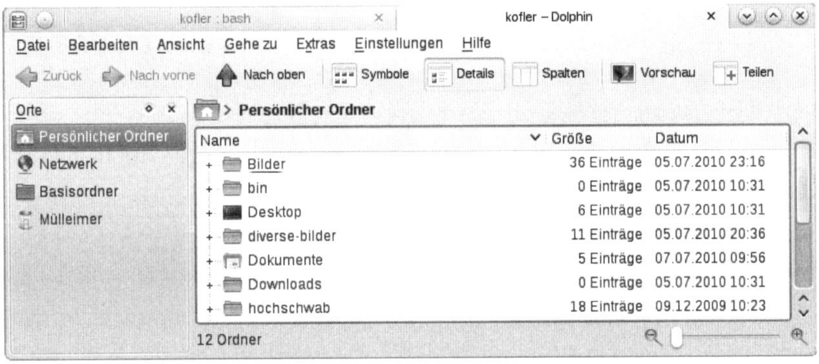

Abbildung 5.6: **Eine Fenstergruppe, bestehend aus einem Terminalfenster und Dolphin**

» **Fenster in der linken/rechten Bildschirmhälfte platzieren:** Wenn Sie ein Fenster mit der Maus verschieben und die Maus dabei bis an den linken bzw. rechten Bildschirmrand bewegen, wird das Fenster so platziert, dass es die linke bzw. rechte Bildschirmhälfte bzw. ein Bildschirmviertel ausfüllt. Das ist vor allem bei sehr großen Bildschirmen ausgesprochen praktisch. (Die KDE-Entwickler haben sich diese Funktion offensichtlich von Windows 7 abgeschaut.)

» **Fenster kacheln (Tiling):** Mit ⇧+Alt+F11 können Sie einen Tiling-Modus aktivieren. Alle offenen Fenster werden nun ohne Überlappung angeordnet. Das aktive Fenster füllt die rechte Desktop-Hälfte, die weiteren Fenster füllen das rechte obere Viertel etc. (siehe Abbildung 5.7). Wenn Sie weitere Fenster öffnen, Fenster minimieren, schließen oder verschieben, wird die Fensteranordnung meistens (aber leider nicht immer) aktualisiert.

Das Arbeiten im Tiling-Modus ist gewöhnungsbedürftig und – wenn überhaupt – nur bei einem großen Bildschirm zweckmäßig. Diverse Optionen zur Steuerung dieses Modus finden Sie im Systemsteuerungsmodul FENSTERVERHALTEN im Dialogblatt FENSTERVERHALTEN|ERWEITERT. Um den Modus zu deaktivieren, drücken Sie nochmals [⇧]+[Alt]+[F11].

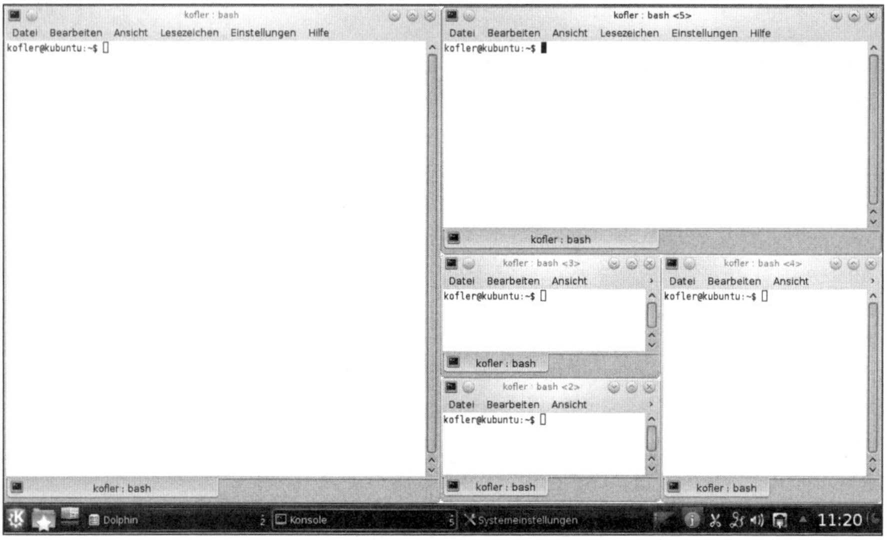

Abbildung 5.7: **Automatische Fensteranordnung durch Tiling**

5.2 Dolphin

In KDE 4 hat Dolphin das Universalprogramm Konqueror als Dateimanager abgelöst. Dolphin kann zwar nicht als Webbrowser verwendet werden, hat dafür aber im Vergleich zu Konqueror eine wesentlich übersichtlichere Benutzeroberfläche. Konqueror-Fans können dieses Programm selbstverständlich weiterhin einsetzen (siehe den nächsten Abschnitt).

Ansichten

Sie starten Dolphin im KDE-Menü mit FAVORITEN|DATEIMANAGER oder mit RECHNER|PERSÖNLICHER ORDNER. Die Grundfunktionen des Programms sind rasch erklärt: Im Zentrum des Fensters werden die Dateien angezeigt, wobei es drei Darstellungsmodi gibt (siehe Abbildung 5.8): SYMBOLE, DETAILS und SPALTEN. In dem ein wenig exotischen Spaltenmodus wird jedes Unterverzeichnis in einer neuen Spalte dargestellt. (Computer-Veteranen, die sich noch an den NeXT-Computer erinnern, wird das Konzept vertraut vorkommen.)

Sehr praktisch ist die in der Symbol- und Detailansicht verfügbare Gruppierungsfunktion: ANSICHT|ELEMENTE GRUPPIEREN fasst Dateien mit demselben Typ bzw. nach Anfangsbuchstaben zu Gruppen zusammen.

Mit dem Button VORSCHAU aktivieren Sie unabhängig vom Darstellungsmodus bei Bildern und Dokumenten eine Vorschau. Die Größe der Vorschaubilder im Symbolmodus können Sie mit einem Schieberegler einstellen. Standardmäßig erstellt Dolphin nur eine Vorschau, wenn die Datei kleiner als 3 MByte ist. Diesen Grenzwert können Sie mit EINSTELLUNGEN|DOLPHIN EINRICHTEN im Dialog-

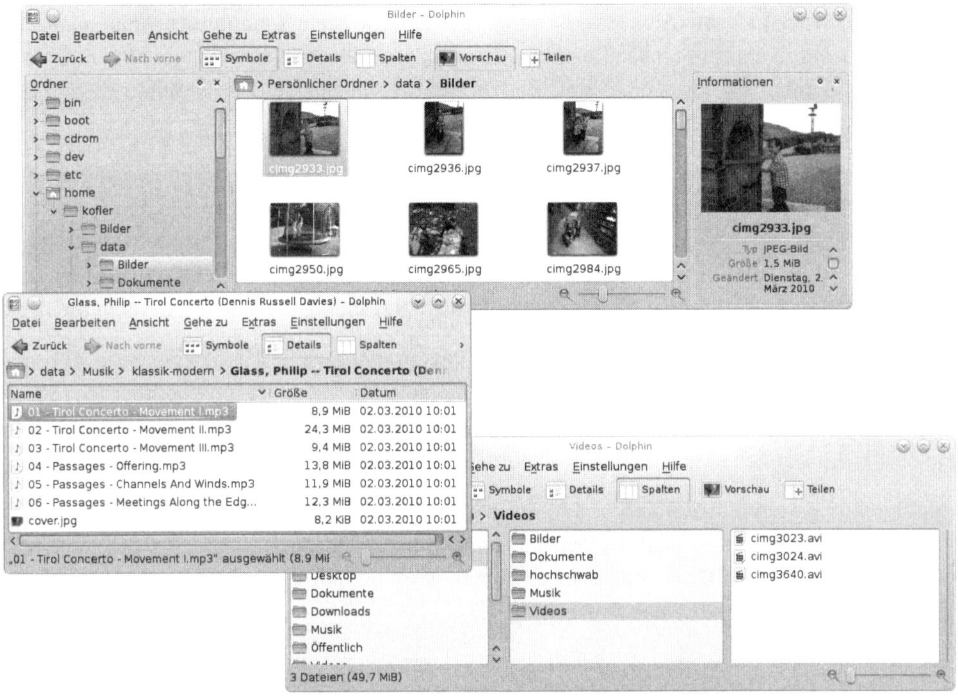

Abbildung 5.8: **Die drei Darstellungsmodi von Dolphin**

blatt ALLGEMEIN|VORSCHAUEN vergrößern. An dieser Stelle können Sie auch angeben, für welche Dateitypen eine Vorschau berechnet werden soll.

Für Verschiebe- und Kopieroperationen kann der Innenbereich mit ANSICHT TEILEN horizontal oder vertikal geteilt werden, um zwei Verzeichnisse im selben Fenster darzustellen.

Das aktuelle Verzeichnis wird in einer Navigationsleiste unterhalb des Menüs angezeigt. [Strg]+[L] schaltet zwischen zwei Ansichtsformen dieser Leiste um: Entweder werden die einzelnen Verzeichnisse als Buttons dargestellt, was einen raschen Verzeichniswechsel erlaubt; oder das Verzeichnis wird in Textform angezeigt, was eine rasche Eingabe eines anderen Verzeichnisses ermöglicht. Unabhängig von der gerade aktiven Ansichtsform können Sie mit [F6] ein neues Verzeichnis per Tastatur angeben.

Seitenleisten

Links, rechts und unterhalb des eigentlichen Fensterinhalts können Sie mit ANSICHT SEITENLEISTEN bzw. mit den Tasten [F4], [F7], [F9] und [F11] ein Terminal, die Verzeichnishierarchie, eine Liste häufig benötigter Orte sowie zusätzliche Informationen anzeigen. Zur Liste der Orte können Sie per Drag&Drop neue Verzeichnisse hinzufügen.

Dateien markieren

Eine Besonderheit betrifft die Markierung von Dateien: In der KDE-Grundeinstellung ist dazu ein einfacher Mausklick nicht geeignet, weil damit die Datei angezeigt oder ausgeführt wird. Sie müssen deswegen gleichzeitig [Strg] (für Mehrfachmarkierungen) oder [⇧] (für Bereichsmarkierungen) drücken.

Noch eleganter ist ein weiterer Markierungsmodus: Wenn Sie die Maus eine Weile über einer Datei oder einem Verzeichnis belassen (*hover*), wird ein grünes Plus-Zeichen eingeblendet. Ein Mausklick auf dieses Symbol markiert die Datei. Bei bereits markierten Zeichen erscheint ein rotes Minus-Zeichen, mit dem Sie die Markierung wieder auflösen können.

Dateien suchen Mit EXTRAS|DATEI SUCHEN suchen Sie nach Dateien. Diese Suchfunktion ist allerdings ebenso simpel wie langsam. Wenn Sie eine effizientere Desktop-Suchfunktion benötigen, aktivieren Sie in den Systemeinstellungen im Modul ERWEITERTE BENUTZEREINSTELLUNGEN|DESKTOPSUCHE den Nepomuk/Strigi-Server (siehe Seite 272). Meine persönlichen Erfahrungen mit der Desktop-Suche unter KDE waren bislang aber eher schlecht (großer Ressourcenverbrauch, mäßige Suchresultate).

Dateien löschen Wenn Sie Dateien und Verzeichnisse löschen, landen diese vorerst im Papierkorb. Um den Inhalt des Papierkorbs anzusehen, klicken Sie in der Seitenleiste ORTE ([F9]) den entsprechenden Eintrag an. Erst wenn Sie dort alle Objekte markieren und [Entf] drücken, werden die Dateien endgültig gelöscht. Um Dateien sofort unwiderruflich zu löschen, drücken Sie [⇧]+[Entf].

Verborgene Dateien Unter Linux gelten alle Dateien und Verzeichnisse, deren Namen mit einem Punkt beginnen, als verborgen. Dolphin zeigt diese Dateien normalerweise nicht an, es sei denn, Sie führen ANSICHT|VERSTECKTE DATEIEN ANZEIGEN aus. Noch schneller können Sie die Anzeige verborgener Dateien mit [Alt]+[.] ein- und wieder ausschalten.

Zugriffsrechte Damit nicht jeder Benutzer alle Dateien und Verzeichnisse lesen bzw. verändern kann, speichert Linux zu jeder Datei und zu jedem Verzeichnis den Besitzer sowie Zugriffsrechte. Das zugrunde liegende Konzept wird ab Seite 292 ausführlich beschrieben. Um den Besitzer oder die Zugriffsrechte zu ändern, klicken Sie die Datei mit der rechten Maustaste an und führen EIGENSCHAFTEN|BERECHTIGUNGEN aus.

Zugriff auf Datenträger Die Seitenleiste ORTE ([F9]) enthält unter anderem eine Liste aller Festplattenpartitionen, die per Mausklick in das Dateisystem eingebunden werden können. Wenn Sie ein USB- oder Firewire-Laufwerk anschließen, erscheint im Panel ein entsprechender Hinweis. Ein Mausklick öffnet dann den Dateimanager und zeigt den Inhalt des Datenträgers an. Bevor Sie das Kabel vom Laufwerk lösen, müssen Sie entweder im KDE-Menü das Kontextmenükommando AUSWERFEN oder in Dolphin in der Seitenleiste ORTE das Kontextmenükommando EINBINDUNG LÖSEN ausführen. Nur so ist sichergestellt, dass alle noch offenen Dateien geschlossen werden und keine Dateifehler auftreten.

Audio-CDs Sie können in Dolphin auch das Inhaltsverzeichnis von Audio-CDs betrachten. Dazu geben Sie als Adresse `audiocd:/` ein. Das Besondere an dieser Funktion besteht darin, dass alle Audio-Tracks scheinbar auch in Form von Audio-Dateien in den Formaten FLAC, MP3 (falls `lame` installiert ist) und Ogg Vorbis zugänglich sind. Wenn Sie die Dateien nun per Drag&Drop in ein Verzeichnis kopieren, werden die Audio-Dateien eingelesen (gegrabbt) und automatisch in das entsprechende Format umgewandelt.

Im Systemeinstellungsmodul ERWEITERT|AUDIO-CDS können Sie einstellen, wie die CD ausgelesen werden soll, welche Parameter bei der Codierung der MP3- bzw. Ogg-Dateien gelten sollen etc. Wenn das Auslesen der CDs sehr lange dauert, können Sie im Dialogblatt ALLGEMEIN die Fehlerkorrektur deaktivieren. Das beschleunigt den Prozess oft um ein Vielfaches, reduziert bisweilen aber die Audio-Qualität hörbar.

Zugriff auf Netzwerkverzeichnisse

Über die Seitenleiste ORTE bzw. durch die Adressangabe `smb:/` können Sie auf das lokale Netzwerk zugreifen. Um direkt auf ein bestimmtes Verzeichnis auf einem Samba- oder Windows-Server zuzugreifen, verwenden Sie die Schreibweise `smb://servername/sharename`. Diese Schreibweise ist auch dann notwendig, wenn Dolphin im Netzwerk keine Windows-Server erkennt, was je nach Firewall- und Netzwerkkonfiguration öfter vorkommt.

Dolphin fragt jetzt nach dem Benutzernamen und dem Passwort für den Verbindungsaufbau zum Windows-Rechner oder Samba-Server. Dolphin merkt sich diese Kombination für einige Zeit, vergisst sie dann aber aus Sicherheitsgründen wieder, weswegen Sie die Angaben nach längeren Pausen wiederholen müssen. In der Systemsteuerung können Sie im Modul NETZWERK & VERBINDUNGEN|FREIGABE Standardwerte für den Benutzernamen und das Passwort angeben.

Hinweis

Wenn Dolphin Windows- oder Samba-Server im lokalen Netzwerk nicht findet, ist möglicherweise die Firewall Ihrer Distribution schuld. Sowohl bei Fedora als auch bei SUSE verhindern die Standardeinstellungen der Firewall die Nutzung von Windows-Netzwerkverzeichnissen. Abhilfe schafft die richtige Konfiguration der Firewall.

FTP

Wenn die Adresse (URL) mit `ftp://` beginnt, wechselt Dolphin automatisch in den FTP-Modus. Die Oberfläche und Bedienung entsprechen dann beinahe der Verwendung des Programms als Dateimanager. Wenn Sie sich beim FTP-Server mit einem bestimmten Namen einloggen möchten (kein Anonymous-FTP), lautet die Schreibweise `ftp://name@adresse`. Sobald die Verbindung zum FTP-Server hergestellt worden ist, erscheint eine Login-Box zur Eingabe des Passworts.

SSH

Mit Dolphin können Sie auch über das sichere Protokoll SSH mit einem anderen Rechner kommunizieren und Dateien kopieren. Dazu geben Sie als Adresse `fish://username@rechnername/` ein. Nach dem Login zeigt Dolphin alle Dateien des externen Rechners an.

5.3 Konqueror

Das Programm Konqueror ist gleichermaßen Dateimanager für Fortgeschrittene, Webbrowser, Netzwerk-Client (FTP, SCP, Windows-Verzeichnisse etc.) und Dokument-Viewer (Bilder, Hilfedateien etc.). Die vielen Konqueror-Funktionen haben allerdings den Nachteil, dass das Menü vollkommen überladen und unübersichtlich ist. Davon einmal abgesehen, erfolgt die Bedienung von Konqueror ganz ähnlich wie bei Dolphin, weswegen ich im Folgenden nur noch auf die diversen Zusatzfunktionen eingehe. Weitere Informationen gibt die folgende Website:

http://www.konqueror.org

Verwendung als Dateimanager

Um Konqueror als Dateimanager zu verwenden, geben Sie in der Adressleiste das gewünschte Verzeichnis an. Im Menü ANSICHT können Sie nun dieselben drei Darstellungsmodi wie bei Dolphin wählen. Konqueror kann zu allen Dateien, deren Dateiformat es erkennt, Vorschaubilder erzeugen (ANSICHT|VORSCHAU). Die Größe der Vorschaubilder der Symbolansicht verändern Sie mit [Strg]+[+] bzw. [Strg]+[-].

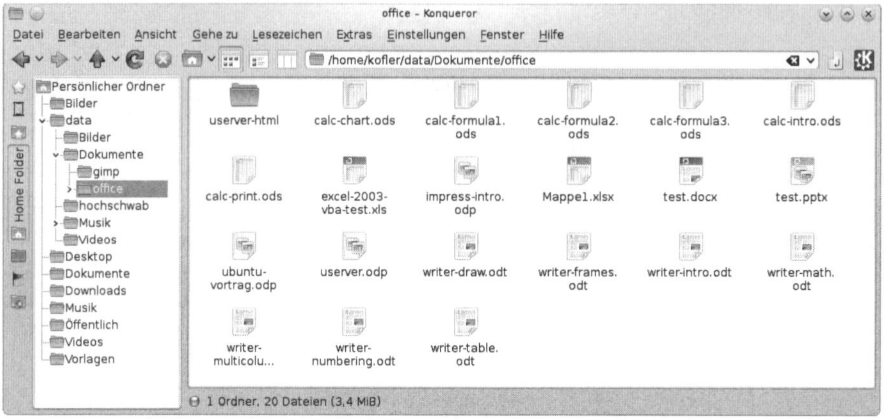

Abbildung 5.9: **Konqueror als Dateimanager**

Mit F9 können Sie einen seitlichen Navigationsbereich (Sidebar) ein- bzw. wieder ausblenden. Darin können Sie Lesezeichen, Geräte, einen Verzeichnisbaum, einen Netzwerk-Browser oder andere Navigationshilfen anzeigen.

Sehr elegant erfolgt der Zugriff auf Archive: Wenn Sie ein ZIP- oder TAR-Archiv anklicken (also z. B. `name.tar` oder `name.tgz` oder `name.zip`), wird der Inhalt dieses Archivs wie ein neues Verzeichnis direkt innerhalb von Konqueror angezeigt.

Festplattennutzung (fsview)

Wenn Sie wissen möchten, in welchen Ihrer Verzeichnisse sich die größten Datenmengen befinden, werden Sie den Konqueror-Anzeigemodus DATEIGRÖSSEN schätzen lernen. Konqueror erzeugt in diesem Modus eine Grafik aus in sich verschachtelten Rechtecken, deren Fläche die Größe von Dateien widergibt (siehe Abbildung 5.10). Falls dieser Modus bei Ihnen nicht zur Verfügung steht, müssen Sie eventuell das entsprechende Konqueror-Plugin-Paket installieren (bei Ubuntu: die Pakete `konq-plugins` und `konq-plugins-l10n`).

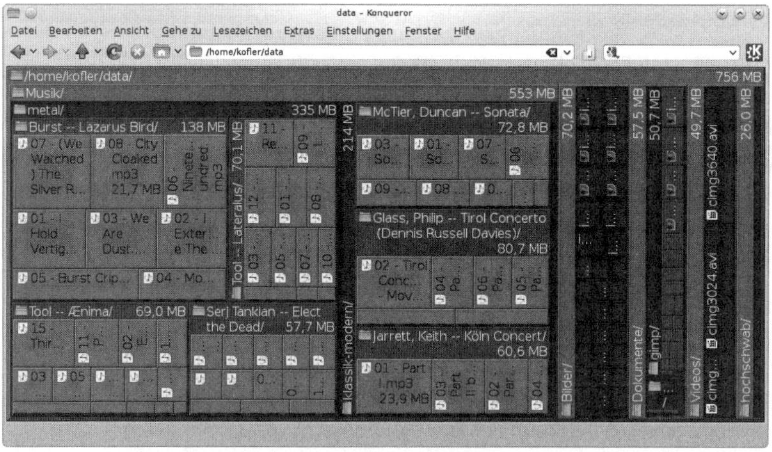

Abbildung 5.10: **Festplattennutzung visualisieren**

Farbgestaltung, Rekursionstiefe und andere Darstellungsdetails können Sie im ANSICHT-Menü einstellen. Per Mausklick können Sie in ein Unterverzeichnis wechseln, um so mehr Details über dessen Inhalt zu erfahren. Zur Dateigrößenansicht gelangen Sie auch, wenn Sie das Kommando `fsview` ausführen. In diesem Fall wird die Grafik ohne Konqueror-Menüs und anderes Beiwerk angezeigt.

Konqueror als Webbrowser

Um Konqueror als Webbrowser einzusetzen, geben Sie einfach in der Adressleiste eine Webadresse ein. Einige spezifische Besonderheiten des Programms sowie Tipps zur Verwendung von Plugins, Java etc. finden Sie ab Seite 148.

KIO-Protokolle

In der Adressleiste von Konqueror und Dolphin können Sie Webadressen, Dateinamen etc. angeben. Konqueror zeigt grundsätzlich sämtliche Daten im Browser an, Dolphin öffnet dagegen bei einigen Protokollen ein externes Programm. Damit Konqueror und Dolphin wissen, wie sie die Adresse interpretieren sollen, muss der Adresse das Protokoll vorangestellt werden (siehe Tabelle 5.1). Beachten Sie bitte, dass manchmal gar kein, manchmal ein, manchmal aber auch zwei Schrägstriche erforderlich sind! Für die Verarbeitung dieser Protokolle sind Module zuständig, die in der KDE-Nomenklatur *KIO Slaves* heißen (KIO = KDE Input/Output).

PROTOKOLL	BEDEUTUNG
`file:/etc/fstab`	lokale Datei
`tar:/archivdatei`	Zugriff auf eine TAR-Datei
`audiocd:/`	Zugriff auf eine Audio-CD
`trash:/`	gelöschte Dateien (Mülleimer)
`http://www.kofler.info`	Webseite
`ftp://user@mars/verzeichnis`	FTP-Server auf dem Rechner mars
`sftp://user@mars/verzeichnis`	SFTP-Server auf dem Rechner mars
`fish://user@mars/verzeichnis`	SSH-Zugriff auf den Rechner mars
`smb://mars/myshare`	Windows-Netzwerkverzeichnis
`man:ls`	man-Seite zum Kommando `ls`
`info:emacs`	`info`-Text zum Programm emacs
`help:kmail`	KDE-Hilfe zum Programm `kmail`
`applications:/`	Liste aller Programme
`fonts:/`	Liste aller Schriften
`remote:/`	allgemeiner Netzwerk-Browser
`settings:/`	Konfigurationsmodule des Kontrollzentrums

Tabelle 5.1: **Die wichtigsten KIO-Protokolle**

5.4 Konfiguration

Die diversen KDE-Konfigurationsmodule sind in der Systemsteuerung zusammengefasst (Kommando `systemsettings`, siehe Abbildung 5.11). Da es nicht immer ganz einfach ist, das richtige Modul zu finden, haben die KDE-Entwickler das Programm mit einer Suchfunktion ausgestattet, in der Sie nach Schlüsselwörtern (z. B. *Fenster*) suchen können. Von einem gerade aktiven Modul gelangen Sie mit dem Button ÜBERSICHT zurück in die Modulübersicht.

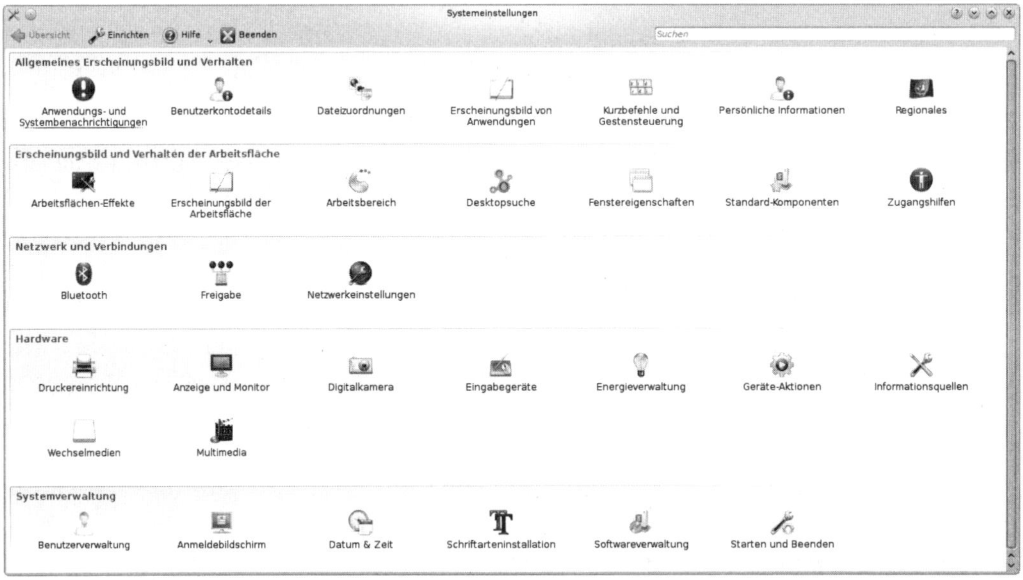

Abbildung 5.11: **Das KDE-Kontrollzentrum**

Einzelne Kontrollzentrumsmodule können auch in der Form `kcmshell4` *`modulname`* aufgerufen werden. Eine Liste aller zur Auswahl stehenden Module ermitteln Sie mit `kcmshell4 --list`. Beachten Sie bei der Bedienung der Module, dass geänderte Einstellungen erst wirksam werden, sobald sie durch den Button ANWENDEN bestätigt werden.

KDE enthält ebenso wie Gnome Konfigurationsmodule, die nicht den Desktop betreffen, sondern Systemeinstellungen (Netzwerk, Drucker etc.). Diese Module sind vor allem bei solchen Distributionen sehr hilfreich, die keine eigenen Konfigurationswerkzeuge anbieten. Soweit verfügbar, sollten Sie aber immer distributionsspezifische Konfigurationsprogramme vorziehen. Mitunter kommt es vor, dass die KDE-Module veraltet sind oder den Eigenheiten der jeweiligen Distribution in die Quere kommen. Eventuell müssen Sie bei Konfigurationsmodulen, die Systemeinstellungen betreffen, zuerst unter Angabe des root-Passworts in einen Administratormodus wechseln.

Konfigurationsverzeichnisse

Die meisten KDE-Programme speichern Ihre Einstellungen in Dateien des Verzeichnisses `~/.kde/` oder `~/.kde4/`. Darin existieren unter anderem die folgenden Unterverzeichnisse:

`~/.kde[4]/Autostart/`	(persönliche Autostart-Programme)
`~/.kde[4]/share/config/`	(Konfigurationseinstellungen)
`~/.kde[4]/share/apps/`	(sonstige programmspezifische Dateien)

3D-Desktop Unter KDE ist der Window Manager KWin für die 3D-Desktop-Effekte zuständig. Zur Konfiguration verwenden Sie das Systemeinstellungensmodul ARBEITSFLÄCHEN-EFFEKTE. In der Grundeinstellung sind nur relativ wenige Effekte aktiv, es gibt aber unzählige andere. Die 3D-Effekte funktionieren nur, wenn ein 3D-tauglicher Grafiktreiber aktiv ist.

Auto-Login Nach dem Start des Rechners müssen Sie sich einloggen, bevor Sie mit der Arbeit beginnen. Wenn Sie der einzige Benutzer des Rechners sind und keine Gefahr besteht, dass andere Personen Zugang zum Rechner haben, können Sie den ersten Login beim Rechnerstart automatisieren. Die Auto-Login-Funktion steuern Sie im Systemeinstellungsmodul ANMELDEBILDSCHIRM|VEREINFACHUNG. Dort aktivieren Sie die Option AUTOMATISCHE ANMELDUNG ERLAUBEN und wählen den gewünschten Auto-Login-Benutzer aus. Hinter den Kulissen ist der KDE-Display-Manager (kdm) für den Login verantwortlich. Interna zu diesem Programm sind ab Seite 525 beschrieben.

Wenn auf Ihrem Rechner sowohl KDE als auch Gnome installiert ist, ist für den Login möglicherweise der Gnome-Display-Manager zuständig. Welcher Display Manager läuft, stellen Sie am einfachsten in einem Konsolenfenster mit dem folgenden Kommando fest:

```
user$ ps ax | egrep 'gdm|kdm|lightdm'
```

Bei Novell- und SUSE-Distributionen erfolgt die Konfiguration der Auto-Login-Funktion desktopunabhängig in der Datei `/etc/sysconfig/displaymanager`. Versuchen Sie nicht, den Auto-Login mit KDE- oder Gnome-Werkzeugen zu verändern, Ihre Einstellungen werden bei nächster Gelegenheit von YaST überschrieben!

Autostart Bei jedem Logout werden alle laufenden Programme beendet. Beim nächsten Login bemüht sich KDE, die zuletzt laufenden Programme wieder zu starten, die letzte Sitzung also wiederherzustellen. Für KDE-Programme funktioniert das zumeist gut, für alle anderen Programme nur mit Einschränkungen (die zuletzt offenen Dokumente werden nicht geladen) oder gar nicht. Details zu diesem Verhalten stellen Sie im Modul STARTEN UND BEENDEN|SITZUNGSVERWALTUNG der Systemeinstellungen ein. Der zuletzt gültige Zustand der Sitzung wird in Dateien des Verzeichnisses `~/.kde[4]/share/config/session` gespeichert.

Unabhängig von der Sitzungsverwaltung können Sie im Verzeichnis `~/.kde[4]/Autostart` Programme angeben, die nach jedem Login gestartet werden sollen. KDE erwartet in diesem Verzeichnis *.desktop-Dateien, die das zu startende Programm beschreiben. Am einfachsten erzeugen Sie derartige Dateien, indem Sie das Verzeichnis `~/.kde/Autostart` mit Konqueror öffnen und das gewünschte Programm aus dem KDE-Menü per Drag&Drop dorthin kopieren. Alternativ können Sie zur Konfiguration auch das Systemsteuerungsmodul STARTEN UND BEENDEN|AUTOSTART einsetzen.

Wenn Sie beide Mechanismen, also die Sitzungsverwaltung und Autostart-Verzeichnisse, parallel nutzen, kann es vorkommen, dass ein zuletzt laufendes Programm doppelt gestartet wird. Beachten Sie auch, dass KDE mehrere Autostart-Verzeichnisse berücksichtigt:

`~/.kde[4]/Autostart/`	(persönliche Autostart-Programme)
`/usr/share/autostart/`	(globale Autostart-Programme für KDE)
`/etc/xdg/autostart/`	(globale Autostart-Programme für Gnome und KDE)

Bildschirmauflösung und Dual-Screen-Konfiguration Mit dem Modul ANZEIGE UND MONITOR stellen Sie ein, ob und wie mehrere Monitore bzw. Signalausgänge genutzt werden sollen und in welcher Auflösung Sie arbeiten möchten. (Solange Sie nur einen Bildschirm verwenden, erkennt das Grafiksystem die optimale Konfiguration in der Regel selbstständig. Weitere Details zur Monitorkonfiguration finden Sie in Kapitel 22 und speziell in Abschnitt 22.6 ab Seite 547.)

Desktop-Aussehen Es gibt unzählige Möglichkeiten, auf das Aussehen (die Optik) des Desktops Einfluss zu nehmen. Wer Zeit und Lust hat, kann Stunden damit verbringen, den Desktop nach seinen eigenen Vorstellungen zu gestalten.

» **Desktop-Hintergrund:** Zur Einstellung des Hintergrunds klicken Sie mit der rechten Maustaste auf den Desktop und führen EINSTELLUNGEN FÜR DESKTOP aus. Anschließend können Sie ein Hintergrundbild oder eine -farbe einstellen.

» **Desktop-Design:** Im Modul ERSCHEINUNGSBILD DER ARBEITSFLÄCHE|ARBEITSFLÄCHENDESIGN können Sie im Dialogblatt ARBEITSBEREICH das Design (Thema) für die Arbeitsfläche einstellen. Das Design bestimmt die Grundeinstellungen für das Aussehen des Panels, des KDE-Menüs, der Fensterdekoration etc. sowie der hierfür eingesetzten Farben. Mit NEUES DESIGNS HERUNTERLADEN können Sie weitere Designs von der Website http://kde-look.org herunterladen und anschließend aktivieren (vergessen Sie nicht, das neue Design durch ANWENDEN auch zu aktivieren!). Sehr ansprechend ist meiner Ansicht nach das Design KALEBAN. Die Bildschirmabbildungen in diesem Kapitel nutzen das Design OXYGEN.

» **Gestaltung der Steuerelemente:** Im Systemeinstellungsmodul ERSCHEINUNGSBILD VON ANWENDUNGEN|STIL können Sie zwischen mehreren Layoutvarianten für die optische Gestaltung von Buttons, Optionsfeldern, Bildlaufleisten etc. auswählen.

» **Gestaltung der Fenster:** Das Systemeinstellungsmodul ERSCHEINUNGSBILD DER ARBEITSFLÄCHE|FENSTERDEKORATION gibt leider nur wenige Möglichkeiten, auf das optische Aussehen der Fenster Einfluss zu nehmen. Sie haben auch hier die Auswahl zwischen mehreren Stilen, wobei die meisten davon aber ebenso alt sind, wie sie altmodisch aussehen.

» **Farben:** Die Farben für die Fensterdekoration, das Menü, das Panel etc. sind an sich durch das Desktop-Design vorgegeben. Das Systemeinstellungsmodul ERSCHEINUNGSBILD VON ANWENDUNGEN|FARBEN ermöglicht davon abweichend die Einstellung eigener Farbschemata. Die vorgesehenen Dialogblätter sind leider unübersichtlich, und oft können Sie nur durch Ausprobieren feststellen, wie sich spezifische Veränderungen tatsächlich auswirken. Bequemer ist es, mit NEUE FARBSCHEMATA HERUNTERLADEN fertige Farbeinstellungen aus dem Internet zu beziehen.

Druckerkonfiguration Das KDE-Kontrollzentrum kann mit dem Modul DRUCKEINRICHTUNG auch zur Konfiguration von Druckern verwendet werden. Unter openSUSE verwenden Sie zur Druckerkonfiguration besser YaST. Das KDE-Modul zur Druckerkonfiguration erscheint aus diesem Grund nicht im Systemeinstellungsdialog, Sie können es aber mit `kcmshell printers` starten.

Den Assistenten zur Druckerkonfiguration starten Sie mit NEUER DRUCKER. Im ersten Schritt geben Sie Ihren Druckertyp (z. B. NETZWERKDRUCKER) an, im zweiten Schritt den Hersteller und das Modell. Zum Abschluss der Konfiguration müssen Sie dem Drucker einen Namen geben. Optional können Sie im Feld ADRESSE noch angeben, wo sich der Drucker physikalisch befindet. Das ist praktisch, wenn

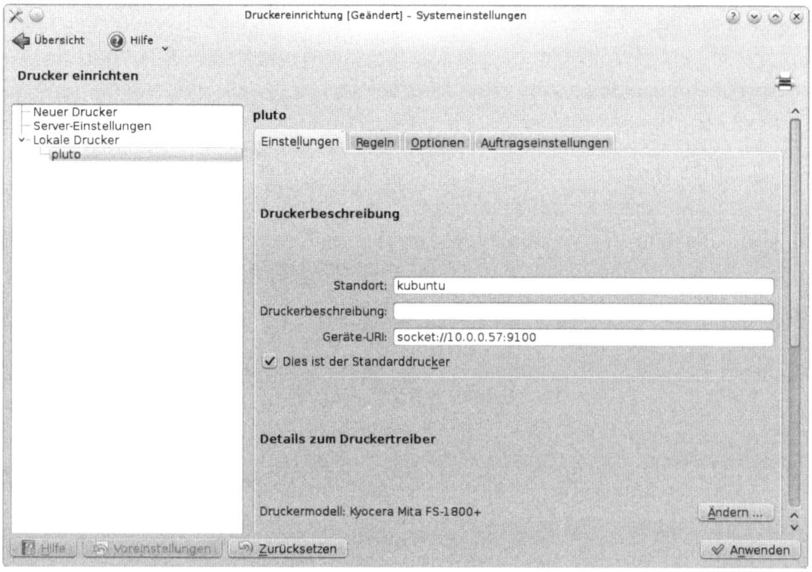

Abbildung 5.12: **KDE-Druckerkonfiguration**

es im Netzwerk mehrere Drucker gibt, die in verschiedenen Räumen bzw. Stockwerken aufgestellt sind.

Alle Linux-Programme können nun die eingerichteten Drucker nutzen. Ist ein Drucker gerade nicht erreichbar oder stehen mehrere Druck-Jobs an, werden diese in einer Warteschlange verwaltet. Hintergrundinformationen zum Linux-Drucksystem CUPS finden Sie ab Seite 912. Dort ist auch beschrieben, welche Drucker von Linux unterstützt werden (und welche nicht), wie Drucker im Netzwerk genutzt werden können etc.

Login-Icon

Je nach Konfiguration des Anmeldebildschirms wird dort zu jedem Benutzer ein kleines Bildchen angezeigt. Dieses Bild können Sie im Systemeinstellungsmodul PERSÖNLICHE INFORMATIONEN einstellen bzw. ändern. In einem Konfigurationsdialog können Sie auch Ihr Passwort sowie diverse andere persönliche Einstellungen ändern. Das Login-Icon wird unter dem Namen `~/.face.icon` im PNG-Format gespeichert.

MIME

Wenn nach einem Doppelklick auf eine Ogg-Datei in Konqueror das Programm Amarok erscheint, dann sind hierfür die MIME-Einstellungen von KDE verantwortlich. MIME steht für Multipurpose Internet Mail Extensions und ist eine Art Datenbank, die eine Zuordnung zwischen Dateitypen und Programmen herstellt (siehe auch Seite 266).

Sie können die Liste der MIME-Dateitypen im Systemeinstellungsmodul ERWEITERT|DATEIZUORDNUNGEN ansehen und auch verändern. Einzelnen Dateitypen können mehrere Programme zugeordnet werden. Das in der Rangfolge am höchsten stehende Programm wird verwendet, wenn die Datei durch einen Mausklick geöffnet wird. Alle anderen Programme stehen zur Auswahl, wenn Sie die Datei mit der rechten Maustaste anklicken und ÖFFNEN MIT ausführen.

Standardprogramme einstellen Standardmäßig verwendet KDE zumeist Konqueror als Webbrowser, KMail bzw. Kontact als E-Mail-Programm und `konsole` als Konsolenprogramm. Wenn Sie möchten, dass KDE beim Anklicken entsprechender Links andere Programme startet, finden Sie entsprechende Einstellmöglichkeiten im Modul STANDARD-KOMPONENTEN der Systemeinstellungen.

Window Manager Für die Verwaltung der Fenster, also für das Verschieben, Vergrößern, Verkleinern etc., ist der Window Manager verantwortlich. Unter KDE kommt dafür standardmäßig das Programm KWin zum Einsatz. Unzählige Einstellungen können Sie im Modul FENSTEREIGENSCHAFTEN der Systemeinstellungen ändern – etwa welche Funktionen die Maustasten in der Titelleiste des Fensters haben, nach welchen Kritierien neue Fenster platziert werden, ob und wie Fenster beim Verschieben einrasten etc. Nur ein Beispiel für die Konfigurationsvielfalt ist der Maximierungsbutton in der Titelleiste des Fensters: Ein gewöhnlicher Mausklick maximiert das Fenster; ein Klick mit der mittleren Maustaste maximiert das Fenster nur vertikal, und ein Klick mit der rechten Maustaste maximiert es horizontal.

Viele Fensteroperationen lassen sich auch mit der Tastatur erledigen. Die dafür vorgesehenen Kürzel können Sie im Modul KURZBEFEHLE UND GESTENSTEUERUNG|STANDARD-KURZBEFEHLE der Systemsteuerung ansehen bzw. verändern.

5.5 CDs/DVDs brennen mit K3b

K3b ist das vielseitigste Brennprogramm, das momentan unter Linux verfügbar ist. Der Funktionsreichtum des Programms begeistert selbst eingefleischte Gnome-Anhänger. Ein wenig abschreckend sind nur die bisweilen unübersichtlichen Menüs und Einstellungsdialoge. Aber keine Angst! Für Standardaufgaben, also beispielsweise für das Erstellen einer Backup-CD, sind diese Optionen nicht wichtig und können getrost ignoriert werden. K3b entscheidet sich praktisch immer für vernünftige Defaulteinstellungen.

Daten-CDs und -DVDs brennen Je nachdem, ob Sie eine CD oder DVD brennen möchten, führen Sie nach dem Start DATEI|NEUES PROJEKT|NEUES DATENPROJEKT aus. Anschließend verschieben Sie die zu sichernden Verzeichnisse und Dateien aus dem Verzeichnisbaum (oben) in den CD/DVD-Bereich (unten). Der Statusbalken am unteren Fensterrand zeigt gleich an, wie viel Platz die ausgewählten Dateien beanspruchen.

Der Button BRENNEN rechts unten im K3b-Fenster führt in einen komplexen Dialog, in dem Sie noch diverse Einstellungen vornehmen können. Im Normalfall können Sie die Vorgaben einfach beibehalten und starten den Brennvorgang endgültig mit einem weiteren BRENNEN-Button. Während des Brennens zeigt ein Dialog den aktuellen Status an.

Brennoptionen Es ist sehr zu empfehlen, nach dem Brennen zu überprüfen, ob wirklich alle Daten korrekt auf der CD oder DVD gespeichert worden sind (Option GEBRANNTE DATEN PRÜFEN im Brenndialog). Die Überprüfung dauert etwa genauso lange wie das Brennen. Das sollte Ihnen die höhere Sicherheit aber wert sein! Gerade bei DVDs sind Brennprobleme leider nichts Ungewöhnliches. (Verringern Sie gegebenenfalls die Geschwindigkeit auf die Hälfte der Maximalgeschwindigkeit Ihres DVD-Brenners.)

Wenn Sie sich nicht sicher sind, ob die Geschwindigkeit Ihres Systems ausreicht, um eine CD oder DVD zu brennen, können Sie den Brennvorgang vorher testen (Option SIMULIEREN). Obwohl dabei

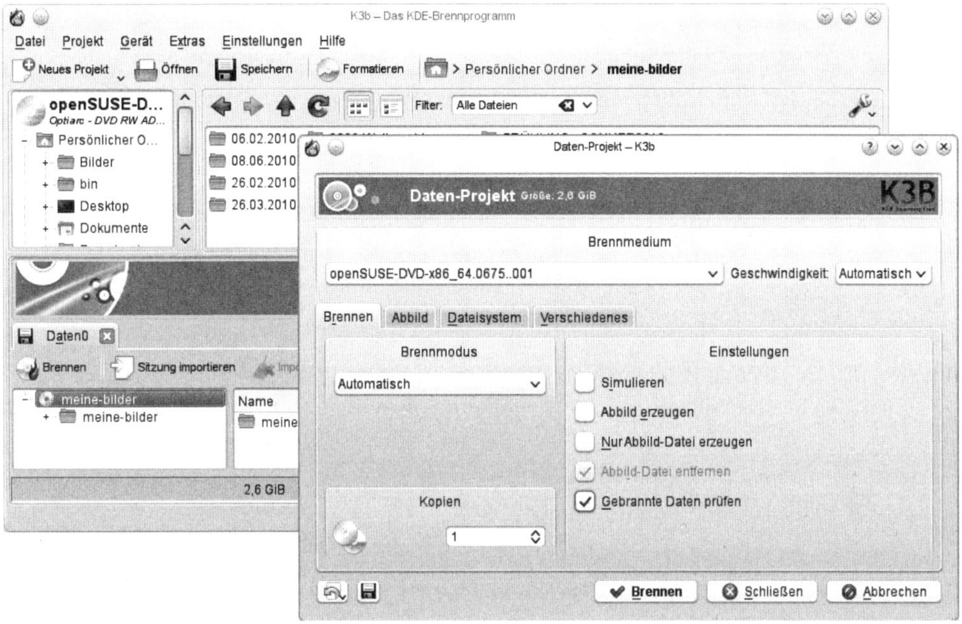

Abbildung 5.13: **CDs/DVDs brennen mit K3b**

keine Daten geschrieben werden, muss sich eine leere CD oder DVD im Laufwerk befinden! Die CD bzw. DVD bleibt aber unverändert.

Normalerweise werden die Daten direkt von der Festplatte gelesen und sofort auf die CD oder DVD gebrannt. Wenn dabei Fehler auftreten, aktivieren Sie die Option ABBILD ERZEUGEN: K3b erzeugt nun vor dem Brennen eine einzige Datei, die alle notwendigen Daten enthält. Diese Datei wird dann im zweiten Schritt gebrannt. Da eine einzige Datei schneller gelesen werden kann als viele Einzeldateien, ist diese Vorgehensweise sicherer.

Wenn Sie der CD bzw. DVD einen Namen geben möchten, können Sie dies im Dialogblatt DATEISYSTEM im Feld DATENTRÄGERNAME tun.

K3b speichert alle Dateien so auf der CD, dass später jeder Linux-Benutzer alle Dateien lesen kann. Wenn Sie möchten, dass die ursprünglichen Zugriffsrechte erhalten bleiben, müssen Sie im Dialogblatt DATEISYSTEM den Button BENUTZERDEFINIERT und dann die Option DATEIBERECHTIGUNGEN ERHALTEN anklicken.

Multi-Session-CDs/DVDs

Gewöhnliche CDs und DVDs können Sie nur einmal brennen. Wenn Sie relativ kleine Datenmengen brennen möchten, ist es natürlich ärgerlich, jedes Mal eine ganze CD/DVD dafür zu verschwenden. Für solche Fälle gibt es das Multi-Session-Verfahren. Die Grundidee besteht darin, dass zwar keine vorhandenen Daten geändert werden können, aber im noch freien Bereich der CD/DVD neue Daten hinzugefügt werden können.

K3b unterstützt das Brennen von Multi-Session-CDs und -DVDs. Allerdings müssen Sie auf die richtige Einstellung der Optionen im Dialogblatt EINSTELLUNGEN achten:

- Erste Session: Wenn Sie mit einer Multi-Session-CD/DVD beginnen, müssen Sie im Dialogblatt VERSCHIEDENES die Einstellung MEHRFACHSITZUNG STARTEN auswählen.
- Weitere Sessions: Bei allen weiteren Sessions wählen Sie die Einstellung MEHRFACHSITZUNG FORTSETZEN.
- Letzte Session: Um die CD bzw. DVD abzuschließen, wählen Sie die Einstellung MEHRFACHSITZUNG ABSCHLIESSEN. Weitere Sessions sind nun nicht mehr möglich.

Wenn Sie die gleiche Datei in mehreren Sessions speichern, befindet sich die Datei mehrfach auf der CD bzw. DVD. Beim Lesen wird automatisch immer die neueste Version berücksichtigt (also die der letzten Session).

CDs/DVDs kopieren

Um eine CD oder DVD zu kopieren (egal, ob es sich um eine Daten- oder Audio-CD handelt), führen Sie EXTRAS|MEDIUM KOPIEREN aus. Im Regelfall können Sie nun einfach auf START klicken – K3b kümmert sich selbst um die richtigen Einstellungen. Nur in Sonderfällen sind Veränderungen an den Einstellungen notwendig. Beachten Sie, dass im temporären Verzeichnis genug Platz sein muss, um den gesamten Datenträger zwischenzuspeichern.

Wenn Sie zwei Laufwerke haben, geben Sie als QUELLMEDIUM das zweite Laufwerk an. Bei optimaler Hardware können Sie zudem die Option ABBILD ERZEUGEN deaktivieren. Das bedeutet, dass die Daten von der Original-CD/DVD gelesen und sofort auf dem neuen Datenträger gespeichert werden. Da das gründliche Auslesen gerade von Audio-CDs aber oft relativ lange dauert, liefert diese Variante nicht immer gute Ergebnisse. Besser ist es zumeist, die Option ABBILD ERZEUGEN zu aktivieren und dafür eine etwas größere Wartezeit in Kauf zu nehmen.

Bei CDs unterscheidet K3b zwischen zwei Kopiermodi: NORMALE KOPIE und KLON-KOPIE. Intern werden dabei unterschiedliche Programme eingesetzt. Im Regelfall liefert NORMALE KOPIE gute Ergebnisse. Nur in Sonderfällen – z. B. beim Kopieren einer Video-CD – sollten Sie auf KLON-KOPIE zurückgreifen.

ISO-Image brennen

Um ein ISO-Image zu brennen, führen Sie EXTRAS|ABBILD BRENNEN aus. Im Brenndialog wählen Sie die zu brennende Datei aus, die normalerweise die Dateiendung `*.iso` hat. K3b errechnet nun automatisch eine MD5-Prüfsumme für die Datei. Die Prüfsumme wird normalerweise auch auf den Websites angegeben, die ISO-Images zum Download anbieten. Sie können damit überprüfen, ob Ihre heruntergeladene Datei wirklich exakt mit dem Original übereinstimmt.

5.6 KDE-Programme

Dieser Abschnitt stellt einige häufig eingesetzte KDE-Programme vor. Weitere KDE-Programme werden in anderen Kapiteln vorgestellt, etwa KMail und Kontact im E-Mail-Kapitel 7.

Dateiarchive (Ark)

Konqueror eignet sich ausgezeichnet dazu, `*.tar.gz`-, `*.tgz`- und `*.zip`-Archive anzusehen bzw. Dateien daraus zu extrahieren. Sie können mit Konqueror aber keine neuen Archive erstellen oder vorhandene Archive verändern. Genau für diese Aufgabenstellung ist das Programm Ark gedacht, das ähnliche Funktionen bietet wie beispielsweise WinZip.

Wenn Sie auf Ihrem Rechner ein Problem haben, z. B. weil ein Programm nicht richtig funktioniert, kann Ihnen ein Linux-kundiger Freund am besten via Fernwartung helfen. Dazu starten Sie eine VNC-Verbindung mit PROGRAMME|SYSTEM|ARBEITSFLÄCHE FREIGEBEN. Der Helfer kann einen beliebigen VNC-Client oder das KDE-Programm krdc einsetzen. Er sieht nun auf seinem Rechner in einem Fenster den gesamten Inhalt Ihres Bildschirms und kann per Maus und Tastatur alle Programme bedienen. Hintergründe zur Fernwartung sind ab Seite 557 beschrieben. **Fernwartung**

Mit dem Programm *Konsole* können Sie eine oder mehrere Shells starten und in Textkonsolen darstellen. Zwischen den Shells wechseln Sie mit ⇧+← bzw. +→. Mit Strg+⇧+← bzw. +→ ändern Sie die Reihenfolge der Reiter, und mit einem Doppelklick können Sie die Reiter neu benennen. Ebenfalls sehr praktisch ist die Möglichkeit, Dateinamen von konqueror per Drag&Drop in das Konsolenfenster zu verschieben. Damit sparen Sie eine Menge Tipparbeit. **Konsole**

Das Tastenkürzel Alt+F2 startet das winzige Programm KRunner, mit dem Sie wiederum ein anderes Programm starten können, indem Sie dessen Programmnamen eintippen. KRunner kann aber noch wesentlich mehr: Sie können damit z. B. einfache Berechnungen durchführen (Eingabe `= 2*3`), man-Seiten anzeigen (Eingabe `man:ls`), Konqueror-Webkürzel ausführen (Eingabe `gg:kde` für eine Google-Suche nach KDE), in eine andere Sitzung wechseln (`switch benutzername`), ein anders Energieverwaltungsprofil aktivieren (`power profilname`) etc. **KRunner**

Wenn Sie mit Konqueror zum ersten Mal ein Login-Formular ausfüllen (z. B. um eine Webmail-Seite wie GMX zu nutzen), erscheint ein Assistent zur Einrichtung der sogenannten digitalen Brieftasche. Das Programm KWallet hilft bei der sicheren Verwaltung von Formulardaten. Wenn Sie zu einem späteren Zeitpunkt auf dieselbe Seite surfen, füllt KWallet das Formular für Sie aus. KWallet wird auch von KMail/Kontact, NetworkManager und diversen anderen KDE-Programmen eingesetzt, um zentral Passwörter und andere Informationen zu speichern. Der Zugang zu diesen Daten, die KWallet verschlüsselt speichert, ist durch ein Master-Passwort abgesichert. Dieses Passwort müssen Sie im Verlauf jeder KDE-Sitzung nur einmal angeben. **Passwortverwaltung**

Bei der ersten Verwendung von KWallet erscheint ein Assistent zur Grundkonfiguration des Programms. Im ersten Schritt haben Sie die Wahl zwischen der hier beschriebenen BASIS-EINRICHTUNG und erweiterten Optionen. Im zweiten Schritt geben Sie an, dass Sie mit KWallet persönliche Informationen speichern möchten, und geben zweimal das Master-Passwort an. Aus Sicherheitsgründen sollte es sich nicht um dasselbe Passwort wie für den Login handeln.

Sobald KWallet aktiv ist, erscheint im Systembereich des Panels ein Icon in der Form einer Geldbörse. Es führt zum KWalletManager, in dem Sie alle in KWallet gespeicherten Informationen bearbeiten und löschen können.

Ein Klick auf `*.pdf`- oder `*.ps`-Dateien startet das Programm Okular und zeigt das Dokument an. Sie können das Dokument nun durchsuchen, einzelne Seiten ausdrucken etc. **PDF- und PostScript**

Wenn Sie Ihre E-Mails signieren oder verschlüsseln oder andere Programme einsetzen, die PGP-Schlüssel nutzen, ist ein zentrales Werkzeug zur Schlüsselverwaltung hilfreich. In KDE übernimmt das Programm KGpg diese Aufgabe. Zur Verwaltung von S/MIME-Zertifikaten ist das Programm Kleopatra (ehemals KGpgCertmanager) vorgesehen, das bei vielen Distributionen im Paket `kdepim` enthalten ist. **Schlüsselverwaltung**

Texteditoren (KEdit, KWrite, Kate)

Je nach Distribution werden zusammen mit KDE gleich drei Texteditoren installiert: KEdit, KWrite und Kate. KEdit und KWrite sind einfach zu bedienen, stellen aber nur Grundfunktionen zur Verfügung. Kate richtet sich eher an Programmierer bzw. fortgeschrittene Anwender. Sie können damit mehrere geöffnete Dateien zu einer »Sitzung« zusammenfassen, Codeteile (z. B. Funktionen oder Klassen) zusammenklappen etc.

Zwischenablage (Klipper)

Unter KDE läuft normalerweise das Programm Klipper, das sich in der Grundeinstellung die letzten sieben Einträge der Zwischenablage merkt. Per Mausklick im Systemabschnitt kann einer dieser Einträge wieder zum aktiven Inhalt der Zwischenablage gemacht werden, womit ältere Einträge auf einfache Weise nochmals genutzt werden können. Optional können sogenannte Aktionen aktiviert werden: Dann analysiert Klipper alle neuen Einträge und führt automatisch dazu passende Operationen aus. Beispielsweise erscheint jedes Mal, wenn eine HTTP-Adresse markiert wurde, automatisch ein Konqueror-Fenster mit der entsprechenden Seite. Persönlich habe ich mit Klipper nie viel anfangen können und habe deswegen seinen automatischen Start deaktiviert (über den Menüeintrag BEENDEN).

Dateien umbenennen (Krename)

Mit dem Programm Krename können Sie Dateien effizient umbenennen, mit einer fortlaufenden Nummer ausstatten, das Datum in den Dateinamen einbauen etc. Zum Umbenennen sind sogar reguläre Ausdrücke erlaubt. Bevor die Dateien tatsächlich verändert werden, zeigt eine Vorschau die alten und neuen Dateinamen. Krename ist ein unentbehrliches Werkzeug, wenn Sie eine umfangreiche Sammlung von Audio- oder Bilddateien neu organisieren möchten!

Teil 2

Desktop-Anwendungen

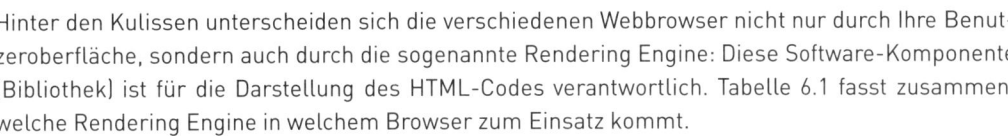

6. Webbrowser

Im Mittelpunkt dieses Kapitels steht Firefox, der zurzeit populärste Webbrowser für Linux. Anstatt lange auf die Bedienung dieses Programms einzugehen – wie man im Web surft, wissen Sie ja –, konzentriere ich mich in diesem Kapitel auf Konfigurationstipps und Anleitungen zur Installation von Plugins (Flash, Java) und Erweiterungen.

Interessante Alternativen zu Firefox sind Google Chrome, Konqueror, Rekonq und Arora (KDE) sowie Epiphany und Midori (Gnome).

Gecko versus Webkit

Hinter den Kulissen unterscheiden sich die verschiedenen Webbrowser nicht nur durch Ihre Benutzeroberfläche, sondern auch durch die sogenannte Rendering Engine: Diese Software-Komponente (Bibliothek) ist für die Darstellung des HTML-Codes verantwortlich. Tabelle 6.1 fasst zusammen, welche Rendering Engine in welchem Browser zum Einsatz kommt.

RENDERING ENGINE	WEBBROWSER
Gecko	Firefox, Iceweasel
KHTML	alte Konqueror-Versionen
WebKit	Arora, Epiphany, Google Chrome, Konqueror, Midori, Rekonq
Presto	Opera

Tabelle 6.1: **Rendering Engines**

Interessant ist die Geschichte des zunehmend populären WebKits: Apple hat für seinen Webbrowser Safari ursprünglich die Rendering Engine KHTML des KDE-Webbrowsers Konqueror eingesetzt. Aufgrund der umfangreichen Änderungen am Code bekam die Rendering Engine schließlich den neuen Namen WebKit und wird nun auch von Google weiterentwickelt. Zuletzt hat WebKit zurück zu KDE gefunden und wird nun auch in Konqueror eingesetzt.

JavaScript-Interpreter

Neben der Rendering Engine hat auch der JavaScript-Interpreter großen Einfluss darauf, wie schnell und zuverlässig der Webbrowser funktioniert, insbesondere bei modernen Web-2.0-Seiten. Je nach Webbrowser kommen abermals unterschiedliche Interpreter zum Einsatz, z. B. TraceMonkey bzw. JägerMonkey in Firefox, KJS in Konqueror, JavaScriptCore in vielen WebKit-Browsern, V8 in Google Chrome und Carakan in Opera.

HTML5

HTML5 ist ein (noch nicht endgültig festgeschriebener) Standard für diverse neue Techniken zur Gestaltung von dynamischen Webseiten mit Multimedia-Inhalten. Apple sieht in HTML5 auch einen probaten Ersatz für Flash. Tatsächlich nehmen Flash-basierte Webseiten dank der Marktmacht von iPhone und iPad langsam ab – eine auch aus Linux-Sicht durchaus erfreuliche Entwicklung.

Alle aktuellen Webbrowser unterstützen HTML5. Die HTML5-Kompatibilität Ihres Browsers können Sie anhand der beiden folgenden Seiten leicht selbst testen. Die besten Resultate unter Linux werden Sie mit aktuellen Firefox- und Google-Chrome-Versionen erzielen.

http://acid3.acidtests.org/
http://html5test.com/

HTML5 sieht unter anderem die Möglichkeit vor, Videos direkt im Webbrowser abzuspielen (also ohne zusätzliche Plugins). Das Problem dabei: Die am HTML5-Standard beteiligten Unternehmen konnten sich nicht auf einen Codec einigen. Das führt dazu, dass verschiedene Webbrowser unterschiedliche Codecs unterstützen: Microsoft (Internet Explorer) und Apple (Safari) setzen auf H.264. Dieser kommerzielle Codec ist für Open-Source-Software aber ungeeignet. Firefox und Google Chrome unterstützen deswegen Ogg Theora und WebM. (WebM ist aus dem MPEG-4-Codec VP8 der Firma On2 hervorgegangen. Google hat diese Firma gekauft und WebM als Open-Source-Code veröffentlicht.)

Ob Sie ein Video einer HTML5-Seite tatsächlich abspielen können, hängt also davon ab, welchen Codec die Website einsetzt. Große Video-Websites wie YouTube werden Videos zukünftig voraussichtlich in *drei* Formen anbieten: im Flash-Format sowie mit HTML5 in den Codecs H.264 und WebM. Kleinere Seiten müssen sich aber wohl oder übel auf ein Format konzentrieren, was dazu führen wird, dass die Videos nur von einem Teil der Webbrowser abgespielt werden können.

Webbrowser-Updates

Die meisten Distributionen führten in der Vergangenheit im Rahmen des regulären Update-Systems nur Sicherheitskorrekturen, aber keine Versions-Updates durch. Das führte dazu, dass auf Debian-, RHEL- und Ubuntu-Installationen, die oft jahrelang im Einsatz sind, uralte Webbrowser laufen. Das ist nicht nur eine Zumutung für die Benutzer, sondern auch für die Distributoren alles andere als optimal: Die Rückportierung der Sicherheits-Updates aktueller Webbrowser auf alte Versionen ist aufwendig und oft gar nicht möglich.

Seit Firefox alle sechs Wochen eine neue Version freigibt, sind immer mehr Distributoren dazu übergegangen, echte Versions-Updates für den Standard-Webbrowser (also Firefox) durchzuführen, wobei auch alle Sprach- und Erweiterungspakete aktualisiert werden müssen. Für die neue Firefox-Version erforderliche neue Bibliotheken werden so installiert, dass sie das restliche System nicht beeinflussen, um Kompatibilitätsprobleme auszuschließen. Hintergrundinformationen zum neuen Update-Konzept, das erstmalig von Ubuntu umgesetzt wurde, können Sie hier nachlesen:

https://lists.ubuntu.com/archives/ubuntu-devel-announce/2010-June/000719.html

Andere Internetdienste

E-Mail Clients zum Lesen und Verfassen von E-Mails werden im nächsten Kapitel vorgestellt.

FTP, SSH, Torrent Tipps zum Download von Dateien mit FTP, wget und Torrent sowie zum Umgang mit SSH und scp finden Sie in Kapitel 15 ab Seite 341.

Twitter Wenn Sie mit Twitter oder via identi.ca kommunizieren, können Sie dazu außer einem Webbrowser auch die Programme Choqok (KDE), Gwibber oder Pino (Gnome) einsetzen (siehe Abschnitt 6.5 am Ende dieses Kapitels).

Die Internet-Dienste IRC (Internet Relay Chat) und Instant Messaging werden in diesem Buch nicht behandelt: Bei beiden Diensten handelt es sich um dynamische Kommunikationsformen mit einem direkten Kontakt zwischen den Gesprächspartnern (d. h., die Teilnehmer müssen gleichzeitig online sein). Wenn Sie nur IRC nutzen möchten, ist das Programm XChat eine gute Wahl. Wesentlich universeller sind die Programme Kopete, Konversation oder Quassel IRC (alle drei KDE), Empathy oder Pidgin (beide Gnome), die neben IRC diverse Instant-Messaging-Protokolle unterstützen, beispielsweise AIM, ICQ, MSN und Yahoo!.

Instant Messaging

http://www.xchat.org/
http://kopete.kde.org/
http://quassel-irc.org/
http://live.gnome.org/Empathy
http://www.pidgin.im/
http://lwn.net/Articles/216456/

Ein weiteres Thema, auf das ich in diesem Buch nicht eingehe, ist Voice over IP (kurz VoIP) bzw. Telefonie über das Internet. Das bekannteste Programm dieser Gattung ist das kommerzielle Programm Skype. Die Linux-Version ist kostenlos, aber leider im Vergleich zur Windows-Version veraltet. Eine interessante Open-Source-Alternative zu Skype ist beispielsweise Ekiga.

VoIP

http://www.skype.com/download/skype/linux/
http://ekiga.org/

6.1 Firefox

Firefox ist der populärste Webbrowser für Linux. Kurz einige Worte zur Herkunft des Programms: 1998 gab die Firma Netscape Ihren Netscape Navigator als Open-Source-Code frei. Im Rahmen des Mozilla-Projekts entstand die Mozilla Application Suite, die einen Webbrowser, einen E-Mail- und einen News-Client sowie einen HTML-Editor in einem Programm vereinte. Später wurde der Code in Komponenten zerlegt: Seither enthält das neue Programm Mozilla Firefox nur noch die Webbrowser-Funktionen und das im nächsten Kapitel behandelte Programm Mozilla Thunderbird E-Mail- und News-Funktionen. (Weitere, in diesem Buch nicht behandelte Abkömmlinge sind der HTML-Editor Nvu und die Terminverwaltung Mozilla Sunbird.) Einige ehemalige Mozilla-Entwickler, die der Funktionstrennung skeptisch gegenüberstanden, gründeten mit SeaMonkey ein neues Projekt, das alle Funktionen wieder in ein Programm zusammenführt.

Geschichte und Namen

In der Vergangenheit gab es bei vielen Linux-Entwicklern mehrfach Unmut über die strengen Lizenzbedingungen des Firefox-Projekts: Obwohl es sich um Open-Source-Code handelt, darf ein Programm nur Firefox heißen, solange es nur »offiziellen« Code der Firefox-Entwickler enthält. Das führte insbesondere bei Updates oft zu Problemen: Viele Linux-Distributionen pflegen die ursprünglich mit der Distribution ausgelieferte Firefox-Version und bauen darin Sicherheits-Updates ein, anstatt ihren Nutzern immer wieder den Umstieg auf die gerade aktuelle Firefox-Version aufzuzwingen. Derartige Sicherheits-Updates standen aber nicht im Einklang mit der Firefox-Lizenzpolitik.

Firefox und Debian

Obwohl es in diesem Punkt durch die Vermittlung von Mark Shuttleworth (Ubuntu) zu einer Einigung zwischen dem Firefox- und dem Linux-Lager gekommen ist, entschied sich Debian, den Webbrowser Firefox und den E-Mail-Client Thunderbird unter eigenen Namen in seine Distribution zu integrieren. Aus diesem Grund heißt Firefox bei Debian Iceweasel und Thunderbird Icedove. Das erlaubt es Debian, ohne Rücksicht auf Firefox Änderungen am Code vorzunehmen, ein eigenes Browser-Icon zu verwenden etc.

Abbildung 6.1: **Der Webbrowser Firefox**

Grundfunktionen

Die Bedienung des Browsers ist genau so, wie Sie es von jedem anderen Browser gewohnt sind: Sie klicken Links an, speichern Lesezeichen von wichtigen Seiten etc. Auf diese elementaren Funktionen gehe ich hier nicht weiter ein – ich denke, Sie kommen selbst zurecht.

Tabs Mit [Strg]+[T] sowie beim Anklicken von Links, die eine Webseite in einem neuen Fenster öffnen, erzeugt Firefox automatisch ein neues Dialogblatt (englisch *Tab*). Wer viel im Web surft, hat rasch 10, 20 Tabs offen, worunter die Übersichtlichkeit leidet. Firefox bietet deswegen drei neue Funktionen an, die bei der Organisation der Tabs helfen:

» Per Kontextmenü können Sie ein Tab in ein sogenanntes *App-Tab* umwandeln. App-Tabs werden vor allen anderen Tabs als Icons angezeigt (also ohne Text), was Platz spart. App-Tabs bietet sich für Seiten an, die Sie ohnedies ständig offen haben – z. B. Facebook, Twitter, Google Mail etc.

» Ebenfalls per Kontextmenü können Sie die Tabs wahlweise oberhalb oder unterhalb der Adresszeile anzeigen. (Eine Darstellung der Tabs in der Titelleiste des Fensters, wie dies mittlerweile unter Windows und Mac OS X üblich ist, scheitert unter Linux am Window Manager. Google Chrome ist es zwar gelungen, dieses Limit zu umgehen, aber dafür fügt sich das Google-Chrome-Fenster optisch nur schlecht in den restlichen Desktop ein.)

» Der neue Button TABS GRUPPIEREN (ganz rechts in der Tab-Zeile) verkleinert alle Tabs in Icons. Sie können die Tabs nun per Drag&Drop in Gruppen ordnen und diese Gruppen dann benennen (siehe Abbildung 6.2). Per Mausklick aktivieren Sie dann den Tab, in dem Sie weiter arbeiten möchten. Die Tab-Zeile zeigt nun nur noch die Tabs der gerade aktuellen Gruppe an. Um in eine andere Gruppe zu wechseln, müssen Sie abermals den Button TABS GRUPPIEREN anklicken.

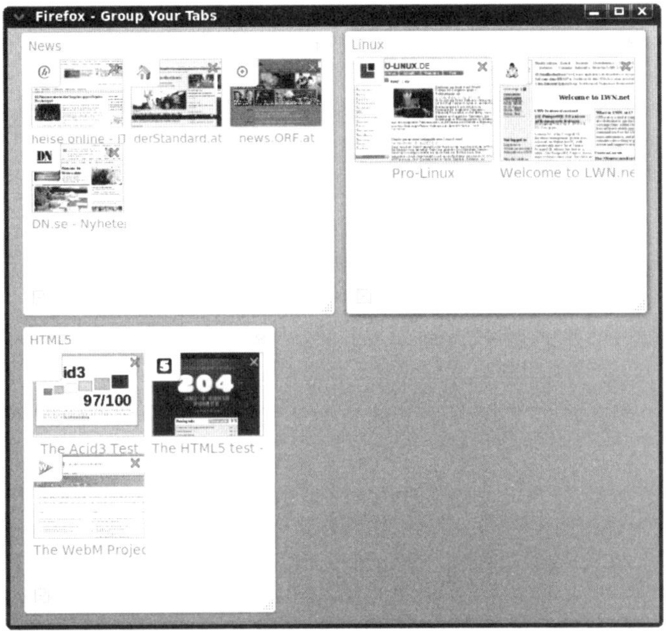

Abbildung 6.2: **Tab-Organisation in Firefox 4**

Popup-Fenster

Manche Websites nutzen JavaScript, um Popup-Werbefenster zu öffnen. Firefox verhindert das in den meisten Fällen und zeigt unterhalb der Adressleiste eine Warnung an. Dort können Sie bei Bedarf die unterdrückte Popup-Seite nachträglich öffnen bzw. Popups für die betreffende Website generell erlauben. (Beispielsweise funktioniert bei meiner Bank das Online-Banking nur über ein Popup-Fenster. Daher habe ich die Website meiner Bank vom Popup-Schutz ausgenommen.) Die aktuellen Popup-Einstellungen sowie die Liste der vom Schutz ausgenommenen Websites können Sie im Dialog BEARBEITEN|EINSTELLUNGEN|INHALT ändern.

Darstellung internationaler Zeichen

Firefox versucht, den Zeichensatz von Webseiten automatisch zu erkennen, was zumeist auch gelingt. In seltenen Fällen scheitert der Webbrowser aber und zeigt dann internationale Zeichen (auch deutsche Umlaute) falsch an. Abhilfe: Probieren Sie es z. B. mit ANSICHT|ZEICHENKODIERUNG|UNICODE (UTF-8) oder -|WESTLICH (ISO-8859-1).

Textsuche

Mit BEARBEITEN|SEITE DURCHSUCHEN bzw. mit [Strg]+[F] öffnen Sie einen Suchdialog. Noch schneller gelangen Sie mit [/] [A] [B] [C] zum Text *abc*. [Strg]+[G] wiederholt diese Suche. Als Variante zu dieser Suchfunktion können Sie mit ['] [A] [B] [C] nach Links suchen, die den Text *abc* enthalten.

Internetsuche

Anstatt für eine Google-Suche zuerst auf www.google.com oder www.google.de zu gehen, können Sie die Suchbegriffe direkt im Eingabefeld ganz rechts in der Navigationssymbolleiste angeben. Neben Google sind dort einige andere Suchmaschinen vorkonfiguriert. Über das Auswahlmenü können Sie auch eine neue Suchmaschine definieren. Der Menüeintrag SUCHMASCHINEN HINZUFÜGEN führt zu einer Firefox-Website, auf der Sie zahlreiche populäre Suchmaschinen einfach durch einen Mausklick auf den entsprechenden Link in das Suchmenü integrieren.

Chronik (History) Firefox merkt sich für einige Tage die Namen und Adressen aller besuchten Websites. Diese Surf-Chronik können Sie mit Strg+H (History) in der Sidebar chronologisch anzeigen und durchsuchen. Der Speicherzeitraum beträgt standardmäßig 90 Tage. Wenn Sie den Speicherzeitraum verkürzen möchten, wählen Sie im Dialogblatt BEARBEITEN|EINSTELLUNGEN|DATENSCHUTZ die Einstellung FIREFOX WIRD EINE CHRONIK NACH BENUTZERDEFINIERTEN EINSTELLUNGEN ANLEGEN. Im Dialog erscheinen nun diverse Optionen, die den Umgang mit der Seiten-Chronik, der Download-Chronik, den Formulardaten und Cookies steuern.

Privates Surfen Normalerweise hinterlässt der Besuch jeder Website Spuren auf dem Computer: Die verwendeten Adressen erscheinen in der Chronik der besuchten Seiten, Cookies werden auf der Festplatte gespeichert, ebenso Bilder und HTML-Code im Seiten-Cache etc. Wenn Sie das nicht wollen, aktiviert EXTRAS|PRIVATEN MODUS STARTEN (verfügbar ab Firefox 3.5) einen speziellen Modus, in dem Firefox diese Spuren beim Programmende bzw. bei der Deaktivierung des Modus löscht.

Spötter bezeichnen diese Funktion als »Porno-Modus«. Es gibt aber auch ernsthafte Anwendungen, etwa wenn Sie auf einem fremden Rechner Online-Banking durchführen oder auf andere sensitive Daten zugreifen möchten. Beachten Sie, dass Sie selbstverständlich auch im PRIVATEN MODUS Spuren im Netz hinterlassen – zwar nicht auf dem lokalen Rechner, wohl aber auf dem Proxy-Server Ihres Internet-Providers sowie auf den Webservern der Seiten, die Sie besuchen.

Downloads Um eine Datei auf Ihren Rechner herunterzuladen, reicht in vielen Fällen ein einfacher Klick auf den Link. Firefox fragt, ob Sie die Datei mit einem Programm öffnen oder auf der Festplatte speichern möchten. Sollte das nicht funktionieren, klicken Sie den Link mit der rechten Maustaste an und führen ZIEL SPEICHERN UNTER aus. Bei Downloads, die länger als ein paar Sekunden dauern, erscheint automatisch ein Statusdialog.

Standardmäßig speichert Firefox Downloads im Verzeichnis `~/Downloads`. Wenn Sie den Speicherort bei jedem Download manuell angeben möchten, führen Sie BEARBEITEN|EINSTELLUNGEN|ALLGEMEIN aus und aktivieren die Option JEDES MAL NACHFRAGEN, WO EINE DATEI GESPEICHERT WERDEN SOLL.

Passwörter Wenn Sie Login-Formulare ausfüllen (z. B. um eine Webmail-Seite wie GMX zu nutzen), erscheint eine Rückfrage, ob die Login-Daten gespeichert werden sollen. Das erspart bei einem neuerlichen Besuch der Website ein wiederholtes Ausfüllen.

Diese Bequemlichkeit hat natürlich ihren Preis: Wenn eine fremde Person Zugang zu Ihrem Rechner hat, öffnet Firefox auch den Zugang zu allen möglichen passwortgesicherten Websites. Deswegen können Sie sämtliche Passwörter selbst wiederum durch ein Master-Passwort schützen. Dieses Master-Passwort wird zur Verschlüsselung der anderen Passwörter eingesetzt. Sie müssen das Master-Passwort in Zukunft jeweils beim ersten Zugriff von Firefox auf die Passwortdatenbank angeben. Um ein Master-Passwort zu definieren, führen Sie BEARBEITEN|EINSTELLUNGEN|SICHERHEIT aus und aktivieren die Option MASTER-PASSWORT VERWENDEN.

Drucken

Vor dem Ausdruck wählen Sie mit DATEI|SEITE EINRICHTEN zwischen Hoch- und Querformat und geben die gewünschte Skalierung der Seite an (standardmäßig: Skalierung auf Seitenbreite). DATEI|DRUCKVORSCHAU liefert eine Seitenansicht des Drucks. DATEI|DRUCKEN startet den tatsächlichen Ausdruck.

Hinweis

Bei vielen Distributionen verwendet Firefox die amerikanische Papiergröße *letter*, was in Europa je nach Drucker zu Problemen führen kann. Um die Standardgröße auf A4 umzustellen, öffnen Sie in Firefox die Seite about:config, suchen nach der Option `print.postscript.paper_size` und stellen diese per Doppelklick auf A4. Die neue Einstellung wird mit einem Neustart von Firefox wirksam.

Firefox-Updates

Von der Windows-Version von Firefox sind Ihnen vielleicht die automatischen Firefox-Updates bekannt. Unter Linux ist diese Art der Updates unüblich. Hier kümmert sich die zentrale Paketverwaltung um alle Updates. Wie ich bereits in der Einleitung erwähnt habe (siehe Seite 134), beschränkt sich die Update-Version bei vielen Distributionen auf Sicherheits-Updates.

Lesezeichen (Bookmarks)

Firefox zeigt Lesezeichen wahlweise an bis zu drei Orten an: im LESEZEICHEN-Menü, in einer Symbolleiste (ANSICHT|SYMBOLLEISTEN) und in der sogenannten Sidebar, die Sie mit [Strg]+[B] (Bookmarks) ein- bzw. wieder ausschalten. Neue Lesezeichen speichern Sie wahlweise mit [Strg]+[D] oder indem Sie die aktuelle Adresse per Drag&Drop in die Lesezeichen-Symbolleiste oder -Sidebar verschieben.

Wenn Sie Ihre Lesezeichen neu organisieren möchten, führen Sie LESEZEICHEN|LESEZEICHEN VERWALTEN aus. In einem eigenen Dialog können Sie nun Lesezeichen löschen, verschieben, umbenennen, sortieren, exportieren und importieren. Firefox-intern werden Lesezeichen in einer SQLite-Datenbank in der folgenden Datei gespeichert:

```
~/.mozilla/firefox/nnnn.default/places.sqlite
```

RSS-Feeds

Viele Websites, die regelmäßig Neuigkeiten präsentieren (News-Ticker), stellen Links zu den aktuellen Artikeln auch in Form von RSS-Feeds zur Verfügung. Dabei handelt es sich um speziell formatierte XML-Dateien, die zu jeder neuen Meldung eine Kurzbeschreibung und den Link enthalten.

Firefox kann derartige RSS-Feed als dynamisches Lesezeichen darstellen. Der Inhalt des Lesezeichens ändert sich automatisch, wenn neue Meldungen zur Verfügung stehen. In der Grundkonfiguration enthält Firefox ein Lesezeichen, das zum News-Ticker von BBC-News führt. Bei Websites, die einen RSS-Feed anbieten, zeigt Firefox am rechten Rand der Adresszeile ein orangefarbenes Symbol an (»Diese Seite abonnieren ...«). Dieses Symbol klicken Sie an und bestätigen dann den Konfigurationsdialog. Das dynamische Lesezeichen erscheint nun wie eine ganze Gruppe von Lesezeichen, die auf die aktuellen Beiträge verweisen.

Firefox Sync

Um Lesezeichen zwischen mehreren Firefox-Installationen zu synchronisieren, können Sie die seit Version 4.0 direkt in Firefox integrierte Sync-Funktion nutzen. Die Konfiguration erfolgt mit BEARBEITEN|EINSTELLUNGEN|SYNC.

Firefox Sync synchronisiert standardmäßig nicht nur Ihre Lesezeichen, sondern auch die Passwörter, Grundeinstellungen des Browsers, die Chronik sowie die offenen Tabs. Wenn Sie möchten, können Sie den Geltungsbereich von Firefox Sync aber einschränken.

Alle Daten werden standardmäßig auf einem Server des Firefox-Projekts gespeichert. (Alternativ können Sie auch selbst einen eigenen Server einrichten – das ist aber nur für Profis oder größere Firmen/Unternehmen zweckmäßig.) Ihre Daten werden mit der von Ihnen selbst gewählten, mindestens zwölf Zeichen langen Passphrase verschlüsselt und sind für niemanden lesbar, der diese Passphrase nicht kennt.

Xmarks Eine populäre Alternative zu Firefox Sync ist das Plugin Xmarks. Sein größter Vorteil besteht darin, dass Xmarks auch andere Browser unterstützt und so eine Synchronisation über verschiedene Rechner/Systeme ermöglicht. Xmarks ist allerdings weniger sicher als Firefox Sync.

Nach der Installation hilft Ihnen ein Assistent dabei, ein Xmarks-Konto einzurichten. Dabei müssen Sie einen Account-Namen, Ihre E-Mail-Adresse und ein Passwort angeben. Wenn der Assistent nicht automatisch erscheint, starten Sie ihn mit EXTRAS|XMARKS|XMARKS-EINSTELLUNGEN. Sobald der Account erstellt ist, übertragen Sie Ihre Bookmarks zum Xmarks-Server. (Optional können Sie auch Ihre Passwörter dort speichern. Davon rate ich Ihnen aber aus Sicherheitsgründen ab, auch wenn es den Arbeitskomfort weiter erhöht.)

Xmarks enthält neben der Bookmark-Synchronisation einige Zusatzfunktionen: Beispielsweise kann es – ausgehend von Ihren Bookmarks – weitere interessante Seiten vorschlagen. Dahinter verbirgt sich offensichtlich das Geschäftsmodell von Xmarks. Persönlich habe ich keinen Bedarf an derartigen Empfehlungen und habe die entsprechenden Optionen im Einstellungsdialog auf der ENTDECKEN-Seite einfach deaktiviert.

Konfiguration

Konfigurationsdateien Firefox erzeugt beim ersten Start das Verzeichnis `~/.mozilla/firefox/`*`profil`*`.default`, wobei *profil* eine zufällige Zeichenkette ist. In diesem Verzeichnis speichert Firefox alle Einstellungen, Bookmarks, den Cache etc.

Proxy Falls Ihr Rechner an das Internet bzw. an das lokale Netzwerk angeschlossen ist, aber dennoch kein Webzugang möglich ist, verwendet Ihr lokales Netzwerk wahrscheinlich einen Proxy-Server. Das ist ein Rechner, der zwischen Ihrem PC und dem Internet steht. Er dient als Zwischenspeicher und beschleunigt so den Zugriff auf häufig benötigte Seiten. Der Proxy kann aber auch dazu dienen, bestimmte Webseiten zu blockieren oder alle Webzugriffe zu protokollieren. Wie Sie unter Linux selbst einen Proxy-Server einrichten können, ist ab Seite 859 beschrieben.

Damit Firefox den Proxy nutzt, öffnen Sie das Dialogblatt BEARBEITEN|EINSTELLUNGEN|ERWEITERT|NETZWERK|EINSTELLUNGEN und geben die erforderliche Proxy-Adresse(n) an. Im Regelfall reicht es aus, die Felder für den HTTP- und FTP-Proxy auszufüllen. Die richtige Port-Nummer lautet zumeist 8080. (Fragen Sie Ihren Systemadministrator, wenn Sie die Proxy-Adresse nicht kennen.)

Schriftgröße

Wenn Ihnen auf einzelnen Seiten die Schrift zu klein oder zu groß ist, können Sie mit Strg+[+] bzw. Strg+[-] den Zoomfaktor rasch ändern. Alternativ können Sie auch das Mausrad drehen und dabei gleichzeitig Strg drücken.

Um die Standardschriftgröße dauerhaft zu verändern, öffnen Sie das Dialogblatt BEARBEITEN|EINSTELLUNGEN|INHALT und stellen dort die Standardschriftart und optional im Dialog ERWEITERT die Mindestschriftgröße ein.

Java und JavaScript

Standardmäßig sind Java und JavaScript aktiv. Sie finden die entsprechenden Optionen im Dialog BEARBEITEN|EINSTELLUNGEN|INHALT. Java funktioniert allerdings nur, wenn auch eine Java-Umgebung samt Mozilla-Plugin installiert ist (siehe Seite 155).

Cookies

Cookies sind winzige Dateien, die auf Ihrem Rechner gespeichert werden. Sie ermöglichen es der Website, Sie bei einem späteren Besuch wiederzuerkennen und Kontextinformationen zu speichern. Außerdem sind Cookies oft bei Bestellvorgängen (Anmeldung, Einkaufswagen etc.) erforderlich.

Cookies sind nicht gefährlich und erhöhen in vielen Fällen den Komfort beim Surfen. Firefox akzeptiert deswegen Cookies von den meisten Websites standardmäßig. Cookies können aber zu einem gewissen Grad dazu missbraucht werden, Ihr Surf-Verhalten zu verfolgen.

Wenn Sie den Einsatz von Cookies beschränken möchten, wählen Sie im Dialogblatt BEARBEITEN|EINSTELLUNGEN|DATENSCHUTZ die Einstellung FIREFOX WIRD EINE CHRONIK NACH BENUTZERDEFINIERTEN EINSTELLUNGEN ANLEGEN. Im Dialog erscheinen nun diverse Optionen, um Regeln für den Gebrauch von Cookies festzulegen.

Lokaler Cache

Firefox verwaltet einen lokalen Zwischenspeicher, in dem zuletzt besuchte Webseiten, Bilder etc. gespeichert werden. Wenn dieselbe Seite später ein zweites Mal betrachtet wird und sich seither nicht geändert hat, kann sie aus dem Cache geladen werden, was natürlich schneller ist. Standardmäßig werden bis zu 50 MByte auf der Festplatte für den Cache reserviert. Mit BEARBEITEN|EINSTELLUNGEN|ERWEITERT|NETZWERK|OFFLINE-SPEICHER stellen Sie die Cache-Größe ein bzw. löschen den Cache. Im Hauptfenster führt die Adresse about:cache zu einer Liste aller Dateien, die momentan zwischengespeichert sind.

about:config

Die wichtigsten Konfigurationseinstellungen ändern Sie ganz komfortabel in den Dialogen von BEARBEITEN|EINSTELLUNGEN. Daneben gibt es unzählige weitere Optionen, die seltener benötigt werden. Eine alphabetische Liste dieser Optionen sowie deren aktuelle Einstellungen erhalten Sie, wenn Sie als Adresse about:config eingeben und dann ↵ drücken (siehe Abbildung 6.3). Im Textfeld FILTER können Sie die Optionsliste auf alle Einträge reduzieren, die den angegebenen Suchtext enthalten. Um eine Option zu verändern, führen Sie einen Doppelklick aus.

Mittlere Maustaste

Firefox enthält eine ausgesprochen nützliche Funktion, mit der Sie in Textform (also nicht als Links) angegebene Webadressen besonders schnell öffnen können. Dazu markieren Sie die Webadresse mit der Maus. Anschließend reicht ein einfacher Klick mit der mittleren Maustaste, um die in der Zwischenablage enthaltene Adresse direkt zu öffnen.

Bei einigen Distributionen, darunter Ubuntu, ist diese Funktion leider deaktiviert. Zur Aktivierung geben Sie als Adresse about:config ein und suchen dann nach der Option `middlemouse.contentLoadURL`. Durch einen Doppelklick stellen Sie diese Option von *false* auf *true*.

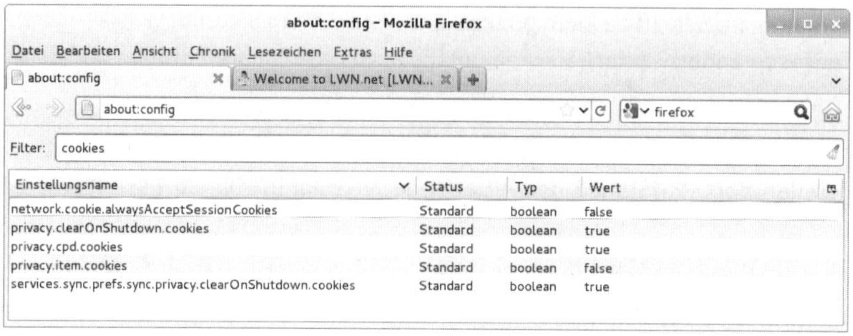

Abbildung 6.3: **Firefox-Konfiguration**

MIME

Die Abkürzung MIME steht für Multipurpose Internet Mail Extensions. MIME ist dafür verantwortlich, dass der Webbrowser weiß, welches Programm er starten soll, wenn Sie einen Link auf eine MP3- oder PDF-Datei anklicken. Firefox berücksichtigt die allgemeinen Linux-MIME-Einstellungen (siehe Seite 267) sowie die MIME-Informationen aller installierten Plugins (siehe ab Seite 150). Zusätzliche bzw. abweichende Einstellungen speichert Firefox in der schwer lesbaren XML-Datei `~/.mozilla/firefox/`*`profil`*`/mimeTypes.rdf`.

Den einfachsten Weg zu neuen bzw. geänderten MIME-Einstellungen bietet der ÖFFNEN-Dialog, der immer dann erscheint, wenn Firefox zwar einen MIME-Typ erkennt, aber kein Programm zuordnen kann. Sie haben nun die Möglichkeit, aus einer vorgegebenen Liste ein Programm auszuwählen oder selbst den vollständigen Dateinamen eines anderen Programms anzugeben. (Unter Linux befinden sich die meisten Programme im Verzeichnis `/usr/bin`.)

Einen Überblick über alle Firefox-spezifischen MIME-Einstellungen gibt BEARBEITEN|EINSTELLUNGEN|ANWENDUNGEN. Dort können Sie vorhandene Einstellungen ändern und löschen, aber leider keine neuen Einträge hinzufügen.

Gecko und XUL

Wie ich bereits in der Kapiteleinleitung erwähnt habe, ist bei Firefox die Rendering Engine Gecko für die eigentliche Darstellung der Webseiten verantwortlich. Gecko kann aber auch zur Darstellung von Benutzeroberflächen verwendet werden, bei Bedarf auch außerhalb des Webbrowsers. Die Grundlage dafür ist die XML User Interface Language (XUL).

Zur Ausführung von XUL-Anwendungen ist die Rendering Runtime `xulrunner` verantwortlich, die bei den meisten Distributionen zusammen mit Firefox installiert wird. `xulrunner` beinhaltet Gecko. Die Trennung zwischen Firefox und `xulrunner` hat den Vorteil, dass andere Programme, die ebenfalls HTML-Seiten darstellen müssen (z. B. das E-Mail-Programm Thunderbird), auf das gemeinsame `xulrunner`-Paket zurückgreifen können. Das vereinfacht die Wartung und Updates.

Firefox-Erweiterungen (XPI-Dateien)

Der vermutlich wichtigste Faktor für den Erfolg von Firefox auch unter Windows und Mac OS X und ein Alleinstellungsmerkmal im Vergleich zu allen anderen in diesem Kapitel vorgestellten Webbrowsern ist seine universelle Erweiterbarkeit durch XPI-Dateien. XPI steht für Cross Platform Installation. XPI-Dateien enthalten Firefox-Erweiterungen, wobei die Installationsdateien in einem Archiv samt JavaScript-Installationscode verpackt sind. Die Bandbreite der verfügbaren Erweiterungen reicht von Werbeblockern über Erweiterungen der Benutzeroberfläche, Download-Hilfen bis hin zu Werkzeugen für HTML-Entwickler (siehe auch Tabelle 6.2).

ERWEITERUNG	FUNKTION
Adblock	blockiert die Anzeige von Werbe-Bitmaps und -Animationen.
Firebug	hilft Webentwicklern bei der Suche nach Fehlern im HTML-Code.
Flashblock	zeigt einen Button an, um Flash-Animationen zu starten.
FoxTab	zeigt Tabs mit [Strg]+[⇆] dreidimensional an.
Linkification	wandelt als Text angegebene Adressen in echte Links um.
NoScript	erlaubt JavaScript-Code nur auf vertrauenswürdigen Seiten.
Readability	hilft dabei, längere Texte komfortabler zu lesen.
ReloadEvery	lädt eine Website regelmäßig neu und verhindert so Auto-Logouts.
Screengrab	erzeugt Screenshots von mehrseitigen Webseiten.
WebDeveloper	enthält diverse Tools für Webentwickler.
WOT (Web of Trust)	warnt vor gefährlichen Seiten (siehe unten).
Xmarks	synchronisiert Bookmarks zwischen mehreren Browsern.

Tabelle 6.2: **Populäre Firefox-Add-ons**

Das Dialogblatt EXTRAS|ADD-ONS|ADD-ONS HERUNTERLADEN stellt einige besonders populäre Erweiterungen zur Auswahl. Unzählige weitere Erweiterungen finden Sie, wenn Sie auf dem Dialogblatt dem Link ALLE ADD-ONS ANSEHEN folgen. Er führt zu dieser Website:

https://addons.mozilla.org/de/firefox/

Zur Installation von Extensions reicht ein einziger Mausklick auf den Link zur betreffenden XPI-Datei. Viele Erweiterungen werden allerdings erst nach einem Neustart von Firefox wirksam. EXTRAS|ADD-ONS|ERWEITERUNGEN gibt einen Überblick über bereits installierte Extensions sowie die Möglichkeit zur Deaktivierung bzw. Deinstallation. Ubuntu verpackt einige besonders populäre Erweiterungen in eigenen Paketen. Das hat den Vorteil, dass diese Erweiterungen im Rahmen der Ubuntu-Paketverwaltung installiert und aktualisiert werden (Link GET UBUNTU EXTENSIONS im Dialogblatt EXTRAS|ADD-ONS|ADD-ONS HERUNTERLADEN).

Achtung

Bevor der XPI-Installationscode ausgeführt wird, warnt Firefox davor, dass XPI-Dateien auch bösartigen Code enthalten können. Nehmen Sie diese Warnung ernst. Von Firefox-Extensions können ähnliche Risiken ausgehen wie von ActiveX-Dateien für den Microsoft Internet Explorer! Installieren Sie keine Erweiterungen, von deren Notwendigkeit und Sicherheit Sie nicht überzeugt sind!

Standardmäßig lässt Firefox XPI-Installationen nur von den Websites addons.mozilla.org und update.mozilla.org zu. Wenn Sie zusätzliche Websites akzeptieren oder andererseits XPI-Installationen ganz unterbinden möchten, finden Sie die entsprechenden Einstellungen im Dialogblatt BEARBEITEN|EINSTELLUNGEN|SICHERHEIT beim Punkt WARNEN, WENN WEBSITES VERSUCHEN, ADD-ONS ZU INSTALLIEREN.

Web of Trusts (WOT) Die Firefox-Erweiterung WOT zeigt bei allen Links in Wikipedia bzw. in den Ergebnissen der wichtigsten Suchmaschinen einen grünen, gelben order roten Ring an, der die Seite bewertet (grün = vertrauenswürdig, rot = gefährlich). Außerdem zeigt die Erweiterung vor dem Laden von potenziell gefährlichen Seiten einen unmissverständlichen Warndialog an bzw. blockiert die Seite (je nach Konfiguration). Die Erweiterung greift dabei auf eine Datenbank zurück, die von der Firma WOT gepflegt wird. Zudem dürfen alle registrierten WOT-Benutzer selbst Seiten bewerten.

WOT funktioniert trotz des simplen Ansatzes verblüffend gut. Seine Installation ist absolut empfehlenswert, wenn ein Rechner überwiegend von Personen mit wenig Internet-Verständnis genutzt wird! Bei entsprechender Konfiguration dient WOT sogar als minimalistischer Schutz vor Seiten, die für Kinder ungeeignet sind. Die WOT-Konfiguration durch EXTRAS|WOT kann allerdings nicht durch ein Passwort abgesichert werden und ist somit keine ernsthafte Hürde für neugierige Jugendliche.

Jetpack Herkömmliche Firefox-Erweiterungen auf der Basis von XPI sind zwar sehr populär, in ihrem Ansatz aber veraltet. Mit Jetpack existiert ein zweites System für Firefox-Erweiterungen, das stark auf HTML, JavaScript und CSS basiert. Theoretisch bietet Jetpack viele Vorteile gegenüber XPI, aber ob sich das System auch in der Praxis durchsetzen kann, bleibt abzuwarten.

https://wiki.mozilla.org/Jetpack

6.2 Google Chrome

In den vergangen Jahren ist Google Chrome neben Firefox zum wichtigsten Webbrowser für Linux geworden. Was macht Chrome so attraktiv?

» Google Chrome ist ein vergleichsweise kleines und schnelles Programm. Firefox wirkt dagegen ein bisschen wie ein Dinosaurier.

» Das radikal reduzierte Bedienungskonzept spricht gleichermaßen Einsteiger und fortgeschrittene Benutzer an.

» Jede Webseite (jedes Tab) wird von einem eigenen Prozess ausgeführt. Sollte eine Seite einen Absturz verursachen, so ist davon nur das betreffende Dialogblatt betroffen. Der Webbrowser an sich läuft mit den anderen Seiten weiter.

» Google Chrome enthält Nicht-Open-Source-Komponenten und kann daher nicht direkt ohne Weiteres in eine Linux-Distribution integriert werden. Dafür stellt Google für seinen Webbrowser eigene Paketquellen zur Verfügung, die bei der Installation von Google Chrome automatisch eingerichtet werden. Und damit wird der Nachteil der fehlenden Integration in gängige Distributionen zum Vorteil: Dank dieser Paketquellen wird Google Chrome regelmäßig automatisch aktualisiert. Damit ist sichergestellt, dass jederzeit die gerade aktuellste stabile Version von Google Chrome installiert ist. Gerade bei älteren Distributionen bietet Google Chrome den oft einfachsten Weg hin zu einem modernen, standardkonformen Webbrowser.

Gegen Google Chrome sprechen eigentlich nur Datenschutzbedenken sowie der Umstand, dass das Angebot an Erweiterungen wesentlich kleiner ist als für Firefox. Persönlich vermisse ich auch eine vertikale Lesezeichenleiste ([Strg]+[B] bei Firefox). Und so kommt es, dass bei aller Begeisterung für Google Chrome Firefox mein Standardbrowser bleibt.

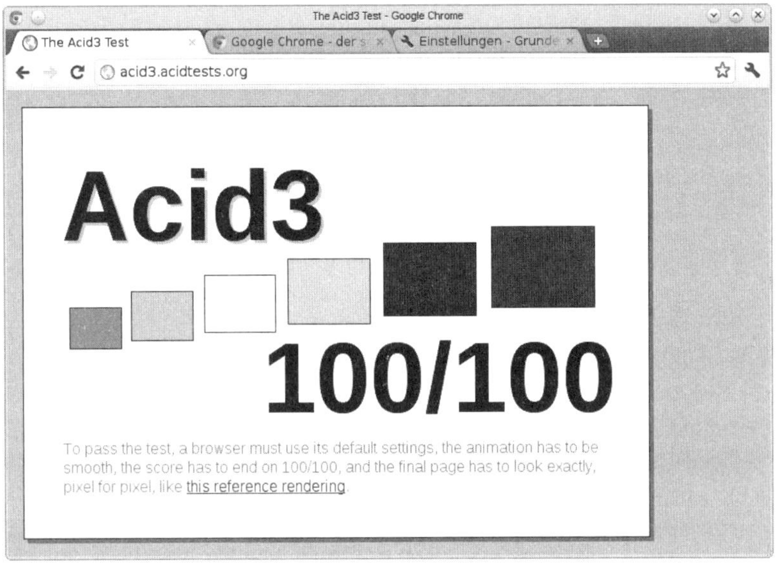

Abbildung 6.4: **Der Acid3-Test in Google Chrome**

Google Chrome versus Chromium

Google Chrome ist zwar kostenlos, die Binärpakete von google.com stehen aber nicht unter einer Open-Source-Lizenz zur Verfügung! Wenn Sie auf reinen Open-Source-Code Wert legen, müssen Sie statt Google Chrome dessen Open-Source-Basis Chromium installieren. Chromium steht bei vielen Distributionen als Paket zur Verfügung und kann mühelos installiert werden.

Es gibt nur wenige Unterschiede zwischen Google Chrome und Chromium: Bei Chromium fehlen das Google-Logo und die Chrome-Paketverwaltung GoogleUpdate. Auch auf die geplante Integration der Plugins für Flash und PDF müssen Sie verzichten (siehe unten). Der größte Nachteil von Chromium gegenüber Google Chrome besteht aber wohl darin, dass einige Distributionen ihre Chromium-Pakete wesentlich seltener (wenn überhaupt) aktualisieren. Statt der immer aktuellen Chrome-Version bleibt Chromium in der Regel bei der Version stehen, die die jeweilige Distribution ursprünglich ausgeliefert hat.

Installation

Sie finden RPM- und DEB-Installationspakete für Debian, Fedora, SUSE und Ubuntu in 32- und 64-Bit-Versionen auf der folgenden Seite zum Download:

http://www.google.com/chrome/

Bei den meisten Distributionen wird nach dem Download automatisch ein geeignetes Paketinstallationsprogramm gestartet. Ist das nicht der Fall, installieren Sie das Paket manuell mit `rpm -i` oder `dpkg -i`. Unter openSUSE 12.1 scheitert die automatische Installation – dort müssen Sie das heruntergeladene Paket mit `zypper install` installieren.

Während der Installation wird automatisch eine eigene Paketquelle eingerichtet: bei Debian/Ubuntu in der Datei `/etc/apt/sources.list.d/google-chrome.list`, bei Fedora in `/etc/yum.repos.d/google-chrome.repo`, bei openSUSE in `/etc/zypp/repos.d/google-chrome.repo`. Die Paketquelle stellt sicher, dass Sie in Zukunft über das Update-System neue Google-Chrome-Versionen erhalten.

Bedienung Die Benutzeroberfläche von Google Chrome ist minimalistisch. Es gibt kein reguläres Menü. Dafür führt ein Button ganz rechts in der Symbolleiste zu einem Menü mit diversen Einträgen, um die aktuelle Seite auszudrucken, diverse Optionen einzustellen etc.

Ebenso fehlt in Google Chrome ein eigenes Suchfeld. Stattdessen geben Sie die Suchbegriffe direkt im Adressfeld an. Die Suche wird standardmäßig (natürlich) mit Google durchgeführt, Sie können im Optionsdialog aber auch eine andere Suchmaschine einstellen.

Die Dialogblätter der Webseiten werden direkt in der Titelzeile des Fensters angezeigt. Dieses Verfahren ist allerdings inkompatibel mit der üblichen Darstellung von Fenstern durch das Desktop-System. Ästheten werden sich deshalb daran stören, dass die Google-Fensterdekoration anders aussieht als bei den restlichen Fenstern auf dem Desktop. Damit sich der Webbrower optisch besser dem Desktop-Design anpasst, können Sie im Dialog OPTIONEN|PRIVATES zwischen einer Menge vordefinierter Designs wählen oder die Option TITELLEISTE UND RÄNDER DES SYSTEMS VERWENDEN anklicken. Google Chrome verwendet dann eine herkömmliche Fenstergestaltung. Eine andere Möglichkeit besteht darin, im Internet nach speziell für Ihre Distribution angepassten Designs zu suchen. Beispielsweise finden Sie auf den folgenden Seiten Open-Chrome-Designs, die zu Ubuntus Fensterdesign passen:

https://chrome.google.com/webstore/detail/elnmibmpefhmfgphdphdncoogpbfmlbp

Wenn Sie mit [Strg]+[T] eine Browser-Seite öffnen, zeigt Google Chrome Icons von den am häufigsten genutzten Seiten bzw. Links zu gerade geschlossenen Webseiten an. Um im Web zu browsen, ohne Spuren auf dem lokalen Rechner zu hinterlassen, können Sie im Werkzeugmenü ein INKOGNITO-FENSTER öffnen.

Recht inflexibel im Vergleich zu Firefox verhält sich Google Chrome bei der Verwaltung von Lesezeichen: Lesezeichen können nur in einer Symbolleiste dargestellt werden. Diese Lesezeichenleiste kann mit [⇧]+[Strg]+[B] ein- und ausgeschaltet werden. Eine vertikale Lesezeichenleiste steht nicht zur Verfügung. Ebenso wenig werden dynamische Lesezeichen für RSS-Feeds unterstützt. Eine Alternative besteht darin, RSS-Feeds im Dienst Google Reader einzutragen. Das ermöglicht es, alle abonnierten Seiten zentral abzurufen. Die Konfiguration und Nutzung ist aber relativ umständlich.

Immerhin enthält Google Chrome eine eingebaute Synchronisationsfunktion für Lesezeichen. Diese Funktion setzt voraus, dass Sie ein (kostenloses) Google-Konto einrichten bzw. ein vorhandenes Konto angeben. Die Synchronisation erfolgt zwischen allen Google-Chrome-Installationen, die Sie mit dem Google-Konto verknüpft haben. Die Synchronisationsfunktion ist leider inkompatibel zu anderen Webbrowsern. Wenn Sie Bookmarks zwischen Firefox und Google Chrome synchronisieren möchten, verwenden Sie am besten die Xmarks-Erweiterung.

Plugins Google Chrome wirbt damit, dass ein sicherer PDF-Reader sowie das gerade aktuellste Flash-Plugin direkt in den Browser integriert sind. Leider gilt das nicht für Linux: Das Flash-Plugin fehlt noch, und es ist unklar, ob und wann es wie bei anderen Betriebssystemen in den Browser integriert wird.

Der PDF-Reader ist zwar vorhanden, muss aber auf der Seite `about:plugins` explizit aktiviert werden. Klicks auf PDF-Links führen nun dazu, dass ein neues Tab geöffnet wird. Statt der PDF-Datei erschien dort bei meinen Tests allerdings nur die Fehlermeldung *Missing Plug-in*, obwohl die Plugin-Datei `opt/google/chrome/libpdf.so` durchaus vorhanden war. (Unter Mac OS X funktioniert das

PDF-Plugin, es hat mich aber auch dort nicht begeistert: Dem PDF-Reader fehlen selbst elementare Einstellmöglichkeiten, z. B. zur seitenweisen Darstellung des Dokuments.)

Wenn Sie mit Google Chrome also dem Plugin-Ärger entgehen möchten, haben Sie vorerst Pech. Immerhin ist die Plugin-Architektur von Google Chrome Firefox-kompatibel. Wenn Sie also Flash, den Acrobat Reader oder andere Plugins für Firefox installiert haben, funktionieren diese Plugins in der Regel auch unter Chrome.

Erweiterungen Wie Firefox kann auch Google Chrome um zusätzliche Funktionen erweitert werden. Das Erweiterungssystem von Google Chrome ist allerdings inkompatibel zu dem von Firefox, das Angebot dementsprechend noch viel kleiner. Einen Überblick über die verfügbaren Erweiterungen gibt die folgende Website:

https://chrome.google.com/webstore?hl=de

6.3 Weitere Webbrowser (Arora, Dillo, Epiphany, Konqueror, Midori, Rekonq)

Dieser Abschnitt gibt einen Überblick über einige weitere Webbrowser für Linux. Wie Sie gleich merken werden, ist das Angebot riesig!

Arora Arora ist ein einfacher, auf WebKit basierender Browser. Dieses relativ junge Programm hat eine ebenso übersichtliche wie funktionelle Oberfläche und kommt problemlos mit den wichtigsten Firefox-Plugins zurecht.

http://code.google.com/p/arora/

ClickToFlash Wenn Sie das Flash-Plugin installiert haben, aber nicht möchten, dass Flash-Animationen automatisch starten, aktivieren Sie die Option BEARBEITEN|EINSTELLUNGEN|PRIVATSPHÄRE|CLICKTOFLASH. Auf Webseiten mit Flash-Elementen erscheint nun der Button LOAD FLASH, der das Flash-Element aktiviert. ClickToFlash funktioniert also ganz ähnlich wie die Firefox-Erweiterung FlashBlock.

Dillo Dillo ist ein ebenso altmodischer wie minimalistischer Webbrowser. Dillo verwendet eine eigene Rendering-Engine, die nicht kompatibel zu aktuellen HTML-Standards ist und momentan nicht einmal CSS versteht. Dillo hat keine JavaScript-Unterstützung und kann nicht durch Mozilla-kompatible Plugins erweitert werden. Dillo ist daher nur zur Darstellung von simplen (»altmodischen«) Webseiten und von Hilfetexten geeignet.

Dafür beansprucht Dillo kaum Ressourcen, ist schnell und stellt aufgrund der fehlenden JavaScript-Unterstützung selten ein Sicherheitsrisiko dar. Dillo wird unter anderem vom E-Mail-Programm Claws Mail zur Darstellung von HTML-E-Mails verwendet. Leider gibt es immer weniger Distributionen, die fertige Dillo-Pakete zur Verfügung stellen. Eine positive Ausnahme ist Fedora.

Epiphany Epiphany ist der offizielle Webbrowser des Gnome-Projekts. Dennoch ist das Programm kaum bekannt, weil die meisten Gnome-basierten Distributionen standardmäßig Firefox als Webbrowser installieren. Achten Sie bei der Installation darauf, dass Sie das Paket `epiphany-browser` installieren müssen. (Das Paket `epiphany` enthält ein gleichnamiges Spiel.)

Seit Gnome 2.28 kommt in Epiphany die Rendering Engine WebKit zum Einsatz. Epiphany kommt mit Firefox-kompatiblen Plugins (inklusive Flash) zurecht. Die Benutzeroberfläche ist einfach und bietet nur wenige Konfigurationsmöglichkeiten. Die Adressleiste dient wie bei den meisten Webkit-basierten Browsern gleichzeitig zur Eingabe von Suchbegriffen. Lesezeichen werden mit dem eher unüblichen Tastenkürzel [Strg]+[D] definiert und können nur über das LESEZEICHEN-Menü genutzt werden.

Epiphany kann durch Extensions erweitert werden. Epiphany verwendet hierfür ein eigenes Format, weswegen das Angebot der Erweiterungen viel kleiner ist als bei Firefox. Zu den verfügbaren Erweiterungen zählen ein Werbeblocker, Mausgesten, ein eigener Download-Manager auf der Basis des Programms gwget etc.

Konqueror

Das bereits im KDE-Kapitel vorgestellte Programm Konqueror ist ein Universal-Browser. Es stellt lokale Dateien, Webseiten, FTP-Verzeichnisse, Bilder etc. dar. An dieser Stelle werden nur einige Besonderheiten bei der Verwendung als Webbrowser beschrieben. Allgemeine Informationen zu Konqueror finden Sie auf Seite 119.

Die Darstellung von Webseiten in Konqueror kann je nach Konfiguration durch die KDE-eigenen Rendering Engine KHTML oder durch WebKit erfolgen. Es fällt den KDE-Entwicklern zunehmend schwer, KHTML konform zu den ständig neuen HTML- und Webstandards zu halten. Um die Rendering Engine einzustellen, führen Sie in einer Konsole als gewöhnlicher Benutzer (nicht als root!) das folgende Kommando aus:

```
user$ keditfiletype text/html
```

Im Dialog DATEITYP BEARBEITEN wechseln Sie in das Dialogblatt EINBETTEN, wählen das Dienstprogramm WEBKIT aus, schieben es in der Hierarchieliste ganz nach oben und bestätigen den Dialog mit OK. Nach einem Neustart greift Konqueror auf Webkit zurück und ist dann ACID3-konform.

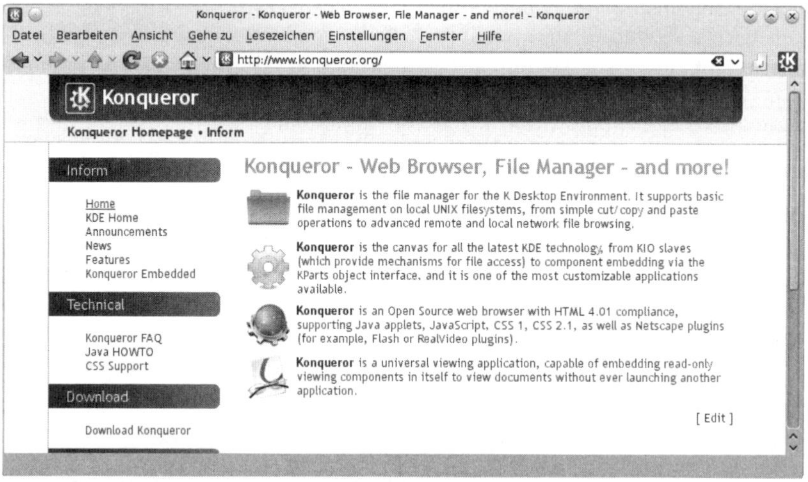

Abbildung 6.5: **Konqueror als Webbrowser**

Es gibt wahrscheinlich keinen anderen Webbrowser, bei dem Sie derart viele Konfigurationseinstellungen verändern können. EINSTELLUNGEN|KONQUEROR EINRICHTEN führt in einen Dialog mit unzähligen Modulen, wobei manche Module wiederum aus mehreren Dialogblättern bestehen!

Neben der von anderen Webbrowsern bekannten Internetsuche in einem eigenen Textfeld können Sie die Suche auch direkt in der Adressleiste durchführen. Dazu sind spezielle Abkürzungen definiert. Wenn Sie beispielsweise als Adresse gg:abc eingeben, wird bei http://www.google.com eine Suche nach dem Begriff *abc* durchgeführt. Im Konfigurationsdialog WEBKÜRZEL können Sie die Abkürzungsliste durch eigene Kürzel ergänzen.

Sofern das Programm nspluginviewer installiert ist, das sich üblicherweise im Paket konqueror-nsplugins befindet, kann Konqueror dieselben Plugins wie Firefox nutzen. Wenn die Plugins nicht funktionieren, werfen Sie einen Blick in den Konfigurationsdialog ERWEITERUNGEN: Dort können Sie nachsehen, welche Plugins Konqueror gefunden hat, und einstellen, welche Verzeichnisse nach Plugins durchsucht werden. Mit dem Button NACH NEUEN PLUGINS SUCHEN können Sie neu installierte Plugins in die Konqueror-Plugin-Liste aufnehmen.

Wenn Konqueror manche Firefox-Plugins erkennt, andere dagegen nicht, kann das daran liegen, dass Konqueror das xulrunner-Plugin-Verzeichnis ignoriert. Richten Sie (je nach Distribution) zusätzlich das Verzeichnis /usr/lib/xulrunner/plugins oder /usr/lib/xulrunner-addons/plugins ein.

Außer der Firefox-Plugin-Schnittstelle unterstützt Konqueror auch eigene, KDE-spezifische Plugins. Zu den populärsten Zusatzfunktionen zählen die Übersetzung von Webseiten, die Auto-Refresh-Funktion, um eine Website nach einer bestimmten Zeit neu zu laden, sowie der DOM-Viewer, um die HTML-Struktur einer Seite zu visualisieren. Diese Plugins müssen oft extra installiert werden. Bei Fedora befinden sie sich beispielsweise im Paket konq-plugins, bei Kubuntu in diversen konqueror-plugin-xxx-Paketen.

Der Konqueror verwendet nicht direkt ein Java-Plugin, sondern den KJAS (KDE Java Applet Server, Datei kjavaappletviewer.so). KJAS wiederum startet den Java-Interpreter, also das Programm java. Falls Konqueror Probleme hat, diese Datei zu finden, ermitteln Sie deren vollständigen Dateinamen mit which java und tragen ihn im Konqueror-Konfigurationsdialog JAVA UND JAVASCRIPT ein.

Midori

Midori ist ein schlanker, auf WebKit und der Gtk-Bibliothek basierender Webbrowser. Die Bedienung folgt traditionellen Mustern und weist wenig Besonderheiten auf. Wegen seiner vergleichweise geringen Ressourcenanforderungen kommt das Programm unter anderem im Desktop-System XFCE standardmäßig zum Einsatz.

Rekonq

Rekonq ist neben Arora ein zweiter Webkit-basierter Webbrowser für KDE. Wer parallel auch Konqueror einsetzt, der wird sich darüber freuen, dass die beiden Webbrowser dasselbe System zur Lesezeichenspeicherung verwenden. In Konqueror definierte Lesezeichen sind damit in Rekonq benutzbar (und umgekehrt). Neue Lesezeichen definieren Sie mit [Strg]+[B]. Anstelle der Lesezeichenleiste können Sie mit [⇧]+[Strg]+[B] eine vertikale Lesezeichenleiste ein- bzw. wieder ausschalten.

Eine weitere Gemeinsamkeit mit Konqueror ist die Unterstützung von Webkürzeln. Sie können also wp:MBR eingeben, um in der Wikipedia nach MBR (also dem Master Boot Record) zu suchen. Rekonq verfügt über einen integrierten Filter zum Ausblenden von Werbung, den Sie mit REKONQ EINRICHTEN|WERBEFILTER konfigurieren oder bei Bedarf auch deaktivieren können.

Textmodus-Webbrowser

Wahrscheinlich fragen Sie sich, welchen Sinn ein Webbrowser für den Textmodus macht. Tatsächlich kommt es aber immer wieder vor, dass man in Linux in einer Textkonsole arbeitet und rasch eine Webseite besuchen oder eine HTML-Dokumentation lesen möchte. Die Programme `elinks`, `lynx` und `w3m` machen genau das möglich. Nebenbei können Sie die Programme auch dazu einsetzen, um HTML-Dokumente in reinen Text umzuwandeln. Alle drei Programme sind ähnlich zu bedienen. Zahlreiche Optionen sowie Tastenkürzel sind in den `man`-Seiten bzw. im integrierten Hilfesystem dokumentiert. Aus Platzgründen stelle ich hier nur exemplarisch das bekannteste Programm Lynx näher vor.

Die Bedienung von Lynx ist einfach: Sie starten das Programm im Regelfall dadurch, dass Sie eine WWW-Adresse oder den Namen einer HTML-Datei als Parameter angeben. Lynx lädt das Dokument und zeigt die erste Seite an, wobei Überschriften und Links durch unterschiedliche Farben gekennzeichnet sind. Wenn Sie Lynx mit der Option `-use_mouse` starten, können Sie das Programm auch per Maus bedienen: Mit der linken Taste folgen Sie einem Link, die mittlere Taste zeigt ein Kontextmenü an, die rechte Taste führt zur vorherigen Seite zurück.

Lynx verwendet zur Ausgabe standardmäßig den Latin-1-Zeichensatz. Damit Sonderzeichen in Unicode-Konsolen richtig dargestellt werden, geben Sie die Option `-display_charset=utf-8` an.

Das folgende Kommando zeigt, wie Sie Lynx als Konverter von HTML in reinen Text einsetzen:

```
user$  lynx -dump quelle.html > ziel.txt
```

6.4 Plugins (Flash, Java, Adobe Reader, Multimedia)

Plugins sind externe Erweiterungsprogramme mit Zusatzfunktionen zum Webbrowser. Plugins können mehr Funktionen zur Verfügung stellen als gewöhnliche Erweiterungen, allerdings ist die Installation in der Regel umständlicher.

Zum Glück greifen alle gängigen Webbrowser auf das Mozilla-Plugin-System zurück. Einmal installierte Plugins sollten daher mit den meisten in diesem Kapitel vorgestellten Webbrowsern funktionieren. Selbst habe ich die im Folgenden vorgestellten Plugins überwiegend mit einer 64-Bit-Version von Firefox getestet. Wenn Sie Konqueror als Webbrowser verwenden, muss zusätzlich das Paket `konqueror-nsplugins` installiert sein.

Bei den populärsten Plugins handelt es sich leider durchweg um kommerzielle Programme, die zwar kostenlos sind, aber nicht als Open-Source-Code vorliegen. Aus Lizenzgründen werden diese Plugins bei den meisten Linux-Distributionen standardmäßig *nicht* mitgeliefert bzw. installiert. Immerhin gibt es zu allen gängigen kommerziellen Plugins Open-Source-Alternativen. Deren Einsatz ist aber teilweise mit Funktionseinschränkungen und Kompatibilitätsproblemen verbunden. Dies gilt insbesondere für die Open-Source-Implementierungen des Flash-Plugins. Beachten Sie, dass es auch Plugins gibt, die nur in einer Windows- und eventuell noch einer Mac-OS-X-Version vorliegen. Linux-Anwender bleiben in diesem Fall außen vor.

Für Plugins ist übrigens keine eigene MIME-Konfiguration erforderlich. Die Plugin-Dateien enthalten alle erforderlichen Einstellungen.

Installation

Wenn Firefox auf eine Seite stößt, deren Inhalte ein nicht installiertes Plugin erfordern, zeigt es eine entsprechende Warnung sowie einen Installations-Button an. Allerdings funktioniert die Plugin-Installation aus Firefox heraus unter Linux grundsätzlich nicht! Stattdessen ist eine manuelle Installation erforderlich, wie sie in diesem Kapitel für einige Plugins genauer beschrieben wird.

Einen Überblick über alle momentan in Firefox verfügbaren Plugins samt der zugeordneten Dateiformate erhalten Sie, wenn Sie als Adresse `about:plugins` eingeben und [↵] drücken. Auch das Dialogblatt EXTRAS|ADD-ONS|PLUGINS liefert eine Liste aller Plugins. Dort können Sie einzelne Plugins deaktivieren, was bei meinen Tests aber nicht immer funktioniert hat.

64-Bit-Unterstützung

In der Vergangenheit gab es von vielen Plugins nur 32-Bit-Kompilate. Diese konnten aber nicht ohne Weiteres in einem Webbrowser ausgeführt werden, der als 64-Bit-Kompilat vorliegt. Um dieses Problem zu umgehen, wurde häufig der `nspluginwrapper` eingesetzt (siehe unten). Mittlerweile gibt es aber auch das Flash-Plugin in einer 64-Bit-Version, so dass der `nspluginwrapper` immer seltener erforderlich ist.

Wenn Sie ein 32-Bit-Plugin oder -Programm in einer 64-Bit-Distribution nutzen möchten, benötigen Sie auf jeden Fall auch die grundlegenden 32-Bit-Bibliotheken. Unter Debian und Ubuntu müssen Sie dazu zumindest das Paket `ia32-libs` installieren.

nspluginwrapper

Die Bibliothek `nspluginwrapper` erlaubt die Ausführung einiger 32-Bit-Plugins in 64-Bit-Linux-Distributionen sowie unter den Betriebssystemen NetBSD und FreeBSD. Der `nspluginwrapper` wird vor allem dazu eingesetzt, um die 32-Bit-Version des Flash-Plugins auszuführen. Der `nspluginwrapper` ist allerdings nicht zu allen Plugins kompatibel.

Verzeichnisse

Je nachdem, welche Distribution und Firefox-Version Sie einsetzen, werden die Plugin-Dateien an den folgenden Orten gesucht:

» im Verzeichnis `/usr/lib[64]/xulrunner/plugins`

» im Verzeichnis `/usr/lib[64]/xulrunner-addons/plugins`

» im Verzeichnis `/usr/lib[64]/mozilla/plugins`

» im Verzeichnis `/usr/lib[64]/firefox/plugins`

» im Verzeichnis `~/.mozilla/plugins`

» in allen Verzeichnissen, die die Umgebungsvariable `MOZ_PLUGIN_PATH` angibt

Die Vielzahl an Verzeichnissen führt dazu, dass Plugins bei vielen Rechnern nicht an einem einheitlichen Ort installiert werden, sondern quasi über die ganze Festplatte verteilt werden. Aus Kompatibilitätsgründen berücksichtigt auch `xulrunner` die Mozilla- und Firefox-spezifischen Verzeichnisse.

Adobe Flash

Der Adobe Flash Player (ehemals Macromedia Flash) ermöglicht das Abspielen von Flash-Animationen. Das Programm ist als Plugin konzipiert, d. h., die Animationen erscheinen direkt im Webbrowser, oft eingebettet in eine ansonsten statische Seite. Flash ist zum Abspielen von YouTube-Videos erforderlich, wird aber sehr häufig auch zur Darstellung lästiger Werbe-Clips eingesetzt. Manche schlecht konzipierten Websites lassen sich überhaupt nur mit Flash betrachten.

Für die Distributionen Debian, Fedora, openSUSE und Ubuntu finden Sie in den Kapiteln 34 bis 37 konkrete Installationsanleitungen für das Adobe-Flash-Plugin. Dieser Abschnitt gilt für alle anderen Distributionen bzw. soll als Hilfestellung dienen, wenn es Probleme gibt.

Installation

Das Adobe-Flash-Plugin ist kostenlos verfügbar. Leider machen es die Lizenzbedingungen den meisten Distributionen unmöglich, selbst entsprechende Pakete zur Verfügung zu stellen.

Einige Distributionen stellen ein kleines Paket mit einem Installations-Script zur Verfügung, das das Flash-Plugin in der aktuellen Version selbstständig herunterlädt und installiert. Beispielsweise kümmert sich bei aktuellen Ubuntu-Versionen das Paket `flashplugin-installer` um die Flash-Installation und um spätere Updates. Bei Debian installieren Sie das Paket `flashplugin-nonfree` (setzt die `backports`-Paketquelle voraus); wenn Sie das Flash-Plugin zu einem späteren Zeitpunkt aktualisieren möchten, führen Sie das Kommando `update-flashplugin` aus.

Wenn es für Ihre Distribution weder fertige Flash-Pakete noch ein Installations-Script gibt, müssen Sie Flash selbst installieren. Auf der folgenden Seite finden Sie das Flash-Plugin in Form von Debian- und RPM-Paketen, als YUM-Paketquelle sowie als TAR-Archiv.

http://get.adobe.com/de/flashplayer/

Das TAR-Archiv enthält lediglich die Plugin-Datei `libflashplayer.so`. Diese Datei kopieren Sie in eines der Plugin-Verzeichnisse (siehe die vorige Seite). Anschließend starten Sie Ihren Webbrowser neu – fertig!

Flash testen

Nach einem Neustart von Firefox besuchen Sie die folgende Seite, um die Installation zu testen:

http://www.adobe.com/software/flash/about/

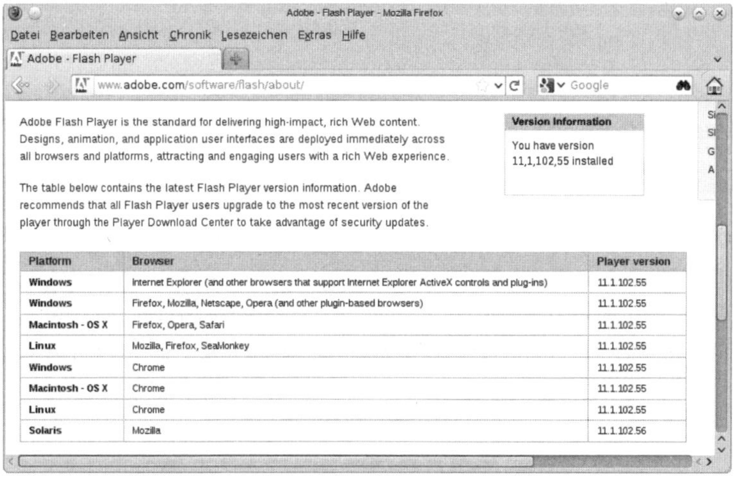

Abbildung 6.6: **Flash testen**

Die Testseite zeigt animierte Werbung für diverse Adobe-Produkte an (willkommen in der Flash-Welt!) und gibt Auskunft darüber, welche Flash-Version gerade aktuell ist und welche auf Ihrem Rechner installiert ist.

FlashBlock

So toll Flash-Animationen sein können, so lästig ist ihre allgegenwärtige Präsenz für Werbezwecke. Die Firefox-Erweiterung FlashBlock schafft Abhilfe. Alle Flash-Objekte einer Seite erscheinen nun als Buttons. Die Animation beginnt erst, wenn dieser Button angeklickt wird (siehe Abbildung 6.7). Sie finden diese nützliche Firefox-Erweiterung, wenn Sie im Dialogblatt EXTRAS|ADD-ONS|ADD-ONS HERUNTERLADEN nach *flashblock* suchen. Mit ZU FIREFOX HINZUFÜGEN installieren Sie die Erweiterung. Firefox muss neu gestartet werden, damit FlashBlock wirksam wird.

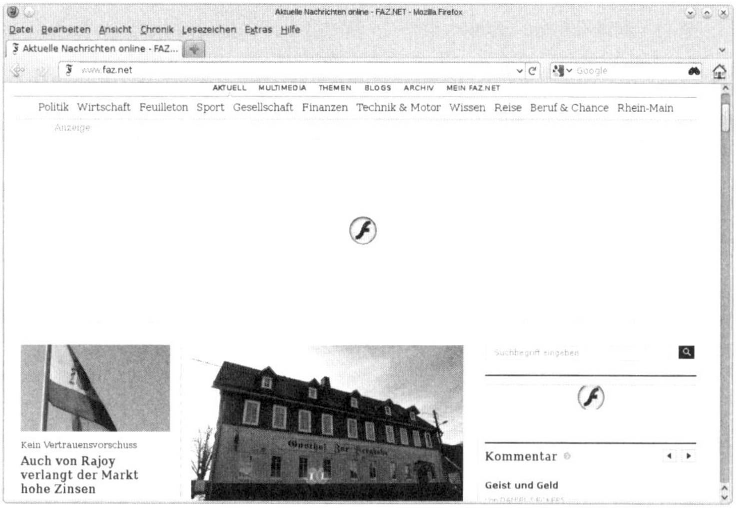

Abbildung 6.7: **FlashBlock in der Praxis**

gnash und Lightspark

Wichtige Programmkomponenten, die keiner freien Lizenz unterstehen, sind der Open-Source-Gemeinde immer ein Dorn im Auge. So verwundert es nicht, dass es auch zu Flash Open-Source-Alternativen gibt: den *GNU Flash Movie Player* (kurz gnash) und das relativ neue Lightspark-Projekt. Beide Software-Projekte beinhalten ein Webbrowser-Plugin. Ein vollwertiger Ersatz für das Original-Flash-Plugin sind sie aber noch nicht – sowohl bei der Kompatibilität als auch bei der Darstellungsqualität gibt es noch erhebliche Einschränkungen. Weitere Informationen finden Sie hier:

http://www.gnu.org/software/gnash/
http://sourceforge.net/apps/trac/lightspark

Adobe Reader

Adobe Reader ist ein Programm zur Darstellung von PDF-Seiten. Zwar gibt es zu diesem Zweck auch diverse Linux-Programme, unter anderem Evince (Gnome) und Okular (KDE), der Adobe Reader bietet aber einige Vorteile:

» bessere Darstellungsqualität
» ausgereiftere Druckfunktionen
» komfortablere Bedienung
» diverse Zusatzfunktionen (PDF-Formulare ausfüllen, einfache Änderungen an speziellen PDF-Dateien durchführen)

Der Adobe Reader ist kostenlos im Internet verfügbar, aus lizenzrechtlichen Gründen sind die meisten Distributionen aber nicht in der Lage, offizielle Adobe-Reader-Pakete in ihre Distribution zu integrieren. Aus diesem Grund müssen Sie das Programm von der Adobe-Website herunterladen und manuell installieren.

Manuelle Installation

Auf der folgenden Website finden Sie eine 32-Bit-Version des Adobe Readers als Debian- oder RPM-Paket, als TAR-Archiv (`*.tar.bz2`) oder als ausführbares Installationsprogramm (`*.bin`).

http://get.adobe.com/de/reader

Die Debian- bzw. RPM-Pakete installieren Sie wie üblich mit `dpkg -i` bzw. `rpm -i` oder (wenn möglich) mit `yum localinstall`. Wenn Sie bei Debian-basierten 64-Bit-Distributionen Warnungen erhalten, dass die CPU-Architektur nicht stimmt, schafft die zusätzliche dpkg-Option `--force-architecture` Abhilfe.

Zur Installation des TAR-Archivs führen Sie in einer Konsole die folgenden Kommandos aus:

```
root#  tar xjf AdobeReader_ n.n.tar.bz2
root#  cd AdobeReader
root#  sh INSTALL
```

Falls Sie sich für die `.bin`-Variante entschieden haben, setzen Sie deren *Execute*-Bit und führen die Datei dann aus:

```
root#  chmod a+x AdobeReader_ n.n.bin
root#  ./AdobeReader_ n.n.bin
```

Im textbasierten Installationsprogramm bestätigen Sie durch [↵] das Installationsverzeichnis /opt und die automatische Installation des Mozilla-Plugins. Bei der Installation werden auch Startkommandos in die Gnome- und KDE-Menüs eingefügt.

Wenn Sie die Installation auf einem 64-Bit-Betriebssystem durchgeführt haben, brauchen Sie grundlegende 32-Bit-Bibliotheken, bevor Sie den Adobe Reader starten können. Unter Debian und Ubuntu installieren Sie dazu die Bibliothek `ia32-libs`. Bei Fedora sorgen die im RPM-Paket des Adobe Readers definierten Abhängigkeiten dafür, dass die erforderlichen Bibliotheken automatisch installiert werden.

Verwendung als Firefox-Plugin

Auf 32-Bit-Distributionen gibt es zwei Varianten, den Adobe Reader von Firefox aus zu nutzen: als Plugin oder als externes Programm. Vielen Anwendern ist die erste Variante vertraut, weswegen sie nach der Acrobat-Installation standardmäßig gilt. Persönlich ziehe ich aber die zweite Variante vor: Mir ist es lieber, die Bedienungselemente des Adobe Readers in einem eigenen Fenster zu nutzen. Um PDF-Dokumente in einem eigenen Fenster zu lesen, führen Sie in Firefox BEARBEITEN|EINSTELLUNGEN|ANWENDUNGEN aus und wählen beim Dateityp PDF DOKUMENT die Aktion ADOBE ACROBAT VERWENDEN aus (nicht ADOBE ACROBAT (IN FIREFOX) VERWENDEN).

Bei 64-Bit-Distributionen stellt sich die Frage nicht: Das Plugin liegt nur als 32-Bit-Version vor und wird von 64-Bit-Webbrowsern ignoriert. Ein Klick auf eine PDF-Datei startet den Adobe Reader deswegen immer als externes Programm.

JavaScript

Adobe Reader unterstützt JavaScript. Diese Scripting-Sprache kann zwar für diverse nützliche Funktionen eingesetzt werden, sie stellt aber gleichzeitig ein potenzielles Sicherheitsrisiko dar und kann dazu genutzt werden, Informationen über das Lesen einer PDF-Datei an den Autor zu senden. Das ist ein oft ungewollter Eingriff in Ihre Privatsphäre. Nähere Informationen können Sie hier nachlesen:

http://lwn.net/Articles/129729/

Um JavaScript im Adobe Reader auszuschalten, führen Sie BEARBEITEN|EINSTELLUNGEN|JAVASCRIPT aus und deaktivieren die entsprechende Option.

Java

Damit Sie Java-Applets im Webbrowser nutzen können, brauchen Sie ein Java-Plugin. Bei den meisten Distributionen kommt standardmäßig eine Open-Source-Implementierung auf der Basis von IcedTea und OpenJDK zum Einsatz. (Seit Sun den Java-Code unter der GPL freigegeben hat, basiert die Open-Source-Implementierungen zu einem großen Teil auf Sun-Code – siehe auch Abschnitt 21.3 ab Seite 512.)

Fast alle Distributionen stellen fertige Java-Plugin-Pakete zur Verfügung, deren Installation ein Kinderspiel ist. Vom Plugin-Paket sind in der Regel eine Menge weiterer Pakete abhängig, die die eigentliche Java-Runtime enthalten. Manche Distributionen bieten bereits experimentelle OpenJDK-7-Pakete an, standardmäßig kommt aber immer OpenJDK 6 zum Einsatz.

Debian 6:	`icedtea6-gcjwebplugin` (auf der Basis von OpenJDK 6)
Fedora 16:	`icedtea-web` (auf der Basis von OpenJDK 6)
openSUSE 12.1:	`icedtea-web` (auf der Basis von OpenJDK 6)
Ubuntu 11.10:	`icedtea-plugin` (auf der Basis von OpenJDK 6)

Test

Um sicherzustellen, dass alles funktioniert hat, öffnen Sie die folgende Webseite. Darin sollte ein Applet Auskunft über die installierte Java-Version geben (siehe Abbildung 6.8).

http://www.java.com/de/download/help/testvm.xml

Abbildung 6.8: **Testseite für das Java-Plugin**

Manuelle Installation von Sun/Oracle Java

Wenn es für Ihre Distribution keine fertigen Sun- bzw. nun Oracle-Java-Pakete gibt, müssen Sie selbst Hand anlegen. Auf der folgenden Website finden Sie die Installationsdaten für 32- und 64-Bit-Systeme wahlweise im RPM-Format oder als selbstextrahierende Datei, die aber nur die 32-Bit-Versionen das Java-Plugin enthalten:

http://www.java.com/de/download/manual.jsp

Bei Distributionen mit einem RPM-Paketverwaltungssystem führen Sie die Installation einfach mit `rpm -i` oder `yum localinstall` durch. Bei anderen Distributionen führen Sie zur Installation die folgenden Kommandos aus:

```
root# mkdir /usr/local/java
root# cd /usr/local/java
root# chmod u+x jre-n-linux-i586.bin
root# ./jre-n-linux-i586.bin
```

Während der Installation wird eine Lizenzvereinbarung angezeigt. Die Anzeige beenden Sie mit [Q], anschließend bestätigen Sie die Lizenz durch die Eingabe von *yes* [↵]. Die weitere Installation erfolgt ohne Rückfragen. Allerdings wird die Java-Plugin-Datei nicht in das Mozilla-Plugin-Verzeichnis installiert. Sie müssen selbst einen symbolischen Link einrichten:

```
root# cd /usr/lib/mozilla/plugins/
root# ln -s /usr/local/java/jren/plugin/i386/ns7/libjavaplugin_oji.so .
```

Falls Sie Java als RPM-Paket installiert haben, befinden sich die Java-Dateien im Verzeichnis `/usr/java`. Das korrekte `ln`-Kommando sieht dann so aus:

```
root# cd /usr/lib/mozilla/plugins/
root# ln -s /usr/java/jren/plugin/i386/ns7/libjavaplugin_oji.so .
```

Hinweis

Es ist sogar möglich, mehrere Java-Umgebungen parallel zu installieren. Welche Version standardmäßig aktiv sein soll, entscheidet `alternatives` (siehe Seite 500). Es darf aber nur *ein* Java-Plugin für den Webbrowser installiert werden! Wenn Sie Sun bzw. Oracle Java installieren, eine bereits vorhandene Open-Source-Java-Umgebung aber beibehalten möchten, müssen Sie deren Plugin-Paket vorher deinstallieren.

Multimedia (Audio- und Video-Player)

Bis vor ein paar Jahren zählte zu einer »vollständigen« Plugin-Kollektion auch der RealPlayer. Dieses Programm, das in der Regel als Browser-Plugin genutzt wird, spielt im Webbrowser MP3-Dateien sowie diverse Audio- und Video-Dateien in Real-eigenen Formaten ab.

Mittlerweile ist eine RealPlayer-Installation überflüssig. Zu allen gängigen Media-Playern für Linux gibt es Browser-Plugins, und sofern die erforderlichen Codec-Bibliotheken installiert sind, unterstützen die Open-Source-Player auch die meisten Medienformate des RealPlayers! Außerdem kooperieren die Open-Source-Player in der Regel besser mit der Linux-Infrastruktur und insbesondere mit dem Audio-System als der notorisch schlecht gewartete RealPlayer. Kurz und gut: Wenn es keine zwingenden Gründe gibt, sollten Sie dem RealPlayer aus dem Weg gehen! Die besten

Erfahrungen als RealPlayer-Ersatz habe ich mit dem auf MPlayer basierenden `gecko-mediaplayer` gemacht.

Bei Ubuntu stehen momentan gleich fünf Webbrowser-Plugins für Multimedia-Player zur Auswahl:

`gecko-mediaplayer`	Plugin auf der Basis von MPlayer; löst `mozilla-mplayer` ab
`kaffine-mozilla`	Plugin auf der Basis von Kaffeine (KDE)
`mozilla-plugin-vlc`	Plugin auf der Basis von VLC
`totem-mozilla`	Plugin auf der Basis von Totem (Gnome)
`xine-plugin`	Plugin auf der Basis von Xine

Für die meisten anderen Distributionen gibt es vergleichbare Pakete, die Paketnamen variieren aber. Entscheidend ist in jedem Fall, dass Sie auch die erforderlichen Codec-Pakete installieren, die sich aus Lizenz- und Patentgründen oft *nicht* in den offiziellen Paketquellen befinden. Mehr Informationen zu diesem leidigen Thema gibt Kapitel 9 (*Audio und Video*). Distributionsspezifische Installationstipps finden Sie für Debian, Fedora, openSUSE und Ubuntu in den Kapiteln 34 bis 37.

Es ist problemlos möglich, mehrere Multimedia-Player parallel zu installieren, aber Sie sollten sich für *ein* Webbrowser-Plugin entscheiden. Sie vermeiden damit Konfigurationsprobleme. (Welches Plugin ist für welches Audio- bzw. Video-Format zuständig?)

6.5 Social Networking, Twitter-Clients

An sich lassen sich Social-Networking-Dienste wie Facebook, Twitter oder Identi.ca natürlich mit jedem Webbrowser bedienen. Aber nachdem Facebook-Apps sich anscheinend zu den wichtigsten und am häufigsten eingesetzten Applikationen jedes modernen Smartphones entwickelt haben, darf natürlich auch Linux nicht zurückstecken und muss für diesen Zweck eigene Programme anbieten. Besonders Ubuntu hat sich das Social Networking auf die Fahnen geschrieben und grundlegende Funktionen in ein Panel-Applet integriert (siehe die Beschreibung des Messaging-Menü auf Seite 1068).

Dieser Abschnitt stellt ganz kurz einige MicroBlogging-Clients vor, mit denen Sie Twitter- und Facebook-Nachrichten lesen bzw. selbst verfassen können. Wenn Ihnen die folgende Auswahl zu klein ist, sollten Sie noch einen Blick auf die Programme Qwit (KDE) und Twitux (Gnome) werfen:

http://code.google.com/p/qwit/
http://sourceforge.net/projects/twitux/

Choqok

Der KDE-Microblogging-Client Choqok unterstützt die Dienste Twitter und Identi.ca. In typischer KDE-Manier umfasst der Konfigurationsdialog sechs Seiten – man würde es nicht für möglich halten, dass ein so einfaches Programm mit derart vielen Optionen ausgestattet ist. Wie auch immer: Einmal konfiguriert, funktioniert Choqok hervorragend.

Facebook-Plasmoid

KDE besitzt ein eigenen Plasmoid, um Facebook-Neuigkeiten zu verfolgen und selbst Statusmeldungen zu verfassen. Die Bedienung des Miniprogramms ist so einfach wie die von Facebook. Mein einziger Kritikpunkt betrifft den Umstand, dass es sich um ein Plasmoid handelt und nicht um ein eigenständiges KDE-Programm.

Gwibber Das unter anderem in Ubuntu eingesetzte Gnome-Programm Gwibber hilft dabei, Nachrichtenkanäle unterschiedlicher Micro-Blogging-Dienste gemeinsam zu lesen und neue Nachrichten zu versenden. Gwibber unterstützt die Nachrichtendienste von Twitter, Facebook, Flickr, StatusNet, Qaiku, FriendFeed, Digg und Identi.ca. Wenn Sie mehrere Konten eingerichtet haben, können Sie mit den Icons in der Statusleiste angeben, an welche Konten eine neue Nachricht gesendet werden soll. Leider ist die optische Kennzeichnung, welche Konten gerade aktiv sind, nicht besonders gut gelungen. Bei der Eingabe von Nachrichten werden Links (URLs) automatisch verkürzt, wobei Sie mit BEARBEITEN|EINSTELLUNGEN|MELDUNGEN zwischen verschiedenen Link-Verkürzdiensten wählen können (`tinyurl.com`, `tr.im` etc.)

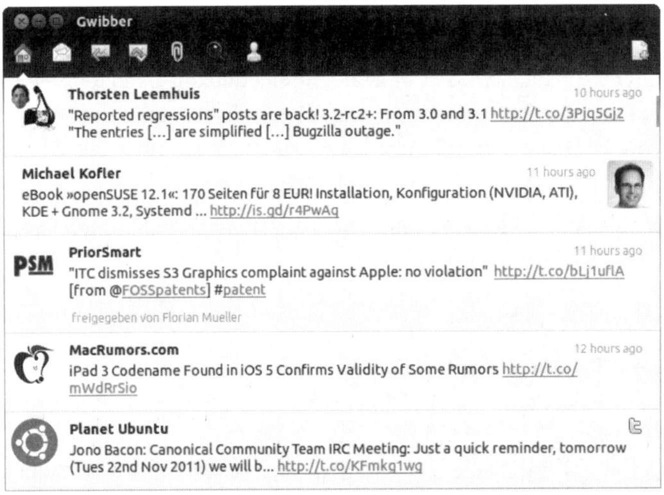

Abbildung 6.9: **Der Microblogging-Client Gwibber**

Microblog-Plasmoid Das KDE-Plasmoid *Microblog* ermöglicht es, Microblogging-Nachrichten von Twitter und Identi.ca direkt am Desktop anzuzeigen. Persönlich finde ich das total unpraktisch, aber die Geschmäcker sind verschieden. Bei Kubuntu befindet sich dieses Plasmoid sogar standardmäßig auf dem Desktop.

Pino Das Gnome-Programm *Pino* bietet weniger Funktionen als Gwibber, läuft dafür aber stabiler und beansprucht wesentlich weniger Speicher und CPU-Kapazität. Pino unterstützt momentan die Nachrichtendienste Twitter und Identica. Achten Sie beim Einrichten der Konten darauf, dass Sie das richtige Passwort angeben! Anstatt bei einem falschen Passwort eine Fehlermeldung anzuzeigen, versucht Pino immer wieder, einen Login herzustellen. Twitter glaubt dann, dass ein Einbruchversuch vorliegt, und blockiert das Konto für eine Stunde.

7. E-Mail-Clients

Dieses Kapitel fasst zuerst einige E-Mail-Grundlagen zusammen und führt Sie dann in den Umgang mit fünf E-Mail-Clients für Linux ein:

» **Thunderbird** ist vielen Umsteigern aus der Windows-Welt bereits bekannt. Es handelt sich um die zu Firefox passende E-Mail-Komponente. Der E-Mail-Client hat ein funktionelles Layout und ist nicht mit Zusatzfunktionen überladen. Leider beansprucht Thunderbird sehr viel RAM und ist daher für ältere, schlecht ausgestattete Rechner nicht geeignet.

» **Evolution** ist der Standard-E-Mail-Client des Gnome-Desktops. Das Programm wurde von Anfang an als Alternative zu Outlook konzipiert. Dementsprechend vielfältig sind die Funktionen des Programms: Außer E-Mails können Sie mit Evolution auch Termine und Kontakte verwalten, diese Daten mit einem PDA synchronisieren etc. Evolution kann auch in Kombination mit dem Microsoft Exchange-Server oder mit Groupwise eingesetzt werden.

» **Kontact** ist das KDE-Gegenstück zu Evolution. Kontact bietet eine einheitliche Oberfläche über mehrere KDE-Einzelkomponenten zur Verwaltung von E-Mails, Kontakten, Terminen etc. Wenn Sie nur an den E-Mail-Funktionen interessiert sind, setzen Sie statt Kontact das Programm KMail ein.

» **Claws Mail** ist ein schneller E-Mail-Client, der wegen seiner effizienten Nutzung des RAMs und der CPU oft auf älteren bzw. leistungsschwachen Rechnern eingesetzt wird. Zusatzfunktionen wie ein Spam-Filter, Verschlüsselung, Signierung etc. sind in Form von Plugins realisiert.

» **Mutt** ist ein kleiner, textbasierter E-Mail-Client, der sich vor allem zum Lesen lokaler E-Mails (z. B. auf einem extern laufenden Server) anbietet.

Eine naheliegende Frage für Linux-Einsteiger ist nun: Auf welches E-Mail-Programm sollen Sie setzen? Die Entscheidung ist insofern kritisch, als es bei einem späteren Wechsel oft schwierig ist, das vorhandene E-Mail-Archiv zu übernehmen: Jedes der oben aufgezählten Programme speichert E-Mails auf eine andere Weise, aber nur Kontact bzw. KMail bietet auch brauchbare Importfunktionen für die jeweils anderen Formate.

Grundsätzlich machen Sie mit keinem der Programme etwas falsch. Zur Erledigung der Standardaufgaben inklusive Spam-Schutz und automatischer E-Mail-Filterung ist jedes Programm geeignet. Technisch orientierte Anwender werden die unzähligen Konfigurationsmöglichkeiten von KMail schätzen, während sich Mausverweigerer am ehesten mit Claws Mail anfreunden werden. Persönlich setze ich seit vielen Jahren Thunderbird ein und bin zufrieden damit.

E-Mail im Textmodus Manche Linux- bzw. Unix-Freaks lesen bzw. verfassen E-Mails lieber in einer Konsole. Dazu stehen diverse Programme zur Wahl, beispielsweise cone, mutt (siehe Seite 179) und pine. Emacs-Freunde brauchen dank eines eigenen E-Mail-Modus ihren Editor gar nicht zu verlassen. Und wer Mails automatisiert in einem Script verschicken will, der sollte einen Blick auf das Kommando mail werfen.

E-Mail-Server Nicht Thema dieses Kapitels ist die Konfiguration eines E-Mail-Servers (MTA = Mail Transfer Agent). Wenn Sie über einen Root-Server verfügen und einen eigenen Mail-Server auf der Basis von Postfix, Dovecot, SpamAssassin und ClamAV einrichten möchten, finden Sie in Kapitel 32 eine ausführliche Anleitung.

7.1 Grundlagen

Aus Anwendersicht ist das Senden und Empfangen von E-Mails eine einfache Angelegenheit. Hinter den Kulissen sind die Vorgänge, die dabei stattfinden, aber nicht so trivial. Dieser Abschnitt gibt Ihnen daher einige Hintergrundinformationen zum Thema E-Mail. Wenn Sie nur auf der Suche nach einem einfach zu bedienenden E-Mail-Programm sind, können Sie diesen Abschnitt getrost überblättern. Wenn Sie auf der anderen Seite die Hintergründe noch besser verstehen möchten, finden Sie in Abschnitt 32.1 ab Seite 951 eine Zusammenfassung der Grundlagen zur E-Mail-Server-Konfiguration.

Account Wenn Ihnen ein Internet-Provider oder eine Firma eine E-Mail-Adresse zur Verfügung stellt, wird dieser Service auch als Account bezeichnet. Da viele Leute mehrere E-Mail-Adressen besitzen, können die meisten E-Mail-Programme mehrere Accounts verwalten.

Damit Sie E-Mails von Ihrem Account lesen und neue Nachrichten versenden können, stellt Ihnen Ihr E-Mail-Provider Zugangsdaten zur Verfügung, die so ähnlich wie in Tabelle 7.1 aussehen:

PARAMETER	BEISPIEL
E-Mail-Adresse	kathrin.hofer@firma.de oder kathrin.hofer@gmx.de
Postfach-Adresse für eingehende E-Mail (POP oder IMAP)	imap.firma.de oder pop.gmx.net
Login-/Benutzername für das Postfach	khofer oder 12345678
Passwort für das Postfach	xxxxxxxx
Server-Adresse für ausgehende E-Mail (SMTP)	smtp.firma.de oder mail.gmx.net
Login-/Benutzername für SMTP	khofer oder 12345678
Passwort für SMTP	xxxxxxxx

Tabelle 7.1: **Account-Zugangsdaten mit Beispielen**

Oft wird als Login-Name für das Postfach einfach die E-Mail-Adresse verwendet. Bei vielen Accounts gelten für SMTP derselbe Login-Name und dasselbe Passwort wie beim Postfach. Immer seltener kann SMTP auch ohne explizite Authentifizierung verwendet werden, wenn vorher ein POP-Zugriff erfolgt ist. Bei vorwiegend für die Benutzung über einen Webbrowser konzipierten E-Mail-Accounts

(z. B. GMX) müssen Sie oft zuerst einige Sicherheitsoptionen ändern, um eine POP- oder IMAP-Nutzung zuzulassen.

MIME

Der Begriff MIME (Multipurpose Internet Mail Extensions) wird bei E-Mail-Programmen auf zwei verschiedene Weisen verwendet. Einerseits hilft die richtige MIME-Konfiguration dem E-Mail-Programm, richtig mit Attachments umzugehen und eine per E-Mail versandte PDF-Datei mit einem PDF-Viewer zu öffnen. Hintergrundinformationen zur MIME-Konfiguration finden Sie auf Seite 266.

Andererseits kann sich MIME auch auf die Codierung des Nachrichtentexts beziehen. Ursprünglich war E-Mail nur für 7-Bit-ASCII-Zeichen gedacht. Nachrichten mit Sonderzeichen (also mit Zeichen, deren Code größer als 127 ist) bereiteten Schwierigkeiten. Um diese Probleme zu umgehen, wurden verschiedene MIME-Typen zur Codierung der Nachrichten definiert.

Signatur

Oft sollen alle E-Mails mit einigen Zeilen Text abgeschlossen werden, die etwa den Firmennamen, eine Adresse etc. enthalten können. Damit Sie diesen Text nicht ständig neu eingeben müssen, können Sie bei den meisten E-Mail-Programmen eine sogenannte Signatur definieren. Manche verwenden dazu automatisch die Datei `~/.signature`.

Protokolle

Die drei Abkürzungen POP, SMTP und IMAP bezeichnen verschiedene Protokolle zur Übertragung von E-Mails zwischen Ihrem Rechner und dem E-Mail-Provider:

» **POP:** Zur Übertragung von E-Mails vom Provider auf Ihren Rechner kommt üblicherweise das Post Office Protocol (POP) zum Einsatz. Damit das E-Mail-Programm mit dem Provider kommunizieren kann, benötigt es drei Informationen: die Adresse des POP-Servers, den POP-Login-Namen und das POP-Passwort.

» **IMAP:** Eine Alternative zu POP ist das Internet Message Access Protocol. Der Hauptunterschied zu POP besteht darin, dass bei IMAP die E-Mails üblicherweise auf dem IMAP-Server bleiben. Das E-Mail-Programm dient in diesem Fall also nur zur Kommunikation mit dem Server. IMAP ist dann optimal, wenn Sie Ihre E-Mails von unterschiedlichen Rechnern aus bearbeiten möchten, ohne die Nachteile eines Webmail-Systems in Kauf zu nehmen. IMAP kommt vor allem in größeren Unternehmen zum Einsatz. Dagegen bieten nur relativ wenige E-Mail-Provider IMAP an. Einer der Gründe besteht darin, dass IMAP relativ hohe Ressourcen-Anforderungen an den Provider stellt. Alle in diesem Kapitel vorgestellten E-Mail-Programme unterstützen IMAP.

» **SMTP:** Zum Versenden eigener E-Mails wird das Simple Mail Transfer Protocol (SMTP) verwendet. Zur Kommunikation mit dem SMTP-Server des Providers benötigt das E-Mail-Programm meist nur die Adresse des SMTP-Servers. Ob auch beim SMTP-Server eine Authentifizierung erforderlich ist, hängt vom Provider ab. Bei einigen Providern gilt eine vorherige POP-Authentifizierung automatisch auch für SMTP. Andere Provider verlangen eine eigene SMTP-Authentifizierung.

Während der Account-Konfiguration können Sie bei einigen E-Mail-Programmen Port-Nummern für POP, IMAP und SMTP angeben. Üblich sind die folgenden Werte:

POP:	110 bzw. 995 (SSL-verschlüsselt)
IMAP:	143 bzw. 993 (SSL-verschlüsselt)
SMTP:	25 bzw. 465 (SSL-verschlüsselt)

Eine Erklärung, wozu Ports dienen, finden Sie auf Seite 830.

Interna der E-Mail-Verwaltung

Es gibt verschiedene Möglichkeiten, E-Mails zu verwalten:

- **Lokales Stand-alone-Programm:** Der Normalfall besteht darin, dass Sie Ihre E-Mail auf dem lokalen Rechner mit einem E-Mail-Client (MUA) wie Thunderbird verarbeiten. Dieses Programm kümmert sich allein um alle Aspekte der E-Mail-Verwaltung: empfangen, versenden, verfassen, speichern etc. Alle in diesem Kapitel vorgestellten Programme agieren so.
- **Lokale Aufgabenteilung:** Die zweite Variante entspricht dem Unix-üblichen Ansatz, Teilaufgaben auf einzelne Programme zu verteilen: In diesem Fall verwenden Sie einen lokalen Mail-Server (MTA) zum Versenden von E-Mails, Fetchmail zum Abholen neuer E-Mails vom POP-Server Ihres E-Mail-Providers und schließlich ein beliebiges E-Mail-Programm, das auf die beiden anderen Programme zurückgreift.

  Dieses Konzept war früher unter Unix/Linux weit verbreitet, ist inzwischen wegen des hohen Konfigurationsaufwands aber selten geworden. Zwingend erforderlich ist es weiterhin, wenn Sie textbasierte E-Mail-Clients einsetzen. Diese Programme sind vielfach nicht in der Lage, selbst E-Mails abzuholen bzw. zu versenden.
- **Webmail:** Alternativ können Sie natürlich auch eines der vielen Webmail-Systeme einsetzen, wie sie von GMX, Yahoo etc. angeboten werden. Dazu benötigen Sie kein eigenes E-Mail-Programm, sondern nur einen Webbrowser. In diesem Fall ist dieses Kapitel für Sie hinfällig.

Lokale E-Mails

Traditionell verwendet Unix bzw. Linux E-Mails als lokales Kommunikationsmedium. Manche Netzwerkdienste protokollieren Fehler daher nicht nur in einer Logging-Datei, sondern versenden auch eine E-Mail an root. Da viele Linux-Benutzer die Existenz solcher E-Mails nie bemerken, kommen lokale E-Mails zunehmend außer Mode. Manche Distributionen nutzen dieses Verfahren aber noch immer, um diverse Warnungen zu versenden (z. B. Red Hat und Fedora). Damit Sie in der Lage sind, diese E-Mails zu lesen, müssen Sie diesen Mechanismus kennen.

Der lokale E-Mail-Versand erfolgt vollkommen unabhängig von Ihrem E-Mail-Client und funktioniert nur, wenn auf dem Rechner ein E-Mail-Server (MTA) installiert ist. Unter Fedora und Red Hat kommt dabei Sendmail zum Einsatz. Bei den meisten anderen Distributionen ist standardmäßig kein MTA installiert.

In der Minimalkonfiguration kann Sendmail E-Mails nur lokal versenden und zustellen (Absender und Empfänger sind also Programme bzw. Accounts auf dem lokalen Rechner). Die Konfiguration und SPAM-Schutzmaßnahmen externer E-Mail-Server verhindern einen »echten« E-Mail-Versand.

Inbox

»Lokal zustellen« bedeutet, die E-Mail an das Ende der Datei `/var/spool/mail/`*`loginname`* anzufügen. Diese Datei im mbox-Format enthält für den jeweiligen Benutzer alle neuen (noch nicht abgeholten) E-Mails des Systems. Gelegentlich wird diese Datei auch einfach als Inbox bezeichnet. Auch das oben erwähnte Progamm Fetchmail fügt die von einem externen POP-Server abgeholten E-Mails in die Inbox ein.

Lokale E-Mails lesen

Die Gefahr ist groß, dass Sie derartige E-Mails nie zu sehen bekommen – und das gleich aus zweierlei Gründen: Erstens ignorieren die meisten grafischen E-Mail-Clients `/var/spool/mail/`*`loginname`*, und zweitens sind System-Mails meist an root adressiert, während Sie als gewöhnlicher Benutzer arbeiten.

Die Lösung für das erste Problem besteht darin, zum Lesen der lokalen E-Mails ein Programm zu verwenden, das `/var/spool/mail/`*`loginname`* berücksichtigt. Das trifft unter anderem auf alle textbasierten E-Mail-Programme zu. Um die E-Mails zu lesen, loggen Sie sich vorübergehend als root ein (`su -l` oder `sudo -s`) und starten dann z. B. dem Mail-Client `mutt`.

/etc/aliases

Noch eleganter ist es, alle an root adressierten E-Mails in die Inbox des Benutzers umzuleiten, der normalerweise für die Administration des Rechners verantwortlich ist. Wenn als MTA `sendmail` installiert ist, fügen Sie dazu am Ende der `/etc/aliases` eine Zeile nach dem folgenden Muster hinzu. Damit erhält in Zukunft der Benutzer `kofler` alle E-Mails für root.

```
# am Ende von /etc/aliases
...
root:    kofler
```

Die geänderte Einstellung wird erst wirksam, wenn Sie das Kommando `newaliases` ausführen. Zum Lesen der E-Mails können Sie nun auf `su -l` verzichten. Sie müssen aber weiterhin ein Programm verwenden, das die lokale Mailbox auswertet. Neben textbasierten Programmen wie `mutt` kommen hierfür auch Evolution und Kontact infrage, wenn ein zusätzlicher Account entsprechend eingerichtet wird. (Thunderbird ist dazu leider nicht in der Lage.)

Mailbox-Formate und -Konvertierung

mbox-Format

Alle E-Mail-Programme bieten die Möglichkeit, eingetroffene oder selbst verfasste E-Mails in Verzeichnissen zu speichern. Dabei kommt oft das mbox-Format zur Anwendung: Alle E-Mails eines Verzeichnisses (Ordners) werden einfach zu einer langen Textdatei verbunden. Zur Trennung zwischen den E-Mails dienen Zeilen, die mit `From` beginnen. Das Format ist im Internet dokumentiert, z. B. unter:

http://www.qmail.org/qmail-manual-html/man5/mbox.html

Die meisten E-Mail-Clients erzeugen neben den mbox-Dateien zusätzliche Verwaltungsdateien mit einem Inhaltsverzeichnis zu den Mailbox-Dateien. Diese Verwaltungsdateien beschleunigen den Zugriff auf einzelne E-Mails, sind aber nicht zwischen den E-Mail-Programmen kompatibel.

Auch die Art und Weise, ob und wie Hierarchien von Mail-Verzeichnissen unterstützt werden, hängt ganz vom jeweiligen E-Mail-Programm ab. Es gibt hierfür keinen gemeinsamen Standard.

Das mbox-Format erleichtert es, den E-Mail-Client zu wechseln. Im Regelfall müssen Sie lediglich die mbox-Dateien (ohne die zusätzlichen Verwaltungsdateien) in das Verzeichnis kopieren, in dem der E-Mail-Client sie erwartet.

maildir-Format Neben dem mbox-Format unterstützen manche E-Mail-Programme und die meisten E-Mail-Server auch das maildir-Format. Dabei wird jede einzelne E-Mail in einer eigenen Datei gespeichert. Eine Mailbox besteht aus allen Dateien innerhalb eines Verzeichnisses. Der offensichtliche Vorteil besteht darin, dass einzelne Nachrichten einfacher gelöscht werden können.

Andere Formate Unter Windows ist von einem gemeinsamen Standard zur Speicherung von E-Mails natürlich keine Rede. Zwar gibt es auch einige Windows-Programme, die das mbox-Format verwenden; die Mehrheit der E-Mail-Clients verwendet aber jeweils ihr eigenes Format.

Tipp

Wenn Sie bisher unter Windows mit Microsoft Mail bzw. Outlook Express gearbeitet haben und nun unter Linux auf Thunderbird umsteigen möchten, sollten Sie einen Zwischenschritt einlegen und zuerst die Windows-Version von Thunderbird installieren. Damit können Sie nämlich Outlook-Express-E-Mails importieren. Anschließend kopieren Sie das gesamte E-Mail-Verzeichnis nach Linux.

Signierung und Verschlüsselung von E-Mails

E-Mails werden zwar viel schneller als gewöhnliche Post zugestellt, bedauerlicherweise ist es aber um die Sicherheit von E-Mails weniger gut bestellt: Für technisch versierte Personen ist es relativ einfach, E-Mails mit falschen Absenderadressen zu versenden, von Ihnen an andere Personen versandte E-Mails zu lesen oder gar zu manipulieren. Aus diesem Grund sollten Sie niemals wirklich vertrauliche Daten in einer nicht verschlüsselten E-Mail versenden (z. B. eine Kreditkartennummer).

Durch die Signierung und Verschlüsselung können Sie Ihre E-Mail-Kommunikation wesentlich sicherer machen. Alle in diesem Kapitel vorgestellten E-Mail-Programme sind in der Lage, E-Mails zu signieren und zu verschlüsseln und können natürlich auch mit derart behandelten E-Mails umgehen.

Trotz der unbestrittenen Vorteile signierter bzw. verschlüsselter E-Mails werden Sie in der Praxis nur selten auf derartige E-Mails stoßen. Bequemlichkeit, die relativ komplexe Schlüsselverwaltung und zwei zueinander inkompatible Standards (PGP und S/MIME) stehen einer weiten Verbreitung im Wege.

Schlüssel Zum Signieren bzw. Verschlüsseln werden sogenannte Schlüssel verwendet. Ein elektronischer Schlüssel ist einfach ein langer Zahlencode.

Geheimer und öffentlicher Schlüssel Zum Signieren und Verschlüsseln von E-Mails werden die sogenannten asymmetrischen Verfahren eingesetzt. Jeder Schlüssel besteht daher aus zwei Teilen: aus einem geheimen Schlüssel, der normalerweise nur auf der Festplatte des Besitzers gespeichert ist, und aus einem öffentlichen Schlüssel, der z. B. im Internet publiziert wird. Das Besondere an den asymmetrischen Verfahren besteht darin, dass zum Signieren oder Verschlüsseln der eine Teil des Schlüssels verwendet wird, zur Kontrolle der Signatur bzw. zum Entschlüsseln dagegen der andere Teil des Schlüssels.

Signieren Das Signieren einer E-Mail bedeutet, dass vor dem Versenden einer Nachricht eine Prüfsumme errechnet wird. Diese Prüfsumme wird verschlüsselt. Der Empfänger kann anhand der Prüfsumme sicherstellen, dass die E-Mail tatsächlich vom angegebenen Empfänger stammt und dass sie nach dem Versenden nicht manipuliert wurde.

Wenn Sie eine E-Mail signieren, verwendet das E-Mail-Programm dazu Ihren geheimen Schlüssel. Zur Kontrolle der Signatur reicht aber der öffentliche Schlüssel aus. Das bedeutet: Nur Sie selbst können Ihre E-Mails signieren (weil nur Sie Ihren geheimen Schlüssel besitzen). Es kann aber jeder Ihre signierte E-Mail kontrollieren, weil jeder über das Internet Zugang zu Ihrem öffentlichen Schlüssel hat.

Ihre signierte E-Mail kann jeder lesen, auch wenn der Empfänger Ihren öffentlichen Schlüssel nicht kennt oder ein E-Mail-Programm ohne Signaturfunktionen verwendet (z. B. ein Webmail-Interface). In solchen Fällen wird unterhalb der E-Mail der Signaturcode angezeigt. Dieser Code behindert das Lesen der eigentlichen Nachricht nicht. Ein Empfänger ohne Signaturmöglichkeiten kann aber nicht kontrollieren, ob die E-Mail tatsächlich von Ihnen stammt.

Verschlüsseln

Das Verschlüsseln einer E-Mail bedeutet, dass die E-Mail nicht im Klartext versendet wird, sondern in einer verschlüsselten Form. Niemand kann den Inhalt dieser E-Mail lesen, wenn er nicht den richtigen Schlüssel kennt, um die Verschlüsselung wieder aufzuheben.

Zum Verschlüsseln wird der öffentliche Schlüssel des Empfängers (!) verwendet. (Wenn Sie also eine verschlüsselte E-Mail an Gabi versenden möchten, müssen Sie sich zuerst den öffentlichen Schlüssel von Gabi besorgen.) Die verschlüsselte E-Mail kann anschließend nur noch durch den geheimen Schlüssel des Empfängers entschlüsselt werden. Diesen Schlüssel hat nur Gabi.

Ihre verschlüsselte E-Mail kann nur der Empfänger lesen, der den geheimen Teil des Schlüssels besitzt, dessen öffentlicher Teil zur Verschlüsselung eingesetzt wurde. Wenn der Empfänger seinen geheimen Schlüssel verloren oder irrtümlich gelöscht hat oder wenn er ein E-Mail-Programm ohne Verschlüsselungsfunktionen verwendet, sieht er nur eine lange Liste von Zahlen und Codes. Die Nachricht ist dann vollkommen wertlos.

PGP versus S/MIME

Es wäre zu einfach, wenn es zum Signieren, Verschlüsseln und zur Schlüsselverwaltung nur ein Verfahren gäbe! Etabliert haben sich vielmehr zwei Verfahren, die beide als sicher gelten:

» **PGP bzw. GPG bzw. OpenPGP:** Am Anfang stand das Software-Projekt PGP (Pretty Good Privacy). Als PGP zu einem kommerziellen Produkt wurde, schuf die Open-Source-Gemeinde das dazu weitgehend kompatible Projekt GPG (GNU Privacy Guard). Open PGP ist schließlich ein öffentlicher Internet-Standard, dem sowohl PGP als auch GPG entsprechen.

  Standardmäßig wird durch PGP nur die eigentliche Nachricht signiert bzw. verschlüsselt. Wenn Sie auch Anhänge signieren bzw. verschlüsseln möchten, müssen Sie die Variante PGP/MIME nutzen.

  Das aus Anwendersicht vielleicht wichtigste Merkmal von PGP besteht darin, dass es sehr einfach ist, die erforderlichen Schlüssel selbst zu erzeugen. Damit eignet sich PGP nicht nur für große Unternehmen, sondern auch für kleine Betriebe. Auch in der Linux- und Open-Source-Szene dominiert PGP. Sowohl Gnome als auch KDE bieten ausgereifte Werkzeuge zur Schlüsselverwaltung an. Leider unterstützen manche Windows-E-Mail-Clients PGP nicht bzw. erst nach der Installation von Erweiterungen oder Plugins.

» **S/MIME:** S/MIME (Secure Multipurpose Internet Mail Extension) basiert auf anderen Verschlüsselungsalgorithmen. Als S/MIME-Schlüssel müssen sogenannte X.509-Zertifikate verwendet werden.

S/MIME-signierte bzw. -verschlüsselte Dokumente haben bei manchen öffentlichen Behörden denselben Wert wie eigenhändig unterschriebene Schriftstücke. Das gilt allerdings nur, wenn die eingesetzten X.509-Zertifikate von autorisierten Trustcentern (CA = Certificate Authority) nach der Kontrolle von Persönlichkeitsdaten (z. B. des Personalausweises) herausgegeben wurden. Derartige Zertifikate kosten aufgrund des hohen administrativen Aufwands relativ viel Geld, sind dafür aber vertrauenswürdiger als selbst erzeugte Schlüssel.

S/MIME ist in der Windows-Welt weit verbreitet und wird auch von allen drei in diesem Kapitel vorgestellten E-Mail-Clients unterstützt – wenn auch zum Teil weniger gut als PGP. Die größte Hürde für Privatanwender besteht darin, sich einen S/MIME-Schlüssel zu beschaffen.

Leider sind die beiden Verfahren miteinander inkompatibel. Eine PGP-verschlüsselte E-Mail kann nicht mit den Mitteln von S/MIME gelesen werden und umgekehrt. Es gibt zwar E-Mail-Programme, die mit beiden Verschlüsselungsmechanismen zurechtkommen, aber in diesem Fall benötigen Sie für beide Verfahren jeweils eigene Schlüssel. Außerdem kann eine E-Mail immer nur mit einem Verfahren verschlüsselt werden, nicht mit beiden. Kurz und gut: PGP bietet nach dem aktuellen Wissensstand alles, um sicher und ohne zusätzliche Kosten miteinander zu kommunizieren. Der wesentliche Vorteil von S/MIME besteht darin, dass es bei der Verwendung von qualifizierten X.509-Zertifikaten einen anderen rechtlichen Charakter hat.

Schlüsselverwaltung

Die meisten E-Mail-Clients können die zum Senden und Empfangen erforderlichen Schlüssel selbst verwalten bzw. bei Bedarf einen neuen Schlüssel erzeugen. Da die Schlüssel aber oft auch für andere Aufgaben benötigt werden, ist es zweckmäßig, die Schlüsselverwaltung losgelöst vom E-Mail-Programm durchzuführen. Gnome unterstützt Sie bei dieser Aufgabe durch das Programm Seahorse, KDE durch KGpg und Kleopatra (für S/MIME).

Die primäre Aufgabe der Schlüsselverwaltung besteht darin, die öffentlichen Teile der Schlüssel Ihrer Kommunikationspartner in einem sogenannten Schlüsselbund zu sammeln. Beim Import neuer Schlüssel müssen Sie diese »signieren«. Das bedeutet, dass Sie davon überzeugt sind, dass der importierte Schlüssel tatsächlich von der richtigen Person stammt. Sofern Sie mit PGP-Schlüsseln arbeiten, befinden sich alle Verwaltungsdateien im Verzeichnis `~/.gnupg`.

7.2 Thunderbird

Das E-Mail-Programm Thunderbird ist wie Firefox aus dem ehemaligen Mozilla-Projekt hervorgegangen. Obwohl es mit nahezu allen Distributionen mitgeliefert wird, ist es oft nicht installiert. Der Grund: Sowohl Gnome als auch KDE sehen ein anderes Programm als Standard-E-Mail-Client vor (siehe die beiden folgenden Abschnitte). Persönlich ziehe ich aus mehreren Gründen Thunderbird vor und arbeite seit vielen Jahren mit diesem Programm:

- Thunderbird ist ein reines E-Mail-Programm. Das macht die Bedienung übersichtlicher.
- Das Programm steht auch unter Windows zur Verfügung und bietet sich daher für Nutzer an, die ihr E-Mail-Archiv in einem Windows-kompatiblen Format verwalten möchten.
- Der Spamfilter funktioniert gut und ist einfach zu bedienen.

Kritik Leider ist auch bei Thunderbird nicht alles Gold, was glänzt. Das Programm setzt voraus, dass Sie auf einem leistungsfähigen Rechner mit viel RAM arbeiten. Thunderbird beansprucht für sich (je nach Nutzung) oft mehrere Hundert MByte! Eine eher polemische Kritik an Thunderbird können Sie z. B. hier nachlesen:

http://www.theregister.co.uk/2010/08/08/thunderbird_3_no/

Icedove Unter Debian werden Sie vergeblich nach einem Thunderbird-Paket suchen. Aufgrund der strengen Bestimmungen für die Benutzung der registrierten Marke »Thunderbird« benannten die Debian-Entwickler das Programm in Icedove um. Die Verwendung eines eigenen Namens erlaubt es Debian, das Programm um eigenen Code zu erweitern und eigene Icons einzusetzen.

Installation Bei vielen Distributionen ist Thunderbird in mehrere Pakete aufgeteilt. Eines enthält die Grundfunktionen, und weitere Pakete enthalten die Menü- und Dialogtexte für verschiedene Sprachen. Vergessen Sie nicht, auch das deutsche Sprachpaket zu installieren! In Gnome bzw. KDE sollten Sie anschließend Thunderbird als Standard-E-Mail-Programm einrichten (siehe Seite 104 bzw. 126).

Account-Konfiguration

Beim ersten Start erscheint automatisch der Konten-Assistent, der Ihnen bei der Konfiguration hilft. Sie können den Assistenten bei Bedarf auch selbst starten: Dazu führen Sie BEARBEITEN|KONTEN-EINSTELLUNGEN aus und klicken auf den Button KONTEN-AKTIONEN|KONTO HINZUFÜGEN.

Im Assistenten müssen Sie in der Regel nur drei Informationen angeben: Ihren Namen, Ihre E-Mail-Adresse und das Passwort für den E-Mail-Zugang. Thunderbird versucht die restlichen Parameter (POP oder IMAP-Account, Adresse der Mail-Server etc.) selbst zu erraten, was in vielen Fällen gelingt. Falls Ihr E-Mail-Server sowohl POP als auch IMAP unterstützt, entscheidet sich Thunderbird für IMAP.

Bei Bedarf können Sie mit BEARBEITEN|KONTEN-EINSTELLUNGEN unzählige weitere Optionen einstellen (siehe Abbildung 7.1). Beachten Sie, dass Sie bei vielen E-Mail-Servern den BENUTZERNAMEN in den Dialogblättern SERVER-EINSTELLUNGEN und POSTAUSGANG-SERVER (SMTP) manuell einstellen müssen. Thunderbird verwendet hierfür einfach den ersten Teil der E-Mail-Adresse, was aber vielfach nicht korrekt ist. Bei POP-Accounts empfiehlt sich (zumindest anfänglich) die Aktivierung der Option SERVER-EINSTELLUNGEN|NACHRICHTEN AUF DEM SERVER BELASSEN. Damit erreichen Sie, dass Thunderbird abgeholte E-Mails auf dem Server nicht löscht. Sollten Sie später auf ein anderes E-Mail-Programm umsteigen, können Sie die E-Mails nochmals herunterladen.

Grundfunktionen

Neue E-Mails werden im Ordner POSTEINGANG gesammelt (siehe Abbildung 7.2). Unterhalb der Nachrichtenliste wird der Text der gerade ausgewählten E-Mail angezeigt. Mit einem Doppelklick innerhalb der Nachrichtenliste öffnen Sie ein eigenes E-Mail-Dialogblatt (Tab), das mehr Komfort und Platz zum Lesen umfangreicher E-Mails gibt. Wenn in HTML-Mails enthaltene Dateien und Bilder aus Sicherheitsgründen nicht geladen werden, schafft der Button EXTERNE INHALTE ANZEIGEN Abhilfe.

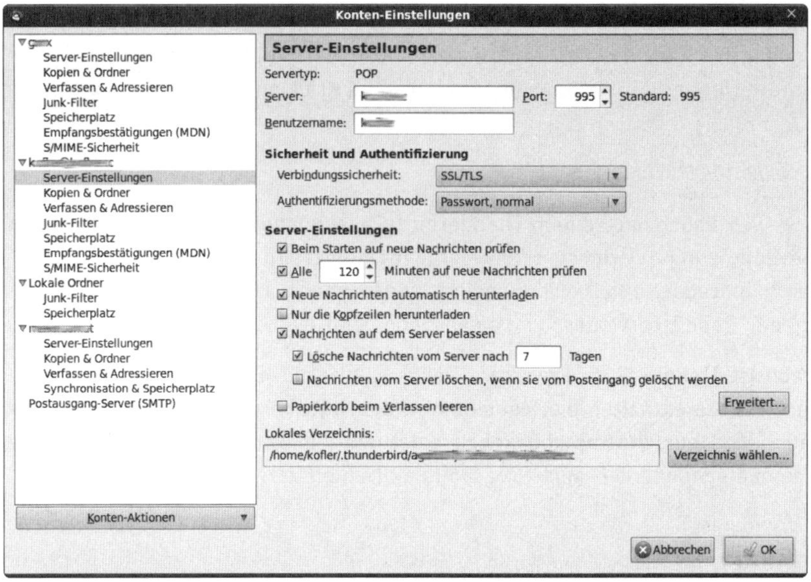

Abbildung 7.1: **Account-Konfiguration in Thunderbird**

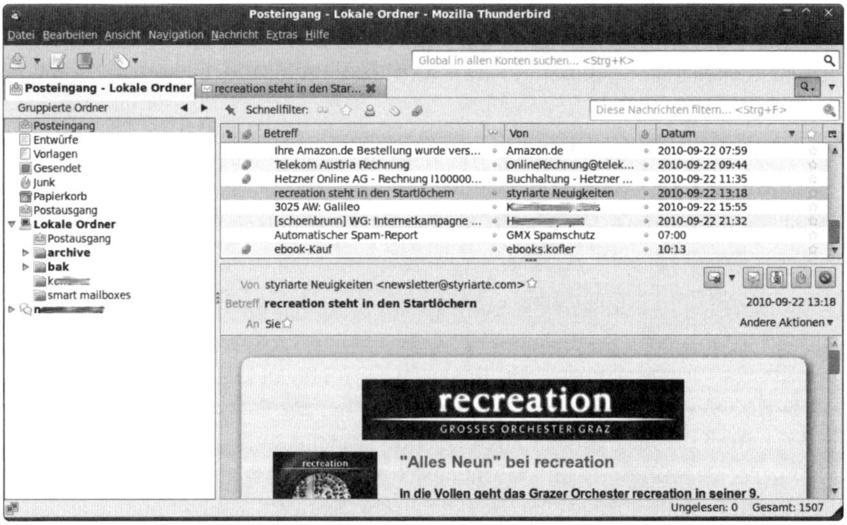

Abbildung 7.2: **E-Mail-Verwaltung in Thunderbird**

Ordneransichten

Es gibt verschiedene Darstellungsformen der Ordneransicht:

» Standardmäßig ist die Ansicht GRUPPIERTE ORDNER aktiv. Das ist vor allem dann vorteilhaft, wenn Sie mehrere E-Mail-Konten eingerichtet haben. In diesem Fall werden Ordner aus verschiedenen Konten zusammengefasst. Damit sehen Sie alle neuen Nachrichten in einem zentralen Posteingangsordner, alle gelöschten Nachrichten in einem zentralen Papierkorb etc.

» Die Ansicht ALLE ORDNER verzichtet auf diese Gruppierung und ordnet stattdessen alle Ordner dem jeweiligen Konto oder dem LOKALEN ORDNER zu. (Der LOKALE ORDNER ist ein kontounabhängiger Speicherort auf der lokalen Festplatte. Der LOKALE ORDNER wird automatisch eingerichtet.)

» UNGELESENE ORDNER zeigt alle Ordner, die ungelesene E-Mails enthalten.

» FAVORITEN-ORDNER zeigt alle Ordner, die zuvor in einer anderen Ordneransicht per Kontextmenü als FAVORITEN deklariert wurden.

» LETZTE ORDNER zeigt die zuletzt aktiven Ordner.

E-Mails lesen und verfassen

Alle neuen E-Mails landen im Ordner POSTEINGANG. Dieser wird nach ein paar Tagen unübersichtlich. Deswegen sollten Sie E-Mails, die Sie nicht löschen möchten, in eigenen Ordnern archivieren. Am einfachsten drücken Sie dazu [A]. Thunderbird verschiebt die Nachricht dann in einen Ordner, dessen Name sich aus dem Kontonamen, Archiv und der aktuellen Jahreszahl ergibt (also z. B. KONTO|ARCHIVE|2011).

Alternativ können Sie natürlich selbst eigene Unterordner anlegen und E-Mails per Drag&Drop dorthin verschieben. Passen Sie aber auf, wo Sie die Unterordner erzeugen: Wenn Sie mit IMAP arbeiten und möchten, dass die E-Mail in einem neuen Ordner des Mail-Servers archiviert wird, müssen Sie den Ordner dort erzeugen (und nicht innerhalb von LOKALER ORDNER)!

Vorhandene E-Mails beantworten Sie mit [Strg]+[R] (reply) bzw. mit [⇧]+[Strg]+[R] (reply all) bzw. mit den entsprechenden Kommandos des NACHRICHT-Menüs. Der Unterschied zwischen den beiden Varianten besteht darin, dass die Antwort im ersten Fall nur an den Versender geht, aber im zweiten Fall auch an alle Personen, die die ursprüngliche E-Mail ebenfalls empfangen haben.

Beim Beantworten wird automatisch der gesamte Nachrichtentext zitiert (also mit dem Zeichen > oder mit einer Linie eingerückt). Beim Beantworten von Text-Mails müssen Sie manchmal mit BEARBEITEN|NEU UMBRECHEN einen neuen Zeilenumbruch durchführen, damit der Text besser lesbar wird.

Alle versandten Nachrichten werden im Ordner GESENDET gespeichert. NACHRICHT|ALS NEU BEARBEITEN öffnet die Nachricht im VERFASSEN-Fenster. Auf diese Weise ist es ganz einfach, die Nachricht neuerlich zu versenden, wahlweise unverändert oder modifiziert.

Beim Verfassen neuer E-Mails verwendet Thunderbird automatisch das HTML-Format. Beachten Sie aber, dass sich nicht jeder Empfänger über diese Formatierung freut. Fortgeschrittene Anwender betrachten HTML-Mails als Sicherheitsrisiko. Um eine einzelne E-Mail als reine Textnachricht zu verfassen, führen Sie im VERFASSEN-Fenster das Kommando EINSTELLUNGEN|FORMAT|NUR REINTEXT aus oder drücken die [⇧]-Taste, während Sie den Button VERFASSEN oder ANTWORTEN anklicken. Wenn Sie generell nur Text-Mails erstellen möchten, deaktivieren Sie im Konfigurationsdialog BEARBEITEN|KONTEN|VERFASSEN die Option NACHRICHTEN IM HTML-FORMAT VERFASSEN.

E-Mails suchen und filtern

Thunderbird bietet drei Möglichkeiten, um nach E-Mails zu suchen:

» **Globale Suche:** Um eine Suche in *allen* E-Mails durchzuführen, geben Sie die Suchbegriffe im Textfeld rechts oben im Thunderbird-Fenster ein. Nach wenigen Sekunden zeigt Thunderbird in einem Dialogblatt alle Suchergebnisse an. Sie können nun die Suchergebnisse einschränken und nur die E-Mails aus einer bestimmten Zeit, von oder an bestimmte Personen, aus einem bestimmten Ordner etc. anzeigen (siehe Abbildung 7.3). Die Suchfunktion ist ebenso mächtig wie gewöhnungsbedürftig: Auf der einen Seite faszinieren die tolle Aufbereitung der Ergebnisse und die guten Filtermöglichkeiten; auf der anderen Seite ist die Bedienung nicht immer besonders intuitiv und bedarf einiger Übung. Dennoch gilt: Noch nie war das Durchsuchen großer Mail-Archive so einfach.

- **Schnellfilter:** Hier geben Sie die Suchbegriffe im Eingabefeld SCHNELLFILTER ein und drücken [↵]. Thunderbird reduziert nun die Liste der E-Mails im gerade aktuellen Verzeichnis auf alle E-Mails, die die Suchbegriffe im Absender-, Empfänger- oder Betreff-Feld enthalten. Optional können Sie die Suche auch auf den Nachrichteninhalt ausweiten.
- **Virtuelle Ordner:** Mit DATEI|NEU|VIRTUELLER ORDNER können Sie Suchkriterien formulieren. Diese Kriterien werden als virtueller Ordner gespeichert. Immer, wenn Sie diesen Ordner auswählen, werden darin alle E-Mails angezeigt, die den Suchkriterien entsprechen.

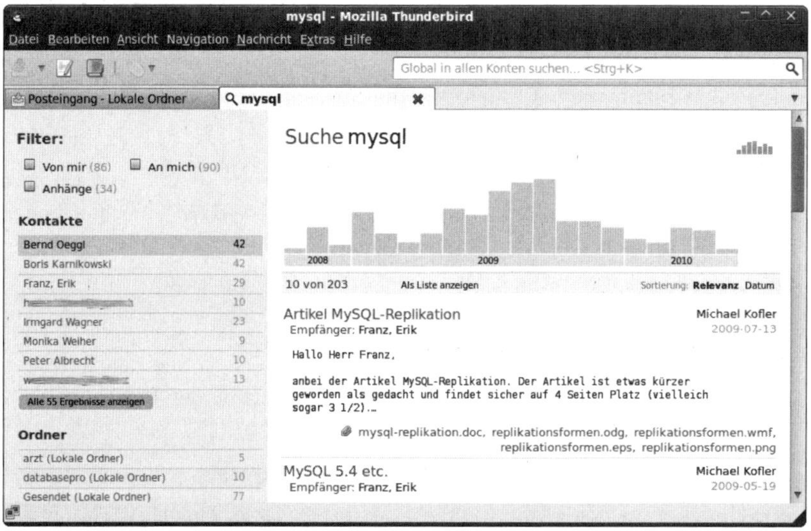

Abbildung 7.3: **Globale E-Mail-Suche in Thunderbird**

Adressbuch In das Adressbuchfenster gelangen Sie mit dem ADRESSBUCH-Button bzw. einfach mit [Strg]+[2]. Dort öffnet ein Mausklick auf die E-Mail-Adresse das Fenster zum Verfassen einer neuen E-Mail. Beim Verfassen neuer E-Mails erscheint bei der Eingabe von E-Mail-Adressen automatisch eine Auswahlliste, sobald die Anfangsbuchstaben einer vorhandenen Adresse entsprechen.

Im Adressbuchfenster können Sie mehrere Adresslisten verwalten. Standardmäßig sind zwei Listen vorgesehen: PERSÖNLICHES ADRESSBUCH und GESAMMELTE ADRESSEN. Wenn Sie möchten, speichert Thunderbird automatisch alle Adressen, an die Sie E-Mails senden, in einem Adressbuch. Die entsprechende Option finden Sie im Dialogblatt BEARBEITEN|EINSTELLUNGEN|VERFASSEN|ADRESSIEREN.

Um E-Mail-Adressen manuell zu speichern, reicht ein einfacher Mausklick auf den Stern, der neben jeder E-Mail-Adresse in der Nachrichtenansicht angezeigt wird. Bei bereits bekannten Adressen wird dieser Stern gefüllt angezeigt, bei unbekannten Adressen als Kontur. Weitere Kontaktdaten können Sie anschließend im Adressbuchfenster hinzufügen. Mit EXTRAS|IMPORTIEREN können Sie zudem bereits vorhandene Adressbuchdateien in den verschiedensten Formaten einlesen.

Spamfilter In Thunderbird ist ein Spamfilter integriert. Alle spamverdächtigen E-Mails werden als Junk klassifiziert und in den gleichnamigen Ordner verschoben. Zur Verbesserung der Spamerkennung trainieren Sie den Spamfilter einige Tage lang. Während dieser Zeit klicken Sie bei jeder E-Mail, die Thunderbird falsch klassifiziert hat, auf den JUNK-Button. Noch effizienter geht es per Tastatur: [J] klassifiziert zuvor markierte E-Mails als Spam, [⇧]+[J] hebt eine irrtümliche Markierung als Spam auf. Weitere Optionen uzr Spambekämpfung finden Sie im Konfigurationsdialog BEARBEITEN|EINSTELLUNGEN|SICHERHEIT.

Filter

Unabhängig vom Spamfilter können Sie mit EXTRAS|FILTER weitere Filterregeln definieren. Auf diese Weise können Sie alle eintreffenden E-Mails, die ein bestimmtes Kriterium erfüllen, markieren oder automatisch in einen beliebigen Ordner verschieben. Das ist insbesondere zur automatischen Verarbeitung von E-Mails aus Mailing-Listen praktisch.

Interna

Thunderbird speichert lokal heruntergeladenen E-Mails sowie alle Konfigurationseinstellungen im Verzeichnis `~/.thunderbird/xxxxxxxx.default`, wobei `xxxxxxxx` eine zufällig generierte Zeichenkette ist. Die E-Mail-Ordner liegen im mbox-Format vor und befinden sich im Unterverzeichnis `Mail`.

Wenn Sie von Windows auf Linux umsteigen, können Sie Ihr `Mail`-Verzeichnis der Thunderbird-Installation unter Windows einfach in das betreffende Linux-Verzeichnis kopieren. Wenn Sie unter Windows mit einem anderen E-Mail-Client gearbeitet haben (z. B. Microsoft Mail), empfiehlt es sich, einen Zwischenschritt einzulegen: Die Windows-Version von Thunderbird bietet wesentlich bessere Import-Werkzeuge als die Linux-Version und hilft bei der Übertragung Ihrer E-Mail-Archive in ein Linux-kompatibles Format.

Beachten Sie, dass Thunderbird E-Mails normalerweise nicht physikalisch löscht. Die E-Mails werden nur als gelöscht markiert, verbleiben aber in der Datei. Deswegen beanspruchen Verzeichnisse für den Posteingang, für Spam-Mails sowie der Papierkorb oft unverhältnismäßig viel Platz. Abhilfe schafft das Kontextmenükommando KOMPRIMIEREN, das gelöschte E-Mails endgültig aus den mbox-Dateien entfernt.

Erweiterungen und Zusatzfunktionen

Add-ons

Ähnlich wie bei Firefox können auch bei Thunderbird zusätzliche Funktionen in Form von Add-ons hinzugefügt werden. Einen Überblick über alle bereits installierten Erweiterungen gibt der Dialog EXTRAS|ADD-ONS:

https://addons.mozilla.org/de/thunderbird

Thunderbird-Erweiterungen werden wie Firefox-Erweiterungen als XPI-Dateien weitergegeben. Zur Installation müssen Sie die XPI-Datei in ein lokales Verzeichnis herunterladen. Anschließend führen Sie in Thunderbird EXTRAS|ADD-ONS|INSTALLIEREN aus und wählen die Datei aus. Eine direkte Installation per Mausklick in Firefox ist nicht möglich, weil Firefox von sich aus nicht zwischen eigenen Erweiterungsdateien und solchen für Thunderbird unterscheiden kann. Erweiterungen werden erst nach einem Neustart von Thunderbird wirksam.

32- versus 64-Bit

Wenn Sie eine 64-Bit-Version von Thunderbird nutzen, brauchen Sie in der Regel auch 64-Bit-Versionen der Erweiterungen. Die Add-on-Verwaltung lädt aber vielfach 32-Bit-Versionen herunter und beklagt dann deren Inkompatibilität mit der Thunderbird-Version. In solchen Fällen müssen Sie sich die korrekte 64-Bit-Erweiterung selbst im Netz suchen.

E-Mails signieren/ verschlüsseln In Thunderbird sind Kryptografiefunktionen für S/MIME bereits fix integriert. Sie finden alle erforderlichen Einstellungen im Dialogblatt BEARBEITEN|KONTEN|S/MIME-SICHERHEIT. Der Button ZERTIFIKATE führt zu einem weiteren Dialog zur Verwaltung der X.509-Zertifikate, die bei S/MIME als Schlüssel dienen.

Damit Sie in Thunderbird PGP-signierte oder -verschlüsselte E-Mails lesen oder selbst verfassen können, müssen Sie das Add-on *Enigmail* installieren. Sie finden die XPI-Datei auf der oben angegebenen Add-on-Website. Das Add-on setzt voraus, dass auf dem Rechner gnupg installiert ist. Das ist bei nahezu allen Distributionen der Fall. Alle Verschlüsselungsfunktionen sind über das OPENPGP-Menü im Hauptfenster und im VERFASSEN-Fenster zugänglich. Bei manchen Distributionen gibt es für Enigmail sogar ein eigenes Paket, das mit den Paketverwaltungswerkzeugen installiert werden kann.

News lesen/ verfassen Mit Thunderbird können Sie auch Usenet-News-Gruppen lesen und selbst neue Einträge verfassen. Dazu richten Sie mit BEARBEITEN|KONTEN|KONTO HINZUFÜGEN ein neues News-Gruppen-Konto ein. Dabei müssen Sie die Adresse eines für Sie zugänglichen News-Servers angeben. (Die meisten Internet-Provider stellen einen derartigen Server zur Verfügung.) Im Thunderbird-Hauptfenster können Sie nun auf dieses Konto zugreifen und einzelne Gruppen abonnieren. Anschließend können Sie die News-Beiträge wie E-Mails lesen und beantworten.

Wenn Sie News-Beiträge nur lesen bzw. suchen möchten, verwenden Sie dazu besser Google Groups. Der Vorteil von Google Groups besteht darin, dass Sie auch Zugang zu alten News-Beiträgen haben. Auf News-Servern werden die Beiträge aus Platzgründen nur für einige Wochen archiviert.

http://groups.google.com

Terminverwaltung Thunderbird enthält keine Funktionen zur Terminverwaltung. Abhilfe schafft das Add-on *Lightning*. Es hilft bei der Synchronisation von Terminen mit externen Servern in den Formaten CalDAV oder WCAP und kann Termine im Format iCal importieren und exportieren. Es ist seit Langem geplant, Lightning in Thunderbird zu integrieren, aber es ist unklar, ob es je dazu kommen wird.

http://www.mozilla.org/projects/calendar/lightning/

7.3 Evolution

Das Programm Evolution wurde ursprünglich von der Firma Ximian (die mittlerweile ein Teil von Novell ist) als Alternative zu Microsoft Outlook konzipiert. Mittlerweile ist Evolution das Standard-E-Mail-Programm des Gnome-Desktops.

Evolution kann nicht nur zum Lesen und Schreiben von E-Mails verwendet werden, sondern enthält auch Funktionen zur Adress- und Terminverwaltung, zur Synchronisation dieser Daten mit einem Palm-kompatiblen PDA sowie mit dem Microsoft Exchange Server, zur Verschlüsselung von E-Mails mit PGP oder S/MIME etc.

Account-Konfiguration

Beim ersten Start von Evolution erscheint ein Assistent zur Einrichtung des E-Mail-Accounts. Der Assistent muss vollständig ausgeführt werden, bevor Evolution genutzt werden kann.

Die Konfiguration beginnt mit der Angabe Ihres Namens und Ihrer E-Mail-Adresse. Im nächsten Dialog folgen die Daten des Mail-Servers, von dem Sie Ihre E-Mail holen: Hier geben Sie den Server-Typ (z. B. POP oder IMAP), die Adresse des Servers sowie Ihren Login-Namen (Benutzernamen) an. Nach dem Passwort werden Sie erst beim ersten Verbindungsaufbau gefragt. Bei vielen E-Mail-Providern können Sie die Datenübertragung mit den Verfahren TSL oder SSL verschlüsseln und gewinnen dadurch zusätzliche Sicherheit. Im nächsten Dialog können Sie diverse Optionen einstellen, z. B. ob Evolution regelmäßig nach neuen E-Mails schauen soll.

In einem weiteren Schritt konfigurieren Sie den Mail-Server (SMTP), an den Sie E-Mail senden. Sie müssen nicht nur den SMTP-Rechnernamen eingeben, sondern auch die Authentifizierungsoptionen einstellen. In den meisten Fällen lautet der richtige Legitimationstyp ANMELDEN. BENUTZERNAME bezeichnet nun den Login-Namen für SMTP. Nach dem Passwort werden Sie erst gefragt, wenn Sie zum ersten Mal E-Mails versenden.

Zuletzt müssen Sie dem Account noch einen Namen geben (standardmäßig einfach Ihre E-Mail-Adresse) und Ihre Zeitzone angeben, damit Evolution die Sendezeit korrekt eintragen kann.

Falls Sie die Konfiguration nachträglich ändern oder weitere Einstellungen vornehmen möchten, gelangen Sie mit BEARBEITEN|EINSTELLUNGEN|E-MAIL-KONTEN in einen umfassenden Konfigurationsdialog. Wenn Ihre E-Mails am Schluss immer denselben Text enthalten (z. B. *Mit freundlichen Grüßen ...*), können Sie hierfür im Dialogblatt IDENTITÄT eine Signatur angeben.

Grundfunktionen

Wenn Sie zum ersten Mal den Button VERSCHICKEN/ABRUFEN anklicken oder [F9] drücken, um neue E-Mails zu laden, müssen Sie das Passwort für Ihr Postfach angeben. Das Passwort wird in der Gnome-Passwortverwaltung gespeichert. Evolution lädt bei HTML-Mails aus Sicherheitsgründen keine Dateien (auch keine Bilder), auf die die HTML-Nachricht verweist. Sie können dieses Verhalten im Konfigurationsdialog BEARBEITEN|EINSTELLUNGEN|E-MAIL-EINSTELLUNGEN|HTML-NACHRICHTEN ändern.

Neue E-Mails verfassen Sie mit [Strg]+[N] und versenden sie mit [Strg]+[↵]. Beim ersten Versenden fragt Evolution nach dem Passwort für den SMTP-Server, der ausgehende Nachrichten entgegennimmt. Standardmäßig erzeugt Evolution reine Text-Mails. Um eine HTML-Mail zu schreiben, führen Sie im VERFASSEN-Fenster FORMAT|HTML aus. Anschließend bieten diverse Buttons und die Menüs EINFÜGEN und FORMAT eine Menge Formatierungsmöglichkeiten. Wenn Sie E-Mails grundsätzlich als HTML-Mails schreiben möchten, führen Sie BEARBEITEN|EINSTELLUNGEN aus und aktivieren im Dialogblatt EDITOREINSTELLUNGEN|ALLGEMEIN die Option NACHRICHTEN IN HTML FORMATIEREN.

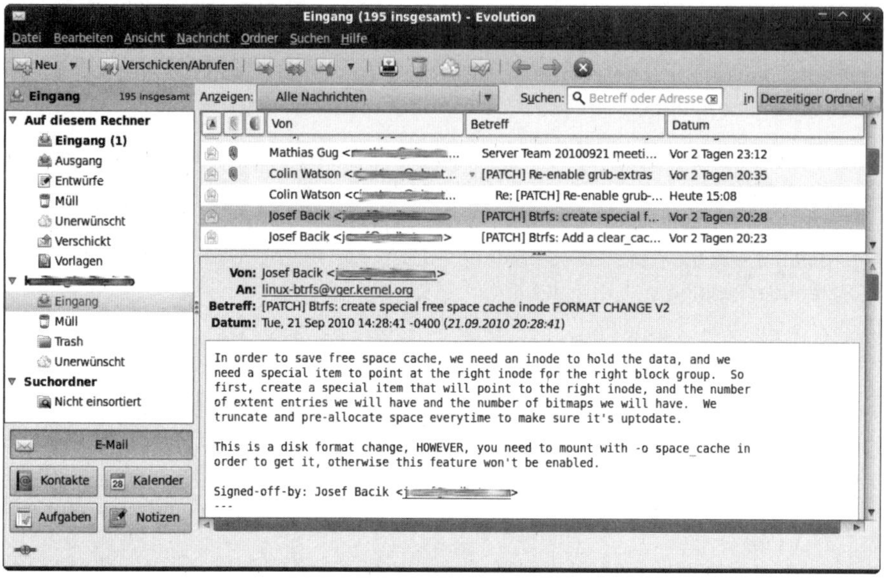

Abbildung 7.4: **E-Mail-Verwaltung in Evolution**

Evolution enthält direkt unterhalb der Symbolleiste ein Suchfeld, um rasch nach E-Mails zu suchen. Wenn Sie immer wieder dieselben Suchkriterien nutzen, lohnt es sich, einen sogenannten Suchordner (ehemals »virtueller Ordner«) einzurichten. Darin werden alle E-Mails angezeigt, die bestimmten Suchkriterien entsprechen. Sie erstellen derartige Ordner mit BEARBEITEN|SUCHORDNER oder SUCHEN|SUCHORDNER AUS SUCHE ANLEGEN.

Spamfilter Zur Erkennung unerwünschter E-Mails verwendet Evolution automatisch Bogofilter oder SpamAssassin, je nachdem, welches Programm bereits installiert ist. Das gewünschte Programm wählen Sie mit BEARBEITEN|EINSTELLUNGEN|E-MAIL-EINSTELLUNGEN|UNERWÜNSCHT aus.

Um den Spamfilter auf die in einem Ordner bereits vorhandenen Nachrichten anzuwenden, markieren Sie alle Nachrichten mit [Strg]+[A] und führen dann NACHRICHT|ÜBERPRÜFUNG AUF UNERWÜNSCHTE NACHRICHT aus. Bei Verzeichnissen mit vielen E-Mails dauert dieser Vorgang recht lange. Als Spam erkannte Nachrichten werden in das Verzeichnis UNERWÜNSCHT verschoben.

Der Spamfilter agiert anfangs sehr vorsichtig, um zu vermeiden, dass richtige E-Mails irrtümlich als Spam klassifiziert werden. Deswegen ist es in den ersten Wochen häufig erforderlich, Nachrichten manuell als Spam zu kennzeichnen. Dazu markieren Sie die Nachrichten und klicken auf den Button UNERWÜNSCHT bzw. drücken [Strg]+[J]. Der Spamfilter versucht, Muster in den so markierten Nachrichten zu entdecken, die in der Folge bei der richtigen Klassifizierung weiterer E-Mails helfen. Der Spamfilter wird also nach und nach immer besser. (Nach meinen Erfahrungen funktioniert der Spamfilter von Evolution schlechter als der von Thunderbird. Weder die Verarbeitungs- noch die Lerngeschwindigkeit kann mit der von Thunderbird mithalten.)

Filter Außer mit dem Spamfilter kann Evolution mit sogenannten Filterregeln eintreffende E-Mails automatisch in bestimmte Verzeichnisse verschieben oder auch gleich löschen. Das ist praktisch, wenn Sie sehr viele E-Mails erhalten und diese anhand von Mustern (z. B. anhand bestimmter Wörter in der Betreffzeile) eindeutig zuzuordnen sind. Das ist typischerweise dann der Fall, wenn Sie in mehreren Mailing-Listen eingetragen sind.

Der einfachste Weg zur Definition einer neuen Filterregel besteht darin, die Nachricht zu markieren und dann NACHRICHT|REGEL ANLEGEN|FILTER ÜBER MAILINGLISTE auszuführen. Wenn Evolution die Filterregel nicht selbst richtig erkennt, können Sie sie ändern bzw. weitere Kriterien hinzufügen.

Interna

Evolution speichert ab der Version 2.32 E-Mails in `~/.local/share/evolution`, Konfigurationseinstellungen in `~/.config/evolution` und diverse Cache-Dateien in `~/.cache/evolution`. Für E-Mail-Ordner kommt das mbox-Format zur Anwendung, wobei Evolution zusätzliche Indexdateien anlegt.

Beachten Sie aber, dass ältere Evolution-Versionen das Verzeichnis `~/.evolution` Zur Speicherung der E-Mails verwenden und Konfigurationseinstellungen im Verzeichnis `~/.gconf/apps/evolution` abgelegen. Wenn erstmals eine neuere Evolution-Version ausgeführt wird, kommt es zu einer automatischen Migration der Daten.

Zusatzfunktionen

Adress- und Kontaktverwaltung

Das Evolution-Adressbuch ist in Wirklichkeit eine vollständige Kontaktverwaltung, in der Sie neben Namen und E-Mail-Adressen unzählige weitere Daten speichern können. In das Adressbuch gelangen Sie mit ANSICHT|FENSTER|KONTAKTE oder einfach mit Strg+F2. Mit DATEI|IMPORTIEREN|EINZELNE DATEI IMPORTIEREN können Sie Adressbuchdateien im Format LDIF (Lightweight Directory Interchange Format) importieren.

Kalender und Terminverwaltung

Das KALENDER-Modul hilft bei der Terminverwaltung. Vorhandene Termine können in unterschiedlichen Ansichten dargestellt werden: alle Termine eines Tags, einer Arbeitswoche, der gesamten Woche oder eines Monats. Viele Darstellungsdetails, z. B. die typische Arbeitszeit oder Schriftfarben, können Sie mit BEARBEITEN|EINSTELLUNGEN|KALENDER Ihren persönlichen Vorlieben anpassen.

Zur Eingabe neuer Termine führen Sie DATEI|NEU|TERMIN aus oder doppelklicken an der entsprechenden Stelle im Zeitplan. Bei Terminen, die sich regelmäßig wiederholen (jede Woche, jeden Monat, jedes Jahr etc.), geben Sie im Dialogblatt WIEDERHOLUNG das Intervall und gegebenenfalls einen Endzeitpunkt an.

Aufgabenliste

Evolution enthält auch ein Modul zur Verwaltung von Aufgaben (also eine Art To-do-Liste). Die Aufgaben können wahlweise in einer eigenen Ansicht oder als Teilbereich der Kalenderansicht dargestellt werden.

Evolution Express

Für Gelegenheitsanwender, die nur einen simplen E-Mail-Client suchen, erscheint Evolution zunehmend überladen. Abhilfe schafft Evolution Express: Wenn Sie Evolution mit der Option --express starten, erscheint es mit einer etwas reduzierten Benutzeroberfläche. Ausgeblendet sind unter anderem alle oben beschriebenen Zusatzfunktionen (siehe Abbildung 7.5). Evolution Express soll damit vor allem auf Netbooks besser bedienbar sein.

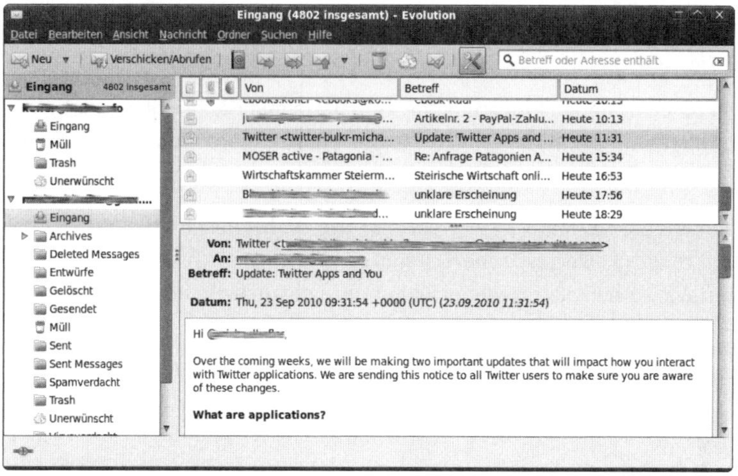

Abbildung 7.5: **Evolution Express**

Prinzipiell ist Evolution Express sicherlich eine gute Idee – sie geht nur nicht weit genug. Erst wer einmal mit der Mail-Anwendung von Apples iPad gearbeitet hat, weiß, wie ein auf die wesentlichen Funktionen reduziertes E-Mail-Programm aussehen kann. Davon ist Evolution Express meilenwert entfernt. (So radikal wie Apple hätten die Evolution-Entwickler gar nicht vorgehen müssen. Aber sowohl dem Menü als auch den Konfigurationsdialogen würde eine weitere Schrumpfung auf die Hälfte durchaus gut tun.)

7.4 Kontact bzw. KMail

Kontact ist ein universelles Programm zur Verwaltung von E-Mails, Kontakten, Terminen, Aufgaben, Notizen sowie zur Anzeige von Nachrichten aus RSS-Feeds. Kontact sieht wie Evolution eine Synchronisation der Daten mit PDAs vor. Hinter den Kulissen ist Kontact eigentlich nur eine Benutzeroberfläche, um verschiedene KDE-Programme einheitlich zu bedienen.

Dieser Abschnitt konzentriert sich auf die E-Mail-Komponente KMail. Beachten Sie, dass sich das Menü von Kontact verändert, je nachdem, welche Komponente gerade aktiv ist. Die folgenden Menükommandos gelten, wenn die E-Mail-Komponente aktiv ist. Wenn Sie nur an den E-Mail-Funktionen interessiert sind, können Sie KMail auch als eigenständiges Programm starten und ersparen sich so den durch Kontact bedingten Overhead.

Kontact bzw. KMail ist stark technisch orientiert. Das Programm bietet zahllose Funktionen und lässt sich von Linux-Profis sehr effizient nutzen. Die Bedienung ist aber nicht immer intuitiv. Linux-Einsteigern ist das Programm daher nur eingeschränkt zu empfehlen.

Account-Konfiguration

EINSTELLUNGEN|KMAIL EINRICHTEN führt Sie in den Konfigurationsdialog. Standardmäßig ist bereits eine sogenannte Standard-Identität eingerichtet. Mit ÄNDERN stellen Sie hier Ihren tatsächlichen Namen, die E-Mail-Adresse und bei Bedarf weitere Optionen ein.

Die eigentliche Account-Konfiguration erfolgt im Konfigurationsmodul ZUGÄNGE. Darin müssen Sie zumindest ein Eingangs- und ein Ausgangspostfach einrichten. Zuerst werden Sie in der Regel mit HINZUFÜGEN den Posteingang für Ihren POP- oder IMAP-Server einrichten. Für den Postausgang ist bereits das Programm `sendmail` vorgesehen, das in der Regel aber nur für den lokalen Versand von E-Mails konfiguriert ist. Deswegen müssen Sie ein weiteres SMTP-Postfach einrichten und dieses dann als STANDARD-Postfach markieren.

Sobald Sie den Konfigurationsdialog verlassen, speichert Kontact die Passwörter mit KWallet in einer zentralen Datenbank. Deswegen müssen Sie das Master-Passwort von KDallet angeben (siehe auch Seite 129).

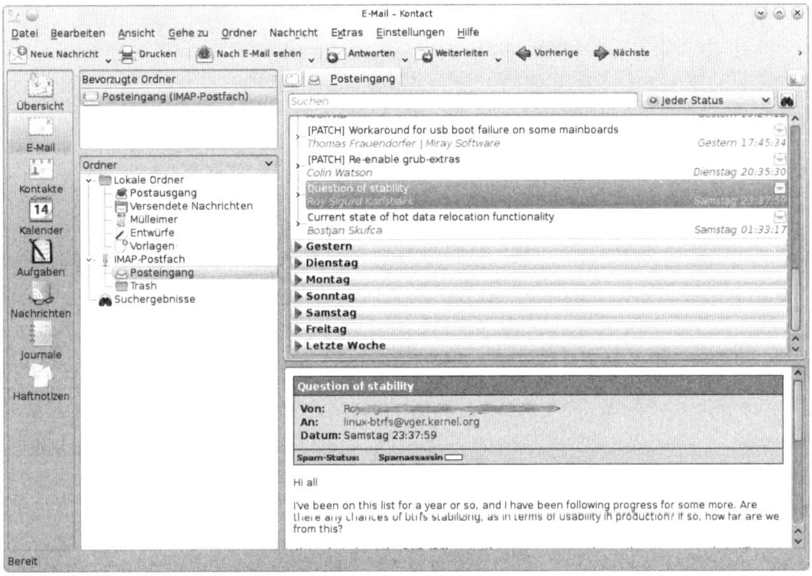

Abbildung 7.6: **E-Mails verwalten mit Kontact**

E-Mails verfassen

Neue E-Mails sind standardmäßig reine Text-Mails. Wenn Sie eine HTML-Formatierung wünschen, führen Sie OPTIONEN|FORMATIERUNG (HTML) aus. Die fertige E-Mail versenden Sie mit [Strg]+[↵].

KMail führt automatisch eine Rechtschreibprüfung durch und markiert alle nicht erkannten Wörter rot. Mit ANSICHT|WÖRTERBUCH können Sie zwischen verschiedenen Wörterbüchern wählen. Wenn die Rechtschreibprüfung nicht funktioniert, installieren Sie das Paket `aspell-de`.

Spam

KMail enthält keine integrierte Spamerkennung, kann diese Aufgabe aber an andere Programme delegieren. Bei der Konfiguration eines Spamfilters hilft das Kommando EXTRAS|ANTI-SPAM ASSISTENT. Sie müssen sich lediglich für eines der installierten Spamprogramme entscheiden – alles andere erledigt der Assistent. Als Spam erkannte E-Mails landen von nun an im Ordner MÜLLEIMER. Wie bei den anderen E-Mail-Programmen steigt die Trefferquote, wenn Sie falsch klassifizierte E-Mails manuell als Spam bzw. Nicht-Spam markieren.

Filter

Im Menü EINSTELLUNGEN können Sie Filter definieren, um E-Mails anhand verschiedener Kriterien in verschiedenen Verzeichnissen abzulegen oder auf andere Weise zu bearbeiten. KMail kennt sogar spezielle POP-Filter für POP3-Accounts, die es sogar ermöglichen, unerwünschte E-Mails direkt auf dem Server zu löschen, ohne sie vorher herunterzuladen.

Interna Standardmäßig speichert KMail E-Mails im maildir-Format im Verzeichnis `~/.kde/share/apps/kmail/mail`. Wenn Sie das mbox-Format vorziehen, finden Sie eine entsprechende Einstellmöglichkeit im Dialogblatt EINSTELLUNGEN|KMAIL EINRICHTEN|DIVERSES|ORDNER. Diese Einstellung gilt allerdings nur für neue Ordner.

7.5 Claws Mail

Beim ersten Start von Claws Mail erscheint ein Assistent, der Ihnen beim Einrichten des ersten E-Mail-Kontos hilft. Weitergehende Einstellungen können Sie später mit KONFIGURATION|KONTOEINSTELLUNGEN durchführen. Die Grundfunktionen von Claws Mail unterscheiden sich kaum von denen der anderen hier vorgestellten E-Mail-Clients, weswegen ich hier nicht weiter darauf eingehe.

Claws Mail speichert die E-Mails in einem Verzeichnis, dessen Name sich aus dem ersten eingerichteten E-Mail-Konto ergibt. Dabei kommt das eher unübliche MH-Format zur Anwendung. Ähnlich wie beim maildir-Format wird jede E-Mail in einer eigenen Datei gespeichert. Eigene Indexdateien stellen sicher, dass die E-Mails effizient sortiert werden können. Wenn Sie bereits vorhandene mbox-E-Mail-Verzeichnisse unter Claws Mail verwenden möchten, müssen Sie diese Ordner importieren oder das mailMBOX-Plugin installieren. Konfigurationseinstellungen werden in `~/.claws-mail` gespeichert.

Die Steuerung von Claws Mail ist vollständig per Tastatur möglich. Wenn Sie die vordefinierten Tastenkürzel verändern oder neue Kürzel definieren möchten, aktivieren Sie im Dialogblatt KONFIGURATION|EINSTELLUNGEN|WEITERES die Option PERSONALISIERTE TASTATURKOMBINATIONEN. Anschließend können Sie das Tastenkürzel jedes Menüeintrags neu zuweisen, solange sich der Mauszeiger über einem betreffenden Menüeintrag befindet.

Plugins Nach einer Grundinstallation hat Claws Mail keinen Spamfilter, kann keine HTML-Mails anzeigen etc. Der Grund: Diese und viele weitere Zusatzfunktionen sind als Plugins realisiert. Bei vielen Distributionen müssen Sie die Plugins in Form von eigenen Paketen installieren. Anschließend führen Sie KONFIGURATION|ERWEITERUNGEN aus und laden (aktivieren) die gewünschten Plugin-Dateien aus dem Verzeichnis `/usr/lib/claws-mail/plugins`. Plugin-Einstellungen führen Sie im Dialog KONFIGURATION|EINSTELLUNGEN|ERWEITERUNGEN durch.

Filter und Aktionen Eine Stärke von Claws Mail sind die umfassenden Möglichkeiten, die das Programm zur Vorverarbeitung, Filterung und Nachverarbeitung aller eintreffenden E-Mails bietet. Zur Konfiguration führen Sie KONFIGURATION|VORVERARBEITUNG, -|FILTERUNG etc. aus.

Die Konfigurationsdialoge sind leider etwas unübersichtlich: Sie müssen dem neuen Filter bzw. der Regel einen Namen geben, in einem Zusatzdialog eine Bedingung definieren und diese Bedingung mit HINZUFÜGEN speichern, in einem weiteren Zusatzdialog eine Aktion definieren und ebenfalls mit HINZUFÜGEN speichern und schließlich die neue Regel der Regelliste HINZUFÜGEN. Anfangs werden Sie vermutlich den HINZUFÜGEN-Button vergessen, was Claws Mail mit einer Warnung quittiert.

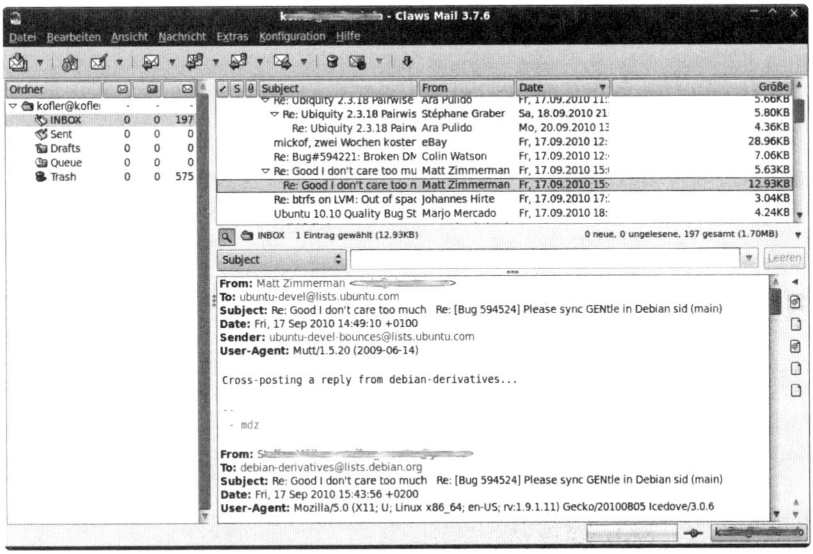

Abbildung 7.7:
E-Mail verwalten mit Claws Mail

7.6 mutt

Zum Lesen lokaler E-Mails bietet sich das textbasierte E-Mail-Programm `mutt` an (siehe Abbildung 7.8). Vor dem ersten Einsatz muss das zumeist gleichnamige Paket installiert werden. In einem Konsolenfenster führen Sie zuerst `su -l` aus, um sich als root anzumelden, und starten das Programm dann mit dem Kommando `mutt`.

Das Programm zeigt auf der Startseite die Titelzeilen aller E-Mails an. Wenn der aktive Benutzer noch keine einzige E-Mail empfangen hat, beklagt sich Mutt darüber, dass es die Datei `/var/mail/benutzer` noch nicht gibt. Diese Warnung können Sie ignorieren. Sie tritt nicht mehr auf, sobald die erste E-Mail eingetroffen ist.

Mit den Cursortasten bewegen Sie sich durch die Inbox. [↵] zeigt den Text der ausgewählten E-Mail an. Mit [Leertaste] blättern Sie durch die Nachricht. [J] führt zur nächsten Nachricht, [I] zurück in die Inbox. [?] zeigt einen Hilfetext mit allen wichtigen Tastenkürzeln an.

Um eine neue E-Mail zu verfassen, drücken Sie [M] und geben den Empfänger und die Subject-Zeile an. Anschließend startet Mutt den durch die Umgebungsvariable `$EDITOR` oder durch den Link `/etc/alternatives/editor` ausgewählten Editor. Dort schreiben Sie den Nachrichtentext, speichern ihn und verlassen den Editor. Anschließend versenden Sie die E-Mail in Mutt durch [Y].

[Q] beendet das Programm. Beim Verlassen stellt Mutt zwei Fragen: Sollen mit [D] als gelöscht markierte E-Mails endgültig gelöscht werden? Und sollen gelesene Nachrichten nach `/home/`*`username`*`/mbox` verschoben werden? Wenn Sie vorhaben, die E-Mails später noch mit einem anderen Programm zu bearbeiten, sollten Sie beide Fragen mit [N] beantworten. Besonders die zweite Frage ist kritisch: In der lokalen `mbox`-Datei findet nur noch Mutt die E-Mails, nicht aber ein externes Programm wie z. B. der POP-Server Dovecot.

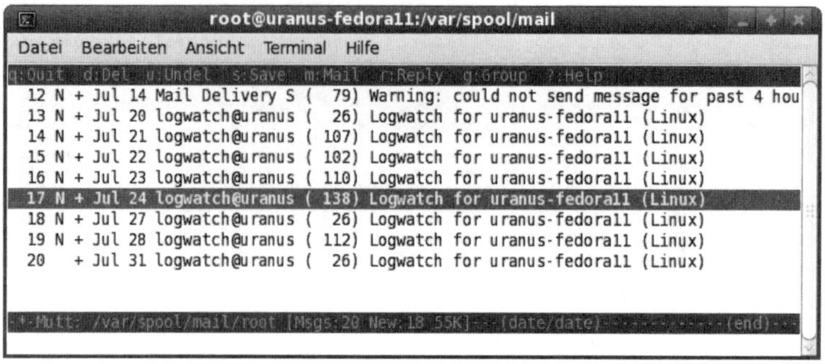

Abbildung 7.8:
Lokale E-Mails mit mutt lesen

`mutt` wertet beim Start die Umgebungsvariablen `$MAIL` und `$MAILDIR` aus. Wenn eintreffende E-Mails im mbox-Format in `/var/mail`*name* gespeichert werden (der Normalfall), muss `$MAIL` den vollständigen Namen der mbox-Datei enthalten. Wenn der lokale Mail-Server (MTA) hingegen so konfiguriert ist, dass die E-Mails im Maildir-Format in einem lokalen Benutzerverzeichnis gespeichert werden, muss `$MAIL` leer sein und `$MAILDIR` den vollständigen Pfad zum Maildir-Verzeichnis enthalten.

8. Foto- und Bildverwaltung

Dieses Kapitel beschreibt, wie Sie unter Linux Bilder von einer Digitalkamera oder einem Scanner einlesen und wie Sie die Bilderflut anschließend verwalten. Für alle drei Aufgaben, insbesondere zur Bildverwaltung, gibt es zahllose Programme. Nach einleitenden Informationen zu Digitalkameras und Scannern stelle ich Ihnen die folgenden Programme näher vor:

» **XSane**, **SimpleScan** und **Skanlite**: Scan-Programme

» **Shotwell**: Foto-Import und Bildverwaltung für Gnome

» **digiKam**: Foto-Import und Bildverwaltung für KDE

» **Hugin**: Panoramas zusammensetzen

» Diverse Programme, um Screenshots zu erstellen

Beschränken Sie sich bei der Programmauswahl nicht auf das von Ihrem Desktop-System angebotene Standardprogramm! Es spricht nichts dagegen, unter Gnome ein KDE-Programm zum Scannen oder unter KDE das dem Gnome-Universum zugeordnete Programm F-Spot einzusetzen. Wesentlich problematischer ist der Umstand, dass Bildverwaltungsprogramme oft nur wenige Jahre gewartet werden. Was nützt es, wenn Sie viel Zeit in die Kategorisierung Ihrer Bilder investieren, das eingesetzte Programm aber plötzlich nicht mehr verfügbar ist? Insofern kann ich Ihnen leider keine Empfehlung für ein bestimmtes Programm geben – Hellsehen zählt nicht zu meinen Stärken.

Weitere Programme

Der Platz reicht hier nicht aus, um auf alle Programme zur Bildverarbeitung einzugehen. Tabelle 8.1 gibt einen Überblick über weitere Programme. Natürlich können Sie zur Verwaltung Ihrer Bilder auch einfach die Datei-Manager Nautilus bzw. Konqueror einsetzen. Diese Programme bieten aber wesentlich weniger Bearbeitungsfunktionen und Darstellungsoptionen.

Wenn Sie im Rahmen der Bildverwaltung mehr tun möchten, als nur den Kontrast zu optimieren oder die Bildgröße zu ändern, sollten Sie auch einen Blick auf das folgende Kapitel werfen. Dort stelle ich Ihnen Gimp vor, das leistungsfähigste Bildverarbeitungsprogramm unter Linux. Es bietet Funktionen, die vielfach mit Adobe Photoshop vergleichbar sind!

Wenn Ihnen der Sinn eher nach einer automatisierten Konvertierung oder Weiterverarbeitung vieler Bilder steht, ist schließlich der Abschnitt zum Thema Grafik-Konverter ab Seite 329 lesenswert.

Nahezu alle hier aufgezählten Programme enthalten Druckfunktionen, deren Grenzen aber oft schnell erreicht sind: Insbesondere der randfreie Druck auf Fotopapier bzw. der Druck mehrerer Fotos auf eine Seite bereitet oft Probleme. Werfen Sie eventuell einen Blick auf das Programm `gnome-photo-printer`, dessen Entwicklung aber offensichtlich eingeschlafen ist.

PROGRAMM	WEBSITE	BESCHREIBUNG
eog	http://projects.gnome.org/eog/	Gnome-Foto-Viewer, wenige Funktionen
F-Spot	http://f-spot.org/	Gnome-Bildverwaltung
Gthumb	http://live.gnome.org/gthumb	Gnome-Bildverwaltung
Gwenview	http://gwenview.sourceforge.net/	KDE-Foto-Viewer
KPhotoAlbum	http://www.kphotoalbum.org/	KDE-Bildverwaltung
Mirage	http://mirageiv.berlios.de/	Gnome-Foto-Viewer
Picasa	http://picasa.google.com/linux/	Google-Bildverwaltung, kostenlos, aber nicht Open-Source
xv	http://www.trilon.com/xv/	Uralt-Foto-Viewer, nicht Open-Source

Tabelle 8.1: **Weitere Programme zur Verwaltung von Bildern**

8.1 Digitalkameras

In diesem Abschnitt geht es natürlich nicht um die Bedienung von Digitalkameras an sich, sondern darum, wie die Bilder von der Digitalkamera zum Linux-Rechner übertragen werden. Fast alle Kameras sehen hierfür einen USB-Anschluss oder eine USB-Docking-Station vor. Uneins sind sich die Kamerahersteller allerdings über das Protokoll zum Datenaustausch:

» **USB-Datenträger:** Am einfachsten ist der Datentransport bei Kameras, die sich wie ein USB-Datenträger verhalten. In diesem Fall behandelt Linux die Kamera wie eine Festplatte mit USB-Anschluss bzw. wie einen USB-Memorystick.

» **PTP-Kameras:** Viele Kameras unterstützen auch das Picture Transfer Protocol (PTP). Dieses Protokoll sieht nicht nur Kommandos zur Übertragung von Bildern vor, sondern auch einfache Steuerungsfunktionen (z. B. um per Computersteuerung ein Foto zu erstellen).

» **Kameras mit herstellerspezifischem Protokoll:** Schließlich gibt es einige alte Kameramodelle aus der Anfangszeit digitaler Fotografie, die nur ein herstellerspezifisches Protokoll unterstützen. Von diesen Kameras werden unter Linux zwar viele populäre Modelle unterstützt, aber leider nicht alle.

  Selbst wenn Ihr Kameramodell von Linux nicht unterstützt wird, ist die Übertragung der Bilder möglich. Sie brauchen dazu ein externes Speicherkartenlesegerät, das von Linux dann wie eine externe Festplatte behandelt wird. Diese Vorgehensweise hat zudem den Vorteil, dass sie die Batterie der Kamera nicht beansprucht.

Zur Übertragung der Bilder stehen je nach Protokoll verschiedene Linux-Programme zur Auswahl: Bei den meisten Distributionen wird automatisch ein geeignetes Programm gestartet, sobald eine Digitalkamera mit dem Rechner verbunden wird.

Bei Kameras, die sich als USB-Datenträger identifizieren, kann natürlich auch jeder beliebige Datei-Manager zur Übertragung der Bilddateien eingesetzt werden. Der KDE-Universalbrowser Konqueror ist in der Lage, das PTP-Protokoll direkt zu interpretieren. Dazu geben Sie als Adresse `camera:/` an.

gphoto2 Zur Kommunikation mit PTP-Kameras bzw. mit Kameras mit einem herstellerspezifischen Protokoll stellt die Bibliothek `libgphoto2` die erforderlichen Funktionen zur Verfügung. Sie können diese Bibliothek direkt durch das Kommando `gphoto2` nutzen. Beispielsweise versucht `gphoto2 --auto-detect`, die angeschlossene Kamera zu erkennen, und zeigt die entsprechenden Informationen an. `gphoto2 --get-all-thumbnails` überträgt verkleinerte Symbole aller auf der Kamera gespeicherten Bilder in das lokale Verzeichnis. Bemerkenswert ist, dass bei manchen Kameras mit `gphoto2 --capture-image` sogar per Kommando Fotos erstellt werden können, sodass die Kamera wie eine Webcam genutzt oder für Überwachungszwecke eingesetzt werden kann. Weitere Informationen zu `gphoto2` finden Sie auf der folgenden Website:

http://gphoto.sourceforge.net/

In der Praxis ist die direkte Anwendung der gphoto-Funktionen allerdings unüblich. Nahezu alle Bildverarbeitungsprogramme enthalten komfortable Oberflächen zum Bildimport, wobei diese Programme hinter den Kulissen durchweg auf `libgphoto2` zurückgreifen.

RAW-Bilder

Die meisten Digitalkameras speichern Bilder im JPEG-Format, das einen guten Kompromiss zwischen Bildgröße und Qualität bietet. Einige Kameras bieten darüber hinaus die Möglichkeit, Bilder im sogenannten RAW-Format zu speichern. Dabei handelt es sich um herstellerspezifische Formate, die sicherstellen, dass keinerlei Bildinformationen verloren gehen. Allerdings sind RAW-Dateien zumeist sehr groß und können nur mit speziellen Programmen betrachtet werden.

Nur wenige Bildbetrachter bzw. Bildverwaltungsprogramme unter Linux kommen auf Anhieb mit RAW-Dateien zurecht. Mit dem Kommando `dcraw` aus dem gleichnamigen Paket können Sie RAW-Dateien manuell in andere Bildformate umwandeln. Wenn Sie mit Gimp arbeiten, bietet das Zusatzpaket `gimp-dcraw` mehr Komfort. Gimp kann dann RAW-Dateien der meisten Kamerahersteller direkt laden. Weitere Informationen zu `dcraw` finden Sie unter:

http://www.cybercom.net/~dcoffin/dcraw/

8.2 Scanner

Seit Digitalkameras allgegenwärtig sind, hat die Bedeutung von Scannern abgenommen. Dennoch ist es bisweilen erforderlich, den Scanner aus dem Keller zu holen, um ein Bild in guter Qualität einzuscannen. Gängige Scanner werden an die USB-Schnittstelle angeschlossen. Grundsätzlich kommt Linux mit den meisten Scannern zurecht, es gibt aber natürlich auch Ausnahmen. Erkundigen Sie sich unbedingt vor dem Scanner-Kauf, ob das Gerät Linux-kompatibel ist:

http://www.sane-project.org/sane-supported-devices.html

SANE

Konfiguration

Für den Scanner-Zugriff ist das Programmpaket SANE verantwortlich (*Scanner Access Now Easy*). In vielen Fällen wird Ihr Scanner sofort beim Anstecken erkannt, d. h., Scan-Programme wie XSane, Simple Scan oder Skanlite funktionieren auf Anhieb. Ist das nicht der Fall, müssen Sie SANE zuerst konfigurieren. (Bei SUSE ist die Scanner-Konfiguration zwingend erforderlich. Dabei hilft das YaST-Modul HARDWARE|SCANNER.)

Wenn ein derartiges Konfigurationsprogramm fehlt, müssen Sie die Konfigurationsdateien im Verzeichnis /etc/sane.d/* selbst modifizieren. Dieses Verzeichnis enthält für jeden Gerätehersteller eine Datei, in der sich normalerweise nur wenige Einträge befinden. Die folgenden drei Zeilen zeigen beispielhaft den Inhalt von epson.conf. Sie sind ausreichend, um alle unterstützten USB- und SCSI-Scanner von Epson zu erkennen.

```
# /etc/sane.d/epson.conf
usb
scsi EPSON
scsi "EPSON SC"
```

Probleme können ganz neue Geräte bereiten, deren ID-Nummern sich noch nicht in der USB-Datenbank der Linux-Hardware-Datenbank befinden. In solchen Fällen müssen Sie mit lsusb die ID-Nummer des Scanners herausfinden und wie im folgenden Beispiel eine zusätzliche Zeile in die betreffende Konfigurationsdatei einbauen:

```
user$  lsusb
Bus 004 Device 001: ID 0000:0000
Bus 003 Device 001: ID 0000:0000
Bus 002 Device 002: ID  04b8:010b Seiko Epson Corp. Perfection 1240
...
# Ergänzung in /etc/sane.d/epson.conf
usb 0x04b8 0x010b
```

Sofern das Paket sane-utils installiert ist, sollten die Kommandos sane-find-scanner und scanimage -L den Scanner jetzt erkennen:

```
user$  sane-find-scanner
found USB scanner (vendor=0x04b8 [EPSON], product=0x010b [Perfection1240])
  at libusb:006:002
found USB scanner (vendor=0x0bda, product=0x8187) at libusb:001:002
...
```

Hinweis

SANE berücksichtigt nur die Herstellerdateien, die in /etc/sane.d/dll.conf angegeben sind. Wenn SANE Ihren Scanner nicht erkennt und Sie sich vergewissert haben, dass SANE diesen Scanner prinzipiell unterstützt, sollten Sie einen Blick in dll.conf werfen und sicherstellen, dass der Herstellername Ihres Scanners dort nicht auskommentiert ist.

Scannen mit SANE

Normalerweise werden Sie zum Scannen nicht direkt mit der SANE-Bibliothek kommunizieren, sondern eine der verfügbaren Benutzeroberflächen einsetzen. Am populärsten sind die in den folgenden Abschnitten vorgestellten Programme XSane, Simple Scan und Skanlite. Wenn Sie das Scannen durch ein Script automatisieren möchten, finden Sie im Paket sane-utils das Kommando scanimage. Wenn Sie mehrere Seiten effizient scannen und dann in ein PDF-Dokument umwandeln möchten, sollten Sie einen Blick auf gscan2pdf werfen.

XSane

XSane ist ein ebenso komfortables wie funktionsreiches Programm zum Scannen von Bildern (siehe Abbildung 8.1). Bevor Sie das erste Bild scannen, ändern Sie den Modus von SCHWARZWEISS in

Graustufen oder Farbe und wählen die gewünschte Auflösung. Standardmäßig verwendet XSane nur 72 DPI, also eine sehr grobe Auflösung.

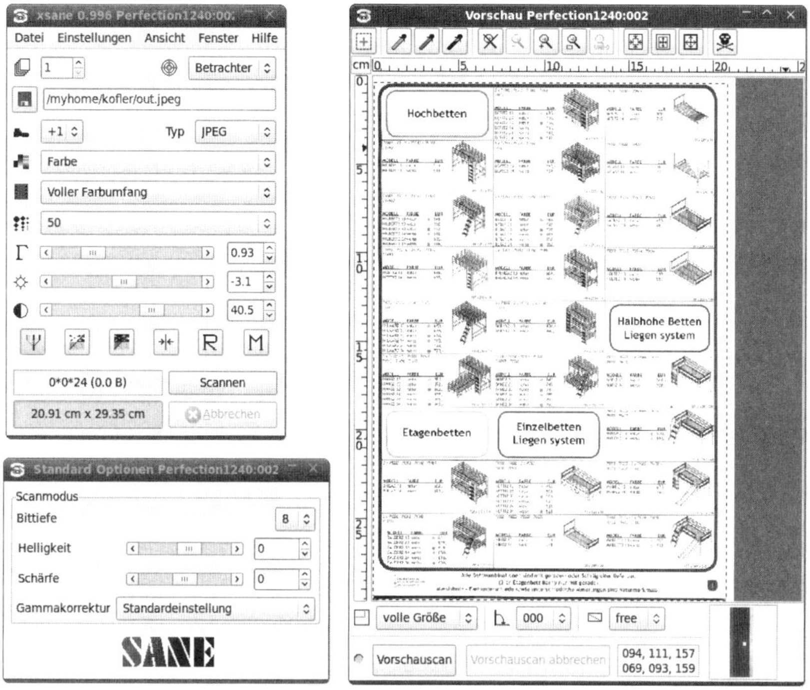

Abbildung 8.1: **Scannen mit XSane**

Mit dem Button Vorschauscan im Vorschau-Fenster führen Sie einen ersten Scan durch. Mit dem Button Sichtbaren Bereich auswählen schränken Sie den Scanbereich auf die Größe Ihres Motivs ein. Wenn Sie gleich beim Scannen einen Weißabgleich durchführen möchten, markieren Sie mit den Pipetten Wähle weissen Punkt und Wähle schwarzen Punkt jeweils einen Punkt im Vorschaubild, der weiß bzw. schwarz ist. Scan-Profis können im Hauptfenster und auf Basis des Histogramms (Fenster|Zeige Histogramm) weitere Farbkorrektureinstellungen vornehmen.

Mit Scannen im Hauptfenster führen Sie den eigentlichen Scan in voller Auflösung durch. XSane zeigt das Scan-Ergebnis in einem neuen Fenster an. Dort können Sie das Bild drehen, weichzeichnen und skalieren. Filter|Entflecken versucht, Scan-Fehler bzw. Staub aus dem Bild zu entfernen. Bei großen Scans dauert dieser Prozess relativ lange, führt nach meinen Erfahrungen aber nur selten zu einer merklichen Bildverbesserung. Zuletzt speichern Sie Ihren Scan mit Datei|Speichern.

Scans optimieren

Es ist eine eigene Kunst, qualitativ hochwertige Scans zu erstellen. Noch schwieriger ist es, Scans in einer guten Qualität wieder auszudrucken. Meistens muss das eingescannte Bild dazu vorher mit einem Bildverarbeitungsprogramm wie Gimp optimiert werden. Wenn Sie Probleme mit Moiré-Mustern haben, versuchen Sie es einmal mit den Filtern Weichzeichnen|Gaussscher Weichzeichner oder Verbessern|Entflackern!

Simple Scan

Wesentlich einfacher zu bedienen als XSane ist das relativ neue Gnome-Programm Simple Scan (siehe Abbildung 8.2). Mit dem Button SCANNEN lesen Sie nun das gesamte Bild ein. Wenn nötig, können Sie das eingescannte Bild anschließend drehen und zuschneiden. (ZUSCHNEIDEN markiert den Bereich des Bildes, den Sie anschließend speichern möchten.) SPEICHERN öffnet schließlich einen Dialog, um das Bild zu speichern. Standardmäßig scannt Simple Scan in einer Auflösung von ca. 300 DPI und in Farbe. Mit DOKUMENT|SCAN|TEXT können Sie die Auflösung auf 150 DPI reduzieren. DOKUMENT|EINSTELLUNGEN führt in einen einfachen Konfigurationsdialog, in dem Sie die DPI-Einstellungen und die Seitengröße verändern können.

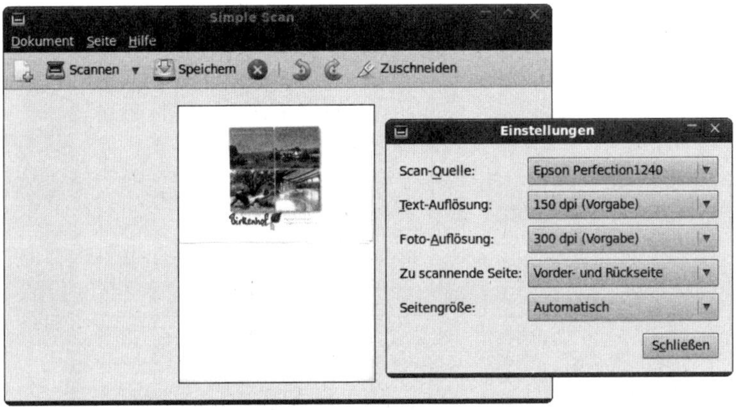

Abbildung 8.2: **Scannen mit Simple Scan**

Skanlite

Das KDE-Gegenstück zu Simple Scan heißt Skanlite (siehe Abbildung 8.3). Die eingescannten Bilder werden in einem eigenen Fenster angezeigt und können dann unter einem beliebigen Namen in den Formaten PNG, JPEG oder BMP gespeichert werden.

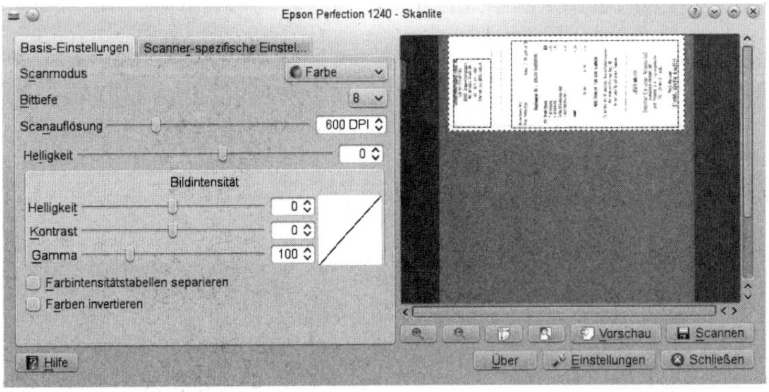

Abbildung 8.3: **Scannen mit Skanlite**

8.3 Shotwell

Shotwell ist ein relativ neues Programm zur Verwaltung von Fotos und anderen Bildern. Es ersetzt bei aktuellen Fedora-, openSUSE- und Ubuntu-Versionen das Programm F-Spot, das von diesen Distributionen in der Vergangenheit zur Bildverwaltung eingesetzt wurde. Im Vergleich zu F-Spot bietet Shotwell zwar weniger Funktionen, läuft dafür aber schneller und stabiler.

Abbildung 8.4:
Bildverwaltung mit Shotwell

Import

Shotwell kann auf zwei Arten verwendet werden: Einerseits zum sofortigen Ansehen von Bildern in einem Verzeichnis (also ohne vorherigen Import, aber auch ohne Verwaltungsfunktionen), andererseits zur Organisation großer Fotosammlungen (das erfordert den vorherigen Import der Bilder). Beim Import aus einem vorhandenen Verzeichnis haben Sie die Wahl, ob die Bilddateien und Filme an ihrem bisherigen Ort bleiben sollen oder in ein von Shotwell verwaltetes Verzeichnis kopiert werden sollen. Die Bilder werden dabei in die Unterverzeichnisse `~/Bilder/jahr/monat/tag` verteilt. Das Basisverzeichnis kann bei Bedarf mit BEARBEITEN|EINSTELLUNGEN verändert werden. Fotos können auch per Drag&Drop aus dem Dateimanager in Shotwell importiert werden.

Shotwell ist in der Lage, mit F-Spot verwaltete Fotos zu importieren. Die Bilddateien werden dabei nicht kopiert, sondern bleiben an ihrem bisherigen Ort. Shotwell benötigt zum Import Zugriff auf die F-Spot-Bilddatenbank `~/.config/f-spot/photos.db`. Leider gehen beim Import viele in F-Spot durchgeführte Bildmanipulationen verloren. Richtig gedrehte Bilder stehen also wieder auf dem Kopf etc. Immerhin bleiben in F-Spot definierte Tags erhalten.

Ereignisse

Die Bilder werden beim Import automatisch »Ereignissen« zugeordnet, wobei jeder Tag, an dem Fotos entstanden sind, als Ereignis gilt. Ereignisse können problemlos umbenannt und per Drag& Drop zusammengefügt werden. Um die Fotos eines Tages mehreren Ereignissen zuzuordnen, markieren Sie mehrere Fotos und führen dann [Strg]+[N] aus.

Bilder bearbeiten Shotwell bietet einige simple Bearbeitungsfunktionen an: Die Bilder können in 90-Grad-Schritten gedreht (Strg+R) und beschnitten werden. Außerdem kann der Rote-Augen-Effekt behoben und der Kontrast der Bilder verbessert werden. Leider funktioniert die Korrektur des Rote-Augen-Effekts noch schlechter als bei den meisten anderen Programmen.

Sämtliche Bearbeitungsschritte werden nicht direkt an der Bilddatei durchgeführt, sondern in der Datenbank des Programms gespeichert und bei der Anzeige des Bilds angewendet. Mit dem Kontextmenükommando ZURÜCK ZUM ORIGINAL kann jedes veränderte Bild wiederhergestellt werden. Das sichert einerseits die Integrität der Originaldateien, erschwert aber andererseits einen späteren Wechsel auf ein anderes Programm.

Um ein Bild zu löschen, führen Sie Entf oder das Kontextmenükommando IN DEN MÜLL VERSCHIEBEN aus. Damit wird das Bild innerhalb der Bilddatenbank in einen OpenShot-eigenen PAPIERKORB gelegt. Erst wenn Sie den Papierkorb explizit leeren, werden die Bilddateien nach einer Rückfrage endgültig gelöscht.

Sonstige Funktionen Ausgewählte Bilder können mit Tags (Markierungen) versehen, in einer sehr einfachen Diaschau angezeigt, in ein Verzeichnis exportiert oder auf Facebook, Flickr oder Picasa veröffentlicht werden.

8.4 digiKam

digiKam ist ein sehr vielseitiges KDE-Programm zum Fotoimport von Digitalkameras, zur Verwaltung der Bilder und zur Durchführung einfacher Bearbeitungsschritte. Wie F-Spot und gThumb bietet das Programm diverse Hilfsmittel zur Kategorisierung der Bilder. digiKam ist durch ein Plugin-System erweiterbar. Dank derartiger Plugins kann es direkt mit RAW-Dateien umgehen, Farbprofile verwalten, diverse Filter auf Bilder anwenden etc. Wie viele andere KDE-Programme glänzt digiKam durch eine unvergleichliche Funktionsvielfalt; gleichzeitig ist aber die Benutzeroberfläche überladen und die Bedienung unübersichtlich.

Beim ersten Start des Programms müssen Sie ein Basisverzeichnis für Ihre Bilder konfigurieren (standardmäßig `~/Bilder`). Bei Bedarf können Sie dieses Verzeichnis später mit EINSTELLUNGEN|DIGIKAM EINRICHTEN|ALBEN verändern. Ein Assistent hilft Ihnen dabei, einige weitere Grundeinstellungen durchzuführen. Sie machen nichts verkehrt, wenn Sie die Vorschläge des Programms einfach übernehmen.

Fotoimport Wenn Linux Ihre Digitalkamera als USB-Speichermedium betrachtet, starten Sie den Import der dort befindlichen Bilder mit IMPORTIEREN|USB-SPEICHERGERÄTE. Alle anderen Kameras müssen Sie vor dem ersten Import konfiguieren: In den meisten Fällen ist es ausreichend, im Dialog IMPORTIEREN|KAMERAS HINZUFÜGEN den Button AUTOMATISCHE ERKENNUNG anzuklicken. Die Kamera wird von nun an im KAMERA-Menü aufgelistet. Den Import starten Sie nun mit IMPORTIEREN|KAMERA|KAMERANAME. In jedem Fall erscheint nun ein Dialog mit einer Vorschau aller Bilder. Der Button AUSGEWÄHLTE HERUNTERLADEN führt in einen Dialog zur Auswahl des Zielverzeichnisses. Anschließend werden die markierten Bilder dorthin kopiert.

Bildverwaltung

Grundsätzlich können Sie mit digiKam nur Bilder verwalten, die sich innerhalb des Basisverzeichnisses befinden. Gegebenenfalls müssen Sie Ihre bisher woanders gespeicherten Bilder vorher dorthin importieren.

Jedes Verzeichnis innerhalb des Basisverzeichnisses bezeichnet digiKam als *Album*. Alternativ können Sie auch in der Datumsansicht nach den Bildern suchen (siehe Abbildung 8.5). Ein Mausklick auf das gerade aktuelle Bild vergrößert es, ein weiterer Klick führt zurück in die Albenansicht. Auf der rechten Fensterseite können Sie zusätzliche Bildeigenschaften, Kommentare und Stichwörter einblenden bzw. dort ändern. Diese zusätzlichen Daten, die bei der späteren Suche nach Bildern helfen, werden nicht direkt in den Bildern, sondern in der Datei `digikam4.db` im Basisverzeichnis gespeichert.

Abbildung 8.5: **Bildverwaltung mit digiKam**

Bilder richtig drehen

Soweit die Kamera die Orientierung der Bilder in den EXIF-Daten vermerkt, dreht Bild|Automatisches Drehen/Spiegeln alle Bilder im aktuellen Verzeichnis richtig. Wenn das nicht funktioniert, drehen [Strg]+[⇧]+[←] bzw. +[→] die zuvor markierten Bilder um 90 Grad nach links bzw. rechts.

Bilder bearbeiten

In der Ordneransicht können nur ganz elementare Bearbeitungsschritte durchgeführt werden (z. B. das Bild drehen). Weitergehende Operationen stehen zur Verfügung, wenn Sie per Kontextmenü Bearbeiten ausführen. digiKam zeigt das Bild dann in einem neuen Fenster an. Dort können Sie das Bild rahmen, beschriften, Farben und Helligkeit optimieren, weichzeichnen, schärfen, rote Augen korrigieren, die Größe ändern etc. Änderungen werden normalerweise direkt in der Originaldatei gespeichert. Wenn Sie die nicht verlieren möchten, müssen Sie das veränderte Bild mit Datei|Speichern unter sichern.

Die Menüs Extras und Stapelverarbeitung führen zu diversen Zusatzfunktionen. Sie können damit alle markierten Bilder gemeinsam konvertieren oder ändern. Zahlreiche digiKam-Funktionen sind als Plugins realisiert (KIPI = *KDE Image Plugin Interface*). Wenn einzelne digiKam-Funktionen bei

Ihnen fehlen, stellen Sie sicher, dass die Plugins installiert und in den Dialogen EINSTELLUNGEN|DIGIKAM EINRICHTEN|KIPI-MODULE und -|BILDMODULE auch aktiviert sind.

Bilder ansehen und exportieren

ANSICHT|DIASCHAU|ALLE bzw. ANSICHT|DIASCHAU|AUSWAHL präsentiert das aktuelle Album bzw. die gerade ausgewählten Bilder als Diaschau ohne besondere Effekte. Während die Präsentation aktiv ist, können Sie auch mit dem Mausrad vor- und zurückblättern. Das Zeitintervall für den Bildwechsel sowie einige andere Optionen können Sie mit EINSTELLUNGEN|DIGIKAM EINRICHTEN|DIASCHAU angeben.

Wenn Sie die Diaschau mit Überblendeffekten und Musikuntermalung durchführen möchten, verwenden Sie ANSICHT|DIASCHAU|ERWEITERTE DIASCHAU. In einem mehrblättrigen Dialog können Sie diverse Einstellungen vornehmen, die allerdings immer für alle Bilder gelten: Sie können also nicht einem bestimmten Bild einen Effekt zuordnen oder je nach Bild unterschiedliche Zeitintervalle für den Bildwechsel einstellen. Beachten Sie, dass die Auswahl der Bildeffekte variiert, je nachdem, ob Sie die Option OPENGL-ÜBERGÄNGE aktivieren oder nicht. (Eine Präsentation mit OPENGL-ÜBERGÄNGEN erfordert einen 3D-tauglichen Grafiktreiber.)

Das Menü EXPORTIEREN enthält ein ganzes Dutzend Kommandos, um die zuvor ausgewählten Bilder auf Facebook, Flickr, Picasa etc. zu exportieren, als HTML-Gallerie zu speichern, in eine Flash-Präsentation umzuwandeln oder in ein beliebiges Verzeichnis auf dem lokalen Rechner oder einem Rechner im Netzwerk zu speichern (AUF FREMDRECHNER EXPORTIEREN).

Wenn Sie mehrere zuvor markierte Bilder als E-Mail versenden möchten, führen Sie BILD|BILDER PER E-MAIL VERSENDEN aus. Dabei können Sie zwischen verschiedenen E-Mail-Clients auswählen und wahlweise die maximale E-Mail-Größe oder die gewünschte Bildgröße (z. B. maximal 800 Pixel) vorgeben. digiKam skaliert die Bilder dann entsprechend. Den Exportdialog dürfen Sie erst schließen, nachdem Sie die E-Mail versandt haben – andernfalls findet das E-Mail-Programm die temporären Bilddateien nicht mehr!

8.5 Panoramas zusammensetzen mit Hugin

Das Programm Hugin hilft dabei, mehrere einzelne Bilder zu einem großen Panoramabild zusammenzusetzen. Dieser Abschnitt gibt nur eine ganz kurze Einführung in das Programm. Wenn Sie mit Hugin arbeiten, werden Sie rasch feststellen, dass es unzählige weitere Optionen und Einstellmöglichkeiten gibt, deren korrekte Anwendung aber Kenntnisse der zugrundeliegende optischen Begriffe und Verfahren voraussetzt – und die kann ich hier nicht vermitteln. Lesenswert sind auf jeden Fall die Tutorials auf der Hugin-Webseite sowie der folgende Bericht auf http://lwn.net, der unter anderem auf die Anwendung von Hugin zur Bearbeitung von Gruppenfotos eingeht:

http://hugin.sourceforge.net/tutorials/
http://lwn.net/Articles/351053/

Am einfachsten ist es, den Hugin-Assistenten zu nutzen und sich auf die Automatismen von Hugin zu verlassen. Im ersten Schritt laden Sie alle Bilder Ihres Panoramas. Mit AUSRICHTEN starten Sie einen Analyseprozess, der je nach Anzahl und Größe der Bilder und der CPU-Geschwindigkeit mehrere Minuten in Anspruch nimmt. Hugin versucht, übereinstimmende Merkmale auf den Bildern zu finden, anhand derer es die Bilder aneinanderfügen kann.

Sobald dieser Prozess abgeschlossen ist, erscheint ein Vorschaufenster (siehe Abbildung 8.6). Im Dialogblatt PROJKETION können Sie das Projektionsverfahren ändern, wobei Sie zumeist mit ZYLINDRISCH oder SPHÄRISCH die besten Ergebnisse erzielen. Im Dialogblatt BESCHNITT wird ein Auswahlrechteck über dem Bild eingeblendet. Sie können nun dessen Größe und Position einstellen. Das Reckteck gibt die Ausmaße des endgültigen Panoramabilds an. Wenn Sie mit dem Ergebnis zufrieden sind, schließen Sie das Vorschaufenster und starten im Hauptfenster die Panoramaerstellung. Die resultierende Datei wird im TIFF-Format gespeichert.

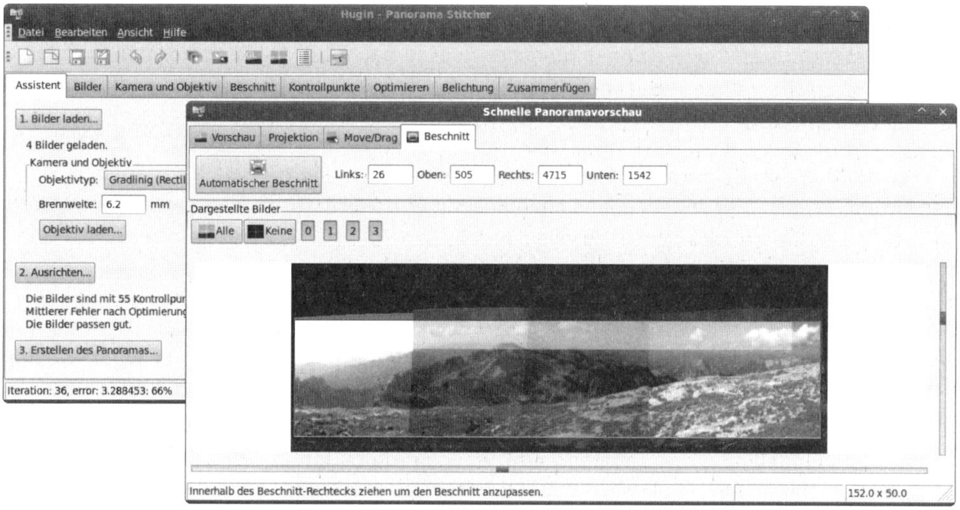

Abbildung 8.6: **Panoramas mit Hugin zusammensetzen**

Nicht immer ist das Ergebnis so gut wie in Abbildung 8.7. Sie können nun versuchen, in den vielen Dialogblättern von Hugin manuell diverse Parameter zur Panoramaerstellung einzustellen. Nach meinen Erfahrungen führt das aber nur dann zum Erfolg, wenn Sie nicht auf gut Glück probieren, sondern ein fundiertes Wissen darüber haben, wie Hugin funktioniert.

Abbildung 8.7: **Panoramaaufnahme im Hochschwabmassiv (Steiermark)**

Hinweis

Die von mir getestete Version von Hugin aus der *universe*-Paketquelle von Ubuntu identifiziert automatisch Kontrollpunkte für übereinstimmende Bildmerkmale in den Bildern. Der dabei eingesetzte Algorithmus ist aber offensichtlich in den USA patentiert, weswegen er bei manchen Hugin-Installationen fehlt oder extra aus einer anderen Paketquelle installiert werden muss. Bei Fedora finden Sie das Paket `autopano-sift-C` **in der *rpmfusion*-Paketquelle.**

8.6 Screenshots erstellen

Ein Screenshot ist ein Abbild des aktuellen Bildschirm- oder Fensterinhalts in einer Grafikdatei. Die folgenden Abschnitte beschreiben ganz kurz einige Möglichkeiten, solche Screenshots zu erstellen.

Gnome Bei Gnome ist das Programm `gnome-panel-screenshot` direkt in den Desktop integriert. Wie unter Windows erstellt [Druck] einen Screenshot des gesamten Bildschirms, [Alt]+[Druck] eine Abbildung des gerade aktiven Fensters. Anschließend wird das Programmfenster sichtbar und bietet die Möglichkeit, die Abbildung zu speichern. Als einziges Format ist PNG vorgesehen.

KDE Um unter KDE Bildschimabbildungen zu erstellen, starten Sie das Programm ksnapshot und stellen den gewünschten Aufnahmemodus ein (VOLLBILD, FENSTER oder BEREICH). Mit dem Button NEUES BILDSCHIRMFOTO erstellen Sie den Screenshot. Beim Speichern wird je nach Dateikennung automatisch das entsprechende Format verwendet.

Gimp Auch mit dem im nächsten Kapitel beschriebenen Bildverarbeitungsprogramm Gimp können Sie mit DATEI|ERSTELLEN|SCREENSHOT eine Bildschirmabbildung erstellen. Das ist besonders dann praktisch, wenn Sie das Bild anschließend ohnedies mit Gimp weiterbearbeiten möchten.

Shutter Wenn Sie viele Screenshots erstellen, werden Sie vermutlich Shutter mögen: Dieses Programm bietet unzählige Zusatzfunktionen, um den gewünschten Bildausschnitt auszuwählen, das aufgenommene Bild mit Wasserzeichen zu versehen etc.

http://shutter-project.org/

Screencasts Als *Screencast* bezeichnet man ein Video, das den Bildschirminhalt über längere Zeit verfolgt. Screencasts eignen sich hervorragend, um Programmfunktionen zu dokumentieren. Screencasts können Sie z. B. mit den Programmen Istanbul und GTK Record My Desktop (beide Gnome), ScreenKast und Kdenlive (beide KDE), Xvidcap, VLC oder RecordMyDesktop (Kommandozeile) aufnehmen.

9. Audio und Video

Dieses Kapitel erklärt (zumindest, so weit wie es der Gesetzgeber zulässt), wie Sie unter Linux Audio-Dateien anhören, CDs auslesen (rippen), MP3-Tags einstellen, Video-DVDs und -Dateien abspielen, Video-Dateien schneiden und recodieren und via DVB-T fernsehen. Dabei setze ich voraus, dass das Audio- und Video-System Ihrer Distribution grundsätzlich funktioniert (siehe Seite 464 sowie 556). Im Detail gehe ich auf die folgenden Programme ein:

» **Audio-Player:** Amarok, Banshee, Rhythmbox

» **Multimedia-Player:** Dragon Player, Kaffeine, MPlayer, Totem, VLC, xine

» **MP3- und Audio-Tools:** Audacity, EasyTAG, gtkPod, Sound Juicer

» **Video-Schnitt:** OpenShot, PiTiVi

» **DVD-Tools:** DVD95, HandBrake, K9Copy, OGMrip

» **Fernsehen:** dvb-apps, Miro

Zum Thema Multimedia ließe sich natürlich noch viel mehr schreiben, durchaus auch ein ganzes Buch! So viel Platz ist hier aber nicht. Der Grundlagenabschnitt, der dieses Kapitel einleitet, gibt Ihnen jedoch zumindest einen Überblick über eine Menge weiterer Multimedia-Programme, die Ihnen unter Linux zur Verfügung stehen.

9.1 Multimedia-Grundlagen

Encoder und Decoder

Encoder

Encoder wandeln unkomprimierte Audio- oder Video-Daten in ein komprimiertes Format um (z. B. MP3, Ogg oder MPEG-4). Die Aufgabe des Encoders ist es, die Daten einerseits möglichst stark zu komprimieren, andererseits aber für geringe Qualitätsverluste zu sorgen. Das ist ein rechenintensiver und daher verhältnismäßig langsamer Vorgang.

Decoder

Decoder sind für die umgekehrte Richtung zuständig, also für die Umwandlung der komprimierten Daten in ein Format, das an Soundkarten bzw. die Grafikkarte weitergegeben werden kann. Jeder Audio- oder Video-Player muss daher auf Decoder für das jeweilige Format zurückgreifen. Decoder benötigen Sie aber auch, wenn Sie komprimierte Dateien in ein unkomprimiertes Format zurückverwandeln möchten (siehe auch Seite 331). Das kann beispielsweise dann sinnvoll sein, wenn Sie eine herkömmliche Audio-CD erzeugen möchten. (Dazu benötigen Sie unkomprimierte WAV-Dateien.)

Manchmal besteht auch der Wunsch, Audio- oder Video-Dateien von einem Format in ein anderes umzuwandeln oder stärker zu komprimieren. Dieser Vorgang wird üblicherweise als *Recodieren* (Recoding) bezeichnet.

Codecs Das dem Encoder/Decoder zugrunde liegende Verfahren wird als Codec bezeichnet. Umgangssprachlich meint Codec aber zumeist die Bibliothek bzw. das Modul/Plugin zur (De-)Codierung eines bestimmten Audio/Video-Formats.

Es existieren zahllose Codecs, wobei für Windows und Mac OS X der Decoder-Teil zumeist kostenlos verfügbar ist. (Codec-Entwickler wollen in der Regel einen möglichst hohen Marktanteil ihres Formats erreichen.) Etwas schwieriger ist die Situation unter Linux. Im Rahmen des FFmpeg-Projekts gibt es zu vielen populären Codecs Open-Source-Implementierungen für den Decoder und zumeist auch für den Encoder. Allerdings ist der rechtliche Status dieser Programme bzw. Bibliotheken teilweise zweifelhaft, weil viele Codecs durch Patente und Lizenzen geschützt sind. Mangels besserer Alternativen greifen dennoch die meisten Audio- und Video-Player auf die Bibliotheken des FFmpeg-Projekts zurück (z. B. MPlayer, VLC, xine sowie auf GStreamer aufbauende Gnome-Programme).

Die andere Variante besteht darin, die für Windows gedachten Codecs unter Linux einzusetzen. Dazu sind viele der für Linux verfügbaren Audio- bzw. Video-Player in der Lage. (Eine Zwischenschicht macht die für Windows gedachten Funktionen auch für Linux nutzbar.) Allerdings kommt diese Variante nur für Linux-Rechner mit x86-kompatiblen Prozessoren infrage. Die Codecs sind üblicherweise in Paketen gesammelt, die je nach Distribution z. B. `w32codecs`, `w64codecs` oder `win32codecs` heißen. Aber natürlich gibt es auch hier rechtliche Bedenken: Obwohl die Codecs für Windows kostenlos verfügbar sind, ist eine freie Weitergabe bzw. die Nutzung unter Linux zumeist nicht vorgesehen.

Aufgrund der unklaren rechtlichen Situation (die auch von der nationalen Gesetzgebung abhängt), sind im Standardlieferumfang der meisten Linux-Distributionen nur relativ wenige Codecs enthalten. Bei vielen Distributionen ist anfänglich nicht einmal eine MP3-Wiedergabe möglich. Abhilfe schaffen in der Regel inoffizielle Paketquellen (siehe Seite 199). Ein anderer Ausweg aus dem rechtlichen Dilemma sind offiziell lizenzierte Codecs, die die Firma Fluendo zum (natürlich kostenpflichtigen) Download anbietet. Die Pakete sind allerdings nur für das GStreamer-Audio-System geeignet und damit inkompatibel zu vielen in diesem Kapitel vorgestellten Programmen.

http://www.fluendo.com/

Streaming Um live via Internet Radio zu hören oder fernzusehen, stellen viele Radio- und TV-Sender einen kontinuierlichen Datenstrom zur Verfügung. Damit kann die Wiedergabe sofort nach dem Start der Übertragung beginnen. Ein herkömmlicher Download ist nicht vorgesehen (oft auch aus Lizenzgründen). Manche Audio- und Video-Player bieten aber die Möglichkeit, den gerade abgespielten Datenstrom mitzuschneiden (also in eine Datei zu übertragen).

YouTube, der zurzeit sicherlich populärste Video-Anbieter, setzt übrigens nicht auf Streaming, sondern bietet die Videos wahlweise in Form von Flash-Dateien oder als HTML5-Audio-Dateien an. Das Abspielen von YouTube-Videos setzt also entweder einen Webbrowser mit Flash-Plugin voraus (siehe Seite 151) oder einen HTML5-kompatiblen Browser samt der erforderlichen Codecs (siehe Seite 133).

Wenn Sie selbst Streaming anbieten möchten, z. B. um diverse elektronische Geräte in Ihrem Haushalt mit Audio- oder Video-Streams zu versorgen, können Sie dazu unter anderen `ffserver` (Teil des FFmpeg-Projekts), Icecast (nur Audio), SHOUTcast oder VLC einsetzen.

Verschlüsselung, CSS, DRM

CSS

Nach der massenhaften Verbreitung von MP3-Dateien durch diverse Tauschbörsen wollte die Multimedia-Industrie ein vergleichbares Desaster im Video-Bereich vermeiden. Deswegen sind nahezu alle Video-DVDs durch das CSS (Content Scrambling System) verschlüsselt. Der dadurch erreichte Schutz hat sich freilich als gering erwiesen. Die Verschlüsselung ist ziemlich primitiv und wurde rasch geknackt. (Details dazu können Sie in der Wikipedia nachlesen.)

Weit mehr Mühe als mit dem Verschlüsselungsalgorithmus hat sich die Medienindustrie gegeben, um jegliche Open-Source-Techniken zur Entschlüsselung zu kriminalisieren. Aus diesem Grund ist der Einsatz einer Entschlüsselungsbibliothek in vielen Ländern verboten.

Im Mai 2007 hat ein finnisches Gericht in erster Instanz CSS als »unwirksam« klassifiziert und damit die Umgehung von CSS erlaubt. So weit sind wir hierzulande leider noch nicht: In Deutschland ist es aufgrund des Urheberrechtsgesetzes sogar verboten, die Installation einer Bibliothek zur CSS-Entschlüsselung zu beschreiben. Auch wenn es im Internet unzählige Websites mit entsprechenden Anleitungen gibt, darf ich diese Informationen hier weder wiedergeben noch einen entsprechenden Link angeben. (Die Grenzen der Pressefreiheit sind enger, als man denkt.)

Damit Sie mich richtig verstehen: Es geht hier nicht um illegales Kopieren! Ich darf Ihnen nicht einmal erklären, wie Sie Ihre gerade in einem Geschäft erworbene DVD unter Linux ansehen können – etwas, was unter Windows eine Selbstverständlichkeit ist.

Sie sehen schon, dem Video-Genuss unter Linux stehen weniger technische als vielmehr rechtliche Probleme im Weg. Den meisten Linux-Freaks wird es mit der Hilfe von Google dennoch gelingen, ihr System zufriedenstellend zu konfigurieren. Für Einsteiger ist es aber praktikabler, einen billigen DVD-Player an den Fernseher oder an einen geeigneten Computer-Monitor anzuschließen. Vielleicht verzichten Sie auch auf den Kauf der einen oder anderen DVD und lesen stattdessen wieder mal ein Buch.

Blu-Ray

CSS war freilich nur der Anfang: Blu-Ray-Discs sehen wesentlich bessere Schutzmechanismen vor, die zum Teil direkt in der Hardware implementiert werden müssen (also beispielsweise in der Grafikkarte). Zwar wurden auch diese Schutzmaßnahmen bereits geknackt, die Vorgehensweise ist aber komplizierter geworden. Generell unternimmt die Medienindustrie momentan alles, um das Abspielen bzw. Auslesen von Video-Datenträgern am Computer zu erschweren. Der einzige Trost für Linux-Freunde besteht darin, dass mittlerweile auch Windows-Anwender zunehmend Probleme haben, eine Blu-Ray-Disc einfach anzusehen. Selbst die eigentlich sehr multimedia-begeisterte Firma Apple macht aus diesen Gründen bisher einen Bogen rund um Blu-Ray.

DRM

DRM steht für Digital Rights Management. Damit wird eine Audio- oder Video-Datei durch technische Verfahren an eine bestimmte Hardware gebunden. Die Datei kann zwar mühelos kopiert, auf einem anderen Rechner aber nicht abgespielt werden. Lange Zeit waren alle Downloads von Apples iTunes-Shop durch DRM geschützt. Allerdings hat sich hier in den letzten Jahren eine Kursänderung abgezeichnet: Digitale Musik wird zunehmend DRM-frei verkauft – nicht zuletzt aufgrund des Drucks, den Apple auf die Musikindustrie gemacht hat.

Tot ist DRM aber leider noch lange nicht: Obwohl es bei Musik nicht funktioniert hat, versuchen Medienanbieter nun Videos, eBooks etc. DRM-geschützt zu verkaufen. Linux-Anwender sind von der legalen Nutzung DRM-geschützter Medien nahezu vollständig ausgeschlossen, und eine Besserung dieser Situation ist nicht in Sicht. Kaufen Sie nach Möglichkeit nur DRM-freie Musik bzw. Videos!

Audio- und Video-Formate

Es existieren unzählige Audio- und Video-Formate. Dieser Abschnitt macht gar nicht erst den Versuch, diese Formate vollständig aufzuzählen bzw. zu beschreiben. Vielmehr fasst er einige Linux-spezifische Informationen zu häufig eingesetzten Formaten zusammen. Einen guten Überblick über populäre Audio- und Video-Codecs gibt der folgende Wikipedia-Artikel:

http://de.wikipedia.org/wiki/Codec

Alle im Folgenden aufgezählten Formate werden in der einen oder anderen Form von Linux unterstützt. Allerdings gibt es vielfach rechtliche Probleme (meist mit Patenten), die verhindern, dass die Codecs offiziell in eine Distribution integriert werden können (siehe auch Seite 199).

WAV WAV ist ein von Microsoft definiertes, sehr einfaches Audio-Format ohne Komprimierung. Die resultierenden Dateien sind frei von Qualitätsverlusten, aber leider riesig. WAV-Dateien können unter Linux problemlos erzeugt und abgespielt werden, es gibt weder Lizenz- noch Patentprobleme.

MP3 MP3 steht für *MPEG-1, Audio Layer 3*, wobei MPEG wiederum eine Abkürzung für *Moving Pictures Experts Group* ist. MP3 ist das bei Weitem populärste Dateiformat zur Komprimierung von Audio-Daten. Für Linux existieren diverse MP3-Decoder, sowohl in Form eigenständiger Kommandos oder Programme (`mpg123`) als auch als Bibliotheken. Bei MP3-Encodern zum Erzeugen von MP3-Dateien ist die Auswahl kleiner, in der Praxis kommt eigentlich nur noch `lame` zum Einsatz.

Obwohl das MP3-Verfahren überwiegend im Fraunhofer Institut entwickelt wurde, gibt es mehrere Firmen, die über MP3-Patente verfügen (unter anderen Alcatel, Sisvel und Thomson, das die Fraunhofer-Patente verwaltet). Das bedeutet, dass MP3-Encoder lizenziert werden müssen – selbst dann, wenn sie kostenlos weitergegeben werden. Aus diesem Grund gibt es kaum noch eine Linux-Distribution, die MP3-Encoder direkt mitliefert. Auch im Internet werden MP3-Encoder überwiegend nur noch von Websites in solchen Ländern zum Download angeboten, wo die MP3-Patente nicht gelten.

Etwas besser sieht die Lage bei MP3-Decodern (MP3-Playern) aus: Zwar ist auch diese Technik patentiert, das Fraunhofer Institut und die Firma Thomson haben aber zum Ausdruck gebracht, dass Open-Source-Player bis auf Weiteres ohne Lizenz eingesetzt werden können:

http://mp3licensing.com/

ID3-Tags ID3-Tags sind Zusatzinformationen, die innerhalb der MP3-Datei gespeichert werden. Sie können unter anderem die folgenden Informationen umfassen: Titel, Interpret, Albumname, Komponist, ein Bild des CD-Covers etc. Es gibt zwei gängige Standards zur Speicherung der ID3-Informationen:

ID3v1 und ID3v2 mit vielen zusätzlichen Textfeldern und Erweiterungsmöglichkeiten. Alle Audio-Player werten ID3-Tags aus, wobei die meisten Player kompatibel zu beiden Standards sind.

Die Informationen für die ID3-Tags werden in der Regel bereits beim Auslesen (Rippen) von Audio-Tracks ermittelt und gespeichert. Außerdem existieren zahllose Kommandos und Benutzeroberflächen, um die ID3-Informationen nachträglich zu vervollständigen, zu korrigieren bzw. von ID3v1 auf ID3v2 umzustellen (suchen Sie in Ihrem Paketmanager nach *id3*). Besonders komfortabel ist das Gnome-Programm EasyTAG, populäre Alternativen sind Ex Falso oder Kid3. Auch manche Audio-Player sind in der Lage, ID3-Tags zu verändern, beispielsweise Amarok.

Zur Suche nach CD-Cover-Dateien können Sie CoverFinder einsetzen. Zwar helfen auch Audio-Player wie Amarok oder Rhythmbox bei der Cover-Suche, diese Programme integrieren die Cover aber in eine interne Datenbank.

Ogg Vorbis

Ogg Vorbis ist die Open-Source-Alternative zum MP3-Format. Ogg Vorbis bringt einen neuen Audio-Datentyp (Dateikennung `.ogg`) samt der Software zum Encodieren und Decodieren mit sich. Ogg Vorbis ist als Reaktion auf die Patent- und Lizenzschwierigkeiten mit dem MP3-Format entwickelt worden. Die Audio-Qualität ist so gut wie die von MP3. Das Ogg-Format unterstützt zwar keine ID3-Tags; Titel- und Meta-Informationen können aber in den Vorbis-Tags gespeichert werden. Detaillierte Informationen finden Sie unter:

http://www.vorbis.com/

Leider hat sich das Ogg-Vorbis-Format bisher nicht durchsetzen können. Im Internet werden Sie nur selten Ogg-Musikdateien finden, und auch Ogg-kompatible Audio-Player sind Mangelware. Apples iPod kann beispielsweise nichts mit Ogg-Dateien anfangen. Deswegen ist das Ogg-Format eigentlich nur dann eine Option, wenn Sie Audio-Dateien nur am lokalen Computer anhören möchten, nicht aber auf externen Playern.

WMA

Windows Media Audio (WMA) ist ein weiterer, von Microsoft entwickelter Audio-Codec mit DRM-Unterstützung. Der Codec ist unter dem Namen VC-1 standardisiert und steht auch als Open-Source-Implementierung zur Verfügung (z. B. für den MPlayer bzw. im Rahmen der `ffmpeg`/`libavcodec0d`-Pakete).

AAC

Advanced Audio Coding (AAC) ist eine Weiterentwicklung des MP3-Verfahrens, das im MPEG-2-Standard spezifiziert wird und ebenfalls DRM-Unterstützung bietet. AAC ist weit verbreitet und kommt unter anderem bei fast allen Audio-Dateien von Apple iTunes zum Einsatz. Mit `faac`/`faad` bzw. `libfacc`/`libfaad` existieren AAC-Encoder und -Decoder für Linux, die allerdings nur DRM-freie AAC-Dateien erzeugen bzw. verarbeiten können.

ATSC A/52 und AC-3

ATSC A/52 oder kurz AC-3 ist ein von Dolby Digital entwickeltes Mehrkanal-Audio-Format, das unter anderem für die Tonspur der meisten DVDs zum Einsatz kommt. Mit `liba52` existiert ein Open-Source-Decoder.

Real Audio

Die Firma RealNetworks hat eine Reihe kommerzieller Audio- und Video-Formate entwickelt, die in Konkurrenz zu den Windows-Media-Formaten stehen. Während Sie in der Praxis nur selten auf Real-Video-Daten stoßen werden, genießen die Real-Audio-Formate noch eine relativ hohe Popularität, insbesondere bei Radiosendern. Real-Audio-Dateien und -Streams können Sie wahlweise mit dem kostenlosen RealPlayer oder mit den meisten Open-Source-Multimedia-Playern anhören (siehe Seite 156).

MPEG-1, -2 und -4 MPEG-1, -2 und -4 definieren diverse Formate zur Komprimierung von Audio- und Video-Daten. Wichtige Teile von MPEG-4 sind gleich in mehreren alternativen Codecs implementiert, die alle MPEG-4-kompatibel sind. Dazu zählen XviD und WebM (beide Open Source), DivX und H264.

WMV Unter dem Namen Windows Media Video (WMV) hat auch Microsoft eigene Video-Codecs entwickelt. Die WMV-Versionen 1 bis 3 (oft auch WMV7 bis -9 genannt, weil sie zusammen mit dem Windows Media Player 7 bis 9 ausgeliefert wurden) bieten ähnliche Eigenschaften wie MPEG-4, unterstützen aber zusätzlich DRM.

Theora Theora ist das Video-Gegenstück zu Ogg-Vorbis. Auch der Theora-Codec bietet ähnliche Eigenschaften wie MPEG-4, basiert aber vollständig auf Open-Source-Code und ist damit frei verfügbar. Der Codec wird unter anderem vom Wikimedia-Projekt eingesetzt. Firefox 3.5 kann ohne Installation irgendwelcher Plugins Theora-Videos abspielen.

http://www.theora.org/

Wenn Sie selbst Theora-Videos erstellen möchten, um Arbeitsabläufe am Computer zu dokumentieren (sogenannte Screencasts), können Sie dazu beispielsweise das Gnome-Programm Istanbul einsetzen:

http://live.gnome.org/Istanbul

WebM Im Zuge der Entwicklung an HTML5 bestand für die Browser-Entwickler die Notwendigkeit, Audio- und Video-Codecs in ihre Webbrowser zu integrieren. Während Microsoft und Apple auf proprietäre Codecs setzen (H264), kommt H264 für Open-Source-Software nicht infrage. Die Codecs Ogg und Theora wären eine Alternative, sind aber zu wenig verbreitet. Diesen gordischen Konten durchschlug Google, indem es den Codec-Entwickler On2 aufkaufte und den von dieser Firma entwickelten MPEG-4-Codec VP8 unter dem neuen Namen WebM als Open-Source-Code freigab. Voraussichtlich werden in Zukunft die meisten Webbrowser WebM direkt unterstützen oder zumindest dazu kompatibel sein (Internet Explorer 9). Die einzige wichtige Ausnahme ist Apples Webbrowser Safari, der zurzeit ausschließlich H264 versteht.

Video-Container

Ein Film besteht aus mehreren Komponenten, die intern voneinander getrennt sind: Zum eigentlichen Video (ohne Ton) kommen die Audio-Kanäle hinzu (oft in mehreren Sprachen, in Stereo und/oder in Mehrkanaltechnik wie Dolby Surround), bisweilen auch Untertitel (ebenfalls in mehreren Sprachen) und Metadaten (z. B. das DVD-Menü). Auf einer DVD liegen diese Komponenten in einzelnen Dateien vor. Soll ein Film aber in *einer* Datei verpackt werden, ist ein Container-Format erforderlich.

Das populärste derartige Format ist AVI (Audio/Video Interleave): Sie kennen das Format sicher von Ihrer Digitalkamera, die selbst aufgenommene Videos so verpackt. Allerdings ist das AVI-Format relativ alt und mit vielen Einschränkungen verbunden. Beispielsweise können in AVI-Dateien keine Untertitel verpackt werden (bzw. nur mit Tricks, die aber inkompatibel zu den meisten Playern sind). Ebenfalls sehr weit verbreitet ist das von Apple definierte Container-Format QuickTime (QT oder MOV).

AVI, MOV und QT

In den letzten Jahren wurden zudem einige weitere Container-Formate entwickelt: Matroska (MKV), MP4 und OggMedia (OGM). Der größte Nachteil dieser Formate besteht darin, dass derartige Dateien in der Regel nur am Computer abgespielt werden können, nicht aber auf DVD-Playern (schon gar nicht auf älteren Modellen). Dafür bieten diese Container-Formate eine Menge zusätzlicher Möglichkeiten. Falls Sie die Wahl haben, sollten Sie das MKV-Format vorziehen, das momentan die meisten Funktionen bietet und sich bei video-begeisterten PC-Anwendern als eine Art inoffizieller Standard etabliert hat.

MKV, MP4 und OGM

Hinweis

Um es nochmals klarzustellen: Die hier vorgestellten Formate beschreiben lediglich den Container. Aus den Dateikennung `*.avi` `*.mkv`, `*.mp4`, `*.mov`, `*.ogm` bzw. `*.qt` geht *nicht* hervor, welche Audio- und Video-Codecs intern zum Einsatz kommen. Jedes Container-Format unterstützt diverse Codecs. Je nachdem, welche Codecs auf Ihrem Rechner installiert sind, kann es daher sein, dass Ihr Video-Player eine AVI-Datei abspielen kann, eine andere aber nicht.

Rechtliche Situation, Zusatzpakete

Ich habe nun bereits mehrfach erwähnt, dass je nach Ort, Gesetzgebung und der Reichweite bzw. Gültigkeit von Patenten eine standardmäßige Auslieferung diverser Codecs und Entschlüsselungs-Software unmöglich ist. Da Linux-Distributionen international heruntergeladen werden, müssen sie dem kleinsten gemeinsamen Nenner entsprechen.

Zu vielen Distributionen gibt es aber mehr oder weniger inoffizielle Paketquellen, in denen solche Pakete gesammelt sind. Sie müssen diese Paketquellen einrichten und können die gewünschten Pakete dann selbst herunterladen. Auf den Websites dieser Paketquellen werden Sie zumeist den Hinweis lesen, dass Sie sich vor dem Download selbst vergewissern müssen, dass die Verwendung der so zur Verfügung gestellten Software in Ihrem Land zulässig ist. Weitere Informationen fassen die im Folgenden aufgezählten Websites zusammen. Teilweise finden Sie auch in den Distributionskapiteln ab Seite 1001 konkrete Installationstipps.

Debian:	http://debian-multimedia.org/
Fedora:	http://fedoraproject.org/wiki/Multimedia, http://rpmfusion.org/ und http://rpm.livna.org/
openSUSE:	http://en.opensuse.org/Restricted_formats, http://packman.links2linux.de/
Ubuntu:	https://help.ubuntu.com/community/RestrictedFormats, http://www.medibuntu.org/

9.2 Programmübersicht

Audio- und Video-Player

Audio-Player Das Programmangebot zum Abspielen von Audio- und Media-Dateien ist nahezu unüberschaubar. Die populärsten Audio-Player sind momentan solche Programme, die gleichzeitig bei der Verwaltung einer großen MP3-Kollektion helfen. Dazu zählen die Programme **Amarok** (KDE), **Banshee** (Gnome/Mono) und **Rhythmbox** (Gnome), die ich Ihnen in Abschnitt 9.3 ab Seite 204 näher vorstellen werde.

Nicht alle Anwender sind glücklich über die Fülle von Funktionen, die die oben aufgezählten Audio-Player bieten. Amarok-Anwender, denen dieses Programm seit Version 2.0 zu groß und komplex geworden ist, finden in Minirok eine abgespeckte Version, die an Amarok 1.*n* erinnert. Gnome-Nutzern, die einen minimalistischen Audio-Player suchen, sei das Programm Exaile empfohlen.

Nicht mehr gewartet und kaum noch verbreitet ist das WinAmp-ähnliche Programm XMMS. Ebenfalls weitgehend obsolet sind die Linux-Version des RealPlayers und dessen Open-Source-Variante Helix-Player. Die Weiterentwicklung dieser Programme stagniert, zudem bereitet das Zusammenspiel mit dem Linux-Audio-System seit Jahren Probleme. Vermeiden Sie daher die Installation des RealPlayers! Wenn Sie Real-Audio- oder Real-Video-Dateien im Webbrowser abspielen möchten, installieren Sie besser ein Webbrowser-Plugin eines Multimedia-Players (siehe Seite 156).

Multimedia-Player Die sogenannten Multimedia-Player sind primär zum Abspielen von Video-Dateien konzipiert, kommen in der Regel aber auch mit Video-Streams und DVDs zurecht und können teilweise sogar zum Fernsehen verwendet werden. Sozusagen nebenbei können Multimedia-Player auch einzelne Audio-Dateien abspielen, ohne sich aber um die Verwaltung Ihrer MP3-Sammlung zu kümmern. Die wichtigsten Vertreter dieser Gruppe sind **Dragon Player** und **Kaffeine** (beide KDE), **MIRO**, **MPlayer**, **Totem** (Gnome), **VLC** und **xine**. Details zu diesen Programmen beschreibe ich in Abschnitt 9.4 ab Seite 207.

DVDs ansehen Damit Sie unter Linux eine nicht-kommerzielle DVD ansehen können, brauchen Sie einen Multimedia-Player sowie Codecs für AC-3 (Ton) und MPEG-2 (Bild). Außerdem sollte der Treiber für Ihre Grafikkarte die `XVideo`-Erweiterung (kurz `XV`) unterstützen (siehe Seite 556). Grundsätzlich ist eine Video-Wiedergabe auch ohne XVideo möglich, beansprucht dann aber zusätzliche CPU-Leistung.

Zum Ansehen kommerzieller, durch CSS verschlüsselter DVDs brauchen Sie eine zusätzliche Bibliothek, die diese Schutzmaßnahme umgeht. In vielen Ländern ist es nicht zulässig, diese Bibliothek zu installieren (siehe auch Seite 195). Eine rechtlich wasserdichte Alternative ist der **Fluendo DVD Player**, der momentan allerdings ca. 20 EUR kostet (siehe http://www.fluendo.com/).

Kommandos Wer es gern spartanisch hat, kann Audio-Dateien auch per Kommando abspielen. Diese Kommandos sind trotz des fehlenden Komforts wichtig, weil vielfach andere Programme darauf zurückgreifen, anstatt selbst einen entsprechenden Audio-Decoder zu implementieren. `mpg123` ist das klassische Kommando zum Abspielen von MP3-Dateien. Mit `mpg123 -w out.wav in.mp3` können Sie auch MP3-Dateien in WAV-Dateien umwandeln.

`madplayer` in eine Alternative zu `mpg123`. Es basiert auf der `libmad`-Bibliothek. Das Programm kann MP3-Dateien in eine ganze Reihe anderer Formate umwandeln. `mad` und `libmad` unterstehen der GPL, was bei `mpg123` nicht der Fall ist. `mpg321` ist eine weitere Alternative zu `mpg123` und greift ebenfalls auf libmad zurück. ogg123 spielt Ogg-Dateien ab. Das Kommando ist Teil des vorbis-tools-Pakets und setzt die Bibliotheken libogg und libvorbis voraus. Mit vorbiscomment können Sie die Kommentare (Meta-Tags) von Ogg-Dateien lesen und verändern.

CDs spielen und auslesen

Das direkte Abspielen einer CD ist insofern ein Sonderfall, als die Player-Software nur relativ triviale Aufgaben zu erledigen hat: Das Programm muss das Inhaltsverzeichnis einer Audio-CD einlesen und die Audio-Tracks dann abspielen. Das Programm überlässt dabei dem CD-Laufwerk die meiste Arbeit (also das Auslesen der Daten, die Fehlerkorrektur etc.).

Es bestehen zwei Möglichkeiten, wie die Audio-Daten zur Sound-Karte kommen: Wenn es ein Audio-Kabel vom CD/DVD-Laufwerk zur Audio-Karte gibt, wird das Audio-Signal direkt in die Audio-Karte eingespeist. Fehlt dieses Kabel bzw. verwenden Sie ein externes Laufwerk (USB/Firewire), werden die digitalen Audio-Daten ausgelesen. Das Audio-System ist dafür verantwortlich, daraus Audio-Signale zu machen. Im Gegensatz zu Daten-CDs werden Audio-CDs nicht in das Dateisystem eingebunden. Der Zugriff auf die CD erfolgt normalerweise direkt über die Device-Datei (z. B. /dev/cdrom oder /dev/scd0).

Die meisten oben aufgezählten Audio- und Multimedia-Player können quasi nebenbei auch CDs abspielen. Reine CD-Player sind die Ausnahme geworden. Zu den wenigen Vertretern zählen die Kommandos cdcd und tcd.

CDDB und freedb

Die meisten CD-Player nehmen Kontakt mit einem CDDB-Server auf (CD Database), in der Regel mit http://www.freedb.org. Auf diesem Server befindet sich eine Datenbank, die zu allen dort registrierten CDs den Titel, die Gruppe bzw. die Interpreten sowie das Inhaltsverzeichnis in Textform speichert. Wenn Ihre CD bei freedb.org bekannt ist, zeigt der CD-Player also nicht mehr einfach die Track-Nummer an, sondern vielleicht »Led Zeppelin: Dazed and Confused«. Die Erkennung der CD basiert auf einem ID-Wert, der sich aus den Längen der Tracks der CD errechnet.

Für die Kommunikation mit dem CDDB-Server gelten in der Regel diese Parameter:

Adresse: freedb.freedb.org
IP-Port: 8880 (cddbp)

freedb.freedb.org leitet die Anfragen automatisch an einen von mehreren Mirror-Servern weiter. Falls der IP-Port 8880 durch eine Firewall blockiert ist, können Sie freedb.org auch über HTTP ansprechen (also über das Protokoll zur Übertragung von Webseiten). In diesem Fall sind folgende Angaben erforderlich:

Adresse: freedb.freedb.org
IP-Port: 80
CGI-Script: ~cddb/cddb.cgi

Unter KDE können Sie die CDDB-Parameter für alle Programme im Systemeinstellungsmodul ERWEITERT|CDDB einstellen.

CD-Ripper

Sogenannte Ripper oder Grabber lesen Musik-Tracks einer Audio-CD in digitaler Form. Das ist schwieriger, als es auf den ersten Blick klingt. Die Audio-Tracks liegen zwar in digitaler Form vor, aber in einer anderen Form als bei einer Daten-CD mit einem richtigen Dateisystem. Wenn es beim Auslesen der Daten Probleme gibt, ist es für das CD-Laufwerk sehr schwierig, exakt die Stelle zu finden, an der das Auslesen fortgesetzt werden soll. Ebenso ist es beinahe unmöglich, Lesefehler – etwa durch verdreckte oder zerkratzte CDs – zu korrigieren. Sowohl die Auslesegeschwindigkeit als auch die Qualität der Audio-Dateien hängt zudem stark von der Qualität des CD/DVD-Laufwerks ab. Ripper liefern als Ergebnis üblicherweise WAV-Dateien.

Zum Auslesen von Audio-CDs und zur anschließenden Umwandlung der WAV-Dateien in ein besser geeignetes Format (MP3 oder Ogg) werden Sie in der Regel eine grafische Benutzeroberfläche verwenden. Unter Gnome können Sie dazu **Sound Juicer** oder **Rhythmbox** verwenden, unter KDE **Amarok**, Dolpin oder Konqueror (siehe Seite 118). Wenn Sie den Prozess per Script automatisieren möchten, werden Sie an den Kommandowerkzeugen **icedax** und **cdparanoia** Freude finden (siehe Seite 331).

Fernsehen am Computer

Neben speziellen Video-Angeboten für Computer (also YouTube und Co.) ist es auch möglich, herkömmliche Fernsehkanäle zu empfangen, am Computer anzusehen und aufzunehmen. Linux wird damit zum digitalen Videorecorder. Voraussetzung ist eine (Analog-)TV-Karte oder ein DVB-T-Empfänger (üblicherweise mit USB-Anschluss). Viele marktübliche Geräte sind Linux-kompatibel, aber leider nicht alle. Recherchieren Sie also vor dem Kauf im Internet!

Ist die TV-Karte oder der DVB-T-Empfänger einmal eingerichtet (siehe auch Seite 225), können Sie nahezu jeden Linux-Multimedia-Player zum Fernsehen verwenden. Darüber hinaus gibt es spezielle TV-Benutzeroberflächen, die noch viel mehr Möglichkeiten bieten: Anzeige des TV-Programms, Aufnahme von Sendungen, zeitversetztes Fernsehen, Streaming (Client/Server-Funktionen) etc. Die Programme können oft auch als Audio- und Video-Player sowie zum Ansehen von Fotos verwendet werden. All diese Funktionen sind in eine hübsche Benutzeroberfläche verpackt, die eine einfache Bedienung des *Home Theater PC* (HTPC) erlaubt.

Das bekannteste Programm ist MythTV, das auch im Zentrum der von Ubuntu abgeleiteten Distribution Mythbuntu steht. Zunehmend populär wird XBMC und das davon abgeleitete Programm Boxee, zu dem D-Link sogar eine hübsche Set-Top-Box anbietet (die »Boxee Box«, siehe http://www.boxee.tv/box). Weitere Alternativen sind Element (http://lwn.net/Articles/380202/), Freevo, MMS, Moovida sowie VDR bzw. deren Kompilation durch die Zeitschrift c't (**c't-VDR**).

Dem selbst gebauten Media-Center auf Linux-Basis steht also scheinbar nichts mehr im Wege. Ganz so toll, wie es hier klingt, ist es in der Praxis leider nicht: Die Konfiguration der Programme ist oft haarsträubend kompliziert. Viele Programme sind für den amerikanischen Markt optimiert und scheitern im deutschen Sprachraum bereits bei elementaren Details (z. B. dem Sendesuchlauf). Bastler finden hier eine Spielwiese für Wochen. Kurz und gut: Erwarten Sie keine Lösungen, die nach der Installation quasi auf Knopfdruck funktionieren!

Fernbedienung

Falls Ihr Computer einen Infrarot-Empfänger hat oder ein Empfänger in der TV-Karte bzw. im DVB-T-Empfänger integriert ist, können Sie die TV-Funktionen auch per Fernbedienung steuern. Für die Verarbeitung der Signale ist das Paket `lirc` verantwortlich (Linux Infrared Remote Control), allerdings ist je nach Fernbedienung erst eine aufwendige Konfiguration erforderlich. (Dass der Multimedia-Player auf Anhieb die Signale der Fernbedienung richtig interpretiert, ist leider unwahrscheinlich.) Das deutsche Ubuntu-Wiki gibt eine umfassende Beschreibung von `lirc`:

http://wiki.ubuntuusers.de/Lirc

Audio- und Videoschnitt

Wenn Sie digitale Medien nicht nur konsumieren, sondern selbst erzeugen bzw. bearbeiten wollen, brauchen Sie Werkzeuge zum Audio- und Video-Schnitt, zur Recodierung von Dateien, zur Erzeugung von DVD-Menüs (DVD-Authoring) etc. Tabelle 9.1 gibt einen Überblick über die populärsten derartigen Programme. Programme bzw. Programmpakete ohne grafische Benutzeroberfläche sind darin als Kommandos gekennzeichnet.

PROGRAMM	FUNKTION
Ardour	Mehrspur-Audio-Recorder
Audacity	Audio-Editor
Avidemux	Video-Schnitt und -Konvertierung
Bombono	DVD-Authoring (siehe auch http://lwn.net/Articles/387566/)
Cinelerra CV	Video-Editor für Profis
DeVeDe	einfaches DVD-Authoring
DVBcut	DVB-T-Stream speichern
`dvdauthor`	DVD-Authoring (Kommando)
`dvd-slideshow`	erzeugt aus Fotos eine DVD-taugliche Dia-Show
DVDStyler	DVD-Authoring
FFmpeg	Audio- und Video-Konverter (Kommando)
Gnome Sound Recorder	einfacher Audio-Recorder (Gnome, Paket `gnome-media[-apps]`)
Handbrake	Video-Konverter
Kdenlive	Video- und DVD-Menü-Editor (KDE)
KHdRecord	einfacher Audio-Recorder (KDE 3)
Kino	Video-Editor, Video-Schnitt
kMediaFactory	einfaches DVD-Authoring (KDE)
LiVES	Live-Video-Schnitt
ManDVD	DVD-Authoring
Mencoder	Audio- und Video-Konverter (Kommando, basiert auf MPlayer)
Open Movie Editor	einfacher Video-Editor
OpenShot	Video-Schnitt
PiTiVi	Video-Schnitt
QDVDAuthor	DVD-Authoring
Rosegarden	Audio- und Midi-Sequenzer (vergleichbar mit Cubase)
Steamripper	Ripper für Audio-Streams (Kommando)
traGtor	Audio- und Video-Konverter (KDE, basiert auf FFmpeg)
Transcode	Video-Konverter (Kommando)

Tabelle 9.1: **Werkzeuge zum Audio- und Video-Schnitt und zum DVD-Authoring**

Beachten Sie, dass ein Teil der in Tabelle 9.1 aufgezählten Programme nicht mehr aktiv gewartet wird. Vielfach ist eine manuelle Installation erforderlich. Für multimedia-begeisterte Linux-Anwender gibt es übrigens auch eigene Distributionen, z. B. 64 Studio und Ubuntu Studio. Ein guter Startpunkt für die Suche nach weiteren Multimedia-Tools ist einmal mehr das deutsche Ubuntu-Wiki:

http://wiki.ubuntuusers.de/Multimedia

Eine kompakte Einführung zum Thema DVD-Authoring gibt der folgende, schon etwas ältere Artikel (2006):

http://www.kraus.tk/publications/DVDauthoring-Artikel/dvdauthoring.html

Eine etwas aktuellere Übersicht der verfügbaren Programme gibt eine dreiteilige Grumpy-Editor-Serie lwn.net:

http://lwn.net/Articles/261820/ (Teil 1: Analog-Videos einlesen)
http://lwn.net/Articles/262985/ (Teil 2: Video-Schnitt)
http://lwn.net/Articles/263387/ (Teil 3: DVD-Struktur erzeugen)

DVDs kopieren und rippen

Nichtkommerzielle DVDs dürfen Sie kopieren bzw. auslesen und als Filmdatei auf Ihrer Festplatte speichern. Dabei helfen die Programme AcidRip, DVD::rip, DVD95, Handbrake, K9Copy und OGMrip. Einige dieser Programme stelle ich in Abschnitt 9.7 ab Seite 222 näher vor.

9.3 Audio-Player (Amarok, Banshee, Rhythmbox)

Dieser Abschnitt stellt in alphabetischer Reihenfolge die wichtigsten Audio-Player für Linux vor. Die hier präsentierten Programme kümmern sich außerdem um die Verwaltung Ihrer MP3-Kollektion, sodass es einfach ist, ein bestimmtes Album auszuwählen und abzuspielen. Dazu müssen Sie beim ersten Start des Players das Musik-Verzeichnis angeben, das dann erfasst wird. Dieser Vorgang beansprucht bei großen MP3-Kollektionen beim ersten Mal relativ viel Zeit. Als Grundlage für die Kategorisierung dienen die ID3-Tags der MP3-Dateien. Wenn diese Daten fehlen oder nicht stimmen, macht keines der im Folgenden vorgestellten Programme Spaß!

Beachten Sie, dass die Player nur für die Benutzeroberfläche zuständig sind. Welche Audio-Formate die Programme abspielen können, hängt davon ab, welche zum Player passenden Codec-Bibliotheken installiert sind!

Die meisten hier vorgestellten Programme können Ihre MP3-Sammlung mit einem MP3-Player synchronisieren. Das funktioniert in der Regel gut, mit einer prominenten Ausnahme: Bei aktuellen iPod-Modellen gehen bei jeder Synchronisation *alle* Cover-Bilder auf dem iPod verloren, und das zumeist ohne Warnung! Abhilfe: Verwenden Sie zur Synchronisation nicht den Audio-Player, sondern das Programm gtkPod (siehe Seite 214).

Amarok

Amarok ist das populärste und ausgereifteste KDE-Programm zum Abspielen von Audio-Dateien und zur Verwaltung großer Audio-Bibliotheken. Wegen seiner ansprechenden, klaren Benutzeroberfläche ist das Programm seit Jahren mein Lieblings-Audio-Player, den ich regelmäßig auch bei Gnome-basierten Distributionen einsetze. In diesem Fall müssen Sie je nach Distribution zusätzlich das Paket `kde-l10n-de` installieren, damit die Menüs in deutscher Sprache erscheinen. Amarok greift zur Audio-Wiedergabe auf das KDE-Sound-System Phonon zurück.

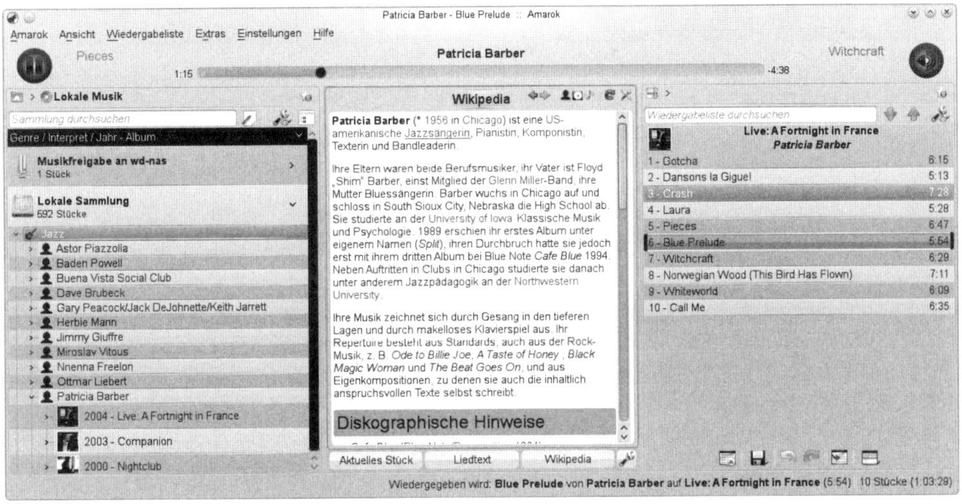

Abbildung 9.1: **Audio-Dateien mit Amarok anhören**

Etwas ungewöhnlich ist das Startverhalten: Amarok erscheint nicht als Fenster, sondern als Icon im Panel. Erst ein Klick auf dieses Icon öffnet die Benutzeroberfläche. Beim ersten Start fragt das Programm, wo sich Ihre Audio-Dateien befinden, und erstellt eine Bibliothek aller verfügbaren Titel. Amarok speichert diese Informationen in einer Datenbank, wobei der Datenbank-Server in Amarok integriert ist (Embedded MySQL). Über das Kontextmenükommando METADATEN BEARBEITEN können Sie die ID3-Tags eines einzelnen Titels oder eines ganzen Albums ändern. Amarok verwendet beim Speichern der ID3-Tags allerdings Version 2.4 des ID3-Standards. Nicht alle MP3-Player sind zu dieser Version kompatibel.

Ihre Audio-Sammlung können Sie in der linken Seitenleiste LOKALE SAMMLUNG anzeigen und nach verschiedenen Kriterien ordnen. Ein Doppelklick auf ein Genre oder Album fügt alle entsprechenden Tracks der Wiedergabeliste (rechts) hinzu. Im mittleren Teil des Fensters können Sie Informationen zum gerade gespielten Titel einblenden, z. B. den Liedtext oder die Wikipedia-Seite der Band.

Wenn Sie eine CD eingelegt haben, können Sie die darauf enthaltenen Titel auslesen (rippen), in das MP3- oder Ogg-Format umwandeln und Ihrer Musiksammlung hinzufügen. Dazu klicken Sie in der linken Seitenleiste den Eintrag AUDIO-CD mit der rechten Maustaste an und führen ZUR SAMMLUNG KOPIEREN|LOKALE SAMMLUNG aus. In mehreren Dialogen können Sie nun das Audio-Format, den Aufbau der Dateinamen, die Codierqualität etc. einstellen. In typischer KDE-Manier haben diese Dialoge mehr Optionen, als Sie es für möglich halten würden. Das Erzeugen von MP3-Dateien setzt voraus, dass `lame` installiert ist!

Banshee Es gibt momentan *zwei* populäre Audio-Player für den Gnome-Desktop: das hier beschriebene Programm Banshee (siehe Abbildung 9.2) und Rhythmbox. Banshee ist durch Plugins erweiterbar (siehe BEARBEITEN|EINSTELLUNGEN|ERWEITERUNGEN). Mit den Plugins können Sie unkompliziert Audio-CDs rippen und der Audio-Bibliothek hinzufügen, Platten-Cover aus dem Internet herunterladen, Ihre Audio-Sammlung mit einem MP3-Player synchronisieren, MP3-Dateien bei Amazon kaufen und herunterladen etc.

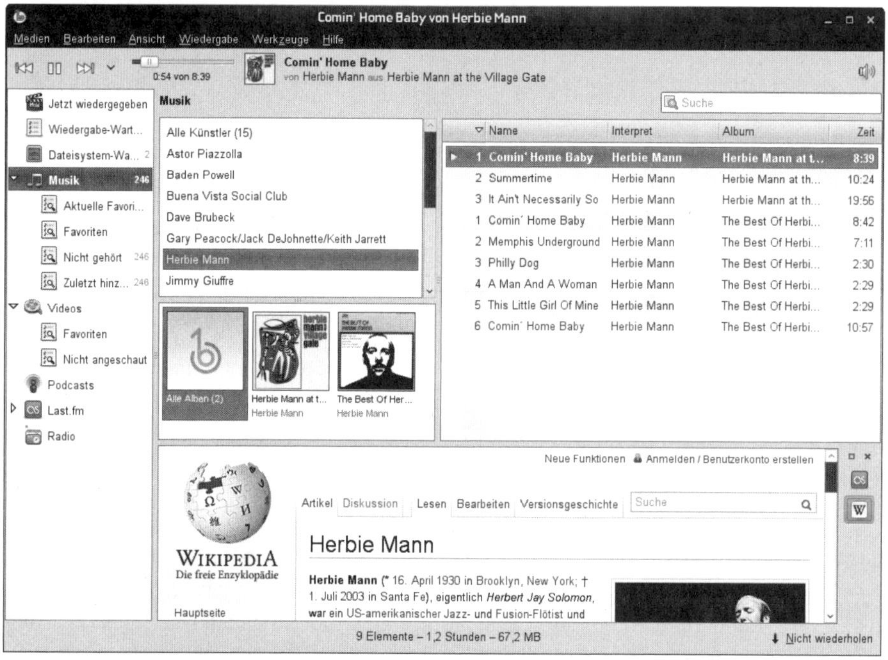

Abbildung 9.2: **Audio-Dateien mit Banshee anhören**

Ähnlich wie bei Rhythmbox müssen die zu verwaltenden Audio-Dateien zuerst »importiert« werden (MEDIEN|MEDIEN IMPORTIEREN|LOKALER ORDNER). Die Eigenschaften werden in der Datenbank `~/.config/banshee-1/banshee.db` gespeichert. In der Folge können Sie Titel nach verschiedenen Kriterien auswählen, in Listen organisieren, bewerten etc. Im Vergleich zu anderen Audio-Playern fehlt leider die Möglichkeit, die Audio-Sammlung nach Genres zu gruppieren. Immerhin können Sie im Suchfeld mit `genre:Name` die Anzeige der Musikbibliothek auf jene Alben und Künstler reduzieren, die dem angegebenen Genre entsprechen. Das ist aber wenig intuitiv und erfordert, dass Sie auswendig wissen, welche Genres es in Ihrer Sammlung gibt.

Rhythmbox Auch bei Rhythmbox (siehe Abbildung 9.3) müssen Sie zuerst Ihre Musiksammlung mit MUSIK|ORDNER IMPORTIEREN erfassen. Standardmäßig überwacht Rhythmbox diesen Ordner nun auf Veränderungen (siehe die entsprechende Option in BEARBEITEN|EINSTELLUNGEN|MUSIK).

Wenn Sie Ihre Audio-Verzeichnisse grundlegend ändern, ist es das Beste, in Rhythmbox alle Titel zu markieren, zu löschen und anschließend neu zu importieren. Verwenden Sie zum Löschen von Titeln aus der Datenbank aber auf keinen Fall das Kommando BEARBEITEN|IN DEN MÜLL VERSCHIEBEN! Dieses Kommando betrifft nicht die Rhythmbox-Musikdatenbank, sondern es löscht Ihre MP3-Dateien! Rhythmbox speichert die Musikdatenbank in der Datei `~/.local/share/rhythmbox/rhythmdb.xml`.

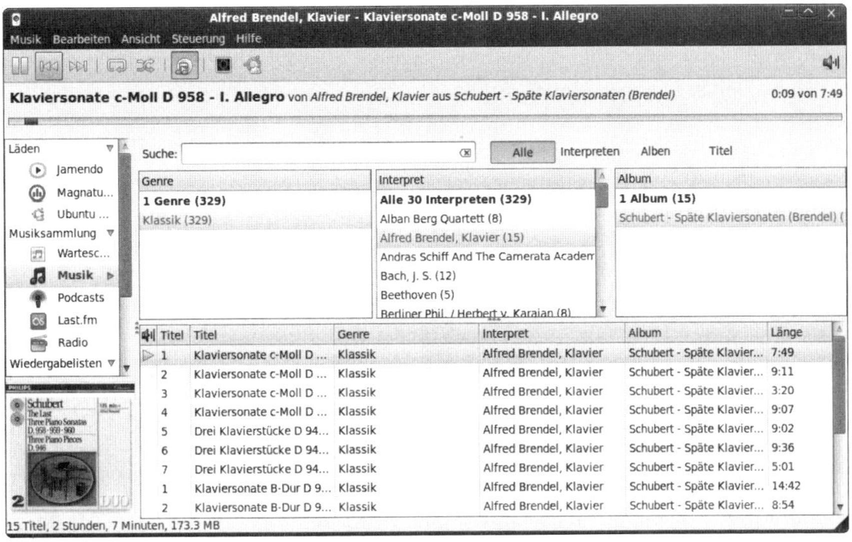

Abbildung 9.3: **Audio-Dateien mit Rhythmbox anhören**

Die Bedienung von Rhythmbox ist einfach: Sie wählen ein Genre, einen Interpreten und/oder ein Album aus und klicken auf den Button WIEDERGABE. Rhythmbox spielt nun alle in der Liste angezeigten Titel. Die Genre-Auswahlliste wird standardmäßig nicht angezeigt. Um die Liste einzublenden, führen Sie BEARBEITEN|EINSTELLUNGEN|ALLGEMEIN aus und wählen die Browser-Ansicht GENRES, KÜNSTLER UND ALBEN.

Um eigene Wiedergabelisten (Play-Listen) zu erzeugen, führen Sie MUSIK|WIEDERGABELISTE|NEUE WIEDERGABELISTE aus und geben der neuen Liste einen Namen. Anschließend aktivieren Sie in der Seitenleiste MUSIKSAMMLUNG|MUSIK und fügen dann per Drag&Drop Titel in die neue Liste ein. Es ist auch möglich, ganze Genres, Interpreten oder Alben einzufügen.

9.4 Multimedia-Player (Dragon Player, Kaffeine, MPlayer, Totem, VLC, xine)

Die in diesem Abschnitt vorgestellten Multimedia-Player sind primär zum Abspielen von Video-Dateien oder -Streams und DVDs konzipiert. Die meisten Programme eignen sich zudem auch zum Fernsehen sowie zur Wiedergabe einzelner Audiodateien, ohne dass gleich die ganze Musik-Sammlung neu erfasst werden muss. Zu den meisten im Folgenden vorgestellten Playern gibt es Web-Plugins, die das komfortable Abspielen von Multimedia-Dateien direkt im Browser ermöglichen (siehe auch Seite 156).

Dragon Player

Dragon Player (siehe Abbildung 9.4) ist ein minimalistischer Video-Player für KDE. Das Programm kommt unter anderem in Kubuntu zum Einsatz, wo es den KDE-Standard-Player Kaffeine ersetzt. Die Bedienung des Programms beschränkt sich auf das absolute Minimum. Die wichtigsten Kommandos können auch per Tastatur durchgeführt werden: [F] aktiviert bzw. deaktiviert den Vollbildmodus, [M] schaltet den Ton ein/aus (Mute), [R] zeigt das DVD-Menü an, [Leertaste] unterbricht die Wiedergabe bzw. nimmt sie wieder auf, [S] beendet die Wiedergabe endgültig.

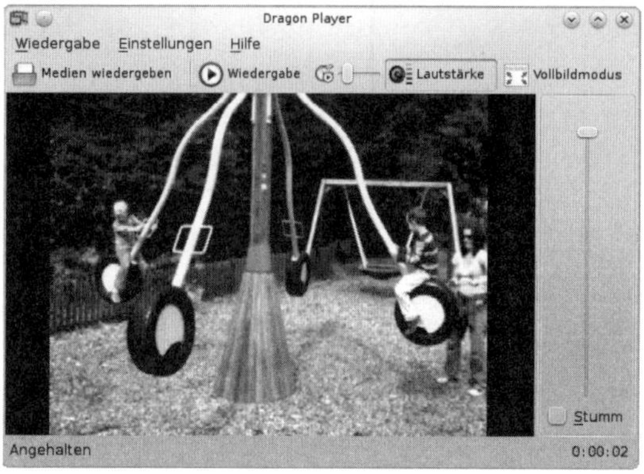

Abbildung 9.4: **Dragon Player**

Kaffeine Kaffeine (siehe Abbildung 9.5) ist der Standard-Player des KDE-Desktops. Die Benutzeroberfläche ist schnörkellos. Zu den attraktivsten Features zählt die Unterstützung des Mausrads, dessen Drehung das Video um 15 Sekunden vor bzw. zurück bewegt. Kaffeine nutzt die KDE-Multimedia-Bibliothek Phonon, wobei Phonon je nach Konfiguration bzw. Distribution wiederum auf xine, GStreamer oder VLC als Backend zurückgreift.

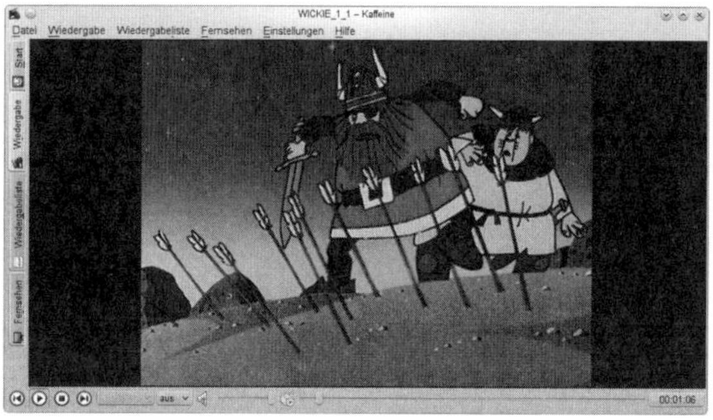

Abbildung 9.5: **Kaffeine**

MPlayer MPlayer (siehe Abbildung 9.6) war über viele Jahre der beste und populärste Multimedia-Player für Linux. Diesen Status hat das Programm aber mittlerweile verloren: Im Vergleich zu den anderen hier vorgestellten Programmen ist MPlayer sperrig in der Bedienung und schwierig bei der Konfiguration (Video-Backend, CD/DVD-Device etc.). Lästig ist auch, dass das Programm als einziger der hier vorgestellten Player keine DVD-Navigationsmenüs anzeigen kann. Zur Auswahl der Sprache, der Untertitel etc. müssen Sie das Kontextmenü verwenden.

Nach der Installation von MPlayer stehen gleich zwei Varianten des Programms zur Verfügung: `mplayer` *adresse* startet die minimalistische Version ohne Benutzeroberfläche, `gmplayer` *adresse* die ansprechendere Variante mit einer einfachen Benutzeroberfläche (siehe Abbildung 9.6). Bei einigen Distributionen befindet sich `gmplayer` in einem eigenen Paket, das zumeist den Namen `mplayer-gui` hat. Falls Ihre Grafikkarte nicht XVideo-kompatibel ist, müssen Sie beim Start die Option `-vo x11` angeben. Mplayer benötigt dann aber mehr Rechenleistung.

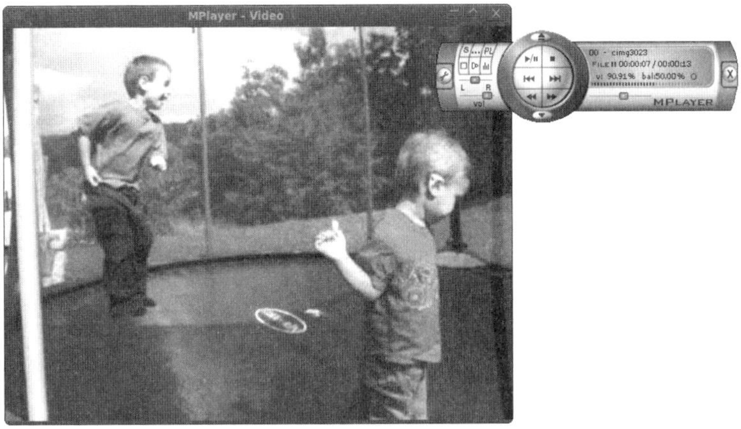

Abbildung 9.6:
MPlayer

Es gibt diverse Tastenkürzel zur Bedienung des Programms, die in der Datei `/etc/mplayer/input.conf` definiert und in `man mplayer` dokumentiert sind. Die wichtigsten sind [P] (Pause) und [Q] (Quit). Mit den Cursortasten bewegen Sie sich im Film vor bzw. zurück.

Beim Start von MPlayer können unzählige Optionen übergeben werden, die in `man mplayer` ausführlich dokumentiert sind. Hier werden nur einige ganz wichtige Optionen kurz vorgestellt:

`-ao` *treiber*
: gibt den gewünschten Audio-Ausgabe-Treiber an (z. B. oss, sdl). `-ao help` zeigt eine Liste der verfügbaren Treiber an.

`-fs` startet das Programm im Full-Screen-Modus.

`-framedrop`
: überspringt einzelne Bilder, wenn die CPU-Leistung nicht für die Berechnung aller Bilder ausreicht. Der Vorteil dieser radikalen Maßnahme besteht darin, dass Audio- und Video-Informationen synchron bleiben.

`-vo` *treiber*
: gibt den gewünschten Video-Ausgabe-Treiber an (z. B. x11, xv). `-vo help` zeigt eine Liste der verfügbaren Treiber an.

Die Optionen können auch in `~/.mplayer/config` bzw. in `/etc/mplayer/mplayer.conf` eingestellt werden. Jede Option wird in einer eigenen Zeile in der Form vo=x11 eingetragen.

Totem

Totem (siehe Abbildung 9.7) ist der Standard-Player des Gnome-Desktops. Totem erfüllt diese Aufgabe zufriedenstellend, wenn auch ohne Bravour: Die Benutzeroberfläche ist funktionell, aber altbacken, Zusatzfunktionen gibt es keine. Immerhin ist es möglich, Totem ohne Menü und Statuszeile auszuführen (ANSICHT|BEDIENELEMENTE ANZEIGEN). Noch besser ist, Sie aktivieren mit [F11] den Vollbildmodus. Aktuelle Totem-Versionen basieren auf GStreamer, in der Vergangenheit gab es auch Totem-Versionen, die die xine-Bibliotheken nutzten.

Wenn Totem zum Abspielen von Audio-Dateien eingesetzt wird, nervt es mit der Anzeige psychedelischer Muster. Diese Grafikeffekte unterbinden Sie bei Bedarf mit BEARBEITEN|EINSTELLUNGEN|ANZEIGE.

Abbildung 9.7: **Totem**

VLC Der Multimedia-Player VLC (ehemals *VideoLan Client*, siehe Abbildung 9.8) ist momentan der modernste Multimedia-Player für Linux und bietet technisch versierten Anwendern eine herrliche Spielwiese. Die Stärken von VLC liegen in der Streaming-Anwendung, VLC kann aber selbstverständlich auch DVDs und Video-Dateien abspielen. VLC greift auf externe Codec-Bibliotheken zurück (z. B. FFmpeg, libmpeg2 und x264), und die Benutzeroberfläche basiert auf der Qt-Bibliothek. Eine Besonderheit des Programms besteht darin, dass Filtereffekte in Echtzeit angewendet werden können. Das ermöglicht es z. B., ein mit einer Digitalkamera hochkant aufgenommenes Video beim Abspielen richtig zu drehen.

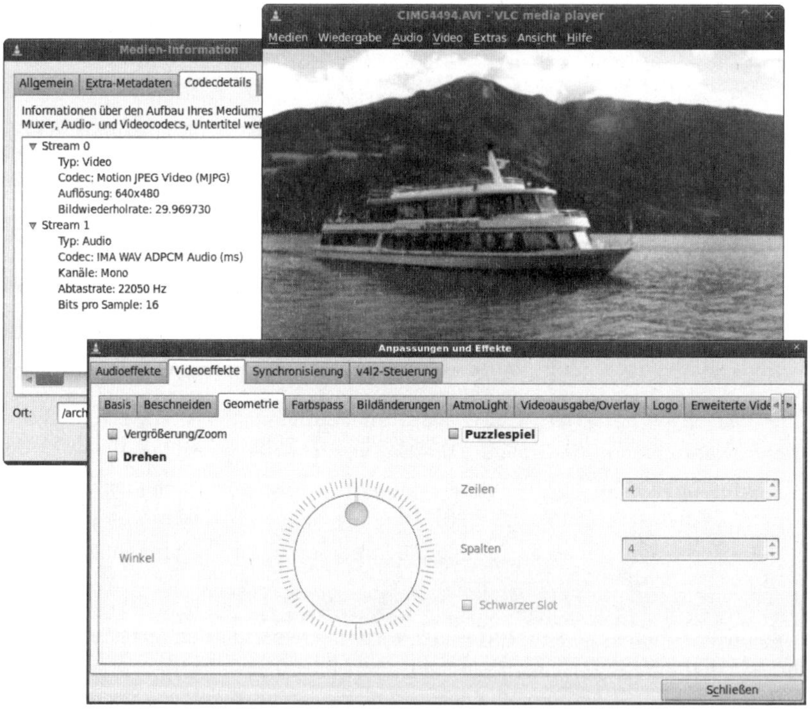

Abbildung 9.8: **VLC**

xine

xine (siehe Abbildung 9.9) ist der wahrscheinlich am weitesten verbreitete Multimedia-Player für Linux. Die Stärken von xine liegen in der Unterstützung zahlloser Audio- und Video-Formate. Einzig die Benutzeroberfläche wirkt etwas spröde. Immerhin kann das Programm weitestgehend über die Tastatur gesteuert werden. xine ist für Linux auch deswegen von großer Bedeutung, weil die xine-Benutzeroberfläche vollständig von den zugrunde liegenden Bibliotheken getrennt ist. Das ermöglicht es anderen Programmen, auf die xine-Bibliotheken zurückzugreifen.

Zum Start des Players führen Sie einfach `xine` aus. Wenn das Kommando nicht zur Verfügung steht, haben Sie wahrscheinlich nur die xine-Bibliotheken, aber nicht die Benutzeroberfläche installiert. Sie benötigen noch das Paket `xine-ui`.

Abbildung 9.9: **xine**

Die Steuerung der Grundfunktionen des Programms erfolgt durch ein Bedienfeld. Wenn dieses nicht angezeigt wird, müssen Sie es mit dem xine-Kontextmenükommando BEDIENPULT ANZEIGEN bzw. mit [G] einblenden. Die Navigations-Buttons, die in etwa den Knöpfen einer Fernbedienung für einen DVD-Player entsprechen, aktivieren Sie mit MENÜS|NAVIGATION bzw. mit [Alt]+[E]. Die DVD-Wiedergabe beginnen Sie mit dem gleichnamigen Button, oder Sie starten das Programm gleich in der Form `xine dvd:/`.

EINSTELLUNGEN|EINSTELLUNGEN bzw. [Alt]+[S] führt in einen komplexen Konfigurationsdialog, der mehr Einstellmöglichkeiten bietet, als Sie sich vorstellen können. Das gilt insbesondere, wenn Sie im Dialogblatt GUI Ihre xine-Erfahrung von BEGINNER auf ADVANCED oder EXPERT stellen. Diese Änderung müssen Sie mit ANWENDEN quittieren, damit sie wirksam wird. Die Konfiguration wird in `~/.xine` gespeichert. Beachten Sie, dass diese Konfigurationsdatei für alle Player gültig ist, die auf die xine-Bibliotheken zurückgreifen. Weitere Konfigurationstipps sowie Informationen zu xine finden Sie auf der folgenden umfassenden Website:

http://xinehq.de/

9.5 Audio- und MP3-Tools (Audacity, EasyTAG, gtkPod, Sound Juicer)

Dieser Abschnitt stellt einige Programme vor, die beim Erzeugen und Verwalten von Audio- und MP3-Dateien helfen: Audacity hilft beim Aufnehmen und Schneiden von Audio-Dateien, EasyTAG erlaubt das Einstellen bzw. Ändern der ID3-Tags von MP3-Dateien, gtkPod synchronisiert Ihre MP3-Sammlung mit Ihrem iPod, und Sound Juicer liest Audio-CDs aus und erzeugt Ogg- oder MP3-Dateien.

Audacity Audacity ist ein sehr vielseitiges, aber deswegen auch komplexes Programm: Sie können damit mehrere Audio-Spuren aufnehmen, bearbeiten, schneiden, übereinanderlegen, mit Effekten verändern etc. Ich stelle hier aber nur wenige, ganz elementare Funktionen vor, um Audio-Aufnahmen durchzuführen und Teile aus einer Audio-Datei herauszuschneiden. Es mag übertrieben erscheinen, für solche Aufgaben Audacity einzusetzen, aber das Programm erledigt nach einer kurzen Einarbeitung auch derart triviale Tätigkeiten effizienter und zuverlässiger als vorgeblich einfachere Audio-Tools. (Wenn es Ihnen nur darum geht, einen Audio-Kanal aufzunehmen und das Ergebnis gleich als MP3- oder Ogg-Datei zu speichern, bietet sich unter Gnome der Einsatz des wesentlich einfacheren Programms `gnome-sound-recorder` (Paket `gnome-media[-apps]`) an.)

Um eine Aufnahme zu starten, stellen Sie in dem neben dem Mikrofonsymbol dargestellten Listenfeld das gewünschte Input-Device ein und klicken einfach auf den roten Aufnahme-Button. Audacity erzeugt eine Stereo-Audio-Spur und beginnt unverzüglich mit der Aufnahme. Die aufgenommenen Daten werden unkomprimiert im Verzeichnis `~/.audacity`*n-name*`/project`*n* gespeichert. Stellen Sie sicher, dass in diesem Verzeichnis ausreichend Platz ist!

Standardmäßig können Sie die laufende Aufnahme nicht mithören. Wenn Sie das möchten, müssen Sie vor Beginn der Aufnahme TRANSPORT|SOFTWARE PLAYTHROUGH bzw. TRANSPORT|SOFTWARE PLAYBACK aktivieren. Diese Funktion wird in den Audacity-FAQs aber zurecht als *clunky* beschrieben und führte bei meinen Tests zu einer hohen CPU-Last und einem Abbruch der Aufnahme. Besser ist es, im Audio-Mixer (wenn Ihre Distribution nichts Besseres anbietet: `alsamixer` in einer Konsole) den Line- oder Mikrofon-Eingang zu aktivieren (durch einen Klick auf den MUTE- oder STUMM-Button). Sie können die Wiedergabelautstärke dieses Kanals verändern, ohne die Aufnahme zu beeinflussen.

Nach Abschluss der Aufnahme können Sie diese anhören und bei Bedarf verändern (z. B. Teile herausschneiden oder bei leisen Aufnahmen die Lautstärke anheben (EFFEKTE|NORMALISIEREN). Dazu müssen Sie den gewünschten Bereich zuerst markieren. Am einfachsten geht das mit der Maus, Audacity bietet aber unzählige weitere Möglichkeiten, um Beginn und Ende der Markierung exakt festzulegen. DATEI|EXPORTIEREN speichert den markierten Bereich in einer Audio-Datei beliebigen Formats, BEARBEITEN|TRIMMEN löscht alles außer der Markierung, `Entf` löscht den markierten Bereich.

Wenn Sie ein Audacity-Projekt sichern, werden neben einer relativ kleinen Projektdatei alle Kanäle in einem eigenen, verlustfreien Format gespeichert, das in einem eigenen Verzeichnis `name_data` sehr viel Platz beansprucht. Um die Audio-Dateien problemlos mit einem anderen Programm anzuhören, exportieren Sie das Projekt im WAV-, Ogg- oder MP3-Format (Letzteres erfordert die Installation von `lame`).

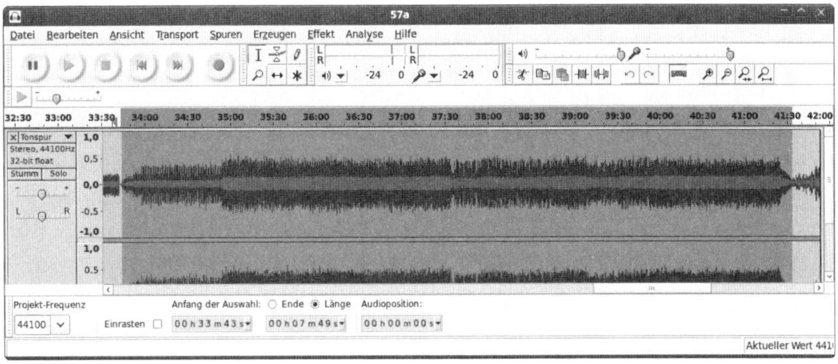

Abbildung 9.10: **Audio-Tracks mit Audacity schneiden**

Wenn Sie bereits vorhandene MP3-Dateien oder andere Audio-Dateien bearbeiten möchten, laden Sie diese einfach in ein leeres Audacity-Projekt. Sobald der Import erledigt ist, haben Sie dieselben Bearbeitungsmöglichkeiten wie bei einer Aufnahme.

Tipp

Je nach Audio-Konfiguration bzw. -Hardware scheint es für Audacity unmöglich zu sein, die aktuelle Tonausgabe aufzunehmen (also das, was Sie über den Lautsprecher des Computers gerade hören). Das wäre mitunter praktisch, beispielsweise, um den Ton eines Flash-Videos oder eines Internet-Radio-Senders mitzuschneiden. Falls Sie PulseAudio als Audio-System einsetzen, können Sie diese Einschränkung umgehen: Dazu starten Sie zuerst sowohl das Programm, das als Audio-Quelle dienen soll (z. B. den Webbrowser mit dem Flash-Plugin), als auch Audacity. In Audacity müssen Sie die Aufnahme starten!

Nun starten Sie das Programm `pavucontrol`**. Dieses Programm dient zur Steuerung von PulseAudio und muss oft extra installiert werden. In** `pavucontrol` **wechseln Sie in das Dialogblatt** AUFNAHME **und stellen dort beim Punkt** ALSA PLUG-IN (AUDACITY) **als Aufnahmequelle** MONITOR OF INTERNES AUDIO ANALOG STEREO **ein (siehe Abbildung 9.11).**

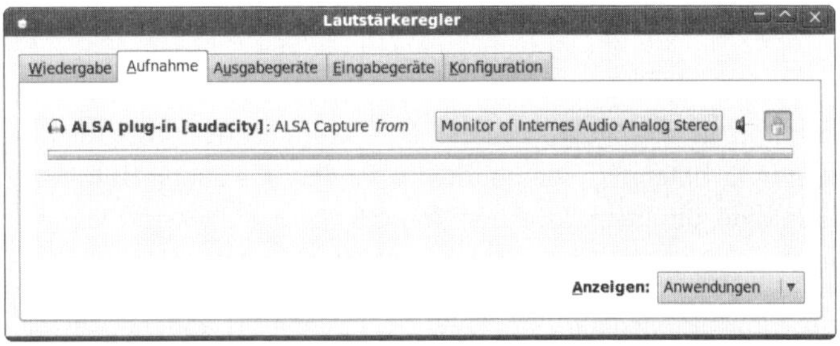

Abbildung 9.11: **PulseAudio-Einstellungen, um die aktuelle Tonausgabe mitzuschneiden**

EasyTAG

Wer selbst eine größere MP3-Sammlung pflegt, der weiß, dass die richtige Einstellung der MP3-Tags viel Zeit und Mühe macht: Die ID3-Daten von gekauften oder selbst gerippten MP3-Dateien entsprechen selten den eigenen Vorstellungen, Cover-Informationen fehlen etc. Es gibt unzählige Programme, die dabei helfen, ID3-Parameter effizient einzustellen bzw. zu verändern (suchen Sie in Ihrem Paketmanager nach *id3*). Persönlich ist mir das Programm EasyTAG am liebsten. Es erlaubt es, schnell alle MP3-Dateien eines Verzeichnisses gemeinsam zu bearbeiten.

Die Bedienung des Programms ist allerdings gewöhnungsbedürftig. Nach dem Start wählen Sie das Verzeichnis aus, in dem sich die MP3-Dateien befinden. EasyTAG liest nun alle MP3-Dateien in diesem Verzeichnis *und* in allen Unterverzeichnissen ein. Sie können dann eine einzelne MP3-Datei auswählen und deren ID3-Tags verändern. Zur Einstellung gemeinsamer Eigenschaften ist es allerdings effizienter, mehrere bzw. alle MP3-Dateien des aktuellen Verzeichnisses zu markieren (Strg+A) und dann das Album, den Komponisten etc. neu einzustellen. Aus Sicherheitsgründen müssen Sie nun jede Änderung durch einen Klick auf den winzigen Button rechts vom Einstellungsfeld bestätigen – andernfalls gelten die Änderungen nur für die gerade aktive Datei, nicht für alle markierten Dateien. Anfangs werden Sie diesen zusätzlichen Mausklick sicher hin und wieder vergessen.

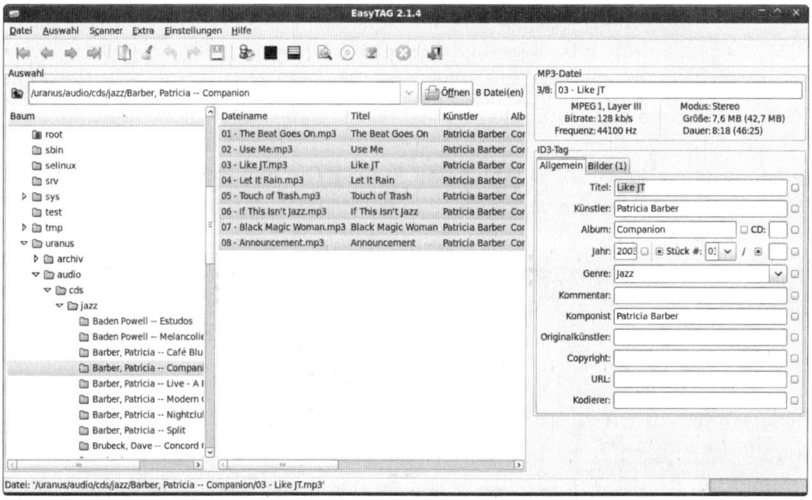

Abbildung 9.12: **ID3-Tags neu einstellen**

Um in MP3-Dateien das Bild des CD-Covers zu speichern, markieren Sie alle betreffenden Dateien, wechseln in EasyTAG in das Dialogblatt BILDER, laden mit dem Plus-Button eine neue Bilddatei (JPEG oder PNG) und wählen das geladene Bild aus. EasyTAG sucht die Bilddatei standardmäßig im selben Verzeichnis, in dem sich auch die gerade bearbeiteten MP3-Dateien befinden. Vergessen Sie nun nicht, auf den winzigen Bestätigungs-Button zu klicken, damit das Bild in *allen* ausgewählten MP3-Dateien gespeichert wird! Anders als die meisten Audio-Player bietet EasyTAG leider keine Funktion, um nach Covern im Internet (z. B. bei amazon.de) zu suchen – das müssen Sie selbst erledigen. Besonders komfortabel gelingt das mit dem Programm Coverfinder.

Im Einstellungsdialog von EasyTAG können Sie angeben, in welcher ID3-Version die Tags geschrieben werden sollen (standardmäßig 2.3, unterstützt werden auch 1.x und 2.4), welcher Zeichensatz zur Anwendung kommen soll (standardmäßig Unicode) etc.

gtkPod Die meisten Audio-Player können MP3-Dateien mit externen MP3-Playern synchronisieren. Bei neueren iPod-Modellen reicht es aber nicht aus, einfach die MP3-Dateien zu kopieren: Es müssen gleichzeitig diverse Datenbankdateien synchronisiert werden, in denen unter anderem die Cover-Abbildungen gespeichert werden. Die meisten Audio-Player sind dazu nicht in der Lage. Die Folge: Nach der Synchronisation enthält der iPod zwar die neuen MP3-Dateien, aber dafür fehlen die Cover, und zwar bei *allen* MP3-Dateien, auch bei solchen, die nicht verändert wurden.

Das Programm gtkPod schafft Abhilfe. Es überträgt MP3-Dateien vom und zum iPod und aktualisiert dabei auch alle dazugehörigen Datenbanken. Außerdem hilft das Programm bei der Verwaltung der ID3-Tags, bei der Übertragung von Wiedergabelisten, Adressen, Kontakten etc. gtkPod ist kompatibel zu den meisten erhältlichen iPods. Die einzige Ausnahme sind das iPhone und der iPod Touch: Diese Modelle werden nur unterstützt, wenn sie entsperrt sind (d. h., es muss ein sogenannter Jailbreak durchgeführt werden). Mein schon etwas älterer iPod Classic wurde von gtkPod zum Glück anstandslos erkannt.

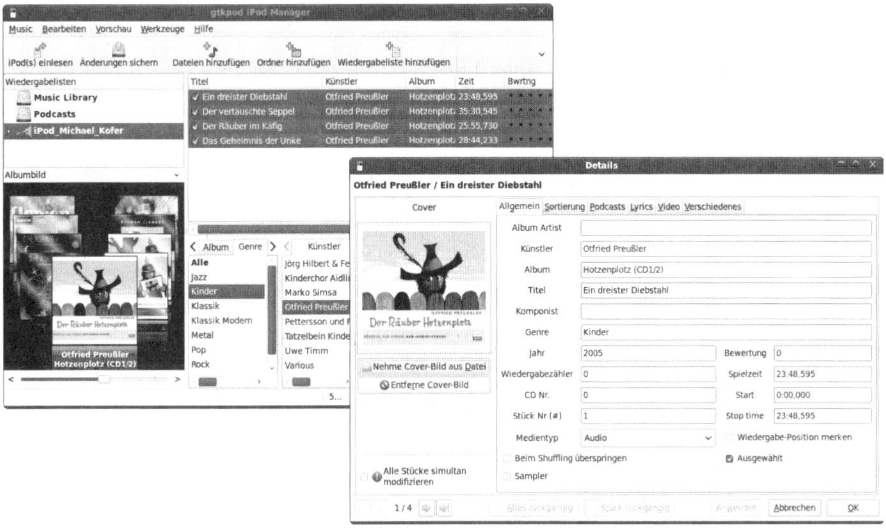

Abbildung 9.13: gtkPod

gtkPod ist leider nicht besonders intuitiv zu bedienen: Als Erstes testen Sie einmal, ob das Programm Ihren iPod erkennt. Dazu verbinden Sie das Gerät mit Ihrem Computer und stellen sicher, dass der iPod als Datenträger in den Verzeichnisbaum eingehängt ist (z. B. unter `/media/ipod_name`, die meisten Desktop-Systeme kümmern sich automatisch darum). Der iPod sollte automatisch in der Seitenleiste WIEDERGABELISTEN auftauchen. Ist das nicht der Fall, klicken Sie auf den Button IPODS EINLESEN bzw. versuchen, den iPod nochmals aus dem Dateisystem zu lösen und neu einzubinden.

Sie können in gtkPod nun den Inhalt Ihres iPods inklusive der CD-Cover ansehen, ID3-Tags korrigieren, einzelne Dateien oder Verzeichnisse hinzufügen, Dateien löschen etc. Leider reagiert das Programm bei großen Musiksammlungen recht träge. Mit ÄNDERUNGEN SICHERN übertragen Sie schließlich alle Änderungen auf den iPod.

Das Programm bietet auch die Möglichkeit, Notizen, Kontakte und Termine abzugleichen. Vergeblich habe ich nach einem Weg gesucht, ein lokales Verzeichnis mit MP3-Dateien mit der Musiksammlung auf dem iPod zu synchronisieren, beispielsweise um neu hinzugekommene Titel automatisch zum iPod zu übertragen. Stattdessen müssen Sie die betreffenden Verzeichnisse manuell hinzufügen.

Anders als mit iTunes macht die Arbeit mit gtkPod wenig Freude: Das Programm ist langsam, unübersichtlich, und der iPod ist bei der Interpretation der ID3-Tags sehr wählerisch: Allzu oft werden Titel auf dem iPod falsch sortiert, Zeichenketten mit deutschen Sonderzeichen falsch dargestellt etc. Die manuelle Korrektur der betreffenden ID3-Tags ist mühsam.

Wer die Ideale freier Software vertritt, müsste eigentlich einen großen Bogen um Apple-Hardware machen: Es gibt wenig andere Hersteller, die ihre Produkte derart abschotten (Hardware wie Software). Da hilft es auch nichts, wenn Apple gelegentlich ein paar Bibliotheken als Open-Source-Code freigibt.

Sound Juicer

Das Gnome-Programm Sound Juicer spielt Audio-CDs ab bzw. liest die Tracks der CDs aus und speichert sie als Dateien im MP3-, Ogg-Vorbis- oder in einem anderen Format. Sound Juicer greift beim Erstellen der Audio-Dateien über das GStreamer-System auf externe Programme zurück, beispielsweise auf `oggenc` für Ogg-Dateien, `lame` für MP3-Dateien, `faac` für AAC-Dateien (`*.m4a`) etc. Standardmäßig erzeugt Sound Juicer Ogg-Dateien, deren Namen sich so zusammensetzen:

~/Musik/*Gruppe*/*CD-Name*/*nn - Track-Titel*.ogg

Die Verzeichnishierarchie und das Audio-Format stellen Sie mit BEARBEITEN|EINSTELLEN ein. Wenn Ihr gewünschtes Audio-Format nicht zur Auswahl steht, müssen Sie dafür ein neues Profil erstellen. Entscheidend ist die Zeile im Eingabefeld GSTREAMER-WEITERLEITUNG. Das folgende Kommando erzeugt mit `lame` MP3-Dateien und kann als Muster dienen:

```
audio/x-raw-int,rate=44100,channels=2 ! lame name=enc mode=0 vbr-quality=6 ! id3v2mux
```

Abbildung 9.14: **CD-Tracks mit Sound Juicer auslesen**

KDE-CD-Ripper

Unter KDE gibt es keinen eigenen CD-Ripper mehr. Das ehemals für diesen Zweck konzipierte Programm KAudioCreator wird nicht mehr gewartet. Das heißt aber nicht, dass Sie keine Audio-CDs rippen können, ganz im Gegenteil! Sie können Audio-CDs direkt mit Amarok Ihrer Musiksammlung hinzufügen bzw. Dolphin oder Konqueror verwenden, um WAV-, Ogg- oder MP3-Dateien zu erzeugen (siehe Seite 118).

9.6 Video-Schnitt (PiTiVi, OpenShot)

PiTiVi

PiTiVi ist ein relativ neues Video-Schnittprogramm, das es Einsteigern ermöglicht, aus mehreren Video-Dateien bzw. Filmsequenzen einen zusammenhängenden Film zu bilden. Obwohl PiTiVi explizit im Hinblick auf eine möglichst einfache Bedienung und Nutzung entwickelt wurde, ist eine gewisse Einarbeitungszeit erforderlich, um sich mit den Konzepten und Ideen vertraut zu machen. Dieser Abschnitt kann Ihnen nur bei den ersten Schritten helfen. Weiterführende Informationen finden Sie im Benutzerhandbuch auf der PiTiVi-Website:

http://www.pitivi.org/

Das PiTiVi-Programmfenster besteht aus drei Teilen (siehe Abbildung 9.15): **Grundlagen**

» **Clip-Bibliothek (links oben):** »Clips« sind Querverweise auf vorhandene Video-Dateien, die als Datenquelle für den zu schneidenden Film verwendet werden. Diese Video-Dateien werden durch PiTiVi nicht verändert. Jeder Clip kann bei Bedarf auch mehrfach bzw. in Teilen im endgültigen Film verwendet werden. Der Inhalt der Clip-Bibliothek kann wahlweise in Form von Icons oder als Liste angezeigt werden (ANSICHT-Menü). Als Clips sind auch Audio-Dateien erlaubt, die Sie in der Audio-Spur der Zeitlinie einsetzen können, wenn Sie statt des Originaltons eine Hintergrundmusik abspielen möchten.

» **Filmvorschau (rechts oben):** Die Filmvorschau zeigt ein Standbild des Films an der gerade aktuellen Position der Zeitlinie. Außerdem können Sie hier den gerade bearbeiteten Ausschnitt Ihres Films ansehen. Der WIEDERGABE startet den Film an der Position der Zeitmarke in der Zeitline.

» **Zeitlinie (unten):** Die Zeitlinie enthält – optional in mehreren Ebenen – die Film- und Tonsequenzen in der Reihenfolge, in der sie im fertigen Film abgespielt werden sollen. In der Zeitlinie können Sie einzelne Filmsequenzen mit der Maus vor- und zurückschieben, teilen (auseinanderschneiden), am Beginn und Ende abschneiden, Überblendeffekte zwischen Filmsequenzen realisieren etc.
Mit dem Zoom-Regler links neben der Zeitlinie oder durch das Drehen des Mausrads, wenn sich die Maus in der Zeitlinie befindet, stellen Sie den Zeitmaßstab ein. In der größten Zeitauflösung sehen Sie jeden einzelnen Frame, in der kleinsten Auflösung circa eine Stunde Bildmaterial pro 1000 Pixel Bildschirmbreite.

Wenn Sie ein Schnittprojekt speichern, speichert PiTiVi in der `*.xptv`-Datei nur die Liste der Dateinamen der Clips so wie die Art und Weise, wie Sie die Clips im Film verwenden. Deswegen sind die PiTiVi-Dateien normalerweise sehr klein (im Vergleich zur Größe der Ausgangsdateien). Beachten Sie, dass die Dateinamen der Clips immer in absoluter Form in der XML-Datei gespeichert werden. Wenn Sie die Clips in ein anderes Verzeichnis verschieben, kann PiTiVi die Dateien nicht mehr finden. Abhilfe: Ändern Sie die `*.xptv` mit einem Texteditor, und passen Sie dort die Dateinamen an.

Außer PiTiVi kann kein Programm etwas mit einer `*.xptv`-Datei anfangen. Damit Sie den Film tatsächlich präsentieren können, müssen Sie eine Filmdatei erstellen. Dazu führen Sie PROJEKT|PROJEKT ERZEUGEN aus. Das Codieren des Films ist ein rechenaufwendiger Prozess, und das umso mehr, je höher die Qualität sein soll. Die Parameter stellen Sie mit PROJEKT|PROJEKTEINSTELLUNGEN ein. Sie haben dabei die Wahl zwischen verschiedenen Filmformaten (Auflösung und Bildfrequenz),

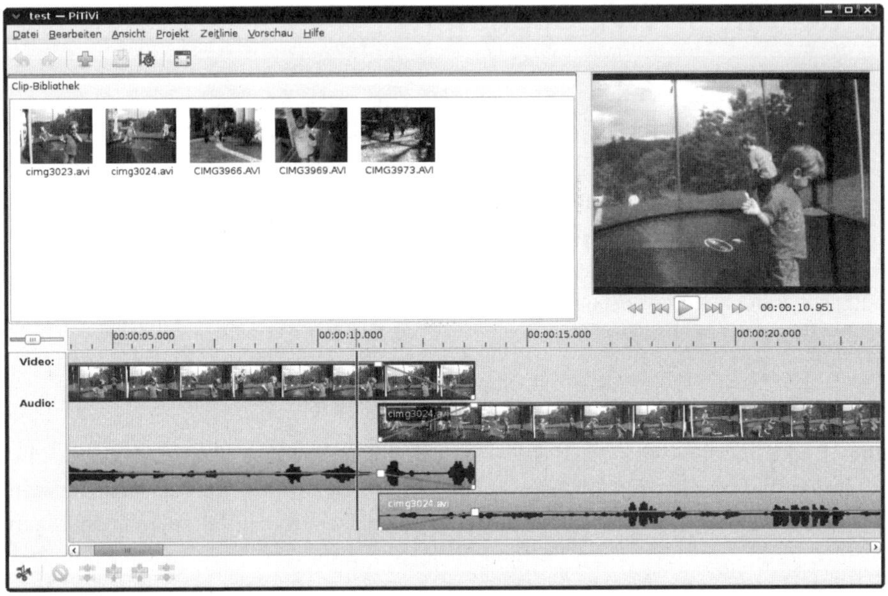

Abbildung 9.15: **Video-Schnitt mit PiTiVi**

Container-Formaten (Ogg, AVI, Matroska etc.) sowie Audio- und Video-Codecs. Die optimale Einstellung hängt stark von der Qualität des Ausgangsmaterials ab sowie davon, auf welchem Gerät Sie den fertigen Film ansehen möchten.

Einen einzelnen Clip bearbeiten

Bevor Sie mehrere Clips kombinieren, sollten Sie lernen, welche Bearbeitungsmöglichkeiten Sie mit einem einzelnen Clip haben. Dazu verschieben Sie per Drag&Drop einen kurzen Film aus der Bibliothek in die Zeitlinie. Sobald Sie die Maus über den Clip bewegen, werden am Anfang und Ende des Clips graue Begrenzungsbalken eingeblendet. Wenn Sie diese nach innen schieben, schneiden Sie den Film damit an den jeweiligen Enden ab – d. h., im Endergebnis sehen Sie den Anfang bzw. das Ende des Films nicht. (Die zugrunde liegende Quelldatei wird nicht verändert!)

Mit dem Scherensymbol, mit [S] oder mit ZEITLINIE|TEILEN zerlegen Sie den Film an der aktuellen Position des Zeitmarkers in zwei Teile. Sie können nun jeden dieser Teile als eigenen Clip bearbeiten, also an den Enden beschneiden, verschieben etc. Beachten Sie, dass Sie einen einmal geteilten Film im Editor nicht wieder vereinen können. Immerhin besteht die Möglichkeit, zwei zuvor mit [⇧] markierte Filmteile mit ZEITLINIE|VERKNÜPFEN gewissermaßen aneinanderzukleben. Derart verknüpfte Filmteile können Sie anschließend gemeinsam mit der Maus verschieben, ohne dass die Verknüpfung gelöst wird.

Clips verschieben und beschneiden

Sobald es mehrere Clips gibt, rasten Clips beim Verschieben an der Start- bzw. Endposition des jeweils nächsten bzw. vorigen Clips ein. Eine Überlappung der Clips in derselben Ebene ist nicht möglich. Wenn Sie zwei Clips überlagern möchten, müssen Sie einen der Clips in eine Ebene weiter unten bewegen (siehe den nächsten Abschnitt).

Wenn Sie beim Verschieben eines Clips zusätzlich [⇧] drücken, werden die nachfolgenden (aber nicht die vorausgehenden!) Clips mit verschoben. Clips in anderen Ebenen werden nur dann mitverschoben, wenn sie hinter dem Ende des markierten Clips beginnen. Sich überlagernde Clips werden nicht mitverschoben. Abhilfe: Markieren Sie diese Clips vor dem Verschieben zusätzlich mit [⇧], oder verknüpfen Sie die Clips.

Wenn Sie das Ende eines Clips beschneiden, das direkt an einen weiteren Clip anschließt, entsteht normalerweise eine Lücke. Die können Sie vermeiden, wenn Sie zusätzlich [⇧] drücken. Die nachfolgenden bzw. vorausgehenden Clips werden dann so mitverschoben, dass die Clips weiterhin verbunden bleiben. Eine interessante Variante ist das Abschneiden mit [Strg]. In diesem Fall werden die angrenzenden Clips nicht verschoben, sondern verlängert. Anders formuliert: Was Sie bei Clip A abschneiden, wird durch Material von Clip B ersetzt. (Das funktioniert nur, wenn bei Clip B zuvor abgeschnittenes Filmmaterial zur Verfügung steht.)

Clips ein-, aus- und überblenden

Bis jetzt bin ich davon ausgegangen, dass Sie die Clips einfach hintereinander in der Zeitlinie angeordnet haben. Wenn Sie den resultierenden Film ansehen, gibt es harte Übergänge (»Schnitte«) zwischen den Filmsequenzen. Das können Sie vermeiden, indem Sie zwei Clips in der Zeitlinie untereinander und horizontal überlappend anordnen. Dabei sind beliebig viele Ebenen erlaubt. Im Endergebnis ist standardmäßig immer nur der Film sichtbar, dessen Clip sich in der höchsten genutzten Ebene befindet.

Überblendeffekte erzielen Sie, indem Sie die Transparenz einzelner Clips (oder von Teilen davon) ändern: Bei jedem Clip wird am oberen Rand eine rote Linie angezeigt. Diese Linie gibt die Transparenz des Clips an (standardmäßig ist ein Clip nicht transparent).

In dem Ausmaß, in dem Sie die Linie nach unten verschieben, wird der Film transparent. Der bzw. die Clips in den darunter befindlichen Ebenen der Zeitlinie können nun durchscheinen. Wenn Sie die Transparenz nicht für den gesamten Clip, sondern nur für einen Teil davon verändern möchten (z. B. für die zwei Sekunden, während der sich zwei Clips überlappen), fügen Sie per Doppelklick einen Trennpunkt in die Transparenzlinie ein. Damit können Sie die Linie segmentweise verändern.

In Abbildung 9.15 sehen Sie eine Überblendung vom oberen zum unteren Clip. Wenn alle Bildquellen transparent sind, wird das resultierende Bild schwarz. Auf diese Weise können Sie den Film am Beginn bzw. am Ende ein- bzw. ausblenden.

Die Tonspur

Die Tonspur läuft grundsätzlich parallel zur Filmspur. Auch hier gibt es eine rote Linie, die allerdings nicht die Transparenz steuert, sondern die Lautstärke. Standardmäßig befindet sich die Linie in der Mitte. Das bedeutet, dass alle sich überlappenden Tonspuren in gleicher Lautstärke zu hören sind. Wenn Sie eine einzelne Tonspur ausblenden möchten, bewegen Sie die Linie nach unten. Umgekehrt ist es auch möglich, eine einzelne Tonspur stärker zu betonen (bis hin zur doppelten Lautstärke), indem Sie die Lautstärkenlinie nach oben bewegen.

Einschränkungen

PiTiVi ist naturgemäß nicht das richtige Werkzeug, wenn Sie den Oscar für den besten Filmschnitt gewinnen möchten. Aber selbst Einsteiger werden rasch an die Grenzen von PiTiVi stoßen:

» Mit PiTiVi können Sie den Film nicht mit Texten betiteln (z. B. um am Beginn des Videos einen Titel anzuzeigen oder am Ende einen Nachspann oder in schwer verständlichen Passagen Untertitel).

» PiTiVi kennt, einmal abgesehen vom Transparenzregler, keinerlei Überblendeffekte, um den Übergang zwischen zwei Filmsequenzen abwechslungsreicher zu gestalten.

» Es gibt keine Funktionen, um einen langen Film zuerst in handhabbare Sequenzen zu zerlegen und diese Sequenzen in der Clip-Bibliothek abzulegen. Wenn Ihr Ausgangsmaterial also nicht eine Sammlung kurzer Videos ist, sondern das mehrstündige Hochzeitsvideo, das Sie kürzen und neu schneiden möchten, ist die Arbeit in PiTiVi sehr unübersichtlich. Die Zeitlinie ist Ihre einzige Navigationsmöglichkeit. Sie können weder Zeitmarken setzen noch einzelne Sequenzen benennen.

» PiTiVi hat keine Animationsfunktionen. Die wären oft praktisch, wenn für Teile des zu erstellenden Films (z. B. aus Anlass des sechzigsten Geburtstags von Onkel Hubert) nur alte Fotos, aber keine Videos zur Verfügung stehen. Natürlich kann man argumentieren, dass derartige Funktionen in einem Filmeditor nichts verloren haben – aber gerade im Privatbereich wären sie sehr praktisch.

» PiTiVi ist während meiner Tests unter Ubuntu 10.10 Beta sehr häufig abgestürzt. Es ist zu hoffen, dass das Programm stabiler läuft, wenn es im Herbst 2010 mit Ubuntu 10.10 und Fedora 14 ausgeliefert wird.

Wenn Sie auf der Suche nach einem leistungsfähigere Video-Editor unter Linux sind, sollten Sie sich das im Folgenden vorgestellte Programm OpenShot näher ansehen.

OpenShot

OpenShot ist wie PiTiVi ein Filmschnittprogramm, das sich an Einsteiger und weniger an professionelle Cutter richtet. Im Vergleich zu PiTiVi bietet OpenShot dennoch eine Fülle zusätzlicher Funktionen und Effekte, sodass Sie mit OpenShot wesentlich elegantere Ergebnisse erzielen können als mit PiTiVi. Der offensichtliche Nachteil besteht darin, dass die Bedienung nicht ganz so übersichtlich ist wie bei PiTiVi und dass die Konfiguration diverser Effekte mit erheblichem Einstellaufwand verbunden ist.

Leider hat sich auch OpenShot bei meinen Tests als nur mäßig stabil herausgestellt. Gerade beim Umgang mit Effekten ist es regelmäßig zu Abstürzen gekommen. Speichern Sie Ihr Projekt regelmäßig!

Grundlagen Der prinzipielle Programmaufbau von OpenShot (siehe Abbildung 9.16) hat starke Ähnlichkeiten mit dem von PiTiVi:

» **Dateien, Übergänge und Effekte:** In den Fensterbereich links oben importieren Sie alle Video-Clips, Bilder und Audio-Dateien, aus denen sich Ihr Film zusammensetzen soll. Alle nach hier importierten Dateien werden von OpenShot nur gelesen, aber nicht verändert! Sie müssen also keine Angst haben, dass Sie während des Schneidens Originalmaterial verändern oder zerstören. Bei größeren Filmprojekten ist es möglich, im Importbereich Verzeichnisse zu definieren und das Rohmaterial Ihres Films so übersichtlich organisieren.

  Die Dialogblätter ÜBERGÄNGE und EFFEKTE stellen diverse vordefinierte Effekte zur Auswahl, die zum Überblenden zweier Video-Clips oder zur optischen Veränderung des Videomaterials dienen.

» **Vorschau:** Rechts oben befindet sich ein Video-Player, in dem Sie Ausschnitte des Films ansehen können.

» **Spuren (Tracks):** Im unteren Fensterbereich befinden sich standardmäßig zwei Spuren für Video- und Audio-Material. Projektdateien, Übergänge und Effekte werdenen per Drag&Drop eingefügt.

  Sie können beliebig viele weitere Spuren definieren. Die oberen Spuren (die mit den höheren Nummern) haben Vorrang: Bildmaterial aus Clips in den unteren Spuren ist also nur sichtbar, wenn Bildmaterial aus den oberen Spuren (teilweise) transparent ist oder durch Effekte ausgeblendet wird.

Anders als PiTiVi unterscheidet OpenShot nicht zwischen Audio- und Video-Spuren. Stattdessen kann bei jedem Clip sowie für ganze Spuren durch einen Mausklick Bild oder Ton ausgeschaltet werden. Damit kann jede Spur universell als Audio- oder Video-Spur oder für beide Komponenten genutzt werden.

Den Maßstab der Spuren stellen Sie mit einem Schieberegler ein.

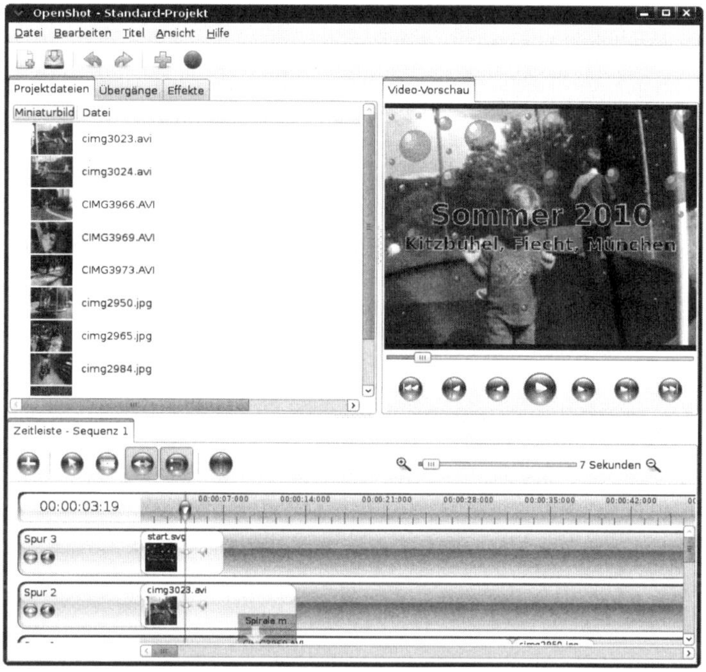

Abbildung 9.16: **Video-Schnitt mit OpenShot**

Clip-Eigenschaften

Nachdem Sie eine Projektdatei in eine Spur eingefügt haben, können Sie auf vielfältige Art und Weise die Eigenschaften dieses Filmausschnitts (Clips) steuern.

- Mit den drei Buttons ZEIGER-, TRENN- und TRIM-WERKZEUG können Sie den Clip verschieben, in mehrere Teile zerlegen oder am Anfang bzw. Ende beschneiden.
- Per Drag&Drop aus dem Dialogblatt EFFEKTE können Sie den Film mit diversen Filtern und anderen Effekten optisch verändern (unscharf machen, in Schwarz-Weiß darstellen etc.).
- Per Kontextmenü können Sie einfache Animationseffekte einstellen, beispielsweise um den Clip hinein- oder herauszuzoomen, nach links, rechts, oben oder unten zu verschieben etc. Außerdem können Sie einfache Übergangseffekte einstellen (Ein- oder Ausblenden) und das Layout (die Platzierung) des Clips verändern (z. B. um den Clip verkleinert in der linken unteren Ecke darzustellen).
- Sämtliche Eigenschaften können schließlich über das Kontextmenükommando EIGENSCHAFTEN in einem mehrblättrigen Dialog eingestellt werden. Dieser Dialog ist nicht immer ganz intuitiv zu nutzen, bietet dafür aber die Möglichkeit, *alle* Einstellungen zentral an einem Ort durchzuführen.

In eine Spur kann auch eine Bilddatei (Bitmap oder SVG) eingefügt werden. SVG-Dateien eignen sich insbesondere zur Betitelung von Filmen. Bildteile, die nicht durch Schrift oder Grafikelemente überdeckt sind, gelten automatisch als transparent. Die Einblendzeit (standardmäßig sieben Sekunden) können Sie sowohl im Eigenschaftsdialog als auch mit dem Button TRIM-WERKZEUG verändern.

Übergänge OpenShot stellt im Dialogblatt ÜBERGÄNGE unzählige Effekte zusammen, um einen Clip in einen anderen zu überblenden. Sie verschieben Übergänge per Drag&Drop zwischen zwei Spuren und stellen dann mit dem Trim-Werkzeug die Länge des Übergangs ein. Die Richtung des Übergangs wird durch einen Pfeil angezeigt. Um einen Clip von der oberen Spur in einen Clip der unteren Spur zu überblenden, müssen Sie die Übergangsrichtung per Kontextmenü umdrehen.

Titel TITEL|NEUER TITEL startet einen Assistenten, in dem Sie einen Filmtitel definieren können. Sie haben dabei die Auswahl zwischen verschiedenen Hintergründen, können mehrere Textelemente mit eigenem Text füllen und schließlich die gewünschte Farbe und Schriftart angeben. OpenShot speichert den Titel als SVG-Datei im Verzeichnis `thumbnail`, das im selben Verzeichnis erzeugt wird, in dem sich die OpenShot-Projektdatei befindet. Wenn Sie mehr Gestaltungsmöglichkeiten wünschen, können Sie die SVG-Datei aus OpenShot heraus mit dem Vektorgrafikprogramm Inkscape bearbeiten.

Die Titeldatei kann anschließend wie jede andere Bilddatei in eine Spur eingefügt werden. Oft empfiehlt es sich, für die Betitelung eine eigene Spur anzulegen, die über den restlichen Spuren liegt.

Video exportieren Wenn Sie Ihren Film fertig geschnitten haben, müssen Sie ihn mit DATEI|VIDEO EXPORTIEREN in eine Video-Datei umwandeln. OpenShot unterstützt dabei diverse Audio- und Video-Codecs und bietet zahllose Einstellmöglichkeiten. Der Export ist ein sehr aufwendiger Vorgang, der geraume Zeit dauern kann und eine Menge CPU-Kapazität erfordert.

9.7 DVDs rippen und kopieren

Dieser Abschnitt stellt einige Programme vor, um DVDs zu rippen und zu kopieren. Dazu vorweg eine Leseempfehlung: *Brother Johns Encodingwissen* fasst fachlich fundiert und sprachlich unterhaltsam zusammen, was man wissen sollte, wenn man DVDs auslesen und daraus MPEG-4-Video-Dateien erzeugen möchte (also umgangsprachlich DVD-Ripping betreibt):

http://encodingwissen.de/

Hinweis

Die hier vorgestellten Programme lesen DVDs aus. Das ist natürlich nur für DVDs zulässig, die keinen fremden Copyrights unterliegen – also z. B. für Ihre nicht verschlüsselte DVD mit einem Hochzeits- oder Kinder-Video (»Leos erste Schritte«). Keinesfalls dürfen Sie diese Werkzeuge verwenden, um irgendwelche Blockbuster zu kopieren oder der Video-Sammlung Ihres privaten Media-Centers hinzuzufügen. Welcher meiner Leser würde auf derart verwerfliche Ideen kommen? Lesen Sie lieber ein Buch!

Grundlagen Wenn Sie eine DVD unterwegs ansehen möchten, Ihr Notebook aber kein DVD-Laufwerk besitzt, übertragen Sie den Film am besten auf die Festplatte. Um Platz zu sparen, erzeugen Sie dabei eine neue Filmdatei, die die Video- und Audio-Daten enthält. Dieser Vorgang wird als DVD-Ripping bezeichnet. Es gibt schier unendlich viele Varianten, wie das Ripping durchgeführt wird. Wichtige Parameter sind:

» der Audio-Codec (z. B. MP3, Ogg Vorbis, AAC, AC-3)

» der MPEG-4-Codec (z. B. DivX, H264, Ogg Theora, WebM, Xvid)

» das Container-Format (z. B. AVI, MKV, MOV, MP4, OGM)

» das Untertitel-Format (z. B. SRT, VobSub)

» Qualitätsfaktoren und Komprimierung

Anders als bei einer DVD, wo die Audio-Kanäle und Untertitel oft in mehreren Sprachen parallel zur Verfügung stehen, müssen Sie sich bei der Erstellung einer Filmdatei zumeist für *eine* Sprache entscheiden. Um Platz zu sparen, ist es zumeist auch zweckmäßig, auf Zusatzmaterial (Bonus-Kapitel, Trailer etc.) zu verzichten.

Bleibt noch die Qualitätsfrage: Wie groß darf die resultierende Datei maximal werden? Manche Programme sind dahingehend voreingestellt, 700 MByte nicht zu überschreiten, damit der Film auf einer CD Platz findet. Das war vielleicht vor fünf Jahren sinnvoll, ist aber im Zeitalter von Terabyte-Festplatten übertrieben. Sie verlieren so spürbar an Bildqualität! Wenn Sie die Originalqualität einer neuen DVD erhalten wollen, müssen Sie bis zu 1 GByte pro Stunde Filmlänge veranschlagen. Wenn es sich dagegen um eine TV-Sendung handelt, die Sie vor 15 Jahren auf ein VHS-Band aufgenommen und vor 5 Jahren auf eine DVD überspielt haben, reichen auch rund 300 MByte/h vollkommen aus, um die ohnedies schon geringe Ausgangsqualität zu erhalten. Vorsicht: Wenn der resultierende Film eine hohe Qualität haben soll, müssen Sie für das Ripping oft wesentlich mehr Zeit veranschlagen, als der Film lang ist. Ein Rechner mit einer schnellen CPU ist hier definitiv zweckmäßig!

OGMrip

DVD-Ripping per Kommandozeile ist nur etwas für hartgesottene Linux-Anwender. Die Mühe lohnt nicht, zumal gleich eine ganze Palette von Benutzeroberflächen zur Auswahl steht, um bei der Einstellung der Parameter zu helfen. Mein persönlicher Favorit ist OGMrip mit einer minimalistischen Benutzeroberfläche: Sie wählen aus, welchen Titel der DVD Sie rippen möchten (in der Regel einfach den längsten), welche Sprachen für die Tonspur und die Untertitel verwendet werden sollen und welche Kapitel des Films berücksichtigt werden sollen (zumeist alle).

Mit AUSLÖSEN starten Sie die Filmproduktion, wobei Sie die Wahl zwischen zahlreichen Qualitätsstufen haben. In der Einstellung PC, HOHE QUALITÄT erzeugt OGMrip eine MKV-Datei und verwendet die Codecs X264 (Video) und AAC (Audio). Mit BEARBEITEN|PROFILES können Sie die vorhandenen Qualitätsstufen verändern oder neue definieren (siehe Abbildung 9.17).

Wenn Sie mit OGMrip eine ISO-Datei verarbeiten möchten, müssen Sie diese zuerst in das Dateisystem einbinden (`mount -o loop datei.iso verzeichnis`) und das Verzeichnis dann mit DATEI|ÖFFNEN laden.

AcidRip

Populäre Alternativen zu OGMrip sind AcidRip und dvd::rip. Wer schon etwas Erfahrung mit DVD-Ripping hat, der wird mit AcidRip rasch ans Ziel kommen. Die technisch orientierte Benutzeroberfläche bietet viele Einstellmöglichkeiten, wirkt allerdings anfänglich unübersichtlich. Praktisch ist die Vorschaumöglichkeit, sodass Sie überprüfen können, welcher Titel der DVD was enthält.

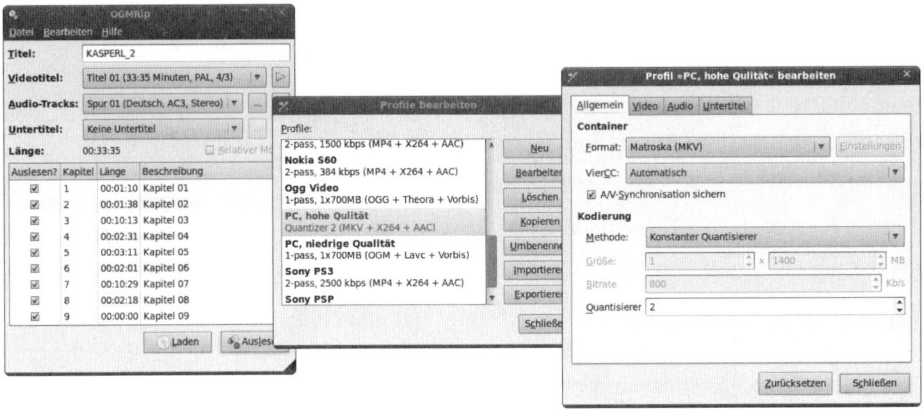

Abbildung 9.17: **Einstellung der Ripping-Qualität in OGMrip**

dvd::rip Sehr gewöhnungsbedürftig ist dvd::rip: Dieses Programm ist eindeutig für fortgeschrittene Ripping-Anwender konzipiert und entsprechend unübersichtlich zu bedienen. Dafür setzt sich das Programm in zwei Punkten von der Konkurrenz ab: Sie haben detaillierten Einfluss auf die Cropping-Funktionen (also auf das Ausschneiden des sichtbaren Teils des Films) und können die zeitraubende Erzeugung der Video-Dateien auf mehrere Rechner verteilen.

HandBrake Das Programm HandBrake ist momentan unter Mac-OS-X-Anwendern bekannter als unter Linux – aber das wird sich möglicherweise in Zukunft ändern: Die Linux-Version dieses Programms kann durchaus überzeugen. Sie stellt unter anderem einige vordefinierte Konvertierungsprofile zur Auswahl, die zum Abspielen der Filme auf verschiedenen Apple-Geräten optimiert sind. Für meinen Test habe ich das Programm aus einem PPA (Personal Package Archive) für Ubuntu installiert:

```
root#  add-apt-repository ppa:handbrake-ubuntu/ppa
root#  apt-get update && apt-get install handbrake-gtk
```

Die Bedienung ist einfach: Sie geben eine Filmquelle (DVD, Film- oder ISO-Datei) an, legen fest, unter welchem Dateinamen der recodierte Film gespeichert werden soll, und wählen ein vordefiniertes Einstellungsprofil aus. Mit dem START-Button beginnen Sie dann die Recodierung.

DVD95 und K9Copy DVDs können Sie nicht auf Dateisystemebene kopieren, weil sich ein Teil der DVD-Daten außerhalb des Dateisystems befindet. Ein gangbarer Weg besteht hingegen darin, durch direktes Auslesen ein exaktes Abbild der DVD zu erzeugen (eine ISO-Datei) und diese dann auf eine leere DVD zu brennen. Allerdings sind viele DVDs aus Platzgründen zweilagig (DVD9 oder DVD-DL). Entsprechende Rohlinge sind leider noch immer relativ teuer.

Wenn das Video auf einer DVD5 Platz finden soll, werfen Sie einen Blick auf DVD95 (Gnome) oder K9Copy (KDE): Diese Programme erstellen eine DVD-Kopie, wobei sie den Datenumfang bei Bedarf so weit reduzieren, dass der Film auf einer DVD5 Platz findet. Dazu können einzelne DVD-Tracks und Audio-Spuren weggelassen werden. Wenn das nicht reicht, werden die Video-Tracks mit einer stärkeren Komprimierung recodiert, was aber je nach der Gesamtlänge des Videos und der Art des Films sichtbare Qualitätsverluste mit sich bringen kann. Besonders gut funktioniert die Komprimierung übrigens bei Zeichentrickfilmen, deren Bildqualität nahezu unverändert bleibt.

9.8 Fernsehen (DVB-T, Miro)

DVB-T

DVB steht für *Digital Video Broadcasting* und ist ein Verfahren, um Fernsehprogramme digital auszustrahlen. Es existieren drei Varianten: DVB-T für den gewöhnlichen (terrestrischen) Sendebetrieb, DVB-S für die Ausstrahlung via Satellit und schließlich DVB-C für die Kabelübertragung. Dieser Abschnitt konzentriert sich auf DVB-T. Aus technischer Sicht sind alle drei DVB-Varianten ganz ähnlich, und für die Linux-Unterstützung spielt es keine Rolle, wie das Signal übertragen wird.

DVB-T ersetzt in Europa zunehmend den analogen TV-Sendebetrieb. Damit Sie auf Ihrem Computer via DVB-T fernsehen können, brauchen Sie eine DVB-T-Karte bzw. ein kleines USB-Gerät. Die Hardware ist billig, und die Linux-Unterstützung überraschend gut. Allerdings funktioniert nicht jede DVB-Karte bzw. jedes DVD-Gerät unter Linux. Informieren Sie sich vor dem Kauf! Eine ausgezeichnete Informationsquelle sind die beiden folgenden Seiten:

http://www.linuxtv.org/wiki/index.php/Main_Page
http://www.linuxtv.org/wiki/index.php/DVB_via_USB

Firmware

Die DVB-Hardware enthält einen Mikroprozessor, dessen Code (die sogenannte Firmware) bei den meisten Geräten während der Initialisierung übertragen werden muss. Die erforderliche Firmware-Datei wird als Teil der Windows-Installationsdateien mitgeliefert, ist aber auch auf der folgenden Seite im Internet zu finden:

http://www.linuxtv.org/downloads/firmware/

Sie müssen die für Ihr Gerät erforderliche Datei in das Verzeichnis `/lib/firmware/`*`kernelversion`*`/` kopieren. Wenn Ihr DVB-Gerät vom Linux-Hotplug-System erkannt wird, lädt dieses das richtige Kernelmodul. Das Modul liest dann die Firmware-Datei und überträgt sie auf das DVB-Gerät. Ob das funktioniert, stellen Sie am einfachsten mit dmesg fest. Vereinzelt gibt es auch DVB-Geräte, die auf Anhieb funktionieren – dann entfällt dieser Schritt.

Ich habe meine Experimente mit dem schon etwas älteren USB-Gerät *TerraTec Cinergy T2* durchgeführt, das von Linux gut unterstützt wird und keine Firmware erfordert. Für den Betrieb sind die Kernelmodule dvb_core und `cinergyT2` erforderlich. dmesg liefert nach der Initialisierung die folgenden Ausgaben:

```
user$ dmesg
...
dvb-usb: found a 'TerraTec/qanu USB2.0 Highspeed DVB-T Receiver' in warm state.
dvb-usb: will pass the complete MPEG2 transport stream to the software demuxer.
DVB: registering new adapter (TerraTec/qanu USB2.0 Highspeed DVB-T Receiver)
DVB: registering adapter 0 frontend 0 (TerraTec/qanu USB2.0 Highspeed DVB-T Receiver)...
...
usbcore: registered new interface driver cinergyT2
```

Manueller Frequenz-Scan

Bevor Sie das erste Mal fernsehen können, müssen Sie noch einen Frequenz-Scan durchführen, um eine Liste aller empfangbaren Kanäle zu erstellen. Einige Medien-Player sind dazu selbst in der Lage. Wenn Sie xine, MPlayer oder VLC einsetzen, müssen Sie den Frequenz-Scan aber vorweg selbst erledigen. Dazu brauchen Sie zwei Dinge: das Programm scan oder dvbscan, das je nach Distribution Teil des Pakets dvb oder dvb-apps ist, sowie eine Datei, die den nächstgelegenen DVB-Sender beschreibt. Für viele Sender finden Sie eine entsprechende Datei im folgenden Verzeichnis:

/usr/share/dvb/dvb-t/

Beispielsweise beschreibt de-berlin den bzw. die Sender in Berlin. Wenn es für Ihren Standort keine entsprechende Datei gibt, müssen Sie die Datei selbst erstellen. Dazu müssen Sie durch eine Internet-Suche herausfinden, welche Grundfrequenz der nächste Sender verwendet. Eine gute, aber nicht immer aktuelle Informationsquelle ist die folgende Seite:

http://www.the-media-channel.com/dvb-t/

Nun erstellen Sie eine Datei nach dem folgenden Muster:

```
user$  cat at-Schoeckl
# Sender Schöckl/Graz (Österreich)
# T freq     bw    fec_hi fec_lo mod   transmission-mode guard-interval hierarchy
T 514000000 8MHz  3/4    NONE   QAM16 8k                1/4            NONE
```

Jetzt führen Sie das Kommando scan *sender-datei* aus und leiten das Ergebnis in die lokale Datei channels.conf. Die Ausführung dieses Kommandos dauert in der Regel einige Minuten. Es kann sein, dass in der Sender-Datei mehrere Sender definiert sind, von denen nur ein Teil bei Ihnen empfangen werden kann. scan quittiert das mit *tuning failed*. Das macht nichts, solange die anderen Sender Ergebnisse liefern. Der folgende Frequenz-Scan lieferte zwei erreichbare Sender mit insgesamt acht Kanälen.

```
user$  scan /usr/share/dvb/dvb-t/at-Official > channels.conf
using '/dev/dvb/adapter0/frontend0' and '/dev/dvb/adapter0/demux0'
initial transponder 474000000 0 3 9 1 1 3 0
initial transponder 490000000 0 3 9 1 1 3 0
...
>>> tune to: 474000000:INVERSION_AUTO:BANDWIDTH_8_MHZ:FEC_3_4:
  FEC_AUTO:QAM_16:TRANSMISSION_MODE_8K:GUARD_INTERVAL_1_4:HIERARCHY_NONE
WARNING: >>> tuning failed!!!
>>> tune to: 490000000:INVERSION_AUTO:BANDWIDTH_8_MHZ:FEC_3_4:
  FEC_AUTO:QAM_16:TRANSMISSION_MODE_8K:GUARD_INTERVAL_1_4:HIERARCHY_NONE
0x0000 0x2789: pmt_pid 0x0000 sevenonemedia -- PULS 4 (running)
0x0000 0x2c26: pmt_pid 0x0000 ORF -- 3SAT (running)
0x0000 0x2c27: pmt_pid 0x0000 ORF -- ORF Sport Plus (running)
0x0000 0x2c28: pmt_pid 0x0000 ServusTV -- ServusTV (running)
Network Name 'ORS DVB-T X2'
...
user$  sort channels.conf
3SAT:490000000:INVERSION_AUTO:BANDWIDTH_8_MHZ:FEC_3_4:...
ATV:514000000:INVERSION_AUTO:BANDWIDTH_8_MHZ:FEC_3_4:...
ORF1:514000000:INVERSION_AUTO:BANDWIDTH_8_MHZ:FEC_3_4:...
ORF2 B:514000000:INVERSION_AUTO:BANDWIDTH_8_MHZ:FEC_3_4:...
ORF2 St:514000000:INVERSION_AUTO:BANDWIDTH_8_MHZ:FEC_3_4:...
...
```

Kaffeine

Zum Fernsehen haben Sie nun die Wahl zwischen verschiedenen Programmen. Besonders gut funktioniert das Fernsehen mit Kaffeine sowie mit xine. Kaffeine findet die DVB-T-Kanäle selbst. Dazu wählen Sie zuerst im Dialog FERNSEHEN|FERNSEHEN EINRICHTEN|GERÄT den Standardort aus und führen dann mit FERNSEHEN|KANÄLE|SUCHLAUF die Kanalsuche durch. Die gefundenen Kanäle (rechte Seitenleiste) markieren Sie und fügen sie dann mit AUSGEWÄHLTE HINZUFÜGEN der Kanalliste hinzu (linke Seitenleiste). Im Fernsehmodus können Sie dann bequem zwischen den Kanälen wechseln.

Zu den attraktivsten Funktionen in Kaffeine gehört die Möglichkeit, Fernsehsendungen ohne langes Hin und Her aufzunehmen. Dazu führen Sie einfach FERNSEHEN|SOFORTAUFNAHME aus. Die Aufnahme endet, wenn Sie dieses Kommando ein zweites Mal ausführen. Sie finden die aufgenommene Video-Datei anschließend in Ihrem Heimatverzeichnis.

mplayer

Bevor Sie MPlayer starten, kopieren Sie `channels.conf` in das Konfigurationsverzeichnis:

```
user$  cp channels.conf .mplayer/                (für MPlayer)
```

Anschließend geben Sie beim Start das gewünschte Programm in der Form `dvb://`*name* an. Achten Sie dabei auf die korrekte Groß- und Kleinschreibung!

```
user$  [gnome-]mplayer dvb://ORF1
```

Totem

Wenig Glück hatte ich mit Totem. Nach der Installation des Pakets `totem-plugins-dvb-daemon` führt FILM|FERNSEHEN in einen Assistenten, der bei der Kanalsuche hilft. In meinem Fall fand Totem aber nur vier der acht verfügbaren Kanäle. Der Versuch, einen dieser Kanäle dann tatsächlich anzusehen, endete mit einer Fehlermeldung.

VLC

Bei VLC laden Sie die Kanalliste `channels.conf` mit MEDIEN|DATEI ÖFFNEN. Anschließend führt ANSICHT|WIEDERGABELISTE bzw. [L] in die Kanalliste, in der Sie den gewünschten Kanal auswählen können. Bei meinen Tests gab VLC einige Kanäle problemlos wieder, versagte aber unerklärlicherweise bei anderen.

Abbildung 9.18: **Fernsehen mit xine und DVB-T**

xine

Am wenigsten Probleme bereitete das DVB-T-Fernsehen mit xine (siehe Abbildung 9.18). Bevor Sie mit xine fernsehen können, kopieren Sie `channel.conf` in das xine-Konfigurationsverzeichnis.

```
user$  cp channels.conf .xine/                (für xine)
```

Anschließend starten Sie das gewünschte Programm, das Sie in der Form dvb://*name* angeben:

```
user$  xine dvb://ORF1
```

Mit [Alt]+[P] wechseln Sie zwischen den Kanälen.

Miro

Miro ist ein Programm, um Video-Dateien von einer großen Liste vordefinierter Kanäle via Internet herunterzuladen und dann anzusehen. Miro eignet sich aber selbstverständlich auch dazu, um eigene Video-Dateien anzusehen.

Beim Video-Download setzt Miro auf das Verfahren Peer to Peer TV (kurz P2PTV): Alle Teilnehmer stellen die heruntergeladenen Videos anderen Teilnehmern zur Verfügung. Auf diese Weise soll vermieden werden, dass einzelne Video-Anbieter unter der hohen Nachfrage zusammenbrechen. Das Programm Miro, das genau genommen *Miro Media Player* heißt, wurde ursprünglich unter dem Namen *Democracy Player* entwickelt. Das soll zum Ausdruck bringen, dass über P2PTV auch Filme angeboten werden, die in den kommerziellen TV-Programmen keinen Platz finden.

Beim ersten Start fragt der Miro-Assistent Sie, ob das Programm in Zukunft sofort nach dem Login gestartet werden soll. Das ist deswegen zweckmäßig, weil dann aktuelle Sendungen von abonnierten Kanälen im Hintergrund heruntergeladen werden. Da der Download der Video-Dateien in der Regel geraume Zeit dauert, stehen Sendungen aus abonnierten Kanälen rascher zur Verfügung.

Die Bedienung von Miro ist einfach: Im Miro-Programmführer können Sie anhand verschiedener Kriterien (z. B. Sprache, Genres) nach für Sie interessanten Angeboten suchen. Unter den deutschsprachigen Angeboten finden Sie z. B. tägliche Nachrichtensendungen des ZDF, diverse Computer-Kurse und -Sendungen, Filmtrailer etc. Ein Teil der Filme steht sogar in HD-Qualität zur Verfügung.

Wesentlich größer ist das englischsprachige Angebot mit diversen Wildlive-Dokumentationen, politischen Kommentaren etc. Spannend ist Miro naturgemäß auch für alle, die gerade eine Fremdsprache lernen. Wenn Sie einen Film entdeckt haben, der Sie interessiert, klicken Sie auf den Button HERUNTERLADEN. Miro lädt die Filmdatei herunter, während Sie weiter im Angebot stöbern können.

Bei Sendungen, die täglich oder wöchentlich »ausgestrahlt« werden (genau genommen via Internet bereitgestellt werden), empfiehlt es sich, den jeweiligen Kanal einfach zu abonnieren. In der Miro-Nomenklatur heißt das, dass Sie den Kanal-Feed der Seitenleiste hinzufügen. Das bewirkt, dass neue Sendungen nach Verfügbarkeit automatisch heruntergeladen werden. Wenn Sie das nächste Mal Zeit haben, können Sie in der Bibliothek nachsehen, welche neuen Filme dort bereitstehen. Die »Bibliothek« ist also Ihre Sammlung bereits heruntergeladener Filme. Damit der Platzbedarf der Bibliothek nicht grenzenlos wächst, werden angesehene Filme standardmäßig nach einigen Tagen gelöscht. Das können Sie natürlich vermeiden, indem Sie bei dem Film den Button BEHALTEN anklicken. Oder Sie können einen schlechten Film sofort löschen (Button ENTFERNEN).

Alles in allem macht die Bedienung von Miro Spaß. Mit einer guten Internetverbindung ist Miro eine interessante Ergänzung zum herkömmlichen Fernsehangebot.

10. VirtualBox

Virtualisierung bietet die Möglichkeit, auf einem Rechner mehrere Betriebssysteme parallel auszuführen. Daraus ergeben sich unzählige Anwendungen: Sie können Linux unter Windows ausprobieren, Windows unter Linux ausführen, eine neue Alpha-Version der Distribution xyz gefahrlos testen, ohne die laufende (stabile) Linux-Installation zu gefährden, Server-Funktionen sicher voneinander trennen (Server-Virtualisierung) etc.

Dieses Kapitel gibt einen Überblick über Virtualisierungsgrundlagen und -programme und konzentriert sich dann ganz auf VirtualBox. Zur Server-Virtualisierung ist KVM besser geeignet (siehe Kapitel 33).

10.1 Virtualisierungsgrundlagen

In diesem Abschnitt erfahren Sie, warum es so viele unterschiedliche Virtualisierungsprogramme gibt, auf welchen Techniken sie basieren und welches Programm für welchen Zweck geeignet ist. Wenn es Ihnen primär darum geht, rasch eine virtuelle Windows-Maschine unter Linux einzurichten oder Linux innerhalb von Windows auszuführen, können Sie diesen Grundlagenabschnitt getrost überspringen und auf Seite 235 weiterlesen.

Virtualisierungstechniken

Gast und Wirt

Bei der Beschreibung von Virtualisierungssystemen hat es sich eingebürgert, das Grundsystem als Wirt (*Host*) und die darauf laufenden virtuellen Maschinen als Gäste (*Guests*) zu bezeichnen.

Virtualisierungs-techniken

Zur Virtualisierung von Betriebssystemen existieren verschiedene Verfahren. Die folgende Liste fasst die gängigsten Virtualisierungstechniken zusammen und nennt einige populäre Programme bzw. Firmen, die diese Techniken nutzen.

» **Vollvirtualisierung (virtuelle Maschinen, Emulation):** Hier simuliert ein Programm virtuelle Hardware, also einen Rechner, der aus CPU, RAM, Festplatte, Netzwerkkarte etc. besteht. Für die Gastsysteme sieht es so aus, als würde die virtuelle Hardware real existieren. Damit das funktioniert, muss das Virtualisierungsprogramm des Wirts den Code des Gasts überwachen und bestimmte Anweisungen durch anderen Code ersetzen. Diese Aufgabe übernimmt der sogenannte *Hypervisor* (auch *Virtual Machines Monitor* oder kurz VMM). Der Hypervisor ist aber auch für die Speicher- und Prozessverwaltung und andere hardware-nahe Funktionen verantwortlich.

Vorteile: Nahezu jedes Betriebssystem kann innerhalb der virtuellen Maschine ausgeführt werden. Das Betriebssystem muss dazu nicht verändert werden.

Nachteile: Relativ langsam.

Programme/Firmen: VMware, QEMU, Parallels, VirtualBox, Microsoft Virtual PC

» **Paravirtualisierung:** Auch hier stellt der Wirt virtuelle Maschinen zur Verfügung, in denen die Gäste laufen. Der Unterschied besteht darin, dass das Gastbetriebssystem für die Virtualisierung modifiziert sein muss und direkt mit dem VMM kommuniziert.

  Vorteile: Effizient.

  Nachteile: Erfordert speziell für das Virtualisierungssystem modifizierte Betriebssysteme. Das ist für Open-Source-Systeme wie Linux kein großes Problem, schließt aber kommerzielle Betriebssysteme wie Windows weitgehend aus. (Xen und Microsoft bzw. Novell und Microsoft kooperieren auf diesem Gebiet allerdings, weswegen es in Zukunft voraussichtlich speziell für Xen optimierte Windows-Server-Versionen geben wird.)

  Programme/Firmen: Xen, UML (User-mode Linux)

» **(Para-)Virtualisierung mit Hardware-Unterstützung:** Moderne CPUs von Intel und AMD enthalten hardware-seitig Funktionen zur Vereinfachung von Virtualisierungstechniken. Intel nennt diese Technik *Intel-VT* (ehemals *Vanderpool*), AMD taufte seine Funktionen *AMD-V* (ehemals *Pacifica*).

  Vorteile: Effizient, je nach Implementierung keine Modifikation im Gastbetriebssystem erforderlich.

  Nachteile: Erfordert spezielle Prozessoren.

  Programme/Firmen: KVM, Xen

» **Virtualisierung auf Betriebssystemebene (Containers):** Dieses Verfahren verzichtet auf richtige virtuelle Maschinen. Die Gastsysteme nutzen vielmehr den gemeinsamen Kernel und Teile des Dateisystems des Wirts. Zu den wichtigsten Aufgaben des Virtualisierungssystems zählt es, den Wirt von seinen Gästen zu isolieren, um jede Art von Sicherheitsrisiken zu vermeiden.

  Vorteile: Sehr effizient, spart Ressourcen (RAM, Festplatte etc.).

  Nachteile: Nur geeignet, wenn der Wirt und seine Gäste jeweils exakt dasselbe Betriebssystem bzw. exakt dieselbe Kernelversion nutzen. Das Betriebssystem muss entsprechend modifiziert werden.

  Programme/Firmen: OpenVZ, Virtuozzo, Linux-VServer

Alle Verfahren außer dem ersten erfordern Linux-seitig eine Veränderung des Kernels. Momentan sind allerdings nur die KVM- und UML-Virtualisierungsfunktionen Bestandteil des offiziellen Kernels. Bei allen anderen Verfahren muss der Kernel mit einem nicht-offiziellen Patch modifiziert werden. Wenn Sie beispielsweise eine Xen-taugliche Distribution einsetzen, hat der Distributor die Xen-Funktionen bereits in den Kernel eingebaut. Weitere Informationen zu verschiedenen Virtualisierungstechniken finden Sie in der Wikipedia sowie auf den folgenden Seiten:

http://virt.kernelnewbies.org/TechOverview
http://wiki.openvz.org/Introduction_to_virtualization

CPU-Unterstützung

Um festzustellen, ob Ihre CPU bei der Hardware-Virtualisierung hilft (Intel-VT oder AMD-V), führen Sie das folgende egrep-Kommando aus. Das hier gezeigte Ergebnis stammt von einer Intel-Core-2-CPU mit zwei Cores. Wenn das Ergebnis leer ist, unterstützt Ihre CPU keine Virtualisierung, oder die Funktion wurde im BIOS deaktiviert.

```
user$  egrep '^flags.*(vmx|svm)' /proc/cpuinfo
flags : fpu vme de pse tsc msr pae mce cx8 apic mtrr pge mca cmov pat pse36
        clflush dts acpi mmx fxsr sse sse2 ss ht tm pbe nx lm constant_tsc pni
        monitor ds_cpl vmx est tm2 ssse3 cx16 xtpr lahf_lm
flags : fpu vme de pse tsc msr pae mce cx8 apic mtrr pge mca cmov pat pse36
        clflush dts acpi mmx fxsr sse sse2 ss ht tm pbe nx lm constant_tsc pni
        monitor ds_cpl vmx est tm2 ssse3 cx16 xtpr lahf_lm
```

Virtuelle Hardware

Die Emulierung virtueller Hardware ist naturgemäß ein komplexer Prozess. Je nach Virtualisierungsverfahren bzw. je nach Implementierung werden Sie in der Praxis früher oder später an Grenzen stoßen.

RAM

Der Speicher in Ihrem Rechner muss größer sein als die Summe der Anforderungen für das Wirtssystem und alle laufenden Gäste. Je mehr Systeme zugleich laufen sollen, desto mehr RAM brauchen Sie. Mein Testrechner ist mit 6 GByte RAM ausgestattet. Das reicht aus, um ein halbes Dutzend Linux-Distributionen parallel auszuführen.

Festplatte

Die meisten Virtualisierungssysteme speichern das Dateisystem des Gasts in einer großen Datei des Wirtssystems. Die Gäste greifen somit nicht direkt auf die Festplatte zu, sondern indirekt über das Virtualisierungssystem auf eine Datei. Datenzugriffe im Gast sind deswegen wesentlich langsamer als auf dem Wirtssystem, etwa um einen Faktor zwischen zwei und drei.

CD/DVD-Laufwerke

CD- und DVD-Laufwerke werden vom Wirt an den Gast durchgereicht. Der Zugriff ist allerdings read-only. Ich kenne kein Virtualisierungssystem, das das Brennen von CDs/DVDs im Gastsystem zulässt.

Die meisten Virtualisierungsprogramme bieten dafür die Möglichkeit an, dem virtuellen CD/DVD-Laufwerk eine ISO-Datei zuzuordnen. Anstatt das reale Laufwerk zu nutzen, greift der Gast nun auf die ISO-Datei zu. Gerade für wiederholte Installationen ist das außerordentlich praktisch, effizient und leise. Bei Bedarf können Sie eine ISO-Datei ganz einfach selbst aus einer CD/DVD extrahieren (siehe auch Seite 288):

```
root# dd if=/dev/scd0 of=datei.iso bs=2048
```

Grafikkarte

Um die Grafikfunktionen einigermaßen effizient zu nutzen, muss auf jedem Gastsystem ein spezieller Treiber installiert werden, der auf die Virtualisierungssoftware des Wirts abgestimmt ist. Einschränkungen gibt es je nach Virtualisierungssystem bei der Nutzung von 3D-Funktionen.

Audio-Funktionen

Die meisten Virtualisierungsprogramme stellen dem Gast eine virtuelle Audio-Karte zur Verfügung und leiten Audio-Ausgaben an das Audio-System des Wirts weiter. Solange Sie keine besonderen Ansprüche an das Audio-System stellen (Surround-Effekte etc.), funktioniert das zufriedenstellend.

USB-Geräte, externe Hardware

Tastatur- und Mauseingaben werden vom Wirt an den Gast übertragen. Welchen Zugriff Gäste auf sonstige externe Geräte haben, variiert sehr stark je nach Virtualisierungssystem. USB-Geräte werden leider von vielen Virtualisierungssystemen nicht oder nur mit großen Einschränkungen unterstützt (z. B. ist kein Zugriff auf USB-Datenträger möglich).

Netzwerkanbindung der virtuellen Maschinen

Das Virtualisierungssystem stellt seinen Gästen die Netzwerkinfrastruktur des Wirts zur Verfügung, normalerweise in Form einer virtuellen Netzwerkkarte. Es existieren unterschiedliche Verfahren, wie der Netzwerkverkehr von der virtuellen Netzwerkkarte in das reale Netzwerk geleitet wird. Sie können auch mehrere virtuelle Netzwerkadapter definieren, die über unterschiedliche Verfahren kommunizieren (so, wie auch ein echter Rechner mehrere Netzwerkadapter haben kann, z. B. für LAN und WLAN).

Im Folgenden verwende ich die Nomenklatur von VirtualBox. Beachten Sie, dass nicht jedes Virtualisierungsprogramm alle Varianten kennt bzw. diese bisweilen anders bezeichnet.

» **Netzwerkbrücke:** Beim Bridged Networking erscheint der Gast als zusätzlicher Client im lokalen Netz. Diese Variante ist optimal, wenn es im lokalen Netzwerk (aber nicht auf dem Wirtsrechner!) einen DHCP-Server gibt bzw. wenn der Wirtsrechner mit einem ADSL- oder WLAN-Router verbunden ist. Die virtuellen Gäste beziehen ihre Netzwerkkonfiguration dann über diesen Server/Router und können sowohl auf das lokale Netzwerk als auch auf das Internet zugreifen. Wenn Ihr Wirtsrechner mehrere Netzwerkschnittstellen besitzt, müssen Sie angeben, welche davon für das Bridged Networking genutzt werden soll (die, über die Sie Ihren Internetzugang beziehen).

» **NAT:** Bei der NAT-Variante fungiert das Virtualisierungssystem für seine Gäste selbst als DHCP-Server und führt Masquerading-Funktionen aus (siehe auch Seite 798). Auf diese Weise können die Gäste den Internetzugang des Wirtssystems nutzen. Ein Zugang zum lokalen Netzwerk ist wegen der unterschiedlichen Adressbereiche für das lokale Netz und das virtuelle NAT-Netz des Virtualisierungssystems unmöglich.

» **Host-only Networking:** Beim Host-only Networking kann der Gast über die Netzwerkfunktionen nur mit dem Wirt kommunizieren, nicht aber mit anderen Rechnern im lokalen Netzwerk oder mit dem Internet. Diese Variante ist dann zweckmäßig, wenn Sie ein von außen nicht zugängliches Testsystem aus mehreren virtuellen Maschinen aufbauen möchten.

» **Internes Netzwerk:** Das Virtualisierungsprogramm bildet ein virtuelles Netzwerk, in dem ausschließlich virtuelle Maschinen kommunizieren können. Sie haben bei dieser Variante weder Zugriff auf das lokale Netzwerk noch auf das Internet.

Datenaustausch zwischen Wirt und Gast

Grundsätzlich gilt: Ein Gast darf nicht direkt auf eine Festplatte zugreifen, die auch vom Wirt genutzt wird. Es kann nicht sein, dass zwei Betriebssysteme gleichzeitig einen Festplatten-Controller steuern – Datenverluste wären unausweichlich. Deswegen simuliert die Virtualisierungssoftware auf dem Wirt für den Gast eine Festplatte und kümmert sich selbst darum, diese virtuelle Festplatte in Dateien des Wirtssystems abzubilden. Das bedeutet aber: Der Wirt kann nicht direkt auf das Dateisystem des Gasts zugreifen und umgekehrt.

Netzwerkverzeichnisse

Der schnellste Weg zum Datenaustausch führt deswegen über Netzwerkverzeichnisse. Am einfachsten ist es, wenn auf dem Wirt oder auf einem externen Rechner, der sowohl vom Wirt als auch von den Gästen via Netzwerk erreichbar ist, ein NFS- oder Samba-Server läuft. Manche Virtualisierungsprogramme inkludieren derartige Funktionen selbst (Shared Folders etc.), was meinen Erfahrungen nach aber wenig Vorteile bietet und die Konfiguration oft unnötig kompliziert macht.

Zwischenablage

Viele Virtualisierungsprogramme erlauben den Austausch markierten Texts über die Zwischenablage. Leider funktioniert das oft eher schlecht als recht. Schuld ist teilweise das Grafiksystem X, das zwischen der Ad-hoc-Zwischenablage für den gerade markierten Text und der Zwischenablage für den zuletzt mit [Strg]+[C] kopierten Text unterscheidet. Bisweilen ist unklar, welche dieser Zwischenablagen für das Virtualisierungssystem Gültigkeit hat. Außerdem beschränkt sich die Funktion der Zwischenablage auf reinen Text. Wer rasch ein Excel-Diagramm aus einem Windows-Gast in ein OpenOffice-Writer-Dokument auf dem Wirtsrechner kopieren will, der wird enttäuscht sein.

Virtualisierungsprogramme

Das Angebot an Virtualisierungsprodukten, sowohl im kommerziellen als auch im Open-Source-Segment, ist unübersichtlich groß. Die folgende Aufzählung nennt ganz kurz die wichtigsten Mitstreiter im Virtualisierungsmarkt. In Klammern ist jeweils angegeben, ob es sich um Open-Source-Software oder um kommzerzielle Produkte handelt und welche Firma die Entwicklung vorantreibt bzw. die resultierenden Produkte vertreibt.

» **VMware (kommerziell, EMC):** Die Firma VMware ist unumstrittener Marktführer im Virtualisierungsmarkt. Die Palette der Virtualisierungsprodukte beginnt im Desktop-Bereich (VMware Workstation und Player) und endet im Server-Bereich (VMware Server, ESXi, vSphere). Einzelne Programme sind zwar kostenlos verfügbar, aber nicht als Open-Source-Code. Als Wirtssystem werden Linux, Windows und vereinzelt Mac OS X unterstützt. Einige VMware-Produkte laufen ganz ohne Betriebssystem (Bare Metal).

  Persönlich habe ich die meisten Erfahrungen mit VMware Workstation, das ich viele Jahre lang sowohl unter Windows als auch unter Linux genutzt habe. Allerdings hatte ich seit 2008 derart viele Netzwerk- und Tastaturprobleme, dass ich schließlich meine VMware-Installationen auf VirtualBox umgestellt habe. (Es ist möglich, die VMware-Disk-Images unter VirtualBox weiterzunutzen. Die virtuelle Maschine muss aber neu eingerichtet werden.)

» **VirtualBox (teilweise Open Source, Sun/Oracle):** Das Programm VirtualBox bietet ähnliche Funktionen wie VMware Workstation, eignet sich also zur Desktop-Virtualisierung. Als Wirtssystem werden Linux, Windows und Mac OS X unterstützt. VirtualBox ist für Privatanwender kostenlos; außerdem gibt es eine Open-Source-Version, die im Rahmen der GPL auch kommerziell genutzt werden kann. VirtualBox wurde in den vergangenen Jahren enorm schnell weiterentwickelt. Mehrere Programmversionen pro Jahr stellen sicher, dass VirtualBox gut mit den jeweils neuesten Kernel- und X-Versionen harmoniert.

» **KVM/QEMU (Open Source, Red Hat):** KVM ist eigentlich nur ein Kernelmodul, das die bis dahin sehr langsame Emulationssoftware QEMU auf modernen CPUs enorm beschleunigt. Seit KVM offiziell in den Kernel integriert ist und Red Hat die KVM-Firma Qumranet gekauft hat, gewinnt KVM enorm an Bedeutung und gilt als Standard-Virtualisierungslösung für Fedora, Ubuntu und natürlich für Version 6 von Red Hat Enterprise Linux. KVM ist gleichermaßen für die Desktop- und die Server-Anwendung geeignet. Was die Benutzerfreundlichkeit, Kompatibilität und Geschwindigkeit betrifft, kann KVM allerdings noch nicht ganz mit den kommerziellen Mitstreitern VMware, VirtualBox und Xen mithalten. Als Wirtssystem wird nur Linux unterstützt. Mehr Informationen zu KVM finden Sie in einem eigenen Kapitel in diesem Buch ab Seite 981.

» **Xen (teilweise Open Source, Citrix):** Xen ist ein Hypervisor, der ohne Betriebssystem ausgeführt wird. Die virtualisierten Gäste laufen in sogenannten Domänen (domU), wobei die erste Domäne (dom0) besondere Privilegien hat und in gewisser Weise mit dem Wirtssystem bei anderen Virtualisierungsprodukten vergleichbar ist. Xen ist in vielen Anwendungsfällen deutlich effizienter als andere Virtualisierungslösungen. Gleichzeitig ist aber auch das Einrichten und Konfigurieren von Gastsystemen (Domänen) wesentlich aufwendiger. Das liegt nicht zuletzt daran, dass die für Xen erforderlichen Kernelerweiterungen sehr umfangreich sind und trotz mehrjähriger Bemühungen nicht in den offiziellen Kernel integriert wurden. Kurz und gut: Wenn Sie viel Zeit und Know-how investieren, können Sie mit Xen herausragende Ergebnisse erzielen. Für die Gelegenheitsanwendung ist Xen aber ungeeignet.

» **OpenVZ und Virtuozzo (teilweise Open Source, Parallels) sowie Linux-VServer (Open Source):** OpenVZ, das darauf basierende kommerzielle Produkt Virtuozzo und die technisch ähnliche Virtualisierungslösung VServer ermöglichen es, mehrere isolierte Umgebungen auf der Basis einer Linux-Distribution auszuführen. OpenVZ bzw. Virtuozzo gehen davon aus, dass es sich beim Wirt und seinen Gästen um dieselbe Linux-Version handelt. Dieses Konzept eignet sich dazu, mehrere (viele!) gleichartige Server zu virtualisieren. Es wird teilweise von Internet-Hosting-Providern genutzt, um kostengünstig virtuelle Root-Server anzubieten.

» **Hyper-V (kommerziell, Microsoft):** Microsoft hat den Virtualisierungsmarkt verschlafen und versucht nun mit aller Kraft, seine eigene Virtualisierungslösung Hyper-V konkurrenzfähig zu machen. Hyper-V setzt ein Windows-Server-System als Wirtssystem voraus, unterstützt Linux aber immerhin als Gastsystem und hat dafür sogar eigene Linux-Kerneltreiber als Open-Source-Code entwickelt (ein Schritt, der Microsoft sicher schwergefallen ist, hat man doch die GPL lange Zeit verteufelt).

Eigene Erfahrungen

Vielleicht fragen Sie sich, wie stark ich selbst bei der Arbeit an diesem Buch auf Virtualisierungsprogramme zurückgegriffen haben. Die kurze Antwort: Mehr als je zuvor! Mein persönlicher Favorit ist mittlerweile VirtualBox. Von nahezu allen Distributionen, die in diesem Buch vorkommen, habe ich mehrere VirtualBox-Installationen durchgeführt (32/64-Bit, mit KDE/Gnome als Desktop etc.). Während ich früher bis zu vier Rechner gleichzeitig verwendete, um verschiedene Distributionen parallel ohne ständiges Neustarten zu testen, hatte ich in den letzten Monaten oft zahlreiche VirtualBox-Fenster gleichzeitig offen. Der Komfortgewinn ist enorm!

Wenn es um reale Hardware-Tests geht, stößt freilich auch VirtualBox rasch an seine Grenzen. Aussagekräftige Geschwindigkeitstests, das Ausprobieren moderner Hardware-Komponenten oder Parallelinstallationen mehrerer Windows- und Linux-Versionen lassen sich nach wie vor nur mit »echter« Hardware seriös testen. Deswegen habe ich alle in diesem Buch vorgestellten Distributionen nicht nur virtuell getestet, sondern auch auf meinem aus zwei Notebooks und zwei PCs bestehenden privaten Test-Parcours ausprobiert.

Kompatibilität zwischen den Systemen

Grundsätzlich müssen Sie leider davon ausgehen, dass Virtualisierungssysteme zueinander inkompatibel sind. Ein Gastsystem, das Sie unter VMware installiert haben, können Sie daher nicht mit Xen nutzen (und umgekehrt). Zu dieser Inkompatibilität führen zwei Faktoren: Die Formate der virtuellen Festplatten sind unterschiedlich (wobei das VMware-Format als kleinster gemeinsamer Nenner auch von vielen anderen Programmen akzeptiert wird), und je nach Virtualisierungssystem sind im Gastsystem unterschiedliche Zusatztreiber, Kernelerweiterungen etc. erforderlich.

Kommerzielle Virtualisierungsprogramme sind zwar teilweise in der Lage, Gastsysteme von Konkurrenzprodukten zu importieren, aber auch dabei treten oft Probleme auf. Es gibt Bestrebungen, einheitliche Formate für Gastsysteme zu definieren und zu standardisieren – ob und wann dieses Unterfangen von Erfolg gekrönt sein wird, steht aber in den Sternen.

Es gibt noch eine Einschränkung: Die meisten Virtualisierungssysteme erfordern auf dem Wirtssystem besondere Kernelmodule bzw. -treiber. Aus diesem Grund ist es in der Regel nicht möglich, mehrere Virtualisierungssysteme parallel auszuführen (also z. B. gleichzeitig VirtualBox- und VMware-Maschinen auszuführen).

10.2 VirtualBox installieren (Host)

VirtualBox ist ein Desktop-Virtualisierungssystem, das unter Linux, Windows, Solaris und Mac OS X läuft. Als Gastsystem werden nahezu alle gängigen Betriebssysteme für x86-Hardware unterstützt (unter anderem auch Windows 7, Solaris und OpenBSD). VirtualBox ist 64-Bit-kompatibel, kann den Gästen mehrere Cores/CPUs weiterreichen, unterstützt 3D-Funktionen im Gast (ausreichend für die 3D-Desktop-Funktionen unter Linux, aber unzureichend, um die *Aero-Glass*-Oberfläche von Windows Vista oder Windows 7 zu nutzen), unterstützt Snapshots etc. Die größten Stärken von VirtualBox gegenüber anderen Open-Source-Virtualisierungsprogrammen (KVM, Xen etc.) sind die ansprechende Benutzeroberfläche und die gut organisierte Dokumentation. Das macht gerade Einsteigern das Leben leicht.

Kurz und gut: VirtualBox bietet ähnliche Funktionen wie VMware Workstation, ist aber für Privatanwender kostenlos bzw. in einer etwas abgespeckten Variante sogar als Open-Source-Code verfügbar. Außerdem wird VirtualBox zurzeit wesentlich besser gewartet als VMware Workstation. Mehrere neue Versionen pro Jahr sowie monatliche Updates stellen sicher, dass VirtualBox auch mit den neuesten gerade verfügbaren Kernel- und X-Versionen harmoniert.

Hinter VirtualBox stand ursprünglich die Firma InnoTek, die zusammen mit einer zweiten Firma (Connectix) das Produkt Virtual PC entwickelt hat. Dieses Virtualisierungsprogramm wurde 2003 von Microsoft aufgekauft. Seit 2004 wurden Virtual PC und VirtualBox getrennt weiterentwickelt. Im Februar 2008 übernahm Sun InnoTek, und im Februar 2010 Oracle Sun. Damit ist nun Oracle der Eigentümer von VirtualBox. Was das für die Zukunft des Produkts heißt, ist noch unklar. Da der Großteil des Codes der Lizenz GPL unterliegt, scheint aber zumindest die Zukunft der Open-Source-Variante von VirtualBox gesichert. Dieser Abschnitt basiert auf VirtualBox 4.1. Aktuelle Informationen sowie umfassende Dokumentation zu VirtualBox finden Sie unter:

http://www.virtualbox.org/

Probleme

Die Kernelentwickler haben mit VirtualBox wenig Freude: VirtualBox und seine Kernelmodule gelten als schlampig programmiert und fehlerhaft; sie sind für unzählige Kernelabstürze und die entsprechenden Fehlerberichte verantwortlich. Einige Kernelentwickler bezeichnen den VirtualBox-Kerneltreiber mittlerweile als *tainted crap* und sind nicht mehr bereit, bei Kernelabstürzen zu helfen, wenn die VirtualBox-Kernelmodule geladen sind.

http://www.phoronix.com/vr.php?view=OTk5Mw
https://lkml.org/lkml/2011/10/6/317

VirtualBox unter Linux installieren

Die meisten Distributionen bieten fertige VirtualBox-Pakete an. Bei Fedora müssen Sie auf die `rpmfusion`-Paketquelle zurückgreifen. Die Installation an sich ist vollkommen unkompliziert.

VirtualBox greift auf dem Wirtssystem auf die drei Kernelmodule `vboxdrv`, `vboxnetadp` und `vboxnetflt` zurück. Manche Distributionen stellen auch diese Module in Form eines Pakets zur Verfügung, das bei jedem Kernel-Update aktualisiert wird. Ist das nicht der Fall, müssen die Kernelmodule nach der Installation sowie nach jedem Kernel-Update durch das folgende Kommando neu kompiliert werden. (VirtualBox weist auf dieses Kommando hin, wenn es beim Start einer virtuellen Maschine feststellt, dass die Kernelmodule nicht zur Verfügung stehen.)

```
root# /etc/init.d/vboxdrv setup
```

Der Quellcode für die Kernelmodule wird zusammen mit VirtualBox installiert. Zum Kompilieren sind aber auch der C-Compiler `gcc` sowie die Kernel-Header-Dateien erforderlich. Bei Ubuntu sind diese Voraussetzungen standardmäßig erfüllt, bei anderen Distributionen müssen Sie die entsprechenden Pakete installieren (siehe Seite 720).

VirtualBox-Pakete von Oracle

Statt der mit Ihrer Distribution mitgelieferten VirtualBox-Pakete können Sie auch die von Oracle zum Download angebotene Version installieren. Das ist vor allem dann zweckmäßig, wenn Oracle eine neuere VirtualBox-Version anbietet als Ihre Distribution.

http://www.virtualbox.org/wiki/Linux_Downloads

Auf der obigen Website finden Sie VirtualBox in verschiedenen Formaten: als RPM- und Debian-Paket für diverse Distributionen sowie als Universal-Installer, den Sie wie folgt starten:

```
root# chmod u+x VirtualBox_n.run install
root# ./VirtualBox_n.run install
```

Um das Kompilieren der Kernelmodule durch `/etc/init.d/vboxdrv setup` müssen Sie sich selbst kümmern:

```
root# /etc/init.d/vboxdrv setup
```

Nach Möglichkeit sollten Sie vor VirtualBox das `dkms`-Paket installieren. In diesem Fall verwaltet DKMS die VirtualBox-Module und kümmert sich bei Kernel-Updates automatisch um eine Neukompilierung (siehe Seite 722). Bei meinen VirtualBox-Installationen hat das allerdings nicht immer zuverlässig funktioniert.

Oracle-APT-Paketquelle

Für Ubuntu- und Debian-Anwender gibt es eine eigene APT-Paketquelle, die automatische Updates innerhalb der gewählten Major-Version sicherstellt. Dazu fügen Sie zu `/etc/apt/sources.list` eine der folgenden Zeilen hinzu:

```
deb http://download.virtualbox.org/virtualbox/debian oneiric  contrib non-free
deb http://download.virtualbox.org/virtualbox/debian natty    contrib non-free
deb http://download.virtualbox.org/virtualbox/debian maverick contrib non-free
deb http://download.virtualbox.org/virtualbox/debian lucid    contrib non-free
deb http://download.virtualbox.org/virtualbox/debian squeeze  contrib non-free
```

Außerdem führen Sie diese beiden Kommandos aus, um den Schlüssel der Paketquelle zu installieren:

```
root#  wget -q http://download.virtualbox.org/virtualbox/debian/oracle_vbox.asc
root#  apt-key add sun_vbox.asc
```

Anschließend installieren Sie VirtualBox mit apt-get oder aptitude:

```
root#  apt-get update
root#  apt-get install virtualbox-4.1
```

Yum-Paketquelle

Anwender von Yum-kompatiblen Distributionen (Fedora, openSUSE etc.) können eine Yum-Paketquelle einrichten:

```
root#  wget -q http://download.virtualbox.org/virtualbox/debian/oracle_vbox.asc
root#  rpm --import sun_vbox.asc
```

Anschließend laden Sie die entsprechende *.repo-Datei von der VirtualBox-Download-Seite herunter und kopieren sie in das Verzeichnis /etc/yum.repos.d:

```
[virtualbox]
name=VirtualBox
baseurl=http://download.virtualbox.org/virtualbox/rpm/fedora/$releasever
enabled=1
gpgcheck=1
```

Die VirtualBox-Installation führen Sie nun mit yum install oder zypper install durch.

Vorbereitungsarbeiten

Bei der Installation von VirtualBox wird die Gruppe vboxusers eingerichtet. Nur Benutzer, die dieser Gruppe angehören und damit auch Schreibrechte auf die Device-Datei /dev/vboxdrv haben, können virtuelle Maschinen starten! Deswegen müssen Sie vor dem ersten Start von VirtualBox Ihren Account der Gruppe vboxusers hinzufügen und sich anschließend aus- und neu einloggen. Dabei ersetzen Sie kofler durch Ihren Login-Namen.

```
root#  usermod -a -G vboxusers kofler     (Fedora, Debian, Ubuntu etc.)
root#  groupmod -A kofler vboxusers       (openSUSE, SUSE, Novell)
```

Jedes Mal, wenn Sie in Zukunft das Wirtssystem starten, wird das Init-V-Script /etc/init.d/vboxdrv ausgeführt. Es lädt das gleichnamige Kernelmodul und stellt sicher, dass die Grundvoraussetzungen für den Betrieb von VirtualBox erfüllt sind.

Anschließend starten Sie die Benutzeroberfläche von VirtualBox über das KDE- oder Gnome-Menü bzw. mit dem Kommando VirtualBox. VirtualBox speichert die Einstellungen zu den virtuellen

Maschinen sowie die virtuellen Festplatten im Verzeichnis `~/.VirtualBox`. Wenn Sie das nicht möchten, können Sie mit DATEI|GLOBALE EINSTELLUNGEN andere Pfade angeben.

Installation unter Windows und Mac OS X Für Privatanwender ist die VirtualBox-Installation auch unter den aktuellen Versionen von Windows und Mac OS X ein Kinderspiel: Sie laden die gerade aktuelle Binärversion von virtualbox.org herunter, führen das Installationsprogramm aus und starten Windows neu – fertig!

Extension Pack Oracle bietet auf seiner Website ein sogenanntes Extension Pack zum Download an. Es kann nach der Installation von VirtualBox ausgeführt werden und ergänzt VirtualBox um einige Zusatzfunktionen: Unter anderem können Sie dann in den virtuellen Maschinen auf USB-Geräte und iSCSI-Server zugreifen und die virtuellen Maschinen via RDP (Remote Display Protocol) auf einem anderen Rechner im Netzwerk steuern. Diese Erweiterungen werden nur in Binärform vertrieben, es handelt sich also nicht um Open-Source-Code. Die kommerzielle Nutzung dieser Erweiterungen erfordert eine Lizenz von Oracle!

10.3 VirtualBox-Maschinen einrichten (Gast)

Eine virtuelle Maschine mit Linux einrichten

Dieser Abschnitt beschreibt, wie Sie innerhalb von VirtualBox eine virtuelle Maschine mit Linux einrichten. Dabei spielt es keine Rolle, ob VirtualBox unter Linux, Windows oder Mac OS X läuft.

Beim Einrichten einer neuen virtuellen Maschine unterstützt Sie ein Assistent. Nach der Auswahl des Betriebssystemtyps (z. B. Linux mit Kernel 2.6.*n*, diese Einstellung gilt auch für 3.*n*-Kernelversionen), der gewünschten RAM-Größe und dem Einrichten einer virtuellen Festplatte zeigt VirtualBox eine Zusammenfassung aller Hardware-Komponenten an. Dort können Sie bei Bedarf weitere Einstellungen durchführen, z. B. den Netzwerkzugang verändern oder eine ISO-Datei als Datenquelle für das CD/DVD-Laufwerk angeben (siehe Abbildung 10.1).

Wenn Sie mit der Konfiguration fertig sind, starten Sie die virtuelle Maschine. VirtualBox zeigt die virtuelle Maschine in einem eigenen Fenster an. Dort installieren Sie Linux wie auf einem realen Rechner.

Die Netzwerkverbindung zwischen Wirt und Gast erfolgt standardmäßig per NAT. Das Gastsystem hat dann zwar Internetzugang, kann aber keine Daten mit dem lokalen Netzwerk austauschen. Auf Seite 232 sind die anderen von VirtualBox unterstützten Netzwerkvarianten beschrieben. Bei meinem privaten Setup ist der Wirtsrechner mit einem ADSL-Router verbunden. Zur Netzwerkkonfiguration meiner virtuellen Maschinen verwende ich zumeist NETZWERKBRÜCKE. Damit sind alle virtuellen Maschinen Mitglieder des lokalen Netzwerks, was den Datenaustausch zwischen dem Wirtssystem und seinen Gästen sehr erleichtert (SSH, NFS, Samba etc.).

Die virtuelle Maschine erhält automatisch den Tastatur- und Mausfokus, sobald Sie eine Taste drücken. Standardmäßig lösen Sie den Fokus mit der rechten [Strg]-Taste. Im VirtualBox-Hauptfenster können Sie mit DATEI|GLOBALE EINSTELLUNGEN|EINGABE eine andere »Host-Taste« einstellen. Tastenkombinationen sind dabei leider nicht erlaubt. Persönlich verwende ich als Host-Taste die linke Windows-Taste, für die ich unter Linux ansonsten ohnedies keine Verwendung habe. Diver-

Abbildung 10.1: **Konfiguration einer virtuellen Maschine in VirtualBox**

se Tastenkürzel in Kombination mit der Host-Taste sind in Tabelle 10.1 zusammengefasst. Einige weitere Tastenkürzel finden Sie im MASCHINE-Menü des VirtualBox-Fensters.

Gasterweiterungen installieren

Nachdem die eigentliche Installation abgeschlossen ist, sollten Sie in der virtuellen Maschine noch die sogenannten Guest Additions installieren. Sie stellen dem Gastsystem zusätzliche Treiber zur Verfügung und verbessern das Zusammenspiel mit dem Wirt: Die Maus kann nun aus der virtuellen Maschine herausbewegt werden, die virtuelle Bildschirmauflösung des Gasts passt sich automatisch an die Fenstergröße an (!), der Datenaustausch mit dem Wirtssystem kann über Shared Folders erfolgen, Text kann über die Zwischenablage kopiert werden etc.

Manche Distributionen liefern fertige Pakete mit den VirtualBox-Gasterweiterungen mit:

openSUSE:	`virtualbox-ose-guest-tools`, `xorg-x11-driver-virtualbox-ose`
Ubuntu:	`virtualbox-ose-guest-utils`, `virtualbox-ose-guest-x11`, `virtualbox-ose-guest-dkms`

Bei anderen Distributionen bzw. dann, wenn Sie die neueste Version der Gasterweiterungen benötigen, müssen Sie eine manuelle Installation durchführen. Dazu werfen Sie eine eventuell eingebundene CD/DVD aus und führen dann GERÄTE|GASTERWEITERUNGEN INSTALLIEREN aus. Nachdem Sie die CD mit den Gasterweiterungen innerhalb der virtuellen Maschine in das Dateisystem eingebunden haben (in der Regel durch einen Mausklick auf das CD-Icon, bei Bedarf auch durch ein manuelles `mount`-Kommando, z. B. `mount /dev/sr0 /media/cdrom`), führen Sie das folgende Kommando aus:

```
root#  sh /media/cdrom/autorun.sh
```

TASTENKÜRZEL	BEDEUTUNG
Host-Taste + F	Vollbildmodus (de)aktivieren
Host-Taste + Entf	Strg + Alt + Entf an das Gastsystem senden
Host-Taste + Backspace	Strg + Alt + Backspace an das Gastsystem senden
Host-Taste + Fn	Strg + Alt + Fn an das Gastsystem senden
Host-Taste + S	aktuellen Zustand der virtuellen Maschine speichern (Snapshot)
Host-Taste + H	virtuelle Maschine per ACPI ausschalten
Host-Taste + R	virtuelle Maschine sofort ausschalten (Reset, Vorsicht!)

Tabelle 10.1: **VirtualBox-Tastenkürzel**

Tipp

Bei meinen Tests hat die virtuelle Maschine die CD mit den Gasterweiterungen manchmal nicht erkannt. Abhilfe: Fahren Sie die virtuelle Maschine vor der Installation der Gasterweiterungen herunter, und wählen Sie im Konfigurationsdialog CD/DVD-ROM das ISO-Image der Gasterweiterungen aus. Nach dem Neustart der virtuellen Maschine können Sie problemlos auf die CD mit den Gasterweiterungen zugreifen.

Das Installationsprogramm richtet nun die drei neuen Kernelmodule `vboxadd`, `vboxvideo` und `vboxvfs` sowie einen neuen X-Treiber ein und verändert die X-Konfiguration dahingehend, dass dieser Treiber beim nächsten Start der virtuellen Maschine auch verwendet wird.

Unter Ubuntu funktioniert die Installation der Gasterweiterungen auf Anhieb. Bei den meisten anderen Linux-Distributionen müssen Sie vorher diverse Pakete installieren, die den C-Compiler und die Kernel-Header-Dateien enthalten. Führen Sie vorher ein Update aus, um sicherzustellen, dass die installierte Kernelversion und die Version der Kernel-Header-Dateien zusammenpassen! (Die aktuell laufende Version stellen Sie mit dem Kommando `uname -a` fest.)

```
root# aptitude install gcc make linux-headers-n.n-plattform   (Debian)
root# yum install gcc make kernel-headers kernel-devel          (Fedora)
root# zypper install gcc make kernel-source kernel-syms         (openSUSE)
```

Bei manchen Fedora-Versionen müssen Sie aufpassen: Es gibt zwei verschiedene Kernel-Varianten, eine mit und eine ohne PAE-Unterstützung. Welche Version bei Ihnen zum Einsatz kommt, stellen Sie mit `uname -r` fest. Wenn die resultierende Zeichenkette `pae` enthält, läuft ein Kernel mit PAE-Unterstützung. In diesem Fall müssen Sie statt `kernel-devel` das Paket `kernel-PAE-devel` installieren! Nur damit können Sie ein zum laufenden Kernel kompatibles Modul kompilieren.

Eine virtuelle Maschine mit Windows einrichten

Sofern Sie über eine Installations-CD/DVD bzw. die entsprechende ISO-Datei sowie eine gültige Lizenz und den dazugehörenden Schlüssel verfügen, können Sie in VirtualBox auch Windows installieren. Die Installation von Windows und der VirtualBox-Gasterweiterungen verlief bei meinen Tests mit Windows XP und Windows 7 problemlos (siehe Abbildung 10.3).

VirtualBox kommt momentan mit allen gängigen Windows-Versionen zurecht (inklusive Windows 7, wahlweise in der 32- oder 64-Bit-Version). Allerdings stehen unter Windows Vista und Windows 7

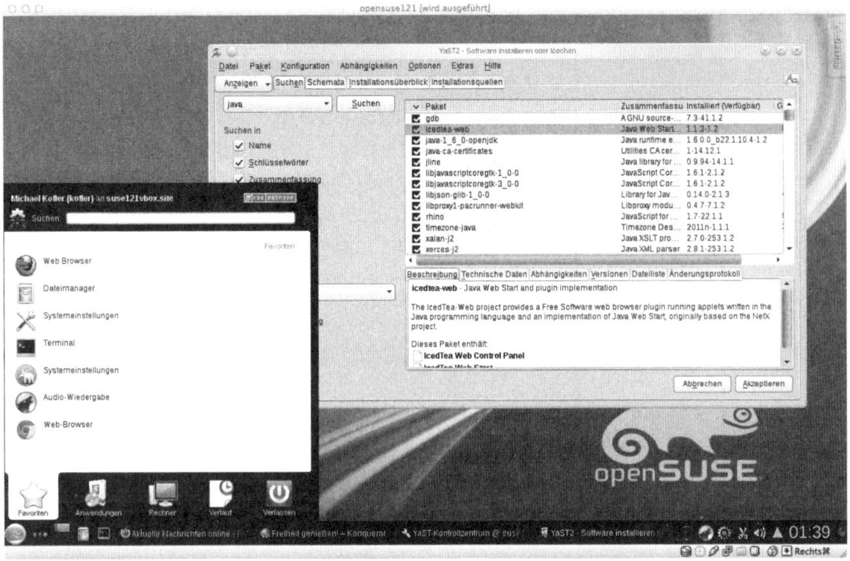

Abbildung 10.2: **openSUSE 12.1 in einer VirtualBox-Maschine unter OS X**

die 3D-Desktop-Effekte (»Aero Glass«) nicht zur Verfügung. Generell empfehle ich Ihnen aus Performance-Gründen den Einsatz von Windows XP, sofern Sie nicht spezifische Vista- oder Windows-7-Funktionen benötigen.

Warten Sie mit der Online-Registrierung so lange ab, bis Sie mit der Leistung zufrieden sind. Wenn Sie später in den Einstellungen der virtuellen Maschine das RAM vergrößern oder andere virtuelle Hardware-Parameter ändern, müssen Sie die Registrierung wiederholen!

VirtualBox-Zusatzfunktionen

Shared Folder einrichten

Um den Datenaustausch zwischen Wirt und Gast zu erleichtern, können Sie auf dem Wirt ein Verzeichnis als sogenannten Shared Folder einrichten. Das Verzeichnis gilt spezifisch für eine bestimmte virtuelle Maschine. Die virtuelle Maschine darf während des Einrichtens nicht laufen. Zur Konfiguration öffnen Sie mit ÄNDERN den Einstellungsdialog, wechseln in das Dialogblatt GEMEINSAME ORDNER, wählen dann ein lokales Verzeichnis auf dem Wirtssystem aus und geben dem Ordner einen Namen (z. B. myshare).

Auf dem Gastsystem ist ein manuelles `mount`-Kommando erforderlich, um auf das gemeinsame Verzeichnis zugreifen zu können. Dabei müssen Sie `myshare` durch den Namen ersetzen, den Sie bei der Konfiguration verwendet haben.

```
root@gast#  mkdir /media/vbox-share
root@gast#  mount -t vboxsf myshare /media/vbox-share
```

Shared Folders sind auch für Windows als Gastsystem vorgesehen, sofern darin die Gasterweiterungen installiert sind. Starten Sie unter Windows den Explorer, und führen Sie darin EXTRAS | NETZWERKLAUFWERK VERBINDEN aus. Der Zugriff auf den gemeinsamen Ordner erfolgt über das Netzwerkverzeichnis `\\vboxsrv\myshare`.

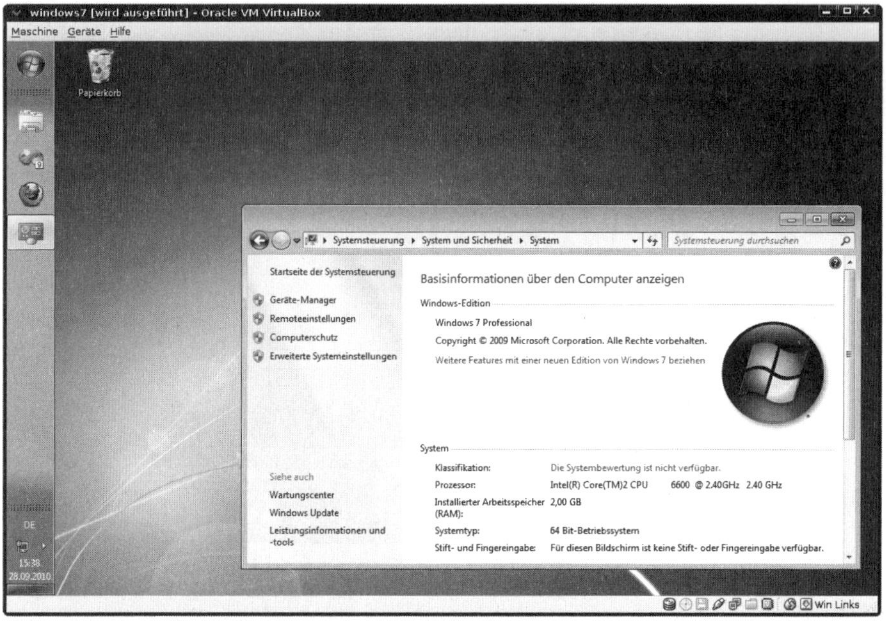

Abbildung 10.3: **Die 64-Bit-Version von Windows 7 in einer virtuellen Maschine von VirtualBox unter Linux**

USB-Geräte in virtuellen Maschinen nutzen

Sofern Sie das VirtualBox Extension Pack installiert haben, können Sie USB-Geräte auch in virtuellen Maschinen nutzen. Das funktioniert nur, wenn das USB-Gerät im Wirtssystem *nicht* verwendet wird. USB-Datenträger werden im Wirtssystem normalerweise automatisch in das Dateisystem eingebunden; Sie müssen sie daraus wieder lösen.

Eine weitere Voraussetzung besteht darin, dass der Benutzer, der VirtualBox ausführt, Mitglied der Gruppe vboxusers ist (siehe Seite 237). Schließlich müssen Sie darauf achten, dass der USB-2.0-CONTROLLER bei den Einstellungen der virtuellen Maschine im Dialogblatt USB aktiviert ist. In diesem Dialogblatt können Sie auch einen Filter definieren, um ein USB-Gerät direkt einer virtuellen Maschine zuzuordnen. Das ist aber keine zwingende Voraussetzung. Sie können das USB-Gerät nach dem Einschalten auch dynamisch in der VirtualBox-Statusleiste beim USB-Icon der virtuellen Maschine zuordnen.

Generell funktionierten die von mir getesteten USB-Geräte (ein Scanner und eine Digitalkamera) in den virtuellen Maschinen anstandslos, wenn auch etwas langsamer als im Wirtssystem. (Ich habe allerdings keine Geschwindigkeitsmessungen durchgeführt.)

Virtuelle Maschinen exportieren und importieren

Um eine virtuelle Maschine auf einen anderen Rechner zu migrieren, erzeugen Sie mit DATEI|APPLIANCE EXPORTIEREN eine sogenannte Virtual Appliance, also eine zur Weitergabe bestimmte virtuelle Maschine, die üblicherweise aus zwei Dateien besteht: `*.ovf` enthält eine Beschreibung der virtuellen Maschine, `*.vmdk` das Festplatten-Image in komprimierter Form. Diese virtuelle Maschine können Sie nun bei einer anderen VirtualBox-Installation mit DATEI|APPLIANCE IMPORTIEREN wieder einrichten. Obwohl das Format für Virtual Appliance standardisiert ist, ist ein Wechsel von VMware zu VirtualBox oder umgekehrt leider nicht möglich. Ein Grund besteht darin, dass jedes Virtualisierungssystem andere virtuelle Hardware verwendet.

Teil 3

Unix-/Linux-Werkzeuge

11. Arbeiten in der Konsole

Bis jetzt habe ich Ihnen Linux in erster Linie als Desktop-System präsentiert. Sie haben diverse Internet- und Büroprogramme kennengelernt, die vielleicht ein wenig anders aussehen als unter Windows oder Mac OS X, aber letztlich denselben Zweck erfüllen und ganz ähnlich zu bedienen sind. Der Umgang mit Linux endet allerdings nicht an dieser Stelle. Es gibt quasi noch eine andere Seite von Linux, die auf den ersten Blick abschreckend wirken mag.

Erfahrene Linux-Anwender führen in Textkonsolen bzw. in Konsolenfenstern Kommandos aus und erhalten die Resultate wiederum in Textform. Die Maus spielt nur noch eine Nebenrolle, grafische Benutzeroberflächen sind passé.

Wenn Sie einmal gelernt haben, in der Konsole zu arbeiten, können Sie dort viele Aufgaben effizient ausführen. Sie können Linux-Kommandos miteinander verknüpfen, im Hintergrund ausführen, automatisch ausführen, in kleinen Programmen (Scripts) automatisieren etc. All diese Möglichkeiten stehen Ihnen auch dann zur Verfügung, wenn Sie nicht lokal am Rechner sitzen, sondern nur über eine Netzwerkverbindung verfügen.

Reine Büroanwender werden für die Konsole natürlich seltener Anwendung finden als Programmierer oder Netzwerkadministratoren. Auf jeden Fall aber gehört die Arbeit in Konsolen zum elementaren Handwerkszeug jedes Anwenders, der Linux richtig kennenlernen will. Das merken Sie spätestens dann zum ersten Mal, wenn das Grafiksystem wegen einer Fehlkonfiguration nicht funktioniert oder wenn Sie Ihren externen Root-Server administrieren möchten.

Querverweise

Dieses Kapitel gibt lediglich einen ersten Überblick über Arbeitstechniken in Konsolen. Die folgenden Kapitel stellen dann diverse Linux-Kommandos näher vor. Die Kommandos dienen beispielsweise zur Verwaltung des Dateisystems (`ls`, `cp`, `mv`, `ln`, `rm` etc.), zur Suche nach Dateien (`find`, `grep`, `locate`), zur Steuerung von Netzwerkfunktionen (`ping`, `ifconfig`, `ssh`) etc. Nebenbei werden Sie eine Menge Linux-Grundlagen lernen.

Kapitel 18 ab Seite 393 stellt die Shell bash vor. Das ist ein Programm, das üblicherweise in jeder Konsole läuft und Ihre Kommandos entgegennimmt. Die bash kann auch zur Programmierung eingesetzt werden. Abschnitt 19.2 ab Seite 436 beschreibt die Konfiguration der Textkonsole. Wenn es also Probleme mit dem richtigen Tastaturlayout, mit der Darstellung von Sonderzeichen etc. gibt, finden Sie hier Lösungsvorschläge.

11.1 Textkonsolen und Konsolenfenster

Textkonsolen

Microsoft Windows können Sie ausschließlich im Grafikmodus verwenden. Linux können Sie dagegen auch in sogenannten Textkonsolen nutzen. Bei den meisten Distributionen stehen sechs Textkonsolen zur Verfügung. Der Wechsel zwischen diesen Textkonsolen erfolgt mit Alt+F1 für die erste Konsole, Alt+F2 für die zweite etc. Wenn der Rechner bereits im Grafikmodus läuft, führt Strg+Alt+F1 in die erste Textkonsole und Alt+F7 zurück in den Grafikmodus. Bei einigen Distributionen (unter anderem Fedora) ist die erste Konsole für den Grafikmodus reserviert.

Bevor Sie in einer Textkonsole arbeiten können, müssen Sie sich einloggen. Wenn Sie mit der Arbeit fertig sind oder wenn Sie sich unter einem anderen Namen anmelden möchten, müssen Sie sich wieder ausloggen. Dazu drücken Sie einfach Strg+D (anstatt ein neues Kommando einzugeben).

Sie können in der einen Konsole ein Kommando starten. Wähend dieses Kommando läuft, können Sie in der zweiten Konsole etwas anderes erledigen. Sie können sich auch in einer Konsole als root anmelden, um administrative Aufgaben zu erledigen, während Sie in der anderen Konsole unter Ihrem normalen Login-Namen eine Datei editieren. Jede Konsole läuft also vollkommen unabhängig von den anderen.

TASTENKÜRZEL	FUNKTION
Strg+Alt+Fn	vom Grafikmodus in die Textkonsole *n* wechseln
Alt+Fn	von einer Textkonsole in eine andere Textkonsole *n* wechseln
Alt+F7	zurück in den Grafikmodus wechseln (Alt+F1 bei Fedora, Alt+F5 bei Knoppix)
Alt+→/+←	in die vorige/nächste Textkonsole wechseln
⇧+Bild ↑/↓	vorwärts/rückwärts blättern
Strg+Alt+Entf	Linux beenden (nur in Textkonsolen, führt shutdown aus, Vorsicht!)

Tabelle 11.1: **Tastenkürzel zum Aktivieren von Textkonsolen**

Mit ⇧+Bild ↑ und ⇧+Bild ↓ scrollen Sie den Bildschirminhalt einer Textkonsole auf und ab. Auf diese Weise können Sie die Ergebnisse der zuletzt ausgeführten Programme nochmals ansehen, auch wenn sie bereits nach oben aus dem sichtbaren Bildschirmbereich hinausgeschoben wurden.

Konsolenfenster (Shell-Fenster)

Natürlich müssen Sie aus dem Grafikmodus nicht in eine Textkonsole wechseln, nur um Kommandos auszuführen. Für diesen Zweck reicht ein Konsolenfenster vollkommen aus (siehe Abbildung 11.1). Derartige Fenster werden auch Shell-Fenster oder Terminalfenster genannt.

Je nach Distribution und Desktop-System stehen unterschiedliche Konsolenfenster zur Auswahl, beispielsweise `gnome-terminal` (Gnome), `konsole` (KDE) oder `xterm` (X). Auch das Menükommando zum Starten eines Konsolenfensters variiert je nach Distribution – hier ein paar Beispiele:

Fedora 16 (Gnome):	Windows `gnome-terminal`
openSUSE 12.1 (KDE):	ANWENDUNGEN|SYSTEM|TERMINAL|TERMINAL
Ubuntu 11.10:	Windows `terminal`

Abbildung 11.1: **Ein Konsolenfenster**

Bei manchen Gnome-Versionen kann ein Konsolenfenster noch bequemer einfach per Kontextmenü auf dem Desktop geöffnet werden. Dazu muss das Zusatzpaket `nautilus-open-terminal` installiert sein.

In Konsolenfenstern können Sie wie in einer Textkonsole arbeiten. Der einzige Unterschied besteht darin, dass Sie dank einer Bildlaufleiste bequemer durch die bisherigen Ausgaben scrollen können.

Wichtige Tastenkürzel

Innerhalb von Textkonsolen bzw. Konsolenfenstern helfen diverse Tastenkürzel bei der effizienten Eingabe von Kommandos. Tabelle 11.2 fasst die wichtigsten Kürzel zusammen. Sie gelten nur, wenn Sie die bash in der Standardkonfiguration als Shell verwenden, was bei den meisten Distributionen der Fall ist. Wenn Sie unter Gnome in einem Konsolenfenster arbeiten, sollten Sie BEARBEITEN| TASTENKOMBINATIONEN ausführen und die Option ALLE MENÜKÜRZELBUCHSTABEN AKTIVIEREN deaktivieren.

TASTENKÜRZEL	FUNKTION
Strg + A	Cursor an den Zeilenanfang (wie Pos1)
Strg + C	Programm abbrechen
Strg + E	Cursor an das Ende der Zeile (wie Ende)
Strg + K	Zeile ab Cursor löschen
Strg + Y	zuletzt gelöschten Text wieder einfügen
Strg + Z	Programm unterbrechen (Fortsetzung mit fg oder bg)
⇆	Datei- und Kommandonamen vervollständigen
↑ / ↓	durch die bisher ausgeführten Kommandos blättern

Tabelle 11.2: **Tastenkürzel zur Kommandoeingabe in der bash**

Insbesondere die Kommandoerweiterung mit ⇆ spart eine Menge Tipparbeit. Sie brauchen nur die ersten Buchstaben eines Kommandos oder einer Datei angeben. Anschließend drücken Sie ⇆. Wenn der Dateiname bereits eindeutig erkennbar ist, wird er vollständig ergänzt, sonst nur so weit, bis sich mehrere Möglichkeiten ergeben. Ein zweimaliges Drücken von ⇆ bewirkt, dass eine Liste aller Dateinamen angezeigt wird, die mit den bereits eingegebenen Anfangsbuchstaben beginnen. (Im Detail ist dieser Mechanismus auf Seite 397 beschrieben.)

Maus Die Maus spielt in Textkonsolen bzw. in Konsolenfenstern nur eine untergeordnete Rolle. Sie können sie *nicht* dazu verwenden, um die aktuelle Cursorposition zu verändern! Ihre einzige Funktion beschränkt sich darauf, mit der linken Maustaste Text zu kopieren und diesen dann mit der mittleren Maustaste an der aktuellen Cursorposition wieder einzufügen.

Damit die Maus in Textkonsolen funktioniert, muss das Programm gpm laufen. Tipps zur Konfiguration dieses Kommandos finden Sie auf Seite 438.

Kommandos ausführen Zum Ausführen von Kommandos geben Sie in der Textkonsole oder im Shell-Fenster einfach den Kommandonamen, eventuell einige Parameter und schließlich [↵] ein. Das Kommando ls liefert eine Liste der Dateien und Unterverzeichnisse im aktuellen Verzeichnis.

```
user$ ls -l
-rw-------  1 user users 17708403 19. Mai 10:35 20060519_DN.pdf
-rw-------  1 user users   506614 29. Jun 12:11 angebot-katzbauer.pdf
drwxrwxr-x  3 user users     4096 13. Apr 11:31 bak
drwxrwxr-x  2 user users     4096 18. Jul 15:03 bin
-rw-r--r--  1 user users   243571  3. Jul 09:14 DB20078.jpg
drwxr-xr-x  2 user users     4096  7. Apr 10:59 Desktop
...
```

Aus dem obigen Beispiel geht auch hervor, wie in diesem Buch die Kommandoeingabe und das Ergebnis dargestellt wird: user$ am Beginn der ersten Zeile bedeutet, dass das Kommando von einem gewöhnlichen Benutzer ausgeführt wurde. Wenn in der ersten Textspalte stattdessen root# angegeben ist, wurde das Kommando hingegen von root ausgeführt (also vom Systemadministrator). user$ bzw. root# gilt als Eingabeprompt. Diese Zeichen werden am Beginn jeder Eingabezeile automatisch angezeigt. Sie dürfen diese Zeichen *nicht* mit eingeben! (Generell gilt, dass nur die fett hervorgehobenen Zeichen einzugeben sind!)

Auf Ihrem Rechner wird statt user$ bzw. root# möglicherweise ein anderer Text angezeigt, der oft das aktuelle Verzeichnis und/oder den Rechnernamen enthält. Auf diese Angaben verzichte ich in diesem Buch aus Gründen der Übersichtlichkeit.

Manchmal reicht der Platz in diesem Buch nicht aus, um ein Kommando in einer einzigen Zeile abzudrucken. In solchen Fällen wird das Kommando über mehrere Zeilen verteilt, die durch das Zeichen \ getrennt sind. Das sieht dann beispielsweise so aus:

```
user$ gconftool-2 --set "/apps/panel/toplevels/top_panel_screen0/monitor" \
              --type integer "0"
```

Sie können dieses Kommando nun ebenfalls zweizeilig eingeben – dann müssen Sie die erste Zeile wie im Buch mit \ abschließen. Sie können die zwei Zeilen aber auch einfach zusammenziehen: Dann entfällt das Zeichen \!

Kommandos im Hintergrund ausführen Sie können Kommandos auch im Hintergrund ausführen. Das bedeutet, dass Sie nicht auf das Programmende zu warten brauchen, sondern sofort weiterarbeiten können. Dazu geben Sie am Ende der Kommandozeile das Zeichen & an. Diese Vorgehensweise empfiehlt sich vor allem, wenn Sie aus einer Konsole heraus ein Programm mit grafischer Benutzeroberfläche starten (z. B. firefox &).

Arbeiten als root

Es ist unter Linux unüblich, als root (also mit Systemadministratorrechten) zu arbeiten. Auch wenn Sie als gewöhnlicher Benutzer eingeloggt sind, gibt es verschiedene Wege, Kommandos als root auszuführen. Bei vielen Distributionen führen Sie im Konsolenfenster einfach `su -l` aus. Damit loggen Sie sich als root ein. (Dazu müssen Sie natürlich das root-Passwort kennen.) Nun können Sie als root textorientierte Kommandos ausführen. `exit` oder [Strg]+[D] führt wieder zum ursprünglichen User zurück. (Bei Ubuntu kommt statt su das Kommando sudo zum Einsatz.)

Tipps dazu, wie Sie die Kommandoausführung vom Vordergrund in den Hintergrund verschieben, wie Sie eine Liste aller aktiven Kommandos (Prozesse) ermitteln etc., folgen in Kapitel 13 ab Seite 307 zum Thema Prozessverwaltung. Auf Seite 314 beginnt ein eigener Abschnitt, der verschiedene Möglichkeiten beschreibt, Programme als root auszuführen, ohne regulär als root eingeloggt zu sein. In diesem Zusammenhang ebenfalls lesenswert ist Kapitel 18 ab Seite 393: Es führt in die Shell bash ein und zeigt unter anderem, wie Sie mehrere Kommandos miteinander verknüpfen, die Ergebnisse des einen Kommandos an ein anderes weiterleiten etc.

11.2 Textdateien anzeigen und editieren

less

Unter KDE oder Gnome können Sie Textdateien direkt im Dateimanager (Konqueror oder Nautilus) lesen. Mit der rechten Maustaste können Sie die Datei auch in einem komfortablen Editor öffnen. Wenn Sie hingegen in einer Textkonsole oder in einem Konsolenfenster arbeiten, verwenden Sie zum Betrachten von Dateien am besten das Kommando `less`. Das Kommando kann auch anderen Kommandos nachgestellt werden, um deren oft sehr lange Ausgaben in Ruhe seitenweise zu lesen:

```
user$ less datei        (seitenweise Anzeige der Datei)
user$ ls -l | less      (seitenweise Anzeige des Dateiverzeichnisses)
```

TASTENKÜRZEL	FUNKTION
[Cursortasten]	Text nach oben oder unten verschieben
[Pos1], [Ende]	an den Beginn/das Ende des Textes springen
[G], [⇧]+[G]	an den Beginn/das Ende des Textes springen
[/] muster [↵]	vorwärts suchen
[?] muster [↵]	rückwärts suchen
[N]	Suche vorwärts wiederholen (*next*)
[⇧]+[N]	Suche rückwärts wiederholen
[Q]	beenden (*quit*)
[H]	Hilfetext mit weiteren Tastenkürzeln anzeigen

Tabelle 11.3: **less-Tastenkürzel**

Tipp

Wenn Sie in einer Textkonsole mit `less` **eine Datei anzeigen, die statt Text binäre Daten enthält, kann es passieren, dass die Daten als Sonderzeichen interpretiert werden und die Konsole dabei durcheinanderkommt. In diesem Fall werden nur noch seltsame Zeichen am Bildschirm angezeigt, d. h., die Zuordnung des Zeichensatzes stimmt nicht mehr. Um Abhilfe zu schaffen, führen Sie das Kommando** `reset` **aus.**

Präprozessor Bei den meisten Distributionen kann less nicht nur einfache Textdateien anzeigen, sondern auch komprimierte Dateien, den Inhalt von tar-Archiven etc. Damit das funktioniert, analysiert ein Präprozessor die zu verarbeitenden Dateien und leitet das Ergebnis an less weiter. Im Detail ist die Vorgehensweise distributionsabhängig:

Bei Fedora und Red Hat ist die Umgebungsvariable LESSOPEN so voreingestellt, dass less zuerst das Script /usr/bin/lesspipe.sh ausführt und dessen Ergebnis anzeigt. Bei SUSE verweist LESSOPEN auf das Script /usr/bin/lessopen.sh.

Bei Debian und Ubuntu sind auch vergleichbare Scripts bzw. Kommandos installiert (lessfile und lesspipe.sh). Der Unterschied zwischen den beiden Varianten besteht darin, dass lesspipe seine Ergebnisse sofort an less weiterleitet, während lessfile eine temporäre Datei erzeugt. Das ist langsamer, hat aber den Vorteil, dass less sofort die Anzahl der Zeilen und die prozentuale Position im Text kennt. Bei Ubuntu ist lesspipe standardmäßig aktiv, bei Debian ist eine entsprechende Zeile in ~/.bashrc zwar ebenfalls vorgesehen, aber auskommentiert.

Texteditoren

Unter KDE oder Gnome stehen mit kate oder gedit komfortable Texteditoren mit intuitiver Bedienung zur Verfügung. In einer Textkonsole sind diese Programme aber nicht verwendbar – Sie brauchen einen Editor, der komplett im Textmodus läuft. Dieser Abschnitt stellt die populärsten Vertreter dieser Zunft vor. Welcher der Editoren bei Ihnen standardmäßig installiert ist, hängt von Ihrer Distribution ab.

Emacs, Jove, Jed, Jmacs Eine Sonderrolle unter den Editoren nehmen der GNU Emacs und der dazu kompatible XEmacs ein (Start mit emacs bzw. xemacs). Diese Editoren enthalten unglaublich viele Funktionen und ersetzen für viele Programmierer eine ganze Entwicklungsumgebung. Da verwundert es nicht, dass ein eigenes Kapitel ausschließlich diesen beiden Editoren gewidmet ist (siehe Seite 371). Tabelle 11.4 fasst nur die elementaren Kommandos zusammen. Die Kommandos gelten auch für die Editoren jove, jed und jmacs. Dabei handelt es sich um Minimalversionen des Emacs, die in den elementaren Funktionen kompatibel sind.

TASTENKÜRZEL	FUNKTION
Strg+X, Strg+F	lädt eine neue Datei.
Strg+X, Strg+S	speichert die aktuelle Datei.
Strg+X, Strg+W	speichert die Datei unter einem neuen Namen.
Strg+G	bricht die Eingabe eines Kommandos ab.
Strg+K	löscht eine Zeile.
Strg+X, U	macht das Löschen rückgängig (Undo).
Strg+X, Strg+C	beendet den Emacs (mit Rückfrage zum Speichern).

Tabelle 11.4: **Emacs-Tastenkürzel**

Vi, Vim und Elvis

Ebenfalls ein Urgestein der Unix-Geschichte ist der Editor Vi, der unter Linux zumeist durch das dazu kompatible Programm Vim vertreten ist, seltener durch den ebenfalls kompatiblen Editor Elvis. Der Original-Vi ist aus urheberrechtlichen Gründen nicht Teil von Linux. Das Kommando `vi` kann aber dennoch ausgeführt werden und führt dann zum Start von Vim oder Elvis.

Der Vi bietet fast genauso viele Funktionen wie der Emacs, die Bedienung ist aber noch schwieriger zu erlernen. Dafür ist der Vi vergleichsweise kompakt und steht zumeist auch auf Notfallsystemen zur Verfügung. Außerdem werden Sie den Vi auf praktisch allen anderen Unix-Systemen vorfinden. Das Programm stellt insofern einen inoffiziellen Unix/Linux-Standard dar und wird von diversen Programmen automatisch als Editor aufgerufen.

Der wichtigste fundamentale Unterschied zu anderen Editoren besteht darin, dass der Vi zwischen verschiedenen Modi unterscheidet. Die Texteingabe ist nur im Insert-Modus möglich. Die Eingabe der meisten Kommandos erfolgt im Complex-Command-Modus, der mit [:] aktiviert wird. Vorher muss gegebenenfalls der Insert-Modus durch [Esc] verlassen werden. Die Cursorbewegung ist natürlich auch mit den Cursortasten möglich. Dem Vi ist ein eigenes Kapitel dieses Buchs gewidmet, das auf Seite 357 beginnt.

TASTENKÜRZEL	FUNKTION
[I]	wechselt in den Insert-Modus.
[Esc]	beendet den Insert-Modus.
[H] / [L]	bewegt den Cursor nach links/rechts.
[J] / [K]	bewegt den Cursor ab/auf.
[X]	löscht ein Zeichen.
[D] [D]	löscht die aktuelle Zeile.
[P]	fügt die gelöschte Zeile an der Cursorposition wieder ein.
[U]	macht die letzte Änderung rückgängig (Undo).
[:]	wechselt in den Complex-Command-Modus.

Tabelle 11.5: **Vi-Tastenkürzel**

TASTENKÜRZEL	FUNKTION
:w *name*	speichert den Text unter einem neuen Namen.
:wq	speichert und beendet den Vi.
:q!	beendet den Vi, ohne zu speichern.
:help	startet die Online-Hilfe.

Tabelle 11.6: **vi-Kommandos im Complex-Command-Modus**

Joe

joe ist ein sehr einfacher Editor. Die Tastenkürzel sind dem Textverarbeitungsprogramm Wordstar nachempfunden (siehe Tabelle 11.7). Eine umfassende Beschreibung aller Kommandos erhalten Sie, wenn Sie in einer Konsole `man joe` ausführen. Das Programm kann auch unter den Namen `jmacs` oder `jpico` gestartet werden. Es gelten dann andere Tastenkürzel, die zum Emacs bzw. zu Pico kompatibel sind.

TASTENKÜRZEL	FUNKTION
Strg+K, H	blendet das Hilfefenster ein/aus.
Strg+K, E	lädt eine neue Datei.
Strg+K, D	speichert die Datei (wahlweise unter neuem Namen).
Strg+Y	löscht eine Zeile.
Strg+⇧+-	macht das Löschen rückgängig (Undo).
Strg+C	beendet joe (mit Rückfrage zum Speichern).

Tabelle 11.7: **joe-Tastenkürzel**

nano, pico Ebenfalls bescheiden im Befehlsumfang, aber dafür einfach zu bedienen, ist nano bzw. pico. Bei diesem Editor geben die beiden unteren Bildschirmzeilen eine Übersicht der zur Verfügung stehenden Kommandos (siehe Abbildung 11.2). Bei den meisten aktuellen Distributionen ist lediglich nano installiert. pico war früher stärker verbreitet, seine nicht vollständig Open-Source-kompatible Lizenz hat aber dazu geführt, dass der Editor nun unter Linux kaum mehr zum Einsatz kommt. nano ist zu pico kompatibel, leidet aber nicht unter Lizenzproblemen.

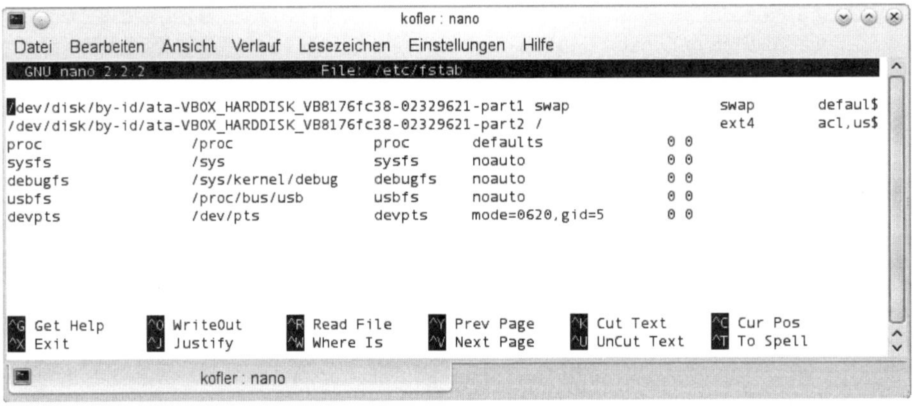

Abbildung 11.2: **Der Editor nano in einem Konsolenfenster**

Standardeditor einstellen Einige Programme starten zum Ansehen oder Editieren von Dateien selbstständig einen Editor, standardmäßig zumeist den Editor Vi. Wenn Sie einen anderen Editor wünschen, müssen Sie in /etc/profile oder ~/.profile die Umgebungsvariablen EDITOR und VISUAL einstellen:

```
# Ergänzung in /etc/profile oder ~/.profile
export EDITOR=/usr/bin/jmacs
export VISUAL=$EDITOR
```

11.3 Online-Hilfe

Kommandos wie ls, cp oder top, die Sie üblicherweise in einem Konsolenfenster ausführen, reagieren weder auf [F1] noch verfügen sie über ein HILFE-Menü. Es gibt aber natürlich auch für diese Kommandos Hilfetexte, die durch verschiedene Kommandos gelesen werden können:

- » kommando -help liefert bei sehr vielen Kommandos eine Liste aller Optionen samt einer kurzen Erklärung zu ihrer Bedeutung.
- » man kommando zeigt bei vielen Kommandos den man-Hilfetext an. Durch den meist mehrseitigen Text können Sie mit den Cursortasten blättern. [Q] beendet die Hilfe.
- » help kommando funktioniert nur bei sogenannten Shell-Kommandos, z. B. cd oder alias.
- » info kommando ist eine Alternative zu man. Das info-System eignet sich vor allem für sehr umfangreiche Hilfetexte. Ob der Hilfetext im man- oder info-System vorliegt, hängt ganz einfach davon ab, für welches Hilfesystem sich die Programmentwickler entschieden haben. man ist aber deutlich populärer.

man ist ein Kommando zur Anzeige der Dokumentation vieler elementarer Kommandos wie ls oder cp. man wird in der Form man kommando aufgerufen, um den Hilfetext zu kommando zu lesen. man

Die optionale Angabe eines Bereichs (man bereich kommando) schränkt die Suche nach man-Texten auf einen Themenbereich ein. Beispielsweise liefert man 3 printf die Syntax der C-Funktion *printf*. Diese Einschränkung ist dann notwendig, wenn mehrere gleichnamige man-Texte in unterschiedlichen Themenbereichen existieren. man zeigt in diesem Fall nur den ersten gefundenen man-Text an.

Wenn Sie alle gleichnamigen man-Texte (aus allen Bereichen) lesen möchten, müssen Sie man mit der Option -a verwenden. Sobald Sie den Text gelesen haben und man mit [Q] beenden, erscheint der man-Text zum nächsten Abschnitt.

In vielen Unix- und Linux-Büchern werden zusammen mit den Kommandos gleich die man-Nummern angegeben – etwa find(1). Damit wissen Sie sofort, wie Sie man aufrufen müssen. man kennt üblicherweise die Themenbereiche 1 bis 9 und n (siehe Tabelle 11.8). Manchmal werden die Kommandos von Programmiersprachen in zusätzlichen Bereichen mit anderen Buchstaben eingeordnet.

	THEMA		THEMA
1	Benutzerkommandos	6	Spiele
2	Systemaufrufe	7	Diverses
3	Funktionen der Programmiersprache C	8	Kommandos zur Systemadministration
4	Dateiformate, Device-Dateien	9	Kernelfunktionen
5	Konfigurationsdateien	n	neue Kommandos

Tabelle 11.8: **man-Themengruppen**

Die Darstellung der Hilfetexte erfolgt intern durch das Programm less. Deswegen gelten für die Navigation im Hilfetext die auf Seite 249 zusammengefassten Tastenkürzel. Aus welchen Verzeichnissen man die Hilfetexte liest, kann wahlweise durch die Steuerungsdatei /etc/manpath.config oder durch die Umgebungsvariable MANPATH eingestellt werden.

Unter KDE und Gnome können Sie man-Texte auch mit den jeweiligen Help- oder Webbrowsern lesen. Die folgenden Beispiele zeigen, wie Sie die man-Seite zu ls und ein Inhaltsverzeichnis aller man-Seiten anzeigen können:

```
user$ gnome-help man:ls
user$ khelpcenter man:ls
user$ khelpcenter 'man:(index)'
```

help Zu manchen Kommandos erhalten Sie Hilfe nicht mit man, sondern mit help. Das betrifft alle Kommandos, die direkt von der Shell ausgeführt werden. (Die Shell ist der Kommandointerpreter, der Ihre Eingaben entgegennimmt. Ausführliche Informationen zur Linux-Standard-Shell bash finden Sie in Kapitel 18 ab Seite 393.)

info man-Hilfetexte haben den Nachteil, dass sie nur schwer strukturierbar sind. Das alternative info-Format bietet hier deutlich bessere Möglichkeiten, weswegen vor allem umfangreiche Hilfetexte häufig nur in diesem Format vorliegen.

info wird üblicherweise in der Form `info kommando` aufgerufen. Wird das Kommando ohne Parameter gestartet, zeigt das Programm eine Übersicht der verfügbaren Hilfethemen an.

Leider erweist sich der Vorteil der klareren Strukturierung rasch als Nachteil: Die Navigation in info-Texten ist unübersichtlich, außerdem fehlt ein Suchmechanismus, der über die gerade aktuelle Seite hinausreicht.

TASTENKÜRZEL	FUNKTION
Leertaste	Text nach unten scrollen
Backspace	Text nach oben scrollen
B, E	zum Anfang/Ende der Info-Einheit springen (*beginning/end*)
⇆	Cursor zum nächsten Querverweis (*) bewegen
↵	Querverweis zu anderer Info-Einheit verfolgen
N	nächste Info-Einheit derselben Hierarchiestufe (*next*)
P	vorige Info-Einheit derselben Hierarchiestufe (*previous*)
U	eine Hierarchieebene nach oben (*up*)
L	zurück zum zuletzt angezeigten Text (*last*)
H	ausführliche Bedienungsanleitung (*help*)
?	Kommandoübersicht
Q	beendet info (*quit*).

Tabelle 11.9: **info-Tastenkürzel**

Statt info können Sie auch den Editor Emacs starten und mit Alt+X info ↵ oder mit Strg+H, I in den info-Modus wechseln (siehe auch Seite 374). Dort werden alle Querverweise farbig hervorgehoben und können durch einen Klick mit der mittleren Maustaste bequem verfolgt werden. Eine andere komfortable Alternative zu info ist das Programm pinfo. Unter KDE bzw. Gnome lesen Sie info-Texte am besten mit dem jeweiligen Hilfesystem.

12. Dateiverwaltung

Dieses Kapitel beschreibt, wie Sie mit Dateien umgehen. Im Detail werden die folgenden Themen behandelt:

» Dateien, Verzeichnisse und Links

» Dateien und Verzeichnisse kopieren, verschieben, löschen

» Dateien komprimieren und archivieren

» Dateien suchen

» CDs und DVDs brennen

» Backups

» Zugriffsrechte von Dateien (inklusive ACLs)

» Linux-Verzeichnisstruktur

» Device-Dateien

Kapitel 23 ab Seite 563 beschäftigt sich mit der Administration des Dateisystems. Es stellt gewissermaßen die Fortsetzung zu diesem Kapitel dar, behandelt aber Fragen, die weniger für Anwender und mehr für Systemadministratoren interessant sind: Welche Dateisysteme gibt es? Wie werden sie in das Dateisystem integriert (`/etc/fstab`, `mount`-Optionen)? Wie kann ein Software-RAID-System eingesetzt werden? Was ist LVM? Wie kann ein ganzes Dateisystem verschlüsselt werden?

12.1 Umgang mit Dateien und Verzeichnissen

Ganz kurz die wichtigsten Fakten zu Dateinamen:

» Unter Linux sind Dateinamen mit einer Länge bis zu 255 Zeichen zulässig.

» Es wird zwischen Groß- und Kleinschreibung unterschieden!

» Internationale Zeichen im Dateinamen sind zulässig, können aber zu Problemen führen, wenn unterschiedliche Zeichensätze zum Einsatz kommen (z. B. in einem Netzwerk). Seit mehr als fünf Jahren gilt bei nahezu allen Linux-Distributionen Unicode UTF-8 als Standardzeichensatz. Welche anderen Zeichensätze es gibt und was bei einem Zeichensatzwechsel zu beachten ist, wird in einem eigenen Abschnitt zum Thema Internationalisierung ab Seite 452 beschrieben.

  Aus der Sicht des Linux-Kernels ist der Dateiname einfach eine Bytefolge, in der lediglich das Zeichen / und der Code 0 nicht vorkommen dürfen. Wie diese Bytefolge interpretiert wird, hängt vom gerade gültigen Zeichensatz ab.

- Dateinamen dürfen beliebig viele Punkte enthalten. `README.bootutils.gz` ist ein ganz normaler Dateiname, der andeutet, dass es sich um eine komprimierte README-Datei zum Thema Boot-Utilities handelt.
- Dateien, die mit einem Punkt beginnen, gelten als versteckte Dateien (siehe Seite 263). Versteckte Dateien werden durch `ls` bzw. durch diverse Dateimanager normalerweise nicht angezeigt.
- Dateinamen, die bei der Eingabe von Kommandos nicht eindeutig als solche erkennbar sind (etwa Dateinamen mit Leerzeichen), müssen in Hochkommata gestellt werden (etwa `"a b"`).

Die Größe von Dateien ist bei aktuellen Linux-Distributionen nahezu unbeschränkt und liegt je nach Dateisystem zumeist im TByte-Bereich (siehe auch Tabelle 23.7 auf Seite 592).

Verzeichnisse

Verzeichnisbaum

Der Verzeichnisbaum von Linux beginnt im Wurzelverzeichnis /. Laufwerksangaben wie `C:` sind unter Linux weder möglich noch sinnvoll (siehe auch Seite 584). Innerhalb dieses Buchs gelten alle weiteren Verzeichnisse als *untergeordnet*: Das Wurzelverzeichnis steht also – bildlich gesehen – ganz oben. In manchen Büchern ist die Nomenklatur gerade umgekehrt, was zwar dem Baumbild (Wurzel unten, Verästelung oben) besser entspricht, aber nicht mit dem üblichen Sprachgebrauch übereinstimmt.

Eines der größten Probleme beim Neueinstieg in Unix/Linux besteht darin, eine bestimmte Datei im weit verästelten Verzeichnissystem zu finden. Abschnitt 12.11 ab Seite 301 gibt einen ersten Überblick.

Heimatverzeichnis

Wie ich in Kapitel 3 bereits erwähnt habe, befinden Sie sich nach dem Einloggen automatisch im sogenannten Heimat- oder Home-Verzeichnis. Alle darin enthaltenen Dateien und Unterverzeichnisse gehören Ihnen. Andere Benutzer (mit Ausnahme von root) dürfen diese Dateien weder verändern noch löschen (und je nach Einstellung nicht einmal lesen).

Das Heimatverzeichnis befindet sich im Linux-Verzeichnisbaum üblicherweise an der Stelle /home/loginname/. (Nur bei root heißt das Heimatverzeichnis /root.) Da es zu umständlich wäre, /home/loginname immer auszuschreiben, wird das eigene Heimatverzeichnis mit der Tilde ~ abgekürzt. Für den Zugriff auf die Heimatverzeichnisse anderer Benutzer ist außerdem die Schreibweise ~loginname möglich.

Die Verzeichnisse . und ..

In jedem Verzeichnis existieren zwei besondere Unterverzeichnisse, die zur formalen Verwaltung der Verzeichnishierarchie dienen: Das Verzeichnis mit dem Namen `.` ist ein Verweis auf das aktuelle Verzeichnis, das Verzeichnis `..` ein Verweis auf das übergeordnete Verzeichnis.

Die beiden folgenden Kopierkommandos zeigen, wie Sie diese Verzeichnisse nutzen. (Weitere cp-Beispiele folgen im nächsten Abschnitt.) Das erste Kommando kopiert die Datei /etc/fstab in das gerade aktuelle Verzeichnis. Wenn das aktuelle Verzeichnis /home/name lautet, dann hat die neue Datei den Namen /home/name/fstab.

```
user$ cp /etc/fstab .
```

Das zweite Beispiel aktiviert zuerst mit cd das Verzeichnis ~/linuxbuch. Das Kopierkommando cp erstellt dann eine Sicherheitskopie der Datei fileuse.tex (die den Text dieses Kapitels enthält). Die Sicherheitskopie hat den Namen ~/fileuse.tex.bak.

```
user$ cd ~/linuxbuch
user$ cp fileuse.tex ../fileuse.tex.bak
```

Wenn das Heimatverzeichnis /home/name lautet, dann haben Sie also gerade eine Kopie von /home/name/linuxbuch/fileuse.tex erstellt. Die Sicherheitskopie hat den vollständigen Namen /home/name/fileuse.tex.bak.

ZEICHEN	BEDEUTUNG
~	Heimatverzeichnis
.	aktuelles Verzeichnis
..	übergeordnetes Verzeichnis zum aktuellen Verzeichnis

Tabelle 12.1: **Sonderzeichen für Verzeichnisse**

Elementare Kommandos zur Bearbeitung von Dateien und Verzeichnissen

Obwohl unter KDE und Gnome moderne Dateimanager zur Verfügung stehen, verwenden erfahrene Linux-Anwender gerne textorientierte Kommandos. Tabelle 12.2 fasst nur die allerwichtigsten Kommandos zusammen.

KOMMANDO	FUNKTION
cd	wechselt das aktuelle Verzeichnis.
cp	kopiert Dateien.
j	wechselt in ein zuletzt verwendetes Verzeichnis.
less	zeigt Textdateien seitenweise an.
ls	zeigt alle Dateien eines Verzeichnisses an.
mkdir	erzeugt ein neues Verzeichnis.
mv	verschiebt Dateien bzw. ändert ihren Namen.
rm	löscht Dateien.
rmdir	löscht Verzeichnisse.

Tabelle 12.2: **Devicenamen von Festplatten-partitionen**

Verzeichnis wechseln

Mit dem Kommando cd wechseln Sie in ein anderes Verzeichnis. cd - wechselt zurück in das zuletzt aktive Verzeichnis, cd .. wechselt in das Unterverzeichnis, cd ohne weitere Parameter wechselt in das Heimatverzeichnis.

```
user$ cd /etc/samba
```

Bei einigen Distributionen können Sie zum Verzeichniswechsel auch das Kommando j aus dem Paket autojump verwenden. In der Regel müssen Sie das Paket zuerst installieren. Anschließend merkt sich Autojump, in welchen Verzeichnissen Sie am häufigsten arbeiten. jumpstats liefert Ihnen bei Bedarf die dazugehörenden statistischen Daten.

Wenn Sie nun in ein schon früher genutztes Verzeichnis wechseln möchten, führen Sie j abc aus, wobei abc die ersten Buchstaben des Verzeichnisnamens sind. (Die Eingabe des oft langen Pfads zum Verzeichnis ist nicht erforderlich!) Sofern es mehrere passende Verzeichnisse gibt, wechselt j in das, das Sie zuletzt am häufigsten verwendet haben. Zudem können Sie mit [Tab] zwischen den zur Auswahl stehenden Verzeichnissen wählen.

Die Autojump-Website bezeichnet j als ein mitlernendes cd-Kommando – durchaus eine zutreffende Beschreibung. Es dauert nur kurze Zeit, sich an j zu gewöhnen – danach möchte man das Kommando nicht mehr missen.

https://github.com/joelthelion/autojump/wiki

j kann cd allerdings nicht ersetzen, sondern nur ergänzen: Die Vervollständigung des Pfadnamens durch [Tab] funktioniert nur für Verzeichnisse, die sich bereits in der Autojump-Datenbank befinden. Wenn Sie also cd /e [Tab] eingeben, wird /e in der Regel zu /etc/ ergänzt. Die analoge Vervollständigung von j /e [Tab] funktioniert hingegen erst, wenn sich /etc bereits in der Autojump-Datenbank befindet. Mit anderen Worten: Um in ein Verzeichnis zu wechseln, das Autojump nicht kennt, ist es weiterhin besser, cd zu verwenden. (Sie gelangen auch mit j in das gewünschte Verzeichnis – aber dann müssen Sie den ganzen Verzeichnisnamen eintippen.) Schade, noch eleganter wäre es, wenn j als vollständiger cd-Ersatz verwendet werden könnte!

Dateien auflisten

ls liefert eine Liste aller Dateien im aktuellen Verzeichnis. Wenn Sie auch verborgene Dateien sehen möchten, geben Sie zusätzlich die Option -a an. Wenn Sie sich nicht nur für den Dateinamen, sondern auch für die Dateigröße, den Besitzer und andere Details interessieren, hilft Ihnen die Option -l weiter. Standardmäßig ist die Ausgabe von ls alphabetisch geordnet. Um die Dateiliste nach dem Zeitpunkt der letzten Änderung, der Dateigröße bzw. der Dateikennung zu sortieren, verwenden Sie die Optionen -t, -S bzw. -X. -r dreht die Sortierordnung um. Das folgende Kommando zeigt alle *.tex-Dateien im Verzeichnis linuxbuch, geordnet nach ihrer Größe (die größte Datei zuerst).

```
user$  ls -l -S linuxbuch/*.tex
...
-rw-r--r-- 1 kofler kofler  30113 2009-05-11 09:09 linuxbuch/intro.tex
-rw-r--r-- 1 kofler kofler  63173 2009-01-29 08:05 linuxbuch/kde.tex
-rw-r--r-- 1 kofler kofler  76498 2009-06-08 15:43 linuxbuch/kernel.tex
...
```

Kurz einige Anmerkungen zur Interpretation des ls-Ergebnisses: Die zehn Zeichen am Beginn der Zeile geben den Dateityp und die Zugriffsbits an. Als Dateityp kommen in Frage: der Bindestrich - für eine normale Datei, d für ein Verzeichnis (Directory), b oder c für eine Device-Datei (Block oder Char) oder l für einen symbolischen Link. Die nächsten drei Zeichen (rwx) geben an, ob der Besitzer die Datei lesen, schreiben und ausführen darf. Analoge Informationen folgen für die Mitglieder der Gruppe sowie für alle anderen Systembenutzer. Die Zahl im Anschluss an die zehn Typ- und Zugriffszeichen gibt an, wie viele Hard-Links auf die Datei verweisen. (Was Links sind, wird auf Seite

264 beschrieben. Details zur Zugriffsverwaltung von Linux-Dateien folgen auf Seite 292.) Die weiteren Spalten geben den Besitzer und die Gruppe der Datei an (hier jeweils `kofler`), die Größe der Datei, Datum und Uhrzeit der letzten Änderung und zuletzt den Dateinamen.

Bei den meisten Distributionen ist `ls` so konfiguriert, dass es Dateien und Verzeichnisse je nach Typ in unterschiedlichen Farben darstellt. Sollte das bei Ihrer Distribution nicht der Fall sein, erzielen Sie diesen Effekt mit der zusätzlichen Option `--color`.

`ls` berücksichtigt normalerweise nur die Dateien des gerade aktuellen Verzeichnisses. Wenn Sie auch die Dateien aus Unterverzeichnissen einschließen möchten, verwenden Sie die Option -R. Diese Option steht übrigens auch bei vielen anderen Kommandos zur Verfügung. Das folgende Kommando listet sämtliche Dateien in allen Unterverzeichnissen auf. Diese Liste wird normalerweise recht lang. Daher leitet `| less` das Resultat von `ls` an `less` weiter, sodass Sie durch das Ergebnis blättern können.

```
user$  ls -lR | less
```

Dateien kopieren

`cp name1 name2` kopiert die Datei name1. Die Kopie hat den Namen name2. Um mehrere Dateien zu kopieren, rufen Sie das Kommando in der Form `cp name1 name2 ... zielverzeichnis` auf. Die folgenden Kommandos machen zuerst `linuxbuch` zum aktiven Verzeichnis, erzeugen darin bak als Unterverzeichnis und kopieren alle `*.tex`-Dateien dorthin.

```
user$  cd linuxbuch
user$  mkdir bak
user$  cp *.tex bak/
```

Verzeichnisse kopieren

Um ganze Verzeichnisse samt ihrem Inhalt zu kopieren, verwenden Sie `cp -r`. Die Option -r bewirkt, dass der gesamte Inhalt des Quellverzeichnisses rekursiv verarbeitet wird (auch versteckte Dateien). Wenn Sie möchten, dass beim Kopieren die Zugriffsrechte und -zeiten erhalten bleiben, verwenden Sie statt -r die Option -a.

Etwas diffizil ist die Frage, ob das Quellverzeichnis selbst oder nur sein Inhalt kopiert wird. Wenn es das Zielverzeichnis bereits gibt, wird darin das neue Unterverzeichnis `quellverzeichnis` erzeugt und dorthin der gesamte Inhalt des Quellverzeichnisses kopiert. Wenn es das Zielverzeichnis hingegen noch nicht gibt, wird es erzeugt; in diesem Fall wird nur der *Inhalt* des Quellverzeichnisses in das neu erzeugte Zielverzeichnis kopiert, nicht aber das Quellverzeichnis selbst. Die folgenden Beispiele verdeutlichen den Unterschied:

```
user$  mkdir test
user$  touch test/a
user$  mkdir test/b
user$  touch test/b/c
user$  mkdir ziel1
user$  cp -r test ziel1      (Das Verzeichnis ziel1/ existiert schon.)
user$  ls ziel1
test
user$  cp -r test ziel2      (Das Verzeichnis ziel2/ existiert noch nicht.)
user$  ls ziel2
a  b
```

Dateien und Verzeichnisse löschen

rm datei löscht die angegebene Datei unwiderruflich. rm kann normalerweise nur für Dateien, nicht aber für Verzeichnisse verwendet werden. Für Verzeichnisse ist das Kommando rmdir verzeichnis vorgesehen, das allerdings nur funktioniert, wenn das Verzeichnis leer ist. In der Praxis werden Sie daher zum Löschen von Verzeichnissen zumeist rm mit der Option -rf verwenden. Das bedeutet, dass rekursiv auch alle Unterverzeichnisse und Dateien ohne Rückfrage gelöscht werden. Es sollte Ihnen klar sein, dass rm -rf ein sehr gefährliches Kommando ist! Das folgende Kommando löscht die oben erstellte Sicherheitskopie des linuxbuch-Verzeichnisses:

```
user$  rm -rf linuxbuch-bak/
```

Platzbedarf von Dateien und Verzeichnissen ermitteln

ls -l verrät Ihnen zwar, wie groß eine Datei ist. Oft wollen Sie aber wissen, wie viel Platz die Dateien im gesamten Verzeichnis beanspruchen, wie viel Platz auf der Festplatte noch frei ist etc. Dabei helfen die beiden Kommandos df und du.

Freie Festplatten-kapazität ermitteln

df zeigt für alle in das Dateisystem eingebundenen Partitionen bzw. Datenträger an, wie viel Speicher insgesamt zur Verfügung steht und wie viel davon noch frei ist.

Im folgenden Beispiel liefert df Ergebnisse für vier Partitionen bzw. Datenträger. Die Option -h bewirkt, dass sämtliche Kapazitätsangaben in lesbaren Zahlen in kByte, MByte bzw. GByte angegeben werden (und nicht standardmäßig in 1-kByte-Blöcken). df zeigt auch diverse Dateisysteme an, die nur zur internen Verwaltung dienen und nicht zum Speichern regulärer Dateien gedacht sind.

```
user$  df -h
Dateisystem          Größe Benut  Verf Ben% Eingehängt auf
/dev/sda3              14G  4,7G  8,5G  36% /
/dev/sda2             942M   47M  849M   6% /boot
/dev/sda6              28G  7,7G   19G  30% /home
...
```

Mit df können Sie auch feststellen, in welcher Partition sich ein Verzeichnis physikalisch befindet. Im folgenden Beispiel befindet sich das Verzeichnis /home/kofler in der Partition /dev/sda6, die an der Stelle /home in den Verzeichnisbaum eingebunden ist.

```
user$  df -h /home/kofler/
/dev/sda6              28G  7,7G   19G  30% /home
```

Verzeichnisgröße ermitteln

du ermittelt den Platzbedarf für das aktuelle Verzeichnis sowie für alle darin enthaltenen Unterverzeichnisse. Die Option -h bewirkt wiederum, dass das Ergebnis in lesbarer Form (nicht in kByte-Blöcken) angezeigt wird. Es gibt keine Optionen, um die du-Ergebnisse zu sortieren. (Unter Gnome können Sie die Größe von Verzeichnissen übrigens mit dem Programm baobag grafisch veranschaulichen; bei KDE ist eine vergleichbare Ansicht in den Dateimanager Konqueror integriert.)

```
user$  du -h fotos/2011
74M     fotos/2011/2011-03-ostern
162M    fotos/2011/2011-08-korsika
66M     fotos/2011/2011-11-diverse
...
2,0G    fotos/2011
```

Jokerzeichen

Im täglichen Umgang mit Dateien werden Sie häufig ganze Gruppen von Dateien bearbeiten – etwa alle Dateien mit der Endung .tex. Um das zu ermöglichen, sind bei der Eingabe von Linux-Kommandos sogenannte Jokerzeichen vorgesehen.

ZEICHEN	BEDEUTUNG
?	genau ein beliebiges Zeichen
*	beliebig viele (auch null) beliebige Zeichen
[abc]	genau eines der angegebenen Zeichen
[a-f]	ein Zeichen aus dem angegebenen Bereich
[!abc] oder [^abc]	keines der angegebenen Zeichen

Tabelle 12.3: **Jokerzeichen für Dateinamen**

*** und ?**

? dient zur Spezifikation *eines* beliebigen Zeichens, und * dient zur Spezifikation beliebig vieler (auch null) Zeichen. Wer sich noch mit DOS auskennt, wird auf den ersten Blick keinen Unterschied erkennen. Dieser Eindruck täuscht aber:

» * erfasst fast alle Zeichen, also auch Punkte (sofern sie nicht am Beginn des Dateinamens stehen). Wenn Sie alle Dateien bearbeiten möchten, heißt es unter Linux * und nicht *.*! (Anmerkungen zu versteckten Dateien folgen weiter unten.)

» Auch mehrere Jokerzeichen bringen Linux nicht aus dem Gleichgewicht. Sie können beispielsweise mit *graf* alle Dateien suchen, die graf in ihrem Namen enthalten – also etwa grafik.doc, apfelgraf und README.graf.

[ ] und [!]

Wenn Ihnen die Jokerzeichen ? und * zu allgemein sind, können Sie eine stärkere Einschränkung durch die Angabe eckiger Klammern erreichen. [abc] steht als Platzhalter für einen der drei Buchstaben a, b oder c. Wenn innerhalb der eckigen Klammern ein Bindestrich zwischen zwei Buchstaben oder Ziffern angegeben wird, dann ist ein Zeichen dazwischen gemeint: [a-f]* erfasst demnach alle Dateien, die mit einem Buchstaben zwischen a und f beginnen. *[_.-]* meint alle Dateien, die irgendwo in ihrem Dateinamen zumindest einen Punkt, Unterstrich oder Bindestrich enthalten. Durch ein Ausrufezeichen kann der Ausdruck negiert werden: [!a-z]* meint alle Dateien, die mit einem Großbuchstaben oder mit einem Sonderzeichen beginnen. *.[hc] erfasst alle Dateien, die mit .c oder .h enden.

Die Jokerzeichen können auch für Verzeichnisse verwendet werden. */*.tex erfasst alle *.tex-Dateien, die sich in Unterverzeichnissen des aktuellen Verzeichnisses befinden (nur eine Ebene darunter, also nicht auch Dateien in Unter-Unterverzeichnissen). /usr/*bin/* erfasst alle Dateien in den Verzeichnissen /usr/bin und /usr/sbin.

Für die Auswertung der Jokerzeichen ist nicht das jeweils aufgerufene Kommando zuständig, sondern die Shell, aus der das Kommando aufgerufen wird. bash, die unter Linux gebräuchlichste Shell, kennt neben den gerade beschriebenen Jokerzeichen eine Menge weiterer Sonderzeichen, die bei der Ausführung eines Kommandos eine besondere Wirkung haben (siehe Seite 404).

Beispiel Das folgende Kommando kopiert alle `*.c`-Dateien aus dem Verzeichnis `project` in das aktuelle Verzeichnis:

```
user$  cp projekt/*.c .
```

Komplikationen bei der Verwendung von Jokerzeichen

Der Umgang mit Jokerzeichen sieht auf den ersten Blick einfacher aus, als er in Wirklichkeit ist. Wenn Sie Schwierigkeiten mit Jokerzeichen haben, sollten Sie einfach einige Experimente mit `echo jokerzeichen` durchführen. Dieses Kommando zeigt einfach alle durch eine Jokerzeichen-Kombination erfassten Dateinamen auf dem Bildschirm an, ohne die Dateinamen zu verändern.

Ein Problem besteht darin, dass `*` nicht nur Dateien, sondern auch Verzeichnisse erfasst. `ls *` zeigt aus diesem Grund nicht nur alle Dateien im aktuellen Verzeichnis an, sondern auch den Inhalt aller Unterverzeichnisse, die über `*` erfasst werden. Beim Kommando `ls` kann dieses Problem durch die Option `-d` umgangen werden; bei anderen Kommandos steht diese Option allerdings nicht zur Verfügung.

Verzeichnisse mit */. bearbeiten Wenn Sie alle Verzeichnisse (nicht aber normale Dateien) bearbeiten möchten, hilft die Jokerzeichenkombination `*/.` weiter: Mit ihr werden alle »Dateien« erfasst, die als Unterverzeichnis einen Verweis auf sich selbst enthalten – und das ist eben nur bei Verzeichnissen der Fall. (Verzeichnisse gelten intern als eine Sonderform einer Datei – daher die Anführungszeichen.)

```
user$  echo */.
```

Probleme mit *.endung Die Tatsache, dass nicht das jeweilige Programm, sondern schon die Shell für die Verarbeitung der Jokerzeichen zuständig ist, hat nicht nur Vorteile. So ist es etwa unmöglich, mit `ls -R *.tex` nach `*.tex`-Dateien auch in Unterverzeichnissen zu suchen. (Die Option `-R` für das Kommando `ls` bewirkt eigentlich ein rekursives Durchsuchen von Unterverzeichnissen.)

Der Grund dafür ist einfach: Die Shell erweitert das Muster `*.tex` für das *aktuelle* Verzeichnis und übergibt die Liste der gefundenen Dateien an `ls`. Das Kommando zeigt Informationen zu diesen Dateien an. Wenn Sie keine Verzeichnisse mit der Endung `.tex` haben, ist `ls` damit am Ende – auch die Option `-R` kann daran nichts mehr ändern. Rekursiv durchsucht werden nämlich nur die Verzeichnisse, die als Parameter übergeben werden.

Zum Suchen nach Dateien stellt Linux deshalb das sehr viel flexiblere Kommando `find` zur Verfügung. Im Beispiel unten wird eine Liste aller `*.tex`-Dateien im aktuellen und in allen untergeordneten Verzeichnissen angezeigt. Grundlagen und weitere Beispiele zu `find` folgen auf Seite 270.

```
user$  find . -name '*.tex'
```

Dateien umbenennen Leider ist es in Linux nicht möglich, mit dem Kommando `mv *.x *.y` alle `*.x`-Dateien in `*.y`-Dateien umzubenennen. Der Grund für diese Einschränkung ist wieder derselbe wie oben beschrieben: Die Shell ersetzt `*.x` durch die Liste aller Dateien, die diesem Muster entsprechen. Für `*.y` gibt es keine gültigen Dateinamen. An das Kommando `mv` werden daher eine Liste mehrerer Dateien und der Ausdruck `*.y` übergeben – und `mv` weiß dann nicht, was es mit diesen Argumenten tun soll.

Dazu ein konkretes Beispiel: Angenommen, im aktuellen Verzeichnis befinden sich nur die Dateien markus.x, peter.x und ulrike.x. Wenn Sie mv *.x *.y ausführen, ersetzt die Shell das Muster *.x durch die drei genannten Dateien. Die Shell findet keine passenden Dateien für *.y und übergibt das Muster so, wie es ist. Erst jetzt wird das Kommando mv gestartet. Es bekommt folgende Parameter, mit denen es erwartungsgemäß nichts anfangen kann:

```
user$  mv markus.x peter.x ulrike.x *.y
```

Selbst wenn an mv als Parameterliste markus.x peter.x ulrike.x markus.y peter.y ulrike.y übergeben würde, wäre die Wirkung nicht die erwünschte. mv ist prinzipiell nicht in der Lage, mehrere Dateien umzubenennen. Entweder werden *mehrere* Dateien in ein anderes Verzeichnis verschoben, oder es wird nur *eine* Datei umbenannt.

Umbenennen mit sed

Unix-Experten haben natürlich auch für dieses Problem eine Lösung gefunden: Sie verwenden den Streameditor sed. Wegen der eher komplizierten Bedienung von sed eignen sich Beispiele wie das folgende eigentlich nur zur Shell-Programmierung.

Kurz zur Funktionsweise: ls liefert die Liste der Dateien, die umbenannt werden sollen, und gibt sie an sed weiter. sed bildet daraus mit dem Kommando s (reguläres Suchen und Ersetzen) eine Liste von cp-Kommandos und gibt diese wiederum an eine neue Shell sh weiter, die die Kommandos schließlich ausführt. Durch die Zeile unten werden alle *.xxx-Dateien in *.yyy-Dateien kopiert.

```
user$  ls *.xxx | sed 's/\(.*\)\.xxx$/cp & \1.yyy/' | sh
```

Eine andere Alternative wäre die Formulierung einer kleinen Schleife. Durch das Kommando unten werden von allen *.tex-Dateien Kopien mit der Endung tex~ gebildet. (Die Endung ~ wird häufig zur Kennzeichnung von Backup-Dateien verwendet.)

```
user$  for i in *.tex; do cp $i $i~; done
```

Versteckte Dateien

Unter Linux gelten Dateien, deren Name mit einem Punkt beginnt, als versteckte Dateien. * berücksichtigt deswegen nicht wirklich alle Dateien in einem Verzeichnis: Dateien, die mit einem Punkt beginnen (häufig Konfigurationsdateien, die unsichtbar sein sollen), werden ignoriert.

Wenn Sie nun glauben, Sie könnten unsichtbare Dateien mit .* erfassen, wird alles noch schlimmer: Damit sind nämlich nicht nur unsichtbare Dateien gemeint, die mit . beginnen, sondern auch die Verzeichnisse . und .. (also das aktuelle und das übergeordnete Verzeichnis). Wenn das jeweilige Kommando in der Lage ist, ganze Verzeichnisse zu bearbeiten, können die Folgen fatal sein.

Das Problem kann mit dem Suchmuster .[!.]* umgangen werden. Damit werden alle Dateinamen erfasst, deren erstes Zeichen ein Punkt ist, die mindestens ein weiteres Zeichen aufweisen, das kein Punkt ist, und die beliebig viele (auch null) weitere Zeichen haben.

```
user$  echo .[!.]*
```

Beim Kommando ls kann die Option -a verwendet werden. Sie führt dazu, dass alle Dateien (auch unsichtbare) angezeigt werden. Allerdings dürfen bei dieser Verwendung von ls keine Masken (etwa *rc*) angegeben werden. -a funktioniert nur dann, wenn ls sich die Dateien selbst suchen darf und nicht die Shell diese Aufgabe übernimmt.

Wirklich universell funktioniert auch in diesem Fall nur find. Das folgende Kommando findet alle versteckten Dateien im aktuellen Verzeichnis:

```
user$  find -maxdepth -type f -name '.*'
```

Sonderformen von Dateien (Links, Devices etc.)

Neben gewöhnlichen Dateien kennt Linux eine Reihe von Sonderformen, z. B. Verzeichnisse, Links (siehe den folgenden Abschnitt), Device-Dateien zum Zugriff auf Hardware-Komponenten (siehe Seite 304) etc. ls -F kennzeichnet derartige Sonderformen durch ein zusätzliches Zeichen.

```
user$  ls -lF
... 13. Apr 11:31 bak/
... 11. Apr 12:21 grepalltex*
...
```

Tabelle 12.4: **Identifizierung von Spezialdateien**

ZEICHEN	BEDEUTUNG
/	Verzeichnis
*	ausführbare Datei
@	symbolischer Link
-	zeichenorientiertes Gerät (Character Device)
+	blockorientiertes Gerät (Block Device)
=	Pipe, FIFO

12.2 Links

Links sind Verweise auf Dateien. Durch Links kann von verschiedenen Orten in der Verzeichnisstruktur auf ein- und dieselbe Datei zugegriffen werden, ohne dass diese Datei physikalisch mehrfach gespeichert werden muss. Links sind damit ein wichtiges Hilfsmittel zur Vermeidung von Redundanzen. Im Linux-Dateisystem kommen Links besonders häufig in /bin- und /lib-Verzeichnissen vor. (Sehen Sie sich beispielsweise /usr/bin oder /usr/lib mit ls -l genauer an!)

Am einfachsten sind Links anhand eines Beispiels zu verstehen: Angenommen, im Verzeichnis test befindet sich die Datei abc; durch das Kommando ln abc xyz wird scheinbar eine neue Datei xyz erstellt. In Wahrheit sind aber abc und xyz nur zwei Verweise auf ein und dieselbe Datei. Die einzige Möglichkeit, das zu überprüfen, bietet das Kommando ls mit der Option -l. Es gibt in der zweiten Spalte an, wie viele Links auf eine bestimmte Datei zeigen (im vorliegenden Beispiel 2). Wenn zusätzlich die Option -i verwendet wird, gibt ls auch den Inode der Datei an, der bei Links (und nur dann) identisch ist.

```
user$ ls -li
 59293 -rw-r--r--   1 root     root     1004 Oct  4 16:40 abc
user$ ln abc xyz
user$ ls -li
 59293 -rw-r--r--   2 root     root     1004 Oct  4 16:40 abc
 59293 -rw-r--r--   2 root     root     1004 Oct  4 16:40 xyz
```

Wenn Sie nun eine der beiden Dateien verändern (egal welche), ändert sich automatisch auch die andere Datei (weil es ja in Wirklichkeit nur eine einzige Datei gibt). Wenn Sie eine der beiden Dateien löschen, reduzieren Sie dadurch nur die Anzahl der Links.

Hinweis

Wenn Sie fest verlinkte Dateien mit einem Texteditor bearbeiten, treten bisweilen seltsame Ergebnisse auf: Der Link zeigt nach dem ersten Speichern auf die Backup-Datei und beim zweiten Speichern ins Leere.

Der Grund: Manche Editoren erzeugen beim Speichern eine Backup-Datei, indem sie die vorhandene Datei umbenennen, also beispielsweise abc **in** abc~**. Die geänderte Datei wird vollkommen neu angelegt, erhält einen neuen Inode und ist damit frei von Links. Abhilfe: Verwenden Sie symbolische Links.**

Symbolische Links

Linux kennt zwei Formen von Links. Das obige Beispiel hat feste Links (Hardlinks) vorgestellt, wie sie standardmäßig durch das Kommando `ln` erzeugt werden. Wird `ln` dagegen mit der Option `-s` verwendet, erzeugt das Kommando symbolische Links. Symbolische Links (manchmal auch weiche Links oder Softlinks genannt) haben den Vorteil, dass sie innerhalb des Dateisystems von einer physikalischen Festplatte auf eine andere verweisen können und dass sie nicht nur auf Dateien, sondern auch auf Verzeichnisse angewandt werden können. (Beides ist mit festen Links normalerweise nicht möglich. Einen Sonderfall stellen feste Links auf Verzeichnisse dar, die zwar möglich sind, aber nur vom Superuser erstellt werden können.)

Durch `ls` wird bei symbolischen Links angezeigt, wo sich die Ursprungsdatei befindet. Es wird allerdings kein Zähler verwaltet, der angibt, von wie vielen Stellen auf die Ursprungsdatei verwiesen wird.

Intern besteht der Unterschied zwischen festen und symbolischen Links darin, dass im einen Fall der Inode, im anderen Fall der Dateiname oder (bei Links über ein Verzeichnis hinaus) die Pfadangabe gespeichert wird.

```
user$ ln -s abc efg
user$ ls -li
 59293 -rw-r--r--   2 root     root     1004 Oct  4 16:40 abc
 59310 lrwxrwxrwx   1 root     root        3 Oct  4 16:52 efg -> abc
 59293 -rw-r--r--   2 root     root     1004 Oct  4 16:40 xyz
```

Tipp

Bevor Sie einen symbolischen Link einrichten, sollten Sie immer in das Verzeichnis wechseln, das den Link enthalten wird. Andernfalls kann es passieren, dass der Link nicht dorthin zeigt, wohin Sie es erwarten.

Symbolische Links verhalten sich ein wenig anders als feste Links. Das Löschen der Ursprungsdatei (also `abc`) verändert den Link auf diese Datei nicht, `efg` verweist jetzt aber auf eine leere (gar nicht vorhandene) Datei. Wird dagegen der symbolische Link gelöscht, hat das keinen Einfluss auf die Ursprungsdatei.

Symbolische Links können nicht nur für Dateien, sondern auch für Verzeichnisse erstellt werden. Das kann einige Verwirrung stiften, weil durch einen symbolischen Link ganze Verzeichnisbäume scheinbar verdoppelt werden. In Wirklichkeit stellt der Verzeichnis-Link aber nur einen zusätzlichen Pfad zu denselben Dateien und Unterverzeichnissen dar.

Generell sollten Sie versuchen, möglichst keine absoluten, sondern nur relative Pfadangaben in Links zu verwenden. Damit vermeiden Sie Probleme, die sich beim Mounten von Verzeichnissen per NFS oder beim Verschieben von Verzeichnissen ergeben können.

Sowohl symbolische als auch feste Links haben Vorteile. Symbolische Links sind einfacher in der Handhabung. Dafür verbrauchen feste Links weniger Speicher und sind schneller.

12.3 Dateitypen (MIME)

Sie klicken in einem Webbrowser oder Dateimanager auf einen Link, der auf eine MP3-Datei verweist – und die MP3-Datei wird automatisch in einem Audio-Player abgespielt. Wenn das funktioniert, ist MIME korrekt konfiguriert.

MIME

MIME steht für Multipurpose Internet Mail Extensions. Ursprünglich bezog sich MIME auf E-Mail-Attachments. Wenn mit einer E-Mail beispielsweise eine PostScript- oder JPEG-Datei mitgesandt wird, dann sollte der E-Mail-Client wissen, mit welchem Programm diese Datei betrachtet bzw. bearbeitet werden kann. Damit das funktioniert, ist die MIME-Konfiguration erforderlich.

Mittlerweile reicht die Anwendung von MIME aber viel weiter: Wenn Sie im Dateimanager oder Webbrowser einen Link auf eine Datendatei verfolgen, sollte auch dieses Programm wissen, wie es mit diesen Daten umgehen soll. Die Bedeutung einer korrekten MIME-Konfiguration erstreckt sich also auf alle Programme, die mit unterschiedlichen Datentypen zurechtkommen müssen.

MIME-Konfiguration

Linux wäre nicht Linux (oder Unix), wenn es einen zentralen Ort für die MIME-Konfiguration gäbe. Stattdessen gibt es eine ganze Menge. Die MIME-Daten für KDE-Programme, Gnome-Programme, diverse Webbrowser, für das Drucksystem CUPS etc. werden jeweils separat verwaltet. Außerdem gibt es noch eine zentrale MIME-Konfiguration für alle Programme, die keine eigenen MIME-Konfigurationsdateien verwalten.

Die Aufteilung der MIME-Konfiguration auf mehrere Orte hat aber durchaus ihre Gründe: Sowohl KDE als auch Gnome verwenden ein Konzept, das Komponenten zur Bearbeitung verschiedener Datentypen vorsieht. Wenn im KDE-Dateimanager eine PNG-Bilddatei angezeigt werden soll, wird einfach die entsprechende Komponente geladen und ausgeführt. Da die KDE- und Gnome-Bibliotheken in der Regel zueinander inkompatibel sind, wäre es fatal, wenn der KDE-Dateimanager versuchen würde, eine Gnome-Komponente auszuführen (oder umgekehrt). Um das zu vermeiden, verwenden KDE und Gnome jeweils ihre eigene MIME-Datenbank. Ähnlich ist die Argumentation auch bei allen anderen Programmen mit eigener MIME-Konfiguration.

Bei vielen MIME-Konfigurationsdateien muss darüber hinaus zwischen der globalen und der individuellen Konfiguration unterschieden werden, also zwischen der Grundeinstellung für alle Anwender und den benutzerspezifischen Einstellungen. Im Folgenden wird nur die MIME-Grundkonfiguration von Linux präsentiert. Anwendungsspezifische MIME-Details sind in anderen Kapiteln beschrieben: die KDE-MIME-Konfiguration also im KDE-Kapitel etc.

Allgemeine MIME-Konfiguration

Die allgemeinen MIME-Konfigurationsdateien werden nur von den Programmen berücksichtigt, die keine eigenen MIME-Dateien verwalten. Die Einstellungen sind auf zwei Dateien verteilt, von denen es jeweils eine globale und eine benutzerspezifische Version gibt (siehe Tabelle 12.5).

DATEI	BEDEUTUNG
`/etc/mime.types`	globale Konfiguration für Dateitypen
`/etc/mailcap`	globale Konfiguration für Programme
`~/.mime.types`	lokale Konfiguration für Dateitypen
`~/.mailcap`	lokale Konfiguration für Programme

Tabelle 12.5: **MIME-Konfigurationsdateien**

`mime.types` enthält eine Liste, die die Zuordnung zwischen Dateitypen (erste Spalte) und Dateikennungen (alle weiteren Spalten) herstellt. Die erste Beispielzeile ordnet dem Typ *application/pdf* die Kennung `*.pdf` zu. In `mime.types` wird zum Teil zwischen Text- und X-Applikationen unterschieden, weswegen Sie Dateitypen wie *application/x-name* finden werden.

```
# in /etc/mime.types
...
application/pdf      pdf
```

`mailcap` gibt an, welches Programm zur Anzeige bzw. Bearbeitung eines bestimmten Dateityps verwendet werden soll. Die folgende Zeile besagt, dass zur Anzeige von PDF-Dateien das Programm `evince` verwendet werden soll. Im Gegensatz zu `mime.types` müssen die Spalten in `mailcap` durch Semikola getrennt werden. `%s` ist ein Platzhalter für den Dateinamen.

```
# in /etc/mailcap
application/pdf; evince %s
```

Magic-Dateien zur Erkennung des Dateityps

MIME ist für die Zuordnung zwischen dem Dateityp und den dazu passenden Programmen zuständig. Aber wie wird der Dateityp überhaupt festgestellt? Der Normalfall besteht darin, dass die Dateikennung den Dateityp angibt. Die Dateikennung `*.ps` deutet also beispielsweise auf eine PostScript-Datei hin.

Bei Dateien ohne Kennung versuchen das Programm `file` bzw. entsprechende KDE- oder Gnome-Äquivalente den Dateityp aus dem Inhalt der ersten Bytes bzw. anhand in der Datei enthaltener charakteristischer Zeichenketten zu erkennen. Das Erkennungsverfahren basiert auf in das Kommando `file` einkompilierten Informationen darüber, welche Byte- und Zeichenmuster eine Datei enthalten kann. Bei einigen Distributionen kann die Standardkonfiguration durch die Dateien `/etc/magic` bzw. in `~/.magic` verändert werden.

12.4 Dateien suchen (find, grep, locate, Tracker und Strigi)

Linux bietet eine Menge Möglichkeiten, um nach Dateien zu suchen (siehe Tabelle 12.6). Welches Kommando am besten geeignet ist, hängt davon ab, um welche Art von Datei es sich handelt (Textdatei, Programm etc.) und welche Informationen bekannt sind (Teile des Dateinamens, Teile des Inhalts etc.).

Tabelle 12.6: **Kommandos zur Dateisuche**

KOMMANDO	FUNKTION
`grep`	sucht Text in einer Textdatei.
`find`	sucht Dateien nach Name, Datum, Größe etc.
`locate`	sucht Dateien nach ihrem Namen.
`whereis`	sucht Dateien in vordefinierten Verzeichnissen.
`which`	sucht Programme in PATH-Verzeichnissen.

which und whereis

`which` sucht nach dem angegebenen Kommando. Es liefert den vollständigen Namen des Kommandos, das ausgeführt werden würde, wenn der Kommandoname ohne Pfadinformationen aufgerufen würde.

`which` durchsucht lediglich die in `PATH` angegebenen Verzeichnisse und arbeitet daher außerordentlich schnell. `PATH` enthält eine Liste von Verzeichnissen, in denen sich Programme befinden. Beachten Sie aber, dass `PATH` für root mehr Verzeichnisse enthält als für gewöhnliche Benutzer. Wenn Sie also Systemkommandos suchen, müssen Sie sich als root einloggen.

```
user$  which emacs
/usr/bin/emacs
```

`whereis` durchsucht alle üblichen Pfade für Binärdateien, Konfigurationsdateien, man-Seiten und Quellcode nach dem angegebenen Dateinamen. `whereis` erfasst damit mehr Verzeichnisse als `which` und beschränkt sich nicht nur auf Programme. Es versagt allerdings für Dateien, die sich nicht in den für `whereis` vordefinierten Verzeichnissen befinden (siehe `man whereis`).

```
user$  whereis fstab
fstab: /etc/fstab /usr/include/fstab.h /usr/share/man/man5/fstab.5.gz
```

locate

`locate muster` findet Dateien, bei denen das angegebene Suchmuster im vollständigen Dateinamen (Pfad plus Dateiname) vorkommt. Die Suche ist sehr schnell: `locate` durchsucht nämlich nicht das Dateisystem, sondern greift auf eine Datenbank zurück, die eine Liste aller Dateinamen des Dateisystems enthält. Je nach Distribution zeigt `locate` nur solche Dateien an, auf die der Benutzer tatsächlich Zugriff hat. Führen Sie `locate` gegebenenfalls als root aus, wenn Sie nach Systemdateien suchen. locate kann nur benutzt werden, wenn das entsprechende Paket installiert ist, was nicht bei allen Distributionen standardmäßig der Fall ist (siehe unten).

Beispiele

Das folgende Kommando sucht die X-Konfigurationsdatei xorg.conf:

```
user$  locate xorg.conf
/etc/X11/xorg.conf
/etc/X11/xorg.conf.backup
/etc/X11/xorg.conf~
/usr/share/man/man5/xorg.conf.5x.gz
```

Die Suche nach dvips liefert (sofern dieses Paket sowie LaTeX installiert ist) sehr viele Treffer, weil der Suchbegriff in mehreren Verzeichnisnamen vorkommt. Anstatt alle Suchergebnisse anzuzeigen, werden diese mit wc gezählt.

```
user$  locate dvips | wc -l
    421
```

Die Anzahl der Ergebnisse wird wesentlich kleiner, wenn Sie nur nach Dateien suchen, die mit dvips enden:

```
user$  locate '*dvips'
/usr/bin/dvips
/usr/bin/odvips
/usr/bin/opdvips
/usr/bin/pdvips
/usr/local/texmf/dvips
/usr/local/texmf/fonts/map/dvips
...
```

updatedb

Die Qualität der Suchergebnisse steht und fällt mit der Aktualität der Datenbank für locate. Bei den meisten Distributionen wird die locate-Datenbank einmal täglich durch das Kommando updatedb aktualisiert. updatedb kann natürlich jederzeit auch manuell ausgeführt werden. Das erfordert aber root-Rechte.

Distributions-spezifische Details

Je nach Distribution sind locate und updatedb unterschiedlich implementiert. Bei Debian, Fedora und Ubuntu stellt das standardmäßig installierte Paket mlocate die Kommandos locate und updatedb zur Verfügung. Die Dateidatenbank befindet sich in der Datei /var/lib/mlocate/mlocate.db und wird einmal täglich durch den Cron-Job /etc/cron.daily/mlocate aktualisiert. Die Konfigurationsdatei /etc/updatedb.conf bestimmt, welche Verzeichnisse und Dateisysteme nicht berücksichtigt werden (z. B. CDs, DVDs, diverse Spool-Verzeichnisse).

Bei openSUSE steht locate standardmäßig nicht zur Verfügung. Bevor Sie das Suchkommando nutzen können, müssen Sie das Paket findutils-locate installieren und als root einmalig updatedb ausführen. In Zukunft wird das Kommando einmal täglich durch den Cron-Job /etc/cron.daily/suse.de-updatedb aktualisiert. Die Konfiguration erfolgt durch /etc/sysconfig/locate.

find und grep

find ist ein ebenso leistungsfähiges wie komplexes Kommando zur Suche nach Dateien. Es berücksichtigt verschiedene Suchkriterien (Muster für den Dateinamen, Dateigröße, Datum der Erstellung oder des letzten Zugriffs etc.). Eine vollständige Referenz aller Optionen gibt man find. Die folgenden Beispiele führen aber wohl am besten in den Umgang mit find ein. Beachten Sie, dass find ein vergleichsweise langsames Kommando ist, weil es das Dateisystem Verzeichnis für Verzeichnis durchsucht.

find Ohne weitere Parameter liefert find eine Liste aller Dateien im aktuellen Verzeichnis und in allen Unterverzeichnissen:

```
user$  find
...
```

Das folgende Kommando sucht alle Dateien im aktuellen Verzeichnis und in allen Unterverzeichnissen, die mit .e beginnen:

```
user$  find -name '.e*'
./.evolution
./.emacs
./.emacs~
./.esd_auth
...
```

find sucht ausgehend vom Verzeichnis /usr/share/texmf alle *.tex-Dateien in einem Verzeichnis, das mit latex endet:

```
user$  find /usr/share/texmf -path '*latex/*.tex'
/usr/share/texmf/ptex/platex/base/plnews03.tex
/usr/share/texmf/ptex/platex/base/kinsoku.tex
...
```

Im nächsten Beispiel sucht find alle Verzeichnisse innerhalb von /etc/. Gewöhnliche Dateien in /etc werden dagegen nicht angezeigt. Die Ergebnisliste wird durch sort alphabetisch geordnet (was standardmäßig nicht der Fall ist).

```
root#  find /etc -type d | sort
/etc
/etc/acpi
/etc/acpi/actions
...
```

Im Folgenden sucht find alle Dateien in den (Unter-)Verzeichnissen von /home, die Benutzern der Gruppe users gehören und in den letzten fünf Tagen in irgendeiner Form (Inhalt, Zugriffsrechte etc.) verändert wurden. -ctime +5 findet Dateien, die vor mehr als fünf Tagen verändert wurden, -ctime 5 solche, die vor genau fünf Tagen verändert wurden.

```
root#  find /home -group users -ctime -5
...
```

Das folgende Kommando löscht alle Backup-Dateien im aktuellen Verzeichnis und in allen Unterverzeichnissen. Dabei wird die Liste aller infrage kommender Dateien mit find gebildet und durch Kommandosubstitution ($(kommando)) an rm weitergeleitet.

```
user$  rm $(find . -name '*~')
```

Falls es sich um *sehr* viele Dateien handelt, tritt bei der Ausführung des obigen Kommandos ein Fehler auf: Die Kommandozeile mit allen *~-Dateien wird so lang, dass sie die maximale Kommandozeilenlänge überschreitet. In solchen Fällen müssen Sie entweder die -exec-Option des find-Kommandos oder das Kommando xargs zu Hilfe nehmen.

grep

Das Kommando grep durchsucht eine Textdatei nach einem Suchmuster. Je nach Einstellung der Optionen zeigt das Kommando anschließend die gefundenen Textpassagen an oder gibt einfach nur an, in wie vielen Zeilen das Suchmuster gefunden wurde. Das Suchmuster ist ein sogenannter regulärer Ausdruck.

Das folgende Kommando durchsucht alle *.tex-Dateien des aktuellen Verzeichnisses nach der Zeichenkette »emacs«. Eine Liste aller gefundenen Zeilen (denen jeweils der Dateiname vorangestellt ist) wird auf dem Bildschirm angezeigt.

```
user$  grep emacs *.tex
...
```

grep ermittelt hier, wie oft die Funktion arctan in den angegebenen *.c-Dateien verwendet wird:

```
user$  grep -c arctan\(.*\) *.c
```

grep -v liefert als Ergebnis alle Zeilen, die das Suchmuster nicht enthalten. Im folgenden Beispiel entfernt grep aus configfile alle Zeilen, die mit dem Zeichen # beginnen (also alle Kommentare). Das nachgestellte cat-Kommando eliminiert außerdem alle leeren Zeilen. Das Endergebnis wird in der Datei nocomments gespeichert. Die Anweisung ist praktisch, wenn wenige Konfigurationszeilen in Hunderten oder Tausenden von Kommentarzeilen untergehen.

```
user$  grep -v '^#' configfile | cat -s > nocomments
```

find und grep kombinieren

Sie können find und grep auch kombinieren, um besonders wirkungsvolle Suchen durchzuführen. Im folgenden Beispiel durchsucht find alle *.tex-Dateien daraufhin, ob in ihnen die Zeichenkette »emacs« vorkommt. Wenn das der Fall ist, wird der Dateiname auf dem Bildschirm ausgegeben. Beachten Sie, dass die Option -print nicht vor -exec angegeben werden darf. (Im Gegensatz zum obigen Beispiel grep emacs *.tex berücksichtigt dieses Beispiel auch *.tex-Dateien in beliebig tief verschachtelten Unterverzeichnissen.)

```
user$  find -name '*.tex' -type f -exec grep -q emacs {}  \; -print
...
```

Das folgende Kommando durchsucht alle Dateien im aktuellen Verzeichnis, die kleiner als 10 kByte sind, nach dem regulären Ausdruck case.*in. Die Liste der gefundenen Dateien wird in der Datei ergebnis gespeichert. Durch die Einschränkung der Dateigröße auf 10 kByte wird versucht, die (zumeist erheblich größeren) binären Dateien aus der Suche auszuschließen.

```
user$  find -name '*' -maxdepth 1 -size -10k -exec grep -q \
   >  case.*in {} \; -print > ergebnis
```

Desktop-Suche (Tracker, Strigi)

In den vergangenen Jahren sind auch unter Linux sogenannte Desktop-Suchsysteme populär geworden. Die größte Verbreitung haben die Programme Strigi (auf KDE-Systemen) und Tracker (unter Gnome) gefunden. Auch Google hat eine Linux-Variante seines Google Desktops entwickelt, die aber keine nennenswerte Verbreitung gefunden hat und 2011 eingestellt wurde. Das gleiche Schicksal ereilte auch das Programm Beagle, das auf der Mono-Plattform aufsetzte.

http://www.vandenoever.info/software/strigi/
http://projects.gnome.org/tracker/

Gegenüber den oben vorgestellten textbasierten Suchkommandos bieten Desktop-Suchsysteme eine Menge Vorteile:

» Die Suche ist schnell, weil ähnlich wie bei `locate` im Voraus erzeugte Indexdateien ausgewertet werden.

» Der Suchindex für eigene Dateien wird bei jeder Dateiänderung aktualisiert und ist daher immer aktuell.

» Die Suchalgorithmen verstehen auch die wichtigsten binären Dateiformate. Deswegen finden die Suchprogramme auch Texte in OpenOffice-Dokumenten, PDF-Dateien, E-Mails etc.

» Die Bedienung gelingt dank der guten Integration in KDE bzw. Gnome auch Linux-Einsteigern.

Natürlich gibt es auch Schattenseiten: Die ständige Aktualisierung der Suchindizes ist mitunter nervig und kann dateiintensive Programme spürbar bremsen. Außerdem beanspruchen die lokalen Indexdateien verhältnismäßig viel Platz. Persönlich habe ich mich bisher mit keinem Desktop-Suchsystem nachhaltig anfreunden können: Normalerweise habe ich keine Probleme, meine Dateien zu finden – und wenn doch, helfen die Desktop-Suchfunktionen zumeist auch nicht weiter. Zudem kommen die Suchfunktionen mit vielen Dateitypen (PDF-Dokumente) bzw. Daten (z. B. Anhänge in E-Mails) nur schlecht oder gar nicht zurecht.

Strigi/Nepomuk Strigi und Nepomuk bilden zusammen das Desktop-Suchsystem für KDE. Strigi muss bei vielen Distributionen zuerst installiert werden (Pakete `strigi*`) und dann im Modul DESKTOP-SUCHE der Systemeinstellungen aktiviert werden.

Um eine Suche auf der Basis von Strigi durchzuführen, geben Sie entweder den Suchbegriff mit [Alt]+[F2] an, oder Sie drücken in Dolphin [Strg]+[L] und geben dann die nicht eben intuitive Zeichenkette `nepomuksearch:schlüsselwort` ein (siehe Abbildung 12.1). Verwenden Sie nicht das Dolphin-Menükommando EXTRAS|DATEI SUCHEN! Es dient zur Formulierung von Suchanfragen *ohne* Strigi!

Weitere Informationen zu Nepomuk und seinen zahlreichen Funktionen finden Sie in diesem Artikel:

http://aseigo.blogspot.com/2010/05/i-dont-need-no-stinking-nepomuk-right.html

Tracker Das Suchsystem Tracker kommt überwiegend zusammen mit Gnome zum Einsatz, obwohl das Programm eigentlich unabhängig von Gnome ist und ebenso gut mit anderen Desktop-Systemen verwendet werden kann. Nur wenige Distributionen installieren die Tracker-Pakete standardmäßig.

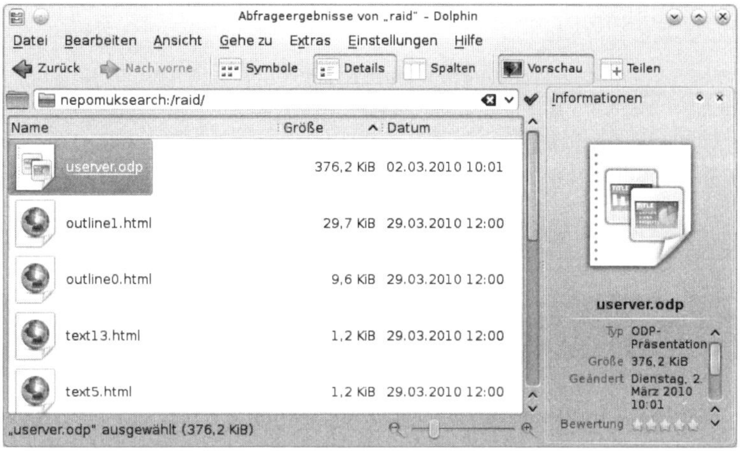

Abbildung 12.1: **Strigi-Suchergebnisse im KDE-Dateimanager Dolphin**

Abhilfe schafft die Installation der Pakete `tracker` und `tracker-search-tool`. Anschließend müssen Sie sich aus- und neu einloggen, damit Tracker während des Logins gestartet wird.

Je nach Distribution muss Tracker im Konfigurationsdialog SYSTEM|EINSTELLUNGEN|SUCHE UND INDIZIERUNG explizit aktiviert werden. Im Einstellungsdialog können Sie durch eine Menge Optionen steuern, unter welchen Bedingungen Tracker aktiv sein soll (z. B. nicht im Batteriebetrieb), welche Verzeichnisse oder Dateien berücksichtigt werden sollen (in der Regel alle Dateien im Heimatverzeichnis) etc.

Die eigentliche Suche starten Sie durch einen Mausklick auf das Tracker-Icon oder im Systemmenü mit ANWENDUNGEN||ZUBEHÖR|TRACKER SUCHE. Wenn es mehrere Suchergebnisse gibt, können Sie diese anhand des Dateityps eingrenzen.

Tracker speichert seine Indexdateien im Verzeichnis `~/.cache/tracker`. Standardmäßig werden nur Dateien aus dem Heimatverzeichnis durchsucht. Wenn Sie spezielle Verzeichnisse mit ein- oder ausschließen möchten, ändern Sie die Konfiguration mit `tracker-preferences`.

12.5 Backup-Kommandos

Festplatten leben nicht ewig, Notebooks gehen verloren oder werden gestohlen, und auch ein irrtümliches `rm -rf` richtet viel Schaden an. An regelmäßigen Backups aller persönlichen Daten führt also kein Weg vorbei.

Dieser Abschnitt stellt eine ganze Palette von Kommandos vor, die in unterschiedlicher Form bei der Archivierung und Sicherung von Dateien helfen: `tar`, `zip`, `rsync`, `rdiff-backup` etc. Ein Überblick über komfortable Backup-Benutzeroberflächen folgt im nächsten Abschnitt ab Seite 278: Vorgestellt werden Grsync, PyBackPack, Déjà Dup und Back in Time. Danach finden Sie ab Seite 283 einige Tipps, zur Durchführung von Backups auf NAS-Festplatten.

Dateien komprimieren und archivieren (gzip, tar, zip)

Unter Windows verwenden Sie zum Komprimieren einzelner oder mehrerer Dateien in der Regel WinZIP oder ein dazu kompatibles Programm. Auch unter Linux gibt es vergleichbare Benutzeroberflächen, beispielsweise `file-roller` (Gnome) oder `ark` (KDE). Dieser Abschnitt stellt einige kommandoorientierte Alternativen vor, die in Tabelle 12.7 zusammengefasst sind.

KOMMANDO	BEDEUTUNG
`gzip`	komprimiert eine Datei.
`gunzip`	dekomprimiert die Datei wieder.
`bzip2`	komprimiert eine Datei (höhere Kompression, aber langsamer).
`bunzip2`	dekomprimiert die Datei wieder.
`tar`	erstellt bzw. extrahiert ein Dateiarchiv.
`zip`	erzeugt ein Windows-kompatibles ZIP-Archiv.
`unzip`	extrahiert ein ZIP-Archiv.
`zipinfo`	zeigt Informationen über ein ZIP-Archiv an.

Tabelle 12.7: **Werkzeuge zum Komprimieren und Archivieren von Dateien**

gzip und gunzip

`gzip` komprimiert die als Parameter angegebenen Dateien und benennt sie in `name.gz` um. `gunzip` funktioniert in die umgekehrte Richtung. Die beiden Kommandos verwenden den sogenannten LZ77-Lempel-Ziv-Algorithmus, der sich besonders für Textdateien eignet (nicht aber für Audio- oder Video-Dateien). Die Komprimierung ist selbstverständlich verlustlos, d. h., nach dem Dekomprimieren steht die ursprüngliche Datei wieder unverändert zur Verfügung. Die folgenden Kommandos demonstrieren die Anwendung:

```
user$  ls -l filesystem.tex
... 178794  1. Aug 17:43 filesystem.tex
user$  gzip filesystem.tex
user$  ls -l filesystem.tex.gz
...  57937  1. Aug 17:43 filesystem.tex.gz
user$  gunzip filesystem.tex.gz
```

bzip2 und bunzip2

`bzip2` und `bunzip2` sind Alternativen zu `gzip`/`gunzip`. Der Vorteil dieser Kommandos besteht in der etwas besseren Komprimierung, der Nachteil in der etwas langsameren Ausführung. Die Dateiendung derart komprimierter Dateien ist `.bz2`.

```
user$  bzip2 filesystem.tex
user$  ls -l filesystem.tex.bz2
...  47105  1. Aug 17:43 filesystem.tex.bz2
user$  bunzip2 filesystem.tex.bz2
```

tar

`tar` ist das bevorzugte Kommando, um unter Linux mehrere Dateien in einem Archiv zusammenzufassen, wobei das Archiv üblicherweise mit `gzip` oder `bzip2` komprimiert wird. `tar` war ursprünglich dazu konzipiert, Dateien auf einen Streamer zu schreiben bzw. von dort zu lesen. Da derartige Streamer nur noch relativ selten eingesetzt werden, beschreibe ich an dieser Stelle nur die Anwendung für Dateiarchive.

Das folgende Kommando fügt sämtliche Dateien aus dem Verzeichnis buch in die komprimierte Archivdatei buch.tgz ein. Kurz eine Erklärung zu den Optionsbuchstaben: c steht für *create*, d. h., tar soll ein Archiv erzeugen. z steht *zip*, d. h., das Archiv soll mit gzip komprimiert werden. f steht für *file*, d. h., tar soll eine Archivdatei erzeugen (anstatt das Archiv auf eine Streamer-Kassette zu schreiben). Den gewünschten Dateinamen geben Sie im Anschluss an die Option an. Die übliche Dateikennung für derartige Archive lautet .tar.gz oder kurz .tgz.

```
user$  tar -czf meinarchiv.tgz buch/
```

tar -tzf liefert ein Inhaltsverzeichnis des Archivs. Die Dateien innerhalb des Archivs sind willkürlich geordnet. Bei den meisten Distributionen ist less so konfiguriert, dass Sie den Archivinhalt einfach mit less name.tgz ansehen können.

```
user$  tar -tzf meinarchiv.tgz
linuxbuch/
linuxbuch/lanserver.tex
linuxbuch/security.tex~
linuxbuch/buch.tex
linuxbuch/u4.txt~
...
```

tar -xzf packt das Archiv aus und extrahiert alle enthaltenen Dateien.

```
user$  cd anderes-verzeichnis/
user$  tar -xzf meinarchiv.tgz
```

Beim folgenden Beispiel extrahiert tar nur *.tex-Dateien aus dem Archiv. Achten Sie auf die Apostrophe für das Dateimuster, um eine sofortige Auswertung durch die Shell zu vermeiden!

```
user$  tar -xzf meinarchiv.tgz '*.tex'
```

Wenn Sie Archive mit bzip2 statt mit gzip komprimieren möchten, ersetzen Sie die Option z durch j.

In der Unix/Linux-Welt sind tar-Dateien das bevorzugte Format zur Weitergabe von Dateiarchiven. Wenn Sie mit Windows-Anwendern kommunizieren, sind ZIP-Archive aber die bessere Wahl. Das folgende Kommando fügt alle als Parameter übergebenen HTML-Dateien in meinarchiv.zip ein: zip

```
user$  zip meinarchiv.zip *.html
```

Wenn Sie den Inhalt ganzer Verzeichnisse archivieren möchten, geben Sie die Option -r an:

```
user$  zip -r meinarchiv.zip mywebsite/
```

Den Inhalt einer ZIP-Datei sehen Sie sich mit zipinfo an:

```
user$  zipinfo meinarchiv.zip
Archive:  test.zip   143677915 bytes   1899 files
-rw-r--r--  2.3 unx    78039 tx defN 10-Jul-06 11:27 linuxbuch/lanserver.tex
-rw-r--r--  2.3 unx   115618 tx defN  7-Apr-05 15:58 linuxbuch/security.tex~
-rw-r--r--  2.3 unx     3899 tx defN 28-Jul-06 16:38 linuxbuch/buch.tex
-rw-r--r--  2.3 unx      752 tx defN 11-Feb-04 12:06 linuxbuch/u4.txt~
...
```

Zum Extrahieren des Archivs verwenden Sie unzip:

```
user$ cd anderes-verzeichnis/
user$ unzip meinarchiv.zip
```

Verzeichnisse synchronisieren (rsync)

rsync wurde ursprünglich zur Synchronisierung von Netzwerkverzeichnissen konzipiert. Spezielle Anwendungsoptionen für den Netzwerkbetrieb folgen auf Seite 354. An dieser Stelle geht es nur darum, zwei lokal zugängliche Festplattenverzeichnisse zu synchronisieren.

Das folgende Kommando kopiert alle *.jpg-Dateien von einem Verzeichnis in ein zweites. Anders als bei cp werden bereits vorhandene Dateien, die seit dem letzten Kopieren unverändert geblieben sind, nicht neuerlich kopiert. Bei einem kleinen Backup mag das egal sein, aber wenn Sie GByte-große Verzeichnisbäume synchronisieren, ist das der entscheidende Unterschied!

```
user$ rsync verz1/*.jpg verz2/
```

Um ein ganzes Verzeichnis inklusive aller Unterverzeichnisse zu synchronisieren, verwenden Sie die Option -a, die als Kurzschreibweise für eine ganze Reihe anderer Optionen gilt (-rlptgoD). Die Option bewirkt eine rekursive Verarbeitung aller Unterverzeichnisse und stellt sicher, dass möglichst alle Dateiinformationen (Besitzer, Gruppenzugehörigkeit, Zeitpunkt der letzten Änderung etc.) erhalten bleiben. Falls verz2 noch nicht existiert, wird das Verzeichnis erzeugt.

```
user$ rsync -a verz1/ verz2/
```

Standardmäßig kopiert bzw. aktualisiert rsync alle neuen bzw. geänderten Dateien, löscht aber nichts. Wenn Sie möchten, dass aus verz1 gelöschte Dateien oder Verzeichnisse auch in verz2 gelöscht werden, geben Sie zusätzlich die Option --delete an. Es sollte klar sein, dass diese Option gefährlich ist: Wenn Sie versehentlich ein Verzeichnis löschen, wird genau dieses Verzeichnis beim nächsten Backup-Vorgang auch auf der Backup-Festplatte gelöscht! Auf die Dauer führt bei Backups aber kein Weg an --delete vorbei. Ohne diese Option sammeln sich im Laufe der Zeit immer mehr nicht mehr relevante Daten an.

Wenn Sie ein ausführliches Feedback erhalten möchten, welche Dateien verändert werden und wie viele Daten dazu in welcher Geschwindigkeit übertragen werden, geben Sie die zusätzliche Option -v an.

rsync automatisieren

Anstatt das rsync-Kommando immer wieder einzutippen, verpacken Sie es am besten in ein kleines Shell-Script. Tippfehler sind dann ausgeschlossen. Die Grundlagen der Script-Programmierung sind ab Seite 413 zusammengefasst.

```
#!/bin/sh
mount /backup      # NFS-Backup-Verzeichnis in das Dateisystem einbinden
rsync -av --delete /verzeichnis1/*   /backup/rechnerX/verzeichnis1/
rsync -av --delete /verzeichnis2/*   /backup/rechnerX/verzeichnis2/
```

Noch komfortabler und sicherer wird das Backup, wenn Sie den Start durch einen Cron-Job automatisieren. Eine Einführung in cron finden Sie auf Seite 324.

Inkrementelle Backups (rdiff-backup)

Eine interessante Alternative zu rsync ist das Kommando rdiff-backup. Der wichtigste Unterschied zu rsync besteht darin, dass rdiff-backup bei veränderten Dateien auch die alte Version im Backup-Verzeichnis archiviert. Um Platz zu sparen, können statt einer Kopie der betreffenden Datei auch nur die Änderungen gespeichert werden (optional in komprimierter Form). rdiff-backup liefert also ohne viel Mühe ein inkrementelles Backup, aus dem Sie auch ältere Versionen einer Datei wiederherstellen können. Im Prinzip bietet rdiff-backup dieselben Funktionen wie die »Time Machine« von Apples OS X – nur ohne spektakuläre Benutzeroberfläche.

Backups durchführen

In der einfachsten Form wenden Sie rdiff-backup auf zwei lokale Verzeichnisse an. Wenn das Zielverzeichnis noch nicht existiert, wird es erzeugt.

```
root#  rdiff-backup /home /home-backup
```

rdiff-backup erzeugt im Backup-Verzeichnis das Unterverzeichnis rdiff-backup-data. Darin speichert es diverse statistische Daten und Statusinformationen. Außerdem enthält das Verzeichnis increments alte Versionen von Dateien, die sich mittlerweile geändert haben oder die gelöscht wurden. Dabei werden nur die Änderungen gespeichert (.diff) und diese zusätzlich komprimiert. Außerdem wird in den Dateinamen das Datum der letzten Version integriert. Daraus ergeben sich dann unübersichtliche Dateinamen in der Form dateiname.2010-04-03T08:37:58+02:00.diff.gz.

Zugriff auf Backups

Wenn Sie auf das Backup zurückgreifen möchten, enthält /home-backup den Zustand des /home-Verzeichnisses zum Zeitpunkt des letzten Backups (mit Ausnahme des zusätzlichen rdiff-backup-data-Verzeichnisses exakt so, als hätten Sie das Backup mit cp -a oder rsync -a --delete ausgeführt). Der Zugriff auf das letzte Backup ist also ganz einfach. Natürlich können Sie das Backup auch mit rdiff-backup wiederherstellen. Dazu verwenden Sie die Option -r und die Zeitangabe now. Das folgende Kommando stellt das Backup probeweise in einem temporären Verzeichnis wieder her.

```
root#  rdiff-backup -r now /home-backhup /tmp/home-aktuell
```

Wenn Sie auf eine ältere Version einer Datei bzw. auf eine mittlerweile gelöschte Datei zugreifen möchten, wird es komplizierter: Sie müssen der Reihe nach alle .diff-Dateien anwenden (die neueste zuerst), bis Sie den gewünschten Zeitpunkt in der Vergangenheit wiederhergestellt haben. Natürlich müssen Sie das nicht manuell tun – rdiff-backup hilft Ihnen dabei. Das folgende Kommando stellt den Zustand des /home-Verzeichnisses so wieder her, wie er vor zehn Tagen war:

```
root#  rdiff-backup -r 10D /home-backup/ /tmp/home-historisch
```

Den Backup-Zeitpunkt können Sie wahlweise absolut (z. B. 2010-12-31) oder relativ in Stunden (h), Tagen (D), Wochen (W) etc. angeben (siehe auch man rdiff-backup im Abschnitt TIME FORMATS). Beachten Sie, dass die Wiederherstellung alter Dateien mit zunehmender Versionsanzahl einen erheblichen CPU-Aufwand verursacht und entsprechend langsam ist!

Oft wollen Sie nur eine einzelne Datei oder ein Unterverzeichnis in einer alten Version wiederherstellen. Dabei können Sie auch eine gar nicht mehr existierende Datei bzw. ein mittlerweile gelöschtes Verzeichnis angeben:

```
root#  rdiff-backup -r 10D /home-backup/datei  datei-historisch
root#  rdiff-backup -r 10D /home-backup/verz/  verz-historisch
```

Alte Backups löschen

Wenn Sie rdiff-backup regelmäßig ausführen, wächst das Backup-Verzeichnis im Laufe der Zeit immer stärker an. Um alle Backup-Dateien zu löschen, die älter als vier Monate sind, gehen Sie so vor:

```
root# rdiff-backup --remove-older-than 4M --force /home-backup/
```

Statt eines konkreten Zeitpunkts können Sie auch angeben, wie viele Backup-Versionen maximal archiviert bleiben sollen. Das folgende Kommando reduziert die Backup-Versionen auf drei (unabhängig von ihrem Alter):

```
root# rdiff-backup --remove-older-than 3B --force /home-backup/
```

Netzwerk-Backup

In allen bisherigen Beispielen bin ich davon ausgegangen, dass sich das Quell- und das Zielverzeichnis im lokalen Dateisystem befinden. rdiff-backup kann aber über das Netzwerk auch auf externe Verzeichnisse zugreifen. Anders als bei rsync muss dazu rdiff-backup auch auf dem externen Rechner installiert sein! Die Kommunikation erfolgt über SSH. Eine spezielle Konfiguration von rdiff-backup ist nicht erforderlich.

Bei der Angabe externer Verzeichnisse gilt nahezu dieselbe Syntax wie bei rsync. Der einzige Unterschied besteht darin, dass nach dem Hostnamen *zwei* Doppelpunkte angegeben werden müssen:

```
root# rdiff-backup user@firma-abc.de::/home /home-backup
```

Noch mehr Details und Beispiele zum Umgang mit rdiff-backup bietet die folgende Webseite:

http://www.nongnu.org/rdiff-backup/

Duplicity

Wenn Ihnen die Idee von rdiff-backup zusagt, Sie sich aber außerdem noch die Verschlüsselung des Backups sowie ein Upload via SSH oder FTP auf einen externen Server wünschen, lohnt sich vielleicht ein Blick auf das Python-Programm Duplicity. Es ist ähnlich wie rdiff-backup zu bedienen, erzeugt allerdings tar-Archive. Das Programm liegt zurzeit als Betaversion vor und wird aktiv entwickelt:

http://duplicity.nongnu.org/

12.6 Backup-Benutzeroberflächen

Apple hat mit seiner Time Machine bewiesen, dass selbst ein Backup-Programm Begeisterung hervorrufen kann. Linux kann in dieser Hinsicht leider nicht mithalten: Das Angebot an Backup-Kommandos und -Tools ist zwar unüberschaubar, aber auf das geniale, einfach zu nutzende Backup-Werkzeug warten Desktop-Anwender noch immer. Gnome und KDE enthalten standardmäßig überhaupt kein Backup-Programm. Das ist insofern überraschend, als es durchaus interessante und einfach zu bedienende Programme gibt. In diesem Abschnitt stelle ich Ihnen die folgenden vier Programme kurz vor:

Grsync	http://www.opbyte.it/grsync/
PyBackPack	http://andrewprice.me.uk/projects/pybackpack/
Déjà Dup	https://launchpad.net/deja-dup
Back in Time	http://backintime.le-web.org/

Alle vier Programme werden zurzeit aktiv weiterentwickelt. Das kann sich aber rasch ändern: Gerade unter den Benutzeroberflächen zur Durchführung von Backups gibt es viele verwaiste Projekte, die seit Jahren nicht mehr aktualisiert wurden. Vermeiden Sie Insellösungen, und wechseln Sie bei Bedarf rechtzeitig Ihr Backup-Werkzeug!

Grsync

Eigentlich ist es übertrieben, Grsync als Backup-Werkzeug zu bezeichnen. In Wirklichkeit handelt es sich um eine simple Benutzeroberfläche zum Kommando `rsync`. Nach der Installation verbinden Sie eine externe Festplatte oder einen USB-Stick mit Ihrem Computer, starten Grsync und kopieren den Inhalt Ihres Heimatverzeichnisses in ein Verzeichnis der externen Festplatte. Beim ersten Mal müssen dabei alle Dateien kopiert werden, in der Folge nur noch geänderte oder neue Dateien.

Die zahlreichen Optionen können Sie im Wesentlichen so lassen, wie sie voreingestellt sind. Zwei Optionen bedürfen aber einer genaueren Erläuterung:

- IM ZIELVERZEICHNIS LÖSCHEN gibt an, ob Grsync auch Löschvorgänge synchronisieren soll. Wenn Sie nach dem ersten Backup im Ihrem Heimatverzeichnis eine Datei löschen, wird diese Datei beim nächsten Mal auch im Backup-Verzeichnis gelöscht. Wenn Ihr Backup vor versehentlichen Löschvorgängen geschützt sein soll, dürfen Sie diese Option nicht aktivieren. (Das ist auch die Grundeinstellung.) Wenn es Ihnen hingegen wichtig ist, dass das Backup exakt den gleichen Inhalt hat wie das zu sichernde Verzeichnis, sollten Sie die Option aktivieren.
- DATEISYSTEM NICHT VERLASSEN bedeutet, dass Grsync nur solche Dateien synchronisiert, die sich im Dateisystem des Quellverzeichnisses befinden. Zumeist ist es zweckmäßig, diese Option zu aktivieren.

Die größten Vorteile von Grsync sind die einfache Bedienung und der Umstand, dass Ihre Dateien 1:1 in ein zweites Verzeichnis kopiert werden. Sollten Sie je auf Ihr Backup zurückgreifen müssen, brauchen Sie dazu keine speziellen Werkzeuge.

PyBackPack

PyBackPack ist dazu gedacht, das Heimatverzeichnis manuell auf eine CD oder DVD, in ein beliebiges Verzeichnis (z. B. auf einer externen Festplatte) oder auf einen via SSH erreichbaren Server zu sichern. Die Benutzeroberfläche besteht aus drei Dialogblättern. Wenn Sie einfach alle Dateien aus Ihrem Heimatverzeichnis auf eine CD oder DVD sichern möchten klicken Sie im Dialogblatt PERSÖNLICHER ORDNER auf LOS.

Wenn Sie nur bestimmte Verzeichnisse sichern möchten oder einen anderen Backup-Ort wünschen, wechseln Sie in das Dialogblatt SICHERUNG. Mit dem Listeneintrag NEW BACKUP SET erstellen Sie ein neues Backup-Set. Dabei geben Sie an, welche Verzeichnisse Sie wohin sichern möchten, und welche Verzeichnisse Sie vom Backup ausnehmen möchten. SICHERUNG startet das Backup. Falls PyBackPack einzelne Dateien aufgrund fehlender Zugriffsrechte nicht lesen kann, zeigt es eine entsprechende Warnung an, setzt das Backup aber für alle anderen Dateien fort. Wenn Sie Verzeichnisse speichern möchten, auf die Sie als gewöhnlicher Benutzer keinen Zugriff haben, müssen Sie das Programm mit [Alt]+[F2] `gksu[do] pybackpack` starten.

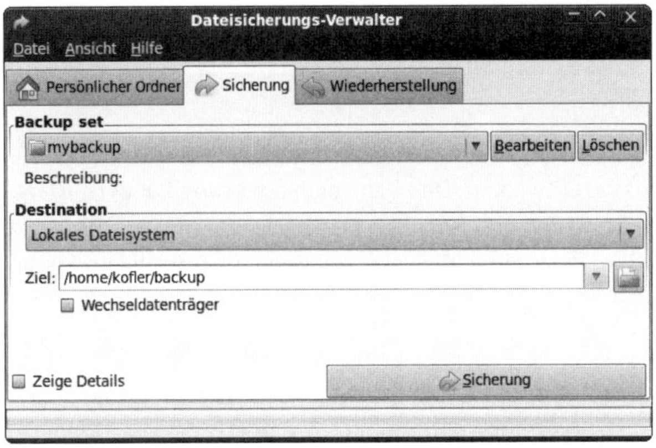

Abbildung 12.2: **Backups mit PyBackPack**

Hinter den Kulissen greift PyBackPack auf das vorhin schon beschriebene Kommando `rdiff-backup` zurück. PyBackPack bietet allerdings keine Möglichkeit, ältere Backups zu löschen. Deswegen steigt der Platzbedarf im Backup-Verzeichnis mit jedem Backup weiter an. Die einfachste Lösung besteht darin, hin und wieder ein neues Backup-Verzeichnis einzurichten und das alte Verzeichnis nach einer Weile zu löschen.

Déjà Dup Déjà Dup ist wie PyBackPack dazu konzipiert, das Heimatverzeichnis möglichst unkompliziert in einem lokalen oder via SSH erreichbaren Backup-Verzeichnis zu sichern. Als Backup-Ort ist auch der Amazon-S3-Service geeignet. Déjà Dup ist das Standard-Backup-Programm von Fedora und kann mit ANWENDUNGEN|SYSTEMWERKZEUGE|DÉJÀ DUP gestartet werden.

Mit BEARBEITEN|EINSTELLUNGEN geben Sie an, wo das Backup gespeichert werden soll (ORT DER DATENSICHERUNG), welche Verzeichnisse in das Backup einbezogen bzw. vom Backup ausgeschlossen werden sollen und über welchen Zeitraum die Backups archiviert werden sollen (z. B. FÜR IMMER oder MINDESTENS ZWEI MONATE. Anschließend starten Sie das Backup mit dem Button DATENSICHERUNG.

Wenn Sie die Option REGELMÄSSIGE DATENSICHERUNG ERSTELLEN aktivieren, erzeugt Déjà Dup wahlweise täglich, wöchentlich, zweiwöchentlich oder monatlich ein Backup. Das Backup wird allerdings nur erstellt, wenn Sie angemeldet sind. Der Start erfolgt durch ein Hintergrundprogramm, das beim Login gestartet wird.

Im Vergleich zu anderen Backup-Programmen dauert das erste mit Déjà Dup durchgeführte Backup unverhältnismäßig lange. Das liegt daran, dass das Backup komprimiert und standardmäßig auch verschlüsselt wird. Wenn Sie keine Verschlüsselung brauchen, sollten Sie die entsprechende Option unbedingt deaktivieren! Bei weiteren Backups werden nur noch die Änderungen gespeichert, was viel Zeit spart.

Mit dem Button WIEDERHERSTELLUNG stellen Sie ein vollständiges Backup wieder her. Dabei können Sie die gewünschte Backup-Version auswählen und angeben, wohin die Backup-Dateien kopiert werden sollen. Wenn Sie nur eine einzelne Datei oder ein Verzeichnis wiederherstellen möchten, klicken Sie die Datei bzw. das Verzeichnis in Nautilus an und führen das Kontextmenükommando ALTE VERSION WIEDERHERSTELLEN aus.

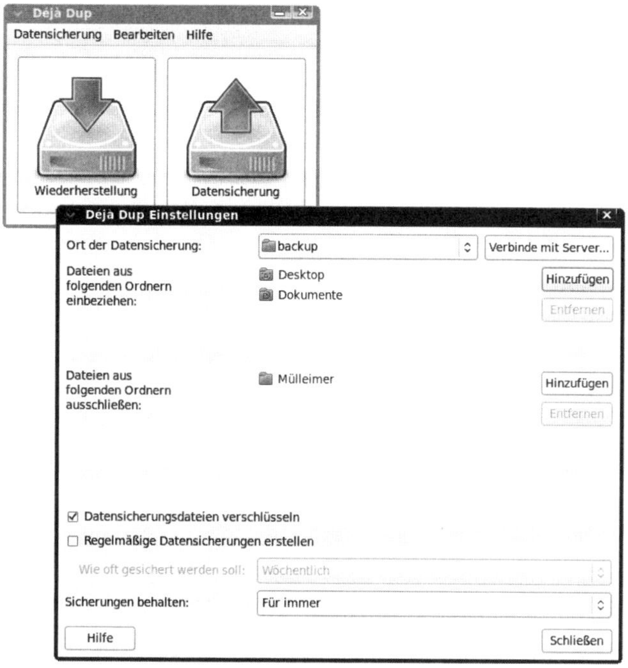

Abbildung 12.3: **Backups mit Déjà Dup**

Déjà Dup basiert auf dem in Python entwickelten Backup-Script Duplicity. Das hat den Nachteil, dass die Backup-Dateien in einem sehr speziellen Format vorliegen, sodass die Daten nur mit Déjà Dup selbst oder mit Duplicity wiederhergestellt werden können.

Back In Time

Back In Time ist ein Backup-Programm für persönliche Daten, wobei es sowohl für KDE als auch für Gnome eine eigene Benutzeroberfläche gibt. Die meisten aktuellen Distributionen stellen fertige Back-in-Time-Pakete zur Verfügung. Nach deren Installation führen Sie zur erstmaligen Konfiguration Alt+F2 `backintime-kde` bzw. `backintime-gnome` aus.

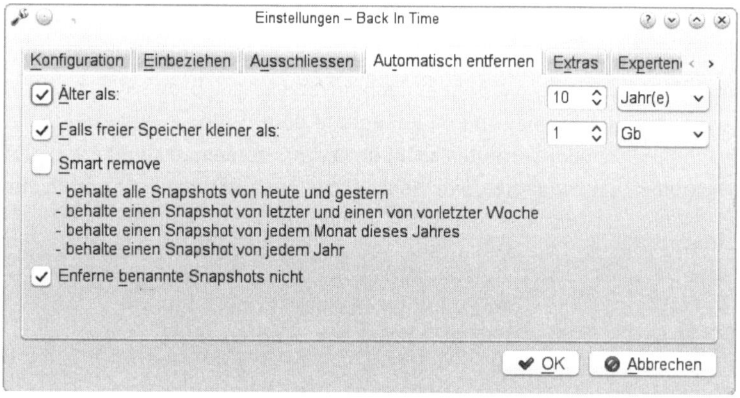

Abbildung 12.4: **Konfiguration von Back In Time**

Die Konfiguration erfolgt in sechs Dialogblättern:

» KONFIGURATION: Hier geben Sie an, in welchem Verzeichnis die Backups gespeichert werden sollen (idealerweise wählen Sie ein Verzeichnis außerhalb Ihres Heimatverzeichnisses). Es kann sich dabei auch um einen externen Datenträger handeln, wenn dieser ständig mit Ihrem Rechner verbunden ist. Sie müssen für das Backup-Verzeichnis Schreibrechte haben.

  Außerdem stellen Sie in diesem Dialogblatt ein, wie oft die Backups durchgeführt werden sollen. (Sinnvolle Einstellungen sind in der Regel stündlich oder täglich. Sie können auch den Listeneintrag DEAKTIVIERT angeben – dann müssen Sie jedes Backup manuell starten. Das ist z. B. dann sinnvoll, wenn Sie eine externe Festplatte für Ihre Backups verwenden, die Festplatte aber nicht immer an den Rechner angeschlossen ist.)

» EINBEZIEHEN: Hier wählen Sie aus, welche Verzeichnisse gesichert werden sollen. Üblicherweise werden Sie hier einfach Ihr Heimatverzeichnis angeben. Sie können aber auch eine differenzierte Auswahl treffen und beispielsweise nur Ihre Verzeichnisse `Dokumente` und `Bilder` sichern.

» AUSSCHLIESSEN: Hier geben Sie an, welche (Unter-)Verzeichnisse und Dateimuster vom Backup ausgenommen sind (z. B. `Downloads`). Standardmäßig sieht Back In Time vor, dass versteckte Dateien und Verzeichnisse *nicht* gesichert werden. Das ist eine gefährliche Voreinstellung, weil sich gerade in versteckten Verzeichnissen oft wichtige Anwendungsdaten befinden (in `~/.thunderbird` z. B. Ihre E-Mails, wenn Sie Thunderbird als E-Mail-Client verwenden).

» AUTOMATISCH ENTFERNEN: Damit das Backup-Volumen nicht grenzenlos wächst, können Sie hier angeben, welche Backup-Daten automatisch gelöscht werden sollen. Zumeist ist SMART REMOVE eine sinnvolle Option: Damit werden Backups von gestern und heute nie angerührt. Ältere Backups werden größtenteil gelöscht, wobei aber sichergestellt wird, dass es je ein Backup für die letzten zwei Wochen, für jeden Monat des laufenden Jahres sowie für jedes vergangene Jahr gibt.

» EXTRAS und EXPERTENOPTIONEN: Hier finden Sie einige Optionen für fortgeschrittene Benutzer, die in der Regel nicht verändert werden müssen.

Nach Abschluss der Konfiguration erscheint die Benutzeroberfläche von Back In Time. Hier können Sie jederzeit manuell ein Backup starten (also außerhalb der eingestellten Backup-Periode) sowie vorhandenen Backups Namen geben. Die wichtigste Funktion der Benutzeroberfläche besteht aber darin, dass Sie in einem einfachen Verzeichnis-Browser Zugriff auf alle gesicherten Dateien zu jedem gewünschten Zeitpunkt haben. Mit dem Button WIEDERHERSTELLEN können Sie eine irrtümlich gelöschte oder veränderte Datei wiederherstellen. KOPIEREN kopiert die ausgewählten Dateien. Sie können die Dateien nun in einem Datei-Manager an einer beliebigen Stelle einfügen.

Standardmäßig kann Back In Time nur persönliche Dateien sichern. Wenn Sie Back In Time zur Sicherung von Systemdateien einsetzen möchten, müssen Sie es im root-Modus starten. Sowohl KDE als auch Gnome sehen entsprechende Starteinträge vor.

Hinter den Kulissen kümmert sich der Systemdienst Cron um die automatische Durchführung der Backups durch das Kommando `backintime`. Dabei wird die Konfigurationsdatei `~/.config/backintime/config` ausgewertet. Die Benutzeroberfläche von Back In Time muss für die automatischen Backups nicht laufen! Die Cron-Steuerung erfolgt durch die Datei `/var/spool/cron/tabs/`*`loginname`*.

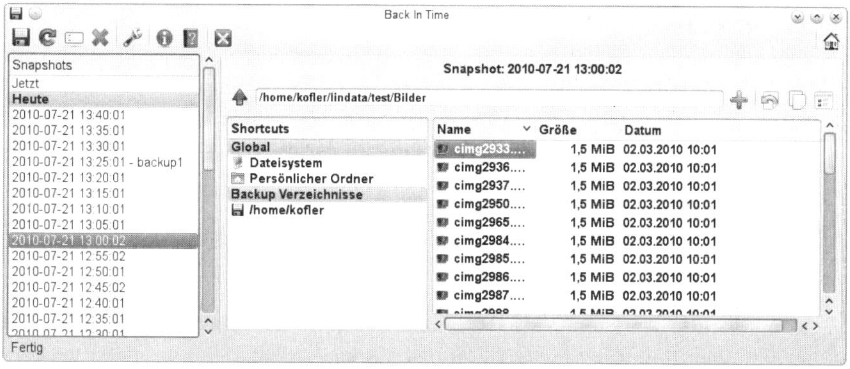

Abbildung 12.5: **Zugriff auf gesicherte Dateien mit Back In Time**

Im Backup-Verzeichnis werden alle Dateien unkomprimiert gespeichert. (Es gibt leider keine Komprimieroption.) Dateien, die sich von einem Backup zum nächsten nicht ändern, werden nur durch sogenannte *Hardlinks* miteinander verbunden, was eine Menge Platz auf der Festplatte spart. Das funktioniert allerdings nur auf Datenträgern, die derartige Links unterstützen (also nicht auf FAT-formatierten Festplatten oder Memory-Sticks!).

12.7 Backups auf NAS-Geräten

Wenn Sie nur einen einzelnen Computer besitzen, ist das ideale Backup-Medium in der Regel eine externe Festplatte oder ein USB-Stick. Für kleine Datenmengen können Sie selbst ein Backup auf einem Online-Speicher wie DropBox oder Ubuntu One in Erwägung ziehen.

Sobald in einem Haushalt oder in einer Firma mehrere Rechner im Einsatz sind, entsteht der Wunsch nach einem zentralen Platz für Backups und nach dem Austausch gemeinsamer Daten. Ideal geeignet für diesen Zweck sind NAS-Geräte. Die Abkürzung NAS steht für *Network Attached Storage* und bezeichnet Datenspeicher, die über das Netzwerk zugänglich sind. Während zu Hause eine ebenso preisgünstige wie stromsparende NAS-Festplatte ausreicht (also eine Festplatte mit einem kleinen Datei-Server und einem Netzwerkanschluss), kommen in Unternehmen größere und vor allem schnellere NAS-Systeme mit mehreren Festplatten in RAID-Konfiguration zum Einsatz.

Hinter den Kulissen sind sich kleine und große NAS-Systeme aber erstaunlich ähnlich: Auf fast allen Geräten laufen ein abgespecktes Linux-System, der Datei-Server Samba und ein einfacher Webserver, der eine mehr oder weniger komfortable Webschnittstelle zur Konfiguration des Geräts ermöglicht. Je nach Modell laufen außerdem ein NFS-Server, ein FTP-Server, ein AFP-Server (für Apple), ein SSH-Server (zur Konfiguration via SSH bzw. zur Datenübertragung mit rsync), Multimedia-Streaming-Clients, Download-Werkzeuge etc.

Große Unterschiede gibt es allerdings bei der Leistungsfähigkeit: Bei NAS-Festplatten ist der limitierende Geschwindigkeitsfaktor oft die CPU! Statt der in PCs üblichen Intel- und AMD-Prozessoren laufen oft wesentlich langsamere (und energiesparendere) CPUs anderer Hersteller.

Backup in Windows-Netzwerkverzeichnissen

Auch wenn NAS-Systeme intern in aller Regel Linux-Rechner sind – nach außen verhalten sie sich dank Samba wie ein Windows-Rechner, der Netzwerkverzeichnisse freigibt. Und genau hier liegt das Problem: Linux-Backup-Werkzeuge setzen in der Regel voraus, dass das Ziel des Backups ein Linux- bzw. Unix-kompatibles Dateisystem ist. In einem Windows-Netzwerkverzeichnis ist es aber unmöglich, die Unix-typischen Zugriffsrechte zu speichern. Außerdem können Linux-Backup-Werkzeuge in der Regel nicht direkt auf ein Windows-Netzwerkverzeichnis zugreifen. (Auf andere NAS-Konfigurationsvarianten, z. B. mit NFS oder SSH plus rsync, gehe ich hier nicht ein.)

Es gibt verschiedene Wege, diese Probleme zu umgehen:

» Damit Backup-Werkzeuge in ein Windows-Netzwerkverzeichnis schreiben können, muss dieses vorher in das Dateisystem des Ubuntu-Rechners eingebunden werden. Das kann wahlweise über einen Gnome-Dialog oder durch die Veränderung der Systemdatei `/etc/fstab` erfolgen. (KDE kann ebenfalls auf Windows-Netzwerkverzeichnisse zugreifen, integriert diese aber nicht in den Verzeichnisbaum und ist insofern keine Hilfe für ein Backup-Programm.)

» Um zu vermeiden, dass Linux-Zugriffsrechte beim Backup verloren gehen, können die zu sichernden Dateien verpackt werden, z. B. in ein komprimiertes `tar`-Archiv. Die auf den vorangegangenen Seiten vorgestellten Programme PyBackPack und Déjà Dup gehen auf diese Weise vor.

» Sie können auch versuchen, die zu sichernden Dateien direkt im Windows-Netzwerkverzeichnis zu speichern, z. B. mit dem Kommando `rsync` oder dessen Benutzeroberfläche Grsync. Mit etwas Glück bleiben dabei sogar die Zugriffsbits der Dateien erhalten (also z. B. das Execute-Bit für ausführbare Programme oder Scripts). Das ist dann der Fall, wenn das Netzwerkverzeichnis nicht von einem Windows-Rechner, sondern von einem einigermaßen aktuellen Samba-Server zur Verfügung gestellt wird, der die POSIX-Erweiterungen unterstützt und via CIFS (Common Internet File System) weitergibt. Nach meinen Erfahrungen funktioniert das aber leider häufig nicht, weil auf vielen NAS-Geräten uralte Samba-Versionen laufen.

mount bzw. /etc/fstab

Der meiner Ansicht nach zuverlässigste Weg zu einem Backup auf einem NAS-Gerät führt über ein `mount`-Kommando bzw. einen Eintrag in `/etc/fstab`. Das Ziel besteht darin, ein Verzeichnis des NAS-Geräts in den Verzeichnisbaum des lokalen Rechners einzubinden. Die Grundlagen für ein derartiges `mount`-Kommando bzw. einen entsprechenden Eintrag in die Datei `/etc/fstab` werden ausführlich in Kapitel 23 behandelt. Die folgenden Kommandos sind lediglich eine Zusammenfassung der Abschnitte 23.5 und 23.13.

Bei Debian und Ubuntu müssen Sie das Paket `smbfs` installieren, bevor Sie Windows-Netzwerkverzeichnisse direkt in das Dateisystem einbinden können:

```
root# apt-get install smbfs          (nur bei Debian und Ubuntu)
```

Weiters müssen Sie ein Verzeichnis erstellen, über das Sie in Zukunft auf die Windows-Freigabe zugreifen. Ich verwende hier `/media/nas`.

```
root  mkdir /media/nas
```

Anschließend fügen Sie am Ende von /etc/fstab den folgenden Text hinzu. Alle Informationen müssen in einer Zeile angegeben werden, die Trennung über zwei Zeilen erfolgt hier nur aus Platzgründen! Die Zeile muss mit ↵ abgeschlossen werden. Achten Sie darauf, dass Sie die Optionen in der vierten Spalte (ab username=...) nur durch Kommata, nicht durch Leerzeichen trennen.

```
# am Ende von /etc/fstab einfügen
...
//hostname/freigabe    /media/nas    cifs
    username=name,password=geheim,uid=1000,gid=1000,iocharset=utf8 0 0
```

Dabei müssen Sie hostname durch den Netzwerknamen oder die IP-Adresse Ihres NAS-Geräts ersetzen, freigabe durch den Namen des Windows-Netzwerkverzeichnisses, name durch den Login-Namen und geheim durch das dazugehörende Passwort. Bei Netzwerkverzeichnissen, die nicht durch ein Passwort abgesichert sind, können Sie auf die Parameter username und password verzichten. Mit den Parametern uid und gid geben Sie Ihre persönlichen Benutzer- und Gruppen-Identifikationsnummern an, die Sie mit dem Kommando id schnell ermitteln können.

Die direkte Angabe eines Passworts in /etc/fstab ist sicherheitstechnisch nicht optimal. Auf Seite 622 erfahren Sie, wie Sie das durch eine externe Datei vermeiden können.

In seltenen Fällen müssen Sie nach iocharset=utf8 noch die Option nodfs angeben. Das ist dann erforderlich, wenn auf dem NAS-Gerät eine alte Samba-Version läuft, die einen bekannten Fehler in der DFS-Implementierung enthält. Das ist z. B. bei einigen älteren Geräten von Western Digital der Fall (My Book World).

Nachdem Sie /etc/fstab modifiziert haben, können Sie das Netzwerkverzeichnis in das Dateisystem einbinden. (Ab dem nächsten Rechnerstart geschieht das automatisch, sobald eine Netzwerkverbindung besteht.)

```
root#  /media/nas
```

Wenn dabei keine Fehler auftreten, erscheint auf dem Desktop ein Icon für das Netzwerkverzeichnis. Sie können von nun an von allen Linux-Programmen auf das Netzwerkverzeichnis des NAS-Geräts über den Pfad /media/nas zugreifen und dort Dateien speichern bzw. Backups durchführen.

Windows-Netzwerkverzeichnis mit Gnome in das Dateisystem einbinden

Anstatt manuell mount auszuführen oder /etc/fstab zu ändern, können Sie das Netzwerkverzeichnis auch unter Gnome in das lokale Dateisystem einbinden. Dazu führen Sie ORTE|VERBINDUNG ZUM SERVER aus, wählen den Diensttyp WINDOWS-FREIGABE und geben dann den Hostnamen des Servers, den Namen der Freigabe, optional ein darin befindliches Verzeichnis, den Login- und den Domainnamen an.

Außerdem sollten Sie die Option LESEZEICHEN HINZUFÜGEN aktivieren, damit Sie diese Angaben in Zukunft nicht jedes Mal wiederholen müssen, wenn Sie ein Backup durchführen möchten. Das Lesezeichen wird in Zukunft im ORTE-Menü sowie in Gnome-Dateiauswahldialogen angezeigt. Sobald Sie VERBINDEN anklicken, werden Sie nach dem Passwort für das Windows-Netzwerkverzeichnis gefragt. Gnome kann dieses Passwort bleibend speichern, was die Bequemlichkeit wiederholter Backups steigert.

Hinter den Kulissen verwendet Gnome das GVFS (Gnome Virtual File System) für den Zugriff auf Netzwerkverzeichnisse. In Nautilus sind die eingebundenen Verzeichnisse leicht zu finden und zu nutzen, das gilt aber leider nicht für alle Backup-Programme: Während PyBackPack und Déjà Dup die Netzwerkverzeichnisse direkt im Dateiauswahldialog anzeigen, müssen Sie das Netzwerkverzeichnis bei Grsync explizit als Unterverzeichnis von `.gvfs` öffnen.

`.gvfs` ist ein unsichtbares Verzeichnis, das Gnome verwendet, um Netzwerkverzeichnisse in das Dateisystem zu integrieren. Bei der Auswahl des Zielverzeichnisses müssen Sie im Dateiauswahldialog mit der rechten Maustaste VERBORGENE DATEIEN ANZEIGEN ausführen, bevor Sie dieses Verzeichnis auswählen können. Anschließend finden Sie darin Unterverzeichnisse für alle momentan eingebundenen Netzwerkverzeichnisse.

12.8 CDs und DVDs brennen

Die wichtigsten Benutzeroberflächen zum Brennen von CDs und DVDs habe ich Ihnen in den Kapiteln 4 und 5 zu Gnome und KDE bereits vorgestellt: Brasero und K3B. Solange Sie nur gelegentlich eine CD oder DVD brennen, bieten diese Programme ausreichend Funktionen und sind zudem einfach zu bedienen. Wer noch mehr Komfort wünscht, kann einen Blick auf das kommerzielle Programm Nero werfen, das mittlerweile auch für Linux zur Verfügung steht. Wer auf der anderen Seite eine Benutzeroberfläche für die Textkonsole sucht, wird beim Kommando burncdda fündig.

Dieser Abschnitt stellt hingegen Kommandos vor, die hinter den Kulissen dieser Benutzeroberflächen zum Einsatz kommen. Das ist beispielsweise dann interessant, wenn Sie durch ein Script das Erzeugen von Backup-CDs automatisieren möchten. Wie so oft verhilft die Kenntnis der zugrunde liegenden Kommandos auch zu einem besseren Verständnis, wie Linux funktioniert.

Device-Namen

Bevor Sie die im Folgenden beschriebenen Kommandos einsetzen können, müssen Sie wissen, unter welchem Device-Namen Sie Ihr Laufwerk ansprechen. In der Regel lautet der richtige Device-Name /dev/scd0, /dev/scd1 etc. oder /dev/sr0, /dev/sr1 etc. Wenn weder der Rechner noch die installierte Linux-Distribution topaktuell sind, lautet der richtige Device-Name dagegen /dev/hda, /dev/hdb etc. Einen Überblick über die Device-Nomenklatur finden Sie auf Seite 614.

Manche Kommandos erwarten die Device-Angabe in der Form eines Zahlentripels (z. B. dev=3,0,0), das aus der SCSI-Bus-Nummer (meistens 0), der SCSI-ID des Gerätes und schließlich der Logical Unit Number besteht (kurz LUN, ebenfalls meist 0). Die richtige Zahlenkombination für Ihr Laufwerk ermitteln Sie am einfachsten mit `readcd -scanbus`.

Hinweis

Egal, ob Sie CDs oder DVDs brennen: Stellen Sie sicher, dass Ihre Linux-Distribution den Datenträger nicht in den Verzeichnisbaum einbindet oder sonstwie darauf zugreift, und lösen Sie die CD/DVD gegebenfalls aus dem Verzeichnisbaum!

Die Verwendung externer Laufwerke (USB, Firewire) führt nach meinen Erfahrungen wesentlich häufiger zu Problemen als der Einsatz interner Laufwerke. Abhilfe: Reduzieren Sie die Brenngeschwindigkeit!

ISO-Images erzeugen und testen (genisoimage)

Bevor Sie eine Daten-CD oder eine DVD brennen können, brauchen Sie ein sogenanntes ISO-Image. Diese Datei enthält die zu brennenden Daten im internen Format des optischen Datenträgers. In der Regel werden Sie zum Erzeugen von ISO-Dateien `genisoimage` (ehemals `mkisofs`) einsetzen. Nur wenn es darum geht, vorhandene Datenträger zu kopieren, sind die am Ende dieses Abschnitts kurz vorgestellten Kommandos dd oder readcd eine interessante Alternative.

genisoimage

Mit dem Kommando `genisoimage` schreiben Sie alle Dateien eines oder mehrerer Verzeichnisse in eine ISO-Datei. Das für CDs vorgesehene Format ISO-9660 verwendet einen eigenen, sehr limitierten Zeichensatz, der nur wenige Nicht-ASCII-Zeichen zulässt. Um diesen Mangel zu umgehen, gibt es mehrere Erweiterungen zum ISO-Standard, von denen die folgenden beiden weit verbreitet sind und von `genisoimage` unterstützt werden:

» Die für Unix/Linux-Systeme übliche Rockridge-Extension erlaubt die Speicherung langer Dateinamen in Form beliebiger, nullterminierter Zeichenketten. Außerdem erlaubt diese Erweiterung die Speicherung von Zugriffsrechten (UID, GID, Zugriffsbits).

  Allerdings enthalten Rockridge-CDs keine Information darüber, in welchem Zeichensatz das ISO-Image erstellt wurde. Das kann zu Problemen führen, wenn der Datenträger später auf einem Rechner mit einem anderen Zeichensatz verwendet wird. Am einfachsten ist das anhand eines Beispiels zu verstehen: Vor ein paar Jahren war unter Linux noch der Latin-1-Zeichensatz üblich. Eine zu diesem Zeitpunkt mit der Rockridge-Extension erzeugte Daten-CD verwendet daher ebenfalls diesen Zeichensatz. Wenn Sie die CD auf einer heute aktuellen Distribution mit aktivem Unicode-Zeichensatz (UTF-8) nutzen, werden Nicht-ASCII-Zeichen in den Dateinamen falsch interpretiert. Wenn bereits beim Vorbereiten eines ISO-Images klar ist, dass die CD später auf einem Rechner mit einem anderen Zeichensatz genutzt werden soll, kann der gewünschte Zielzeichensatz durch die Option `-output-charset` eingestellt werden.

» Die für Windows-Systeme übliche Joliet-Extension erlaubt ebenfalls die Speicherung langer Dateinamen, wobei als Zeichensatz Unicode (UTF-16) zum Einsatz kommt.

Beispiele

Das folgende Kommando schreibt alle Dateien innerhalb des `/master`-Verzeichnisses in die Datei `/tmp/master.iso`. Das Verzeichnis `master` ist selbst *kein* Verzeichnis im ISO-Image. Das ISO-Image nutzt sowohl die Rockridge-Extension (Option `-r`) als auch die Joliet-Extension (Option `-J`) und bekommt den Namen `Linux` (Option `-V`). Wenn Sie aus dem ISO-Image eine CD brennen, gilt diese Zeichenkette als CD-Name.

```
user$  genisoimage -o /tmp/master.iso -r -J -V Linux /master
```

Das zweite Beispiel ist dem ersten ähnlich, allerdings wird diesmal eine bootfähige CD erstellt:

```
user$  genisoimage -o /tmp/master.iso -r -J /master -b images/boot.img -c boot.catalog
```

Im dritten Beispiel ist das Verzeichnis `master` nun selbst ein Verzeichnis im ISO-Image (Option `-graft-points`):

```
user$  genisoimage -o /tmp/master.iso -r -graft-points /master=/master
```

Tipp

Falls Sie die Option -r nicht verwenden, sollten Sie darauf achten, dass alle Dateien im master-Verzeichnis root gehören und von allen lesbar sind!

```
user$ chown -R root.root /master
user$ chmod -R a+r /master
```

dd

Wenn Sie eine Daten-CD oder -DVD (keine Audio-CD!) unverändert kopieren möchten, reicht ein einziges dd-Kommando aus, um die erforderliche ISO-Datei zu erzeugen. Statt /dev/cdrom müssen Sie den Device-Namen Ihres CD- oder DVD-Laufwerks angeben, der je nach Distribution variiert.

```
user$ dd if=/dev/cdrom of=/usr/local/iso.img bs=2048
```

readcd

Eine Variante zu dd ist das Kommando readcd bzw. dessen Variante readom. Es verwendet SCSI-Kommandos zum Auslesen der CD und sollte zum gleichen Ergebnis kommen wie dd. Bei meinen Tests auf zwei unterschiedlichen Rechnern lieferte readcd allerdings zahllose Fehlermeldungen. Anders als bei dd müssen Sie Ihr CD- oder DVD-Laufwerk durch ein Zahlentripel angeben. Die richtige Zahlenkombination für Ihr Laufwerk ermitteln Sie mit readcd -scanbus.

```
user$ readcd dev=0,0,0 f=iso.img
```

Der Vorteil von readcd besteht darin, dass es auch eine TOC-Datei erstellen kann (bei Audio-CDs mit der Option -clone) und dass das Programm je nach Optionen auf unterschiedliche Weise mit Lesefehlern umgehen kann (Optionen -noerror und -noclone, siehe man cdread). Mit -w kann readcd auch zum Schreiben von CDs verwendet werden.

ISO-Image testen

Mit dem sogenannten Loopback-Device des Linux-Kernels können Sie eine Datei als Dateisystem betrachten und mit mount in den Verzeichnisbaum einbinden. Die Loopback-Funktion ist im Kernelmodul loop versteckt, das bei allen gängigen Distributionen zur Verfügung steht. Falls das Modul nicht automatisch geladen wird, müssen Sie eventuell mit modprobe nachhelfen (siehe Seite 717). Das folgende Kommando bindet das in der Datei master.iso enthaltene ISO-Dateisystem im Read-Only-Modus in den Verzeichnisbaum ein:

```
root# mkdir /iso-test
root# mount -t iso9660 -o loop,ro /tmp/master.iso /iso-test/
```

Über das Verzeichnis iso-test können Sie jetzt den Inhalt der zukünftigen CD-ROM überprüfen.

CDs brennen (wodim, cdrdao)

cdrecord und wodim

Mehr als ein Jahrzehnt lang war cdrecord das Standardprogramm zum Schreiben von CDs. Seit Sommer 2006 verwendet der cdrecord-Entwickler Jörg Schilling allerdings für einige Teile des cdrecord-Pakets die von Sun entworfene Lizenz CDDL. Andere Entwickler betrachten diese Lizenz als inkompatibel zur GPL. Aus diesem Grund kam es zu einem sogenannten »Fork«, also zu einer Spaltung des Projekts: Die letzte GPL-konforme cdrecord-Version diente als Basis für das neue Kommando wodim (Write Data to Optical Disk Media), das Teil des neuen cdrkit-Projekts ist. Parallel zu cdrecord gibt es auch Forks für zwei weitere Kommandos: aus mkisofs wurde genisoimage, und aus cdda2wav wurde icedax.

Alle aktuellen Distributionen verwenden nun wodim, genisoimage und icedax. Aus Kompatibilitätsgründen kann cdrecord aber vielfach weiterhin über den bisher üblichen Namen cdrecord aufgerufen werden. /usr/bin/cdrecord ist aber nur ein Link auf wodim.

Bevor Sie eine Daten-CD brennen können, brauchen Sie ein ISO-Image, das Sie normalerweise mit genisoimage erzeugen (siehe den vorigen Abschnitt). Mit den beiden folgenden Kommandos wird zuerst das Brennen einer Daten-CD simuliert (-dummy) und dann tatsächlich durchgeführt:

```
root#  wodim -dummy -v speed=16 dev=/dev/scd0 iso.img
root#  wodim -v speed=16 dev=/dev/scd0 iso.img
```

Auf schnellen Rechnern können Sie genisoimage und wodim mit einer Pipe verbinden. Dadurch sparen Sie den Platz für das ISO-Image:

```
root#  genisoimage -r /master | wodim -v speed=16 dev=/dev/scd0 -
```

Das folgende Kommando erzeugt eine Audio-CD. Die Ausgangsdaten liegen als *.wav-Dateien vor. Die Dateien werden in alphabetischer Reihenfolge verarbeitet. Wenn Sie eine andere Reihenfolge wünschen, müssen Sie die Dateien der Reihe nach angeben.

```
root#  wodim -v speed=16 dev=0,5,0 -pad -dao -audio *.wav
```

cdrdao

Das Kommando cdrdao ist eine Alternative zu wodim. cdrdao ist zwar nicht so vielseitig, bietet dafür aber wesentlich mehr Optionen zum Lesen und Schreiben von Audio-CDs. Seinen Namen verdankt cdrdao dem Schreibmodus *Disk at Once* (kurz DAO).

In der Praxis besteht die gebräuchlichste Anwendung von cdrdao darin, Audio-CDs zu kopieren. Das erste cdrdao-Kommando erzeugt die Dateien data.bin (Inhalt der CD) und data.toc (Inhaltsverzeichnis). Das zweite Kommando schreibt diese Daten auf eine CD:

```
user$  cdrdao read-cd --device /dev/sg0 data.toc
user$  cdrdao write   --device /dev/sg0 --buffers 64 data.toc
```

Daten-CD verifizieren

Das folgende Kommando vergleicht den Inhalt der CD-ROM mit dem des master-Verzeichnisses Datei für Datei und Byte für Byte. Sämtliche Unterschiede werden in die Datei diff.log im Heimatverzeichnis geschrieben. Statt /media/cdrom müssen Sie das Verzeichnis angeben, an dem die CD in Ihren Verzeichnisbaum eingebunden ist.

```
root#  diff -qrd /master /media/cdrom/  >& ~/diff.log
```

In einem zweiten Fenster bzw. in einer zweiten Konsole können Sie mit tail das Entstehen von diff.log verfolgen. Dabei sind Fehlermeldungen aufgrund von symbolischen Links zu erwarten, die auf der CD nicht mehr an den richtigen Ort verweisen. Ein echtes Warnsignal ist es hingegen, wenn einzelne Dateien gar nicht gelesen werden können (I/O-Error) oder wenn der Inhalt von Dateien abweicht (und Sie sicher sind, dass sich die Datei seither nicht verändert hat).

```
root#  tail -f ~/diff.log
```

Wenn Sie nur testen möchten, ob alle Datenblöcke der CD gelesen werden können (ganz egal, welchen Inhalt sie haben), führen Sie das folgende Kommando aus. Dieser Test ist beispielsweise dann sinnvoll, wenn Sie eine CD bekommen haben, von der Sie vermuten, dass sie defekt ist.

```
root#  dd if=/dev/cdrom of=/dev/null
```

DVDs brennen (dvd+rw-tools)

Auch beim Brennen von DVDs haben Sie die Wahl zwischen mehreren Kommandos bzw. Paketen:

» Am populärsten sind die Kommandos der `dvd+rw-tools`, die ich Ihnen in diesem Abschnitt kurz vorstelle.

» Sollten Sie damit Probleme haben, können Sie Ihr Glück auch mit `wodim` versuchen. Das Kommando eignet sich zum Schreiben einfacher DVD-Rs und DVD+Rs, wobei sich die Syntax nicht vom Schreiben von CDs unterscheidet. `wodim` bietet allerdings weniger Optionen beim Beschreiben von DVD+RW- bzw. DVD-RW-Medien.

dvd+rw-tools Alle im weiteren Verlauf dieses Abschnitts vorgestellten Kommandos sind Teil des `dvd+rw-tools`-Pakets. Ursprünglich unterstützte dieses Paket nur die Formate DVD+R und DVD+RW (daher auch der Name). Mittlerweile können Sie damit aber auch DVD-Rs und DVD-RWs sowie Blu-Ray-Discs brennen (was ich aber nicht getestet habe). Das `dvd+rw-tool` wird mit nahezu allen gängigen Distributionen standardmäßig installiert. Weitere Informationen finden Sie unter:

http://fy.chalmers.se/~appro/linux/DVD+RW/

growisofs Das zentrale Kommando des `dvd+rw-tools`-Pakets ist `growisofs`. Es schreibt DVD+Rs, DVD+RWs, DVD-Rs, DVD-RWs und Blu-Ray-Discs. Vorweg einige allgemeine Informationen zu den unterschiedlichen Medientypen:

» DVD+R, DVD-R: Dem Datenträger können Daten wie bei Multi-Session-CDs hinzugefügt werden. Bei der ersten Session verwenden Sie `growisofs -Z`, bei allen weiteren Sessions `growisofs -M`. Einmal gespeicherte Daten können aber nicht gelöscht werden. Eine Formatierung ist nicht möglich.

» DVD+RW, DVD-RW: Der Datenträger muss vor der ersten Verwendung mit `dvd+rw-format` formatiert werden (siehe unten). Anschließend können Sie wie bei einer DVD+R/DVD-R in mehreren Schritten Daten hinzufügen. Wenn Sie vorhandene Daten überschreiben möchten, starten Sie den Session-Zyklus einfach mit `growisofs -Z` neu. Anders als bei CD-RWs ist es in diesem Fall nicht notwendig, die DVD neu zu formatieren!

  Bei DVD-RWs werden je nach Formatierung die Modi *Incremental Sequential* und *Restricted Overwrite* unterstützt.

Da `growisofs` auf `genisoimage` zurückgreift, sind die meisten Optionen mit diesem Kommando identisch. Das folgende Kommando speichert den Inhalt des Verzeichnisses `daten` auf einer DVD. Die `genisoimage`-Optionen `-r` und `-J` bewirken, dass die DVD lange Dateinamen entsprechend den Rockridge- und Joliet-Erweiterungen aufweist. Statt des Device-Namens /dev/sr*n* müssen Sie je nach Distribution /dev/scd*n* angeben.

```
user$  growisofs -r -J -Z /dev/sr0 daten/
```

Eine zweite Session fügen Sie so hinzu (Option `-M` statt `-Z`):

```
user$  growisofs -r -J -M /dev/sr0 nochmehrdaten/
```

Hinweis

Beachten Sie, dass Sie die DVD auswerfen und neu in das Laufwerk einführen müssen, bevor Sie eine weitere Session hinzufügen können!

Multi-Session-DVDs können beim Lesen in manchen Laufwerken Probleme bereiten. Bei DVD-RWs sollten Sie den Modus *Restricted Overwrite* nutzen (siehe `dvd+rw-format`).

Manche DVD-ROM-Laufwerke kommen generell nicht mit DVD+RWs zurecht, egal, ob Single- oder Multi-Session. Mit den folgenden Kommandos gelingt es manchmal, die Probleme zu umgehen. `dvd+rw-format` schreibt einen *Lead-out*-Bereich auf die DVD+RW. (Die DVD wird nicht formatiert, alle Daten bleiben erhalten!) `dvd+rw-booktype` verändert die *Book-type*-Information der DVD.

```
user$ dvd+rw-format -lead-out /dev/sr0
user$ dvd+rw-booktype -dvd-rom -media /dev/sr0
```

Normalerweise übergibt `growisofs` alle Optionen außer `-Z` bzw. `-M` an `genisoimage` und schreibt das Ergebnis von `genisoimage` dann direkt auf die DVD. Wenn Sie ein bereits existierendes ISO-Image schreiben möchten, lautet die Syntax `-Z device=isodatei`:

```
user$  growisofs -Z /dev/sr0=daten.iso
```

dvd+rw-format

DVD+RWs und DVD-RWs (wenn der Modus *Restricted Overwrite* genutzt werden soll, siehe unten) müssen vor der ersten Verwendung formatiert werden. Diese Aufgabe übernimmt `dvd+rw-format`:

```
user$  dvd+rw-format /dev/sr0
```

Was beim Formatieren im Detail passiert, hängt vom Medientyp ab:

» **DVD+RWs:** Hier wird nur der Anfangsbereich des Rohlings formatiert. Wie weit dieser reicht, hängt vom Brenner ab. Wenn der Formatiervorgang also bei 11,5 Prozent (oder irgendeiner anderen Prozentzahl kleiner 100) endet, ist dies kein Fehler! Die Formatierung über den Anfangsbereich hinaus erfolgt automatisch durch das Laufwerk, sobald die DVD über den vorformatierten Bereich hinaus beschrieben wird.

» **DVD-RWs:** DVD-RWs werden von `dvd+rw-format` standardmäßig für den Modus *Restricted Overwrite* formatiert. Dieser Modus ermöglicht es, bereits beschriebene Bereiche der DVD neu zu beschreiben. Es ist daher nicht erforderlich, DVD-RWs vor jedem Schreiben neu zu formatieren!

  DVD-RWs können Sie mit der Option `-blank` auch für den Modus *Incremental Sequential* formatieren. Fabrikneue DVD-RWs sind in der Regel bereits in diesem Modus formatiert. Dieser Modus eignet sich besonders für Video-DVDs und erhöht die Kompatibilität mit manchen Abspielgeräten. Allerdings ist `growisofs` in diesem Modus nicht in der Lage, Daten zu überschreiben. Dazu muss die DVD jedes Mal neu formatiert werden, was sehr lange dauert.

  Fazit: Für die optimale Zusammenarbeit mit `growisofs` sollten Sie DVD-RWs unbedingt vorher mit `dvd+rw-format` und ohne die Option `-blank` formatieren!

Die Formatierung löscht die Daten nicht physikalisch. Falls Sie dies aus Datenschutzgründen wünschen, führen Sie besser `growisofs -Z device=/dev/zero` aus. Damit wird das gesamte Medium mit Nullen vollgeschrieben.

dvd+rw-mediainfo

Wenn Sie eine DVD erhalten und nicht wissen, um welchen DVD-Typ es sich handelt, ob die DVD schon beschrieben ist und wenn ja, in welchem Modus und mit wie vielen Sessions, ermitteln Sie diese Informationen mit dvd+rw-mediainfo:

```
user$ dvd+rw-mediainfo /dev/sr0
INQUIRY:                [_NEC    ][DVD_RW ND-1300A ][1.07]
GET [CURRENT] CONFIGURATION:
 Mounted Media:         1Ah, DVD+RW
GET PERFORMANCE:
 Speed Descriptor#0:    00/221280 Reading@7.8x Writing@2.3x
READ DVD STRUCTURE[#0h]:
 Media Book Type:       92h, DVD+RW book [revision 2]
 Media ID:              RICOHJPN/W01
 Legacy lead-out at:    221280*2KB=453181440
...
```

12.9 Zugriffsrechte, Benutzer und Gruppenzugehörigkeit

Linux ist als Multiuser-System konzipiert und benötigt daher Mechanismen, die steuern, wer auf welche Dateien zugreifen darf, wer sie ändern darf etc. Die Basis des Zugriffssystems stellt die Verwaltung von Benutzern und Gruppen dar, die auf Seite 439 beschrieben wird.

Seit Kernel 2.6 unterstützt Linux auch eine erweiterte Rechteverwaltung durch Access Control Lists (ACLs), zu der Sie auf Seite 297 mehr erfahren. In diesem Abschnitt geht es nur um die traditionelle Verwaltung von Zugriffsrechten, die es auf Unix-Systemen schon seit Jahrzehnten gibt.

Zugriffsdaten pro Datei

Mit jeder Datei bzw. mit jedem Verzeichnis werden folgende Informationen gespeichert:

- der Besitzer (Owner) der Datei
- die Gruppe, der die Datei zuzuordnen ist
- neun Zugriffsbits (rwxrwxrwx für Read/Write/Execute für den Besitzer, für alle Gruppenmitglieder und für den Rest der Welt)
- einige weitere Zusatzbits für Spezialfunktionen

Der Besitzer (Owner) einer Datei ist in der Regel die Person, die die Datei erzeugt hat. Als Gruppe wird normalerweise die primäre Gruppe des Besitzers verwendet.

Die Zugriffsinformationen r, w und x steuern, wer die Datei lesen, schreiben (verändern) und ausführen darf. Diese Informationen werden getrennt für den Besitzer, für die Gruppe und für alle anderen Benutzer gespeichert. Das ermöglicht es, dem Besitzer mehr Rechte zu geben als anderen Benutzern. Die Informationen werden meist Zugriffsbits genannt, weil sie intern als Zahl mit bitweiser Codierung gespeichert werden.

Die Zugriffsbits, der Besitzer sowie die Gruppenzugehörigkeit einer Datei können mit ls -l betrachtet werden. Für eine typische Textdatei liefert ls das folgende Ergebnis:

```
michael$ ls -l datei.txt
-rw-r--r--   1 michael  users       3529 Oct  4 15:43 datei.txt
```

Kurz die Interpretation: Das erste Zeichen gibt den Dateityp an (hier - für eine normale Datei, sonst d für ein Verzeichnis (directory), l für einen symbolischen Link etc.). Die Datei darf vom Besitzer michael gelesen und verändert werden. Da es sich um eine Textdatei handelt, ist das erste x-Bit deaktiviert, die Datei kann also nicht ausgeführt werden. Alle anderen Benutzer, egal, ob sie Mitglied der users-Gruppe sind oder nicht, dürfen diese Datei lesen (aber nicht verändern).

Wenn michael möchte, dass diese Datei nur von den Mitgliedern der users-Gruppe, nicht aber von Anwendern außerhalb der Gruppe gelesen werden kann, dann muss er das letzte r-Bit deaktivieren. Dazu verwendet er das Kommando chmod.

```
michael$  chmod o-r datei.txt
michael$  ls datei.txt -l
-rw-r-----   1 michael  users        3529 Oct  4 15:43 datei.txt
```

Möglicherweise soll der Zugriff auf die Datei datei.txt auf zwei Anwender beschränkt werden, michael und kathrin. Dazu kann eine neue Gruppe gebildet werden, der nur die beiden angehören. (Wenn michael und kathrin das Dokumentationsteam einer Firma bilden, wäre als Gruppenname etwa dokuteam sinnvoll.) Anschließend wird die Gruppenzugehörigkeit mit chgrp geändert:

```
michael$  chgrp dokuteam datei.txt
michael$  ls datei.txt -l
-rw-r-----   1 michael  dokuteam     3529 Oct  4 15:43 datei.txt
```

Oktale Schreibweise

Statt in der Schreibweise rwxrwxrwx werden die neun Zugriffsbits sowie drei weitere Spezialbits oft auch oktal dargestellt: Den Zugriffsbits für den Benutzer, die Gruppe und alle anderen ist jeweils eine Ziffer zugeordnet. Jede Ziffer ist aus den Werten 4, 2 und 1 für r, w und x zusammengesetzt. 660 bedeutet daher rw-rw----, 777 steht für rwxrwxrwx. Die drei Spezialbits setuid, setgid und sticky (siehe den nächsten Abschnitt) haben die Oktalwerte 4000, 2000 und 1000.

Mit dem Kommando chmod können Sie die Zugriffsbits auch oktal einstellen, was viele erfahrene Benutzer wegen des geringeren Tippaufwands vorziehen:

```
user$  chmod 640 datei.txt
```

Erstaunlicherweise ist ls aber nicht in der Lage, die Zugriffsbits oktal darzustellen. Abhilfe schafft das folgende, leider vollkommen unleserliche awk-Kommando:

```
user$  ls -l | awk '{k=0;
                   for(i=0;i<=8;i++)k+=((substr($1,i+2,1)~/[rwx]/)*2^(8-i));
                   if(k)printf("%0o ",k);print}'
755 drwxr-xr-x 17 kofler kofler   4096 2010-10-28 15:34 php53-beispiele
550 dr-xr-x---  2 kofler kofler   4096 2010-10-17 10:33 Private
755 drwxr-xr-x 10 kofler kofler   4096 2010-10-10 18:17 samples
...
```

Zugriffsrechte auf Verzeichnisse

Die neun Zugriffsbits haben im Prinzip auch bei Verzeichnissen Gültigkeit, allerdings besitzen sie dort eine etwas abweichende Bedeutung: Das r-Bit erlaubt es anderen Anwendern, den Inhalt des Verzeichnisses mit ls anzusehen. Das x-Bit ermöglicht es darüber hinaus, mit cd in dieses Verzeichnis zu wechseln. Wenn sowohl x als auch w gesetzt sind, dürfen im Verzeichnis neue Dateien erzeugt werden.

Zugriffsrechte auf Devices

Der Zugriff auf diverse Hardware-Komponenten wie Festplatten, CD- und DVD-Laufwerke, Schnittstellen etc. erfolgt in Linux über sogenannte Devices (siehe auch Seite 304). Um gezielt steuern zu können, welcher Benutzer auf welche Devices zugreifen darf, sind den Devices unterschiedliche Benutzergruppen zugeordnet. Beispielsweise sind die Devices /dev/ttyS* für die seriellen Schnittstellen unter Ubuntu der Gruppe dialout zugeordnet:

```
root# ls -l /dev/ttyS1
crw-rw----   1 root     dialout       5,  65 Jul 18  /dev/ttyS1
```

Wenn der Systemadministrator möchte, dass der User hubert die serielle Schnittstelle nutzen darf, fügt er hubert zur Gruppe dialout hinzu:

```
root# usermod -a -G dialout hubert
```

Spezialbits

Die Bedeutung der drei mal drei Zugriffsbits rwxrwxrwx ist leicht zu verstehen. Darüber hinaus können mit Dateien und Verzeichnissen noch einige weitere Informationen gespeichert werden. Die Kenntnis dieser Spezialbits ist im Regelfall nur für Systemadministratoren erforderlich.

Setuid-Bit (Suid-Bit)

Das Setuid-Bit wird oft verkürzt Suid-Bit genannt. Es bewirkt, dass Programme immer so ausgeführt werden, als hätte der Besitzer selbst das Programm gestartet. Oft ist der Besitzer von Programmen root; dann kann jeder das Programm ausführen, als wäre er selbst root. Intern wird für die Ausführung des Programms die User-Identifikationsnummer des Besitzers der Datei und nicht die UID des aktuellen Benutzers verwendet.

Das Bit wird dazu eingesetzt, um gewöhnlichen Besitzern zusätzliche Rechte zu geben, die nur bei der Ausführung dieses Programms gelten. Daraus kann allerdings leicht ein Sicherheitsrisiko entstehen – insbesondere dann, wenn während der Ausführung des Programms weitere Programme gestartet werden.

Aus diesem Grund wird die Anwendung des Setuid-Bits nach Möglichkeit vermieden. Eine der wenigen Ausnahmen ist das Kommando mount. Eine Alternative zum Setuid-Bit kann die Verwendung des Kommandos sudo sein.

ls -l zeigt bei derartigen Programmen bei den Benutzer-Zugriffsbits den Buchstaben s (statt eines x) an. Der Oktalwert dieses Bits (für chmod) beträgt 4000.

```
root# ls -l /bin/mount
-rwsr-xr-x    1 root    root    68508 Feb 25  01:11 /bin/mount
```

Setgid-Bit

Das Setgit-Bit hat bei Programmen eine ähnliche Wirkung wie Setuid. Allerdings wird nun während der Ausführung des Programms die Gruppen-Identifikationsnummer der Datei verwendet (und nicht die GID des aktuellen Benutzers). ls -l zeigt bei derartigen Programmen für die Gruppen-Zugriffsbits den Buchstaben s (statt eines x) an. Der Oktalwert dieses Bits beträgt 2000.

Bei Verzeichnissen bewirkt das Setgid-Bit, dass in diesem Verzeichnis neu erzeugte Dateien der Gruppe des Verzeichnisses angehören (und nicht, wie sonst üblich, der Gruppe des Benutzers, der die Datei erzeugt).

Sticky-Bit

Das Sticky-Bit bewirkt bei Verzeichnissen, in denen alle die Dateien ändern dürfen, dass jeder nur seine eigenen Dateien löschen darf (und nicht auch Dateien anderer Benutzer). Das Bit ist beispielsweise beim /tmp-Verzeichnis gesetzt. In diesem Verzeichnis darf jeder Benutzer temporäre Dateien anlegen. Es muss aber vermieden werden, dass auch jeder Benutzer nach Belieben fremde Dateien umbenennen oder löschen kann.

ls -l zeigt bei derartigen Programmen für alle gültigen Zugriffsbits den Buchstaben t an (statt eines x). Der Oktalwert dieses Bits beträgt 1000. Beachten Sie bitte, dass die Bedeutung des Sticky-Bits Linux-spezifisch ist. Bei anderen Unix-Varianten kann das Bit eine andere (oder gar keine) Bedeutung haben.

```
user$ ls -ld /tmp/
drwxrwxrwt   18 root      root          4096 Jun 14 15:34 /tmp/
```

Spezialbits in ls

Wenn Sie das Kommando ls -l ausführen, werden unter Umständen auch die Spezialbits S und T angezeigt. Dabei handelt es sich aber nicht um andere Spezialbits, sondern um einen Hinweis darauf, dass die Bits Setuid, Setgid oder Sticky falsch verwendet wurden:

- S: Das Setuid- oder Setgid-Bit ist gesetzt, nicht aber das Zugriffsbit x. (Setuid bzw. Setgid sind damit wirkungslos.)
- T: Das Sticky-Bit ist gesetzt, nicht aber das Zugriffsbit x für die Gruppe Others.

Dateifunktion bzw. -typ

Linux-intern werden zusammen mit den Zugriffsbits und den Spezialbits auch die Informationen darüber gespeichert, welche Funktion eine Datei hat. Es kann sich beispielsweise um eine normale Datei handeln, um ein Verzeichnis, um einen Link, um ein Block-Device etc.

Die meisten Programme zur Dateiverwaltung verbergen diese Zusatzinformation. Es gibt aber einige wenige Programme, die diese Information als Zahlenwert anzeigen. Bei einer gewöhnlichen Datei lautet die komplette Spezifikation dann 100000 (Kennzeichnung für eine gewöhnliche Datei) plus *x*000 (Spezialbits) plus *xxx* (Zugriffsbits), also beispielsweise 100760. Die Zahlencodes für die Dateitypen erhalten Sie mit man 2 stat.

Besitzer, Gruppe und Zugriffsbits neuer Dateien

Dieser Abschnitt beschäftigt sich mit der Frage, welche Faktoren die Zugriffsinformationen neuer Dateien bestimmen. Um das einfach auszuprobieren, verwenden Sie das Kommando touch. Dieses Kommando erzeugt eine neue, leere Datei, falls die angegebene Datei noch nicht existiert.

Beispiel

Der Benutzer michael erzeugt die neue Datei myFile1. Es sollte nicht überraschen, dass diese Datei wieder dem Benutzer michael gehört – er hat sie ja gerade selbst erzeugt. Als Gruppenzugehörigkeit wurde automatisch michael verwendet. michael ist die primäre Gruppe des Benutzers michael. (Manche Distributionen weisen nicht jedem Benutzer eine eigene Gruppe zu, sondern allen Benutzern die Gruppe users.)

```
michael$ touch myFile1
michael$ ls -l myFile1
-rw-r--r--    1 michael   michael          0 Jun 14 16:45 myFile1
```

michael gehört einer Reihe weiterer Gruppen an (Kommando groups). Um eine Datei zu erzeugen, die nicht der primären Gruppe angehört, muss zuerst die aktive Gruppe gewechselt werden (Kommando newgrp):

```
michael$  groups
michael adm admin cdrom dokuteam dialout lpadmin plugdev sambashare
michael$  newgrp dokuteam
michael$  touch myFile2
michael$  ls -l myFile2
-rw-r--r--    1 michael    dokuteam            0 Jun 14 17:02 myFile2
```

Natürlich hätte myFile2 auch ohne vorheriges newgrp erzeugt werden können. Dann hätte die Gruppenzugehörigkeit nachträglich mit chgrp verändert werden müssen. newgrp ist dann praktisch, wenn mehrere neue Dateien erzeugt werden, die automatisch einer bestimmten Gruppe angehören sollen.

Besitzer und Gruppenzugehörigkeit

Aus den zwei Beispielen oben geht hervor, dass neue Dateien automatisch dem Benutzer gehören, der sie erzeugt. Als Gruppenzugehörigkeit wird normalerweise die primäre Gruppe des Benutzers verwendet. Allerdings gibt es hier zwei Ausnahmen:

- Wenn der Benutzer mit newgrp eine andere seiner Gruppen zur aktuellen Gruppe gemacht hat, gehört die neue Datei dieser Gruppe.
- Wenn in einem Verzeichnis das Setgid-Bit gesetzt ist (siehe den vorigen Abschnitt), dann erhalten darin erzeugte Dateien automatisch dieselbe Gruppe wie das Verzeichnis. Die aktive Gruppe des Benutzers wird nicht berücksichtigt.

Zugriffsbits

Bei den Zugriffsbits ist die Sache etwas komplizierter. Linux sieht eigentlich vor, dass neue Dateien die Zugriffsbits rw-rw-rw (oktal 666) bekommen, also von jedem gelesen und verändert werden dürfen. Neue Programmdateien, die von einem Compiler erzeugt werden, bekommen automatisch die Zugriffsbits rwxrwxrwx (777), können also auch von jedem ausgeführt werden.

Für die praktische Arbeit mit mehreren Benutzern wäre diese Grundeinstellung allerdings zu freizügig. Deswegen sehen alle Linux-Shells (also die Kommandointerpreter) eine sogenannte umask-Einstellung vor. Dabei handelt es sich um einen Zahlenwert, der die Bits angibt, die von den Standardzugriffsbits abgezogen werden.

Unter Linux wird meistens ein umask-Wert von 022 (----w--w-) verwendet. Daher bekommen neue Dateien die Zugriffsbits 666-022=644 (rw-r--r--), neue Programme die Zugriffsbits 777-022=755 (rwxr-xr-x). Die aktuelle Einstellung des umask-Werts können Sie mit dem gleichnamigen Kommando feststellen (und auch verändern):

```
michael$  umask
0022
```

Die Grundeinstellung des umask-Werts erfolgt in den Konfigurationsdateien der jeweiligen Shells. Für die Bash (die populärste Linux-Shell) wird umask meist in /etc/profile oder /etc/bashrc eingestellt. Einzelne Benutzer können bei den meisten Distributionen eine davon abweichende Einstellung in der Datei ~/.bashrc vornehmen. Wenn Sie beispielsweise möchten, dass von Ihnen erzeugte Dateien nur von den Gruppenmitgliedern, nicht aber von anderen Benutzern gelesen bzw. ausgeführt werden dürfen, verwenden Sie folgende Einstellung:

```
# in ~/.bashrc
umask 027
```

Damit bekommen neue Dateien die Zugriffsrechte `rw-r-----`, neue Programme `rwxr-x---`.

Bei einer einmal erzeugten Datei werden weder der Besitzer noch die Zugriffsbits geändert, wenn sie von einem anderen Benutzer bearbeitet wird. Nur der Besitzer darf die Gruppenzugehörigkeit und Zugriffsbits ändern. Und nur root darf den Besitzer einer Datei verändern. (Damit ist es also nicht möglich, dass der Besitzer einer Datei diese einem anderen gleichsam schenkt.)

12.10 Access Control Lists und Extended Attributes

Access Control Lists (ACLs)

Die Unix-typische Verwaltung von Benutzern und Gruppen sowie die darauf aufbauenden Zugriffsrechte für Verzeichnisse und Dateien sind seit Jahrzehnten bewährt. Das Konzept ist so einfach, dass man es nach ein paar Stunden versteht. Es gibt allerdings Fälle, in denen dieses einfache System unzureichend ist.

Aus diesem Grund wurde ein feinmaschigeres System zur Verwaltung von Zugriffsrechten entwickelt, das auf sogenannten Access Control Lists (ACLs) basiert. ACLs ermöglichen es, für jede Datei bzw. für jedes Verzeichnis beliebig viele Regeln aufzustellen, welche Benutzer und Gruppen die Datei bzw. das Verzeichnis lesen oder verändern dürfen und wer das – abweichend von den Unix-Zugriffsrechten – *nicht* darf. ACLs wirken also ergänzend zu den Standardzugriffsrechten und können zusätzliche Rechte einräumen oder vorhandene Rechte entziehen.

ACLs stehen unter Linux ab Kernel 2.6 standardmäßig zur Verfügung. Für frühere Kernelversionen gab es entsprechende Patches. Bei den Dateisystemen `btrfs`, `jfs` und `xfs` sind ACLs in jedem Fall aktiv. Bei den `ext`-Dateisystemen muss dagegen die `mount`-Option `acl` verwendet werden, um ACLs zu aktivieren. Das ist bei den meisten Distributionen allerdings nicht automatisch der Fall. Samba (siehe Seite 886) ist das bei Weitem wichtigste Programm, das wirklich von ACLs profitiert. Es ist dank ACLs in der Lage, Windows-Zugriffsrechte unter Linux weitgehend nachzubilden.

Einschränkungen

Nur weil ACLs mehr Möglichkeiten bieten, lösen sie die herkömmliche Rechteverwaltung keineswegs ab! Für erfahrene Administratoren großer Netzwerke mögen ACLs zusätzliche Sicherheit bringen oder zumindest die Verwaltung vereinfachen, für die meisten Linux-Anwender ist die gewöhnliche Rechteverwaltung aber absolut ausreichend. Wer das komplexe ACL-System nicht korrekt anwendet, wird womöglich zusätzliche Sicherheitslöcher aufreißen. Daher gibt es momentan kaum Distributionen, die ACLs standardmäßig nutzen.

Ein zentrales Problem besteht darin, dass viele Linux-Kommandos und -Programme ACLs nicht korrekt verarbeiten. Da kann es schon einmal passieren, dass einer kopierten Datei plötzlich die ACL-Informationen des Originals fehlen. Auch die meisten Dateimanager können ACLs weder richtig anzeigen noch verändern. (Konqueror ist eine positive Ausnahme.)

Extended Attributes (EAs)

Eng verwandt mit ACLs sind Extended Attributes (EAs). Sie ermöglichen es, zu jeder Datei zusätzliche Attribut-Wert-Paare zu speichern. Sie können einer Textdatei also beispielsweise das Attribut `charset` mit der Einstellung `utf8` zuordnen, um so den benutzten Zeichensatz zu speichern. Das bringt freilich nur dann Vorteile mit sich, wenn es auch Programme gibt, die diese Informationen auswerten. Je nachdem, welches Dateisystem Sie einsetzen, müssen auch EAs durch eine entsprechende mount-Option aktiviert werden, beim ext-Dateisystem beispielsweise durch user_xattr.

Weitere Hintergrundinformationen und Details zur Anwendung von ACLs und EAs finden Sie in den man-Seiten zu acl, getfacl, setfacl, attr(5), getfattr und getsattr sowie unter:

http://acl.bestbits.at/
http://www.suse.de/~agruen/
http://www.vanemery.com/Linux/ACL/linux-acl.html

Voraussetzungen In den folgenden Beispielen gehe ich davon aus, dass das Paket attr mit den Kommandos attr, getfattr und setfattr installiert ist und dass Sie mit einem Dateisystem arbeiten, in dem ACLs und EAs aktiviert sind. Wenn es sich um ein ext4-Dateisystem handelt, sollte das Ergebnis von mount so aussehen:

```
user$  mount
...
/dev/sdc5 on /test type ext4 (rw,acl,user_xattr)
...
```

Sollte das nicht der Fall sein, erhalten Sie bei den folgenden Beispielen Fehler der Art *Operation wird nicht unterstützt.* Abhilfe schafft die Veränderung der mount-Optionen in /etc/fstab und ein Neueinbinden des Dateisystems. Werfen Sie gegebenenfalls einen Blick in Kapitel 23 über die Administration des Dateisystems. Informationen speziell zur Veränderung der mount-Optionen in /etc/fstab finden Sie auf Seite 587.

Access Control Lists

getfacl Auch bei einem Dateisystem mit ACLs gelten normalerweise die Standardzugriffsrechte, die oft auch als minimale ACL bezeichnet werden. getfacl zeigt diese Rechte in ACL-Form an:

```
user$  touch datei1
user$  getfacl datei1
# file: datei1
# owner: kofler
# group: kofler
user::rw-
group::r--
other::r--
user$  ls -l datei1
-rw-r--r-- 1 kofler kofler ...  datei2
```

setfacl Mit setfacl definieren Sie nun zusätzliche Zugriffsregeln. Die folgenden Kommandos geben der Benutzerin gabi sowie allen Mitgliedern der Gruppe docuteam Schreib- und Lesezugriff auf die Datei, verbieten aber der Benutzerin kathrin jeglichen Zugriff:

```
user$  setfacl -m gabi:rw datei1
user$  setfacl -m g:docuteam:rw datei1
user$  setfacl -m kathrin:- datei1
```

Die Rechteliste von getfacl ist nun schon etwas länger. ls zeigt nun bei den Zugriffsrechten für Gruppenmitglieder die ACL-Maske an. Den Zugriffsbuchstaben folgt das Zeichen +, um darauf hinzuweisen, dass es ACL-Regeln gibt.

```
user$  getfacl datei1
# file: datei1
# owner: kofler
# group: kofler
user::rw-
user:gabi:rw-
user:kathrin:---
group::r--
group:docuteam:rw-
mask::rw-
other::r--
user$  ls -l datei1
-rw-rw-r--+ 1 kofler kofler ... datei1
```

Eine typische Anwendung von ACLs besteht darin, dass Sie einem bestimmten Benutzer Zugriff auf Ihre Dateien geben möchten, ohne die Dateien aber gleich allen anderen Benutzern (einer bestimmten Gruppe) zugänglich zu machen. Normalerweise müssten Sie nun den Administrator bitten, dass er eine neue Gruppe einrichtet, der Sie und der oder die weiteren Benutzer angehören, mit denen Sie die Dateien gemeinsam bearbeiten möchten. Mit ACL führen Sie einfach `setfacl -m benutzer:rw datei` aus.

ACL-Maske

Die ACL-Maske limitiert die Rechte, die durch ACL-Regeln gegeben werden. Wenn Sie die ACL-Maske beispielsweise auf r stellen, kann keine ACL-Regel einem Benutzer Schreib- oder Ausführrechte geben. Die ACL-Maske hat also Vorrang gegenüber den ACL-Regeln. Sie hat allerdings keinen Einfluss auf die Rechte, die sich durch die herkömmlichen Zugriffsrechte für den Besitzer der Datei bzw. für Gruppenmitglieder der Datei ergeben.

Bei jeder Änderung einer ACL-Regel durch setfacl wird die Maske automatisch so neu berechnet, dass alle anderen ACL-Regeln erfüllt werden können. Diese Maske wird von getfacl angezeigt und auch bei `ls -l` berücksichtigt.

Sie können die Maske durch `setfacl -m m:`*`rwx`*` datei` explizit einstellen und so die ACL-Rechte limitieren. Beachten Sie aber, dass Ihre eigene Maske nur so lange gilt, bis Sie eine neue ACL-Regel definieren. Dadurch wird die ACL-Maske automatisch neu berechnet (es sei denn, Sie verhindern das durch die Option -n.

Standard-ACL

Für Verzeichnisse können Sie einen zweiten Satz Regeln für die Standard-ACL festlegen. Die Standard-ACL steuert nicht den Zugriff auf das Verzeichnis, sondern gilt als Muster für neue Dateien. Jede Datei, die innerhalb des Verzeichnisses neu erzeugt wird, erbt gewissermaßen die Standard-ACL des Verzeichnisses. Bei vielen ACL-Anwendungen dient ein neues Verzeichnis mit einer geschickt gewählten Standard-ACL als Ausgangspunkt.

ACL-Kompatibilität

Das größte Hindernis für die weitere Verbreitung von ACLs besteht darin, dass viele Standardkommandos und nahezu alle Anwendungsprogramme ACLs einfach ignorieren. Wenn Sie eine Datei mit ACL-Regeln mit cp einfach kopieren, hat die Kopie alle ACL-Regeln verloren. Dasselbe gilt, wenn Sie die Datei mit einem Editor, mit OpenOffice oder mit Gimp öffnen und unter einem anderen Namen speichern. Bei cp schafft die Option -p Abhilfe, aber bei den meisten anderen Kommandos und Programmen fehlen vergleichbare Optionen bzw. ein ACL-konformes Verhalten.

Problematisch sind auch Backups. tar und rsync eliminieren ACL-Regeln. Das Dateisystem von CDs und DVDs sieht keine ACLs vor, sodass diese Informationen auch dort verloren gehen. Es bestehen zwei Auswege: Entweder setzen Sie statt tar die ACL-kompatible Variante star ein, oder Sie erzeugen vor dem Backup eine zusätzliche Textdatei, die die ACL-Regeln aller Dateien enthält. Nach dem Backup stellen Sie die ACL-Regeln anhand dieser Datei wieder her.

```
user$  getfacl -R --skip-base . > acl-backup     (ACL-Regeln speichern)
user$  setfacl --restore=acl-backup              (ACL-Regeln wiederherstellen)
```

Extended Attributes

setfattr und getfattr

Die folgenden Beispiele zeigen, wie Sie mit setfattr Attribute speichern und diese mit getfattr auslesen. Die Anzahl der Attribute pro Datei in ext3-Dateisystemen ist beschränkt.

```
user$  touch datei2
user$  setfattr -n user.language -v de datei2
user$  setfattr --name=user.charset --value=utf8 datei2
user$  getfattr -d datei2
# file: datei2
user.charset="utf8"
user.language="de"
```

getfattr liefert normalerweise nur Attribute, deren Name mit »user.« beginnt. Wenn Sie andere Attribute sehen möchten, müssen Sie deren Namen durch -n oder deren Muster durch -m angeben.

```
user$  getfattr -n security.selinux -d tst
# file: tst
security.selinux="user_u:object_r:user_home_t:s0^000"
```

EA-Kompatibilität

Es gibt momentan leider kaum Programme, die Extended Attributes beim Kopieren, Archivieren etc. erhalten. Selbst cp -p ignoriert die Attribute. Bei Backups gehen Sie am besten ähnlich wie bei ACLs so vor, dass Sie vor dem Backup eine Datei mit allen EAs erstellen. Anhand dieser Datei können Sie die EAs später wiederherstellen.

```
user$  getfattr -R . > ea-backup         (Attribute speichern)
user$  setfattr --restore=ea-backup      (Attribute wiederherstellen)
```

Capabilities

Zu den interessantesten Anwendungen von Extended Attributes gehört die Möglichkeit, bei ausführbaren Dateien anzugeben, welche Operationen für das Programm zulässig sind (also welche »Capabilities« das Programm hat). Das würde es erlauben, weniger Programme mit dem Setuid-Bit zu kennzeichnen (siehe auch Seite 294) und auf diese Weise die Sicherheit von Linux-Distributionen zu erhöhen. Leider gibt es zurzeit keine gängige Distribution, die von diesen Möglichkeiten auch Gebrauch macht.

Damit Capabilities funktionieren, müssen drei Voraussetzugen erfüllt sein:

Voraussetzungen

» Es muss ein ausreichend aktueller Kernel vorliegen (zumindest Version 2.6.24), wobei beim Kompilieren die Capabilities-Optionen aktiviert wurden (`CONFIG_SECURITY_CAPABILITIES` und `CONFIG_SECURITY_FILE_CAPABILITIES`).

» Die Bibliothek `libcap` muss installiert sein (`/lib/libcap*` oder `/lib64/libcap*`).

» Das Dateisystem muss EAs unterstützen, weil die Capability-Daten in Form von EAs gespeichert werden. Bei ext-Dateisystemen muss daher die mount-Option `user_xattr` verwendet werden.

Bei den meisten Distributionen sind die ersten zwei Voraussetzungen standardmäßig erfüllt. Der dritte Punkt erfordert in der Regel eine Änderung von `/etc/fstab`. Weitere Grundlagen zu Capabilities können Sie hier nachlesen:

http://lwn.net/Articles/313047/
http://www.friedhoff.org/posixfilecaps.html

getcap und setcap

Um Capabilities zu administrieren, benötigen Sie die Kommandos `getcap` und `setcap`. Sie müssen bei vielen Distributionen extra installiert werden (Paket `libcap-ng-utils`). Das folgende Beispiel (das ich aus dem unten angegebenen LWN-Artikel entnommen habe) demonstriert die Anwendung von Capabilities: Das Netzwerkkommando `ping` ist bei den meisten Distributionen mit dem `setuid`-Bit ausgestattet, sodass es von gewöhnlichen Benutzern verwendet werden kann. Sobald Sie dieses Bit löschen, kann nur noch root mit `ping` arbeiten:

```
root#  chmod u-s /bin/ping
user$  ping yahoo.de
ping: icmp open socket: Die Operation ist nicht erlaubt
```

Anstatt nun das unsichere `setuid`-Bit wieder zu setzen, reicht es auch, dem Kommando `ping` mit `setcap` den Zugriff auf Netzwerkfunktionen des Kernels zu geben. Mit `getcap` können Sie nachsehen, welche Capabilities ein Kommando hat.

```
root#  setcap cap_net_raw=ep /bin/ping
root#  getcap /bin/ping
/bin/ping = cap_net_raw+ep
```

12.11 Linux-Verzeichnisstruktur

Filesystem Hierarchy Standard

Ein typisches Unix-System besteht aus Tausenden von Dateien. Während der Entwicklung von Unix haben sich bestimmte Regeln herauskristallisiert, in welchen Verzeichnissen welche Dateien normalerweise gespeichert werden. Diese Regeln wurden an die Besonderheiten von Linux angepasst und in einem eigenen Dokument zusammengefasst: dem Filesystem Hierarchy Standard (FHS). Die meisten Linux-Distributionen halten sich bis auf wenige Ausnahmen an diesen Standard.

http://www.pathname.com/fhs/

Die in diesem Abschnitt zusammengefassten Informationen geben eine erste Orientierungshilfe (mehr nicht!). Dabei wurde nicht nur der FHS berücksichtigt, sondern auch die Gepflogenheiten populärer Linux-Distributionen.

Das Dateisystem beginnt mit dem Wurzelverzeichnis. Es enthält im Regelfall keine Dateien, sondern nur die folgenden Verzeichnisse:

/bin enthält elementare Linux-Kommandos zur Systemverwaltung, die von allen Benutzern ausgeführt werden können. Weitere Programme befinden sich in /usr/bin.

/boot enthält Dateien, die zum Booten des Systems (im Regelfall durch GRUB) verwendet werden. Bei den meisten Distributionen befindet sich hier auch der Kernel.

/dev enthält alle Device-Dateien. Auf fast alle Hardware-Komponenten – etwa die serielle Schnittstelle oder eine Festplattenpartition – wird über sogenannte Device-Dateien zugegriffen (eigentlich sind es keine richtigen Dateien). Mehr Informationen zur Nomenklatur der Device-Dateien finden Sie auf Seite 304.

/etc enthält Konfigurationsdateien für das ganze System. Innerhalb von /etc gibt es eine Menge Unterverzeichnisse, die die Konfigurationsdateien in Gruppen ordnen – z. B. /etc/X11 für alle X-spezifischen Dateien. Viele Dateien aus /etc sind in den Konfigurationskapiteln dieses Buchs beschrieben. Werfen Sie auch einen Blick in das Stichwortverzeichnis (Buchstabe E)!

/home enthält die Heimatverzeichnisse aller regulären Linux-Anwender. Das Heimatverzeichnis ist jenes Verzeichnis, in dem sich der Anwender nach dem Einloggen automatisch befindet und auf dessen Dateien er uneingeschränkte Zugriffsrechte hat. (Ein Sonderfall ist wie so oft root: Dessen Heimatverzeichnis ist /root.)

/lib[64] enthält einige gemeinsame Bibliotheken (Shared Libraries) oder symbolische Links darauf. Die Dateien werden zur Ausführung von Programmen benötigt. /lib/modules enthält Kernelmodule, die im laufenden Betrieb dynamisch aktiviert bzw. deaktiviert werden. Weitere Bibliotheken befinden sich in /usr/lib[64]. Das Verzeichnis /lib/firmware enthält die Firmware diverser Hardware-Komponenten (z. B. WLAN-Controller).

/lost+found ist normalerweise leer. Enthält es doch Dateien, dann handelt es sich um Dateifragmente, die beim Versuch, das Dateisystem zu reparieren (fsck), nicht mehr zugeordnet werden konnten. (Mit anderen Worten: Es wurden Sektoren gefunden, aber es ist unklar, zu welcher Datei der Sektor einmal gehört hat.) Anstatt derartige Dateifragmente einfach zu löschen, kopiert fsck diese in das lost+found-Verzeichnis. fsck wird automatisch während des Systemstarts ausgeführt, wenn Linux nicht ordnungsgemäß beendet wurde (Stromausfall, Absturz etc.) oder wenn das Dateisystem längere Zeit nicht mehr überprüft wurde. Das Ziel von fsck ist es, das Dateisystem wieder in einen klar definierten Zustand zu bringen.

/media enthält Unterverzeichnisse wie cdrom oder floppy, an deren Stelle externe Dateisysteme eingebunden werden. Traditionell war hierfür /mnt üblich, mittlerweise hat sich aber /media durchgesetzt.

/opt ist für Zusatzpakete vorgesehen, wird von den gängigen Distributionen aber nur selten genutzt – vermutlich deswegen, weil unklar ist, wie sich Zusatzpakete von normalen Paketen unterscheiden.

/proc enthält Unterverzeichnisse für alle laufenden Prozesse. Es handelt sich hierbei nicht um echte Dateien! Das /proc-Verzeichnis spiegelt lediglich die Linux-interne Verwaltung der Prozesse wider (siehe Seite 733).

/root enthält die Dateien des Benutzers root (also des Systemadministrators).

/sbin enthält Kommandos zur Systemverwaltung. Ein gemeinsames Merkmal aller darin gespeicherten Programme ist, dass sie nur von root ausgeführt werden dürfen.

/share enthält manchmal architekturunabhängige Dateien (also Dateien, die unabhängig vom Prozessor sind). Der korrekte Ort ist eigentlich /usr/share.

/srv enthält bei einigen Distributionen Daten für Server-Prozesse, z. B. /srv/www für alle Apache-Dokumente, /srv/ftp für FTP-Dateien etc.

/run enthält bei vielen aktuellen Distributionen Dateien mit den Prozess-IDs sowie weiteren Informationen von manchen Systemdiensten. In der Vergangenheit wurden diese Dateien im Verzeichnis /var/run gespeichert.

Das Unterverzeichnis /run/lock/ enthält Locking-Dateien. Bei älteren Distributionen finden Sie die Locking-Dateien stattdessen in /var/lock.

/sys enthält ab Kernel 2.6 das sysfs-Dateisystem (siehe auch Seite 582). Es liefert (wie das proc-Dateisystem) Informationen über den Zustand des Rechners.

/tmp enthält temporäre Dateien. Oft werden temporäre Dateien aber auch in /var/tmp gespeichert.

/usr enthält alle Anwendungsprogramme, das komplette X-System, die Quellcodes zu Linux etc. Der Inhalt dieses Verzeichnisses ändert sich normalerweise nur bei Paketinstallationen und Updates. Veränderliche Dateien befinden sich in /var.

/var enthält veränderliche Dateien. Wichtige Unterverzeichnisse sind adm (distributionsabhängige Administrationsdateien), lock (Locking-Dateien zum Zugriffsschutz auf Devices), log (Logging-Dateien), mail (E-Mail-Dateien, oft auch in spool/mail), run (Dateien mit Prozess-IDs von manchen Systemdiensten) und spool (zwischengespeicherte Druckdateien, News-Dateien etc.).

Die grundsätzliche Struktur der Verzeichnisse auf Wurzelebene ist also recht gut zu verstehen. Die Probleme beginnen erst mit der Unterteilung von /usr und /var in zahllose Unterverzeichnisse. Prinzipiell werden dabei viele Verzeichnisse gleich benannt wie in der Wurzel-Ebene – etwa bin für ausführbare Programme.

Dabei tritt das Problem auf, dass es mehrere Gruppen ausführbarer Programme gibt: textorientierte Kommandos, X-Programme etc. Dementsprechend viele Möglichkeiten bestehen, diese Programme zu verstecken. Aus historischen Gründen werden durch Links oft mehrere parallele Pfade verwaltet. So führt /usr/bin/X11 zu denselben Programmen wie /usr/X11R6/bin (und beide Pfade sind logisch bzw. historisch begründbar).

Eine vollständige Beschreibung der Verzeichnisstruktur ist von vornherein ausgeschlossen. Tabelle 12.8 gibt aber zumindest eine kurze Beschreibung der Unterverzeichnisse von /usr.

VERZEICHNIS	INHALT
/usr/bin	ausführbare Programme
/usr/games	Spiele; evtl. Link auf /usr/share/games
/usr/include	C-Include-Dateien
/usr/lib[64]	diverse Libraries, außerdem zahllose Unterverzeichnisse für C-Compiler, diverse andere Programmiersprachen, große Programmpakete wie emacs oder LaTeX etc.
/usr/local	Anwendungen und Dateien, die nicht unmittelbar zur Linux-Distribution gehören oder später installiert wurden
/usr/sbin	nur von root ausführbare Programme
/usr/share	architekturunabhängige Daten (z. B. Emacs-Lisp-Dateien, Ghostscript-Zeichensätze etc.), Dokumentation (/usr/share/doc)
/usr/src	Quellcode zu Linux und eventuell zu anderen Programmen)

Tabelle 12.8: **/usr-Verzeichnisse**

12.12 Device-Dateien

Im Linux-Dateisystem werden nicht nur Dateien und Verzeichnisse verwaltet, sondern auch sogenannte Devices. Dabei handelt es sich um speziell gekennzeichnete Dateien, in denen keine Daten gespeichert werden, sondern die vielmehr eine Verbindung zum Linux-Kernel herstellen.

Major und Minor Device Number

Devices ermöglichen den Zugriff auf viele Hardware-Komponenten des Rechners, also etwa auf Festplatten, Diskettenlaufwerke, serielle und parallele Schnittstellen, den Arbeitsspeicher (RAM) etc. Devices sind durch drei Informationen charakterisiert: die Major Device Number, die Minor Device Number und den Typ des Zugriffs (block- oder zeichenorientiert).

Die Major Device Number gibt an, welcher Treiber des Linux-Kernels für die Verwaltung zuständig ist. Die meisten Treiber sind mit ihrer Major Device Number auf der folgenden Seite aufgelistet:

http://www.kernel.org/doc/Documentation/devices.txt

Bei vielen Treibern dient die Minor Device Number zur Differenzierung zwischen verschiedenen (verwandten) Einzelgeräten – etwa beim Treiber für Festplatten zwischen unterschiedlichen Partitionen.

Der Zugriffstyp gibt an, ob die Geräte gepuffert sind (das ist bei allen blockorientierten Geräten wie Festplatten etc. der Fall) oder nicht (zeichenorientierte Geräte wie serielle oder parallele Schnittstellen).

Wenn Sie mit `ls -l` das Inhaltsverzeichnis von /dev betrachten, werden statt der Dateigröße die Device-Nummern (Major und Minor) ausgegeben. Das erste Zeichen der Zugriffsbits lautet b oder c (block- oder zeichenorientiert).

```
user$  ls -l /dev/sda?
brw-rw---- 1 root root 8, 1 2010-02-02 10:39 /dev/sda1
brw-rw---- 1 root root 8, 2 2010-02-02 10:39 /dev/sda2
...
```

Interna

Linux-intern befinden sich im /dev-Verzeichnis nur sogenannte Inodes (das sind die kleinsten Verwaltungseinheiten eines Dateisystems), aber keine richtigen Dateien. Neue Device-Dateien können mit dem Kommando `mknod` eingerichtet werden. In der Praxis ist das aber selten notwendig, weil sich das udev-System automatisch darum kümmert (siehe unten).

Die Major und Minor Device Number werden seit Kernel 2.6 zu einer 64-Bit-Zahl zusammengesetzt. (Bis Kernel 2.4 waren dafür nur 32 Bit vorgesehen.)

Auf viele Devices dürfen aus Sicherheitsgründen nur `root` bzw. die Mitglieder einer bestimmten Gruppe zugreifen. Um auch anderen Benutzern Zugriff auf diese Devices zu ermöglichen, fügen Sie den Benutzer dieser Gruppe hinzu.

Einige Device-Dateien haben eine besondere Funktion: So dient `/dev/null` als »schwarzes Loch«, an das Daten gesendet werden können, die dort für immer verschwinden (etwa zur Umleitung von Kommandoausgaben, die nicht angezeigt werden sollen). `/dev/zero` ist eine unerschöpfliche Quelle von 0-Bytes, die manchmal dazu verwendet wird, Dateien bis zu einer vorgegebenen Größe mit Nullen zu füllen. `/dev/random` und `/dev/urandom` liefern zufällige Zahlen.

udev-System

In der Vergangenheit erzeugten Distributionen während der Installation eine riesige Anzahl von Device-Dateien. (Bei Red Hat 9 gab es beispielsweise beinahe 8000 derartige Dateien!) Tatsächlich genutzt werden höchstens ein paar Hundert Dateien – aber es sind eben auf jedem Rechner, je nach Hardware-Ausstattung, andere Device-Dateien.

Abhilfe schafft seit Kernel 2.6 das udev-System. Das Hintergrundprogramm `udevd` erkennt alle mit dem Rechner verbundenen Hardware-Komponenten und erzeugt die erforderlichen Device-Dateien nach Bedarf. `udevd` wird am Beginn des Init-V-Prozesses gestartet. Die Konfiguration erfolgt durch die Dateien des Verzeichnisses `/etc/udev`.

Das udev-System funktioniert an sich ausgezeichnet und kommt auch mit externen Festplatten, Memory-Sticks und diversen anderen Hardware-Komponenten zurecht, die im laufenden Betrieb angeschlossen und wieder gelöst werden. Das größte Problem des udev-Systems besteht darin, dass das Einrichten der Device-Dateien während des Rechnerstarts relativ lange dauert (mehrere Sekunden). Da ein Teil der Device-Dateien für den weiteren Verlauf des Starts erforderlich sind (insbesondere zum Zugriff auf Festplatten und Netzwerkschnittstellen), lässt sich udev nur schwer auf später verschieben bzw. im Hintergrund ausführen.

Im Zuge der Bemühungen, Linux schneller zu starten, gibt es deswegen Überlegungen, udev durch ein effizienteres System zu ersetzen oder (zumindest teilweise) zu einer statischen Konfiguration zurückzukehren. Das im folgenden Artikel beschriebene `devtmpfs`-System steht ab Kernel 2.6.32 zur Verfügung. Es bleibt abzuwarten, wie weit die Distributionen es nutzen werden.

http://lwn.net/Articles/331818/

Eine genaue Erklärung der Benennung und Nummerierung von hd- bzw. sd-Devices für IDE- bzw. SATA/SCSI/USB/Firewire-Geräte finden Sie auf Seite 566. Eine vollständige Beschreibung aller unter Linux zurzeit definierten Devices samt der dazugehörigen Device-Nummern finden Sie auf der folgenden, schon erwähnten Seite:

http://www.kernel.org/doc/Documentation/devices.txt

DEVICE	BEDEUTUNG
/dev/cdrom	Link auf das CD-ROM-Device
/dev/console	das gerade aktive virtuelle Terminal
/dev/disk/*	zusätzliche Links auf Festplatten- und Partitions-Devices
/dev/dri/*	Direct Rendering Infrastructure (3D-Grafik mit X)
/dev/dsp*	Zugang zur Soundkarte (Digital Sampling Device)
/dev/fb*	Frame Buffer (Grafikkarte)
/dev/hd*	IDE-Laufwerke (Festplatten, CD- und DVD-Laufwerke)
/dev/input/*	Maus und Joystick
/dev/kbd	Tastatur (PS/2)
/dev/kmem	Speicher (RAM) im Core-Format (für Debugger)
/dev/lp*	parallele Schnittstellen für Drucker etc.
/dev/mapper	Mapping-Dateien für LVM, Krypto-Container etc.
/dev/md*	Meta-Devices (RAID etc.)
/dev/mem	Speicher (RAM)
/dev/mixer*	Zugang zur Soundkarte
/dev/port	IO-Ports
/dev/pts/*	virtuelle Terminals gemäß Unix 98
/dev/ptyp*	virtuelle Terminals unter X (Master)
/dev/ram	RAM-Disk
/dev/raw1394	direkter Zugriff auf Firewire-Geräte
/dev/sd*	SCSI/SATA/USB/Firewire-Festplatten
/dev/scd*	SCSI/SATA/USB/Firewire-CD/DVD-Laufwerke
/dev/shm	POSIX Shared Memory
/dev/snd	ALSA-Sound (Link auf /proc/asound/dev)
/dev/scd*	SCSI/SATA/USB/Firewire-CD/DVD-Laufwerke
/dev/tty*	virtuelle Terminals im Textmodus
/dev/ttyp*	virtuelle Terminals unter X (Slave)
/dev/ttyS*	serielle Schnittstellen (Modem, Maus etc.)
/dev/usb/*	USB-Geräte (siehe auch /proc/bus/usb)

Tabelle 12.9: **Wichtige Device-Dateien**

13. Prozessverwaltung

Dieses Kapitel beschreibt, wie Linux mit Prozessen umgeht. Im Verlauf dieses Kapitels lernen Sie,

- welche Möglichkeiten es gibt, Programme zu starten und (zur Not auch gewaltsam) wieder zu beenden,
- wie Sie ein Programm als gewöhnlicher Benutzer ausführen, als wären Sie root,
- was Dämonen sind und
- wie Sie Programme zu bestimmten Zeiten automatisch starten können.

13.1 Prozesse starten, verwalten und stoppen

Programme, Kommandos, Prozesse, Tasks

In diesem Kapitel ist überwiegend von Prozessen die Rede. Aber fast immer könnten Sie das Wort »Prozess« durch »Programm« oder »Kommando« oder auch durch »Task« ersetzen. (Linux-intern gibt es übrigens keine Unterscheidung zwischen einem Programm oder einem Kommando. Umgangssprachlich werden textorientierte Programme wie `ls` aber oft als Kommandos bezeichnet.)

Genau genommen handelt es sich bei einem Programm bzw. einem Kommando um eine ausführbare Datei. Eine Programmdatei unterscheidet sich von anderen Dateien nur dadurch, dass das Zugriffsbit x gesetzt ist (siehe auch Seite 292).

Bei den beiden folgenden Dateien handelt es sich bei `server.tex` um eine Datendatei und bei `sichere` um ein Programm. (Genau genommen handelt es sich um ein einfaches Shell-Script, das ein Backup durchführt. Die Programmierung von Shell-Scripts wird in Kapitel 18.8 beschrieben.) In diesem Fall sind beides Textdateien, aber nur `sichere` ist ausführbar, weil dort die Zugriffsbits x gesetzt sind.

```
user$ ls -l s*
-rw-r--r--    1 kofler   users      180383 Apr 24 10:20 server.tex
-rwxr-xr-x    1 kofler   users         222 Jun  6 10:58 sichere
```

Erst durch den Start einer gleichsam leblosen Programmdatei wird diese zu einem lebendigen Prozess (Synonym »Task«), der vom Linux-Kernel verwaltet wird. So gesehen müsste die Überschrift dieses Abschnitts eigentlich lauten: *Programme und Kommandos starten, Prozesse verwalten und stoppen.*

***.exe-Dateien**

Hin und wieder taucht die Frage auf, wo denn unter Linux die `*.exe`-Dateien sind. Bis vor einigen Jahren hieß die richtige Antwort: Es gibt keine `*.exe`-Dateien. Ausführbare Programme werden unter Linux dadurch gekennzeichnet, dass das Zugriffsbit x gesetzt ist. Damit wird die Datei als ausführbar (*executable*) gekennzeichnet. Die von Windows bekannte Dateikennung `*.exe` ist somit überflüssig.

Mittlerweile ist diese Antwort insofern nicht mehr ganz richtig, als es auf vielen Linux-Systemen tatsächlich vereinzelte `*.exe`-Dateien gibt. Dabei handelt es sich um Programme, die in der Programmiersprache C# entwickelt wurden und die zur Ausführung auf die Mono-Bibliothek zurückgreifen. Die Mono-Bibliothek ist wiederum eine Open-Source-Implementierung des .NET Frameworks von Microsoft. Weitere Informationen zu Mono finden Sie auf Seite 513.

Programme starten

Programmstart unter X

Unter X starten Sie Programme im Regelfall über ein Menü oder durch das Anklicken eines Icons. KDE und Gnome bieten mit dem Tastenkürzel [Alt]+[F2] eine weitere Möglichkeit, Programme rasch zu starten.

Textkonsole, Shell-Fenster

Alternativ können Sie Programme auch in einem Shell-Fenster (z. B. `xterm`, `konsole` etc.) oder in einer Textkonsole starten. Dazu geben Sie einfach den Namen des Programms ein und drücken [↵]. Gerade Linux-Profis wählen oft diesen Weg, weil das Eintippen der paar Buchstaben meist schneller geht als die Suche des Programms in verzweigten Menüs.

Normalerweise reicht es aus, wenn Sie einfach den Namen des Programms angeben. Der Shell-Interpreter sucht das Programm dann in allen Verzeichnissen, die in der Umgebungsvariable `PATH` angegeben sind. Die folgenden Zeilen zeigen eine typische Einstellung dieser Variable:

```
user$ echo $PATH
  /usr/local/sbin:/usr/local/bin:/usr/sbin:/usr/bin:/sbin:/bin:/usr/games
```

Wenn Sie ein Programm starten möchten, das sich in keinem dieser Verzeichnisse befindet, müssen Sie den vollständigen Pfad angeben. Das gilt auch für Programme im gerade aktuellen Verzeichnis! Hier wird der Pfad einfach durch einen Punkt angegeben (also beispielsweise `./meinprogramm`).

Vordergrund- und Hintergrundprozesse

Wenn Sie Programme unter X per Menü starten, laufen diese selbstverständlich als sogenannte Hintergrundprozesse, ohne sich gegenseitig zu behindern. Sie können also weitere Programme starten, ohne auf das Ende der bisher gestarteten Programme warten zu müssen.

Ganz anders ist das Verhalten, wenn Sie ein Programm in einer Textkonsole bzw. einem Shell-Fenster ausführen. Das Programm wird als Vordergrundprozess gestartet. Bevor Sie das nächste Kommando eingeben können, müssen Sie auf das Ende des zuletzt gestarteten Programms warten.

Aber auch in Textkonsolen oder Shell-Fenstern können Sie Programme im Hintergrund starten. Dazu geben Sie einfach am Ende des Kommandos das Zeichen & an:

```
user$ emacs &
```

Wenn Sie & vergessen haben, können Sie das Programm auch nachträglich in einen Hintergrundprozess umwandeln. Unterbrechen Sie die Programmausführung mit [Strg]+[Z], und setzen Sie das Programm mit bg fort:

```
user$  emacs
<Strg>+<Z>
[1]+  Stopped   emacs
user$  bg
[1]+ emacs &
```

Wenn Sie statt bg das Kommando fg verwenden, wird das Programm als Vordergrundprozess fortgesetzt.

Bei manchen Kommandos stören bei der Hintergrundausführung diverse Textausgaben. Diese können Sie aber leicht unterdrücken, indem Sie sie nach /dev/null umleiten. Beispielsweise wird durch das folgende Kommando ein USB-Stick im Hintergrund formatiert:

```
root#  mkfs.ext3 /dev/sdc > /dev/null &
```

Liste aller laufenden Prozesse (ps, top)

ps

Eine Liste der zurzeit laufenden Prozesse können Sie sehr einfach mit ps erzeugen. Ohne Optionen zeigt ps nur Ihre eigenen Prozesse an – und nur solche, die aus Textkonsolen bzw. Shell-Fenstern gestartet wurden. ps kann durch zahllose Optionen gesteuert werden. Im folgenden Beispiel wurde die Liste aller Prozesse aus Platzgründen stark gekürzt:

```
user$  ps ax
  PID TTY      STAT   TIME COMMAND
    1 ?        S      0:00 init [5]
    2 ?        SN     0:00 [ksoftirqd/0]
 ...
 3064 pts/2    S      0:39 emacs command.tex
 3151 pts/2    S+     1:23 /bin/sh ./lvauto
 3735 pts/4    S      0:00 su -l
 3740 pts/4    S+     0:00 -bash
```

top

Praktischer als ps ist meist top: Dieses Kommando ordnet die Prozesse danach, wie sehr sie die CPU belasten, und zeigt die gerade aktiven Prozesse zuerst an. Das Programm gibt auch einen Überblick über den aktuellen Speicherbedarf etc. Die Prozessliste wird alle paar Sekunden aktualisiert, bis das Programm mit [Q] beendet wird. Die folgenden Zeilen zeigen ein System im Leerlauf:

```
top - 14:45:38 up  6:56,  3 users,  load average: 0.73, 0.55, 0.32
Tasks: 187 total,   1 running, 186 sleeping,   0 stopped,   0 zombie
Cpu(s):  2.7%us,  1.1%sy,  0.2%ni, 95.3%id,  0.6%wa,  0.1%hi,  0.1%si,  0.0%st
Mem:   6006012k total,  3043980k used,  2962032k free,   213476k buffers
Swap:  3903480k total,        0k used,  3903480k free,  1269644k cached

  PID USER      PR  NI  VIRT  RES  SHR S %CPU %MEM    TIME+  COMMAND
 6645 kofler    20   0  935m 628m  51m S    4 10.7   5:06.99 VirtualBox
 4118 kofler    20   0  364m  47m  18m S    2  0.8   3:31.16 compiz.real
12602 kofler    20   0  391m  19m  13m S    2  0.3   0:39.50 mplayer
    1 root      20   0  4104  924  632 S    0  0.0   0:00.83 init
    2 root      15  -5     0    0    0 S    0  0.0   0:00.00 kthreadd
  ...
```

Der Wert in der PID-Spalte gibt die Prozessnummer an. Wenn Sie diese Nummer kennen, können Sie außer Kontrolle geratene Programme oder Hintergrundprozesse mit dem Kommando `kill` gewaltsam stoppen.

Prozesse können verschiedene Zustände annehmen. Die zwei häufigsten Zustände sind R (*running*) und S (*sleeping*, das Programm hat also gerade nichts zu tun und wartet auf Eingaben). Programme können auch vorübergehend unterbrochen werden und weisen dann den Zustand T (*stopped*) auf.

`top` nimmt auch interaktiv Kommandos entgegen. Damit können Sie Prozesse stoppen ([K], `kill`) oder ihre Priorität verändern ([R], `renice`).

htop

Eine wesentlich komfortablere Alternative zu `top` ist das Kommando `htop`, das bei den meisten Distributionen separat installiert werden muss. Es erlaubt unter anderem ein horizontales und vertikales Scrollen in der Prozessliste.

iotop

Wenn Sie nicht die CPU- und Speicherauslastung, sondern die Zugriffe auf Festplatten und andere Datenträger verfolgen möchten, starten Sie statt `top` das Kommando `iotop`. Mit der Option `-o` schränken Sie die Ausgabe auf Prozesse ein, die tatsächlich IO-Aktivität verursachen. `-u` beschränkt die Ausgabe auf eigene Prozesse. (`iotop` ist Bestandteil des gleichnamigen Pakets, das in der Regel extra installiert werden muss.)

Grafische Varianten zu top

Zu den textbasierten Kommandos `top` und `htop` gibt es natürlich auch grafische Alternativen, z. B. `ksysguard` (KDE) oder `gnome-system-monitor` (Gnome).

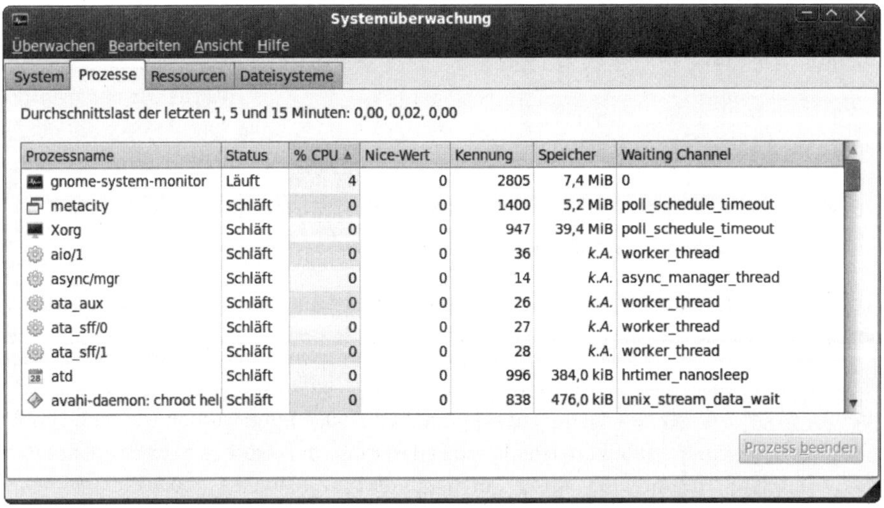

Abbildung 13.1: **Prozessübersicht mit gnome-system-monitor**

Prozessnummer ermitteln

Wenn Sie den Programmnamen wissen und die dazugehörende Prozessnummer (PID) ermitteln möchten, hilft `pidof`. Wenn es mehrere Prozesse mit dem gleichen Namen gibt, liefert `pidof` eine ganze Liste von Nummern:

```
root# pidof nscd
1777 1776 1775 1774 1765 1763 1753
```

Manchmal ist es auch nützlich, festzustellen, welche Programme auf eine bestimmte Datei oder ein Verzeichnis zugreifen. Die entsprechenden Prozessnummern können Sie mit fuser feststellen. Ein Verzeichnis gilt auch dann als benutzt, wenn darin ein Programm gestartet wurde. Das folgende Kommando zeigt, dass die Shell bash das Verzeichnis /media/dvd nutzt:

```
root#  fuser -v /media/dvd
                     USER        PID ACCESS COMMAND
/media/dvd           kofler     2183 ..c..  bash
                     root     Kernel mount  /media/dvd
```

Beachten Sie, dass ein Dateizugriff nur festgestellt werden kann, wenn das Programm die Datei wirklich geöffnet hat. Das ist bei einem Texteditor beispielsweise nicht der Fall. (Der Editor hat die Datei zum Laden geöffnet, dann aber wieder geschlossen. Zum Speichern öffnet er die Datei wiederum nur für kurze Zeit.)

PID-Dateien

Manche Hintergrundprozesse speichern im Verzeichnis /var/run eine PID-Datei (z. B. /var/run/httpd.pid). Diese Datei enthält in der ersten Zeile die Prozessnummer; weitere Zeilen können Zusatzinformationen wie die Netzwerkschnittstelle enthalten. PID-Dateien ermöglichen das gezielte Beenden eines bestimmten Prozesses durch ein Init-V-Script (siehe Seite 692), und zwar auch dann, wenn es mehrere gleichnamige Prozesse gibt.

Prozesshierarchie

Intern wird mit jedem Prozess auch die PID-Nummer des Elternprozesses gespeichert. Diese Information ermöglicht die Darstellung eines Prozessbaums, an dessen Spitze immer der Prozess init steht. init ist das erste Programm, das unmittelbar nach dem Laden des Kernels gestartet wird (siehe Seite 688).

Die Darstellung der Prozesshierarchie gelingt am einfachsten mit dem Kommando pstree. Mit der Option -h werden die Elternprozesse zum gerade laufenden Prozess fett hervorgehoben. In Abbildung 13.2 wurde pstree von einer bash-Shell in einem gnome-terminal-Fenster ausgeführt.

Prozesse gewaltsam beenden (kill, xkill)

Normalerweise endet ein Prozess mit dem Programmende. Aber leider kommt es auch unter Linux vor, dass Programme Fehler enthalten, sich nicht mehr stoppen lassen und womöglich immer mehr Speicher und CPU-Kapazität beanspruchen. In solchen Fällen muss der Prozess gewaltsam beendet werden. Bei textorientierten Kommandos hilft in den meisten Fällen einfach [Strg]+[C]. Damit wird das Programm sofort beendet.

kill

Das Kommando kill versendet Signale an einen laufenden Prozess, der durch die PID-Nummer spezifiziert wird. (Diese Nummer können Sie mit top oder ps ermitteln.) Um ein Programm »höflich« zu beenden, wird das Signal 15 verwendet. (kill verwendet dieses Signal per Default.) Hilft das nicht, muss das Signal 9 eingesetzt werden (hier für den Prozess 2725):

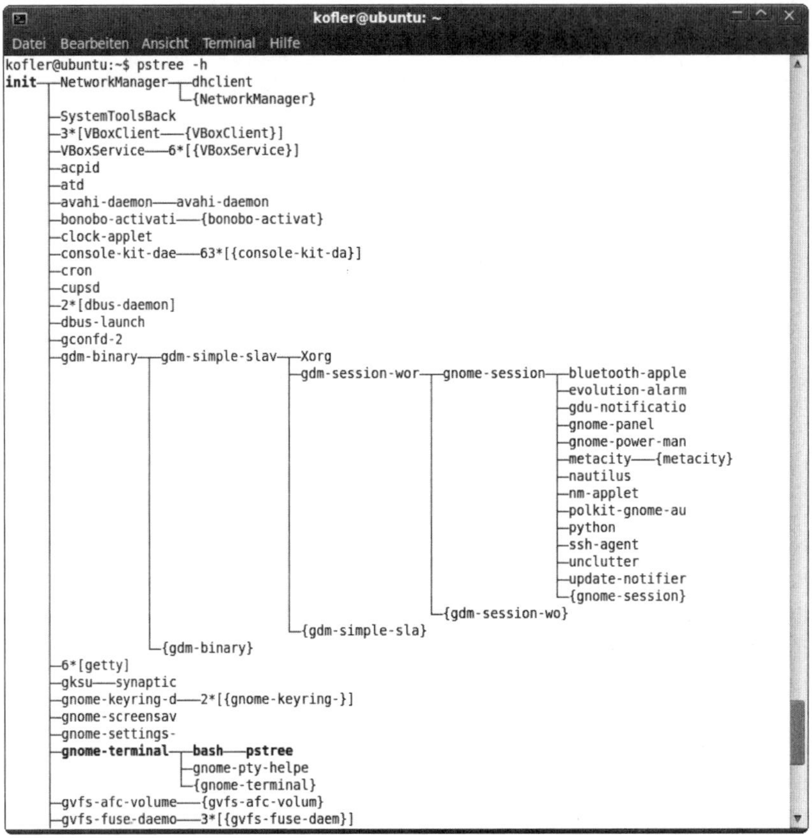

kofler@ubuntu: ~
Datei Bearbeiten Ansicht Terminal Hilfe
kofler@ubuntu:~$ pstree -h
init─┬─NetworkManager─┬─dhclient
└─{NetworkManager}
├─SystemToolsBack
├─3*[VBoxClient───{VBoxClient}]
├─VBoxService───6*[{VBoxService}]
├─acpid
├─atd
├─avahi-daemon───avahi-daemon
├─bonobo-activati───{bonobo-activat}
├─clock-applet
├─console-kit-dae───63*[{console-kit-da}]
├─cron
├─cupsd
├─2*[dbus-daemon]
├─dbus-launch
├─gconfd-2
├─gdm-binary─┬─gdm-simple-slav─┬─Xorg
├─gdm-session-wor─┬─gnome-session─┬─bluetooth-apple
├─evolution-alarm
├─gdu-notificatio
├─gnome-panel
├─gnome-power-man
├─metacity───{metacity}
├─nautilus
├─nm-applet
├─polkit-gnome-au
├─python
├─ssh-agent
├─unclutter
├─update-notifier
└─{gnome-session}
└─{gdm-session-wo}
└─{gdm-simple-sla}
└─{gdm-binary}
├─6*[getty]
├─gksu───synaptic
├─gnome-keyring-d───2*[{gnome-keyring-}]
├─gnome-screensav
├─gnome-settings-
├─gnome-terminal─┬─bash───pstree
├─gnome-pty-helpe
└─{gnome-terminal}
├─gvfs-afc-volume───{gvfs-afc-volum}
├─gvfs-fuse-daemo───3*[{gvfs-fuse-daem}]

Abbildung 13.2: **Prozessübersicht mit pstree**

```
user$ kill -9 2725
```

`kill` kann nur für eigene Prozesse verwendet werden. Nur root darf auch fremde Prozesse beenden.

top Auch mit top können Sie Prozesse beenden: Geben Sie einfach [K] und anschließend die Prozessnummer und das gewünschte Signal ein!

killall `killall` ist insofern bequemer, als keine Prozessnummer, sondern der Programmname angegeben werden kann. Allerdings werden nun *alle* Prozesse dieses Namens beendet.

```
root# killall -9 firefox
```

xkill Unter X geht es noch bequemer. Starten Sie in einem Shell-Fenster `xkill`, und klicken Sie einfach das Fenster des Programms an, das Sie beenden wollen. An den Prozess wird wiederum das Signal 9 gesandt.

Unter KDE können Sie `xkill` auch mit [Strg]+[Alt]+[Esc] starten. Wenn das irrtümlich passiert, können Sie `xkill` mit [Esc] abbrechen.

Hartnäckige Fälle

Manchmal wird durch xkill zwar das Fenster geschlossen, der Prozess oder Teile davon laufen aber weiter. Vergewissern Sie sich mit top bzw. mit ps, dass das Programm wirklich beendet ist. Zur Not müssen Sie mit kill -9 *n* nachhelfen.

Blockierte Tastatur oder Maus

Wirklich unangenehm wird es, wenn ein X-Programm nicht nur hängen bleibt, sondern dabei auch den Tastatur- und Maus-Focus an sich reißt oder X sonstwie blockiert. Der Rechner reagiert dann auf (fast) keine Eingaben mehr. In solchen Fällen hilft manchmal die magische Tastenkombination [Strg]+[Alt]+[F1] weiter, mit der der Wechsel in die erste Textkonsole erfolgt. Dort können Sie sich einloggen und das betreffende Programm mit top suchen und beenden.

Wenn die Tastatur vollständig blockiert ist, besteht immer noch die Möglichkeit, sich über ein Netzwerk via ssh einzuloggen und kill auf diese Weise auszuführen. Diese Variante ist natürlich nur möglich, wenn Sie in einem lokalen Netz arbeiten und auf dem lokalen Rechner sshd läuft.

Sollte X selbst nach dem Ende des Programms blockiert bleiben, können Sie versuchen, auch X gewaltsam zu beenden bzw. schließlich shutdown auszuführen. All diese Varianten sind besser als das Drücken der Reset-Taste, was zu Datenverlusten führen kann!

Prozessgröße beschränken

Bei Programmen, die über eine Shell gestartet werden (etwa bei allen Kommandos, die in einem Shell-Fenster ausgeführt werden), können Sie mit dem Shell-Kommando ulimit den maximalen Speicherverbrauch, die maximale Größe erzeugter Dateien etc. begrenzen. ulimit wird üblicherweise in /etc/profile eingestellt.

Verteilung der Rechenzeit (nice, renice)

Im alltäglichen Betrieb von Linux ist die Rechenkapazität meist mehr als ausreichend, um alle laufenden Prozesse ohne Verzögerungen auszuführen. Wenn Linux gerade mit rechenaufwendigen Prozessen beschäftigt ist – z. B. während des Kompilierens eines umfangreichen Programms –, versucht es, die zur Verfügung stehende Rechenzeit gerecht an alle Prozesse zu verteilen.

In manchen Fällen ist es sinnvoll, einem Prozess bewusst mehr oder weniger Rechenzeit zuzuteilen. Dazu dient das Kommando nice, mit dem Programme mit reduzierter oder erhöhter Priorität gestartet werden können. Dazu wird an nice die gewünschte Priorität übergeben, die von 19 (ganz niedrig) bis -20 (ganz hoch) reicht. Per Default werden Prozesse mit der Priorität 0 gestartet. Im folgenden Beispiel wird ein Backup-Programm mit niedrigerer Priorität gestartet, damit es keine anderen Prozesse beeinträchtigt. (Es ist ja egal, ob das Backup ein paar Sekunden länger dauert.)

```
user$ nice -n 10 sichere
```

Mit renice kann auch die Priorität von bereits laufenden Prozessen geändert werden. Als Parameter muss die Prozess-ID angegeben werden, die vorher mit top oder ps ermittelt wurde. Details zu renice finden Sie auf der man-Seite. Auch top (Kommando [R]) ist in der Lage, interaktiv die Priorität eines Prozesses zu verändern. Allerdings kann nur root Programme mit einer höheren Priorität als 0 starten bzw. die Priorität eines bereits laufenden Prozesses erhöhen.

Threading (NPTL)

Linux kann nicht nur mehrere Prozesse parallel ausführen, sondern unterscheidet auch innerhalb eines Prozesses zwischen Teilprozessen (Threads). Vor allem Server-Anwendungen verteilen ihre Funktionen oft auf mehrere Threads. Das steigert die Performance insbesondere dann, wenn mehrere CPUs oder mehrere CPU-Cores zur Verfüung stehen. Bei der Verwaltung und Kommunikation der Threads helfen Kernelfunktionen. Seit Kernel 2.6 unterstützt die *Native POSIX Thread Library* Threads gemäß dem POSIX-Standard.

Ein- und Ausgabeumleitung, Pipe

Fast alle textorientierten Programme (Kommandos) erwarten Eingaben über den sogenannten Standardeingabekanal (per Default die Tastatur) und senden Ausgaben an den Standardausgabekanal (der Text wird in der Konsole bzw. im Shell-Fenster angezeigt). Sowohl die Ein- als auch die Ausgabe lassen sich umleiten, wodurch sich viele Möglichkeiten ergeben. Beispielsweise speichert das folgende Kommando die Liste aller Dateien des Verzeichnisses xy in der Datei z:

```
user$  ls xy > z
```

Durch sogenannte Pipes kann die Ausgabe eines Kommandos als Eingabe für das nächste Kommando verwendet werden. Beim folgenden Beispiel filtert grep aus der Liste aller installierten Pakete die heraus, die die Zeichenkette »mysql« in beliebiger Groß- und Kleinschreibung enthalten. sort sortiert diese Liste schließlich.

Mit anderen Worten: Die Ausgaben des Kommandos rpm werden dank des Zeichens | an das zweite Kommando grep weitergeleitet und dessen Ausgaben mit dem zweiten Zeichen | an sort. Mehr Details und Beispiele zur Ein- und Ausgabeumleitung sowie zur Verwendung von Pipes finden Sie in Kapitel 18 ab Seite 401.

```
user$  rpm -qa | grep -i mysql | sort
mysql-5.1.32-1.fc11.i586
mysql-connector-java-3.1.12-7.fc11.i586
...
```

13.2 Prozesse unter einer anderen Identität ausführen (su)

Bei der Programmausführung durch gewöhnliche Benutzer gibt es zwei Einschränkungen:

» Gewöhnliche Benutzer dürfen nur die Prozesse ausführen, bei denen die Zugriffsrechte (Besitzer, Gruppe, r- und x-Zugriffsbits) dies zulassen. Bei gewöhnlichen Programmen ist das keine Einschränkung. Es gibt aber beispielsweise im Verzeichnis /usr/sbin einige Kommandos zur Systemadministration, die nur von root gestartet werden können.

» Prozesse gehören gleichsam dem Benutzer, der sie gestartet hat. Das bedeutet, dass der Prozess auf die gleichen Dateien zugreifen darf wie der Benutzer. (Umgekehrt formuliert: Dateien, die Sie als Benutzer nicht verändern dürfen, dürfen auch die von Ihnen gestarteten Programme nicht verändern.) Vom Prozess neu erzeugte Dateien gehören ebenfalls dem Benutzer, der das Programm gestartet hat (siehe auch Seite 295).

Als gewöhnlicher Benutzer können Sie aus diesen Gründen viele administrative Arbeiten nicht durchführen. Die offensichtlich einfachste Lösung besteht darin, sich als root einzuloggen. Ich habe in diesem Buch aber schon mehrfach darauf hingewiesen, dass es keine gute Idee ist, ständig als root zu arbeiten: Die Gefahr ist einfach zu groß, dass Sie irrtümlich Schaden anrichten. Aus diesem Grund sperren manche Distributionen den root-Login vollständig. So ist es unter Ubuntu unmöglich, sich als root anzumelden.

Dieser Abschnitt beschreibt, wie Sie mit su bzw. ssh dennoch administrative Tätigkeiten durchführen können, ohne sich als gewöhnlicher Benutzer auszuloggen. Der nächste Abschnitt zeigt eine alternative Vorgehensweise mit sudo, die sich vor allem unter Ubuntu bewährt hat. Abschnitt 13.4 präsentiert schließlich das Programm PolicyKit, das ganz neue Wege bei der Ausführung von root-Aufgaben geht.

Wie so oft gäbe es mehr zu schreiben, als hier Platz hat. Weitere Informationsquellen sind das Security-HOWTO und das Remote-X-Mini-HOWTO. Beide Dokumente sind zwar schon ziemlich alt, die darin enthaltenen Tipps sind aber noch immer gültig:

http://www.tldp.org/HOWTO/Security-HOWTO/index.html
http://www.tldp.org/HOWTO/Remote-X-Apps.html

su

In vielen Fällen geht es nur darum, rasch ein Kommando als root auszuführen – da wäre ein Verlassen von X sehr unkomfortabel. Die einfachste Möglichkeit, innerhalb eines X-Shell-Fensters den Benutzer zu ändern, bietet das Kommando su *name*. Wenn Sie das Kommando nicht als root ausführen, werden Sie nach dem Passwort des jeweiligen Anwenders gefragt. Innerhalb des Shell-Fensters (xterm, konsole) können Sie jetzt Kommandos unter dem geänderten Namen ausführen, bis Sie durch exit oder [Strg]+[D] zurück in den Normalmodus wechseln.

Die folgenden Zeilen zeigen, wie ein gewöhnlicher Benutzer sich kurz als root anmeldet, als root eine Festplattenpartition in den Verzeichnisbaum einbindet und sich dann als root wieder ausloggt und normal weiterarbeitet:

```
user$  su -l root
Password:  xxx
root#  mount -t ext2 /test /dev/hdc7
root#  <Strg>+<D>
logout
user$  ls /test
```

Damit su ein vollwertiger Ersatz für einen root-Login ist, müssen Sie die Option -l verwenden! Damit erreichen Sie, dass alle Login-Startdateien (etwa zur korrekten Definition von PATH) eingelesen werden.

kdesu

Unter KDE verwenden Sie am besten kdesu zum Start von X-Programmen mit Administratorrechten. Das Programm zeigt einen ansprechenden Dialog zur Eingabe des root-Passworts an.

```
user$  kdesu kate /etc/fstab
```

kdesu funktioniert nur, wenn der Dämon kdesud läuft. Dieser wird üblicherweise beim KDE-Start gestartet. Eine Zusammenfassung der zahlreichen kdesu-Optionen erhalten Sie mit `kdesu -help-all`. Bei einigen Distributionen ist kdesu direkt in das KDE-Menü integriert. Wenn Sie also ein Programm starten, das Administratorrechte beansprucht, erscheint automatisch die kdesu-Login-Box.

gksu Das Gnome-Gegenstück zu kdesu heißt gksu. Es funktioniert ohne einen zusätzlichen Hintergrundprozess. Eine Zusammenfassung der Optionen gibt `man gksu`.

su-to-root Debian (aber nicht Ubuntu!) verwendet zum Start von Administratorwerkzeugen aus dem Gnome- oder KDE-Menü das desktop-unabhängige Script `su-to-root`. Das Script ist Teil des menu-Pakets. `man su-to-root` fasst die wenigen Optionen zusammen.

consolehelper Als Variante zu gksu kommt unter Fedora und Red Hat `consolehelper` zum Einsatz. Dieses Programm bietet ebenfalls einen ansprechenden Passwortdialog, ist aber ganz anders implementiert. Die Grundidee besteht darin, dass die betreffenden Administratorwerkzeuge in das `/usr/sbin` Verzeichnis installiert werden, in dem sie nur für root zugänglich sind. Für gewöhnliche Benutzer befindet sich in `/usr/bin` ein symbolischer Link auf `consolehelper`. Das folgende Kommando zeigt eine derartige Konfiguration für `system-config-network` (Netzwerkkonfiguration für Red Hat oder Fedora).

```
user$  ls -l /usr/sbin/system-config-network /usr/bin/system-config-network
-rwxr-xr-x ...  root root   /usr/sbin/system-config-network
lrwxrwxrwx ...  root root   /usr/bin/system-config-network -> consolehelper
```

Führt nun root das Kommando `system-config-network` aus, wird direkt `/usr/sbin/system-config-network` gestartet. Führt dagegen ein gewöhnlicher Benutzer `system-config-network` aus, wird `consolehelper` gestartet. Wenn der Benutzer das korrekte root-Passwort angibt, startet `consolehelper` das gewünschte Programm `system-config-network`.

ssh Bei den meisten Distributionen funktioniert su nur für Textkommandos. Das kann mehrere Gründe haben: Erstens ist zum Start eines X-Programms die Umgebungsvariable `DISPLAY` erforderlich. Diese Variable muss den Namen des Rechners enthalten, auf dem das Programm angezeigt werden soll (`export DISPLAY=localhost:0`). Zweitens kann X aus Sicherheitsgründen verbieten, dass fremde Benutzer Programme starten können. (Abhilfe schafft das Kommando xhost.) Drittens kann der Netzwerk-Port für die Kommunikation zum X-Server gesperrt sein.

Wenn kdesu, gksu oder `consolehelper` nicht zur Verfügung stehen, bietet ssh die einfachste Lösung all dieser Probleme: Führen Sie das gewünschte Kommando einfach in der folgenden Form aus:

```
user$  ssh -X -l benutzer localhost
```

Setuid- und Setgid-Zugriffsbits Die Setuid- und Setgid-Zugriffsbits stellen eine weitere Möglichkeit dar, bestimmte Programme so zu kennzeichnen, dass jeder sie ausführen kann, als wäre er bzw. sie root. Der wesentliche Unterschied zu sudo besteht darin, dass die Setuid- und Setgid-Zugriffsbits für *alle* Benutzer gelten (während die Benutzer bei sudo in /etc/sudoers explizit aufgezählt werden müssen). Weitere Informationen zu den Setuid- und Setgid-Zugriffsbits finden Sie auf Seite 294.

13.3 Prozesse unter einer anderen Identität ausführen (sudo)

sudo verfolgt einen ganz anderen Ansatz als die oben beschriebenen su-Varianten. Das Programm ermöglicht nach entsprechender Konfiguration bestimmten Benutzern die Ausführung bestimmter Programme mit root-Rechten. Zur Sicherheit muss nochmals das *eigene* Passwort (nicht das root-Passwort!) angegeben werden.

sudo führt diese Programme dann so aus, als wären sie von einem anderen Benutzer gestartet worden (Default: root). Damit können einzelne Benutzer administrative Aufgaben übernehmen bzw. systemkritische Kommandos ausführen, ohne dazu das root-Passwort kennen zu müssen. sudo protokolliert alle ausgeführten Kommandos (auch gescheiterte Versuche) üblicherweise in /var/log/messages.

sudo merkt sich das Passwort für 15 Minuten. Wenn Sie innerhalb dieser Zeit ein weiteres Kommando mit sudo ausführen, werden Sie nicht neuerlich nach dem Passwort gefragt. (Diese Zeit kann in /etc/sudoers mit dem Schlüsselwort timestamp_timeout verändert werden.)

Konfiguration

Die Konfiguration von sudo erfolgt durch die Datei /etc/sudoers. Vereinfacht ausgedrückt, beschreibt die Datei in drei Spalten, welche Benutzer von welchem Rechner aus welche Programme ausführen dürfen. Die folgende Zeile bedeutet, dass die Benutzerin kathrin am Rechner uranus das Kommando /sbin/fdisk ausführen darf. (Das Schlüsselwort ALL bedeutet, dass kathrin das Kommando unter jedem beliebigen Account ausführen darf, also als root, als news, als lp etc.)

```
# in /etc/sudoers
kathrin uranus=(ALL) /sbin/fdisk
```

Wenn der ersten Spalte von sudoers das Zeichen % vorangestellt wird, gilt der Eintrag für alle Mitglieder der angegebenen Gruppe. Diverse weitere Syntaxvarianten beschreibt man sudoers.

Achtung

Aus Sicherheitsgründen sollte /etc/sudoers ausschließlich mit visudo editiert werden (siehe auch dessen man-Seite)! visudo führt vor dem Speichern einen Syntaxtest durch und stellt so sicher, dass Sie sich nicht durch eine fehlerhafte sudoers-Datei selbst von weiteren Administrationsarbeiten ausschließen. Besonders wichtig ist das bei Distributionen wie Ubuntu, die keinen root-Login vorsehen.

Anwendung

Kathrin kann nun fdisk folgendermaßen ausführen. Als Passwort muss das Passwort der Benutzerin kathrin angegeben werden. Bei fdisk muss der vollständige Pfad angegeben werden, falls sich fdisk nicht in einem der PATH-Verzeichnisse von kathrin befindet. fdisk wird automatisch im Account root ausgeführt. Ein anderer Account kann mit sudo -u *account* gewählt werden.

```
kathrin$  sudo /sbin/fdisk /dev/sda
Password: xxxxxx
```

sudo ohne Passwort

Es besteht die Möglichkeit, einem bestimmten Benutzer das Ausführen von sudo ohne Passwortangabe zu erlauben. Dazu fügen Sie in sudoers eine Zeile nach dem folgenden Muster ein:

```
kofler ALL=(ALL) NOPASSWD: ALL
```

Das ist natürlich ein Sicherheitsrisiko, aber wer oft Administratoraufgaben ausführen muss, wird die so gewonnene Bequemlichkeit schätzen. Beachten Sie, dass das NOPASSWD-Tag nur gültig ist, wenn es keine anderen sudoers-Zeilen gibt, die vom selben Benutzer ein Passwort verlangen. Das gilt auch für Gruppeneinträge, also z. B. %admin ...

Mehrere Kommandos mit sudo ausführen Bei umfangreicheren Administrationsaufgaben wird es zunehmend lästig, jedem Kommando sudo voranzustellen. Eleganter ist es, mit sudo -s in den root-Modus zu wechseln. Alle weiteren Kommandos werden wie von root ausgeführt. Sie beenden diesen Modus mit Strg+D.

gksudo Beim Start von Administrationsprogrammen unter X kommt bei vielen Distributionen gksudo zum Einsatz. Dieses Programm ermöglicht die Passwort-Eingabe in einem Dialog und startet dann das gewünschte Programm.

Link Die Konfiguration von /etc/sudoers bietet viel mehr syntaktische Möglichkeiten, als hier angedeutet wurde. Lesen Sie die man-Seiten zu sudo und zu sudoers! Noch mehr Details sind auf der sudo-Homepage nachzulesen:

http://www.courtesan.com/sudo/

sudo bei Ubuntu

Bei Ubuntu und einigen anderen Distributionen ist root ohne gültiges Passwort eingerichtet. Ein root-Login ist damit unmöglich. Auch su oder ssh -l root funktionieren nicht. Die einzige Möglichkeit zur Ausführung administrativer Kommandos bietet hier sudo. Die Datei /etc/sudoers enthält nur drei Zeilen:

```
# Defaultkonfiguration in /etc/sudoers bei Ubuntu
Defaults        env_reset
root      ALL=(ALL) ALL
%admin    ALL=(ALL) ALL
```

Die erste Zeile bewirkt, dass beim Benutzerwechsel alle Umgebungsvariablen zurückgesetzt werden. Die zweite Zeile gibt root uneingeschränkten Zugriff auf alle Programme. Die Zeile ist unter Ubuntu eigentlich zwecklos, weil der root-Login gesperrt ist. Am wichtigsten ist die dritte Zeile: Sie erlaubt allen Mitgliedern der Gruppe admin den Aufruf sämtlicher Programme.

Per Default ist unter Ubuntu nur der erste Benutzer (also der, der während der Installation eingerichtet wurde) admin-Mitglied. Wenn Sie weitere Benutzer anlegen, müssen Sie diese der Gruppe ADMINISTRATOR zuordnen (SYSTEM|SYSTEMVERWALTUNG|BENUTZER, Button BENUTZER HINZUFÜGEN, Dialogblatt KOMPLEX).

Die folgende zusätzliche Zeile in /etc/sudoers erlaubt es dem Benutzer kofler, das Kommando apt-get und das Programm Synaptic ohne Passwort auszuführen. Damit können auch Updates ohne Passworteingabe durchgeführt werden.

```
# Ergänzung in /etc/sudoers bei Ubuntu
kofler ALL=NOPASSWD: /usr/sbin/synaptic, /usr/bin/apt-get
```

sudo bei SUSE

Bei SUSE spielt sudo eine viel kleinere Rolle als unter Ubuntu. Wenn Sie dennoch sudo einsetzen möchten, müssen Sie auf einige Besonderheiten in der Defaultkonfiguration achten (bzw. diese gegebenenfalls ändern).

```
# Defaultkonfiguration in /etc/sudoers bei openSUSE
Defaults always_set_home  # verhindert die Ausführung von X-Programmen
Defaults env_reset        # verhindert die Ausführung von X-Programmen
Defaults env_keep = "LANG LC_ADDRESS LC_CTYPE ..."
Defaults targetpw         # sudo fragt nach dem Passwort des Zielbenutzers
ALL ALL=(ALL) ALL         # mit dem richtigen Passwort darf jeder alles
root    ALL=(ALL) ALL
```

Die ersten drei Zeilen verhindern aus Sicherheitsgründen die Ausführung von X-Programmen mit sudo. Wenn sudo den direkten Start solcher Programme unterstützen soll, müssen Sie diese Zeile löschen bzw. ein #-Zeichen voranstellen.

`Defaults targetpw` bedeutet, dass grundsätzlich das Passwort für den Account angegeben werden muss, in dem das Kommando ausgeführt werden soll (in der Regel also das root-Passwort). Die Zeile `ALL ALL=(ALL) ALL` erlaubt schließlich allen Benutzern, jedes Kommando auszuführen, sofern das richtige Passwort für den Ziel-Account bekannt ist.

13.4 Prozesse unter einer anderen Identität ausführen (PolicyKit)

Konzept

Die Grundidee des PolicyKits besteht darin, Programme in zwei Komponenten zu zerlegen: Der eine Teil enthält die Benutzeroberfläche und läuft mit gewöhnlichen Benutzerrechten. Der zweite Teil des Programms, der in der Nomenklatur des PolicyKits als *mechanism* bezeichnet wird, ist für Systemeingriffe zuständig und läuft mit root-Rechten. Diese Trennung hat den fundamentalen Vorteil, dass nicht mehr ein riesiges Programm mit root-Rechten laufen muss, sondern nur noch kleine Teile. Das reduziert mögliche Sicherheitsrisiken. Außerdem besteht theoretisch die Möglichkeit, dass verschiedene Benutzeroberflächen (z. B. ein Gnome- und ein KDE-Programm) auf ein einheitliches Set von Mechanismen zurückgreifen.

Die Kommunikation zwischen den beiden Komponenten erfolgt durch das Bussystem (in der Regel über den D-Bus, siehe Seite 464). Ob ein bestimmter Mechanismus ausgeführt werden darf oder nicht, entscheiden Funktionen der PolicyKit-Bibliothek, die auf eine zentrale Rechtedatenbank zurückgreifen. Für die Entscheidung werden drei Kriterien berücksichtigt:

» **Subjekt:** Wer bzw. welcher Benutzer will Systemänderungen durchführen?

» **Objekt:** Welches Objekt soll verändert werden (z. B. eine Datei, eine Partition oder eine Netzwerkverbindung)?

» **Aktion:** Was soll gemacht werden (z. B. eine Partition in das Dateisystem einbinden)?

Benutzersicht

In vielen Fällen bemerkt der Benutzer gar nichts vom PolicyKit. Beispielsweise erlaubt die Standardkonfiguration bei den meisten aktuellen Distributionen dem Dateimanager, externe Datenträger in das Dateisystem einzubinden. Dazu ist keine weitere Authentifizierung erforderlich, der Vorgang erfolgt automatisch, sobald der Datenträger angeschlossen wird.

Eine zweite Variante besteht darin, dass die PolicyKit-Regeln eine Autorisierung verlangen – beispielsweise zur Durchführung eines Updates mit dem PackageKit. In diesem Fall erscheint ein Authentifizierungsdialog. Bemerkenswert ist, dass sich das PolicyKit bei entsprechender Konfiguration die Authentifizierung merkt und in `*.auths`-Dateien in `/var/lib/PolicyKit/` speichert. Wenn ein Benutzer sich also ein einziges Mal für einen bestimmten Vorgang authentifiziert hat, fragt PolicyKit in Zukunft nicht mehr nach.

Auf eine dritte Variante stoßen Sie bei diversen Gnome-Administrationswerkzeugen, wie sie beispielsweise unter Ubuntu zum Einsatz kommen: Hier führt ein mit einem Vorhängeschloss gekennzeichneter Button zum Authentifizierungsdialog. Erst nach der Angabe des root- oder Benutzerpassworts können tatsächlich Systemveränderungen durchgeführt werden.

Konfiguration und Administration

Die Konfiguration des PolicyKits erfolgt an folgenden drei Orten:

`/etc/PolicyKit/PolicyKit.conf`	(globale Konfiguration)
`/usr/share/PolicyKit/policy/*.policy`	(Aktionen)
`/var/lib/PolicyKit/*.auths`	(explizit eingestellte Rechte)

Bei der Grundkonfiguration gibt es distributionsspezifische Besonderheiten. Beispielsweise gibt `PolicyKit.conf` bei Ubuntu-Systemen allen Benutzern der `admin`-Gruppe root-Rechte. Das ist erforderlich, weil unter Ubuntu normalerweise kein root-Login möglich ist und es daher auch kein root-Passwort gibt.

13.5 Systemprozesse (Dämonen)

Als Dämonen (englisch *daemons*) werden Hintergrundprozesse zur Systemverwaltung bezeichnet. Diese Prozesse werden normalerweise während des Hochfahrens des Rechners im Rahmen des Init-V-Prozesses gestartet. Wenn Sie mit der Windows-Diktion vertraut sind, entsprechen Linux-Dämonen den Windows-Services. Tabelle 13.1 beschreibt ganz kurz die Aufgaben der wichtigsten Dämonen. Soweit die Programme in diesem Buch beschrieben werden, werden Seitenverweise angegeben. Beachten Sie, dass manche Dämonennamen je nach Distribution variieren (z. B. `httpd` oder `apache2` für den Webserver Apache).

Kernel-Threads

Neben gewöhnlichen Server-Diensten wie `httpd` (Apache) gibt es Hintergrundprozessen, bei denen es sich aber nicht um richtige Programme handelt, sondern um Teilprozesse (Threads) des Kernels. Sie erkennen diese Prozesse daran, dass `ps axu` ihre Namen in eckige Klammern stellt. Manchen dieser Teilprozesse ist eine Nummer hintangestellt, die auf die CPU hinweist. `kblockd/0` verwaltet somit den Block-Device-Buffer für die erste CPU, `kblockd/1` für die zweite CPU etc.

PROZESS	BEDEUTUNG
atd	startet andere Programme zu vorgegebenen Zeiten (ähnlich wie cron).
avahi-daemon	automatische Netzwerkkonfiguration (ZeroConf, Rendezvous, Bonjour)
bluetoothd	Bluetooth-Verwaltung
cron	startet andere Programme zu vorgegebenen Zeiten (Seite 324).
cupsd	Drucker-Spooler (Seite 914)
dbus-daemon	D-BUS-Kommunikation (Seite 464)
dhclient	DHCP-Client (Seite 764)
dhcpd	weist anderen Rechnern die IP-Netzwerkadresse zu (Seite 802).
dhcpcd	liest die IP-Netzwerkadresse (Seite 764).
gdm	Gnome-Login-Manager (Seite 525)
gpm	Mausverwaltung für Textkonsolen (Seite 438)
hpiod	HP-Druck- und -Scan-Funktionen (Seite 916)
httpd	Webserver (z. B. Apache)
kdm	KDE-Login-Manager (Seite 525)
lockd	NFS-Locking
lpd	herkömmlicher Drucker-Spooler auf der Basis von BSD-LPD
mdnsd	automatische Netzwerkkonfiguration (ZeroConf, Rendezvous, Bonjour)
mysqld	MySQL-Datenbank-Server (Seite 942)
named	Domain-Nameserver (Seite 813)
NetworkManager	Network Manager (Seite 741)
nmbd	Nameserver für Windows/Samba (Seite 886)
nscd	Cache für Benutzer, Gruppen und Rechnernamen (Seite 452)
ntpd	Zeiteinstellung mit dem Network Time Protocol (Seite 927)
pppd	VPN-Client (Seite 789), Internetzugang (Seite 775)
pptpd	PPTP-Server für VPN (Seite 853)
portmap	Teil des NFS-Servers (Seite 879)
postfix	Mail-Server zum Versenden von E-Mails
rpc.*	RPC-Netzwerkdienste (Remote Procedure Call), zumeist für NFS
sdpd	Bluetooth-Verwaltung
sendmail	Mail-Server zum Versenden von E-Mails
smartd	SMART-Festplattenüberwachung (Seite 637)

Tabelle 13.1: **Wichtige Systemprozesse**

PROZESS	BEDEUTUNG
smbd	Datei-Server für Windows/Samba (Seite 886)
squid	Web-Proxy und -Cache
sshd	Secure-Shell-Server (Seite 930)
rsyslogd	protokolliert Systemmeldungen (Seite 466).
udevd	Device-Verwaltung (Seite 305)
vsftpd	FTP-Server (Seite 948)
xdm	X-Display Manager (Seite 522)
xinetd	startet andere Netzwerkdämonen (Seite 712).

Tabelle 13.1: **Wichtige Systemprozesse (Forts.)**

KERNEL-THREAD	BEDEUTUNG
aio	asynchrone IO-Verwaltung (z. B. für Netzwerkprozesse)
events	Ereignis- und Software-Interrupt-Verwaltung
kacpid	ACPI-Funktionen
kblockd	verwaltet den Block-Device-Buffer.
khelperd	lädt bzw. entfernt Kernelmodule für Benutzerprogramme.
khubd	verwaltet das Ein- und Ausstecken von USB-Geräten.
kjournald	führt das Journaling für ext3/4-Dateisysteme durch.
knfsd	NFS-Server
kthread	verwaltet Threads.
nfsd	NFS-Server
kscand	Speicherverwaltung
kseriod	kommuniziert mit seriellen Geräten.
ksoftirqd	Hardware-Interrupt-Verwaltung
kswapd	Swapping
lockd	NFS-Locking
migration	bestimmt, welche Prozesse auf welcher CPU laufen.
pdflush	speichert Dateiänderungen physikalisch.
rpciod	NFS
scsi_eh	verwaltet SCSI-Fehler und -Timeouts.
watchdog	überwacht, ob das System noch reagiert.

Tabelle 13.2: **Wichtige Kernel-Threads**

Die meisten Kernel-Threads betreffen Low-Level-Aufgaben des Betriebssystems (Speicherverwaltung, Prozessverwaltung, CPU-Steuerung etc.). Sie werden überwiegend bereits während der Systeminitialisierung zu Beginn des Systemstarts gestartet. Für normale Anforderungen ist keine spezielle Konfiguration erforderlich. Die Funktion der wichtigsten Kernel-Threads ist in Tabelle 13.2 zusammengefasst.

Dämonen starten und beenden

Die oben aufgezählten Dämonen werden über ein Init-System gestartet. Grundlagen und Details verschiedener Init-Systeme werden ausführlich in Kapitel 25 beschrieben. Dort erfahren Sie auch, wie Sie selbst neue Scripts in das System integrieren.

An dieser Stelle finden Sie lediglich eine kurze Zusammenfassung, wie Sie einen Dämon manuell starten bzw. stoppen, was Sie tun müssen, damit der Dämon beim Systemstart automatisch gestartet wird, bzw. wie Sie den automatischen Start vermeiden. Diese Informationen werden Sie insbesondere beim Einrichten und Konfigurieren von Netzwerkdiensten häufig benötigen. Beachten Sie, dass nicht nur das Kommando, sondern auch der Dienstname je nach Distribution variieren kann. Beispielsweise heißt das Script zum Starten des Webservers Apache bei Debian, Ubuntu und SUSE `apache2`, bei Fedora und Red Hat dagegen `httpd`.

Manuell starten

Um einen Dämon bzw. Netzwerkdienst oder -Server zu starten, führen Sie eines der folgenden Kommandos aus. `service` funktioniert auf den meisten gängigen Distributionen mit der Ausnahme von Debian. Die Verfügbarkeit der restlichen Kommandos hängt von der Distribution bzw. vom Init-System ab.

```
root#  service name start                (fast alle aktuellen Distributionen)
root#  /etc/init.d/name start            (Init-V-Prozesse)
root#  invoke-rc.d name start            (Debian)
root#  rcname start                      (SUSE)
root#  systemctl start name.service      (Fedora >= 15, openSUSE >= 12.1)
```

Manuell stoppen

So sieht das Kommando aus, um einen Dienst wieder zu stoppen:

```
root#  service name stop                 (fast alle aktuellen Distributionen)
root#  /etc/init.d/name stop             (Init-V-Prozesse)
root#  invoke-rc.d name stop             (Debian)
root#  rcname stop                       (SUSE)
root#  systemctl stop name.service       (Fedora >= 15, openSUSE >= 12.1)
```

Reload/Restart

Viele Netzwerkdienste sind in der Lage, im laufenden Betrieb die Konfigurationsdateien neu einzulesen. Die `reload`-Anweisung ist notwendig, damit der Dienst Änderungen an der Konfigurationsdatei berücksichtigt. Dienste, die `reload` nicht unterstützen, müssen Sie durch `restart` vollständig neu starten.

```
root#  service name reload/restart          (fast alle aktuellen Distributionen)
root#  /etc/init.d/name reload/restart      (Init-V-Prozesse)
root#  invoke-rc.d name reload/restart      (Debian, Ubuntu)
root#  rcname reload/restart                (SUSE)
root#  systemctl reload name.service        (Fedora >= 15, openSUSE >= 12.1)
```

Automatischer Start beim Hochfahren

Sobald ein Netzwerkdienst einmal korrekt eingerichtet ist, soll er in der Regel beim Hochfahren des Rechners automatisch gestartet, beim Herunterfahren automatisch gestoppt werden. Bei manchen Distributionen (z. B. Debian, Ubuntu) werden die Dienste bereits bei der Paketinstallation entsprechend konfiguriert. Bei anderen Distributionen ist das aus Sicherheitsgründen nicht der Fall, und der automatische Start muss explizit aktiviert werden!

Bei Debian versieht `update-rc.d` die Init-V-Start-Links und -Stopp-Links standardmäßig mit der durchlaufenden Nummer 20. Wenn Sie andere Nummern wünschen, geben Sie diese mit `n1 n2` an (siehe auch Seite 705).

Bei Red Hat und Fedora reicht in vielen Fällen das erste `chkconfig`-Kommando. Das zweite Kommando ist nur erforderlich, wenn das Init-V-Script keine Angaben enthält, in welchem Runlevel der Dienst normalerweise gestartet werden soll (fast immer 3 und 5, siehe auch ab Seite 694).

```
root# update-rc.d name defaults [n1 n2]  (Debian)
root# chkconfig --add name               (Fedora, Red Hat)
root# chkconfig --level 35 name on       (Fedora, Red Hat)
root# insserv name                       (SUSE)
root# systemctl enable name.service      (Fedora >= 15, openSUSE >= 12.1)
```

Automatischen Start verhindern

Die folgenden Kommandos verhindern in Zukunft den automatischen Start beim Hochfahren. Wenn der Dienst bereits läuft, wird er durch das folgende Kommando allerdings nicht gestoppt; dazu ist ein eigenes `stop`-Kommando erforderlich.

```
root# update-rc.d -f name remove         (Debian)
root# chkconfig --del name               (Fedora, Red Hat)
root# insserv -r name                    (SUSE)
root# systemctl disable name.service     (Fedora >= 15, openSUSE >= 12.1)
```

Bei Systemdiensten, die von Upstart gestartet werden (Ubuntu, Fedora 9 bis 14, RHEL 6) gibt es kein einfaches Kommando, um den automatischen Start zu verhindern. Sie müssen die betreffende Upstart-Konfigurationsdatei im Verzeichnis `/etc/init` mit einem Editor ändern oder das Paket deinstallieren.

13.6 Prozesse automatisch starten (crontab)

Wenn Ihr Rechner plötzlich – scheinbar unvermittelt – damit beginnt, die Festplatte zu durchsuchen, Ihnen E-Mails zusendet etc., dann ist die Ursache fast immer der automatische Start von Prozessen durch den Dämon `cron`. Dieses Programm wird beim Rechnerstart durch den Init-V-Prozess automatisch gestartet. Es wird einmal pro Minute aktiv, analysiert alle `crontab`-Dateien und startet die dort angegebenen Programme. `cron` wird in erster Linie für Wartungsarbeiten verwendet – um Logging-Dateien abzuschneiden, um temporäre Dateien zu löschen, um Verzeichnisse zu aktualisieren etc.

Die globale Konfiguration von `cron` erfolgt durch die Datei `/etc/crontab`. Darüber hinaus dürfen Benutzer Ihre eigenen `cron`-Jobs in den benutzerspezifischen Dateien `/var/spool/cron/tabs/`*`user`* definieren.

Das Recht der benutzerspezifischen cron-Steuerung kann mit den beiden Dateien /var/spool/cron/allow und /deny eingestellt werden. Wenn allow existiert, dürfen nur die hier eingetragenen Benutzer cron-Kommandos ausführen. Wenn deny existiert, sind die hier eingetragenen Benutzer ausgeschlossen. Existiert keine dieser Dateien, hängt es von der Kompilation von cron ab, ob irgendwelche Benutzer außer root cron verwenden dürfen.

crontab

Die Datei /etc/crontab bzw. die Dateien in /etc/cron.d enthalten zeilenweise Einträge für die auszuführenden Programme. Die Syntax sieht so aus:

```
# in /etc/crontab
min hour day month weekday user command
```

SPALTE	BEDEUTUNG
min	gibt an, in welcher Minute (0–59) das Programm ausgeführt werden soll.
hour	gibt die Stunde an (0–23).
day	gibt den Tag im Monat an (1–31).
month	gibt den Monat an (1–12).
weekday	gibt den Tag der Woche an (0–7, 0 und 7 bedeuten jeweils Sonntag).
user	gibt an, für welchen Benutzer das Kommando ausgeführt werden soll (meist root).
command	enthält schließlich das auszuführende Kommando.

Tabelle 13.3: **crontab-Spalten**

Wenn in den ersten fünf Feldern statt einer Zahl ein * angegeben wird, wird dieses Feld ignoriert. 15 * * * * bedeutet beispielsweise, dass das Kommando immer 15 Minuten nach der ganzen Stunde ausgeführt werden soll, in jeder Stunde, an jedem Tag, in jedem Monat, unabhängig vom Wochentag. 29 0 * * 6 bedeutet, dass das Kommando an jedem Samstag um 0:29 Uhr ausgeführt wird.

Für die Zeitfelder ist auch die Schreibweise */*n* erlaubt. Das bedeutet, dass das Kommando jede *n*-te Minute/Stunde etc. ausgeführt wird. */15 * * * * würde also bedeuten, dass das Kommando viertelstündlich (*n*:00, *n*:15, *n*:30 und *n*:45) ausgeführt wird. Was 0 für den Tag im Monat bzw. den Monat bedeutet, geht aus der sonst guten Dokumentation leider nicht hervor (siehe man 5 crontab).

Die Dateien /var/spool/cron/tabs/*user* haben dasselbe Format wie crontab. Der einzige Unterschied besteht darin, dass die user-Spalte fehlt.

Um die globale cron-Konfiguration zu verändern, können Sie /etc/crontab bzw. die Dateien in /etc/cron* direkt mit einem Editor bearbeiten. Wenn Sie dagegen benutzerspezifische cron-Einträge vornehmen möchten, sollten Sie dazu das Kommando crontab -e einsetzen. (Führen Sie vorher export EDITOR=emacs aus, wenn Sie nicht mit dem vi arbeiten möchten. Die Manual-Seiten zu cron und crontab geben weitere Informationen.)

cron.hourly, .daily, .weekly, .monthly

Bei den meisten Distributionen sieht die Defaultkonfiguration so aus, dass /etc/crontab lediglich einige wenige Einträge enthält, die bewirken, dass einmal pro Stunde alle Script-Dateien in /etc/cron.hourly/* ausgeführt werden, einmal pro Tag die Script-Dateien in /etc/cron.daily/* etc. Bei Ubuntu sieht /etc/crontab so aus:

```
# /etc/crontab
SHELL=/bin/sh
PATH=/usr/local/sbin:/usr/local/bin:/sbin:/bin:/usr/sbin:/usr/bin
17 *    * * *   root    cd / && run-parts --report /etc/cron.hourly
25 6    * * *   root    test -x /usr/sbin/anacron || \
                      ( cd / && run-parts --report /etc/cron.daily )
47 6    * * 7   root    test -x /usr/sbin/anacron || \
                      ( cd / && run-parts --report /etc/cron.weekly )
52 6    1 * *   root    test -x /usr/sbin/anacron || \
                      ( cd / && run-parts --report /etc/cron.monthly )
```

Im Klartext bedeutet das, dass Cron

» 17 Minuten nach jeder vollen Stunde alle Script-Dateien des Verzeichnisses /etc/cron.hourly ausführt,

» täglich um 6:25 alle Script-Dateien des Verzeichnisses /etc/cron.daily ausführt,

» wöchentlich am Sonntag um 6:47 alle Script-Dateien des Verzeichnisses /etc/cron.weekly ausführt und

» an jedem Ersten des Monats um 6:52 alle Script-Dateien des Verzeichnises /etc/cron.monthly ausführt.

Die Scripts aus /etc/cron.daily, -.weekly und -.monthly werden nicht ausgeführt, wenn Anacron installiert ist (siehe unten).

Um selbst regelmäßig ein Backup-, Update- oder sonstiges Script auszuführen, fügen Sie die entsprechende Script-Datei einfach in eines der Verzeichnisse /etc/cron.hourly, -.daily, -.weekly oder -.monthly ein. Vergessen Sie nicht, das *execute*-Bit zu setzen (chmod a+x datei)!

Wenn Sie mit der durch Crontab vorgesehenen Zeit für die /etc/cron.xxx-Verzeichnisse nicht einverstanden sind, können Sie natürlich auch /etc/crontab um eine Zeile erweitern und den gewünschten Ausführungszeitpunkt und Ihr Script dort eintragen. Noch übersichtlicher ist es, in /etc/cron.d eine entsprechende neue Datei anzulegen. Achten Sie darauf, dass alle Cron-Konfigurationsdateien mit einem Zeilenumbruch enden müssen – andernfalls wird die letzte Zeile ignoriert!

Wenn Sie verhindern möchten, dass cron-Jobs einen zeitkritischen Vorgang – z. B. das Brennen einer DVD – beeinträchtigen, deaktivieren Sie cron einfach vorübergehend durch /etc/init.d/cron stop.

Anacron Neben Cron ist bei den meisten Distributionen auch Anacron installiert. Anacron kümmert sich darum, dass täglich, wöchentlich oder monatlich auszuführende Aufgaben auch dann erledigt werden, wenn ein Rechner nur unregelmäßig in Betrieb ist und beispielsweise über Nacht oder am Wochenende ausgeschaltet wird.

Anacron führt einmalig (soweit erforderlich) die Scripts der Verzeichnisse /etc/cron.daily, -.weekly und -.monthly aus. Anders als Cron endet Anacron nach der Ausführung aller Scripts und läuft nicht im Hintergrund weiter. Anacron kümmert sich nicht um die hourly-Jobs – für die ist in jedem Fall ausschließlich Cron verantwortlich.

Anacron speichert den Ausführungszeitpunkt in Dateien des Verzeichnisses /var/spool/anacron. Damit wird ausgeschlossen, dass ein für die tägliche Ausführung bestimmtes Script am selben Tag zweimal ausgeführt wird. Anacron wird durch /etc/anacrontab gesteuert, wobei die Standardkonfiguration in der Regel ausreichend ist.

Achtung

Auf einem Server, der ja zumeist wochenlang ohne Unterbrechung läuft, ist die Verwendung von Anacron nicht zweckmäßig! Anacron führt die Cron-Jobs der Verzeichnisse /etc/cron.daily, -.weekly **und** -.monthly **nur einmalig aus. Cron wiederum ignoriert diese Jobs, wenn Anacron installiert ist. Das führt dazu, dass sämtliche** daily-, weekly- **und** monthly-**Jobs maximal ein einziges Mal ausgeführt werden, ganz egal, wie lange der Server läuft!**

14. Konverter für Grafik, Text und Multimedia

Linux stellt zahllose Kommandos zur Verfügung, mit denen Sie Bilder, Texte und andere Dateien von einem Format in das andere konvertieren können: von GIF zu JPEG, von Latin1- zu Unicode-Text, von PostScript zu PDF, von HTML zu einfachem Text, von MP3 zu WAV etc.

Dieses Kapitel gibt einen ersten Überblick über derartige Kommandos und zeigt einige Anwendungsbeispiele. Wenn das eine oder andere Kommando aus diesem Kapitel bei Ihnen nicht zur Verfügung steht, müssen Sie das entsprechende Paket suchen und installieren – standardmäßig ist das oft nicht der Fall.

14.1 Grafik-Konverter

Unter den vielen Grafik-Konvertern für Linux stechen zwei Pakete heraus: Image Magick und Netpbm. Beide Pakete kommen jeweils mit unzähligen Grafikformaten zurecht und bieten auch Kommandos bzw. Optionen zur einfachen Bildverarbeitung an (Bildgröße ändern, Bildausschnitt ändern, Kontrast verbessern, Farbanzahl reduzieren etc.). Im Folgenden finden Sie eine kurze Vorstellung dieser beiden Pakete sowie einiger anderer Kommandos bzw. Bibliotheken zur Konvertierung von Bilddateien.

Image Magick

Das Programmpaket Image Magick besteht aus mehreren Einzelkommandos, deren wichtigstes convert ist. Es erzeugt aus einer vorhandenen Bilddatei eine neue und ändert dabei das Format. Quell- und Zielformat gehen dabei einfach aus den Dateinamen hervor. Das folgende Kommando erzeugt also die Datei `bild.png` im PNG-Format:

```
user$  convert bild.jpg bild.png
```

Durch über 100 Optionen können gleichzeitig diverse Bildparameter verändert werden (Größe, Farbanzahl, Kompressionsgrad etc.):

```
user$  convert -resize 100x100 bild.jpg bild.png
user$  convert -type Grayscale bild.jpg bild.eps
user$  convert -quality 80 bild.bmp bild.jpg
```

mogrify funktioniert so ähnlich wie convert, verändert aber die vorhandene Datei (anstatt eine neue zu erzeugen):

```
user$ mogrify -resize 50% test.jpg
```

Abschließend noch kurz ein Überblick über weitere Kommandos: compare vergleicht zwei Bilder. conjure führt Bildverarbeitungskommandos der Magick Scripting Language (MSL) aus. identify liefert eine Beschreibung der Bilddatei (Format, Größe etc.). import erstellt einen Screenshot und speichert das Bild in einer Datei. montage setzt mehrere Bilder zu einem neuen zusammen.

```
user$ identify -verbose bild.png
Image: bild.png
  Format: PNG (Portable Network Graphics)
  Geometry: 85x100
  Type: TrueColor
  ...
```

Ein Beispiel für ein kleines Shell-Script, das von allen als Parameter übergebenen Dateien Thumbnails (verkleinerte Bilder) erzeugt, finden Sie auf Seite 417. Eine umfassende Dokumentation zu allen Kommandos finden Sie auf der folgenden Website:

http://www.imagemagick.org/

Netpbm Einen ähnlichen Ansatz wie Image Magick verfolgt auch das Netpbm-Paket (ehemals *Portable Bitmap Utilities*). Allerdings muss hier jede Datei zur Bearbeitung in das interne Pnm- oder Pbm-Format umgewandelt werden. Das folgende Beispiel zeigt die Konvertierung einer TIF-Datei in eine EPS-Datei, wobei der Farbraum des Bilds gleichzeitig normalisiert wird (pnmnorm):

```
user$ tifftopnm bild.tif | pnmnorm | pnmtops -noturn -rle -scale 0.5 > bild.eps
```

Eine Beschreibung der ca. 200 Netpbm-Kommandos finden Sie hier:

http://netpbm.sourceforge.net/doc/

libtiff-Bibliothek Das libtiff-Paket enthält die gleichnamige Bibliothek sowie diverse Kommandos zur Bearbeitung und Konvertierung von TIFF-Dateien. Zu den wichtigsten Konvertierungskommandos zählen bmp2tiff, gif2tiff, tiff2pdf und tiff2ps. Bei der Manipulation von TIFF-Dateien helfen unter anderem tiffcp, tiffinfo und tiffsplit.

libwmf-Bibliothek Das libwmf-Paket enthält die gleichnamige Bibliothek sowie einige Kommandos zur Verarbeitung von WMF- und EMF-Dateien (Windows Metafile bzw. Enhanced Metafile). Wichtige Konvertierkommandos sind wmf2eps, wmf2svg sowie wmf2gd (Konvertierung in die Formate JPEG und PNG).

SVG-Konverter Je nach Distribution enthält das Paket librsvg2 oder librsvg2-bin die Kommandos rsvg und rsvg-convert, um SVG-Dateien (Scalable Vector Graphics) in Bitmap-Dateien umzuwandeln.

EXIF Je nach Distribution stehen verschiedene Bibliotheken und Kommandos zur Verarbeitung der EXIF-Daten in JPEG-Dateien zur Auswahl, beispielsweise exif, exiftran oder exiv2.

RAW-Dateien Manche Digitalkameras bieten die Möglichkeit, Fotos ohne Qualitätsverlust in herstellerspezifischen RAW-Dateien zu speichern. Bei der Umwandlung derartiger Dateien in gewöhnliche Bilddateien hilft das Kommando dcraw aus dem gleichnamigen Paket.

14.2 Audio- und Video-Konverter

Tabelle 14.1 gibt einen Überblick über die wichtigsten Kommandos, um Audio-Dateien von der CD zu lesen bzw. um Audio- und Video-Dateien von einem Format in ein anderes umzuwandeln. Soweit der Paketname nicht ohnedies aus dem Kommando hervorgeht, ist er in Klammern angegeben. (Der Paketname kann allerdings von Distribution zu Distribution variieren.)

FORMAT	KOMMANDO (PAKET)
CD → WAV	`icedax`, `cdparanoia`
MP3 → WAV	`mpg123`, `mpg321`, `madplay`
WAV → MP3	`lame`
OGG → WAV	`oggdec` (`vorbis-tools`)
WAV → OGG	`oggenc` (`vorbis-tools`)
MP3 → OGG	`mp32ogg`
AAC → WAV	`faad`
WAV → AAC	`faac`
WAV ↔ FLAC	`flac`
Audio ↔ Audio	`sox`
Audio ↔ Audio	`sfconvert` (`audiofile`)
Audio/Video ↔ Audio/Video	`ffmpeg` (allgemeiner Audio/Video-Konverter)

Tabelle 14.1: **Audio- und Video-Konverter**

Im Folgenden finden Sie einige Zusatzinformationen und Beispiele zu ausgewählten Kommandos. Auf eine Referenz der Optionen dieser Kommandos verzichte ich aus Platzgründen. (Bei Bedarf hilft `man` *kommandoname* weiter.)

CD-Ripper

Beim CD-Ripper geht es nicht um *Jack the Ripper*, sondern um die Kunst, Audio-Tracks möglichst effizient und ohne Qualitätsverlust von einer CD auf die Festplatte zu übertragen. Zu den populärsten derartigen Kommandos zählen `cdparanoia` und `icedax` (ehemals `cdda2wav`). `cdparanoia` hat den Ruf, bei zerkratzten CDs und ähnlichen Problemen besonders gute Ergebnisse zu liefern. Beide Kommandos werden mit einer Unzahl von Parametern gesteuert.

Hier zwei Beispiele: Das erste Kommando liest Track 3 einer CD im ersten SCSI-CD-Laufwerk. Die resultierende Datei bekommt den Namen `audio.wav`:

```
root# icedax -D /dev/scd0 -t 3
```

Das folgende Kommando liest Track 4 von einer CD im selben Laufwerk. Das Ergebnis ist die Datei `cdda.wav` im lokalen Verzeichnis:

```
root# cdparanoia -d  /dev/scd0 "4"
```

MP3-Encoder Wegen der in Kapitel 9 erwähnten Patentprobleme gibt es kaum noch Linux-Distributionen, die MP3-Encoder mitliefern. Diverse Encoder sind aber im Internet als Zusatzpakete verfügbar. Das bekannteste Programm ist `lame`:

http://lame.sourceforge.net/

Die Anwendung ist denkbar einfach: `lame` *`input.wav output.mp3`* erzeugt aus der Ausgangsdatei im WAV-Format eine entsprechende MP3-Datei. Der Vorgang und insbesondere die gewünschte Qualität der MP3-Datei werden durch zahlreiche Optionen gesteuert.

MP3 → OGG Diese oben aufgezählten Kommandos können kombiniert werden, um beispielsweise eine MP3-Datei in das Ogg-Vorbis-Format umzuwandeln. Beachten Sie aber, dass derartige Umwandlungen immer mit Qualitätsverlusten behaftet sind und möglichst vermieden werden sollten!

```
user$  mpg321 -s in.mp3 -w - | oggenc - -o out.ogg
```

Leider gehen bei der Umwandlung die Info-Tags (ID3) verloren. Dieser Nachteil kann durch den Einsatz des MP3-Ogg-Konverter-Scripts vermieden werden (mp32ogg von http://faceprint.com/code/).

FLAC FLAC steht für *Free Lossles Audio Codec*. FLAC-Dateien sind zwar größer als MP3- oder Ogg-Dateien, aber wesentlich kleiner als WAV-Dateien. Der wesentliche Vorteil im Vergleich zu MP3 oder Ogg besteht darin, dass die Audio-Daten verlustfrei codiert werden. Zum Codieren und Decodieren verwenden Sie das Kommando `flac`.

SoX SoX steht für *Sound Exchange* und bietet mit dem Kommando sox eine weitere Möglichkeit, Audio-Dateien von einem Format in ein anderes umzuwandeln. sox kennt mehr Formate als `sfconvert`. Zu sox gibt es die X-Oberfläche xsox sowie die Gnome-Oberfläche gsox.

Audio File Bibliothek Das Paket `audiofile` implementiert die wichtigsten Funktionen der gleichnamigen Audio-File-Bibliothek des Computerherstellers SGI. Das interessanteste Kommando ist `sfconvert`: Es konvertiert Audio-Dateien zwischen den Formaten `aiff`, `aifc`, next und wave. `sfinfo` versucht zu ermitteln, welches Format eine Audio-Datei nutzt.

SoundConverter Wenn Sie bei der Konvertierung von Audio-Dateien mehr Komfort wünschen, werden Sie vielleicht am Gnome-Programm soundconverter Gefallen finden. Es konvertiert alle zuvor ausgewählten Audio-Dateien in das gewünschte Format (BEARBEITEN|EINSTELLUNGEN, standardmäßig Ogg-Vorbis). Die neuen Dateien werden im selben Verzeichnis wie die Ursprungsdateien gespeichert, erhalten aber natürlich eine neue Endung (also beispielsweise `*.ogg`).

Video-Konverter (ffmpeg) Das Kommando `ffmpeg` aus dem gleichnamigen Paket konvertiert Audio- und Video-Dateien von einem Format in ein anderes. Die Liste der unterstützten Formate ist lang und kann mit `ffmpeg -formats` ermittelt werden. Bei der Angabe von Optionen müssen Sie beachten, dass diese für die als Nächstes angegebene Datei gelten. Die Reihenfolge der Optionen ist daher entscheidend für die korrekte Funktion des Kommandos. Soweit Sie keine abweichenden Einstellungen vornehmen, verwendet `ffmpeg` für die Ergebnisdatei dieselben Codecs und Einstellungen wie in der Quelldatei und vermeidet so nach Möglichkeit Qualitätsverluste. Im folgenden Beispiel erstellt `ffmpeg` eine Filmdatei in DVD-Auflösung:

```
user$ ffmpeg -i in.avi out.mpg
user$ ffmpeg -i in.avi -y -target pal-dvd out.avi
```

ffmpeg eignet sich auch dazu, Audio- und Video-Daten zum Brennen einer eigenen DVD aufzubereiten. Ein entsprechendes Beispiel gibt man ffmpeg. Wenn Sie sich die vielen ffmpeg-Optionen nicht merken wollen, können Sie zur Umwandlung von Video-Dateien auch eine grafische Benutzeroberfläche verwenden, z. B. ffmpeg-GUI oder winff.

14.3 Text-Konverter (Zeichensatz und Zeilentrennung)

Dieser Abschnitt stellt die Kommandos recode, iconv, unix2dos und dos2unix vor. Sie dienen dazu, den Zeichensatz bzw. die Zeilentrennzeichen von reinen Textdateien zu ändern. Das ist dann erforderlich, wenn Sie Textdateien zwischen Systemen mit unterschiedlichen Zeichensätzen bzw. Textformatkonventionen austauschen.

recode

recode führt eine Zeichensatzkonvertierung von Zeichensatz 1 nach Zeichensatz 2 durch. Das folgende Kommando konvertiert die DOS-Datei dosdat in eine Linux-Datei mit dem Latin-1-Zeichensatz:

```
user$ recode ibmpc..latin1 < dosdat > linuxdat
```

Wie das folgende Beispiel beweist, kann recode auch das Zeilentrennzeichen verändern. Das Kommando ersetzt in der Datei windowsdat alle Zeilenenden (CR plus LF, also *Carriage Return* und *Line Feed*) durch das unter Linux übliche Zeilenende (nur LF). Der eigentliche Zeichensatz wird nicht geändert. Die resultierende Datei wird in linuxdat gespeichert.

```
user$ recode latin1/cr-lf..latin1 < windowsdat > linuxdat
```

recode liest die im Zeichensatz Latin-1 codierte Textdatei latin1dat und speichert sie als UTF-8-Datei (Unicode):

```
user$ recode latin1..u8 < latin1dat > utf8dat
```

iconv

Eine populäre Alternative zu recode ist das Kommando iconv. Dieses Kommando ist allerdings nicht in der Lage, die Zeilentrennungszeichen zu verändern. Das folgende Beispiel erzeugt abermals aus einer Latin-1-codierten Textdatei eine entsprechende UTF-8-Datei:

```
user$ iconv -f latin1 -t utf-8 latin1dat > utf8dat
```

dos2unix, unix2dos

Die Kommandos dos2unix und unix2dos ändern die Zeilentrennungszeichen zwischen dem DOS/Windows-typischen Format (CR plus LF) und dem Unix/Linux-typischen Format (nur LF). Die Kommandos eignen sich nur für Textdateien mit Ein-Byte-Zeichensätzen (z. B. ASCII, Latin-1), nicht für Unicode-Dateien!

```
user$ dos2unix datei.txt
```

14.4 Dateinamen-Konverter (Zeichensatz)

convmv

Bis vor einigen Jahren war es bei vielen Linux-Distributionen üblich, Dateinamen im Zeichensatz Latin-1 darzustellen. Mittlerweile gilt hingegen Unicode (UTF-8) als Standard. Bei der Umstellung der Dateinamen von einem Zeichensatz auf einen anderen hilft das Kommando convmv. Dieses Kommando steht allerdings selten standardmäßig zur Verfügung. Bei einigen Distributionen kann es mühelos in Form eines gleichnamigen Pakets installiert werden. Sollte für Ihre Distribution kein entsprechendes Paket existieren, müssen Sie das Perl-Script von der folgenden Seite herunterladen:

http://j3e.de/linux/convmv/

Um rekursiv alle Dateien eines Verzeichnisses vom Zeichensatz Latin-1 auf UTF-8 umzustellen (mit Rückfrage für jede einzelne Änderung), rufen Sie convmv so auf:

```
user$ convmv -r -i --notest -f iso-8859-1 -t utf8 verzeichnisname
```

convmv verändert nur den Namen, nicht den Inhalt der Dateien! Bei ersten Tests ist es empfehlenswert, auf die Option `--notest` zu verzichten: convmv zeigt dann nur die geplanten Änderungen an, ohne diese tatsächlich auszuführen.

convmv versucht selbstständig Dateinamen zu erkennen, die bereits den UTF-8-Zeichensatz nutzen, und verzichtet in diesem Fall auf eine neuerliche Namensänderung. Diesen Schutz können Sie durch die Option `--nosmart` deaktivieren.

14.5 Dokument-Konverter (PostScript, PDF, HTML, LaTeX)

Dieser Abschnitt stellt Kommandos vor, die bei der Bearbeitung und Konvertierung von Dokumenten in den Formaten PostScript, PDF, HTML etc. helfen. Tabelle 14.2 gibt einen ersten Überblick.

FORMAT	KOMMANDO
Text → PostScript	a2ps, enscript, mpage
HTML → Text, PostScript	html2text, html2ps
PostScript ↔ PDF	ps2pdf, epstopdf, pdf2ps, pdftops
PostScript, PDF → Bitmap, Druckerformat	gs
PostScript → PostScript (Seiten extrahieren etc.)	psutils
PDF → PDF (Bilder/Seiten extrahieren etc.)	pdftk, pdfnup, pdfjoin, pdfedit
PDF → Text	pdftotext
LaTeX → DVI, PostScript, PDF	latex, dvips, dvipdf, dvipdfm

Tabelle 14.2: **Dokument-Konverter**

Text → PostScript

Wenn Sie Textdateien mit `lpr datei` direkt ausdrucken, kümmert sich das Drucksystem normalerweise automatisch um die Formatierung des Texts. Wenn Sie allerdings besondere Wünsche haben, wie der resultierende Ausdruck formatiert werden soll, empfiehlt sich eine manuelle Konvertierung und ein anschließender Ausdruck der PostScript-Datei. Dazu eignen sich unter anderem die Kommandos a2ps, `enscript` und mpage. Die drei Kommandos bieten dieselben Grundfunktionen, unterscheiden sich aber durch diverse Formatierungsoptionen.

a2ps steht für *Any to PostScript* und kann beispielsweise auch Texinfo-Dateien in das PostScript-Format umwandeln. Die folgenden Beispiele beschränken sich aber auf reine Textdateien. Beachten Sie, dass die Textdateien einen Latin-Zeichensatz nutzen müssen (nicht Unicode!). Standardmäßig formatiert das Kommando den Text in einer zweispaltigen Seite im Querformat. a2ps

```
user$  a2ps text.txt -o postscript.ps
```

Das folgende Kommando verarbeitet mehrere Textdateien und formatiert die Ausgabe mit vier kleinen Seiten pro Blatt. Wenn a2ps den Text als Programmcode erkennt, führt es automatisch eine Syntaxhervorhebung durch (Schlüsselwörter fett, Kommentare kursiv etc.).

```
user$  a2ps datei1.c datei2.c datei3.h -4 -o postscript.ps
```

`enscript` konvertiert Textdateien in die Formate PostScript, HTML und RTF. Das Kommando erwartet die Textdatei im Zeichensatz Latin-1. Das folgende Kommando erzeugt A4-Seiten im Querformat mit drei Spalten pro Seite: enscript

```
user$  enscript -M A4 --landscape -3 text.txt -p postscript.ps
```

Auch mpage konvertiert Textdateien in das PostScript-Format, per Default mit vier Seiten pro Blatt und im Letter-Format. Das folgende Kommando erzeugt A4-Seiten im Querformat mit zwei Seiten pro Blatt: mpage

```
user$  mpage -2 -bA4  text.txt > postscript.ps
```

Leider kommt keines der oben vorgestellten Kommandos dieser Programme mit Unicode-Text (UTF-8) zurecht. Wenn Sie Unicode-Dokumente ausdrucken möchten, nehmen Sie am besten einen Unicode-Editor zu Hilfe. Eine einfache Konvertierung in das PostScript-Format können Sie auch mit `cnprint` vornehmen: Unicode

http://www.neurophys.wisc.edu/~cai/software

HTML → Text, PostScript

`html2text` konvertiert HTML-Dokumente in reine Textdateien. Das ist dann praktisch, wenn HTML-Dateien in einer Form weitergegeben werden sollen, die ein bequemes Lesen ohne Webbrowser möglich macht. html2text

```
user$  html2text datei.html > text.txt
```

html2text liefert Latin-1-Text (nicht Unicode!). Die Formatierung des Texts wird durch einige Optionen sowie durch /etc/html2textrc bzw. durch ~/.html2textrc gesteuert (siehe man html2textrc). Zur Konvertierung von HTML in Text können Sie auch textbasierte Webbrowser einsetzen (siehe Seite 150).

html2ps Für die automatische Konvertierung vom HTML- in das PostScript-Format eignet sich das Perl-Script html2ps. Die Verwendung ist denkbar einfach: `html2ps -D name.html > name.ps`. Die Option -D bewirkt, dass html2ps DSC-konforme Kommentare in die PostScript-Datei einbaut, was deren Weiterverarbeitung sehr erleichtert.

PostScript ↔ PDF

ps2pdf `ps2pdf quelle.ps ziel.pdf` erzeugt aus einer beliebigen PostScript-Datei eine PDF-Datei. Das Kommando erfüllt damit im Prinzip dieselbe Funktion wie das kommerzielle Programm Adobe Distiller. Es basiert auf Ghostscript.

ps2pdf erzeugt momentan Dateien, die zum PDF-Format 1.2 für den Acrobat Reader 3.*n* kompatibel sind. Die Dokumentation weist aber darauf hin, dass sich das Defaultverhalten in Zukunft ändern kann. Wenn Sie die Kompatibilität zu einer bestimmten PDF-Version sicherstellen möchten, sollten Sie die Kommandos ps2pdf12, ps2pdf13 und ps2pdf14 einsetzen.

Die Qualität der PDF-Dateien hängt stark davon ab, welche Schriftarten im PostScript-Dokument verwendet werden. Bei nicht unterstützten Schriften müssen die Zeichen durch Bitmaps ersetzt werden, was die Darstellungsqualität stark mindert. Das Verhalten von ps2pdf wird durch unzählige Optionen gesteuert. Eine vollständige Dokumentation war zuletzt hier zu finden:

http://ghostscript.com/doc/current/Ps2pdf.htm

epstopdf Wenn Sie aus einer EPS-Abbildung eine PDF-Datei erstellen möchten, bietet sich epstopdf an. EPS steht für *Encapsulated PostScript* und bezeichnet PostScript-Dateien, bei denen durch eine sogenannte Bounding Box die exakte Bildgröße angegeben ist. EPS-Dateien eignen sich gut zum Einbetten in andere Dokumente (z. B. mit LaTeX oder OpenOffice).

epstopdf befindet sich üblicherweise im tetex-Paket, das TeX, LaTeX und andere TeX-spezifische Programme enthält. Im Unterschied zu ps2pdf berücksichtigt epstopdf die Größe des Bilds. Leider ist epstopdf nicht in der Lage, in der EPS-Datei enthaltene Bitmaps unverändert in die PDF-Datei zu übertragen (auch nicht mit der Option --nocompress).

pdf2ps Die Umkehrung zu ps2pdf ist `pdf2ps quelle.pdf ziel.ps`. Auch pdf2ps greift auf gs zurück.

pdftops pdftops erfüllt zwar prinzipiell dieselbe Aufgabe wie pdf2ps, ist intern aber anders implementiert und bietet wesentlich mehr Optionen zur Beeinflussung der resultierenden PostScript-Dateien. Beispielsweise können Sie den gewünschten PostScript-Level, die Papiergröße etc. angeben.

PostScript/PDF → Druckerformat/Bitmap

gs

Das Kommando gs, bekannter unter dem Namen Ghostscript, konvertiert PostScript- und PDF-Dokumente in diverse Bitmap- und Druckerformate. Ghostscript ist ein wichtiger Baustein des Linux-Drucksystems (z. B. CUPS, siehe Seite 912), weil es den Ausdruck von PostScript-Dokumenten auf Druckern ohne PostScript-Funktionen ermöglicht. Das Programm wird aber auch von diversen PostScript-Viewern und -Konvertern eingesetzt.

gs greift auf die auf dem Rechner installierten Schriftarten sowie auf eine Sammlung eigener Fonts zurück, die sich üblicherweise im Paket `ghostscript-fonts` befinden. Diese Fonts sind erforderlich, um PostScript-Schriften in eine Bitmap-Darstellung umzuwandeln.

Ghostscript ist in verschiedenen Versionen erhältlich. Auf den meisten Linux-Distributionen kommt GNU Ghostscript oder dessen Variante ESP Ghostscript zum Einsatz. Diese beiden Versionen unterstehen der GPL. ESP Ghostscript ist speziell für die Zusammenarbeit mit CUPS optimiert. ESP steht dabei für den Firmennamen *Easy Software Products*.

Daneben gibt es kommerzielle Ghostscript-Versionen (AFPL Ghostscript, Artifex Ghostscript), die beispielsweise an Druckerhersteller verkauft werden. Weitere Informationen zu den verschiedenen Ghostscript-Versionen finden Sie hier:

http://www.ghostscript.com/
http://www.cs.wisc.edu/~ghost/
http://www.artifex.com/

Externe Druckertreiber (Gutenprint)

Eine Menge Druckertreiber sind direkt in Ghostscript integriert. Daneben wurden aber diverse Treiber außerhalb des Ghostscript-Projekts entwickelt. Das wichtigste derartige Treiberprojekt ist Gutenprint (ehemals Gimp-Print). Weitere Informationen finden Sie hier:

http://gutenprint.sourceforge.net/

An dieser Stelle ebenfalls erwähnenswert ist HPLIP (HP Linux Imaging and Printing). In diesem Projekt stellt die Firma HP Open-Source-Treiber für viele ihrer Drucker und Scanner zur Verfügung. Das HPLIB-Projekt hat allerdings nichts mit Ghostscript zu tun und wird in Kombination mit CUPS genutzt (siehe Seite 916).

Manueller Aufruf

Wegen der guten Integration von Ghostscript in das Drucksystem und in diverse andere Programme wird gs nur selten manuell eingesetzt. Damit gs korrekt funktioniert, müssen mindestens zwei Optionen angegeben werden: `-sOutputFile=` zur Angabe der Datei, in die das Ergebnis geschrieben werden soll, sowie `-sDEVICE=`*name* oder `@`*name*`.upp` zur Einstellung des Ausgabeformats. In der Regel ist es sinnvoll, auch die Option `-dNOPAUSE` zu verwenden. Falls Sie auf DIN-A4-Papier drucken möchten, sollten Sie schließlich noch `-sPAPERSIZE=a4` angeben.

Die folgende Anweisung übersetzt `test.ps` in das Format des HP-Laserjet 3. Das Ergebnis wird in die Datei `out.hp` geschrieben:

```
user$  gs -sDEVICE=ljet3 -sOutputFile=out.hp -sPAPERSIZE=a4 -dNOPAUSE -dBATCH test.ps
```

Das zweite Beispiel wandelt eine PostScript- in eine PDF-Datei um. (Auch ps2pdf ist in Wirklichkeit nichts anderes als ein Script, das gs aufruft.)

```
user$  gs -dNOPAUSE -dBATCH -sDEVICE=pdfwrite -sOutputFile=out.pdf test.ps
```

Zu guter Letzt sehen Sie hier ein Kommando, das eine EPS-Datei in eine PNG-Datei umwandelt:

```
user$  gs -dNOPAUSE -dBATCH -sDEVICE=png16m -sOutputFile=out.png \
          -dEPSCrop -r100 bild.eps
```

PostScript-Utilities

psutils-Paket Bei der Bearbeitung von PostScript-Dateien helfen die Kommandos des psutils-Pakets. Dabei handelt es sich teils um eigenständige Programme, teils um bash- oder Perl-Script-Dateien.

KOMMANDO	FUNKTION
epsffit	passt die Größe einer EPS-Datei an.
extractres	analysiert die Datei und liefert %%IncludeResource-Kommentare für alle benötigten Fonts, Dateien etc.
fixfmps	passt FrameMaker-Dateien an die psutils-Konventionen an.
fixmacps	passt Macintosh-Dateien an die psutils-Konventionen an.
fixscribeps	passt Scribe-Dateien an die psutils-Konventionen an.
fixtpps	passt Troff/Tpscript-Dateien an die psutils-Konventionen an.
fixwfwps	passt MS Word-Dateien an die psutils-Konventionen an.
fixwpps	passt WordPerfect-Dateien an die psutils-Konventionen an.
fixwwps	passt MS Write-Dateien an die psutils-Konventionen an.
getafm	erzeugt AFM-Dateien zur Beschreibung von Fonts.
includeres	fügt die mit extractres erzeugten Kommentare in eine PostScript-Datei ein.
psbook	ordnet die Seiten eines Textes so an, dass ganze Bögen (etwa mit je 16 Seiten) gedruckt werden können.
psnup	ordnet mehrere verkleinerte Seiten auf einem Blatt an.
psresize	verändert die erforderliche Papiergröße eines Dokuments; das Kommando löst das regelmäßig auftretende Problem des Ausdrucks von PostScript-Dokumenten, die für das US-Letter-Format erzeugt wurden.
psselect	extrahiert einzelne Seiten aus einer PostScript-Datei.
pstops	ordnet die Seiten eines Dokuments in einer neuen Reihenfolge.

Tabelle 14.3: **psutils-Kommandos**

Das folgende Beispiel zeigt, wie eine mit LaTeX und DVIPS erzeugte PostScript-Datei mit dem Manuskript dieses Buches in eine Darstellung mit 64 Seiten pro Blatt umgewandelt wird. Damit erscheint jede Seite nur noch briefmarkengroß. Das ermöglicht anschließend in einem PostScript-Viewer eine rasche, übersichtsartige Kontrolle des Seitenlayouts (ähnlich wie die Druckvorschau bei Microsoft Word mit dem kleinstmöglichen Zoomfaktor):

```
user$ psnup -b-0.4cm -64 -q < linux.ps > vorschau.ps
```

Die obigen Kommandos funktionieren nur dann, wenn die PostScript-Dateien DSC-konforme Kommentare enthalten. (DSC steht für *Document Structuring Conventions*.) Die Kommentare werden nicht ausgedruckt, enthalten aber wichtige Informationen über die Größe einer Seite, über den Beginn und das Ende von Seiten etc.) EPS-Dateien sind einseitige PostScript-Dateien, die spezielle Kommentare zur Einbettung in andere Dokumente enthalten (insbesondere Bounding-Box-Angaben über die Größe des Ausdrucks).

PS-Dateien zusammenfügen

Um zwei oder mehrere PostScript-Dateien aneinanderzufügen, setzen Sie am einfachsten das Ghostscript-Kommando gs ein. Zufriedenstellende Ergebnisse erzielen Sie allerdings nur dann, wenn gs alle Font-Dateien findet.

```
user$ gs -sDEVICE=pswrite -sOutputFile=out.ps -dNOPAUSE -dBATCH in1.ps in2.ps ...
```

PDF-Utilities

pdftk

Das Kommando pdftk (PDF-Toolkit) bietet für PDF-Dokumente ähnliche Funktionen wie psutils für PostScript-Dateien. Sie können damit Seiten extrahieren, mehrere PDF-Dokumente zusammenführen, eine unverschlüsselte Version eines verschlüsselten PDF-Dokuments erstellen (vorausgesetzt, Sie kennen das Passwort), PDF-Formulare ausfüllen etc. Ausführliche Informationen finden Sie auf der folgenden Website:

http://www.accesspdf.com/pdftk/

Das folgende Kommando liest die Seiten 10 bis 20 sowie 30 bis 40 aus in.pdf und schreibt sie in die neue Datei out.pdf:

```
user$ pdftk in.pdf cat 10-20 30-40 output out.pdf
```

Auch um mehrere PDF-Dateien aneinanderzufügen, verwenden Sie das Kommando cat:

```
user$ pdftk in1.pdf in2.pdf in3.pdf cat output out.pdf
```

Das folgende Beispiel erzeugt für jede einzelne Seite in in.pdf eine eigene PDF-Datei mit dem Namen pg_*n*, wobei *n* die Seitennummer ist:

```
user$ pdftk in.pdf burst
```

Das nächste Beispiel erzeugt eine verschlüsselte PDF-Datei. Die Datei kann zwar ohne das Passwort xxx gelesen, nicht aber ausgedruckt oder sonstwie bearbeitet werden. Wenn Sie selbst das Lesen der Datei schützen möchten, verwenden Sie statt owner_pw das Kommando user_pw.

```
user$ pdftk in.pdf output encrpyted.pdf owner_pw xxx
```

Poppler

Poppler ist eine Sammlung von Kommandos zur Umwandlung von PDF-Dokumenten in andere Formate (Text, Bitmap, PostScript etc.). Poppler wird unter Linux von vielen PDF-Viewern eingesetzt. Das Programm befindet sich üblicherweise im Paket poppler-utils.

xpdf-utils Das Paket xpdf-utils enthält unter anderem die Kommandos pdftops (erzeugt PostScript-Dateien aus PDF-Dokumenten), pdfinfo (extrahiert die PDF-Dokument-Eigenschaften), pdfimages (extrahiert Bilder aus PDF-Dateien) und pdftotext (extrahiert den Text aus einer PDF-Datei).

pdfedit Das Paket pdfedit enthält diverse Werkzeuge und eine Benutzeroberfläche, um PDF-Dateien zu verändern.

pdfjam Das Paket pdfjam enthält die Kommandos pdfnup, pdfjoin und pdf90. Damit können Sie PDF-Dateien aneinanderfügen und rotieren.

GUIs Auch wer Kommandos und ihre Optionen verabscheut und sich stattdessen nach einer grafischen Benutzeroberfläche sehnt, findet eine reiche Auswahl von häufig Java-basierten Open-Source-Programmen. Neben dem schon erwähnten Programm PDFedit sind vor allem PDF-Shuffler, Bookbinder, JPDF Tweak sowie PDF Split and Merge (PDF Sam) interessant.

LaTeX & Co.

LaTeX ist ein System zum Setzen (Layouten) wissenschaftlicher Texte. Dieser Abschnitt beschreibt ganz kurz die wichtigsten Kommandos, um LaTeX-Dateien (*.tex) in andere Formate umzuwandeln, ohne aber auf die LaTeX-Syntax einzugehen.

latex Das Kommando latex name.tex erzeugt aus der LaTeX-Datei eine DVI-Datei. Diese Datei enthält alle Anweisungen für das Seitenlayout in einer drucker- bzw. device-unabhängigen Sprache.

dvips Sobald die DVI-Datei vorliegt, kann sie mit den Programmen xdvi oder kdvi betrachtet werden. dvips wandelt die DVI-Datei in das PostScript-Format um. Das folgende Kommando zeigt die prinzipielle Syntax des Kommandos.

```
user$ dvips [optionen] -o name.ps name.dvi
```

dvipdf Oft möchte man LaTeX-Dokumente als PDF-Datei weitergeben. Dazu gibt es viele Möglichkeiten:

» Sie erzeugen zuerst mit dvips eine PostScript-Datei und wandeln diese dann mit ps2pdf oder mit dem Adobe Distiller in eine PDF-Datei um. (Adobe Distiller ist Teil des kommerziellen Programmpakets Adobe Acrobat, von dem es zurzeit leider keine Linux-Version gibt.)

» Sie wandeln die DVI-Datei mit dvipdf oder dvipdfm in eine PDF-Datei um. dvipdf entspricht dabei dem obigen Punkt, weil als Zwischenschritt ebenfalls eine PostScript-Datei erzeugt wird.

» Sie wandeln die LaTeX-Datei mit PDFTeX direkt in eine PDF-Datei um.

Als Ergebnis erhalten Sie eine PDF-Datei, die wie die äquivalente PostScript-Datei aussieht. Ob auch PDF-Zusatzfunktionen (Inhaltsverzeichnis, anklickbare Links etc.) genutzt werden können, hängt vom Umwandlungsweg und von den im LaTeX-Dokument eingesetzten Zusatzpaketen ab:

» dvips/ps2pdf bzw. dvipdf: PDF-Funktionen können durch das LaTeX-Paket hyperref genutzt werden.

» dvipdfm: Hier müssen Sie zusätzliche \special-Kommandos in das LaTeX-Dokument einfügen.

» PDFTeX: Dieses Programm sieht eine Reihe zusätzlicher LaTeX-Kommandos vor, um die PDF-Funktionen zu steuern.

15. Netzwerk-Tools

Dieses Kapitel stellt Kommandos zur Benutzung und Steuerung elementarer Netzwerkdienste vor. Sie lernen hier, wie Sie sich mit ssh auf einem anderen Rechner im Netzwerk einloggen, mit wget oder rsync Dateien übertragen etc. Zu einigen präsentierten Kommandos existieren komfortable Benutzeroberflächen. Wie in den vorangegangenen Kapiteln gebe ich hier den textorientierten Kommandos aber den Vorrang.

Beachten Sie, dass manche der hier vorgestellten Kommandos nur von root bzw. mit sudo genutzt werden können. Andere Kommandos dürfen zwar von gewöhnlichen Benutzern ausgeführt werden, stehen diesen aber nicht standardmäßig zur Verfügung (d. h., die Umgebungsvariable `PATH` enthält nicht das Verzeichnis, in dem sich die Kommandos befinden). Aus diesem Grund müssen Sie den Kommandos den exakten Pfad voranstellen, in der Regel `/sbin` oder `/usr/sbin`.

Querverweise

Wenn Sie sich bisher nur wenig mit Netzwerkfunktionen beschäftigt haben, vermissen Sie hier wahrscheinlich die Grundlagen bzw. kennen viele Begriffe noch nicht. Diese Informationen reiche ich in den Kapiteln 27 bis 30 nach. Dort geht es um die Konfiguration von Netzwerkfunktionen und das Einrichten von Netzwerk-Servern.

In einem Netzwerk möchte man oft auf die Dateien anderer Rechner zugreifen. Der für Unix bzw. Linux typische Weg heißt Network File System (NFS). Wie Sie ein NFS-Verzeichnis in das lokale Dateisystem integrieren, erfahren Sie auf Seite 618. Auf Windows-Netzwerkverzeichnisse – egal, ob sie vom Linux-Programm Samba oder einem Windows-Rechner im lokalen Neztwerk zur Verfügung gestellt werden – greifen Sie in der Regel direkt mit dem Dateimanager Ihres Desktop-Systems zu (siehe Seite 94 für Gnome bzw. Seite 119 für KDE). Alternativ können Sie Windows-Verzeichnisse auch direkt in das lokale Dateisystem integrieren (siehe Seite 620). Einige weitere Samba-Client-Programme werden im Zusammenhang mit der Samba-Server-Konfiguration beschrieben (siehe Seite 910).

15.1 Netzwerkstatus ermitteln

Dieser Abschnitt gibt einen Überblick über Kommandos zum Test der Grundfunktionen des Netzwerks. Weitere Informationen zu den hier vorgestellten Kommandos finden Sie ab Seite 761, wo es um die manuelle Konfiguration des Netzwerkzugangs geht, sowie in der Syntaxreferenz am Ende des Buchs. Ein kleines Netzwerkglossar, das Begriffe wie Gateway, Nameserver, Masquerading etc. erläutert, befindet sich auf Seite 748.

Netzwerkschnittstellen ermitteln

Das Kommando ifconfig liefert eine Liste aller bekannten Netzwerkschnittstellen. Typische Schnittstellen sind eth*n* (Ethernet) und ppp*n* (Internetzugang via Modem, ADSL oder VPN). Eine Sonderrolle nimmt lo ein: Diese Schnittstelle ermöglicht es lokalen Programmen, über das Netzwerkprotokoll zu kommunizieren. Das funktioniert selbst dann, wenn ein Rechner nicht nach außen hin mit einem Netzwerk verbunden ist. Ein typisches Ergebnis sieht so aus:

```
root# ifconfig
eth0      Link encap:Ethernet  Hardware Adresse 00:11:25:32:4F:5D
          inet Adresse:192.168.0.15  Bcast:192.168.0.255  Maske:255.255.255.0
          inet6 Adresse: fe80::211:25ff:fe32:4f5d/64 Gültigkeitsbereich:Verbindung
          UP BROADCAST RUNNING MULTICAST  MTU:1500  Metric:1
          RX packets:11416 errors:0 dropped:0 overruns:0 frame:0
          TX packets:10415 errors:0 dropped:0 overruns:0 carrier:0
          Kollisionen:0 Sendewarteschlangenlänge:1000
          RX bytes:9600456 (9.1 MiB)  TX bytes:2269502 (2.1 MiB)
          Basisadresse:0x8000 Speicher:c0220000-c0240000

lo        Link encap:Lokale Schleife
          inet Adresse:127.0.0.1  Maske:255.0.0.0
          inet6 Adresse: ::1/128 Gültigkeitsbereich:Maschine
          ...
          RX bytes:6139586 (5.8 MiB)  TX bytes:6139586 (5.8 MiB)
```

Wenn die Schnittstelle eth0 fehlt, wurde die Netzwerkkarte noch gar nicht aktiviert. Abhilfe schafft das von Ihrer Distribution vorgesehene Werkzeug zur Netzwerkkonfiguration. Sie können die Netzwerkschnittstelle auch manuell aktivieren (z. B. durch ifconfig eth0 192.168.0.2). Wenn dabei der Fehler *eth0: unknown interface: No such device* auftritt, fehlt dem Kernel das Modul zur Ansteuerung der Netzwerkkarte (siehe auch ab Seite 761).

Erreichbarkeit von localhost testen

ping sendet einmal pro Sekunde ein kleines Netzwerkpaket an die angegebene Adresse. Wenn sich dort ein Rechner befindet, sendet dieser eine Antwort (es sei denn, eine Firewall verhindert das). ping läuft so lange, bis es mit Strg+C beendet wird. ping localhost überprüft, ob das Loopback-Interface und damit die elementaren Netzwerkfunktionen des eigenen Rechners funktionieren.

```
user$ ping localhost
PING localhost (127.0.0.1): 56 data bytes
64 bytes from 127.0.0.1: icmp_seq=0 ttl=255 time=0.152 ms
64 bytes from 127.0.0.1: icmp_seq=1 ttl=255 time=0.114 ms
...
```

Erreichbarkeit des lokalen Netzes testen

Indem Sie an ping statt localhost die IP-Nummer eines anderen Rechners im lokalen Netz übergeben, testen Sie, ob das lokale Netz funktioniert. -c 2 bewirkt, dass ping nicht endlos läuft, sondern nach zwei Paketen endet.

```
user$ ping -c 2 192.168.0.99
PING 192.168.0.99 (192.168.0.99): 56 data bytes
64 bytes from 192.168.0.99: icmp_seq=0 ttl=255 time=0.274 ms
64 bytes from 192.168.0.99: icmp_seq=1 ttl=255 time=0.150 ms
...
```

Wenn es im lokalen Netz einen Nameserver gibt, der der IP-Nummer 192.168.0.99 einen Namen zuordnet (oder wenn die Datei /etc/hosts diese Aufgabe übernimmt), können Sie bei ping statt der IP-Nummer den Rechnernamen angeben.

```
user$  ping -c 2 mars
PING mars.sol (192.168.0.99) 56(84) bytes of data.
64 bytes from mars.sol (192.168.0.99): icmp_seq=1 ttl=64 time=0.281 ms
64 bytes from mars.sol (192.168.0.99): icmp_seq=2 ttl=64 time=0.287 ms

--- mars.sol ping statistics ---
2 packets transmitted, 2 received, 0% packet loss, time 999ms
rtt min/avg/max/mdev = 0.281/0.284/0.287/0.003 ms
```

Internetzugang testen

Als Nächstes können Sie testen, ob die Verbindung zum Internet gelingt. Das folgende Kommando testet gleichzeitig zwei Aspekte der Netzwerkkonfiguration: die Erreichbarkeit des Nameservers und die Funktion des Gateways.

```
user$  ping -c 2 www.yahoo.com
PING www.yahoo-ht2.akadns.net (209.73.186.238) 56(84) bytes of data.
64 bytes from f1.www.vip.re3.yahoo.com (209.73.186.238): icmp_seq=1 time=122 ms
64 bytes from f1.www.vip.re3.yahoo.com (209.73.186.238): icmp_seq=2 time=123 ms

--- www.yahoo-ht2.akadns.net ping statistics ---
2 packets transmitted, 2 received, 0% packet loss, time 999ms
rtt min/avg/max/mdev = 122.731/123.256/123.782/0.631 ms
```

Wenn das nicht funktioniert, sind mehrere Ursachen denkbar:

» Vielleicht ist der Server von Yahoo gerade unerreichbar, oder der Server hat aus Sicherheitsgründen die Antwort auf ping deaktiviert. Probieren Sie eine andere bekannte Internetadresse aus.

» Wenn der Nameserver nicht funktioniert, erhalten Sie die Fehlermeldung *ping: unknown host yahoo.com*. Überprüfen Sie, ob /etc/resolv.conf die Adresse des Nameservers enthält.

» Wenn das Gateway nicht funktioniert, erhalten Sie die Fehlermeldung *connect: Network is unreachable*. Führen Sie das Kommando route -n aus. Die letzte Zeile sollte so ähnlich wie beim folgenden Beispiel aussehen, wobei die Gateway-Spalte die IP-Adresse Ihres Gateways enthält:

```
root#  route -n
Kernel IP routing table
Destination  Gateway      Genmask       Flags Metric Ref Use Iface
192.168.0.0  0.0.0.0      255.255.255.0 U     0      0   0   eth0
127.0.0.0    0.0.0.0      255.0.0.0     U     0      0   0   lo
0.0.0.0      192.168.0.10 0.0.0.0       UG    0      0   0   eth0
```

» Falls Sie in einem lokalen Netz einen eigenen Rechner als Gateway eingerichtet haben, besteht die Möglichkeit, dass Sie die Masquerading-Funktion vergessen haben. In diesem Fall würde der Internetzugang für das gesamte lokale Netzwerk nicht funktionieren. Eine detaillierte Anleitung zur Konfiguration eines Internet-Gateways finden Sie in Kapitel 28 ab Seite 793.

Den Weg von IP-Paketen verfolgen

Mit traceroute finden Sie heraus, welchen Weg ein Netzwerkpaket von Ihrem Rechner zu einem anderen Rechner nimmt und wie lange die Laufzeit bis zur jeweiligen Zwischenstation ist. Standardmäßig unternimmt das Kommando drei Versuche und liefert daher entsprechend drei Zeiten. Das Kommando funktioniert nicht, wenn sich auf einer der Zwischenstationen eine Firewall befindet, die den von traceroute genutzten UDP-Port 33434 blockiert. In diesem Fall liefert traceroute für diese und alle weiteren Stationen nur noch drei Sterne.

Die folgenden Zeilen zeigen den Weg von meinem Arbeitsrechner zu `google.at`. Zeile 1 beschreibt mein Internet-Gateway (den Rechner `mars.sol`), Zeile 2 den ADSL-Router und Zeile 3 das Gateway meines Internet-Providers. Ab Zeile 9 splittern sich die Ergebnisse zwischen verschiedenen redundanten Google-Rechnern auf.

```
user$  traceroute google.at
traceroute to google.at (66.102.9.104), 30 hops max, 40 byte packets
 1  mars.sol.0.168.192.in-addr.arpa (192.168.0.1)  0.277 ms   0.194 ms   0.216 ms
 2  192.168.1.1 (192.168.1.1) 0.373 ms   0.367 ms   0.690 ms
 3  N704P030.adsl.highway.telekom.at (62.47.31.254)  8.598 ms   8.500 ms   11.593 ms
 4  172.19.90.193 (172.19.90.193)  11.864 ms   8.837 ms   7.986 ms
...
14  66.102.9.104 (66.102.9.104)  52.741 ms   53.306 ms   51.996 ms
```

gnome-nettool

Wer unter Gnome arbeitet, kann einen Großteil der oben aufgezählten Informationen auch ganz komfortabel mit dem Programm `gnome-nettool` ermitteln (siehe Abbildung 15.1).

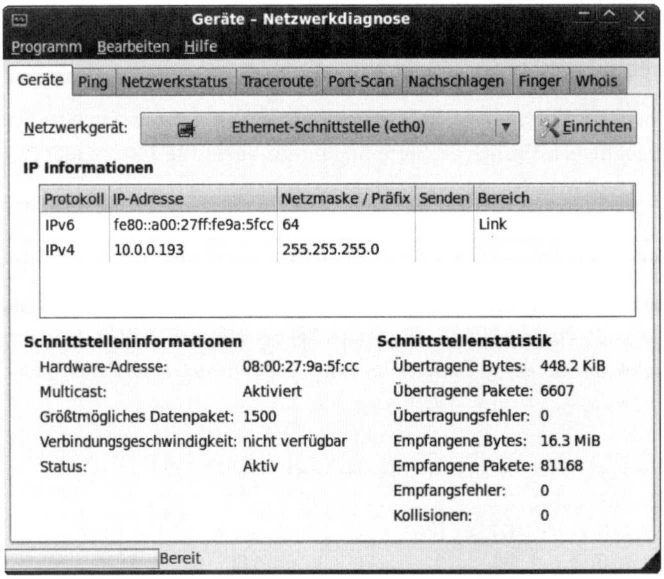

Abbildung 15.1: **Netzwerkdiagnose unter Gnome**

15.2 Auf anderen Rechnern arbeiten (SSH)

Die Programme telnet, rlogin und ssh ermöglichen es, auf einem anderen Rechner zu arbeiten, als stünde er vor Ihnen. Das funktioniert sowohl für kommandoorientierte Programme als auch für X-Programme. Dieser Abschnitt beschränkt sich auf die Beschreibung von ssh (Secure Shell). Die älteren Programme telnet und rlogin sollten aus Sicherheitsgründen nicht mehr eingesetzt werden. Sie übertragen die Login-Informationen inklusive des Passworts unverschlüsselt.

Die Grundvoraussetzung für die Anwendung von ssh besteht darin, dass auf dem zweiten Rechner ein SSH-Server läuft, also das Programm sshd. Bei manchen Linux-Distributionen ist dies standardmäßig der Fall, bei anderen muss das Programm (zumeist als Paket openssh-server) zuerst installiert werden. Wenn auf den Rechnern Firewalls laufen, dürfen diese den Port 22 nicht blockieren.

Informationen zur Installation, Konfiguration und Absicherung eines SSH-Servers folgen auf Seite 930. Weitere Details zur Client-Anwendung geben man ssh und man ssh_config. Zu ssh gibt es natürlich auch eine eigene Website:

http://www.openssh.org/

Gewöhnliche Shell-Session

Wenn Sie auf dem Rechner uranus arbeiten und nun eine Shell-Session auf dem Rechner mars starten möchten, führen Sie zum Verbindungsaufbau das folgende Kommando aus:

```
user@uranus$  ssh mars
user@mars's password:  ********
```

Wenn Sie mit ssh zum ersten Mal eine Verbindung zu einem anderen Rechner herstellen, erscheint oft eine Warnung nach dem folgenden Muster:

```
The authenticity of host 'mars (192.168.0.10)' can't be established.
RSA1 key fingerprint is 1e:0e:15:ad:6f:64:88:60:ec:21:f1:4b:b7:68:f4:32.
Are you sure you want to continue connecting (yes/no)? {\bfs yes}
Warning: Permanently added 'mars,192.168.0.10' (RSA1) to the list
  of known hosts.
```

Das bedeutet, dass ssh sich nicht sicher ist, ob es dem Rechner mars mit der IP-Adresse 192.168.0.10 vertrauen darf. Es könnte sein, dass ein fremder Rechner vortäuscht, mars zu sein. Wenn Sie die Rückfrage mit YES beantworten, speichert ssh den Namen, die Adresse und den RSA-Fingerprint (einen Code zur eindeutigen Identifizierung des Partnerrechners) in ~/.ssh/known_hosts.

Falls Sie auf mars unter einem anderen Login-Namen als auf uranus arbeiten möchten (z. B. als root), geben Sie den Namen mit der Option -l an:

```
user@uranus$  ssh -l root mars
root@mars's password:  xxx
```

Kommandos ausführen

Statt ssh interaktiv zu nutzen, können Sie auf dem entfernten Rechner auch einfach nur ein Kommando ausführen. Das Kommando und seine Parameter werden einfach als weitere Parameter an ssh übergeben. ssh endet nach diesem Kommando.

```
user@uranus$ ssh mars kommando optionen
user@mars's password: xxx
```

Aus dieser scheinbar trivialen Funktion ergeben sich weitreichende Möglichkeiten: Sie können nun beispielsweise auf dem entfernten Rechner tar starten, das damit erstellte Archiv an die Standardausgabe weiterleiten (Bindestrich - nach der Option -f) und die Standardausgabe mit | als Eingabe für ein zweites tar-Kommando verwenden, das lokal läuft. Damit können Sie einen ganzen Verzeichnisbaum sicher via SSH kopieren.

Das folgende Kommando zeigt, wie ich den gesamten htdocs-Verzeichnisbaum meines Webservers kofler.info in das lokale Verzeichnis ~/bak kopiere:

```
user$ ssh -l username kofler.info tar -cf - htdocs | tar -xC ~/bak/ -f -
username@kofler.info's password: ******
```

SSH und X

Grundsätzlich kann in einer SSH-Session auch ein X-Programm ausgeführt werden. Das Programm läuft dann auf dem entfernten Rechner, wird aber auf dem lokalen Rechner angezeigt und empfängt dort auch alle Tastatur- und Mauseingaben. Da das gesamte X-Protokoll nun über das Netzwerk läuft, ist eine gute Netzwerkverbindung erforderlich, damit komfortabel gearbeitet werden kann.

Damit ssh X-Programme ausführen kann, muss es mit der Option -X gestartet werden. (Wenn /etc/ssh_config die Zeile ForwardX11 yes enthält, kann auf die Option -X verzichtet werden.) ssh kümmert sich selbstständig um die korrekte Einstellung der DISPLAY-Variablen.

Die folgenden Kommandos bewirken, dass auf dem Rechner mars der Editor XEmacs gestartet wird. Das Editorfenster wird aber auf dem Desktop des Rechners uranus sichtbar und kann dort bedient werden! Das funktioniert selbst dann, wenn auf dem Rechner mars gar kein X-Server läuft (Runlevel 3). Alle X-Bibliotheken müssen aber installiert sein!

```
user@uranus$ ssh -X mars
user@mars's password: xxx
user@mars$ xemacs &
```

Dateien sicher kopieren mit scp

Um eine Datei via SSH über das Netzwerk zu kopieren, gibt es das Kommando scp. Die Syntax sieht so aus:

```
user$ scp [[user1@]host1:]filename1 [[user2@]host2:][filename2]
user2@host2's password: ******
```

Damit wird die Datei filename1 vom Rechner host1 zum Rechner host2 übertragen und dort in der Datei filename2 gespeichert. Einige Anmerkungen zu den vielen optionalen Bestandteilen der Kopieranweisung:

- host1 und host2 müssen nicht angegeben werden, wenn der lokale Rechner (also localhost) gemeint ist.
- user1 muss nicht angegeben werden, wenn der aktive Benutzer gemeint ist.
- user2 muss nicht angegeben werden, wenn auf dem Rechner host2 der aktuelle Benutzername von host1 bzw. user1 verwendet werden soll.

» `filename1` darf auch ein Verzeichnis sein. Sie müssen dann die Option `-r` angeben, damit das gesamte Verzeichnis mit allen Unterverzeichnissen übertragen wird.

» `filename2` muss nicht angegeben werden, wenn der Dateiname unverändert bleiben soll. Die Datei wird dann in das Home-Verzeichnis von `user2` kopiert.

  Statt `filename2` kann auch das Zielverzeichnis angegeben werden, wobei wie üblich ~ für das Home-Verzeichnis von `user2` verwendet wird.

Zum Abschluss noch ein Beispiel: Nehmen Sie an, die Benutzerin `gabi` arbeitet auf dem Rechner `uranus`. Sie will die Datei `abc.txt` in das Verzeichnis `~/efg` auf dem Rechner `mars` übertragen. Das scp-Kommando sieht so aus:

```
gabi@uranus$  scp abc.txt mars:~/efg/
gabi@mars's password:  ******
```

SFTP

SFTP (*Secure FTP*) ist eine auf SSH basierende sichere Variante zum Protokoll FTP. Details zu SFTP folgen im nächsten Abschnitt, der die Übertragung von Dateien via FTP und HTTP zum Thema hat (siehe Seite 352).

SSH-Tunnel

Eine SSH-Anwendungsmöglichkeit für fortgeschrittene Linux-Anwender ist der Tunnelbau. Derartige Tunnel eignen sich zwar nicht als Transportmöglichkeit für Autos oder Züge, sie ermöglichen aber die Übertragung aller IP-Pakete, die an einen bestimmten Port gerichtet sind. SSH-Tunnel bieten damit einen sicheren Weg, um IP-Pakete zwischen zwei Rechnern zu übertragen – und das selbst dann, wenn sich zwischen den beiden Rechnern eine Firewall befindet, die den Port eigentlich blockiert. (Eine Einführung in die Welt der IP-Pakete und eine Erklärung des Begriffs *Port* finden Sie übrigens im Firewall-Abschnitt auf Seite 830.)

Wenn der Tunnelbau vom Client-Rechner aus erfolgt, kommt die Option `-L localport:localhost:remoteport` zum Einsatz. Beispielsweise bewirkt das folgende Kommando, dass der Port 3306 des Rechners `mars` über den Port 3307 des lokalen Rechners zugänglich ist. Durch das Kommando wird gleichzeitig eine SSH-Session gestartet, was Sie durch `-N` aber verhindern können (wenn Sie nur den Tunnel, aber keine Shell benötigen). Falls der Login bei `mars` unter einem anderen Namen erfolgen soll, müssen Sie den Login-Namen wie üblich durch `-l name` oder durch `name@remotehost` angeben.

```
user@uranus$  ssh -L 3307:localhost:3306 username@mars
user@mars's password:  ******
```

Der Tunnel bleibt so lange offen, bis die SSH-Session mit [Strg]+[D] beendet wird. Falls Sie `ssh` mit der Option `-N` gestartet haben, muss das Programm mit [Strg]+[C] gestoppt werden.

3306 ist der übliche Port von MySQL. Sie können nun auf dem Rechner `uranus` über dessen Port 3307 auf den MySQL-Server zugreifen, der auf `mars` läuft. Beim `mysql`-Kommando muss der Port 3307 und der Hostname 127.0.0.1 angegeben werden, damit der SSH-Tunnel tatsächlich benutzt wird. (Standardmäßig stellt `mysql` lokale Verbindungen über eine Socket-Datei her.)

```
user@uranus$  mysql -u mysqllogin -P 3307 -h 127.0.0.1 -p
Enter password:  *******
```

Damit der MySQL-Login funktioniert, müssen zwei Voraussetzungen erfüllt sein. Erstens muss der MySQL-Server auf dem Rechner mars grundsätzlich IP-Verbindungen akzeptieren. (Der MySQL-Server kann aus Sicherheitsgründen auch so konfiguriert sein, dass Verbindungen nur über eine Socket-Datei möglich sind. Dann hilft ein Tunnel nicht weiter, weil ein Tunnel nur Ports verbinden kann.) Zweitens muss der MySQL-Server die Kombination aus Login-Name und Hostname akzeptieren. Als Hostname wird der Name des Rechners verwendet, zu dem ssh den Tunnel errichtet hat – hier also mars (bzw. mars.sol, wenn die Domain wie in allen Beispielen dieses Buchs sol lautet).

VPN Es gibt noch weit mehr und oft viel komplexere Anwendungsmöglichkeiten für SSH-Tunnel. Beispielsweise können Sie die Tunnel dazu verwenden, um ein Virtual Private Network zu bilden. Weiterführende Dokumentation finden Sie z. B. hier:

http://www.tldp.org/HOWTO/VPN-HOWTO/

Authentifizierung mit Schlüsseln

Alle Beispiele dieses Abschnitts sind davon ausgegangen, dass Sie sich nach dem Ausführen von ssh, scp etc. auf dem Zielrechner ganz gewöhnlich einloggen. Das ist allerdings nicht unbedingt notwendig. Sie können zur Authentifizierung auch Schlüsseldateien verwenden. Dazu erzeugen Sie auf dem Client mit ssh-keygen ein Schlüsselpaar. Diesen Schlüssel sollten Sie durch eine Passphrase selbst verschlüsseln. (Eine Passphrase ist ein aus mehreren Wörtern bestehendes Passwort.) Anschließend kopieren Sie – noch per Passwort-Authentifizierung – den öffentlichen Schlüssel in die Datei key auf dem Server:

```
user@client$  ssh-keygen
Generating public/private rsa key pair.
Enter file in which to save the key (/home/user/.ssh/id_rsa):  <Return>
Enter passphrase (empty for no passphrase):  ********
Enter same passphrase again:  ********
Your identification has been saved in /home/user/.ssh/id_rsa.
Your public key has been saved in /home/user/.ssh/id_rsa.pub.
user@client$  scp .ssh/id_rsa.pub user@server:key
user@server's password:  *******
```

Hinweis

Wenn Sie die Passphrase-Frage einfach mit ↵ oder mit der Eingabe empty beantworten, verzichtet ssh-keygen auf die Verschlüsselung. Das ist bequem, weil es eine SSH-Nutzung ohne Passwort-Rückfrage ermöglicht. Sie gehen damit aber ein Sicherheitsrisiko ein: Wem immer Ihr Schlüssel auf dem Client-Rechner in die Hände gerät, der kann sich ohne Weiteres auf allen Rechnern anmelden, auf denen Sie den öffentlichen Teil des Schlüssels installiert haben!

Auf dem Server richten Sie – soweit es noch nicht vorhanden ist – das Verzeichnis /home/user/.ssh ein und fügen den öffentlichen Schlüssel Ihres Client-Rechners an das Ende der Datei .ssh/authorized_keys an:

```
user@server$  mkdir -p .ssh
user@server$  cat key >> .ssh/authorized_keys
```

Wenn Sie nun eine Verbindung zum Zielrechner erstellen, tauscht ssh die Schlüsselinformationen aus. Ein Login ist nicht mehr erforderlich, Sie müssen aber die Passphrase der privaten Schlüsseldatei eingeben.

ssh-agent

Durch die Verwendung von Schlüsseln haben Sie also vorerst nur an Sicherheit, aber nicht an Komfort gewonnen. Eine sichere und doch einigermaßen bequeme Lösung bietet ssh-agent. Dieses Programm verwaltet alle privaten Schlüssel des Anwenders (meistens gibt es ohnedies nur einen). Das Programm wird folgendermaßen gestartet:

```
user$  eval $(ssh-agent)
```

Dadurch werden einige Umgebungsvariablen der aktuellen Konsole geändert. ssh-agent läuft als Hintergrundprozess weiter. Durch ssh-add können Sie nun Ihre privaten Schlüssel hinzufügen:

```
user$  ssh-add ~/.ssh/id_rsa
Enter passphrase for /home/user/.ssh/id_rsa:  ******
```

Von nun an verwendet ssh die von ssh-agent verwalteten Schlüsseldateien. Das heißt, Sie werden nie mehr nach dem Passwort für die Schlüsseldatei gefragt. Anstatt das Passwort bei jedem ssh-Kommando einzugeben, ist dies nur noch einmal erforderlich. Der große Nachteil von ssh-agent besteht darin, dass die Wirkung der Umgebungsvariablen auf eine einzige Konsole beschränkt ist.

gnome-keyring

Unter Gnome kümmert sich standardmäßig der gnome-keyring-daemon um Passwörter und SSH-Schlüssel. Der erstmalige Zugriff auf die Daten erfordert je nach Konfiguration einen richtigen Login (kein Auto-Login durch GDM) oder die Angabe des Master-Passworts. Zur Administration der gespeicherten Schlüssel und Passwörter verwenden Sie das Programm seahorse.

15.3 Dateien übertragen (FTP, WGET, RSYNC, BitTorrent)

FTP

Grundlagen

FTP steht für *File Transfer Protocol* und bezeichnet ein recht altes Verfahren zur Übertragung von Dateien über ein Netzwerk. Seine große Popularität verdankt FTP der Spielart Anonymous FTP: Viele große Internet-Server bieten allen Anwendern Zugang zu sogenannten FTP-Archiven. Dieser Zugang ist (im Gegensatz zum sonstigen FTP) nicht durch ein Passwort versperrt.

Ein großer Nachteil von FTP besteht darin, dass beim Login-Prozess der Benutzername und das Passwort unverschlüsselt übertragen werden. Eine sichere Alternative ist SFTP (Secure FTP) auf der Basis von SSH (siehe Seite 352). Auch HTTP, also das Protokoll zur Übertragung von Webseiten, wird oft als Alternative zu FTP eingesetzt.

In diesem Kapitel geht es nur um die Nutzung von FTP, also um die Client-Sichtweise. Damit FTP funktioniert, muss auf der Gegenstelle ein FTP-Server laufen. Dessen Konfiguration ist auf Seite 948 beschrieben.

FTP-Kommando

Der Urahn aller FTP-Clients ist das interaktive Textkommando ftp. Da es Dateien normalerweise aus dem bzw. in das aktuelle Verzeichnis überträgt, sollten Sie vor dem Start von ftp mit cd in das gewünschte Arbeitsverzeichnis wechseln. Die FTP-Sitzung wird dann mit dem Kommando `ftp user@ftpservername` oder einfach `ftp ftpservername` eingeleitet. Falls Sie Anonymous FTP nutzen möchten, geben Sie als Benutzernamen `anonymous` ein.

Nach dem Verbindungsaufbau und der Eingabe des Passworts kann es losgehen: Mit den Kommandos `cd`, `pwd` und `ls`, die dieselbe Bedeutung wie unter Linux haben, können Sie sich durch die Verzeichnisse des FTP-Archivs bewegen. Um eine Datei vom FTP-Archiv in das aktuelle Verzeichnis Ihres Rechners zu übertragen, führen Sie `get datei` aus. Der Dateiname bleibt dabei unverändert. Umgekehrt können Sie mit `put` eine Datei aus Ihrem aktuellen Verzeichnis in ein Verzeichnis des FTP-Archivs übertragen. Das geht freilich nur dann, wenn Sie eine Schreiberlaubnis für das Verzeichnis haben. Bei Anonymous FTP ist das zumeist nur für ein Verzeichnis mit einem Namen wie `/pub/incoming` der Fall. Die FTP-Sitzung wird mit dem Kommando `quit` oder `bye` beendet. Eine Referenz der wichtigsten FTP-Kommandos gibt Tabelle 15.1.

KOMMANDO	FUNKTION
`?`	zeigt eine Liste aller FTP-Kommandos an.
`!`	ermöglicht die Ausführung von Shell-Kommandos.
`ascii`	wechselt in den Textmodus.
`binary`	wechselt in den Binärmodus.
`bye`	beendet FTP.
`cd verz`	wechselt in das angegebene FTP-Verzeichnis.
`close`	beendet die Verbindung zum FTP-Server.
`get datei`	überträgt die Datei vom FTP-Archiv in das aktuelle Verzeichnis.
`help kommando`	zeigt eine kurze Info zum angegebenen Kommando an.
`lcd verz`	wechselt das aktuelle Verzeichnis auf dem lokalen Rechner.
`ls`	zeigt die Liste der Dateien auf dem FTP-Server an.
`lls`	zeigt die Liste der Dateien auf dem lokalen Rechner a.n
`mget *.muster`	überträgt alle passenden Dateien vom FTP-Archiv in das aktuelle Verzeichnis (siehe auch `prompt`).
`open`	stellt die Verbindung zum fremden Rechner her (wenn es beim ersten Versuch nicht geklappt hat).
`prompt`	aktiviert/deaktiviert die automatische Rückfrage vor der Übertragung jeder Datei durch `mget`.
`put datei`	überträgt die Datei vom aktuellen Verzeichnis in das FTP-Archiv (*upload*).
`quit`	beendet FTP.
`reget datei`	setzt die Übertragung einer bereits teilweise übertragenen Datei fort.
`user`	ermöglicht einen neuen Login.

Tabelle 15.1: **ftp-Kommandos**

Hinweis

Bevor Sie eine Datei übertragen, müssen Sie mit `binary` in den Binärmodus umschalten. Im Textmodus interpretiert FTP die Dateien als Texte und versucht, diese in das Format des jeweiligen Rechners zu konvertieren. Binärdateien werden durch so eine Konvertierung unbrauchbar. (Die meisten FTP-Server sind glücklicherweise so konfiguriert, dass `binary` als Grundeinstellung gilt.)

Die folgenden Zeilen zeigen den Download des Linux-Kernelcodes von einem FTP-Server:

```
user$  cd ~/src
user$  ftp ftp.kernel.org
Connected to zeus-pub.kernel.org.
220 Welcome to ftp.kernel.org.
Name (ftp.kernel.org:kofler):  anonymous
331 Please specify the password.
Password:  name@mysite.de
Using binary mode to transfer files.
ftp>  cd pub/linux/kernel/v3.0
250 Directory successfully changed.
ftp>  ls
...
ftp>  get linux-3.1.tar.bz2
local: linux-3.1.tar.bz2 remote: linux-3.1.tar.bz2
227 Entering Passive Mode (204,152,191,5,20,69)
150 Opening BINARY mode data connection for linux-3.1.tar.bz2 (69305709 bytes).
...
ftp>  quit
```

Andere FTP-Programme

Das Kommando `ftp` ist nicht komfortabel zu bedienen. Zum Glück gibt es unzählige Alternativen:

- Webbrowser, Dateimanager: Alle unter Linux verfügbaren Webbrowser und Dateimanager können auch zum FTP-Download verwendet werden. Manche Programme ermöglichen sogar einen komfortablen Upload (z. B. Nautilus und Konqueror).
- Grafische FTP-Clients: Programme wie `gftp` (Gnome) sind speziell für tpyische FTP-Aufgaben optimiert. Sie bieten Spezialfunktionen wie Bookmark- und Passwortverwaltung, die parallele Übertragung mehrerer Dateien, die Synchronisation von Verzeichnissen etc.
- `ncftp`: Diese Alternative zu `ftp` hat zwar eine textbasierte Benutzeroberfläche, ist aber komfortabler als das Original zu bedienen.
- `sftp`: Dieses Programm ist ähnlich minimalistisch wie `ftp`, aber dafür deutlich sicherer. Allerdings muss an der Gegenstelle ein SSH-Server laufen (kein FTP-Server). `sftp` wird im folgenden Abschnitt beschrieben.
- `wget`, `curl`, `lftp`, `rsync`, `mirror` und `sitecopy`: Diese Kommandos helfen bei der automatisierten Übertragung von Dateien bzw. ganzer Verzeichnisbäume via FTP (siehe ab Seite 352).

FTP-Adresse mit Passwort

Wenn Sie das Protokoll FTP nicht als Benutzer anonymous nutzen möchten, sondern sich mit Name und Passwort anmelden können, gilt bei den meisten FTP-Clients die folgende Syntax:

```
ftp://benutzername:password@servername
```

Passiver Modus Manche FTP-Clients funktionieren nicht richtig, wenn sich zwischen Ihrem Rechner und dem FTP-Server eine Firewall befindet oder wenn Sie in einem lokalen Netzwerk arbeiten, das mittels Masquerading mit dem Internet verbunden ist. In solchen Fällen hilft es fast immer, den Client in einen sogenannten passiven Modus zu versetzen. Leider gibt es dafür kein einheitliches Kommando – werfen Sie also einen Blick in die Dokumentation! (Die meisten Clients erkennen derartige Situationen selbstständig und aktivieren den passiven Modus automatisch.)

SFTP (Secure FTP)

Das Kommando `sftp` ist Teil des openssh-Pakets. `sftp` verwendet intern ein ganz anderes Protokoll als `ftp` und kann wie `ssh` nur eingesetzt werden, wenn auf der Gegenstelle ein SSH-Server läuft. Anonymous FTP ist mit `sftp` nicht möglich. Davon abgesehen, erfolgt die Bedienung des Programms wie die von `ftp`. Mit `sftp -b batchdatei` können Sie SFTP-Downloads automatisieren.

SFTP-Alternative Vielen ist `sftp` zu spartanisch. Die Auswahl komfortablerer SFTP-Clients ist allerdings kleiner als bei FTP. Außerdem ist manchmal etwas Überredungskunst erforderlich, bis der Verbindungsaufbau klappt:

- gftp: `gftp` bietet vielseitige SFTP-Konfigurationsmöglichkeiten (FTP|OPTIONEN|SSH). Wenn es Probleme gibt, achten Sie darauf, dass Sie den richtigen Port verwenden (22 für SSH, nicht 21 wie bei FTP). Häufig müssen Sie außerdem VERWENDE SSH2 SFTP FUNKTIONEN im Optionsdialog aktivieren.
- KDE: Mit Konqueror oder Nautilus initiieren Sie eine SFTP-Verbindung, indem Sie die Adresse `sftp://user@servername` eingeben. Nach der Passwortabfrage verhält sich Konqueror wie bei einem lokalen Verzeichnis. Beide Dateimanager unterstützen auch direkt das SSH-Protokoll, das selbst dann funktioniert, wenn `sftp` nicht zur Verfügung steht. Dazu geben Sie die Adresse in der Form `fish://user@servername` an.

wget

Der interaktive Ansatz des Kommandos `ftp` ist zur Automatisierung von Downloads – beispielsweise in einem Script – ungeeignet. Auch sonst ist `ftp` reichlich inflexibel. Beispielsweise ist es unmöglich, einen unterbrochenen Download selbstständig wieder aufzunehmen. Abhilfe schafft das Kommando `wget`, das speziell zur Durchführung großer Downloads bzw. zur Übertragung ganzer Verzeichnisse konzipiert ist. `wget` unterstützt gleichermaßen die Protokolle FTP, HTTP und HTTPS.

Beispiele In der Grundform lädt `wget` die angegebene Datei einfach herunter:

```
user$ wget ftp://myftpserver.de/name.abc
```

Wenn der Download aus irgendeinem Grund unterbrochen wird, kann er mit `-c` ohne Umstände wieder aufgenommen werden:

```
user$ wget -c ftp://myftpserver.de/name.abc
```

Downloads von großen Dateien, beispielsweise von ISO-Images von Linux-Distributionen, dauern selbst mit einem guten Internetzugang oft Stunden. Es bietet sich daher an, den Download über

Nacht durchzuführen. Das folgende Kommando stellt nahezu sicher, dass sich die Datei am nächsten Morgen tatsächlich auf dem Rechner befindet. Wegen `-t 20` wird der Download nach einem Verbindungsabbruch bis zu 20-mal neu aufgenommen. `--retry-connrefused` bewirkt, dass selbst nach dem Fehler *connection refused* ein neuer Versuch gestartet wird. Das ist dann zweckmäßig, wenn der Download-Server bekanntermaßen unzuverlässig ist und immer wieder für kurze Zeit unerreichbar ist.

```
user$ wget -t 20 --retry-connrefused http://mydownloadserver.de/name.iso
```

Das folgende Kommando lädt sämtliche Dateien herunter, die notwendig sind, um die angegebene Webseite später in unverändertem Zustand offline zu lesen. Kurz zur Bedeutung der Optionen: `-p` lädt auch CSS-Dateien und Bilder herunter. `-k` verändert in den heruntergeladenen Dateien die Links, sodass diese auf lokale Dateien verweisen. `-E` fügt heruntergeladenen Script-Dateien (ASP, PHP etc.) die Kennung `.html` hinzu. `-H` verfolgt auch Links auf externe Websites.

```
user$ wget -p -k -E -H http://mywebsite.de/seite.html
```

Wenn Sie eine ganze Website offline lesen möchten, hilft das folgende rekursive Download-Kommando (Option `-r`). Die Rekursionstiefe wird durch `-l 4` auf vier Ebenen limitiert.

```
user$ wget -r -l 4 -p -E -k http://mywebsite.de
```

curl

Das Kommando `curl` hilft dabei, Dateien von oder zu FTP-, HTTP- oder sonstigen Servern zu übertragen. Die `man`-Seite listet eine beeindruckende Palette von Protokollen auf, die `curl` beherrscht. In diesem Abschnitt beschränke ich mich allerdings auf FTP-Uploads. Für die Script-Programmierung besonders praktisch ist, dass `curl` auch Daten aus der Standardeingabe verarbeiten bzw. zur Standardausgabe schreiben kann. Sie müssen also nicht zuerst eine `*.tar.gz`-Datei erstellen und diese dann zum FTP-Server übertragen, sondern können beide Operationen mittels einer Pipe gleichzeitig ausführen.

Das folgende Kommando überträgt die angegebene Datei zum FTP-Server backupserver und speichert sie im Verzeichnis verz:

```
user$ curl -T datei -u username:password ftp://backupserver/verz
```

Um Daten aus dem Standardeingabekanal zu verarbeiten, geben Sie mit `-T` als Dateinamen einen Bindestrich an. Das folgende Kommando speichert das aus dem `tar`-Kommando resultierende Ergebnis direkt in der Datei `name.tgz` auf dem FTP-Server:

```
user$ tar czf - verz/ | curl -T - -u usern:pw ftp://bserver/name.tgz
```

lftp

`lftp` ist eigentlich ein komfortabler interaktiver FTP-Client. Das Kommando eignet sich aber auch gut, um FTP-Uploads oder andere Kommandos in einem Script auszuführen. Dazu können Sie an `lftp` entweder mit `-c` mehrere durch Strichpunkte getrennte FTP-Kommandos übergeben oder mit

-f eine Datei angeben, die diese Kommandos zeilenweise enthält. Das erste Kommando wird dabei immer user *benutzername,passwort servername* lauten, um die Verbindung zum FTP-Server herzustellen. Das folgende Kommando demonstriert einen Datei-Upload:

```
root# lftp -c "open -u username,password backupserver; put www.tgz"
```

Wenn Sie der Datei auf dem FTP-Server einen anderen Namen geben möchten, geben Sie zusätzlich die Option -o *neuerName* an. lftp zeigt während des Uploads den aktuellen Fortschritt an.

Um statt einer Datei ein ganzes Verzeichnis zum Backup-Server zu übertragen, verwenden Sie das Kommando mirror -R. (mirror kopiert normalerweise Verzeichnisse vom FTP-Server auf den lokalen Rechner. -R dreht die Übertragungsrichtung um.) Auch hierzu ein Beispiel:

```
root# lftp -c "open -u usern,passw bserver; mirror -R verzeichnis"
```

Im Unterschied zu anderen FTP-Clients unterstützt lftp das Kommando du, mit dem Sie feststellen können, wie viel Speicherplatz Ihre Backup-Dateien bereits belegen. Das ist dann wichtig, wenn Ihr Speicherplatz auf dem Backup-Server streng limitiert ist. Das folgende Kommando zeigt, wie Sie ohne interaktiven Eingriff den bereits belegten Speicherplatz ermitteln. Option -s gibt an, dass Sie nur an der Endsumme interessiert sind. -m bewirkt, dass als Maßeinheit MByte verwendet wird.

```
user$ lftp -c "open -u username,password bserver; du -s -m"
2378    .
```

Wenn Sie das Ergebnis für eine Berechnung verwenden möchten, stört die zweite Spalte (also der Punkt, der angibt, dass sich der Zahlenwert auf das aktuelle Verzeichnis bezieht). Stellen Sie dem Kommando einfach cut -f 1 hintan, um die erste Spalte zu extrahieren:

```
user$ lftp -c "open -u usern,passw bserver; du -s -m" | cut -f 1
2378
```

rsync

Das bereits auf Seite 276 vorgestellte Kommando rsync hilft dabei, ganze Verzeichnisbäume zu kopieren bzw. zu synchronisieren. Gegenüber dem simplen Kopierkommando cp bietet rsync einige wesentliche Vorteile:

- rsync ist besonders gut zur Synchronisierung von Verzeichnissen über (eventuell langsame) Netzwerke geeignet. Es werden nur die Änderungen an den Daten übertragen.
- Zur sicheren Datenübertragung kann rsync in Kombination mit SSH eingesetzt werden.
- rsync bietet zahlreiche Steuerungsoptionen, die weit über die Möglichkeiten von cp hinausgehen. Beispielsweise können Sie im Zielverzeichnis alle Dateien löschen, die es im Quellverzeichnis nicht mehr gibt.

Anwendung im Netzwerk

Damit rsync eine Synchronisation zwischen vernetzten Rechnern durchführen kann, muss das Programm auch auf dem zweiten Rechner installiert sein. Es bestehen grundsätzlich zwei Möglichkeiten, wie die beiden rsync-Programme (also das lokale Kommando und das rsync-Programm des Partnerrechners) miteinander kommunizieren:

- Die rsync-Instanzen verwenden zur Kommunikation eine Shell, üblicherweise SSH (siehe Seite 345). Das hat den Vorteil, dass die Übertragung der Daten verschlüsselt erfolgt. Damit das funktioniert, muss auf beiden Rechnern SSH installiert sein; außerdem muss auf dem Partnerrechner ein SSH-Server so konfiguriert sein, dass SSH-Logins möglich sind.
- rsync läuft auf dem Partnerrechner als Server (Dämon). Der rsync-Server wird durch die Datei `/etc/rsyncd.conf` konfiguriert (siehe die entsprechende man-Seite) und durch ein Init-V-Script gestartet (in der Regel `/etc/init.d/rsyncd`). Dieses Client/Server-Szenario wird hier allerdings nicht weiter beschrieben.

Beispiele

Alle Beispiele setzen voraus, dass rsync via SSH kommuniziert. Dazu müssen Sie beim Aufruf des rsync-Kommandos die Option `-e ssh` verwenden. Bevor Sie mit rsync-Experimenten beginnen, sollten Sie sicherstellen, dass ein gewöhnlicher SSH-Login zum Partnerrechner möglich ist.

Bei langsamen Netzwerkverbindungen kann die zusätzliche Option `-z` eingesetzt werden. Sie bewirkt die Komprimierung des rsync-Datenaustauschs. Das führt allerdings zu einer stärkeren CPU-Belastung auf beiden Rechnern, die leider nicht immer mit der erhofften schnelleren Synchronisierung verbunden ist.

Die Angabe der Quell- und Zielverzeichnisse erfolgt nun in der Schreibweise `hostname:verzeichnis` bzw. `username@hostname:verzeichnis`, falls nicht der aktuelle Benutzername verwendet werden soll.

Durch das folgende Kommando wird das Verzeichnis `verz1` des lokalen Benutzers `username` auf dem Rechner `saturn.sol` mit dem Verzeichnis `verz2` auf dem Rechner `mars.sol` synchronisiert. Für die Passworteingabe ist ssh verantwortlich. (Es muss also das Login-Passwort des Benutzers `username` auf dem Rechner `mars.sol` eingegeben werden.)

```
username@saturn.sol$  rsync -e ssh -az verz1/ mars.sol:verz2/
username@mars.sol's password:  ******
```

rsync kann Dateien auch von einem entfernten Rechner auf den lokalen übertragen. Das folgende Kommando synchronisiert also in die umgekehrte Richtung:

```
username@saturn.sol$  rsync -e ssh -az mars.sol:verz2/ verz3/
username@mars.sol's password:  ******
```

Wenn rsync durch ein automatisches Backup-Script aufgerufen werden soll, stört natürlich die interaktive Passworteingabe. Eine Lösung besteht darin, auf dem lokalen Rechner eine private Schlüsseldatei einzurichten und auf dem Partnerrechner den dazu passenden öffentlichen Schlüssel. Wenn Sie bei der Erzeugung der Schlüssel auf die sogenannte Passphrase verzichten, ist nun ein SSH-Login ohne Passwort möglich. Leider gehen Sie damit ein Sicherheitsrisiko ein (siehe Seite 348). Dieses Risiko können Sie verkleinern, wenn Sie die Schlüsseldatei so einrichten, dass sie nur vom rsync-Script genutzt werden kann. Diese Vorgehensweise ist auf der folgenden Website beschrieben:

http://www.jdmz.net/ssh/

BitTorrent

BitTorrent ist ein Protokoll zum effizienten Download großer Dateien, die gerade von vielen Benutzern gewünscht werden. Die Grundidee ist einfach: Der Download erfolgt nicht von einem zentralen Server, sondern von allen im Netz verfügbaren Rechnern, auf denen zumindest Teile der Datei zur Verfügung stehen (also sogenanntes *Peer-to-Peer Networking*). Umgekehrt bedeutet das: Wenn Sie via BitTorrent eine große Datei herunterladen, stellen Sie diese Datei während dieser Zeit (und idealerweise auch danach) auch allen anderen BitTorrent-Benutzern im Netz zur Verfügung.

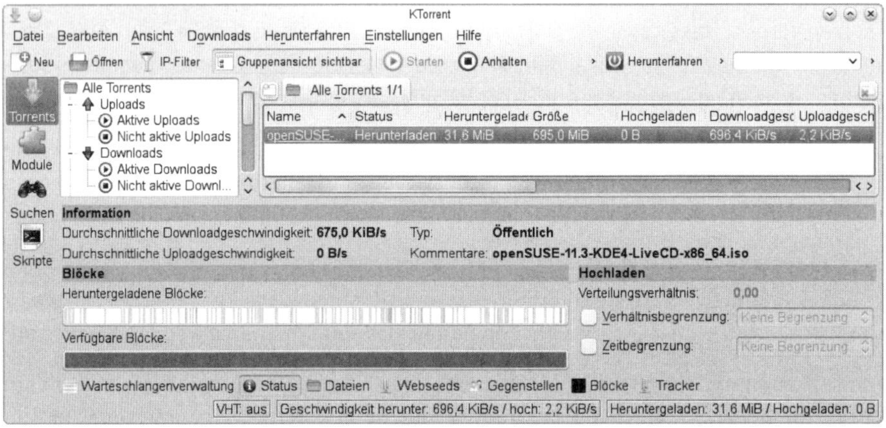

Abbildung 15.2: **Downloads mit KTorrent**

In der Linux-Praxis ist BitTorrent insofern interessant, als einige Distributionen DVD-Images als »Torrents« zur Verfügung stellen. Bei der Vorstellung einer neuen Version starten oft Tausende von Benutzern nahezu gleichzeitig den Download. Das überfordert jeden herkömmlichen FTP- oder HTTP-Server. Dank BitTorrent ist selbst in solchen Fällen ein Download in erträglicher Geschwindigkeit möglich. Weitere Informationen zu den Grundlagen und Techniken des BitTorrent-Verfahrens sind im folgenden Wikipedia-Artikel gut zusammengefasst:

http://de.wikipedia.org/wiki/BitTorrent

.torrent-Dateien

BitTorrent-Downloads werden durch `.torrent`-Dateien bekannt gegeben. Dabei handelt es sich um relativ kleine Binärdateien, die unter anderem Prüfsummen für zahllose Teilstücke der Datei enthalten. Das ermöglicht es, den Download nicht sequenziell, sondern in zufälliger Reihenfolge und parallel von mehreren im Netz verfügbaren BitTorrent-Quellen durchzuführen.

BitTorrent-Clients

BitTorrent-Clients sind Programme, die einerseits den Download durchführen und andererseits heruntergeladene Dateien anderen BitTorrent-Clients anbieten. Populäre Programme sind BitTorrent, KTorrent (KDE) sowie Transmission oder Monsoon (beide Gnome), die alle eine ansprechende Oberfläche haben. Das KDE-Programm KTorrent zeigt an, welche Teile der Datei bereits heruntergeladen wurden (siehe Abbildung 15.2). Wenn Sie BitTorrent-Downloads interaktiv in einer Konsole oder automatisiert per Script ausführen möchten, sollten Sie einen Blick auf die BitTorrent-Varianten `bittorrent-curses` und `bittorent-console` werfen, die im `bittorrent`-Paket gleich mitgeliefert werden.

16. Vim

Im Mittelpunkt dieses Kapitels stehen der Editor Vi und dessen Open-Source-Implementierung Vim (*Vi Improved*). Diese Editoren sind – ebenso wie der im nächsten Kapitel vorgestellte Editor Emacs – relativ schwer zu erlernen. Dieser Aufwand lohnt sich nur, wenn Sie ständig Text, Programmcode, HTML-Dokumente etc. bearbeiten, wenn ein Texteditor also ein ständiges und unverzichtbares Werkzeug für Sie ist. Wenn Sie zu dieser Zielgruppe gehören, bieten Vi und Emacs Ihnen schier unendlich viele Spezialfunktionen.

Bleibt noch die Königsfrage: Vi oder Emacs? Beide Programme sind Urgesteine der Unix/Linux-Geschichte. Beide bieten unzählige Spezialfunktionen, z. B. die automatische Syntaxhervorhebung für zahllose Programmiersprachen und Dokumenttypen oder das Suchen und Ersetzen mit regulären Ausdrücken. Über die Frage, welches Programm nun besser ist, wurden im Internet schon endlose Diskussionen geführt. Wirklich objektiv kann auch ich die Frage nicht beantworten: Da ich sämtliche Auflagen dieses Buchs mit Emacs-Varianten verfasst habe (dieses Kapitel natürlich ausgenommen, so viel Vi muss sein!), ist mir der Emacs viel vertrauter als irgendwelche Vi-Varianten.

Persönlich erscheint mir der Editor Emacs intuitiver zu bedienen und einfacher zu erlernen. Beim Vi treibt einen die Unterscheidung zwischen dem Standard- und den Einfügemodus anfänglich leicht zum Wahnsinn. Für Vi & Co. spricht andererseits, dass das Programm ein De-facto-Standard unter Unix/Linux ist. Es beansprucht wesentlich weniger Ressourcen und steht selbst auf minimalen Rescue-Systemen zur Verfügung (wo für den Emacs meist kein Platz mehr ist). Echte Unix/Linux-Freaks sollten ohnedies beide Editoren in ihren Grundfunktionen beherrschen (und viel mehr vermittle ich in diesem Buch nicht).

Der ursprüngliche Editor Vi ist ein kommerzielles Programm und steht daher unter Linux nicht zur Verfügung. Vim ist dagegen ein Open-Source-Programm, das zu Vi kompatibel ist und darüber hinaus zahllose Verbesserungen und Erweiterungen bietet. Das Programm kann wahlweise mit den Kommandos `vi` oder `vim` gestartet werden.

Vim im Grafikmodus

Grundsätzlich wird Vim in einer Textkonsole bzw. in einem Konsolenfenster ausgeführt. Wenn Sie ein richtiges Menü und ordentliche Bildlaufleisten bevorzugen, sollten Sie einen Blick auf `gvim` werfen (siehe Abbildung 16.1). Diese grafische Variante zu Vim muss eventuell extra installiert werden, wobei der Paketname meist `vim-X11` oder `vim-gnome` lautet.

Links

Aus Platzgründen kann dieses Kapitel nur eine Einführung zu Vim geben. Für Einsteiger sehr hilfreich ist das Tutorial, das Sie durch das Kommando `vimtutor` starten. (Dadurch wird `vim` gestartet und ein deutschsprachiger Hilfetext geladen, der eine Einführung sowie Beispiele zum Ausprobieren enthält.) Die folgenden Links verweisen auf Seiten mit weiterführenden Informationen:

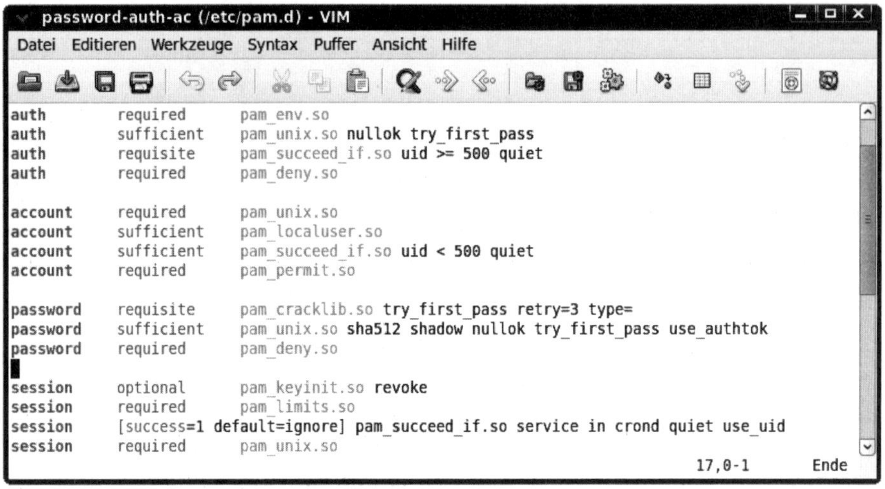

Abbildung 16.1: **Die grafische Variante des Editors vim**

http://www.vim.org/	(Homepage)
http://www.eng.hawaii.edu/Tutor/vi.html	(Tutorial)
http://vimdoc.sourceforge.net/vimfaq.html	(FAQ)
http://tnerual.eriogerg.free.fr/vim.html	(Zusammenfassung wichtiger Tastenkürzel)
http://www.truth.sk/vim/vimbook-OPL.pdf	(500-seitiges Vim-Buch als PDF)

Vim ist Charityware

Der Hauptentwickler Bram Moolenaar bezeichnet Vim als »Charityware«: Vim ist kostenlos unter einer GPL-kompatiblen Lizenz verfügbar. Wer Vim regelmäßig nutzt, wird aber gebeten, sich in Form einer Spende zu bedanken, die einer Kinderhilfsorganisation in Uganda zugutekommt. Weitere Informationen liefert das Vim-Kommando [Esc] [:] `help uganda` [↵].

16.1 Schnelleinstieg

Sie starten Vim üblicherweise in der Form `vim dateiname` innerhalb einer Textkonsole oder in einem Konsolenfenster. Die zu ändernde Datei wird direkt in der Konsole angezeigt.

Standardmodus

Bevor Sie darauflosschreiben können, müssen Sie sich allerdings mit einer Eigenheit auseinandersetzen: Das Programm unterscheidet zwischen unterschiedlichen Bearbeitungsmodi. Der Standardmodus dient nicht zur Eingabe von Text, sondern zur Ausführung von Kommandos. Wenn Sie im Standardmodus beispielsweise [L] eingeben, bewegen Sie damit den Cursor um ein Zeichen nach links. [D] [W] löscht ein Wort, [P] fügt es an der aktuellen Cursorposition wieder ein etc.

Einfügemodus

Um Text einzugeben, müssen Sie mit [I] (*insert*) oder [A] (*append*) in den Einfügemodus wechseln. `vim` zeigt nun in der untersten Zeile ganz links den Text `-- EINFÜGEN --` an. Im Einfügemodus können Sie Text eingeben, den Cursor bewegen und einzelne Zeichen löschen ([Entf] und [Backspace]). Der Unterschied zwischen [I] und [A] besteht darin, dass die Eingabe bei [I] an der aktuellen Cursorposition beginnt, bei [A] beim Zeichen dahinter.

Bevor Sie wieder ein Kommando eingeben können, müssen Sie mit [Esc] zurück in den Standardmodus wechseln. (Dieser Modus wird nicht extra gekennzeichnet. Der linke Teil der letzten Zeile ist jetzt also leer.)

Hinweis

Beim Wechsel vom Einfüge- in den Standardmodus bewegt sich der Cursor um ein Zeichen nach links (es sei denn, er steht bereits am Beginn einer Zeile). Dieses merkwürdige Verhalten ist laut Vim-FAQ beabsichtigt und kann nicht verhindert werden. Um ein einzelnes Kommando auszuführen, ohne den Einfügemodus zu verlassen – und damit auch ohne die aktuelle Cursorposition zu verändern –, leiten Sie die Kommandoeingabe mit [Strg]+[O] ein.

TASTENKÜRZEL	FUNKTION
[I]	aktiviert den Einfügemodus.
[A]	aktiviert den Einfügemodus. Die Texteingabe beginnt beim nächsten Zeichen.
[Esc]	aktiviert den Standardmodus bzw. bricht die Kommandoeingabe ab.
	Kommandos im Standardmodus
[D], [W]	löscht ein Wort.
[D], [D]	löscht die aktuelle Zeile.
n [D], [D]	löscht *n* Zeilen.
[P]	fügt den zuletzt gelöschten Text hinter der Cursorposition ein.
[⇧]+[P]	fügt den zuletzt gelöschten Text vor der Cursorposition ein.
[.]	wiederholt das letzte Kommando.
[U]	macht die letzte Änderung rückgängig (Undo).
[⇧]+[U]	widerruft alle Änderungen in der aktuellen Zeile.
[Strg]+[R]	macht Undo rückgängig (Redo, ab Vim 7).
[:] w	speichert die Datei.
[:] q	beendet vim.
[:] q!	beendet vim auch dann, wenn es nicht gespeicherte Dateien gibt.
	Kommandos im Einfügemodus
[Strg]+[O] *kommando*	führt Kommando aus, ohne den Einfügemodus zu verlassen.

Tabelle 16.1: **Elementare Kommandos**

Text löschen

Im Einfügemodus können Sie mit [Entf] und [Backspace] wie üblich einzelne Zeichen löschen. Wenn Sie Wörter, Zeilen oder ganze Bereiche löschen möchten, wechseln Sie zuerst mit [Esc] in den Standardmodus. Anschließend löscht [D], [W] ein Wort und [D], [D] eine ganze Zeile. Wenn Sie eine Zahl voranstellen, wird das Löschkommando entsprechend oft wiederholt. [5], [D], [D] löscht also fünf Zeilen. [.] wiederholt das zuletzt ausgeführte Kommando.

[P] (*put*) fügt den zuletzt gelöschten Text hinter der aktuellen Cursorposition ein, [⇧]+[P] davor. [U] (*undo*) widerruft die letzten Änderungen, [Strg]+[R] (*redo*) stellt die Änderungen wieder her. (Vim 6 kann nur die letzte Änderung widerrufen, ein nochmaliges [U] stellt die Änderung wieder her.)

Speichern und beenden

Um die geänderte Datei zu speichern, wechseln Sie mit [Esc] in den Standardmodus und geben dann das Kommando [:] w [↵] (*write*) ein. [:] q [↵] (*quit*) beendet den Editor, sofern alle offenen Dateien gespeichert sind. Mit [:] q! [↵] erzwingen Sie ein Ende selbst dann, wenn es nicht gespeicherte Änderungen gibt. [:] wq [↵] kombiniert das Speichern und das Programmende.

Hilfe

Vim stellt eine umfassende Online-Hilfe in englischer Sprache zur Verfügung. Zur Startseite des Hilfesystems gelangen Sie von jedem Modus aus mit [F1]. Alternativ führen im Standardmodus [:] `help` bzw. [:] `help` *thema* zur Hilfe. Wenn Sie wissen möchten, welche Hilfethemen es gibt, die das Schlüsselwort *abc* enthalten, geben Sie [:] `help` *abc* [Strg]+[D] ein.

Das Hilfefenster

Der Hilfetext wird in einem eigenen Teilbereich von `vim` angezeigt (einem sogenannten Fenster, auch wenn es sich dabei nicht um ein eigenständiges Fenster im Sinne des Linux-Grafiksystems handelt). Dieses Fenster schließen Sie mit [:] q wieder. Sie können das Hilfefenster aber auch geöffnet lassen und im ursprünglichen Text weiterarbeiten. Dazu wechseln Sie mit [Strg]+[W], [W] das gerade aktive Fenster. (Mehr Informationen zum Umgang mit `vim`-Fenstern, -Puffern und zur Bearbeitung mehrerer Dateien folgen auf Seite 365.)

Navigation in der Hilfe

Im Hilfetext sind Verweise auf andere Hilfethemen hervorgehoben (in der von mir getesteten Version hellblau). Um zu diesem Thema zu springen, bewegen Sie den Cursor auf das Schlüsselwort und führen [Strg]+[]] aus. Noch einfacher geht es, wenn die Maus aktiviert ist (siehe Seite 369): Dann reicht ein Doppelklick auf das Hilfethema, um dorthin zu springen. [Strg]+[T] führt zur ursprünglichen Seite zurück.

16.2 Cursorbewegung

Die Cursortasten funktionieren sowohl im Standardmodus als auch im Einfügemodus. Außerdem können Sie die Cursorposition durch diverse Tastenkombinationen im Standardmodus ändern (siehe Tabelle 16.2). Vi-Freaks bewegen sich damit effizienter durch den Text als mit den Cursortasten.

Eine Eigenheit von `vim` besteht darin, dass [←] am Beginn einer Zeile den Cursor nicht an das Ende der vorherigen Zeile stellt. Analog funktioniert auch [→] am Ende einer Zeile nicht wie gewohnt. Um das übliche Verhalten anderer Editoren zu erzielen, führen Sie im Standardmodus [:] `set whichwrap=b,s,<,>,[,]` aus bzw. fügen dieses `set`-Kommando in `~/.vimrc` ein.

Cursorpositionen speichern

[M] *buchstabe* speichert die aktuelle Cursorposition in einem Positionsmarker. Mit ['] *buchstabe* bewegen Sie den Cursor zurück an die so gespeicherte Position.

Vim merkt sich die Cursorposition, an der eine neue Cursorbewegung beginnt. ['], ['] führt zurück zu dieser Position. Nochmals ['], ['] bewegt den Cursor wieder an die letzte Position. ['] [[] bzw. ['] []] bewegen den Cursor an den Beginn bzw. das Ende des zuletzt veränderten Textabschnitts.

TASTENKÜRZEL	FUNKTION
Cursortasten	Die Cursortasten haben die übliche Bedeutung.
H / L	bewegt den Cursor nach links/rechts.
J / K	bewegt den Cursor nach unten/oben.
⇧+H / ⇧+L	bewegt den Cursor an den Beginn bzw. das Ende der aktuellen Seite.
⇧+M	bewegt den Cursor in die Mitte der aktuellen Seite.
B / W	bewegt den Cursor um ein Wort nach links/rechts.
E	bewegt den Cursor an das Ende des Worts.
G, E	bewegt den Cursor an den Anfang des Worts.
(,)	bewegt den Cursor an den Beginn des aktuellen/nächsten Satzes.
{, }	bewegt den Cursor an den Beginn des aktuellen/nächsten Absatzes.
^, $	bewegt den Cursor an den Beginn bzw. das Ende der Zeile.
⇧+G	bewegt den Cursor an das Ende der Datei.
G, G	bewegt den Cursor an den Beginn der Datei.
n ⇧+G	bewegt den Cursor in die Zeile *n*.
n |	bewegt den Cursor in die Spalte *n*.
%	bewegt den Cursor zum korrespondierenden Klammerzeichen ()[]{}.

Tabelle 16.2: **Tastenkürzel zur Cursorbewegung im Standardmodus**

Wo bin ich?

Im Einfügemodus zeigt Vim rechts in der Statuszeile die aktuelle Zeilen- und Spaltennummer sowie eine Prozentzahl an, die angibt, in welchem Abschnitt des Texts Sie sich befinden (z. B. 92 % – also in den letzten 10 Prozent). Wenn Sie dennoch die Orientierung verloren haben, drücken Sie Strg+G. Vim zeigt in der Statuszeile nun auch den Namen der Datei, ihren Zustand (z. B. *Verändert*), die gesamte Länge in Zeilen und die relative Position im Text in Prozent.

16.3 Text bearbeiten

Textzeichen mehrfach einfügen

Um ein Textzeichen mehrfach einzufügen, geben Sie im Standardmodus die Anzahl, das Kommando A (*append*), das gewünschte Zeichen und schließlich Esc ein. Um also 50-mal das Zeichen = einzugeben, geben Sie 5, 0, A, =, Esc ein. Nach dem Kommando befinden Sie sich wieder im Standardmodus.

Tippfehler

Vim hilft auch bei der Korrektur typischer Tippfehler: ~ ändert die Groß- und Kleinschreibung des aktuellen Buchstabens. X, P vertauscht die folgenden zwei Buchstaben.

Text löschen

Tabelle 16.3 gibt einen Überblick über die wichtigsten Kommandos zum Löschen von Text. Wenn Sie vor dem Löschkommando eine Zahl eingeben, wird das Löschkommando entsprechend oft wiederholt. Wie für alle anderen Vim-Kommandos gilt: . wiederholt das letzte Kommando, *n* . wiederholt es *n*-mal.

TASTENKÜRZEL	FUNKTION
	Kommandos im Einfügemodus
Entf, Backspace	Diese Tasten haben die übliche Bedeutung.
	Kommandos im Standardmodus
X	löscht das Zeichen unter dem Cursor bzw. den markierten Text.
⇧+X	löscht das Zeichen vor dem Cursor.
D, D	löscht die aktuelle Zeile.
D *cursorkommando*	löscht den Text entsprechend dem Kommando zur Cursorbewegung (siehe Tabelle 16.2). Beispiele: D, $ löscht bis zum Ende der Zeile. D, B löscht das vorige Wort. D, W löscht das nächste Wort.

Tabelle 16.3: **Text löschen**

Text wird grundsätzlich in ein Kopierregister gelöscht. Der zuletzt gelöschte Text kann von dort mit ⇧+P an der aktuellen Cursorposition bzw. mit P hinter der Cursorposition wieder in den Text eingefügt werden.

Eine etwas eigentümliche Art, Text zu löschen und dann durch neuen Text zu ersetzen, bieten die C-Kommandos (*change*): Beispielsweise löscht C, W das aktuelle Wort und aktiviert den Einfügemodus. Sie geben nun das neue Wort ein und schließen die Eingabe mit Esc ab. Analog funktioniert C auch für andere Cursorkommandos.

Text kopieren Sie können Text auch in das Kopierregister einfügen, ohne ihn zu löschen. Tabelle 16.4 fasst die entsprechenden Kommandos zusammen (alle für den Standardmodus).

TASTENKÜRZEL	FUNKTION
Y	kopiert den markierten Text in das Kopierregister.
Y, Y	kopiert die aktuelle Zeile in das Kopierregister.
Y *cursorkommando*	kopiert den durch die Cursorbewegung erfassten Text; Beispiel: Y, } kopiert den Text bis zum Ende des Absatzes.

Tabelle 16.4: **Text in das Kopierregister kopieren**

Text markieren Einige (Lösch-)Kommandos setzen voraus, dass Sie zuerst einen Textausschnitt markieren. Vim sieht dazu drei verschiedene Markierungsmodi vor, die Sie mit V, ⇧+V bzw. Strg+V am Startpunkt der Markierung aktivieren bzw. ebenso wieder deaktivieren. Während einer dieser Modi aktiv ist, enthält die unterste Vim-Zeile den Text `-- VISUELL --`. Sie bewegen den Cursor nun zum Endpunkt der Markierung oder erweitern die Markierung durch einige spezielle Markierungskommandos (siehe Tabelle 16.5). Solange der Markierungsmodus aktiv ist, stehen Ihnen diverse Kommandos zur Bearbeitung des markierten Texts zur Auswahl (siehe Tabelle 16.6).

Zeilen einrücken Gerade beim Editieren von Code ist das richtige Einrücken von Zeilen wichtig. Vim hilft dabei auf vielfältige Weise. Die elementarsten Kommandos sind >, > bzw. <, <. Sie rücken die aktuelle Zeile um eine Tabulatorposition ein oder aus. Wenn Sie vorher mehrere Zeilen Text markieren, können Sie die Kommandos auf einen ganzen Block anwenden. Dabei reicht die einfache Eingabe von > bzw. <. : `set shiftwidth=`*n* verändert die Einrücktiefe (normalerweise 8 Zeichen).

TASTENKÜRZEL	FUNKTION
[V]	(de)aktiviert den Zeichenmarkierungsmodus.
[⇧]+[V]	(de)aktiviert den Zeilenmarkierungsmodus.
[Strg]+[V]	(de)aktiviert den Blockmarkierungsmodus.
[A], [W]	vergrößert die Markierung um ein Wort.
[A], [S]	vergrößert die Markierung um einen Satz.
[A], [P]	vergrößert die Markierung um einen Absatz.
[A], [B]	vergrößert die Markierung um eine ()-Ebene.
[A], [⇧]+[B]	vergrößert die Markierung um eine {}-Ebene.
[G], [V]	markiert den zuletzt markierten Text nochmals.
[O]	wechselt die Cursorposition zwischen Markierungsanfang und -ende.

Tabelle 16.5:
Text markieren

TASTENKÜRZEL	FUNKTION
[X]	löscht den markierten Text.
[Y]	kopiert den markierten Text in das Kopierregister.
[~]	ändert die Groß-/Kleinschreibung.
[J]	fügt die markierten Zeilen zu einer langen Zeile zusammen.
[G], [Q]	führt einen Zeilenumbruch durch (für Fließtext).
[>], [<]	rückt den Text um eine Tabulatorposition ein oder aus.
[=]	rückt den Text dem aktuellen `indent`-Modus entsprechend neu ein.
[!sort]	sortiert die Zeilen mit dem externen Kommando sort.

Tabelle 16.6:
Markierten Text bearbeiten

Vim kann auch versuchen, neue Zeilen schon während der Eingabe automatisch einzurücken. Dazu aktivieren Sie einen Einrückmodus, beispielsweise durch [:] `set cindent`. Im Folgenden sind die Grundfunktionen der wichtigsten Vim-Einrückmodi kurz zusammengefasst:

» **autoindent:** Rückt die folgende Zeile genauso weit ein wie die vorherige.

» **smartindent:** Funktioniert wie `autoindent`, berücksichtigt aber zusätzlich {}-Klammerebenen. Damit Vim die schließenden Klammern richtig erkennt, sollten diese am Beginn einer neuen Zeile angegeben werden. Das Ausmaß der Einrückung je nach Klammernebene steuern Sie durch die Option `shiftwidth`. Zuvor markierter Text kann durch [=] neu eingerückt werden.

» **cindent:** Funktioniert wie `smartindent`, berücksichtigt aber auch diverse Codestrukturen von C bzw. C++. Der Einrückmechanismus kann durch verschiedene Optionen den persönlichen Vorlieben angepasst werden (siehe [:] `help C-indenting`).

Fließtext

Vim ist so vorkonfiguriert, dass das Verfassen von Code bzw. das Ändern von Konfigurationsdateien möglichst gut funktioniert. Aus diesem Grund führt Vim keinen automatischen Zeilenumbruch durch (d. h., Sie müssen neue Zeilen selbst mit [↵] beginnen). Sie können Vim aber selbstverständlich auch zum Verfassen gewöhnlichen Texts einsetzen (etwa für E-Mails). Tabelle 16.7 fasst einige spezielle Kommandos und Optionen zusammen, die dabei helfen:

TASTENKÜRZEL	FUNKTION
⇧+J	verbindet die aktuelle mit der folgenden Zeile *n* ⇧+J verbindet *n* Zeilen zu einer langen Zeile.
G, Q, A, P	umbricht den aktuellen Absatz neu und stellt den Cursor an den Beginn des nächsten Absatzes.
G, W, A, P	wie oben, aber belässt den Cursor am aktuellen Ort.
: `set textwidth=`*n*	automatischer Zeilenumbruch nach maximal *n* Zeichen (normalerweise: 0 = deaktiviert)

Tabelle 16.7: **Fließtext bearbeiten**

Die G-Kommandos berücksichtigen automatisch den `autoindent`-Modus sowie die Einstellung von `textwidth`. Wenn `textwidth` 0 enthält, beträgt die maximale Zeilenlänge 79 Zeichen. Eine Menge Konfigurationsmöglichkeiten für eine besonders komfortable Fließtexteingabe bietet die Option `formatoptions` (siehe den dazugehörigen Hilfetext).

Wortergänzungen

Das Eintippen langer Wörter und von Funktions- und Variablennamen ist mühsam und fehleranfällig. Vim hilft Ihnen dabei auf geniale Weise: Sie geben lediglich die ersten Buchstaben ein und drücken dann Strg+P. Wenn das Wort bereits eindeutig bestimmt ist, wird es sofort vervollständigt. Andernfalls können Sie mit Strg+P bzw. den Cursortasten das gewünschte Wort auswählen. Vim berücksichtigt bei der Wortergänzung alle Wörter aller geladenen Dateien, wobei Wörter aus der aktuellen Datei und dabei wiederum Wörter in der Nähe der Cursorposition bevorzugt werden.

16.4 Suchen und Ersetzen

Text suchen

Im Standardmodus bewegt / *suchtext* ↵ den Cursor zum gesuchten Text. N wiederholt die Suche, ⇧+N wiederholt die Suche rückwärts. Um von vornherein rückwärts zu suchen, beginnen Sie die Suche mit ? *suchausdruck*. Tabelle 16.8 fasst die wichtigsten Sonderzeichen zusammen, mit denen Sie im Suchausdruck nach Mustern suchen.

Groß- und Kleinschreibung

Vim unterscheidet bei der Suche standardmäßig zwischen Groß- und Kleinschreibung. Wenn Sie das nicht möchten, leiten Sie das Suchmuster mit `/c` ein (gilt nur für diese Suche) oder führen : `set ignorecase` aus (gilt für alle weiteren Suchen).

Inkrementelle Suche

Mit : `set incsearch` aktivieren Sie die sogenannte inkrementelle Suche: Bereits während der Eingabe des Suchtexts durch / *suchausdruck* bewegt Vim den Cursor zum ersten passenden Ort. ↵ beendet die Suche, Esc bricht sie ab. Nach der Suche bleiben alle Übereinstimmungen im Text markiert, bis Sie eine neue Suche durchführen oder : `nohlsearch` ausführen.

Suchen und Ersetzen

Um alle Vorkommen des Texts *abc* ohne Rückfrage durch *efg* zu ersetzen, führen Sie im Standardmodus : `%s/`*abc*`/`*efg*`/g` aus. ', ' führt anschließend zurück an den Beginn der Suche. Tabelle 16.9 fasst einige Varianten des Suchen-und-Ersetzen-Kommandos zusammen. Beim Suchen und Ersetzen mit Rückfrage können Sie mit Y oder N für jeden gefundenen Suchausdruck angeben,

ZEICHEN	BEDEUTUNG
.	ein beliebiges Zeichen
^ $	Zeilenanfang/Zeilenende
\> \>	Wortanfang/Wortende
[a-e]	ein Zeichen zwischen *a* und *e*
\s, \t	ein Leerzeichen bzw. ein Tabulatorzeichen
\(\)	fasst ein Suchmuster als Gruppe zusammen.
\=	Der Suchausdruck muss 0- oder einmal auftreten.
*	Der Suchausdruck darf beliebig oft (auch 0-mal) auftreten.
\+	Der Suchausdruck muss mindestens einmal auftreten.

Tabelle 16.8:
Sonderzeichen im Suchausdruck

ob dieser durch den neuen Text ersetzt werden soll oder nicht. Q bricht den Vorgang ab, A ersetzt alle weiteren Vorkommen. Im Ersetzen-Ausdruck können Sie sich mit *n* auf die *n*-te Gruppe im Suchmuster beziehen. Eine Menge weiterer Tipps zum Suchen und Ersetzen sowie zahlreiche Beispiele finden Sie in der Online-Hilfe (: `help substitute`).

TASTENKÜRZEL	FUNKTION
: %s/*abc*/*efg*/g	ersetzt ohne Rückfrage alle Vorkommen von *abc* durch *efg*.
: %s/*abc*/*efg*/gc	ersetzt mit Rückfrage alle Vorkommen von *abc* durch *efg*.
: %s/*abc*/*efg*/gci	ersetzt ohne Berücksichtigung der Groß- und Kleinschreibung.

Tabelle 16.9:
Suchen und Ersetzen

16.5 Mehrere Dateien gleichzeitig bearbeiten

Im Standardmodus lädt : `e` *`dateiname`* eine neue Datei. Die neue Datei ersetzt die momentan bearbeitete Datei, die Sie vorher speichern müssen – andernfalls bricht Vim den Vorgang ab. Sie können das Laden der Datei mit : `e!` *`dateiname`* zwar erzwingen, verlieren dann aber alle durchgeführten Änderungen an der zuletzt aktuellen Datei.

Puffer und Fenster

Selbstverständlich können Sie in Vim auch mehrere Dateien gleichzeitig bearbeiten. Vorher sollten Sie allerdings das nicht besonders intuitive Konzept verstehen, wie Vim intern Texte verwaltet und anzeigt. Jeder im Editor dargestellte Text befindet sich intern in einem sogenannten Puffer. Das gilt sowohl für Dateien als auch für Hilfetexte. Solange es nur einen Puffer gibt, wird dieser auf der gesamten Vim-Arbeitsfläche angezeigt. Um mehrere Puffer gleichzeitig anzuzeigen, wird die Arbeitsfläche in mehrere sogenannte Fenster aufgeteilt, wie dies auch bei der Anzeige von Hilfetexten der Fall ist. Ein derartiges Fenster ist kein eigenständiges Fenster im Sinne des Linux-Grafiksystems, sondern nur ein Teilbereich der Arbeitsfläche.

Die Puffer veränderter Dateien sind immer in einem Fenster sichtbar. Puffer von Dateien, die seit dem letzten Speichern nicht mehr geändert wurden, können dagegen ausgeblendet werden. Die Puffer bleiben dabei im Speicher, gelten nun aber als nicht mehr aktiv. (Vorsicht: Wenn Sie ein Fenster mit einer noch nicht gespeicherten Datei schließen, gehen alle Änderungen verloren! Der inaktive Puffer der Datei bleibt zwar verfügbar, enthält aber die Datei zum Zeitpunkt der letzten Speicherung.)

TASTENKÜRZEL	FUNKTION
[:] `e` *dateiname*	lädt eine Datei in den aktuellen Puffer.
[:] `w`	speichert die aktuelle Datei.
[:] `wall`	speichert alle offenen Dateien.
[:] `wq`	speichert und schließt den Puffer.
[:] `q`	schließt den aktuellen Puffer und beendet Vim, wenn keine weiteren Puffer mehr offen sind.
[:] `q!`	schließt den Puffer auch mit ungesicherten Änderungen.
[:] `qall`	schließt alle Puffer und beendet Vim.
[:] `split`	teilt das Fenster und zeigt in beiden Fenstern denselben Text an.
[:] `new`	erzeugt einen leeren Puffer und zeigt ihn in einem Fenster an.
[:] `new` *dateiname*	lädt eine Datei in einen neuen Puffer.
[:] `only`	maximiert das aktuelle Fenster und schließt die anderen Puffer.
[:] `all`	zeigt alle Puffer in entsprechend verkleinerten Fenstern an.
[:] `buffers`	liefert die Liste aller Puffer.
[:] `buffer` *n*	zeigt den Puffer *n* an und löscht den aktuellen Puffer.
[:] `buffer` *dateiname*	zeigt den Puffer mit der gewünschten Datei im aktuellen Fenster an.
[:] `tabnew`	erzeugt einen Puffer und zeigt ihn in einem Tabbed-Fenster an.
[:] `tabnew` *dateiname*	lädt eine Datei und zeigt sie in einem Tabbed-Fenster an.
[:] `tabnext`	wechselt in das nächste Tabbed-Fenster.
[:] `tabprevious`	wechselt in das vorige Tabbed-Fenster.
[Strg]+[Bild ↑/↓]	wechselt in das nächste/vorige Tabbed-Fenster.
[:] `tabclose`	schließt das aktuelle Tabbed-Fenster.
[:] `tabonly`	schließt alle anderen Tabbed-Fenster.

Tabelle 16.10: **Dateien, Puffer und Fenster**

Tabbed-Fenster Seit Version 7 erleichtert Vim die Bearbeitung mehrerer Dateien mit sogenannten Tabbed-Fenstern (siehe Abbildung 16.2). Das sind übereinanderliegende Fenster, die in der obersten Zeile wie in Firefox oder anderen Webbrowsern beschriftet sind. Wirklich komfortabel funktionieren Tabbed-Fenster, wenn Sie die Maus aktiviert haben (siehe Seite 369): Dann können Sie bequem mit der Maus das gerade aktive Tabbed-Fenster auswählen bzw. schließen (X-Button rechts oben). Weitere Informationen zu Tabbed-Fenstern erhalten Sie mit [:] `help tabpage`.

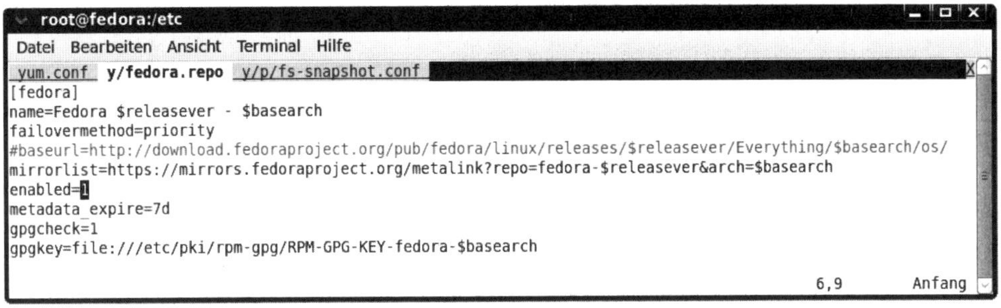

Abbildung 16.2: **Drei Dateien in drei Tabbed-Fenstern**

Eine neue Datei laden

Je nachdem, ob Sie mit Fenstern oder Tabbed-Fenstern arbeiten möchten, laden Sie neue Dateien mit [:] new *dateiname* oder [:] tabnew *dateiname*.

Natürlich können Sie bereits beim Programmstart mehrere Dateien übergeben, also beispielsweise vim datei1 datei2 datei3. Standardmäßig wird dann lediglich die erste Datei angezeigt, die anderen werden in unsichtbare Puffer geladen. Wenn Sie möchten, dass jede Datei in einem Fenster bzw. in einem Tabbed-Fenster geöffnet wird, müssen Sie zusätzlich die Option -o bzw. -p übergeben.

Tabelle 16.10 fasst die wichtigsten Kommandos zusammen, um Dateien zu laden und zu speichern, zwischen (Tabbed-)Fenstern zu wechseln etc.

16.6 Interna

Optionen

Auf den vorigen Seiten wurden immer wieder besondere Funktionen von Vim durch Optionen aktiviert oder verändert, und dieser Abschnitt stellt eine Menge weiterer Optionen vor. Beachten Sie, dass manche Optionen nur lokal für die aktuelle Datei bzw. den aktuellen Puffer gelten. [:] set verändert in diesem Fall nur die lokale Einstellung. Um die Option global zu verändern, verwenden Sie [:] setglobal. Tabelle 16.11 fasst die wichtigsten Kommandos zur Bearbeitung von Optionen zusammen.

Konfiguration (vimrc)

Sämtliche Optionseinstellungen gehen beim Beenden von Vim verloren. Um Optionen bleibend einzustellen, verändern Sie die Vim-Konfigurationsdatei ~/.vimrc. Beachten Sie, dass Kommentare durch das Zeichen " eingeleitet werden!

Die folgenden Zeilen geben ein einfaches Beispiel, wie ~/.vimrc aussehen kann. Alle dort verwendeten Optionen wurden bzw. werden in diesem Kapitel vorgestellt. Wenn Sie im Internet nach vimrc suchen, finden Sie zahllose weitere Beispiele.

```
" Beispiel für ~/.vimrc
" Cursorposition mit der Maus festlegen
set mouse=a
" <Cursor links> am Zeilenanfang bewegt den Cursor an das Ende der vorigen Zeile,
" <Cursor rechts> am Zeilenende bewegt den Cursor an den Beginn der nächsten Zeile
set whichwrap=b,s,<,>,[,]
" Backups (name~) beim Speichern erzeugen
set backup
```

TASTENKÜRZEL	FUNKTION
[:] help options	liefert allgemeine Informationen sowie eine Optionsreferenz.
[:] help '*option*'	liefert Informationen zur angegebenen Option.
[:] set	liefert alle Optionen, die nicht im Grundzustand sind.
[:] set *boolescheoption*	aktiviert die boolesche Option.
[:] set no*boolescheoption*	deaktiviert die boolesche Option.
[:] set inv*boolescheoption*	invertiert den aktuellen Zustand der Option.
[:] set *option*?	zeigt die Einstellung der Option an.
[:] set *option*=*wert*	stellt die Option neu ein.
[:] set *option*+=*wert*	verändert die Option.
[:] set *option*-=*wert*	verändert die Option.
[:] set *option*&	setzt die Option auf den Grundzustand zurück.

Tabelle 16.11: **Umgang mit Optionen**

```
" inkrementelle Suche aktivieren
set incsearch
" generell Leerzeichen statt Tabs einfügen
set expandtab
```

Die Konfigurierbarkeit von Vim geht aber noch viel weiter: Sie können Vim-Optionen für unterschiedliche Dateitypen unterschiedlich einstellen, neue Funktionen selbst programmieren etc. Erfinden Sie aber nicht das Rad neu! Unter der folgenden Adresse finden Sie zahllose fertige Lösungen, die Sie mit wenig Aufwand nutzen können. In der Regel reicht es aus, die betreffende Datei in `~/.vimrc` durch `source dateiname` einzubinden.

http://www.vim.org/scripts/

Unabhängig von der Backup-Einstellung aktualisiert Vim während des Schreibens regelmäßig eine sogenannte Swap-Datei. Der Name dieser Datei ergibt sich aus einem vorangestellten Punkt, dem aktuellen Dateinamen sowie der Endung `.swp` (also beispielsweise `.mycode.c.swp`, wenn Sie gerade `mycode.c` bearbeiten). Diese Datei enthält in einem Binärformat alle Änderungen, die Sie seit dem letzten Speichern durchgeführt haben. Sie wird automatisch aktualisiert, wenn Sie mehr als 200 Zeichen neuen Text eingegeben haben oder vier Sekunden lang keine Eingaben durchgeführt haben. Die Swap-Datei wird beim regulären Beenden von Vim gelöscht.

Sollte der Strom ausfallen, Linux oder Vim abstürzen etc., können Sie Ihre ungesicherte Arbeit beim nächsten Vim-Start wiederherstellen. Vim bemerkt beim Öffnen der Datei, dass eine Swap-Datei existiert, und stellt verschiedene Optionen zur Auswahl. Im Regelfall werden Sie sich für [W] (Wiederherstellen) entscheiden und die so gerettete Datei anschließend speichern. Anschließend sollten Sie Vim verlassen und die Swap-Datei explizit löschen (das erfolgt nicht automatisch!).

Zeichensatz

Vim kommt standardmäßig mit den meisten wichtigen Zeichensätzen zurecht, unter anderem mit diversen Latin-Varianten, Unicode (utf-8, utf-16, ucs-2, ucs-2l, ucs-4 etc.) sowie einigen asiatischen 2-Byte-Zeichensätzen (z. B. euc-kr, also Koreanisch).

Vim ermittelt beim Start den Standardzeichensatz des Betriebssystems (Option `encoding`). Beim Lesen einer neuen Datei versucht Vim, auch deren Zeichensatz zu erkennen (Option `fileencoding`). Dabei werden der Reihe nach alle in der Option `fileencodings` aufgezählten Zeichensätze ausprobiert, bis ein Zeichensatz zur fehlerfreien Darstellung des gesamten Texts gefunden wird. (Die Grundeinstellung für `fileencodings` lautet oft `utf-8,latin1`.)

Hinweis

Wenn `encoding` und `fileencoding` nicht übereinstimmen, führt Vim beim Laden und Speichern automatisch eine Konvertierung durch. Falls `encoding` weniger Zeichen darstellen kann als `fileencoding`, kann es dabei zu Verlusten kommen. Um das zu vermeiden, sollte Vim nach Möglichkeit in einer UTF-8-Umgebung eingesetzt werden. Das ist mittlerweile bei nahezu allen Linux-Distributionen standardmäßig der Fall.

Um herauszustellen, welchen Zeichensatz die gerade bearbeitete Datei nutzt, führen Sie [:] `set fileencoding?` aus. Mit [:] `set fileencoding=`*`neuerZeichensatz`* verändern Sie den Zeichensatz. Wenn Sie die Datei nun speichern, wird sie im neuen Zeichensatz gespeichert!

16.7 Tipps und Tricks

:-Kommandos effizient eingeben

Bei der Eingabe von Kommandos, die mit [:] beginnen, gibt es einige Eingabehilfen: Mit den Cursortasten können Sie durch die zuletzt benutzten Kommandos blättern. (Vim speichert die Kommandos in `~/.viminfo` und merkt sich die Kommandos somit auch nach dem Programmende.) Weiters können Sie mit [Tab] Schlüsselwörter vervollständigen (z. B. bei der Eingabe von Optionen). Und zu guter Letzt können Sie viele [:]-Kommandos abkürzen (z. B. [:] `tabn` statt [:] `tabnext`).

Zeilennummern anzeigen

[:] `set number` zeigt neben jeder Zeile die Zeilennummer an. [:] `set nonumber` deaktiviert diesen Modus wieder.

Backups

Standardmäßig erstellt Vim beim Speichern kein Backup (also keine Kopie der ursprünglichen Datei). Wenn Sie das wünschen, führen Sie im Standardmodus [:] `set backup` aus. Die Backup-Datei erhält den Namen `altername~`. Um Backups generell zu aktivieren, fügen Sie `set backup` in `~/.vimrc` ein.

Maus aktivieren

Wenn Sie Vim in einer Textkonsole oder in einem Konsolenfenster verwenden, dann ist die Funktion der Maus auf ihre Grundfunktionen unter X beschränkt: Sie können damit zwar Text kopieren und an der aktuellen Cursorposition einfügen, Sie können aber nicht die aktuelle Cursorposition verändern etc.

Um der Maus in Vim mehr Funktionen zu geben, verwenden Sie entweder die grafische Variante `gvim`, oder Sie führen im Standardmodus [:] `set mouse=a` aus. Sie können nun den Cursor durch einen Mausklick neu positionieren, das aktive Vim-Fenster auswählen, mit dem Mausrad durch den Text scrollen etc.

Dieser Mausmodus hat allerdings einen Nachteil: die mittlere Maustaste fügt nun den zuletzt in Vim gelöschten Text ein. Die Maus kann nicht mehr zum Kopieren von Text zwischen Vim und anderen Programmen genutzt werden. Abhilfe ist aber einfach: Die herkömmlichen Mausfunktionen sind weiterhin verfügbar, wenn Sie zusätzlich die [⇧]-Taste drücken. Achten Sie aber darauf, dass sich Vim beim Einfügen von Text tatsächlich im Einfügemodus befindet! Andernfalls wird der per Maus eingefügte Text als Kommando interpretiert, und das kann schiefgehen ...

Leerzeichen statt Tabulatoren

Damit Vim in Ihren Text grundsätzlich Leerzeichen statt Tabulatorzeichen einfügt, führen Sie [:] `set expandtab` aus bzw. fügen die Anweisung in `~/.vimrc` ein. Um in der vorhandenen Datei alle Tabulatorzeichen durch die entsprechende Anzahl von Leerzeichen zu ersetzen, führen Sie anschließend [:] `retab` aus. Um umgekehrt Leerzeichen durch Tabulatoren zu ersetzen, führen Sie [:] `set unexpandtab` und dann [:] `retab!` aus.

Makros

[.] wiederholt das letzte Kommando – so viel wissen Sie schon. Wenn Sie aber eine ganze Abfolge von Kommandos mehrfach ausführen möchten, definieren Sie ein Makro. Dazu starten Sie im Standardmodus mit [Q] den Makromodus. Das nächste Zeichen gibt den Namen des Makros an (genau genommen den Namen des Registers, in dem das Makro gespeichert wird). Alle weiteren Kommandos werden im Makro gespeichert, bis Sie die Eingabe abermals durch [Q] beenden. Das so aufgezeichnete Makro können Sie nun mit [@] *makroname* ausführen. (Wenn Sie Vim verlassen, gehen alle gespeicherten Makros verloren.)

Ein Beispiel: Die folgende Tastensequenz zeichnet das Makro *a* auf, das am Beginn und am Ende eines Worts das Anführungszeichen " einfügt:

[Q] [A] [I] ["] [Esc] [E] [A] ["] [Esc] [Q]

Wenn der Cursor nun innerhalb eines Worts steht und Sie [@], [A] ausführen, wird dieses Wort in Anführungszeichen gestellt. [@], [@] wiederholt das letzte Registerkommando, ohne dass Sie sich an den Makro- bzw. Registernamen erinnern müssen.

Linux-Kommandos ausführen

Wenn Sie in Vim ein Linux-Kommando ausführen möchten, ohne Vim zu verlassen, führen Sie im Standardmodus [:] `!`*kommandoname* aus (also beispielsweise `!ls`, um die Liste der Dateien im aktuellen Verzeichnis zu ermitteln). Vim zeigt das Ergebnis des Kommandos an. Mit [↵] gelangen Sie zurück in den Editor. Zur Ausführung mehrerer Kommandos öffnen Sie mit [:] `sh` eine neue Shell. Von dort gelangen Sie mit [Strg]+[D] zurück in den Editor.

Vim im Easy-Modus verwenden

Wenn Sie sich nicht an die verschiedenen Vim-Modi gewöhnen können, auf Vim aber nicht mehr verzichten möchten, starten Sie das Programm am besten mit `vim -y` bzw. führen [:] `set insertmode` aus. Damit verbleibt der Editor immer im Einfügemodus. Sie müssen nun jedes Kommando mit [Strg]+[O] einleiten. Um mehrere Kommandos auf einmal auszuführen, ist es auch möglich, mit [Strg]+[L] für längere Zeit in den Standardmodus zu wechseln und diesen mit [Esc] zu verlassen.

Noch ähnlicher zu anderen Editoren verhält sich Vim, wenn Sie das Programm mit `evim` starten: Falls dieses installiert ist, wird der Editor in der grafischen Benutzeroberfläche gestartet (`gvim`). Textmarkierungen können mit [⇧] und den Cursortasten durchgeführt werden. Texte werden mit [Strg]+[C] kopiert, mit [Strg]+[X] gelöscht und mit [Strg]+[V] wieder eingefügt. `man evim` bezeichnet den Easy-Modus als »Vim for gumbies« (was auch immer ein *gumby* ist ...): Sie verlieren damit so viel von den Grundeigenschaften von Vim, dass es besser ist, gleich einen anderen Editor einzusetzen.

17. Emacs

Emacs einfach nur als Editor zu bezeichnen, greift zu kurz: Das Programm eignet sich nicht nur zur Bearbeitung von Texten, sondern auch als komplette Entwicklungsumgebung, als E-Mail-Programm, als News-Reader etc. Für manche Anwender ist der Emacs gleichsam ein Ersatzbetriebssystem für alle Funktionen der alltäglichen Arbeit. Wenn Sie mit dem Emacs erst einmal umgehen können, werden Sie nie wieder einen anderen Editor benötigen. Es versteht sich eigentlich von selbst, dass ich fast das gesamte Buch seit der ersten Auflage mit dem Emacs geschrieben habe ...

Wo viel Licht ist, da gibt es bekanntlich auch Schatten: Die Bedienung des Emacs sieht auf den ersten Blick ein wenig abschreckend aus. Es wimmelt nur so von `Strg`- und `Alt`-Sequenzen, mit denen die zahllosen Kommandos aufgerufen werden. Nicht umsonst behaupten Spötter, der Name Emacs stünde für *Escape Meta Alt Control Shift*. Auch die Benutzeroberfläche (Menü, Symbolleiste) wirkt antiquiert, deutschsprachige Menüs fehlen überhaupt, die Konfiguration ist umständlich (beispielsweise die Einstellung einer anderen Schriftart) etc. Kurz und gut: Der Emacs ist ein Editor für Profis, die bereit sind, Zeit für die Einarbeitung zu investieren, und die sich nicht an Äußerlichkeiten stören.

17.1 Schnelleinstieg

GNU Emacs versus XEmacs

Es gibt *zwei* Emacs-Versionen: den GNU Emacs und den XEmacs (ehemals Lucid Emacs). Beide Versionen können sowohl in einer Textkonsole als auch unter X verwendet werden, und beide unterstehen der GPL. Auch sonst gibt es viele Ähnlichkeiten, aber auch viele kleine Unterschiede. Dieses Kapitel bezieht sich explizit auf den GNU Emacs in der Version 23.*n*.

Neben den beiden großen Emacs-Versionen existieren einige kleinere Varianten: `jed`, `jmacs`, `jove` und `zile` sind durchweg brauchbare Miniversionen. Ihr Hauptvorteil besteht darin, dass ihr Ressourcenbedarf viel geringer ist. Damit eignen sich diese Programme ideal für Notfallsysteme oder für ältere Rechner mit langsamen CPUs und wenig Speicher etc.

Links

Weitere Informationen zum Emacs finden Sie hier:

http://www.gnu.org/software/emacs/emacs.html	(offizielle GNU-Emacs-Homepage)
http://www.xemacs.org	(offizielle XEmacs-Homepage)
http://www.emacswiki.org/	(deutschsprachiges Wiki)

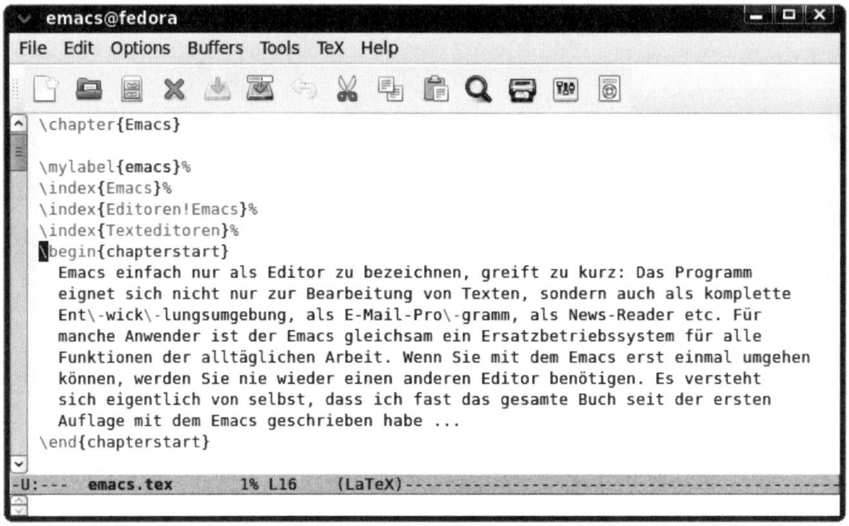

Abbildung 17.1: **Der GNU Emacs**

Texte laden und speichern, Programm beenden

Der Emacs wird durch die Eingabe von `emacs` gestartet. Wenn Sie beim Start des Programms einen oder mehrere Dateinamen angeben, werden diese Dateien automatisch geladen. Dabei sind auch Suchmuster erlaubt: `emacs Makefile *.[ch]` lädt die Datei `Makefile` sowie alle `*.c`- und `*.h`-Dateien des aktuellen Verzeichnisses. Sobald das Programm einmal läuft, laden Sie weitere Dateien mit [Strg]+[X], [Strg]+[F] *Dateiname* [↵].

Mit [Strg]+[X], [Strg]+[S] speichern Sie die geänderte Datei. [Strg]+[X], [Strg]+[C] beendet das Programm. Wenn der Emacs dabei irgendwelche noch nicht gespeicherten Dateien entdeckt, erscheint eine Sicherheitsabfrage, ob Sie den Emacs tatsächlich ohne zu speichern verlassen möchten. Antworten Sie auf diese Abfrage durch die Eingabe von *yes* [↵], falls Sie die Änderungen tatsächlich verwerfen möchten. Um eine Datei unter einem anderen Namen zu speichern, geben Sie [Strg]+[X], [Strg]+[W] *Dateiname* [↵] ein.

TASTENKÜRZEL	FUNKTION
[Strg]+[X], [Strg]+[F] *datei* [↵]	lädt eine Datei (Find).
[Strg]+[X], [I]	fügt eine Datei in den vorhandenen Text ein (Insert).
[Strg]+[X], [Strg]+[S]	speichert eine Datei (Save).
[Strg]+[X], [S]	speichert alle Dateien (mit Rückfrage).
[Strg]+[X], [S], [!]	speichert alle offenen Dateien (ohne Rückfrage).
[Strg]+[X], [Strg]+[W] *datei* [↵]	speichert die Datei unter einem neuen Namen (Write).
[Strg]+[X], [Strg]+[C]	beendet den Editor.

Tabelle 17.1: **Dateien laden und speichern, Emacs beenden**

Wenn Sie den Emacs in einer Textkonsole verwenden, können Sie das Programm mit Strg+Z vorübergehend verlassen. Mit fg nehmen Sie die Arbeit wieder auf. Unter X bewirkt Strg+Z lediglich die Verkleinerung in ein Icon.

Sicherheitskopien

Der Emacs erstellt beim Speichern automatisch eine Sicherheitskopie name~, in der der ursprüngliche Text enthalten ist. Außerdem speichert der Emacs in regelmäßigen Abständen den aktuellen Zustand des Textes in der Datei #name#. Auf diese Datei können Sie zurückgreifen, wenn während des Arbeitens der Strom ausgefallen ist oder wenn Sie aus einem anderen Grund den Emacs nicht ordnungsgemäß verlassen konnten.

Beachten Sie, dass die #-Dateien im Emacs-internen Zeichensatz gespeichert werden und nicht in dem Zeichensatz, in dem Sie Ihre Datei bearbeitet haben. Aus diesem Grund sollten Sie zur Wiederherstellung der Dateien Alt+X recover-session einsetzen. Alternativ können Sie auch direkt die #-Dateien laden und mit Strg+X, ↵, F *zeichensatz* deren Zeichensatz verändern.

Elementare Kommandos

Üblicherweise bewegen Sie den Cursor mit den Cursortasten sowie mit Bild ↑ bzw. Bild ↓. Sollte das nicht funktionieren (z. B. wenn Sie den Emacs über ein schlecht funktionierendes Terminalprogramm gestartet haben), klappt es auf jeden Fall mit den in Tabelle 17.2 zusammengefassten Kommandos.

TASTENKÜRZEL	FUNKTION
Strg+F	bewegt den Cursor ein Zeichen nach links (Forwards).
Strg+B	bewegt den Cursor ein Zeichen nach rechts (Backwards).
Strg+P	bewegt den Cursor eine Zeile nach oben (Previous).
Strg+N	bewegt den Cursor eine Zeile nach unten (Next).
Strg+V	bewegt den Text eine Seite nach oben.
Alt+V	bewegt den Text eine Seite nach unten.

Tabelle 17.2: **Tastenkürzel, falls die Cursortasten versagen**

Sie können an jeder beliebigen Stelle neuen Text eingeben. Mit Entf und Backspace löschen Sie einzelne Zeichen. Alternativ existiert das Tastaturkommando Strg+D zum Löschen des Zeichens an der Cursorposition (Delete).

Undo

Mit Strg+X, U (Undo) oder mit Strg+_ (das entspricht bei einem deutschen Tastaturlayout Strg+⇧+-) widerrufen Sie die letzten Änderungen. Diese Undo-Funktion funktioniert für beliebig komplexe Kommandos und praktisch unbegrenzt!

Wenn Ihnen während der Eingabe eines Kommandos ein Fehler unterläuft, können Sie die Kommandoeingabe mit Strg+G abbrechen. Das ist besonders dann praktisch, wenn Sie irrtümlich Esc drücken.

Online-Hilfe

Der Emacs stellt zahlreiche Kommandos zum Aufruf der englischsprachigen Online-Hilfe zur Verfügung. Das für den Einstieg wichtigste Kommando lautet [F1], [T] (Tutorial). Mit [Strg]+[X], [B], [↵] gelangen Sie in den ursprünglichen Text zurück.

Wenn nach der Ausführung eines Hilfe-Kommandos mehrere Textabschnitte (Fenster) übrig bleiben, können Sie mit [Strg]+[X], [O] (»Oh«) den Textcursor in das jeweils nächste Fenster stellen. [Strg]+[X], [0] (»Null«) entfernt das aktuelle Fenster; [Strg]+[X], [1] löscht alle Fenster außer dem aktuellen Fenster. Mit den drei Kommandos können Sie also zwischen dem Hilfe- und dem Textfenster hin- und herspringen und schließlich das Hilfefenster wieder entfernen.

Wird der Hilfetext dagegen Seiten füllend angezeigt, können Sie mit [Strg]+[X], [B], [↵] zurück in Ihren eigentlichen Text springen. Intern wird die Verwaltung mehrerer Texte – also beispielsweise Ihres Textes und des Hilfetextes – durch sogenannte Puffer realisiert. Mehr zum Umgang mit Puffern und Fenstern erfahren Sie auf Seite 386.

TASTENKÜRZEL	FUNKTION
[F1], [F1]	Übersicht über vorhandene Hilfekommandos
[F1], [A] *text* [↵]	Übersicht über alle Kommandos, die *text* enthalten (Apropos)
[F1], [B]	Übersicht über alle Tastenkürzel (Bindings)
[F1], [C] *tastenkürzel*	Kurzbeschreibung des zugeordneten Kommandos (Command)
[F1], [F] *kommando* [↵]	Kurzbeschreibung des Kommandos (Function)
[F1], [⇧]+[F]	Emacs-FAQ (Frequently Asked Questions)
[F1], [I]	startet das info-System zur Anzeige hierarchischer Hilfetexte (zur Bedienung siehe Seite 254).
[F1], [N]	Zusammenfassung der Neuerungen in der aktuellen Version im Vergleich zu den früheren Versionen
[F1], [T]	Einführung in die Bedienung von Emacs (Tutorial)
[F1], [Strg]+[F] *name*	startet das info-System und zeigt Informationen zum angegebenen Kommando an.
[F1], [Strg]+[P]	Informationen über die Idee freier Software

Tabelle 17.3: **Online-Dokumentation nutzen**

Die wichtigste Informationsquelle zum Emacs ist das interne info-System, das offiziell als Emacs-Handbuch gilt. Bei manchen Distributionen wird dieses Handbuch auch im HTML-Format mitgeliefert, sodass es noch komfortabler gelesen werden kann.

Info-Modus

Die eingebaute Online-Hilfe des Emacs liegt im Info-Format vor (siehe auch Seite 254). Beim Lesen von Info-Texten wird im Emacs ein eigener Info-Modus aktiviert. Querverweise bzw. Menüeinträge können Sie einfach durch Klicken mit der mittleren Maustaste verfolgen. Mit [L] gelangen Sie zur zuletzt sichtbaren Seite zurück.

17.2 Grundlagen

Bearbeitungsmodi

Der Emacs kennt verschiedene Bearbeitungsmodi, in denen zusätzliche Kommandos zur Bearbeitung spezieller Dateien zur Verfügung stehen. Dabei wird zwischen Haupt- und Nebenmodi unterschieden: Es kann immer nur ein Hauptmodus aktiv sein, dieser kann aber durch mehrere Nebenmodi ergänzt werden.

Zu den wichtigsten Hauptmodi zählen solche für fast alle gängigen Programmiersprachen (C, C++, Java etc.) sowie der LaTeX-Modus zur Bearbeitung von LaTeX-Dateien. Der Emacs aktiviert beim Laden einer Datei automatisch den Modus, der ihm passend erscheint (z. B. den C-Modus, wenn der Dateiname mit `.c` endet). Wenn der Emacs keinen passenden Modus erkennen kann, wählt er den Fundamental-Modus als Grundeinstellung.

Zu den wichtigsten Nebenmodi gehören der Fill-Modus (zur Bearbeitung von Fließtext mit Absätzen über mehrere Zeilen) und der Abbrev-Modus (zur automatischen Auflösung von Abkürzungen).

Die elementaren Emacs-Kommandos funktionieren in allen Modi gleich, weswegen Sie sich mit den Bearbeitungsmodi vorläufig noch nicht beschäftigen müssen. Wenn Sie Eigenmächtigkeiten des Emacs aufgrund eines bestimmten Modus deaktivieren möchten (z. B. das automatische Einrücken von Programmzeilen im C-Modus), schalten Sie einfach mit [Alt]+[X] `fundamental-mode` [↵] in den Grundmodus um. Genauere Informationen zu den Bearbeitungsmodi finden Sie ab Seite 388.

Tastaturkonventionen

Generell gibt es drei Möglichkeiten zur Eingabe von Emacs-Kommandos: das Menü, die Verwendung von Tastenkürzeln (zumeist eine Kombination mit [Strg] oder [Alt]) oder die Eingabe des gesamten Kommandonamens. Die dritte Variante wird mit [Alt]+[X] eingeleitet, also etwa [Alt]+[X] `delete-char` [↵].

Die Eingabe von Kommandos und anderen Parametern wird durch zwei Mechanismen erleichtert:

» Während der Eingabe können Sie den Kommandonamen wie bei der Kommandoeingabe im Shell-Terminal mit [⇆] ergänzen. Der Emacs unterscheidet dabei zwischen Groß- und Kleinschreibung. In gleicher Weise können auch Dateinamen ergänzt werden. Wenn mehrere Möglichkeiten bestehen, zeigt der Emacs diese auf dem Bildschirm an.

» Auf früher bei [Alt]+[X] angegebene Kommandos können Sie (nach der Einleitung des neuen Kommandos durch [Alt]+[X]) mit [Alt]+[P] (Previous) und [Alt]+[N] (Next) zurückgreifen.

In diesem Buch werden die Tastenfolgen so angegeben, wie sie auf einer deutschen Tastatur bei korrekter Installation eingegeben werden können. Dabei bedeutet ein Plus-Zeichen, dass mehrere Tasten gleichzeitig gedrückt werden müssen, während ein Komma darauf hindeutet, dass die Tasten nacheinander gedrückt werden. Buchstaben werden immer als Großbuchstaben angegeben, obwohl die [⇧]-Taste dabei nicht gedrückt werden muss! [Alt]+[X] bedeutet also, dass Sie die Tasten [Alt] und [X] gleichzeitig drücken sollen, nicht aber [⇧]!

In der Dokumentation zum Emacs werden Tastenkürzel etwas abweichend dargestellt: `DEL` bedeutet nicht [Entf], sondern [Backspace]! `C` steht für Control (gemeint ist [Strg]) und `M` für [Meta].

Eine direkte Entsprechung der Meta-Taste existiert auf einer Standard-PC-Tastatur nicht. `M-x` kann auf einer PC-Tastatur auf zwei Weisen nachgebildet werden: durch [Esc] und [X] (nacheinander) oder durch Alt+X. In diesem Buch wird generell die bequemere Alt-Tastenkombination angegeben.

Bei manchen Emacs-kompatiblen Programmen bzw. bei der Verwendung des Emacs in einer Textkonsole gibt es allerdings Probleme mit der Taste Alt. Statt Alt+X müssen Sie dort Esc, X benutzen.

Beachten Sie, dass der Emacs zwischen Strg+X, Strg+B und der ähnlich aussehenden Kombination Strg+X, B unterscheidet! Es ist also nicht egal, wie lange Sie die Strg-Taste gedrückt halten.

Mausunterstützung In Emacs gelten die unter X üblichen Konventionen, d. h., Sie markieren Text mit der Maus und fügen ihn dann mit der mittleren Maustaste wieder ein. Wenn Sie im Emacs mehrere Texte gleichzeitig anzeigen, können Sie auch die Trennleiste zwischen den Textbereichen mit der linken Maustaste verschieben. Mit der rechten Maustaste stellen Sie den Endpunkt des gerade markierten Textbereichs ein, der danach bearbeitet werden kann. Die Maustasten in Kombination mit ⇧ bzw. Strg dienen zur Ausführung diverser Kommandos (z. B. zur Auswahl des Fonts, der zur Darstellung des Texts verwendet wird).

Startoptionen Beim Start des Emacs unter X können Sie durch Kommandozeilenoptionen zahlreiche Einstellungen für Farben, Zeichensätze etc. vornehmen. Tabelle 17.4 zählt die wichtigsten Optionen auf. Eine vollständige Beschreibung finden Sie in der Manual-Seite zum Emacs.

OPTION	BEDEUTUNG
`-nw`	Textversion des Emacs im Shell-Fenster starten (No Window)
`-fg farbe`	Vordergrundfarbe (Textfarbe; normalerweise Schwarz)
`-bg farbe`	Hintergrundfarbe (normalerweise Weiß)
`-cr farbe`	Farbe des Textcursors (normalerweise Schwarz)
`-geometry bxh+x+y`	Größe (Breite mal Höhe) und Position des Emacs-Fensters voreinstellen; alle Angaben in Textzeichen
`-fn zeichensatz`	startet Emacs mit dem angegebenen Zeichensatz.

Tabelle 17.4: **Kommandozeilenoptionen**

17.3 Cursorbewegung

Neben den Cursortasten kennt Emacs eine Menge Tastenkürzel zur Cursorbewegung. Die wichtigsten Kürzel sind in Tabelle 17.5 zusammengefasst.

Cursorkommandos mehrfach ausführen Der Emacs ist in der Lage, ein beliebiges Kommando mehrfach hintereinander auszuführen. Dazu müssen Sie zuerst Alt+*n* eingeben, wobei *n* eine beliebige Zahl ist. Die Ziffern müssen vom alphanumerischen Tastaturteil stammen (nicht vom Zehnerblock im rechten Teil der Tastatur). Während der gesamten Zahleneingabe müssen Sie Alt gedrückt halten. Anschließend geben Sie das gewünschte Kommando an. Beispielsweise wird der Text durch Alt+*n*, Bild ↓ um *n* Seiten nach unten gescrollt. Dieses Verfahren kann auch zur Eingabe von Textzeichen verwendet werden. Beispielsweise zeichnet [Alt]+60, [-] eine Linie.

Wo bin ich?

Wenn Sie wissen möchten, in welcher Zeile Sie sich gerade befinden, geben Sie [Alt]+[X] `what-line` [↵] ein; der Emacs zeigt jetzt die aktuelle Zeilennummer in der untersten Bildschirmzeile an. Noch praktischer ist es, mit [Alt]+[X] `line-number-mode` [↵] eine ständige Anzeige der Zeilennummer zu aktivieren. Leider funktioniert diese Anzeige bei sehr langen Texten (im MByte-Bereich) nicht mehr. Natürlich kann auch die Spaltennummer angezeigt werden – aktivieren Sie den `column-number-mode`!

Cursorpositionen in Registern speichern

In einem längeren Text ist es oft wünschenswert, wenn rasch zwischen verschiedenen Stellen im Text hin- und hergesprungen werden kann. Zu diesem Zweck kann die aktuelle Cursorposition mit einem Kommando in einem sogenannten Register gespeichert werden (siehe die vorletzte Zeile in Tabelle 17.5). Ein Register ist ein Speicherplatz, der durch ein Textzeichen (Buchstabe oder Ziffer) gekennzeichnet wird. Zu einem späteren Zeitpunkt können Sie durch die Angabe dieses Registers wieder an den ursprünglich gespeicherten Ort springen. Beachten Sie bitte, dass Register beim Verlassen des Emacs nicht gespeichert werden.

TASTENKÜRZEL	FUNKTION
[Alt]+[F] / [Alt]+[B]	bewegt den Cursor ein Wort vor bzw. zurück (For-/Backwards).
[Strg]+[A] / [Strg]+[E]	stellt den Cursor an den Beginn bzw. das Ende der Zeile.
[Alt]+[A] / [Alt]+[E]	stellt den Cursor an den Beginn bzw. das Ende des Absatzes.
[Strg]+[V] / [Alt]+[V]	bewegt den Text eine Seite nach unten bzw. oben.
[Alt]+[<]/ [Alt]+[⇧]+[>]	bewegt den Cursor an den Beginn bzw. das Ende des Textes.
[Strg]+[L]	scrollt den Text so, dass der Cursor in der Bildmitte steht.
[Alt]+[G] *n* [↵]	stellt den Cursor in Zeile *n* .
[Strg]+[X], [R], [Leertaste] z [↵]	speichert die aktuelle Cursorposition im Register z.
[Strg]+[X], [R], [J] z [↵]	springt zu der im Register z gespeicherten Position.

Tabelle 17.5: **Cursorbewegung**

17.4 Text markieren, löschen und einfügen

Die Tasten [Entf] oder [Strg]+[D] sowie [Backspace] zum Löschen einzelner Zeilen haben Sie schon kennengelernt. Um größere Textmengen zu löschen, setzen Sie die in Tabelle 17.6 zusammengefassten Kommandos ein. Wenn Sie die dort aufgezählten Löschkommandos mehrmals unmittelbar hintereinander ausführen, fügt [Strg]+[Y] den gesamten gelöschten Text wieder ein. [Strg]+[Y] kann mehrfach und an beliebigen Stellen im Text ausgeführt werden. Das Kommando ermöglicht es daher, den gelöschten Text an eine andere Stelle zu verschieben bzw. zu kopieren.

TASTENKÜRZEL	FUNKTION
Alt+D	löscht das nächste Wort bzw. das Ende des Wortes ab dem Cursor.
Alt+Backspace	löscht das vorige Wort bzw. den Beginn des Wortes bis zum Cursor.
Strg+K	löscht das Zeilenende ab der Cursorposition.
Alt+0, Strg+K	löscht den Zeilenanfang vor der Cursorposition.
Alt+M	löscht den nächsten Absatz.
Alt+Z, *x*	löscht alle Zeichen bis zum nächsten Auftreten von x (das Zeichen x wird mit gelöscht).
Strg+Y	fügt den zuletzt gelöschten Text an der Cursorposition wieder ein.

Tabelle 17.6: **Text löschen und wieder einfügen**

Die obigen Kommandos sind relativ unflexibel, weil die zu löschende Textmenge starr vorgegeben ist. Wenn Sie einen beliebigen Textausschnitt löschen möchten, markieren Sie diesen zuvor. Dazu führen Sie zuerst am Anfang oder am Ende des Bereichs Strg+Leertaste aus. Diese Markierung bleibt unsichtbar, der Emacs zeigt aber die Meldung »Mark set« an. Als markierter Bereich gilt von nun an der Text zwischen dem markierten Punkt und der aktuellen Position des Textcursors.

Wenn Sie sich nicht an die Bereichsmarkierung mit Strg+X gewöhnen möchten, können Sie im Emacs auch die unter Windows übliche Form der Markierung mit ⇧ aktivieren. Ab Emacs 23.1 steht diese Markiermethode standardmäßig zur Verfügung, bei älteren Emacs-Versionen müssen Sie vorher Alt+X `pc-selection-mode` ausführen bzw. die Emacs-Konfiguration entsprechend verändern.

TASTENKÜRZEL	FUNKTION
Strg+Leertaste	setzt einen (unsichtbaren) Markierungspunkt.
Strg+W	löscht den Text zwischen dem Markierungspunkt und der aktuellen Cursorposition.
Strg+Y	fügt den gelöschten Text wieder ein.
Strg+X, Strg+X	vertauscht Cursorposition und Markierungspunkt.

Tabelle 17.7: **Text markieren**

Das Kommando Strg+X, Strg+X dient in erster Linie zur Überprüfung, welcher Punkt gerade markiert ist. Die zweimalige Ausführung dieses Kommandos stellt den Cursor wieder an seine ursprüngliche Position zurück.

17.5 Text bearbeiten

Text einfügen bzw. überschreiben

Der Emacs befindet sich normalerweise im Einfügemodus. Das heißt, neu eingegebener Text wird an der aktuellen Cursorposition in den vorhandenen Text eingefügt. Wenn Sie stattdessen den vorhandenen Text überschreiben möchten, wechseln Sie mit Alt+X `overwrite-mode` ↵ in den Überschreibmodus. Die nochmalige Ausführung des Kommandos schaltet den Modus wieder aus. Bei einer korrekten Konfiguration der Tastatur können Sie den Modus auch mit Einfg umschalten.

Zur Veränderung der Groß- und Kleinschreibung bereits geschriebener Wörter bietet der Emacs die in Tabelle 17.8 zusammengefassten Kommandos an.

TASTENKÜRZEL	FUNKTION
Alt+C	Buchstabe an der Cursorposition groß, alle weiteren Buchstaben des aktuellen Wortes klein (Capitalize)
Alt+L	alle Buchstaben des Wortes ab Cursorposition klein (Lower)
Alt+U	alle Buchstaben des Wortes ab Cursorposition groß (Upper)
Esc, -, Alt+C	erster Buchstabe groß, Rest klein; wenn der Cursor am Beginn eines Wortes steht, wird das vorige Wort verändert.
Esc, -, Alt+L	alle Buchstaben des Wortes bis zur Cursorposition klein; wenn der Cursor am Beginn eines Wortes steht, dann das vorige Wort klein.
Esc, -, Alt+U	alle Buchstaben des Wortes bis zur Cursorposition groß; wenn der Cursor am Beginn eines Wortes steht, dann das vorige Wort groß.
Strg+Leertaste	Markierungspunkt setzen
Strg+X, Strg+L	Bereich zwischen Markierungspunkt und Cursor klein
Strg+X, Strg+U	Bereich zwischen Markierungspunkt und Cursor groß

Tabelle 17.8: **Groß- und Kleinschreibung ändern**

Tippfehler

Ein häufiger Tippfehler ist das Vertauschen zweier Buchstaben. Mit Strg+T können Sie solche Vertauschungen bequem korrigieren. Der Cursor muss dabei auf dem zweiten der beiden betroffenen Buchstaben stehen, im Wort »vertaushcen« also auf »c«.

Analog können mit Alt+T zwei Wörter vertauscht werden. Wenn der Cursor dabei am Beginn eines Wortes steht, wird dieses Wort mit dem vorangegangenen vertauscht. Steht der Cursor dagegen irgendwo im Wort, dann wird das Wort mit dem folgenden Wort vertauscht. Das mehrfache Ausführen von Alt+T führt dazu, dass das erste der beiden Wörter immer weiter nach vorn bewegt wird.

Mit Strg+X, Strg+T vertauschen Sie schließlich die aktuelle Zeile mit der vorherigen Zeile. Die mehrfache Ausführung des Kommandos führt dazu, dass die Zeile oberhalb des Curors immer weiter nach unten rutscht.

Tabulatoren

In der Grundeinstellung und bei der Bearbeitung eines normalen ASCII-Texts wird durch ⇆ ein Tabulatorzeichen eingefügt. Tabulatoren sind nicht sichtbar. Ob an einer Stelle ein Tabulatorzeichen oder mehrere Leerzeichen stehen, merken Sie erst, wenn Sie den Cursor darüber bewegen. Bei Tabulatoren bewegt sich der Cursor in Sprüngen.

Je nachdem, welchen Text (z. B. eine `*.tex`-Datei) Sie mit dem Emacs bearbeiten, wird automatisch ein dazu passender Bearbeitungsmodus aktiviert (siehe Seite 388). Bei manchen dieser Modi werden einzelne Tasten umdefiniert. Dies betrifft insbesondere auch die Taste ⇆. Im C-Modus bewirkt die Taste beispielsweise, dass der Zeilenanfang entsprechend der Programmstruktur eingerückt wird.

Im LaTeX-Modus hat die [Tab]-Taste gar keine Wirkung. Wenn [Tab] also nicht so funktioniert, wie Sie erwarten, ist zumeist der Bearbeitungsmodus schuld. Es bestehen mehrere Möglichkeiten, dennoch Tabulatoren einzugeben:

» Mit [Strg]+[Q], [Tab] können Sie unabhängig von allen Modi ein Tabulator-Zeichen in den Text einfügen.

» Mit [Alt]+[I] können Sie unabhängig vom Bearbeitungsmodus ein Tabulator-Zeichen oder entsprechend viele Leerzeichen einfügen (je nach Einstellung von `indent-tab-mode`, siehe unten).

» Mit [Alt]+[X] `fundamental-mode` können Sie den gerade aktuellen Bearbeitungsmodus deaktivieren. Dann funktioniert [Tab] wie in anderen Programmen gewohnt, allerdings verlieren Sie gleichzeitig auch alle Spezialfunktionen des bisher gültigen Bearbeitungsmodus.

Tabulatorweite

Als Tabulatorweite gelten normalerweise acht Zeichen. Mit [Alt]+[X] `set-variable tab-width` können Sie aber auch eine andere Tabulatorweite einstellen. (Wenn Sie generell mit vier statt mit acht Zeichen pro Tabulator arbeiten möchten, können Sie diese Einstellung auch in der Konfigurationsdatei `~/.emacs` vornehmen.)

Wechsel zwischen Leerzeichen und Tabulatoren

In einigen Bearbeitungsmodi ersetzt der Emacs automatisch lange Folgen von Leerzeichen durch Tabulatoren. Mit den beiden Kommandos [Alt]+[X] `tabify` können Sie im vorher markierten Bereich alle Leerzeichenserien durch Tabulator-Zeichen ersetzen. [Alt]+[X] `untabify` funktioniert genau umgekehrt und ersetzt Tabulatoren durch eine ausreichende Anzahl von Leerzeichen.

Text manuell ein- und ausrücken

Das Ein- und Ausrücken von Text ist insbesondere in Programmlistings zur Strukturierung des Codes erforderlich. Das wichtigste Kommando wird mit [Strg]+[X], [Tab] aufgerufen. Es rückt den Text zwischen dem Markierungspunkt ([Strg]+[Leertaste]) und der aktuellen Cursorposition um ein Leerzeichen ein. Wenn Sie vor diesem Kommando [Alt]+*n* ausführen, wird der markierte Textbereich um *n* Zeichen eingerückt. Durch ein vorangestelltes [Esc], [-] wird der Text aus- statt eingerückt.

TASTENKÜRZEL	FUNKTION
[Strg]+[Leertaste]	Markierungspunkt setzen
[Strg]+[X], [Tab]	Text zwischen Markierungspunkt und Cursorposition um ein Zeichen einrücken
[Esc], [-], [Strg]+[X], [Tab]	Text um ein Zeichen ausrücken
[Alt]+*n*, [Strg]+[X], [Tab]	Text um *n* Zeichen einrücken
[Esc], [-], [Alt]+*n*, [Strg]+[X], [Tab]	Text um *n* Zeichen ausrücken

Tabelle 17.9: **Text ein- und ausrücken**

Mit den in Tabelle 17.9 aufgezählten Kommandos können nur Leerzeichen am Beginn von Zeilen eingefügt bzw. wieder entfernt werden. Wenn Sie dagegen Leerzeichen innerhalb von Zeilen einfügen oder löschen möchten (etwa bei der Bearbeitung von Tabellen oder zum Ein- oder Ausrücken von Kommentaren am Ende von Programmzeilen), müssen Sie mit den sogenannten Rechteck-

Kommandos arbeiten (siehe Tabelle 17.10). Als Rechteck gelten dabei alle Zeichen im Bereich zwischen dem Markierungspunkt und der Cursorposition.

Der Emacs kennt darüber hinaus einige Bearbeitungsmodi, in denen Einrückungen automatisch durchgeführt werden. So werden im C-Modus Programmzeilen bei jeder geschweiften Klammer { oder } um einige Leerzeichen ein- oder ausgerückt (siehe Seite 388).

TASTENKÜRZEL	FUNKTION
Strg+Leertaste	Markierungspunkt setzen
Strg+X, R, O	rechteckigen Bereich öffnen (Rectangle Open), d. h., in den rechteckigen Bereich Leerzeichen einfügen
Strg+X, R, K	rechteckigen Bereich löschen (Rectangle Kill)
Strg+X, R, Y	gelöschten rechteckigen Bereich an der Cursorposition einfügen (Rectangle Yank)
Alt+X `string-rectangle`	einen Text vor jede Zeile des markierten Bereichs einfügen

Tabelle 17.10: **Rechteck-Kommandos**

17.6 Fließtext

Bisher habe ich angenommen, dass Sie mit dem Emacs Programmcode, Konfigurationsdateien etc. bearbeiten. Ein wenig anders sieht der Umgang mit dem Emacs aus, wenn Sie Fließtext bearbeiten möchten. Der Emacs führt normalerweise keinen automatischen Umbruch durch. Wenn Zeilen länger sind als die Bildschirm- oder Fensterbreite, dann wird am linken Ende ein \-Zeichen dargestellt und der Text in der nächsten Zeile fortgesetzt.

Wenn Sie eine einzelne längere Zeile umbrechen möchten, führen Sie das Kommando Alt+Q aus: Damit werden an geeigneten Stellen Leerzeichen durch Zeilenumbrüche ersetzt. Aus einer langen Zeile werden so mehrere kurze Zeilen. Dabei betrachtet der Emacs alle Zeilen, die nicht explizit durch eine vollkommen leere Zeile von anderen Zeilen getrennt sind, als einen Absatz. Bei einem Programmlisting sind die Folgen dieses Kommandos natürlich fatal! Führen Sie mit Strg+X, U ein Undo durch.

Hinweis

Wenn Sie TeX- oder LaTeX-Dateien bearbeiten, gilt für Alt+Q eine Besonderheit: Zeilen, die mit einem \-Zeichen beginnen, gelten als Absatzgrenze und werden nicht umbrochen. Um einen Umbruch dennoch durchzuführen, müssen Sie diese Zeile manuell mit der vorhergehenden Zeile verbinden und nochmals Alt+Q ausführen. Noch bequemer ist es, das AUC-TEX-Paket zu installieren und zu aktivieren: Dann versteht der Emacs LaTeX besser und führt den Zeilenumbruch intelligenter durch.

Bei der Eingabe eines neuen Textes ist es natürlich lästig, ständig Alt+Q zu drücken. Daher existiert ein eigener Fließtextmodus, der mit Alt+X `auto-fill-mode` ↵ aktiviert wird. Wenn sich der Emacs in diesem Modus befindet, werden alle Neueingaben automatisch umbrochen. Bereits vorhandener Text wird durch diesen Modus nicht verändert. Auch das Löschen von Text führt nicht zu einem automatischen Umbruch, weswegen nach Änderungen in einem bereits vorhandenen Fließtext häufig ein manueller Umbruch mit [Alt]+[Q] erzwungen werden muss. Der Umbruch erfolgt normalerweise spätestens nach 70 Zeichen. Sie können die Umbruchspalte mit dem folgenden Kommando verändern: [Alt]+[X] `set-variable` [↵] `fill-column` [↵] *n* [↵].

Tabelle 17.11: **Fließtext umbrechen**

TASTENKÜRZEL	FUNKTION
[Alt]+[Q]	führt einen manuellen Zeilenumbruch durch.
[Alt]+[X] `auto-fill-mode` [↵]	aktiviert den Fließtextmodus (automatischer Zeilenumbruch).

Wenn Sie mehrere Absätze eingerückten Textes eingeben möchten, können Sie die erste gültige Spalte voreinstellen. Dazu müssen Sie so viele Leer- oder Tabulatorzeichen in einer sonst leeren Zeile eingeben, wie Ihr Text eingerückt werden soll. Anschließend führen Sie [Strg]+[X], [.] (also [Strg]+[X], [Punkt]) aus. Das Programm rückt jetzt ab der zweiten Zeile eines Absatzes alle Zeilen bis zur Einrückspalte ein.

Die Einrückspalte gilt nur für neu eingegebenen Text. Das Einrücken bereits vorhandener Texte muss nach der oben beschriebenen Methode erfolgen, wobei dazu keine (!) Einrückspalte definiert sein darf. Sie müssen die Einrückspalte daher wieder deaktivieren, indem Sie den Cursor an den Beginn einer Zeile stellen und nochmals [Strg]+[X], [.] ausführen. Diese Tastenkombination speichert die Zeichen, die zwischen der aktuellen Cursorposition und dem Zeilenanfang stehen, und fügt diese automatisch am Beginn einer neuen Zeile ein, die durch einen Wortumbruch entsteht. Wenn Sie [Strg]+[X], [.] ausführen, während sich in den Zeichen links von der Cursorposition Text befindet, dann wird dieser Text am Beginn jeder neuen Zeile eingefügt. Das kann dazu verwendet werden, mehrere Zeilen zu schreiben, die mit einer bestimmten Zeichenkette (beispielsweise mit >) anfangen.

Zum Neuformatieren größerer Textmengen, die unterschiedlich stark eingerückt sind, eignet sich das Kommando [Alt]+[x] `fill-individual-paragraphs` [↵]. Dieses Kommando formatiert den gesamten Bereich zwischen dem Markierungspunkt ([Strg]+ [Leertaste]) und der aktuellen Cursorposition. Dabei werden die aktuellen Einrückungen beibehalten.

Tabelle 17.12: **Fließtext einrücken**

TASTENKÜRZEL	FUNKTION
[Strg]+[X], [.]	definiert die Einrückspalte durch die aktuelle Cursorposition. Der Cursor muss dazu in einer leeren (!) Zeile stehen.
[Alt]+[M]	bewegt den Cursor an den Beginn einer eingerückten Zeile (ähnlich wie [Strg]+[A]).
[Strg]+[Leertaste]	setzt den Markierungspunkt.
[Alt]+[x] `fill-individ` [↵]	formatiert den Bereich zwischen Markierungspunkt und Cursorposition neu und behält die aktuellen Einrückungen bei.

Wenn Sie sehr viel mit Einrückungen arbeiten, ist der Textmodus bequemer als die oben beschriebene Vorgehensweise. Diesen Modus aktivieren Sie mit [Alt]+[X] `text-mode` [↵]. Um in diesem

Modus Fließtext zu bearbeiten, aktivieren Sie außerdem den dafür vorgesehenen Nebenmodus mit Alt+X `auto-fill-mode` ↵. (Nebenmodi definieren einige zusätzliche Kommandos, die parallel zu einem beliebigen Hauptmodus verwendet werden können – siehe auch Seite 388.)

Die einzige wesentliche Neuerung des Textmodus besteht darin, dass der Emacs beim Zeilenumbruch jede neue Zeile automatisch so weit einrückt wie die vorhergehende Zeile. Auch Alt+Q für den manuellen Umbruch orientiert sich jetzt automatisch an der Einrückung der ersten Zeile.

TASTENKÜRZEL	FUNKTION
Alt+X `text-mode`	aktiviert den Textmodus.
Alt+X `auto-fill-mode`	aktiviert den Nebenmodus für Fließtext.
Alt+Q	führt einen manuellen Umbruch durch und orientiert sich dabei an der Einrückung der aktuellen Zeile.
Alt+S	zentriert die aktuelle Zeile.
Alt+⇧+S	zentriert den aktuellen Absatz.

Tabelle 17.13: **Textmodus**

Wenn Sie Zeilen oder Absätze zentrieren möchten, ohne deswegen in den Textmodus zu wechseln, können Sie die entsprechenden Kommandos in den anderen Modi mit Alt+X `center-line` ↵ bzw. mit Alt+X `center-paragraph` ↵ aufrufen.

Abkürzungen

Eine Besonderheit des Emacs besteht darin, dass Sie ohne Vorarbeit Abkürzungen verwenden können. Dazu geben Sie die ersten Buchstaben eines Wortes ein und drücken Alt+/. Der Emacs sucht daraufhin zuerst im vorangehenden, dann im nachfolgenden Text und schließlich in allen geöffneten Dateien nach Wörtern, die mit diesen Zeichen beginnen. Wenn Sie an dieser Stelle im Text `Um` Alt+/ eingeben, ersetzt der Emacs »Um« durch »Umgebung«. Wenn Sie Alt+/ öfter drücken, bietet der Emacs weitere mögliche Ergänzungen an, etwa »Umgang« und »Umgehen«.

Dynamische Erweiterungen funktionieren nur, wenn sich ein Wort bereits im Text einer geladenen Datei befindet (es muss nicht die aktuelle Datei sein) und wenn die Anfangsbuchstaben übereinstimmen.

17.7 Suchen und Ersetzen

Am schnellsten finden Sie Text mit Strg+S *suchtext*. Das Kommando weist gegenüber den Suchkommandos anderer Programme eine Besonderheit auf: Es beginnt die Suche sofort nach der Eingabe des ersten Zeichens. Wenn Sie also »Nebenmodus« suchen und Strg+S `Neb` eingeben, dann springt der Cursor bereits zum ersten Wort, das mit »Neb« beginnt. Anstatt die weiteren Buchstaben einzugeben, können Sie jetzt durch das abermalige Drücken von Strg+S zum nächsten Wort springen, das auch mit »Neb« beginnt. (Wenn Sie nur Kleinbuchstaben eingeben, wird nicht zwischen Groß- und Kleinschreibung unterschieden.)

Wenn Sie jetzt auf die Idee kommen, dass Sie eigentlich nach »Neuigkeit« suchen, löschen Sie das »b« mit Backspace. Der Emacs springt zum ersten Wort zurück (ausgehend von der Position beim

Beginn der Suche), das mit »Ne« beginnt. Mit der Eingabe von U springt Emacs weiter zum ersten Wort, das mit »Neu« beginnt. Probieren Sie es einfach einmal aus – Sie werden von diesem Konzept sofort begeistert sein!

Sobald Sie ↵ oder eine Cursortaste drücken, nimmt das Programm an, dass die Suche beendet ist, und setzt den Cursor an die gefundene Stelle. Der Beginn der Suche wird dabei durch einen Markierungspunkt gespeichert. Daher können Sie mit Strg+X, Strg+X den Cursor mühelos wieder dorthin zurückstellen, wo er zu Beginn der Suche stand. Ein abermaliges Strg+X, Strg+X führt Sie wieder an die Stelle des Suchtextes.

Durch zweimaliges Drücken von Strg+S können Sie die Suche wieder aufnehmen und zum nächsten Auftreten des Suchtextes springen. Wenn Sie rückwärts suchen möchten, drücken Sie einfach Strg+R statt Strg+S.

TASTENKÜRZEL	FUNKTION
Strg+S	inkrementelle Suche vorwärts
Strg+R	inkrementelle Suche rückwärts
Alt+P	wählt einen früher verwendeten Suchtext aus (Previous).
Alt+N	wählt einen später verwendeten Suchtext aus (Next).
Strg+G	Abbruch der Suche
Strg+X, Strg+X	vertauscht den Markierungspunkt (Beginn der Suche) und die aktuelle Cursorposition.
Strg+Alt+S	inkrementelle Mustersuche vorwärts
Strg+Alt+R	inkrementelle Mustersuche rückwärts
Alt+%	Suchen und Ersetzen ohne Muster
Alt+X `query-replace-r` ↵	Suchen und Ersetzen mit Muster

Tabelle 17.14: **Kommandos zum Suchen und Ersetzen**

Wenn Sie zu einem späteren Zeitpunkt nach einem Text suchen möchten, den Sie früher schon einmal gesucht haben, können Sie nach Strg+S mit Alt+P (Previous) und Alt+N (Next) einen Text aus der gespeicherten Liste der Suchtexte auswählen.

Suche nach Mustern (mit regulären Ausdrücken)

Die inkrementelle Suche findet Texte, die exakt dem Suchtext entsprechen. Häufig ist es aber wünschenswert, nach Texten zu suchen, die einem bestimmten Muster entsprechen. Eine derartige Suche starten Sie mit Strg+Alt+S bzw. +R.

Im Suchtext wird zwischen Groß- und Kleinschreibung unterschieden. Zur Syntax der Musterzeichenkette folgen jetzt noch einige erklärende Beispiele:

- `\<[Dd]ie\>` sucht nach dem Artikel »die«, egal ob er klein- oder großgeschrieben ist. Wortzusammensetzungen mit »die« (also etwa »dieser«) werden ignoriert.
- `[Dd]ie[a-z]+` sucht nach Wortzusammensetzungen, die mit »Die« oder »die« beginnen und denen mindestens ein weiterer Buchstabe folgt. Der Cursor bleibt jeweils am Ende des Wortes stehen (beim ersten Zeichen, das kein Buchstabe zwischen a und z ist).
- `[Dd]ie[a-zäöüß]+` funktioniert wie oben beschrieben, findet aber auch Wortzusammensetzungen, die deutsche Sonderzeichen enthalten.

Die Zeichenpaare `\(` und `\)` haben keinen Einfluss auf die eigentliche Suche. Die Zeichen im gesuchten Text, die den in der Gruppe enthaltenen Zeichen entsprechen, können dann aber zum Bilden des Ersetzen-Textes wiederverwendet werden (siehe unten).

SUCHMUSTER	FUNKTION
\<	Anfang eines Wortes
&	Ende eines Wortes
^	Anfang der Zeile
$	Ende der Zeile
.	ein beliebiges Zeichen mit Ausnahme eines Zeilenumbruchs
.*	beliebig viele (auch 0) beliebige Zeichen (wie * in Dateinamen)
.+	beliebig viele (aber mindestens ein) beliebige(s) Zeichen
.?	kein oder ein beliebiges Zeichen
`[abc..]`	eines der aufgezählten Zeichen
`[^abc..]`	keines der aufgezählten Zeichen
\(	Beginn einer Gruppe (siehe unten »Suchen und Ersetzen«)
\)	Ende einer Gruppe
\x	Sonderzeichen *x* (z. B. `\\` zur Suche nach einem `\`-Zeichen oder `\.` zur Suche nach einem Punkt)
\&	Platzhalter im Ersetzen-Muster für den gesamten gefundenen Text
\1	Platzhalter im Ersetzen-Muster für die erste `\(...\)`-Gruppe im Suchtext ()

Tabelle 17.15: **Aufbau eines regulären Suchmusters**

Suchen und Ersetzen

Auch beim Suchen und Ersetzen unterscheidet der Emacs zwischen dem normalen Kommando und der erweiterten Version mit Mustersuche. Bei der normalen Variante mit [Alt]+[%] wird die Groß- und Kleinschreibung bei der Suche ignoriert. Beim Ersetzen (siehe Tabelle 17.16) bleiben die Anfangsbuchstaben von Wörtern so erhalten, wie sie bisher waren, wenn der Ersetzen-Text vollständig kleingeschrieben ist. Das Suchen- und Ersetzen-Kommando kann nicht für mehrzeilige Texte verwendet werden, weil die Joker-Zeichen * und + nicht über eine Zeile hinaus wirksam sind.

Das Suchen und Ersetzen mit Mustern starten Sie mit [Alt]+[X] query-replace-r [↵]. In der Ersetzen-Zeichenkette können Sie mit \& und *n* Platzhalter angeben, die dem ganzen Suchmuster bzw. einem Teil davon entsprechen (siehe Tabelle 17.15). Damit lassen sich sehr komplexe Operationen effizient durchführen. Zur Veranschaulichung ein Beispiel:

Sie ersetzen `funktion(\([^,]*\),\([^,]*\))` durch `funktion(\2,\1)`: Bei jedem Aufruf von `funktion` werden die beiden Parameter vertauscht. Aus `funktion(a+b,2*e)` wird daher `funktion(2*e,a+b)`. Einzige Bedingung: In den Parametern der Funktion dürfen keine Kommata auftreten. Beim Vertauschen der Parameter in `funktion(f(a,b), g(x,y))` versagt das Kommando.

Verwenden Sie das Kommando zum Suchen und Ersetzen mit Mustern zunächst mit Vorsicht, und speichern Sie zuvor Ihren Text. Gerade bei den ersten Versuchen kommt es häufig vor, dass mit dem Suchmuster ganz andere (oft viel größere) Texte erfasst werden, als Sie geplant haben. [Strg]+[X], [Strg]+[U] macht fehlerhafte Ersetzen-Kommandos bei Bedarf wieder rückgängig.

TASTENKÜRZEL	FUNKTION
[Leertaste] oder [Y]	ersetzen, Suche fortsetzen
[,]	ersetzen, aber Cursor stehen lassen, damit das Ergebnis kontrolliert werden kann; wenn alles in Ordnung ist, kann das Kommando mit [Leertaste] fortgesetzt werden.
[Backspace] oder [N]	nicht ersetzen, Suche fortsetzen
[Esc]	nicht ersetzen, Kommando abbrechen
[!]	alle weiteren Ersetzungen ohne Rückfrage durchführen
[Strg]+[R]	Kommando vorläufig unterbrechen, um an der aktuellen Cursorposition eine manuelle Korrektur vorzunehmen (Recursive Edit)
[Strg]+[Alt]+[R]	Ersetzen-Kommando wieder aufnehmen

Tabelle 17.16: **Tastenkürzel zur Bearbeitung des gefundenen Texts**

17.8 Puffer und Fenster

Bei der Bearbeitung mehrerer Texte verwaltet Emacs jeden Text in einem sogenannten Puffer. Selbst wenn Sie mit nur einem Text arbeiten, existieren mehrere Puffer: einer für den Text (der Name des Puffers stimmt mit dessen Dateinamen überein), einer für ein irgendwann geöffnetes Info- oder Hilfefenster (Puffername `*info*` oder `*help*`), einer für die zuletzt angezeigte Liste mit möglichen Kommandos, die durch [⇆] ergänzt wurden (`*completions*`) etc.

Neben dem Begriff des Puffers kennt der Emacs auch Fenster: Ein Fenster ist ein Bereich innerhalb des Emacs, in dem ein Puffer angezeigt wird. Normalerweise wird nur ein einziges Fenster verwendet, das den gesamten zur Verfügung stehenden Raum nutzt. Bei der Ausführung mancher Kommandos (z. B. zur Anzeige von Hilfe- oder anderen Emacs-internen Informationen) wird der Bildschirm horizontal in zwei Fenster geteilt. Auch eine Unterteilung in mehrere horizontale oder vertikale Streifen ist möglich. Dabei kann in jedem Bereich (Fenster) ein anderer Puffer angezeigt werden.

Es besteht auch die Möglichkeit, in zwei Fenstern denselben Puffer darzustellen. Das ist vor allem bei sehr langen Texten praktisch: Sie können so zwei unterschiedliche Abschnitte des Textes bearbeiten, ohne ständig umständliche Cursorbewegungen durchführen zu müssen.

Hinweis

Der Fensterbegriff in Emacs hat nichts mit einem X-Fenster zu tun, sondern meint nur einen Teilbereich innerhalb eines Fensters. Wenn Sie tatsächlich ein weiteres X-Fenster des Emacs benötigen (etwa um zwei Programmlistings bequem parallel zu bearbeiten), können Sie das leicht mit FILE|NEW FRAME erreichen.

Die Kommandos in Tabelle 17.17 beziehen sich auf das gerade aktuelle Fenster (also auf das Fenster, in dem der Cursor steht). Die Kommandos wechseln den Puffer, der in diesem Fenster angezeigt wird.

TASTENKÜRZEL	FUNKTION
Strg+X, B, ↵	aktiviert den zuvor verwendeten Puffer.
Strg+X, B, *name* ↵	aktiviert den angegebenen Puffer.
Strg+X, Strg+B	zeigt in einem Fenster die Liste aller möglichen Puffer an. dieses Fenster kann mit Strg+X, 1 wieder gelöscht werden.
Strg+X, K *name* ↵	löscht den angegebenen Puffer. Wenn der Puffer eine noch nicht gespeicherte Datei enthält, erscheint eine Sicherheitsabfrage.

Tabelle 17.17: **Pufferkommandos**

Die Kommandos in Tabelle 17.18 wirken sich nur auf die Anzeige der Puffer in verschiedenen Bildschirmbereichen (Fenstern) aus. Die Trennlinie zwischen den Fenstern kann mit der Maus bewegt werden. Die Puffer werden durch das Löschen eines Fensters nicht berührt (sie werden zwar unsichtbar, bleiben aber weiterhin im Speicher und können jederzeit wieder angezeigt werden).

TASTENKÜRZEL	FUNKTION
Strg+X, O	springt zum nächsten Fenster (»Oh«).
Strg+X, 0	löscht das aktuelle Fenster (»Null«).
Strg+X, 1	löscht alle Fenster außer dem, in dem der Cursor steht.
Strg+X, 2	teilt das aktuelle Fenster in zwei horizontale Bereiche.
Strg+X, 3	teilt das aktuelle Fenster in zwei vertikale Bereiche.
Strg+X, <	verschiebt den Fensterinhalt nach links.
Strg+X, >	verschiebt den Fensterinhalt nach rechts.

Tabelle 17.18: **Fensterkommandos**

17.9 Besondere Bearbeitungsmodi

Zahlreiche Bearbeitungsmodi verändern die Funktionalität des Editors und stellen zusätzliche Spezialkommandos zur Verfügung. Damit wird der Emacs optimal an einen Texttyp angepasst. Je nach Modus erfolgt auch eine farbliche Kennzeichnung des Textes (Hervorhebung von Schlüsselwörtern und Kommentaren).

Der Emacs unterscheidet zwischen Haupt- und Nebenmodi. Es kann immer nur ein Hauptmodus aktiv sein. Dieser Modus wird automatisch entsprechend der Kennung des Dateinamens und nach Schlüsselwörtern im Text gewählt. Der Hauptmodus kann durch keinen, einen oder mehrere Nebenmodi ergänzt werden. Für jede im Emacs bearbeitete Datei (für jeden Puffer) gilt eine eigene Moduseinstellung. Die manuelle Veränderung des Modus wirkt sich immer nur auf den gerade aktuellen Puffer aus. Durch den Wechsel in einen anderen Hauptmodus wird der bisherige Modus deaktiviert. Das Ein- oder Ausschalten eines Nebenmodus verändert den Hauptmodus nicht.

Eine Übersicht über alle verfügbaren Modi gibt [F1], [A] mode [↵]. Informationen zum gerade aktiven Hauptmodus erhalten Sie mit [F1], [M].

TASTENKÜRZEL	FUNKTION
[Alt]+[X] `fundamental-mode` [↵]	Standardmodus (Grundeinstellung)
[Alt]+[X] `text-mode` [↵]	Modus zur bequemen Einrückung von Text (Seite 382)
[Alt]+[X] `c-mode` [↵]	C-Modus
[Alt]+[X] `c++-mode` [↵]	C++-Modus
[Alt]+[X] `emacs-lisp-mode` [↵]	Emacs-Lisp-Dateien bearbeiten (z. B. ~/.emacs)
[Alt]+[X] `html-mode` [↵]	HTML-Modus
[Alt]+[X] `latex-mode` [↵]	LaTeX-Modus
[Alt]+[X] `sh-mode` [↵]	Modus zur Bearbeitung von Shell-Scripts

Tabelle 17.19: **Wichtige Emacs-Hauptmodi**

TASTENKÜRZEL	FUNKTION
[Alt]+[X] `auto-fill-mode` [↵]	Fließtextmodus (automatischer Wortumbruch; Seite 381)
[Alt]+[X] `font-lock-mode` [↵]	farbige Syntaxmarkierung (Seite 388)
[Alt]+[X] `iso-accents-mode` [↵]	Eingabe fremdsprachiger Sonderzeichen (Seite 392)
[Alt]+[X] `abbrev-mode` [↵]	Abkürzungsmodus (automatische Auflösung von Abkürzungen)

Tabelle 17.20: **Wichtige Emacs-Nebenmodi**

Syntaxhervorhebung

Das vielleicht attraktivste Merkmal der Bearbeitungsmodi ist das sogenannte Syntax-Highlighting. Dabei werden Kommandos, Kommentare etc. durch Farben oder Schriftattribute gekennzeichnet. Programmcode, LaTeX-Dokumente etc. gewinnen dadurch erheblich an Übersichtlichkeit.

Das Syntax-Highlighting ist aus Geschwindigkeitsgründen zumeist deaktiviert. Um eine Datei so auszuzeichnen, muss nach der Aktivierung des jeweiligen Hauptmodus [Alt]+[X] `font-lock-mode` ausgeführt werden: Der Emacs analysiert jetzt den gesamten Text und markiert die gefundenen Elemente farbig bzw. durch Schriftattribute. Nach Änderungen im Text kann es vorkommen, dass die Syntaxkennzeichnung nicht mehr stimmt. Um wieder eine korrekte Auszeichnung zu erreichen, führen Sie erneut [Alt]+[x] `font-lock-mode` aus.

Tipp

Der Emacs versucht beim Laden einer Datei aus der Dateikennung und dem Inhalt der ersten Zeilen automatisch zu erkennen, um welchen Dateityp es sich handelt, und aktiviert dann den entsprechenden Modus. Nur wenn das nicht klappt, müssen Sie den Modus wie oben beschrieben manuell aktivieren.

Wenn die automatische Aktivierung nicht funktioniert, können Sie auch in der ersten Zeile der Datei einen Kommentar einfügen, der die Zeichen `*-*` *name* `*-*` enthält. Statt *name* müssen Sie den Namen des gewünschten Modus angeben (also etwa `*-* html *-*`).

17.10 Konfiguration

Wohl kein anderer Editor bietet mehr Konfigurationsmöglichkeiten als der Emacs. Dieser Abschnitt gibt zuerst einen Überblick über die Konfigurationsdateien und beschreibt dann einige elementare Konfigurationsschritte.

Wenn sich Ihre Emacs-Version anders verhält, als in diesem Buch beschrieben wird, dann ist oft die Konfiguration Ihrer Linux-Distribution verantwortlich. Die Einstellungen können sich sowohl in den persönlichen als auch in den globalen Konfigurationsdateien (`site-start.el`) befinden. Beachten Sie insbesondere, dass bei vielen Distributionen beim Anlegen neuer Linux-Benutzer automatisch Konfigurationsdateien aus /etc/skel in das Benutzerverzeichnis kopiert werden!

Persönliche Konfiguration

Die benutzerspezifische Konfiguration kann wahlweise durch Menükommandos (OPTIONS-Menü) oder durch eine direkte Veränderung der Konfigurationsdateien ~/.emacs durchgeführt werden.

Globale Konfiguration

Neben den persönlichen Konfigurationsdateien gibt es auch globale Konfigurationsdateien, deren Einstellungen für alle Benutzer gelten. Diese Dateien enthalten je nach Distribution diverse Voreinstellungen.

```
/usr/share/emacs/site-lisp/site-start.el
/usr/share/emacs/site-lisp/debian-startup.el      (Debian, Ubuntu)
/usr/share/emacs/site-lisp/site-start.d/*         (Red Hat, Fedora)
/usr/share/emacs/site-lisp/site-start.el          (SUSE)
```

Konfiguration per Mausklick

Beim Emacs können Sie einige elementare Einstellungen direkt über Einträge des OPTIONS-Menüs vornehmen. Damit beispielsweise der Schiebebalken wie in allen anderen Programmen auf der rechten Seite angezeigt wird, führen Sie OPTIONS|SHOW/HIDE|SCROLL-BAR|ON THE RIGHT aus. Die Einstellungen werden sofort wirksam, gehen aber verloren, wenn Sie den Emacs verlassen. Um geänderte Einstellungen bleibend in ~/.emacs zu speichern, müssen Sie OPTIONS|SAVE OPTIONS ausführen!

Alle weitergehenden Einstellmöglichkeiten (von denen es Hunderte, wenn nicht Tausende gibt), sind über OPTIONS|CUSTOMIZE EMACS|TOP-LEVEL CUSTOMIZATION GROUP erreichbar (siehe Abbildung

17.2). Dieses Kommando öffnet einen neuen Emacs-Puffer, der wie ein Dialog aussieht. Die Buttons dieser Seite führen zu weiteren Dialogen für verschiedene Gruppen von Optionen. Auf jeder Seite können Sie durch Buttons alle durchgeführten Änderungen nur bis zum Programmende oder bleibend in ~/.emacs speichern (SET FOR CURRENT SESSION bzw. SAVE FOR FUTURE SESSIONS).

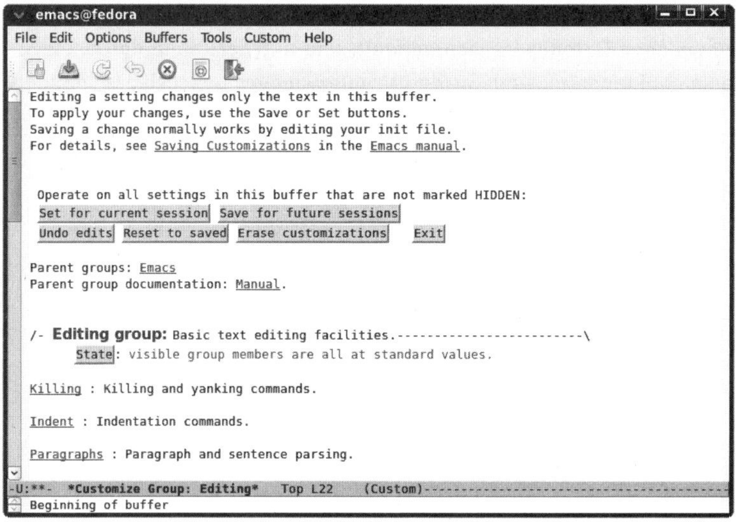

Abbildung 17.2: **Emacs-Konfiguration**

Schriftart und -größe einstellen

Am schnellsten kann die Schriftart hier mit [⇧] und der linken Maustaste eingestellt werden. Allerdings besteht keine Möglichkeit, diese Einstellung auch zu speichern. Alternativ können Sie die Standardschrift auch mit OPTIONS|CUSTOMIZE|SPECIFIC FACE einstellen, wobei Sie die Schrift `default` auswählen. Im nun erscheinenden Dialog können Sie sowohl die Schriftfamilie als auch die Schriftgröße (Height) einstellen. Falls dem Namen der Schrift deren Hersteller vorangestellt wird, muss dies mit einem Bindestrich erfolgen (z. B. Adobe-Courier). An dieser Stelle können Sie auch die Hintergrundfarbe des Emacs einstellen: Geben Sie einfach im BACKGROUND-Feld der Schriftart `default` den Namen der gewünschten Farbe an (z. B. Lightgrey).

Mit SET FOR CURRENT SESSION können Sie Ihre Einstellungen ausprobieren. Der Schriftwechsel dauert einige Sekunden und führt dazu, dass auch die Fenstergröße von Emacs verändert wird. Mit SAVE FOR FUTURE SESSIONS wird die Einstellung in ~/.emacs gespeichert.

Beispiel für .emacs

Anstatt sich durch verschachtelte Dialoge zu klicken, können Sie die Konfiguration auch direkt in ~/.emacs durchführen. Der Platz reicht hier nicht für eine ausführliche Beschreibung aus. Stattdessen gibt das folgende kommentierte Listing einige Beispiele für beliebte Optionen und Einstellungen. (Bei manchen Linux-Distributionen gelten einige dieser Einstellungen standardmäßig.)

```
;Beispiel für .emacs

;kein Begrüßungsbildschirm
(setq inhibit-startup-message t)

;Zeilen- und Spaltennummer in der Statuszeile anzeigen
(line-number-mode 1)
```

```
(column-number-mode 1)

;markierten Textbereich sichtbar machen
(setq-default transient-mark-mode t)

;mit <Tab> Leerzeichen statt Tabulatoren einfügen
(setq-default indent-tab-mode nil)

;letzte Zeile automatisch mit Newline-Code abschließen
(setq require-final-newline t)

;Syntaxhervorhebung automatisch aktivieren
(global-font-lock-mode t)

;Cursorposition speichern
(require 'saveplace)
(setq-default save-place t)

;Scrollbar auf der rechten statt auf der linken Seite
(set-scroll-bar-mode 'right)

;AUC TEX aktivieren (das ist ein erweiterter LaTeX-Modus;
;das auctex-Paket muss separat installiert werden!)
(require 'tex-site)

; ein paar Tastaturkürzel:
(global-set-key [f2]  'switch-to-buffer)         ;Buffer wechseln
(global-set-key [f3]  'font-lock-fontify-buffer) ;Syntaxhervorhebung
(global-set-key [f4]  'goto-line)                ;zur Zeile n springen
(global-set-key [f5]  'advertised-undo)          ;Undo-Funktion
```

Emacs-Lisp-Programmierung

Noch viel mehr Konfigurationsmöglichkeiten haben Sie, wenn Sie sich auf die Emacs-Lisp-Programmierung einlassen. Damit können Sie in der Konfigurationsdatei `~/.emacs` eigene Kommandos, Tastenkürzel etc. definieren. Dazu eine Leseempfehleung: http://www.dotemacs.de/

17.11 Unicode

Aktuelle Emacs-Versionen kommen dank der Mule-Erweiterung (Multilingual Enhancement) mit den meisten gängigen Zeichensätzen inklusive Unicode zurecht. Mule-Kommandos können über das Menü OPTIONS|MULE ausgeführt werden. Mit Version 23 wurde die interne Textverwaltung vollständig auf Unicode umgestellt (Native Unicode Support), ältere Emacs-Versionen verwenden ein eigenes Textformat. Für den Anwender ergeben sich durch diese Umstellung aber keine Änderungen.

Zeichensatz explizit angeben

Der Emacs erkennt den Zeichensatz von Dateien in vielen Fällen selbstständig bzw. verwendet einfach den Standardzeichensatz Ihrer Distribution. In manchen Fällen ist es aber notwendig, den Zeichensatz explizit zu bestimmen. Dazu geben Sie mit dem Kommando [Strg]+[X], [↵], [C] *codie-*

rung an, welcher Zeichensatz bei der Ausführung des nächsten Kommandos gelten soll. Die zur Auswahl stehenden Codierungen ermitteln Sie dabei bequem mit [Tab].

KURZBEZEICHNUNG	BEDEUTUNG
`iso-8859-n`	ISO-8859-*n*-Dateien
`iso-latin-n`	ISO-Latin-*n*-Dateien
`utf-8`	UTF-8-Dateien
`utf-8-dos`	UTF-8-Dateien mit DOS/Windows-Zeilenkennung
`utf-8-unix`	UTF-8-Dateien mit Unix/Linux-Zeilenkennung
`binary`	Binärdatei

Tabelle 17.21: **Häufig eingesetzte Codierungen**

Um die Codierung eines bereits geladenen Buffers zu verändern, führen Sie [Strg]+[X], [↵], [F] *codierung* aus. Welcher Zeichensatz gerade benutzt wird, geht aus den ersten Zeichen der Statuszeile hervor. `-U` bedeutet beispielsweise, dass ein Unicode-Text vorliegt.

Hilfsfunktionen

[Strg]+[H], [⇧]+[C], [↵] beschreibt die Codierung des aktuellen Buffers. [Strg]+[U], [Strg]+[X], [=] beschreibt den Code des Zeichens unter dem Cursor.

Eingabe fremdsprachiger Sonderzeichen

Mit den oben beschriebenen Kommandos bzw. Funktionen sollte es Ihnen gelingen, Unicode-Dateien korrekt zu laden, darzustellen und wieder zu speichern. Meist wollen Sie derartige Texte aber auch selbst ändern. Aber was tun Sie, wenn das gewünschte Zeichen nicht auf der Tastatur zu finden ist?

Unicode-Zeichen

Jedes Unicode-Zeichen kann durch seinen hexadezimalen Code eingegeben werden. Dazu führen Sie [Alt]+[X] `ucs-insert` *n* oder kürzer [Alt]+[X] [8] [↵] *n* aus. Das Euro-Zeichen geben Sie beispielsweise mit [Alt]+[X] [8] [↵] 20ac ein. Das Kommando `ucs-insert` akzeptiert auch die Namen von Unicode-Zeichen. Daher fügt auch [Alt]+[X] [8] [↵] `euro sign` das Euro-Zeichen ein. Weitere Tipps zur Eingabe von Unicode-Zeichen finden Sie unter:

http://xahlee.org/emacs/emacs_n_unicode.html

Latin-9-Prefix-Modus

Mit [Alt]+[X] `set-input-method` [↵] `latin-9-prefix` aktivieren Sie einen speziellen Modus. Er hilft bei der Eingabe von Zeichen aus dem Latin-Zeichensatz, die durch Akzente, Striche, Kreise oder anders modifiziert sind. Beispiele sind etwa à, á, â, ã, å, ä, ø oder ç. Der Modus ist auch dann praktisch, wenn Sie die Zeichen äöüß auf einer Tastatur mit US-Layout eingeben möchten.

Die Tasten ["], [~], [^], [/], [`] und [´] haben jetzt eine neue Bedeutung: Wird direkt anschließend ein passender Buchstabe eingegeben, verbindet der Emacs die beiden Zeichen zu einem neuen Buchstaben. Die Eingabe ["] [O] liefert also den Buchstaben Ö, ["] [s] ein ß, [~], [c] ein ç, [/], [a] ein å, [/], [e] ein æ, [/], [o] ein ø. Um ein " einzugeben, müssen Sie nun allerdings ["] [Leertaste] oder [Strg]+[Q], ["] tippen.

18. bash (Shell)

Im Mittelpunkt dieses Kapitels steht die Bourne Again Shell (kurz bash). Dieses Programm ermöglicht die Ausführung von Kommandos in einem Konsolenfenster bzw. in einer Textkonsole. Eine Shell ist also ein Kommandointerpreter. Gleichzeitig bietet die bash auch eine eigene Programmiersprache, die zur Erstellung von Shell-Programmen (Shell-Scripts) verwendet werden kann. Die Verwendung einer Shell ist für all jene interessant, die Kommandos und Programme nicht (nur) über KDE- oder Gnome-Menüs starten möchten, sondern diese per Tastatur eingeben möchten.

Das klingt vielleicht auf den ersten Blick umständlich, bietet aber eine Menge zusätzlicher Möglichkeiten – z. B. die Kombination mehrerer Kommandos oder die Speicherung der Ergebnisse eines Kommandos in einer Datei.

Dieses Kapitel behandelt die Verwendung der bash sowohl als Kommandointerpreter als auch zur Programmierung. Wesentliche Themen dieses Kapitels sind eine Einführung in den Umgang mit der bash, die Ein- und Ausgabeumleitung, die Kommunikation zwischen mehreren Prozessen (Pipes, Kommandosubstitution) und die Verwaltung von Shell-Variablen. Wer sich für die bash-Programmierung interessiert, findet ab Seite 413 einen Überblick der wichtigsten Sprachelemente und diverse Beispiele. Das Kapitel endet mit einer Tabelle aller Sonderzeichen der bash.

18.1 Was ist eine Shell?

Bourne Again Shell ist ein englisches Wortspiel: Die bash ist ein Nachfolger der Bourne-Shell, die neben der Korn-Shell und der C-Shell zu den drei klassischen Unix-Shells zählt. Unter Linux sind alle drei Shells verfügbar, standardmäßig wird aber zumeist die bash eingerichtet.

Was ist nun eine Shell? Die Shell ist eine Art Benutzerschnittstelle zwischen dem Linux-System und dem Anwender. In erster Linie wird die Shell zum Aufruf von Linux-Kommandos und Programmen eingesetzt. Sie stellt damit eine Art Kommandointerpreter dar (vergleichbar in etwa mit `command.com` aus der MS-DOS-Welt). Eine Shell wird in jedem Konsolenfenster (z. B. `konsole`, `gnome-terminal`, `xterm`) und in jeder Textkonsole nach dem Login ausgeführt.

Gleichzeitig stellt die Shell eine leistungsfähige Programmiersprache zur Verfügung, mit der Arbeitsabläufe automatisiert werden können. Einige besondere Shell-Kommandos ermöglichen es, innerhalb dieser Programme Variablen zu verwenden, Abfragen und Schleifen zu bilden etc. Die resultierenden Programme werden je nach den Präferenzen des Autors als Stapeldateien, Batch-

Dateien, Scripts, Shell-Prozeduren oder Ähnliches bezeichnet. In jedem Fall handelt es sich dabei um einfache Textdateien, die von der Shell ausgeführt (interpretiert) werden. Details dazu finden Sie in Kapitel 18.8 ab Seite 413.

Version Dieses Kapitel beschreibt die bash-Version 4.*n* , wobei die meisten Informationen auch auf Version 3.*n* zutreffen. Viele Neuerungen von Version 4 sind standardmäßig nicht aktiv und müssen explizit aktiviert werden (z. B. durch `shopt -s name` in /etc/bashrc). Wenn Sie nicht wissen, mit welcher Shell-Version Sie arbeiten, führen Sie einfach das folgende Kommando aus:

```
user$ echo $BASH_VERSION
4.2.10(1)-release
```

Zur bash existieren ein umfangreicher man-Text und eine ebenso umfangreiche `info`-Datei, die mit dem Kommando `info bash` gelesen werden kann. Manche Distributionen liefern außerdem die HTML-Datei `bashref.html` mit, die denselben Inhalt lesefreundlicher präsentiert. Sie finden diese Datei natürlich auch im Internet:

http://www.gnu.org/software/bash/manual/bash.html

Andere Shells

Die bash gilt bei nahezu allen Linux-Distributionen als Standard-Shell für die Arbeit in Konsolen oder Terminal-Fenstern. Mit dem Paketverwaltungssystem Ihrer Distribution können Sie unzählige weitere Shells installieren. Bei Linux-Profis ist insbesondere die Z-Shell zsh beliebt. Andere Varianten sind die Korn-Shell (ksh oder pdksh) und die C-Chell (csh oder `tcsh`). Um eine dieser Shells nach der Installation auszuprobieren, starten Sie ein Konsolenfenster und führen darin den jeweiligen Shell-Namen aus. `exit` führt zurück in die zuletzt aktive Shell.

```
user$  zsh
hostname%  ls      (Kommandos in der zsh ausführen)
...
hostname%  exit    (zurück zur vorigen Shell)
user$
```

Falls Sie nicht wissen, in welcher Shell Sie sich gerade befinden, geben Sie einfach das Kommando `echo $0` ein, das in allen Shells zur Verfügung steht und dieselbe Bedeutung hat. Damit wird der Name der Shell ausgegeben.

```
user$  echo $0
-bash
```

Standard-Shell verändern Für jeden unter Linux angemeldeten Anwender ist eine eigene Standard-Shell vorgesehen. Diese Shell wird in der Textkonsole nach dem Anmelden (Login) automatisch gestartet. Unter X wird die Standard-Shell in jedem Konsolenfenster ausgeführt.

Die Standard-Shell ist in der Datei /etc/passwd gespeichert. Die Shell wird als letzter Eintrag in der Zeile jedes Anwenders genannt. Um eine andere Standard-Shell einzustellen, führen Sie das Kommando chsh (*change shell*) aus. Die Shell-Programme sind im Verzeichnis /bin gespeichert.

Sie müssen also beispielsweise /bin/csh angeben, wenn Sie in Zukunft mit der C-Shell arbeiten möchten. Eine Liste der verwendbaren Shells befindet sich in /etc/shells.

/bin/sh

Die meisten Scripts beginnen mit dem Code #!/bin/sh. Die Zeichenkette gibt an, dass das Script durch die Shell /bin/sh ausgeführt werden soll (siehe auch Seite 413). In der Vergangenheit war /bin/sh fast immer ein Link auf die bash. Da die bash – nicht zuletzt wegen ihrer vielen Funktionen – als relativ langsam gilt und viel Speicher beansprucht, verwenden einige Distributionen statt der bash eine effizientere Shell zur Ausführung von Scripts. Unter Ubuntu kommt beispielsweise die Debian-Almquist-Shell (dash) zum Einsatz. Sie ist fast, aber nicht ganz mit der bash kompatibel. Wenn Sie bei der Programmierung bash-spezifische Funktionen verwenden, müssen Sie in der ersten Zeile #!/bin/bash angeben.

```
user$  ls -l /bin/sh
... /bin/sh -> dash
```

18.2 Basiskonfiguration

Funktionstasten in der bash

Die Tastaturkonfiguration der bash wird global in der Datei /etc/inputrc bzw. individuell durch ~/.inputrc eingestellt. Falls Sie keine deutschen Sonderzeichen eingeben können oder die Tasten [Entf], [Pos1] und [Ende] nicht wie erwartet funktionieren, müssen Sie inputrc wie folgt einstellen. Alle gängigen Distributionen sind standardmäßig so konfiguriert, wobei es oft noch diverse weitere Einstellungen gibt.

```
# Datei /etc/inputrc bzw. ~/.inputrc
set meta-flag on
set convert-meta off
set output-meta on
"\e[1~": beginning-of-line
"\e[3~": delete-char
"\e[4~": end-of-line
```

Diese Datei steuert die Funktion readline, die bash-intern zur Verarbeitung von Tastatureingaben verwendet wird. Durch die drei ersten Anweisungen wird erreicht, dass erstens 8-Bit-Zeichen bei der Eingabe erkannt werden, dass sie zweitens nicht in andere Zeichen konvertiert werden und dass sie drittens auch tatsächlich ausgegeben werden. Die nächsten drei Zeilen steuern die Reaktion auf das Drücken der Tasten [Pos1], [Entf] und [Ende].

Die Veränderungen werden erst nach einem Neustart der Shell wirksam. In einer Textkonsole loggen Sie sich aus und dann wieder ein. Unter X starten Sie ein neues Konsolenfenster.

Eingabe-Prompt

In der Shell wird am Beginn jeder Eingabezeile je nach Distribution der Name des Rechners, des Benutzers und/oder des aktuellen Verzeichnisses angezeigt. Die Zeichenkette endet üblicherweise mit $, ~ oder > (bei gewöhnlichen Benutzern) bzw. mit # (für root).

Die Grundkonfiguration der Umgebungsvariablen PS1, die das Aussehen des Prompts steuert, erfolgt zumeist in /etc/bash.bashrc, bei Red Hat/Fedora in /etc/bashrc. Ohne Konfiguration gilt PS1="\s-\v\$". In diesem Fall zeigt die bash den Namen der Shell und die Versionsnummer an. Um die

Variable PS1 individuell einzustellen, ändern Sie die Datei ~/.profile. (Hintergründe zur Einstellung von Umgebungsvariablen werden ab Seite 411 behandelt.) Die folgende Zeile bewirkt, dass als Prompt einfach das aktuelle Verzeichnis angezeigt wird:

```
# Veränderung in ~/.profile
PS1="\w \$ "
```

Dabei ist \u ein Platzhalter für den Benutzernamen, \h für den Hostnamen, \w für das gesamte aktuelle Verzeichnis, \W für den letzten Teil des aktuellen Verzeichnisses und \$ für den Promptabschluss ($ oder #). Außerdem können Sie mit \[\e[0;nnm\] die Farbe einstellen. Eine umfassende Anleitung zur Prompt-Konfiguration inklusive einer Auflistung aller ANSI-Farbcodes finden Sie im folgenden HOWTO-Dokument:

http://tldp.org/HOWTO/Bash-Prompt-HOWTO/

Auf meinen Rechnern verwende ich in die folgende Einstellung:

```
PS1='\[\e[0;34m\]\u@\h:\W\$\[\e[0;39m\] '
```

Damit wird ein blauer Prompt in der Form benutzername@rechnername:verzeichnis angezeigt. Außerdem enthält der Prompt nicht den gesamten Pfad, sondern nur den letzten Teil (also z. B. nautilus, wenn das aktuelle Verzeichnis /usr/lib/nautilus lautet). Das spart Platz, wenn Sie sich in einem mehrteiligen Verzeichnis befinden.

In Ergänzung oder als Alternative zu PS1 kann auch die Variable PROMPT_COMMAND eingestellt werden. Diese Variable enthält ein Kommando, das jedes Mal ausgeführt wird, bevor PS1 angezeigt wird.

18.3 Kommandoeingabe

Normalerweise nutzen Sie die bash einfach durch die Eingabe ganz gewöhnlicher Kommandos. Die bash unterstützt Sie dabei durch eine Menge praktischer Tastenkürzel und Sondertasten. Insbesondere können Sie mit den Cursortasten [↑] und [↓] die zuletzt eingegebenen Kommandos wieder bearbeiten, was eine Menge Tipparbeit spart. Beim Ausloggen aus einer Shell werden die zuletzt eingegebenen Kommandos in einer Datei ~/.bash_history gespeichert und stehen so auch nach dem nächsten Einloggen wieder zur Verfügung.

Kommandozeilen können wie in einem Texteditor verändert werden, das heißt, Sie können an beliebigen Stellen Zeichen einfügen und löschen. Die Tastaturbelegung der bash ist praktisch vollständig konfigurierbar. Insbesondere können Sie Sonderzeichen (Funktions- und Cursortasten) mit den von Ihnen gewünschten Kommandos belegen. Außerdem können Sie zwischen dem emacs- und dem vi-Modus umschalten. Damit gelten für alle grundlegenden Edit-Kommandos dieselben Tastenkürzel wie im jeweils ausgewählten Editor. Die Standardeinstellung ist in der Regel der emacs-Modus. In diesem Kapitel werden alle Tastenkürzel ebenfalls für diesen Modus angegeben.

Expansion von Kommando- und Dateinamen

Mit der automatischen Expansion von Kommando- und Dateinamen hilft die bash Ihnen, den Tippaufwand zu minimieren. Dazu geben Sie zuerst die Anfangsbuchstaben des Kommandos oder des Dateinamens ein und drücken dann [Tab]. Wenn der Name bereits eindeutig identifizierbar ist, wird er vollständig ergänzt. Wenn es mehrere Namen gibt, die mit den gleichen Buchstaben beginnen, wird der Name nur so weit erweitert, wie die Namen übereinstimmen. Außerdem erklingt in diesem Fall ein Signalton, der darauf hinweist, dass der Dateiname möglicherweise noch nicht vollständig ist.

Am leichtesten ist die Expansion von Dateinamen anhand eines Beispiels zu verstehen. Die Eingabe

user$ **em** [Tab] **com** [Tab]

wird auf meinem Rechner automatisch zu

user$ **emacs command.tex**

erweitert. Dabei ist emacs der Name meines Lieblingseditors und command.tex der Dateiname der LaTeX-Datei eines Kapitels aus diesem Buch. Zur Vervollständigung von em durchsucht bash alle in der PATH-Variablen angegebenen Verzeichnisse nach ausführbaren Programmen. Zur Vervollständigung des Dateinamens wird dagegen nur das aktuelle Verzeichnis berücksichtigt.

Die Expansion funktioniert auch bei Dateinamen, denen mehrere Verzeichnisse vorangestellt sind. Wenn Sie

user$ **ls /usr/sh** [Tab]

eingeben, erweitert bash diese Eingabe zu:

user$ **ls /usr/share/**

Wenn eine eindeutige Erweiterung nicht möglich ist (Signalton), können Sie einfach nochmals [Tab] drücken. bash zeigt dann in den Zeilen unterhalb der aktuellen Eingabezeile alle möglichen Ergänzungen an. Die Eingabe

user$ **e** [Tab] [Tab]

führt zur Ausgabe einer fast endlosen Liste aller Kommandos und Programme, die mit dem Buchstaben e beginnen. Anschließend kann die Eingabe fortgesetzt werden.

Tipp

Programme und Kommandos im gerade aktuellen Verzeichnis werden bei der Kommandoexpansion nur dann berücksichtigt, wenn das aktuelle Verzeichnis in der PATH**-Variablen enthalten ist. (**echo $PATH **zeigt** PATH **an. Das aktuelle Verzeichnis wird durch ».« abgekürzt.)**

Bei den meisten Linux-Distributionen fehlt aus Sicherheitsgründen das aktuelle Verzeichnis in PATH**. Damit Programme aus dem aktuellen Verzeichnis ausgeführt werden können, muss** ./name **eingegeben werden.**

Pfad zum Programm ermitteln

Die automatische Kommandoexpansion verschleiert, wo sich ein Programm nun wirklich befindet. Um das herauszufinden, gibt es mehrere Möglichkeiten:

» `whereis name` durchsucht alle Standardverzeichnisse.

» `which name` durchsucht alle in `PATH` enthaltenen Verzeichnisse und ermittelt das Programm, das bei der Eingabe des Kommandos ohne Pfad ausgeführt würde. `which` ist dann interessant, wenn es mehrere Versionen eines Programms gibt, die sich in unterschiedlichen Verzeichnissen befinden.

» `type name` funktioniert ähnlich wie `which`, berücksichtigt aber auch Kommandos, die in der `bash` integriert sind oder als Alias definiert sind (siehe Seite 400).

Die `bash` bietet analoge Expansionsmechanismen auch für die Namen von Heimatverzeichnissen (`~ko` [Tab] liefert auf meinem Rechner `~kofler/`) und für Variablennamen an (`$PAT` [Tab] liefert `$PATH`).

Programmspezifische Expansion

Bei der Ausführung des Kommandos `latex name.tex` kommen als mögliche Dateien nur solche in Frage, die mit `*.tex` enden. Wenn Sie `man name` ausführen, kommen nur Einträge in Frage, zu denen `man`-Texte existieren. Analog gibt es zahlreiche weitere Kommandos und Programme, bei denen die Auswahl der möglichen Dateien oder Parameter von vornherein eingeschränkt ist. Da ist es natürlich praktisch, wenn bei der Expansion nur solche Dateien bzw. Parameter berücksichtigt werden, die zum Kommando passen.

Genau darum kümmert sich das `bash`-Kommando `complete`. Viele Distributionen sind mit einer umfangreichen `complete`-Konfiguration ausgestattet, die aber teilweise extra installiert werden muss (beispielsweise unter Fedora mit dem Paket `bash-completion`). Die Konfiguration erfolgt in der Regel durch eine der folgenden Dateien:

```
/etc/bash_completion
/etc/bash_completion.d/*
/etc/profile.d/complete.bash
/etc/profile.d/bash_completion.sh
```

Hinweis

Zur Definition eigener Expansionsregeln müssen Sie sich in die recht unübersichtliche Syntax von `complete` **einarbeiten. Eine knappe Beschreibung geben** `help complete` **und** `man bash` **(suchen Sie nach *Programmable Completion*). Weitere Tipps zur Konfiguration des Expansionsmechanismus finden Sie unter:**

http://www.caliban.org/bash/index.shtml
http://www.pl-berichte.de/t_system/bash-completion.html

Wichtige Tastenkürzel

Tabelle 18.1 geht davon aus, dass `bash` für den `emacs`-Modus konfiguriert ist. Das ist bei nahezu allen Distributionen der Fall. Wenn manche Tasten auf Ihrem Rechner eine andere Reaktion hervorrufen, lesen Sie bitte die Konfigurationshinweise auf Seite 395. Falls Sie unter X arbeiten, kann es sein, dass Ihnen auch bei einer korrekten Konfiguration von `bash` die Tastaturverwaltung von X in die Quere kommt (siehe ab Seite 542). Wenn Sie unter Gnome arbeiten, sollten Sie im Terminalfenster

BEARBEITEN|TASTENKOMBINATIONEN ausführen und die Option ALLE MENÜKÜRZELBUCHSTABEN AKTIVIEREN deaktivieren.

KÜRZEL	BEDEUTUNG
↑, ↓	durch die zuletzt eingegebenen Kommandos scrollen
←, →	Cursor zurück- bzw. vorbewegen
Pos1, Ende	Cursor an den Beginn bzw. an das Ende der Zeile bewegen
Strg+A, Strg+E	wie oben, falls Pos1 oder Ende nicht funktioniert
Alt+B, Alt+F	Cursor um ein Wort rückwärts bzw. vorwärts bewegen
Backspace, Entf	Zeichen rückwärts bzw. vorwärts löschen
Alt+D	Wort löschen
Strg+K	bis zum Ende der Zeile löschen
Strg+Y	zuletzt gelöschten Text wieder einfügen
Strg+T	die beiden vorangehenden Zeichen vertauschen
Alt+T	die beiden vorangehenden Wörter vertauschen
⇆	Expansion des Kommando- oder Dateinamens
Strg+L	den Bildschirm löschen
Strg+R	Suche nach früher eingegebenen Kommandos
Alt+.	den zuletzt verwendeten Parameter einfügen
Strg+_	letzte Änderung rückgängig machen (Undo)

Tabelle 18.1: bash-Tastenkürzel

Letzten Parameter einfügen

Die Funktion des Tastenkürzels Alt+. ist nur anhand eines Beispiels zu verstehen. Nehmen wir an, Sie haben gerade eine Datei kopiert (cp name1 name2). Nun wollen Sie im nächsten Kommando die Kopie wieder löschen. Statt rm name2 geben Sie rm und dann Alt+. ein. bash fügt automatisch den zuletzt verwendeten Befehlsparameter ein. Durch das mehrfache Drücken von Alt+. können Sie auch auf alle weiteren Parameter zurückgreifen (also auf name1 durch zweimaliges Drücken).

Kommandosuche

Auch das Tastenkürzel Strg+R bedarf einer ausführlicheren Erklärung: Damit ist es möglich, bereits eingegebene Kommandos zu suchen: Drücken Sie am Beginn der Zeile Strg+R, und geben Sie dann die ersten Zeichen der gesuchten Kommandozeile ein. bash zeigt daraufhin automatisch das zuletzt verwendete Kommando mit diesen Anfangsbuchstaben an. Mehrmaliges Drücken von Strg+R wechselt zwischen verschiedenen passenden Möglichkeiten. Strg+S funktioniert wie Strg+R, durchläuft die Liste passender Kommandos aber in umgekehrter Richtung. ↵, ⇆ und die Cursortasten brechen die Suche ab und führen das gefundene Kommando aus bzw. ermöglichen das Editieren der gefundenen Zeile.

Manche Konsolen betrachten Strg+S als Anweisung, die Ausgabe vorübergehend zu stoppen. Erst Strg+Q setzt die Ausgabe wieder fort. Wenn Ihre Konsole so auf Strg+S reagiert, können Sie die Kommandosuche nur mit Strg+R durchführen.

Die bash-Tastenkürzel stammen eigentlich von der readline-Bibliothek, die von bash zur Verarbeitung von Eingaben genutzt wird. Noch mehr Kürzel finden Sie mit man readline.

Alias-Abkürzungen

Mit dem Kommando alias können Sie sich bei der Eingabe von Kommandos in der Shell einige Tipparbeit ersparen. Mit diesem Kommando werden Abkürzungen definiert. Bei der Verarbeitung der Kommandozeile wird überprüft, ob das erste Wort eine Abkürzung enthält. Wenn das der Fall ist, wird die Abkürzung durch den vollständigen Text ersetzt.

Abkürzungen für eine bestimmte Kombination von Optionen oder für Dateinamen sind nicht möglich, weil die bash die weiteren Parameter eines Kommandos nicht nach Abkürzungen durchsucht. Die bash erkennt aber Sonderfälle, bei denen in einer Kommandozeile mehrere Programme genannt werden (Pipes, Kommandosubstitution, sequenzielle Ausführung von Kommandos mit »;«), und durchsucht alle vorkommenden Kommandonamen auf Abkürzungen.

```
user$  alias cdb='cd ~kofler/linuxbuch'
```

Durch das obige Kommando wird die Abkürzung cdb definiert, mit der ich rasch in das von mir oft benötigte Verzeichnis ~kofler/linuxbuch wechseln kann.

alias-Aufrufe können auch verschachtelt eingesetzt werden. Beachten Sie, dass alias-Abkürzungen Vorrang gegenüber gleichnamigen Kommandos haben. Das kann dazu genutzt werden, um den unerwünschten Aufruf eines Kommandos zu vermeiden:

```
user$  alias more=less
```

Von nun an führt jeder Versuch, das Kommando more aufzurufen, zum Start des leistungsfähigeren Programms less. Sollten Sie aus irgendeinem Grund dennoch more benötigen, müssen Sie den gesamten Pfadnamen angeben (/bin/more) oder einen Backslash voranstellen (\more). Der Backslash verhindert in diesem Fall die Alias-Auswertung.

alias-Abkürzungen können mit unalias wieder gelöscht werden. Ansonsten gelten sie bis zum Verlassen der Shell (also spätestens bis zum Logout). Wenn Sie bestimmte Abkürzungen immer wieder benötigen, sollten Sie die alias-Anweisungen in die Dateien /etc/bashrc oder ~/.bashrc in Ihrem Heimatverzeichnis aufnehmen.

Bei vielen Distributionen sind diverse alias-Abkürzungen vordefiniert. Wenn also beispielsweise rm ständig fragt, ob die Datei wirklich gelöscht werden soll, ist meist der vordefinierte Alias rm=rm -i schuld. Eine Liste mit allen gerade gültigen Abkürzungen liefert das Kommando alias. Die folgenden Zeilen geben an, an welchen Orten Debian, Fedora, SUSE und Ubuntu alias-Definitionen berücksichtigen.

Debian Fedora, Ubuntu:	/etc/bashrc	/etc/profile.d/*.sh	~/.bashrc	
SUSE:	/etc/bash.bashrc	/etc/profile.d/*.sh	~/.bashrc	~/.alias

Eine ähnliche Wirkung wie Abkürzungen können auch Shell-Programme haben. Shell-Scripts haben zudem den Vorteil, dass sie mit Parametern ($1, $2 etc.) zurechtkommen und flexibler eingesetzt werden können (siehe ab Seite 413).

18.4 Ein- und Ausgabeumleitung

Bei der Ausführung von Kommandos in der bash existieren drei sogenannte Standarddateien. Der Begriff »Datei« stiftet dabei ein wenig Verwirrung: Es handelt sich eigentlich nicht um richtige Dateien, sondern um Dateideskriptoren, die auf Betriebssystemebene wie Dateien behandelt werden.

» **Standardeingabe:** Das gerade ausgeführte Programm (z. B. die bash oder ein beliebiges von dort gestartetes Kommando) liest alle Eingaben von der Standardeingabe. Als Standardeingabequelle gilt normalerweise die Tastatur.

» **Standardausgabe:** Dorthin werden alle Ausgaben des Programms geleitet (etwa die Auflistung aller Dateien durch `ls`). Als Standardausgabe gilt normalerweise das Terminalfenster.

» **Standardfehler:** Auch Fehlermeldungen werden üblicherweise im aktuellen Terminal angezeigt.

An sich ist das alles selbstverständlich – woher sonst als von der Tastatur sollten die Eingaben kommen, wo sonst als auf dem Bildschirm sollten Ergebnisse oder Fehler angezeigt werden? Bemerkenswert ist aber die Möglichkeit, die Standardeingabe oder -ausgabe umzuleiten.

Beispielsweise kann der Fall auftreten, dass das Inhaltsverzeichnis des aktuellen Verzeichnisses nicht auf dem Bildschirm angezeigt, sondern in einer Datei gespeichert werden soll. Die Standardausgabe soll also in eine echte Datei umgeleitet werden. Das erfolgt in der bash durch das Zeichen >:

```
user$  ls *.tex > inhalt
```

In der Textdatei `inhalt` befindet sich jetzt eine Liste aller `*.tex`-Dateien im aktuellen Verzeichnis. Diese Form der Ausgabeumleitung ist sicherlich die häufigste Anwendung. Daneben existieren aber viele weitere Varianten: `2> datei` leitet alle Fehlermeldungen in die angegebene Datei. `>& datei` bzw. `&> datei` leiten sowohl die Standardausgabe als auch alle Fehlermeldungen in die angegebene Datei. Wenn statt > die Verdoppelung >> verwendet wird, dann werden die jeweiligen Ausgaben an das Ende einer bereits bestehenden Datei angehängt (siehe auch die Syntaxübersicht in Tabelle 18.2).

Eine Eingabeumleitung erfolgt mit `< datei`: Kommandos, die Eingaben von der Tastatur erwarten, lesen diese damit aus der angegebenen Datei.

Achtung

Es ist nicht möglich, eine Datei zu bearbeiten und gleichzeitig das Ergebnis wieder in diese Datei zu schreiben!

`sort dat > dat` **oder auch** `sort < dat > dat` **führt dazu, dass** `dat` **gelöscht wird!**

Pipes

Pipes werden mit dem Zeichen | gebildet. Dabei wird die Ausgabe des ersten Kommandos als Eingabe für das zweite Kommando verwendet. In der Praxis werden Sie Pipes oft zusammen mit dem Kommando `less` bilden, wenn Sie längere Ausgaben seitenweise betrachten möchten.

```
user$  ls -l | less
```

Durch das obige Kommando wird das Inhaltsverzeichnis des aktuellen Verzeichnisses ermittelt und in eine Pipe geschrieben. Von dort liest das parallel ausgeführte Kommando `less` seine Eingaben und zeigt sie auf dem Bildschirm an.

Tabelle 18.2: **Ein- und Ausgabeumleitung**

KOMMANDO	FUNKTION
`kommando > datei`	leitet Standardausgaben zur angegebenen Datei.
`kommando < datei`	liest Eingaben aus der angegebenen Datei.
`kommando 2> datei`	leitet Fehlermeldungen zur angegebenen Datei.
`kommando >& datei`	leitet Ausgaben *und* Fehler um.
`kommando &> datei`	leitet ebenfalls Ausgaben *und* Fehler um.
`kommando >> datei`	hängt Standardausgaben an die vorhandene Datei an.
`kommando &>> datei`	hängt Ausgaben und Fehler an die Datei an (ab bash 4.0).
`kommando1 | kommando2`	leitet Ausgaben von Kommando 1 an Kommando 2 weiter.
`komm | tee datei`	zeigt die Ausgaben an und speichert zugleich eine Kopie.

Pipes eignen sich auch hervorragend dazu, unterschiedliche Kommandos zu kombinieren. So liefert das folgende Kommando eine sortierte Liste aller installierten RPM-Pakete:

```
user$  rpm -qa | sort
```

Statt Pipes können zur Ein- und Ausgabeumleitung auch sogenannte FIFO-Dateien verwendet werden. FIFO steht für *First In First Out* und realisiert die Idee einer Pipe in Form einer Datei. FIFOs sind bei der Eingabe viel umständlicher als Pipes, sie machen aber deutlich, was das Zeichen | eigentlich bewirkt. In der Praxis werden sie verwendet, damit zwei voneinander unabhängige Programme miteinander kommunizieren können.

```
user$  mkfifo fifo
user$  ls -l > fifo &
user$  less < fifo
```

Durch die drei obigen Kommandos wird zuerst eine FIFO-Datei eingerichtet. Anschließend wird ls als Hintergrundprozess gestartet. Er schreibt seine Ausgaben in die Datei. Von dort liest less die Daten wieder aus und zeigt sie auf dem Bildschirm an.

Es eignen sich nur solche Kommandos zur Formulierung einer Pipe, die die zu verarbeitenden Kommandos aus dem Standardeingabekanal lesen. Wenn das nicht der Fall ist, können Sie ähnliche Effekte durch eine Kommandosubstitution oder durch das Kommando xargs erzielen (siehe Seite 407).

Ausgabevervielfachung mit tee

Gelegentlich kommt es vor, dass die Ausgaben eines Programms zwar in einer Datei gespeichert werden sollen, dass Sie aber dennoch (parallel) am Bildschirm den Programmverlauf verfolgen wollen. In diesem Fall ist eine Verdoppelung der Ausgabe erforderlich, wobei eine Kopie auf dem Bildschirm angezeigt und die zweite Kopie in einer Datei gespeichert wird. Diese Aufgabe übernimmt das Kommando tee:

```
user$  ls | tee inhalt
```

Das Inhaltsverzeichnis des aktuellen Verzeichnisses wird auf dem Bildschirm angezeigt und gleichzeitig in der Datei `inhalt` gespeichert. Dabei erfolgt zuerst eine Weiterleitung der Standardausgabe an das Kommando tee. Dieses Kommando zeigt standardmäßig die Standardausgabe auf dem Terminal an und speichert die Kopie davon in der angegebenen Datei. Dass es sich wirklich um eine Vervielfachung der Ausgabe handelt, bemerken Sie, wenn Sie auch die Standardausgabe von tee in eine Datei weiterleiten:

```
user$  ls | tee inhalt1 > inhalt2
```

Das Ergebnis sind zwei identische Dateien `inhalt1` und `inhalt2`. Das obige Kommando hat reinen Beispielcharakter. Etwas schwieriger zu verstehen, dafür aber sinnvoller, ist das folgende Beispiel:

```
user$  ls -l | tee inhalt1 | sort +4 > inhalt2
```

In `inhalt1` befindet sich wiederum das »normale« Inhaltsverzeichnis, das von `ls` automatisch nach Dateinamen sortiert wurde. Die Kopie dieser Ausgabe wurde an sort weitergegeben, dort nach der Dateigröße (fünfte Spalte, also Option +4) sortiert und in `inhalt2` gespeichert.

18.5 Kommandos ausführen

Üblicherweise starten Sie Kommandos einfach durch die Eingabe des Kommandonamens. Innerhalb der Kommandozeile können Sie zahllose Sonderzeichen angeben, die von der bash vor dem eigentlichen Start des Kommandos ausgewertet werden. Auf diese Weise können Sie Kommandos im Hintergrund starten, durch Jokerzeichen mehrere ähnliche Dateinamen erfassen (z. B. `*.tex`), die Ergebnisse des einen Kommandos in die Parameterliste eines anderen Kommandos substituieren etc.

Hintergrundprozesse

Das wichtigste und am häufigsten benötigte Sonderzeichen ist &. Wenn es am Ende der Kommandozeile eingegeben wird, startet bash dieses Programm im Hintergrund. Das ist vor allem bei zeitaufwendigen Programmen sinnvoll, weil sofort weitergearbeitet werden kann.

```
user$  find / -name '*sh' > ergebnis &
[1] 3345
```

Das obige Kommando durchsucht das gesamte Dateisystem nach Dateien, die mit den Buchstaben »sh« enden. Die Liste der Dateien wird in die Datei `ergebnis` geschrieben. Da das Kommando im Hintergrund ausgeführt wird, kann sofort weitergearbeitet werden. Die Ausgabe `[1] 3345` bedeutet, dass der Hintergrundprozess die PID-Nummer 3345 hat. PID steht dabei für Prozessidentifikation. Die PID-Nummer ist dann von Interesse, wenn der Prozess vorzeitig durch `kill` beendet werden soll. Die Nummer in eckigen Klammern gibt die Nummer des Hintergrundprozesses an, der in bash gestartet wurde, und ist im Regelfall nicht von Interesse.

Wenn Sie beim Start eines Kommandos das &-Zeichen vergessen, brauchen Sie weder zu warten noch müssen Sie das Programm mit Strg+C gewaltsam stoppen. Vielmehr sollten Sie das Programm mit Strg+Z unterbrechen und mit bg als Hintergrundprozess fortsetzen.

Ausführung mehrerer Kommandos

Nach dem &-Zeichen kann auch ein weiteres Kommando angegeben werden. In diesem Fall wird das erste Kommando im Hintergrund, das zweite dagegen im Vordergrund ausgeführt. Im folgenden Beispiel wird nochmals das obige `find`-Kommando im Hintergrund gestartet. Gleichzeitig wird aber mit `ls` das aktuelle Inhaltsverzeichnis ausgegeben:

```
user$  find / -name '*sh' > ergebnis & ls
```

Wenn statt des &-Zeichens ein Semikolon angegeben wird, führt bash die Kommandos nacheinander und im Vordergrund aus:

```
user$  ls; date
```

Das obige Kommando zeigt zuerst das aktuelle Inhaltsverzeichnis an und gibt anschließend das aktuelle Datum aus. Wenn die Gesamtheit dieser Informationen mit > in eine Datei umgeleitet werden soll, müssen beide Kommandos in runde Klammern gestellt werden. Dadurch werden beide Kommandos von ein und derselben Shell ausgeführt.

```
user$  (ls; date) > inhalt
```

In der Datei `inhalt` befinden sich nun die von `ls` erstellte Dateiliste sowie das mit `date` ermittelte aktuelle Datum. Die runden Klammern bewirken, dass die beiden Kommandos innerhalb derselben Shell ausgeführt werden und daher auch ein gemeinsames Ergebnis liefern. (Normalerweise wird bei der Ausführung jedes Kommandos eine neue Shell gestartet.)

Mit den Zeichenkombinationen && und || können Sie Kommandos bedingt ausführen, d. h. in Abhängigkeit vom Ergebnis eines anderen Kommandos:

```
user$  kommando1 && kommando2
```

führt Kommando 1 aus. Nur wenn dieses Kommando erfolgreich war (kein Fehler, Rückgabewert 0), wird anschließend auch Kommando 2 ausgeführt.

```
user$  kommando1 || kommando2
```

führt Kommando 1 aus. Nur wenn bei der Ausführung dieses Kommandos ein Fehler auftritt (Rückgabewert ungleich 0), wird anschließend auch Kommando 2 ausgeführt.

Weitere Möglichkeiten zur Bildung von Bedingungen und Verzweigungen bietet das Shell-Kommando `if`, das allerdings nur für die Shell-Programmierung von Interesse ist (siehe Seite 424).

18.6 Substitutionsmechanismen

Der Begriff *Substitutionsmechanismus* klingt sehr abstrakt und kompliziert. Die Grundidee besteht darin, dass mit Sonderzeichen gebildete Kommandos durch ihre Ergebnisse ersetzt werden. Im einfachsten Fall bedeutet das, dass bei der Auswertung des Kommandos `ls *.tex` die Zeichenkombination `*.tex` durch die Liste der passenden Dateien – etwa `buch.tex command.tex` – ersetzt wird. Das Kommando `ls` bekommt also nicht `*.tex` zu sehen, sondern eine Liste mit realen Dateinamen.

KOMMANDO	FUNKTION
`kommando1; kommando2`	führt die Kommandos nacheinander aus.
`kommando1 && kommando2`	führt Kommando 2 aus, wenn Kommando 1 erfolgreich war.
`kommando1 || kommando2`	führt Kommando 2 aus, wenn Kommando 1 einen Fehler liefert.
`kommando &`	startet das Kommando im Hintergrund.
`kommando1 & kommando2`	startet Kommando 1 im Hinter-, Kommando 2 im Vordergrund.
`(kommando1 ; kommando2)`	führt beide Kommandos in der gleichen Shell aus.

Tabelle 18.3: **Kommandoausführung**

Das Ziel dieses Abschnitts ist es, die wichtigsten Mechanismen bei der Interpretation der Kommandozeile kurz zusammenzufassen: Jokerzeichen zur Bildung von Dateinamen, geschweifte Klammern zum Zusammensetzen von Zeichenketten, eckige Klammern zur Berechnung arithmetischer Klammern, umgekehrte Apostrophe zur Kommandosubstitution etc.

Ein Substitutionsmechanismus wird an dieser Stelle unterschlagen, nämlich die sogenannte Parametersubstitution. Damit können Sie in Variablen gespeicherte Zeichenketten analysieren und verändern. Die generelle Syntax lautet `${var__text}`, wobei var der Name einer Variablen ist, __ für ein oder zwei Sonderzeichen steht und text das Suchmuster oder eine Defaulteinstellung enthält. Details zu diesem Substitutionsmechanismus finden Sie ab Seite 421.

Dateinamenbildung mit * und ?

Wenn Sie `rm *.bak` eingeben und das Kommando `rm` tatsächlich alle Dateien löscht, die mit `.bak` enden, dann ist dafür die bash verantwortlich. Die Shell durchsucht das aktuelle Verzeichnis nach passenden Dateien und ersetzt `*.bak` durch die entsprechenden Dateinamen.

Als Jokerzeichen sind ? (genau ein beliebiges Zeichen) und * (beliebig viele (auch null) beliebige Zeichen) erlaubt. Die Zeichenkette `[a,b,e-h]*` steht für Dateinamen, die mit einem der Zeichen a, b, e, f, g oder h beginnen. Wenn als erstes Zeichen innerhalb der eckigen Klammern ^ oder ! angegeben wird, dann sind alle Zeichen außer den angegebenen Zeichen zulässig. ~ kann als Abkürzung für das Heimatverzeichnis verwendet werden (siehe auch Seite 261).

Die Funktion von Sonderzeichen können Sie einfach mit dem folgenden echo-Kommando testen. Das erste Kommando liefert alle Dateien und Verzeichnisse im Wurzelverzeichnis. Das zweite Kommando schränkt die Ausgabe auf Dateien und Verzeichnisse ein, die mit den Buchstaben a-f beginnen:

```
user$  echo /*
/bin /boot /dev /etc /home /lib /lost+found /media /misc /mnt /net /opt
/proc /root /sbin /selinux /srv /sys /tmp  /usr /var

user$  echo /[a-f]*
/bin /boot /dev /etc
```

Da die Bildung der Dateinamen nicht durch das jeweilige Programm, sondern durch die bash erfolgt, sehen die Resultate manchmal anders aus, als Sie es wahrscheinlich erwarten würden. So kann `ls *` zu einer schier endlosen Liste von Dateien führen, auch wenn sich im aktuellen Verzeichnis nur wenige Dateien befinden. Dem Kommando `ls` wird nach der Expansion von * eine Liste aller Dateien und Verzeichnisse übergeben. `ls` wiederum zeigt bei Verzeichnissen nicht einfach deren Namen, sondern den ganzen Inhalt dieser Verzeichnisse an! Wenn Sie nur eine einfache Liste aller Dateien und Verzeichnisse haben möchten, müssen Sie die Option -d verwenden. Sie verhindert, dass der Inhalt der in der Parameterzeile angegebenen Verzeichnisse angezeigt wird.

Wenn Sie ein Feedback haben möchten, wie die bash intern funktioniert, können Sie set -x ausführen. Die bash zeigt dann vor der Ausführung jedes weiteren Kommandos an, wie die Kommandozeile ausgewertet wird (mit allen eventuell voreingestellten Optionen und mit den expandierten Dateinamen).

Standardmäßig berücksichtigt * keine Dateien oder Verzeichnisse, die mit einem Punkt beginnen (also »verborgen« sind). Wenn Sie das möchten, müssen Sie mit shopt die bash-Option dotglob setzen:

```
user$  shopt -s dotglob
user$  echo *
...
user$  shopt -u dotglob     (dotglob wieder deaktivieren)
```

Dateinamenbildung mit **

Ab Version 4.0 erfasst die Zeichenkombination ** rekursiv alle Dateien und Verzeichnisse. Aus Kompatibilitätsgründen ist diese neue Funktion standardmäßig nicht aktiv. Wenn Sie sie nutzen möchten (z. B. in einem Script), müssen Sie mit shopt -s die bash-Option globstar setzen.

```
user$  shopt -s globstar
user$  echo **
...
```

Zeichenkettenbildung mit {}

bash setzt aus Zeichenketten, die in geschweiften Klammern angegeben werden, alle denkbaren Zeichenkettenkombinationen zusammen. Die offizielle Bezeichnung für diesen Substitutionsmechanismus lautet Klammererweiterung (Brace Expansion). Aus teil{1,2a,2b} wird teil1 teil2a teil2b. Klammererweiterungen können den Tippaufwand beim Zugriff auf mehrere ähnliche Dateinamen oder Verzeichnisse reduzieren. Gegenüber Jokerzeichen wie * und ? haben sie den Vorteil, dass auch noch nicht existierende Dateinamen gebildet werden können (etwa für mkdir).

```
user$  echo {a,b}{1,2,3}
a1 a2 a3 b1 b2 b3

user$  echo {ab,cd}{123,456,789}-{I,II}
ab123-I ab123-II ab456-I ab456-II ab789-I ab789-II
cd123-I cd123-II cd456-I cd456-II cd789-I cd789-II
```

Aufzählungen können Sie elegant in der Schreibweise {a..b} formulieren, wobei *a* und *b* wahlweise Zahlen oder Buchstaben sein dürfen. Die folgenden Beispiele erklären die Funktionsweise besser als jede Beschreibung:

```
user$  echo {1..5}
1 2 3 4 5

user$  echo {z..t}
z y x w v u t
```

Berechnung arithmetischer Ausdrücke mit []

bash ist normalerweise nicht in der Lage, Berechnungen auszuführen. Wenn Sie 2+3 eingeben, weiß die Shell nicht, was sie mit diesem Ausdruck anfangen soll. Wenn Sie innerhalb der Shell eine Berechnung ausführen möchten, müssen Sie den Ausdruck in eckige Klammern setzen und ein $-Zeichen voranstellen:

```
user$  echo $[2+3]
5
```

Innerhalb der eckigen Klammern sind die meisten aus der Programmiersprache C bekannten Operatoren erlaubt: + - * / für die vier Grundrechenarten, % für Modulo-Berechnungen, == != < <= > und >= für Vergleiche, << und >> für Bitverschiebungen, ! && und || für logisches NICHT, UND und ODER etc. Alle Berechnungen werden für 32-Bit-Integerzahlen ausgeführt (Zahlenbereich zwischen +/-2147483648). Wenn einzelne Werte aus Variablen entnommen werden sollen, muss ein $-Zeichen vorangestellt werden (siehe Seite 409 zur Variablenverwaltung).

Eine alternative Möglichkeit, Berechnungen durchzuführen, bietet das Kommando expr. Dabei handelt es sich um ein eigenständiges Linux-Kommando, das unabhängig von bash funktioniert.

Kommando-substitution

Die Kommandosubstitution ermöglicht es, ein Kommando innerhalb der Kommandozeile durch dessen Ergebnis zu ersetzen. Dazu muss dieses Kommando zwischen zwei `-Zeichen eingeschlossen werden. Eine alternative Schreibweise lautet `$(kommando)`. Diese Schreibweise ist vorzuziehen, weil sie erstens die Verwirrung durch die Verwendung von drei verschiedenen Anführungszeichen mindert (" ' und `) und zweitens verschachtelt werden kann.

Das so gekennzeichnete Kommando wird also durch sein Ergebnis ersetzt. Diese Substitution ermöglicht den verschachtelten Aufruf mehrerer Kommandos, wobei ein Kommando sein Ergebnis an das andere Kommando übergibt. Die beiden folgenden, gleichwertigen Kommandos verdeutlichen diesen sehr leistungsfähigen Mechanismus:

```
user$  ls -lgo `find /usr/share -name '*README*'`
user$  ls -lgo $(find /usr/share -name '*README*')
```

Durch das obige Kommando wird zuerst `find /usr/share -name '*README*'` ausgeführt. Das Ergebnis dieses Kommandos ist eine Liste aller Dateien im Verzeichnis /usr/share, in denen die Zeichenkette README vorkommt. Diese Liste wird nun anstelle des `find`-Kommandos in die Kommandozeile eingesetzt. Die Kommandozeile lautet dann beispielsweise:

```
user$  ls -lgo /usr/share/a2ps/ppd/README \
    >  /usr/share/a2ps/README ...
```

Dieses Kommando führt zum folgenden Ergebnis:

```
-rw-r--r-- 1    301 15. Feb 12:30 /usr/share/a2ps/ppd/README
-rw-r--r-- 1   1029 15. Feb 12:30 /usr/share/a2ps/README
...
```

Dieses Ergebnis wäre durch eine einfache Pipe mit dem |-Zeichen nicht möglich. `ls` erwartet keine Eingaben über die Standardeingabe und ignoriert daher auch die Informationen, die `find` über die Pipe liefert. Das folgende Kommando zeigt daher nur einfach den Inhalt des aktuellen Verzeichnisses an. Die Ergebnisse von `find` werden nicht angezeigt!

```
user$ find /usr/share -name '*README*' | ls -l   (funktioniert nicht!)
```

Es gibt aber eine andere Lösung, die ohne Kommandosubstitution auskommt: Durch die Zuhilfenahme des Kommandos xargs werden Daten aus der Standardeingabe an das nach xargs angegebene Kommando weitergeleitet:

```
user$ find /usr/share -name '*README*' | xargs ls -l
```

Ein wesentlicher Vorteil von xargs besteht darin, dass es kein Größenlimit für die zu verarbeitenden Daten gibt. Gegebenenfalls ruft xargs das Kommando mehrfach auf und übergibt die aus der Standardeingabe kommenden Daten in mehreren Schritten. (Die Kommandosubstitution ist hingegen durch die maximale Größe einer Kommandozeile – üblicherweise mehrere 1000 Zeichen – begrenzt.) Die Weitergabe von Dateinamen führt zu Problemen, wenn die Dateinamen Leerzeichen enthalten. Diese Probleme können Sie umgehen, indem Sie an find die Option -print0 übergeben und an xargs die Option -null. Das folgende Kommando setzt bei allen Verzeichnissen das *execute*-Bit:

```
user$ find -type d -print0 | xargs --null chmod a+x
```

Sonderzeichen in Zeichenketten

Da in der bash praktisch jedes Zeichen mit Ausnahme der Buchstaben und Ziffern irgendeine besondere Bedeutung hat, scheint es so gut wie unmöglich zu sein, diese Zeichen in Zeichenketten oder Dateinamen zu verwenden. Das Problem kann auf zwei Arten gelöst werden. Entweder wird dem Sonderzeichen ein Backslash \ vorangestellt, oder die gesamte Zeichenkette wird in Apostrophe oder Anführungszeichen gestellt. Durch die Angabe von Apostrophen können Sie also beispielsweise eine Datei mit dem Dateinamen ab* $cd löschen:

```
user$ rm 'ab* $cd'
```

Beachten Sie bitte den Unterschied zwischen ' (zur Kennzeichnung von Zeichenketten) und ` (zur Kommandosubstitution, siehe oben)!

Anführungszeichen haben eine ähnliche Wirkung wie Apostrophe. Sie sind allerdings weniger restriktiv und ermöglichen die Interpretation einiger weniger Sonderzeichen ($ \ und `). In Zeichenketten, die in Anführungszeichen gestellt sind, werden daher Shell-Variablen mit vorangestelltem $-Zeichen ausgewertet:

```
user$ echo "Das ist der Zugriffspfad: $PATH"
```

Das Kommando liefert als Ergebnis die Zeichenkette »Das ist der Zugriffspfad:«, gefolgt vom Inhalt der Shell-Variablen PATH. Wenn statt der Anführungszeichen einfache Apostrophe verwendet werden, wird die gesamte Zeichenkette unverändert durch echo ausgegeben. Mehr Informationen zum Thema Shell-Variablen enthält der folgende Abschnitt. Eine Referenz aller Sonderzeichen der bash finden Sie auf Seite 429.

KOMMANDO	FUNKTION
?	genau ein beliebiges Zeichen
*	beliebig viele (auch null) beliebige Zeichen (aber keine .*-Dateien!)
**	alle Dateien und Verzeichnisse, auch aus allen Unterverzeichnissen (ab bash 4.0 mit `shopt -s globstar`)
[abc]	eines der angegebenen Zeichen
[a-f]	ein Zeichen aus dem angegebenen Bereich
[!abc]	keines der angegebenen Zeichen
[^abc]	wie oben
~	Abkürzung für das Heimatverzeichnis
.	aktuelles Verzeichnis
..	übergeordnetes Verzeichnis
ab{1,2,3}	liefert `ab1 ab2 ab3`.
a{1..4}	liefert `a1 a2 a3 a4`.
$[3*4]	arithmetische Berechnungen
\`kommando\`	ersetzt das Kommando durch sein Ergebnis.
$(kommando)	wie oben, alternative Schreibweise
kommando "zeichen"	verhindert die Auswertung aller Sonderzeichen außer $.
kommando 'zeichen'	wie oben, aber noch restriktiver (keine Variablensubstitution)

Tabelle 18.4: **Substitutionsmechanismen**

18.7 Shell-Variablen

Die Funktionalität der bash und die vieler anderer Linux-Programme wird durch den Zustand sogenannter Shell-Variablen gesteuert. Shell-Variablen sind mit Variablen einer Programmiersprache vergleichbar, können allerdings nur Zeichenketten speichern. Die Zuweisung von Shell-Variablen erfolgt durch den Zuweisungsoperator =. Der Inhalt einer Shell-Variablen kann am einfachsten durch echo angezeigt werden, wobei dem Variablennamen ein $-Zeichen vorangestellt werden muss:

```
user$  var=abc
user$  echo $var
abc
```

Bei Variablenzuweisungen dürfen Sie zwischen dem Variablennamen und dem Zuweisungsoperator = kein Leerzeichen angeben. `var = abc` ist syntaktisch falsch und funktioniert nicht!

Wenn der Inhalt von Shell-Variablen Leerzeichen oder andere Sonderzeichen enthalten soll, muss bei der Zuweisung die gesamte Zeichenkette in einfache oder doppelte Hochkommata gestellt werden:

```
user$  var='abc efg'
```

Bei der Zuweisung können mehrere Zeichenketten unmittelbar aneinandergereiht werden. Im folgenden Beispiel wird der Variablen a eine neue Zeichenkette zugewiesen, die aus ihrem alten Inhalt, der Zeichenkette »xxx« und nochmals dem ursprünglichen Inhalt besteht:

```
user$  a=3
user$  a=$a'xxx'$a
user$  echo $a
3xxx3
```

Im folgenden Beispiel wird die vorhandene Variable PATH (mit einer Liste aller Verzeichnisse, die nach ausführbaren Programmen durchsucht werden) um das bin-Verzeichnis im Heimatverzeichnis ergänzt. Damit können nun auch alle Kommandos ausgeführt werden, die sich in diesem Verzeichnis befinden (ohne dass der Pfad vollständig angegeben wird).

```
user$  echo $PATH
/usr/local/sbin:/usr/local/bin:/usr/sbin:/usr/bin:/sbin:/bin
user$  PATH=$PATH':/home/kofler/bin'
user$  echo $PATH
/usr/local/sbin:/usr/local/bin:/usr/sbin:/usr/bin:/sbin:/bin:/home/kofler/bin
```

Berechnungen mit Variablen können in der bereits vorgestellten Schreibweise in eckigen Klammern durchgeführt werden:

```
user$  a=3
user$  a=$[$a*4]
user$  echo $a
12
```

Wenn das Ergebnis eines Kommandos in einer Variablen gespeichert werden soll, muss die ebenfalls bereits beschriebene Kommandosubstitution mit `$(kommando)` durchgeführt werden. Im folgenden Beispiel wird das aktuelle Verzeichnis in a gespeichert:

```
user$  a=$(pwd)
user$  echo $a
/home/kofler
```

Die Inhalte von Variablen werden nur innerhalb der Shell gespeichert. Sie gehen beim Verlassen der Shell wieder verloren. Wenn bestimmte Variablen immer wieder benötigt werden, sollten die Zuweisungen in der Datei `/etc/profile` bzw. in `.profile` im Heimatverzeichnis durchgeführt werden. Diese beiden Dateien werden (sofern vorhanden) beim Start der bash automatisch ausgeführt.

Wenn Sie den Inhalt einer Variablen in einer Datei speichern möchten, führen Sie am einfachsten echo mit einer Ausgabeumleitung durch:

```
user$  echo $var > datei
```

Lokale und globale Variablen (Umgebungsvariablen)

Die Begriffe »lokal« und »global« zur Beschreibung von Variablen sind aus der Welt der Programmiersprachen entlehnt. Bei Shell-Variablen gilt eine Variable dann als global, wenn sie beim Start eines Kommandos oder eines Shell-Programms weitergegeben wird. Globale Variablen werden oft auch als Umgebungsvariablen (Environment Variables) bezeichnet.

Beachten Sie bitte, dass alle durch eine einfache Zuweisung entstandenen Variablen nur als lokal gelten! Um eine globale Variable zu definieren, müssen Sie `export` oder `declare -x` aufrufen.

Zur Variablenverwaltung innerhalb der Shell existieren zahlreiche Kommandos, wobei es funktionelle Überlappungen gibt. Zur Definition einer globalen Variablen können Sie beispielsweise sowohl `export` als auch `declare -x` verwenden. Die folgenden Beispiele versuchen, die Verwirrung durch ähnliche Kommandos ein wenig zu mindern:

`a=3`	Kurzschreibweise für `let`, a ist lokal
`declare a=3`	weist der lokalen Variablen a einen Wert zu (wie `let`).
`declare -x a=3`	weist der globalen Variablen a einen Wert zu (wie `export`).
`export`	zeigt alle globalen Variablen an.
`export a`	macht a zu einer globalen Variablen.
`export a=3`	weist der globalen Variablen a einen Wert zu.
`let a=3`	weist der lokalen Variablen a einen Wert zu.
`local a=3`	definiert a als lokal (nur in Shell-Funktionen).
`printenv`	zeigt wie `export` alle globalen Variablen an.
`set`	zeigt *alle* Variablen an (lokale und globale).
`unset a`	löscht die Variable a

Wenn Sie Variablen einrichten, die das Verhalten von anderen Linux-Kommandos steuern sollen, müssen diese Variablen immer global sein! Damit Sie einerseits die Substitutionsmechanismen der Shell ausnutzen und andererseits globale Variablen definieren können, sollten Sie Variablen zuerst mit `x=...` zuweisen und anschließend mit `export x` als global definieren.

Variablenzuweisungen gelten immer nur für *eine* Shell. Wenn Sie in mehreren Terminals bzw. Terminalfenstern arbeiten, laufen darin jeweils eigenständige und voneinander unabhängige Shells. Die Veränderung einer Variablen in einer Shell hat keinerlei Einfluss auf die anderen Shells. Sie können aber oft benötigte Variablenzuweisungen in der Datei `~/.profile` festlegen, die automatisch beim Start jeder Shell ausgeführt wird.

Wichtige Shell-Variablen

Prinzipiell können Sie beliebig viele neue Variablen einführen und nach Gutdünken benennen und verwenden. Dabei sollten Sie aber versuchen, bereits vorhandene Variablen zu vermeiden, da diese zumeist von der bash und häufig auch von anderen Linux-Kommandos ausgewertet werden. Eine unkontrollierte Veränderung dieser Variablen kann zur Folge haben, dass die Verarbeitung von Kommandos nicht mehr richtig funktioniert, dass Linux plötzlich Dateien nicht mehr findet etc. Dieser Abschnitt beschreibt die wichtigsten Shell-Variablen in alphabetischer Reihenfolge:

BASH
enthält den Dateinamen der bash.

HOME
enthält den Pfad des Heimatverzeichnisses, beispielsweise /home/mk.

LOGNAME
enthält den Login-Namen (User-Namen).

HOSTNAME
enthält den Hostnamen (Rechnernamen).

MAIL
enthält den Pfad des Verzeichnisses, in dem ankommende Mail gespeichert wird (nur, wenn ein lokaler Mail-Server installiert ist).

OLDPWD
enthält den Pfad des zuletzt aktiven Verzeichnisses.

PATH
enthält eine Liste von Verzeichnissen. Wenn die bash ein Kommando ausführen soll, durchsucht sie alle in PATH aufgezählten Verzeichnisse nach dem Kommando. Die Verzeichnisse sind durch Doppelpunkte voneinander getrennt.

Die Einstellung von PATH erfolgt distributionsspezifisch an verschiedenen Stellen während des Startprozesses (Init-V, Upstart). Der beste Ort, um eigene Änderungen durchzuführen, ist /etc/profile bzw. (wenn Ihre Distribution dies vorsieht) eine Datei im Verzeichnis /etc/profile.d. Dort fügen Sie ein Kommando nach dem folgenden Muster ein:

```
# Ergänzung in /etc/profile oder in /etc/profile.d/myown.sh
PATH=$PATH:/myown/bin
```

Aus Sicherheitsgründen (um das unbeabsichtigte Ausführen von Programmen im aktuellen Verzeichnis zu vermeiden) fehlt in PATH das lokale Verzeichnis. Wenn Sie Programme im gerade aktuellen Verzeichnis ohne vorangestelltes ./ ausführen möchten, müssen Sie PATH um . erweitern.

PROMPT_COMMAND
kann ein Kommando enthalten, das jedes Mal ausgeführt wird, bevor die bash den Kommandoprompt anzeigt.

PS1
enthält eine Zeichenkette, deren Inhalt am Beginn jeder Eingabezeile angezeigt wird (Prompt). Innerhalb dieser Zeichenkette sind unter anderem folgende Zeichenkombinationen vorgesehen: \t für die aktuelle Zeit, \d für das Datum, \w für das aktuelle Verzeichnis, \W für den letzten Teil des aktuellen Verzeichnisses (also X11 für /usr/bin/X11), \u für den User-Namen, \h für den Hostnamen (Rechnernamen) sowie \$ für das Promptzeichen ($ für normale Anwender, # für root).

PS2
wie PS1, allerdings wird die Zeichenkette nur bei mehrzeiligen Eingaben angezeigt (also wenn die erste Zeile mit \ abgeschlossen wurde). Eine typische Einstellung lautet ">".

PWD
enthält den Pfad des aktuellen Verzeichnisses.

Neben den hier beschriebenen Variablen sind normalerweise zahlreiche weitere Umgebungsvariablen definiert, die Funktionen der Shell sowie diverser anderer Programme steuern. Eine Liste aller definierten Variablen erhalten Sie mit `printenv | sort`.

18.8 Programmierung – Einführung und Beispiele

Shell-Programme sind einfache Textdateien mit einigen Linux- und/oder bash-Kommandos. Nach dem Start eines Shell-Programms werden diese Kommandos der Reihe nach ausgeführt. Dem Shell-Programm können Parameter wie einem normalen Kommando übergeben werden. Diese Parameter können innerhalb des Programms ausgewertet werden.

Da die einfache sequenzielle Ausführung einiger Kommandos keinen allzu großen Spielraum für komplexe Aufgabenstellungen lässt, unterstützt die bash die Shell-Programmierung durch Kommandos zur Bildung von Verzweigungen und Schleifen. Damit steht Ihnen eine echte Programmiersprache zur Verfügung, für die Sie weder einen Compiler noch C-Kenntnisse benötigen. (Zugegebenermaßen hinkt der Vergleich: C-Programme sind ungleich schneller in der Ausführung, unterstützen mehrere Variablentypen, kennen zahlreiche Spezialfunktionen etc. Dennoch reichen die Möglichkeiten der bash für überraschend viele Problemstellungen vollkommen aus.)

Typische Anwendungen für Shell-Programme sind die Automatisierung von oft benötigten Kommandofolgen zur Installation von Programmen, zur Administration des Systems, zur Durchführung von Backups, zur Konfiguration und Ausführung einzelner Programme etc.

Die folgenden Seiten geben nur eine erste Einführung in die Programmierung mit der bash. Unzählige weitere Informationen und Beispiele finden Sie auf der ausgezeichneten Website http://bash-hackers.org/.

dash

Aus Geschwindigkeitsgründen kommt bei Ubuntu für die Ausführung von Scripts standardmäßig dash statt bash zum Einsatz:

```
> ls -l /bin/sh
lrwxrwxrwx 1 root root ... /bin/sh -> dash
```

dash ist zwar in vielen Fällen effizienter als bash, ist aber nicht zu 100 Prozent kompatibel. Wenn Sie möchten, dass Ihr Script mit bash ausgeführt wird, müssen Sie in der ersten Zeile des Scripts statt `/bin/sh` explizit `/bin/bash` angeben:

```
#!/bin/bash
```

Einführungsbeispiele

Unter Linux wimmelt es nur so von Beispielen für die bash-Programmierung, auch wenn Sie bisher möglicherweise nichts davon bemerkt haben. Viele Kommandos, die Sie während der Installation, Konfiguration und Administration von Linux ausführen, sind in Wirklichkeit bash-Programme.

Das folgende find/grep-Kommando durchsucht das Verzeichnis /etc/ nach shell-Programmen. Dabei werden alle Dateien erkannt, die als ausführbar gekennzeichnet sind und die die Zeichenkette \#! ... sh enthalten. Die Liste aller Dateien wird in shellscripts gespeichert. Die Ausführung des Kommandos nimmt einige Zeit in Anspruch, weil das gesamte Dateisystem durchsucht wird.

```
user$  find /etc -type f -perm +111 -exec grep -q '#!.*sh' {} \; -print > shellscripts
```

Beispiel 1: grepall

Angenommen, Sie verwenden häufig die Kommandos grep und find, um im gerade aktuellen Verzeichnis und allen Unterverzeichnissen nach Dateien zu suchen, die eine bestimmte Zeichenkette enthalten. Das richtige Kommando sieht so aus:

```
user$  find . -type f -exec grep -q suchtext {}  \; -print
```

Wenn Sie wie ich jedes Mal neu rätseln, welche Kombination der Optionen dazu erforderlich ist, liegt es nahe, das neue Kommando grepall zu definieren, das eben diese Aufgabe übernimmt. Dazu starten Sie Ihren Lieblingseditor, um die Textdatei grepall zu schreiben. Die Datei besteht aus nur zwei Zeilen:

```
#!/bin/sh
find . -type f -exec grep -q $1 {}  \; -print
```

Eine besondere Bedeutung hat die erste Zeile, die mit #! beginnt: Sie gibt den Programmnamen des Interpreters an, mit dem die Script-Datei ausgeführt werden soll.

Tipp

Wenn Sie sich den Editoraufruf sparen möchten, können Sie die Datei auch mit cat erstellen: Geben Sie das Kommando cat > grepall ein. Das Kommando erwartet jetzt Daten aus der Standardeingabe (Tastatur) und schreibt diese in die Datei grepall. Geben Sie nun das Kommando mit all seinen Optionen ein. Anschließend beenden Sie cat mit [Strg]+[D] (das entspricht EOF, also *end of file*). Die resultierende Datei können Sie mit cat grepall ansehen.

Der Versuch, die gerade erstellte Datei grepall auszuführen, endet mit der Fehlermeldung *permission denied*. Der Grund für diese Meldung besteht darin, dass bei neuen Dateien generell die Zugriffsbits (x) zum Ausführen der Datei deaktiviert sind. Das können Sie aber rasch mit chmod ändern. grepall abc liefert jetzt die gewünschte Liste aller Dateien, die die Zeichenkette »abc« enthalten:

```
user$  ./grepall abc
bash: ./grepall: Permission denied
user$  chmod a+x grepall
user$  ./grepall abc
./bashprg.tex
```

Damit Sie das Kommando grepall unabhängig vom aktuellen Verzeichnis einfach durch grepall (ohne vorangestelltes Verzeichnis) ausführen können, müssen Sie es in ein Verzeichnis kopieren, das in $PATH enthalten ist. Wenn das Kommando allen Benutzern zugänglich sein soll, bietet sich /usr/local/bin an:

```
root#  cp grepall /usr/local/bin
```

Beispiel 2: stripcomments

Auch das zweite Beispiel ist ein Einzeiler. Sie übergeben an das Kommando `stripcomments` eine Textdatei. Die drei verschachtelten grep-Kommandos eliminieren nun alle Zeilen, die mit den Zeichen # oder ; beginnen bzw. ganz leer sind. Das Kommando eignet sich ausgezeichnet dazu, um bei Konfigurationsdateien alle Kommentarzeilen zu entfernen und nur die tatsächlich gültigen Einstellungen anzuzeigen.

```
#!/bin/sh
grep -v ^[[:space:]]*\# $1 | grep -v ^[[:space:]]*\; | grep -v ^$
```

Kurz zur Erklärung: `^[[:blank:]]*\#` findet Zeilen, die mit # beginnen, wobei zwischen dem Zeilenanfang (^) und # beliebig viele Leer- und Tabulatorzeichen sein dürfen. Die Option -v invertiert die übliche Funktion von grep: Statt die gefundenen Zeilen zu extrahieren, liefert grep alle Zeilen, auf die das Muster nicht zutrifft. Analog entfernt das zweite grep-Kommando alle Zeilen, die mit ; beginnen. Das dritte Kommando entfernt schließlich leere Zeilen, die nur aus Zeilenanfang und Zeilenende ($) bestehen.

Beispiel 3: applysedfile

Die beiden obigen Beispiele zeigen zwar gut, wie Sie sich etwas Tipp- und Denkarbeit ersparen können, deuten die weitreichenden Möglichkeiten der Script-Programmierung aber noch nicht einmal an. Schon mehr bietet in dieser Hinsicht das nächste Beispiel: Nehmen Sie an, Sie stehen vor der Aufgabe, in einem ganzen Bündel von Dateien eine Reihe gleichartiger Suchen-und-Ersetzen-Läufe durchzuführen. (Das kommt immer wieder vor, wenn Sie in einem über mehrere Dateien verteilten Programmcode einen Variablen- oder Prozedurnamen verändern möchten. Ich stand bei der Überarbeitung dieses Buchs für die fünfte Auflage aufgrund der neuen Rechtschreibung vor einem ähnlichen Problem: In Dutzenden von `*.tex`-Dateien sollte »daß« durch »dass«, »muß« durch »muss« etc. ersetzt werden.)

Das Script-Programm `applysedfile` hilft bei derartigen Aufgaben. Der Aufruf dieses Scripts sieht folgendermaßen aus:

```
user$ applysedfile *.tex
```

Das Programm erstellt nun von allen `*.tex`-Dateien eine Sicherheitskopie `*.bak`. Anschließend wird das Unix-Kommando sed verwendet, um eine ganze Liste von Kommandos für jede `*.tex`-Datei auszuführen. Diese Kommandos müssen sich in der Datei `./sedfile` befinden, die von `applysedfile` automatisch benutzt wird. Der Code von `applysedfile` sieht folgendermaßen aus:

```
#! /bin/bash
# Beispiel applysedfile
# Verwendung: applysedfile *.tex
#             wendet ./sedfile auf die Liste der übergebenen Dateien an
for i in $*
do
  echo "process $i"
  # make a backup of old file
```

```
  cp $i ${i%.*}.bak
  # build new file
  sed -f ./sedfile < ${i%.*}.bak > $i
done
```

Kurz einige Anmerkungen zur Funktion dieses kleinen Programms: Bei den drei ersten Zeilen handelt es sich um Kommentare, die mit dem Zeichen # eingeleitet werden.

for leitet eine Schleife ein. Für jeden Schleifendurchgang wird ein Dateiname in die Variable i eingesetzt. Die Liste der Dateinamen stammt aus $*. Diese Zeichenkombination ist ein Platzhalter für alle an das Programm übergebenen Parameter und Dateinamen.

Der Schleifenkörper gibt den Namen jeder Datei aus. Mit cp wird eine Sicherungskopie der Datei erstellt. (Dabei werden zuerst alle Zeichen ab dem ersten Punkt im Dateinamen gelöscht. Anschließend wird .bak angehängt.) Schließlich wird das Kommando sed für die Datei ausgeführt, wobei die Steuerungsdatei sedfile aus dem lokalen Verzeichnis verwendet wird.

Für die Umstellung auf die neue Rechtschreibung sahen die ersten Zeilen dieser Datei wie folgt aus:

```
s.daß.dass.g
s.muß.muss.g
s.paßt.passt.g
s.läßt.lässt.g
```

Dabei handelt es sich bei jeder Zeile um ein sed-Kommando, das die erste Zeichenkette durch die zweite ersetzt (Kommando s). Der nachgestellte Buchstabe g bedeutet, dass das Kommando auch mehrfach innerhalb einer Zeile ausgeführt werden soll (falls »daß« oder »muß« mehrere Male innerhalb einer Zeile auftreten sollte).

Beispiel 4: Backup-Script

Das folgende Script wird jede Nacht automatisch auf meinem root-Server ausgeführt. Als Erstes wird die Variable m initialisiert, die den aktuellen Monat als Zahl enthält. (Das Kommando date liefert das aktuelle Datum samt Uhrzeit. Die Formatzeichenkette +%m extrahiert daraus den Monat.)

Nun erstellt tar ein Backup des Verzeichnisses /var/www. Das Archiv wird nicht direkt in einer Datei gespeichert, sondern mittels | an das Kommando curl weitergeleitet. curl überträgt die Daten auf einen FTP-Server (Benutzername kofler, Passwort xxxx, IP-Adresse 1.2.3.4). Auf dem FTP-Server wird das Backup unter dem Namen www-*monat*.tgz gespeichert.

Auf diese Weise entstehen über den Verlauf eines Jahres monatliche Backup-Versionen, sodass ich zur Not auch einen alten Zustand meiner Website rekonstruieren kann, sollte das erforderlich sein. Gleichzeitig ist der Platzbedarf der Backup-Dateien gering. (Zu jedem Zeitpunkt gibt es maximal 12 Versionen, also www-01.tgz bis www-12.tgz.)

Das Kommando mysqldump erstellt ein Backup der MySQL-Datenbank cms, in der das Content-Management-System (CMS) meiner Website alle Seiten und unzählige andere Daten speichert. Abermals wird das Backup mittels | an curl weitergegeben und auf meinem FTP-Server gespeichert.

```
#!/bin/sh
m=$(date "+%m")
cd /var
tar czf - www | curl -T - -u kofler:xxxx ftp://1.2.3.4/www-$m.tgz
mysqldump -u cms -pxxxx cms | curl -T - -u kofler:xxxx ftp://1.2.3.4/cms-$m.sql
```

Das gesamte Script habe ich unter dem Dateinamen /etc/myscripts/backup gespeichert. Um den täglichen Aufruf kümmert sich cron (siehe Abschnitt 13.6). Die dazu passende Konfigurationsdatei /etc/cron.d/backup sieht so aus:

```
# jeden Sonntag um 3:15
15 3 * * 0 root /etc/myscripts/backup
```

Beispiel 5: Thumbnails erzeugen

Als »Thumbnails« werden verkleinerte Versionen von Bilddateien bezeichnet. Das folgende Script wird in der Form makethumbs *.jpg aufgerufen. Es erzeugt das Unterverzeichnis 400x400 und speichert dort verkleinerte Kopien der ursprünglichen Bilder. Die Maximalgröße der neuen Bilder beträgt 400*400 Pixel, wobei die Proportionen des Originalbilds erhalten bleiben. Bilder, die kleiner sind, bleiben unverändert und werden also nicht vergrößert.

Das Script wendet das convert-Kommando aus dem Paket Image Magick an (siehe auch Seite 329). Für die Verkleinerung ist die Option -resize verantwortlich. -size bewirkt lediglich eine schnellere Verarbeitung.

```
#!/bin/sh
# Verwendung: makethumbs *.jpg
if [ ! -d 400x400 ]; then     # Unterverzeichnis erzeugen
  mkdir 400x400
fi
for filename do               # alle Dateien verarbeiten
  echo "processing $filename"
  convert -size 400x400 -resize 400x400 $filename 400x400/$filename
done
```

18.9 Programmierung – Syntax

Shell-Scripts sollten mit einer Zeile beginnen, die aus den Zeichen #! und dem gewünschten Shell-Namen zusammengesetzt ist. In diesem Fall wird zur Ausführung der Datei automatisch die gewünschte Shell gestartet. Für die meisten Shell-Scripts ist #!/bin/sh die richtige Wahl. Nur wenn Sie bash-spezifische Funktionen einsetzen, sollten Sie explizit #!/bin/bash angeben.

Shell-Scripts können nur ausgeführt werden, wenn die Zugriffsbits für den Lesezugriff (r) und die Ausführung (x) gesetzt sind (chmod ug+rx datei). Falls sich Scripts auf externen Datenträgern bzw. Partitionen befinden, müssen Sie sicherstellen, dass das Dateisystem mit der exec-Option in den Verzeichnisbaum eingebunden ist.

Achtung

In der ersten Zeile eines Scripts dürfen keine deutschen Sonderzeichen verwendet werden, auch nicht in Kommentaren. Die bash weigert sich sonst, die Datei auszuführen, und liefert die Meldung *cannot execute binary file*.

In Shell-Script-Dateien dürfen die Zeilen nicht durch die Windows-typische Kombination aus Carriage Return und Linefeed getrennt sein. Das kann z. B. passieren, wenn die Dateien unter Windows erstellt und dann nach Linux kopiert wurden. In diesem Fall liefert bash die wenig aussagekräftige Fehlermeldung *bad interpreter*. Bei Unicode-Dateien (UTF8) sorgt das folgende Kommando für die richtige Zeilentrennung:

```
recode u8/cr-lf..u8 < windowsdatei > \ linuxdatei
```

Wenn Sie eine Sammlung eigener Shell-Script-Programme für den täglichen Gebrauch schreiben, ist es sinnvoll, diese an einem zentralen Ort zu speichern. Als Verzeichnis bietet sich ~/bin an. Wenn Sie anschließend folgende Änderung in .profile vornehmen, können diese Script-Programme ohne eine komplette Pfadangabe ausgeführt werden. (Bei manchen Distributionen ist das gar nicht notwendig, dort ist ~/bin immer Bestandteil von PATH.)

```
# Ergänzung in ~/.profile bzw. in ~/.bashrc
PATH=$PATH':~/bin'
```

18.10 Programmierung – Variablenverwaltung

Einleitende Informationen zum Umgang mit Variablen habe ich bereits in Abschnitt 18.7 gegeben. Dort ist unter anderem der Unterschied zwischen normalen Shell-Variablen und Umgebungsvariablen beschrieben. In diesem Abschnitt werden weitere Aspekte der Variablenverwaltung behandelt, die besonders für die Shell-Programmierung relevant sind. Im Detail geht es um den Gültigkeitsbereich von Variablen, um einige in der bash vordefinierte Variablen (z. B. $* oder $?), um den Mechanismus der Parametersubstitution zur Analyse und Verarbeitung von Zeichenketten in Variablen und schließlich um die Eingabe von Variablen in Shell-Programmen.

Gültigkeitsbereich von Variablen

Um die Feinheiten der Variablenverwaltung bei der Ausführung von Shell-Programmen zu verstehen, sind Grundkenntnisse über die Mechanismen beim Start von Kommandos und Shell-Programmen erforderlich.

Zur Ausführung eines Kommandos oder eines Programms erzeugt die bash einen neuen Prozess mit einer eigenen PID-Nummer (Linux-interne Nummer zur Identifizierung und Verwaltung des Prozesses). Von den Shell-Variablen werden nur jene an den neuen Prozess weitergegeben, die als Umgebungsvariablen deklariert wurden (export oder declare -x, siehe Seite 409). Wenn ein Kommando im Vordergrund gestartet wird, tritt die bash während der Ausführung in den Hintergrund und wartet auf das Ende des Kommandos. Andernfalls laufen beide Programme (also die bash und das im Hintergrund gestartete Programm) parallel.

Einen Sonderfall stellt der Start eines Shell-Programms dar. Die Abarbeitung des Shell-Programms erfolgt nämlich nicht in der laufenden Shell, sondern in einer eigens dazu gestarteten Subshell. Es laufen nun also zwei Instanzen der bash – die eine als ihr Kommandointerpreter und die zweite zur Ausführung des Shell-Programms. Wenn innerhalb dieses Programms ein weiteres Shell-Programm gestartet wird, wird dazu eine dritte bash-Instanz gestartet usw. Die Ausführung eigener Subshells für Shell-Programme ist erforderlich, damit mehrere Shell-Programme parallel und ohne gegenseitige Beeinflussung (gegebenenfalls auch im Hintergrund) ausgeführt werden können.

Das Konzept der Subshells wirkt sich insofern auf die Variablenverwaltung aus, als jede (Sub-)Shell ihren eigenen Satz an Variablen besitzt. Der Subshell werden wie beim Start jedes beliebigen anderen Programms nur die Variablen der interaktiven Shell übergegeben, die als Umgebungsvariablen deklariert waren. Anschließend sind die Variablen in den beiden Shells vollkommen unabhängig voneinander, d. h., die Veränderung von Variablen in der einen Shell hat keinerlei Einfluss auf Variablen der anderen Shell.

Manchmal möchte man mit einem Shell-Programm neue Variablen deklarieren bzw. vorhandene Variablen bleibend verändern. Um das zu ermöglichen, können Sie Shell-Programme auch innerhalb der aktuellen bash, also ohne den automatischen Start einer Subshell ausführen. Dazu müssen Sie vor den Dateinamen des Shell-Programms einen Punkt und ein Leerzeichen stellen. Das entspricht der Kurzschreibweise des Shell-Kommandos source.

Dazu ein Beispiel: Sie möchten ein Shell-Programm schreiben, das die PATH-Variable um den Pfad des gerade aktuellen Verzeichnisses erweitert. Das erforderliche Programm addpwd ist ganz einfach:

```
#! /bin/sh
# Shell-Programm addpwd ergänzt den Pfad um das aktuelle Verzeichnis
#
PATH=$PATH":"$(pwd)
```

In der Variablen PATH werden also der bisherige Inhalt dieser Variablen, ein Doppelpunkt und schließlich via Kommandosubstitution das Ergebnis des Kommandos pwd gespeichert. Der folgende Testlauf beweist, dass sich der Inhalt der PATH-Variablen in der aktuellen Shell erst dann ändert, wenn addpwd mit einem vorangestellten Punkt gestartet wird. (Innerhalb der Subshell, die beim ersten Aufruf von addpwd gestartet wurde, wird PATH natürlich auch geändert – aber diese Änderung gilt nur, solange addpwd läuft.)

```
user$  echo $PATH
/usr/local/sbin:/usr/local/bin:/usr/sbin:/usr/bin:/sbin:/bin
user$  addpwd
user$  echo $PATH
/usr/local/sbin:/usr/local/bin:/usr/sbin:/usr/bin:/sbin:/bin
user$  . addpwd
user$  echo $PATH
/usr/local/sbin:/usr/local/bin:/usr/sbin:/usr/bin:/sbin:/bin:/home/user
```

Durch die Shell vordefinierte Variablen

Innerhalb von Shell-Programmen kann auf einige von der bash vordefinierte Variablen zugegriffen werden. Diese Variablen können nicht durch Zuweisungen verändert, sondern nur gelesen werden. Der Name der Variablen wird durch verschiedene Sonderzeichen gebildet. In Tabelle 18.5 werden die Variablen gleich mit dem vorangestellten $-Zeichen angegeben.

VARIABLE	BEDEUTUNG
$?	Rückgabewert des letzten Kommandos
$!	PID des zuletzt gestarteten Hintergrundprozesses
$$	PID der aktuellen Shell
$0	Dateiname des gerade ausgeführten Shell-Scripts (oder des symbolischen Links, der auf die Datei zeigt)
$#	Anzahl der dem Shell-Programm übergebenen Parameter
$1 bis $9	Parameter 1 bis 9
$* oder $@	Gesamtheit aller übergebenen Parameter

Tabelle 18.5: **$-Variablen**

Noch einige Anmerkungen zur Anwendung dieser Variablen: $0 bis $9, $# und $* dienen zur Auswertung der Parameter, die dem Batch-Programm übergeben wurden. Beinahe jedes Script-Beispiel in diesem Kapitel zeigt dafür Anwendungsmöglichkeiten.

Im Zusammenhang mit der Auswertung von Parametern ist das bash-Kommando `shift` interessant. Dieses Kommando schiebt die übergebenen Parameter quasi durch die neun Variablen $0 bis $9. Wenn Sie `shift 9` ausführen, gehen die ersten neun dem Programm übergebenen Parameter verloren, dafür können jetzt aber die nächsten neun bequem angesprochen werden. `shift` ohne weitere Angaben verschiebt die Parameterliste um einen Parameter.

$? kann zur Bildung von Bedingungen verwendet werden, um den weiteren Programmverlauf vom Ergebnis des letzten Kommandos abhängig zu machen. Prinzipiell ist es auch möglich, ein Kommando direkt als Bedingung in `if` anzugeben. Die Variable $? hat den Vorteil, dass allzu lange und unübersichtliche Anweisungen vermieden werden können.

Die Variable $$ enthält die PID (*Process Identification Number*). Dieser Zahlenwert wird Linux-intern zur Verwaltung der Prozesse verwendet. Die PID ist eindeutig, d. h., im ganzen System existiert mit Sicherheit kein zweiter Prozess mit derselben Nummer. Deswegen eignet sich dieser Wert hervorragend zur Bildung einer temporären Datei. Beispielsweise speichern Sie mit `ls > tmp.$$` eine Liste aller Dateien in der Datei `tmp.`*nnn*. Selbst wenn dieselbe Stapeldatei gleichzeitig in einem anderen Terminal läuft, wird es wegen der unterschiedlichen PIDs der beiden Shells mit Sicherheit zu keinem Namenskonflikt kommen.

Felder

Neben einfachen Variablen kennt die bash auch Felder. Bis einschließlich Version 3 muss der Index eine Zahl sein. Beachten Sie die von C abweichende Syntax `${feld[n]}` für den Zugriff auf das n-te Element.

```
x=()                          # Definition eines leeren Arrays
x[0]='a'                      # Array-Elemente zuweisen
x[1]='b'
x[2]='c'
x=('a' 'b' 'c')               # Kurzschreibweise für die obigen vier Zeilen
echo ${x[1]}                  # ein Array-Element lesen
echo ${x[@]}                  # alle Array-Elemente lesen
```

Die für Programmierer wahrscheinlich wichtigste Neuerung in bash 4.0 ist die Unterstützung assoziativer Arrays. Vergessen Sie nicht, das Feld zuerst explizit mit `declare -A` als assoziativ zu deklarieren! Andernfalls wird es als normales Feld betrachtet. Die im Index verwendeten Zeichenketten werden zu 0 ausgewertet, und Sie bekommen ein gewöhnliches Array, das aus nur einem einzigen Element besteht (Index 0).

```
declare -A y                  # Definition eines leeren assoziativen Arrays
y[abc] = 123                  # Element eines assoziativen Arrays zuweisen
y[efg] = xxx
y=( [abc]=123 [efg]=xxx )     # Kurzschreibweise für die obigen zwei Zeilen
echo ${y[abc]}                # ein Array-Element lesen
```

Eine weitere Neuerung in Version 4 besteht darin, dass Sie mit `mapfile` eine Textdatei zeilenweise in die Elemente eines gewöhnlichen Arrays einlesen können:

```
mapfile z < textdatei
```

Parametersubstitution

Die bash stellt unter dem Begriff Parametersubstitution einige Kommandos zur Verfügung, mit denen in Variablen gespeicherte Zeichenketten bearbeitet werden können. Beachten Sie, dass der Variablenname *ohne* vorangestelltes $-Zeichen angegeben wird. Wenn hingegen das Vergleichsmuster aus einer Variablen gelesen werden soll, muss dort ein $-Zeichen verwendet werden.

`${var:-default}`
Wenn die Variable leer ist, liefert die Konstruktion die Defaulteinstellung als Ergebnis, andernfalls den Inhalt der Variablen. Die Variable wird nicht geändert.

`${var:=default}`
Wie oben, es wird aber gleichzeitig der Inhalt der Variablen geändert, wenn diese bisher leer war.

`${var:+neu}`
Wenn die Variable leer ist, bleibt sie leer. Wenn die Variable dagegen bereits belegt ist, wird der bisherige Inhalt durch eine neue Einstellung ersetzt. Die Konstruktion liefert den neuen Inhalt der Variablen.

${var:?fehlermeldung}
Wenn die Variable leer ist, werden der Variablenname und die Fehlermeldung ausgegeben, und das Shell-Programm wird anschließend beendet. Andernfalls liefert die Konstruktion den Inhalt der Variablen.

${#var}
liefert die Anzahl der in der Variablen gespeicherten Zeichen als Ergebnis (0, falls die Variable leer ist). Die Variable wird nicht geändert.

${var#muster}
vergleicht den Anfang der Variablen mit dem angegebenen Muster. Wenn das Muster erkannt wird, liefert die Konstruktion den Inhalt der Variablen abzüglich des kürzestmöglichen Textes, der dem Suchmuster entspricht. Wird das Muster dagegen nicht gefunden, wird der ganze Inhalt der Variablen zurückgegeben. Im Suchmuster können die zur Bildung von Dateinamen bekannten Joker-Zeichen verwendet werden (`*` `?` `[abc]`). Die Variable wird in keinem Fall verändert:

```
user$  dat=/home/mk/buch/buch.tar.gz
user$  echo ${dat#*/}
home/mk/buch/buch.tar.gz
user$  echo ${dat#*.}
tar.gz
```

${var##muster}
Wie oben, allerdings wird jetzt die größtmögliche Zeichenkette, die dem Muster entspricht, eliminiert:

```
user$  dat=/home/mk/buch/buch.tar.gz
user$  echo ${dat##*/}
buch.tar.gz
user$  echo ${dat##*.}
gz
```

${var%muster}
Wie `${var#muster}`, allerdings erfolgt der Mustervergleich jetzt am Ende des Variableninhalts. Es wird die kürzestmögliche Zeichenkette vom Ende der Variablen eliminiert. Die Variable selbst bleibt unverändert:

```
user$  dat=/home/mk/buch/buch.tar.gz
user$  echo ${dat%/*}
/home/mk/buch
user$  echo ${dat%.*}
/home/mk/buch/buch.tar
```

${var%%muster}
Wie oben, allerdings wird die größtmögliche Zeichenkette eliminiert:

```
user$ dat=/home/mk/buch/buch.tar.gz
user$ echo ${dat%%/*}
    -- keine Ausgabe --
user$ echo ${dat%%.*}
/home/mk/buch/buch
```

`${var/find/replace}`
ersetzt das erste Auftreten des Musters `find` durch `replace`:

```
user$ x='abcdeab12ab'
user$ echo echo ${x/ab/xy}
xycdeab12ab
```

`${var//find/replace}`
ersetzt jedes Auftreten des Musters `find` durch `replace`:

```
user$ x='abcdeab12ab'
user$ echo echo ${x//ab/xy}
xycdexy12xy
```

`${!var}`
liefert den Inhalt der Variablen, deren Name in `var` als Zeichenkette enthalten ist:

```
user$ abc="123"
user$ efg=abc
user$ echo ${!efg}
123
```

Variablen mit read einlesen

Mit dem bash-Kommando read können Sie während des Ablaufs eines Shell-Programms Eingaben durchführen. In der Regel geben Sie dazu zuerst mit echo einen kurzen Text aus, in dem Sie den Anwender darüber informieren, welche Eingabe Sie erwarten (beispielsweise y/n, einen numerischen Wert etc.). Dabei ist die Option -n sinnvoll, damit die Eingabe unmittelbar hinter dem echo-Text und nicht in der nächsten Zeile erfolgt. Bei der Ausführung des anschließenden read-Kommandos wartet die bash so lange, bis der Anwender eine Zeile eingibt und diese mit ↵ abschließt.

Im folgenden Beispielprogramm wird die `while`-Schleife so lange ausgeführt, bis die Zeichenkette in der Variablen a nicht mehr leer ist. Ein Testlauf demonstriert die Funktion des kleinen Programms:

```
user$ readvar
Geben Sie eine Zahl ein: a
Ungültige Eingabe, bitte Eingabe wiederholen
Geben Sie eine Zahl ein: 12
12
```

Nach der Eingabe durch read wird der gesamte Inhalt der Variablen via Parametersubstitution gelöscht, wenn darin irgendein Zeichen außer einer Ziffer, einem Minuszeichen oder einem Leerzeichen vorkommt. Diese Kontrolle ist zwar nicht vollkommen (die Zeichenketten `"12-34-5"` und

"12 34" sind demnach beide gültig), aber schon recht wirkungsvoll. Informationen zu while finden Sie auf Seite 428.

```
#! /bin/sh
# Beispiel readvar: numerischen Wert einlesen
a=                          # a löschen
while [ -z "$a" ]; do
  echo -n "Geben Sie eine Zahl ein: "
  read a
  a=${a##*[^0-9,' ',-]*}  # Zeichenketten eliminieren, die
                          # irgendwelche Zeichen außer 0-9, dem
                          # Minuszeichen und dem Leerzeichen
                          # enthalten
  if [ -z "$a" ]; then
    echo "Ungültige Eingabe, bitte Eingabe wiederholen"
  fi
done
echo $a
```

18.11 Programmierung – Verzweigungen und Schleifen

Verzweigungen in Shell-Programmen können mit den Kommandos if und case gebildet werden. Während sich if eher für einfache Fallunterscheidungen eignet, ist case für die Analyse von Zeichenketten prädestiniert (Mustervergleich).

if-Verzweigungen

In der Shell-Datei iftst wird durch eine if-Abfrage getestet, ob zwei Parameter übergeben wurden. Wenn das nicht der Fall ist, wird eine Fehlermeldung ausgegeben. Das Programm wird durch exit mit einem Rückgabewert ungleich 0 (Indikator für Fehler) beendet. Andernfalls wird der Inhalt der beiden Parameter auf dem Bildschirm angezeigt.

```
#! /bin/sh
# Beispiel iftst
if test $# -ne 2; then
  echo "Dem Kommando müssen genau zwei Parameter übergeben werden!"
  exit 1
else
  echo "Parameter 1: $1, Parameter 2: $2"
fi
```

Ein kurzer Testlauf demonstriert das Verhalten des Programms:

```
user$ iftst a
Dem Kommando müssen genau zwei Parameter übergeben werden!
user$ iftst a b
Parameter 1: a, Parameter 2: b
```

Als Kriterium für die Verzweigung gilt der Rückgabewert des letzten Kommandos vor then. Die Bedingung ist erfüllt, wenn dieses Kommando den Rückgabewert 0 liefert. Wenn then noch in derselben Zeile angegeben wird (und nicht erst in der nächsten), dann muss das Kommando mit einem Semikolon abgeschlossen werden.

Achtung

Beachten Sie bitte, dass in der bash **die Wahrheitswerte für wahr (0) und falsch (ungleich 0) genau umgekehrt definiert sind als in den meisten anderen Programmiersprachen! Kommandos, die ordnungsgemäß beendet werden, liefern den Rückgabewert 0. Jeder Wert ungleich 0 deutet auf einen Fehler hin. Manche Kommandos liefern je nach Fehlertyp unterschiedliche Fehlerwerte.**

Im obigen Beispiel wurde die Bedingung unter Zuhilfenahme des bash-Kommandos test gebildet. Der Operator -ne steht dabei für ungleich (*not equal*). test kommt immer dann zum Einsatz, wenn zwei Zeichenketten oder Zahlen miteinander verglichen werden sollen, wenn getestet werden soll, ob eine Datei existiert etc. Das Kommando wird im nächsten Abschnitt beschrieben.

Das obige Programm könnte auch anders formuliert werden: Statt des test-Kommandos kann eine Kurzschreibweise in eckigen Klammern verwendet werden. Dabei muss nach [und vor] jeweils ein Leerzeichen angegeben werden!

Außerdem kann das zweite echo-Kommando aus der if-Struktur herausgelöst werden, weil wegen der exit-Anweisungen alle Zeilen nach fi nur dann ausgeführt werden, wenn die Bedingung erfüllt ist.

```
#! /bin/sh
# Beispiel iftst, 2. Variante
if [ $# -ne 2 ]; then
  echo "Dem Kommando müssen genau zwei Parameter übergeben werden!"
  exit 1
fi
echo "Parameter 1: $1, Parameter 2: $2"
```

Formulierung von Bedingungen mit test

In der bash ist es nicht möglich, Bedingungen – etwa den Vergleich einer Variablen mit einem Wert – direkt anzugeben. Zum einen basiert die ganze Konzeption der bash darauf, dass alle Aktionen über ein einheitliches Kommandokonzept durchgeführt werden, zum anderen sind Sonderzeichen wie > und < bereits für andere Zwecke vergeben. Aus diesem Grund müssen Sie zur Formulierung von Bedingungen in Schleifen und Verzweigungen das bash-Kommando test verwenden. (test existiert übrigens auch als eigenständiges Kommando außerhalb der bash. Es wurde aber auch in die bash integriert, um eine höhere Verarbeitungsgeschwindigkeit zu erzielen.)

test liefert als Rückgabewert 0 (wahr), wenn die Bedingung erfüllt ist, oder 1 (falsch), wenn die Bedingung nicht erfüllt ist. Um den Schreibaufwand zu verringern, ist eine Kurzschreibweise in eckigen Klammern vorgesehen.

test wird in drei Aufgabenbereichen eingesetzt: zum Vergleich zweier Zahlen, zum Vergleich von Zeichenketten und zum Test, ob eine Datei existiert und bestimmte Eigenschaften aufweist. Die folgenden Beispiele zeigen einige mögliche Anwendungsfälle:

`test "$x"`
überprüft, ob x belegt ist (d. h., das Ergebnis ist falsch, wenn die Zeichenkette 0 Zeichen aufweist, andernfalls wahr).

`test $x -gt 5`
testet, ob die Variable x einen Zahlenwert größer 5 enthält. Wenn x keine Zahl enthält, kommt es zu einer Fehlermeldung. Statt -gt (greater than) können auch die folgenden Vergleichsoperatoren verwendet werden: -eq (equal), -ne (not equal), -lt (less than), -le (less equal) und -ge (greater equal).

`test -f $x`
testet, ob eine Datei mit dem in x angegebenen Namen existiert.

Wenn test interaktiv in der Shell ausgeführt werden soll, muss nach dem test-Kommando die Variable $? (Rückgabewert des letzten Kommandos) mit echo gelesen werden:

```
user$  a=20
user$  test $a -eq 20; echo $?
0
user$  test $a -gt 20; echo $?
1
```

case-Verzweigungen

case-Konstruktionen werden mit dem Schlüsselwort case eingeleitet, dem der zu analysierende Parameter (zumeist eine Variable) folgt. Nach dem Schlüsselwort in können dann mehrere mögliche Musterzeichenketten angegeben werden, mit denen der Parameter verglichen wird. Dabei sind die gleichen Jokerzeichen wie bei Dateinamen erlaubt. Das Muster wird mit einer runden Klammer) abgeschlossen, also etwa mit --*) zur Erkennung von Zeichenketten, die mit zwei Minuszeichen beginnen. Mehrere Muster können durch | voneinander getrennt werden. In diesem Fall werden beide Muster getestet. Beispielsweise dient *.c|*.h) zur Erkennung von *.c- und *.h-Dateien im selben Zweig.

Die der Klammer folgenden Kommandos müssen durch zwei Semikola abgeschlossen werden. Wenn ein else-Zweig benötigt wird, dann muss als letztes Muster * angegeben werden – alle Zeichenketten entsprechen diesem Muster. Bei der Abarbeitung einer case-Konstruktion wird nur der erste Zweig berücksichtigt, bei dem der Parameter dem angegebenen Muster entspricht.

Das folgende Beispiel casetst zeigt die Anwendung von case zur Klassifizierung der übergebenen Parameter in Dateinamen und Optionen. Die Schleife für die Variable i wird für alle der Shell-Datei übergebenen Parameter ausgeführt. Innerhalb dieser Schleife wird jeder einzelne Parameter mit case analysiert. Wenn der Parameter mit einem Bindestrich (-) beginnt, wird der Parameter an das Ende der Variablen opt angefügt, andernfalls an das Ende von dat.

```
#! /bin/sh
# Beispiel casetst
opt=        # opt und dat löschen
dat=

for i do    # Schleife für alle übergebenen Parameter
  case "$i" in
    -* ) opt="$opt $i";;
    *  ) dat="$dat $i";;
  esac
done        # Ende der Schleife
echo "Optionen: $opt"
echo "Dateien:  $dat"
```

Ein Beispiellauf der Shell-Datei beweist die Wirkungsweise dieser einfachen Fallunterscheidung. Die in ihrer Reihenfolge wahllos übergebenen Parameter werden in Optionen und Dateinamen untergliedert:

```
user$  casetst -x -y dat1 dat2 -z dat3
Optionen:  -x -y -z
Dateien:   dat1 dat2 dat3
```

Nach demselben Schema können case-Verzweigungen auch zur Klassifizierung von bestimmten Dateikennungen verwendet werden (indem im Suchmuster `*.abc` angegeben wird). Wenn Sie sich eingehender mit case-Analysen beschäftigen möchten, sollten Sie sich die Shell-Datei `/usr/bin/gnroff` ansehen. Die Datei bereitet die in der Syntax von `nroff` übergebenen Parameter so auf, dass das verwandte Kommando `groff` damit zurechtkommt.

for-Schleifen

Die bash kennt drei Kommandos zur Bildung von Schleifen: `for` führt eine Schleife für alle Elemente einer angegebenen Liste aus. `while` führt eine Schleife so lange aus, bis die angegebene Bedingung nicht mehr erfüllt ist, `until` führt sie dagegen so lange aus, bis die Bedingung zum ersten Mal erfüllt ist. Alle drei Schleifen können mit `break` vorzeitig verlassen werden. `continue` überspringt den restlichen Schleifenkörper und setzt die Schleife mit dem nächsten Schleifendurchlauf fort.

Im ersten Beispiel werden der Variablen `i` der Reihe nach die Zeichenketten a, b und c zugewiesen. Im Schleifenkörper wird zwischen `do` und `done` der Inhalt der Variablen ausgegeben. Beachten Sie, dass sowohl am Ende der Liste als auch am Ende des `echo`-Kommandos ein Strichpunkt erforderlich ist. Auf diese Strichpunkte kann nur verzichtet werden, wenn die Eingabe auf mehrere Zeilen verteilt wird (was in Script-Dateien häufig der Fall ist).

```
user$  for i in a b c; do echo $i; done
a
b
c
```

Die äquivalente mehrzeilige Formulierung des obigen Kommandos in einer Script-Datei würde so aussehen:

```
#! /bin/sh
for i in a b c; do
  echo $i
done
```

Die Liste für for kann auch mit Jokerzeichen für Dateinamen oder mit {..}-Konstruktionen zur Bildung von Zeichenketten (siehe Seite 406) gebildet werden. Im folgenden Beispiel werden alle `*.tex`-Dateien in `*.tex~`-Dateien kopiert. (Das Zeichen ~ am Ende eines Dateinamens bezeichnet unter Unix/Linux üblicherweise eine Backup-Datei. Beim cp-Kommando ist `$file` jeweils in Anführungszeichen gestellt, damit auch Dateinamen mit Leerzeichen korrekt behandelt werden.)

```
user$  for file in *.tex; do cp "$file" "$file~"; done
```

Wenn `for`-Schleifen ohne `in ...` gebildet werden, dann werden der Schleifenvariablen der Reihe nach alle beim Aufruf übergebenen Parameter übergeben (das entspricht also `in $*`). Ein Beispiel für so eine Schleife finden Sie bei der Beschreibung von case.

Wenn an das case-Beispiel Dateinamen mit Leerzeichen übergeben werden, kommt es allerdings zu Problemen: Die bash interpretiert das Leerzeichen als Trennzeichen und verarbeitet die Teile des Dateinamens getrennt. Abhilfe schafft die folgende Konstruktion:

```
#!/bin/bash
# Schleife über alle Parameter, kommt mit Leerzeichen in den Dateinamen zurecht
for i in "$@"; do
  ls -l "$i"
done
```

while-Schleifen

Im folgenden Beispiel wird der Variablen i der Wert 1 zugewiesen. Anschließend wird die Variable im Schleifenkörper zwischen do und done so oft um 1 erhöht, bis der Wert 5 überschritten wird. Beachten Sie, dass Bedingungen wie bei `if`-Verzweigungen mit dem Kommando test bzw. mit dessen Kurzschreibweise in eckigen Klammern angegeben werden müssen.

```
user$  i=1; while [ $i -le 5 ]; do echo $i; i=$[$i+1]; done
1
2
3
4
5
```

Die folgende Schleife verarbeitet alle Dateinamen, die sich aus dem Kommando `ls *.jpg` ergeben:

```
ls *.jpg | while read file
do
  echo "$file"
done
```

until-Schleifen

Der einzige Unterschied zwischen `until`-Schleifen und `while`-Schleifen besteht darin, dass die Bedingung logisch negiert formuliert wird. Das folgende Kommando ist daher zur obigen `while`-Schleife äquivalent. Dabei wird -gt zur Formulierung der Bedingung i>5 (*greater than*) verwendet.

```
user$  i=1; until [ $i -gt 5 ]; do echo $i; i=$[$i+1]; done
1
2
3
4
5
```

18.12 Referenz wichtiger bash-Sonderzeichen

Sowohl bei der Eingabe von Kommandos als auch bei der Shell-Programmierung können Sie eine unüberschaubare Fülle von Sonderzeichen für diverse Aktionen verwenden. Tabelle 18.6 fasst alle Sonderzeichen zusammen, die in diesem Kapitel behandelt wurden.

ZEICHEN	BEDEUTUNG
;	trennt mehrere Kommandos.
:	Shell-Kommando, das nichts tut
.	Shell-Programm ohne eigene Subshell starten (`. datei`, entspricht `source datei`)
#	leitet einen Kommentar ein.
`#!/bin/sh`	identifiziert die gewünschte Shell für das Shell-Programm.
&	führt das Kommando im Hintergrund aus (kom &).
&&	bedingte Kommandoausführung (kom1 && kom2)
&>	Umleitung von Standardausgabe und -fehler (entspricht >&)
|	bildet Pipes (kom1 | kom2).
||	bedingte Kommandoausführung (kom1 || kom2)
*	Jokerzeichen für Dateinamen (beliebig viele Zeichen)
?	Jokerzeichen für Dateinamen (ein beliebiges Zeichen)
[abc]	Jokerzeichen für Dateinamen (ein Zeichen aus abc)
[ausdruck]	Kurzschreibweise für test ausdruck
(...)	Kommandos in derselben Shell ausführen ((kom1; kom2))

Tabelle 18.6: **bash-Sonderzeichen**

ZEICHEN	BEDEUTUNG
{...}	Kommandos gruppieren
{ , , }	Zeichenketten zusammensetzen (a{1,2,3} → a1 a2 a3)
{a..b}	Zeichenketten zusammensetzen (b{4..6} → b4 b5 b6)
~	Abkürzung für das Heimatverzeichnis
>	Ausgabeumleitung in eine Datei (kom > dat)
>>	Ausgabeumleitung; an vorhandene Datei anhängen
>&	Umleitung von Standardausgabe und -fehler (entspricht &>)
2>	Umleitung der Standardfehlerausgabe
<	Eingabeumleitung aus einer Datei (kom < dat)
<< ende	Eingabeumleitung aus der aktiven Datei bis zu ende
$	Kennzeichnung von Variablen (echo $var)
$!	PID des zuletzt gestarteten Hintergrundprozesses
$$	PID der aktuellen Shell
$0	Dateiname des gerade ausgeführten Shell-Scripts
$1 bis $9	die ersten neun dem Kommando übergebenen Parameter
$#	Anzahl der dem Shell-Programm übergebenen Parameter
$* oder $@	Gesamtheit aller übergebenen Parameter
$?	Rückgabewert des letzten Kommandos (0 = OK oder Fehlernummer)
$(...)	Kommandosubstitution (echo $(ls))
${...}	diverse Spezialfunktionen zur Bearbeitung von Zeichenketten
$[...]	arithmetische Auswertung (echo $[2+3])
"..."	Auswertung der meisten Sonderzeichen verhindern
'...'	Auswertung aller Sonderzeichen verhindern
\`...\`	Kommandosubstitution (echo \`ls\`)
\zeichen	hebt die Wirkung des Sonderzeichens auf.

Tabelle 18.6: **bash-Sonderzeichen (Forts.)**

Teil 4

Systemkonfiguration und Administration

19. Basiskonfiguration

Dieses Kapitel ist das erste einer ganzen Reihe von Kapiteln zur Linux-Systemkonfiguration. Nach einigen einleitenden Informationen geht es in diesem Kapitel um elementare Funktionen:

» Konfiguration von Textkonsolen
» Einstellung von Datum und Uhrzeit
» Benutzerverwaltung
» Internationalisierung, Zeichensatz, Unicode
» Überblick über die Hardware-Konfiguration
» Logging-Dateien

Die weiteren Kapitel behandeln dann die Paketverwaltung, die Verwaltung der Systembibliotheken, die Konfiguration des Grafiksystems (X), die Administration des Dateisystems, den Systemstart (GRUB, Init-V, Upstart) und den Umgang mit dem Kernel und seinen Modulen.

19.1 Einführung

Dieses und die folgenden Kapitel geben Ihnen einen Blick hinter die Kulissen der Linux-Konfigurationsprogramme. Sie sollen verstehen, was wie wo gesteuert und voreingestellt wird. Daher werden Sie hier eine Menge Hintergrundinformationen darüber finden, wie das Gesamtsystem funktioniert.

Leider unterscheiden sich unterschiedliche Distributionen bei der Konfiguration in vielen kleinen Details. In diesem Buch versuche ich, den gemeinsamen Nenner möglichst vieler Linux-Systeme zu beschreiben. Dennoch kann es vorkommen, dass gerade bei Ihrer Distribution einzelne Details ein wenig anders gelöst sind. In solchen Fällen bleibt Ihnen ein Blick in die Dokumentation nicht erspart.

Auch wenn das für Sie vielleicht hin und wieder unangenehm ist, bin ich dennoch überzeugt, dass der allgemeingültige Ansatz der bessere ist als ein Buch zur Red-Hat-Administration, ein weiteres zur SUSE-Administration etc. – nicht zuletzt deswegen, weil sich ja auch die einzelnen Distributionen von Version zu Version ändern. Über kurz oder lang müssen Sie also in jedem Fall lernen, selbst die oft englischsprachigen Manuals, Hilfeseiten etc. zu lesen und zu verstehen. Dieses Buch ersetzt keine Originalhandbücher oder Schritt-für-Schritt-Anleitungen, sondern vermittelt Grundlagenwissen.

Wo ist der Systemadministrator?

Bisher war der sogenannte Systemadministrator vielleicht irgendeine fremde Person, die Ihnen hin und wieder – oft unwillig und überarbeitet – zu Hilfe kam. Wenn Sie nicht in einem großen Betrieb arbeiten, dann ist der Administrator wohl überhaupt nur ein abstrakter Begriff aus vielen Büchern, so etwa nach dem Motto: »Wenn's nicht mehr weitergeht, fragen Sie den Systemadministrator ...«

Wenn Sie Linux selbst auf Ihren Rechner installiert haben, ändert sich dieses Bild: Nun sind Sie selbst der Systemadministrator! Erschrecken Sie nicht vor diesem Begriff – der Systemadministrator ist einfach die Person, die sich um die Konfiguration des Rechners kümmert. Solange es um die Linux-Grundfunktionen geht, kann das jeder! (Hin und wieder ist natürlich ein Blick in dieses Buch oder in andere Linux-Informationsquellen erforderlich.)

Konfigurationswerkzeuge

Die meisten Distributionen bieten sehr komfortable Konfigurationsprogramme an, die sowohl während als auch nach der Installation verwendet werden können: `drakconf` bei Mandriva, diverse `system-xxx`-Programme bei Red Hat bzw. Fedora, YaST bei SUSE etc. Diese Werkzeuge sollten bei grundlegenden Konfigurationsproblemen immer die erste Wahl sein! Sie sind speziell für Ihre Distribution optimiert und nehmen Ihnen viel Arbeit und Mühe ab.

Neben diesen distributionsspezifischen Konfigurationsprogrammen gibt es auch solche, die von einzelnen Distributionen unabhängig sind. Der populärste Vertreter ist momentan Webmin. Es hat zusätzlich den Vorteil, dass es vollständig über eine Webschnittstelle bedient werden kann und daher ideal zur Fernwartung geeignet ist. Das Problem besteht darin, dass Webmin nicht direkt von der Firma bzw. Organisation gewartet werden, die die jeweilige Distribution zusammenstellt. Insofern läuft das distributionsunabhängige Konfigurationswerkzeug immer den Änderungen hinterher, die in neuen Versionen jeder Distribution erfolgen.

http://www.webmin.com/

Netzwerk-Administration

Bis jetzt bin ich davon ausgegangen, dass Sie einen einzelnen Rechner (den lokalen Rechner) konfigurieren möchten. Wenn Sie als Administrator Hunderte von Linux-Rechnern verwalten müssen, sind die genannten Konfigurationswerkzeuge allerdings zu ineffizient. Stattdessen brauchen Sie Programme, mit denen Sie zentral Konfigurationsänderungen für alle Rechner bzw. für eine bestimmte Gruppe von Rechnern durchführen können. Beispielsweise wollen Sie auf allen Bürorechnern eine neue OpenOffice-Version installieren, auf allen direkt mit dem Internet verbundenen Rechnern neue Firewall-Regeln aktivieren etc.

Die folgende Liste zählt einige derartige Werkzeuge auf. Die Programme unterscheiden sich allerdings sowohl im Funktionsumfang als auch im Preis stark. Eine nähere Beschreibung ist hier leider unmöglich – einerseits aus Platzgründen, andererseits, weil ich mit solchen Programmen keinerlei Praxiserfahrung habe.

http://www.redhat.com/rhn/	(Red Hat, kommerziell)
http://www.novell.com/products/zenworks/	(Novell/SUSE, kommerziell)
http://www.informatik.uni-koeln.de/fai/	(automatische Installation für Debian, Open-Source)
http://m23.sourceforge.net	(Administration und Konfiguration für Debian/Ubuntu, Open-Source)
http://zentyal.org	(Administration und Konfiguration für Ubuntu)

Konfigurationsdateien

Ausgefeilte Konfigurationswerkzeuge mit schönen Benutzeroberflächen haben nur den Zweck, Ihnen die Mühe abzunehmen, die Linux-Konfigurationsdateien direkt zu verändern. Gerade für Linux-Einsteiger ist dies zweifelslos praktisch. Es gibt aber eine ganze Reihe von Gründen, sich dennoch mit den Konfigurationsdateien – und damit mit den Interna von Linux – auseinanderzusetzen:

- Die Konfigurationsdateien lassen sich mit jedem beliebigen Texteditor verändern, auch dann, wenn Sie in einer Textkonsole oder über ein Netzwerk per ssh arbeiten. Viele Konfigurationsprogramme stehen dagegen nur im Grafikmodus und nur im lokalen Betrieb zur Verfügung.
- Sobald Sie einmal verstanden haben, wie die Konfiguration einer bestimmten Linux-Funktion erfolgt, können Sie dieses Wissen bei beinahe jeder anderen Linux-Distribution anwenden. Die Bedienung vieler Konfigurationswerkzeuge ist dagegen distributionsspezifisch.
- Nur durch die direkte Veränderung der Konfigurationsdateien können Sie alle Aspekte einer Systemfunktion steuern. Konfigurationswerkzeuge beschränken sich dagegen oft auf einige wenige (besonders wichtige) Details.
- Konfigurationsdateien lassen sich leicht von einem Rechner zum anderen kopieren. Das kann eine Menge Zeit sparen, wenn Sie einen Distributionswechsel durchführen, Linux auf einem anderen Rechner neu installieren etc.
- Je besser Sie verstehen, wie die Konfigurationsdateien aufgebaut sind und welche Steuerungsmöglichkeiten sie bieten, desto besser verstehen Sie Linux und desto weniger ist Ihr Rechner die sprichwörtliche »Black Box«, in die keiner hineinblicken kann.

Fast alle Linux-Konfigurationsdateien befinden sich im /etc-Verzeichnis. (Eine Referenz aller im Buch behandelten Konfigurationsdateien finden Sie daher im Stichwortverzeichnis unter dem Buchstaben E.)

Zusammengehörende Konfigurationsdateien größerer Programme sind oft in eigenen Unterverzeichnissen organisiert. Beispielsweise befinden sich alle Konfigurationsdateien für das Grafiksystem X im Verzeichnis /etc/X11. Einige Unterverzeichnisse haben eine besondere Bedeutung:

/etc/default	distributionsspezifische Dateien (Debian, Ubuntu)
/etc/init.d bzw. /etc/rc.d	Init-V-System (Systemstart, siehe Seite 688)
/etc/init	Upstart (Systemstart, siehe Seite 696)
/etc/systemd	Systemd (Systemstart, siehe Seite 699)
/etc/sysconfig	distributionsspezifische Dateien (Fedora, Red Hat, SUSE)

Es ist übrigens eine gute Idee, eine Sicherheitskopie des gesamten /etc-Verzeichnisses anzulegen. Damit können Sie nach Änderungen jederzeit rasch feststellen, wie der ursprüngliche Zustand einer bestimmten Konfigurationsdatei war.

```
root#  mkdir /etc-backup
root#  cp -a /etc/* /etc-backup
```

Tipp

Achten Sie beim Editieren von Konfigurationsdateien darauf, dass auch die letzte Zeile mit ↵ abgeschlossen wird. Manche Linux-Programme bearbeiten Dateien nicht korrekt, wenn in der letzten Zeile das Zeilenende fehlt.

Konfigurationsdateien suchen

Wenn Sie eine Konfigurationsdatei in Ihrer Distribution nicht finden, kann das mehrere Ursachen haben: Möglicherweise sind die zugrunde liegenden Programmpakete gar nicht installiert, oder die Konfigurationsdateien befinden sich bei Ihrer Distribution an einem anderen Ort. Verwenden Sie zur Suche die Kommandos locate, find und grep. Das folgende Kommando zeigt, wie Sie in /etc und allen Unterverzeichnissen nach Dateien suchen können, deren Inhalt (nicht der Dateiname) das Wort abcde enthält:

```
root# cd /etc
root# find -type f -exec grep -q abcde {} \; -print
```

Während der Arbeit an diesem Buch habe ich oft danach gesucht, wo bei der Distribution *x* die Funktion *y* gesteuert oder das Programm *z* aufgerufen wird. Dazu hätte ich das obige Kommando wohl einige hunderte Male eintippen müssen. Um Zeit und Mühe zu sparen, habe ich als Alternative das Mini-Script grepall geschrieben, das diese Aufgabe übernimmt (siehe Seite 414).

Neue Konfiguration aktivieren

Bei manchen Programmen werden Änderungen an den Konfigurationsdateien erst wirksam, wenn Sie das Programm neu starten bzw. es explizit dazu auffordern, die Konfigurationsdateien neu einzulesen. Hierfür müssen Sie zumeist eines der folgenden Kommandos ausführen (Details siehe Seite 323):

```
root# /etc/init.d/funktionsname restart
root# /etc/init.d/funktionsname reload
root# service funktionsname restart
root# service funktionsname reload
root# systemctl restart funktionsname.service
root# systemctl reload  funktionsname.service
```

Im Gegensatz zu Windows ist es fast nie erforderlich, den Rechner neu zu starten. Ausnahmen sind nur Veränderungen am Kernel sowie einige hardware-spezifische Einstellungen, die nur unmittelbar beim Systemstart durchgeführt werden können.

19.2 Konfiguration der Textkonsolen

Bei modernen Distributionen startet Linux direkt das Grafiksystem, und Linux-Einsteiger wissen oft gar nicht, dass es auch Textkonsolen gibt. Hin und wieder kommt es freilich vor, dass die X-Konfiguration fehlerhaft ist oder aus anderen Gründen kein grafisches System zur Verfügung steht. Bei manchen Server-Installationen wird sogar bewusst auf das Grafiksystem verzichtet. In solchen Fällen müssen Sie sich mit den Textkonsolen anfreunden (siehe Kapitel 11 ab Seite 245).

Für elementare Einstellungen wie das Tastaturlayout und die Schriftart ist je nach Distribution entweder das kbd-System oder das neuere console-System verantwortlich. Im Detail sieht die Konfiguration allerdings bei jeder Distribution ein wenig anders aus.

Tastaturlayout

Debian, Ubuntu

Unter Debian und Ubuntu kümmern sich die Programme des Pakets console-setup um das Tastaturlayout. Die Konfigurationsdatei /etc/default/console-setup steuert sowohl die Tastatureinstellungen als auch die Schriftart. Für das Tastaturlayout kommen dabei dieselben Parameter wie bei der X-Konfiguration zur Anwendung (siehe auch Seite 542):

```
# /etc/default/console-setup
...
# Schriftart
CHARMAP="UTF-8"
CODESET="Lat15"
FONTFACE="VGA"
FONTSIZE="16"

# Tastatur
XKBMODEL="pc105"
XKBLAYOUT="de"
XKBVARIANT=""
XKBOPTIONS="lv3:ralt_switch"
```

Diese Datei wird vom Script /bin/setupcon ausgewertet, das unter Debian vom Init-V-Script /etc/init.d/keyboard-setup ausgeführt wird.

Unter Ubuntu erfolgt der Aufruf von setupcon durch das udev-System (genau genommen durch das Script /lib/udev/console-setup-tty). Bemerkenswert ist die Verarbeitung der vier Tastaturvariablen: Sie werden vom Script /usr/bin/ckbcomp ausgewertet (Aufruf in setupcon). Es erzeugt eine Tastaturtabelle, die durch das Kommando loadkeys aus dem kbd-Paket aktiviert wird. Für die Ausführung von loadkeys ist wiederum die Upstart-Konfigurationsdatei /etc/init/console-setup.conf verantwortlich.

Fedora Fedora verwendet das kbd-Paket zur Einstellung des Tastaturlayouts. Die Tastaturtabelle wird während des Systemstarts von einem Initrd-Script eingestellt. Die Konfigurationsdatei /etc/sysconfig/keyboard bestimmt das Tastaturlayout. Änderungen an dieser Datei werden nur wirksam, wenn Sie die Initrd-Dateien neu erzeugen (siehe Seite 653).

/etc/sysconfig/keyboard wird im Übrigen auch vom Dämon system-setup-keyboard zur Konfiguration der Tastatur unter X ausgewertet. Dieses Programm wird vom Init-System im Runlevel 5 gestartet und beobachtet /etc/sysconfig/keyboard. Bei jeder Änderung wird die Datei /etc/X11/xorg.conf.d/00-system-setup-keyboard.conf neu erzeugt.

SUSE SUSE verwendet wie Fedora das kbd-Paket und die Konfigurationsdatei /etc/sysconfig/keyboard. Damit enden die Gemeinsamheiten mit Fedora aber. Die Auswertung der Konfigurationsdatei erfolgt durch das Init-V-Script /etc/init.d/kbd. Die Einstellungen gelten nur für die Konsole, nicht für X.

Schriftart

Konsolen sind grundsätzlich Unicode-kompatibel. Allerdings ist die Maximalanzahl der möglichen Zeichen in Konsolenschriften sehr klein (256 bzw. 512). Daher können Konsolenschriften immer nur einen winzigen Bruchteil aller Unicode-Zeichen abbilden.

Debian Bei Debian wird die Schriftart durch das Init-V-Script /etc/init.d/console-setup eingestellt. Als Konfigurationsdatei dient /etc/default/console-setup.

Fedora Unter Fedora wird die Schriftart mit `setfont` durch ein Script der Initrd-Datei eingestellt, wobei die Konfigurationsdatei `/etc/sysconfig/i18n` ausgewertet wird. Änderungen an dieser Datei werden nur wirksam, wenn Sie die Initrd-Dateien neu erzeugen (siehe Seite 653).

SUSE Bei SUSE wird die Konsolenschrift durch `/etc/init.d/kbd` eingestellt. Dieses Script wertet `/etc/sysconfig/console` aus und stellt die Schrift mit `setfont` ein. Standardmäßig kommt die Schrift `lat9w-16.psfu` zum Einsatz, die neben den Latin-1-Zeichen auch das Euro-Symbol enthält.

Ubuntu Bei Ubuntu bestimmt wie bei Debian die Konfigurationsdatei `/etc/default/console-setup` die Schriftart. Die Datei wird während des Systemstarts durch `setupcon` ausgewertet. Für dessen Start ist Upstart verantwortlich (Steuerungsdatei `/etc/init/console-setup.conf`).

gpm-Konfiguration (Maus)

Die Verwendung der Maus ist eigentlich nur im X Window System vorgesehen. Das Programm `gpm` erlaubt eine eingeschränkte Benutzung der Maus aber auch in Textkonsolen: Insbesondere können Sie nun mit der linken Maustaste Text markieren und ihn mit der mittleren oder rechten Maustaste an der aktuellen Cursorposition einfügen. Beachten Sie aber, dass Sie bei den meisten Konsolenprogrammen die Cursorposition nicht mit der Maus verändern können.

`gpm` wird in der Regel durch den Init-Prozess gestarte. Die Konfiguration erfolgt je nach Distribution durch `/etc/gpm.conf` oder `/etc/sysconfig/mouse`, wobei es in den meisten Fällen nicht erforderlich ist, die Standardeinstellungen zu verändern.

19.3 Datum und Uhrzeit

Wegen der internationalen Vernetzung von Rechnern ist die Verwendung einer weltweit einheitlichen Uhrzeit erforderlich, nämlich GMT. Diese Abkürzung steht für Greenwich Mean Time und ist das Maß der Dinge (zumindest der Zeit) auf allen Unix-Rechnern. Für diese Zeit ist als zweite Abkürzung auch UTC üblich (Universal Time, Coordinated).

Wenn Sie eine Datei speichern, dann wird nicht die aktuelle Ortszeit gespeichert, sondern eine auf diesen internationalen Standard umgerechnete Zeit. Wenn Sie die Datei anschließend mit `ls -l` ansehen, wird die Uhrzeit wieder auf die Ortszeit am Standort des Rechners zurückgerechnet. Dieses Verfahren ermöglicht es festzustellen, welche Datei aktueller ist: eine um 18:00 Ortszeit in München gespeicherte Datei oder eine um 12:30 Ortszeit in New York gespeicherte Datei.

Zeiteinstellung während des Rechnerstarts In der ersten Phase des Init-V-Prozesses (siehe Seite 688) wird die Uhrzeit eingestellt. Dazu wird mit dem Kommando `hwclock` die Uhrzeit aus der CMOS-Uhr Ihres Rechners gelesen. Die CMOS-Uhr Ihres Rechners kann die lokale Zeit oder GMT enthalten. Falls Sie den Rechner auch unter Windows verwenden, ist es praktischer, wenn die CMOS-Uhr die lokale Zeit angibt.

Bei Red Hat, Fedora und SUSE enthält die Konfigurationsdatei `/etc/sysconfig/clock` Informationen darüber, ob die CMOS-Uhr die lokale Zeit oder die GMT-Zeit enthält und in welcher Zeitzone sich Ihr Rechner befindet. Bei Debian und Ubuntu gibt `/etc/default/rcS` an, ob die CMOS-Uhr die lokale Zeit oder die GMT-Zeit enthält. `/etc/timezone` gibt die Zeitzone an.

Statt die notorisch ungenaue CMOS-Uhr des Rechners auszuwerten, können Sie die Zeit auch von einem genaueren Zeit-Server im Internet oder im lokalen Netzwerk lesen (siehe Seite 927). Die Vorgehensweise setzt allerdings eine ständige Verbindung zum Internet bzw. zu einem lokalen Zeit-Server voraus und funktioniert am besten für Rechner, die ständig eingeschaltet sind.

Einstellung der Zeitzone

Damit Kommandos wie `ls` oder die Datei-Manager von KDE und Gnome die GMT-Zeit in die lokale Zeit umrechnen und entsprechend anzeigen können, muss jedes Programm wissen, in welcher Zeitzone es läuft.

Fast alle Linux-Programme verwenden dazu Funktionen der glibc-Bibliothek. Diese Bibliothek wertet die Datei `/etc/localtime` aus. Bei dieser Datei handelt es sich um die Kopie einer Zeitzonendatei aus dem Verzeichnis `/usr/share/zoneinfo`. `localtime` kann auch ein symbolischer Link auf eine Zeitzonendatei sein.

Konfigurationswerkzeuge

Je nach Distribution können Sie zur Einstellung der Zeitzone bzw. zur Veränderung der Uhrzeit und des Datums der Uhr des Rechners ein Konfigurationsprogramm verwenden:

Gnome 2.*n*:	`time-admin`
Gnome 3.*n*:	Systemeinstellungensmodul DATUM UND ZEIT
KDE:	Kontrollzentrum-Modul SYSTEMVERWALTUNG|DATUM/ZEIT
Debian, Ubuntu:	`tzconfig`, Gnome/KDE-Werkzeuge
Red Hat/Fedora:	`system-config-date`
SUSE:	YaST-Modul SYSTEM|ZEITZONE

19.4 Benutzer und Gruppen, Passwörter

Bei der Benutzerverwaltung geht es in erster Linie darum, wer auf welche Dateien zugreifen darf, wer welche Programme ausführen darf, wer auf welche Hardware-Komponenten (Device-Dateien) zugreifen darf etc. Eine Benutzer- und Zugriffsverwaltung ist immer dann erforderlich, wenn auf einem Rechner mehrere Personen arbeiten dürfen. Es muss Regeln geben, unter welchen Umständen ein Benutzer Daten eines anderen Benutzers lesen oder verändern darf.

Unter Linux wird dazu eine Liste von Benutzern verwaltet. Außerdem ist jeder Benutzer zumindest einer, möglicherweise aber auch mehreren Gruppen zugeordnet. Gruppen dienen dazu, mehreren Benutzern den Zugriff auf gemeinsame Dateien bzw. Programme zu ermöglichen.

Damit die Verwaltung der Zugriffsrechte funktioniert, werden zusammen mit jeder Datei auch ein Besitzer, die Gruppenzugehörigkeit und sogenannte Zugriffsbits gespeichert. Da auch Programme Dateien sind und der Zugriff auf Hardware-Komponenten oft über sogenannte Device-Dateien erfolgt, ist dieser Mechanismus sehr allgemeingültig.

In diesem Kapitel geht es nur um die Verwaltung von Benutzern und Gruppen. Die sich daraus ergebenden Konsequenzen für die Dateiverwaltung und die Prozessausführung werden in den Kapiteln 12 und 13 behandelt. So finden Sie ab Seite 292 Hintergrundinformationen über die Wirkung der Zugriffsbits, die mit jeder Datei gespeichert werden. Tipps, wie Sie Systemprogramme ausführen können, ohne selbst root-Rechte zu besitzen, finden Sie ab Seite 314.

Konfigurationsprogramme Prinzipiell können Sie als root die Benutzerverwaltung weitgehend manuell durchführen, indem Sie die in diesem Abschnitt beschriebenen Dateien direkt ändern. Komfortabler und sicherer ist es, die mit den meisten Distributionen mitgelieferten Werkzeuge zur Benutzer- und Gruppenverwaltung einzusetzen:

Gnome 2.*n*:	`users-admin` (Teil der `gnome-system-tools`)
Gnome 3.*n*:	Systemeinstellungsmodul BENUTZERKONTEN
KDE:	Kontrollzentrum-Modul SYSTEMVERWALTUNG|BENUTZERVERWALTUNG
Debian, Ubuntu:	Gnome- oder KDE-Werkzeuge
Red Hat, Fedora:	`system-config-users` (siehe Abbildung 19.1)
SUSE:	YaST-Modul SICHERHEIT UND BENUTZER|BENUTZER- UND GRUPPENVERWALTUNG

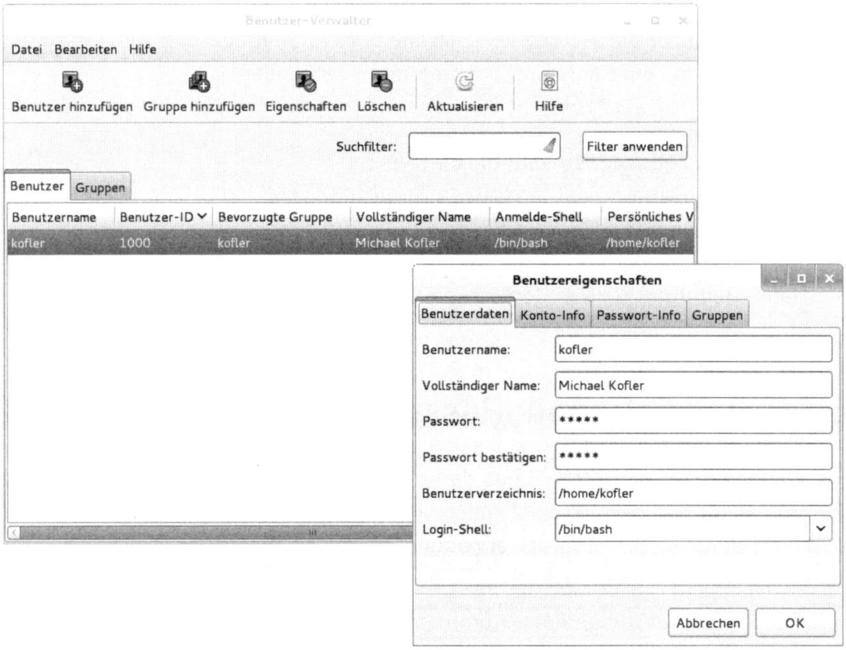

Abbildung 19.1: **Benutzerverwaltung unter Fedora**

Kommandos Wenn Sie auf komfortable Benutzeroberflächen verzichten können oder die Benutzerverwaltung in Scripts automatisieren möchten, können Sie auf die in Tabelle 19.1 zusammengefassten Kommandos zurückgreifen. Das folgende Beispiel zeigt, wie Sie den neuen Benutzer testuser anlegen und ihm ein Passwort zuweisen:

```
root#  useradd -m testuser
root#  passwd testuser
New passwd: xxx
Re-enter new passwd: xxx
```

KOMMANDO	FUNKTION
adduser	richtet einen neuen Benutzer ein (Debian).
addgroup	richtet eine neue Gruppe ein (Debian).
chgrp	ändert die Gruppenzugehörigkeit einer Datei.
chmod	ändert die Zugriffsbits einer Datei.
chown	ändert den Besitzer einer Datei.
chsh	verändert die Standard-Shell eines Benutzers.
delgroup	löscht eine Gruppe (Debian).
deluser	löscht einen Benutzer (Debian).
groupadd	richtet eine neue Gruppe ein.
groupdel	löscht eine Gruppe.
groupmod	verändert Gruppeneigenschaften.
groups	zeigt die Gruppen des aktuellen Benutzers an.
id	zeigt die aktuelle Benutzer- und Gruppen-ID-Nummer an.
newgrp	ändert die aktive Gruppe eines Benutzers.
newusers	richtet mehrere neue Benutzer ein.
passwd	verändert das Passwort eines Benutzers.
useradd	richtet einen neuen Benutzer ein.
userdel	löscht einen Benutzer.
usermod	verändert Benutzereigenschaften.

Tabelle 19.1: **Kommandos zur Benutzer- und Gruppenverwaltung**

Es wird Ihnen sicherlich auffallen, dass es für manche Aufgaben gleich zwei Kommandos gibt (z. B. adduser und useradd). Bei adduser, addgroup, deluser und delgroup handelt es sich um Debian-spezifische Erweiterungen zu den herkömmlichen Kommandos useradd, groupadd etc. Unter Debian, Ubuntu und anderen, von Debian abgeleiteten Distributionen berücksichtigen diese Kommandos die in /etc/adduser.conf und /etc/deluser.conf definierten Regeln.

Für Konfusion sorgen Red Hat und Fedora: Dort stehen die Kommandos adduser, addgroup, deluser und delgroup ebenfalls zur Verfügung. Allerdings handelt es sich dabei nicht um die von Debian vertrauten Kommandos, sondern um Links auf useradd, groupadd, userdel und groupdel. Aus diesem Grund hat adduser unter Fedora dieselbe Syntax wie useradd (aber eine andere Syntax als adduser unter Debian!).

Auch SUSE/Novell geht eigene Wege: Die Kommandos adduser/-group und deluser/-group stehen dort nicht zur Verfügung. Für groupadd/-del/-mod und useradd/-del/-mod verwendet man eine eigene Implementierung, die zwar in den wichtigsten, aber nicht in allen Optionen kompatibel zu den Kommandos der anderen Distributionen ist.

Benutzerverwaltung

Unter Linux bzw. generell bei Unix-ähnlichen Systemen gibt es drei Typen von Benutzern:

- **Super-User alias Systemadministrator alias root:** Dieser Benutzer hat üblicherweise den Namen root. Wer sich als root anmeldet (dazu ist natürlich die Kenntnis des root-Passworts erforderlich), hat uneingeschränkte Rechte: Er oder sie darf alle Dateien ansehen, verändern, löschen, alle Programme ausführen etc. Derart viele Rechte sind nur zur Systemadministration erforderlich. Alle anderen Aufgaben sollten aus Sicherheitsgründen nicht als root ausgeführt werden!
- **Gewöhnliche Benutzer:** Diese Benutzer verwenden Linux, um damit zu arbeiten. Sie haben uneingeschränkten Zugriff auf ihre eigenen Dateien, aber nur eingeschränkten Zugriff auf den Rest des Systems. Als Login-Name wird nach Möglichkeit der Name des Anwenders verwendet (z. B. kathrin oder hofer).
- **Systembenutzer für Dämonen und Server-Dienste:** Schließlich gibt es eine Reihe von Benutzern, die nicht für die interaktive Arbeit am Computer vorgesehen sind, sondern zur Ausführung bestimmter Programme. Beispielsweise wird der Webserver Apache nicht vom Benutzer root ausgeführt, sondern von einem eigenen Benutzer, der je nach Distribution apache oder wwwrun oder httpd oder so ähnlich heißt. Diese Vorgehensweise wird gewählt, um eine möglichst hohe Systemsicherheit zu erzielen.

/etc/passwd Die Liste aller Benutzer wird in der Datei /etc/passwd gespeichert. Dort werden für jeden Benutzer der Login-Name, der vollständige Name, die UID- und GID-Nummer, das Heimatverzeichnis und die Shell gespeichert. Dabei gilt folgendes Format:

Login:Passwort:UID:GID:Name:Heimatverzeichnis:Shell

Die folgenden Zeilen zeigen einige Benutzerdefinitionen in /etc/passwd unter Ubuntu Linux:

```
root:x:0:0:root:/root:/bin/bash
daemon:x:1:1:daemon:/usr/sbin:/bin/sh
bin:x:2:2:bin:/bin:/bin/sh
sys:x:3:3:sys:/dev:/bin/sh
...
kofler:x:1000:1000:Michael Kofler,,,:/home/kofler:/bin/bash
huber:x:1001:1001:Herbert Huber,,,:/home/huber:/bin/bash
```

Der Name passwd lässt vermuten, dass in der Datei auch die Passwörter gespeichert werden. Das war früher auch der Fall, ist mittlerweile aber unüblich. Statt Passwörtern enthält /etc/passwd nur das Zeichen x. Die (natürlich verschlüsselten) Passwortinformationen werden in der separaten Datei /etc/shadow gespeichert (siehe Seite 445).

Login-Name Der Login-Name sollte nur aus Kleinbuchstaben (US-ASCII-Buchstaben und Zahlen) bestehen und nicht länger als acht Zeichen sein. Zwar sind sowohl Nicht-ASCII-Zeichen als auch mehr als acht Zeichen prinzipiell zulässig, es kann aber passieren, dass Probleme in der Kombination mit manchen Programmen auftreten. Für den getrennt gespeicherten vollständigen Namen gelten diese Einschränkungen nicht.

Die UID-Nummer (User Identification) dient zur internen Identifizierung des Benutzers. Die Nummer wird insbesondere als Zusatzinformation zu jeder Datei gespeichert, sodass klar ist, wem die Datei gehört.

UID und GID

Für die Vergabe von UID-Nummern gibt es Regeln: root hat immer UID=0. Für Server-Dienste und Dämonen sind bei den meisten Distributionen UID-Nummern zwischen 1 und 999 vorgesehen. (RHEL 6 und Fedora bis Version 15 sowie einige andere Distributionen verwenden noch ältere Regeln mit einem Wertebereich zwischen 1 und 499.) Für gewöhnliche Benutzer sind dementsprechend Nummern ab 1000 vorgesehen (500 bei RHEL 6 und Fedora bis Version 15).

Die GID-Nummer (Group Identification) gibt an, zu welcher Gruppe der Anwender gehört. Mehr Details zu Gruppen folgen im nächsten Abschnitt.

Heimatverzeichnis

Das Heimatverzeichnis ist der Ort, an dem der Benutzer seine privaten Daten speichern kann. Bei gewöhnlichen Benutzern wird dazu üblicherweise der Pfad /home/*login-name* verwendet. Im Heimatverzeichnis werden auch die persönlichen Konfigurationseinstellungen des Benutzers für diverse Programme gespeichert. Beispielsweise enthält die Datei `.emacs` die Konfigurationseinstellungen für den Editor Emacs. Da die Namen derartiger Konfigurationsdateien meistens mit einem Punkt beginnen, sind sie unsichtbar. Sie können mit dem Kommando `ls -la` angezeigt werden.

Damit bei neuen Benutzern sofort sinnvolle Standardeinstellungen für die wichtigsten Programme vorliegen, sollten beim Anlegen eines neuen Benutzers alle Dateien aus /etc/skel in das neu erzeugte Heimatverzeichnis kopiert werden. Viele Programme zum Anlegen neuer Benutzer erledigen diesen Schritt automatisch. Der Inhalt von /etc/skel stellt damit die Ausgangseinstellung für jeden neuen Benutzer dar.

Shell

Die Shell ist ein Interpreter, mit dem der Benutzer nach dem Login Kommandos ausführen kann. Da unter Linux mehrere Shells zur Auswahl stehen, muss in der passwd-Datei angegeben werden, welche Shell zum Einsatz kommen soll. Unter Linux ist dies meistens die Shell bash, die in Kapitel 18 ausführlich beschrieben wird. (In der passwd-Datei muss der vollständige Dateiname der Shell gespeichert werden, also beispielsweise /bin/bash.)

Gruppenverwaltung

Der Sinn von Gruppen besteht darin, mehreren Benutzern den gemeinsamen Zugriff auf Dateien zu ermöglichen. Dazu wird jeder Benutzer einer primären Gruppe (Initial Group) zugeordnet. Außerdem kann ein Benutzer beliebig vielen weiteren Gruppen (Supplementary Groups) zugeordnet werden, also Mitglied mehrerer Gruppen sein.

Die Datei /etc/group enthält die Liste aller Gruppen. Die folgenden Zeilen zeigen beispielhaft einige Gruppendefinitionen in /etc/group. Es gilt folgendes Format:

Gruppenname:Passwort:GID:Benutzerliste

Die folgenden Zeilen stammen aus der group-Datei eines Ubuntu-Systems:

```
root:x:0:
daemon:x:1:
bin:x:2:
...
dialout:x:20:cupsys,kofler,huber
...
users:x:100:
admin:x:114:kofler
...
kofler:x:1000:
huber:x:1001:
...
```

Die Zuordnung zwischen Benutzer und Gruppe erfolgt auf zwei Weisen:

» Die primäre Gruppe eines Benutzers wird in /etc/passwd gespeichert. Beim Benutzer `kofler` lautet die primäre Gruppe ebenfalls `kofler` (GID 1000 in der /etc/passwd-Datei).

» Die Zugehörigkeit zu weiteren Gruppen wird gespeichert, indem der Name des Benutzers in der letzten Spalte der Datei /etc/group angegeben wird. So gehört `kofler` auch zu den Gruppen `adm`, `admin` und `dialout`. Das erlaubt dem Benutzer `kofler`, auf Ubuntu-Systemen Administrationsarbeiten durchzuführen und eine Internet-Verbindung herzustellen.

Bei den GID-Nummern ist 0 für root vorgesehen, 1 bis 99 für Systemdienste. GID=100 ist normalerweise für die Gruppe users reserviert. GIDs größer 100 dürfen für eigene Zwecke definiert werden.

Zuordnung zwischen Benutzer und primärer Gruppe

Für die Zuordnung zwischen Benutzern und ihren primären Gruppen gibt es zwei gängige Strategien:

» Beim herkömmlichen Verfahren, das seit vielen Jahren unter Unix/Linux zum Einsatz kommt, sind alle gewöhnlichen Benutzer der primären Gruppe users zugeordnet. SUSE ist ein Anhänger dieser sehr einfachen Strategie.

» Debian-basierte Distributionen sowie Red Hat und Fedora setzen auf ein anderes Verfahren: Jeder Benutzer bekommt seine eigene primäre Gruppe. In diesem Fall gibt es für die Benutzer `kofler` und huber jeweils eine gleichnamige Gruppe. Die Gruppe users spielt keine Rolle mehr.

  Das Verfahren hat unter bestimmten Umständen Vorteile – etwa dann, wenn mehrere Mitglieder einer sekundären Gruppe gemeinsame Dateien erzeugen. Diese Vorteile kommen aber nur bei einer entsprechenden Systemadministration zum Tragen.

Bei sehr vielen Linux-Installationen, wo Benutzergruppen oft gar keine gemeinsamen Dateien haben oder zur Verwaltung gemeinsamer Projekte spezielle Werkzeuge wie CVS (Concurrent Versioning System) verwenden, spielt es keine Rolle, ob als primäre Gruppe gemeinsam users oder individuell username verwendet wird.

Passwörter

Linux-Passwörter dürfen nur aus ASCII-Zeichen bestehen (keine internationalen Sonderzeichen!). Aus Sicherheitsgründen sollten Passwörter sowohl Groß- als auch Kleinbuchstaben sowie mindestens eine Ziffer enthalten.

Passwörter werden unter Linux in Form sogenannter Hash-Codes gespeichert, die eine Kontrolle, aber keine Rekonstruktion von Passwörtern ermöglichen. Aktuelle Distributionen verwenden zurzeit den als sicher geltenden als Hash-Algorithmus SHA512 (siehe die Variable `ENCRYPT_METHOD` in `/etc/login.defs`). Die Passwörter dürfen dann beliebig lang sein. (Ältere Distributionen verwenden zum Teil andere Hash-Algorithmen, die nur die ersten acht Zeichen berücksichtigen!)

Sogenannte Passwort-Cracker (also Programme, um Passwörter herauszufinden) beschreiten daher den umgekehrten Weg: Sie testen einfach für Millionen zufälliger Passwörter (meistens Wörter aus einem Wörterbuch in Kombination mit Zahlen), ob der verschlüsselte Code dafür passt. Da viele Anwender einfallslose Passwörter verwenden und Computer immer schneller werden, führt dieser Weg erschreckend oft zum Ziel.

Um potenziellen Angreifern das Leben zu erschweren, werden die verschlüsselten Passwort-Codes nicht direkt in /etc/passwd gespeichert, sondern in der getrennten Datei /etc/shadow. Der Vorteil besteht darin, dass diese Datei nur von root gelesen werden kann. (/etc/passwd und /etc/group müssen für alle Benutzer des Systems lesbar sein, weil sie elementare Verwaltungsinformationen enthalten. Bei /etc/shadow reicht es dagegen aus, wenn nur die Programme zur Passwort-Verifizierung und -Änderung darauf zugreifen dürfen. Ein potenzieller Angreifer muss daher zuerst root-Zugang erhalten, bevor er nur die verschlüsselten Passwort-Codes lesen kann.)

Für die shadow-Datei gilt das folgende Format:

Login:Passwort-Code:d1:d2:d3:d4:d5:d6:reserved

Die folgenden Zeilen zeigen einen Ausschnitt aus einer shadow-Datei:

```
root:$6$Ecrkix...:14391:0:99999:7:::
daemon:*:14391:0:99999:7:::
bin:*:14391:0:99999:7:::
...
kofler:$6$TZR7...:14391:0:99999:7:::
```

Die Felder d1 bis d6 können optionale Zeitangaben enthalten: d1 bis d6

- d1 gibt an, wann das Passwort zum letzten Mal geändert wurde. (Die Angabe erfolgt in Tagen, die seit dem 1.1.1970 vergangen sind.)
- d2 gibt an, in wie vielen Tagen das Passwort geändert werden darf.
- d3 gibt an, in wie vielen Tagen das Passwort spätestens geändert werden muss, bevor es ungültig wird. (Details zu den Feldern erhalten Sie mit `man 5 shadow`.)
- d4 gibt an, wie viele Tage vor dem Ablaufen des Passworts der Benutzer gewarnt wird.

» d5 gibt an, nach wie vielen Tagen ein abgelaufener Account ohne gültiges Passwort vollständig deaktiviert wird.

» d6 gibt an, seit wann ein Account deaktiviert ist.

Normalerweise werden für *d1* bis *d3* Standardwerte verwendet, sodass das Passwort jederzeit geändert werden kann und unbeschränkt gültig bleibt. *d1* bis *d6* können aber auch dazu verwendet werden, die Gültigkeit von Passwörtern zu beschränken, Login-Accounts zeitlich automatisch zu deaktivieren etc. (etwa zur Verwaltung von Studenten-Accounts an einer Universität oder Schule).

Bei den meisten Systembenutzern (im Beispiel oben etwa daemon, bin, sys etc.) wird statt eines Passworts nur ein Stern oder ein Ausrufezeichen gespeichert. Das bedeutet, dass es kein gültiges Passwort gibt, ein Login also unmöglich ist. Die System-Accounts können dennoch verwendet werden: Programme, die zuerst mit root-Rechten gestartet werden, können später gleichsam ihren Besitzer wechseln und dann als bin, daemon, lp etc. fortgesetzt werden. Genau das ist bei den meisten Systemprozessen der Fall: Sie werden während des Systemstarts von root automatisch gestartet und wechseln dann aus Sicherheitsgründen sofort den Besitzer.

/etc/login.defs

Eine Menge Parameter zur internen Administration von Passwörtern und Logins befinden sich in der Datei /etc/login.defs. Dort können Sie einstellen, wie lange die Wartezeit nach einem falschen Login sein soll, wie viele Login-Versuche zulässig sind, ob passwd auch offensichtlich schwache Passwörter akzeptieren soll, welche Zugriffsbits für neu erstellte Heimatverzeichnisse benutzt werden sollen etc.

Passwörter ändern

Um Ihr eigenes Passwort zu verändern, führen Sie das Kommando passwd aus. Sie werden jetzt zuerst nach Ihrem alten Passwort gefragt und dann zweimal hintereinander aufgefordert, ein neues Passwort einzutippen. Die Eingabe wird nicht am Bildschirm angezeigt. Nur wenn beide Eingaben übereinstimmen, wird das neue Passwort akzeptiert. Ab jetzt müssen Sie bei jedem Einloggen das neue Passwort verwenden.

Passwörter sollten sechs bis acht Zeichen lang sein. Sie dürfen Klein- und Großbuchstaben, Zahlen sowie Interpunktionszeichen enthalten. passwd führt einige Tests durch und weist Passwörter zurück, die offensichtlich zu einfach sind. Gute Passwörter sollten außer Kleinbuchstaben mindestens eine Zahl und einen Großbuchstaben enthalten. Außerdem sollte es sich nicht um Wörter (oder einfache Variationen) handeln, die in einem Wörterbuch zu finden sind.

Während normale Benutzer nur ihr eigenes Passwort ändern können, darf root auch die Passwörter fremder Anwender verändern:

```
root# passwd hofer
New password:  ******
Re-enter new password:  ******
Password changed.
```

root-Passwort vergessen

Was tun Sie, wenn Sie Ihr root-Passwort vergessen haben? In diesem Fall müssen Sie Ihren Rechner mit einer Installations- oder Rettungsdiskette bzw. mit einer Live-CD booten. Legen Sie nun mit mkdir ein neues Verzeichnis (in der RAM-Disk des Installations- oder Rettungssystems) an, und binden Sie dort jene Partition ein, auf der sich Ihr Linux-System befindet:

```
root# mount -t ext4 /dev/xxx /verz
```

Jetzt haben Sie Zugriff auf die Datei /verz/etc/shadow und können darin das root-Passwort löschen (alle Zeichen zwischen dem ersten und dem zweiten Doppelpunkt) bzw. durch ein bekanntes, verschlüsseltes Passwort eines anderen Benutzers ersetzen.

Ein root-Login ohne Passwort ist aufgrund der Sicherheitseinstellungen in /etc/pam.d/common-auth nur in einer Textkonsole möglich. Dort stellen Sie nach dem nächsten Rechnerstart das root-Passwort mit dem Kommando passwd neu ein, damit Sie auch unter X wieder als root arbeiten können.

Wenn Sie andere Benutzer daran hindern möchten, auf die gerade beschriebene Weise das root-Passwort zu verändern, müssen Sie im BIOS Ihres Rechners alle Bootmedien außer der ersten Festplatte deaktivieren (damit nicht von einer Diskette, CD oder USB-Platte gebootet werden kann) und das BIOS durch ein Passwort absichern. Dieses Passwort sollten Sie dann aber wirklich nicht vergessen ... Eine andere Möglichkeit besteht darin, die ganze Systempartition zu verschlüsseln.

faillog

Je nach der Einstellung von /etc/login.defs werden alle fehlerhaften Login-Versuche in /var/log/faillog protokolliert. Im Gegensatz zu vielen anderen Logging-Dateien kommt dabei ein binäres Format zum Einsatz.

Mit faillog -u name stellen Sie fest, wie viele fehlerhafte Login-Versuche bei einem bestimmten Benutzer seit der letzten gültigen Anmeldung aufgetreten sind.

Mit faillog -u name -m max kann eine Maximalanzahl fehlerhafter Login-Versuche für einen bestimmten Benutzer fixiert werden. Wird diese Zahl überschritten, wird der Login blockiert, bis root den Login durch das Kommando faillog -u name -r wieder erlaubt. (Damit wird der Login-Zähler zurückgesetzt.)

Sie können die maximale Login-Anzahl durch faillog -m max auch generell festlegen. Allerdings sollten Sie dann immer auch faillog -u root -m 0 ausführen, damit root von dieser Schutzmaßnahme ausgeschlossen ist. Andernfalls könnte es passieren, dass Sie sich selbst als root nicht mehr einloggen können, nachdem ein anderer Benutzer mehrere vergebliche root-Login-Versuche durchgeführt hat.

Gruppenpasswörter

Wie bei Benutzern können auch bei Gruppen Passwörter definiert werden (Kommando gpasswd). Aber während bei Benutzern Passwörter unbedingt zu empfehlen sind, sind Gruppenpasswörter unüblich. Ihr Hauptnachteil besteht darin, dass alle Gruppenmitglieder das Passwort kennen müssen, was die Administration erschwert.

Falls tatsächlich Gruppenpasswörter zum Einsatz kommen sollen, werden diese üblicherweise in der Datei /etc/gshadow gespeichert. Ein Gruppenpasswort muss dann eingegeben werden, wenn ein Benutzer mit dem Kommando newgrp seine gerade aktive Gruppe wechselt. (Die aktive Gruppe bestimmt, welcher Gruppe neue Dateien angehören.)

Zusammenspiel der Konfigurationsdateien

Die folgenden Zeilen fassen nochmals zusammen, wie die drei Dateien passwd, groups und shadow zusammenspielen. Für jeden Anwender enthält passwd eine Zeile nach folgendem Muster:

```
# eine Zeile in /etc/passwd
kofler:x:1000:1000:Michael Kofler:/home/kofler:/bin/bash
```

Dabei ist `kofler` der Login-Name. 1000 ist die UID (Identifikationsnummer des Benutzers), 1000 die GID (Identifikationsnummer der primären Gruppe), `Michael Kofler` der vollständige Name (für E-Mail, News etc.), `/home/kofler` das Verzeichnis des Benutzers und `/bin/bash` seine Shell. Die UID muss eine eindeutige Nummer sein, die für die Verwaltung der Zugriffsrechte von Dateien wichtig ist.

Die dazugehörende Zeile in `/etc/shadow` mit den Passwortinformationen sieht so aus:

```
# eine Zeile in /etc/shadow
kofler:$6$9dkO$...:13479:0:99999:7:::
```

Die Zeichenkette nach `kofler:` ist das verschlüsselte Passwort. Wenn auf die Zeichenkette verzichtet wird, kann der Login ohne Passwort verwendet werden. Wenn statt der Zeichenkette ein `*` oder `!` eingetragen ist, ist der Login gesperrt.

Die GID-Nummer in `/etc/passwd` muss mit einer Gruppe aus `/etc/group` übereinstimmen. Bei vielen Distributionen ist jedem gewöhnlichen Benutzer eine gleichnamige Gruppe zugeordnet:

```
# eine Zeile aus /etc/group
kofler:x:1000:
```

Benutzerverwaltung im Netzwerk

Wenn Sie mehrere Linux-Rechner miteinander vernetzen und mit NFS einen gegenseitigen Zugriff auf Dateien ermöglichen möchten, dann müssen Sie darauf achten, dass die UID- und GID-Nummern auf allen Rechnern einheitlich sind. Das allein wird bei mehreren Rechnern schon recht aufwendig. Wenn Sie nun auch noch möchten, dass sich jeder Benutzer auf jedem Rechner einloggen kann (und zwar natürlich immer unter dem gleichen Login-Namen und mit dem gleichen Passwort), dann müssen Sie alle `/etc/passwd`-Dateien ständig synchronisieren. Der Administrationsaufwand ist dann riesig.

Um diesen Aufwand zu vermeiden, wird in solchen Fällen meist ein zentraler Server zur Benutzerverwaltung eingesetzt. Zur Authentifizierung der Clients stehen eine ganze Menge alternativer Verfahren bzw. Protokolle zur Auswahl, deren Beschreibung in diesem Buch aber aus Platzgründen leider nicht möglich ist:

- LDAP (Lightweight Directory Access Protocol)
- NIS (Network Information Service, gilt als veraltet)
- Kerberos
- Samba bzw. die Windows-Benutzerverwaltung

PAM

Die Pluggable Authentication Modules (PAM) sind eine Bibliothek, deren Funktionen bei Authentifizierungsaufgaben helfen. Wenn Sie auf einem Linux-Rechner einen Login durchführen oder sich auf andere Weise authentifizieren (su, sudo, ssh etc.) bzw. Ihr Passwort verändern (passwd), greifen die jeweiligen Programme auf die PAM-Bibliothek zurück. Auch Cron und PolicyKit nutzen PAM. Eine umfassende, wenn auch ziemlich alte Dokumentation zu PAM finden Sie auf der folgenden Seite:

http://www.kernel.org/pub/linux/libs/pam/

Auf einem gewöhnlichen Linux-Rechner enthält /etc/passwd die Benutzernamen und /etc/shadow die dazugehörigen Passwörter in verschlüsselter Form. PAM ist standardmäßig so konfiguriert, dass es diese Dateien auswertet. Wenn ergänzend auch ein anderes Authentifizierungsverfahren genutzt werden soll (z. B. LDAP), muss die PAM-Konfiguration entsprechend verändert werden. Dabei helfen je nach Distribution unterschiedliche Werkzeuge:

Fedora:	system-config-authentication
SUSE:	YaST-Modul SICHERHEIT|BENUTZER- UND GRUPPENVERWALTUNG
Ubuntu:	pam-auth-update

pam.conf

Die Konfigurationsdateien befinden sich im Verzeichnis /etc/pam.d/. Darüber hinaus wird auch die Datei /etc/pam.conf ausgewertet. Die Konfigurationsdateien enthalten zeilenweise Regeln. Jede Regel besteht aus mindestens drei Teilen bzw. Spalten:

```
Typ Reaktion PAM-Modul [Modulargumente]
```

Einträgen in pam.conf muss zudem der Name des Service vorangestellt werden (z. B. login bzw. other für Standardeinträge). Bei den Dateien in /etc/pam.d ergibt sich der Service-Name aus dem Dateinamen.

Regeltyp (erste Spalte)

PAM unterscheidet zwischen vier Regeltypen (Spalte Typ). Bei einigen Distributionen (Debian, SUSE, Ubuntu) enthalten die Dateien common-account, common-auth, common-password und common-session Standardregeln für diese vier Typen:

- account: ermöglicht die Limitierung von Diensten je nach Tageszeit, Auslastung, Login-Ort (z. B. Konsole) etc.
- auth: betrifft die Autorisierung (Passwortabfrage und -überprüfung) und die anschließende Zuweisung von Privilegien (z. B. Gruppenzugehörigkeiten).
- password: betrifft den Mechanismus zur Änderung des Passworts.
- session: ermöglicht es, Aktionen vor oder nach dem eigentlichen Dienst auszuführen (Logging, Dateisysteme einbinden/lösen, Status der Mailbox anzeigen etc.)

Reaktion (zweite Spalte)

Die zweite Spalte in den Konfigurationsdateien gibt an, wie PAM reagieren soll, wenn eine Regel erfüllt bzw. nicht erfüllt ist. Es gibt zwei Möglichkeiten, die Reaktion zu beschreiben: entweder durch ein einfaches Schlüsselwort (z. B. required, requisite) oder durch ein in eckige Klammern gesetztes Wert/Ergebnis-Paar (z. B. [success=1 new_authtok_reqd=done default=ignore]). Die Bedeutung der vier wichtigsten Schlüsselwörter der einfachen Syntaxvariante ist in Tabelle 19.2 erklärt.

SCHLÜSSELWORT	REAKTION
requisite	Bei einem Regelverstoß liefert die PAM-Funktion sofort ein negatives Ergebnis, und die weiteren Regeln werden nicht mehr abgearbeitet.
required	Bei einem Regelverstoß liefert die PAM-Funktion ein negatives Ergebnis; weitere Regeln werden abgearbeitet, ihr Ergebnis wird aber nicht berücksichtigt.
sufficient	Bei Einhaltung der Regel liefert PAM sofort ein positives Ergebnis (es sei denn, es liegt bereits ein Verstoß gegen eine vorangegangene requisite-Regel vor); weitere Regeln werden nicht mehr berücksichtigt. Bei einem Regelverstoß setzt PAM mit der nächsten Regel fort.
optional	Das Ergebnis der Regel ist nur dann relevant, wenn es sich um die einzige Regel für einen bestimmten Regeltyp und einen bestimmten Service (z. B. su) handelt.

Tabelle 19.2: **Reaktion auf PAM-Regelverstöße**

Bei der zweiten Syntaxvariante geben Sie mehrere Wert/Ergebnis-Paare in der Form [value1=result1 value2=result2 ...] an. Für value gibt es eine ganze Reihe vordefinierter Schlüsselwörter, die das Ergebnis einer Regel ausdrücken. result kann entweder eine Zahl sein, die angibt, wie viele weitere Regeln nun übersprungen werden sollen, oder ein Schlüsselwort, das das gewünschte PAM-Ergebnis angibt (ignore, bad, die, ok, done oder reset). Das folgende Listing gibt an, wie die Schlüsselwörter der ersten Syntaxvariante in der zweiten Schreibweise ausgedrückt werden:

```
requisite  = [success=ok new_authtok_reqd=ok ignore=ignore default=die]
required   = [success=ok new_authtok_reqd=ok ignore=ignore default=bad]
sufficient = [success=done new_authtok_reqd=done default=ignore]
optional   = [success=ok new_authtok_reqd=ok default=ignore]
```

Modul und Optionen (dritte Spalte)

Die dritte Spalte gibt den Namen des PAM-Moduls an, das zur Auswertung der Regel eingesetzt werden soll. Das Verhalten des Moduls kann durch Optionen beeinflusst werden. Leider gibt es keine zentrale Dokumentation der zulässigen Optionen und ihrer Bedeutung.

Bei einer traditionellen Konfiguration ist das Modul pam_unix.so für die Auswertung der Dateien /etc/passwd und /etc/shadow zuständig. Die Option nullok erlaubt leere Passwörter. nullok_secure erlaubt die Authentifizierung durch ein leeres Passwort, sofern der Login durch eine in /etc/securetty genannte Konsole erfolgt. (Standardmäßig sind in dieser Datei die lokalen Konsolen /dev/tty*n* aufgezählt.) obscure führt dazu, dass das Modul einige ganz elementare Tests darauf durchführt, ob das Passwort nicht zu trivial ist. md5 gibt an, wie neue Passwörter verschlüsselt werden sollen.

Standardkonfiguration

Das folgende Listing fasst die Standardeinstellungen für alle vier Regeltypen in der Konfiguration von Fedora 16 zusammen. Beachten Sie, dass die Standardeinstellungen je nach Distribution stark variieren und oft über mehrere Dateien verteilt sind (z. B. common-xxx bei Debian, SUSE und Ubuntu).

```
# Datei /etc/pam.d/password-auth (Fedora)
auth        required      pam_env.so
auth        sufficient    pam_unix.so nullok try_first_pass
auth        requisite     pam_succeed_if.so uid >= 1000 quiet
auth        required      pam_deny.so
```

```
account     required     pam_unix.so
account     sufficient   pam_localuser.so
account     sufficient   pam_succeed_if.so uid < 1000 quiet
account     required     pam_permit.so

password    requisite    pam_cracklib.so try_first_pass retry=3 type=
password    sufficient   pam_unix.so sha512 shadow nullok try_first_pass use_authtok
password    required     pam_deny.so

session     optional     pam_keyinit.so revoke
session     required     pam_limits.so
session     [success=1 default=ignore] pam_succeed_if.so service in crond quiet use_uid
session     required     pam_unix.so
```

Name Service Switch (NSS)

Bei einem Login, bei der Verwaltung der Zugriffsrechte auf Dateien, bei Netzwerkzugriffen etc. sind alle möglichen Informationen über Benutzer- und Gruppennamen, UIDs und GIDs, Hostnamen, Ports von Netzwerkdiensten etc. erforderlich. Diese Daten befinden sich standardmäßig in den Dateien /etc/passwd, /etc/group, /etc/hosts, /etc/services etc.

In der Unix- bzw. Linux-Nomenklatur wird der Zugriff auf diese Daten unter dem Begriff *Name Services* zusammengefasst. Zuständig für diese Aufgabe ist der Name Service Switch (NSS), eine Sammlung von Funktionen der libc-Bibliothek. Ähnlich wie bei der Authentifizierung lässt sich die Datenquelle für NSS einstellen, beispielsweise wenn ein LDAP-Server die Daten zur Verfügung stellt. Die entscheidende Konfigurationsdatei ist /etc/nsswitch.conf. Die folgenden Zeilen zeigen die Standardkonfiguration unter Ubuntu 11.10:

```
# Datei /etc/nsswitch.conf (Ubuntu)
passwd:         compat
group:          compat
shadow:         compat
hosts:          files mdns4_minimal [NOTFOUND=return] dns mdns4
networks:       files
protocols:      db files
...
```

Die erste Spalte in nsswitch.conf bezeichnet die Datenbank bzw. Datei. Nach dem Doppelpunkt beschreiben Schlüsselwörter die Zugriffsmethode auf die Daten sowie optional die Reaktion auf Nachschlageergebnisse (in eckigen Klammern). Die folgende Liste erklärt die wichtigsten Schlüsselwörter für die Zugriffsmethoden. Wenn eine Zeile mehrere Zugriffsmethoden nennt, werden diese der Reihe nach angewendet, bis eine Methode erfolgreich ist. Weitere Syntaxdetails verrät man nsswitch.conf.

- files: greift auf die traditionellen Konfigurationsdateien zurück (/etc/passwd und /etc/group).
- compat: wie files, wobei den Benutzer- und Gruppenangaben die Zeichen + und - vorangestellt werden können. Das erhöht die Kompatibilität zu NIS. compat kann nicht mit anderen Schlüsselwörtern kombiniert werden.

- db: liest die Daten aus einer BDB-Datenbankdatei (BDB = *Berkeley Database*).
- dns: kontaktiert einen Name-Server.
- mdns: verwendet Multicast DNS (alias Zeroconf bzw. Apple Bonjour/Rendezvous).

Die Zugriffsmethoden setzen voraus, dass die entsprechende Bibliothek installiert ist, beispielsweise libnss_db für db. Fehlt die Bibliothek, wird das entsprechende Schlüsselwort einfach ignoriert (ohne dass ein Fehler gemeldet wird).

nscd (Name Service Caching Daemon)

Bei einigen Distributionen (z. B. Fedora, Red Hat und SUSE) wird standardmäßig das Programm nscd installiert und während des Init-V-Prozesses aktiviert. Bei Debian und Ubuntu ist eine optionale Installation möglich.

nscd steht für *Name Service Caching Daemon*. Das Programm merkt sich bei entsprechender Konfiguration Login-, Gruppen- und Hostnamen sowie deren IP-Nummern. Im Unterschied zu einem Nameserver (siehe Seite 802) stellt nscd diese Informationen aber nur dem lokalen Rechner zur Verfügung, nicht anderen Rechnern im Netzwerk. Sinnvoll ist der Einsatz von nscd vor allem dann, wenn die Benutzerverwaltung durch einen Netzwerkdienst erfolgt (z. B. LDAP). nscd dient dann als Cache für Informationen und vermeidet unnötige LDAP-Anfragen, die oft nur vergleichsweise langsam beantwortet werden.

/etc/nscd.conf

Die Konfiguration von nscd erfolgt durch /etc/nscd.conf. Üblicherweise enthält die Datei Einträge in drei Gruppen: passwd für Login-Namen, group für Gruppen und host für Hostnamen. Die Einstellungen jeder Gruppe legen fest, wie lange die Daten gespeichert werden, wie viele Einträge maximal verwaltet werden sollen etc.

19.5 Spracheinstellung, Internationalisierung, Unicode

In diesem Abschnitt geht es um zwei Dinge:

- **Lokalisierung bzw. Spracheinstellung:** Diese Einstellung bestimmt, in welcher Sprache Fehlermeldungen, Menüs, Dialoge, Hilfetexte etc. angezeigt werden. Auch die Formatierung von Datum, Uhrzeit, Währungsbeträgen etc. ändert sich dadurch entsprechend.
- **Zeichensatz:** Der Zeichensatz bestimmt, welche Codes zur Speicherung von Buchstaben verwendet werden. Hier herrscht generelle Einigkeit nur für 7-Bit-ASCII. Beinahe jeder Zeichensatz verwendet den Code 65 für den Buchstaben A. Abweichungen gibt es hingegen bei internationalen Zeichen: Daher gelten für den Buchstaben Ä je nach Zeichensatz unterschiedliche Codes. Es gibt sogar Zeichensätze, in denen Ä überhaupt nicht vorkommt, um so Platz für andere Zeichen, z. B. kyrillische oder hebräische Buchstaben, zu schaffen.

Im Zusammenhang mit der Lokalisierung von Programmen werden Sie immer wieder auf die merkwürdigen Kürzel i18n und l10n stoßen: Dabei handelt es sich um die Kurzschreibweise für Internationalization (*i* plus 18 Buchstaben plus *n*) bzw. Localization. Diese Kürzel eignen sich auch gut als Suchbegriff, falls Sie im Internet nach weiteren Informationen suchen möchten.

Zeichensatz-Grundlagen

Ein Zeichensatz (*character set*) beschreibt die Zuordnung zwischen Zahlencodes und Buchstaben. Bekannte Zeichensätze sind ASCII (7 Bit), ISO-Latin-*n* (8 Bit) und Unicode (16 Bit).

» **ASCII:** Der ASCII-Zeichensatz beschreibt lediglich 127 Zeichen, darunter die Buchstaben a–z bzw. A–Z, die Ziffern 0–9 sowie diverse Interpunktionszeichen.

» **ISO-8859, Latin-Zeichensätze:** Die ISO-Zeichensätze enthalten neben den 127 ASCII-Zeichen bis zu 128 zusätzliche Sonderzeichen für verschiedene Sprachregionen. Die folgende Liste zählt die wichtigsten ISO-Zeichensätze auf:

  ISO-8859-1 = Latin-1: Westeuropa
  ISO-8859-2 = Latin-2: Zentral- und Osteuropa
  ISO-8859-3 = Latin-3: Südeuropa
  ISO-8859-4 = Latin-4: Nordeuropa
  ISO-8859-9 = Latin-5: Türkisch
  ISO-8859-10 = Latin-6: Nordisch (Sami, Intuit, Island)
  ISO-8859-13 = Latin-7: Baltisch
  ISO-8859-14 = Latin-8: Keltisch
  ISO-8859-15 = Latin-9 = Latin-0: ähnlich zu Latin-1, aber mit Euro-Zeichen

  Latin-0 wurde nur in einem Entwurfsdokument verwendet und ist kein offizieller Name. Er wird in der Praxis aber recht oft eingesetzt. Unter Windows werden Zeichensätze *Code Pages* genannt. Code Page 1252 hat große Ähnlichkeit mit Latin-1, es gibt aber ein paar Unterschiede.

» **Unicode:** Um das Durcheinander verschiedenster 8-Bit-Zeichensätze zu lösen, wurde der 16-Bit-Zeichensatz Unicode (ISO-10646) entworfen. Damit können nicht nur alle europäischen Sonderzeichen codiert werden, sondern auch die meisten asiatischen Zeichen. (Da für jedes Zeichen 16 Bit vorgesehen sind, bietet dieser Zeichensatz Platz über 65.000 Zeichen.)

  Unicode regelt nur, welcher Code welchem Zeichen zugeordnet ist, nicht aber, wie die Codes gespeichert werden. Die einfachste Lösung scheint auf den ersten Blick darin zu bestehen, jedes Zeichen einfach durch 2 Byte (also 16 Bit) darzustellen. Diese Formatierung wird UTF-16 genannt (Unicode Transfer Format). Sie hat allerdings zwei Nachteile: Erstens verdoppelt sich der Speicherbedarf, und zwar auch in solchen Fällen, in denen überwiegend europäische Zeichen oder gar nur US-ASCII-Zeichen gespeichert werden sollen. Zweitens tritt der Bytecode 0 an beliebigen Stellen in Unicode-Zeichenketten auf. Viele C-Programme, E-Mail-Server etc. setzen aber voraus, dass das Byte 0 das Ende einer Zeichenkette markiert.

  Deswegen gibt es auch andere Möglichkeiten, Unicode-Texte zu repräsentieren. Die bei Weitem populärste Alternative zu UTF-16 ist UTF-8. Dabei werden die US-ASCII-Zeichen (7 Bit) wie bisher durch ein Byte dargestellt, deren oberstes Bit 0 ist. Alle anderen Unicode-Zeichen werden durch zwei bis vier Byte lange Byte-Ketten dargestellt. Der offensichtliche Nachteil dieses Formats besteht darin, dass es keinen unmittelbaren Zusammenhang zwischen der Byteanzahl und der Anzahl der Zeichen eines Dokuments gibt. Wegen der größeren Kompatibilität zu existierenden Programmen und einer Reihe anderer Vorteile hat sich UTF-8 unter Unix/Linux als Standard etabliert, während unter Microsoft-Windows häufig UTF-16 verwendet wird. Wenn im Zusammenhang mit Linux also von Unicode die Rede ist, ist in den meisten Fällen Unicode im UTF-8-Format gemeint. Fast alle Distributionen verwenden standardmäßig UTF-8.

Auswirkungen des Zeichensatzes

Der aktive Zeichensatz entscheidet darüber, wie Zeichen in Textdateien bzw. in Dateinamen codiert werden. Die Dateisysteme von Linux kommen mit jedem Zeichensatz zurecht. Als Dateiname gilt jede Zeichenkette, die mit dem Byte-Code 0 endet. Je nachdem, welcher Zeichensatz gerade gültig ist, kann die Bytefolge und -anzahl für einen Dateinamen wie `äöü.txt` aber ganz unterschiedlich sein! Wenn der aktuelle Zeichensatz Latin-1 lautet, kann dieser Name durch 7 Byte (plus ein 0-Byte) ausgedrückt werden. Wenn als Zeichensatz dagegen Unicode/UTF-8 verwendet wird, ist der Dateiname 10 Byte lang (weil zur Darstellung von ä, ö und ü jeweils zwei Byte benötigt werden).

Es gibt eine Reihe von Programmen, die unabhängig vom Zeichensatz funktionieren bzw. mit mehreren Zeichensätzen gleichzeitig zurechtkommen: Beispielsweise können E-Mail-Programme und Webbrowser auch E-Mails bzw. Webseiten darstellen, die nicht den gerade aktiven Zeichensatz verwenden. Damit das funktioniert, enthält jede E-Mail bzw. jede Webseite Informationen über den eingesetzten Zeichensatz. Moderne Textverarbeitungsprogramme speichern den Text zumeist in einem Unicode-Zeichensatz oder unter Verwendung eines eigenen Codes. Auch Editoren wie Emacs oder XEmacs sind grundsätzlich in der Lage, Textdateien in verschiedenen Codierungen zu verarbeiten bzw. zu speichern.

Zeichensatz-probleme

Probleme treten am häufigsten auf, wenn Sender und Empfänger beim Austausch von (Text-)Dateien einen unterschiedlichen Zeichensatz verwenden. Beispielsweise verfasst ein Benutzer einer Linux-Distribution mit Unicode-Zeichensatz mit einem Editor eine Textdatei mit internationalen Sonderzeichen. Nun soll ein Benutzer eines anderen Betriebssystems mit Latin-Zeichensatz die Datei weiterbearbeiten und stellt zu seiner Verwunderung fest, dass alle Nicht-ASCII-Zeichen falsch dargestellt werden. Derartige Probleme lassen sich mit den Kommandos recode bzw. `iconf` zumeist leicht lösen (siehe Seite 333).

Dieselben Probleme betreffen auch Dateinamen, insbesondere im Zusammenspiel mit NFS3: Wenn Sie auf einem Rechner mit UTF8-Zeichensatz die Datei `äöü.txt` erzeugen und ein anderer Rechner mit Latin-Zeichensatz via NFS auf diese Datei zugreift, sieht der Dateiname so ähnlich wie `Ã¤Ã¶Ã¼.txt` aus. Abhilfe schaffen die Verwendung eines einheitlichen Zeichensatzes auf allen Rechnern des Netzwerks oder der Einsatz von NFS4. Wenn Sie den Zeichensatz für die Namen zahlreicher schon vorhandener Dateien ändern möchten, hilft das auf Seite 334 beschriebene Kommando convmv weiter.

Schriftart (Font)

Die Schriftart darf nicht mit einem Zeichensatz verwechselt werden. Sie ist dafür zuständig, wie ein bestimmtes Zeichen auf dem Bildschirm angezeigt wird. Dazu gibt es verschiedene Schriftarten (z. B. Arial, Courier, Helvetica, Palatino, um einige bekannte zu nennen).

Natürlich haben Schriftarten und Zeichensätze miteinander zu tun: Bevor ein Zeichen mit dem Code 234 am Bildschirm korrekt dargestellt werden kann, muss klar sein, welcher Zeichensatz für die Codierung verwendet wurde. Manche alten X-Schriftarten waren auf 256 Zeichen beschränkt und standen daher in getrennten Versionen für verschiedene Zeichensätze zur Verfügung. Neuere Schriften (TrueType, PostScript) enthalten hingegen mehr Zeichen und sind zu mehreren Zeichensätzen kompatibel.

Lokalisation und Zeichensatz einstellen

Konfigurationswerkzeuge

Je nach Distribution bzw. Desktop-System können Sie verschiedene Werkzeuge zur Konfiguration der Sprache einsetzen. Als Zeichensatz kommt fast immer UTF-8 zum Einsatz. Nur wenige Distributionen bieten noch die Möglichkeit, einen 8-Bit-Zeichensatz einzustellen. Bei allen Distributionen müssen Sie sich neu einloggen, damit veränderte Spracheinstellungen wirksam werden. Gnome berücksichtigt die Spracheinstellung des Systems und bietet hierfür selbst keine Konfigurationswerkzeuge an.

Debian:	`dpkg-reconfigure locales`
Fedora, Red Hat:	`system-config-language`
Gnome 3.*n*:	Systemeinstellungsmodul REGION UND SPRACHE
KDE:	Kontrollzentrum-Modul PERSÖNLICHES|LAND/REGION
SUSE:	YaST-Modul SYSTEM|SPRACHE
Ubuntu:	`gnome-language-selector`

Außerdem besteht in den Login-Dialogen zu KDE und Gnome 2.*n* (also in kdm und in älteren gdm-Versionen) die Möglichkeit, für die nächste Sitzung die gewünschte Sprache auszuwählen.

Konfigurationsdateien

Natürlich variiert auch der Ort, an dem die Konfigurationseinstellungen gespeichert werden:

Debian, Ubuntu:	`/etc/default/locale`
Red Hat, Fedora:	`/etc/sysconfig/i18n`
SUSE:	`/etc/sysconfig/language`

Viele Distributionen berücksichtigen darüber hinaus benutzerspezifische Einstellungen in `~/.i18n`.

LC- und LANG-Variablen

Intern wird sowohl die Lokalisation als auch der Zeichensatz durch Umgebungsvariablen wie `LC_CTYPE` und `LANG` gesteuert. Für die Auswertung dieser Variablen ist die glibc-Bibliothek verantwortlich, die in fast allen Linux-Programmen zum Einsatz kommt.

Die Lokalisation kann kategorieweise durchgeführt werden. Bei korrekter Konfiguration können Sie beispielsweise für Datums- und Zeitangaben das in Deutschland übliche Format verwenden, Fehlermeldungen aber dennoch in Englisch anzeigen. Tabelle 19.3 zählt die wichtigsten Variablen auf.

Natürlich berücksichtigt nicht jedes Programm alle Kategorien (und viele Programme ignorieren die `LC_`-Variablen vollständig). Wenn einzelne Kategorien nicht eingestellt sind, verwenden Programme als Standardwert C bzw. POSIX. Das bedeutet, dass Fehlermeldungen auf Englisch erscheinen, Daten und Zeiten im amerikanischen Format dargestellt werden etc.

Anstatt alle hier aufgezählten Variablen einzeln einzustellen, können Sie einfach die Variable `LANG` einstellen. Damit wird für alle undefinierten Variablen der `LANG`-Standardwert verwendet. Einzig bei `LC_COLLATE` bleibt die Grundeinstellung POSIX. Bei den meisten Distributionen erfolgt die gesamte Spracheinstellung über die `LANG`-Variable.

Noch stärker als `LANG` wirkt `LC_ALL`. Wenn diese Variable gesetzt wird, gilt für alle Kategorien diese Einstellung (ganz egal, wie die anderen `LC_`-Variablen oder wie `LANG` eingestellt sind).

Bei den meisten Programmen befinden sich Fehlermeldungen und andere Texte für jede Sprache separat in eigenen Verzeichnissen, z. B. in `/usr/share/locale*/`*sprache*`/LC_MESSAGES`. Weitere

VARIABLE	BEDEUTUNG
LANG	bestimmt den Standardwert für alle nicht eingestellten LC-Variablen.
LC_CTYPE	bestimmt den Zeichensatz.
LC_COLLATE	bestimmt die Sortierordnung.
LC_MESSAGES	bestimmt die Darstellung von Nachrichten, Fehlermeldungen etc..
LC_NUMERIC	bestimmt die Darstellung von Zahlen.
LC_TIME	bestimmt die Darstellung von Datum und Uhrzeit.
LC_MONETARY	bestimmt die Darstellung von Geldbeträgen.
LC_PAPER	bestimmt die Papiergröße.
LC_ALL	überschreibt alle individuellen LC-Einstellungen.

Tabelle 19.3: **Wichtige Lokalisationsvariablen**

Hintergrundinformationen zum Thema *Locales and Internationalization* geben das Kommando `man locale` sowie die folgende Website:

http://www.gnu.org/software/libc/manual/

Lokalisation testen

Den aktuellen Zustand der Lokalisationseinstellung können Sie am einfachsten mit dem Kommando `locale` ermitteln. Dieses Kommando wertet auch `LANG` und `LC_ALL` aus und ermittelt daraus die resultierenden Einstellungen. Das folgende Beispiel zeigt die Einstellung auf meinem Rechner:

```
user$  locale
LANG=de_DE.UTF-8
LC_CTYPE="de_AT.UTF-8"
LC_NUMERIC="de_AT.UTF-8"
LC_TIME="de_AT.UTF-8"
...
LC_ALL=
```

Zum Testen der Lokalisation können Sie auch ein beliebiges Kommando fehlerhaft ausführen. Die Fehlermeldung sollte in der eingestellten Sprache erscheinen. Wenn `LANG` auf `de_DE` eingestellt ist, sollte die Fehlermeldung des `mount`-Kommandos wie folgt aussehen:

```
user$  mount /xy
mount: Konnte /xy nicht in /etc/fstab oder /etc/mtab finden
```

env

Wenn Sie ein einzelnes Kommando mit einer anderen Spracheinstellung ausführen möchten, ohne gleich die gesamte Konfiguration zu ändern, verwenden Sie am besten das Kommando `env`. Dieses Kommando erwartet eine Reihe von Variablenzuweisungen und schließlich das eigentliche Kommando, das unter Berücksichtigung der eingestellten Variablen ausgeführt wird:

```
user$  env LANG=C mount /xy
mount: can't find /xy in /etc/fstab or /etc/mtab
```

Falls die Fehlermeldung trotz geänderter `LANG`-Einstellung noch immer in der jeweiligen Landessprache (statt in Englisch) erscheint, versuchen Sie, auch `LANGUAGE` zurückzusetzen:

```
user$ env LANG=C LANGUAGE=C mount /xy
mount: can't find /xy in /etc/fstab or /etc/mtab
```

Um LANG für den gesamten Verlauf einer Sitzung einzustellen, führen Sie export LANG=C aus.

Zulässige LC/LANG-Einstellungen

Eine Liste aller möglichen Einstellungen für die Variablen können Sie mit locale -a ermitteln. Üblicherweise wird die Schreibweise *x_y* verwendet, wobei *x* durch zwei Buchstaben die Sprache und *y* durch zwei Buchstaben das Land bezeichnet. Im deutschen Sprachraum sollten Sie de_DE verwenden. Für die englische Standardeinstellung ist die Kurzschreibweise C erlaubt. Neuere glibc-Versionen verstehen auch Einstellungen wie deutsch oder german. Die Datei /usr/share/locale/locale.alias enthält eine Tabelle, die die zulässigen Kurzschreibweisen dem vollständigen Lokalisationsnamen zuordnet.

Lokalisierungspakete

Ob Menüs, Dialoge, Fehlermeldungen, Hilfetexte etc. tatsächlich in der richtigen Sprache angezeigt werden, hängt davon ab, ob die dazu erforderlichen Lokalisierungsdateien installiert sind. Aus Platzgründen ist dies oft nur für eine oder zwei Sprachen (z. B. Englisch und Deutsch) der Fall. Wenn Sie Ihre Distribution auch in französischer Sprache nutzen möchten, müssen Sie für Gnome, KDE, OpenOffice, Firefox etc. entsprechende Zusatzpakete installieren. Bei SUSE und Ubuntu helfen Ihnen dabei die in der Einleitung dieses Kapitels aufgezählten Konfigurationswerkzeuge, bei anderen Distributionen ist hier aber Handarbeit erforderlich.

Nicht jedes Linux-Programm ist für jede Sprache lokalisiert. Besonders große Lücken gibt es bei der Online-Dokumentation (man-Seiten, Handbücher, Hilfesysteme). Wenn geeignete Lokalisierungsdateien fehlen, zeigt Linux englische Texte an.

Einstellung des Zeichensatzes

Zusammen mit der Lokalisation wird auch der Zeichensatz eingestellt. Der Zeichensatz folgt dem Ländercode nach einem Punkt, z. B. de_DE.ISO-8859-1 oder de_DE.utf8.

19.6 Hardware-Referenz

In diesem Buch gibt es kein eigenes Hardware-Kapitel. Die richtige Konfiguration von Hardware-Komponenten wird stattdessen in den dazu passenden Kapiteln behandelt: Wenn Sie also beispielsweise Probleme mit einer Netzwerkkarte haben, ist Kapitel 27 zur Netzwerkkonfiguration der richtige Startpunkt.

Dieser Abschnitt hat somit zwei Aufgaben: Zum einen soll die systematische Referenz die Suche nach weiteren Informationen zu bestimmten Hardware-Komponenten erleichtern. Zum anderen finden Sie hier kurze Informationen zu Hardware-Themen, die im Rest des Buchs zu kurz kommen. Natürlich gibt es eine Menge Hardware-Komponenten, die in diesem Buch aus den verschiedensten Gründen *nicht* beschrieben sind. Das liegt primär daran, dass ich nicht die Testmöglichkeiten habe, über die beispielsweise eine Computerzeitschrift verfügt.

Tipp

Erkundigen Sie sich *vor dem Kauf*, ob Ihre neue Hardware Linux-kompatibel ist! Werfen Sie einen Blick auf die üblichen Linux-Hardware-Seiten (siehe Seite 24). Führen Sie im Internet eine Suche mit den Begriffen *linux modellname* durch. Auch Linux-orientierte Zeitschriften sind für diesen Zweck naturgemäß eine aktuellere Informationsquelle als Bücher.

Device-Dateien Die meisten Hardware-Komponenten werden über sogenannte Devices angesprochen – z. B. /dev/sda für eine SATA-Festplatte. Die Device-Dateien werden dynamisch bei Bedarf durch das udev-System erzeugt. Eine Liste mit den wichtigsten Linux-Device-Dateien finden Sie auf Seite 306.

/proc- und /sys-Dateien Bei vielen Komponenten geben virtuelle Dateisysteme in den Verzeichnissen /proc und /sys detaillierte Informationen. Einen Überblick über solche Hardware-Dateien finden Sie ab Seite 733.

Kernelmodule Die Treiber zu zahllosen Hardware-Komponenten befinden sich in Kernelmodulen. Ein Teil dieser Module wird während des Systemstarts geladen, die restlichen Module erst bei Bedarf. Wenn das automatische Laden von Modulen nicht funktioniert, sollten Sie einen Blick in die Dateien `/etc/mmodprobe.conf` bzw. `/etc/modprobe.conf.d/*` werfen. Der Umgang mit Modulen und die Funktion dieser Dateien werden in Kapitel 26 ab Seite 715 beschrieben.

Was beim Laden von Modulen geschieht und ob die Hardware erfolgreich initialisiert werden kann, geht aus den Kernelmeldungen hervor. Diese lesen Sie mit dem Kommando dmesg.

Hardware-Überblick Um einen Überblick über die laufende Hardware zu erlangen, führen Sie die Kommandos `lshal`, `lspci` und `lsusb` aus. Auch ein Blick in die Kernelmeldungen mit dmesg ist oft aufschlussreich.

CPU und Speicher

CPU Dieses Buch behandelt ausschließlich Rechner mit einem Prozessor, der zum Intel-Pentium-Prozessor kompatibel ist – vereinfacht ausgedrückt also 32- und 64-Bit-Prozessoren von Intel und AMD. Es gibt Linux-Versionen auch für unzählige andere CPU-Architekturen (z. B. für den PowerPC).

Welche CPUs in Ihrem Rechner laufen, geht aus der Datei `/proc/cpuinfo` hervor. Die folgende, stark gekürzte Ausgabe entstand auf einem Rechner mit einem Intel-i7-Prozessor. Linux betrachtet die Cores wie eigenständige Prozessoren. Dabei enthält die Zeile `model name` die maximale Taktfrequenz.

```
user$ cat /proc/cpuinfo
cat /proc/cpuinfo
processor       : 0
model name      : Intel(R) Core(TM) i7 CPU        860  @ 2.80GHz
...
processor       : 1
model name      : Intel(R) Core(TM) i7 CPU        860  @ 2.80GHz
...
```

Bei Prozessoren mit variabler Taktfrequenz sind `cpufreq`-Module für die energiesparende Reduzierung der Frequenz zuständig. Hintergrundinformationen zu diesem System gibt die Kerneldokumentation:

http://www.kernel.org/doc/Documentation/cpu-freq/

Daten zum aktuellen Zustand des Systems sowie Steuerungsmöglichkeiten bieten die Dateien des folgenden Verzeichnisses:

`/sys/devices/system/cpu/cpu`*n*`/cpufreq/`

Speicher (RAM)

Informationen über den verfügbaren Speicher erhalten Sie mit dem Kommando `free`. Wenn Sie vermuten, dass Ihr Rechner Hardware-Probleme beim RAM hat (defekte Speicherbausteine etc.), bietet das Programm Memtest86 eine gute Möglichkeit, das RAM zu testen. Bei fast allen Distributionen kann das Programm komfortabel während des Systemstarts gestartet werden. Sollte das bei Ihnen nicht funktionieren, finden Sie auf der folgenden Website ein ISO-Image, um eine bootfähige CD zu brennen:

http://www.memtest86.com/

Energieverwaltung

ACPI

ACPI steht für *Advanced Configuration and Power Interface* und steuert die Energieverwaltungsfunktionen marktüblicher PCs und Notebooks seit ca. 1999. (Der frühere Standard hieß APM = *Advanced Power Management.*) ACPI wird seit Kernel 2.6 von Linux unterstützt. Die erforderlichen Kernelmodule werden automatisch geladen, wovon Sie sich mit `dmesg | grep ACPI` überzeugen können. Gleichzeitig werden der Kernelprozess `kacpid` und der ACPI-Dämon `acpid` gestartet. Diese beiden Programme verarbeiten ACPI-Ereignisse. `acpid` wird durch die Dateien in `/etc/acpi` gesteuert.

Das Kommando `acpi -V` und die Dateien des Verzeichnisses `/proc/acpi` geben Informationen über den aktuellen Zustand des ACPI-Systems (Ladezustand der Akkus, deren Temperatur etc.).

Falls ACPI beim Start Probleme verursacht, finden Sie auf Seite 738 einige Kernelparameter, um ACPI ganz oder teilweise zu deaktivieren. Weitere Informationen zu ACPI und Linux finden Sie hier:

http://www.lesswatts.org/projects/acpi/

Suspend

ACPI unterstützt verschiedene Schlafmodi, in denen der Rechner wenig (Stand-by-Modus) bzw. gar keinen Strom verbraucht (Suspend-Modus, Hibernate-Modus, Ruhezustand). Bei den meisten Distributionen bzw. Desktop-Systemen versetzen Sie den Rechner über Menükommandos wie SYSTEM|BEENDEN in den gewünschten Schlafmodus.

Der für Notebook-Besitzer interessanteste Schlafmodus ist der sogenannte Ruhezustand. Dabei wird der aktuelle Speicherinhalt in der Swap-Partition der Festplatte gespeichert und der Rechner vollständig ausgeschaltet. Das setzt voraus, dass die Swap-Partition ausreichend groß ist!

Beim Aufwachen wird der Speicher wieder von der Festplatte gelesen. Außerdem müssen sämtliche Hardware-Komponenten neu initialisiert werden. Dieser Prozess ist sehr komplex und erfordert ein optimales Zusammenspiel des Linux-Kernels, seiner Module und des ACPI-Systems.

Achtung

Meine persönlichen Erfahrungen mit diversen Schlafmodi sind leider überwiegend negativ. Soweit nicht schon beim Versuch der Aktivierung ein Fehler auftrat, gelang es oft nicht mehr, den Rechner aus dem Schlafmodus wieder aufzuwecken. Abhilfe schufen erst ein Reset oder ein manuelles Aus- und Wieder-Einschalten des Rechners. Testen Sie die Suspend-Funktionen also mit großer Vorsicht. Sichern Sie vorher alle Daten, führen Sie `sync` aus, und lösen Sie alle nicht benötigten Dateisysteme aus dem Verzeichnisbaum!

Energiesparmaßnahmen In den letzten Jahren gab es große Bemühungen der Linux-Entwicklergemeinde, um den Energieverbrauch von Rechnern zu minimieren und die Laufzeit von Notebooks im Akkubetrieb zu verlängern. Einen guten Überblick über gängige Methoden und Werkzeuge gibt die folgende Seite:

http://www.lesswatts.org/projects/

Viele der auf dieser Seite beschriebenen Maßnahmen sind in den Kernel, in die Standardeinstellungen aktueller Distributionen und in die Energieverwaltungswerkzeuge von KDE und Gnome eingeflossen.

powertop Das Kommando powertop hilft bei der Suche nach Programmen, die die CPU aus dem Ruhezustand holen. Gleichzeitig gibt das Programm Tipps, wie der Energieverbrauch minimiert werden kann.

```
root# powertop
     PowerTOP version 1.11      (C) 2007 Intel Corporation

Cn                   Verweildauer       P-States (Frequenzen)
C0 (Prozessor läuft)     ( 1,8%)          1,80 GHz     0,0%
zyklisches AbfraC1 halt             0,0m  1,60 GHz     0,0%
C1 halt             0,0ms ( 0,0%)         1400 MHz     0,0%
C2                 17,7ms (98,2%)         1200 MHz     0,0%
C3                  0,0ms ( 0,0%)          600 MHz   100,0%
C4                  0,0ms ( 0,0%)
Aufwachen pro Sekunde : 55,3    Intervall: 3,0s
Stromverbrauch (ACPI-Schätzung): 20,1W (1,2 Std.)

Häufigste Ursachen für das Aufwachen:
  23,0% ( 15,7)       <interrupt> : ehci_hcd:usb1, uhci_hcd:usb2, uhci_hcd:usb3,
  21,6% ( 14,7)    USB Gerät  3-2 : Optical USB Mouse (Logitech)
  13,7% (  9,3)       <interrupt> : extra timer interrupt
  12,7% (  8,7)     <Kernel Kern> : usb_hcd_poll_rh_status (rh_timer_func)
   9,8% (  6,7)     <Kernel Kern> : hrtimer_start (tick_sched_timer)
   3,9% (  2,7)    gnome-terminal : schedule_hrtimeout_range (hrtimer_wakeup)

Vorschlag: Aktivieren Sie "USB autosuspend" durch Drücken der U-Taste
oder durch Anhängen der Bootoption "usbcore.autosuspend=1" an die Kernel-
kommandozeile oder in der GRUB-Konfiguration.
```

powertop ist ein ausgezeichnetes Werkzeug, wenn Sie gezielt nach Maßnahmen suchen, um die Laufzeit Ihres Notebooks zu verlängern.

Laptop-Modus Der »Laptop-Modus« ist eine Kernelfunktion, die den Energieverbrauch von Notebooks im Batteriebetrieb zu minimieren versucht. Die Hauptfunktion besteht darin, Schreiboperationen auf der Festplatte nicht sofort durchzuführen, sondern in einem Cache zu speichern. Eine Synchronisierung der Daten erfolgt nur in Abständen von mehreren Minuten (es sei denn, es müssen sehr viele Daten gespeichert werden). In der Zwischenzeit kann die Festplatte in einen Energiesparmodus versetzt werden. Der Modus kann durch das folgende Kommando aktiviert werden:

```
root# echo 5 > /proc/sys/vm/laptop_mode
```

Beachten Sie aber, dass ein zu häufiges Ein- und Ausschalten die Lebensdauer von Festplatten verkürzen kann (siehe auch http://lwn.net/Articles/257426/). Der Laptop-Modus sollte nicht auf Desktop-PCs verwendet werden, weil deren Festplatten zumeist für weniger Ein/Aus-Zyklen konzipiert sind. Außerdem muss Ihnen natürlich klar sein, dass Sie im Falle eines Absturzes alle nicht gesicherten Daten verlieren.

In der Regel wird der Laptop-Modus durch die Scripts und Konfigurationsdateien des Pakets `laptop-mode-tools` gesteuert. Dieses Paket führt auch diverse andere Energiesparmaßnahmen durch. Die Konfiguration erfolgt durch die Dateien im Verzeichnis `/etc/laptop-mode` (siehe `man laptop-mode.conf`). Weitere Informationen zum Laptop-Modus und zu den `laptop-mode-tools` finden Sie unter:

http://samwel.tk/laptop_mode/

Schnittstellen und Bussysteme

Serielle und parallele Schnittstelle

Unter Linux sind serielle bzw. parallele Schnittstellen über die Device-Dateien `/dev/ttyS`*n* bzw. `/dev/lp`*n* zugänglich. Am ehesten treffen Sie auf diese veralteten Schnittstellen bei der Konfiguration eines Analogmodems bzw. eines alten Druckers.

IDE, SATA, SCSI

Interne Festplatten, CD- und DVD-Laufwerke sowie diverse andere Datenträger sind in der Regel über die Bussysteme IDE, SATA oder SCSI mit dem Rechner verbunden (siehe auch Seite 566). Aktuelle Linux-Versionen kommunizieren mit IDE-, SATA- und SCSI-Geräten über das SCSI-System des Kernels. Nur bei wenigen IDE-Controllern, die inkompatibel zur der `libata`-Erweiterung des SCSI-Systems ist, kommen noch die alten IDE-Treiber zum Einsatz.

Informationen über den Zustand der IDE- und SCSI-Systeme und aller damit verwalteten Geräte geben das Kommando `lsscsi` sowie die folgenden Dateien:

```
/sys/bus/ide/*
/sys/bus/scsi/*
/proc/scsi/*
```

USB

Der *Universal Serial Bus* (USB) wird zur Verbindung zwischen dem Computer und diversen externen Geräten eingesetzt – von der Maus bis zum Scanner. Die erforderlichen USB-Kernelmodule werden automatisch geladen. USB-Datenträger (also USB-Festplatten, Memorysticks, externe CD- und DVD-Laufwerke) etc. werden wie SCSI-Geräte behandelt.

Das virtuelle Dateisystem `usbfs` gibt im Verzeichnis `/proc/usb` Informationen über alle angeschlossenen USB-Geräte. Weitere Daten können Sie dem Verzeichnis `/sys/bus/usb` entnehmen. Eine ausführliche Liste aller USB-Schnittstellen und -Geräte liefert `lsusb -v` (Paket `usbutils`).

Firewire

Das Bussystem Firewire ist eine Alternative zu USB. Firewire ist durch den Standard IEEE 1394 definiert und auch unter dem von Sony bevorzugten Namen *i.Link* bekannt. Firewire ist etwas schneller als USB und ist vor allem zur Datenübertragung von Videokameras beliebt. Umfassende Informationen zum Thema Linux und IEEE 1394 finden Sie auf der folgenden Website:

http://www.linux1394.org/

Beim Anschluss von Firewire-Geräten werden die erforderlichen Module (insbesondere ieee1394) automatisch geladen. Informationen über die angeschlossenen Geräte und den Status des Firewire-Systems geben die Dateien in /sys/bus/ieee1394.

PCI Informationen über PCI-Komponenten in Ihrem Rechner ermitteln Sie am besten mit dem Kommando lspci. Die Dateien in /proc/bus/pci/ und /sys/bus/pci/ enthalten dieselben Informationen, sind aber wesentlich schwieriger zu interpretieren. Die folgende Ausgabe ist aus Platzgründen stark gekürzt:

```
root#  lspci
00:00.0 Host bridge: Intel Corporation 82P965/G965 Memory Controller Hub
00:01.0 PCI bridge: Intel Corporation 82P965/G965 PCI Express Root Port
00:1a.0 USB Controller: Intel Corporation 82801H (ICH8 Family) USB UHCI #4
00:1b.0 Audio device: Intel Corporation 82801H (ICH8 Family) HD Audio Controller
00:1f.0 ISA bridge: Intel Corporation 82801HB/HR (ICH8/R) LPC Interface Controller
00:1f.2 IDE interface: Intel Corporation 82801H (ICH8 Family) 4 port SATA IDE
        Controller
00:1f.3 SMBus: Intel Corporation 82801H (ICH8 Family) SMBus Controller
01:00.0 VGA compatible controller: nVidia Corporation G70 [GeForce 7600 GS]
02:00.0 Ethernet controller: Marvell Technology Group Ltd. 88E8056 PCI-E Gigabit
        Ethernet Controller (rev 12)
05:03.0 FireWire (IEEE 1394): Texas Instruments TSB43AB22/A IEEE-1394a-2000 Controller
```

PCMCIA Die fast unaussprechliche Abkürzung PCMCIA steht für *Personal Computer Memory Card International Association*. PCMCIA-Karten sind kreditkartengroße Erweiterungskarten für Notebooks, wobei die Erweiterungen natürlich nicht auf Speicherkarten beschränkt sind, sondern eine weite Palette umfassen. Für die meisten Linux-Anwender sind WLAN-, UMTS- und ISDN-Karten wohl die wichtigsten.

Es gibt zwei Typen von PCMCIA-Karten, sogenannte PC-Cards (alt) und CardBus-Karten (neu). Der Unterschied besteht darin, dass die Datenübertragung zwischen Notebook und Karte im einen Fall über einen 16-Bit-Bus, im anderen Fall über einen 32-Bit-Bus erfolgt. Linux unterstützt beide Kartentypen.

Linux-kompatible PCMCIA-Karten werden vom Hotplug-System erkannt (siehe den folgenden Abschnitt) und automatisch initialisiert. pccardctl liefert Informationen zu den eingesteckten PCMCIA-Karten. Da die Karten intern in der Regel über den PCI-Bus angesprochen werden, verweist das Programm oft auf lspci. Mit pccardctl können Sie auch einige PCMCIA-Funktionen steuern und beispielsweise die Stromversorgung von PCMCIA-Karten unterbrechen.

Netzwerk-Schnittstellen Detaillierte Informationen zur Konfiguration von LAN- und WLAN-Schnittstellen sowie zum Umgang mit Modems finden Sie in Kapitel 27 ab Seite 741.

Bluetooth Bluetooth ist ein Verfahren zur Kommunikation von Hardware-Geräten per Funk. Bluetooth hat eine geringere Reichweite als WLAN und wird überwiegend in elektronischen Kleingeräten eingesetzt (Tastaturen, Mäuse, Handys etc.). Linux kommt mit den meisten Bluetooth-Geräten auf Anhieb und ohne besondere Konfigurationsarbeiten zurecht.

Unter Gnome helfen das im Panel angezeigte `bluetooth-applet` sowie der `bluetooth-wizard` beim Einrichten neuer Bluetooth-Geräte. Unter KDE übernehmen diese Aufgaben `kbluetooth` und der `kbluetooth-devicemanager`. Hinter den Kulissen ist der Dämon `bluetoothd` im Zusammenspiel mit `udev` für die Verwaltung der Bluetooth-Geräte verantwortlich. Die entsprechenden Konfigurationsdateien befinden sich im Verzeichnis `/etc/bluetooth`. Weitere Informationen zu Bluetooth unter Linux finden Sie hier:

http://www.bluez.org/

Grafik (X)

Grafikkarten werden unter Linux durch das X Window System genutzt. Dessen Konfiguration ist Thema eines eigenen Kapitels, das auf Seite 515 beginnt.

Hotplug-System

Bei modernen Rechnern können im laufenden Betrieb Festplatten, USB-Sticks, Erweiterungskarten und andere Geräte verbunden bzw. wieder entfernt werden. Linux muss auf die geänderte Hardware-Situation rasch und möglichst automatisch reagieren. Diese Aufgabe übernimmt das Hotplug-System, dessen Komponenten im Verlauf der letzten Jahre immer wieder verändert wurden. Zuletzt wurde der als ineffizient bekannte *Hardware Abstraction Layer* (HAL) aus den meisten Distributionen entfernt bzw. nur noch in Sonderfällen aktiviert. Die aktuelle Vorgehensweise sieht so aus:

- **Kernel:** Der Kernel stellt Veränderungen an der Hardware fest, z. B. dass der Benutzer eine CD eingelegt oder einen USB-Stick mit dem Rechner verbunden hat.
- **udev:** Der Kernel erzeugt via udev neue Device-Dateien (siehe Seite 305) und startet geeignete Programme, um die neuen Geräte zu verwalten bzw. um Benachrichtigungen an das Desktop-System zu versenden. Dabei werden Regeldateien aus den Verzeichnissen `/lib/udev/rules.d` sowie `/etc/udev/rules.d` ausgewertet. Tipps zum Verfassen bzw. Verändern dieser Regeln finden Sie hier:

  http://www.reactivated.net/writing_udev_rules.html
- **DeviceKit:** Für manche Geräte bzw. Komponenten hilft das sogenannte DeviceKit bei der Verwaltung. Es besteht aus den Bibliotheken `libudev` und `libgudev`, die üblicherweise in gleichnamige Pakete verpackt sind.

  Für Festplatten(partitionen) und externe Datenträger sind die Programme und Scripts des Pakets `udisks` verantwortlich (ehemals `DeviceKit-disks`). Um die Energieverwaltung kümmern sich die Regeln und Programme des Pakets `upower` (ehemals `DeviceKit-power`). Weitere, leider eher spärliche Informationen finden Sie hier:

  http://freedesktop.org/wiki/Software/DeviceKit/
  http://www.freedesktop.org/wiki/Software/udisks
  http://upower.freedesktop.org/
- **Desktop:** In KDE 4 ist das Device-Framework Solid für die Verarbeitung von HAL- und D-Bus-Nachrichten zuständig. Unter Gnome kümmert sich ab Version 2.22 Nautilus im Zusammenspiel mit PolicyKit (siehe Seite 319) um die externen Datenträger; die Konfiguration erfolgt in Nautilus durch BEARBEITEN|EINSTELLUNGEN|DATENTRÄGER.

» **D-Bus:** Zur Kommunikation zwischen den verschiedenen Ebenen des Hotplug-Systems wird das D-Bus-Kommunikationssystem (kurz D-Bus) verwendet. Auf der Basis der Bibliothek `libdbus` kann die Kommunikation direkt zwischen zwei Programmen erfolgen. Wenn Nachrichten zwischen mehreren Programmen ausgetauscht werden sollen, kommt als zentrale Vermittlungsstelle das Hintergrundprogramm `dbus-daemon` zum Einsatz.

Audio-System (ALSA)

ALSA

ALSA steht für *Advanced Linux Sound Architecture* und ist seit Kernel 2.6 für die Ansteuerung von Sound-Karten auf unterster Ebene verantwortlich. In früheren Kernelversionen kam stattdessen OSS (Open Sound System) zum Einsatz. ALSA bietet bei Bedarf durch die Module `snd-pcm-oss`, `snd-seq-oss` und `snd-mixer-oss` eine Kompatibilitätsschicht zu OSS.

Bei vom Kernel unterstützten Audio-Controllern wird das erforderliche ALSA-Modul automatisch geladen. Die Namen aller ALSA-Module beginnen mit `snd`. `lsmod | grep snd` liefert daher einen raschen Überblick über alle aktiven ALSA-Module. Der Zugriff auf diverse Soundfunktionen erfolgt über Dateien im Verzeichnis /proc/asound.

Die Konfiguration des ALSA-Systems erfolgt durch die Dateien `/etc/alsa/*`, `/etc/asound.conf` sowie `~/.asoundrc`. Bei einer gewöhnlichen Nutzung des Audio-Systems besteht keine Notwendigkeit, diese Dateien zu verändern. Die Hardware-Erkennung sollte automatisch erfolgen. Wer besondere Audio-Anforderungen hat (Musiker), zwischen mehreren Audio-Karten differenzieren will oder andere Sonderwünsche hat, findet auf der folgenden Website und dem dazugehörenden Wiki umfassende Hintergrundinformationen zu ALSA und zu seiner Konfiguration:

http://www.alsa-project.org/

Beim Herunterfahren des Rechners bzw. beim nächsten Neustart werden durch ein Init-V-Script (siehe Seite 688) die aktuellen Lautstärkeeinstellungen gespeichert bzw. wiederhergestellt.

ALSA-Tools

Zur direkten Nutzung von ALSA stehen diverse Kommandos zur Auswahl (Paket `alsa-utils`), von denen hier die wichtigsten kurz vergestellt werden: `alsactl` speichert bzw. lädt alle ALSA-Einstellungen (Lautstärke etc.). `alsamixer` verändert die Lautstärke bzw. den Eingangspegel diverser ALSA-Audio-Kanäle. `aplay` spielt eine Audio-Datei ab. `arecord` nimmt eine Audio-Datei auf.

Tipp

Wenn die Lautsprecher still bleiben, ist die Ursache oft nur ein auf 0 gestellter Lautstärkeregler. Für gewöhnliche Anwendungen sind drei Kanäle wichtig: Die Master-Lautstärke steuert die Lautstärke des Gesamtsignals. Die PCM-Lautstärke gibt an, wie laut von Audio- und Video-Playern erzeugte Audio-Daten in das Gesamtsignal eingespeist werden. (PCM steht für *Pulse Code Modulation*.) Die CD-Lautstärke gibt schließlich an, wie laut die direkt vom CD-Laufwerk kommenden Daten in das Gesamtsignal einfließen, wenn das CD-Laufwerk und die Audio-Karte mit einem Kabel verbunden sind.

Bei modernen Distributionen fehlen bisweilen grafische Benutzeroberflächen, um die Audio-Eingänge und -Ausgänge einzeln einzustellen. Abhilfe: Starten Sie `alsamixer` in einer Textkonsole. Nun können Sie mit den Cursortasten die Kanäle auswählen und deren Pegel justieren. `M` schaltet einen Kanal ganz ein bzw. wieder aus (*mute*).

Audio-Bibliotheken

Viele Audio-Programme verwenden ALSA nicht direkt, sondern greifen auf Sound-Bibliotheken, Sound-Server etc. zurück. Diese Zwischenschicht zwischen dem Low-Level-System ALSA und den eigentlichen Audio-Anwendungen soll die Programmierung vereinfachen, Audio-Anwendungen netzwerktauglich machen und die konfliktfreie Kooperation gleichzeitig laufender Audio-Programme sicherstellen.

Das Problem besteht nun darin, dass es momentan keine einheitliche Audio-Architektur oberhalb von ALSA gibt: KDE und Gnome gehen jeweils eigene Wege. Anspruchsvolle Audio-Anwendungen, für die die vorhandenen Audio-Bibliotheken unzureichend sind, implementieren elementare Audio-Funktionen selbst neu. Es ist extrem schwierig, Audio-Programme zu entwickeln, die unabhängig vom Desktop-System einfach funktionieren. Programmierer der Firma Adobe gaben Audio-Probleme als einen wesentlichen Grund dafür an, weswegen die Entwicklung des Flash-Plugins für Linux so lange dauerte.

Die folgenden Punkte stellen einige gängige Audio-Systeme kurz vor:

» **aRts:** aRts steht für *Analog Real-Time Synthesizer* und ist die Audio-Basis von KDE 2.*n* und 3.*n*. aRts besteht aus einer Reihe von Modulen, die Audio-Daten erzeugen, filtern, vereinen etc. KDE-Programme sprechen aRts über den Dämon `artsd` an, der zusammen mit KDE gestartet wird. Programme, die nicht aRts-kompatibel sind, werden via `artsdsp` umgeleitet. aRts wird allerdings nicht mehr gewartet und ist mit KDE 4 obsolet.

» **EsounD:** EsounD steht für *Enlightened Sound Daemon* und war das Gnome-Gegenstück zu aRts. EsounD-kompatible Programme senden Audio-Daten an den Dämon `esd`, der zusammen mit Gnome gestartet wird. EsounD hat ein ähnliches Schicksal erlitten wie aRts: Das Programm wird zwar aus Kompatibilitätsgründen noch immer mit Gnome installiert, die meisten Audio-Anwendungen greifen aber mittlerweile auf GStreamer zurück.

» **GStreamer:** Die GStreamer-Bibliothek ist ein umfassendes Multimedia-Framework (Audio und Video), das von vielen Gnome-Programmen eingesetzt wird. Dank einer Plugin-Architektur ist es sehr modular und kann gut erweitert werden. Auch Codecs zur Verarbeitung verschiedener Audio- und Video-Formate sind als Plugins verfügbar. Anders als aRts und EsounD enthält die GStreamer-Bibliothek keinen Sound-Dämon. Dessen Hauptaufgabe, nämlich das Zusammenführen mehrerer Audio-Signale, übernimmt direkt ALSA. Weitere Informationen finden Sie hier:

  http://www.gstreamer.net/

» **Phonon:** Das Multimedia-Fundament von KDE 4 heißt Phonon. Die Bibliothek bietet eine einheitliche Programmierschnittstelle (API) zur Nutzung von Audio- und Video-Funktionen, die auf vorhandene Multimedia-Bibliotheken zurückgreift (oft Xine, aber je nach installiertem Backend kommen auch GStreamer oder VLC in Frage). Phonon wird auch von der Qt-Bibliothek als Multimedia-Schnittstelle verwendet. Weitere Details verrät die Phonon-Website:

  http://phonon.kde.org/

» **PulseAudio:** PulseAudio ist ein netzwerkfähiger Sound-Server, der ähnliche Funktionen wie das Programm `esd` bietet und dieses auf aktuellen Distributionen ersetzt. Auf den ersten Blick werden Sie davon nichts bemerken – alles sollte wie bisher funktionieren. Hinter den Kulissen hat sich aber eine Menge getan: Alle Audio-Streams können mit dem Programm `pavucontrol` getrennt gesteuert und unterschiedlichen Audio-Karten bzw. -Ausgabegeräten zugewiesen werden. PulseAudio sollte auch zusätzliche Audio-Hardware – z. B. USB-Boxen – automatisch erkennen und aktivieren. Weitere Details verraten die folgenden Seiten:

http://pulseaudio.org/
http://pulseaudio.org/wiki/FAQ

Zu diesen Audio-Systemen gesellen sich diverse Programme, die selbst umfassende Audio- bzw. Multimedia-Bibliotheken enthalten und diese auch anderen Programmen zur Verfügung stellen. Prominente Beispiele sind der RealPlayer bzw. Helix Player auf Basis der Helix DNA oder der Video-Player Xine auf Basis der `xinelib`. Man kann sich leicht ausrechnen, dass Inkompatibilitäten zwischen verschiedenen Audio-Programmen und -Bibliotheken wortwörtlich vorprogrammiert sind. Weitere Hintergründe zum unbefriedigenden Zustand des Linux-Audio-Systems sind im Artikel *Audio: it's a mess* zusammengefasst. Der im September 2008 verfasste Artikel ist zwar nicht mehr ganz neu, aber leider noch immer weitgehend aktuell.

http://lwn.net/Articles/299211/

Für Musiker bzw. professionelle Audio-Anwender gibt es eigene Distributionen, die speziell in Hinblick auf die optimale und störungsfreie Nutzung der Audio-Programme zusammengestellt sind. Am populärsten ist zurzeit Ubuntu Studio (http://ubuntustudio.org/).

19.7 Logging

Der Kernel, diverse administrative Werkzeuge (PAM, APT, dpkg) und die meisten Netzwerkdienste protokollieren alle erdenklichen Ereignisse in zahllose Dateien in `/var/log`. Diese Logging-Dateien sind während der Inbetriebnahme eines neuen Dienstes ausgesprochen praktisch, um Konfigurationsfehler zu finden.

Syslog (rsyslogd)

Damit nicht jedes Programm das Rad neu erfinden muss, greifen der Kernel sowie eine Menge administrativer Werkzeuge und Server-Dienste auf zentrale Logging-Funktionen zurück, die üblicherweise als Syslog bezeichnet werden. Bei den meisten aktuellen Distributionen (Fedora, openSUSE, Ubuntu) kommt hierfür das Programm `rsyslogd` zum Einsatz.

Beachten Sie, dass durchaus nicht alle Netzwerkdienste Syslog nutzen! Insbesondere die »großen« Server-Dienste, beispielsweise Apache, CUPS und Samba, verwenden jeweils ihre eigenen, in das Programm integrierten Logging-Funktionen. Sie entziehen sich damit der globalen Syslog-Konfiguration. Die Logging-Parameter werden vielmehr in den jeweiligen Konfigurationsdateien des Programms eingestellt. Wenn Sie sich einen Überblick über die von Syslog verwalteten Logging-Dateien verschaffen möchten, führen Sie die folgenden Kommandos aus:

```
root#  cd /var/log
root#  ls $(find -user syslog)
```

Konfiguration

Die Konfiguration von rsyslogd erfolgt durch die Dateien /etc/rsyslogd.conf und /etc/rsyslog.d/*.conf. Für die meisten Dienste ist die Konfigurationsdatei 50-default.conf entscheidend. Diese Datei enthält Regeln, die aus zwei Teilen bestehen: Der erste Teil (Selektor) gibt an, was protokolliert werden soll, der zweite Teil (Aktion) gibt an, was mit der Meldung geschehen soll. Regeln können mit dem Zeichen \ über mehrere Zeilen verteilt werden. Es ist möglich, dass auf eine Meldung mehrere Regeln zutreffen. In diesem Fall wird die Meldung mehrfach protokolliert bzw. weitergegeben.

Jeder **Selektor** besteht aus zwei durch einen Punkt getrennten Teilen: *dienst.prioritätsstufe*. Es ist erlaubt, mehrere durch einen Strichpunkt separierte Selektoren anzugeben. Des Weiteren können in *einem* Selektor mehrere Dienste durch Kommas getrennt werden. Alle Linux-Programme, die Syslog verwenden, müssen ihren Meldungen einen Dienst und eine Priorität zuordnen.

Syslog kennt die folgenden Dienste (Facilities): auth, authpriv, cron, daemon, ftp, kern, lpr, mail, news, syslog, user, uucp sowie local0 bis local7. Das Zeichen * umfasst alle Dienste.

Syslog kennt außerdem diese Prioritätsstufen (in steigender Wichtigkeit): debug, info, notice, warning = warn, error = err, crit, alert und emerg = panic. Die Schlüsselwörter warn, error und panic gelten als veraltet – verwenden Sie stattdessen warning, err und emerg. Das Zeichen * umfasst alle Prioritätsstufen. Das Schlüsselwort none gilt für Nachrichten, denen keine Priorität zugeordnet ist.

Die Angabe einer Prioritätsstufe schließt alle höheren (wichtigeren) Prioritätsstufen mit ein. Der Selektor mail.err umfasst also auch crit-, alert- und emerg-Meldungen des Mail-Systems. Wenn Sie explizit nur Nachrichten einer bestimmten Priorität wünschen, stellen Sie das Zeichen = voran (also etwa mail.=err).

Als **Aktion** wird normalerweise der Name einer Logging-Datei angegeben. Normalerweise werden Logging-Dateien nach jeder Ausgabe synchronisiert. Wenn dem Dateinamen ein Minuszeichen vorangestellt ist, verzichtet Syslog auf die Synchronisierung. Das ist wesentlich effizienter, allerdings gehen dann bei einem Absturz noch nicht physikalisch gespeicherte Meldungen verloren.

Syslog kann Nachrichten auch an FIFO-Dateien (First In First Out) oder Pipes weiterleiten. In diesem Fall stellen Sie dem Dateinamen das Zeichen | voran. Die im folgenden Listing vorkommende Datei /dev/xconsole ist eine besondere FIFO-Datei zur Weitergabe von Meldungen an das Grafiksystem X.

Das Zeichen * bedeutet, dass die Nachricht an alle in Konsolen bzw. via SSH eingeloggten Benutzer gesendet wird. Da das sehr störend ist, wird es standardmäßig nur für kritische Meldungen verwendet.

Weitere Details zur Syntax von rsyslog.conf gibt die gleichnamige man-Seite. Die folgenden Zeilen geben die Syslog-Standardkonfiguration von Ubuntu leicht gekürzt und etwas übersichtlicher formatiert wieder:

```
# Datei /etc/rsyslog.d/50-default.conf bei Ubuntu
# Selektor                      Aktion
auth,authpriv.*                 /var/log/auth.log
*.*;auth,authpriv.none          -/var/log/syslog
daemon.*                        -/var/log/daemon.log
kern.*                          -/var/log/kern.log
```

```
lpr.*                          -/var/log/lpr.log
user.*                         -/var/log/user.log
mail.*                         -/var/log/mail.log
mail.info                      -/var/log/mail.info
mail.warn                      -/var/log/mail.warn
mail.err                       /var/log/mail.err
*.=debug;\
        auth,authpriv.none;\
        news.none;mail.none    -/var/log/debug
*.=info;*.=notice;*.=warn;\
        auth,authpriv.none;\
        cron,daemon.none;\
        mail,news.none         -/var/log/messages
*.emerg                 *
daemon.*;mail.*;\
        news.err;\
        *.=debug;*.=info;\
        *.=notice;*.=warn      | /dev/xconsole
```

Im Klartext bedeutet die obige Konfiguration:

- /var/log/auth enthält Authentifizierungsmeldungen aller Prioritätsstufen. Dazu zählen gescheiterte und erfolgreiche Login-Versuche (auch via SSH), PAM-Meldungen, sudo-Kommandos etc. Als einzige Logging-Datei wird auth bei jeder Meldung sofort synchronisiert.
- /var/log/syslog enthält *alle* via Syslog protokollierten Meldungen (inklusive Authentifizierungsmeldungen, denen keine Priorität zugewiesen ist). Der allumfassende Ansatz ist zugleich ein Vor- und ein Nachteil. Einerseits können Sie so aus einer einzigen Datei alle erdenklichen Informationen extrahieren. Andererseits ist es in diesem Sammelsurium natürlich besonders schwierig, relevante Einträge zu finden.
- /var/log/daemon.log ist speziell für Nachrichten von Dämonen (Netzwerkdiensten) gedacht. Alle Netzwerkdienste, die Syslog verwenden, protokollieren dort ihre Fehlermeldungen. Dazu zählen beispielsweise dhcpd, kadmind, krb5*, mountd, named, pptpd, squid etc. Wenn es bei der Installation eines neuen Dienstes Probleme gibt, sollte die daemon-Datei die erste Anlaufstelle sein.
- /var/log/kern.log enthält alle Kernelmeldungen.
- /var/log/lpr.log ist für Meldungen des Drucksystems gedacht. Die Datei ist aber normalerweise leer, weil CUPS seine eigenen Logging-Funktionen verwendet und in Dateien des Verzeichnisses /var/log/cups/ protokolliert.
- /var/log/user.log ist für allgemeine, benutzerspezifische Meldungen gedacht. Auf Servern finden Sie hier meist nur wenige Nachrichten von untergeordneter Bedeutung.
- Die Nachrichten des Mail-Systems (z. B. Postfix) werden über mehrere Dateien verteilt. In mail.log und mail.info werden *alle* Nachrichten gespeichert, in mail.warn Nachrichten, die zumindest die Prioritätsstufe warn erreichen, und schließlich in mail.err Fehlermeldungen. Wenn auf Ihrem Rechner also ein Mail-Server läuft, gibt Ihnen ein Blick in die zumeist kleine Datei mail.err sofort einen Überblick über kritische Fehler. mail.warn enthält schon mehr (und nicht ganz so wichtige) Meldungen usw.

- /var/log/debug enthält Debugging-Nachrichten sowie Meldungen ohne Prioritätsangabe für die Dienste auth, authpriv, news und mail.
- /var/log/messages protokolliert allgemeine Hinweise und Warnungen (aber *keine* Fehlermeldungen!).
- Kritische Systemmeldungen (z. B. über einen bevorstehenden Shutdown oder über Kernel-Fehler) werden an alle Konsolen weitergeleitet.
- Außerdem werden diverse Warnungen und Fehlermeldungen an das X-System weitergeleitet. Um diese Meldungen unter X zu verfolgen, starten Sie das Programm xconsole. Es sieht wie ein kleines Terminalfenster aus, erlaubt aber keine Eingaben.

Kernel-Logging

Meldungen des Kernels werden in einen 16 kByte großen Ringpuffer im RAM geschrieben. Wenn dieser Puffer voll ist, werden alte Nachrichten gelöscht, um Platz für neue Nachrichten zu schaffen. Den Inhalt dieses Ringpuffers können Sie mit dmesg ansehen. Wenn Sie dabei die Option -c angeben, wird der Ringpuffer gleichzeitig geleert.

Alle Kernelnachrichten werden außerdem in die virtuelle Datei /proc/kmsg geschrieben. Diese Datei dient zur Weitergabe der Kernelnachrichten an Syslog.

Den dmesg-Kernelmeldungen ist oft eine Zeitangabe in der Form [nnn.nnnnnn] vorangestellt. Die Zahl vor dem Komma gibt die Anzahl der Sekunden seit dem Systemstart an, die weiteren sechs Stellen präzisieren die Zeitangabe auf millionstel Sekunden. Bei der Speicherung der Kernelmeldungen in einer Logging-Datei wird diese Zeitangabe in der Regel durch die absolute Zeit ergänzt.

Init-Meldungen

Meldungen des Init-Systems (siehe Kapitel 25) werden leider nur bei wenigen Distributionen aufgezeichnet. Zu den positiven Ausnahmen zählt Fedora (Datei /var/log/boot.log).

logrotate

Logging-Dateien haben die Tendenz, langsam, aber sicher ins Unermessliche zu wachsen. Ohne die regelmäßige Komprimierung und Löschung alter Logging-Daten ist /var/log auf kurz oder lang das Verzeichnis mit dem größten Speicherbedarf auf Ihrem Server!

Um den Speicherbedarf der Logging-Dateien unter Kontrolle zu behalten, bietet sich logrotate an. Dieses Programm wird einmal täglich durch das Cron-Script /etc/cron.daily/logrotate aufgerufen. Es verarbeitet dann alle Logging-Dateien, die in den Konfigurationsdateien in /etc/logrotate.d beschrieben sind. Wie logrotate mit den Logging-Dateien umgeht, hängt im Detail von der jeweiligen Programmkonfiguration ab. Die prinzipielle Vorgehensweise ist aber immer dieselbe und sieht so aus:

- Logrotate benennt bereits vorhandene Logging-Archive um. Aus name.4.gz wird name.5.gz, aus name.3.gz wird name.2.gz etc. Dieser Vorgang wird »rotieren« genannt und gibt dem Paket seinen Namen.
- Wenn es mehr als eine vorgegebene Maximalanzahl von Logging-Archiven gibt, werden die ältesten Archivdateien gelöscht.
- Logrotate benennt die aktuelle Logging-Datei um. Aus name wird name.0.
- Logrotate erzeugt eine neue, leere Logging-Datei name.

- Bei den meisten Server-Diensten fordert Logrotate den Dämon durch /etc/init.d/name reload dazu auf, die Konfiguration neu einzulesen. Bei dieser Gelegenheit erkennt der Dämon, dass es eine neue, leere Logging-Datei gibt, und verwendet nun diese.
- Logrotate komprimiert name.0 oder name.1 (Option delaycompress). delaycompress vermeidet Konflikte zwischen dem Dämon, der vielleicht noch in name.0 schreibt, und dem Komprimierkommando (üblicherweise gz).

Konfiguration /etc/logrotate.conf enthält einige Defaulteinstellungen für Logrotate. Diese Einstellungen gelten nur, soweit die programmspezifischen Konfigurationsdateien keine abweichenden Daten enthalten.

/etc/logrotate.d enthält Detaileinstellungen zu diversen Programmen, die Logging-Dateien produzieren. Diese Dateien stammen nicht aus dem Logrotate-Paket, sondern aus den Paketen des jeweiligen Programms. Das samba-Paket stellt also beispielsweise /etc/logrotate.d/samba zur Verfügung. Das stellt sicher, dass die Dateien zur jeweils installierten Programmversion passen und dass Logrotate den jeweiligen Server-Dienst über das Umbenennen der Logging-Dateien informiert bzw. neu startet.

Die folgenden Zeilen zeigen als Beispiel die Konfigurationsdatei für Apache: Logrotate bearbeitet die Logging-Dateien einmal pro Woche. Die Logging-Dateien werden umbenannt und komprimiert. Das Archiv ist auf 52 Dateien limitiert, d. h., Sie können bei Bedarf auf alle Logging-Daten eines ganzen Jahres zurückgreifen. Sofern Apache läuft, wird es durch reload davon informiert, dass es neue Logging-Dateien gibt.

```
# Datei /etc/logrotate.d/apache
/var/log/apache2/*.log {
   weekly
   missingok
   rotate 52
   compress
   delaycompress
   notifempty
   create 640 root adm
   sharedscripts
   postrotate
      if [ -f "`. /etc/apache2/envvars ; \
               echo ${APACHE_PID_FILE:-/var/run/apache2.pid}`" ]; then
         /etc/init.d/apache2 reload > /dev/null
      fi
   endscript
}
```

20. Software- und Paketverwaltung

Unter Windows ist es üblich, neue Programme durch das Ausführen von `setup.exe` zu installieren. Linux verfolgt einen ganz anderen Ansatz: Mit einem Paketverwaltungssystem wird eine Datenbank verwaltet, die Informationen über alle bereits installierten Software-Pakete enthält. Neue Programme werden durch die Kommandos des Paketverwaltungssystems installiert.

Dieses Konzept hat eine Menge Vorteile: So können Abhängigkeiten und Konflikte zwischen Software-Paketen berücksichtigt werden. Wenn beispielsweise ein Programm A die Bibliothek B voraussetzt, lässt das Paketverwaltungssystem die Installation von A erst zu, nachdem B installiert worden ist. Es lässt sich jederzeit nachvollziehen, zu welchem Paket eine bestimmte Datei gehört, ob sich diese Datei noch im ursprünglichen Zustand befindet etc.

Paketformate

Der Linux-Markt wird von zwei verschiedenen Paketverwaltungssystemen dominiert: Red Hat, Fedora, Mandriva, SUSE sowie zahllose weitere Distributionen verwenden das von Red Hat entwickelte Paketformat **RPM** (siehe Seite 473). Debian und alle davon abgeleiteten Distributionen nutzen dagegen das Paketformat **DEB** (siehe Seite 486). Die Kommandos zur Installation, Deinstallation und zum Update dieser Pakete (`rpm`, `dpkg` etc.) sind allerdings relativ primitiv. Sie können beispielsweise fehlende Abhängigkeiten feststellen, diese aber nicht auflösen.

Paketverwaltungssysteme

Aufbauend auf `rpm` bzw. `dpkg` wurden weitere Programme mit diversen Zusatzfunktionen entwickelt. Dazu zählen die automatische Installation abhängiger Pakete, die Durchführung von Updates für das gesamte System und die Berücksichtigung von Paketquellen auf CDs/DVDs bzw. aus dem Internet. Weiters ermöglicht die Paketverwaltung ein einheitliches Update-System für *alle* installierte Programme. Beispiele für derartige Paketverwaltungssysteme sind **Yum** und **ZYpp** für RPM-Pakete (siehe Seite 478 bzw. 484) sowie **APT** und **Aptitude** für DEB-Pakete (siehe Seite 487 bzw. 490). Auch an grafischen Benutzeroberflächen herrscht kein Mangel. Populäre Programme sind **Yum Extender**, **PackageKit** (siehe Seite 1023) und **Synaptic** (siehe Seite 496).

Distributionsspezifische Werkzeuge

Ergänzend zu diesen Standardprogrammen gibt es bei manchen Distributionen eigene Programme zur Paketverwaltung und zur Durchführung von Updates:

Debian, Ubuntu:	`update-manager`
Fedora $\geq$ 9, RHEL 6:	`packagekit`
Fedora $\leq$ 8, RHEL 5:	`pirut` und `pup`
SUSE:	YaST-Module der Gruppe SOFTWARE (siehe Seite 1043)
Ubuntu:	Ubuntu Software Center, `gnome-language-selector` (siehe ab Seite 1072)

Achtung

Die Pakete einer Linux-Distribution sind aufeinander abgestimmt. Das bedeutet, dass sie einheitliche Bibliotheken nutzen, mit demselben Compiler kompiliert wurden etc. Als Linux-Einsteiger sind Sie deshalb gut beraten, nur Pakete zu installieren, die für Ihre Distribution gedacht sind. Nicht zu empfehlen ist die Installation eines Red-Hat-Pakets unter SUSE (oder umgekehrt). Die dabei auftretenden Probleme wie fehlende Bibliotheken oder nicht erfüllter Paketabhängigkeiten lassen sich – wenn überhaupt – nur von Linux-Profis beheben.

Sicherheit

Die meisten Paketverwaltungssysteme sehen umfassende Sicherheitsmaßnahmen vor. Unter anderem sind sowohl die Pakete an sich als auch die Beschreibung der Paketquellen kryptografisch signiert, um Manipulationen auszuschließen. Deswegen ist beim Einrichten neuer Paketquellen oft die Installation eines neuen Schlüssels erforderlich. Eine ausführliche Sicherheitsanalyse der Paketverwaltungssysteme verschiedener Distributionen liefert der folgende Artikel:

http://lwn.net/Articles/326817/

Nachteile der Paketverwaltung

Die Paketverwaltung gängiger Distributionen funktioniert gut, ist aber auch mit Nachteilen verbunden:

» Die bei vielen Distributionen beinahe täglichen Updates verunsichern viele Anwender, die von Windows oder Mac OS X größere Update-Zeitspannen gewohnt sind.

» Der Download-Bedarf für die Updates ist riesig und erfordert eine schnelle Internetverbindung. (Am schlimmsten ist es in der Regel bei Fedora.)

» Viele Linux-Anwender würden gerne eine Distribution länger verwenden, während dieser Zeit aber einige wenige Programme aktualisieren (oft Desktop-Anwendungen wie LibreOffice oder Gimp). Genau das machen gängige Distributionen so gut wie unmöglich. Es werden zwar Sicherheits-Updates angeboten, aber Versionssprünge sind dabei die Ausnahme. Wenn Sie eine neuere Version von einem bestimmten Programm nutzen möchten, müssen Sie eine manuelle Installation durchführen, auf nicht offizielle Paketquellen zurückgreifen oder die gesamte Distribution neu installieren. Unter Windows oder Mac OS X ist es hingegen ein Kinderspiel, die gerade aktuelle LibreOffice-Version zu installieren.

  Es gibt technische Gründe, warum das so ist: Die meisten Linux-Programme verwenden unzählige Bibliotheken. Ein Versions-Update von LibreOffice setzt in der Regel voraus, dass auch einige Bibliotheken aktualisiert werden müssen. Das kann Probleme mit anderen Programmen auslösen, die ebenfalls auf diese Bibliothek zurückgreifen.

  Ein möglicher Ausweg besteht darin, bei wichtigen Programmen die dazugehörigen Bibliotheken gleich zu integrieren. (Google Chrome hat diesen Weg von Anfang an beschritten, und auch die Firefox- und Thunderbird-Pakete aktueller Distributionen werden mittlerweile so gewartet.) Auch diese Vorgehensweise ist mit Nachteilen verbunden: Aufgrund der nun unvermeidlichen Redundanzen steigen der Platzbedarf auf der Festplatte, das Download-Volumen bei jedem Update und der RAM-Bedarf bei der gleichzeitigen Ausführung mehrerer Programme. Das größte Problem ist die Wartung: Jedes Programm verwaltet seine Bibliotheken nun selbst. Tritt in einer Bibliothek ein Sicherheitsproblem auf, kann es nicht mehr zentral behoben werden. Vielmehr müssen alle Programme, die diese Bibliothek verwenden, aktualisiert werden. Dennoch werden in Zukunft immer mehr Distributionen Mischwege beschreiten: zentrale Bibliotheken für die Mehrheit der Programme, individuelle Bibliotheken für einige Ausnahmen (z. B. Webbrowser).

Zentrale Administration für mehrere Rechner

Wenn Sie für 50, 100 oder 1000 Linux-Rechner verantwortlich sind, wird die Administration und Paketverwaltung trotz der in diesem Kapitel vorgestellten Werkzeuge zur Qual. Sie benötigen ein Werkzeug, um zentral auf allen oder auf zuvor ausgewählten Rechnern ein Update durchzuführen, ein neues Programm zu installieren oder die Konfiguration zu verändern. Je nach Distribution bieten sich hierfür Red Hat Network, ZENworks (Novell/SUSE), m23 (Debian) oder Orchestra und Landscape (beide Ubuntu) an.

http://www.redhat.com/rhn/
http://www.novell.com/de-de/products/zenworks/configurationmanagement/
http://m23.sourceforge.net/
https://launchpad.net/orchestra
http://www.canonical.com/enterprise-services/ubuntu-advantage/landscape

Paketverwaltung mit tar

Das Kommando `tar` hilft dabei, eine Menge Dateien zu einem Archiv zusammenzufassen bzw. ein derartiges Archiv wieder auszupacken. In den Anfangszeiten von Linux, noch bevor es die Paketformate RPM und DEB gab, verwendeten die meisten Distributionen `tar`-Archive anstelle von Paketen. Heute gibt es nur noch wenige Distributionen, die `tar`-Archive als Paketersatz verwenden (z. B. Slackware).

Dennoch spielen `tar`-Archive nach wie vor eine gewisse Rolle im Alltag fortgeschrittener Linux-Anwender. Viele Software-Entwickler, die keine Lust dazu haben, RPM- oder DEB-Pakete zu bilden, stellen stattdessen einfache `tar`-Archive mit allen erforderlichen Dateien zur Verfügung. Deren Installation ist ebenso einfach wie die eines richtigen Pakets (`tar czf name.tgz`), sie führt aber an der Paketverwaltung Ihrer Distribution vorbei, lässt sich schwer aktualisieren, nicht deinstallieren und kann Konflikte verursachen. Die Installation von `tar`-Paketen ist daher nur zu empfehlen, wenn Sie wissen, was Sie tun, und wenn das gewünschte Programm in keiner anderen Form verfügbar ist.

Sonstige Paketformate

Neben den in diesem Buch behandelten RPM- und DEB-Paketformaten gibt es einige weitere, die bis jetzt aber keine große Bedeutung erlangt haben. Zu den wichtigsten Zielen neuer Paketformate zählt eine höhere Distributionsunabhängigkeit sowie die Möglichkeit, Pakete bzw. Software ohne `root`-Rechte in lokale Benutzerverzeichnisse zu installieren.

http://0install.net/
http://labix.org/smart

20.1 RPM-Paketverwaltung

Das Kommando `rpm` installiert und verwaltet RPM-Pakete. Es hilft dabei,

- im Rahmen einer Installation automatisch Änderungen in schon vorhandenen Dateien durchzuführen (etwa in Script-Dateien),
- ein Programm durch eine aktuellere Version zu ersetzen (wobei von geänderten Dateien automatisch Updates erstellt werden),
- alle Dateien eines Programms wieder zu entfernen,

- sicherzustellen, dass vor der Installation eines Programms alle Voraussetzungen erfüllt sind (dass also alle erforderlichen Bibliotheken in der richtigen Version zur Verfügung stehen),
- zu überprüfen, ob eine Datei seit der Installation des Pakets verändert wurde,
- festzustellen, zu welchem Paket eine bestimmte Datei gehört.

Die erforderlichen Verwaltungsinformationen befinden sich in jedem RPM-Paket. Bei der Installation werden diese Informationen in eine Datenbank eingetragen (Dateien im Verzeichnis `/var/lib/rpm`).

Herkunft und Wartung

RPM wurde ursprünglich von Red Hat entwickelt. Nachdem der Code mehrere Jahre lang nur halbherzig gewartet wurde, kam es zu einer Spaltung der Entwicklung. Die von Fedora, Red Hat, SUSE etc. eingesetzte RPM-Version 4.*n* wird nun unter der Federführung von Fedora und in Kooperation mit anderen Distributionen im Rahmen des Projekts rpm.org gewartet und weiterentwickelt. Parallel dazu arbeitet eine andere Gruppe von Entwicklern an RPM 5.*n*. Diese RPM-Version wird momentan aber nur in wenigen, relativ kleinen Distributionen eingesetzt.

http://rpm.org/ (RPM 4.*n*)
http://rpm5.org/ (RPM 5.*n*)

Grundlagen

Die meisten RPM-Pakete werden in zwei Varianten zur Verfügung gestellt: als Binärpaket und als Quellcodepaket. Das Binärpaket enthält die zur Ausführung des Programms notwendigen Dateien. Das Quellcodepaket ist nur für Entwickler interessant. Es enthält den Quellcode, der erforderlich war, um das Binärpaket zusammenzustellen.

Der Paketname enthält ziemlich viele Informationen: `abc-2.0.7-1.i686.rpm` bezeichnet beispielsweise das Paket abc mit der Versionsnummer 2.0.7, Release-Nummer 1. (Falls bei der Zusammenstellung eines Pakets ein Fehler aufgetreten ist, zusätzliche Online-Dokumentation beigefügt wurde oder andere Änderungen durchgeführt wurden, entstehen Release-Ziffern größer als 1 für eine bestimmte Versionsnummer. Die Versionsnummer bezieht sich also auf das eigentliche Programm, die Release-Nummer auf die rpm-Zusammenstellung.)

Die Kennung `i686` weist darauf hin, dass das Paket Binärdateien für Pentium-II-kompatible Prozessoren enthält. (Es gibt ja auch Linux-Versionen für andere Prozessoren.) Wenn das Paket abc Script- oder Textdateien enthält, die von der CPU-Architektur unabhängig sind, wird statt der CPU-Kennung das Kürzel noarch verwendet. Wenn das Paket den Quellcode enthält, ist stattdessen das Kürzel `src` üblich.

Kurz eine Erläuterung zu den verschiedenen x86-Kürzeln:

i386 = 386er und kompatible Prozessoren
i486 = 486er und kompatible Prozessoren
i586 = Pentium und kompatible Prozessoren
i686 = Pentium II und kompatible Prozessoren
x86_64 = AMD64 und dazu kompatible 64-Bit-Prozessoren (inklusive Intel)

Ein i386-Paket läuft auf allen oben genannten Prozessoren. Ein i686-Paket verwendet dagegen diverse Erweiterungen des Pentium II. Der Code kann deswegen etwas schneller ausgeführt werden. Allerdings funktioniert das Programm in der Regel auf älteren Prozessoren nicht mehr.

Metadaten

Die Paketdatei enthält neben den zu installierenden Dateien zahlreiche Verwaltungsinformationen: eine kurze Paketbeschreibung, abermals Informationen über Versionsnummern, die Einordnung in die Gruppenhierarchie, Abhängigkeiten von anderen Paketen etc. Abhängigkeiten bestehen dann, wenn ein Paket eine bestimmte Programmiersprache wie Perl oder eine bestimmte Library voraussetzt. In diesem Fall müssen zuerst diese Pakete installiert werden.

`rpm` verwaltet eine Datenbank mit Informationen über alle installierten Binärpakete. Diese Datenbank wird in diversen Dateien im Verzeichnis `/var/lib/rpm` gespeichert. Die Datenbank enthält nur Informationen zu Binärpaketen; eventuell auch installierte Pakete mit Quellcode werden nicht in die Datenbank aufgenommen.

Die Dateien der `rpm`-Datenbank dürfen auf keinen Fall direkt verändert werden! Damit die RPM-Datenbank mit der tatsächlichen Installation übereinstimmt, dürfen Pakete nicht einfach durch Löschen der Dateien, sondern müssen durch ein Deinstallieren (`rpm -e`) entfernt werden.

Delta-RPM-Pakete

Um ein RPM-Paket zu aktualisieren, wird das gesamte neue Paket heruntergeladen. Gerade bei Sicherheits-Updates, bei denen oft nur winzige Änderungen an wenigen Dateien erforderlich sind, ist das ineffizient. Aus diesem Grund hat SUSE sogenannte Delta-RPM-Pakete entwickelt, die nur die Änderungen gegenüber einer bestimmten Version des Pakets enthalten. Auch Mandriva und Fedora haben diese Idee aufgegriffen und verwenden sie für Updates.

Die Anwendung von Delta-RPMs ist grundsätzlich einfach: Zuerst erzeugt das Kommando `applydeltarpm` aus dem Delta-RPM und dem Original-Paket bzw. dessen installierten Dateien das neue, aktualisierte RPM-Paket. Dieses wird dann ganz normal installiert (`rpm -U`). `applydeltarpm` ist Teil des Pakets `deltarpm`.

Delta-RPMs haben allerdings auch Nachteile: `applydeltarpm` ist sehr CPU-intensiv und setzt voraus, dass momentan eine ganz bestimmte Version des Pakets installiert ist. Ist das nicht der Fall bzw. wurden deren Dateien nach der Installation verändert, ist zur Durchführung des Updates die Original-RPM-Datei erforderlich.

Probleme

Grundsätzlich ist das RPM-System eine tolle Sache – aber ganz ohne Nachteile ist es leider nicht. Die folgende Liste nennt die häufigsten Probleme:

» In RPM-Paketen werden zwar Paketabhängigkeiten gespeichert, das Kommando `rpm` kann diese aber nicht automatisch auflösen. Abhilfe schaffen erst Programme wie Yum.

» Die Verwaltung von Paketabhängigkeiten kommt durcheinander, wenn Sie Pakete unterschiedlicher Distributionen mischen oder wenn Sie einzelne Programme mit `tar` installieren bzw. wenn Sie Programme selbst kompilieren. Der Grund ist immer derselbe: Die Informationen darüber, welche Software auf dem Rechner installiert ist, fehlen entweder ganz, oder die Angaben passen nicht zusammen (weil jede Distribution eigene Richtlinien zur Formulierung von Paketabhängigkeiten hat).

- Neue RPM-Versionen sind zwar abwärtskompatibel, aber nicht aufwärtskompatibel. Das bedeutet, dass beispielsweise das rpm-Kommando von Version 4.7 nicht mit RPM-Dateien umgehen kann, die mit rpm Version 4.8 erstellt wurden. (Abhilfe: Installieren Sie eine aktuelle rpm-Version.)
- Der Platzbedarf für die RPM-Datenbank (also für die Dateien in /var/lib/rpm) ist relativ hoch. Bei einem Installationsumfang von 5 GByte füllen die RPM-Datenbankdateien rund 80 MByte.
- In seltenen Fällen passiert es, dass die RPM-Datenbank inkonsistente Daten enthält. Das äußert sich darin, dass das rpm-Kommando nicht mehr verwendet werden kann bzw. Fehlermeldungen wie *cannot open packages database* liefert. Abhilfe schaffen meistens die Kommandos `rm -f /var/lib/rpm/__db*` und dann `rpm --rebuilddb`. Damit wird die RPM-Datenbank neu erzeugt. (Das dauert allerdings eine Weile.)

Beispiele

Die folgenden Beispiele verdeutlichen die Anwendung von rpm in Standardsituationen:

root# **rpm -i abc-2.0.7-1.i686.rpm**
installiert das Programm abc.

root# **rpm --import http://myserver.com/RPM-myserver-GPG-KEY**
lädt die GPG-Schlüsseldatei von http://myserver.com herunter und richtet sie als Schlüsseldatei für RPM ein.

root# **rpm -U http://myserver.com/mypath/abc-2.1.0-2.i686.rpm**
aktualisiert das Programm abc, wobei die Paketdatei direkt vom angegebenen Webserver heruntergeladen wird.

root# **rpm -V abc**
liefert eine Liste aller Dateien des Pakets abc, die seit der Installation verändert wurden.

root# **rpm -e abc**
entfernt das Programm abc.

root# **rpm -qa**
liefert eine Liste aller installierten Pakete.

root# **rpm -qa --last**
liefert eine Liste aller installierten Pakete, wobei die Pakete nach dem Installationsdatum sortiert werden (das zuletzt installierte Paket steht zuoberst in der Liste).

root# **rpm -qa | grep -i mysql**
liefert eine Liste aller installierten Pakete, deren Namen die Zeichenkette mysql (in beliebiger Groß- und Kleinschreibung) enthalten.

root# **rpm -qi perl**
liefert Informationen zum Perl-Paket (falls dieses installiert ist).

root# **rpm -ql perl**
listet alle Dateien des Perl-Pakets auf.

root# **rpm -qd perl**
listet alle Dokumentationsdateien des Perl-Pakets auf.

root# **rpm -qc cups**
listet alle Konfigurationsdateien des CUPS-Pakets auf.

root# **rpm -qip abc-2.0.7-1.i686.rpm**
liefert Informationen zum noch nicht installierten Paket abc-<n>.rpm. Die RPM-Datei muss dazu lokal verfügbar sein.

root# **rpm -qf rpm -qf /usr/lib/libkdnssd.so**
gibt an, aus welchem Paket die Datei /usr/lib/libz.so stammt (Ergebnis: kdelibs).

root# **rpm -q --provides php-mysql**
gibt an, welche Attribute (im englischen Original: *capabilities*, also Fähigkeiten) das php-mysql-Paket zur Verfügung stellt. Das Ergebnis unter Fedora 13 lautet: mysql.so, mysqli.so, pdo_mysql.so, php-mysqli, php_database und php-mysql = 5.3.3-1. Attribute werden zur Auflösung von Paketabhängigkeiten benutzt. Üblicherweise stimmen die Namen von Attributen mit den Namen von Programmen oder Bibliotheken überein, die ein Paket zur Verfügung stellt. Allerdings bleibt es den Paketadministratoren jeder Distribution überlassen, auf welche Weise Attribute definiert werden. Attribute können auch mit Versionsnummern versehen werden.

root# **rpm -q --requires php-mysql**
gibt an, welche Voraussetzungen zur Installation des Pakets php-mysql erfüllt sein müssen. Unter Fedora ist die resultierende Attributsliste ziemlich lang, weswegen sie hier nur auszugsweise wiedergegeben wird: libc.so.6, libm.so.6, libmysqlclient.so.16, php-common = 5.3.3-1 und php-pdo.

root# **rpm -q --requires -p alien-8.56-2.i586.rpm**
Die Kommandos rpm -q --provides bzw. rpm -q --provides können auch mit der Option p kombiniert werden, um Attributslisten für noch nicht installierte Pakete zu ermitteln (im obigen Beispiel: alien).

root# **rpm -q --whatprovides mysqli.so**
gibt an, welches bereits installierte Paket das Attribut mysqli.so zur Verfügung stellt (Ergebnis: das Paket php-mysql).

root# **rpm -q --whatrequires libpthread.so.0**
liefert eine schier endlose Liste aller installierten Pakete, die auf das Attribut libpthread.so.0 angewiesen sind. (Die gleichnamige Bibliothek wird übrigens vom Paket glibc zur Verfügung gestellt.)

32/64-Bit-Probleme

Bei 64-Bit-Distributionen kann es vorkommen, dass rpm -qi name trotz eines eindeutigen Paketnamens Informationen zu *zwei* Paketen auflistet. Das ist kein Fehler; vielmehr handelt es sich um zwei gleichnamige Pakete mit den Dateien der 32- und der 64-Bit-Variante eines Programms bzw. einer Bibliothek.

SUSE vermeidet gleichnamige Pakete mit unterschiedlichem Inhalt, indem es die 32-Bit-Varianten im Paketnamen mit dem Anhang 32bit kennzeichnet. rpm -qa | grep 32bit liefert dort eine Liste aller 32-Bit-Pakete, die aus Kompatibilitätsgründen erforderlich sind.

Paketabhängigkeiten Das erste Mal werden Sie wahrscheinlich mit Abhängigkeiten konfrontiert, wenn Sie bei einem Installationsversuch eine Fehlermeldung der folgenden Art erhalten:

```
failed dependencies: attributname is needed by paketname
```

Um diesen Problemen aus dem Weg zu gehen, verwenden Sie zur Installation nach Möglichkeit nicht `rpm`, sondern `yum`, `zypper` oder ein anderes Paketverwaltungswerkzeug Ihrer Distribution. Besteht diese Möglichkeit nicht, müssen Sie nun nach dem Paket suchen, das *attributname* zur Verfügung stellt. Dazu können Sie auf die Suchmaschine http://rpmfind.net zurückgreifen, in der Sie nach Dateien und Attributen suchen, die in einer RPM-Datei enthalten sind.

20.2 Yum

Yum ist ein Programm, das die Verwaltung von RPM-Paketen vereinfacht. Auf das Kommando `rpm` aufbauend bietet es eine Menge Zusatzfunktionen:

- Als Datenquelle (englisch *repository*) dienen Yum-Archive im Internet. Ein Yum-Archiv ist eine Sammlung von RPM-Paketen, die zusätzlich mit Metadaten ausgestattet ist (Verzeichnis `repodata`). Diese Metadaten geben Informationen über den Inhalt und die Abhängigkeiten aller Pakete. Durch die Trennung von Paketen und Metadaten ist eine rasche Verarbeitung möglich (also ohne dass alle Pakete eingelesen werden müssen, um die Daten zu extrahieren). Yum ist in der Lage, automatisch zwischen verschiedenen Mirrors für eine Paketquelle zu wechseln.
- Yum löst automatisch alle Paketabhängigkeiten auf, lädt alle erforderlichen Pakete und installiert sie. Dabei werden alle bekannten Paketquellen berücksichtigt. Wenn Sie beispielsweise ein Paket aus der Paketquelle A installieren, kann es sein, dass Yum vorher einige abhängige Pakete aus den Quellen B und C herunterlädt.
- Yum kann alle bereits installierten Pakete mit einem einzigen Kommando aktualisieren. Dazu wird für jedes Paket getestet, ob es in einer der registrierten Paketquellen eine neuere Version des Pakets gibt. Wenn das der Fall ist, werden die entsprechenden Pakete heruntergeladen und installiert. Natürlich werden auch dabei alle Paketabhängigkeiten aufgelöst.

Yum wurde mit der Programmiersprache Python entwickelt. Das Programm wird standardmäßig unter anderem von Fedora und Red Hat eingesetzt. Dieser Abschnitt bezieht sich auf Yum, wie es in Fedora zum Einsatz kommt. Weiterführende Informationen zu Yum finden Sie unter:

http://www.linux.duke.edu/projects/yum/

Locking-Konflikte Es ist nicht zulässig, mehrere Yum-Instanzen parallel auszuführen. Wenn bereits ein Yum-Kommando oder -Programm läuft, führt ein neuerlicher Start zur Fehlermeldung *another copy is running*.

Die Ursache des Problems liegt oft beim automatischen Yum-Update-System (siehe Seite 483). Das können Sie leicht feststellen: Die Datei `/var/run/yum.pid` enthält die ID-Nummer des Programms, das den Konflikt verursacht. Mit `ps | grep` *id* stellen Sie den Programmnamen fest. Wenn nötig, können Sie das Update-System vorübergehend mit `/etc/init.d/yum-updatesd stop` stoppen und später mit `start` wieder aktivieren.

Konfiguration

Die Grundkonfiguration von Yum erfolgt durch die Datei /etc/yum.conf. Die folgenden Zeilen zeigen auszugsweise die Konfiguration von Fedora:

```
# Datei /etc/yum.conf
[main]
cachedir=/var/cache/yum/$basearch/$releasever
keepcache=0
debuglevel=2
logfile=/var/log/yum.log
exactarch=1
obsoletes=1
gpgcheck=1
plugins=1
installonly_limit=3
color=never
```

Kurz eine Erläuterung zu den wichtigsten Einstellungen: keepcache=0 bewirkt, dass heruntergeladene Pakete nach der Installation nicht archiviert werden. In der Regel ist das eine zweckmäßige Einstellung, weil der Platzbedarf für die Pakete im Laufe der Zeit recht groß wird und normalerweise kein Grund dazu besteht, die Pakete ein zweites Mal zu installieren. Es kann allerdings passieren, dass yum während der Installation ein Problem feststellt und die Installation abbricht. Auch in diesem Fall werden die heruntergeladenen Pakete gelöscht. Wenn Sie das Problem beheben können und anschließend das Update wiederholen, müssen alle Pakete neuerlich heruntergeladen werden. Diese Situation vermeiden Sie mit keepcache=1. Um die heruntergeladenen Pakete in /var/cache/yum explizit zu löschen, führen Sie yum clean packages aus.

exactarch=1 bewirkt, dass Yum nur Updates berücksichtigt, bei denen die Architektur mit dem bereits installierten Paket übereinstimmt. i386-Pakete können also nicht durch neuere x86_64-Pakete ersetzt werden.

gpgcheck=1 bewirkt, dass Yum mit einem Schlüssel die Authentizität der Pakete sicherstellt. gpgcheck kann abweichend von der Einstellung in yum.conf auch individuell für jede Paketquelle eingestellt werden. plugins entscheidet, ob Yum Plugins berücksichtigt (siehe Seite 480).

Es gibt Pakete, die Yum installieren, aber nicht aktualisieren soll. Dazu zählen insbesondere Kernel-Pakete: Bei einem Kernel-Update wird das neue Kernel-Paket zusätzlich installiert, ohne das alte Kernel-Paket anzurühren. Mit der Variable installonlypkgs werden die Namen derartiger Pakete eingestellt. Standardmäßig hat diese Variable die Einstellung kernel, kernel-smp, kernel-bigmem, kernel-enterprise, kernel-debug, kernel-unsupported. Die in yum.conf enthaltene Variable installonly_limit steuert schließlich, wie viele Versionen derartiger Pakete parallel installiert werden. Die Standardeinstellung 3 bewirkt, dass immer nur die aktuellsten drei Kernel-Versionen installiert bleiben. Ältere Kernel-Pakete werden entfernt.

color=never bewirkt, dass das Kommando yum im Terminal keine Farben nutzt. Wenn Sie das möchten, verwenden Sie color=always.

Paketquellen einrichten Jede Paketquelle wird in einer eigenen *.repo-Datei im Verzeichnis /etc/yum.repos.d definiert. Die folgenden Zeilen zeigen die Paketquelle für die Basispakete von Fedora:

```
# Datei /etc/yum.repos.d/fedora.repo
[fedora]
name=Fedora $releasever - $basearch
failovermethod=priority
mirrorlist=
  https://mirrors.fedoraproject.org/metalink?repo=fedora-$releasever&arch=$basearch
enabled=1
metadata_expire=7d
gpgcheck=1
gpgkey=file:///etc/pki/rpm-gpg/RPM-GPG-KEY-fedora-$basearch
```

Die Adresse der Paketquelle kann wahlweise absolut mit `baseurl=...` oder mit `mirrorlist=...` in Form einer Mirror-Datei angegeben werden. Diese Datei enthält eine Liste von Mirror-Servern. Yum entscheidet sich selbstständig für einen der Mirrors. Yum ersetzt in der Konfigurationsdatei die Variablen `$releasever`, `$arch` und `$basearch` durch die Versionsnummer der Linux-Distribution und deren Architektur. Kurz zur Herkunft dieser drei Variablen:

- `$arch` wird mit dem Kommando `uname` ermittelt (genau genommen mit der gleichnamigen, auf `uname` basierenden Python-Funktion) und liefert beispielsweise auf einem 64-Bit-Intel/AMD-Rechner x86_64.
- `$basearch` ist die `$arch` zugrunde liegende Basisarchitektur (beispielsweise i386).
- `$releasever` ergibt sich aus der Versionsnummer des Pakets `redhat-release` bzw. `fedora-release`. (Es besteht die Möglichkeit, in `yum.conf` mit dem Schlüsselwort `distroverpkg` den Namen eines anderen Pakets anzugeben. Die Versionsnummer dieses Pakets gilt dann als Versionsnummer der Distribution.)

`metadata_expires` gibt an, wie lange die von einer Paketquelle heruntergeladenen Metadaten gültig sind. Yum speichert die Metadaten in einem Cache und verzichtet auf ein neuerliches Herunterladen, wenn die Metadaten noch nicht veraltet sind. Das spart Zeit und Download-Volumen (die Dateien mit den Metadaten sind zum Teil riesig), kann aber dazu führen, dass Yum kürzlich durchgeführte Änderungen in der Paketquelle ignoriert. (Gegebenenfalls erzwingen Sie durch `yum clean metadata` das Löschen der lokalen Metadaten. Damit ist Yum beim nächsten Mal gezwungen, die Metadaten aller Paketquellen neu einzulesen.)

Die optimale Einstellung für `metadata_expires` variiert je nach Paketquelle: Bei Paketquellen, die sich selten oder nie ändern, ist ein langer Zeitraum zweckmäßig. Bei Update-Paketquellen ist es dagegen besser, einen kurzen Zeitraum anzugeben oder ganz auf eine Einstellung zu verzichten.

Pakete sperren Wenn Sie möchten, dass bestimmte Pakete von Yum nicht angetastet und beim Vorliegen einer neuen Version auch nicht aktualisiert werden, fügen Sie in `yum.conf` oder in die *.repo-Datei der Paketquelle eine Zeile mit `exclude name1 name2 name3` ein. In den Paketnamen können Sie Jokerzeichen verwenden, d. h., auch `exclude xemacs*` ist erlaubt.

Plugins Yum lässt sich durch Plugins erweitern und bietet dann noch mehr Funktionen. Die Konfiguration der Plugins erfolgt durch Dateien im Verzeichnis /etc/yum/pluginconf.d.

Eines der interessantesten Yum-Plugins ist Presto: Es ermöglicht die Verwendung von Delta-RPMs für Updates. Der Download-Umfang von Updates sinkt damit dramatisch (um 60 bis 80 Prozent!), allerdings ist die CPU-Belastung während der Anwendung der Updates höher.

Presto

Prinzipiell können Sie mit Yum auch ein Distributions-Update durchführen. Dazu installieren Sie zuerst manuell die Pakete fedora-release-*n*.noarch.rpm und fedora-release-*n*.noarch.rpm und führen dann yum upgrade aus. Ich bin allerdings kein Freund von Distributions-Updates. Meiner Erfahrung nach läuft dabei immer irgendetwas schief, ganz egal, wie ausgeklügelt das Paketverwaltungssystem ist. Wenn immer möglich, sollten Sie eine Neuinstallation vorziehen.

Distributions-Updates

Beispiele

Die gesamte Paketverwaltung erfolgt mit dem Kommando yum. Die Syntax des Kommandos geht aus den folgenden Beispielen hervor. Die folgenden Kommandos demonstrieren die Anwendung von yum. (Die Ausgaben sind aus Platzgründen gekürzt.)

```
root#  yum check-update
...
acl.x86_64                 2.2.49-6.fc16          updates
cifs-utils.x86_64          4.6-1.fc16             updates
gdb.x86_64                 7.1-32.fc16            updates
glx-utils.x86_64           7.8.1-8.fc16           updates

...
root#  yum update
...
Vorgangsübersicht
  Installieren     0 Paket(e)
  Upgrade         35 Paket(e)
  Gesamte Downloadgrösse: 26 M
Ist dies in Ordnung? [j/N] :  j
...
root#  yum install mysql-server
...
Installieren:
 mysql-server                x86_64  5.1.48-2.fc16   updates     8.1 M
Installiert für Abhängigkeiten:
 mysql                       x86_64  5.1.48-2.fc16   updates     889 k
 perl-DBD-MySQL              x86_64  4.016-1.fc16    updates     135 k
 perl-DBI                    x86_64  1.609-4.fc16    fedora      707 k

Vorgangsübersicht
  Installieren     4 Paket(e)
  Upgrade          0 Paket(e)
  Gesamte Downloadgrösse: 9.8 M
  Installed size: 28 M
Ist dies in Ordnung? [j/N] :  j
```

```
root# yum history
ID     | Login user               | Date and time    | Action(s)      | Altered
-------------------------------------------------------------------------------
    12 | kofler <kofler>          | 2011-08-09 10:38 | Install        |    3
    11 | kofler <kofler>          | 2011-08-09 10:35 | Install        |    1
    10 | System <unset>           | 2011-08-06 12:47 | Install        |    2
...

root# yum history info 10
Transaction ID : 10
Begin time     : Fri Aug  6 12:47:08 2011
Begin rpmdb    : 1239:cd1de7f23aa89953e4eeb9fa5e561f7fe36e079a
End time       :            12:47:22 2011 (14 seconds)
End rpmdb      : 1241:bad14ec1137d77b9d69ffa13ddf55138972644aa
User           : System <unset>
Return-Code    : Success
Transaction performed with:
    Installiert  rpm-4.8.1-2.fc16.x86_64
    Installiert  yum-3.2.27-4.fc16.noarch
    Installiert  yum-plugin-fs-snapshot-1.1.27-2.fc16.noarch
    Installiert  yum-presto-0.6.2-1.fc16.noarch
Packages Altered:
    Dep-Install  freeglut-2.6.0-5.fc16.x86_64
    Install      mesa-demos-7.8.1-6.fc16.x86_64
history info
```

Wenn Sie yum zum ersten Mal ausführen, werden Metainformationen zu allen eingerichteten Paketquellen heruntergeladen. In der Folge werden diese Daten regelmäßig aktualisiert.

Paketgruppen yum kennt Paketgruppen, um mit wenig Aufwand alle erforderlichen Pakete für eine bestimmte Aufgabe zu installieren. Eine Liste der verfügbaren Paketgruppen liefert yum grouplist. yum groupinfo *name* verrät, welche Pakete zu einer Gruppe gehören. yum groupinfo unterteilt die Pakete in drei Kategorien: *mandatory*, *default* und *optional*. yum groupinstall *name* installiert alle *mandatory*- und *default*-Pakete. yum kennt keine Option, um auch die optionalen Pakete zu installieren. Wenn Sie das möchten, müssen Sie die folgende Änderung in yum.conf durchführen:

```
# Ergänzung in /etc/yum.conf
group_package_types = mandatory default optional
```

Um eine Paketgruppe zu aktualisieren bzw. zu entfernen, verwenden Sie yum groupupdate bzw. yum groupremove.

Quellcodepakete yum ist für sich nicht in der Lage, Quellcodepakete zu installieren. Diese Aufgabe übernimmt stattdessen das Kommando yumdownloader, das sich im Paket yum-utils befindet. Das folgende Kommando lädt das Quellcodepaket des Editors gedit in das lokale Verzeichnis. Dabei werden die normalerweise nicht aktiven source-Quellen in den *.repo-Dateien automatisch aktiviert.

```
user$ yumdownloader --source gedit
```

Automatische Downloads und Updates

Wenn das Paket yum-updatesd installiert ist, wird beim Rechnerstart durch den Init-V-Prozess das gleichnamige Programm yum-updatesd gestartet. (Wie Sie den automatischen Start von Init-V-Scripts steuern, ist auf Seite 323 beschrieben.)

yum-updatesd überprüft regelmäßig, ob Updates zur Verfügung stehen. Je nachdem, wie die Einstellungen in /etc/yum/yum-updatesd.conf aussehen, werden die Update-Pakete auch gleich heruntergeladen und sogar installiert. Das folgende Listing zeigt die Standardkonfiguration unter Fedora 13, bei der aber *keine* automatischen Updates durchgeführt werden. Wenn Sie das möchten, müssen Sie dreimal no durch yes ersetzen.

```
# /etc/yum/yum-updatesd.conf
[main]
# einmal pro Stunde testen, ob neue Updates zur Verfügung stehen
run_interval = 3600

# höchstens alle 10 Minuten den Update-Server kontaktieren
updaterefresh = 600

# lokale Update-Benachrichtigung via dbus durchführen
emit_via = dbus
dbus_listener = yes

# Updates automatisch herunterladen
do_download = no

# auch abhängige Pakete für Updates herunterladen
do_download_deps = no

# Updates automatisch installieren
do_update = no
```

Leider kann das ständig laufende Yum-Update-Programm gelegentlich zu Locking-Problemen führen (siehe Seite 478). Abhilfe: Stoppen Sie yum-updatesd vorübergehend, bevor Sie die Paketverwaltung selbst nutzen. Vergessen Sie nicht, yum-updatesd anschließend wieder zu starten!

```
root# /etc/init.d/yum-updatesd stop
root# ... manuelle Pakete installieren oder entfernen ...
root# /etc/init.d/yum-updatesd start
```

Yum Extender (Yumex)

Yumex ist eine einfache und funktionelle grafische Benutzeroberfläche zu Yum. Beim Start aktualisiert Yumex die lokalen Metadaten zu allen Paketquellen. Anschließend können Sie nach Paketen suchen, diese zur Installation markieren und die Installation schließlich durchführen (Button ANWENDEN, siehe auch Abbildung 20.1). Yumex wertet nun alle Paketabhängigkeiten aus und zeigt einen Zusammenfassungsdialog an. Erst wenn Sie den bestätigen, werden die Pakete tatsächlich heruntergeladen und installiert.

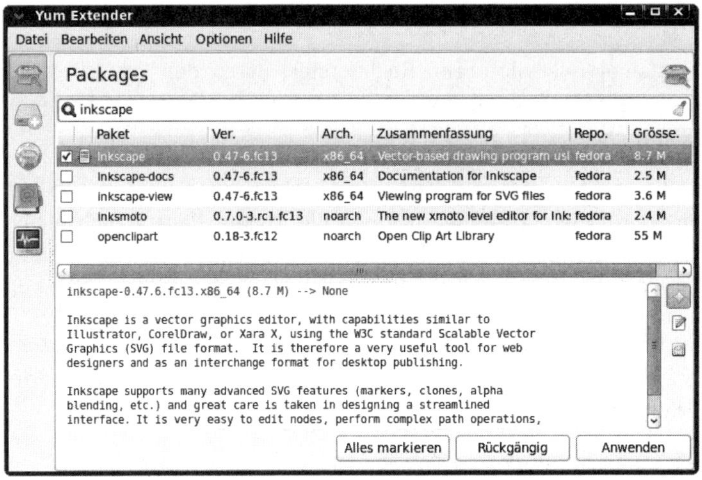

Abbildung 20.1: **Paketverwaltung mit dem Yum Extender**

20.3 ZYpp

SUSE verwendet wie Fedora und Red Hat RPM-Pakete. Die auf RPM aufbauende Paketverwaltung ZYpp ist allerdings eine Novell/SUSE-Eigenentwicklung. ZYpp steht für *ZENworks, YaST, Packages and Patches*, wobei die Verwendung von ZENworks optional und nur in den Enterprise-Distributionen von Novell/SUSE vorgesehen ist. Umfassende Informationen zu ZYpp finden Sie unter:

http://en.opensuse.org/Zypp

libzypp Hinter den Kulissen stellt die Bibliothek `libzypp` die ZYpp-Grundfunktionen zur Verfügung. `libzypp` kommt sowohl mit YaST- als auch mit YUM-Paketquellen zurecht. Sämtliche Konfigurations-, Datenbank- und Cache-Dateien befinden sich im Verzeichnis `/var/lib/zypp`. Sowohl YaST als auch PackageKit greifen unter openSUSE auf `libzypp` zurück.

Hinweis

`zypper` **unterscheidet zwischen Updates und Patches! Updates sind Pakete, die in einer neueren Version als der installierten zur Verfügung stehen. Patches sind dagegen Ergänzungs- bzw. Aktualisierungspakete (Delta-RPMs).**

SUSE verwendet zur Aktualisierung seiner Pakete Patches in Form von Delta-RPMs. Externe Paketquellen wie Packman stellen neue Paketversionen dagegen in Form von Updates zur Verfügung.

Paketquellen Paketquellen werden in Textdateien im Verzeichnis `/etc/zypp/repos.d` gespeichert. Wenn Sie diese Dateien mit einem Editor verändern, achten Sie darauf, anschließend alle Sicherheitskopien zu löschen! Andernfalls bekommen Sie Doppelgänger in der Liste der Paketquellen. Die folgenden Zeilen zeigen die Definition der Open-Source-Paketquelle für openSUSE 12.1:

```
# Datei /etc/zypp/repos.d/repo-oss.repo
[repo-oss]
name=openSUSE-12.1-Oss
enabled=1
autorefresh=1
```

```
baseurl=http://download.opensuse.org/distribution/12.1/repo/oss/
type=yast2
keeppackages=1
```

zypper

zypper ist eine Kommandoschnittstelle zu libzypp. zypper ist damit das SUSE-Gegenstück zu apt-get oder yum. Sie können damit Pakete suchen, installieren, aktualisieren und entfernen sowie Paketquellen verwalten. zypper muss von root ausgeführt werden. Weitere Informationen zu zypper finden Sie hier:

http://de.opensuse.org/SDB:Zypper_benutzen

Die folgenden Beispiele zeigen die Anwendung von zypper. Das erste Kommando listet die Paketquellen auf, das zweite aktualisiert die Quellen, das dritte installiert den Editor emacs, und das vierte stellt fest, welche Updates zur Verfügung stehen.

```
root#  zypper repos
# | Alias               | Name                     | Enabled | Refresh
--+---------------------+--------------------------+---------+--------
1 | repo-oss            | openSUSE-12.1-Oss        | Yes     | Yes
2 | repo-non-oss        | openSUSE-12.1-Non-Oss    | Yes     | Yes
...

root#  zypper refresh
All repositories have been refreshed.

root#  zypper install nano
The following NEW packages are going to be installed:
  ctags emacs emacs-info emacs-x11 fribidi libotf0 m17n-db m17n-lib xaw3d
9 new packages to install.
Overall download size: 21.0 MiB.
After the operation, additional 85.5 MiB will be used.
Continue? [y/n/?] (y):  y
root#  zypper list-updates
S | Repository        | Name         | Current Version | Available Version | Arch
--+-------------------+--------------+-----------------+-------------------+-------
v | Aktualisierungen  | bind-libs    | 9.7.1-1.5       | 9.7.1-2.1.1       | x86_64
v | Aktualisierungen  | bind-utils   | 9.7.1-1.5       | 9.7.1-2.1.1       | x86_64
v | Aktualisierungen  | ethtool      | 6-84.1          | 6-85.1.1          | x86_64
...
```

Paketgruppen

Um alle erforderlichen Pakete für eine bestimmte Aufgabe zu installieren, etwa zur Verwendung des Rechners als Datei-Server, kennt ZYpp sogenannte *pattern*. zypper search -t pattern ermittelt eine Liste aller derartigen Paketgruppen. zypper info -t pattern *name* verrät, welche Pakete zu einer Paketgruppe gehören. Mit zypper install -t pattern *name* installieren Sie alle Pakete einer Paketgruppe.

history

Die Datei /var/log/zypp/history enthält eine ausgesprochen praktische Referenz darüber, wann welches Paket aus welcher Paketquelle installiert oder entfernt wurde und welche Konfigurationsarbeiten dabei durchgeführt wurden.

Distributions-Updates Mit zypper dup führen Sie ein Distributions-Update im laufenden Betrieb durchführen:

```
root# zypper updates   (Update für die bisherige Version)
root# ...              (Paketquellen auf die neue Version umstellen)
root# zypper dup       (alte Pakete durch neue ersetzen)
root# reboot           (Neustart)
```

20.4 Debian-Paketverwaltung (dpkg)

Die Verwaltung von Debian-Paketen erfolgt auf zwei Ebenen: Dieser Abschnitt beschreibt das Kommando dpkg, das auf der unteren Ebene für die Installation und Verwaltung von Paketen verantwortlich ist. dpkg ist mit rpm vergleichbar. Das Kommmando kann einzelne Pakete installieren, aktualisieren, entfernen und dabei testen, ob alle Paketabhängigkeiten erfüllt sind. Es ist aber nicht in der Lage, nicht erfüllte Paketabhängigkeiten selbst aufzulösen oder Pakete selbstständig von Paketquellen zu laden.

Genau diese Aufgaben erfüllt APT (*Advanced Package Tool*, siehe Seite 487). Es baut auf dpkg auf und bietet ähnliche Funktionen wie die gerade vorgestellten Systeme Yum und ZYpp. Zur eigentlichen Paketverwaltung stehen zwei Kommandos zur Wahl: apt-get wird standardmäßig unter Ubuntu eingesetzt, während aptitude seit Debian 5.0 als das bevorzugte Werkzeug zur Paketinstallation gilt.

Auch wenn in diesem und dem folgenden Abschnitt von Debian-Paketen die Rede ist, gelten die Informationen für alle Linux-Distributionen, die dieses Paketformat nutzen. Neben Debian sind das beispielsweise die Ubuntu-Familie, Mepis, Mint und Knoppix. Wenn Sie von einer RPM-basierten Distribution auf eine Distribution mit Debian-Paketen umsteigen, finden Sie auf dieser Seite eine gute Übersicht über rpm-Kommandos sowie dazu äquivalente dpkg- und apt-Kommandos:

https://help.ubuntu.com/community/SwitchingToUbuntu/FromLinux/RedHatEnterpriseLinuxAndFedora

Beispiele Die folgenden Beispiele verdeutlichen die Anwendung von dpkg in Standardsituationen. In der Praxis werden Sie dpkg aber ohnedies kaum benötigen. Die Paketadministration der meisten Distributionen, die Debian-Pakete nutzen, erfolgt direkt mit APT oder einem darauf basierenden Werkzeug.

```
root# dpkg --install test.deb
...
Entpacke test ...
Richte test ein ...

root# dpkg --search /etc/sensors3.conf
libsensors4: /etc/sensors3.conf

root# dpkg --listfiles libsensors4
...
/usr/lib
/usr/lib/libsensors.so.4.2.1
/etc
```

```
/etc/sensors3.conf
/etc/sensors.d
...
```

Paketstatus

dpkg --list liefert eine Liste aller installierten Pakete. Dabei wird ein Statuscode angezeigt, der aus bis zu drei Buchstaben besteht. Der erste Buchstabe gibt den gewünschten Zustand an (*u = unknown, i = install, r = remove, p = purge, h = hold*), der zweite Buchstabe gibt den tatsächlichen Zustand an (*n = not, i = installed, c = config files, u = unpacked, f = failed config, h = half installed*), der dritte den optionalen Fehlercode (*h = hold, r = reinstall required, x = hold + reinstall required*).

```
root# dpkg --list | grep hplip
ii  hplip          3.10.6-0ubuntu1   HP Linux Printing and Imaging System (HPLIP)
ii  hplip-cups     3.10.6-0ubuntu1   HP Linux Printing and Imaging - CUPS Raster driver
ii  hplip-data     3.10.6-0ubuntu1   HP Linux Printing and Imaging - data files
```

Die beiden häufigsten Statuscodes sind ii (installiertes Paket) und rc (entferntes Paket, die Konfigurationsdateien sind aber noch verfügbar). Um rc-Pakete vollständig zu entfernen, führen Sie dpkg --purge *name* aus.

Der Status *hold* bedeutet, dass ein Paket bei einem Update nicht aktualisiert werden soll. Die beiden folgenden Kommandos zeigen, wie Sie ein Paket in den *hold*-Status bringen bzw. diesen Status wieder aufheben:

```
root# echo "paketname hold"    | dpkg --set-selections
root# echo "paketname install | dpkg --set-selections
```

Weitere Details zum Paketstatus und zur Behebung von Problemen finden Sie mit man dpkg.

Neukonfiguration

Bei manchen Paketen gibt es zusätzlich zu den automatischen Konfigurations-Scripts interaktive Setup-Programme, die bei der individuellen Konfiguration des Programms helfen. Wenn Sie die Konfiguration später ändern möchten, führen Sie dpkg-reconfigure paketname aus.

Metadaten

dpkg verwaltet zu allen Paketen umfassende Metainformationen (eine Paketbeschreibung, eine Liste aller Dateien des Pakets, Abhängigkeitsdaten etc.). Diese Daten liegen im dctrl-Format (*Debian control*) vor. Das Paket dctrl-tools enthält diverse Kommandos, um Abfragen in den dctrl-Daten durchzuführen. man grep-dctrl gibt eine ausführliche Beschreibung dieser Kommandos und eine Menge konkreter Anwendungsbeispiele.

20.5 APT

APT (*Advanced Packaging Tool*) ist für Debian-Pakete, was Yum für RPM-Pakete ist: ein High-Level-Paketverwaltungssystem, das Pakete selbstständig von Paketquellen herunterlädt und Paketabhängigkeiten automatisch auflöst. Die Kombination aus Debian-Paketen und APT ergibt momentan das wohl ausgereifteste Paketverwaltungssystem für Linux. Es wird unter anderem von Ubuntu und Debian als Standardsystem zur Paketverwaltung eingesetzt.

Zur eigentlichen Paketverwaltung stehen zwei alternative Kommandos zur Auswahl: `apt-get` und `aptitude`. Beide Kommandos sind einander sehr ähnlich und weisen bei einfachen Operationen sogar dieselbe Syntax auf. Sowohl `apt-get install paketname` als auch `aptitude install paketname` laden das angegebene Paket und alle davon abhängigen Pakete herunter und installieren sie.

Momentan kommt `apt-get` standardmäßig unter Ubuntu zum Einsatz, während Debian seit Version 5 den Einsatz von `aptitude` empfiehlt. Egal, ob Sie unter Debian oder Ubuntu arbeiten, *beide* Kommandos sind standardmäßig installiert.

Wie Yum erfordert auch APT spezielle Paketquellen, die neben den DEB-Paketen auch Metainformationen über den Inhalt der Pakete und deren Abhängigkeiten zur Verfügung stellen.

Es gibt auch eine APT-Version für RPM-Pakete, die im Vergleich zu Yum aber nur geringe Verbreitung gefunden hat. Dieser Abschnitt behandelt nur APT für Debian-Pakete. Informationen zu APT-RPM finden Sie hier:

http://apt-rpm.org/

Konfiguration

Die Konfiguration von APT erfolgt durch die beiden Dateien `apt.conf.d/*` und `sources.list` im Verzeichnis /etc/apt. Weitere Definitionen von Paketquellen können sich im Verzeichnis `sources.list.d` befinden.

`apt.conf.d/*` enthält in der Regel nur wenige Basiseinstellungen, die Sie zumeist so belassen, wie sie von Ihrer Distribution vorgegeben sind (siehe auch `man apt.conf`). Schon interessanter ist `sources.list` (`man sources.list`). Diese Datei enthält zeilenweise die APT-Paketquellen. Die Syntax jeder Zeile sieht so aus:

```
pakettyp uri distribution [komponente1] [komponente2] [komponente3] ...
```

Der Pakettyp lautet `deb` für gewöhnliche Debian-Pakete bzw. `deb-src` für Quellcodepakete. Die zweite Spalte gibt das Basisverzeichnis der Paketquelle an. Neben HTTP- und FTP-Verzeichnissen unterstützt APT auch gewöhnliche Verzeichnisse, RSH- oder SSH-Server sowie CDs bzw. DVDs.

Ein Sonderfall sind allerdings CD- und DVD-Paketquellen: Derartige Paketquellen müssen mit dem etwas weiter unten beschriebenen Kommando `apt-cdrom` eingerichtet werden. Das bloße Hinzufügen einer `deb cdrom`-Zeile reicht nicht aus.

Die dritte Spalte bezeichnet die Distribution. (Auf einem Server können sich ja durchaus Pakete für mehrere Distributionen bzw. Versionen befinden.) Alle weiteren Spalten geben die Komponenten der Distribution an, die berücksichtigt werden können. Die Komponentennamen sind von der Distribution und von der Paketquelle abhängig! Beispielsweise unterscheidet Ubuntu zwischen *main*-, *restricted*-, *universe*- und *multiverse*-Paketen, während Debian zwischen den Komponenten *main*, *contrib*, *non-free* etc. differenziert.

Die zuerst genannten Paketquellen werden bevorzugt: Wenn ein bestimmtes Paket also in mehreren Quellen zum Download zur Verfügung steht, lädt APT es von der ersten Quelle herunter. Die folgenden Zeilen demonstrieren die Syntax. Sie gelten für Ubuntu 11.10.

```
# Datei /etc/apt/sources.list
deb http://de.archive.ubuntu.com/ubuntu/ oneiric          main restricted universe multiverse
deb http://de.archive.ubuntu.com/ubuntu/ oneiric-updates  main restricted universe multiverse
deb http://security.ubuntu.com/ubuntu    oneiric-security main restricted universe multiverse
```

Veränderungen an sources.list führen Sie am einfachsten mit einem Texteditor durch. Stattdessen können Sie auch das Programm apt-setup oder eine grafische Benutzeroberfläche wie Synaptic zu Hilfe nehmen.

CD als Paketquelle anmelden

Auch CDs können als APT-Datenquellen dienen. Dazu müssen Sie für jede CD das Kommando apt-cdrom add ausführen. apt-cdrom liest die APT-Metadaten der CD-ROM und trägt die verfügbaren Pakete in eine Cache-Datei ein. Außerdem wird sources.lst aktualisiert. Falls apt-cdrom sich darüber beklagt, dass es keine CD/DVD findet, geben Sie deren Verzeichnis mit der Option -d an:

```
root#  apt-cdrom -d /media/dvd add
```

APT-Schlüssel installieren

Bei den meisten APT-Quellen im Internet sind die Metadateien zur Beschreibung der Paketquellen durch einen Schlüssel signiert. Weiters enthalten die APT-Inhaltsverzeichnisse Prüfsummen für alle Pakete. Mit diesem Kontrollmechanismus kann sichergestellt werden, dass kein Paket nachträglich verändert wurde. Diese Kontrolle funktioniert aber nur, wenn das APT den öffentlichen Teil des Schlüssels kennt und somit die Authentizität des Paketarchivs feststellen kann. Um einen Schlüssel für APT einzurichten, verwenden Sie das Kommando apt-key:

```
root#  apt-key add schlüsseldatei.gpg
```

apt-get

Die eigentliche Paketverwaltung führen Sie wahlweise mit den Kommandos apt-get oder aptitude durch (siehe den nächsten Abschnitt). Die Syntax von apt-get geht aus den folgenden Beispielen hervor. In ihnen sind die Ausgaben aus Platzgründen gekürzt.

APT-Infos aktualisieren

Bevor Sie Pakete installieren, sollten Sie apt-get update ausführen und damit die neuesten Informationen aus den Paketquellen herunterladen. Dadurch werden weder Pakete installiert noch aktualisiert. Es geht hier nur um die Paketbeschreibungen!

Pakete installieren

Anschließend führen Sie apt-get install aus, wobei Sie den richtigen Paketnamen angeben müssen. Wenn das Kommando nicht erfüllte Paketabhängigkeiten entdeckt, schlägt es die fehlenden Pakete ebenfalls zur Installation vor. Sobald Sie diesem Vorschlag zustimmen, lädt apt-get die Paketdateien herunter und installiert sie. Im folgenden Beispiel empfiehlt apt-get die Installation einiger weiterer Pakete:

```
root#  apt-get update
...
root#  apt-get install apache2
...
Die folgenden zusätzlichen Pakete werden installiert:
  apache2-mpm-worker apache2-utils apache2.2-common libapr1 libaprutil1
Vorgeschlagene Pakete:
```

```
  apache2-doc apache2-suexec apache2-suexec-custom
Die folgenden NEUEN Pakete werden installiert:
  apache2 apache2-mpm-worker apache2-utils apache2.2-common libapr1 libaprutil1
0 aktualisiert, 6 neu installiert, 0 zu entfernen und 11 nicht aktualisiert.
Es müssen 1472kB an Archiven heruntergeladen werden.
Nach dieser Operation werden 5452kB Plattenplatz zusätzlich benutzt.
Möchten Sie fortfahren [J/n]?
...
```

Pakete entfernen

apt-get remove paketname entfernt das angegebene Paket. Ursprünglich zusammen mit dem Paket installierte abhängige Pakete bleiben davon aber unberührt. Abhilfe schafft apt-get autoremove. Dieses Kommando entfernt alle nicht mehr benötigten Pakete.

Pakete aktualisieren

Mit apt-get dist-upgrade aktualisieren Sie alle installierten Pakete. Wenn dies aufgrund geänderter Paketabhängigkeiten erforderlich ist, werden auch neue Pakete installiert bzw. vorhandene Pakete entfernt.

```
qqroot# apt-get upgrade
...
Die folgenden Pakete werden aktualisiert:
  libmozjs1d xulrunner-1.9 xulrunner-1.9-gnome-support
3 aktualisiert, 0 neu installiert, 0 zu entfernen und 0 nicht aktualisiert.
Es müssen 8208kB an Archiven heruntergeladen werden.
Nach dieser Operation werden 8192B Plattenplatz zusätzlich benutzt.
Möchten Sie fortfahren [J/n]? J
...
```

Zum apt-get-Kommando dist-upgrade existiert die Variante upgrade: Auch dabei werden alle Pakete aktualisiert. Der Unterschied besteht darin, dass dabei keine neuen Pakete installiert und keine vorhandenen Pakete entfernt werden.

Quellcode installieren

apt-get source paketname installiert den Quellcode des gewünschten Pakets in das aktuelle Verzeichnis. Weitere Details finden Sie auf Seite 509.

Aptitude

Das textbasierte Programm aptitude baut ebenfalls auf APT auf. Wenn Sie das Programm kommandoorientiert einsetzen (aptitude install paketname), ist es weitgehend syntaxkompatibel zu apt-get. Alternativ können Sie das Programm auch mit einer Text-Benutzeroberfläche in einer Konsole nutzen (siehe Abbildung 20.2), indem Sie das Programm einfach ohne weitere Parameter starten. Zur Menüauswahl verwenden Sie die Taste F10.

aptitude bietet im Vergleich zu apt-get einen entscheidenden Vorteil: Das Programm merkt sich, welche abhängigen Pakete installiert wurden, und entfernt diese bei einer Deinstallation automatisch wieder. Wenn Sie beispielsweise das Programm xyz installieren und dieses fünf weitere Pakete (lib-abc, lib-efg etc.) voraussetzt, dann werden diese Pakete bei der Deinstallation von xyz wieder entfernt (sofern mittlerweile kein anderes Paket davon abhängig ist). Wenn Sie xyz dagegen mit apt-get oder Synaptic entfernen, bleiben die abhängigen Pakete lib-abc, lib-efg etc. erhalten. Nach einer Weile weiß niemand mehr, warum die Pakete installiert sind.

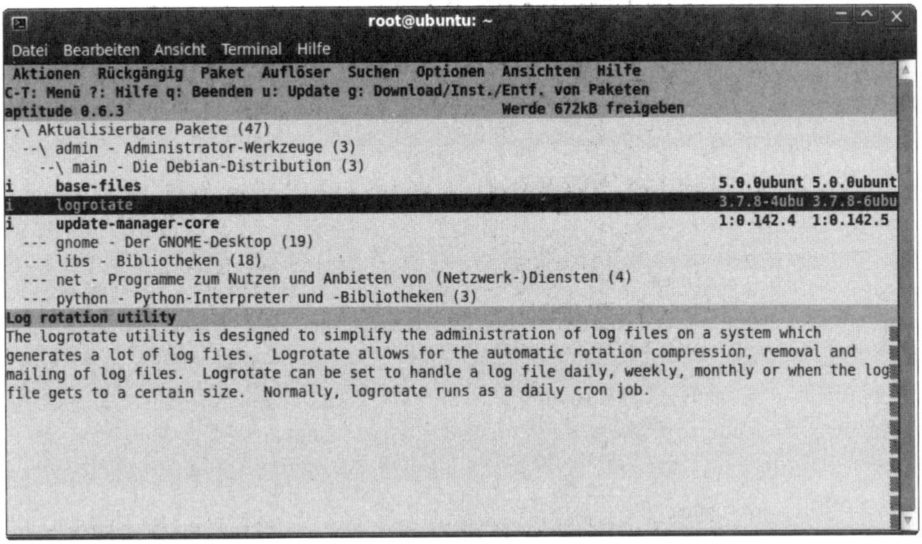

Abbildung 20.2: **Paketverwaltung mit aptitude**

Debian empfiehlt explizit die Verwendung von `aptitude` anstelle von `apt-get` zur Paketverwaltung. Sie können sich über diese Empfehlung natürlich hinwegsetzen. Vermeiden Sie aber, die Kommandos zu mischen! Beide Kommandos verwalten jeweils eigene Datenbanken mit Daten über bereits installierte Pakete und deren Abhängigkeiten etc. Wenn Sie `apt-get` oder `aptitude` parallel einsetzen, werden diese Datenbanken inkonsistent.

Beispiel

Die beiden folgenden Kommandos installieren zuerst das Paket `html2ps` und entfernen es dann wieder. Bemerkenswert ist, dass dabei die meisten zusammen mit `html2ps` installierten abhängigen Pakete wieder entfernt werden. (Es werden allerdings nicht alle abhängigen Pakete entfernt – `aptitude` ist also auch nicht vollkommen.)

```
root#  aptitude install html2ps
Paketlisten werden gelesen... Fertig
...
Die folgenden Pakete werden zusätzlich installiert:
  gs-gpl html2ps libcompress-zlib-perl libfont-afm-perl libhtml-format-perl
  libhtml-parser-perl libhtml-tagset-perl libhtml-tree-perl libmailtools-perl
...
Wollen Sie fortsetzen? [Y/n/?]  Y
...
root#  aptitude remove html2ps
...
Die folgenden Pakete sind nicht verwendet und werden ENTFERNT:
  libfont-afm-perl libhtml-format-perl libhtml-parser-perl libhtml-tagset-perl
  libhtml-tree-perl libmailtools-perl libtimedate-perl liburi-perl libwww-perl
  perlmagick
...
```

tasksel

Zur Installation von Paketgruppen greifen Debian und Ubuntu in der Regel auf Metapakete zurück: Das sind leere Pakete, die lediglich eine Menge Paketabhängigkeiten definieren. Beispielsweise wird zusammen mit dem Metapaket `build-essential` eine ganze Sammlung von Paketen mit grundlegenden Entwicklungswerkzeugen installiert (Compiler, make etc.).

Daneben gibt es noch einen zweiten Mechanismus zur Definition von Paketgruppen, der auf dem Kommando `tasksel` basiert. Dieser Mechanismus ist vor allem dazu gedacht, während der Installation der Distribution auf einfache Weise Paketgruppen auszuwählen. `tasksel` kann aber natürlich auch später im laufenden Betrieb verwendet werden: Eine Liste aller verfügbaren Paketgruppen liefert `tasksel --list-task`. Zur Installation von Paketgruppen verwenden Sie `tasksel install` *gruppenname*. Wenn `tasksel` ohne Optionen ausgeführt wird, erscheint ein Dialog zur Auswahl der gewünschten Paketgruppen.

apt-cache

apt-cache ermittelt diverse Daten zu den verfügbaren bzw. zu bereits installierten Paketen:

```
root# apt-cache show apache2
Package: apache2
Priority: optional
Section: web
...
Description: next generation, scalable, extendable web server
 Apache v2 is the next generation of the omnipresent Apache web server. This
 version - a total rewrite - introduces many new improvements, such as
 threading, a new API, IPv6 support, request/response filtering, and more.
...

root# apt-cache  search scribus | sort
lprof - Hardware Color Profiler
scribus - Open Source Desktop Publishing
scribus-template - additional scribus templates
```

Updates automatisieren

APT wird normalerweise so installiert, dass Sie lediglich einige Konfigurationsdateien anpassen müssen, um Updates automatisch herunterzuladen und eventuell auch gleich zu installieren. Die erforderlichen Konfigurationsdateien sind Teil des Pakets `unattended-upgrades`, das unter Debian und Ubuntu standardmäßig installiert ist.

Ausgangspunkt für die Download- und Update-Automatik ist das Programm Cron, das einmal täglich das Script `/etc/cron.daily/apt` ausführt. Es wertet die Konfigurationsdatei `/etc/apt/apt.conf.d/*` aus und führt bei Bedarf das Upgrade-Kommando `unattended-upgrade` aus. Automatische Updates müssen werden durch die folgenden Änderungen in den Konfigurationsdateien aktiviert:

```
// Datei /etc/apt/apt.conf.d/10periodic
// tägliche Updates aktivieren
APT::Periodic::Unattended-Upgrade "1";

// Datei /etc/apt/apt.conf.d/50unattended-upgrades
// Sicherheits- und Standard-Updates durchführen
Unattended-Upgrade::Allowed-Origins {
        "${distro_id} stable";
        "${distro_id} ${distro_codename}-security";
        "${distro_id} ${distro_codename}-updates";
};

// folgende Pakete nicht aktualisieren
Unattended-Upgrade::Package-Blacklist {
        // "vim";
        // ...
};

// E-Mail über Update-Status senden
// Unattended-Upgrade::Mail "root@localhost";
```

APT::Periodic::Unattended-Upgrade gibt an, nach wie vielen Tagen ein Update versucht werden soll. Mit Allowed-Origins geben Sie an, welche Paketquellen für das automatische Update berücksichtigt werden sollen. Mit Package-Blacklist können Sie einzelne Pakte vom automatischen Update ausschließen. Zu guter Letzt können Sie mit Mail eine Adresse angeben, an die das Kommando unattended-upgrade nach erfolgten Updates einen kurzen Statusbericht sendet. Der E-Mail-Versand setzt voraus, dass auf dem Rechner ein E-Mail-Server (MTA) eingerichtet ist und dass zusätzlich das Paket mailx installiert ist.

Abschließend noch einige Interna zum Upgrade-Prozess: /etc/cron.daily/apt enthält ein sleep-Kommando, das das Script für eine zufällige Anzahl von bis zu 1800 Sekunden anhält (also für bis zu einer halben Stunde). Diese Zwangspause vermeidet, dass Tausende Rechner aufgrund des Cron-Jobs gleichzeitig auf die Paketquellen zugreifen.

Das Script /usr/bin/unattended-upgrade protokolliert alle Updates bzw. Update-Versuche in Logging-Dateien im Verzeichnis /var/log/unattended-upgrade. Außerdem legt /etc/cron.daily/apt im Verzeichnis /var/lib/apt/periodic/ Timestamp-Dateien an, aus denen hervorgeht, wann bestimmte Operationen zum letzten Mal durchgeführt wurden.

unattended-upgrade aktualisiert keine Pakete, für die ein sogenannter conffile prompt besteht, d. h., deren Konfigurationsdatei manuell verändert wurde. Leider geht das nur aus den Logging-Dateien hervor, nicht aus der Status-E-Mail. Da dieser Fall in der Praxis recht oft vorkommt, müssen Sie trotz der automatisierten Updates regelmäßig kontrollieren, ob es nicht doch Updates gibt, die manuell durchzuführen sind.

Kernel-Updates werden erst wirksam, wenn der Rechner neu gestartet wird. unattended-upgrade kümmert sich darum nicht – Sie müssen den Rechner also durch ein reboot-Kommando selbst neu starten.

Tipp

Automatische Updates sind gut, weil sie das Risiko vermindern, dass ein Angreifer eine bereits behobene Sicherheitslücke ausnutzt; aber sie können auch fatale Folgen haben, wenn einzelne Server-Funktionen aufgrund eines defekten Updates plötzlich nicht mehr richtig laufen. Eine Alternative zu automatischen Updates ist ein Cron-Script, das einmal täglich die Verfügbarkeit neuer Updates überprüft (z. B. durch `apt-get dist-upgrade --simulate`**) und das Ergebnis als E-Mail an den Administrator sendet.**

Release- bzw. Distributions-Updates

Mit `apt-get dist-upgrade` können Sie auch eine gesamte Distribution auf die nächstneuere Version aktualisieren. Dazu müssen Sie die Paketquellen in `/etc/apt/sources.list` vorher entsprechend neu einstellen.

Bei Ubuntu können Sie ein Distributions-Update auch mit `do-release-update -m desktop` (für Desktop-Systeme) bzw. `-m server` (für Server) ausführen. Bei Ubuntu LTS-Versionen sind Release-Updates nur für die nächste LTS-Version vorgesehen, also z. B. von 10.04 auf 12.04. Wenn Sie ein Update auf eine Nicht-LTS-Version durchführen möchten, müssen Sie vorher in `/etc/update-manager/release-upgrades` die Variable `Prompt` von `lts` auf `normal` stellen.

Release-Updates sind trotz des ausgezeichneten Debian-Paketverwaltungssystems eine heikle Angelegenheit. Dass nach dem Update alle Programme und Server-Dienste wie bisher funktionieren, ist eher ein Glücks- als der Regelfall.

apt-cacher (Paket-Proxy)

Wenn in Ihrem Netzwerk Dutzende Debian- oder Ubuntu-Rechner laufen und jeder für sich seine Updates von einer externen Paketquelle bezieht, ergibt das ein Datenvolumen von einigen GByte pro Monat. Auch wenn die meisten Internetzugänge momentan ohne Download-Limit angeboten werden, verstopfen die Updates das Netz und machen den Internetzugang für das LAN langsamer als notwendig. Es liegt daher auf der Hand, im LAN einen zentralen Zwischenspeicher (Proxy) einzurichten, über den alle anderen Rechner Paket-Updates beziehen. Genau diese Aufgabe erfüllt das Programm `apt-cacher`.

Server-Konfiguration

Auf dem Cache-Server (also dem Rechner, der den Zwischenspeicher verwaltet) muss das Paket `apt-cacher` installiert werden. (Viele `apt-cacher`-Anleitungen im Internet behaupten, dass Sie auch Apache installieren müssen. Das ist nicht richtig! `apt-cacher` arbeitet selbstständig. Ein Zusammenspiel mit Apache ist nur dann zweckmäßig, wenn die Kommunikation zu `apt-cacher` über den HTTP-Port 80 erfolgen soll.)

```
root#  apt-get install apt-cacher
```

Damit `apt-cacher` in Zukunft automatisch als Dämon gestartet wird, müssen Sie eine kleine Änderung an `/etc/default/apt-cacher` durchführen:

```
# Datei /etc/default/apt-cacher
AUTOSTART=1
...
```

/etc/apt-cacher/apt-cacher.conf enthält die restliche Konfiguration. Die meisten Einstellungen können Sie so lassen, wie sie sind: Der APT-Proxy ist dann über den Port 3142 für alle Rechner zugänglich. Die Paketdateien werden im Verzeichnis /var/cache/apt-cacher gespeichert. Aus Sicherheitsgründen empfiehlt es sich, die folgenden Änderungen an der Konfiguration durchzuführen:

```
# Datei /etc/apt-cacher/apt-cacher.conf
...
daemon_addr=192.168.0.1
allowed_hosts=192.168.0.0/24
...
```

Damit binden Sie den Dämon an eine bestimmte Adresse (hier 192.168.0.1, wichtig bei Rechnern mit mehreren Netzwerkschnittstellen) und erlauben nur Clients aus dem Adressbereich 192.168.0.*, den Proxy zu nutzen. Außerdem ist es zweckmäßig, den Port 3142 internet-seitig durch eine Firewall zu blockieren. Nach diesen Konfigurationsarbeiten starten Sie apt-cacher erstmalig:

```
root#  service apt-cacher start
```

apt-cacher protokolliert alle Zugriffe sowie eventuelle Fehler in Logging-Dateien im Verzeichnis /var/log/apt-cacher.

Vorhandene Pakete importieren

Das Verzeichnis /var/cache/apt/archive auf dem Server enthält normalerweise bereits eine Menge Pakete, die von der lokalen Paketverwaltung für Installationen bzw. Updates heruntergeladen wurden. Sie können diese Pakete in den Cache von apt-cacher importieren. Das ist zweckmäßig, wenn zu erwarten ist, dass diese Pakete von anderen Rechnern im LAN benötigt werden:

```
root#  cd /usr/share/apt-cacher
root#  ./apt-cacher-import.pl /var/cache/apt/archives
```

Client-Konfiguration

Am Client vergewissern Sie sich mit einem Webbrowser, dass apt-cacher via HTTP erreichbar ist. Dazu geben Sie die folgenden Adressen ein (wobei Sie natürlich mein-apt-cacher durch den Hostnamen oder die IP-Adresse des Proxy-Servers ersetzen):

```
http://mein-apt-cacher:3142
http://mein-apt-cacher:3142/report
```

Die erste Seite fasst die Konfiguration zusammen, die zweite Seite gibt Informationen über die Effizienz des Proxys, die umso besser ist, je länger der Proxy läuft und je mehr Clients ihn benutzen.

Wenn apt-cacher prinziell funktioniert, müssen Sie nur noch eine kleine Änderung an der APT-Konfiguration durchführen, damit auch apt-get den Proxy verwendet. Dazu erstellen Sie die folgende neue Datei, wobei Sie wieder mein-apt-cacher durch den Hostnamen oder die IP-Adresse des Proxy-Servers ersetzen:

```
// Datei /etc/apt/apt.conf.d/01proxy
Acquire::http::Proxy "http://mein-apt-cacher:3142/";
```

Von nun an verwenden alle APT-Kommandos den neuen Proxy. Dateien, die dort noch nicht verfügbar sind, müssen natürlich wie bisher aus dem Internet heruntergeladen werden. Aber wenn der zweite Rechner im LAN ebenfalls ein Update durchführt oder ein Paket installiert, das vor Kurzem auch auf einen anderen Rechner installiert wurde, stehen die erforderlichen Pakete sofort zur Verfügung. (Beachten Sie, dass Sie die obige Zeile mit // auskommentieren müssen, wenn Sie mit Ihrem Notebook unterwegs sind und Updates oder Pakete installieren möchten, obwohl Sie gerade keinen Zugang zum Proxy-Server haben!)

Synaptic

Zu APT existieren zahlreiche grafische Benutzeroberflächen, wobei das momentan beste Programm ohne Zweifel Synaptic ist (siehe Abbildung 20.3).

Paketsuche Synaptic besitzt gleich zwei Suchfunktionen: eine Schnellsuche für Paketnamen und -beschreibungen und eine herkömmliche Suchfunktion, in der Sie auch nach anderen Kriterien suchen können. Beide Suchfunktionen können miteinander kombiniert werden: Die Schnellsuche bezieht sich dann auf die Suchergebnisse der herkömmlichen Suche. Zumeist ist diese Kombination aber unbeabsichtigt: Löschen Sie entweder den Suchtext im Schnellsuchfeld, oder klicken Sie in der Spalte SUCHERGEBNISSE auf den Eintrag ALLE, um so die herkömmliche Suchfunktion zurückzustellen.

Installation Um ein bestimmtes Paket zu installieren, wählen Sie es per Doppelklick zur Installation aus. Wenn das Paket von anderen Paketen abhängig ist, erscheint ein Dialog mit allen weiteren Paketen, die ebenfalls installiert werden müssen. Die eigentliche Installation beginnt mit dem Button ANWENDEN, wobei Sie noch eine Zusammenfassung aller geplanten Aktionen bestätigen müssen.

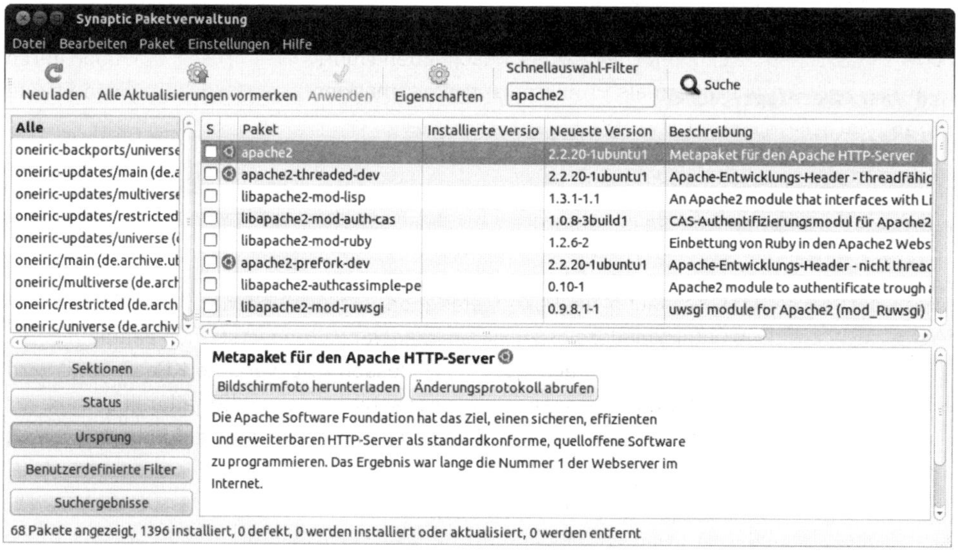

Abbildung 20.3: **Paketverwaltung mit Synaptic**

Die Liste aller zur Installation vorgemerkten Pakete sehen Sie, wenn Sie zuerst den Button BENUTZERDEFINIERTE FILTER und dann den Listeneintrag VORGEMERKTE ÄNDERUNGEN anklicken. Synaptic merkt sich alle Installationsvorgänge. Sie können diese jederzeit mit DATEI|CHRONIK nachvollziehen.

Paketquellen verwalten

Die Verwaltung der Paketquellen erfolgt im Dialog EINSTELLUNGEN|PAKETQUELLEN. Dort werden alle bekannten Paketquellen angezeigt. Durch einen Klick auf das Auswahlhäkchen können Sie einzelne Paketquellen rasch aktivieren bzw. deaktivieren. Mit BEARBEITEN verändern Sie die Eigenschaften vorhandener Paketquellen, mit HINZUFÜGEN richten Sie eine neue Paketquelle ein.

Locking

Es kann immer nur ein Paketverwaltungsprogramm laufen. Beim Versuch, zwei Paketverwaltungsprogramme gleichzeitig auszuführen, erscheint die Warnung *unable to get exclusive lock*. Das bedeutet, dass das Programm nicht allein auf die internen Paketverwaltungsdateien zugreifen kann. Abhilfe: Beenden Sie eines der beiden Programme.

In seltenen Fällen tritt die *lock*-Warnung auch dann auf, wenn augenscheinlich kein anderes Paketverwaltungsprogramm mehr läuft. Die Ursache ist zumeist, dass ein Programm die `lock`-Datei beim Programmende nicht ordnungsgemäß entfernt hat. Gegebenenfalls löschen Sie die `lock`-Datei ganz einfach:

```
root#  rm /var/lib/dpkg/lock
```

Defekte Pakete

In seltenen Fällen passiert es, dass während der Installation oder Deinstallation eines Pakets ein Problem auftritt und der Vorgang nicht korrekt abgeschlossen werden kann. Das Paket wird dann als defekt markiert. Synaptic und andere Paketverwaltungswerkzeuge verweigern ihren Dienst, bis dieses Problem gelöst ist.

Zur Abhilfe klicken Sie in Synaptic in der Seitenliste auf den Button BENUTZERDEFINIERT und dann auf den Eintrag DEFEKT. Synaptic zeigt nun eine Liste aller defekten Pakete an. Markieren Sie alle Pakete durch [Strg]+[A], klicken Sie die Liste mit der rechten Maustaste an, und wählen Sie den Eintrag ZUM ERNEUTEN INSTALLIEREN VORMERKEN. Anschließend führen Sie die Neuinstallation durch ANWENDEN aus. Sollten dabei abermals Probleme auftreten, markieren Sie die betreffenden Pakete zum Entfernen.

20.6 PackageKit

PackageKit ist eine Benutzeroberfläche zur Paketinstallation und -verwaltung. Die größte Besonderheit des Programms besteht darin, dass es zu vielen Paketverwaltungssystemen kompatibel ist, unter anderem zu APT, Yum und Zypper. PackageKit bzw. dessen KDE-Variante KPackageKit wird unter anderem von Fedora, Kubuntu und openSUSE eingesetzt (in openSUSE allerdings nur zur Durchführung von Updates). PackageKit greift zur Erlangung von root-Rechten auf PolicyKit zurück (siehe Seite 319).

Interna und Konfiguration

PackageKit ist aus mehreren Teilen zusammengesetzt, die üblicherweise in eigenen Paketen verpackt sind: Zu den wichtigsten Komponenten zählen die Grundfunktionen bzw. -kommandos (Paket `packagekit`), die Schnittstelle zum zugrunde liegenden Paketverwaltungssystem (z. B. `packagekit-backend-apt`) und die grafische Benutzeroberfläche (Paket `gnome-packagekit` bzw. `kpackagekit`). Die Paketnamen variieren je nach Distribution.

PackageKit wird durch die Dateien `/etc/PackageKit/*` konfiguriert. Die wichtigste Einstellung ist `DefaultBackend` in `PackageKit.conf`: Diese Variable gibt an, auf welches *backend* (also auf welches Paketverwaltungssystem) PackageKit zurückgreifen soll.

Der Dämon `packagekitd` ist für die Koordination der PackageKit-Operationen erforderlich. Das Programm wird bei Bedarf automatisch von den PackageKit-Kommandos bzw. -Benutzeroberflächen gestartet.

Mit dem Kommando pkcon können Sie sämtliche Paketoperationen auch in einer Konsole ausführen oder durch ein Script automatisieren. Beachten Sie, dass das Kommando nicht von `root` ausgeführt werden darf! Sie müssen das Kommando als gewöhnlicher Benutzer starten; soweit erforderlich, verwendet das Kommando PolicyKit, um `root`-Rechte zu erlangen. (Diese Regel gilt auch für die grafischen Benutzeroberflächen). Falls Sie in einer Konsole verfolgen möchten, was PackageKit gerade macht, führen Sie `pkmon` aus.

Installation von Paketen

Die weitere Beschreibung von PackageKit bezieht sich auf dessen grafische Benutzeroberfläche für Gnome, wobei ich die mit Fedora mitgelieferte Version getestet habe. Zur Installation zusätzlicher Pakete bzw. zum Entfernen vorhandener Pakete starten Sie das Programm `gpk-application`. Sie können nun nach dem Paketnamen suchen (siehe Abbildung 20.4) oder durch diverse Gruppen zusammengehöriger Pakete blättern (PAKET-ZUSAMMENSTELLUNGEN).

Über das FILTER-Menü können Sie die bisweilen riesigen Ergebnislisten einschränken – z. B. auf bereits installierte Pakete, auf Entwicklerpakete oder auf Pakete mit grafischer Benutzeroberfläche. Mit ANWENDEN starten Sie die Installation bzw. Deinstallation des ausgewählten Pakets.

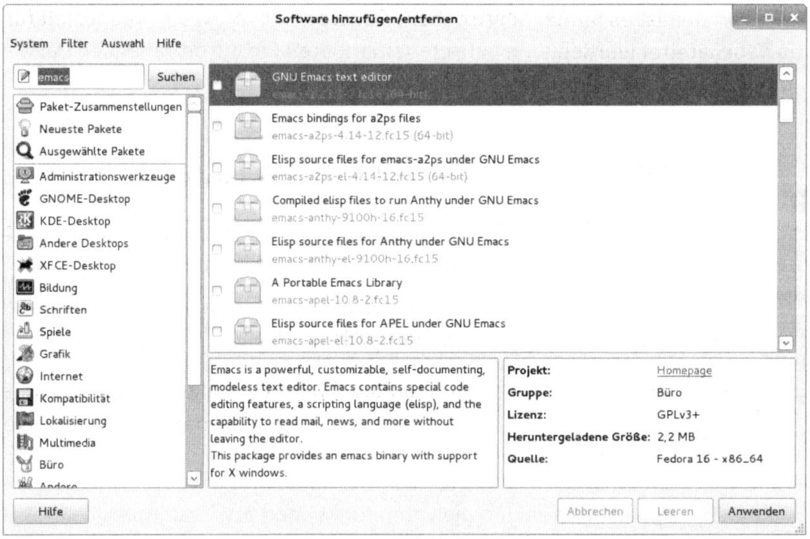

Abbildung 20.4: **Paketinstallation mit dem PackageKit**

Updates

Das unter Gnome standardmäßig im Hintergrund laufende Programm `gpk-update-icon` testet regelmäßig, ob Updates zur Verfügung stehen. Ist das der Fall, weist ein Icon im Panel darauf hin. Ein Mausklick startet dann den `gpk-update-viewer`, der Details über die verfügbaren Updates anzeigt. Nach dem Start des Updates informiert ein Statusdialog über den Verlauf des Updates.

20.7 tar

Vor allem bei erfahrenen Linux-Anwendern kommt es häufig vor, dass Linux-Software installiert werden soll, die nicht in Form eines Pakets einer bestimmten Distribution organisiert ist. Ganze GBytes von Linux-Software im tar-Format finden Sie auf diversen Linux-Internet-Servern.

Mit gzip komprimierte Archive weisen üblicherweise die Dateikennungen *.tgz oder *.tar.gz auf. Die Archive müssen mit dem Programm tar auf Ihrem Rechner installiert werden.

```
root#  tar -tzf archiv.tar.gz               (Inhalt des Archivs anzeigen)
root#  tar -xzf archiv.tar.gz               (Dateien relativ zum aktuellen Verzeichnis auspacken)
root#  tar -xzf archiv.tar.gz  "*.tex"      (nur *.tex-Dateien auspacken)
root#  tar -xzf archiv.tar.gz -C verz       (in ein Verzeichnis auspacken)
```

Immer häufiger wird zur Komprimierung der Archive das leistungsstärkere Programm bzip2 verwendet. Sie erkennen derartige Archive an der Kennung *.tar.bz2. Zum Anzeigen bzw. Dekomprimieren müssen Sie nun statt -z die tar-Option -j verwenden, also beispielsweise tar -tjf archiv.tar.bz2.

In vielen Fällen liegt die Software nur im Quellcode vor und muss vor ihrer Verwendung noch kompiliert werden (siehe auch Seite 507). Das setzt voraus, dass Sie die wichtigsten Entwicklungswerkzeuge (gcc, make etc.) sowie alle erforderlichen Bibliotheken (devel-Pakete) installiert haben.

Achtung

Die Installation von Software-Pakten durch tar umgeht die Paketverwaltung des jeweiligen Systems. Die RPM-Datenbanken wissen daher nichts von den Programmen, die Sie installiert haben. Aus diesem und anderen Gründen ist es immer vorzuziehen, Pakete zu installieren, die speziell für die jeweilige Distribution vorbereitet wurden.

20.8 Umwandlung zwischen Paketformaten (alien)

Was können Sie tun, wenn ein Paket nur im RPM-Format zu finden ist, Sie aber unter Debian oder Ubuntu arbeiten? Was tun Sie, wenn Sie aus einem RPM-Paket nur eine einzige Datei ansehen möchten? Die Antwort lautet: Verwenden Sie alien. Dieses Kommando wandelt Pakete zwischen verschiedenen Formaten um (RPM, DEB, tar-Archiv und Stampede SLP).

alien funktioniert leider nur bei einfachen Paketen problemlos. Wenn ein Paket dagegen Installations-Scripts oder andere spezifische Eigenheiten des jeweiligen Paketformats nutzt, wird die Installation des zuvor umgewandelten Pakets meist scheitern. Generell ist alien eher ein Werkzeug für Linux-Profis.

Das gewünschte Paketformat wird durch die Optionen --to-deb (Debian), --to-rpm (RPM) oder --to-tgz (tar-Archiv) angegeben. alien muss von root ausgeführt werden, damit die Besitzer und Zugriffsrechte der neuen Pakete richtig eingestellt werden. Das folgende Kommando wandelt ein Debian-Paket in ein RPM-Paket um:

```
root#  alien --to-rpm paket.deb
```

Die folgenden Kommandos zeigen, wie Sie eine einzelne Datei aus einem RPM-Paket extrahieren. Dazu wandeln Sie das Paket zuerst in ein tar-Archiv um und verwenden dann tar, um die Datei daraus zu extrahieren und dann mit less anzuzeigen. (Statt tar können Sie natürlich auch den Dateimanager Konqueror oder Archivprogramme wie ark oder file-roller einsetzen. Diese Programme zeigen den Inhalt des Archivs in einer ansprechenden Benutzeroberfläche an.)

```
root# alien --to-tgz paket.rpm
root# tar -xzf paket.tgz ./usr/share/doc/packages/paket/TODO
root# less ./usr/share/doc/packages/paket/TODO
```

20.9 Verwaltung von Parallelinstallationen (alternatives)

Unter Linux stehen oft mehrere alternative Programme zur Auswahl, die denselben Zweck erfüllen und manchmal sogar denselben Kommandonamen nutzen: Drucksysteme, Editoren, FTP-Kommandos, Java-Umgebungen etc. In manchen Situationen ist es zweckmäßig, mehrere Varianten bzw. sogar mehrere Versionen ein- und desselben Programms parallel zu installieren. Sofern dabei jede Programmversion in einem eigenen Verzeichnisbaum landet, ist die Installation an sich ohne Konflikte möglich. Welche Programmversion kommt aber zum Einsatz, wenn der Anwender ein bestimmtes Kommando ausführt?

Zur Beantwortung dieser Frage verwenden viele gängige Distributionen ein zuerst von Debian eingesetztes Konzept, das auf symbolischen Links im Verzeichnis /etc/alternatives basiert. Die folgende Liste gibt an, in welchem Paket das alternatives-Verzeichnis und das dazugehörende Verwaltungskommando update-alternatives enthalten ist:

Debian, Ubuntu:	Paket dpkg
Red Hat, Fedora:	Paket chkconfig
SUSE:	Paket update-alternatives

Am einfachsten ist das Konzept anhand eines Beispiels zu verstehen. Nehmen wir an, auf einem Rechner sind zwei Java-Versionen installiert. Java-Programme werden mit java klasse ausgeführt. Nun ist /usr/bin/java als Link auf /etc/alternatives/java realisiert. /etc/alternatives/java ist ein weiterer Link, der auf die gewünschte Java-Version verweist.

```
user$ ls -l /usr/bin/java
...   /usr/bin/java -> /etc/alternatives/java
user$ ls -l /etc/alternatives/java
...   /etc/alternatives/java -> /usr/lib/jvm/java-6-openjdk/jre/bin/java
```

Die Verwaltung der Links erfolgt in der Regel automatisch durch Scripts bei der Paketinstallation. Dabei kommt das Kommando update-alternatives zur Anwendung. Unter Red Hat/Fedora ist das Kommando auch unter dem Namen alternatives verfügbar.

Alternativen auflisten

Mit update-alternatives --display stellen Sie fest, welche Versionen eines bestimmten Programms verfügbar sind und welche Version standardmäßig gilt. Die folgenden Zeilen zeigen das Ergebnis für java unter Ubuntu nachdem zwei Java-Versionen installiert wurden. Die slave-Zeilen betreffen Kommandos, die dem eigentlichen Programm untergeordnet sind, und man-Seiten. update-alternatives aktualisiert bei einer Veränderung des Kommando-Links automatisch auch alle slave-Links.

```
root# update-alternatives --display java
java - Auto-Modus
  Link verweist zur Zeit auf /usr/lib/jvm/java-6-openjdk/jre/bin/java
/usr/lib/jvm/java-6-openjdk/jre/bin/java - Priorität 1061
  Slave java.1.gz: /usr/lib/jvm/java-6-openjdk/jre/man/man1/java.1.gz
/usr/lib/jvm/java-6-sun/jre/bin/java - Priorität 63
  Slave java.1.gz: /usr/lib/jvm/java-6-sun/jre/man/man1/java.1.gz
Gegenwärtig »beste« Version ist /usr/lib/jvm/java-6-openjdk/jre/bin/java.
```

Normalerweise erfolgt die Link-Verwaltung im Automatikmodus: Jedes installierte Paket enthält eine Prioritätsnummer. update-alternative aktiviert bei jeder (De-)Installation die Alternative mit der höchsten Priorität.

Andere Alternative auswählen

update-alternatives -config bestimmt die in Zukunft aktive Variante. Das Kommando liefert die Liste der zur Auswahl stehenden Alternativen, von denen Sie dann eine aktivieren. update-alternatives aktualisiert nun die Links. update-alternatives -auto führt bei Bedarf zurück in den Automatikmodus.

```
root# update-alternatives --config java
update-alternatives --config java
Es gibt 2 Auswahlmöglichkeiten für die Alternative java (welche /usr/bin/java
bereitstellen).

  Auswahl      Pfad                                      Priorität Status
------------------------------------------------------------
* 0            /usr/lib/jvm/java-6-openjdk/jre/bin/java   1061      Auto-Modus
  1            /usr/lib/jvm/java-6-openjdk/jre/bin/java   1061      manueller Modus
  2            /usr/lib/jvm/java-6-sun/jre/bin/java       63        manueller Modus

Drücken Sie die Eingabetaste, um die aktuelle Wahl[*] beizubehalten,
oder geben Sie die Auswahlnummer ein: 2
update-alternatives: Verwende /usr/lib/jvm/java-6-sun/jre/bin/java, um
/usr/bin/java (java) in manueller Modus bereitzustellen.
```

Interne Verwaltungsinformationen zu den Links werden je nach Distribution im Verzeichnis /var/lib/alternatives oder /var/lib/rpm/alternatives gespeichert.

21. Bibliotheken, Java und Mono

Im Mittelpunkt dieses Kapitels stehen Bibliotheken, die zur Ausführung von Programmen erforderlich sind. Die meisten Linux-Programme stehen in kompilierter Form zur Verfügung und greifen auf diverse Bibliotheken zurück, die dynamisch bei Bedarf geladen werden. Der erste Abschnitt dieses Kapitels führt in die unter Linux übliche Bibliotheksverwaltung ein.

Wenn Sie mit gängigen Distributionen arbeiten, installieren Sie zumeist nur fertig kompilierte Programme (sogenannte Binärpakete). Wenn Sie allerdings ganz neue Programmversionen oder selten benutzte Programme einsetzen möchten, kann es sein, dass Sie keine vorkompilierte Version des Programms zum Download finden. In solchen Fällen müssen Sie den Quellcode (meist in den Sprachen C oder C++) herunterladen und das Programm selbst kompilieren. Abschnitt 21.2 gibt dazu einige einführende Tipps (ohne aber im Detail auf das unerschöpfliche Thema *Programmentwicklung unter Linux* einzugehen).

Das Kapitel beschreibt auch, wie unter Linux Java- bzw. .NET-Programme ausgeführt werden. Dazu muss eine Java-Laufzeitumgebung bzw. Mono installiert werden. Bei vielen Distributionen ist das bereits standardmäßig der Fall.

Scripts, die von einem Interpreter ausgeführt werden, sind nicht Thema dieses Kapitels. Unter Linux sind diverse Script-Sprachen üblich, unter anderem Perl, Python, PHP (für Webseiten) sowie die Shell bash. Dieses Buch geht allerdings nur auf die bash ausführlich ein (siehe Kapitel 18). Ganz kurz kommt auch PHP zur Sprache: In Kapitel 31 geht es um die Installation eines LAMP-Servers (Linux + Apache + MySQL + PHP).

21.1 Bibliotheken

Praktisch alle Linux-Programme verwenden dieselben Standardfunktionen, beispielsweise zum Zugriff auf Dateien, zur Ausgabe am Bildschirm, zur Unterstützung von X etc. Es wäre sinnlos, wenn jedes noch so kleine Programm all diese Funktionen unmittelbar im Code enthalten würde – riesige Programmdateien wären die Folge. Stattdessen bauen die meisten Linux-Programme auf sogenannten *Shared Libraries* auf: Bei der Ausführung eines Programms werden automatisch auch die erforderlichen Libraries (Bibliotheken) geladen. Der Vorteil: Wenn mehrere Programme Funktionen derselben Library nutzen, muss die Library nur einmal geladen werden.

Bibliotheken spielen eine zentrale Rolle dabei, ob und welche Programme auf Ihrem Rechner ausgeführt werden können. Fehlt auch nur eine einzige Bibliothek (bzw. steht sie in einer zu alten Version zur Verfügung), kommt es sofort beim Programmstart zu einer Fehlermeldung. Damit Sie in solchen Fällen nicht ganz hilflos den Tiefen der Linux-Interna ausgeliefert sind, vermittelt dieser Abschnitt einige Grundlageninformationen zu Bibliotheken.

Dynamisch gelinkte Programme

Die meisten Linux-Programme greifen auf Shared Libraries zurück. Das spart sowohl Festplattenkapazität (weil die Binärdateien der Programme kompakt sind) als auch RAM (weil derselbe Code nicht mehrfach geladen werden muss). Für MS-Windows-Programmierer: Shared Libraries sind vom Konzept her mit Windows-DLLs (Dynamic Link Libraries) zu vergleichen.

Statisch gelinkte Programme

Beim Kompilieren eines Programms besteht auch die Möglichkeit, Libraries statisch zu linken. Das bedeutet, dass die Library-Funktionen direkt in den Programmcode integriert werden. Die Programmdatei wird dadurch größer, ist aber nicht von irgendwelchen Libraries abhängig. Das ist praktisch, um Programme weiterzugeben, die unabhängig von den gerade installierten Bibliotheken auf Anhieb funktionieren. Bisweilen werden auch einige elementare Administrationskommandos statisch gelinkt, damit diese selbst dann verwendbar bleiben, wenn die Shared Libraries aufgrund einer falschen Konfiguration nicht verfügbar sind.

Bibliotheksformate und -versionen

Im Laufe der Linux-Geschichte hat es mehrmals ebenso grundlegende wie inkompatible Veränderungen der Linux-Bibliotheken gegeben, beispielsweise die Umstellung vom sogenannten a.out-Format auf das ELF-Format oder die Umstellung von der Bibliothek libc 5 auf die glibc 2.*n*, die auch unter dem Namen libc 6 angesprochen wird. (Im Herbst 2011 war glibc 2.14 aktuell.)

In beiden Fällen gab es technische Gründe für den Bibliothekswechsel. Die jeweils neuen Formate bzw. Versionen ermöglichen eine bessere Verwaltung der Libraries, neue Funktionen, eine bessere Kompatibilität zwischen den verschiedenen Linux-Plattformen (Intel, Sun-Sparc, DEC-Alpha) etc.

Das Problem bei den Bibliotheksumstellungen besteht darin, dass kompilierte Programme nur dann ausgeführt werden können, wenn die dazu passenden Bibliotheken installiert sind und auch gefunden werden können. Der Versuch, ein glibc-Programm auf einer alten Distribution ohne glibc-Unterstützung auszuführen, endet mit der folgenden kryptischen Fehlermeldung:

```
root# programmxy
bash: /usr/local/bin/programmxy: No such file or directory
```

Aufgrund von Schwierigkeiten mit dem Verwalter der glibc-Bibliothek verwendet Debian 6 nicht die originale glibc-Bibliothek, sondern die dazu vollkommen kompatible Bibliothek eglibc. Die Hintergründe dieses Schritts sind hier beschrieben:

http://lwn.net/Articles/332000/

Bibliotheken automatisch laden

Sofern Sie Linux nur als Anwender nutzen (nicht als Programmierer), werden Sie mit Bibliotheken eigentlich nur dann konfrontiert, wenn sie fehlen. Meistens treten solche Probleme auf, wenn Sie ein neues Programm nachträglich installieren. Beim Versuch, das Programm zu starten, erscheint eine Fehlermeldung, in der das Fehlen einer bestimmten Library angezeigt wird. (Aktuelle Programmversionen sind oft mit der allerneuesten Version der jeweiligen Bibliothek gelinkt, die auf Ihrem Rechner vielleicht noch nicht installiert ist. Bei älteren Programmversionen kann gerade das Gegenteil der Fall sein. Sie sind womöglich noch mit einem alten Bibliothekstyp gelinkt, der von Ihrer Distribution gar nicht mehr unterstützt wird.)

Bibliotheksliste feststellen

Dem Kommando `ldd` wird als Parameter der vollständige Dateiname des Programms übergeben. Als Reaktion listet `ldd` alle Libraries auf, die das Programm benötigt. Außerdem wird angegeben, wo sich eine passende Library befindet und welche Libraries fehlen bzw. nur in einer veralteten Version zur Verfügung stehen.

```
user$ ldd /bin/cp
  linux-vdso.so.1 =>  (0x00007fff3bb59000)
  libselinux.so.1 => /lib64/libselinux.so.1 (0x00007f8ab9acc000)
  librt.so.1      => /lib64/librt.so.1 (0x00007f8ab98c4000)
  libacl.so.1     => /lib64/libacl.so.1 (0x00007f8ab96bb000)
  libattr.so.1    => /lib64/libattr.so.1 (0x00007f8ab94b6000)
  libc.so.6       => /lib64/libc.so.6 (0x00007f8ab9127000)
  libdl.so.2      => /lib64/libdl.so.2 (0x00007f8ab8f23000)
  /lib64/ld-linux-x86-64.so.2 (0x00007f8ab9cea000)
  libpthread.so.0 => /lib64/libpthread.so.0 (0x00007f8ab8d06000)
```

Bei X-, KDE- und Gnome-Programmen ist die Bibliotheksliste wesentlich länger. Das ist auch der Grund, warum der Start dieser Programme relativ lange dauert.

Wenn `ldd` das Ergebnis *not a dynamic executable* liefert, handelt es sich um ein Programm, das alle erforderlichen Bibliotheken bereits enthält, also um ein statisch gelinktes Programm.

Bibliotheksnamen

Kurz einige Informationen zur Nomenklatur der Libraries: Das Kürzel `.so` weist darauf hin, dass es sich um eine Shared Library handelt (im Gegensatz zu `.a` für statische Libraries). Die folgende Ziffer gibt die Hauptversionsnummer an. cp benötigt also Version 6 der `libc`-Bibliothek.

In den typischen Library-Verzeichnissen (zumeist `/lib`, `/usr/lib`, `/usr/local/lib`, `/usr/X11R6/lib` und `/opt/lib`) befinden sich oft Links von der Library-Hauptversion auf die tatsächlich installierte Library. So benötigt cp (siehe oben) die Bibliothek `ld-linux-x68-64.so.2`. Tatsächlich ist aber die aufwärtskompatible Version `ld-2.14.so` auf dem Rechner installiert:

```
user$ ls -l /lib/ld*
... /lib/ld-2.14.1.so
... /lib/ld-linux.so.2 -> ld-2.14.1.so
```

Programmstart

Beim Start eines Programms ist der sogenannte *Runtime Linker* `ld.so` dafür zuständig, alle Bibliotheken zu finden und zu laden. `ld.so` berücksichtigt dabei alle in der Umgebungsvariable `LD_LIBRARY_PATH` enthaltenen Verzeichnisse. Die Verzeichnisse müssen durch Doppelpunkte getrennt sein.

Außerdem wertet der Linker die Datei/etc/ld.so.cache aus. Dabei handelt es sich um eine Binärdatei mit allen relevanten Bibliotheksdaten (Versionsnummern, Zugriffspfaden etc.). Der einzige Zweck dieser Datei besteht darin, dem Linker eine langwierige Suche nach den Bibliotheken zu ersparen.

/etc/ld.so.cache wird vom Programm ldconfig erzeugt. ldconfig wertet seinerseits /etc/ld.so.conf aus. Diese Datei enthält üblicherweise eine Liste mit allen Bibliotheksverzeichnissen bzw. Verweise auf andere Dateien mit den Verzeichnissen. (Die Verzeichnisse /lib und /usr/lib werden auf jeden Fall berücksichtigt und fehlen daher zumeist in ld.so.conf bzw. in den weiteren Konfigurationsdateien. Wenn außer /lib und /usr/lib keine weiteren Verzeichnisse zu berücksichtigen sind, kann ld.so.conf auch ganz fehlen.)

Bei manchen Distributionen wird ldconfig bei jedem Rechnerneustart ausgeführt, um so sicherzustellen, dass die Cache-Datei auf dem aktuellsten Stand ist. ldconfig muss unbedingt ausgeführt werden, wenn neue Bibliotheken manuell installiert werden! Andernfalls sind die Bibliotheken für das System nicht sichtbar. Falls sich die Bibliotheken in einem neuen Verzeichnis befinden, muss außerdem die Datei /etc/ld.so.conf entsprechend ergänzt werden. Bei der Installation von Bibliothekspaketen kümmert sich in der Regel der Paketmanager um diese Aufgaben.

32- und 64-Bit-Bibliotheken

Die meisten gängigen Distributionen gibt es momentan in zumindest zwei Ausführungen: für Intel/AMD-kompatible 32-Bit-Prozessoren und für Intel/AMD-kompatible 64-Bit-Prozessoren. Bei 32-Bit-Distributionen gibt es naturgemäß nur 32-Bit-Bibliotheken. Dies gilt aber leider nicht analog für 64-Bit-Distributionen: Nach wie vor gibt es Programme, die sich nicht für 64-Bit-Systeme kompilieren lassen. Der Acrobat Reader von Adobe ist der zurzeit bekannteste Vertreter dieser Gattung.

Zur Ausführung von 32-Bit-Programmen auf 64-Bit-Distributionen sind 32-Bit-Bibliotheken erforderlich. Um Konflikte zu vermeiden, werden die Bibliotheken in unterschiedliche Verzeichnisse installiert. Im Linux-Jargon heißt diese Vorgehensweise *Multi Architecture* (*Multiarch*) bzw. exakter *Bi-architecture*, weil mehrere bzw. zwei Prozessorarchitekturen parallel unterstützt werden. Bei den meisten Distributionen sind die Verzeichnisse /lib32 oder /lib64 üblich, um zwischen Bibiliotheken unterschiedlicher Bitbreite zu differenzieren. Diese Doppelgleisigkeit ist natürlich mit Nachteilen verbunden: Die doppelte Installation zahlloser Bibliotheken erfordert zusätzlichen Platz auf der Festplatte und macht die Wartung komplizierter.

Prelinking

Beim Start eines Programms, das auf dynamische Bibliotheken zurückgreift, muss eine Verbindung zwischen dem Programm und den Bibliotheken hergestellt werden. Dieser Vorgang wird als *Linking* bezeichnet. Er beansprucht bei komplexen Programmen geraume Zeit.

Das Programm prelink kann die erforderlichen Link-Informationen im Voraus ermitteln, was beim ersten Mal sehr lange dauert. Bei diesem Vorgang müssen alle ausführbaren Programme durchsucht werden. Welche Verzeichnisse für Programme und Bibliotheken prelink berücksichtigt, wird durch die Datei /etc/prelink.conf konfiguriert. Weitere Optionen können Sie in /etc/sysconfig/prelink bzw. /etc/default/prelink (Debian, Ubuntu) einstellen.

In der Folge kann jedes so präparierte Programm viel schneller auf seine Bibliotheken zugreifen und daher schneller starten. Besonders stark merkt man die Beschleunigung beispielsweise bei OpenOffice oder bei KDE-Programmen, deren Startzeit sich in etwa halbiert. Die Prelinking-Informationen müssen allerdings jedes Mal aktualisiert werden, wenn eine Bibliothek aktualisiert wird.

Prelinking hat den Nachteil, dass dadurch die ausführbaren Dateien aller Programme und Bibliotheken verändert werden. Es ist anschließend nicht mehr möglich, die Integrität dieser Dateien zu kontrollieren (also sicherzustellen, dass die Dateien nach der Installation nicht verändert wurden). Immerhin können Sie mit `prelink -ua` alle Prelinking-Veränderungen rückgängig machen. Hintergrundinformationen zum Prelinking finden Sie auf der `man`-Seite zu `prelink` sowie unter:

http://www.gentoo.org/doc/en/prelink-howto.xml

Debian, Ubuntu

Um Prelinking unter Debian und Ubuntu zu nutzen, müssen Sie das Paket `prelink` installieren und in `/etc/default/prelink` die Einstellung `PRELINKING=yes` vornehmen. `prelink` wird täglich durch einen Cron-Job ausgeführt.

Red Hat, Fedora

Bei Fedora und Red Hat ist Prelinking standardmäßig eingerichtet. Die Prelinking-Informationen werden regelmäßig aktualisiert (Cron-Job `/etc/cron.daily/prelink`, Konfigurationsdatei `/etc/sysconfig/prelink`).

SUSE

Um Prelinking in SUSE-Distributionen zu nutzen, müssen Sie das Paket `prelink` installieren und dann in `/etc/sysconfig/prelink` die Einstellung `PRELINKING=yes` vornehmen. `prelink` wird in Zukunft nach jeder Installation von Programmen oder Bibliotheken durch YaST ausgeführt (Script `/sbin/conf.d/SuSEconfig.prelink`).

21.2 Programme selbst kompilieren

Es gibt zumeist nur zwei Gründe dafür, Linux-Programme selbst zu kompilieren: Entweder finden Sie für das gewünschte Programm und Ihre Distribution kein Binärpaket mit dem fertig kompilierten Programm, oder Sie möchten das Programm mit einer vom Standard abweichenden Konfiguration kompilieren.

Voraussetzungen

Bevor Sie zur Tat schreiten, müssen einige Voraussetzungen erfüllt sein:

- Die *GNU Compiler Collection* (Pakete gcc und gcc-c++) muss installiert sein. Diese Pakete enthalten Compiler für C und C++.
- Hilfswerkzeuge wie `make`, `automake`, `autoconf` etc. müssen installiert sein. Diese Programme sind für die Konfiguration und Durchführung des Kompilationsprozesses erforderlich.
- Die Entwicklerversionen diverser Bibliotheken müssen installiert sein. Die Namen der entsprechenden Pakete enden üblicherweise auf -devel (Red Hat, SUSE) oder -dev (Debian, Ubuntu). Beispielsweise enthält `glibc-devel` bzw. `libc6-dev` die Entwicklungsdateien für die glibc-Basisbibliothek. Welche Entwicklerpakete Sie sonst noch brauchen, hängt von der Natur des Programms ab, das Sie kompilieren möchten. Fehlermeldungen, in denen sich der Compiler oder Linker über fehlende Bibliotheken beklagt, sind ein eindeutiges Indiz dafür, dass Sie ein wichtiges Entwicklerpaket übersehen haben.

Debian, Ubuntu Bei Debian und Ubuntu definiert das Metapaket build-essential Abhängigkeiten für die wichtigsten Entwicklerpakete. Deswegen führt die Installation von build-essential automatisch zur Installation diverser weiterer Pakete, die zusammen die Grundausstattung für die Programmentwicklung in C/C++ bilden.

Fedora Um die Grundvoraussetzungen für die Programmentwicklung in Fedora zu erfüllen, führen Sie am einfachsten yum groupinstall development-tools aus. Auch für die KDE- und Gnome-Programmentwicklung gibt es eigene Paketgruppen: kde-software-development und gnome-software-development.

SUSE Angehende SUSE-Entwickler installieren in YaST alle Pakete des Paketschemas GRUNDLEGENDE ENTWICKLUNGSUMGEBUNG. Falls Sie vorhaben, KDE- oder Gnome-Programme zu entwickeln, installieren Sie auch die Selektionen KDE- bzw. GNOME-ENTWICKLUNG. Wenn Sie zypper vorziehen, führen Sie zypper install -t pattern devel_basis bzw. devel_kde bzw. devel_gnome aus.

Code auspacken

tar Im Internet finden Sie den Quellcode zumeist in komprimierten TAR-Archiven (Kennung *.tar.gz oder *.tgz oder *.tar.bz2). Nach dem Download entpacken Sie den Code in ein lokales Verzeichnis:

```
user$  tar xzf name.tar.gz     (für .gz oder .tgz)
user$  tar xjf name.tar.bz2    (für .bz2)
user$  cd name
```

SRPM-Pakete Eine Alternative zu den TAR-Archiven sind Quellcodepakete, die exakt den Code enthalten, aus dem ein bestimmtes Programm Ihrer Distribution kompiliert wurde. Die Quellcodepakete finden Sie in der Regel auf dem (FTP-)Server Ihrer Distribution. Bei Distributionen auf Basis von RPM-Paketen befinden sich die Quellcodedateien in SRPM-Paketen mit der Dateikennung *.src.rpm. Zur Installation führen Sie wie üblich rpm -i aus:

```
root#  rpm -i name.src.rpm
```

Es hängt von der Distribution ab, wo der Quellcode nun tatsächlich landet:

```
Fedora, Red Hat:   /usr/src/redhat/
SUSE:              /usr/src/packages/
```

» SOURCES/name.tar.xxx enthält den eigentlichen Code. Das TAR-Archiv muss wie oben beschrieben entpackt werden.

» SOURCES/name-xxx.patch (Red Hat) oder SOURCES/name.dif (SUSE) enthält distributionsspezifische Veränderungen am ursprünglichen Code. Wenn Sie die Codedateien entsprechend ändern (patchen) möchten, führen Sie das folgende Kommando aus:

```
user$  cd name-quellcodeverzeichnis
user$  patch < name.dif/patch
```

Je nachdem, welches Verzeichnis gerade aktuell ist und wie die Verzeichnisangaben innerhalb der Patch-Datei sind, müssen Sie zusätzlich die Option -p1 angeben (siehe man patch).

- SPECS/name.spec enthält eine Paketbeschreibung, die auch zur Erstellung von RPM-Paketen dient. (Wenn Sie aus selbst kompilierten Programmen wieder ein RPM-Paket erstellen möchten, müssen Sie dazu das Kommando rpmbuild einsetzen, auf das ich hier aber nicht eingehe. Lesen Sie man rpmbuild!)

Debian-Quellcodepakete

Bei Debian-basierten Distributionen befindet sich der Quellcode in mehreren Dateien, die Sie am besten mit apt-get source in das aktuelle Verzeichnis installieren:

```
user$ apg-get source paketname
```

Im aktuellen Verzeichnis finden Sie nun drei neue Dateien und ein Verzeichnis:

- paketname.dsc enthält eine Kurzbeschreibung des Pakets.
- paketname.orig.tar.gz enthält ein TAR-Archiv mit dem ursprünglichen Quellcode des Programmentwicklers.
- paketname.diff.gz enthält alle Debian- bzw. Ubuntu-spezifischen Änderungen am Originalquellcode.
- Das neue Verzeichnis paketname/ enthält schließlich den bereits extrahierten Inhalt von paketname.diff.gz, wobei alle Änderungen aus der diff-Datei bereits ausgeführt wurden.

Programm kompilieren

Zum Kompilieren und Installieren von Programmen sind drei Kommandos erforderlich, die manchmal auch als »Dreischritt« bezeichnet werden: ./configure, make und make install. Die drei Kommandos werden im Folgenden näher beschrieben. Dabei setze ich voraus, dass Sie sich im Quellcodeverzeichnis befinden.

configure

configure ist ein Script, das testet, ob alle erforderlichen Programme und Bibliotheken verfügbar sind. Da sich das Script im lokalen Verzeichnis befindet, muss es in der Form ./configure ausgeführt werden. Das Script adaptiert die Datei Makefile, die alle Kommandos enthält, um die diversen Codedateien zu kompilieren und zu linken. Bei manchen (zumeist eher kleineren Programmen) kann es sein, dass es das Script configure nicht gibt. In diesem Fall führen Sie sofort make aus.

```
user$ ./configure
```

make

make löst die Verarbeitung der Compile- und Link-Kommandos aus. Sie sehen nun (manchmal schier endlose) Nachrichten und Warnungen der verschiedenen Compiler-Läufe über das Konsolenfenster huschen. Solange kein Fehler auftritt, können Sie diese Meldungen getrost ignorieren. Als Ergebnis sollte sich im Quellcodeverzeichnis nun die ausführbare Datei name befinden.

```
user$ make
```

In vielen Fällen können Sie das Programm nun sofort starten (Kommando ./name) und testen. Beachten Sie aber, dass insbesondere Netzwerk-Dienste eine spezielle Konfiguration erfordern und zumeist nur durch Init-V-Scripts korrekt gestartet werden!

make install

Der letzte Schritt besteht darin, das Programm allen Benutzern zugänglich zu machen. Dazu müssen die Programm- und eventuell auch Bibliotheksdateien in öffentlich zugängliche Verzeichnisse kopiert werden. Das erfordert root-Rechte. Vor der Ausführung von `make install` sollten Sie sicherstellen, dass das betreffende Programm nicht schon installiert ist! Wenn das der Fall ist, sollte es vorher deinstalliert werden.

```
root# make install
```

Mögliche Probleme

Während des Kompilierens können vielfältige Probleme auftreten. Am wahrscheinlichsten ist, dass irgendwelche Compiler-Hilfswerkzeuge oder zum Kompilieren notwendige Bibliotheken (die Entwicklerversionen dieser Bibliotheken) fehlen. Diese Probleme werden in der Regel bereits durch `configure` festgestellt und lassen sich meist relativ leicht beheben, indem das fehlende Paket einfach installiert wird.

Schon schwieriger wird es, wenn `configure` nach Bibliotheken verlangt, die in Ihrer Distribution nicht oder nicht in der erforderlichen Version verfügbar sind: Dann müssen Sie sich im Internet auf die Suche nach der betreffenden Bibliothek machen und eventuell zuerst die Bibliothek kompilieren. Zu komplexen Programmen wie Apache oder `mplayer` finden Sie im Internet richtiggehende Kompilieranleitungen, in denen Schritt für Schritt beschrieben wird, was in welcher Reihenfolge installiert und kompiliert werden muss.

Noch problematischer ist es, wenn während der Kompilierung ein Syntaxfehler auftritt, die Kompilation also mit einer Fehlermeldung abbricht. Schuld daran ist oft nicht ein Programmfehler, sondern eine Inkompatibilität zwischen Ihrem Compiler und dem Code. Manche Programme können nur mit einer bestimmten Version von gcc kompiliert werden (oft *nicht* mit der gerade neuesten gcc-Version!). Die Lösung besteht hier darin, die gewünschte Compiler-Version zu installieren. Auch hierzu finden Sie im Internet oder in den README-Dateien zum Quellcode oft genaue Anweisungen.

Paketverwaltung

Selbst kompilierte Programme oder Bibliotheken bringen die Paketverwaltung durcheinander. Das Problem besteht darin, dass das selbst kompilierte Programm abc zwar nun auf Ihrem System installiert ist, die RPM- oder DEB-Datenbank aber nichts davon weiß. Wenn Sie nun versuchen, das Paket xyz zu installieren, das von abc abhängt, kommt es zu einer Fehlermeldung wegen scheinbar nicht erfüllter Paketabhängigkeiten. Mit rpm können Sie das Paket dank der Optionen -nodeps und -force dennoch installieren.

Die eleganteste Lösung besteht darin, das Programm nicht mit `make install` zu installieren, sondern zuerst in ein Paket zu verpacken und dieses dann zu installieren. Das setzt voraus, dass Sie sich zuerst mit den Kommandos zur Paketverpackung vertraut machen. Außerdem ist diese Vorgehensweise ziemlich umständlich, insbesondere wenn ein Programm mehrfach getestet und neu kompiliert werden muss.

Beispiele

Hello World in C

Der Platz in diesem Buch reicht nicht aus, um auch eine Einführung in die Programmierung in C und C++ zu geben. Da ich aber in der Vergangenheit immer wieder diesbezügliche Fragen erhalten habe, finden Sie hier eine kurze Anleitung, wie Sie das klassische »Hello World«-Programm in C und C++ programmieren und kompilieren. Für die C-Version schreiben Sie mit einem Editor die folgenden Zeilen in die Datei `hello.c`:

```
// hello.c
#include <stdio.h>
int main(void)
{
  printf("Hello World!\n");
}
```

Mit den folgenden Kommandos kompilieren Sie das Programm und führen es aus:

```
user$  gcc -o hello hello.c
user$  ./hello
Hello World!
```

Hello World in C++

Der vergleichbare Code in C++ sieht so aus:

```
// hello.cpp
#include <iostream>
int main()
{
  std::cout << "Hello World!\n";
  return 0;
}
```

Zum Kompilieren verwenden Sie nun g++ statt gcc:

```
user$  g++ -o hello hello.cpp
user$  ./hello
Hello World!
```

Tipp

Wenn Sie unter Linux eine komfortable Entwicklungsumgebung zur Programmierung in C oder C++ suchen, sollten Sie KDevelop (KDE) oder Anjuta (Gnome) ausprobieren. Eine mögliche Alternative ist die Java-Entwicklungsumgebung Eclipse, die aber nicht in erster Linie für C bzw. C++ gedacht ist. Und echte Unix/Linux-Freaks betrachten ohnedies auch die Editoren Vi oder Emacs als Entwicklungsumgebung.

21.3 Java

Auf Desktop-Rechnern ist Java primär als Webbrowser-Plugin sowie für diverse OpenOffice-Zusatzfunktionen von Bedeutung. Außerdem setzt eine stetig wachsende Zahl von plattformunabhängigen Programmen Java voraus. Von deutlich größerer Bedeutung für Linux ist Java auf Servern, die in Java programmierte Websites oder Web-Services anbieten (Tomcat, Jakarta etc.). Interessant ist Java aber natürlich auch für viele Schüler und Studenten, die mit dieser Sprache und oft mit Eclipse als Entwicklungsumgebung programmieren lernen, Projektarbeiten durchführen etc.

Die *Java Standard Edition* (Java SE), der Java-Compiler `javac`, Teile des *Java Development Kit* (JDK), die *Java Virtual Machine* (JVM) und die Klassenbibliothek JDK stehen seit 2006 bzw. 2007 als Open-Source-Code gemäß der GPL (Version 2) zur Verfügung.

Java-Varianten

Neben den offiziellen Java-Paketen von Oracle, die weiterhin kostenlos zur Verfügung stehen, gibt es reine Open-Source-Implementierungen: Sie basieren auf dem GPL-Code von Sun, setzen daneben aber auch Komponenten aus anderen Open-Source-Projekten ein, insbesondere IcedTea und OpenJDK.

Java auf der Basis von OpenJDK, das von immer mehr Distributionen standardmäßig installiert wird, erreicht eine ca. 99-prozentige Kompatibilität zu Sun Java. Das verbleibende Prozent ist auf Java-Komponenten zurückzuführen, die aufgrund von Lizenzproblemen nicht als Open-Source-Code veröffentlicht werden können und zu denen noch keine Open-Source-Ersatzlösungen verfügbar sind.

Java-Versionen und Nomenklatur

Wer die Linux-Kernelnummern unübersichtlich findet, der hat sich noch nicht mit der Nomenklatur und den Versionsnummern von Sun-Java beschäftigt. Hätten Sie gedacht, dass sich JRE 1.5, Java 2 Standard Edition 1.5 und Java 5 auf ein- und dieselbe Java-Version beziehen? Die Tabellen 21.1 und 21.2 fassen die wichtigsten Java-Abkürzungen und -Versionsnummern zusammen. Es versteht sich von selbst, dass niemand (nicht einmal Oracle auf seiner eigenen Website) die gerade offiziellen Namen bzw. Versionsnummern wirklich konsistent verwendet.

ABKÜRZUNG	BEDEUTUNG
JVM	Java Virtual Machine (führt Java-Programme aus)
JRE	Java Runtime Environment (zur Ausführung von Java-Programmen; enthält die JVM sowie eine Menge Java-Bibliotheken)
JDK	Java Software Development Kit (zur Java-Programmentwicklung)
Java SE = JSE	Java Standard Edition (für Desktop-Anwendungen)
Java EE = JEE	Java Enterprise Edition (für Server-Anwendungen)
Java ME = JME	Java Micro Edition = Mobile Java (für PDAs und Handys)
JavaFX	Java-Variante für Webapplikationen (vergleichbar mit Adobe Flash und Microsoft Silverlight)

Tabelle 21.1: Java-Abkürzungen

Installierte Java-Version feststellen

Um die auf Ihrem Rechner installierte Java-Version herauszufinden, führen Sie das folgende Kommando aus. Die folgenden Zeilen zeigen die Ergebnisse von openSUSE 12.1. Wenn das Kommando `java` nicht zur Verfügung steht, ist Java gar nicht installiert.

JAHR	OFFIZIELLER NAME	JRE/JDK-VERSION	INTERNE VERSIONSNUMMER
1996	Java 1	1.0	1.0
1997	Java 1.1	1.1	1.1
1998	J2SE 1.2 (Java 2)	1.2	1.2
2000	J2SE 1.3 (Java 3)	1.3	1.3
2002	J2SE 1.4 (Java 4)	1.4	1.4
2004	JSE 5 (Java 5)	5	1.5
2006	Java 6 SE	6	1.6
2011	Java SE 7	7	1.7

Tabelle 21.2: **Versionsnummern für Java SE**

```
user$ java -version
java version "1.6.0_22"
OpenJDK Runtime Environment (IcedTea6 1.10.4) (suse-1.2-x86_64)
OpenJDK 64-Bit Server VM (build 20.0-b11, mixed mode)
```

21.4 Mono

Das .NET Framework ist eine riesige Klassenbibliothek, die viele Ähnlichkeiten mit den für Java verfügbaren Bibliotheken aufweist. Auch die speziell für die .NET-Programmierung entwickelte Sprache C# wirkt Java-Programmierern auf Anhieb vertraut. Das .NET Framework und C# ergeben zusammen ein objektorientiertes Fundament für die Windows- und Webprogrammierung, an der – zumindest innerhalb der Microsoft-Welt – kein Weg mehr vorbei führt.

Was hat dies alles nun mit Linux zu tun? Obwohl die Linux-Gemeinde im Allgemeinen nicht besonders Microsoft-verliebt ist, gefiel einigen Open-Source-Entwicklern das Konzept gut. Sie begannen daher unter dem Namen *Mono* mit einer Open-Source-Implementierung von C# und wesentlichen Teilen des .NET Frameworks. Hinter dem Mono-Projekt stand ursprünglich Ximian. Diese Firma wurde später von Novell gekauft, sodass nun Novell der wichtigste Sponsor des Projekts ist. Gleichzeitig räumt ein Partnerschaftsabkommen zwischen Microsoft und Novell eventuelle Patentprobleme aus dem Weg (freilich nur für Novell-Kunden!).

Mono ist mittlerweile praxistauglich und wird von vielen Distributionen standardmäßig installiert. Die Gnome-nahen Projekte Banshee (Audio-Player), Beagle (Desktop-Suche), F-Spot (Bildverwaltung) und Tomboy (elektronische Notizzettel) basieren alle auf Mono.

Die Kompatibilität zwischen Mono und dem .NET Framework reicht allerdings nicht so weit, dass Sie ein beliebiges, für Windows kompiliertes Programm unter Linux ausführen können. Ausführliche Informationen über das Mono-Projekt und den aktuellen Status (also das Ausmaß der Kompatibilität zu C# bzw. zum .NET Framework) gibt die folgende Website:

http://www.mono-project.com/

Patentsorgen und ihre Lösung Das Mono-Projekt ist naturgemäß nicht unumstritten. Gegner von Mono befürchten eine zu starke Abhängigkeit von Microsoft, das versuchen könnte, das Projekt auf der Basis von Software-Patenten zu bekämpfen. Zuletzt konnte man aber den Eindruck gewinnen, dass Microsoft gar nicht so unglücklich über das Mono-Projekt ist: Es gibt dem .NET Framework eine gewisse Plattformunabhängigkeit und stärkt so die Position gegenüber Java. Zudem sind die Sprache C# sowie Teile des .NET Frameworks in ECMA-Standards festgeschrieben; zumindest diese Teile sollten rechtlich auf sicherem Boden stehen.

Den größten Widerstand gegen Mono leistete lange Zeit Red Hat. Den Ausschlag, Mono schließlich doch in Fedora zu integrieren, gab die Patent-Sammlung des *Open Invention Network*. Diese von diversen Open-Source-Firmen unterstützte Organisation besitzt eine Reihe von Patenten, die speziell zur Verteidigung bei Patentklagen gegen Linux-Projekte (inklusive Mono) gedacht sind. Sogar Debian installiert Mono in der aktuellen Version 6 *Squeeze* standardmäßig.

Gleichzeitig scheint man bei Red Hat/Fedora schon wieder von Mono abzukommen: Aktuelle Fedora-Versionen sind Mono-frei (wenngleich die Mono-Pakete weiterhin mitgeliefert und bei Bedarf mühelos installiert werden können).

Mono-Interna Mono wird üblicherweise in Form einiger `mono-xxx`-Pakete installiert, deren wichtigstes `mono-core` ist. Es enthält unter anderem den C#-Compiler `mcs`, die *Mono Virtual Machine*, eine Sammlung von .NET-kompatiblen Bibliotheken (`*.dll`-Dateien im Verzeichnis `/usr/lib/mono/gac`) sowie einige Mono-Konfigurationsdateien (Verzeichnis `/etc/mono`).

Mono-Programme haben die Endung `*.exe` und liegen ähnlich wie Java-Programme in einem Byte-Code vor. Um ein Mono-Programm auszuführen, übergeben Sie den Dateinamen der `*.exe`-Datei an das Kommando `mono`. Da dies in der Praxis zu umständlich ist, existieren zum Start von Mono-Anwendungsprogrammen kleine Scripts. (Werfen Sie beispielsweise einen Blick in die Datei `/usr/bin/f-spot`!)

Für Mono-Entwickler gibt es die grafische Benutzeroberfläche MonoDevelop, die ursprünglich aus dem Windows-Programm SharpDevelop entstanden, mittlerweile aber davon unabhängig ist.

22. X

Das *X Window System* (kurz X) stellt eine Sammlung von Funktionen und Protokollen dar, mit deren Hilfe grafische Informationen auf dem Bildschirm ausgegeben und Maus und Tastatur verwaltet werden. Diese Funktionen stehen auch für den Netzbetrieb zur Verfügung.

Unter Linux kommt bei praktisch allen Distributionen die X-Implementierung des X.org-Projekts zum Einsatz. Dieses Kapitel bezieht sich auf die X.org-Version 7.6 und die X.org-Server-Version 1.11. Es beschreibt verschiedene Aspekte der Konfiguration des X-Servers inklusive der Integration der Binärtreiber von NVIDIA.

Weitere Themenschwerpunkte sind die 3D-Desktop-Funktionen und die Verwaltung von Schriften. Noch mehr Informationen zu X bzw. zu X.org finden Sie unter:

http://x.org

22.1 Grundlagen

X Window System

Das X Window System (kurz X) wurde ursprünglich vom Massachusetts Institute of Technology (MIT) entwickelt. X bezeichnet Basisfunktionen zum Zeichnen von Punkten, Rechtecken etc., aber auch ein Netzwerkprotokoll, das es ermöglicht, ein X-Programm auf Rechner A auszuführen und die Ergebnisse (via Netzwerk) auf Rechner B darzustellen. Die Ende 2011 aktuelle Version X.org 7.6 basiert auf X11R7.6.

X ist die Basis für eine grafische Benutzeroberfläche unter Linux. X stellt aber selbst keine Benutzeroberfläche zur Verfügung! Das Aussehen von X-Programmen und die Bedienung von X-Programmen hängt davon ab, welche Bibliotheken bei der Programmierung eingesetzt wurden (z. B. GTK bei Gnome-Programmen, QT bei KDE-Programmen) und welcher Window Manager aktiv ist.

X-Server

Der X-Server stellt die Schnittstelle zwischen dem X Window System und der Hardware (Grafikkarte, Maus) her. Der Server ist modularisiert: Das bedeutet, dass der eigentliche Server durch ein Modul mit den spezifischen Funktionen für die jeweilige Grafikkarte ergänzt wird.

X-Erweiterungsmodule

Die Standardfunktionen des X-Servers können durch diverse Zusatzmodule (Extensions) erweitert werden, die beispielsweise für 3D-Grafik, für die Video-Ausgabe etc. verantwortlich sind.

Window Manager

Der Window Manager ist ein X-Programm, das für die Verwaltung der Fenster zuständig ist. Sie können mit dem Window Manager andere Programme starten, zwischen Fenstern wechseln, Fenster verschieben und schließen etc. – also eigentlich recht triviale Aufgaben ausführen. Dennoch ist es wichtig, sich vor Augen zu halten, dass diese Aufgaben vom Window Manager und nicht von X selbst erledigt werden. KDE und Gnome haben jeweils ihren eigenen Window Manager.

Treiberdilemma

Bevor die folgenden Abschnitte ausführlich die Konfiguration und den Betrieb von X beschreiben, möchte ich an dieser Stelle auf das größte Problem von X eingehen: die mangelnde Unterstützung moderner Grafikkarten durch Open-Source-Treiber. (Dieser Text wurde im November 2011 überarbeitet. Die Situation kann sich mittlerweile geändert haben.)

Die überwiegende Mehrheit aller aktuellen PCs und Notebooks enthält Grafik-Chips der folgenden drei Firmen (in alphabetischer Reihenfolge): ATI/AMD, Intel und NVIDIA, wobei es die Intel-Grafikchips nur in Form von kompletten Chipsätzen gibt (nicht als eigenständige Grafikkarten). Eine nennenswerte Verbreitung genießen auch Grafiklösungen von VIA – vor allem auf günstigen Mainboards als Teil des Mainboard-Chipsatzes.

Zuerst die gute Nachricht: Die in X enthaltenen Open-Source-Grafiktreiber funktionieren grundsätzlich in Kombination mit den meisten gängigen Grafikkarten. Und nun die schlechte: Die damit erzielte Geschwindigkeit ist nicht immer optimal, teilweise bleiben 3D-, Zusatz- oder Energiesparfunktionen ungenutzt.

Bei einigen Grafikkarten können die von den Herstellern kostenlos zur Verfügung gestellten Binärtreiber Abhilfe schaffen. Diese Treiber basieren allerdings nicht auf Open-Source-Code und sind deswegen mit diversen Nachteilen verbunden (siehe etwas weiter unten). Die folgenden Absätze fassen die aktuelle Lage zum Thema Treiber geordnet nach Grafikkartenhersteller zusammen.

ATI/AMD

Für die Grafikkarten von ATI/AMD gibt es sowohl den Open-Source-Treiber radeon als auch den Binärtreiber von ATI/AMD `fglrx`. Da ATI/ADM seit Herbst 2007 gut mit den Open-Source-Entwicklern kooperiert, hat der freie radeon-Treiber in den letzten Jahren große Fortschritte gemacht und funktioniert auf nahezu allen Grafikkarten anstandslos (inklusive 3D-Unterstützung!). Eine Matrix, die zeigt, welche Funktionen auf welchen Grafikkarten unterstützt werden, finden Sie hier:

http://www.x.org/wiki/RadeonFeature

Der `fglrx`-Treiber von ATI/AMD hat hingegen stark an Bedeutung verloren. Das Hauptproblem besteht darin, dass dieser Treiber regelmäßig um etliche Monate den X.org-Versionen hinterher hinkt und deswegen mit der gerade aktuellen X.org-Version oft gar nicht genutzt werden kann. Außerdem unterstützt der `fglrx`-Treiber nur aktuelle Grafikkarten. Er ist inkompatibel zu den auf älteren Rechnern noch immer weitverbreiteten Modellserien Rxxx bis R500 mit den Markennamen *Radeon 9000*, *Radeon X1/X2* etc. Dennoch gibt es natürlich Fälle, in denen der `fglrx`-Treiber (vor allem bei neuen Grafikkarten) wesentlich bessere Ergebnisse als der radeon-Treiber liefert.

Die bei Weitem beste Open-Source-Unterstützung gibt es momentan für Intel-Grafikchips. Das liegt daran, dass Intel ausgezeichnet mit der Open-Source-Gemeinde zusammenarbeitet. Der von Intel selbst entwickelte Treiber `intel` ist deswegen fester Bestandteil der X.org-Treiberfamilie. **Intel**

Beachten Sie auch, dass die früher in Netbooks eingesetzten Chipsätze GN40 und GMA500 alias Poulsbo zurzeit *nicht* bzw. nur eingeschränkt unterstützt werden. Intel hat in diesen Chipsätzen extern zugekaufte Technologie integriert, die die Anpassung der Treiber erschwert.

NVIDIA verharrt bis heute auf seinem Standpunkt, dass Lizenzvereinbarungen mit anderen Unternehmen und Patente die Entwicklung eines Open-Source-Treibers unmöglich machen und eine öffentliche Dokumentation der internen Schnittstellen verhindern würden. Stattdessen stellt NVIDIA den kostenlosen Binärtreiber `nvidia` zur Verfügung. Dessen Qualität war in der Vergangenheit zwar wesentlich besser als bei ATI/AMD, das ändert aber nichts an den prinzipiellen Nachteilen eines Nicht-Open-Source-Treibers (siehe unten). **NVIDIA**

Trotz des Widerstands von NVIDIA hat die Entwicklung eines freien Grafiktreibers zuletzt stark an Schwung gewonnen. Der Open-Source-Treiber nouveau kommt mittlerweile bei fast allen Distributionen standardmäßig zum Einsatz. Der 2D-Funktionen des Treibers funktionieren ausgezeichnet. Probleme machen aber nach wie vor die 3D-Unterstützung sowie die Nutzung der Energiesparfunktionen, insbesondere bei relativ neuen Grafikkarten.

Differenziert ist das Bild bei VIA: Der in X integrierte Open-Source-Treiber kommt leider nur mit alten VIA-Modellen zurecht. Für neuere VIA-Modelle haben Sie die Wahl zwischen drei (schlechten) Alternativen: dem langsamen VESA-Treiber, dem relativ alten und nicht mehr gewarteten Open-Source-Treiber der Firma VIA, der aufgrund seiner Mängel nicht in X enthalten ist, und einem weiteren Open-Source-Treiber des openChrome-Projekts, der aber ebenfalls unausgereift ist. Den aktuellen Status dieser Treiber fasst die folgende Seite zusammen: **VIA**

http://www.phoronix.com/scan.php?page=news_item&px=MTAxMzM

Ich gehe auf den VIA-Chipsatz in diesem Kapitel nicht weiter ein.

Auf immer mehr Notebooks und vereinzelt auch auf Desktop-Rechnern befinden sich mittlerweile gleich *zwei* Grafiksysteme: ein energiesparendes System (oft auf Basis eines Intel-Chipsatzes) und ein zweites System für hohe 3D-Leistung. Dieser hybride Ansatz versucht, eine hohe Laufzeit mit hoher Grafikleistung zu vereinen – je nachdem, was der Benutzer gerade braucht. Mit den geeigneten Treibern unter Windows oder OS X kann das aktive Grafiksystem im laufenden Betrieb gewechselt werden, ohne dass der Benutzer dies bemerkt. **Hybrid-Lösungen**

Es versteht sich leider fast von selbst, dass das unter Linux nicht oder nur mit vielen Einschränkungen funktioniert. Rechner mit Hybridgrafik funktionieren zwar in der Regel unter Linux, kombinieren ohne aufwendige Treiberinstallation und -konfiguration aber meist die negativen Eigenschaften beider Grafiksysteme: Linux spricht nur die langsame Chipsatz-Grafik an, ist aber nicht in der Lage, das zweite Grafiksystem in einen Energiesparmodus zu versetzen. Mit anderen Worten: Das Grafiksystem ist langsam *und* verbraucht unnötig viel Strom.

Einen guten Überblick über verschiedene Hybridgrafiksysteme sowie eine Sammlung von Tipps und Links zu deren Nutzung unter Linux finden Sie auf dieser Website:

http://hybrid-graphics-linux.tuxfamily.org/

Kaufempfehlung

Wenn Sie einen Rechner bzw. eine Grafikkarte mit guter Open-Source-Unterstützung für 3D-Funktionen kaufen möchten, haben Sie nur die Wahl zwischen einem Rechner mit einem Mainboard, das den Grafik-Chipsatz von Intel enthält, oder einer ATI-Karte (nehmen Sie nach Möglichkeit nicht das allerneueste Modell!).

Die Nutzung der 3D-Funktionen von NVIDIA-Grafikkarten setzt dagegen zwingend den Herstellertreiber voraus. Wenn Sie sich damit abfinden, sind NVIDIA-Karten eine gute Wahl. Sobald die Treiberinstallation einmal gelungen ist, bereitet der Treiber in der Regel keine Probleme.

Um Modelle mit Hybridgrafik sollten Sie einen weiten Bogen machen. Sie erkennen solche Rechner an den Modell- oder Marketingbezeichnungen wie *NVIDIA Optimus, ATI Hybrid Graphics* oder *Virtu GPU Virtualization*.

Probleme nichtfreier Treiber

Vielleicht stehen Sie auf dem Standpunkt, die Unterscheidung zwischen »echten« Open-Source-Treibern und kostenlosen Herstellertreibern (auch proprietäre Treiber, Binärtreiber oder im Englischen *Restricted Driver* genannt) sei Haarspalterei – Hauptsache, es funktioniert. Es gibt aber gute Gründe, die für Open-Source-Treiber und gegen Binärtreiber sprechen:

» Die Stabilität der Herstellertreiber war in der Vergangenheit nicht immer besonders hoch. Auch wenn sich das in letzter Zeit glücklicherweise gebessert hat, ist das keine Garantie für die Zukunft.

» Die Grafiktreiber müssen zur X-Version passen. Gerade Fedora-Anwender, deren Distribution oft die allerneuste, erst halb fertige X-Version enthält, wissen davon ein Lied zu singen: In der Vergangenheit dauerte es mehrfach monatelang, bis die Hersteller kompatible Treiber zur Verfügung stellen konnten.

» Damit Grafiktreiber effizient laufen, ist eine enge Verzahnung mit dem Linux-Kernel erforderlich. Dazu befindet sich zwischen dem eigentlichen Treiber (Closed-Source) und dem Kernel (GPL) ein kleines Kernelmodul, das nur als Schnittstelle dient und dessen Code verfügbar ist.

  Viele Linux-Entwickler haben Zweifel daran, dass diese Vorgehensweise GPL-konform ist, und dulden sie nur widerwillig. Die Kernelentwickler bezeichnen den Kernel als *tainted* (makelhaft), sobald ein Nicht-GPL-Treiber geladen wird, und verweigern in diesem Fall jegliche Unterstützung bei Stabilitätsproblemen.

  Die Verzahnung mit dem Kernel hat einen weiteren Nachteil: Nach einem Kernel-Update muss auch das Kernelmodul der Grafiktreiber aktualisiert werden, damit dieses zum neuen Kernel kompatibel ist. Abermals ist es von der Distribution abhängig, wie kompliziert dieser Vorgang ist. Im Idealfall wird der neue Grafiktreiber vom Paketverwaltungssystem automatisch heruntergeladen und installiert. Im ungünstigsten Fall funktioniert nach dem Kernel-Update das Grafiksystem nicht mehr und Sie müssen in einer Konsole ein neues Kernelmodul für den Treiber kompilieren.

- Wegen der oben erwähnten GPL-Konflikte ist die Weitergabe der Binärtreiber aus Lizenzgründen schwierig. Bei vielen Distributionen müssen Sie die Treiber daher nach der Installation der Distribution extra herunterladen und installieren. Je nach Distribution ist dieser Vorgang mehr oder weniger kompliziert: Manchen Distributoren ist hier die Anwenderfreundlichkeit wichtiger, anderen das Open-Source-Ideal.
- Da der Code der Grafiktreiber nur den jeweiligen Grafikfirmen bekannt ist, ist jegliche Sicherheitskontrolle von außerhalb unmöglich. Wenn im Treiber ein Sicherheitsproblem auftritt – was in der Vergangenheit schon passiert ist –, können Linux-Distributoren nur darauf hoffen, dass die Grafikfirmen möglichst rasch ein Update zustande bringen. (Bei Open-Source-Code kann die Entwicklergemeinde den Fehler selbst beheben, was in der Regel schneller geht.)
- Mangels Code ist es unmöglich, die Treiber für andere Betriebssysteme, CPU-Architekturen etc. zu portieren. Die Grafikfirmen entscheiden, welche Systeme unterstützt werden. (Beispielsweise gab es lange Zeit keine Treiber für 64-Bit- oder BSD-Systeme.)
- Die Grafikunterstützung unter Linux ist von der Gunst weniger Firmen abhängig. Ältere Grafikkarten werden zumeist nicht unterstützt, was zur Verwendung alter X-Versionen oder zum Kauf neuer Hardware zwingt.

Bis vor einigen Jahren konnte man das Treiberdilemma mit dem Hinweis abtun, dass die Open-Source-Treiber für die 2D-Grafikfunktionen ausreichen und die 3D-Funktionen unter Linux ohnedies nur eine untergeordnete Rolle spielen. Dieses Argument trifft aber nicht mehr zu: Zum einen entwickelt sich der 3D-Desktop zum Standard. Zum anderen können bei einigen neuen Grafikchips nicht einmal mehr 2D-Funktionen ohne den Herstellertreiber genutzt werden.

Auf Dauer kann Linux nur dann ein Open-Source-System bleiben, wenn auch die wichtigsten Komponenten frei verfügbar sind. Und dazu zählen zweifelsohne die Grafiktreiber. Suchen Sie Ihren nächsten Rechner bzw. Ihre nächste Grafikkarte auch unter dem Gesichtspunkt aus, ob es dafür freie Treiber gibt!

Glossar

In der X-Welt wimmelt es nur so von Abkürzungen und obskuren Begriffen. Dieser Abschnitt gibt eine erste Orientierungshilfe (in alphabetischer Reihenfolge). Leider ist X eine große Baustelle, in der mit jeder Version neue Komponenten eingeführt und alte Komponenten (je nach Treiber) schrittweise entfernt werden. Selbst Linux-Profis fällt es hier oft schwer, den Überblick zu behalten.

AIGLX

Accelerated Indirect GL X, kurz AIGLX, erlaubt die Verwendung von GLX-Funktionen auf der Ebene des X-Servers. AIGLX ist die Voraussetzung für die 3D-Desktop-Effekte von Compiz bzw. modernen Window Managern.

DRI und DRM

Das *Direct Rendering Interface* (DRI) ermöglicht die Nutzung der 3D-Funktionen der Grafikkarte – sofern es einen passenden DRI-Treiber für die Karte gibt. Momentan ist DRI2 aktuell, eine verbesserte Version der ursprünglichen DRI-Funktionen. Der Binärtreiber von ATI/AMD kooperiert dazu mit dem DRI-Modul von X. Der NVIDIA-Treiber enthält dagegen eine eigene Implementierung der DRI-Funktionen.

Ein Teil der DRI muss im Kernel (und nicht in den Grafikkartenteilen) implementiert werden. Dieser Teil wird *Direct Rendering Manager* (DRM) genannt.

EXA EXA ist eine Bibliothek, um 2D-Operationen (z. B. das Verschieben von Bildschirminhalten) durch die Grafik-Hardware zu beschleunigen. EXA und seine Variante UXA lösen XAA ab, sind aber voraussichtlich nur Übergangslösungen: Längerfristig soll die gesamte Grafikbeschleunigung auf Open GL aufbauen und über diesen Weg die 3D-Funktionen der Grafikkarte nutzen. Die Bezeichnung EXA hat keine klare Definition; das Xorg-Glossar bezeichnet EXA als eine *acceleration architecture with no well-defined acronym.*

GEM Der *Graphics Execution Manager* (GEM) ist eine seit Version 2.6.28 im Kernel befindliche Bibliothek zur Speicherverwaltung für Grafiktreiber. GEM wird momentan aber nur von den aktuellen Intel-Grafiktreibern genutzt. Vermutlich wird GEM nur eine Übergangslösung sein, bis die GEM-kompatible Version der TTM-Bibliothek fertiggestellt ist.

GLX und libGL Unter X werden die Open-GL-Funktionen über die GLX-Bibliothek genutzt. Diese Bibliothek stellt die Verbindung zwischen dem X Window System und Open GL her. GLX stellt beispielsweise sicher, dass Open-GL-Ausgaben nur im gerade sichtbaren Teil eines Fensters erfolgen und nicht mit anderen Fenstern kollidieren. GLX ist durch ein Modul in X integriert.

Die `libGL`-Bibliothek stellt die Verbindung zwischen dem GLX-Modul und dem OpenGL-Programm her. Die `libGL`-Bibliothek muss zur eingesetzten OpenGL-Implementierung passen (DRI oder NVIDIA). Aus diesem Grund verweisen von `/usr/lib/libGL.*` Links auf die tatsächlichen Bibliotheksdateien.

KMS *Kernel Mode Setting* (KMS) bedeutet, dass der Linux-Kernel (und nicht X) den Grafikmodus einstellt. KMS wird von allen wichtigen Open-Source-Treibern unterstützt (`intel`, nouveau und radeon). KSM ermöglicht es, die gewünschte Grafikauflösung bereits unmittelbar nach dem Rechnerstart einzustellen. Im Idealfall entfällt dann das früher übliche Flackern beim Start von X. Falls der Kernel beim Booten nicht die richtige Auflösung wählt, kann diese mit der Kerneloption `video` eingestellt werden (siehe Seite 737).

Open GL *Open GL* (oft auch kurz GL genannt) ist eine von SGI entwickelte Bibliothek zur Darstellung von 3D-Grafiken, die auf fast allen Unix/Linux-Rechnern zur Verfügung steht. Daher bauen nahezu alle unter Linux verfügbaren 3D-Programme und -Spiele auf Open GL auf. Open GL ist also gewissermaßen das Unix/Linux-Gegenstück zu Microsofts DirectX-Bibliothek.

Da der Code von Open GL ursprünglich nicht frei verfügbar war (das hat sich inzwischen geändert), ist die dazu kompatible Open-Source-Bibliothek Mesa entstanden. Mesa war anfänglich eine reine Software-Lösung; mittlerweile nutzt Mesa 3D-Funktionen der Grafikkarte über das DRI-Modul.

RandR Die *Resize and Rotate Extension* (RandR) erlaubt es, einige Einstellungen von X im laufenden Betrieb zu ändern. Dazu zählen die Auflösung, die Bildfrequenz und die Bilddrehung. Via RandR kann auch ein zweiter Bildschirm aktiviert werden.

Die *Translation Table Maps* (TTM) ist ähnlich wie GEM eine Bibliothek zur Speicherverwaltung für Grafiktreiber. TTM ist weniger Intel-spezifisch implementiert als GEM und macht das Zusammenspiel mit anderen Treibern einfacher (z. B. für AMD/ATI-Karten). Möglicherweise wird eine aus Entwicklersicht weitgehend GEM-kompatible TTM-Version GEM ablösen und demnächst in den offiziellen Linux-Kernel einziehen. **TTM**

Die *UMA Acceleration Architecture* (UXA) ist eine Intel-spezifische Variante zu EXA, kümmert sich also um die schnelle Verarbeitung von 2D-Operationen. Der wesentliche Unterschied zu EXA besteht darin, dass UXA die Speicherverwaltungsfunktionen von GEM nutzt (etwa zur Speicherung von Bitmaps im Speicher der Grafikkarte). **UXA**

Das auf X basierende Grafiksystem ist in seinen Grundzügen mehrere Jahrzehnte alt. Deswegen ist es immer schwieriger, zeitgemäße Grafikanwendungen auf Basis von X effizient zu implementieren. Abhilfe soll in einigen Jahren das neue Grafiksystem *Wayland* schaffen (die Entwickler sprechen genau genommen von einem *Display Server Protocol*), das seit 2008 in Entwicklung ist. Es ist momentan noch vollkommen unklar, wann es die ersten auf Wayland basierenden Linux-Distributionen geben wird. Grundsätzliches Interesse daran haben sowohl Fedora als auch Ubuntu bekundet. **Wayland**

Die *X Acceleration Architecture* (XAA) beschleunigt 2D-Grafikoperationen. Diese Art der Hardware-Beschleunigung ist historisch gesehen älter als die 3D-Funktionen und wird von X schon lange standardmäßig unterstützt. Leider ist das Zusammenspiel zwischen XAA und Open GL bzw. generell den 3D-Funktionen problematisch. Aus diesem Grund haben EXA und UXA bei vielen Grafiktreibern XAA abgelöst. **XAA**

Xgl ist eine obsolete Variante zu AIGLX, die Mitte 2008 aus X entfernt wurde. Xgl wurde von Novell entwickelt und war einige Jahre in SUSE-Distributionen enthalten, um 3D-Desktop-Effekte zu realisieren. Dabei wird zuerst ein gewöhnlicher X-Server gestartet, der nur zur Darstellung eines einzigen Fensters ohne Rahmen verwendet wird. Dieses Fenster ist zur Nutzung der Open-GL-3D-Funktionen erforderlich. Für den Inhalt dieses Fensters ist der Xgl-Server verantwortlich, der darin den eigentlichen Desktop dargestellt. **Xgl**

Die *X Rendering Extension* (kurz XRender) ist eine Bibliothek zur Erzielung von Transparenz- und Überlagerungseffekten (Alpha Blending). Die Bibliothek wird auch zur Textausgabe verwendet. XRender greift aus Geschwindigkeitsgründen auf 3D-Hardwarefunktionen zurück. **XRender**

Die offizielle, aber oft unübersichtliche und nicht immer ganz aktuelle Dokumentation zu X.org enthält dessen Wiki: **Links**

http://www.x.org/wiki

Die beste Berichterstattung über aktuelle X-Entwicklungstendenzen gibt die folgende Seite:

http://www.phoronix.com/

Außerdem gibt es natürlich zu fast allen oben aufgezählten Begriffen eigene Wikipedia-Artikel (bisweilen nur in der englischen Version).

22.2 X starten und beenden

Dieser Abschnitt fasst einige Informationen zum Start und Stopp von X zusammen. In der Regel müssen Sie sich darum nur kümmern, wenn der automatische Start von X beim Hochfahren des Rechners bzw. das Beenden von X beim Herunterfahren nicht funktioniert bzw. wenn Sie in den Prozess manuell eingreifen möchten.

X manuell starten und beenden

Display Manager

Üblicherweise wird nicht X an sich gestartet, sondern ein sogenannter Display Manager. Dieses Programm kümmert sich um den Start von X, zeigt einen Login-Bildschirm an und startet nach dem Login das Desktop-System (Gnome oder KDE) bzw. einen Window Manager. Bei manchen Display Managern kann vor dem Login die gewünschte Sprache und das Desktop-System bzw. der Window Manager ausgewählt werden. (Zweiteres ist natürlich nur zweckmäßig, wenn mehr als ein Desktop-System installiert ist.)

Je nach Desktop-System kommt als Display Manager die KDE-Variante kdm oder die Gnome-Variante gdm zum Einsatz, unter Ubuntu seit Version 11.10 `lightdm`. Auf Distributionen ohne ein Desktop-System wird als Display Manager mitunter noch das minimalistische Programm xdm eingesetzt. Die Entwicklung verschiedener Display Manager hat primär optische Gründe und erlaubt es, das Aussehen des Display Managers möglichst gut an den Desktop anzupassen. Grundsätzlich ist aber jeder Display Manager in der Lage, jedes Desktop-System zu starten. Sie können also auch mit kdm Gnome starten oder mit gdm KDE!

Init-Prozess

Das Grafiksystem wird, während der Rechner hochfährt, durch das Init-System initialisiert (siehe Kapitel 25 ab Seite 687). Je nach Distribution kommen unterschiedliche Init-Systeme zum Einsatz:

» **Init-V (Debian, openSUSE, RHEL 5):** Bei Debian 6 führt der Init-V-Prozess in den Runleveln 2 bis 5 das Script `/etc/init.d/gdm3` oder kdm aus.

  Bei SUSE führt der Init-V-Prozess im Runlevel 5 das Script `/etc/init.d/xdm` aus. Das gilt auch für openSUSE 12.1, das zwar prinzipiell Systemd als Init-System verwendet, zum Start des Display Managers aber auf dessen Init-V-Kompatibilität vertraut.

» **Upstart (Ubuntu, Fedora in den Versionen 11 bis 14, RHEL 6):** Ubuntu ab Version 9.10 sowie Fedora in den Versionen 11 bis 14 verwenden Upstart zum Start von X. Die Startregeln sind in der Konfigurationsdatei `/etc/init/prefdm.conf` (Fedora) bzw. `/etc/init/gdm.conf` oder `/etc/init/lightdm.conf` (Ubuntu) formuliert.

» **Systemd (Fedora ab Version 15):** Für den Start des Display Managers ist unter Fedora die Konfigurationsdatei `/lib/systemd/system/prefdm.service` verantwortlich.

X neu starten

Änderungen an der X-Konfiguration werden erst nach einem Neustart von X wirksam. Wie Sie X neu starten, ist aber stark distributionsabhängig.

```
root# /etc/init.d/gdm3 restart          (Debian)
root# service prefdm restart            (Fedora 11 bis 14)
root# systemctl restart prefdm.service  (Fedora ab Version 15)
root# service xdm restart               (SUSE)
```

```
root# service gdm restart              (Ubuntu bis Version 11.04)
root# service lightdm restart          (Ubuntu ab Version 11.10)
```

Die obigen Kommandos sollten Sie in einer Textkonsole ausführen, nachdem Sie sich aus X ausgeloggt haben. Je nachdem, welchen Display Manager Sie einsetzen, müssen Sie in den obigen Kommandos gdm durch kdm oder xdm ersetzen.

X beenden

X läuft normalerweise bis zum Herunterfahren des Rechners, ohne dass ein Grund besteht, es zu beenden. Am Rechner können sich beliebig oft Benutzer ein- und wieder ausloggen. Um X tatsächlich zu beenden, loggen Sie sich aus dem aktuellen Desktop-System aus, wechseln in eine Textkonsole und führen `init 3` aus. Diese Vorgehensweise funktioniert bei allen Distributionen, die den Runlevel 3 als Netzwerkumgebung ohne X vorsehen (auch bei aktuellen Fedora- und openSUSE-Distributionen auf der Basis von Systemd). Bei Debian-basierten Distributionen müssen Sie hingegen in der Textkonsole den Display Manager gdm, kdm oder xdm stoppen:

```
root# /etc/init.d/gdm3 stop    (Debian)
root# init 3                   (Fedora, Red Hat, SUSE)
root# service gdm stop         (Ubuntu bis Version 11.04)
root# service lightdm stop     (Ubuntu ab Version 11.10)
```

Automatischen Start deaktivieren

Manchmal ist es zweckmäßig, den automatischen X-Start zu deaktivieren – beispielsweise bei der Verwendung des Rechners als Server. Bei Distributionen mit dem Init-V-System reduzieren Sie dazu den Standard-Runlevel des Init-V-Prozesses von 5 auf 3. Dazu ändern Sie die `initdefault`-Zeile in `/etc/inittab`:

```
# in /etc/inittab (openSUSE bis 11.4)
...
# Standard-Runlevel 3 (Multiuser-System ohne X)
id:3:initdefault:
```

Die Änderung ist ab dem nächsten Rechnerstart wirksam. Um den automatischen X-Start erneut zu aktivieren, stellen Sie als Standard-Runlevel wieder 5 ein.

Ganz anders sieht die Vorgehensweise bei Debian aus. Hier lassen Sie den Runlevel unverändert, verhindern aber den automatischen Start des Display Managers. Abermals kann es sein, dass bei Ihnen statt gdm dessen Varianten kdm oder xdm zum Einsatz kommen.

```
root# update-rc.d -f gdm3 remove             (Debian)
root# update-rc.d gdm stop 1  0 1 2 3 4 5 6 .
```

Um X in Zukunft wieder automatisch zu starten, sind die beiden folgenden Kommandos notwendig. Die Werte 20 und 1 bezeichnen dabei die für die Start- bzw. Stoppreihenfolge zuständigen Nummern. Je nach Distribution können diese Werte variieren. Die hier angegebenen Werte sind die Standardwerte für Debian 5.

```
root# update-rc.d -f gdm3 remove             (Debian)
root# update-rc.d gdm3 defaults 20 1
```

Ubuntu verwendet Upstart zum Start von X. Um den Start zu vermeiden, setzen Sie der mehrzeiligen Anweisung `start on (...)` in der Datei `/etc/init/gdm.conf` oder `/etc/init/lightdm.conf` Kommentarzeichen voran (in allen betroffenen Zeilen!).

Bei Distributionen mit Systemd müssen Sie den `default.target`-Link neu einrichten:

```
root# cd /etc/systemd/system/                  (Fedora ab Version 15, openSUSE ab Version 12.1)
root# ln -sf /lib/systemd/system/multi-user.target default.target
```

X manuell starten Wenn X momentan nicht läuft, bestehen zwei Möglichkeiten für einen manuellen Start. Bis die Konfiguration abgeschlossen ist, sollten Sie sich für die erste Variante entscheiden.

» **startx:** Mit dem Kommando `startx` starten Sie X direkt. Es erscheint keine Login-Box. Derjenige Benutzer, der `startx` ausführt, ist auch der Benutzer unter X.

» **Start mit einem Display Manager:** Bei den meisten Distributionen starten Sie den Display Manager durch einen Wechsel in den Runlevel 5:

```
root# init 5                               (Fedora, Red Hat, SUSE)
```

Bei Debian-basierten Distributionen bleibt der Runlevel unverändert. Hier starten Sie den Display Manager explizit neu:

```
root# /etc/init.d/gdm3|kdm|xdm start       (Debian)
```

Unter Ubuntu führen Sie das folgende Kommando aus:

```
root# service gdm|lightdm start            (Ubuntu)
```

Xsession Während des Starts von X werden die Script-Datei `/etc/X11/Xsession` sowie alle Scripts im Verzeichnis `/etc/X11/Xsession.d` ausgeführt. Dieses Verzeichnis ist der geeignete Ort, wenn Sie während des X-Starts irgendwelche Einstellungen verändern oder sonstige Konfigurationsarbeiten durchführen möchten.

DontZap-Option In der Vergangenheit was es möglich, mit [Strg]+[Alt]+[BackSpace] X zu beenden (»abzuschießen«). Dabei wurden alle unter X laufenden Programme sofort beendet. Um ein unbeabsichtigtes Ende von X samt einhergehender Datenverluste zu vermeiden, ist diese Tastenkombination bei manchen Distributionen deaktiviert.

Bei SUSE funktioniert die Tastenkombination weiterhin, wenn sie innerhalb von zwei Sekunden zweimal hintereinander gedrückt wird. Damit Sie die Tastenkombination unter Ubuntu verwenden können, führen Sie SYSTEMEINSTELLUNGEN|TASTATURBELEGUNGEN|OPTIONEN aus und aktivieren die Option TASTENKOMBINATION ZUM ERZWUNGENEN BEENDEN DES X-SERVERS.

Bei anderen Distributionen müssen Sie in die Konfigurationsdatei `/etc/X11/xorg.conf` die folgenden Zeilen einbauen, um [Strg]+[Alt]+[Backspace] zu aktivieren. (Es gibt nichts Schöneres als doppelte Verneinungen.)

```
Section "ServerFlags"
        Option  "DontZap"  "false"
EndSection
```

Konfiguration des Display Managers

gdm ist der Display Manager des Gnome-Desktops. Die Konfigurationsdateien befinden sich in /etc/gdm oder /etc/X11/gdm. Sie steuern unter anderem, welche Programme, Kommandos und Scripts für verschiedene Funktionen des Display Managers genutzt werden sollen. Mit dem Programm gdmsetup können Sie einstellen, ob ein Benutzer beim Start von X automatisch angemeldet werden soll. **gdm**

kdm ist das KDE-Gegenstück zu gdm. Die Konfiguration von kdm erfolgt in der Datei kdmrc. Der Speicherort von kdmrc ist distributionsabhängig. Mögliche Orte sind: **kdm**

```
/etc/kde4/kdm/kdmrc
/opt/kde4/share/config/kdm/kdmrc
```

Viele Einstellungen von kdmrc können Sie komfortabel im Modul SYSTEMVERWALTUNG|ANMELDUNGS-MANAGER des Kontrollzentrums vornehmen. Dazu zählen die optische Gestaltung des Login-Dialogs, die Hintergrundgestaltung, die Darstellung der Benutzer durch Icons, Auto-Logins etc.

Unter Ubuntu, Xubuntu und Edubuntu kommt als Display Manager lightdm zum Einsatz. **lightdm**

Wenn Sie mehrere Desktop-Systeme installiert haben, können Sie beim Login im Display Manager in einem Menü auswählen, welcher Desktop bzw. Window Manager gestartet werden soll. Die Daten für dieses Menü befinden bei den meisten Distributionen in *.desktop-Dateien im Verzeichnis /usr/share/xsession (Schlüsselwort SessionDesktopDir in der gdm-Konfiguration). Beispielsweise enthält die Desktop-Datei zum Start von Gnome die folgenden Zeilen: **.desktop-Dateien**

```
[Desktop Entry]
Encoding=UTF-8
Name=GNOME
Comment=This session logs you into GNOME
Exec=/usr/bin/gnome-session
...
```

Auf Desktop-Systemen ist es oft erwünscht, dass der Standardbenutzer beim Start des Rechners automatisch eingeloggt wird. Das ist zwar ein Sicherheitsrisiko (etwa, wenn ein Notebook verloren geht), aber eben auch bequem. Wenn Sie als Display Manager gdm verwenden, fügen Sie die folgenden Zeilen in den [daemon]-Abschnitt von custom.conf ein: **Auto-Login für gdm**

```
# Datei /etc/gdm/custom.conf
...
[daemon]
    AutomaticLoginEnable=true
    AutomaticLogin=loginname
```

Bei einigen Distributionen können Sie zur Auto-Login-Konfiguration von gdm auch die grafische Benutzeroberfläche gdmsetup verwenden.

Bei kdm fügen Sie die folgende Zeile in kdmrc ein: **Auto-Login für kdm**

```
# Datei /etc/kde4/kdm/kdmrc
...
AutoLoginUser=loginname
```

Auto-Login für SUSE

SUSE sieht eigene Konfigurationsdateien für den Auto-Login von KDE und Gnome vor (siehe Seite 1048). Vermeiden Sie eine direkte Veränderung der gdm- oder kdm-Konfigurationsdateien! Ihre Änderungen werden sonst bei nächster Gelegenheit von YaST bzw. SUSEconfig überschrieben.

X-Protokolldatei

Beim Start von X werden zahlreiche Meldungen, Warnungen und eventuell auch Fehlermeldungen in der Datei /var/log/Xorg.0.log gespeichert. Dieses Startprotokoll enthält ausführliche Informationen darüber, welche Konfigurationsdatei verwendet wurde, welche Module geladen wurden, welche Probleme dabei aufgetreten sind, welche Grafikmodi aus welchen Gründen verworfen wurden etc. Einträge innerhalb der Logging-Datei sind durch folgende Codes gekennzeichnet:

(**) Einstellung aus der Konfigurationsdatei
(++) Einstellung aus der Kommandozeile
(==) X-Standardeinstellung
(--) Einstellung, die sich aus erkannter Hardware ergibt
(!!) Hinweis
(II) Hinweis
(WW) Warnung
(EE) Fehler

Falls es in /var/log/ mehrere X-Logging-Dateien gibt, halten Sie Ausschau nach der aktuellsten Datei. Aufgrund der Fülle der Informationen in Xorg.0.log gleicht die Suche nach wirklich relevanten Daten leider der sprichwörtlichen Suche nach der Nadel im Heuhaufen. Gegebenenfalls senden Sie einfach die gesamte Logging-Datei jemandem, der sich besser damit auskennt, bzw. posten sie in ein Support-Forum.

X-Version feststellen

Wenn Sie wissen möchten, welche Version des X-Servers auf Ihrem Rechner verwendet wird, führen Sie das folgende Kommando aus. Auf dem Beispielrechner läuft der X.org-Server in Version 1.8.

```
user$  X -showconfig
X.Org X Server 1.11.1
Release Date: 2011-09-24
X Protocol Version 11, Revision 0
```

Eine alternative Vorgehensweise bietet das Kommando xdpyinfo:

```
user$  xdpyinfo | grep release
vendor release number:    11101000
```

Es gibt keine einfache Möglichkeit, die Versionsnummer des Xorg-Release zu ermitteln. (Seit Ende 2010 ist Version 7.6 verfügbar.) Warum das so ist, beschreibt der folgende Artikel sehr ausführlich. Langer Rede kurzer Sinn: Für den Endanwender ist die Xorg-Versionsnummer irrelevant; entscheidend sind einzig die Versionsnummern diverser X-Komponenten und insbesondere des X-Servers.

http://who-t.blogspot.com/2009/10/x11r75-released-but-what-is-it.html

22.3 Basiskonfiguration

xorg.conf

Zur Konfiguration von X dient die Datei /etc/X11/xorg.conf. Bei aktuellen X-Versionen werden außerdem die Dateien /etc/X11/xorg.conf.d/*.conf berücksichtigt.

In der Vergangenheit spielte xorg.conf eine große Rolle: Ein Start von X war unmöglich, wenn diese Datei fehlte. Mittlerweise hat sich das aber radikal geändert – aktuelle X-Versionen kommen vollkommen ohne xorg.conf aus: X ermittelt beim Start die aktuelle Hardware (Grafikkarte, Monitor, Maus, Tastatur) und lädt automatisch geeignete Treiber und Module. Solange keine besonderen Konfigurationswünsche erfüllt werden sollen, funktioniert X also ganz ohne xorg.conf!

Eine manuelle Konfiguration ist nur erforderlich, wenn die automatische Konfiguration versagt. Dieser Abschnitt führt in die Syntax von xorg.conf ein und gibt diverse Konfigurationstipps. Beachten Sie, dass Änderungen an xorg.conf erst mit einem Neustart von X wirksam werden (siehe Seite 522). Fehler in xorg.conf können dazu führen, dass X gar nicht mehr gestartet werden kann. In diesem Fall müssen Sie die Korrekturarbeiten in einer Textkonsole durchführen. Machen Sie sich damit vertraut, bevor Sie an xorg.conf herumspielen (siehe Kapitel 11 ab Seite 245)!

Konfigurationswerkzeuge

Die Konfiguration des X-Servers erfolgt normalerweise bereits während der Installation. Je nachdem, mit welcher Distribution Sie arbeiten und ob Sie binäre Treiber von ATI/AMD oder NVIDIA installiert haben, stehen zudem die folgenden Konfigurationswerkzeuge zur Auswahl:

ATI/AMD:	amdccle (Catalyst Control Center)
Debian, Ubuntu:	dpkg-reconfigure xserver-xorg
NVIDIA:	nvidia-settings

Daneben enthalten auch KDE und Gnome Konfigurationswerkzeuge, mit denen Sie die Auflösung und die Bildfrequenz ändern und in einfachen Fällen eine Konfiguration für zwei Bildschirme einrichten können. Diese Programme verändern allerdings nicht xorg.conf, sondern ändern über den RandR-Mechanismus dynamisch die X-Konfiguration. Die geänderte Konfiguration wird in einer Konfigurationsdatei des Benutzers gespeichert und gilt nur für den aktiven Nutzer und nur für das laufende Desktop-System. Weitere Informationen zu RandR folgen auf Seite 547.

Aufbau der Konfigurationsdatei xorg.conf

Die Datei /etc/X11/xorg.conf ist in mehrere Abschnitte gegliedert, die mit Section "name" eingeleitet und mit EndSection abgeschlossen werden (siehe Tabelle 22.1). Bei aktuellen Distributionen gibt es oft gar keine xorg.conf-Datei, oder die Datei enthält nur wenige Abschnitte. Das folgende Beispiel stammt von einem Ubuntu-System nach der Installation des proprietären NVIDIA-Grafiktreibers.

```
Section "ServerLayout"
    Identifier     "Layout0"
    Screen         0 "Screen0" 0 0
    InputDevice    "Keyboard0" "CoreKeyboard"
    InputDevice    "Mouse0" "CorePointer"
    Option         "Xinerama" "0"
EndSection
```

ABSCHNITT	BEDEUTUNG	DETAILS
Monitor	Monitordaten	Seite 529
Device	Konfiguration der Grafikkarte	Seite 530
Screen	Bildschirmauflösung	Seite 531
Files	Dateinamen (z. B. Font-Verzeichnisse) ?	Seite 532
Module	Zusatzmodule (z. B. freetype, dri)	Seite 532
ServerFlags	verschiedene Server-Optionen	Seite 533
InputClass	Device-Gruppe (z. B. alle Tastaturen)	Seite 542
InputDevice	Tastatur, Maus, Touchpad	Seite 542

Tabelle 22.1: **xorg.conf-Abschnitte**

```
Section "InputDevice"
    Identifier     "Mouse0"
    Driver         "mouse"
    Option         "Protocol" "auto"
    Option         "Device" "/dev/psaux"
    Option         "Emulate3Buttons" "no"
    Option         "ZAxisMapping" "4 5"
EndSection
Section "InputDevice"
    Identifier     "Keyboard0"
    Driver         "kbd"
EndSection
Section "Monitor"
    Identifier     "Monitor0"
   ModelName      "BenQ G2400W"
    HorizSync       31.0 - 94.0
    VertRefresh     50.0 - 85.0
    Option         "DPMS"
EndSection
Section "Device"
    Identifier     "Device0"
    Driver         "nvidia"
    VendorName     "NVIDIA Corporation"
    BoardName      "GeForce 7600 GS"
EndSection
Section "Screen"
    Identifier     "Screen0"
    Device         "Device0"
    Monitor        "Monitor0"
    DefaultDepth    24
    Option         "TwinView" "0"
    Option         "TwinViewXineramaInfoOrder" "DFP-0"
    Option         "metamodes" "DFP: nvidia-auto-select +0+0"
```

```
    SubSection     "Display"
        Depth       24
    EndSubSection
EndSection
```

Identifier

Die `Identifier`-Zeile gibt dem Abschnitt einen Namen und ermöglicht Querverweise zwischen den Abschnitten. Beispielsweise verweist der Abschnitt Screen auf `Device0`. In manchen `xorg.conf`-Dateien werden Sie in vielen Abschnitten auch `Board-`, `Vendor-` und `ModelName`-Zeichenketten vorfinden. Diese Zusatzinformationen dienen nur zur besseren Orientierung in der Konfigurationsdatei. Sie werden von X nicht ausgewertet und haben keinerlei Relevanz für die Funktion von X.

Von den weiteren Schlüsselwörtern werden die wichtigsten im Verlauf der folgenden Abschnitte beschrieben. Eine vollständige Referenz erhalten Sie mit `man xorg.conf`.

Monitor-Abschnitt

Der `Monitor`-Abschnitt ist im Regelfall überflüssig, weil moderne Monitore ihre Eckdaten an die Grafikkarte übermitteln. Sollte das bei (uralten) Monitoren nicht funktionieren, können Sie den zulässigen Bereich für die horizontale Zeilenfrequenz (in kHz) und für die Bildfrequenz (in Hz) angeben. Die folgenden Angaben gelten für einen Monitor mit einer Auflösung von 1600*1200 Pixeln und einer maximalen Bildfrequenz von 75 Hz:

```
Section "Monitor"
  ...
  HorizSync    30-95     # Zeilenfrequenz 30 bis 95 kHz (Zeilen/sec)
  VertRefresh  58-78     # Bildfrequenz 58 bis 78 Hz  (Bilder/sec)
EndSection
```

ModeLine

Optional können Sie mit `ModeLine` exakt angeben, in welchem Grafikmodus der Monitor betrieben werden soll. Ein Grafikmodus wird durch seinen Namen und neun Zahlenwerte bestimmt. Die folgende Zeile zeigt ein Beispiel:

```
ModeLine "640x480"  25.175   640 664 760 800    480 491 493 525
```

Damit wird ein Grafikmodus mit 640*480 Pixeln beschrieben. Die Zeichenkette "640x480" ist gleichzeitig auch der Name dieses Modus. Der Zahlenwert 25.175 gibt die Pixelfrequenz (Videobandbreite) in MHz an.

Die nächsten vier Werte (in der Einheit Pixel) betreffen das horizontale Timing: Eine einzelne Bildschirmzeile mit 640 *sichtbaren* Pixeln wird in Wirklichkeit aus 800 *virtuellen* Pixeln zusammengesetzt. Die ersten 640 Pixel werden tatsächlich angezeigt. Während der verbleibenden 160 Pixel wird der Elektronenstrahl durch den HSync-Impuls zurück an den Beginn der nächsten Zeile bewegt. Während dieser Zeit hat der Elektronenstrahl die Intensität 0. Die vier Werte kommen also wie folgt zustande:

640	640 Bildschirmpixel anzeigen
664	24 weitere Pixel dunkel tasten
760	96 Pixel lang einen HSync-Impuls erzeugen
800	nochmals 40 Pixel dunkel tasten, d. h. insgesamt 800 virtuelle Punkte

Ganz analog wie beim horizontalen Timing sind auch die Angaben für das vertikale Timing (Einheit Bildschirmzeilen) zu interpretieren:

480	480 Zeilen anzeigen
491	11 Zeilen dunkel tasten
493	2 Zeilen lang einen VSync-Impuls erzeugen
525	nochmals 32 Zeilen dunkel tasten, d. h. insgesamt 525 virtuelle Zeilen

Aus den jeweils letzten Werten der Vierergruppen und der Pixelfrequenz ergeben sich übrigens die horizontale Zeilenfrequenz und die vertikale Bildfrequenz: 25,175 MHz dividiert durch 800 Pixel pro Zeile ergibt eine Zeilenfrequenz von 31,469 kHz. Die Zeilenfrequenz dividiert durch 525 Zeilen pro Bild liefert die vertikale Bildfrequenz von 60 Hz.

ModeLine-Beispiel In der Vergangenheit hatte ich bisweilen Probleme mit einem sehr alten LCD-Monitor mit einer Auflösung von 1600∗1200 Punkten, dessen maximale Signalfrequenz 160 MHz beträgt. (Aktuelle Modelle in dieser Auflösung verkraften eine wesentlich höhere Signalfrequenz.) Beim Anschluss des Monitors mit einem DVI-Kabel kam kein Bild zustande. Beim Studium von `/var/log/Xorg.0.log` stellte ich fest, dass X die maximale Signalfrequenz des Monitors überschritt. Abhilfe schuf der folgende Modus mit einer Signalfreqenz von nur noch ca. 130 MHz (1728 * 1250 * 60):

```
ModeLine "1600x1200"  129.60  1600 1664 1696 1728  1200 1201 1204 1250
```

DisplaySize Schließlich können Sie mit `DisplaySize` die Breite und Höhe des Monitors angeben (Einheit Millimeter). X wertet diese Informationen aus, um den DPI-Wert zu bestimmen (siehe Seite 562).

```
DisplaySize 336 252
```

Device-Abschnitt (Grafikkarte)

Das wichtigste Schlüsselwort im Device-Abschnitt ist `Driver`. Es bestimmt, welcher Treiber geladen werden soll. Die zur Auswahl stehenden Grafiktreiber befinden sich im Verzeichnis `/usr/lib[64]/xorg/modules/drivers`. Im Regelfall erkennt X selbst den geeigneten Treiber. Eine explizite Treibereinstellung ist nur bei ganz neuen Grafikkarten erforderlich oder wenn Sie einen binären Herstellertreiber verwenden.

Falls mehrere PCI-Grafikkarten in den Rechner eingebaut sind, können Sie mit `BusID` genau angeben, welche Sie meinen. Die drei Ziffern geben den PCI-Bus, die Device-Nummer und die Funktion an. Die korrekten Werte können Sie herausfinden, indem Sie in einer Textkonsole `X -scanpci` ausführen. (X darf zu diesem Zeitpunkt nicht laufen.)

```
Section "Device"
  Driver        "radeon"
  BusID         "1:0:0"
EndSection
```

Welcher Treiber für welche Grafikkarte?

Wenn Sie nicht wissen, welche Grafikkarte Sie haben, können Sie als root das Kommando lspci ausführen:

```
root# lspci
...
01:00.0 VGA compatible controller: ATI Technologies Inc M10 NT
                                   [FireGL Mobility T2] (rev 80)
```

Leider geht aus dem Ergebnis nicht immer auch der erforderliche Grafiktreiber hervor. Hilfreich bei der Treiberauswahl sind insbesondere die X.org-Release-Notes (suchen Sie nach *Video Drivers*) und die dort angegebenen man-Seiten. Beispielsweise gibt man radeon Details zum X.org-Radeon-Treiber, man nv Details zum X.org-NVIDIA-Treiber.

http://x.org/wiki/XorgReleases

Wenn Sie Pech haben, wird Ihre neue Grafikkarte von X.org noch gar nicht oder nur teilweise unterstützt. Manchmal scheitert es nur an der richtigen Erkennung der Grafikkarte: Sie haben also im Device-Abschnitt das richtige Modul angegeben, aber X erkennt die Grafikkarte nicht. In diesem Fall können Sie versuchen, im Device-Abschnitt mit ChipId die ID-Nummer einer kompatiblen Karte einzusetzen (z. B. ChipId "0x1234"). Eine Liste gültiger ID-Nummern finden Sie in der Datei pci.ids. Der Ort dieser Datei kann je nach Distribution variieren; werfen Sie zuerst einen Blick in das Verzeichnis /usr/share/misc.

Sollten Sie Ihre Karte nicht zum Laufen bringen, finden Sie auf Seite 541 Tipps zu den Treibern vga, vesa oder fbdev. Diese Treiber funktionieren mit nahezu jeder Grafikkarte, bieten aber nur eine bescheidene Geschwindigkeit und keine 3D-Unterstützung.

Treiber-spezifische Optionen

Nahezu jeder Treiber kennt Optionen zur Steuerung von Spezialeinstellungen, zur Umgehung von Problemen bzw. zur Aktivierung besonderer Funktionen. Eine Beschreibung dieser Optionen ist hier aus Platzgründen unmöglich. Detaillierte Informationen gibt die jeweilige man-Seite (also beispielsweise man radeon). Die folgenden Zeilen zeigen beispielhaft die Anwendung der Option DisplayPriority. Sie war auf einem älteren Notebook erforderlich, um in Kombination mit einer Docking-Station ein stabiles Bild auf dem externen TFT-Monitor (via DVI) zu erreichen.

```
Driver      "radeon"
Option      "DisplayPriority" "HIGH"
```

Screen-Abschnitt (Auflösung, Farbanzahl)

Der Screen-Abschnitt verbindet den Monitor und die Grafikkarte und gibt an, in welcher Auflösung und mit wie vielen Farben die Grafikkarte verwendet werden soll. Die Schlüsselwörter Device und Monitor verweisen auf die oben schon definierte Grafikkarte und den Monitor. DefaultDepth gibt an, wie viele Farben standardmäßig zur Verfügung stehen. Die Angabe erfolgt in Bit pro Pixel. Bei 24 Bit stehen je Grundfarbe 8 Bit – also je 256 Rot-, Grün- und Blautöne – zur Verfügung, insgesamt 2^{24} Farben. Bei 16 Bit stehen je Farbton nur 5 Bit zur Verfügung, ein Bit bleibt üblicherweise ungenutzt.

Innerhalb des Screen-Abschnitts können mehrere Display-Unterabschnitte angegeben werden, je einer für jede Farbkonfiguration (Schlüsselwort Depth). Im Beispiel unten ist nur ein Modus mit 24 Bit pro Pixel definiert:

```
Section "Screen"
  Identifier     "Screen0"
  Device         "Videocard0"
  DefaultDepth   24

  SubSection "Display"
    Depth        24
    Modes        "1280x1024"
  EndSubSection
EndSection
```

In der optionalen Modes-Zeile kann die gewünschte Auflösung angegeben werden. Wenn die Zeile weggelassen wird, entscheidet sich X automatisch für die bestmögliche Auflösung, die für den Monitor und die Grafikkarte geeignet ist.

Optional kann in jedem `Display`-Abschnitt die Größe des virtuellen Bildschirms eingestellt werden. `Virtual 1600 1200` bewirkt beispielsweise, dass ein virtueller Bildschirm von 1600*1200 Punkten verwaltet wird, unabhängig davon, mit welcher Auflösung der Monitor tatsächlich verwendet wird.

Files-Abschnitt

Im `Files`-Abschnitt werden die Orte diverser Verzeichnisse angegeben, aus denen der X-Server Dateien lädt. Angaben sind nur erforderlich, soweit die Verzeichnisse von den Standardverzeichnissen abweichen.

```
Section "Files"
  FontPath        "/etc/X11/fonts/Type1"
  ...
EndSection
```

Module-Abschnitt

Im `Module`-Abschnitt geben Sie mit dem Schlüsselwort Load an, welche Erweiterungsmodule (Extensions) der X-Server verwenden soll:

```
Section "Module"
  Load        "modulname"
  ...
EndSection
```

Der `Module`-Abschnitt ist optional, alle erforderlichen Module werden in der Regel automatisch geladen. Die Moduldateien befinden sich in den Unterverzeichnissen von `/usr/lib/xorg/modules/`. Welche Module geladen sind, stellen Sie so fest:

```
root#  grep LoadModule /var/log/Xorg.0.log
(II) LoadModule: "extmod"
(II) LoadModule: "dbe"
(II) LoadModule: "glx"
...
```

ServerFlags-Abschnitt

Im ServerFlags-Abschnitt können Sie Optionen angeben, die das Verhalten des X-Servers beeinflussen:

```
Section "ServerFlags"
  Option      "DontZap"                  "false"
EndSection
```

Im Folgenden werden nur die wichtigsten Optionen beschrieben. Eine vollständige Beschreibung aller Optionen finden Sie mit man xorg.conf.

- AllowMouseOpenFail (Default off): Die Einstellung on bewirkt, dass X selbst dann gestartet wird, wenn die Initialisierung oder Erkennung der Maus scheitert.
- DefaultServerLayout: Die Option gibt an, welches ServerLayout verwendet werden soll. Die Option ist erforderlich, wenn xorg.conf mehrere ServerLayout-Abschnitte enthält.
- DontZap (Grundeinstellung true): Die Einstellung false aktiviert die Tastenkombination Strg+Alt+Backspace zum sofortigen Beenden des X-Servers. Bei manchen Distributionen (z. B. bei Fedora und Ubuntu) muss die Tastenkombination außerdem in den Tastatureinstellungen aktiviert werden (z. B. mit gnome-keyboard-properties).

22.4 Grafiktreiber (ATI/AMD, NVIDIA & Co.)

Dieser Abschnitt gibt (in dieser Reihenfolge) Tipps zur Installation und Konfiguration der Grafiktreiber für ATI/ADM-, Intel- und NVIDIA-Grafikkarten bzw. Grafikchips. Der Abschnitt endet mit einer kurzen Beschreibung der VESA-, Framebuffer- und VGA-Treiber, die als Notlösung verwendet werden können, wenn es keinen besser geeigneten Treiber gibt (z. B. für manche VIA-Grafikchips).

ATI/AMD-Treiber

Für aktuelle ATI/AMD-Grafikkarten stehen zwei Treiber zur Wahl:

- **radeon** ist der in X.org integrierte Open-Source-Treiber für aktuelle ATI/AMD-Grafikkarten mit einem Radeon-Grafikchip. Der Treiber ist grundsätzlich zu fast allen momentan verfügbaren Radeon-Chips kompatibel. Der Treiber bietet mittlerweile eine gute 3D-Unterstützung.
- **fglrx** ist der Binärtreiber der Firma ATI/AMD für Radeon-Modelle ab R600. Der Treiber unterstützt erwartungsgemäß alle Funktionen aller aktuellen Grafikkarten. Der Treiber ist allerdings inkompatibel zu allen älteren Modellen bis hin zur R500-Familie. In der Vergangenheit dauerte es immer wieder monatelang, bis es fglrx-Versionen gab, die kompatibel zu aktuellen Kernel- bzw. X.org-Versionen sind.

Bei uralten ATI-Grafikkarten mit Mach8/32/64- bzw. ATI-Rage-128-Grafikchips gibt es außerdem noch die Treiber mach64 und r128, auf die ich hier aber nicht eingehe. Der Treiber ati ist nur ein »Wrapper«, der je nach Hardware einen der Treiber radeon, r128 oder mach64 aktiviert. Wenn Sie nicht wissen, welcher Grafikchip in Ihrer Grafikkarte steckt, hilft die folgende Wikipedia-Seite in der Regel weiter:

http://en.wikipedia.org/wiki/Comparison_of_ATI_Graphics_Processing_Units

radeon-Treiber

Der radeon-Treiber ist Teil des X.org-Systems, eine separate Installation ist daher nicht notwendig. Die folgenden Zeilen zeigen eine minimale Konfiguration in xorg.conf:

```
Section "Device"
    Identifier    "Device0"
    Driver        "radeon"
EndSection
```

Diverse Spezialfunktionen der Grafikkarte werden durch unzählige Optionen gesteuert (siehe man radeon). Die folgenden Zeilen geben ein gutes Beispiel für die vielen Möglichkeiten und die damit verbundene Komplexität. Diese Konfiguration war erforderlich, um ein älteres IBM-Notebook und einen besonders hartnäckigen Beamer zur Kooperation zu bewegen.

Kurz eine Erklärung zu den eingesetzten Optionen: MonitorLayout gibt an, dass sowohl der interne Notebook-Bildschirm als auch der externe Analog-Ausgang (CRT) genutzt werden soll. MergedFB bedeutet, dass beide Signalausgänge auf einen gemeinsamen Grafikspeicherbereich zugreifen. Die beiden CRT2-Optionen geben die zulässigen Signalfrequenzen am Analog-Ausgang an (also für den Beamer). IgnoreEDID bewirkt, dass die vom Beamer zur Verfügung gestellten EDID-Daten ignoriert werden sollen. EDID steht für *Extended Display Identification Data* und ist ein Teil der via DDC (Display Data Channel) vom Monitor an die Grafikkarte übermittelten Daten. Beim vorliegenden Beamer waren diese Daten offensichtlich falsch. MetaModes gibt an, welche Auflösungen auf den beiden Signalausgängen genutzt werden sollen – hier also jeweils 1024*768 Pixel:

```
Section "Device"
    Identifier     "device0"
    Driver         "radeon"
    Option         "MonitorLayout"  "LVDS,CRT"
    Option         "MergedFB"       "yes"
    Option         "CRT2HSync"      "30-120"
    Option         "CRT2VRefresh"   "58-65"
    Option         "IgnoreEDID"     "yes"
    Option         "MetaModes"      "1024x768-1024x768"
EndSection
```

fglrx-Treiber

Paketinstallation

fglrx ist der Binärtreiber der Firma AMD für ATI-Grafikkarten (der Einfachheit halber spreche ich hier auch kurz vom ATI/AMD-Grafiktreiber). Da der Treiber nicht auf Open-Source-Code basiert, ist er in vielen Distributionen nicht enthalten und muss extra installiert werden. Zu den wenigen Ausnahmen zählt Ubuntu.

Für die meisten anderen Distributionen gibt es nicht-offizielle, aber gut gewartete Paketquellen, die die Installation des Treibers sehr einfach machen. Details zu diesem Prozess sind für einige Distributionen ab Kapitel 34 zusammengefasst (siehe auch den Eintrag »ATI/AMD-Treiber« im Stichwortverzeichnis).

aticonfig

Je nach Distribution müssen Sie zur Aktivierung des Treibers anschließend als root das Kommando `aticonfig --initial` ausführen. Es verändert `xorg.conf` so, dass statt des bisher eingestellten Treibers der `fglrx`-Treiber zum Einsatz kommt. Im einfachsten Fall enthält der `Device`-Abschnitt nur zwei Zeilen:

```
Section "Device"
    Identifier  "Device0"
    Driver      "fglrx"
EndSection
```

`aticonfig` hilft auch beim Einrichten komplexerer Konfigurationen, beispielsweise für die gleichzeitige Nutzung mehrerer Monitore (`aticonfig --initial=dual`). Einen Syntaxüberblick sowie mehrere Beispiele liefert `aticonfig`, wenn Sie das Kommando ohne weitere Parameter aufrufen. Eine systematische Dokumentation der zahlreichen Optionen scheint es aber nicht zu geben. Die neue `xorg.conf`-Datei wird wie üblich erst nach einem X-Neustart wirksam.

Die 3D-Funktionen der Grafikkarte lassen sich nur nutzen, wenn das Kernelmodul `fglrx` geladen ist. Normalerweise kümmert sich der ATI-Treiber darum selbst. Ob das Kernelmodul tatsächlich aktiv ist, stellen Sie am einfachsten mit `lsmod | grep fglrx` fest. Wurde das Modul nicht geladen, ist es wahrscheinlich nicht installiert bzw. nicht kompatibel zur aktuellen Kernelversion. Abhilfe schafft ein Update des betreffenden Pakets bzw. das Neukompilieren des Moduls (unter Debian `m-a a-i fglrx`). Das Kernelmodul ist nur für die 3D-Funktionen erforderlich. Der `fglrx`-Treiber funktioniert auch ohne das Kernelmodul, allerdings müssen dann die 3D-Funktionen per Software emuliert werden, was sehr langsam ist.

Nachträgliche Änderungen an der Konfiguration nehmen Sie entweder mit `aticonfig` oder mit der grafischen Oberfläche `amdcccle` vor (siehe unten).

Manuelle Treiber-installation

Wenn es für Ihre Distribution keine fertigen Treiberpakete gibt oder wenn diese nicht aktuell sind (ein häufiges Problem!), müssen Sie selbst Hand anlegen. Dazu installieren Sie zuerst alle Entwicklungswerkzeuge, die zum Kompilieren von Kernelmodulen erforderlich sind (siehe Seite 720). Anschließend laden Sie von der folgenden Webseite das für Ihre Grafikkarte und die Architektur Ihrer Distribution (32 oder 64 Bit) passende Installationsprogramm herunter (knapp 100 MByte):

http://support.amd.com/us/gpudownload/Pages/index.aspx

Mit sh führen Sie das Installationsprogramm aus:

```
root# sh ./ati-driver-installer-<n.n>-x86.x86_64.run
```

Nun klicken Sie sich durch die Dialoge des grafischen Installationsprogramms. Details über den Installationsprozess verät die Protokolldatei `/usr/share/ati/fglrx-install.log`. Sofern keine Probleme auftreten, lädt das Installationsprogramm zuletzt das Kernelmodul `fglrx`, wovon Sie sich mit `lsmod | grep fglrx` überzeugen können.

Alternativ besteht die Möglichkeit, zuerst ein Treiberpaket für Ihre Distribution zu erzeugen und dieses dann zu installieren. Das ist etwas umständlicher, erleichtert aber die Wartung und ermöglicht eine spätere Deinstallation mit jedem beliebigen Paketverwaltungswerkzeug. `ati-driver-installer --listpkg` liefert eine Liste der unterstützten Paketformate und Distributionen. `ati-driver-installer --buildpkg` *`distribution/version`* erzeugt dann das entsprechende Paket.

Wenn das Kernelmodul `flgrx` geladen werden kann, müssen Sie noch `aticonfig` ausführen, um `xorg.conf` dahingehend zu ändern, dass der `fglrx`-Treiber verwendet wird:

```
root# aticonfig --initial
```

Beachten Sie, dass Sie das Installationsprogramm nach jedem Kernel-Update neuerlich ausführen müssen. Dabei wird das Kernelmodul `fglrx` neu kompiliert, damit es zu Ihrer jetzigen Kernelversion kompatibel ist!

Um den Treiber zu deinstallieren, führen Sie das folgende Kommando aus:

```
root# /usr/share/ati/fglrx-uninstall.sh
```

Sebastian Siebert hat für openSUSE das Script `makerpm-ati` entwickelt, das den Treiber automatisch herunterlädt und in ein openSUSE-kompatibles Paket verpackt, das Sie anschließend nur noch installieren müssen. Sie finden dieses Script hier:

http://de.opensuse.org/SDB:AMD/ATI-Grafiktreiber

Catalyst Control Center

Zur weiteren Konfiguration des `fglrx`-Treibers verwenden Sie am besten das *Catalyst Control Center* (Kommando `amdccle`). Auch wenn die Benutzeroberfläche den Charme des vorigen Jahrtausends versprüht, ist das Programm doch komfortabler zu nutzen als `aticonfig`. Die meisten Einstellungen können mit gewöhnlichen Benutzerrechten vergenommen werden. Die Einstellungen werden in Dateien des Verzeichnisses `/etc/ati` gespeichert. Lediglich die Konfiguration des ANZEIGEN-MANAGERS, der unter anderem für Dual-Screen-Setups verantwortlich ist, erfordert den Start des Programms mit root-Rechten.

Intel-Treiber

Der Open-Source-Treiber **`intel`** ist kompatibel zu allen gängigen Intel-Chipsätzen mit der Ausnahme von GN40 und GMA500 (»Poulsbo«). Diese in manchen Netbooks eingesetzten Chipsätze werden zurzeit nicht unterstützt. Allgemeine Informationen zum Treiber geben `man intel` sowie die folgende Website:

http://intellinuxgraphics.org/

Da der Treiber offizieller Bestandteil von X ist, entfällt die mühsame Installation von Zusatzpaketen. Der Treiber unterstützt 3D-Grafik (Direct Rendering). Die Geschwindigkeit der 3D-Funktionen kann zwar nicht mit aktuellen ATI- und NVIDIA-Grafikkarten mithalten, ist aber für 3D-Desktop-Effekte oder Google Earth vollkommen ausreichend. Der Intel-Treiber erkennt die Hardware selbstständig, die explizite Einstellung von Optionen ist im Regelfall nicht notwendig.

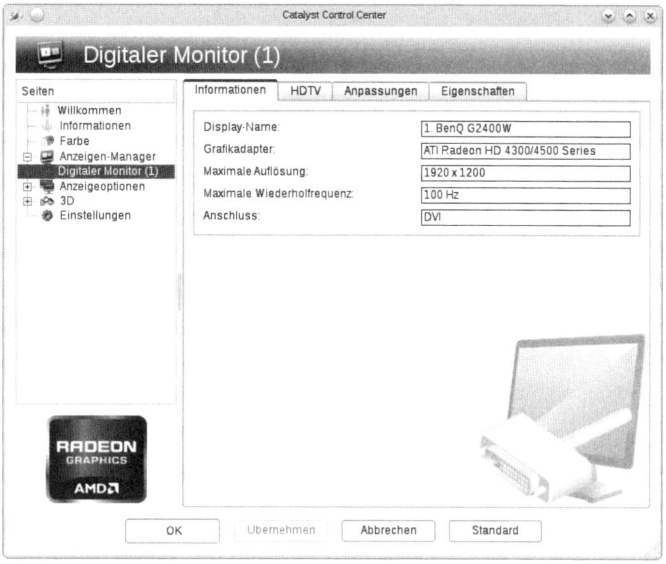

Abbildung 22.1: **ATI/AMD-Treiberkonfiguration**

X ohne root-Rechte

Zu den Besonderheiten des Intel-Treibers zählt es, dass er es ermöglicht, den X-Server ohne root-Rechte auszuführen. Das ist aus Sicherheitsgründen vorteilhaft. Da die anderen Grafiktreiber dazu noch nicht in der Lage sind, läuft X auf den meisten Distributionen weiterhin im root-Account. Eine Ausnahme ist die für Intel-Hardware optimierte Netbook-Distribution MeeGo, die nur den Intel-Treiber enthält.

GMA500-Treiber

Im Gegensatz zu den anderen Intel-Grafikchips enthält der Chipsatz GMA500 (»Poulsbo«) Komponenten, die von einer externen Firma entwickelt wurden. Der dazugehörige Tungsten-Treiber ist kein Open-Source-Treiber. Die laut Wikipedia beste Unterstützung für diesen Chipsatz bietet Ubuntu. Weitergehende Informationen finden Sie hier:

http://en.wikipedia.org/wiki/Intel_GMA#GMA_500
https://wiki.ubuntu.com/HardwareSupportComponentsVideoCardsPoulsbo/

NVIDIA-Treiber

Wenn Sie eine NVIDIA-Grafikkarte nutzen, haben Sie die Wahl zwischen zwei Treibern:

» **nouveau** ist ein relativ neuer Open-Source-Treiber, der den früher populären Open-Source-Treiber nv ersetzt hat und nun auf fast allen gängigen Distributionen standardmäßig zum Einsatz kommt. nouveau unterstützt zwar 3D-Funktionen, wirklich gut funktioniert das aber nur bei relativ alten Grafikkarten. Auch die korrekte Steuerung der Energiesparfunktionen bereitet bei vielen Modellen noch Probleme.

» **nvidia** ist der Binärtreiber der Firma NVIDIA. Er unterstützt nahezu alle Funktionen aller aktuellen Grafikkarten. Den Binärtreiber gibt es in zwei Varianten: Die offizielle Version unterstützt nur aktuelle Modelle, die Legacy-Version ältere Modelle.

nouveau-Treiber

Normalerweise erkennt der X.org-Server Intel-Grafikchips und aktiviert den nouveau-Treiber selbstständig. Sollte das nicht klappen, helfen die folgenden Zeilen in `xorg.conf`:

```
Section "Device"
    Identifier   "Device0"
    Driver       "nouveau"
EndSection
```

Es gibt nur relativ wenige Optionen, die in `man nouveau` beschrieben sind. Weitere Informationen finden Sie hier:

http://nouveau.freedesktop.org/wiki/

nvidia-Treiber

Nur bei wenigen Distributionen werden der `nvidia`-Treiber und das gleichnamige Kernelmodul mitgeliefert bzw. sofort installiert. Häufig existieren aber Paketquellen, die zum gerade aktuellen Kernel passende Treiberpakete enthalten. Damit ist die Installation ein Kinderspiel: Nach dem Einrichten der Paketquelle wird der Treiber mit den üblichen Paketverwaltungskommandos installiert. Details zu diesem Prozess sind für einige Distributionen ab Kapitel 34 zusammengefasst (siehe auch den Eintrag »`nvidia`-Treiber« im Stichwortverzeichnis).

Der `nvidia`-Treiber greift nicht auf die DRI-Implementierung von X.org zurück, sondern enthält eigene DRI-Treiber. Deswegen werden mit der Installation des Treibers auch eigene Versionen der `libGL`-Bibliotheken installiert. Gleichzeitig werden die Links `/usr/lib/libGL*` verändert. Die ursprünglichen Links werden bei einer Deinstallation des Treibers wiederhergestellt. Dazu führen Sie `nvidia-installer --uninstall` aus.

xorg.conf Zur Aktivierung des Treibers führen Sie als `root` das Kommando `nvidia-xconfig` aus. Es verändert `xorg.conf` so, dass statt des bisher eingestellten Treibers der `nvidia`-Treiber zum Einsatz kommt. Wenn Sie spezielle Konfigurationswünsche haben, übergeben Sie an `nvidia-xconfig` weitere Parameter, die in der `man`-Seite beschrieben sind. Im einfachsten Fall enthält der `Device`-Abschnitt nur zwei Zeilen:

```
Section "Device"
    Identifier  "Device0"
    Driver      "nvidia"
EndSection
```

Der NVIDIA-Treiber ist inkompatibel mit der DRI-Erweiterung von X.org und realisiert diese Funktionen stattdessen selbst. Aus diesem Grund darf `xorg.conf` die Zeile `Load "dri"` nicht enthalten.

nvidia-settings Sobald der NVIDIA-Treiber grundsätzlich läuft, setzen Sie zur weiteren Konfiguration das Programm `nvidia-settings` ein (siehe Abbildung 22.2). Es ermöglicht die unmittelbare Veränderung zahlreicher Optionen, also ohne X-Neustart. Wenn das Ergebnis zufriedenstellend ist, können Sie die Änderungen in `xorg.conf` speichern. Das funktioniert allerdings nur, wenn Sie das Programm mit `root`-Rechten ausführen.

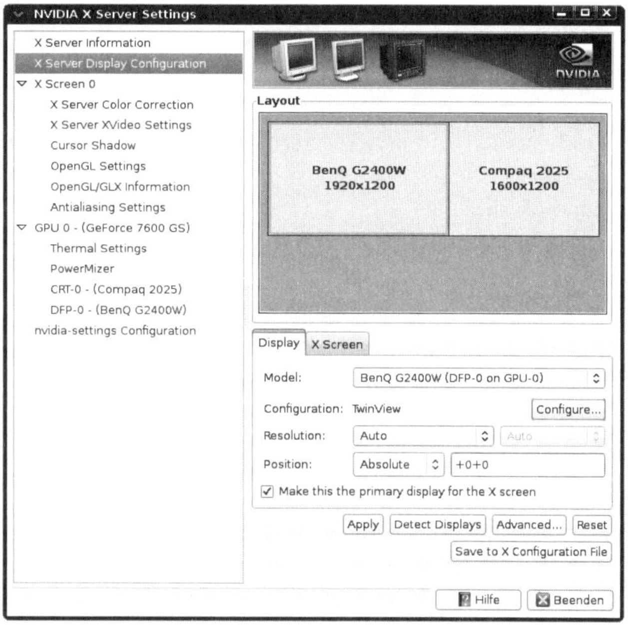

Abbildung 22.2: **NVIDIA-Treiberkonfiguration**

Bei meinen Tests hatte ich mehrfach Probleme, die aktuellen Einstellungen in `xorg.conf` zu speichern, wenn diese Datei noch gar nicht existiert oder leer ist. Stellen Sie sicher, dass `xorg.conf` zumindest einen kurzen `Device`-Abschnitt mit der Einstellung `Driver "nivdia"` enthält!

NVIDIA-Kernelmodul

Anders als bei ATI/AMD setzt der NVIDIA-Treiber das `nvidia`-Kernelmodul unbedingt voraus. Wenn das Kernelmodul fehlt bzw. wenn es für die falsche Kernelversion kompiliert wurde, funktioniert der Treiber überhaupt nicht und X kann nicht gestartet werden!

TwinView

Für den Betrieb mit zwei Monitoren bietet der NVIDIA-Treiber mit dem `TwinView`-Modus eine interessante Alternative zu Xinerama (das ebenfalls unterstützt wird). Im `TwinView`-Modus verwaltet der NVIDIA-Treiber einen durchgängigen Bildschirmbereich (Screen), der über beide Monitore verteilt dargestellt wird. Die Vorteile gegenüber Xinerama bestehen darin, dass alle 3D-Funktionen monitorübergreifend genutzt werden können und dass die Konfiguration sehr einfach ist.

Die folgenden Zeilen zeigen die wichtigsten Abschnitte einer einfachen `TwinView`-Konfiguration. Dabei war ein TFT-Monitor mit 1920∗1200 Pixel am DVI-Ausgang der Grafikkarte angeschlossen, ein zweiter TFT-Monitor mit 1600∗1200 Pixel am CRT-Ausgang. `TwinView` macht daraus eine virtuelle Auflösung von 3520∗1200 Pixel.

Obwohl das System zwei Monitore umfasst, gibt es nur einen `Screen`-Abschnitt. Die Eckdaten der Monitore werden automatisch ermittelt. `TwinViewXineramaInfoOrder DFP` bewirkt, dass der DVI-Ausgang der Grafikkarte als Primärausgang gilt. Dank dieser Option erscheinen beispielsweise der X-Login sowie die KDE- und Gnome-Panels auf dem hier angeschlossenen Monitor. (Bei Grafikkarten mit einem CRT-Ausgang betrachtet der NVIDIA-Treiber standardmäßig diesen Ausgang als Primärausgang, was nicht mehr zeitgemäß ist.)

```
Section "Device"
    Identifier      "Device0"
    Driver          "nvidia"
    VendorName      "NVIDIA Corporation"
    BoardName       "GeForce 7600 GS"
EndSection
Section "Screen"
    Identifier      "Screen0"
    Device          "Device0"
    DefaultDepth     24
    Option          "TwinView" "1"
    Option          "TwinViewXineramaInfoOrder" "DFP"
    Option          "metamodes" "DFP: nvidia-auto-select +0+0, \
                                 CRT: nvidia-auto-select +1920+0"
    SubSection      "Display"
        Depth        24
    EndSubSection
EndSection
```

Manuelle Installation

Wenn es für Ihre Distribution keine fertigen Treiberpakete gibt oder wenn diese Pakete nicht aktuell sind, müssen Sie den Treiber selbst installieren und insbesondere das Kernelmodul `nvidia` selbst kompilieren. Dazu installieren Sie zuerst alles, was notwendig ist, um Kernelmodule zu kompilieren (C-Compiler, `make`, Kernel-Header-Dateien etc. – siehe auch ab Seite 720). Darüber hinaus benötigen Sie die Pakete `xorg-x11-server-sdk` bzw. `xserver-xorg-dev` sowie `pkgconfig` bzw. `pgk-config`.

Anschließend laden Sie von der folgenden Webseite das für Ihre Grafikkarte und die Architektur Ihrer Distribution (32 oder 64 Bit) passende Installationsprogramm herunter (ca. 55 MByte):

http://www.nvidia.com/Download/index.aspx

Anschließend beenden Sie X und starten dann als root das Installationsprogramm:

```
root#  sh NVIDIA-Linux-version.run
```

Das Installationsprogramm läuft im Textmodus, ist aber dialoggesteuert und komfortabel zu bedienen. Es testet zuerst, ob es für Ihre Kernelversion bereits ein vorkompiliertes `nvidia`-Kernelmodul auf der Website von NVIDIA gibt. Ist das nicht der Fall, wird ein passendes Kernelmodul kompiliert. Sofern alle Voraussetzungen erfüllt sind, dauert das nur wenige Sekunden. Das Installationsprogramm installiert anschließend die NVIDIA-spezifischen `libGL`-Bibliotheken und führt nach einer Rückfrage das oben schon erwähnte Kommando `nvidia-xconfig` aus.

Ein ausführliches Protokoll aller durchgeführten Aktionen finden Sie in `/var/log/nvidia-installer.log`. Sofern keine Fehler aufgetreten sind, steht einem X-Neustart mit dem NVIDIA-Treiber nichts mehr im Wege.

Beachten Sie, dass Sie das Installationsprogramm nach jedem Kernel-Update neuerlich ausführen müssen. Dabei wird das Kernelmodul `nvidia` neu kompiliert, damit es zu Ihrer jetzigen Kernelversion kompatibel ist.

Um den Treiber zu deinstallieren, führen Sie das folgende Kommando aus. Dadurch wird die bisherige `xorg.conf`-Datei wiederhergestellt und das `nvidia`-Kernelmodul gelöscht, und es werden Links auf die originalen `libGL`-Bibliotheken eingerichtet.

```
root# nvidia-installer --uninstall
```

Zum NVIDIA-Treiber existiert eine ebenso ausführliche wie hilfreiche Dokumentation. Folgen Sie einfach auf der NVIDIA-Download-Seite dem README-Link! SUSE verwaltet zudem eine eigene Seite mit distributionsspezifischen Tipps:

http://www.suse.de/~sndirsch/nvidia-installer-HOWTO.html

gdm und der NVIDIA-Treiber

Die aktuelle Version des Gnome Display Managers funktioniert im Zusammenspiel mit dem NVIDIA-Treiber nur, wenn GDM Zugriff auf die Dateien `/dev/nvidiactl` und `/dev/nvidia0` hat. Wenn statt des Login-Dialogs die kryptische Fehlermeldung *Leider ist ein Problem aufgetreten ...* erscheint, sind möglicherweise falsche Zugriffsrechte oder zu restriktive SELinux-Regeln schuld. In aktuellen Distributionen wie openSUSE 12.1 oder Fedora 16 sind diese Probleme bereits behoben (bei Fedora durch ein Update).

VESA-, Framebuffer- und VGA-Treiber

Wenn Sie eine Grafikkarte nutzen, zu der es (noch) keine Treiber gibt, stellen die drei folgenden Treiber eine Notlösung dar. Auch wenn der Bildaufbau vergleichsweise langsam ist und natürlich keinerlei 3D-Funktionen zur Verfügung stehen, ermöglichen die Treiber zumindest überhaupt eine Nutzung des Grafiksystems.

VESA-Treiber

Mit dem VESA-Treiber können Sie alle VESA-Modi Ihrer Grafikkarte nutzen. Kurz einige Hintergrundinformationen: Die *Video Electronics Standard Association* (VESA) hat eine Reihe von Grafikmodi für Standardauflösungen normiert. Jeder Modus ist durch die folgenden Eckdaten bestimmt: Auflösung (z. B. 1280*1024 Pixel), Farbtiefe und Bildfrequenz. Fast alle Grafikkarten unterstützen neben eigenen Grafikmodi auch eine Menge VESA-Modi.

Wie die nächsten Zeilen zeigen, ist die Verwendung des VESA-Treibers denkbar einfach. Sofern die restliche Konfigurationsdatei korrekt ist, werden alle VESA-Modi berücksichtigt, die die Grafikkarte unterstützt und die der Monitor darstellen kann.

```
# in /etc/X11/xorg.conf
...
Section "Device"
  Identifier    "myDevice"
  Driver        "vesa"
EndSection
```

Framebuffer-Treiber

Der `fbdev`-Treiber greift direkt auf den Speicher (Framebuffer) der Grafikkarte zu. Der Treiber setzt damit noch eine Ebene tiefer an als der VESA-Treiber. Er sollte mit fast allen Grafikkarten funktionieren, sofern der Linux-Kernel mit Framebuffer-Unterstützung kompiliert wurde. Dass diese Unterstützung vorhanden ist, erkennen Sie daran, dass die Datei `/proc/fb` existiert.

Eine grundlegende Voraussetzung für die Nutzung des Treibers besteht allerdings darin, dass bereits beim Booten des Rechners der richtige VGA-Modus ausgewählt wird. Bis zum Neustart des Rechners kann X nur in dem so festgelegten Grafikmodus betrieben werden. Zur Auswahl des Modus fügen Sie in die GRUB-Konfigurationsdatei die Kerneloption `vga=`*n* ein. Die richtigen Werte (dezimal) für *n* finden Sie in der folgenden Tabelle. Unter SUSE können Sie außerdem mit `hwinfo -framebuffer` eine Liste der Framebuffer-Modi ermitteln, die Ihre Grafikkarte unterstützt.

	640x480	800x600	1024x640	1024x768	1152x720	1280x1024	1440x900	1600x1200
8 bpp	769	771	874	773	869	775	864	796
16 bpp (5:5:5)	784	787	875	790	870	793	865	797
16 bpp (5:6:5)	785	788	876	791	871	794	866	798
24 bpp	786	789	877	792	872	795	867	799
32 bpp	809	814	878	824	873	829	868	834

In `xorg.conf` müssen Sie lediglich die richtige `Driver`-Zeichenkette angeben:

```
# in /etc/X11/xorg.conf
...
Section "Device"
  Identifier    "myDevice"
  Driver        "fbdev"
EndSection
```

vga-Treiber

Der vga-Treiber unterstützt nur 640*480 oder 800*600 Pixel bei einer Farbtiefe von 4 Bit (also 16 Farben) und ist somit nur die letzte Notlösung. Weitere Details finden Sie mit `man vga`.

22.5 Tastatur und Maus

Es gibt verschiedene Treiber, über die X mit der Tastatur, der Maus oder einem Touchpad kommuniziert: Die meisten aktuellen Distributionen verwenden den evdev-Treiber für Maus und Tastatur. Ältere Distributionen (z. B. Debian 5) verwenden dagegen noch die Treiber xkbd (Tastatur), `mouse` (Maus). Auf Notebooks mit einem Touchpad kommt außerdem der `synaptics`-Treiber zum Einsatz. Welche Treiber X auf Ihrem Rechner verwendet, stellen Sie am schnellsten mit einem Blick in die X-Logging-Datei fest:

```
root# grep LoadModule /var/log/Xorg.0.log
...
(II) LoadModule: "evdev"
(II) LoadModule: "synaptics"
```

evdev-Treiber (Tastatur und Maus)

Der größte Vorteil des evdev-Treibers im Vergleich zu den älteren xkbd- und `mouse`-Treibern besteht darin, dass er problemlos mit Tastaturen und Mäusen zurechtkommt, die im laufenden Betrieb angeschlossen bzw. entfernt werden (Hot Plugging). Weitere Hintergrundinformationen gibt die folgende Seite:

https://fedoraproject.org/wiki/Features/EvdevInputDriver

Das gewünschte Tastaturlayout kann durch die folgenden Einstellungen in xorg.conf ausgewählt werden. Der Sektionsname InputClass und das Schlüsselwort MatchIsKeyboard sind Neuerungen in X-Server 1.8. Sie ermöglichen es, Einstellungen für eine ganze Gruppe von Geräten derselben Klasse durchzuführen (hier also für alle Tastaturen, die an den Rechner angeschlossen sind). Mit MatchVendor ist es möglich, die Konfiguration auf einen bestimmten Hersteller einzuschränken, mit MatchDevicePath auf einen bestimmten Device-Namen.

```
Section "InputClass"
  Identifier      "mykeyboard"
  MatchIsKeyboard "on"
  Option          "XkbModel"        "pc105"
  Option          "XkbLayout"       "de"
  Option          "XkbVariant"      "nodeadkeys"
  Option          "XkbOptions"      "terminate:ctrl_alt_bksp,"
EndSection
```

Die einzelnen Optionen stimmen mit denen des xkbd-Treibers überein und sind etwas weiter unten beschrieben. Wie die Konfiguration durchgeführt wird, ist distributionsabhängig:

» Fedora startet vor X den Dämon system-setup-keyboard. Er beobachtet die Konfigurationsdatei /etc/sysconfig/keyboard. Bei jeder Änderung wird die Datei /etc/X11/xorg.conf.d/00-system-setup-keyboard.conf neu erzeugt.

» Bei openSUSE erfolgt die Konfiguration statisch durch die Datei /etc/X11/xorg.conf.d/90-keytable.conf.

» Bei Ubuntu liest das udev-Script /lib/udev/rules.d/64-xorg-xkb.rules die Variablen XKBxxx aus der Datei /etc/default/keyboard.

Einstellungen für die Mausfunktionen des evdev-Treibers sind in der Regel nicht erforderlich. Sollte das doch einmal der Fall sein, erfolgen die Mauseinstellungen wie die Tastatureinstellungen in einem InputClass-Abschnitt, der diesmal aber durch das Schlüsselwort MatchIsPointer markiert wird. Die einzelnen Optionen entsprechen denen des mouse-Treibers (siehe unten).

```
Section "InputClass"
  Identifier      "mymouse"
  MatchIsPointer  "on"
  Option          "Emulate3Buttons" "on"
  Option          ...
EndSection
```

xkbd-Treiber (Tastatur)

Der xkbd-Treiber wird durch einen InputDevice-Abschnitt in xorg.conf statisch konfiguriert. Fehlt dieser Abschnitt, funktioniert die Tastatur zumeist dennoch, allerdings mit dem US-Tastaturlayout. Die folgenden Zeilen zeigen die erforderlichen Einstellungen für ein deutsches Tastaturlayout:

```
Section "InputDevice"
  Identifier  "myKeyboard"
  Driver      "Keyboard"
  Option      "XkbModel"    "pc105"
  Option      "XkbLayout"   "de"
  Option      "XkbVariant"  "nodeadkeys"
EndSection
```

Die Schlüsselwörter XkbXxx sind leider schlecht dokumentiert. Die folgenden Punkte fassen die mir bekannten Einstellmöglichkeiten zusammen:

» **XkbRules** bestimmt, wie die Einstellungen für die weiteren Optionen ausgewertet werden sollen. Im Regelfall lautet hier die richtige Einstellung xorg. Einzig für japanische PC-98-Tastaturen muss xfree98 angegeben werden.

» **XkbModel** beschreibt die Tastatur. Zulässige Einstellungen sind unter anderem:

pc101	US-Tastatur ohne Windows-Tasten (Standardeinstellung)
pc102	internationale Tastatur ohne Windows-Tasten
pc104	US-Tastatur mit Windows-Tasten
pc105	internationale Tastatur mit Windows-Tasten
abnt2	brasilianische Tastatur
jp106	japanische Tastatur
pc98	japanische PC-98-Tastatur
macintosh	Apple Macintosh
powerpcps2	Apple Power PC

» **XkbLayout** beschreibt die Anordnung der Tasten auf der Tastatur. Diese ist länderabhängig. Als Einstellungen sind die üblichen Ländercodes zulässig, beispielsweise us (Englisch), de (Deutsch) oder fr (Französisch).

» **XkbVariant** ermöglicht Zusatzeinstellungen zum Tastaturlayout. Die gebräuchlichste Einstellung lautet nodeadkeys. Sie bewirkt, dass die Zeichen ~ ^ ' ` unmittelbar eingegeben werden können und nicht zur Komposition von Zeichen aus Fremdsprachen dienen.

» **XkbOptions** gibt weitere Optionen an, die an setxkbmap -option weitergeleitet werden.

Um eine Tastatur mit diversen Sondertasten unter Linux optimal zu nutzen, können Sie das Programm LinEAK installieren (*Linux support for Easy Access and Internet Keyboards*, Paketname lineak*). Detaillierte Informationen zur Konfiguration geben man lineakd sowie die folgende Website:

http://lineak.sourceforge.net/

mouse-Treiber (Maus)

Auch der mouse-Treiber wird durch einen InputDevice-Abschnitt konfiguriert. Wenn der Abschnitt fehlt, versucht X eine passende Konfiguration selbst zu erraten, was zumeist gelingt. Die folgenden Zeilen zeigen eine Minimalkonfiguration für eine Maus mit Mausrad:

```
Section "InputDevice"
  Identifier   "myMouse"
  Driver       "mouse"
  Option       "Protocol"     "Auto"
  Option       "Device"       "/dev/input/mice"
  Option       Buttons 5
  Option       "ZAxisMapping" "4 5"
EndSection
```

Zur Konfiguration der Maus sind folgende Schlüsselwörter vorgesehen:

» `Protocol` gibt an, wie die Kommunikation zwischen Maus und Computer erfolgt. Zur Auswahl stehen unter anderem folgende Varianten:

`Auto:`	X versucht, das Protokoll selbst zu erkennen
`ExplorerPS/2:`	Radmaus an der PS/2-Schnittstelle
`IMPS/2:`	Microsoft-kompatible Radmaus an der PS/2-Schnittstelle
`IntelliMouse:`	Microsoft-kompatible Radmaus an der seriellen Schnittstelle
`PS/2:`	Standardmaus an der PS/2-Schnittstelle
`usb:`	USB-Maus

» `Device` gibt an, wie die Maus mit dem Computer verbunden ist. Übliche Einstellungen sind `/dev/input/mouse`*n* bzw. `/dev/input/mice`, wobei im zweiten Fall alle angeschlossenen Mäuse, Touchpads etc. parallel ausgewertet werden.

» `Buttons` gibt an, wie viele Tasten die Maus hat. Standardmäßig nimmt X an, dass es drei Tasten gibt. Beachten Sie, dass jedes Rad wie zwei Tasten gerechnet wird. Bei einer Maus mit drei Tasten und einem Rad lautet die richtige Einstellung also 5.

» `ZAxisMapping` gibt an, welchen virtuellen Buttons eventuell vorhandene Räder zugeordnet werden. Wenn Sie das Mausrad in die eine Richtung drehen, wertet X das wie das Drücken eines Buttons aus. Wenn Sie das Rad in die andere Richtung drehen, entspricht dies einem zweiten Button.

» `Emulate3Buttons` ermöglicht es, durch das gleichzeitige Drücken der rechten und linken Maustaste eine fehlende mittlere Maustaste zu simulieren. Das ist eine Notlösung für Mäuse ohne Mausrad. Beachten Sie, dass diese Option bei aktuellen Xorg-Versionen standardmäßig deaktiviert ist!
Mit `Emulate3Timeout` kann die Zeit in Millisekunden angegeben werden, innerhalb der beide Tasten gedrückt werden müssen. Wählen Sie diese Zeit zu klein, wird das nicht ganz gleichzeitige Drücken beider Tasten separat gewertet. Zu große Werte sind aber auch unpraktisch, weil die Reaktion auf jeden Mausklick um diese Zeit verzögert wird (weil X noch nicht weiß, wie es den Mausklick werten soll). Brauchbare Einstellungen sind:

```
Option "Emulate3Buttons" "on"
Option "Emulate3Timeout" "50"
```

MPX und XInput2

Wenn Sie bei einer aktuellen X-Version mehrere Mäuse anschließen (bzw. eine externe Maus an ein Notebook mit Touchpad), dann werden die Bewegungen aller Zeigeeinheiten gleichsam addiert (`/dev/input/mice`). Sie können also die Maus mit dem Touchpad ein Stück bewegen und die Bewegung dann mit der Maus fortsetzen.

Künftige X-Versionen werden voraussichtlich in der Lage sein, mit mehreren Zeigeeinheiten mehrere Mauszeiger unabhängig voneinander zu bewegen (also z. B. einen roten und einen grünen Mauszeiger). Die dahinterstehenden Techniken bestehen aus *Multi Pointer X* und dem XInput2-Treiber (kurz XI2). Vollkommen offen ist aber momentan, wie die Unterstützung mehrerer Mäuse auf Anwendungsebene aussehen soll. Weitere Informationen finden Sie ausgehend von diesem Artikel:

http://lwn.net/Articles/337898/

synaptics-Treiber (Touchpad) Auf den meisten Notebooks befinden sich Touchpads der Firma Synaptics oder dazu kompatible Komponenten. Grundsätzlich emuliert das Protokoll dieser Geräte eine Standardmaus, sodass zur Verwendung unter X keine speziellen Treiber erforderlich sind. Um aber auch diverse Zusatzfunktionen des Touchpads zu nutzen, wird statt des mouse-Treibers in der Regel der synaptics-Treiber verwendet. X lädt den Treiber beim Start automatisch – und das auch bei Distributionen, die für die Tastatur und herkömmliche Mäuse den evdev-Treiber nutzen. Eine ausführliche Beschreibung diverser Spezialfunktionen des synaptics-Treibers finden Sie hier:

http://who-t.blogspot.com/2010/06/incomplete-roundup-of-touchpad-features.html

Wie bei xkbd und mouse ist eine manuelle Konfiguration in xorg.conf nur erforderlich, wenn die von X gewählten Standardeinstellungen nicht zufriedenstellend funktionieren. Die folgenden Zeilen geben ein Beispiel:

```
Section "InputDevice"
        Identifier "Synaptics"
        Driver     "synaptics"
        Option     "Device"          "/dev/input/mice"
        Option     "Protocol"        "auto-dev"
        Option     "Emulate3Buttons" "yes"
EndSection
```

Die Option Emulate3Buttons ist notwendig, weil bei den meisten Touchpad-Modellen die dritte (mittlere) Maustaste fehlt. Durch weitere Optionen (siehe man synaptics) können Sie nun alle möglichen Zusatzfunktionen aktivieren. Um das Touchpad vollständig zu deaktivieren (weil Sie mit einer externen Maus arbeiten), ersetzen Sie den Synaptics-Abschnitt in xorg.conf durch einen Mausabschnitt oder verwenden die Option "TouchpadOff" "1".

Die Option "SHMConfig""on" erlaubt es, die Touchpad-Parameter im laufenden Betrieb zu verändern (also ohne X-Neustart). Dazu setzen Sie wahlweise das Kommando synclient oder die grafischen Oberflächen gsynaptics ein. synclient *name=wert* verändert die angegebene Option. synclient -l liefert die aktuellen Einstellungen, und synclient -m 100 verfolgt den aktuellen Status des Touchpads mit einer Auflösung von 100 ms.

Xmodmap Obwohl das Verfahren schon seit vielen Jahren als veraltet gilt, ist es nach wie vor möglich, die Tastatur- und Mauskonfiguration durch das Kommando xmodmap bzw. durch Xmodmap-Dateien zu verändern. Ein Anwendungsbeispiel ist das Vertauschen von Tasten. Wenn Sie eine deutsche Apple-Tastatur unter Linux verwenden, sind mitunter die Tasten [<] und [^] vertauscht. Abhilfe schafft die folgende Datei ~/.Xmodmap, die beim Einloggen automatisch berücksichtigt wird. (Außerdem müssen Sie natürlich noch das Apple-spezifische Tastaturlayout einstellen, z. B. mit den Tastaturkonfigurationsprogrammen von Gnome oder KDE.)

```
keycode  94 = asciicircum degree asciicircum degree notsign notsign notsign
keycode  49 = less greater less greater bar brokenbar bar
```

Und gleich noch ein Tipp für Mac-Liebhaber: Wenn Sie sich unter OS X an das verkehrte Scroll-Verhalten von Mausrad und Touchpad gewöhnt haben, können Sie auch X so konfigurieren. Eine einzige Zeile in ~/.Xmodmap reicht dazu aus:

```
pointer = 1 2 3 5 4 7 6
```

Beachten Sie die abweichende Reihenfolge der Zahlen 4 und 5 sowie 6 und 7! Damit wird die Funktion der Maustasten 4 und 5 sowie 6 und 7 umgedreht. Diese vier virtuellen Maustasten repräsentieren Linux-intern die Drehung des Mausrads bzw. das Drücken des Mausrads nach rechts oder links.)

Eine Sammlung weiterer Xmodmap-Beispiele finden Sie hier:

http://www.pro-linux.de/artikel/2/1198/zauberspiele-mit-xmodmap.html

Gnome und KDE

Unabhängig von der X-Konfiguration geben auch Gnome und KDE die Möglichkeit, die Tastatur, die Maus und das Touchpad individuell einzurichten. Zur Konfiguration der Tastatur öffnen Sie unter Gnome 3.*n* das Dialogblatt REGION UND SPRACHE|BELEGUNGEN. Unter Gnome 2.*n* starten Sie stattdessen gnome-keyboard-properties. Unter KDE verwenden Sie das Modul PERSÖNLICHES|LAND/REGION & SPRACHE|TASTATURLAYOUT des Kontrollzentrums.

Mit diesen Programmen können Sie auch einstellen, wie sich die CapsLock-Taste verhalten soll und ob eine Taste (z. B. die Windows-Taste) als Compose-Taste dienen soll. Damit können Sie die zwei Zeichen gleichsam vereinen. Beispielsweise liefert [Compose], [A], [E] das Zeichen Æ. Wenn Sie rasch zwischen verschiedenen Tastaturlayouts wechseln möchten (etwa beim Verfassen eines mehrsprachigen Texts), fügen Sie dem Gnome-Panel das Miniprogramm TASTATURINDIKATOR hinzu bzw. aktivieren im KDE-Kontrollzentrum die Option TASTATURLAYOUTS.

22.6 Dynamische Konfigurationsänderungen mit RandR

Die *Resize and Rotate Extension* (RandR) erlaubt es, Teile der Konfiguration von X im laufenden Betrieb zu verändern, soweit der Grafiktreiber dies unterstützt. Aktuelle Desktop-Systeme passen sich automatisch an die neuen Rahmenbedingungen – beispielsweise an die geänderte Bildschirmauflösung – an und müssen nicht neu gestartet werden.

Manuelle Änderungen können Sie mit dem Kommando xrandr ausführen. Mehr Komfort als xrandr geben die in Gnome bzw. KDE integrierten grafischen Benutzeroberflächen.

xrandr

Wenn Sie xrandr ohne Parameter bzw. mit der Option -q ausführen, zeigt es den aktuellen Status von X an. Die folgende Ausgabe bedeutet, dass der Monitor den DVI-Signalausgang nutzt und mit einer Auflösung von 1680*1050 Pixeln betrieben wird. Die Angaben in Klammern bedeuten, dass das Bild gedreht, gespiegelt oder invertiert werden kann. Die nachfolgende Liste zeigt an, welche anderen Auflösungen eingestellt werden können. Wichtig sind auch die Namen der Signalausgänge (hier VGA-0 und DVI-I-0), weil diese Zeichenketten je nach Grafiktreiber variieren.

```
user$ xrandr
Screen 0: minimum 320 x 200, current 1680 x 1050, maximum 4080 x 4096
VGA-0 disconnected
DVI-I-0 connected 1680x1050+0+0 (normal left inverted right x axis y axis)
 434mm x 270mm
   1680x1050      60.0*+
   1400x1050      60.0
```

```
1280x1024    75.0    60.0
1280x960     60.0
1152x864     75.0
1024x768     75.0    70.1    60.0
832x624      74.6
800x600      72.2    75.0    60.3    56.2
640x480      75.0    72.8    75.0    59.9
720x400      70.1
```

xrandr kann mit gewöhnlichen Benutzerrechten ausgeführt werden. Alle durchgeführten Änderungen gelten nur bis zum nächsten Logout. Das folgende Kommando reduziert die Auflösung auf 1280*1024 Punkte:

```
user$  xrandr --size 1280x1024
```

Das nächste Kommando aktiviert beide Ausgänge. Auf beiden Monitoren wird dasselbe Bild angezeigt. Die Option --auto bewirkt, dass jeder Monitor in der für ihn optimalen Auflösung und Bildfrequenz betrieben wird.

```
user$  xrandr --output DVI-I-0 --auto --output VGA-0 --auto
user$  xrandr --output VGA-0 --off    (schaltet den VGA-Ausgang wieder ab)
```

Weitere xrandr-Beispiele folgen im nächsten Abschnitt zur Dual-Head-Konfiguration.

gnome-display-properties

Unter Gnome 3.*n* verändern Sie die RandR-Konfiguration mit dem Modul BILDSCHIRME der Systemeinstellungen (siehe Abbildung 22.3). Unter Gnome 2.*n* starten Sie stattdessen gnome-display-properties.

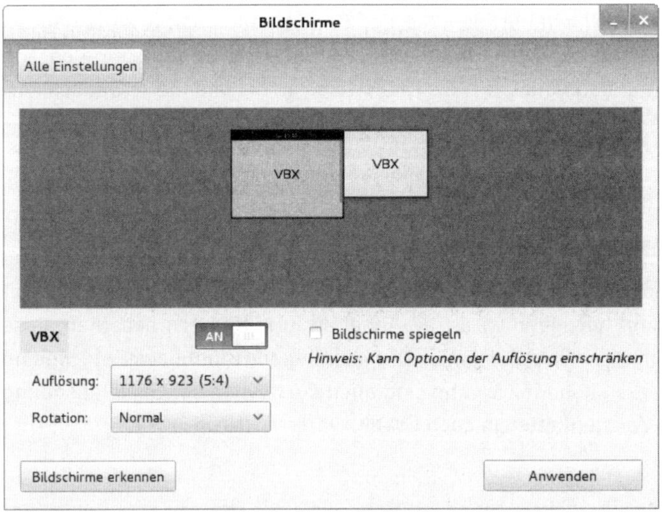

Abbildung 22.3: **RandR-Einstellungen unter Gnome verändern**

Wenn es mehr als einen Monitor gibt, wird standardmäßig auf beiden dasselbe Bild angezeigt (BILDSCHIRME SPIEGELN), wobei sich die Bildgröße aus dem jeweils kleineren Wert der horizontalen und vertikalen Auflösung ergibt. Erst wenn Sie die Option BILDSCHIRME SPIEGELN deaktivieren, können Sie die beiden Monitore getrennt konfigurieren und ihre Position relativ zueinander verändern.

Die Einstellungen werden in ~/.config/monitors.xml gespeichert. Sie gelten nur für den aktuellen Benutzer und werden beim nächsten Gnome-Login automatisch berücksichtigt (nicht aber, wenn Sie ein anderes Desktop-System verwenden!).

KDE-Modul Anzeige

Das KDE-Gegenstück zu gnome-display-properties ist das Modul SYSTEMVERWALTUNG|ANZEIGE der Systemeinstellungen. Es bietet im Wesentlichen dieselben Funktionen, speichert seine Einstellungen aber in der Datei ~/.kde4/share/config/krandrrc.

22.7 Dual-Head-Konfiguration und Beamer

Von einer »Dual-Head-Konfiguration« spricht man, wenn an eine Grafikkarte zwei Monitore angeschlossen sind. Es gibt auch Grafikkarten, die mehr Monitore ansteuern können, aber auf diesen Fall gehe ich hier nicht ein. Eine Variante der Dual-Head-Konfiguration ist der Anschluss eines Notebooks an einen Beamer oder an einen externen Monitor.

Probleme

Viele Linux-Programme funktionieren beim Betrieb mit mehreren Monitoren mehr schlecht als recht: Dialoge erscheinen auf einem anderen Monitor als dem, auf dem Sie gerade arbeiten, Pulldown-Menüs reichen über die Trennlinie zwischen den beiden Monitoren etc. Ein besonderer Problemkandidat ist das Panel von Gnome 2.*n*, das mitunter nicht auf dem Monitor angezeigt wird, auf dem Sie es erwarten. Es gibt für die Panelposition keinen Konfigurationsdialog. Sie müssen den gewünschten Monitor in der gconf-Datenbank einstellen (ersetzen Sie integer 0 durch integer 1).

```
user$  gconftool-2 --set "/apps/panel/toplevels/top_panel_screen0/monitor" \
                   --type integer "0"
```

Konfigurations-varianten

X sieht grundsätzlich zwei verschiedene Konfigurationsvarianten für den Betrieb mit mehreren Bildschirmen vor:

- Die einfachste Variante besteht darin, die Konfiguration mit RandR durchzuführen. Dazu ist ein virtueller Bildschirm (Screen) erforderlich, der mindestens so groß ist, dass er beide Monitore abdeckt. Wenn Sie beispielsweise zwei Bildschirme mit 1280*1024 Pixel bzw. 1600*1200 Pixel besitzen und diese nebeneinander nutzen möchten, muss die virtuelle Auflösung 2880*1200 Pixel betragen. Sind diese Voraussetzungen erfüllt, können Sie mit xrandr oder anderen RandR-Konfigurationswerkzeugen den zweiten Bildschirm aktivieren. Das funktioniert mit den meisten gängigen Grafiktreibern.
- Die NVIDIA-spezifische Variante dieser Konfiguration heißt TwinView. Die Konfiguration erfolgt in xorg.conf (nicht durch RandR).
- Auch mit der Xinerama-Erweiterung können zwei oder mehr Screen-Objekte (gemäß xorg.conf) zu einem größeren Gesamtbild vereint werden. Für jeden Screen können beliebige Einstellungen gewählt werden (Auflösung, Farbtiefe etc.) Diese Variante ist insbesondere dann attraktiv, wenn in einem Rechner mehrere Grafikkarten eingebaut sind. Ein wesentlicher Nachteil besteht darin, dass 3D-Funktionen normalerweise nur innerhalb eines Screens funktionieren (unabhängig von der Anzahl der Grafikkarten). Xinerama gilt als veraltetes Konzept und wird in Zukunft wahrscheinlich nicht mehr unterstützt, weswegen ich hier nicht weiter darauf eingehe.

Dual-Head-Konfiguration mit RandR

Die Dual-Head-Konfiguration mit RandR setzt voraus, dass die virtuelle Auflösung groß genug ist. Bei den meisten Grafiktreibern ist diese allerdings nur so groß wie die Auflösung des primären Monitors (bei Notebooks entspricht sie der Auflösung des eingebauten Bildschirms). Es ist deswegen oft erforderlich, eine höhere virtuelle Auflösung fix einzustellen. Dazu bauen Sie die folgenden Einstellungen in `xorg.conf` ein. Soweit vorhanden, belassen Sie die `Identifier`-Angaben für Screen und `Device`. Achten Sie aber darauf, dass im Screen-Abschnitt auf das richtige `Device` verwiesen wird.

```
Section "Screen"
    Identifier  "Screen0"
    Device      "Device0"
    SubSection "Display"
        Virtual 2880 1200
    EndSubSection
EndSection
Section "Device"
    Identifier  "Device0"
EndSection
```

Nach einem Neustart von X können Sie die beiden Monitore nun mit den Gnome- bzw. KDE-Konfigurationswerkzeugen oder manuell mit xrandr einrichten:

```
user$  xrandr
Screen 0: minimum 320 x 200, current 1280 x 800, maximum 2880 x 1200
VGA disconnected (normal left inverted right x axis y axis)
LVDS connected 1280x800+0+0 (normal left inverted right x axis y axis)
   331mm x 207mm
   1280x800      59.9*+
HDMI-1 connected 1280x800+0+0 (normal left inverted right x axis y axis)
   519mm x 324mm
   1280x800      59.9*+
user$  xrandr --output HDMI-1 --mode 1600x1200 --right-of LVDS
```

Welche Möglichkeiten RandR bietet, geht aus dem folgenden Kommando hervor, das ich mit dem nouveau-Treiber und zwei Monitoren mit 1680*1050 (DVI) und 1600*1200 Pixel (VGA) getestet habe. Es definiert einen virtuellen Arbeitsbereich von 3864*2415 Pixel. Im kleineren Monitor wird der gesamte Arbeitsbereich verkleinert um den Faktor 2,3 angezeigt (3864 / 2,3 = 1680). Der größere Bildschirm zeigt einen Ausschnitt von 1600*1200 Pixel rund um die aktuelle Position des Mauszeigers im Maßstab 1:1. Neben der Maus sind zumindest 256 weitere Pixel zu sehen (es sei denn, die Maus ist am Rand des virtuellen Bildschirms). Wenn Sie schon immer wissen wollten, wie es wäre, mit einem Bildschirm von 3864*2415 Pixel zu arbeiten – jetzt können Sie es kostengünstig ausprobieren!

```
root#  xrandr -fb 3864x2415 --output DVI-I-0 --scale 2.3x2.3 \
              --output VGA-0 --pos 0x0 \
              --panning 3864x2415+0+0/3864x2415+0+0/256/256/256/256
```

xorg.conf

Natürlich können Sie die Multi-Head-Konfiguration auch fix in `xorg.conf` einrichten. Das Konfigurationsprinzip besteht darin, dass Sie die eingesetzten Monitore in `Monitor`-Abschnitten aufzählen. Beim zweiten Monitor geben Sie an, wie er relativ zum ersten positioniert ist. Die zulässigen Schlüsselwörter `RightOf`, `LeftOf`, `Below` etc. entsprechen den xrandr-Optionen. Bei Bedarf können Sie mit `Option "Position" "x y"` auch eine exakte Positionierung innerhalb des virtuellen Screen vornehmen. Im `Device`-Abschnitt geben Sie an, welche Signalausgänge `monitor-xxx` mit welchem Monitor verbunden sind.

Die folgende Konfiguration gilt für den nouveau-Treiber. Bei anderen Treibern müssen Sie die Zeichenketten `monitor-xxx` ändern, weil jeder Treiber eine andere Nomenklatur zur Bezeichnung der Signalausgänge verwendet. Führen Sie einfach xrandr aus, um herauszufinden, wie die Signalausgänge bei Ihrem System heißen! Auf eine explizite Einstellung der virtuellen Screen-Größe können Sie beim nouveau-Treiber verzichten, weil standardmäßig bis zu 4080 *4096 zulässig sind.

```
# /etc/X11/xorg.conf
Section "Monitor"
        Identifier      "dvi0"
EndSection
Section "Monitor"
        Identifier      "vga0"
        Option          "RightOf" "dvi0"
EndSection
Section "Device"
        Identifier      "device0"
        Driver          "nouveau"
        Option          "monitor-VGA-0"   "vga0"
        Option          "monitor-DVI-I-0" "dvi0"
EndSection
```

Hinweis

Die Einstellungen in `xorg.conf` **werden erst nach einem Neustart von X wirksam. Die Einstellungen werden zudem ignoriert, wenn Sie mit Gnome- oder KDE-Werkzeugen die RandR-Konfiguration verändert haben. Löschen Sie gegebenenfalls** `~/.config/monitors.xml` **(Gnome) bzw.** `~/.kde/share/config/krandrrc` **(KDE)!**

Intel-spezifische Konfigurationstipps finden Sie auf der folgenden Website:

http://intellinuxgraphics.org/dualhead.html

TwinView-Konfiguration mit einem Screen

Wenn Sie den `nvidia`-Grafiktreiber nutzen, ist die obige Vorgehensweise nicht möglich. Stattdessen müssen Sie den NVIDIA-spezifischen `TwinView`-Modus nutzen. Zur Konfiguration verwenden Sie am besten das Programm `nvidia-settings` (siehe Abbildung 22.2 auf Seite 539).

Die folgenden Zeilen zeigen die wichtigsten Abschnitte einer einfachen `TwinView`-Konfiguration. Dabei war ein TFT-Monitor mit 1920∗1200 Pixel am DVI-Ausgang der Grafikkarte angeschlossen, ein zweiter TFT-Monitor mit 1600∗1200 Pixel an den CRT-Ausgang. `TwinView` macht daraus eine virtuelle Auflösung von 3520∗1200 Pixel.

Die Eckdaten der Monitore werden automatisch ermittelt. TwinViewXineramaInfoOrder DFP bewirkt, dass der DVI-Ausgang der Grafikkarte als Primärausgang gilt. Dank dieser Option erscheinen beispielsweise der X-Login sowie die KDE- und Gnome-Panels auf dem hier angeschlossenen Monitor. (Bei Grafikkarten mit einem CRT-Ausgang betrachtet der NVIDIA-Treiber standardmäßig diesen Ausgang als Primärausgang, was nicht mehr zeitgemäß ist.)

```
# /etc/X11/xorg.conf
Section "Device"
    Identifier     "Device0"
    Driver         "nvidia"
    VendorName     "NVIDIA Corporation"
    BoardName      "GeForce 7600 GS"
EndSection
Section "Screen"
    Identifier     "Screen0"
    Device         "Device0"
    DefaultDepth    24
    Option         "TwinView" "1"
    Option         "TwinViewXineramaInfoOrder" "DFP"
    Option         "metamodes" "DFP: nvidia-auto-select +0+0, \
                                CRT: nvidia-auto-select +1920+0"
    SubSection     "Display"
        Depth       24
    EndSubSection
EndSection
```

Tipps zum Beamer-Anschluss

Jeder, der schon einmal mit seinem Linux-Notebook eine Präsentation halten musste, kennt den Nervenkitzel: Gelingt die Bildsynchronisation am Beamer? In den letzten Jahren hatte ich damit keine Probleme – die RandR-Konfiguration unter Gnome gelang jedes Mal auf Anhieb. Vor einigen Jahren war es aber oft erforderlich, noch rasch ein paar Änderungen in xorg.conf einzubauen. Wenn es Probleme gibt, sollten Sie die folgenden Regeln beherzigen:

- Schließen Sie Ihr Notebook zuerst an den Beamer an, und schalten Sie es erst dann ein! In der Regel wird dadurch der interne Bildschirm des Notebooks deaktiviert und der externe Signalausgang aktiviert. Mit etwas Glück erscheinen bereits die Meldungen des Systemstarts direkt auf dem Beamer. Gegebenenfalls können Sie dann unter KDE oder Gnome noch die für den Beamer optimale Auflösung einstellen (zumeist 1024*768 Punkte).
- Bei manchen Notebooks können Sie den externen Signalausgang im BIOS explizit aktivieren.
- Testen Sie den externen Ausgang Ihres Notebooks zu Hause an einem beliebigen Monitor. Zwar haben Sie keine Garantie dafür, dass sich der Beamer genauso wie Ihr Monitor verhalten wird, dennoch ist dieser Test ein erster Indikator für mögliche Probleme.
- Um das Beamer-Problem zu umgehen, können Sie in xorg.conf die Auflösung fix auf 1024*768 Punkte einstellen, die Zeilenfrequenz auf ca. 53 kHz und die Bildfrequenz auf ca. 60 Hz reduzieren. Das sind Daten, mit denen die meisten Beamer (auch ältere Modelle) zurechtkommen:

```
Section "Monitor"
        ...
        HorizSync     31.5 - 53
        VertRefresh   57-63
EndSection
Section "Screen"
        ...
        DefaultDepth      24
        SubSection "Display"
                Modes      "1024x768"
        EndSubSection
EndSection
```

22.8 3D-Grafik und Video

3D-Grafik In der Vergangenheit fristete 3D-Grafik unter Linux eher ein Schattendasein: Zum einen gab es außer Bildschirmschonern und ein paar vereinzelten Spielen kaum 3D-Anwendungen, zum anderen erforderte 3D-Grafik die Verwendung von ungeliebten Binärtreibern. Die Treibersituation hat sich seither verbessert, nur NVIDIA-Anwender sind noch immer auf den proprietären Firmentreiber angewiesen. Außerdem gibt es seit einigen Jahren eine sogenannte 3D-Killerapplikation. Dabei handelt es sich nicht etwa um ein blutrünstiges Spiel, sondern um die 3D-Desktop-Effekte: Die 3D-Funktionen der Grafikkarte werden dazu genutzt, um Fenster beim Verschieben zu verzerren, Arbeitsflächen beim Wechsel auf einen Würfel zu projizieren etc. All diese Funktionen bieten nur einen geringen praktischen Nutzen, sehen dafür aber eindrucksvoll aus. Dieser Abschnitt gibt einige Tipps zum Einsatz von 3D- und Video-Funktionen unter X.

Links Lesen Sie das Glossar auf Seite 519! Dort werden die wichtigsten Abkürzungen der 3D-Nomenklatur für X erläutert (AIGLX, DRI, GLX, OpenGL etc.). Weitere Hintergrundinformationen zum Thema 3D-Grafik und Linux finden Sie unter anderem auf den folgenden Seiten:

http://www.mesa3d.org
http://dri.freedesktop.org/wiki/

Konfiguration Im Gegensatz zu früher ist in der Regel keine besondere Konfiguration erforderlich, um 3D-Grafik zu nutzen. Bei vielen NVIDIA- und bei ganz neuen ATI/AMD-Grafikkarten müssen Sie allerdings den binären Herstellertreiber installieren. Die 3D-Funktionen werden – soweit verfügbar – beim Start von X automatisch aktiviert. Wenn es keine 3D-Hardware-Unterstützung gibt, werden die 3D-Funktionen durch Software realisiert (Mesa). Prinzipiell funktioniert das, für die meisten Anwendungen ist die Geschwindigkeit aber nicht ausreichend.

3D-Test Mit dem Programm `glxinfo` aus dem Paket `mesa-utils` oder `glx-utils` überprüfen Sie, ob alles geklappt hat. Das Programm liefert eine Menge Detailinformationen über das laufende GLX-System. Mit grep filtern Sie die entscheidenden Zeilen heraus:

```
root# glxinfo | grep render
direct rendering: Yes
OpenGL renderer string: GeForce 7600 GS/PCI/SSE2
```

Das bedeutet, dass der NVIDIA-Treiber aktiv ist. Wenn dagegen kein 3D-beschleunigter Treiber läuft (sondern nur die Software-Version von Mesa), sieht die Ausgabe wie in den beiden folgenden Beispielen aus. Wie Sie sehen, ist die Ergebniszeile `direct rendering` alleine nicht aussagekräftig. Selbst wenn hier `Yes` angezeigt wird, kann es sein, dass die 3D-Funktionen nur per Software ausgeführt werden.

```
root#  glxinfo | grep render
direct rendering: No
OpenGL renderer string: Mesa GLX Indirect
root#  glxinfo | grep render
direct rendering: Yes
OpenGL renderer string: Software Rasterizer
```

Google Earth

Als Testprogramm für die 3D-Funktionen kann Google Earth dienen. Sie können das Programm kostenlos von der folgenden Seite herunterladen:

http://earth.google.de/download-earth.html

Zur Installation führen Sie das Setup-Programm aus. Dazu sind keine `root`-Rechte erforderlich. Die Installation erfolgt in das Verzeichnis `~/google-earth`.

```
user$  sh GoogleEarthLinux.bin        (Installation)
user$  google-earth/googleearth       (Programmstart)
```

Google Earth ist nur als 32-Bit-Programm verfügbar. Wenn Sie mit einer 64-Bit-Distribution arbeiten, müssen einige 32-Bit-Bibliotheken installiert sein (unter Ubuntu `ia32-libs` und `lib32nss-mdns`).

Abbildung 22.4: **Google Earth**

3D-Desktop

Vorreiter bei der Nutzung der 3D-Funktionen moderner Grafikkarten für den Desktop war Apple: Elementare Desktop-Operationen wie das Verschieben eines Fensters können damit wesentlich effizienter durchgeführt werden. In der Linux-Welt preschte im Sommer 2006 Novell vor und stattete die

Distribution *SUSE Linux Enterprise Desktop* mit 3D-Funktionen aus. Mittlerweile ist der 3D-Desktop ein Standardmerkmal nahezu jeder Linux-Distribution.

Effekte

Je nach Konfiguration können unter anderem die folgenden 3D-Effekte genutzt werden:

» Das Erscheinen, Verkleinern, Vergrößern und Schließen von Fenstern und Menüs wird mit verschiedenen Effekten animiert (Transparenz etc.).

» Beim Verschieben von Fenstern ändern diese vorübergehend ihre Form, als wären sie aus Gummi (siehe Abbildung 22.5).

» Beim Fensterwechsel mit Alt+↹ werden die Fenster in verkleinerter Form auf dem Bildschirm verteilt (ähnlich der Exposé-Funktion von Mac OS X) oder aufgefächert (siehe Abbildung 22.6).

» Beim Wechsel zwischen verschiedenen Arbeitsflächen werden diese auf die Seitenflächen eines sich drehenden Würfels oder auf einen Zylinder projiziert.

» Mit der Zoom-Funktion sehen Sie einen Teil des Desktops stark vergrößert. Sobald Sie die Maus an die Grenzen des sichtbaren Ausschnitts bewegen, ändert sich der Ausschnitt verzögerungsfrei. Diese Funktion erleichtert nicht nur sehbehinderten Menschen das Leben, sondern hilft auch dabei, schlecht entwickelte Websites auf einem großen Monitor in einer augenfreundlichen Größe zu lesen.

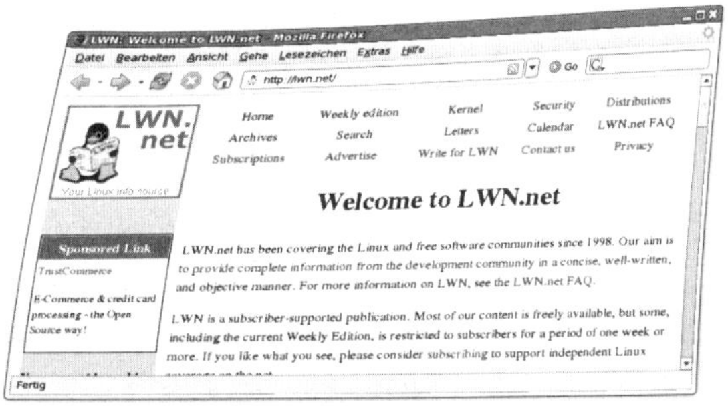

Abbildung 22.5: **Fenster im 3D-Desktop verschieben**

Über den praktischen Wert dieser Funktionen kann man natürlich streiten. Ich habe die meisten Effekte nach ein paar Tagen wieder deaktiviert und verwende nur ganz wenige 3D-Effekte.

Compiz

Für die Realisierung der 3D-Effekte ist der Window Manager verantwortlich. In Gnome 2.*n* und KDE 3.*n* kam dazu das Programm Compiz zum Einsatz. Gnome 3.0 verwendet den 3D-fähigen Window Manager *Mutter* und ist nicht mehr auf Compiz angewiesen. Auch KDE 4 kommt ohne Compiz aus und realisiert die 3D-Effekte selbst. Ein Sonderfall ist aber Ubuntu, das zur Fensterverwaltung die Compiz-Erweiterung Unity verwendet. Compiz ist somit nur noch für ältere Distributionen sowie unter Ubuntu von Bedeutung.

Compiz besteht im Wesentlichen aus zwei Programmen:

» `compiz` ist der eigentliche Window Manager. Er ist dafür verantwortlich, welches Fenster gerade sichtbar ist, welches Fenster den Eingabefokus hat, welche Effekte beim Erscheinen, Verschieben und Schließen der Fenster zum Einsatz kommen und welche Tastenkombinationen dabei gelten. Für die eigentlichen 3D-Effekte sind Plugins zuständig.

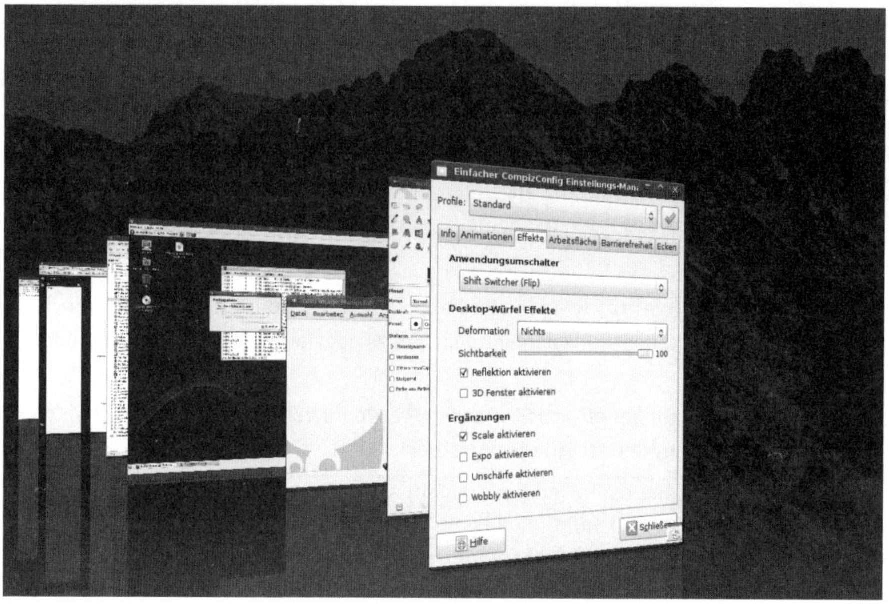

Abbildung 22.6: **Fensterwechsel mit dem Shift-Switcher**

» `compiz-decorator` zeichnet rund um den eigentlichen Fensterinhalt die sogenannte Dekoration, zu der unter anderem die Titelleiste mit einigen Buttons zählt.

Weitere Informationen zu Compiz und seinen Plugins finden Sie unter:

http://www.compiz.org/

Konfiguration

Compiz-Anwender können nahezu jeden einzelnen Effekt und die dazugehörenden Tastenkürzel mit dem Compiz Config Settings Manager (CCSM) einrichten (Paket `compizconfig-settings-manager`, siehe Abbildung 22.7). Die Bedienung dieses Programms ist allerdings wenig intuitiv. Compiz-Einsteigern empfehle ich stattdessen den Einsatz des wesentlich übersichtlicheren Programms `simple-ccsm`.

XVideo

XVideo (V4L)

Video-Player für Linux (siehe Kapitel 9 ab Seite 193) schreiben die Bilder nach Möglichkeit über die `XVideo`-Extension (kurz XV) mittels Shared Memory in den Speicher der Grafikkarte. Diese Methode nutzt das `v4l2`-Kernelmodul (Video4Linux Version 2). Sie ist besonders effizient, funktioniert aber nur, wenn der Treiber für die Grafikkarten XV unterstützt. Das ist leider nicht für alle Grafikkarten der Fall.

Wenn der X-Treiber XV unterstützt, wird diese X-Erweiterung normalerweise automatisch aktiviert. Unter Umständen müssen Sie in den `Module`-Abschnitt die Zeile `Load "v4l"` einfügen. Ob XV zur Verfügung steht, können Sie mit dem Kommando `xvinfo` überprüfen. Es sollte eine lange Liste mit Informationen über diverse XVideo-Funktionen liefern. Wenn das Ergebnis hingegen *no adaptors present* lautet, können Sie XV nicht nutzen. Weitere Informationen zu XV und Video4Linux finden Sie hier:

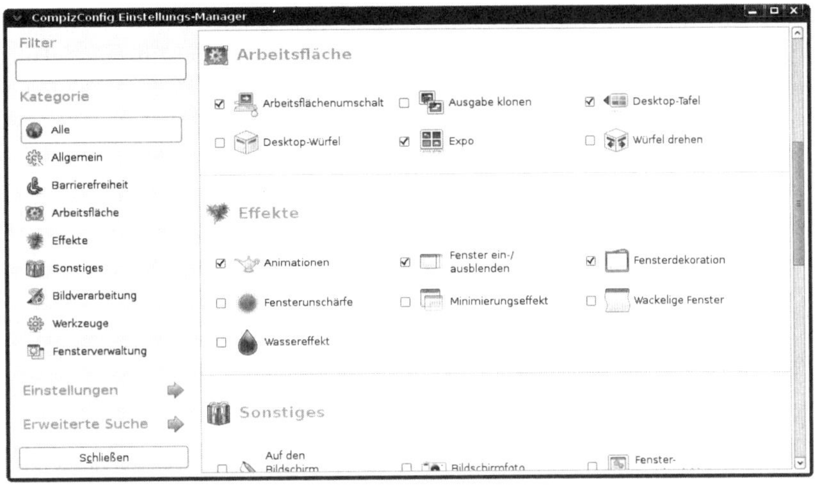

Abbildung 22.7: **Compiz-Konfiguration für Fortgeschrittene**

http://linuxtv.org/v4lwiki/
http://www.exploits.org/v4l/

DGA Wenn der Treiber für Ihre Grafikkarte XV nicht unterstützt, funktioniert vielleicht DGA (Direct Graphics Access). DGA wird wie XV automatisch aktiviert, sofern der Treiber diese Funktion kennt. Sie können DGA mit dem Programm `dga` überprüfen. [B] führt einen Benchmark-Test durch, [Q] beendet dieses Programm.

22.9 X im Netzwerk

Eine Besonderheit von X besteht darin, dass das gesamte Protokoll netzwerkfähig ist. Sie können sich also über eine Netzwerkverbindung auf einem beliebigen Rechner anmelden und ein grafisches Programm starten. Dieses Programm wird auf dem lokalen Rechner angezeigt und kann dort bedient werden, es läuft aber tatsächlich auf dem entfernten Rechner. Dieser Abschnitt stellt verschiedene Verfahren vor, diesen Mechanismus zu nutzen.

ssh Den einfachsten und sichersten Weg, auf einem entfernten Rechner zu arbeiten, bietet das auf Seite 345 vorgestellte Kommando `ssh`. Drei Voraussetzungen müssen erfüllt sein: Auf dem entfernten Rechner muss ein SSH-Server laufen, der SSH-Port 22 darf nicht durch eine Firewall blockiert sein, und Sie müssen beim Aufruf von `ssh` die Option `-X` verwenden, damit sich `ssh` um die korrekte Einstellung der `DISPLAY`-Variablen kümmert. Mit `ssh -X root@localhost` können Sie auch auf dem lokalen Rechner als root ein X-Programm ausführen.

VNC VNC steht für *Virtual Network Computing* und erlaubt einem anderen Benutzer, Ihren Desktop auf seinem Rechner darzustellen und zu steuern. Damit kann eine andere Person im Netzwerk die Kontrolle über die Benutzeroberfläche Ihres Rechners übernehmen. Die Funktion ist vor allem dann ausgesprochen praktisch, wenn ein Anwender ein Problem mit seinem Rechner hat und ein zweiter Anwender (der sich woanders befindet) helfen möchte. VNC steht nicht nur unter X bzw. Linux, sondern auch für die meisten anderen Betriebssysteme zur Verfügung (inklusive Microsoft Windows).

Es gibt zahlreiche VNC-Implementierungen. Unter Linux am gebräuchlichsten sind RealVNC und TightVNC. Der gemeinsame Nenner vieler VNC-Programme ist das Protokoll RFB (Remote Frame Buffer). Damit sind die meisten VNC-Programme zumindest in den Grundfunktionen kompatibel zueinander. Über das RFB-Protokoll werden Tastatur- und Mauseingaben sowie Veränderungen am Bildschirminhalt übertragen.

VNC ist ein Client/Server-Protokoll. Damit VNC funktioniert, muss auf einem Rechner ein VNC-Server laufen. Der zweite Rechner startet einen VNC-Client (beispielsweise `vncviewer`, `vinagre` oder `krdc`) und stellt damit die Verbindung zum Server her. Im Fenster des VNC-Clients wird dann der Desktop des Servers dargestellt.

Standardmäßig erfolgt die Datenübertragung zwischen Client und Server über die TCP/IP-Ports 5900 bis 5906. VNC-Clients auf Java-Basis, die in einem Webbrowser ausgeführt werden, nutzen in der Regel die Ports 5800 bis 5806. Diese Ports dürfen nicht durch eine Firewall blockiert werden! Beachten Sie auch, dass Fernwartung nur gelingen kann, wenn sich beide Rechner im selben lokalen Netzwerk befinden oder öffentliche IP-Adressen haben. Pech haben Sie, wenn sich einer oder beide Rechner in unterschiedlichen privaten Netzwerken befinden, wie sie beispielsweise von jedem ADSL-Router und vielen WLAN-Routern gebildet werden.

Beim Start des VNC-Clients übergeben Sie den Netzwerknamen bzw. die Netzwerkadresse des Rechners, auf dem der VNC-Server läuft. Außerdem müssen Sie entweder die Display-Nummer (:*n*) oder die Port-Nummer (::*nnnn*) angeben.

```
user$  vncviewer 192.168.0.17:0        (X-Screen 0 anzeigen)
user$  vncviewer 192.168.0.17::5901    (Port 5901 verwenden)
```

VNC mit SSH-Verschlüsselung

VNC an sich ist nicht sicher, die Übertragung der Daten erfolgt unverschlüsselt. Wenn Sie Wert auf mehr Sicherheit legen, müssen Sie den VNC-Datenstrom über einen verschlüsselten Tunnel leiten oder VNC-Implementierungen mit integrierter Verschlüsselung nutzen. Wie Sie VNC über einen SSH-Tunnel leiten, ist hier beschrieben:

http://linuxwiki.de/VNC

VNC in Gnome und KDE

Gnome und KDE bieten jeweils komfortable Benutzerschnittstellen zu VNC, die allerdings bei manchen Distributionen extra installiert werden müssen. Unter Gnome 3.*n* starten Sie die Fernwartung als Hilfesuchender mit dem Programm *Freigabe der Arbeitsfläche* (Programmname `vino-preferences`). Der VNC-Server wird durch die Bibliothek `vino-server` realisiert und nutzt standardmäßig Port 5900. Der Helfer kann einen beliebigen VNC-Client einsetzen, beispielsweise `vinagre`.

Unter KDE starten Sie eine VNC-Verbindung mit PROGRAMME|SYSTEM|ARBEITSFLÄCHE FREIGEBEN bzw. dem Programm `krfb`. Der Helfer kann einen beliebigen VNC-Client oder das KDE-Programm `krdc` einsetzen.

NX

NX ist eine Technik zur Beschleunigung und Absicherung von VNC und anderer Remote-Desktop-Techniken. NX macht es möglich, VNC selbst über eine sehr langsame Verbindung in akzeptabler Geschwindigkeit zu nutzen. NX arbeitet als Proxy zwischen den beiden X-Rechnern (Client und Server). Es komprimiert die zu übertragenden Daten und verwendet einen Cache, um die mehrfache Übertragung derselben Daten zu vermeiden. NX nutzt SSH zur Verschlüsselung der Daten.

NX wurde von der italienischen Firma NoMachine entwickelt. Die Basisbibliotheken sind unter der GPL freigegeben. Der NX-Client ist kostenlos verfügbar, aber nicht als Open Source. Lediglich der NX-Server ist ein kommerzielles Produkt und die eigentliche Geschäftsidee der Firma NoMachine.

Wenn Sie auf der Basis von NX einen kostenlosen Terminal-Server einrichten möchten, gibt es zwei Open-Source-Alternativen zum kommerziellen NX-Server: den schon bewährten, in letzter Zeit aber nicht mehr gewarteten FreeNX-Server und den neuen, von Google entwickelten Neatx-Server. Weitere Informationen finden Sie hier:

http://www.nomachine.com/
http://freenx.berlios.de/
http://code.google.com/p/neatx/

22.10 Schriftarten (Fonts)

X unterscheidet zwischen skalierbaren und nichtskalierbaren Schriften:

» Bis vor einigen Jahren konnte X nur mit nichtskalierbaren Fonts umgehen (Core X Font Subsystem). Derartige Fonts stehen nur in bestimmten, vorgegebenen Größen zur Verfügung. Sie können zwar auch in anderen Größen angezeigt werden, wirken dann aber »pixelig«. Nichtskalierbare Fonts spielen heute im X-Alltag so gut wie keine Rolle mehr und werden lediglich in wenigen alten Programmen eingesetzt (z. B. in `xterm`).

» X kann auch moderne, frei skalierbare Fonts nutzen (TrueType, Type-1, OpenType). KDE- und Gnome-Anwendungen nutzen ausschließlich solche Schriften.

Die historische Differenzierung zwischen skalierbaren und nichtskalierbaren Fonts spiegelt sich auch in der Doppelgleisigkeit vieler Verwaltungskommandos wider. Beispielsweise ermitteln Sie die Liste aller skalierbaren Fonts mit `fc-list`, während `xlsfonts` eine Liste aller nichtskalierbaren Fonts generiert.

Font-Verzeichnisse

Allgemein verfügbare Font-Dateien befinden sich üblicherweise in den Unterverzeichnissen zu `/etc/X11/fonts` oder `/usr/share/fonts`. Bei nicht skalierbaren Fonts gibt es für jede Größe und für jedes Attribut (z. B. *fett, kursiv*) eine eigene Datei. Bei skalierbaren Fonts reicht eine Datei für alle Größen aus.

Darüber hinaus ist es möglich, im Verzeichnis `~/.fonts` persönliche Schriften zu installieren. Dazu ist es ausreichend, die Font-Dateien dorthin zu kopieren.

fontconfig-Bibliothek

Um die Verwaltung der skalierbaren Fonts kümmert sich das `fontconfig`-System. Für die Integration von X und `fontconfig` ist die `Xft`-Bibliothek zuständig. Für die Konfiguration des `fontconfig`-Systems ist die Datei `/etc/fonts/fonts.conf` verantwortlich.

xorg.conf

Falls Sie Fonts außerhalb der dem X-Server bekannten Standardverzeichnisse installieren möchten, müssen Sie diese Verzeichnisse im `Files`-Abschnitt in `xorg.conf` angegeben.

```
# in /etc/X11/xorg.conf
Section "Files"
  FontPath     "/usr/share/fonts/myown"
  ...
EndSection
```

Damit Änderungen an der Font-Konfiguration wirksam werden, reicht zumeist das folgende Kommando aus. Wenn das nichts hilft, müssen Sie sich neu einloggen oder X neu starten.

```
root# xset fp rehash
```

fc-list und xlsfonts Das Kommando `fc-list | sort` liefert eine Liste aller skalierbaren Fonts. Dieselbe Funktion erfüllt `xlsfonts` für nichtskalierbare Fonts. Das Ergebnis ist ebenso lang wie unübersichtlich, weil die Liste für jede Schriftgröße und für jeden Zeichensatz einen eigenen Eintrag enthält. Mit dem Programm `xfontsel` können Sie gezielt nach nichtskalierbaren Fonts suchen, die Ihren Suchkriterien entsprechen.

gucharmap und xfd Das Gnome-Programm gucharmap zeigt alle Zeichen eines skalierbaren Fonts an und ermöglicht es, einzelne Sonderzeichen in die Zwischenablage zu kopieren. Das Programm ist besonders im Hinblick auf die Darstellung von Unicode-Zeichen optimiert.

Die Zeichen nichtskalierbarer Fonts betrachten Sie am einfachsten mit `xfd -fn 'fontname'`. *fontname* muss die exakte X-Font-Syntax einhalten. Am besten verwenden Sie eine Zeile aus einer `xlsfonts`-Ergebnisliste als Parameter.

Zeichensätze, Unicode-Unterstützung X kommt grundsätzlich mit allen erdenklichen Zeichensätzen inklusive Unicode zurecht. Allerdings variiert es von Schrift zu Schrift, welche Zeichensätze unterstützt werden. Wie verschiedene Zeichensätze unterstützt werden, hängt von der Art der Schrift ab:

» Bei skalierbaren Schriften sind die Zeichensatzinformationen in die Font-Datei eingebettet. Für die Zuordnung der einzelnen Symbole zu den Codes eines Zeichensatzes sind Encoding-Dateien zuständig, die unabhängig von einzelnen Fonts verwaltet werden und sich üblicherweise in einem der folgenden Verzeichnisse befinden:

```
/usr/share/fonts/encodings
/usr/share/fonts/X11/encodings
```

» Bei nichtskalierbaren Schriften gibt es dagegen für jeden unterstützten Zeichensatz eine eigene Font-Datei. Für Unicode existieren nur relativ wenige nichtskalierbare Schriften. Das folgende Kommando ermittelt eine Liste der auf Ihrem Rechner verfügbaren nichtskalierbaren Unicode-Schriften:

```
user$ xlsfonts '*iso10646-1*'
```

Die Tatsache, dass ein Font in Unicode-Codierung vorliegt, lässt keine Aussage darüber zu, wie viele Zeichen darin enthalten sind. Es gibt momentan kaum komplette Unicode-Fonts, die zur Darstellung sämtlicher durch den Unicode-Standard definierter Zeichen geeignet sind. Außerdem sind derartige Fonts riesig und für den Alltagsgebrauch zumeist ungeeignet.

Installation zusätzlicher Schriften

Bei Linux-Distributionen können nur »freie« Schriften mitgeliefert werden. Dieser Abschnitt gibt einige Tipps zur Installation eigener Fonts. Grundsätzlich sind hierfür zwei Schritte erforderlich:

» Die Font-Dateien müssen in ein dafür vorgesehenes Verzeichnis kopiert werden. Die infrage kommenden Verzeichnisse sind in `xorg.conf` aufgezählt bzw. werden in `/var/log/Xorg.0.log` angegeben. Außerdem ist `~/.fonts` ein geeigneter Installationsort.

» Die interne Fonts-Verwaltung muss aktualisiert werden. Dazu führen Sie im Font-Verzeichnis das Kommando `fc-cache` aus. Es erzeugt die `fonts.cache`-Dateien, die für das `fontconfig`-System und die Xft-Bibliothek erforderlich sind.

KDE

KDE zeigt im Modul SYSTEMVERWALTUNG|SCHRIFTARTENINSTALLATION alle verfügbaren Fonts an. Mit diesem Modul können Sie auch eigene Schriften in das Verzeichnis `~/.fonts` installieren.

Microsoft-Internet-Fonts

Microsoft bot lange Zeit einige hochwertige TrueType-Fonts zum Download an. Das Angebot enthielt die Schriften Andale Mono, Arial, Comic Sans, Courier New, Georgia, Impact, Times New Roman, Trebuchet MS, Verdana und Webdings. Die Fonts sollten es allen Anwendern ermöglichen, Webseiten, in denen Microsoft-Fonts eingesetzt werden, in optimaler Qualität zu betrachten.

Die ursprüngliche Download-Website gibt es zwar nicht mehr, die Fonts können nun aber von der unten angegebenen `corefonts`-Website heruntergeladen werden. Die Fonts dürfen kostenlos genutzt werden, die kommerzielle Weitergabe ist aber untersagt! Daher werden die Fonts bei kommerziellen Distributionen nicht mitgeliefert.

Leider ist die Installation der Fonts unter Linux umständlich, weil die Fonts in `*.exe`-Dateien verpackt sind und nicht in einer anderen Form weitergegeben werden dürfen. Zum Glück gibt es Werkzeuge zur Extraktion der Fonts aus den `*.exe`-Dateien. Eine ausführliche Installationsanleitung für Distributionen mit RPM-Paketen finden Sie hier:

http://corefonts.sourceforge.net/

Je nach Distribution gibt es Scripts, die beim Download und der Installation der Schriften helfen:

» Debian, Ubuntu: Das Paket `msttcorefonts` enthält das Script `update-ms-fonts`. Es wird automatisch ausgeführt, lädt die Font-Dateien herunter und installiert sie in das Verzeichnis `/usr/share/fonts/truetype/msttcorefonts`.

» SUSE: Das Paket `fetchmsttfonts` enthält ein Script zum Download der Schriften. Es wird bei der Installation des Pakets automatisch ausgeführt. Sie finden die Font-Dateien anschließend im Verzeichnis `/usr/share/fonts/truetype`.

Anti-Aliasing

X verwendet standardmäßig Anti-Aliasing (kurz AA) bzw. Hinting, um TrueType- und Type-1-Fonts möglichst glatt anzuzeigen. Dabei werden die Buchstabenränder in Graustufen dargestellt. Die einzelnen Buchstaben wirken dadurch weniger pixelig und sehen schärfer aus.

Auf vielen Flachbildschirmen wird jedes Pixel aus drei nebeneinander liegenden Sub-Pixeln (rot, grün und blau) zusammengesetzt. Hier kann durch eine entsprechende Variation der Farben einzelner Pixel eine noch höhere Darstellungsqualität als durch einfaches Anti-Aliasing erreicht werden. Dieses Darstellungsverfahren heißt Sub-Pixel-Rendering; Microsoft spricht von ClearType. Zwei zumindest für Entwickler spannende und aufschlussreiche Artikel zu diesem Thema finden Sie hier:

http://antigrain.com/research/font_rasterization/
http://behdad.org/text/

Konfiguration Die Anti-Aliasing- und Sub-Pixel-Rendering-Funktionen werden durch die XML-Dateien `/etc/fonts/fonts.conf` und `/etc/fonts/conf.d/*.conf` gesteuert. KDE und Gnome bieten komfortable Dialoge zur benutzerspezifischen Konfiguration der Anti-Aliasing- und Sub-Pixel-Rendering-Funktionen.

Unter KDE verwenden Sie zur Konfiguration der Anti-Aliasing- und Sub-Pixel-Rendering-Funktionen das Systemeinstellungsmodul ERSCHEINUNGSBILD|SCHRIFTARTEN. Unter Gnome 2.*n* führen Sie SYSTEM|EINSTELLUNGEN|ERSCHEINUNGSBILD|SCHRIFTARTEN aus bzw. starten `gnome-appearance-properties`. Die Einstellungen werden in der gconf-Datenbank gespeichert (Pfad `desktop/gnome/font_rendering`) und beim Start von Gnome aktiviert. Gnome 3.*n* enthält leider keine vergleichbare Konfigurationsmöglichkeit mehr. Mit dem inoffiziellen Gnome Tweak Tool können Sie aber zumindest grundlegende Schrifteinstellungen verändern.

DPI-Einstellung

DPI steht für *Dots per Inch* und gibt die Bildschirmauflösung an. Dazu gleich ein Beispiel: Wenn Ihre genutzte Bildschirmbreite 36 cm (19-Zoll-Monitor) und die horizontale Auflösung 1280 Pixel beträgt, dann werden pro Zoll ca. 91 Pixel dargestellt (1280 / 36 * 2,54).

Welche Rolle spielt nun der DPI-Wert? Damit Text am Bildschirm unabhängig von der Bildschirmgröße und der Grafikauflösung gut gelesen werden kann, sollten je nach DPI-Wert unterschiedlich große Schriftarten verwendet werden. Wenn das X Window System und die darin verwendeten Programme den korrekten DPI-Wert kennen und auswerten, kommt es nicht vor, dass Schriften mal unleserlich klein und mal unnötig klobig erscheinen.

Damit X den richtigen DPI-Wert ausrechnen kann, muss es wissen, wie groß der Monitor ist. Moderne Monitore übermitteln diese Information via DDC (Display Data Channel) an X. Sollte das nicht funktionieren, geben Sie diese Information (in mm) mit dem Schlüsselwort `DisplaySize` im `Monitor`-Abschnitt an:

```
Section "Monitor"
  ...
  DisplaySize 400 300
EndSection
```

Alternativ können Sie in den Dialogen zur Schriftkonfiguration von KDE oder Gnome einen beliebigen DPI-Wert explizit einstellen oder `xrandr --dpi` *n* ausführen. Den aktuellen DPI-Wert stellen Sie mit `xdpyinfo` fest. Das folgende Ergebnis beschreibt einen 20-Zoll-Monitor:

```
root# xdpyinfo | grep -C 1 dimensions
screen #0:
  dimensions:    1600x1200 pixels (411x311 millimeters)
  resolution:    99x98 dots per inch
```

23. Administration des Dateisystems

Dieses Kapitel beschreibt verschiedene Facetten der Administration des Dateisystems. Das Kapitel richtet sich an fortgeschrittene Linux-Anwender und geht auf die folgenden Themen ein:

» **Wie alles zusammenhängt:** Dieser Abschnitt gibt einen ersten Überblick darüber, wie verschiedene Aspekte des Linux-Dateisystems zusammenhängen.

» **Device-Namen:** Linux-intern werden Festplatten und andere Datenträger sowie deren Partitionen über Device-Dateien wie `/dev/hda` oder `/dev/sdc3` angesprochen. Dieser Abschnitt fasst das Schema für die Nomenklatur und Nummerierung zusammen.

» **Partitionierung der Festplatte:** Die Partitionierung der Festplatte ist ein zentraler Bestandteil der Installation von Linux. Manchmal ist es aber auch im Betrieb von Linux erforderlich, eine neue Partition hinzuzufügen.

» **Dateisystemtypen:** Wenige Betriebssysteme unterstützen so viele Dateisystemtypen wie Linux. Dieser Abschnitt fasst die wichtigsten Varianten zusammen.

» **Verwaltung des Dateisystems:** Hier erfahren Sie, wie einzelne Datenpartitionen manuell in das Dateisystem eingefügt werden (`mount`) und wie dieser Vorgang automatisiert wird (`/etc/fstab`).

» **Linux- und Windows-Dateisysteme:** Mehrere Abschnitte geben Tipps und Hinweise zur Nutzung der Dateisysteme `ext3`, `ext4`, `btrfs`, `xfs`, `vfat` und `ntfs`.

» **CDs/DVDs:** Für Daten-CDs und Daten-DVDs gibt es ebenfalls eigene Dateisystemtypen, die in diesem Abschnitt kurz vorgestellt werden.

» **Externe Datenträger (USB, Firewire):** Wenn Sie eine Firewire-Festplatte oder einen USB-Memorystick anschließen, erscheint zumeist automatisch ein Fenster des Dateimanagers und gibt Ihnen Zugriff auf die Daten. Dieser Abschnitt erklärt, was hinter den Kulissen passiert und wie Sie externe Datenträger bei Bedarf auch manuell nutzen.

» **Swap-Partitionen:** Wenn Linux zur Ausführung der Programme zu wenig Arbeitsspeicher hat, lagert es Teile des Speichers in sogenannte Swap-Partitionen aus.

» **Netzwerk-Dateisysteme:** Sie können auch Verzeichnisse anderer Rechner des lokalen Netzwerks in Ihren Verzeichnisbaum integrieren. Ich gehe in diesem Buch speziell auf die Dateisysteme CIFS (Windows/Samba) und NFS (Unix/Linux) ein.

- **RAID:** Mit RAID (*Redundant Array of Inexpensive/Independent Disks*) verknüpfen Sie die Partitionen mehrerer Festplatten miteinander, um auf diese Weise ein zuverlässigeres und/oder schnelleres Gesamtsystem zu erreichen. Dieser Abschnitt geht kurz auf die Grundlagen von RAID ein und beschreibt dann die Einrichtung eines RAID-0-Systems (Striping).
- **LVM:** Der *Logical Volume Manager* (kurz LVM) ermöglicht eine flexiblere Verwaltung von Partitionen. Mit LVM können Sie beispielsweise Partitionen mehrerer Festplatten zu einer virtuellen Partition vereinen, die Größe von Partitionen im laufenden Betrieb ändern etc.
- **Verschlüsselte Dateisysteme:** Wenn Sie vermeiden möchten, dass unbefugte Personen – etwa nach einem Rechnerdiebstahl – Ihre Daten lesen können, müssen Sie Ihre Dateien bzw. Dateisysteme verschlüsseln. Linux stellt hierfür unterschiedliche Verfahren zur Auswahl, wobei das populärste Verfahren momentan auf dem `dm_crypt`-Kernelmodul basiert.
- **SMART:** Die *Self-Monitoring Analysis and Reporting Technology* (SMART) ermöglicht es, während des Betriebs von Festplatten statistische Daten zu erfassen und auf diese Weise drohende Zuverlässigkeitsprobleme schon zu erkennen, bevor es zu Datenverlusten kommt.

Auch über die Administration von Dateisystemen ließe sich natürlich noch mehr sagen bzw. schreiben. So viel Platz ist hier aber nicht. Stattdessen müssen hier einige Querverweise genügen:

- **Nutzung des Dateisystems:** Kommandos zum Kopieren von Dateien oder zum Erstellen von Backups, Hintergründe zu den Zugriffsrechten von Dateien etc. wurden in diesem Buch bereits in einem eigenen Kapitel ab Seite 255 vorgestellt.
- **Disk-Quotas:** Dabei handelt es sich um ein System, das steuert, wie viel Platz einzelne Benutzer auf der Festplatte beanspruchen dürfen. Wird die Grenze überschritten, können keine neuen Dateien mehr angelegt werden. Eine gute Einführung finden Sie unter:

  http://www.tldp.org/HOWTO/Quota.html
- **Cluster-Dateisysteme:** Cluster-Dateisysteme bzw. globale Dateisysteme verbinden Daten mehrerer Rechner zu einem virtuellen Dateisystem. Damit lassen sich riesige Datenspeicher bilden und von mehreren Rechnern parallel nutzen. Abermals bietet Linux gleich mehrere Verfahren, um derartige Dateisysteme zusammenzustellen, z. B. mit dem OCFS (*Oracle Cluster Filesystem*) oder GFS (*Global Filesystem*):

  http://oss.oracle.com/projects/ocfs2/
  http://sources.redhat.com/cluster/gfs/

23.1 Wie alles zusammenhängt

Die Zusammenhänge bei der Verwaltung des Dateisystems sind bisweilen verwirrend. Dieser Abschnitt versucht, die wichtigsten Zusammenhänge kurz und übersichtlich darzustellen. Um den Text möglichst übersichtlich zu halten, beschränke ich mich hier auf eingebaute Festplatten und gewöhnliche Linux-Dateisysteme. CD- und DVD-Laufwerke, externe Datenträger, LVM- und RAID-Systeme etc. bleiben außen vor.

Festplatten Den eingebauten Festplatten sind unter Linux Device-Dateien zugeordnet. Neuere Distributionen verwenden /dev/sda, /dev/sdb etc. für sämtliche Festplatten. Ältere Distributionen verwenden /dev/hda, /deb/hdb etc. für IDE-Festplatten und /dev/sda, /dev/sdb etc. nur für SATA- und SCSI-Festplatten.

Partitionen Um auf einer Festplatte mehrere, voneinander unabhängige Dateisysteme unterzubringen, muss diese in Abschnitte (Partitionen) unterteilt werden. Auch den Partitionen sind Device-Dateien zugeordnet, beispielsweise /dev/sda1 für die erste Partition der ersten Festplatte. Im Detail ist die Device-Nomenklatur für Partitionen im nächsten Abschnitt zusammengefasst.

Systempartition Beim Start von Linux greift der Kernel als Erstes auf die Systempartition (root-Partition) zu. Deren Device-Name oder die UUID (Universal Unique Identifier) des darauf enthaltenen Dateisystems wird in einem Kernelparameter in der GRUB-Konfigurationsdatei angegeben. Details zum Linux-Startvorgang und zur Konfiguration von GRUB finden Sie in Kapitel 24 ab Seite 647.

Weitere Partitionen Neben der Systempartition, die unbedingt erforderlich ist, kann es weitere Partitionen geben, die bereits beim Start von Linux berücksichtigt werden sollen. Diese Dateien sind in der Datei /etc/fstab verzeichnet. Diese Datei muss sich wiederum in der Systempartition befinden. Sie wird im Rahmen des Init-Prozesses ausgewertet (siehe ab Seite 688).

Konsistenztest Beim Einbinden von Partitionen in den Verzeichnisbaum wird automatisch die Konsistenz der Dateisysteme überprüft. Ist der Rechner zuletzt abgestürzt bzw. wurde er wegen eines Stromausfalls nicht ordnungsgemäß heruntergefahren, kommt es zu einer automatischen Reparatur des Dateisystems oder anderen Sicherheitsmaßnahmen, die weitere Konsistenzfehler oder -schäden verhindern sollen. Ein entsprechender Konsistenztest wird aber auch automatisch nach einer bestimmten Nutzungsdauer durchgeführt. Im Detail ist dieser Vorgang wiederum von der Distribution und der individuellen Konfiguration abhängig.

Verzeichnisbaum statt Laufwerksbuchstaben Während es unter Windows üblich ist, getrennte Dateisysteme über Laufwerksbuchstaben anzusprechen (A:, C:, D: etc.), werden in Linux sämtliche Dateisysteme in einem Verzeichnisbaum zusammengefasst. Der Zugriff auf die Systempartition erfolgt über das Wurzelverzeichnis /. Der Startpunkt aller anderen Dateisysteme kann je nach Distribution und Konfiguration variieren. Üblich sind aber /mnt- oder /media-Unterverzeichnisse, beispielsweise /media/dvd für eine Daten-DVD.

Dateisysteme hinzufügen Es ist möglich, im laufenden Betrieb weitere Dateisysteme in den Verzeichnisbaum einzubinden bzw. wieder daraus lösen. Beim Anstecken eines externen Datenträgers (z. B. eines USB-Sticks) erfolgt das zumeist automatisch. Wenn dieser Automatismus nicht funktioniert bzw. wenn er bewusst deaktiviert wurde, kann root mit den Kommandos mount und umount Dateisysteme auch manuell einbinden bzw. lösen.

Die einzige Konstante ist die Systempartition: Sie kann während des Betriebs nicht aus dem Dateisystem gelöst werden. Das ist erst beim Herunterfahren des Rechners möglich.

Dateisystemtypen Linux unterstützt sehr viele Dateisystemtypen. Die Systempartition muss in einem Linux-Dateisystem vorliegen (z. B. ext3, ext4, btrfs oder xfs). Bei den restlichen Partitionen ist die Auswahl noch größer. Infrage kommen beispielsweise auch Windows-, Unix- oder Apple-Dateisysteme.

23.2 Device-Namen für Festplatten und andere Datenträger

IDE, SATA und SCSI sind die zurzeit üblichen Standards, um einen Computer mit seinen Laufwerken zu verbinden. Tabelle 23.1 fasst die Bedeutung dieser und einiger weiterer Abkürzungen zusammen.

ABKÜRZUNG	BEDEUTUNG
ATA	Advanced Technology Attachment (Schnittstelle zum Anschluss von Festplatten)
ATAPI	ATA Packet Interface (ATA-Erweiterung für CD- und DVD-Laufwerke)
IDE	Integrated Device Electronics (alternative Bezeichnung für PATA)
PATA	Parallel ATA (herkömmliche ATA-Schnittstelle mit paralleler Datenübertragung)
SATA	Serial ATA (neue ATA-Schnittstelle mit serieller Datenübertragung)
SCSI	Small Computer System Interface (Alternative zu IDE/SATA)

Tabelle 23.1: **Glossar**

Kernelinterna Linux-intern erfolgt der Zugriff auf interne und externe Festplatten und deren Partitionen, auf CD- und DVD-Laufwerke sowie auf andere Datenträger über Device-Dateien. Das sind besondere Dateien, die als Schnittstelle zwischen Linux und der Hardware dienen (siehe auch Seite 304).

Diese Device-Dateien benötigen Sie nur zu Verwaltungszwecken, d. h., wenn Sie die Partitionierung einer Festplatte ändern oder eine bestimmte Partition in das Dateisystem einbinden möchten. Im normalen Betrieb greifen Sie auf das gesamte Dateisystem über Verzeichnisse zu. Dabei bezeichnet / den Start des Dateisystems. Einzelne Partitionen können darin an beliebigen Orten eingebunden werden – eine zusätzliche Linux-Partition etwa unter dem Namen `/data`, eine Windows-Partition beispielsweise unter dem Namen `/media/win`.

Im Kernel gibt es zwei grundlegende Treiberfamilien für Festplatten und andere Datenträger:

- IDE: Der IDE-Treiber ist heute nur noch für alte IDE-Festplatten und IDE-DVD/CD-Laufwerke zuständig. Der IDE-Code im Kernel ist relativ alt und wird kaum noch gewartet.
- SCSI: Über das SCSI-System werden nicht nur alle SCSI-Geräte verwaltet, sondern auch alle Laufwerke, die an die Bussysteme SATA, USB oder Firewire angeschlossen sind.

  Seit 2007 werden auch IDE-Festplatten über den SCSI-Treiber angesprochen. Um das zu ermöglichen, erweitert das `libata`-Modul das SCSI-System des Kernels um PATA-Funktionen. Die Vorteile sind naheliegend: Nahezu alle Datenträger werden nun einheitlich und auf der Basis einer gemeinsamen Codebasis behandelt. Lediglich einige alte bzw. exotische Mainboards bzw. Chipsätze sind nicht `libata`-kompatibel und erfordern weiterhin den IDE-Treiber.

Device-Namen Jede vom SCSI-Kerneltreiber verwaltete Festplatte (also auf den meisten PCs *alle* Festplatten und alle Flash-Datenträger) wird mit /dev/sd*xy* benannt, heißen also der Reihe nach /dev/sda, /dev/sdb etc. Bei SATA-Geräten werden der Reihe nach alle genutzten Kanäle mit einem Buchstaben verbunden. Moderne Mainboards sehen zumeist mindestens sechs oder acht Kanäle vor. Wenn beispielsweise zwei Festplatten an die SATA-Kanäle 1 und 3 angeschlossen sind, erhalten diese die

Device-Namen /dev/sda und /dev/sdb. Wenn später eine dritte Festplatte an den Kanal 2 angeschlossen wird, ändert sich der Device-Name der zweiten Festplatte von /dev/sdb in /dev/sdc.

Sofern `libata` im Einsatz ist, werden auch IDE-Geräte der Reihenfolge nach mit /dev/sda, /dev/sdb etc. benannt. Beachten Sie, dass es hier einen wichtigen Unterschied zur früher üblichen IDE-Nomenklatur gibt: Wenn in einem Rechner je eine Festplatte als Master am ersten und zweiten IDE-Kanal angeschlossen ist, am ersten IDE-Kanal aber kein Slave-Gerät angeschlossen ist, lauten die Device-Namen /dev/hda und /dev/hdc. Bei einem `libata`-Kernel erhalten dieselben Festplatten dagegen die Device-Namen /dev/sda und /dev/sdb!

Bei SCSI-Geräten hängt die Reihenfolge von den ID-Nummern der Geräte ab. Löcher in der ID-Reihenfolge werden nicht berücksichtigt. Drei SCSI-Geräte mit den ID-Nummern 0, 2 und 5 bekommen also die Device-Namen /dev/sda bis /dev/sdc. Ähnlich wie bei SATA-Geräten können sich durch eine spätere Konfigurationsänderung die Device-Namen ändern: Wenn ein viertes Gerät mit der ID-Nummer 3 hinzugefügt wird, bekommt dieses den Namen /dev/sdc; das Gerät mit der ID-Nummer 5 wird jetzt als /dev/sdd angesprochen. Wenn gleichzeitig Geräte verschiedener Bussysteme angeschlossen sind, hängt es vom BIOS und von den genutzten PCI-Steckplätzen ab, welches Bussystem zuerst berücksichtigt wird.

Externe USB- und Firewire-Geräte werden wie SCSI-Geräte behandelt, wobei für *x* der erste freie Buchstabe verwendet wird. Für die Zuweisung der Buchstaben ist die Reihenfolge entscheidend, in der die Geräte angeschlossen werden. CD- und DVD-Laufwerke bekommen eigene Device-Namen, je nach Distribution /dev/scd*n* oder /dev/sr*n*.

DEVICE	BEDEUTUNG
/dev/sda	erste Festplatte
/dev/sdb	zweite Festplatte
...	
/dev/scd0 oder /dev/sr0	erstes CD/DVD-Laufwerk
/dev/scd1 oder /dev/sr1	zweites CD/DVD-Laufwerk
...	

Tabelle 23.2:
Devicenamen

IDE-Geräte

Nur wenn das herkömmliche IDE-System zum Einsatz kommt (z. B. bei alten Rechnern oder Distributionen), werden IDE-Festplatten über Device-Dateien der Form /dev/hda, /dev/hdb etc. angesprochen. Für die Reihenfolge von IDE-Geräten ist die interne Verkabelung entscheidend. /dev/hda bezeichnet das erste Gerät (den Master) am ersten IDE-Kanal. /dev/hdb bezeichnet das zweite Gerät (den Slave) am ersten IDE-Kanal. /dev/hdc und /dev/hdd gelten sinngemäß für das Master- und Slave-Gerät am zweiten IDE-Kanal. Es ist durchaus möglich, dass zwei Geräte die Device-Namen /dev/hda und /dev/hdc bekommen, /dev/hdb aber ungenutzt bleibt – nämlich dann, wenn die Geräte jeweils als Master am ersten und am zweiten Kanal angeschlossen sind. CD-ROM- und DVD-Laufwerke am IDE-Bus werden wie Festplatten behandelt.

Partitions-nummern

Für die Nummerierung der Partitionen gilt – unabhängig von IDE oder SCSI –, dass die Ziffern 1 bis 4 für primäre oder erweiterte Partitionen reserviert sind, die Ziffern ab 5 für logische Partitionen innerhalb der erweiterten Partitionen. Aus diesem Grund kommt es recht häufig vor, dass es in der Nummerierung Löcher gibt. Wenn die Festplatte beispielsweise eine primäre, eine erweiterte und drei logische Partitionen aufweist, haben diese die Nummern 1, 2, 5, 6 und 7. Tabelle 23.3 gibt einige Beispiele.

Die Anzahl der Partitionen pro Festplatte ist limitiert: Einerseits sind aus historischen Gründen maximal vier primäre bzw. drei primäre und eine erweiterte Partition zulässig. Andererseits limitiert Linux die Anzahl der verwendbaren logischen Partitionen auf 59 (herkömmliches IDE-System) bzw. 11 (SCSI/SATA/USB/Firewire/IDE mit `libata`). Daraus ergibt sich eine Gesamtanzahl von 63 bzw. 15.

DEVICE	BEDEUTUNG
/dev/sda	die erste SCSI/SATA-Platte (bzw. die erste IDE-Festplatte bei libata-Kernel)
/dev/sda1	die erste primäre Partition dieser Festplatte
/dev/sdd3	die dritte primäre Partition der vierten SCSI/SATA-Platte
/dev/sdd5	die erste logische Partition der vierten SCSI/SATA-Platte
/dev/sdd15	die elfte logische Partition der vierten SCSI/SATA-Platte

Tabelle 23.3: **Beispiele für die Partitions-nummerierung**

Alternative Device-Namen

Wie ich oben bereits erklärt habe, kann sich durch den nachträglichen Einbau weiterer SCSI- oder SATA-Festplatten der Device-Name der bisherigen Geräte ändern. Auch durch die Umstellung vom herkömmlichen IDE-System auf einen `libata`-Kernel ändern sich die Device-Namen. Generell unvorhersehbar sind die Device-Namen schließlich bei externen Geräten. Sie ergeben sich dort aus der Reihenfolge, in der die Geräte angeschlossen werden.

Um trotz variierender Device-Namen einheitlich auf einzelne Geräte bzw. Partitionen zuzugreifen (z. B. in einem Backup-Script), enthält das Verzeichnis /dev/disk zusätzliche Links auf alle Datenträger, die nach verschiedenen Kriterien geordnet sind:

» /dev/disk/by-id/*id* verwendet IDs, die sich aus dem Bussystem, dem Gerätenamen und einer Modell- oder Seriennummer zusammensetzen.

» /dev/disk/by-label/*label* verwendet den Namen, der dem Dateisystem gegeben wurde.

» /dev/disk/by-path/*path* verwendet einen Pfadnamen, der sich aus der PCI-Schnittstelle, dem Bussystem und der Partitionsnummer ergibt. Vorsicht: Wenn ein USB- oder Firewire-Gerät beim nächsten Mal an einen anderen USB-Stecker angeschlossen wird, ändert sich sein Pfadname!

» /dev/disk/by-uuid/*uuid* verwendet die UUIDs der Dateisysteme. UUIDs (Universal Unique Identifier) sind eindeutige ID-Nummern, die einem Dateisystem beim Formatieren zugeordnet werden. UUIDs ermöglichen eine zweifelsfreie Identifizierung von Dateisystemen auch nach einer Änderung an der Hardware-Konfiguration.

Die Anzahl der Links in den /dev/disk-Verzeichnissen variiert. /dev/disk/by-label und by-uuid enthalten beispielsweise nur Links auf Partitionen, die benannt sind bzw. eine UUID haben. Für die automatische Erzeugung der Links ist das udev-System verantwortlich (siehe auch Seite 305). Das folgende `ls`-Kommando zeigt beispielhaft die Links eines Testsystems mit einer SATA-Festplatte, einem USB-Stick und einer CF-Card (ebenfalls über USB). Um die Lesbarkeit zu erhöhen, habe ich die Zeilen ein wenig eingerückt und die Informationen zu den Zugriffsrechten entfernt.

```
user$  cd /dev/
user$  ls -lR disk/
disk/by-id:
   scsi-SATA_ST3320620AS_5QF194H9              -> ../../sda
   scsi-SATA_ST3320620AS_5QF194H9-part1        -> ../../sda1
   scsi-SATA_ST3320620AS_5QF194H9-part2        -> ../../sda2
   scsi-SATA_ST3320620AS_5QF194H9-part3        -> ../../sda3
   scsi-SATA_ST3320620AS_5QF194H9-part4        -> ../../sda4
   scsi-SATA_ST3320620AS_5QF194H9-part5        -> ../../sda5
   usb-Generic_USB_CF_Reader_058F312D81B       -> ../../sdc
   usb-Generic_USB_MS_Reader_058F312D81B       -> ../../sde
   ...

disk/by-path:
   pci-0000:00:1d.7-usb-0:5:1.0-scsi-0:0:0:1   -> ../../sdc
   pci-0000:00:1d.7-usb-0:5:1.0-scsi-0:0:0:3   -> ../../sde
   pci-0000:00:1f.2-scsi-0:0:0:0               -> ../../sda
   pci-0000:00:1f.2-scsi-0:0:0:0-part1         -> ../../sda1
   pci-0000:00:1f.2-scsi-0:0:0:0-part2         -> ../../sda2
   pci-0000:00:1f.2-scsi-0:0:0:0-part3         -> ../../sda3
   pci-0000:00:1f.2-scsi-0:0:0:0-part4         -> ../../sda4
   pci-0000:00:1f.2-scsi-0:0:0:0-part5         -> ../../sda5

disk/by-uuid:
   008f06ef-28be-45c9-acbc-20cda51f712b        -> ../../sda2
   06efc09c-9a3e-4668-81d7-8925c380889e        -> ../../sda5
   366CA8D16CA88D65                            -> ../../sda1
   e35139a5-5871-48fe-9191-df0d003e4ed5        -> ../../sda3
```

23.3 Partitionierung der Festplatte

Achtung

Partitionierungsprogramme können den Inhalt Ihrer gesamten Festplatte zerstören! Lesen Sie diesen Abschnitt vollständig, bevor Sie Partitionierungswerkzeuge einsetzen! Sie dürfen nie eine Partition verändern, die momentan verwendet wird, d. h., deren Dateisystem in den Verzeichnisbaum eingebunden bzw. »gemountet« ist!

Der Start von Windows Vista bzw. von neueren Windows-Versionen setzt voraus, dass die Windows-Partition mit Sektor 2048 beginnt, sodass das erste MByte der Festplatte für den MBR und den Bootloader frei bleibt. (In der Vergangenheit war sowohl für Windows als auch für Linux der Sektor 64 der übliche Startpunkt.)

Während der Installation bietet beinahe jede Linux-Distribution einfach zu bedienende Werkzeuge zur Partitionierung der Festplatte. Aber nur bei wenigen Distributionen stehen diese Werkzeuge auch im laufenden Betrieb zur Verfügung – z. B. bei SUSE das YAST-Modul SYSTEM|PARTITIONIEREN.

Ansonsten haben Sie, wenn Sie nach der Installation Änderungen an der Partitionierung durchführen möchten, die Wahl zwischen einer ganzen Palette von Partitionierwerkzeugen: Zu den wichtigsten Vertretern zählen die textorientierten Kommandos `fdisk` oder `parted` sowie das grafische Programm `gparted`.

Hintergrundinformationen zu Partitionen und Partitionstypen finden Sie auf Seite 45. Wie Partitionen unter Linux benannt und nummeriert sind, wird auf Seite 566 beschrieben.

Wenn Sie häufig Änderungen an der Partitionierung durchführen müssen, sollten Sie sich unbedingt mit LVM anfreunden (siehe Seite 633): LVM fügt eine virtuelle Ebene zwischen den physikalischen Partitionen der Festplatte und den für Dateisysteme genutzten Partitionen ein und vereinfacht nachträgliche Änderungen ungemein.

Grundregeln

Unabhängig vom eingesetzten Werkzeug müssen Sie einige Grundregeln beachten:

» Es ist unmöglich, im laufenden Betrieb Änderungen an der Systempartition durchzuführen. Wenn Sie beispielsweise die Systempartition vergrößern möchten, starten Sie den Rechner am besten mit einer Live-CD. Besonders gut geeignet sind die für die Festplattenpartitionierung optimierten Minidistributionen GParted-Live-CD, Parted Magic und SystemRescueCd:

  http://gparted.sourceforge.net/livecd.php
  http://partedmagic.com/
  http://www.sysresccd.org/

» Eine Größenveränderung ist grundsätzlich nur bei der letzten Partition der Festplatte möglich. Sie können Partitionen nicht auf der Festplatte »verschieben«.

» Wenn Sie die Größe der letzten Partition ändern, verändert sich damit *nicht* automatisch auch die Größe des darauf enthaltenen Dateisystems! Dazu sind weitere Kommandos erforderlich, die je nach Dateisystemtyp variieren.

» Die Anzahl der Partitionen pro Festplatte ist auf 15 limitiert. Eine dieser Partitionen ist die erweiterte Partition, die zwar andere Partitionen, aber nicht direkt Daten bzw. ein Dateisystem aufnehmen kann. Damit reduziert sich die Maximalanzahl auf 3 primäre und 11 logische Partitionen. (Wenn Ihnen das zu wenig ist, müssen Sie LVM einsetzen.)

» Wenn Sie die Partitionierung einer Festplatte ändern, die momentan genutzt wird (z. B. weil eine Partition die Systempartition Ihrer Linux-Distribution ist), fordert das Partitionierungsprogramm Sie anschließend dazu auf, den Rechner neu zu starten. Bei `fdisk` lautet die Warnung so: *Re-read table failed with error 16: Device or resource busy. Reboot your system to ensure the partition table is updated.*

  Der Grund besteht darin, dass der Linux-Kernel nicht in der Lage ist, im laufenden Betrieb die Partitionierungstabelle neu einzulesen. Die Änderungen wurden also gespeichert, werden aber erst nach einem Neustart aktiv. Sie *müssen* Linux neu starten, bevor Sie die geänderte Partitionierung nutzen können.

Sektoren, Spuren, Zylinder und Blöcke

Aus historischen Gründen kommen bei Festplatten merkwürdig anmutende Maßeinheiten zur Anwendung:

- **Sektor** (512 Byte): Die kleinste Dateneinheit auf einer Festplatte ist ein Sektor, der aus 512 Byte besteht. Einige neue Festplatten verwenden intern größere Sektoren von 4 kByte, melden aus Kompatibilitätsgründen aber weiterhin eine Sektorgröße von 512 Byte. Tipps zum Umgang mit solchen Festplatten folgen im nächsten Abschnitt.
- **Spur** (Track, 32.256 Byte): Eine »Spur« besteht bei allen modernen Festplatten aus 63 Sektoren, woraus sich 63 * 512 = 32.256 Byte ergeben. Ursprünglich gab die Sektorenanzahl an, wie viele Sektoren sich auf einer Kreisbahn auf einer Festplatte befanden. Heute ist die Zahl fiktiv. Der Wert 63 ist der größte zulässige Wert, weil vor vielen Jahren zur Speicherung der Sektoranzahl nur 6 Bit vorgesehen wurden.
- **Zylinder** (8.225.280 Byte, rund 7,8 MByte): Die Zylindergröße ergibt sich aus der Spurgröße multipliziert mit der Anzahl der Leseköpfe. Dabei wird bei großen Festplatten unter Linux eine fiktive Kopfanzahl von 255 angenommen, woraus sich eine Zylindergröße von 255 * 32,256 = 8.225.280 Byte ergibt. 255 ist abermals die größtmögliche Anzahl, weil für das Feld nur 8 Bit vorgesehen sind.

  Die Anzahl der Zylinder ergibt sich aus der Kapazität der Festplatte dividiert durch die Zylindergröße. Eine Festplatte mit 1 TByte hat in der Regel rund 1.000.000.000.000 = 10^{12} Byte Platz, woraus sich dann rund 121.600 Zylinder ergeben. (Die Festplattenhersteller rechnen lieber dezimal als binär, weil sich daraus scheinbar größere Kapazitäten ergeben. Binär gerechnet würde ein TByte nämlich 2^{40} = 1.099.511.627.776 Byte beanspruchen, also etwa 10 Prozent mehr als das dezimale TByte!)

Früher spiegelten diese Begriffe den pyhysikalischen Aufbau der Festplatte wider. Das ist schon lange nicht mehr der Fall – weder bei herkömmlichen Festplatten, geschweige denn bei SSDs. Allerdings wird in manchen Partitionierungswerkzeugen noch immer in diesen Maßeinheiten gerechnet, insbesondere in `fdisk`. Für den Betrieb von Linux sind die Zylindergrenzen freilich vollkommen irrelevant; eine Partition darf durchaus mitten in einem (ohnedies fiktiven) Zylinder beginnen!

Was ist ein Block?

Aufpassen müssen Sie auch, wenn von »Blöcken« die Rede ist. Zumeist gilt dabei die im Linux-Kernel vorgesehe Blockgröße von 1024 Byte (z. B. bei den Kommandos `df`, `du` und `fdisk`). Dateisysteme verwenden allerdings zur internen Organisation der Daten wesentlich größere Blöcke: Üblich sind 4096 Byte = 4 kByte oder ein Vielfaches davon.

Performance-Tuning für SSDs

Aus Performance-Gründen ist die Ausrichtung von Partitionen an Zylindergrenzen übrigens nicht immer optimal, zumindest solange sich die fiktiven Zylinder wie unter Linux üblich aus 63 * 255 Sektoren zusammensetzen. Windows Vista und neuere Windows-Versionen berechnen die Zylinder mit 63 * 240 Sektoren, womit die Zylindergröße ein Vielfaches von 4 kByte beträgt. Bei Festplatten mit 4-kByte-Sektoren ist durch diese Rechenweise sichergestellt, dass jeder Datenblock des Dateisystems genau mit einem Sektor der Festplatte übereinstimmt.

Für SSDs wäre es möglicherweise noch günstiger, mit 56 * 226 Sektoren zu rechnen, womit die Zylindergröße ein Vielfaches von 128 kByte beträgt. Es ist allerdings zweifelhaft, ob der Kernelcode entsprechend angepasst wird und ob die eventuell daraus resultierenden Performance-Steigerungen der Mühe wert wären. Hintergründe zu diesen Berechnungen, die beinahe nach moderner Zahlenmystik anmuten, finden Sie hier:

http://tytso.livejournal.com/tag/ssd

Festplatten mit 4-kByte-Sektoren

Neue Festplatten verwenden statt der jahrzehntelang üblichen 512-Byte-Sektoren längere Sektoren von 4096 Byte (4 kByte). Das hat viele Vorteile, unter anderen eine höhere Geschwindigkeit und eine höhere Festplattenkapazität. Aus Kompatibilitätsgründen melden aber auch Festplatten mit 4 kByte-Sektoren eine 512-Byte-Sektorgröße an das Betriebssystem.

Um Festplatten mit 4-kByte-Sektoren effizient zu nutzen, müssen Partitionen so eingerichtet werden, dass die Startposition jeder Partition ein Vielfaches von 4 kByte beträgt. Ist das nicht der Fall und will das Dateisystem einen 4-kByte-Bereich verändern, muss die Festplatte zwei 4-kByte-Sektoren lesen, modifizieren und schreiben. Das würde Schreibvorgänge massiv bremsen.

In der Vergangenheit war es üblich, dass die erste Partition mit dem Sektor 63 begann (also an der Position 63 * 512 Byte). Wenn Sie ältere Windows-Versionen (Windows XP und früher) einsetzen, ist das noch immer erforderlich! Für die Verwendung von Festplatten mit 4 kByte-Sektoren ist das aber nicht optimal, weswegen manche Festplattenhersteller spezielle Low-Level-Formatier-Tools anbieten. Damit können Sie die Festplatte so neu formatieren, dass der 63. Sektor intern auf einer 4-kByte-Grenze liegt. Damit erzielen Sie dann unter Windows XP eine optimale Geschwindigkeit, nicht aber mit neueren Betriebssystemen. Ich gehe in diesem Buch davon aus, dass die Festplatte nicht Windows-XP-spezifisch neu formatiert wurde!

Neuere Betriebssysteme nehmen bereits Rücksicht auf die neue Sektorgröße. Beispielsweise richten aktuelle Versionen von Fedora, openSUSE, Ubuntu und Windows die Partitionsgrenzen bei Vielfachen von 1 MByte aus. Das ist allerdings inkompatibel zu Windows XP und kann zu Problemen führen, wenn Sie auf der Festplatte parallel auch Windows XP installieren möchten! Wenn Sie selbst Partitionen einrichten und Programme verwenden, die mit 512-Byte-Sektoren rechnen (z. B. `fdisk`, wenn Sie keine zusätzlichen Optionen angeben), müssen Sie darauf achten, dass die Partitionsgrenzen ein Vielfaches von 8 Sektoren betragen.

Technische Hintergründe zur optimalen Nutzung von Festplatten mit 4-kByte-Sektoren können Sie hier nachlesen:

http://lwn.net/Articles/377895/
http://www.heise.de/open/artikel/Kernel-Log-Linux-und-Festplatten-mit-4-KByte-Sektoren-938237.html

Größenanpassung der erweiterten Partition

Die in diesem Abschnitt vorgestellten Partitionierungswerkzeuge, aber auch die während einer Linux-Installation eingesetzten Partitionierungshilfen unterscheiden sich in einem entscheidenden Punkt: Manche Werkzeuge belassen die erweiterte Partition so, wie Sie sie ursprünglich eingerichtet haben. Ich bezeichne diese Programme hier als Typ 1. Dazu zählen `fdisk`, `parted`, die Installationsprogramme von Fedora, Red Hat und SUSE sowie die Partitionierwerkzeuge von Windows.

Andere Programme passen die Größe der erweiterten Partition dagegen automatisch so an, dass alle logischen Partitionen exakt darin Platz haben (Typ 2). Dazu zählen die Installationsprogramme von Debian, Mandriva und Ubuntu.

Beide Vorgehensweisen sind an sich in Ordnung, problematisch ist nur der Mischbetrieb: Beispielsweise erzeugen Sie mit einem Werkzeug des Typs 2 eine neue, logische Partition. Bei dieser Gelegenheit verkleinert das Programm die erweiterte Partition. Wenn Sie anschließend mit einem Werkzeug des Typs 1 versuchen, eine weitere logische Partition anzulegen, meldet dieses, dass die erweiterte Partition schon voll ist. Programme des Typs 1 sind mit der Ausnahme von `parted` nicht in der Lage, die Größe erweiterter Partitionen zu ändern, wenn sich darin bereits logische Partitionen befinden.

Abhilfe: Starten Sie nochmals ein Programm des Typs 2, und ändern Sie die Partitionierung. Sie können auch mit einem Typ-2-Partitionierwerkzeug eine ausreichend große logische Platzhalterpartition erzeugen. Damit vergrößert sich automatisch die erweiterte Partition. Anschließend löschen Sie die Platzhalterpartition mit einem Partitionierungsprogramm des Typs 1 und können nun den freien Platz in der erweiterten Partition nutzen.

fdisk

`fdisk` zählt zu den ältesten Linux-Partitionierprogrammen. Die Benutzeroberfläche ist zwar altmodisch, dafür ist das Programm ausgereift und vor allem bei langjährigen Linux-Anwendern beliebt.

Start

`fdisk` kann immer nur eine Festplatte bearbeiten, deren Device-Name beim Start angegeben werden muss (z. B. /dev/sdc für die dritte SATA/SCSI-Festplatte). Wenn Sie stattdessen die Option `-l` übergeben, zeigt `fdisk` eine Liste aller Partitionen auf allen Festplatten an. Nach dem Start liefert [M] *(menu)* eine kurze Übersicht der zur Verfügung stehenden Kommandos. [P] *(print)* zeigt eine Liste der Partitionen an, die zurzeit auf der ausgewählten Festplatte vorhanden sind.

Hinweis

Bei modernen Festplatten mit 4-kByte-Sektoren müssen Sie `fdisk` mit den Optionen `-c -u` starten. Mit `-c` nimmt `fdisk` keine Rücksicht auf die Kompatibilität zu DOS sowie zu älteren Windows-Versionen (bis einschließlich Windows XP). Das ermöglicht eine optimale Ausrichtung der Partitionsgrenzen. Mit `-u` rechnet `fdisk` nicht in Zylindern, sondern in Sektoren. Beachten Sie aber, dass auch neue Festplatten mit 4-kByte-Sektoren an das Betriebssystem eine Sektorgröße von 512 Byte melden. Deswegen rechnet `fdisk` auch bei neuen Festplatten mit einer Sektorgröße von 512 Byte!

Neue Partition erstellen

Mit [N] *(new)* richten Sie neue Festplattenpartitionen ein. Dabei können maximal vier primäre Partitionen eingerichtet werden. Wenn mehr als vier Partitionen verwaltet werden sollen, muss eine der vier primären Partitionen als erweitert *(extended)* deklariert werden. Im Bereich der erweiterten

Partition dürfen dann bis zu elf logische Partitionen eingerichtet werden. Falls beim Einrichten einer neuen Festplattenpartition unterschiedliche Typen infrage kommen (primär, erweitert oder logisch), antwortet `fdisk` mit einer zusätzlichen Rückfrage bezüglich des Partitionstyps.

Nachdem geklärt ist, welchen Typ die neue Partition haben soll, fragt das Programm, an welcher Stelle die Partition beginnen soll (normalerweise beim ersten freien Zylinder) und wie groß sie sein soll (Endzylinder). Die Größenangabe kann auch bequemer in der Form +*n*M oder +*n*G erfolgen (also +50G für eine 50 GByte große Partition).

Nach der Definition einer neuen Partition kann die gesamte Partitionstabelle mit [P] (*print*) angezeigt werden. Anschließend können weitere Partitionen definiert und bereits definierte Partitionen wieder gelöscht werden etc.

Partitions-ID

`fdisk` erzeugt neue Partitionen immer vom Typ *Linux native* (ID-Nummer 83). Wenn Sie einen anderen Typ benötigen, müssen Sie die ID-Nummer der neu eingerichteten Partition mit [T] (*type*) ändern. Übliche ID-Nummern in hexadezimaler Schreibweise sind:

82: Linux-Swap-Partition
83: Linux-Dateisystem (für alle Linux-Dateisysteme: `ext`, `reiser`, `xfs` etc.)
8e: Linux-LVM-Partition
fd: Linux-RAID-Partition

Eine Liste aller verfügbaren ID-Nummern erhalten Sie mit [L]. Die Liste enthält auch die Codes für zahllose andere Betriebssysteme (DOS, Windows, UNIX etc.).

Änderungen speichern

`fdisk` führt sämtliche Änderungen erst dann aus, wenn Sie das Kommando [W] (*write*) ausführen. Vorher können Sie mit [V] (*verify*) überprüfen, ob alle internen Informationen mit der Platte übereinstimmen. Das ist eine zusätzliche Sicherheitskontrolle. Normalerweise besteht die Reaktion auf [V] nur darin, dass die Anzahl der von keiner primären oder logischen Partition erfassten (also noch ungenutzten) Sektoren zu je 512 Byte angezeigt wird.

Wenn Sie sich unsicher sind, können Sie `fdisk` jederzeit mit [Q] (*quit*) oder auch mit [Strg]+[C] verlassen – Ihre Festplatte bleibt dann so, wie sie ist.

Hinweis

Die mit `fdisk` eingerichteten Partitionen sind noch leer, d. h., `fdisk` installiert kein Dateisystem! Die Kommandos zur Einrichtung eines Dateisystems hängen vom gewünschten Dateisystem ab – etwa `mkfs.ext3` für ein `ext3`-Dateisystem. Die Kommandos wurden in den vorangegangenen Abschnitten vorgestellt. Falls Sie eine Swap-Partition manuell einrichten möchten, finden Sie diesbezügliche Informationen auf Seite 622.

Partition vergrößern

`fdisk` kann grundsätzlich die Größe einer existierenden Partition nicht verändern. Die einzige Ausnahme liegt dann vor, wenn die zu ändernde Partition die letzte Partition auf der Festplatte ist (bzw. die letzte logische Partition innerhalb einer erweiterten Partition) und dahinter noch Platz frei ist. In diesem Fall können Sie diese Partition löschen und anschließend vergrößert neu anlegen.

`fdisk` verändert nur die Partitionstabelle, lässt die eigentlichen Daten auf der Festplatte aber unberührt. Das bedeutet, dass das Dateisystem in der vergrößerten Partition nicht mitwächst. Damit ist nun ein Teil der Partition ungenutzt. Eine Vergrößerung des Dateisystems ist nur bei manchen Dateisystemen möglich (siehe Seite 598).

Generell ist die Veränderung einer Partition bzw. eines Dateisystems eine sehr gefährliche Operation, die nur Linux-Profis zu empfehlen ist! Führen Sie nach Möglichkeit vorher ein Backup durch!

TASTENKÜRZEL	BEDEUTUNG
D	Partition löschen (*delete*)
L	Partitions-ID-Nummer anzeigen (*list*)
M	Online-Hilfe (*menu*)
N	neue Partition anlegen (*new*)
P	Partitionsliste anzeigen (*print*)
Q	Programm beenden (ohne die Partitionstabelle zu verändern; *quit*)
T	Partitionstyp verändern
U	Maßeinheit zwischen Zylindern und Sektoren umschalten (*unit*)
V	Partitionstabelle überprüfen (*verify*)
W	Partitionstabelle ändern (*write*)

Tabelle 23.4: **fdisk-Tastenkürzel**

Beispiel

Das folgende Beispiel zeigt die Erstellung einer neuen Partition auf einer Festplatte mit 4-kByte-Sektoren. Das Kommando P gibt Auskunft über den aktuellen Zustand der Festplatte. Die Festplatte ist 255 * 63 * 182401 * 512 Byte = ca. 1,36 TByte groß. (Wenn man wie die Festplattenhersteller rechnet, also mit 1 TByte = 10^{12} Byte, dann ergeben sich 1,5 TByte. Ich rechne hier aber wie fdisk mit 2er-Potenzen, also mit 1 kByte = 2^{10} Byte, 1 TByte = 2^{40} Byte.)

Anfänglich sind zwei primäre Partitionen vorhanden. Die erste Partition beginnt bei Sektor 2048 bzw. an der Byte-Position 2048*512 Byte = 1 MByte. Diese Partition ist 48.827.392 Blöcke groß (ein »Block« ist 1024 Byte), also 48.827.392 * 1024 Byte = ca. 46,6 GByte. Die zweite Partition beginnt bei Sektor 97.656.832, exakt 47.684 MByte nach dem Beginn der Festplatte. Die Partitionen sind also auf 1-MByte-Grenzen ausgerichtet. Diese Partition ist 1.952.768 * 1024 Byte = ca. 1,9 GByte groß.

```
root# fdisk -c -u /dev/sda
Befehl (m für Hilfe):  p
Platte /dev/sda: 1500.3 GByte, 1500301910016 Byte
255 Köpfe, 63 Sektoren/Spur, 182401 Zylinder, zusammen 2930277168 Sektoren
Einheiten = Sektoren von 1 × 512 = 512 Bytes
Sector size (logical/physical): 512 bytes / 512 bytes
I/O size (minimum/optimal): 512 bytes / 512 bytes
Disk identifier: 0x0004b057

   Gerät  boot.     Anfang        Ende      Blöcke   Id  System
/dev/sda1   *         2048    97656831    48827392   83  Linux
/dev/sda2         97656832   101562367     1952768   82  Linux Swap / Solaris
```

N erzeugt nun eine neue, primäre Partition. Als Startzylinder wird der erste freie Zylinder gewählt. Anstatt den Endzylinder anzugeben, bewirkt +30G, dass die Partition 30 GByte groß wird.

```
Befehl (m für Hilfe):  n
Befehl  Aktion
   e      Erweiterte
   p      Primäre Partition (1-4)
p
Partitionsnummer (1-4):  3
Erster Sektor (101562368-2930277167, Vorgabe: 101562368):  <return>
Benutze den Standardwert 101562368
Last Sektor, +Sektoren or +sizeK,M,G (101562368-2930277167,
  Vorgabe: 2930277167):  +30G

Befehl (m für Hilfe):  p
   Gerät  boot.     Anfang        Ende       Blöcke   Id  System
/dev/sda1   *         2048    97656831     48827392   83  Linux
/dev/sda2         97656832   101562367      1952768   82  Linux Swap / Solaris
/dev/sda3        101562368   164476927     31457280   83  Linux
```

Mit [W] wird die geänderte Partitionstabelle gespeichert. Da einige andere Partitionen der Festplatte zurzeit genutzt werden, gelingt es nicht, die neue Tabelle korrekt einzulesen. Der Rechner muss also neu gestartet werden, bevor die neue Partition genutzt wird.

```
Befehl (m für Hilfe):  w
Die Partitionstabelle wurde verändert!
Rufe ioctl() um Partitionstabelle neu einzulesen.
WARNING: Re-reading the partition table failed with error 16: Device or
resource busy. The kernel still uses the old table. The new table will be
used at the next reboot or after you run partprobe(8) or kpartx(8)
Synchronisiere Platten.
```

parted

Die Bedienung von parted ist noch umständlicher als die von fdisk. Ein weiterer Nachteil besteht darin, dass jede Änderung sofort ausgeführt wird, nicht erst explizit durch eine Aufforderung zum Speichern. Der größte Vorteil von parted besteht darin, dass das Programm im Gegensatz zu fdisk auch mit GUID Partition Tables (GPTs) zurechtkommt. Details zu den vielen Funktionen von parted finden Sie unter:

http://www.gnu.org/software/parted/

Start Beim Start von parted geben Sie das Festplatten-Device an. [H] führt zur Anzeige der zur Auswahl stehenden Kommandos. H *kommando* liefert einen knappen Hilfetext zu den einzelnen Kommandos. [P] zeigt die Partitionstabelle an – hier für eine 1,5-GByte-Festplatte, die bereits drei Partitionen enthält:

```
root#  parted /dev/sda
(parted)  print
Modell: ATA WDC WD15EARS-00Z (scsi)
Festplatte  /dev/sda:  1500GB
```

```
Sektorgröße (logisch/physisch): 512B/512B
Partitionstabelle: msdos

Anzahl  Beginn  Ende    Größe   Typ      Dateisystem     Flags
 1      1049kB  50,0GB  50,0GB  primary  ext4            boot
 2      50,0GB  52,0GB  2000MB  primary  linux-swap(v1)
 3      52,0GB  84,2GB  32,2GB  primary
```

parted rechnet standardmäßig dezimal (also 1 GByte = 10^9 Byte). Sie können aber mit unit KiB, MiB, GiB oder TiB alle Angaben in binäre kByte, MByte, GByte oder TByte umrechnen:

```
(parted) unit MiB
(parted) print
...
Festplatte /dev/sda: 1397GiB
...
Anzahl  Beginn    Ende      Größe     Typ      Dateisystem     Flags
 1      1,00MiB   47684MiB  47683MiB  primary  ext4            boot
 2      47684MiB  49591MiB  1907MiB   primary  linux-swap(v1)
 3      49591MiB  80311MiB  30720MiB  primary
```

Bedienung

Mit den Kommandos mkpart bzw. rm erzeugen bzw. löschen Sie Partitionen. Bei mkpart müssen Sie die gewünschte Start- und Endposition der neuen Partition angeben. (Es ist leider nicht möglich, die gewünschte Partitionsgröße anzugeben, damit sich parted die Start- und Endposition selbst ausrechnet.) Dabei gilt GB als Kürzel für ein dezimales GByte (also 10^9 Byte), GiB als Kürzel für ein binäres GByte (2^{30} Byte).

Falls Sie eine logische Partition erzeugen, müssen Sie vorher eine erweiterte Partition anlegen oder vergrößern. Kommandos zur Veränderung von Partitionen erwarten als Parameter immer die sogenannte *minor*-Nummer des Devices – also z. B. 7 für /dev/sda7.

Wenn Sie die neue Partition als Swap-Partition oder als Teil eines LVM- oder RAID-Systems nutzen möchten, müssen Sie den Partitionstyp entsprechend einstellen. Das erforderliche Kommando lautet set *partitionsnummer attributname* on. Mögliche Attribute sind unter anderem boot, swap, lvm und raid.

Beispiel

Die folgenden Kommandos richten zuerst eine erweiterte und dann darin eine logische Partition mit einem ext4-Dateisystem ein. Die erweiterte Partition soll an Partition 3 anschließen und bis zum Ende der Festplatte reichen. (Negative Positionsangaben gelten relativ vom Ende der Festplatte.) Die logische Partition soll ca. 40 GByte groß werden.

```
(parted) mkpart extended 80311MiB -0
Warnung: WARNING: the kernel failed to re-read the partition table on
/dev/sda (Device or resource busy).  As a result, it may not reflect all of
your changes until after reboot.
(parted) mkpart logical 80312MiB 120000MiB
(parted) print
Anzahl  Beginn   Ende      Größe     Typ      Dateisystem    Flags
 1      1,00MiB  47684MiB  47683MiB  primary  ext4           boot
```

```
2      47684MiB  49591MiB    1907MiB     primary   linux-swap(v1)
3      49591MiB  80311MiB    30720MiB    primary
4      80311MiB  1430799MiB  1350488MiB  extended                    lba
5      80312MiB  120000MiB   39688MiB    logical
(parted) quit
```

sfdisk

sfdisk ist im Vergleich zu fdisk und parted ein relativ simples Kommando: Sie können damit die Partitionen einer Festplatte auflisten und eine Festplatte, basierend auf einer in Textform vorliegenden Partitionierungstabelle, neu partitionieren. Eine interaktive Bedienung ist nicht vorgesehen. Attraktiv ist der Einsatz von sfdisk vor allem dann, wenn Sie – z. B. für eine RAID-Konfiguration – die Partitionierung einer Festplatte exakt auf eine zweite Festplatte übertragen möchten.

Beispiel Im folgenden Beispiel ermittelt sfdisk-d /dev/sda eine für sfdisk lesbare Partitionsliste der ersten Festplatte. | gibt diese Liste an ein zweites sfdisk-Kommando weiter, das die zweite Festplatte entsprechend formatiert:

```
root# sfdisk -d /dev/sda | sfdisk /dev/sdb
```

Bei meinen Tests beschwerte sich sfdisk bisweilen, dass die zweite Festplatte in Verwendung sei. Nachdem ich mich vergewissert hatte, dass das nicht der Fall war (unter anderem durch dmesg | grep sdb), habe ich beim zweiten sfdisk-Kommando die Option --force verwendet. Anschließend war ein Neustart des Rechners erforderlich, damit der Kernel die neue Partitionierung der zweiten Festplatte akzeptierte:

```
root# sfdisk -d /dev/sda | sfdisk --force /dev/sdb
root# reboot
```

Die Option --force müssen Sie auch einsetzen, wenn sich sfdisk darüber beklagt, dass eine Partition nicht exakt auf einer Zylindergrenze endet. Für Linux und die meisten anderen Betriebssysteme bilden die Zylindergrenzen eine willkürliche Unterteilung der Festplatte, die für den Betrieb nicht relevant ist.

gparted

Zu parted gibt es die grafische Benutzeroberfläche gparted. Das Programm kann nur Partitionen verändern, die momentan unbenutzt sind, die also nicht in den Verzeichnisbaum eingebunden sind. Alle benutzten Partitionen werden im Programm mit einem Vorhängeschloss gekennzeichnet, und die Bearbeitungsbuttons sind gesperrt. Abhilfe: Starten Sie gparted von einer Linux-Live-CD.

Anders als parted merkt sich gparted alle Aktionen, führt diese aber vorerst nicht aus. BEARBEITEN|RÜCKGÄNGIG widerruft die Aktionen, BEARBEITEN|AUSFÜHREN führt sie endgültig aus.

gparted ist leider nicht in der Lage, LVM- oder RAID-Partitionen einzurichten. Entsprechende Flags werden zwar angezeigt, können aber nicht verändert werden.

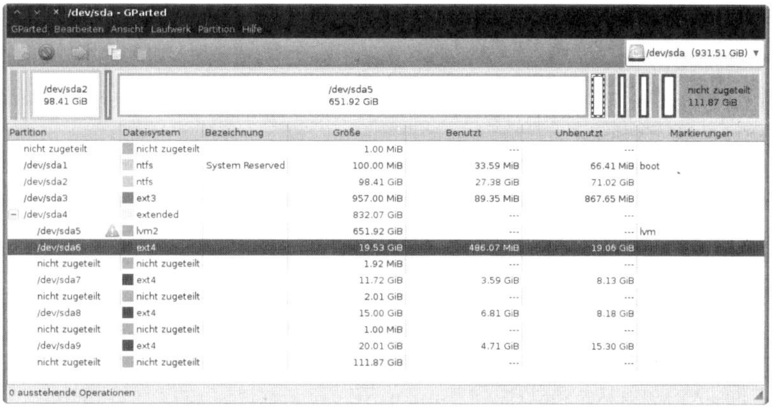

Abbildung 23.1: **gparted**

Unter SUSE können Sie als Alternative zu `gparted` auch das YaST-Modul SYSTEM|PARTITIONIEREN einsetzen. Bei den meisten anderen Distributionen fehlt ein vergleichbares Werkzeug, was insofern verwunderlich ist, als dass das Installationsprogramm ja die entsprechenden Funktionen bietet.

Palimpsest

Noch mehr Komfort und Funktionen als `gparted` bietet das Gnome-Programm Palimpsest (siehe Abbildung 23.2): Damit können Sie nicht nur die Partitionierung der Festplatte ändern, sondern auch LVM-Partitionen (Logical Volumes) verwalten, Software-RAIDs einrichten (DATEI|ERSTELLE|RAID-ANORDNUNG) etc.

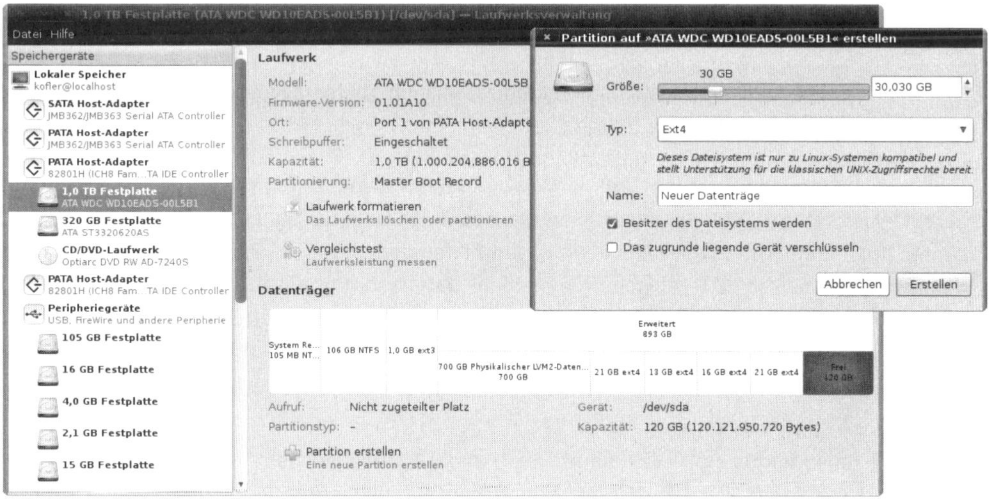

Abbildung 23.2: **Palimpsest**

Sie starten das Programm mit SYSTEM|SYSTEMVERWALTUNG|LAUFWERKSVERWALTUNG oder mit [Alt]+[F2] `palimpsest`. Es listet nun alle Controller, deren Festplatten sowie alle externen Peripheriegeräte auf. Merkwürdigerweise sind dort auch die Logical Volumes enthalten. Via SSH können Sie mit

Palimpsest sogar die Partitionierung eines anderen Rechners im Netzwerk verändern. (Diese Funktion hat bei meinen Tests allerdings versagt.)

Nachdem Sie eine Partition ausgewählt haben, können Sie das darin enthaltene Dateisystem überprüfen, löschen (d. h. neu formatieren) oder in den Verzeichnisbaum einhängen. Sie können das Programm auch dazu verwenden, um auf einem USB-Stick ein Linux- oder Windows-Dateisystem einzurichten. Mit Palimpsest können Sie schließlich den SMART-Zustand einer Festplatte überprüfen (siehe Abschnitt 23.17 ab Seite 637).

23.4 Dateisystemtypen

Dieser Abschnitt gibt einen Überblick über die Dateisystemtypen, die unter Linux genutzt werden können. Auf einige besonders wichtige Dateisystemtypen gehe ich im weiteren Verlauf dieses Kapitels dann detaillierter ein: ext2 bis ext4, `btrfs`, `xfs`, `vfat`, `ntfs` und `iso9660`. Welchen bzw. welche Dateisystemtypen Sie zurzeit verwenden, können Sie übrigens ganz leicht mit dem Kommando `df -T` feststellen.

Linux »Linux-Dateisysteme« sind zur Installation und zum Betrieb von Linux geeignet. Im Alltagsbetrieb werden Sie gar nicht bemerken, mit welchem der im Folgenden aufgezählten Dateisystemtypen Sie arbeiten. Elementare Kommandos wie `ls` oder `cp`, die Verwaltung der Zugriffsrechte etc. – all das funktioniert unabhängig vom Dateisystem.

Die Dateisysteme unterscheiden sich durch Merkmale, die überwiegend für fortgeschrittene Anwender bzw. für den Server-Einsatz interessant sind: Geschwindigkeit beim Umgang mit sehr großen oder mit sehr vielen eher kleinen Dateien, Effizienz bei Schreib- und Lese-Operationen, CPU-Belastung, Journaling-Funktion (Verhalten nach einem Absturz), Quota-Funktion (die Möglichkeit, den maximalen Speicherverbrauch pro Benutzer einzuschränken), NFS-Kompatibilität, Verwaltungs-Overhead, Unterstützung zusätzlicher Zugriffsrechte (ACL), Kompatibilität mit SELinux etc.

» **ext:** ext2 (Extended Filesystem, Version 2) war in den Anfangszeiten von Linux das dominierende Linux-Dateisystem. Ab 2002 hat ext3 seine Nachfolge angetreten. ext3 ist zu ext2 weitgehend kompatibel, unterstützt aber Journaling-Funktionen und ab Kernel 2.6 auch ACLs. Die maximale Dateigröße beträgt 2 Terabyte, die maximale Dateisystemgröße 8 Terabyte. Ende 2008 wurde ext4 offiziell fertiggestellt. ext4 ist aufwärtskompatibel zu ext3, viele Funktionen (vor allem die Dateisystemüberprüfung) sind aber effizienter als bisher implementiert. Außerdem steigt die maximale Dateisystemgröße auf ein Exabyte (1.048.576 Terabyte), was für eine Weile reichen sollte ...

» **btrfs**: Wenn es nach dem Willen namhafter Kernel-Entwickler geht, ist `btrfs` das Linux-Dateisystem der Zukunft. Das von Oracle von Grund auf neu entwickelte Dateisystem beinhaltet Device-Mapper- und RAID-Funktionen und ist am ehesten mit Suns ZFS zu vergleichen. Interessante Funktionen sind Snapshots, die Dateisystemüberprüfung im laufenden Betrieb sowie eine Unterstützung für SSDs):

http://btrfs.wiki.kernel.org/

» **xfs:** `xfs` kam ursprünglich als Dateisystem auf den Workstations der Firma SGI unter dem Betriebssystem IRIX zum Einsatz. Es eignet sich insbesondere für die Verwaltung sehr großer Dateien und ist beispielsweise ideal für Video-Streaming geeignet. Es unterstützt Quotas und erweiterte Attribute (ACLs). Das Dateisystem kann im laufenden Betrieb vergrößert werden.

» **reiser:** `reiserfs`, dessen Name sich von seinem Initiator Hans Reiser ableitet, war das erste Dateisystem mit Journaling-Funktionen, das den Einzug in den Linux-Kernel schaffte. Version 3.*n* war unter SUSE eine Weile sogar das Standarddateisystem. Die Hauptvorteile gegenüber `ext3` sind die höhere Geschwindigkeit und Platzeffizienz beim Umgang mit kleinen Dateien. Mittlerweile ist es um `reiserfs` aber still geworden: Die lange angekündigte Version 4 wurde nie fertig, und Version 3 wird nicht mehr gewartet.

» **jfs:** `jfs` steht für Journaled File System. Es wurde ursprünglich von IBM entwickelt und später auf Linux portiert. `jfs` erreichte unter Linux nie große Popularität und fristet momentan ein Schattendasein unter den Linux-Dateisystemen:

http://jfs.sourceforge.net/

Das »beste« oder »schnellste« Dateisystem gibt es nicht – jede Wertung hängt vom Verwendungszweck ab. Meine Empfehlung geht in Richtung `ext4` sowohl für Desktop- als auch für Server-Installationen. Auch `ext3` ist nach wie vor eine gute Wahl, vor allem wenn Ihnen der Datenaustausch mit anderen Betriebssystemen wichtig ist (also z. B. der Zugriff auf das Linux-Dateisystem unter Windows).

Unix

Falls Sie auf Ihrem Rechner ein zweites Unix-ähnliches Betriebssystem installiert haben, helfen die folgenden Dateisysteme beim Datenaustausch:

» **sysv:** Dieses Dateisystem wird von SCO-, Xenix- und Coherent-Systemen eingesetzt.

» **ufs:** Dieses Dateisystem wird von FreeBSD, NetBSD, NextStep und SunOS verwendet. Linux kann derartige Dateisysteme nur lesen, aber nicht verändern. Zum Zugriff auf BSD-Partitionen ist zusätzlich die BSD-disklabel-Erweiterung erforderlich. Eine analoge Erweiterung existiert auch für Sun-OS-Partitionstabellen.

» **ZFS:** ZFS ist ein relatives neues Dateisystem, das Sun für Solaris entwickelt hat. Da der ZFS-Code nicht GPL-kompatibel ist, kann er nicht in den Linux-Kernel integriert werden. Linux unterstützt dieses Dateisystem deswegen nur indirekt über FUSE (siehe Seite 583). Weitere Informationen finden Sie hier:

http://www.wizy.org/wiki/ZFS_on_FUSE

Windows, Mac OS X

Die folgenden Dateisysteme helfen beim Datenaustausch mit DOS-, Windows- und Macintosh-Systemen:

» **vfat:** Dieses Dateisystem wird von Windows 9x/ME verwendet. Linux kann derartige Partitionen lesen und schreiben. Der `vfat`-Dateisystemtreiber kann auch mit alten DOS-Dateisystemen umgehen (8+3 Zeichen).

» **ntfs:** Dieses Dateisystem kommt unter allen aktuellen Windows-Versionen ab Windows NT zum Einsatz. Linux kann Dateien lesen und schreiben.

- **hfs und hfsplus:** Diese Dateisysteme werden auf Apple-Rechnern eingesetzt. Linux kann derartige Dateisysteme lesen und schreiben – zweiteres allerdings nur, wenn die Dateisysteme unter OS X *ohne* Journaling-Funktionen eingerichtet wurden. Das ist in der Praxis freilich die Ausnahme und nur für den Datenaustausch zwischen OS X und Linux zweckmäßig.

CD-ROM/DVD Auf Daten-CD-ROMs und DVDs werden üblicherweise eigene Dateisysteme verwendet:

- **iso9660:** Das Dateisystem für CD-ROMs wird durch die ISO-9660-Norm definiert. Diese Norm sieht allerdings nur kurze Dateinamen vor. Lange Dateinamen werden je nach Betriebssystem durch unterschiedliche und zueinander inkompatible Erweiterungen unterstützt. Linux kommt sowohl mit der unter Unix üblichen Rockridge-Erweiterung zurecht als auch mit der von Microsoft eingeführten Joliet-Erweiterung.
- **udf:** Als Nachfolger zu ISO 9660 hat sich das *Universal Disk Format* etabliert. Es kommt häufig bei DVDs zum Einsatz.

Netzwerkdateisysteme Dateisysteme müssen sich nicht auf der lokalen Festplatte befinden – sie können auch über ein Netzwerk eingebunden werden. Der Linux-Kernel unterstützt diverse Netzwerkdateisysteme, von denen die folgenden vier am häufigsten zum Einsatz kommen:

- **nfs:** Das *Network File System* (NFS) ist das unter Unix wichtigste Netzwerkdateisystem (siehe auch Seite 618).
- **smbfs/cifs:** Diese Dateisysteme ermöglichen das Einbinden von Windows- oder Samba-Netzwerkverzeichnissen in den Verzeichnisbaum (siehe Seite 620).
- **coda:** Dieses Dateisystem ist am ehesten mit NFS vergleichbar. Es bietet eine Menge Zusatzfunktionen, ist aber nicht sehr verbreitet.
- **ncpfs:** Dieses Dateisystem basiert auf dem *Netware Core Protocol*. Es wird von Novell Netware eingesetzt.

Virtuelle Dateisysteme Unter Linux gibt es eine Reihe von Dateisystemen, die nicht zum Speichern von Daten auf einer Festplatte (oder einem anderen Datenträger) gedacht sind, sondern lediglich zum Informationsaustausch zwischen dem Kernel und Anwendungsprogrammen. In `/proc/filesystems` sind diese Dateisysteme mit dem Begriff `nodev` gekennzeichnet. Im Folgenden werden nur die wichtigsten derartigen Dateisysteme kurz vorgestellt.

- **devpts:** Dieses Dateisystem ermöglicht via `/dev/pts/*` den Zugriff auf Pseudo-Terminals (kurz PTYs) gemäß der Unix-98-Spezifikation. (Pseudo-Terminals emulieren eine serielle Schnittstelle. Sie werden Unix/Linux-intern beispielsweise von Terminalemulatoren wie `xterm` eingesetzt. Dabei kommen traditionell Devices wie `/dev/ttyp`*n* zum Einsatz. Die Unix-98-Spezifikation definiert stattdessen neue Devices. Weitere Details finden Sie im Text-Terminal-HOWTO.)
- **proc und sysfs:** Das proc-Dateisystem dient zur Abbildung von Verwaltungsinformationen des Kernels bzw. der Prozessverwaltung. Ergänzend dazu bildet das `sysfs`-Dateisystem die Zusammenhänge zwischen dem Kernel und der Hardware ab. Die beiden Dateisysteme sind an den Positionen `/proc` und `/sys` eingebunden. Details dazu finden Sie auf Seite 733.
- **tmpfs:** Dieses Dateisystem ist die Basis für Shared Memory gemäß System V. Es wird zumeist an der Position `/dev/shm` eingebunden und ermöglicht einen effizienten Datenaustausch zwischen zwei Programmen.

Bei manchen Distributionen (z. B. Ubuntu) werden auch die Verzeichnisse /var/run und /var/lock mit dem tmpfs-Dateisystem realisiert. Dateien in diesen Verzeichnissen werden von manchen Netzwerkdämonen dazu verwendet, die Prozess-ID sowie Dateizugriffsinformationen zu speichern. Dank tmpfs werden diese Daten nun im RAM abgebildet. Das ist schnell und stellt sicher, dass beim Ausschalten keine Dateien in /var/run oder /var/lock zurückbleiben können.

» **usbfs:** usbfs gibt ab Kernel 2.6 Informationen über die angeschlossenen USB-Geräte. Es ist üblicherweise in das proc-Dateisystem integriert (/proc/bus/usb). Mehr Informationen zur USB-Unterstützung unter Linux finden Sie auf Seite 461.

Sonstige Dateisysteme

Abschließend folgen hier noch einige Dateisysteme bzw. Schlüsselwörter, die sich in die obigen Gruppen nicht einordnen lassen:

» **auto:** Ein auto-Dateisystem gibt es in Wirklichkeit gar nicht. auto darf aber in /etc/fstab bzw. bei mount zur Angabe des Dateisystems verwendet werden. Linux versucht dann, das Dateisystem selbst zu erkennen. Das funktioniert für die meisten wichtigen Dateisysteme.

» **autofs, autofs4:** Auch autofs und die neuere Variante autofs4 sind keine eigenen Dateisysteme, sondern Kernelerweiterungen, die für die gerade benötigten Dateisysteme automatisch mount ausführen. Wird das Dateisystem eine Weile nicht mehr verwendet, wird ebenfalls automatisch umount ausgeführt. Dieses Verfahren bietet sich vor allem dann an, wenn von zahlreichen NFS-Verzeichnissen immer nur einige wenige aktiv genutzt werden.

Intern wird dazu beim Systemstart das Programm automount vom Script /etc/init.d/autofs gestartet. automount wird durch /etc/auto.master konfiguriert. Die entsprechenden Programme werden beispielsweise bei Red Hat und Fedora standardmäßig installiert. autofs wird allerdings erst nach einer Konfiguration von /etc/auto.master bzw. /etc/auto.misc aktiv. Weitere Details finden Sie im Automount-Mini-HOWTO:

http://tldp.org/HOWTO/Automount.html

» **cramfs und squashfs:** Das *Cram Filesystem* und das *Squash Filesystem* sind Read-Only-Dateisysteme. Sie dienen dazu, möglichst viele Daten in komprimierter Form in ein Flash Memory bzw. in ein ROM (Read Only Memory) zu packen.

» **fuse:** Das *Filesystem in Userspace* (FUSE) ermöglicht es, Dateisystemtreiber außerhalb des Kernels zu entwickeln und zu nutzen. FUSE wird also immer zusammen mit einem externen Dateisystemtreiber eingesetzt. FUSE wird beispielsweise vom NTFS-Treiber ntfs-3g verwendet.

» **gfs und ocfs:** Das *Global File System* (GFS) und das *Oracle Cluster File System* (OCFS) ermöglichen den Aufbau riesiger, vernetzter Dateisysteme, auf die mehrere Rechner parallel zugreifen.

» **jffs und yaffs:** *Journaling Flash File System* (JFFS) und *Yet Another Flash File System* (YAFFS) sind speziell für Flash-Datenträger und SSDs optimiert. Durch spezielle Algorithmen versuchen sie, möglichst alle Speicherzellen des Datenträgers gleichmäßig zu nutzen (Wear Leveling), um einen vorzeitigen Ausfall zu vermeiden.

» **loop:** Das *Loopback-Device* ist ein Adapter, der eine gewöhnliche Datei wie ein Block-Device ansprechen kann. Damit können Sie in einer normalen Datei ein beliebiges Dateisystem unterbringen und mit mount in den Verzeichnisbaum einbinden. Die dazugehörige Kernelfunktion *Loopback Device Support* ist im Modul loop realisiert.

Es gibt eine Reihe von Anwendungen für Loopback-Devices, z. B. die Erstellung einer Initial-RAM-Disk für GRUB, die Realisierung von verschlüsselten Dateisystemen oder das Testen von ISO-Images für CDs (siehe Seite 288).

» **none:** Naturgemäß ist auch none kein Dateisystem. Es besteht aber die selten genutzte Möglichkeit, ein lokales Verzeichnis an einem anderen Ort in den Verzeichnisbaum einzubinden. Dabei geben Sie bei mount bzw. in /etc/fstab als Dateisystemtyp none und als zusätzliche Option bind an. Die Wirkung ist ähnlich wie bei einem symbolischen Link, die interne Realisierung aber vollkommen anders. Diese Vorgehensweise ist z. B. bei der Konfiguration eines NFS4-Servers zweckmäßig (siehe Seite 883).

» **unionfs/aufs:** Das Konzept von unionfs bzw. dessen Variante aufs ermöglicht es, mehrere Dateisysteme quasi übereinanderzulegen, wobei das oberste Dateisystem Vorrang hat. unionfs und aufs kommen bei manchen Live-Systemen zur Anwendung: Linux startet direkt von der CD oder DVD. Dem Read-Only-Dateisystem der CD/DVD wird ein RAM-Disk-Dateisystem übergestülpt, in dem Änderungen durchgeführt werden können. Nach außen hin ist nur ein Dateisystem sichtbar, das sich aus der Grundstruktur der CD/DVD und den in der RAM-Disk durchgeführten Änderungen ergibt.

» **Verschlüsselte Dateisysteme:** Linux kennt verschiedene Verfahren, um den Inhalt von Dateisystemen zu verschlüsseln. Einige dieser Verfahren basieren direkt auf eigenen Dateisystemen (z. B. CryptoFS oder eCryptfs).

Welche Dateisysteme direkt in den laufenden Kernel integriert bzw. zurzeit als Modul geladen sind, können Sie der Datei /proc/filesystems entnehmen. Welche Kernelmodule für weitere Dateisysteme darüber hinaus noch zur Verfügung stehen, sehen Sie im Verzeichnis /lib/modules/*n*/kernel/fs/.

Links Aktuelle Informationen zu den verfügbaren Dateisystemen gibt das Verzeichnis filesystems der Kernel-Dokumentation. Was die Grundlagen betrifft, ist auch das Filesystem-HOWTO lesenswert. Beachten Sie aber, dass die letzte inhaltliche Änderung im Sommer 2000 stattfand!

http://www.kernel.org/doc/Documentation/filesystems/
http://www.tldp.org/HOWTO/Filesystems-HOWTO.html

23.5 Verwaltung des Dateisystems (mount und /etc/fstab)

Nach der Installation von Linux müssen Sie sich normalerweise nicht um die Verwaltung des Dateisystems kümmern: Über diverse Verzeichnisse können Sie auf alle oder zumindest die meisten Datenpartitionen der Festplatte zugreifen. Beim Einlegen von CDs oder DVDs bzw. beim Anschließen externer Datenträger werden deren Dateisysteme automatisch in den Verzeichnisbaum integriert. Alles funktioniert gleichsam wie von Zauberhand.

Dieser Abschnitt wirft einen Blick hinter die Kulissen und beschreibt die Kommandos mount und umount sowie die Datei /etc/fstab:

» mount bzw. umount werden immer dann ausgeführt, wenn eine Partition oder ein Datenträger in den Verzeichnisbaum integriert bzw. wieder daraus gelöst wird. Selbstverständlich können Sie diese Kommandos als root auch selbst ausführen, wenn die Automatismen versagen bzw. wenn Sie ohne ein grafisches Deskop-System arbeiten (also ohne KDE, Gnome etc.).

» Die Konfigurationsdatei /etc/fstab steuert, welche Dateisysteme beim Rechnerstart automatisch in den Verzeichnisbaum integriert werden und welche Optionen dabei gelten. /etc/fstab wird während der Linux-Installation vorkonfiguriert. Wenn Sie mit dieser Konfiguration nicht zufrieden sind bzw. wenn sich später Ihre Anforderungen ändern, müssen Sie die Datei mit einem Editor verändern. Dieser Abschnitt beschreibt die Syntax dieser Datei.

Überraschenderweise gibt es nur wenige grafische Konfigurationswerkzeuge, die anstelle von mount bzw. statt einer manuellen Änderung von /etc/fstab eingesetzt werden können. Zu den wenigen Ausnahmen zählen das Gnome-Programm Palimpsest (siehe Seite 579) sowie das YaST-Modul SYSTEM|PARTITIONIEREN (SUSE).

Einen Sonderfall stellen externe Datenträger wie USB-Memorysticks oder Firewire-Festplatten dar: Die meisten Distributionen binden auch solche Datenträger automatisch in das Dateisystem ein, sobald sie mit dem Rechner verbunden werden. Details zum Umgang mit externen Datenträgern folgen auf Seite 616.

Aktuellen Zustand des Dateisystems ermitteln

Wenn Sie wissen möchten, wie Ihr Linux-System zurzeit organisiert ist, führen Sie am einfachsten das Kommando df aus. Dieses Kommando zeigt an, an welcher Stelle im Dateisystem Festplatten, Datenträger etc. eingebunden sind und wie viel Platz auf den einzelnen Festplatten noch frei ist. df

Das Kommando mount ohne weitere Optionen liefert noch detailliertere Informationen über die eingebundenen Dateisysteme. Im Ergebnis sind auch diverse virtuelle Dateisysteme enthalten. Außerdem zeigt das Kommando alle aktiven mount-Optionen. Im folgenden Beispiel wurde die Ausgabe spaltenweise eingerückt, um die Lesbarkeit zu verbessern. mount

```
user$ mount
/dev/mapper/vg-ubuntu on /            type ext4   (rw,errors=remount-ro)
/dev/mapper/vg-myhome on /myhome      type ext4   (rw)
/dev/mapper/vg-virt   on /virt        type ext4   (rw)
/dev/sda3             on /boot        type ext3   (rw)
none                  on /lib/init/rw type tmpfs  (rw,nosuid,mode=0755)
none                  on /var/run     type tmpfs  (rw,nosuid,mode=0755)
none                  on /var/lock    type tmpfs  (rw,noexec,nosuid,nodev,...)
none                  on /dev         type tmpfs  (rw,mode=0755)
...
```

Ähnliche Informationen wie mount liefern übrigens auch die Dateien /etc/mtab und /proc/mounts. Sie enthalten jeweils eine Liste aller Datenträger, die momentan eingebunden sind, zusammen mit dem Dateisystemtyp und den verwendeten mount-Optionen. /etc/mtab ändert sich jedes Mal, wenn ein Dateisystem in den Verzeichnisbaum eingebunden oder gelöst wird. Die Syntax in mtab ist dieselbe wie in /etc/fstab (siehe unten). /proc/mounts enthält darüber hinaus auch Optionen, die in /etc/fstab bzw. beim mount-Kommando nicht explizit angegeben wurden.

Dateisysteme manuell einbinden und lösen (mount und umount)

Nach der Installation einer aktuellen Linux-Distribution ist das System so konfiguriert, dass Sie mount nur sehr selten benötigen: Alle Linux-Dateisysteme sind in den Verzeichnisbaum eingebunden. Beim Einlegen von CDs/DVDs oder beim Anschließen externer Datenträger erscheint automatisch ein neues Fenster des KDE- oder Gnome-Datei-Managers. Auch wenn es vielleicht so aussieht, als würde das Ganze wie von Zauberhand funktionieren, wird hinter den Kulissen immer wieder das Kommando mount ausgeführt, um Dateisysteme in den Verzeichnisbaum einzubinden bzw. wieder daraus zu lösen.

Die Syntax von mount sieht folgendermaßen aus:

```
mount [optionen] device verzeichnis
```

In den Optionen wird unter anderem der Dateisystemtyp angegeben (-t xxx). Der Device-Name bezeichnet die Partition bzw. das Laufwerk (siehe Seite 566). Als Verzeichnis kann ein beliebiges Verzeichnis des aktuellen Dateisystems angegeben werden. (Das Verzeichnis muss bereits existieren. Erzeugen Sie es gegebenenfalls mit mkdir!)

mount kann im Regelfall nur von root ausgeführt werden. Es besteht aber die Möglichkeit, dass /etc/fstab für einzelne Partitionen allen Benutzern erlaubt, mount auszuführen (Option user bzw. users).

Beispiele Am einfachsten ist mount anhand einiger Beispiele zu verstehen: Das erste Beispiel ermöglicht den Zugriff auf die Daten einer Windows-Partition über das Verzeichnis /windows:

```
root# mkdir /windows
root# mount -t ntfs /dev/sda2 /windows
```

Das folgende Kommando bindet das CD-ROM-Laufwerk mit einer Daten-CD (ISO-9660-Dateisystem) im Verzeichnis /media/cdrom in das Dateisystem ein. Das Device /dev/scd0 bedeutet, dass das Beispiellaufwerk über das SCSI-System des Kernels angesprochen wird. Je nach Distribution müssen Sie stattdessen das Device /dev/sr0 angeben.

```
root# mount -t iso9660 /dev/scd0 /media/cdrom
```

Wenn die Parameter für das CD-ROM-Laufwerk (Dateisystemtyp, Device-Name, Verzeichnis) in /etc/fstab eingetragen sind, reicht auch das folgende Kommando zum Einbinden des Laufwerks in den Verzeichnisbaum:

```
root# mount /media/cdrom
```

remount Mit mount -o remount können Sie Optionen eines bereits eingebundenen Dateisystems verändern. Das folgende Kommando aktiviert beispielsweise die exec-Option für eine DVD, sodass darauf enthaltene Programme ausgeführt werden können:

```
root# mount /media/dvd -o remount,exec
```

Falls beim Einbinden der Systempartition während des Rechnerstarts Probleme auftreten, wird die Partition nur read-only eingebunden. Um die Fehlerursache – etwa einen falschen Eintrag in

/etc/fstab – zu beheben, ist es aber oft erforderlich, Änderungen im Dateisystem durchzuführen. Dazu führen Sie folgendes Kommando aus. Mit ihm wird die Systempartition neu eingebunden, wobei jetzt auch Schreibzugriffe möglich sind.

```
root#  mount -o remount,rw /
```

umount

Um ein Dateisystem aus dem Verzeichnisbaum zu lösen, führen Sie umount aus:

```
root#  umount /media/dvd
```

Dateisysteme automatisch einbinden (/etc/fstab)

Es wäre sehr mühsam, wenn Sie nach jedem Systemstart diverse Partitionen neu einbinden müssten, bei jedem CD-Wechsel mount mit allen Optionen angeben müssten etc. Der Schlüssel zur Arbeitserleichterung heißt /etc/fstab: Diese Datei gibt an, welche Datenträger beim Systemstart in das Dateisystem aufgenommen werden. Auf jeden Fall muss fstab die Systempartition sowie alle zur internen Verwaltung notwendigen Dateisysteme enthalten.

Beispiel

Je nach Distribution kann eine minimale fstab-Datei wie folgt aussehen:

```
# zwei beispielhafte Zeilen in /etc/fstab
/dev/sda2   /       ext4    defaults    1 1
none        /proc   proc    defaults    0 0
...
```

Durch die erste Zeile wird die zweite Partition der ersten Festplatte als Systemverzeichnis genutzt. Je nachdem, auf welcher Festplattenpartition Sie Linux installiert haben, müssen Sie statt sda2 natürlich den Device-Namen Ihrer Linux-Partition angeben!

Mit der zweiten Zeile wird das System zur Prozessverwaltung in das Dateisystem eingebunden. Die Dateien und Verzeichnisse des /proc-Verzeichnisses existieren nicht tatsächlich auf der Festplatte; es handelt sich nur um ein Abbild von Daten, die kernel-intern verwaltet werden.

Die Syntax in /etc/fstab

Aus den obigen Beispielen geht bereits das prinzipielle Format von fstab hervor: Jede Zeile beschreibt in sechs Spalten einen Datenträger (eine Partition, ein Dateisystem).

Erste Spalte

Die erste Spalte enthält den Device-Namen des Datenträgers. Informationen zur Nomenklatur für Festplattenpartitionen finden Sie auf Seite 566. Weitere Beispiele für Linux- und Windows-Partitionen, CD-ROM-Laufwerke etc. folgen im weiteren Verlauf dieses Kapitels.

Statt des Device-Namens können Sie auch den *Volume Name* (bei Red Hat und Fedora) oder die ID-Nummer des Dateisystems angeben (bei Ubuntu). Die korrekte Syntax lautet in diesem Fall LABEL=zeichenkette oder UUID=nnn-nnn. Mit blkid ermitteln Sie den Partitionsnamen und die UUID einer Partition. Um diese Daten zu ändern, setzen Sie je nach Dateisystem unterschiedliche Werkzeuge ein, beispielsweise tune2fs.

```
root#  blkid /dev/sda9
/dev/sda9: UUID="5a954fc1-00c6-4c25-a943-d4220eff350d" TYPE="ext4"
```

Der Vorteil von Labels oder UUIDs im Vergleich zu Device-Namen besteht darin, dass die Angabe selbst dann noch korrekt ist, wenn sich der Device-Name geändert hat. Das kann insbesondere bei USB-Datenträgern leicht passieren: Je nachdem, welche Datenträger vorher verwendet wurden, kann es durchaus sein, dass die externe Festplatte einmal unter /dev/sdc und das nächste Mal unter /dev/sde angesprochen wird.

Leider wird `fstab` insbesondere bei der Verwendung von UUIDs sehr unübersichtlich. Probleme kann es auch geben, wenn mehrere Linux-Distributionen parallel installiert werden. In der Regel werden bei jeder Installation einzelne Partitionen neu formatiert. Sie erhalten bei dieser Gelegenheit neue UUIDs. Die bisher installierten Distributionen kennen diese Partitionen nun nicht mehr, und `fstab` muss mühsam an die neuen UUIDs angepasst werden.

Zweite Spalte Die zweite Spalte gibt an, bei welchem Verzeichnis der Datenträger in den Dateibaum eingebunden wird. Die in der zweiten Spalte angegebenen Verzeichnisse müssen bereits existieren. Die Verzeichnisse müssen nicht leer sein, allerdings können Sie nach dem Einbinden des Dateisystems auf die darin enthaltenen Dateien nicht mehr zugreifen (sondern nur auf die Dateien des eingebundenen Datenträgers).

Dritte Spalte Die dritte Spalte gibt das Dateisystem an. Tabelle 23.5 listet in alphabetischer Reihenfolge die wichtigsten Dateisysteme auf.

DATEISYSTEM	VERWENDUNG
`auto`	Dateisystem automatisch erkennen (CD-ROMs, Disketten)
`btrfs`	`btrfs`-Dateisystem
`cifs`	Windows-Netzwerkverzeichnis (Samba)
`devpts`	Pseudo-Terminals gemäß Unix-98-Spezifikation
`ext2, -3, -4`	ext-Dateisystem Version 2, 3 und 4
`iso9660`	CD-ROMs, DVDs
`nfs`	Unix-Netzwerkverzeichnis (NFS)
`ntfs`	Windows-Dateisystem
`proc`	Prozessverwaltung (/proc)
`reiserfs, reiser4`	`reiser`-Dateisystem Version 3.*n* bzw. 4
`smbfs`	Windows-Netzwerkverzeichnis (Samba)
`swap`	Swap-Partitionen oder -Dateien
`sysfs`	Systemverwaltung (/sys)
`tmpfs`	Datenaustausch zwischen Programmen (System V Shared Memory)
`udf`	Universal Disk Format (DVDs, CD-RWs)
`usbfs`	Verwaltung von USB-Geräten
`vfat`	Windows-9x/ME-Dateisystem

Tabelle 23.5: **Dateisysteme**

Es ist auch zulässig, mehrere Dateisysteme durch Kommas getrennt anzugeben. Beispielsweise bietet sich `iso9660,udf` für CD- und DVD-Laufwerke an, weil für CDs und DVDs in der Regel nur diese beiden Dateisysteme infrage kommen. mount entscheidet sich zwischen den zur Auswahl stehenden Systemen automatisch für das richtige. Achten Sie darauf, dass die Dateisystemnamen nicht durch Leerzeichen getrennt werden dürfen!

Vierte Spalte

Die vierte Spalte bestimmt Optionen für den Zugriff auf den Datenträger. Mehrere Optionen werden durch Kommata getrennt. Abermals dürfen keine Leerzeichen eingefügt werden! Tabelle 23.6 zählt die wichtigsten universellen mount-Optionen auf. Wenn Sie gar keine Option nutzen möchten, geben Sie `defaults` an.

OPTION	BEDEUTUNG
`defaults`	Standardoptionen verwenden
`dev`	Kennzeichnung von Character- oder Block-Devices auswerten
`exec`	Programmausführung zulassen (z. B. für CD/DVD-Laufwerke)
`noauto`	Datenträger nicht beim Systemstart einbinden
`nodev`	Kennzeichnung von Character- oder Block-Devices ignorieren
`noexec`	keine Programmausführung erlaubt
`nosuid`	suid- und guid-Zugriffsbits nicht auswerten
`ro`	Read Only (Schreibschutz)
`sw`	Swap (Swap-Datei oder -Partition)
`suid`	suid- und guid-Zugriffsbits auswerten
`sync`	Schreibzugriffe nicht puffern (sicherer, aber langsamer)
`owner`	Der Besitzer darf (u)mount ausführen.
`user`	Jeder darf mount ausführen, aber nur der Benutzer des letzten mount-Aufrufs darf umount ausführen.
`users`	Jeder darf (u)mount ausführen.

Tabelle 23.6: **mount-Optionen**

Fünfte Spalte

Die fünfte Spalte enthält Informationen für das Programm dump und wird zurzeit ignoriert. Es ist üblich, für die Systempartition 1 und für alle anderen Partitionen oder Datenträger 0 einzutragen.

Sechste Spalte

Die sechste Spalte gibt an, ob und in welcher Reihenfolge die Dateisysteme beim Systemstart überprüft werden sollen. Bei den meisten Distributionen wird 1 für die Systempartition und 0 für alle anderen Partitionen eingetragen. Das bedeutet, dass beim Rechnerstart nur die Systempartition auf Fehler überprüft und gegebenenfalls repariert wird.

Falls Sie möchten, dass weitere Partitionen automatisch überprüft werden, geben Sie bei diesen Partitionen die Ziffer 2 an. Bei allen Dateisystemen bzw. Datenträgern, die nicht überprüft werden können oder sollen, müssen Sie die Ziffer 0 angeben (Windows-Partitionen, CD-ROMs, DVDs, Disketten, virtuelle Dateisysteme, Swap-Partitionen etc.).

Wenn Einträge in der fünften und sechsten Spalte in `/etc/fstab` fehlen, wird 0 angenommen.

23.6 Dateisystemgrundlagen

Im Mittelpunkt der folgenden Seiten stehen die Linux-Dateisysteme `ext2`, `ext3`, `ext4`, `btrfs` und `xfs`. Bevor ich deren Einrichtung und Administration beschreibe, gibt dieser Abschnitt einige Grundlageninformationen, die unabhängig vom Dateisystemtyp sind.

Journaling Alle gängigen Linux-Dateisysteme unterstützen Journaling-Funktionen. In seiner einfachsten Form bedeutet Journaling, dass der Beginn und das Ende jeder Dateioperation in einer speziellen Datei mitprotokolliert werden. Dank des Protokolls kann später geprüft werden, ob eine bestimmte Dateioperation vollständig ausgeführt wurde. Wenn das nicht der Fall ist, kann die Operation widerrufen werden. (In der Datenbankwelt spricht man hier von Transaktionen.) Bei fortgeschrittenen Journaling-Systemen besteht auch die Möglichkeit, die eigentlichen Änderungen an den Dateien im Journal zu protokollieren. Das verlangsamt den gewöhnlichen Betrieb, gibt aber mehr Möglichkeiten zur späteren Rekonstruktion.

Wenn nun eine Dateioperation nicht vollständig abgeschlossen werden kann, geht dies aus dem Protokoll hervor. Bei einfachem Journaling sind die Änderungen zwar verloren (versprechen Sie sich also keine Wunder von der Journaling-Funktion!), der bisherige Zustand der Datei steht aber zumeist noch zur Verfügung.

Der große Vorteil der Journaling-Funktionen besteht darin, dass das Dateisystem beim nächsten Rechnerstart sehr rasch wieder in einen konsistenten Zustand gebracht und beinahe sofort wieder genutzt werden kann. Das ist ein großer Unterschied im Vergleich zu früher, wo nach einem Absturz oder Stromausfall das gesamte Dateisystem systematisch nach eventuellen Fehlern durchsucht werden musste. Das dauerte mehrere Minuten, bei sehr großen Festplatten eventuell sogar Stunden!

Achtung

Bei einem Stromausfall gibt auch Journaling keine Garantie für ein konsistentes Dateisystem! Das Problem liegt bei den Festplatten: Diese verwenden aus Effizienzgründen beim Schreiben einen internen Zwischenspeicher. Daher kann es passieren, dass das Dateisystem von der Festplatte die Bestätigung erhält, dass sie die Daten empfangen und gesichert hat. Tatsächlich kann es danach aber noch Sekunden dauern, bis die Daten vom Zwischenspeicher physikalisch auf die Festplatte geschrieben werden. Tritt in dieser Zeitspanne ein Stromausfall auf, gehen die Daten im Zwischenspeicher verloren. (Bei manchen Festplatten lässt sich dieser Cache deaktivieren. Dadurch verringert sich die Geschwindigkeit von Schreiboperationen aber derart, dass in der Praxis zumeist darauf verzichtet wird.)

Unabhängig vom Schreib-Cache ist das Verhalten einer Festplatte während eines plötzlichen Stromausfalls undefiniert. Es kann also auch passieren, dass die Festplatte statt Ihrer Daten Zufallsbits schreibt, bevor der Schreibkopf in Sicherheit gebracht wird. Eine Diskussion zu diesem Thema finden Sie hier:

http://lwn.net/Articles/191352/

Anders formuliert: Journaling-Dateisysteme sind eine feine Sache, schließen einen Datenverlust bei einem Stromausfall aber nicht aus. Wenn Ihnen Ihre Daten etwas wert sind, investieren Sie 100 EUR für eine kleine UPS-Anlage (*Uninterruptable Power Supply*), die sicherstellt, dass Sie Ihre Rechner auch bei einem Stromausfall geordnet herunterfahen können.

Automatische Überprüfung des Dateisystems

Wenn Linux beim Starten erkennt, dass der Rechner zuletzt nicht ordnungsgemäß heruntergefahren wurde, führt es für die Systempartition und je nach Konfiguration auch für andere in `/etc/fstab` genannte Partitionen eine Überprüfung des Dateisystems durch. (Ob eine Überprüfung stattfindet oder nicht, entscheidet die sechste Spalte in `/etc/fstab` – siehe auch Seite 589.) Dank der Journaling-Funktionen ist diese Überprüfung normalerweise in wenigen Sekunden erledigt.

Davon losgelöst sehen einige Dateisysteme (unter anderem ext in allen Versionen) eine regelmäßige Überprüfung des Dateisystems auf Konsistenzfehler vor. Diese relativ zeitaufwendigen Tests erfolgen beim Start des Rechners, wenn seit dem letzten Test eine bestimmte Zeitspanne oder Anzahl von `mount`-Vorgängen überschritten wurde.

Nach der Einführung der Journaling-Funktionen wurde vielfach argumentiert, der regelmäßige Konsistenztest sei jetzt überflüssig. Das stimmt aber leider nicht ganz: Ein Dateisystem kann auch durch Hardware-Fehler der Festplatte inkonsistent werden – und die Wahrscheinlichkeit solcher Fehler steigt mit der zunehmenden Festplattengröße! Beispielsweise habe ich im Datenblatt meiner 1-TByte-Festplatte die Angabe gefunden, dass die Wahrscheinlichkeit für Bitfehler (*Nonrecoverable Read Errors per Bits Read*) kleiner als 1 zu 10^{15} ist. Das klingt wirklich vernachlässigbar. Wenn Sie allerdings in Rechnung stellen, dass auf dieser Festplatte $8 * 10^{12}$ Bits Platz finden, wird klar, dass Datenfehler im regulären Betrieb – also ohne irgendwelche Beschädigungen – sehr wohl zu erwarten sind. Ein regelmäßiger Konsistenztest des Dateisystems kann diese Fehler zwar nicht verhindern, bietet aber eine gewisse Chance, ein Fehlverhalten festzustellen und zu korrigieren (zumindest dann, wenn für die interne Verwaltung des Dateisystems kritische Bereiche betroffen sind).

Wirklich fehlertolerant sind die in diesem Buch vorgestellten Dateisysteme leider alle nicht. Dateisysteme, die durch Prüfsummen Hardware-Fehler erkennen bzw. durch redundante Speicherung derartige Fehler sogar korrigieren können, sind momentan aber ein heißes Forschungsgebiet. Eine ausgezeichnete Einführung in die (Forschungs-)Welt der Dateisysteme geben übrigens die beiden folgenden Artikel:

http://lwn.net/Articles/190222/
http://lwn.net/Articles/196292/

Zurück zur Dateisystemüberprüfung während des Rechnerstarts: Details der Steuerung dieses Prozesses sind wie so oft distributionsabhängig. Im Regelfall erfolgt die Überprüfung ohne Benutzerinteraktion und verlangsamt lediglich den Boot-Prozess. Wirklich unangenehm wird es erst, wenn bei der Überprüfung nicht korrigierbare Fehler festgestellt werden. In diesem Fall wird die Partition im Read-Only-Modus geladen. Nach einem `root`-Login können Sie nun manuell die Dateisystemüberprüfung wiederholen und interaktiv angeben, wie das Überprüfungsprogramm mit defekten Daten umgehen soll. Im Regelfall sollte es so gelingen, das Dateisystem zumindest wieder in einen konsistenten Zustand zu bringen, auch wenn möglicherweise einzelne Dateien nicht zu retten sind. Anschließend müssen Sie den Rechner neu starten.

Manuelle Überprüfung des Dateisystems

Eine manuelle Überprüfung können Sie einfach mit dem Kommando `fsck` durchführen. Die betreffende Partition darf während der Kontrolle allerdings nicht verwendet werden, d. h., Sie müssen vorher `umount` ausführen.

Die Systempartition können Sie im laufenden Betrieb allerdings nicht überprüfen, weil Sie das Dateisystem nicht mit `umount` abmelden können. Stattdessen führen Sie als `root` das Kommando `touch /forcefsck` aus und starten den Rechner neu. Die Datei `forcefsck` wird auch erzeugt, wenn Sie `shutdown` mit der zusätzlichen Option `-F` ausführen.

Wenn die Datei `/forcefsck` existiert, wird bei fast allen Distributionen beim nächsten Start automatisch eine Überprüfung des Dateisystems durchgeführt. Sollte das nicht funktionieren, fahren Sie den Rechner mit einem Rescue-System oder mit einer Live-CD (Knoppix) hoch und führen `fsck` von dort aus.

Größenlimits

In der Vergangenheit tauchte immer wieder die Frage auf, wie groß Dateien maximal sein dürfen. Die Antwort hängt davon ab, welchen Kernel, welche CPU-Architektur, welche glibc-Bibliothek und welches Dateisystem Sie verwenden. Aktuelle Distributionen unterstützen durchweg die LFS-Erweiterungen in der glibc-Bibliothek. (LFS steht für *Large Filesystem Support*.) Damit ist die Dateigröße aus der Sicht von Linux mit 2^{63} Byte nahezu unbegrenzt. Zum anderen geben auch die verschiedenen Dateisystemtypen unterschiedliche Limits für die maximale Datei(system)größe vor. Tabelle 23.7 fasst die Daten zusammen. Dabei gilt: 1 TByte (Terabyte) = 1024 GByte.

DATEISYSTEM	MAXIMALE DATEIGRÖSSE	MAXIMALE DATEISYSTEMGRÖSSE
`btrfs`	16.777.216 TByte	16.777.216 TByte
`ext3`	2 TByte	32 TByte (bei 8 kByte Blockgröße)
`ext4`	16 TByte	1.048.576 TByte = 1 Exabyte
`reiserfs`	8 TByte	16 TByte
`reiser4`	8 TByte	unbekannt
`xfs`	9.437.184 TByte	9.437.184 TByte
`ZFS`	16.777.216 TByte	16.777.216 TByte

Tabelle 23.7: **Maximale Dateisystemgröße**

Änderung des Dateisystemtyps

Es gibt keine Werkzeuge zur Umwandlung eines Dateisystemtyps (z. B. von `ext3` nach `reiserfs`). Der einzige Weg besteht darin, das gewünschte Dateisystem in einer neuen Partition anzulegen und dann alle Dateien dorthin zu kopieren.

23.7 Das ext-Dateisystem (ext2, ext3, ext4)

Versionen

Die verschiedenen ext-Versionen dominieren die Welt der Linux-Dateisysteme. Kurz ein historischer Rückblick:

» `ext`, also die erste Version des ext-Dateisystems, wurde nur kurz in der Anfangsphase von Linux eingesetzt (1992). Die maximale Dateisystemgröße betrug 2 GByte.

» `ext2` war von 1993 bis ca. 2001 das dominierende Linux-Dateisystem. Die maximale Dateisystemgröße wuchs in dieser Version auf 8 TByte.

- Die wichtigsten Neuerungen in ext3 waren die Journaling-Funktionen und die ACL-Unterstützung (ab Kernel 2.6). Der Siegeszug von ext3 ab 2002 war nicht zuletzt durch die vollständige Kompatibilität bedingt: Vorhandene ext2-Dateisysteme mussten nicht neu formatiert werden, sondern konnten mit minimalem Aufwand auf ext3 umgestellt werden. Sofern das Dateisystem ordnungsgemäß mit `umount` gelöst wird, kann es anschließend sogar wieder als ext2-Dateisystem genutzt werden.
- Ende 2008 wurde das Dateisystem ext4 offiziell fertiggestellt. Fast alle aktuellen Distributionen verwenden ext4 jetzt als Standarddateisystem.

  Die Neuerungen: Die maximale Dateisystemgröße steigt auf ein Exabyte (1.048.576 Terabyte), und der Zeitpunkt von Dateiänderungen wird genauer als bisher protokolliert. Extents ermöglichen es, aneinanderliegende Blöcke des Dateisystems als Gruppen anzusprechen, was den Aufwand zur Verwaltung großer Dateien deutlich senkt. Außerdem wurden eine Menge Geschwindigkeitsoptimierungen durchgeführt: Sowohl das Löschen großer Dateien als auch die Dateisystemüberprüfung wird nun um ein Vielfaches schneller als bei ext3 durchgeführt.

  Abermals wurde auf Kompatibilität geachtet: Eine Migration von ext3 zu ext4 ist problemlos möglich. Beachten Sie aber, dass es diesmal nach einer Umstellung von ext3 auf ext4 kein Zurück mehr gibt!

Die Kompatibilität der verschiedenen ext-Dateisystemversionen drückt sich auch dadurch aus, dass diverse Administrationswerkzeuge weiterhin die Versionsnummer 2 im Kommandonamen haben, obwohl sie auch für neuere Versionen eingesetzt werden können (z. B. `tune2fs`).

Einträge für ext3/ext4-Dateisysteme in `/etc/fstab` sehen üblicherweise wie im folgenden Beispiel aus. **/etc/fstab**

```
# /etc/fstab: Linux-Dateisysteme
/dev/sdb8    /          ext4   defaults        1 1
/dev/sdb9    /boot      ext3   defaults        0 0
/dev/sdb9    /data      ext4   acl,user_xattr  0 0
```

GRUB 0.97 ist in der Originalversion nicht ext4-kompatibel! Um direkt von einer ext4-Systempartition zu booten, brauchen Sie entweder eine gepatchte Version von GRUB 0.97 (die kommt z. B. bei openSUSE-Versionen zum Einsatz), oder Sie müssen GRUB 2 verwenden. Wenn Ihre Distribution den originalen GRUB 0.97 ohne ext4-Patch verwendet, brauchen Sie eine eigene Bootpartition im ext2 oder ext3-Format! **GRUB**

Journaling

Das ext-Dateisystem unterstützt seit Version 3 Journaling-Funktionen. Die Journaling-Datei verwendet normalerweise spezielle Inodes und ist daher im Dateisystem nicht sichtbar. Sie enthält nur Informationen über Dateien, die noch nicht vollständig auf der Festplatte gespeichert wurden. Sobald die Änderungen ausgeführt sind, gilt der Eintrag als *committed* und kann durch neue Journaleinträge überschrieben werden. Es ist möglich (aber unüblich), die Journaling-Datei in einem eigenen Device anzulegen.

Das ext-Dateisystem kennt drei verschiedene Verfahren, wie das Journaling durchgeführt wird:

» `data=ordered`: Bei diesem Modus werden im Journal nur Metadaten gespeichert, also Informationen über Dateien, aber keine Inhalte der Dateien. Im Journal werden Dateien erst dann als korrekt (*committed*) gekennzeichnet, wenn sie vollständig auf der Festplatte gespeichert worden sind. Nach einem Crash kann das Dateisystem sehr rasch wieder in einen konsistenten Zustand gebracht werden, weil alle unvollständig gespeicherten Dateien anhand des Journals sofort erkannt werden. Es ist aber nicht möglich, unvollständig gespeicherte Dateien wiederherzustellen.

  Im Modus `data=ordered` wird das Journal alle fünf Sekunden mit der Festplatte synchronisiert. Bei ext3 hat das zur Folge, dass sämtliche Änderungen an irgendwelchen Dateien innerhalb von fünf Sekunden physikalisch auf der Festplatte gespeichert werden. Dieses Standardverhalten ist zwar nicht besonders effizient, dafür aber sehr sicher: Selbst bei Totalabstürzen und Stromausfällen sind massive Datenverluste äußerst selten. `data=ordered` hat bei ext3 eine unerfreuliche Nebenwirkung: Bei jedem Aufruf der `fsync`-Funktion wird nicht nur eine bestimmte Datei, sondern das gesamte Dateisystem synchronisiert. Das kann zu spürbaren Verzögerungen führen.

  Bei ext4 wird das Journal zwar ebenfalls alle fünf Sekunden synchronisiert, die eigentlichen Datenänderungen werden aber aufgrund der *Delayed Allocation* (siehe unten) oft erst viel später gespeichert. Nur ein expliziter Aufruf der `fsync`-Funktion stellt die sofortige physikalische Speicherung einer Datei sicher! (Glücklicherweise erfordert `fsync` bei ext4 nicht, dass das gesamte Dateisystem synchronisiert werden muss. Die Funktion wird daher wesentlich schneller ausgeführt.)

» `data=writeback`: Dieser Modus ähnelt dem ordered-Modus. Der einzige Unterschied besteht darin, dass das Journal und die Dateioperationen nicht immer vollständig synchron sind. Das Dateisystem wartet mit den *committed*-Einträgen im Journal nicht auf den Abschluss der Speicheroperation auf der Festplatte. Damit ist das Dateisystem etwas schneller als im ordered-Modus. Nach einem Crash ist die Integrität des Dateisystems weiterhin sichergestellt. Allerdings kann es vorkommen, dass veränderte Dateien alte Daten enthalten. Dieses Problem tritt nicht auf, wenn Anwendungsprogramme – wie im POSIX-Standard vorgesehen – den Speichervorgang mit `fsync` abschließen (siehe oben).

» `data=journal`: Im Gegensatz zu den beiden anderen Modi werden jetzt im Journal auch die tatsächlichen Daten gespeichert. Dadurch müssen alle Änderungen *zweimal* gespeichert werden (zuerst in das Journal und dann in die betroffene Datei). Deswegen ist ext3 in diesem Modus deutlich langsamer. Dafür können nach einem Crash Dateien wiederhergestellt werden, deren Änderungen bereits vollständig in das Journal (aber noch nicht in die Datei) eingetragen worden sind.

Grundsätzlich wird das Journal alle fünf Sekunden physikalisch auf der Festplatte gespeichert. Diese Zeitspanne kann durch die `mount`-Option `commit` verändert werden. Wenn das Paket `laptop-mode` installiert und konfiguriert ist und ein Notebook im Batteriebetrieb läuft, ist die `commit`-Zeitspanne wesentlich höher.

Intern kümmert sich der in den Kernel integrierte Journaling-Dämon `kjournald` um die regelmäßige Aktualisierung der Journaling-Datei. Dieser Prozess wird automatisch gestartet, sobald ein ext3- oder ext4-Dateisystem mit `mount` in den Verzeichnisbaum eingebunden wird.

Delayed Allocation

Die aus Performance-Sicht wichtigste Neuerung in ext4 ist die sogenannte Delayed Allocation – eine Funktion, die es auch in vielen anderen modernen Dateisystemen gibt (z. B. btrfs, HFS+, reiser4, xfs und ZFS). Delayed Allocation (auch *Allocation on Flush* genannt) bedeutet, dass bei Änderungen die Datenblöcke zur Speicherung von Dateiänderungen nicht sofort reserviert werden, sondern erst zu dem Zeitpunkt, zu dem die Daten physikalisch gespeichert werden – und das kann durchaus eine halbe Minute dauern. Das bringt zwei wesentliche Vorteile mit sich: Zum einen können nun Speicheroperationen gebündelt werden, was die Geschwindigkeit erhöht und die Fragmentierung des Dateisystems mindert. Zum anderen kommt es bei temporären Dateien, die nur wenige Sekunden existieren, oft zu gar keiner physikalischen Speicherung.

Leider hat die Delayed Allocation auch Nachteile: Das Hauptproblem besteht darin, dass Metadaten (also Informationen über den Zustand einer Datei) oft schon vor den eigentlichen Änderungen gespeichert werden. In der ursprünglichen Implementierung des ext4-Treibers führte das dazu, dass eine geänderte, aber noch nicht synchronisierte Datei nach einem Absturz plötzlich leer war. Dieses Problem tritt besonders oft bei Konfigurationsdateien auf. (Viele Anwender würden es akzeptieren, wenn eine Datei nach einem Absturz einfach den alten Zustand enthält. Aber dass der Inhalt der Datei und somit die Konfiguration eines Programms komplett verloren geht, das ist inakzeptabel.)

Laut Theodore Ts'o, dem Hauptentwickler aller ext-Versionen, treten die Datenverluste nur deswegen auf, weil viele Programme fsync vergessen. Laut POSIX-Standard garantiert aber erst diese Funktion, dass Änderungen tatsächlich gespeichert werden. Dennoch wurde der ext4-Treiber verbessert, um das Problem zu minimieren: Wenn zur Änderung vorhandener Dateien die Funktionen rename oder ftruncate eingesetzt werden (das sind die üblichen Vorgehensweisen), verzichtet ext4 auf die Delayed Allocation. Es ist möglich, die Delayed Allocation durch die mount-Option nodelalloc komplett zu deaktivieren. Das ist aber mit erheblichen Effizienzeinbußen verbunden und macht einen Teil der Performance-Fortschritte in ext4 zunichte.

Wenn Sie sich für weitere technische Details interessieren, werden Sie unter anderem auf den folgenden Seiten fündig. Das Studium dieser Seiten setzt gute Englischkenntnisse und viel Zeit voraus – aber es lohnt sich: Sie erfahren hier mehr über die Konzepte moderner Dateisysteme als in so mancher Informatikvorlesung zu diesem Thema!

http://tytso.livejournal.com/tag/filesystems/	(Blog des ext-Entwicklers Theodore Ts'o)
http://lwn.net/Articles/322823/	(ext4 data loss)
http://lwn.net/Articles/326471/	(Journaling in ext3/ext4, fsync)
http://lwn.net/Articles/327601/	(Bericht vom *Linux Storage and Filesystem Workshop*)

Standardverhalten und Optionen

Sofern der Journaling-Modus und die Allozierung im mount-Kommando bzw. in /etc/fstab nicht explizit eingestellt werden, gilt das folgende Standardverhalten:

ext3 bis Kernel 2.6.29:	data=ordered
ext3 ab Kernel 2.6.30:	data=writeback
ext3 ab Kernel 2.6.36:	data=ordered
ext4:	data=ordered mit Delayed Allocation

Die Änderung des Standardmodus für das ext3-Dateisystem in Kernelversion 2.6.30 war ziemlich umstritten. Viele Distributoren übernahmen diese Änderung nicht und konfigurierten den Kernel so, dass ext3 wie früher den Modus data=ordered nutzt. Mit Kernel 2.6.36 wurde diese Einstellung deswegen wieder per Default aktiviert.

Um herauszufinden, welcher Journaling-Modus aktiv ist, müssen Sie die Kernel-Meldungen lesen. Im folgenden Beispiel gibt es je eine ext3- und eine ext4-Partition.

```
root# dmesg | grep EXT
EXT3 FS on sda3, internal journal
EXT3-fs: mounted filesystem with ordered data mode.
...
EXT4-fs (sda4): mounted filesystem with ordered data mode
```

Um einen bestimmten Journaling-Modus explizit auszuwählen, geben Sie bei mount oder in /etc/fstab die Option data=xxx an. Bei ext4 können Sie zudem die Delayed Allocation durch die Option nodelalloc deaktivieren.

Administration

Dateisystem einrichten

ext2-, ext3- und ext4-Dateisysteme werden mit mkfs.ext2, mkfs.ext3 oder mkfs.ext4 formatiert. Im folgenden Beispiel wird auf einem 20 GByte großen Logical Volume (also einer durch LVM verwalteten Partition) ein ext4-Dateisystem eingerichtet. mke2fs entscheidet sich selbstständig für eine Blockgröße von 4 kByte und für 1.310.720 Inodes. Das bedeutet, dass Sie im Dateisystem maximal 1,3 Millionen Dateien anlegen können. Die durchschnittliche Dateigröße würde dann 16 kByte betragen. Wenn Sie mehr kleinere oder weniger größere Dateien speichern möchten, können Sie mit -i *n* angeben, nach wie vielen Bytes jeweils ein Inode vorgesehen werden soll. (Wenn die durchschnittliche Dateigröße kleiner ist als *n*, limitiert nicht die Größe der Partition, sondern die Inode-Anzahl das Dateisystem.) Beachten Sie, dass die absolute Anzahl der Inodes nicht mehr verändert werden kann, auch nicht bei einer späteren Vergrößerung des Dateisystems! In den meisten Fällen ist der Vorgabewert von mkfs.ext4 zweckmäßig.

```
root# mkfs.ext4 /dev/mapper/vg1-test
mke2fs 1.41.4 (27-Jan-2009)
Dateisystem-Label=
OS-Typ: Linux
Blockgröße=4096 (log=2)
Fragmentgröße=4096 (log=2)
1310720 Inodes, 5242880 Blöcke
262144 Blöcke (5.00%) reserviert für den Superuser
Erster Datenblock=0
Maximale Dateisystem-Blöcke=4294967296
160 Blockgruppen
32768 Blöcke pro Gruppe, 32768 Fragmente pro Gruppe
8192 Inodes pro Gruppe
Superblock-Sicherungskopien gespeichert in den Blöcken:
        32768, 98304, 163840, 229376, 294912, 819200, 884736, 1605632, 2654208,
        4096000
```

```
Schreibe Inode-Tabellen: erledigt
Erstelle Journal (32768 Blöcke): erledigt
Schreibe Superblöcke und Dateisystem-Accountinginformationen: erledigt

Das Dateisystem wird automatisch nach jeweils 35 Einhäng-Vorgängen bzw.
alle 180 Tage überprüft, je nachdem, was zuerst eintritt. Veränderbar mit
tune2fs -c oder -t .
```

Konvertierung von ext3 in ext4

Um ein vorhandenes ext3-Dateisystem in ein ext4-Dateisystem umzuwandeln, führen Sie einfach das unten angegebene Kommando aus. tune2fs kann im laufenden Betrieb ausgeführt werden; um die neuen ext4-Funktionen zu nutzen, muss das Dateisystem aber neu in den Verzeichnisbaum eingebunden werden. mount -o remount ist nicht möglich.

```
root# tune2fs -O extents /dev/sda5
root# umount /dev/sda5
root# mount /dev/sda5 /home
```

Die nachträgliche Umwandlung eines ext3-Dateisystems hat den Nachteil, dass vorhandene Dateien keine Extents nutzen (nur neue Dateien). Abhilfe würde das Defragmentierprogramm e4defrag schaffen, das aber noch nicht zur Verfügung steht.

Dateisystem-überprüfung

ext-Dateisysteme werden beim Rechnerstart regelmäßig auf Fehler überprüft, und zwar nach einer bestimmten Anzahl von mount-Vorgängen (standardmäßig 36) bzw. nach einer gewissen Zeit (6 Monate), je nachdem, welches Kriterium vorher erfüllt war. Beachten Sie, dass einige Distributionen die maximale mount-Anzahl bzw. das Zeitintervall großzügiger einstellen oder ganz auf 0 setzen (keine Überprüfung). Zudem konfigurieren die meisten Distributionen fstab so, dass – wenn überhaupt – nur die Systempartition überprüft wird. (Das betrifft die sechste Spalte in fstab – siehe Seite 589.)

Trotz der Journaling-Funktionen ist eine Überprüfung des Dateisystems hin und wieder sehr zu empfehlen, zumindest ein- bis zweimal pro Jahr! Zum einen werden so eventuelle Hardware-Fehler der Festplatte erkannt. Zum anderen kann es sein, dass die Dateisystemtreiber noch unbekannte Fehler enthalten. Je früher daraus resultierende Fehler korrigiert werden, desto kleiner ist der potenzielle Schaden.

Eine manuelle Überprüfung können Sie einfach mit dem Kommando fsck.ext2/ext3/ext4 durchführen. Die betreffende Partition darf während der Kontrolle allerdings nicht gerade verwendet werden, d. h., Sie müssen gegebenenfalls vorher umount ausführen.

```
root# fsck.ext4 -f /dev/mapper/vg1-test
...
/dev/mapper/vg1-test: 21357/1310720 Dateien (1.3% nicht zusammenhängend),
  2062135/5242880 Blöcke
```

Meist stellt sich bei der Überprüfung heraus, dass alles in Ordnung ist. Andernfalls werden die Reste nicht mehr rekonstruierbarer Dateien im /lost+found-Verzeichnis der jeweiligen Partition gespeichert. Falls es sich um Textdateien gehandelt hat, können Sie vielleicht aus den Überresten noch brauchbare Informationen entnehmen.

Intervall für die automatische Überprüfung einstellen

Die aktuellen Intervalle für die automatische Überprüfung des Dateisystems können Sie mit tune2fs feststellen und verändern. Dabei geben Sie mit -c die maximale mount-Anzahl und mit -i das Zeitintervall in Tagen an:

```
root#  tune2fs -l /dev/mapper/vg1-test
...
Mount count:               1
Maximum mount count:       35
Last checked:              Wed Jul 15 11:45:54 2009
Check interval:            15552000 (6 months)
...
root#  tune2fs -c 100 -i 90  /dev/mapper/vg1-test
Setting maximal mount count to 100
Setting interval between check 7776000 seconds
```

Partitionsnamen einstellen

Mit e2label können Sie den internen Namen eines ext-Dateisystems (*Filesystem Volume Name*) ermitteln bzw. einstellen:

```
root#  e2label /dev/sda1 mylabel
```

Diesen Namen können Sie in der ersten Spalte von /etc/fstab statt des Device-Namens angeben.

UUID einstellen

Beim Einrichten erhält das Dateisystem automatisch eine UUID, die Sie mit blkid ermitteln. Bei Bedarf verändern Sie diese Nummer mit tune2fs -U. Die Veränderung kann im laufenden Betrieb erfolgen, umount ist nicht erforderlich.

```
root#  tune2fs -U random /dev/sda1                                      (zufällige UUID)
root#  tune2fs -U f7c49568-8955-4ffa-9f52-9b2ba9877021 /dev/sda1  (eigene UUID)
```

Größe des Dateisystems ändern

Mit resize2fs können Sie ein ext-Dateisystem vergrößern oder verkleinern. Beachten Sie, dass Sie bei einer Vergrößerung *vorher* die zugrunde liegende Partition oder das LV vergrößern müssen, bei einer Verkleinerung die Partition oder das LV aber erst *nachher* verkleinern dürfen! Im folgenden Beispiel wird das LV mit lvextend vergrößert. (Details zur LVM-Administration folgen ab Seite 633.)

```
root#  lvextend -L 40G /dev/mapper/vg1-test
  Extending logical volume test to 40,00 GB
  Logical volume test successfully resized
root#  resize2fs /dev/mapper/vg1-test
resize2fs 1.41.4 (27-Jan-2009)
Das Dateisystem auf /dev/mapper/vg1-test ist auf /test eingehängt;
  Online-Größenveränderung nötig
old desc_blocks = 2, new_desc_blocks = 3
Führe eine Online-Größenänderung von /dev/mapper/vg1-test
  auf 10485760 (4k) Blöcke durch.
Das Dateisystem auf /dev/mapper/vg1-test ist nun 10485760 Blöcke groß.
```

Eine Vergrößerung des Dateisystems ist im laufenden Betrieb möglich. Für eine Verkleinerung muss das Dateisystem aus dem Verzeichnisbaum gelöst werden.

Fragmentierung des Dateisystems

Unter »Fragmentierung« versteht man den Zustand, dass einzelne Dateien nicht in aneinanderliegenden Blöcken, sondern über die ganze Partition verteilt gespeichert werden. Dazu kann es kommen, wenn abwechselnd Dateien gelöscht, neu angelegt, verlängert oder verkürzt werden. Die Fragmentierung kann den Dateizugriff erheblich verlangsamen.

Die `ext2/3/4`-Treiber versuchen eine Fragmentierung so gut wie möglich zu vermeiden. Das gelingt allerdings nur, wenn das Dateisystem nie zu mehr als ca. 90 Prozent mit Daten gefüllt ist.

Es gibt momentan keine Defragmentierungswerkzeuge für die `ext`-Dateisysteme. Für `ext4` ist ein derartiges Programm unter dem Namen `e4defrag` aber immerhin in der Entwicklung. Es wird – wenn es einmal fertiggestellt ist – eine Defragmentierung im laufenden Betrieb ermöglichen.

Windows-Zugriff auf ext2- und ext3-Dateisysteme

Sie können auch unter Windows auf Ihre Linux-Daten zugreifen. Dazu stehen gleich mehrere Programme zur Auswahl. Die besten Erfahrungen habe ich mit `Explore2fs` gemacht. Dabei handelt es sich um eine Art Dateimanager, mit dem Sie Dateien aus `ext2/3`-Systemen lesen, aber nicht verändern können.

http://www.chrysocome.net/explore2fs

Auf den ersten Blick noch eleganter ist der `ext`-Dateisystemtreiber. Nach der Installation dieses Treibers können Sie Linux-Partitionen nahtlos unter allen Windows-Programmen nutzen und sogar verändern. Bei der Verwendung müssen Sie unbedingt darauf achten, bei jedem Wechsel zwischen Windows und Linux das gerade aktuelle Betriebssystem vollständig herunterzufahren (nicht in einen Stand-by- oder Ruhemodus)! Andernfalls riskieren Sie ein beschädigtes Dateisystem.

http://www.fs-driver.org/

Weder `Explore2fs` noch der `ext`-Dateisystemtreiber sind kompatibel zu `ext4`.

23.8 Das btrfs-Dateisystem

Aller Voraussicht nach wird `btrfs` das Linux-Dateisystem der Zukunft. Die Entwicklung von `btrfs` wurde ursprünglich von Oracle initiiert. Der `btrfs`-Treiber ist bereits in den Kernel integriert und untersteht (wie der gesamte Kernelcode) der Lizenz GPL. Die folgende Liste fasst die wichtigsten Eigenschaften von `btrfs` zusammen.

» Copy on Write (Geänderte Dateiblöcke werden nicht überschrieben, sondern an einer anderen Stelle gespeichert. Das ermöglicht im Zusammenspiel mit Journaling besonders sichere Dateiänderungen.)

» automatische Berechnung von Prüfsummen, um Bitfehler zu entdecken

» direkte Unterstützung von RAID-0, RAID-1 und RAID-10

» Snapshots und Subvolumes (Details siehe unten)

» Komprimierung der Dateien (`mount`-Option `compress`)

» SSD-Optimierung (`mount`-Option `ssd`)

» Defragmentierung im laufenden Betrieb

Geplant, aber im Herbst 2011 noch nicht implementiert sind RAID-5- und RAID-6-Unterstützung, eine Dateisystemüberprüfung im laufenden Betrieb sowie eine Deduplizierungsfunktion, um redundante Daten (z. B. zwei gleiche Dateien) nur einmal zu speichern sowie ein Werkzeug zur Reparatur defekter Dateisysteme (`fsck`).

Mit Subvolumes, Snapshots und RAID bietet `btrfs` ähnliche Funktionen wie die im Kernel schon enthaltenen *Multi Device* und *Logical Volume Manager* (siehe die Abschnitte 23.15 und 23.16). An sich sind solche Doppelgleisigkeiten im Kernel unerwünscht, im Falle von `btrfs` wurden sie aber akzeptiert. Der Grund: Einerseits ermöglicht die direkte Integration von RAID-Funktionen in den Dateisystemtreiber aufgrund der Prüfsummen eine noch höhere Datensicherheit, andererseits haben die `btrfs`-Entwickler glaubhaft nachweisen können, dass die `btrfs`-Snapshots wesentlich effizienter sind als die von LVM.

Status Das `btrfs` ist nach wie vor unausgereift! Die Grundfunktionen bereiten normalerweise keine Probleme, aber beim Test der fortgeschrittenen Funktionen habe ich mehrfach Kernelabstürze erlebt. Auch in der `btrfs`-Mailingliste ist regelmäßig von Datenverlusten zu lesen. Es kann Ihnen durchaus passieren, dass `mount` bei einem bisher funktionierenden Dateisystem plötzlich eine Fehlermeldung liefert und sich das Dateisystem nicht mehr verwenden lässt! Verbesserungswürdig ist schließlich die Dokumentation auf der Website https://btrfs.wiki.kernel.org/.

Das größte Problem besteht aber darin, dass es im Fall eines inkonsistenten Dateisystems keine Möglichkeit gibt, dieses zu reparieren. Der `btrfs`-Hauptentwickler Chris Mason verspricht nun schon seit über einem Jahr, dass ein funktionierendes `fsck`-Kommando »nächste oder übernächste Woche« fertig werde – aber es ist vollkommen unklar, wann er dieses Versprechen einlöst. Eine Zusammenstellung weiterer bekannter Probleme können Sie hier nachlesen:

https://btrfs.wiki.kernel.org/articles/g/o/t/Gotchas.html
https://btrfs.wiki.kernel.org/articles/p/r/o/Problem_FAQ_68af.html

Trotz dieser Mängel unterstützen mittlerweile die meisten Distributionen `btrfs` während der Installation. Es gibt aber noch keine Distribution, die auch grafische Werkzeuge für die weitere Administration anbieten kann. Oracle plant, `btrfs` als Standarddateisystem für sein größtenteils RHEL-kompatibles Oracle Linux einzusetzen, einen genauen Zeitplan dafür gibt es aber noch nicht.

GRUB GRUB 0.97 ist nicht `btrfs`-kompatibel. GRUB 2 unterstützt `btrfs` grundsätzlich ab Version 1.99, kommt aber nicht mit allen `btrfs`-Sonderfällen und -Varianten zurecht. Insofern sollten Sie selbst beim Einsatz von GRUB 2 eine eigene ext*n*-Bootpartition verwenden.

Links Diverse Benchmark-Tests sowie andere Vergleiche zwischen verschiedenen Linux-Dateisystemen finden Sie auf den folgenden Websites. (So viel vorweg: Je nachdem, was getestet wird, schneidet mal das eine und mal das andere Dateisystem besser ab. Einen eindeutigen Gewinner im Sinne von »das schnellste Dateisystem für jeden Zweck« gibt es nicht.)

http://www.phoronix.com/
http://www.linux-mag.com/id/7308/

In diesem Abschnitt setze ich bei der Beschreibung der fortgeschrittenen btrfs-Funktionen voraus, dass Sie die RAID- und LVM-Grundbegriffe kennen. Lesen Sie gegebenenfalls die Abschnitte 2.6 und 2.6 ab Seite 49 nach.

Administration

Auch wenn sich die btrfs-Dokumentation und diverse Artikel zu btrfs zumeist auf die veralteten Kommandos btrfsctl, btrfs-vol etc. beziehen, erfolgt die btrfs-Administration mittlerweile ausschließlich durch das neue Kommando btrfs, das im Mittelpunkt dieses Abschnitts steht.

Die Kommandos mkfs.brtfs und brtfs befinden sich je nach Distribution im Paket btrfs-tools, btrfs-progrs oder btrfsprogs. Wenn Sie nicht schon während der Installation ein btrfs-Dateisystem eingerichtet haben, müssen Sie dieses Paket in der Regel extra installieren.

btrfs-Dateisystem einrichten

Um ein neues btrfs-Dateisystem in einer leeren Partition bzw. einem leeren Logical Volume einzurichten, führen Sie das folgende Kommando aus (wobei Sie natürlich /dev/sdb1 durch Ihren eigenen Device-Namen ersetzen müssen):

```
root# mkfs.btrfs /dev/sdb1
```

Anschließend binden Sie das Dateisystem in den Verzeichnisbaum ein:

```
root# mkdir /media/btrfs
root# mount /dev/sdb1 /media/btrfs
```

Dateisystem vergrößern/verkleinern

Wenn sich ein btrfs-Dateisystem als zu klein herausstellt, ist es am einfachsten, ein weiteres Device (also eine Festplattenpartition oder ein Logical Device) hinzuzufügen – siehe Seite 606. Es ist aber auch möglich, die Größe eines vorhandenen btrfs-Dateisystems im laufenden Betrieb zu ändern (auch zu verkleinern!). In der Praxis funktioniert das am besten, wenn sich das Dateisystem in einem Logical Volume befindet.

Um ein btrfs-Dateisystem so zu vergrößern, dass es ein zuvor mit lvextend vergrößertes Logical Volume komplett nutzt, führen Sie das folgende Kommando aus:

```
root# btrfs filesystem resize max /media/btrfs
```

Statt max können Sie auch die neue absolute Größe des Dateisystems angeben, oder mit + oder - die relative Änderung. Dabei sind die Kürzel k, m und g für kByte, MByte und GByte erlaubt. Das folgende Kommando verkleinert das Dateisystem um 2 GByte:

```
root# btrfs filesystem resize -2g /media/btrfs
```

Dateisystem überprüfen

Zur Überprüfung der Konsistenz des Dateisystems sieht btrfs das Kommando btrfsck vor. Dieses Kommando führt momentan allerdings nur elementare Tests durch und kann das Dateisystem nicht reparieren. Korrekturen am Dateisystem werden (soweit möglich) während des mount-Vorgangs sowie im laufenden Betrieb erledigt. Ist ein btrfs-Dateisystem allerdings so stark beschädigt, dass mount nicht mehr ausgeführt werden kann, ist guter Rat teuer. Ein »richtiges« btrfsck-Kommando steht deswegen auf der Todo-Liste der btrfs-Entwickler ganz oben.

Konvertierung von ext3/ext4 zu btrfs

Es ist möglich, ein vorhandenes ext3- oder ext4-Dateisystem mit btrfs-convert in ein btrfs-Dateisystem umzuwandeln. Die Konvertierung erfolgt überraschend schnell, weil dabei nur die btrfs-Metadaten neu angelegt werden, die eigentlichen Datenblöcke aber unverändert bleiben. Das folgende Beispiel geht davon aus, dass sich das ursprüngliche ext4-Dateisystem in /dev/sdb1 befindet.

```
root# fsck.ext4 -f /dev/sdb1
root# btrfs-convert /dev/sdb1
creating btrfs metadata.
creating ext2fs image file.
cleaning up system chunk.
conversion complete.
root# mount /dev/sdb1 /media/btrfs
```

btrfs-convert legt bei der Konvertierung den Snapshot ext2_saved an, der den Zustand des bisherigen ext-Dateisystems archiviert. Solange es diesen Snapshot gibt, können Sie das btrfs-System sogar zurück in ein ext-Dateisystem verwandeln! (Veränderungen, die Sie in der Zwischenzeit im btrfs-Dateisystem durchgeführt haben, gehen dabei aber verloren.)

```
root# umount /dev/sdb1
root# btrfs-convert -r /dev/sdb1
```

Wenn Sie nach der Konvertierung bei btrfs bleiben möchten, sollten Sie den Snapshot ext2_saved löschen. Je mehr Änderungen Sie im btrfs-Dateisystem durchführen, desto mehr Platz erfordert der Snapshot.

```
root# btrfs subvolume delete /media/btrfs/ext2_saved
```

Technische Hintergründe zur Konvertierung können Sie hier nachlesen:

https://btrfs.wiki.kernel.org/articles/c/o/n/Conversion_from_Ext3_6e03.html

Dateien komprimieren

btrfs unterstützt die automatische und transparente Komprimierung von Dateien. Dazu muss das Dateisystem mit der mount-Option compress=zlib oder compress=lzo in den Verzeichnisbaum eingebunden werden. Die Option compress gilt nur für neue bzw. geänderte Dateien. Vorhandene Dateien bleiben unverändert, solange sie nur gelesen werden. Die Option gilt für das gesamte Dateisystem, kann also nicht nur für einzelne Verzeichnisse aktiviert werden. Die Komprimierung erfolgt wahlweise durch den besser komprimierenden zlib-Algorithmus oder den schnelleren, aber weniger platzsparenden lzo-Algorithmus (siehe http://lwn.net/Articles/411577/). Es gibt sogar Überlegungen, die lzo-Komprimierung in Zukunft standardmäßig zu aktivieren.

compress beschleunigt in vielen Fällen Dateioperationen. Das mag auf den ersten Blick verwundern, weil die Kompression bzw. Dekompression beim Lesen ja zusätzlichen Aufwand verursacht. Bei einer schnellen CPU ist dieser Aufwand aber gering im Vergleich zu der Ersparnis, die sich dadurch ergibt, dass weniger Datenblöcke der Festplatte oder der SSD gelesen bzw. verändert werden müssen. Als Zusatznutzen kommt natürlich die Platzersparnis hinzu.

Sie können das komprimierte Dateisystem später selbstverständlich auch ohne die Option compress nutzen. Neue bzw. veränderte Dateien sind dann nicht mehr komprimiert, bereits vorhandene Dateien bleiben aber komprimiert, solange die Dateien nur gelesen werden.

Die compress-Option eignet sich besonders gut für Verzeichnisse, die viele Textdateien enthalten (z. B. /usr/, die Platzersparnis beträgt hier fast 50 Prozent!). Nicht empfehlenswert ist die Option hingegen für Ihr Benutzerverzeichnis, wenn sich dort überwiegend bereits komprimierte Dateien befinden (z. B. Audio-, Video-, PDF- und OpenOffice-Dateien). Eine weitere Komprimierung gelingt dann nicht. Das erkennt auch der btrfs-Treiber und verzichtet bei der betreffenden Datei auf die Komprimierung. Dennoch kostet dieser Test etwas Zeit.

In der Praxis ist es bei Desktop-Systemen zweckmäßig, für die Systempartition compress zu verwenden, für die Home-Partition aber häufig nicht. Leider können Sie nicht bei jeder Distribution die mount-Optionen bereits bei der Installation einstellen. Bei openSUSE ist das möglich, und eine Testinstallation mit compress=zlib ergab, dass der Platzbedarf für die Systempartition bei einer Standardinstallation von 3,5 auf 1,8 GByte sank!

Natürlich gibt es Sonderfälle: Wenn Sie z. B. einen MySQL-Datenbank-Server betreiben und dabei den InnoDB-Tabellentreiber einsetzen, der die Tabellen automatisch komprimiert (das ist nur bei aktuellen MySQL-Versionen der Fall), sollte das MySQL-Datenbankverzeichnis (in der Regel /var/lib/mysql) nicht in einem btrfs-Dateisystem mit compress-Option liegen.

Subvolumes

Von herkömmlichen Dateisystemen kennen Sie die Regel »Eine Partition (oder ein Logical Volume) – ein Dateisystem«. Bei btrfs ist das anders: *Subvolumes* ermöglichen es, innerhalb eines btrfs-Dateisystems gewissermaßen mehrere virtuelle Dateisysteme einzurichten und in einem eigenen mount-Verzeichnis zu nutzen.

Subvolumes erzeugen

Am einfachsten ist das anhand eines Beispiels zu verstehen. Dabei gehe ich davon aus, dass sich das btrfs-Dateisystem in der Partition /dev/sdb1 befindet und im Verzeichnis /media/btrfs eingebunden ist.

btrfs subvolume create erzeugt nun zwei neue Subvolumes: sub1 und data/sub2. mount mit der Option subvol=name bindet die Subvolumes in den Verzeichnisbaum ein.

```
root# btrfs subvolume create /media/btrfs/sub1
root# btrfs subvolume create /media/btrfs/data/sub2
root# mkdir /media/sub{1,2}
root# mount -o subvol=sub1 /dev/sdb1 /media/sub1
```

mount -o subvol=name funktioniert allerdings nur für Subvolumes, die sich direkt im Wurzelverzeichnis des btrfs-Dateisystems befinden. Ist das nicht der Fall, müssen Sie mit btrfs subvolume list die Volume-ID-Nummer des Subvolumes ermitteln und diese Nummer mit der mount-Option subvolid angeben:

```
root# btrfs subvolume list
ID 256 top level 5 path sub1
ID 257 top level 5 path data/sub2
root# mount -o subvolid=257 /dev/sdb1 /media/sub2
```

Nun können Sie /media/sub1 und /media/sub2 wie zwei eigene Dateisysteme verwenden. Alle dort gespeicherten Dateien finden Sie aber auch direkt im btrfs-Dateisystem in den Verzeichnissen sub1 und data/sub2, die bei der Ausführung von btrfs subvolume create automatisch erstellt wurden.

```
root# touch /media/sub1/tst1
root# ls /media/btrfs/sub1
tst1
root# touch /media/sub2/tst2
root# ls /media/btrfs/data/sub2
tst2
```

Mit anderen Worten: Die Subvolumes sind zwar als eigenständige Dateisysteme verwendbar, sie sind aber auch über Verzeichnisse des btrfs-Dateisystems les- und veränderbar.

Default-Subvolume Mit btrfs subvolume set-default können Sie das Subvolume festlegen, das beim nächsten mount-Kommando standardmäßig verwendet wird, wenn nicht mit den mount-Optionen subvol oder subvolid explizit ein anderes Subvolume ausgewählt wird. An set-default müssen Sie die Volume-ID übergeben, die Sie vorher mit btrfs subvolume list ermitteln. Wenn Sie die folgenden Kommandos ausführen, enthält /media/btrfs die Dateien des Subvolumes sub1:

```
root# btrfs subvolume set-default 256 /media/btrfs/
root# umount /media/btrfs
root# mount /dev/sdb1 /media/btrfs    (Subvolume sub1)
```

Wie können Sie nun bei Bedarf wieder das btrfs-Wurzelverzeichnis aktivieren? Dieses wird intern wie ein Subvolume behandelt, das die ID-Nummer 5 hat. (Wenn Sie das Ergebnis von btrfs subvolume list genau studieren, sehen Sie, dass 5 als ID-Nummer des Top Levels angegeben wird.)

```
root# btrfs subvolume set-default 5 /media/btrfs/
root# umount /media/btrfs
root# mount /dev/sdb1 /media/btrfs    (Top Level)
```

Subvolumes löschen Mit btrfs subvolume delete name löschen Sie ein Subvolume inklusive aller darin enthaltenen Dateien. Das Subvolume muss vorher natürlich aus dem Verzeichnisbaum gelöst werden.

```
root# umount /media/sub2
root# btrfs subvolume delete /media/btrfs/data/sub2
```

Beachten Sie, dass der von Subvolumes beanspruchte Speicher mit der Ausführung von btrfs subvolume delete nicht sofort freigegeben wird, sondern erst nach und nach. Ein Kernelprozess kümmert sich im Hintergrund um die erforderlichen Aufräumarbeiten.

Snapshots

Snapshots ermöglichen es, das `btrfs`-Dateisystem bzw. ein Subvolume des Dateisystems auf zwei Zweige aufzuteilen. Neue Snapshots können vom Dateisystem selbst, von einem Subvolume oder von einem anderen Snapshot erstellt werden.

Anfänglich enthalten das Ausgangs-Volume und der Snapshot dieselben Daten. Anschließend können beide Dateisysteme losgelöst voneinander geändert werden, wobei `btrfs` nur die Änderungen speichert. (Beim Erstellen des Snapshots wird also nicht der gesamte Datenbestand kopiert.)

Snapshots können z. B. für Backups verwendet werden. Sie erstellen zuerst den Snapshot und führen dann ein Backup des Snapshots aus. Das stellt sicher, dass sich während des Backups keine Dateien ändern. Gleichzeitig können Sie während des Backups ganz normal weiterarbeiten. Sobald das Backup abgeschlossen ist, löschen Sie den Snapshot.

Eine andere Anwendung besteht darin, vor kritischen Operationen (z. B. einem Kernel-Update) einen Sicherungspunkt zu erstellen. Sollte das Update scheitern, können Sie auf den Snapshot zurückgreifen.

`btrfs`-intern werden Snapshots wie Subvolumes behandelt. Deswegen gelten die meisten `subvolume`-Befehle von `btrfs` gleichermaßen für Subvolumes und Snapshots. Der wesentliche Unterschied zwischen Subvolumes und Snapshots besteht darin, dass Subvolumes anfänglich leer sind, Snapshots dagegen eine virtuelle Kopie des Ausgangsverzeichnisses enthalten. (Wie gesagt: Vorerst werden keine Daten kopiert. Vielmehr werden nur die Veränderungen gegenüber dem ursprünglichen Zustand gespeichert.)

btrfs versus LVM

Der Begriff »Snapshot« wird in `btrfs` und LVM vollkommen unterschiedlich verwendet. In LVM ist ein Snapshot ein unveränderliches Abbild eines Logical Volumes. Sie müssen beim Erzeugen des Snapshots angeben, wieviel Speicherplatz der Snapshot maximal beanspruchen darf. Dieser Speicherplatz dient dazu, bei Bedarf Datenblöcke des ursprünglichen LVs zu archivieren, bevor diese geändert werden. Wenn der Snapshot-Speicherplatz aufgebraucht ist, wird der Snapshot ungültig und kann nicht mehr verwendet werden.

Bei `btrfs` ist der Inhalt des Snapshots dagegen veränderlich! Ein Snapshot ist also ein neuer Zweig eines Verzeichnisbaums, der zum Zeitpunkt der Erstellung des Snapshots eins zu eins mit diesem identisch ist. Ab diesem Zeitpunkt können sich beide Zweige unabhängig voneinander weiterentwickeln. Die beiden Zweige beanspruchen umso mehr Speicherplatz, je mehr Dateien geändert werden. `btrfs` verwendet zur Speicherung der Änderungen einfach den `btrfs`-Speicherpool. Das funktioniert so lange, bis die Kapazität des gesamten Dateisystems erschöpft ist. Kurz und gut: `btrfs`-Snapshots bieten wesentlich mehr Funktionen und Flexibilität als LVM-Snapshots!

Grenzen und Design-Limits

Auf den ersten Blick scheinen Snapshots unbegrenzte Möglichkeiten zur Administration des Dateisystems zu bieten. Tatsächlich weist die Implementierung momentan aber noch Schwächen auf:

» Es kann nicht festgestellt werden, wie viel Speicherplatz ein Snapshot beansprucht.

» Es ist zwar möglich, einen Snapshot als neues Default-Volume zu definieren (`btrfs subvolume set-default`), es ist aber unmöglich, das ursprüngliche Basissystem zu löschen. Diese Einschränkung betrifft vor allem das von Fedora eingesetzte Yum-Plugin `yum-plugin-fs-snapshot` (siehe Seite 1025). Diese Einschränkung kann momentan nur so umgangen werden, dass sofort nach dem Einrichten eines btrfs-Dateisystems ein Snapshot oder ein Subvolume eingerichtet wird und das Startsystem darin gespeichert wird. Das ermöglicht es, dieses Startsystem später zugunsten eines Snapshots zu löschen. Die bisweilen verwirrenden Details und Implikationen wurden in der btrfs-Mailingliste schon mehrfach diskutiert, z. B. hier:

http://www.mail-archive.com/linux-btrfs@vger.kernel.org/msg03484.html
http://www.mail-archive.com/linux-btrfs@vger.kernel.org/msg05334.html
http://www.mail-archive.com/linux-btrfs@vger.kernel.org/msg04968.html

Beispiel Als Ausgangspunkt für das folgende Beispiel dient ein btrfs-Dateisystem in der Partition /dev/sdb1. Das Dateisystem ist an der Stelle /media/btrfs in den Verzeichnisbaum integriert. btrfs subvolume snap erzeugt nun einen Snapshot vom gesamten Dateisystem. Dabei wird zugleich das Verzeichnis /media/btrfs/snap1 erzeugt. Der Snapshot kann über dieses Verzeichnis verwendet werden oder mit mount wie ein eigenes Dateisystem in den Verzeichnisbaum eingebunden werden. Dabei muss die vom vorigen Abschnitt schon bekannte mount-Option subvol=name verwendet werden.

```
root# btrfs subvolume snapshot /media/btrfs/ /media/btrfs/snap1
root# mkdir /media/snap1
root# mount -o subvol=snap1 /dev/sdb1 /media/snap1/
```

Sie können nun sowohl im ursprünglichen Dateisystem als auch im Snapshot unabhängig voneinander (also ohne gegenseitige Beeinflussung) Dateien anlegen, verändern und löschen.

btrfs-Dateisysteme über mehrere Devices verteilen, RAID

Der btrfs-Treiber kann Dateisysteme über mehrere Festplatten bzw. Devices verteilen und unterstützt dabei die RAID-Level 0, 1 und 10, ohne auf den sonst üblichen Linux-RAID-Treiber mdadm zurückzugreifen. In Zukunft soll btrfs auch RAID-5 und RAID-6 unterstützen.

Device hinzufügen Der einfachste Fall von Multi-Device-Dateisystemen entsteht zumeist dann, wenn ein btrfs-Dateisystem zu klein wird: Sie können nun ganz einfach ein weiteres Device hinzufügen (also eine leere Festplattenpartition oder ein ungenutztes Logical Volume). Damit wird das Dateisystem entsprechend vergrößert. Sie müssen weder eine Partition neu formatieren noch die Größe des Dateisystems explizit ändern – btrfs erledigt all diese Aufgaben selbstständig.

```
root# btrfs device add /dev/sdb2 /media/btrfs
```

Anfänglich befinden sich nun alle Daten auf dem ersten Device, während das zweite Device erst nach und nach genutzt wird. Falls sich die Devices auf unterschiedlichen physikalischen Festplatten befinden (und nur dann!), erzielen Sie einen Geschwindigkeitsgewinn, wenn Sie die vorhandenen Dateien mit btrfs filesystem balance über alle Devices verteilen. Beachten Sie aber, dass btrfs filesystem balance sehr lange dauert und nur selten der Mühe wert ist.

```
root# btrfs filesystem balance /media/btrfs
```

Es ist auch möglich, ein Device wieder zu entfernen. Die auf dem Device enthaltenen Daten werden dann zuerst auf die anderen Devices übertragen, weswegen die Ausführung des folgenden Kommando sehr lange dauern kann:

```
root# btrfs device del /dev/sdb1 /media/btrfs/
```

Sie können ein btrfs-Dateisystem auch von vorneherein mit mehreren Devices einrichten, indem Sie an mkfs.btrfs mehrere Devices übergeben: mkfs.btrfs mit mehreren Devices

```
root# mkfs.btrfs /dev/sdb1 /dev/sdc1
```

Standardmäßig werden dann die Metadaten des Dateisystems dupliziert (entspricht RAID-1), die eigentlichen Daten aber über alle Devices verteilt. Die Metadaten enthalten die Verwaltungsinformationen des Dateisystems, also z. B. Inode-Listen sowie Bäume zum Suchen nach Dateien. Leider ist beim resultierenden Dateisystem nun weder die Geschwindigkeit optimal (es ist langsamer als ein RAID-0-System wegen der Duplizierung der Metadaten), noch kann es sicherheitstechnisch mit RAID-1 mithalten, weil die eigentlichen Daten nicht redundant gespeichert werden.

Bei der Ausführung von mount geben Sie ein beliebiges Device des Dateisystems an. (Nach einem Rechnerneustart muss das Kommando btrfs device scan bzw. btrfsctl -a ausgeführt werden, damit btrfs weiß, welche Devices mit btrfs-Dateisystemen es gibt und wie sie zusammengehören.)

```
root# mount -t /dev/sdb1 /media/btrfs
```

Wenn Sie ein »richtiges« RAID-System anlegen möchten, bei dem Daten und Metadaten einheitlich behandelt werden, übergeben Sie an mkfs.btrfs mit -d (für die Daten) und -m (für die Metadaten) den gewünschten RAID-Level an. Außerdem übergeben Sie an mkfs.btrfs die gewünschte Anzahl von Devices. Das folgende Kommando erstellt ein RAID-0-System (Striping): RAID-0

```
root# mkfs.btrfs -d raid0 -m raid0 /dev/sdb1 /dev/sdc1
```

Ein RAID-1-Dateisystem wird analog mit diesem Kommando eingerichtet: RAID-1

```
root# mkfs.btrfs -d raid1 -m raid1 /dev/sdb1 /dev/sdc1
```

Interessant wird es, wenn ein Device ausfällt. Um diesen Fall zu testen, habe ich die Festplatte /dev/sdc entfernt. Damit das Dateisystem verwendet werden kann, muss nun die zusätzliche mount-Option degraded verwendet werden:

```
root# mount -o degraded /dev/sdb1 /media/btrfs
```

Um den RAID-Verbund wiederherzustellen, fügen Sie dem Dateisystem eine neues, möglichst gleich großes Device wieder hinzu. Im folgenden Beispiel ist das wieder /dev/sdc1, wobei diese Partition nun aber von einer neuen Festplatte stammt. Um das Dateisystem wieder über beide Devices zu verteilen und somit die RAID-1-Redundanz wiederherzustellen, müssen Sie außerdem btrfs filesystem balance ausführen. Bei großen Dateisystemen dauert die Ausführung dieses Kommandos naturgemäß sehr lange. Immerhin kann das Dateisystem in dieser Zeit genutzt werden (wenn auch mit stark verminderter Geschwindigkeit).

```
root# btrfs device add /dev/sdc1 /media/btrfs
root# btrfs filesystem balance /media/btrfs
```

Erst jetzt kann das defekte Device aus dem Dateisystem entfernt werden. Dabei verwenden Sie zur Device-Angabe das Schlüsselwort missing:

```
root# btrfs device delete missing /media/btrfs
```

Beim nächsten mount-Kommando können Sie nun auf die Option degraded verzichten.

Die Nutzung eines btrfs-Dateisystems ermitteln (df)

Bei anderen Dateisystemen können Sie ganz einfach mit `df -h` feststellen, wie viel Speicherplatz vorhanden ist, wie viel davon belegt ist und wie viel noch frei ist. Bei btrfs-Dateisystemen liefert df aber oft vollkommen falsche Ergebnisse, insbesondere im Zusammenhang mit RAID. Dafür gibt es drei Gründe:

» `btrfs` liefert momentan an df keine Informationen über die Art der Nutzung der Devices (also z. B. den RAID-Level). Das ist nicht zuletzt deswegen unmöglich, weil `btrfs` für Daten und Metadaten unterschiedliche RAID-Level erlaubt.

» `btrfs` gliedert die Speichernutzung in drei verschiedene Bereiche: Systemdaten (hierbei handelt es sich um ganz kleine Datenmengen), Metadaten (Verwaltungsinformationen, also Inodes und Baumstrukturen, um die Suche nach Dateien zu beschleunigen) und Nutzdaten (Platz für den eigentlichen Inhalt der Dateien).

» `btrfs` beansprucht nicht einfach den gesamten Speicherplatz sofort für sich, sondern nutzt den Speicher als Pool, aus dem es sich bei Bedarf Datenblöcke für die System-, Metadaten oder die eigentlichen Daten reserviert. Dabei fällt auf, dass `btrfs` relativ viel Metadaten konsumiert, die vor allem zur Speicherung von Dateiprüfsummen verwendet werden.

Leider sind auch die btrfs-Kommandos `filesystem show` und `filesystem df` nicht in der Lage, wirklich konkrete Zahlen dazu zu ermitteln, wie viel Speicherplatz noch frei ist. Das folgende Beispiel soll Ihnen dabei helfen, zumindest die Daten korrekt zu interpretieren, die `btrfs` liefert. Als Ausgangspunkt dient ein kleines btrfs-RAID-1-System aus zwei je 8 GByte großen Partitionen. In dieses Dateisystem wurde das gesamte /usr-Verzeichnis des Testsystems kopiert (Platzbedarf ca. 1,8 GByte).

```
root# mkfs.btrfs -d raid1 -m raid1 /dev/sdb1 /dev/sdc1
root# mount /dev/sdb1 /media/btrfs
root# cp -r /usr /media/btrfs
```

filesystem show

`btrfs filesystem show` verrät, dass das Dateisystem aus zwei jeweils 8 GByte großen Devices zusammengesetzt ist. Insgesamt enthält das Dateisysten 1,9 GByte System-, Meta- und Nutzdaten. Außerdem wissen wir jetzt, dass auf jedem Device jeweils 3,6 GByte Daten reserviert wurden. `filesystem show` liefert allerdings keine Informationen, wie die Devices miteinander verbunden sind (also welcher RAID-Level aktiv ist). Daher ist es auch unmöglich zu sagen, wie groß die gesamte Kapazität des Dateisystems ist. (Bei RAID-0 würde sie 16 GByte betragen, bei RAID-1 aber nur 8.)

```
root# btrfs filesystem show  /dev/sdb1 /dev/sdc1
failed to read /dev/sr0
Label: none  uuid: dc691a5d-187e-4cb4-a94a-d12dabdffde4
        Total devices 2 FS bytes used 1,89GB
        devid    1 size 8.00GB used 3,63GB path /dev/sdb1
        devid    2 size 8.00GB used 3,61GB path /dev/sdc1
```

filesystem df

`btrfs filesystem df` gibt Auskunft darüber, wie die reservierten Daten verwendet werden. `btrfs` hat bisher 2,6 GByte für die eigentlichen Daten reserviert und davon ca. 1,7 GByte tatsächlich genutzt. Weiters hat `btrfs` 1 GByte für Metadaten reserviert und davon knapp 200 MByte genutzt. (Das ist rund ein Achtel der eigentlichen Daten, also verhältnismäßig viel.) Schließlich hat btrfs 12 MByte für Systemdaten reserviert und gerade einmal 4 KByte davon tatsächlich genutzt. 2,61 +1,01 + 0,01 ergibt die 3,63 GByte, die filesystem show angezeigt hat.

```
root# btrfs filesystem df /media/btrfs/
Data:      total=2.61GB, used=1.70GB
Metadata: total=1.01GB, used=198.82MB
System:    total=12.00MB, used=4.00KB
```

Wie viel Speicherplatz ist nun wirklich frei? Wir wissen, dass insgesamt 16 GByte Speicherplatz zur Verfügung stehen. Wegen der mit RAID-1 verbundenen Redundanz sinkt der nutzbare Speicherplatz auf die Hälfte, also auf 8 GByte. Davon sind bereits 3,63 GByte reserviert. Der für die eigentlichen Daten reservierte Bereich kann somit noch maximal um 4,37 GByte vergrößert werden und würde dann knapp 7 GByte groß sein. Davon sind 1,7 GByte bereits genutzt. Das ergibt einen freien Speicherplatz für Dateien von ca. 5,3 GByte. Allerdings geht diese Rechnung nur auf, wenn btrfs nicht zwischenzeitlich nochmals Platz für Metadaten reservieren muss.

Ein elementares Problem für btrfs-Administratoren besteht momentan darin, dass sie den RAID-Level des Dateisystems nicht herausfinden können. Das macht die Administration von Dateisystemen, die sie nicht selbst eingerichtet haben, sehr schwierig. Es ist anzunehmen, dass die btrfs-Werkzeuge diesbezüglich noch verbessert werden.

23.9 Das xfs-Dateisystem

Das xfs-Dateisystem wurde 1994 von der Firma SGI für deren Workstations mit dem Unix-ähnlichen Betriebssystem IRIX entwickelt. Später wurde das Dateisystem für Linux portiert, und seit der Version 2.6 ist es offizieller Kernelbestandteil. Das Dateisystem gilt als ausgereift, stabil und vor allem im Umgang mit sehr großen (Multimedia-)Dateien als effizient. Weitere Informationen zum xfs-Dateisystem finden Sie hier:

man xfs
http://en.wikipedia.org/wiki/XFS
http://xfs.org/index.php/XFS_FAQ

Achtung

Bei der Nutzung von xfs müssen Sie zwei Besonderheiten beachten: Zum einen können xfs-Dateisysteme mit xfs_growfs nur vergrößert, aber nicht verkleinert werden. Zum anderen nutzt das Dateisystem die Partition vom ersten Byte an und lässt im Gegensatz zu den anderen Linux-Dateisystemen keinen Platz für einen Bootsektor. Aus diesem Grund zerstört die Installation von GRUB in den Bootsektor einer xfs-Partition Teile des Dateisystems! Sie müssen GRUB daher in den Master-Bootsektor oder in den Bootsektor einer anderen Partition installieren.

/etc/fstab

Einträge für ein xfs-Dateisystem in /etc/fstab sehen üblicherweise wie im folgenden Beispiel aus. Zusätzliche mount-Optionen werden nur ganz selten benötigt. Sie sind in man mount verzeichnet.

```
# /etc/fstab
/dev/sdb13      /data          xfs  defaults 0 0
```

xfs-Dateisystem einrichten

Um in einer Partition ein xfs-Dateisystem einzurichten, führen Sie einfach mkfs.xfs aus:

```
root# mkfs.xfs /dev/sdc1
meta-data=/dev/sdc1      isize=256     agcount=16, agsize=152742 blks
         =               sectsz=512    attr=0
data     =               bsize=4096    blocks=2443872, imaxpct=25
         =               sunit=0       swidth=0 blks, unwritten=1
naming   =version 2      bsize=4096
log      =internal log   bsize=4096    blocks=2560, version=1
         =               sectsz=512    sunit=0 blks
realtime =none           extsz=65536   blocks=0, rtextents=0
```

Jetzt fehlt nur noch ein mount-Kommando, und schon können Sie das Dateisystem nutzen:

```
root# mount -t xfs /dev/sdc1 /test
```

Dateisystem überprüfen

Die Integrität von xfs-Dateisystemen wird bei jedem mount-Vorgang automatisch überprüft (wobei dazu aber nur das Journaling-Protokoll ausgewertet wird). Zur manuellen Überprüfung führen Sie xfs_check aus. Das ist nur möglich, wenn das Dateisystem nicht eingebunden ist. Falls das Kommando Fehler entdeckt, können Sie versuchen, diese mit xfs_repair zu beheben.

Aus Kompatibilitätsgründen zu den anderen Dateisystemen existiert auch das Kommando fsck.xfs. Dieses Kommando erfüllt aber keine Aufgabe und liefert als Ergebnis immer OK.

Parameter des Dateisystems ändern

xfs_growfs vergrößert ein xfs-Dateisystem im laufenden Betrieb. (Das Dateisystem muss eingebunden sein!) Das Kommando setzt voraus, dass die zugrunde liegende Datenpartition vorher bereits vergrößert wurde. xfs_admin verändert diverse Parameter des Dateisystems, beispielsweise den Namen (Label) und die UUID-Nummer. Das Dateisystem muss vorher aus dem Verzeichnisbaum gelöst werden (umount).

23.10 Windows-Dateisysteme (vfat, ntfs)

Viele Linux-Anwender haben auf ihrem Rechner parallel eine Windows-Version installiert. Aber auch externe Datenträger nutzen häufig Windows-Dateisysteme (USB-Sticks, Speicherkarten von Digitalkameras etc.). Im Folgenden lernen Sie, wie Sie unter Linux auf Windows-Dateisysteme zugreifen – ganz egal, ob sich diese in einer Partition der internen Festplatte oder auf einem externen Datenträger befinden.

Varianten

Grundsätzlich gibt es zwei Windows-Dateisysteme:

- **FAT, VFAT, exFAT:** Es gibt unzählige FAT-Varianten. Die historisch ältesten Versionen sind FAT12 für Disketten, FAT16 für Dateisysteme bis 2 GByte sowie FAT32 für Dateisysteme bis 8 TByte und Dateien bis 4 GByte.

Mit Windows 95 wurde die Erweiterung VFAT eingeführt, die auf allen FAT-Varianten Dateinamen mit mehr als den 8+3 Zeichen aus DOS-Zeiten erlaubt. Lange Dateinamen werden intern als Unicode-Zeichenketten gespeichert. Neuere Windows-Versionen speichern *alle* Dateinamen (auch kurze) als Unicode-Zeichenketten und stellen so sicher, dass die Groß- und Kleinschreibung der Dateinamen erhalten bleibt und keine Zeichensatzprobleme aufgrund unterschiedlicher Codepages entstehen können.

Eine typische Windows-Partition auf einer Festplatte ist zumeist eine Kombination aus FAT32 und VFAT (kurz VFAT32). Wenn ich im Folgenden einfach von VFAT spreche (oder vom `vfat`-Dateisystem in der Schreibweise von `mount/fstab`), dann meine ich damit alle möglichen Kombinationen aus FAT12/16/32 und VFAT.

Eine relativ neue FAT-Variante ist exFAT: Dieses Dateisystem wurde speziell für große Flash-Speicher entwickelt, hat bis jetzt aber keine nennenswerte Verbreitung gefunden. Es erlaubt Dateien bis zu 16.777.216 TByte und unterstützt ACLs und Transaktionen. exFAT soll in Zukunft vor allem auf großen Flash-Karten zum Einsatz kommen. Für Linux gibt es momentan eine Beta-Version eines Open-Source-Treibers (http://code.google.com/p/exfat/) sowie einen kommerziellen Treiber der Firma Tuxera (http://tuxera.com).

» **NTFS:** Das *New Technology File System* wurde mit Windows NT eingeführt und wird von allen aktuellen Windows-Versionen unterstützt. Im Vergleich zu FAT bietet NTFS wesentlich mehr Sicherheit (Zugriffsrechte, Journaling etc.) sowie diverse Zusatzfunktionen. Die Dateisystemgröße ist nahezu unbegrenzt (16.777.216 TByte).

Linux-Unterstützung

Linux kann (V)FAT- und NTFS-Dateisysteme lesen und schreiben. Für das exFAT-Dateisystem gibt es erst einen provisorischen Read-Only-Treiber für Linux, der noch nicht in den Kernel integriert ist.

Achtung

Wenn Sie Veränderungen in einem Windows-Dateisystem auf einem Dual-Boot-Rechner durchführen möchten, müssen Sie Windows vollständig herunterfahren (kein Schlaf- oder Stand-by-Modus!), bevor Sie Linux starten. Andernfalls riskieren Sie ein inkonsistentes Dateisystem und Datenverluste.

Es ist unter Linux nur selten notwendig, Windows-Dateisysteme einzurichten – aber es ist möglich: Mit `mkfs.vfat` formatieren Sie eine Partition im VFAT32-Format, mit `mkfs.ntfs` im NTFS-Format. (`mkfs.ntfs` befindet sich üblicherweise im Paket `ntfsprogs`, das oft erst installiert werden muss.)

Konvertierung von Textdateien

Unabhängig vom Dateisystem bereitet der Textaustausch zwischen Linux und Windows oft Probleme, weil je nach Betriebssystem unterschiedliche Zeichensätze und Kennzeichnungen für das Zeilenende zur Anwendung kommen. Diese Probleme lassen sich mit diversen Konvertierungswerkzeugen lösen (siehe ab Seite 333).

Zugriffsrechte

VFAT kennt das Konzept von Zugriffsrechten überhaupt nicht. NTFS unterstützt zwar Zugriffsrechte, aber nicht in der Unix/Linux-typischen Art und Weise. Daraus ergibt sich ein Problem: Welcher Linux-Benutzer verfügt über welche Zugriffsrechte auf Windows-Dateien? Die Antwort geben die `mount`-Optionen `uid`, `gid` und `umask/fmask/dmask`. Diese Optionen stellen den Besitzer, die Gruppenzugehörigkeit und die Zugriffsbits für das Windows-Dateisystem ein, und zwar einheitlich für alle Dateien dieses Dateisystems und unabhängig von eventuellen NTFS-Zugriffsrechten.

Das VFAT-Dateisystem

Standardeinstellungen Vorweg eine kurze Zusammenfassung der Standardeinstellungen des vfat-Dateisystemtreibers: Der Treiber erkennt den FAT-Typ (FAT12/-16/-32) selbstständig. Die Windows-Dateinamen werden unter Linux im Zeichensatz Latin-1 (ISO8859-1) dargestellt. Der Benutzer, der mount ausführt, darf alle Dateien und Verzeichnisse lesen und schreiben; alle anderen Benutzer dürfen alles lesen, aber nichts verändern. Selbstverständlich können Sie alle Einstellungen durch Optionen verändern.

/etc/fstab Ein typischer Eintrag in /etc/fstab für eine lokale VFAT-Partition auf der Festplatte sieht wie folgt aus:

```
# /etc/fstab
/dev/sda1       /media/win1  vfat    utf8,uid=1000  0 0
```

Sie erreichen damit, dass der Benutzer mit der Benutzernummer 1000 alle Dateien verändern darf und dass Sonderzeichen in langen Windows-Dateinamen (mit mehr als 8+3 Zeichen) unter Linux als UTF8-Zeichen dargestellt werden.

Die folgende fstab-Zeile bindet die Windows-Partition nicht automatisch in den Verzeichnisbaum ein (noauto). Dank users darf aber jeder Benutzer mount ausführen. gid=users bewirkt, dass die Gruppenzugehörigkeit der Windows-Dateien durch die Standardgruppe (und nicht die gerade aktuelle Gruppe) des Benutzers bestimmt wird.

```
# /etc/fstab
/dev/sda1       /media/win1  vfat    noauto,users,gid=users,utf8  0 0
```

Das NTFS-Dateisystem (ntfs-3g)

In der Vergangenheit gab es diverse ntfs-Treiber für Linux. In den letzten Jahren hat sich der ntfs-3g-Treiber durchgesetzt. Er unterstützt Lese- und Schreibzugriffe und kann mit Streams umgehen (siehe unten). Der Treiber kann allerdings keine verschlüsselten Dateien lesen/schreiben und keine komprimierten Dateien erzeugen (wohl aber lesen). Nahezu alle großen Distributionen installieren den ntfs-3g-Treiber standardmäßig.

Im Gegensatz zu den meisten anderen Dateisystemtreibern ist ntfs-3g nicht als Kernelmodul implementiert, sondern als sogenannter FUSE-Treiber. FUSE steht für *Filesystem in Userspace*. Dabei handelt es sich um ein Kernelmodul, das mit externen Programmen kommuniziert. FUSE ermöglicht es also, den eigentlichen Dateisystemtreiber außerhalb des Kernels zu implementieren.

/etc/fstab Eine typische fstab-Zeile zur automatischen Integration einer NTFS-Partition in den Verzeichnisbaum sieht folgendermaßen aus:

```
# /etc/fstab
/dev/sda1    /media/win    ntfs-3g    uid=1000,gid=1000  0 0
```

Bei den meisten Distributionen können Sie das Dateisystem auch einfach mit ntfs bezeichnen (statt mit ntfs-3g).

Streams

Streams sind eine Besonderheit des NTFS-Dateisystems: Eine NTFS-Datei kann aus mehreren Streams bestehen. Dabei hat jeder Stream dieselbe Funktion wie eine herkömmliche Datei. Beim gewöhnlichen Dateizugriff wird automatisch der Standardstream gelesen bzw. verändert.

Beim `ntfs-3g`-Treiber steuert die Option `streams_interface` den Zugriff auf Streams. In der Standardeinstellung `xattr` werden Streams wie Dateiattribute betrachtet. Der Zugriff auf Streams erfolgt durch die Kommandos `get-` bzw. `setfattr` aus dem Paket `attr` (siehe auch den ACL- und EA-Abschnitt ab Seite 297). `getfattr -d -e text` liefert eine Liste aller Attribute, wobei deren Inhalt in Textform angezeigt wird.

```
root# mount /dev/sda1 /media/win
root# cd /media/win
root# cat > streamtest
 abc Strg+D
root# setfattr -n user.stream1 -v "efg" streamtest
root# setfattr -n user.stream2 -v "xyz" streamtest
root# cat streamtest
abc
root# getfattr -d -e text streamtest
# file: streamtest
user.stream1="efg"
user.stream2="xyz"
root# cd
root# umount /media/win
```

Alternativ können Sie auch mit `streams_interface=windows` arbeiten. Diese Einstellung aktiviert die Windows-typische Schreibweise in der Form `dateiname:streamname`.

```
root# mount -o streams_interface=windows /dev/sda1 /media/win
root# cd /media/win
root# cat streamtest
abc
root# cat streamtest:stream1
efg
```

Administration

Das Paket `ntfsprogs` enthält diverse Kommandos, die bei der Administration von NTFS-Dateisystemen helfen. Tabelle 23.8 gibt einen Überblick.

KOMMANDO	BEDEUTUNG
`mkntfs`	richtet ein NTFS-Dateisystem ein.
`ntfsclone`	kopiert ein NTFS-Dateisystem.
`ntfsinfo`	liefert Informationen über ein NTFS-Dateisystem.
`ntfslabel`	benennt eine NTFS-Partition.
`ntfsresize`	ändert die Größe des NTFS-Dateisystems.
`ntfsundelete`	versucht, gelöschte Dateien wiederherzustellen.

Tabelle 23.8: **Kommandos des ntfsprogs-Pakets**

23.11 CDs, DVDs, Disketten

Daten-CDs und -DVDs

CD- und DVD-Laufwerke werden im Prinzip wie Festplatten verwaltet. Es gibt aber zwei wesentliche Unterschiede: Erstens ist bei einem CD/DVD-Laufwerk ein Wechsel der CD/DVD möglich, während Sie eine herkömmliche Festplatte im laufenden Betrieb nicht wechseln können. Zweitens verwenden Daten-CDs und -DVDs ein anderes Dateisystem: ISO 9660 oder UDF.

ISO 9660 und UDF

Kurz einige Hintergrundinformationen zu den Dateisystemen. ISO 9660 ist ein allgemein akzeptierter Standard für Daten-CDs. Aufgrund einiger grundlegender Einschränkungen haben sich aber einige Erweiterungen etabliert: Die Unix-typische Rockridge-Extension erlaubt es, lange Dateinamen und Zugriffsrechte zu speichern. Die Windows-typische Joliet-Erweiterung sieht die Verwendung von Unicode-Zeichen in Dateinamen vor. Die El-Torito-Erweiterung ermöglicht es, einen Rechner direkt von der CD zu starten.

Das *Universal Disk Format* (UDF) ist der Nachfolger zu ISO 9660. Es wird auf vielen DVDs verwendet. (DVDs können alternativ aber auch das ISO-9660-Format nutzen.) Im Vergleich zu ISO 9660 dürfen Dateien größer als 2 GByte werden, Dateinamen können ohne irgendwelche Erweiterungen aus bis zu 255 Unicode-Zeichen bestehen, Read-Write-Medien werden besser unterstützt (Packet Writing) etc.

CD/DVD-Device-Namen

Tabelle 23.9 gibt an, welche Device-Namen beim Zugriff auf das CD/DVD-Laufwerk verwendet werden. Der Device-Name hängt davon ab, wie das Laufwerk angeschlossen ist (SCSI, SATA, USB oder Firewire). Die größte Trefferwahrscheinlichkeit gibt /dev/scd0. Auf die Device-Namen /dev/hda, /dev/hdb etc. werden Sie nur bei alten Rechnern stoßen. Mitunter gibt es auch Device-Dateien wie /dev/cdrom, /dev/dvd oder /dev/dvd-recorder. Dabei handelt es sich um Links auf die tatsächliche Device-Datei.

Tabelle 23.9: **CD/DVD-Device-Namen**

DEVICENAME	BEDEUTUNG
/dev/scd0 oder /dev/sr0	erstes CD/DVD-Laufwerk
/dev/scd1 oder /dev/sr1	zweites CD/DVD-Laufwerk

Automatischer Betrieb

Bei den meisten Distributionen ist das Desktop-System so vorkonfiguriert, dass beim Einlegen einer Daten-CD oder -DVD automatisch ein Dateimanager-Fenster erscheint und den Inhalt des Datenträgers anzeigt. Sie können die CD/DVD jederzeit auswerfen, wahlweise durch den Knopf am Laufwerk oder über das Kontextmenü eines Laufwerk-Icons auf dem Desktop. Für diesen Komfort sind hinter den Kulissen die Linux-Hardware-Verwaltung und ein KDE-Dienst oder Gnome-Dämon zuständig (siehe Seite 463 und 617).

Manueller Betrieb

Wenn Sie in einer Konsole oder mit einem Desktop ohne CD/DVD-Automatismen arbeiten, müssen Sie Ihre CDs/DVDs nach dem Einlegen manuell in den Verzeichnisbaum einbinden. Wie üblich variieren dabei die Device- und Verzeichnisnamen je nach Hardware und Distribution.

```
root#  mount -t iso9660 -o ro /dev/scd0 /media/dvd  (ISO-9660-CDs/DVDs)
root#  mount -t udf -o ro /dev/scd0 /media/dvd      (UDF-DVDs)
```

Standardmäßig sind alle Verzeichnisse und Dateien für alle Benutzer lesbar. Falls Sie Programme, die sich auf der CD bzw. DVD befinden, unmittelbar starten möchten, müssen Sie zusätzlich die Option exec angeben. Um internationale Dateinamen korrekt zu verarbeiten, sollten Sie die Option `iocharset=utf8` bzw. einfach `utf8` verwenden.

Bevor Sie die CD/DVD auswerfen können, müssen Sie explizit umount ausführen:

```
root#  umount /media/dvd
```

Tipp

Statt `umount` können Sie auch `eject` ausführen. Durch dieses Kommando wird die CD nicht nur aus dem Dateisystem gelöst, sondern auch gleich ausgeworfen. Falls es im Rechner mehrere Datenträger gibt, die ausgeworfen werden können (CDs, DVDs, Magnetbänder), werden diese Möglichkeiten der Reihe nach getestet; der erste gefundene Datenträger wird ausgeworfen. Optional können Sie den gewünschten Datenträger durch den Device-Namen oder Mount-Punkt angeben.

Device is busy

Wenn umount den Fehler *device is busy* liefert, bedeutet das, dass ein anderes Programm noch Daten der CD-ROM nutzt. Das ist unter anderem auch dann der Fall, wenn in irgendeiner Shell ein Verzeichnis der CD-ROM geöffnet ist. Führen Sie dort cd aus, um in das Heimatverzeichnis zu wechseln. Bei der Suche nach dem Prozess, der die umount-Probleme verursacht, kann fuser helfen. Führen Sie `fuser -m /cdrom` aus!

Eine weitere mögliche Fehlerursache ist NFS: Wenn das CD-ROM-Laufwerk via NFS auf einem anderen Rechner genutzt wurde, ist ein umount oft selbst dann unmöglich, wenn dieser Rechner das CD-ROM-Laufwerk längst wieder freigegeben hat. In solchen Fällen muss der NFS-Server und (in seltenen Fällen) sogar der Rechner neu gestartet werden.

/etc/fstab

Bei den meisten Distributionen fehlt aufgrund der oben beschriebenen Automatismen ein Eintrag für das CD/DVD-Laufwerk in `/etc/fstab` (es ist keiner notwendig). Wenn Sie CDs/DVDs häufig manuell in den Verzeichnisbaum einbinden, ist ein derartiger Eintrag aber zweckmäßig. Er sieht dann ähnlich wie das folgende Muster aus:

```
# /etc/fstab
/dev/scd0  /media/dvd udf,iso9660  users,noauto,ro  0 0
```

Jetzt reichen die Kommandos `mount /media/dvd` bzw. `umount /media/dvd` aus, um eine CD/DVD in den Verzeichnisbaum zu integrieren bzw. aus ihm zu lösen. Jeder Benutzer darf diese Kommandos ausführen.

Audio-CDs, Video-DVDs etc.

Audio-CDs

Audio-CDs werden anders als Daten-CDs behandelt. Sie werden nicht mit mount in das Dateisystem eingebunden, sondern mit speziellen Programmen direkt ausgelesen (unter KDE bzw. Gnome beispielsweise mit Amarok bzw. Rhythmbox). Auch das digitale Auslesen von Audio-Tracks (etwa zur späteren Umwandlung in Ogg-Vorbis-Dateien) ist möglich. Einen Überblick über Audio-Tools finden Sie ab Seite 193.

Video-DVDs

Video-DVDs verwenden in der Regel UDF. Zum Abspielen solcher DVDs benötigen Sie einen Video- oder Multimedia-Player. Eine ganze Palette solcher Programme stellt Abschnitt 9.4 ab Seite 207 vor.

CDs/DVDs brennen Um CDs und DVDs zu brennen, verwenden Sie unter KDE das Programm K3B, unter Gnome Brasero bzw. in der Konsole `wodim` (siehe Seite 286).

Disketten

Disketten spielen im Linux-Alltag keine Rolle mehr. Sollten Sie aber doch einmal in die Verlegenheit geraten, Dateien von einer Diskette lesen zu müssen, binden Sie die Diskette mit `mount` in das Dateisystem ein und greifen dann wie auf alle anderen Dateien zu. Der übliche Device-Name für Disketten ist /dev/fd0. Auf Disketten können sich die unterschiedlichsten Dateisysteme befinden. Am häufigsten sind DOS/Windows-Disketten mit dem VFAT-Dateisystem.

```
root# mount -t vfat /dev/fd0 /media/floppy
```

Mit den Kommandos aus dem `mtools`-Paket (z. B. `mcopy` oder `mdir`) können Sie DOS/Windows-Disketten auch ohne `mount` lesen bzw. verändern. Mit `fdformat` führen Sie eine Low-Level-Formatierung durch. Um anschließend ein Dateisystem einzurichten, führen Sie `mkfs.vfat` aus.

23.12 Externe Datenträger (USB, Firewire & Co.)

USB-Memorysticks, Speicherkarten von Digitalkameras, Firewire- und eSATA-Festplatten sowie andere externe Datenträger haben ein gemeinsames Merkmal: Sie werden im laufenden Betrieb mit dem Computer verbunden und auch wieder gelöst. Intern werden nahezu alle derartigen Laufwerke wie SCSI-Laufwerke behandelt.

Automatischer Betrieb Die Desktop-Systeme (KDE, Gnome) nahezu aller Distributionen reagieren beim Einstecken von Datenträgern damit, dass (eventuell nach einer Rückfrage) ein neues Fenster des Dateimanagers erscheint, das komfortabel Zugriff auf den Datenträger gibt. In vielen Fällen erscheint auf dem Desktop auch ein Icon, das den Datenträger symbolisiert und per Kontextmenü die Möglichkeit gibt, das Dateisystem explizit aus dem Verzeichnisbaum zu lösen.

Achtung

Achten Sie darauf, sämtliche Partitionen eines Datenträgers explizit aus dem Verzeichnisbaum zu lösen, bevor Sie das Kabel zum Datenträger abziehen! Bei den meisten Distributionen klicken Sie dazu das Icon des Datenträgers an und wählen AUSWERFEN, SICHER ENTFERNEN oder einen vergleichbaren Menüeintrag. Auf diese Weise stellen Sie sicher, dass alle offenen Schreiboperationen ausgeführt werden, bevor die Verbindung zum Laufwerk tatsächlich gekappt wird. Wenn Sie auf diesen Schritt verzichten, riskieren Sie ein beschädigtes Dateisystem und fehlerhafte Dateien!

Unter KDE und Gnome ist es möglich, dass mehrere Benutzer parallel eingeloggt sind. In diesem Fall bekommt in der Regel der zuerst eingeloggte Benutzer Zugriffsrechte auf neu eingesteckte Datenträger. Dieser Sonderfall ist allerdings je nach Distribution unterschiedlich (oder gar nicht) gelöst und kann Probleme verursachen. Vermeiden Sie also Benutzerwechsel, wenn Sie mit externen Datenträgern arbeiten!

Hotplug-Interna

Die Hotplug-Verwaltung basiert bei aktuellen Distributionen auf einem Zusammenspiel des Kernels, des udev-Systems, des Kommunikationssystems D-Bus und des Programms PolicyKit (siehe auch Seite 319 und 463). Bei älteren Installationen werden Sie vereinzelt auf die Programme supermount, magicdev oder subfs/submount stoßen, die aber allesamt nicht besonders gut funktionieren.

Manueller Betrieb

Beim Arbeiten im Textmodus bzw. mit einem Desktop-System ohne automatische Datenträgerverwaltung müssen Sie das entsprechende mount-Kommando selbst ausführen. Dazu stellen Sie als Erstes fest, welchen Device-Namen Ihr Gerät hat (in der Regel /dev/sd*x*, wobei *x* der alphabetisch erste momentan nicht genutzte Buchstabe ist).

Einen Überblick über alle Datenträger (inklusive Festplatten, aber ohne CD- und DVD-Laufwerke) gibt das Kommando fdisk -l. Beim folgenden Beispiel ist /dev/sdf1 die erste und einzige Partition auf einem USB-Memorystick.

```
root# fdisk -l
...
Disk /dev/sdf: 256 MB, 256901120 bytes
16 heads, 32 sectors/track, 980 cylinders
Units = cylinders of 512 * 512 = 262144 bytes
   Device Boot      Start         End      Blocks   Id  System
/dev/sdf1   *           1         980      250864    e  W95 FAT16 (LBA)
```

USB-Memorysticks und Flash-Karten können auch wie eine sogenannte Superfloppy formatiert sein. Das bedeutet, dass es keine Partitionierungstabelle gibt. In diesem Fall wird das gesamte Laufwerk über den Device-Namen /dev/sda angesprochen (anstatt wie sonst üblich mit /dev/sda1 die Nummer einer bestimmten Partition anzugeben).

Wenn Sie die Device-Nummer wissen, ist alles Weitere einfach: Sie erstellen ein neues Verzeichnis und führen das folgende mount-Kommando aus:

```
root# mkdir /media/memorystick
root# mount /dev/sdf1 /media/memorystick
```

Externe Datenträger können die unterschiedlichsten Dateisystemtypen nutzen. In der Praxis kommt bei externen Festplatten und USB-Memorysticks aber am häufigsten VFAT zum Einsatz. Das gilt auch für Speicherkarten für diverse elektronische Geräte.

Nachdem Sie alle Daten gelesen oder geschrieben haben, führen Sie wie üblich umount aus. Entfernen Sie auf keinen Fall die USB- oder Firewire-Verkabelung, bevor das umount-Kommando beendet ist – Sie riskieren Datenverluste!

```
root# umount /media/memorystick
```

/etc/fstab

Nur root darf das Kommando mount ausführen. Wenn gewöhnliche Benutzer externe Datenträger selbst in den Verzeichnisbaum einbinden bzw. daraus wieder lösen sollen, fügen Sie üblicherweise in fstab eine entsprechende Zeile mit der Option users ein. Für einen USB-Memorystick mit VFAT-Dateisystem könnte diese Zeile so aussehen:

```
# /etc/fstab: USB-Stick
/dev/sdf1  /media/memorystick  vfat  users,gid=users,utf8,noatime,noauto  0 0
```

Damit kann jeder Benutzer den USB-Stick mit `mount /media/memorystick` in den Verzeichnisbaum einbinden und die enthaltenen Daten lesen und verändern. Die Vorgehensweise hat allerdings zwei gravierende Nachteile:

» Je nachdem, in welcher Reihenfolge die Geräte eingesteckt werden, ändert sich deren Device-Name. Wenn der USB-Stick als zweites oder drittes Gerät eingesteckt wird, lautet der Device-Name vielleicht `/dev/sdg`, und der Zugriff über das Verzeichnis `/media/memorystick` scheitert.

» Umgekehrt kann der obige `fstab`-Eintrag zum Zugriff auf einen anderen externen Datenträger genutzt werden, was ebenfalls nicht beabsichtigt ist.

Die beste Lösung für dieses Problem besteht darin, in `/etc/fstab` den Device-Namen des Datenträgers nicht direkt, sondern über einen `by-uuid`-Link anzugeben. Die UUID ermitteln Sie mit dem Kommando `blkid`:

```
root# blkid /dev/sdf1
/dev/sdf1: UUID="4550-9BD2" TYPE="vfat"
```

Der dazu passende `fstab`-Eintrag wurde hier nur aus Platzgründen auf zwei Zeilen verteilt:

```
# /etc/fstab: USB-Stick
/dev/disk/by-uuid/4550-9BD2 /media/memorystick  vfat  \
                     users,gid=users,utf8,noatime,noauto 0 0
```

Prinzipiell wäre es auch möglich, die `fstab`-Zeile mit `UUID=4550-9BD2` einzuleiten. Das `mount`-Kommando funktioniert dann wie bei der obigen Variante, bei `umount` gibt es aber Probleme: Trotz des `UUID`-Eintrags trägt `mount` den Datenträger in `/etc/mtab` mit den gerade aktuellen Device-Namen ein. Daher stimmen bei `umount` die `/etc/fstab`-Zeile und die `/etc/mtab`-Zeile nicht überein, was zu einem Fehler führt.

23.13 Netzwerk-Dateisysteme (NFS, CIFS)

Linux-Netzwerkverzeichnisse (NFS)

Das *Network File System* ist der für Unix/Linux übliche Weg, um Verzeichnisse eines Rechners in das lokale Netzwerk zu exportieren. Dieser Abschnitt beschreibt, wie Sie NFS-Verzeichnisse nutzen (Client-Sicht). Hinweise zur NFS-Server-Konfiguration folgen auf Seite 879.

Voraussetzungen Damit Sie NFS verwenden können, müssen einige Voraussetzungen erfüllt sein:

» Der Rechner, dessen Dateien Sie lesen oder verändern möchten, muss über das Netz erreichbar sein (testen Sie das mit `ping`).

» Auf diesem Rechner muss dort ein NFS-Server installiert sein, der so konfiguriert ist, dass Sie die Erlaubnis zum Dateizugriff auf das gewünschte Verzeichnis haben. Details zur NFS-Server-Konfiguration finden Sie auf Seite 879.

- Auf dem lokalen Rechner (Client) müssen die für die NFS-Nutzung erforderlichen Programme installiert sein. Bei den meisten Distributionen ist das standardmäßig der Fall. Unter Debian und Ubuntu müssen Sie aber explizit das Paket `nfs-common` installieren! Falls Sie NFS 4 nutzen, müssen Sie sicherstellen, dass auf dem Client der Dämon `rpc.idmapd` läuft.
- Falls auf Ihrem Rechner oder auf dem Rechner mit dem NFS-Server Firewalls laufen, dürfen diese die NFS-Kommunikation nicht blockieren. NFS 3 verwendet außer den Ports 111 und 2049 auch zufällig zugewiesene Ports. NFS 4 verwendet nur den Port 2049.

mount

Sind diese Voraussetzungen erfüllt, ist der Zugriff auf ein NFS-Verzeichnis unkompliziert. Mit dem folgenden Kommando integrieren Sie das Verzeichnis `/data` des externen Rechners `mars` an der Stelle `/media/nfsdata` in den Verzeichnisbaum. Das Verzeichnis `/media/nfsdata` muss natürlich existieren, bevor Sie `mount` ausführen!

```
root#  mount -t nfs  mars:/data    /media/mars-data      (NFS 3)
root#  mount -t nfs4 jupiter:/data /media/jupiter-data   (NFS 4)
```

Von jetzt an können Sie auf alle Daten aus `mars:/data` so zugreifen, als würden sie sich auf dem lokalen Rechner befinden. Ob Sie die Daten auch verändern dürfen, hängt von der Konfiguration des NFS-Servers ab.

Statt des Rechnernamens können Sie auch die IP-Nummer angeben – also beispielsweise `192.168.0.10:/data`. Das ist eine Notlösung, wenn kein lokaler Nameserver existiert und der Name des NFS-Servers nicht in `/etc/hosts` eingetragen ist.

Mit `umount` wird das NFS-Verzeichnis wieder aus dem lokalen Dateisystem entfernt. Wenn die Netzwerkverbindung gerade unterbrochen ist, sollten Sie `umount` mit der Option `-f` ausführen. Sonst müssen Sie sehr lange warten, bis `umount` ausgeführt wird!

```
root#  umount /media/nfsdata
```

/etc/fstab

Um NFS-Verzeichnisse beim Rechnerstart automatisch in das Dateisystem zu integrieren, ergänzen Sie `/etc/fstab` um eine Zeile nach dem folgenden Muster. In der vierten Spalte können Sie die NFS-spezifische Option `bg` verwenden. Sie erreichen damit, dass `mount` im Hintergrund versucht, das Netzwerkverzeichnis einzubinden, wenn dieses nicht sofort zur Verfügung steht. Das ist vor allem beim Einbinden von Netzwerkverzeichnissen beim Rechnerstart praktisch.

```
# Ergänzung in /etc/fstab
mars:/data       /media/mars-data     nfs   user,exec,bg  0  0
jupiter:/data    /media/jupiter-data  nfs4  user,exec,bg  0  0
```

Bei den meisten Distributionen werden alle in `/etc/fstab` genannten Verzeichnisse während des Init-V-Prozesses eingebunden. Eine Ausnahme stellt SUSE dar. Hier ist für diesen Vorgang das Init-V-Script `nfs` zuständig, das explizit aktiviert werden muss:

```
root#  insserv nfs
```

Achtung

NFS 3 kümmert sich nicht um den Zeichensatz von Dateinamen und interpretiert diese einfach als Bytefolge. NFS geht davon aus, dass alle NFS-Anwender denselben Zeichensatz nutzen. Ist das nicht der Fall, verursachen alle Nicht-ASCII-Zeichen Probleme: Beispielsweise speichert ein NFS-Benutzer, dessen Linux-Distribution Unicode UTF-8 als Zeichensatz verwendet, die Datei `grundstück.txt`. Ein anderer Benutzer, dessen Linux-Distribution den Zeichensatz Latin-1 nutzt, sieht diese Datei unter dem Namen `grundst??ck.txt`, wobei die Zeichen `??` der Bytefolge entsprechen, die unter UTF-8 dem Buchstaben ü zugeordnet ist.

Abhilfe: Entweder verwenden Sie NFS 4, oder Sie stellen sicher, dass alle Benutzer denselben Zeichensatz verwenden, oder Sie vermeiden in Dateinamen generell internationale Sonderzeichen!

Windows-Netzwerkverzeichnisse (CIFS)

Das *Server Message Block Protocol* (SMB) ist quasi das Windows-Gegenstück zu NFS. Üblicherweise greifen Sie auf Windows-Netzwerkverzeichnisse direkt über den Dateimanager Ihres Desktop-Systems zu (siehe Seite 94 für Gnome bzw. Seite 119 für KDE).

Alternativ können Sie das Dateisystem `cifs` oder dessen veralteten Vorgänger `smbfs` einsetzen, um Windows-Netzwerkverzeichnisse ähnlich wie bei NFS in den lokalen Verzeichnisbaum einzubinden. Anschließend können Sie auf alle Dateien zugreifen, als würden sie sich in Ihrem Dateisystem befinden. Das ist komfortabel und funktioniert gut, solange das Verzeichnis im Netzwerk verfügbar ist.

Die Integration von Windows-Netzwerkverzeichnissen in das Dateisystem ist ein statischer Vorgang. Die hier beschriebene Vorgehensweise ist nur zweckmäßig, wenn sich an der Netzwerkkonfiguration längere Zeit nichts ändert. Werden dagegen ständig Rechner ein- und ausgeschaltet, wobei sich womöglich deren Namen oder IP-Adressen ändern, ist es besser, auf die Netzwerkverzeichnisse dynamisch mit einem Dateimanager zuzugreifen.

Voraussetzungen CIFS setzt voraus, dass die Samba-Client-Werkzeuge und die CIFS-Unterstützung für `mount` (also insbesondere `mount.cifs`) zur Verfügung stehen. Bei Debian und Ubuntu muss dazu das Paket `cifs-utils` (ehemals `smbfs`) installiert werden. Bei Fedora und openSUSE ist das standardmäßig der Fall.

Der Zugriff auf Windows-Netzwerkverzeichnisse setzt voraus, dass das SMB-Protokoll zwischen den beiden Rechnern nicht durch eine Firewall blockiert wird, wie dies bei Fedora und openSUSE üblich ist. Definieren Sie eine Ausnahmeregel für Samba, oder geben Sie an, dass Ihre Netzwerkschnittstelle sicher ist.

smbfs versus cifs Linux kennt gleich zwei Dateisysteme zur Nutzung von Windows-Netzwerkverzeichnissen: SMBFS (*SMB File System*) und das neuere CIFS (*Common Internet File System*). CIFS ist eine Weiterentwicklung des Netzwerk-Dateisystems von Microsoft, weswegen Sie es nach Möglichkeit vorziehen sollten. Beispielsweise geben CIFS-kompatible Samba-Server Unix/Linux-kompatible Informationen über die Zugriffsrechte von Dateien weiter, was bei SMBFS nicht möglich ist.

mount Windows-Netzwerkverzeichnisse integrieren Sie mit `mount` in Ihr lokales Dateisystem. Welches Dateisystem Sie nutzen, entscheiden Sie mit der Option `-t` beim `mount`-Kommando. Der Großteil der restlichen Optionen ist bei beiden Dateisystemen gleich, wobei für `cifs` aber einige zusätzliche

Optionen existieren. Intern führt mount das Kommando mount.cifs bzw. smbmount aus. Details zu allen Optionen geben daher man mount.cifs sowie man smbmount.

Um ein externes Verzeichnis einzubinden, geben Sie eines der beiden folgenden Kommandos an (je nachdem, ob die Windows-Freigabe auf der Basis von Benutzernamen erfolgt oder nicht):

```
root#  mount -t cifs //venus/myshare /media/winshare
root#  mount -t cifs -o username=name //venus/myshare /media/winshare
```

Damit wird das auf dem Windows-Rechner venus unter dem Namen myshare freigegebene Verzeichnis in das Linux-Dateisystem eingebunden. Die Daten stehen jetzt unter dem Linux-Verzeichnis /media/winshare zur Verfügung. Dieses Verzeichnis muss vor dem Ausführen von mount natürlich schon existieren. Bei der Ausführung des Kommandos werden Sie nach dem Passwort gefragt. Sie können das Passwort aber auch direkt angeben:

```
root#  mount -t cifs -o username=name,password=pw //venus/myshare /media/winshare
```

Hinweis

Bei der Suche nach verfügbaren Netzwerkverzeichnissen hilft das Kommando smbtree. Wenn Sie häufig manuell Netzwerkverzeichnisse einbinden und lösen, sollten Sie einen Blick auf das KDE-Programm *Smb4k* werfen. Das Programm zeigt alle im Netzwerk verfügbaren Windows- und Samba-Server an und erleichtert die Integration einzelner Verzeichnisse in den lokalen Verzeichnisbaum. Mehr Informationen finden Sie hier:

http://smb4k.berlios.de/

Weitere mount-Optionen

Standardmäßig hat nur root Zugriff auf das Netzwerkverzeichnis. Wenn Sie als gewöhnlicher Benutzer arbeiten möchten, müssen Sie die zusätzlichen Optionen uid=n,gid=n angeben, wobei Sie n durch Ihre Benutzer- und Gruppen-ID ersetzen, die Sie mit dem Kommando id ermitteln können.

```
root#  mount -t cifs -o username=n,uid=1000,gid=1000 //venus/myshare /media/win
```

Normalerweise bereiten Umlaute in Dateinamen bei CIFS keine Probleme. Gelegentlich passiert es aber doch, dass Umlaute oder andere internationale Zeichen im Dateinamen nicht oder falsch angezeigt werden (z. B. bei meiner NAT-Festplatte). Abhilfe schafft dann die zusätzliche Option iocharset=utf8.

Und gleich noch ein Tipp zum Thema NAS (*Network Attached Storage*): Auf manchen NAS-Systemen kommen uralte Samba-Versionen zum Einsatz, deren DFS-Funktionen fehlerhaft implementiert sind. (DFS steht für *Distributed Filesystem* und erlaubt es, auf die Netzwerkverzeichnisse mehrerer Server einheitlich zuzugreifen.) Selbst wenn Sie DFS gar nicht brauchen, verursacht dieser Fehler Probleme im Zusammenspiel mit dem Kommando rsync (erkennbar z. B. an der Fehlermeldung *failed to set times on dateiname*). Abhilfe: Verwenden Sie die zusätzliche mount-Option nodfs. Weitere Details zu diesem eher seltenen Problem können Sie in meinem Blog nachlesen:

http://kofler.info/blog/111/126/WD-NAS-rsync-und-Linux/

/etc/fstab

Um Windows-Netzwerkverzeichnisse beim Rechnerstart automatisch in das Dateisystem einzubinden, ergänzen Sie /etc/fstab um eine Zeile nach dem folgenden Muster. Umfassende Informationen zur Bedeutung und Konfiguration von /etc/fstab finden Sie ab Seite 587.

```
# Ergänzung in /etc/fstab
//venus/myshare    /media/winshare   cifs   defaults  0  0
```

Bei den meisten Distributionen werden alle in /etc/fstab genannten CIFS-Verzeichnisse während des Init-V-Prozesses eingebunden. Eine Ausnahme stellt wie schon bei NFS SUSE dar: Hier ist für diesen Vorgang das Init-V-Script cifs zuständig (bei älteren openSUSE-Versionen smbfs), das explizit aktiviert werden muss:

```
root#  insserv cifs
```

Login-Daten In der obigen Form funktioniert das Einbinden des Netzwerkverzeichnisses nur, wenn dabei keine Authentifizierung beim Windows- oder Samba-Server erforderlich ist. Ist das nicht der Fall, richten Sie die Datei /etc/.winshare-pw ein, die den Login-Namen, das Passwort und optional die Arbeitsgruppe (Domäne) für das Netzwerkverzeichnis enthält. Der Aufbau der Datei sieht so aus:

```
username=name
password=xxxx
domain=workgroup
```

Dateien mit Passwörtern im Klartext sind generell ein Sicherheitsrisiko. Um dieses ein bisschen zu minimieren, schränkt das folgende Kommando den Zugriff auf die Datei ein. Jetzt kann nur noch root die Datei lesen bzw. verändern:

```
root#  chmod 400 /etc/.winshare-pw
```

Anschließend fügen Sie dem fstab-Eintrag die Option credentials hinzu. Beim Einbinden des Verzeichnisses werden die Authentifizierungsdateien aus .winshare-pw gelesen.

```
# Ergänzung in /etc/fstab
//venus/myshare    /media/winshare   cifs   credentials=/etc/.winshare-pw   0  0
```

23.14 Swap-Partitionen und -Dateien

Wenn der Arbeitsspeicher zur Ausführung aller Programme nicht ausreicht und Swap-Partitionen oder -Dateien zur Verfügung stehen, lagert Linux Teile des Speichers dorthin aus (Paging). Linux kann auf diese Weise mehr Speicher nutzen, als RAM verfügbar ist.

Das Einrichten einer Swap-Partition erfolgt normalerweise im Rahmen der Installation. Ob und wie viel Swap-Speicher zur Verfügung steht bzw. tatsächlich verwendet wird, überprüfen Sie mit dem Kommando free. Im Beispiel unten stehen 1519 MByte RAM und 2000 MByte Swap-Speicher zur Verfügung. Vom RAM werden zurzeit 401 MByte für Programme und Daten verwendet, der Rest wird als Puffer bzw. Cache für Dateien genutzt. Der Swap-Speicher ist momentan ungenutzt.

```
root#  free -m
             total       used       free     shared    buffers     cached
Mem:          1519       1479         39          0         67       1010
-/+ buffers/cache:        401       1117
Swap:         2000          0       2000
```

Wenn ein Rechner länger läuft, wird er zumeist irgendwann den Swap-Speicher nutzen, selbst wenn sehr viel RAM zur Verfügung steht. Der Grund: Der Kernel verwaltet einen Cache für Lesezugriffe auf Dateien. Wird eine Datei später wieder benötigt, kann sie aus dem Cache gelesen werden. Sobald der Cache größer ist als das ansonsten freie RAM, lagert Linux seit langer Zeit nicht mehr genutzte Speicherblöcke in die Swap-Partition aus. Das ist durchaus kein Zeichen dafür, dass zu wenig RAM zur Verfügung steht. Linux versucht lediglich, den verfügbaren Speicher möglichst effizient zu nutzen.

/etc/fstab

Die folgenden Zeilen zeigen zwei Einträge für Swap-Partitionen in `/etc/fstab`. Die Option `pri` bewirkt, dass die beiden Partitionen von Linux gleichwertig behandelt werden. Das sorgt für eine Geschwindigkeitssteigerung (wie beim Striping oder RAID-0, siehe Seite 625), sofern sich die Partitionen auf zwei voneinander unabhängigen Festplatten befinden. Wenn es nur eine Swap-Partition gibt, geben Sie statt `pri=0` einfach `defaults` an.

```
# /etc/fstab: Swap-Partitionen
/dev/sda9    swap    swap    pri=1    0 0
/dev/sdc7    swap    swap    pri=1    0 0
```

Swap-Verhalten steuern

Wenn der Speicher im RAM knapp wird, entscheidet der Linux-Kernel nach einem relativ komplexen Algorithmus, ob Cache-Speicher zugunsten anderer Speicheranforderungen freigegeben wird oder ob zuletzt ungenutzte Speicherbereiche in die Swap-Partition ausgelagert werden sollen. Mit dem Kernelparameter `/proc/sys/vm/swappiness` können Sie selbst einstellen, ob der Kernel nach Möglichkeit eher den Cache verkleinert oder Daten auslagert. (Was Kernelparameter sind und wie Sie sie einstellen, erfahren Sie auf Seite 738.)

Die Standardeinstellung für `swappiness` lautet 60, der mögliche Wertebereich reicht von 0 bis 100. 0 bedeutet, dass der Kernel Paging nach Möglichkeit vermeidet. 100 bedeutet, dass längere Zeit ungenutzter Speicher möglichst bald in einer Swap-Partition landet. Weitere Details zum `swappiness`-Parameter finden Sie auf folgenden Seiten:

http://lwn.net/Articles/83588/
http://kerneltrap.org/node/3000

In der Praxis werden Sie das Swap-Verhalten am ehesten bemerken, wenn Sie Ihren Rechner über Nacht laufen lassen und in Ihrer Abwesenheit ein Programm auf viele Dateien der Festplatte zugreift (etwa ein Backup-Script oder ein Programm zur Erstellung eines Suchindex). Wegen der vielen Dateizugriffe wächst der Cache stark an. Mit `swappiness=60` (oder einem noch höheren Wert) wird der Kernel nun seit Stunden nicht genutzten Speicher auslagern. Das könnte beispielsweise die Speicherseiten von OpenOffice oder Gimp betreffen. Wenn Sie am nächsten Tag in OpenOffice weiterarbeiten möchten, wird es ein paar Sekunden dauern, um diese Seiten aus der Swap-Partition wieder in den Arbeitsspeicher zu übertragen. Mit `swappiness=0` vermeiden Sie diese Wartezeit.

Wie viel Swap-Speicher?

In der Vergangenheit lautete die Empfehlung, etwa das Zweifache des RAMs als Swap-Speicher vorzusehen. Mit zunehmender RAM-Größe ist diese Faustregel aber nur noch selten zielführend. Wenn Sie Linux vor allem als Desktop verwenden, reicht eine wesentlich kleinere Swap-Partition vollkommen aus (z. B. 512 MByte Swap-Speicher bei 2 GByte RAM).

Wenn Sie bei Notebooks *Suspend to Disk* nutzen möchten (was nach meinen Erfahrungen aber selten funktioniert), wird der gesamte Arbeitsspeicher in der Swap-Partition gespeichert. Das setzt voraus, dass die Swap-Partition größer ist als der Arbeitsspeicher (z. B. um den Faktor 1,5).

Wiederum andere Anforderungen werden an große Server-Systeme gestellt. Beispielsweise empfiehlt Oracle für seinen Datenbankserver (Version 10.2) je nach verfügbarem RAM unterschiedliche Faktoren zur Berechnung der Swap-Größe:

Bis 2 GByte:	Faktor 1,5
2 bis 8 GByte:	Faktor 1
Mehr als 8 GByte:	Faktor 0,75

Auf 32-Bit-Systemen beträgt die maximale Größe einer Swap-Partition 2 GByte. Sollten Sie mehr Swap-Speicher benötigen, können Sie einfach mehrere Swap-Partitionen verwenden. Noch sinnvoller ist dann aber ein Wechsel auf eine 64-Bit-Distribution.

Linux ohne Swap-Partition

Immer wieder taucht die Frage auf, ob man ganz auf eine Swap-Partition verzichten kann bzw. sollte, wenn man eine Menge RAM hat. Grundsätzlich funktioniert Linux auch ohne Swap-Speicher; ein Argument spricht aber für eine Swap-Partition: Sollte eines Ihrer Programme außer Kontrolle geraten oder aus anderen Gründen mehr Speicher brauchen als erwartet, ist der verfügbare Speicher irgendwann erschöpft. Das kann zum Absturz des nächsten Prozesses führen, der weiteren Speicher anfordert. Das kann irgendein Prozess sein, nicht unbedingt Ihr außer Kontrolle geratenes Programm.

Grundsätzlich ändert eine Swap-Partition nichts an diesem Problem – auch der Swap-Speicher ist ja begrenzt. Durch die immer intensivere Nutzung des Swap-Speichers laufen alle Programme aber immer langsamer, sodass Sie rechtzeitig bemerken, dass auf Ihrem Rechner etwas nicht stimmt. Bevor es zu einem Absturz kommt, können Sie das fehlerhafte Programm beenden, zur Not durch `kill`. Wenn Sie sich intensiver mit dem Thema befassen möchten, hier zwei Leseempfehlungen:

http://www.thomashertweck.de/linuxram.html
http://kerneltrap.org/node/3202

Neue Swap-Partition einrichten

Falls sich die Swap-Partition als zu klein herausstellt oder Sie aus anderen Gründen eine weitere Swap-Partition benötigen, richten Sie eine neue Partition ein (z. B. mit `fdisk`). Als Partitionstyp geben Sie *Linux swap* an (82 in `fdisk`). Nachdem die Partition mit `mkswap` formatiert worden ist, kann sie mit `swapon` aktiviert werden. Wenn das klappt, ergänzen Sie `/etc/fstab`.

Aus Geschwindigkeitsgründen sollten Sie möglichst nur eine Swap-Partition pro Festplatte einrichten. Idealerweise sollte sich die Swap-Partition auf einer sonst nicht oder wenig genutzten Festplatte befinden.

Swap-Dateien

Statt einer Swap-Partition kann Speicher auch in eine Swap-Datei ausgelagert werden. Das ist aber eine Notlösung, die den Zugriff auf das Dateisystem verlangsamt. Der einzige Vorteil einer Swap-Datei besteht darin, dass keine eigene Partition erforderlich ist.

Swap-Dateien werden üblicherweise im Verzeichnis `/dev` angelegt. Der erste Schritt besteht darin, mit dem Kommando `dd` eine leere Datei mit einer vorgegebenen Größe zu erzeugen. Dabei wird als Datenquelle `/dev/zero` verwendet. Aus diesem Device können beliebig viele Nullbytes gelesen werden. Die Größenangabe erfolgt in Blöcken, wobei die Blockgröße auf 1024 Bytes eingestellt wird. Anschließend wird die Swap-Datei wie eine Swap-Partition mit mkswap formatiert und mit swapon aktiviert. Das folgende Beispiel erzeugt eine recht kleine Swap-Datei von knapp einem MByte:

```
root#  dd bs=1024 if=/dev/zero of=/swapfile count=1000
1000+0 records in
1000+0 records out
root#  mkswap /swapfile 1000
Setting up swapspace, size = 1019904 bytes
root#  sync
root#  swapon -v /swapfile
swapon on device /swapfile
```

Swap-Dateien können wie Swap-Partitionen in fstab aufgenommen werden:

```
# Erweiterung zu /etc/fstab
/swapfile  none     swap          sw      0  0
```

23.15 RAID

Was RAID ist, welche RAID-Level es gibt und wodurch sich Hardware-RAID, BIOS-Software-RAID und Linux-Software-RAID voneinander unterscheiden, habe ich bereits in Abschnitt 2.6 ab Seite 49 erklärt. Dieser Abschnitt hier behandelt ausschließlich die Administration von Linux-Software-RAID auf der Basis von mdadm. Aus Platzgründen gehe ich zudem nur auf die RAID-Level 0 und 1 ein.

Bitte beachten Sie, dass es im Internet diverse veraltete RAID-HOWTOs gibt. Sie beschreiben die Konfiguration auf der Basis der raidtools, die bei modernen Linux-Distributionen nicht mehr gebräuchlich sind.

Falls Sie das neue Dateisystem btrfs nutzen und RAID-0, RAID-1 oder RAID-10 verwenden möchten, können Sie auf die hier beschriebenen RAID-Funktionen des *Multi Device Drivers* verzichten. btrfs enthält selbst RAID-Funktionen, die auf Seite 606 beschrieben sind.

Grundlagen

Sofern Sie nicht schon während der Installation einen RAID-Verbund eingerichtet haben, müssen Sie das Paket mdadm installieren. Es enthält das gleichnamige Kommando zur RAID-Administration. mdadm

mdadm empfiehlt auch die Installation eines Mail-Servers (Mail Transfer Agents), damit bei RAID-Problemen eine E-Mail an den Administrator versandt werden kann. Wenn Sie sich noch nicht mit dem Thema E-Mail-Server beschäftigt haben, sollten Sie darauf aber verzichten. Unter Debian und Ubuntu verwenden Sie deswegen bei der Installation mit apt-get die Option --no-install-recommends.

Linux-intern ist für Software-RAID der sogenannte *Multi Devices Driver* zuständig. Bei einigen Distributionen ist dieser Treiber direkt in den Kernel integriert, andernfalls wird das Kernelmodul md_mod md_mod (ehemals einfach md) während des Systemstarts automatisch geladen. dmesg sollte auf jeden Fall entsprechende Meldungen enthalten. Vergewissern Sie sich auch, dass die Pseudodatei /proc/mdstat existiert. Sie gibt Auskunft über den aktuellen Zustand des RAID-Systems.

md_mod setzt eine logische Schicht zwischen den Treiber zum Festplattenzugriff (SATA/IDE/SCSI) und den Dateisystemtreiber (z. B. ext4). md_mod bildet aus mehreren Festplatten-Partitionen ein neues, logisches Device, auf das der Dateisystemtreiber zugreifen kann (/dev/md*n*). Nach der RAID-Konfiguration verwenden Sie nicht mehr direkt eine Festplattenpartition, sondern eine RAID-Partition /dev/md*n*, um darauf Ihr Dateisystem einzurichten.

mdadm.conf Die zentrale RAID-Konfigurationsdatei ist /etc/mdadm/mdadm.conf. Diese Datei sollte neben einigen globalen RAID-Einstellungen Daten über alle aktiven RAID-Verbunde enthalten. Eine vollständig neue Konfigurationsdatei können Sie mit /usr/share/mdadm/mkconf erstellen. Das ist dann praktisch, wenn die Konfigurationsdatei verloren gegangen ist oder wenn Sie auf einem Live- oder Rescue-System arbeiten.

Die übliche Vorgehensweise bei der Konfiguration ist ungewöhnlich: Zuerst richten Sie durch die Ausführung von mdadm-Kommandos die gewünschten RAID-Verbunde ein oder modifizieren sie. Anschließend erweitern Sie die zumeist schon vorhandene Datei mdadm.conf auf der Grundlage der nun vorliegenden Konfiguration. Die Eckdaten der aktiven RAID-Verbunde ermitteln Sie mit mdadm --examine --scan, und Sie fügen sie mit >> zur existierenden Konfigurationsdatei hinzu.

```
root# mdadm --examine --scan >> /etc/mdadm/mdadm.conf
```

Falls mdadm.conf schon vorher RAID-Definitionen enthielt, müssen Sie diese mit einem Editor entfernen, damit kein Verbund doppelt definiert ist. Die folgenden Zeilen zeigen ein Beispiel für den Aufbau von mdadm.conf:

```
# Datei /etc/mdadm/mdadm.conf
DEVICE partitions
CREATE owner=root group=disk mode=0660 auto=yes
HOMEHOST <system>

MAILADDR root
ARRAY /dev/md0 level=raid1 num-devices=2 UUID=36c426b0:...
ARRAY /dev/md1 level=raid1 num-devices=2 UUID=71dfc474:...
ARRAY /dev/md2 level=raid1 num-devices=2 UUID=e0f65ea0:...
```

Status Aktuelle Informationen über den RAID-Status gibt die schon erwähnte Datei /proc/mdstat. Im folgenden Beispiel gibt es drei RAID-1-Verbunde, die aus jeweils zwei Partitionen bestehen. Alle drei Verbunde sind aktiv und laufen fehlerfrei: [UU] bedeutet, dass die erste und die zweite Partition des Verbunds *up* ist (also problemlos funktioniert).

```
root# cat /proc/mdstat
Personalities : [raid0] [raid1] [linear] [multipath]
                [raid6] [raid5] [raid4] [raid10]
md0 : active raid1 sda1[0] sdb1[1]
      979840 blocks [2/2] [UU]
md1 : active raid1 sda2[0] sdb2[1]
```

```
      1951808 blocks [2/2] [UU]
md2 : active raid1 sda3[0] sdb3[1]
      387730624 blocks [2/2] [UU]
unused devices: <none>
```

Nun ist es natürlich nicht praktikabel, ständig in dieser Datei nachzusehen, ob alles in Ordnung ist. Wesentlich zweckmäßiger ist es, dass mdadm --monitor diese Aufgabe übernimmt. Zumeist wird dieses Kommando durch das Init-V-Script /etc/init.d/mdadm gestartet. Je nach Distribution kann es aber sein, dass Sie mdadm vorher entsprechend konfigurieren müssen. Dazu müssen Sie beispielsweise unter Ubuntu das folgende Kommando ausführen:

```
root# dpkg-reconfigure mdadm
```

Vier Dialoge führen nun durch die mdadm-Konfiguration: Im ersten Schritt können Sie eine automatische Redundanzüberprüfung aktivieren, die einmal pro Monat (am ersten Sonntag um 1:06 Uhr) die Daten auf den RAID-Partitionen miteinander vergleicht. Diese Kontrolle hilft dabei, Festplattendefekte auch in Bereichen bzw. Dateien festzustellen, die schon länger nicht mehr gelesen oder verändert wurden. Intern erfolgt die Redundanzüberprüfung durch das Kommando checkarray, das durch das Cron-Script /etc/cron.d/mdadm gestartet wird.

Im zweiten und dritten Schritt aktivieren Sie die Überwachung des RAID-Status und geben an, an welche E-Mail-Adresse eventuell auftretende Warnungen bzw. Fehlerberichte versandt werden sollen. Intern erfolgt die Überwachung durch mdadm --monitor. Das Kommando wird während des Systemstarts durch /etc/init.d/mdadm gestartet, wenn /etc/default/mdadm die Einstellung START_DAEMON=true enthält. Die E-Mail-Adresse wird in /etc/mdadm/mdadm.conf gespeichert. Sollte ein Problem auftreten, sendet mdadm eine Benachrichtigungs-E-Mail an root. Damit das funktioniert, muss auf dem Rechner ein Mail-Server (MTA, siehe Kapitel 7) installiert sein! Die E-Mail-Adresse können Sie in /etc/mdadm/mdadm.conf mit der Variablen MAILADDR einstellen.

Im vierten Schritt geben Sie schließlich an, ob Ihr Server beim Neustart auch dann starten soll, wenn er einen Defekt in einer RAID-Partition feststellt. Bei Root-Servern ist das empfehlenswert.

GRUB und RAID

GRUB 0.97 ist nur zu RAID-1 kompatibel. Wenn Sie für die Systempartition einen anderen RAID-Level wählen und mit GRUB 0.97 arbeiten, brauchen Sie daher eine zusätzliche Bootpartition. GRUB 2 ist dagegen zu allen RAID-Leveln kompatibel und kann den Kernel und die Initrd-Datei direkt aus dem RAID-Verbund lesen. Es ist keine separate Bootpartition erforderlich.

Damit der Rechner mit einer RAID-Systempartition auch dann startet, wenn eine Festplatte defekt ist, sollte GRUB in den Bootsektor jeder Festplatte installiert werden. Bei GRUB 2 führen Sie dazu einfach grub-install /dev/md*n* aus. Bei GRUB 0.97 ist eine manuelle Installation auf jede Festplatte erforderlich.

Administration

RAID-0-Verbund einrichten

Für RAID-0 benötigen Sie zumindest zwei noch ungenutzte Partitionen. Die Partitionen sollten gleich groß sein, das ist aber nicht unbedingt erforderlich. Je nach RAID-Level führt eine unterschiedliche Größe aber dazu, dass die Geschwindigkeit nicht optimal ist bzw. dass Teile der größeren Partition nicht genutzt werden.

Die Partitionen müssen als RAID-Partitionen gekennzeichnet sein. Wenn Sie zum Partitionieren fdisk verwenden, stellen Sie die Partitions-ID-Nummer mit dem Kommando [T] auf den hexadezimalen Wert fd. Bei parted führen Sie set *partitionsnummer* raid on aus.

Im Folgenden werden die Partitionen mit den Device-Namen /dev/sda3 und /dev/sdc1 zu einem RAID-0-System verbunden. Die Partitionen müssen für sich nicht formatiert werden. fdisk -l zeigt die Beispielkonfiguration:

```
root#  fdisk -l /dev/sda /dev/sdc
Disk /dev/sda: 320.0 GB, 320072933376 bytes
   Device Boot      Start         End      Blocks   Id  System
/dev/sda1               1         973     7815591   83  Linux
/dev/sda2             974        1034      489982+  82  Linux swap / Solaris
/dev/sda3            1035        2251     9775552+  fd  Linux raid autodetect
Disk /dev/sdc: 320.0 GB, 320072933376 bytes
   Device Boot      Start         End      Blocks   Id  System
/dev/sdc1               1        1217     9775521   fd  Linux raid autodetect
```

Ein einziges mdadm-Kommando reicht aus, um aus den beiden Partitionen /dev/sda3 und /dev/sdc1 einen RAID-0-Verbund zu bilden:

```
root#  mdadm --create /dev/md0 --level=0 --raid-devices=2 /dev/sda3 /dev/sdc1
mdadm: array /dev/md0 started.
```

Als Nächstes müssen Sie auf der neuen virtuellen Partition /dev/md0 ein Dateisystem anlegen. Diese Partition kann mit mount in das Linux-Dateisystem eingebunden werden. Die Partition wird hier über das Verzeichnis /striped angesprochen – selbstverständlich können Sie stattdessen auch einen anderen Namen verwenden.

```
root#  mkfs.ext4 /dev/md0
root#  mkdir /striped
root#  mount /dev/md0 /striped/
```

Wenn alles klappt, sollten Sie die neue Partition in /etc/fstab aufnehmen. Bei allen aktuellen Linux-Distributionen wird das RAID-System beim nächsten Systemstart durch das Init-System automatisch initialisiert.

```
# in /etc/fstab
/dev/md0    /striped   ext4    defaults    0 0
```

Außerdem müssen Sie die Konfigurationsdatei mdadm.conf um eine Zeile erweitern, die den neuen RAID-0-Verbund beschreibt. mdadm --examine --scan liefert die Zeile in der vorgeschriebenen Syntax.

RAID-1-Verbund einrichten

Die Vorgehensweise beim Einrichten eines RAID-1-Verbunds ist exakt dieselbe wie bei RAID-0. Einzig das Kommando zum Einrichten des RAID-Systems sieht ein wenig anders aus und enthält nun --level=1 statt --level=0:

```
root#  mdadm --create /dev/md0 --level=1 --raid-devices=2 /dev/sda3 /dev/sdc1
mdadm: array /dev/md0 started.
root#  mkfs.ext4 /dev/md0
```

Falls Sie – wie oben beschrieben – /dev/md0 vorher probeweise als RAID-0-Partition eingerichtet haben, müssen Sie die Partition mit mount aus dem Verzeichnisbaum lösen und mit mdadm --stop deaktivieren, bevor Sie mdadm --create ausführen können! mdadm erkennt dennoch, dass die Partitionen /dev/sda3 und /dev/sdc1 bisher anders genutzt wurden, und verlangt eine Bestätigung, dass Sie /dev/md0 wirklich neu einrichten möchten.

RAID-1-Verbund testen

Um die Funktionsweise eines RAID-1-Verbunds zu testen – möglichst noch bevor Sie kritische Daten dort gespeichert haben –, markieren Sie eine Partition als defekt:

```
root# mdadm /dev/md0 --fail /dev/sdc1
```

Sofern im Rahmen des Systemstarts mdadm --monitor gestartet wurde, sollte root auf dem lokalen Rechner nun sofort eine Verständigungs-E-Mail erhalten. Ansonsten können Sie den Verbund weiter nutzen; alle Änderungen werden nun aber nur noch auf der verbleibenden Festplattenpartition gespeichert. /proc/mdstat zeigt nun den Status U_. Das bedeutet, dass eine Partition läuft (U für *up*) und eine fehlt (_).

```
root# cat /proc/mdstat
md0 : active raid1 sda3[1]
      979840 blocks [2/1] [_U]
```

Um /dev/sdc1 wieder zu /dev/md0 hinzuzufügen, müssen Sie die als defekt gekennzeichnete Partition zuerst explizit entfernen:

```
root# mdadm --remove /dev/md0 /dev/sdc1
root# mdadm --add    /dev/md0 /dev/sdc1
```

Es beginnt nun die automatische Resynchronisation der beiden Partitionen, die je nach der Größe des Verbunds geraume Zeit dauert (Richtwert: ca. 20 Minuten pro 100 GByte). Immerhin können Sie in dieser Zeit weiterarbeiten. Das Dateisystem wird allerdings langsamer als sonst reagieren.

```
root# cat /proc/mdstat
md0 : active raid1 sda3[1] sdc1[2]
      485454656 blocks [2/1] [U_]
      [>...................]  recovery =  3.0% (14577856/485454656)
                              finish=72.8min speed=107724K/sec
root# mdadm --detail /dev/md0   (während die Synchronisation läuft)
...
          State : clean, degraded, recovering
 Active Devices : 1
Working Devices : 2
 Failed Devices : 0
  Spare Devices : 1
 Rebuild Status : 75% complete
...
    Number   Major   Minor   RaidDevice State
       0       3       3        0      active sync   /dev/sda3
       1       0       0        -      removed
       2      22       2        1      spare rebuilding   /dev/sdc1
```

```
root# mdadm --detail /dev/md0   (nach Abschluss der Synchronisation)
...
          State : clean
 Active Devices : 2
Working Devices : 2
 Failed Devices : 0
  Spare Devices : 0
...
    Number   Major   Minor   RaidDevice State
       0       3       3        0      active sync   /dev/sda3
       1      22       2        1      active sync   /dev/sdc1
```

Defekte RAID-1-Festplatte austauschen

Allzu oft kommt es ja zum Glück nicht vor – aber wenn tatsächlich eine Festplatte Defekte zeigt und mdadm einzelne Partitionen dieser Festplatte als defekt kennzeichnet, sollten Sie alle Partitionen dieser Festplatte explizit aus den jeweiligen RAID-Verbunden entfernen:

```
root# mdadm --remove   /dev/md0 /dev/sdc1
...
```

Anschließend müssen Sie schleunigst eine Ersatzfestplatte besorgen. Die neue Festplatte muss genug Platz bieten, um auf ihr genauso große Partitionen zu erzeugen wie auf den existierenden Festplatten.

Passen Sie auf, dass Sie wirklich die defekte Festplatte ausbauen und nicht irrtümlich die noch funktionierende! Diese Empfehlung klingt trivial, aber wenn ein Rechner zwei oder mehrere baugleiche Festplatten enthält, ist es gar nicht so einfach, die richtige Festplatte zu finden. Eindeutig ist nur die Seriennummer! Welche Seriennummer mit welchem Device-Namen verbunden ist, verraten hdparm oder smartctl. Beide Kommandos können nur ausgeführt werden, wenn vorher das gleichnamige Paket installiert wird.

```
root# smartctl -i /dev/sdc
...
Device Model:     SAMSUNG HD403LJ
Serial Number:    S0NFJ1MPA07356

root# hdparm -i /dev/sdc
/dev/sdb:
...
Model=SAMSUNG HD403LJ, FwRev=CT100-12,
SerialNo=S0NFJ1MPA07356
```

Nach dem Austausch der Festplatte müssen Sie auf der neuen Festplatte neue Partitionen einrichten, die mindestens so groß sind wie die bereits vorhandenen RAID-Partitionen. Eine große Hilfe kann dabei das Kommando sfdisk sein (siehe Seite 578). Die Partitionen müssen als RAID-Partitionen gekennzeichnet werden (hexadezimaler ID-Code fd). Nach diesen Vorbereitungsarbeiten ist der Rest ein Kinderspiel: Sie fügen die Partitionen der neuen Festplatte den RAID-Verbunden hinzu:

```
root# mdadm --add /dev/md0 /dev/sdc1
...
```

Der Kernel beginnt nun, die Partitionen der neuen Festplatte mit den vorhandenen RAID-Daten zu synchronisieren. Den Status der Synchronisation verfolgen Sie mit `cat /proc/mdstat`.

Tipp

Ich empfehle Ihnen nachdrücklich, eine RAID-Reparatur auf einem Testsystem in Ruhe auszuprobieren. Einen Festplattendefekt können Sie simulieren, indem Sie eine Partition mit `mdadm --fail` als defekt kennzeichnen oder das Kabel zu einer Festplatte vorübergehend lösen (aber natürlich nicht im laufenden Betrieb!).

RAID-Verbund deaktivieren

`mdadm --stop` deaktiviert einen RAID-Verbund. Das darauf enthaltene Dateisystem muss vorher mit `umount` aus dem Verzeichnisbaum gelöst werden!

```
root# umount /mount-verzeichnis/
root# mdadm --stop /dev/md0
```

RAID-Verbund wieder aktivieren

Nur wenn Sie nach `mdadm --stop` keine Veränderungen an den zugrunde liegenden Partitionen durchgeführt haben, können Sie den RAID-Verbund mit `mdadm --assemble` ohne Datenverluste wieder zusammensetzen und aktivieren:

```
root# mdadm --assemble /dev/md0 /dev/sda3 /dev/sdc1
mdadm: /dev/md0 has been started with 2 drives.
```

Partitionen analysieren

In allen Festplattenpartitionen, die Sie mit `mdadm` zu RAID-Partitionen zusammengefügt haben, wurden in einem speziellen Block Kontextinformationen (Metadaten) gespeichert. Diese Informationen können Sie mit `mdadm --query` auslesen, beispielsweise um den Status eines unbekannten Systems zu ermitteln.

```
root# mdadm --query /dev/sda3
/dev/sda3: is not an md array
/dev/sda3: device 0 in 2 device active raid1 md0.  Use mdadm --examine
  for more detail.
root# mdadm --query /dev/md0
/dev/md0: 9.32GiB raid1 2 devices, 0 spares. Use mdadm --detail for more detail.
/dev/md0: No md super block found, not an md component.
```

`mdadm --examine` liefert Detailinformationen zu einer Partition, die Teil eines RAID-Verbunds ist:

```
root# mdadm --examine /dev/sda3
/dev/sda3:
          Magic : a92b4efc
        Version : 00.90.03
           UUID : ae4e4fbb:aaaf9d27:008c228b:0d7abb31
  Creation Time : Thu Nov  9 16:55:35 2006
     Raid Level : raid1
   Raid Devices : 2
  Total Devices : 2
Preferred Minor : 0
    Update Time : Thu Nov  9 17:02:39 2006
          State : clean
 Active Devices : 2
Working Devices : 2
```

```
    Number   Major   Minor   RaidDevice State
0     0       3       3        0       active sync   /dev/sda3
1     1       22      1        1       active sync   /dev/sdc1
```

Analog dazu liefert mdadm --detail Detailinformationen zu einem RAID-Verbund:

```
root# mdadm --detail /dev/md0
/dev/md0:
        Version : 00.90.03
  Creation Time : Thu Nov  9 16:55:35 2006
     Raid Level : raid1
     Array Size : 9775424 (9.32 GiB 10.01 GB)
    Device Size : 9775424 (9.32 GiB 10.01 GB)
   Raid Devices : 2
  Total Devices : 2
...
```

Kontrolle der Dateiintegrität

Woher wissen Sie, dass wirklich alle redundant gespeicherten Daten korrekt sind? Normalerweise führt das RAID-System Integritätstests nur durch, wenn es Dateien liest oder schreibt. Viele Dateien werden aber oft monatelang nicht angerührt. Um also mit Sicherheit festzustellen, dass die Festplatten in Ordnung sind, muss das RAID-System sämtliche Datenblöcke lesen und die redundanten Daten vergleichen. Dieser Vorgang wird auch *Scrubbing* genannt.

```
root# echo check > /sys/block/mdn/md<n>/sync_action
```

Wenn dabei Fehler auftreten, können diese repariert werden:

```
root# echo check > /sys/block/mdn/md<n>/sync_action
```

Unter Debian und Ubuntu kümmert sich darum das Script /usr/share/mdadm/checkarray, das monatlich via cron gestartet wird. Dieselbe Funktion erfüllt unter Fedora das cron-Script /etc/cron.weekly/99-raid-check.

RAID-Metadaten löschen

Die Speicherung der RAID-Metadaten in ansonsten ungenutzten Sektoren der RAID-Partition ist normalerweise eine nützliche Sache. Wenn Sie die Festplatte zu einem späteren Zeitpunkt aber anders einsetzen möchten, können die RAID-Metadaten zum Problem werden: Linux-Installationsprogramme und mdadm erkennen die Überreste der RAID-Konfiguration und wollen partout nicht einsehen, dass diese Partitionen jetzt anders genutzt werden sollen. Abhilfe schafft das folgende Kommando, das auf alle RAID-Partitionen angewendet werden muss:

```
root# mdadm --zero-superblock /dev/sda3
```

Falls Sie auch mit BIOS-RAID experimentiert haben, können Sie dessen Metadaten auf allen Festplatten mit dmraid -r -E löschen.

23.16 Logical Volume Manager (LVM)

Der Logical Volume Manager setzt eine logische Schicht zwischen das Dateisystem und die Partitionen der Festplatte. Das Prinzip, die Vorzüge und die bisweilen verwirrende Nomenklatur von LVM wurden bereits im Installationskapitel ab Seite 51 erläutert. Dieser Abschnitt konzentriert sich auf die LVM-Administration.

Konfigurationshilfen

Manche Distributionen stellen grafische Werkzeuge zur Administration von LVM im laufenden Betrieb zur Verfügung. Bei Fedora und Red Hat hilft Ihnen `system-config-lvm` bei der Konfiguration, bei SUSE das YaST-Modul SYSTEM|LVM.

Auch wenn die Programme die LVM-Konfiguration erleichtern, setzen sie doch ein gutes Verständis der LVM-Konzepte voraus. Beachten Sie, dass bei Größenänderungen in der Regel nur die *Logical Volumes* (LVs) geändert werden, nicht aber die darauf enthaltenen Dateisysteme. Deren Größe müssen Sie bei Verkleinerungen vorher, bei Vergrößerungen nachher selbst verändern.

dm_mod

Linux-intern ist für LVM das Kernelmodul `dm_mod` zuständig. Bei manchen Distributionen sind die LVM-Funktionen direkt in den Kernel kompiliert und erscheinen daher nicht im `lsmod`-Ergebnis.

GRUB

Sofern LVM bereits während der Installation eingerichtet wird, kann sich auch die Systempartition in einem LV befinden. Allerdings ist nur GRUB 2 LVM-kompatibel. Wenn Sie mit GRUB 0.97 arbeiten, brauchen Sie eine eigene, LVM-freie Bootpartition.

RAID

Sie können LVM und RAID kombinieren. Üblicherweise richten Sie dazu zuerst einen RAID-Verbund ein und nutzen dann das resultierende Device /dev/md*n* als *Physical Volume* (PV).

Ein Sonderfall ist RAID-0. Diese RAID-Variante wird von LVM direkt unterstützt. Um diese Funktion nutzen zu können, müssen Sie auf zwei oder mehr Festplatten jeweils ein PV einrichten. Diese PVs werden zu einer *Volume Group* (VG) vereint. Nun können Sie mit `lvcreate -i` *n* ein LV einrichten, das die Daten auf mehrere PVs und damit auf *n* PVs verteilt.

LVM-Kommandos

Die LVM-Administration erfolgt durch eine ganze Palette von Kommandos. Die Namen der Kommandos beginnen mit `pv`, `vg` oder `lv`, je nachdem, ob sie zur Bearbeitung von Physical Volumes, Volume Groups oder Logxical Volumes gedacht sind. Die wichtigsten Vertreter sind in Tabelle 23.10 aufgezählt. Die Kommandos sind Teil des Pakets `lvm2`, das möglicherweise erst installiert werden muss.

Beispiele

Die folgenden Beispiele zeigen die Anwendung einiger LVM-Kommandos. Dabei gehe ich davon aus, dass während der Installation kein LVM eingerichtet wurde. Nun soll die zusätzliche Festplatte /dev/sdc via LVM genutzt werden. Die Partitionierung der Festplatte sieht so aus:

```
root#  fdisk -l /dev/sdc
Disk /dev/sdc: 320.0 GB, 320072933376 bytes
   Device Boot      Start         End      Blocks   Id  System
/dev/sdc1               1        1217     9775521   8e  Linux LVM
/dev/sdc2            1218        2434     9775552+  8e  Linux LVM
```

KOMMANDO	FUNKTION
lvcreate	richtet ein neues LV in einer VG ein.
lvdisplay	liefert Detailinformationen zu einem LV.
lvextend	vergrößert ein LV.
lvreduce	verkleinert ein LV.
lvremove	löscht ein LV.
lvrename	gibt dem LV einen neuen Namen.
lvscan	listet alle LVs auf.
pvcreate	kennzeichnet eine Partition oder ein Device als PV.
pvdisplay	liefert Detailinformationen zu einem PV.
pvremove	entfernt die PV-Kennzeichnung eines ungenutzten PVs.
pvscan	listet alle PVs auf.
vgchange	ändert die Attribte einer VG.
vgcreate	erzeugt eine neue VG aus einem oder mehreren PVs.
vgdisplay	liefert Detailinformationen zu einer VG.
vgextend	vergrößert eine VG um ein PV.
vgmerge	vereint zwei VGs.
vgreduce	verkleinert eine VG um ein ungenutztes PV.
vgrename	gibt einer VG einen neuen Namen.
vgscan	listet alle VGs auf.

Tabelle 23.10: **LVM-Kommandoübersicht**

Um LVM zu initialisieren, führen Sie modprobe und vgscan aus. Sobald ein LVM-System eingerichtet ist, wird das LVM-Kernelmodul automatisch während des Rechnerstarts ausgeführt. Die manuelle Initialisierung ist also nur beim ersten Mal erforderlich:

```
root# modprobe dm_mod
root# vgscan
  Reading all physical volumes (this may take a while...)
  No volume groups found
```

Aus didaktischen Gründen richte ich LVM zuerst auf der Partition /dev/sdc1 ein und erweitere das LVM-System später um /dev/sdc2. Wenn ohnedies klar ist, dass Sie die gesamte Festplatte für LVM nutzen möchten, ist es natürlich einfacher, gleich die Festplatte an sich oder zumindest eine Partition in Maximalgröße mit pvcreate für die LVM-Nutzung zu kennzeichnen.

```
root# pvcreate /dev/sdc1
  Physical volume "/dev/sdc1" successfully created
```

Nun müssen alle PVs zu einer VG zusammengefasst werden. In diesem Beispiel gibt es zwar vorerst nur ein einziges PV, der Schritt ist aber dennoch erforderlich. An das Kommando vgcreate muss auch der gewünschte Name der VG übergeben werden. In diesem Beispiel bekommt die VG den Namen myvg1:

```
root# vgcreate myvg1 /dev/sdc1
  Volume group "myvg1" successfully created
```

myvg1 stellt jetzt eine Art Datenpool dar, der aber noch ungenutzt ist. Zur Nutzung müssen Sie innerhalb von myvg1 ein LV einrichten, also eine Art virtueller Partition. Dazu müssen Sie an das Kommando lvcreate drei Informationen übergeben: die gewünschte Größe des LVs, den Namen des neuen LVs und den Namen der existierenden VG:

```
root# lvcreate -L 2G -n myvol1 myvg1
  Logical volume "myvol1" created
```

Durch das Kommando wird gleichzeitig auch die Datei /dev/myvg1/myvol1 erzeugt. Dabei handelt es sich um einen Link auf die Datei /dev/mapper/myvg1-myvol1. Das LV kann jetzt unter einem dieser beiden Device-Namen wie eine gewöhnliche Festplattenpartition verwendet werden.

Um in einem Logical Volume ein Dateisystem einzurichten, verwenden Sie beispielsweise mkfs.ext4 oder mkfs.xfs:

```
root# mkfs.ext4 /dev/myvg1/myvol1
```

Mit mount können Sie sich davon überzeugen, dass alles geklappt hat:

```
root# mkdir /test
root# mount /dev/myvg1/myvol1 /test
```

Dateisystem vergrößern

Ein Grund dafür, LVM überhaupt zu verwenden, besteht darin, ein Dateisystem nachträglich vergrößern zu können, ohne die Festplatte neu partitionieren zu müssen. Im folgenden Beispiel wird das im vorigen Abschnitt eingerichtete Dateisystem (/dev/myvg1/myvol1 via /test) von ursprünglich 2 GByte auf 3 GByte vergrößert. df zeigt die Kapazität von /test vor der Änderung:

```
root# df -h -T /test
Dateisystem    Typ    Größe Benut  Verf Ben% Eingehängt auf
/dev/mapper/myvg1-myvol1
               ext4    2,0G  760M  1,2G  40% /test
```

Dazu muss zuerst das Logical Volume vergrößert werden. Zu diesem Zweck müssen Sie den Device-Namen und die neue Größe an lvextend übergeben. Anschließend wird auch das ext4-Dateisystem entsprechend vergrößert.

```
root# lvextend -L 3G /dev/myvg1/myvol1
  Extending logical volume myvol1 to 3,00 GB
  Logical volume myvol1 successfully resized
root# resize2fs /dev/myvg1/myvol1
```

df beweist, dass alles funktioniert hat:

```
root# df -h -T /test
Dateisystem   Typ    Größe Benut  Verf Ben% Eingehängt auf
/dev/mapper/myvg1-myvol1
              ext4    3,0G  760M  2,1G  27% /test
```

Grundsätzlich ist auch eine Verkleinerung möglich. Allerdings müssen Sie dazu das betroffene Dateisystem zuerst aus dem Verzeichnisbaum lösen, mit `fsck.ext4` überprüfen und schließlich mit `resize2fs` verkleinern. Erst jetzt dürfen Sie mit `lvreduce` das zugrunde liegende LV verkleinern.

Solange im Speicherpool (in der Volume Group) noch Platz ist, können virtuelle Partitionen (also Logical Volumes) leicht vergrößert werden. Aber was tun Sie, wenn auch die VG voll ist? In diesem Fall legen Sie auf einer beliebigen Festplatte Ihres Rechners eine neue Partition an, richten diese Partition als Physical Volume ein und fügen sie mit vgextend zur Volume Group hinzu.

Die beiden folgenden Kommandos demonstrieren dies für die Partition /dev/sdc2. myvg1 bekommt damit eine Gesamtkapazität von rund 19 GByte, wovon 16 GByte frei sind:

```
root# pvcreate /dev/sdc2
  Physical volume "/dev/sdc2" successfully created
root# vgextend  myvg1 /dev/sdc2
  Volume group "myvg1" successfully extended
root# vgdisplay myvg1
...
  VG Size               18,64 GB
  Alloc PE / Size       640 / 2,50 GB
  Free  PE / Size       4132 / 16,14 GB
...
```

Snapshots Mit LVM können Sie Snapshots anlegen. Ein Snapshot ist ein unveränderliches Abbild des Dateisystems zu einem bestimmten Zeitpunkt. Der Snapshot kann wie ein eigenes Dateisystem in den Verzeichnisbaum integriert werden. Wenn sich das zugrunde liegende Dateisystem ändert, werden die originalen Daten für den Snapshot archiviert. Sie müssen bereits beim Anlegen des Snapshots angeben, wie viel Speicherplatz LVM für diesen Zweck reservieren soll. Ist dieser Speicherplatz erschöpft, wird der Snapshot ungültig und kann nicht mehr verwendet werden.

LVM-Snaphots bieten wesentlich weniger Funktionen als `btrfs`-Snapshots (siehe Seite 605). LVM-Snapshots werden in der Regel für Backups verwendet. Sie stellen sicher, dass sich die Dateien während des Backups nicht ändern, das Backup also konsistent ist.

Die folgenden Kommandos zeigen, wie Sie zuerst einen Snapshot des LV `myvol1` erstellen, diesen im Verzeichnis /media/backup in den Verzeichnisbaum einbinden, ein Backup davon erstellen, den Snapshot wieder aus dem Verzeichnisbaum lösen und schließlich löschen. Während das Backup läuft, kann das LV `myvol1` uneingeschränkt weiter benutzt werden (z. B. als Speicherplatz für einen Datenbank-Server). Die während des Backups durchgeführten Änderungen dürfen allerdings 100 MByte nicht überschreiten. (Während des Backups können Sie mit `lvdisplay /dev/vg1/snap` ermitteln, wie viel Prozent dieses Speicherplatzes bereits in Verwendung sind.)

```
root# lvcreate -L 100M snap /dev/myvg1/myvol1
 Logical volume snap created
root# mkdir /media/backup
root# mount /dev/vg1/snap /media/backup
root# backup-script /media/backup    (Backup erstellen)
root# umount /media/backup
root# lvremove /dev/vg1/snap
```

23.17 SMART

SMART steht für *Self-Monitoring, Analysis and Reporting Technology* und ist ein Merkmal nahezu aller marktüblichen IDE-, SATA- und SCSI-Festplatten. Dank SMART werden verschiedene Parameter der Festplatte regelmäßig gespeichert. Diese Parameter erlauben einen Rückschluss auf eventuelle Defekte der Festplatte und auf ihre voraussichtliche Lebensdauer. Über eine spezielle Schnittstelle können die SMART-Parameter ausgelesen werden. Die regelmäßige Überwachung der Parameter durch das Betriebssystem ist eine Art Frühwarnsystem. Damit lassen sich Festplattenprobleme erkennen, bevor Datenverluste eintreten.

Dieser Abschnitt gibt einen Überblick über die unter Linux verfügbaren Werkzeuge zum Auslesen der SMART-Parameter. Weitere Informationen finden Sie in der Wikipedia sowie auf den folgenden Webseiten:

http://sourceforge.net/apps/trac/smartmontools/wiki
http://www.linuxjournal.com/article/6983
http://www.linux-user.de/ausgabe/2004/10/056-smartmontools/

Voraussetzungen

Damit SMART genutzt werden kann, müssen einige Voraussetzungen erfüllt sein:

» Die Festplatte muss SMART unterstützen. Das können Sie beispielsweise mit `hdparm -I /dev/sdx` feststellen.
» Es muss sich um eine interne Festplatte oder um eine eSata-Festplatte handeln. Bei externen USB- und Firewire-Festplatten können die SMART-Funktionen leider nicht genutzt werden.
» Bei Festplatten, die über einen Hardware-RAID-Controller gesteuert werden, können die SMART-Funktionen nur in Einzelfällen genutzt werden. (Details gibt `man smartctl` bei der Option -d.)

Gnome

Aktuelle Gnome-Versionen überwachen automatisch den SMART-Status der Festplatten und zeigen eine Warnung an, wenn ein Festplattendefekt droht. Hinter den Kulissen ist hierfür das zu Palimpsest gehörige Programm `/usr/lib/gnome-disk-utility/gdu-notification-daemon` zuständig. Mit Palimpsest können Sie außerdem die SMART-Daten der Festplatte anzeigen sowie einen SMART-Selbsttest durchführen. Dazu wählen Sie eine Festplatte aus und klicken auf den Link WEITERE INFORMATIONEN.

smartctl

Sie können den SMART-Status aber auch über die Kommandozeile ermitteln, was vor allem bei Server-Installationen wichtig ist. Das dazu erforderliche Kommando `smartctl` ist bei den meisten Distributionen Teil des Pakets `smartmontools`, das vielfach extra installiert werden muss. Je nach Distribution wird dabei automatisch auch ein E-Mail-Server (MTA) installiert, um SMART-Benachrichtigungen per E-Mail zu versenden. Auf einem Server ist das zweckmäßig, auf einem Desktop-Rechner hingegen zumeist nicht. Bei Debian und Ubuntu vermeiden Sie die Installation des E-Mail-Servers, wenn Sie an apt-get die Option --no-install-recommends übergeben.

In der einfachsten Form liefert smartctl diverse Statusinformationen. Wenn smartctl -i in der letzten Zeile *SMART support is Disabled* meldet, aktivieren Sie SMART mit smartctl -s on.

```
root# smartctl -i /dev/sdb
smartctl version 5.37 Copyright (C) 2002-6 Bruce Allen
Device Model:     ST3500320AS
Serial Number:    5QM1GGOW
Firmware Version: SD1A
User Capacity:    500.107.862.016 bytes
Device is:        Not in smartctl database [for details use: -P showall]
ATA Version is:   8
ATA Standard is:  Not recognized. Minor revision code: 0x29
Local Time is:    Fri Mar 13 14:34:47 2011 CET
SMART support is: Available - device has SMART capability.
SMART support is: Enabled
```

smartctl -H bzw. smartctl --health gibt an, ob die Festplatte momentan in Ordnung ist und voraussichtlich die nächsten 24 Stunden noch funktionieren wird. Sollte smartctl hier nicht *PASSED* als Ergebnis liefern, sollten Sie *sofort* damit beginnen, ein komplettes Backup durchzuführen!

```
root# smartctl -H /dev/sda
...
SMART overall-health self-assessment test result: PASSED
```

smartctl -A bzw. smartctl --attributes liefert eine Liste von herstellerspezifischen Festplattenattributen. Für diese Attribute existiert kein festgeschriebener Standard, die wichtigsten Attribute werden aber von vielen Festplattenherstellern unterstützt. Bei der Interpretation der Werte sind zwei Spalten entscheidend: VALUE gibt den aktuellen Wert an, THRESH den Grenzwert. Wenn der aktuelle Wert den Grenzwert unterschreitet, sind Probleme zu erwarten bzw. hat die Festplatte ihre vorgesehene Lebensdauer erreicht.

Die Werte sind auf einen Basiswert von 100 normalisiert. Beispielsweise beginnt Power_On_Hour bei einer neuen Festplatte mit dem Wert 100. Nach einer bestimmten Anzahl von Betriebsstunden sinkt der Wert auf 99 etc. Die bisher absolvierten Betriebsstunden gehen aus der RAW_VALUE-Spalte hervor. Bei der Testfestplatte lautet der Wert 3360, das sind ca. 420 Arbeitstage zu je 8 Stunden. Manche Festplatten messen die Betriebsdauer in Minuten oder Sekunden. In diesem Fall erreichen Sie durch -v 9,minutes oder -v 9,seconds eine korrekte Anzeige.

Die folgenden, etwas gekürzten Ergebnisse stammen von einer ca. ein dreiviertel Jahre alten SATA-Festplatte. Es gibt keinerlei Anzeichen für Probleme.

```
root# smartctl -A /dev/sda
...
Vendor Specific SMART Attributes with Thresholds:
ID# ATTRIBUTE_NAME          VALUE WORST THRESH TYPE      UPDATED  RAW_VALUE
  1 Raw_Read_Error_Rate     109   099   006    Pre-fail  Always   24386832
  3 Spin_Up_Time            096   095   000    Pre-fail  Always   0
  4 Start_Stop_Count        100   100   020    Old_age   Always   167
  5 Reallocated_Sector_Ct   100   100   036    Pre-fail  Always   0
  7 Seek_Error_Rate         065   060   030    Pre-fail  Always   3391200
  9 Power_On_Hours          100   100   000    Old_age   Always   451
...
198 Offline_Uncorrectable   100   100   000    Old_age   Offline  0
199 UDMA_CRC_Error_Count    200   200   000    Old_age   Always   0
```

smartctl -l error liefert Informationen über die fünf zuletzt aufgetretenen Fehler. Oft ist das Ergebnis einfach leer (*no errors logged*). Vereinzelte Fehler, die sich nicht wiederholen, sind im Regelfall kein Anlass zur Beunruhigung.

```
root# smartctl -l error /dev/sda
SMART Error Log Version: 1
No Errors Logged
```

Selbsttest durchführen

SMART sieht verschiedene Varianten von Selbsttests vor, um den aktuellen Zustand der Festplatte noch genauer zu ermitteln. Derartige Tests starten Sie mit smartctl -t short/long. Ein kurzer Test dauert wenige Minuten, ein ausführlicher Test (long) unter Umständen mehrere Stunden. Der Test wird im Hintergrund durchgeführt; Sie können ganz normal weiterarbeiten. Nachdem das Testende erreicht ist, sehen Sie sich mit smartctl -l selftest das Ergebnis an. Die Spalte *remaining* besagt dabei, wie weit der Selbsttest bereits ausgeführt ist. Wenn der Wert größer als 0 Prozent ist, läuft der Test noch! *LifeTime* gibt an, wie viele Stunden die Festplatte bereits im Betrieb war. *LBA* gibt den Ort (Sektor) des ersten Fehlers an: Im folgenden Ergebnis wurden drei Selbsttests ausgeführt, einer unmittelbar nach dem Einbau der Platte (nach 40 Betriebsstunden), die anderen beiden nach ca. 2600 Stunden.

```
root# smartctl -t short /dev/sda
Num  Test_Description  Status                  Remaining  LifeTime  LBA
# 1  Extended offline  Completed without error    00%       2592     -
# 2  Short offline     Completed without error    00%       2591     -
# 3  Short offline     Completed without error    00%         40     -
```

Automatische Überwachung (smartd)

smartctl ist sicherlich ein interessantes Werkzeug, um Informationen über die Festplatte zu sammeln. Für eine regelmäßige Überwachung aller Festplatten ist das Kommando aber zu unhandlich. Diese Aufgabe übernimmt das Programm smartd. Dabei handelt es sich um einen Dämon (Systemdienst). Die Kommandos für den (automatischen) Start variieren je nach Distribution und sind auf Seite 323 zusammengefasst.

smartd wird durch /etc/smartd.conf gesteuert. Bei einigen Distributionen wertet das Init-V-Script auch die Dateien /etc/sysconfig/smartmontools oder /etc/default/smartmontools aus. Diese Dateien enthalten zusätzliche Kommandooptionen für smartd. Bei Debian und Ubuntu müssen Sie in smartmontools die Einstellung start_smartd=yes vornehmen, sonst gelingt der Start nicht!

Eine einfache Konfiguration für einen Rechner mit zwei SATA-Festplatten (/dev/sda und /dev/sdb) sieht folgendermaßen aus:

```
# Datei /etc/smartd.conf
/dev/sda -d sat -H -m root -M test
/dev/sdb -d sat -H -m root -M test
```

Das bedeutet, dass die »Gesundheit« der angegebenen Festplatten alle halbe Stunde überwacht wird (wie durch smartctl -H). Wird dabei ein Fehler festgestellt, sendet smartd eine E-Mail an den lokalen Benutzer root. (Das setzt allerdings einen lokalen E-Mail-Server voraus.) -d sat kennzeichnet die Festplatten als SATA-Geräte. -M test dient zum Testen, ob der E-Mail-Versand prinzipiell funktioniert. Starten Sie smartd:

```
root# /etc/init.d/smartd start
```

Wenn Sie die Test-E-Mail erhalten haben, entfernen Sie -M test aus der Konfiguration. Eine Menge weiterer Konfigurationsbeispiele finden Sie in der mit smartmontools mitgelieferten Datei smartd.conf.

smart-notifier Warnungen über drohende Festplattenprobleme können statt per E-Mail auch visuell erfolgen. Dazu installieren Sie das Paket smart-notifier und ändern smartd.conf entsprechend dem folgenden Muster:

```
# /etc/smartd.conf
DEVICESCAN -m root -M test -M exec /usr/share/smartmontools/smartd-runner
```

Bei SMART-Meldungen wird nun das Kommando smartd-runner ausgeführt. Es versendet über das Kommunikationssystem D-Bus die smartd-Benachrichtigung. Damit die smartd-Warnung auf dem aktiven Desktop auch angezeigt wird, muss im Hintergrund das Programm smart-notifier laufen. Das ist bei allen Desktop-Systemen, die /etc/xdg/autostart auswerten, automatisch der Fall.

Beachten Sie, dass die Option -M exec in smartd.conf auch die Option -m voraussetzt. Sie können auf die E-Mail-Benachrichtigung also nicht verzichten. Die Option -M test können Sie hingegen entfernen, nachdem Sie sich vergewissert haben, dass die Benachrichtigung an sich funktioniert.

23.18 Verschlüsselung

Notebooks und USB-Sticks können verloren gehen bzw. werden gestohlen. Schlimmer als der eigentliche Verlust des Geräts ist oft der Umstand, dass damit wichtige Daten in fremde Hände geraten: der Zugang zum Online-Banking, Versicherungsnummern, Krankenakten, Firmengeheimnisse, militärisch relevante Informationen etc. Das ist unnötig. Eine relativ simple Verschlüsselung des Dateisystems reicht aus, um die Daten wirksam zu schützen. Dieser Abschnitt gibt einige Hintergrundinformationen zum Umgang mit verschlüsselten Dateien und Dateisystemen.

Einzelne Dateien verschlüsseln

gpg

Eine einzelne Datei verschlüsseln Sie am einfachsten mit dem Kommando gpg. gpg -c fordert Sie zweimal zur Angabe eines Passworts auf, verschlüsselt dann die angegebene Datei und speichert das Ergebnis unter dem Namen datei.gpg. Dabei kommt standardmäßig der Verschlüsselungsalgorithmus CAST5 zur Anwendung. Die ursprüngliche Datei können Sie nun löschen. gpg -d stellt die Datei wieder her.

```
user$ gpg -c datei
Geben Sie die Passphrase ein: **********
Geben Sie die Passphrase nochmals ein: **********
user$ gpg -d datei.gpg > datei
Geben Sie die Passphrase ein: **********
```

gpg kann zur Codierung bzw. Decodierung auch einen öffentlichen bzw. privaten Schlüssel verwenden, kann Dateien signieren, Schlüssel verwalten etc. Die Beschreibung der unzähligen Optionen in der man-Seite ist dementsprechend rund 50 Seiten lang! Die manuelle Verwendung von gpg ist aber eher unüblich. Häufiger wird gpg von E-Mail-Clients eingesetzt, um (mehr oder weniger automatisch) E-Mails zu signieren oder zu verschlüsseln.

Ein Dateisystem verschlüsseln (USB-Stick, externe Festplatte)

dm_crypt und LUKS

In der Vergangenheit wurden unzählige Verfahren zur Verschlüsselung von Dateisystemen entwickelt: CryptoFS, eCryptfs, Enc-FS, Loop-AES und LUKS. Ein Teil dieser Verfahren ist noch immer im Einsatz, andere wurden – oft aus Sicherheitsgründen – wieder verworfen. Momentan ist das *Linux Unified Key Setup* (kurz LUKS) die populärste Spielart.

LUKS basiert auf dem Kernelmodul dm_crypt, das den auch für LVM eingesetzten Linux-Device-Mapper um Kryptografiefunktionen erweitert. Das Modul ist eine logische Schicht zwischen den verschlüsselten Rohdaten auf der Festplatte und dem Dateisystem, so wie es der Linux-Anwender sieht. dm_crypt unterstützt diverse Verschlüsselungsalgorithmen. dm_crypt kann und wird oft mit LVM kombiniert, das ist aber keineswegs notwendig; Sie können dm_crypt auch auf einem LVM-freien System einsetzen!

LUKS fügt den verschlüsselten Daten einen Header mit Metainformationen hinzu. Der Header gibt unter anderem an, mit welchem Verfahren die Daten verschlüsselt sind. LUKS vereinfacht die Integration von verschlüsselten Datenträgern in Linux ganz erheblich.

cryptsetup

Um verschlüsselte Dateisysteme einzurichten, nehmen Sie das Kommando cryptsetup aus dem gleichnamigen Paket zu Hilfe. Die folgenden Zeilen zeigen, wie Sie einen USB-Stick (/dev/sdh1) zuerst als Crypto-Device formatieren (luksFormat) und das Device dann unter dem willkürlich gewählten Namen mycontainer aktivieren (luksOpen). Naturgemäß sind Ihre Daten nur so sicher wie Ihr Passwort bzw. die aus mehreren Wörtern bestehende Passphrase. Empfohlen wird eine Passwortlänge von zumindest 20 Zeichen.

Anschließend können Sie /dev/mapper/mycontainer wie eine Festplattenpartition oder ein LV nutzen – also ein Dateisystem einrichten, dieses in den Verzeichnisbaum einbinden etc. Nach umount müssen Sie daran denken, das Crypto-Device wieder zu deaktivieren (luksClose), um /dev/sdh1 freizugeben. Erst jetzt dürfen Sie den USB-Stick ausstecken.

```
root# cryptsetup luksFormat /dev/sdh1
Daten auf /dev/sdh1 werden unwiderruflich überschrieben.
Are you sure? (Type uppercase yes): YES
Enter LUKS passphrase: **********
Verify passphrase: **********
Command successful.
root# cryptsetup luksOpen /dev/sdh1 mycontainer
Enter LUKS passphrase: **********
root# mkfs.ext4 /dev/mapper/mycontainer
root# mount /dev/mapper/mycontainer /test
root# touch /test/xy
root# umount /test/
root# cryptsetup luksClose mycontainer
```

Selbstverständlich können Sie statt eines USB-Sticks auch eine Partition einer internen oder externen Festplatte, ein RAID-Device oder ein Logical Volume Ihres LVM-Systems verwenden. Dazu ersetzen Sie einfach /dev/sdh1 durch den Device-Namen der Partition bzw. des LVs.

Standardmäßig verwendet cryptsetup den Verschlüsselungsalgorithmus AES mit einer Schlüssellänge von 128 Bit. Sie können sich davon mit cryptsetup luksDump überzeugen: Dieses Kommando liefert die Crypto-Metainformationen, die LUKS in einem speziellen Sektor des Datenträgers speichert.

```
root# cryptsetup luksDump /dev/sdh1
LUKS header information for /dev/sdh1
Version:        1
Cipher name:    aes
Cipher mode:    cbc-essiv:sha256
Hash spec:      sha1
Payload offset: 1032
MK bits:        128
...
```

Wenn Sie einen anderen Verschlüsselungsalgorithmus oder einen längeren Schlüssel einsetzen möchten, übergeben Sie die gewünschten Daten mit den Optionen -c und -s an cryptsetup luksFormat. Welche Algorithmen zur Auswahl stehen, verrät cat /proc/crypto. Als sicher gelten zurzeit die Algorithmen AES und TwoFish. Beachten Sie, dass Verschlüsselungsalgorithmen ein Forschungsgebiet sind, in dem sich vieles schnell ändert: Immer wieder stellen sich Algorithmen als weniger sicher als gedacht heraus. Eine kurze Beschreibung der Algorithmen gibt die folgende Seite, und noch mehr Details können Sie im Gentoo-Wiki nachlesen:

http://de.gentoo-wiki.com/wiki/DM-Crypt

Mit cryptsetup luksAddKey können Sie den Zugriff auf ein LUKS-Device durch insgesamt acht verschiedene Passwörter absichern. Das erlaubt die gemeinsame Nutzung eines Datenträgers, bei der jeder Benutzer sein eigenes Passwort verwendet.

luksFormat

`luksFormat` erleichtert das Einrichten einer verschlüsselten Partition oder eines verschlüsselten Datenträgers ein wenig. Das Kommando führt zuerst `cryptsetup luksFormat` und dann `mkfs.vfat` auf. Wenn Sie einen anderen Dateisystemtyp wünschen, müssen Sie ihn mit `-t` angeben.

Tipp

Nach der Ausführung des Kommandos (oft aber auch dann, wenn Fehler aufgetreten sind), bleibt ein aktives Crypto-Device `/dev/mapper/luksformat`*n* **zurück. Bevor Sie den Datenträger entfernen oder nochmals als Crypto-Device einrichten können, müssen Sie** `cryptsetup luksClose luksFormat`*n* **ausführen!**

Desktop-Nutzung

Wenn Sie LUKS-formatierte externe Datenträger mit Ihrem Rechner verbinden und unter Gnome oder KDE arbeiten, wird der Datenträger automatisch als Crypto-Device erkannt. Es erscheint ein Dialog, in dem Sie das Verschlüsselungspasswort angeben müssen. Anschließend wird der Datenträger in das Dateisystem eingebunden. Der Container-Name für /dev/mapper lautet `luks_crypto_`*uuid*. Beim Aushängen wird auch `luksClose` ausgeführt – die Nutzung des verschlüsselten Datenträgers könnte nicht einfacher sein!

Abbildung 23.3: **Nutzung eines Crypto-Devices unter Gnome**

crypttab

Wenn Sie ein verschlüsseltes Dateisystem in einer Partition einer lokalen Festplatte eingerichtet haben, wollen Sie vermutlich, dass dieses Dateisystem beim Hochfahren des Rechners in den Verzeichnisbaum eingebunden wird. Zur Automatisierung dieses Vorgangs enthält das Paket `cryptsetup` bereits die erforderlichen Initrd- und Init-V-Scripts. Diese setzen allerdings voraus, dass das Crypto-Device in die Datei `/etc/crypttab` eingetragen wird.

Der Aufbau dieser Datei ist einfach: Die erste Spalte gibt den gewünschten Namen für `/dev/mapper` an, die zweite Spalte den Device-Namen, die dritte Spalte die Datei, aus der der Schlüssel gelesen werden soll (z. B. von einem USB-Stick), oder `none`, wenn das Verschlüsselungspasswort interaktiv eingegeben wird, und die vierte Spalte enthält Optionen.

Im folgenden Beispiel soll das Device `/dev/sda7` unter dem Namen `/dev/mapper/cdisk1` eingerichtet werden. Das Passwort soll während des Rechnerstarts angegeben werden, und das Crypto-Device wurde mit LUKS eingerichtet. (Eine Menge weiterer Optionen sind in `man crypttab` beschrieben.)

```
# Datei /etc/crypttab
# Mapper-Name   Device          Schlüsseldatei   Optionen
cdisk1          /dev/sda7       none             luks
```

Damit das Crypto-Device nicht nur aktiviert, sondern sein Dateisystem auch in den Verzeichnisbaum eingebunden wird, muss auch `/etc/fstab` ergänzt werden. Die folgende Zeile bewirkt, dass das Dateisystem über das Verzeichnis `/media/private-data` genutzt werden kann:

```
# Datei /etc/fstab
...
/dev/mapper/cdisk1    /media/private-data    ext4    defaults    0 0
```

Anschließend starten Sie den Rechner neu und testen, ob alles funktioniert.

Nachteile Die Verschlüsselung einer Partition ist mit Nachteilen verbunden. Zum einen erfolgen sämtliche Dateioperationen spürbar langsamer als im Normalbetrieb – und umso langsamer, je aufwendiger (und sicherer) das Verschlüsselungsverfahren ist. Verwenden Sie nach Möglichkeit eine schnelle CPU mit mehreren Cores! Zum anderen müssen Sie bei jedem Bootvorgang das Passwort eingeben. Das ist nicht nur lästig, sondern macht auch einen Neustart in Abwesenheit unmöglich. Grundsätzlich werden Sie mit verschlüsselten Partitionen zumeist nur auf lokalen PCs arbeiten, nicht oder nur in Ausnahmefällen auf Servern.

TrueCrypt Eine interessante Alternative zur hier präsentierten Vorgehensweise auf der Basis von `dm_crypt` und LUKS ist TrueCrypt. Diese Verschlüsselungssoftware ist auch für Windows und Mac OS X verfügbar und erlaubt daher einen leichten Datenaustausch über die Grenzen von Linux hinaus. Der Quellcode ist zwar Open Source, einige Teile sind aber nicht GPL-kompatibel. Deswegen ist TrueCrypt in den gängigen Distributionen nicht enthalten.

http://www.truecrypt.org/

ecryptfs (Ubuntu) Ubuntu bietet ab Version 9.10 die Möglichkeit, das ganze Heimatverzeichnis zu verschlüsseln. Das verschlüsselte Verzeichnis wird beim Login automatisch in das Dateisystem eingebunden und beim Logout wieder entfernt. Intern kommen dabei nicht `dm_crypt` und LUKS zum Einsatz, sondern das Dateisystem `ecryptfs`. Details zur Konfiguration und Anwendung finden Sie auf Seite 1078.

Gesamtes System verschlüsseln

Mit der im vorigen Abschnitt vorgestellten Datei `/etc/crypttab` ist es nur noch ein kleiner Schritt von der Verschlüsselung einer lokalen Partition (z. B. /home) zur Verschlüsselung des gesamten Systems inklusive der Systempartition. Zwei Details sind wichtig: Zum einen kann GRUB auf die verschlüsselten Daten nicht zugreifen – deswegen ist unbedingt eine eigene, nichtverschlüsselte Bootpartition erforderlich. Zum anderen ist zum Zugriff auf die Systempartition die Eingabe des Verschlüsselungspassworts erforderlich; die dafür notwendigen Funktionen müssen als Scripts in die Initrd-Datei integriert werden. (Das `cryptsetup`-Paket enthält alle erforderlichen Dateien.)

Vorweg ist aber zu klären, wer die Verschlüsselung des gesamten Systems überhaupt braucht: Eigentlich sollte es ja reichen, nur die privaten Dateien in /home zu verschlüsseln. Allerdings kann auch die Systempartition für den Notebook-Dieb, so er denn tatsächlich an den Daten interessiert ist, aufschlussreich sein: /var/cache oder /var/tmp können Überreste von versandten E-Mails, ausgedruckten Dokumenten, gelesenen PDFs etc. enthalten; `/var/log` dokumentiert, wer wann auf dem Computer gearbeitet hat; die Swap-Partition enthält womöglich ausgelagerte Datenblöcke mit sicherheitskritischen Informationen etc. Kurzum: Wenn Sie Ihre Daten bzw. Ihre Privatsphäre am Rechner wirklich vollständig schützen wollen, müssen Sie wohl oder übel das gesamte System verschlüsseln.

Installation

Die meisten großen Distributionen bieten im Installationsprogramm eine Option, um das gesamte System zu verschlüsseln. Allerdings müssen Sie bei Distributionen, die mehrere Installationsverfahren oder -medien zur Wahl stellen, in der Regel die traditionelle Variante verwenden; Installationsprogramme, die von einer Live-CD oder -DVD starten, sind prinzipbedingt ungeeignet! Die folgende Liste zählt geeignete Installationsmedien für die wichtigsten Distributionen auf:

Debian:	alle Standard-CDs/DVDs (inklusive NetInstall, aber keine Live-CDs)
Fedora:	Installation von einer DVD (keine Live-CDs)
openSUSE:	Installation von einer DVD (keine Live-CDs)
Ubuntu:	Installation von einer Alternate-CD im Textmodus (nicht von der Desktop-CD)

Bei Debian und Ubuntu wählen Sie die Partitionierungsvariante VERSCHLÜSSELTES LVM-SYSTEM, bei Fedora aktivieren Sie im Partitionierungsdialog die Option VERSCHLÜSSELTES SYSTEM. Bei openSUSE wählen Sie bei der Partitionierung die Optionen LVM-BASIERT und VERSCHLÜSSELT.

Systemaufbau

Der Aufbau des verschlüsselten Systems sieht bei den meisten Distributionen einheitlich aus: Es wird eine unverschlüsselte Bootpartition für GRUB eingerichtet sowie eine zweite Partition, die verschlüsselt ist und als Physical Volume für LVM dient. Auf diese Weise sind alle via LVM eingerichteten Partitionen (Swap-Partition, Systempartition, Datenpartitionen) automatisch verschlüsselt. Außerdem muss nicht für jede Partition ein eigenes Passwort definiert werden; vielmehr reicht ein zentrales Passwort für das gesamte LVM-System. Abbildung 23.4 zeigt den schematischen Aufbau eines derartigen Systems, wobei ich die Bezeichnung der Devices bzw. LVs von Fedora übernommen habe.

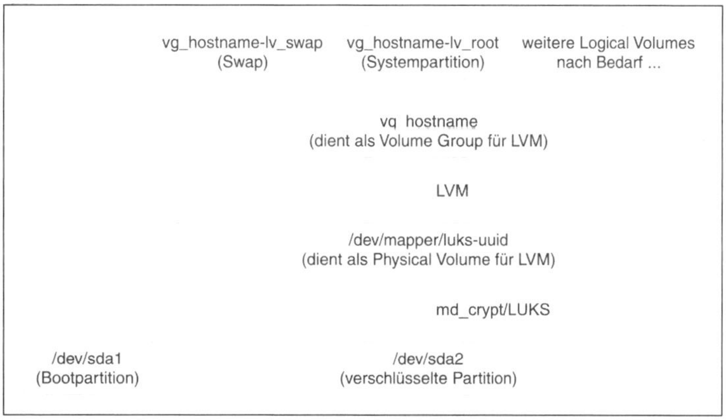

Abbildung 23.4: **Vollständig verschlüsseltes Linux-System**

Natürlich gibt es zu dem in Abbildung 23.4 präsentierten Aufbau viele Alternativen. Eine mögliche Variante besteht darin, auf LVM zu verzichten und jede Partition für sich zu verschlüsseln. Für die Swap-Partition kann dabei ein Zufallsschlüssel verwendet werden, der bei jedem Systemstart neu aus `/dev/urandom` erzeugt wird.

Denkbar ist auch eine andere Form der Schlüsselangabe: Statt interaktiv ein Passwort einzugeben, kann der Schlüssel während des Bootprozesses aus einer Datei eines USB-Sticks gelesen werden. Der USB-Stick dient dann gewissermaßen als Hardware-Schlüssel, der zum Booten des Rechners erforderlich ist. Auch manche Kartenlesegeräte lassen sich unter Linux nutzen; die Integration in die Verschlüsselungs-Software erfordert aber Handarbeit.

24. Bootloader GRUB

Ein Bootloader ist ein winziges Programm im Bootsektor einer Festplatte oder einer Partition. Es zeigt ein Menü an und startet dann wahlweise einen Linux-Kernel oder Windows. Bei allen gängigen Distributionen kommt als Bootloader das Programm GRUB zum Einsatz. Es sind momentan zwei GRUB-Versionen im Umlauf: Weit verbreitet ist GRUB 0.97 *legacy*, immer öfter kommt aber auch schon die neue Version 2 zum Einsatz. In diesem Kapitel beschreibe ich beide Versionen, wobei ich vorher auf allgemeine Grundlagen eingehe, die unabhängig von der GRUB-Version gelten.

Sobald GRUB den Kernel gestartet hat, führt dieser eine Grundinitialisierung durch (Hardware-Erkennung, Zugriff auf Festplatten etc.). Wenn es dabei Probleme gibt, können diese manchmal durch Bootoptionen behoben werden (siehe Seite 735). Der Kernel startet schließlich das Programm `init`. Es kümmert sich um verschiedene Initialisierungsarbeiten, z. B. um das Einbinden von Dateisystemen, den Start von Netzwerkdiensten etc. Je nach Distribution kommen unterschiedliche Init-Systeme zum Einsatz. Details dazu folgen im nächsten Kapitel.

24.1 GRUB-Grundlagen

Versionen

Die am weitesten verbreitete GRUB-Version trägt den merkwürdigen Namen GRUB 0.97 *legacy*. Der Zusatz *legacy* weist darauf hin, dass diese Version schon seit Jahren nicht mehr weiterentwickelt und auch nicht zentral gewartet wird. Stattdessen haben verschiedene Distributoren GRUB *legacy* mehrfach in Eigenregie erweitert, was dazu geführt hat, dass einzelne GRUB-Funktionen je nach Distribution unterschiedlich realisiert sind!

Die GRUB-Entwickler konzentrieren sich seit 2005 auf eine vollkommen neue Implementierung unter dem Namen GRUB 2. Ganz fertig ist diese Version noch immer nicht – im Herbst 2011 war GRUB 1.99 aktuell. Dennoch ist es üblich, einfach von GRUB 2 zu sprechen.

GRUB 2 wird von Ubuntu schon seit Version 9.10 eingesetzt, von Debian seit Version 6 und von Fedora seit Version 16. Von den »großen« Distributionen hat einzig openSUSE den Umstieg bisher vermieden. Auch die Enterprise-Distributionen agieren konservativ und setzen noch auf GRUB 0.97.

Links

Die offizielle GRUB-Dokumentation können Sie mit `info grub` lesen. Weitere Informationen finden Sie auf der GRUB-Homepage:

http://www.gnu.org/software/grub/

Details des Systemstarts

BIOS

Bevor die Einzelheiten der GRUB-Installation und -Konfiguration behandelt werden, ist es sinnvoll, sich ein erstes Bild davon zu machen, was während des Bootvorgangs passiert. Wenn Sie Ihren Computer einschalten, wird als Erstes das BIOS initialisiert. Während dieses Vorgangs erscheinen meist ein paar Systemmeldungen auf dem Bildschirm, z. B., wie viel Speicher Ihr Computer hat.

Anschließend lädt das BIOS den Inhalt des ersten Sektors der ersten Festplatte in den Speicher und führt diesen Code aus. Dieser spezielle Sektor der Festplatte heißt *Master Boot Record* (MBR). Detailinformationen zum MBR und den Bootsektoren der Partitionen der Festplatte folgen auf Seite 662.

Windows-Boot-Loader

Wenn auf einem Rechner Windows installiert ist, befindet sich im MBR ein winziges Programm. Es sucht die als »aktiv« gekennzeichnete Partition und führt dann den Windows-Boot-Loader aus, der sich im Bootsektor dieser Partition befindet. Falls auf dem Rechner mehrere Windows-Versionen installiert sind, können Sie im Windows-Boot-Loader zwischen diesen Versionen wählen.

Linux-Boot-Loader

Wenn auf dem Rechner auch Linux installiert ist, wird der MBR üblicherweise durch den Code des Linux-Boot-Loaders GRUB ersetzt. GRUB kann dann wahlweise Linux starten oder in den Windows-Boot-Loader verzweigen.

Eine alternative Vorgehensweise besteht darin, den MBR nicht anzurühren, GRUB in den Bootsektor der Linux-Systempartition zu installieren und diese Partition als »aktiv« zu markieren. Diese Vorgehensweise würde zwar den MBR-Konventionen entsprechen, ist aber weniger robust und deswegen kaum gebräuchlich.

Der MBR ist nur 512 Byte groß. Aus diesem Grund ist es unmöglich, dass ein Boot-Loader vollständig im MBR Platz findet. Um das MBR-Platzlimit zu umgehen, enthält der MBR gerade so viel Code, um den Rest des Boot-Loaders von der Festplatte zu laden. Dementsprechend ist der GRUB-Code in zwei oder drei Teile zerlegt: `stage1` befindet sich im MBR und hat die Aufgabe, die ersten Sektoren von `stage1_5` oder `stage2` zu laden. `stage1_5` enthält Zusatzcode für den Zugriff auf Dateien in verschiedenen Dateisystemen. `stage2` enthält schließlich den eigentlichen Boot-Loader.

Sobald der Boot-Loader läuft, erscheint ein Menü mit einer Auswahl aller Betriebssysteme, die bei der GRUB-Konfiguration definiert wurden (meist Linux und Windows). Mit den Cursortasten können Sie nun das gewünschte Betriebssystem auswählen und dann mit [↵] starten. Oft ist der Boot-Loader so eingestellt, dass nach einer gewissen Zeit ein Betriebssystem automatisch gestartet wird.

Achtung

Es gibt nur einen MBR, aber möglicherweise mehrere Betriebssysteme auf Ihrer Festplatte. Das birgt natürlich Konfliktpotenzial! Sowohl bei Linux- als auch bei Windows-Installationen wird der MBR überschrieben. Während GRUB so eingerichtet wird, dass das Programm auch Windows starten kann, nimmt Windows leider keine Rücksicht auf Linux. Deswegen müssen Sie nach einer Windows-Installation GRUB reparieren, wofür Sie am besten ein Live- oder Notfallsystem verwenden. Besser ist es, zuerst Windows und dann Linux zu installieren!

Pech haben Sie, wenn bei der GRUB-Installation ein Fehler eintritt (was zum Glück sehr selten ist): Unter Umständen können Sie dann gar kein Betriebssystem mehr starten. Einige Tipps für diesen Notfall finden Sie für GRUB 0.97 ab Seite 670, für GRUB 2 ab Seite 685.

Wenn Sie sich im Boot-Loader dafür entscheiden, Linux zu starten, muss der Boot-Loader die Linux-Kerneldatei in den Speicher laden und starten. Die Kerneldatei hat normalerweise den Dateinamen /boot/vmlinuz. (Der letzte Buchstabe z weist darauf hin, dass der Kernel komprimiert ist.) Der Boot-Loader muss also in der Lage sein, eine vollständige Datei aus einem Linux-Dateisystem zu laden.

Linux-Start

An den Kernel werden meist einige Parameter übergeben, mindestens aber einer: der Device-Name der Systempartition (z. B. root=/dev/sdb13). Damit weiß der Kernel, welches die Systempartition ist. Sobald der Kernel läuft, gibt er die Kontrolle an das Linux-Programm /sbin/init weiter. Dieses Programm ist für die Initialisierung des Linux-Systems zuständig und wird ab Seite 688 ausführlich beschrieben. Es kümmert sich beispielsweise darum, alle Netzwerkdienste zu starten.

Kernelparameter

Der Linux-Kernel ist modularisiert. Das bedeutet, dass der Kernel an sich nur relativ elementare Funktionen enthält. Zusatzfunktionen zum Zugriff auf bestimmte Hardware-Komponenten, zum Lesen und Schreiben verschiedener Dateisysteme etc. befinden sich dagegen in Modulen, die bei Bedarf aus dem Dateisystem geladen werden und den Kernel so erweitern.

Zugriff auf Kernelmodule

Damit der Startprozess gelingt, muss der Kernel auf die Systempartition zugreifen können. Falls diese Partition in einem Dateisystem vorliegt, das der Kernel nicht direkt unterstützt, oder wenn sich die Partition auf einer SCSI-Festplatte befindet, für die der Kernel keinen Hardware-Treiber enthält, tritt ein Henne-Ei-Problem auf: Der Kernel kann nicht auf das Dateisystem zugreifen und daher die Module nicht laden, die er benötigen würde, um Dateien des Dateisystems zu lesen ...

Die Lösung des Problems besteht darin, dass der Boot-Loader nicht nur den Kernel lädt, sondern auch eine sogenannte Initrd-Datei. Dabei handelt es sich um eine spezielle Datei, die alle für den Startprozess erforderlichen Kernelmodule enthält. Die Datei steht dem Kernel vorübergehend als RAM-Disk zur Verfügung, d. h., der Kernel kann die erforderlichen Module unmittelbar nach dem Start von der RAM-Disk laden. (Initrd ist die Abkürzung für *Initial RAM Disk*.) Die Initrd-Datei hat üblicherweise den Dateinamen /boot/initrd oder /boot/initrd.gz. Die meisten Distributionen stellen Werkzeuge zur Verfügung, um eine zum Kernel passende initrd-Datei zu erzeugen.

Initrd-Datei

Wenn in diesem Buch von »Software-Installation« die Rede ist, dann ist damit üblicherweise die Installation eines Programmpakets auf der Festplatte gemeint. In diesem Kapitel gelten allerdings andere Regeln: Mit der »Installation von GRUB« wird der Prozess bezeichnet, den GRUB-Startcode in den Bootsektor einer Festplatte zu schreiben.

GRUB-Installation und -Konfiguration

Die GRUB-Konfiguration erfolgt je nach GRUB-Version unterschiedlich: Bei GRUB 0.97 ist die zentrale Konfigurationsdatei /boot/grub/menu.lst. Bei GRUB 2 gibt es eine ganze Sammlung von Konfigurations-Scripts im Verzeichnis /etc/grub.d/. Durch die Ausführung dieser Scripts wird die eigentliche GRUB-2-Konfigurationsdatei /boot/grub/grub.cfg erstellt.

Schon seit Jahren versuchen Intel und einige Mainboard- und Computer-Hersteller, das *Extensible Firmware Interface* (kurz EFI) als Nachfolger des BIOS zu etablieren – aber nach wie haben Rechner, die EFI zum Starten des Betriebssystems verwenden, nur eine geringe Verbreitung gefunden. Einzig Apple setzt EFI seit einigen Jahren ein, wobei die Implementierung von Apple relativ alt und inkompatibel zu aktuellen PC-Mainboards mit EFI ist. Obwohl sowohl Linux als auch GRUB 2 (nicht aber GRUB 0.97!) grundsätzlich EFI-kompatibel sind, bereitet die Installation von Linux auf einem Rechner mit EFI häufig viele Probleme.

EFI

Bedienung (Anwendersicht)

Wenn die Installation von GRUB erfolgreich war, erscheint nach dem Neustarten des Rechners ein Menü zur Auswahl des gewünschten Betriebssystems (siehe Abbildung 24.1). Das Aussehen von GRUB kann je nach Konfiguration stark variieren. Manche Distributionen starten GRUB im Grafikmodus und nehmen dem Programm damit seinen spartanischen Anstrich. Um diverse Zusatzfunktionen von GRUB nutzen zu können, müssen Sie den Grafikmodus mit [Esc] verlassen. Andere Distributionen vermeiden die Anzeige des GRUB-Menüs nach Möglichkeit überhaupt. Wenn beispielsweise Ubuntu als einziges Betriebssystem auf einem Rechner installiert ist, bekommen Sie das GRUB-Menü nur zu sehen, wenn Sie während des Rechnerstarts eine Taste drücken.

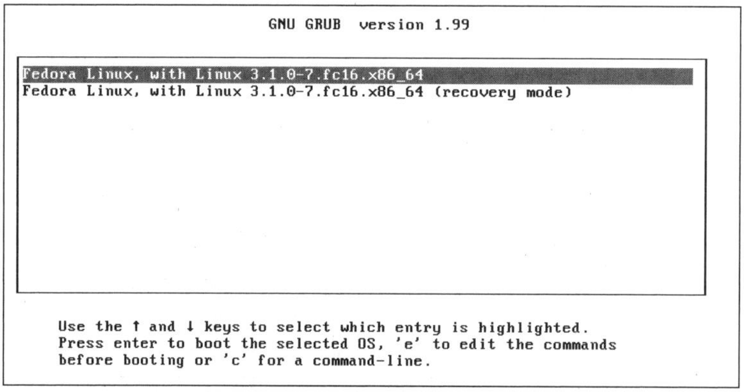

Abbildung 24.1: **Ein minimalistisches GRUB-Menü**

Passwort GRUB kann durch ein Passwort abgesichert sein. In diesem Fall können Sie die interaktiven Funktionen von GRUB erst verwenden, nachdem Sie [P] gedrückt und dann das Passwort angegeben haben.

Tastatur Unter GRUB gilt normalerweise das US-Tastaturlayout. Falls Sie mit einer deutschen Tastatur arbeiten, finden Sie auf Seite 66 eine Tabelle zur Eingabe wichtiger Sonderzeichen. Beachten Sie, dass auch [Y] und [Z] vertauscht sind.

Linux-Kernel-Bootoptionen übergeben Sofern das GRUB-Menü nicht durch ein Passwort abgesichert ist, können Sie den gerade mit den Cursortasten ausgewählten Eintrag des GRUB-Menüs mit [E] (*edit*) verändern. Es werden nun einige Zeilen angezeigt, die in einer recht eigenwilligen Syntax beschreiben, wie das Betriebssystem gestartet werden soll.

Die Editierfunktionen von GRUB werden vor allem dazu verwendet, vor dem Start von Linux zusätzliche Kernel-Bootoptionen anzugeben (z. B. zur Vermeidung von Hardware-Problemen). Dazu suchen Sie nach zwei Zeilen, die so ähnlich wie das folgende Muster aussehen:

```
kernel /boot/vmlinuz root=/dev/sdb13
initrd /boot/initrd
```

Nun bewegen Sie den Cursor in die `kernel`-Zeile und fügen dort Parameter hinzu oder verändern einzelne Einträge. [Strg]+[X] oder [F10] startet dann Linux mit den veränderten Parametern. (Ihre Änderungen werden aber nicht gespeichert!)

Interaktiv Kommandos ausführen

Vom GRUB-Menü gelangen Sie mit [C] in einen interaktiven Kommandomodus. Dort können Sie diverse GRUB-Kommandos manuell ausführen. Das bietet die Möglichkeit, ein Linux-Betriebssystem auch dann zu starten, wenn der dazugehörende GRUB-Menüeintrag fehlt oder fehlerhaft ist. Sie müssen dazu nur wissen, auf welcher Partition sich Ihr Linux befindet und wie die entsprechenden GRUB-Kommandos lauten. Details dazu folgen im weiteren Verlauf des Kapitels. Beachten Sie aber, dass sich die Syntax von GRUB 0.97 und GRUB 2 deutlich unterscheidet.

Mit den folgenden Kommandos für GRUB 0.97 wird beispielsweise eine Linux-Distribution gestartet, die in der Partition /dev/sdb13 installiert wurde:

```
grub> root (hd1,12)
grub> kernel /boot/vmlinuz root=/dev/sdb13
grub> initrd /boot/initrd
grub> boot
```

Bei der Eingabe der Dateinamen vervollständigt GRUB mit [Tab] die Dateinamen für das durch root bzw. durch eine Laufwerksangabe ausgewählte Dateisystem (siehe auch Abbildung 24.2). Mit cat können Sie einzelne Textdateien sogar anzeigen. Daneben bietet der GRUB-Kommandomodus noch viele andere Möglichkeiten, auf die hier aber aus Platzgründen nicht eingegangen wird. (help liefert die Liste aller Kommandos, help *kommandoname* gibt genauere Informationen zu diesem Kommando.)

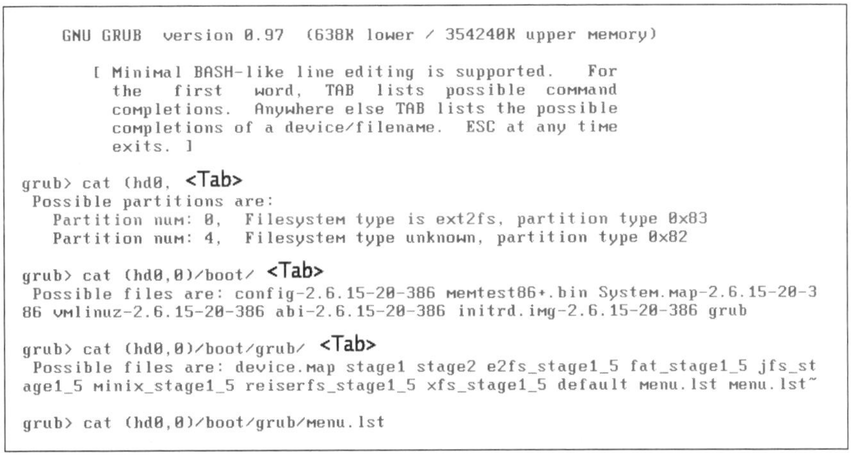
GNU GRUB version 0.97 (638K lower / 354240K upper memory)
[Minimal BASH-like line editing is supported. For the first word, TAB lists possible command completions. Anywhere else TAB lists the possible completions of a device/filename. ESC at any time exits.]
grub> cat (hd0, <Tab>
Possible partitions are:
Partition num: 0, Filesystem type is ext2fs, partition type 0x83
Partition num: 4, Filesystem type unknown, partition type 0x82
grub> cat (hd0,0)/boot/ <Tab>
Possible files are: config-2.6.15-20-386 memtest86+.bin System.map-2.6.15-20-386 vmlinuz-2.6.15-20-386 abi-2.6.15-20-386 initrd.img-2.6.15-20-386 grub
grub> cat (hd0,0)/boot/grub/ <Tab>
Possible files are: device.map stage1 stage2 e2fs_stage1_5 fat_stage1_5 jfs_stage1_5 minix_stage1_5 reiserfs_stage1_5 xfs_stage1_5 default menu.lst menu.lst~
grub> cat (hd0,0)/boot/grub/menu.lst

Abbildung 24.2: **GRUB interaktiv nutzen**

Menü bleibend verändern

GRUB 0.97 liest das Bootmenü aus der Datei /boot/grub/menu.lst, GRUB 2 verwendet stattdessen /boot/grub/grub.cfg. Diese Dateien enthalten Kommandos, die die Einträge des GRUB-Menüs beschreiben. Wenn Sie also das GRUB-Menü bleibend verändern möchten, müssen Sie Linux starten und die GRUB-Menüdatei verändern. Bei GRUB 0.97 werden Sie menu.lst direkt mit einem Editor bearbeiten, bei GRUB 2 verändern Sie stattdessen andere Konfigurationsdateien und generieren daraus eine neue Fassung von grub.cfg. GRUB berücksichtigt Ihre Änderungen automatisch ab dem nächsten Start. Detaillierte Informationen zum Aufbau der GRUB-Konfigurationsdateien folgen in den weiteren Abschnitten dieses Kapitels.

Initrd-Dateien

Linux verwendet einen modularisierten Kernel. Viele Zusatzfunktionen, z. B. für die Ansteuerung einer SCSI-Karte, für den Zugriff auf bestimmte Dateisysteme, RAID-Verbunde oder LVM-Partitionen befinden sich deswegen nicht im Kernel, sondern in Modulen. Beim Systemstart ist das aber problematisch – wie soll der Kernel ein Modul laden, wenn er noch gar nicht in der Lage ist, auf das Dateisystem zuzugreifen? Deswegen werden die für den unmittelbaren Start erforderlichen Module in eine Initial RAM Disk verpackt. Die entsprechende Initrd-Datei übergibt GRUB an den Kernel (Schlüsselwort `initrd` in der GRUB-Konfigurationsdatei).

Der Kernel und die Initrd-Datei befinden sich üblicherweise im Verzeichnis /boot, ihr Name variiert aber je nach Distribution. Vor allem wenn GRUB 0.97 eingesetzt wird, muss sich /boot häufig in einer eigenen Partition außerhalb des RAID- oder LVM-Systems befinden, weil GRUB 0.97 nur auf gewöhnliche Festplattenpartitionen zugreifen kann. GRUB 2 ist in diesem Punkt wesentlich flexibler.

Die Initrd-Datei muss Kernelmodule enthalten, deren Version exakt mit der Version des Kernels übereinstimmt. Aus diesem Grund muss jedes Mal, wenn ein neuer Kernel installiert oder selbst kompiliert wird, auch eine dazu passende Initrd-Datei neu erstellt werden. Bei einem Kernel-Update kümmert sich normalerweise das Update-Programm um diesen Prozess. Wenn Sie den neuen Kernel dagegen selbst installieren, müssen Sie sich auch um die Initrd-Datei selbst kümmern.

Die Bezeichnung »Initrd-Datei« ist bei den meisten aktuellen Distributionen falsch: Es handelt sich in Wirklichkeit um `initramfs`-Dateien, deren Aufbau etwas weiter unter beschrieben wird. Weil aber sowohl die GRUB-Optionen als auch die Kommandos zum Erzeugen der Dateien den Begriff `initrd` nutzen und der Kernel die Datei trotz der falschen Bezeichnung korrekt interpretiert, bleibe ich in diesem Buch ebenfalls bei dieser Bezeichnung – gewissermaßen wider besseres Wissen.

Die Initrd-Datei ist nicht immer zwingend erforderlich: Wenn Ihr Kernel alle Komponenten enthält, die während des Bootprozesses erforderlich sind, gelingt der Start auch ohne Initrd-Datei. Dazu muss der Kernel aber entsprechend kompiliert sein – und genau das ist bei den meisten Distributionen nicht der Fall. (Fast alle Linux-Kernelmodule können auf Wunsch auch direkt in den Kernel integriert werden. Die Kerneldatei wird dadurch aber größer.)

Bedauerlicherweise ist die Erzeugung von Initrd-Dateien nicht standardisiert. Jede Distribution verwendet ihre eigenen Werkzeuge. Die Initrd-Dateien enthalten nicht nur Kernelmodule, sondern auch Scripts zur Hardware-Initialisierung. Deren Ausführung dauert relativ lange und ist vielen Entwicklern ein Dorn im Auge, weil sie den Bootprozess bremst.

update-initramfs (Debian, Ubuntu)

Unter Debian und Ubuntu ist zur Erzeugung und Administration der Initrd-Dateien das Script `update-initramfs` vorgesehen. Im einfachsten Fall geben Sie einfach nur die Option `-u` an, um die Initrd-Datei der aktuellsten installierten Kernelversion zu aktualisieren. Wenn Sie die Initrd-Datei für eine andere Kernelversion aktualisieren möchten, geben Sie die Versionsnummer mit `-k` an. `-k all` aktualisiert die Initrd-Dateien für alle installierten Kernelversionen.

Mit den Optionen `-c` bzw. `-d` erzeugt `update-initramfs` eine neue Initrd-Datei bzw. löscht eine vorhandene Initrd-Datei. In diesem Fall ist die Angabe der Kernelversion durch `-k` zwingend erforderlich.

```
root# update-initramfs -c -k 3.1-13-generic
update-initramfs: Generating /boot/initrd.img-3.1-13-generic
```

Hinter den Kulissen greift `update-initramfs` auf das Script `mkinitramfs` zurück, um Initrd-Dateien zu erzeugen. Die Basiskonfiguration erfolgt in `/etc/initramfs-tools/initramfs.conf` sowie durch die Dateien in `/etc/initramfs-tools/conf.d`. Darüber hinaus werden der Initrd-Datei alle in `/etc/initramfs-tools/modules` aufgezählten Module hinzugefügt (ein Modul pro Zeile).

`mkinitramfs` erzeugt in der Standardkonfiguration (mit `MODULES=most` in `initramfs.conf`) ziemlich große Initrd-Dateien, die zahllose Zusatzmodule enthalten, unter anderem alle wichtigen Linux-Dateisysteme, diverse USB-, SCSI- und SATA-Treiber sowie Netzwerk- und NFS-Treiber.

Wenn Sie `mkinitramfs` direkt aufrufen (das ist selten erforderlich), müssen Sie zumindest den Namen der neuen Initrd-Datei übergeben (Option `-o`). Wenn die Initrd-Datei nicht für die aktuelle Kernelversion erzeugt werden soll, geben Sie zusätzlich die gewünschte Version an:

```
root# mkinitramfs -o myinitrd 3.1-13-generic
```

dracut (Fedora)

Fedora ab Version 12 sowie Red Hat Enterprise Linux ab Version 6 verwenden dracut zur Erzeugung der Initrd-Datei. (Bei älteren Fedora- und RHEL-Versionen kommt stattdessen `mkinitrd` zum Einsatz.)

dracut wird bei jedem Kernel-Update automatisch ausgeführt. Die von dracut erzeugten Initrd-Dateien enthalten weniger distributionsabhängigen Code als bisher und verlassen sich in einem höheren Ausmaß auf die Informationen des udev-Systems. Damit verspricht dracut eine besser wartbare Infrastruktur und hoffentlich einen schnelleren Systemstart. Es ist aber noch ungewiss, ob andere Distributionen ebenfalls auf dracut umsteigen werden.

Das Kommando dracut berücksichtigt die Einstellungen aus `/etc/dracut.conf` und baut in die Initrd-Datei die Module aus dem Verzeichnis `/usr/share/dracut/modules.d` ein. Um für einen selbst kompilierten Kernel 3.1.3 (Datei `/boot/vmlinuz-3.1.3`) manuell eine Initrd-Datei zu erzeugen, führen Sie das folgende Kommando aus:

```
root# dracut /boot/initrd-3.1.3  3.1.3
```

Weitere Informationen zu dracut finden Sie hier:

`man dracut`
https://fedoraproject.org/wiki/Dracut
https://fedoraproject.org/wiki/Features/Dracut
http://sourceforge.net/apps/trac/dracut/wiki

mkinitrd (SUSE)

SUSE-Distributionen erzeugen ihre Initrd-Dateien mit dem Kommando `mkinitrd`. Normalerweise müssen an das Kommando keinerlei Parameter oder Optionen übergeben werden. `mkinitrd` erzeugt automatisch Initrd-Dateien zu allen Kerneldateien, die es im Verzeichnis `/boot` findet. Die neuen Initrd-Dateien bekommen den Namen `/boot/initrd-nnn`, wobei nnn die Kernelversion ist. Außerdem richtet `mkinitrd` einen Link ein, der von `/boot/initrd` auf die zu `vmlinuz` passende Initrd-Datei verweist.

Wenn Sie nur eine bestimmte Initrd-Datei erzeugen möchten, können Sie mit den Optionen -k und -i die Kernel- bzw. Initrd-Dateien angeben (standardmäßig im /boot-Verzeichnis). mkinitrd wertet die Variable INITRD_MODULES aus der Datei /etc/sysconfig/kernel aus. Diese Variable enthält alle zum Booten erforderlichen Module und kann beispielsweise so aussehen:

```
# in /etc/sysconfig/kernel
INITRD_MODULES="thermal ahci ata_piix ata_generic processor fan"
```

Zusätzliche Module geben Sie mit -m an. Weitere Informationen zu mkinitrd bekommen Sie mit der Option -h, mit man mkinitrd oder im Quelltext des Scripts (Datei /sbin/mkinitrd).

Kernel-Updates Wenn eine Distribution ein Kernel-Update durchführt und sich dadurch der Name der Kerneldatei ändert, muss auch die GRUB-Menüdatei entsprechend geändert und eine zum neuen Kernel passende Initrd-Datei erzeugt werden. Alle gängigen Distributionen erledigen diese Aufgaben im Rahmen der Update-Verwaltung automatisch, sodass beim nächsten Neustart des Rechners automatisch der neue Kernel verwendet wird. (Je nach Distribution gibt es auch für den alten Kernel weiterhin einen GRUB-Menüeintrag, damit bei Update-Problemen eine Möglichkeit besteht, das System auch mit dem alten Kernel weiterzunutzen.)

Initrd-Datei ansehen Initrd-Dateien für den Kernel 2.6.*n* werden intern als initramfs-Dateien dargestellt. Die Initrd-Datei ist eine komprimierte Archivdatei (cpio-Datei), die aus diversen Verzeichnissen und Dateien zusammengesetzt ist. Wenn Sie sich den Inhalt des Archivs ansehen möchten, gehen Sie so vor:

```
root# cd /boot
root# cp initrd-n.n initrd-test.gz
root# gunzip initrd-test
root# mkdir test
root# cd test
root# cpio -i < ../initrd-test
root# ls -lR
```

Links Eine Menge weiterer Informationen zu den Interna des initramfs-Systems finden Sie in der Datei ramfs-rootfs-initramfs.txt, die Teil der Kerneldokumentation ist:

http://www.kernel.org/doc/Documentation/filesystems/ramfs-rootfs-initramfs.txt

Spezialfälle und Komplikationen mit Initramfs-Dateien werden hier diskutiert:

http://lwn.net/Articles/191004/

24.2 GRUB 0.97

Im weiteren Verlauf dieses Kapitels muss ich zwischen den GRUB-Versionen 0.97 und 2.0 differenzieren – zu groß sind die Unterschiede in den unterstützten Funktionen und in der Konfiguration. Dieser Abschnitt bezieht sich auf die eigentlich veraltete, aber noch immer häufig eingesetzte Version 0.97. Wenn Ihre Distribution bereits GRUB 2 einsetzt (Debian ab Version 6, Fedora ab Version 16 oder Ubuntu ab Version 9.10), überspringen Sie diesen Abschnitt und lesen auf Seite 671 weiter.

Konfiguration (Menüdatei)

Der Aufbau des GRUB-Menüs wird durch die GRUB-Menüdatei gesteuert, die üblicherweise den Namen /boot/grub/menu.lst hat. Red Hat und Fedora bis Version 15 verwenden stattdessen /etc/grub.conf. Die symbolischen Links /boot/grub/menu.lst und /etc/grub.conf verweisen auf diese Datei, sodass Sie auch bei diesen Distributionen nichts falsch machen, wenn Sie menu.lst in einen Editor laden und verändern. Innerhalb der Menüdatei leitet das Zeichen # Kommentare ein. Bei manchen Distributionen enthält menu.lst derart viele Kommentare, dass die Datei kaum mehr zu lesen ist.

Achtung

Alle gängigen Linux-Distributionen aktualisieren die GRUB-Menüdatei bei jedem Kernel-Update. Das stellt sicher, dass beim nächsten Neustart der neue Kernel genutzt wird. Allerdings kann es passieren, dass bei der automatischen GRUB-Neukonfiguration Ihre eigenen Änderungen überschrieben werden. Berücksichtigen Sie die distributionsspezifischen Kommentare in menu.lst**!**

Bei Debian- und Ubuntu-Systemen ist für die GRUB-Neukonfiguration das Script update-grub **zuständig, das auf Seite 661 kurz beschrieben wird.**

Alle Datei- und Partitionsnamen in diesem Abschnitt haben Beispielcharakter! Sie müssen natürlich den Device-Namen Ihrer eigenen System- oder Bootpartition verwenden. Wenn Linux schon läuft, können Sie die Namen dieser Partitionen mit dem Kommando df **ermitteln. Ebenso kann es sein, dass die Linux-Kerneldatei (**vmlinux-xxx**) oder die Initrd-Datei (**initrd-xxx**) auf Ihrem Rechner einen anderen Namen als in den Beispielen dieses Buchs hat.**

Änderungen an der menu.lst werden nur dann wirksam, wenn GRUB bereits in den Bootsektor Ihrer Festplatte oder eines anderen Datenträgers installiert ist. Die GRUB-Installation erfolgt üblicherweise bereits während der Installation von Linux. Details zur GRUB-Installation folgen ab Seite 662.

Zum Einrichten bzw. Konfigurieren von GRUB können Sie bei einigen Distributionen spezielle Werkzeuge verwenden, beispielsweise bei SUSE das YAST-Modul SYSTEM|KONFIGURATION DES BOOTLOADERS.

Bezeichnung von Festplatten und Partitionen

GRUB 0.97 kennt eine eigene Nomenklatur zur Bezeichnung von Festplatten und den darauf enthaltenen Partitionen (siehe Tabelle 24.1). Die Grundregel lautet, dass die Nummerierung immer mit null beginnt.

GRUB-DEVICENAME	BEDEUTUNG
(hd0)	die erste Festplatte (entspricht /dev/sda)
(hd0,0)	die erste Partition der ersten Festplatte (/dev/sda1)
(hd2,7)	die achte Partition der dritten Festplatte

Tabelle 24.1: **GRUB-Partitionsnamen**

Je nachdem, wie eine Festplatte partitioniert ist, können sowohl bei den herkömmlichen Device-Namen als auch bei den GRUB-Partitionsnamen Löcher entstehen. Nehmen Sie an, auf einer Festplatte befinden sich eine primäre Partition, eine erweiterte Partition und darin zwei logische

Partitionen. Die Device-Namen dieser Partitionen lauten /dev/sda1, /dev/sda2, /dev/sda5 und /dev/sda6. Die entsprechenden GRUB-Partitionsnamen sind (hd0,0), (hd0,1), (hd0,4) und (hd0,5).

Wenn sich in einem Rechner sowohl SATA- als auch SCSI-Festplatten befinden, hängt die Nummerierung der Festplatten vom BIOS ab. CD- und DVD-Laufwerke werden bei der Nummerierung nicht berücksichtigt!

devices.map Intern verwendet GRUB die Datei /boot/grub/devices.map zur Zuordnung zwischen den Laufwerken und den GRUB-Device-Namen. Die Datei wird erstellt, wenn GRUB zum ersten Mal ausgeführt wird. Die Datei wird allerdings nach dem Hinzufügen neuer Laufwerke nicht automatisch aktualisiert. Gegebenenfalls können Sie die Datei einfach löschen und danach grub ausführen. Die Datei wird dann automatisch neu erstellt. Das kann bis zu eine Minute lang dauern.

In hartnäckigen Fällen können Sie auch versuchen, die Datei selbst zu verändern. Beachten Sie aber, dass Ihre Veränderungen mit den Informationen übereinstimmen müssen, die GRUB beim Rechnerstart vom BIOS erhält. Das Format der Datei sieht so aus:

```
# Beispiel für /boot/grub/devices.map
(hd0)    /dev/sda
(hd1)    /dev/sdb
(fd0)    /dev/fd0
```

Globaler Bereich in menu.lst

Grundsätzlich besteht die GRUB-Menüdatei aus einem globalen Bereich, der diverse Grundeinstellungen enthält, sowie aus mehreren Menüeinträgen, die jeweils mit der Zeile title beginnen. Die folgenden Zeilen zeigen beispielhaft den globalen Bereich von menu.lst:

```
# Globaler Bereich von /boot/grub/menu.lst
default 2                     # der dritte Menüeintrag gilt als Standardeintrag
timeout 30                    # 30 Sekunden warten, bevor das
                              # Standardsystem gestartet wird
color yellow/blue red/white   # Menüeinträge farbig darstellen
```

Die folgenden Absätze beschreiben die GRUB-Schlüsselwörter für den globalen Bereich von menu.lst:

default

gibt die Nummer des Menüeintrags an, der als Standardeinstellung gilt. Die Zählung beginnt mit 0! Statt einer Nummer ist auch default saved zulässig. In diesem Fall gilt der Menüeintrag als Standardeinstellung, der beim letzten Start verwendet wurde. Damit das funktioniert, muss allerdings jeder Menüeintrag das Schlüsselwort savedefault enthalten (mehr dazu folgt im nächsten Abschnitt). Wenn menu.lst keinen default-Eintrag enthält, bezeichnet der erste Menüeintrag das Standardsystem.

`fallback`
: gibt die Nummer des Menüeintrags an, der genutzt wird, wenn der Standardeintrag fehlerhaft ist. Ohne `fallback`-Eintrag wechselt GRUB bei derartigen Fehlern in den interaktiven Modus.

`timeout`
: gibt an, wie viele Sekunden GRUB auf eine Menüauswahl wartet. Nach dieser Zeit wird automatisch das Standardbetriebssystem gestartet. Wenn Sie möchten, dass GRUB endlos wartet, ohne ein Betriebssystem automatisch zu starten, stellen Sie der `timeout`-Zeile das Kommentarzeichen # voran.

`hiddenmenu`
: bewirkt, dass GRUB kein Menü anzeigt. Nach der durch `timeout` angegebenen Zeit wird das Standardsystem gestartet. Bis zu diesem Zeitpunkt kann der Benutzer das Menü durch [Esc] anzeigen und dann wie üblich eine Menüauswahl treffen.

`password -- md5 code`
: schützt GRUB durch ein Passwort. Die Menükommandos können ohne Passwort genutzt werden, die interaktiven Funktionen von GRUB stehen aber nur nach der Eingabe eines Passworts zur Verfügung. Wie Sie den Passwortschutz einrichten, wird auf Seite 665 beschrieben.

Farbenspiele

`color fg/bg menufg/menubg`
: steuert die Farben des GRUB-Menüs an. Dabei gibt `fg` die Vordergrundfarbe (Textfarbe) und `bg` die Hintergrundfarbe des gesamten Bildschirms an. `menufg` und `menubg` geben entsprechend die Farben des gerade ausgewählten Menüeintrags an. Wenn Sie auf die `color`-Anweisung verzichten, erscheint das GRUB-Menü in Schwarz-Weiß.

Hintergrundgrafik

`splashimage`
: steht nur bei manchen Linux-Distributionen zur Verfügung, die GRUB entsprechend erweitert haben (z. B. bei Fedora). Bei `splashimage` handelt es sich also nicht um eine offizielle Funktion von GRUB. Das Schlüsselwort ermöglicht die Angabe einer Hintergrundgrafik für das Menü. Die Grafik muss 640 x 480 Pixel groß sein, im XPM-Format (8 Bit pro Pixel) vorliegen und mit `gzip` komprimiert sein. Die folgende Zeile zeigt die Verwendung von `splashimage`:

```
splashimage=(hd1,1)/boot/grub/splash.xpm.gz
```

Ausführliche Details zu diesem Verfahren finden Sie im GRUB-Splashimage-HOWTO-Dokument:

http://www.owlriver.com/tips/hands-off/images.html

`gfxmenu`
: ist eine weitere inoffizielle Erweiterung zur Darstellung eines grafischen Menüs. Sie kommt unter anderem bei Novell- und SUSE-Distributionen zum Einsatz. Die Grafikdatei muss mit `mkbootmsg` erzeugt werden. Dieses Kommando sowie die dazugehörende Dokumentationsdatei `gfxboot.html` finden Sie im Paket `gfxboot`. Die Konfiguration einer eigenen Splash-Datei ist allerdings aufwendig.

Menüeinträge in menu.lst

Nach dem globalen Bereich folgen in menu.lst die Menüeinträge für verschiedene Betriebssysteme. Jeder Menüeintrag wird durch title eingeleitet. Der durch title angegebene Text ist der Inhalt der Menüzeile. Dabei sind laut meinen Tests nur US-ASCII-Zeichen erlaubt, also keine internationalen Sonderzeichen. Ich habe allerdings keine Dokumentation gefunden, die den Zeichensatz für menu.lst explizit festschreibt.

Die weiteren Zeilen (bis zur nächsten title-Anweisung bzw. bis zum Ende der Datei) sind GRUB-Kommandos, die in dieser Reihenfolge ausgeführt werden. (Wenn Sie die Kommandos interaktiv testen, müssen Sie zusätzlich noch boot ausführen. Dieses Kommando muss in der Menüdatei nicht angegeben werden.)

Linux starten Um Linux zu starten, müssen Sie mit root die Partition angeben, auf der sich der Kernel und die Initial-RAM-Disk-Datei befinden. Diese Partition wird für GRUB zur aktiven Partition. Die kernel- und initrd-Kommandos geben den genauen Ort der Dateien sowie eventuelle Kernel-Bootoptionen an.

Beachten Sie, dass für die Kernel-Bootoptionen (und insbesondere für die Angabe der Kernel-root-Devices) die Linux-Nomenklatur zur Anwendung kommt. Deswegen heißt es hier korrekt root=/dev/sdb13! Alternative Schreibweisen sind root=LABEL=*label* sowie root=UUID=*n*, wobei Sie in diesen Fällen das Label bzw. die Identifikationsnummer der Partition angeben müssen (siehe auch Seite 735).

Beachten Sie weiters, dass die Dateinamen von vmlinuz und initrd auf Ihrem System abweichen können. (Hintergrundinformationen zur Initrd-Datei finden Sie auf Seite 652.)

```
# Menüeintrag in /boot/grub/menu.lst
# Linux in /dev/sdb13 starten
title Linux
  root (hd1,12)
  kernel /boot/vmlinuz root=/dev/sdb13
  initrd /boot/initrd
```

Sie können auf das Kommando root auch verzichten. Dann müssen Sie aber bei jeder Datei die gewünschte Partition angeben:

```
# Linux in /dev/sdb13 starten
title Linux
  kernel (hd1,12)/boot/vmlinuz root=/dev/sdb13
  initrd (hd1,12)/boot/initrd
```

Wenn sich /boot nicht auf der Systempartition befindet, sondern in einer eigenen Bootpartition, müssen Sie das root-Kommando in grub entsprechend ändern. Da nun die Bootpartition als Ausgangspunkt für alle Dateien gilt, müssen die Pfadangaben ohne /boot geschrieben werden. Die folgenden Zeilen gehen davon aus, dass /dev/sda2 die /boot-Partition ist. (Entscheidend ist die Zeile root (hd0,1)!)

```
# Linux in /dev/sdb13 starten, wenn es eine eigene Bootpartition /dev/sda2 gibt
title Linux
  root (hd0,1)
  kernel /vmlinuz root=/dev/sdb13
  initrd /initrd
```

UUID

Unter Ubuntu können Sie die Partition mit den Kernel- und Initrd-Dateien statt durch root auch durch das GRUB-Schlüsselwort uuid angeben. Diese Syntax funktioniert allerdings nur unter Ubuntu, weil die Ubuntu-Entwickler GRUB entsprechend modifiziert haben! Die uuid-Schreibweise ist ideal für Ubuntu-Installationen auf USB-Datenträger.

```
# Linux unter Ubuntu starten; die Bootpartition hat die
# UUID=2a021cf3-..., die root-Partition wird von LVM verwaltet
title  Ubuntu 9.04
  uuid          2a021cf3-2b34-4cd4-b741-42b8fb1db89c
  kernel        /vmlinuz-3.1-13-generic root=/dev/mapper/vg1-ubuntu904 ro quiet
  initrd        /initrd.img-3.1-13-generic
```

Linux-Kerneloptionen angeben

Je nach Hardware bzw. Distribution ist es zumeist notwendig, beim Start von Linux Kernel-Bootoptionen zu übergeben (siehe ab Seite 735). Diese Optionen steuern unter anderem auch, wie die Meldungen des Init-V-Prozesses dargestellt werden. In menu.lst müssen derartige Optionen einfach am Ende der kernel-Zeile angegeben werden. Die folgenden Zeilen geben hierfür ein Beispiel:

```
# Linux in /dev/sdb13 starten (mit zusätzlichen Kerneloptionen)
title Linux
  root (hd1,12)
  kernel /boot/vmlinuz root=/dev/sdb13 vga=normal
  initrd /boot/initrd
```

Welche Optionen bei Ihrer Distribution bzw. für Ihre Hardware erforderlich sind, entnehmen Sie am besten der während der Installation erzeugten GRUB-Konfigurationsdatei. Einige Beispiele:

Debian 6:	root=/dev/xxx ro quiet
Fedora 16:	root=/dev/xxx ro rhgb quiet LANG=... SYSFONT=... KEYTABLE=...
openSUSE 12.1:	root=/dev/xxx resume=/dev/xxx splash=silent showopts vga=n
Ubuntu 11.10:	root=UUID=xxx ro quiet splash

Windows starten

Wenn Sie Windows starten möchten, müssen Sie die aktive Partition mit rootnoverify statt mit root angeben. Das Kommando chainloader +1 bewirkt, dass der erste Sektor dieser Partition gelesen und ausgeführt wird. Bei Windows 9x/ME bewirkt das einen direkten Start von Windows. Bei neueren Windows-Versionen wird dagegen der Windows-Boot-Loader gestartet, der sich seinerseits um den eigentlichen Start von Windows kümmert. (GRUB ist nicht in der Lage, aktuelle Windows-Versionen selbst zu starten.)

```
# Windows in /dev/sda1 starten
title Windows
  rootnoverify (hd0,0)
  chainloader +1
```

Der Windows-Start gelingt nur, wenn sich Windows auf der ersten Festplatte befindet. Wenn das nicht der Fall ist, können Sie die Festplatten durch die folgenden Zeilen virtuell vertauschen. (Ich habe diese Variante allerdings selbst nicht getestet.)

```
# Windows in /dev/sdb1 starten
title Windows
  rootnoverify (hd1,0)
  map (hd0) (hd1)
  map (hd1) (hd0)
  chainloader +1
```

Achtung

Wenn Sie die Windows-Partition mit BitLocker verschlüsselt haben und es keine eigene Windows-Boot-Partition gibt (das ist erst bei Windows-7-Neuinstallationen üblich), findet GRUB den Windows-Bootloader nicht und kann Windows somit nicht starten. In diesem Fall müssen Sie den umgekehrten Weg beschreiten und GRUB in den Windows-Bootloader integrieren (siehe Seite 666).

Einen anderen Boot-Loader starten

Boot-Loader wie GRUB werden üblicherweise in den MBR der ersten Festplatte installiert. Es besteht aber auch die Möglichkeit, sie in den Bootsektor einer beliebigen Partition zu installieren (siehe Seite 664). Mit dem zentralen GRUB, der sich im MBR befindet, starten Sie indirekt den in eine Partition installierten GRUB. Die Schlüsselwörter in `menu.lst` sind dieselben wie beim Start von Windows:

```
# Boot-Loader im Bootsektor von /dev/sda7 starten
title Boot-Loader in /dev/sda7
  rootnoverify (hd0,6)
  chainloader +1
```

Diese Vorgehensweise kann sinnvoll sein, um mehrere Linux-Distributionen parallel auf einer Festplatte zu installieren (siehe Seite 668).

Zuletzt ausgewähltes Betriebssystem merken

Wenn `menu.lst` viele Menüeinträge enthält, ist es oft praktisch, wenn sich GRUB den zuletzt ausgewählten Eintrag merkt. Dazu geben Sie im globalen Bereich von `menu.lst` die Option `default saved` an und ergänzen alle Menüeinträge um das Schlüsselwort `savedefault`:

```
# Linux in /dev/sdb13 starten, diese Auswahl merken
title Linux
  root (hd1,12)
  kernel /boot/vmlinuz root=/dev/sdb13
  initrd /boot/initrd
  savedefault
```

Achtung

Verwenden Sie `savedefault` auf keinen Fall bei Rechnern, auf denen das BIOS zwei oder mehr Festplatten zu einem RAID-Verbund zusammenschließt (BIOS-Software-RAID, siehe auch Seite 50)! Sie riskieren Datenverluste bzw. gefährden die Synchronität!

GRUB-Konfiguration testen

Wenn Sie rasch und ohne Neustart testen möchten, ob eine geänderte GRUB-Menüdatei frei von syntaktischen Fehlern ist, starten Sie zuerst grub und führen dort das folgende Kommando aus:

```
root#  grub
grub>  configfile (hd1,12)/boot/grub/menu.lst
```

Statt (hd1,12) müssen Sie den GRUB-Namen für die Festplattenpartition angeben, in der sich die GRUB-Menüdatei befindet. Wenn alles klappt, zeigt GRUB das Menü an. Sie können allerdings kein Betriebssystem tatsächlich starten, weil Linux ja schon läuft.

update-grub (Debian und Ubuntu)

Debian und Ubuntu sehen zur Aktualisierung der GRUB-Konfiguration das Shell-Script update-grub vor. Es durchsucht /boot nach vmlinuz-*-Dateien und fügt für jede derartige Kerneldatei einen entsprechenden GRUB-Menüeintrag ein. Dabei werden auch zur jeweiligen Kernelversion passende initrd-*-Dateien berücksichtigt. update-grub wird automatisch nach jedem Kernel-Update ausgeführt.

update-grub berücksichtigt einige Einstellungen, die in menu.lst in der folgenden Form als Kommentare angegeben sind. Die einzelnen Variablen sind in man update-grub ausführlich beschrieben. Am wichtigsten ist die Variable kopt, die angibt, welche Optionen an den Kernel übergeben werden. Wenn Sie diesbezüglich Änderungen in menu.lst durchführen möchten, verändern Sie nicht direkt die Menüeinträge in menu.lst, sondern die kopt-Variable. Anschließend führen Sie update-grub aus.

```
# /etc/boot/menu.lst
...
# Einstellungen für update-grub
#
# kopt=root=/dev/sda13 ro                 (Kerneloptionen)
# groot=(hd0,12)                          (Ort, an dem GRUB installiert ist)
# alternative=true                        (Einträge für andere Betriebssysteme hinzufügen)
# lockalternative=false                   (Einträge für andere Betriebssysteme belassen)
# defoptions=                             (Kerneloptionen nur für den Default-Kernel)
# lockold=false                           (Optionen für andere Betriebssysteme belassen)
# xenhopt=                                (Xen-Optionen)
# xenkopt=console=tty0                    (Kerneloptionen für Xen-Kernel)
# altoptions=(single-user mode) single    (Kerneloptionen für den alternativen Kernel)
# howmany=all                             (Maximalanzahl der Kernel-Einträge)
# memtest86=true                          (Memtest-Eintrag hinzufügen)
# updatedefaultentry=false                (Default-Schlüsselwort in  menu.lst verändern)
...
```

GRUB-Installation

Die folgenden Seiten beschreiben die Installation von GRUB in den Bootsektor einer Festplatte, einer Partition oder eines anderen Datenträgers. Eine derartige Installation erfolgt in der Regel bereits während der Installation von Linux. Es ist daher normalerweise *nicht* erforderlich, GRUB nochmals zu installieren. Zur Konfiguration reicht eine Veränderung von `/boot/grub/menu.lst` aus, wie dies im vorigen Abschnitt beschrieben worden ist.

Eine GRUB-(Neu-)Installation müssen Sie nur dann durchführen, wenn GRUB überschrieben worden ist (etwa nach einer Windows-Installation), wenn die GRUB-Installation nicht funktioniert hat oder wenn Sie einen anderen Boot-Loader durch GRUB ersetzen möchten. In der Regel führen Sie eine GRUB-Installation von einem Live-System durch (z. B. Knoppix), weil ein Start der auf Ihrer Festplatte installierten Linux-Distribution mangels eines funktionierenden Boot-Loaders nicht möglich ist. Tipps zur GRUB-Installation bzw. -Reparatur mit einem Live-System finden Sie auf Seite 671.

Bootsektor-Grundlagen

Bevor ich beschreibe, wie Sie GRUB nun tatsächlich installieren, ist ein kurzer Ausflug in die Tiefen der BIOS- und DOS-Welt notwendig. Die Auswertung des bzw. der Bootsektoren folgt einem Jahrzehnte alten Mechanismus. Ich setze im Folgenden voraus, dass Sie die verschiedenen Partitionstypen kennen (siehe Seite 46).

Master Boot Record (MBR)

Der *Master Boot Record* (MBR) ist der erste Sektor der Festplatte. Er umfasst 512 Byte und enthält üblicherweise ein winziges Programm (maximal 446 Byte). Es folgen die Partitionstabelle für die vier primären Partitionen (64 Byte) und dann eine Signatur (2 Byte).

Bootsektor einer Partition

Neben dem MBR hat auch jede Partition einen Bootsektor, wobei dieser »Sektor« in Wirklichkeit aus bis zu 16 Sektoren der Festplatte bestehen kann (8192 Byte). Die meisten Dateisysteme nutzen den Bootsektor der Partition nicht, d. h., die eigentlichen Daten beginnen erst in den nachfolgenden Sektoren. Es gibt aber auch Ausnahmen. Beispielsweise verwendet das Dateisystem XFS alle Sektoren. Wird daher der Bootsektor einer XFS-Partition überschrieben, wird das Dateisystem zerstört!

Rechnerstart

Beim Rechnerstart liest das BIOS den MBR der ersten Festplatte in den Speicher und testet, ob die beiden letzten Bytes die Hex-Codes 55 AA enthalten. Diese Codes dienen zur Identifizierung von bootfähigen Datenträgern. Wenn die Codes stimmen, wird das im Bootsektor enthaltene Miniprogramm ausgeführt. Auf einem Rechner, der nur DOS oder Windows enthält (kein Linux), stellt dieses Programm fest, welche der vier Systempartitionen als »aktiv« gekennzeichnet ist (normalerweise die erste). Es lädt nun ein weiteres Programm aus dem Bootsektor der aktiven Partition und führt dieses aus. Erst dieses Programm ist für den Start von Windows bzw. DOS verantwortlich.

Bei Rechnern mit mehreren Festplatten können Sie zumeist im BIOS einstellen, in welcher Reihenfolge die Festplatten beim Booten angesprochen werden. Damit ist es bei modernen Rechnern möglich, auch von einer externen Festplatte oder von einem USB-Stick zu booten. Je nach BIOS-Einstellung werden natürlich auch CDs und DVDs in den Bootprozess eingebunden.

Für die friedliche Koexistenz von Windows und Linux gibt es mehrere Strategien:

» Der übliche Weg besteht darin, den Linux-Boot-Loader in den MBR zu installieren und damit wahlweise Windows oder Linux zu starten.

» Wenn auf dem Rechner bereits eine aktuelle Windows-Version installiert ist (nicht Windows 9x/ME), kann der Windows-Boot-Loader so eingerichtet werden, dass dieser GRUB startet. Der Vorteil: Der MBR braucht nicht angetastet zu werden. Der Nachteil: Die Installation ist relativ kompliziert. Außer Ubuntu mit WUBI ist mir keine Linux-Distribution bekannt, die dazu in der Lage ist. Es ist Handarbeit erforderlich (siehe Seite 666).

» Die dritte Variante besteht darin, GRUB in den Bootsektor einer primären Partition zu installieren und diese Partition als aktiv zu markieren. Der wesentliche Vorteil besteht auch bei dieser Variante darin, dass der MBR nicht angetastet werden muss. Der Nachteil: Das Verfahren funktioniert nur für primäre Partitionen (nicht für logische) und nur für Dateisysteme, die den Bootsektor ihrer Partition nicht antasten. Wegen dieser Einschränkungen gehe ich auf diese Variante nicht weiter ein.

Backup des MBR erstellen

Wenn bei der GRUB-Installation in den MBR etwas schiefgeht, kann unter Umständen weder Windows noch Linux gestartet werden. Dann sind Sie auf ein Linux-Live-System wie Knoppix oder auf eine Windows-Installations-CD/DVD angewiesen, um den Bootsektor zu reparieren. Am einfachsten ist die Reparatur, wenn Sie eine Sicherheitskopie des MBR besitzen. Dazu führen Sie das folgende Kommando aus:

```
root#  dd if=/dev/sda of=/boot/bootsektor.bak bs=1 count=446
```

Um den Bootsektor wiederherzustellen, führen Sie das folgende Kommando aus:

```
root#  dd if=/boot/bootsektor.bak of=/dev/sda bs=1 count=446
```

Die obigen Kommandos lesen bzw. verändern nur 446 Byte des MBR. Der Grund besteht darin, dass der MBR auch die Partitionstabelle für die vier primären Partitionen enthält. Würden Sie den gesamten MBR (also alle 512 Byte) verändern, würden in der Zwischenzeit vielleicht durchgeführte Änderungen an der Partitionstabelle verloren gehen. Dann bootet der Rechner zwar, aber mit etwas Pech haben Sie ganze Datenpartitionen verloren! Der genaue Aufbau des MBR ist hier beschrieben:

http://de.wikipedia.org/wiki/Master_Boot_Record

GRUB-Installation in den MBR der Festplatte

Ich setze im Weiteren voraus, dass Sie bereits die GRUB-Konfigurationsdatei /boot/grub/menu.lst erstellt haben. Weiters müssen sich in /boot/grub die Dateien (stage1, stage2 sowie *_stage1_5) befinden. Sollte das noch nicht der Fall sein, kopieren Sie die GRUB-Dateien dorthin. Die Pfadangabe kann je nach Distribution variieren. Beispielsweise befinden sich die GRUB-Dateien bei Red Hat bzw. älteren Fedora-Versionen im Verzeichnis /usr/share/grub/i386-redhat. Werfen Sie gegebenenfalls einen Blick in die Dateiliste des GRUB-Pakets:

```
root#  cp /usr/lib/grub/* /boot/grub
```

Anschließend starten Sie grub und führen dort das folgende setup-Kommando aus. Statt (hd1,12) müssen Sie den GRUB-Device-Namen Ihrer Festplattenpartition angeben, in der sich das /boot-Verzeichnis befindet. Beachten Sie, dass sich das /boot-Verzeichnis oft in einer eigenen Partition befindet, nicht in der Systempartition! (hd0) bezeichnet den Ort, an den GRUB installiert werden soll – also den Bootsektor der ersten Festplatte.

```
root#  grub
grub>  root (hd1,12)
grub>  setup (hd0)
grub>  quit
```

grub.conf

Bei SUSE wird während der Installation der Distribution die Datei /etc/grub.conf erstellt. Diese Datei enthält die Kommandos zur GRUB-Installation. Die Installation kann mit grub < /etc/grub.conf wiederholt werden.

Auch bei RHEL und älteren Fedora-Versionen existiert /etc/grub.conf, allerdings handelt es sich dabei um einen Link auf die Datei /boot/grub/grub.conf. Bei diesen Distributionen ist auch menu.lst nur ein Link auf grub.conf.

GRUB-Installation in den Bootsektor einer Festplattenpartition

Sie können GRUB statt in den MBR auch in den Bootsektor einer beliebigen Partition der Festplatte installieren. Eine Installation in den Bootsektor einer Partition bleibt normalerweise wirkungslos, weil der Bootsektor beim Systemstart nicht berücksichtigt wird. Es gibt drei Fälle, in denen eine derartige Installation dennoch zweckmäßig ist:

- Sie starten GRUB indirekt über den Windows-Boot-Loader (siehe Seite 666).
- Sie starten GRUB indirekt über einen Linux-Boot-Loader (z. B. über die GRUB-Installation einer anderen Linux-Distribution), der sich bereits im MBR befindet, den Sie aber nicht anrühren möchten. Diese Variante bietet sich vor allem dann an, wenn Sie mehrere Linux-Installationen parallel nutzen möchten (siehe Seite 668).
- Sie installieren GRUB in den Bootsektor einer primären Partition und markieren diese Partition mit fdisk als »aktiv« (Tastenkürzel [A], Kommando TOGGLE A BOOTABLE FLAG). Das im MBR befindliche Programm berücksichtigt dann den Bootsektor der aktiven Partition. Diese Vorgehensweise funktioniert nicht für logische Partitionen und auch dann nicht, wenn in den MBR bereits GRUB oder ein anderer Boot-Loader installiert wurde.

Üblicherweise verwenden Sie bei einer derartigen Installation die Linux-Systempartition. Wenn Sie also Linux in die Partition /dev/sda7 installiert haben und GRUB in den Bootsektor dieser Partition installieren möchten, führen Sie die folgenden Kommandos aus. Der einzige Unterschied gegenüber einer MBR-Installation besteht darin, dass Sie bei setup die gewünschte Partition statt (hd0) angeben.

```
root#  grub
grub>  root (hd1,12)
grub>  setup (hd0,6)        Installation in den Bootsektor von /dev/sda7
grub>  quit
```

Es gibt Dateisysteme, die den Bootsektor einer Partition nicht für die Nutzung durch Boot-Loader oder andere Programme frei lassen. Dazu zählt XFS. Eine GRUB-Installation in den Bootsektor einer XFS-Partition führt dazu, dass das Dateisystem zerstört wird! Bei derartigen Dateisystemen kommt eine Bootsektor-Installation daher nicht infrage.

Achtung

ext4- und btrfs-Dateisystem

Die offizielle Version von GRUB 0.97 ist inkompatibel zu den neuen Dateisystemen ext4 und btrfs. Für ext4 gibt es aber einen inoffiziellen Patch, der in vielen Distributionen (z. B. Fedora bis Version 15 und openSUSE) integriert ist.

Wenn dieser Patch nicht zur Verfügung steht bzw. wenn Ihre Systempartition das Dateisystem btrfs nutzt, brauchen Sie eine eigene Bootpartition mit dem Dateisystem ext3 oder ext2.

LVM und RAID

GRUB 0.97 ist nicht in der Lage, Linux-Systeme zu starten, deren Boot-Dateien sich in LVM- oder RAID-Partitionen befinden. Sie brauchen in diesem Fall eine eigene /boot-Partition, die sich außerhalb des LVM- oder RAID-Bereichs befindet. (Diese Einschränkung wurde erst in GRUB 2 behoben.)

Davon unabhängig müssen Sie bei LVM- und RAID-Installationen darauf achten, dass die für den Zugriff auf LVM- oder RAID-Partitionen erforderlichen Funktionen oder Module entweder direkt im Kernel oder in der Initrd-Datei enthalten sind.

Passwortschutz

Die große Flexibilität, die GRUB bietet, ist natürlich zugleich auch eine Gefahrenquelle. Beispielsweise kann der GRUB-Benutzer mit dem Kommando cat alle Dateien lesen, die in ext*n*-, reiserfs- oder vfat-Partitionen gespeichert sind. Deswegen ist es sinnvoll, eine GRUB-Installation durch ein Passwort abzusichern.

Dazu starten Sie das Kommando grub und führen dort md5crypt aus. Sie werden nun zur Eingabe eines Passworts aufgefordert. GRUB antwortet mit einer verschlüsselten Zeichenkette:

```
root#  grub
grub>  md5crypt
Password:  ******
Encrypted: $1$FWk/60$QfckeBVBoaWNBm274USHOO
```

Diese Zeichenkette fügen Sie nun mit dem Schlüsselwort password in die GRUB-Menüdatei ein:

```
# im globalen Bereich von /boot/grub/menu.lst
password --md5 $1$FWk/60$QfckeBVBoaWNBm274USHOO
```

Das bewirkt, dass die GRUB-Anwender zwar alle Menükommandos auswählen und ausführen dürfen, dass aber alle anderen interaktiven Möglichkeiten von GRUB gesperrt sind. Wenn Anwender

Kernel-Bootoptionen verändern oder andere Kommandos ausführen möchten, müssen sie vorher [P] und dann das Passwort angeben.

Möglicherweise wollen Sie auch einzelne Menüeinträge mit einem Passwortschutz ausstatten. Dazu fügen Sie unmittelbar nach der `title`-Zeile das Kommando `lock` ein. Dieser Menüeintrag kann dann erst nach der Passwortangabe verwendet werden. Wenn Sie möchten, dass GRUB ohne Passwort gar nicht verwendet werden kann, müssen Sie alle Menüeinträge mit `lock` absichern.

GRUB durch den Windows-Boot-Loader starten

Wenn Sie auf Ihrer Festplatte sowohl Linux als auch Windows installiert haben, besteht der übliche Weg darin, GRUB in den MBR zu installieren. GRUB startet dann entweder Linux oder Windows. Diese Vorgehensweise wurde bisher in diesem Kapitel beschrieben.

Wenn Sie mit einer aktuellen Windows-Version arbeiten (nicht mit Windows 9x/ME), ist aber auch die umgekehrte Vorgehensweise möglich: Sie lassen den MBR unverändert und installieren GRUB in den Bootsektor Ihrer System- oder Bootpartition (siehe auch Seite 664). Anschließend konfigurieren Sie den Windows-Boot-Loader so, dass dieser GRUB startet. Der Vorteil dieses Verfahrens besteht darin, dass GRUB auch nach der Installation einer weiteren Windows-Version noch funktioniert. Das ist normalerweise nicht der Fall, weil Windows den MBR überschreibt.

Der erste Schritt besteht darin, dass Sie unter Linux grub starten und damit GRUB in den Bootsektor der System- oder Bootpartition installieren. Die folgenden Kommandos setzen voraus, dass `/boot/grub/*` bereits alle relevanten GRUB-Dateien inklusive `menu.lst` enthält. Den Device-Namen Ihrer Systempartition ermitteln Sie mit `df`.

```
root# df /
Dateisystem          1K-blocks      Used Available Use% Mounted on
/dev/sda3             14417392   4647540   9037488  34% /
root# grub
grub> root (hd0,2)
grub> setup (hd0,2)
```

Windows XP

Die weitere Vorgehensweise hängt davon ab, mit welcher Windows-Version Sie arbeiten. Wenn Sie Windows XP oder eine ältere Version einsetzen, kopieren Sie mit dem folgenden Kommando den GRUB-Bootsektor in das Windows-Dateisystem. Ich gehe im folgenden Beispiel davon aus, dass das Dateisystem über das Verzeichnis `/media/windows` zugänglich ist.

```
root# mount /media/windows
root# dd if=/dev/sdb13 of=/media/windows/grubfile bs=1 count=446
```

Im nächsten Schritt starten Sie Ihren Rechner neu und booten Windows. Dort ändern Sie die Konfigurationsdatei des Windows-Boot-Loaders so, dass der in `grubfile` befindliche Boot-Loader GRUB gestartet werden kann. Dazu fügen Sie einfach der Textdatei `C:\boot.ini` die folgende Zeile hinzu:

```
C:\grubfile="GRUB"
```

Wenn Sie Ihren Rechner jetzt neu starten, wird GRUB als zusätzliche Zeile neben den bisher schon vorhandenen Betriebssystemen angeführt. Wenn Sie diese Option wählen, startet der Windows-Boot-Loader GRUB. Dort können Sie nun die gewünschte Linux-Distribution auswählen.

Windows Vista, 2008 und 7

Windows Vista und alle neueren Windows-Versionen haben einen anderen Boot-Loader. Dessen Konfiguration erfolgt durch eine binäre Datei, die mit Bordmitteln nur umständlich durch das Konsolenkommando `bcdedit` verändert werden kann. Anstatt sich mit `bcdedit` herumzuärgern, installieren Sie besser gleich das kostenlose Programm EasyBCD von http://neosmart.net/software.php (siehe Abbildung 24.3).

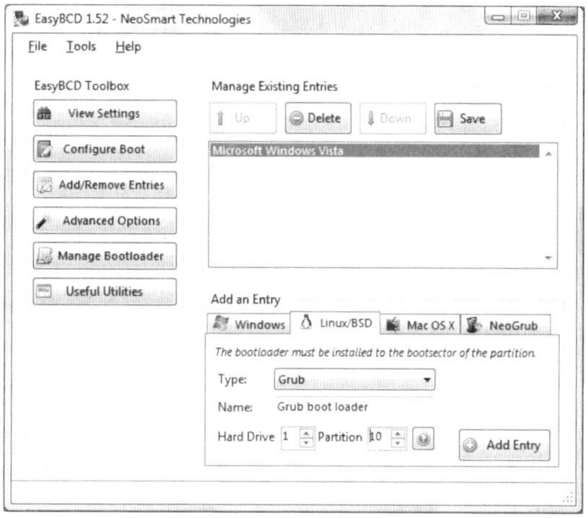

Abbildung 24.3: **EasyBCD**

Mit diesem Programm fügen Sie mit ADD/REMOVE ENTRIES einen neuen Eintrag in das Windows-Bootmenü ein. Dabei wählen Sie im Dialogblatt LINUX den Bootmanager GRUB und geben direkt die Festplatte und die Partitionsnummer an, in die Sie GRUB installiert haben. Anders als bei Windows XP etc. ist es nicht erforderlich, den Bootsektor der Partition zuerst in das lokale NTFS-Dateisystem zu kopieren.

Aufpassen müssen Sie allerdings bei der richtigen Eingabe der Festplatten- und Partitionsnummer: Bei Festplatten beginnt die Nummerierung mit 0, bei Partitionen mit 1. Erweiterte Partitionen und eventuell ungenutzte primäre Partitionen werden nicht mitgezählt! Wenn Ihre Partitionierung beispielsweise so aussieht, dann müssen Sie für sdb13 die Festplatte 1 und die Partitionsnummer 10 angeben:

```
\dev\sdb1  primäre Partition, Linux      1
\dev\sdb2  erweiterte Partition
\dev\sdb3  (ungenutzt)
\dev\sdb4  (ungenutzt)
\dev\sdb5  logische Partition, Swap      2
\dev\sdb6  logische Partition, Linux     3
...
\dev\sdb13 logische Partition, Linux    10
```

Verwaltung von Mehrfachinstallationen

Wenn Sie mehrere Betriebssysteme auf Ihrem Rechner installieren möchten, beginnen Sie am besten mit Windows. (Grundsätzlich ist es auch möglich, zuerst Linux und dann Windows zu installieren. Windows ist aber viel wählerischer, was den Installationsort betrifft. Am wenigsten Probleme gibt es, wenn Windows in die erste Partition der ersten Festplatte installiert wird. Weitere Windows-Installationen sind in der Regel problemlos, sobald einmal der Windows-Boot-Loader installiert ist.)

Bei der Installation der ersten Linux-Distribution auf dem Rechner richten Sie GRUB so ein, dass Sie damit Linux und Windows starten können. In vielen Fällen bedeutet das eine MBR-Installation, aber auch die oben beschriebene Variante mit dem Windows-Boot-Loader ist in Ordnung.

So richtig interessant wird es bei der Installation weiterer Linux-Distributionen. Sie haben nun drei Möglichkeiten:

» **GRUB überschreiben:** Bei dieser Variante überschreiben Sie während der Installation Ihre vorhandene GRUB-Installation. Wenn Sie nicht aufpassen, wählt das Installationsprogramm automatisch diese Vorgehensweise.

  Die Installationsprogramme mancher Distributionen sind so schlau, dass sie alle Festplattenpartitionen analysieren. Wenn sie darin eine Linux-Distribution entdecken, erzeugen sie automatisch einen entsprechenden Menüeintrag. Im Idealfall können Sie nach der Neuinstallation alle auf dem Rechner bereits installierten Betriebssysteme starten.

  In der Praxis funktioniert das aber nicht immer: Fedora bis einschließlich Version 15 ignoriert andere Linux-Distributionen ganz einfach. openSUSE bemüht sich redlich, scheitert aber vielfach an der korrekten Erkennung oder am Start von Distributionen, die selbst bereits GRUB 2 verwenden.

» **Vorhandene GRUB-Konfiguration ändern:** Hier verzichten Sie während der Installation von Linux explizit auf das Einrichten eines Boot-Loaders. Die meisten Installationsprogramme bieten diese Möglichkeit, wenngleich sie manchmal etwas versteckt ist.

  Das bedeutet natürlich, dass Sie Ihr neu installiertes Linux vorerst nicht nutzen können. Stattdessen starten Sie das erste auf Ihrem Rechner installierte Linux-System und fügen dessen GRUB-Konfigurationsdatei `menu.lst` die erforderlichen Zeilen zum Start der neuen Linux-Distribution hinzu. Dazu brauchen Sie natürlich einiges Linux-Know-how.

» **GRUB in die Systempartition installieren und indirekt starten:** Bei dieser Variante weisen Sie das Installationsprogramm an, GRUB in den Bootsektor der neuen Systempartition zu installieren. Nahezu alle Installationsprogramme bieten diese Möglichkeit. Es kann aber sein, dass Sie ein bisschen danach suchen müssen.

  Auch in diesem Fall können Sie das neu installierte Linux vorerst nicht starten. Sie müssen zuerst die GRUB-Konfigurationsdatei Ihrer ersten Linux-Distribution um einige Zeilen erweitern, damit der zentrale GRUB den GRUB der neuen Distribution startet (siehe Seite 660). Diese Änderung ist aber viel einfacher zu bewerkstelligen als bei der vorigen Variante. Wenn Sie von Anfang an wissen, dass Sie mehrere Linux-Systeme installieren werden, können Sie bei der zentralen GRUB-Konfigurationsdatei vorsorglich schon einige Einträge für weitere Partitionen vorsehen, etwa nach diesem Muster:

```
Ergänzung in /boot/grub/menu.lst
title starte GRUB im Bootsektor von /dev/sda7
  rootnoverify (hd0,6)
  chainloader +1
title starte GRUB im Bootsektor von /dev/sda8
  rootnoverify (hd0,7)
  chainloader +1
title starte GRUB im Bootsektor von /dev/sda9
  rootnoverify (hd0,8)
  chainloader +1
```

Solange nur Distributionen mit GRUB 0.97 im Spiel sind, hat die dritte Variante viele Vorteile. Insbesondere hat dabei jede Distribution ihre eigene GRUB-Konfigurationsdatei. Das ist besonders bei Kernel-Updates wichtig: Nahezu alle Distributionen ändern bei solchen Updates automatisch ihre menu.lst-Datei. Bei den Varianten 1 und 2 bleiben diese Änderungen aber zumeist wirkungslos, weil es ja nur eine wirksame GRUB-Konfigurationsdatei für alle Distributionen gibt.

Leider ist Variante 3 inkompatibel zu GRUB 2: Zum einen warnt die GRUB-2-Dokumentation explizit vor der Installation in eine Systempartition und empfiehlt eine MBR-Installation (also Variante 1). Bei meinen Tests sind zudem Probleme aufgetreten, von GRUB 0.97 in eine GRUB-2-Installation auf einer Systempartition zu verzweigen. Wenn Sie also mehrere Distributionen auf Ihren Rechner installieren, von denen manche GRUB 0.97 und andere GRUB 2 verwenden, dann sollte im MBR eine GRUB-2-Installation vorhanden sein.

Beispiel für Variante 3

Am besten ist die Vorgehensweise anhand eines Beispiels zu verstehen: Nehmen Sie an, auf Ihrem Rechner befindet sich in /dev/sda1 Windows XP. Nun installieren Sie als zweites Betriebssystem openSUSE. Dabei wird /dev/sda2 als erweiterte Partition eingerichtet. Die SUSE-Systempartition landet in der ersten logischen Partition /dev/sda5, die Swap-Partition in /dev/sda6. GRUB wird in den MBR von /dev/sda installiert. Die entsprechende GRUB-Konfigurationsdatei /boot/grub/menu.lst sieht dann so ähnlich wie das folgende Listing aus:

```
default 0
timeout 30
title SUSE starten
  kernel (hd0,4)/boot/vmlinuz root=/dev/sda5 vga=0x317
  initrd (hd0,4)/boot/initrd

title Windows starten
  rootnoverify (hd0,0)
  chainloader +1
```

Nun installieren Sie eine weitere Linux-Distribution, z. B. Fedora. Deren Systempartition ist /dev/sda7, die Swap-Partition bleibt unverändert. Die GRUB-Installation erfolgt in den Bootsektor von /dev/sda7.

Beim nächsten Neustart lädt GRUB automatisch SUSE, also die zuerst installierte Linux-Distribution. Nun fügen Sie in /boot/grub/menu.lst drei Zeilen hinzu, um den GRUB von Fedora zu starten. Die komplette GRUB-Konfigurationsdatei /boot/grub/menu.lst (im Dateisystem der SUSE-Distribution) sieht nun so aus:

```
default 0
timeout 30

title SUSE starten
  root (hd0,4)
  kernel /boot/vmlinuz root=/dev/sda5 vga=0x317
  initrd /boot/initrd
title GRUB von Fedora starten (/dev/sda7)
  rootnoverify (hd0,6)
  chainloader +1
title Windows starten
  rootnoverify (hd0,0)
  chainloader +1
```

Beim nächsten Neustart bietet GRUB die Wahl zwischen Windows, SUSE und Fedora. Wenn Sie sich für Fedora entscheiden, wird dessen GRUB in /dev/sda7 gestartet. Dieser wertet seine eigene GRUB-Konfigurationsdatei im Dateisystem von Fedora aus.

Hinweis

Eine Streitfrage bei Mehrfachinstallationen ist der optimale Umgang mit dem /home-Verzeichnis. Naheliegend wäre es, für alle Distributionen eine gemeinsame /home-Partition zu verwenden, sodass persönliche Daten und Einstellungen unabhängig von der gerade gestarteten Distribution zur Verfügung stehen. In der Praxis führt das aber oft zu Kompatibilitätsproblemen und Konflikten, weswegen ich davon eher abrate. Eine Kompromisslösung besteht darin, eine eigene Datenpartition einzurichten und dort ausgewählte Verzeichnisse über symbolische Links von den jeweiligen /home-Verzeichnissen gemeinsam zu nutzen.

Rettungsmaßnahmen

Was tun Sie, wenn GRUB nicht funktioniert? Im schlimmsten Fall können Sie beim nächsten Rechnerstart nach einer GRUB-Installation weder Linux noch ein anderes Betriebssystem starten. Dieser Abschnitt fasst einige Tipps zusammen, wie Sie Ihren Rechner wieder zum Laufen bringen.

Die GRUB-Menüeinträge funktionieren nicht

GRUB startet also prinzipiell, aber nachdem Sie einen Menüeintrag ausgewählt haben, bleibt der Rechner stehen, stürzt ab etc. Eventuell enthält die GRUB-Menüdatei fehlerhafte Daten. In diesem Fall können Sie versuchen, die Kommandos für den Linux-Start manuell einzugeben (siehe Seite 651). Wenn der Linux-Start so gelingt, können Sie die Menüdatei unter Linux korrigieren.

GRUB zeigt kein Menü an

Nach dem Start von GRUB erscheint die GRUB-Eingabeaufforderung, aber kein Menü. Sie befinden sich also im interaktiven Kommandomodus von GRUB. Offensichtlich kann GRUB die Menüdatei nicht finden. Auch in diesem Fall können Sie die Kommandos für den Linux-Start manuell eingeben. Anschließend werfen Sie unter Linux nochmals einen Blick auf die Menüdatei und installieren GRUB neu.

GRUB stürzt ab oder bleibt stehen

Die wahrscheinlichste Ursache für dieses Problem besteht darin, dass bei der Installation der stage1- und stage2-Dateien etwas schiefgegangen ist. Ein gewöhnlicher Rechnerstart ist jetzt unmöglich. Sie haben nun folgende Alternativen:

- Sie starten das Notfallsystem Ihrer Linux-Installations-CD und versuchen, GRUB damit neu zu installieren. Für einige Distributionen ist die Bedienung des Notfallsystems in den Kapiteln 34 bis 37 beschrieben.
- Sie verwenden eine Linux-Live-CD (z. B. Knoppix), um Linux direkt von der CD zu starten. Anschließend versuchen Sie abermals, die GRUB-Installation zu reparieren (siehe unten).
- Sie restaurieren den Bootsektor der Festplatte mit einer Windows-Installations-CD/DVD (siehe Seite 72). Danach können Sie zumindest Windows wieder nutzen (nicht aber Linux).

GRUB-Installation in einem Live-System reparieren

Nach dem Start des Live-Systems starten Sie eine Konsole und führen darin `su -l` oder `sudo -s` aus, um root-Rechte zu erlangen. Als Nächstes müssen Sie die Partition suchen, in der sich Ihre Linux-Distribution und insbesondere das Verzeichnis /boot befinden.

```
root# mkdir /test
root# mount /dev/sda3 /test
```

Die gesuchte Partition erkennen Sie daran, dass es ein /boot-Verzeichnis mit Linux-Kerneldateien (`vmlinuzxxx`), dem Unterverzeichnis /boot/grub und der GRUB-Menüdatei `/boot/grub/menu.lst` gibt. Falls Sie eine eigene Bootpartition besitzen, enthält diese Partition kein boot-Verzeichnis. `vmlinuzxxx` und das Unterverzeichnis grub befinden sich in diesem Fall direkt im Wurzelverzeichnis der Partition.

Nach diesen Vorbereitungsarbeiten geht es nun darum, GRUB so in den Bootsektor der Festplatte zu installieren, dass beim Rechnerstart davon ausgehend alle weiteren GRUB-Dateien in /dev/sda3 gelesen werden. Dabei ist (hd0,2) die für GRUB übliche Bezeichnung der Partition /dev/sda3 (siehe Seite 655) und (hd0) die Bezeichnung für die gesamte erste Festplatte, in deren Bootsektor GRUB geschrieben werden soll.

```
root# grub
grub> root (hd0,2)      (Ort der System- bzw. Bootpartition)
grub> setup (hd0)       (Ziel der GRUB-Installation: der MBR der ersten Festplatte)
grub> quit
```

24.3 GRUB 2

Als erster Distributor wagte Canonical den Sprung ins kalte Wasser und setzt seit Ubuntu 9.10 auf die neue GRUB-Version 2. Zum GRUB-2-Lager zählen auch Debian seit Version 6 sowie Fedora seit Version 16. openSUSE wird voraussichtlich mit Version 12.2 folgen.

Wenn ich in diesem Abschnitt von GRUB 2 spreche, meine ich genau genommen Version 1.99. GRUB 2.0 gibt es noch nicht, und es ist unklar, wann es so weit sein wird. Es bleibt nur zu hoffen, dass GRUB 2 nicht das gleiche Schicksal ereilt wie GRUB 1, das nie fertig wurde, weil die Entwicklung mit Version 0.97 beendet wurde.

Neuerungen Die folgende Aufzählung fasst die wichtigsten Neuerungen in GRUB 2 gegenüber der offiziellen GRUB-0.97-Version zusammen. Manche Distributionen liefern gepatchte Versionen von GRUB 0.97 mit, die einige der hier aufgezählten Funktionen ebenfalls enthalten – aber eben nur inoffiziell und mit teilweise distributionsspezifischen Eigenheiten.

» GRUB 2 ist kompatibel zu LVM und Software-RAID. LVM- und RAID-Installationen erfordern somit keine eigene /boot-Partition mehr.

» GRUB 2 ist ext4- und btrfs-kompatibel. (Die btrfs-Funktionen stehen allerdings erst seit Version 1.99 zur Verfügung, also seit Mitte 2011.)

» GRUB 2 erlaubt es, Partitionen über die UUID des Dateisystems anzusprechen.

» GRUB 2 ist kompatibel zu den BIOS-Alternativen EFI und coreboot (ehemals LinuxBIOS).

» GRUB 2 kann beliebige Unicode-Zeichen in den Menüeinträgen darstellen.

» Intern wurde GRUB 2 vollständig neu implementiert. Der Bootloader kennt keine stage1_5-Phase mehr. Zusatzfunktionen sind nun in Form von Modulen realisiert, die von GRUB zur Laufzeit geladen werden. Das soll eine relativ einfache Erweiterung und Wartung ermöglichen.

» Die GRUB-Konfiguration ist wesentlich komplexer geworden. Die Konfigurationsdatei grub.cfg entsteht als Ergebnis diverser Konfigurations-Scripts. grub.cfg kann selbst Script-Code in einer shell-ähnlichen Script-Sprache oder in der Programmiersprache LUA enthalten.

Neben diesen bereits realisierten Neuerungen sollen bis zur endgültigen Freigabe von Version 2.0 noch einige Schmankerl hinzukommen: Dazu zählt insbesondere die grafische Darstellung des Bootmenüs, wobei das Aussehen durch Theming beeinflusst werden kann. Zur Darstellung der Texte können eigene Font-Dateien verwendet werden. Selbst an die Auswahl des Menüeintrags per Maus ist gedacht.

Im Idealfall soll die von GRUB gewählte Grafikauflösung während des gesamten Bootprozesses und beim Start von X beibehalten werden, womit theoretisch ein flickerfreier Systemstart möglich wäre. Ob es gelingt, diese Idee in die Praxis umzusetzen, bleibt aber noch abzuwarten.

Wenn man sich die Ideen der GRUB-2-Entwickler genauer durchliest, hat man den Eindruck, GRUB 2 ist als winziges Betriebssystem konzipiert. Es ist mehr als zweifelhaft, ob sich Linux-Distributoren und -Anwender wirklich einen derart überfrachteten Boot-Loader wünschen.

Bedienung Für den Benutzer sind sowohl das Aussehen als auch die Bedienung von GRUB nahezu unverändert geblieben. Nach wie vor ist es möglich, mit [E] einzelne Menüeinträge zu verändern oder mit [C] interaktiv Kommandos auszuführen.

Komponenten und Pakete Die für GRUB 2 notwendigen Dateien sind in der Regel über mehrere Pakete verteilt: Bei Debian und Ubuntu enthält grub-common diverse plattformunabhängige Konfigurationsdateien und Kommandos, und grub-pc enthält die BIOS-spezifischen Dateien. Für Rechner, die statt des BIOS auf EFI, coreboot etc. setzen, ist statt grub-pc eines der Pakete grub-efi-amd64 oder grub-efi-ia32 bzw. grub-coreboot erforderlich. Zu guter Letzt enthält grub-rescue-pc eine IMG- und eine ISO-Datei, um ein GRUB-Rescue-System auf einem USB-Stick oder einer CD zu speichern. Das ermöglicht es im Notfall, GRUB vom USB-Stick oder von der CD zu starten und dann durch die manuelle Eingabe von GRUB-Kommandos bzw. durch die Veränderung der vorgesehenen Menüeinträge das System zu starten.

Fedora hat die Filetierung in unzählige Pakete vermieden: grub2 enthält GRUB für BIOS-Rechner, und `grub2-efi` enthält die EFI-kompatible Version. Zur Aktualisierung der GRUB-Konfiguration nach Kernel-Updates helfen die Fedora-spezifischen Scripts des Pakets grubby.

GRUB 2 setzt unabhängig von der Distribution die Installation des Pakets os-prober voraus. Das gleichnamige Kommando sucht auf allen erreichbaren Partitionen nach Betriebssystemen. Das Ergebnis von os-prober fließt in das automatisch erzeugte GRUB-Menü ein.

Distributions-spezifische Unterschiede

Leider verpacken die Distributionen GRUB 2 nicht nur in unterschiedliche Pakete, sondern verwenden teilweise auch unterschiedliche Konfigurationsdateien und -mechanismen. Dieses Kapitel berücksichtigt Debian 6, Fedora ab Version 16 sowie Ubuntu ab Version 9.10.

Links

Auf den folgenden Seiten finden Sie weitere Informationen zu GRUB:

http://www.gnu.org/software/grub/grub-documentation.en.html	(offizielle Dokumentation)
http://www.dedoimedo.com/computers/grub-2.html	(inoffizielles Handbuch)
http://grub.gibibit.com/	(Themes und Fonts)
http://lists.gnu.org/archive/html/grub-devel/	(GRUB-Mail-Archive)
http://fedoraproject.org/wiki/Features/Grub2	(Fedora-spezifische Details)
https://help.ubuntu.com/community/Grub2	(Ubuntu-spezifische Details)

Basiskonfiguration

Die Konfiguration von GRUB 2 erfolgt vollkommen anders als in GRUB 0.97. Das GRUB-Menü wird durch die Datei `grub.cfg` definiert, die sich je nach Distribution an unterschiedlichen Orten befindet:

`/boot/grub/grub.cfg`	(GRUB-Menüdatei unter Debian 6 und Ubuntu)
`/boot/grub2/grub.cfg`	(GRUB-Menüdatei unter Fedora ab Version 16)
`/etc/grub2.cfg`	(Link auf `/boot/grub2/grub.cfg` in Fedora)

Manuelle Veränderungen an `grub.cfg` sind allerdings nicht vorgesehen. Die Zugriffsrechte dieser Datei sind deswegen auf *read-only* gestellt. Wenn Sie das GRUB-Menü modifizieren möchten, verändern Sie die zugrunde liegenden Konfigurationsdateien. Die Orte dieser Dateien sind erfreulicherweise bei Debian, Fedora und Ubuntu identisch:

`/etc/grub.d/*`	(allgemeine GRUB-Konfigurationsdateien)
`/etc/default/grub`	(Debian/Ubuntu-spezifische Ergänzungen)

Damit sind die Gemeinsamkeiten zwischen Debian/Ubuntu und Fedora aber auch schon wieder zu Ende. Um nach Änderungen an diesen Dateien oder nach einem Kernel-Update die GRUB-Menüdatei `grub.cfg` neu zu generieren, müssen Sie das folgende Kommando ausführen:

```
root# update-grub                                (Debian/Ubuntu)
root# grub2-mkconfig -o /boot/grub2/grub.cfg     (Fedora)
```

Die resultierende Datei `grub.cfg` sieht so ähnlich wie das folgende Beispiel aus. Das folgende Listing einer automatisch erzeugten Fassung von `grub.cfg` unter Ubuntu 11.10 ist aus Platzgründen gekürzt. Lassen Sie sich übrigens von der Zeile `insmod ext2` nicht irritieren: Dieses GRUB-Modul ist für alle ext-Dateisysteme zuständig, also auch für `ext3` und `ext4`. Weitere Erläuterungen zur Syntax in `grub.cfg` folgen im weiteren Verlauf dieses Abschnitts.

```
# Beispiel für /boot/grub/grub.cfg

# aus /etc/grub.d/00_header
# Variablenverwaltung
if [ -s $prefix/grubenv ]; then
  set have_grubenv=true
  load_env
fi
set default="0"
if [ "${prev_saved_entry}" ]; then
  set saved_entry="${prev_saved_entry}"
  save_env saved_entry
  set prev_saved_entry=
  save_env prev_saved_entry
  set boot_once=true
fi

# Definition diverser Funktionen
function savedefault { ... }
function recordfail  { ... }
function load_video  { ... }

# Partition mit GRUB-Installationsdateien auswählen
insmod part_msdos
insmod ext2
set root='(hd0,msdos1)'
search --no-floppy --fs-uuid --set=root d45161e0-a9dd-421b-90e3-dc01887b140b
if loadfont /usr/share/grub/unicode.pf2 ; then
  set gfxmode=auto
  load_video
  insmod gfxterm
  insmod part_msdos
  insmod ext2
  set root='(hd0,msdos1)'
  search --no-floppy --fs-uuid --set=root d45161e0-a9dd-421b-90e3-dc01887b140b
  set locale_dir=($root)/boot/grub/locale
  set lang=de_AT
  insmod gettext
fi

terminal_output gfxterm
if [ "${recordfail}" = 1 ]; then
  set timeout=-1
else
  set timeout=10
fi
```

```
# aus /etc/grub.d/10_linux
# Ubuntu starten
menuentry 'Ubuntu, mit Linux 3.0.0-12-generic' --class gnu-linux ... {
        recordfail
        set gfxpayload=$linux_gfx_mode
        insmod gzio
        insmod part_msdos
        insmod ext2
        set root='(hd0,msdos1)'
        search --no-floppy --fs-uuid --set=root d45161e0-a9dd-421b-90e3-dc01887b140b
        linux   /boot/vmlinuz-3.0.0-12-generic root=UUID=d45161... ro quiet splash
        initrd  /boot/initrd.img-3.0.0-12-generic
}
menuentry 'Ubuntu, mit Linux 3.0.0-12-generic (Wiederherstellungsmodus)' ... {
        recordfail
        insmod gzio
        insmod part_msdos
        insmod ext2
        set root='(hd0,msdos1)'
        search --no-floppy --fs-uuid --set=root d45161e0-a9dd-421b-90e3-dc01887b140b
        echo    'Linux 3.0.0-12-generic wird geladen ...'
        linux   /boot/vmlinuz-3.0.0-12-generic root=UUID=d45161... ro recovery nomodeset
        echo    'Initiale Ramdisk wird geladen ...'
        initrd  /boot/initrd.img-3.0.0-12-generic
}

# aus /etc/grub.d/20_memtest86+
# Speichertest durchführen
menuentry "Memory test (memtest86+)" {
        insmod part_msdos
        insmod ext2
        set root='(hd0,msdos1)'
        search --no-floppy --fs-uuid --set=root d45161e0-a9dd-421b-90e3-dc01887b140b
        linux16 /boot/memtest86+.bin
}
# aus /etc/grub.d/30_os-prober
# Windows starten
menuentry "Windows 7 (loader) (on /dev/sda1)" {
        insmod ntfs
        set root='(hd0,1)'
        search --no-floppy --fs-uuid --set 2ca80f2ba80ef35e
        chainloader +1
}
```

grub.cfg neu erzeugen

Unter Debian und Ubuntu erzeugt das Kommando `update-grub` eine neue Version von `grub.cfg`. Unter Fedora führen Sie stattdessen `grub2-mkconfig -o /boot/grub2/grub.cfg` aus. (Das Debian/Ubuntu-spezifische Script `update-grub` enthält ebenfalls nur dieses Kommando.)

grub[2]-mkconfig wertet die im Folgenden beschriebenen Konfigurationsdateien bzw. -Scripts aus. Dabei werden unter anderem GRUB-Menüeinträge für sämtliche Kerneldateien in /boot erzeugt. Außerdem werden alle erreichbaren Partitionen untersucht. Wenn sie andere Betriebssysteme enthalten, werden auch hierfür GRUB-Menüeinträge erzeugt. Aus diesem Grund dauert die Ausführung von update-grub auf Rechnern mit vielen Partitionen ziemlich lange.

grub[2]-mkconfig wird automatisch bei jedem Kernel-Update ausgeführt und stellt sicher, dass der neueste Linux-Kernel im Grub-Menü enthalten ist.

/etc/default/grub Die Datei /etc/default/grub enthält einige globale GRUB-Einstellungen. Vergessen Sie nicht, nach jeder Veränderung dieser Datei das Kommando update-grub auszuführen! In Ubuntu 11.10 enthält die Konfigurationsdatei die folgenden Einstellungen:

```
# Datei /etc/default/grub
GRUB_DEFAULT=0
GRUB_HIDDEN_TIMEOUT=0
GRUB_HIDDEN_TIMEOUT_QUIET=true
GRUB_TIMEOUT=10
GRUB_DISTRIBUTOR=`lsb_release -i -s 2> /dev/null || echo Debian`
GRUB_CMDLINE_LINUX_DEFAULT="quiet splash"
GRUB_CMDLINE_LINUX=""
# GRUB_TERMINAL=console
# GRUB_GFXMODE=640x480
# GRUB_DISABLE_LINUX_UUID=true
# GRUB_DISABLE_RECOVERY="true"
# GRUB_INIT_TUNE="480 440 1"
```

Die Standardkonfiguration von Fedora 16 sieht so aus:

```
GRUB_TIMEOUT=5
GRUB_DISTRIBUTOR="Fedora"
GRUB_DEFAULT=saved
GRUB_CMDLINE_LINUX="rd.md=0 rd.dm=0 quiet SYSFONT=latarcyrheb-sun16 rhgb \
  rd.lvm.lv=vg_fedora16vbox/lv_root rd.luks=0 LANG=de_DE.UTF-8 \
  rd.lvm.lv=vg_fedora16vbox/lv_swap  KEYTABLE=de-latin1-nodeadkeys"
```

Im Folgenden erkläre ich Ihnen die Bedeutung der vielen Parameter:

» **GRUB_DEFAULT** gibt an, welcher GRUB-Menüeintrag standardmäßig ausgewählt werden soll. Beachten Sie, dass sich die Anzahl der Einträge bei jedem Aufruf von update-grub und insbesondere nach jedem Kernel-Update ändern kann. Deswegen ist eine Einstellung wie GRUB_DEFAULT=5 selten zweckmäßig.

  Die Einstellung "saved" bedeutet, dass der zuletzt ausgewählte Menüeintrag aktiviert wird. Das funktioniert allerdings nur, wenn sich die GRUB-Dateien in einer gewöhnlichen Partition befinden! Ist dagegen LVM oder RAID im Spiel, kann GRUB nach der Menüauswahl keine Umgebungsvariablen speichern.

  Eine weitere Möglichkeit besteht darin, GRUB_DEFAULT die menuentry-Zeichenkette des gewünschten Menüeintrags zuzuweisen. Dabei müssen Sie aber darauf achten, die Schreibweise exakt einzuhalten (inklusive aller Versions- und Device-Nummern, die sich möglicherweise im Menüeintrag befinden).

- Die Variable **GRUB_HIDDEN_TIMEOUT** ist dann von Bedeutung, wenn GRUB während der Installation nur ein einziges Betriebssystem (also Linux) auf Ihrem Rechner erkannt hat. In diesem Fall gibt GRUB_HIDDEN_TIMEOUT an, wie lange der Benutzer Zeit hat, um mit [⇧] das GRUB-Menü anzuzeigen. (Während dieser Wartezeit bleibt der Bildschirm schwarz.)

  Unter Ubuntu bewirkt GRUB_HIDDEN_TIMEOUT=0, dass GRUB das Betriebssystem sofort startet. Um in den Bootvorgang einzugreifen, müssen Sie unmittelbar nach dem Rechnerstart [⇧] drücken. Wenn mehrere Betriebssysteme installiert sind, ignoriert GRUB die GRUB_HIDDEN_TIMEOUT-Einstellung und zeigt auf jeden Fall sofort das Menü an.

- **GRUB_HIDDEN_TIMEOUT_QUIET**=true verhindert, dass während der GRUB_HIDDEN_TIMEOUT-Wartezeit ein Countdown-Zähler angezeigt wird.

  Wenn Sie möchten, dass das GRUB-Menü immer angezeigt wird (auch dann, wenn nur Ubuntu auf dem Rechner installiert ist), stellen Sie den Zeilen GRUB_HIDDEN_TIMEOUT=... und GRUB_HIDDEN_-TIMEOUT_QUIET=... jeweils das Kommentarzeichen # voran.

- **GRUB_TIMEOUT**=n gibt an, wie viele Sekunden GRUB auf die Auswahl eines Menüeintrags wartet. Wenn diese Zeit ohne Benutzereingaben verstreicht, startet GRUB das ausgewählte Betriebssystem. Die hier eingestellte Zeit kommt nur zur Geltung, wenn das GRUB-Menü überhaupt erscheint, d. h., wenn auf dem Rechner mehrere Betriebssysteme installiert sind oder der Benutzer während der GRUB_HIDDEN_TIMEOUT-Wartezeit [⇧] gedrückt hat.

- Die Variable **GRUB_DISTRIBUTOR** wird vom Script 10_linux ausgewertet (siehe unten) und gibt den Namen der aktuellen Distribution an (z. B. Ubuntu oder Fedora).

- Auch **GRUB_CMDLINE_LINUX** und **GRUB_CMDLINE_LINUX_DEFAULT** werden von 10_linux berücksichtigt und geben an, welche Optionen an den Kernel übergeben werden sollen. Die GRUB_-CMDLINE_LINUX-Optionen gelten für jeden Start; die GRUB_CMDLINE_LINUX_DEFAULT-Optionen werden zusätzlich für den Standardstart hinzugefügt (aber nicht für den Recovery Mode).

- Standardmäßig wird das GRUB-Menü im Grafikmodus in einer Auflösung von 640 x 480 Pixel angezeigt. Wenn Sie eine höhere Auflösung wünschen, können Sie diese mit **GRUB_-GFXMODE** einstellen (natürlich nur im Rahmen der Möglichkeiten Ihrer Grafikkarte). Wenn Sie auf den Grafikmodus ganz verzichten möchten, aktivieren Sie die dafür vorgesehene Einstellung **GRUB_TERMINAL**=console. Beide Variablen werden vom Script 00_header ausgewertet. In der Standardeinstellung gibt es keinen optisch sichtbaren Unterschied zwischen dem Text- und dem Grafikmodus, allerdings können nur im Grafikmodus Unicode-Zeichen angezeigt werden.

- GRUB übergibt normalerweise das Root-Verzeichnis als UUID-Nummer an den zu startenden Linux-Kernel. Wenn Sie stattdessen die Angabe des Device-Namens (z. B. /dev/sda1) vorziehen, aktivieren Sie die Zeile **GRUB_DISABLE_LINUX_UUID**=true. Diese Einstellung gilt nur für den Start der aktiven Distribution (Script 10_linux), nicht für andere Distributionen.

- update-grub bzw. grub-mkconfig erzeugt normalerweise auch Menüeinträge zum Start von Linux im Recovery Mode. Dabei wird Linux im Single-User-Modus und ohne Anzeige eines Splash-Bildschirms gestartet. Wenn Sie auf die Recovery-Einträge verzichten möchten, aktivieren Sie die Zeile **GRUB_DISABLE_RECOVERY**="true".

- Mit **GRUB_INIT_TUNE**=... können Sie beim Start von GRUB einen Ton ausgeben lassen.

/etc/grub.d

Das Verzeichnis /etc/grub.d enthält mehrere ausführbare Script-Dateien (siehe Tabelle 24.2). Wenn eine neue Version von grub.cfg erzeugt werden soll, führt update-grub alle in grub.d enthaltenen Scripts der Reihe nach aus. Das Ergebnis (die Standardausgabe) der Scripts landet in grub.cfg. Aufgrund dieser Vorgehensweise sind die Konfigurationsdateien leider recht unübersichtlich: In den eigentlichen Code sind immer wieder Anweisungen der Form cat « EOF eingebettet, die alle folgenden Zeilen bis zum Kürzel EOF an die Standardausgabe leiten. Diese Zeilen enthalten selbst oft Script-Code, der erst von GRUB beim Systemstart ausgewertet wird.

DATEI	FUNKTION
00_header	GRUB-Grundeinstellungen
05_debian_theme	farbliche Gestaltung (nur unter Debian und Ubuntu)
10_linux	Menüeinträge zum Start der aktuellen Distribution
20_linux_xen	Menüeinträge zum Start virtueller Maschinen (nur unter Fedora)
20_memtest86+	Menüeintrag zum Start von Memtest86 (nur unter Debian/Ubuntu)
30_os-prober	Menüeinträge zum Start aller anderen Betriebssysteme
40_custom	Muster für eigene Konfigurationsdateien
90_persistent	persistenter Codeblock in grub.cfg (nur unter Fedora)

Tabelle 24.2: **Dateien im Verzeichnis /etc/grub.d/**

Die beiden interessantesten Scripts sind 10_linux und 30_os-prober. 10_linux liefert für jede Kernelversion im /boot/-Verzeichnis zwei GRUB-Menüeinträge: einen zum gewöhnlichen Start und einen zweiten für einen Recovery-Start im Single-User-Modus und ohne Splash-Bildschirm. Die Menüeinträge sind nach Versionsnummern sortiert, die aktuellste Version steht am Anfang der Liste.

30_os-prober ruft das Script os-prober auf. Es liefert eine Liste aller Betriebssysteme (Linux, Windows, Mac OS X) auf allen zugänglichen Festplattenpartitionen. Für jedes dieser Betriebssysteme werden nun Menüeinträge erzeugt, wobei bei Linux-Distributionen auf die eventuell vorhandene GRUB-Konfiguration zurückgegriffen wird. Dabei kommt es zum Aufruf unzähliger Scripts, die alle Teil des Pakets os-prober sind. Bei meinen Tests haben sowohl die Erkennung diverser Linux-Distributionen und Windows-Versionen als auch deren Start ausgezeichnet funktioniert.

Wenn Sie grub.cfg um eigene Einträge erweitern möchten, fügen Sie dem Verzeichnis grub.d eigene Scripts hinzu. Die Scripts werden in der durch die Startnummer vorgegebenen Reihenfolge ausgeführt (bei gleichlautender Startnummer in alphabetischer Abfolge). Denken Sie daran, das Execute-Bit zu setzen. Beachten Sie auch, dass die Datei nicht einfach unverändert in grub.cfg eingebaut wird, sondern dass nur das Ergebnis (die Standardausgabe) in grub.cfg einfließt! Die Musterdatei 40_custom zeigt eine mögliche Vorgehensweise: Dabei wird das tail-Kommando auf die Datei angewandt (Parameter $0). Die Option -n +3 bewirkt, dass tail die Datei ab der dritten Zeile ausgibt, die ersten zwei Zeilen also überspringt.

```
#!/bin/sh
exec tail -n +3 $0
# This file is an example on how to add custom entries
...
```

90_persistent stellt unter Fedora sicher, dass direkt in grub.cfg eingetragene Änderungen zwischen den speziell markierten Zeilen BEGIN ... persistent und END ... persistent bei einer Neugenerierung von grub.cfg erhalten bleiben.

Syntax und Interna

Eine vollständige Syntaxbeschreibung aller in grub.cfg erlaubten Schlüsselwörter ist hier aus Platzgründen unmöglich. Ich beschränke mich daher im Folgenden auf die wichtigsten Schlüsselwörter, die in den Beispielen dieses Abschnitts vorkommen. Das offizielle GRUB-Handbuch mit unzähligen Details finden Sie hier:

http://www.gnu.org/software/grub/manual/html_node/index.html

Variablen

Mit set varname=wert führen Sie Variablenzuweisungen durch. Zum Auslesen von Variablen verwenden Sie die Schreibweise $varname. Wenn Sie interaktiv GRUB-Kommandos ausführen, zeigt echo $varname den Inhalt einer Variablen an, und set gibt alle definierten Variablen zurück.

Einige Variablen haben außerdem eine besondere Bedeutung. Dazu zählen z. B. default, timeout, color_xxx, menu_color_xxx und insbesondere root: Bei sämtlichen Zugriffen auf Dateien wird automatisch die durch root definierte Partition gelesen.

GRUB kann Variablen zur Laufzeit bleibend speichern. Dazu muss zuerst (unter Linux) die Datei /boot/grub/grub-editenv eingerichtet werden:

```
root# grub-editenv /boot/grub/grubenv create
```

GRUB kann nun zur Laufzeit mit save_env *varname* eine Variable in dieser Datei speichern bzw. mit load_env alle Variablen aus dieser Datei lesen. Vorher muss root eingestellt werden, sodass diese Variable auf die Partition mit der Environment-Datei verweist. Es ist auch möglich, GRUB-Variablen unter Linux mit grub-editenv zu lesen bzw. zu verändern.

Partitionen

Im Prinzip verwendet GRUB 2 fast dieselbe Nomenklatur wie GRUB 0.97 zur Benennung von Partitionen. Der wesentliche Unterschied besteht darin, dass die erste Partition nun die Nummer 1 hat (nicht mehr 0). Unbegreiflicherweise gilt diese Änderung nur für Partitionen, nicht für Festplatten: Die erste Festplatte hat weiterhin die Nummer 0. (hd1,5) bezeichnet also die fünfte Partition der zweiten Festplatte.

GRUB-2-DEVICENAME	BEDEUTUNG
(hd0)	die erste Festplatte (entspricht /dev/sda)
(hd0,1)	die erste Partition der ersten Festplatte (/dev/sda1)
(hd2,8)	die achte Partition der dritten Festplatte (/dev/sdc8)

Tabelle 24.3: **GRUB-2-Partitionsnamen**

Umgang mit UUIDs In grub.cfg kommt mehrfach die folgende Kommandosequenz vor:

```
set root=(hd1,1)
search --no-floppy --fs-uuid --set 12345678...
```

Das erste Kommando initialisiert die Variable root. Die zweite Anweisung sucht nach einem Dateisystem mit der angegebenen UUID. Falls die Suche erfolgreich ist, speichert GRUB aufgrund der Option --set den entsprechenden Partitionsnamen in der Variablen root.

Diese Doppelgleisigkeit ist eine Vorsichtsmaßnahme. Sie stellt sicher, dass GRUB die Partition auch dann findet, wenn das Dateisystem inzwischen neu formatiert wurde (andere UUID) oder der Datenträger (z. B. ein USB-Stick) aufgrund einer anderen Verkabelung eine andere Device-Nummer hat.

Module Mit insmod name lädt GRUB zur Laufzeit Erweiterungsmodule mit Zusatzfunktionen. GRUB sucht nach den Moduldateien name.mod im Verzeichnis /boot/grub in der durch die Variable root eingestellten Partition. Wichtige Module sind unter anderem raid, raid5rec, raid6rec und mdraid (Software-RAID), lvm, gfxterm (grafische Konsole), vbe (Grafiksystem) sowie jpeg, tga und png zum Lesen von Grafikdateien.

menuentry GRUB-Menüeinträge werden mit dem Schlüsselwort menuentry eingeleitet. Der nachfolgende Text steht in Anführungszeichen und darf internationale Zeichen enthalten.

Achtung

Menüeinträge, die syntaktische Fehler enthalten, werden von GRUB zur Laufzeit ganz einfach ignoriert und nicht angezeigt. Es werden keine Fehlermeldungen angezeigt, was die Fehlersuche mühsam macht. Am besten ist es, im laufenden GRUB mit [C] in den Kommandomodus zu wechseln und die für den Menüeintrag vorgesehenen Kommandos einzutippen.

Linux starten Ein GRUB-2-Menüeintrag zum Start von Linux sieht in der Minimalvariante wie das folgende Beispiel aus:

```
menuentry "Linux" {
  set root=(hd0,3)
  linux   /boot/vmlinuz-n.n.n     root=... ro quiet splash
  initrd  /boot/initrd.img-n.n.n
}
```

set root gibt die Partition an, in der sich der Kernel- und die Initrd-Datei befinden. Die Schlüsselwörter linux und initrd geben relativ zur Partition die Dateinamen an. Die angegebenen Parameter werden an den Kernel übergeben. Unbedingt erforderlich sind root zur Angabe der Systempartition und ro, damit der Zugriff auf die Systempartition anfänglich nur lesend erfolgt. Alle weiteren Parameter sind distributionsabhängig (siehe auch Seite 659).

Wenn es eine eigene Bootpartition gibt, geben Sie mit set root diese Partition an. Bei linux und initrd entfällt dann die Angabe des Bootverzeichnisses:

```
menuentry "Linux - Mit eigener Bootpartition" {
  set root=(hd0,2)
  linux   /vmlinuz-n.n.n      root=... ro quiet splash
  initrd  /initrd.img-n.n.n
}
```

Wenn die Partition mit den Kernel- und Initrd-Dateien Teil eines LVM-Systems und/oder eines Software-RAIDs ist, müssen Sie die entsprechenden GRUB-Module laden. Bei RAID-5 bzw. RAID-6 kommt noch das Modul raid5rec bzw. raid6rec hinzu. In set root können Sie nun die Systempartition in der Schreibweise (*lvname*) bzw. (md*n*) angeben:

```
menuentry "Linux - Mit Software-RAID" {
  insmod raid mdraid
  set root=(md0)
  linux   /boot/vmlinuz-n.n.n    root=... ro quiet splash
  initrd  /boot/initrd.img-n.n.n
}
menuentry "Linux - Mit LVM" {
  insmod lvm
  set root=(vg1-root)
  linux   /boot/vmlinuz-n.n.n    root=... ro quiet splash
  initrd  /boot/initrd.img-n.n.n
}
menuentry "Linux - LVM auf RAID-5" {
  insmod raid raid5rec mdraid lvm
  set root=(vg1-root)
  linux   /boot/vmlinuz-n.n.n    root=/dev/mapper/... ro quiet splash
  initrd  /boot/initrd.img-n.n.n
}
```

Wenn Sie sich nicht auf Device-Nummern verlassen möchten, können Sie die Systempartition auch durch search anhand der UUID suchen (siehe Seite 680). Ist das search-Kommando erfolgreich, wird die GRUB-Variable root entsprechend geändert. Das funktioniert auch für LVM- und RAID-Partitionen, sofern vorher die richtigen GRUB-Module geladen wurden. Unter Ubuntu folgt standardmäßig auf set root ein dazu passendes search-Kommando, um GRUB möglichst unabhängig von Device-Nummern zu machen.

```
menuentry "Linux - root-Variable anhand UUID einstellen" {
  set root=(hd0,3)
  search --no-floppy --fs-uuid --set 12345678...
  linux   /boot/vmlinuz-n.n.n    root=... ro quiet splash
  initrd  /boot/initrd.img-n.n.n
}
```

Das Kommando search hat leider einen Nachteil: Es ist bei Systemen mit vielen Partitionen relativ langsam.

Windows starten

Um Windows zu starten, wählen Sie mit set root die Windows-Systempartition aus und starten dann mit chainloader +1 dessen Bootloader. Beachten Sie, dass Windows 7 standardmäßig zwei Partitionen einrichtet: eine rund 100 MByte große Bootpartition mit den Dateien bootmgr und bootsect.bak sowie eine wesentlich größere Systempartition. In GRUB müssen Sie die Bootpartition angeben. Das search-Kommando ist wie immer optional. Auch auf drivemap können Sie in der Regel verzichten. Das Kommando versucht Windows vorzuspielen, dass sich Windows auf der ersten Festplatte befindet, selbst wenn das tatsächlich gar nicht der Fall ist. In seltenen Fällen ist das erforderlich, damit Windows startet.

```
menuentry "Windows 7" {
  set root=(hd0,1)
  search --no-floppy --fs-uuid --set 12345678...
  drivemap -s (hd0) $root
  chainloader +1
}
```

In einen anderen Boot-Loader verzweigen

Auch wenn GRUB 2 gute Arbeit bei der Erkennung anderer Linux-Distributionen auf der Festplatte leistet, verwende ich persönlich am liebsten für jede Distribution einen eigenen Boot-Loader, den ich in die jeweilige Systempartition installiere. Um in einen anderen Boot-Loader zu verzweigen, geben Sie dessen Partition mit `set root` an (optional auch mit `search`) und führen `chainloader +1` aus:

```
menuentry "GRUB in /dev/sdb7" {
  set root=(hd1,7)
  search --no-floppy --fs-uuid --set 12345678...
  chainloader +1
}
```

Mitunter hatte ich das Problem, dass der Versuch, in einen anderen GRUB zu verzweigen, mit der Fehlermeldung *invalid signature* endete. Teilweise konnte ich dieses Problem mit der zusätzlichen Option `--force` umgehen, also:

```
menuentry "GRUB2 in /dev/sdb7" {
  set root=(hd1,7)
  chainloader +1 --force
}
```

Leider funktioniert auch das nicht immer. Insbesondere der Wechsel von GRUB 2 auf GRUB 0.97 ist problematisch. In diesem Fall hilft es, auf `set root` zu verzichten und die gewünschte Partition direkt mit `chainloader` anzugeben, also:

```
menuentry "GRUB 0.97 in /dev/sdb7" {
  chainloader (hd1,7)+1 --force
}
```

Wenn die andere Distribution ebenfalls GRUB 2 verwendet, besteht mit dem Schlüsselwort `configfile` auch die Möglichkeit, deren GRUB-Konfigurationsdatei `grub.cfg` zu laden:

```
menuentry "GRUB in /dev/sdb7" {
  set root=(hd1,7)
  search --no-floppy --fs-uuid --set 12345678...
  configfile /boot/grub/grub.cfg
}
```

Individuelle Konfiguration

GRUB 2 ist so vorkonfiguriert, dass alle Betriebssysteme auf dem Rechner gestartet werden können. Die Standardkonfiguration funktioniert gut und ist sicherlich in den meisten Fällen ausreichend. Dieser Abschnitt richtet sich nur an Linux-Anwender, die GRUB 2 individuell adaptieren möchten.

os-probe deaktivieren

Die Verarbeitung des Scripts 30_os-probe dauert auf Rechnern mit vielen Partitionen recht lange. Wenn Sie dieses Script nicht benötigen – z. B. weil Sie zum Start anderer Linux-Distributionen lieber selbst definierte GRUB-Menüeinträge verwenden –, tragen Sie die Zeile `GRUB_DISABLE_OS_PROBER=true` in `/etc/default/grub` ein.

Hintergrund-Bitmap

Sie können das GRUB-Menü mit einem Bild hinterlegen. GRUB versteht die Formate JPG, PNG und TGA. Der erforderliche Code zur Integration einer Hintergrundgrafik ist im Script `05_debian_theme` bereits enthalten. Sie müssen lediglich drei Variablen ändern und dort den Dateinamen Ihres Bilds sowie die gewünschten Farben für den Text angeben.

```
# in /etc/grub.d/05_debian_theme
...
WALLPAPER="/boot/grub/myown.png"
COLOR_NORMAL="white/black"
COLOR_HIGHLIGHT="yellow/black"
```

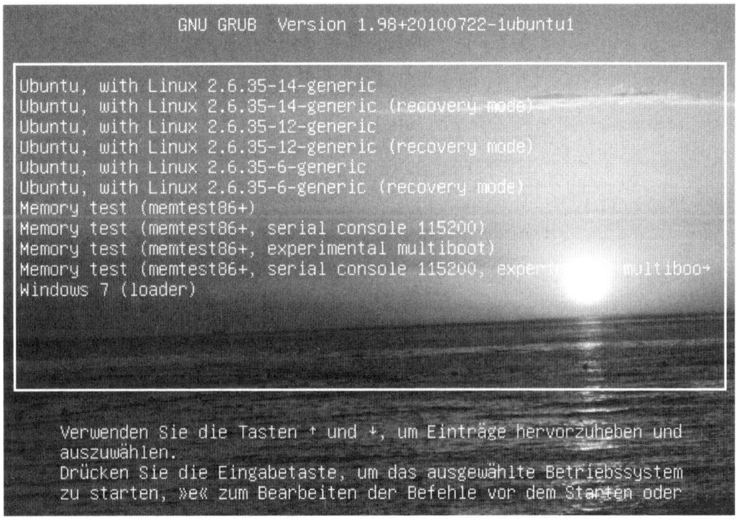

Abbildung 24.4: **GRUB 2 mit einem individuellen Hintergrund**

Default-Betriebssystem festlegen

In `/etc/default/grub` können Sie die Nummer des GRUB-Menüeintrags festlegen, der automatisch gestartet wird. In der Praxis bringt das wenig: Wenn Sie beispielsweise möchten, dass standardmäßig Windows XP gestartet wird und dessen Menüeintrag an der zehnten Stelle steht, stellen Sie `GRUB_DEFAULT=9` ein (die Zählung beginnt mit 0); es kann aber sein, dass das GRUB-Menü beim nächsten Kernel-Update zwei zusätzliche Einträge erhält – und dann ist Ihre Einstellung falsch. Besser ist es, `GRUB_DEFAULT=0` zu belassen und stattdessen den gewünschten GRUB-Menüeintrag vor allen anderen Einträgen einzufügen. Das gelingt am einfachsten durch ein zusätzliches Script in `/etc/grub.d`, wobei der Dateiname mit einer Nummer kleiner 10 beginnt. Die folgenden Zeilen können als Muster dienen:

```
#!/bin/sh
exec tail -n +3 $0
# Datei /etc/grub.d/09_boot-windows-by-default
menuentry "Windows 7" {
  set root=(hd0,1)
  chainloader +1
}
```

Eine andere Möglichkeit besteht darin, den Menüeintrag in GRUB_DEFAULT exakt anzugeben, z. B. so:

```
GRUB_DEFAULT='Windows 7 (loader) (on /dev/sda1)'
```

Diese Vorgehensweise ist aber nur dann zweckmäßig, wenn sich der Menüeintrag bei GRUB-Updates nicht ändert. Für Windows funktioniert das gut, für Linux aber leider nicht, weil in den automatisch generierten Menüeinträgen die Kernelversion enthalten ist – und die ändert sich bei jedem Kernel-Update.

Manuelle Installation und Erste Hilfe

grub-install Das Kommando grub-install (unter Fedora ab Version 16: grub2-install) installiert den Boot-Loader in den Bootsektor bzw. MBR der angegebenen Partition oder Festplatte. Die Partition oder Festplatte kann wahlweise in der Linux-Schreibweise (z. B. /dev/sda1) oder in der GRUB-Schreibweise (z. B. (hd0,1)) angegeben werden. Beachten Sie, dass GRUB 2 bei der Festplattenzählung mit 0 beginnt, bei den Partitionen aber mit 1. (hd0,1) ist somit die erste Partition der ersten Festplatte, also /dev/sda1.

grub-install muss nur bei einer manuellen Installation oder zur Reparatur einer defekten GRUB-Installation ausgeführt werden. Sie müssen grub-install neuerlich ausführen, wenn ein GRUB-Update neue Syntaxelemente in grub.cfg vorsieht! GRUB kann diese Syntaxelemente nur dann korrekt auswerten, wenn sich eine aktuelle GRUB-Version im Bootsektor befindet.

GRUB-Kommandos manuell eingeben Wenn Sie GRUB starten können – wahlweise direkt von der Festplatte, von einem USB-Stick oder einer CD, auf die Sie die Datei /usr/lib/grub-rescue/grub-rescue-floppy.img bzw. grub-rescue-cdrom.iso aus dem Paket grub-rescue übertragen haben –, wechseln Sie mit [C] in den interaktiven Modus und führen dann die folgenden Kommandos aus:

```
grub> set root=(hd0,1)
grub> linux /vmlinuz root=/dev/sda1
grub> initrd /initrd.img
grub> boot
```

Statt (hd0,1) und /dev/sda1 geben Sie den Namen Ihrer Linux-Systempartition an. Die Dateien /vmlinuz und /initrd.img verweisen bei den meisten Distributionen auf die aktuellste Kernel- und Initrd-Datei im Verzeichnis /boot. Sollte das bei Ihnen nicht der Fall sein, müssen Sie den Ort der Kernel- und der Initrd-Datei exakt angeben. GRUB unterstützt Sie bei der Eingabe mit der Eingabevervollständigung durch [Tab].

GRUB 2 reparieren

Wenn die GRUB-Installation komplett fehlgeschlagen ist oder durch ein anderes Betriebssystem überschrieben wurde, müssen Sie GRUB von einer Live-CD mit aktuellen GRUB-2-Tools neu installieren. Nach dem Systemstart wechseln Sie in den root-Modus (sudo -s bei Ubuntu), binden die Systempartition und die aktiven /dev-, /proc- und /sys-Verzeichnisse in das Dateisystem ein und führen dann chroot aus. Gegebenenfalls binden Sie nun auch die Bootpartition in das neue root-Dateisystem ein. Nun aktualisieren Sie mit update-grub die GRUB-Konfiguration und schreiben mit grub-install GRUB an den gewünschten Ort (zumeist in den MBR der ersten Festplatte). Wie üblich müssen Sie in den folgenden Kommandos /dev/sda*n* durch Ihre eigenen Device-Namen ersetzen!

```
root#  mkdir /syspart
root#  mount /dev/sda2 /syspart          (Systempartition)
root#  mount -o bind /dev  /syspart/dev
root#  mount -o bind /proc /syspart/proc
root#  mount -o bind /sys  /syspart/sys
root#  chroot /syspart
root#  mount /dev/sda1 /boot             (Bootpartition, falls vorhanden)
root#  update-grub
root#  grub-install /dev/sda
root#  exit
```

GRUB-2-Installation und GUID Partition Tables

Wenn eine Festplatte die Partitionstabelle nicht im Master Boot Record (MBR) speichert sondern eine GUID Partition Table (GPT) verwendet, empfiehlt das GRUB-Handbuch, für die GRUB-Installation eine eigene Partition in der Größe von 1 MByte mit dem Flag bios_grub vorzusehen. Diese Partition ist für die Installation eines BIOS-kompatiblen Bootloaders gedacht.

Hinweis

Ich gehe hier davon aus, dass Sie zwar eine Festplatte mit GPT verwenden, aber ein Mainboard mit einem herkömmlichen BIOS (nicht EFI).

Markieren Sie mit dem bios_grub-Flag keine Partition, die Daten enthält. Bei der GRUB-Installation wird der Beginn der Partition überschrieben, ein eventuell auf der Partition befindliches Dateisystem wird dadurch vollständig zerstört!

Diese bios_grub-Partition braucht nicht formatiert zu werden. Als bisher einzige Distribution richtet Fedora 16 eine derartige Partition bei der automatischen Partitionierung auf Festplatten mit GPT selbst ein. Wenn Sie die Partition manuell einrichten, können Sie das Flag bios_grub mit parted setzen. Dabei müssen Sie n durch die gewünschte Partitionsnummer ersetzen.

```
root#  parted /dev/sda set n bios_grub on
```

Wenn GRUB bei der Installation die Existenz einer bios_grub-Partition feststellt, installiert es den Beginn der GRUB-Codes wie üblich in den MBR der Festplatte, den restlichen GRUB-Code aber in die gekennzeichnete bios_grub-Partition. Diese Vorgehensweise ist bei GRUB-Installationen auf Festplatten mit GPT zwar nicht zwingend erforderlich, gilt aber als wesentlich robuster, vor allem wenn auch andere Betriebssysteme (Windows) auf dem Rechner installiert werden. Beachten Sie aber, dass es auch einen Nachteil gibt: Wenn eine derartige Partition existiert, ist es unmöglich, mehrere GRUB-2-Installationen parallel durchzuführen, weil bei jeder neuerlichen GRUB-Installation der

Inhalt der bios_grub-Partition überschrieben wird. Weitere Informationen zum Thema GRUB 2 und GTP können Sie hier nachlesen:

http://www.gnu.org/software/grub/manual/html_node/BIOS-installation.html
http://www.wensley.org.uk/gpt

25. Das Init-System

Dieser Abschnitt beschreibt die Vorgänge, die vom Kernelstart bis hin zur Login-Aufforderung stattfinden. Nach dem Start des Kernels kann dieser vorläufig nur im Read-Only-Modus auf die Root-Partition zugreifen. Als erstes Programm startet der Kernel das Programm `/sbin/init`. Es kümmert sich um die Basiskonfiguration des Systems (Einbinden von Dateisystemen) und um den Start zahlloser Netzwerkdienste und -Dämonen.

Wie so oft in der Linux-Welt gibt es nicht ein Init-System, sondern gleich mehrere. Am weitesten verbreitet sind momentan das traditionelle Init-V-System, Upstart und Systemd.

» **Beim traditionellen Init-V-System** kümmern sich eine Menge durch Links verbundener Scripts um die Initialisierung des Rechners. Das Konzept und sein Name stammen vom Unix-Betriebssystem System V. Das Init-V-System kommt in immer weniger Distributionen standardmäßig zum Einsatz; bei den in diesem Buch beschriebenen Distributionen ist das nur in Debian 6 der Fall. Bei älteren Distributionen werden Sie aber häufiger auf das Init-V-System stoßen.

  Das Init-V-System ist auch insofern weiterhin von großer Bedeutung, als alle modernen Init-Systeme dazu kompatibel sind. Grundkenntnisse des Init-V-Systems sind daher auf jeden Fall zweckmäßig.

» **Upstart** ist ein ereignisorientiertes Init-System. Es kommt in Ubuntu seit Version 6.10 zum Einsatz, außerdem in Fedora 9 bis 13 sowie in RHEL 6.

» **Systemd** ist das zurzeit modernste Init-System, das erstmalig in Fedora 15 zum Einsatz kam. openSUSE ist mit Version 12.1 ebenfalls auf Systemd umgestiegen, und möglicherweise werden demnächst weitere Distributionen folgen.

Naturgemäß ist es für alle Systemadministratoren ein Albtraum, wenn jede Distribution ihr eigenes Init-System hat. Dieses Kapitel stellt zuerst Init-V, Upstart und Systemd in allgemeiner Form vor und fasst dann Details des Systemstarts für die aktuellen Versionen von Debian, Fedora, openSUSE und Ubuntu zusammen. Das Kapitel endet mit einer Vorstellung des *Internet Service Daemons*. Dieses Programm überwacht Netzwerkports. Wenn dort Anfragen eintreffen, startet es ein Programm, das geeignet ist, um darauf zu reagieren.

25.1 Init-V

Dieser Abschnitt beschreibt die Konzepte des traditionellen Init-V-Systems, das bei manchen aktuellen und vielen älteren Distributionen dazu verwendet wird, die Systeminitialisierung durchzuführen und Netzwerkdienste zu starten.

Wie das Programm `/sbin/init` im Einzelnen ausgeführt wird, hängt allerdings von der jeweiligen Distribution ab: In welchen Verzeichnissen befinden sich welche Init-Dateien, mit welchen Nummern oder Buchstaben sind die sogenannten Runlevel bezeichnet, welche Konfigurationsdateien werden berücksichtigt etc.

Obwohl aktuelle Fedora-, openSUSE- und Ubuntu-Versionen Upstart oder Systemd verwenden, ist in diesem Abschnitt mehrfach auch von diesen Distributionen die Rede. Das liegt daran, dass sowohl Upstart als auch Systemd Init-V-kompatibel ist und daher manche Init-V-Prinzipien weiterhin gültig bleiben.

Ablauf Damit Sie nicht beim Lesen in den Details verloren gehen, folgt zunächst ein kurzer Überblick über einen normalen Linux-Systemstart durch das Init-V-System:

- GRUB lädt und startet den Kernel.
- Der Kernel startet das Programm `/sbin/init`.
- `init` wertet die Konfigurationsdatei `/etc/inittab` aus.
- `init` führt ein Script zur Systeminitialisierung aus.
- `init` führt das Script `/etc/rc.d/rc` oder `/etc/init.d/rc` aus. Das Script `rc` variiert von Distribution zu Distribution erheblich. Es ist für den Start der Script-Dateien verantwortlich, die sich im Verzeichnis `/etc/rc`*n*`.d` oder `/etc/init.d/rc`*n*`.d` befinden. (*n* ist der Runlevel – siehe unten.) `rc` aktualisiert bei manchen Distributionen einen grafischen Fortschrittsbalken, der anzeigt, wie weit der Init-Prozess bereits abgelaufen ist.
- Die Script-Dateien aus `/etc/rc`*n*`.d` bzw. `/etc/init.d/rc`*n*`.d` starten verschiedene Systemdienste, insbesondere für die Netzwerkfunktionen.

Runlevel

Der Kernel startet `/sbin/init` als erstes Programm. Dabei werden alle nicht ausgewerteten Kernel-Bootoptionen weitergegeben (also alle Optionen, die der Kernel nicht kennt und daher nicht selbst verarbeiten kann). Auf diese Weise kann beispielsweise erreicht werden, dass Linux im Single-User-Modus gestartet wird. (Details finden Sie in der `man`-Page zu `init`.)

`init` ist also der erste laufende Prozess. Alle weiteren Prozesse werden entweder direkt von `init` oder indirekt durch Subprozesse von `init` gestartet. (Wenn Sie `pstree` ausführen, erkennen Sie sofort die dominierende Rolle von `init` – siehe Seite 311.) Beim Herunterfahren des Rechners ist `init` der letzte noch laufende Prozess, der sich um das korrekte Beenden aller anderen Prozesse kümmert.

Runlevel für Fedora, Red Hat, SUSE

Für das Verständnis der System-V-Mechanismen ist der Begriff des Runlevels von zentraler Bedeutung. Der Runlevel beschreibt verschiedene Zustände, die das Betriebssystem einnehmen kann. Leider ist die Runlevel-Nummerierung je nach Distribution uneinheitlich. Die jeweilige Bedeutung der Runlevel ist in der Regel in `/etc/inittab` dokumentiert. Für die meisten Distributionen (aber nicht für Debian und Ubuntu!) gelten die folgenden Runlevel-Beschreibungen:

» Runlevel 0: Shutdown mit Halt

» Runlevel 1 und S: Single-User

» Runlevel 2: Multi-User ohne Netzwerk bzw. ohne NFS

» Runlevel 3: Multi-User mit Netzwerk, aber ohne automatischen X-Start

» Runlevel 4: üblicherweise unbenutzt

» Runlevel 5: Multi-User mit Netzwerk und X-Start. Das ist zumeist der Standard-Runlevel.

» Runlevel 6: Shutdown mit Reboot

Auf Systemen, die zwischen den Runleveln 1 und S differenzieren, werden die Runlevel-1-Scripts ausgeführt, um von einem gewöhnlichen Runlevel (2, 3 oder 5) in den Single-User-Runlevel zu wechseln. Die Runlevel-S-Scripts kommen dagegen nur zur Anwendung, wenn der Single-User-Runlevel direkt nach dem Booten aktiviert werden soll (Kerneloption `single`).

Runlevel für Debian und Ubuntu

Bei von Debian abgeleiteten Distributionen sind die Runlevel 2 bis 5 gleichwertig und starten jeweils ein Multiuser-System mit Netzwerk und X. Als Standard-Runlevel gilt 2. Der Runlevel S ist eigentlich kein eigener Level, sondern dient zur Initialisierung des Rechners unmittelbar nach dem Start (noch bevor einer der anderen Level aktiviert wird). Die Netzwerkfunktionen werden bei Debian bzw. Ubuntu bereits während der Systeminitialisierung aktiviert (also vor dem Start eines bestimmten Runlevels) und stehen daher in allen Runleveln zur Verfügung.

» Runlevel S: Initialisierung des Rechners unmittelbar nach dem Start

» Runlevel 0: Shutdown mit Halt

» Runlevel 1: Single-User mit Netzwerk

» Runlevel 2–5: Multi-User mit Netzwerk und automatischem X-Start

» Runlevel 6: Shutdown mit Reboot

Runlevel wechseln

root kann den Runlevel im laufenden Betrieb durch das Kommando `init x` verändern. x ist dabei eine Runlevel-Ziffer oder ein Runlevel-Buchstabe. Beispielsweise ist es für manche Wartungsarbeiten sinnvoll, in den Single-User-Modus zu wechseln. Auch shutdown bzw. [Strg]+[Alt]+[Entf] ändern den Runlevel und führen auf diese Weise zu einem Rechnerneustart.

Standard-Runlevel

Beim klassischen Init-V-System wird der Standard-Runlevel durch die `initdefault`-Zeile in `/etc/inittab` bestimmt. Bei den meisten aktuellen Distributionen gilt 5 als Standard-Runlevel, bei Debian ist es 2.

Bei Ubuntu ab Version 9.10 wird der Standard-Runlevel in `/etc/init/rc-sysinit.conf` festgelegt. Diese Datei ist Teil des Upstart-Systems (siehe Seite 696).

Bei Distributionen, die Systemd verwenden, wird der Standard-Runlevel durch `/etc/systemd/default.target` festgelegt. Dieser Link zeigt auf eine der vordefinierten Target-Dateien im Verzeichnis `/lib/systemd/system/`.

Inittab

Beim Systemstart wird `init` durch die Datei /etc/`inittab` gesteuert. Für die Syntax der `inittab`-Einträge gilt folgendes Schema:

```
id-code:runlevel:action:command
```

`id-code` besteht aus zwei Zeichen, die die Zeile eindeutig identifizieren. Der `runlevel` gibt an, für welchen Runlevel der Eintrag gilt. `action` enthält eine Anweisung für `init`. `command` gibt an, welches Linux-Kommando oder Programm gestartet werden soll. Tabelle 25.1 zählt die wichtigsten `action`-Schlüsselwörter auf. (Eine vollständige Beschreibung erhalten Sie mit `man inittab`.)

SCHLÜSSELWORT	BEDEUTUNG
`ctrlaltdel`	gibt an, wie `init` auf [Strg]+[Alt]+[Entf] reagieren soll.
`initdefault`	definiert den Standard-Runlevel für `init` (siehe oben).
`once`	`init` startet das angegebene Kommando beim Runlevel-Wechsel.
`respawn`	`init` startet das Kommando nach seinem Ende wieder neu.
`sysinit`	`init` startet das Kommando einmal während des Bootprozesses.
`wait`	`init` wartet auf das Ende des nachfolgenden Kommandos.
`bootwait`	`init` startet den Prozess während des Bootprozesses und wartet auf das Ende des nachfolgenden Kommandos.

Tabelle 25.1: **inittab-Schlüsselwörter (id-codes)**

Das folgende Listing gibt die leicht gekürzte `inittab`-Datei von Debian 6 wieder. Als Standard-Runlevel gilt 2. Bei einem normalen Systemstart führt `init` die Script-Dateien rcS und das Kommando rc 2 aus. Schließlich wird für die Textkonsolen 1 bis 6 das Programm `mingetty` gestartet, das einen Login ermöglicht. (Wenn Sie mehr Textkonsolen haben möchten, ist hier der richtige Ort für Veränderungen. Beachten Sie aber, dass die Konsole 7 bei den meisten Distributionen für X reserviert ist.)

```
# Datei /etc/inittab bei Debian 6
# Standard-Runlevel
id:2:initdefault:

# Systemkonfiguration und -initialisierung unmittelbar nach dem Rechnerstart
si::sysinit:/etc/init.d/rcS

# Verhalten im Single-User-Modus (Kernelparameter su)
~~:S:wait:/sbin/sulogin

# Start der jeweiligen Runlevel
l0:0:wait:/etc/init.d/rc 0
l1:1:wait:/etc/init.d/rc 1
l2:2:wait:/etc/init.d/rc 2
l3:3:wait:/etc/init.d/rc 3
l4:4:wait:/etc/init.d/rc 4
```

```
l5:5:wait:/etc/init.d/rc 5
l6:6:wait:/etc/init.d/rc 6
# Die folgende Zeile sollte nie erreicht werden, sie ist nur für Notfälle da.
z6:6:respawn:/sbin/sulogin

# Reaktion auf Strg+Alt+Entf in einer Textkonsole
ca:12345:ctrlaltdel:/sbin/shutdown -t1 -a -r now

# Reaktion bei einem Stromausfall (setzt unterbrechungsfreie Stromversorgung voraus)
pf::powerwait:/etc/init.d/powerfail start
pn::powerfailnow:/etc/init.d/powerfail now
po::powerokwait:/etc/init.d/powerfail stop

# gettys (Terminalemulatoren) für die Textkonsolen starten
1:2345:respawn:/sbin/getty 38400 tty1
2:23:respawn:/sbin/getty 38400 tty2
3:23:respawn:/sbin/getty 38400 tty3
4:23:respawn:/sbin/getty 38400 tty4
5:23:respawn:/sbin/getty 38400 tty5
6:23:respawn:/sbin/getty 38400 tty6
```

Verhalten bei Strg-Alt-Entf ändern

Die meisten Distributionen sind so vorkonfiguriert, dass die Tastenkombination `Strg`+`Alt`+`Entf` im Textmodus zu einem Neustart des Rechners führt. Wenn Sie möchten, dass der Rechner stattdessen ausgeschaltet wird, geben Sie beim shutdown-Kommando in der `ca:`-Zeile die Option `-h` statt `-r` an. Wenn Sie diese Tastenkombination ganz deaktivieren möchten, setzen Sie vor die `ca:`-Zeile das Kommentarzeichen `#`. Beachten Sie aber, dass Änderungen in `inittab` nur bei solchen Distributionen zweckmäßig sind, die das Init-V-System verwenden!

Systeminitialisierung

Noch bevor die im Weiteren beschriebenen rc-Dateien die runlevel-spezifischen Dienste starten oder stoppen, wird unmittelbar nach dem Rechnerstart eine Systeminitialisierung durchgeführt (`si:`-Zeile in `inittab`). Der Name des Scripts hängt von der Distribution ab:

Debian, Ubuntu bis Version 6.06:	`/etc/init.d/rcS`
RHEL 5, Fedora bis Version 8:	`/etc/rc.d/rc.sysinit`
openSUSE bis Version 11.4:	`/etc/init.d/boot`

Während der Systeminitialisierung werden die Dinge erledigt, die während des Rechnerstarts nur einmal getan werden müssen:

» diverse Systemvariablen initialisieren (inklusive Host- und Domainname)

» /proc-Dateisystem aktivieren

» Datum und Uhrzeit einstellen

» Tastaturlayout für die Textkonsole einstellen

» udev-System starten

» eventuell RAID und LVM aktivieren

» Dateisysteme überprüfen
» Root-Partition im Read-Write-Modus neu einbinden
» Dateisystem der weiteren Partition überprüfen, Partitionen einbinden
» Netzwerkgrundfunktionen teilweise oder ganz initialisieren

Beachten Sie, dass nicht alle der hier beschriebenen Aufgaben direkt vom Systeminitialisierungs-Script durchgeführt werden. Zum Teil werden auch andere Script-Dateien eingelesen. Dabei ist die Schreibweise `. name` üblich. (Der Punkt bewirkt, dass die angegebene Datei an dieser Stelle gelesen und ausgeführt wird. Anschließend wird das Script fortgesetzt.) Bei Debian 6 ist rcS ein winziges Script, das seinerseits alle Script-Dateien /etc/rcS.d/S* ausführt.

Init-V-Scripts für die Aktivierung der Runlevel

Nach der Systeminitialisierung wird der Standard-Runlevel laut /etc/inittab aktiviert. Für alle Details der Runlevel gibt es eigene Script-Dateien. Diese befinden sich je nach Distribution im Verzeichnis /etc/init.d oder in /etc/rc.d/init.d. Um eine höhere Kompatibilität zwischen den Distributionen zu erreichen, stellen meist Links sicher, dass beide Pfade gültig sind.

Zum Start der Init-V-Scripts führt init das Script /etc/rc.d/rc bzw. /etc/init.d/rc aus. An rc wird der gewünschte Runlevel *n* übergeben. rc führt zuerst einige Initialisierungsarbeiten durch. Dann werden alle rc*n*.d/K*-Script-Dateien zum Beenden laufender Prozesse ausgeführt. Schließlich werden alle rc*n*.d/S*-Script-Dateien zum Starten der neuen Prozesse für den jeweiligen Runlevel ausgeführt.

Der Vorteil dieses unübersichtlichen Systems besteht darin, dass es sehr einfach ist, neue Systemprozesse in den Init-V-Prozess einzubauen: Es müssen lediglich die rc-Start- und -Stopp-Scripts in die richtigen Verzeichnisse kopiert werden – und genau das geschieht bei der Installation eines Pakets mit einem zusätzlichen Dämon. Die folgende Aufstellung für Debian 5 zeigt, welche Script-Dateien für einige ausgewählte Runlevel ausgeführt werden:

```
user$ cd /etc/
user$ ls rcS.d/ rc2.d/ rc6.d/
rcS.d/:      (Systeminitialisierung)
S01mountkernfs.sh     S07checkroot.sh              S12mountoverflowtmp  S16mountnfs.sh
S02udev               S08hwclock.sh                S13networking        S17mountnfs-boo...
S03mountdevsubfs.sh   S08ifupdown-clean            S13pppd-dns          S18console-scre...
S04bootlogd           S08module-init-tools         S13procps            S19console-setup
S05keyboard-setup     S08mtab.sh                   S13udev-mtab         S20alsa-utils
S06hdparm             S09checkfs.sh                S13urandom           S20bootmisc.sh
S06hostname.sh        S10ifupdown                  S13x11-common        S20fuse
S06hwclockfirst.sh    S10mountall.sh               S14portmap           S21stop-bootlog...
S06lvm2               S11mountall-bootclean.sh     S15nfs-common
rc2.d/:      (Standard-Runlevel)
S01vboxadd            S18acpid                     S18ssh               S21bootlogs
S02vboxadd-service    S18anacron                   S19avahi-daemon      S22rc.local
S14portmap            S18atd                       S19bluetooth         S22rmnologin
S15nfs-common         S18cron                      S19cpufrequtils      S22stop-bootlogd
```

```
S17binfmt-support   S18dbus             S19network-manager
S17rsyslog          S18exim4            S20gdm3
S17sudo             S18loadcpufreq      S20saned

rc6.d/:    (Shutdown)
K01alsa-utils       K01network-manager      K03sendsigs       K08ifupdown
K01anacron          K01saned                K04rsyslog        K09umountfs
K01atd              K01unattended-upgrades  K05umountnfs.sh   K10lvm2
K01bluetooth        K01urandom              K06nfs-common     K11umountroot
K01exim4            K01vboxadd-service      K06portmap        K12reboot
K01fuse             K02avahi-daemon         K07hwclock.sh
K01gdm3             K02vboxadd              K07networking
```

Genau genommen befinden sich in den rc*n*.d-Verzeichnissen nicht unmittelbar die Script-Dateien, sondern lediglich Links darauf. Das hat den Vorteil, dass jede Script-Datei für mehrere Runlevel verwendet und zentral verändert werden kann. Die eigentlichen Script-Dateien sind im Verzeichnis /etc/rc.d/init.d oder /etc/init.d gespeichert:

```
root# cd /etc
root# ls -l rc2.d/S20cups
...   rc2.d/S20cups -> ../init.d/cups
```

Nomenklatur

Die Namen der Links sind keineswegs so willkürlich, wie sie aussehen: Der Anfangsbuchstabe gibt an, ob es sich um ein Start- oder ein Kill-Script handelt. Die S- und K-Links verweisen auf dieselbe Datei; allerdings wird das Script je nach Anfangsbuchstabe von rc mit dem Parameter start oder stop ausgeführt.

Die nachfolgende Nummer bestimmt die Reihenfolge, in der die Script-Dateien ausgeführt werden. Beispielsweise setzen die meisten Netzwerkdämonen voraus, dass schon eine Netzwerkverbindung besteht, und müssen daher nach dem Script network gestartet werden. Eine Kurzbeschreibung vieler Dämonen, die durch rc-Script-Dateien gestartet werden, finden Sie auf Seite 320.

Dämonen automatisch starten/stoppen

Viele Runlevel-Script-Dateien werden automatisch beim Rechnerstart bzw. bei einem Runlevel-Wechsel durch das rc-Script ausgeführt. Dabei wird der Parameter start oder stop übergeben, je nachdem, ob die betreffende Funktion gestartet oder beendet werden soll.

Ob ein automatischer Start/Stopp durchgeführt wird, hängt davon ab, ob es im rc*n*.d-Verzeichnis für den jeweiligen Runlevel einen S- oder K-Link auf das Init-V-Script gibt oder nicht. Wenn Sie also möchten, dass eine bestimmte Funktion in Zukunft automatisch aktiviert werden soll, müssen Sie derartige Links einrichten. Entsprechend müssen Sie die Links wieder entfernen, wenn Sie in Zukunft einen automatischen Start verhindern möchten.

Die folgenden Kommandos zeigen, welche Links Sie unter Debian 5 einrichten müssen, um das Programm samba in Zukunft bei den Runleveln 2 bis 5 automatisch zu starten:

```
root# cd /etc/
root# ln init.d/samba rc0.d/K01samba
root# ln init.d/samba rc1.d/K01samba
root# ln init.d/samba rc2.d/S17samba
```

```
root# ln init.d/samba rc3.d/S17samba
root# ln init.d/samba rc4.d/S17samba
root# ln init.d/samba rc5.d/S17samba
root# ln init.d/samba rc6.d/K01samba
```

Das Entfernen der Links verursacht weniger Tippaufwand:

```
root# rm rc?.d/*samba
```

In der Praxis werden Sie die obigen `ln`- bzw. `rm`-Kommandos selten manuell eintippen: Die meisten Distributionen stellen nämlich Kommandos zur Verfügung, die Ihnen diese Arbeit abnehmen, z. B. `insserv` bei SUSE, `chkconfig` bei RHEL 5 und älteren Fedora-Distributionen oder `update-rc.d` bei Debian.

Dämonen manuell starten/stoppen

Die Runlevel-Script-Dateien können auch manuell ausgeführt werden. Beispielsweise stoppt das folgende Kommando den Webserver Apache:

```
root# /etc/init.d/samba stop
```

Bei vielen Distributionen sind auch zum Starten/Stoppen von Dämonen eigene Kommandos vorgesehen, die weniger Tippaufwand bereiten. Beispielsweise hat `service samba stop` unter Fedora und Ubuntu bzw. `rcsamba stop` unter SUSE dieselbe Bedeutung wie das obige Kommando.

Init-V-Script-Parameter

An die meisten Scripts kann einer der folgenden Parameter übergeben werden:

- `start` startet die betreffende Funktion.
- `stop` beendet die Funktion.
- `status` zeigt eine kurze Information an, ob die Funktion aktiv ist oder nicht.
- `reload` bietet sich dann an, wenn geänderte Konfigurationsdateien neu eingelesen werden sollen, ohne den Dämon dabei ganz zu stoppen.
- `restart` bewirkt dagegen, dass der Dämon vollkommen gestoppt und anschließend neu gestartet wird. Eventuell vorhandene Verbindungen zu Clients gehen dabei verloren.

Bei manchen Dämonen ist `reload` und/oder `restart` nicht vorgesehen. In diesem Fall müssen Sie das Script zuerst mit `stop` und dann mit `start` ausführen.

chkconfig (Fedora, RHEL)

Unter Fedora und RHEL hilft das Kommando `chkconfig` bei der Verwaltung der Links auf die Runlevel-Scripts. Mit der Option `--list` gibt das Kommando eine Übersicht über alle Scripts und zeigt an, in welchem Runlevel sie gestartet werden. Sofern `xinetd` installiert ist, werden auch dessen Dienste aufgelistet.

```
root# chkconfig --list
NetworkManager  0:Aus  1:Aus  2:Ein  3:Ein  4:Ein  5:Ein  6:Aus
NetworkManagerD 0:Aus  1:Aus  2:Aus  3:Aus  4:Aus  5:Aus  6:Aus
acpid           0:Aus  1:Aus  2:Aus  3:Ein  4:Ein  5:Ein  6:Aus
...
xinetd-basierende Dienste:
        chargen-udp:   Aus
        ...
```

Mit `--del` kann der Start eines Runlevel-Scripts generell verhindert werden. Das Script selbst bleibt erhalten, nur die Links in den rc*n*.d-Verzeichnissen werden gelöscht.

```
root# chkconfig --del samba
```

`chkconfig --add` fügt für alle vorgesehenen Runlevel Start- und Stopp-Links für einen neuen Service ein. Die Option `--add` funktioniert allerdings nur, wenn die Init-V-Script-Datei explizit Informationen darüber enthält, in welchem Runlevel das Script standardmäßig gestartet werden soll.

Bei vielen Scripts fehlen diese Informationen. Damit ein derartiges Script in Zukunft automatisch gestartet wird, müssen Sie `chkconfig --level n name on/off` verwenden. Diese Syntaxvariante ist auch dann praktisch, wenn Sie abweichend von den Vorgaben selbst bestimmen möchten, in welchen Runleveln ein Script laufen soll.

Beispielsweise enthält die Script-Datei `/etc/rc.d/init.d/httpd` keine Informationen darüber, in welchen Runleveln der Server automatisch gestartet werden soll. `chkconfig --add` erzeugt deswegen nur Links zum Beenden des Webservers. `chkconfig --level` fügt Links hinzu, um den Webserver in den Runleveln 3 und 5 zu starten. `chkconfig --list` zeigt das Ergebnis an:

```
root# chkconfig --add httpd
root# chkconfig --level 35 httpd on
root# chkconfig --list httpd
httpd    0:Aus    1:Aus    2:Aus    3:Ein    4:Aus    5:Ein    6:Aus
```

Die Kommandos `chkconfig --add` und `chkconfig --del` funktionieren auch für `xinetd`-Dienste. `xinetd` ist ein Dämon, dessen Aufgabe darin besteht, andere Netzwerkdienste erst bei Bedarf zu starten (siehe Seite 712). Als Alternative zu `chkconfig` steht zur Init-V-Administration die grafische Benutzeroberfläche `system-config-services` zur Verfügung. Sie können das Programm auch mit dem Kommando `serviceconf` starten. Es ermöglicht es, einzelne Dämonen und `xinetd`-Netzwerkdienste manuell zu starten, zu stoppen oder neu zu starten. Außerdem können Sie für einen vorher ausgewählten Runlevel per Mausklick angeben, welche Dienste standardmäßig gestartet werden sollen.

Optimierung des Init-V-Prozesses

Mittlerweile ist Ihnen vermutlich klar, dass der Init-V-Prozess relativ aufwendig ist: Unzählige Scripts und Programme müssen gestartet werden. Für jedes einzelne Script muss ein Script-Interpreter ausgeführt werden (in der Regel `bash` oder `dash`). Bis vor einigen Jahren dauerte ein Systemstart ein bis zwei Minuten. Bei den meisten Distributionen ist es mittlerweile durch diverse Tricks gelungen, diese Zeit auf weniger als 30 Sekunden zu reduzieren. Dieser Abschnitt fasst gängige Methoden zur Geschwindigkeitsoptimierung zusammen.

- **Dateien im Voraus laden:** Bei jedem Startprozess werden dieselben Dateien in derselben Reihenfolge von der Festplatte gelesen. Beim Lesen der Dateien fallen natürlich kleine Wartezeiten an. Um diesen Prozess zu beschleunigen, starten einige Distributionen am Beginn des Init-V-Prozesses ein Hintergrundprogramm, das alle Dateien liest, die in einer vorgegebenen Liste angegeben sind. Wenn eine Datei dann wenig später tatsächlich benötigt wird, befindet sie sich bereits im Cache. Bei Fedora ist dafür das Programm readahead zuständig, bei Ubuntu ein gleichnamiges Programm, das aber intern ein wenig anders implementiert ist. Unter SUSE kommt preload zum Einsatz.

» **Parallelisierung:** Der Init-V-Prozess erfolgt üblicherweise sequenziell, d.h., es wird ein Init-V-Script nach dem anderen abgearbeitet. Das hat gute Gründe: Es ist nicht möglich, ein NFS-Verzeichnis in das Dateisystem einzubinden, bevor die Netzwerkfunktionen initialisiert wurden. Ebenso wenig ist es möglich, auf Dateien eines NFS-Verzeichnisses zuzugreifen, bevor das Verzeichnis in das Dateisystem integriert ist. Allerdings sind nicht alle Init-V-Scripts voneinander abhängig. So spricht nichts dagegen, Druck-, E-Mail- und Webserver parallel zu starten, sobald die Netzwerkfunktionen einmal hergestellt worden sind. Aus diesen Gründen versuchen manche Distributionen, voneinander unabhängige Init-V-Scripts parallel auszuführen.

» **Grafiksystem X früher starten:** In der Vergangenheit war es üblich, X erst zum Ende des Init-V-Prozesses zu starten. Mittlerweile wird X schon gestartet, sobald die Grundinitialisierung der Hardware abgeschlossen ist. Der frühe X-Start ist gewissermaßen ein weiterer Aspekt der Parallelisierung des Init-V-Prozesses.

25.2 Upstart

Als erste große Distribution hat Ubuntu einen Schritt weg vom Init-V-System gewagt und ist mit Version 6.10 auf Upstart umgestiegen. Fedora ist mit Version 9 gefolgt, hat aber mit Version 15 einen weiteren Wechsel zu Systemd durchgeführt. Auch RHEL 6 verwendet momentan Upstart, es ist aber nicht auszuschließen, dass RHEL noch vor Version 7 ebenfalls auf Systemd umgestellt wird. Längerfristig wird also Ubuntu die einzige Distribution sein, die auf Upstart setzt. (Und selbst unter den Ubuntu-Entwicklern gibt es Überlegungen, möglicherweise nach Version 12.04 ebenfalls auf Systemd umzusteigen.)

Im Folgenden sind die wichtigsten Konzepte und Konfigurationsdateien von Upstart 1.3 auf der Basis von Ubuntu 11.10 zusammengefasst. Beachten Sie, dass in älteren Upstart-Versionen zum Teil andere Konfigurationsverzeichnisse gelten! Weitere Informationen erhalten Sie mit `man init`, `initctl`, `telinit` und `runlevel` sowie auf den folgenden Websites:

http://upstart.ubuntu.com/
http://upstart.ubuntu.com/cookbook/
http://docs.redhat.com/docs/en-US/Red_Hat_Enterprise_Linux/6/html/Technical_Notes/deployment.html

Konzept Upstart unterscheidet sich in seiner Konzeption fundamental vom Init-V-System. Upstart ist ereignisgesteuert. Ereignisse werden beim Starten und Stoppen von Programmen bzw. Diensten ausgelöst. Upstart verarbeitet die Ereignisse und reagiert darauf, indem es (weitere) Dienste startet/stoppt oder andere Ereignisse auslöst. Ereignisse bieten auch eine einfache Möglichkeit zur Kommunikation zwischen zwei Prozessen.

Wie bei Init-V wird das Programm `/sbin/init` als erster Prozess vom Kernel gestartet. Das Programm `init` ist nun aber Teil des `upstart`-Pakets und hat nichts mit dem `init`-Programm des

Init-V-Systems zu tun! Vielmehr kümmert sich init um die Auswertung der Konfigurationsdateien und um die Reaktion auf Ereignisse.

Der Ereignisfluss kommt durch startup in Gang. Dieses Ereignis wird nach dem Start von /sbin/init automatisch ausgelöst. Aus Kompatibilitätsgründen zum Init-V-System kennt Upstart auch Runlevel. Sie sind als Ereignisse mit dem Namen runlevel *n* implementiert.

Konfiguration

Die Datei /etc/inittab gibt es nicht mehr. Stattdessen befinden sich alle Konfigurationsdateien im Verzeichnis /etc/init. Das Programm /sbin/init liest alle *.conf-Dateien dieses Verzeichnisses. Eine typische Konfigurationsdatei sieht so aus:

```
# /etc/init/tty1.conf
start on stopped rc RUNLEVEL=[2345]
stop on runlevel [!2345]
respawn
exec /sbin/getty -8 38400 tty1
```

Die Datei ist für den Start des Terminalemulators (Programm getty) auf der Textkonsole 1 verantwortlich. Die exec-Anweisung wird nicht sofort ausgeführt, sondern nur, wenn eines der mit start on definierten Ereignisse auftritt – also nach Abschluss der Scripts rc2 bis rc5. Analog wird getty wieder beendet, wenn eines der durch stop on definierten Ereignisse auftritt. respawn bewirkt, dass getty automatisch neu gestartet wird, sollte das Programm ungeplant enden.

Zusätzlich zu den oben enthaltenen Schlüsselwörtern existieren noch einige weitere Schlüsselwörter: Statt durch exec können die Startanweisungen für ein Programm auch durch script / end script formuliert werden. Alle dazwischen enthaltenen Zeilen werden durch die Shell /bin/sh ausgeführt. Falls beim Start bzw. Stopp zusätzliche Initialisierungs- oder Aufräumarbeiten erforderlich sind, werden die entsprechenden Kommandos mit per-start script / end script bzw. post-stop script / end script formuliert.

console output bewirkt, dass Ausgaben in der Konsole angezeigt werden, anstatt sie standardmäßig zu /dev/null zu leiten und somit zu ignorieren. Für die Reaktion auf die Tastenkombination [Strg]+[Alt]+[Entf] ist die Datei control-alt-delete.conf verantwortlich.

Wenn eine Upstart-Konfigurationsdatei selbst ein Ereignis auslösen möchte, kommt dazu das Kommando emits eventname zum Einsatz. Zu manchen Ereignissen gibt es sogar eigene man-Seiten (siehe z. B. man local-filesystems). Beachten Sie, dass manche Upstart-Ereignisse durch Scripts erzeugt werden, die sich außerhalb von /etc/init befinden! Beispielsweise wird das Ereignis ifup vom Script /etc/network/if-up.d/upstart mit dem Kommando initctl ausgelöst. Runlevel-Ereignisse werden vom Kommando telinit ausgelöst.

Init-V-Kompatibilität

In der gegenwärtigen Implementierung startet Upstart zwar viele, aber noch immer nicht alle Systemdienste. Für den Start der restlichen Dienste ist das Kompatibilitäts-Script /etc/init.d/rc bzw. /etc/rc.d/rc verantwortlich, das durch die Upstart-Konfigurationsdateien rc.conf und rcS.conf gestartet wird. /etc/init.d/rc funktioniert exakt so, wie es das Init-V-System vorsieht, d. h., es führt alle Start- bzw. Stopp-Scripts in /etc/rc*n*.d aus.

Es gibt aber auch eine umgekehrte Kompatibilität: Damit von Upstart verwaltete Dienste weiterhin durch Init-V-Kommandos gestartet bzw. gestoppt werden können, enthält /etc/init.d/ bei Upstart-

Diensten einen Link auf /lib/init/upstart-job. Dieses Script kümmert sich darum, passende Upstart-Kommandos auszuführen. Wenn Sie also unter Ubuntu /etc/init.d/smbd stop ausführen, führt das Script upstart-job das Kommando stop smbd aus. Die Links in /etc/init.d verraten auch auf einen Blick, wie viele Dienste bereits auf Upstart umgestellt wurden (ls -l /etc/init.d).

Steuerungskommandos Upstart sieht einige neue Kommandos vor, um Prozesse zu starten und zu stoppen, um einen Überblick über laufende Prozesse und anstehende Ereignisse anzuzeigen etc. Beachten Sie, dass diese Kommandos ausschließlich für Prozesse gelten, die direkt durch Upstart verwaltet werden. Dienste, die über die Init-V-Kompatibilitätsschicht gestartet wurden, werden weiterhin über die von Debian gebräuchlichen Kommandos administriert (also invoke.rc, update-rc.d etc.).

start bzw. stop startet bzw. beendet einen Prozess, zu dem es eine entsprechende Konfigurationsdatei in /etc/event.d gibt. status gibt an, in welchem Zustand sich der Prozess gerade befindet.

```
root#  status tty2
tty2 (start) running, process 4116
root#  stop tty2
tty2 (stop) running, process 4116
tty2 (stop) pre-stop, (main) process 4116
tty2 (stop) stopping, process 4116
tty2 (stop) killed, process 4116
tty2 (stop) post-stop
tty2 (stop) waiting
```

Statt start und stop können Sie auch das universellere Kommando service einsetzen, das mit anderen Distributionen kompatibel ist (insbesondere mit Fedora und Red Hat):

```
root#  service tty1 stop
root#  service tty1 start
root#  service tty1 restart
```

initctl erledigt je nach dem als Parameter angegebenen Kommando diverse administrative Aufgaben (siehe man initctl). Beispielsweise erzeugt initctl emit *eventname* ein Ereignis mit dem angegebenen Namen. Das ist vor allem zum Test eigener Scripts praktisch. initclt list gibt einen Überblick über den Status aller laufenden Prozesse:

```
root#  initctl list | sort
acpid start/running, process 751
alsa-restore stop/waiting
alsa-store stop/waiting
anacron stop/waiting
apport stop/waiting
atd start/running, process 753
...
```

Runlevel Wie bereits erwähnt wurde, benötigt Upstart an sich keine Runlevel. Aus Kompatibilitätsgründen zum Init-V-Prozess bildet Upstart aber auch das Runlevel-Konzept nach. Das Kommando runlevel gibt Auskunft über den aktuellen Runlevel. telinit *n* oder init *n* aktiviert den neuen Runlevel *n*.

Fedora- und RHEL-spezifische Besonderheiten

Obwohl Fedora 9 bis 13 und RHEL 6 zum Systemstart Upstart verwenden, wird der Standard-Runlevel bei diesen Distributionen weiterhin in `/etc/inittab` eingestellt. Alle anderen Einstellungen in dieser Datei werden aber ignoriert!

X verwendet die Konsole 1 (und nicht, wie bei vielen anderen Distributionen, die Konsole 7). In dieser Konsole wird deswegen beim Runlevel 5 *kein* Terminalemulatur gestartet.

Falls während der Systeminitialisierung die Taste [I] gedrückt wurde, wird mit `touch` die Datei `/var/run/confirm` erzeugt; die Existenz dieser Datei wird von `/etc/rc.d/rc` überprüft. Falls sie existiert, erscheint in der Folge bei der Ausführung aller `rc`*n*`.d`-Script-Dateien eine Rückfrage (YES/NO/CONTINUE, wobei CONTINUE bedeutet, dass die weiteren Script-Dateien ohne Rückfrage ausgeführt werden sollen).

Der interaktive Modus ist praktisch, wenn während der Ausführung der Init-V-Scripts zur Aktivierung eines Runlevels Probleme auftreten. Beachten Sie aber, dass der interaktive Modus erst nach dem Ende der Systeminitialisierung wirksam wird.

Die Datei `/etc/rc.d/rc.local` bietet eine einfache Möglichkeit, den Init-V-Prozess individuell anzupassen. Das Script wird nach allen anderen Init-V-Scripts ausgeführt, wenn der Runlevel 2, 3, 4 oder 5 aktiviert wird. Bei einem weiteren Runlevel-Wechsel oder beim Herunterfahren des Rechners wird das Script *nicht* mehr ausgeführt! Die Datei wird selbst bei aktuellen Fedora-Versionen berücksichtigt, die Systemd verwenden.

25.3 Systemd

Systemd ist ein neues Init-System, das vom Red-Hat-Mitarbeiter Lennart Poettering entwickelt wurde und erstmalig in Fedora 15 zum Einsatz kam. Auch openSUSE ist mit Version 12.1 auf Systemd umgestiegen. Debian überlegt, in Version 7 ebenfalls Systemd einzusetzen (sicher ist dies aber noch nicht). Sollte dieser Fall tatsächlich eintreten, würde Upstart für Ubuntu zur Insellösung, eine wartungstechnisch alles andere als ideale Situation.

Der vielleicht wichtigste Unterschied zwischen dem herkömmlichen Init-System und Systemd besteht darin, dass die Konfiguration nicht durch Shell-Scripts erfolgt, sondern durch einfache Textdateien. Systemd selbst ist ein kompiliertes Programm, wodurch sich ein spürbarer Geschwindigkeitsvorteil ergibt. (Im Verlauf eines herkömmlichen Init-V-Starts müssen unzählige Shell-Instanzen gestartet werden – und das kostet natürlich eine Menge Zeit und Ressourcen.)

Des Weiteren startet Systemd die Dienste parallel, was vor allem bei Multi-Core-Systemen von Vorteil ist. Upstart sowie diverse Init-V-Varianten, wie sie z. B. in openSUSE bis Version 11.4 oder in Debian zum Einsatz kommen, können das freilich auch.

Systemd verwendet Cgroups zur Ausführung und Überwachung von Prozessen. Die Abkürzung Cgroups steht für *Control Groups*. Dabei handelt es sich um eine seit Version 2.6.24 verfügbare Kernelfunktion, um die Ressourcen eines Prozesses zu limitieren (CPU, Speicher, I/O). Systemd startet jeden Prozess in einer eigenen Cgroup. Wenn die Anzahl der Prozesse in dieser Gruppe auf 0 sinkt, weiß Systemd, dass der Prozess beendet wurde oder abgestürzt ist und kann ihn gegebenenfalls neu starten.

Administration

Das zentrale Kommando zur Administration von systemd lautet systemctl. Damit können Sie durch eine *.service-Datei beschriebene Dienste manuell starten, stoppen etc.

```
root#  systemctl start   ntpd.service   (NTP-Dämon starten)
root#  systemctl stop    ntpd.service   (NTP-Dämon stoppen)
root#  systemctl restart ntpd.service   (NTP-Dämon neu starten)
root#  systemctl reload  ntpd.service   (Konfiguration des NTP-Dämons neu einlesen)
root#  systemctl status  ntpd.service   (Status des NTP-Dämons ermitteln)
```

systemctl kann auch dazu verwendet werden, um einen Dienst dauerhaft zu aktivieren bzw. zu deaktivieren (so wie chkconfig xxx on/off):

```
root#  systemctl enable  ntpd.service   (NTP-Dämon in Zukunft automatisch starten)
  ln -s '/lib/systemd/system/ntpd.service'
        '/etc/systemd/system/multi-user.target.wants/ntpd.service'
root#  systemctl disable ntpd.service   (NTP-Dämon nicht mehr automatisch starten)
  rm '/etc/systemd/system/multi-user.target.wants/ntpd.service'
```

Bei der Aktivierung von Diensten wird also ein neuer Link eingerichtet, und bei der Deaktivierung wird dieser Link wieder entfernt. Zumindest in diesem Punkt sind die Ähnlichkeiten mit dem Init-V-System unübersehbar.

Wenn systemctl ohne weitere Parameter aufgerufen wird, liefert es eine Liste aller Prozesse, die durch Systemd verwaltet werden:

```
user$  systemctl
UNIT                        LOAD   ACTIVE SUB       JOB DESCRIPTION
abrt-ccpp.service           loaded active exited        Install ABRT coredump hook
abrtd.service               loaded active running       ABRT Automated Bug Reporting Tool
abrt-oops.service           loaded active running       ABRT kernel log watcher
abrt-vmcore.service         loaded active exited        Harvest vmcores for ABRT
...
121 units listed. Pass --all to see inactive units, too.
```

Runlevel

In Systemd übernehmen Targets die Rolle von Runleveln. Aus Kompatibilitätsgründen gibt es aber spezielle Targets, die den herkömmlichen Runleveln entsprechen. Beispielsweise entspricht der Runlevel 0 dem poweroff.target, der Runlevel 5 dem graphical.target.

Anders als im Init-V-System können aber mehrere Targets zugleich aktiv sein. Eine Liste aller Targets ermitteln Sie mit dem folgenden Kommando. Aus dem Ergebnis geht hervor, dass sich das System in einem dem Runlevel 5 entsprechenden Zustand befindet (das Target graphical.target ist aktiv).

```
user$  systemctl list-units --type=target
UNIT              LOAD   ACTIVE SUB    JOB DESCRIPTION
basic.target      loaded active active     Basic System
cryptsetup.target loaded active active     Encrypted Volumes
```

```
getty.target         loaded active active    Login Prompts
graphical.target     loaded active active    Graphical Interface
local-fs-pre.target  loaded active active    Local File Systems (Pre)
local-fs.target      loaded active active    Local File Systems
multi-user.target    loaded active active    Multi-User
network.target       loaded active active    Network
remote-fs.target     loaded active active    Remote File Systems
sockets.target       loaded active active    Sockets
sound.target         loaded active active    Sound Card
swap.target          loaded active active    Swap
sysinit.target       loaded active active    System Initialization
syslog.target        loaded active active    Syslog

LOAD   = Reflects whether the unit definition was properly loaded.
ACTIVE = The high-level unit activation state, i.e. generalization of SUB.
SUB    = The low-level unit activation state, values depend on unit type.
JOB    = Pending job for the unit.

14 units listed. Pass --all to see inactive units, too.
```

Um den aktuellen Runlevel zu ändern, führen Sie das folgende Kommando aus:

```
root# systemctl isolate reboot.target    (Neustart des Rechners)
```

Der Standard-Runlevel wird durch den Link `/etc/systemd/system/default.target` definiert. Das folgende Kommando bewirkt, dass in Zukunft keine grafische Oberfläche mehr startet, sondern nur der Multi-User-Modus im Textmodus aktiviert wird (entspricht Runlevel 3):

```
root# ln -sf /lib/systemd/system/multi-user.target /etc/systemd/system/default.target
```

Konfiguration

Die Konfigurationsdateien für systemd befinden sich in den Verzeichnissen `/etc/systemd/` und `/lib/systemd/`. Insgesamt handelt es sich dabei in Fedora 16 um über 300 Dateien – die Konfiguration ist also ziemlich komplex und zumindest ebenso unübersichtlich wie beim Init-V-System.

Eine zentrale Rolle im Systemd-Konzept spielen Units: Sie beschreiben Objekte, die durch das Init-System gesteuert werden sollen. Dazu zählen nicht nur Dienste, die gestartet oder gestoppt werden müssen, sondern auch Netzwerkschnittstellen, mount-Verzeichnisse, Swap-Partitionen etc.

Mit `*.target`-Dateien können mehrere Units zu einer Gruppe verbunden werden. Targets sind mit der Runlevel-Idee vergleichbar, es gibt aber in der Regel wesentlich mehr Targets, die sich aufeinander beziehen können. Jedes Target kann mit einem zusätzlichen *name*`.target.wants`-Verzeichnis verknüpft werden, in dem durch Dateien bzw. durch Links auf Dateien weitere Units aufgezählt werden, die ebenfalls aktiviert werden sollen. Beispielsweise enthält das Verzeichnis `/lib/systemd/system/sysinit.target.wants` diverse Links auf `*.service`-Dateien zur Systeminitialisierung.

`*.service`-Dateien beschreiben, welche Voraussetzungen für den Start eines Dienstes erfüllt sein müssen und welches Kommando gestartet werden soll. Diese Dateien befinden sich in den Verzeichnissen `/etc/systemd/system` und `/lib/systemd/system`. Als Beispiel zeigt das folgende Listing die Datei `httpd.service`, die unter Fedora für den Start des Webservers Apache verantwortlich ist.

```
# Datei /lib/systemd/system/httpds.service

[Unit]
Description=The Apache HTTP Server (prefork MPM)
After=syslog.target network.target

[Service]
Type=forking
PIDFile=/var/run/httpd/httpd.pid
EnvironmentFile=/etc/sysconfig/httpd
ExecStart=/usr/sbin/httpd $OPTIONS -k start
ExecReload=/usr/sbin/httpd $OPTIONS -t
ExecReload=/bin/kill -HUP $MAINPID
ExecStop=/usr/sbin/httpd $OPTIONS -k stop

[Install]
WantedBy=multi-user.target
```

Zur Konfiguration und vor allem zur Analyse von Systemd können Sie auch die noch recht einfache Benutzeroberfläche systemadm starten (siehe Abbildung 25.1). Unter Fedora ist dieses Programm im Paket systemd-gtk versteckt.

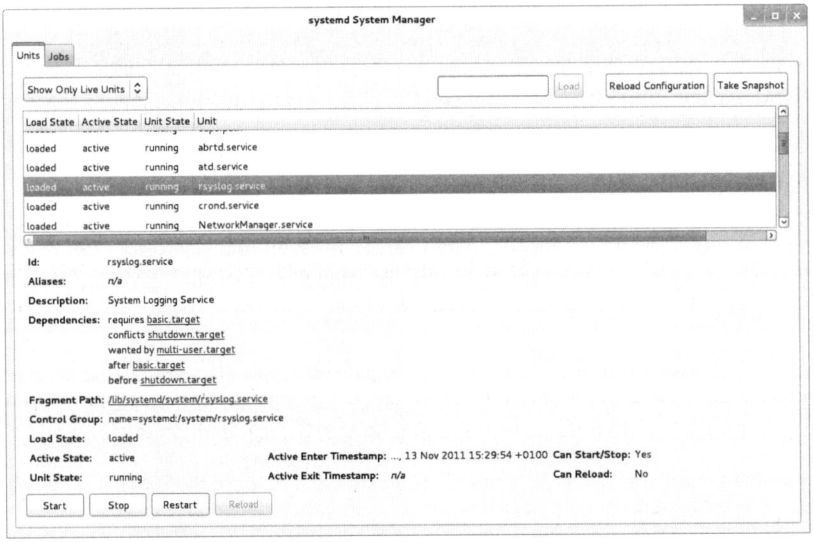

Abbildung 25.1: **Systemd-Administration mit systemadm**

Abhängigkeiten Die manuelle Analyse der Abhängigkeiten aller Services und Targets ist aufwendig. systemctl dot hilft dabei und erstellt Diagramminformationen, die Sie mit dem Kommando dot aus dem Paket graphvic in eine SVG-Datei umwandeln können. Diese Datei können Sie dann mit Firefox oder Inkscape ansehen. Die resultierende Grafik können Sie anschließend im Posterformat ausdrucken und als modernes Kunstwerk auf die Wand hängen. Abbildung 25.2 zeigt weniger als ein Hundertstel dieser Grafik!

```
user$ systemctl dot | dot -Tsvg > ~/systemd.svg
```

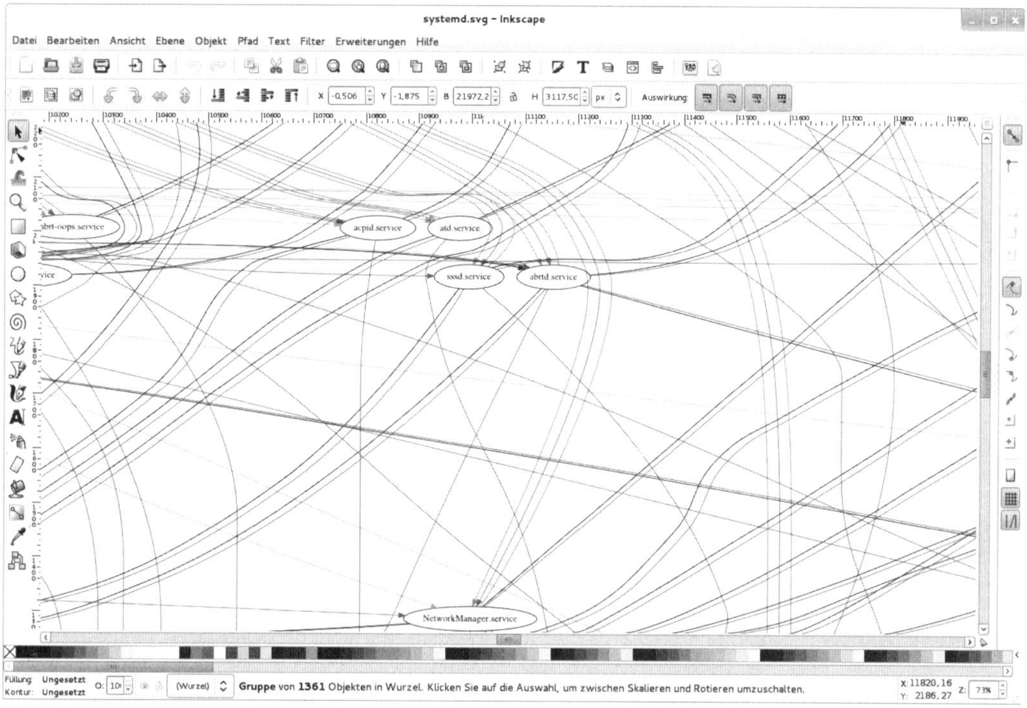

Abbildung 25.2: **Abhängigkeitsdiagramm der Systemd-Services und -Targets**

Verhalten bei Strg-Alt-Entf

Wenn Sie in einer Textkonsole [Strg]+[Alt]+[Entf] drücken, wird der Rechner neu gestartet. Verantwortlich dafür ist die spezielle Target-Datei `/lib/systemd/system/ctrl-alt-del.target`.

Vereinheitlichung von Konfigurationsdateien

Im Zuge der Umstellung auf Systemd hat dessen Entwickler Lennart Poettering vorgeschlagen, auch diverse Konfigurationsdateien zu vereinheitlichen, die von (nahezu) jeder Distribution an einem anderen Ort gespeichert werden und die zum Teil auch unterschiedliche Syntax verwenden. Da sich momentan aber noch nicht einmal Fedora an diese Empfehlungen hält, verzichte ich hier auf eine Dokumentation der vorgesehenen neuen Speicherplätze. Sie können die Vorschläge hier nachlesen:

http://0pointer.de/blog/projects/the-new-configuration-files.html

/run-Verzeichnis

Systemd speichert die Prozess-IDs von gestarteten Prozessen im Verzeichnis /run, anstatt das bisher übliche Verzeichnis /var/run zu verwenden. Der Inhalt von /run wird nicht physikalisch auf der Festplatte gespeichert, sondern befindet sich nur im RAM. Das /run-Verzeichnis kann deswegen bereits zu Beginn des Init-Prozesses eingerichtet werden, ohne Rücksicht darauf nehmen zu müssen, wo das /var-Verzeichnis später physikalisch gespeichert wird.

Aus Kompatibilitätsgründen steht /var/run weiterhin zur Verfügung, es handelt sich dabei aber nur um einen zusätzlichen mount-Punkt von /run (also `mount --bind /run /var/run`). Auch `/var/lock` befindet sich nun in Wirklichkeit in `/run/lock`. Auch andere aktuelle Distributionen sind von /var/run auf /run umgestiegen, darunter auch Ubuntu, das ja Upstart statt Systemd verwendet. Technisch interessierte Linux-Anwender können die Hintergründe dieser Entscheidung hier nachlesen:

http://thread.gmane.org/gmane.linux.redhat.fedora.devel/146976

Kompatibilität Systemd ist zum herkömmlichen Init-V-System kompatibel. Init-Scripts, die sich im Verzeichnis `/etc/init.d/` befinden, werden also wie bisher gestartet bzw. beendet. Weder Fedora noch openSUSE ist bereits komplett auf `systemd` umgestellt worden; vielmehr enthält `/etc/init.d/` noch Scripts, die auf eine Portierung nach Systemd warten.

Das mittlerweile von beinahe allen Distributionen unterstützte Kommando `service` funktioniert auch unter Systemd. Wenn Sie beispielsweise `service httpd stop` ausführen, erkennt `service`, dass der Webserver durch Systemd gesteuert wird, und führt `systemctl stop httpd.service` aus.

Dokumentation Systemd ist ausgezeichnet dokumentiert: Alle Funktionen, Strategien und Vorzüge von Systemd sind beinahe schon überkomplett in diversen Manual-Seiten (insbesondere `man systemd`) sowie auf der folgenden Webseite des Systemd-Entwicklers Lennart Poettering beschrieben:

http://0pointer.de/blog/projects/systemd-docs.html

Wenn Sie lieber kurze und prägnante Texte lieben, sind die beiden folgenden Seiten hilfreich. Sie fassen die wichtigsten Änderungen im Vergleich zu Init-V zusammen und beantworten einige FAQs:

http://fedoraproject.org/wiki/SysVinit_to_Systemd_Cheatsheet
http://www.freedesktop.org/wiki/Software/systemd/FrequentlyAskedQuestions

Einen interessanten Vergleich zwischen Systemd und Upstart finden Sie hier:

http://www.linux-community.de/Internal/Artikel/Print-Artikel/LinuxUser/
2011/01/Upstart-und-Systemd-im-Vergleich

25.4 Debian-Systemstart

Abbildung 25.3 gibt einen Überblick über den auf Init-V basierenden Sytemstart unter Debian 6. Der Standard-Runlevel lautet 2. Tabelle 25.2 fasst den Ort der Konfigurationsdateien zusammen.

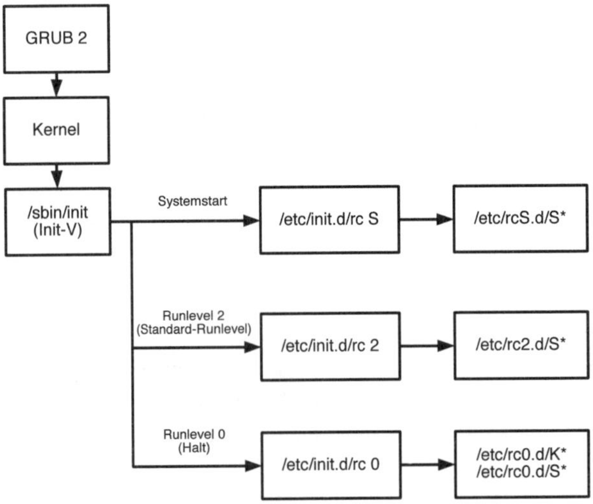

Abbildung 25.3: **Systemstart in den Runlevel 2 bei Debian**

FUNKTION	KONFIGURATIONSDATEIEN
Systeminitialisierung	/etc/init.d/rcS, /etc/rcS.d/*
Init-Scripts	/etc/init.d/*
Runlevel-Links	/etc/rc*n*.d/rc*n*.d/*
Konfigurationsdateien	/etc/default/*

Tabelle 25.2: **Konfiguration des Debian-Systemstarts**

Interna beim Runlevel-Wechsel

Bei einem Runlevel-Wechsel werden nur solche Funktionen gestoppt, die im vorigen Runlevel gestartet wurden, im neuen Runlevel aber nicht mehr benötigt werden. Ebenso werden nur solche Funktionen neu gestartet, die bisher noch nicht aktiv waren. Um das festzustellen, überprüft das Script rc, ob es für die Funktion im vorherigen Level einen Start- oder Stopp-Link gibt.

Init-V-Scripts starten

Das Kommando invoke.rc verringert den Tippaufwand für den manuellen Start eines Init-V-Scripts:

```
root#  invoke.rc samba restart
```

Start von X

Das Grafiksystem X wird durch das Init-V-Script gdm3 gestartet. Es hat die Ordnungsnummer 20 und wird erst nach den Netzwerkdämonen gestartet.

Parallele Ausführung von Init-V-Scripts

Das Init-V-System von Debian kann Init-V-Scripts mit derselben Ordnungsnummer parallel starten. Das bringt kleine Effizienzgewinne mit sich, besonders bei Rechnern mit mehreren CPUs bzw. Multi-Core-CPUs. Aus Stabilitätsgründen ist diese Funktion standardmäßig nicht aktiv. Wenn Sie die Parallelisierung testen möchten, verwenden Sie die folgende Einstellung:

```
# in /etc/init.d/rc
...
CONCURRENCY=shell
```

Individuelle Anpassung des Init-V-Prozesses

Die Datei /etc/init.d/rc.local bietet eine einfache Möglichkeit, den Init-V-Prozess individuell anzupassen. Das Script wird nach allen anderen Init-V-Scripts ausgeführt, wenn der Runlevel 2, 3, 4 oder 5 zum ersten Mal aktiviert wird. Bei einem weiteren Runlevel-Wechsel oder beim Herunterfahren des Rechners wird das Script *nicht* mehr ausgeführt (auch nicht zum Stoppen irgendwelcher dort gestarteten Programme)!

Init-V-Links verwalten (update-rc.d)

Das Kommando update-rc.d ist eigentlich für die Installations-Scripts von Paketen gedacht. Es hilft bei der Installation bzw. Deinstallation von Paketen, die Runlevel-Links für das Init-V-Script des Pakets einzurichten bzw. wieder zu entfernen. Sie können das Kommando aber selbstverständlich auch interaktiv nutzen. Allerdings ist die Bedienung relativ umständlich. Beachten Sie insbesondere, dass update-rc.d normalerweise keine Änderungen an bereits vorhandenen Links durchführt! Sie müssen vorhandene Links zuerst löschen.

update-rc.d *name* remove entfernt alle Start- und Stopp-Links für den angegebenen Dienst. Das Kommando funktioniert allerdings nur, wenn /etc/init.d/*name* vorher entfernt (deinstalliert) wurde. Ist diese Voraussetzung nicht erfüllt, müssen Sie die Option -f (*force*) angeben.

update-rc.d *name* defaults richtet in allen Runleveln Links zum Starten (Runlevel 2–5) und Stoppen des Diensts (Runlevel 0, 1 und 6) ein. Die Link-Namen beginnen mit der durchlaufenden Zahl 30.

Wenn das Script früher oder später im Start- bzw. Stopp-Prozess ausgeführt werden soll, müssen Sie die gewünschten Start- und Stopp-Werte selbst angeben (im folgenden Beispiel 30 für den Start, 1 für Stopp):

```
root# update-rc.d gdm defaults 20 1
   /etc/rc0.d/K01gdm -> ../init.d/gdm
   /etc/rc1.d/K01gdm -> ../init.d/gdm
   /etc/rc6.d/K01gdm -> ../init.d/gdm
   /etc/rc2.d/S20gdm -> ../init.d/gdm
   /etc/rc3.d/S20gdm -> ../init.d/gdm
   /etc/rc4.d/S20gdm -> ../init.d/gdm
   /etc/rc5.d/S20gdm -> ../init.d/gdm
```

Um die Links wirklich für jeden Runlevel individuell einzurichten, übergeben Sie an update-rc.d Argumente in der Form *name* start|stop *nn runlevel*. Dabei ist *nn* die Zahl am Beginn des Runlevel-Links. Sie dürfen mehrere Runlevel und mehrere Argumentgruppen angeben. Allerdings muss jede Argumentgruppe mit einem Punkt abgeschlossen werden. Das folgende Kommando hat dieselbe Wirkung wie gdm defaults 30 1.

```
root# update-rc.d gdm start 20 2 3 4 5 . stop 1 0 1 6 .
 Adding system startup for /etc/init.d/gdm ...
   /etc/rc0.d/K01gdm -> ../init.d/gdm
   /etc/rc1.d/K01gdm -> ../init.d/gdm
   /etc/rc6.d/K01gdm -> ../init.d/gdm
   /etc/rc2.d/S20gdm -> ../init.d/gdm
   /etc/rc3.d/S20gdm -> ../init.d/gdm
   /etc/rc4.d/S20gdm -> ../init.d/gdm
   /etc/rc5.d/S20gdm -> ../init.d/gdm
```

Wenn Sie unter X arbeiten, können Sie die Runlevel-Links auch ganz komfortabel mit dem Gnome-Programm services-admin einstellen. Alle Änderungen gelten für den Standard-Runlevel.

Aufbau von Init-V-Script-Dateien

Die folgenden Zeilen zeigen den Aufbau des eigenen Init-V-Scripts /etc/init.d/masquerading, um den Rechner als Internet-Gateway einzurichten (Masquerading und eine minimale Firewall, siehe Seite 798). Der INIT-INFO-Block gibt an, in welchen Runleveln das Script üblicherweise ausgeführt werden soll und welche anderen Dienste vorher gestartet werden müssen.

```
#!/bin/sh

### BEGIN INIT INFO
# Provides:          masquerading
# Required-Start:    $network $local_fs $remote_fs
# Required-Stop:     $network $local_fs $remote_fs
# Default-Start:     2 3 4 5
# Default-Stop:      0 1 6
# Short-Description: start masquerading
### END INIT INFO
```

```
DESC="masquerading"          # Bezeichnung des Scripts
ADSL=eth1                    # Schnittstelle, über die der Internetzugang erfolgt
. /lib/lsb/init-functions    # Grundfunktionen lesen
IPT=$(which iptables)        # iptables-Kommando suchen
if [ -z $IPT ]; then
  [ -x /sbin/iptables ]       && IPT=/sbin/iptables
  [ -x /usr/sbin/iptables ]   && IPT=/usr/sbin/iptables
fi
[ -z $IPT ] && (echo "iptables cannot be found!"; exit 0)

# Funktionen für start, stop und restart
case "$1" in
  start)
        log_begin_msg "Starting masquerading ..."
        ERROR=0
        $IPT -t nat -A POSTROUTING -o $ADSL -j MASQUERADE
        echo 1 > /proc/sys/net/ipv4/ip_forward
        log_end_msg $ERROR
        ;;

  stop)
        log_begin_msg "Stopping masquerading ..."
        ERROR=0
        echo 0 > /proc/sys/net/ipv4/ip_forward
        $IPT -t nat -D POSTROUTING -o $ADSL -j MASQUERADE
        log_end_msg $ERROR
        ;;

  restart)
        $0 stop
        $0 start
        ;;

  *)
        log_success_msg "Usage: masquerading {start|stop|restart}"
        exit 1
        ;;
esac
exit 0
```

Damit das Script in Zukunft automatisch beim Rechnerstart ausgeführt wird, führen Sie die folgenden Kommandos aus:

```
root#  update-rc.d masquerading defaults 40 1
```

25.5 Fedora-Systemstart

Abbildung 25.4 fasst zusammen, welche Scripts bei einem Systemstart in das Standard-Target graphical (entspricht Runlevel 5) ausgeführt werden. Tabelle 25.3 zählt die Konfigurationsdateien auf, die dabei im Spiel sind. Diese Informationen gelten für Fedora 16 mit Systemd. Beachten Sie, dass Systemd erst seit Fedora 15 im Einsatz ist. Ältere Fedora-Versionen sowie RHEL 6 steuern den Systemstart durch Upstart, RHEL 5 durch das klassische Init-V-System.

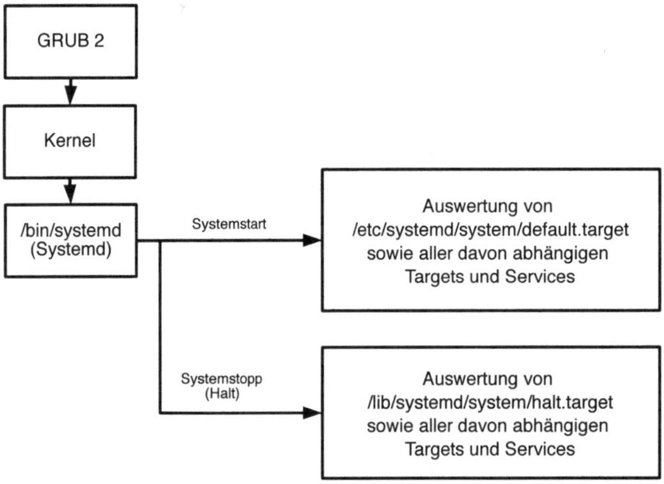

Abbildung 25.4: **Systemstart und -stopp bei Fedora**

Tabelle 25.3: **Konfiguration des Fedora-Systemstarts**

FUNKTION	KONFIGURATIONSDATEIEN
Systemd	/etc/systemd/*, /lib/systemd/*
Systemd-Default-Target (Link)	/etc/systemd/system/default.target
Systeminitialisierung	/lib/systemd/system/sysinit.target*
Herkömmliche Init-V-Scripts	/etc/rc.d/init.d/*
Init-V-Runlevel-Links	/etc/rc.d/rc*n*.d/*
Konfigurationsdateien	/etc/sysconfig/*

Fedora hat den Umstieg auf Systemd sehr konsequent vollzogen: Das Verzeichnis /etc/init.d/ ist fast leer, und das ehemals für die System- und Hardware-Initialisierung verantwortliche Script /etc/rc.d/rcsysconfig gibt es gar nicht mehr.

X-Start Für den Start von X ist die Konfigurationsdatei /lib/systemd/system/prefdm.service verantwortlich. /lib/systemd/system/graphical.target.wants enthält einen Link auf display-manager.service, wobei es sich wiederum um einen Link auf prefdm.service handelt. Welcher Display Manager nun tatsächlich zum Einsatz kommt, entscheidet die Datei /etc/sysconfig/desktop. Die dort eingestellte Variable DISPLAYMANAGER wird vom Script /etc/X11/prefdm ausgewertet.

Logging Ein Protokoll aller von systemd gestarteten Dienste finden Sie in der Logging-Datei /var/log/boot.log. In dieser Datei sind alle von systemd gestarteten Init-V-Scripts mit dem Schlüsselwort

LSB gekennzeichnet – anscheinend, um so auf die Kompatibilität zu den Empfehlungen der Linux Standard Base hinzuweisen.

Konfiguration

Neben systemctl können Sie Systemd-Dienste auch mit der grafischen Benutzeroberfläche system-config-services starten, stoppen oder neu starten. In der Vergangenheit bot das Programm weitere Funktionen, etwa die Aktivierung oder Deaktivierung von Diensten. Diese Funktionen sind aber dem Systemd-Umstieg zum Opfer gefallen.

Init-V-Kompatibilität

Systemd ist Init-V-kompatibel und kümmert sich daher um die Ausführung von Scripts in /etc/rc*n*.d. Das Fedora- bzw. Red-Hat-spezfische Kommando chkconfig hilft weiterhin bei der Zuordnung der Links zu den Init-V-Scripts (siehe Seite 694).

Die zur individuellen Anpassung des Systemstarts ehemals vorgesehen Datei /etc/rc.d/rc.local existiert ab Fedora 16 standardmäßig nicht mehr. Wenn Sie am Ende des Systemstart eigene Scripts ausführen möchten, können dazu aber weiterhin /etc/rc.d/rc.local verwenden: Dazu erzeugen Sie diese Datei und stellen mit chmod ug+x sicher, dass die Datei auch ausführbar ist.

25.6 SUSE-Systemstart

Da openSUSE mit Version 12.1 ebenfalls auf Systemd umgestiegen ist, gilt Abbildung 25.4 auf Seite 708 auch für openSUSE 12.1. Der einzige Unterschied besteht darin, dass bei openSUSE noch GRUB 0.97 im Einsatz ist. Tabelle 25.4 zählt die für den Systemstart relevanten Konfigurationsdateien auf.

FUNKTION	KONFIGURATIONSDATEIEN
Systemd	/etc/systemd/*, /lib/systemd/*
Systemd-Default-Target (Link)	/etc/systemd/system/default.target
Systeminitialisierung	/lib/systemd/system/sysinit.target*
Herkömmliche Init-V-Scripts	/etc/init.d/*
Runlevel-Links	/etc/init.d/rc*n*.d/*
Konfigurationsdateien	/etc/sysconfig/*

Tabelle 25.4: **Konfiguration des SUSE-Systemstarts**

Start von X

Das Grafiksystem X wird durch das Init-V-Script xdm gestartet. Welcher Display Manager tatsächlich gestartet wird (z. B. kdm4), bestimmt die Variable DISPLAYMANAGER, die in /etc/sysconfig/displaymanager eingestellt wird.

Init-V-Kompatibilität

Bei der Portierung des Systemstarts auf Systemd ist openSUSE 12.1 ist noch lange nicht so weit wie Fedora: Unzählige Dienste werden weiterhin durch Init-V-Scripts gesteuert.

Herkömmliche Init-V-Scripts können Sie unter openSUSE weiterhin statt durch das eher umständliche Kommando /etc/init.d/name auch in der Form rcname aufrufen (also z. B. rcsmb, um den Samba-Server zu starten oder zu stoppen). Dazu befinden sich in /usr/sbin entsprechende Links.

Um Links von /etc/init.d/rc*n*.d auf ein neues Init-V-Script zu setzen, führen Sie einfach das Kommando insserv scriptname aus. insserv wertet die Default-Start- und Default-Stop-Kommentare innerhalb des Scripts aus, die angeben, für welche Runlevel das Script ausgeführt werden soll.

```
root#  insserv squid
```

Um die Links auf ein Script wieder zu entfernen, rufen Sie insserv mit der Option -r auf.

insserv kümmert sich auch um die richtige Nummerierung der Links. (Diese ist ja entscheidend für die Reihenfolge, in der die Init-V-Scripts ausgeführt werden.) Für die Entscheidung, welche Nummer der Link bekommt, werden die Provides- und Requires-Kommentare innerhalb der Init-V-Scripts ausgewertet. Gegebenenfalls werden durch insserv auch alle bereits vorhandenen Links neu nummeriert, um das neu einzufügende Script richtig einordnen zu können. Dieser Automatismus funktioniert gut, macht es aber sehr schwierig, manuell Einfluss auf die Startreihenfolge zu nehmen.

Wohl aus Kompatibilitätsüberlegungen gibt es auch unter SUSE das Kommando chkconfig. Die Optionen -add, -del und -list funktionieren wie bei Red Hat, bei anderen Optionen gibt es aber Abweichungen. Intern greift chkconfig auf insserv zurück.

Init-V-Scripts, die nicht voneinander abhängig sind, werden standardmäßig parallel statt hintereinander ausgeführt. Die Details des Bootprozesses werden durch /etc/sysconfig/boot gesteuert. Damit die Parallelisierung funktioniert, müssen Init-V-Links mit insserv verändert werden (nicht durch die direkte Veränderung der Links!). insserv erzeugt die Dateien .depend.*, die Informationen über die Abhängigkeiten der Init-V-Scripts enthalten. Weitere Informationen zum SUSE-Systemstart finden Sie in der Manual-Seite zu init.d.

rc.local In der Datei /etc/rc.d/boot.local können Sie lokale Anpassungen durchführen. Das Script sollte ausschließlich Kommandos enthalten, die nur ein einziges Mal beim Systemstart ausgeführt werden sollen. Ein typisches Beispiel sind modprobe-Anweisungen, um ein ganz bestimmtes Kernelmodul zu laden. boot.local wird vor den rc-Scripts ausgeführt.

25.7 Ubuntu-Systemstart

Abbildung 25.5 gibt einen Überblick über den auf Upstart basierenden Sytemstart unter Ubuntu 11.10. Der Standard-Runlevel lautet 2. Tabelle 25.5 fasst zusammen, welche Konfigurationsdateien für den Systemstart verantwortlich sind.

Upstart ist bei Ubuntu 11.10 für den Start der meisten System- und Netzwerkdienste verantwortlich. Die restlichen Initialisierungsaufgaben werden von den Init-V-Kompatibilitäts-Scripts erledigt. Der Init-V-Teil des Systemstarts verläuft dabei wie bei Debian (siehe Seite 704). Auch die Administrationswerkzeuge sind dieselben. Der Standard-Runlevel wird durch die Datei /etc/init/rc-sysinit.conf eingestellt.

Start von X Das Grafiksystem X wird durch Upstart gestartet (Konfigurationsdatei /etc/init/lightdm.conf). Als Voraussetzungen für den Start von X gelten lediglich die Initialisierung des Dateisystems und der

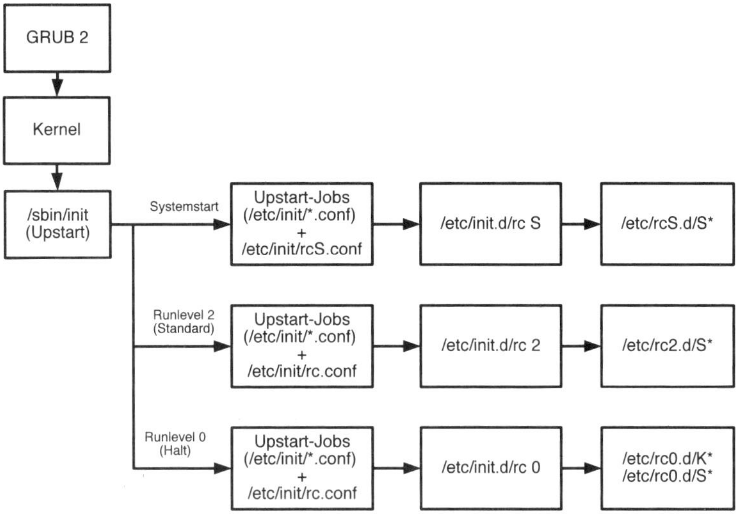

Abbildung 25.5: **Systemstart in den Runlevel 2 bei Ubuntu**

FUNKTION	KONFIGURATIONSDATEIEN
Upstart	/etc/init/*.conf
Systeminitialisierung	/etc/init.d/rcS, /etc/rcS.d/*
Init-Scripts	/etc/init.d/*
Runlevel-Links	/etc/rc*n*.d/rc*n*.d/*
Konfigurationsdateien	/etc/default/*

Tabelle 25.5: **Konfiguration des Ubuntu-Systemstarts**

Start des DBUS-Systems. Der Display Manager wird also bereits wenige Sekunden nach Beginn des Boot-Prozesses gestartet.

Eigene Upstart-Konfigurationsdateien

Um selbst ein Programm im Rahmen des Systemstarts auszuführen, müssen Sie eine eigene Konfigurationsdatei in /etc/init erstellen. Das folgende Beispiel aktiviert bzw. deaktiviert Masquerading (siehe auch Seite 798), startet aber keinen Hintergrundprozess. Daher gibt es weder eine exec-Zeile noch einen allgemeinen script-Block, sondern stattdessen die beiden Blöcke pre-start script und post-stop script. Die Masquerading-Funktion wird vor den Netzwerkschnittstellen eingeschaltet und beim Herunterfahren des Rechners wieder ausgeschaltet.

```
# Datei /etc/init/masquerading.conf
description     "masquerading"
start on (starting network-interface
          or starting network-manager
          or starting networking)
stop on runlevel [!023456]
pre-start script
  sysctl -q -w net.ipv4.ip_forward=1
  iptables -A POSTROUTING -t nat -o eth0 -j MASQUERADE
end script
```

```
post-stop script quiet
  iptables -t nat -D POSTROUTING -o eth0 -j MASQUERADE
  sysctl -q -w net.ipv4.ip_forward=0
end script
```

25.8 Internet Service Daemon

Programme, die Netzwerk- oder Internetdienste zur Verfügung stellen, können in zwei Gruppen eingeteilt werden:

» Die eine Gruppe besteht aus Programmen, die als sogenannte Dämonen ständig laufen. Nahezu alle in diesem Buch vorgestellten Netzwerkdienste – der Webserver Apache, der Datei-Server Samba, der SSH-Server etc. – zählen zu dieser Gruppe. Diese Programme werden während des Systemstarts durch ein Init-V-Script oder in Zukunft vielleicht durch Upstart gestartet und überwachen dann einen IP-Port. Sobald ein IP-Paket eintrifft, das an diesen IP-Port adressiert ist, wird es ausgewertet und beantwortet.

» Die zweite Gruppe besteht aus selten benötigten Programmen, die erst bei Bedarf gestartet werden. Anstatt auch diese Programme alle zu starten, wird ein sogenannter *Internet Service Daemon* ausgeführt. Dieses Programm überwacht mehrere IP-Ports gleichzeitig und aktiviert erst bei Bedarf den entsprechenden Server-Dienst. Der Internet Service Daemon selbst wird übrigens ganz normal durch ein Init-V-Script gestartet.

Als *Internet Service Daemon* war früher `inted` weit verbreitet. Mittlerweile gilt dieses Programm aber als veraltet. Deswegen kommen je nach Distribution `openbsd-inetd` oder `xinetd` zum Einsatz. Standardmäßig ist zumeist keines dieser Pakete installiert: Eine Installation ist nur erforderlich, wenn ein anderes Programm die `inetd`-Funktionalität verlangt und im Paket eine entsprechende Abhängigkeit formuliert ist (z. B. SWAT, siehe Seite 895).

/etc/services

Unabhängig davon, welcher Internet Service Daemon bei Ihrer Distribution zum Einsatz kommt, stellt die Datei `/etc/services` die Zuordnung zwischen den Namen verschiedener Internetdienste (z. B. `ftp`, `telnet` etc.) und deren Protokolltypen und Port-Nummern her. Beispielsweise verwenden E-Mail-Server (MTAs) den Port 25 und die Protokolle `tcp` und udp. Die folgenden Zeilen zeigen einen Ausschnitt aus dieser Datei:

```
# /etc/services (auszugsweise)
# name      port/proto  alias   comment
ftp-data    20/tcp              # File Transfer [Default Data]
ftp-data    20/udp              # File Transfer [Default Data]
ftp         21/tcp              # File Transfer [Control]
ssh         22/tcp              # SSH Remote Login Protocol
ssh         22/udp              # SSH Remote Login Protocol
smtp        25/tcp      mail    # Simple Mail Transfer
...
```

/etc/inetd.conf

Wenn auf Ihrer Distribution openbsd-inetd läuft, erfolgt dessen Konfiguration durch die Datei /etc/inetd.conf. Das Programm wird nur dann gestartet, wenn die Konfigurationsdatei inetd.conf zumindest einen aktiven Eintrag enthält. Jeder Eintrag in dieser Datei besteht aus einer Zeile mit sechs Spalten:

» Die erste Spalte gibt den Namen des Diensts an, der in /etc/services definiert sein muss.

» Die zweite und dritte Spalte beschreiben, wie der Dienst kommuniziert (Socket-Typ und Protokoll).

» Die vierte Spalte beschreibt, ob der gleiche Dienst bei mehreren Anfragen mehrfach gestartet werden soll (nowait) oder ob weitere Anfragen erst verarbeitet werden sollen, nachdem der bereits gestartete Dienst fertig ist (wait). Optional kann eine Timeout-Zeit in Sekunden angegeben werden.

» Die fünfte Spalte gibt an, mit welchen Rechten der Prozess gestartet werden soll.

» Der Rest der Zeile gibt das Kommando an, das ausgeführt werden soll. Dabei führt tcpd zuerst einen Test durch, ob eine Ausführung gemäß den TCP-Wrapper-Regeln erlaubt ist (siehe Seite 714).

```
# Datei /etc/inetd.conf
swat  stream  tcp nowait.400  root  /usr/sbin/tcpd /usr/sbin/swat
...
```

Normalerweise müssen Sie sich nicht selbst um die Konfiguration von inetd.conf kümmern. Bei der Installation eines Pakets, das auf inted angewiesen ist, wird inetd.conf automatisch entsprechend erweitert. Beachten Sie, dass mit # eingeleitete Zeilen wie üblich als Kommentare gelten! Änderungen an inetd.conf werden erst wirksam, wenn Sie /etc/init.d/openbsd-inetd reload ausführen.

/etc/xinetd.conf

Die Datei /etc/xinetd.conf enthält einige Grundeinstellungen für xinetd, die beispielsweise das Logging oder die Standard-IP-Adresse betreffen. Im Regelfall können die Einstellungen unverändert bleiben. Entscheidend ist die Anweisung includedir, die das Verzeichnis mit den weiteren Konfigurationsdateien angibt (üblicherweise /etc/xinetd.d).

xinetd.d/*

Das Verzeichnis /etc/xinetd.d enthält für jeden von xinetd gesteuerten Dienst eine eigene Konfigurationsdatei. Die Namen dieser Dateien in /etc/xinetd.d spielen keine Rolle: xinetd liest einfach alle Dateien aus diesem Verzeichnis und wertet sie aus. (Nicht berücksichtigt werden Dateien, deren Name mit ~ endet oder die einen Punkt im Namen enthalten.)

Der Aufbau der einzelnen Konfigurationsdateien ist einheitlich. Das folgende Beispiel zeigt die Datei für einen RSYNC-Server:

```
# /etc/xinetd.d/rsync
service rsync
{
        disable = yes
        socket_type     = stream
        wait            = no
        user            = root
```

```
        server          = /usr/bin/rsync
        server_args     = --daemon
        log_on_failure  += USERID
}
```

Die folgende Liste ist eine kurze Erläuterung der wichtigsten Schlüsselwörter, die in xinetd-Konfigurationsdateien auftreten können. Eine ausführlichere Beschreibung gibt man xinetd.conf.

» service bezeichnet den Dienst (entsprechend /etc/services).

» socket_type und protocol geben an, wie die Daten zwischen Client und Server übertragen werden.

» type = INTERNAL gibt an, dass es sich um einen Dienst handelt, der direkt von xinetd zur Verfügung gestellt wird.

» server gibt den Programmnamen an (sofern es sich nicht um einen internen xinetd-Dienst handelt).

» server_args gibt optionale Parameter an, die beim Start an den Dienst übergeben werden sollen.

» user gibt an, unter welchem Account das Programm ausgeführt wird (oft root, es ist aber auch news, mail etc. möglich).

» disable = Yes / No gibt an, ob der Dienst aktiv oder blockiert ist. Bei blockierten Diensten enthält die Konfigurationsdatei disable=Yes. Bei Fedora und Red Hat können Sie xinetd-Dienste auch durch chkconfig --del name deaktivieren bzw. durch chkconfig --add name wieder aktivieren. Diese Kommandos verändern nur die disable-Zeile und rühren die restliche Konfiguration nicht an.

» log_* gibt an, ob die Nutzung des Dienstes protokolliert werden soll.

/etc/hosts.allow und hosts.deny

Die Dateien /etc/hosts.allow und /etc/hosts.deny steuern, von welchem Rechner aus welche Dienste verwendet werden dürfen. Die Einstellungen gelten für alle Programme, die auf die TCP-Wrapper-Bibliothek zurückgreifen. Dazu zählen neben xinetd auch der SSH-Server, NFS und bei SUSE auch CUPS. Details zum Aufbau der Konfigurationsdateien hosts.allow und hosts.deny finden Sie auf Seite 835.

Ein Sonderfall ist openbsd-inetd: Dieses Programm ist zwar mit der TCP-Wrapper-Bibliothek verlinkt, standardmäßig sind dessen Funktionen aber deaktiviert! Um TCP-Wrapper-Funktionen zu aktivieren, müssen Sie das Programm mit der Option -l starten. Bei Debian und Ubuntu erzeugen Sie dazu die Datei /etc/default/openbsd-inetd und fügen die folgende Zeile ein:

```
# Datei /etc/default/openbsd-inetd (Debian, Ubuntu)
# TCP-Wrapper-Funktionen aktivieren
OPTIONS="-l"
```

Mit dieser Option unterbleibt der in inetd.conf vorgesehene Aufruf von tcpd, um zu vermeiden, dass die TCP-Wrapper-Regeln zweimal überprüft werden.

26. Kernel und Module

Dieses Kapitel beschäftigt sich mit dem Linux-Kernel und seinen Modulen. Module sind Teile des Kernels, die bei Bedarf geladen werden – etwa wenn eine bestimmte Hardware-Komponente zum ersten Mal angesprochen wird. Abschnitt 26.1 erklärt, warum das meistens automatisch funktioniert und was Sie tun müssen, wenn der Automatismus versagt.

Es besteht eher selten die Notwendigkeit, den Kernel neu zu kompilieren. Viel wahrscheinlicher ist es, dass Sie nur ein Modul kompilieren möchten, damit dieses zum aktuellen Kernel passt (etwa für den Treiber einer Grafikkarte oder für VirtualBox). Abschnitt 26.2 beweist, dass das Kompilieren von Modulen oder auch des gesamten Kernels keine Hexerei ist. Abschnitt 26.3 zeigt, wie Sie aus dem /proc- bzw. /sys-Dateisystem aktuelle Informationen über den Kernel ermitteln. Abschnitt 26.4 erklärt, wie Sie während des Rechnerstarts Optionen an den Kernel übergeben könne. Und Abschnitt 26.5 beschreibt schließlich, wie Sie Kernelparameter im laufenden Betrieb verändern.

Es sollte klar sein, dass sich dieses Kapitel explizit an fortgeschrittene Linux-Anwender richtet. Linux-Einsteiger sind gut beraten, den für ihre Distribution vorgesehenen Kernel zu verwenden und nur zur Distribution passende Pakete zu installieren! Alle Informationen in diesem Kapitel gelten gleichermaßen für die Kernelversionen 2.6.*n* und 3.*n*. Obwohl die Mitte 2011 durchgeführte Änderung an der Nummerierung der Kernelversionen grundlegende Veränderungen vermuten lässt, hat der Sprung von 2.6.39 auf 3.0 außer den üblichen Updates und Treiberverbesserungen keine fundamentalen Neuerungen mit sich gebracht.

26.1 Kernelmodule

Der Kernel ist jener Teil von Linux, der für elementare Funktionen wie Speicherverwaltung, Prozessverwaltung, Zugriff auf Festplatten und Netzwerkkarten etc. zuständig ist. Der Kernel verfolgt dabei ein modularisiertes Konzept: Anfänglich – also beim Hochfahren des Rechners – wird ein Basiskernel geladen, der nur jene Funktionen enthält, die zum Rechnerstart erforderlich sind.

Wenn im laufenden Betrieb Zusatzfunktionen benötigt werden (z. B. für spezielle Hardware), wird der erforderliche Code als Modul mit dem Kernel verbunden. Werden diese Zusatzfunktionen eine Weile nicht mehr benötigt, kann das Modul wieder aus dem Kernel entfernt werden. Dieses modularisierte Konzept hat viele Vorteile:

- Kernelmodule können nach Bedarf eingebunden werden. Wenn ein bestimmtes Modul nur selten benötigt wird, kann so Speicher gespart werden, d. h., der Kernel ist nicht größer als unbedingt notwendig und optimal an die Hardware des Nutzers angepasst.
- Bei einer Änderung der Hardware (z. B. einer neuen Netzwerkkarte) muss kein neuer Kernel kompiliert, sondern nur das entsprechende Modul eingebunden werden. Alle gängigen Distributionen basieren auf diesem Konzept.
- Bei der Entwicklung eines Kernelmoduls muss nicht ständig der Rechner neu gestartet werden. Es reicht, ein Modul neu zu kompilieren. Anschließend kann es bei laufendem Betrieb getestet werden.
- Hardware-Hersteller können Module als Binärdateien zur Unterstützung ihrer Hardware zur Verfügung stellen, ohne dass sie den Code freigeben müssen. Das ist bisher allerdings nur vereinzelt geschehen und birgt natürlich auch viele Nachteile in sich. (Ein Kernelmodul muss exakt zum Kernel passen. Es muss für jede Kernelversion neu kompiliert werden. Wenn ein Fehler entdeckt wird, kann dieser nur vom Hersteller, nicht aber vom Anwender korrigiert werden, weil der Quellcode nicht verfügbar ist.)

Eine Menge Hintergrundinformationen zum Umgang mit Kernelmodulen finden Sie auf der folgenden Seite:

http://www.tldp.org/HOWTO/Module-HOWTO/

Module automatisch laden

Dafür, dass Kernelmodule tatsächlich automatisch geladen werden, sobald sie benötigt werden, ist die in den Kernel integrierte Komponente kmod verantwortlich. kmod wird durch die Datei /etc/modprobe.conf gesteuert. Details zu dieser Datei folgen auf Seite 718.

Kernel und Module müssen zusammenpassen

Bis zur Kernelversion 2.6.15 mussten der Kernel und seine Module exakt zusammenpassen: Es war nicht möglich, ein Modul zu laden, das für eine (vielleicht nur geringfügig) andere Kernelversion kompiliert wurde. Aus diesem Grund gibt es für jede Kernelversion ein eigenes Modulverzeichnis /lib/modules/*kernelversion*. Gerade bei Modulen, die nicht unmittelbar mit der Distribution mitgeliefert werden (etwa Module für ATI- oder NVIDIA-Grafiktreiber etc.), stellt die strikte Versionsabhängigkeit oft ein Problem dar.

Module Versioning

Erst Kernel 2.6.16 bringt durch den Mechanismus des *Module Versioning* eine gewisse Besserung: Zusammen mit dem Modul werden Zusatzinformationen gespeichert, die Aufschluss darüber geben, ob eine Zusammenarbeit zwischen dem Modul und dem Kernel auch bei unterschiedlicher Versionsnummer möglich ist. Damit können oft auch nicht zur Kernelversion passende Module genutzt werden. Dieser Mechanismus funktioniert allerdings nur, wenn das Module Versioning beim Kompilieren aktiviert wurde und wenn es zwischen der Kernel- und der Modulversion keine Änderungen an den Schnittstellen gegeben hat.

Wenn Sie unter SUSE eigene Kernelmodule kompilieren möchten, die Module Versioning unterstützen, müssen Sie vorher das Paket kernel-syms installieren. Module Versioning ist auch unter den Namen *Kernel Symbol Versions* oder *Modversions* bekannt. Im Detail ist der Mechanismus hier beschrieben:

http://www.oreilly.de/german/freebooks/linuxdrive2ger/kerver.html

Kommandos zur Modulverwaltung

Alle gängigen Distributionen sind so eingerichtet, dass Module bei Bedarf automatisch geladen werden. Ein Beispiel: Sie binden mit mount das Dateisystem eines USB-Sticks in den Verzeichnisbaum ein. Daraufhin wird automatisch das vfat-Modul aktiviert, das zum Lesen des Dateisystems erforderlich ist.

Im Regelfall erfolgt die Modulverwaltung also automatisch und transparent, ohne dass Sie mit den im Folgenden beschriebenen Kommandos zur manuellen Modulverwaltung eingreifen müssen. Dennoch sollten Sie die Modulkommandos kennen, um Module zur Not auch manuell laden zu können.

Alle Module befinden sich im Verzeichnis /lib/modules/*n*. Dabei ist *n* die Version des laufenden Kernels. Moduldateien haben die Dateiendung *.ko.

Kernelversion ermitteln

Das Kommando uname -r liefert die Versionsnummer des laufenden Kernels:

```
user$ uname -r
3.1.0-1.1-desktop
```

Moduldatei laden

insmod integriert das angegebene Modul in den Kernel. Dabei muss der vollständige Dateiname übergeben werden. Zusätzlich können Parameter (Optionen) an das Modul übergeben werden. Falls Sie hexadezimale Werte angeben möchten, müssen Sie 0x voranstellen, also etwa option=0xff.

```
root# insmod /lib/modules/3.1.0-1.1-desktop/kernel/fs/fuse/fuse.ko
```

insmod -f versucht das Modul selbst dann zu laden, wenn es nicht zur laufenden Kernelversion passt. Ob das tatsächlich funktioniert, hängt davon ab, ob es zwischen der Kernel- und der Modulversion irgendwelche Inkompatibilitäten gibt.

Normalerweise werden Sie Kernelmodule nicht mit insmod laden, sondern mit modprobe. Dieses Kommando bietet zwei Vorteile: Es sucht die Moduldatei selbst (Sie müssen nur den Modulnamen angeben), und es lädt gegebenenfalls auch alle Module, die als Voraussetzung für das gewünschte Modul benötigt werden. Außerdem werden alle in /etc/modprobe.conf angegebenen Moduloptionen berücksichtigt. modprobe setzt allerdings eine korrekte Modulkonfiguration voraus (modprobe.conf und modules.dep).

```
root# modprobe fuse
```

Liste der geladenen Module

lsmod liefert eine (normalerweise recht lange) Liste aller momentan geladenen Kernelmodule:

```
root# lsmod | sort
Module                  Size  Used by
ac                      4933  0
autofs4                19013  1
battery                 9285  0
bluetooth              44069  5 hidp,rfcomm,l2cap
button                  6609  0
...
fuse                   36313  0
...
```

Module entfernen

rmmod entfernt das angegebene Modul wieder aus dem Kernel und gibt den belegten Speicher frei. Das Kommando kann nur erfolgreich ausgeführt werden, wenn das Modul gerade nicht verwendet wird.

```
root# rmmod fuse
```

Modulinformationen

modinfo liefert eine Menge Informationen über ein Modul. Das Modul muss sich nicht im Kernel befinden. Das folgende Beispiel zeigt die Daten für das Modul e1000. Dabei handelt es sich um den Treiber für Intel-Netzwerkadapter.

```
root# modinfo e1000
filename:       /lib/modules/3.1.0-1.1-desktop/kernel/drivers/net/e1000/e1000.ko
version:        7.3.21-k8-NAPI
license:        GPL
description:    Intel(R) PRO/1000 Network Driver
author:         Intel Corporation, <linux.nics@intel.com>
...
depends:
vermagic:       3.1.0-1.1-desktop SMP preempt mod_unload modversions
parm:           TxDescriptors:Number of transmit descriptors (array of int)
parm:           RxDescriptors:Number of receive descriptors (array of int)
...
```

Modulkonfiguration

Die Modulverwaltung funktioniert scheinbar wie von Zauberhand: Wenn Sie eine zusätzliche Partition in das Dateisystem einbinden und dabei ein bisher nicht genutztes Dateisystemformat zum Einsatz kommt, wird automatisch das Modul für dieses Dateisystem geladen; wenn sich die Partition auf einer SCSI-Festplatte befindet, werden auch die SCSI-Module aktiviert (wenn diese nicht ohnedies schon geladen sind); während der Initialisierung der Netzwerkfunktionen wird automatisch der erforderliche Treiber für Ihre Netzwerkkarte geladen etc.

Für das automatische Laden von Kernelmodulen ist die in den Kernel integrierte Komponente kmod verantwortlich. Dafür, dass all das funktioniert, sorgen unterschiedliche Konfigurationsmechanismen:

» **Für den Rechnerstart erforderliche Module:** Manche Kernelmodule werden sofort beim Start des Rechners benötigt – etwa Module zum Zugriff auf das Dateisystem. Soweit diese Module nicht integraler Bestandteil des Kernels sind, müssen sie in einer Initrd-Datei durch GRUB beim Rechnerstart an den Kernel übergeben werden (siehe Seite 735).

» **Module für Grundfunktionen:** Die Module für die Basisverwaltung von Hardware-Komponenten (z. B. für das USB-System) werden von verschiedenen Scripts des Init-Prozesses direkt durch modprobe-Anweisungen geladen.

» **Module für Schnittstellen:** Eine Reihe weiterer Module wird dann geladen, wenn eine Schnittstelle zum ersten Mal benutzt wird. Hier tritt allerdings das Problem auf, dass es für manche Schnittstellen je nach der eingesetzten Hardware unterschiedliche Module gibt. Wenn Sie also die Schnittstelle eth0 für die erste Netzwerkkarte im Rechner ansprechen, muss das zu dieser Karte passende Modul geladen werden.

Da der Kernel nicht hellsehen kann, benötigt er eine Information darüber, welches Modul das richtige ist. Diese Information befindet sich in /etc/modprobe.conf sowie in den Dateien des Verzeichnisses /etc/modprobe.d. Dort befinden sich installations- oder distributionsspezifische Optionen sowie Anweisungen, welche Module *nicht* automatisch zu laden sind (blacklist-Datei).

Auch die automatische Device-Verwaltung durch das udev-System lädt bei Bedarf die notwendigen Module. Die entsprechenden Regeln finden Sie in /etc/udev/rules.d.

» **Module für USB- und Firewire-Geräte etc.:** Derartige Hardware-Komponenten nehmen eine Sonderrolle ein. Mehrere *.*map-Dateien in /lib/modules/*kernelversion*/ entscheiden anhand der Identifikationscodes der Komponenten darüber, welches Modul geladen wird.

» **Modulabhängigkeiten:** Eine Menge Module sind voneinander abhängig. Beispielsweise funktioniert das Modul nfs für das NFS-Dateisystem nur, wenn auch die Module lockd, nfs_acl und sunrpc geladen sind. Derartige Modulabhängigkeiten sind zentral in der Datei /lib/modules/*n*/modules.dep verzeichnet.

Module beim Rechnerstart laden

Manchmal wollen Sie unabhängig von den hier zusammengefassten Konfigurationswegen erreichen, dass beim Rechnerstart ein bestimmtes Kernelmodul geladen wird – und das, ohne sich auf irgendwelche Automatismen zu verlassen. Die optimale Vorgehensweise hängt von Ihrer Distribution ab.

Besonders einfach ist es bei Debian und Ubuntu: Dort kümmert sich das Init-V-Script /etc/init.d/module-init-tools darum, alle in /etc/modules zeilenweise aufgelisteten Module zu laden. Sie müssen also lediglich das gewünschte Modul in einer neuen Zeile in /etc/modules angeben.

Bei den meisten anderen Distributionen fügen Sie modprobe modulname in ein für lokale Anpassungen vorgesehenes Init-V-Script ein. Beachten Sie aber, dass die Module damit je nach Distribution erst zum Ende des Init-V-Prozesses geladen werden (was für manche Anforderungen bereits zu spät ist).

Red Hat, Fedora:	/etc/rc.d/rc.local
SUSE:	/etc/init.d/boot.local

modprobe-Syntax

Die folgenden Absätze beschreiben die wichtigsten Schlüsselwörter für modprobe.conf bzw. die Dateien in modprobe.d/. Weitere Details liefert man modprobe.conf.

alias

alias-Anweisungen geben an, welche Kernelmodule für welche Devices eingesetzt werden. Ein Beispiel: Für das Device /dev/eth0 soll das Modul 8139too verwendet werden.

```
alias eth0 8139too
```

Der Zugriff auf viele Hardware-Komponenten erfolgt durch block- und zeichenorientierte Device-Dateien (/dev/xxx). Aus der Sicht des Kernels werden diese Device-Dateien nicht durch ihren Namen, sondern durch die Major- und Minor-Device-Nummer charakterisiert (siehe auch Seite 304). Zahlreiche alias-Anweisungen stellen den Zusammenhang zwischen Device-Nummern und Modulen her. Analog sieht auch die Definition von Netzwerkprotokollen aus: Zur Nutzung eines bestimmten Protokolls sucht der Kernel nach einer Protokollfamilie mit dem Namen net-pf-*n*. Das folgende Beispiel bewirkt, dass für die Protokollfamilie 5 das AppleTalk-Modul geladen wird:

```
alias net-pf-5 appletalk
```

Wenn Sie dieses Protokoll nicht brauchen und womöglich das entsprechende Modul gar nicht installiert ist, erspart die folgende Anweisung Ihnen lästige Fehlermeldungen:

```
alias net-pf-5 off
```

options options-Anweisungen geben an, mit welchen Optionen ein bestimmtes Modul geladen werden soll. Die folgende Anweisung bewirkt, dass das Modul ne (für NE-2000-kompatible Ethernet-Karten) mit der Option io=0x300 geladen wird.

```
options ne io=0x300
```

include include-Anweisungen laden weitere Konfigurationsdateien.

install Mit install-Anweisungen geben Sie Kommandos an, die ausgeführt werden, anstatt das betreffende Modul einfach zu laden. Auch hierzu sehen Sie ein Beispiel, das aus Platzgründen auf zwei Zeilen verteilt wurde. Wenn das ALSA-Modul snd benötigt wird, sollen die folgenden Kommandos ausgeführt werden:

```
install snd modprobe --ignore-install snd $CMDLINE_OPTS && \
  { modprobe -Qb snd-ioctl32 ; : ; }
```

remove Mit remove geben Sie Kommandos an, die beim Entfernen eines Moduls ausgeführt werden sollen.

blacklist blacklist bewirkt, dass modulinterne Alias-Definitionen nicht berücksichtigt werden. blacklist-Anweisungen befinden sich üblicherweise in der Datei /etc/modprobe.d/blacklist. Sie enthält Module, die beispielsweise wegen Kompatibilitätsproblemen oder aufgrund von besseren Alternativen *nicht* geladen werden sollen. Beispielsweise verhindert die folgende Zeile, dass das Modul usbmouse geladen wird. Stattdessen kommt in der Regel das leistungsfähigere hid-Modul zum Einsatz.

```
blacklist usbmouse
```

Ein zusätzliches Modul kompilieren

Wenn Sie Linux in Kombination mit VirtualBox einsetzen, die binären Grafiktreiber von ATI oder NVIDIA nutzen möchten oder ein anderes hardware-spezifisches Kernelmodul brauchen, das im Kernel Ihrer Distribution fehlt, müssen Sie das Modul passend zum laufenden Kernel kompilieren.

Entwicklungswerkzeuge Zum Kompilieren eines Moduls sind neben dem C-Compiler gcc und make auch weitere grundlegende Entwicklungswerkzeuge erforderlich. Die meisten Distributionen erleichtern die Sache durch fertige Paketselektionen oder Meta-Pakete, die auf alle relevanten Pakete verweisen:

Debian, Ubuntu:	`apt-get install build-essential`
Fedora:	`yum groupinstall development-tools`
SUSE:	`zypper install -t pattern devel_basis`

Kernel-Include-Dateien

Außerdem brauchen Sie zumindest die Include-Dateien (Header-Dateien) zum aktuellen Kernel. Diese Dateien sind Teil des Kernelcodes. Bei vielen Distributionen (aber nicht bei SUSE) befinden sich die Include-Dateien und der Rest des Codes in zwei getrennten Paketen. Das hat den Vorteil, dass Sie nicht gleich den riesigen Kernelcode installieren müssen, wenn Sie nur die vergleichsweise kleinen Include-Dateien brauchen. Die folgende Liste gibt an, in welchen Paketen sich die Include-Dateien des Kernels bei den gängigen Distributionen befinden und wohin diese Dateien installiert werden. *n.n* ist dabei ein Platzhalter für die installierte Kernelversion, *plattform* für die aktive CPU-Variante (z. B. amd64). Beide Informationen ermitteln Sie mit dem Kommando `uname -a`.

Debian:	`linux-headers-`*n.n-plattform*	`/usr/include/linux`
Fedora, Red Hat:	`kernel-[PAE-]devel-`*n.n*	`/lib/modules/`*n.n*`/build/include`
SUSE:	`kernel-source`	`/usr/src/linux-`*n.n*`/include`
Ubuntu:	`linux-headers-generic`	`/usr/include/linux`

Wenn Sie den Kernel selbst kompilieren (siehe den nächsten Abschnitt), landen die zum Kernel passenden Include-Dateien automatisch im Verzeichnis `/lib/modules/`*n.n*`/build/include`.

PAE

Bei aktuellen 32-Bit-Fedora-Versionen müssen Sie aufpassen: Es gibt mitunter zwei verschiedene Kernel-Varianten: eine mit und eine ohne PAE-Unterstützung. Welche Version bei Ihnen zum Einsatz kommt, stellen Sie mit `uname -r` fest. Wenn die resultierende Zeichenkette pae enthält, läuft ein Kernel mit PAE-Unterstützung. In diesem Fall müssen Sie statt `kernel-devel` das Paket `kernel-PAE-devel` installieren! Nur damit können Sie ein zum laufenden Kernel kompatibles Modul kompilieren.

PAE steht eigentlich für *Physical Address Extension* und ist ein Mechanismus, um mit 32-Bit-CPUs mehr als 4 GByte RAM zu nutzen. Die Aktivierung von PAE hat aber – unabhängig von der Bit-Anzahl der CPU und dem verfügbaren RAM – einen zweiten Vorteil: Nur mit PAE kann das Schutzsystem *No Execute* (NX) genutzt werden. NX verhindert, dass bei einem Pufferüberlauf Code aus dem Datenbereich eines Programms ausgeführt werden kann.

Modul kompilieren

Die meisten Programme, die eigene Kernelmodule benötigen, enthalten ein Installations-Script, das sich um das Kompilieren und Einrichten des Moduls kümmert. Das gilt beispielsweise für VMware, VirtualBox, die Grafiktreiber von ATI/AMD und NVIDIA etc. Bei manchen Distributionen ist der Prozess sogar dahingehend automatisiert, dass nach jedem Kernel-Update automatisch das Modul neu kompiliert wird (siehe *DKMS* etwas weiter unten).

Wenn Sie dagegen den Quellcode für eine noch nicht offiziell unterstützte Hardware-Komponente heruntergeladen haben, müssen Sie sich um den Kompilierprozess selbst kümmern. Dazu führen Sie in der Regel die folgenden Kommandos aus. Nur das letzte make-Kommando erfordert root-Rechte.

```
user$  cd quellcodeverzeichnis
user$  make clean
user$  make
root#  make install
```

module-assistant Unter Debian und Ubuntu hilft das Kommando `module-assistant` bzw. kurz `m-a` beim Kompilieren und Einrichten einer Liste vordefinierter, häufig benötigter Kernelmodule. Nach der Installation des Pakets `module-assistant` installiert `m-a prepare` alle erforderlichen Entwicklungswerkzeuge; `m-a update` aktualisiert die Quellen für den `module-assistant`. `m-a list` liefert eine Liste der Module, die `m-a` kompilieren kann.

```
root# apt-get install module-assistant
root# m-a prepare
root# m-a update
```

Sind diese Vorbereitungsarbeiten einmal erledigt, ist `m-a auto-install` bzw. kurz `m-a a-i` das wichtigste Kommando: Es installiert ein Debian-Paket der Form *name*-source, kompiliert das im Quellcode enthaltene Modul für die aktuelle Kernelversion und installiert es. Wenn sich das Kommando darüber beschwert, dass es für das angegebene Modul kein Quellcodepaket findet, müssen Sie in der Regel /etc/apt/`sources.list` ergänzen. Unter Debian sollten Sie sicherstellen, dass darin die Paketquellen *contrib* und *non-free* enthalten sind; unter Ubuntu benötigen Sie zumeist die Paketquellen *restricted*, *universe* und *multiverse*.

```
root# m-a auto-install nvidia
```

Nach einem Kernel-Update müssen Sie das Kommando `m-a a-i` *modulname* neuerlich ausführen, um das Modul auch für die neue Kernelversion zu kompilieren!

Viele der via `module-assistant` verfügbaren Module stehen unter Ubuntu standardmäßig zur Verfügung. Es ist daher nicht notwendig (und aufgrund fehlender Quellcodepakete auch gar nicht möglich), die entsprechenden Kernelmodule mit `m-a` einzurichten. Unter Debian besteht deswegen wesentlich öfter die Notwendigkeit, `m-a` einzusetzen.

`m-a` kann auch ohne Parameter gestartet werden und führt dann in eine aus Textdialogen zusammengesetzte Benutzeroberfläche, in der Sie ebenfalls das gewünschte Modul auswählen und kompilieren können.

DKMS DKMS steht für *Dynamic Kernel Module Support* und hilft dabei, nach einem Kernel-Update selbst kompilierte Kernelmodule automatisch zu aktualisieren. DKMS besteht aus einigen Shell-Scripts und wurde von Dell entwickelt. Entsprechende dkms-Pakete stehen gegenwärtig für die Distributionen Debian, Fedora und Ubuntu zur Verfügung. Auch mit `module-assistant` erzeugte Module werden von DKMS aktualisiert.

Um DKMS zu nutzen, muss der Quellcode des Moduls in einem Verzeichnis der Form /usr/src/*name-version* installiert werden. Das Verzeichnis muss die Datei `dkms.conf` enthalten, die DKMS erklärt, wie es mit dem Code umgehen soll. Die folgenden Zeilen stammen vom NVIDIA-Treiber für Ubuntu, wobei ich die Formatierung des Listings ein wenig geändert habe, um die Lesbarkeit zu verbessern.

```
# Datei /usr/src/nvidia-195.36.24/dkms.conf
PACKAGE_NAME             = "nvidia-current"
PACKAGE_VERSION          = "195.36.24"
CLEAN                    = "make clean"
BUILT_MODULE_NAME[0]     = "nvidia"
DEST_MODULE_NAME[0]      = "nvidia-current"
```

```
MAKE[0]                  = "make module KERNDIR = /lib/modules/$kernelver
                            IGNORE_XEN_PRESENCE=1 IGNORE_CC_MISMATCH=1
                            SYSSRC=$kernel_source_dir"
DEST_MODULE_LOCATION[0] = "/kernel/drivers/char/drm"
AUTOINSTALL              = "yes"
PATCH[0]                 = "vga_arbiter_workaround.patch"
PATCH_MATCH[0]           = "^2.6.32"
```

Sind diese Voraussetzungen erfüllt, fügen Sie das Kernelmodul mit dkms add in die Kontrolle von DKMS ein, kompilieren und installieren es für den aktuellen Kernel. In Zukunft geschieht dies bei Kernel-Updates automatisch. Die folgenden Beispiele beziehen sich wieder auf den NVIDIA-Kerneltreiber. (Die Kommandos werden bei der Installation des Ubuntu-Pakets des Treibers automatisch ausgeführt.)

```
root# dkms add     -m nvidia-current -v 195.36.24
root# dkms build   -m nvidia-current -v 195.36.24
root# dkms install -m nvidia-current -v 195.36.24
```

dkms status bzw. ein Blick in das Verzeichnis /var/lib/dkms verraten, welche Kernelmodule sich momentan unter der Kontrolle von DKMS befinden. Weitere Informationen zu DKMS geben man dkms und die folgenden Webseiten:

http://www.linuxjournal.com/article/6896
http://wiki.centos.org/HowTos/BuildingKernelModules

26.2 Kernel selbst konfigurieren und kompilieren

Der durchschnittliche Linux-Anwender muss seinen Kernel nicht selbst kompilieren. Bei allen aktuellen Distributionen werden ein brauchbarer Standardkernel und eine umfangreiche Sammlung von Modulen mitgeliefert. Dennoch kann es Gründe geben, den Kernel neu zu kompilieren:

» Sie wollen Ihr System besser kennenlernen. (Das Motto dieses Buchs ist es ja, Ihnen auch einen Blick hinter die Linux-Kulissen zu ermöglichen.)

» Sie brauchen besondere Funktionen, die weder in den mitgelieferten Kernel integriert sind noch als Modul vorliegen.

» Sie möchten eine aktuellere Version des Kernels verwenden als die, die mit Ihrer Distribution mitgeliefert wurde.

» Sie möchten selbst an der Kernelentwicklung teilnehmen und daher mit dem neuesten Entwicklerkernel experimentieren.

» Sie wollen in Ihrem Bekanntenkreis mit Insider-Wissen auftrumpfen: »Ich habe den neuesten Linux-Kernel selbst kompiliert!«

Hürden Es gibt allerdings gewichtige Gründe, die gegen das Kompilieren eines eigenen Kernels sprechen:

- Die meisten Distributionen verwenden nicht den Originalkernel, wie er von Linus Torvalds freigegeben wird, sondern eine gepatchte Version mit diversen Zusatzfunktionen (wobei natürlich jede Distribution andere Patches verwendet – siehe auch Seite 728). An sich ist das eine feine Sache für den Anwender: Er bekommt auf diese Weise Zusatzfunktionen, von denen der Distributor glaubt, dass sie schon ausreichend stabil funktionieren. Wenn Sie sich nun aber selbst den Quellcode des Originalkernels herunterladen, fehlen diese Patches. Einzelne Funktionen Ihrer Distribution, die bisher einwandfrei gearbeitet haben, machen plötzlich Probleme oder funktionieren gar nicht mehr.
- Das Kompilieren eines eigenen Kernels ist nicht schwierig. Schwierig ist aber die vorherige Konfiguration des Kompilationsprozesses. Dabei stehen weit über 1000 Optionen zur Auswahl. Sie können mit diesen Optionen beeinflussen, welche Funktionen direkt in den Kernel integriert werden, welche als Module und welche gar nicht zur Verfügung stehen sollen. Wenn Sie sich – mangels Detailwissen – für die falschen Optionen entscheiden, ist das Ergebnis wie oben: Einzelne Funktionen verweigern den Dienst, und es ist relativ schwierig, die Ursache herauszufinden. Gerade für Linux-Einsteiger ist es praktisch unmöglich, die richtigen Einstellungen für alle Optionen richtig zu erraten.

Aus diesen Gründen verweigern die meisten Distributoren jeden Support, wenn Sie nicht den mit der Distribution mitgelieferten Kernel verwenden. Lassen Sie sich von diesen Warnungen aber nicht abschrecken, es einmal selbst zu versuchen. Wenn Sie nach der auf Seite 731 präsentierten Anleitung vorgehen, können Sie Ihren Rechner anschließend sowohl mit dem alten als auch mit dem neuen Kernel hochfahren – es kann also nichts passieren!

Entwicklungswerkzeuge Zur Kompilierung des Kernels sind dieselben Entwicklungswerkzeuge wie zum Kompilieren eines einzelnen Moduls erforderlich (siehe Seite 720).

Grundlagen

Kernelversionen Bis zur Kernelversion 2.6.0 gab es »stabile« Kernelversionen (2.0.*n*, 2.2.*n*, 2.4.*n*) und sogenannte Entwickler- bzw. Hacker-Kernel (2.3.*n*, 2.5.*n* etc.). Die meisten Linux-Distributionen verwendeten stabile Kernelversionen, während die Entwicklerkernel für Programmierer gedacht waren, die sich an der Kernelentwicklung beteiligen. Neue Funktionen wurden zuerst im Hacker-Kernel getestet, bevor sie (manchmal erst Jahre später) in die nächste stabile Kernelgeneration Einzug hielten.

Mit Kernel 2.6 hat sich das Entwicklungsmodell geändert. Es gibt keinen Hacker-Kernel 2.7.*n* mehr. Stattdessen erfolgt die Weiterentwicklung direkt in den 2.6.*n*-Versionen. Man könnte sagen, dass jede neue Kernelversion vorerst als Hacker-Kernel gilt; erst wenn Linus Torvalds entscheidet, dass die Version zuverlässig läuft, wird sie als stabile Version freigegeben. Der Hauptvorteil besteht darin, dass Neuerungen von wesentlich mehr Entwicklern getestet werden und viel schneller allgemein verfügbar werden.

Sollten in der jeweils letzten freigegebenen Kernelversion offensichtliche Fehler oder Sicherheitsmängel auftreten, werden diese in Zusatzversionen mit einer vierten Versionsnummer behoben. Daraus ergeben sich dann Kernelversionen wie 2.6.21.4.

Im Frühjahr 2011 hat Linus Torvalds etwas überraschend festgestellt, dass es Zeit für eine neue Kernelnummerierung sei. Deswegen folgte auf Kernel 2.6.39 die Version 3.0. Weitere Versionen bekommen die Nummern 3.1, 3.2, 3.3 etc. Mit den weiterhin erforderlichen Updates ergeben sich dadurch Versionsnummern in der Art 3.1.4. Das ist ein gewisser Fortschritt, weil die Versionsnummer nun nur noch aus drei Teilen besteht und nicht mehr wie bisher aus vier. (Welche Kernelversion auf Ihrem Rechner läuft, verrät das bereits vorgestellte Kommando `uname -r`.) Ansonsten gingen mit dem neuen Nummerierungschema keine grundlegenden Neuerungen einher – weder funktionell noch im Entwicklungsprozess.

Kernel 3.*n*

Die meisten Updates eines Linux-Systems können im laufenden Betrieb erfolgen. Aktualisierte Netzwerkdienste müssen zwar anschließend neu gestartet werden, aber es besteht keine Notwendigkeit, den ganzen Rechner neu zu starten. Eine Ausnahme von dieser Regel ist der Kernel: Damit Sicherheits-Updates im Kernel wirksam werden, müssen Sie einen neuen Kernel und neue Module installieren und den Rechner anschließend neu starten. Auf Desktop-Rechnern, die üblicherweise jeden Tag ein- und ausgeschaltet werden, ist das egal. Aber bei Servern, die möglichst ohne Unterbrechung ständig verfügbar sein sollen, ist ein Neustart immer unerwünscht.

Ksplice

Abhilfe verspricht die Funktion Ksplice: Bei vielen (wenn auch nicht bei allen) Updates ist es möglich, die betreffende Kernelfunktion im laufenden Betrieb zu deaktivieren und durch neuen Code zu ersetzen. Die nicht eben trivialen technischen Hintergründe des Verfahrens sind auf den beiden folgenden Seiten beschrieben:

http://www.ksplice.com/
http://lwn.net/Articles/340477/

Mitte 2011 übernahm Oracle die Firma Ksplice. Kernel-Updates für Oracle Linux sollen in Zukunft mit Ksplice erfolgen, was ein durchaus interessantes Unterscheidungsmerkmal zu Red Hat Enterprise Linux wäre.

Der Kernel besteht zurzeit (Version 3.1) aus fast 15 Millionen Zeilen Code (überwiegend in C, teilweise auch in Assembler). Wenn Sie wissen möchten, wer bzw. welche Firmen zur Kernelentwicklung beitragen, verfolgen Sie einfach die Linux-News-Site lwn.net. Dort finden Sie zu jedem Kernel-Release eine statistische Aufarbeitung, wer die meisten Änderungen durchgeführt hat.

Statistik

http://lwn.net/Articles/459980/ (für Version 3.1)

Tipps zur Kompilierung des Kernels finden Sie auch auf den folgenden Seiten:

Links

http://kernelnewbies.org/FAQ/
http://www.tux.org/lkml/

Wenn Sie sich für technische Interna interessieren, sind die Dokumentationsdateien des Kernelcodes sehr aufschlussreich. Gerade neue Funktionen des Kernels werden zuerst hier beschrieben, noch bevor die entsprechenden `man`-Seiten aktualisiert werden:

http://www.kernel.org/doc/Documentation/

Kernelcode installieren

Der Quellcode für den Kernel befindet sich üblicherweise im Verzeichnis /usr/src/linux (nur bei Red Hat und Fedora gibt es abweichende Gepflogenheiten, siehe unten). Falls dieses Verzeichnis leer ist, haben Sie den Kernelcode nicht installiert. Sie können nun wahlweise den Kernelquellcode Ihrer Distribution installieren oder den gerade aktuellen offiziellen Kernelcode herunterladen. Weniger Probleme bereitet zumeist die erste Variante, insbesondere für Einsteiger.

Beachten Sie, dass der Platzbedarf für den Kernelcode beachtlich ist: Die komprimierten Quellcodepakete sind bereits rund 70 MByte groß. Nach dem Entpacken beträgt der Platzbedarf ca. weitere 500 MByte, und nach dem Kompilieren (mit den dadurch resultierenden Binärdateien) über vier GByte!

Kernelcode der Distribution installieren

Bei den meisten Distributionen gibt es ein eigenes Paket, das den Kernelquellcode enthält. Die folgende Liste gibt für einige gängige Distributionen an, in welchen Paketen sich der Kernelcode befindet. Dabei ist *n.n* ein Platzhalter für die installierte Kernelversion:

Debian, Ubuntu:	linux-source-*n.n*
Red Hat, Fedora:	kernel-*n.n* (Quellcodepaket)
SUSE:	kernel-source

Bei Debian und Ubuntu wird der Kernelcode als tar-Archiv in das Verzeichnis /usr/src installiert. Sie müssen das Archiv selbst mit tar xjf linux-*n.n*.tar.bz2 auspacken.

Fedora

Für Fedora und Red Hat gelten einige Besonderheiten: Zum einen befindet sich der Kernelcode nicht in einem gewöhnlichen Paket, sondern in einem Quellcodepaket. Zum anderen empfehlen die Fedora-Richtlinien die Installation des Quellcodes nicht in /usr/src, sondern in das Unterverzeichnis rpmbuild des Heimatverzeichnisses. Das ermöglicht es, den Kernel ohne root-Rechte zu kompilieren.

Insgesamt ist die Vorgehensweise aber etwas umständlicher: Zuerst installieren Sie die Pakete yumutils (enthält yumdownloader) und rpmdevtools (enthält rpmdev-setuptree sowie diverse Kommandos zur Erzeugung von RPM-Paketen). rpmdev-setuptree erzeugt das Verzeichnis ~/rpmbuild und darin wiederum diverse Unterverzeichnisse. yumdownloader lädt das Quelltextpaket kernel-*n.n*.src.rpm herunter.

```
user$ su -c 'yum install yumutils rpmdevtools'
user$ rpmdev-setuptree
user$ yumdownloader --source kernel
```

yum-builddep installiert alle noch fehlenden Pakete, die zur Kompilierung des Kernels erforderlich sind. rpm -i packt das Kernelpaket aus. Das Archiv des Kernelquellcodes (Datei linux-*n.n*.tar.bz2) sowie alle Fedora-spezifischen Patches landen damit im Verzeichnis ~/rpmbuild/SOURCES. Fehlermeldungen der Art *Benutzer mockbuild existiert nicht - benutze Root* können Sie dabei ignorieren. rpmbuild extrahiert daraus den Quellcode und wendet alle Red-Hat- bzw. Fedora-spezifischen Patches an:

```
user$ su -c 'yum-builddep kernel-n.n.src.rpm'
user$ rpm -i kernel-n.n.src.rpm
user$ cd ~/rpmbuild/SPECS
user$ rpmbuild -bp --target=$(uname -m) kernel.spec
```

Anschließend finden Sie den Originalquellcode und den für Fedora gepatchten Quellcode in den folgenden Verzeichnissen:

```
~/rpmbuild/BUILD/kernel-n.n/vanilla-n.n   (Orginalquellcode)
~/rpmbuild/BUILD/kernel-n.n/linux-n.n     (Quellcode mit Fedora-Patches)
```

Um den Platzbedarf zu minimieren, sind identische Dateien durch Hard Links verknüpft und somit nur einmal physikalisch gespeichert. Weitere Fedora-spezifische Tipps zum Kompilieren eines eigenen Kernels finden Sie auf der folgenden Seite. Dort ist insbesondere beschrieben, wie Sie vorgehen, damit der neue Kernel nach dem Kompilieren gleich in ein RPM-Paket verpackt wird.

http://fedoraproject.org/wiki/Docs/CustomKernel

Offiziellen Kernelcode installieren

Der mit der Distribution mitgelieferte Kernel ist oft schon veraltet. Den aktuellen Kernelcode in Form von komprimierten tar-Archiven finden Sie z. B. hier:

http://www.kernel.org/
ftp://ftp.kernel.org/pub/linux/kernel

Ein typischer Dateiname für das Kernel-Archiv ist etwa `linux-3.1.2.tar.bz2` (Größe ca. 70 MByte). Zur Installation wechseln Sie in das Verzeichnis /usr/src und führen das folgende Kommando aus:

```
root#  cd /usr/src
root#  tar xjf linux-3.1.2.tar.bz2
```

Die Installation erfolgt in das Verzeichnis /usr/src/. Um den Zugriff auf dieses Verzeichnis zu vereinfachen, zeigt normalerweise der Link /usr/src/linux auf das aktuelle Quellcodeverzeichnis:

```
root#  ln -s linux-3.1.2 linux
```

Kernelcode aktualisieren (patchen)

Mit sogenannten Patch-Dateien können Sie einen Versionswechsel von einer Version zu einer anderen durchführen. Patches sind komprimierte Textdateien, die angegeben, in welchen Dateien welche Änderungen durchgeführt werden sollen. Patches sparen insbesondere bei kleinen Versionswechseln eine Menge Download-Volumen. Patches funktionieren allerdings nur dann, wenn sie auf die dafür gedachte (unveränderte!) Codebasis angewendet werden.

Die richtige Patch-Reihenfolge

Nehmen wir an, Sie wollen den Code von 3.1.5 auf 3.1.6 aktualisieren: Naheliegend wäre es, einfach den Patch 3.1.6 anzuwenden. Das funktioniert so aber nicht, weil der Patch 3.1.6 als Basis den unveränderten Code 3.1 erwartet (nicht 3.1.5!). Daher müssen Sie auch den Patch 3.1.5 herunterladen und diesen invers anwenden (Option -R), um von 3.1.5 zurück zur Codebasis 3.1 zu gelangen. Erst jetzt funktioniert der Patch 3.1.6!

Das `patch`-Kommando wird normalerweise in Kombination mit `bunzip2` eingesetzt. `bunzip2` dekomprimiert den Patch, `patch` führt die Änderungen aus. Falls die Patch-Datei unkomprimiert vorliegt, lautet das Patch-Kommando `patch -p1 < patchdatei`.

Generell sollten Sie vor der Anwendung jedes Patches mit der Option `--dry-run` sicherstellen, dass dabei keine Probleme auftreten. Nichts ist ärgerlicher als ein fehlerhaft oder nur teilweise angewendeter Patch!

Die Patches verändern nur den Code, nicht aber den Namen des Verzeichnisses, in dem sich der Code befindet. Um Verwirrung zu vermeiden, sollten Sie anschließend auch das Codeverzeichnis umbenennen. (Die tatsächliche Versionsnummer können Sie der Datei Makefile direkt im Quellcodeverzeichnis entnehmen.)

```
root# cd /usr/src/linux-3.1.5
root# bunzip2 -c patch-3.1.5.bz2 | patch -R -p1 --dry-run  (Invers-Patch testen)
... keine Fehlermeldungen
root# bunzip2 -c patch-3.1.5.bz2 | patch -R -p1            (3.1.5 --> 3.1)
root# bunzip2 -c patch-3.1.6.bz2 | patch -p1 --dry-run     (Patch testen)
... keine Fehlermeldungen
root# bunzip2 -c patch-3.1.6.bz2 | patch -p1               (3.1 --> 3.1.6)
root# cd /usr/src
root# mv linux-3.1.5 linux-3.1.6
```

Funktions-Patches

Neben den gerade beschriebenen Update-Patches gibt es auch Patches mit inoffiziellen Zusatzfunktionen, die aus den verschiedensten Gründen noch nicht in den Standardkernel integriert sind (Funktions-Patches).

Grundsätzlich werden auch Funktions-Patches mit patch auf den Kernelcode angewendet. Allerdings müssen Sie darauf achten, dass Sie dieselbe Codebasis haben wie der Entwickler, der den Patch zur Verfügung gestellt hat. In der Regel ist als Codebasis nur der offizielle Kernelcode in der gerade aktuellen Version geeignet, nicht der oft schon gepatchte Kernelcode Ihrer Distribution.

Mitgelieferte Kernelkonfigurationsdateien verwenden

Der Kernel besteht aus Tausenden von Einzelfunktionen bzw. Komponenten. Bei nahezu allen Funktionen können Sie vor dem Kompilieren angeben, ob sie direkt in den Kernel integriert werden, als Modul kompiliert werden oder gar nicht verfügbar sein sollen. Dieser Vorgang heißt den »Kernel konfigurieren«.

.config-Datei

Die Kernelkonfiguration wird durch die Datei .config im Verzeichnis /usr/src/linux-*n.n* bestimmt. Dabei handelt es sich um eine rund 4000 Zeilen lange Textdatei, die angibt, ob eine Funktion direkt in den Kernel integriert (name=y) oder als Modul kompiliert werden soll (name=m). Nicht benötigte Funktionen erscheinen in der Konfigurationsdatei nicht bzw. nur in Kommentarzeilen. Die Datei kann auch zusätzliche Einstellungen enthalten (name=wert). Die folgenden Zeilen zeigen einen kleinen Ausschnitt aus einer .config-Datei:

```
CONFIG_X86=y
# CONFIG_X86_32 is not set
CONFIG_X86_64=y
CONFIG_X86_64_SMP=y
CONFIG_X86_ACPI_CPUFREQ=y
# CONFIG_X86_ACPI_CPUFREQ_PROC_INTF is not set
CONFIG_X86_BIOS_REBOOT=y
```

Wenn Sie bei der manuellen Kernelkonfiguration (siehe den folgenden Abschnitt) keinen Ausgangspunkt haben, müssen Sie sich wirklich um alle Kerneloptionen kümmern. Gerade beim ersten Mal ist es so gut wie sicher, dass Sie irgendetwas übersehen werden. Sie sparen eine Menge Zeit und Mühe, wenn Sie die mit Ihrer Distribution mitgelieferte Kernelkonfigurationsdatei als Ausgangspunkt verwenden:

```
root#  cp old-config /usr/src/linux-n.n/.config
```

Alternativ können Sie auch in das Quellcodeverzeichnis wechseln und dort das folgende Kommando ausführen:

```
root#  cd /usr/src/linux-n.n
root#  make oldconfig
```

Dieses Verfahren hat leider einen Nachteil: Wenn der ursprüngliche Kernelcode andere Patches enthält als der neu zu kompilierende Code, enthält auch die ursprüngliche Konfigurationsdatei Optionen, die im neuen Code nicht vorgesehen sind. Das kann zu Problemen führen. (Wie ich schon erwähnt habe, bauen viele Distributoren diverse Patches in ihren Kernel ein, die im Standardkernel nicht enthalten sind.)

Aktuelle Konfiguration feststellen

Bleibt noch die Frage offen, woher Sie die aktuelle Kernelkonfigurationsdatei nehmen. Bei nahezu allen Distributionen befindet sich im Verzeichnis /boot die zum laufenden Kernel passende Konfigurationsdatei (z. B. /boot/config-*n.n*).

Bei Red Hat bzw. Fedora finden Sie weitere Konfigurationsmuster für SMP-, Xen- und andere Kernelvariationen nach der Installation des Kernel-Quellcodepakets im folgenden Verzeichnis:

```
rpmbuild/BUILD/kernel-n.n/linux-n.n/configs/
```

cloneconfig

Der mit SUSE mitgelieferte Kernel verwendet die `cloneconfig`-Option (Gruppe *General setup*). Das bedeutet, dass /proc/config.gz den komprimierten Inhalt der `.config`-Datei enthält, mit der der gerade laufende Kernel kompiliert wurde. Mit `make cloneconfig` kopieren Sie die zuletzt verwendete Konfiguration in die Datei `.config`.

Kernel manuell konfigurieren

Monolithischer oder modularisierter Kernel

Prinzipiell müssen Sie sich zwischen zwei Kerneltypen entscheiden: monolithischen Kerneln oder modularisierten Kerneln. Monolithische Kernel enthalten alle benötigten Treiber direkt im Kernel und unterstützen keine Module. Modularisierte Kernel sind über die integrierten Treiber hinaus in der Lage, im laufenden Betrieb zusätzliche Module aufzunehmen. Ein modularisierter Kernel ist in fast allen Fällen die bessere Entscheidung.

Komponentenauswahl

Bei den meisten Komponenten haben Sie die Wahl zwischen drei Optionen: YES / MODULE / NO. YES bedeutet, dass diese Komponente direkt in den Kernel integriert wird. MODULE bedeutet, dass diese Komponente als Modul kompiliert wird (nur sinnvoll bei einem modularisierten Kernel). NO bedeutet, dass die Komponente überhaupt nicht kompiliert wird. Es gibt auch eine Reihe von Funktionen, die nicht als Modul zur Verfügung gestellt werden können – dort reduziert sich die Auswahl auf YES oder NO.

Konfigurationsstrategien Die übliche Vorgehensweise besteht darin, in den modularisierten Kernel nur relativ wenige elementare Funktionen zu integrieren und alle anderen Funktionen als Module verfügbar zu machen. Der Vorteil: Der Kernel an sich ist relativ klein, Module werden nur nach Bedarf nachgeladen.

Eine alternative Strategie besteht darin, einen monolithischen Kernel möglichst exakt auf die eigenen Hard- und Software-Ansprüche zu optimieren. Alle Funktionen, die genutzt werden sollen, integrieren Sie direkt in den Kernel. Bei allen anderen Komponenten entscheiden Sie sich für NO.

Generell wird ein monolithischer Kernel immer etwas größer als ein modularisierter Kernel. Dafür funktioniert er ohne die dynamische Modulverwaltung, und der Rechnerstart gelingt ohne Initrd-Datei. Der Nachteil ist auch offensichtlich: Wenn Sie eine bestimmte Funktion später doch brauchen, müssen Sie den Kernel neu kompilieren. Und nur echte Linux-Profis können abschätzen, welche Funktionen sie nutzen werden.

Werkzeuge zur manuellen Kernelkonfiguration

Um abweichend von der aktuellen Konfiguration einzelne Einstellungen zu verändern, können Sie `.config` manuell editieren. Das ist aber fehleranfällig und erfordert eine gute Kenntnis der Namen der diversen Optionen. Besser ist es, mit `make xxxconfig` ein spezielles Konfigurationsprogramm zu starten. Seit Kernelversion 2.6.35 stehen dazu fünf unterschiedliche Varianten zur Verfügung, die Sie mit einem der aufgelisteten `make`-Kommandos starten:

```
root#  cd /usr/src/linux-n.n
root#  make config        (Konfiguration in Textmodus)
root#  make menuconfig    (Dialoggeführte Konfiguration im Textmodus)
root#  make nconfig       (Dialoggeführte Konfiguration im Textmodus)
root#  make xconfig       (Konfiguration im Grafikmodus mit QT-Bibliothek)
root#  make gconfig       (Konfiguration im Grafikmodus mit GTK-Bibliothek)
```

make config `make config` funktioniert immer, ist aber umständlich zu bedienen und nicht zu empfehlen. Sie müssen immer *alle* Optionen durchlaufen, auch wenn Sie nur eine einzige Option verändern möchten.

make menuconfig `make menuconfig` setzt voraus, dass Sie vorher das Paket `ncurses-devel` bzw. `libncurses5-dev` installiert haben. Die Konfiguration erfolgt ebenfalls im Textmodus. Der große Vorteil im Vergleich zu `make config` besteht darin, dass die Einstellung der unzähligen Optionen durch verschachtelte Dialoge strukturiert ist.

make nconfig Auch mit `make nconfig` (neu ab Kernel 2.6.35) erfolgt die Konfiguration im Textmodus, und wie bei bei `make menuconfig` müssen Sie vorher das ncurses-Entwicklerpaket installieren. Der wesentliche Unterschied besteht in der Navigation: Während `menuconfig` verschachtelte Dialoge verwendet, navigieren Sie bei `nconfig` durch einen Baum, dessen Äste Sie ein- und ausklappen.

make xconfig Erheblich komfortabler ist `make xconfig`: Diese Variante setzt voraus, dass Sie unter X arbeiten und dass die Pakete g++ (der C++-Compiler) und `qt3-devel` bzw. `libqt3-mt-dev` mit den Entwicklungsdateien der QT-Bibliothek installiert sind. `make` kompiliert zuerst die grafische Benutzeroberfläche `qconf` und startet diese dann (siehe Abbildung 26.1).

Die drei möglichen Zustände für Komponenten werden so ausgedrückt:

NO: Das Optionskästchen ist nicht ausgewählt.
YES: Das Optionskästchen ist mit einem Häkchen ausgewählt.
MODULE: Das Optionskästchen ist mit einem Punkt ausgewählt.

Per Mausklick wechseln Sie zwischen den drei möglichen Zuständen. (Sollten Sie eine bestimmte Option nicht finden, führen Sie OPTION|SHOW ALL OPTIONS aus. Damit zeigt das Programm auch normalerweise nicht benutzte Optionen an.)

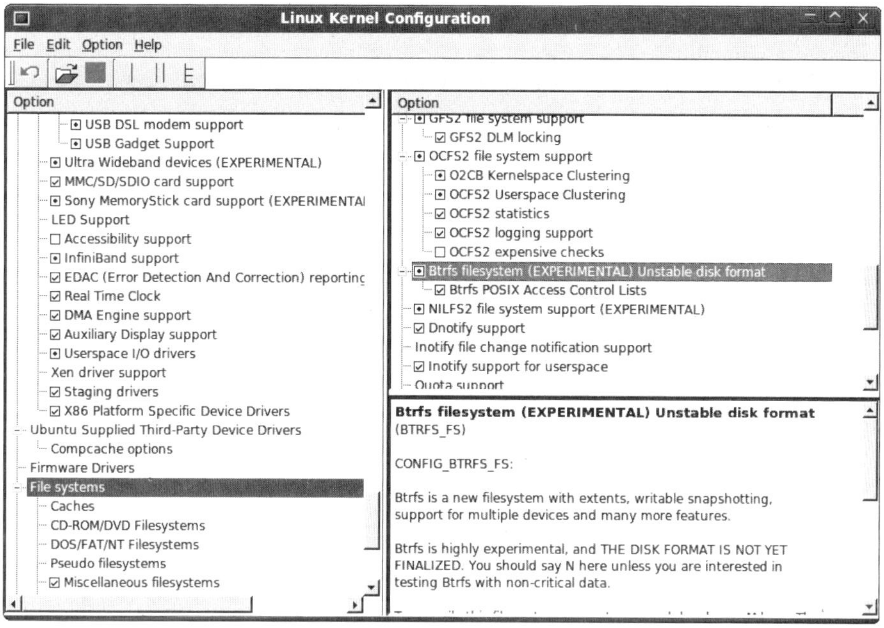

Abbildung 26.1: **Kernel-Konfiguration mit make xconfig**

make gconfig

make gconfig kompiliert und startet gconf, das Gnome-Gegenstück zu qconf. Vorausgesetzt werden diesmal diverse Gnome-Entwicklerbibliotheken (unter anderem [lib]gtk2-devel und libglade2-devel). Aussehen und Bedienung von gconf sind nahezu identisch mit der von qconf.

Zur Strukturierung der vielen Optionen stehen drei Darstellungsmodi zur Auswahl. Als ungeeignet hat sich dabei der (eigentlich übersichtlichste) Modus SPLIT herausgestellt: In diesem Modus sind manche verschachtelten Optionen nicht zugänglich.

Kernel kompilieren und installieren

Nachdem Sie mit der Konfiguration des Kernels vermutlich einige Zeit verbracht haben, muss jetzt der Rechner arbeiten. Die folgenden Kommandos beschäftigen einen schnellen Rechner ca. eine halbe Stunde. Wenn Ihr Rechner mehrere CPUs oder Cores enthält, können Sie den Kompilierprozess durch make -j *n* all beschleunigen. make startet dann *n* Prozesse parallel und lastet so alle CPUs/Cores aus.

```
root# cd /usr/src/linux-n.n
root# make all                (alles kompilieren)
root# make modules_install    (Module installieren)
```

Das Ergebnis am Ende dieses Prozesses ist die Datei bzImage im Verzeichnis /usr/src/linux-*n.n*/arch/x86/boot. Die Größe der Datei liegt meist in der Größenordnung zwischen 3 und 5 MByte und hängt davon ab, wie viele Funktionen direkt in den Kernel inkludiert sind und wie viele als Module bzw. überhaupt nicht kompiliert wurden.

make modules_install kopiert die Moduldateien dorthin, wo die Kommandos zur Modulverwaltung (etwa insmod) diese erwarten: in das Verzeichnis /lib/modules/*n*. Dabei ist *n* die genaue Versionsnummer des soeben kompilierten Kernels.

Tipp

Wenn beim Kompilieren ein Fehler auftritt, sollten Sie versuchen, diesem auf den Grund zu gehen. Wenn das Problem bei einer für Sie nicht wichtigen Funktion auftritt, können Sie die Konfiguration so ändern, dass die betroffene Funktion eben nicht kompiliert wird.

Hartgesottene Linux-Freaks können make **einfach mit der zusätzlichen Option** -k **aufrufen (also z. B.** make -k all**). Diese Option bewirkt, dass Fehler ignoriert werden.** make **fährt also einfach mit der Kompilation der nächsten Datei fort. Wenn Sie Glück haben, betrifft das Kompilationsproblem ein für Sie unwichtiges Modul, das dann eben nicht zur Verfügung steht.**

Kernel installieren

Der frisch erzeugte neue Kernel ist natürlich noch nicht aktiv! Bisher wurden nur ein paar neue Dateien erstellt, sonst nichts! Der neue Kernel kann erst beim nächsten Start von Linux aktiviert werden und auch dann nur, wenn Sie Ihren Boot-Loader GRUB so konfigurieren, dass der neue Kernel berücksichtigt wird.

Dazu kopieren Sie als Erstes die neue Kerneldatei in das Verzeichnis /boot. Es ist üblich, der Datei den Namen vmlinuz-n.n zu geben. Gleichzeitig sollten Sie auch eine Kopie der Konfigurationsdatei erstellen:

```
root#  cp /usr/src/linux-n.n/arch/x86/boot/bzImage /boot/vmlinuz-n.n
root#  cp /usr/src/linux-n.n/.config /boot/config-n.n
```

Systemstart vorbereiten

In der Regel müssen Sie nun eine neue, zum Kernel passende Initrd-Datei erzeugen. Dazu verwenden Sie je nach Distribution die Kommandos mkinitrd, mkinitramfs oder update-initramfs (siehe ab Seite 652).

Bei GRUB 2 und dann, wenn Sie unter Debian oder Ubuntu arbeiten, führen Sie anschließend einfach update-grub aus. Das Kommando fügt für den neuen Kernel automatisch einen passenden GRUB-Menüeintrag ein.

Wenn Sie mit anderen Distributionen auf der Basis von GRUB 0.97 arbeiten, müssen Sie /boot/grub/menu.lst selbst um einen Eintrag ergänzen. Bei der Angabe der Festplatte und der Optionen orientieren Sie sich an schon vorhandenen Einträgen in menu.lst. Beim anschließenden Neustart wählen Sie im GRUB-Menü den neuen Kernel aus:

```
# Ergänzung in /boot/grub/menu.lst
title kernel-n.n
    kernel (hd0,11)/boot/vmlinuz-n.n root=/dev/sda12 vga=normal
    initrd (hd0,11)/boot/initrd-n.n
```

Ob alles funktioniert hat, merken Sie beim Neustart. Sollte der neue Kernel aus irgendeinem Grund nicht funktionieren, starten Sie den Rechner einfach mit dem bisherigen Kernel und unternehmen einen weiteren Versuch, den Kernel richtig zu konfigurieren und neu zu kompilieren. Läuft der neue Kernel dagegen zufriedenstellend, sollten Sie die nun nicht mehr benötigten Objekt-Dateien des Compilers aufräumen. Sie gewinnen auf diese Weise rund 4 GByte Platz auf der Festplatte!

```
root#  cd /usr/src/linux-n.n
root#  make clean
```

26.3 Die Verzeichnisse /proc und sys/

Die Verzeichnisse /proc und /sys werden während des Systemstarts in das Dateisystem eingebunden. Sie dienen dazu, Informationen über den Kernel, laufende Prozesse, geladene Module und viele andere Parameter auf eine transparente Art und Weise sichtbar zu machen.

Intern sind die Verzeichnisse /proc und /sys als virtuelle Dateisysteme realisiert. Sie enthalten also keine echten Dateien und beanspruchen daher auch keinen Platz auf der Festplatte. (Das gilt auch für die scheinbar sehr große Datei /proc/kcore, die den Arbeitsspeicher abbildet.)

Die meisten der /proc- und /sys-Dateien liegen im Textformat vor. Um die Dateien zu lesen, müssen Sie unter Umständen cat statt less verwenden, weil manche less-Versionen mit virtuellen Dateien nicht zurechtkommen.

Das /proc-Verzeichnis liefert eine Menge interne Kernelinformationen sowie Daten zu allen gerade laufenden Prozessen (siehe Tabelle 26.1). Unter anderem ist dort jedem Prozess ein eigenes Unterverzeichnis zugeordnet. Innerhalb des Prozessverzeichnisses befinden sich dann einige Dateien mit diversen Verwaltungsdaten (z. B. die zum Start verwendete Kommandozeile). Diese Daten werden von diversen Kommandos zur Prozessverwaltung (z. B. top, ps etc.) ausgewertet.

DATEI	BEDEUTUNG
/proc/*n*/*	Informationen zum Prozess mit der PID=*n*
/proc/asound	ALSA (Advanced Linux Sound Architecture)
/proc/bus/usb/*	USB-Informationen
/proc/bus/pccard/*	PCMCIA-Informationen
/proc/bus/pci/*	PCI-Informationen
/proc/cmdline	GRUB-Boot-Parameter
/proc/config.gz	Kernelkonfigurationsdatei (SUSE)
/proc/cpuinfo	CPU-Informationen
/proc/devices	Nummern von aktiven Devices
/proc/fb	Informationen zum Frame-Buffer

Tabelle 26.1: **Wichtige /proc-Dateien**

DATEI	BEDEUTUNG
/proc/filesystems	im Kernel enthaltene Dateisystemtreiber
/proc/ide/*	IDE-Laufwerke und -Controller
/proc/interrupts	Nutzung der Interrupts
/proc/lvm/*	Nutzung des Logical Volume Managers
/proc/mdstat	RAID-Zustand
/proc/modules	aktive Module
/proc/mounts	aktive Dateisysteme
/proc/net/*	Netzwerkzustand und -nutzung
/proc/partitions	Partitionen der Festplatten
/proc/pci	PCI-Informationen (alt, siehe /proc/bus/pci)
/proc/scsi/*	SCSI-Laufwerke und -Controller
/proc/splash	steuert das VGA-Hintergrundbild für Textkonsole 1.
/proc/sys/*	System- und Kernelinformationen
/proc/uptime	Zeit in Sekunden seit dem Rechnerstart
/proc/version	Kernelversion

Tabelle 26.1: **Wichtige /proc-Dateien (Forts.)**

Das /sys-Verzeichnis ist seit Kernelversion 2.6 verfügbar. Es enthält teilweise dieselben Informationen wie /proc, allerdings sind die Daten systematischer organisiert (siehe Tabelle 26.2). Das Ziel des /sys-Verzeichnisses ist es, den Zusammenhang zwischen dem Kernel und der Hardware abzubilden.

DATEI	BEDEUTUNG
/sys/block/*	Informationen über alle Block-Devices (Festplatten etc.)
/sys/bus/*	Informationen über alle Bus-Systeme (IDE, USB etc.)
/sys/class/*	Informationen über Device-Klassen (Bluetooth, Grafik, Speicher etc.)
/sys/devices/*	Informationen über angeschlossene Hardware-Komponenten (Devices)
/sys/firmware/*	Informationen über Hardware-Treiber und -Firmware (speziell ACPI)
/sys/kernel/*	Informationen über den Kernel
/sys/module/*	Informationen über geladene Module
/sys/power/*	Informationen über die Energieverwaltung

Tabelle 26.2: **Wichtige /sys-Dateien**

26.4 Kernel-Bootoptionen

Nicht immer, wenn ein Detail im Kernel geändert werden soll, muss der Kernel gleich neu kompiliert werden! Es gibt zwei Möglichkeiten, ohne ein Neukompilieren auf den Kernel Einfluss zu nehmen:

» Zum einen können Sie mit dem Boot-Loader während des Systemstarts Parameter an den Kernel übergeben. Dieser Mechanismus ist Thema dieses Abschnitts.

» Zum anderen können Sie eine Reihe von Kernelfunktionen dynamisch – also im laufenden Betrieb – verändern. Diese Art des Eingriffs ist insbesondere zur Steuerung von Netzwerkfunktionen gebräuchlich und wird im nächsten Abschnitt beschrieben.

GRUB

Bei der Konfiguration von GRUB können Sie Kernel-Bootoptionen angeben (siehe Seite 659. Derartige Optionen können Sie auch interaktiv beim Start eines Linux-Installationsprogramms oder beim Start des Boot-Loaders über die Tastatur eintippen. Die Syntax für die Angabe von Optionen sieht so aus:

```
optionA=parameter optionB=parameter1,parameter2
```

Die Parameter zu einer Option müssen ohne Leerzeichen angegeben werden. Wenn mehrere Optionen angegeben werden, müssen diese durch Leerzeichen (nicht durch Kommata) voneinander getrennt werden. Hexadezimale Adressen werden in der Form 0x1234 angegeben. Ohne vorangestelltes 0x wird die Zahl dezimal interpretiert.

Kernel-Bootoptionen helfen oft dabei, Hardware-Probleme zu umgehen. Wenn der Linux-Kernel beispielsweise nicht erkennt, wie viel RAM Ihr Rechner hat (das ist eigentlich ein BIOS-Problem), geben Sie den korrekten Wert mit dem Parameter `mem=` an.

Beachten Sie, dass die beim Linux-Start angegebenen Parameter nur Einfluss auf die in den Kernel integrierten Treiber haben! Parameter für Kernelmodule müssen dagegen in der Datei `/etc/modprobe.conf` angegeben werden. Detaillierte Informationen zu dieser Datei finden Sie ab Seite 718.

Dieser Abschnitt beschreibt nur die wichtigsten Kernel-Bootoptionen. Weitere Informationen erhalten Sie mit `man bootparam` sowie auf den folgenden Seiten:

http://www.tldp.org/HOWTO/BootPrompt-HOWTO.html
http://www.kernel.org/doc/Documentation/kernel-parameters.txt

Wichtige Kernel-Bootoptionen

`root=/dev/sdb3`

Die root-Option gibt an, dass nach dem Laden des Kernels die dritte primäre Partition des zweiten SCSI/SATA-Laufwerks als Systempartition (Root-Dateisystem) verwendet werden soll. Analog können natürlich auch andere Laufwerke und Partitionen angegeben werden.

Wenn die Partition mit einem Label bezeichnet ist, kann die Systempartition auch in der Form `root=LABEL=xxx` angegeben werden. Insbesondere Fedora und Red Hat machen von dieser

Möglichkeit Gebrauch. Als Name für die Systempartition wird üblicherweise das Zeichen / verwendet. Bei ext3-Partitionen ermitteln Sie den Partitionsnamen mit e2label bzw. verändern ihn mit tune2fs.

Eine weitere Variante ist die Angabe der Systempartition durch root=UUID=n, wobei *n* die UUID der Festplattenpartition ist. Diese Identifikationsnummer ermitteln Sie mit /lib/udev/vol_id *partition*.

ro
: Die Option ro gibt an, dass das Dateisystem vorerst *read-only* gemountet werden soll. Das ist (in Kombination mit einer der beiden folgenden Optionen) praktisch, wenn ein defektes Dateisystem manuell repariert werden muss.

init
: Nach dem Kernelstart wird automatisch das Programm /sbin/init ausgeführt, das je nach Distribution den Init-V-Prozess oder Upstart steuert (siehe auch Seite 688 und 696). Wenn Sie dies nicht wollen, können Sie mit der Option init ein anderes Programm angeben. Mit init=/bin/sh erreichen Sie beispielsweise, dass eine Shell gestartet wird. Die Option kann Linux-Profis helfen, ein Linux-System wieder zum Laufen zu bringen, wenn bei der Init-V-Konfiguration etwas schiefgegangen ist. Beachten Sie, dass das root-Dateisystem nur read-only zur Verfügung steht (das können Sie mit mount -o remount ändern, siehe Seite 586), dass in der Konsole das US-Tastaturlayout gilt und dass die PATH-Variable noch leer ist.

single oder emergency
: Wenn Sie eine der zwei obigen Optionen verwenden, startet der Rechner im Single-User-Modus. (Genau genommen werden diese Optionen nicht vom Kernel ausgewertet, sondern so wie alle unbekannten Optionen an das erste vom Kernel gestartete Programm weitergegeben. Dabei handelt es sich um /sbin/init, das für die Initialisierung des Systems zuständig ist (siehe auch Seite 688).

initrd=name
: Diese Option gibt den Namen der zu ladenden Initial-RAM-Disk-Datei an. Wenn Sie *keine* Initrd-Datei verwenden möchten, geben Sie initrd= oder noinitrd an.

reserve=0x300,0x20
: Diese Option gibt an, dass die 32 Bytes (hexadezimal 0x20) zwischen 0x300 und 0x31F von keinem Hardware-Treiber angesprochen werden dürfen, um darin nach irgendwelchen Komponenten zu suchen. Die Option ist bei manchen Komponenten notwendig, die auf solche Tests allergisch reagieren. Die Option tritt im Regelfall in Kombination mit einer zweiten Option auf, die die exakte Adresse der Komponente angibt, die diesen Speicherbereich für sich beansprucht.

pci=bios|nobios
: Diese Option steuert, ob das BIOS zur Hardware-Erkennung der PCI-Komponenten verwendet werden soll oder nicht. (PCI ist das Bussystem zur Erweiterung von PCs durch Steckkarten.) Wenn die automatische Hardware-Erkennung durch den Kernel nicht funktioniert, hilft manchmal pci=bios.

pci=nommconf
: Diese Option deaktiviert MMCONFIG für die PCI-Konfiguration. Das vermeidet Probleme bei manchen PCI-Express-Systemen.

`quiet`
: Diese Option bewirkt, dass während des Kernelstarts keine Meldungen auf dem Bildschirm dargestellt werden.

`video=1024x768`
: Mit dieser Option kann per *Kernel Mode Setting* (KMS) die gewünschte Grafikauflösung eingestellt werden, wenn der Kernel nicht selbst die optimale Auflösung wählt. Das funktioniert nur bei KMS-kompatiblen Treibern (zurzeit `intel`, nouveau und radeon). Die `video`-Einstellung gilt für alle angeschlossenen Monitore. Wenn Sie die Auflösung nur für einen einzelnen Monitor ändern möchten, geben Sie den entsprechenden Signalausgang an, z. B. `video=VGA-1:1024x768`.

`nomodeset`
: Diese Option deaktiviert das Kernel Mode Setting (KMS).

SMP-Optionen

SMP steht für *Symmetric Multiprocessing* und bezeichnet die Fähigkeit des Kernels, mehrere CPUs bzw. CPU-Cores gleichzeitig zu nutzen. Sollten dabei Probleme auftreten, können die folgenden Optionen hilfreich sein:

`maxcpus=1`
: Wenn Sie bei einem Multiprozessorsystem Bootprobleme haben, können Sie mit dieser Option die Anzahl der genutzten Prozessoren auf 1 reduzieren. Der Wert 0 entspricht der Option `nosmp`.

`nosmp`
: Die Option deaktiviert die SMP-Funktionen. Der Kernel nutzt nur eine CPU.

`noht`
: Die Option deaktiviert die Hyper-Threading-Funktion. (Dank Hyper-Threading verhalten sich manche CPUs so, als stünden mehrere Cores zur Verfügung. Daraus ergibt sich eine etwas höhere Rechenleistung, wenngleich die Steigerung nicht so hoch ist wie bei echtem SMP.)

`nolapic`
: APIC steht für *Advanced Programmable Interrupt Controller* und bezeichnet ein Schema, um Hardware-Interrupts an die CPUs weiterzuleiten. Bei aktuellen Kernelversionen wird APIC auf den meisten Rechnern auch mit nur einer CPU aktiviert. (In der Vergangenheit wurde APIC nur bei Rechnern mit mehreren CPUs automatisch aktiviert.) Wenn Sie Probleme mit APIC vermuten, verhindern Sie durch `nolapic`, dass der Kernel den lokalen APIC aktiviert bzw. nutzt.

`noapic`
: Die Option reicht etwas weniger weit als `nolapic` und deaktiviert nur den IO-Teil von APIC.

`lapic`
: Die Option aktiviert APIC explizit. Das ist dann notwendig, wenn APIC durch das BIOS deaktiviert ist, aber dennoch genutzt werden soll.

ACPI-Optionen

Zu den größten Problemquellen bei moderner Hardware zählen das alte Energieverwaltungssystem APM (*Advanced Power Management*) und das neuere ACPI (*Advanced Configuration and Power Interface*). Diese Systeme sind nicht nur für das Ein- und Ausschalten verantwortlich, sondern auch für den sparsamen Umgang mit Energie, für die Verwaltung verschiedener Hibernate-Modi etc. Im Folgenden sind die wichtigsten Optionen zur Steuerung der APM- und ACPI-Funktionen des Kernels zusammengefasst:

`apm=on/off`
: Diese Option (de)aktiviert die APM-Funktionen im Kernel.

`acpi=on/off`
: Diese Option (de)aktiviert die ACPI-Funktionen im Kernel.

`acpi=oldboot`
: Damit werden die ACPI-Funktionen nur während des Bootvorgangs genutzt. Sobald der Rechner läuft, werden die ACPI-Funktionen aber nicht mehr verwendet.

`pci=noacpi`
: Diese Option deaktiviert die Interrupt-Zuweisungen durch ACPI.

`noresume`
: Diese Option bewirkt, dass vorhandene Hibernate-Daten in der Swap-Partition ignoriert werden. Die Option ist also dann sinnvoll, wenn der Rechner nicht mehr richtig aufwacht, z. B., weil die Hibernate-Daten defekt sind.

26.5 Kernelparameter verändern

Eine Menge Parameter des Kernels können im laufenden Betrieb über das /proc-Dateisystem verändert werden. Das folgende Beispiel zeigt, wie Sie die Masquerading-Funktion aktivieren (um den Rechner als Internet-Gateway für andere Rechner einzusetzen):

```
root#  echo 1 > /proc/sys/net/ipv4/ip_forward
```

sysctl

Einen eleganteren Weg bietet das Kommando `sysctl`, das mit den meisten aktuellen Distributionen mitgeliefert wird. Das analoge Kommando, um das Masquerading wieder abzuschalten, würde so aussehen:

```
root#  sysctl -w net.ipv4.ip_forward=1
```

`sysctl -a` liefert eine Liste aller Kernelparameter zusammen mit ihren aktuellen Einstellungen. Mit `sysctl -p` können die in einer Datei gespeicherten `sysctl`-Einstellungen aktiviert werden. Als Dateiname wird üblicherweise `/etc/sysctl.conf` verwendet. Die Syntax ist in der Manual-Seite zu `sysctl.conf` beschrieben. Viele Distributionen (z. B. Debian, Fedora, Red Hat, SUSE, Ubuntu) sehen vor, dass diese Datei während des Init-V-Prozesses automatisch ausgewertet und ausgeführt wird.

Teil 5

Netzwerk- und Server-Konfiguration

27. Netzwerkzugang einrichten

Dieses Kapitel beschreibt, wie Sie Ihren Linux-Rechner mit dem Internet bzw. mit einem lokalen Netzwerk verbinden. Das Kapitel stellt zuerst diverse Benutzeroberflächen vor, mit denen Sie in der Regel rasch zum Ziel kommen. Sollte das nicht gelingen, finden Sie in den nachfolgenden Abschnitten umfassende Detailinformationen zur Netzwerk-Client-Konfiguration.

Die Themenpalette reicht von LAN- und WLAN-Grundlagen über den Umgang mit ADSL-Modems bis hin zu VPNs (Virtual Private Networks). Wenn Sie Ihren Linux-Rechner nicht als Client, sondern als Server innerhalb eines lokalen Netzwerks verwenden möchten, finden Sie dazu ab Kapitel 28 ausführliche Informationen.

27.1 Network Manager

Der Network Manager ist das zurzeit populärste Werkzeug zur LAN-, WLAN-, ADSL-, UMTS- und VPN-Konfiguration. Es kommt bei nahezu allen Distributionen zum Einsatz. Für die Grundfunktionen ist ein Hintergrundprozess (Dämon) verantwortlich, der beim Hochfahren des Rechners gestartet wird.

Zur Konfiguration gibt es zwei unterschiedliche Applets für Gnome und KDE. Dieser Abschnitt beschreibt die Gnome-Variante. Unter KDE sehen die Menüeinträge und Dialoge ein wenig anders aus, die Bedienung erfolgt aber nach denselben Mustern. Das Applet zeigt den aktuellen Netzwerkzustand. Das Hauptmenü (linke Maustaste) zeigt die gerade aktiven Verbindungen sowie alle gerade erreichbaren WLANs (siehe Abbildung 27.1). Die rechte Maustaste führt in ein zweites Menü, dessen Einträge weitergehende Konfigurationsmöglichkeiten geben.

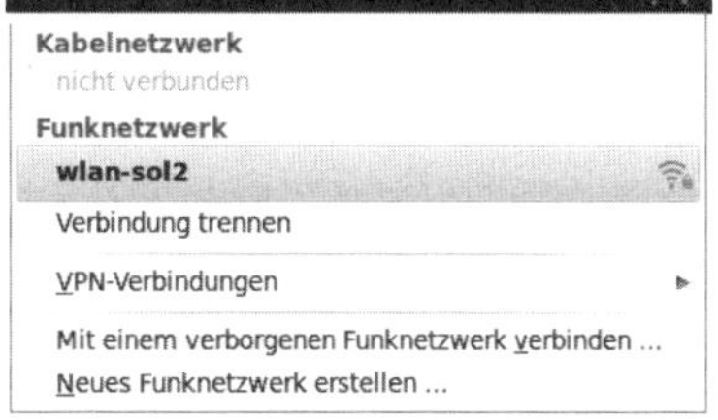

Abbildung 27.1: **Das Hauptmenü des Network Managers**

Voraussetzungen Der Network Manager funktioniert nur, wenn das Programm die Kontrolle über die Schnittstellen hat. Hier variiert die Konfiguration von Distribution zu Distribution. Bei Debian und Ubuntu stellen Sie sicher, dass `/etc/network/interfaces` nur Einstellungen für die Loopback-Schnittstelle enthält, wie dies standardmäßig der Fall ist:

```
# Datei /etc/network/interfaces (Debian, Ubuntu)
auto lo
iface lo inet loopback
```

Bei Fedora und Red Hat starten Sie mit SYSTEM|ADMINISTRATION|NETZWERK das Programm `system-config-network` und überprüfen, ob bei allen Netzwerkschnittstellen die Option KONTROLLIERT DURCH DEN NETWORK MANAGER aktiv ist (Standardeinstellung). Bei aktuellen Fedora-Versionen müssen Sie vorher das Paket `system-config-network` installieren – standardmäßig ist dies nicht mehr der Fall.

Bei SUSE kontrolliert das YaST-Modul NETZWERKGERÄTE|NETZWERKEINSTELLUNGEN, ob die Netzwerkkonfiguration durch den Network Manager oder auf traditionelle Art und Weise durch YaST und `ifup` erfolgt. Standardmäßig verwendet openSUSE bei Desktop-PCs die traditionelle Konfiguration und nur bei Notebooks den Network Manager

Network Manager deaktivieren Wenn Sie Ihren Rechner als Server oder Router konfigurieren, sollten Sie den Network Manager deaktivieren und die Netzwerkkonfiguration statisch durchführen. Tipps dazu finden Sie ab Seite 795.

Konfiguration

LAN mit DHCP (ADSL-Router) Der einfachste Anwendungsfall für den Network Manager liegt dann vor, wenn Ihr Rechner über ein Netzwerkkabel mit einem ADSL-Router, LAN-Server oder einem anderen Rechner mit DHCP-Server angeschlossen ist. DHCP ist ein Protokoll, um Clients in einem lokalen Netz ihre Konfiguration zuzuweisen (siehe auch Seite 751 und Seite 801). Der Network Manager überprüft standardmäßig für alle LAN-Schnittstellen, ob via DHCP Konfigurationsinformationen bezogen werden können. Gelingt dies, erfolgt die Netzwerkkonfiguration vollautomatisch, und Sie sind online, noch bevor Sie sich eingeloggt haben (weil der Network Manager bereits während des Systemstarts aktiv wird).

Statische LAN-Konfiguration Eine statische Konfiguration der LAN-Verbindung ist dann erforderlich, wenn Ihr Rechner nicht mit einem Router bzw. DHCP-Server verbunden ist und Sie die IP-Adresse, Netzmaske, Gateway-Adresse und die Nameserver-Adresse selbst angeben müssen. (Alle hier aufgezählten Begriffe werden im Netzwerkglossar ab Seite 748 erläutert.)

Zur Konfiguration klicken Sie das Icon des Network Managers mit der rechten Maustaste an und führen VERBINDUNGEN BEARBEITEN aus. Damit gelangen Sie in Konfigurationsdialoge, die in Abbildung 27.2 dargestellt sind.

WLAN-Zugang einrichten Der Network Manager erkennt selbstständig alle in Reichweite befindlichen WLANs. Wenn Sie den Namen des WLANs zum ersten Mal im Network-Manager-Menü auswählen, müssen Sie das WLAN-Passwort angeben. Beachten Sie, dass der Konfigurationsdialog mehrere Möglichkeiten zur Eingabe des Schlüssels bietet — bei WEP-Verschlüsselung z. B. als Passphrase, als Hex-Code oder als

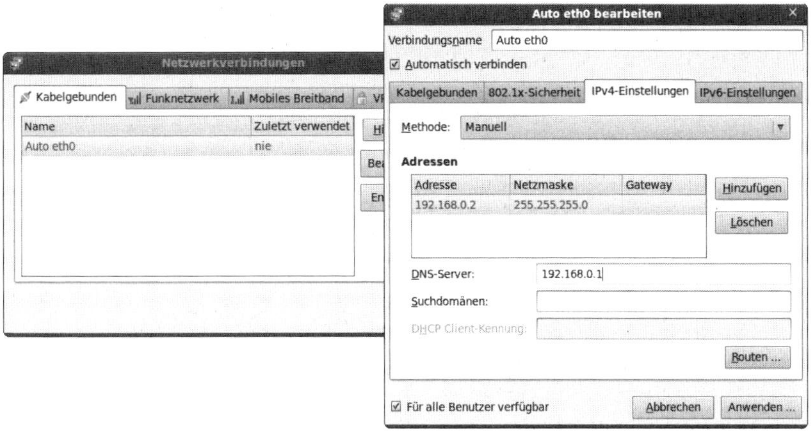

Abbildung 27.2: **Statische LAN-Konfiguration**

ASCII-Code. Wählen Sie das gewünschte Format aus! Hex-Codes werden ohne vorangestelltes 0x eingegeben.

In Zukunft stellt der Network Manager die Verbindung dann selbstständig her. Dazu werden alle WLAN-Passwörter zentral gespeichert. Je nach Desktop-System müssen Sie beim ersten Speichervorgang ein Master-Passwort angeben. Wenn Sie Probleme beim Ändern bereits vorhandener WLAN-Passwörter haben, starten Sie unter Gnome das Programm seahorse. In dessen Dialogblatt PASSWÖRTER können Sie sämtliche Passwörter ändern bzw. löschen.

Ein WLAN kann so konfiguriert sein, dass es seinen Namen nicht sendet. In diesem Fall wird es im Menü des Network Managers nicht angezeigt. Um dennoch eine Verbindung herzustellen, öffnen Sie mit dem Menükommando MIT EINEM VERBORGENEN FUNKNETZWERK VERBINDEN einen Konfigurationsdialog, in dem Sie den Netzwerknamen (ESSID = Extended Service Set Identification) und die Verschlüsselungstechnik selbst angeben.

WLAN-Access-Point konfigurieren

Wenn Ihr Rechner den Internetzugang über eine LAN-Schnittstelle bezieht und außerdem einen WLAN-Controller besitzt, können Sie diesen mit dem Network Manager so konfigurieren, dass Ihr Rechner jetzt als WLAN-Access-Point für andere Rechner fungiert. Das funktioniert allerdings nur mit ausgewählten WLAN-Controllern, die bzw. deren Linux-Treiber den sogenannten Ad-hoc-Modus unterstützt.

Die Konfiguration ist einfach: Im Menü des Network Managers führen Sie das Kommando NEUES FUNKNETZWERK ERSTELLEN aus und geben die gewünschten Parameter ein. Der ERZEUGEN-Button wird erst aktiv, wenn das Passwort ausreichend lang ist.

ADSL-Modem

Wenn Ihr Internetzugang via ADSL erfolgt, führt der einfachste Weg in das Internet über einen ADSL-Router: Sie müssen nur Ihren Rechner mit einem Netzwerkkabel mit dem Router verbinden. Der Network Manager führt die Netzwerkkonfiguration selbstständig durch.

Komplizierter wird es, wenn Ihr ADSL-Modem direkt mit dem Computer verbunden ist. (Den Unterschied zwischen einem ADSL-Router und einem ADSL-Modem erkläre ich im Abschnitt *ADSL-Interna* ab Seite 781.)

Im Detail ist die Vorgehensweise davon abhängig, welches Modem Sie einsetzen und wo Sie sich befinden. Der Network Manager ist nur dann eine Hilfe, wenn Sie ein Modem verwenden, das über ein Netzwerkkabel mit Ihrem Rechner verbunden ist (nicht via USB). Je nach Provider basiert ADSL auf unterschiedlichen Protokollen. Wenn Ihr Provider das in Deutschland übliche Protokoll PPPoE nutzt, führen Sie das Kontextmenükommando VERBINDUNGEN BEARBEITEN aus, wechseln in das Dialogblatt DSL und klicken auf HINZUFÜGEN. Nun füllen Sie die Felder BENUTZERNAME und PASSWORT aus. Mit etwas Glück gelingt nun bereits der Verbindungsaufbau. Ist das nicht der Fall, müssen Sie in den leider etwas unübersichtlichen Dialogblättern nach Einstellungen suchen, die für Ihren Provider erforderlich sind.

Einige ADSL-Provider verwenden statt PPPoE das Protokoll PPTP. Zur Konfiguration verwenden Sie in diesem Fall aber nicht das DSL-, sondern das VPN-Dialogblatt (siehe unten).

UMTS/GMS-Modem

Viele gängige UMTS-Modems in Form eines USB-Sticks werden von aktuellen Linux-Versionen gut unterstützt. Wenn Sie das UMTS-Modem einstecken, erscheint in der Regel nach wenigen Sekunden ein Konfigurationsassistent. Im ersten Dialog wählen Sie einen Service-Provider aus (also das Unternehmen, über das Sie Ihren Internetzugang beziehen – siehe Abbildung 27.3). Im zweiten Schritt müssen Sie der neuen Verbindung einen Namen geben. Über das Menü des Network Managers aktivieren Sie nun die Verbindung erstmalig. Dabei müssen Sie den PIN- und den PUK-Code angeben.

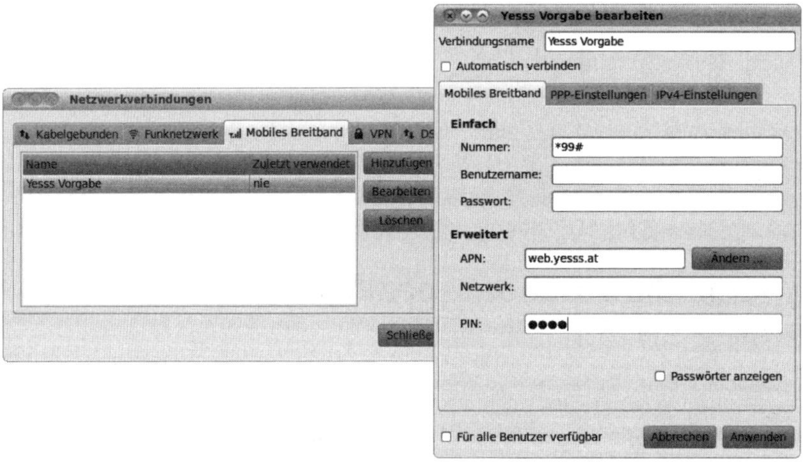

Abbildung 27.3: **Internetzugang per UMTS-Modem**

Im Dialog VERBINDUNG BEARBEITEN können Sie die Option AUTOMATISCH VERBINDEN aktivieren. Der Network Manager stellt dann ohne Rückfrage sofort eine Verbindung ins Breitbandnetz her, sobald Sie das Modem einstecken. Diese Option ist aber nur empfehlenswert, wenn Sie einen Flatrate-Tarif haben.

VPN

Ein *Virtual Private Network* (VPN) setzt Verschlüsselungstechniken ein, um auf einem an sich unsicheren Transportmedium (z. B. dem Internet) eine abhörsichere Verbindung zwischen zwei Rechnern herzustellen. In vielen Firmen erfolgt der Zugang zu WLANs grundsätzlich über ein VPN. Der Network Manager kann bei der Konfiguration von VPN-Verbindungen helfen, sofern die Verfahren OpenVPN (Open Source), PPTP (Microsoft) und VPNC (Cisco) eingesetzt werden. Je nach Distribution müssen Sie vorher entsprechende Pakete installieren (üblicherweise `network-manager-openvpn`,

-pptp und -vpnc). Anschließend führt im Network Manager der Menüeintrag VPN-VERBINDUNGEN zu einem Assistenten, der Ihnen bei der VPN-Konfiguration hilft.

Ich habe die VPN-Konfiguration mit dem Network Manager nur für das Protokoll PPTP getestet – und zumindest in diesem Fall schlechte Erfahrungen gemacht: Das VPN-Modul des Network Managers ist unausgereift und »vergisst« das Einrichten der Default-Route zum Gateway. Noch eine Anmerkung: Viele PPTP-Server verwenden zur Verschlüsselung das Verfahren MPPE. In diesem Fall müssen Sie im VPN-Konfigurationsdialog mit ADVANCED einen weiteren Dialog öffnen und dort die Option USE POINT-TO-POINT ENCRYPTION (MPPE) aktivieren!

Network Manager auf Kommandoebene

Ausführliche Statusinformationen über alle durch den Network Manager verwalteten Verbindungen liefert das Kommando `nm-tool`. Außerdem können Sie die Verbindungen über das Kommando `nmcli` verwalten und steuern. Das ermöglicht die Steuerung des Network Managers durch Scripts oder bei Server-Installationen ohne grafische Benutzeroberfläche. Die folgenden Kommandos listen zuerst alle dem Network Manager bekannten Verbindungen auf und aktivieren dann die Verbindung mit dem Namen *System eth0*.

```
root# nmcli con list
NAME         UUID                                  TYP              ...
System eth0  5fb06bd0-0bb0-7ffb-45f1-d6edd65f3e03  802-3-ethernet   ...
root# nmcli con up id 'System eth0'
```

Dispatcher

Es ist möglich, beim Herstellen bzw. Auflösen einer Verbindung automatisch Scripts auszuführen. Diese Scripts müssen im Verzeichnis `/etc/NetworkManager/dispatcher.d/` eingerichtet werden. Details und Beispiele zu diesem Mechanismus finden Sie auf der folgenden Seite:

http://wiki.ubuntuusers.de/NetworkManager/Dispatcher

27.2 Desktop- und distributionsspezifische Konfigurationshilfen

Aus historischen Gründen und wegen einiger noch immer vorhandener Mängel und Instabilitäten des Network Managers gibt es von einigen großen Distributoren sowie im Rahmen der KDE- und Gnome-Desktops eigene Konfigurationshilfen. Dieser Abschnitt stellt die wichtigsten Werkzeuge vor.

system-config-network (Fedora, Red Hat)

Das Programm `system-config-network`, das seit vielen Jahren Bestandteil aller Fedora- und Red-Hat-Distributionen ist, hilft bei der Konfiguration des Netzwerkzugangs via LAN, WLAN, ADSL, ISDN oder Analogmodem (siehe Abbildung 27.4). Bei WLAN-Adaptern unterstützt `system-config-network` nur die unsichere WEP-Verschlüsselung, weswegen hier der Network Manager vorzuziehen ist.

Wenn Sie für einzelne Netzwerkschnittstellen *nicht* den Network Manager verwenden möchten, müssen Sie für diese Schnittstelle die Option KONTROLLIERT DURCH DEN NETWORK MANAGER deaktivieren. Außerdem müssen Sie sicherstellen, dass das Init-Script `/etc/init.d/network` während des Systemstarts ausgeführt wird, was standardmäßig nicht der Fall ist:

```
root# service network start             (jetzt starten)
root# chkconfig --level 35 network on   (in Zukunft automatisch starten)
```

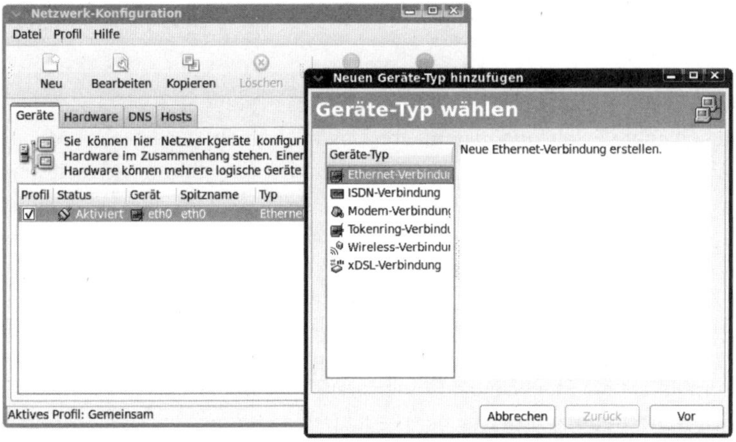

Abbildung 27.4: **Netzwerkkonfiguration unter Fedora und Red Hat**

YaST (SUSE) Die NETZWERKGERÄTE-Module von YaST helfen dabei, LAN- und WLAN-Adapter, ADSL-Modems, ISDN-Karten und Analogmodems zu konfigurieren. Bei der ADSL-Konfiguration werden alle gängigen Protokolle unterstützt (PPPoE, PPPoA, PPTP und sogar CAPI für ADSL). Die Bedienung von YaST ist zwar nicht immer ganz intuitiv, dafür hilft das Programm aber bei mehr ISDN- und ADSL-Varianten als jede andere mir bekannte Distribution.

gnome-ppp (Gnome) Analogmodems sind für das heutige Webangebot ungeeignet und daher im Aussterben begriffen, bieten aber bisweilen die einzige Möglichkeit, in älteren Hotels die E-Mails abzurufen. Sofern Linux mit Ihrem Modem zurechtkommt, gelingt der Verbindungsaufbau am einfachsten, wenn Sie die von Gnome bzw. KDE für diesen Zweck entwickelten Programme gnome-ppp oder KPPP einsetzen. Aufgrund der sinkenden Verbreitung von Analogmodems sind diese Programme zumeist nicht standardmäßig installiert. Außerdem handelt es sich bei vielen eingebauten Analogmodems um sogenannte »Winmodems«, für die es nur Windows-Treiber gibt, die unter Linux also nicht oder nur sehr umständlich zu nutzen sind.

Die Bedienung von gnome-ppp ist denkbar einfach: Sie geben die drei Schlüsselparameter Ihres Internetzugangs an — also den Login-Namen, das Passwort und die Telefonnummer — und klicken dann auf VERBINDEN. Im Idealfall gelingt der Verbindungsaufbau auf Anhieb. Sollte das nicht der Fall sein, müssen Sie mit dem Button KONFIGURATION den SETUP-Dialog öffnen und dort weitere Optionen einstellen (siehe Abbildung 27.5). Bei der Einstellung des Modemtyps verwenden Sie ANALOGMODEM für die meisten eingebauten Modems oder, wenn Ihr Modem über die serielle Schnittstelle angeschlossen ist, USB-MODEM, wenn das Modem mit einem USB-Kabel verbunden ist.

KPPP (KDE) Bei KPPP müssen Sie zuerst mit EINRICHTEN sowohl Ihren Internetzugang (Login-Name, Passwort, Telefonnummer) als auch Ihr Modem konfigurieren. Die Trennung zwischen Zugangsdaten und Modem ist dann praktisch, wenn Sie zwischen mehreren Providern wechseln. KPPP unterstützt wesentlich mehr Optionen als gnome-ppp, weswegen die Konfigurationsdialoge recht unübersichtlich sind.

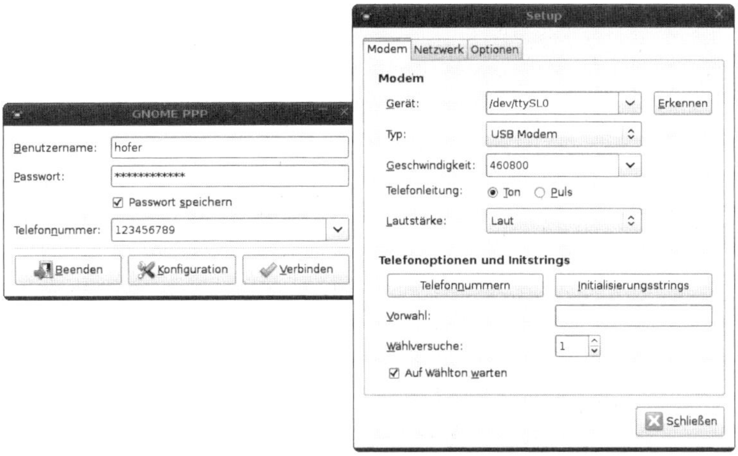

Abbildung 27.5: **Internetzugang per Analogmodem mit gnome-ppp**

pppoeconfig

Einige Distributionen (z. B. Debian und Ubuntu) stellen für die ADSL-Modemkonfiguration das Textkommando `pppoeconf` zur Verfügung. Sie starten `pppoeconf` als root in einem Terminalfenster. Das Kommando sucht nun an allen Netzwerkschnittstellen nach einem ADSL-Modem. Eine vorherige Konfiguration der Netzwerkschnittstelle ist nicht erforderlich!

Nachdem das Modem gefunden worden ist, geben Sie den Benutzernamen und das Passwort ein. Die folgenden Rückfragen für die automatische DNS-Konfiguration sowie für die Konfiguration des MSS-Parameters können Sie einfach bestätigen.

Bei T-Online muss der Benutzername aus drei Informationen zusammengesetzt werden: aus der zwölfstelligen Anschlussnummer A, der T-Online-Nummer T und der Mitbenutzernummer (normalerweise 0001). Die resultierende Zeichenkette sieht so aus:

```
AAAAAAAAAAAATTTTTTTTTTT#0001@t-online.de
```

Wenn T aus 12 Zeichen oder mehr besteht, entfällt das Zeichen #.

Das Programm fragt schließlich, ob die ADSL-Verbindung automatisch beim Rechnerstart oder manuell hergestellt werden soll. Die erste Variante ist zweckmäßig, wenn Sie einen ADSL-Zugang ohne Zeitbeschränkung haben (Flat Rate) und ständig online sein wollen. Bei der zweiten Variante müssen Sie den ADSL-Zugang manuell mit den folgenden Kommandos aktivieren bzw. wieder beenden:

```
root#  pon dsl-provider
...
root#  poff dsl-provider
```

YaST (SUSE)

SUSE aktiviert bei Notebooks automatisch den Network Manager, setzt bei Desktop-PCs aber weiterhin auf die traditionelle Steuerung der Netzwerkfunktionen durch YaST sowie `ifup`. Die Konfiguration erfolgt durch das YaST-Modul NETZWERKGERÄTE|NETZWERKEINSTELLUNGEN. Im Dialogblatt GLOBALE OPTIONEN können Sie zwischen den Optionen TRADITIONELLE METHODE MIT IFUP oder BENUTZERGESTEUERT MITHILFE VON NETWORKMANAGER wählen.

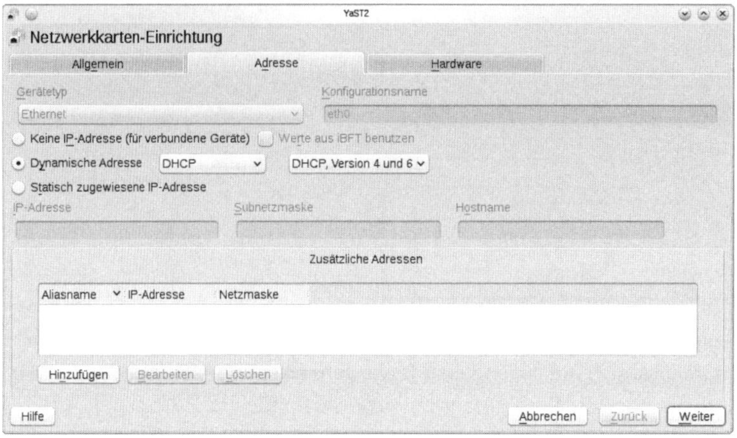

Abbildung 27.6: **Netzwerkkonfiguration mit YaST**

Wenn Sie sich für die traditionelle Methode entscheiden, listet im YaST im Dialogblatt ÜBERSICHT alle gefundenen Netzwerkschnittstellen auf. Sie können die einzelnen Schnittstellen nun BEARBEITEN (siehe Abbildung 27.6). Standardmäßig konfiguriert YaST alle Ethernet-Schnittstellen so, dass diese ihre IP-Adresse und alle anderen Konfigurationseinstellungen per DHCP vom (ADSL-)Router des lokalen Netzwerks beziehen. Bei WLAN-Schnittstellen müssen Sie in einem zweiten Schritt den Netzwerknamen (ESSID), die Authentifizierungsmethode (WEP oder WPA) und das Passwort angeben.

27.3 LAN- und WLAN-Grundlagen

Dieser Abschnitt fasst die Grundlagen der Netzwerkkonfiguration zusammen. Die Informationen gelten nicht nur für den Netzwerkanschluss an ein LAN (Local Area Network), sondern auch für die WLAN-, ADSL- und Modemkonfiguration.

Glossar

TCP/IP Alle gängigen Betriebssysteme unterstützen TCP/IP als Netzwerkprotokoll. Dieses Protokoll regelt die Kommunikation zwischen Rechnern, und zwar sowohl in einem lokalen Netzwerk (LAN, Intranet) als auch im weltweiten Internet. Aus diesem Grund spielt es für viele Netzwerkdienste keine Rolle, ob der andere Rechner fünf Meter entfernt an das lokale Netz angeschlossen ist oder ob es sich dabei um einen Rechner in Japan handelt. Einzig die Geschwindigkeit wird im zweiten Fall geringer sein.

Das *Internet Protocol* (IP) bildet die Basis für das *Transmission Control Proctocol* (TCP). In Kombination übernimmt TCP/IP zwei wesentliche Aufgaben: Es identifiziert jeden Rechner durch eine eindeutige Nummer (IP-Adresse) und kümmert sich darum, dass Daten, die an eine bestimmte Adresse abgesandt wurden, tatsächlich beim Empfänger eintreffen. Die Daten werden in Form von kleinen Paketen übertragen.

Selbst wenn Ihr Rechner nicht in einem Netzwerk eingesetzt wird und Sie weder einen Netzwerkanschluss noch ein Modem besitzen, benötigen Sie die TCP/IP-Netzwerkfunktionen! Viele Linux-Programme verwenden dieses Protokoll nämlich auch zur internen Kommunikation. Aus diesem Grund muss auf jeden Fall das sogenannte Loopback-Interface installiert werden (siehe unten). Das ist bei allen Distributionen standardmäßig der Fall.

UDP und ICMP

Neben TCP gibt es zwei weitere Protokolle, die im Internet eine große Rolle spielen: UDP und ICMP. UDP steht für *User Datagram Protocol*. Es ermöglicht eine ungesicherte Übertragung von Paketen. »Ungesichert« bedeutet in diesem Zusammenhang, dass Sender und Empfänger nicht ständig miteinander in Verbindung stehen und Informationen über die zu versendenden Pakete austauschen. Deswegen kann es bei UDP beispielsweise vorkommen, dass die Pakete gar nicht ankommen oder in einer anderen Reihenfolge ankommen, als sie abgesandt wurden. Es ist die Aufgabe des Empfängers (und nicht des Protokolls), dennoch die Datenintegrität sicherzustellen. UDP hat gegenüber TCP den Vorteil, dass es (zumindest bei manchen Anwendungen) wegen des kleineren Overheads effizienter ist und schnellere Reaktionszeiten ermöglicht. Es wird beispielsweise für die Dienste DNS und NFS eingesetzt.

ICMP steht für *Internet Control Message Protocol*. Es ist eigentlich nicht für den Austausch von Daten zwischen Programmen gedacht, sondern zur Übertragung von Steuer- und Fehlercodes für TCP/IP. ICMP wird beispielsweise vom Hilfswerkzeug `ping` eingesetzt.

Ports

Jedes IP-Paket wird durch eine Port-Nummer kategorisiert. Damit ist es möglich, die Pakete beim Empfänger leichter einzuordnen. Den meisten Internetanwendungen (WWW, FTP, E-Mail etc.) sind jeweils eigene Port-Nummern zugeordnet.

PPP

Wenn die Verbindung zum Internet nicht über die Infrastruktur eines lokalen Netzes erfolgt, sondern direkt via Modem oder ISDN-Karte, kommt meist das Point-to-Point Protocol (PPP) zum Einsatz. Es ermöglicht die Übertragung von TCP/IP-Daten über eine Telefonleitung, via ISDN oder per ADSL. PPP kann auch zum Aufbau von sogenannten Virtual Private Networks verwendet werden.

Host- und Domainname

IP-Nummern (siehe unten) mögen für Computer praktisch sein, für Menschen sind sie aber schwer einprägbar. Aus diesem Grund kann der Rechner parallel auch durch die Kombination aus Host- und Domainnamen identifiziert werden. Beim Hostnamen handelt es sich um den eigentlichen Rechnernamen. Der Domainname bezeichnet das Teilnetz, innerhalb dessen der Rechner angesprochen werden kann. Der Domainname kann auch mehrteilig sein. Meine Testrechner sind beispielsweise nach den Planeten unseres Sonnensystems benannt (z. B. `jupiter`), als Domain dient `sol`. Daraus ergibt sich dann der vollständige Name `jupiter.sol`.

Tipp

Als Hostname sollte nicht der Name des Rechnerherstellers, seines Besitzers oder des gerade anstehenden Projekts verwendet werden – all das kann Verwirrung stiften. Verwenden Sie kurze und einprägsame Namen von Tieren, Pflanzen, Planeten, Flüssen oder was immer Ihnen einfällt. Deutsche Sonderzeichen sind nicht erlaubt.

Verwenden Sie niemals `localhost` als Hostnamen! Dieser Name hat insofern eine Sonderstellung, als dass er als vollständiger Netzwerkname gilt (*fully qualified*). Dem Namen ist immer die Adresse 127.0.0.1 der Loopback-Schnittstelle zugeordnet, unabhängig von den restlichen Parametern der Netzwerkkonfiguration.

Weniger flexibel sind Sie bei der Wahl des Domainnamens. Der Name muss mit dem bereits im Netzwerk verwendeten Domainnamen übereinstimmen. Nur wenn Sie ein neues lokales Netz einrichten, können Sie den Domainnamen frei wählen.

Wenn Ihr Linux-Rechner als öffentlich im Internet sichtbarer Server für Web-, E-Mail- oder andere Dienste dienen soll, müssen Sie den gewünschten Domainnamen bei einem *Internet Service Provider* (ISP) bzw. einem *Network Information Center* (kurz NIC) registrieren – z. B. bei http://www.denic.de für die .de-Domainnamen oder bei http://www.corenic.org für .com-, .net- und .org-Domainnamen.

IP-Adressen bzw. IP-Nummern IP-Nummern dienen dazu, einen Rechner innerhalb eines Netzwerks eindeutig zu identifizieren. Eine typische IP-Nummer für einen Rechner in einem lokalen Netz wäre 192.168.0.75. Hintergrundinformationen zu IP-Nummern finden Sie ab Seite 752.

MAC-Adresse Bei der MAC-Adresse (Media Access Control) handelt es sich um eine eindeutige ID-Nummer, mit der jeder Ethernet-Controller ausgestattet ist. Die MAC-Nummer ermöglicht eine Identifizierung des Netzwerk-Controllers, noch bevor ihm eine IP-Nummer zugewiesen wird. Die MAC-Adresse wird insbesondere vom Protokoll DHCP genutzt (siehe auch ab Seite 802).

Schnittstelle (Interface) Die IP-Adresse bezeichnet nicht einen Rechner, sondern eine IP-Schnittstelle. Ein Rechner hat oft mehrere Schnittstellen mit unterschiedlichen IP-Adressen. Typische Schnittstellen sind die Loopback-Schnittstelle (127.0.0.1, siehe unten), eine oder mehrere Ethernet-Schnittstellen sowie eventuell eine PPP-Schnittstelle für den Internetzugang via Modem, ISDN oder ADSL.

Wenn von *der* IP-Adresse die Rede ist (als gäbe es nur eine einzige), dann ist zumeist diejenige Adresse gemeint, über die der Rechner im lokalen Netz oder im Internet angesprochen wird. Im Regelfall ist das die IP-Nummer des Ethernet-Interfaces, die dem Host- und Domainnamen zugeordnet und innerhalb des Netzwerks eindeutig ist.

Schnittstellenname Linux-intern bekommen alle Netzwerkschnittstellen einen Namen zugewiesen. Typische Namen sind `lo` für die Loopback-Schnittstelle, `eth0`, `eth1` etc. für die Ethernet-Schnittstelle, `wlan`*n* für WLAN-Schnittstellen und `ppp`*n* für die PPP-Schnittstellen.

Fedora verwendet allerdings eine andere Nomenklatur für Ethernet-Schnittstellen: Auf dem Mainboard integrierte Netzwerkschnittstellen erhalten den Schnittstellennamen `em`*n*, wobei die Nummerierung mit 1 beginnt. Über den PCI-Bus verbundene Netzwerkgeräte bekommen die Bezeichnung `p`*s*`p`*n*, wobei *s* den PCI-Slot bezeichnet und *n* die Port-Nummer (wieder beginnend mit 1).

Loopback-Interface Die Loopback-Schnittstelle spielt eine besondere Rolle: Sie ermöglicht die Verwendung des Netzwerkprotokolls für lokale Dienste, also zur Kommunikation innerhalb des Rechners. Das klingt vielleicht widersinnig, ist aber für viele elementare Linux-Kommandos erforderlich. Der Grund: Manche Kommandos bauen ihre Kommunikation auf dem Netzwerkprotokoll auf, ganz egal, ob die Daten lokal auf dem Rechner bleiben oder über ein Netz auf einem fremden Rechner weiterverarbeitet werden. Ein Beispiel dafür ist das Druckersystem (CUPS), das Druckjobs sowohl lokal als auch von anderen Rechnern im Netzwerk entgegennimmt.

Als IP-Nummer für das Loopback-Interface ist 127.0.0.1 vorgesehen. Alle Distributionen kümmern sich automatisch um die Konfiguration des Loopback-Interfaces, auch wenn ansonsten keine Netzwerkkonfiguration durchgeführt wird.

Netzwerkmaske, Netzwerk- und Broadcast-Adresse

Die Ausdehnung eines lokalen Netzes wird durch zwei oder drei Masken ausgedrückt. Dabei handelt es sich um vierteilige Zifferngruppen, die intern als Bitmuster für IP-Adressen verwendet werden. Wenn das lokale Netz alle Nummern 192.168.0.*n* umfasst, lautet die dazugehörige Netzwerkmaske 255.255.255.0, die Netzwerkadresse 192.168.0.0 und die Broadcast-Adresse 192.168.0.255. (Bei vielen Konfigurationsprogrammen brauchen Sie keine Broadcast-Adresse anzugeben, da sich diese aus den beiden anderen Adressen ergibt.)

Das resultierende Netzwerk wird jetzt mit 192.168.0.0/255.255.255.0 oder kurz mit 192.168.0.0/24 bezeichnet. (Die Kurzschreibweise gibt die Anzahl der binären Einser der Netzwerkmaske an.) Zwei Rechner mit den IP-Adressen 192.168.0.71 und 192.168.0.72 können sich in diesem Netzwerk also direkt miteinander verständigen (weil die IP-Nummern im Bereich der Netzwerkmaske übereinstimmen). Die maximale Anzahl von Rechnern, die gleichzeitig in diesem Netz kommunizieren können, beträgt 254 (.1 bis .254) – die Nummern .0 und .255 sind reserviert.

Gateway

Ein Gateway ist ein Rechner, der an der Schnittstelle zwischen zwei Netzen steht (oft zwischen dem lokalen Netz und dem Internet). Damit Ihr Linux-Rechner in einem lokalen Netz auf das Internet zugreifen kann, müssen Sie bei der Konfiguration die Gateway-Adresse angeben.

Die Gateway-Adresse bezeichnet also einen Rechner im lokalen Netz – z. B. 192.168.0.1. Dieser Rechner hat insofern eine Sonderstellung, als er (z. B. per ADSL) mit dem Internet in Verbindung steht. Der Internetverkehr des gesamten lokalen Netzwerks erfolgt daher über den Gateway-Rechner.

Nameserver

Ein Nameserver ist ein Programm, das Rechnernamen bzw. Internetadressen (z. B. `www.yahoo.com`) in IP-Nummern übersetzt. Bei kleinen Netzen erfolgt die Zuordnung zwischen Namen und Nummern oft über eine Tabelle (Datei `/etc/hosts`). Im Internet übernehmen Rechner mit entsprechenden Datenbanken diese Aufgabe. Statt des Begriffs *Nameserver* ist auch die Abkürzung DNS für *Domain Name Server* oder *Services* üblich.

Wenn Sie in einem Webbrowser die Seite `www.yahoo.com` ansehen möchten, wird daher als Erstes der Nameserver kontaktiert, um die IP-Nummer des Webservers von `www.yahoo.com` herauszufinden. Erst nachdem das gelungen ist, wird eine Verbindung mit dieser IP-Adresse hergestellt.

DHCP

Das *Dynamic Host Configuration Protocol* (DHCP) wird oft in lokalen Netzwerken verwendet, um die Administration des Netzwerks zu zentralisieren. Anstatt bei jedem Rechner getrennt die IP-Adresse, das Gateway, den Nameserver etc. einzustellen, wird ein Rechner als DHCP-Server konfiguriert (siehe auch Seite 802). Alle anderen Rechner im lokalen Netzwerk nehmen beim Systemstart Kontakt mit dem DHCP-Server auf und fragen diesen, welche Einstellungen sie verwenden sollen. Damit reduziert sich die Client-Konfiguration auf ein Minimum.

IP-Nummern

Es wurde bereits erwähnt, dass IP-Nummern zur Identifizierung von Rechnern innerhalb eines Netzwerks verwendet werden. Das gilt sowohl in lokalen Netzen als auch im Internet. Dieser Abschnitt vermittelt Hintergrundinformationen über die Verwendung von IP-Nummern.

Theoretisch gibt es 256^4, also rund 4 Milliarden IP-Nummern. Tatsächlich sind aber weit weniger IP-Nummern verfügbar, weil zum einen ein Teil der Nummern reserviert ist (unter anderem alle IP-Nummern, die mit .0 bzw. .255 enden) und zum anderen IP-Nummern früher in recht großzügigen Paketen vergeben wurden.

Mit dem rasanten Wachstum des Internets bereitet die Forderung nach weltweit eindeutigen IP-Nummern für alle im Internet präsenten Rechner zunehmend Probleme. Bis sich das IPv6 durchsetzt (eine neue Version des Internetprotokolls, das neben vielen anderen Verbesserungen auch einen vergrößerten Adressraum bietet), werden IP-Nummern ein knappes Gut bleiben.

IP-Nummern im Internet

Wenn Sie einen eigenen Webserver mit dem Internet verbinden möchten, benötigen Sie sowohl einen weltweit gültigen Domainnamen (z. B. »meinefirma.de«) als auch eine eigene IP-Adresse. Beides bekommen Sie am einfachsten über Ihren Internet-Provider bzw. über ein Network Information Center (kurz NIC).

Für Privatanwender oder kleine Organisationen ist dies im Regelfall aber gar nicht notwendig. Für das lokale Netzwerk werden IP-Adressen des sogenannten privaten Adressraums verwendet (Details folgen gleich). Die Internetanbindung erfolgt über einen Internet Service Provider, der (für den Zeitraum der Verbindung) eine weltweit gültige IP-Adresse zur Verfügung stellt.

Falls Sie zudem mit einer eigenen Website im Internet präsent sein möchten, erfolgt dies im Regelfall ebenfalls über den Umweg eines Service-Providers. Der Rechner mit dem Webserver und Ihren HTML-Dokumenten befindet sich beim Provider (und nicht bei Ihnen zu Hause), und für die IP-Adresse ist abermals der Provider zuständig. Diese Vorgehensweise hat zudem den Vorteil, dass Sie keine ständige Verbindung zum Internet benötigen, Ihre Website aber dennoch immer erreichbar ist.

Kurz gefasst: Eine eigene, international eindeutige IP-Adresse benötigen Sie nur dann, wenn Ihr Rechner ständig im Internet erreichbar sein soll und Sie zu diesem Zweck eine direkte Anbindung in das Internet haben (z. B. durch eine Standleitung). Das trifft normalerweise nur für große Firmen bzw. Universitäten zu.

IP-Nummern in lokalen Netzen

Rechner in lokalen Netzen sind für das Internet im Regelfall unsichtbar. Das bedeutet, dass die Rechner zwar bei geeigneter Konfiguration Internetfunktionen nutzen können, dass diese Rechner aber umgekehrt vor unkontrollierten Zugriffen aus dem Internet geschützt sind. Daraus ergibt sich, dass die IP-Nummern in lokalen Netzen nur innerhalb dieses Netzes eindeutig sein müssen, nicht aber weltweit.

Da die IP-Nummern ohnedies knapp sind, ist das ein willkommenes Sparpotenzial. Es wurden daher im IP-Zahlenraum drei Bereiche für lokale Netzwerke reserviert:

10.0.0.0–10.255.255.255
172.16.0.0–172.31.255.255
192.168.0.0–192.168.255.255

Der erste Bereich ermöglicht es, ein sehr großes lokales Netz zu bilden (theoretisch mit 16 Millionen Rechnern – das reicht auch für sehr große Firmen). Beim zweiten Bereich handelt es sich eigentlich um 16 Teilnetze mit je ca. 65.000 Adressen (z. B. 172.23.0.0 bis 172.23.255.255). Der dritte Bereich besteht aus 256 kleinen Teilnetzen. Eines davon ist z. B. 192.168.75.0 bis 192.168.75.255.

Ganz egal, in welchem Teilnetz Sie Ihr lokales Netz bilden – es ist sichergestellt, dass es zu keinen Adresskonflikten mit »richtigen« IP-Internetadressen kommt.

Meist wollen Sie freilich auch innerhalb des lokalen Netzes Internetfunktionen nutzen (z. B. WWW-Seiten lesen). Um dies zu ermöglichen, muss innerhalb des lokalen Netzwerks ein Rechner als Gateway zum Internet konfiguriert werden. Dieser Rechner stellt die Verbindung zum Internet her (sei es über ADSL, ISDN, Modem oder andere Techniken) und leitet alle Internetanforderungen des lokalen Netzes weiter. Das Gateway hat außerdem die Aufgabe, die LAN-IP-Nummern durch eine weltweit gültige IP-Nummer zu ersetzen. Diese Funktion wird Masquerading genannt. Sie ist in Kapitel 28 beschrieben.

Dynamische IP-Nummern

Dass eine IP-Nummer zur Identifizierung des Rechners im Netzwerk erforderlich ist, sollte mittlerweile klar sein. Aber woher weiß der Rechner, welche IP-Nummer er verwenden soll? Die einfachste Möglichkeit besteht darin, die IP-Nummer bei der Konfiguration explizit vorzugeben. Bei kleinen lokalen Netzen ist das die übliche Vorgehensweise. Der erste Rechner im Netz bekommt z. B. die Nummer 192.168.0.1, der nächste 192.168.0.2 etc. Die Nummer wird in der Datei `/etc/hosts` gespeichert.

Mit steigender Größe des Netzwerks wird diese dezentrale Konfiguration allerdings zunehmend aufwendig. Um dies zu vermeiden, werden häufig dynamische IP-Adressen eingesetzt. Dazu muss ein Rechner innerhalb des Netzwerks als DHCP-Server konfiguriert werden. (DHCP steht für *Dynamic Host Configuration Protocol*.) Alle anderen Rechner treten beim Start der Netzwerkfunktionen mit dem DHCP-Server in Kontakt und bekommen von diesem eine IP-Nummer zugewiesen. Oft übernimmt auch ein ADSL-Router die Aufgaben des DHCP-Servers.

Das hat vor allem zwei Vorteile: Erstens kann das gesamte Netzwerk zentral verwaltet werden (anstatt an jedem einzelnen Rechner Parameter einstellen zu müssen). Zweitens geht der Administrationsaufwand pro Client gegen null. Um einen Client in das Netz einzubinden, muss nur noch der Rechnername angegeben und die DHCP-Option aktiviert werden. Alle anderen Daten (eigene IP-Adresse, IP-Adressen von DNS und Gateway etc.) werden dann via DHCP übermittelt.

Daneben gibt es noch einen dritten Vorteil, der allerdings eher für Internet Service Provider interessant ist: Da die IP-Adressen dynamisch zugewiesen werden und nicht immer alle Rechner gleichzeitig im Netzwerk sind, reichen vergleichsweise wenige IP-Adressen aus, um eine große Anzahl von Teilnehmern zu versorgen. Jedes Mal, wenn sich ein Anwender via Modem oder IDSN beim Provider einwählt, erhält er die nächste gerade freie Adresse.

Ein Rechner, mehrere IP-Nummern

Ein Rechner hat im Regelfall IP-Nummern! Wenn bisher immer von *der* IP-Nummer gesprochen wurde, dann war diejenige gemeint, die dem Interface des Netzwerk-Controllers zugeordnet ist. Das ist die Nummer, mit der der Rechner innerhalb des Netzes identifiziert wird. (Das bedeutet also genau genommen: Nicht der Rechner hat eine IP-Nummer, sondern das Interface des Netzwerk-Controllers in diesem Rechner.)

Darüber hinaus ist jeder Unix/Linux-Rechner unter der Adresse 127.0.0.1 bzw. unter dem Namen `localhost` erreichbar. Dieses bereits erwähnte Loopback-Interface ist ausschließlich für den lokalen Netzwerkverkehr reserviert. Ob es funktioniert, können Sie mit `ping` ganz einfach testen:

```
user$  ping localhost
PING localhost (127.0.0.1) 56(84) bytes of data.
64 bytes from localhost (127.0.0.1): icmp_seq=1 ttl=64 time=0.049 ms
64 bytes from localhost (127.0.0.1): icmp_seq=2 ttl=64 time=0.040 ms
64 bytes from localhost (127.0.0.1): icmp_seq=3 ttl=64 time=0.041 ms

--- localhost ping statistics ---
3 packets transmitted, 3 received, 0% packet loss, time 1999ms
rtt min/avg/max/mdev = 0.040/0.043/0.049/0.006 ms
```

`ping` sendet Datenpakete an die angegebene Adresse und misst, wie lange es dauert, bis die Ankunft der Pakete bestätigt wird. `ping localhost` sollte auch dann funktionieren, wenn Ihr Rechner keinen Netzwerk-Controller besitzt!

Schließlich kann es sein, dass ein Rechner mit mehreren Netzwerk-Controllern ausgestattet ist. Jeder Controller gilt als eigenes Interface und hat daher eine eigene IP-Nummer. Auch die mit einem Modem oder einer ISDN-Karte hergestellte PPP-Verbindung zum Internet bildet ein Interface. Diesem Interface wird ebenfalls eine IP-Nummer zugeordnet, wobei diese Nummer im Regelfall vom Internet Provider bestimmt wird. (Es handelt sich um eine dynamische IP-Nummer.)

Man stattet einen Rechner z. B. dann mit mehreren Netzwerk-Controllern aus, wenn er zwei Teilnetze mit unterschiedlichen Adressräumen verbinden soll. Der Rechner wird dann als *Router* bezeichnet. Ein Beispiel dafür ist das Internet-Gateway eines Netzwerks. Während eine Internetverbindung besteht, hat der Gateway-Rechner zumindest drei IP-Adressen: die Loopback-Adresse 127.0.0.1, eine Adresse innerhalb des lokalen Netzes und schließlich eine vom Internet Service Provider zugeteilte globale Internetadresse. (Genau genommen führt ein Gateway meist gar kein Routing, sondern nur das Masquerading durch. Dieser feine Unterschied wird in Kapitel 28 genauer beschrieben.)

Statische Konfiguration der IP-Adresse

Wenn es im lokalen Netz keinen DHCP-Server gibt, müssen Sie bei der Netzwerkkonfiguration die IP-Nummer der Netzwerkschnittstelle statisch einstellen. Welche IP-Nummer sollen Sie nun also verwenden?

» Ihr Rechner ist nicht Teil eines lokalen Netzes: Abgesehen von 127.0.0.1 für das Loopback-Interface benötigen Sie vorerst gar keine IP-Adresse. (Das gilt auch für den Fall, dass dieser Rechner später via Modem/ISDN/ADSL mit dem Internet verbunden wird.) Ihre einzige Konfigurationsaufgabe besteht darin, den Domain- und den Hostnamen anzugeben.

» Ihr Rechner ist Teil eines bestehenden lokalen Netzes: Die IP-Nummer muss sich innerhalb der gültigen Adressen für dieses Netzwerk befinden (z. B. 192.168.0.*) und muss darin eindeutig sein.

» Ihr Rechner soll ein lokales Netz gründen: Entscheiden Sie sich für einen privaten IP-Adressraum (z. B. 192.168.0.*), und weisen Sie dem Rechner eine IP-Nummer daraus zu.

IPv6

Bis jetzt habe ich mich immer auf IP-Version 4 bezogen (IPv4). Das gesamte Internet in seiner jetzigen Form basiert auf dieser IP-Version. Allerdings zeichnet sich bereits seit Jahren ab, dass die Anzahl der noch verfügbaren IP-Adressen knapp wird. Außerdem weist das Protokoll einige funktionelle Mängel auf, weswegen IP für manche heutige und viele zukünftige Anwendungen schlecht geeignet ist (z. B. für Internettelefonie, Audio- und Video-Streaming).

IPv6-Adressen

Die zukünftige IP-Version 6 (IPv6) wird diese Mängel beheben. Die wohl markanteste und für Administratoren offensichtlichste Änderung besteht darin, dass IP-Adressen nun 128 Bit lang sind (gegenüber 32 Bit bei IPv4). In der herkömmlichen Schreibweise würde eine Adresse dann so aussehen:

```
121.57.242.17.122.58.243.18.19.123.59.20.244.124.60.245
```

Es ist offensichtlich, dass diese Schreibweise nicht praktikabel ist. Um etwas Platz zu sparen, werden IPv6-Adressen in bis zu acht durch das Zeichen : getrennte Gruppen hexadezimaler Zahlen gegliedert, beispielsweise so:

```
abcd:17:2ff:12aa:2222:783:dd:1234
```

Um den Schreibaufwand zu minimieren, gilt :: als Kurzform für mehrere 0-Gruppen:

```
abcd:17:0:0:0:0:dd:1234 → abcd:17::dd:1234
0:0:0:0:0:783:dd:1234 → ::783:dd:1234
```

Für `localhost` gibt es eine noch kompaktere Kurzschreibweise: `::1`

Wenn IPv4-Adressen in IPv6 abgebildet werden, sind die ersten sechs Gruppen 0. Die abschließenden zwei Gruppen dürfen statt in hexadezimaler Schreibweise auch in der vertrauten dezimalen Schreibweise angegeben werden:

IPv4-Adresse: `::110.111.112.113`

Im Rahmen der IPv6-Umstellung wird es für viele Jahre einen Mischbetrieb von IPv4 und IPv6 geben. Es existieren verschiedene Verfahren, um IPv6-Pakete auch über IPv4-Netze zu transportieren (und umgekehrt).

IPv6 und Linux

Der Linux-Kernel kommt mit IPv6 prinzipiell schon seit Version 2.2 zurecht, seit Kernel 2.6 gilt die IPv6-Unterstützung als ausgereift. Auch die meisten Netzwerkanwendungen sind mittlerweile IPv6-kompatibel.

Da sich IPv6 im europäischen Raum bisher nicht einmal ansatzweise etabliert hat, gelten alle Informationen in diesem Buch nur für IPv4. Ein guter Ausgangspunkt für die Suche nach weiteren Informationen zu IPv6 und zu den Linux-Besonderheiten sind die folgenden Seiten:

http://www.ipv6.org/
http://de.wikipedia.org/wiki/IPv6
http://www.faqs.org/rfcs/rfc1752.html
http://www.bieringer.de/linux/IPv6/

WLAN-Standards, Glossar

Zur Beschreibung drahtloser Netze haben sich mehrere Abkürzungen eingebürgert. Am gängigsten ist WLAN (*Wireless Local Area Network*) oder dessen deutsche Variante *Funk-LAN*. In englischen Texten ist sehr oft von WiFi (*Wireless Fidelity*) die Rede, wobei der Begriff oft synonym mit WLAN verwendet wird. Manchmal ist aber auch die *WiFi-Alliance* gemeint, ein Herstellerkonsortium, das sich um die Kompatibilität von WLAN-Produkten kümmert.

Dieser Abschnitt fasst kurz die WLAN-Terminologie zusammen. Wenn Sie mit den WLAN-Grundlagen schon vertraut sind, können Sie gleich bis zu Seite 760 weiterblättern, wo es um Linux-spezifische WLAN-Details geht.

Standards Es gibt WLAN-Standards wie Sand am Meer. Diese Standards sind durch das IEEE (*Institute of Electrical and Electronics Engineers*) definiert und beginnen alle mit der Nummer 802.11. Die ergänzenden Buchstaben beziehen sich in chronologischer Reihenfolge auf neue Versionen bzw. Varianten des Standards. Die folgende Aufzählung fasst einige WLAN-Standards knapp zusammen.

- **802.11:** Der erste 802.11-Standard definierte die Funkfrequenz mit 2,4 GHz. Die maximale Bruttoübertragungsrate lag aber bei nur 2 MBit/s. Dieser Standard hat heute keine Bedeutung mehr.
- **802.11a:** Bei diesem Standard beträgt die Funkfrequenz 5,2 GHz, die Bruttoübertragungsrate bis zu 54 MBit/s. Allerdings hat sich 802.11a nur in den USA durchsetzen können.
- **802.11b:** 802.11b-Hardware funkt in einer Frequenz von 2,4 GHz. Die Bruttoübertragungsrate ist allerdings auf nicht mehr zeitgemäße 11 MBit/s beschränkt.
- **802.11g:** Dieser Standard ist der Nachfolger zu 802.11b und ist zu diesem auch kompatibel. Die Funkfrequenz beträgt wie bei 802.11b 2,4 GHz, die Bruttodatenrate wurde aber auf bis zu 54 MBit/s gesteigert.
- **802.11i:** Diese Ergänzung zu 802.11a/b/g/h definiert das Verschlüsselungs- und Authentifizierungsverfahren WPA2.
- **802.11n:** Als Nachfolger von 802.11a, b und g bietet 802.11n mit bis zu 540 MBit/s eine wesentlich höhere Bruttoübertragungsrate und eine etwas höhere Reichweite. Beide Verbesserungen werden durch den gleichzeitigen Einsatz von mehreren Antennen, Empfängern und Sendern erreicht (Multiple-in, Multiple-out, kurz MIMO). 802.11n ist mit den Varianten a, b und g kompatibel, allerdings beeinträchtigt ein einziger nicht 802.11n-kompatibler WLAN-Teilnehmer die Geschwindigkeit des gesamten Netzes. 802.11n-Hardware gibt es schon seit Mitte 2006, der offizielle Standard wurde 2009 ratifiziert.

Brutto/netto Die Bruttoübertragungsrate (z. B. 54 MBit/s für 802.11g) in den Prospekten sieht oft vielversprechend aus. Nach Abzug des großen Protokoll-Overheads bleibt davon netto deutlich weniger als die Hälfte übrig – und auch das nur, solange nicht mehr als zwei WLAN-Teilnehmer miteinander kommunizieren, die physikalische Funkverbindung gut ist (geringer Abstand, keine Hindernisse etc.) und sich keine Teilnehmer im Netz befinden, deren Hardware noch einen alten WLAN-Standard verwendet.

WLAN-Hardware In alle modernen Notebooks ist ein WLAN-Controller bereits eingebaut. WLAN-Bridges, -Access-Points und -Router sind dagegen eigenständige externe Geräte, die mit einem Ethernet-Kabel an das lokale Netzwerk oder an ein ADSL-Modem angeschlossen werden:

- Eine WLAN-Bridge verbindet ein einzelnes LAN-Gerät mit einem WLAN. Die Bridge erfüllt also dieselbe Funktion wie eine WLAN-Karte, nur der Anschluss an den Rechner ist anders: Er erfolgt via Ethernet statt über PCI, PCMCIA oder USB.
- Ein Access-Point stellt den einfachsten Weg dar, um einen WLAN-Zugangspunkt für mehrere WLAN-Clients herzustellen. Ein Access-Point wird wie eine Bridge mit einem Ethernet-Kabel an einen Netzwerk-Server oder an einen Netzwerk-Hub angeschlossen. Er sendet mehrmals pro Sekunde ein Signal aus (Beacon), damit andere WLAN-Geräte in Funkreichweite den Access-Point erkennen. Im Unterschied zur Bridge unterstützt ein Access-Point meist zusätzliche WLAN-Modi und kann mit mehreren Clients gleichzeitig kommunizieren. (Die Unterschiede zwischen Access-Point und Bridge bestehen also vor allem in der Steuerungssoftware, weniger in der Hardware.)
- Ein WLAN-Router schließt ein ganzes Netzwerk (LAN und WLAN) an das Internet an. Ausgangspunkt ist zumeist ein DSL-Modem mit Ethernet-Ausgang oder ein lokaler Netzwerk-Server. (Es gibt auch WLAN-Router mit integriertem ADSL-Modem. Derartige Geräte bezeichnet man eigentlich als *Gateways*.)

  Der Router besteht üblicherweise aus einem Access-Point und einem kleinen Hub für vier oder acht Ethernet-Geräte. Mit der internen Software des Routers werden der Internetzugang und die Verwaltung des lokalen Netzwerks gesteuert. Ein Router enthält in der Regel NAT-Funktionen, einen DHCP-Server, eine einfache Firewall etc. (Diese Funktionen werden im Detail in Kapitel 28 ab Seite 793 beschrieben.)

Die Konfiguration von WLAN-Geräten erfolgt im Regelfall durch einen Webbrowser. Dazu stellen die Geräte unter einer bestimmten IP-Adresse (z. B. `http://192.168.0.1`) eigene Webseiten zur Konfiguration zur Verfügung. Beachten Sie aber, dass es vereinzelt auch WLAN-Geräte gibt, die nur durch ein unter Windows laufendes Setup-Programm konfiguriert werden können. Das betrifft insbesondere WLAN-Bridges. Solche Geräte sind für Linux natürlich nur eingeschränkt brauchbar.

WLAN-Verbindungsparameter

Wenn Sie eine Verbindung zwischen zwei WLAN-Geräten herstellen, müssen Sie diverse Parameter einstellen.

Network-Modus

WLAN-Komponenten können auf unterschiedliche Arten miteinander kommunizieren. Im Folgenden sind nur die drei wichtigsten Modi kurz beschrieben:

- Der *Infrastructure Mode* (manchmal auch *Managed Mode* genannt) erlaubt die Kommunikation mit einem zentralen Zugangspunkt. Die Netzwerkstruktur ist also sternförmig. Meist ist der Zugangspunkt ein Access-Point oder ein WLAN-Router, es kann aber auch ein entsprechend konfigurierter Rechner sein.
- Das WLAN-Gerät des Access Points läuft im *Master Mode*. (Der Infrastucture Mode gilt also gewissermaßen für die Clients, während der Master Mode für den Server eines WLANs zur Anwendung kommt.)
- Beim *Ad-hoc Mode* kommuniziert jedes WLAN-Gerät direkt mit jedem anderen WLAN-Gerät, das in Funkreichweite ist.

SSID bzw. ESSID Die Abkürzungen SSID (*Service Set Identification*) bzw. ESSID (*Extended SSID*) bezeichnen ganz einfach eine Zeichenkette, die einem WLAN-Netz einen Namen gibt. WLAN-Geräte können nur dann miteinander kommunizieren, wenn ihre SSIDs übereinstimmen. Durch unterschiedliche SSIDs können Sie also zwei WLAN-Netze trennen, die im selben Bereich funken.

Als SSID-Zeichenkette ist oft der Herstellername vordefiniert. Aus diesem Grund können Geräte desselben Herstellers oft auf Anhieb miteinander kommunizieren, während bei Geräten unterschiedlicher Herkunft zuerst eine gemeinsame SSID-Zeichenkette eingestellt werden muss.

Manche WLAN-Karten sehen für die SSID eine Auto-Konfiguration vor (Einstellung ANY). Beachten Sie, dass bei der SSID-Zeichenkette zwischen Groß- und Kleinschreibung unterschieden wird!

NWID Innerhalb eines WLAN-Netzes mit einheitlicher SSID kann es mehrere Teilnetze (Cells) geben, zwischen denen mit der NWID (*Network ID*) differenziert wird. In der Praxis kommt das aber nur selten vor, weswegen manche Konfigurationsprogramme auf die NWID gleich ganz verzichten.

Manchmal wird statt NWID der Begriff *Domain* verwendet, was aber nur Verwirrung stiftet. Mit dem herkömmlichen Domainnamen von IP-Adressen hat die NWID nichts zu tun.

Channel Innerhalb des durch den jeweiligen 802.11x-Standard vorgesehenen Frequenzbandes gibt es mehrere Teilbereiche (Kanäle, Channels), auf denen parallel gesendet werden kann. Im Infrastructure Mode erkennen WLAN-Adapter selbstständig den vom Access Point verwendeten Kanal. Eine explizite Einstellung des Kanals ist nur notwendig, wenn es zu Interferenzen mehrerer WLANs kommt.

WEP/WPA-Key Aus Sicherheitsgründen müssen WLAN-Netze abgesichert werden. Je nachdem, welchen Standard Ihre WLAN-Hardware unterstützt, kommen die Verfahren WEP, WPA oder am besten WPA2 infrage (Details dazu finden Sie im nächsten Abschnitt). Bei der Konfiguration Ihres WLAN-Controllers geben Sie den Schlüssel an. Beachten Sie, dass Sie bei manchen Konfigurationsprogrammen 0x voranstellen müssen, um hexadezimale Schlüssel anzugeben!

WLAN-Sicherheit

Grundsätzlich ist es möglich, ein WLAN unverschlüsselt zu betreiben. Dann kann aber jeder in Reichweite des Funknetzes dieses nutzen und die gesamte Kommunikation abhören. Ein unverschlüsselter Betrieb ist daher grob fahrlässig!

WEP Zur Verschlüsselung des Datenverkehrs kam bei den ersten WLAN-Generationen das Verfahren *Wired Equivalent Privacy* (WEP) zum Einsatz. Dabei werden die Daten wahlweise mit einem 40- oder 104-Bit-Schlüssel verschlüsselt. (Oft ist auch von 64- bzw. 128-Bit-Verschlüsselung die Rede. Die restlichen 24 Bit dienen aber nicht zur eigentlichen Verschlüsselung.)

Der WEP-Schlüssel wird in der Regel als hexadezimale Zahl angegeben (10 bzw. 26 Stellen, je nach der Bitanzahl des Schlüssels). Da das Eintippen einer 26-stelligen Zahl fehleranfällig ist, bieten manche Konfigurationswerkzeuge die Möglichkeit, den Schlüssel aus einer »Passphrase« zu erzeugen. (Die Passphrase ist ein beliebiger Text, der auch aus mehreren Wörtern bestehen darf.) Allerdings ist die Schlüsselgenerierung herstellerabhängig. Dieselbe Passphrase kann also bei unterschiedlichen Herstellern zu unterschiedlichen Schlüsseln führen. Im Zweifelsfall bleibt Ihnen also nichts anderes übrig, als den Schlüssel exakt einzugeben.

Bei der WEP-Konfiguration können bis zu vier Schlüssel eingegeben werden. Tatsächlich genutzt wird immer nur einer. Die Verwaltung von vier Schlüsseln hat aber den Vorteil, dass Sie bei einem Wechsel des WLAN-Netzes nicht den ganzen Schlüssel neu eingeben müssen, sondern einfach den aktiven Schlüssel wechseln.

Achtung

WEP hat sich aufgrund von gravierenden Konzeptmängeln als unsicher herausgestellt! Selbst ein 104-Bit-Schlüssel kann durch simples Abhören des WLAN-Verkehrs innerhalb relativ weniger Minuten ermittelt werden. Geeignete Programme zum Knacken von WEP-Schlüsseln stehen im Internet kostenlos zur Verfügung. WEP ist also nur besser als gar kein Schutz.

Wenn Ihre Hardware es zulässt, sollten Sie WPA oder noch besser WPA2 einsetzen (siehe unten). Ist das nicht möglich, müssen Sie Ihr Funknetz durch andere Maßnahmen zusätzlich absichern, idealerweise durch ein VPN (siehe ebenfalls unten).

WPA, WPA2

Die Nachfolge von WEP haben die Verfahren *WiFi Protected Access* (kurz WPA) sowie dessen verbesserte Version WPA2 angetreten. Die genaue Spezifikation von WPA2 ist im Standard 802.11i niedergeschrieben. Der wichtigste Unterschied zwischen WPA und WPA2 ist der Verschlüsselungsalgorithmus: RC4 bei WPA, AES bei WPA2.

WPA war als Übergangslösung bis zur Fertigstellung des 802.11i-Standards gedacht. Da es aber WLAN-Hardware gibt, die nur WPA, aber noch nicht WPA2 unterstützt, werden auf absehbare Zeit beide Varianten im Einsatz bleiben.

Der wesentliche Vorteil von WPA besteht darin, dass der Schlüssel nur zur Initialisierung der Verbindung eingesetzt wird. Sobald die Verbindung steht, werden die Schlüssel nach einem ausgeklügelten Verfahren ständig gewechselt. WPA und WPA2 gelten nach aktuellem Stand der Technik als sicher, sofern eine ausreichend lange Passphrase eingesetzt wird (also ein aus mehreren Wörtern und Zeichen bestehender Schlüssel).

Dieses Buch behandelt nur die WPA/WPA2-Variante *Pre-Shared Key* (kurz PSK, oft auch *WPA-Personal* genannt): Hier melden sich alle WLAN-Nutzer mit demselben Schlüssel im Netz an. Bei der noch sichereren Variante *Managed Key* hat jeder Nutzer einen eigenen Schlüssel, allerdings müssen die Schlüssel nun auf einem zentralen Server verwaltet werden.

Beachten Sie, dass Sie bei den meisten WLAN-Routern und -Access-Points *ein* Verschlüsselungsverfahren einstellen müssen. Es ist also nicht möglich, dass ein Rechner die Verbindung mit WPA2 aufbaut, ein anderer aber mit WEP. Damit bestimmt der Sicherheitsstandard Ihres ältesten Geräts die Sicherheit des gesamten Funknetzes.

Basisabsicherung

Unabhängig von der eingesetzten Verschlüsselungstechnik sollten Sie auch eine Basisabsicherung Ihres WLANs durchführen:

» Die Einstellungen des Access-Points werden normalerweise per Webbrowser verändert. Der Webzugang ist durch ein firmenspezifisches Passwort abgesichert, das Sie unbedingt ändern sollten. Generell sollten Sie die Fernwartung so weit wie möglich einschränken und nicht per WLAN, sondern nur über eine LAN-Verbindung durchführen.

- Viele Access-Points bieten die Möglichkeit, WLAN-Zugang nur für bestimmte MAC-Adressen zu bieten. Eine MAC-Adresse (Media Access Control) ist eine eindeutige ID-Nummer des WLAN-Controllers. Diese Schutzmaßnahme hat nur begrenzte Wirkung, weil ein Hacker mit einer falschen MAC-Adresse arbeiten kann.
- Schalten Sie den Access-Point aus, wenn Sie ihn nicht benötigen.
- Verwenden Sie möglichst lange Schlüssel bzw. Passwörter, die nicht durch Probieren erraten werden können.

Firewall und VPN

Durch eine Firewall können Sie den WLAN-Datenverkehr gezielt auf bestimmte Protokolle, Netzwerksegmente etc. beschränken. Ein anderer Ansatzpunkt besteht darin, das WLAN trotz aller anderen Schutzmaßnahmen als unsicher zu betrachten. Um dennoch sicher zu kommunizieren, verschlüsseln Sie Ihren Datenverkehr selbst. Am populärsten ist für diesen Zweck die Verwendung eines VPN (Virtual Private Network). Details zur VPN-Konfiguration folgen auf Seite 788 (Client) bzw. 850 (Server).

Linux-Unterstützung für WLANs

Wireless-Tools

Bei der Nutzung von WLAN-Controllern unter Linux helfen die Linux-Wireless-Tools – egal, ob es sich bei den WLAN-Adaptern um in den Computer eingebaute WLAN-Komponenten, um PCI- oder PCMCIA-Karten oder um externe USB-Geräte handelt. Die Wireless-Tools sind eine relativ kleine Sammlung von Kommandos (`iwconfig`, `iwlist` etc.) zur Konfiguration der WLAN-Adapter. Einige dieser Kommandos werden auf den folgenden Seiten näher vorgestellt. Die Wireless-Tools werden mit allen gängigen Distributionen mitgeliefert. Weitere Informationen zu den Wireless-Tools finden Sie unter:

http://www.hpl.hp.com/personal/Jean_Tourrilhes/Linux/Tools.html

Hardware-Treiber

Die Wireless-Tools enthalten nur Steuerungskommandos. Die eigentlichen Hardware-Treiber befinden sich dagegen in Kernelmodulen. Aktuelle Linux-Versionen enthalten Treiber zu nahezu allen marktüblichen WLAN-Adaptern – aber wie immer gibt es leider vereinzelte Ausnahmen. Besonders problematisch sind naturgemäß ganz neue WLAN-Adapter: Selbst bei einer guten Kooperation zwischen dem Hardware-Hersteller und der Linux-Entwicklergemeinde dauert es oft ein ganzes Jahr, bis neue Treiber ihren Weg in aktuelle Distributionen finden. Es lohnt sich also, vor dem Kauf eines Notebooks ein wenig im Internet zu recherchieren!

Firmware

Die meisten WLAN-Controller sind selbst programmierbar. Damit sie funktionieren, muss während der Initialisierung die sogenannte Firmware (also controller-interner Programmcode) in den Controller übertragen werden. Die Firmware stammt von den Controller-Herstellern und darf unter Einhaltung der jeweiligen Lizenzbedingungen frei weitergegeben werden. Um die Übertragung des Codes in den Controller kümmert sich in der Regel das Kernelmodul oder das udev-System. Der Controller-Code befindet sich in Binärdateien (Blobs), zumeist im Verzeichnis `/lib/firmware`.

Die Chip-Hersteller stellen die Firmware nur in binärer Form zur Verfügung, nicht als Quellcode. Das ist aus Open-Source-Sicht betrüblich und wird vor allem von der Debian-Entwicklergemeinde kritisiert. Persönlich sehe ich das Problem nicht so dramatisch: Früher wäre dem WLAN-Controller ein EPROM hinzugefügt worden, und kein Hahn hätte danach gekräht, dass dieses keinen Open-Source-

Code enthält. Die jetzige Lösung ist billiger und erlaubt Updates. Natürlich wäre es wünschenswert, wenn auch für die im Controller ausgeführten Programme der Quellcode verfügbar wäre, aber diese Hoffnung ist unrealistisch.

Windows-Treiber nutzen

Wenn es keine Linux-Treiber gibt, warum nicht die Windows-Treiber nutzen? Was auf den ersten Blick unmöglich klingt, hat sich in der Praxis als gar nicht so schwierig herausgestellt: Die Schnittstelle zur Integration von WLAN-Treibern unter Windows ist relativ kompakt. In verschiedenen kommerziellen und Open-Source-Projekten wurde diese Schnittstelle (NDIS) unter Linux nachgebildet. Informationen zur Nutzung von Windows-Binärtreibern unter Linux finden Sie unter:

http://www.linuxant.com/driverloader/wlan/ (kommerziell)
http://sourceforge.net/projects/ndiswrapper/ (Open Source)

Natürlich widerspricht es der Open-Source-Idee, Binärtreiber zu nutzen, weil deren Code nicht der Kontrolle der Open-Source-Gemeinschaft unterliegt. Ein weiterer Nachteil besteht darin, dass Windows-Treiber nur für Intel/AMD-kompatible Systeme zur Verfügung stehen. Aber die Verwendung eines Windows-Treibers ist immer noch besser, als die Hardware gar nicht nutzen zu können.

27.4 LAN- und WLAN-Controller manuell aktivieren

Normalerweise werden Ihr LAN- bzw. WLAN-Controller während des Rechnerstarts automatisch erkannt und initialisiert. Dieser Abschnitt zeigt, wie dieser Prozess hinter den Kulissen abläuft bzw. welche Schritte erforderlich sind, um die Initialisierung von Hand durchzuführen. Das Ziel dieses Abschnitts ist es natürlich nicht, dass Sie in Zukunft Netzwerkschnittstellen manuell einrichten. Vielmehr soll der Abschnitt helfen, dass Sie die Grundlagen besser verstehen. Gleichzeitig sollte der Abschnitt aber auch eine Hilfe sein, wenn Sie Probleme bei der Konfiguration und automatischen Aktivierung Ihres WLAN-Controllers haben.

LAN-Controller manuell aktivieren

Der Netzwerk- bzw. LAN-Controller ist in der Regel ein Chip auf dem Mainboard Ihres Rechners, der Ethernet-Netzwerkfunktionen zur Verfügung stellt. Der Controller kann sich auch auf einer eigenen Netzwerkkarte befinden, etwa um einen Rechner um eine zusätzliche Netzwerkschnittstelle zu erweitern. Unabhängig davon, wie die Netzwerkfunktionen physikalisch realisiert sind, spreche ich im Folgenden nur noch vom Netzwerk-Controller.

Hardware-Erkennung

Im ersten Schritt stellen Sie sicher, dass das richtige Kernelmodul für Ihren Netzwerk-Controller geladen wird. Oft gelingt dies dem Kernel automatisch. In diesem Fall wird das Kommando `ifconfig eth0 up` ohne Fehlermeldung ausgeführt (siehe unten). Treten an dieser Stelle Probleme auf, müssen Sie herausfinden, welcher Netzwerk-Controller in Ihrem Rechner steckt und welches Kernelmodul dafür verantwortlich ist. Erste Informationen liefert in solchen Fällen `lspci`:

```
root# lspci | grep -i net
02:01.0 Ethernet controller: Intel Corporation 82540EP Gigabit Ethernet
                             Controller (Mobile) (rev 03)
...
```

Das Notebook verwendet also den Gigabit-Ethernet-Controller 82540EP von Intel. Der zweite Schritt besteht nun darin, dem Controller einen passenden Treiber zuzuordnen (also ein Kernelmodul aus dem Verzeichnis /lib/modules/*n.n*/net/*). Eine Internetsuche nach *linux kernel module 82540EP* führt rasch zum richtigen Kernelmodul e1000:

```
root# modinfo e1000
filename:       /lib/modules/2.6.35-14-generic/kernel/drivers/net/e1000/e1000.ko
version:        7.3.21-k6-NAPI
license:        GPL
description:    Intel(R) PRO/1000 Network Driver
author:         Intel Corporation, <linux.nics@intel.com>
...
```

Mit lsmod können Sie nun überprüfen, ob das Modul bereits geladen ist. In der Regel wird das der Fall sein, d. h., Linux hat den Controller während des Systemstarts bereits richtig erkannt. Nur wenn das nicht der Fall ist, müssen Sie mit modprobe das passende Modul laden:

```
root# modprobe e1000
```

dmesg zeigt, ob beim Laden des Moduls Fehler auftreten (was hier nicht der Fall ist). Die Warnung *link is not ready* gibt nur an, dass die Schnittstelle momentan mangels Konfiguration noch nicht aktiv ist.

```
root# dmesg -c
...
Intel(R) PRO/1000 Network Driver - version 7.3.21-k3-NAPI
Copyright (c) 1999-2006 Intel Corporation.
e1000 0000:02:01.0: PCI INT A -> Link[LNKA] -> GSI 11 (level, low) -> IRQ 11
e1000: 0000:02:01.0: e1000_probe: (PCI:33MHz:32-bit) 00:11:25:32:4f:5d
e1000: eth0: e1000_probe: Intel(R) PRO/1000 Network Connection
ADDRCONF(NETDEV_UP): eth0: link is not ready
...
```

Damit das Modul in Zukunft automatisch geladen wird, tragen Sie die Zuordnung zwischen der Schnittstelle eth0 und dem Kernelmodul e1000 in die Modulkonfigurationsdatei ein (siehe Seite 718):

```
# Modulkonfigurationsdatei /etc/modprobe.d/config.conf
alias eth0 e1000
```

Einstellung von Controller-Parametern

In aller Regel erkennt der Netzwerk-Controller die erforderlichen Parameter für die Kommunikation im Netzwerk selbst. Nur in ganz seltenen Fällen ist es erforderlich, Parameter wie die Geschwindigkeit, den Duplex-Modus etc. explizit einzustellen. In solchen Situationen hilft Ihnen das Kommando ethtool weiter (siehe man ethtool).

Aktivierung der Schnittstelle

Anschließend aktivieren Sie die Netzwerkschnittstelle mit ifconfig:

```
root# ifconfig eth0 up
```

Wenn kein oder das falsche Kernelmodul geladen ist, erscheint hier die Fehlermeldung *eth0: unknown interface: No such device*. Mehr Details zu Erfolg oder Misserfolg von ifconfig gibt dmesg:

```
root# dmesg -c
e1000: eth0: e1000_watchdog: NIC Link is Up 1000 Mbps Full Duplex,
  Flow Control: RX/TX
ADDRCONF(NETDEV_CHANGE): eth0: link becomes ready
eth0: no IPv6 routers present
```

Konfiguration der Schnittstelle

Um die Netzwerkschnittstelle zu konfigurieren, übergeben Sie deren Namen (eth0) und die gewünschte IP-Adresse ifconfig. Wenn Sie das Kommando anschließend ein zweites Mal ohne Adressangabe ausführen, zeigt es alle bekannten Informationen zur Netzwerkschnittstelle an:

```
root# ifconfig eth0 192.168.0.2
root# ifconfig eth0
eth0      Protokoll:Ethernet  Hardware Adresse 00:11:25:32:4F:5D
          inet Adresse:192.168.0.2  Bcast:192.168.0.255  Maske:255.255.255.0
          inet6 Adresse: fe80::211:25ff:fe32:4f5d/64 Gültigkeitsbereich:Verbindung
          UP BROADCAST RUNNING MULTICAST  MTU:1500  Metric:1
          RX packets:82 errors:0 dropped:0 overruns:0 frame:0
          TX packets:49 errors:0 dropped:0 overruns:0 carrier:0
          Kollisionen:0 Sendewarteschlangenlänge:100
          RX bytes:9252 (9.0 KiB)  TX bytes:7732 (7.5 KiB)
          Basisadresse:0x8000 Speicher:c0220000-c0240000
```

Nun können Sie mit ping überprüfen, ob Sie Kontakt zu anderen Rechnern im lokalen Netzwerk aufnehmen können. Die Option -c 2 bewirkt, dass genau zwei ping-Pakete versendet werden:

```
root# ping -c 2 192.168.0.1
PING 192.168.0.1 (192.168.0.1) 56(84) bytes of data.
64 bytes from 192.168.0.1: icmp_seq=1 ttl=64 time=2.95 ms
64 bytes from 192.168.0.1: icmp_seq=2 ttl=64 time=0.169 ms

--- 192.168.0.1 ping statistics ---
2 packets transmitted, 2 received, 0% packet loss, time 1002ms
rtt min/avg/max/mdev = 0.169/1.560/2.952/1.392 ms
```

Nameserver-Konfiguration

ping funktioniert momentan nur, wenn Sie die richtige IP-Adresse angeben. Damit Sie stattdessen auch einen Rechnernamen angeben können, muss /etc/resolv.conf die IP-Adresse eines Nameservers enthalten. Das folgende Beispiel geht davon aus, dass es im lokalen Netz einen eigenen Nameserver mit der IP-Adresse 192.168.0.1 gibt. Der Nameserver kann aber auch außerhalb sein und vom Internet Provider zur Verfügung gestellt werden. (Details zu dieser Konfigurationsdatei folgen auf Seite 770.)

```
# /etc/resolv.conv
nameserver 192.168.0.1
```

Default-Gateway

Momentan können Pakete nur innerhalb des lokalen Netzwerks versandt werden. Damit auch ein Kontakt nach außen (also in das Internet) möglich wird, muss der Rechner wissen, wohin er derartige Pakete leiten soll. Sie müssen dazu die Adresse des Internet-Gateways Ihres Netzwerks mit route angeben. Das folgende Beispiel geht davon aus, dass die IP-Adresse des Gateways 192.168.0.1 ist:

```
root# route add default gw 192.168.0.1
root# route -n
Kernel IP routing table
Destination Gateway      Genmask        Flags Metric Ref Use Iface
192.168.0.0 0.0.0.0      255.255.255.0  U     0      0     0 eth0
0.0.0.0     192.168.0.1  0.0.0.0        UG    0      0     0 eth0
```

Jetzt sollte es möglich sein, Pakete an beliebige Adressen im Internet zu senden:

```
root# ping -c 2 yahoo.com
PING yahoo.com (216.109.112.135) 56(84) bytes of data.
64 bytes from w2.rc.vip.dcn.yahoo.com (216.109.112.135): icmp_seq=1 ttl=52 time=116 ms
64 bytes from w2.rc.vip.dcn.yahoo.com (216.109.112.135): icmp_seq=2 ttl=52 time=115 ms

--- yahoo.com ping statistics ---
2 packets transmitted, 2 received, 0% packet loss, time 999ms
rtt min/avg/max/mdev = 115.397/115.807/116.217/0.410 ms
```

DHCP-Informationen abrufen

Falls es im Netzwerk einen DHCP-Server gibt, können Sie diesen zur Konfiguration zu Hilfe nehmen. Nach der Aktivierung der Schnittstelle (`ifconfig eth0 up` ohne weitere Angaben) führen Sie bei Debian und Ubuntu das Kommando `dhclient3` aus:

```
root# dhclient3 eth0
...
Listening on LPF/eth0/00:11:25:32:4f:5d
Sending on   LPF/eth0/00:11:25:32:4f:5d
Sending on   Socket/fallback
DHCPDISCOVER on eth0 to 255.255.255.255 port 67 interval 3
DHCPOFFER from 192.168.0.1
DHCPREQUEST on eth0 to 255.255.255.255 port 67
DHCPACK from 192.168.0.1
bound to 192.168.0.15 -- renewal in 36624 seconds.
```

Bei SUSE kommen Sie mit dhcpcd zum Ziel:

```
root# dhcpcd eth0
```

Red Hat bzw. Fedora greift zur DHCP-Client-Konfiguration wie Debian und Ubuntu auf `dhclient` zurück. Allerdings ist das Kommando dort so vorkonfiguriert, dass ein manueller Aufruf nicht funktioniert. `dhclient` kann auf diesen Distributionen nur im Rahmen der Init-V-Scripts zur automatischen Netzwerkinitialisierung genutzt werden.

Deaktivierung der Schnittstelle

Um die Netzwerkschnittstelle wieder zu deaktivieren, führen Sie `ifconfig` mit der Option down aus:

```
root# ifconfig eth0 down
```

Verwaltung mehrerer Controller

Viele Rechner enthalten mehrere Netzwerk-Controller. Das udev-System ist dafür verantwortlich, eine konsistente Zuordnung zwischen der Hardware (also den Controllern) und den Schnittstellennamen (eth0, eth1 etc.) herzustellen, sodass jeder Controller immer wieder denselben Schnittstellennamen erhält (siehe Seite 772).

WLAN-Controller manuell aktivieren

Hardware-Erkennung

Der erste Schritt besteht darin, das richtige Modul für Ihren WLAN-Adapter zu laden. Im Idealfall wird das Modul automatisch geladen, sobald Sie Ihren Rechner starten. Ob die automatische Erkennung erfolgreich war, sehen Sie am Ergebnis des Kommandos iwconfig. Es zeigt Informationen zu allen verfügbaren WLAN-Adaptern an. Die folgenden Ausgaben wurden auf einem schon etwas älteren Centrino-Notebook erstellt, das den Intel-Controller *PRO Wireless* 2100 verwendet. Der Controller wurde automatisch erkannt.

```
root#  iwconfig
lo        no wireless extensions.   (Loopback-Schnittstelle)
eth0      no wireless extensions.   (LAN-Schnittstelle)
irda0     no wireless extensions.   (Infrarot-Schnittstelle)
pan0      no wireless extensions.   (Bluetooth-Schnittstelle)

eth1      unassociated  ESSID:off/any  Nickname:"ipw2100"
          Mode:Managed  Channel=0  Access Point: Not-Associated
          Bit Rate:0 kb/s   Tx-Power:16 dBm
          Retry short limit:7   RTS thr:off   Fragment thr:off
          Encryption key:off
          Power Management:off
          Link Quality:0  Signal level:0  Noise level:0
          Rx invalid nwid:0  Rx invalid crypt:0  Rx invalid frag:0
          Tx excessive retries:0  Invalid misc:2   Missed beacon:0
```

Wenn die Ergebnisliste von iwconfig leer ist, müssen Sie die notwendigen Kernelmodule mit modprobe selbst laden. dmesg oder ein Blick in /var/log/messages geben Aufschluss darüber, ob das Laden des Moduls fehlerfrei funktioniert hat. Beim ipw2100-Modul sehen die Kernelmeldungen so aus:

```
root#  dmesg | grep ipw2100
ipw2100: Intel(R) PRO/Wireless 2100 Network Driver, git-1.2.2
ipw2100: Copyright(c) 2003-2006 Intel Corporation
ipw2100 0000:02:02.0: PCI INT A -> Link[LNKC] -> GSI 11 (level, low) -> IRQ 11
ipw2100: Detected Intel PRO/Wireless 2100 Network Connection
ipw2100 0000:02:02.0: firmware: requesting ipw2100-1.3.fw
```

Wenn Sie nicht wissen, welchen WLAN-Controller Sie haben, führen Sie lspci aus (oder lspcmcia, falls es sich um eine PCMCIA-Karte handelt):

```
root#  lspci
...
02:02.0 Network controller: Intel Corporation PRO/Wireless LAN 2100 3B Mini
                            PCI Adapter (rev 04)
```

Schnittstellenname

Manche WLAN-Kernelmodule stellen die WLAN-Schnittstelle nicht unter den Namen eth*n*, sondern als wlan*n* oder als ath*n* zur Verfügung (z. B. der MadWifi-Treiber für Atheros-Controller). Das reduziert das Risiko, dass die Nummerierung der Netzwerkschnittstellen durch das Anschließen eines WLAN-Adapters durcheinanderkommt.

Die geänderte Nomenklatur ändert im Prinzip nicht viel: Bei allen im Folgenden angegebenen Kommandos muss eben eth1 durch wlan0 oder ath0 ersetzt werden.

WLAN-Konfiguration Damit die WLAN-Karte mit dem Access-Point kommunizieren kann, müssen Sie im Regelfall drei Parameter einstellen: den Modus, die SSID-Zeichenkette und den Schlüssel. Modus und SSID stellen Sie mit iwconfig ein:

```
root#  iwconfig eth1 mode managed
root#  iwconfig eth1 essid wlan-sol
```

WEP Die weitere Vorgehensweise hängt davon ab, wie der WLAN-Zugang abgesichert ist. Einfach (aber nicht besonders sicher) geht es mit WEP: In diesem Fall übergeben Sie den hexadezimalen Schlüssel ebenfalls an iwconfig:

```
root#  iwconfig eth1 key c8192b13adf4ee58309953eebe
```

Wenn alles gut geht, liefert dmesg -c nun einige neue Kernelmeldungen, die so oder so ähnlich aussehen:

```
root#  dmesg -c
ieee80211_crypt: registered algorithm 'WEP'
ADDRCONF(NETDEV_CHANGE): eth1: link becomes ready
eth1: no IPv6 routers present
```

WPA Etwas komplizierter ist die Vorgehensweise, wenn Sie WPA oder WPA2 nutzen. Hier ist für die Initialisierung der Verbindung und für den weiteren Austausch von sich immer wieder ändernden Schlüsseln das Hintergrundprogramm wpa_supplicant aus dem gleichnamigen Paket zuständig. Nach dessen Installation richten Sie eine Konfigurationsdatei ein, wobei Sie als Dateiname z. B. /etc/wpa_supplicant.conf wählen.

Die Datei enthält zuerst einige globale Einstellungen und dann spezifische Parameter für verschiedene WLAN-Netze. Das folgende Beispiel zeigt eine Minimumvariante, die für den Verbindungsaufbau zu einem WLAN-Router oder -Access-Point mit WPA- oder WPA2-Personal-Verschlüsselung ausreicht. Die beiden entscheidenden Parameter sind ssid zur Identifizierung des Netzwerks und psk mit dem aus Sicherheitsgründen nochmals verschlüsselten Schlüssel. (Es ist auch zulässig, den WPA-Schlüssel in Anführungszeichen als Klartext anzugeben.)

```
# /etc/wpa_supplicant.conf
ctrl_interface=/var/run/wpa_supplicant

network={
      ssid="sol"
      psk=00a38f42e6681596e1a5a4c5ede9a15250fb2a01c21028c6d490bb3458b8ea00
}
network={
      ssid="wlan-sol2"
      psk=053633deb59038da9e9168e015fef97d3d54ae3794d4a12d31ee75a830cccec2
}
```

Bei der Verschlüsselung Ihres WPA-Passworts hilft wpa_passphrase. Das Ergebnis dieses Kommandos können Sie direkt in wpa_supplicant.conf kopieren, wobei Sie die Zeile mit dem Passwort im Klartext tunlichst entfernen.

```
root#  wpa_passphrase sol 'Mein ganz geheimes Passwort!'
network={
        ssid="sol"
        #psk="Mein ganz geheimes Passwort!"
        psk=020d93e2ddb2cdee51e800b977ff7d58fde47d0913cd394f2133648a147f513f
}
```

Jetzt können Sie wpa_supplicant starten. Das Kommando läuft, bis Sie es mit [Strg]+[C] beenden. Es kümmert sich um die Initialisierung der WLAN-Verbindung und in der Folge um die regelmäßige Erneuerung der Schlüssel für die Verbindung. Mit anderen Worten: Das Programm muss laufen, solange Sie die WLAN-Verbindung nutzen. Arbeiten Sie also in einer anderen Konsole weiter.

Kurz noch einige Anmerkungen zu den Optionen des Kommandos: -i gibt die Netzwerkschnittstelle an, -c die Konfigurationsdatei (deren Namen Sie frei wählen dürfen). -D gibt den von Ihnen eingesetzten WLAN-Treiber an. Versuchen Sie es zuerst mit wext – das ist eine allgemeine WLAN-Schnittstelle, die von mehreren Treibern unterstützt wird. Nur wenn das nicht funktioniert, geben Sie Ihren Treiber explizit an, beispielsweise -D madwifi. Mit man wpa_supplicant erhalten Sie eine Liste aller unterstützten Treiber.

```
root#  wpa_supplicant -i eth1 -D wext -c /etc/wpa_supplicant.conf
Trying to associate with 00:13:46:b5:25:6e (SSID='sol' freq=0 MHz)
Associated with 00:13:46:b5:25:6e
WPA: Key negotiation completed with 00:13:46:b5:25:6e [PTK=TKIP GTK=TKIP]
CTRL-EVENT-CONNECTED - Connection to 00:13:46:b5:25:6e completed (auth) [id=0 id_str=]
...
```

Umfassende Dokumentation zu wpasupplicant finden Sie in den man-Seiten zu wpa_supplicant und wpa_supplicant.conf, in der mitgelieferten README-Datei (je nach Distribution z. B. im Verzeichnis /usr/share/doc/wpasupplicant/) sowie auf der folgenden Website:

http://hostap.epitest.fi/wpa_supplicant/

Lesenswert ist auch die folgende, Ubuntu-spezifische Seite:

http://wiki.ubuntuusers.de/WLAN/wpa_supplicant

Netzwerkkonfiguration

Jetzt müssen Sie die WLAN-Schnittstelle nur noch mit Ihrem Netzwerk verbinden. Dazu verwenden Sie wie bei LAN-Schnittstellen das Kommando ifconfig. Wenn der Rechner mit der IP-Adresse 192.168.0.12 in das Netz integriert werden soll, sieht das Kommando so aus:

```
root#  ifconfig eth1 up 192.168.0.12
```

Mit ping können Sie nun ausprobieren, ob die Verbindung zum WLAN-Router oder -Access-Point funktioniert. (Dazu müssen Sie dessen IP-Adresse kennen.) Damit Sie auch ins Internet kommen, müssen Sie noch die Gateway-Adresse und den Nameserver einstellen, wie dies im Abschnitt zur manuellen LAN-Konfiguration beschrieben wurde (siehe Seite 763).

WLAN-Status ermitteln

Eine Zusammenfassung der wichtigsten Eckdaten aller WLAN-Schnittstellen gibt das Kommando iwconfig:

```
root# iwconfig eth1
eth1      IEEE 802.11b  ESSID:"wlan-sol2"  Nickname:"ipw2100"
          Mode:Managed  Frequency:2.462 GHz  Access Point: 00:16:B6:9D:FF:4B
          Bit Rate=11 Mb/s   Tx-Power:16 dBm
          Retry short limit:7   RTS thr:off   Fragment thr:off
          Encryption key:6C23-CB3C-EB50-97A9-1884-0128-C42C-80E4   Security mode:open
          Power Management:off
          Link Quality=86/100  Signal level=-72 dBm
          Rx invalid nwid:0  Rx invalid crypt:0  Rx invalid frag:0
          Tx excessive retries:0  Invalid misc:4   Missed beacon:0
```

Eine Zusammenfassung über die aktuelle Qualität der WLAN-Verbindung gibt auch die Pseudodatei /proc/net/wireless:

```
root# cat /proc/net/wireless
Inter-| sta-|   Quality        |   Discarded packets               | Missed | WE
 face | tus | link level noise |  nwid  crypt   frag  retry   misc | beacon | 22
  eth1: 0020   91.  189.    0.       0      0      0      0      4        0
```

Manchmal ist auch das Kommando iwlist hilfreich: Es ermittelt für verschiedene Parameter die zur Auswahl stehenden Möglichkeiten und die gerade aktive Variante. Die beiden folgenden Beispiele zeigen den aktiven Frequenzkanal und die aktiven WLAN-Netze in Empfangsreichweite:

```
root# iwlist eth1 channel
eth1      14 channels in total; available frequencies:
          Channel 01 : 2.412 GHz
          Channel 02 : 2.417 GHz
          ...
          Channel 12 : 2.467 GHz
          Channel 13 : 2.472 GHz
          Current Channel=10

root# iwlist eth1 scan
eth1      Scan completed :
          Cell 01 - Address: 00:13:46:B5:25:6E
                    ESSID:"sol"
                    Protocol:IEEE 802.11bg
                    Mode:Master
                    Channel:6
                    Encryption key:on
                    ...
          Cell 02 - Address: 00:16:B6:9D:FF:4B
                    ESSID:"wlan-sol2"
                    ...
```

27.5 LAN-Konfigurationsdateien

Dieser Abschnitt stellt die wichtigsten Konfigurationsdateien für die Anbindung des Rechners an ein lokales Netzwerk vor. Leider gibt es nur für einen Teil dieser Dateien über alle wichtigen Distributionen hinweg einheitliche Regeln. Bei den restlichen Dateien beziehen sich die in diesem Abschnitt zusammengestellten Informationen auf Fedora 13, openSUSE 11.3 und Ubuntu 10.10. In der Regel werden Sie eine direkte Veränderung der Konfigurationsdateien vermeiden und stattdessen die Konfigurationswerkzeuge Ihrer Distribution einsetzen. Die in diesem Abschnitt vorgestellten distributionsspezifischen Konfigurationsdateien sind nur relevant, wenn Sie *nicht* den Network Manager verwenden!

Für alle Beispiele in diesem Abschnitt gilt: Der zu konfigurierende Rechner heißt uranus, seine Domain sol. Andere Rechner im lokalen Netz heißen jupiter, saturn etc. Das lokale Netz verwendet 192.168.0.*-Adressen. Der lokale Rechner hat die IP-Nummer 192.168.0.2. Der Gateway-Rechner im lokalen Netz hat die IP-Nummer 192.168.0.1. Auf dem Gateway-Rechner läuft ein eigener Nameserver. Namen und Nummern haben natürlich nur Beispielcharakter.

Basiskonfiguration

/etc/hosts

/etc/hosts enthält eine Liste bekannter IP-Nummern und der ihnen zugeordneten Namen. Die Datei muss auf jeden Fall die Daten der Loopback-Schnittstelle enthalten. Der entsprechende Eintrag sieht in der Regel so aus:

```
# /etc/hosts
127.0.0.1      localhost            # Loopback-Interface des Rechners
...
```

Bei den meisten Linux-Distributionen ist statt 127.0.0.1 auch die IPv6-Schreibweise ::1 zulässig. Bei Red Hat bzw. Fedora enthält die localhost-Zeile zusätzlich den Eintrag localhost.localdomain. Diese Zeile sollte unverändert bleiben:

```
# /etc/hosts bei Red Hat und Fedora
::1            localhost.localdomain localhost
...
```

Je nach Distribution enthält hosts auch einen Eintrag für den lokalen Rechner. Wenn dessen Netzwerk-Controller mit einer statischen IP-Adresse konfiguriert ist, wird diese Adresse angegeben. Wenn der Netzwerk-Controller seine Adresse hingegen dynamisch via DHCP bezieht, wird in /etc/hosts die Pseudo-Adresse 127.0.1.1 angegeben (z. B. bei Debian, Ubuntu), oder der Eintrag entfällt ganz (z. B. bei Red Hat, Fedora).

```
# /etc/hosts (Fortsetzung)
...
192.168.0.2    uranus.sol uranus    # statische IP-Adresse des lokalen Rechners
```

Wenn Sie die anderen Rechner im lokalen Netz namentlich ansprechen möchten und es keinen lokalen Nameserver gibt (siehe Seite 802), müssen Sie auch deren Namen in /etc/hosts angeben. Statt ping 192.168.0.13 können Sie dann also einfach ping saturn ausführen, um die Verbindung zum Rechner saturn zu testen.

```
# /etc/hosts (Fortsetzung)
...
192.168.0.1   mars.sol    mars    # IP-Adressen und Namen der anderen
192.168.0.2   uranus.sol  uranus  # Rechner im LAN
192.168.0.3   saturn.sol  saturn
```

Analoge Einträge sind in den /etc/hosts-Dateien aller Rechner im lokalen Netz erforderlich. Wenn es sich dabei um sehr viele Rechner handelt, wird die Administration der vielen /etc/hosts-Dateien zunehmend mühsam. Aus diesem Grund empfiehlt es sich bei größeren Netzwerken, auf einem Rechner einen Nameserver einzurichten (siehe Seite 802). Dieser Rechner (also der Nameserver) weiß, wie alle anderen Rechner im Netzwerk heißen. Die Rechner im lokalen Netz können den Nameserver kontaktieren, um diese Information zu ermitteln. /etc/hosts kann nun auf eine einzige Zeile für localhost reduziert werden. Allerdings muss /etc/resolv.conf richtig konfiguriert werden (siehe etwas weiter unten).

Bei manchen Distributionen enthält /etc/hosts noch einige spezielle IPv6-Adressen wie fe00::0. Diese Adressen sind nur von Bedeutung, wenn Sie IPv6 nutzen.

/etc/host.conf

/etc/host.conf gibt an, wie TCP/IP unbekannte IP-Nummern ermitteln soll. Die folgende Beispieldatei bestimmt, dass zuerst die Datei /etc/hosts ausgewertet (Schlüsselwort hosts) und danach der in /etc/resolv.conf angegebene Nameserver befragt werden soll (bind). Die zweite Zeile erlaubt, dass einem in /etc/hosts angegebenen Hostnamen mehrere IP-Adressen zugeordnet werden dürfen.

Diese Datei liegt bei fast allen Distributionen in der hier angegebenen Form vor und muss nicht verändert werden.

```
# /etc/host.conf
order hosts, bind
multi on
```

/etc/resolv.conf

/etc/resolv.conf steuert, wie die IP-Nummern für unbekannte Netzwerknamen (Hostnamen) ermittelt werden. »Unbekannt« bedeutet, dass die Namen nicht in hosts.conf definiert sind.

Mit den Schlüsselwörtern domain und search wird erreicht, dass unvollständige Namen (etwa jupiter) mit dem Domainnamen erweitert werden (zu jupiter.sol). Das erhöht in erster Linie die Bequemlichkeit, weil lokale Hostnamen in verkürzter Form angegeben werden können. Bei search dürfen mehrere Domainnamen angegeben werden (bei domain nur einer); dafür hat der domain-Name Vorrang vor den search-Namen, wird also zuerst getestet. Wenn wie hier nur ein einziger Domainname angegeben wird, kann auf die domain-Zeile verzichtet werden.

Die wichtigsten Einträge in /etc/resolv.conf werden mit dem Schlüsselwort nameserver eingeleitet: Damit können bis zu drei IP-Adressen von Nameservern angegeben werden. Diese Server werden immer dann angesprochen, wenn die IP-Adresse eines unbekannten Rechnernamens (z. B. www.yahoo.com) ermittelt werden soll. Die Angabe eines Nameservers ist daher unbedingt erforderlich, damit Internetadressen in IP-Nummern aufgelöst werden können. (Als Privatanwender erhalten Sie die IP-Nummer eines DNS von Ihrem Internet Service Provider. Auf den meisten ADSL-Routern läuft ein lokaler DNS, der wiederum auf den DNS des Providers zurückgreift. In größeren lokalen Netzen gibt es zumeist eigene Nameserver – fragen Sie Ihren Systemadministrator nach der IP-Nummer!)

```
# /etc/resolv.conf
domain sol                  # Hostnamen gelten für .sol
search sol                  # Hostnamen gelten für .sol
nameserver 192.92.138.35    # erster DNS
nameserver 195.3.96.67      # zweiter DNS (falls der erste ausfällt)
```

Je nach Netzwerkkonfiguration wird `resolv.conf` dynamisch erzeugt:

» Wenn eine Internetverbindung per PPP (Modem, ISDN, ADSL, UMTS, VPN) hergestellt wird, trägt das Script für den Verbindungsaufbau automatisch die nameserver-Adressen Ihres Internet-Providers in `/etc/resolv.conv` ein.

» Wenn Ihre lokale Netzwerkverbindung (LAN, WLAN) mit DHCP konfiguriert ist, trägt das Script für den Verbindungsaufbau die vom DHCP-Server übertragenen Nameserver-Adressen ein.

resolv.conf vor Änderungen schützen

Die automatische Anpassung von `resolv.conf` ist in den meisten Fällen zweckmäßig. Wenn Sie dies aber nicht wünschen, können Sie die automatische Veränderung in den meisten Fällen verhindern.

Bei Debian und Ubuntu müssen Sie bei PPP-Verbindungen das Schlüsselwort usepeerdns aus `/etc/ppp/peers/`*name* entfernen. Bei Netzwerkschnittstellen mit DHCP hängt es davon ab, welcher DHCP-Client installiert ist. Wenn `dhcp3-client` installiert ist, müssen Sie dessen Konfigurationsdatei `dhclient.conf` verändern:

```
# /etc/dhcp3/dhclient.conf
...
supersede domain-name "sol";
prepend domain-name-servers 192.168.0.1;
```

Bei Red Hat bzw. Fedora müssen Sie dabei die `ifcfg-xxx`-Datei für die jeweilige Schnittstelle verändern:

```
# /etc/sysconfig/network-scripts/ifcfg-xxxx (Red Hat, Fedora)
PEERDNS=no
```

Bei SUSE ändern Sie die folgende Konfigurationsdatei:

```
# /etc/sysconfig/network/config (SUSE)
NETCONFIG_DNS_POLICY=""
```

Gateway-Konfiguration

Es gibt keinen einheitlichen Standard, wie bzw. in welcher Datei die Gateway-Konfiguration erfolgt. In lokalen Netzen wird die Adresse des Gateways meist per DHCP übermittelt. Bei einer statischen Konfiguration sind je nach Distribution unterschiedliche Dateien verantwortlich.

Bei Debian und Ubuntu beschreibt `/etc/network/interfaces` alle Netzwerkschnittstellen. Bei statisch konfigurierten Schnittstellen wird das Gateway durch das Schlüsselwort `gateway` eingestellt:

```
# in /etc/network/interfaces (Debian, Ubuntu)
...
```

```
iface eth0 inet static
  address 192.168.0.2
  netmask 255.255.255.0
  gateway 192.168.0.1
```

Bei Red Hat bzw. Fedora enthält die Konfigurationsdatei für die Netzwerkschnittstelle die Variable GATEWAY:

```
# /etc/sysconfig/network-scripts/ifcfg-xxxx (Red Hat, Fedora)
GATEWAY=192.168.0.1
```

Bei SUSE erfolgt die Konfiguration zentral durch die folgende Datei:

```
# in /etc/sysconfig/network/routes (SUSE)
default 192.168.0.1 - -
```

Die tatsächliche Einstellung des Gateways erfolgt dann wieder bei allen Distributionen einheitlich durch das Kommando route. Die beiden folgenden Kommandos zeigen, wie Sie der Routing-Tabelle manuell das Gateway 192.168.0.1 hinzufügen bzw. es wieder daraus entfernen:

```
root#  route add default gw 192.168.0.1
root#  route del default gw 192.168.0.1
```

Hostname-Konfiguration

Der aktuelle Hostname kann mit dem Kommando hostname ermittelt werden. Soweit der Hostname nicht durch DHCP eingestellt wird, erfolgt die Konfiguration bei Debian und Ubuntu durch die Datei /etc/hostname, bei SUSE durch /etc/HOSTNAME. Bei Red Hat bzw. Fedora wird der Hostname durch die gleichnamige Variable in der Datei /etc/sysconfig/network eingestellt. Beachten Sie, dass Sie auch /etc/hosts anpassen müssen, falls diese Datei eine Zeile mit dem Hostnamen des Rechners enthält.

Zuordnung zwischen Controllern und Netzwerkschnittstellen

Bei mehreren Netzwerkschnittstellen ist es oft schwierig, die Zuordnung zwischen den eth*n*-Devices und der physikalischen Hardware zu ermitteln. Je nach Hardware ist es möglich, die in die Buchse integrierte Leuchtdiode mit ethtool -p eth0 10 für 10 Sekunden zum Blinken anzuregen. Wenn der Netzwerktreiber diese Operation nicht unterstützt, erhalten Sie die Fehlermeldung *operation not supported*.

Bei den meisten aktuellen Linux-Distributionen kümmert sich das udev-System um die Zuordnung zwischen Netzwerk-Controllern und Schnittstellennamen (siehe auch Seite 305). Im Detail steuert die Datei net_persistent_names.rules die Benennung der Netzwerkschnittstellen. Diese Datei kann beispielsweise so aussehen:

```
# Datei /etc/udev/rules.d/70-persistent-net.rules
SUBSYSTEM=="net", ACTION=="add", DRIVERS=="?*", ATTR{address}=="00:16:17:cd:c3:81",
  ATTR{type}=="1", KERNEL=="eth*", NAME="eth0"
SUBSYSTEM=="net", ACTION=="add", DRIVERS=="?*", ATTR{address}=="00:14:6c:8e:d9:71",
  ATTR{type}=="1", KERNEL=="eth*", NAME="eth1"
SUBSYSTEM=="net", ACTION=="add", DRIVERS=="?*", ATTR{address}=="00:4f:4e:0f:8e:a0",
  ATTR{type}=="1", KERNEL=="eth*", NAME="eth2"
```

Fedora beschreitet einen anderen Weg: Auf dem Mainboard integrierte Netzwerkschnittstellen erhalten den Schnittstellennamen em*n*, wobei die Nummerierung mit 1 beginnt. Über den PCI-Bus verbundene Netzwerkgeräte bekommen die Bezeichnung p*s*p*n*, wobei *s* den PCI-Slot bezeichnet und *n* die Port-Nummer (wieder beginnend mit 1). Auf meinem Testrechner mit einer eingebauten Netzwerkschnittstelle und einem zweiten PCI-Ethernet-Adapter ergaben sich daraus die Schnittstellennamen em1 und p37p1, in einer virtuellen Maschine p2p1. (Die Fedora-Dokumentation verspricht eigentlich, dass die Device-Namen in virtuellen Maschinen weiterhin eth*n* lauten, aber zumindest für VirtualBox trifft dies nicht zu.)

Die Namen von WLAN-Schnittstellen bleiben unverändert (also wlan*n*). Weitere Informationen zur neuen Benennung von Netzwerkschnittstellen können Sie hier nachlesen:

http://domsch.com/blog/?p=455
http://fedoraproject.org/wiki/Features/ConsistentNetworkDeviceNaming

27.6 Zeroconf und Avahi

Ich gehe in diesem Buch in der Regel davon aus, dass Sie die Rechner in Ihrem Netzwerk entweder selbst konfigurieren oder die IP-Konfiguration von einem zentralen Router oder DHCP-Server beziehen. Daneben gibt es noch einen dritten Weg: die automatische Konfiguration durch Zeroconf.

Bei diesem Verfahren tauschen alle im Netzwerk verbundenen Rechner ihre Konfigurationsdaten aus. Neu an das Netzwerk angeschlossene Rechner bzw. Geräte konfigurieren sich anhand dieser Informationen selbst so, dass sie ohne Konflikte mit den anderen Geräten kommunizieren können. Die automatisch konfigurierten Rechner verwenden Adressen aus dem IP-Bereich 169.254.*.* sowie Hostnamen, die mit .local enden. Die Zeroconf-Kommunikation erfolgt über den UDP-Port 5454. Damit Zeroconf funktioniert, darf dieser Port innerhalb des LANs nicht durch eine Firewall blockiert werden!

Zeroconf wurde zuerst von Apple unter dem Namen *Rendezvous* implementiert; dieses Projekt wurde später in *Bonjour* umgetauft und steht auch für Windows zur Verfügung. Diese Implementierung liegt zwar als Open-Source-Code vor, die Lizenz ist aber nicht GPL-kompatibel. Aus diesem Grund entstand für Linux ein eigenes Zeroconf-Projekt unter dem Namen Avahi, dessen Code unabhängig von Bonjour ist. Als Lizenz kommt die LGPL zum Einsatz. (Die Entstehungsgeschichte des merkwürdigen Namens Avahi ist mir nicht bekannt.)

Zeroconf-kompatible Programme können nun alle anderen im Netzwerk sichtbaren Zeroconf-Rechner und deren Ressourcen anzeigen (z. B. Netzwerkverzeichnisse, SSH-, HTTP- und FTP-Server). Damit ist es ohne explizite Konfiguration möglich, zwei oder mehr Rechner in ein Netzwerk zu integrieren und Daten auszutauschen.

Wie weit sich dieses Konzept durchsetzen kann, bleibt abzuwarten: Was die automatische IP-Konfiguration betrifft, macht die zunehmende Verbreitung von (ADSL-)Routern Zeroconf eigentlich überflüssig. Der Grund, weswegen Avahi-Pakete dennoch standardmäßig von fast allen Linux-Distributionen installiert werden, liegt eher in den Browsing-Funktionen: Dass sich die Rechner gegenseitig sehen und namentlich kennen, ist ganz losgelöst von der Art der Netzwerkkonfiguration ein großer Vorteil. Weitere Informationen und Tipps finden Sie auf den folgenden Websites:

http://avahi.org
http://wiki.ubuntuusers.de/Avahi

avahi-daemon

Für die Kommunikation zwischen den Avahi-Rechnern ist der Dienst `avahi-daemon` zuständig. Die Konfiguration erfolgt durch `/etc/avahi/avahi-daemon.conf`, wobei Sie die Grundeinstellungen zumeist beibehalten können. Die einzige Ausnahme ist oft die Variable `enable-dbus`: Sie steuert, ob Avahi den Kommunikationsmechanismus zulässt. Einige Avahi-kompatible Programme setzen DBUS voraus. Um DBUS zu aktivieren, ändern Sie `avahi-daemon.conf` wie folgt:

```
# /etc/avahi/avahi-daemon.conf
[server]
...
enable-dbus=yes
```

Anschließend starten Sie den Dienst neu:

```
root# /etc/init.d/avahi-daemon restart
```

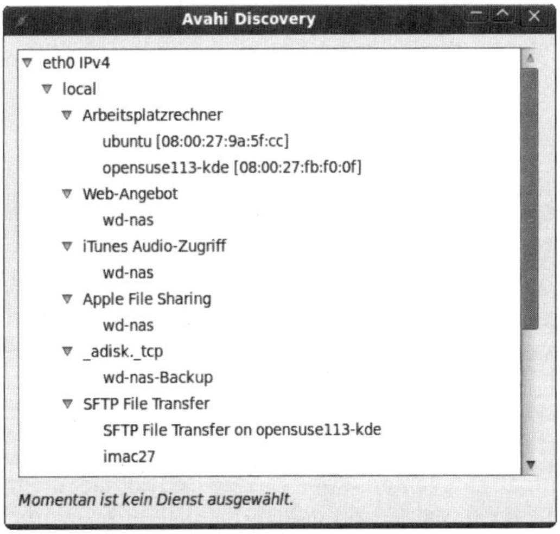

Abbildung 27.7: **Netzwerkressourcen mit Avahi-Discover entdecken**

Namensauflösung

Wenn Sie externe Rechner mit gewöhnlichen, nicht Avahi-kompatiblen Netzwerkprogrammen über deren `.local`-Namen ansprechen möchten (z. B. `ping merkur.local`), müssen Sie mit `avahi-dnsconfd` einen weiteren Netzwerk-Dämon installieren und starten. Dabei handelt es sich um eine Art Nameserver für Avahi-Hostnamen. (Sie brauchen diesen Dämon nicht, wenn in Ihrem Netzwerk ohnedies ein Nameserver läuft.)

Damit alle Programme bei der Namensauflösung auf `avahi-dnsconfd` zurückgreifen, stellen Sie sicher, dass die Bibliothek `libnss-mdns` installiert ist und dass die `hosts:`-Zeile in `/etc/nsswitch.conf` das Schlüsselwort `mdns4` enthält. Das ist zumeist standardmäßig der Fall.

```
# in /etc/nsswitch.conf
...
hosts: files dns  mdns4
...
```

Browsing

Nach diesen Vorbereitungsarbeiten können Sie ausprobieren, welche Rechner bzw. Dienste Avahi in Ihrem Netz kennt. Dabei helfen das Konsolenkommando `avahi-browse -a -t` bzw. dessen grafische Entsprechung `avahi-discover` (siehe Abbildung 27.7). Nautilus zeigt in der Netzwerkansicht standardmäßig alle Avahi-Rechner an. Konqueror bietet unter der Adresse `zeroconf:/` eine ähnliche Funktion, sofern die entsprechende Erweiterung installiert ist (je nach Distribution z. B. aus dem Paket `kde-zeroconf`). Auch diverse Messaging- und Multimedia-Anwendungen unterstützen Zeroconf.

27.7 PPP-Grundlagen

Das *Point-to-Point Protocol* (PPP) ermöglicht eine TCP/IP-Verbindung zwischen zwei Rechnern über eine serielle Verbindung. PPP kommt bei der Verwendung von Analog-, ISDN-, ADSL- und UMTS-Modems zum Einsatz. Unter Linux ist der PPP-Dämon pppd für die PPP-Verbindung verantwortlich. Dieses Programm kann grundsätzlich sowohl als Client als auch als Server eingesetzt werden – hier geht es aber ausschließlich um die Client-Variante. Dieser Abschnitt führt in die PPP-Grundlagen ein. Die weiteren Abschnitte zeigen dann die konkrete Anwendung von PPP bei verschiedenen Formen des Internetzugangs.

PPP-Varianten

pppd allein eignet sich nur für PPP-Verbindungen über eine serielle Leitung, also für den Internetzugang per Analogmodem. Bei ADSL-Verbindungen kommt dagegen eine von drei möglichen pppd-Erweiterungen zum Einsatz: PPPoE, PPPoA oder PPTP.

- **PPPoE:** *Point-to-Point Protocol over Ethernet* ist ein öffentlich dokumentiertes Protokoll, das im RFC 2516 beschrieben ist. Sein Hauptnachteil besteht darin, dass es die maximale Länge von IP-Paketen einschränkt (MTU-Problem, siehe Seite 785).
- **PPPoA:** *Point-to-Point Protocol over ATM* ist eine Alternative zu PPPoE. ATM steht dabei für *Asynchronous Transfer Mode*.
- **PPTP:** Das *Point-to-Point Tunneling Protocol* ist ein von Microsoft definiertes bzw. aus anderen Standards weiterentwickeltes Protokoll, das ebenfalls öffentlich dokumentiert ist (RFC 2637). Seine ursprüngliche Aufgabe bestand darin, Virtual Private Networks zu ermöglichen (siehe Seite 850).

Authentifizierung

Am Beginn des PPP-Verbindungsaufbaus steht immer die Authentifizierung: Ihr Rechner muss sich also beim Internet-Provider mit einem Login-Namen und einem dazugehörenden Passwort anmelden. Hierfür gibt es zwei Verfahren: PAP und CHAP. CHAP unterstützt wiederum zahllose Varianten (z. B. MS-CHAPv2), die das Verfahren sicherer machen.

» **PAP:** Beim *Password Authentication Protocol* überträgt der Client (also Ihr Rechner) den Login-Namen und das Passwort zumeist unverschlüsselt. (Es gibt auch eine PAP-Variante mit Verschlüsselung.)

» **CHAP:** Beim Challenge Handshake Authentication Protocol initiiert der Server (also der Provider) die Authentifizierung und sendet ein sogenanntes »Challenge«-Paket an den Client. pppd verwendet diese Daten, um aus seinem Passwort einen »Hash«-Wert zu berechnen. pppd sendet dann den Login-Namen und den Hash-Wert zurück an den Provider. (Auf diese Weise wird vermieden, dass das Passwort selbst übertragen wird!)

pppd-Konfigurationsdateien und -Scripts

/etc/ppp/options

/etc/ppp/options enthält globale pppd-Optionen. Diese Optionen gelten als Defaulteinstellung für alle Verbindungen, die mit pppd hergestellt werden. Eine Referenz der wichtigsten Optionen folgt im nächsten Abschnitt.

Falls Sie pppd zur Verwaltung verschiedener Internetverbindungen verwenden (z. B. Analogmodem und ADSL), sollte options möglichst wenig Einstellungen enthalten. Verwenden Sie zur Optionseinstellung stattdessen die verbindungsspezifischen Dateien in /etc/ppp/peers/! Sie vermeiden damit, dass eine Option, die für die Verbindungsvariante A zutrifft, eventuell einen Verbindungsaufbau bei Variante B blockiert.

/etc/ppp/peers/name

/etc/ppp/peers/*name* enthält verbindungsspezifische Optionen. Um pppd unter Anwendung dieser Optionen zu starten, führen Sie das folgende Kommando aus:

```
root# pppd call name
```

Einstellungen in /etc/ppp/peers/*name* haben Vorrang gegenüber /etc/ppp/options.

/etc/ppp/pap-secrets und chap-secrets

/etc/ppp/pap-secrets und chap-secrets enthalten eine Liste aller Login-Namen und Passwörter für die PAP- bzw. CHAP-Authentifizierung. Wenn Sie nicht sicher sind, ob die Authentifizierung per PAP oder CHAP erfolgt, fügen Sie denselben Eintrag einfach sowohl in pap-secrets als auch in chap-secrets ein. Sicherer und weiter verbreitet sind CHAP-Varianten (CHAP, MS-CHAP oder MS-CHAPv2).

Die Einträge für Client-Verbindungen sehen so aus:

```
#/etc/ppp/pap-secrets und /etc/ppp/chap-secrets
#login name     server IP address   password        client IP adress
"hofer"         *                   "qwe44trE"      *
```

Statt des * zwischen dem Login-Namen und dem Passwort kann die IP-Adresse des PPP-Servers angegeben werden, zu dem die Verbindung hergestellt werden soll. In diesem Fall gilt die Passwortinformation nur für diese IP-Nummer. Das ist ein zusätzlicher Schutzmechanismus gegen missbräuchliche Verwendung, der aber nur möglich ist, wenn die IP-Nummer bekannt und unveränderlich ist. Bei ADSL-Verbindungen mit PPTP kann hier die IP-Adresse des ADSL-Modems (also des ADSL-Network-Termination-Geräts, kurz ANT) angegeben werden.

Statt des zweiten Sterns können Sie angeben, für welche Client-IP-Adresse die Kombination aus Login-Name und Passwort gelten soll. Diese Adresse ist in der Regel unbekannt, weil der PPP-Server dem Client bei jedem Verbindungsaufbau eine andere, gerade freie Adresse zuweist. Deshalb bewirkt der Stern (der auch entfallen darf), dass jede Client-IP-Adresse erlaubt ist.

Wenn pppd nicht als Client, sondern als Server eingesetzt wird, dann enthalten `pap-secrets` und `chap-secrets` auch die Login-Einträge für externe Clients. Ein Konfigurationsbeispiel finden Sie auf Seite 856. Dort geht es um die Einrichtung eines VPN-Servers auf der Basis von PPTP.

/etc/ppp/ ip-up und ip-down

Die beiden Script-Dateien `/etc/ppp/ip-up` und `/etc/ppp/ip-down` werden unmittelbar nach Herstellung der Verbindung bzw. nach deren Beendigung ausgeführt. Mögliche Anwendungen sind die Einstellung von `/etc/resolv.conf` sowie das Einrichten oder Verändern von Routing-, Masquerading- und Firewall-Funktionen.

An die beiden Scripts werden sechs Parameter übergeben. Der erste Parameter enthält den Schnittstellennamen (z. B. ppp0), der vierte die lokale IP-Adresse, der fünfte die IP-Adresse des PPP-Partners und der sechste die Identifikationszeichenkette der PPP-Verbindung (Option `ipparam`). Die Parameter zwei und drei sind ungenutzt.

Wenn beim Verbindungsaufbau DNS-Adressen übertragen werden (Option usepeerdns), stehen außerdem in den Variablen `DNS1` und `DNS2` die beiden Adressen zur Verfügung.

Tipp

Achten Sie darauf, dass Ihre Script-Dateien ausführbar sind (`chmod u+x`)! Bei fast allen Distributionen werden vorkonfigurierte `ip-up`- und `ip-down`-Dateien mitgeliefert.

Eigene Veränderungen führen Sie je nach Distribution in `ip-up.local` bzw. `ip-down.local` oder in zusätzlichen Script-Dateien in den Verzeichnissen `ip-up.d` bzw. `ip-down.d` durch.

pppd-Optionen

pppd kennt Dutzende von Optionen, die normalerweise in `/etc/ppp/options` sowie in `/etc/ppp/peers/name` eingestellt werden. Eine komplette Referenz der Optionen gibt die man-Seite zu pppd. Hier fasse ich nur die wichtigsten Optionen in alphabetischer Reihenfolge kurz zusammen – und auch das sind schon ziemlich viele.

`connect "kommando"`
: Das angegebene Kommando wird vor dem Start von pppd ausgeführt. Bei Analogmodemverbindungen wird hier meist `chat` aufgerufen, um die Telefonnummer des Providers zu wählen. Die Option muss auch verwendet werden, wenn Dial-on-Demand (Option `demand`) eingesetzt wird. Bei ADSL-Verbindungen kann als connect-Kommando einfach `/bin/true` verwendet werden.

`crtscts`
: Der Datenfluss über die serielle Schnittstelle wird mit RTS/CTS kontrolliert. Die Option ist nur beim Verbindungsaufbau via Modem von Interesse; in diesem Fall sollte sie verwendet werden.

`debug`
: Der Verbindungsaufbau wird ausführlich via `syslogd` protokolliert (also in `/var/log/xxx`-Dateien, je nach Konfiguration von `syslogd`).

`defaultroute`
: Sobald die PPP-Verbindung hergestellt wurde, wird die IP-Adresse als Default-Routing-Ziel für IP-Pakete definiert. Diese Option ist fast immer erforderlich (es sei denn, Sie kümmern sich um das Routing selbst, beispielsweise im `ip-up`-Script).

`demand`
: Die Verbindung wird nicht sofort aufgebaut, sondern erst dann, wenn tatsächlich Daten übertragen werden sollen. Dazu wird das mit `connect` angegebene Script ausgeführt. (Durch `demand` wird automatisch auch `persist` aktiviert, es sei denn, dies wird explizit durch die Option `nopersist` verhindert.)

`idle` *n*
: Die Verbindung soll automatisch beendet werden, wenn *n* Sekunden lang keine Daten übertragen werden. Das vermeidet vergessene Verbindungen und kann eine Menge Telefonkosten sparen!

`ipparam`
: Mit dieser Option kann eine Zeichenkette angegeben werden. pppd übergibt diese Zeichenkette nach dem Verbindungsaufbau an das Script `/etc/ppp/ip-up`. Einige Distributionen nutzen diese Zusatzinformation zur Auswahl der richtigen Netzwerkkonfigurationsdatei (`/etc/sysconfig/network-scripts/ifcfg-`*ipparam*).

`ktune`
: Die Option erlaubt es pppd, Kerneleinstellungen zu verändern. Das ist bei Dial-on-Demand notwendig, damit das Datenpaket, das die Internetverbindung initiiert, nicht verloren geht.

`lcp-echo-interval` *n*
: Sendet alle *n* Sekunden eine Echo-Anforderung an den Provider. Damit kann festgestellt werden, ob die Verbindung noch besteht.

`lcp-echo-failure` *n*
: Gibt an, nach wie vielen unbeantworteten Echo-Anforderungen pppd die Verbindung beenden soll. Je nach `persist`/`nopersist` wird pppd dann beendet, oder es wird versucht, die Verbindung neu herzustellen.

`linkname` *name*
: Diese Option bewirkt, dass als Prozessidentifikationsdatei (PID-Datei) der Name `/var/run/ppp-`*name*`.pid` verwendet wird. Das ist manchmal praktisch, wenn mehrere pppd-Prozesse gleichzeitig laufen und ein ganz bestimmter beendet werden soll. In diesem Fall kann die Nummer dieses Prozesses ganz einfach aus der PID-Datei entnommen werden. (Per Default lautet der PID-Dateiname `/var/run/ppp`*n*`.pid`.)

`lock`
: pppd richtet eine Locking-Datei für die Datenschnittstelle ein (z. B. die serielle Schnittstelle bei der Verwendung eines Modems). Das verhindert, dass ein zweites Programm gleichzeitig auf die Schnittstelle zugreift.

`mru` *n* und `mtu` *n*

Stellt die gewünschten Werte für die *Maximum Receive Unit* und die *Maximum Transmit Unit* ein. MRU und MTU geben die Blockgröße der Datenpakete an. Normalerweise gilt für MRU die Defaulteinstellung 1500. Bei PPPoE muss dieser Wert auf 1492 reduziert werden. Der aktuelle Wert von `mtu` kann mit `ifconfig` nach dem Aufbau der PPP-Verbindung überprüft werden.

`name "`*abc*`"`

Wenn pppd als Client verwendet wird, verwendet es *abc* als Login-Namen. (Das dazugehörende Passwort wird aus den PAP/CHAP-Dateien entnommen.)

Wenn pppd dagegen als Server eingesetzt wird, gilt *abc* als Name für das lokale System. Dieser Name muss mit der zweiten Spalte der PAP/CHAP-Datei übereinstimmen (siehe Seite 856).

`noauth`

Die PPP-Gegenstelle – also der Provider, in der pppd-Dokumentation auch Peer genannt – muss sich nicht authentifizieren. Diese Option ist fast immer erforderlich. Sie selbst (also der Client) müssen sich aber sehr wohl authentifizieren!

`noaccomp nopcomp novj novjccomp nobsdcomp nodeflate noccp`

Diese Optionen deaktivieren alle möglichen Kompressionsverfahren. Bei vielen Providern muss zumindest `nopcomp` angegeben werden. Die Anwendung der anderen Optionen wird oft empfohlen. Wenn es Probleme gibt, schadet es nicht, diese Optionen zumindest auszuprobieren.

`nodetach`

Der PPP-Dämon wird nicht wie sonst üblich als Hintergrundprozess gestartet. Alle Kontrollausgaben erfolgen im Terminalfenster, in dem das Programm gestartet wurde. Die Option ist manchmal für Testzwecke praktisch.

`noipdefault`

Diese Option bewirkt, dass der Provider die IP-Adresse für die PPP-Verbindung bestimmt (und nicht Ihr Rechner). Da fast alle Internet-Provider die IP-Adressen dynamisch vergeben, muss diese Option meistens verwendet werden! (Mit anderen Worten: Bei jedem Login erhalten Sie eine andere IP-Adresse, nämlich die erste gerade freie IP-Nummer des Providers. Das Verfahren ist dasselbe wie bei einem DHCP-Server in einem lokalen Netzwerk – siehe Seite 802.)

`nopersist`

Bewirkt das Gegenteil von `persist`: pppd wird beendet, wenn die Verbindung verloren geht (oder wegen eines `idle`-Timeouts beendet wird).

`persist`

pppd versucht bei einem ungewollten Verbindungsabbruch automatisch, die Verbindung wiederherzustellen. Diese Option gilt automatisch, wenn `demand` verwendet wird.

`plugin` *name.so*

pppd lädt beim Start das PPP-Modul `name.so`. PPP-Zusatzmodule befinden sich üblicherweise im Verzeichnis `/usr/lib/pppd/`*n*`/`. Die Option kommt dann zum Einsatz, wenn spezielle PPP-Funktionen genutzt werden sollen, die als PPP-Plugin implementiert wurden (z. B. Protokolle wie PPPoE, PPPoA und PPTP oder spezielle Authentifizierungs- und Verschlüsselungsverfahren).

`pty` *script*
: Diese Option gibt ein Script bzw. Programm an, das statt eines Device zur Kommunikation verwendet werden kann. Die Option ist dann sinnvoll, wenn pppd ein externes Programm verwenden soll, das ein zusätzliches Kommunikationsprotokoll unterstützt (beispielsweise PPPoE, PPPoA oder PPTP).

`refuse-pap, -chap, -mschap-v2`
: Diese Optionen bewirken, dass die genannten Authentifizierungsverfahren nicht zulässig sind.

`require-pap, -chap, -mschap-v2, -mppe, -mppe-128`
: Diese Optionen steuern, welches Authentifizierungsverfahren eingesetzt wird (PAP, CHAPT, Microsoft-CHAP Version 2) und wie die Daten verschlüsselt werden sollen (Microsoft Point to Point Encryption). Wenn die Optionen nicht angegeben werden, wählt pppd selbst ein geeignetes Verfahren aus (je nachdem, was die Gegenstelle fordert).

`usepeerdns`
: Viele PPP-Server übertragen beim Verbindungsaufbau zwei DNS-Adressen. Die Option `usepeerdns` bewirkt, dass pppd diese Adressen beim Verbindungsaufbau ermittelt und an das Script `ip-up` übergibt. Bei vielen Distributionen ist dieses Script so vorkonfiguriert, dass die DNS-Adressen automatisch in `/etc/resolv.conf` eingetragen werden.

Einige weitere Parameter werden auf Seite 855 beschrieben. Dort geht es um die Konfiguration eines PPTP-Servers zur Absicherung des WLAN-Zugangs durch ein VPN (Virtual Private Network).

27.8 UMTS-Interna

Die meisten aktuellen Modems sehen aus wie ein USB-Stick. Obwohl sich die Bezeichnung UMTS-Modem eingebürgert hat, sind die meisten Modems zu älteren Standards kompatibel (GSM, GPRS, EDGE etc.). Das Modem verwendet je nach Empfang automatisch das schnellste verfügbare Netz.

Treiber Die Unterstützung für UMTS-Modems unter Linux ist erfreulich gut. Sofern Sie eine aktuelle Distribution verwenden, werden die meisten UMTS-Modems sofort beim Anstecken als solche erkannt. Sie können sich davon mit dmesg überzeugen:

```
root# dmesg
...
usb 1-4: new high speed USB device using ehci_hcd and address 3
...
USB Serial support registered for GSM modem (1-port)
option 1-4:1.0: GSM modem (1-port) converter detected
usb 1-4: GSM modem (1-port) converter now attached to ttyUSB0
option 1-4:1.1: GSM modem (1-port) converter detected
usb 1-4: GSM modem (1-port) converter now attached to ttyUSB1
usbcore: registered new interface driver option
option: v0.7.2:USB Driver for GSM modems
```

Hat die Hardware-Erkennung einmal funktioniert, ist es zumeist kein Problem, mit dem Network Manager eine Internetverbindung herzustellen (siehe Seite 744).

Linux-intern werden die meisten Modems als serielle Geräte behandelt. Bei einigen Geräten ist dazu der Nozomi-Treiber aus dem gleichnamigen Kernelmodul erforderlich, andere Geräte werden direkt als serielle USB-Geräte erkannt. Anschließend kann das Modem über eine Device-Datei gesteuert werden (beispielsweise `/dev/ttyUSBn`, `/dev/ttyACMn` oder `/dev/nozomin`). Aus Sicht von Linux verhält sich ein modernes UMTS-Modem ähnlich wie ein 20 Jahre altes Analogmodem! Selbst die AT-Kommandos sind weiterhin erforderlich. Zur Steuerung einiger mobilfunkspezifischer Funktionen wurden einfach neue AT-Kommandos definiert (z. B. `AT+CPIN=nnnn` zur Übermittlung des PIN-Codes).

Aus diesem Grund ist es prinzipiell möglich, UMTS-Modems mit den eigentlich für Analogmodems konzipierten Programmen `gnome-ppp` oder KPPP zu steuern. Das funktioniert allerdings nur, wenn Sie vorher die PIN-Abfrage deaktivieren, und ist insofern nur eine Notlösung.

Verbindungsparameter

UMTS-Konfigurationsprogramme sehen üblicherweise Eingabefelder für die Telefonnummer, eine APN-Zeichenkette, den Login-Namen, das Passwort und den PIN-Code vor. Als Telefonnummer ist bei allen Providern die Zeichenkette *99# üblich. Die APN-Zeichenkette (*Access Point Name*) ist providerabhängig und bezeichnet den Namen des Anschlusspunkts im Mobilfunknetz. Der Login-Name und das Passwort können bei vielen Providern leer bleiben bzw. werden nicht ausgewertet.

PIN/PUK-Probleme

Wenn der Network Manager oder andere Programme immer wieder zur Eingabe von PIN- und PUK-Codes auffordern, liegt ein Problem vor. Beispielsweise akzeptiert der Network Manager momentan nur vierstellige PIN/PUK-Codes, obwohl bis zu acht Stellen möglich sind – ein Mangel, der hoffentlich bald gelöst wird. Vermeiden Sie allzu viele Experimente! Es besteht die Gefahr, dass die SIM-Karte nach zu vielen vermeintlich falschen PIN-Eingaben den Code sperrt.

Sicherer ist es, den PIN-Code der SIM-Karte zu deaktivieren: Am einfachsten gelingt das mit dem Programm UMTSmon. Wenn Ihnen dieses Programm nicht zur Verfügung steht, entfernen Sie die SIM-Karten aus dem USB-Modemstecker, legen sie in ein entsperrtes Handy ein und deaktivieren dort den PIN (auf meinem Handy z. B. mit EINSTELLUNGEN|SICHERHEITSEINSTELLUNGEN|PIN-CODE-ABFRAGE|EIN/AUS). Anschließend bauen Sie die SIM-Karte wieder in den USB-Stecker ein. Die Internetverbindung kann jetzt ohne PIN-Code hergestellt werden. Verlieren Sie Ihren Modemstecker aber nicht! Jeder kann Ihr Modem nun ohne PIN-Code nutzen!

Links

Weitere Informationen und Tipps zum Thema UMTS und Linux finden Sie hier:

http://umtsmon.sourceforge.net/docs/OLS.umts.paper.pdf
http://www.kuix.de/umts/vodafone/

27.9 ADSL-Interna

Modem versus Router

Bei einem ADSL-Zugang gibt es zwei prinzipielle Varianten, wie Ihr Rechner mit dem Internet verbunden wird: über ein ADSL-Modem oder einen ADSL-Router.

- **ADSL-Modem:** Bei einem ADSL-Modem handelt es sich genau genommen um ein *ADSL-Network-Termination*-Gerät, kurz ANT. An ein ADSL-Modem kann nur ein Rechner angeschlossen werden. Die Kommunikation zwischen Ihrem Computer und dem Modem erfolgt je nach Modell über ein USB- oder Netzwerkkabel.

Je nach Modem und Provider kommen die Protokolle PPPoE, PPPoA oder PPTP zum Einsatz. Die vielen Varianten können die Konfiguration schwierig machen. Mit etwas Glück gelingt die Konfiguration mit dem Network Manager oder mit distributionsspezifischen Werkzeugen (`pppoeconfig` bei Debian und SUSE, `system-config-network` bei Fedora und Red Hat, YaST bei SUSE). Sollte das nicht der Fall sein, finden Sie in den Abschnitten *ADSL-PPPoE-* und *ADSL-PPTP-Konfiguration* ab Seite 783 bzw. 786 Anleitungen zur manuellen Konfiguration.

» **ADSL-Router:** Ein ADSL-Router verbindet die Funktionen eines ADSL-Modems mit denen eines Routers bzw. Gateways. An den Router können Sie über Netzwerkkabel mehrere Computer anschließen. Die Computer beziehen alle Konfigurationsdaten via DHCP vom ADSL-Router, sodass keine Client-Konfiguration erforderlich ist. Manche ADSL-Router enthalten auch ein WLAN-Modul. Wenn Sie die Wahl haben, ist ein ADSL-Router unbedingt vorzuziehen! Tipps zum Kauf eines Routers und zu seiner Konfiguration finden Sie im nächsten Abschnitt.

Weitere Informationen

Eine Menge weiterer Informationen zum Thema ADSL und Linux bzw. speziell zu Ubuntu geben die folgenden Webseiten. Beachten Sie aber, dass nicht alle Anleitungen aktuell sind!

http://www.adsl4linux.de/
http://wiki.ubuntuusers.de/DSL_ohne_Router

Österreichische Leser sollten zudem einen Blick auf die folgenden Seiten werfen:

http://www.univie.ac.at/ZID/anleitungen-adsl/
http://www.linux-usb.org/SpeedTouch/

Dort finden Sie unter anderem Anleitungen für die Verwendung der in Österreich eine Weile sehr populären USB-SpeedTouch-Modems in Kombination mit PPPoA. Persönlich rate ich aber davon ab, diese Modems unter Linux einzusetzen. Der Installationsaufwand ist zu hoch und das Verfahren zu störungsanfällig (ich spreche aus Erfahrung!). Kaufen Sie sich einen PPPoA-kompatiblen ADSL-Router mit dem richtigen Telefonanschluss (in Österreich zumeist Annex A, es sei denn, Sie haben einen ISDN-Anschluss), und schicken Sie Ihr USB-Modem in den Ruhestand.

ADSL-Router-Konfiguration

Viele Provider liefern einen Router gleich mit. Wenn nicht, lege ich Ihnen den Kauf eines ADSL-Routers ans Herz. Dabei müssen Sie auf drei Dinge achten: Der Router muss das von Ihrem Provider eingesetzte Protokoll unterstützen (z. B. PPPoE), er muss mit der eingesetzten ADSL-Technologie kompatibel sein (z. B. ADSL2+), und er muss den richtigen Telefonanschluss haben (Annex A oder Annex B).

Bei Annex A bzw. B handelt es sich um Anhänge zur Richtlinie G.992.1, die die parallele Nutzung der Übertragungskanäle für herkömmliche Telefonie und ADSL beschreibt. In Deutschland werden alle ADSL-Anschlüsse gemäß Annex B ausgeführt. Damit kann die Telefonleitung parallel für ISDN und ADSL genutzt werden. In den meisten anderen Ländern werden ADSL-Anschlüsse dagegen in der Regel gemäß Annex A ausgeführt. Diese Spezifikation erlaubt die parallele Nutzung der Leitung für analoge Telefonanschlüsse und ADSL. Eine Ausnahme stellen lediglich ISDN-Anschlüsse dar; wo ISDN mit ADSL kombiniert wird, kommt auch außerhalb von Deutschland Annex B zum Einsatz.

Vor der ersten Verwendung müssen Sie den ADSL-Router konfigurieren. Normalerweise verbinden Sie Ihren Rechner mit dem Router, starten einen Webbrowser und geben die IP-Adresse des Routers ein, also z. B. `http://192.168.0.101`. (Die richtige Adresse steht im Handbuch zum Router.) Damit gelangen Sie in ein komfortables Web-Interface zur ADSL-Konfiguration. Für eine PPPoE-Konfiguration müssen Sie dort nur den Benutzernamen und das Passwort Ihrer ADSL-Verbindung angeben.

Wenn Ihr Provider dagegen PPPoA einsetzt, müssen Sie auch die Parameter VPI (*Virtual Path Identifier*) und VCI (*Virtual Channel Identifier*) einstellen. Die richtigen Werte hängen von der ATM-Infrastruktur des Providers ab und sind provider- und landesspezifisch. Die folgende Tabelle fasst einige gängige Werte zusammen:

Belgien:	VPI=8	VCI=35
Dänemark:	VPI=0	VCI=35
Italien:	VPI=8	VCI=35
Frankreich:	VPI=8	VCI=35
Großbritannien:	VPI=0	VCI=38
Niederlande:	VPI=8	VCI=48
Österreich:	VPI=8	VCI=48
Spanien:	verschiedene Kombinationen, z. B. 1/32, 1/33, 8/32 und 8/35	

Fragen Sie gegebenenfalls Ihren Provider, welche Werte Sie einsetzen müssen, oder suchen Sie im Internet nach *VPI VCI list*.

ADSL-PPPoE-Konfiguration

Konfiguration der Netzwerkkarte

Die Verbindung zwischen dem ADSL-Modem und Ihrem Computer erfolgt über ein Ethernet-Kabel. Dabei wird allerdings nicht wie sonst üblich das Protokoll TCP/IP verwendet. Daher werden weder die IP-Adresse noch die Netzmaske der Netzwerkschnittstelle berücksichtigt. Eine Konfiguration ist daher nicht erforderlich. Insbesondere darf die Netzwerkschnittstelle nicht als Gateway konfiguriert werden!

pppd-Konfiguration

PPPoE wird unter Linux von einem Kernelmodul verarbeitet. Damit pppd die Netzwerkschnittstelle für PPPoE nutzen kann, setzen Sie das pppd-Plugin `rp-pppoe.so` ein. Diese Datei wird bei den meisten gängigen Linux-Distributionen zusammen mit pppd installiert.

Zur pppd-Konfiguration benötigen Sie wie üblich eine Konfigurationsdatei in /etc/ppp/peers/. Die folgenden Zeilen setzen voraus, dass /etc/options leer ist:

```
# /etc/ppp/peers/adsl
# PPPoE-spezifische Optionen
plugin rp-pppoe.so
mru 1492
mtu 1492

# an diese Schnittstelle ist das ADSL-Modem angeschlossen
eth0
```

```
# normale Optionen
lock
noauth
noipdefault
defaultroute
usepeerdns

# Login-Name für /etc/ppp/pap-secrets bzw. chap-secrets
name "hofer"

# bei Verbindungsabbruch nach 4 Sekunden Wartezeit
# eine neue Verbindung herstellen
persist
holdoff 4
maxfail 25

# für Red Hat/Fedora
ipparam "adsl"
```

Die *normalen Optionen* haben dieselbe Wirkung wie bei allen PPP-Internetverbindungen. Ihre Wirkung wurde auf Seite 777 beschrieben. Das Passwort zur name-Einstellung muss sich in chap- oder pap-secrets befinden (siehe Seite 776).

Durch persist wird die Verbindung nach einem Abbruch automatisch wiederhergestellt. holdoff stellt die Wartezeit zwischen einem Verbindungsabbruch und dem Neustart ein. maxfail gibt an, nach wie vielen erfolglosen Verbindungsversuchen pppd aufgibt. Die drei Optionen sind dann sinnvoll, wenn Sie eine möglichst ununterbrochene Internetverbindung wünschen.

Ist das nicht der Fall, sollten Sie stattdessen idle n in die Konfigurationsdatei einfügen. Das bewirkt ein automatisches Verbindungsende nach *n* Sekunden ohne Aktivität.

Die ipparam-Option ist notwendig, damit die automatische DNS-Konfiguration bei Red Hat bzw. Fedora funktioniert. Dort ist zusätzlich die folgende Datei erforderlich:

```
# /etc/sysconfig/network-scripts/ifcfg-adsl
PEERDNS=yes
```

Automatischer Verbindungstest

pppd bemerkt unter Umständen nicht selbstständig, wenn bei Ihrem Internet-Provider Probleme auftreten und dieser nicht mehr reagiert. Die folgenden Erweiterungen in der Konfigurationsdatei bewirken, dass pppd alle 60 Sekunden eine Aufforderung an den Provider sendet, sich zu melden. Wenn zweimal hintereinander keine Antwort kommt, beendet pppd die Verbindung. Falls die Konfigurationsdatei persist enthält, wird anschließend die Verbindung sofort wieder neu aufgebaut (in der Hoffnung, dass es dann wieder funktioniert).

```
# Ergänzung in /etc/ppp/peers/adsl
lcp-echo-interval 60
lcp-echo-failure 2
```

MTU und MRU

Im Internet werden Daten nicht Byte für Byte, sondern in Paketen übertragen. Die Ethernet-Defaultgröße für solche Pakete beträgt 1500 Byte. Falls sich auf dem Weg zwischen zwei Internetpartnern Hard- oder Software befindet, für die die Datenpakete zu groß sind, werden sie automatisch in kleinere Pakete zerlegt und später wieder zusammengesetzt. Das ist allerdings nicht besonders effizient, weswegen manche Betriebssysteme (unter ihnen Linux) versuchen, die maximale Paketgröße durch das Versenden spezieller ICMP-Pakete herauszufinden. Diese Pakete werden allerdings von manchen Firewalls verschluckt, weswegen die Feststellung der richtigen Paketgröße versagt und mit etwas Pech die Datenübertragung ganz scheitert.

Dieses Problem tritt normalerweise nicht auf, weil der kleinste gemeinsame Nenner, nämlich eine Paketgröße von 1500 Byte, selten unterschritten wird. Genau das passiert aber bei PPPoE-Verbindungen, weil ein paar der 1500 Byte für zusätzliche Protokollinformationen verloren gehen. Deswegen müssen MTU (Maximum Transmit Unit) und MRU (Maximum Receive Unit) auf 1492 reduziert werden.

pppd starten und stoppen

Der Start von pppd erfolgt wie bei einer Analogmodemverbindung durch das folgende Kommando:

```
root#  pppd call adsl
```

Wenn Sie die Verbindung wieder beenden möchten, stoppen Sie pppd durch `killall`:

```
root#  killall pppd
```

Bei Debian-basierten Distributionen verwenden Sie alternativ `pon adsl` bzw. `poff adsl`.

Automatischer ADSL-Start durch ein Init-Script

Da die Nutzung von ADSL normalerweise zeitlich unbeschränkt ist, liegt es nahe, sofort beim Hochfahren des Rechners eine Internetverbindung herzustellen und diese bis zum Ausschalten aufrechtzuerhalten. Am besten führen Sie das in einem Init-V-Script durch, das während des Rechnerstarts ausgeführt wird (siehe auch Kapitel 25). Der distributionsunabhängige Teil eines derartigen Scripts könnte beispielsweise so aussehen:

```
# /etc/init.d/adsl

# ... distributionsspezifische Anweisungen ...

case "$1" in
    start)
        echo "Starting adsl"
        pppd call adsl
        ;;
    stop)
        echo "Shutting down adsl"
        [ -f /var/run/ppp-adsl.pid ] && \
           kill $(head -1 /var/run/ppp-adsl.pid)
    *)
        echo "Usage: $0 {start|stop}"
        exit 1
        ;;
esac
```

Das Script vermeidet das Kommando `killall pppd`, weil es möglich ist, dass auf einem Rechner mehrere pppd-Prozesse laufen. `killall` würde alle derartigen Prozesse stoppen. Dieses Script stoppt dagegen nur den pppd-Prozess, dessen Prozessnummer es aus der Datei `/var/run/ppp-adsl.pid` liest. Dabei wird zuerst getestet, ob diese Datei existiert. Wenn das der Fall ist, ermittelt `head -1` die erste Zeile, die die Prozessnummer enthält, und übergibt diese an `kill`.

Damit pppd seine Prozessnummer tatsächlich in `/var/run/ppp-adsl.pid` speichert, müssen Sie die folgende Zeile in die pppd-Konfigurationsdatei einfügen:

```
# Ergänzung in /etc/ppp/peers/adsl
linkname "adsl"
```

Nachdem Sie das Script mit `/etc/init.d/adsl start` bzw. `stop` getestet haben, müssen Sie es noch so einrichten, dass es automatisch gestartet wird (siehe Seite 323).

MSS-Clamping

Leider gelten die MTU- und MRU-Optionen für pppd nur für den lokalen Rechner. Wenn dieser Rechner gleichzeitig ein Internet-Gateway für andere Rechner ist (siehe Kapitel 28 ab Seite 793), dann müsste auch auf jedem Client-Rechner die MTU-Einstellung verändert werden.

Um den dadurch verursachten Konfigurationsaufwand zu vermeiden, gibt es eine bessere Lösung, das sogenannte MSS-Clamping. Dabei wird am Gateway die MSS-Option von TCP-Datenpaketen an den lokalen MTU-Wert angepasst. (MSS steht für *Maximum Segment Size*. Um wirklich zu verstehen, was hier vor sich geht, müssen Sie TCP-Experte sein.)

Um das MSS-Clamping kümmert sich das `iptables`-System des Kernels, wenn Sie die folgende Paketfilterregel aktivieren. Dabei ersetzen Sie eth0 durch die Schnittstelle, an der Ihr ADSL-Modem angeschlossen ist:

```
root#  iptables -o eth0 --insert FORWARD 1 -p tcp --tcp-flags SYN,RST SYN \
                -m tcpmss --mss 1400:1536 -j TCPMSS --clamp-mss-to-pmtu
```

Üblicherweise wird dieses Kommando Teil des Firewall-Scripts des Gateway-Rechners sein (siehe auch Seite 798 und 845). Sie können die Regel aber auch in die oben beschriebene Init-V-Datei einbauen. Allerdings müssen Sie dann sicherstellen, dass die Regel bei einem mehrfachen Start des ADSL-Systems nur einmal ausgeführt wird.

ADSL-PPTP-Konfiguration

Das Point-to-Point Tunneling Protocol wird client-seitig durch das Programm pptp unterstützt. Die meisten gängigen Distributionen stellen das Programm in einem eigenen, gleichnamigen Paket zur Verfügung, das aber nicht immer automatisch installiert wird. Hintergrundinformationen zu PPTP sowie das grafische PPTP-Konfigurationsprogramm `pptpconfig`, das momentan in den meisten Distributionen noch fehlt, finden Sie hier:

http://pptpclient.sourceforge.net/

PPTP wird nicht nur zur Herstellung von ADSL-Verbindungen eingesetzt, sondern auch zur Realisierung von Virtual Private Networks. Die client-seitige VPN-Konfiguration hat große Ähnlichkeit mit der ADSL-Konfiguration (siehe Seite 789). Ganz anders sieht die Konfiguration eines VPN-Servers aus, wo statt pptp das Programm pptpd eingesetzt wird (siehe Seite 853).

Konfiguration der Netzwerkkarte

Da die Verbindung zwischen ADSL-Modem und Computer per Ethernet erfolgt, muss als Erstes diese Verbindung konfiguriert werden. Sie müssen die IP-Nummer und die Netzwerkmaske für die Netzwerkschnittstelle so wählen, dass das Modem erreichbar ist. Wenn das Modem die IP-Nummer 10.0.0.138 hat, wie dies bei einigen Alcatel-Geräten der Fall ist, dann wählen Sie für das Netzwerk-Interface die Nummer 10.0.0.*n*, wobei *n* weder 0 noch 255 noch 138 ist. Als Maske verwenden Sie 255.255.255.0. Es darf keine Gateway-Adresse eingestellt werden. (Allgemeine Informationen zur Netzwerkkonfiguration finden Sie in Abschnitt 27.3 ab Seite 748.) Ob die Verbindung zwischen Ihrem Rechner und dem ANT funktioniert, können Sie durch ein einfaches `ping`-Kommando testen:

```
root# ping 10.0.0.138
PING 10.0.0.138 (10.0.0.138): 56 data bytes
64 bytes from 10.0.0.138: icmp_seq=0 ttl=15 time=4.674 ms
64 bytes from 10.0.0.138: icmp_seq=1 ttl=15 time=3.737 ms
...
```

pppd-Konfiguration

Zur pppd-Konfiguration benötigen Sie wie üblich eine Konfigurationsdatei in `/etc/ppp/peers/`. Die folgenden Zeilen setzen voraus, dass `/etc/options` leer ist:

```
# /etc/ppp/peers/adsl
# pptp-spezifisch
pty "/usr/sbin/pptp 10.0.0.138 --nolaunchpppd"

# optional: bestimmtes Verschlüsselungsverfahren fordern
# require-mppe-128

# keine Kompression
nobsdcomp
nodeflate

# Login-Name für /etc/ppp/pap-secrets bzw. chap-secrets
name "hofer"

# normale Optionen
lock
noauth
noipdefault
defaultroute
usepeerdns

# bei Verbindungsabbruch nach 4 Sekunden Wartezeit
# eine neue Verbindung herstellen
persist
holdoff 4
maxfail 25
```

```
# für Red Hat/Fedora
ipparam "adsl"
```

Die pty-Option ist für den Aufruf von pptp verantwortlich. Die Option -nolaunchpppd verhindert, dass pptp das Programm pppd startet. Das ist bei der hier vorgestellten Konfiguration nicht notwendig, weil pppd schon läuft und seinerseits pptp aufruft.

Das Passwort zur name-Einstellung muss sich wie immer in chap- oder pap-secrets befinden (siehe Seite 776).

Die ipparam-Option ist notwendig, damit die automatische DNS-Konfiguration bei Red Hat bzw. Fedora funktioniert. Dort ist zusätzlich die folgende Datei erforderlich:

```
# /etc/sysconfig/network-scripts/ifcfg-adsl
PEERDNS=yes
```

pppd-Start Der pppd-Start bzw. sein Ende bieten keine Überraschungen mehr:

```
root# pppd call adsl
root# killall pppd
```

Ein Script zum automatischen ADSL-Start wurde im vorigen Abschnitt vorgestellt (siehe Seite 785). Es kann unverändert auch für PPTP verwendet werden. Die einzige Voraussetzung besteht darin, dass vorher die Netzwerkverbindung zum Modem hergestellt werden muss.

27.10 VPN-Client-Konfiguration (PPTP)

Ein VPN (Virtual Private Network) ist ein sicheres Netzwerk, das als Medium ein zweites (unsicheres) Netz benutzt – z. B. das Internet oder ein WLAN. Die sichere Verbindung von Rechnern über ein unsicheres Netz wird oft als *Tunnel* bezeichnet. Es gibt verschiedenste VPN-Protokolle und Topologien, die im Abschnitt zur VPN-Server-Konfiguration ab Seite 850 zusammengefasst sind.

Leider fehlen in den meisten Distributionen Werkzeuge zur komfortablen Konfiguration einer VPN-Verbindung. Einzig für den auf Seite 741 vorgestellten Network Manager gibt es mehrere Erweiterungsmodule für verschiedene VPN-Typen, die aber leider noch nicht ganz ausgereift sind. Dieser Abschnitt zeigt, wie Sie Ihren Rechner auf der Basis des Protokolls PPTP manuell an ein VPN anschließen. Dabei werden die folgenden Punkte vorausgesetzt (siehe auch Abbildung 29.4 auf Seite 853):

» Der Rechner, zu dem Sie eine Verbindung aufnehmen, muss als PPTP-Server konfiguriert sein.

» Ihr Rechner muss an das (unsichere) Basisnetz angeschlossen sein. Dieser Schritt wurde in den vorangegangenen Abschnitten dieses Kapitels ausführlich behandelt.

» Das unsichere Basisnetz (z. B. das WLAN) nutzt den Adressraum 172.16.0.*.

» Das sichere Netz (VPN) nutzt den Adressraum 192.168.0.*.

» Der VPN-Server ist unter den Adressen 172.16.0.1 (WLAN) bzw. 192.168.0.1 (VPN) erreichbar.

Das PPTP (Point-to-Point Tunneling Protocol) wurde lange Zeit von Microsoft favorisiert und ist dementsprechend weit verbreitet. Zwar ist das Protokoll nicht ganz so sicher wie manche andere Verfahren, die Sicherheit ist aber für viele Anwendungsfälle ausreichend. Der wesentliche Vorteil im Vergleich zu anderen VPN-Verfahren ist die relativ einfache Anwendung. **PPTP**

Grundsätzlich sollte die hier beschriebene Konfiguration auch funktionieren, wenn der VPN-Server unter Windows läuft – diesen Fall habe ich allerdings nicht selbst getestet. Mein VPN-Test-Server läuft unter Linux, seine Konfiguration ist auf Seite 853 beschrieben.

Der Aufbau einer PPTP-Client-Verbindung setzt zwei eng miteinander verzahnte Programme voraus: den PPP-Dämon pppd und den PPTP-Client pptp, den Sie bei manchen Distributionen zuerst installieren müssen.

Die Konfiguration eines PPTP-Clients ist nichts anderes als eine Variante einer ganz gewöhnlichen PPP-Konfiguration, wie sie für jede Internetverbindung per Modem oder ADSL erforderlich ist. Zur manuellen Konfiguration müssen Sie zwei Dateien verändern bzw. neu erstellen: /etc/ppp/peers/vpn und /etc/ppp/chap-secrets.

Die Datei /etc/ppp/peers/vpn enthält die PPP-Optionen zur Herstellung der VPN-Verbindung. Der Name der Datei ist gleichgültig, sie muss sich aber im Verzeichnis /etc/ppp/peers/ befinden. Wenn der VPN-Server wie auf Seite 853 konfiguriert ist, dann müssen client-seitig die folgenden Optionen verwendet werden: **ppp/peers/vpn**

```
# /etc/ppp/peers/vpn
pty "/usr/sbin/pptp 172.16.0.1 --nolaunchpppd"
user "vpnclient"
noauth
require-mppe-128
defaultroute
usepeerdns
ipparam "vpn"  # für Red Hat und Fedora
```

Dank der pty-Einstellung greift der PPP-Dämon beim Verbindungsaufbau auf das Programm pptp zurück. Dieses stellt die Verbindung zum VPN-Server mit der IP-Adresse 172.16.0.1 her.

Zur Authentifizierung wird der Login-Name vpnclient verwendet. Das Passwort zu diesem Namen befindet sich in /etc/ppp/chap-secrets (siehe unten). Dieselben Login- und Passwortinformationen müssen sich auch in der chap-secrets-Datei des VPN-Servers befinden (siehe Seite 856).

noauth bedeutet, dass von der PPP-Gegenstelle (vom VPN-Server) keine Authentifizierung verlangt wird. Der Client muss sich aber sehr wohl identifizieren!

require-mppe-128 bewirkt, dass die *Microsoft Point-to-Point Encryption* mit einem 128-Bit-Schlüssel eingesetzt wird. Beachten Sie, dass Sie bei einigen PPP-Versionen die Option require-mschap-v2 *nicht* angeben dürfen, selbst wenn der PPTP-Server entsprechend konfiguriert ist und dieses Authentifizierungsverfahren dann tatsächlich zum Einsatz kommt.

Dank defaultroute wird die vom VPN-Server zugewiesene IP-Adresse als Standard-Routing-Ziel für IP-Pakete verwendet. (Alle IP-Pakete werden also automatisch über die VPN-Netzwerkschnittstelle übertragen, nicht über eine andere Schnittstelle.)

usepeerdns bewirkt, dass die vom VPN-Server zugewiesene Nameserver-Adresse in /etc/resolv.conf eingetragen wird. Bei Red Hat bzw. Fedora funktioniert das allerdings nur, wenn mit ipparam der Zusatzparameter vpn übergeben wird; entsprechend muss die Datei /etc/sysconfig/network-scripts/ifcfg-vpn existieren und die Anweisung PEERDNS=yes enthalten.

Hinweis

Beachten Sie, dass der PPP-Dämon pppd auch alle Optionen in /etc/ppp/options berücksichtigt. Optionen in /etc/ppp/peers/vpn haben aber Vorrang. Ich gehe in diesem Abschnitt davon aus, dass die options-Datei leer ist.

Wenn es Probleme bei der Konfiguration des PPTP-Zugangs gibt, sollten Sie als Erstes einen Blick in /etc/ppp/options werfen und dort probeweise sämtliche Optionen entfernen. Bei SUSE müssen Sie insbesondere die Anweisung idle 600 entfernen. Sie bewirkt, dass jede PPP-Verbindung nach 10 Minuten ohne Aktivität beendet wird. Für eine Modemverbindung mag das sinnvoll sein, für VPN aber nicht. Eine Beschreibung der wichtigsten PPP-Optionen finden Sie auf Seite 776.

ppp/chap-secrets

Der Datei /etc/ppp/chap-secrets fügen Sie den Login-Namen und das Passwort für die VPN-Verbindung hinzu. (Die äquivalente Passwortdatei des PPTP-Servers finden Sie auf Seite 856.)

```
# /etc/ppp/chap-secrets
#login name     server    password          IP adress
"vpnclient"     *         "vpntestpassw"    *
```

VPN-Verbindung herstellen und stoppen

Zum Verbindungsaufbau führen Sie nun folgendes Kommando aus:

```
root# /usr/sbin/pppd call vpn
```

Falls im Terminalfenster diverse kryptische Meldungen erscheinen, enthält /etc/ppp/options wahrscheinlich die Option nodetach. Entfernen Sie diese Option, damit pppd als Hintergrundprozess ausgeführt wird.

Wenn alles geklappt hat, sollten die Kommandos ifconfig und route die folgenden Ergebnisse liefern:

```
root# ifconfig
lo    Link encap:Lokale Schleife
      inet Adresse:127.0.0.1  Maske:255.0.0.0
      ...

eth1  Link encap:Ethernet  Hardware Adresse 00:0C:F1:58:F9:93
      inet Adresse:172.16.0.199  Bcast:172.16.0.255  Maske:255.255.255.0
      ...

ppp0  Link encap:Punkt-zu-Punkt Verbindung
      inet Adresse:192.168.0.200  P-z-P:192.168.0.1  Maske:255.255.255.255
      ...
```

```
root# route -n
Kernel IP Routentabelle
Ziel            Router          Genmask         Flags Metric Ref    Use Iface
192.168.0.1     0.0.0.0         255.255.255.255 UH    0      0        0 ppp0
172.16.0.0      0.0.0.0         255.255.255.0   U     0      0        0 eth1
0.0.0.0         192.168.0.1     0.0.0.0         UG    0      0        0 ppp0
```

Das bedeutet, dass es neben der Loopback-Schnittstelle zwei weitere Netzwerkschnittstellen gibt: eth1 mit der Verbindung in das unsichere WLAN sowie ppp0 mit der VPN-Verbindung. Der lokale Rechner ist somit gleichzeitig unter drei IP-Adressen erreichbar: 127.0.0.1 (loopback), 172.16.0.199 (WLAN) und 192.168.0.200 (lokales Netz).

Der gesamte Netzwerkverkehr wird zur Schnittstelle ppp0 geleitet, also über das VPN. Ausgenommen sind lediglich Pakete, die direkt an die Adressen 172.16.0.* gerichtet sind – sie werden zur Schnittstelle eth1 geleitet.

Wenn Sie die VPN-Verbindung wieder beenden möchten, führen Sie das folgende Kommando aus:

```
root# killall pppd
```

Tipp

Wenn Probleme beim VPN-Verbindungsaufbau auftreten, sollten Sie `/etc/ppp/peers/vpn` **um eine weitere Zeile mit dem Schlüsselwort** `debug` **ergänzen.** `pppd` **schreibt nun ausführliche Status- und Fehlertexte in eine Logging-Datei (üblicherweise** `/var/log/messages` **oder** `/var/log/syslog`**). Eine ausführliche Anleitung zur Fehlersuche gibt die folgende Seite:**

http://pptpclient.sourceforge.net/howto-diagnosis.phtml

VPN ohne root-Privilegien starten

Leider kann nur root die VPN-Verbindung herstellen. Unter Debian und Ubuntu können gewöhnliche Benutzer auf die Kommandos pon pptp bzw. poff pptp ausweichen. Bei anderen Distributionen müssen Sie gegebenenfalls ein kleines Script für den Verbindungsaufbau erstellen. Anschließend konfigurieren Sie /etc/sudoers so, dass gewöhnliche Benutzer diese Scripts mit sudo ausführen dürfen.

Firewall für den VPN-Client

Ihr Rechner hat nun zwei Verbindungen zum VPN-Server: eine unsichere über das WLAN (172.16.0.*) und eine sichere über das VPN (192.168.0.*). Sie selbst nutzen für den von Ihnen initiierten Netzwerkverkehr automatisch die sichere Verbindung. Das hindert einen WLAN-Eindringling aber natürlich nicht an dem Versuch, eine Verbindung (z. B. per Telnet, SSH etc.) zu Ihrem Rechner aufzunehmen und dabei das unsichere WLAN zu nutzen. Aus diesem Grund sollten Sie die WLAN-Schnittstelle durch eine Firewall absichern. Dazu führen Sie das auf Seite 858 beschriebene Script aus.

28. Internet- Gateway

An dieser Stelle beginnen mehrere Kapitel, die sich mit der Server-Konfiguration beschäftigen. Es wäre vermessen zu versuchen, die gesamte Bandbreite der Linux-Server-Konfiguration darin abzuhandeln. Beinahe jeder Abschnitt dieser Kapitel würde ein eigenes Buch rechtfertigen. In den Kapiteln zur Server-Konfiguration versuche ich, einen ersten Einstieg in dieses für fortgeschrittene Linux-Anwender so wichtige Thema zu geben. Ich richte mich dabei vor allem an Personen, die verhältnismäßig kleine, lokale Netze verwalten, wobei sich in diesen Netzen durchaus auch Windows-Clients befinden dürfen.

ADSL-Router ...

In diesem Kapitel geht es darum, ein Internet-Gateway für das lokale Netzwerk zusammenzustellen. Im Privatbereich erfüllt oft ein ADSL-Router diese Aufgabe. Das hat durchaus Vorteile: Die Konfiguration ist unkompliziert, das Gerät läuft lautlos und verbraucht relativ wenig Strom. Kurz und gut: Wenn Sie mit Ihrem ADSL-Router zufrieden sind, behalten Sie ihn, und überspringen Sie dieses Kapitel! Sie ersparen sich damit eine Menge Zeit und Mühe!

... versus eigenes Gateway

Es gibt aber Fälle, in denen die Konfigurationsmöglichkeiten eines ADSL-Routers unzureichend sind: Je nach Modell bietet die Firewall zu wenige Optionen, entspricht die Namensauflösung nicht den Anforderungen von Kerberos, ist der integrierte DHCP-Server ungeeignet für eine sichere WLAN/VPN-Konfiguration etc. Das führt zum Inhalt dieses Kapitels, also der Konfiguration eines eigenen Rechners, der die folgenden drei Funktionen des ADSL-Routers übernimmt: Masquerading, DHCP-Server und Nameserver. Jedes Internet-Gateway sollte unbedingt durch eine Firewall abgesichert werden. Diesbezügliche Informationen folgen in Kapitel 29 ab Seite 829.

Distributionen

Ich habe die in diesem und den folgenden Kapiteln vorgestellten Konfigurationen mit aktuellen Versionen von Fedora, openSUSE und Ubuntu getestet. Ausgangspunkt war jeweils eine Standardinstallation mit Gnome bei Fedora und Ubuntu bzw. mit KDE bei openSUSE. Eine Konfiguration mit den Distributionen Debian, SUSE Enterprise bzw. Red Hat Enterprise habe ich nicht ausprobiert. Sie sollte sich aber kaum von Ubuntu/openSUSE/Fedora unterscheiden.

28.1 Einführung

Dieses Kapitel beschreibt die Installation der folgenden Komponenten bzw. Dienste:

» **Masquerading/NAT:** Mit Masquerading können alle Clients im lokalen Netz mit dem Internet verbunden werden. Es gibt also einen Linux-Rechner, der via ISDN oder ADSL eine Internetverbindung herstellt. Alle anderen Rechner sind mit diesem Rechner verbunden und können so ebenfalls das Internet nutzen. Es ist nicht notwendig, jeden Rechner mit seinem eigenen Modem auszustatten!

» **DHCP und DNS:** DHCP ermöglicht eine zentrale und einfache Verwaltung der IP-Adressen und der anderen Netzwerkparameter aller Clients. Ein lokaler Nameserver stellt sicher, dass die Clients gegenseitig ihre Namen kennen (Auflösung lokaler Namen in IP-Adressen). Außerdem fungiert das Programm als IP-Nummern-Cache, sodass wiederholte Internetzugriffe ein wenig beschleunigt werden.

  Zur Realisierung der DHCP- und DNS-Funktionen stelle ich zwei Varianten vor: Am einfachsten ist der Einsatz des Programms dnsmasq, das beide Funktionen in sich vereint und einfach zu konfigurieren ist. Für gehobene Anforderungen bzw. große oder komplexe lokale Netzwerke empfiehlt sich dagegen die Aufteilung der Funktionen auf die beiden Programme dhcpd und bind. Das erhöht nicht nur die Konfigurationsmöglichkeiten, sondern auch den dafür erforderlichen Aufwand.

» **WLAN-Integration:** An sich ist es nicht schwierig, ein gewöhnliches Netzwerk mit einem WLAN zu verbinden. Das Problem besteht darin, trotz der WLAN-Funktionen die Sicherheit aufrechtzuerhalten. Deswegen weist der letzte Abschnitt auf einige Konfigurationsvarianten hin.

Hardware

Soweit das Internet-Gateway keine weiteren Aufgaben erfüllen soll, reicht ein minimal ausgestatteter, langsamer PC vollkommen aus. Eine wesentliche Voraussetzung sind aber zwei Netzwerkschnittstellen: eine, um den Rechner an den ADSL-Router bzw. an das ADSL-Modem anzuschließen, und eine zweite für das lokale Netzwerk.

Auf der Suche nach einem leisen, kostengünstigen und energiesparenden Rechner werden Sie rasch feststellen, dass die zweite Netzwerkschnittstelle die größte Hürde ist: Mini-PCs wie die *Eee Box* oder der *MSI Wind PC* haben zumeist nur eine Netzwerkschnittstelle und lassen sich nicht durch Steckkarten (PCI, PCIe) erweitern. Ein möglicher Ausweg ist ein USB-Ethernet-Adapter; leider ist deren Inbetriebnahme unter Linux bisweilen schwierig. Gute Erfahrungen habe ich beispielsweise mit dem Gerät *DUB-E100* von D-Link gemacht, das ohne Konfigurationsarbeiten auf Anhieb funktioniert. Eine Liste geeigneter Geräte finden Sie unter http://www.linux-usb.org/usbnet/.

Eine interessante Alternative ist der WLAN-Router *WRT54GL* von Linksys oder dazu kompatible Geräte. Das besondere Merkmal dieser Geräte besteht darin, dass die Firmware durch eine Linux-Version ersetzt werden kann und darf. Im Internet gibt es gleich eine ganze Palette von geeigneten Distributionen (Tomato, DD-WRT, OpenWRT etc.). Natürlich erfordert die Inbetriebnahme etwas Bastelarbeit. Dafür erhalten Sie ein billiges, vollkommen lautloses Gerät, dessen Stromverbrauch wesentlich geringer ist als bei marktüblichen Mini-PCs.

Aus Sicherheitsgründen sind die Pakete für die in diesem Kapitel beschriebenen Server-Dienste standardmäßig *nicht* installiert. Manchmal gibt es Pakete mit ähnlichen Namen für die zugehörigen Client-Dienste; diese Pakete reichen hier aber nicht aus. Auch nach der Installation der Server-Pakete müssen die Programme explizit aktiviert werden. Installation von Paketen

Dieses Kapitel richtet sich an fortgeschrittene Linux-Anwender. Es werden ausschließlich die Einstellungen der diversen Konfigurationsdateien beschrieben, nicht aber eventuell zur Verfügung stehende Benutzeroberflächen zur Konfiguration. Bei Fedora und Red Hat sind das diverse `system-config-xxx`-Kommandos, bei SUSE die NETZWERKDIENSTE-Module in YaST. Konfigurationshilfen

Der hier gewählte Ansatz – also die manuelle Veränderung von Konfigurationsdateien – mag altmodisch erscheinen, bewährt sich aber in der Praxis: Wenn Sie die Konfiguration manuell durchführen, wissen Sie auch, wo sich die Konfigurationsdateien befinden. Und nur damit gelingt es, eine fertige Konfiguration relativ rasch auf einen anderen Server zu übernehmen (beispielsweise bei einer Neuinstallation oder bei einem Distributionswechsel).

Wenn Sie Linux als Netzwerk-Server einsetzen möchten, *müssen* Sie sich mit dem Thema Sicherheit beschäftigen – alles andere wäre hochgradig unverantwortlich. Tipps zur Basisabsicherung des Servers folgen in Kapitel 29 ab Seite 829. Sicherheit

Alle in diesem Kapitel vorgestellten Programme sind mit IPv6 kompatibel. Ich habe die Netzwerkfunktionen allerdings nur auf der Basis von IPv4 getestet und gehe nicht auf IPv6-spezifische Besonderheiten ein. IPv6

Topologie des Beispielnetzwerks

Um Ihnen die Orientierung in diesem Kapitel zu erleichtern, fasst Abbildung 28.1 die Topologie des Beispielnetzwerks zusammen. Das lokale Netzwerk verwendet den Adressraum 192.168.0.* und den Domainnamen `sol`. Der Gateway-Rechner mit dem Hostnamen `mars` hat die fixe Adresse 192.168.0.1. Die Internetverbindung wird über einen ADSL-Router hergestellt.

Die Clients im Netzwerk sind über einen Switch mit `mars` verbunden. Den Clients werden dynamische Adressen zugewiesen (192.168.0.2 bis 192.168.0.253). Einzige Ausnahme ist der Netzwerkdrucker `pluto`, dessen IP-Adresse statisch auf 192.168.0.254 eingestellt wurde.

Aus Sicherheitsgründen ist es am besten, auf dem Rechner `mars` nur den Internetzugang und eine Firewall zu realisieren. Bei kleinen Netzen oder im Privatbereich sprechen Kosten- und Energiesparüberlegungen hingegen dafür, so wie hier beschrieben alle Server-Funktionen auf einem Rechner zu integrieren.

28.2 Statische Netzwerkkonfiguration

Bevor Sie Masquerading-Funktionen sowie den DHCP- und Nameserver konfigurieren können, müssen Sie den Gateway-Rechner mit dem Internet und dem lokalen Netz verbinden. Dazu ist eine statische Konfiguration der beiden Netzwerkadapter erforderlich, wobei die Vorgehensweise je nach Distribution variiert.

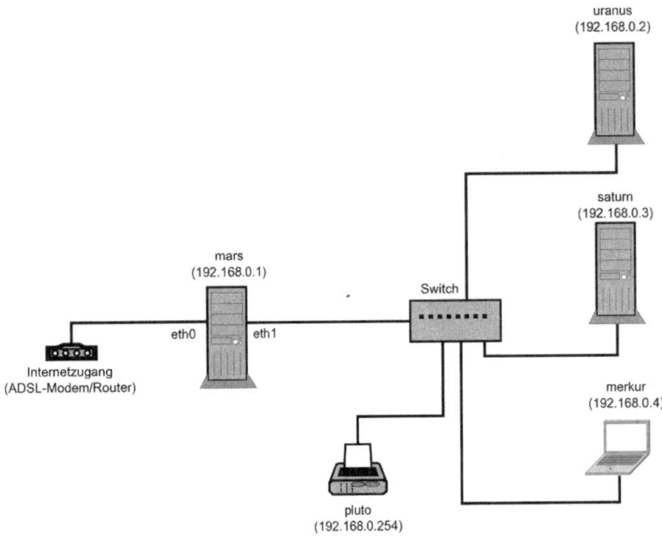

Abbildung 28.1: **Topologie des Beispielnetzwerks**

Bei den meisten Distributionen wird zusammen mit einer Desktop-Installation der Network Manager installiert. Dieses an sich sehr praktische Programm hilft bei der dynamischen Netzwerkkonfiguration (speziell in WLANs). Im Server-Betrieb ist das dynamische Verhalten des Network Managers aber oft hinderlich. Soweit dies möglich ist, sollten Sie das Programm deinstallieren. Leider gelingt das aufgrund von System- und Paketabhängigkeiten nicht bei allen Distributionen. SUSE bietet immerhin die Möglichkeit, in YaST zwischen einer statischen Konfiguration und dem Network Manager umzuschalten.

Debian, Ubuntu Unter Debian und Ubuntu entfernen Sie – sofern sie installiert sind – zuerst die Pakete `libnm*` sowie `network-manager*`. Für die statische Konfiguration ist nun die Datei /etc/network/interfaces zuständig. Die Syntax ist ausgesprochen einfach: Jede Schnittstelle, die beim Rechnerstart aktiviert werden soll, muss durch `auto` *name* genannt werden. `iface` *name optionen* beschreibt die Basiskonfiguration der Schnittstelle. Bei einer statischen Konfiguration folgen in den weiteren Zeilen die Parameter `address` (die IP-Adresse), `netmask` (die Maske für den zulässigen Adressbereich) und `gateway` (die IP-Adresse der Schnittstelle zum Internet bzw. zu einem weiteren Rechner).

Die folgenden Zeilen zeigen eine Beispielkonfiguration. Die ersten zwei Zeilen aktivieren die Loopback-Schnittstelle, die immer erforderlich ist. Sie dient zur rechnerinternen Netzwerkkommunikation. Über die Schnittstelle `eth0` bezieht der Rechner seinen Internetzugang (z. B. von einem ADSL-Router oder einem anderen Server). Die Konfiguration erfolgt automatisch via DHCP. Die restlichen Zeilen zeigen die statische Konfiguration der Schnittstelle `eth1`. Sie dient zur Kommunikation mit dem lokalen Netzwerk, das den Adressbereich 192.168.0.* nutzt. Innerhalb dieses Netzwerks hat der Server die statische Adresse 192.168.0.1.

```
# /etc/network/interfaces
auto lo
iface lo inet loopback
```

```
# dynamische Verbindung zu einem DHCP-Server,
# der die Eckdaten des Internetzugangs vermittelt
auto eth0
iface eth0 inet dhcp

# statische Konfiguration für die Verbindung zum LAN
auto eth1
iface eth1 inet static
  address 192.168.0.1
  netmask 255.255.255.0
```

Wenn die Verbindung in das Internet statisch konfiguriert wird, muss die `interfaces`-Datei wie folgt angepasst werden. Das Beispiel geht davon aus, dass der Internetzugang über einen ADSL-Router erfolgt, der die IP-Adresse 10.0.0.138 hat (so wie das SpeedTouch-Gerät, das bei mir zu Hause läuft). Diese Adresse ist gleichzeitig die Gateway-Adresse zum Internet (Schlüsselwort `gateway`).

```
# /etc/network/interfaces
...
# statische Verbindung zum ADSL-Router mit der IP-Adresse 10.0.0.138
auto eth0
iface eth0 inet static
  address 10.0.0.1
  netmask 255.255.255.0
  gateway 10.0.0.138
```

Außerdem müssen Sie `/etc/resolv.conf` (Nameserver) und `/etc/hosts` manuell einrichten (siehe ab Seite 769).

Für die Initialisierung der Netzwerkschnittstellen während des Rechnerstarts ist bei Debian das Init-V-Script `/etc/init.d/networking` zuständig, bei Ubuntu die Upstart-Konfigurationsdatei `/etc/init/networking`. Damit Änderungen an der Konfiguration wirksam werden, führen Sie sowohl unter Debian als auch unter Ubuntu `/etc/init.d/networking restart` aus.

Die eigentliche Arbeit übernimmt unabhängig vom Init-System das Debian/Ubuntu-spezifische Kommando `ifup` (Paket `ifupdown`). `ifup -a` wertet `/etc/network/interfaces` aus und aktiviert alle `auto`-Schnittstellen. Soweit Schnittstellen via DHCP konfiguriert werden, greift `ifup` auf das Kommando `dhclient` zur Übertragung und Auswertung der DHCP-Daten zurück. Für die Konfiguration ist `/etc/dhcp3/dhclient.conf` zuständig.

Fedora, Red Hat

Um bei Fedora den Network Manager zu deaktivieren und die herkömmlichen Konfigurationsdateien zu aktivieren, führen Sie die folgenden Kommandos aus:

```
root#  yum install system-config-network
root#  service NetworkManager stop
root#  service network start
root#  service NetworkManager disable          (ab Fedora 16)
root#  chkconfig --level 35 NetworkManager off  (bis Fedora 15)
root#  chkconfig --level 35 network on
```

Zur Netzwerkkonfiguration verwenden Sie das Programm `system-config-network`. (Bei aktuellen Fedora-Versionen müssen Sie das gleichnamige Paket zuerst installieren!) Bei den manuell konfigurierten Schnittstellen müssen Sie die Option KONTROLLIERT DURCH DEN NETWORK MANAGER deaktivieren und die Option GERÄT AKTIVIEREN, WENN DER COMPUTER STARTET aktivieren. Außerdem müssen Sie den Hostnamen neu einstellen (Dialogblatt DNS). Die durchgeführten Änderungen sollten beim Verlassen des Programms wirksam werden. Wenn das nicht funktioniert, führen Sie das folgende Kommando aus:

```
root# /etc/init.d/network restart
```

Wenn Sie die Konfiguration in einer Konsole durchführen möchten (also ohne Grafiksystem), verwenden Sie `system-config-network-tui`. Dieses Programm bietet allerdings weniger Konfigurationsmöglichkeiten als `system-config-network`.

SUSE

Bei openSUSE- bzw. Novell-Distributionen empfiehlt es sich, die Konfiguration mit YaST durchzuführen. Im Modul NETZWERKGERÄTE|NETZWERKEINSTELLUNGEN aktivieren Sie die globale Option TRADITIONELLE METHODE MIT IFUP und deaktivieren so den Network Manager. Anschließend wechseln Sie in das Dialogblatt ÜBERSICHT und bearbeiten dort die Einstellungen der Netzwerkadapter (siehe auch Abbildung 27.6 auf Seite 748).

28.3 Masquerading (NAT)

Der Ausgangspunkt für das Masquerading ist ein Rechner, der bereits mit dem Internet verbunden ist (in diesem Kapitel: der Rechner `mars`). Das Ziel ist es nun, auch allen anderen Rechnern im lokalen Netz Internetzugang zu geben.

Die Rechner im lokalen Netz verwenden private IP-Adressen: Diese Adressen liegen in den speziell dafür reservierten Adressbereichen (z. B. 10.*.*.* oder 192.168.*.*, siehe auch Seite 752). Die Adressen sind nur innerhalb des LANs eindeutig, nicht aber darüber hinaus im Internet. Das Internet-Gateway kann deswegen die Internetanforderungen im LAN nicht einfach weiterleiten.

Masquerading

Das Prinzip des Masqueradings besteht darin, dass der Gateway-Rechner an das Internet adressierte Datenpakete der Clients annimmt und deren Absenderadresse so verändert, als würden sie vom ihm selbst stammen. Diese Adressänderung wird auch als *Network Address Translation* (NAT) bezeichnet.

Jetzt kann das Datenpaket in das Internet weitergeleitet werden. Im Regelfall kommt aus dem Internet nach einer Weile eine Antwort – beispielsweise die angeforderte Webseite. Das Gateway muss die Antwort an den richtigen Client weiterleiten. Dazu muss es die korrekte Zieladresse erraten. Das Datenpaket wurde ja (nach der Adressänderung) von ihm selbst abgesandt, daher ist auch die Antwort an das Gateway adressiert.

Um eine Adresszuordnung der Antwortpakete zu ermöglichen, verändert das Gateway nicht nur die Absenderadresse, sondern auch den Absender-Port. Für jede IP-Adresse innerhalb des lokalen Netzes wird eine bestimmte Port-Nummer verwendet. Linux-intern ist für das Masquerading `iptables` zuständig. Das ist ein in den Kernel integriertes System zur Verarbeitung von IP-Paketen.

Wenn der Gateway-Rechner über einen ADSL-Router mit dem Internet verbunden ist (also nicht über ein Modem), führt dieses Gerät nochmals Masquerading oder eine andere Form der Adressmanipulation durch. Daraus ergeben sich glücklicherweise keine Probleme.

Masquerading- und Firewall-Funktionen sind eng miteinander verwandt. In diesem Abschnitt gehe ich davon aus, dass der Rechner *nicht* schon als Firewall konfiguriert ist. Sollte das der Fall sein, müssen Sie die Masquerading-Funktionen mit dem Firewall-Konfigurationswerkzeug Ihrer Wahl einrichten oder aber einzelne Firewall-Funktionen abschalten, bevor Sie das Masquerading mit dem Kommando `iptables` manuell aktivieren können. Hintergrundinformationen darüber, was Firewalls sind und wie sie funktionieren, finden Sie ab Seite 829.

Client/Server-Begriff

Im Folgenden wird der Rechner mit dem Internetzugang als Server bezeichnet, alle anderen Rechner als Clients, ganz unabhängig davon, welche Funktionen diese Rechner sonst erfüllen. Im Fall von Masquerading wird der Server oft auch als *Internet-Gateway* (korrekt) oder als *Internet-Router* bezeichnet.

Diese Unterscheidung zwischen Client und Server gilt für das gesamte Buch – aber immer nur für eine bestimmte Funktion! Ein Rechner, der bezüglich seines Internetzugangs ein Client ist, kann durchaus für eine andere Funktion (etwa NFS) ein Server sein. In der Praxis werden sehr oft mehrere Server-Funktionen auf einem einzigen Rechner konzentriert. Das ist aber nicht zwingend notwendig und aus Effizienzgründen – gerade in großen Netzen – auch nicht immer sinnvoll.

Masquerading ein- und ausschalten

Fedora, Red Hat

Bei manchen Distributionen kann das Masquerading im Konfigurationsprogramm für die Firewall aktiviert werden: Bei Fedora und Red Hat starten Sie dazu SYSTEM|ADMINISTRATION|FIREWALL. Im Dialogblatt TRUSTED SCHNITTSTELLE markieren Sie die Schnittstelle zum LAN. Damit stellen Sie sicher, dass die Firewall den Netzwerkverkehr zum LAN nicht blockiert. Außerdem wählen Sie im Dialogblatt MASQUERADING die Schnittstelle aus, die mit dem Internet verbunden ist.

SUSE

Bei SUSE ordnen Sie im YaST-Modul SICHERHEIT|FIREWALL die LAN-Schnittstelle dem internen Netzwerk zu. Anschließend aktivieren Sie im Dialogblatt MASQUERADING die gleichnamige Option.

Debian, Ubuntu

Debian und Ubuntu enthalten momentan keine distributionsspezifischen Konfigurationswerkzeuge für die Firewall und das Masquerading. Sie können aber beispielsweise das Programm FireStarter installieren und damit eine Firewall und gleichzeitig auch das Masquerading aktivieren.

Manuell aktivieren

Wenn Sie Masquerading ohne Firewall-Werkzeuge steuern möchten, führen Sie dazu zwei kurze Kommandos aus:

```
root#  sysctl -w net.ipv4.ip_forward=1
root#  iptables -A POSTROUTING -t nat -o eth0 -j MASQUERADE
```

Das `sysctl`-Kommando aktiviert die IP-Forwarding-Funktion des Kernels, die aus Sicherheitsgründen in der Standardeinstellung deaktiviert ist. Sollte `sysctl` bei Ihrer Distribution nicht zur Verfügung stehen, können Sie stattdessen das folgende Kommando ausführen:

```
root#  echo 1 > /proc/sys/net/ipv4/ip_forward
```

Das iptables-Kommando definiert eine Regel, gemäß der IP-Pakete, die das lokale Netzwerk verlassen sollen, über das Interface eth0 geleitet und dabei entsprechend den NAT-Regeln manipuliert werden. Je nachdem, wie Ihr Internetzugang konfiguriert ist, müssen Sie statt eth0 eine andere Schnittstelle angeben, etwa ppp0. (eth0 ist in diesem Kapitel die Schnittstelle, über die der Router mit dem Internet verbunden ist.)

Manuell deaktivieren

Um die Masquerading-Funktionen zu deaktivieren, führen Sie folgende Kommandos aus:

```
root# iptables -t nat -D POSTROUTING -o eth0 -j MASQUERADE
root# sysctl -w net.ipv4.ip_forward=0
```

Statt sysctl funktioniert auch dieses echo-Kommando:

```
root# echo 0 > /proc/sys/net/ipv4/ip_forward
```

Masquerading per Script aktivieren

Natürlich werden Sie das Masquerading nicht bei jedem Rechnerstart des Servers manuell aktivieren. Die übliche Vorgehensweise besteht darin, das Masquerading im Rahmen einer Firewall zu aktivieren. Sollten Sie Ihre Firewall manuell einrichten, aktivieren Sie die Firewall inklusive Masquerading durch eine Script-Datei, die während des Init-V-Prozesses ausgeführt wird (mehr dazu finden Sie in Kapitel 29 ab Seite 829).

Wenn Sie keine Firewall-Funktionen nutzen möchten bzw. diese separat steuern möchten, können Sie Masquerading natürlich auch durch ein eigenes Init-Script starten bzw. stoppen (siehe auch Kapitel 25). Falls Ihre Internetverbindung über PPP erfolgt (z. B. bei einem ADSL-Modem), können Sie die Masquerading-Kommandos auch in die ip-up- bzw. ip-down-Scripts in /etc/ppp integrieren. Damit wird das Masquerading aktiviert, sobald eine Internetverbindung hergestellt wird, und automatisch wieder deaktiviert, wenn die Verbindung getrennt wird.

Probleme

Das Masquerading ist zwar eine elegante Lösung, um im lokalen Netzwerk einen Internetzugang gemeinsam zu nutzen; es kann aber auch Probleme geben:

» Bei einer ganzen Reihe von Internetprotokollen sind Schutzmechanismen vorgesehen, in denen die Zuordnung von IP-Adressen überprüft wird. Der durch das Masquerading nicht mehr eindeutige Zusammenhang zwischen IP-Adresse und einem Rechner kann Schwierigkeiten verursachen.

» Manche Protokolle sehen vor, dass IP-Adressen nicht nur in den IP-Paketen, sondern auch innerhalb der Datenpakete übertragen werden (als ASCII-Text oder auch verschlüsselt). Ein bekanntes Beispiel dafür ist FTP. Damit FTP trotz des Masqueradings funktioniert, muss der Masquerading-Server also nicht nur die Adressierung von IP-Paketen ändern, sondern in manchen Fällen auch deren Inhalt!

  Linux sieht für eine ganze Reihe von Internetdiensten entsprechende Masquerading-Module vor (z. B. nf_nat_ftp für FTP). Die Module werden automatisch geladen. Sollte das nicht der Fall sein, müssen Sie sie mit modprobe aktivieren:

```
root# modprobe nf_nat_ftp
root# modprobe nf_conntrack_ftp
```

Wenn in FTP-Clients dennoch Verbindungsprobleme auftreten, lassen sich diese zumeist durch einen Betrieb im passiven Modus beheben. Die meisten FTP-Clients aktivieren diesen Modus automatisch oder bieten zumindest eine manuelle Einstellmöglichkeit.

» Wenn der Masquerading-Server via ADSL/PPPoE mit dem Internet verbunden ist, kann es Probleme mit der maximalen IP-Paketlänge geben. Die Abhilfe besteht darin, bei allen Clients die maximale Paketlänge (MTU) zu reduzieren oder auf dem Server ein sogenanntes *MSS-Clamping* durchzuführen. Dazu führen Sie bei der Aktivierung der Masquerading-Funktion das folgende `iptables`-Kommando aus. Es bewirkt, dass zu große Pakete gekennzeichnet werden.

```
root#  iptables -I FORWARD -p tcp --tcp-flags SYN,RST SYN \
         -j TCPMSS --clamp-mss-to-pmtu
```

Client-Konfiguration

Damit ein Client den vom Linux-Gateway zur Verfügung gestellten Internetzugang nutzen kann, müssen Sie bei der Netzwerkkonfiguration des Clients zwei Dinge beachten:

» Als Gateway-Adresse muss die IP-Adresse des Linux-Gateways angegeben werden (bei der Topologie laut Abbildung 28.1 also 192.168.0.1).

» Die Nameserver-Adresse muss mit der IP-Adresse des Nameservers für das Linux-Gateway übereinstimmen. Diese Adresse wird vom Internet Service Provider zugewiesen und kann der Datei `/etc/resolv.conf` des Linux-Gateways entnommen werden.

28.4 DHCP- und Nameserver-Grundlagen

DHCP

Natürlich können Sie in einem lokalen Netzwerk bei jedem Rechner die Netzwerkparameter separat einstellen. Das ist aber ebenso mühsam wie fehleranfällig. Außerdem handeln Sie sich jede Menge Zusatzarbeit ein, wenn Sie sich irgendwann dazu entschließen, die Topologie Ihres Netzwerks zu ändern.

Wesentlich intelligenter ist es, wenn *ein* Rechner sich darum kümmert, allen anderen Rechnern ihre IP-Adresse und andere Netzwerkparameter zuzuweisen. Dazu wird das *Dynamic Host Configuration Protocol* (DHCP) eingesetzt. Der Steuerungsrechner wird DHCP-Server, die anderen Rechner werden DHCP-Clients genannt. Es gibt zwei grundsätzliche Konfigurationsvarianten:

» **Dynamische Konfiguration:** Bei den Clients wird nur der Hostname eingestellt. Der DHCP-Server ist für alle anderen Konfigurationsparameter zuständig, weist den Clients also die IP-Adresse, die Gateway-Adresse, die Nameserver-Adresse etc. zu. Für die IP-Adressen gibt es einen Adresspool, aus dem der DHCP-Server für jeden Client dynamisch eine gerade freie Adresse wählt.

» **Statische Konfiguration:** Bei dieser Konfigurationsvariante identifiziert der DHCP-Server die Clients anhand der ID-Nummer der Netzwerkkarte. Damit kann er ihnen jedes Mal dieselbe IP-Adresse und optional auch den Hostnamen zuweisen. Diese Konfigurationsvariante ist mit etwas mehr Aufwand verbunden, ermöglicht dafür aber immer gleichbleibende IP-Adressen sowie eine zentrale Verwaltung der Hostnamen.

Einfacher ist in der Regel die erste Variante. Sie können beide Verfahren auch kombinieren, beispielsweise um sicherzustellen, dass ein Drucker immer dieselbe fixe IP-Adresse hat.

DHCP-Interna Die Funktionsweise von DHCP sieht in etwa so aus: Wenn ein Rechner (also ein DHCP-Client) neu gestartet wird, schickt er eine Rundsendung an die Adresse 255.255.255.255. Durch diese Adressierung erreicht die Anfrage *alle* Rechner im lokalen Netz. Der DHCP-Server reagiert auf diese Anfrage und sendet als Antwort eine IP-Adresse aus der Liste der verfügbaren IP-Adressen.

Vielleicht fragen Sie sich, wohin der Server die Antwort sendet, denn der Client hat ja noch gar keine IP-Adresse. Zur Adressierung reicht die MAC-Adresse aus – und die ist aus der Anfrage bereits bekannt.

Der DHCP-Server vergibt IP-Adressen für eine bestimmte Zeitspanne (Lease Time). Diese Zeitspanne beträgt normalerweise einen Tag, kann aber beliebig eingestellt werden. Bevor diese Zeitspanne vergeht, muss der Client die Adresse beim DHCP-Server erneuern oder eine neue Adresse anfordern.

Nameserver Ein *Domain-Nameserver* (kurz Nameserver, noch kürzer DNS) stellt den Zusammenhang zwischen Rechnernamen und IP-Adressen her. Jeder Internet Service Provider stellt einen DNS zur Verfügung, der zu Rechnernamen die passende IP-Nummer ermittelt. Statt auf diesen DNS zurückzugreifen, können Sie für Ihr lokales Netzwerk einen eigenen Nameserver einrichten. Das hat zwei Vorteile:

» **Höhere Geschwindigkeit:** Der DNS verwaltet einen Cache der zuletzt benutzten Internetadressen. Wenn Sie also zum zweiten Mal an einem Tag zu `www.yahoo.com` surfen, muss nicht wieder der DNS Ihres Internet-Providers gefragt werden, welches nun die IP-Adresse von Yahoo ist. Der lokale DNS hat sich die Adresse schon gemerkt.

» **Lokale Namensauflösung:** Der DNS verwaltet die Namen und IP-Adressen der Rechner des lokalen Netzes. Damit kennen sich alle Rechner im lokalen Netzwerk namentlich, und Sie können beispielsweise am Rechner `merkur` das Kommando `ping saturn` ausführen. `merkur` kontaktiert nun den lokalen Nameserver, der die IP-Adresse von `saturn` zurückgibt. Die lokale Namensauflösung ist eine Grundvoraussetzung dafür, dass im lokalen Netzwerk Dienste wie NFS, FTP, SSH etc. komfortabel genutzt und konfiguriert werden können.

Weltweit sind unzählige DNS im Einsatz, die alle gegenseitig in Kontakt stehen. Wenn also ein DNS einen Namen nicht selbst kennt, gibt er die Anfrage an einen anderen DNS weiter. Die DNS sind hierarchisch organisiert.

28.5 Dnsmasq (DHCP- und Nameserver)

Ich stelle Ihnen in diesem Kapitel zwei Verfahren vor, um auf dem Gateway einen DHCP- und Nameserver einzurichten: Dieser Abschnitt beschreibt das Programm dnsmasq, das beide Funktionen in sich integriert und daher wesentlich einfacher zu konfigurieren ist. Die beiden folgenden Abschnitte stellen dann die Programme dhcpd (Seite 808) und `bind` vor (Seite 813), die jeweils eine dieser Aufgaben übernehmen. Der Einsatz dieser Programme empfiehlt sich vor allem bei sehr großen Netzen oder bei komplexen Anforderungen, etwa wenn der DHCP-Server für mehrere unterschiedliche Teilnetze zuständig ist.

Voraussetzungen

Ich gehe im Folgenden davon aus, dass Sie das Paket dnsmasq installiert haben und dass dhcpd *nicht* installiert ist (sonst kommen sich die beiden Programme in die Quere).

Eine weitere wichtige Voraussetzung ist die korrekte Konfiguration der Datei /etc/hosts auf dem Gateway-Rechner. Ich habe die Erfahrung gemacht, dass diese Datei oft nicht den Anforderungen von dnsmasq entspricht. Denken Sie auch daran, einen Blick auf diese Datei zu werfen, wenn Sie die lokale Netzwerkkonfiguration Ihres Gateways ändern! /etc/hosts muss zumindest die beiden folgenden Zeilen enthalten. Entscheidend ist die Zeile für die Zuordnung zwischen dem lokalen Rechnernamen (hier mars bzw. mars.sol) und der IP-Adresse im LAN (hier 192.168.0.1)! Oft folgen weitere Zeilen für die IPv6-Konfiguration, auf die ich in diesem Buch aber nicht eingehe.

```
# /etc/hosts auf dem Gateway-Rechner
127.0.0.1      localhost
192.168.0.1    mars          mars.sol
```

Tipp

Sollte es Probleme geben, werfen Sie auch einen Blick auf Ihre Firewall-Konfiguration! Die Netzwerkschnittstelle für das lokale Netzwerk darf durch die Firewall nicht blockiert werden! Je nach Firewall-Programm muss die Schnittstelle der internen (also ungeschützten) Zone zugeordnet werden.

dnsmasq.conf

Die Konfiguration von dnsmasq erfolgt durch die Datei /etc/dnsmasq.conf. Die standardmäßig mitgelieferte Datei dient gleichzeitig als Dokumentation und besteht aus nahezu 400 Kommentarzeilen. Die wenigen wirksamen Anweisungen gehen darin verloren. Benennen Sie daher die Datei in dnsmasq.conf.orig um, und erzeugen Sie mit grep eine neue Datei ohne Kommentare:

```
root#  cd /etc
root#  cp dnsmasq.conf dnsmasq.conf.orig
root#  grep -v '^#' /etc/dnsmasq.conf.orig  | cat -s > dnsmasq.conf
```

Für die Konfiguration von Dnsmasq sind neben /etc/dnsmasq.conf auch /etc/hosts und /etc/resolv.conf entscheidend.

Bei aktuellen Debian- und Ubuntu-Versionen werden außerdem alle in /etc/dnsmasq.d enthaltenen Konfigurationsdateien berücksichtigt. Außerdem enthält die Datei /etc/default/dnsmasq einige Grundeinstellungen für Dnsmasq (unter anderem ENABLED=1, sodass Dnsmasq standardmäßig durch das Init-System gestartet wird).

Start/Neustart

Wie die meisten der in diesem und den folgenden Kapiteln vorgestellten Programme, arbeitet dnsmasq als sogenannter Dämon (Systemdienst). Bei einigen Distributionen wird das Programm sofort nach der Installation gestartet. Wenn das nicht der Fall ist, müssen Sie das Programm manuell starten. Auch Konfigurationsänderungen werden erst nach einem Neustart wirksam:

```
root#  /etc/init.d/dnsmasq restart  oder  service dnsmasq restart
```

Ebenfalls von der Distribution abhängig ist, ob das Programm in Zukunft beim Hochfahren des Rechners automatisch gestartet wird. Bei Fedora, Red Hat und SUSE ist das standardmäßig nicht der Fall. Eine Übersicht der Kommandos, mit denen Sie das Startverhalten von Dnsmasq in den diversen Distributionen steuern, finden Sie auf Seite 323.

Minimalkonfiguration

Bereits in der folgenden Minimalkonfiguration funktioniert dnsmasq.conf zufriedenstellend. Das Programm arbeitet in dieser Konfiguration als Nameserver-Cache für das Internet und stellt den Clients IP-Adressen aus dem Bereich zwischen 192.168.0.2 und 192.168.0.250 zur Verfügung. Die Clients behalten ihren eigenen Hostnamen.

```
# /etc/dnsmasq.conf  (Minimalkonfiguration)
domain-needed
bogus-priv
interface=eth1
dhcp-range=192.168.0.2,192.168.0.250,24h
```

Kurz eine Erläuterung der Schlüsselwörter: domain-needed und bogus-priv verhindern, dass Dnsmasq lokale Hostnamen bzw. lokale IP-Adressen an den Nameserver Ihres Internet-Providers weitergibt. (Der Nameserver des ISP ist nur für Internetnamen/-adressen zuständig, nicht für lokale Namen/Adressen.)

interface gibt an, dass Dnsmasq in seiner Funktion als DHCP-Server nur auf Anfragen antworten soll, die von der Schnittstelle eth1 kommen, die bei der Beispieltopologie für das LAN zuständig ist.

dhcp-range gibt an, welchen Adressbereich der DHCP-Server zur Beantwortung von DHCP-Anfragen nutzen soll. Vergebene Adressen bleiben 24 Stunden lang gültig und müssen dann vom Client erneuert werden.

Nicht extra konfiguriert werden müssen die Nameserver- und Gateway-Adressen. Dnsmasq wertet selbstständig /etc/resolv.conf aus und greift auf den dort angegebenen Nameserver zurück. An DHCP-Clients wird als Nameserver- und Gateway-Adresse jeweils die lokale IP-Adresse übertragen.

Einsatz als lokaler Nameserver

In der obigen Minimalkonfiguration kann Dnsmasq lokale Adressen nur auflösen, wenn /etc/hosts entsprechende Informationen enthält. Dynamisch per DHCP zugewiesene Adressen kennt der Nameserver dagegen nicht. Damit Dnsmasq auch als Nameserver für die Clients im LAN funktioniert, fügen Sie die folgenden Zeilen zu dnsmasq.conf hinzu und weisen Dnsmasq an, die Konfigurationsdatei neu einzulesen. sol ist dabei der Domainname des Beispielnetzes.

```
# /etc/dnsmasq.conf  (Einsatz als Nameserver für lokale Adressen)
...
local=/sol/
domain=sol
expand-hosts
```

Das Schlüsselwort local gibt an, dass Adressanfragen aus dieser Domain direkt von Dnsmasq beantwortet werden sollen (nicht vom Nameserver des ISP).

domain gibt an, dass Dnsmasq den DHCP-Clients den angegebenen Domainnamen zuweisen soll. Dieser Name muss mit dem in local angegebenen Namen übereinstimmen.

expand-hosts bewirkt schließlich, dass bei Nameserver-Anfragen ohne Domain automatisch die in domain angegebene Domain hinzugefügt wird. Wenn Sie also ping uranus ausführen, liefert Dnsmasq die Adresse von uranus.sol zurück.

Dnsmasq kennt seine Clients – also die Rechner, die eine IP-Konfiguration via DHCP angefordert haben – nur dann namentlich, wenn diese im Rahmen der DHCP-Kommunikation ihren eigenen Hostnamen an Dnsmasq übermittelt haben. Das ist bei den meisten Distributionen bzw. LAN/WLAN-Konfigurationswerkzeugen standardmäßig der Fall, auch beim Network Manager. Aufpassen müssen Sie aber, wenn Sie client-seitig Fedora, Red Hat oder alte Debian- und Ubuntu-Versionen einsetzen. Entsprechende Konfigurationstipps finden Sie auf Seite 807 im Abschnitt *Client-Konfiguration*.

Statische Adressen und Hostnamen

Dnsmasq kann auch so konfiguriert werden, dass es die Hostnamen der Clients einstellt. Die statische Zuordnung des Hostnamens und der IP-Adresse erfolgt auf Basis der MAC-Adresse der Clients. Das ist vor allem für solche Geräte praktisch, bei denen sich nicht ohne Weiteres ein Hostname einstellen lässt – beispielsweise bei Netzwerkdruckern. Die Konfiguration erfolgt mit dem Schlüsselwort `dhcp-host`. Das folgende Listing zeigt den Eintrag für den Netzwerkdrucker `pluto`:

```
# /etc/dnsmasq.conf (statische Adresszuordnung)
...
dhcp-host=00:c0:ee:51:39:9f,pluto,192.168.0.254
```

Die mühsamste Aufgabe bei dieser Konfigurationsvariante ist es naturgemäß, die MAC-Adresse (*Media Access Control*) des Clients herauszufinden. Dabei handelt es sich um eine eindeutige ID-Nummer, mit der jeder Ethernet-Controller ausgestattet ist. Unter Linux zeigt `ifconfig` die MAC-Adresse an. Ansonsten verbinden Sie das Gerät einfach mit dem LAN und lassen Dnsmasq eine dynamische DHCP-Konfiguration durchführen. Das Programm protokolliert alle dynamisch zugewiesenen IP-Adressen samt Hostname und MAC-Adresse in der Datei `/var/lib/misc/dnsmasq.leases`. Sie können die MAC-Adresse also dieser Datei entnehmen.

Standardmäßig sind via DHCP zugewiesene IP-Adressen nur 24 Stunden lang gültig. Bei Netzwerkdruckern oder anderen Geräten mit automatischem Stand-by-Modus ist das oft zu kurz. Wenn ein Drucker mehr als 24 Stunden nicht genutzt wird, glaubt Dnsmasq, das Gerät sei ausgeschaltet, und »vergisst« es gewissermaßen. Um das zu verhindern, können Sie die Gültigkeit der Adresse durch eine zusätzliche Zeitangabe verlängern. `infinite` bewirkt, dass die Adresse nie verfällt.

```
# /etc/dnsmasq.conf (statische Adresszuordnung ohne Ablaufzeit)
...
dhcp-host=00:c0:ee:51:39:9f,pluto,192.168.0.254,infinite
```

`man dnsmaq` bzw. `/etc/dnsmasq.conf.orig` beschreibt eine Menge weiterer Syntaxvarianten für `dhcp-host`. Sie können damit beispielsweise eine Zuordnung zwischen dem Hostnamen und der IP-Adresse herstellen, bestimmte MAC-Adressen komplett blockieren etc.

DNS für den lokalen Rechner

Standardmäßig funktioniert Dnsmasq zwar für alle anderen Rechner im Netzwerk als Nameserver, nicht aber für den Gateway-Rechner selbst! Der Grund besteht darin, dass auf dem lokalen Rechner der in `/etc/resolv.conf` angegebene Nameserver verwendet wird. Diese Datei verweist in der Regel auf den Nameserver Ihres Internet-Providers oder Routers.

Falls auf dem Gateway weitere Server-Programme laufen sollen (ein Datei-Server, Kerberos etc.), ist es erforderlich, dass das Gateway die Clients namentlich kennt, also ebenfalls Dnsmasq als Nameserver verwendet. Damit das funktioniert, müssen Sie auf die folgenden Punkte achten:

» /etc/resolv.conf muss auf Dnsmasq (also auf localhost, Adresse 127.0.0.1) verweisen, nicht auf einen externen Nameserver. Vorsicht: Wenn Sie die Verbindung zum Internet dynamisch konfigurieren (LAN plus DHCP oder über ein Modem plus PPP), wird resolv.conf bei jedem Verbindungsaufbau überschrieben. Das müssen Sie verhindern: Konfigurieren Sie die Verbindung zum ADSL-Router statisch, bzw. verändern Sie die PPP-Konfiguration so, dass resolv.conf nicht angerührt wird.

» Dnsmasq kann nun nicht mehr resolv.conf auswerten, um die Adresse des externen Nameservers zu ermitteln. Deswegen müssen Sie dessen Adresse in dnsmasq.conf explizit mit dem Schlüsselwort server angeben.

Wie so oft macht ein Beispiel alles klarer. Nehmen wir an, der Gateway-Rechner mars mit der IP-Adresse 192.168.0.1 im LAN ist über die Ethernet-Schnittstelle eth0 mit einem ADSL-Router verbunden. Der Router hat die IP-Adresse 10.0.0.138. Damit mars mit dem ADSL-Router kommunizieren kann, wird die Schnittstelle eth0 statisch konfiguriert. (Auch wenn der ADSL-Router DHCP unterstützt, ist eine dynamische Konfiguration via DHCP nicht möglich, weil sonst resolv.conf bei jedem Rechnerstart mit den DHCP-Daten des ADSL-Routers überschrieben wird!)

```
# in /etc/network/interfaces
...
# statische Verbindung zum ADSL-Router bzw. in das Internet
auto eth0
iface eth0 inet  static
   address 10.0.0.1
   netmask 255.255.255.0
   gateway 10.0.0.138
...
```

Die Datei /etc/resolv.conf gibt den Namen der lokalen Domäne (sol) und die IP-Adresse des lokalen Nameservers an (also Dnsmasq):

```
# /etc/resolv.conf
search      sol
nameserver  192.168.0.1
```

Bleibt noch die Konfiguration von Dnsmasq: Dnsmasq kann die Adresse des externen Nameservers (für Internetzugriffe) nun nicht mehr als resolv.conf lesen. Vielmehr soll das Programm resolv.conf nun ignorieren (Option no-resolv) und als externen Nameserver die mit server angegebene Adresse kontaktieren:

```
# /etc/dnsmasq.conf
...
no-resolv
server=10.0.0.138
...
```

Falls Sie während dieser stückweisen Präsentation diverser Dnsmasq-Einstellungen den Überblick verloren haben, finden Sie hier die Zusammenfassung der endgültigen dnsmasq.conf-Datei: **Alles zusammen**

```
# /etc/dnsmasq.conf

# Schnittstelle zum LAN
interface=eth1

# lokale Hosts nicht dem Upstream-Nameserver melden
domain-needed
bogus-priv

# Domainname sol im LAN
local=/sol/
domain=sol
expand-hosts

# Dnsmasq auch für das Gateway (Upstream-Nameserver = 10.0.0.138)
server=10.0.0.138
no-resolv

# dynamische Adressen
dhcp-range=192.168.0.2,192.168.0.250,24h

# statische Adressen
dhcp-host=00:c0:ee:51:39:9f,pluto,192.168.0.254,infinite
```

Dnsmasq trägt automatisch alle dynamisch zugewiesenen IP-Adressen in die Datei /var/lib/misc/dnsmasq.leases oder /var/lib/dnsmasq/dnsmasq.leases ein. Statische Adressen werden dabei nicht berücksichtigt. Jeder Eintrag in dieser Datei enthält auch die MAC-Adresse und (soweit bekannt) den Hostnamen des Clients. Die Datei bietet somit eine gute Möglichkeit, um die MAC-Adresse neuer Clients herauszufinden. **Logging**

Wenn dnsmasq nicht wunschgemäß funktioniert, fügen Sie das Schlüsselwort log-queries in dnsmasq.conf ein. Das Programm protokolliert nun sämtliche Nameserver-Anfragen in /var/log/syslog oder /var/log/messages.

Client-Konfiguration

Die richtige Konfiguration eines Rechners, der seine IP-Konfiguration via DHCP beziehen soll, ist grundsätzlich ganz einfach. Jede Linux-Distribution und alle aktuellen Windows-Versionen bieten eine entsprechende Option im Netzwerkkonfigurationsdialog an – im Prinzip war's das schon! Auch der unter Linux immer öfter eingesetzte Network Manager erkennt die DHCP-Daten einer LAN- oder WLAN-Verbindung selbstständig.

Der einzig kritische Punkt ist der Umgang mit dem Hostnamen: Normalerweise soll der auf dem Client fix eingestellte Hostname zurück an den DHCP-Server gesendet werden. Die meisten DHCP-Client-Tools tun das standardmäßig. Zu den Ausnahmen zählen Fedora und Red Hat. Bei diesen

Distributionen wird ein statisch eingestellter Hostname *nicht* zurück an den DHCP-Server übertragen! Wenn Sie das möchten, müssen Sie den zu sendenden Namen extra einstellen. Dazu starten Sie das Programm `system-config-network`, öffnen mit BEARBEITEN den Eigenschaftsdialog der Netzwerkschnittstelle (üblicherweise eth0) und geben den Hostnamen bei den DHCP-Einstellungen an. Diese Einstellung ist auch erforderlich, wenn die Verbindung mit dem Network Manager hergestellt wird!

DHCP-Daten neu einlesen

Zum Ausprobieren des DHCP-Servers müssen Sie die Clients natürlich nicht jedes Mal neu starten. Ein Neustart der Netzwerkfunktionen reicht vollkommen aus. Wenn Sie den Network Manager verwenden, wählen Sie in dessen Menü einfach die betreffende Schnittstelle aus. Das Programm unterbricht dann die vorhandene Verbindung und stellt sie neu her.

Wenn Ihre Netzwerkkonfiguration ohne Network Manager erfolgt, fordern Sie mit den folgenden Kommandos die DHCP-Informationen neu an:

```
root# /etc/init.d/networking restart   (Debian)
root# service network restart          (Fedora, Red Hat, SUSE)
root# service networking restart       (Ubuntu)
```

Anschließend vergewissern Sie sich mit `ifconfig` sowie durch einen Blick in die Datei `/etc/resolv.conf`, ob alles funktioniert hat. Wenn Sie unter KDE oder Gnome arbeiten, müssen Sie sich nach der Veränderung des Hostnamens oder anderer grundlegender Netzwerkparameter aus- und wieder neu einloggen!

Selbst unter Windows ist ein Neueinlesen der DHCP-Daten ohne Neustart möglich. Öffnen Sie einfach ein Kommandofenster, und führen Sie das folgende Kommando aus:

```
> ipconfig /renew                      (Windows)
```

28.6 dhpcd (DHCP-Server)

dhcpd ist der klassische DHCP-Server. Er läuft auf nahezu jedem Linux-Server, der ein größeres Netzwerk mit Konfigurationsdaten versorgen soll. Das Programm bietet im Vergleich zu Dnsmasq wesentlich mehr Konfigurationsmöglichkeiten.

Voraussetzungen

In diesem Abschnitt gehe ich davon aus, dass dhcpd zumindest in der Version 3 installiert ist. Der Paketname variiert je nach Distribution, z. B. lautet er `dhcpd3-server` unter Debian und Ubuntu, `dhcp` unter Fedora und Red Hat bzw. `dhcp-server` unter SUSE. Dnsmasq darf hingegen nicht installiert sein, sonst kommen sich die beiden Programme in die Quere.

Ich setze weiters voraus, dass Sie die DHCP-Einführung gelesen haben (Seite 802) und dass `/etc/hosts` korrekt eingerichtet ist (Seite 803). Die Client-Konfiguration erfolgt so wie im Dnsmasq-Abschnitt beschrieben (Seite 807).

Weitere Informationen zur Konfiguration und den technischen Hintergründen des DHCP-Servers finden Sie in den `man`-Pages zu dhcpd, `dhcpd.conf` und `dhcp-options` sowie auf der folgenden Website:

http://www.isc.org/sw/dhcp/

Start/Stopp

Der DHCP-Server ist ein Dämon (Systemdienst). Die Kommandos für den (automatischen) Start variieren je nach Distribution und sind auf Seite 323 zusammengefasst. Der Name des Init-V-Scripts lautet bei Debian und Ubuntu dhcp3-server, bei Fedora, Red Hat und SUSE dhcpd. Beachten Sie, dass Änderungen an der Konfiguration nur durch einen Neustart des DHCP-Servers wirksam werden:

```
root# /etc/init.d/dhcpd restart           (Fedora, Red Hat, SUSE)
root# /etc/init.d/dhcp3-server restart    (Debian, Ubuntu)
```

Bei SUSE müssen Sie zusätzlich zu der unten angegebenen Konfiguration in /etc/sysconfig/dhcpd angeben, welche Schnittstelle der DHCP-Server bedienen soll (Variable DHCPD_INTERFACE).

Minimalkonfiguration

Sie konfigurieren dhcpd über die Datei dhcpd.conf, die sich je nach Distribution bzw. Version im Verzeichnis /etc/dhcp oder /etc/dhcp3 befindet. Die folgenden Zeilen zeigen eine Minimalkonfiguration, um IP-Adressen zwischen 192.168.0.2 und 192.168.0.239 dynamisch zu vergeben. (Der Server hat die IP-Adresse 192.168.0.1. Die Adressen ab 192.168.0.240 sind für eine spätere VPN-Konfiguration reserviert.)

```
# /etc/dhcp[3]/dhcpd.conf
# globale Optionen
authoritative;
default-lease-time 86400;  # ein Tag
max-lease-time     86400;  # ein Tag

# Eckdaten des lokalen Netzes
option broadcast-address    192.168.0.255;
option subnet-mask          255.255.255.0;
option routers                192.168.0.1;
option domain-name-servers    192.168.0.1;
option domain-name                  "sol";

# dynamischer Adressbereich
subnet 192.168.0.0  netmask 255.255.255.0 {
  range 192.168.0.2  192.168.0.239;
}
```

Einige Anmerkungen zu den eingesetzten Schlüsselwörtern: authoritative gibt an, dass dieser DHCP-Server der offizielle DHCP-Server im lokalen Netzwerk ist. default-lease-time und max-lease-time geben an, wie lange IP-Nummern gültig sind (einen Tag, also 86.400 Sekunden). Nach dieser Zeit müssen die Clients die Konfigurationsdaten neu anfordern. (Das geschieht automatisch.)

Die Optionen broadcast-address und subnet-mask beschreiben das Netzsegment, das der DHCP-Server mit Daten versorgt. routers gibt die Adresse des Rechners an, der innerhalb des lokalen Netzwerks als Router bzw. Gateway dienen soll. Im obigen Beispiel handelt es sich dabei um denselben Rechner, der auch als DHCP-Server eingesetzt wird.

domain-name-servers gibt eine Liste von DNS-Adressen an (maximal drei, getrennt durch Kommas). Wenn Sie einen lokalen DNS verwenden, geben Sie dessen Adresse an. Die Adressen werden ebenfalls an die Clients übertragen, sodass dort auf die DNS-Konfiguration verzichtet werden kann.

Die momentan gültige Nameserver-Adresse entnehmen Sie /etc/resolv.conf. Wenn Sie (wie im nächsten Abschnitt beschrieben) auch einen lokalen Nameserver einrichten, geben Sie mit domain-name-server die Adresse des lokalen Gateways ein. In diesem Beispiel wäre das 192.168.0.1.

Falls in Ihrem Netzwerk ein WINS-Server läuft, können Sie dessen Adresse mit der Option netbios-name-servers angeben. WINS ist das Gegenstück zu DNS für die Windows-Welt. Ein WINS-Server kann dank Samba auch von einem Linux-Rechner zur Verfügung gestellt werden.

Statische Adressen Wenn Ihr einziges Ziel darin bestand, alle Clients im lokalen Netz mit IP-Adressen zu versorgen, sind Sie schon fertig! Oft wollen Sie aber zumindest einigen Rechnern im lokalen Netz statische Adressen zuweisen. Die folgenden Zeilen geben hierfür ein Beispiel. Dem Netzwerkdrucker pluto mit der MAC-Adresse 00:c0:ee:51:39:9f wird die IP-Adresse 192.168.0.254 zugewiesen.

Wenn Sie möchten, dass der Hostname an die Clients übertragen wird, verwenden Sie die Option use-host-decl-names on. Die meisten Clients ignorieren diese Information in der Standardeinstellung allerdings. dhcpd gibt den Hostnamen bei entsprechender Konfiguration auch an den Nameserver weiter (siehe ab Seite 819).

```
# /etc/dhcp[3]/dhcpd.conf, Fortsetzung
...

# auch Hostname an die Clients senden
use-host-decl-names on;

# statische Adressen
host pluto {
  hardware ethernet 00:c0:ee:51:39:9f;
  fixed-address 192.168.0.254; }
...
```

Bei Druckern oder anderen Geräten, die selten ausgeschaltet werden, aber oft tagelang in einem Energiesparmodus verbringen, ist die standardmäßig nur eintägige Gültigkeitsdauer von IP-Adressen unzureichend. Mit den folgenden Einstellungen erreichen Sie, dass die IP-Adresse des Druckers nahezu unbegrenzt festgeschrieben wird:

```
# /etc/dhcp3/dhcpd.conf
default-lease-time 86400;       #    1 Tag
max-lease-time 864000000;       # 1000 Tage
...
# statische Adressen
host pluto {
  hardware ethernet 00:c0:ee:51:39:9f;
  fixed-address 192.168.0.254;
  default-lease-time 86400000;
}
...
```

Konfiguration für mehrere Teilnetze

Wenn Ihr Server mit mehreren Netzwerkkarten ausgestattet ist und daran mehrere Teilnetze angeschlossen sind, kann der DHCP-Server so konfiguriert werden, dass er Informationen für alle Teilnetze zur Verfügung stellt. Die Deklarationen für die Subnetze werden jeweils mit group in Gruppen zusammengefasst, um Optionen für jede Gruppe getrennt anzugeben. Die Zuordnung zu den richtigen Netzwerkschnittstellen stellt dhcpd anhand der IP-Adressen selbstständig her. Optionen können wahlweise am Beginn der Datei oder innerhalb geklammerter Gruppen angegeben werden. Dementsprechend gelten sie global oder nur innerhalb einer Gruppe.

Das folgende Beispiel geht davon aus, dass der DHCP-Server die beiden Netzwerke 192.168.0.* und 172.16.0.* verwalten soll – beispielsweise das erste Netzwerk für das gewöhnliche lokale Netzwerk und das zweite Netzwerk für WLAN. Der Server dient auch als Nameserver und Gateway. Abbildung 29.4 auf Seite 853 veranschaulicht diese Netzwerktopologie.

Beachten Sie, dass die IP-Adressen zur Einstellung der Optionen `routers` und `domain-name-servers` für die beiden Netzwerke unterschiedlich sind. Clients aus dem 192.168.0.*-Netzwerk verwenden das Gateway 192.168.0.1, während Clients aus dem 172.16.0.*-Netzwerk das Gateway 172.16.0.1 verwenden. Die beiden Adressen verweisen zwar auf den lokalen Server, aber auf unterschiedliche Netzwerkschnittstellen.

Falls Sie innerhalb des WLANs sichere VPN-Verbindungen verwenden möchten (siehe Seite 850), können Sie je nach VPN-Typ und -Konfiguration auf die Optionen `routers` und `domain-name-servers` verzichten. Dies gilt beispielsweise für PPTP-VPNs, bei denen diese Daten automatisch beim VPN-Verbindungsaufbau eingestellt werden.

```
# /etc/dhcp[3]/dhcpd.conf
# Konfiguration für zwei getrennte Netzwerke
# globale Optionen
...

# Netzwerk 1 (192.168.0.*)
group { # LAN
  option broadcast-address 192.168.0.255;
  option subnet-mask       255.255.255.0;
  option routers             192.168.0.1;
  option domain-name-servers 192.168.0.1;
  # dynamischer Adressbereich
  subnet 192.168.0.0 netmask 255.255.255.0 {
    range 192.168.0.2 192.168.0.239; }
  # statische Adressen
  host pluto { ... }
}
# Netzwerk 2 (172.16.0.*)
group { # WLAN
  option broadcast-address  172.16.0.255;
  option subnet-mask       255.255.255.0;
  option routers              172.16.0.1; # für PPTP-VPN entfernen!
  option domain-name-servers  172.16.0.1; # für PPTP-VPN entfernen!
```

```
  # dynamischer Adressbereich
  subnet 172.16.0.0 netmask 255.255.255.0 {
    range 172.16.0.2 172.16.0.254; }
}
```

Schnittstellen Bei den meisten Distributionen antwortet der DHCP-Server standardmäßig auf Anfragen von allen Netzwerkschnittstellen, sofern dhcpd.conf dazu passende Adressen definiert. Wenn Sie möchten, können Sie die Tätigkeit des DHCP-Servers aber auch explizit auf bestimmte Schnittstellen einschränken. Bei Debian und Ubuntu geben Sie die gewünschten Schnittstellen in der Variablen INTERFACES in /etc/default/dhcp3-server an:

```
# Datei /etc/default/dhcp3-server (Debian, Ubuntu)
...
INTERFACES="eth1 eth2"
```

Bei Fedora und Red Hat ändern Sie /etc/sysconfig/dhcpd:

```
# Datei /etc/sysconfig/dhcpd (Fedora, Red Hat)
DHCPDARGS="eth1 eth2"
```

Ein Sonderfall ist SUSE: Hier *müssen* Sie in /etc/sysconfig/dhcpd die Schnittstellen für den DHCP-Server angeben, andernfalls startet das Programm nicht. Die Einstellung ANY bewirkt, dass alle Schnittstellen bedient werden:

```
# Datei /etc/sysconfig/dhcpd (SUSE)
DHCPD_INTERFACE="eth1 eth2"
```

Logging dhcpd zeichnet alle dynamisch vergebenen Adressen in der Datei dhcpd.leases auf. In der Datei werden auch die MAC-Adressen der Clients aufgezeichnet. Die Datei bietet somit eine gute Möglichkeit, MAC-Adressen neuer Clients herauszufinden. Der Ort der Datei variiert je nach Distribution:

/var/lib/dhcp3/dhcpd.leases	(Debian, Ubuntu)
/var/lib/dhcp/dhcpd.leases	(Fedora)
/var/lib/dhcp/db/dhcpd.leases	(SUSE)

Sonstige Protokollmeldungen landen in /var/log/messages oder syslog.

Dynamic DNS Mit diversen ddns-Schlüsselwörtern können Sie den DHCP-Server so konfigurieren, dass das Programm die Namen und IP-Nummern neuer Clients im lokalen Netzwerk an einen Nameserver weiterleitet. Damit kennt der Nameserver automatisch alle Namen und Adressen der Rechner im lokalen Netz. Details zur Konfiguration beider Server (dhcpd und named) folgen ab Seite 819.

Client-Konfigration Aus Client-Sicht ist es egal, ob Sie dnsmasq oder dhcpd einsetzen. Tipps zur Client-Konfiguration finden Sie auf Seite 807.

28.7 bind (Nameserver)

Der unter Linux/Unix am häufigsten eingesetzte Nameserver ist das Programm named, das wiederum Teil des Pakets bind9 ist. BIND steht für *Berkeley Internet Name Domain*. Ich beschränke mich in diesem Abschnitt auf die Konfiguration als Nameserver-Cache und als Nameserver für das lokale (private) Netz. Weiterführende Informationen finden Sie im Internet:

http://www.isc.org/sw/bind/

Konfiguration als Nameserver-Cache

Bei den meisten Distributionen ist bind so vorkonfiguriert, dass das Programm ohne Änderungen als Nameserver-Cache für den lokalen Rechner verwendet werden kann. In dieser Konfiguration leitet das Programm alle Adressanfragen an sogenannte Root-Nameserver weiter und speichert das Ergebnis in einem Cache. Wiederholt sich die Anfrage, steht das Ergebnis sofort zur Verfügung. Um bind in dieser Spielart zu verwenden, müssen Sie also keine oder nur ganz wenige Einstellungen ändern! Nur bei einigen älteren Red-Hat-Versionen müssen Sie zusätzlich das Paket caching-nameserver installieren.

Obwohl also in der Regel kaum Konfigurationsarbeiten erforderlich sind, stelle ich Ihnen im Folgenden die relativ komplexen bind-Konfigurationsdateien zumindest überblicksmäßig vor. Damit lernen Sie die Syntax und die wichtigsten Schlüsselwörter kennen und bekommen eine ungefähre Vorstellung davon, wie bzw. warum bind funktioniert. Ich gehe in diesem Abschnitt von einer Installation unter Ubuntu aus. Fedora- und SUSE-spezifische Besonderheiten fasse ich am Ende des Abschnitts zusammen.

Konfigurationsdateien

bind wird nicht durch eine, sondern durch viele Konfigurationsdateien gesteuert. Ausgangspunkt ist die Datei named.conf, die sich je nach Distribution im Verzeichnis /etc oder /etc/bind/ befindet. Die Datei verweist auf diverse weitere Dateien, die sich zumeist im Verzeichnis /etc/bind befinden. Bei manchen Distributionen sind stattdessen die Verzeichnisse /var/named oder /var/lib/named üblich.

Kommentare

Zur Kennzeichnung von Kommentaren stehen drei Varianten zur Auswahl:

```
#  Kommentar bis zum Ende der Zeile
// Kommentar bis zum Ende der Zeile
/* mehrzeiliger
   Kommentar */
```

named.conf

Unter Ubuntu ist die Datei /etc/bind/named.conf der Ausgangspunkt der Konfiguration. Die Namen (Schlüsselwort file) und Verzeichnisse (Schlüsselwort directory) aller anderen Konfigurationsdateien variieren je nach Distribution.

```
# Datei /etc/bind/named.conf (Ubuntu)

# hier befinden sich globale Optionen
include "/etc/bind/named.conf.options";
```

```
# die individuelle Erweiterung der Konfiguration sollte hier erfolgen
include "/etc/bind/named.conf.local";

# Adressen der Root-Server, korrekte Behandlung von localhost etc.
include "/etc/bind/named.conf.default-zones";
```

named.conf.-options

/etc/bind/named.conf.options enthält diverse globale Optionen für den Nameserver. Mit dem Schlüsselwort forwarders können Sie die IP-Adresse des Nameservers Ihres Internet Service Providers angeben. named funktioniert zwar auch ohne diese Information, muss dann aber auf die Root-Nameserver zurückgreifen. Mit einem in der Nähe befindlichen Nameserver funktioniert die Namensauflösung effizienter.

query-source-address bestimmt den Port für die Kommunikation zwischen bind und anderen Nameservern. Aktuelle bind-Versionen verwenden standardmäßig zufällige, unprivilegierte Ports (Port-Nummer 1024 bis 65535). Falls diese Ports durch eine Firewall blockiert sind, muss die query-source-Anweisung eingefügt werden. bind verwendet dann den Port 53, wie dies auch bei älteren bind-Versionen der Fall war.

```
# Datei /etc/bind/named.conf.options

options {
        # Verzeichnis für die Cache-Dateien
        directory "/var/cache/bind";

        # lokalen Nameserver bzw. Nameserver des ISP hier eintragen
        forwarders { 10.0.0.138; };

        # auskommentieren, um den Port 53 für die Kommunikation zu verwenden
        # query-source address * port 53;

        # Standard RFC1035 einhalten
        auth-nxdomain no;
        listen-on-v6 { any; };
};
```

named.conf.local

/etc/bind/named.conf.local ist der ideale Ort, um die Nameserver-Konfiguration individuell zu erweitern.

named.conf.default-zones

Die Datei /etc/bind/named.conf.default-zones enthält die Adressen der Root-Server (zone ".") sowie Einstellungen zur korrekten Behandlung von localhost, zur inversen Auflösung von Adressen für das Loopback-Interface (127.0.0.1) sowie für die Broadcast-Zonen.

```
# Datei /etc/bind/named.conf.default-zones
zone "." {
        type hint;
        file "/etc/bind/db.root"; };
zone "localhost" {
        type master;
```

```
        file "/etc/bind/db.local";  };
zone "127.in-addr.arpa" {
        type master;
        file "/etc/bind/db.127";    };
zone "0.in-addr.arpa" {
        type master;
        file "/etc/bind/db.0";      };
zone "255.in-addr.arpa" {
        type master;
        file "/etc/bind/db.255";    };
```

db.root

db.root enthält die IP-Nummern von mehreren zentralen DNS-Servern, die von bind zur Namensauflösung kontaktiert werden. Diese IP-Nummern sind auch im bind-Kompilat enthalten. bind funktioniert daher auch ohne db.root-Datei. Die Verwendung dieser Datei ist dennoch zu empfehlen, weil sich die IP-Adressen der zentralen DNS-Server ändern können. Wie db.root erzeugt bzw. aktualisiert wird, ist auf Seite 825 beschrieben. Die folgenden Zeilen zeigen einen Ausschnitt aus dieser Datei:

```
; Datei /etc/bind/db.root
...
A.ROOT-SERVERS.NET.    3600000    A     198.41.0.4
A.ROOT-SERVERS.NET.    3600000    AAAA  2001:503:BA3E::2:30
B.ROOT-SERVERS.NET.    3600000    A     192.228.79.201
C.ROOT-SERVERS.NET.    3600000    A     192.33.4.12
...
```

db.*-Dateien

Die Dateien db.local, db.0, db.1 und db.127 beschreiben in einer kryptischen Syntax, wie sich der Nameserver bei der Auflösung von Internet- und localhost-Adressen verhalten soll. Die folgenden Zeilen zeigen ein Beispiel für db.local:

```
; Datei /etc/bind/db.local
; Konfiguration für die Loopback-Schnittstelle
$TTL    604800
@       IN      SOA     localhost. root.localhost. (
                              1         ; Serial
                         604800         ; Refresh
                          86400         ; Retry
                        2419200         ; Expire
                         604800 )       ; Negative Cache TTL
;
@       IN      NS      localhost.
@       IN      A       127.0.0.1
@       IN      AAAA    ::1
```

Fedora, Red Hat

Bei Fedora und Red Hat lautet die zentrale Konfigurationsdatei /etc/named.conf. Die Datei /etc/named.rfc1912.zones enthält alle erforderlichen Einstellungen, damit named als Caching Nameserver funktioniert. Alle weiteren Konfigurationsdateien befinden sich im Verzeichnis /var/named. Die Liste der Root-DNS befindet sich in /var/named/named.ca.

Ein entscheidender Punkt der Grundkonfiguration besteht darin, dass Nameserver-Anfragen nur von localhost akzeptiert werden! Damit named auch auf Anfragen anderer Rechner im LAN reagiert, müssen Sie zwei Änderungen durchführen: Zum einen fügen Sie bei listen-on die IP-Adresse des Servers innerhalb des LANs hinzu (hier 192.168.0.1), zum anderen fügen Sie bei allow-query den Adressbereich des LANs (hier 192.168.0.0/24) hinzu.

```
# Datei /etc/named.conf (Fedora)
options {
        listen-on port 53 { 127.0.0.1; 192.168.0.1; };    # hier anpassen!
        listen-on-v6 port 53 { ::1; };
        directory       "/var/named";
        dump-file       "/var/named/data/cache_dump.db";
        statistics-file "/var/named/data/named_stats.txt";
        memstatistics-file "/var/named/data/named_mem_stats.txt";
        allow-query     { localhost; 192.168.0.1/24; };  # hier anpassen!
        recursion yes;
        dnssec-enable yes;
        dnssec-validation yes;
        dnssec-lookaside . trust-anchor dlv.isc.org.;
};
logging {
        channel default_debug {
                file "data/named.run";
                severity dynamic;
        };
};
zone "." IN {
        type hint;
        file "named.ca";
};
include "/etc/named.rfc1912.zones";
```

SELinux wacht über den Nameserver und stellt sicher, dass das Programm nicht auf Dateien außerhalb von /var/named zugreift. Das ist nach Meinung der Red-Hat-Entwickler sicherer als die Verwendung einer chroot-Umgebung. Nur wenn Sie SELinux deaktivieren, empfiehlt sich die Installation des Zusatzpakets bind-chroot.

SUSE Bei SUSE läuft named standardmäßig in einer chroot-Umgebung im Verzeichnis /var/lib/named. Alle Dateiverweise in den Konfigurationdateien gelten relativ zum chroot-Verzeichnis!

Zur Konfiguration sieht SUSE die Dateien /etc/named.conf und /etc/named.conf.include vor. Für eigene Konfigurations- oder Schlüsseldateien ist das Verzeichnis /etc/named.d gedacht. Allerdings müssen Sie alle dort befindlichen Dateien explizit in der Variablen NAMED_CONF_INCLUDE_FILES in /etc/sysconfig/named aufzählen. Alle named-Konfigurationsdateien aus dem /etc-Verzeichnis werden beim Start des Nameservers in das Verzeichnis /var/lib/named kopiert, von wo named sie liest. Die Liste mit den Root-DNS befindet sich in /var/log/named/root.hint.

```
# Datei /etc/named.conf (SUSE)
options {
        directory "/var/lib/named";
        dump-file "/var/log/named_dump.db";
        statistics-file "/var/log/named.stats";
        listen-on-v6 { any; };
        notify no;
        disable-empty-zone
          "1.0.0.0.0.0.0.0.0.0.0.0.0.0.0.0.0.0.0.0.0.0.0.0.0.0.0.0.0.0.0.0.IP6.ARPA";
};
zone "." in {
        type hint;
        file "root.hint";
};
zone "localhost" in {
        type master;
        file "localhost.zone";
};
zone "0.0.127.in-addr.arpa" in {
        type master;
        file "127.0.0.zone";
};
zone "0.0.0.0.0.0.0.0.0.0.0.0.0.0.0.0.0.0.0.0.0.0.0.0.0.0.0.0.0.0.0.0.ip6.arpa" IN {
    type master;
    file "127.0.0.zone";
};
include "/etc/named.conf.include";
```

Inbetriebnahme und Test

Bevor Sie named erstmalig starten, müssen Sie noch auf die richtige Konfiguration der Datei /etc/resolv.conf achten. Sie gibt für alle Netzwerkdienste auf dem Rechner an, welche Nameserver sie nutzen sollen. Normalerweise enthält die Datei die IP-Adresse des Nameservers Ihres Internet-Providers oder Ihres ADSL-Routers. Damit das Gateway stattdessen den gerade eingerichteten eigenen Nameserver nutzt, muss das Schlüsselwort nameserver in /etc/resolv auf die Adresse 127.0.0.1 verweisen. Die restlichen Einstellungen bleiben so, wie sie sind. resolv.conf

```
# /etc/resolv.conf
search sol
nameserver 127.0.0.1
```

Wenn das Gateway seinen Internetzugang über einen Router mit eigenem DHCP-Server oder per PPP bezieht, wird /etc/resolv.conf bei jedem Verbindungsaufbau automatisch aktualisiert. Als Nameserver wird dabei der Nameserver des Routers oder der des Internet-Providers eingetragen. Damit wird jede manuelle Veränderung von /etc/resolv.conf beim nächsten Verbindungsaufbau überschrieben, und der gerade eingerichtete Nameserver bleibt für den Gateway-Rechner wirkungslos.

Im Fall des Internetzugangs via Router (DHCP) schafft eine statische Netzwerkkonfiguration Abhilfe. Bei manchen Distributionen bietet das Netzwerkkonfigurationsprogramm auch die Möglichkeit, DHCP zu nutzen, die Nameserver-Konfiguration aber dennoch manuell durchzuführen. Bei PPP entfernen Sie die Option usepeerdns aus /etc/ppp/options bzw. /etc/ppp/peers/*verbindungsname*. Unter SUSE können Sie stattdessen auch die Variable NETCONFIG_DNS_POLICY in /etc/sysconfig/network/config mit einer leeren Zeichenkette einstellen, damit alle SUSE-Scripts von eigenmächtigen Veränderungen dieser Datei absehen.

Start/Stopp Die Kommandos für den (automatischen) Start des Nameserver-Dämons variieren je nach Distribution und sind auf Seite 323 zusammengefasst. Der Name des Init-V-Scripts lautet bei Debian und Ubuntu bind9, bei Fedora, Red Hat und SUSE named. Änderungen an der Konfiguration werden nur wirksam, wenn Sie den Nameserver dazu auffordern, die Konfigurationsdateien neu einzulesen:

```
root#  /etc/init.d/bind9 reload      (Debian)
root#  service named reload          (Fedora, Red Hat, SUSE)
root#  service bind9 reload          (Ubuntu)
```

Logging Soweit es in der Konfiguration Ihrer Distribution nicht vorgesehen ist, sollten Sie für die ersten Tests das Logging aktivieren. Dazu erweitern Sie eine der Konfigurationsdateien – bei Ubuntu bietet sich named.conf.local an – um die folgenden Zeilen:

```
logging {
    channel "named_log" {
        file "/var/log/named/named.log" versions 10 size 500k;
        severity dynamic;
        print-category yes;
        print-severity yes;
        print-time yes;
    };

    channel "query_log" {
        file "/var/log/named/named-query.log" versions 10 size 500k;
        severity debug;
        print-severity yes;
        print-time yes;
    };

    category default { named_log; };
    category queries { query_log; };
};
```

Mit den folgenden Kommandos erzeugen Sie vorerst leere Logging-Dateien und stellen sicher, dass named die Dateien verändern darf:

```
root#  mkdir /var/log/named
root#  touch /var/log/named/named.log
root#  touch /var/log/named/named-query.log
root#  chown -R bind:bind /var/log/named      (Debian, Ubuntu)
root#  chown -R named:named /var/log/named    (Fedora, Red Hat)
```

Bei Fedora und Red Hat verwendet named die Account- und Gruppennamen named (nicht bind). Außerdem ist es bei dieser Distribution üblich, dass named nur innerhalb des Verzeichnisses /var/named/ schreiben darf. Deswegen sollten selbst Logging-Dateien dort platziert werden. Standardmäßig kommt hierfür /var/named/data/named.run zum Einsatz.

Analog darf named bei SUSE keine Dateien außerhalb von /var/lib/named verändern. Als Ort für Loggingdateien ist /var/lib/named/var/log vorgesehen.

Nameserver testen

Testen Sie mit einem ping-Kommando, ob die Namensauflösung von Internetadressen funktioniert. Noch besser können Sie die Funktion des Nameservers mit host überprüfen. Die folgenden Zeilen zeigen, wie die IP-Adressen von Yahoo ermittelt werden und wie Sie umgekehrt feststellen, welcher Rechner sich hinter einer bestimmten IP-Adresse verbirgt:

```
root#  host yahoo.com
host yahoo.com
yahoo.com has address 69.147.114.224
yahoo.com has address 209.131.36.159
yahoo.com has address 209.191.93.53
yahoo.com mail is handled by 1 d.mx.mail.yahoo.com.
yahoo.com mail is handled by 1 e.mx.mail.yahoo.com.
...
root#  host 69.147.114.224
224.114.147.69.in-addr.arpa domain name pointer b1.www.vip.re3.yahoo.com.
```

DHCP-Konfiguration

Falls Sie einen DHCP-Server verwenden und mit diesem DNS-Adressen weitergeben, müssen Sie die entsprechende Zeile in dhcpd.conf ändern. In Zukunft sollen die Clients ja nicht mehr den DNS Ihres Internet-Providers, sondern den lokalen Nameserver kontaktieren (der dann seinerseits die Verbindung zu externen DNS herstellt, falls die Adresse sich nicht schon im Cache befindet). Tragen Sie in dhcpd.conf also die IP-Adresse des Rechners ein, auf dem Sie gerade den DNS installiert haben (im Beispiel dieses Buchs also 192.168.0.1).

Außerdem sollten Sie in dhcpd.conf den Domainnamen des lokalen Netzwerks angeben (im Beispiel dieses Buchs: sol). Das führt dazu, dass bei den DHCP-Clients in /etc/resolv.conf die Zeile search sol eingetragen wird.

```
# Ergänzung am Beginn von /etc/dhcpd.conf
option domain-name-servers 192.168.0.1;
option domain-name "sol";
```

Client-Konfiguration

Aus der Sicht des Clients ändert sich durch das Einrichten eines eigenen DNS im lokalen Netz nicht viel: Der Client kontaktiert nun eben den lokalen Nameserver statt eines externen.

Auflösung lokaler Rechnernamen (dynamische Konfiguration)

Die DNS-Konfiguration soll nun so erweitert werden, dass der Nameserver auch die Rechner des lokalen Netzwerks kennt. Dazu wird der DHCP-Server so konfiguriert, dass er Informationen über zugeteilte Namen und Adressen an den Nameserver weitergibt. Die Informationen über die Adressen sind nur innerhalb des lokalen Netzes von Interesse und sollen nicht nach außen dringen.

Oft ist die Aufgabe eines DNS gerade umgekehrt: Wenn die Rechner in Ihrem Netz international gültige IP-Adressen haben, dann soll diese Information natürlich auch in der ganzen Welt bekannt sein. Falls sich nicht Ihr Provider darum kümmert, müssen Sie selbst den DNS entsprechend konfigurieren. In den meisten DNS-Büchern bzw. -Dokumenten wird das als Normalfall dargestellt. Da das Ziel dieses Kapitels aber gerade die Verwaltung kleiner lokaler Netze ist, wird dieser Fall hier nicht beschrieben.

Für das Beispiel in diesem Abschnitt befindet sich das lokale Netz `sol` im Adressraum 192.168.0.*. Der DNS läuft auf `mars.sol` mit der Adresse 192.168.0.1. Für die Erweiterung sind zwei neue Zonendateien erforderlich: `db.sol` für die Auflösung lokaler *.sol-Adressen in IP-Nummern (z. B. `merkur.sol` → 192.168.0.15) sowie `db.192.168.0` für die inverse Auflösung lokaler IP-Nummern in Rechnernamen (z. B. 192.168.0.15 → `merkur.sol`).

Alle Datei-, Verzeichnis-, Account- und Gruppennamen beziehen sich im Folgenden auf Ubuntu. Tipps zur Konfigration mit Fedora und SUSE folgen am Ende des Abschnitts.

Schlüssel einrichten

Der Datenaustausch zwischen dem DHCP- und dem Nameserver wird durch einen gemeinsamen Schlüssel abgesichert. Die folgenden Schritte zeigen, wie Sie die Schlüsseldatei einrichten. Zuerst erzeugen Sie mit dnssec-keygen eine Schlüsseldatei:

```
root# dnssec-keygen -a HMAC-MD5 -b 128  -r /dev/urandom -n USER DHCP_UPDATER
```

dnssec-keygen erzeugt im aktuellen Verzeichnis zwei Dateien, deren Namen mit Kdhcp beginnen. Entscheidend ist die `*.private`-Datei, die wie folgt aussehen kann:

```
root# cat Kdhcp*.private
Private-key-format: v1.3
Algorithm: 157 (HMAC_MD5)
Key: 8D9AcWw2G+sIAV42cgMPwg==
Bits: AAA=
```

Die Key-Zeichenkette übertragen Sie nun in die neue Datei `ddns.key`. Ein Muster dieser Datei können Sie aus `man dhcpd.conf` kopieren.

```
# Datei ddns.key
key DHCP_UPDATER {
        algorithm HMAC-MD5.SIG-ALG.REG.INT;
        secret "8D9AcWw2G+sIAV42cgMPwg==";
};
```

Diese Datei kopieren Sie in die Verzeichnisse `/etc/bind` und `/etc/dhcp3` und stellen die Zugriffsrechte wie folgt ein:

```
root# cp ddns.key /etc/bind/
root# cp ddns.key /etc/dhcp3/
root# chown root:bind /etc/bind/ddns.key
root# chown root:dhcpd /etc/dhcp3/ddns.key
root# chmod 640 /etc/bind/ddns.key
root# chmod 640 /etc/dhcp3/ddns.key
```

```
root# ls -l /etc/*/ddns.key
-rw-r----- 1 root bind  ... /etc/bind/ddns.key
-rw-r----- 1 root dhcpd ... /etc/dhcp3/ddns.key
```

dhcpd-Konfiguration

Das folgende Listing fasst zusammen, wie /etc/dhcp3/dhcpd.conf für die dynamische Konfiguration erweitert werden muss. Wenn dhcpd.conf mehrere Gruppen enthält, führen Sie die Ergänzungen außerhalb dieser Gruppen aus.

```
# Ergänzungen in /etc/dhcpd3/dhcpd.conf
...
include                "/etc/dhcp3/ddns.key";
ddns-updates           on;
ddns-update-style      interim;
ddns-domainname        "sol.";
update-static-leases   on;

zone sol. {
  primary 127.0.0.1;
  key "DHCP_UPDATER";  }
zone 0.168.192.in-addr.arpa. {
  primary 127.0.0.1;
  key "DHCP_UPDATER";  }
```

Dazu einige Erklärungen: include liest die oben erzeugte Schlüsseldatei. ddns-updates aktiviert die dynamischen Nameserver-Updates. ddns-update-style beschreibt das Verfahren, wie die Updates durchgeführt werden sollen. Hierfür gibt es momentan noch keinen Standard – daher die Bezeichnung interim. (Details zu dem Verfahren finden Sie in man dhcpd.conf.)

ddns-domainname gibt den Domainnamen des lokalen Netzes an, der in allen Beispielen dieses Buchs sol lautet. update-static-leases fordert den DHCP-Server dazu auf, auch Informationen über statisch konfigurierte Hosts an den Nameserver weiterzuleiten. (Normalerweise gibt der DHCP-Server nur dynamisch vergebene Namen bzw. Adressen weiter. Statisch konfigurierte Geräte – beispielsweise Drucker – würden dann durch den Rost fallen.)

Die beiden zone-Definitionen geben schließlich an, welche Zonen des Nameservers aktualisiert werden sollen. Dabei gibt primary die IP-Adresse des Nameservers an, key den einzusetzenden Schlüssel. (Die Definition des Schlüssels befindet sich in ddns.key.)

bind-Konfiguration

DHCP-seitig ist die Konfiguration nun bereits abgeschlossen. Etwas mehr Arbeit bereitet named. Als Erstes erweitern Sie die Konfigurationsdatei named.conf.local um zwei neue Zoneneinträge. Dabei handelt es sich um sogenannte Master-Zonen. named kann also nicht auf externe Quellen zur Auflösung der Namen zurückgreifen, sondern ist selbst für die Auflösung verantwortlich. notify no verhindert, dass named Informationen über das lokale Netz an externe DNS weitergibt.

Beachten Sie, dass die Adressangabe im Zonennamen in umgekehrter Reihenfolge erfolgt. Aus 192.168.0.* wird 0.168.192. Die Ergänzung mit .in-addr.arpa ist durch die Syntax von named.conf vorgeschrieben.

Die Dateinamen der Zonendateien (hier db.sol und db.192.168.0) können Sie beliebig wählen. Die Namen sollten aber natürlich Aufschluss darüber geben, welche Netzbereiche damit konfiguriert werden.

```
# Änderungen in /etc/bind/named.conf.local
include "/etc/bind/ddns.key";

# diese Zonen durch den DHCP-Server aktualisieren
zone "sol" {
        type master;
        notify no;
        file "/var/cache/bind/db.sol";
        allow-update { key "DHCP_UPDATER"; };
};
zone "0.168.192.in-addr.arpa" {
        type master;
        notify no;
        file "/var/cache/bind/db.192.168.0";
        allow-update { key "DHCP_UPDATER"; };
};
```

db.sol Der Aufbau der Zonendateien entspricht einem vorgegebenen Muster (siehe db.empty), wobei Sie normalerweise nur wenige Zeilen anpassen müssen. In /etc/bind/db.sol geben Sie in der zweiten Zeile sol. und root.sol. an, wobei Sie sol natürlich durch den Namen Ihrer eigenen Domain ersetzen. In der NS-Zeile geben Sie den Namen des lokalen Nameservers an (mit einem Punkt am Ende!), in der Zeile darunter dessen IP-Nummer. Bei einer statischen Konfiguration könnten Sie anschließend weitere Rechnernamen sowie deren IP-Nummern angeben. Das ist hier aber nicht erforderlich. Im folgenden Listing sind alle Änderungen, die Sie gegenüber dem Muster durchführen müssen, fett hervorgehoben:

```
; neue Zonendatei /etc/bind/db.sol
$TTL 86400
@          IN   SOA      sol. root.sol. (
                              1          ; Serial
                         604800          ; Refresh (7 Tage)
                          86400          ; Retry (1 Tag)
                        2419200          ; Expire (28 Tage)
                          86400 )        ; Negative Cache TTL (1 Tag)
           IN   NS       mars.sol.
mars       IN   A        192.168.0.1
```

db.192.168.0 Die ersten Zeilen der Datei /etc/bind/db.192.168.0 sehen aus wie bei db.sol. Die folgende Liste ist aber gerade umgekehrt, d. h., es wird die Zuordnung zwischen den Endungen der IP-Adressen und den Namen hergestellt. Da sich die Datei auf die Zone 192.168.0.* bezieht, muss von der IP-Adresse nur noch die jeweils letzte Zahl angegeben werden.

```
; neue Zonendatei /etc/bind/db.192.168.0
$TTL    86400
@       IN      SOA     sol. root.sol. (
                             1         ; Serial
                        604800         ; Refresh
                         86400         ; Retry
                       2419200         ; Expire
                         86400 )       ; Negative Cache TTL
@       IN      NS      mars.sol.
1       IN      PTR     mars.sol.
```

Vielleicht ist Ihnen aufgefallen, dass named.conf.local auf Zonendateien im Verzeichnis /var/cache/bind verweist und nicht wie sonst üblich auf das Verzeichnis /etc/bind. Der Grund: named protokolliert die durch den DHCP-Server angegebenen Änderungen in *.jnl-Journaldateien. Beim Herunterfahren des Nameservers werden die Änderungen bleibend in den *.db-Dateien gespeichert, sodass der zuletzt gültige Zustand beim nächsten Neustart wieder zur Verfügung steht. Damit das alles funktioniert, muss der Nameserver Schreibrechte für die *.jnl-Dateien haben – und die sind nur im /var/cache/bind-Verzeichnis gegeben. Deswegen sind nun noch zwei symbolische Links erforderlich, die auf die Zonendateien in /etc/bind verweisen:

```
root# cd /var/cache/bind/
root# ln -s /etc/bind/db.sol .
root# ln -s /etc/bind/db.192.168.0 .
```

Fedora, Red Hat

Bei Fedora und Red Hat kopieren Sie ddns.key in die folgenden Verzeichnisse:

```
root# cp ddns.key /var/named/
root# chown named:root /var/named/ddns.key
root# chmod 640 /var/named/ddns.key
root# cp ddns.key /etc/dhcp/
root# chmod 600 /etc/dhcp/ddns.key
```

In der DHCP-Konfigurationsdatei geben Sie die Schlüsseldatei so an:

```
# in /etc/dhcp/dhcpd.conf
include                 "/etc/dhcp/ddns.key";
```

Bei Fedora und Red Hat brauchen Sie für die Zonendateien db.sol und db.192.168.0 keine symbolischen Links, sondern speichern sie im dafür vorgesehenen Verzeichnis /var/named/dynamic. Die erforderlichen Ergänzungen in named.conf sehen dann so aus:

```
# in /etc/named.conf
include "/var/named/ddns.key";
zone "sol" {
        type master;
        notify no;
        file "/var/named/dynamic/db.sol";
        allow-update { key "DHCP_UPDATER"; };
};
```

```
zone "0.168.192.in-addr.arpa" {
        type master;
        notify no;
        file "/var/named/dynamic/db.192.168.0";
        allow-update { key "DHCP_UPDATER"; };
};
```

SUSE Bei SUSE laufen sowohl der DHCP-Server als auch der Nameserver in chroot-Umgebungen. Deswegen kopieren Sie ddns.key in die folgenden Verzeichnisse:

```
root#  cp ddns.key /var/lib/dhcp
root#  cp ddns.key /etc/named.d/
root#  chown dhcpd:root /var/lib/dhcp/ddns.key
root#  chown named:root /etc/named.d/ddns.key
root#  chmod 640 /var/lib/dhcp/ddns.key
root#  chmod 640 /etc/named.d/ddns.key
```

Die DHCP-Konfigurationsdatei verweist ohne Verzeichnisangaben direkt auf ddns.key:

```
# in /etc/dhcpd.conf
include                 "ddns.key";
```

Die Zonendateien db.sol und db.192.168.0 legen Sie im Verzeichnis /var/lib/named/dyn an. Links sind nicht erforderlich. named.conf erweitern Sie um die folgenden Zeilen:

```
# am Ende von /etc/named.conf
include "/etc/named.d/ddns.key";
zone "sol" {
        type master;
        notify no;
        file "dyn/db.sol";
        allow-update { key "DHCP_UPDATER"; };
};
zone "0.168.192.in-addr.arpa" {
        type master;
        notify no;
        file "dyn/db.192.168.0";
        allow-update { key "DHCP_UPDATER"; };
};
```

Damit die Datei /etc/named.d/ddns.key beim Start des Nameservers in das Verzeichnis /var/lib/named/etc/named.d kopiert wird, müssen Sie den Dateinamen in der Variablen NAMED_CONF_-INCLUDE_FILES in der Datei /etc/sysconfig/named angeben:

```
# in /etc/sysconfig/named
...
NAMED_CONF_INCLUDE_FILES="ddns.key"
```

Um die Zonendateien vorweg zu testen, führen Sie named-checkzone aus. (Vorher müssen Sie mit cd in das Verzeichnis wechseln, in dem sich diese Dateien befinden.)

Konfiguration testen

```
root# named-checkzone db.sol db.192.168.0
zone db.sol/IN: loaded serial 1
OK
```

Die Syntax der restlichen Konfigurationsdateien können Sie mit named-checkconf überprüfen. Wenn Sie an das Kommando keine Parameter übergeben, wird /etc/named.conf im Hinblick auf Syntaxfehler kontrolliert.

Damit die geänderte Konfiguration wirksam wird, müssen Sie den DHCP-Server und den Nameserver neu starten:

Konfiguration aktivieren

```
root# /etc/init.d/dhcp3-server restart   (Debian)
root# /etc/init.d/bind9 restart
root# service dhcpd restart              (Fedora, SUSE)
root# service named restart
root# service dhcp3-server restart       (Ubuntu)
root# service bind9 restart
```

Wartungsarbeiten

Der Grund, warum named fast ohne Konfigurationsaufwand auf Anhieb als Caching Nameserver funktioniert, ist die Root-Server-Datei, die je nach Distribution den Namen db.root, named.ca oder root.hint hat. Sie enthält eine Liste zentraler DNS (sogenannte Root Server), die über die ganze Welt verteilt sind. Es besteht zwar die Möglichkeit, dass einzelne Einträge dieser Datei nach der Installation nicht mehr aktuell sind, aber zumindest ein Teil der Adressen sollte noch stimmen.

Es ist allerdings erforderlich, diese Datei hin und wieder zu aktualisieren. Dazu führen Sie das folgende Kommando aus. Damit wird vom Root Server A die zurzeit aktuelle DNS-Root-Server-Liste abgefragt. (Falls dieser Server gerade nicht erreichbar ist, ersetzen Sie A durch B, C etc.)

```
root# dig @A.ROOT-SERVERS.NET
; <<>> DiG 9.4.2-P2 <<>> @A.ROOT-SERVERS.NET
...
;; QUESTION SECTION:
;.                            IN     NS
;; ANSWER SECTION:
.                    518400   IN     NS     A.ROOT-SERVERS.NET.
.                    518400   IN     NS     K.ROOT-SERVERS.NET.
.                    518400   IN     NS     H.ROOT-SERVERS.NET.
...
;; ADDITIONAL SECTION:
A.ROOT-SERVERS.NET.  3600000  IN     A      198.41.0.4
A.ROOT-SERVERS.NET.  3600000  IN     AAAA   2001:503:ba3e::2:30
B.ROOT-SERVERS.NET.  3600000  IN     A      192.228.79.201
...
```

Wenn das funktioniert, leiten Sie die Ausgabe von dig einfach in /etc/bind/db.root um. (Erstellen Sie zur Sicherheit vorher eine Sicherheitskopie.)

```
root# cd /etc/bind
root# cp db.root db.root.bak
root# dig @A.ROOT-SERVERS.NET > db.root
```

28.8 WLAN-Integration in das Netzwerk

Grundsätzlich ist es ein Kinderspiel, ein herkömmliches Netzwerk durch ein WLAN zu erweitern. Die einfachste Lösung besteht darin, einen ADSL-WLAN-Router zu verwenden. Auch wenn Sie – wie auf den vorigen Seiten beschrieben – ein eigenes Internet-Gateway konfiguriert haben, können Sie an dessen Switch einfach einen WLAN-Access-Point anschließen (siehe Abbildung 28.2) oder statt eines reinen LAN-Switchs einen WLAN-Router verwenden. An der Konfiguration Ihres Gateways müssen Sie nichts ändern. Einzig die WLAN-Verschlüsselung muss eingestellt werden. Am sichersten ist zurzeit WPA2 mit einem möglichst langen Passwort.

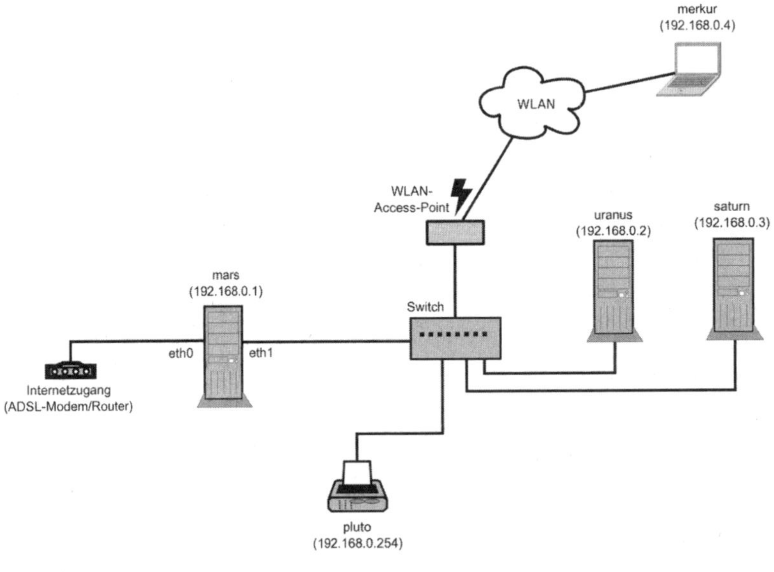

Abbildung 28.2: **WLAN-Verbindung über den Netzwerk-Switch**

Leider gibt es zwei Sicherheitsargumente, die gegen diese Lösung sprechen:

» Alle Netzwerkteilnehmer (im LAN und im WLAN) nutzen dasselbe Subnetz, z. B. 192.168.0.*. Es ist unmöglich, einzelne lokale Netzwerkdienste (etwa Verzeichnisdienste mit NFS oder Samba) nur im sicheren LAN, nicht aber im weniger sicheren WLAN anzubieten.

» Die Sicherheit des gesamten Netzwerks ist durch die Sicherheit des WLAN-Zweigs limitiert. Bei der WLAN-Verschlüsselung gilt zudem das Prinzip des kleinsten Nenners: Sie können die zurzeit als sicher geltende Verschlüsselung WPA2 nur dann einsetzen, wenn *alle* Clients WPA2-kompatibel sind.

Eigenes WLAN-Subnetz mit VPN

Anstatt den WLAN-Access-Point mit dem Switch des lokalen Netzwerks zu verbinden, können Sie ihn auch direkt mit Ihrem Gateway-Rechner verbinden (siehe Abbildung 28.3). Dazu brauchen Sie eine dritte Netzwerkkarte im Gateway-Rechner.

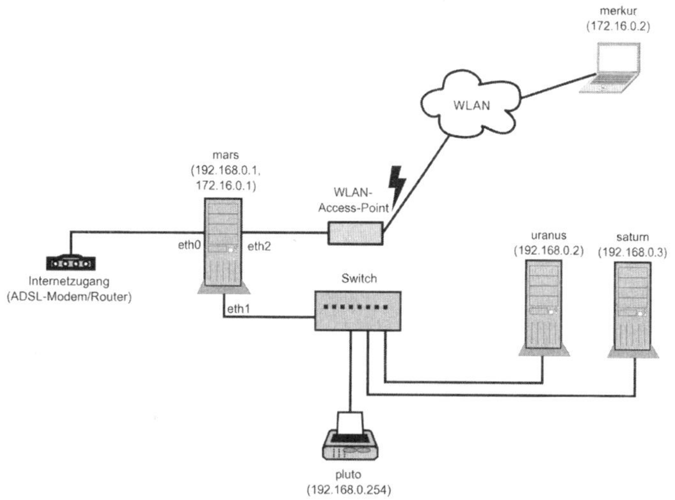

Abbildung 28.3: **Direkte WLAN-Verbindung zum Internet-Gateway**

Der wesentliche Vorteil im Vergleich zu den vorigen Varianten besteht darin, dass das WLAN und das LAN nun zwei vollkommen getrennte Netzadressbereiche nutzen – beispielsweise 192.168.0.* für das sichere LAN und 172.16.0.* für das unsichere WLAN. Das macht eine direkte Verbindung zwischen LAN- und WLAN-Clients unmöglich, was schon einmal ein erster Sicherheitsgewinn ist. Jeder Datentransport zwischen LAN- und WLAN-Clients geht über den Server, wo eine Firewall genau steuern kann, was erlaubt ist und was nicht. Zweitens besteht nun die Möglichkeit, für die beiden Netzwerke unterschiedliche Netzwerkdienste anzubieten – beispielsweise Internet- und SSH-Zugang per LAN und WLAN, aber Samba- oder MySQL-Zugang nur per LAN.

Richtig elegant wird diese Variante, wenn für die unsichere WLAN-Verbindung zwischen dem Netzwerk-Server und dem WLAN-Client ein Virtual Private Network (VPN) errichtet wird: Damit ist eine nahtlose Integration der WLAN-Clients in das gewöhnliche Netz möglich, ohne Abstriche bei der Sicherheit machen zu müssen. Informationen zur Konfiguration eines derartigen VPNs finden Sie auf den Seiten 788 (Client-Seite) und 850 (Server).

29. Sicherheit

Dieses Kapitel beschreibt einige Maßnahmen zur Absicherung Ihres Rechners bzw. Ihres lokalen Netzwerks:

» die Basisabsicherung von Netzwerkdiensten (TCP-Wrapper, Ausführung in Accounts mit eingeschränkten Rechten, chroot-Umgebungen)

» die Absicherung des TCP/IP-Verkehrs durch einen Paketfilter auf der Basis von `iptables` (Firewall)

» die Absicherung der Kommunikation zwischen zwei Rechnern durch Virtual Private Networks (VPNs)

» die Absicherung des Webzugangs (»Kindersicherung«) durch einen Filter (Squid und DansGuardian)

» die Absicherung wichtiger Netzwerkdienste durch SELinux oder AppArmor

Die hier vorgestellten Lösungen sind weder perfekt noch vollkommen sicher. Wie so oft in diesem Buch gäbe es auch zum Thema Sicherheit viel mehr zu sagen, als in diesem Kapitel Platz findet. Mein vorrangiges Ziel ist es, bei Ihnen ein Bewusstsein für dieses Thema zu wecken und zumindest einige Aspekte näher zu erläutern. Im Internet finden Sie fast unendlich viele Informationen zum Thema Sicherheit. Die folgenden Adressen sind ein guter Startpunkt:

http://linuxsecurity.com/
http://www.cert.org/
http://lwn.net/Security
http://www.redhat.com/docs/manuals/enterprise/

29.1 Netzwerkgrundlagen und -analyse

Bevor Sie Ihren Rechner absichern können, müssen Sie eine Vorstellung davon gewinnen, wie die Netzwerkdienste funktionieren, welche Dienste gerade laufen, welche Ports offen sind etc. Dieser Abschnitt beschäftigt sich daher mit TCP/IP-Grundlagen und beschreibt einige Programme, um den aktuellen Netzwerkstatus zu analysieren und beispielsweise alle gerade aktiven Netzwerkverbindungen aufzulisten. Vorweg gibt Tabelle 29.1 eine Zusammenstellung der wichtigsten Abkürzungen.

Internet Protocol

Praktisch alle gängigen Netzwerkdienste basieren auf IP-Paketen. Wenn beispielsweise ein Internetbenutzer per FTP auf Ihren Rechner zugreifen möchte, startet er dazu auf seinem Rechner einen FTP-Client. Dieser sendet ganz spezielle IP-Pakete an Ihren Rechner. Wenn auf Ihrem Rechner ein FTP-Server installiert ist, erhält dieser die IP-Pakete und reagiert auf die Anfrage, indem er selbst IP-Pakete an den Client zurücksendet.

ABKÜRZUNG	BEDEUTUNG
DNS	Domain Name Service
HTTP	Hypertext Transfer Protocol
ICMP	Internet Control Message Protocol
IP	Internet Protocol
NFS	Network File System
TCP	Transmission Control Protocol
UDP	User Datagram Protocol

Tabelle 29.1: **Netzwerk-Glossar**

Neben den eigentlichen Daten enthalten IP-Pakete (unter anderem) vier wesentliche Informationen: die Absender-IP-Adresse, den Absender-Port, die Zieladresse und den Ziel-Port. Diese Daten geben an, woher das Paket kommt und wohin es gehen soll.

IP-Adressen und -Ports

Die Bedeutung der IP-Adresse sollte klar sein (siehe auch Kapitel 27). IP-Ports werden dazu verwendet, um verschiedene Dienste zu identifizieren. Beispielsweise wird zur Anforderung eines WWW-Dokuments üblicherweise der Port 80 verwendet. Bei Port-Nummern handelt es sich um 16-Bit-Zahlen. Die Ports bis 1024 gelten als privilegiert und sind für Server-Dienste reserviert (z. B. für den HTTP-Server). Die verbleibenden Ports können an sich von Clients eingesetzt werden, allerdings gibt es auch hier eine Reihe von Nummern, die nicht verwendet werden sollten, weil sie oft schon für bestimmte Zwecke reserviert sind.

Zu vielen IP-Port-Nummern sind in `/etc/services` Alias-Namen definiert. Tabelle 29.2 führt die wichtigsten Port-Nummern mit den üblicherweise gültigen Namen (soweit verfügbar) und einer kurzen Erklärung auf.

IP-Protokolle

Es gibt unterschiedliche Protokolle für IP-Pakete: Die meisten Internetdienste verwenden TCP. Dieses Protokoll verlangt eine Bestätigung des Empfangs. Es gibt aber auch Protokolle, die keine derartige Bestätigung erwarten, nämlich ICMP (wird z. B. von `ping` verwendet) und UDP (wird z. B. von DNS und NFS verwendet).

IP-Paketfilter

IP-Pakete können durch lokale Programme erzeugt werden oder von außen – also über Netzwerk- oder PPP-Schnittstellen – in den Rechner kommen. Es liegt nun am Kernel zu entscheiden, was mit den Paketen passieren soll. Kurz gesagt kann dieser die Pakete verwerfen oder an laufende Programme bzw. an andere Schnittstellen weiterleiten. Dabei können alle oben beschriebenen Paketmerkmale als mögliche Entscheidungskriterien dienen. Um einen Paketfilter zu realisieren, brauchen Sie also eine Möglichkeit, dem Kernel Regeln mitzuteilen, wie er mit bestimmten IP-Paketen verfahren soll. Dazu dient seit Kernel 2.4 das Kommando `iptables`, dessen Anwendung Thema eines eigenen Abschnitts ist (siehe Seite 845).

NAME	PORT	FUNKTION
ftp	20, 21	FTP
ssh	22	SSH
telnet	23	Telnet
smtp	25	E-Mail
domain	53	DNS
bootps	67	DHCP
bootpc	68	DHCP
http	80	Web
kerberos	88	Kerberos
pop3	110	E-Mail
portmap	111	Portmap (für NFS)
ntp	123	Zeit (Network Time Protocol)
netbios-ns	137	Microsoft/NetBIOS Name Service
netbios-dgm	138	Microsoft/NetBIOS Datagram Service
netbios-ssn	139	Microsoft File Sharing (SMB, Samba)
imap	143	E-Mail
ldap	389	LDAP
https	443	Web (verschlüsselt)
microsoft-ds	445	CIFS-Dateisystem (SMB, Samba)
printer	515	Drucken mit LPD/LPR
ipp	631	Drucken mit IPP/CUPS
swat	901	Samba-Administration
rmi	1099	Remote Method Incovation (Java)
	1433	Microsoft SQL Server
pptp	1723	PPTP/VPN
nfs	2049	NFS
	3128	Squid (Web-Proxy)
mysql	3306	MySQL Datenbank-Server
	5353	Netzkonfiguration durch Zeroconf/Bonjour
	5999-6003	X-Display
	9100	HP-JetDirect-Netzwerkdrucker

Tabelle 29.2: **Wichtige IP-Ports**

Aktive Netzwerk-Ports ermitteln

Das Funktionsprinzip der meisten Netzwerkdienste sieht so aus, dass diese einen bestimmten Port überwachen. Treffen für diesen Port IP-Pakete ein, kümmert sich der Dienst um deren Verarbeitung und Beantwortung. Pakete, die an nicht überwachte Ports adressiert sind, werden einfach ignoriert und stellen insofern auch keine Gefahr dar. Um die Gefährdung eines Rechners abzuschätzen, ist es daher zweckmäßig, eine Liste der überwachten Ports zu ermitteln. (Umgekehrt wird auch ein Angreifer als Erstes die aktiven Ports herauszufinden versuchen.)

netstat

Bei der Feststellung der Netzwerkaktivität auf dem lokalen Rechner ist das Kommando `netstat` ein großes Hilfsmittel. Je nachdem, mit welchen Optionen es aufgerufen wird, liefert es eine Fülle unterschiedlicher Informationen.

Das erste Beispiel auf dem Server `mars` zeigt alle aktiven Verbindungen (`ESTAB`) bzw. überwachten Ports (`LISTEN`). Kurz zu den Optionen: `a` zeigt auch nicht-aktive Ports, `tu` schränkt die Ausgabe auf die Protokolle TCP und UDP ein, `pe` zeigt zusätzlich die Prozessnummer und den Account, unter dem das Programm ausgeführt wird. Die Ausgabe wurde aus Platzgründen gekürzt.

```
root# netstat -atupe
Active Internet connections (servers and established)
Proto Local Address          Foreign Addr   State   User    PID/Prog name
tcp   *:nfs                  *:*            LISTEN  root    -
tcp   *:54980                *:*            LISTEN  root    -
tcp   *:ldap                 *:*            LISTEN  root    5842/slapd
tcp   *:3142                 *:*            LISTEN  root    5904/perl
tcp   localhost:mysql        *:*            LISTEN  mysql   5785/mysqld
...
tcp6  [::]:ssh               [::]:*         LISTEN  root    5559/sshd
tcp6  mars.sol:ssh           merkur.so...   ESTAB   root    7729/0
udp   *:nfs                  *:*                    root    -
udp   mars.local:netbios-ns  *:*                    root    6231/nmbd
udp   mars.sol:netbios-ns    *:*                    root    6231/nmbd
udp   *:netbios-ns           *:*                    root    6231/nmbd
udp   mars.local:netbios-dgm *:*                    root    6231/nmbd
udp   mars.sol:netbios-dgm   *:*                    root    6231/nmbd
udp   *:netbios-dgm          *:*                    root    6231/nmbd
udp   *:domain               *:*                    root    5537/dnsmasq
udp   *:55350                *:*                    avahi   5604/avahi-...
...
```

Eine kurze Zusammenfassung des obigen Ergebnisses: Auf dem Testrechner laufen unter anderem ein Samba-Server, ein NFS-Server, Kerberos, LDAP, Dnsmasq, CUPS, MySQL und ein SSH-Server. Wenn der Rechner so ohne Firewall direkt mit dem Internet verbunden ist, freut sich jeder potenzielle Angreifer. Es gibt eine Menge Programme, bei denen sich vielleicht irgendwelche Sicherheitslücken finden lassen.

Das folgende Kommando liefert die Liste der aktiven TPC- und UDP-Verbindungen samt Benutzer- und Prozessname:

```
root# netstat -tuep
Active Internet connections (w/o servers)
Proto Local Address     Foreign Address   State       User     PID/Program name
tcp   localhost:57450   localhost:ldap    ESTABLISHED root     6233/smbd
tcp   localhost:ldap    localhost:57450   ESTABLISHED openldap 5842/slapd
tcp6  mars.sol:ssh      merkur.sol:45368  ESTABLISHED root     7729/0
```

lsof

Wenn Sie herausfinden möchten, welche Programme TCP- bzw. UDP-Ports nutzen, hilft auch das Kommando `lsof`. In der Form `lsof -i [protokoll]@[hostname][:port]` liefert es eine Liste von Prozessen, die die angegebenen Netzwerkressourcen nutzen. Die beiden folgenden Kommandos zeigen alle Prozesse, die das Protokoll UDP bzw. den Port 22 nutzen:

```
root# lsof -i udp
ntpd       3696    ntp  16u  IPv4   9026       UDP *:ntp
ntpd       3696    ntp  17u  IPv6   9028       UDP *:ntp
ntpd       3696    ntp  18u  IPv6   9031       UDP ip6-localhost:ntp
portmap    4745 daemon   3u  IPv4  12931       UDP *:sunrpc
rpc.statd  4764  statd   5u  IPv4  12962       UDP *:700
rpc.statd  4764  statd   7u  IPv4  12970       UDP *:39146
...
root# lsof -i :22
COMMAND  PID USER   FD   TYPE DEVICE SIZE NODE NAME
sshd    5559 root   3u   IPv6  14097        TCP *:ssh (LISTEN)
sshd    7729 root   3r   IPv6  33146        TCP mars.sol:ssh->merkur.sol:45368
                                                (ESTABLISHED)
```

nmap

`netstat` und `lsof` können nur auf dem lokalen Rechner ausgeführt werden und stehen einem Angreifer normalerweise nicht zur Verfügung. Dieser greift stattdessen auf sogenannte Port-Scanner zurück. Solche Programme senden Pakete an die wichtigsten Ports eines Rechners und finden anhand der Antwort heraus, welche Dienste in welcher Programmversion dort laufen. Das hier vorgestellte Kommando nmap ist das bekannteste, aber keineswegs das einzige derartige Programm. Bei den meisten Distributionen muss es vor der ersten Verwendung installiert werden.

Die folgenden Zeilen zeigen, welche Ergebnisse nmap für den Rechner mars liefert. nmap wurde auf einem anderen Rechner innerhalb des lokalen Netzwerks ausgeführt. Die Ausgabe wurde aus Platzgründen gekürzt.

```
root# nmap -v -A mars
Starting Nmap 4.62 ( http://nmap.org ) at 2009-03-20 09:43 CET
Initiating ARP Ping Scan at 09:43
Scanning 192.168.0.1 [1 port]
...
Discovered open port 53/tcp on 192.168.0.1
Discovered open port 21/tcp on 192.168.0.1
...
Completed SYN Stealth Scan at 09:43, 0.29s elapsed (1715 total ports)
Initiating Service scan at 09:43
Scanning 9 services on mars.sol (192.168.0.1)
```

```
...
Host mars.sol (192.168.0.1) appears to be up ... good.
Interesting ports on mars.sol (192.168.0.1):
Not shown: 1706 closed ports
PORT     STATE SERVICE     VERSION
21/tcp   open  ftp         vsftpd 2.0.6
22/tcp   open  ssh         OpenSSH 4.7p1 Debian 8ubuntu1.2 (protocol 2.0)
53/tcp   open  domain      dnsmasq 2.41
111/tcp  open  rpcbind
139/tcp  open  netbios-ssn Samba smbd 3.X (workgroup: SOL)
389/tcp  open  ldap        OpenLDAP 2.2.X
445/tcp  open  netbios-ssn Samba smbd 3.X (workgroup: SOL)
749/tcp  open  rpcbind
2049/tcp open  rpcbind
MAC Address: 00:14:6C:8E:D9:71 (Netgear)
Device type: general purpose
Running: Linux 2.6.X
...
```

Zu nmap existiert auch eine grafische Benutzeroberfläche, die sich je nach Distribution im Paket zenmap oder nmap-frontend befindet.

Achtung

Ein Port-Scan wird von vielen Administratoren als Einbruchsversuch gewertet. Adressieren Sie mit Programmen wie nmap nie ungefragt einen fremden Rechner! nmap ist aber ein praktisches Hilfsmittel, um Schwächen im eigenen Netzwerk zu erkennen.

29.2 Basisabsicherung von Netzwerkdiensten

Der vorige Abschnitt hat gezeigt, wie Sie sich rasch einen Überblick über die laufenden Netzwerkdienste verschaffen. Der nächste Schritt besteht nun darin, die Dienste möglichst gut abzusichern:

» Deinstallieren Sie alle Netzwerkdienste, die Sie nicht brauchen. Was nicht installiert ist, kann nicht laufen und stellt daher keine Gefahr dar.

» Bei den erforderlichen Netzwerkdiensten reicht es vielfach aus, ihren Zugriff auf bestimmte Clients einzuschränken (z. B. aus dem lokalen Netzwerk). Es ist beispielsweise selten notwendig, dass ein Drucker-Server seine Dienste im Internet anbietet!

  Bei Apache, Samba, MySQL und zahlreichen weiteren »großen« Diensten muss die Absicherung in der jeweiligen Konfigurationsdatei erfolgen. Erfreulicherweise gibt es aber auch eine Reihe von Netzwerkdiensten, die für die Zugriffskontrolle auf die TCP-Wrapper-Bibliothek zurückgreifen. Das ermöglicht eine zentrale Konfiguration (siehe den folgenden Abschnitt).

» Notwendige Netzwerkdienste sollten mit minimalen Rechten ausgeführt werden. Darum kümmern sich die mit Ihrer Distribution mitgelieferten Init-V-Scripts. Soweit es möglich und sinnvoll ist, starten sie die Dienste ohne root-Rechte in einem für den Dienst konzipierten Account (siehe Seite 837) oder in einer chroot-Umgebung, die den Zugriff auf Dateien außerhalb des chroot-Verzeichnisses verhindert (siehe Seite 837).

» Als zusätzliche Schutzebene empfiehlt sich eine Paketfilter-Firewall, die durch Regeln aus dem Internet kommende Pakete für diverse Dienste von vornherein blockiert (siehe ab Seite 838).

» Kein Programm ist fehlerfrei. Programmfehler können es einem Angreifer ermöglichen, durch die gezielte Übertragung manipulierter Netzwerkpakete das Programm zum Absturz zu bringen oder gar eigene Befehle auszuführen. Um das daraus entstehende Risiko zu minimieren, kann der Kernel die Ausführung von Programmen anhand von Regeln überwachen. Diese Vorgehensweise wird als *Mandatory Access Control* bezeichnet, kurz MAC. Unter Linux sind zu diesem Zweck zwei Verfahren populär: SELinux und AppArmor (siehe Seite 868 bzw. Seite 874).

Updates, Logging

Die sichere Konfiguration eines Rechners ist keine einmalige Arbeit, sondern ein stetiger Prozess. Nur regelmäßige Software-Updates halten die Software auf Ihrem Rechner auf dem aktuellen Stand. Empfehlenswert ist auch ein regelmäßiger Blick in die Logging-Dateien Ihres Rechners.

TCP-Wrapper-Bibliothek

Gerade auf einem LAN-Server ist es selten zweckmäßig, alle Netzwerkdienste global verfügbar zu machen. Es reicht aus, wenn die Dienste im lokalen Netzwerk verwendet werden können. Eine Reihe von Netzwerkdiensten greifen für diese Basisabsicherung auf die sogenannte TCP-Wrapper-Bibliothek zurück. Dazu zählen insbesondere der SSH- und der NFS-Server, bei SUSE außerdem CUPS. Auch Dienste, die über einen Internet Service Daemon gestartet werden, profitieren von der TCP-Wrapper-Bibliothek (siehe Seite 714).

/etc/hosts.allow und hosts.deny

Die Dateien `/etc/hosts.allow` und `/etc/hosts.deny` steuern, von welchem Rechner aus welche Dienste verwendet werden dürfen. Die Einstellungen gelten nur für Netzwerkdienste, die die TCP-Wrapper-Bibliothek bzw. das Kommando `tcpd` für die Zugriffskontrolle verwenden. Standardmäßig sind beide Dateien leer, d. h., es gelten keinerlei Einschränkungen.

Die TCP-Wrapper-Bibliothek wertet zuerst `hosts.allow` aus: Wenn der Zugriff dort explizit gestattet wird, ist die Kontrolle erledigt. Andernfalls wird auch `hosts.deny` ausgewertet: Ist der Zugriff dort verwehrt, erhält der Client eine Fehlermeldung. Vorsicht: In allen Fällen, die weder durch `allow`- noch durch `deny`-Regeln erfasst sind, wird der Zugang gewährt!

Eine möglichst sichere Konfiguration erreichen Sie dadurch, dass Sie als Erstes in `/etc/hosts.deny` durch `all:all` generell den Start jedes Netzwerkdienstes verbieten. Die `spawn`-Anweisung bewirkt darüber hinaus, dass jeder Versuch, irgendeinen Dienst zu starten, in der Datei `/var/log/deny.log` protokolliert wird.

`/var/log/deny.log` verrät Ihnen von nun an, wer wann versucht, einen Netzwerkdienst des Rechners zu nutzen. (Nicht jeder Versuch muss zwangsläufig einen Angriff darstellen. Es kann auch sein, dass sich jemand bei der Eingabe einer IP-Adresse vertippt hat.)

```
# /etc/hosts.deny
# standardmäßig alles verbieten, jeden Verbindungsversuch
# protokollieren
ALL : ALL : spawn (echo Attempt from %h %a to %d at $(date) \
              >> /var/log/deny.log)
```

Im zweiten Schritt lassen Sie nun in /etc/hosts.allow die Nutzung bestimmter Dienste zu. Die folgende Beispielkonfiguration erlaubt:

» vom lokalen Rechner aus (localhost) den Zugriff auf alle Dienste

» von jedem Rechner aus den ssh-Zugriff (also auch aus dem Internet)

» innerhalb des lokalen Netzes die Nutzung von NFS und SWAT

Das Beispiel geht davon aus, dass der Server unter den Namen mars und mars.sol erreichbar ist, dass das lokale Netz im Adressraum 192.168.0.* betrieben wird und dass alle Rechner die Domain *.sol nutzen. Nach demselben Muster können Sie natürlich auch andere Netzwerkdienste, die Sie zuerst global abgeschaltet haben, für das lokale Netz oder für einen beliebigen Adressbereich aktivieren:

```
# /etc/hosts.allow
# einzelne Dienste erlauben
ALL     : localhost mars mars.sol            : ALLOW
sshd    : ALL                                : ALLOW
portmap : 192.168.0.0/255.255.255.0 *.sol    : ALLOW
mountd  : 192.168.0.0/255.255.255.0 *.sol    : ALLOW
swat    : 192.168.0.0/255.255.255.0 *.sol    : ALLOW
# nur bis openSUSE 11.2
cupsd   : 192.168.0.0/255.255.255.0 *.sol    : ALLOW
```

Die Syntax innerhalb von hosts.allow bzw. hosts.deny sollte aus den Beispielen klar werden. Jeder Eintrag besteht aus drei Teilen, die durch Doppelpunkte getrennt sind. Der erste Teil gibt den Dienst an, der zweite Teil die IP-Adresse bzw. den Netzwerknamen, der dritte Teil die resultierende Aktion. Eine genauere Syntaxbeschreibung erhalten Sie mit man 5 hosts_access.

TCP-Wrapper-Unterstützung feststellen

Die cupsd-Zeile ist nur bei älteren openSUSE-Versionen bis einschließlich 11.2 erforderlich, weil der Drucker-Server CUPS bei dieser Distribution mit TCP-Wrapper-Unterstützung kompiliert ist (im Gegensatz zu den meisten anderen Distributionen). Beachten Sie aber, dass der Netzwerkzugriff auf die Drucker zusätzlich durch die CUPS-spezifische Datei /etc/cups/cups.conf gesteuert wird (siehe ab Seite 914).

Mit ldd können Sie leicht selbst feststellen, ob ein bestimmtes Programm die TCP-Wrapper-Bibliothek (libwrap) nutzt. Die Ergebnisse für cupsd und sshd unter openSUSE 12.1, 11.2 und Ubuntu sehen wie folgt aus:

```
user$ ldd /usr/sbin/cupsd | grep wrap                    (openSUSE 12.1)
user$ ldd /usr/sbin/cupsd | grep wrap                    (openSUSE 11.2)
      libwrap.so.0 => /lib64/libwrap.so.0 (0x00007f1f3fece000)
user$ ldd /usr/sbin/cupsd | grep wrap                    (Ubuntu)
user$ ldd /usr/sbin/sshd  | grep wrap
      libwrap.so.0 => /lib/libwrap.so.0 (0x00007f1a5f7f0000)
```

Start von Netzwerkdiensten ohne root-Rechte

Damit Programme wie Apache oder MySQL ihre Arbeit erledigen können, ist es nicht erforderlich, dass die Programme mit root-Rechten laufen. Deswegen sehen die meisten Distributionen für derartige Dienste eigene Accounts vor, deren Namen von Distribution zu Distribution variieren. Unter Ubuntu wird beispielsweise Apache im Account `www-data` ausgeführt und darf daher nur auf Dateien zugreifen, die für diesen Account lesbar sind. Sie können sich davon mit `ps axu` überzeugen. (Eine Instanz von Apache läuft übrigens doch mit root-Rechten. Sie ist aber nur für den Start der anderen Instanzen verantwortlich und erfüllt sonst keine Aufgaben.)

```
root#  ps axu | grep apache2
root     ... /usr/sbin/apache2 -k start
www-data ... /usr/sbin/apache2 -k start
www-data ... /usr/sbin/apache2 -k start
...
```

Da Init-V-Scripts grundsätzlich mit root-Rechten ausgeführt werden, ist ein spezieller Mechanismus erforderlich, um den Netzwerkdämon in einem anderen Account zu starten. Im einfachsten Fall wird der Prozess dazu in der Form `su accountname -c daemon` gestartet. Die meisten Netzwerkprozesse sehen allerdings ausgefeiltere Mechanismen vor, bei denen das Programm die Initialisierung mit root-Rechten durchführt und erst dann in einen Account mit weniger Rechten wechselt. Manche Programme wie `syslogd` sehen eine eigene Option vor, um den gewünschten Account anzugeben. Bei Apache, MySQL und einigen weiteren Server-Diensten, die mehrere Instanzen starten, verbleibt ein Steuerungsprozess mit root-Rechten. Dieser Prozess erfüllt aber zumeist nur ganz wenige Aufgaben (in der Regel den Start bzw. das Beenden von Instanzen).

Start von Netzwerkdiensten in einer chroot-Umgebung

Das Kommando `chroot rootdir kommando` startet das angegebene Kommando, wobei es `rootdir` als Wurzelverzeichnis verwendet. Das Kommando kann nun nur auf Dateien zugreifen, die sich innerhalb dieses Verzeichnisses befinden. Um sicherzustellen, dass das Programm aus seinem »chroot-Gefängnis« nicht ausbrechen kann, muss es zudem in einem Account mit eingeschränkten Rechten ausgeführt werden (also nicht als root).

In der Praxis werden Netzwerkdienste allerdings nicht mit `chroot` gestartet, sondern sehen eine spezielle Option vor, um das chroot-Verzeichnis anzugeben. Dieses Verzeichnis muss alle erforderlichen Bibliotheken, Konfigurationsdateien etc. finden. Das Init-V-Script kopiert deswegen alle erforderlichen Dateien vor dem Start dorthin.

SUSE startet den DHCP- und Nameserver standardmäßig in chroot-Umgebungen. Als DHCP-Server kommt dabei eine speziell gepatchte Version von `dhcpd` zum Einsatz, bei der das chroot-Verzeichnis mit der zusätzlichen Option `-chroot` angegeben werden kann. Beim Nameserver ist die Option `-t` zur Angabe des chroot-Verzeichnisses vorgesehen.

Wenn ein Netzwerkdienst durch SELinux oder AppArmor überwacht wird und die Regeln korrekt formuliert sind, ist die Verwendung einer chroot-Umgebung überflüssig bzw. bietet keine zusätzliche Sicherheit. Fedora und Red Hat verzichten deswegen standardmäßig auf chroot-Verzeichnisse und verlassen sich stattdessen auf die SELinux-Regeln.

29.3 Firewalls – eine Einführung

Der Begriff »Firewall« ist zwar in aller Munde, es gibt aber keine allgemein akzeptierte Definition dafür. Eine Firewall kann sich auf die Hardware beziehen: Dann ist damit meist ein Rechner gemeint, der die Schnittstelle zwischen dem lokalen Netz und dem Internet herstellt. Viele ADSL-Router enthalten ebenfalls elementare Firewall-Funktionen.

Oft wird mit Firewall aber auch ein Software-Paket bezeichnet, das auf dem Rechner installiert wird und das bei korrekter Konfiguration die Sicherheit verbessern soll. Viele Distributionen enthalten ausgezeichnete Werkzeuge zur Konfiguration der Firewall.

In diesem Buch bezeichne ich mit dem Begriff Firewall die Absicherung des TCP/IP-Verkehrs durch einen Paketfilter. Ein derartiger Filter analysiert alle Netzwerkpakete, die in den Rechner kommen bzw. diesen wieder verlassen. Je nachdem, ob dabei alle Regeln eingehalten werden, dürfen die Pakete passieren oder werden blockiert. Details zur Konfiguration eines solchen Paketfilters folgen im nächsten Abschnitt. Hier geht es vorerst nur darum, die Terminologie zu klären.

Firewalls für den Privat-PC

Bis vor wenigen Jahren erschien es absurd, private Rechner mit einer Firewall zu schützen. Das hat sich mittlerweile geändert: Auch im Privatbereich sind heute die meisten Rechner ständig mit dem Internet verbunden, unter der vom Provider zugewiesenen IP-Adresse erreichbar und damit gefährdet.

Wenn auf dem Rechner beispielsweise ein SSH-Server läuft, kann der Angreifer versuchen sich einzuloggen. Dazu werden Scripts eingesetzt, die automatische Login-Versuche durchführen und dabei einfach Wörter aus einem Wörterbuch testen. Gute Passwörter lohnen sich also!

Eine weitere Gefahr geht oft vom WLAN aus: Momentan gelten nur durch WPA2 abgesicherte WLANs als sicher, und auch das nur bei der Wahl eines ausreichend langen Passworts (siehe auch Seite 758).

Vielleicht wenden Sie jetzt ein, dass sich auf Ihrem Rechner ohnedies keine Daten befinden, die irgendjemanden interessieren könnten. Das mag zutreffen. Allerdings hat nicht jeder Angriff das Ziel, Daten auszuspionieren oder diese zu manipulieren. Oft besteht das Ziel darin, auf Ihrem Rechner ein kleines Programm zu installieren, das zu einem späteren Zeitpunkt vom Angreifer genutzt werden kann. Davon sind Millionen Windows-PCs betroffen, die vom Angreifer quasi ferngesteuert werden können.

Firewalls für lokale Netzwerke

Bei einem Firmen-LAN ist der Wunsch nach einer guten Absicherung meist stärker ausgeprägt als bei einem Privat-PC. Gleichzeitig bestehen auch bessere Voraussetzungen, was die Infrastruktur betrifft. In der Praxis kümmert sich oft ein eigener Rechner um den Internetzugang für die Firma und um dessen Absicherung. Alle weiteren Netzwerkdienste laufen auf anderen Rechnern. Abbildung 29.1 veranschaulicht das Konzept.

Bei sehr kleinen Netzen dient manchmal ein Rechner sowohl als Firewall als auch als Netzwerk-Server (siehe Abbildung 28.1 auf Seite 796). Das ist insofern nicht optimal, als dass auf diesem Rechner zwangsläufig eine ganze Menge Netzwerkdienste laufen, die alle ein gewisses Sicherheitsrisiko darstellen. Eine derartige Absicherung ist aber immer noch besser als gar keine Firewall.

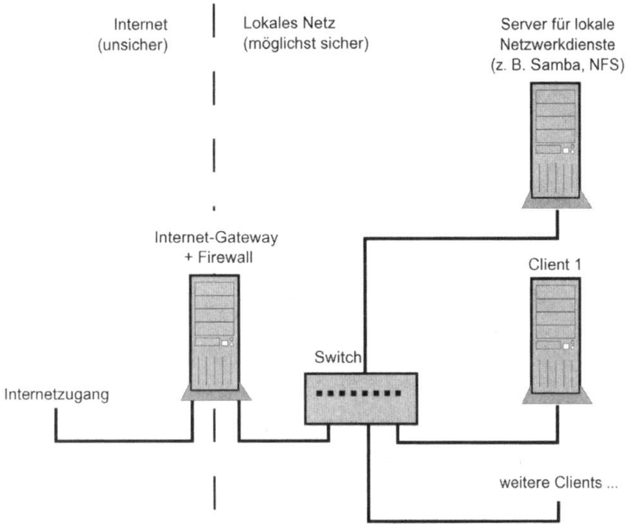

Abbildung 29.1: **Firewall für lokale Netzwerke**

Bei sehr großen Netzwerken gibt es dagegen oft sogar zwei Firewalls: Die erste Firewall dient nur zur Basisabsicherung, ist aber durchlässig für gewöhnliche Internetprotokolle wie HTTP oder FTP. Der Netzwerkbereich dahinter wird als *Demilitarized Zone* (DMZ) bezeichnet; das soll zum Ausdruck bringen, dass in diesem Bereich nur eine eingeschränkte Sicherheit gegeben ist. In dieser Zone befinden sich in der Regel der Webserver sowie andere Netzwerk-Server, die öffentlich (also über das Internet) zugänglich sein müssen.

Die DMZ wird vom eigentlichen lokalen Netzwerk durch eine zweite Firewall getrennt. Erst dahinter befinden sich alle weiteren Server-Dienste, die nur für das lokale Netzwerk zuständig sind und die von außen absolut unzugänglich sein sollen. Die Konfiguration einer mehrstufigen Firewall geht allerdings weit über die Bandbreite dieses Buchs hinaus. Konfigurationsanleitungen finden Sie in speziellen Firewall-Büchern.

Konfigurationshilfen – Paketfilter per Mausklick

Im nächsten Abschnitt lernen Sie, wie Sie einen Paketfilter durch ein Script aus zahllosen `iptables`-Kommandos selbst zusammenstellen können. Das erfordert aber, dass Sie sich intensiv in die Materie einarbeiten. Der typische Linux-Anwender ist damit sicherlich überfordert. Aus diesem Grund nehmen viele Distributionen dem Anwender diese Arbeit ab: Mit komfortablen Konfigurationswerkzeugen können Sie quasi auf Knopfdruck eine einfache Firewall einrichten – zum Teil bereits während der Installation.

An sich sind diese Konfigurationswerkzeuge eine gute Idee. Hinter der recht einfachen Konfiguration verbirgt sich in der Regel mehr Paketfilter-Know-how, als Sie selbst je haben werden (es sei denn, Sie arbeiten sich wirklich intensiv in die Materie ein). Das Resultat ist also oft ein besserer Schutz als eine eigene Lösung.

Das Problem liegt aber in der Durchführung: Der so definierte Paketfilter ist gewissermaßen eine Blackbox. Wenn die Wirkung des Filters überhaupt dokumentiert ist, dann sehr dürftig. Sie wissen weder, wogegen der Filter Sie schützt, noch, welche Nebenwirkungen der Filter hat. Da kann es schon passieren, dass nach tagelangem Suchen, warum das Drucken im Netzwerk unmöglich ist, schließlich der Paketfilter als Ursache entdeckt wird. Der Versuch, den Paketfilter nun entsprechend anzupassen, wird aufgrund der mangelhaften Dokumentation und der geringen Flexibilität der Konfigurationsfilter aller Voraussicht nach scheitern.

Debian Debian sieht standardmäßig keine Firewall vor und kennt auch keine distributionsspezifischen Konfigurationswerkzeuge.

Fedora, Red Hat Während der Installation von Fedora und Red Hat wird standardmäßig eine Firewall eingerichtet, die alle von außen kommenden Verbindungsversuche blockiert. Zur Konfiguration starten Sie mit SYSTEM|ADMINISTRATION|FIREWALL das Programm `system-config-firewall`. Sie können nun einzelne Dienste (z. B. SSH) und Netzwerkschnittstellen (z. B. zum LAN) als sicher definieren und so vom Schutz ausnehmen. Wenn der Rechner als Gateway dient, können Sie zudem eine Schnittstelle für das Masquerading angeben. Die Firewall wird durch das Init-System gestartet:

Regeldatei:	`/etc/sysconfig/iptables`
Init-V-Script:	`/etc/init.d/iptables`
Systemd-Service-Datei:	`/lib/systemd/system/iptables.service` (ab Fedora 16)

SUSE Auch bei SUSE-Distributionen wird standardmäßig eine Firewall eingerichtet, wobei die Schnittstelle zum Internet automatisch der externen Zone zugeordnet wird. Die Konfiguration erfolgt durch das YaST-Modul SICHERHEIT|FIREWALL. Dabei werden – abweichend vom sonst dialogorientierten YaST-Konzept – die einzelnen Dialogblätter durch Einträge im linken Teil des YaST-Fensters ausgewählt (dort, wo sonst die Hilfe dargestellt wird). Falls der Rechner als Gateway zu einem LAN dient, ordnen Sie im Dialogblatt SCHNITTSTELLEN die LAN-Schnittstelle der internen Zone zu und aktivieren im Dialogblatt MASQUERADING die gleichnamige Option. Die Firewall wird durch den Init-V-Prozess gestartet:

Regeldatei:	`/etc/sysconfig/SuSEfirewall`
Init-V-Script:	`/etc/init.d/SuSEfirewall2*`

Ubuntu Bei Ubuntu wird standardmäßig keine Firewall eingerichtet, und es gibt auch keine grafischen Konfigurationswerkzeuge. Dafür enthält Ubuntu das Kommando `ufw` (Uncomplicated Firewall). Es ermöglicht die Definition von Firewall-Regeln in einer wesentlich einfacheren Syntax als `iptables`. Zudem sollen in zukünftigen Ubuntu-Versionen bei der Installation von Netzwerkdiensten die entsprechenden `ufw`-Regeln zur Absicherung gleich mitinstalliert werden. Das ist freilich noch Zukunftsmusik: `ufw` hat bislang nur eine geringe Akzeptanz gefunden.

Wenn Sie schon Erfahrung mit Paketfiltern haben, werden Sie mit `ufw` rasch zum Ziel kommen. Kurz eine Syntaxzusammenfassung (mehr Details erhalten Sie mit `man ufw`): `ufw enable` aktiviert die Firewall. Die Firewall wird sofort und in Zukunft auch bei jedem Rechnerstart aktiviert. `ufw disable` deaktiviert die Firewall wieder. `ufw default allow|deny` gibt an, ob eintreffende Pakete grundsätzlich akzeptiert oder abgewiesen werden. (Normalerweise gilt `deny`.) Zusätzlich definieren Sie mit `ufw allow|deny` *n* bzw. `ufw allow|deny` *`dienst`* Regeln, die für spezielle IP-Ports bzw. Protokolle gelten.

Alle Regeln werden in Konfigurationsdateien in /etc/ufw gespeichert. ufw status gibt Informationen zum aktuellen Zustand der Firewall.

```
user$  sudo -s
root#  ufw enable
root#  ufw allow ssh
root#  ufw status
Firewall loaded

To                          Action  From
--                          ------  ----
22:tcp                      ALLOW   Anywhere
22:udp                      ALLOW   Anywhere
```

Weitere Informationen und Beispiele zu ufw finden Sie hier:

http://wiki.ubuntuusers.de/ufw
http://doc.ubuntu.com/ubuntu/serverguide/C/firewall.html
https://wiki.ubuntu.com/UbuntuFirewall

Mit Gufw gibt es zu ufw eine grafische Benutzeroberfläche, die bei aktuellen Ubuntu-Versionen als universe-Paket (also ohne offiziellen Support) zur Verfügung steht. Informationen zu diesem Programm finden Sie hier:

https://help.ubuntu.com/community/Gufw

Firestarter

Firestarter ist ein relativ altes, aber noch immer populäres distributionsunabhängiges Programm zur Firewall-Konfiguration. Beim ersten Start erscheint ein Assistent zur Grundkonfiguration. Zuerst wählen Sie die Schnittstelle aus, über die der Rechner mit dem Internet verbunden ist. Die Option STARTEN DER FIREWALL BEIM HERAUSWÄHLEN bewirkt, dass die Firewall automatisch aktiviert wird, sobald eine Netzwerkverbindung besteht. Falls Ihr Rechner die Netzwerkparameter von einem DHCP-Server bezieht, müssen Sie auch die Option IP-ADRESSE WIRD ÜBER DHCP-SERVER BEZOGEN aktivieren.

Im zweiten Schritt (INTERNET-VERBINDUNGSTEILUNG) können Sie Ihren Rechner als Gateway konfigurieren. Optional kann Firestarter auch gleich den DHCP-Server dhcpd konfigurieren, sofern Sie vorher das entsprechende Paket installiert haben. Beenden Sie den Assistenen mit SPEICHERN, nicht mit dem irreführend bezeichneten Button BEENDEN, der die Konfiguration abbricht.

Die Firewall ist sofort aktiv und wird in Zukunft beim Rechnerstart bzw. bei der Herstellung einer Internetverbindung automatisch aktiviert. Kein Rechner im Netzwerk oder Internet kann nun eine Kommunikation mit Ihrem Rechner initiieren. Diese Grundeinstellung ist oft zu restriktiv. Es sind zusätzliche Regeln bzw. Richtlinien nötig, damit andere Rechner mit Ihrem Rechner kommunizieren dürfen.

Zur Definition neuer Regeln führen Sie SYSTEM|SYSTEMVERWALTUNG|FIRESTARTER aus, aktivieren das Dialogblatt RICHTLINIE, wählen RICHTLINIE FÜR EINGEHENDEN VERKEHR aus und klicken auf den Listenbereich ERLAUBE VERBINDUNGEN ... oder ERLAUBE DIENST. Erst jetzt wird der Button REGEL HINZUFÜGEN aktiv und führt in einen Konfigurationsdialog. Abbildung 29.2 zeigt die Definition einer

Regel, die es allen Rechnern mit den Adressen 192.168.0.* erlaubt, den SSH-Server Ihres Rechners zu kontaktieren. Die neue Richtlinie aktivieren Sie mit dem Button RICHTLINIE ANWENDEN.

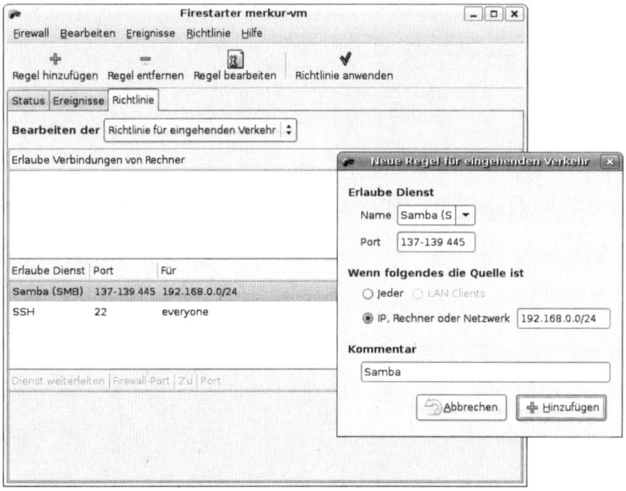

Abbildung 29.2: **Zugriff auf Windows-Netzwerkverzeichnisse für den Adressraum 192.168.0.* erlauben**

Weitere Informationen zur Konfiguration und Anwendung von Firestarter finden Sie auf der folgenden Seite:

http://www.fs-security.com/

Links Neben den bereits erwähnten Programmen gibt es unzählige weitere Konfigurationshilfen, wahlweise mit oder ohne grafische Benutzeroberfläche. Beachten Sie, dass ein Teil der Programme, die auf den folgenden Webseiten beschrieben werden, wie Firestarter nicht mehr aktiv gewartet werden.

http://www.fwbuilder.org/
http://www.simonzone.com/software/guarddog/
http://firehol.sourceforge.net/
http://www.shorewall.net/

Anzahl der Filterregeln Mit dem Kommando `iptables -L | wc -l` können Sie abschätzen, aus wie vielen Regeln die aktuelle Firewall besteht. Die resultierende Zahl ist ein Maß für die Komplexität der Firewall, aber nicht für ihre Sicherheit! Am sichersten wäre es, den Netzwerkverkehr ganz lahmzulegen – und das gelingt mit einer oder mit zwei Regeln.

Netfilter

Kernel-intern kümmert sich das Netfilter-System um die Verarbeitung von Firewall-Regeln. Abbildung 29.3 veranschaulicht (stark vereinfacht!), welche Wege IP-Pakete innerhalb des Paketfiltersystems gehen können. Eine detailliertere Abbildung finden Sie unter:

http://open-source.arkoon.net/kernel/kernel_net.png

Die folgende Liste beschreibt ganz kurz die Stationen eines IP-Pakets im Kernel:

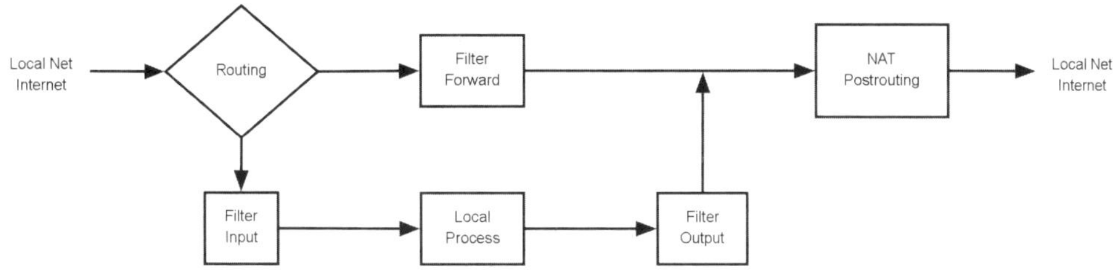

Abbildung 29.3: **Vereinfachte Darstellung des iptables/netfilter-Systems**

- **Routing:** Anhand der IP- und Port-Adresse entscheidet der Kernel, ob das Paket lokal bearbeitet werden soll oder ob es an eine Netzwerkschnittstelle und damit an einen anderen Rechner (sei es im lokalen Netz oder auch im Internet) weitergeleitet werden soll.
- **Filter Input:** Anhand einer Reihe von Regeln wird getestet, ob das Paket zur weiteren Verarbeitung durch lokale Programme (z. B. Netzwerk-Dämonen) akzeptiert wird oder nicht.
- **Local Process:** Diese Box symbolisiert alle Programme, die IP-Pakete auf dem lokalen Rechner verarbeiten bzw. die selbst neue IP-Pakete erzeugen (also alle Netzwerkdienste, beispielsweise `ftpd`, `httpd` etc.).
- **Filter Output:** Anhand einer Reihe von Regeln wird getestet, ob das Paket den Kernel wieder verlassen darf.
- **Filter Forward:** Dieser Filter entscheidet, welche der Pakete, die nur weitergeleitet (aber nicht bearbeitet) werden sollen, den Kernel passieren dürfen.
- **NAT Postrouting:** Falls der lokale Rechner via Masquerading anderen Rechnern einen Zugang ins Internet gewähren soll, kümmert sich diese Station um die erforderliche Manipulation der IP-Pakete.

Einem Paketfilter sind in Abbildung 29.3 nur die Boxen Filter Input, Filter Output, Filter Forward und eventuell auch NAT Postrouting zuzuordnen. Alle anderen Teile der Abbildung beschreiben die Netzwerkfunktionen des Kernels bzw. gewöhnliche Netzwerkdienste, die auf dem lokalen System laufen und mit dem Paketfilter nichts zu tun haben.

Achtung

Bei vielen Firewall-Abbildungen sehen Sie links das (gefährliche) Internet, dann die Firewall und rechts das (sichere) lokale Netz. Abbildung 29.3 entspricht nicht diesem Schema! Die Pakete, die links in den Rechner kommen, stammen sowohl aus dem lokalen Netz als auch aus dem Internet. Dasselbe gilt auch für die Pakete, die die Firewall rechts verlassen.

Aktionen

Für die Weiterleitung von Paketen – egal, ob diese von einer Netzwerkschnittstelle kommen oder von einem lokalen Programm erzeugt wurden – ist der Kernel zuständig. Dieser hat dabei in den unterschiedlichen Stufen des Filtersystems jeweils drei Alternativen:

- **Deny:** Die Weiterleitung des Pakets wird ohne Rückmeldung abgelehnt. (Das Paket wird damit gewissermaßen gelöscht. Es existiert nicht mehr weiter.)
- **Reject:** Die Weiterleitung wird mit einer Rückmeldung abgelehnt. Die Folgen für das Paket sind dieselben, allerdings bekommt der Sender durch ein (anderes) ICMP-Paket die Nachricht, dass sein Paket abgelehnt wurde.
- **Accept:** Das Paket wird weitergeleitet.

Tabellen

Die Grundidee eines Netfilter-Systems sieht so aus: Jedes IP-Paket durchläuft verschiedene Orte im Kernel, an denen anhand von Regeln überprüft wird, ob das Paket zulässig ist. Wenn das der Fall ist, wird es weitergeleitet, sonst wird es gelöscht oder zurückgesandt. Drei Tabellen steuern den Netfilter:

- **Filter-Tabelle:** Diese Tabelle enthält üblicherweise das gesamte Regelsystem für den eigentlichen Paketfilter (Firewall).
- **NAT-Tabelle:** Diese Tabelle ist nur aktiv, wenn die Masquerading-Funktion des Kernels aktiviert ist. Sie ermöglicht verschiedene Formen der Adressveränderung (Network Address Translation) bei Paketen, die von außen in den Kernel eintreten bzw. diesen wieder verlassen.
- **Mangle-Tabelle:** Auch mit dieser Tabelle können IP-Pakete manipuliert werden. Die Tabelle dient Spezialaufgaben und wird in diesem Buch nicht weiter behandelt.

Regelketten (Chains)

Jede dieser Tabellen sieht wiederum mehrere Regelketten (Chains) vor:

- **Filter-Tabelle:** Input, Forward und Output
- **NAT-Tabelle:** Prerouting, Output und Postrouting
- **Mangle-Tabelle:** Prerouting und Output

Von diesen insgesamt acht Regelketten sind in Abbildung 29.3 nur die vier wichtigsten dargestellt.

Hinweis

Die Regelketten sind voneinander unabhängig! Es gibt also zwei verschiedene Prerouting- und sogar drei Output-Regelketten.

Dennoch ist auch in der Dokumentation oft einfach von der Output-Regelkette die Rede, ohne genaue Angabe, auf welche Tabelle sich diese Regelkette eigentlich bezieht. Gemeint sind in derartigen Fällen immer die Regelketten der Filter-Tabelle, die bei Weitem am wichtigsten ist.

Diese Sprachregelung gilt sogar für das Kommando `iptables`**: Dort kann die gewünschte Tabelle mit der Option** `-t` **angegeben werden. Entfällt diese Option, gilt das Kommando automatisch für die Filter-Tabelle.**

Wenn ein IP-Paket bei seiner Wanderung durch den Kernel auf eine Regelkette stößt, überprüft der Kernel der Reihe nach sämtliche Regeln. Sobald eine Regel auf das Paket zutrifft, wird die in der Regel vorgesehene Aktion durchgeführt (z. B. das Paket weiterleiten, löschen, zurücksenden etc.). Nur wenn keine einzige der Regeln auf das Paket zutrifft, kommt das Standardverhalten des Filters zur Anwendung. Dieses lautet je nach Konfiguration abermals: weiterleiten, löschen oder zurücksenden.

Grundzustand

Im Grundzustand des Kernels ist nur die Filter-Tabelle mit ihren drei Regelketten Input, Forward und Output aktiv. Keine dieser drei Regelketten enthält eine Regel, und das Standardverhalten lautet für alle drei Regelketten: weiterleiten.

iptables

Die Kunst, einen Paketfilter zu erstellen, besteht nun also darin, für jede relevante Filterkette das Standardverhalten sowie eine Reihe von Regeln zu definieren. Dazu kommt das Kommando `iptables` zum Einsatz. Ein konkretes Anwendungsbeispiel finden Sie im folgenden Abschnitt. Weitere Informationen und Details gibt es wie üblich im Internet:

http://www.netfilter.org/
http://people.netfilter.org/rusty/unreliable-guides/

nftables Das Netfilter-System ist seit 2001 Bestandteil des Kernels. Mittlerweile haben sich einige grundlegende Mängel herausgestellt, weswegen bereits am Nachfolgesystem `nftables` gearbeitet wird. Es ist momentan aber nicht abzusehen, wann und in welcher Form `nftables` Netfilter ablösen wird.

http://lwn.net/Articles/324989/

29.4 Firewall mit iptables selbst gebaut

Dieser Abschnitt zeigt die Programmierung einer eigenen Paketfilter-Firewall für ein Gateway, also für einen Rechner, der den anderen Rechnern im LAN Zugang ins Internet gibt (siehe Kapitel 28). Abbildung 29.1 auf Seite 839 zeigt die Ausgangssituation. Die Aufgabe der Firewall besteht darin, gefährliche Ports nach außen hin ganz zu blockieren und bei den restlichen Ports eine Kommunikation nur dann zu erlauben, wenn die Kommunikation von innen initiiert wurde (also aus dem LAN). Das Firewall-Script kümmert sich schließlich auch um die Aktivierung der Masquerading-Funktionen.

Das Beispiel wurde unter Ubuntu entwickelt und getestet. Wenn Sie eine andere Distribution verwenden, müssen Sie unbedingt vorher die distributionsspezifische Firewall deaktivieren! Außerdem müssen Sie die Integration in das Init-System an die Gepflogenheiten der jeweiligen Distribution anpassen (siehe Kapitel 25).

Überblick Die Firewall besteht aus den beiden Script-Dateien `myfirewall-start` und `myfirewall-stop`. Die Grundeinstellungen der Firewall werden in der Konfigurationsdatei `myfirewall` gespeichert.

`/etc/myfirewall/myfirewall-start`	(Firewall-Start)
`/etc/myfirewall/myfirewall-stop`	(Firewall-Stopp)
`/etc/default/myfirewall`	(Grundeinstellungen)

Basiskonfiguration (myfirewall)

Die Variable `MFW_ACTIVE` in `/etc/default/myfirewall` steuert, ob die Firewall während des Systemstarts aktiviert werden soll. `MFW_MASQ` gibt an, ob Masquerading aktiviert werden soll (siehe auch ab Seite 798). Die restlichen Variablen geben die Schnittstellen und Adressen des lokalen Netzwerks bzw. der Internetverbindung an.

```
# Datei /etc/default/myfirewall
# start firewall: yes/no
MFW_ACTIVE=yes
# start masquerading: yes/no
MFW_MASQ=yes
# local network
MFW_LAN=eth1
MFW_LAN_IP=192.168.0.0/24
# internet
MFW_INET=eth0
```

Firewall stoppen (myfirewall-stop)

Das Script `myfirewall-stop` stellt den `iptables`-Grundzustand her und deaktiviert die Firewall. Zuerst wird mit dem Kommando `.` die Konfigurationsdatei `myfirewall` gelesen. Außerdem ermittelt `which` den Ort der Kommandos `iptables` und `sysctl`. (Das Verzeichnis, in das diese Kommandos installiert sind, kann je nach Distribution variieren.)

`iptables -P` stellt dann das Standardverhalten aller Filter auf ACCEPT. `iptables -F` löscht alle vorhandenen Regeln, wobei für die NAT-Tabelle ein eigenes Kommando erforderlich ist. `iptables -X` löscht alle benutzerdefinierten Regelketten. Netfilter erlaubt nun jeglichen IP-Verkehr.

```
#!/bin/bash
# Datei /etc/myfirewall/myfirewall-stop

# Konfigurationseinstellungen lesen
. /etc/default/myfirewall
IPT=$(which iptables)
SYS=$(which sysctl)

# reset iptables
$IPT -P INPUT ACCEPT
$IPT -P OUTPUT ACCEPT
$IPT -P FORWARD ACCEPT
$IPT -P POSTROUTING ACCEPT -t nat
$IPT -P PREROUTING ACCEPT -t nat
$IPT -P OUTPUT ACCEPT -t nat
$IPT -F
$IPT -F -t nat
$IPT -X

# stop masquerading
$SYS -q -w net.ipv4.ip_forward=0
```

Vergessen Sie nicht, die Script-Datei mit `chmod u+x` als ausführbar zu kennzeichnen!

Firewall starten (myfirewall-start)

Wesentlich interessanter ist naturgemäß `myfirewall-start`. Das Script beginnt damit, die Stopp-Regeln auszuführen. Das bewirkt gleichsam ein Reset des Netfilter-Systems. Alle weiteren `iptables`-Kommandos können sich somit darauf verlassen, dass vorher keine anderen Regeln definiert wurden.

Das erste `iptables`-Kommando lässt den Zugriff auf den SSH-Server aus dem Internet zu. Diese Regel ist dann sinnvoll, wenn der Rechner direkt (und nicht über einen ADSL-Router oder einen weiteren Rechner) mit dem Internet verbunden ist und wenn der Rechner von außen administriert werden soll. Falls der Rechner außer SSH noch andere öffentliche Dienste anbietet, muss auch die Nutzung dieser Dienste an dieser Stelle explizit erlaubt werden – andernfalls verhindert die weiter unten formulierte wall-Regel jeden Verbindungsaufbau von außen. Wenn Sie umgekehrt auch SSH aus dem Internet blockieren möchten, entfernen Sie das erste iptables-Kommando.

Ports sperren

In der for-Schleife werden einige Ports gegenüber dem Internet vollständig blockiert. Sie können die Port-Liste bei Bedarf selbst ergänzen.

```
#!/bin/bash
# Datei /etc/myfirewall/myfirewall-start (Teil 1)

# Konfigurationseinstellungen lesen
. /etc/default/myfirewall
IPT=$(which iptables)
SYS=$(which sysctl)

if [ $MFW_ACTIVE != "yes" ]; then
  echo "Firewall disabled in /etc/default/myfirewall"
  exit 0
fi

# Reset aller Firewall-Regeln
. /etc/myfirewall/myfirewall-stop

# Zugriff auf den SSH-Server (Port 22) aus dem Internet erlauben
$IPT -A INPUT  -i $MFW_INET -p tcp --dport 22 -j ACCEPT

# einige Ports komplett sperren
#   23 (telnet)
#   69 (tftp)
#  135 (Microsoft DCOM RPC)
#  139 (NetBIOS/Samba/etc.)
#  445 (CIFS-Dateisystem für Samba/SMB)
#  631 (ipp/CUPS)
# 1433 (Microsoft SQL Server)
# 2049 (NFS)
# 3306 (MySQL)
# 5999-6003 (X-Displays)
for PORT in 23 69 135 139 445 631 1433 2049 3306 \
            5999 6000 6001 6002 6003; do
  $IPT -A INPUT  -i $MFW_INET -p tcp --dport $PORT -j DROP
  $IPT -A OUTPUT -o $MFW_INET -p tcp --dport $PORT -j DROP
  $IPT -A INPUT  -i $MFW_INET -p udp --dport $PORT -j DROP
  $IPT -A OUTPUT -o $MFW_INET -p udp --dport $PORT -j DROP
done
```

wall-Regelkette

Die folgenden Zeilen definieren eine neue Regelkette mit dem Namen wall. Sie stellt einen ebenso eleganten wie wirkungsvollen Schutz vor neuen Verbindungen von außen dar. Die erste wall-Regel besagt, dass alle Pakete akzeptiert werden, die zu einer bereits vorhandenen Verbindung gehören.

Die zweite Regel akzeptiert Pakete, die eine neue Verbindung initiieren, sofern die Verbindung *nicht* über die Internetschnittstelle initiiert wird. Die Inversion wird syntaktisch durch das Ausrufezeichen vor der Option -i ausgedrückt. Im Klartext bedeutet die Regel, dass es beispielsweise möglich ist, aus dem lokalen Netz heraus eine HTTP-Kommunikation mit dem Rechner zu starten, nicht aber aus dem Internet.

Die dritte Regel lautet: Alle Pakete, die nicht den vorigen Regeln entsprechen, werden abgewiesen. Diese letzte Regel entspricht also dem Motto: Alles verbieten, was nicht explizit erlaubt ist! Einem potenziellen Angreifer aus dem Internet wird es daher nicht gelingen, eine SSH-Session auch nur zu starten. (Das Gleiche gilt natürlich auch für alle anderen Netzwerkdienste – HTTP, FTP, Telnet etc.)

Die zwei abschließenden Kommandos des Scripts geben an, dass für alle Pakete, die die Input- oder Forward-Filter durchlaufen, die wall-Regeln zur Anwendung kommen:

```
# Datei /etc/myfirewall/myfirewall-start (Fortsetzung, Teil 2)

# diese Regelkette blockiert alle Verbindungsversuche,
# die von außen (aus dem Internet) kommen
$IPT -N wall
$IPT -A wall -m state --state ESTABLISHED,RELATED -j ACCEPT
$IPT -A wall -m state --state NEW ! -i $MFW_INET -j ACCEPT
$IPT -A wall -j DROP

# diese Regelkette für INPUT und FORWARD anwenden
$IPT -A INPUT -j wall
$IPT -A FORWARD -j wall
```

Masquerading

Zu guter Letzt muss nur noch das Masquerading aktiviert werden (siehe auch ab Seite 798):

```
# Datei /etc/myfirewall/myfirewall-start (Fortsetzung, Teil 3)
# Masquerading aktivieren
if [ $MFW_MASQ = 'yes' ]; then
  $IPT -A POSTROUTING  -t nat -o $MFW_INET -s $MFW_LAN_IP -j MASQUERADE
  $SYS -q -w net.ipv4.ip_forward=1
fi
```

Upstart-Integration

Um die Firewall durch Upstart automatisch während des Rechnerstarts vor den Netzwerkschnittstellen zu aktivieren bzw. beim Herunterfahren des Rechners nach den Netzwerkschnittstellen zu deaktivieren, müssen Sie eine eigene Konfigurationsdatei in /etc/init erstellen:

```
# Datei /etc/init/myfirewall.conf
description "myfirewall"
start on (starting network-interface
          or starting network-manager
          or starting networking)
stop on runlevel [!023456]
pre-start exec /etc/myfirewall/myfirewall-start
post-stop exec /etc/myfirewall/myfirewall-stop
```

Mit service können Sie die Firewall auch manuell starten, stoppen und neu starten:

```
root# service myfirewall start
root# service myfirewall stop
root# service myfirewall restart
```

Init-V-Integration

Anstatt die Firewall mit Upstart zu aktivieren, können Sie auch ein Init-V-Script verwenden. Das funktioniert im Prinzip auf fast allen Distributionen, da sowohl Upstart als auch systemd (Fedora) auf Kompatibilität zum Init-V-System bedacht sind. Details des Script müssen Sie dennoch an die Besonderheiten der jeweiligen Distribution anpassen.

```
#!/bin/sh -e
# eigenes Init-V-Script /etc/init.d/myfirewall
### BEGIN INIT INFO
# Provides:          firewall
# Required-Start:    networking
# Required-Stop:
# Default-Start:     S
# Short-Description: Start firewall and masquerading
### END INIT INFO

# Grundfunktionen
. /lib/lsb/init-functions

# Funktionen für start, stop und restart
case "$1" in
  start|restart)
        log_begin_msg "Starting firewall and masquerading ..."
        . /etc/myfirewall/myfirewall-start
        log_end_msg 0
        ;;
  stop)
        log_begin_msg "Stopping firewall and masquerading ..."
        . /etc/myfirewall/myfirewall-stop
        log_end_msg 0
        ;;
  *)
        log_success_msg "Usage: xxx {start|stop|restart}"
        exit 1
        ;;
esac
exit 0
```

Damit dieses Script beim Systemstart automatisch ausgeführt wird, richten Sie den folgenden Link ein:

```
root# cd /etc/rcS.d
root# ln -s ../init.d/myfirewall S41myfirewall
```

29.5 VPN – eine Einführung

Als *Virtual Private Network* (VPN) wird die Vernetzung zweier oder mehrerer Rechner auf der Grundlage eines bestehenden Netzes bezeichnet. Der Clou an der Sache ist, dass das VPN sicher ist, obwohl das zugrunde liegende Übertragungsmedium – beispielsweise das Internet oder ein WLAN – unsicher ist. (»Unsicher« bedeutet in diesem Zusammenhang, dass es für einen Eindringling relativ leicht ist, die Kommunikation mitzulesen oder sogar zu manipulieren.)

Virtual bezieht sich darauf, dass ein bestehendes Netz dazu benutzt wird, darauf ein zweites Netz aufzubauen. Zur Beschreibung dieses Vorgangs wird oft der Begriff *Tunnel* verwendet: Im existierenden Netz wird ein nach außen hin geschützter Tunnel errichtet, durch den die Kommunikation des virtuellen Netzwerks erfolgt. Der Verkehr im Tunnel unterscheidet sich vom restlichen Verkehr im Netz durch ein besonderes Protokoll, eine besondere Verschlüsselung etc. Wie die folgende Aufzählung zeigt, gibt es dazu unterschiedliche Verfahren.

Private bezieht sich darauf, dass das neue Netz besser vor der Umgebung und damit auch vor potenziellen Angreifern geschützt ist. Das Netz ist also privat im Gegensatz zum quasi-öffentlichen Internet oder zu einem nur unzureichend abgesicherten WLAN.

VPN-Anwender sehen (zumindest, wenn sie `ifconfig` ausführen) beide Netze. Die Beispiele dieses Buchs verwenden ein Basisnetz (Public) im Adressraum 172.16.0.*. Das sichere VPN (Private) nutzt dagegen den Adressraum 192.168.0.*. Bei der Client-Konfiguration ist es entscheidend, dass das unsichere Basisnetz nur als Medium für das sichere VPN verwendet wird.

Die Verschlüsselung des Datenverkehrs per VPN ist natürlich mit einigem Rechen- und Verwaltungsaufwand verbunden. Während das bei einem einzelnen VPN-Client keine Rolle spielt, kann die CPU-Belastung für einen VPN-Server durchaus relevant sein, wenn dieser viele VPN-Verbindungen gleichzeitig bedient.

VPN-Technologien

Es gibt eine ganze Reihe von Möglichkeiten, VPNs zu realisieren. Die folgende Liste zählt die wichtigsten Varianten und nennt jeweils einige dazu passende Webadressen:

» **IPsec, Openswan:** IPsec ist ein Protokoll zum sicheren Datenverkehr zwischen zwei Computern und kann zur Bildung eines VPNs verwendet werden. IPsec ist eigentlich Bestandteil des zukünftigen Internetprotokolls IPv6, wurde aber zum größten Teil auch für das herkömmliche Internetprotokoll (IPv4) implementiert. Sein größter Nachteil ist die hohe Komplexität: Selbst relativ einfache Aufgaben erfordern eine aufwendige Konfiguration, weswegen ich in diesem Buch auf eine weitere Behandlung verzichte.

  IPsec ist ab Version 2.6 direkt in den Kernel integriert. Zur Steuerung der IPsec-Funktionen benötigen Sie unter anderem das Kommando `ipsec`, das Teil des openswan-Pakets ist. IPsec wird auch von diversen anderen Betriebssystemen unterstützt (unter anderem von allen aktuellen Windows-Versionen).

http://www.openswan.org/
http://www.ipsec-howto.org/
http://lartc.org/howto/lartc.ipsec.html

» **L2TP:** Das *Layer 2 Tunnel Protocol* ist aus einer Zusammenarbeit von Microsoft und Cisco entstanden. Es vereint Konzepte von PPTP (siehe unten) und von Ciscos L2F (Layer 2 Forwarding Protocol). L2TP beinhaltet allerdings selbst keine sicheren Authentifizierungsverfahren und wird deswegen oft in Kombination mit IPsec eingesetzt (L2TP/IPsec). Dabei kümmert sich IPsec um die Authentifizierung und Verschlüsselung, L2TP um die Verwaltung der Tunnel.

http://www.jacco2.dds.nl/networking/freeswan-l2tp.html
http://sourceforge.net/projects/openl2tp/

» **PPTP:** Das *Point-to-Point Tunneling Protocol* kombiniert das ursprünglich zur Internetverbindung via Modem und ISDN konzipierte *Point-to-Point Protocol* (PPP) mit einem verschlüsselten Tunnel. PPTP eignet sich nicht nur zur Übertragung von IP-Paketen, sondern ist auch mit anderen Protokollen kompatibel (Novell IPX, AppleTalk etc.).

PPTP wurde von Microsoft entwickelt und ist öffentlich dokumentiert (RFC 2637). Die Integration von Windows-Rechnern in ein PPTP-VPN ist daher problemlos. PPTP wird auch von manchen PDAs und Smartphones unterstützt.

Die erste Implementierung von PPTP hatte grobe Sicherheitsmängel. Diese Mängel wurden aber mittlerweile behoben. Sofern ausreichend lange Passwörter verwendet werden (mindestens 12 Zeichen!) und als Authentifizierungssystem MS-CHAP Version 2 eingesetzt wird, gilt PPTP für die meisten Anwendungen als ausreichend sicher.

http://pptpclient.sourceforge.net/
http://poptop.sourceforge.net/

» **OpenVPN:** Hierbei handelt es sich um einen relativ einfachen VPN-Dämon, der anders als IPsec keine eigenen Kernelmodule voraussetzt. Der Datenaustausch erfolgt in verschlüsselten UDP-Paketen. Zum Zugriff auf den VPN-Verkehr gibt es unter Linux spezielle `tun`- und `tap`-Devices. Ein wesentlicher Vorteil von OpenVPN ist die vergleichsweise einfache Konfiguration. OpenVPN läuft unter Linux, Windows und diversen Unix-Derivaten (Solaris, *BSD, OS X).

http://openvpn.sourceforge.net/

» **PPPD und SSH:** Auch mit dem Programmm SSH kann ein sogenannter Tunnel errichtet werden. Dieser Tunnel wird zur verschlüsselten Kommunikation zwischen zwei Rechnern genutzt. Normalerweise beschränkt sich ein SSH-Tunnel allerdings auf nur einen IP-Port. Erst durch die Kombination von SSH mit einem PPP-Dämon kann der gesamte IP-Verkehr durch einen SSH-Tunnel geleitet werden. Das so erzeugte VPN ähnelt von der Idee her der PPTP-Lösung, ohne aber deren Sicherheitsprobleme zu teilen. Die Kombination aus SSH und PPPD wird auf den folgenden Seiten ausführlich beschrieben:

http://www.oreillynet.com/pub/a/wireless/2001/02/23/wep.html
http://www.tldp.org/HOWTO/VPN-HOWTO/

Die aufgezählten VPN-Technologien unterscheiden sich nicht zuletzt dadurch, auf welcher Ebene der Netzwerkverkehr verschlüsselt wird: Bei IPsec erfolgen die Verschlüsselung und die Bildung des Tunnels bereits auf IP-Ebene, also auf einer sehr niedrigen Protokollstufe. Die anderen Varianten benutzen dagegen reguläre TCP- oder UDP-Pakete zur Übertragung der verschlüsselten Daten. Dieser Lösungsansatz erfordert keine Kerneleingriffe, kann allerdings Probleme im Zusammenhang mit dem Masquerading und mit manchen IP-Protokollen verursachen (z. B. FTP).

Die vielen VPN-Technologien machen die Auswahl nicht gerade einfach. Für dieses Buch habe ich mich primär wegen der vergleichsweise einfachen Konfiguration für PPTP entschieden.

VPN-Topologien

So wie es zahlreiche Technologien zur Realisierung von VPN-Verbindungen gibt, so bestehen auch viele Möglichkeiten, Rechner via VPN zu verbinden. Die folgende Liste stellt einige Varianten zur Auswahl:

» **Punkt-zu-Punkt-Verbindung zwischen zwei Rechnern:** Bei diesem einfachsten Fall geht es einfach darum, eine sichere Verbindung zwischen zwei Rechnern über ein unsicheres Medium (WLAN, Internet) herzustellen. Oft können Sie sich hier die Konfiguration eines VPNs sparen und stattdessen SSH einsetzen.

» **Client/Server-Szenario:** Hier sollen zahlreiche Clients auf einen zentralen Server zugreifen. Dieser Fall wird oft auch als *Road-Warrior-Szenario* bezeichnet, weil es einen Mitarbeiter unterwegs in die Lage versetzt, mit seiner Firma via Internet sicher zu kommunizieren.

» **Server/Server-Szenario:** Zum Austausch sicherheitsrelevanter Daten besteht zwischen zwei geografisch getrennten Servern ein VPN. Die Clients der beiden Netzwerke kommunizieren nur mit den ihnen zugeordneten Servern. Diese Art der Topologie ist am ehesten anzutreffen, wenn zwei geografisch getrennte Firmenstandorte (z. B. Europa und USA) über eine gewöhnliche Internetverbindung per VPN verbunden werden sollen.

In diesem Buch wird nur das Client/Server-Szenario beschrieben, und zwar unter der Annahme, dass die Verbindung zwischen den Clients und dem Server über ein WLAN erfolgt.

Unabhängig von diesen Varianten kann auch variiert werden, welcher Teil des IP-Verkehrs über das VPN geleitet wird: Bei WLANs ist es oft sinnvoll, den gesamten IP-Verkehr durch das VPN zu leiten. Beim Server/Server-Szenario ist es dagegen zweckmäßiger, nur sicherheitsrelevante Daten über das VPN zu leiten (z. B. zur Synchronisation von Datenbanken oder Dateisystemen). Alle anderen Internetdienste stellt jeder Server seinen Clients direkt zur Verfügung. Da auch die Firewall- und Router-Funktionen von diesen Faktoren abhängen, entstehen beinahe unendlich viele Konfigurationsmöglichkeiten, die ich hier nicht alle erläutern kann. Zu vielen VPN-Lösungen gibt es mittlerweile eigene Bücher, die die entsprechenden Details enthalten.

29.6 VPN mit PPTP realisieren

Die folgenden Absätze sowie Abbildung 29.4 fassen die Ausgangslage für die Bildung des VPNs zusammen:

» Die Installation des VPN-Servers erfolgt auf demselben Rechner, auf dem sich auch das Internet-Gateway und die Firewall befinden. Die Grundkonfiguration ist in Kapitel 28 (Internet-Gateway) beschrieben.

» Der VPN-Server dient zur Absicherung eines lokalen WLANs (Client/Server-Szenario). Eine VPN-Verbindung von außen über das Internet ist hingegen nicht vorgesehen.

» Der WLAN-Access-Point ist über eine eigene Netzwerkschnittstelle mit dem Server verbunden. Der DHCP-Server ist so konfiguriert, dass er an dieser Schnittstelle Adressen aus dem Adressraum 172.16.0.* zuweist (siehe Seite 811).

» Der Verkehr durch die WLAN-Netzwerkschnittstelle ist durch eine Firewall weitestgehend blockiert. Es werden nur solche Pakete akzeptiert, die für die DHCP-Konfiguration der WLAN-Clients und für das VPN erforderlich sind. Der WLAN-spezifische Teil der Firewall wird auf Seite 857 beschrieben.

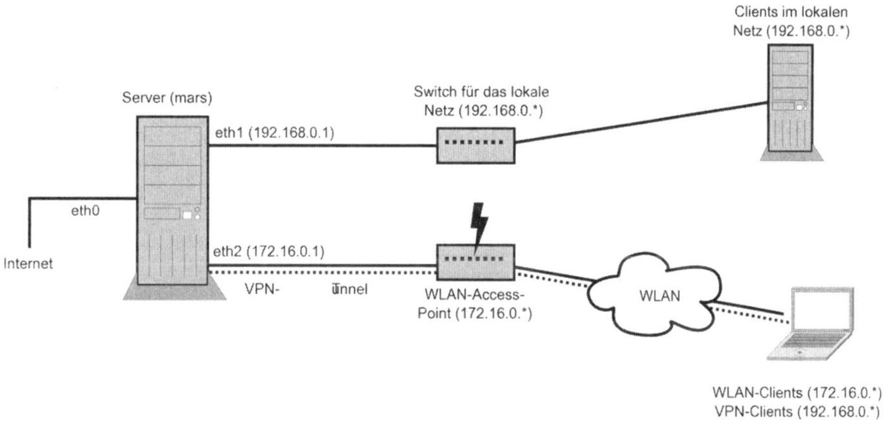

Abbildung 29.4: **VPN-Netzwerktopologie**

Das lokale Netzwerk besteht aus zwei Teilen: einem sicheren (LAN) und einem unsicheren (WLAN).

192.168.0.*: traditionelles lokales Netz (privat)
172.16.0.*: Funknetz (öffentlich, WLAN)

Am Server sind *drei* Netzwerkschnittstellen erforderlich, die in der Beispielkonfiguration wie folgt verwendet werden:

eth0: 10.0.0.1 (Internetzugang via ADSL-Router)
eth1: 192.168.0.1 (LAN)
eth2: 172.16.0.1 (WLAN)

Der Server verwendet das WLAN-Netz ausschließlich für DHCP und VPN. Alle anderen Netzwerkfunktionen werden den WLAN-Clients über VPN-Tunnel zur Verfügung gestellt. Die WLAN-Clients werden per VPN in das 192.168.0.*-Netz eingebunden, sodass sie dank VPN nahtlos in das lokale Netz integriert sind.

Nameserver-Probleme Eine prinzipielle Einschränkung des PPTP-VPNs besteht darin, dass die VPN-Clients zwar das lokale Netz nutzen können, selbst darin aber nicht namentlich bekannt sind. Der Grund dafür ist einfach: Nicht der DHCP-Server, sondern der PPTP-Server teilt den Clients IP-Adressen zu. Der Nameserver (also `bind`) erfährt davon aber nichts. Anders als dhcpd unterstützt pptpd keine diesbezügliche Kommunikation mit dem Nameserver. Deswegen kann der Nameserver den Hostnamen der VPN-Clients nicht deren IP-Adressen zuordnen.

Netzwerkkonfiguration auf dem Server

Im Vergleich zu der in Kapitel 28 präsentierten Konfiguration muss also auch die dritte Netzwerkschnittstelle eth2 statisch für die IP-Adresse 172.16.0.1 konfiguriert werden. Wenn Sie Debian oder Ubuntu verwenden, sehen die erforderlichen Zeilen in `/etc/network/interfaces` so aus:

```
# Datei /etc/network/interfaces
...
# Schnittstelle zum WLAN-Access-Point
auto eth2
iface eth2 inet static
  address 172.16.0.1
  netmask 255.255.255.0
```

DHCP-Konfiguration Der DHCP-Server muss nun auch die WLAN-Schnittstelle eth2 betreuen und den WLAN-Clients Adressen im Bereich 172.16.0.* zuweisen. Dazu fassen Sie die LAN-Einstellungen innerhalb von `dhcpd.conf` zu einer Gruppe zusammen und fügen dann eine zweite Gruppe mit den WLAN-Einstellungen hinzu. Wichtig ist, dass Sie beim zweiten Netzwerk auf die Optionen `routers` und `domain-name-servers` verzichten. Das WLAN soll nur als Transportmedium für das VPN dienen, nicht aber für direkten Netzwerk- oder Internetverkehr. Nameserver- und Routing-Informationen führen hier nur zu Problemen!

```
# /etc/dhcp3/dhcpd.conf
# Konfiguration für zwei getrennte Netzwerke
# globale Optionen
...

# Netzwerk 1 (192.168.0.*)
group { # LAN
  option broadcast-address 192.168.0.255;
  option subnet-mask       255.255.255.0;
  option routers             192.168.0.1;
  option domain-name-servers 192.168.0.1;
```

```
  # dynamischer Adressbereich
  subnet 192.168.0.0 netmask 255.255.255.0 {
    range 192.168.0.2 192.168.0.239; }
}

# Netzwerk 2 (172.16.0.*)
group { # WLAN
  option broadcast-address  172.16.0.255;
  option subnet-mask       255.255.255.0;

  # dynamischer Adressbereich
  subnet 172.16.0.0 netmask 255.255.255.0 {
    range 172.16.0.2 172.16.0.254;  }
}
```

Das folgende Kommando aktiviert die Änderung:

```
root#  /etc/init.d/dhcp3-server restart
```

Hinweis

Sie können statt eines WLAN-Access-Points auch einen WLAN-Router verwenden, müssen dann aber dessen DHCP-Server deaktivieren!

Grundsätzlich ist es auch möglich, als DHCP- und Nameserver Dnsmasq einzusetzen. Allerdings ist dessen Konfiguration für zwei voneinander unabhängige Netze sehr umständlich, weswegen ich in solchen Fällen die Kombination aus dhcpd **und** bind9 **vorziehe.**

PPTPD-Server einrichten

Auf dem Server müssen Sie nun den PPTP-Server installieren, der sich üblicherweise im Paket pptpd befindet. Die Konfigurationseinstellungen verteilen sich auf mehrere Dateien.

pptpd.conf

/etc/pptpd.conf enthält die wichtigsten Einstellungen für pptpd. Entscheidend sind die Angabe der lokalen IP-Adresse des Servers sowie des Adressbereichs für die VPN-Clients. Hier handelt es sich um die Adressen, die durch das VPN miteinander verbunden werden sollen. Falls Sie im lokalen Netzwerk auch einen DHCP-Server verwenden, müssen Sie darauf achten, dass sich die dynamischen Adressbereiche des DHCP- und des PPTP-Servers nicht überlappen. Passen Sie gegebenenfalls dnsmasq.conf entsprechend an!

```
# /etc/pptpd.conf
option /etc/ppp/pptpd-options
localip  192.168.0.1
remoteip 192.168.0.240-253
listen   172.16.0.1
```

pptpd-options

/etc/ppp/pptpd-options enthält alle PPP-spezifischen Optionen. Der Name dieser Datei ist im Prinzip beliebig, solange er mit der option-Anweisung in /etc/pptpd.conf übereinstimmt.

```
# /etc/ppp/pptpd-options
name pptpd            # derselbe Name muss in der 2. Spalte von
                      # chap-secrets angegeben werden
lock
require-mschap-v2
require-mppe-128
refuse-pap
refuse-chap
refuse-mschap
proxyarp
ms-dns  192.168.0.1   # PPTP-Clients sollen diesen DNS verwenden
```

Die Einstellungen in pptpd-options bedürfen einer genaueren Erklärung: Die name-Einstellung ist für die korrekte Auswertung des PPP-Login-Passworts wichtig. Der hier angegebene Name muss identisch mit der zweiten Spalte der Datei chap-secrets sein.

Die diversen require- und refuse-Anweisungen bewirken, dass zur Identifikation ausschließlich das von Microsoft eingeführte Protokoll mschap in der Version 2 verwendet werden kann. Zusammen mit der Einstellung require-mppe-128 (128-Bit-Verschlüsselung) bewirkt dies, dass PPTP so sicher wie möglich ausgeführt wird.

Die proxyarp-Option bewirkt, dass die IP-Adresse des VPN-Clients in die ARP-Tabelle (*Address Resolution Protocol*) des Servers eingetragen wird. Das bewirkt, dass der VPN-Client für alle anderen Rechner im lokalen Netzwerk zugänglich ist.

Mit ms-dns wird die Adresse des Nameservers angegeben, den der VPN-Client zur Auflösung von Netzwerknamen verwenden soll. Obwohl die Option mit ms (wie Microsoft) beginnt, gilt diese Einstellung auch für Linux-Clients.

Tipp

Beachten Sie, dass der PPP-Dämon pppd **auch alle Optionen in** /etc/ppp/options **berücksichtigt. (Optionen in** /etc/ppp/pptpd-options **haben aber Vorrang.) Wenn es Probleme bei der Konfiguration des PPTP-Servers gibt, sollten Sie als Erstes einen Blick in** /etc/ppp/options **werfen. Dieses Beispiel geht davon aus, dass** /etc/ppp/options **leer ist.**

Wenn Probleme beim VPN-Verbindungsaufbau auftreten, ergänzen Sie pptpd-options **um eine weitere Zeile mit dem Schlüsselwort** debug. pptpd **und** pppd **schreiben dann ausführliche Status- und Fehlertexte in** /var/log/messages.

chap-secrets

Die letzte Konfigurationsdatei ist /etc/ppp/chap-secrets: Sie enthält die Namen und Passwörter, mit denen sich die VPN-Clients beim PPTP-Server anmelden können. Die Datei sieht insgesamt vier Spalten vor. In der ersten Spalte befindet sich der Login-Name, in der dritten das Passwort. Das Passwort sollte aus Sicherheitsgründen mindestens 12 Zeichen lang sein.

Die zweite Spalte enthält eine Identifikationskennung für den Server (siehe die Einstellung name in pptpd-options!). Die vierte Spalte kann wahlweise einen Stern oder eine IP-Adresse enthalten. Im ersten Fall weist der PPTP-Server dem Client eine IP-Adresse aus dem remoteip-Bereich zu, im zweiten Fall wird die angegebene IP-Adresse verwendet. (Diese Adresse sollte sich außerhalb des remoteip-Bereichs befinden, um Konflikte zu vermeiden.)

```
# in /etc/ppp/chap-secrets
# login name   pptpd-name   password         client IP adress
"vpnclient"    "pptpd"      "vpntestpassw"   *
```

Ein Neustart des PPTP-Servers aktiviert die geänderte Konfiguration:

```
root#  /etc/init.d/pptpd restart
```

Damit pptpd beim Hoch- und Herunterfahren des Rechners automatisch gestartet bzw. wieder gestoppt wird, richten Sie je nach Distribution die entsprechenden Links für das Init-V-System ein (siehe Seite 323).

Status

Es ist nun die Aufgabe der Client-Rechner, eine Verbindung zum PPTP-Server herzustellen (siehe Abschnitt 27.10 ab Seite 789). Jedes Mal, wenn ein Verbindungsaufbau gelingt, wird auf dem Server hierfür eine neue ppp-Schnittstelle eingerichtet, also ppp0, ppp1 etc.

Den Zustand dieser Schnittstellen können Sie mit `ifconfig` ermitteln. Die folgenden Zeilen zeigen eine (gekürzte) Zusammenfassung der Schnittstellen auf dem Server `mars.sol`. Dabei ist `lo` die Loopback-Schnittstelle, eth0 die Schnittstelle zum Internet, eth1 die Schnittstelle zum LAN, eth2 die Schnittstelle zum WLAN und ppp0 die VPN-Schnittstelle für den ersten PPTP-Client:

```
root#  ifconfig
lo   Protokoll:Lokale Schleife
     inet Adr:127.0.0.1  Maske:255.0.0.0
     ...
eth0 Link encap:Ethernet-Hardware-Adresse 00:16:17:cd:c3:81
     inet Adr:10.0.0.1  Bcast:10.0.0.255  Maske:255.255.255.0
     ...
eth1 Link encap:Ethernet-Hardware-Adresse 00:14:6c:8e:d9:71
     inet Adr:192.168.0.1  Bcast:192.168.0.255  Maske:255.255.255.0
     ...
eth2 Link encap:Ethernet-Hardware-Adresse 00:4f:4e:0f:8e:a0
     inet Adr:172.16.0.1  Bcast:172.16.255.255  Maske:255.255.0.0
     ...
ppp0 Link encap:Punkt-zu-Punkt-Verbindung
     inet Adr:192.168.0.1  P-z-P:192.168.0.240  Maske:255.255.255.255
     ...
```

Firewall-Konfiguration für den PPTP-Server

Aus Sicherheitsgründen ist es empfehlenswert, auf der WLAN-Schnittstelle jeglichen Netzwerkverkehr zu unterbinden, der nicht unbedingt notwendig ist. Die folgenden Anweisungen lassen ausschließlich DHCP- und PPTP-Pakete zu. DHCP verwendet das Protokoll UDP auf den Ports 67 und 68. PPTP verwendet das Protokoll TCP auf dem Port 1723 sowie ein eigenes Protokoll GRE (*Generic Encapsulation*).

Die erforderlichen Firewall-Regeln lassen sich leicht in das ab Seite 845 präsentierte Firewall-Script einbauen: Dazu erweitern Sie zuerst `/etc/default/myfirewall` und geben dort in der Variablen `MFW_WLAN` den Namen der WLAN-Schnittstelle an:

```
# Datei /etc/default/myfirewall
...
MFW_WLAN=eth2
```

Anschließend fügen Sie der Datei `/etc/myfirewall/myfirewall-start` die folgenden Anweisungen hinzu:

```
# Datei /etc/myfirewall/myfirewall-start
...
# Port 67 und 68 für UDP akzeptieren (DHCP)
$IPT -A INPUT  -i $MFW_WLAN -p udp --dport   67 -j ACCEPT
$IPT -A OUTPUT -o $MFW_WLAN -p udp --dport   67 -j ACCEPT
$IPT -A INPUT  -i $MFW_WLAN -p udp --dport   68 -j ACCEPT
$IPT -A OUTPUT -o $MFW_WLAN -p udp --dport   68 -j ACCEPT

# Port 1723 für TCP akzeptieren (PPTP control)
# Protokoll GRE akzeptieren (Kennung 47, PPTP data)
$IPT -A INPUT  -i $MFW_WLAN -p tcp --dport 1723 -j ACCEPT
$IPT -A OUTPUT -o $MFW_WLAN -p tcp --sport 1723 -j ACCEPT
$IPT -A INPUT  -i $MFW_WLAN -p gre -j ACCEPT
$IPT -A OUTPUT -o $MFW_WLAN -p gre -j ACCEPT

# alle anderen Ports in der WLAN-Schnittstelle blockieren
$IPT -A INPUT  -i $MFW_WLAN -p tcp -j DROP
$IPT -A OUTPUT -o $MFW_WLAN -p tcp -j DROP
$IPT -A INPUT  -i $MFW_WLAN -p udp -j DROP
$IPT -A OUTPUT -o $MFW_WLAN -p udp -j DROP
```

Firewall-Konfiguration für den PPTP-Client

Um auszuschließen, dass auf dem Client-Rechner laufende Netzwerkdienste (z. B. ein Samba- oder MySQL-Server) über das WLAN Daten preisgeben, können Sie die WLAN-Schnittstelle durch eine Firewall absichern. Die Regeln sind den gerade vorgestellten Server-Regeln ganz ähnlich und variieren nur bei der Kommunikationsrichtung. Ein entsprechendes Script kann so aussehen:

```
#!/bin/sh
IPT=/sbin/iptables
WLAN=eth1
# Port 67 und 68 für UDP akzeptieren (DHCP)
$IPT -A INPUT  -i $WLAN -p udp --dport   67 -j ACCEPT
$IPT -A OUTPUT -o $WLAN -p udp --dport   67 -j ACCEPT
$IPT -A INPUT  -i $WLAN -p udp --dport   68 -j ACCEPT
$IPT -A OUTPUT -o $WLAN -p udp --dport   68 -j ACCEPT
# Port 1723 für TCP akzeptieren (PPTP control)
# Protokoll GRE akzeptieren
$IPT -A INPUT  -i $WLAN -p tcp --sport 1723 -j ACCEPT
$IPT -A OUTPUT -o $WLAN -p tcp --dport 1723 -j ACCEPT
$IPT -A INPUT  -i $WLAN -p gre -j ACCEPT
```

```
$IPT -A OUTPUT -o $WLAN -p gre -j ACCEPT
# alles andere blockieren
$IPT -A INPUT  -i $WLAN -p tcp -j DROP
$IPT -A OUTPUT -o $WLAN -p tcp -j DROP
$IPT -A INPUT  -i $WLAN -p udp -j DROP
$IPT -A OUTPUT -o $WLAN -p udp -j DROP
```

29.7 Webfilter mit Squid und DansGuardian

Squid ist ein sogenannter Proxy-Cache. Das bedeutet, dass das Programm Webseiten lokal zwischenspeichert und den Zugriff darauf reguliert. Squid kann drei Funktionen übernehmen:

» **Zugriffskontrolle:** Squid kann bestimmte Seiten für bestimmte Nutzer ganz blockieren, den Webzugang auf bestimmte Zeiten beschränken etc. Zur Erkennung »gefährlicher« Seiten wird Squid in der Regel mit dem Webfilter DansGuardian kombiniert. Squid und DansGuardian sind damit eine Hilfe, um den Internetzugang zu Hause oder in öffentlichen Einrichtungen (Schulen etc.) einzuschränken bzw. abzusichern.

» **Cache:** Wenn mehrere Personen über einen Proxy-Cache auf dieselbe Webseite zugreifen, vermeidet das die mehrfache Übertragung derselben Datei. Das macht das Lesen häufig benötigter Webseiten schneller und reduziert den Datenverkehr zum Provider. Im Zeitalter von Web 2.0 dürfen Sie allerdings weder einen nennenswerten Geschwindigkeitsgewinn noch eine spürbare Download-Ersparnis erwarten.

» **Logging/Überwachung:** Mit Squid können Sie für das gesamte lokale Netzwerk zentral überwachen, wer welche Seiten wann und wie oft besucht. Das klingt sehr nach *big brother is watching you*, mag aber in manchen Firmen mit hohen Sicherheitsanforderungen notwendig sein.

Dieses Kapitel konzentriert sich auf den ersten Punkt und geht auf die Cache- und Logging-Funktionen nur am Rande ein. Um Enttäuschungen zu vermeiden, möchte ich bereits an dieser Stelle darauf hinweisen, dass Squid und DansGuardian weder Wunder vollbringen noch Erziehungs- und Aufklärungsarbeit ersetzen können!

Links

Auf der Squid-Webseite finden Sie ein Konfigurationshandbuch sowie ein sehr ausführliches FAQ-Dokument. Lesenswert ist auch das deutschsprachige Squid-Handbuch von Dirk Dithardt, das sowohl online als auch in gedruckter Form verfügbar ist.

http://www.squid-cache.org
http://www.squid-handbuch.de/hb/

Konfiguration und Start

Minimal-konfiguration

Das Verhalten von Squid wird durch `/etc/squid/squid.conf` gesteuert. Die mit Squid mitgelieferte Konfigurationsdatei ist zwar ausgezeichnet dokumentiert, aus diesem Grund aber auch erschreckend lang (beinahe 5000 Zeilen). Um die Orientierung zu vereinfachen, sollten Sie eine Sicherheitskopie der originalen Konfigurationsdatei erzeugen und dann alle Kommentare entfernen. (grep filtert mit der Option -v alle Zeilen heraus, die mit dem Kommentarzeichen # beginnen. cat entfernt leere Zeilen.) Damit schrumpft die Konfigurationsdatei auf ca. 50 Zeilen.

```
root# cd /etc/squid
root# mv squid.conf squid.conf.orig
root# grep -v '^#' squid.conf.orig | cat -s > squid.conf
```

Standardmäßig ist squid.conf zumeist so eingestellt, dass der Cache nur vom Rechner localhost verwendet werden darf, dass für den Zwischenspeicher 8 MByte im RAM und 100 MByte auf der Festplatte reserviert werden und dass jeder Zugriff in /var/spool/squid protokolliert wird. Die Größe des RAM-Cache können Sie mit cache_mem einstellen. Wenn Sie keinen Festplatten-Cache wünschen, stellen Sie sicher, dass squid.conf keine cache_dir-Anweisungen enthält.

Wenn Sie Squid in erster Linie als Webfilter einsetzen möchten, können Sie den Festplatten-Cache und das Logging deaktivieren. Außerdem müssen Sie allen Rechnern im LAN den Zugriff auf Squid erlauben. Dazu definieren Sie mit acl localnet die Variable localnet, die den Adressraum des lokalen Netzes angibt. (Bei manchen Distributionen versucht das Squid-Installations-Script, lokale Netze selbstständig zu entdecken, und fügt diese Anweisungen gleich hinzu.)

In Kombination mit http_access localnet erlaubt Squid allen Rechnern aus dem lokalen Netz, den Cache zu benutzen. (Sie können statt localnet einen beliebigen anderen Namen verwenden.) In den folgenden Zeilen sind die Änderungen gegenüber der mit Ubuntu mitgelieferten Konfigurationsdatei fett hervorgehoben:

```
# /etc/squid/squid.conf
# Beispielkonfiguration zur Verwendung als Webfilter

# Hostname des Rechners, auf dem squid läuft
visible_hostname mars.sol

# Definitionen
acl all          src 0.0.0.0/0.0.0.0
acl localhost    src 127.0.0.1/255.255.255.255
acl to_localhost dst 127.0.0.0/8
acl localnet     src 192.168.0.0/255.255.255.0
acl manager   proto cache_object
acl SSL_ports port 443          # https
acl SSL_ports port 563          # snews
acl SSL_ports port 873          # rsync
acl Safe_ports port 80          # http
acl Safe_ports port 21          # ftp
acl Safe_ports port 443         # https
acl Safe_ports port 70          # gopher
acl Safe_ports port 210         # wais
acl Safe_ports port 1025-65535  # unregistered ports
acl Safe_ports port 280         # http-mgmt
acl Safe_ports port 488         # gss-http
acl Safe_ports port 591         # filemaker
acl Safe_ports port 777         # multiling http
```

```
acl Safe_ports port 631         # cups
acl Safe_ports port 873         # rsync
acl Safe_ports port 901         # SWAT
acl purge method PURGE
acl CONNECT method CONNECT

# Zugriffsregeln
http_access allow manager localhost
http_access deny manager
http_access allow purge localhost
http_access deny purge
http_access deny !Safe_ports
http_access deny CONNECT !SSL_ports
http_access allow localhost
http_access allow localnet
http_access deny  all
icp_access allow all

# Proxy-Port
http_port 3128

# Cache-Größe 64 MByte RAM
cache_mem 64 MB

# kein Festplatten-Cache:
# alle cache_dir-Anweisungen auskommentieren oder löschen

# Logging deaktivieren
access_log none
# standardmäßig gilt:
# access_log /var/log/squid/access.log squid
# kein Cache, wenn cgi-bin in der URL
hierarchy_stoplist cgi-bin ?
acl QUERY urlpath_regex cgi-bin \?
no_cache deny QUERY
# Lebensdauer von Dateien ohne expiry-Datum
refresh_pattern ^ftp:           1440    20%     10080
refresh_pattern ^gopher:        1440    0%      1440
refresh_pattern .               0       20%     4320
# sonstige Einstellungen
acl apache rep_header Server ^Apache
broken_vary_encoding allow apache
extension_methods REPORT MERGE MKACTIVITY CHECKOUT
hosts_file /etc/hosts
coredump_dir /var/spool/squid
```

Um die Änderungen zu aktivieren, starten Sie Squid neu:

root# **/etc/init.d/squid restart** oder **service squid restart**

Falls Ihr Provider selbst einen Proxy-Cache anbietet und Sie diesen verwenden möchten oder müssen, geben Sie dessen IP-Adresse und -Port mit dem Schlüsselwort cache_peer an (wie im folgenden Beispiel). Wenn der ICP-Port nicht bekannt ist, versuchen Sie es mit 0 oder 7. Wenn das nicht klappt, geben Sie zusätzlich die Option `default` oder `no-query` an.

```
# übergeordneter Proxy-Cache (z.B. vom Internet-Provider)
# cache_peer <hostname> <type> <proxy-port> <icp-port> <options>
cache_peer  www-proxy.provider.de  parent  8080  7  default
```

Wenn Sie möchten, dass die Webseiten eines lokalen Servers nicht zwischengespeichert werden, verwenden Sie das Schlüsselwort no_cache. Das folgende Beispiel geht davon aus, dass auf uranus ein lokaler Webserver läuft:

```
# direkter Zugang zum lokalen Webserver uranus.sol
acl      mars  dstdomain .uranus .uranus.sol
no_cache deny  uranus
```

Hinweis

Es gibt Hunderte weiterer Optionen, mit denen Sie das Verhalten von Squid bzw. dessen Logging-Funktionen steuern können. Wenn Sie spezielle Wünsche haben, werfen Sie einen Blick in die Datei `squid.conf` **oder in die Dokumentation bei ww.squid-cache.org!**

Erster Test

Standardmäßig verwendet Squid den Port 3128. Damit die Benutzer in Ihrem lokalen Netz den Proxy tatsächlich nutzen, muss die Proxy-Konfiguration auch auf deren Webbrowsern geändert werden! Bei Firefox führen Sie dazu Bearbeiten|Einstellungen|Erweitert|Netzwerk aus, klicken auf den Button Einstellungen und aktivieren die Option Manuelle Proxy-Konfiguration. Als Proxy-Server geben Sie den Namen des Rechners an, auf dem Squid läuft (z. B. `mars.sol`), als Port-Nummer 3128.

Sofern Sie die Logging-Funktionen von Squid nicht deaktiviert haben, können Sie anhand der Datei `/var/log/squid/access.log` kontrollieren, ob Squid ordnungsgemäß funktioniert: Wenn alles funktioniert, werden dort alle übertragenen Dateien protokolliert.

Konfiguration als transparenter Proxy-Cache

Bis jetzt erfolgt die Benutzung des Proxy-Caches auf freiwilliger Basis. Nur wenn die Clients (also die Surfer) die Proxy-Einstellungen ihres Browsers anpassen, kommt Squid tatsächlich zur Anwendung. Ohne die Veränderung der Proxy-Einstellungen surfen die Anwender aber quasi am Cache vorbei.

Diese Situation ist aus zwei Gründen unbefriedigend: Viele Endanwender sind ganz einfach damit überfordert, die Proxy-Einstellung selbst zu ändern. Außerdem wird Squid als Filter wirkungslos bleiben, solange die Anwender nur die Proxy-Einstellung zurücksetzen müssen, um Squid zu umgehen.

Um dem abzuhelfen, kann der Linux-Kernel so eingerichtet werden, dass der gesamte HTTP-Verkehr, der üblicherweise über den IP-Port 80 läuft, automatisch zum Proxy-Cache umgeleitet wird. Der Cache wird dann als »transparent« bezeichnet. Das bedeutet, dass der Cache ohne irgendwelchen Konfigurationsaufwand durch den Anwender automatisch bei jedem HTTP-Zugriff verwendet wird. Die hier beschriebene Konfiguration setzt voraus, dass Squid auf dem Rechner (Server) installiert ist, der im lokalen Netzwerk das Internet-Gateway darstellt.

squid.conf

In squid.conf muss nur eine einzige Zeile geändert werden. Bei http_port geben Sie nun im Anschluss an die Port-Nummer auch das Schlüsselwort transparent an und starten Squid dann neu.

```
# Änderung in /etc/squid/squid.conf
...
http_port 3128 transparent
```

Forwarding aktivieren

Soweit dies nicht ohnedies schon aufgrund einer Masquerading-Konfiguration der Fall ist, müssen Sie die Forwarding-Funktion des Kernels aktivieren:

```
root#  echo 1 > /proc/sys/net/ipv4/ip_forward
```

Port-Umleitung

Jetzt müssen Sie nur noch die Umleitung von IP-Paketen aktivieren: Alle IP-Pakete, die den Rechner verlassen sollen und an Port 80 adressiert sind, sollen an den IP-Port von Squid geleitet werden. Das Kommando ist hier nur aus Platzgründen auf zwei Zeilen verteilt. eth1 müssen Sie durch den Namen der Schnittstelle ersetzen, die das Gateway mit dem LAN verbindet.

```
root#  iptables -A PREROUTING -t nat -i eth1 -p tcp \
                --dport 80 -j REDIRECT --to-port 3128
```

Wenn alles funktioniert, nutzt nun jeder Client im lokalen Netz ohne Konfiguration automatisch Squid zur Übertragung von Webseiten. Überprüfen Sie, ob beim Webzugriff von einem Client-Rechner tatsächlich neue Einträge in /var/log/squid/access.log auftauchen!

Zum Abschluss fügen Sie das iptables-Kommando in ein Init-V-Script ein, das beim Rechnerstart automatisch ausgeführt wird. Auf meinem Server ist das Kommando ein Bestandteil des Firewall-Scripts (siehe auch Seite 849):

```
# in /etc/myfirewall/myfirewall
...
if [ $MFW_MASQ = 'yes' ]; then
  # Masquerading
  $IPT -A POSTROUTING  -t nat -o $MFW_INET -s $MFW_LAN_IP \
       -j MASQUERADE

  # transparenter Proxy-Cache
  $IPT -A PREROUTING -t nat -i $MFW_LAN -p tcp --dport 80 \
       -j REDIRECT --to-port 3128

  # Forward-Funktion des Kernels
  $SYS -q -w net.ipv4.ip_forward=1
fi
```

Achtung

Die transparente Proxy-Konfiguration funktioniert prinzipbedingt nur für Clients im lokalen Netzwerk, nicht aber für den Rechner (Server), auf dem der transparente Proxy installiert ist! Mit anderen Worten: Der Schutz durch den Proxy gilt für alle Rechner im lokalen Netzwerk *außer* für den Rechner, auf dem Squid läuft. Um den Proxy auch dort zu nutzen, müssen Sie weiterhin die Proxy-Einstellung des Webbrowsers ändern.

Webfilter mit DansGuardian einrichten

Grundsätzlich ist es möglich, durch Regeln in `squid.conf` einzelne Websites zu blockieren. Auf dieser Basis einen echten Webfilter zu realisieren, wäre aber zu aufwendig. Wozu auch das Rad neu erfinden? Mit dem Programm DansGuardian erreichen Sie einen einigermaßen kindersicheren Webzugang viel einfacher.

Die Grundfunktion des Programms besteht darin, dass es den Text von Webseiten auf pornografische Schlüsselwörter analysiert und die Weiterleitung der Seite bei Überschreitung eines bestimmten Grenzwerts blockiert. Der Mechanismus ist intelligent genug, dass nicht jede Seite, die Wörter wie Sex oder Breast enthält, blockiert wird. Da DansGuardian den »Inhalt« der Seiten verarbeitet, ist das Programm zugleich unabhängig von zumeist veralteten Listen blockierter Websites. Einen Überblick über weitere Merkmale des Programms finden Sie auf der folgenden Website:

http://dansguardian.org/

Installation DansGuardian kann bei den meisten Distributionen direkt als Paket installiert werden. Da es auch den Download bekannter Viren blockiert, wird zusammen mit DansGuardian der Virenfilter ClamAV installiert. (Dieses Programm schützt Windows-Anwender im lokalen Netzwerk. Für Linux gibt es momentan keine Viren.)

DansGuardian ist ein Dämon, der durch die üblichen Kommandos gestartet und gestoppt wird (siehe Seite 323). Standardmäßig erwartet das Programm Webanfragen am Port 8080. Es kontaktiert dann das Programm Squid (Port 3128) und analysiert die Webseite. Wird die Seite für in Ordnung befunden, wird sie über Port 8080 zurück an den Webbrowser geleitet. Noch eleganter ist die hier vorgestellte Konfigurationsvariante, bei der DansGuardian transparent alle Webanfragen an Port 80 verarbeitet, sodass an den Clients keinerlei Proxy-Konfiguration erforderlich ist.

dansguardian.conf Die primäre Konfigurationsdatei ist `/etc/dansguardian/dansguardian.conf`. In der Regel können Sie diese Datei weitestgehend so lassen, wie sie ist. Je nach Distribution enthält die Datei die Zeile `UNCONFIGURED`, der Sie ein Kommentarzeichen voranstellen müssen. Wenn Sie möchten, dass die Meldung »access denied« in deutscher Sprache erscheint, nutzen Sie außerdem die Einstellung `language = 'german'`. Falls sich in Ihrem Netzwerk ausschließlich Linux-Rechner befinden, deaktivieren Sie durch `virusscan = off` den Virus-Scanner, der standardmäßig alle Downloads auf Viren überprüft. Für das Zusammenspiel mit dem Proxy Squid müssen Sie dessen IP-Adresse und Port-Nummer angeben.

```
# /etc/dansguardian/dansguardian.conf (auszugsweise)
reportinglevel = 3
languagedir = '/etc/dansguardian/languages'
language = 'german'
```

```
loglevel = 1
logexceptionhits = 2
logfileformat = 1
filterport = 8080
proxyip = 127.0.0.1
proxyport = 3128
...
```

Nach der Konfiguration starten Sie DansGuardian erstmalig:

```
root# /etc/init.d/dansguardian start
```

Transparenter Schutz

Standardmäßig funktioniert DansGuardian nur für Zugriffe über den Port 8080. Um einen transparenten Schutz für alle Webzugriffe auf Port 80 zu erreichen, müssen Sie Ihr Firewall-Script nochmals ein wenig verändern.

```
# Ergänzung im Firewall-Script
#
# alle an Port 80 adressierten Pakete zu DansGuardian (Port 8080)
# umleiten (transparenter Webfilter)
iptables -t nat -A PREROUTING -i $MFW_LAN -p tcp --dport 80 \
         -j REDIRECT --to-port 8080
```

Squid muss, wie im vorigen Abschnitt beschrieben, als transparenter Proxy-Cache konfiguriert sein (siehe Seite 863). Außerdem müssen Sie den Zugriff auf Squid nun so einschränken, dass nur der Rechner, auf dem DansGuardian läuft, mit Squid kommunizieren darf. Wenn Squid und DansGuardian auf demselben Rechner laufen und Sie die in diesem Kapitel beschriebene Konfiguration verwenden, müssen Sie dazu die Zeile `http_access allow localnet` entfernen. Andernfalls wäre es für die Benutzer im LAN möglich, die Proxy-Konfiguration ihrer Webbrowser so einzurichten, dass die Webbrowser über den Port 3128 direkt mit Squid kommunizieren und so DansGuardian umgehen!

Webfilter-Konfiguration

Die eigentlichen Filterfunktionen von DansGuardian werden durch `/etc/dansguardian/dansguardianf1.conf` gesteuert. Die Datei verweist zuerst auf diverse vorkonfigurierte Dateien mit Schlüsselwörtern, blockierten Websites etc. Der Parameter `naughtynesslimit` steuert, ab welchem Grenzwert eine Seite blockiert wird. Dieser Wert ist umso höher, je mehr Schlüsselwörter bzw. Schlüsselwortkombinationen im Text gefunden werden.

```
# /etc/dansguardian/dansguardianf1.conf (auszugsweise)
# Content filtering files location
bannedphraselist      = '/etc/dansguardian/lists/bannedphraselist'
weightedphraselist    = '/etc/dansguardian/lists/weightedphraselist'
exceptionphraselist   = '/etc/dansguardian/lists/exceptionphraselist'
bannedsitelist        = '/etc/dansguardian/lists/bannedsitelist'
greysitelist          = '/etc/dansguardian/lists/greysitelist'
exceptionsitelist     = '/etc/dansguardian/lists/exceptionsitelist'
bannedurllist         = '/etc/dansguardian/lists/bannedurllist'
```

```
greyurllist             = '/etc/dansguardian/lists/greyurllist'
exceptionurllist        = '/etc/dansguardian/lists/exceptionurllist'
exceptionregexpurllist = '/etc/dansguardian/lists/exceptionregexpurllist'
bannedregexpurllist     = '/etc/dansguardian/lists/bannedregexpurllist'
picsfile                = '/etc/dansguardian/lists/pics'
contentregexplist       = '/etc/dansguardian/lists/contentregexplist'
urlregexplist           = '/etc/dansguardian/lists/urlregexplist'

# Naughtyness limit
# As a guide:
# 50 is for young children,  100 for old children,
# 160 for young adults.
naughtynesslimit = 50
...
```

Wenn DansGuardian eine Seite blockiert, zeigt der Webbrowser einen entsprechenden Hinweis an (siehe Abbildung 29.5). Das Aussehen und den Inhalt der Blockadeseite können Sie in der folgenden Datei einstellen:

`/etc/dansguardian/languages/german/template.html`

Tabelle 29.3 fasst die Funktion der wichtigsten Dateien des Verzeichnisses `/etc/dansguardian/list` zusammen. In diesen Dateien bzw. in dort genannten Include-Dateien können Sie weitere erwünschte und oder unerwünschte Begriffe, Websites bzw. Dateitypen aufzählen.

DATEI	INHALT
`bannedextensionlist`	Dateien mit diesen Kennungen blockieren
`bannedmimetypelist`	diese Dateitypen blockieren
`bannedphraselist`	verbotene Schlüsselwörter
`weightedphraselist`	negative Schlüsselwörter
`bannedsitelist`	diese Websites komplett blockieren
`bannedurllist`	diese Seiten blockieren
`exceptioniplist`	Anfragen von diesen Rechnern nie blockieren (Administratorzugriff auf fragwürdige Seiten)
`exceptionsitelist`	diese Websites ohne weitere Kontrolle akzeptieren
`exceptionurllist`	diese Webseiten ohne weitere Kontrolle akzeptieren
`exceptionphraselist`	positive Schlüsselwörter
`greysitelist`	diese Websites prinzipiell akzeptieren, aber Textinhalt kontrollieren

Tabelle 29.3: **DansGuardian-Konfigurationsdateien**

Bei der Textanalyse unterscheidet DansGuardian zwischen verbotenen Schlüsselwörtern (`bannedphraselist`), deren Vorkommen den Zugriff auf eine Seite sofort verbietet, und gewichteten Schlüsselwörtern (`weightedphraselist` und `exceptionphraselist`). In der Grundkonfiguration gibt es kaum verbotene Schlüsselwörter, weil diese allzu oft auch in harmlosen Seiten vorkommen. Stattdessen verwendet DansGuardian relativ umfangreiche Wortlisten (siehe /etc/dansguardian/list/phraselists). Anhand dieser Listen bildet DansGuardian eine Summe über das Vorkommen aller negativen und positiven Schlüsselwörter. Überschreitet diese Summe einen Grenzwert, wird der Zugriff blockiert. Details darüber, wie die Bewertungssummen blockierter Seiten zustande kommen, finden Sie in der Logging-Datei /var/log/dansguardian/access.log.

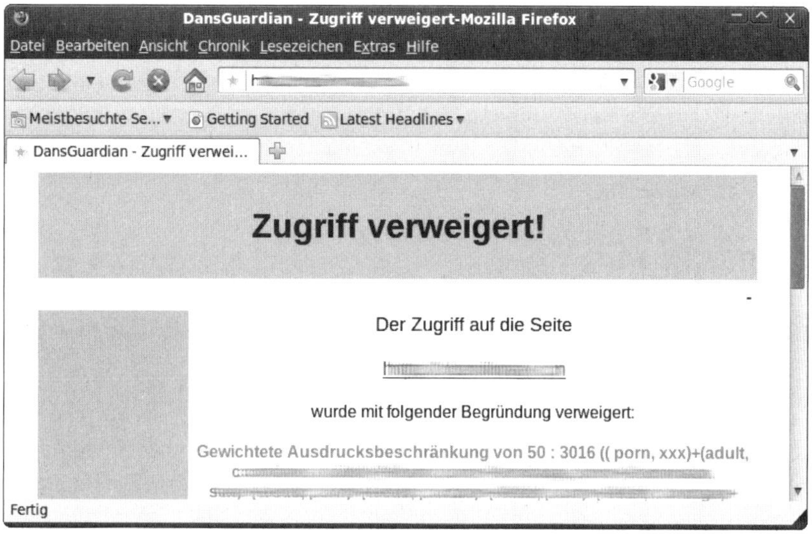

Abbildung 29.5: **DansGuardian und Squid blockieren den Zugriff auf eine Webseite.**

Das DansGuardian-Paket enthält *keine* Listen von Webadressen, die blockiert werden sollen! Die Dateien bannedsitelist und bannedurllist dokumentieren nur die prinzipielle Syntax. Es gibt aber Firmen, die gegen Bezahlung den regelmäßigen Download aktueller Listen ermöglichen. Am bekanntesten ist URLblacklist, die in diversen Squid-kompatiblen Textdateien Links auf problematische Webseiten sammelt. Die Listen sind nach diversen Kategorien geordnet (z. B. drugs, porn, violence). Die Filterlisten dürfen zu Testzwecken einmalig kostenlos heruntergeladen werden, regelmäßige Updates sind aber kostenpflichtig:

http://urlblacklist.com/

In der Standardkonfiguration blockiert DansGuardian den Download von komprimierten Dateien, MP3-Dateien, ISO-Dateien etc. Diese Einstellungen sind für den Linux-Alltag entschieden zu restriktiv und verhindern bei manchen Distributionen sogar ein korrektes Funktionieren der Paketverwaltung. Werfen Sie einen Blick auf bannedmimetypelist und bannedextensionlist, und stellen Sie allen erlaubten Dateitypen ein Kommentarzeichen voran! Alternativ können Sie in dansguardianf1.conf bei der Einstellung der Variablen bannedextensionlist und bannedmimetypelist auch einfach eine leere Datei angeben.

Um auf Anfragen der Art *DansGuardian blockiert Seite xxx, die ist aber OK* zu reagieren, müssen Sie als Administrator in der Lage sein, DansGuardian zu umgehen. Am einfachsten erreichen Sie das dadurch, dass Sie in der Konfigurationsdatei exceptionip die fixe IP-Adresse Ihres Rechners im lokalen Netzwerk angeben.

Achtung

Machen Sie sich keine Illusionen über die Wirksamkeit von DansGuardian! Selbst die Einstellung `naughtynesslimit = 50` (*for young children*) bietet keinen vollständigen Schutz vor pornografischen Webseiten und gar keinen Schutz vor pornografischen Abbildungen.

Die Standardkonfiguration berücksichtigt überwiegend englischsprachige Schlüsselwörter. Für die meisten pornografischen Seiten mag das ausreichen, wenn Sie aber auch rechtsextreme oder gewaltverherrlichende Seiten blockieren möchten, ist Handarbeit erforderlich. Der richtige Startpunkt ist die Datei `/etc/dansguardian/list/weightedphraselist`.

Davon unabhängig lässt sich der Filter durch dynamisch erzeugten Text (JavaScript/Flash) oder durch externe Dateien (PDFs etc.) leicht umgehen. Der Zugriff auf Bilder und Videos ist gänzlich ungeschützt. Das gilt auch für alle nicht webbasierten Internetdienste (E-Mail, News, Chat etc.).

29.8 SELinux

Unter Linux gilt normalerweise das traditionelle System zur Verwaltung von Zugriffsrechten: Jedes Programm läuft in einem Benutzer-Account. Dieser Account bestimmt, auf welche (Device-)Dateien das Programm zugreifen darf.

Gewöhnliche Programme verwenden den Account des Benutzers, der das Programm gestartet hat. Netzwerkdienste, Datenbank-Server etc. werden mit `root`-Rechten gestartet, wechseln aber aus Sicherheitsgründen zumeist unmittelbar nach dem Start in einen anderen Account mit eingeschränkten Rechten.

Das Unix-Rechtesystem ist zwar ausgesprochen einfach, bietet aber nur eingeschränkte Konfigurationsmöglichkeiten. Wenn es einem Angreifer gelingt, die Steuerung eines Programms zu übernehmen, kann er auf zahllose Dateien zugreifen, die das Programm normalerweise gar nicht benötigt. Besonders schlimm ist es, wenn der Angreifer die Kontrolle über ein Programm mit `root`-Rechten erhält bzw. wenn er über Umwege erreichen kann, dass eigener Code mit `root`-Rechten ausgeführt wird: Damit kann er den Rechner uneingeschränkt manipulieren, eigene Programme installieren und starten etc.

Vielleicht fragen Sie sich, wie ein Angreifer die Kontrolle über ein Programm erlangen kann. Fast immer werden dabei Fehler im Programmcode ausgenutzt. Beispielsweise wird durch das Übersenden manipulierter Daten ein sogenannter Pufferüberlauf ausgelöst. Dieser Fehler wird wiederum dazu genutzt, um dem Programm eigenen Code unterzujubeln und diesen auszuführen. Natürlich gibt es auch andere Verfahren – aber immer geht es darum, Sicherheitslücken des Programms zu missbrauchen, um das Programm zweckentfremdet zu nutzen bzw. zu manipulieren.

Sicherheitsmaßnahmen

Fehlerfreie Programme gibt es nicht und wird es wohl auch in Zukunft nie geben, wenn man einmal von winzigen Trivialprogrammen absieht. Deswegen wurden im Laufe der Zeit alle möglichen Verfahren entwickelt, um die durch Programmfehler verursachten Risiken zu minimieren: Zu den etablierten Sicherheitsmaßnahmen zählt, möglichst auf Dämonen mit `root`-Rechten zu verzichten, möglichst wenige Programme bzw. Scripts mit `setuid`-Bit zu installieren (siehe auch Seite 294), die Ausführung von Code im Stack zu verbieten (durch die von Red Hat entwickelte Kernelerweiterung Exec Shield) etc.

SELinux

Noch einen Schritt weiter geht die ursprünglich von der NSA als Open-Source-Code entwickelte Kernelerweiterung SELinux. Der Zweck der Erweiterung ist es, dass der Kernel die Ausführung von Programmen anhand von Regeln überwacht. Diese Vorgehensweise wird als *Mandatory Access Control* bezeichnet, kurz MAC. Wird eine Regel verletzt, verhindert SELinux die Operation oder protokolliert eine Warnung. Das regelverletzende Programm wird durch SELinux nicht beendet. Es hängt vom Programm ab, wie es darauf reagiert, dass es auf eine bestimmte Datei nicht zugreifen kann oder eine Netzwerkschnittstelle nicht nutzen kann.

MAC-Regeln ermöglichen eine sehr viel engmaschigere Sicherheitskontrolle als das Unix-Zugriffssystem. Mit ihnen kann man einem Programm unabhängig von Unix-Zugriffsrechten bzw. -Accounts den Zugriff auf bestimmte Verzeichnisse oder Netzwerkfunktionen generell verbieten. Da diese Regeln auf Kernelebene überwacht werden, gelten sie selbst dann noch, wenn das Programm aufgrund eines Fehlers bzw. Sicherheitsmangels außer Kontrolle gerät.

Die *National Security Agency* ist ein Nachrichtendienst der USA, der unter anderem für die Überwachung bzw. Verschlüsselung elektronischer Kommunikation verantwortlich ist. Obwohl SELinux also gewissermaßen aus Geheimdienstkreisen stammt, besteht keine Gefahr, dass Linux auf diese Weise um Überwachungsfunktionen erweitert wurde: Der SELinux-Code ist öffentlich, wurde von vielen unabhängigen Experten kontrolliert und verbessert und wurde mit Version 2.6 in den offiziellen Kernel integriert.

SELinux-Regeln

Ohne entsprechende Regeln ist SELinux wirkungslos. Ob ein System durch SELinux sicherer wird, hängt somit vor allem von der Qualität der Regeln ab. Von den gängigen Distributoren hat bisher nur Red Hat intensiv Zeit und Mühe in die Entwicklung derartiger Regeln investiert. Dabei dient Fedora gewissermaßen als Testvehikel. Was sich dort bewährt, findet schließlich Eingang in die Red-Hat-Enterprise-Versionen (RHEL).

Dieser Abschnitt beschreibt SELinux auf der Basis von Fedora 11. Wie weit sich SELinux außerhalb von Red Hat bzw. Fedora durchsetzen wird, ist schwer abzuschätzen. Novell bzw. SUSE sowie Ubuntu ziehen momentan das alternative Verfahren AppArmor vor, das im nächsten Abschnitt vorgestellt wird. Allerdings hat SUSE vor einigen Jahren seine AppArmor-Entwickler entlassen und zudem SELinux so weit in seine Distributionen integriert, dass eine Nutzung ohne Neukompilieren des Kernels grundsätzlich möglich ist. Beobachter rätseln, ob das der erste Schritt weg von AppArmor ist.

Kritik an SELinux

SELinux ist nicht unumstritten. Die zwei wichtigsten Kritikpunkte sind:

» Dateien müssen mit erweiterten Attributen (EAs, siehe Seite 297) gekennzeichnet werden, um ein Zusammenspiel mit SELinux zu gewährleisten. Das erfordert EA-kompatible Dateisysteme (NFS ist ungeeignet!) und führt zu Problemen bei Updates und Backups.

» Das größte Problem von SELinux ist seine riesige Komplexität. Bereits die Absicherung der wichtigsten Netzwerkdienste erfordert Tausende von Regeln. Nur wenige Experten sind in der Lage, die Wirksamkeit dieser Regeln zu beurteilen. Den aktuellen Regelwerken fehlt zudem eine schlüssige Dokumentation. Aus diesem Grund sind durchschnittliche Linux-Anwender nicht in der Lage, SELinux an eigene Erfordernisse anzupassen.

  SELinux wird deswegen von der Mehrheit seiner Anwender zu Recht als »Blackbox« betrachtet. Die Komplexität führt beinahe zwangsläufig zu Implementierungsfehlern und verleitet dazu, das System beim ersten Problem komplett auszuschalten.

Links Die folgenden Websites geben weitere Informationen über SELinux:

http://www.nsa.gov/research/selinux/
http://sourceforge.net/projects/selinux/
http://www.crypt.gen.nz/selinux/faq.html
http://fedoraproject.org/wiki/SELinux

Alternativen Die populärste Alternative zu SELinux ist das von SUSE und Ubuntu eingesetzte System AppArmor (siehe Seite 874). Daneben hat mit Version 2.6.25 ein weiteres MAC-System namens Smack Einzug in den Kernel gefunden. Es ist aber noch nicht abzusehen, ob sich Smack als echte Alternative zu SELinux oder AppArmor etablieren kann:

http://lwn.net/Articles/252562/

SELinux-Interna und -Praxis

SELinux steht auf zwei Fundamenten: einerseits auf der richtigen Kennzeichnung aller Dateien und Prozesse durch den sogenannten Sicherheitskontext, andererseits auf Regeln, die von den überwachten Prozessen eingehalten werden müssen.

Sicherheitskontext SELinux basiert darauf, dass jedes Objekt (z. B. Dateien) und jedes Subjekt (z. B. Prozesse) mit einem Sicherheitskontext verbunden sind. Bei Dateien wird der Dateikontext in Form von erweiterten Attributen gespeichert (EAs, siehe Seite 297). Die Sicherheitsinformationen sind damit unmittelbar mit der Datei verbunden und unabhängig vom Namen der Datei. Den Sicherheitskontext einer Datei ermitteln Sie am einfachsten mit `ls -Z`. Alternativ funktioniert auch `getfattr -n security.selinux -d` *dateiname*.

```
user$ ls -Z /usr/sbin/httpd
-rwxr-xr-x  root root system_u:object_r:httpd_exec_t:s0   /usr/sbin/httpd
user$ ls -Z /etc/httpd/conf/httpd.conf
-rw-r--r--  root root system_u:object_r:httpd_config_t:s0 /etc/httpd/conf/httpd.conf
user$ getfattr -n security.selinux -d /etc/httpd/conf/httpd.conf
getfattr: Removing leading '/' from absolute path names
# file: etc/httpd/conf/httpd.conf
security.selinux="system_u:object_r:httpd_config_t:s0\000"
```

SELinux steht und fällt damit, dass zu allen Dateien der richtige Kontext gespeichert ist. Damit dies auch funktioniert, wenn Sie nach der Installation neue Dateien erzeugen, gibt es für viele Verzeichnisse SELinux-Regeln, die den darin erzeugten neuen Dateien automatisch den passenden Kontext zuweisen. Wenn dieser Automatismus versagt, können Sie den richtigen Kontext mit chcon selbst einstellen:

```
user$ chcon user_u:object_r:user_home_t testdatei
```

Bei Prozessen wird der Kontext oft als »Domäne« bezeichnet. Den Sicherheitskontext eines Prozesses (einer Domäne) ermitteln Sie mit `ps axZ`. Im Regelfall übernimmt ein Prozess den Kontext des Accounts, aus dem er gestartet wird. Der Kontext kann aber auch automatisch nach dem Start durch eine SELinux-Regel verändert werden. Das ist notwendig, wenn ein bestimmtes Programm

(z. B. Firefox) unabhängig davon, von wem bzw. wie es gestartet wird, einen bestimmten Kontext erhalten soll.

```
user$  ps axZ | grep httpd
unconfined_u:system_r:httpd_t:s0 2373 ?    Ss      0:00 /usr/sbin/httpd
unconfined_u:system_r:httpd_t:s0 2376 ?    S       0:00 /usr/sbin/httpd
...
```

Der Sicherheitskontext besteht aus drei oder vier Teilen, die durch Doppelpunkte getrennt sind:

benutzer:rolle:typ:mls-komponente

Am wichtigsten ist der dritte Teil, der den Typ der Datei bzw. des Prozesses angibt. Die meisten SELinux-Regeln werten diese Information aus. Eine detaillierte Beschreibung aller vier Teile des Sicherheitskontexts finden Sie hier:

http://fedoraproject.org/wiki/SELinux/SecurityContext

Die allgemeine Syntax einer typischen SELinux-Regel sieht so aus: Regeln

```
allow type1_t type2_t:class { operations };
```

Dazu ein konkretes Beispiel: Die folgende Regel erlaubt es Prozessen, deren Kontexttyp `httpd_t` lautet, in Verzeichnissen mit dem Kontexttyp `httpd_log_t` neue Dateien zu erzeugen:

```
allow httpd_t httpd_log_t:dir create;
```

Ein typisches SELinux-Regelwerk besteht aus Zehntausenden solcher Regeln! Aus Geschwindigkeitsgründen erwartet SELinux die Regeln nicht als Text, sondern in einem binären Format. In einer Analogie zum Programmieren kann man dabei auch von einem Kompilat sprechen. Eine Zusammenfassung der Schritte, wie Sie dem vorhandenen Regelwerk ein eigenes Regelmodul hinzufügen, finden Sie in der SELinux-FAQ:

http://docs.fedoraproject.org/en-US/Fedora/13/html/SELinux_FAQ/

Im Laufe der Zeit sind mehrere Regelwerke mit unterschiedlicher Zielsetzung entstanden:

» **Strict:** In Fedora 2 war das Regelwerk `strict` aktiv. Es enthielt Regeln für *alle* Prozesse, verursachte damit aber mehr Probleme, als es löste.

» **Targeted:** Seit Fedora 3 kommt stattdessen standardmäßig das Regelwerk `targeted` zum Einsatz: Dessen Regeln sichern nur ausgewählte Netzwerkdienste ab.

  Leider ist nur sehr schlecht dokumentiert, auf welche Weise die Absicherung erfolgt, welche Kontextinformationen die betroffenen Dateien haben müssen und welche Steuerungsparameter existieren (Booleans, siehe unten). Für einige wichtige Dienste fassen man-Seiten die wichtigsten Informationen zusammen: `ftpd_selinux`, `httpd_selinux`, `named_selinux`, `nfs_selinux`, `samba_selinux` etc. Eine vollständige Liste liefert das folgende Kommando:

  ```
  user$  rpm -qd selinux-policy | grep man8
  ```

» **MLS:** Alternativ kann das speziell für Server konzipierte Regelwerk MLS (*Multilevel Security*) installiert werden (Paket `selinux-policy-mls`). Das Ziel dieses Regelwerks ist es, mit RHEL eine Zertifizierung der Klasse EAL 4 zu erreichen. Diese Zertifizierung wird in den USA für bestimmte (oft militärische) Anwendungen verlangt, obwohl der tatsächliche Sicherheitszugewinn umstritten ist. Weitere Informationen geben die folgenden Seiten:

  http://fedoraproject.org/wiki/SELinux/FedoraMLSHowto
  http://en.wikipedia.org/wiki/Common_Criteria
  http://en.wikipedia.org/wiki/Evaluation_Assurance_Level

Zur Entwicklung der SELinux-Regelwerke kommt die von der Firma Tresys entwickelte *Reference Policy* zum Einsatz, die komfortabel in einer Entwicklungsumgebung bearbeitet werden kann. Alle aktuellen SELinux-Regeln wurden damit entwickelt.

http://oss.tresys.com/projects/refpolicy

SELinux-Parameter (Booleans)

Mittlerweile ist Ihnen wahrscheinlich klar, dass Änderungen am Regelwerk schwierig sind. Um ein gewisses Maß der Anpassung auch ohne Regeländerungen zu ermöglichen, enthält das Regelwerk `targeted` diverse boolesche Parameter, die Sie im laufenden Betrieb verändern können. Unter Fedora/Red Hat verwenden Sie dazu am einfachsten die grafische Benutzeroberfläche `system-config-selinux` (siehe Abbildung 29.6), die im Paket `policycoreutils-gui` versteckt ist. (Dieses Paket ist standardmäßig nicht installiert!) Alternativ ermittelt `getsebool` den Wert boolescher Konfigurationsparameter. `setsebool` verändert derartige Parameter.

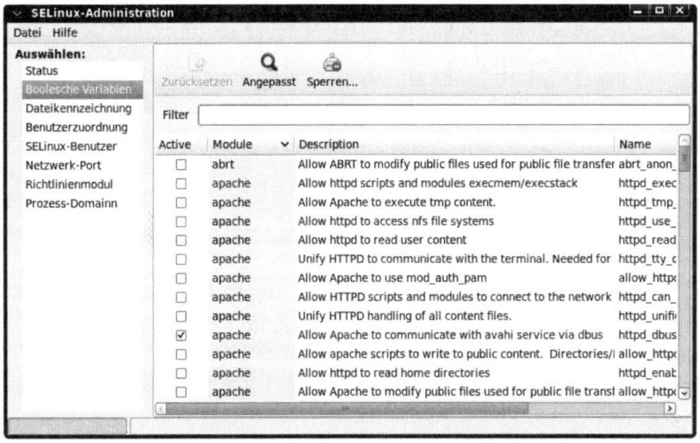

Abbildung 29.6: **SELinux-Parameter ändern**

Start und Konfiguration

SELinux ist als Teil des Kernels implementiert. Ein expliziter Start durch das Init-V-System ist daher nicht erforderlich. Ebenso wenig gibt es einen SELinux-Dämon oder andere Hintergrundprozesse.

Die Konfiguration erfolgt durch die Dateien im Verzeichnis `/etc/selinux`. Von zentraler Bedeutung ist `/etc/selinux/config`. Die Datei gibt an, in welchem Modus SELinux läuft (*Enforcing*, *Permissive* oder *Disabled*) und welches Regelwerk gilt (*Strict* oder *Targeted*). Änderungen an dieser Datei werden allerdings nur durch einen Neustart wirksam.

```
# /etc/selinux/config
SELINUX=enforcing
SELINUXTYPE=targeted
```

Status

sestatus ermittelt den aktuellen Status von SELinux. Auf dem Testrechner ist SELinux mit dem Regelwerk *Targeted* aktiv:

```
root# sestatus
SELinux status:              enabled
SELinuxfs mount:             /selinux
Current mode:                enforcing
Mode from config file:       enforcing
Policy version:              24
Policy from config file:     targeted
```

SELinux-Probleme beheben

Grundsätzlich bestehen die folgenden Möglichkeiten, auf SELinux-Regelverstöße zu reagieren:

- Sie suchen nach einem für Ihr Problem passenden Parameter im Regelwerk und stellen diesen mit system-config-selinux richtig ein.
- Sie ändern die Kontextinformationen der betroffenen Dateien.
- Sie ändern bzw. erweitern das Regelwerk. Das erfordert allerdings wesentlich mehr SELinux-Kenntnisse, als in diesem Abschnitt vermittelt werden.
- Sie schalten SELinux ganz aus.

Nicht immer sind durch SELinux verursachte Probleme auf den ersten Blick zu erkennen. Wenn Sie beispielsweise einen Verzeichnisbaum mit HTML-Dateien mit cp -a in das Verzeichnis /var/www/html kopieren, können die HTML-Dateien anschließend nicht von Apache gelesen werden. Der Grund: Die cp-Option -a bewirkt, dass auch die Extended Attributes und damit die SELinux-Kontextinformationen mitkopiert werden. Dieser Umstand verhindert, dass die kopierten Dateien in /var/www/html durch eine SELinux-Regel automatisch die richtigen Kontextinformationen erhalten. Die HTML-Dateien haben daher die Kontextinformation system_u:object_r:nfs_t statt richtig user_u:object_r:httpd_sys_content_t. Diese Probleme vermeiden Sie, wenn Sie statt cp -a die Variante cp -r einsetzen.

Apache selbst weiß nichts von SELinux. Das Programm bemerkt nur, dass es nicht auf die Dateien zugreifen kann, und liefert die in die Irre führende Fehlermeldung *You don't have permission to access <filename>*. Erst ein Blick in /var/log/messages macht klar, dass die Zugriffsprobleme von SELinux verursacht wurden.

```
root# less /var/log/messages
...
Aug 31 12:45:45 fedora setroubleshoot: SELinux hindert /usr/sbin/httpd "read"
  am Zugriff auf tst. For complete SELinux messages run
  sealert -l dccb472d-6dd8-49d2-b7d7-2658e082c805
```

Wenn Sie während der Regelverletzung unter KDE oder Gnome eingeloggt sind, erscheint im Panel ein Warn-Icon des Programms seapplet. Ein Mausklick startet nun das Programm setroubleshoot. Allerdings sind weder die Beschreibung des Problems noch die angebotenen Lösungsvorschläge besonders hilfreich. Um das Problem zu beheben, müssen Sie die Kontextinformationen der betroffenen Dateien mit restorecon richtig einstellen:

```
root# restorecon -R -v /var/www/html/*
```

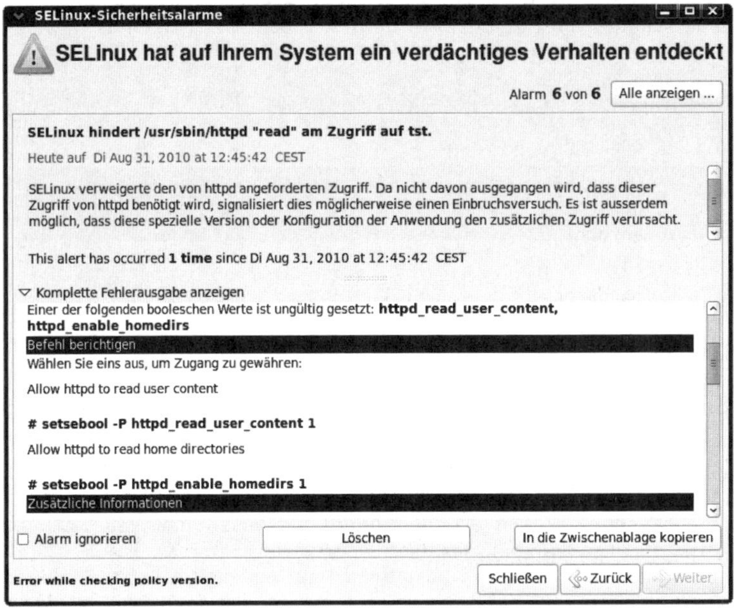

Abbildung 29.7: SELinux-Fehlermeldung

SELinux deaktiveren

Um SELinux vorübergehend zu aktivieren, starten Sie `system-config-selinux` und aktivieren den Modus PERMISSIVE. Damit läuft SELinux weiter und protokolliert Regelverstöße in `/var/log/messages`. SELinux lässt den Regelverstoß aber zu und blockiert das betroffene Programm nicht. Dieselbe Wirkung hat auch das Kommando `setenforce 0`.

Natürlich können Sie SELinux in `system-config-selinux` auch ganz abschalten (Einstellung DISABLED). Das ist aber nur empfehlenswert, wenn Sie SELinux auch in Zukunft nicht mehr nutzen möchten. Der Grund: Wenn SELinux deaktiviert wird, sind auch alle Regeln außer Kraft, die neuen Dateien die SELinux-Kontextinformationen zuordnen. Wird SELinux später wieder aktiviert, verursachen die Dateien mit fehlenden Kontextinformationen Probleme. Bei der späteren Richtigstellung der Kontextdaten hilft das Kommando `restorecon`, der Prozess ist aber mühsam und fehleranfällig.

Sollte SELinux bereits während des Systemstarts Probleme verursachen, verhindert der Kernelparameter `selinux=0`, dass das SELinux-System gestartet wird. Eine Reaktivierung ist dann aber erst beim nächsten Neustart möglich. Alternativ bewirkt der Parameter `enforcing=0`, dass SELinux zwar gestartet wird, Regelübertritte aber nur protokolliert.

29.9 AppArmor

Anstatt das komplexe SELinux-System für die eigenen Distributionen zu adaptieren, kaufte Novell 2005 die Firma Immunix, gab dessen Sicherheitslösung Subdomain den neuen Namen AppArmor, stellte sie unter die GPL und entwickelte einige YaST-Module zur Administration. Mit Kernelversion 2.6.36 erhielt AppArmor gewissermaßen den Ritterschlag der Kernelentwickler und wurde offiziell in den Kernelcode integriert. AppArmor kommt in SUSE- und Ubuntu-Distributionen zum Einsatz.

Novell hat im Herbst 2007 den AppArmor-Entwicklern gekündigt. Auf Novell- bzw. openSUSE-Seite ist seither rund um AppArmor Stille eingekehrt. AppArmor ist zwar weiter im Einsatz, seither sind aber weder an den Regeln noch an den Administrationswerkzeugen merkbare Verbesserungen durchgeführt worden. Um die AppArmor-Weiterentwicklung kümmern sich seither vor allem von Canonical angestellte Entwickler.

AppArmor ist wie SELinux ein MAC-Sicherheitssystem (*Mandatory Access Control*). Im Unterschied zu SELinux basieren AppArmor-Regeln auf absoluten Dateinamen. Daher ist eine eigene Kennzeichnung aller Dateien durch EAs nicht erforderlich; zudem funktioniert AppArmor auch für Dateisysteme, die keine EAs unterstützen. In den AppArmor-Regeln sind Jokerzeichen erlaubt. Aus diesem Grund kommt AppArmor für typische Anwendungsfälle mit wesentlich weniger Regeln aus als SELinux. Damit wird auch der größte Vorteil im Vergleich zu SELinux offensichtlich: AppArmor ist wesentlich einfacher konzipiert.

Leider gibt es eine Reihe von Argumenten, die gegen AppArmor sprechen:

» Sicherheitsexperten von Red Hat sind der Meinung, dass absolute Pfade in den Regeln ein inhärentes Sicherheitsrisiko sind. (Der Schutz von AppArmor kann durch das Umbenennen von Dateien oder Verzeichnissen umgangen werden – was natürlich nur gelingt, wenn ein Angreifer dazu bereits ausreichende Rechte hat.)

» Das Regelwerk für AppArmor ist nicht so umfassend wie das von SELinux. Standardmäßig werden weniger Programme geschützt. Zwar ist es einfacher als bei SELinux, selbst Regeln zu erstellen bzw. zu ändern, aber diese Art der Do-it-yourself-Sicherheit hinterlässt einen wenig professionellen Eindruck.

Links

Dieser Abschnitt gibt nur eine Einführung zu AppArmor. Weitere Informationen finden Sie hier:

http://www.novell.com/documentation/apparmor/ (Handbücher im PDF-Format)
https://help.ubuntu.com/community/AppArmor
https://wiki.ubuntu.com/SecurityTeam/KnowledgeBase/AppArmorProfiles

AppArmor-Interna und -Praxis

Die folgenden Ausführungen beziehen sich auf AppArmor, wie es mit openSUSE 12.1 mitgeliefert wird. Einige Ubuntu-spezifische Anmerkungen folgen auf Seite 878.

Konfiguration und Start

In openSUSE 12.1 ist AppArmor nicht standardmäßig installiert. Wenn Sie AppArmor verwenden möchten, müssen Sie zuerst die AppArmor-Pakete installieren. Am einfachsten aktivieren Sie dazu im YaST-Modul SOFTWARE INSTALLIEREN UND LÖSCHEN das Schema NOVELL APPARMOR.

AppArmor wird am Beginn des Init-V-Prozesses durch das Script `/etc/init.d/boot.apparmor` gestartet. Dieses Script greift auf Funktionen zurück, die in `/lib/apparmor/rc.apparmor.functions` definiert sind. `boot.apparmor` liest die Grundkonfiguration aus dem Verzeichnis `/etc/apparmor` und lädt alle Regeldateien aus dem Verzeichnis `/etc/apparmor.d`.

Im Vergleich zu SELinux gibt es bei AppArmor momentan nur für wenige Netzwerkprogramme ausgereifte Profile. Eine ganze Menge weiterer Profile befinden sich im Verzeichnis `/etc/apparmor/`

profiles/extras. Diese Regeln gelten aber seit Jahren als experimentell und werden standardmäßig nicht aktiviert.

Änderungen an der Konfiguration werden erst wirksam, wenn Sie AppArmor neu starten bzw. die Regeldateien neu einlesen:

```
root# /etc/init.d/boot.apparmor restart    (AppArmor neu starten)
root# /etc/init.d/boot.apparmor reload     (AppArmor-Regeln neu laden)
```

Regeln (Profile) Regeldateien, die bei AppArmor Profile heißen, liegen in einem einfach zu interpretierenden Textformat vor. Die folgenden Zeilen zeigen die Regeln für den Kernel-Logging-Dämon klogd. Darin werden zuerst einige Include-Dateien gelesen und dann grundlegende Merkmale (siehe man capabilities) des Programms festgelegt. Die folgenden Regeln geben an, welche Dateien das Programm wie nutzen darf.

```
# Datei /etc/apparmor.d/sbin.klogd

#include <tunables/global>

/sbin/klogd {
  #include <abstractions/base>
  capability sys_admin,
  network inet stream,
  /boot/System.map*      r,
  @{PROC}/kmsg           r,
  @{PROC}/kallsyms       r,
  /dev/tty               rw,
  /sbin/klogd            rmix,
  /var/log/boot.msg      rwl,
  /var/run/klogd.pid     krwl,
  /var/run/klogd/klogd.pid krwl,
  /var/run/klogd/kmsg    r,
}
```

In den AppArmor-Regeldateien gilt das Jokerzeichen * als Platzhalter für eine beliebige Anzahl von Zeichen. ** hat eine ähnliche Bedeutung, schließt aber das Zeichen / ein und umfasst damit auch Dateien in allen Unterverzeichnissen. Die Zugriffsrechte werden durch Buchstaben oder Buchstabenkombinationen ausgedrückt, deren Bedeutung im AppArmor-Administration-Manual genau beschrieben ist. Tabelle 29.4 beschreibt nur die wichtigsten Buchstaben. Die ?x-Kombinationen steuern die Rechte von Sub-Prozessen, die das Hauptprogramm startet.

Status Das Kommando aa-status gibt einen Überblick über den gegenwärtigen Zustand von AppArmor:

```
root# aa-status
apparmor module is loaded.
10 profiles are loaded.
10 profiles are in enforce mode.
   /usr/sbin/ntpd
   /usr/sbin/identd
```

KÜRZEL	BEDEUTUNG
`r`	erlaubt Lesezugriffe (read).
`w`	erlaubt Schreibzugriffe (write).
`a`	erlaubt es, die Datei zu erweitern (append).
`l`	wendet auf harte Links dieselben Regeln wie für die Ursprungsdatei an (link).
`k`	erlaubt es, die Datei zu blockieren (lock).
`m`	lässt die `mmap`-Funktion zu (allow executable mapping).
`ix`	Das Programm erbt die Regeln des Basisprogramms (inherent execute).
`px`	Das Programm hat ein eigenes AppArmor-Profil (discrete profile execute).
`ux`	führt das Programm ohne AppArmor-Regeln aus (unconstrainted execute).

Tabelle 29.4: **Elementare AppArmor-Zugriffsrechte**

```
  ...
  /usr/sbin/avahi-daemon
0 profiles are in complain mode.
2 processes have profiles defined.
2 processes are in enforce mode :
  /usr/sbin/avahi-daemon (2778)
  /usr/sbin/nscd (2831)
0 processes are in complain mode.
0 processes are unconfined but have a profile defined.
```

Beim Start von AppArmor wird das Dateisystem `securityfs` in das Verzeichnis `/sys/kernel/security` eingebunden. Seine Dateien geben Auskunft über aktive Profile, die Anzahl der aufgetretenen Regelverletzungen etc.

Details über stattgefundene Regelverletzungen finden Sie in den Dateien des Verzeichnisses `/var/log/apparmor`.

YaST-Module

Zur Steuerung von AppArmor gibt es diverse Module im SUSE-Konfigurationsprogramm YaST (siehe Abbildung 29.8). Im AppArmor-Kontrollfeld können Sie AppArmor (de)aktivieren bzw. für einzelne Profile den Modus zwischen *Enforce* und *Complain* wechseln. Im Modus *Complain* werden Regelverstöße protokolliert, aber nicht verhindert.

Im Modul PROFIL BEARBEITEN verändern Sie die Regeln eines vorhandenen Profils. Effizienter wird es aber in der Regel sein, die Regeldatei mit einem gewöhnlichen Editor zu bearbeiten. Das YaST-Modul bietet beim Verfassen von Regeln kaum Zusatzfunktionen.

Schon wesentlich interessanter ist der ASSISTENT ZUM HINZUFÜGEN VON PROFILEN: Damit können Sie in einer Art Lernmodus selbst ein Profil für ein Programm entwickeln. Dazu wählen Sie ein Programm aus, starten es und führen möglichst viele Funktionen aus. Das Programm ist in dieser Phase noch nicht durch AppArmor geschützt! Es muss daher sichergestellt sein, dass während des Lernmodus kein Angriff stattfinden kann! Der Assistent protokolliert sämtliche Dateizugriffe des Programms und schlägt im Anschluss daran passende Regeln vor. Sie müssen nun

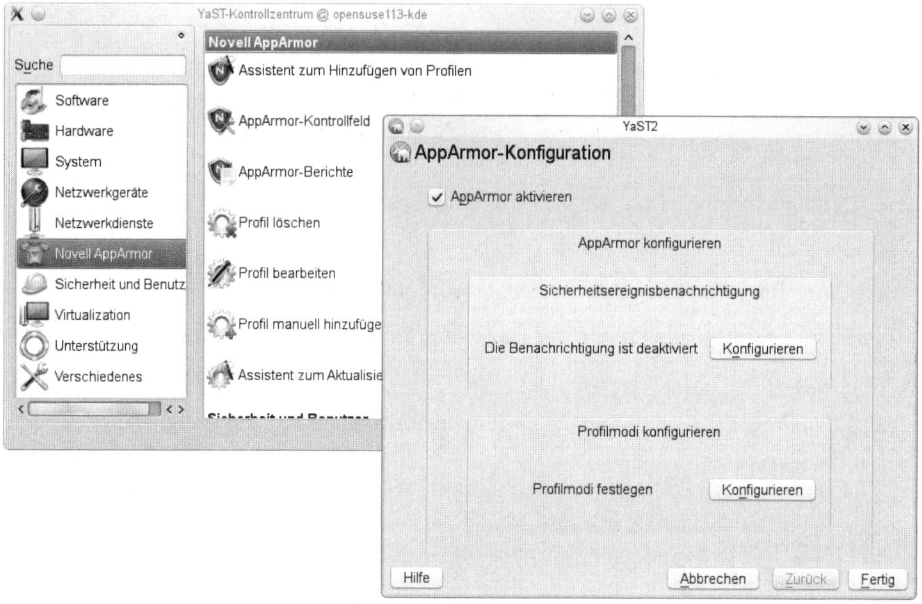

Abbildung 29.8: **AppArmor-Konfiguration mit YaST**

jede einzelne Regel bestätigen bzw. verändern. Das resultierende Profil wird unter dem Namen /etc/apparmor.d/programmname gespeichert.

Der Assistent macht es also denkbar einfach, eigene Profile zu entwickeln. Allerdings werden so ermittelte Profile selten optimal sein: Einerseits haben Sie beim Ausführen des Programms vielleicht Funktionen vergessen, deren Ausführung zusätzliche Regeln erfordert. Andererseits sind die automatisch generierten Regeln vom Sicherheitsstandpunkt aus nicht immer perfekt. Die manuelle Optimierung kann Ihnen der Assistent somit nicht abnehmen.

Wenn ein vorhandenes Profil Probleme verursacht, können Sie es mit dem ASSISTENT ZUM AKTUALISIEREN VON PROFILEN um weitere Regeln ergänzen. Der Assistent schlägt auf der Basis der AppArmor-Protokolldateien, in denen Regelverletzungen aufgezeichnet wurden, neue Regeln vor.

Ubuntu

Auch Ubuntu setzt auf AppArmor und hat mittlerweile auch die Wartung des Programmpakets übernommen. Anders als bei SUSE fehlen in Ubuntu allerdings grafische Konfigurationswerkzeuge.

Bei Desktop-Installationen werden durch AppArmor standardmäßig nur wenige Programme überwacht werden. Größeren Nutzen bringt AppArmor im Server-Einsatz, insbesondere dann, wenn das Paket apparmor-profiles mit weiteren Regelprofilen installiert ist. Seit Ubuntu 9.10 gibt es ein Regelprofil für Firefox, das aber nicht aktiv ist. Wenn Sie es ausprobieren möchten, führen Sie das folgende Kommando aus:

```
root#  aa-enforce /etc/apparmor.d/usr.bin.firefox
```

Regelverstöße werden in /var/log/syslog protokolliert. Sie erkennen AppArmor-Meldungen am Schlüsselwort audit. Damit Regelverstöße im Desktop-Betrieb nicht unbemerkt bleiben, können Sie das kleine Paket apparmor-notify installieren. Es zeigt AppArmor-Meldungen auf dem Desktop an.

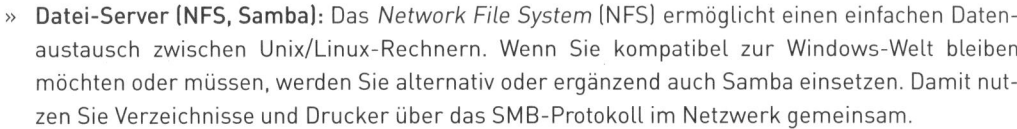

30. LAN-Server

Dieses Kapitel beschreibt die Konfiguration von Netzwerkdiensten, die üblicherweise innerhalb von lokalen Netzwerken zur Verfügung gestellt werden. Sie erfahren hier, wie Sie zu Hause, in Ihrem Büro bzw. in Ihrer Organisation Dateien im Netzwerk austauschen, Drucker gemeinsam nutzen, die Uhrzeit aller Rechner synchronisieren etc.

Im Detail werden die folgenden Dienste vorgestellt:

» **Datei-Server (NFS, Samba):** Das *Network File System* (NFS) ermöglicht einen einfachen Datenaustausch zwischen Unix/Linux-Rechnern. Wenn Sie kompatibel zur Windows-Welt bleiben möchten oder müssen, werden Sie alternativ oder ergänzend auch Samba einsetzen. Damit nutzen Sie Verzeichnisse und Drucker über das SMB-Protokoll im Netzwerk gemeinsam.

» **Drucksystem (CUPS):** Egal ob ein Drucker nur lokal von einem Rechner oder im gesamten Netzwerk genutzt werden soll, ein Dienst kümmert sich um die Kommunikation mit dem Gerät. Bei allen gängigen Distributionen kommt hierfür CUPS zum Einsatz.

» **Zeit-Server (NTP):** Beim gemeinsamen Zugriff auf Dateien im Netzwerk ist es wichtig, dass alle Rechner dieselbe Uhrzeit verwenden. Dabei hilft die Konfiguration eines eigenen NTP-Servers, der dem lokalen Netz die exakte Uhrzeit zur Verfügung stellt.

Konfigurationswerkzeuge

Wie in den vorangegangenen Kapiteln beschreibe ich hier nur die manuelle Konfiguration. Je nach Distribution können Sie natürlich auch die Konfigurationswerkzeuge Ihrer Distribution einsetzen (z. B. YaST bei SUSE-Distributionen).

30.1 NFS 3

Das *Network File System* (NFS) ermöglicht es, lokale Verzeichnisse anderen Rechnern im lokalen Netzwerk zur Verfügung zu stellen. NFS ist das unter Unix/Linux übliche Verfahren zur Verwaltung gemeinsamer Dateien und Verzeichnisse (*Shared Folders* unter Windows).

Die Basisfunktionen für NFS werden direkt vom Kernel zur Verfügung gestellt, um auf diese Weise eine optimale Geschwindigkeit zu erzielen. Alternativ gibt es auch einen User-Space-NFS-Server, der aber kaum mehr im Einsatz ist und auf den ich in diesem Kapitel nicht eingehe.

Kernel-NFS unterstützt die NFS-Versionen 3 und 4. Obwohl NFS 4 mittlerweile als stabil und ausgereift gilt, ist NFS 3 nach wie vor weiter verbreitet. Da sich die Konfiguration von NFS 3 und NFS 4 grundlegend unterscheidet, behandle ich hier zuerst NFS 3. Eine kurze Einführung zu NFS 4 gibt der nächste Abschnitt ab Seite 883.

NFS ist auf der Basis von *Remote Procedure Calls* (RPCs) realisiert. Insgesamt ist ein ganzes Bündel von Programmen erforderlich, damit NFS funktioniert. Die folgende Aufzählung nennt die wichtigsten Komponenten:

» nfsd (für NFS 3) und nfsd4 (für NFS 4) sind die eigentlichen NFS-Dämonen. Sie sind durch Kernel-Threads realisiert.

» portmap kümmert sich um die Herstellung der Verbindung zwischen NFS-Client und -Server sowie um die dynamische Zuordnung von UDP-Port-Nummern an die Clients (nur NFS 3).

» rpc.mountd verarbeitet die mount-Anforderungen der Clients (nur NFS 3).

Normalerweise brauchen Sie sich über diese Programme nicht allzu viele Gedanken zu machen – sobald NFS installiert und aktiviert ist, werden alle erforderlichen Programme automatisch während des Init-V-Prozesses gestartet.

Links Ein ausgezeichnetes HOWTO zum Thema NFS mit vielen Tuning- und Sicherheitstipps finden Sie unter:

http://nfs.sourceforge.net/nfs-howto/

Installation und Konfiguration

Bevor Sie den NFS-Server einrichten können, müssen Sie sicherstellen, dass die entsprechenden Pakete installiert sind. Standardmäßig ist das zumeist nicht der Fall. Die Paketnamen variieren je nach Distribution.

Debian, SUSE, Ubuntu:	nfs-kernel-server
Fedora, Red Hat:	nfs-utils, rpcbind

Die Konfiguration erfolgt durch die drei Dateien /etc/exports, /etc/hosts.allow und /etc/hosts.deny.

/etc/exports /etc/exports ist die zentrale Konfigurationsdatei für NFS. Diese Datei steuert, welcher Rechner auf welche Verzeichnisse wie zugreifen darf. Die Rechner können wahlweise durch IP-Nummern oder durch Namen angegeben werden. IP-Adressen können maskiert werden (z. B. mit 192.168.0.0/255.255.255.0 oder 192.168.0.0/24). Rechnernamen dürfen außerdem das Jokerzeichen * enthalten (z. B. *.sol), IP-Adressen aber nicht!

Die folgende Beispieldatei gibt an, dass alle Clients mit IP-Nummern im Netz 192.168.0.* oder mit dem Namen *.sol auf das Verzeichnis /usr/local zugreifen, dieses aber nicht verändern dürfen. Der Rechner uranus.sol hat außerdem Lese- und Schreibzugriff auf das Verzeichnis /usr/share. Der /usr/local-Eintrag in exports ist nur aus Platzgründen über zwei Zeilen verteilt.

```
# /etc/exports auf dem Rechner mars.sol
# ro = read only, rw = read write
/usr/local    192.168.0.0/24(ro,async,no_subtree_check) \
              *.sol(ro,async,no_subtree_check)
/usr/share    uranus.sol(rw,async,no_subtree_check)
```

Die Syntax von /etc/exports geht aus den obigen Zeilen hervor. Dem Verzeichnis und den Hostnamen bzw. IP-Adressen folgen in Klammern diverse NFS-Optionen, von denen im Folgenden die wichtigsten kurz beschrieben sind. (Eine Menge weiterer Optionen beschreibt man exports.)

» ro (read-only) bzw. rw (read-write) geben an, ob nur ein Lese- oder auch ein Schreibzugriff erlaubt ist.

» sync bzw. async bestimmen den Zeitpunkt, zu dem der NFS-Server die Änderungen von Dateien bestätigt. Standardmäßig gilt sync. Das bewirkt, dass eine Bestätigung erst erfolgt, wenn die Datei tatsächlich gespeichert wurde. Viel effizienter, aber weniger sicher ist async. Der Geschwindigkeitsunterschied zwischen sync und async ist bei Schreibzugriffen dramatisch (bis zu Faktor 10), weswegen in der Praxis häufig async zum Einsatz kommt.

» insecure bewirkt, dass der NFS-Server auch auf Client-Anfragen reagiert, die von einem IP-Port größer 1024 stammen. Diese Option ist dann erforderlich, wenn es im lokalen Netzwerk Apple-Rechner gibt: OS X verwendet nämlich standardmäßig auch Ports größer 1024 zur Kommunikation mit einem NFS-Server.

» no_subtree_check bzw. subtree_check geben an, ob der NFS-Server den Subtree-Test durchführen soll. Dazu kurz einige Hintergrundinformationen: Wenn ein Verzeichnis eines Dateisystems (nicht aber ein gesamtes Dateisystem) per NFS exportiert wird, stellt der NFS-Server durch den Subtree-Test fest, ob sich die Datei innerhalb des exportierten Verzeichnisses befindet. Der NFS-Server gibt dann Informationen über den tatsächlichen Ort der Datei an den Client weiter. Wird die Datei später auf dem Server umbenannt, führt das oft zu Problemen auf dem Client. Aus diesem Grund ist der Subtree-Test in aktuellen NFS-Server-Versionen standardmäßig deaktiviert. Die Option no_subtree_check sollte aber dennoch angegeben werden, um eine diesbezügliche Warnung des Servers beim Start zu verhindern.

  Wenn Sie möchten, können Sie den Subtree-Test durch subtree_check explizit aktivieren. man exports empfiehlt dies vor allem für Verzeichnisse, in denen selten Dateien umbenannt werden und die im Read-Only-Modus exportiert werden.

» root darf zwar wie jeder andere Benutzer NFS nutzen, hat aber aus Sicherheitsgründen in den importierten Verzeichnissen nur die Rechte des Benutzers nobody (UID=65534 und GID=65534). Wenn Sie root die üblichen Rechte geben möchten, müssen Sie in /etc/exports die Option no_root_squash angeben.

Falls der NFS-Server bereits läuft, werden Veränderungen in /etc/exports erst durch die Ausführung des exportfs-Kommandos wirksam:

```
root# exportfs -a
```

/etc/hosts.allow, /etc/hosts.deny

Die Dateien hosts.allow und hosts.deny geben an, welche Rechner auf den NFS-Server zugreifen dürfen. Die Informationen in /etc/exports sind nur für die Benutzer relevant, die den NFS-Server überhaupt kontaktieren können. Insofern stehen hosts.allow und hosts.deny in der Hierarchie des Zugriffsschutzes an erster Stelle. Die Syntax der Dateien ist auf Seite 835 beschrieben. Für den NFS-Server sind die Einträge portmap und mountd relevant.

Distributions-spezifische Einstellungen Neben den standardisierten Konfigurationsdateien können Sie je nach Distribution zusätzlich individuelle Einstellungen vornehmen:

Debian, Ubuntu:	/etc/defaults/nfs-common, /etc/defaults/nfs-kernel-server
Fedora, SUSE, Red Hat:	/etc/sysconfig/nfs

Start Debian und Ubuntu starten den NFS-Server nach der Installation standardmäßig. Bei Fedora, Red Hat und SUSE müssen Sie wie bei anderen Init-Diensten durch die folgenden Kommandos nachhelfen (siehe auch Seite 323):

```
root#  chkconfig --level 35 nfs on           (Fedora, Red Hat)
root#  service nfs start
root#  systemctl start  rpcbind.service      (Fedora 16)
root#  systemctl start  nfs-server.service
root#  systemctl start  nfs-lock.service
root#  systemctl enable rpcbind.service
root#  systemctl enable nfs-server.service
root#  systemctl enable nfs-lock.service
root#  insserv nfsserver                     (SUSE)
root#  service nfsserver start
```

NFS-Clients Nach dem Start können Sie von einem anderen Rechner aus mit mount probieren, ob alles funktioniert. Bei Debian und Ubuntu müssen Sie vorher das Paket nfs-common installieren.

```
user@uranus$  mkdir /test
user@uranus$  mount -t nfs mars:/usr/share /test
user@uranus$ ...
user@uranus$  umount /test
```

Wenn es Probleme gibt, stellen Sie sicher, dass NFS nicht durch eine Firewall blockiert wird. NFS 3 verwendet die Protokolle TCP und UDP auf den Ports 111 (portmap) und 2049 (nfsd)) sowie auf zufällig freien Ports (rpc.*d). Weitere Informationen zur Verwendung von NFS aus Client-Sicht finden Sie auf Seite 618.

NFS-Status ermitteln Ob die Dämonen für den Betrieb des Rechners als NFS-Server laufen, stellen Sie am einfachsten mit dem Kommando rpcinfo fest. Das Ergebnis sollte so ähnlich wie die folgenden Zeilen aussehen:

```
root#  rpcinfo -p
   Program Vers Proto   Port
   100000    2   tcp    111  portmapper
   100024    1   udp  33781  status
   100003    3   udp   2049  nfs
   100003    4   udp   2049  nfs
   100021    1   udp  58658  nlockmgr
   100005    1   udp  41096  mountd
    ...
```

Welche Clients zurzeit auf den NFS-Server zugreifen, können Sie mit showmounts ermitteln. Das folgende Beispiel zeigt, dass auf den Server mars momentan nur ein einziger Client mit der IP-Nummer 192.168.0.15 zugreift:

```
root# showmount -a
All mount points on mars:
192.168.0.0/24:/usr/share
192.168.0.15:192.168.0.0/24
```

Die Ergebnisse von showmount -a basieren auf der Datei /var/lib/nfs/rmtab, um die sich rpc.mountd kümmert. Leider ist diese Datei oft unvollständig bzw. enthält alte, nicht mehr aktuelle Einträge (siehe auch man rpc.mountd). Insofern sind die Resultate von showmount nur von eingeschränktem Wert. Beachten Sie, dass showmount generell nur NFS-3-Verzeichnisse berücksichtigt!

UIDs und GIDs

NFS 3 verwendet UIDs und GIDs zur Verwaltung der Zugriffsrechte auf Dateien und Verzeichnisse. Das ist einfach, funktioniert aber nur dann zufriedenstellend, wenn es auf dem Server und auf allen Clients eine einheitliche Zuordnung zwischen Benutzern, Gruppen und deren ID-Nummern gibt.

Bei einer manuellen Benutzerverwaltung lassen sich einheitliche UIDs und GIDs nur mit großer Sorgfalt erreichen: Beim Anlegen jedes neuen Benutzers auf jedem Rechner müssen UIDs und GIDs manuell festgelegt werden; außerdem brauchen Sie eine zentrale Referenz über alle bereits vergebenen UIDs und GIDs. Fehler oder Schlampereien bei der Benutzerverwaltung führen sofort zu unerwünschten Konsequenzen: Wenn beispielsweise der Benutzer peter@merkur und die Benutzerin birgit@neptun auf ihren Rechnern jeweils die UID 1234 haben, haben beide Benutzer im NFS-Verzeichnis dieselben Zugriffsrechte. Das ist selten gewollt!

Die früher übliche Lösung bestand darin, die Dateien /etc/passwd, /etc/group und /etc/shadow mittels NIS (*Network Information Services*) auf allen Rechnern im lokalen Netzwerk zu synchronisieren. NIS ist zwar relativ leicht einzurichten, gilt aber als veraltet und unsicher. Wesentlich besser ist es, die Benutzerdaten (Login-Name, Passwort, Gruppenzugehörigkeiten, UIDs und GIDs etc.) mit einem LDAP-Dienst zentral zu verwalten. LDAP steht für *Lightweight Directory Access Protocol*, ein Protokoll zur Verwaltung hierarchischer Daten. Als LDAP-Server kommt unter Linux in der Regel openLDAP zum Einsatz. Leider ist die Konfiguration und die Verwaltung eines LDAP-Servers relativ aufwendig. Im Detail habe ich die Vorgehensweise in meinem ebenfalls bei Addison-Wesley erschienenen Buch *Ubuntu Server* beschrieben.

Zeichensatzprobleme

Wie ich bereits erwähnt habe, kümmert sich das NFS-3-Protokoll nicht um den Zeichensatz von Dateinamen und interpretiert diese einfach als Bytefolge. Wenn auf dem NFS-Server und auf den Clients unterschiedliche Zeichensätze gelten, dann verursachen alle Nicht-ASCII-Zeichen Probleme.

30.2 NFS 4

Die NFS-Version 3 hat grundlegende Probleme: Das Protokoll lässt vom Sicherheitsstandpunkt aus betrachtet vieles zu wünschen übrig, die Benutzerverwaltung auf der Basis von UIDs/GIDs ist für große Installationen ungeeignet, die Absicherung von NFS durch eine Firewall ist schwierig, Unicode-Zeichen in Dateinamen führen bei Unicode-inkompatiblen Clients zu Schwierigkeiten etc.

Zur Behebung dieser Mängel wurde das Protokoll für NFS 4 vollständig neu entwickelt: NFS 4 unterstützt die Verwaltung der Zugriffsrechte über ACLs sowie eine sichere Authentifizierung des Zugriffs durch Kerberos oder SPKM-3. NFS 4 kümmert sich selbst um Locking- und Mounting-Aufgaben, sodass hierfür keine separaten RPC-Dämonen erforderlich sind. NFS 4 verarbeitet Unicode-Zeichen in Dateinamen korrekt. Die gesamte Kommunikation erfolgt über den TCP-Port 2049, was die Konfiguration einer Firewall vereinfacht (kein UDP, keine dynamischen Ports). Noch mehr Argumente für NFS 4 fasst der folgende Artikel zusammen:

http://www.heise.de/netze/artikel/Das-Netzwerk-Dateisystem-NFSv4-221577.html

Leider ist die Konfiguration von NFS 4 etwas komplizierter als bei NFS 3. Lange Zeit galt NFS 4 zudem als unausgereift und instabil – aber diese Startschwierigkeiten sind mittlerweile überwunden.

Dieser Abschnitt beschreibt die Server- und Client-Konfiguration ohne ein Authentifikationssystem – also den einfachsten Weg, um NFS 4 in Betrieb zu nehmen. In der Praxis werden Sie NFS 4 aber zumeist mit LDAP und Kerberos verbinden wollen, vor allem in Netzwerken mit vielen Benutzern. Auf diese ziemlich komplexe Konfiguration kann ich hier aus Platzgründen nicht eingehen. Sie ist in meinem Buch *Ubuntu Server* beschrieben, das ebenfalls bei Addison-Wesley erschienen ist.

Server-Konfiguration

rpc.idmapd Aktuelle Linux-Versionen unterstützen standardmäßig NFS 4. Allerdings müssen Sie sicherstellen, dass der Dienst `rpc.idmapd` läuft. Dieser Dienst stellt die Zuordnung zwischen NFS-Benutzernamen und UIDs/GIDs her. Ob bzw. wie der Dienst gestartet wird, variiert je nach Distribution:

» Unter Debian und Ubuntu ist für den Start von `rpc.idmapd` das Init-V-Script `nfs-common` verantwortlich. Es startet den Dienst automatisch, wenn die Datei `/etc/exports` existiert (Server) oder wenn `/etc/fstab` die Zeichenkette `nfs4` enthält (Client). Bei Bedarf können Sie den Start auch erzwingen, indem Sie in `/etc/default/nfs-common` die Einstellung `NEED_IDMAPD=yes` verwenden.

» Bei Red Hat und älteren Fedora-Versionen wird `rpc.imapd` durch `/etc/init.d/nfs` standardmäßig gestartet. Es ist keine spezielle Konfiguration erforderlich. Ab Fedora 16 führen Sie die beiden folgenden Kommandos aus:

```
root# systemctl start  nfs-idmap.service
root# systemctl enable nfs-idmap.service
```

» Unter SUSE stellen Sie sicher, dass `/etc/sysconfig/nfs` die Einstellung `NFS4_SUPPORT=yes` enthält (was standardmäßig der Fall ist). `rpc.idmapd` wird dann durch das Init-V-Script `/etc/init.d/nfskernel` gestartet.

Die Konfiguration von `rpc.idmapd` erfolgt durch `/etc/idmap.conf`. Im Regelfall können Sie die Datei so belassen, wie sie von Ihrer Distribution vorgegeben ist.

Verzeichnisse Ganz anders als bei NFS 3 sieht die Konfiguration der Verzeichnisse aus, die per NFS exportiert werden sollen: Sämtliche Verzeichnisse müssen einem Wurzelverzeichnis untergeordnet werden, das als Pseudo-Dateisystem dient. Am einfachsten ist das anhand eines Beispiels zu verstehen. Nehmen wir an, Sie wollen die Verzeichnisse `/data/audio` und `/data/bilder/fotos` exportieren. Dazu erzeugen Sie drei neue Verzeichnisse, wobei `/nfsexport` als Wurzelverzeichnis dient. (Der Name dieses Verzeichnisses ist willkürlich.)

```
root# mkdir /nfsexport
root# mkdir /nfsexport/audio
root# mkdir /nfsexport/fotos
```

Nun binden Sie /data/audio und /data/bilder/fotos als neue nfsexports-Unterverzeichnisse ein. Damit ist der Inhalt von /data/audio nun auch unter /nfsexport/audio sichtbar, analog /data/bilder/fotos unter /nfsexport/fotos.

```
root# mount -t none -o bind /nfsexport/audio/  /data/audio/
root# mount -t none -o bind /nfsexport/fotos/  /data/bilder/fotos/
```

Damit das in Zukunft automatisch erfolgt, fügen Sie in /etc/fstab (auf dem Server) die folgenden zwei Zeilen hinzu:

```
# /etc/fstab
...
/data/audio          /nfsexport/audio  none  bind 0 0
/data/bilder/fotos   /nfsexport/fotos  none  bind 0 0
```

/etc/exportfs

Nach diesen Vorbereitungsarbeiten können Sie nun endlich /etc/exports modifizieren. Diese Datei ist auch für NFS 4 verantwortlich, wobei grundsätzlich dieselbe Syntax wie bei NFS 3 gilt (siehe Seite 881). Allerdings kommen nun zwei weitere Optionen ins Spiel:

- Das NFS-4-Wurzelverzeichnis muss durch die Option fsid=0 gekennzeichnet werden. Es darf nur ein Wurzelverzeichnis geben! (Um es nochmals zu betonen: Es ist mit NFS 4 nicht möglich, Verzeichnisse zu exportieren, die sich außerhalb des Wurzelverzeichnisses befinden.)
- Die crossmnt-Option wird ebenfalls nur beim Wurzelverzeichnis angegeben. Sie bewirkt, dass beim Einbinden von Unterverzeichnissen deren Inhalt bei den Clients auch dann sichtbar ist, wenn das Wurzelverzeichnis auf dem Client nicht eingebunden ist. Statt der crossmnt-Option beim Wurzelverzeichnis können Sie auch die nohide-Option bei allen Unterverzeichnissen angeben – Sie erzielen damit denselben Effekt.

```
# /etc/exports
...
/nfsexport         192.168.0.0/24(rw,async,no_subtree_check,fsid=0,crossmnt)
/nfsexport/audio   192.168.0.0/24(ro,async,no_subtree_check)
/nfsexport/fotos   192.168.0.0/24(rw,async,no_subtree_check)
```

Wie immer stellt exportfs -a sicher, dass ein bereits laufender NFS-Server die neuen Einträge berücksichtigt.

Client-Konfiguration

Auch auf dem Client müssen Sie dafür sorgen, dass rpc.idmapd läuft. Die Vorgehensweise ist dieselbe wie bei der Server-Konfiguration. Anschließend können Sie die NFS-Verzeichnisse per mount nutzen. Die folgenden Kommandos integrieren den gesamten nfsexport-Verzeichnisbaum an der Stelle /media/nfsdata in das lokale Dateisystem. Beachten Sie, dass Sie als Dateisystem NFS 4 angeben (-t nfs4) und dass Sie das NFS-Wurzelverzeichnis einfach mit / adressieren, nicht mit /nfsexport!

```
root# mkdir /media/nfsdata
root# mount -t nfs4 mars:/ /media/nfsdata
root# ls /media/nfsdata
audio  fotos
```

Alternativ können Sie natürlich auch nur ein Teilverzeichnis importieren:

```
root# mkdir /media/fotos
root# mount -t nfs4 mars:/fotos /media/fotos
```

30.3 Samba – Grundlagen

Samba ist ein Paket von Programmen, das bei der Integration von Windows- und Unix/Linux-Rechnern hilft. Der Name Samba ist von der Abkürzung SMB abgeleitet, die wiederum für das Protokoll *Server Message Block* steht. SMB wird in der Windows-Welt dafür eingesetzt, dass Rechner im Netzwerk gegenseitig auf ihre Daten zugreifen können.

Mit Samba kann auch ein Linux-Rechner Dateien bzw. Verzeichnisse ins lokale Netzwerk stellen. Anwender mit Windows-, Linux- und Apple-Rechnern können darauf zugreifen. Ein fein differenziertes Authentifizierungs- und Rechtesystem steuert, wer welche Dateien lesen bzw. verändern darf. Samba ist somit der zentrale Knotenpunkt zum Datenaustausch in einem lokalen Netzwerk – sei es in einer Firma, einer Organisation oder zu Hause.

Samba wird oft als Verknüpfungselement zwischen der Linux- und der Windows-Welt betrachtet. Das greift aber zu kurz: SMB kommt selbst in reinen Linux- bzw. Unix-Umgebungen häufig zum Einsatz, weil es derart einfach zu nutzen ist: Die Datei-Browser von Gnome und KDE unterstützen SMB standardmäßig, SMB-Verzeichnisse können dank CIFS direkt in den Linux-Verzeichnisbaum eingebunden werden etc. Wenn Sie nach einer Unix-typischen Alternative ohne Microsoft-Hintergrund suchen, bietet sich am ehesten NFS an (siehe die vorangegangenen Seiten). Der Einsatz von NFS erfordert aber auf allen Client-Rechnern eine einheitliche Benutzerkonfiguration und ist inkompatibel zur Windows-Welt.

Links Dieser Abschnitt beschreibt die Grundfunktionen von Samba 3.*n* aus Server-Sicht. Wenn Sie die zahlreichen fortgeschrittenen Funktionen nutzen möchten, beispielsweise die Authentifizierung via LDAP oder die Verwendung von Samba als PDC, müssen Sie auf weiterführende Literatur zurückgreifen. Eine Menge Informationen finden Sie auf diesen Websites:

http://www.samba.org/
https://help.ubuntu.com/community/SettingUpSamba
http://samba.sernet.de/

Wenn Sie mehr über die technischen Aspekte nachlesen möchten (also über Protokolle, Locking-Mechanismen und Ähnliches), ist das bei O'Reilly erschienene Buch *Using Samba* von Gerald Carter, Jay Ts und Robert Eckstein (dritte Auflage 2007) ein idealer Startpunkt:

http://www.samba.org/samba/docs/using_samba/toc.html

Grundlagen und Glossar

Bevor Sie mit der Konfiguration eines Samba-Servers beginnen, sollten Sie die zugrunde liegenden Konzepte und das dazugehörende Vokabular verstehen. Dieser Abschnitt soll Ihnen dabei helfen.

NetBIOS

SMB basiert auf dem NetBIOS-Protokoll. NetBIOS steht für das ursprünglich von IBM entwickelte *Network Basic Input/Output System*. Mittlerweile bezieht sich NetBIOS allerdings auf ein mehrfach renoviertes Protokoll. NetBIOS besteht primär aus drei Diensten:

- **Name Service:** Dieses Verfahren zum Austausch der Rechnernamen ist mit DNS unter Unix/Linux vergleichbar. Die Verwaltung der Namen kann wahlweise zentral durch einen *NetBIOS-Nameserver* (NBNS) oder dezentral erfolgen. In diesem Fall sendet jeder Client beim Rechnerstart eine Meldung an alle anderen Clients im Netzwerk und teilt ihnen mit, unter welchem Namen er präsent ist.
- **Session Service:** Dieser Kommunikationsmechanismus ermöglicht ähnlich wie TCP einen geordneten Datenaustausch zwischen zwei Rechnern in Form von Paketen. Dabei wird die Integrität überprüft, und fehlerhafte oder verlorene Pakete werden neu angefordert.
- **Datagram Service:** Bei dieser Variante zum Session Service gibt es keine Überprüfung, ob die Daten ordnungsgemäß ankommen. Dafür hat der Datagram Service den Vorteil, dass Daten an mehrere Rechner gleichzeitig versandt werden können.

WINS

Unter Windows wird der NBNS durch den *Windows Internet Name Service* (WINS) realisiert. WINS-Server können mit Samba oder mit aktuellen Windows-Versionen eingerichtet werden (nicht aber mit Windows 9x). Samba kann dabei optional auf einen schon vorhandenen DNS zurückgreifen.

Anders als unter Unix funktioniert unter Windows die Namensauflösung aber auch ohne einen expliziten Nameserver. Allerdings müssen dazu Datagram-Pakete an alle Rechner des Netzwerks gesendet werden, weswegen das Verfahren in großen Windows-Netzen zunehmend ineffizient wird.

Die Rechnernamen für NetBIOS und für TCP/IP sind voneinander unabhängig. Theoretisch ist es also möglich, dass ein Rechner je nach Protokoll unter verschiedenen Namen konfiguriert ist. In der Praxis wird man das natürlich vermeiden. Unterschiedliche Namen stiften nicht nur Verwirrung, sondern machen auch die Nutzung mancher Funktionen unmöglich.

Browsing

Woher weiß ein Windows-Client, welche anderen Rechner sich im Netz befinden? Die Antwort lautet: Browsing. Mit diesem Begriff wird die Verwaltung der im Netz befindlichen Rechner bezeichnet. Damit sich nicht jeder Rechner selbst darum kümmern muss, übernimmt ein sogenannter Master-Browser diese Verwaltungsaufgabe. In größeren Netzen wird er von einem oder mehreren Backup-Browser(n) unterstützt. Samba ist bei Bedarf ebenfalls in der Lage, als Browser aufzutreten.

Wer die Rolle als Browser übernimmt, ist nicht fest vorgeschrieben, sondern wird unter den im Netz befindlichen Rechnern dynamisch ausgehandelt – je nachdem, welche Rechner sich gerade im Netz befinden und welcher dieser Rechner am besten dazu geeignet ist (im Regelfall der Rechner mit der neuesten Betriebssystemversion). Dabei muss es sich keineswegs automatisch um den WINS-Server handeln, sofern es im Netz überhaupt einen gibt. Der Browsing-Ansatz wird also sehr dezentral gehandhabt.

Leider gelingt es vor allem Windows-PCs nicht immer, die Browsing-Liste mit dem tatsächlichen Zustand des Netzwerks synchron zu halten. Das liegt auch daran, dass die Clients einen Cache mit dem zuletzt gültigen Zustand verwalten, um die Netzbelastung zu minimieren. Die Aktualisierung dieses Caches gelingt nicht immer bzw. erst nach geraumer Zeit. Wenn Sie auf einem Windows-Rechner also einen anderen Windows- oder Linux-Rechner nicht finden, obwohl Sie wissen, dass dieser Rechner läuft, ist das ein Browsing-Problem! (Die schnellste Lösung ist übrigens – Windows-typisch! – ein Neustart des betroffenen Rechners.)

Zugriffsrechte und Sicherheitssysteme

Der Begriff *Shares* bezeichnet gleichermaßen Verzeichnisse oder Drucker, die via NetBIOS anderen Rechnern zur Verfügung gestellt werden. Die deutsche Übersetzung lautet wenig elegant *Freigaben*, ich bleibe aber beim englischen Begriff oder spreche von *Verzeichnissen* oder *Objekten*. Es gibt nun verschiedene Formen der Zugriffssteuerung, die regeln, wer auf welche Shares zugreifen darf:

» **Share-Level-Sicherheit:** Bei der einfachsten Form der Zugriffssteuerung bekommt jedes Verzeichnis und jeder Drucker ein eigenes Passwort. (Objekte können natürlich auch ohne Passwort freigegeben werden.) Dieses Verfahren kommt in sehr kleinen Netzen vereinzelt noch immer zum Einsatz. Der naheliegende Nachteil ist die große Anzahl erforderlicher Passwörter: Wenn auf zehn Rechnern jeweils drei Objekte freigegeben werden, ergeben sich daraus bereits 30 Passwörter. In größeren Netzen führt das naturgemäß zu chaotischen Zuständen.

» **Workgroup-Sicherheit:** Diese Erweiterung der Share-Level-Sicherheit erlaubt einen gegenseitigen Zugriff auf Objekte nur dann, wenn die Rechner derselben Arbeitsgruppe angehören. Das verbessert die Sicherheit aber nicht nennenswert: Jeder Rechner kann sich ohne zentrale Administration einer beliebigen Arbeitsgruppe zugehörig erklären. Share-Level-Sicherheit funktioniert also nach einem dezentralen Peer-to-Peer-Verfahren (im Gegensatz zu den zunehmend zentralistischeren Client/Server-Verfahren für User-Level- und Domain-Level).

» **User-Level-Sicherheit:** Die User-Level-Sicherheit setzt auf der Client-Seite voraus, dass sich der Anwender mit Name und Passwort anmeldet. Wenn der Anwender nun irgendwelche Daten eines Samba-Servers bzw. eines anderen Windows-PCs nutzen möchte, gelten sein aktueller Name und sein Passwort als Zugangsberechtigung. Außerdem müssen beide Rechner zur selben Arbeitsgruppe gehören.

  Jedem Netzwerkobjekt ist also nicht einfach ein Passwort zugeordnet. Stattdessen ist es mit einem Benutzer verbunden (oder mit einer Liste namentlich aufgezählter Benutzer oder mit allen Benutzern einer Gruppe). Wenn User-Level-Sicherheit mit Samba implementiert wird, ist eine eigene Datenbank mit Benutzernamen, Gruppenzugehörigkeiten und Passwörtern erforderlich.

  Dazu ein Beispiel: Anwender X arbeitet auf Rechner A. Damit X Daten vom Samba-Server S abrufen kann, muss X sowohl auf A als auch auf S als Benutzer registriert sein (jeweils mit dem gleichen Namen und Passwort). Nun geht Rechner A kaputt. X weicht auf Rechner B aus. Damit er auf seine Daten auf S zugreifen kann, muss auch auf B der Benutzer X (wieder mit Passwort) geschaffen werden.

Wenn X sich entschließt, sein Passwort zu ändern, muss diese Änderung auf dem Server S und in der Folge auf jedem Client (A, B, ...) durchgeführt werden. Die dezentrale Passwortverwaltung und Authentifizierung ist also ein immanentes Problem bei diesem Konzept.

» **Domain-Level-Sicherheit:** Mit Windows NT 4 hat Microsoft sogenannte *Domänen* in seine Netzwerkwelt eingeführt. Das Konzept der Zugriffsverwaltung ist ganz ähnlich wie bei der User-Level-Sicherheit. Die Unterschiede betreffen die Art und Weise, wie die Benutzerdatenbank verwaltet wird und wie die Authentifizierung erfolgt.

  Die Clients greifen beim Login auf die zentral vom Server verwaltete Benutzerdatenbank zurück. Die Zugriffsrechte werden durch eine Art Login-Token verwaltet. Der Client erhält beim Login eine Zugriffsinformation, die bis zum Logout im gesamten Netzwerk gilt. Dieser Unterschied ist für den Anwender zwar nicht sichtbar, stellt aber einen fundamentalen Unterschied bei der internen Verwaltung dar und ist für den Server deutlich effizienter zu handhaben.

  Domain-Level-Sicherheit setzt voraus, dass es im Netzwerk einen *Primary Domain Controller* (PDC) gibt. In größeren Netzen können dem PDC einige *Backup Domain Controller* (BDC) zur Seite gestellt werden, damit nicht alles stillsteht, nur weil der PDC gerade ausgefallen ist.

» **Active Directories:** Um die Verwaltung großer Netzwerke zu vereinfachen, hat Microsoft die Domain-Level-Sicherheit um sogenannte Active Directories erweitert. Zur Authentifizierung wird das *Lightweight Directory Access Protocol* (LDAP) eingesetzt. Dabei können das Netzwerk und seine Domänen hierarchisch organisiert werden. Außerdem erfolgt die Verwaltung der Rechnernamen nun wie unter Linux üblich durch DNS, nicht durch WINS.

Samba versteht client-seitig alle fünf aufgezählten Sicherheitssysteme. Der Samba-Server kann momentan allerdings noch nicht die Rolle eines Active-Directory-Domain-Servers übernehmen. Die Samba-Entwickler planen, entsprechende Erweiterungen in der Samba-Version 4 zu implementieren. Es ist zurzeit aber unklar, wann diese Version fertig wird. Dieses Buch behandelt jedoch ohnedies nur User-Level-Sicherheit. Man spricht in diesem Zusammenhang auch von einer Samba-Konfiguration als Stand-alone-Server.

Hinweis

Welches Sicherheitssystem Samba verwendet, wird durch mehrere Parameter in der Samba-Konfigurationsdatei bestimmt. Der wichtigste Parameter ist `security`**. Beachten Sie aber, dass dessen mögliche Einstellungen nicht 1:1 den oben aufgezählten Sicherheitssystemen entsprechen! Standardmäßig gilt** `security = user`**, also User-Level-Sicherheit. Aber auch bei der Konfiguration als PDC bleibt es bei** `security = user`**. Entscheidend dafür, dass Samba nun auch die Authentifizierung für den Windows-Login durchführt, sind andere Parameter.**

Zentrale oder dezentrale Server-Topologie

Losgelöst vom Sicherheitssystem gibt es zwei fundamental unterschiedliche Strategien, wie Rechner in einem lokalen Netzwerk via Samba Daten austauschen:

» **Zentrale Topologie:** Ein zentraler Samba-Server stellt allen Benutzern Netzwerkverzeichnisse zur Verfügung. Es ist die Aufgabe des Administrators, die Zugriffsrechte der einzelnen Verzeichnisse so einzustellen, dass es sowohl private Verzeichnisse für individuelle Benutzer als auch mehr oder weniger öffentliche Verzeichnisse zum Datenaustausch in Benutzergruppen gibt.

Die Vorteile dieser Konfiguration bestehen darin, dass alle Daten auf dem Server zentral gesichert werden können und dass sich die einzelnen Benutzer nicht selbst um das Einrichten von Netzwerkverzeichnissen kümmern müssen. Natürlich gibt es auch Nachteile: Das System ist relativ unflexibel, und jede Änderung muss von einem Administrator durchgeführt werden. Außerdem sind die Folgen eines Server-Ausfalls fatal für das ganze Netzwerk.

» **Dezentrale Topologie:** In diesem Fall stellt jeder Rechner, der im Netzwerk Daten für andere Benutzer zur Verfügung stellen will, diese selbst zur Verfügung. Sowohl Windows als auch Linux (genau genommen: Gnome bzw. KDE) unterstützen den Anwender dabei durch relativ einfach zu nutzende Freigabedialoge.

  Der Vorteil dieser Konfigurationsvariante ist der dezentrale Ansatz, bei dem jeder für sich selbst verantwortlich ist und kein Administrator erforderlich ist. Mit zunehmender Netzwerkgröße wird die Konfiguration naturgemäß unübersichtlich, und zentrale Backups sind nahezu unmöglich.

Persönlich erscheint mir die zentrale Topologie im Unternehmenseinsatz zweckmäßiger. Wenn es aber nur darum geht, im privaten Umfeld rasch ein paar Dateien von einem Rechner zum nächsten zu kopieren, ist eine Ad-hoc-Konfiguration durch den entsprechenden KDE- oder Gnome-Dialog natürlich ausreichend. Das Hauptproblem besteht darin, dass die von KDE bzw. Gnome gebotenen Konfigurationsdialoge unausgereift sind und schlecht funktionieren.

30.4 Samba – Basiskonfiguration und Inbetriebnahme

Installation

Bei vielen Distributionen gibt es getrennte Pakete für die Client- und Server-Anwendung. Die Client-Pakete sind zumeist standardmäßig installiert, sodass ein Zugriff auf Netzwerkverzeichnisse auf Anhieb funktionieren sollte. Wenn Sie selbst Netzwerkverzeichnisse freigeben möchten, brauchen Sie auch die Server-Funktionen, die bei den meisten Distributionen im Paket `samba` verpackt sind.

Manche Distributionen stellen auch schon Samba-4-Pakete zur Verfügung. Diese Pakete richten sich aber nur an Entwickler, die neue Samba-Funktionen ausprobieren möchten. Samba 4 ist noch nicht für den produktiven Einsatz geeignet!

Start

Samba stellt seine Dienste durch zwei Hintergrundprozesse zur Verfügung:

» `nmbd` dient zur internen Verwaltung und als Nameserver. Der Dämon kümmert sich auch um die Browsing-Funktionen. `nmbd` kann auch als Master-Browser oder als WINS-Server fungieren.

» `smbd` stellt die Schnittstelle für die Clients dar und gibt diesen Zugang zu Verzeichnissen, Druckern und zur aktuellen Browsing-Liste.

Die beiden Prozesse werden durch das Init-System gestartet. Die Namen der Init-Scripts bzw. -Konfigurationsdateien hängen von Ihrer Distribution ab. Falls Samba bei Ihrer Distribution nach der Installation nicht standardmäßig läuft, finden Sie auf Seite 323 Tipps, wie Sie die Scripts starten bzw. für einen automatischen Start konfigurieren.

Debian:	/etc/init.d/samba startet beide Prozesse.
Fedora, Red Hat, SUSE:	/etc/init.d/smb startet smbd, /etc/init.d/nmb startet nmbd.
Fedora ab Version 16:	Systemd startet Samba.
Ubuntu:	/etc/init/nmbd.conf und /etc/init/smbd.conf sind für den Start von nmbd und smbd verantwortlich.

smb.conf

Als zentrale Konfigurationsdatei für Samba dient /etc/samba/smb.conf. Die Datei setzt sich aus einem globalen Abschnitt für die Grundeinstellungen ([global]) sowie beliebig vielen weiteren Abschnitten für die Freigabe von Ressourcen (Verzeichnisse, Drucker etc.) zusammen. Jeder Abschnitt wird durch [*ressourcenname*] eingeleitet. Kommentare werden wahlweise mit den Zeichen # oder ; eingeleitet. Es ist aber nicht zulässig, im Anschluss an eine Parametereinstellung einen Kommentar hinzuzufügen. Kommentare beanspruchen also immer eine ganze Zeile.

Die folgenden Zeilen zeigen leicht gekürzt den globalen Abschnitt der Samba-Standardkonfiguration unter Ubuntu. Bei anderen Distributionen ist die Datei (abgesehen von unzähligen Kommentaren) mitunter noch kürzer, weil darauf verzichtet wird, Defaulteinstellungen explizit zu wiederholen. Nicht abgedruckt sind hier die Abschnitte [printers] und [print$], die den Zugriff auf Drucker und Druckertreiber erlauben (siehe Seite 925).

```
# Datei /etc/samba/smb.conf bei Ubuntu 10.10
[global]
   workgroup              = WORKGROUP
   server string          = %h server (Samba, Ubuntu)
   dns proxy              = no
   log file               = /var/log/samba/log.%m
   max log size           = 1000
   syslog                 = 0
   panic action           = /usr/share/samba/panic-action %d
   passdb backend         = tdbsam
   encrypt passwords      = true
   unix password sync     = yes
   passwd program         = /usr/bin/passwd %u
   passwd chat            = ...
   pam password change    = yes
   map to guest           = bad user
   usershare allow guests = yes
```

Server-Identifizierung

Mit workgroup stellen Sie den Namen der Arbeitsgruppe ein. Das ist wahrscheinlich die erste Einstellung, die Sie ändern werden – um dort den Namen Ihrer eigenen Arbeitsgruppe einzustellen, innerhalb der Samba agieren soll.

server string gibt an, unter welchem Namen sich der Server identifiziert. %h wird dabei durch den Hostnamen ersetzt.

WINS

dns proxy= no bewirkt, dass Samba, wenn es als WINS-Server agiert, nicht auf DNS zurückgreift, um Windows-Hostnamen aufzulösen. Sofern es in Ihrem LAN einen lokalen Nameserver gibt, sollten Sie diesen Parameter auf yes einstellen. Die Standardeinstellung no ist nur zweckmäßig, wenn es keine lokalen bzw. schnell erreichbaren Nameserver gibt.

Logging Die Parameter `log file`, `max log size` und `syslog` steuern, welche Daten Samba wo protokolliert. Details zum Logging folgen auf Seite 894.

Bei einem Absturz von Samba wird das Script `panic-action` ausgeführt. Es sendet eine E-Mail an `root`, die Informationen zum aufgetretenen Fehler enthält. `panic-action` bleibt wirkungslos, wenn auf dem Server kein E-Mail-System installiert ist.

Passwörter `passdb backend` gibt an, wie die Samba-Passwörter verwaltet werden sollen. Zur Auswahl stehen `smbpasswd` (eine einfache Textdatei), `tdbsam` (TDB, ein relativ einfaches Datenbanksystem) oder `ldapsam` (LDAP). `tdbsam` ist zumeist die richtige Einstellung für kleine bis mittelgroße Netzwerke (bis ca. 250 Clients). Das früher populäre System `smbpasswd` sollte nicht mehr verwendet werden, weil damit keine erweiterten Attribute gespeichert werden können, die ab Window NT 4 zur Verfügung stehen (*SAM Extended Controls*). Weitere Informationen zur Verwaltung der Samba-Passwörter folgen ab Seite 896.

Die Schlüsselwörter `unix password sync`, `passwd chat` und `pam password change` beschreiben, ob und wie Samba seine Passwörter mit den Linux-Passwörtern abgleichen soll. Details dieses Verfahrens sind auf Seite 898 beschrieben.

Gäste `map to guest` und `usershare allow guests` regeln, wie Samba mit nicht authentifizierten Benutzern umgeht, also mit Benutzern, die sich mit einem ungültigen Namen oder Passwort anmelden. Die Bedeutung dieser und einiger weiterer `guest`-Parameter ist auf Seite 903 beschrieben.

Sicherheitsmodell Vielleicht vermissen Sie im obigen Listing die Einstellung des Sicherheitsmodells: Standardmäßig gilt in Samba und somit auch bei der Ubuntu-Grundkonfiguration das User-Level-Sicherheitsmodell (`security = user`). Nur, wenn ein anderes Sicherheitsmodell gewünscht ist, muss dieses mit dem Parameter `security` eingestellt werden.

Samba-Standards Unter Debian und Ubuntu enthält `smb.conf` einige oben nicht abgedruckte Anweisungen, die überflüssig sind: Beispielsweise werden Passwörter schon seit vielen Jahren verschlüsselt. `encrypt passwords = true` dokumentiert daher nur eine Standardeinstellung. Irreführend ist `obey pam restrictions = yes`: Diese Einstellung hat nur dann einen Einfluss auf die Passwortverwaltung, wenn Passwörter nicht verschlüsselt werden. Da dies der Fall ist, wird die Einstellung ignoriert.

Im weiteren Verlauf dieses Kapitels werden Sie noch eine Menge weiterer Samba-Parameter kennenlernen, aber natürlich bei Weitem nicht alle. Detaillierte Informationen zu allen Einstellmöglichkeiten gibt `man smb.conf`.

Konfigurationsänderungen, Status

Damit Änderungen an `smb.conf` wirksam werden, müssen Sie Samba auffordern, die Konfigurationsdateien neu einzulesen:

```
root# /etc/init.d/samba reload      (Debian)
root# service smbd reload           (Fedora, openSUSE, Ubuntu)
```

Wenn Sie größere Änderungen an smb.conf durchführen, sollten Sie die Datei zuerst mit testparm auf syntaktische Fehler überprüfen: testparam

```
root# testparm
Load smb config files from /etc/samba/smb.conf
Processing section "[printers]"
Processing section "[print$]"
Loaded services file OK.
Server role: ROLE_STANDALONE
Press enter to see a dump of your service definitions  <Return>
[global]
   server string = %h server (Samba, Ubuntu)
   ...
```

Wenn Sie testparm mit der Option -v ausführen, liefert das Kommando eine schier endlose Liste mit den Einstellungen aller möglichen smb.conf-Optionen. Das ist manchmal praktisch, wenn Sie sich nicht sicher sind, welche Einstellungen standardmäßig gelten (also bei Optionen, die Sie nicht selbst explizit eingestellt haben).

Den aktuellen Zustand des Samba-Servers ermitteln Sie mit smbstatus. Das Kommando liefert auch eine Liste aller zurzeit aktiven Verbindungen.

Samba absichern

Samba sollte stets so konfiguriert werden, dass die Netzwerkverzeichnisse wirklich nur innerhalb des lokalen Netzwerks sichtbar und verwendbar sind. Idealerweise blockieren Sie mit einer Firewall die Samba- bzw. Windows-spezifischen TCP-Ports 135, 139 und 445 sowie die UDP-Ports 137 und 138 nach außen.

Schnittstellen

Gleichzeitig sollten Sie auch bei der Samba-Konfiguration Vorsicht walten lassen: Dazu geben Sie mit interfaces explizit an, über welche Netzwerkschnittstellen Samba kommunizieren soll. Die Angabe der Schnittstellen erfolgt nicht über die Namen der Schnittstellen, sondern über den von diesen Schnittstellen genutzten Adressbereich. Dabei dürfen Sie localhost nicht vergessen – sonst funktionieren auf dem Server Administrationswerkzeuge wie smbclient oder SWAT nicht. Die Option ist nur relevant, wenn es auf Ihrem Rechner mehrere Netzwerkschnittstellen gibt. (Auf vielen Rechnern gibt es nicht nur Schnittstellen zu physikalischen Netzwerkadaptern, sondern auch zu den virtuellen Netzwerkadaptern diverser Virtualisierungsprogramme!) Standardmäßig bedient Samba *alle* Netzwerkschnittstellen.

Die Einstellungen durch interfaces werden nur dann wirksam, wenn Sie bind interfaces only explizit aktivieren.

Hosts

Des Weiteren können Sie mit hosts allow explizit aufzählen, welche Rechner mit Samba kommunizieren dürfen. Die Hostnamen, IP-Adressen oder IP-Adressbereiche müssen durch Leerzeichen voneinander getrennt werden. hosts allow erlaubt eine noch genauere Selektion als interfaces. Ergänzend können Sie mit hosts deny einzelnen Hosts oder Adressen die Nutzung von Samba verbieten.

Gäste

Die Einstellung map to guest verbietet schließlich allen Benutzern, die sich nicht richtig beim Server authentifizieren können, jeglichen Zugriff. Je nach Anwendung kann es zwar durchaus sinnvoll sein, auch für Gäste Verzeichnisse einzurichten, die ohne Authentifizierung gelesen oder sogar verändert werden dürfen; wenn dies nicht erforderlich ist, sollten Sie Gäste aber von vornherein aussperren.

```
# /etc/samba/smb.cnf
[global]
   ...
   bind interfaces only = yes
   interfaces           = 192.168.0.0/24 localhost
   hosts allow          = clientA clientB clientC
   map to guest         = never
```

Logging

Die beiden Samba-Dienste smbd und nmbd protokollieren globale Ereignisse in die Dateien /var/log/samba/log.smbd und log.nmbd. Weder der Name noch der Ort dieser beiden Logging-Dateien können durch smb.conf verändert werden.

Der Parameter log file im globalen Abschnitt von smb.conf gibt an, wohin client-spezifische Nachrichten protokolliert werden sollen. Die Voreinstellung /var/log/samba/log.%m bewirkt, dass für jeden Client, der auf Samba zugreift, eine eigene Logging-Datei mit dem Namen log.*hostname* erzeugt wird. max log size = 1000 limitiert die maximale Größe auf 1000 kByte. Wenn eine Logging-Datei größer wird, benennt Samba sie in *name*.old um. syslog = 0 bedeutet nicht etwa, dass Syslog nicht verwendet wird, sondern dass in /var/log/syslog nur Fehlermeldungen protokolliert werden sollen. Alternative Einstellungen sind 1, 2, 3 etc., wenn Sie auch Warnungen, Notizen sowie Debugging-Nachrichten protokollieren möchten.

logrotate

Vorsicht ist beim Einsatz von logrotate geboten (siehe Seite 469): Dieses Programm archiviert in der bei Debian, SUSE und Ubuntu üblichen Standardeinstellung einmal pro Woche log.smbd und log.nmbd und löscht gleichzeitig alle Archiv-Versionen, die älter als zwei Monate sind. logrotate ignoriert aber die viel schneller wachsenden client-spezifischen Logging-Dateien log.*hostname*. Besser durchdacht ist hier die entsprechende Konfigurationsdatei bei Fedora und Red Hat, die sich um *alle* Logging-Dateien in /var/log/samba kümmert:

```
# /etc/logrotate.d/samba bei Fedora und Red Hat
/var/log/samba/* {
    notifempty
    olddir /var/log/samba/old
    missingok
    sharedscripts
    copytruncate
}
```

Eine andere Lösung besteht darin, dass Sie in smb.conf die Einstellung log file = /var/log/samba/log.smbd verwenden. Damit erreichen Sie, dass smbd globale ebenso wie client-spezifische Nachrichten in derselben Datei protokolliert. Solange Sie nicht Fehler in der Samba-Konfiguration suchen müssen, ist das am praktischsten.

Webkonfiguration mit SWAT

Anstatt die Samba-Konfigurationsdatei smb.conf mit einem Editor zu verändern, können Sie auch das *Samba Web Administration Tool* (kurz SWAT) einsetzen. Die Schritte zur Installation und Inbetriebnahme von SWAT variieren je nach Distribution. Auf jeden Fall sollten Sie gleichzeitig mit der Installation eine Sicherheitskopie von smb.conf erstellen.

Debian, Ubuntu

SWAT befindet sich im Paket swat, das extra installiert wird. Falls dies noch nicht der Fall war, wird gleichzeitig auch openbsd-inetd installiert. Damit openbsd-inetd die automatisch geänderte Konfigurationsdatei /etc/inetd.conf berücksichtigt, müssen Sie openbsd-inetd explizit neu starten:

```
root# /etc/init.d/openbsd-inetd restart
```

SWAT setzt voraus, dass root mit einem Passwort ausgestattet ist. Bei Ubuntu ist das standardmäßig nicht der Fall. Führen Sie sudo passwd root aus, und geben Sie ein sicheres root-Passwort an!

Fedora, Red Hat

SWAT befindet sich im Paket samba-swat und muss extra installiert werden. Gleichzeitig wird auch xinetd installiert. Um SWAT zu aktivieren, müssen Sie in /etc/xinet.d/swat die Zeile disable = yes durch disable = no ersetzen und xinetd starten.

```
root# service xinetd start
root# chkconfig --add xinetd
```

SUSE

Bei SUSE ist SWAT im samba-Paket enthalten. Sie müssen SWAT explizit aktivieren, indem Sie in /etc/xinet.d/swat die Zeile disable = yes durch disable = no ersetzen. Außerdem müssen Sie sich um den Start von xinetd kümmern:

```
root# insserv xinetd
root# service xinetd start
```

Verwendung

SWAT kommuniziert über einen minimalistischen Webserver über den Port 901. (Die Installation von Apache ist also nicht erforderlich!) Um SWAT zu benutzen, geben Sie in Ihrem Webbrowser die Adresse http://localhost:901 oder http://127.0.0.1:901 ein.

Es erscheint nun ein Login-Dialog, in dem Sie sich als root anmelden müssen. Andere Benutzer haben keine ausreichenden Rechte zur Veränderung der Samba-Konfigurationsdatei und können nur den Samba-Status ermitteln sowie ihr eigenes Samba-Passwort verändern. Die SWAT-Benutzeroberfläche wirkt im Web-2.0-Zeitalter eher antiquiert (siehe Abbildung 30.1).

Wenn Sie Konfigurationsänderungen speichern, löscht SWAT alle vorhandenen Kommentare aus smb.conf, verändert die Reihenfolge bisher vorhandener Einträge und verändert eigenmächtig einige Einstellungen. Daher kommt also meine Empfehlung, bereits bei der Installation eine Sicherheitskopie von smb.conf zu erstellen.

Unter Samba-Profis genießt SWAT keinen besonders guten Ruf. Das Werkzeug bietet bei der Konfiguration nur wenig Hilfe. Wenn Ihnen die Konfiguration mit SWAT gelingt, können Sie smb.conf ebenso gut gleich selbst verändern, und das ohne die durch SWAT bedingten Einschränkungen.

Absicherung

Beim Login werden Benutzername und Passwort im Klartext übermittelt. Deswegen sollte SWAT aus Sicherheitsgründen nur auf dem lokalen Rechner bzw. im lokalen Netzwerk eingesetzt werden.

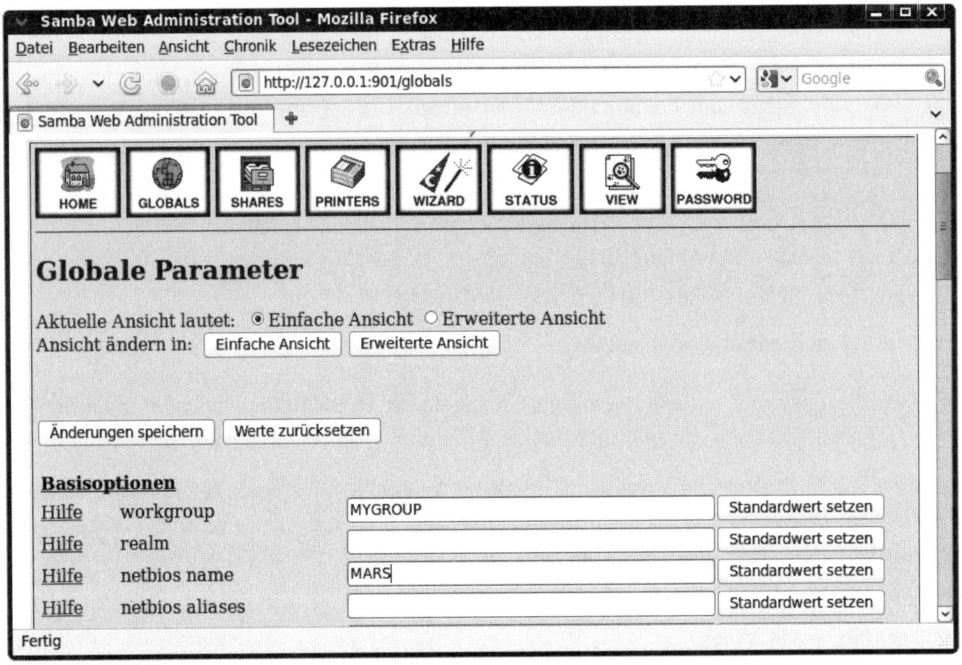

Abbildung 30.1: **Samba-Konfiguration mit SWAT**

Bei Debian und Ubuntu ändern Sie dazu die Dateien `/etc/hosts.deny` und `hosts.allow` gemäß der Beschreibung auf Seite 835 wie folgt (hier für ein LAN mit dem Adressbereich 192.168.0.*):

```
# Datei /etc/hosts.allow
swat : 192.168.0.0/24

# Datei /etc/hosts.deny
swat : ALL
```

Bei Fedora, Red Hat und SUSE ist diese Sicherheitsmaßnahme nicht erforderlich, weil aufgrund der Zeile `only_from = 127.0.0.1` in `/etc/xinet.d/swat` ohnedies nur `localhost` eine Verbindung zu SWAT herstellen kann.

30.5 Samba – Passwortverwaltung

Standardmäßig gilt für Samba `security = user`, also User-Level-Sicherheit. Damit der Beispielnutzer peter ein Netzwerkverzeichnis nutzen kann, müssen die folgenden Voraussetzungen erfüllt sein:

» Auf dem Server muss es einen Linux-Account mit dem Namen peter geben. Dieser Account ist für die Verwaltung der Zugriffsrechte erforderlich. Samba greift also auf die Linux-Zugriffsrechte zu, um zu entscheiden, welcher Nutzer welche Datei lesen bzw. verändern darf.

Der Linux-Account muss nicht aktiv sein. Oft ist es aus Sicherheitsgründen zweckmäßig, den Account mit einem ungültigen Passwort auszustatten. Sie verhindern damit, dass sich Samba-Benutzer auf dem Server einloggen können.

» `peter` und sein Passwort müssen in der Samba-Benutzerdatenbank enthalten sein. Aus technischen Gründen werden die Samba-Accounts (Benutzername, Passwort sowie weitere Daten) unabhängig von den Linux-Accounts verwaltet. Das Passwort des Linux-Accounts spielt für Samba keine Rolle.

» `smb.conf` muss Einträge für Netzwerkverzeichnisse enthalten, die `peter` benutzen darf (siehe ab Seite 901).

Samba-Passwörter

Bevor ein Benutzer im lokalen Netzwerk auf ein Verzeichnis zugreifen kann, muss er sich beim Samba-Server identifizieren. Beim Verbindungsaufbau von einem Windows-Client werden dazu der Windows-Login-Name und eine verschlüsselte Zeichenkette für das Passwort übertragen. Bei Linux-Clients können diese Daten nicht aus dem Linux-Login übernommen werden, weswegen zumeist ein eigener Dialog zur Eingabe des Samba-Benutzernamens und -Passworts erscheint. Anschließend geht es wie bei Windows-Clients weiter: Auch in diesem Fall wird nicht das Passwort selbst, sondern ein verschlüsselter Code an den Samba-Server übertragen.

Aus Sicherheitsgründen kann das Passwort nicht aus der verschlüsselten Passwortzeichenkette rekonstruiert werden. Die Zeichenkette wird vielmehr vom Samba-Server mit einer gleichermaßen verschlüsselten Zeichenkette verglichen. Wenn beide Zeichenketten übereinstimmen, stimmen auch die Passwörter überein.

smbpasswd-Backend

Der Samba-Server braucht eine Benutzer- und Passwort-Datenbank, um die Authentifizierung durchzuführen. In der Vergangenheit kam hierfür oft eine simple Textdatei zum Einsatz (`passdb backend = smbpasswd`). SUSE verwendet dieses Backend noch immer und speichert Passwörter in `/etc/samba/smbpasswd`.

TDB-Backend

Bei den meisten anderen Distributionen hat sich für kleine Installationen das TDB-Backend durchgesetzt (`passdb backend = tdbsam`). Bei größeren Installationen ist es zweckmäßig, die Login-Daten via LDAP zu verwalten, worauf ich in diesem Buch aber nicht eingehe.

TDB steht für *Trivial Database* und ist ein binäres Format zur Speicherung von Datensätzen. Der wesentliche Vorteil im Vergleich zu den herkömmlichen `smbpasswd`-Dateien besteht darin, dass neben dem Login-Namen und dem Passwort weitere Daten und Attribute gespeichert werden. Dazu zählen insbesondere die sogenannten *SAM Extended Controls*, die die Kompatibilität mit aktuellen Windows-Versionen erhöhen.

Wo die Passwörter physikalisch gespeichert werden, ist distributionsabhängig:

Debian, Ubuntu:	`/var/lib/samba/passdb.tdb`
Fedora, Red Hat:	`/var/lib/samba/private/passdb.tdb`
SUSE:	`/etc/samba/passdb.tdb`

Bei Bedarf können Sie in smb.conf durch passdb backend = tdbsam:dateiname eine andere Datei angeben. Mit dem Kommando smbpasswd legen Sie einen neuen Samba-Account an bzw. verändern dessen Passwort. pdbedit gibt Zugriff auf alle Account-Informationen: root-Benutzer können damit eine Liste aller Samba-Benutzer erstellen (pdbedit -L -v), für jeden Account diverse Attribute einstellen etc. Beide Kommandos werten smb.conf aus und funktionieren für alle Passwort-Systeme (also smbpasswd, tdbsam und ldapsam).

smbpasswd

Damit peter also ein Samba-Verzeichnis nutzen kann, müssen Sie als Linux-Systemadministrator den Samba-Account peter anlegen. Dabei hilft Ihnen das Kommando smbpasswd. Als Passwort geben Sie dieselbe Zeichenkette an, die der Benutzer peter auch unter Windows hat. Um ein bereits vorhandenes Samba-Passwort zu verändern, verwenden Sie smbpasswd ohne die Option -a.

```
root#  smbpasswd -a peter
New SMB password:  ******
Retype new SMB password:  ******
Added user peter.
Password changed for user peter.
```

Beachten Sie, dass sbmpasswd nur funktioniert, wenn der Linux-Benutzer peter auch auf dem lokalen System existiert (Datei /etc/passwd)! Gegebenenfalls können neue Linux-Benutzer mit useradd oder adduser angelegt werden.

Synchronisation der Samba- und Linux-Passwörter

Bei manchen Installationen ist es wünschenswert, dass sich die Benutzer von Samba-Verzeichnissen direkt am Linux-Server anmelden können, beispielsweise um via SSH zu arbeiten und ihre Dateien mit Linux-Kommandos zu verarbeiten. In solchen Fällen wäre es natürlich zweckmäßig, wenn das Samba- und das Linux-Passwort immer übereinstimmen würden. Schließlich ist es ausgesprochen lästig, jede Passwort-Änderung mehrfach durchzuführen (im Extremfall gleich dreimal: auf dem Windows-Client, für den Samba-Server und für den Linux-Login).

Die Synchronisierung der Passwörter ist leider nicht ganz einfach zu bewerkstelligen, weil zur Verschlüsselung der Samba-Passwörter ein anderer Algorithmus als für Linux-Passwörter zum Einsatz kommt. Aus diesem Grund erfolgt die Verwaltung der Samba- und Linux-Passwörter getrennt. (Die Algorithmen sind zwar unterschiedlich, es gibt aber eine Gemeinsamkeit: Die gespeicherten Zeichenketten ermöglichen nur die Kontrolle der Passwörter, aber keine Rekonstruktion. Deswegen ist eine Umwandlung oder Konvertierung der gespeicherten Passwörter von einem System in ein anderes unmöglich.)

Die populärste Lösung dieses Problems besteht darin, bei jedem Client-Aufruf von smbpasswd zur Veränderung des eigenen Passworts parallel auch das Linux-Passwort zu verändern. Unter Ubuntu enthält smb.conf dafür bereits alle erforderlichen Einstellungen:

```
# /etc/samba/smb.conf
[global]
    ...
    unix password sync = yes
```

```
pam password change = yes
passwd chat = *Enter\snew\s*\spassword:* %n\n
              *Retype\snew\s*\spassword:* %n\n
              *password\supdated\ssuccessfully* .
```

unix password sync = yes aktiviert die Synchronisierung. Dabei wird wegen pam password change PAM eingesetzt. PAM steht für *Pluggable Authentication Modules* und bezeichnet eine Sammlung von Bibliotheken zur Administration von Passwörtern. Der früher erforderliche Parameter passwd program, der den Pfad des passwd-Programms angab, ist für PAM nicht relevant und wird ignoriert. passwd chat beschreibt die Kommunikation zwischen Samba und PAM. Die Zeichenkette wurde im obigen Listing über drei Zeilen verteilt, muss in smb.conf aber in einer Zeile angegeben werden.

Leider ist die Synchronisation mit vielen Einschränkungen verbunden:

» smbpasswd muss vom jeweiligen Benutzer ausgeführt werden, nicht von root! Der Grund: Wenn smbpasswd von root aufgerufen wird, manipuliert es direkt die Samba-Benutzerdatenbank. (Das funktioniert auch, wenn der Samba-Server nicht läuft.) Wenn das Kommando dagegen von einem gewöhnlichen Benutzer verwendet wird, kommuniziert es mit dem Samba-Server, der die eigentliche Arbeit inklusive der Passwort-Synchronisation erledigt.

» smbpasswd akzeptiert beliebig schlechte Passwörter (z. B. leere oder aus nur einem Buchstaben bestehende Passwörter). Das Linux-Passwortsystem bzw. PAM erzwingt dagegen eine minimale Passwortqualität und verweigert allzu einfache Passwörter. Das kann dazu führen, dass zwar das Samba-Passwort verändert wird, das Linux-Passwort aber nicht. Ab diesem Zeitpunkt sind die Passwörter nicht mehr synchron, weswegen nun jeder weitere Versuch scheitert, das Linux-Passwort neu einzustellen. Um die Passwörter wieder zu synchronisieren, muss root das Linux- und Samba-Passwort des betroffenen Benutzers neu einstellen.

» Die Synchronisation durch unix password sync funktioniert nur in eine Richtung: von Samba zu Linux. Wenn ein Benutzer dagegen sein Linux-Passwort durch passwd verändert, bleibt das Samba-Passwort unverändert. (Abhilfe kann libpam-smbpass schaffen, siehe unten.)

Aus meiner persönlichen Erfahrung rate ich von der hier beschriebenen Passwort-Synchronisation ab. Sie ist fehleranfällig und verursacht vielfach mehr Probleme, als sie löst. Verwenden Sie die Einstellung unix password sync = no.

libpam-smbpass

Ubuntu sieht zur Passwort-Synchronisation von Linux nach Samba die Bibliothek libpam-smbpass vor. Die Installation des gleichnamigen Pakets führt dazu, dass die PAM-Konfigurationsdateien (siehe auch Seite 449) so verändert werden, dass bei jedem erfolgreichen Login sowie bei jeder Veränderung eines Linux-Passworts das dazugehörende Samba-Passwort ebenfalls eingerichtet bzw. aktualisiert wird. (Das setzt voraus, dass Sie Ihren Desktop nicht mit Auto-Login konfiguriert haben!)

libpam-smbpass ist vor allem dann extrem praktisch, wenn mehrere Linux-Benutzer via Samba Dateien austauschen möchten. Durch libpam-smbpass ist sichergestellt, dass das Samba-Passwort jeweils mit dem gerade aktuellen Linux-Passwort des Benutzers übereinstimmt.

Hinweis

Verwechseln Sie die Bibliothek libpam-smbpass nicht mit [lib]pam_smb! Das Modul pam_smb ermöglicht die Authentifizierung (den Linux-Login) bei einem Samba- oder Windows-Server und hat nichts mit der Passwort-Synchronisation zu tun.

Zuordnung zwischen Windows- und Linux-Benutzernamen

Unter Windows ist als Benutzername beinahe jede Zeichenkette mit bis zu 128 Zeichen möglich, unter Linux dagegen nur eine Zeichenkette mit maximal 32 Zeichen ohne Sonderzeichen oder Leerzeichen. Wenn ein Windows-Benutzer einen Benutzernamen verwendet, der sich nicht unmittelbar einem Linux-Benutzernamen zuordnen lässt, muss die Zuordnung über eine Datei hergestellt werden. Der Name dieser Datei wird in `smb.conf` durch die Option `username map` angegeben:

```
# /etc/samba/smb.conf
[global]
    ...
    username map = /etc/samba/smbusers
```

Jede Zeile der Datei `smbusers` enthält zuerst einen Linux-Benutzernamen, dann das Zeichen = und schließlich einen oder mehrere Windows-Benutzernamen. Namen mit Leerzeichen stellen Sie in Anführungszeichen. Sie können die Datei auch benutzen, um mehreren Windows-Benutzern einen Linux-Benutzer zuzuordnen.

```
# /etc/samba/smbusers
peter  = "Peter Mayer"
...
```

Achtung

`/etc/samba/smbusers` **kann das Sicherheitssystem von Samba bzw. Linux aushebeln, wenn** `root` **einem anderen Benutzer zugeordnet wird! Achten Sie darauf, dass nur** `root` **die Datei ändern darf:**

```
root# chmod 644 /etc/samba/smbusers
```

Und jetzt alles zusammen

Nehmen wir an, in Ihrem lokalen Netzwerk gibt es einen Windows-PC für Peter Mayer, wobei der Login-Name auf diesem Rechner `Peter Mayer` lautet. Auf einem Linux-Server mit Samba gibt es den Account `peter`. `smbusers` stellt die Zuordnung zwischen `Peter Mayer` und `peter` her. Unter diesen Voraussetzungen gibt es nun folgende Kombinationen aus Login-Name und Passwort:

» **Login unter Windows:** `Peter Mayer` und das Windows-Passwort

  Das Windows-Passwort gilt für das lokale Arbeiten am Windows-Rechner. Peter kann sein Windows-Passwort unter Windows ändern.

» **Login auf dem Server (Linux):** `peter` und das Linux-Passwort

  Das Linux-Passwort gilt für einen direkten Login auf dem Server, sofern der Linux-Account aktiv und nicht gesperrt ist. Peter kann sein Linux-Passwort z. B. nach einem SSH-Login auf dem Server mit dem Kommando `passwd` ändern.

» **Zugriff auf Netzwerkverzeichnisse:** `Peter Mayer` oder `peter` und das Samba-Passwort

  Das Samba-Passwort gilt für die Nutzung der Netzwerkverzeichnisse. Es sollte mit dem Windows-Passwort übereinstimmen. Ist das nicht der Fall, erscheint unter Windows eine Login-Box, sobald Peter auf ein Netzwerkverzeichnis zugreifen möchte.

Peter kann sein Samba-Passwort nach einem SSH-Login auf dem Server mit smbpasswd ändern. Falls auf dem Server SWAT installiert ist, kann Peter sein Passwort auch im Webbrowser ändern. Allerdings muss er sich mit seinem *Linux*-Passwort bei SWAT anmelden, bevor es das *Samba*-Passwort verändern kann – was zugegebenermaßen verwirrend ist. Wenn der Linux-Account gesperrt ist, hat Peter selbst keine Möglichkeit, sein Samba-Passwort zu ändern!

Kurz und gut: Nur technisch versierte Benutzer sind in der Lage, ihre drei Passwörter selbst zu ändern – und das auch nur, wenn der Linux-Account aktiv ist. Für alle anderen gilt: Einmal definierte Passwörter werden nie wieder geändert. Vom Sicherheitsstandpunkt aus betrachtet, ist das natürlich alles andere als optimal.

30.6 Samba – Netzwerkverzeichnisse

Im vorigen Abschnitt habe ich erklärt, welche Voraussetzungen erfüllt sein müssen, damit sich ein Benutzer bei Samba anmelden kann – kurz zusammengefasst: Ein Linux-Account und ein Samba-Passwort müssen vorhanden sein. Offen ist nun nur noch, welche Ressourcen ein angemeldeter Benutzer sieht und verwenden kann. Entscheidend hierfür sind die [resourcename]-Abschnitte in smb.conf.

Benutzerverzeichnisse

Die Definition eines Verzeichnisses, auf das ein bestimmter Benutzer zugreifen kann, sieht so aus:

```
# in /etc/samba/smb.conf
...
[verzeichnis1]
   user      = peter
   path      = /data/verz1
   writeable = yes
```

Mit dieser Einstellung können der Benutzer peter sowie alle Benutzer, die diesem Linux-Account durch smbusers zugeordnet sind, das Verzeichnis /data/verz1 lesen und verändern. Im Datei-Manager hat diese Ressource den Namen verzeichnis1 (also die in eckigen Klammern angegebene Zeichenkette).

Die Bedeutung der Schlüsselwörter ist leicht verständlich: user gibt den Benutzernamen an. Statt user können Sie auch die Synonyme users oder username verwenden. Es ist zulässig, mehrere durch Komma getrennte Benutzernamen anzugeben.

path gibt an, welches Verzeichnis des Servers freigegeben wird. Wenn path nicht explizit angegeben wird, gibt Samba standardmäßig das Heimatverzeichnis des angegebenen Benutzers frei. writeable = yes erlaubt im Verzeichnis Veränderungen. Ohne diese Option hat der Benutzer nur Lesezugriff.

Grundsätzlich gelten für alle Zugriffe die Linux-Zugriffsrechte. Wenn es in /data/verz1 also eine Datei gibt, die root gehört, dann darf der Linux-Benutzer peter diese Datei normalerweise nur lesen, aber nicht verändern. Diese Einschränkung gilt ebenso für alle Benutzer des Netzwerkverzeichnisses.

Home-Verzeichnisse

Wenn ein Datei-Server für viele Benutzer eingerichtet wird, ist es das Einfachste, dass jeder angemeldete Samba-Benutzer direkt sein Linux-Heimatverzeichnis sieht und bearbeiten darf. Anstatt smb.conf nun durch unzählige Einträge der Form

```
[benuterzname]
   user      = benutzername
   writeable = yes
```

aufzublähen, sieht smb.conf die folgende Kurzschreibweise vor:

```
[homes]
   writeable  = yes
   browseable = no
```

Damit wird das Heimatverzeichnis des gerade aktiven Benutzers unter dessen Namen sichtbar. Die Option browseable = no bewirkt nicht, wie man vielleicht glauben könnte, dass der Benutzer sein Verzeichnis nicht sieht. Sie verhindert nur, dass das Verzeichnis doppelt sichtbar ist: einmal unter dem jeweiligen Benutzernamen (etwa peter) und einmal als homes.

Gruppenverzeichnisse

Benutzer- und Heimatverzeichnisse ermöglichen es dem Benutzer, seine Dateien zentral auf dem Server zu speichern, bieten aber keine Möglichkeit zum Datenaustausch. Die Verzeichnisse sind für andere Benutzer ja unsichtbar und unerreichbar. Abhilfe schaffen Gruppenverzeichnisse, die alle Mitglieder einer Gruppe verwenden dürfen. Die Gruppenzuordnung erfolgt durch die Linux-Benutzerverwaltung. Die Gruppe wird mit dem Schlüsselwort user in der Schreibweise @gruppenname angegeben.

```
# in /etc/samba/smb.conf
...
[salesdata]
   user           = @sales
   path           = /data/sales
   writeable      = yes
   force group    = +sales
   create mask    = 0660
   directory mask = 0770
```

Beim Zugriff auf Gruppenverzeichnisse ist die richtige Einstellung der Zugriffsrechte von Dateien und Verzeichnissen besonders wichtig. Das gilt auch für Dateien und Verzeichnisse, die neu erstellt werden. force group = +sales bewirkt, dass neu erzeugte Dateien oder Verzeichnisse der Gruppe sales zugeordnet werden (und nicht wie sonst üblich der Standardgruppe des Benutzers). Wenn ein Benutzer nicht Mitglied der Gruppe sales ist, darf er nicht auf das Verzeichnis zugreifen.

Achtung

Verwenden Sie im obigen Fall auf keinen Fall die Einstellung force group = sales **(also ohne vorangestelltes Plus)! Das hätte zur Folge, dass Samba jeden Zugriff auf das Verzeichnis so durchführt, als wäre der gerade aktive Benutzer Mitglied der Gruppe** sales **– und zwar selbst dann, wenn der Benutzer auf Linux-Ebene gar kein Mitglied dieser Gruppe ist! Mit anderen Worten: Mit** force group = sales **geben Sie Benutzern, die der Gruppe** sales **gar nicht angehören, Lese- und Schreibrechte für das Verzeichnis. Bei Gruppenverzeichnissen ist das selten beabsichtigt und kann ein großes Sicherheitsproblem sein!**

Die Parameter `create mask` und `directory mask` stellen sicher, dass von Gruppenmitgliedern neu erstellte Dateien und Verzeichnisse von allen anderen Gruppenmitgliedern gelesen und verändert werden können. (Die oktale Zahl entspricht dem chmod-Wert – siehe `man chmod`. Wenn neue Dateien bzw. Verzeichnisse von anderen Gruppenmitgliedern nur gelesen, aber nicht verändert werden dürfen, verwenden Sie die Werte 0440 und 0550.)

Frei zugängliche Verzeichnisse

Noch liberaler ist der Zugriff auf das share-Verzeichnis: Jeder Benutzer, der sich bei Samba authentifizieren kann, kann Dateien aus diesem Verzeichnis lesen. Der Schreibzugriff ist in diesem Beispiel deaktiviert:

```
# in /etc/samba/smb.conf
...
[share]
   path      = /data/share
   read only = yes
```

Sie können selbstverständlich auch frei zugängliche Verzeichnisse mit Schreibzugriff einrichten (`writable = yes`). Standardmäßig können alle Benutzer die von anderen Benutzern erzeugten Dateien lesen, aber nicht verändern. Abhilfe schafft die Einstellung von `force group` und der beiden `mask`-Parameter. Uneingeschränkte gegenseitige Schreib- und Leserechte erzielen Sie mit `create mask = 0666` und `directory mask = 0777`.

Zugriff für nicht authentifizierte Benutzer

Alle vorangegangenen Beispiele setzten voraus, dass sich der Benutzer bei Samba authentifizieren kann. Bei entsprechender Konfiguration sieht Samba auch einen Verzeichniszugriff für nicht authentifizierte Benutzer vor. Derartige Benutzer werden im Samba-Jargon als *Gäste* (guest-Benutzer) bezeichnet. Für den Umgang mit Gästen sind die im folgenden Listing zusammengefassten globalen Einstellungen verantwortlich:

```
# in /etc/samba/smb.conf
[global]
   ...
   map to guest          = bad user
   guest account         = nobody
```

`map to guest = bad user` bewirkt, dass Login-Versuche mit einem nicht existenten Benutzernamen automatisch dem virtuellen Samba-Benutzer `guest` zugeordnet werden. Standardmäßig gibt es allerdings keine Netzwerkverzeichnisse oder andere Ressourcen, die `guest` nutzen darf.

`guest account` gibt an, welchem Linux-Benutzer Gäste zugeordnet werden. Bei den meisten Linux-Distributionen inklusive Debian und Ubuntu ist hierfür der Benutzer `nobody` vorgesehen.

Verzeichnisse, die für Gäste benutzbar sein sollen, kennzeichnen Sie durch `guest ok = ok`. In aller Regel werden Sie solche Verzeichnisse mit dem Attribut `read only = yes` vor Schreibzugriffen schützen. Denken Sie daran, dass Gäste generell nur solche Dateien lesen bzw. verändern dürfen, die auch der Linux-Benutzer `nobody` lesen bzw. verändern darf.

```
[guest]
   path       = /data/guest
   guest ok   = yes
   read only  = yes
```

Eine Variante zu guest ok ist guest only = yes: Mit dieser Einstellung kann das Verzeichnis nur von Gästen, nicht aber von authentifizierten Benutzern verwendet werden. Wenn Sie Gästen generell keinen Zugang zu Samba-Ressourcen gewähren möchten, verwenden Sie im [global]-Abschnitt die Einstellung map to guest = never.

User Shares

Seit Version 3.0.23 bietet Samba gewöhnlichen Benutzern ohne root-Rechten die Möglichkeit, selbst Verzeichnisse (sogenannte User Shares) freizugeben. Die entsprechenden Konfigurationsdateien werden üblicherweise im Verzeichnis /var/lib/samba/usershares gespeichert (eine Datei pro freigegebenem Verzeichnis). Die folgenden Zeilen geben dafür ein Beispiel.

```
#VERSION 2
# Datei /var/lib/samba/usershares/testdir
path          = /myhome/kofler/testdir
comment       =
guest_ok      = n
```

Details der User-Share-Konfiguration werden im globalen Abschnitt von smb.conf durch diverse usershare-Anweisungen gesteuert. usershare allow guests erlaubt die Freigabe von User Shares zur Benutzung durch den guest-Account (also ohne Passwortschutz). Das erfordert die Angabe von guest ok oder guest only bei der Definition des Verzeichnisses. usershare max shares limitiert die Anzahl der User Shares.

```
# in /etc/samba/smb.conf
[global]
   ...
   usershare allow guests = yes
   usershare max shares   = 100
```

Netzwerkverzeichnisse in Gnome und KDE freigeben

Wenn Desktop-Anwender rasch und unkompliziert ein Verzeichnis per Samba freigeben möchten, haben sie in der Regel keine Lust, manuell Änderungen an smb.conf durchzuführen. Deswegen sehen die Dateimanager von Gnome und KDE Dialoge vor, um Verzeichnisse freizugeben.

Hinter den Kulissen nutzen sowohl Nautilus (Gnome) als auch Dolphin (KDE) den User-Share-Mechanismus von Samba: Die Parameter für jedes freigegebene Verzeichnis werden dazu jeweils in einer eigenen Konfigurationsdatei im Verzeichnis /var/lib/samba/usershares gespeichert. Die Zugriffsrechte dieses Verzeichnisses sind so eingestellt, dass alle Benutzer, die einer bestimmten Gruppe angehören (bei Ubuntu sambashare), darin neue Dateien anlegen dürfen.

Hinweis

Bei manchen Distribution müssen Sie zuerst die Pakete nautilus-share* installieren, damit die Freigabedialoge in Nautilus zur Verfügung stehen. Unter Umständen müssen Sie auch Samba selbst installieren und konfigurieren, bevor die Freigabemechanismen funktionieren.

Nautilus/Gnome

In Nautilus klicken Sie das Verzeichnis mit der rechten Maustaste an. Das Menükommando EIGENSCHAFTEN|ORDNER FREIGEBEN führt in einen einfachen Konfigurationsdialog (siehe Abbildung 30.2).

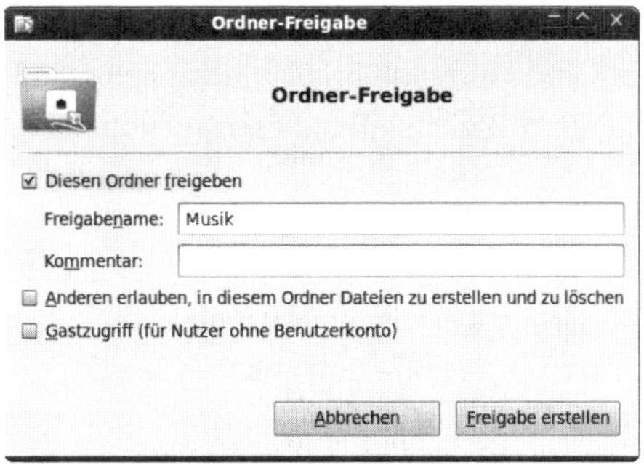

Abbildung 30.2: **Verzeichnisfreigabe mit Nautilus/Gnome**

Dolphin/KDE

Unter KDE können Sie in den Dateimanagern Dolphin und Konqueror im FREIGABE-Blatt des Eigenschaftsdialogs ein Netzwerkverzeichnis einrichten. Dazu müssen sowohl Samba als auch das Paket `kdenetwork-filesharing` installiert sein.

Passwortverwaltung

Bleibt noch die Frage offen, wer die freigegebenen Verzeichnisse benutzen darf. Wenn Sie die Option GASTZUGRIFF aktiviert haben, hat jeder ohne Anmeldung Zugriff auf Ihr Netzwerkverzeichnis. Wenn Sie die Option dagegen nicht aktivieren, muss sich der Benutzer mit Name und Passwort anmelden. Das funktioniert aber nur für Benutzer, für die es auf dem aktuellen Rechner einen Account gibt, und nur dann, wenn für diese Benutzer mit `smbpasswd` oder via `libpam-smbpass` ein Samba-Passwort definiert wurde. Weder KDE noch Gnome kümmert sich darum. Gegebenenfalls müssen Sie Ihr Samba-Passwort mit `smbpasswd` in einem Terminal-Fenster festlegen.

30.7 Samba – Home-Server/Medien-Server

Dieser Abschnitt gibt ein einfaches Beispiel für die Konfiguration eines zentralen Samba-Servers. Ausgangspunkt ist ein computer-affiner Haushalt, in dem sich auf den drei Computern der Eltern bzw. der beiden Kinder immer mehr Daten anhäufen: Bilder von Digitalkameras, MP3s, Schuldokumente, die Buchhaltung etc. Die dezentrale Datenhaltung wirft einige Probleme auf:

- Es gibt keine ordentlichen Backups. (Was passiert, wenn ein Notebook auf dem Weg zur Schule verloren geht oder das Zeitliche segnet?)
- Es ist schwierig, auf gemeinsame Daten zuzugreifen. (Oma soll zum nächsten Geburtstag ein Album der besten Familienfotos der letzten Jahre bekommen. Die digitalen Fotos sind aber über drei Rechner verteilt und in keiner Weise geordnet. Ähnliche Probleme gibt es auch bei Parties, wenn sich beim Abspielen von MP3-Dateien herausstellt, dass sich das gerade gewünschte Album auf einem anderen Rechner befindet.)
- Der Datenaustausch zwischen den Rechnern ist umständlich und erfolgt zumeist mithilfe eines USB-Sticks.

Der Linux-begeisterte Sohn schlägt schließlich vor, diese Probleme durch einen zentralen Home- oder Medien-Server zu lösen. Der Server kann via WLAN in das Heimnetz integriert werden. Bei Bedarf kann der Rechner auch gleich als Internet-Router und Firewall genutzt werden.

An dieser Stelle ist nur die Samba-Konfiguration von Interesse: Jedes Familienmitglied bekommt ein eigenes Netzwerkverzeichnis, in dem es allein Daten schreiben und lesen darf. Die dort gespeicherten Daten sind also privat (wobei natürlich allen Familienmitgliedern klar sein muss, dass der Sohn als Administrator letztlich jede Datei lesen und verändern kann ...). Zum gemeinsamen Datenaustausch gibt es außerdem noch fünf weitere Verzeichnisse. Die Eltern dürfen auf `eltern` zugreifen, die Kinder auf `kinder`, und alle Familienmitglieder auf die Verzeichnisse `familie`, `audio` und `fotos`. Natürlich wäre es möglich gewesen, die Verzeichnisse `audio` und `fotos` einfach als Unterverzeichnisse von `familie` einzurichten, die Definition eigener Netzwerkverzeichnisse macht die Anwendung aber ein wenig intuitiver. Bei Bedarf können natürlich beliebige weitere Benutzer und Verzeichnisse eingerichtet werden.

Linux-Benutzer und Gruppen einrichten

Als Benutzernamen verwende ich im Folgenden `mutter`, `vater`, `tochter`, `sohn`. In der Praxis werden Sie hier natürlich richtige Namen verwenden – aber darauf habe ich hier verzichtet, damit Sie nicht auch noch die Namen einer fiktiven Familie lernen müssen. Bei den useradd-Kommandos bewirkt `--create-home`, dass das Verzeichnis /home/*name* erzeugt wird. Anschließend wird der Inhalt des Verzeichnisses `/etc/skel` dorthin kopiert. Wenn Sie die Dateien nicht brauchen, müssen Sie sie anschließend wieder löschen (letztes Kommando).

```
root#  groupadd eltern
root#  groupadd kinder
root#  groupadd familie
root#  useradd --create-home --groups eltern,familie vater
root#  useradd --create-home --groups eltern,familie mutter
root#  useradd --create-home --groups kinder,familie sohn
root#  useradd --create-home --groups kinder,familie tochter
root#  rm -rf /home/{vater,mutter,tochter/sohn}/*          (optional)
```

Da useradd ohne Passwort ausgeführt wurde, werden die neuen Benutzer automatisch gesperrt (d. h., es ist kein Login möglich). Das ist beabsichtigt: Es ist weder erforderlich noch zweckmäßig, dass sich die Familienmitglieder direkt auf dem Server anmelden.

Zusammen mit jedem Benutzer wird automatisch auch eine neue, gleichnamige Gruppe erzeugt, die als Standardgruppe für den Benutzer gilt. Außerdem werden den neuen Benutzern auch die Gruppen `familie` und `eltern` oder `kinder` zugeordnet. `vater` gehört somit den Gruppen `vater`, `eltern` und `familie` an, `mutter` den Gruppen `mutter`, `eltern` und `familie` etc. Wenn Sie einem Benutzer später eine weitere Gruppe zuordnen möchten, verwenden Sie am einfachsten das folgende Kommando:

```
root#  usermod -a -G neuegruppe benutzer
```

Samba-Benutzer einrichten

Als Nächstes werden die Samba-Benutzer eingerichtet, diesmal jeweils mit einem Passwort:

```
root#  smbpasswd -a vater
New SMB password:  *******
Retype new SMB password:  *******
root#  smbpasswd -a mutter
...
root#  smbpasswd -a sohn
root#  smbpasswd -a tochter
```

Verzeichnisse einrichten

Beim Einrichten der Verzeichnisse für die gemeinsamen Dateien ist es wichtig, Besitzer und Zugriffsrechte richtig einzustellen – sonst funktioniert später der Datenzugriff nicht. Das erste Kommando chmod 770 bewirkt, dass nur Gruppenmitglieder das Verzeichnis lesen und verändern dürfen. Das zweite Kommando verbietet den Zugriff auf die Home-Verzeichnisse durch andere Benutzer.

```
root# mkdir /shared-data
root# mkdir /shared-data/{eltern,kinder,familie,audio,fotos}
root# cd /shared-data
root# chown :eltern eltern/
root# chown :kinder kinder/
root# chown :famile familie/ audio/ fotos/
root# chmod 770 *
root# chmod 770 /home/{vater,mutter,sohn,tochter}
```

Ein Vorteil des gemeinsamen Datei-Servers ist die Möglichkeit, zentrale Backups zu machen. Dabei müssen Sie lediglich die Verzeichnisse /home und shared-data sichern.

Samba-Konfiguration

Die nachfolgenden Zeilen zeigen die Konfigurationsdatei smb.conf. Die Passwort-Synchronisierung und jeglicher Samba-Zugriff durch Gäste sind deaktiviert. Die Einstellungen für die diversen Verzeichnisse sollten nach der Lektüre von Abschnitt 30.6 ohne weitere Erklärung verständlich sein.

```
# /etc/samba/smb.conf für einen Home-Server
[global]
   workgroup          = home
   server string      = %h server (Samba, Ubuntu)
   security           = user
   passdb backend     = tdbsam
   unix password sync = no
   invalid users      = root
   map to guest       = never
   log file           = /var/log/samba/log.%m
   max log size       = 1000
   syslog             = 0
   dns proxy          = no
   panic action       = /usr/share/samba/panic-action %d
[homes]
   browseable         = no
   writeable          = yes
[eltern]
   user               = @eltern
   path               = /shared-data/eltern
   writeable          = yes
   force group        = +eltern
   create mask        = 0660
   directory mask     = 0770
[kinder]
   user               = @kinder
   path               = /shared-data/kinder
   writeable          = yes
```

```
    force group        = +kinder
    create mask        = 0660
    directory mask     = 0770
[familie]
    user               = @familie
    path               = /shared-data/familie
    writeable          = yes
    force group        = +familie
    create mask        = 0660
    directory mask     = 0770
[fotos]
    user               = @familie
    path               = /shared-data/fotos
    ... wie bei [familie]
[audio]
    user               = @familie
    path               = /shared-data/audio
    ... wie bei [familie]
```

Die Konfiguration hat einen kleinen Schönheitsfehler: Alle Benutzer sehen *alle* Freigaben, auch die, die nicht für sie bestimmt sind und die sie nicht nutzen dürfen (z. B. sehen die Kinder das Verzeichnis `eltern`, die Eltern das Verzeichnis `kinder`). Eine tatsächliche Nutzung dieser Verzeichnisse scheitert wie geplant an den Zugriffsrechten, aber noch eleganter wäre es natürlich, wenn diese Verzeichnisse gar nicht erst sichtbar wären.

Samba bietet hierfür aber leider keine Konfigurationsmöglichkeiten. Sie können zwar einzelne Verzeichnisse durch `browseable = no` verstecken, aber dann sieht die Verzeichnisse keiner mehr, auch nicht die rechtmäßigen Nutzer. (Die Verzeichnisse bleiben weiter benutzbar, allerdings muss der richtige Pfad manuell angegeben werden.) Auch die Optionen `hide unreadable = yes` und `hide unwriteable = yes` helfen nicht weiter: Damit werden *innerhalb* eines Netzwerkverzeichnisses alle Dateien versteckt, die ein Benutzer nicht lesen bzw. nicht verändern kann. Das Netzwerkverzeichnis an sich bleibt aber weiter sichtbar.

30.8 Samba – Client-Zugriff

Dieser Abschnitt beschäftigt sich mit der Frage, wie ein Client-PC unter Linux oder Windows auf die von Samba zur Verfügung gestellten Verzeichnisse zugreift. Eine wichtige Voraussetzung besteht darin, dass die TCP-Ports 135, 139 und 445 sowie die UDP-Ports 137 und 138 nicht durch eine Firewall blockiert werden.

Linux-Clients

Bevor Sie unter Linux auf Windows- bzw. Samba-Netzwerkverzeichnisse zugreifen können, müssen Sie die Samba-Client-Tools installieren. Das ist zumeist standardmäßig der Fall. Bei Ubuntu sind die erforderlichen Programme in samba-common, smbclient und libsambaclient verpackt, bei anderen Distributionen haben die Pakete teilweise andere Namen.

KDE, Gnome

Am einfachsten verwenden Sie zum Zugriff auf ein Netzwerkverzeichnis den Dateimanager von Gnome oder KDE. In beiden Programmen gibt es einen Netzwerk-Browser, der im ersten Schritt alle verfügbaren Windows-Netzwerke anzeigt. Ein paar Mausklicks und gegebenenfalls die Eingabe der Login-Daten (Benutzername und Passwort) führen in das gewünschte Verzeichnis.

Bisweilen ist der Dateimanager nicht in der Lage, die Netzwerkverzeichnisse selbstständig zu finden. In diesem Fall müssen Sie deren Ort explizit in der Adresszeile des Dateimanagers angeben. Dabei gilt die Schreibweise smb://servername/verzeichnisname.

KDE- und Gnome-Verweigerer, die dennoch grafische Unterstützung beim Zugriff auf Windows-Verzeichnisse suchen, sollten sich das Programm LinNeighborhood oder dessen neuere Variante pyNeighborhood ansehen.

CIFS

Eine weitere Vorgehensweise besteht darin, Netzwerkverzeichnisse mit dem *Common Internet File System* direkt in den lokalen Verzeichnisbaum einzubinden. Das ist freilich nur sinnvoll, wenn anzunehmen ist, dass das Verzeichnis über längere Zeit verfügbar bleibt, also auf einem stabilen Server läuft.

Um ein externes Verzeichnis einzubinden, geben Sie eines der beiden folgenden Kommandos an (je nachdem, ob die Windows-Freigabe auf der Basis von Benutzernamen erfolgt oder nicht):

```
root# mount -t cifs //venus/myshare /media/
root# mount -t cifs -o username=name //venus/myshare /media/winshare
```

Damit wird das auf dem Rechner venus unter dem Namen myshare freigegebene Verzeichnis in das Linux-Dateisystem eingebunden. Die Daten stehen jetzt unter dem Linux-Verzeichnis /media/winshare dem Benutzer root zur Verfügung. Dieses Verzeichnis muss vor dem Ausführen von mount natürlich schon existieren. Bei der Ausführung des Kommandos werden Sie nach dem Passwort gefragt. Sie können das Passwort aber auch direkt angeben:

```
root# mount -t cifs -o username=name,password=xxxxxxxx \
        //venus/myshare /media/winshare
```

Damit Sie das Benutzerverzeichnis als gewöhnlicher Benutzer lesen und schreiben können, geben Sie beim mount-Kommando Ihre persönlichen Benutzer- und Gruppen-Identifikationsnummern an, die Sie mit dem Kommando id schnell ermitteln können.

```
root# mount -t cifs -o username=name,password=xxxxxxxx,uid=1000,gid=1000 \
        //venus/myshare /media/winshare
```

Falls Dateinamen mit internationalen Zeichen falsch dargestellt werden, müssen Sie dem mount-Kommando die Option iocharset=utf8 hinzufügen. Um das Netzwerkverzeichnis immer automatisch in den Verzeichnisbaum einzubinden, fügen Sie /etc/fstab einen entsprechenden Eintrag hinzu, beispielsweise so:

```
# in /etc/fstab
//venus/myshare /media/winshare cifs username=u,password=p,...  0 0
```

smbclient Freunde textorientierter Kommandos können Netzwerkverzeichnisse auch mit `smbclient` durchforschen. Das Kommando bietet zwar wenig Komfort, ist aber oft praktisch, um Samba-Problemen auf die Spur zu kommen.

`smbclient -L localhost` zeigt alle freigegebenen Ressourcen des lokalen Rechners an, listet alle sichtbaren Arbeitsgruppen des lokalen Netzwerks auf und gibt an, welcher Rechner in der jeweiligen Gruppe als Master fungiert. Die Passwortfrage beantworten Sie bei passwortfreien Ressourcen einfach mit [↵]. Falls auf dem lokalen Rechner kein Samba-Server läuft, geben Sie statt `localhost` den Rechnernamen an.

Wenn `smbclient` eine Login-Fehlermeldung liefert (*access denied*), stimmen die Benutzer- oder Workgroup-Namen Ihres Linux-Rechners zumeist nicht mit denen des Windows-Rechners oder Samba-Servers überein. Die einfachste Lösung besteht darin, diese Informationen als zusätzliche Parameter an `smbclient` zu übergeben:

```
user$ smbclient -U benutzername -W workgroupname -L venus
```

Sie können `smbclient` auch interaktiv zur Übertragung von Dateien einsetzen. Dazu stellen Sie zuerst eine Verbindung zum Windows-Rechner oder Samba-Server für das freigegebene Verzeichnis her. Das Verzeichnis müssen Sie in der Windows-typischen Schreibweise `\\servername\verzeichnisname` angeben. Damit die \-Zeichen nicht von der Shell verarbeitet werden, müssen diese verdoppelt werden. Anschließend können Sie wie beim Kommando `ftp` Verzeichnisse mit `ls` ansehen, mit `cd` wechseln, mit `get` Dateien auf den lokalen Rechner übertragen (*download*) und mit `put` Dateien auf dem externen Rechner speichern (*upload*). Einen Überblick über die wichtigsten Kommandos bekommen Sie mit `help`. Eine ausführliche Beschreibung der Kommandos gibt `man smbclient`.

```
user$ smbclient -U name -W wgname \\\\venus\\myshare
Password: xxxxxx
Domain=[wgname] OS=[Unix] Server=[Samba 3.5.4]
smb: > ls
  .                  D        0  Thu Sep  7 17:38:02 2010
  ..                 D        0  Thu Sep  7 17:38:02 2010
  data               D        0  Wed Apr  5 18:17:11 2010
  file.xy           AR      226  Sat Dec 14 00:00:00 2010
```

smbtree Das Kommando `smbtree` liefert eine baumförmige Liste aller im Netzwerk zu findenden Windows- und Samba-Server inklusive aller von diesen Servern freigegebenen Objekte. Normalerweise verwendet `smbtree` den aktuellen Benutzernamen und fragt nach einem dazugehörenden Passwort. Mit `-user=name%passwort` können Sie diese Daten beim Aufruf des Kommandos einstellen. Um Ressourcen zu finden, die ohne Passwort zugänglich sind, verwenden Sie die Option `-N`. Das folgende Listing zeigt zwei Rechner (`kofler-desktop` und `ubuntu-test`), eine virtuelle Maschine (`merkurvm`) sowie eine NAS-Festplatte (`wd-nas`), die sich alle in der Arbeitsgruppe `WORKGROUP` befinden.

```
root# smbtree
Enter kofler's password: ********
WORKGROUP
        \\KOFLER-DESKTOP                     kofler-desktop server (Samba, Ubuntu)
```

```
        \\KOFLER-DESKTOP\mydata
        \\KOFLER-DESKTOP\IPC$           IPC Service (kofler-desktop server)
        \\KOFLER-DESKTOP\print$         Printer Drivers
\\MERKURVM                              merkurvm
        \\MERKURVM\images
        \\MERKURVM\data
        \\MERKURVM\SharedDocs
\\UBUNTU-TEST                           ubuntu-test server (Samba, Ubuntu)
        \\UBUNTU-TEST\IPC$              PC Service (ubuntu-test server ...)
        \\UBUNTU-TEST\print$            Printer Drivers
\\WD-NAS                                My Book World Edition Network Storage
        \\WD-NAS\IPC$                   IPC Service (My Book ...)
        \\WD-NAS\Configuration          System Configuration
        \\WD-NAS\multimedia
        \\WD-NAS\Download               Download Share
        \\WD-NAS\Public                 Public Share
```

Windows-Clients

Bei älteren Windows-Versionen finden Sie sämtliche Samba-Server direkt in der Netzwerkansicht des Windows Explorers bzw. des Dateiauswahldialogs. Allerdings kann es sehr lange dauern, bis alle Rechner Änderungen im Windows-Netzwerk nachvollziehen. Oft dauert es Minuten, bis ein neu installierter oder neu konfigurierter Samba-Server sichtbar wird. Am schnellsten und sichersten ist es, den Windows-Rechner einfach neu zu starten.

LLTD

Windows Vista, Windows 7 und andere aktuelle Windows-Versionen erkennen leider weder den Samba-Server noch ältere Windows-Server im lokalen Netzwerk. Schuld ist ein neues Protokoll zur Austausch der Netzwerkdaten, nämlich *Link Layer Topology Discovery* (kurz LLTD). Dieses Protokoll wäre an sich eine feine Sache, weil es wesentlich schneller als bisherige Verfahren funktioniert. Leider wird es momentan weder von Samba noch von älteren Windows-Versionen unterstützt. Weitere Informationen zu LLTD finden Sie hier:

http://support.microsoft.com/kb/922120
http://msdn.microsoft.com/en-us/windows/hardware/gg463099.aspx

Glücklicherweise ist auch ohne automatische Erkennung ein Zugriff auf nicht-LLTD-konforme Netzwerkgeräte möglich: Geben Sie im Windows Explorer einfach den Rechnernamen in der Form *name* manuell ein.

Noch eleganter wäre es natürlich, den Linux-Server LLTD-kompatibel zu machen. Erstaunlicherweise hat Microsoft dazu ein Programm entwickelt und samt Quelltext kostenlos zur Verfügung gestellt. Leider hat Microsoft für den Quelltext keine Open-Source-Lizenz verwendet, weswegen das Programm mit keiner Linux-Distribution standardmäßig ausgeliefert wird. Eine Anleitung zur manuellen Installation finden Sie hier:

http://www.howtoforge.com/installing-the-lltd-protocol-responder-for-linux-on-debian-lenny

Außerdem existiert eine freie Perl-Implementierung im Modul Net::Frame.

30.9 CUPS – Grundlagen

Für die Verarbeitung und Zwischenspeicherung von Druckjobs und für die Umwandlung der Druckdaten in das Format des Druckers ist unter Linux das Programmpaket CUPS verantwortlich (*Common UNIX Printing System*). CUPS wird von nahezu allen Distributionen eingesetzt und steht im Mittelpunkt dieses Abschnitts.

Vielleicht wundern Sie sich darüber, dass ich auf das elementare Thema Drucken in diesem Buch erst hier im Detail eingehe. Das liegt daran, dass die Druckerverwaltung unter Linux durch einen Netzwerkdienst erfolgt. Jeder unter Linux eingerichtete Drucker kann daher bei entsprechender Konfiguration auch von allen anderen Rechnern im lokalen Netzwerk genutzt werden.

Die Nutzung eines lokalen Druckers ist unkompliziert und gelingt in der Regel ohne die Lektüre dieses Abschnitts (siehe auch Seite 104 und 124). Die folgenden Seiten richten sich in erster Linie an Anwender, die die Grundlagen und Hintergründe des Linux-Drucksystems verstehen möchten.

Nicht erreichbare Drucker

Wenn ein Drucker vorübergehend nicht erreichbar ist (weil er beispielsweise gerade ausgeschaltet ist), wird er von CUPS *angehalten*. CUPS merkt sich also, dass der Drucker nicht verwendet werden kann. Das Problem: Wird der Drucker später wieder eingeschaltet bzw. verbunden, erkennt CUPS nicht immer selbstständig, dass der Drucker wieder verfügbar ist. Sie müssen den Drucker explizit reaktivieren. Diese Möglichkeit bieten alle CUPS-Benutzeroberflächen sowie die Kommandos `cupsenable` *druckername* bzw. `lpadmin -E -p` *druckername*.

Um dem Problem ganz aus dem Weg zu gehen, empfiehlt es sich, in `/etc/cups/printers.conf` bei der Beschreibung des Druckers die Zeile `ErrorPolicy retry-job` hinzuzufügen. Immer mehr CUPS-Konfigurationswerkzeuge verwenden diese Einstellung standardmäßig.

Ablauf des Druckprozesses

PostScript

Die gesamte Druckphilosophie unter Unix/Linux basiert auf PostScript-Druckern. PostScript ist eine Programmiersprache zur Beschreibung von Seiteninhalten. PostScript-Drucker erwarten Druckdaten in diesem Format. Fast alle Linux-Programme mit Druckfunktionen senden PostScript-Daten an das Drucksystem.

Der Vorteil von PostScript gegenüber anderen Formaten besteht darin, dass die Beschreibung ein Vektorformat verwendet und ein Ausdruck daher in beliebiger Auflösung funktioniert. Dieselbe PostScript-Datei wird umso schärfer ausgedruckt, je besser (je höher auflösend) der Drucker ist. Deswegen spielt PostScript nicht nur unter Unix, sondern vor allem im Druckgewerbe eine dominierende Rolle.

Drucker-Devices

Der Ausdruck ist dann am einfachsten, wenn Sie tatsächlich einen PostScript-Drucker besitzen. Als root senden Sie die PostScript-Datei einfach mit cp an das Device der Schnittstelle, an der der Drucker angeschlossen ist.

```
root# cp datei.ps /dev/lp0         (parallele Schnittstelle)
root# cp datei.ps /dev/ttyS0       (serielle Schnittstelle)
root# cp datei.ps /dev/usb/lp0     (USB-Schnittstelle)
```

Spooling-Systeme

Nun wollen normalerweise außer root auch gewöhnliche Benutzer drucken – möglicherweise nicht nur solche, die lokal am Rechner arbeiten, sondern auch solche, die an einem anderen Rechner im Netzwerk arbeiten. Und keiner von ihnen möchte sich mit Device-Namen herumärgern – geschweige denn damit, dass der Zugriff auf diese Devices gewöhnlichen Benutzern zumeist gar nicht erlaubt ist. Aus diesem Grund gibt es sogenannte Spooling-Systeme. Sie haben mehrere Aufgaben:

- Sie stellen einfach zu bedienende Kommandos zum Drucken zur Verfügung, dank derer beim Ausdruck kein Device-Name, sondern einfach der Druckername angegeben werden muss.
- Sie erlauben je nach Konfiguration allen Benutzern (auch in einem Netzwerk) das Drucken.
- Sie ermöglichen es, an einen Rechner mehrere Drucker anzuschließen und diese zu verwalten.
- Wenn mehrere Druckaufträge gleichzeitig eintreffen, werden die Aufträge in sogenannten Warteschlangen (Print Queues) zwischengespeichert, bis der Drucker frei ist.
- Außerdem können Spooling-Systeme diverse Zusatzfunktionen übernehmen, etwa eine Protokollierung, wer wie viel druckt etc.

Das modernste und populärste Spooling-System für Linux ist CUPS. In der Vergangenheit kamen statt CUPS beispielsweise BSD-LPD oder LPRng zum Einsatz. Unabhängig vom Spooling-System sieht das Kommando zum Ausdruck einer Datei immer gleich aus:

```
user$  lpr -Pname datei
```

Dabei ist *name* der Name des Druckers (genau genommen: der Name der Druckerwarteschlange). Wenn Sie auf die Option -P verzichten, erfolgt der Ausdruck auf dem Standarddrucker.

Drucker-Filter (Ghostscript)

Bis jetzt habe ich vorausgesetzt, dass Sie einen PostScript-Drucker einsetzen. In der Praxis kommen aber viel häufiger Drucker zur Anwendung, die PostScript nicht unterstützen. Damit auch solche Drucker unter Linux funktionieren, ist eine Umwandlung der PostScript-Daten in das jeweilige Druckerformat erforderlich. Intern kommt dabei das Programm Ghostscript zum Einsatz (gs, siehe Seite 337).

Um den Aufruf von gs kümmert sich ein sogenannter Filter. Das ist ein Programm (ein Script), das Eingabedaten verarbeitet und Ausgabedaten liefert. Der Filter für den Druckprozess muss insbesondere die richtigen Parameter an gs weitergeben (also den Namen des Druckermodells, die gewünschte Auflösung, die gewünschte Seitengröße etc.). Er wandelt die PostScript-Daten seitenweise in Bitmaps um und gibt diese – zusammen mit den Druckbefehlen des jeweiligen Druckers – weiter.

GhostScript greift bei seiner Arbeit auch auf externe Druckertreiber zurück. Das wichtigste Treiberprojekt für Linux ist Gutenprint (ehemals Gimp-Print):

http://gutenprint.sourceforge.net/

Dokument-Filter

Nun ist PostScript zwar das Format aller Druckdateien – aber manchmal soll einfach nur eine Text- oder Grafikdatei gedruckt werden. Natürlich können Sie die Textdatei in einen Editor laden, der die Datei dann im PostScript-Format ausdruckt. Ebenso können Sie die Grafikdatei mit einem Grafikprogramm oder -konverter in das PostScript-Format umwandeln.

Noch bequemer ist es aber, auch für derartige Dateien einfach nur `lpr datei` auszuführen. Damit das funktioniert, versucht das Spooling-System, den Typ der zu druckenden Datei zu erkennen.

Wenn das gelingt und wenn es sich nicht schon um eine PostScript-Datei handelt, wird die Datei mit geeigneten Programmen in das PostScript-Format umgewandelt. Der Aufruf dieser Konvertierungskommandos erfolgt abermals durch ein Filter-Script.

Alles zusammen

Sie haben auf Ihrem Rechner einen Tintenstrahldrucker (kein PostScript) richtig konfiguriert. Der Druckername sei `pluto`. Nun möchten Sie die Grafikdatei `mypicture.png` ausdrucken und führen das folgende Kommando aus:

```
user$  lpr -Ppluto mypicture.png
```

Jetzt laufen die folgenden Operationen ab:

» `lpr` gibt die Datei an das Spooling-System CUPS weiter.

» Dieses gibt die Datei an das Filtersystem weiter.

» Der Filter erkennt den Dateityp (PNG) und wandelt die Bitmap in das PostScript-Format um.

» Die PostScript-Daten werden an Ghostscript weitergegeben, das die PostScript-Daten in das Format des Druckers `pluto` umwandelt.

» Nachdem der Drucker `pluto` alle zuvor gestarteten Druckjobs verarbeitet hat, druckt er `mypicture.png` aus.

CUPS-Interna

Drucker-Dämon

Wie die meisten anderen Netzwerkfunktionen ist CUPS als Hintergrundprozess (Dämon) realisiert. Der Drucker-Dämon cupsd wird durch das Init-System gestartet (siehe Seite 323).

Konfigurationsdateien

Bei älteren Drucksystemen erfolgte beinahe die gesamte Druckerkonfiguration durch die Datei `/etc/printcap`. Bei CUPS spielt diese Datei dagegen so gut wie keine Rolle mehr. Sie steht zwar aus Kompatibilitätsgründen noch immer zur Verfügung, enthält aber nur eine Liste aller bekannten Warteschlangen (ohne irgendwelche weiteren Parameter). Die eigentliche CUPS-Konfiguration erfolgt durch die Dateien des Verzeichnisses /etc/cups. Tabelle 30.1 zählt die wichtigsten Dateien auf.

DATEI	INHALT
`classes.conf`	Definition aller Klassen
`cupsd.conf`	zentrale CUPS-Konfigurationsdatei
`lpoptions`	Veränderungen gegenüber der Grundkonfiguration
`mime.convs`	zu verwendende Filter für verschiedene Dateitypen
`mime.types`	Dateitypen für die PostScript-Konvertierung
`printers.conf`	Definition aller Drucker
`ppd/name.ppd`	Konfiguration für die Warteschlange name
`~/.cups/lpoptions`	persönliche Einstellungen (KDE)

Tabelle 30.1: **Konfigurationsdateien in /etc/cups**

In cupsd.conf werden diverse Installationsverzeichnisse eingestellt, der Port des CUPS-Dämons für das *Internet Printing Protocol* (IPP), die Optionen für das Printerbrowsing, Sicherheitsparameter, Zugriffsrechte für Clients im Netzwerk (*allow/deny*) etc.

Das Verzeichnis /etc/cups/ppd enthält für jeden in printers.conf angeführten Druckernamen die dazugehörende PPD-Datei. Darin sind alle Druckparameter gespeichert (Druckermodell und -treiber, Einstellungen wie Papiergröße und Auflösung etc.).

Wenn root Druckeroptionen oder Einstellungen verändert (die Blattgröße, die Druckauflösung, Längs- oder Querformat etc.), werden diese Veränderungen in der Datei lpoptions gespeichert. Die Veränderungen gelten für alle Benutzer, die nicht schon selbst Veränderungen durchgeführt haben. Diese benutzerspezifischen Veränderungen werden in ~/.cups/lpoptions gespeichert.

mime.types enthält eine Liste aller Dokumenttypen, die von CUPS automatisch erkannt und in PostScript-Dateien konvertiert werden. mime.convs gibt an, welcher Filter verwendet werden soll. (Die angegebenen Filter müssen sich als ausführbare Dateien in /usr/lib/cups/filter befinden.)

Achtung

CUPS ist ein sehr komplexes System. Verwenden Sie zur Konfiguration nach Möglichkeit die dazu vorgesehenen Werkzeuge. Manuelle Änderungen an der Konfiguration sind nur für CUPS-Profis empfehlenswert. Die in diesem Abschnitt zusammengefassten Informationen sind keinesfalls ausreichend! Mehr Details zur CUPS-Konfiguration finden Sie hier:

http://www.cups.org/
http://localhost:631/help/

PPD-Dateien (PostScript Printer Definition)

Für CUPS sieht jeder Drucker wie ein PostScript-Drucker aus. Druckerspezifische Details wie die Größe des nicht bedruckbaren Seitenrands, die Druckerauflösung, Kommandos für bestimmte Zusatzfunktionen (z. B. Papiereinzug), Besonderheiten (Duplex-Druck) etc. werden in PPD-Dateien gespeichert (PostScript Printer Definition). Das PPD-Format wurde von Adobe definiert und kommt auch unter Windows und auf Apple-Rechnern zum Einsatz.

Da natürlich nicht jeder Drucker tatsächlich ein PostScript-Drucker ist, enthalten CUPS-PPD-Dateien in Form von Kommentaren auch das erforderliche GhostScript-Kommando inklusive aller Optionen, damit gs die PostScript-Datei in das Format des Druckers umwandeln kann. Die folgenden Zeilen zeigen einige Auszüge aus einer PPD-Datei für den Tintenstrahldrucker HP DeskJet 6980:

```
*PPD-Adobe: "4.3"
...
*Manufacturer: "HP"
*ModelName: "HP Deskjet 6980 Series hpijs"
*FoomaticIDs: "HP-DeskJet_6980 hpijs"
*FoomaticRIPCommandLine: "gs -q -dBATCH -dPARANOIDSAFER -dQUIET -dNOPAUSE
  -sDEVICE=ijs -sIjsServer=hpijs%A%B%C -dIjsUseOutputFD%Z -sOutputFile=- -"
...
```

Diese Informationen stammen aus einer Datenbank ppds.dat mit allen für CUPS bekannten PPD-Einträgen. Die binäre Datei ppds.dat befindet sich je nach Distribution z. B. im Verzeichnis /var/cache/cups. Wenn Ihr Drucker in dieser Datenbank fehlt und Sie auch kein kompatibles Modell finden, hilft vielleicht eine passende *.ppd-Datei aus dem Internet weiter.

Beim Ausdruck einer Datei kümmert sich CUPS zuerst um die Umwandlung der Druckdatei in das PostScript-Format. Anschließend extrahiert CUPS aus der *.ppd-Datei die GhostScript-Parameter für den gewünschten Drucker, ruft damit gs auf und wandelt so die PostScript-Daten in das Format des jeweiligen Druckers um. Die resultierenden Daten werden dann an das Drucker-Device gesendet.

HPLIP HP entwickelt im Rahmen des Projekts *HP Linux Imaging and Printing* (kurz HPLIP) selbst freie Druckertreiber für viele seiner Drucker, Scanner und Multifunktionsgeräte. Als Lizenz kommt überwiegend die GPL zum Einsatz, teilweise auch die MIT- oder BSD-Lizenz. HP ist mit dieser aktiven Open-Source-Unterstützung ein leuchtendes Vorbild in der Computer-Industrie. Da viele HP-Drucker auch ohne HPLIP direkt von CUPS unterstützt werden, ist der Einsatz der HPLIP-Funktionen zumeist optional. Weitere Informationen zu HPLIP finden Sie hier:

http://hplipopensource.com/hplip-web/

Zu HPLIP gibt es die grafische Benutzeroberfläche `hplip-toolbox`, die sich bei vielen Distributionen in einem eigenen Paket befindet (z. B. `hplip-gui` bei Ubuntu) und extra installiert werden kann. Das Programm erkennt selbstständig angeschlossene HP-Geräte und hilft bei deren Konfiguration und Anwendung. `hp-toolbox` kann unter anderem den Füllstand der Tintenpatronen vieler HP-Tintenstrahldrucker anzeigen – eine Funktion, die CUPS von sich aus nicht bietet.

Klassen Klassen helfen dabei, in großen Netzwerken einen Drucker-Pool einzurichten. Ein an eine Klasse geleiteter Ausdruck erfolgt dann auf dem ersten freien Drucker dieses Pools.

IPP CUPS unterstützt das *Internet Printing Protocol* (IPP). Dieses Protokoll vereinfacht die Nutzung von Druckern im Netzwerk über die Grenzen von Linux hinweg ganz erheblich (siehe auch ab Seite 924). IPP wird von allen gängigen Betriebssystemen unterstützt. Detaillierte Informationen zu IPP finden Sie unter:

http://www.pwg.org/ipp/

cups-lpd Aus Kompatibilitätsgründen zu älteren Drucksystemen kann CUPS auch den herkömmlichen Dämon `lpd` des BSD-LPD-Systems zur Verfügung stellen. Dazu wird das Programm `cups-lpd` bei Bedarf durch `xinetd` oder einen anderen Internet-Service-Dämon gestartet. Die erforderliche Konfiguration für `xinetd` ist in `man cups-lpd` beschrieben.

Spooling Alle an den Drucker gesandten Daten werden im Verzeichnis `/var/spool/cups/*` zwischengespeichert, bis der Ausdruck abgeschlossen ist. Beachten Sie, dass Spool-Daten auch bei einem Neustart von Linux nicht verloren gehen. cupsd stellt nach dem Neustart fest, dass es noch nicht ausgedruckte Dateien gibt, und wird weiterhin versuchen, die Daten an den Drucker zu übertragen.

TCP-Wrapper Der Zugriff auf CUPS wird normalerweise ausschließlich durch `/etc/cups/cupsd.conf` gesteuert. CUPS kann aber auch so kompiliert sein, dass zusätzlich die TCP-Wrapper-Bibliothek zum Einsatz kommt (beispielsweise bei älteren SUSE-Distributionen!). Das überprüfen Sie mit `ldd`:

```
user$ ldd /usr/sbin/cupsd | grep wrap
...
libwrap.so.0 => /lib64/libwrap.so.0 (0x00007fa6e5c6a000)
```

In diesem Fall funktioniert CUPS nur dann, wenn dies in /etc/hosts.deny nicht verboten oder in /etc/hosts.allow explizit erlaubt ist. Standardmäßig ist das der Fall. Wenn Sie die beiden Dateien aber selbst verändern, müssen Sie unbedingt auch CUPS berücksichtigen (Eintrag cupsd). Details zur Konfiguration von /etc/hosts.allow und hosts.deny finden Sie ab Seite 835.

CUPS-Webschnittstelle

Grundsätzlich ist es möglich, die CUPS-Konfigurationsdateien mit einem Texteditor zu verändern. Für manche Basiseinstellungen mag das praktikabel sein, ansonsten rate ich davon wegen der großen Komplexität aber ab. Vernünftiger ist es zumeist, lokale Konfigurationswerkzeuge zu nutzen (das setzt eine grafische Benutzeroberfläche voraus) oder die CUPS-Webschnittstelle zu verwenden (siehe Abbildung 30.3).

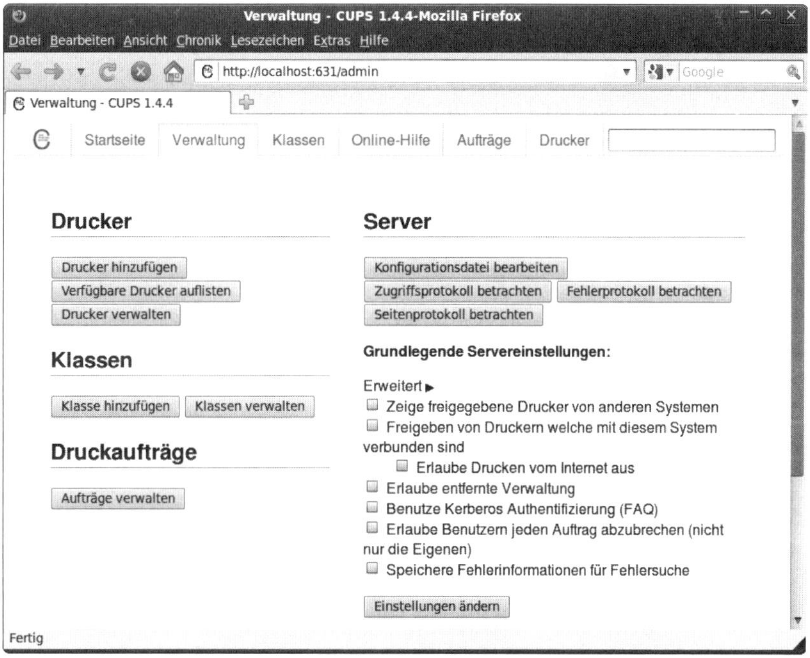

Abbildung 30.3: **CUPS-Konfiguration im Webbrowser**

Aus Sicherheitsgründen steht diese Schnittstelle nur auf dem lokalen Rechner zur Verfügung. Die folgende Adresse führt zur Startseite:

http://localhost:631

Wenn Sie auf dem Server keine grafische Benutzeroberfläche installiert haben, können Sie zur Not einen textbasierten Webbrowser einsetzen (z. B. lynx). Bequemer ist es aber, cups.conf so zu verändern, dass ein Zugriff auch von einem anderen Rechner im LAN aus möglich ist. Aus Sicherheitsgründen sollten Sie den Port 631 außerhalb Ihres LANs durch eine Firewall blockieren:

```
# Änderungen in /etc/cups/cups.conf
# Port 631 ersetzt die Einstellung 'Listen localhost:631'
Port 631
<Location />
  ...
  Allow @LOCAL
</Location>
<Location /admin>
  ...
  Allow @LOCAL
</Location>
<Location /admin/conf>
  ...
  Allow @LOCAL
</Location>
```

Damit die geänderten Einstellungen gültig werden, fordern Sie CUPS auf, die Konfiguration neu einzulesen:

```
root# service cupsys reload
```

Zur Nutzung der administrativen Teile der Webschnittstelle müssen Sie sich einloggen (mit Ihrem Linux-Benutzernamen und dem dazugehörigen Passwort). Sie können nun neue Drucker einrichten, Druckjobs verwalten etc.

CUPS-Administration per Kommando

In der Regel werden Sie zum Drucken die Dialoge des jeweiligen Programms (OpenOffice, Firefox etc.) verwenden, zur Verwaltung der Druckjobs die entsprechenden Werkzeuge von Gnome oder KDE. Für Freunde der Kommandozeile stehen alternativ diverse Kommandos zur Auswahl, um Dateien zu drucken bzw. Druckjobs zu verwalten. Diese Kommandos sind vor allem dann hilfreich, wenn Sie Druckaufgaben durch Script-Dateien automatisieren möchten.

Die Kommandos `lpr`, `lpq`, `lprm` und `lpc` stehen nicht nur bei CUPS, sondern auch bei BSD-LPD und LPRng zur Verfügung. Das ist gewissermaßen ein gemeinsamer Nenner aller Spooling-Systeme. Beachten Sie aber, dass es Unterschiede bei den unterstützten Optionen gibt.

lpr Mit `lpr` drucken Sie eine Datei aus. Falls Sie mehrere Drucker eingerichtet haben, geben Sie mit der Option `-P` ohne Leerzeichen den Namen der Warteschlange an. Für den Standarddrucker können Sie auf `-P` verzichten.

```
user$ lpr -Pname datei
```

Falls eine Druckdatei bereits im druckerspezifischen Format vorliegt, übergeben Sie an `lpr` die zusätzliche Option `-l`. Das Kommando umgeht nun das sonst übliche Filtersystem und sendet die Druckerdaten unverändert an den Drucker. Wenn PostScript-Dateien auf PostScript-Druckern gedruckt werden sollen, kann das eine Menge Zeit sparen.

Durch eine Pipe kann lpr auch dazu verwendet werden, die Ausgabe eines anderen Kommandos auszudrucken. Das folgende Kommando druckt die mit ls ermittelte Dateiliste auf dem Standarddrucker aus:

```
user$  ls -l *.tex | lpr
```

Statt lpr können Sie auch das Kommando lp verwenden (Syntax siehe man 1 lp). Dieses Kommando soll Umsteigern von System-V-Drucksystemen das Leben erleichtern. (Dabei handelt es sich um ein weiteres Spooling-System, das unter Linux aber keine große Rolle spielt.)

lpq, lprm

Alle Druckaufträge, die nicht sofort ausgeführt werden können, werden in Warteschlangen zwischengespeichert (je eine pro eingerichtetem Drucker). Den Inhalt der Warteschlange sehen Sie sich mit lpq -P*name* an.

Druckjobs, die Sie selbst initiiert haben, können Sie mit lprm -P*name* id wieder löschen, wobei Sie den Namen der Warteschlange und die ID-Nummer des Jobs angeben müssen. Die richtige Nummer ermitteln Sie vorher mit lpq.

```
user$  lpq
FS-1800+ ist nicht bereit
Rang    Besitz  Auftrag Datei(en)                        Gesamtgröße
1st     kofler  20      evince-print                     17408 Byte
2nd     kofler  21      evince-print                     16384 Byte
user$  lprm 20
user$  lprm 21
```

lpc

lpc gestattet eine feinere Kontrolle über den Druckvorgang. Nach dem Start dieses Kommandos befinden Sie sich in einer interaktiven Arbeitsumgebung, in der Sie Kommandos wie status, help etc. ausführen. topq verändert die Position eines Druckjobs in der Warteliste. Als Parameter geben Sie den Druckernamen und die Jobnummer an. Ein Teil der Kommandos in lpc (so auch topq) darf nur von root ausgeführt werden. exit, bye oder quit beenden lpc.

lpstat, lpinfo, lpadmin, lpoptions

lpstat liefert Informationen über alle für CUPS verfügbaren Drucker. lpinfo ermittelt eine Liste aller verfügbaren Druck-Devices und Druckertreiber. Mit lpadmin richten Sie einen neuen Drucker ein bzw. löschen eine vorhandene Druckerkonfiguration. lpoptions zeigt die Optionen von CUPS-Druckern an bzw. verändert sie.

```
user$  lpoptions -o PageSize=A4
```

CUPS deaktiviert Drucker, die nicht erreichbar sind. Um den Drucker wieder zu aktivieren, führen Sie eines der beiden folgenden Kommandos aus:

```
user$  lpadmin -E druckername
user$  accept druckername
```

Um einen Drucker explizit zu deaktivieren, setzen Sie das Kommando reject:

```
user$  reject druckername
```

30.10 CUPS – Druckerkonfiguration

Bei der Konfiguration des Druckers helfen wahlweise die in Gnome bzw. KDE integrierten Werkzeuge, die CUPS-eigene Webkonfiguration oder spezielle Konfigurationsprogramme Ihrer Distribution. Das üblicherweise mit Gnome mitgelieferte Programm `system-config-printer` wurde ursprünglich von Red Hat entwickelt. SUSE-Anwender können auf das YaST-Modul HARDWARE|DRUCKER zurückgreifen.

Druckertreiber Die entscheidende Frage bei der Druckerkonfiguration ist natürlich, ob Ihr Drucker kompatibel zu Linux bzw. zur Kombination aus CUPS, GhostScript und dessen Druckertreibern ist. Die folgende Aufzählung fasst zusammen, wie gut verschiedene Druckerkategorien unterstützt werden:

» **Laser-Drucker:** Die meisten Laser-Drucker sind PostScript- oder HP-kompatibel (Druckersprache PCL). Sie sind optimal für den Betrieb unter Linux geeignet. Das gilt auch für die meisten Netzwerkmodelle.

» **GDI-Drucker/Windows-Drucker:** Diese zumeist sehr preisgünstigen Laser-Drucker wurden speziell für den Einsatz unter Windows entwickelt. Die Grundidee besteht darin, dass ein Windows-Programm die gesamte zu druckende Seite zuerst auf dem Rechner vorbereitet und dann an den Drucker überträgt. Beim Seitenaufbau kommt die von Microsoft entwickelte Grafikschnittstelle GDI zum Einsatz – daher der Name GDI-Drucker. Das Problem: Das Format zur Datenübertragung der Seite vom Rechner zum Drucker ist in den meisten Fällen nicht öffentlich dokumentiert. Daher werden viele derartige Drucker unter Linux nicht unterstützt.

» **Tintenstrahl- und Fotodrucker:** Bei Tintenstrahldruckern ist das Ausmaß der Linux-Unterstützung sehr stark vom jeweiligen Modell abhängig. Relativ gut ist die Unterstützung für HP-Modelle. HP arbeitet sehr gut mit der Linux-Gemeinde zusammen, und für die meisten Modelle gibt es Open-Source-Treiber. Gerade bei ganz neuen Modellen kann es aber passieren, dass diese in der CUPS-Druckerdatenbank noch fehlen. Mehr Probleme bereiten in der Regel Tintenstrahldrucker anderer Hersteller.

Wenn Sie vor dem Kauf eines neuen Druckers stehen, lohnt auf jeden Fall ein Blick auf die folgende Website, die zahllose Informationen zum Thema Linux und Drucken gibt. Dazu zählt auch eine umfassende Datenbank der von Linux unterstützten Modelle:

http://www.linuxfoundation.org/collaborate/workgroups/openprinting

TurboPrint Manche Drucker, zu denen es keinen Open-Source-Treiber gibt, werden vom kommerziellen Druckertreiber der Firma TurboPrint unterstützt. Außerdem können Sie mit TurboPrint bei manchen Fotodruckern bessere Ergebnisse erzielen als mit den Standardtreibern von CUPS. Sie finden den relativ preisgünstigen Treiber sowie eine kostenlose, aber eingeschränkte FreeEdition auf der folgenden Website:

http://www.turboprint.de/

Konfiguration eines lokalen Druckers

Unabhängig davon, welches Konfigurationsprogramm Sie einsetzen, sollten die folgenden Tipps weiterhelfen:

» Die automatische Druckererkennung funktioniert (wenn überhaupt) nur, wenn der Drucker eingeschaltet ist. Falls Sie mehrere Drucker besitzen, sollten Sie während der Konfiguration eines Druckers alle anderen ausschalten.

» Zur manuellen Konfiguration müssen Sie zumindest die Schnittstelle (parallel, seriell, USB, Netzwerk etc.) und das Druckermodell angeben. Das Druckermodell wählen Sie aus einer riesigen Datenbank aus.

  Falls Ihr Gerät nicht enthalten ist, versuchen Sie ein kompatibles Modell zu finden. Bei PostScript- und HP-kompatiblen Laserdruckern können Sie als Hersteller GENERIC wählen und dann den Standard angeben (z. B. PostScript oder PCL).

  Zu manchen neuen Druckern, die in der CUPS-Modelldatenbank noch nicht enthalten sind, finden Sie im Internet passende `*.ppd`-Dateien. Sie können eine derartige Datei während der Konfiguration laden. Beachten Sie aber, dass nicht jede `*.ppd`-Datei CUPS-kompatibel ist bzw. unter Umständen eine ganz aktuelle CUPS-Version voraussetzt.

» Bei vielen Druckermodellen stehen mehrere Treiber zur Auswahl. Dafür kann es zwei Gründe geben: Erstens unterstützen viele Drucker verschiedene Standards. Zweitens enthält CUPS Druckertreiber aus verschiedenen Projekten (GhostScript, Gutenprint etc.). Daher gibt es für manche Drucker mehrere Treiber, die aus unterschiedlichen Projekten stammen.

  Wenn Sie unsicher sind, welcher Treiber die besten Ergebnisse erzielt, richten Sie den Drucker mehrfach unter verschiedenen Namen ein. Anschließend können Sie die verschiedenen Treiber bequem ausprobieren. Die Qualität des Ausdrucks hängt auch davon ab, was Sie drucken möchten – Text, technische Zeichnungen, Fotos etc. Die Druckqualität wird zudem durch die Einstellung der Treiberparameter beeinflusst (z. B. der DPI-Auflösung).

» Fast alle PostScript-Laserdrucker können auch in einem Kompatibilitätsmodus betrieben werden, sodass sie sich wie ein HP-Laserjet-Drucker verhalten. Sie können also Ihren PostScript-Drucker zumeist auch als HP-Laserjet-kompatiblen Drucker konfigurieren. Das bewirkt, dass die Druckdaten von Ihrem Computer in das HP-Laserjet-Format umgewandelt und dann an den Drucker gesandt werden. Das wirkt umständlich, ist aber gerade bei älteren Druckern mit einer deutlichen Geschwindigkeitssteigerung verbunden.

Konfiguration eines Netzwerkdruckers (Client-Sicht)

Dieser Abschnitt gibt einige Tipps zur Konfiguration eines Druckers, der über das Netzwerk mit dem Rechner verbunden ist. Dabei gibt es ziemlich viele Varianten, je nachdem, welche Protokolle der Netzwerkdrucker selbst versteht bzw. wie ein selbst nicht netzwerkfähiger Computer mit einem Rechner im LAN verbunden ist:

» IPP-Drucker (Verwaltung z. B. durch Linux/Unix/OS X mit CUPS, Internet Printing Protocol)

» Unix-Drucker (Verwaltung durch Linux/Unix, LPD-Protokoll)

- Windows-Drucker (Verwaltung durch einen Windows-Rechner oder Samba-Server)
- Novell-Drucker (Verwaltung durch einen Novell-Networks-Rechner)
- Socket-API (z. B. JetDirect von HP) am IP-Port 9100
- AppSocket (z. B. Tektronix)
- herstellerspezifische Protokolle

IPP-Drucker verwenden

Die Details der Konfiguration hängen davon ab, über welches Protokoll die Kommunikation erfolgt. Am einfachsten funktioniert das Drucken im Netzwerk, wenn auf beiden Seiten CUPS bzw. das Protokoll IPP zum Einsatz kommt. Derartige Drucker sind ohne weitere Konfigurationsarbeiten auf der Client-Seite sichtbar und können sofort verwendet werden.

`lpstat -v` liefert eine Liste aller verfügbaren Drucker. Das folgende Kommando wurde auf dem Rechner `merkur` ausgeführt. Dort ist lokal ein Drucker mit dem Namen `DeskJet-5940` konfiguriert. Außerdem sind auf den Rechnern `mars` und `saturn` zwei weitere Drucker mit den Namen `pluto` und `kyocera` verfügbar:

```
user@uranus$ lpstat -v
Gerät für DeskJet-5940: parallel:/dev/lp0
Gerät für pluto:        ipp://mars.sol:631/printers/pluto
Gerät für kyocera:      ipp://saturn.sol:631/printers/kyocera
```

Sie können alle drei Drucker sofort mit `lpr -P`*name* benutzen. Falls mehrere Drucker im Netzwerk denselben Namen haben, müssen deren Namen in der Form *druckername@hostname* angegeben werden, also z. B. `lpr -Plp@jupiter`.

Hinweis

Damit die CUPS-Drucker anderer Rechner auf dem lokalen Rechner sichtbar sind, muss CUPS auf den externen Rechnern so konfiguriert sein, wie dies im nächsten Abschnitt beschrieben wird. Port 631 darf nicht durch eine Firewall blockiert sein!

Grundsätzlich kann ein IPP-Drucker auch so konfiguriert sein, dass er zwar im Netz genutzt werden kann, aber nicht automatisch sichtbar ist. In diesem Fall müssen Sie den Drucker auf dem lokalen Rechner zuerst konfigurieren. Dabei wählen Sie den Druckertyp IPP-NETZWERKDRUCKER und geben als Adresse `ipp://`*hostname*`/printers/`*druckername* an. Sofern der externe Drucker via Linux/CUPS verwaltet wird, geben Sie als Hersteller und Modell RAW und QUEUE an. Das bedeutet, dass die PostScript-Daten ohne Veränderung an den externen Rechner weitergeleitet werden; dieser kümmert sich dann um die Aufbereitung der Daten für den Drucker.

Andere Netzwerkdrucker konfigurieren

Wenn der externe Netzwerkdrucker nicht IPP-kompatibel ist, muss er vor der ersten Verwendung client-seitig konfiguriert werden. Dazu setzen Sie dieselben Programme wie bei der Konfiguration eines lokalen Druckers ein, wählen als Druckertyp aber NETZWERKDRUCKER. Die weitere Konfiguration hängt vom Protokoll ab:

- LPD (Unix-LPD): Hier geben Sie den Hostnamen des Rechners/Druckers sowie den Namen der Warteschlange an (im Zweifelsfall einfach `lp` oder `lp0`).
- SMB (Windows/Samba): Sie müssen den Hostnamen des Rechners, den Druckernamen sowie eventuell Benutzername und Passwort angeben. Bevor Sie einen Windows-Drucker verwenden

können, müssen Sie die Samba-Client-Tools installieren (bzw. bei Distributionen, die nicht zwischen Client- und Server-Tools differenzieren, das komplette Samba-Paket).

» SOCKET-PROTOKOLL BZW. HP JETDIRECT: Hier geben Sie den Hostnamen oder die IP-Adresse des Druckers sowie die Port-Nummer an (in der Regel 9100).

Manche Konfigurationsprogramme erwarten die obigen Angaben auch in Form einer URI-Adresse (siehe die Tabelle etwas weiter unten). Detailinformationen für die Netzwerkdrucker – also Protokoll, Login-Name etc. – werden in der Datei /etc/cups/printers.conf gespeichert. Die folgenden Zeilen zeigen die Konfiguration eines JetDirect-kompatiblen Netzwerkdruckers:

```
# in /etc/cups/printers.conf
<DefaultPrinter FS-1800+>
Info Kyocera FS-1800+
Location pluto
DeviceURI socket://pluto:9100
State Idle
StateTime 1243572198
Accepting Yes
Shared Yes
JobSheets none none
QuotaPeriod 0
PageLimit 0
KLimit 0
OpPolicy default
ErrorPolicy retry-job
</Printer>
```

Das entscheidende Schlüsselwort in printers.conf ist DeviceURI. Diesem Schlüsselwort folgt die URI-Adresse, aus der das Protokoll und die Netzwerkadresse hervorgehen. Tabelle 30.2 gibt einige Beispiele dafür, wie diese Adresse zusammengesetzt werden kann.

ADRESSE	BEDEUTUNG
usb:/dev/usb/lp0	lokaler USB-Drucker
parallel:/dev/lp0	lokaler Drucker an der parallelen Schnittstelle
serial:/dev/ttyS0?baud=115200	lokaler Drucker an der seriellen Schnittstelle
lpd://hostname/printername	LPD-Netzwerkdrucker
socket://hostname:9100	Drucker mit Socket-Protokoll, z. B. HP JetDirect
smb://hostname/printername	Windows-Drucker
smb://workgroup/hostname/printer	Windows-Drucker
smb://user:xxx@wg/host/printer	Windows-Drucker
ipp://hostname/printers/printername	IPP-Drucker (zumeist keine Konfiguration nötig)

Tabelle 30.2: **CUPS-URI-Adressen**

Konfiguration eines CUPS-Netzwerkdruckers (Server-Sicht)

Immer mehr Drucker (vor allem Laser-Drucker) sind selbst netzwerkfähig. Derartige Drucker verbinden Sie einfach mit dem lokalen Netzwerk, und schon kann jeder Rechner im LAN auf den Drucker zugreifen (siehe den vorigen Abschnitt). Das Thema dieses Abschnitts ist aber ein anderes: Wie können Sie einen lokalen Drucker *ohne* Netzwerkschnittstelle im Netzwerk nutzen? Sicherlich haben Sie es schon erraten – via CUPS. Auf dem Rechner, der mit dem Drucker verbunden ist, konfigurieren Sie CUPS so, dass der Drucker-Server allen anderen Rechnern im Netzwerk Zugang zum lokalen Drucker gibt. Anschließend können Sie den Drucker von allen gängigen Betriebssystemen aus über IPP ansprechen.

Server-Konfiguration

Normalerweise kann ein via CUPS eingerichteter Drucker nur vom lokalen Rechner aus genutzt werden. Damit der Drucker auch von anderen Rechnern aus genutzt werden kann, wählen Sie in der Webschnittstelle das Dialogblatt VERWALTUNG aus, aktivieren dort die Option VERTEILE PUBLIZIERTE DRUCKER, WELCHE MIT DIESEM SYSTEM VERBUNDEN SIND und klicken dann auf den Button EINSTELLUNGEN ÄNDERN. Wenn Sie die Konfigurationsdateien lieber selbst verändern, müssen Sie die folgenden Einstellungen in `cupsd.conf` durchführen und cupsys anschließend neu starten:

```
# Änderungen in /etc/cups/cupsd.conf
Listen 631
Browsing On
BrowseOrder allow,deny
BrowseAddress @LOCAL
<Location />
  ...
  Allow @LOCAL
</Location>
```

`Listen 631` bedeutet, dass CUPS über den Netzwerk-Port 631 kommuniziert. (Ungeeignet ist dagegen die Einstellung `Listen localhost:631`! Sie erlaubt den Zugriff nur für den lokalen Rechner.)

`BrowseAddress @LOCAL` bewirkt, dass die CUPS-Informationen an alle lokalen Netzwerkschnittstellen gesendet werden (broadcast), nicht aber an Internetschnittstellen (PPP etc.). Alternativ kann mit `BrowseAddress @IF(eth0)` auch eine bestimmte Netzwerkschnittstelle angegeben werden. `cupsd.conf` sieht eine Reihe weiterer `Browse`-Schlüsselwörter vor. Beispielsweise steuern `BrowseAllow` und `BrowseDeny`, von welchen Rechnern CUPS-Informationen *empfangen* werden. Standardmäßig gibt es keine Empfangseinschränkungen, und es ist selten notwendig oder sinnvoll, diese oder die anderen `BrowseXxx`-Einstellungen zu ändern.

`Allow @LOCAL` bewirkt, dass andere Rechner im lokalen Netzwerk die von CUPS angebotenen Drucker tatsächlich nutzen dürfen.

Client-Konfiguration

Damit andere Linux-Rechner im Netz den externen CUPS-Drucker automatisch erkennen, müssen Sie dort die Option FREIGEGEBENEN DRUCKER ANDERER SYSTEME ANZEIGEN aktivieren. Wo Sie diese Option (möglicherweise in einem anderen Wortlaut) finden, hängt vom jeweiligen Konfigurationsprogramm ab.

Alternativ ist es auch möglich, den Drucker manuell einzurichten. Dazu starten Sie den Dialog zur Konfiguration eines neuen Druckers, wählen als Gerätetyp INTERNET PRINTING PROTOCOL und geben den Hostnamen des Servers an. Der Konfigurationsdialog zeigt dann eine Liste aller auf dem Server verfügbaren Drucker an.

Auch unter Windows können CUPS-Drucker genutzt werden. Dazu wählen Sie im Druckerkonfigurationsdialog die Option VERBINDUNG MIT EINEM DRUCKER IM INTERNET ODER NETZWERK HERSTELLEN und geben die folgende Adresse an:

```
http://mars.sol:631/printers/pluto
```

Dabei müssen Sie natürlich `mars.sol` durch den Hostnamen des CUPS-Servers ersetzen und `pluto` durch den Namen des Druckers. Als Treiber geben Sie nach Möglichkeit den tatsächlichen Druckertreiber an; wenn es unter Windows keinen Treiber für Ihren Drucker gibt (was unwahrscheinlich ist), können Sie auch einen beliebigen PostScript-Druckertreiber verwenden. In diesem Fall sendet Windows PostScript-Daten an den CUPS-Server, der dann die Umwandlung in das Format des Druckers vornimmt. Ein geeigneter kostenloser Treiber ist der Adobe Universal PostScript Windows Driver, den es zuletzt hier zum Download gab:

http://www.adobe.com/support/downloads/detail.jsp?ftpID=1500

Probleme

Wenn der Ausdruck statt des erwarteten Ergebnisses nur wirren Text bzw. undefinierbare Grafikmuster enthält, ist zumeist eine doppelte Verarbeitung der Druckdaten schuld: Zuerst wandelt der Windows-Treiber den Ausdruck in das Format des Druckers um. Diese Daten kommen dann bei CUPS an und werden dort ein zweites Mal formatiert (in der CUPS-Nomenklatur: »gefiltert«). Das kann natürlich nicht funktionieren.

Abhilfe: Richten Sie nur unter Windows den für den Drucker erforderlichen Treiber ein! Am CUPS-Server konfigurieren Sie den Drucker in Form einer sogenannten Raw-Warteschlange, die die empfangenen Daten ohne Veränderung einfach an den Drucker weiterleitet. Dazu wählen Sie bei der Druckerkonfiguration als Gerätetyp RAW und als Modell RAW QUEUE.

Außerdem müssen Sie am Ende von `/etc/cups/mime.convs` bei der folgenden, bereits vorgesehenen Zeile das Kommentarzeichen entfernen. Damit erlauben Sie das Weiterleiten von binären Druckdaten ohne die Weiterverarbeitung (»Filterung«) von CUPS:

```
# am Ende von /etc/cups/mime.convs
application/octet-stream application/vnd.cups-raw 0 -
```

Konfiguration eines Samba-Netzwerkdruckers (Server-Sicht)

Anstatt den Drucker direkt via CUPS im lokalen Netzwerk anzubieten, kann auch Samba diese Aufgabe übernehmen (wobei dann Samba wiederum auf CUPS zurückgreift). Standardmäßig ist Samba bei den meisten Distributionen bereits entsprechend vorkonfiguriert. Das folgende Listing fasst die relevanten Zeilen aus `/etc/samba/smb.conf` zusammen:

```
# Datei /etc/samba/smb.conf
...
# alle CUPS-Drucker via Samba nutzen
[printers]
   comment      = All Printers
```

```
   browseable  = no
   path        = /var/spool/samba
   printable   = yes
   guest ok    = no
   read only   = yes
   create mask = 0700
```

Der [printers]-Abschnitt ist für den eigentlichen Zugriff auf die Drucker verantwortlich. browseable = no bewirkt, dass nur die Drucker, nicht aber das Verzeichnis printers sichtbar sind. Der Pfad gibt den Ort für temporäre Druckdateien an.

Wenn Sie nicht alle Drucker, sondern nur einen bestimmten Drucker freigeben möchten, verwenden Sie die folgenden Zeilen anstelle des [printers]-Abschnitts. Das Beispiel geht davon aus, dass die Warteschlange dieses Druckers den Namen pluto hat, auf den Samba-Clients aber unter dem Namen Hp_pluto sichtbar sein soll:

```
# Datei /etc/samba/smb.conf
...
# Zugriff nur auf den CUPS-Drucker pluto unter dem Namen HP_pluto
[HP_pluto]
   printer     = pluto
   browseable  = no
   path        = /var/spool/samba/
   printable   = yes
   guest ok    = no
   read only   = yes
   create mask = 0700
```

Samba bietet die Möglichkeit, den Windows-Clients Druckertreiber anzubieten. Die folgenden Zeilen in der Samba-Standardkonfiguration sehen hierfür das Verzeichnis /var/lib/samba/printers vor:

```
# Datei /etc/samba/smb.conf
...
[print$]
   comment     = Printer Drivers
   path        = /var/lib/samba/printers
   browseable  = yes
   read only   = yes
   guest ok    = no
```

Das Problem an der Sache ist: Das Verzeichnis mit den Druckertreibern ist leer. Die Beschaffung und das Einrichten der Druckertreiber in einem Format, das alle gängigen Windows-Versionen verstehen, ist schwierig und lohnt sich nur, wenn der Drucker von sehr vielen Windows-Clients genutzt werden soll. Andernfalls ist es einfacher, die Treiberinstallation manuell unter Windows durchzuführen und dabei auf den Fundus der mitgelieferten Druckertreiber zurückzugreifen. Weitere Informationen zu diesem Thema geben man cupsaddsmb sowie die folgende Seite:

http://www.samba.org/samba/docs/man/Samba-HOWTO-Collection/CUPS-printing.html

30.11 NTP

Wenn mehrere Personen von unterschiedlichen Rechnern aus gemeinsam auf Dateien zugreifen, ist es wichtig, dass auf allen Rechnern eine einheitliche Zeit gilt. Die in jeden Computer eingebaute Uhr ist aber leider nicht besonders genau. Das *Network Time Protocol* (NTP) verhilft den Rechnern im Netzwerk dennoch zu einer exakten Zeit. NTP erlaubt den Zeitabgleich zwischen mehreren Rechnern. Es gibt im Internet mehrere öffentliche Zeit-Server, von denen die exakte Zeit bezogen werden kann. Zur Nutzung von NTP bestehen zwei Möglichkeiten:

» Das Kommando ntpdate bezieht *einmal* die exakte Zeit und stellt die Uhr des Rechners. Bei Rechnern, die häufig ein- und ausgeschaltet werden, ist das ausreichend genau.

» Bei einem Server, der oft wochen- oder monatelang läuft, reicht die einmalige korrekte Einstellung der Uhrzeit nicht aus. Die Uhrzeit des Rechners wird im Laufe der Zeit immer stärker von der exakten Zeit abweichen. Abhilfe schafft der Dämon ntpd, der regelmäßig Kontakt zu anderen Zeit-Servern herstellt und die lokale Uhrzeit in kleinen Schritten korrigiert. ntpd kann gleichzeitig selbst als Zeit-Server für andere Rechner fungieren (beispielsweise für alle Clients im lokalen Netzwerk).

  Auch wenn Sie auf einem Rechner ntpd einsetzen, ist ntpdate praktisch, um die Uhrzeit erstmalig exakt einzustellen. ntpd funktioniert nämlich nur dann, wenn die anfängliche Abweichung zwischen der exakten und der lokalen Uhrzeit kleiner als eine Minute ist.

Links

Weitere Informationen zur Verwaltung von Datum und Uhrzeit finden Sie auf den folgenden Seiten:

http://www.ntp.org/
http://tldp.org/HOWTO/TimePrecision-HOWTO/
http://wwp.greenwichmeantime.com/

Debian, Ubuntu

Ob und wie die Programme ntpdate und ntpd gestartet werden, hängt von der gewählten Distribution ab. Bei Debian und Ubuntu ist ntpdate standardmäßig installiert und wird immer dann ausgeführt, wenn eine Verbindung zu einem Netzwerk hergestellt wird (Script /etc/network/if-up.d/ntpdate).

Wenn Sie auf dem Rechner auch ntpd ausführen möchten, müssen Sie das Paket ntp installieren. Außerdem sollten Sie der Datei /etc/ntp.conf die Adresse eines nahegelegenen, gut erreichbaren NTP-Servers hinzufügen. Standardmäßig ist nur ein einziger Server eingetragen, was zu wenig ist.

Mit ntpq -p überzeugen Sie sich davon, dass ntpd funktioniert. Entscheidend ist die offset-Spalte der Ausgabe dieses Kommandos: Sie gibt die Differenz zwischen der lokalen Uhr und der Uhr verschiedener Referenz-Server in Millisekunden an. Die Differenz sollte möglichst klein sein. Damit ntpq -p brauchbare Ergebnisse liefert, muss ntpd einige Zeit laufen (zumindest mehrere Minuten lang). Beachten Sie, dass ntpd die Zeit bei kleinen Abweichungen nicht einfach korrigiert, sondern die Uhr eine Weile etwas schneller oder etwas langsamer laufen lässt, bis die korrekte Zeit erreicht wird. Dadurch werden abrupte Zeitänderungen vermieden.

```
root# ntpq -p
     remote        refid   st t when poll reach   delay   offset  jitter
==========================================================================
 europium.canoni  ...       2 u    2   64    1  21.565  -117.64   0.002
 www.alter-provi  ...       2 u    1   64    1  20.436  -118.56   0.002
```

Sollte die Zeitabweichung größer als eine Sekunde sein (das entspricht einem Wert größer 1000 in der Offset-Spalte), muss die Uhrzeit manuell mit ntpdate eingestellt werden:

```
root# service ntp stop
root# ntpdate de.pool.ntp.org
root# service ntp start
```

Fedora, Red Hat Bei Fedora und Red Hat hilft system-config-date bei der NTP-Konfiguration. Wenn Sie in diesem Programm NTP aktivieren, wird beim Rechnerstart das Init-V-Script ntpd ausgeführt und der gleichnamige Dämon gestartet. Mit ntpq -p überzeugen Sie sich davon, dass alles funktioniert. Sollte die anfängliche Zeitabweichung zu groß sein, müssen Sie ntpd vorübergehend stoppen und mit ntpdate die lokale Uhrzeit synchronisieren:

```
root# service ntpd stop
root# service ntpdate start
root# service ntpd start
```

Fedora 16 Beginnend mit Version 16 haben die Fedora-Entwickler den klassischen NTP-Dämon durch das neue Programm Chrony ersetzt. Es eignet sich besonders gut für Notebooks und virtuelle Maschinen, die nicht ständig mit dem Internet verbunden sind und deren Zeit nach längeren Offline-Perioden oft deutlich korrigiert werden muss. Die Konfiguration erfolgt durch /etc/chrony.conf.

SUSE Bei SUSE ist die NTP-Konfiguration zweigeteilt: Im YaST-Modul SYSTEM|DATUM UND ZEIT können Sie die aktuelle Zeit via NTP einstellen (Button ÄNDERN), wobei einmalig ntpdate ausgeführt wird. Um einen NTP-Server einzurichten, starten Sie das YaST-Modul NETZWERKDIENSTE|NTP-EINRICHTUNG und aktivieren die Option STARTE NTP-DIENST JETZT UND BEIM BOOTEN. Entscheidend ist, dass Sie der Konfiguration einen oder mehrere NTP-Server hinzufügen. (Standardmäßig wird nur die lokale Uhr verwendet, was unzureichend ist.) ntpd wird nun durch das Init-V-Script ntp gestartet.

ntpd.conf Unabhängig von der Distribution steuert die Datei /etc/ntp.conf den NTP-Server ntpd. Eine minimale Konfiguration sieht so aus:

```
# Datei /etc/ntp.conf
driftfile /var/lib/ntp/ntp.drift
statistics loopstats peerstats clockstats
filegen loopstats  file loopstats  type day enable
filegen peerstats  file peerstats  type day enable
filegen clockstats file clockstats type day enable
# genaue Zeit von hier beziehen
server de.pool.ntp.org
server ch.pool.ntp.org
# Zugriff auf den Server standardmäßig verbieten
restrict -4 default kod notrap nomodify nopeer noquery
restrict -6 default kod notrap nomodify nopeer noquery
# uneingeschränkter Zugriff für localhost (inklusive Konfiguration)
restrict 127.0.0.1
restrict ::1
# Zeitabfragen im lokalen Netz 192.168.0.* erlauben
restrict 192.168.0.0 mask 255.255.255.0 nomodify notrap
```

31. Web- und Root-Server

In diesem Kapitel beschreibe ich, wie Sie einen Webserver einrichten, der aus Linux, Apache, MySL und PHP (kurz LAMP) besteht. Außerdem ermöglicht ein SSH-Server die Administration. Wie in den anderen Kapiteln zur Server-Konfiguration beschränkt sich auch dieses auf die ersten Schritte. Zu Apache, PHP und MySQL gibt es jeweils unzählige eigene Bücher, die alle möglichen Konfigurations- und Anwendungsvarianten beschreiben.

Root-Server

Grundsätzlich können Sie ein LAMP-System auf jedem Rechner installieren – etwa als Entwicklungsumgebung für Webanwendungen. Für Websites, die öffentlich im Internet erreichbar sind, werden Sie aber üblicherweise einen Root-Server mieten und die Installation dort durchführen. Als »Root-Server« wird ein externer Rechner in einem Rechenzentrum bezeichnet, den Sie ohne Einschränkungen selbst administrieren dürfen (eben mit root-Rechten). Für erfahrene Linux-Administratoren stellen Root-Server eine preisgünstige Möglichkeit dar, eigene Webauftritte einzurichten. Das ist vor allem für kleine und mittelgroße Unternehmen interessant, deren Firmeninternetzugang auf ADSL basiert und damit ungeeignet für Server-Dienste mit einem eigenen Domainnamen ist.

Bei der Auswahl eines Root-Servers sollten Sie vor allem auf die Seriosität des Webhosting-Unternehmens achten. Nichts ist ärgerlicher als ein nicht funktionierender Support bei einem Rechner, zu dem Sie selbst keinen physikalischen Zugang haben. Wichtig sind auch administrative Hilfen, z. B. eine Webschnittstelle, um nach einem Absturz einen Server-Reboot auszulösen, oder die Möglichkeit, ein Live-System zu starten, um eine fehlerhafte Konfiguration zu korrigieren.

Achten Sie schließlich darauf, welche Linux-Distributionen installiert werden können – nicht jeder Provider unterstützt alle gängigen Distributionen. Gut geeignet für den Root-Server-Einsatz sind neben den (teuren) Enterprise-Distributionen vor allem Debian, Ubuntu LTS und CentOS. Aufgrund des zu kleinen Wartungszeitraums sind Fedora und openSUSE nicht empfehlenswert.

SSH

Die meisten Root-Server-Provider führen eine Minimalinstallation der von Ihnen gewünschten Distribution durch. Sie erfahren die IP-Adresse Ihres Servers und Ihr root-Passwort und sind dann auf sich gestellt. Die gesamte Administration erfolgt via SSH und zumeist ohne grafische Konfigurationshilfen. (Manche Provider stellen webbasierte Administrationswerkzeuge zur Verfügung, auf die ich hier aber nicht eingehe.)

31.1 SSH

Ein SSH-Server ermöglicht einen ssh-Login über das lokale Netzwerk oder auch über das Internet. SSH eignet sich ideal zur Fernwartung von Rechnern. SSH ist der Nachfolger von telnet und rlogin und ist erheblich sicherer. Die Client-Sichtweise von ssh wurde bereits auf Seite 345 beschrieben. Noch mehr Informationen sowohl zur Client- als auch zur Server-Anwendung finden Sie auf der OpenSSH-Website:

http://www.openssh.com/

Installation und Start Auf einem Root-Server steht ein SSH-Server in der Regel standardmäßig zur Verfügung. Auf eigenen Rechnern müssen Sie je nach Distribution das Paket openssh-server oder openssh installieren. Der SSH-Server wird durch das Init-System gestartet. Auch hierfür variieren die Kommandos je nach Distribution. Sie sind auf Seite 323 zusammengefasst. Beim ersten Start erzeugt sshd automatisch RSA-Dateien zur Verschlüsselung der Kommunikation. Diese Dateien werden im Verzeichnis /etc/ssh/ gespeichert.

Konfiguration Die Konfigurationsdateien zu sshd befinden sich im Verzeichnis /etc/ssh. Für die Server-Konfiguration ist sshd_config zuständig. Normalerweise kann diese Datei unverändert bleiben, d. h., der SSH-Server sollte auf Anhieb funktionieren. Die Kommunikation erfolgt standardmäßig über den IP-Port 22. Wenn Sie besondere Anforderungen stellen, finden Sie in den man-Seiten zahlreiche weitere Informationen. Nutzer aktueller Ubuntu-Versionen sollten beachten, dass die Datei /etc/default/ssh nicht mehr berücksichtigt wird. Wenn Sie Parameter direkt an den SSH-Server übergeben möchten, müssen Sie die exec-Zeile in /etc/init/ssh.conf entsprechend anpassen.

Secure FTP Ein Bestandteil des SSH-Servers ist der sftp-Server. Dabei handelt es sich um eine sichere Alternative zu einem normalen FTP-Server. Die sftp-Funktionen stehen normalerweise automatisch zur Verfügung, sobald der SSH-Server läuft. Sie können allerdings nur mit sftp-kompatiblen Clients genutzt werden (z. B. mit dem Programm sftp). sftp sieht lediglich User-Logins vor (also kein Anonymous FTP).

Absicherung

Grundsätzlich läuft der SSH-Server auf Anhieb ohne Konfigurationsarbeit. Das ist allerdings ein nicht zu unterschätzendes Sicherheitsrisiko: Jeder, der eine gültige Kombination aus Benutzername und Passwort errät, kann sich auf Ihrem Rechner anmelden! Cracker verwenden automatisierte Tools, die im Internet nach Servern suchen und sich dort einzuloggen versuchen. Alle derartigen Aktivitäten werden in der Datei /var/log/auth.log vermerkt. Auf öffentlich erreichbaren Servern finden Sie darin täglich Tausende von Einlog-Versuchen!

Sie tun also gut daran, alle Benutzer durch nichttriviale Passwörter abzusichern! Verwenden Sie beispielsweise das Kommando makepasswd aus dem gleichnamigen Paket, um sichere Passwörter zu erzeugen.

Die Datei /etc/shadow, in der in verschlüsselter Form alle Benutzerpasswörter gespeichert sind, darf auf keinen Fall Einträge ohne Passwort enthalten! Sie erkennen derartige Einträge daran, dass in einer Zeile zwischen dem ersten und dem zweiten Doppelpunkt kein Text enthalten ist. Üblicherweise befindet sich dort entweder ein verschlüsseltes Passwort oder bei System-Accounts ein Sonderzeichen (zumeist * oder !), das Logins vollständig unmöglich macht. Sollten Sie in dieser Datei tatsächlich einen Eintrag ohne Passwort finden, beheben Sie den Missstand mit `password name`.

Die folgenden Maßnahmen reduzieren jeweils die Wahrscheinlichkeit eines Crack-Angriffs auf Ihren SSH-Server. Sie können einzeln oder in Kombination angewendet werden.

Kein root-Login

Ein Angreifer möchte root-Rechte erzielen – und am einfachsten gelingt das natürlich durch einen root-Login. Dabei muss nur ein Parameter (das root-Passwort) erraten werden. Wesentlich sicherer ist es, einen direkten root-Login via SSH zu verbieten. Sie müssen sich also unter einem anderen Benutzernamen einloggen und dann mit su oder sudo in den root-Modus wechseln. (Testen Sie das, bevor Sie die folgende Änderung durchführen!)

```
# Änderung in /etc/ssh/sshd_config
...
PermitRootLogin = no
```

Damit die Änderung wirksam wird, müssen Sie sshd dazu auffordern, die Konfigurationsdateien neu einzulesen:

```
root# service ssh reload
```

Für den Angreifer hat das die Konsequenz, dass nun zwei Parameter unbekannt sind: der Login-Name *und* das Passwort!

SSH-Port ändern

Der SSH-Server kommuniziert standardmäßig über den Port 22. Mit der Port-Zeile können Sie mühelos einen anderen, momentan unbenutzten Port einstellen. Da viele automatisierte Crack-Tools nur den Port 22 berücksichtigen, entledigen Sie sich damit auf einen Schlag vieler Sicherheitsprobleme.

Bei der Verwendung von ssh müssen Sie nun jedes Mal mit -p den Port Ihres SSH-Servers explizit angeben. Beachten Sie, dass Sie beim Kommando scp die Option -P verwenden müssen, weil -p dort die Bedeutung *preserve* hat und bewirkt, dass Zeit- und Zugriffsinformationen der zu kopierenden Datei erhalten bleiben!

Sie sollten sich freilich im Klaren darüber sein, dass der Schutz durch den Port-Wechsel nur begrenzte Wirkung hat: Wer Ihren Server ernsthaft angreifen will und nicht nur auf der Suche nach dem nächstbesten schlecht konfigurierten Server zur Installation eines Root-Kits ist, der wird einen Port-Scan durchführen. Damit bleibt Ihr SSH-Server nicht lange unentdeckt, egal auf welchem Port er läuft.

Die Veränderung des SSH-Ports hat zudem einen nicht unerheblichen Nachteil: Während die meisten Firewalls so konfiguriert sind, dass sie Verkehr über den Port 22 zulassen, wird dies für Ihren neuen Port wahrscheinlich nicht zutreffen. Wenn Sie vom Unternehmen Xy, wo Sie gerade ein paar Tage arbeiten, schnell via SSH auf Ihren Server zugreifen möchten, scheitern Sie womöglich bereits an der Firmen-Firewall.

Authentifizierung mit Schlüsseln

Am sichersten ist die Verwendung des SSH-Servers, wenn Sie sich nicht mit einem Passwort authentifizieren, sondern mit einem Schlüssel. Die Erzeugung und Verteilung eines SSH-Schlüssels ist im Detail auf Seite 348 beschrieben.

Sobald der Aufbau einer SSH-Verbindung mit dem Schlüssel (also ohne Login-Aufforderung) funktioniert, können Sie auf dem Server die Konfigurationsdatei sshd_config verändern. Entscheidend sind zwei Zeilen:

```
# in /etc/ssh/sshd_config
...
PasswordAuthentication  no
UsePAM                  no
```

Damit ist von nun an eine SSH-Authentifizierung *nur* noch mit Schlüsseln möglich. Passen Sie aber auf, dass Sie sich nicht selbst aus Ihrem System aussperren! Wenn Sie den Schlüssel auf Ihrem Client-Rechner verlieren, können Sie sich auf dem Server nicht mehr einloggen!

Das ist gleichzeitig auch der entscheidende Nachteil der schlüsselbasierten Authentifizierung: Während Sie sich per Passwort von jedem beliebigen Rechner aus beim Server anmelden konnten, gelingt dies mit Schlüsseln nur noch auf zuvor entsprechend konfigurierten Rechnern. Wenn Sie auf diesen bzw. diese Rechner gerade keinen Zugriff haben (weil Sie unterwegs sind, Ihr Notebook kaputt ist etc.), können Sie sich nicht mehr beim Server anmelden. Es ist wie so oft: Jede zusätzliche Sicherheit bezahlen Sie durch geringere Flexibilität ...

TCP-Wrapper Der SSH-Server verwendet die sogenannte TCP-Wrapper-Bibliothek. Deswegen können Sie auch durch die Konfigurationsdateien /etc/hosts.allow und /etc/hosts.deny steuern, von welchen Netzwerkadressen der SSH-Server genutzt werden kann. Bei einem SSH-Server auf einem Root-Server ist diese Art der Absicherung selten zweckmäßig – SSH soll ja gerade aus dem ganzen Internet verwendbar sein. Wenn Sie dagegen einen SSH-Server auf einem LAN-Server installiert haben und die Administration nur innerhalb des LANs erfolgen soll, ist es durchaus sinnvoll, die Zugriffsmöglichkeiten entsprechend einzuschränken. Details zur TCP-Wrapper-Bibliothek und den dazugehörigen Konfigurationsdateien finden Sie auf Seite 835.

DenyHosts Das Python-Script DenyHosts überwacht alle SSH-Login-Versuche. Sobald es feststellt, dass es von einer IP-Adresse mehrere vergebliche Logins gibt, wird diese IP-Adresse automatisch der Datei /etc/hosts.deny hinzugefügt. Je nach Konfiguration bleibt die IP-Adresse nun für immer in hosts.deny oder wird nach einer bestimmten Zeit (einem Tag oder einer Woche) wieder entfernt. DenyHosts verhindert automatisierte Login-Versuche wirksam (es sei denn, es handelt sich um einen Angriff, der gleichzeitig von sehr vielen unterschiedlichen Rechnern erfolgt) und hat sich auf den von mir betreuten Servern sehr gut bewährt. Für viele Distributionen gibt es fertige Pakete. Weitere Informationen und die gerade aktuelle Version finden Sie unter:

http://denyhosts.sourceforge.net/

Hinweis

DenyHosts ist mit der auf Seite 835 beschriebenen Konfiguration zur Protokollierung von Verbindungsversuchen inkompatibel. Bevor Sie DenyHosts installieren, müssen Sie sicherstellen, dass /etc/hosts.deny keine ALL-Einträge enthält!

DenyHosts wird durch ein Init-Script gestartet und wertet die Konfigurationsdatei /etc/denyhosts.conf aus. Entscheidend ist, dass denyhost die richtige Logging-Datei überwacht (Parameter SECURE_LOG). Das folgende Listing zeigt einige Zeilen der Konfiguration auf meinem Webserver kofler.info:

```
# Datei /etc/denyhosts.conf
SECURE_LOG = /var/log/auth.log
HOSTS_DENY = /etc/hosts.deny

# blockierte IP-Adressen nach 24h wieder freigeben
PURGE_DENY = 1d
# blockieren nach drei vergeblichen Versuchen für einen falschen Login-Namen
DENY_THRESHOLD_INVALID = 3
# blockieren nach fünf vergeblichen Versuchen für einen richtigen Login-Namen
DENY_THRESHOLD_VALID = 5
# blockieren nach einem vergeblichen Versuch für root
DENY_THRESHOLD_ROOT = 1
```

31.2 Apache

Apache ist *der* Webserver der Open-Source-Welt. Im August 2010 liefen laut http://netcraft.com ca. 56 Prozent aller Websites unter Apache. Wird nur die Million der am meisten besuchten Websites betrachtet, steigt der Marktanteil sogar auf sagenhafte 67 Prozent. Dieses Kapitel kratzt gerade einmal an der Oberfläche von Apache. Aktuelle Informationen sowie eine umfassende Dokumentation zu Apache finden Sie auf der Apache-Website:

http://www.apache.org

Installation

Eine typische Apache-Installation besteht aus zahlreichen zusammengehörenden Paketen: dem Server an sich, diversen Bibliotheken, Plugins, Programmiersprachen etc. Um Ihnen die Installation zu erleichtern, können Sie bei einigen Distributionen jeweils eine ganze Gruppe von Paketen zur Installation auswählen: Bei Fedora führen Sie in einer Konsole `yum groupinstall 'Web-Server'` aus, unter SUSE `zypper intall -t pattern lamp_server`, unter Ubuntu `tasksel install lamp-server`. Damit werden neben Apache auch die wichtigsten MySQL- und PHP-Pakete installiert.

Hinweis

Seit Version 2 unterstützt Apache drei unterschiedliche Multi-Threading-Verfahren, nämlich `perchild`, `prefork` **und** `worker`**. Diese Verfahren haben Einfluss darauf, wie effizient Apache mehrere Anfragen gleichzeitig verarbeiten kann. Bei der Installation von Apache müssen Sie sich für eine dieser drei Varianten entscheiden. Wenn Sie vorhaben, zusammen mit Apache die Programmiersprache PHP einzusetzen, ist das Verfahren** `prefork` **die sicherste Wahl. Bei den beiden anderen Varianten sind Fehler aufgrund von nicht thread-sicheren Bibliotheken möglich:**

http://www.php.net/manual/en/faq.installation.php

Start/Stopp

Apache ist ein Dämon, der je nach Distribution explizit gestartet werden muss. Eine Zusammenfassung der erforderlichen Kommandos finden Sie auf Seite 323. Der Name des Init-Scripts variiert je nach Distribution: apache2 bei Debian, SUSE und Ubuntu bzw. `httpd` bei Fedora und Red Hat.

Programmname und Account

Auch der Programmname des Apache-Webservers variiert je nach Distribution. Aus Sicherheitsgründen wird der Webserver wie die meisten anderen Netzwerk-Dämonen nicht unter dem Account root ausgeführt, sondern unter einem anderen Account. Dessen Namen stellen Sie am einfachsten mit ps axu fest. Wie Tabelle 31.1 zeigt, variieren Programmname und Account je nach Distribution.

Tabelle 31.1: **Programmname, Account und DocumentRoot-Verzeichnis von Apache**

DISTRIBUTION	PROGRAMMNAME	ACCOUNT	DOCUMENTROOT
Debian, Ubuntu	`apache`	`www-data`	`/var/www`
Fedora, Red Hat	`httpd`	`apache`	`/var/www/html`
SUSE	`httpd2-`*`threadverfahren`*	`wwwrun`	`/srv/www/htdocs`

Test

Um zu testen, ob alles funktioniert, starten Sie einen Webbrowser und geben als Adresse `http://localhost/` oder `http://servername/` ein. Sie sollten nun eine Testseite des Webservers sehen (siehe Abbildung 31.1).

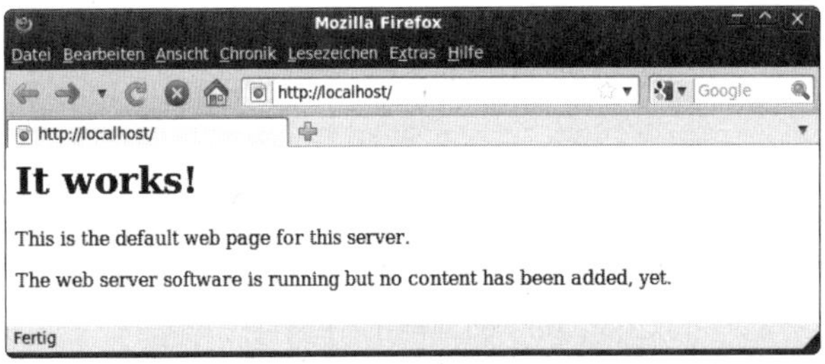

Abbildung 31.1: **Apache-Testseite eines Ubuntu-Rechners**

Eigene HTML-Seiten

Damit statt der Testseite die Startseite Ihres eigenen Webauftritts erscheint, müssen Sie Ihre HTML-Dateien in das Dokumentverzeichnis von Apache speichern. Auch dieses Verzeichnis ist distributionsabhängig (Schlüsselwort `DocumentRoot` in den Konfigurationsdateien, siehe Tabelle 31.1). Ihre HTML-Dateien müssen für den Account des Apache-Webservers lesbar sein!

Konfiguration

Es fehlt in diesem Buch der Platz, um detailliert auf die Konfiguration von Apache einzugehen. Ich möchte an dieser Stelle aber zumindest einen Überblick darüber geben, wo sich die Konfigurationsdateien je nach Distribution befinden und wie ganz elementare Einstellungen durchgeführt werden.

Früher erfolgte die Konfiguration von Apache durch die Datei `httpd.conf`, wobei deren genauer Ort distributionsabhängig war. Allerdings wurde diese Konfigurationsdatei im Laufe der Zeit immer unübersichtlicher. Gleichzeitig wurde eine automatisierte Wartung – also beispielsweise das Aktivieren oder Deaktivieren von Plugins – zunehmend schwieriger.

Aus diesem Grund sind die meisten Distributionen dazu übergegangen, die Einstellungen auf diverse Dateien zu verteilen, die durch `Include`-Anweisungen aus verschiedenen Verzeichnissen gelesen werden (siehe die Tabellen 31.2 bis 31.4). Das macht zwar jede einzelne Datei übersichtlicher, das Gesamtsystem wird aber noch undurchschaubarer. Zudem ist es nun beinahe unmöglich, Einstellungen von einer Distribution in eine andere zu übernehmen. Wenn Sie ein bestimmtes Schlüsselwort in den Konfigurationsdateien suchen, gehen Sie am besten so vor:

```
user$  cd /etc/httpd  (bzw.)  cd /etc/apache2
user$  find -type f -exec grep -i -q Schlüsselwort  ^; -print
```

DATEIEN	INHALT
/etc/apache2/apache2.conf	Startpunkt
/etc/apache2/httpd.conf	benutzerspezifische Konfiguration
/etc/apache2/ports.conf	überwachte Ports, normalerweise Port 80
/etc/apache2/mods-available/*	verfügbare Erweiterungsmodule
/etc/apache2/mods-enabled/*	Links auf aktive Erweiterungsmodule
/etc/apache2/conf.d/*	sonstige Konfigurationsdateien
/etc/apache2/sites-available/*	verfügbare Websites (virtuelle Hosts)
/etc/apache2/sites-enabled/*	Links auf aktive Websites
/etc/apache2/envvars	Umgebungsvariablen für das Init-Script

Tabelle 31.2: **Apache-Konfiguration bei Debian und Ubuntu**

DATEIEN	INHALT
/etc/httpd/conf/httpd.conf	Startpunkt
/etc/httpd/conf/magic	MIME-Konfiguration (für mod_mime)
/etc/httpd/conf.d/*.conf	Modulkonfigurationsdateien

Tabelle 31.3: **Apache-Konfiguration bei Fedora und Red Hat**

DATEIEN	INHALT
/etc/apache2/httpd.conf	Startpunkt
/etc/apache2/*.conf	globale Konfigurationsdateien
/etc/apache2/sysconf.d/*.conf	automatisch generierte Systemkonfigurationsdateien
/etc/apache2/conf.d/*.conf	sonstige Konfigurationsdateien
/etc/apache2/vhosts.d/*.conf	Websites (virtelle Hosts)
/etc/sysconfig/apache2	Grundeinstellungen

Tabelle 31.4: **Apache-Konfiguration bei SUSE**

Bei Debian/Ubuntu enthält das Verzeichnis mods-available eine Kollektion von *.load- und *.conf-Dateien für diverse Apache-Module. Um weitere Module zu aktivieren, richten Sie in mods-enabled Links auf diese Dateien ein. Bei der Verwaltung der Links helfen die Debian-spezifischen Kommandos a2enmod und a2dismod. Des Weiteren können Sie mit a2ensite und a2dissite virtuelle Hosts aktivieren bzw. deaktivieren. Standardmäßig enthält sites-available nur die Datei default: Sie konfiguriert einerseits die Standard-Website des Servers (Verzeichnis /var/www), enthält darüber hinaus aber auch diverse Grundeinstellungen für die Protokollierung von Fehlern und Seitenzugriffen.

Der Mechanismus funktioniert wie bei den Modulen: Das Verzeichnis sites-available enthält die Konfigurationsdateien für alle Hosts, in sites-enabled befinden sich die entsprechenden Links.

Bei SUSE werden sämtliche *.conf-Dateien im Verzeichnis sysconf.d bei jedem Apache-Start durch das Init-V-Script /etc/init.d/apache2 neu erstellt! Änderungen in diesen Dateien sind daher zwecklos! Vielmehr müssen Sie die Variablen in /etc/sysconfig/apache2 ändern. In dieser Datei ist auch festgelegt, welche Module beim Apache-Start geladen werden (Variable APACHE_MODULES). Wenn Sie den SUSE-Konfigurationsdateien eine eigene Datei hinzufügen möchten, geben Sie deren Dateinamen in der Variable APACHE_CONF_INCLUDE_FILES an.

Konfiguration testen

Nach Änderungen an der Syntax können Sie mit httpd -t, httpd2 -t bzw. apache2 -t testen, ob die Konfiguration frei von Syntaxfehlern ist. Bei Debian und Ubuntu müssen Sie vorher einige Umgebungsvariablen aus envvars einlesen:

```
root#  . /etc/apache2/envvars
root#  apache2 -t
Syntax OK
```

Anschließend fordern Sie Apache dazu auf, die Konfigurationsdateien neu einzulesen:

```
root#  service apache2|httpd reload
```

ServerName

Der Webserver Apache funktioniert zwar im Regelfall auf Anhieb. Je nach Netzwerkkonfiguration müssen Sie aber zumindest eine Zeile in den Konfigurationsdateien ändern bzw. zu ihnen hinzufügen: ServerName sollte den Namen Ihres Rechners enthalten. Falls diese Einstellung nicht wirksam wird, müssen Sie außerdem die Einstellung UseCanonicalName Off verwenden.

```
# in   /etc/apache2/httpd.conf      (Debian/Ubuntu)
# bzw. /etc/httpd/conf/httpd.conf   (Fedora/Red Hat)
ServerName mars.sol      # geben Sie hier den Namen Ihres Rechners an
```

Bei SUSE stellen Sie den Rechnernamen in /etc/sysconfig/apache2 mit der Variablen APACHE_-SERVERNAME ein.

Standardzeichensatz

Bei allen gängigen Linux-Distributionen gilt automatisch der Unicode-Zeichensatz UTF-8. Wenn Sie also mit einem Texteditor eine Textdatei erstellen, die die deutschen Buchstaben ä, ö, ü oder ß enthält, werden diese in der UTF-8-Codierung gespeichert. Vor allem ältere HTML-Dateien für deutsche Webseiten sind dagegen oft noch im Zeichensatz Latin-1 (ISO-8851-1) codiert.

Apache ist die Codierung der HTML-Dateien grundsätzlich egal. Das Programm überträgt die Dateien einfach Byte für Byte an den Webbrowser, der die Seite angefordert hat. Allerdings sendet Apache zusätzlich einen sogenannten Header mit, der unter anderem Informationen darüber enthält, in welchem Zeichensatz die Seite codiert ist. Der Webbrowser wertet diese Information aus und verwendet den angegebenen Zeichensatz zur Darstellung der Seite.

Zeichensatz einstellen

Der springende Punkt ist nun, dass Apache den richtigen Zeichensatz angibt: Wenn das schiefgeht, sieht der Benutzer in seinem Webbrowser statt ä oder ü irgendwelche merkwürdigen Zeichenkombinationen. Aus diesem Grund bietet Apache diverse Möglichkeiten zur Zeichensatzkonfiguration:

» **AddDefaultCharset off:** Bei dieser Einstellung wertet Apache das <meta>-Tag in der zu übertragenden HTML-Datei aus und sendet den dort angegebenen Zeichensatz an den Browser. Wenn die HTML-Datei wie folgt beginnt, kommt der Zeichensatz Unicode UTF-8 zur Anwendung:

```
<!DOCTYPE HTML PUBLIC "-//W3C//DTD HTML 4.01 Transitional//EN"
"http://www.w3.org/TR/html4/loose.dtd">
<html><head>
<meta http-equiv="Content-Type" content="text/html;charset=utf-8" />
...
```

- **AddDefaultCharset zeichensatz:** Apache überträgt den hier angegebenen Zeichensatz für alle Seiten an den Browser. Die Einstellung gilt sowohl für HTML- als auch für PHP-Dateien. Das <meta>-Tag im HTML-Code wird ignoriert.
- **AddCharset zeichensatz kennung:** Damit wird ein Zeichensatz für Dateien mit einer bestimmten Kennung eingestellt. AddCharset utf-8 .utf8 bewirkt also, dass für alle Dateien, deren Name auf .utf8 endet, als Zeichensatz Unicode UTF-8 an den Browser gesendet wird. AddCharset setzt das Apache-Modul mod_mime voraus, das unter allen hier getesteten Distributionen standardmäßig aktiv ist.

Debian, Ubuntu

Natürlich gilt je nach Distribution eine unterschiedliche Standardkonfiguration. Für die globale Voreinstellung des Zeichensatzes ist unter Ubuntu die Konfigurationsdatei /etc/apache2/conf.d/charset vorgesehen. Standardmäßig ist diese Datei leer, d. h., es gilt AddDefaultCharset off.

Sie können AddDefaultCharset und AddCharset auch in den Konfigurationsdateien für virtuelle Hosts (Verzeichnis sites-available) sowie in .htaccess-Dateien einsetzen, wenn Sie eine host- bzw. verzeichnisspezifische Konfiguration wünschen. Beachten Sie aber, dass die Zeichensatzeinstellungen in .htaccess nur berücksichtigt werden, wenn für das Webverzeichnis AllowOverride All oder FileInfo gilt.

Fedora, Red Hat

Auch bei Fedora und Red Hat gilt AddDefaultCharset UTF-8. Die Einstellung befindet sich in /etc/httpd/conf/httpd.conf. In derselben Datei ist auch AllowOverride None für das Verzeichnis /var/www/html eingestellt.

SUSE

Bei SUSE fehlt in den Konfigurationsdateien eine explizite Zeichensatzeinstellung. Damit gilt AddDefaultCharset off, d. h., die <meta>-Informationen in den HTML-Dateien sind für die richtige Zeichensatzerkennung entscheidend. Ein geeigneter Ort zur Einstellung von AddDefaultCharset ist die Datei /etc/apache2/mod_mime-defaults.conf. Auch bei SUSE gilt AllowOverride None für das Verzeichnis /srv/www/htdocs. Sie können die Einstellung in /etc/apache2/default-server.conf verändern.

Absicherung für den internen Betrieb

Wenn Sie Apache nur für den internen Betrieb bzw. für das lokale Netzwerk verwenden, sollten Sie den Zugriff von außen blockieren. Das können Sie wahlweise durch eine Firewall (siehe Kapitel 29) oder durch das Ändern weniger Zeilen in den Konfigurationsdateien erreichen.

<Directory>

Grundsätzlich erfolgt die Zugriffssteuerung auf einzelne Webverzeichnisse in den <Directory>-Abschnitten der Konfigurationsdateien (wie üblich bei jeder Distribution woanders). Dabei definieren – falls vorhanden – die Einstellungen für das Verzeichnis / den Standard für alle Verzeichnisse. In weiteren <Directory>-Abschnitten können davon abweichend für bestimmte Verzeichnisse andere

Regeln definiert werden. Die grundsätzliche Bedeutung der Schlüsselwörter Order, Deny und Allow sollte aus dem folgenden Beispiel klar hervorgehen.

Die folgenden Zeilen bewirken, dass Webseiten aus dem Standardverzeichnis nur von Rechnern des lokalen Netzwerks abgerufen werden können. Außerdem werden symbolische Links nicht mehr unterstützt, weil diese oft eine erhebliche Sicherheitslücke darstellen. (Beachten Sie, dass deny,allow ohne ein Leerzeichen angegeben werden muss!) Im Anschluss daran werden für das Verzeichnis /var/www/html/public die recht strengen Standardregeln etwas aufweicht. Die Option Indexes bewirkt, dass im Webbrowser eine Liste aller Dateien eines Verzeichnisses angezeigt wird, wenn im Verzeichnis die Datei index.html fehlt.

```
# sicherere Standardkonfiguration für den gesamten Verzeichnisbaum
<Directory />
    Options None               # keine Optionen
    AllowOverride None         # .htdocs hat keine Wirkung
    Order deny,allow           # zuerst verbieten, dann erlauben
    Deny from all              # alles verbieten, aber ...
    Allow from 192.168.0.0/8   #   Zugriff aus dem lokalen Netz,
    Allow from .sol            #   Zugriff aus dem lokalen Netz und
    Allow from localhost       #   Zugriff für localhost erlauben
</Directory>

# Webzugriff auf http://<site>/public erlauben (für Fedora/Red Hat)
<Directory "/var/www/html/public">
    Options Indexes FollowSymLinks
    Order allow,deny
    Allow from all             # freier Zugriff für alle!
</Directory>
```

Passwortschutz für Webverzeichnisse

Vorhin habe ich beschrieben, wie der Zugriff auf den Webserver auf das lokale Netz eingeschränkt werden kann. Manchmal besteht allerdings der Wunsch, den Zugriff auf Webverzeichnisse nicht grundsätzlich zu sperren, sondern einen Zugriff erst nach einer Passwortkontrolle zu erlauben.

Eine derartige Vorgehensweise bietet sich beispielsweise an, wenn Sie auf Ihrer Website einige Administrationsseiten haben (z. B. phpMyAdmin zur MySQL-Administration, siehe Seite 947): Egal wo Sie sich als MySQL-Administrator gerade befinden, Sie möchten auf diese Seiten zugreifen können. Gleichzeitig muss aber vermieden werden, dass gewöhnliche Benutzer diese Administrationsseiten verwenden können.

Passwortdatei Die Lösung für derartige Probleme besteht darin, das Verzeichnis mit einer Passwortdatei abzusichern. Die Passwortdatei sollte möglichst außerhalb der üblichen Webverzeichnisse angelegt werden, damit ein Zugriff auf die Datei per Webadresse (http://servername/verzeichnis/passwortdatei) ausgeschlossen ist. Das folgende Beispiel geht davon aus, dass die Passwortdatei im Verzeichnis /private gespeichert wird.

Um eine neue Passwortdatei anzulegen, verwenden Sie das Kommando htpasswd (htpasswd2 bei SUSE) mit der Option -c (create). Das Passwort wird selbstverständlich verschlüsselt.

```
user$ cd /private
user$ htpasswd -c passwords.pwd username
New password: ********
Re-type new password: ********
```

Weitere Benutzername/Passwort-Paare werden mit htpasswd ohne die Option -c hinzugefügt:

```
user$ cd /private
user$ htpasswd passwords.pwd name2
New password: ********
Re-type new password: ********
```

Hinweis

Achten Sie darauf, dass Apache Leserechte für die Passwortdatei und deren Verzeichnis haben muss! Apache läuft aus Sicherheitsgründen nicht als root**, sondern unter einem anderen Account (**www-date **bei Debian und Ubuntu,** apache **bei Fedora und Red Hat,** wwwrun **bei SUSE).**

Falls Ihr Rechner durch SElinux oder AppArmor geschützt ist (siehe Seite 868 bzw. 874), müssen die Regeln dieser Sicherheitssysteme ebenfalls den Zugriff auf die Passwortdatei zulassen.

Es bestehen nun zwei Varianten, um Apache so zu konfigurieren, dass die Passwortdatei tatsächlich berücksichtigt wird. Die erste Variante setzt eine Veränderung der zentralen Konfigurationsdateien voraus (httpd.conf & Co.). Bei der zweiten Variante erfolgt die Konfiguration durch die Datei .htaccess, die sich innerhalb des Webverzeichnisses befindet.

httpd.conf & Co.

Damit die Passwortdatei von Apache berücksichtigt wird, müssen Sie für das zu schützende Verzeichnis einen eigenen <Directory>-Eintrag in httpd.conf einfügen. Die folgenden Zeilen geben hierfür ein Muster:

```
# Passwortgeschütztes Verzeichnis
<Directory "/var/www/html/admin/">
    AuthType Basic
    AuthUserFile /private/passwords.pwd
    AuthName "admin"
    Require valid-user
    # weitere Optionen, soweit notwendig
</Directory>
```

AuthName bezeichnet den Bereich (*Realm*), für den der Zugriff gültig ist. Der Sinn besteht darin, dass Sie nicht jedes Mal einen Login durchführen müssen, wenn Sie auf unterschiedliche Verzeichnisse zugreifen möchten, die durch dieselbe Passwortdatei geschützt sind. Sobald Sie sich mit einer bestimmten AuthName-Bezeichnung eingeloggt haben, gilt dieser Login auch für alle anderen Verzeichnisse mit diesem AuthName.

Require valid-user bedeutet, dass als Login jede gültige Kombination aus Benutzername und Passwort erlaubt ist. Alternativ können Sie hier auch angeben, dass ein Login nur für ganz bestimmte Benutzer erlaubt ist:

```
Require user name1 name2
```

.htaccess

Die oben skizzierte Vorgehensweise ist nur möglich, wenn Sie Zugang zu den zentralen Apache-Konfigurationsdateien haben, d. h., wenn Sie selbst der Webadministrator sind. Ist das nicht der Fall, kann eine gleichwertige Absicherung auch durch die Datei .htaccess erfolgen, die sich im zu schützenden Verzeichnis befindet. In dieser Datei müssen sich dieselben Anweisungen befinden, die vorhin innerhalb der <Directory>-Gruppe angegeben wurden, also AuthType, AuthUserFile, AuthName und Require.

Beachten Sie bitte, dass .htaccess-Dateien nur beachtet werden, wenn in httpd.conf in der <Directory>-Gruppe des Verzeichnisses die Veränderung der Authentifizierungsinformationen zugelassen wird. (Statt AllowOverride AuthConfig darf auch AllowOverride All angegeben werden.) Gerade bei Webservern, auf denen unterschiedliche Benutzer ihre eigenen Webverzeichnisse warten, ist diese Voraussetzung meist gegeben.

```
# Verzeichnis, das mit .htaccess geschützt werden kann
<Directory "/var/www/html/admin/">
    AllowOverride AuthConfig
    # weitere Optionen, soweit notwendig
</Directory>
```

31.3 PHP

Dynamische Webseiten

Apache an sich kann nur statische Webseiten übertragen. Alle modernen Websites nutzen aber dynamische Seiten. Jedes Mal, wenn eine derartige Seite angefordert wird, startet Apache ein externes Programm, verarbeitet den Code der Seite und liefert als Ergebnis eine Seite, die individuell angepasst ist. (Die Seite kann beispielsweise die aktuelle Uhrzeit enthalten oder das Ergebnis einer Datenbankabfrage oder eine ständig wechselnde Werbeeinblendung etc.)

PHP

Zur Programmierung dynamischer Webseiten eignen sich zahllose Programmiersprachen – z. B. Perl oder Java. Am populärsten in der Linux/Unix-Welt ist momentan allerdings PHP. PHP steht für *PHP Hypertext Preprocessor*. Ausführliche Informationen zu PHP finden Sie auf folgender Website:

http://www.php.net/

Die Grundidee einer PHP-Webseite besteht darin, dass die Datei mit der Kennung *.php sowohl HTML- als auch PHP-Code enthält. PHP-Code wird mit dem Tag <?php eingeleitet und endet mit ?>. Wenn ein Webnutzer eine PHP-Seite anfordert, übergibt Apache die Seite an den PHP-Interpreter. Dort wird der PHP-Code ausgeführt. Das Ergebnis des Codes wird direkt in die HTML-Datei eingebettet. Der PHP-Interpreter übergibt die resultierende Seite zurück an Apache, und dieser sendet sie dem Webnutzer. Der Webbrowser des Nutzers sieht also nie den PHP-Code, sondern immer nur die resultierende HTML-Seite. (Das gleiche Konzept wendet übrigens Microsoft bei seinen *Active Server Pages* (ASP) an.)

Hello World!

Der Platz reicht hier nicht für eine Einführung in die Programmiersprache PHP. Stattdessen soll das folgende Minibeispiel das Konzept von PHP veranschaulichen. Die folgende Datei liefert nach der Verarbeitung durch den PHP-Interpreter eine HTML-Seite mit der aktuellen Uhrzeit:

```
<!DOCTYPE HTML PUBLIC "-//W3C//DTD HTML 4.0//EN">
<html><head>
  <meta http-equiv="Content-Type"
        content="text/html; charset=iso-8859-1" />
  <title>PHP-Beispiel</title>
</head><body>

<p>Die aktuelle Uhrzeit auf diesem Server:
   <?php echo date("G:i:s"); ?>
</p>
</body></html>
```

Installation

Sofern PHP nicht bereits mit Apache mitinstalliert wurde, installieren Sie mit Ihrem Paketverwaltungsprogramm die erforderlichen php5-Pakete. Was »erforderlich« ist, ist allerdings gar nicht so einfach festzustellen: Ähnlich wie bei Apache ist auch PHP zumeist auf zahlreiche Pakete verteilt, die die Sprache an sich sowie diverse Erweiterungen enthalten. Für erste Experimente reichen üblicherweise php5, php5-common sowie `libapache2-mod-php5`. Soweit sich nicht die Paketverwaltung darum kümmert, müssen Sie Apache nach der Installation neu starten, damit der Webserver das hinzugekommene PHP-Modul berücksichtigt.

Konfiguration

Zahllose Optionen des PHP-Interpreters werden durch die Datei `php.ini` gesteuert. Im Regelfall können Sie die Grundeinstellungen einfach beibehalten. Der Ort dieser Datei sowie weiterer PHP-Konfigurationsdateien ist wieder einmal distributionsabhängig:

Debian, Ubuntu:	`/etc/php5/apache2/php.ini`, `/etc/php5/apache2/conf.d/*.ini`
Fedora, Red Hat:	`/etc/php.ini`, `/etc/php.d/*.ini`
SUSE:	`/etc/php5/apache2/php.ini`

Test

Um zu testen, ob die PHP-Installation funktioniert, erstellen Sie die Datei `phptest.php`, die aus nur einer einzigen Zeile Code besteht:

```
<?php phpinfo(); ?>
```

Kopieren Sie diese Datei in das `DocumentRoot`-Verzeichnis (siehe Seite 934), und stellen Sie sicher, dass Apache die Datei lesen darf. Obwohl es sich bei PHP-Dateien eigentlich um Script-Dateien handelt, reichen Leserechte. Zugriffsrechte zum Ausführen (x-Zugriffsbits) sind nicht erforderlich.

Mit einem Webbrowser sehen Sie sich nun die Seite `http://localhost/phptest.php` an. Das Ergebnis ist eine sehr umfangreiche Seite, die alle möglichen Optionen und Einstellungen von Apache und PHP enthält. (Aus Sicherheitsgründen ist es nicht empfehlenswert, eine derartige Seite frei zugänglich ins Internet zu stellen. Sie enthält eine Menge Informationen über Ihre Konfiguration.)

Wenn es nicht funktioniert

Wenn Sie statt der Testseite den PHP-Code sehen oder die PHP-Datei zum Download angeboten bekommen, ist die wahrscheinlichste Fehlerursache die, dass Sie als Webadresse den Dateinamen (z. B. `/srv/www/htdocs/phpinfo.php`) angegeben haben. In diesem Fall wird die Datei direkt aus dem lokalen Dateisystem gelesen, anstatt von Apache und PHP verarbeitet zu werden. Die Webadresse muss mit `http://` beginnen!

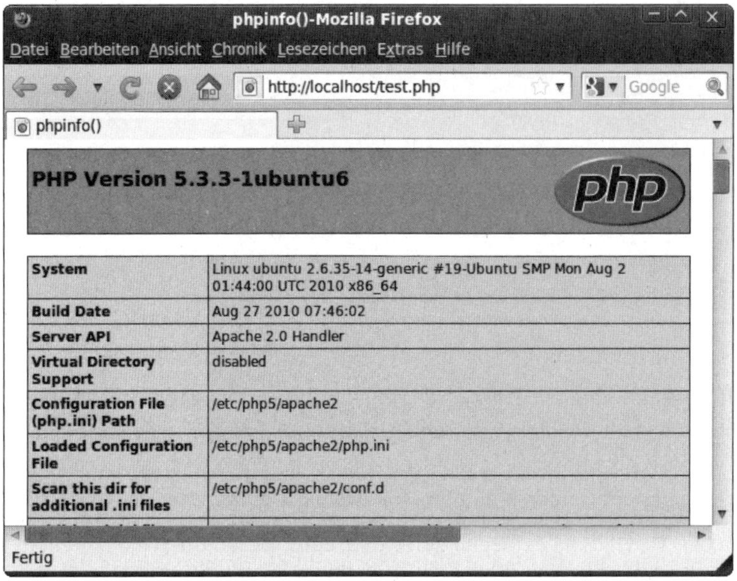

Abbildung 31.2:
PHP-Testseite

Eine weitere Fehlerursache ist die Apache-Konfiguration: Haben Sie Apache nach der Installation von PHP bzw. nach der Veränderung von Konfigurationsdateien neu gestartet?

Wenn es einmal nicht geklappt hat, kann Ihnen in der Folge der Cache Ihres Webbrowsers einen Strich durch die Rechnung machen. Anstatt die Seite neu von Apache anzufordern (was nun vielleicht funktionieren würde), liest er die Seite aus dem internen Cache. Starten Sie das Programm sicherheitshalber neu bzw. löschen Sie den Cache!

31.4 MySQL

MySQL ist momentan das populärste Datenbanksystem für Linux. MySQL ist schnell, relativ einfach zu warten und unkompliziert in der Programmierung. Besonders beliebt ist MySQL in der Kombination mit PHP, um dynamische Websites zu erstellen. Diverse fertige Webapplikationen (Joomla, TYPO3 etc.) bauen auf PHP und MySQL auf.

Im Vergleich zu kommerziellen Datenbanksystemen von Oracle oder IBM DB/2 bietet MySQL zwar weniger Funktionen, für die meisten Anwendungen ist der Funktionsumfang von MySQL aber ausreichend. Ausführliche Informationen zu MySQL inklusive eines sehr umfassenden Handbuchs finden Sie hier:

http://dev.mysql.com

Lizenz MySQL sowie die MySQL-Treiber für diverse Programmiersprachen unterstehen der GPL. Die firmeninterne Nutzung von MySQL (ohne Weitergabe/Vertrieb nach außen) sowie die Nutzung in GPL-Projekten ist grundsätzlich kostenlos. Beachten Sie aber, dass die Weitergabe kommerzieller Projekte (Closed Source, keine GPL), die auf MySQL aufbauen, eine kommerzielle Lizenz des MySQL-Servers erfordert! Details zu den Lizenzbedingungen von MySQL finden Sie hier:

http://www.mysql.com/about/legal/

Im Januar 2010 hat Oracle Sun gekauft und ist nun der Eigentümer von MySQL. Was das für die Zukunft von MySQL bedeutet, ist noch unklar. Es zeichnet sich aber bereits jetzt ab, dass es neben dem offiziellen MySQL auch sogenannte Forks geben wird (also vom Open-Source-Code abgeleitete neue Projekte). Besonders aktiv ist dabei der ursprüngliche MySQL-Gründer Monty Widenius, der zu diesem Zweck die *Open Database Alliance* gegründet hat.

http://opendatabasealliance.com/

openSUSE liefert standardmäßig das Paket `mariadb` mit, das den MariaDB-Datenbank-Server enthält. Er kann anstelle des offiziellen MySQL-Servers verwendet werden und enthält den zusätzlichen Aria-Tabellentreiber.

PHP- und MySQL-Buch

Dieser Abschnitt beschreibt lediglich die Installation von MySQL. Natürlich gäbe es noch viel mehr zum Design von Datenbanken, zur Verwaltung der Benutzerrechte, zur Programmierung von Datenbankanwendungen und zur Administration zu sagen. Sie können Ihren Informationshunger mit einem der zahllosen Bücher zu diesem Thema stillen. Ich möchte nicht verschweigen, dass ich selbst bei Addison-Wesley zwei Bücher zu MySQL bzw. zu PHP und MySQL veröffentlicht habe. Inhaltsverzeichnisse und Probekapitel finden Sie auf meiner Website:

http://www.kofler.info/

Installation und Absicherung

Bei allen gängigen Distributionen werden MySQL-Pakete mitgeliefert. Beachten Sie, dass der Datenbank-Server selbst, seine Bibliotheken und Administrationswerkzeuge etc. in unterschiedlichen Paketen installiert sind. Die folgende Tabelle fasst zusammen, welche Pakete Sie üblicherweise benötigen:

Debian, Ubuntu:	`mysql-client`, `mysql-common`, `mysql-server`
Fedora, Red Hat:	`mysql`, `mysql-server`
SUSE:	`mysql`, `mysql-client`, `libmysqlclient`*n*

Bei Fedora ist es zweckmäßig, statt der Einzelpakete gleich eine vordefinierte Gruppe von MySQL-Paketen zu installieren:

```
root# yum groupinstall mysql
```

Start/Stopp

MySQL ist ein Dämon, der je nach Distribution explizit gestartet werden muss. Das dafür erforderliche Kommando variiert je nach Distribution. Eine Zusammenfassung finden Sie auf Seite 323. Je nach Distribution lautet der Name des Init-Scripts `mysql` oder `mysqld`.

Die Datenbankdateien des MySQL-Servers werden normalerweise im Verzeichnis `/var/lib/mysql` gespeichert. Der Ort der Logging-Dateien variiert je nach Distribution. Üblich sind `/var/log/syslog` (Debian, Ubuntu), `/var/lib/mysql/`*`hostname`* (SUSE) bzw. `/var/log/mysql*`.

Konfiguration Die Konfiguration des MySQL-Servers erfolgt durch die Datei `/etc/my.cnf` bzw. `/etc/mysql/my.cnf` (Debian, Ubuntu). Diese Datei ist für den gewöhnlichen Betrieb vorkonfiguriert. Aus Platzgründen kann ich nicht auf alle Schlüsselwörter für diese Datei eingehen. Einige sicherheitsrelevante Details möchte ich aber doch herausgreifen.

Grundsätzlich ist die Konfigurationsdatei durch [*name*] in mehrere Abschnitte gegliedert. Im Folgenden beziehe ich mich ausschließlich auf den Abschnitt `[mysqld]`, der den Server an sich betrifft. Änderungen in diesem Abschnitt werden nur wirksam, wenn Sie den MySQL-Server neu starten. Die anderen Abschnitte dienen zur Konfiguration diverser Client-Programme.

- **`old_passwords = 1`:** Diese Einstellung bewirkt, dass MySQL interne Passwörter so wie in den MySQL-Versionen $\leq$ 4.0 speichert. Diese Einstellung ist bei alten Distributionen noch immer standardmäßig vorgesehen, um Kompatibilitätsproblemen mit alten MySQL-Anwendungen aus dem Weg zu gehen. Sie mindert aber die Sicherheit des MySQL-Zugriffssystems ganz erheblich.

  Fortgeschrittene MySQL-Anwender, die keine Rücksicht auf alte MySQL-Programme nehmen müssen, sollten nach Möglichkeit `old_passwords=0` verwenden bzw. die Anweisung einfach ganz aus `my.cnf` entfernen – und zwar, *bevor* Sie irgendwelche Passwörter einstellen! Starten Sie den MySQL-Server neu, damit die geänderte Einstellung wirksam wird! Umfassende Hintergrundinformationen zum alten und neuen Authentifizierungssystem finden Sie im MySQL-Handbuch:

  http://dev.mysql.com/doc/refman/5.1/en/password-hashing.html

- **`bind-address = 127.0.0.1`:** Diese Einstellung bewirkt, dass Netzwerkverbindungen zum MySQL-Server ausschließlich vom lokalen Rechner aus möglich sind (nicht aber von anderen Rechnern im lokalen Netzwerk oder aus dem Internet). Wenn MySQL ohnedies nur von lokalen Programmen (z. B. PHP) genutzt werden soll, vergrößert diese Einstellung die Sicherheit. Bei Debian und Ubuntu gilt diese Einstellung standardmäßig, bei anderen Distributionen sollte sie nach Möglichkeit hinzugefügt werden.

- **`skip-networking`:** Diese Einstellung verhindert jeglichen Netzwerkzugang auf den MySQL-Server, also selbst Netzwerkverbindungen durch den lokalen Rechner. Die Einstellung ist damit noch restriktiver als `bind-address = 127.0.0.1`. Ein Verbindungsaufbau ist nur noch für lokale Programme möglich, die über eine sogenannte Socket-Datei mit dem MySQL-Server kommunizieren (z. B. PHP- oder C-Programme). Programme, die via TCP/IP mit dem MySQL-Server kommunizieren (z. B. alle Java-Programme!), können den MySQL-Server nicht nutzen. Aus diesem Grund sollten Sie im Zweifelsfall `bind-address = 127.0.0.1` vorziehen.

root-Passwort Bei Debian und Ubuntu müssen Sie während der Installation des MySQL-Servers ein root-Passwort angeben. root hat nicht nur in Linux, sondern auch in MySQL eine besondere Bedeutung und verfügt über uneingeschränkte Administrationsrechte.

Debian und Ubuntu richten außerdem den MySQL-Benutzer `debian-sys-main` ein und versehen diesen mit einem zufälligen Passwort, das sich im Klartext in der nur für Linux-root lesbaren Datei `/etc/mysql/debian.cnf` befindet. Das für den Start von MySQL erforderliche Script `/etc/mysql/debian-start` greift auf diesen Benutzer zurück. Deswegen darf der Benutzer `debian-sys-maint` nicht deaktiviert werden! Nach einer Passwortänderung müssen Sie auch `debian.cnf` entsprechend aktualisieren!

Fedora, Red Hat und SUSE verzichten auf die Absicherung von MySQL. Deswegen kann nach der Installation jeder unter Verwendung des Benutzernamens root ohne Passwort eine Verbindung zu MySQL herstellen. Abhilfe schaffen die folgenden Kommandos:

```
user$   mysql -u root
mysql>  UPDATE mysql.user SET password=PASSWORD('xxx') WHERE user='root';
mysql>  FLUSH PRIVILEGES;
mysql>  exit
```

Wenn Sie in Zukunft mit mysql SQL-Kommandos ausführen möchten, müssen Sie sich so anmelden:

```
user$  mysql -u root -p
Enter password:  ******
```

Die Verwaltung der Benutzernamen und Passwörter in MySQL und in Linux ist vollkommen voneinander getrennt. Aus Sicherheitsgründen sollten Sie auf keinen Fall für MySQL-Benutzer und für Linux-Benutzer dieselben Passwörter verwenden! MySQL-Passwörter müssen oft im Programmcode gespeichert werden und sind daher wesentlich schwerer zu schützen als gewöhnliche Linux-Passwörter.

Anonyme MySQL-Benutzer

Der MySQL-Benutzer root ist nun durch ein Passwort abgesichert. Je nach Distribution kann es aber sein, dass es einen anonymen MySQL-Benutzer gibt. Das bedeutet, dass sich jeder (mit einem beliebigen Benutzernamen) beim MySQL-Server anmelden kann. Der anonyme Benutzer hat zwar nach dem MySQL-Login nur wenige Rechte, dennoch stellt dieser Benutzer ein Sicherheitsrisiko dar und sollte eliminiert werden.

Ob es anonyme Benutzer gibt, stellen Sie mit dem Kommando mysql fest. Sie erkennen anonyme Benutzer daran, dass im SELECT-Ergebnis die Spalte user leer ist. Mit dem DELETE-Kommando löschen Sie diese Benutzer. FLUSH PRIVILEGES macht die Änderung in der Benutzerdatenbank sofort wirksam.

```
user$  mysql -u root -p
Enter password:  *******
mysql>  SELECT user, host, password FROM mysql.user;
+------+----------------+-------------------------------------------+
| user | host           | password                                  |
+------+----------------+-------------------------------------------+
| root | localhost      | *FACF054603403E6836B8DCFCB1EAC269746E8720 |
| root | uranus-suse111 | *FACF054603403E6836B8DCFCB1EAC269746E8720 |
| root | 127.0.0.1      | *FACF054603403E6836B8DCFCB1EAC269746E8720 |
|      | localhost      |                                           |
|      | uranus-suse111 |                                           |
+------+----------------+-------------------------------------------+
mysql>  DELETE FROM mysql.user WHERE user='';
mysql>  FLUSH PRIVILEGES;
mysql>  exit
```

Erste Tests

Neue Datenbank und neuen Benutzer einrichten

Um MySQL zu testen, müssen Sie die Datenbanksprache SQL kennen, was ich hier voraussetze. Das Ziel der folgenden Kommandos besteht darin, die neue Datenbank mydatabase und einen neuen Nutzer newuser zu schaffen, der auf diese Datenbank zugreifen darf. Für derartige Arbeiten setzen Sie am einfachsten das Programm mysql ein. Es hat eine vergleichbare Aufgabe wie eine Linux-Shell: Es nimmt (MySQL-)Kommandos entgegen, leitet diese an den MySQL-Server weiter und zeigt schließlich das Ergebnis an. Dabei müssen alle SQL-Kommandos mit einem Strichpunkt enden.

```
user$  mysql -u root -p
Enter password:  ******
...
mysql>  CREATE DATABASE mydatabase;
mysql>  GRANT ALL ON mydatabase.* TO newuser@localhost
        IDENTIFIED BY 'xxxxxxxxx';
mysql>  exit
```

Alle weiteren Tests mit der neuen Datenbank kann nun der MySQL-Benutzer newuser durchführen. Wie unter Linux ist es auch in MySQL zweckmäßig, so wenig wie möglich als root zu arbeiten.

Tabelle erzeugen und mit Daten füllen

Mit den folgenden Kommandos erzeugt newuser eine neue Tabelle (CREATE TABLE), fügt darin einige Datensätze ein (INSERT) und sieht sich schließlich alle Datensätze an (SELECT). Bei der Tabelle spielt die Spalte id eine besondere Rolle: Der MySQL-Server fügt dort für jeden neuen Datensatz selbstständig eine eindeutige Zahl ein. Diese Zahl dient zur Identifizierung des Datensatzes.

```
user$  mysql -u newuser -p
Enter password:  ******
mysql>  USE mydatabase;
mysql>  CREATE TABLE mytable (
          id INT NOT NULL AUTO_INCREMENT,
          txt VARCHAR(100),
          n  INT,
          PRIMARY KEY(id));
mysql>  INSERT INTO mytable (txt, n) VALUES('abc', 123);
mysql>  INSERT INTO mytable (txt, n) VALUES('efgsd', -4);
mysql>  INSERT INTO mytable (txt, n) VALUES(NULL, 0);
mysql>  SELECT * FROM mytable;
+----+-------+------+
| id | txt   | n    |
+----+-------+------+
|  1 | abc   |  123 |
|  2 | efgsd |   -4 |
|  3 | NULL  |    0 |
+----+-------+------+
mysql>  exit
```

MySQL-Administration

Grundsätzlich kann die gesamte MySQL-Administration mit den textorientierten Kommandos `mysql` und `mysqladmin` erfolgen – besonders komfortabel ist das aber nicht. Als Alternative gibt es eine ganze Reihe Benutzeroberflächen, die dabei helfen, Datenbanken zu erstellen, Daten einzugeben, MySQL-Benutzer zu verwalten etc. Zu den offiziellen Administrationswerkzeugen zählen der MySQL Administrator, der MySQL Query Browser und die neue MySQL Workbench:

http://dev.mysql.com/downloads/workbench/#downloads

phpMyAdmin

Wenn PHP und MySQL funktionieren, ist der richtige Zeitpunkt für die Installation von phpMyAdmin gekommen. Dabei handelt es sich um ein Paket von PHP-Dateien, die zusammen eine sehr komfortable HTML-Benutzeroberfläche zur Administration von MySQL bilden. Der große Vorteil von phpMyAdmin im Vergleich zu anderen Administrationsprogrammen besteht darin, dass damit eine einfache Fernwartung von MySQL möglich ist. Sie brauchen dazu lediglich einen Internetzugang zu Ihrer Website.

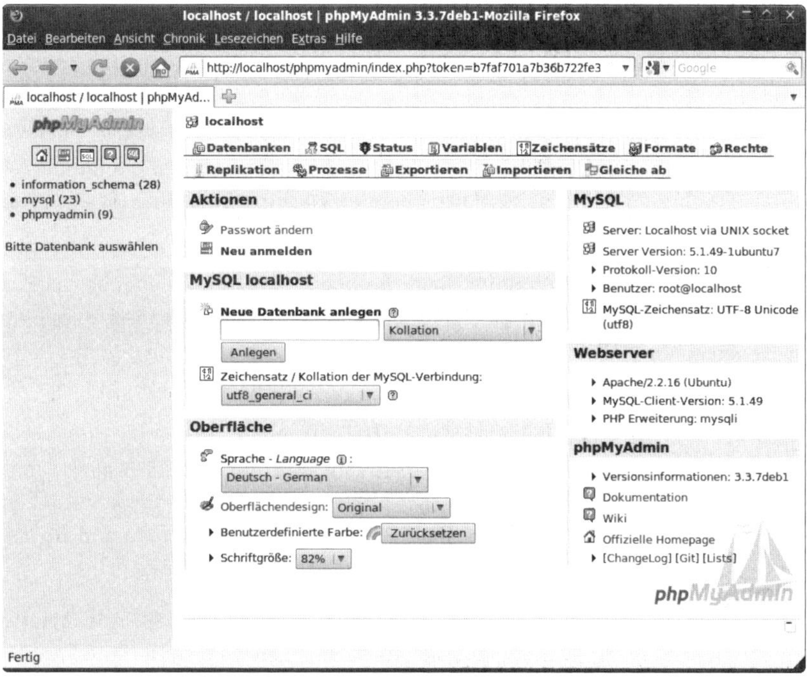

Abbildung 31.3: **phpMyAdmin**

Installation

Bei den meisten Distributionen, unter anderem bei Debian, Fedora und Ubuntu, können Sie phpMyAdmin einfach als Paket installieren und anschließend über die Adresse localhost/phpmyadmin bzw. bei Fedora localhost4/phpmyadmin verwenden.

Bei SUSE bzw. wenn Sie Wert auf die aktuelle Version legen, müssen Sie phpMyAdmin selbst installieren. Dazu laden Sie das TAR-Archiv von der Website phpmyadmin.net herunter und packen es in einem Apache zugänglichen Verzeichnis aus. Durch das tar-Kommando wird ein neues Verzeichnis phpMyAdmin-*n* erstellt, das Sie am besten gleich in das Verzeichnis phpmyadmin umbenennen, das sich leichter merken lässt. (Die folgenden Kommandos gelten für SUSE, bei anderen Distributionen müssen Sie bei cd das jeweilige DocumentRoot-Startverzeichnis angeben.)

```
root# cd /srv/www/htdocs/
root# tar xzf phpMyAdmin-n-n-all-languages.tar.gz
root# mv phpMyAdmin-n-n-all-languages phpmyadmin
```

Stellen Sie sicher, dass Apache die Dateien lesen darf! Gegebenenfalls müssen Sie dazu noch chmod -R oder chown -R ausführen.

Verwendung phpMyAdmin ist so vorkonfiguriert, dass Sie sich vor der Nutzung mit einem MySQL-Benutzernamen und einem dazu passenden Passwort anmelden können. Je nachdem, welche Zugriffsrechte der in config.inc.php eingestellte MySQL-Nutzer hat, können Sie MySQL mit phpMyAdmin vollständig administrieren: Sie können neue Datenbanken und Tabellen anlegen, vorhandene modifizieren oder löschen, Datensätze eingeben, modifizieren, löschen, MySQL-Zugriffsrechte verwalten, CSV-Dateien importieren, Tabellen exportieren (z. B. als Backup) etc.

31.5 FTP-Server (vsftpd)

Den meisten Webservern gesellt sich ein FTP-Server zur Seite, der je nach Website zwei Aufgaben erfüllt: Einerseits ermöglicht er den Download großer Dateien, die auf der Website zur Verfügung gestellt werden; andererseits hilft er bei der Wartung bzw. Aktualisierung der Website, indem er eine einfache Möglichkeit zum Upload von Dateien zulässt.

Sicherheit FTP ist ein sehr altes Programm. Sein Protokoll führt in Kombination mit Firewalls bzw. mit Masquerading oft zu Problemen. Noch problematischer ist der Umstand, dass beim Verbindungsaufbau zwischen einem FTP-Client und dem -Server der Benutzername und das Passwort unverschlüsselt übertragen werden. Da stehen jedem sicherheitsbewussten Anwender die Haare zu Berge!

Natürlich gibt es schon längst sichere Alternativen zu FTP. Unter anderem stellt der am Beginn dieses Kapitels beschriebene SSH-Server mit SFTP (*Secure FTP*) auch Dienste zur Dateiübertragung zur Verfügung. Das Problem liegt hier mehr auf der Client-Seite: Es gibt nur relativ wenige benutzerfreundliche Programme, die SFTP beherrschen. Aus diesem Grund wird FTP trotz aller Sicherheitsmängel noch immer recht häufig eingesetzt.

Eine andere Alternative ist der WebDAV-Standard, der das HTTP-Protokoll erweitert und die Datenübertragung in beide Richtungen erleichtert. Beispielsweise unterstützt Apache in Kombination mit dem Modul mod_dav WebDAV:

http://httpd.apache.org/docs/2.2/mod/mod_dav.html
http://wiki.ubuntuusers.de/Apache/webdav

Wenn Sie auf einen traditionellen FTP-Server nicht verzichten möchten, können Sie diesen auch als reinen Anonymous-FTP-Server konfigurieren. Dabei werden beim Login keine kritischen Daten übertragen. Allerdings schränkt das auch die Anwendung von FTP stark ein. Zur einfachen Wartung einer Website lässt sich FTP dann nicht mehr verwenden.

vsftpd

Es gibt unzählige verschiedene FTP-Server. Das populärste Programm ist momentan vsftpd. Alle gängigen Distributionen stellen hierfür ein Paket zur Verfügung. vsftpd steht für *Very Secure FTP Daemon*. Das Attribut *Very Secure* ist aber unter dem Vorbehalt zu sehen, dass auch der beste FTP-Server die Sicherheitsmängel des FTP-Protokolls aufweist.

Start als Dämon

vsftpd kann auf zwei Arten gestartet werden: entweder als eigenständiger Dämon durch das Init-System oder über xinetd. Bei den meisten Distributionen ist die Dämon-Variante vorkonfiguriert. Die Konfigurationsdatei vsftpd.conf muss dazu die Anweisung listen=YES enthalten. Um den FTP-Server zu starten bzw. zu stoppen, verwenden Sie je nach Distribution die üblichen Kommandos (siehe die Zusammenfassung auf Seite 323).

Konfiguration

Die Konfiguration von vsftpd erfolgt durch die Datei /etc/vsftpd.conf bzw. /etc/vsftpd/vsftpd.conf. Standardmäßig ist oft nur ein Read-Only-Zugang per Anonymous FTP zugelassen. FTP-Clients können also nur einen Download, aber keinen Upload durchführen. Wenn Sie neben Anonymous FTP auch Benutzer-Logins benötigen, müssen Sie locale_enable auf YES stellen. Wenn Sie bei dieser FTP-Form auch einen Daten-Upload zulassen möchten, müssen Sie zusätzlich write_enable auf YES stellen. Wenn vsftpd.conf die Zeile tcp_wrappers=Yes enthält, wertet vsftpd wie xinetd die Dateien /etc/hosts.allow und /etc/hosts.deny aus (siehe Seite 835). Die folgenden Zeilen fassen die wichtigsten Einstellungen in vsftpd.conf zusammen:

```
# /etc/vsftpd.conf bzw. /etc/vsftpd/vsftpd.conf
...
local_enable=YES / NO         # FTP-Login zulassen
write_enable=YES / NO         # Daten-Upload grundsätzlich zulassen
...
anonymous_enable=YES / NO     # Anonymous FTP zulassen
anon_upload_enable=YES / NO   # Daten-Upload auch bei Anonymous FTP
...
listen=YES / NO               # Start als Init-Dämon (YES) oder durch xinetd (NO)
tcp_wrapper=YES / NO          # hosts.allow und hosts.deny auswerten
```

FTP ausprobieren

FTP müsste jetzt eigentlich auf Anhieb funktionieren. Führen Sie auf dem Server-Rechner ftp localhost aus, um zu testen, ob der FTP-Server ordnungsgemäß gestartet wird. Beachten Sie dabei, dass root grundsätzlich keinen FTP-Login durchführen darf.

Anonymous FTP

Wenn Anonymous FTP in vsftpd.conf zugelassen ist, akzeptiert vsftpd als Login die Namen anonymous und ftp in Kombination mit einem beliebigen Passwort. Es ist üblich, als Passwort die E-Mail-Adresse anzugeben. vsftpd kontrolliert das aber nicht.

Nach dem Login kann der FTP-Client auf die Dateien des Home-Verzeichnisses des Linux-Benutzers ftp zugreifen. Der Ort dieses Verzeichnisses wird in /etc/passwd angegeben:

Debian, Ubuntu:	/home/ftp
Fedora, Red Hat:	/var/ftp/
SUSE:	/srv/ftp/

Upload per Anonymous FTP

Wenn Sie den Upload von Dateien per Anonymous FTP zulassen, sollten Sie darauf achten, dass es nur ein einziges Verzeichnis innerhalb des FTP-Datenverzeichnisses gibt, das Schreibrechte hat – z. B. /var/ftp/upload bei Fedora oder Red Hat. Dieses Verzeichnis sollte dem Benutzer ftp gehören und aus Sicherheitsgründen keine Leserechte haben:

```
root# mkdir /var/ftp/upload
root# chown ftp upload
root# chmod 730 upload
```

Somit kann jeder einen Upload durchführen und dem FTP-Administrator anschließend eine E-Mail mit Instruktionen senden, wofür die Datei dient. Andere FTP-Nutzer können die Datei aber aus dem upload-Verzeichnis weder sehen noch herunterladen. Wenn Sie auf derartige Sicherheitsmaßnahmen verzichten, kann es passieren, dass das FTP-Upload-Verzeichnis zum Austausch illegaler Dateien missbraucht wird.

FTP für root und andere Spezialbenutzer

Aus Sicherheitsgründen sind root und einige andere Spezialbenutzer wie daemon, lp oder nobody von der FTP-Benutzung ausgeschlossen. Die dazu erforderliche Konfiguration variiert von Distribution zu Distribution.

Bei Fedora und Red Hat erfolgt der Login-Schutz doppelgleisig. Einerseits greift vsftpd für die Login-Kontrolle auf PAM zurück (*Pluggable Authentication Modules*). PAM wertet die Datei /etc/pam.d/vsftpd aus, die auf die Datei etc/vsftpd/ftpusers verweist. Diese Datei enthält eine Liste aller Login-Namen, die FTP *nicht* benutzen dürfen.

Andererseits wendet vsftpd auch eine interne Login-Kontrolle an und sperrt alle Benutzer, die in /etc/vsftpd.user_list genannt sind. Diese Login-Kontrolle wird in vsftpd.conf durch userlist_enable=YES und userlist_deny=YES (gilt standardmäßig) aktiviert.

Bei Debian, SUSE und Ubuntu greift vsftpd für den Login ebenfalls auf PAM zurück. /etc/pam.d/vsftpd verweist hier allerdings auf /etc/ftpusers. Diese Datei enthält eine Liste aller Login-Namen, die FTP nicht benutzen dürfen.

32. Mail-Server

Dieses Kapitel beschreibt, wie Sie auf einem Root-Server einen E-Mail-Server für Ihre Domäne einrichten. Damit können Sie alle Mitarbeiter einer Firma oder Organisation mit eigenen E-Mail-Adressen ausstatten. Jeder Mitarbeiter kann E-Mails per SMTP versenden und per POP abholen. Als eigentlicher Mail-Server (SMTP-Server) kommt dabei das Programm Postfix zum Einsatz, als POP/IMAP-Server und zur SMTP-Authentifizierung das Programm Dovecot.

Zur Eindämmung der Spam-Flut können Sie optional noch `policyd-weight` und/oder SpamAssassin einsetzen. Wenn Ihre Mitarbeiter (bzw. die Ihrer Auftraggeber) mit Windows-PCs arbeiten, lohnt sich vermutlich auch die Installation des Virenschutzprogramms von ClamAV.

Bevor Sie an die Arbeit gehen können, brauchen Sie einen Server mit einem international gültigen Hostnamen. Sie müssen in der Lage sein, dessen DNS-Einträge selbst zu konfigurieren (MX-Eintrag, Reverse DNS).

Ich gehe in diesem Kapitel davon aus, dass Ihr Server unter Ubuntu oder Debian läuft. Selbstverständlich stehen die hier vorgestellten Programme Postfix, Dovecot, SpamAssassin etc. auch für andere Distributionen zur Verfügung, ich habe die Installation und Konfiguration aber nicht im Detail getestet. Beachten Sie, dass bei Fedora und RHEL standardmäßig das Programm Sendmail als Mail-Server installiert ist. Wenn Sie bei diesen Distributionen Postfix verwenden möchten, müssen Sie Sendmail vorher deinstallieren!

E-Mail ist ein wesentlich komplexeres Thema, als viele Einsteiger in diese Materie vermuten. Für jede Teilaufgabe stehen unterschiedliche Programme und Kommandos zur Auswahl, und es existieren schier unendlich viele Konfigurationsmöglichkeiten. Dieses Kapitel beschreibt deswegen zuerst die wesentlichen Grundlagen der E-Mail-Kommunikation und gibt Ihnen einen ersten Überblick über die zur Auswahl stehenden Werkzeuge.

32.1 Einführung und Grundlagen

E-Mail ist ganz einfach, oder? Aus der Sicht des Endanwenders stimmt das – zumindest, solange alles funktioniert. Hinter den Kulissen ist das E-Mail-System wesentlich komplexer, als es den Anschein hat. Es gibt scheinbar unendlich viele Konfigurationsmöglichkeiten, die alle unter bestimmten Umständen ihre Berechtigung haben. Gute Bücher über »E-Mail-Server« (genau genommen MTAs, siehe unten) wie Sendmail, Postfix oder Exim haben vielfach mehr Seiten als dieses Buch – ein Umstand, der für sich spricht.

Komponenten eines E-Mail-Servers, Glossar

Ein vollständiger E-Mail-Server besteht aus drei Komponenten:

- **MTA:** Der *Mail Transfer Agent* ist das, was umgangsprachlich als E-Mail-Server bezeichnet wird. Der MTA kümmert sich darum, E-Mails über das Internet zu versenden bzw. zu empfangen, wobei das Protokoll SMTP eingesetzt wird.

  Die meisten Einsteiger in die Interna der E-Mail-Welt sind sich nicht darüber im Klaren, dass sich die Zuständigkeit des MTAs auf den Netzwerkverkehr beschränkt und am Server endet. Empfangene E-Mails werden an den MDA weitergegeben, der sich um die lokale Speicherung kümmert. Es ist *nicht* Aufgabe des MTAs, E-Mails zu einem Benutzer zu bringen, der in der Regel auf einem anderen Rechner arbeitet!

  Beispiele: Courier, Cyrus, Exim, Postfix, Qmail, Sendmail

- **MDA:** Der *Mail Delivery Agent* kümmert sich um die lokale Zustellung von E-Mails, also um die Speicherung der beim MTA eintreffenden E-Mails in lokalen Postfächern. Ein »Postfach« meint in diesem Zusammenhang einfach ein Verzeichnis bzw. eine Datei auf dem Server.

  Beispiele: Maildrop, Procmail

  In viele MTAs ist ein MDA bereits integriert bzw. wird mitgeliefert, z. B. das Kommando `local` bei Postfix. Die Programme Maildrop bzw. Procmail sind dennoch sehr populär, weil sie in der Regel noch mehr Konfigurationsmöglichkeiten bieten.

- **POP/IMAP-Server:** E-Mails werden selten direkt auf dem Server gelesen. Damit ein extern arbeitender Benutzer die E-Mails auf seinen lokalen Rechner übertragen bzw. von dort aus verwalten kann, haben sich die Protokolle POP und IMAP durchgesetzt. Zur Unterstützung dieser Protokolle muss auf dem Server ein POP- und/oder IMAP-Server eingerichtet werden. (Bisweilen werden POP- und IMAP-Server zu den MDAs hinzugerechnet, was der ursprünglichen Bedeutung eines MDAs aber widerspricht und somit falsch ist.)

  Beispiel: Dovecot

In diesem Zusammenhang werden Sie häufig auf eine weitere Abkürzung stoßen: E-Mail-Programme (Clients), wie der Benutzer sie sieht und verwendet, heißen in der Nomenklatur der E-Mail-Welt MUAs (*Mail User Agents*). Diese Programme holen E-Mails beim E-Mail-Server ab (Protokoll POP) bzw. helfen beim Lesen und bei der Verwaltung der externen E-Mails (IMAP). Zum Versenden kommuniziert der MUA direkt mit dem MTA (Protokoll SMTP). Populäre Vertreter dieser Gattung sind Thunderbird, Evolution, KMail, Outlook (Express) sowie das textbasierte Programm `mutt`.

Damit Sie den Überblick über die vielen Abkürzungen nicht verlieren, fasst Tabelle 32.1 die wichtigsten Abkürzungen aus dem E-Mail-Umfeld zusammen. Einige Abkürzungen sind im Text noch nicht vorgekommen, tauchen aber auf den nächsten Seiten auf.

ABKÜRZUNG	BEDEUTUNG
IMAP	Internet Message Access Protocol
MDA	Mail Delivery Agent
MTA	Mail Transfer Agent
MUA	Mail User Agent
POP	Post Office Protocol
SASL	Simple Authentification and Security Layer
SMTP	Simple Mail Transfer Protocol

Tabelle 32.1:
Wichtige E-Mail-Abkürzungen

Hinweis

In der Anfangszeit des Internets war *jeder* Rechner direkt mit dem Internet verbunden und hatte – bei Bedarf – seinen eigenen E-Mail-Server. POP oder IMAP waren überflüssig, weil die Anwender die E-Mails direkt auf ihren Rechner = Server serviert bekamen. Die zu diesem Zeitpunkt üblichen textbasierten MUAs (`elm`, `mail`, `pine`) konnten die lokalen Postfächer direkt auslesen – eine Fähigkeit, die den meisten modernen MUAs mit grafischer Benutzeroberfläche abhanden gekommen ist. Herkömmliche MUAs kommunizierten mit dem MTA auch nicht via SMTP, sondern übergaben die zu sendende E-Mail ganz einfach an das Kommando `sendmail`. Wenn Sie einen modernen textbasierten E-Mail-Client suchen, sollten Sie `mutt` ausprobieren (siehe Seite 179).

Der Nachrichtenfluss im Detail

Anhand von Abbildung 32.1 können Sie nun verfolgen, wie eine E-Mail von Herrn Huber von Firma-Abc an `schmiedt@ziel.de` gesendet wird bzw. wie eine E-Mail von `irgendwer@absender.de` zurück zu `huber@firma-abc.de` kommt.

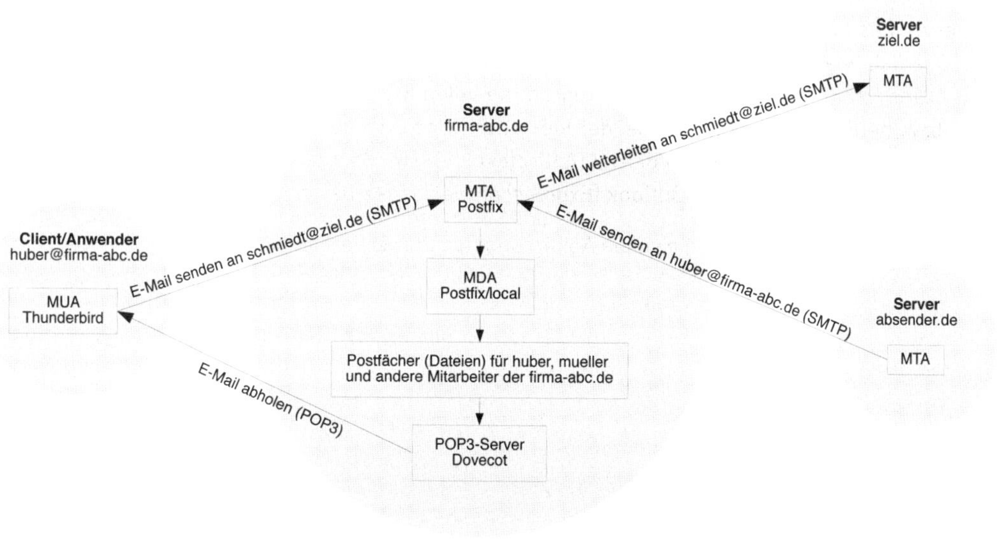

Abbildung 32.1:
E-Mail-Kommunikationsfluss

Beginnen wir mit dem ersten Fall: Ein Mitarbeiter der Firma-Abc verfasst in seinem E-Mail-Client Thunderbird eine E-Mail an `schmiedt@ziel.de` und sendet diese ab. Thunderbird nimmt nun über das Protokoll SMTP Kontakt mit dem Mail-Server der Firma auf, also mit dem Programm Postfix, das auf dem Server `firma-abc.de` läuft. Postfix übernimmt die E-Mail, stellt fest, an welche Domain sie adressiert ist, und nimmt Kontakt mit dem Mail-Server von `ziel.de` auf. Der MTA von `ziel.de` vergewissert sich, dass der angegebene Benutzer `schmiedt` tatsächlich einen E-Mail-Account auf `ziel.de` hat, und nimmt die E-Mail entgegen.

Währenddessen hat `irgendwer@absender.de` eine E-Mail für Herrn Huber verfasst und diese versendet. Der MTA von `absender.de` tritt nun mit dem MTA von `firma-abc.de` in Verbindung und leitet die E-Mail weiter. Auf dem Server `firma-abc.de` stellt Postfix fest, dass es einen E-Mail-Account für `huber` gibt. Postfix akzeptiert die E-Mail und übergibt sie an das zu Postfix gehörende Kommando `local`, das die E-Mail im Postfach von Herrn Huber speichert. Das »Postfach« ist eine Datei oder ein Verzeichnis, das sich auf dem Server `firma-abc.de` befindet.

Dort bleibt die E-Mail liegen, bis der E-Mail-Client von Herrn Huber über das Protokoll POP mit dem Programm Dovecot auf dem Rechner `firma-abc.de` in Kontakt tritt. Die meisten E-Mail-Programme sind so eingestellt, dass sie das alle paar Minuten automatisch tun. Wenn Herr Huber gerade offline ist, kann es aber natürlich Stunden oder Tage dauern, bis es so weit ist. Nun muss die E-Mail nur noch in das E-Mail-Programm übertragen werden und kann dann dort gelesen werden.

Varianten

Um Sie nicht zu sehr mit Details zu erschlagen, habe ich die obige Darstellung ein wenig verkürzt: Beispielsweise bin ich nicht auf den Umgang mit (vorübergehend) unzustellbaren E-Mails eingegangen. Ein E-Mail-Server unternimmt über mehrere Stunden Zustellversuche, bevor er den Versand aufgibt. Wenn die Zustellung definitiv scheitert, bekommt der Absender die E-Mail mit einer kurzen Beschreibung der Fehlerursache zurück.

Authentifizierung

Auch das Thema Authentifizierung ist außen vor geblieben: Nicht jeder darf einfach mit einem beliebigen MTA in Kontakt treten und E-Mails versenden. Um einen derart unkontrollierten E-Mail-Versand zu verhindern, dürfen E-Mails in der Basiskonfiguration nur lokal losgesandt werden. Damit auch ein externer E-Mail-Client E-Mails versenden darf, bedarf es einer Authentifizierung. Das in diesem Kapitel präsentierte Programm Postfix unterstützt zwar das Protokoll SASL (*Simple Authentification and Security Layer*), kann die Authentifizierung aber nicht selbst durchführen. In der Beispielkonfiguration dieses Kapitels übernimmt das Programm Dovecot diese Aufgabe.

Relaying

Ein weiterer Punkt ist die Nachrichtenübertragung von einem MTA zum nächsten: Nicht immer ist der Weg so direkt wie in Abbildung 32.1. Bisweilen erfolgt der Versand über mehrere Stationen. Die dazwischenliegenden MTAs geben die Nachricht nur weiter (Relaying). Das ist vor allem dann zweckmäßig, wenn es für eine Mail-Domäne einen Haupt- und einen oder mehrere Backup-Server gibt. Wenn der Haupt-Server gerade nicht erreichbar ist, nehmen die Backup-Server die E-Mails entgegen und leiten sie später an den Haupt-Server weiter. Diese Art der Konfiguration mindert das Risiko, dass das E-Mail-System während Wartungsarbeiten nicht erreichbar ist.

Achtung

Das Schlimmste, was bei der Konfiguration eines E-Mail-Servers passieren kann, ist die mangelnde oder fehlerhafte Absicherung des Relaying: Dann kann jeder ohne Authentifizierung an Ihren E-Mail-Server Nachrichten zur Weiterleitung übergeben.

Spam-Versender durchsuchen das Internet beständig nach solchen Servern und missbrauchen diese für die allgegenwärtige Werbeflut. Das zieht unangenehme Konsequenzen nach sich: Innerhalb weniger Tage landet Ihr Server in Blacklists, die gefährliche bzw. falsch konfigurierte E-Mail-Server auflisten. Viele E-Mail-Server akzeptieren zur Vermeidung von Spam keine E-Mails von derartigen Servern. Es ist wesentlich schwieriger, aus solchen Blacklists wieder gelöscht zu werden, als darin zu landen. Seien Sie bei der Konfiguration also vorsichtig! Wenn Sie den Verdacht haben, dass Ihr Server (genau genommen: dessen IP-Adresse) auf einer Blacklist gelandet ist, können Sie das sehr einfach auf der folgenden Seite verifizieren:

http://www.mxtoolbox.com/blacklists.aspx

Spam- und Virenschutz

Schließlich lässt sich das in Abbildung 32.1 dargestellte Szenario natürlich noch erweitern: durch einen serverseitigen Spam- und Virenschutz (wobei es hier nur um Windows-Viren geht, Linux-Viren sind bisher ja zum Glück nicht aufgetreten), durch eine Webmail-Schnittstelle, die es ermöglicht, Nachrichten ohne E-Mail-Client zu lesen bzw. zu verfassen, durch Programme zur Verwaltung von E-Mail-Listen etc.

DNS-Konfiguration

Um nochmals zu Abbildung 32.1 zurückzukommen: Woher kennt der MTA auf dem Rechner `firma-abc.de` die IP-Adresse des Mail-Servers für `ziel.de`? Dank DNS natürlich, werden Sie antworten. Grundsätzlich ist das richtig, allerdings sind für den E-Mail-Verkehr nicht gewöhnliche DNS-Einträge (sogenannte A-Records) zuständig, sondern spezielle MX-Einträge. Ein MX-Eintrag gibt den Hostnamen (nicht die IP-Adresse) des Rechners an, der für die E-Mail einer Domain zuständig ist. Das ermöglicht es, die E-Mail-Dienste auf einem anderen Rechner zu realisieren als die restlichen Internetdienste (Web, SSH, FTP etc.).

Außerdem enthält jeder MX-Eintrag eine Prioritätsnummer. Wenn mehrere E-Mail-Server mit unterschiedlicher Priorität eingerichtet werden, erhält normalerweise der Server mit der höchsten Priorität alle E-Mails. Ist dieser Server vorübergehend nicht erreichbar, kommen die niedriger priorisierten Server zum Zuge. Diese Server dienen normalerweise nur als Backup-System und leiten die E-Mails an den Haupt-Server weiter (Relaying), sobald dieser wieder online ist.

Tabelle 32.2 fasst eine typische DNS-Konfiguration für einen einfachen Server zusammen. Alle Internetdienste inklusive Mail laufen auf demselben Rechner, es gibt kein Backup-E-Mail-Server. Da beim MX-Eintrag ein Domainname (keine IP-Adresse) angegeben werden muss, muss der dort angegebene Domainname – üblicherweise `mail.`*`domain`* – ebenfalls durch einen A-Eintrag definiert werden. Neben den in Tabelle 32.2 angegebenen Einträgen hat jede Domain diverse weitere DNS-Einträge, die unter anderem auf die zugrunde liegenden Nameserver verweisen.

host-Kommando

Wenn Sie die DNS-Mail-Konfiguration überprüfen möchten, ist das Kommando `host` hilfreich, das je nach Distribution im Paket `bind9-host` versteckt ist. Die folgenden Zeilen zeigen, wie Sie zuerst den oder die Hostname(n) der Mail-Server ermitteln und dann deren IP-Adresse:

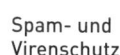

Tabelle 32.2: **DNS-Konfiguration eines einfachen Web- und Mail-Servers**

TYP	NAME	WERT	PRIORITÄT
A	firma-abc.de	213.214.215.216	
A	www.firma-abc.de	213.214.215.216	
A	mail.firma-abc.de	213.214.215.216	
MX	-	mail.firma-abc.de	10

```
user$ host -t MX firma-abc.de
firma-abc.de mail is handled by 10 mail.firma-abc.de
user$ host mail.firma-abc.de
mail.firma-abc.de has address 213.214.215.216
```

Führen Sie host nach Möglichkeit nicht direkt auf dem Server, sondern auf einem externen Rechner aus! Andernfalls können ein eigener Nameserver sowie der Nameserver Ihres Providers das Ergebnis beeinflussen. Das ist zumeist unerwünscht, wenn es darum geht, eventuell vorhandene eigene DNS-Konfigurationsfehler zu finden.

Reverse-DNS-Eintrag

Normalerweise liefern Domain Name Server (DNS) zu einem Hostnamen die dazugehörende IP-Adresse. Wenn ein fremder Rechner mit firma-abc.de in Kontakt treten möchte – sei es mit einem Webbrowser, via SSH oder per E-Mail –, kontaktiert er zuerst den nächsten DNS. Dieser liefert die IP-Nummer der Servers von firma-abc.de.

Reverse DNS funktioniert gerade umgekehrt: Die IP-Nummer ist bekannt, dafür wird nun der Hostname gesucht. Damit das funktioniert, muss ein Reverse-DNS-Eintrag vorhanden sein. Wenn Sie einen Root-Server gemietet haben, muss Ihr Provider diesen Reverse-DNS-Eintrag durchführen. Viele Provider stellen ihren Kunden ein Konfigurationswerkzeug zur Verfügung, damit diese den Eintrag selbst durchführen können.

Auch Reverse DNS testen Sie am einfachsten mit dem Kommando host. Beachten Sie, dass zwar mehrere Hostnamen zur selben IP-Adressse führen können (etwa, wenn dank *Virtual Hosting* mehrere Websites auf einem Server laufen), dass die umgekehrte IP-Auflösung aber immer nur einen eindeutigen Hostnamen liefert:

```
user$ host firma-abc.de
firma-abc.de has address 213.214.215.216
firma-abc.de mail is handled by 10 mail.firma-abc.de.
user$ host 213.214.215.216
216.215.214.213.in-addr.arpa domain name pointer firma-abc.de.
```

An sich sind Reverse-DNS-Einträge für den Internet-Verkehr nicht zwingend erforderlich. Es gibt keinen Internet-Standard, der derartige Einträge vorschreibt. Bei E-Mail-Servern haben sich Reverse-DNS-Einträge dennoch durchgesetzt: Viele MTAs akzeptieren nämlich den Empfang von E-Mails von externen MTAs nur, wenn für den Hostnamen des Servers, auf dem der MTA läuft, ein

Reverse-DNS-Eintrag existiert und dieser vermutlich nicht dynamisch generiert ist. Diese Schutzmaßnahme richtet sich gegen durch Schadsoftware infizierte (Windows-)PCs, die – oft ohne das Wissen des Eigentümers – zum Spam-Versand missbraucht werden. Auch wenn der Reverse-DNS-Test keinen zuverlässigen Schutz gegen Spam bietet, wird er oft eingesetzt. Und das bedeutet: Damit andere MTAs E-Mails von Ihrem Server nicht als Spam klassifizieren, braucht der Server einen Reverse-DNS-Eintrag.

32.2 Postfix (MTA)

Dieser Abschnitt beschreibt die Installation und Konfiguration des MTAs Postfix unter Ubuntu. Postfix zählt momentan zu den populärsten MTAs und ist sehr gut dokumentiert – sowohl auf postfix.org als auch in unzähligen unabhängigen Artikeln und einigen Büchern.

Dennoch ist die Wahl von Postfix keineswegs selbstverständlich: Während es für manche Aufgaben nur ein weitverbreitetes Programm gibt (beispielsweise den Webserver Apache), stellt die Open-Source-Welt gleich mehrere ausgezeichnete MTAs zur Auswahl. Ob Postfix oder Exim, Qmail oder Sendmail – alle genannten Programme sind weitverbreitet und erfüllen ihren Zweck. Wenn Sie mit Administratoren sprechen, wird vermutlich jeder den MTA empfehlen, den er selbst einsetzt und gut kennt. Einen relativ neutralen und gut fundierten Vergleich verschiedener MTAs finden Sie hier:

http://shearer.org/MTA_Comparison

Bevor Sie mir auf den nächsten Seiten durch diverse Konfigurationsdetails folgen, sollten einige Voraussetzungen erfüllt sein: Voraussetzungen

- Sie brauchen einen von Ihrem Server unabhängigen E-Mail-Account – beispielsweise bei GMX, Google oder Yahoo –, um Ihr neues E-Mail-System zu testen.
- Die DNS-Konfiguration Ihrer Domain muss korrekt sein (insbesondere der MX-Eintrag, siehe Seite 955).
- Der Hostname Ihres Rechners sollte korrekt eingestellt sein. Die Kommandos `hostname` und `cat /etc/hostname` sollten jeweils den richtigen Namen Ihres Servers liefern (also z. B. `firma-abc.de`).
- Für Ihren Root-Server sollte es einen Reverse-DNS-Eintrag geben (siehe Seite 956).
- Zu guter Letzt ist die Installation eines kleinen textbasierten E-Mail-Clients empfehlenswert, um den frisch installierten MTA direkt zu testen (siehe Seite 179).

Installation

Bei Debian und Ubuntu erscheint nach der Installation des `postfix`-Pakets ein Konfigurationsprogramm. Dort müssen Sie angeben, welche Art von Grundinstallation Sie wünschen. Auf einem Root-Server ist INTERNET SITE die richtige Wahl: Sie wollen Postfix einsetzen, um auf dem Server E-Mails per SMTP zu versenden und zu empfangen.

Im nächsten Punkt müssen Sie den Namen des E-Mail-Servers angeben (standardmäßig einfach den Hostnamen des Rechners, also beispielsweise `firma-abc.de`). Dieser Name wird dazu verwendet, um

E-Mail-Adressen ohne Domainnamen zu vervollständigen. Aus einer E-Mail an name wird also eine an name@firma-abc.de.

Grundkonfiguration

Nach dieser Minimalkonfiguration wird Postfix sofort gestartet. Das Programm erfüllt in der Grundkonfiguration die folgenden Funktionen:

» Postfix empfängt via SMTP E-Mails an name@firma-abc.de. Sofern es auf dem Server den Login name gibt, wird die E-Mail akzeptiert und gespeichert. Das gilt für alle Accounts, die in /etc/passwd definiert sind: Sofern Apache installiert ist, ist beispielsweise auch www-data@firma-abc.de eine gültige E-Mail-Adresse. Wenn name nicht bekannt ist, wird die E-Mail zurückgewiesen (*user unknown*).

» Akzeptierte E-Mails werden vom Postfix-eigenen MDA im Mbox-Format in der Datei /var/mail/name gespeichert. Die Dateien in /var/mail sind also die »Postfächer« (Mailboxes) der verschiedenen E-Mail-Benutzer des Rechners. Das Mbox-Format bedeutet vereinfacht gesagt, dass die E-Mails in einer immer größer werdenden Datei aneinandergefügt werden. Da E-Mails in der Regel in einem Textformat codiert sind, können Sie die Mbox-Datei zur Not sogar mit cat oder less ansehen. (Eine Alternative zum Mbox-Format ist das Maildir-Format, in dem es für jedes Postfach ein eigenes Verzeichnis und für jede E-Mail eine eigene Datei gibt.)

» Lokale Benutzer können E-Mails versenden – sowohl intern (also an alle Accounts auf dem Server) als auch extern (an beliebige andere E-Mail-Adressen).

Test

Als ersten Test senden Sie von einem externen Account eine E-Mail an *name*@firma-abc.de (wobei *name* ein aktiver Linux-Account auf dem Root-Server ist). Die E-Mail sollte nach kurzer Zeit in /var/mail/*name* auftauchen. Wenn Sie sich als *name* anmelden, können Sie die E-Mail mit mutt lesen. Ebenfalls mit mutt testen Sie als Nächstes das Versenden einer E-Mail an Ihre externe E-Mail-Adresse. Sollten bei den beiden Tests Probleme auftreten, ist die wahrscheinlichste Fehlerursache eine falsche bzw. fehlende DNS-Konfiguration (siehe Seite 955).

Konfiguration

Die grundlegenden Postfix-Konfigurationsdateien befinden sich in /etc/postfix. Innerhalb der Konfigurationsdateien können Sie bereits eingestellte Optionen wie Variablen verwenden – also option1 = wert1 und dann option2 = $option1. Anweisungen in der Konfigurationsdatei dürfen über mehrere Zeilen reichen, wobei der Text ab der zweiten Zeile eingerückt sein muss.

Lookup Tables

In den Konfigurationsdateien wird oft auf Tabellen oder Listen verwiesen (*Lookup Tables* oder *Mappings* in der englischen Dokumentation). Dabei gilt die Syntax option=type:name. Der gebräuchlichste Dateityp ist hash. In diesem Fall wertet Postfix die Datei name.db aus, d. h., es fügt dem angegebenen Dateinamen die Endung .db hinzu. *.db-Dateien sind Tabellen in einem binären Format (*Berkeley Database*, kurz BDB). Zur Manipulation solcher Dateien verwenden Sie das Kommando postmap.

Tabellen im Textformat sind aus Effizienzgründen nicht vorgesehen. Eine Ausnahme ist lediglich die Textdatei /etc/aliases, deren Format kompatibel zu Sendmail ist. Aber auch in diesem Fall greift Postfix auf die dazugehörende BDB-Datei aliases.db zurück. Deswegen muss aliases.db nach jeder Änderung an aliases durch das Kommando newaliases synchronisiert werden. (Was Mail-Aliase sind und wie sie konfiguriert werden, ist ab Seite 961 beschrieben.)

Externe Datenbanken

Postfix kann aber auch mit externen Datenbanken (MySQL, PostgreSQL, LDAP) kommunizieren, sofern die entsprechenden Postfix-Erweiterungspakete installiert sind. Die in der Konfigurationsdatei genannte Datei enthält nun nicht die eigentlichen Daten, sondern die Verbindungsinformationen und eine (SQL-)Abfrage. Der Einsatz externer Datenbanken bietet sich vor allem dann an, wenn Sie sehr viele, also Hunderte oder Tausende von E-Mail-Accounts verwalten müssen.

```
virtual_mailbox_domains=mysql:/etc/postfix/mysql-virt-domains.cf
```

main.cf

Die wichtigste Konfigurationsdatei für Postfix ist /etc/postfix/main.cf. Das folgende Listing gibt die wichtigsten Zeilen dieser Datei in der Grundeinstellung (Typ INTERNET SITE) wieder:

```
# Datei /etc/postfix/main.cf (auszugsweise)
# so meldet sich Postfix bei anderen MTAs
smtpd_banner = $myhostname ESMTP $mail_name (Ubuntu)

# keine automatische Adressvervollständigung durch .firma-abc.de
append_dot_mydomain = no

# Hostname
myhostname = firma-abc.de

# Domain für lokale E-Mails ohne explizite Domain-Angabe
# /etc/mailname enthält in der Beispielkonfiguration firma-abc.de
myorigin = /etc/mailname

# Ort der Alias-Datei
alias_maps = hash:/etc/aliases
alias_database = hash:/etc/aliases

# Versand neuer E-Mails nur vom lokalen Rechner zulassen
mydestination = firma-abc.de, localhost
mynetworks = 127.0.0.0/8 [::ffff:127.0.0.0]/104 [::1]/128

# keine E-Mail-Weitergabe an andere Hosts (kein Relaying)
relayhost =

# E-Mail-Empfang über alle Netzwerkschnittstellen
inet_interfaces = all

# keine Beschränkung der E-Mail- und Postfach-Größe
mailbox_size_limit = 0
```

Neben den im obigen Listing enthaltenen Schlüsselwörtern gibt es unzählige weitere, die in `man 5 postconf` dokumentiert sind. Für alle nicht explizit eingestellten Optionen gelten Defaulteinstellungen. Wie diese aussehen, verrät das Kommando `postconf -d`.

Es fehlt hier der Platz, um alle Postfix-Schlüssselwörter bzw. Optionen im Detail zu behandeln. Auf einige besonders wichtige Einstellungen möchte ich aber doch eingehen:

» **`myhostname`** sollte den Hostnamen des Servers enthalten. `myhostname` gilt als Standardeinstellung für viele andere Optionen.

» **`myorigin`** gibt an, welcher Domain lokal versandte E-Mails zugeordnet werden sollen. Standardmäßig hat `myorigin` denselben Wert wie `myhostname`, und bei der hier vorgestellten Konfiguration sollten Sie es auch dabei belassen! Bei der mit Ubuntu bzw. Debian mitgelieferten Konfigurationsdatei wird `myorigin` aus der Datei `/etc/mailname` gelesen. Stellen Sie sicher, dass dort der richtige Name enthalten ist (für unser Beispiel also `firma-abc.de`), oder ändern Sie die Einstellung in der Datei `main.cf` in `myorigin=$myhostname`!

» **`mydestinations`** listet Domänen auf, für die empfangenen E-Mails lokal in ein Postfach zugestellt (also gespeichert) werden sollen. Nach der Basiskonfiguration hat diese Zeile bei mir auch `localhost.de` enthalten; diesen Eintrag habe ich wieder entfernt.

  Vorsicht: Auch wenn Postfix für mehrere Domänen zuständig ist, darf `mydestinations` nur Einträge für die Hauptdomäne enthalten. Virtuelle Domänen geben Sie mit der Option `virtual_alias_domains` an (siehe ab Seite 965).

» **`mynetworks`** gibt an, von welchen Adressen Postfix E-Mails ohne Authentifizierung via SMTP entgegennimmt. Die hier angegebenen Adressen bzw. Adressbereiche bezeichnen also die Rechner, denen Postfix »vertraut« (*Trusted SMTP Clients*).

  Bei der hier präsentierten Konfiguration (also für einen eigenständigen E-Mail-Server auf einem Root-Server) darf `mynetworks` nur `localhost` (oben in IP4- und IP6-Schreibweise) enthalten! Wenn Sie `mynetworks` falsch (zu liberal) konfigurieren, können fremde Benutzer Ihren Mail-Server dazu verwenden, ohne Authentifizierung E-Mails zu versenden. Vorsicht, Spam-Versender lieben solche Rechner!

» **`relayhost`** gibt an, an welchen MTA E-Mails weitergeleitet werden sollen, die *nicht* für die lokale Zustellung gedacht sind. Bei der hier vorgestellten Konfiguration muss `relayhost` leer bleiben. Wenn Postfix dagegen auf einem Rechner im LAN läuft und zu versendende E-Mails an einen externen MTA im Internet weitergeben soll, ist `relayhost` der entscheidende Parameter.

Eine Beschreibung diverser weiterer Optionen folgt im weiteren Verlauf dieses Kapitels.

Änderungen an der Konfiguration

Postfix besteht aus einer Menge Einzelprogrammen, von denen viele bei Bedarf jedes Mal neu gestartet und wenig später gleich wieder beendet werden. Diese Programme lesen die für sie relevanten Konfigurationsdateien jedes Mal neu ein.

Allerdings gibt es auch Postfix-Komponenten, die Konfigurationsänderungen nicht selbstständig bemerken. Postfix-Einsteiger, denen oft unklar ist, welche Änderungen Postfix selbstständig bemerkt, sollten nach Konfigurationsänderungen grundsätzlich `/etc/init.d/postfix reload` ausführen. Das gilt insbesondere für Änderungen an `master.cf` und `main.cf`. Postfix-Profis werden reload dagegen wegen des damit verbundenen Geschwindigkeitsverlusts möglichst vermeiden, besonders bei großen aktiven Systemen.

Anstatt main.cf mit einem Editor zu ändern und anschließend ein reload-Kommando auszuführen, können Sie die Änderung auch mit postconf -e option=wert durchführen. Das Kommando postconf benachrichtigt dann auch gleich Postfix über die Änderung.

mbox- oder Maildir-Format

Standardmäßig speichert Postfix eintreffende E-Mails im mbox-Format in der Datei /var/mail/*name*. Wenn E-Mails stattdessen in einer lokalen Datei im Benutzerverzeichnis gespeichert werden sollen (weiterhin im mbox-Format), geben Sie den gewünschten Dateinamen (relativ zum Homeverzeichnis) mit home_mailbox an:

```
# in /etc/postfix/main.cf
...
# E-Mails im mbox-Format in der Datei /home/name/Mailbox speichern
home_mailbox = Mailbox
```

Wenn Sie vorhaben, die Mails überwiegend via IMAP abzurufen, sollten Sie das Maildir-Format vorziehen. Die korrekte Einstellung von home_mailbox sieht nun so aus:

```
# in /etc/postfix/main.cf
...
# E-Mails im maildir-Format im Verzeichnis /home/name/Maildir speichern
home_mailbox = Maildir/
```

Der Verzeichnisname muss mit / enden, damit Postfix das Maildir-Format verwendet! Neu eintreffende E-Mails werden nun in eigenen Dateien im Verzeichnis /home*name*/Maildir gespeichert.

Vergessen Sie nicht, auch Ihrem lokalen Mail-Client bzw. Dovecot den Ort und das Format Ihres Postfachs mitzuteilen (siehe auch Seite 969)! Wenn Sie mutt einsetzen, muss die Umgebungsvariable MAIL leer sein und die Variable MAILDIR den vollständigen Pfad des Maildir-Verzeichnisses enthalten (also z. B. /home/kofler/Maildir).

Mail-Aliase

Ein Mail-Alias ist ein zusätzlicher Mail-Name zum Empfang von E-Mail. Die E-Mail wird aber tatsächlich an einen bereits vorhandenen Account weitergeleitet. Aliase werden in der Datei /etc/aliases definiert. Diese Datei sieht üblicherweise so ähnlich wie das folgende Muster aus:

```
# Datei /etc/aliases
postmaster:      root
webmaster:       huber
Bernhard.Huber:  huber
...
```

Die erste Spalte gibt also den Alias-Namen an (ohne Domäne, der Name gilt für die in myhostname definierte Domäne, also beispielsweise postmaster@firma-abc.de), und die zweite Spalte enthält den lokalen Empfänger. Im obigen Beispiel werden an postmaster adressierte E-Mails an root weitergeleitet werden, E-Mails an webmaster und an Bernhard.Huber an huber. Es ist zulässig, in /etc/aliases für jeden Alias mehrere, durch Kommas getrennte Empfänger anzugeben.

Als Empfänger können Sie statt eines lokalen E-Mail-Account-Namens auch eine externe E-Mail-Adresse angeben oder eine Datei (an die die E-Mail angefügt wird) oder ein Programm in der Schreibweise |kommando, an das die E-Mail weitergegeben wird. Das Weiterleiten an externe E-Mail-Adressen funktioniert zwar problemlos, scheitert in der Praxis aber oft am Spam-Schutz des Ziel-MTAs. Wenn Sie also beispielsweise E-Mails an webmaster an name@gmx.de weiterleiten, erkennt der Spam-Filter von GMX, dass die E-Mail nicht direkt an gmx.de übertragen wurde, sondern indirekt über firma-abc.de. Das reicht für einen misstrauischen Spam-Filter, um die E-Mail als Spam zu klassifizieren.

Damit geänderte Aliase wirksam werden, müssen Sie das Kommando newaliases ausführen. Dieses Kommando synchronisiert die Textdatei /etc/aliases mit der BDB-Datei /etc/aliases.db.

alias_database und alias_maps

In /etc/postfix/main.cf stoßen Sie in der Regel auf zwei alias-Optionen, was bisweilen Verwirrung stiftet:

```
# in /etc/postfix/main.cf
...
alias_maps = hash:/etc/aliases
alias_database = hash:/etc/aliases
```

alias_database gibt an, welche Datenbankdatei durch das Kommando newaliases aktualisiert werden soll. Die hier angegebene Datei (deren Name durch .db ergänzt wird) enthält die in /etc/aliases angegebenen Aliase in einem binären Format.

alias_maps gibt an, welche Alias-Datenbanken Postfix berücksichtigen soll. Normalerweise geben Sie hier dieselbe Datei an wie bei alias_database. Es ist aber zulässig, darüber hinaus weitere Quellen für Alias-Definitionen anzugeben. (Der entscheidende Unterschied zwischen den beiden Parametern besteht darin, dass alias_database für newaliases gilt, alias_maps dagegen für Postfix!)

.forward

Auch als lokaler Benutzer, der keinen Zugriff auf /etc/aliases hat, können Sie Ihre E-Mail an eine andere Adresse umleiten: Dazu erzeugen Sie die Datei ~/.forward und speichern darin die neue Zieladresse. Fertig!

Wie ich oben bereits erwähnt habe, funktioniert diese simple Form der E-Mail-Umleitung zumeist nur bei lokalen Adressen wunschgemäß. Bei externen Zieladressen kann es dagegen passieren, dass sich die umgeleiteten E-Mails im Spam-Schutz des Ziel-MTAs verfangen.

Explizite Empfängerliste

Standardmäßig kann jeder Linux-Account E-Mails empfangen. Es ist aber selten wünschenswert, dass System-Accounts wie daemon, sys oder man E-Mails erhalten. Um diesen Missstand zu beheben, müssen Sie am Parameter **local_recipient_maps** drehen. Die Standardeinstellung lautet:

```
local_recipient_maps = proxy:unix:passwd.byname $alias_maps
```

Das bedeutet, dass alle in der Unix-Datei /etc/passwd aufgezählten Benutzer sowie alle in den Alias-Datenbanken genannten Benutzer E-Mails empfangen können. Wenn Sie möchten, dass nur fischer, huber, schmidt sowie root (für System-Benachrichtigungen) E-Mails empfangen sollen, gehen Sie wie folgt vor: Zuerst erzeugen Sie eine Textdatei, die zeilenweise die Account-Namen enthält. Die Datei muss in einer zweiten Spalte einen beliebigen Wert enthalten, weil Postfix und das Kommando postmap generell Schlüssel/Wert-Paare (Key/Value Pairs) erwarten – auch bei Listen, bei denen eigentlich nur die Existenz eines Schlüssels relevant ist, der dazugehörige Wert aber gar nicht berücksichtigt wird.

```
# Datei /etc/postfix/local-recips
fischer    x
huber      x
schmidt    x
root       x
```

Aus dieser Datei erstellen Sie nun mit postmap eine für Postfix lesbare Datenbankdatei local-recips.db:

```
root# cd /etc/postfix
root# postmap local-recips
```

Mit postmap -s können Sie überprüfen, dass die Datei korrekt erstellt wurde:

```
root# postmap -s hash:local-recips
huber   x
root    x
schmidt x
fischer x
```

Achtung

Nach jeder Änderung in local-recips müssen Sie postmap abermals ausführen, um die für Postfix relevante Datenbankdatei local-recips.db zu aktualisieren. Diese Akualisierung ist allerdings ein kritischer Vorgang: postmap löcht dabei local-recips.db und schreibt die Datei anschließend neu. Wenn Postfix gerade während dieses Zeitpunkts auf local-recips.db zugreift, erhält es falsche bzw. unvollständige Daten.

Eine sichere Vorgehensweise sieht deswegen so aus: Sie geben der zugrunde liegenden Textdatei einen anderen Namen (z. B. local-recips1), wenden postmap auf diese Datei an und führen dann mv local-recips1.db local-recips.db aus. Somit ist sichergestellt, dass local-recips.db immer konsistente Daten enthält – entweder in der alten oder in der neuen Version. Diesen Vorgang können Sie durch eine Script- oder make-Datei automatisieren, wie es beispielsweise hier beschrieben ist:

http://www.postfix.org/DATABASE_README.html#safe_db

Dieser Hinweis gilt für *alle* in diesem Kapitel vorkommenden Mapping-Dateien für Postfix.

Anschließend fügen Sie in /etc/postfix/main.cf eine Zeile zur Einstellung von local_recipient_maps ein:

```
# in /etc/postfix/main.cf
local_recipient_maps = hash:/etc/postfix/local-recips $alias_maps
```

Linux-Accounts einrichten

Von nun an akzeptiert Postfix nur noch E-Mails an die in `local-recips` genannten Empfänger. Es gibt allerdings noch eine Einschränkung: Es werden nur dann E-Mails zugestellt (gespeichert), wenn der Benutzer einen Account auf dem Rechner hat. Ist das nicht der Fall, müssen Sie mit adduser einen neuen Account erstellen. Im folgenden Beispiel bewirkt die Option `--shell /bin/false`, dass dem Account statt einer Shell das Programm `/bin/false` zugeordnet ist. Das macht ein interaktives Arbeiten unmöglich. `--gecos ,,,` unterdrückt die Fragen nach dem vollständigen Namen und weiteren überflüssigen Kontaktinformationen. Wichtig ist hingegen das Passwort, und das, obwohl sich der Benutzer gar nicht einloggen kann. Der Grund: Das Passwort gilt für die ab Seite 968 beschriebene POP- und SMTP-Authentifizierung.

```
root# adduser --shell /bin/false --gecos ,,, huber
Geben Sie ein neues UNIX-Passwort ein:        ********
Geben Sie das neue UNIX-Passwort erneut ein:  ********
```

Tipp

Wenn Sie sich nicht bei jedem neuen Benutzer ein Passwort ausdenken möchten, können Sie auf das Kommando `makepasswd` zurückgreifen, dessen gleichnamiges Paket Sie vorher installieren müssen. `makepasswd --chars` *n* erzeugt ein zufälliges Passwort in der gewünschten Länge.

Wenn Sie mit virtuellen Domänen arbeiten (siehe ab Seite 965), können Sie übrigens darauf verzichten, für jeden Benutzer einen eigenen Linux-Account einzurichten. Postfix unterstützt dann sogenannte virtuelle Postfächer (die ganz real sind, aber keinem gültigen Benutzernamen entsprechen).

Vom Linux-Account abweichende E-Mail-Adressen

In vielen Firmen sind E-Mail-Adressen der Form `Vorname.Nachname@firma.de` üblich. Linux sieht jedoch derart lange Benutzernamen – noch dazu mit einem Punkt – nicht vor. Das hindert Sie aber nicht, dennoch lange E-Mail-Namen zu verwenden:

» Legen Sie einen Linux-Account mit einem Linux-typischen, kurzen Benutzernamen an (z. B. huber).

» Definieren Sie eine Alias-Regel, die E-Mails an `Bernhard.Huber` an `huber` weiterleitet.

» Verwenden Sie bei der Konfiguration des E-Mail-Clients als Absenderadresse die Langform (also `Bernhard.Huber@firma-abc.de`). Beachten Sie aber, dass Sie zur POP- und SMTP-Authentifizierung den Linux-Account-Namen angeben müssen!

» Damit auch lokal (z. B. durch `mutt`) versandte E-Mails die richtige Absenderadresse in der Langform enthalten, richten Sie eine neue Tabelle in der Textdatei `/etc/postfix/canonical` ein. Diese Tabelle gibt an, wie Postfix E-Mail-Adressen verändern soll.

```
# /etc/postfix/canonical
huber     Bernhard.Huber@firma-abc.de
...
```

Diese Tabelle wandeln Sie mit `postmap` in eine für Postfix lesbare Tabelle um.

» Anschließend stellen Sie in `main.cf` den Parameter `canonical_maps` ein und führen dann `/etc/init.d/postfix reload` aus.

```
# in /etc/postfix/main.cf
...
canonical_maps = hash:/etc/postfix/canonical
```

Neben den Canonical- und Alias-Tabellen bietet Postfix diverse weitere Möglichkeiten, um E-Mail-Adressen in verschiedenen Phasen des E-Mail-Verkehrs (beim Empfang, vor dem Versenden etc.) zu manipulieren. Einen guten Überblick gibt die folgende Seite:

http://www.postfix.org/ADDRESS_REWRITING_README.html

Virtuelle Domänen mit gemeinsamen E-Mail-Benutzern

Im einfachsten Fall ist Postfix nur für E-Mails an den Hostnamen des Rechners zuständig (z. B. xxx@firma-abc.de). Oft ist es aber wünschenswert, dass *ein* MTA für mehrere E-Mail-Domänen zuständig ist (also xxx@noch-eine-firma.de). Alle Domänen, die nicht mit dem Hostnamen des Rechners übereinstimmen, werden in der Postfix-Nomenklatur »virtuell« genannt (auf Englisch oft auch *Hosted Domains*).

Postfix sieht mehrere Möglichkeiten zur Realisierung virtueller Domänen vor. Der einfachste Weg besteht darin, beim Parameter mydestination einfach mehrere Domänen einzustellen, etwa so:

```
# in /etc/postfix/main.cf
...
mydestination = firma-abc.de, localhost, noch-eine-firma.de
```

Selbstverständlich müssen Sie auch die DNS-Konfiguration von noch-eine-firma.de entsprechend anpassen. Dem MX-Hostnamen muss also die IP-Adresse Ihres Servers zugeordnet sein (siehe auch ab Seite 955).

Sie erreichen damit, dass Mails an noch-eine-firma.de genauso behandelt werden wie Mails an firma-abc.de. Es spielt also keine Rolle, ob eine E-Mail an huber@firma-abc.de oder an huber@noch-eine-firma.de adressiert wird: Postfix stellt die E-Mail auf jeden Fall dem lokalen Benutzer huber zu. Für manche Fälle ist das ausreichend – insbesondere dann, wenn eine Firma oder Organisation mehrere Webauftritte hat, aber in Wirklichkeit immer dieselben Personen dafür verantwortlich sind.

Virtuelle Domänen mit getrennten E-Mail-Benutzern

Wenn Sie zwischen gleichnamigen Benutzern je nach Domäne differenzieren möchten, geben Sie die betroffenen Domänen nicht in mydestination an, sondern mit dem Schlüsselwort virtual_alias_domains.

Außerdem brauchen Sie nun eine Tabelle, die die Zuordnung zwischen den E-Mail-Adressen der virtuellen Domänen und realen Linux-Accounts herstellt. Weiterhin ist also für jede E-Mail-Adresse ein Linux-Account erforderlich. Um beim Beispiel der huber-Adressen zu bleiben: Der Account für huber@firma-abc.de ist weiterhin huber. Für huber@noch-eine-firma.de müssen Sie einen neuen Account anlegen, z. B. huberNEF. Der Aufbau der Tabelle für die virtuellen E-Mail-Benutzer sieht so aus:

```
# Textdatei /etc/postfix/virtual
huber@noch-eine-firma.de       huberNEF
mueller@noch-eine-firma.de     muellerNEF
...
```

Die Tabelle kann wie die Alias-Tabelle mehreren E-Mail-Adressen denselben Benutzer zuordnen, also etwa:

```
# in /etc/postfix/virtual
...
webmaster@noch-eine-firma.de   huberNEF
```

Mit postmap machen Sie aus dieser Datei eine für Postfix lesbare Datenbankdatei:

```
root# postmap /etc/postfix/virtual
```

Jetzt müssen Sie noch `main.cf` anpassen. `virtual_alias_domains` zählt alle virtuellen Domänen auf (aber nicht die Hauptdomäne, die geben Sie weiterhin mit `mydestination` an!). `virtual_alias_maps` gibt den Dateinamen der virtuellen Alias-Tabelle an.

```
# in /etc/postfix/main.cf
...
mydestination         = firma-abc.de, localhost
virtual_alias_domains = noch-eine-firma.de, firma-xyz.de, ...
virtual_alias_maps    = hash:/etc/postfix/virtual
```

Virtuelle Domänen mit virtuellen Postfächern

Bis jetzt war es immer erforderlich, dass jeder E-Mail-Adresse ein Linux-Account gegenüberstand. Postfix weigert sich, E-Mails in einem Postfach zu speichern, wenn es nicht einen gleichnamigen Linux-Account gibt. Bei sehr vielen E-Mail-Adressen wird es aber zunehmend unpraktisch, jedes Mal auch einen neuen Account anzulegen. Postfix sieht zur Lösung dieses Problems virtuelle Postfächer vor. Das sind ganz gewöhnliche Postfachdateien; die Bezeichnung »virtuell« bezieht sich nur darauf, dass es keine dazugehörenden Linux-Accounts gibt.

Freilich müssen auch die virtuellen Postfächer jemandem gehören. Dazu erzeugen Sie eine neue Gruppe und einen neuen Benutzer mit jeweils noch unbenutzten GIDs und UIDs (im folgenden Beispiel jeweils 5000):

```
root# groupadd -g 5000 vmail
root# useradd -g vmail -u 5000 vmail -d /home/vmail -m
```

Nun ändern Sie `main.cf` wie im folgenden Beispiel-Listing. `virtual_mailbox_domains` gibt die virtuellen Domänen an, deren E-Mails in virtuellen Postfächern gespeichert werden sollen. `virtual_mailbox_base` gibt das Verzeichnis an, in dem die virtuellen Postfächer angelegt werden sollen. Die Tabelle `virtual_mailbox_maps` stellt die Zuordnung zwischen den E-Mail-Adressen und den Postfächern her. `virtual_uid_maps` und `-_gid_maps` gibt die UID und GID der Postfachdateien an. Theoretisch ist es hier möglich, eigene UIDs und GIDs für jedes Postfach anzugeben, aber das ist selten zweckmäßig.

```
# in /etc/postfix/main.cf
...
mydestination           = firma-abc.de, localhost
virtual_mailbox_domains = noch-eine-firma.de, firma-xyz.de, ...
virtual_mailbox_base    = /var/mail
virtual_mailbox_maps    = hash:/etc/postfix/virtual-mboxes
virtual_uid_maps        = static:5000
virtual_gid_maps        = static:5000
```

Die Datei virtual-mboxes gibt für jede E-Mail-Adresse die dazugehörende Postfachdatei an (relativ zum Pfad virtual_mailbox_base). Dieses Beispiel verwendet für jede Domain ein eigenes Verzeichnis und innerhalb dieses Verzeichnisses dann einfach den Benutzernamen. Grundsätzlich können Sie hier aber nach Belieben verfahren. Für die eigentliche Zustellung ist das Postfix-Kommando virtual zuständig. Es speichert die E-Mails standardmäßig im mbox-Format. Wenn Sie das Maildir-Format vorziehen, geben Sie in virtual-mboxes einfach im Anschluss an den Dateinamen einen Schrägstrich an, also beispielsweise noch-eine-firma.de/huber/.

```
# Datei /etc/postfix/virtual-mboxes
huber@noch-eine-firma.de      noch-eine-firma.de/huber
mueller@noch-eine-firma.de    noch-eine-firma.de/mueller
webmaster@firma-xyz.de        firma-xyz.de/webmaster
...
```

postmap macht aus virtual-mboxes eine Datenbankdatei:

```
root# postmap /etc/postfix/virtual-mboxes
```

Ein letzter Schritt besteht nun darin, dass Sie für jede Domain das Postfachverzeichnis erzeugen müssen. Entscheidend sind dabei die Zugriffsrechte.

```
root# mkdir /var/mail/noch-eine-firma.de
root# chown mail:mail /var/mail/noch-eine-firma.de
root# chmod g+w /var/mail/noch-eine-firma.de
```

postfix reload aktiviert die Konfiguration. Nun senden Sie eine Testnachricht an huber@noch-eine-firma.de und werfen danach einen Blick in das Verzeichnis /var/mail/noch-eine-firma.de/. Dort sollte nun die Datei huber mit der neuen E-Mail auftauchen.

Wenn Sie *alle* Domänen virtuell verwalten möchten (also auch die Domäne des Hostnamens Ihres Rechners), entfernen Sie den Hostnamen aus der mydestination-Zeile und fügen ihn der virtual_alias_domains-Zeile hinzu:

```
# in /etc/postfix/main.cf
...
mydestination           = localhost
virtual_mailbox_domains = firma-abc.de, noch-eine-firma.de, ...
```

Hinweis

Virtuelle Postfächer ersparen Ihnen es zwar, für jede E-Mail-Adresse einen Account einzurichten, machen dafür aber die Konfiguration von Dovecot zur Abholung der E-Mails (POP) sowie zur SMTP-Authentifizierung komplizierter (siehe auch ab Seite 968): Sie müssen nun eine weitere Tabelle administrieren, die für jeden Benutzer einen Login-Namen und ein Passwort enthält.

Virtuelle Postfächer reduzieren den Verwaltungsaufwand nur dann, wenn Sie gleichzeitig sämtliche Daten der E-Mail-Accounts in einer Datenbank oder in einem LDAP-System speichern und Postfix und Dovecot gleichermaßen auf diese Datenbank zugreifen können. Eine ausführliche Anleitung, wie Sie dies mit MySQL bewerkstelligen, gibt die folgende Seite, die auch sonst eine Menge ausgezeichneter Informationen enthält:

http://workaround.org/ispmail/lenny

Logging, Administration

Postfix protokolliert alle seine Tätigkeiten – und das sind viele – via Syslog in den Logging-Dateien `/var/log/mail.*` (siehe auch Seite 468).

`mail.warn` enthält in erster Linie Warnungen vor DNS-Problemen. Die Datei kann im Regelfall ignoriert werden, Schuld an den Warnungen haben zumeist die Betreiber externer MTAs. Viele MTAs sind auch ganz bewusst falsch konfiguriert, weil sie ausschließlich zum Spam-Versand dienen.

Fehler beim Start von Postfix (oft verursacht durch eine syntaktisch falsche Konfiguration) werden in `mail.err` aufgezeichnet. Ein Blick in diese Datei lohnt vor allem dann, wenn einzelne Komponenten nicht funktionieren oder gar nicht starten.

Wenn Sie wissen möchten, welche E-Mails momentan auf den Versand warten, führen Sie postqueue -p oder `mailq` aus. Die beiden Kommandos liefern eine Liste aller E-Mails, die – aus welchen Gründen auch immer – bisher nicht versandt werden konnten.

32.3 Dovecot (POP- und IMAP-Server)

Das aus mehreren Komponenten bestehende Programm Dovecot arbeitet je nach Installationsumfang (Pakete dovecot-pop3d und `dovecot-imapd`) als POP- und IMAP-Server. Im einfachsten Fall funktioniert das Programm ohne jede Konfigurationsarbeiten – man würde es nicht für möglich halten, dass es so etwas überhaupt noch gibt!

Dieser Abschnitt bezieht sich auf die Dovecot-Version 1.2.

Konfiguration Die Konfiguration von Dovecot erfolgt in der Datei /etc/dovecot/dovecot.conf. Diese Datei dient gleichzeitig als Dokumentation, was einerseits praktisch ist, andererseits aber auch sehr unübersichtlich: Standardmäßig ist dovecot.conf fast 1100 Zeilen lang, enthält aber nur 22 relevante Zeilen! Die folgenden Kommandos schaffen Abhilfe. (Das erste grep-Kommando eliminiert alle Zeilen, die mit Leer- oder Tabulatorzeichen und dann dem Kommentarzeichen # beginnen, und das zweite Kommando löscht alle leeren Zeilen.)

```
root# cd /etc/dovecot
root# cp dovecot.conf dovecot.orig
root# grep -v '^[[:space:]]*\#' dovecot.orig | grep -v '^[[:space:]]*$' \
        > dovecot.conf
```

Jetzt haben Sie die ursprüngliche Datei zur Referenz und eine neue, fast leere Datei, in der Sie selbst Änderungen durchführen können. Beachten Sie, dass Sie geschwungene Klammern in einer eigenen Zeile schließen müssen. Die Anweisung `protocol imap { }` in nur einer Zeile ist syntaktisch nicht erlaubt.

```
# Datei /etc/dovecot/dovecot.conf ohne Kommentare
protocols             = pop3 pop3s
log_timestamp         = "%Y-%m-%d %H:%M:%S "
mail_privileged_group = mail

protocol imap {
              }
protocol pop3 {
  pop3_uidl_format = %08Xu%08Xv
}
auth default {
  mechanisms = plain
  passdb pam {
             }
  userdb passwd {
                }
  user = root
}
dict    {
        }
plugin {
        }
```

Dovecot braucht deswegen so wenige Einstellungen, weil es für alle Optionen Defaultwerte gibt. `dovecot -a` liefert eine Liste aller Einstellungen, `dovecot -n` eine Liste mit allen Optionen, die von der Defaulteinstellung abweichen.

Ort der Mailbox-Dateien

Dovecot kommt sowohl mit dem Maildir- als auch mit dem Mbox-Format zurecht, ganz egal, ob Sie das Programm als POP- oder IMAP-Server verwenden (oder beides). Wenn Sie Dovecot allerdings überwiegend als IMAP-Server einsetzen, ist das Maildir-Format aus Effizienzgründen vorzuziehen (siehe auch Seite 961).

Dovecot versucht die Postfächer automatisch zu entdecken, was bei meinen Tests auch problemlos funktioniert hat. Es durchsucht dabei in dieser Reihenfolge die folgenden Verzeichnisse:

/home/*username*/Maildir	(Maildir-Format)
/home/*username*/mail und /var/mail/*username*	(Mbox-Format)
/home/*username*/Mail und /var/mail/*username*	(Mbox-Format)

Die automatische Mailbox-Suche kann allerdings scheitern, wenn ein Benutzer noch keine Mail erhalten hat und sein Postfach somit leer ist, die Postfachdatei also noch gar nicht existiert. Deswegen empfiehlt es sich, den Mailbox-Ort in `dovecot.conf` explizit einzustellen. Für Postfächer in `/var/mail/`*username* lautet die richtige Einstellung:

```
# in /etc/dovecot/dovecot.conf
...
# mbox-Postfächer in /var/mail
mail_location = mbox:~/Mail:INBOX=/var/mail/%u
```

Damit weiß Dovecot, dass Ihr Server das Mbox-Format verwendet und dass sich neue E-Mails in `/var/mail/`*username* befinden. Die zusätzliche Angabe des Verzeichnisses `~//Mail` ist für diverse Zusatzfunktionen von Dovecot erforderlich – auch dann, wenn sich in diesem Verzeichnis keine E-Mails befinden! Falls Dovecot als IMAP-Server verwendet wird, werden dort alle anderen IMAP-Postfächer gespeichert. (Sie können natürlich ein beliebiges anderes Benutzerverzeichnis angeben, `~/mail` oder `~/Mail` sind aber die übliche Wahl. Das Benutzerverzeichnis muss vor der `INBOX`, also dem Postfach für neue E-Mails, angegeben werden.)

Falls Sie Postfix so konfiguriert haben, dass der MTA die E-Mails im Maildir-Format in das lokale Verzeichnis `~/Maildir` zustellt, sieht die korrekte Einstellung von `mail_location` so aus:

```
# in /etc/dovecot/dovecot.conf
...
# mbox-Postfächer in /var/mail
mail_location = maildir:~/Maildir
```

Wenn Sie Postfix so konfiguriert haben, dass es E-Mail-Adressen aus diversen Domänen in virtuellen Postfächern speichert, wird die Konfiguration etwas komplizierter: Zum einen müssen Sie Dovecot verraten, wo sich die Postfächer befinden; und zum anderen brauchen Sie nun eine eigene Tabelle, die für alle E-Mail-Adressen Login-Namen und Passwörter enthält (für die POP- und SMTP-Authentifizierung). Konfigurationstipps und ein konkretes Beispiel finden Sie auf den beiden folgenden Seiten:

http://wiki.dovecot.org/VirtualUsers
http://workaround.org/ispmail/lenny/

Betrieb als POP- bzw. IMAP-Server

Dovecot funktioniert auf Anhieb als POP- oder IMAP-Server. Um Ihre E-Mails von einem externen Rechner mit einem E-Mail-Client herunterzuladen, richten Sie darin ein neues Konto ein und geben als Verschlüsselungsverfahren SSL oder TLS an. Der Benutzername entspricht dem Namen Ihres Linux-Accounts auf dem Server, auch das Passwort ist dasselbe wie auf dem Server. Dovecot identifiziert sich mit dem selbst generierten Zertifikat `/etc/ssl/certs/ssl-cert-snakeoil.pem`, das Sie beim ersten Verbindungsaufbau akzeptieren müssen. (Dieses Zertifikat wird auch von Postfix verwendet. Wenn Sie stattdessen ein eigenes Zertifikat und einen eigenen Schlüssel verwenden möchten, müssen Sie die Orte der beiden Dateien mit `ssl_key_file` und `ssl_cert_file` in `dovecot.conf` spezifizieren.)

Client-Konfiguration

Dovecot akzeptiert bei der Authentifizierung standardmäßig nur Klartextpasswörter. Das klingt unsicher, ist es aber nicht, weil die Passwortübertragung innerhalb einer SSL- oder TLS-Sitzung erfolgt, also bereits auf einer höheren Ebene verschlüsselt wird. Eine Authentifizierung mit Klartextwörtern *ohne* SSL/TLS-Verschlüsselung lehnt Dovecot prinzipiell ab.

Bevor sich die Verfahren SSL bzw. TLS zur Verschlüsselung des gesamten POP-Verkehrs durchgesetzt haben, waren verschiedene Mechanismen üblich, um die Übertragung von Klartextpasswörtern zu vermeiden. Dovecot unterstützt zwar die meisten gängigen Mechanismen (siehe das Schlüsselwort `mechanism` im Abschnitt `auth default` in `dovecot.conf`), setzt dann allerdings eine getrennte Passwortdatenbank voraus. Nur bei Klartextpasswörtern kann die Authentifizierung auf der Basis von PAM und der Linux-Passwortdatei /etc/shadow erfolgen, was aus administrativen Gründen die einfachste Lösung ist. Weitere Hintergrundinformationen zur Authentifizierung finden Sie hier:

http://wiki.dovecot.org/Authentication/Mechanisms

Wenn Sie Thunderbird als E-Mail-Client verwenden, geben Sie als Verschlüsselungssicherheit SSL/TLS an, als Authentifizierungsmethode PASSWORT, NORMAL (nicht VERSCHLÜSSELTES PASSWORT!).

SMTP-Authentifizierung für Postfix

Im Postfix-Abschnitt habe ich bereits erwähnt, dass Postfix zwar das Protokoll SASL (Simple Authentification and Security Layer) unterstützt, die Authentifizierung aber nicht selbst durchführen kann. Dovecot kann Postfix in dieser Angelegenheit unter die Arme greifen.

Der erforderliche Konfigurationsaufwand ist minimal. Zum einen müssen Sie den Abschnitt `auth default` in `dovecot.conf` in zwei Punkten erweitern: Der zusätzliche Authentifizierungsmechanismus `login` ist für Outlook Express bzw. Windows Mail erforderlich. `socket listen ... client` ermöglicht die Dovecot-Authentifizierung über die Socket-Datei `/var/spool/postfix/private/auth`.

```
# Ergänzungen in /etc/dovecot/dovecot.conf
...
auth default {
  mechanisms = plain  login
  passdb pam    {
                }
  userdb passwd {
                }
  user = root
  socket listen {
   client {
     path  = /var/spool/postfix/private/auth
     mode  = 0660
     user  = postfix
     group = postfix
   }
  }
}
```

Zum anderen müssen Sie am Ende der Postfix-Konfigurationsdatei /etc/postfix/main.cf einige Zeilen einfügen. Beachten Sie, dass die Pfadangabe für smtpd_sasl_path relativ zum Verzeichnis /var/spool/postfix erfolgen muss. Der Grund: Postfix läuft aus Sicherheitsgründen in einer chroot-Umgebung und interpretiert *alle* Pfadangaben in main.cf relativ zum Postfix-Queue-Verzeichnis.

```
# Ergänzung in /etc/postfix/main.cf
...
smtpd_sasl_auth_enable        = yes
smtpd_sasl_type               = dovecot
smtpd_sasl_path               = private/auth
smtpd_recipient_restrictions = permit_mynetworks,
                                permit_sasl_authenticated,
                                reject_unauth_destination
```

Anschließend fordern Sie beide Dienste dazu auf, ihre Konfigurationsdateien neu einzulesen:

```
root#  /etc/init.d/dovecot restart
root#  /etc/init.d/postfix reload
```

Bei der SMTP-Konfiguration im E-Mail-Client müssen Sie zumindest in Thunderbird als Verschlüsselungsprotokoll explizit TLS angeben (nicht SSL). Zur Authentifizierung geben Sie wie üblich den Linux-Benutzernamen und das Passwort an.

Zertifikat neu generieren

Bei der Installation von Dovecot werden automatisch ein Schlüssel und ein Zertifikat erzeugt, die allerdings nur einen Monat lang gültig sind. Der Schlüssel und das Zertifikat sind in den beiden folgenden Dateien gespeichert:

```
/etc/ssl/private/ssl-cert-snakeoil.key
/etc/ssl/certs/ssl-cert-snakeoil.pem
```

Spätestens nach dem Ablauf des Zertifikats müssen Sie entweder ein neues (selbst unterzeichnetes) Zertifikat erzeugen oder Dovecot so konfigurieren, dass es ein für Sie authentifiziertes Zertifikat verwendet (Konfigurationsdatei dovecot.conf, Optionen ssl_key_file und ssl_cert_file). Die folgenden Kommandos zeigen, wie Sie ein selbst erzeugtes Zertifikat mit fünf Jahren Gültigkeit erzeugen:

```
root#  cd /etc/ssl
root#  cp private/ssl-cert-snakeoil.key private/ssl-cert-snakeoil.bak
root#  cp certs/ssl-cert-snakeoil.pem certs/ssl-cert-snakeoil.bak
root#  openssl genrsa -out server.key 1024
root#  openssl req -new -x509 -key server.key -out server.pem \
         -days 1826
You are about to be asked to enter information that
will be incorporated into your certificate request.
...
```

```
Country Name (2 letter code) [AU]:  de
State or Province Name (full name) [Some-State]:  none
Locality Name (eg, city) []:  Berlin
Organization Name (eg, company):  firma-abc
Organizational Unit Name (eg, section) []:
Common Name (eg, YOUR name) []:  firma-abc.de
Email Address []:  postmaster@firma-abc.de
root#  mv server.key private/ssl-cert-snakeoil.key
root#  mv server.pem certs/ssl-cert-snakeoil.pem
root#  /etc/init.d/dovecot restart
```

32.4 Spam- und Virenschutz

Grundsätzlich gibt es zwei Wege, die allgegenwärtige Spam-Flut einzudämmen: Spam

» Sie können auf Ihrem E-Mail-Server den Empfang von E-Mails aufgrund von formalen Gründen verweigern. Zu diesen Gründen zählen beispielsweise fehlende Reverse-DNS-Einträge, offensichtlich falsche DNS-Angaben oder die Herkunft der E-Mails von bekannten »Spam-Schleudern«, also von Rechnern, die aufgrund von massenhaftem Spam-Versand auf sogenannten Blacklists gelandet sind.

» Sie können versuchen, bereits empfangene E-Mails mit einem Spam-Filter aufgrund ihres Inhalts als Spam zu klassifizieren und entsprechend zu markieren oder zu löschen. Dieser Schritt beansprucht wesentlich mehr Rechnerressourcen, ist relativ fehleranfällig und erfordert regelmäßiges »Training« (also menschliche Eingriffe, um richtig oder falsch klassifizierte E-Mails zu erkennen).

Beide Maßnahmen sind alles andere als perfekt, und beide haben den Nachteil, dass ihnen manchmal gewöhnliche E-Mails zum Opfer fallen. Es gibt verschiedene Meinungen darüber, wo der richtige Ort für welche Art von Spam-Schutz ist. Schutzmaßnahmen auf dem Server haben in der Regel den Nachteil, dass sie für den Endanwender eine Art Blackbox sind. Wenn eine wichtige E-Mail aufgrund des Spam-Schutzes den Empfänger nicht erreicht, ist natürlich immer der übereifrige Administrator schuld (also Sie!).

Um das zu vermeiden, kann der Spam-Schutz auch dem Endanwender aufgebürdet werden. In vielen E-Mail-Clients sind für diesen Zweck entsprechende Werkzeuge integriert. Aufgrund des individuellen Regeltrainings lässt sich so bisweilen eine höhere Erkennungsrate als bei serverbasierten Lösungen erzielen. Der Hauptnachteil besteht darin, dass die Endanwender – anstatt produktiv zu arbeiten – ihre Zeit mit der Spam-Bekämpfung vergeuden.

Mit Spam ist es leider noch nicht getan: Wenn sich in Ihrem Netzwerk Windows-Rechner befinden, müssen Sie auch dafür sorgen, dass die E-Mails frei von Viren eintreffen. Nun sind per E-Mail verbreitete Viren für Windows-PCs heute nicht mehr das ganz große Thema, das sie vor ein paar Jahren waren. E-Mail-Viren sind aber noch immer ein sporadisches Risiko, das es zu minimieren gilt. Deswegen empfiehlt es sich, auf dem E-Mail-Server ein weiteres Programm zu installieren, das E-Mails bzw. deren Anhänge auf bekannte Viren untersucht und befallene E-Mails löscht. Technisch funktioniert ein E-Mail-Filter ähnlich wie ein Spam-Filter, wobei aber vor allem Anhänge auf Muster Viren bekannter E-Mails durchsucht werden müssen. Das kostet eine Menge CPU-Zeit und ist nur dann zielführend, wenn eine aktuelle Virendatenbank zur Verfügung steht.

Empfehlungen

Die folgenden Abschnitte stellen drei Programme näher vor: policyd-weight und SpamAssassin als Spam-Blocker sowie ClamAV zur Virenabwehr. Für alle Unentschlossenen sind hier noch einige persönliche Empfehlungen:

» Wenn Ihnen der Aufwand zur Installation bzw. für den Betrieb all dieser Programme hoch erscheint, sollten Sie zumindest policyd-weight ausprobieren: Die Konfiguration ist in einer Minute erledigt, anschließend sinkt das Spam-Aufkommen in der Regel um weit über 90 Prozent. Das Verhältnis zwischen Aufwand und Nutzen könnte nicht besser sein!

» SpamAssassin erfordert wesentlich mehr Ressourcen als policyd-weight, ohne aber spürbar bessere Ergebnisse zu liefern. Sein größter Vorteil besteht darin, dass es spam-verdächtige E-Mails nicht blockiert, sondern markiert weiterleitet. Irrtümlich als Spam klassifizierte E-Mail geht damit nicht automatisch verloren. (Es liegt in der Verantwortung des Endanwenders, die als Spam gekennzeichneten E-Mails nochmals durchzusehen.)

» E-Mails mit Viren sind selten und stellen für Linux-Anwender keine Gefahr dar. Die Installation von ClamAV lohnt sich daher nur, wenn Sie für die Sicherheit von Windows-Anwendern verantwortlich sind, die auf Ihren E-Mail-Server zugreifen.

32.5 policyd-weight (Spam-Abwehr)

`policyd-weight` ist ein Perl-Programm, das formale Regeln des SMTP-Protokolls sowie die DNS-Angaben des Versenders überprüft. `policyd-weight` läuft als Dämon (Hintergrundprogramm) und kommuniziert mit Postfix über einen IP-Port. Postfix sendet bei jeder empfangenen E-Mail die Eckdaten am `policyd-weight`. Dieses Programm entscheidet, ob die E-Mail akzeptiert oder zurückgesandt werden soll. Zu den Stärken von `policyd-weight` zählt der Umstand, dass das Programm mehrere Faktoren berücksichtigt und diese summiert (positive Werte: vermutlich Spam; negative Werte: vermutlich kein Spam). Nur wenn die Summe größer 1 ist, wird der E-Mail-Empfang verweigert. Das ist ein Vorteil gegenüber früher populären Schutzmaßnahmen, die direkt in Postfix ergriffen werden können, die aber jede für sich sofort zu einer Ja/Nein-Entscheidung führt.

Installation

Unter Ubuntu und Debian ist die Installation problemlos, das Programm steht als fertiges Paket zur Verfügung. Bei anderen Distributionen müssen Sie `policyd-weight` von der folgenden Website herunterladen:

http://www.policyd-weight.org/

Konfiguration

Das Programm wird nach der Installation sofort gestartet und kommuniziert über den lokalen IP-Port 12525. Damit Postfix auf `policyd-weight` zurückgreift, müssen Sie die Einstellung des Parameters `smtpd_recipient_restrictions` modifizieren. Achten Sie darauf, dass `check_policy_service` an letzter Stelle stehen muss! (Wenn `main.cf` noch keine Zeile für `check_policy_service` enthält, lautet der Standardwert `permit_mynetworks, reject_unauth_destination`. Fügen Sie `check_policy_service` dieser Grundeinstellung hinzu.) Außerdem sollten Sie Postfix so einstellen, dass das

Programm bei der Kommunikation mit anderen SMTP-Servern eine standardkonforme Begrüßung durch 'HELO' verlangt.

```
# Ergänzung in /etc/postfix/main.cf
...
smtpd_recipient_restrictions =
  permit_mynetworks,
  permit_sasl_authenticated,
  reject_unauth_destination,
  check_policy_service inet:127.0.0.1:12525
...
smtpd_helo_required = yes
```

Anschließend forden Sie Postfix dazu auf, die Konfigurationsdateien neu einzulesen:

```
root# /etc/init.d/postfix reload
```

Standardmäßig existiert keine Konfigurationsdatei für `policyd-weight`. Die Grundeinstellungen der zahlreichen Parameter ermitteln Sie, in dem Sie das Kommando `policyd-weight defaults` ausführen. Wenn Sie davon abweichende Einstellungen vornehmen möchten, tun Sie dies in `/etc/policyd-weight.conf`, wobei Sie die Perl-Syntax verwenden: Alle Optionen beginnen mit dem Zeichen $ (zur Kennzeichnung als Variablen), jede Anweisung endet mit einem Strichpunkt. Lesen Sie vorher `man policyd-weight.conf`!

Den Schwellenwert für Spam oder Nicht-Spam stellen Sie mit der Variablen `$REJECTLEVEL` ein. Der Standardwert lautet 1. Je höher der Wert ist, desto mehr E-Mails werden akzeptiert.

`policyd-weight` protokolliert seine Arbeit in `/var/log/mail.log`. Im folgenden Listing sehen Sie mehrere Logging-Einträge. Im ersten Eintrag sind die Faktoren der Bewertung zusammengefasst, die zu einem Rating von 24 führen, also eindeutig Spam. Der zweite Eintrag beschreibt, wie mit der E-Mail verfahren wird: Sie wird mit dem Fehlercode 550 (*Requested action not taken*) zurückgewiesen. Die folgenden zwei Einträge zeigen eine Bewertung einer regulären E-Mail (Rating -8,5, also kein Spam). `policyd-weight` fügt in den Header der E-Mail eine Zeile mit dem Bewertungsergebnis ein (PREPREND ...). Postfix stellt die E-Mail anschließend ganz normal zu. **Logging**

```
root# grep policyd /var/log/mail.log
Oct 7 06:35:14 postfix/policyd-weight[31747]:
  weighted check:
    IN_DYN_PBL_SPAMHAUS=3.25
    NOT_IN_SBL_XBL_SPAMHAUS=-1.5
    IN_SPAMCOP=3.75
    NOT_IN_BL_NJABL=-1.5
    CL_IP_NE_HELO=8.5
    RESOLVED_IP_IS_NOT_HELO=1.5 (check from: ...)
    FROM_NOT_FAILED_HELO(DOMAIN)=10; ...
  rate: 24
Oct 7 06:35:14  postfix/policyd-weight[31747]:
  decided action=550 Mail appeared to be SPAM or forged ...
...
```

```
Oct  8 11:48:10 postfix/policyd-weight[31415]:
  weighted check:
    NOT_IN_SBL_XBL_SPAMHAUS=-1.5
    NOT_IN_SPAMCOP=-1.5 ...
  rate: -8.5
Oct  8 11:48:10 postfix/policyd-weight[31415]:
  decided action=PREPEND X-policyd-weight ...
```

Achtung

Ein prinizipielles Problem von `policyd-weight` besteht darin, dass spam-verdächtige E-Mails generell abgelehnt werden. Sollte `policyd-weight` eine richtige E-Mail falsch klassifizieren, hat der Empfänger keine Chance, die E-Mail je zu lesen. Immerhin erhält der Absender eine Fehlermeldung. (Der im nächsten Abschnitt beschriebene SpamAssassin leitet spam-verdächtige E-Mails mit einer Warnung weiter. Damit bleibt die Verantwortung, was mit der E-Mail nun geschehen soll, beim Empfänger.)

32.6 SpamAssassin (Spam-Abwehr)

Das bekannteste Open-Source-Programm zur Spam-Bekämpfung ist SpamAssassin. Es versucht aufgrund diverser Kriterien zu entscheiden, ob eine E-Mail Spam enthält oder nicht. Die Vorgehensweise ist ganz ähnlich wie bei `policyd-weight`; der entscheidende Unterschied besteht darin, dass SpamAssassin nicht nur formale Kritierien berücksichtigt, sondern auch den *Inhalt* der E-Mail.

Zu den Besonderheiten von SpamAssassin zählt der Umstand, dass das Programm lernfähig ist: Wenn ein Benutzer bei der Klassifizierung der E-Mails hilft, versucht SpamAssassin Merkmale dieser E-Mails zu extrahieren und neue E-Mails aufgrund dieser Merkmale selbst richtig zu klassifizieren. Die zugrunde liegenden Techniken basieren auf einem sogenannten Bayesschen Filter (für Details siehe Wikipedia). Die Lernfunktionen haben den Nachteil, dass sie eine manuelle Kontrolle der Spam-Klassifizierung voraussetzen – und die ist beim Betrieb von SpamAssassin auf einem Server selten gegeben. SpamAssassin funktioniert erfreulicherweise auch ohne dieses Training, wenn auch mit einer etwas niedrigeren Trefferquote.

Es ist möglich und durchaus sinnvoll, `policyd-weight` und SpamAssassin zu kombinieren: `policyd-weight` weist dann mit geringem Ressourcen-Aufwand einen Großteil des Spams zurück. (Erhöhen Sie eventuell `$REJECTLEVEL`, damit `policyd-weight` etwas spam-toleranter wird.) Alle E-Mails, die `policyd-weight` passieren lässt, werden anschließend von SpamAssassin nochmals genauer überprüft. Der Vorteil dieses zweistufigen Ansatzes besteht darin, dass die Ressourcen-Belastung zur Spam-Kontrolle wesentlich kleiner ist, als wenn Sie SpamAssassin allein einsetzen.

Umgang mit spam-verdächtigen E-Mails

Standardmäßig verpackt SpamAssassin als Spam erkannte E-Mails neu. Die E-Mail enthält einen Hinweis auf den Spam-Verdacht. Die originale Nachricht wird im Anhang mitgeliefert, sodass der Anwender eine irrtümlich als Spam klassifizierte E-Mail problemlos lesen kann. Diese Vorgehensweise ist wesentlich sicherer als die von `policyd-weight`, das als Spam erkannte E-Mails einfach abweist.

Jetzt bleibt noch die Frage offen, wie der Endanwender am besten mit spam-verdächtigen E-Mails verfährt: SpamAssassin fügt in jede E-Mail eine Zeile der Form `X-Spam-Flag: YES` ein. Außerdem bekommt jede von SpamAssassin kontrollierte E-Mail eine Zeile `X-Spam-Level: ********`, wobei die Anzahl der Sterne die Spam-Bewertungssumme wiedergibt. (Je mehr Sterne, desto höher ist die Spam-Wahrscheinlichkeit. Beachten Sie, dass E-Mails für SpamAssassin standardmäßig erst ab fünf Sternen als Spam gelten!) Aufgrund dieser Zeilen können Sie bei den meisten E-Mail-Clients eine Filterregel aufstellen, sodass alle derart gekennzeichneten E-Mails automatisch in einen Junk- oder Spam-Ordner verschoben werden.

Es gibt verschiedene Möglichkeiten, SpamAssassin mit Postfix zu kombinieren. Dieser Abschnitt beschreibt, wie Sie SpamAssassin über die Milter-Schnittstelle von Postfix aufrufen. Milter steht für *Mail Filter* und ist eigentlich eine von Sendmail definierte Schnittstelle, um E-Mail-Filterprogramme einzubinden. Postfix unterstützt diese Schnittstelle in aktuellen Versionen ebenfalls und vereinfacht so die Integration von Spam- und Virenfiltern im Vergleich zu anderen Verfahren ganz erheblich.

Installation und Konfiguration

Alle gängigen Distributionen stellen Pakete für SpamAssassin zur Verfügung. Unter Debian und Ubuntu führen Sie zur Installation das folgende Kommando aus:

```
root# apt-get install spamassassin spamass-milter
```

Um SpamAssassin als Dämon zu aktivieren, führen Sie zwei Änderungen in `/etc/default/spamassassin` durch:

```
# Änderungen in /etc/default/spamassassin
...
# den SpamAssassin-Dämon spamd starten
ENABLED=1
...
# regelmäßige Updates der SpamAssassin-Regeln durchführen
CRON=1
```

Die Basiskonfiguration von SpamAssassin erfolgt durch diverse `*.cf`-Dateien im Verzeichnis `/usr/share/"spamassassin`. Davon abweichende Einstellungen führen Sie am besten in der Datei `/etc/spamassassin/local.cf` durch. Die wahrscheinlich interessanteste Einstellung ist `required_score` (Defaultwert 5.0): Sie gibt an, ab welcher Punkteanzahl eine E-Mail als Spam klassifiziert wird. Ebenfalls oft praktisch ist die Einstellung `rewrite_header Subject *****SPAM*****`: Damit wird die Subject-Zeile aller spam-verdächtigen E-Mails verändert. Das erleichtert die Spam-Erkennung für E-Mail-Anwender, die mit der Definition von Filterregeln in ihrem E-Mail-Client überfordert sind.

Nach diesen Vorbereitungsarbeiten starten Sie SpamAssassin:

```
root# /etc/init.d/spamassassin start
```

Die Milter-Erweiterung zu SpamAssassin, also das Programm `spamass-milter`, ist bereits aktiv. Es wurde unmittelbar nach der Installation gestartet und kommuniziert direkt mit dem SpamAssassin-Dämon spamd. Die Konfiguration erfolgt durch die Datei `/etc/default/spamass-milter`, Änderungen sind in der Regel aber nicht erforderlich. Die Kommunikation zwischen `spamass-milter` und Postfix erfolgt über die Socket-Datei `/var/spool/postfix/spamass/spamass.sock`.

Postfix-Konfiguration Jetzt müssen Sie Postfix noch dazu bringen, dass es alle eintreffenden E-Mails durch den Spam-Assassin-Filter leitet. Dazu fügen Sie die folgende Zeile in `main.cf` ein. Beachten Sie, dass der Pfad zur Socket-Datei relativ zum Postfix-Queue-Verzeichnis `/var/spool/postfix` angegeben werden muss!

```
# Ergänzung in /etc/postfix/main.cf
...
smtpd_milters = unix:spamass/spamass.sock
```

Anschließend laden Sie die Postfix-Konfiguration neu:

```
root# /etc/init.d/postfix reload
```

Test Um SpamAssassin auszuprobieren, senden Sie von einem externen E-Mail-Account eine speziell für SpamAssassin konzipierte Testnachricht an Ihren Server. Diese Nachricht muss die folgende Zeichenkette enthalten. Anstatt die Zeichenkette abzutippen, suchen Sie in Wikipedia nach GTUBE (*Generic Test for Unsolicited Bulk Email*) und kopieren die Zeichenkette von dort.

```
XJS*C4JDBQADN1.NSBN3*2IDNEN*GTUBE-STANDARD-ANTI-UBE-TEST-EMAIL*C.34X
```

Wenn alles funktioniert, wird die Nachricht als Spam erkannt. Der Adressat erhält die als Spam markierte E-Mail zusammen mit einer Information, warum es sich vermutlich um Spam handelt. Der Text der Nachricht sollte in etwa so aussehen:

```
Spam detection software, running on the system "firma-abc.de",
has identified this incoming email as possible spam.  The original
message has been attached to this so you can view it (if it isn't
spam) or label similar future email. If you have any questions, see
the administrator of that system for details.

Content preview:  XJS*C4JDBQADN1.NSBN3*2IDNEN* [...]

Content analysis details:   (1000.3 points, 5.0 required)

 pts rule name              description
---- ---------------------- --------------------------------------------------
-0.0 RCVD_IN_DNSWL_NONE     RBL: Sender listed at http://www.dnswl.org/, low
                            trust
                            [213.165.64.42 listed in list.dnswl.org]
 0.0 FREEMAIL_FROM          Sender email is freemail (michael.kofler[at]gmx.com)
-0.0 SPF_PASS               SPF: sender matches SPF record
 0.0 UNPARSEABLE_RELAY      Informational: message has unparseable relay lines
 0.3 URIBL_RHS_DOB          Contains an URI of a new domain (Day Old Bread)
                            [URIs: kofler.info]
1000 GTUBE                  BODY: Generic Test for Unsolicited Bulk Email
```

1000 Spam-Punkte hat die Nachricht also aufgrund des GTUBE-Inhalts erhalten. Schon verwunderlicher sind die restlichen 0,3 Punkte: Sie ergeben sich daraus, dass die E-Mail angeblich eine

Adresse einer neu registrierten Web-Domain enthält (in diesem Fall kofler.info). Das ist merkwürdig, weil kofler.info zu diesem Zeitpunkt bereits fast ein Jahr lang in meinem Besitz war, also alles andere als neu registriert war. Das Beispiel beweist, dass die Erkennungsmechanismen von SpamAssassin durchaus ihre Macken haben und mit etwas Pech auch gewöhnliche E-Mails als Spam indentifizieren.

32.7 ClamAV (Virenabwehr)

ClamAV ist das populärste Open-Source-Programm zur Erkennung von Viren in Dateien oder E-Mails. Dabei geht es primär um Schadsoftware für Windows-Rechner. E-Mail-Viren für Linux und Mac OS X gibt es ja glücklicherweise (noch) nicht. Im Vergleich zu kommerziellen Virenschutzprogrammen war ClamAV in der Vergangenheit selten Testsieger, hat sich aber in der Regel einigermaßen gut geschlagen. Eine Garantie, die allerneuesten Viren sozusagen von der ersten Stunde an korrekt zu erkennen, gibt es aber naturgemäß nicht. (Diese Einschränkung gilt natürlich auch für kommerzielle Programme, wenngleich diese ihre Virendatenbanken oftmals schneller aktualisieren.)

Installation

Ähnlich wie bei SpamAssassin gibt es auch bei ClamAV verschiedene Möglichkeiten zur Integration in Postfix. Ich stelle Ihnen hier wieder die Milter-Variante vor, die am einfachsten zu konfigurieren ist. Entsprechende Pakete finden Sie in allen gängigen Distributionen (unter Debian und Ubuntu mit den Namen `clamav`, `clamav-daemon` und `clamav-milter`). Zusammen mit ClamAV wird in der Regel auch das Programm `freshclam` installiert. Es kümmert sich darum, die initiale Virendatenbank herunterzuladen und in der Folge regelmäßig zu aktualisieren. Werfen Sie einen Blick in das Verzeichnis `/var/lib/clamav` (es darf nicht leer sein!) bzw. lesen Sie die `man`-Seite zu `freshclam`.

Konfiguration

Damit Sie ClamAV über die Postfix-Milter-Schnittstelle benutzen können, sind einige Vorbereitungsarbeiten erforderlich: Als Erstes entfernen Sie in `/etc/default/clamav-milter` das Kommentarzeichen für die bereits vorgesehene Zeile zur Postfix-Konfiguration. Die Variable `SOCKET_RWGROUP` gibt an, welcher Gruppe die Clamav-Socket-Datei zugeordnet werden soll.

```
# in /etc/default/clamav-milter
...
SOCKET_RWGROUP=postfix
```

In `/etc/clamav/clamav-milter.conf` geben Sie an, an welchem Ort die Clamav-Socket-Datei erzeugt werden soll:

```
# in /etc/clamav/clamav-milter.conf
...
MilterSocket /var/spool/postfix/clamav/clamav-milter.ctl
```

Anschließend erzeugen Sie das Verzeichnis für die Socket-Datei so, dass sowohl Postfix als auch ClamAV darin lesen und schreiben dürfen:

```
root# mkdir -p /var/spool/postfix/clamav/
root# chown clamav:postfix /var/spool/postfix/clamav/
root# chmod g+s /var/spool/postfix/clamav/
```

Ein Neustart von clamd und clamav-milter stellt sicher, dass ClamAV diese Änderungen übernimmt:

```
root# /etc/init.d/clamav-daemon restart
root# /etc/init.d/clamav-milter restart
```

Nun müssen Sie noch /etc/postfix/main.cf so anpassen, dass Postfix alle eintreffenden E-Mails zur Kontrolle an ClamAV weiterleitet. (Wenn Sie nur ClamAV, nicht aber SpamAssassin verwenden, lassen Sie die Socket-Datei für SpamAssassin einfach weg. Die Pfadangaben der Socket-Dateien sind relativ zum Postfix-Queue-Verzeichnis /var/spool/postfix.)

```
# Ergänzung in /etc/postfix/main.cf
...
smtpd_milters = unix:spamass/spamass.sock unix:clamav/clamav-milter.ctl
```

Dank postfix reload übernimmt Postfix die Konfigurationsänderung sofort:

```
root# /etc/init.d/postfix reload
```

Test ClamAV fügt nun in den Header jeder überprüften E-Mail den folgenden Text ein:

```
X-Virus-Scanned: clamav-milter 0.96.1 at firma-abc.de
X-Virus-Status: Clean
```

Wenn ClamAV tatsächlich einen Virus feststellt, wird die E-Mail nicht weitergeleitet. Weder der Absender noch der Empfänger wird davon informiert. (Diese Vorgehensweise kann in /etc/clamav/clamav-milter.conf verändert werden. Die dort eingesetzten Schlüsselwörter sind in /usr/share/doc/clamav-milter/examples/clamav-milter.conf dokumentiert.)

Um die korrekte Funktion von ClamAV zu testen, senden Sie von einem externen E-Mail-Account eine Testnachricht mit dem folgenden Text an Ihren Server:

```
X5O!P%@AP[4\PZX54(P^)7CC)7}$EICAR-STANDARD-ANTIVIRUS-TEST-FILE!$H+H*
```

Sie müssen den Text nicht abtippen, sondern können ihn auch von der folgenden Wikipedia-Seite kopieren:

http://en.wikipedia.org/wiki/EICAR_test_file

33. KVM

Seit KVM (*Kernel-based Virtual Machine*) mit Version 2.6.20 in den offiziellen Kernel-Code integriert wurde, hat sich diese Linux-spezifische Virtualisierungstechnik vor allem im Server- und Enterprise-Segment etabliert. Red Hat Enterprise Linux 6 setzt voll auf KVM, die nächste Version des SUSE Linux Enterprise Servers voraussichtlich ebenfalls. Auch Debian und Ubuntu enthalten standardmäßig KVM-Pakete.

Dieses Kapitel führt zuerst in die Grundlagen von KVM ein und konzentriert sich dann auf die Server-Virtualisierung mit KVM: Damit können auf einem Rechner mehrere virtuelle Linux-Maschinen mit unterschiedliche Server-Funktionen laufen. In der Praxis wird das häufig gemacht, um die Server-Funktionen so gut wie möglich voneinander zu trennen und so die Sicherheit zu maximieren. Aber auch praktische Gründe sprechen oft für die Server-Virtualisierung: Während der eine Anwender für seine Website spezielle Apache-Module braucht, will ein anderer die neueste MySQL-Version einsetzen. Wenn viele derartige Sonderwünsche auf *einem* System erfüllt werden, führt das rasch zu unerwünschten Nebenwirkungen und Instabilitäten.

KVM ist prinzipiell auch zur Desktop-Virtualisierung geeignet, dieser Aspekt steht in diesem Kapitel aber im Hintergrund. Der Grund: VirtualBox bietet für diesen Zweck eine wesentlich bessere und einfachere Benutzeroberfläche. (Sollte Oracle freilich die Weiterentwicklung von VirtualBox bremsen, bietet KVM immerhin einen vielversprechenden »Plan B« für die Linux-Gemeinde.)

Links

Aus Platzgründen kann dieses Kapitel nur eine Einführung in die KVM-Welt geben. Für alle Wissbegierigen sind hier ein paar Leseempfehlungen im Web:

http://www.linux-kvm.org/	offizielle Website
http://www.linux-kvm.com/	News, Blog, Forum
http://qemu-buch.de/	deutschsprachiges Handbuch
http://kofler.info/ebooks/kvm/	KVM-eBook von Michael Kofler
https://help.ubuntu.com/community/KVM	Ubuntu- und Fedora-spezifische Dokumentation
http://docs.fedoraproject.org/en-US/Fedora/13/html/Virtualization_Guide/	

33.1 Grundlagen

KVM versus QEMU

QEMU (Kommandoname qemu) emuliert verschiedene CPUs und elementare Hardware-Komponenten eines typischen Rechners (Netzwerkkarte, CD-Laufwerk etc.). QEMU ist auch in der Lage, zur Wirts-CPU inkompatible Prozessoren zu emulieren (ARM, Sparc, PowerPC, MIPS etc.). Darunter leidet aber naturgemäß die Geschwindigkeit. Ich gehe hier nur auf die Emulation von x86-kompatiblen

Prozessoren ein. Eine ausführlichere Beschreibung der Funktionen und Grenzen von QEMU finden Sie hier:

http://wiki.qemu.org/

KVM ist ein kleines Kernelmodul, das seine Wirkung erst in Kombination mit der Emulationssoftware QEMU entfaltet. KVM setzt eine CPU mit Funktionen zur Hardware-Virtualisierung voraus und macht aus dem Emulator QEMU ein Hardware-Virtualisierungssystem. Die Eleganz von KVM besteht darin, dass es typische Hypervisor-Aufgaben (z. B. die Speicher- und Prozessverwaltung) nicht selbst ausführt, sondern dazu Standardfunktionen des Linux-Kernels einsetzt. Die Nutzung der KVM-Funktionen erfolgt über die Device-Datei /dev/kvm.

Hardware-Voraussetzungen KVM funktioniert nur, wenn der Prozessor des Host-Systems Virtualisierungsfunktionen unterstützt (Intel-VT bzw. AMD-V). Das ist bei den meisten aktuellen Prozessoren der Fall. Zu den Ausnahmen zählen sehr preisgünstige CPUs für Billig-PCs bzw. -Notebooks sowie die Atom-Prozessoren von Intel. Um festzustellen, ob Ihre CPU bei der Hardware-Virtualisierung hilft (Intel-VT oder AMD-V), führen Sie das folgende egrep-Kommando aus. Wenn das Ergebnis leer ist, unterstützt Ihre CPU keine Virtualisierung oder die Funktion wurde im BIOS deaktiviert.

```
user$  egrep '^flags.*(vmx|svm)' /proc/cpuinfo
flags :...  vmx ...
```

Bei Ubuntu-Systemen können Sie noch einfacher das Kommando kvm-ok aus dem Paket cpu-checker ausführen:

```
user$  kvm-ok
INFO: Your CPU supports KVM extensions
INFO: /dev/kvm exists
KVM acceleration can be used
```

Im weiteren Verlauf dieses Kapitels setze ich voraus, dass Ihre CPU KVM-kompatibel ist.

Kernelmodule KVM stellt seine Funktionen in drei Kernelmodulen zur Verfügung: Die Grundfunktionen befinden sich im Modul kvm, die Intel-VT-spezifischen Funktionen in kvm-intel, die AMD-V-spezifischen Funktionen in kvm-amd. Damit Sie KVM nutzen können, muss das zu Ihrer Hardware passende KVM-Modul geladen werden. Das Modul kvm wird dabei gleich mitgeladen. Bei den meisten Distributionen kümmert sich der Init-Prozess darum. Sollte das nicht funktionieren, müssen Sie manuell eingreifen:

```
root#  modprobe kvm-intel   (für Intel-VT-Prozessoren)
root#  modprobe kvm-amd     (für AMD-V-Prozessoren)
```

kvm- und qemu-Kommando Um eine virtuelle Maschine mit QEMU oder KVM auszuführen, verwenden Sie die Kommandos qemu oder kvm (bzw. unter Fedora qemu-kvm). Die virtuelle Maschine wird in einem Fenster angezeigt, das immer den Fenstertitel QEMU trägt – auch dann, wenn die virtuelle Maschine durch KVM ausgeführt wird. qemu und kvm werden durch unzählige Optionen gesteuert (Details dazu folgen unten). Der einzige Unterschied zwischen den beiden Kommandos besteht in der Geschwindigkeit, die bei KVM wesentlich höher ist. Die Daseinsberechtigung für den KVM-freien QEMU besteht darin, dass dieser Emulator auch andere CPUs als die des Host-Systems emulieren kann und auch dann funktioniert, wenn die CPU des Host-Systems keine Virtualisierungsfunktionen enthält.

libvirt

libvirt ist ein API (also ein Application Programming Interface) zur Verwaltung von virtuellen Maschinen und der dazugehörigen virtuellen Netzwerk- und Festplatten-Devices. Der Dämon libvirtd ermöglicht eine effiziente und sichere Kommunikation zwischen virtuellen Maschinen und Benutzeroberflächen wie virsh (Shell) und dem Virtual Machine Manager. libvirt kann auch für andere Virtualisierungssysteme verwendet werden (z. B. Xen). Ich beziehe mich in diesem Kapitel aber ausschließlich auf KVM.

virsh

virsh ist eine Shell (ein Kommandointerpreter), um via libvirt virtuelle Maschinen zu erzeugen, zu starten und wieder zu stoppen sowie um andere Administrationsarbeiten durchzuführen.

Virtual Machine Manager

Der Virtual Machine Manager (Programm- bzw. Paketname virt-manager) bietet eine grafische Benutzeroberfläche, die beim Einrichten und Ausführen virtueller Maschinen hilft. Das Programm ist zwar weniger intuitiv zu bedienen als VirtualBox, erspart Ihnen aber viel Arbeit bei der manuellen Einstellung von Optionen bzw. bei der Ausführung äquivalenter virsh-Kommandos.

virt-install, virt-image und vmbuilder

Grundsätzlich können Sie innerhalb einer neuen virtuellen Maschine nahezu jedes Betriebssystem installieren. Dabei beziehen Sie die Installationsdateien üblicherweise aus einer ISO-Datei oder einer CD oder DVD. Die Installation dauert allerdings verhältnismäßig lange.

Das zu den libvirt-Werkzeugen gehörende Programm virt-install hilft Ihnen dabei, diesen Prozess weitestgehend zu automatisieren. Wenn Sie bereits ein vordefiniertes Master-Image haben, können Sie dieses mit virt-image in eine neue virtuelle Maschine installieren.

Noch mehr Komfort bei der Erstellung neuer virtueller Maschinen bietet das Ubuntu- bzw. Debian-spezifische Kommando vmbuilder – aber auch vmbuilder erfordert eine umfassende Einarbeitung vor dem ersten Einsatz. Das Kommando ist hier dokumentiert:

https://help.ubuntu.com/10.04/serverguide/C/jeos-and-vmbuilder.html

virt-install, virt-image und vmbuilder richten sich also an Administratoren, die regelmäßig virtuelle Maschinen eines bestimmten Typs erzeugen müssen.

virt-viewer

virt-viewer ist ein VNC-Client zur Darstellung des Bildschirminhalts sowie zur Kommunikation mit einer virtuellen Maschine. virt-viewer setzt voraus, dass die virtuelle Maschine mit den entsprechenden VNC-Optionen gestartet wurde. Natürlich können Sie statt virt-viewer auch jeden anderen VNC-Client verwenden. virt-viewer macht den Verbindungsaufbau aber besonders einfach, wenn libvirt im Einsatz ist.

Spice

Das Simple Protocol for Independent Computing Environments (kurz Spice) ist ein neues Protokoll, um das Grafiksystem einer virtuellen Maschine über ein Netzwerk effizient zu bedienen. Die Kommunikation zwischen dem Host- und Gastsystem erfolgt über so genannte *Virtual Device Interfaces* (VDIs). Im Vergleich zu VNC ist Spice wesentlich effizienter und schneller. Gleichzeitig ermöglicht der Einsatz von Spice nahezu beliebig hohe Grafikauflösungen innerhalb der virtuellen Maschine. Spice wird federführend von Red Hat entwickelt und ist daher am besten in Fedora integriert. Die mit Fedora 16 ausgelieferte Version des Virtual Machine Managers ist bereits Spice-kompatibel.

33.2 KVM ohne libvirt

Das kvm-Kommando ist der einfachste Weg, KVM kennenzulernen. Die grafische Benutzeroberfläche des Virtual Machine Managers mag verlockender aussehen, ihr Einsatz führt aber oft zu Problemen, die KVM-Einsteiger rasch überfordern.

Deswegen beginnt dieses Kapitel mit dem Kommando `kvm` und geht erst im weiteren Verlauf auf Werkzeuge ein, die auf `libvirt` basieren. Wenn Sie später mehrere virtuelle Maschinen verwalten und dabei auf die Administrationsmöglichkeiten der `libvirt`-Werkzeuge oder auf den Virtual Machine Manager zurückgreifen möchten, migrieren Sie Ihre mit `kvm` erstellten Maschinen einfach dorthin.

Image-Datei erstellen

Bevor Sie mit dem Kommando `kvm` eine virtuelle Maschine starten können, müssen Sie mit dem Kommando `qemu-img` eine Image-Datei für die virtuelle Festplatte einrichten. Die zwei gängigsten Image-Formate sind RAW und QCOW2:

» **RAW:** Beim RAW-Format werden die Blöcke der virtuellen Festplatte einfach 1:1 abgebildet. Sofern das Dateisystem des Host-Rechners sogenannte *Sparse Files* unterstützt (das ist unter anderem bei `ext-`, `xfs-` und `btrfs`-Dateisystemen der Fall), werden Blöcke, die ausschließlich Nullen enthalten, nicht physikalisch gespeichert. Das spart anfänglich eine Menge Platz.

  Das RAW-Format ist das einfachste und oft auch das schnellste Format für virtuelle Maschinen. Wenn Sie vorhaben, Ihre virtuellen Maschinen später mit `libvirt`-Programmen zu nutzen, sollten Sie sich für das RAW-Format entscheiden.

  Bei RAW-Dateien liefert `ls -l datei.img` die Größe der virtuellen Festplatte. Wenn Sie wissen möchten, wie viel Platz die Image-Datei im Dateisystem tatsächlich beansprucht, führen Sie `du -h datei.img` aus. Bei einem neu erzeugten, noch ungenutzten RAW-Image ist das Ergebnis 0, weil alle Datenblöcke leer sind.

» **QCOW2:** QCOW2 steht für *Qemu Copy-on-Write, Version 2*. Dieses Format bietet gegenüber RAW eine Menge Zusatzfunktionen: Die Datenblöcke werden erst bei Bedarf reserviert, was anfänglich wie bei Sparse-Dateien eine Menge Platz spart, ohne ein Sparse-kompatibles Dateisystem vorauszusetzen. Außerdem kann das virtuelle Dateisystem komprimiert und verschlüsselt werden. QCOW2 ist theoretisch das beste Format für KVM-Maschinen, bereitet in der Praxis aber manchmal Performance- und Kompatibilitätsprobleme im Zusammenspiel mit `libvirt`-Programmen.

Daneben unterstützt `qemu-img` noch diverse andere Formate, die mit VirtualBox, VMware, Xen und anderen Virtualisierungssytemen kompatibel sind (siehe `man qemu-img`).

Beim Aufruf von `qemu-img` geben Sie mit `-f raw` oder `-f qcow2` das Image-Format an. Die Größe der Datei geben Sie in MByte (*n*M) oder GByte (*n*G) an.

```
user$ qemu-img create -f qcow2 datei.img 10G
```

KVM starten

KVM starten Sie nun mit dem Kommando `kvm`. Es gilt die folgende Syntax:

```
user$ kvm [optionen] image-datei
```

Die folgende Liste fasst die wichtigsten kvm-Optionen zusammen. Unzählige weitere Optionen zur Auswahl der virtuellen Netzwerk-Hardware, zur Konfiguration der virtuellen Grafikkarte, zur Verwendung von USB-Komponenten etc. beschreiben `man kvm` und die Website http://qemu-buch.de/.

`-boot a/c/d`
: gibt das Bootmedium an (Diskettenlaufwerk, Festplatte oder CD/DVD-Laufwerk). Die Buchstaben entsprechen den DOS/Windows-Laufwerksbuchstaben. Standardmäßig bootet KVM von der Festplatte.

`-cdrom` *`iso-datei`*
: verwendet die angegebene ISO-Datei als Datenquelle für das virtuelle CD/DVD-Laufwerk.

`-full-screen`
: startet die virtuelle Maschine im Vollbildmodus.

`-k` *`sprachkürzel`*
: verwendet das angegebene Tastaturlayout. Zulässige Kürzel sind unter anderem `de` (Deutsch) und `en-us` (US-Englisch). Die Option ist nur in seltenen Fällen erforderlich, wenn `kvm` die Tastencodes auf dem Wirtssystem nicht richtig interpretieren kann.

`-localtime`
: initialisiert die virtuelle CMOS-Uhr des Gastsystems mit der lokalen Zeit (statt standardmäßig mit der UTC-Zeit).

`-m` *`n`*
: stellt die Speichergröße der virtuellen Maschine ein (in MByte). Standardmäßig haben virtuelle Maschinen 384 MByte RAM (auch wenn in `man kvm` noch von 128 MByte die Rede ist).

`-net` *`details`*
: konfiguriert die virtuelle Netzwerk-Hardware. Standardmäßig wird eine RTL8139-kompatible Netzwerkkarte emuliert. Das Gastsystem kann dank NAT und Masquerading die Internetverbindung des Hostsystems nutzen, es ist aber keine direkte Netzwerkverbindung zwischen Gast und Host möglich. Wie Sie eine virtuelle Maschine mittels einer Netzwerkbrücke (Bridge) in ein vorhandenes lokales Netz integrieren, ist auf Seite 995 beschrieben.

  Beachten Sie, dass alle virtuellen Maschinen dieselbe MAC-Adresse erhalten (standardmäßig 52:54:00:12:34:56)! Das führt naturgemäß zu Problemen, wenn Sie zwei oder mehr virtuelle Maschinen zugleich ausführen. Die Maschinen sind für den DHCP-Server von KVM nicht unterscheidbar und erhalten dieselbe IP-Adresse. Abhilfe: Geben Sie jeder virtuellen Maschine mit `-net nic,macaddr=nn:nn:nn:nn:nn:nn` eine eindeutige MAC-Adresse – und das von Anfang an! Jedes Mal, wenn Sie die MAC-Adresse ändern, bekommt der Netzwerkadapter der virtuellen Maschine einen neuen Devicenamen (also zuerst `eth1`, dann `eth2` etc.). Das bringt die Netzwerkkonfiguration durcheinander (siehe auch Seite 991).

`-no-acpi`
: deaktiviert die ACPI-Unterstützung (Advanced Configuration and Power Interface).

`-nographic`
: startet die virtuelle Maschine ohne Grafiksystem und ohne die Anzeige eines QEMU-Fensters. Die Kommunikation mit der virtuellen Maschine erfolgt direkt in der aktiven Konsole über die serielle Schnittstelle des Gastsystems. Die Option `-nographic` ermöglicht also die Nutzung einer virtuellen Maschine im Textmodus, setzt aber voraus, dass im Gastsystem ein `getty`-Prozess mit der seriellen Schnittstelle kommuniziert.

`-snapshot`
: führt KVM aus, ohne bleibende Änderungen an der Image-Datei der Festplatte durchzuführen.

`-vga cirrus/std`
gibt den gewünschten Typ der virtuellen Grafikkarte an. Standardmäßig emuliert KVM eine Cirrus-kompatible Grafikkarte mit einer Auflösung bis zu 1024*768 Pixeln. Dieses Grafiksystem wird von nahezu allen Gastsystemen korrekt erkannt (auch von Windows) und in einer akzeptablen Geschwindigkeit ausgeführt.

Die Einstellung `-vga std` erlaubt eine wesentlich höhere Auflösung, sofern im Gastsystem der richtige Treiber verwendet wird. Bei Linux-Distributionen richten Sie eine minimale `xorg.conf`-Datei ein, die so aussieht:

```
# /etc/X11/xorg.conf
Section "Device"
  Identifier "kvm"
  Driver     "vesa"
EndSection
```

Der Preis für die höhere Auflösung ist leider (zumindest bei Linux-Gästen) eine derart niedrige Zeichengeschwindigkeit, dass ein effizientes Arbeiten in einer grafischen Benutzeroberfläche nahezu unmöglich wird. Hohe Auflösung *und* hohe Geschwindigkeit verspricht das von Red Hat vorangetriebene Projekt Spice (*Simple Protocol for Independent Computing Environments*) in Kombination mit dem `qxl`-Grafiktreiber für X. Spice steht allerdings momentan nur für Fedora in Form von Paketen zur Verfügung ist relativ aufwendig zu konfigurieren.

Das QEMU-Fenster

KVM stellt das emulierte System in einem einfachen Fenster ohne Menüs oder andere Bedienungselemente dar. Unbegreiflicherweise lautet der Fenstertitel immer QEMU, auch wenn in Wirklichkeit KVM im Einsatz ist. Zur Steuerung diverser Zusatzfunktionen dienen Tastenkürzel. Die wichtigsten sind in Tabelle 33.1 zusammengefasst. Im QEMU-Monitor können Sie Kommandos zur Steuerung der virtuellen Maschine ausführen. `help` stellt alle zulässigen Kommandos kurz vor.

TASTENKÜRZEL	FUNKTION
Strg+Alt	den Tastaturfokus lösen
Strg+Alt+F	Vollbildmodus ein-/ausschalten
Strg+Alt+1	Standardausgabe anzeigen
Strg+Alt+2	QEMU-Monitor anzeigen
Strg+Alt+3	serielle Konsole anzeigen
Strg+Alt+S	Änderungen in der Image-Datei speichern (nur im Snapshot-Modus)
Strg+Alt+U	optimale Fenstergröße herstellen
Strg+Alt+X	das Programm beenden

Tabelle 33.1: **KVM/QEMU-Tastenkürzel**

Wenn Sie die Größe des KVM-Fensters verändern, wird sein Inhalt entsprechend skaliert. Darunter leidet die Schriftqualität massiv. Strg+Alt+U stellt die korrekten Fenstermaße wieder her.

Einen KVM-Gast installieren und ausführen

Linux installieren

Die beiden folgenden Kommandos richten eine Image-Datei für die virtuelle Festplatte ein und starten KVM, wobei das ISO-Image einer Linux-Distribution (z. B. von Ubuntu Server) als Boot-Medium verwendet wird:

```
user$  qemu-img create -f raw userver.img 10G
user$  kvm -boot d -cdrom userver.iso userver.img
```

Unter Fedora müssen Sie statt kvm das Kommando qemu-kvm ausführen. Wenn die Installation gelungen ist, brauchen Sie das CD-Image nicht mehr und verwenden die virtuelle Festplatte zum Start des Systems:

```
user$  kvm userver.img
```

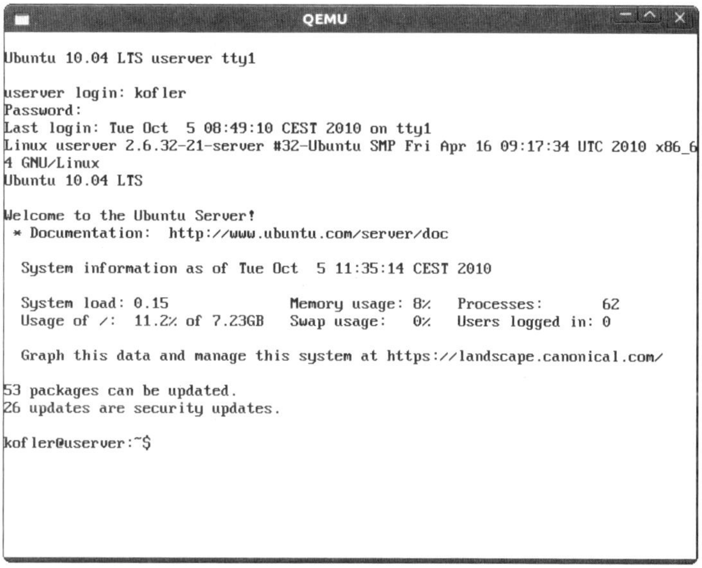

Abbildung 33.1: **Ubuntu Server als virtuelle KVM-Maschine**

Die Warnung *failed to find romfile pxe_rtl8139.bin*, die beim Start von KVM angezeigt wird, wenn Sie Ubuntu als Host-System verwenden, können Sie ignorieren. Sie bedeutet nur, dass KVM keine Dateien findet, um die virtuelle Maschine über das Netzwerk zu booten (PXE steht für *Preboot Execution Environment*). Das war hier aber gar nicht beabsichtigt. (Wenn doch, installieren Sie das Paket kvm-pxe.)

Minimales Ubuntu-System installieren

Am Beginn einer Ubuntu-Server-Installation können Sie mit F4 die Installationsvariante EINE MINIMALE VIRTUELLE MASCHINE INSTALLIEREN auswählen. Der Vorteil gegenüber einer herkömmlichen Server-Installation besteht darin, dass ein spezieller Kernel eingesetzt wird, der speziell für den Einsatz in virtuellen Maschinen optimiert ist und mit wenig zusätzlichem Ballast angereichert ist.

Störend beim Einsatz von Ubuntu im Textmodus ist der Umstand, dass es sich dabei gar nicht um einen echten VGA-Textmodus handelt. Vielmehr erfolgen alle Textausgaben im Grafikmodus. Deswegen ist das Scrolling im QEMU-Fenster unerträglich langsam. Abhilfe: Um zu vermeiden, dass

Textkonsolen im Grafikmodus dargestellt werden, fügen Sie der Datei blacklist-framebuffer.conf die folgende Zeile hinzu:

```
# Datei /etc/modprobe.d/blacklist-framebuffer.conf
...
blacklist vga16fb
```

Außerdem entfernen Sie in /etc/default/grub das Kommentarzeichen vor der Zeile:

```
# Datei /etc/default/grub
...
GRUB_TERMINAL=console
...
```

Damit diese Einstellungen wirksam werden, führen Sie update-grub aus und starten die virtuelle Maschine dann neu.

Minimales Fedora-System installieren

Auch bei Fedora ist eine Minimalinstallation möglich, wenn Sie zum Beginn der Installation [Tab] drücken und den Installationsparameter text hinzufügen. Die Installation erfolgt nun im Textmodus, eine Paketauswahl ist nicht möglich. Anders als bei Ubuntu kommt aber kein besonderer Kernel zum Einsatz.

Wesentlich ärgerlicher ist der Umstand, dass während der Installation keine Netzwerkkonfiguration erfolgt und auch keine entsprechenden Konfigurationswerkzeuge installiert werden. Die manuelle Installation von system-config-network-tui hat sich als Sackgasse erwiesen (zuerst dhclient eth0 und dann yum install system-config-network-tui): Die damit durchgeführte Konfiguration der Schnittstelle eth0 blieb wirkungslos (trotz chkconfig network on).

Besser ist es, die Netzwerkkonfiguration gleich von Hand durchzuführen. Im Regelfall reicht es, die Datei /etc/sysconfig/network-scripts/ifcfg-eth0 wie folgt einzurichten:

```
# Datei /etc/sysconfig/network-scripts/ifcfg-eth0
DEVICE=eth0
HWADDR=52:54:00:12:34:56
NM_CONTROLLED=no
ONBOOT=yes
BOOTPROTO=dhcp
TYPE=Ethernet
USERCTL=no
PEERDNS=yes
IPV6INIT=no
```

Außerdem müssen Sie sicherstellen, dass das Init-V-Script network gestartet wird:

```
root# chkconfig network on
```

Windows installieren

So wie Linux können Sie unter KVM auch Windows als Gastsystem installieren. Die folgenden Kommandos zeigen die Installation und Verwendung von Windows XP (siehe Abbildung 33.2). Die Option -localtime ist deswegen zweckmäßig, weil Windows standardmäßig annimmt, dass die CMOS-Uhr die lokale Uhrzeit (nicht die GMT-Zeit) enthält.

```
user$ qemu-img create -f qcow2 winxp.img 10G                         (Image-Datei)
user$ kvm -boot d -cdrom win-install-cd.iso -localtime winxp.img      (Installation)
user$ kvm -localtime -vga std winxp.img                               (Verwendung)
```

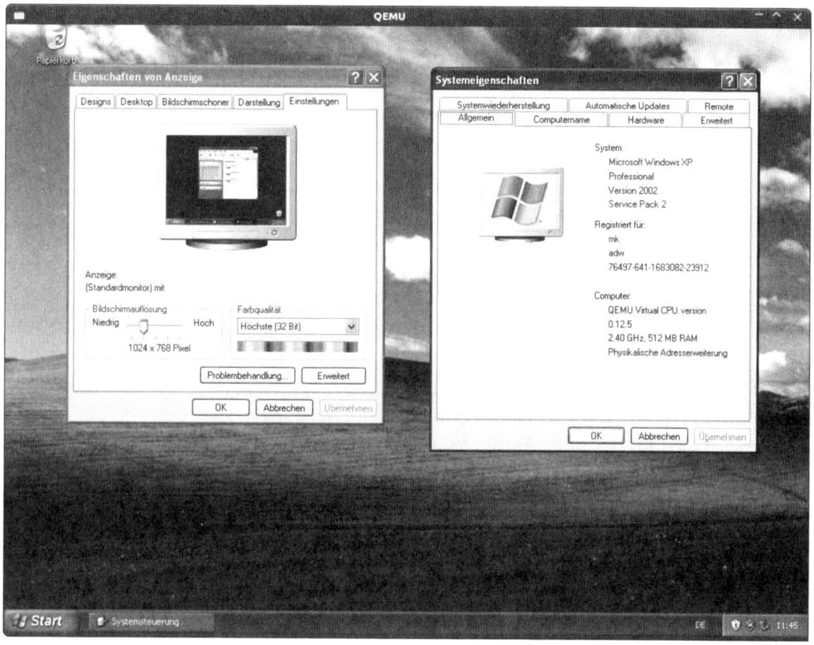

Abbildung 33.2: **Windows XP als virtuelle KVM-Maschine**

33.3 libvirt-Werkzeuge

Bevor Sie sich mit `libvirt` auseinandersetzen, lohnt eine kurze Diskussion über die Ideen, die hinter dieser Bibliothek und den dazugehörigen Werkzeugen stehen:

» `libvirt` soll dabei helfen, eine größere Anzahl von virtuellen Maschinen effizient zu verwalten. `libvirt` kann virtuelle Maschinen beispielsweise während des Systemstarts automatisch starten, bei einem Shutdown herunterfahren sowie ihre Ressourcennutzung beobachten. Sie können neue virtuelle Maschinen per Kommando erzeugen, kopieren (klonen) etc.

» Zur Benutzung der `libvirt`-Werkzeuge sind in der Regel keine root-Rechte erforderlich (es sei denn, Sie wollen Grundeinstellungen von KVM ändern). Mit `libvirt` gestartete virtuelle Maschinen laufen weiter, wenn Sie sich ab- und neu anmelden.

» Bei komplexen Konfigurationen nehmen die für den Start von kvm erforderlichen Optionen rasch überhand. Deswegen speichert `libvirt` alle Einstellungen der virtuellen Maschinen in XML-Dateien (standardmäßig im Verzeichnis `~/.libvirt/qemu`). Das Format dieser XML-Dateien ist auf der folgenden Seite umfassend dokumentiert:

http://libvirt.org/format.html

Um den Start von kvm und damit um die Auswertung der XML-Datei und die Übergabe der korrekten Optionen kümmert sich libvirt. (Wenn Sie die resultierende, über mehrere Zeilen reichende Optionsliste des kvm-Kommandos ansehen möchten, führen Sie nach dem Start der virtuellen Maschine ps ax | grep kvm aus.)

» libvirt ist dahingehend konzipiert, verschiedene Virtualisierungssysteme unter ein Dach zu bringen. Sie können mit libvirt also auch virtuelle Xen-Maschinen verwalten. (Auf diesen Aspekt gehe ich hier aber nicht weiter ein.)

Installation

Damit Sie die libvirt-Werkzeuge verwenden können, installieren Sie zusätzlich zu den weiterhin erforderlichen kvm-Paketen unter Ubuntu die Pakete virtinst, libvirt-bin und virt-viewer, unter Fedora die Pakete libvirt, libvirt-client, python-virtinst und virt-viewer. Für die Kommunikation zwischen den virtuellen Maschinen und den libvirt-Werkzeugen ist der Dämon libvirtd verantwortlich, der während des Systemstarts automatisch gestartet wird.

Bei Ubuntu werden Sie bei der Installation des libvirt-bin-Pakets automatisch der Gruppe libvirtd hinzugefügt. Damit diese Änderung wirksam wird, müssen Sie sich aus- und neu einloggen. Damit auch andere Benutzer die libvirt-Werkzeuge verwenden können, müssen diese ebenfalls der libvirtd angehören.

Fedora sieht das Init-V-Script /etc/init.d/libvirt-guests vor, um den Zustand laufender virtueller Maschinen bei einem Shutdown zu speichern und beim nächsten Bootprozess automatisch wiederherzustellen. Bei meinen Tests hat das aber nicht immer zuverlässig funktioniert. Ubuntu bemüht sich, laufende virtuelle Maschinen zumindest ordentlich herunterzufahren (shutdown), kümmert sich aber nicht um einen automatischen Neustart.

virt-install

Mit dem Kommando virt-install richten Sie eine neue virtuelle Maschine ein. An das Kommando müssen zumindest die Größe des virtuellen RAMs, der gewünschte Name der virtuellen Maschine, der Dateiname einer Image-Datei sowie die gewünschte Installationsart (z. B. --cdrom oder --import) übergeben werden.

Für alle anderen Eckdaten der virtuellen Maschine wählt virt-install selbst geeignete Einstellungen: Es kommt dieselbe CPU-Architektur wie auf dem Host-Rechner zum Einsatz (Option --arch), die virtuelle Maschine wird mit einem virtuellen RTL8139-Netzwerkadapter ausgestattet (wobei jede neue virtuelle Maschine eine eigene, eindeutige MAC-Adresse erhält!), erhält eine virtuelle Cirrus-Grafikkarte etc. Sie können die Einstellungen nach der Installation in der Datei ~/.virtlib/qemu/name.xml nachlesen. man virt-install dokumentiert unzählige Optionen, um die Einstellungen bei Bedarf zu verändern.

virt-install wird ohne root-Rechte ausgeführt. (Wenn Sie das Kommando als root ausführen, wird die virtuelle Maschine auf KVM-Systemebene erzeugt, was selten zweckmäßig ist.)

Das folgende Beispiel zeigt den Start einer Linux-Installation. Achten Sie darauf, die Image-Datei im RAW-Format zu erzeugen – die libvirt-Werkzeuge haben momentan (Herbst 2010) große Probleme mit anderen Image-Formaten.

```
user$  qemu-img create image.raw 10G
user$  virt-install --name vmname --ram 384 --cdrom install.iso --disk image.raw
```

Die eigentliche Installation des Betriebssystems erfolgt in einem virt-viewer-Fenster via VNC. Stellen Sie sicher, dass das Programm virt-viewer installiert ist! Sollte das nicht der Fall sein, können Sie die VNC-Verbindungsdaten mit dem virsh-Kommando vncdisplay ermitteln und die Installation mit einem beliebigen anderen VNC-Client durchführen.

Eine VNC-Verbindung ist aus Sicherheitsgründen nur vom lokalen Rechner erlaubt. Wenn Sie die Installation auf einem anderen Rechner via VNC steuern möchten, müssen Sie mit den Optionen --vnclisten n.n.n.n die IP-Adresse des Hostrechners angeben (oder 0.0.0.0, um den Zugriff von jedem beliebigen anderen Rechner zuzulassen).

Migration von KVM zu libvirt

Es ist möglich, eine mit kvm eingerichtete virtuelle Maschine mit dem Virtual Machine Manager bzw. mit anderen libvirt-Werkzeugen weiterzuverwenden. Der Migration ist aber nicht ohne Tücken.

Falls Sie die Image-Datei in einem anderen Format als raw eingerichtet haben, sollten Sie die Datei in ein raw-Image umwandeln. Nach meinen Erfahrungen haben die libvirt-Werkzeuge momentan große Probleme im Umgang mit qcow2-Images. Diverse Fehler sind in den Bug-Datenbanken von Ubuntu, Fedora etc. dokumentiert, sodass immerhin die Hoffnung besteht, dass libvirt in Zukunft wieder besser mit dem QCOW2-Format harmonieren wird. Zur Konvertierung von QCOW2 nach RAW führen Sie das folgende Kommando aus:

```
user$  qemu-img convert -f qcow2 image.qcow2 -O raw image.raw
```

Anschließend führen Sie die Migration wie folgt durch:

```
user$  virt-install --name name --ram n --disk image.raw --import
```

Die virtuelle Maschine wird sofort gestartet. Wenn virt-viewer installiert ist, wird die Maschine dort angezeigt.

Das Network-Device bekommt beim Import eine neue MAC-Adresse. Das kann dazu führen, dass in der virtuellen Maschine aus eth0 das Device eth1 wird. Dieses ist nicht konfiguriert, und somit hat die virtuelle Maschine keine Netzwerkverbindung mehr. Abhilfe: Passen Sie innerhalb der virtuellen Maschine entweder die für die eth-Nummerierung verantwortlichen udev-Regeln an (siehe Seite 772), oder führen Sie für den neuen Devicenamen abermals eine Netzwerkkonfiguration durch.

virsh

Mit dem Kommando virsh starten Sie eine Shell zur Verwaltung der virtuellen Maschinen, die libvirt bekannt sind (die also zuvor mit virt-install oder mit dem Virtual Machine Manager eingerichtet wurden).

Der Umgang mit virsh ist einfach: Sie starten die Shell, stellen die Verbindung zu libvirtd her und führen dann Administrationskommandos aus:

```
user$  virsh
Willkommen bei virsh, dem interaktiven Virtualisierungsterminal.
```

```
virsh # connect qemu:///session

virsh # list --all
 Id Name                 Status
----------------------------------
  1 userver              laufend
  - fedora               ausschalten
  - ubuntu1004           ausschalten

virsh # start fedora
Domain fedora gestartet

virsh # vncdisplay fedora
:1

virsh # exit
```

Im Folgenden sind nur einige elementare virsh-Kommandos beschrieben. man virsh dokumentiert mindestens hundert weitere Kommandos! Beachten Sie, dass virtuelle Maschinen in der virsh-Nomenklatur »Domänen« heißen.

connect qemu:///session
: stellt eine gewöhnliche Benutzerverbindung zu libvirtd her. Auf diese Weise können eigene virtuelle Maschinen verwaltet werden.

connect qemu:///system
: stellt eine root-Verbindung zu libvirtd her. Das ist nur erforderlich, wenn globale KVM-Optionen oder virtuelle Netzwerke verändert werden sollen.

list [--inactive oder --all]
: listet alle laufenden virtuellen Maschinen auf. Wenn Sie nur die gerade nicht aktiven oder überhaupt alle Maschinen auflisten möchten, geben Sie die Optionen --inactive oder --all an.

start *name*
: startet die angegebene virtuelle Maschine. Wenn Sie mit der Maschine im Grafikmodus kommunizieren möchten, verwenden Sie dazu entweder einen VNC-Client (die Verbindungsdaten ermittelt das virsh-Kommando vncdisplay, siehe unten) oder das Programm virt-viewer.

suspend/resume *name*
: stoppt die angegebene virtuelle Maschine vorübergehend bzw. setzt die Ausführung wieder fort. Die gestoppte virtuelle Maschine beansprucht weiterhin RAM! Es wird also nur die virtuelle CPU angehalten.

shutdown/reboot *name*
: fährt die virtuelle Maschine herunter bzw. startet sie neu. Die virtuelle Maschine erhält via ACPI ein Shutdown-Signal. Es ist allerdings der virtuellen Maschine überlassen, ob sie auch darauf reagiert. Wenn das nicht der Fall ist, hilft in der Regel die Installation des Pakets acpid in der virtuellen Maschine. (Stellen Sie sicher, dass acpid tatsächlich durch das Init-System gestartet wird!)

`save` *name dateiname*
: speichert den Zustand der virtuellen Maschine (also im Wesentlichen den Inhalt des RAMs) in einer Datei und stoppt dann die Ausführung der Maschine.

`restore` *dateiname*
: aktiviert die zuvor gespeicherte virtuelle Maschine wieder. Die Zustandsdatei kann anschließend gelöscht werden.

`destroy` *name*
: beendet die virtuelle Maschine sofort. Das ist so, als würden Sie bei Ihrem Rechner das Stromkabel ausstecken, und es kann dieselben Folgen haben (also ein zerstörtes Dateisystem etc.)!

`undefine` *name*
: löscht die XML-Datei, die die virtuelle Maschine beschreibt. Die Image-Datei mit der virtuellen Festplatte bleibt erhalten.

`autostart [--disable]` *name*
: gibt an, dass die virtuelle Maschine während des Bootprozesses des Hostrechners automatisch gestartet werden soll. Mit der Option `--disable` wird der automatische Start wieder abgestellt. Der automatische Start funktioniert nur für Maschinen, die auf Systemebene eingerichtet werden (`qemu:///system`). Auf Session-Ebene werden `autostart`-Maschinen dagegen erst gestartet, wenn mit `virsh` zum ersten Mal eine Verbindung zu `libvirtd` hergestellt wird.

`console` *name*
: ermöglicht die Bedienung der angegebenen virtuellen Maschine direkt in der Konsole. Das setzt voraus, dass in der virtuellen Maschine ein `getty`-Prozess für die serielle Schnittstelle /dev/ttyS0 läuft. Um die Verbindung zu beenden, drücken Sie [Strg]+[]].

`ttyconsole` *name*
: gibt an, über welches Device des Host-Computers die serielle Schnittstelle des Gastsystems zugänglich ist (z. B. `/dev/pts/5`). Sie können nun in einem Terminalfenster `socat - /dev/pts/5` ausführen und dann mit der virtuellen Maschine kommunizieren (ganz ähnlich wie beim oben beschriebenen `console`-Kommando). Vorher muss in der Regel das Paket `socat` installiert werden.

`vncdisplay` *name*
: liefert die IP-Adresse (leer für `localhost`) und Portnummer für die VNC-Anzeige der virtuellen Maschine. Sie können nun einen beliebigen VNC-Client (z. B. Vinagre) starten, um mit der virtuellen Maschine zu interagieren. (Am KVM-Host können Sie stattdessen auch `virt-viewer` *name* ausführen.)

  Aus Sicherheitsgründen funktioniert der VNC-Zugang nur von `localhost`. Ändern Sie gegebenenfalls `/etc/libvirt/qemu.conf` (global für alle Maschinen), oder fügen Sie in der XML-Datei der virtuellen Maschine das Attribut `listen='1.2.3.4'` in das Element `<graphics type='vnc' ...>` ein (wobei Sie die IP-Adresse des Host-Rechners oder 0.0.0.0 angeben).

`edit` *name*
: lädt die XML-Datei zur Beschreibung der virtuellen Maschine in einen Editor (normalerweise Vi, es sei denn, die Umgebungsvariable `$EDITOR` verweist auf einen anderen Editor).

virt-viewer

`virt-viewer` ist ein VNC-Client zur Darstellung des Bildschirminhalts sowie zur Kommunikation mit einer virtuellen Maschine. `virt-viewer` *name* stellt die Verbindung zu einer laufenden virtuellen Maschine her. Das setzt voraus, dass die virtuelle Maschine VNC nutzt.

Statt `virt-viewer` können Sie natürlich auch jeden beliebigen anderen VNC-Client einsetzen. Der einzige Unterschied besteht darin, dass Sie zuerst mit dem `virsh`-Kommando `vncdisplay` die Verbindungsdaten ermitteln müssen. Beachten Sie, dass weder in `virt-viewer` noch in anderen VNC-Clients die aus dem QEMU-Fenster bekannten Tastenkürzel gelten!

Virtual Machine Manager

Anstatt virtuelle Maschinen mit `virt-install` einzurichten, mit `virsh` zu administrieren und mit `virt-viewer` zu steuern, können Sie all diese Schritte auch mit dem Virtual Machine Manager durchführen (siehe Abbildung 33.3). Dieses Programm ist eine grafische Benutzeroberfläche zu den wichtigsten `libvirt`-Werkzeugen.

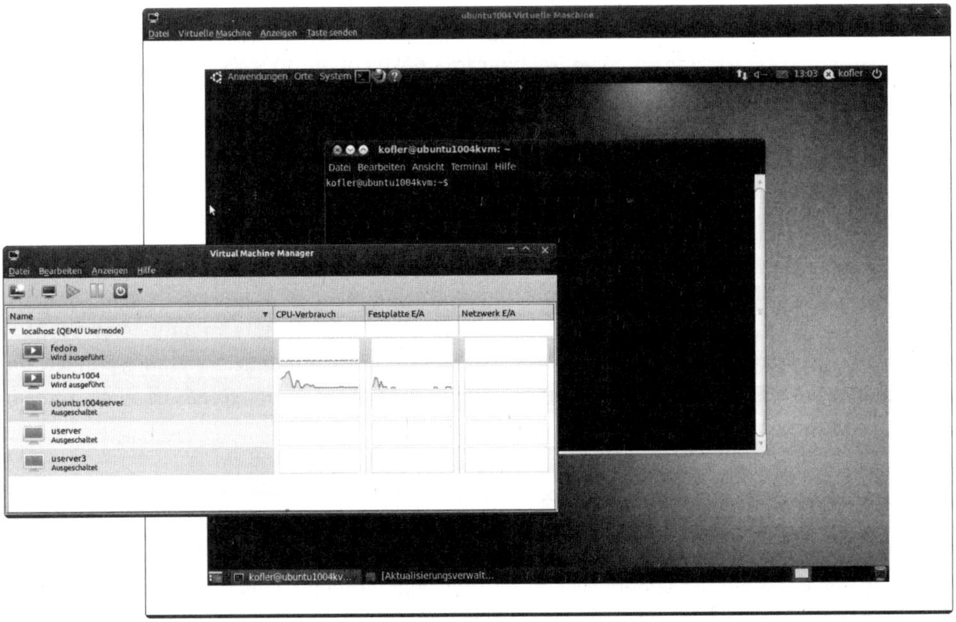

Abbildung 33.3: **Der Virtual Machine Manager**

Wenn Sie die Konzepte von KVM und der `libvirt`-Werkzeuge verstanden haben, ist die Bedienung des Virtual Machine Managers relativ einfach (wenn auch nicht so intuitiv wie bei VirtualBox). Ein wenig irritierend ist der Umstand, dass die Einstellungen und die Anzeige des aktuellen Bildschirminhalts einer virtuellen Maschine im selben Fenster erfolgen. Mit ANZEIGEN|KONSOLE bzw. ANZEIGEN|DETAILS schalten Sie zwischen diesen beiden Darstellungsmodi um.

(Virtuelle) Hardware-Komponenten von virtuellen Maschinen können vielfach nicht direkt verändert werden. Stattdessen müssen Sie die betreffende Komponente (z. B. einen Netzwerkadapter) zuerst entfernen und dann mit HARDWARE HINZUFÜGEN neu definieren. Wenn Sie im Virtual Machine Manager neue Image-Dateien einrichten, werden diese standardmäßig im Verzeichnis `/var/lib/libvirt/` gespeichert.

Bei Fedora ist der Virtual Machine Manager so eingerichtet, dass er standardmäßig eine Verbindung zu `qemu:///system` herstellt. Dazu ist das root-Passwort erforderlich. Bei Ubuntu ist hingegen kein Passwort nötig: Der Virtual Machine Manager greift dafür nur auf lokale Ressourcen zurück (`qemu:///session`).

33.4 Integration der virtuellen Maschinen in das LAN (Netzwerkbrücke)

Standardmäßig verwendet KVM ein sogenanntes Usermode-Networking. Den virtuellen Maschinen wird dabei via DHCP eine IP-Adresse im Bereich 10.0.2.* zugewiesen. Der Host-Rechner dient mit der IP-Adresse 10.0.2.2 als Gateway ins Internet (vorausgesetzt natürlich, der Host-Rechner hat Internetzugang). Die Gäste können zudem mit dem Host über dessen Adresse 10.0.2.2 kommunizieren. Davon abgesehen, können die KVM-Gäste aber nicht auf Netzwerkdienste im lokalen Netzwerk zugreifen, und umgekehrt können auch die Rechner im LAN nicht mit KVM-Gästen kommunizieren.

Damit Sie auf KVM-Gästen Server-Dienste für das lokale Netzwerk anbieten können, brauchen Sie eine (virtuelle) Netzwerkbrücke (Bridge), die die virtuellen Netzwerkadapter der KVM-Maschinen mit dem physikalischen Netzwerkadapter des Host-Rechners verbindet.

Um die Brücke zu bauen, verwenden Sie die Werkzeuge aus dem Paket `bridge-utils`. Die Konfigurationsdetails variieren aber wie üblich von Distribution zu Distribution. Im Folgenden beziehe ich mich auf Ubuntu. Wenn Sie mit Fedora arbeiten, finden Sie hier eine Anleitung:

http://www.howtoforge.com/virtualization-with-kvm-on-a-fedora-11-server

Ganz egal, mit welcher Distribution Sie arbeiten: Stellen Sie sicher, dass der Network Manager deaktiviert ist (siehe Seite 795)!

Konfiguration der Netzwerkbrücke (Ubuntu)

Bei Ubuntu erfolgt die Konfiguration durch die Datei `/etc/network/interfaces`. Die dort vorhandenen Zeilen zur manuellen Konfiguration der Schnittstelle zum LAN (in diesem Beispiel also `eth1`) müssen dahingehend geändert werden, dass diese Schnittstelle nun manuell gesteuert werden kann. Dafür wandern die entsprechenden Konfigurationseinstellungen nun in die Beschreibung des Interfaces `br0` (oder wie auch immer Sie die Brücke benennen). In diesem Beispiel ist 10.0.0.138 das Gateway und der DHCP-Server des lokalen Netzwerks. Der Bridge selbst wird die IP-Adresse zugewiesen, die bisher der Host-Rechner innehatte (10.0.0.120). Vergessen Sie nicht, dass `/etc/resolv.conf` die Adresse des Nameservers enthalten muss!

```
# Datei /etc/interfaces/network (Ubuntu)

# Loopback-Netzwerkschnittstelle (unverändert)
auto lo
iface lo inet loopback
```

```
# Schnittstelle zum LAN (manuell)
auto eth1
iface eth1 inet manual

# Brücke zu eth1
auto br0
iface br0 inet static
       address 10.0.0.120
       network 10.0.0.0
       netmask 255.255.255.0
       broadcast 10.0.0.255
       gateway 10.0.0.138
       bridge_ports eth1
```

Mit /etc/init.d/networking restart starten Sie das Netzwerk neu. Die Brücke br0 hat nun die IP-Adresse 10.0.0.120 und überträgt die IP-Pakete an den physikalischen Netzwerkadatper eth1. Falls die Brücke ihre IP-Adresse via DHCP beziehen soll, vereinfacht sich die Konfiguration der Schnittstelle br0:

```
# Datei /etc/interfaces/network
# Loopback-Netzwerkschnittstelle (unverändert)
auto lo
iface lo inet loopback

# Schnittstelle zum LAN (manuell)
auto eth1
iface eth1 inet manual

# Brücke zu eth1
auto br0
iface br0 inet dhcp
       bridge_ports eth1
```

Konfiguration der virtuellen Maschine

Beim Einrichten der virtuellen Maschine verwenden Sie die Option --net bridge:br0, wobei Sie statt br0 den Device-Namen der Netzwerkbrücke angeben:

```
root# qemu-img create image.raw 10G
root# virt-install --name vmname --ram 384 --cdrom install.iso \
                   --disk image.raw --net bridge:br0
```

Entscheidend ist, dass virt-install mit root-Rechten ausgeführt und die virtuelle Maschine auf KVM-Systemebene eingerichtet wird (also qemu:///system). Der Grund: Die Netzwerkkommunikation zwischen dem Host-Rechner und dem KVM-Gast erfolgt durch sogenannte TUN/TAP-Devices. Dabei handelt es sich um vom Kernel simulierte Netzwerkschnittstellen, die sowohl bei der erstmaligen Installation als auch bei jedem nachfolgenden Start eingerichtet werden müssen. Die libvirt-Werkzeuge kümmern sich zum Glück um alle Details, können ihre Arbeit aber nur mit root-Rechten verrichten.

33.5 Direkter Zugriff auf die Dateisysteme einer Image-Datei

Bisweilen kommt es vor, dass Sie den Inhalt eines Dateisystems einer virtuellen Maschine lesen oder ändern möchten, ohne die virtuelle Maschine zu starten. Das ist beispielsweise dann erforderlich, wenn sich die virtuelle Maschine aus irgendeinem Grund nicht mehr starten lässt und Sie Reparaturarbeiten durchführen müssen.

Falls die Image-Datei nicht im RAW-Format vorliegt, müssen Sie die Datei in dieses Format umwandeln:

```
user$  qemu-img convert -f qcow2 image.qcow2 -O raw image.raw
```

Danach verwenden Sie das Kommando kpartx aus dem gleichnamigen Paket, um die in der RAW-Datei enthaltenen Partitionen mit Loop-Devices zu verbinden:

```
root#  kpartx -av image.raw
add map loop0p1 (252:12): 0 1024000 linear /dev/loop0 2048
add map loop0p2 (252:13): 0 19945472 linear /dev/loop0 1026048
```

Soweit es sich um normale Partitionen handelt, können Sie diese nun direkt mit mount in das Dateisystem einbinden:

```
root#  mkdir /kvm-image-part1
root#  mount /dev/mapper/loop0p1 /kvm-image-part1
```

Wenn Sie in der virtuellen Maschine LVM konfiguriert haben, stehen die resultierenden Physical und Logical Volumes sowie Volume Groups direkt zur Verfügung. Listen der LVM-Elemente liefern lvscan, pvscan und vgscan. Der Zugriff auf die LVs setzt voraus, dass auf dem Host-System die LVM-Werkzeuge installiert sind.

```
root#  lvscan
ACTIVE            '/dev/VolGroup/lv_root' [7,56 GiB] inherit
ACTIVE            '/dev/VolGroup/lv_swap' [1,94 GiB] inherit
...
root#  mkdir /kvm-image-part2
root#  mount /dev/VolGroup/lv_root /kvm-image-part2
```

Nun können Sie über die Verzeichnisse kvm-image-part*n* auf die Dateisysteme in der virtuellen KVM-Festplatte zugreifen. Wenn Sie damit fertig sind, müssen Sie aufräumen:

```
root#  umount /kvm-image-part1
root#  umount /kvm-image-part2
root#  kpartx -dv image.raw
```

Hinweis

Bei meinen Experimenten hatte ich Probleme, einmal aktivierte Physical Volumes zu deaktivieren. kpartx -dv **lieferte deswegen die Fehlermeldung** ***device or resource busy*. Abhilfe: Ermitteln Sie mit** dmsetup info **eine Liste aller aktiven Volume Groups, und deaktivieren Sie dann die Volume Group des KVM-Images mit** dmsetup remove [-f] *devicename* **(in meinem Fall** loop0p2**). Anschließend sollte ein neuerlicher Aufruf von** kpartx -dv **zum Erfolg führen.**

Teil 6

Distributionsspezifische Details

34. Debian 6

Keine Distribution steht so sehr für das »reine« Linux wie Debian – und das aus mehreren Gründen:

» Die Entwicklung von Debian erfolgt ausschließlich durch eine freie Entwicklergemeinde. Hinter Debian stehen weder eine Firma noch kommerzielle Interessen, sondern (laut Wikipedia) über 1000 Entwickler, von denen die meisten ehrenamtlich für Debian arbeiten. In logischer Konsequenz ist sowohl Debian an sich als auch der Zugang zu Updates vollkommen frei.

» Zu den zentralen Zielen Debians zählt es, dass die Distribution wirklich »frei« im Sinne der Open-Source-Idee bleibt. Die Integration von Binärtreibern oder kommerzieller Software ohne frei verfügbaren Quellcode ist selbstverständlich tabu. Die Debian-Entwickler diskutieren aber auch darüber, ob es vertretbar ist, Firmware-Dateien für Hardware-Geräte mitzuliefern, wenn es dafür keinen Open-Source-Code gibt. Auch die Weitergabe von Dokumentation und Bildern, deren Lizenz unklar oder inkompatibel zur GPL ist, ist umstritten.

» Bei Debian sind Stabilität und Sicherheit wichtiger als neue Installationen. Deswegen hinkt eine gewöhnliche Debian-Installation dem aktuellen Entwicklungsstand bei nahezu allen wichtigen Komponenten (Kernel, Xorg, Gnome, KDE, OpenOffice, Netzwerk-Dienste etc.) immer ein bis zwei Versionsnummern hinterher. Wer aktuellere Versionen benötigt, kann diese aus den *unstable*-Paketquellen installieren.

» Debian unterstützt wesentlich mehr Hardware-Plattformen als jede andere Distribution. Auch das ist ein Grund dafür, dass die Entwicklung einer neuen Debian-Version oft länger dauert als geplant.

» Die Leitung des Debian-Projekts erfolgt durch eine demokratische Organisation, deren Führungsmitglieder regelmäßig gewählt werden. Die Spielregeln sind in einem »Gesellschaftsvertrag« formuliert:

  http://www.debian.org/social_contract.de.html

  Dieser Gesellschaftsvertrag enthält auch »Richtlinien für Freie Software« (DFSG = *Debian Free Software Guidelines*). Diese Richtlinien formulieren Kriterien, die ein Software-Projekt erfüllen muss, damit es Teil der offiziellen Debian-Pakete werden kann.

Debian hat im Linux-Server-Segment laut einer Anfang 2009 durchgeführten c't-Umfrage einen Marktanteil von beinahe 50 Prozent in deutschen Unternehmen. Dafür gibt es mehrere Gründe: Debian hat sich einen Ruf als sicheres System erarbeitet, es ist kostenlos verfügbar, und es lässt sich dank des Debian-Paketsystems über viele Jahre ohne Neuinstallation immer wieder aktualisieren.

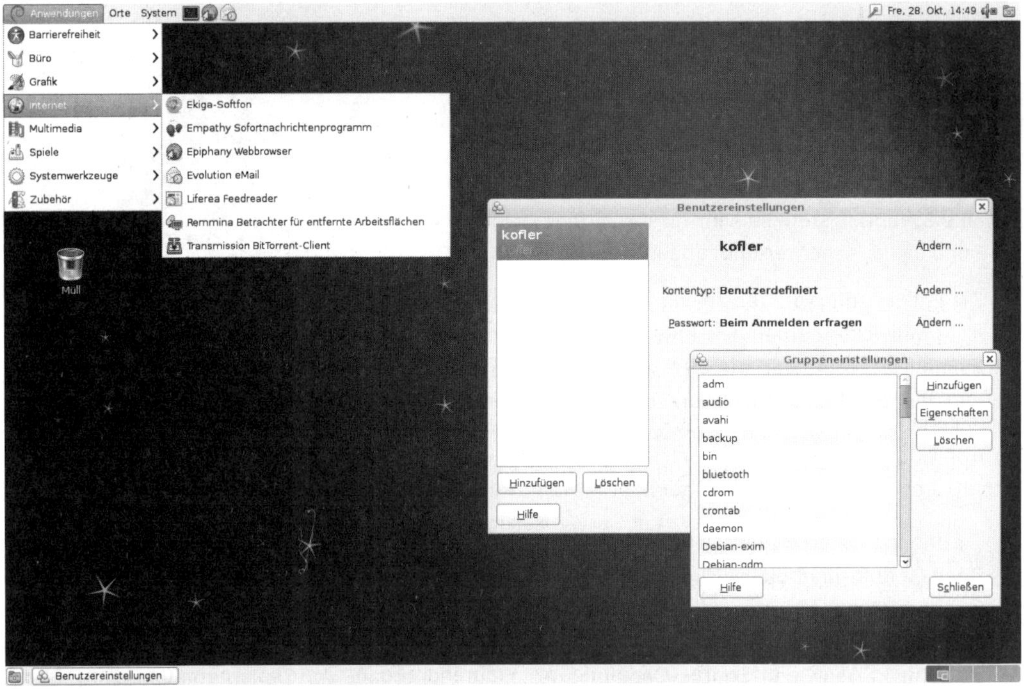

Abbildung 34.1: **Der Debian-Desktop**

Im Desktop-Segment war Debian nie so präsent. Das liegt unter anderem daran, dass Debian noch immer den Ruf hat, dass es schwieriger zu installieren sei als andere Distributionen. Das stimmt aber schon lange nicht mehr: Schon seit Version 4 bietet auch Debian ein grafisches Installationsprogramm. Auch die Benutzeroberfläche ist ähnlich zu bedienen wie die anderer auf Gnome basierender Distributionen.

Im Vergleich zu Ubuntu oder Fedora macht Debian auf dem Desktop aber einen antiquierten Eindruck. Die zum Einsatz kommenden Versionen von Gnome, KDE, OpenOffice oder Firefox mögen stabil sein, aber sie sind zum Teil schon mehrere Jahre alt. Abhilfe kann der Umstieg auf die *Testing*- oder *Unstable*-Pakete schaffen – aber dann ist es in der Regel einfacher, gleich Ubuntu oder Fedora zu installieren.

Die Bedeutung von Debian reicht weit über das hinaus, was sich in Marktanteilen messen lässt: Debian ist ein wichtiges und unverzichtbares Fundament für zahlreiche andere Distributionen, allen voran für das gerade erwähnte Ubuntu. Viele Debian-Werkzeuge, angefangen bei der Paketverwaltung, haben Eingang in zahlreiche andere Distributionen gefunden.

Umfassende Informationen zu Debian finden Sie auf dessen Website:

http://www.debian.org

Werfen Sie auch einen Blick in das *Debian GNU/Linux Anwenderhandbuch* von Frank Ronneburg, das vollständig online verfügbar ist:

http://www.debiananwenderhandbuch.de/

Kritik

Allen Errungenschaften zum Trotz gibt es natürlich auch Kritik an Debian. Heiß umstritten sind insbesondere die oft jahrelangen Release-Zyklen, die durch interne Querelen um bisweilen fast schon philosophische Details regelmäßig noch größer werden als ursprünglich geplant. Ubuntu hat bewiesen, dass es auf der Basis der Debian-Pakete möglich ist, halbjährlich aktuelle Versionen zu veröffentlichen. Und gerade der große Erfolg von Ubuntu irritiert manche Debian-Entwickler, weil es den Anschein hat, als würde Ubuntu dank einer besseren Vermarktung gewissermaßen die Ernte Debians einfahren.

Versionen/ Varianten

Im Vergleich zu anderen Distributionen verzichtet Debian dankenswerterweise auf unzählige Distributionsvarianten. Es gibt nur ein Debian, das aus einem Pool von rund 30.000 Paketen besteht. Die genaue Anzahl variiert je nach CPU-Architektur. Je nachdem, welches Installationsmedium Sie einsetzen, müssen Sie bei Bedarf mehr oder weniger Pakete aus dem Internet herunterladen.

Die Installation des Grundsystems kann wahlweise von einer oder mehreren DVDs, von einer ganzen Serie von CDs oder von einer Netzwerkinstallations-CD (`netinst`-Image, rund 170 MByte) erfolgen. Diese CD enthält nur das Installationsprogramm. Alle Pakete werden während der Installation aus dem Internet oder von einem lokalen Server heruntergeladen. Wenn Sie normalerweise die ISO-Images von CDs oder DVDs herunterladen und die Datenträger selbst brennen, sollten Sie diese Installationsvariante in Erwägung ziehen: Sie müssen nur eine CD brennen und nur die Pakete herunterladen, die Sie tatsächlich brauchen.

Beeindruckend ist die Hardware-Unterstützung: Während andere Distributionen zumeist nur zwei oder drei CPU-Plattformen unterstützen, sind es bei Debian momentan neun: amd64, ARM (Armel), i386, IA64, Mips, Mipsel, PPC, S390 und Sparc. Für die Architekturen i386 und amd64 gibt es nicht nur Installations-, sondern auch Live-CDs.

Außerdem gibt es mit kfreebsd-i386 und -amd64 zwei neue Debian-Varianten für i386- bzw. amd64-Systeme, die den BSD-Kernel anstelle von Linux verwenden. Diese beiden Versionen werden als *Technology Preview* bezeichnet, sind also noch nicht so ausgereift wie die anderen Varianten.

Dieses Kapitel bezieht sich auf das seit Februar 2011 verfügbare Debian 6 »Squeeze«, wobei ich die meisten Tests mit der amd64-Version durchgeführt habe (die selbstverständlich auch auf aktuellen Intel-Prozessoren mit 64-Bit-Unterstützung läuft). Leider sind die mitgelieferten Software-Versionen nicht mehr besonders aktuell (siehe Tabelle 34.1).

BASIS	VERSION	DESKTOP	VERSION	SERVER	VERSION
Kernel	2.6.32	Gnome	2.30	Apache	2.2
gcc	4.4	KDE	4.4	MySQL	5.1
glibc	2.11	Firefox (Iceweasel)	3.5	OpenSSH	5.5
X-Server	1.7	Gimp	2.6	PHP	5.3
GRUB	1.98	OpenOffice	3.2	Samba	3.5
Init-V	2.88				

Tabelle 34.1: **Software-Versionen in Debian 6**

Neu in Debian 6

Die wahrscheinlich wichtigste und auf jeden Fall am heftigsten diskutierte Neuerung in Debian 6 »Squeeze« besteht darin, dass nun standardmäßig keine Dateien mehr mitgeliefert werden, die nicht vollkommen frei im Sinne der Debian-Philosophie sind. Das betrifft unter anderem die Firmware-Dateien für diverse Hardware-Komponenten (z. B. Grafikkarten, SCSI-Controller, WLAN-Adapter). Diese Dateien befinden sich nun in der `non-free`-Paketquelle, können also problemlos nachinstalliert werden. Die Debian-Entwickler haben auch für den Fall vorgesorgt, dass Sie die Treiber bereits während der Installation benötigen (siehe den folgenden Abschnitt zur Installation).

DKMS Debian 6 verwendet nun wie Fedora und Ubuntu DKMS, um Kernelmodule nach einem Kernel-Update neu zu kompilieren (siehe Seite 722). DKMS ist standardmäßig installiert.

GRUB 2 Bei Neuinstallationen kommt standardmäßig GRUB 2 zum Einsatz. Wenn Sie Debian hingegen von »Lenny« auf »Squeeze« aktualisieren, belässt das Update-Programm GRUB 0.97 als primären Bootloader. GRUB 2 wird ebenfalls installiert. Beim Start von Debian 6 verzweigt GRUB 0.97 in GRUB 2 (*chain load*). Wenn Sie Ihr System vollständig auf GRUB 2 umstellen möchten, führen Sie das Kommando `update-from-grub-legacy` aus.

libc Statt der originalen glibc-Bibliotheken kommt in Debian die dazu kompatible Bibliothek eglibc zum Einsatz. Die Hintergründe dieses Schritts sind hier beschrieben:

http://lwn.net/Articles/332000

Textkonsolen Zur Konfiguration des Tastaturlayouts und der Schriftart in Textkonsolen kommt in Debian 6 nun wie in Ubuntu das Paket `console-setup` zum Einsatz (siehe ab Seite 436).

Weitere Neuerungen Weitere Neuerungen sowie Tipps zur Installation und zum Update sind in den Release Notes zusammengefasst:

http://www.debian.org/releases/squeeze/amd64/release-notes/ch-upgrading.de.html

34.1 Installation

Wie üblich beginnen Sie die Installation, indem Sie Ihren Rechner neu starten und die Debian-CD oder -DVD einlegen. Auf der Willkommensseite geben Sie an, welche Installationsvariante Sie nutzen möchten:

INSTALL	Standardinstallation im Textmodus
GRAPHICAL INSTALL	Standardinstallation im Grafikmodus
ADVANCED OPTIONS	Installation für Experten, KDE-Installation, Rescue-System etc.
HELP	Hilfetexte (Drücken Sie [F2] bis [F10].)

Standardmäßig startet das Installationsprogramm im Textmodus. Diese Installationsform ist nahezu identisch mit der von Ubuntu-Alternate-CDs (siehe Seite 1060). Das ist kein Zufall – Ubuntu hat das Installationsprogramm mit wenigen Änderungen von Debian übernommen.

Seit Version 4 gibt es auch die Möglichkeit, die Installation im Grafikmodus auszuführen. Diese Installationsvariante bietet zwar keine zusätzlichen Funktionen, sieht aber wesentlich ansprechender aus. Während der Installation können Sie das aktuelle Aussehen des Installationsprogramms dank eines dafür vorgesehenen Buttons in Screenshots dokumentieren. Die Screenshots werden im Verzeichnis `/var/log` gespeichert, gehen aber beim Neustart des Rechners am Ende der Installation verloren. Um die Bilder zu archivieren, wechseln Sie vor dem Neustart in eine Textkonsole und kopieren die Dateien nach `/target/root` oder in ein anderes Verzeichnis Ihrer Wahl.

Wenn Sie Hardware-Probleme haben, führen Sie ADVANCED OPTIONS|EXPERT INSTALL aus. Sie können nun ganz genau Einfluss auf die einzelnen Installationsschritte und insbesondere auf das Laden von Kernelmodulen nehmen. (Das setzt natürlich einiges Linux-Know-how voraus.)

Normalerweise wird Debian mit dem Gnome-Desktop installiert. Wenn Sie ein anderes Desktop-System wünschen, führen Sie ADVANCED OPTIONS|ALTERNATIVE DESKTOP ENVIRONMENTS aus. Zur Wahl stehen KDE, LXDE und Xfce.

Installation im Grafikmodus

Im Folgenden gehe ich davon aus, dass Sie sich für eine Standardinstallation im Grafikmodus entschieden haben. Die ersten Schritte betreffen die Einstellung der Sprache und des Tastaturlayouts. Nach der Erkennung der CD erfolgt die Netzwerkkonfiguration. Falls Ihr Rechner über mehrere Netzwerkschnittstellen verfügt, müssen Sie die richtige auswählen. Sofern Ihr Rechner an einen lokalen Server oder einen ADSL-Router mit DHCP-Server angeschlossen ist, erfolgt die weitere Netzwerkkonfiguration automatisch. Andernfalls müssen Sie die gewünschte IP-Adresse, das Gateway etc. selbst angeben.

Partitionierung der Festplatte

Debian stellt im Prinzip dieselben Partitionierungsvarianten zur Auswahl wie Ubuntu (siehe Seite 1061). Wenn Sie die Partitionierung selbst vornehmen möchten, wählen Sie den Punkt MANUELL. Das Installationsprogramm zeigt nun eine Liste aller verfügbaren Partitionen an. Vorhandene Partitionen wählen Sie per Doppelklick aus. Neue Partitionen erstellen Sie, indem Sie den Punkt FREIER SPEICHER am Ende der Liste anklicken. Sie können übrigens auch vorhandene Windows-Partitionen verkleinern, um so Platz für neue Linux-Partitionen zu schaffen.

Die verschachtelten Dialoge zur Bearbeitung der Partitionen sind leider vollkommen unübersichtlich und machen von den Möglichkeiten einer grafischen Benutzeroberfläche wenig Gebrauch. Die Bedienung gelingt erst, sobald Ihnen klar wird, dass viele Texte als Menükommandos zu interpretieren sind und beim Anklicken zu weiteren Dialogen führen. Beispielsweise führt ein Mausklick auf die Zeile BENUTZEN ALS: NICHT BENUTZEN in eine Auswahlliste, in der Sie den Dateisystemtyp angeben.

Ein wenig befremdlich ist, dass sich Debian bei einer »geführten« (also automatischen) Partitionierung für ein `ext3`-Dateisystem auf der Sysmtempartition entscheidet, primär wegen der besseren Performance bei dpkg-Operationen. Alle anderen Distributionen setzen mittlerweile standardmäßig auf `ext4`, und auch Debian ist dazu natürlich in der Lage. Eine eigene Bootpartition ist nicht erforderlich, da Debian jetzt GRUB 2 als Bootloader verwendet.

Nicht empfehlenswert ist dagegen der ebenfalls mögliche Einsatz von `btrfs`: Der mit Debian 6 ausgelieferte Kernel enthält eine veraltete Version von `btrfs`, zu der Sie bei Problemen kaum Hilfe in der `btrfs`-Mailing-Liste erwarten können.

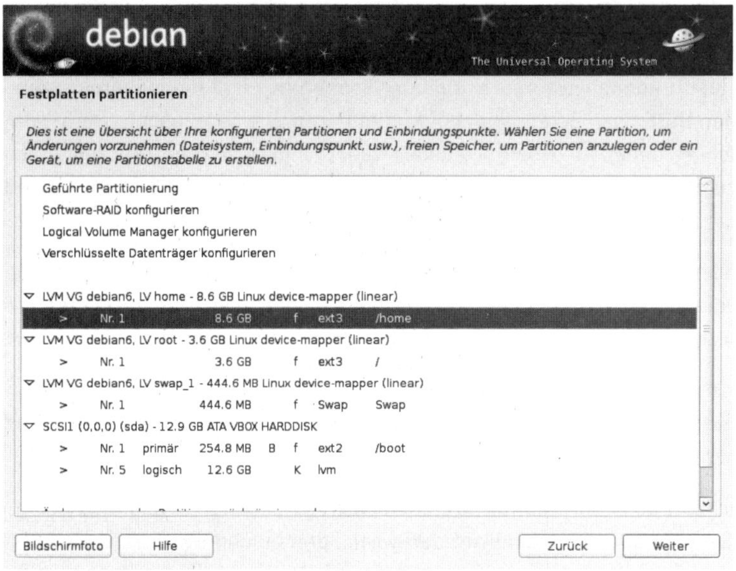

Abbildung 34.2: **Partitionierung der Festplatte**

Mit ANLEGEN DER PARTITION BEENDEN speichern Sie die Einstellungen der zuletzt bearbeiteten Partition. Anschließend können Sie eine weitere Partition bearbeiten oder die PARTITIONIERUNG BEENDEN und alle durchgeführten ÄNDERUNGEN ÜBERNEHMEN. Das Installationsprogramm zeigt eine Zusammenfassung der geplanten Änderungen an der Festplattenpartitionierung an und führt diese nach einer weiteren Bestätigung schließlich aus.

Ärger mit der Partitionierung

Beim Anlegen neuer Partitionen verändert das Installationsprogramm die Partitionstabelle unter Umständen so, dass es später sehr schwierig ist, weitere Partitionen anzulegen (insbesondere bei der Installation anderer Distributionen, z. B. Fedora oder SUSE). Von diesem Problem sind Sie nur betroffen, wenn Sie nach Debian weitere Betriebssysteme auf Ihrem Rechner installieren möchten – andernfalls können Sie die folgenden Ausführungen getrost ignorieren. Ich setze nun voraus, dass Sie wissen, was primäre, erweiterte und logische Partitionen sind und dass maximal drei primäre und eine erweiterte Partition pro Festplatte erlaubt sind (siehe Seite 45).

Das Problem besteht darin, dass das Installationsprogramm beim Anlegen einer neuen logischen Partition die erweiterte Partition anschließend genau auf das Maß verkleinert, das notwendig ist, um alle logischen Partitionen aufzunehmen. Das ist am einfachsten anhand eines Beispiels zu verstehen:

Nehmen Sie an, Ihre 160-GByte-Festplatte hat momentan eine primäre Partition sda1 (20 GByte), eine erweiterte Partition sda2 (140 GByte) und darin zwei logische Partitionen sda5 und sda6 (je 10 GByte). Insgesamt füllen sda1, sda5 und sda6 40 GByte. Die erweiterte Partition reicht bis zum Ende der Festplatte, sodass Sie darin beinahe beliebig viele logische Partitionen anlegen können – es sind ja noch 120 GByte frei. Nun erzeugen Sie mit dem Debian-Installationsprogramm zwei neue logische Partitionen: sda7 (10 GByte für das Root-Dateisystem) und sda8 (1 GByte für den Swap-Bereich). Das hat aber zur Folge, dass Debian die erweiterte Partition sda2 so weit verkleinert, dass sda5 bis sda8 gerade noch Platz haben.

Wenn Sie später weitere logische Partitionen erzeugen möchten, müssen Sie die erweiterte Partition wieder vergrößern. Dazu sind aber weder fdisk noch die Partitionierungswerkzeuge von SUSE oder Red Hat in der Lage! Nur die Partitionseditoren von Debian, Mandriva und Ubuntu können diese selbst geschaffenen Hürden überwinden. Solche Sackgassen kennt man sonst eigentlich nur von anderen Betriebssystemen ...

Der einfachste Ausweg besteht darin, entweder schon bei der Installation oder später in einem laufenden Debian-System eine zusätzliche logische Partition in maximaler Größe gleichsam als Platzhalter zu erzeugen. Diese Partition bleibt vorerst unbenutzt und hat nur den Zweck, dass die erweiterte Partition möglichst groß bleibt. Wenn Sie später eine andere Linux-Distribution installieren, löschen Sie zuerst die Platzhalterpartition und legen in dem nun frei werdenden Platz neue Partitionen an.

root-Passwort, Benutzer

Das Installationsprogramm richtet nun einige Basispakete ein. In den nächsten Dialogen geben Sie das Passwort für root ein und legen einen neuen Benutzer an.

Paketmanager konfigurieren

Im nächsten Dialog fragt das Installationsprogramm, welchen »Spiegelserver« es verwenden soll. Im Klartext heißt das: Sollen Pakete, die sich nicht auf den vorhandenen CDs/DVDs befinden, aus dem Internet von einem Mirror-Server heruntergeladen werden? Insbesondere bei einer Netzwerkinstallation (»netinst«-CD) ist dieser Punkt essenziell.

Anschließend können Sie angeben, ob Ihre Paketauswahl an einen zentralen Server gemeldet werden soll, um so die populärsten Debian-Pakete zu ermitteln. Im nächsten Dialog führen Sie eine grobe Software-Auswahl durch: Dabei stehen die Paketgruppen DESKTOP-UMGEBUNG, WEB-SERVER, DRUCK-SERVER, DNS-SERVER, DATEI-SERVER, MAIL-SERVER, SQL-DATENBANK, LAPTOP und STANDARD-SYSTEM zur Wahl.

Achten Sie darauf, dass Sie den Punkt DESKTOP-UMGEBUNG aktivieren – standardmäßig ist das nicht der Fall! Sie haben aber leider keinen Einfluss darauf, welche Desktop-Umgebung installiert wird (Gnome), welche SQL-Datenbank etc. Auch sonst müssen Sie mit der Installation weiterer Pakete warten, bis das Grundsystem läuft.

GRUB-Installation

Debian verwendet GRUB 2 als Bootloader. Das Installationsprogramm trägt in das GRUB-Menü automatisch alle anderen Betriebssysteme ein, die bereits installiert sind. Wenn Sie nicht wollen, dass GRUB in den Bootsektor der ersten Festplatte installiert wird, beantworten Sie die entsprechende Frage mit NEIN. Sie haben dann im nächsten Dialog die Möglichkeit, eine andere Partition anzugeben. Dabei ist sowohl die Linux-übliche Schreibweise /dev/sd*xy* als auch die GRUB-spezifische Nomenklatur (hd*n*,*m*) erlaubt. Nach der GRUB-Installation wird der Rechner neu gestartet.

X und Gnome installieren

Wenn Sie nach dem Neustart in der Textkonsole landen, haben Sie vermutlich vergessen, während der Paketauswahl den Eintrag DESKTOP-UMGEBUNG anzuklicken. Das ist aber kein Maleur! Loggen Sie sich als root ein, installieren Sie die Meta-Pakete xorg und gnome-desktop, und starten Sie dann den Display Manager:

```
root#  aptitude update
root#  aptitude install xorg gnome-desktop
root#  service gdm3 start
```

34.2 Konfiguration und Paketverwaltung

Konfigurationswerkzeuge Bei Debian werden Sie vergeblich nach distributionsspezifischen Konfigurationswerkzeugen suchen. Wenn man einmal von vereinzelten Konfigurations-Scripts absieht, die während der Paketinstallation bzw. zu einem späteren Zeitpunkt durch `dpkg-reconfigure` ausgeführt werden, überlässt Debian die Konfiguration dem Benutzer bzw. Debian-unabhängigen Programmen, die oft aus dem Gnome- oder KDE-Universum stammen. Für Linux-Einsteiger ist das natürlich ein Nachteil. Fortgeschrittene Linux-Anwender stört dieser Ansatz wenig, zumal sich die textbasierten Konfigurationsdateien wesentlich leichter von einem System auf ein anderes übertragen lassen.

Paketverwaltung Debian verwendet naturgemäß das selbst entwickelte Debian-Paketsystem. Dieses Paketsystem und seine wichtigsten Werkzeuge (dpkg, `apt-get`, `aptitude`, `synaptic`) finden weit über die Grenzen von Debian hinaus Anwendung und werden deswegen in Kapitel 20 ab Seite 471 losgelöst von diesem Kapitel behandelt. Beachten Sie, dass das bevorzugte Kommando zur Paketverwaltung im Textmodus `aptitude` und nicht `apt-get` ist (obwohl selbstverständlich auch `apt-get` funktioniert).

Paketgruppen Debian-Pakete sind in drei Gruppen eingeteilt:

» *Main:* Das sind die Basispakete von Debian. Der Quellcode dieser Pakete ist unter einer Lizenz verfügbar, die den strengen Regeln des Debian-Projekts entspricht. Das garantiert, dass die Nutzung und Weitergabe wirklich frei im Sinne der Open-Source-Idee ist.

» *Contrib:* Pakete dieser Gruppe sind ebenfalls samt Quellcode frei verfügbar. Die Pakete können allerdings nur in Kombination mit *Non-Free*-Paketen verwendet werden. Das betrifft z. B. alle Programme, die auf Bibliotheken aufbauen, deren Lizenz in irgendeiner Weise Einschränkungen unterliegt.

» *Non-Free:* Pakete dieser Gruppe sind zwar kostenlos, ihre Lizenz entspricht aber nicht dem Open-Source-Ideal des Debian-Projekts. Zu vielen *Non-Free*-Paketen steht überhaupt kein öffentlicher Quellcode zur Verfügung.

Zudem unterscheidet Debian zwischen *Stable-*, *Testing-* und *Unstable*-Paketen:

» Als *Stable* gelten nur die Pakete, die Bestandteil der aktuellen, offiziellen Debian-Distribution sind. Diese Pakete sind in der Regel stabil und sicher, aber nicht besonders aktuell.

» Aktuellere Versionen können Sie installieren, wenn Sie die *Unstable*-Paketquellen einrichten. Wie der Name bereits ausdrückt, setzen Sie damit zu einem gewissen Grad die Stabilität Ihres Systems aufs Spiel. (Aber auch Ubuntu greift überwiegend auf *Unstable*-Pakete zurück – zu viel Angst ist also nicht angebracht.) Die Summe der *Unstable*-Pakete stellt den aktuellen Debian-Entwicklungsstand dar.

» Sozusagen als Übergangsstadium zwischen *Stable* und *Unstable* sind die *Testing*-Pakete gedacht. *Unstable*-Pakete, bei denen zehn Tage lang keine kritischen Fehler entdeckt werden, landen automatisch in *Testing* (allerdings nur, wenn auch alle abhängigen Pakete frei von kritischen Fehlern sind!).

Die drei Zweige haben jeweils Debian-interne Codenamen: Momentan steht »Squeeze« für *Stable*, »Wheezy« für *Testing* und »Sid« für *Unstable*. Der Codename für *Unstable* bleibt immer gleich. Wenn die nächste Debian-Version fertig wird, bekommt sie den Namen »Squeeze«, und der *Testing*-Zweig erhält einen neuen Namen.

Je nach Entwicklungsstand kann es vorübergehend auch *Experimental*-Pakete geben, um fundamental neue Konzepte auszuprobieren.

sources.list

Damit aptitude, apt-get und synaptic Zugang zu allen *Stable*-Paketen haben, muss /etc/apt/sources.list die folgende Zeile enthalten. Dabei geben Sie statt ftp.at.debian.org einen geografisch nahe liegenden Mirror-Server an. Beachten Sie, dass nach einer Debian-Neuinstallation non-free nicht enthalten ist. Wenn Sie also Zugang zu *Non-Free*-Paketen wünschen, müssen Sie non-free hinzufügen!

```
# /etc/apt/sources.list
# Stable-Pakete
deb http://ftp.at.debian.org/debian/    squeeze           main contrib non-free
```

Falls Sie auch Quellcodepakete installieren möchten, kopieren Sie die obige Zeile und ersetzen deb durch deb-src.

Updates

Wenn Sie in Debian Gnome oder KDE nutzen, wird automatisch das Hintergrundprogramm update-notifier ausgeführt. Es informiert im Panel über verfügbare Updates. Ein Mausklick startet dann das Programm update-manager. Es zeigt eine Liste aller relevanten Updates und ermöglicht deren Installation mit einem einzigen Mausklick. In der Regel werden Updates sofort wirksam. Nur in seltenen Fällen, insbesondere nach Kernel-Updates, ist ein Neustart des Rechners erforderlich.

Updates stammen von einer eigenen Paketquelle, deren Einträge in /etc/apt/sources.list so aussehen:

```
# Ergänzung in /etc/apt/sources.list
# Updates für Stable (Squeeze) und Testing (Wheezy)
deb http://security.debian.org squeeze/updates  main contrib non-free
deb http://security.debian.org wheezy/updates main contrib non-free
```

Regelmäßige Sicherheits-Updates gibt es nur für *Main*-Pakete aus dem *Stable*-Zweig und mit Einschränkungen für *Main*-Pakete aus dem *Testing*-Zweig! Zu den *Contrib*- und *Non-Free*-Paketen aus dem *Stable*-Zweig werden nach Möglichkeit ebenfalls Updates zur Verfügung gestellt – diese Möglichkeit besteht aber nicht immer! Viele Pakete sind deswegen als *Contrib* oder *Non-Free* klassifiziert, weil sie außerhalb des Einflusses der Debian-Entwicklergemeinde stehen, der Code nicht öffentlich zugänglich ist oder das Kompilieren nicht allgemein verfügbare Werkzeuge erfordert. Daher können nur die jeweiligen Entwickler oder Firmen, die hinter *Contrib*- bzw. *Non-Free*-Paketen stehen, Updates veröffentlichen.

Für den *Unstable*-Zweig sind keine offiziellen Updates vorgesehen. Bekannte Fehler werden durch die Veröffentlichung einer neuen Version behoben.

Backports

Leider gibt es nur recht selten neue Versionen der Debian-Distribution. Um aktuelle Versionen populärer Programme unter Debian zu verwenden, lohnt es sich, die Backports-Paketquelle einzurichten. Dazu fügen Sie die folgende Zeile zu /etc/apt/sources.lst hinzu:

```
# in /etc/apt/sources.lst
deb http://backports.debian.org/debian-backports squeeze-backports main contrib non-free
```

Damit bei der Installation die Integrität der Pakete überprüft werden kann, müssen Sie auch den Schlüssel dieser Paketquelle installieren. apt-get bzw. aptitude warnen dabei, dass dieses Paket nicht authentifiziert werden kann.

```
root# aptitude update
root# aptitude install debian-backports-keyring
```

Um zu vermeiden, dass beim nächsten Update alle installierten Pakete durch neuere Backport-Versionen ersetzt werden, sind die Backports-Pakete standardmäßig so gekennzeichnet, dass sie eine geringere Priorität als normale Pakete haben (durch NotAutomatic: yes in der Release-Datei der Paketquelle). Deswegen müssen Sie bei der Installation von Backports-Paketen mit apt-get oder aptitude explizit die Option -t squeeze-backports angeben.

```
root# aptitude -t squeeze-backports paketname
```

Volatile-Pakete Volatile-Pakete zielen in eine ähnliche Richtung wie Backport-Pakete: Sie ermöglichen die unkomplizierte Installation von aktuellen Programmversionen, ohne dass Sie die Nachteile der Testing- oder Unstable-Pakete in Kauf nehmen müssen. Das Debian-Volatile-Projekt konzentriert sich aber auf ganz wenige Pakete, die sich oft ändern und zumeist für den Server-Einsatz wichtig sind. Dazu zählen ClamAV (Virenschutz), Postgrey (Spam-Schutz für Postfix) und tzdata (Zeitzoneninfos). Um die Volatile-Paketquelle zu nutzen, fügen Sie die folgende Zeile zu sources.lst hinzu:

```
# Datei /etc/apt/sources.lst
deb http://volatile.debian.org/debian-volatile squeeze/volatile main contrib non-free
```

GPG-Schlüssel Debian überprüft vor der Installation anhand von GPG-Schlüsseln die Authentizität der Pakete. GPG-Schlüssel für offizielle Debian-Pakete und die dazugehörenden Updates sind bereits installiert, aber wenn Sie weitere Paketquellen einrichten, müssen Sie auch die entsprechenden Schlüssel mit apt-key installieren.

Viele Websites stellen den Schlüssel für ihre Paketquellen als .asc-Datei zur Verfügung. In diesem Fall importieren Sie den Schlüssel mit dem folgenden Kommando:

```
root# wget http://website.org/schlüsseldatei.asc -O - | apt-key add -
```

Die andere Möglichkeit besteht darin, dass die Website den achtstelligen ID-Code des Schlüssels angibt. Den Schlüssel selbst laden Sie von einem öffentlichen Schlüssel-Server herunter und installieren ihn so:

```
root# gpg --keyserver subkeys.pgp.net --recv-keys key-id
root# gpg --armor --export key-id | apt-key add -
```

Alle importierten Schlüssel werden in /etc/apt/trusted.gpg gespeichert und können mit apt-key list angezeigt werden.

Nicht offizielle Paketquellen Pakete, die Debian nicht zur Verfügung stellen kann oder will, finden Sie oft in inoffiziellen Paketquellen. Populär sind beispielsweise:

http://www.debian-multimedia.org/
http://www.rarewares.org/

Testing- und Unstable-Pakete installieren

Wenn Sie an der Debian-Entwicklung teilnehmen möchten oder generell aktuelle Software-Versionen wünschen, können Sie *Testing*- und eventuell auch *Unstable*-Pakete installieren. Dabei müssen Sie allerdings Abstriche bezüglich Stabilität und Sicherheit machen. Damit Sie *Testing*- bzw. *Unstable*-Pakete installieren können, müssen Sie `sources.list` um eine Zeile nach dem folgenden Muster erweitern:

```
# Ergänzung in /etc/apt/sources.list
# Testing-Pakete
deb http://ftp.at.debian.org/debian/   wheezy       main contrib non-free

# Unstable-Pakete
deb http://ftp.at.debian.org/debian/   sid           main contrib non-free

# Updates für Testing (wheezy)
deb http://security.debian.org wheezy/updates  main contrib non-free
```

Das Hinzufügen des *Testing*- oder *Unstable*-Zweigs führt dazu, dass das Update-System (siehe unten) plötzlich Hunderte von neuen Paketen zum Update vorschlägt. Der Grund: Das Update-System verwendet einzig die Versionsnummer als Entscheidungskriterium für die Aktualisierung. Daher haben *Testing*- oder *Unstable*-Pakete immer Vorrang gegenüber *Stable*-Paketen. Wenn Sie ein derartiges Update durchführen, haben Sie Ihre ganze Distribution von *Stable* in *Testing* oder *Unstable* umgewandelt.

Oft sind es aber nur wenige Pakete, von denen Sie eine aktuelle Version wünschen. Je nachdem, wie stark sich die *Testing*- bzw. *Unstable*-Zweige von *Stable* unterscheiden, besteht die Möglichkeit, Pakete aus beiden Zweigen zu mischen. Dazu fügen Sie die folgende Zeile in die Datei `/etc/apt/apt.conf` ein. Sie bewirkt, dass `apt-get` und `aptitude` grundsätzlich *Stable*-Pakete bevorzugen. Diese Einstellung gilt auch für das Update-System (`update-notifier`, `update-manager`).

```
# /etc/apt/apt.conf
APT::Default-Release "6.0*";
```

Um mit `apt-get` dennoch ein *Testing*- oder *Unstable*-Paket zu installieren, führen Sie `apt-get` bzw. `aptitude` wie folgt aus:

```
root# apt-get  -t unstable install  paketname
root# aptitude -t unstable install  paketname
```

Eine äquivalente Konfigurationsmöglichkeit bietet auch Synaptic: Mit EINSTELLUNGEN|EINSTELLUNGEN|DISTRIBUTION geben Sie an, dass Sie grundsätzlich *Stable*-Pakete bevorzugen. Um trotz dieser Einstellung ein einzelnes *Testing*- oder *Unstable*-Paket zu installieren, wählen Sie das Paket aus, führen dann PAKET|VERSION ERZWINGEN aus und geben die gewünschte Version an. Die Einstellung gilt auch für alle abhängigen Pakete.

Achtung

So verlockend es erscheint, das *Stable*-System mit einigen *Testing*- oder *Unstable*-Paketen aufzufrischen – in der Praxis handeln Sie sich damit oft Probleme aufgrund von Paketabhängigkeiten, unterschiedlichen Bibliotheksversionen etc. ein. Die Debian-Entwickler raten deswegen davon ab, *Stable*- mit *Testing/Unstable*-Paketen zu mischen, und empfehlen stattdessen ein komplettes Update auf *Testing* oder *Unstable*. Beachten Sie aber, dass der einzige Weg zurück zu *Stable* dann eine Neuinstallation ist!

Grundsätzlich müssen Sie sich entweder für den *Testing*- oder für den *Unstable*-Zweig entscheiden. Prinzipiell ist es auch möglich, beide Zweige gleichzeitig zu nutzen. In der Praxis stiftet diese Konfiguration aber oft Probleme.

34.3 Interna, Tipps und Tricks

Adobe Flash Zur Installation des Adobe-Flash-Plugins aktivieren Sie die Backports-Paketquelle und installieren das Paket `flashplugin-nonfree`. Während der Installation wird die aktuelle Version des Flash-Plugins heruntergeladen und installiert. Bei 64-Bit-Versionen von Debian kommt die 64-Bit-Variante des Flash-Plugins zum Einsatz. Beachten Sie, dass sich die Debian-Paketverwaltung *nicht* um die automatische Aktualisierung des Plugins kümmert. Wenn es eine neue Flash-Version gibt, müssen Sie selbst daran denken, das Script `update-flashplugin-nonfree` auszuführen!

Adobe Reader Zur Installation des Adobe Readers richten Sie die Paketquelle debian-multimedia.org ein. Anschließend installieren Sie die Pakete `acroread` und `mozilla-acroread`.

ATI/AMD-Grafiktreiber Zur Installation der binären Treiber für ATI-Grafikkarten kompilieren Sie das `fglrx`-Kernelmodul mit dem `module-assistant` (`m-a`) selbst. `aticonfig` richtet `xorg.conf` korrekt ein. Anschließend starten Sie den Rechner neu. Sobald der Treiber läuft, können Sie mit dem *Catalyst Control Center* (Alt+F2 `amdccle`) die Konfiguration optimieren:

```
root# aptitude install fglrx-driver fglrx-control
root# m-a prepare
root# m-a a-i fglrx
root# aticonfig --inital
```

Firefox/Thunderbird Firefox und Thunderbird sind unter Debian standardmäßig nicht installiert. Stattdessen kommt als Webbrowser unter Gnome das Progamm *Epiphany* zum Einsatz, als Mail-Client Evolution. Der Grund für diese seltsamen Namen besteht darin, dass die Namen Firefox und Thunderbird geschützt sind. Vereinfacht ausgedrückt darf ein Programm nur dann Firefox oder Thunderbird heißen, wenn es aus dem Originalcode kompiliert wurde. Der Code ist ja bekanntlich Open Source, und jeder kann darauf aufbauend Änderungen vornehmen – aber das resultierende Programm muss dann einen anderen Namen bekommen. Genau dazu hat man sich bei Debian entschlossen, insbesondere, um bei Bedarf Updates unabhängig von den Firefox/Thunderbird-Entwicklern zu pflegen – beispielsweise dann, wenn Debian eine ältere Version pflegen möchte, die Firefox/Thunderbird-Entwickler aber nur noch eine neuere Version.

Der Einsatz von Firefox und Thunderbird unter Debian ist allerdings nur mit Vorbehalt zu empfehlen – die Versionen sind zwar gewartet, aber uralt (3.5.*n* bzw. 3.0.*n*). Dieses Schicksal teilen sie mit Chromium (Version 6).

Wenn Sie unter Debian einen modernen Webbrowser einsetzen möchten, aktivieren Sie entweder die Testing- oder Unstable-Paketquelle oder installieren Google Chrome.

Firewall

Debian richtet keine Firewall ein und installiert lediglich das `iptables`-Paket. Wenn Sie eine Firewall wünschen, müssen Sie die Regeln selbst formulieren oder ein entsprechendes Konfigurationsprogramm installieren, z. B. das auf Seite 841 vorgestellte Programm Firestarter.

Java

Standardmäßig ist eine Java-Runtime auf der Basis der OpenJDK-Implentierung installiert. Alternativ stehen auch OpenJDK-Pakete zur Auswahl.

KDE

Um Ihr Debian-System nachträglich um KDE zu erweitern, installieren Sie einfach das Metapaket kde. Von diesem Paket sind rund 300 weitere KDE-Pakete abhängig, d. h., Sie erhalten ein vollständiges KDE-System.

Kernelmodule

Beim Kompilieren einiger oft benötigter Kernelmodule, die zumeist aus Lizenzgründen nicht direkt mitgeliefert werden können, hilft das Kommando `m-a` aus dem Paket `module-assistant`. Der Umgang mit `m-a` ist im Kernel-Kapitel auf Seite 722 beschrieben.

MP3 und Multimedia

Überraschenderweise unterstützt Debian bereits nach einer Grundinstallation das MP3-Format. Da Debian keinen kommerziellen Hintergrund hat, befürchten die Entwickler offensichtlich keine Patentprobleme.

Der MP3-Encoder `lame` steht dagegen nur in der Paketquelle http://debian-multimedia.org zur Verfügung. Wenn Sie diese Paketquelle nicht verwenden möchten, müssen Sie auf die offiziellen Pakete `toolame` und `twolame` ausweichen. Damit erzeugen Sie allerdings nur Dateien im Format MPEG-1 Layer 2 (statt Layer 3), also MP2 statt MP3. In der Praxis ergeben sich daraus nur selten Einschränkungen, weil die meisten MP3-Player auch mit MP2-Dateien zurechtkommen.

Bei den sonstigen Audio- und Video-Codecs hat Debian dieselben Probleme wie andere Distributionen. Deswegen fehlen in den offiziellen Debian-Paketarchiven aufgrund von Lizenzproblemen diverse Pakete, die zum Abspielen von DVDs, Ansehen von Videos etc. erforderlich sind. Inoffizielle Pakete mit Codecs, Multimedia-Bibliotheken und -Programmen finden Sie stattdessen in von Debian unabhängigen Paketquellen, beispielsweise hier:

http://www.debian-multimedia.org/

NVIDIA-Grafiktreiber

Die binären Treiber für NVIDIA-Grafikkarten stehen als *Non-Free*-Pakete mit fertigen Kernelmodulen zur Verfügung. Nach der Installation verändern Sie mit `nvidia-xconfig` die Konfigurationsdatei `xorg.conf`:

```
root# aptitude install nvidia-glx nvidia-xconfig
root# nvidia-xconfig
```

Release-Datei

Die Datei /etc/debian_version enthält die Versionsnummer der Distribution (z. B. 6.0.3).

Rescue-System

Debian-Installations-CDs bzw. -DVDs enthalten ein recht minimalistisches Rettungssystem, das Sie mit ADVANCED OPTIONS|RESCUE starten. Die ersten Schritte sind wie bei einer Installation: Sprachauswahl, Erkennung der CD-ROM, Initialisierung der Netzwerkschnittstellen etc. Anschließend ermittelt das Notfallsystem eine Liste aller Partitionen, aus der Sie eine – üblicherweise die Debian-Systempartition – als root-Partition auswählen können. Leider gibt das Rettungssystem zu diesem Zeitpunkt keinerlei Informationen über den Inhalt der Partitionen. Wenn Sie die richtige Partitionsnummer nicht kennen, müssen Sie raten. Mehr Möglichkeiten als das Rescue-System bietet in der Regel die Verwendung einer Debian-Live-CD, die es allerdings nur für die Architekturen i386 und AMD64 gibt.

35. Fedora 16

Fedora ist eine Variante von Red Hat Enterprise Linux (RHEL). Die Fedora-Entwicklung wird von Red Hat personell und finanziell unterstützt. Im Gegensatz zu RHEL sind sowohl Fedora an sich als auch alle Updates kostenlos verfügbar. Für Red Hat ist Fedora eine Art Testplattform, um neue Funktionen zu entwickeln und zu testen. Für viele Linux-Freaks ist Fedora hingegen die modernste verfügbare Linux-Distribution. Neue Linux-Konzepte und -Ideen finden sich oft zuerst in Fedora, bevor andere Distributionen nachziehen.

Trotz der Experimentierfreudigkeit der Entwickler hat sich Fedora in den letzten Jahren zumeist als stabile Distribution herausgestellt. Hier kommt ganz offensichtlich das Know-how der Red-Hat-Entwickler zum Tragen. Bei der Benutzerfreundlichkeit hat Fedora in den letzten Jahren große Fortschritte gemacht: Hatte Fedora früher den Nimbus »von Freaks für Freaks«, so ist die Distribution mittlerweile ebenso einfach zu installieren und zu nutzen wie Ubuntu.

Der größte Nachteil von Fedora ist die kurze Lebensdauer: Fedora-Updates werden für den Zyklus von zwei Versionen plus einem Monat gepflegt. Mit anderen Worten: Der Update-Zeitraum für Fedora 16 endet einen Monat, nachdem Fedora 18 fertiggestellt ist. Da ein Release-Zyklus von etwa sechs Monaten angepeilt wird, entspricht dies einer Update-Spanne von ca. 13 Monaten.

Varianten

Fedora gibt es in zwei Varianten für 32- und für 64-Bit-Prozessoren. Für beide Plattformen existiert eine DVD für eine herkömmliche Installation. Außerdem gibt es Live-CDs für Gnome und KDE. Auch von den Live-CDs kann eine Installation auf die Festplatte durchgeführt werden. Diese Installationsform ist besonders einfach, bietet aber weniger Konfigurationsmöglichkeiten als eine herkömmliche Installation.

Schließlich gibt es noch sogenannte *Spins*. Das sind Fedora-Varianten mit einer vordefinierten Paketauswahl für einen bestimmten Verwendungszweck, z. B. mit Werkzeugen zur Sicherheitsanalyse oder mit dem Desktop LXDE.

http://spins.fedoraproject.org/
http://fedoraproject.org/wiki/Releases/16/Spins

Mit dem Programm Pungi ist es verhältnismäßig einfach, eigene Spins auf der Basis der Fedora-Pakete zusammenzustellen.

https://fedorahosted.org/pungi/

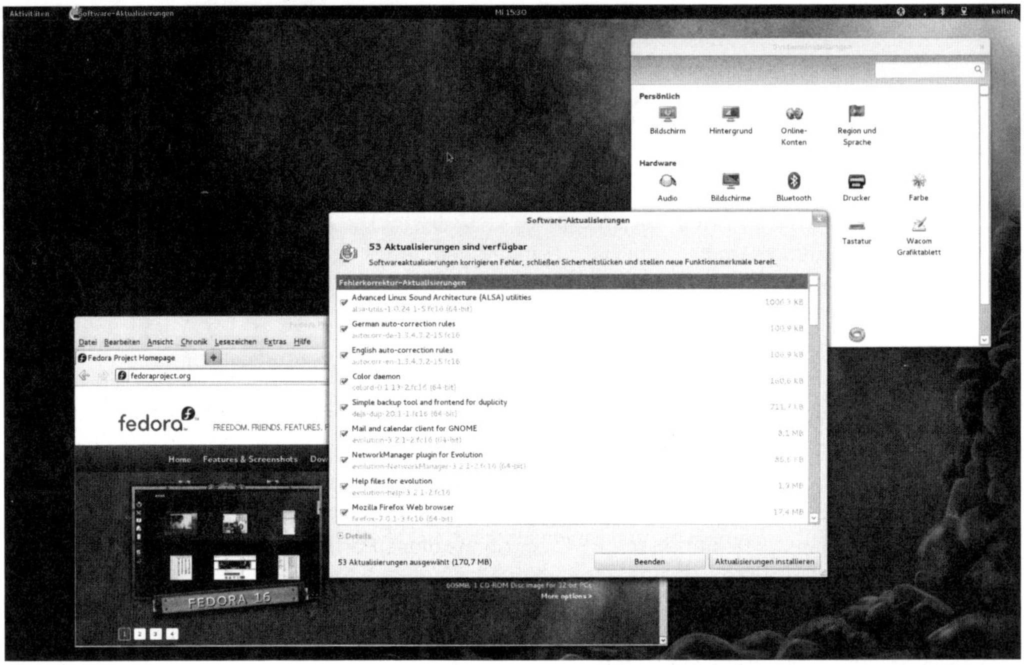

Abbildung 35.1: **Fedora-Desktop (Gnome)**

RHEL

Neue Versionen von Red Hat Enterprise Linux (RHEL) basieren grundsätzlich auf der zuletzt erschienenen Fedora-Version. Bei RHEL 6 war das Fedora 13.

Es gibt aber natürlich grundlegende Unterschiede zwischen Fedora und RHEL: In die Enterprise-Version werden keine Funktionen eingebaut, die noch nicht vollkommen stabil und ausgereift sind. Der Support-Zeitraum für RHEL ist wesentlich länger (mindestens 5 Jahre). Und schließlich hilft das *Red Hat Network* (RHN) bei der zentralen Wartung mehrerer RHEL-Installationen. Davon abgesehen gilt aber: Wer einmal gelernt hat, mit Fedora umzugehen, der wird auch mit der Administration von RHEL keine Probleme haben. Und da RHEL im kommerziellen Bereich den Maßstab setzt, können Fedora-Kenntnisse durchaus die Karrierechancen erhöhen.

CentOS und Scientific Linux

Wenn Sie RHEL nutzen möchten, Sie sich die relativ teuren Lizenzen aber nicht leisten können oder wollen, sollten Sie einen Blick auf die CentOS und Scientific Linux werfen: Beide Distributionen basieren auf dem RHEL-Quellcode, sind aber kostenlos erhältlich. Der Hauptnachteil besteht darin, dass es keinen Support und keine Update-Garantien gibt – und genau das sind ja zumeist die Argumente, die für den Einsatz von RHEL sprechen.

Neu in Fedora 16

Bei der Installation von Fedora 16 auf noch nicht initialisierten Festplatten wird dort automatisch eine *GUID Partition Table* (GPT) eingerichtet (und nicht mehr wie bisher eine MBR-Partitionstabelle). Das hat viele Vorteile, kann aber Probleme verursachen, wenn später zusätzlich alte Windows-Versionen (z. B. Windows XP) installiert werden sollen. Wenn sich auf einer Festplatte bereits eine MBR-Partitionstabelle befindet, bleibt diese aber erhalten und wird lediglich um weitere Partitionen erweitert.

BASIS	VERSION	DESKTOP	VERSION	SERVER	VERSION
Kernel	3.1	Gnome	3.2	Apache	2.2
gcc	4.6	KDE	4.5	MySQL	5.5
glibc	2.14	Firefox	7	OpenSSH	5.9
X-Server	1.11	Gimp	2.6	PHP	5.3
GRUB	1.99	LibreOffice	3.3	Samba	3.6
Systemd	36				

Tabelle 35.1: **Software-Versionen in Fedora 16**

In Version 16 wagt auch Fedora endlich den Umstieg auf GRUB 2. Dabei geht Fedora aber gleich einen Schritt weiter als die anderen Distributionen: Bei Festplatten mit einer GPT wird speziell für GRUB standardmäßig eine 1 MByte kleine Partition mit dem Flag `bios_grub` eingerichtet. GRUB verwendet diese Partition, um dort den Großteil des Bootloaders abzulegen. (Wenn Sie die Partitionierung bei einer Festplatte mit GPT manuell durchführen, müssen Sie diese Partition ebenfalls einrichten! Die GRUB-2-Installation auf Festplatten mit GPT, aber ohne diese Partition ist problematisch und führt oft zu Fehlern.)

Bei meinen Tests hat die GRUB-Installation tadellos funktioniert, ein Blick in Bugzilla zeigt aber, dass es noch eine Menge Baustellen gibt:

https://bugzilla.redhat.com/buglist.cgi?component=grub2&product=Fedora

Davon abgesehen enthält Fedora 16 diesmal keine spektakulären Neuerungen, wenn man einmal von den üblichen Versions-Updates absieht (siehe Tabelle 35.1). Zu den kleineren Änderungen zählt die neue Vergabe von UIDs und GIDs beim Anlegen neuer Benutzer: Wie bei den meisten anderen Distributionen werden nun UIDs und GIDs beginnend mit 1000 verwendet (anstatt wie bisher mit 500 zu beginnen). Eine Menge weiterer Details sind in den wie immer umfangreichen Release Notes aufgelistet:

http://docs.fedoraproject.org/en-US/Fedora/16/html/Release_Notes/

Links

Weitere Informationen zu Fedora sowie ISO-Images zum Download finden Sie auf den folgenden Seiten:

http://fedoraproject.org/
http://www.fedorawiki.de/
http://www.fedoraforum.de/
http://www.fedoraforum.org/

Zu Fedora gibt es außer diversen Wikis nur wenig offizielle Dokumentation. Da Fedora aber viele Ähnlichkeiten zu RHEL aufweist, helfen die RHEL-Handbücher oft weiter.

http://docs.fedoraproject.org/
http://www.redhat.com/docs/manuals/enterprise/

35.1 Installation

Start Um eine herkömmliche Fedora-Installation durchzuführen, benötigen Sie eine Installations-DVD. Nach dem Rechnerneustart erscheint nun ein englischsprachiges Menü mit den folgenden Einträgen:

INSTALL OR UPGRADE AN EXISTING SYSTEM
TROUBLESHOOTING

Wenn Sie sich für TROUBLESHOOTING entscheiden, gelangen Sie in ein Untermenü mit den folgenden Einträgen:

INSTALL FEDORA IN BASIC GRAPHICS MODE
RESCUE A FEDORA SYSTEM
RUN A MEMORY TEST
BOOT FROM LOCAL DRIVE

Für eine normale Installation im Grafikmodus wählen Sie den ersten Eintrag des Startmenüs mit ↵ aus. Die Variante INSTALL FEDORA IN BASIC GRAPHICS MODE ist nur zweckmäßig, wenn die Initialisierung des Grafiksystems nicht gelingt. Das Installationsprogramm verwendet dann den VESA-Videotreiber, der eigentlich auf jedem Rechner funktionieren sollte.

Bootoptionen Wenn das Installationsprogramm Probleme mit der korrekten Erkennung Ihrer Hardware hat, wählen Sie einen Menüeintrag aus und blenden dann mit ⇆ die dazugehörige Kommandozeile ein. Dort können Sie zusätzliche Kerneloptionen angeben. Gleichzeitig sollten Sie die Option `quiet` entfernen, damit Sie während des Bootprozesses die Kernelmeldungen auf dem Bildschirm lesen können. Leider gilt zu diesem Zeitpunkt noch das US-Tastaturlayout, was die Eingabe von Sonderzeichen erschwert (siehe Seite 66).

Medium testen Unmittelbar nach dem Start können Sie überprüfen, ob die DVD fehlerfrei ist. Dieser Vorgang dauert ziemlich lange – überspringen Sie diesen Schritt einfach mit SKIP. Nur wenn es bei der Installation Probleme gibt, lohnt sich dieser Test, um auf diese Weise zumindest eine Fehlerursache auszuschließen.

Anaconda Nun startet das Installationsprogramm Anaconda im Grafikmodus. Sie wählen nun die gewünschte Sprache und das Tastaturlayout aus. Danach fragt das Installationsprogramm, ob Sie spezielle Speichergeräte verwenden. Damit meint es SAN-Geräte (Storage Area Network) gemäß der Standards FCoE, iSCSI oder zFCP, die üblicherweise nur bei großen Unternehmens-Servern zum Einsatz kommen. In aller Regel ist die Option BASIS-SPEICHERGERÄTE zutreffend. Wenn Anaconda auf Ihren Festplatten eine ältere Fedora-Version erkennt, bietet es anschließend die Möglichkeit, diese Version zu aktualisieren (wovon ich aber abrate – siehe Seite 70).

Die Netzwerkkonfiguration beschränkt sich in der Regel auf die Angabe des gewünschten Hostnamens. Nur wenn Ihr Rechner nicht mit einem (ADSL- oder WLAN-)Router verbunden ist, können Sie mit dem Button NETZWERK KONFIGURIEREN eine statische Konfiguration durchführen. Nach der Auswahl der Zeitzone, in der der Rechner läuft, müssen Sie den root-Login durch ein Passwort absichern.

Partitionierung

Bei der Partitionierung der Festplatte haben Sie die Wahl zwischen fünf Varianten:

- GESAMTEN SPEICHERPLATZ VERWENDEN: Das Installationsprogramm löscht sämtliche Partitionen auf allen Festplatten und erstellt dann neue Partitionen für Fedora. Vorsicht: Nach einer Rückfrage verlieren Sie sämtliche Daten auf Ihren Festplatten.
- VORHANDENE LINUX-SYSTEME ERSETZEN: Diese Variante zum obigen Punkt löscht nur vorhandene Linux-Partitionen, rührt aber Windows-Partitionen nicht an.
- AKTUELLES SYSTEM VERKLEINERN: Bei dieser Variante können Sie vorhandene Linux- oder Windows-Partitionen verkleinern. Im frei werdenden Platz werden dann die neuen Partitionen für Fedora angelegt.
- FREIEN SPEICHERPLATZ VERWENDEN: Bei dieser Variante nutzt das Installationsprogramm den freien Platz auf der Festplatte, um darin neue Partitionen anzulegen. Das funktioniert nur, wenn die Festplatte nicht partitionierte Bereiche enthält und darin genug Platz ist, um eine Boot- und eine LVM-Partition anzulegen.
- BENUTZERDEFINIERTES LAYOUT ERSTELLEN: Damit können Sie die Partitionierung selbst vornehmen.

Zusätzlich zu diesen Varianten gibt es noch drei Optionen: USE LVM gibt an, dass bei der automatischen Partitionierung LVM verwendet wird (siehe auch Seite 51). Diese Option ist standardmäßig aktiv. ENCRYPT SYSTEM verschlüsselt die Dateisysteme neuer Linux-Partitionen. REVIEW AND MODIFY PARTITIONING LAYOUT gibt die Möglichkeit, die automatische Partitionierung von Anaconda bei den ersten vier der obigen Varianten zu kontrollieren und gegebenenfalls zu ändern. Bereits gelöschte Partitionen anderer Betriebssysteme lassen sich zu diesem Zeitpunkt aber nicht mehr retten.

Standardmäßig richtet das Installationsprogramm eine 500 MByte große Bootpartition (ext4) bei GPT-Systemen eine 1 MByte große BIOS-Boot-Partition für die GRUB-2-Installation (ohne Dateisystem) sowie eine LVM-Partition ein, die den Rest der Festplatte füllt. Die LVM-Partition erhält den Namen vg_hostname.

Innerhalb der LVM-Partition werden dann drei Logical Volumes für die Swap-, die Root- und die Home-Partition eingerichtet (lv_swap mit der doppelten RAM-Größe, lv_root mit maximal 50 GByte und lv_home). Die Root- und Home-Partitionen werden ebenfalls mit einem ext4-Dateisystem formatiert. Bei kleinen Festplatten (z. B. in virtuellen Maschinen) verzichtet das Installationsprogramm auf eine eigene Home-Partition.

Manuelle Partitionierung

Wenn Sie sich für die Variante MASSGESCHNEIDERTES LAYOUT entscheiden, gelangen Sie in den Partitionseditor Disk Druid (siehe Abbildung 35.2). Sie können hier vorhandene Partitionen löschen, ändern (d. h., einen Mount-Point angeben) und neue Partitionen anlegen. Mit RÜCKSETZEN lesen Sie die Partitionstabelle neu ein. Alle durchgeführten Einstellungen gehen damit verloren, und Sie können mit der Partitionierung neu beginnen.

Im Dialog zum Anlegen einer neuen Partition müssen Sie drei Informationen angeben: den Einhängepunkt (d. h. den Punkt, an dem die Partition in das Dateisystem integriert wird, beispielsweise / für die Root-Partition), den Typ des Dateisystems (ext4 oder swap) und die gewünschte Größe der Partition. Falls Sie mehrere Festplatten haben, auf denen noch freier Platz ist, müssen Sie angeben, auf welcher Festplatte die neue Partition erstellt werden soll.

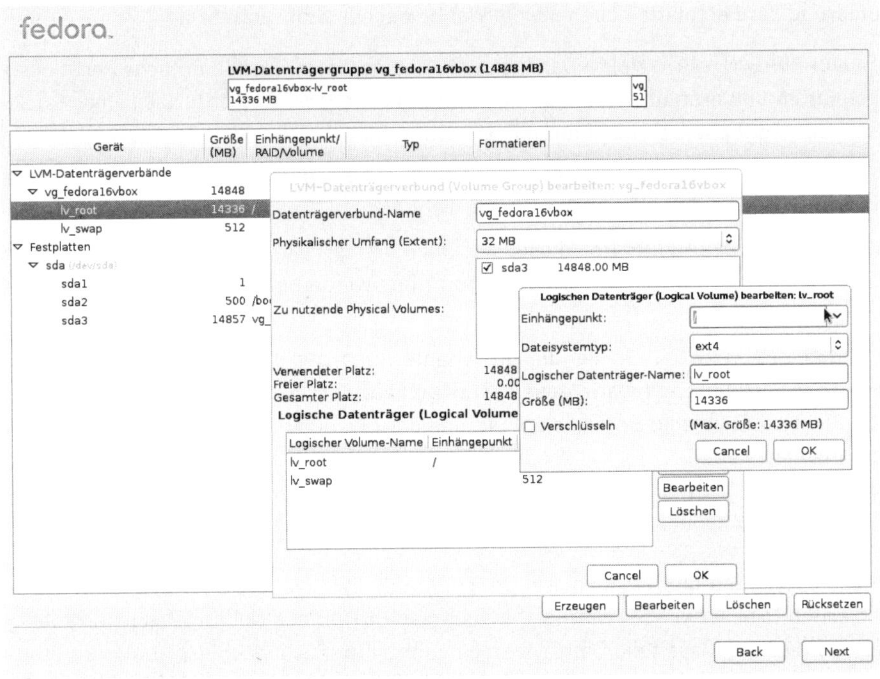

Abbildung 35.2:
Festplatte mit dem Disk Druid einrichten

Wenn es von einer früheren Linux- oder Windows-Installation schon Partitionen gibt, die Sie nutzen möchten, können Sie mit BEARBEITEN auch zu diesen Partitionen einen Mount-Point angeben.

Boot-Loader Standardmäßig wird der Boot-Loader GRUB 2 in den MBR (Master Boot Record) der ersten Festplatte installiert. Wenn GRUB stattdessen in die Root-Partition installiert werden soll, klicken Sie auf den Button DATENTRÄGER WECHSELN.

Paketauswahl Neben den Standardpaketen stellt Fedora mit SOFTWARE-ENTWICKLUNG und WEB-SERVER zwei zusätzliche Paketgruppen zur Wahl. Wenn Sie statt bzw. ergänzend zu Gnome KDE, LXDE oder Xfce einsetzen oder weitere Pakete zur Installation auswählen möchten, wählen Sie die Option CUSTOMIZE NOW. Um auch Pakete zu installieren, die auf der DVD nicht enthalten sind, können Sie außer der DVD zusätzliche Paketquellen aus dem Internet konfigurieren.

Das offizielle Fedora-Paketarchiv sowie die Fedora-Updates sind bereits vorkonfiguriert und können durch das Auswählen einer Option aktiviert werden. Auch wenn Sie das nicht tun, werden diese beiden Quellen *nach* der Installation aktiviert, sodass nach Abschluss der Installation weitere Pakete sowie Updates installiert werden können. Mit ZUSÄTZLICHE SOFTWARE-REPOSITORIES HINZUFÜGEN können Sie außerdem weitere Paketquellen einrichten – das ist aber ein Schritt, den Sie ebenso gut nach dem Ende der Installation durchführen können.

Nach der Auswahl der Pakete werden diese installiert, was einige Minuten dauert. Ein Protokoll aller installierten Pakete wird in die Datei `/root/install.log` geschrieben.

fedora.

Die Standardinstallation von Fedora beinhaltet eine Auswahl an Programmen für die
allgemeine Internetnutzung. Sie können zusätzliche Software-Gruppen jetzt auswählen.

- ⦿ Grafische Oberfläche
- ○ Softwareentwicklung
- ○ Web-Server
- ○ Minimal

Please select any additional repositories that you want to use for software installation.
- ☑ Installation Repo
- ☐ Fedora 16 - x86_64
- ☐ Fedora 16 - x86_64 - Test Updates
- ☐ Fedora 16 - x86_64 - Updates

[Add additional software repositories]　[Modify repository]

You can further customize the software selection now, or after install via the software
management application.
- ⦿ Customize later　○ Customize now

[Back]　[Next]

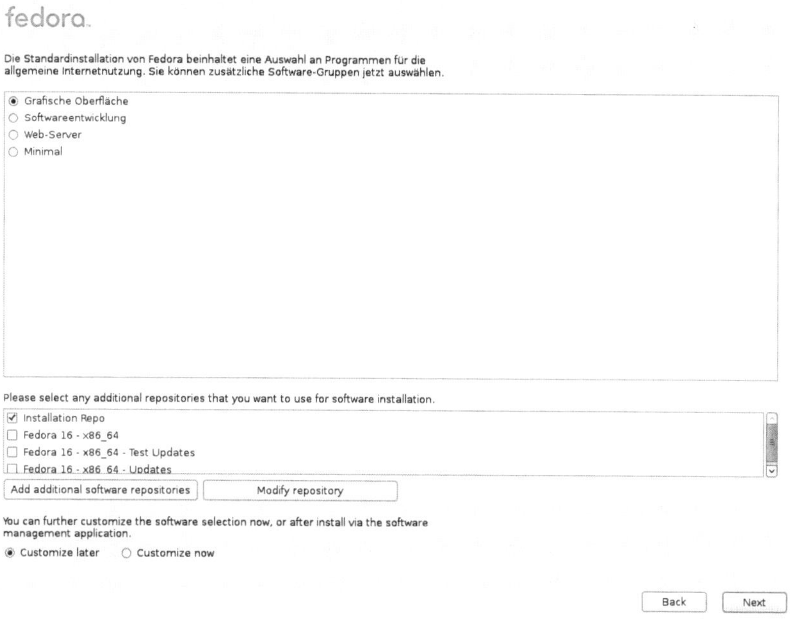

Abbildung 35.3:
Paketauswahl

Anschließend wird der Rechner neu gestartet. Es erscheint automatisch ein Konfigurationsprogramm, in dem Sie die verbleibenden Einstellungen durchführen.

**Abschließende
Konfiguration**

» LIZENZVEREINBARUNG: Ein kurzer Text weist auf die Rechte und Pflichten hin, die sich aus der
GPL ergeben.

» ERSTELLE BENUTZER: Hier richten Sie einen Benutzer ein, damit Sie nur in Ausnahmefällen als
root arbeiten müssen.

» DATUM UND UHRZEIT: In diesem Dialog zeigt das Konfigurationsprogramm die aktuelle Zeit an. Sie
können die Zeit hier korrigieren bzw. NTP einrichten. In diesem Fall bezieht Fedora die aktuelle
Uhrzeit aus dem Internet.

» HARDWARE-PROFIL: Dieser Punkt gibt Ihnen die Möglichkeit, Daten über Ihre Hardware an die
Fedora-Entwickler zu senden. Dank dieser Informationen wissen die Entwickler, welche Hardware am gebräuchlichsten ist.

Wenn Sie diese Einstellungen zu einem späteren Zeitpunkt nochmals durchführen möchten, müssen
Sie als root unter X die folgenden Kommandos ausführen:

```
root#   rm /etc/sysconfig/firstboot
root#   firstboot
```

Installation aus dem Live-System

Neben der herkömmlichen Installation bietet Fedora auch eine Live-Installation an. Dazu star-
ten Sie den Rechner mit einer Live-CD. Mit SYSTEM TOOLS|INSTALL TO HARD DISK starten Sie das
Installationsprogramm. Es ist nahezu identisch mit dem der Installations-DVD, es bietet aber keine

Upgrade-Möglichkeit für vorhandene Fedora-Installationen, nur ganz wenige Konfigurationsmöglichkeiten und keine Paketauswahl. Es werden einfach alle Dateien des Live-Systems installiert. Aus diesem Grund ist die Installation nach verblüffend kurzer Zeit fertig.

Nach der Installation richten Sie unter Gnome in den Systemeinstellungen im Dialogblatt REGION AND LANGUAGE|LANGUAGE Deutsch als Standardsprache und im Dialogblatt REGION AND LANGUAGE|LAYOUTS das deutsche Tastaturlayout ein. Die Spracheinstellungen werden erst nach einem neuerlichen Login wirksam.

Anschließend installieren Sie die deutschen Sprachpakete und legen mit `system-config-language` und `system-config-keyboard` die globalen Sprach- und Tastatureinstellungen fest.

```
root#  yum install autocorr-de hunspell-de hyphen-de \
                   libreoffice.org-langpack-de system-config-language
root#  system-config-language                    (Sprache GERMAN/GERMANY einstellen)
root#  system-config-keyboard --noui de-latin1-nodeadkeys
```

Noch einfacher ist es, gleich eine deutsch lokalisierte Version der Live-CD einzusetzen. Derartige CDs finden Sie in der Regel hier als ISO-Image zum Download, wobei es nach der Freigabe einer neuen Fedora-Version ein paar Tage oder Wochen dauern kann, bis die deutsche Variante fertig ist:

http://www.fedoraforum.de/viewforum.php?f=48

Installation auf einen USB-Stick

Mit dem Programm `liveusb-creator` können Sie das Fedora-Live-System direkt auf einen USB-Stick installieren. Das Programm kann wahlweise in einem laufenden Fedora-System (`yum install liveusb-creator`) oder unter Windows installiert werden:

https://fedorahosted.org/liveusb-creator/

Nach dem Programmstart geben Sie an, wie viel Speicherplatz auf dem USB-Stick zur persistenten Speicherung von Einstellungen und eigenen Dateien reserviert werden soll. `liveusb-creator` lädt die gewünschte Fedora-Version direkt aus dem Internet herunter oder greift auf eine vorhandene Live-CD zurück.

Erfahrene Benutzer können die ISO-Datei auch einfach mit dd direkt auf das Device des USB-Sticks übertragen. Bei aktuellen Fedora-Versionen sind die ISO-Images USB-bootfähig.

boot.fedoraproject.org

Wenn Sie das Brennen immer neuer CDs oder DVDs zur Fedora-Installation leid sind, finden Sie auf der Website http://boot.fedoraproject.org winzige Image-Dateien für CDs, Disketten oder USB-Sticks. Von diesen Datenträgern aus ist es möglich, einen Rechner zu booten. In einem Menü können Sie dann auswählen, welche (aktuelle) Fedora-Version Sie installieren möchten. Die eigentlichen Installationsdaten werden aus dem Internet heruntergeladen.

Die Idee ist gut, in der Praxis überzeugt das Konzept aber leider nicht. Auf einem Testrechner mit mehreren Netzwerkschnittstellen war das Installationsprogramm nicht einmal in der Lage, die richtige Schnittstelle zu finden. Auf einem zweiten Rechner funktionierte die Installation zwar prinzipiell, der Download der Installationsdaten war aber sehr langsam (möglicherweise, weil kein nahegelegener Mirror-Server verwendet wurde).

35.2 Konfiguration

Werkzeuge Bei Fedora gibt es kein zentrales Konfigurationsprogramm. Stattdessen wird eine Sammlung voneinander unabhängiger Werkzeuge mitgeliefert. Die meisten Programme beginnen mit dem Namen `system-xxx` (beispielsweise `system-config-firewall`) und können über das Menü SYSTEM|ADMINISTRATION gestartet werden. Leider werden die meisten derartigen Programme nicht mehr oder nur noch halbherzig gewartet. Zum Teil gibt es auch Gnome-Programme, die sich besser zur Konfiguration eignen.

Tabelle 35.2 zählt die wichtigsten Konfigurationswerkzeuge auf. Beachten Sie, dass nur ein Teil dieser Programme standardmäßig installiert ist! Die meisten Programme können nur im Grafikmodus verwendet werden. Falls es vergleichbare Texttools gibt, sind diese in Klammern angegeben. Deren Einsatz ist allerdings nur in Notfällen zu empfehlen.

Firewall Während der Installation wird standardmäßig eine Firewall eingerichtet, die alle von außen kommenden Verbindungsversuche sowie jeden Zugriff auf Windows-Netzwerkverzeichnisse bzw. Samba-Ressourcen blockiert. Abhilfe: Führen Sie SYSTEM|ADMINISTRATION|FIREWALL aus, und definieren Sie die Schnittstelle zum lokalen Netzwerk (in der Regel `eth0`) als TRUSTED, oder markieren Sie SAMBA CLIENT als sicheren Dienst.

SELinux Auf der Suche nach den besten und modernsten Werkzeugen zur SELinux-Konfiguration sind Sie bei Fedora gerade richtig. Abschnitt 29.8 ab Seite 868 beschreibt ausführlich die Grundlagen und Konfigurationswerkzeuge.

sys-unconfig Das Script `sys-unconfig` bewirkt ohne weitere Rückfragen einen sofortigen Neustart des Rechners. Beim nächsten Start muss ein neues root-Passwort angegeben und die Basiskonfiguration wiederholt werden (Netzwerk, Zeitzone etc.).

35.3 Paketverwaltung

Die Paketverwaltung in Fedora und Red Hat basiert naturgemäß auf dem ursprünglich von Red Hat entwickelten RPM-Format. Für die Auflösung von Paketabhängigkeiten, die Durchführung von Updates etc. kommt das Kommando Yum zum Einsatz (siehe Seite 478). Die dazugehörende grafische Benutzeroberfläche stellt das Programm PackageKit zur Verfügung (siehe Seite 497). Yum und PackageKit greifen auf die in `/etc/yum.repos.d/*` definierten Paketquellen zurück. Wenn Sie einige dort definierte Paketquellen rasch aktivieren bzw. wieder deaktivieren möchten, können Sie dies bequem mit `gpk-repo` durchführen.

ZWECK	KOMMANDO
Apache	system-config-httpd
Authentifizierung	system-config-authentification (authconfig)
Benutzerverwaltung	system-config-users
Bind (DNS)	system-config-bind
Datum, Zeit	system-config-date (dateconfig)
Drucker	system-config-printer
Firewall	system-config-firewall
Init-System und xinetd	system-config-services (chkconfig)
LVM	system-config-lvm
Netzwerk	Network Manager, system-config-network
NFS-Server	system-config-nfs
Paketmanager	gpk-application (yum, rpm)
SELinux	system-config-selinux (Paket policycoreutils-gui)
Samba	system-config-samba
Sicherheits-Audit	sectool-gui (sectool)
Sprache/Lokalisierung	system-config-language
Systemd	systemadm (Paket systemd-gtk)
Tastatur	system-config-keyboard
Update-Manager	gpk-update-viewer (yum)
Virtualisierung (KVM)	virt-manager

Tabelle 35.2: **Konfigurationswerkzeuge für Fedora und Red Hat**

preupgrade Im Gegensatz zu Debian, openSUSE und Ubuntu bietet Fedora noch immer keine Möglichkeit, ein Distributions-Update auf die neueste Version im laufenden Betrieb durchzuführen. Fedora hat dafür einen anderen Weg gefunden, der zumindest die Zeit minimiert, während der der Rechner offline ist. Mit dem Kommando preupgrade aus dem gleichnamigen Paket laden Sie alle Pakete herunter, die für ein Update auf die aktuellste Fedora-Version erforderlich sind. Beim nächsten Neustart erscheint automatisch das Fedora-Installationsprogramm, mit dem Sie das Update dann durchführen können. Weitere Details sind hier beschrieben:

https://fedoraproject.org/wiki/How_to_use_PreUpgrade

Zusätzliche Paketquellen In den offiziellen Fedora-Paketen fehlen aus Lizenz- und Patentgründen eine Menge oft benötigter Pakete: Treiber für ATI- und NVIDIA-Grafikkarten, MP3-Unterstützung etc. Die größten alternativen Paketquellen, nämlich *Livna*, *Freshrpms* und *Dribble*, haben sich 2008 unter dem Namen *RPM Fusion* zusammengeschlossen. RPM Fusion ist somit die wichtigste inoffizielle Quelle für Fedora-Erweiterungen. Aus rechtlichen Gründen wurde ein traditionell von Livna angebotenes Paket nicht in RPM Fusion integriert. Die Livna-Paketquelle existiert deswegen weiterhin und bietet dieses eine Paket an. (Den Namen des Pakets mag ich hier – ebenfalls aus rechtlichen Gründen – nicht nennen.)

Eine beliebte Alternative zu RPM Fusion und Livna ist *ATrpms*. Gegen ATrpms spricht, dass deren Pakete von einer einzigen Person gewartet werden und dass die Paketquelle auch offizielle Fedora-Pakete durch aktuellere Versionen ersetzt. Dennoch gilt auch ATrpms als sehr zuverlässig. Sie müssen sich aber für eine Variante entscheiden – entweder RPM-Fusion (plus Livna) oder ATrpms. Die parallele Verwendung beider Angebote führt unweigerlich zu Problemen.

http://rpmfusion.org/
http://rpm.livna.org/
http://atrpms.net/
http://www.fedorawiki.de/index.php/Liste_der_Repositories

Um eine zusätzliche Paketquelle in YUM zu integrieren, müssen Sie eine neue Datei in `/etc/yum.repos.d` anlegen sowie einen Schlüssel für die Paketquelle einrichten. Die meisten Paketquellen erleichtern Ihnen diese Arbeit durch ein kleines RPM-Paket, das alle erforderlichen Dateien enthält. Dieses Paket installieren Sie mit `rpm -i`. Für RPM Fusion und Livna sehen die Kommandos wie folgt aus:

```
root#  rpm -ivh http://download1.rpmfusion.org/free/fedora/\
                 rpmfusion-free-release-stable.noarch.rpm
root#  rpm -ivh http://download1.rpmfusion.org/nonfree/fedora/\
                 rpmfusion-nonfree-release-stable.noarch.rpm
root#  rpm -ivh http://rpm.livna.org/livna-release.rpm
```

RPM Fusion stellt eigentlich zwei Paketquellen zur Verfügung: `free` und `nonfree`. Der Unterschied besteht darin, dass `free`-Pakete Open-Source-Software enthalten, `nonfree`-Pakete dagegen kostenlose kommerzielle Software, etwa Grafiktreiber.

Bei der ersten Installation von Paketen aus der RPM-Fusion-Paketquelle müssen Sie die Schlüssel dieser Paketquelle importieren. Nach meinen Erfahrungen funktioniert das am besten, wenn Sie die Installation mit `yum` durchführen (nicht mit PackageKit).

35.4 Fedora-spezifische Besonderheiten

alias-Einstellungen für root

Wenn Sie als `root` arbeiten, erscheinen bei der Ausführung von `mv` und `rm` ständig Sicherheitsabfragen, ob Sie die Operation wirklich durchführen möchten. Diese Sicherheitsabfragen hören auf, wenn Sie die `alias`-Anweisungen aus `/root/.bashrc` entfernen.

bash-completion

Die programmspezifische Erweiterung von Dateinamen in der `bash` funktioniert nur, wenn Sie das Paket `bash-completion` installieren.

brtfs

Wenn Sie das `btrfs`-Dateisystem (siehe auch Abschnitt 23.8) für die Systempartition verwenden möchten, müssen Sie zur Installation eine DVD verwenden (keine Live-CD). Bei der manuellen Partitionierung steht der Dateisystemtyp `brtfs` zur Auswahl.

Wenn Sie zusätzlich das Paket yum-plugin-fs-snapshot installieren, erstellt YUM bei jeder Paketinstallation bzw. bei jedem Update Snapshots aller btrfs-Dateisysteme. Die Snapshots bekommen den Namen *yum_datum_uhrzeit*. Prinzipiell bieten diese Snapshots die Möglichkeit, nach einem missglückten Update das ursprüngliche System wiederherzustellen. In der Praxis bestehen allerdings einige Stolperfallen:

» Die automatisch erzeugten Snapshots beanspruchen zunehmend mehr Festplattenkapazität. btrfs bietet leider keine Werkzeuge, um den Speicherbedarf exakt zu quantifizieren. Auf jeden Fall sollten Sie daran denken, hin und wieder alle nicht mehr benötigten Snapshots zu entfernen. Da Sie an btrfs subvolume delete immer nur einen Snapshot übergeben können, formulieren Sie am einfachsten eine kleine Schleife:

```
root# for i in /yum*; do btrfs subvolume delete $i; done
```

Falls Sie mehrere btrfs-Dateisysteme einsetzen (z. B. /home), führen Sie die obige Schleife auch für diese Dateisysteme aus.

» Wenn Sie wirklich igendwann einmal Ihr gesamtes System in einen alten Zustand zurückversetzen müssen, sind Sie gewzungen, die erforderlichen Kommandos manuell auszuführen:

```
root# btrfs subvolume set-default /yum_20101231235959
root# reboot
```

Beachten Sie, dass damit nicht nur die Paketinstallation rückgängig gemacht wird, sondern jede Änderung, die Sie seither durchgeführt haben. Das gilt auch für Ihr Heimatverzeichnis (es sei denn, Sie verwenden eine eigene Home-Partition)!

Der zum Zeitpunkt *x* durchgeführte Snapshot gilt jetzt als neue Systempartition. Leider besteht momentan keine Möglichkeit, das ursprüngliche Default-Volume des btrfs-Dateisystems zu löschen. Der von diesem Volume beanspruchte Speicherplatz ist somit verloren.

Dracut Die für den Systemstart erforderliche Initrd-Datei (siehe Seite 652) wird ab Fedora 12 durch das Kommando dracut erzeugt (siehe Seite 653), nicht mehr durch mkinitrd.

Exec Shield Neben SELinux implementieren aktuelle Fedora- und Red-Hat-Versionen auch das Exec-Shield-Verfahren. Diese Kernelerweiterung mindert das Risiko sogenannter Buffer-Overflow-Angriffe. Bei diesen wird ein Überlauffehler ausgenutzt, um Code in den Stack einzuschleusen und dort auszuführen. Technische Details sowie Kritik an der offiziellen Dokumentation von Red Hat finden Sie hier:

http://www.noncombatant.org/trove/drepper-redhat-security-enhancements.pdf
http://www.redhat.com/magazine/009jul05/features/execshield/
http://www.redhat.com/f/pdf/rhel/WHP0006US_Execshield.pdf
http://lists.immunityinc.com/pipermail/dailydave/2007-May/004340.html

Kernel Der mit Fedora ausgelieferte Kernel enthält weniger Änderungen (Patches) als bei anderen Distributionen. Für Kernelentwickler ist das praktisch, weil die Installation eines eigenen Kernels zumeist problemlos gelingt. Aus Anwendersicht ist dieser puristische Ansatz aber weniger toll, weil die Hardware-Unterstützung schlechter ist als bei der Konkurrenz. Das betrifft beispielsweise diverse WLAN-Treiber, die noch nicht offiziell in den Kernel integriert sind, von anderen Distributionen (etwa Ubuntu) aber bereits ausgeliefert werden.

Bei den meisten Distributionen beheben die automatischen Updates nur bekannte Fehler im Kernel, lassen die Kernelversion aber unverändert. Fedora verhält sich auch in dieser Hinsicht anders: Während des Wartungszeitraums der Distribution wird bisweilen die Kernelversion aktualisiert. Das kann dazu führen, dass sich die Hardware-Unterstützung mit der Zeit verbessert.

Mail-Server

Fedora zählt zu den wenigen Distributionen, die standardmäßig einen Mail-Server installieren. Dafür kommt das »Urgestein« Sendmail zum Einsatz. Das Programm wird unter anderem dazu verwendet, um lokale Benachrichtigungen an den Systemadministrator zu versenden. Zum Lesen dieser Nachrichten verwenden Sie am besten den textbasierten E-Mail-Client `mutt` (siehe Seite 179).

Netzwerk-Devices

Die bisher üblichen Schnittstellennamen für Netzwerkadapter, also `eth0`, `eth1` etc., führten in der Vergangenheit bei Servern oft zu Problemen, weil sich deren Nummerierung oft scheinbar willkürlich ändern konnte. Fedora verwendet deswegen statische Namen, die sich aus dem PCI-Slot und der Port-Nummer ergeben (siehe Seite 773). Die Namen von WLAN-Schnittstellen bleiben unverändert (also `wlan`*n*).

NTP

Beginnend mit Version 16 haben die Fedora-Entwickler den klassischen NTP-Dämon durch das neue Programm Chrony ersetzt (siehe Seite 928). Pakete mit den herkömmlichen NTP-Programmen stehen aber weiterhin zur Verfügung.

Plymouth

Die Fedora-Entwickler bemühen sich im Rahmen des Projekts Plymouth, den Bootprozess möglichst elegant zu gestalten. Plymouth ersetzt das aus früheren Fedora-Versionen bekannte Paket rhgb. Die Kerneloption rhgb existiert aus Kompatibilitätsgründen weiterhin und aktiviert Plymouth.

Ein Ziel von Plymouth besteht darin, den von anderen Distributionen vertrauten Mehrfachstart des Grafiksystems und das damit verbundene Bildschirmflackern zu vermeiden. Das funktioniert bei allen Grafikkarten, deren Grafikmodus vom Kernel gesteuert werden kann (Kernel Mode Setting, kurz KMS). Bootmeldungen werden standardmäßig nicht angezeigt, es sei denn, Sie drücken [Esc]. Sollten während des Bootprozesses Fehler auftreten, können Sie die Fehlermeldungen über ein Icon im Login-Bildschirm lesen. Eine Nebenwirkung des neuen Bootprozesses besteht darin, dass X in der Konsole 1 läuft (anstatt, wie sonst üblich, in Konsole 7).

Release-Informationen

Die Datei `/etc/fedora-release` enthält den Namen und die Versionsnummer der Distribution (z. B. *Fedora release 16 (Verne)*). Aus Kompatibilitätsgründen zu Red Hat verweist der Link `/etc/redhat-release` ebenfalls auf `fedora-release`.

Rescue-System

Auf der herkömmlichen Installations-DVD (aber nicht auf den Live-CDs/DVDs) befindet sich ein sogenanntes Rescue-System. Dabei handelt es sich um ein minimales, autonomes Linux-System, mit dem Sie beispielsweise Reparaturarbeiten durchführen können. Das setzt freilich voraus, dass Sie sich mit Linux gut auskennen.

Bei Fedora starten Sie das Rescue-System mit dem Menükommando START RESCUE SYSTEM direkt von der DVD. Nach einigen Sekunden wählen Sie die gewünschte Sprache und das Tastaturlayout aus. Wenn Sie möchten, können Sie eine Netzwerkverbindung herstellen. Das Rescue-System versucht nun, Ihre Systempartition unter dem Verzeichnis `/mnt/sysimage` zu mounten. Außerdem wird die Umgebungsvariable `PATH` so eingestellt, dass Sie Programme der meisten `/bin`-Verzeichnisse der Systempartition direkt starten können.

Anschließend gelangen Sie in eine Shell, in der Sie beispielsweise einzelne Dateien verändern können. Als Editoren stehen `vi`, `jmacs` und `joe` zur Auswahl. Gegebenenfalls können Sie durch das Kommando `chroot /mnt/sysimage` die ausgewählte Partition als Root-Partition einbinden. Das erleichtert das Neuerstellen des Boot-Loaders durch GRUB (siehe auch ab Seite 671). Wenn Sie fertig sind, können Sie das Rescue-System mit `exit` verlassen und Ihren Rechner anschließend neu starten.

SSSD Der *System Security Services Daemon* (SSSD) ist in erster Linie ein Offline-Caching-System für die LDAP- oder Kerberos-Authentifizierung. SSSD ermöglicht einen Login auch dann, wenn der sonst zur Authentifizierung eingesetzte LDAP- oder Kerberos-Server nicht verfügbar ist (z. B. unterwegs auf einem Notebook). Zahlreiche weitere SSSD-Funktionen können Sie hier nachlesen:

http://fedoraproject.org/wiki/Features/SSSD
http://fedoraproject.org/wiki/SSSD_in_Fedora_13

SSSD ist standardmäßig installiert, aber nicht aktiv. Die Konfiguration durch das Kommando `authconfig` und die Aktivierung sind nur zweckmäßig, wenn der Rechner als Client in einem Netzwerk läuft, in dem die Authentifizierung mittels LDAP oder Kerberos 5 erfolgt!

UIDs/GIDs Seit Version 16 starten auch bei Fedora die UIDs und GIDs für gewöhnliche Benutzer und Gruppen mit 1000.

35.5 Tipps und Tricks

Adobe Flash Für das Flash-Plugin finden Sie auf der Adobe-Website eine Yum-Paketquelle, die Sie durch die Installation eines winzigen RPM-Pakets einrichten. Das hat den Vorteil, dass neue Versionen vom Update-System automatisch berücksichtigt werden.

```
root# rpm -Uvh http://linuxdownload.adobe.com/adobe-release/ \
               adobe-release-i386-1.0-1.noarch.rpm
```

Bei 32-Bit-Systemen installieren Sie das Flash-Plugin mit dem folgenden Kommando. Dabei müssen Sie den RPM-Schlüssel der Adobe-Paketquelle akzeptieren.

```
root# yum install flash-plugin.i686
```

Wenn Sie die 64-Bit-Version von Fedora verwenden, sind zur Installation die folgenden Kommandos erforderlich. Entscheidend ist, dass Sie sowohl die 32- als auch die 64-Bit-Versionen des `nspluginwrappers` installieren. Von der 32-Bit-Version sind unzählige 32-Bit-Bibliotheken abhängig, die dann ebenfalls installiert werden.

```
root#  yum install flash-plugin nspluginwrapper.i686 nspluginwrapper.x86_64
root#  mozilla-plugin-config -i -g -v
```

Zur Installation des Adobe Readers richten Sie ebenfalls die Adobe-Paketquelle ein (siehe oben). Anschließend führen Sie dieses Kommando aus:

Adobe Reader

```
root# yum install nspluginwrapper.i686 AdobeReader_deu
```

Wenn Sie mit einer 64-Bit-Version von Fedora arbeiten, führen Sie stattdessen diese Kommandos aus:

```
root# yum install nspluginwrapper.i686 nspluginwrapper.x86_64 AdobeReader_deu
root# mozilla-plugin-config -i -g -v
```

ATI-Treiber

Wenn Sie auf die binären Grafiktreiber von AMD oder NVIDIA angewiesen sind, treffen Sie mit Fedora keine gute Wahl. Etliche Xorg-Entwickler sind bei Red Hat angestellt und nutzen Fedora als Testplattform und Spielwiese. Fedora enthält grundsätzlich die allerneuesten Versionen des X-Servers, oft lange bevor deren Entwicklung ausgereift oder gar abgeschlossen ist. Das hat zur Folge, dass die Treiber von ATI/AMD bzw. NVIDIA häufig noch inkompatibel zum X-System sind.

Die einfachste Möglichkeit zur Installation des ATI-Treibers bietet in der Regel die RPM-Fusion-Paketquelle, die Sie zuerst aktivieren müssen. Anschließend installieren Sie den Treiber mit dem folgenden Kommando:

```
root# yum install akmod-catalyst
```

Als dieser Text Mitte November 2011 verfasst wurde, fehlte dieses Paket in der RPM-Fusion-Paketquelle für Fedora 16 allerdings noch. Es ist zu hoffen, dass es bald nachgeliefert wird.

Autojump

In Fedora 16 steht erstmalig das Paket autojump zur Verfügung, mit dem Sie im Terminal komfortabel zwischen bereits verwendeten Verzeichnissen wechseln können (siehe Seite 258).

Java

Unter Fedora sind standardmäßig Java-Pakete auf der Basis des Projekts OpenJDK für die Java-Version 6 installiert.

```
user$ java -version
java version "1.6.0_22"
OpenJDK Runtime Environment (IcedTea6 1.10.4) (fedora-60.1.10.4.fc16-x86_64)
OpenJDK 64-Bit Server VM (build 20.0-b11, mixed mode)
```

KDE nachträglich installieren

Um KDE nachträglich zu installieren, führen Sie die folgenden Kommandos aus (ca. 320 Pakete, ca. 450 MByte Download-Volumen):

```
root# yum groupinstall 'KDE-Softwarezusammenstellung'
root# yum install kde-l10n-German
```

Ab dem nächsten Login können Sie in einem Listenfeld am unteren Bildschirmrand auswählen, ob Sie mit KDE oder Gnome arbeiten möchten.

LaTeX Wenig Freude mit Fedora werden LaTeX-Freunde haben: Aus dem geplanten Umstieg auf eine aktuelle TeXLive-Version ist auch in Fedora 16 nichts geworden, Fedora enthält immer noch Pakete aus der uralten TeXLive-Version 2007. Wenn Sie TeXLive 2011 verwenden möchten, finden Sie hier die richtigen Paketquellen sowie eine Installationsanleitung:

http://fedoraproject.org/wiki/Features/TeXLive

MP3 und Multimedia Unter Fedora stehen standardmäßig keine MP3-Decoder und -Encoder zur Verfügung, und auch sonst ist die Multimedia-Unterstützung mager. Abhilfe schaffen die Audio- und Video-Pakete aus der RPM-Fusion-Paketquelle. Das folgende Kommando zeigt, wie Sie die wichtigsten Audio- und Video-Codecs für Gnome sowie einen MP3-Encoder installieren:

```
root#  yum install gstreamer-plugins-ugly gstreamer-plugins-bad lame gstreamer-ffmpeg
```

NVIDIA-Treiber Auf Rechnern mit NVIDIA-Grafikkarten kommt in Fedora standardmäßig der Nouveau-Grafiktreiber zum Einsatz. Dieser funktioniert für 2D-Grafik mittlerweile ausgezeichnet, für 3D-Funktionen aber nur bei relativ alten NVIDIA-Grafikkarten. Wenn Sie Gnome 3 vernünftig nutzen möchten, führt an der Installation des proprietären NVIDIA-Treibers also zumeist kein Weg vorbei.

Fedora-kompatible Pakete dieses Treibers finden Sie in der RPM-Fusion-Paketquelle. Der NVIDIA-Treiber ist im Paket `akmod-nvidia` versteckt. Während der Installation wird automatisch `/etc/X11/xorg.conf` modifiziert, sodass der neue Treiber nach einem Neustart des Rechners automatisch zum Einsatz kommt.

In Fedora 16 verhindert eine SELinux-Regel das korrekte Zusammenspiel zwischen GDM und dem NVIDIA-Treiber. Das Problem äußert sich darin, dass GDM abstürzt und somit kein Login möglich ist. Abhilfe schafft ein Update des Pakets `selinux-policy` oder die Deaktivierung von SELinux. Dazu stellen Sie `SELINUX=permissive` in der Datei `/etc/selinux/config` ein und starten den Rechner neu.

36. openSUSE 12.1

openSUSE zählt zu den im deutschen Sprachraum am weitesten verbreiteten Linux-Distributionen. Das wesentliche Unterscheidungsmerkmal der diversen SUSE-Distributionen gegenüber der Konkurrenz ist das allumfassende Konfigurations- und Administrationswerkzeug YaST (*Yet another Setup Tool*). Ein weiterer Pluspunkt ist die Dokumentation: openSUSE zählt zu den wenigen kostenlosen Distributionen, zu denen es noch richtige (ebenfalls kostenlose) Handbücher gibt.

Der Name SUSE

Die Abkürzung SUSE stand ursprünglich für »Gesellschaft für Software und Systementwicklung«. 2003 hat Novell SUSE gekauft. SUSE wurde damit Teil der Firma Novell. 2010 übernahm Attachmate Novell. Alle kommerziellen Linux-Produkte werden seither wieder unter dem Namen SUSE von der nun wieder eigenständig agierenden SUSE Linux GmbH verkauft.

openSUSE

openSUSE ist eine kostenlose Variante zu den kommerziellen SUSE-Distributionen. Die Entwicklung wird zwar ebenfalls stark von SUSE-Mitarbeitern getragen, es gibt aber öffentliche Beta-Versionen, Mailing-Listen, eine Bug-Datenbank und eine aktive Community, die an der Entwicklung teilnimmt und diese unterstützt. Damit spielt openSUSE für SUSE eine ähnliche Rolle wie Fedora für Red Hat.

openSUSE kann auch als »Box« gekauft werden. Den Vertrieb von Version 12.1 samt Handbuch übernimmt der Verlag *Open Source Press*. In der Vergangenheit war die openSUSE-Box bei der Firma open-slx erhältlich, die jetzt eine adaptierte Version von openSUSE 12.1 unter dem Namen »Balsam Professional« vertreibt.

Versionen

Wenn in diesem Buch von *SUSE* die Rede ist, meine ich damit die zurzeit populärste SUSE-Linux-Variante, nämlich *openSUSE*. Auf der SUSE-Website finden Sie diverse andere Linux-Distributionen, beispielsweise den *SUSE Linux Enterprise Server*. Diese Varianten richten sich (auch bei der Preisgestaltung) an kommerzielle Anwender, denen maximale Stabilität, lange Support-Zeiträume sowie die Unterstützung zusätzlicher CPU-Plattformen wichtiger sind als die jeweils neueste Kernel-, KDE- bzw. Gnome-Version.

Installationsmedien

Zur Installation von openSUSE 12.1 können Sie zwischen verschiedenen Medien wählen:

» einer zweilagigen DVD für (Dual Layer) 32- und 64-Bit-Installationen. Diese DVD ist in der von Open Source Press vertriebenen openSUSE-Box enthalten.

» je einer einfachen DVD für die gewünschte Architektur (32- oder 64-Bit).

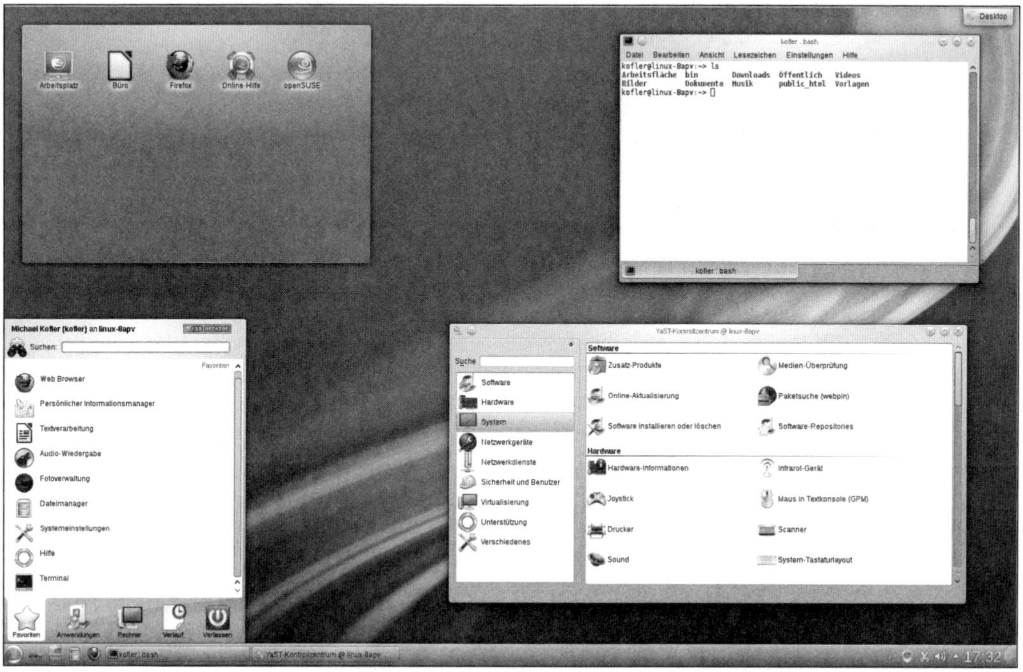

Abbildung 36.1: **KDE-Desktop in openSUSE 12.1**

» Live-CDs, um openSUSE direkt auszuprobieren. Die Live-CDs können auch zur Installation verwendet werden, unterstützen aber vorerst nur wenige Sprachen (darunter Englisch, Deutsch und Französisch). Weitere Sprachpakete sowie alle anderen Pakete, die nicht Bestandteil der Live-CD sind, müssen nachträglich aus dem Internet installiert werden. Es gibt vier Live-CDs für Gnome und KDE 4, jeweils in einer 32- und einer 64-Bit-Version.

» einer CD für eine Netzwerkinstallation. Die CD enthält nur das Installationsprogramm, alle Pakete werden aus dem Internet oder Netzwerk heruntergeladen.

Mit Ausnahme der zweilagigen DVD stehen alle Installationsmedien zum kostenlosen Download zur Verfügung:

http://software.opensuse.org/

Ganz egal, welches Installationsmedium Sie verwenden: Auf jeden Fall sollte Ihr Rechner mit zumindest 1 GByte RAM ausgestattet sein. Andernfalls zeigt das Installationsprogramm eine Warnung an, dass die Installation möglicherweise scheitern wird.

Installation vom USB-Stick

Die ISO-Images können nicht nur auf CDs bzw. DVDs gebrannt werden, sondern auch auf einen USB-Stick kopiert werden. Wenn Sie Zugang zu einem laufenden Linux-System haben, verwenden Sie dazu das Kommando dd. Dabei müssen Sie /dev/sdc durch das Device Ihres USB-Sticks ersetzen.

```
root# dd if=datei.iso of=/dev/sdc
```

Neu in openSUSE 12.1

Dieses Kapitel bezieht sich auf openSUSE 12.1. Im Vergleich zu openSUSE 11.4 bietet Version 12.1 die üblichen Software-Updates, die in Tabelle 36.1 zusammengefasst sind. Der Sprung in der Versionsnummer erklärt sich übrigens nicht durch neue Funktionen, sondern durch ein neues Nummerierungssystem, das Sie bei Interesse hier nachlesen können:

http://news.opensuse.org/2011/04/06/plus-ca-change-plus-cest-la-meme-chose/

Die folgenden beiden openSUSE-Ausgaben, die für Juli 2012 und März 2013 geplant sind, sollen die Versionsnummer 12.2 und 12.3 erhalten. Im November 2013 soll es dann mit Version 13.1 weiter gehen.

BASIS	VERSION	DESKTOP	VERSION	SERVER	VERSION
Kernel	3.1	Gnome	3.2	Apache	2.2
gcc	4.6	KDE	4.7	MySQL	5.5
glibc	2.14	Firefox	7.0	OpenSSH	5.8
X-Server	1.10	Gimp	2.6	PHP	5.3
GRUB	0.97	LibreOffice	3.4	Samba	3.6
Systemd	37				

Tabelle 36.1: **Software-Versionen in openSUSE 12.1**

Systemd

Die einzige grundlegende Neuerung in openSUSE 12.1 ist der Umstieg auf Systemd als Init-System. openSUSE folgt in diesem Punkt Fedora. Wieder nicht geschafft hat es dagegen GRUB 2 – openSUSE bleibt als einzige in diesem Buch behandelte Distribution bei GRUB 0.97. Eine nachträgliche Installation von GRUB 2 ist möglich, entsprechende Pakete werden mitgeliefert.

Snapper

Experimentierfreudige openSUSE-Anwender, die das Dateisystem `btrfs` einsetzen möchten (auf Rechnern im produktiven Einsatz ist das *nicht* empfehlenswert!), werden sich vermutlich für *Snapper* interessieren. Dieses von openSUSE entwickelte und in openSUSE 12.1 erstmals ausgelieferte Werkzeug ermöglicht es, `btrfs`-Snapshots automatisch zu erzeugen und nach einer gewissen Zeit wieder aufzulösen. Solange die Snapshots existieren, kann das gesamte System in einen früheren Zustand zurückversetzt werden. Weitere Informationen zu Snapper finden Sie hier:

http://en.opensuse.org/Portal:Snapper

Links

Ausführliche Informationen zu openSUSE und SUSE finden Sie unter:

http://www.opensuse.org
http://www.suse.com/

Umfassende englischsprachige Handbücher zu openSUSE im HTML- und PDF-Format finden Sie auf der folgenden Seite. Lesenswert ist vor allem der Reference Guide.

http://www.suse.com/documentation/

36.1 Installation

Installationseinstellungen

Dieser Abschnitt beschreibt die Standardinstallation von einer DVD. Auf der Begrüßungsseite stellen Sie mit [F2] die gewünschte Sprache ein. Falls notwendig, können Sie mit [F3] die Auflösung des Grafiksystems während der Installation ändern. Falls das Grafiksystem Probleme bereitet, wählen Sie hier TEXTMODUS.

Mit [F4] geben Sie an, aus welcher Quelle das Installationsprogramm die Pakete beziehen soll: standardmäßig natürlich von der Installations-DVD, alternativ besteht aber auch die Möglichkeit, die Pakete via HTTP/FTP/NFS/SMB oder SLP von einem Server herunterzuladen.

[F5] steuert, welche Optionen an den Kernel übergeben werden. Von den Standardeinstellungen sollten Sie nur abweichen, wenn während des Kernelstarts Probleme auftreten. Mögliche Optionen sind KEIN ACPI, KEIN LOKALES APIC sowie SICHERE EINSTELLUNGEN, wodurch neben ACPI und APIC weitere Kernelfunktionen deaktiviert werden. (ACPI steht für *Advanced Configuration and Power Interface*, siehe auch Seite 459. APIC steht für *Advanced Programmable Interrupt Controller* und bezeichnet ein Schema, um Hardware-Interrupts an die CPUs weiterzuleiten.)

Unabhängig von den durch [F5] gewählten (aber leider nicht angezeigten) Kerneloptionen können Sie in der Zeile BOOTOPTIONEN zusätzliche Kernelparameter eingeben (siehe auch Seite 735). Vorher sollten Sie mit [F2] das deutsche Tastaturlayout aktivieren. Falls während der Installation eine Update-Diskette, -CD oder -Datei berücksichtigt werden soll, drücken Sie schließlich noch auf [F6].

Wenn Sie als Installationsmedium eine doppellagige DVD verwenden (DVD9), die sowohl 32- als auch 64-Bit-Pakete enthält, wird auf Rechnern mit einer 64-Bit-CPU standardmäßig die 64-Bit-Version von openSUSE installiert. Wenn Sie die 32-Bit-Version vorziehen, müssen Sie mit [F7] explizit die Installation der 32-Bit-Version einstellen.

Installationsmenü

Nach diesen Voreinstellungen wählen Sie einen Eintrag aus dem im Folgenden beschriebenen Menü aus. Wenn Sie 10 Sekunden lang keine Cursortaste drücken, wird automatisch der erste Menüpunkt ausgewählt. Zur Installation ist aber normalerweise der zweite Punkt erforderlich!

- VON FESTPLATTE BOOTEN: Damit wird die Auto-Run-Funktion der CD beendet und stattdessen das momentan auf der Festplatte installierte Betriebssystem gestartet. Diese Variante gilt standardmäßig. Das ist dann praktisch, wenn Sie die CD oder DVD versehentlich im Laufwerk lassen. In diesem Fall wird bei einem Rechnerneustart nicht das SUSE-Installationsprogramm, sondern ganz normal das vorhandene Betriebssystem gestartet (sei es nun Windows, SUSE oder ein anderes Linux-System).
- INSTALLATION: Damit beginnt die normale Installation mit YaST.
- RETTUNGSSYSTEM: Im Rettungssystem können Sie versuchen, vorhandene Linux-Installationen zu reparieren (siehe Seite 1049).
- INSTALLATIONSMEDIUM ÜBERPRÜFEN: Damit kontrollieren Sie, ob die DVD frei von Fehlern ist.
- FIRMWARE TEST: Dieser Menüpunkt startet ein von Intel entwickeltes Programm, das das BIOS auf seine Linux-Tauglichkeit überprüft. Dieses Programm kann bei aktueller Hardware Fehlermeldungen liefern, obwohl Linux sehr wohl läuft. Weitere Informationen finden Sie hier:

  http://www.linuxfirmwarekit.org/

» SPEICHERTEST: Damit überprüfen Sie, ob Ihr RAM zuverlässig funktioniert.

Installation starten

Von nun an nehme ich an, dass Sie eine gewöhnliche Installation im Grafikmodus durchführen. Im ersten Dialog stellen Sie die Sprache und Tastaturbelegung ein. Nach einer kurzen Systemanalyse können Sie sich anschließend entscheiden, ob Sie SUSE neu installieren möchten oder ob Sie ein vorhandenes SUSE-System aktualisieren oder reparieren möchten. Dieser Dialog enthält die standardmäßig aktivierte Option AUTOMATISCHE KONFIGURATION. Sie bewirkt, dass das Installationsprogramm die Hardware-Konfiguration selbstständig vornimmt. Das betrifft unter anderem die Netzwerkschnittstellen, das Audio- und das Grafiksystem. Linux-Einsteiger sollten diese Option aktiviert lassen. Nur wenn Probleme auftreten bzw. wenn Sie ganz spezifische Konfigurationswünsche haben, deaktivieren Sie die Option.

Bei einer Neuinstallation bestätigen Sie als Nächstes Datum und Uhrzeit sowie Ihre Zeitzone. Dann wählen Sie, ob Sie als Benutzeroberfläche Gnome oder KDE nutzen möchten. Es ist zu diesem Zeitpunkt nicht möglich, beide Systeme auszuwählen. Sie können aber später im Punkt SOFTWARE-AUSWAHL die jeweils andere Benutzeroberfläche zusätzlich zur Installation markieren und in der Folge beim Login den gewünschten Desktop auswählen.

Partitionierung

Das Installationsprogramm macht nun einen Vorschlag für die Partitionierung der Festplatte: Standardmäßig richtet das Programm eine Swap-Partition mit circa der eineinhalbfachen RAM-Größe ein, außerdem eine Root-Partition und eine /home-Partition. Zudem werden alle Windows-Partitionen in das Dateisystem eingebunden. Wenn Sie mit dem Vorschlag einverstanden sind, klicken Sie einfach auf WEITER. Wenn Sie die Partitionierung dagegen selbst vornehmen möchten, wählen Sie PARTITIONSAUFBAU ERSTELLEN und anschließend BENUTZERDEFINIERTE PARTITIONIERUNG (FÜR EXPERTEN).

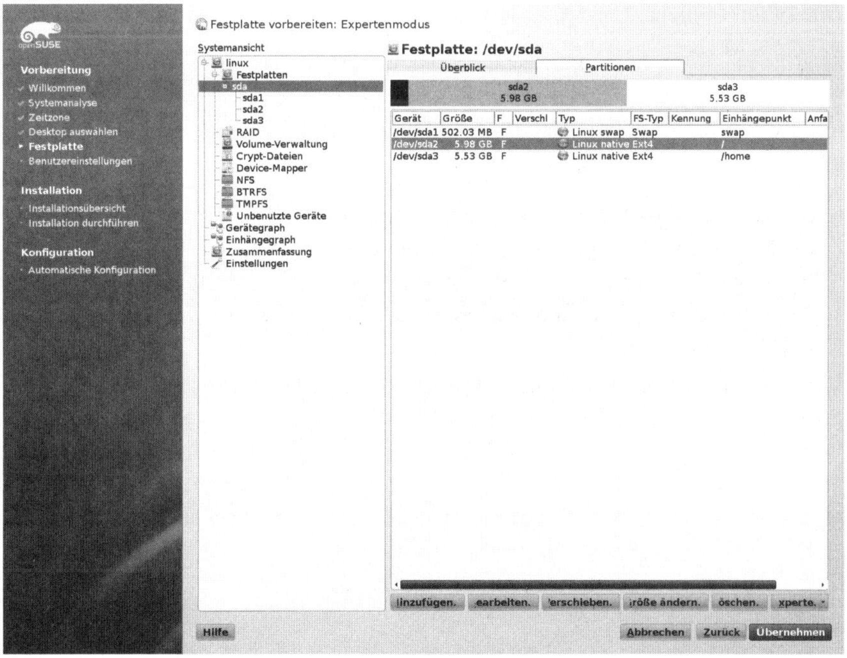

Abbildung 36.2: **Partitionseditor**

Damit gelangen Sie in den Partitionseditor (siehe Abbildung 36.2). Dieser Programmteil ermöglicht es Ihnen, neue Partitionen auf allen Festplatten anzulegen. Vorhandene Windows-Partitionen können mit dem Button GRÖSSE ÄNDERN verkleinert werden.

Sie können auch Partitionen löschen oder bereits vorhandene Partitionen nutzen. Klicken Sie dazu auf den Button BEARBEITEN, und geben Sie den gewünschten Mount-Punkt an (z. B. /). Wahlweise können Sie die Partition auch formatieren – damit gehen alle darin enthaltenen Daten verloren. YaST unterstützt die Linux-Dateisysteme ext2, ext3, ext4, btrfs, jfs, reiserfs und xfs.

Für Linux-Profis bietet der Partitionseditor einige Besonderheiten: So ist es möglich, eine bereits vorhandene /etc/fstab-Datei zu nutzen oder ein LVM- bzw. ein RAID-System einzurichten. Hintergrundinformationen zu LVM und RAID finden Sie auf den Seiten 633 und 625.

Verschlüsselung Es ist möglich, einzelne Datenpartitionen mit der Option GERÄTE-VERSCHLÜSSELUNG zu verschlüsseln. Zur Nutzung dieser Partitionen muss dann während des Startprozesses das Verschlüsselungspasswort angegeben werden.

Es ist auf diese Weise allerdings unmöglich, die Systempartition, die Bootpartition sowie die Partitionen für die Verzeichnisse /usr und /var zu verschlüsseln. Wenn Sie die gesamte Installation gegen eine unbefugte Nutzung absichern möchten, ist es am besten, LVM einzusetzen und die gesamte Volume Group zu verschlüsseln. Das Installationsprogramm bietet hierfür eine eigene Option an.

Benutzereinstellungen Im nächsten Dialogblatt geben Sie in der Regel Ihren vollständigen Namen, den gewünschten Login-Namen sowie das Passwort an. Optional ist es auch möglich, mit ÄNDERN eine externe Authentifizierungsmethode auszuwählen (LDAP, NIS, Windows-Domäne oder Kerberos).

Etwas bedenklich ist der Umstand, dass das Benutzerpasswort standardmäßig auch für root gilt. Nur wenn Sie die diesbezügliche Option deaktivieren, haben Sie die Möglichkeit, im nächsten Dialog ein eigenes root-Passwort anzugeben. Die openSUSE-Entwickler begründen ihre Vorgehensweise damit, dass ohnedies mehr als 75 Prozent aller Benutzer für root dasselbe Passwort verwenden wie für den ersten Benutzeraccount. Das mag sein, aber vom Sicherheitsstandpunkt aus betrachtet ist das natürlich nicht ganz optimal ...

Zusammenfassung Das Installationsprogramm zeigt nun eine Zusammenfassung aller Einstellungen an (siehe Abbildung 36.3). Wenn Sie damit einverstanden sind, klicken Sie einfach auf INSTALLIEREN, und los geht's. Sie sollten sich aber die Mühe machen, den Installationsvorschlag vorher in Ruhe durchzulesen! Oft ist es sinnvoll bzw. notwendig, Details zu verändern. Zur Änderung wählen Sie einfach den entsprechenden Punkt in der Zusammenfassung mit der Maus bzw. mit [Tab] aus.

Software-Auswahl Wenn Sie sich für ein KDE-Standardsystem entschieden haben, beansprucht dieses bei einem ext4-Dateisystem ca. 4 GByte in der Systempartition. Optional können Sie nun ganze Software-Gruppen oder auch nur einzelne Pakete hinzufügen: Gnome, Server-Komponenten, Entwicklerwerkzeuge etc. YaST zeigt dabei an, wie viel Platz die Installation auf Ihrer Festplatte ungefähr beanspruchen wird. Wenn Sie ein bestimmtes Programm nicht finden, klicken Sie auf DETAILS und verwenden dann die Suchfunktion (FILTER SUCHE).

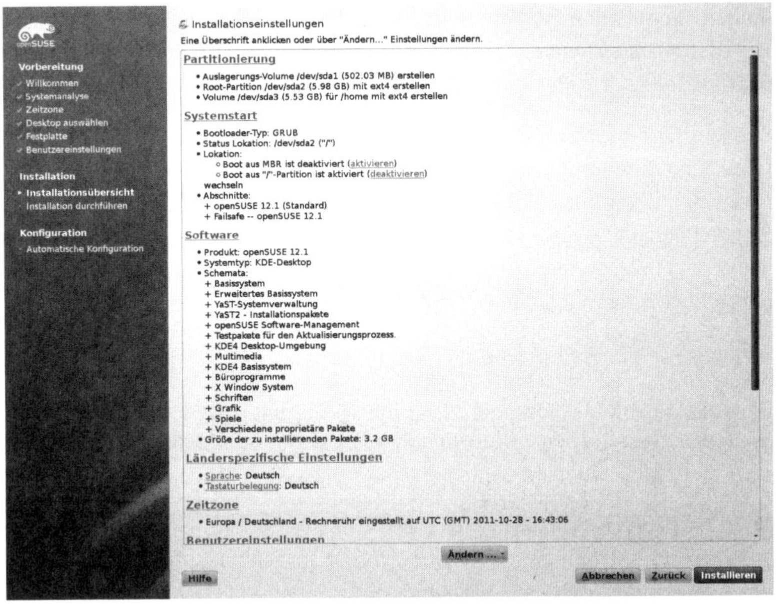

Abbildung 36.3: **Installationseinstellungen**

Systemstart

Standardmäßig sieht YaST im GRUB-Menü Einträge für bereits auf der Festplatte installierte Betriebssysteme vor. Ausgenommen sind leider Linux-Distributionen, die GRUB 2 verwenden. openSUSE setzt ja noch auf GRUB 0.97.

Im Gegensatz zu den meisten anderen Distributionen installiert openSUSE GRUB normalerweise *nicht* in den Master Boot Record der ersten Festplatte. Wenn es eine erweiterte Partition gibt, schlägt YaST vor, GRUB in deren Bootsektor zu installieren, andernfalls in den Bootsektor der System- oder Bootpartition.

YaST markiert außerdem die Partition, in deren Bootsektor GRUB installiert wird, als *aktive* Partition (also als die Partition, von der gebootet werden soll). Schließlich überschreibt YaST den MBR mit einem Code, um den Bootloader der aktiven Partition zu laden. Diese relativ komplizierte Vorgehensweise funktioniert fast immer und sichert ein möglichst konfliktfreies Zusammenspiel mit Windows.

Achtung

Es gibt keine andere Distribution, bei der die Bootloader-Konfiguration so kompliziert und unübersichtlich ist wie bei openSUSE! Nur wenn auf Ihrem Rechner keine anderen Betriebssysteme installiert sind, können Sie die zahllosen Optionen bedenkenlos so lassen, wie sie sind. Ansonsten sollten Sie unbedingt einen genauen Blick auf sämtliche Bootloader-Optionen werfen.

Wenn Sie GRUB nur in die Systempartition installieren möchten (weil es bereits eine vorhandene GRUB-Installation gibt, die Sie beibehalten möchten), aktivieren Sie im Dialogblatt BOOTLOADER-INSTALLATION die Option AUS ROOT-PARTITION STARTEN und deaktivieren alle anderen Optionen. Außerdem klicken Sie den Button BOOTLOADER-OPTIONEN an und deaktivieren dann die Option GENERISCHEN BOOTCODE IN MBR SCHREIBEN! (Bevor ich diese Option entdeckte, habe ich mir mit openSUSE mehrfach ungeplant den MBR der Festplatte überschrieben. Das ist mir in den letzten Jahren mit keiner anderen Distribution passiert.)

Installation durchführen

Sobald Sie mit allen Einstellungen einverstanden sind, klicken Sie den Button INSTALLIEREN an. Die Installation dauert einige Minuten. Sie können sich während dieser Wartezeit eine Diashow ansehen oder die Release-Notes lesen. Anschließend wird der Rechner neu gestartet.

Installation von einer Live-CD

Für openSUSE gibt es Live-CDs, die ein direktes Ausprobieren der Distribution ermöglichen. Die Live-CDs enthalten ebenfalls ein Installationsprogramm (suchen Sie nach *Live Installer*), das den Inhalt der CD in eine Festplattenpartition installiert. Die Bedienung des Installationsprogramms ist ganz ähnlich wie bei einer herkömmlichen Installation, es bestehen aber weniger Einstellmöglichkeiten. Insbesondere kann die Paketauswahl nicht verändert werden. Vielmehr wird einfach das ganze Live-System installiert – das geschieht dafür ausgesprochen schnell. Nach ein paar Minuten ist alles erledigt!

Allerdings werden im neu installierten System viele Menü- und Dialogelemente in englischer Sprache angezeigt. Abhilfe schafft die Installation des Pakets `desktop-translations`.

36.2 Konfiguration (YaST)

SUSE bietet ein einzigartiges Konfigurationsprogramm, dessen Wirkungsbereich beinahe allumfassend ist und mit jeder Version noch größer wird: YaST (*Yet another Setup Tool*, siehe Abbildung 36.4). Die YaST-Module dienen zur Drucker-, Benutzer- und Paketverwaltung, zur Einrichtung der ADSL-Verbindung, der Soundkarte und des Boot-Loaders, zur Spracheinstellung, zur Auswahl der Zeitzone etc. Manche YaST-Dialoge werden Ihnen bereits von der Installation her vertraut sein.

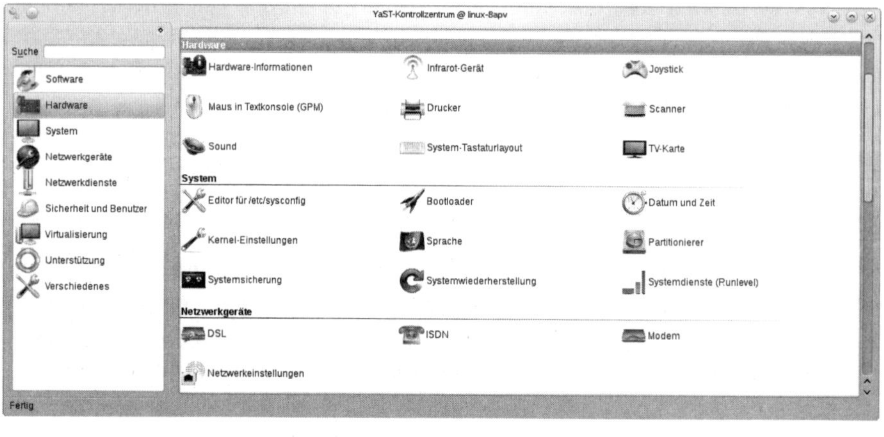

Abbildung 36.4: **Die Module des Konfigurationsprogramms YaST**

YaST wird in KDE mit RECHNER|YAST bzw. in Gnome mit COMPUTER|YAST gestartet. In einer Konsole starten Sie `yast` im Textmodus bzw. `yast2` im Grafikmodus. YaST speichert die SUSE-spezifischen Konfigurationsdateien im Verzeichnis `/etc/sysconfig/*`. Beim Verlassen des Programms werden diese Dateien mit den restlichen Konfigurationsdateien des Systems durch den Aufruf von `SuSEconfig` synchronisiert.

KDE- versus Gnome-YaST

YaST läuft je nach Desktop als KDE- oder als Gnome-Version. Die meisten Dialoge sehen bis auf optische Details gleich aus. Einige YaST-Module wurden für Gnome allerdings neu implementiert, unter anderem die Module SOFTWARE|SOFTWARE INSTALLIEREN und SOFTWARE|ONLINE-AKTUALISIERUNG. Dieses Buch beschreibt YaST grundsätzlich in der KDE-Variante.

Normalerweise verwendet YaST die zum aktuellen Desktop passenden Module. Wenn Sie unter KDE explizit die Gnome-Module wünschen (oder umgekehrt), ändern Sie in /etc/sysconfig/yast2 die Variable `WANTED_GUI`. Zulässige Einstellungen sind `auto`, `qt` (KDE), `gtk` (Gnome) und `ncurses` (Textmodus).

Eine alternative Vorgehensweise besteht darin, YaST als root mit einem der beiden folgenden Kommandos zu starten: `yast2 --gtk` oder `yast2 --qt`.

Netzwerk

openSUSE fährt bei der Netzwerkkonfiguration zweigleisig: Auf Desktop-PCs kümmern sich YaST und dessen Scripts (`ifup`) um die Netzwerkkonfiguration, bei Notebooks hingegen sind der Network-Manager und dessen KDE- bzw. Gnome-Benutzeroberflächen zuständig. Um zwischen den beiden Methoden umzuschalten, starten Sie das YaST-Modul NETZWERKGERÄTE|NETZWERKEINSTELLUNGEN und wählen im Dialogblatt GLOBALE OPTIONEN die Option TRADITIONELLE METHODE MIT IFUP oder BENUTZERGESTEUERT MITHILFE VON NETWORKMANAGER.

Hostname einstellen

Während der Installation besteht keine Möglichkeit, den Hostnamen einzustellen. openSUSE verwendet stattdessen eine Zufallszeichenkette wie `linux-q2uf`. Abhilfe: Starten Sie das YaST-Modul NETZWERKGERÄTE|NETZWERKEINSTELLUNGEN, wechseln Sie in das Dialogblatt HOSTNAME, und geben Sie dort den gewünschten Hostnamen an. Damit alle KDE- und Gnome-Programme diese Änderung nachvollziehen, müssen Sie sich ab- und neu anmelden.

Firewall

Unter openSUSE ist standardmäßig eine Firewall installiert und auch aktiv. Damit wird nahezu der gesamte nach außen gehende Netzwerkverkehr blockiert. Unter anderem ist es deswegen unmöglich, auf Windows- oder Samba-Netzwerkfreigaben zuzugreifen.

Die Konfiguration erfolgt durch das YaST-Modul SICHERHEIT|FIREWALL (siehe auch Seite 840). Wenn sich Ihr Rechner in einem (sicheren) lokalen Netz befindet, sollten Sie die Netzwerkschnittstelle der INTERNEN ZONE zuordnen.

AppArmor und SELinux

In openSUSE 12.1 ist das Sicherheitssystem AppArmor *nicht* mehr standardmäßig aktiv! Wenn Sie AppArmor verwenden möchten, müssen Sie zuerst die AppArmor-Pakete installieren. Am einfachsten aktivieren Sie dazu im YaST-Modul SOFTWARE INSTALLIEREN UND LÖSCHEN das Schema NOVELL APPARMOR. Die Konfiguration erfolgt anschließend durch die YaST-Module der Gruppe NOVELL APPARMOR. Eine Beschreibung der AppArmor-Grundlagen und -Konfigurationswerkzeuge finden Sie in Abschnitt 29.9 ab Seite 874.

Der mitgelieferte Kernel enthält seit openSUSE 11.2 auch SELinux-Funktionen, die aber ebenso wenig wie die AppArmor-Funktionen aktiv sind. openSUSE stellt keine Konfigurationswerkzeuge für SELinux zur Verfügung. Die Verwendung von SELinux unter openSUSE ist damit Profis vorbehalten.

Drucker Das YaST-Modul HARDWARE|DRUCKER versucht, den Drucker automatisch zu erkennen. Das funktioniert aber nicht immer und auf jeden Fall nur, wenn der Drucker angeschlossen und eingeschaltet ist. Wählen Sie das Modell gegebenenfalls selbst aus, wählen Sie das gewünschte Papierformat, und führen Sie einen Testdruck durch.

Bei manchen Druckern stehen unterschiedliche Druckertreiber zur Auswahl, je nachdem, ob Sie einen hochauflösenden Fotodruck, einen schnellen Schwarz-Weiß-Ausdruck etc. durchführen möchten. Um den Treiber nachträglich zu ändern, wählen Sie den Drucker aus und öffnen mit BEARBEITEN wieder den Konfigurationsdialog. Achten Sie auch darauf, dass Sie das richtige Papierformat einstellen – oft ist das Standardpapierformat des Druckertreibers *Letter* und nicht A4.

Wenn Sie möchten, dass andere Anwender im lokalen Netzwerk den an Ihren Computer angeschlossenen Drucker nutzen können, aktivieren Sie im Dialogblatt DRUCKER FREIGEBEN die Option ENTFERNTEN ZUGRIFF ERLAUBEN. Das funktioniert allerdings nur, wenn Sie im Firewall-Modul die LAN-Netzwerkschnittstelle der internen Zone zuordnen oder explizit den TCP-Port 631 freigeben.

WebYaST Seit openSUSE 11.4 gibt es mit WebYaST eine webbasierte Benutzeroberfläche zu YaST (siehe Abbildung 36.5). Diese Funktion steht in den SUSE-Enterprise-Distributionen schon länger zur Verfügung. Für openSUSE-Anwender ist WebYaST nur von untergeordneter Bedeutung: Eine Web-Administration ist eigentlich nur für Server-Installationen sinnvoll, hierfür ist openSUSE wegen des nur 18-monatigen Update-Zeitraums aber ungeeignet.

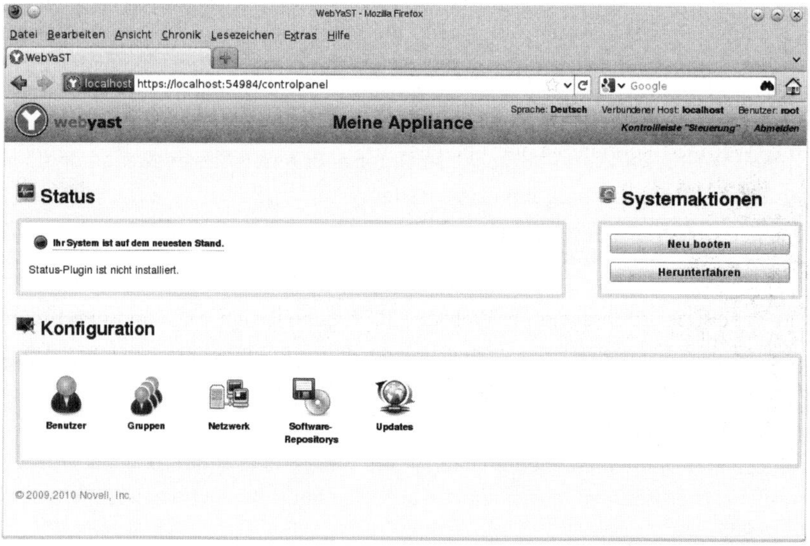

Abbildung 36.5: **WebYaST**

WebYaST greift auf den Webserver Apache zurück. Diverse ws-Module (für jede YaST-Funktion eines) kümmern sich um die Kommunikation zwischen dem Webserver und dem lokalen YaST. Für die eigentliche Benutzeroberfläche sind ui-Module (User Interface) verantwortlich. Wenn Sie einen einzelnen Rechner fernwarten möchten, müssen Sie sowohl die ws- als auch die ui-Module installieren. Wenn mehrere SUSE-Computer ferngewartet werden sollen, ist die Installation der ui-Module nur auf einem Rechner erforderlich, während die ws-Module auf allen Rechnern installiert werden müssen.

In diesem Abschnitt gehe ich davon aus, dass Sie nur einen Rechner administrieren möchten. Für erste Experimente installieren Sie zumindest die folgenden Pakete: webyast-base-ui, webyast-network-ui, webyast-reboot-ui, webyast-software-ui und webyast-users-ui. Apache sowie die dazugehörigen ws-Module werden automatisch mitinstalliert.

Um WebYast erstmalig zu starten, führen Sie in einem Terminalfenster die beiden folgenden Kommandos aus:

```
root# service yastws start
root# service yastwc start
```

Damit der Start in Zukunft automatisch erfolgt, sind außerdem noch die folgenden Kommandos notwendig:

```
root# insserv yastws
root# insserv yastwc
```

Anschließend können Sie WebYaST mit einem beliebigen Webbrowser am HTTPS-Port 54984 bedienen (siehe Abbildung 36.5). Dieser Port darf nicht durch eine Firewall blockiert werden. Beim ersten Mal müssen Sie das automatisch generierte Verschlüsselungszertifikat von WebYaST akzeptieren.

Bei den WebYaST-Modulen handelt es sich um vollständige Neuentwicklungen. Deswegen sieht die Benutzeroberfläche anders aus als bei herkömmlichen YaST-Modulen. Bei Bedarf können Sie WebYaST um weitere Module ergänzen, wobei Sie jeweils die entsprechenden ws- und ui-Pakete installieren müssen. Die Modulauswahl ist bereits recht groß, es stehen aber bei Weitem noch nicht alle traditionellen YaST-Module für WebYaST zur Verfügung.

Weitere Informationen zu WebYaST können Sie hier nachlesen:

http://en.opensuse.org/WebYaST
http://doc.opensuse.org/products/other/WebYaST/webyast-user/

Unmittelbar vor der Freigabe von openSUSE 12.1 wurde WebYaST 0.3 fertiggestellt – leider zu spät, um das Update noch in openSUSE zu integrieren. WebYaST 0.3 zeichnet sich vor allem durch eine deutlich höhere Geschwindigkeit bei gleichzeitig wesentlich geringerem Speicherbedarf aus. Tipps zur manuellen Installation von WebYaST 0.3 unter openSUSE 12.1 finden Sie hier:

http://lizards.opensuse.org/2011/11/07/webyast-0-3-is-out/

36.3 Paketverwaltung

Vorweg ein kurzer Überblick: Die Paketverwaltung von SUSE basiert auf dem RPM-Format, wobei die RPM-Dateien mit dem LZMA-Verfahren komprimiert sind. Für die eigentliche Installation, die Verwaltung der Paketquellen, die Auflösung der Paketabhängigkeiten etc. sind die libzypp-Bibliothek sowie diverse zypp-Kommandos zuständig. Sowohl die YaST-Werkzeuge zur Paketverwaltung als auch das für Online-Updates zuständige Programm PackageKit greifen auf libzypp zurück.

YaST-Module

YaST stellt in der Gruppe SOFTWARE sechs Module mit Paketverwaltungsfunktionen zur Auswahl. Gerade SUSE-Einsteigern fällt es manchmal schwer, unter den ähnlich lautenden Einträgen den richtigen zu finden. Der folgende Überblick gibt eine erste Orientierungshilfe. Die wichtigsten Module werden im Anschluss genauer vorgestellt.

» MEDIEN-ÜBERPRÜFUNG testet, ob eine Installations-CD oder -DVD frei von Fehlern ist.

» ONLINE-AKTUALISIERUNG startet YOU (YaST Online Update), um aktualisierte Pakete oder Sicherheits-Updates herunterzuladen.

  Neben YOU gibt es noch zwei weitere Update-Programme, die beide auf PackageKit basieren: apper (KDE) und `gpk-update-viewer` (Gnome).

» PAKETSUCHE ermöglicht es, im Internet in bekannten openSUSE-Paketquellen nach Paketen zu suchen. Bei meinen Tests funktionierte dieses Modul allerdings nicht.

» SOFTWARE INSTALLIEREN UND LÖSCHEN führt zum zentralen Paketverwaltungsmodul, mit dem Sie neue SUSE-Pakete installieren, vorhandene entfernen oder aktualisieren können etc. Dieses Modul werden Sie vermutlich am häufigsten einsetzen. Je nach aktivem Desktop kommt die traditionelle KDE- oder die neue Gnome-Implementierung zum Einsatz.

» SOFTWARE REPOSITORIES hilft bei der Verwaltung der Paketquellen. Mit HINZUFÜGEN|COMMUNITY/GEMEINSCHAFTS-REPOSITORIES können Sie einige populäre Paketquellen mit wenigen Mausklicks einrichten.

» ZUSATZ-PRODUKTE ermöglicht die Installation zumeist kommerzieller Programme, die auf einer SUSE-kompatiblen CD oder in SUSE-Paketquellen im Internet angeboten werden. Dieses Modul ist *nicht* dazu gedacht, um gewöhnliche, zu SUSE gehörende Pakete zu installieren – dazu verwenden Sie SOFTWARE INSTALLIEREN!

PackageKit Neben den YaST-Werkzeugen zur Paketinstallation bzw. zur Durchführung von Updates ist standardmäßig auch das Programm PackageKit installiert (siehe auch Seite 1023). PackageKit kommt normalerweise nur zum Einsatz, um unter KDE oder Gnome aus dem jeweiligen Update-Icon heraus Updates durchzuführen. Wenn Sie möchten, können Sie PackageKit unter Gnome auch zur Installation oder Deinstallation von Paketen verwenden. Dazu starten Sie die Gnome- oder KDE-Oberfläche zu PackageKit mit den Kommandos `gpk-application` bzw. apper.

Sprachpakete Um die Lokalisierungspakete für eine bestimmte Sprache zu installieren, starten Sie das YaST-Modul SYSTEM|SPRACHE und wählen dort die gewünschte(n) Sprache(n) aus.

Leider gelingt die Installation der Sprachpakete in openSUSE 12.1 nur noch sehr unvollständig. Eine Menge weiterer Sprachpakete finden Sie im YaST-Modul SOFTWARE INSTALLIEREN im Dialogblatt Sprachen. Wichtig sind insbesondere die Pakete `desktop-translations` und für Gnome-Programme `bundle-lang-gnome-extras-de`.

Paketmanager (KDE)

Den YaST-Paketmanager starten Sie mit dem YaST-Modul SOFTWARE|SOFTWARE INSTALLIEREN UND LÖSCHEN. Es existieren zwei grundverschiedene Implementierungen dieses Moduls: Die KDE-Variante entspricht dem, was SUSE-Anwender seit vielen Jahren gewöhnt sind (siehe Abbildung 36.6). Die neu entwickelte Gnome-Variante ist für Linux-Einsteiger etwas einfacher zu bedienen (siehe Abbildung 36.7). Im Folgenden beschränke ich mich auf die Beschreibung der KDE-Version.

Im Hauptfenster können Sie mit dem Button ANZEIGEN verschiedene Ansichten (Dialogblättern) öffnen und im weiteren Verlauf zwischen ihnen wechseln. (In Abbildung 36.6 sind nur zwei dieser Dialogblätter offen.)

» SUCHEN: In dieser Ansicht können Sie nach Paketen suchen, deren Namen oder deren Funktion Sie kennen.

» RPM-GRUPPEN: Hier werden die Pakete in einer baumartigen Gruppenstruktur dargestellt (z. B. alle Pakete der Gruppe ENTWICKLUNG|WERKZEUGE|BUILDING). Die Orientierung in dem verzweigten Baum ist allerdings schwierig.

» INSTALLATIONSÜBERBLICK: In dieser Ansicht sehen Sie, welche Pakete momentan zur Installation, zum Update oder zum Entfernen markiert sind.

» PAKETGRUPPEN: In dieser Ansicht werden Pakete angezeigt, die inhaltlich zusammenpassen, z. B. alle Spiele.

» SCHEMATA: In dieser Ansicht werden Pakete angezeigt, die funktionell zusammengehören, z. B. alle Pakete zum Einrichten eines Webservers (siehe Abbildung 36.6). Damit können Sie rasch und bequem alle Pakete zur Erfüllung einer bestimmten Aufgabe zur Installation auswählen. Im Prinzip verfolgen SCHEMATA und PAKETGRUPPEN dieselbe Idee, einzig die Gruppierungslogik ist anders.

» SPRACHEN: Diese Ansicht zeigt alle Lokalisierungspakete für eine bestimmte Sprache.

» INSTALLATIONSQUELLEN: Diese Ansicht zeigt alle Pakete einer ausgewählten Paketquelle. Optional kann die oft sehr lange Paketliste mit einem zweiten Filter reduziert werden.

Der Paketmanager überprüft bei jeder Installation die Paketabhängigkeiten und aktiviert gegebenenfalls weitere Pakete zur automatischen Installation bzw. zum Update. Falls Abhängigkeitskonflikte auftreten, zeigt YaST verschiedene Vorschläge an, wie das Problem zu beheben ist.

Der Status von Paketen wird durch Symbole ausgedrückt. Der Zustand kann per Maus (verwenden Sie gegebenenfalls das Kontextmenü mit der rechten Maustaste!) oder per Tastatur verändert werden. Eine vollständige Beschreibung aller Symbole erhalten Sie mit HILFE|SYMBOLE.

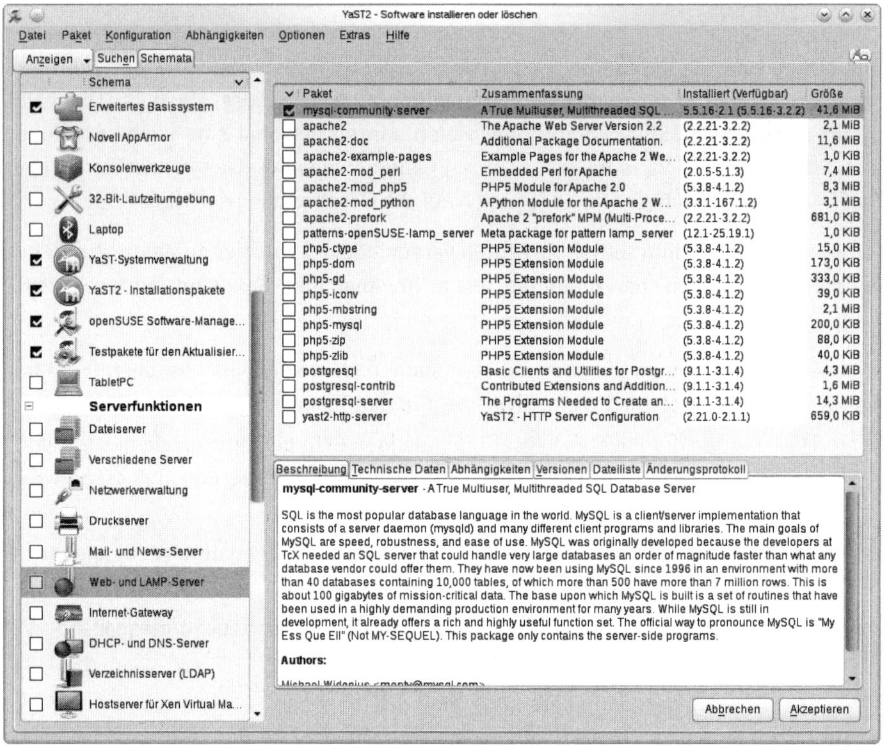

Abbildung 36.6: **Installation von Software-Paketen mit YaST unter KDE**

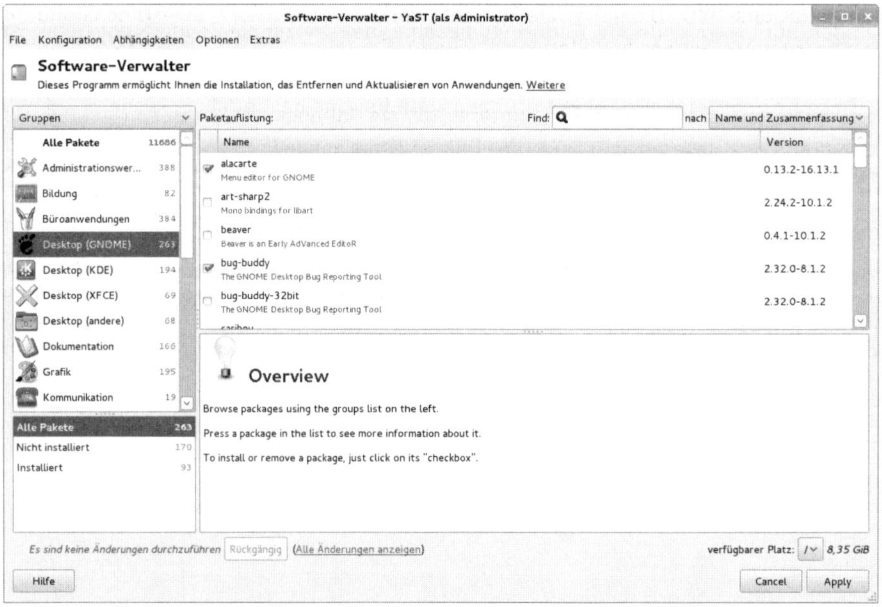

Abbildung 36.7: **Installation von Software-Paketen mit YaST unter Gnome**

Updates

Online-Updates konfigurieren

Während der openSUSE-Installation wird standardmäßig eine Update-Paketquelle eingerichtet. SUSE stellt Updates in Form sogenannter Delta-RPMs zur Verfügung (siehe Seite 475), was den Download-Umfang der Updates im Vergleich zu anderen Distributionen etwas mindert.

openSUSE leistet sich den Luxus, *zwei* Update-Manager mitzuliefern: PackageKit und das YaST-Modul YOU. PackageKit ist dafür zuständig, aus dem jeweiligen Desktop-System heraus Updates durchzuführen, wobei es für Gnome und KDE jeweils eigene Oberflächen gibt (die Programme `gpk-update-viewer` und `apper`). YOU (*Yast Online Update*) ist hingegen ein Relikt aus früheren SUSE-Zeiten. Sein Einsatz empfiehlt sich nur, wenn die KDE- oder Gnome-Update-Werkzeuge Probleme bereiten oder Sie einen KDE- und Gnome-freien Desktop nutzen.

Falls die Update-Werkzeuge Probleme bereiten (was bei meinen Tests leider mehrfach der Fall war), können Sie Updates auch im Terminal durchführen. Das ist besonders bei großen Updates empfehlenswert.

```
root# zypper update
```

Installation von Zusatzprogrammen

Im Rahmen des ersten Updates wird automatisch das Flash-Plugin von Adobe. Für den Automatismus ist ein winziges, vorinstalliertes Trigger-Paket verantwortlich, dessen Namen mit `pullin` beginnt (z. B. `pullin-flash-player`). Eine Liste dieser Pakete erstellt `rpm -qa | grep pullin`. Erst das Update der `pullin`-Pakete initiiert die Installation der eigentlichen Pakete.

Distributions-Updates

SUSE bietet zwei Möglichkeiten, ein Distributions-Update durchzuführen:

» **Mit einer Installations-DVD:** Diese Update-Variante verläuft ähnlich wie eine Neuinstallation. Sie starten den Rechner mit der Installations-DVD neu. Das Installationsprogramm erkennt die vorhandene openSUSE-Version und bietet deren Aktualisierung als Option an. Diese Vorgehensweise ist gut ausgereift und wird weiterhin unterstützt, sie hat aber einen großen Nachteil: Das System ist während des Updates, das circa eine halbe Stunde dauert, *offline*.

» **Im laufenden Betrieb:** Seit openSUSE 11.2 können Sie das Update auch im laufenden Betrieb durchführen: Dazu müssen Sie zuerst die vorhandenen Repositories löschen und durch neue Repositories für die gerade aktuelle openSUSE-Version ersetzen. Anschließend führen Sie in einer Konsole `zypper dup` aus. Der Update-Prozess dauert zwar noch länger als bei einer herkömmlichen Aktualisierung, aber immerhin läuft Ihr System während dieser Zeit weiter. Anschließend ist ein Neustart erforderlich.

Ich bin allerdings kein Freund von Distributions-Updates: Die Wahrscheinlichkeit, dass dabei Probleme auftreten, grenzt ganz nahe an 100 Prozent. Führen Sie nach Möglichkeit eine Neuinstallation durch!

Tumbleweed

Linux-Experten und -Entwickler, die nach Möglichkeit immer die neuesten Software-Versionen einsetzen möchten, können mit dem Projekt »Tumbleweed« sogenannte *Rolling Updates* aktivieren:

```
root# zypper ar --refresh \
      http://download.opensuse.org/repositories/openSUSE:/Tumbleweed/standard/ \
       Tumbleweed
root# zypper dup
```

Tumbleweed versucht, neue Software-Versionen erst dann zu aktivieren, wenn diese einigermaßen stabil sind. Insofern ist Tumbleweed also weniger aktuell und dafür etwas stabiler als die openSUSE-Entwicklerversion *Factory*. Dennoch sind beim Einsatz von Tumbleweed natürlich gelegentlich Probleme zu erwarten, wenn eine neue Software-Version doch noch Fehler enthält oder Inkompatibilitäten mit anderen Komponenten verursacht.

Die Tumbleweed-Projektseite warnt eindringlich vor dem Einsatz von Tumbleweed, wenn Sie proprietäre Treiber benötigen (NVIDIA, ATI), zusätzliche Paketquellen außer *Oss*, *Non-Oss* und *Update* aktiviert haben oder openSUSE in einer virtuellen Maschine ausführen:

http://en.opensuse.org/Portal:Tumbleweed

Paketquellen verwalten

Als Datengrundlage für den YaST-Paketmanager dienen in der Regel die Installations-DVD sowie Paketquellen aus dem Internet. Beim Einrichten weiterer Paketquellen hilft das YaST-Modul SOFTWARE REPOSITORIES. Für populäre Paketquellen aus dem Internet führt HINZUFÜGEN|COMMUNITY/GEMEINSCHAFT-REPOSITORIES am schnellsten zum Ziel.

Nur wenn Sie Paketquellen einrichten oder entfernen möchten, die nicht im Modul COMMUNITY REPOSITORIES vorgesehen sind, müssen Sie deren Adresse exakt angeben. Damit Paketquellen akzeptiert werden, müssen sie YaST- oder YUM-Verwaltungsinformationen zur Verfügung stellen (erkennbar an den Verzeichnissen `media.1` bzw. `repodata`).

Beim Einrichten neuer Paketquellen müssen Sie in der Regel auch eine Schlüsseldatei anlegen, die zur Kontrolle der signierten Pakete dient. Die entsprechende Rückfrage bestätigen Sie mit IMPORTIEREN.

Falls Sie die Installations-DVD nach der Installation *nicht* weiter als Paketquelle verwenden möchten, müssen Sie diese Paketquelle explizit deaktivieren.

Wichtige Paketquellen

Die folgende Aufzählung beschreibt die wichtigsten SUSE-Paketquellen in der Nomenklatur des Moduls SOFTWARE REPOSITORIES.

» OPENSUSE 12.1: Diese DVD-Paketquelle enthält die mitgelieferten Pakete. Die Paketquelle kann auch nach der openSUSE-Installation zur Installation weiterer Pakete verwendet werden.

» OPENSUSE 12.1 OSS UND NON-OSS: Diese beiden Online-Paketquellen enthalten alle offiziellen openSUSE-Pakete. Die Pakete sind nach ihrer Lizenz in zwei Gruppen separiert. Die Non-OSS-Paketquelle enthält diverse Programme ohne Open-Source-Lizenz (z. B. den Adobe Reader). In der Vergangenheit hießen diese beiden Paketquellen HAUPTREPOSITORY OSS und HAUPTREPOSITORY NON-OSS.

» OPENSUSE 12.1 SOURCE: Diese Paketquelle enthält den Quellcode zu allen OSS-Paketen. Die Paketquelle ist nur für Programmentwickler interessant.

  Ein gemeinsames Merkmal aller OPENSUSE-Paketquellen besteht darin, dass sich der Inhalt dieser Paketquellen während der Lebensdauer der Distribution nicht mehr ändert. Updates werden ausschließlich über eine eigene Paketquelle zur Verfügung gestellt (siehe den nächsten Punkt).

» AKTUALISIERUNGEN FÜR OPENSUSE 12.1: Diese Paketquelle enthält Aktualisierungen zu den offiziellen openSUSE-Paketen.

» OPENSUSE BUILDSERVICE: Diese Paketquellen enthalten – geordnet nach Gruppen – neuere Versionen wichtiger Programme (sogenannte *Backports*) bzw. Zusatzpakete. Die Pakete sind kein offizieller Bestandteil der Distribution! Sie sind weniger gründlich getestet und laufen daher nicht immer stabil. Die Paketquellen sind für erfahrene Linux-Anwender sowie für Entwickler interessant, die die gerade aktuellste Version eines bestimmten Programms ausprobieren können, ohne gleich eine neue Distribution zu installieren. Beachten Sie aber, dass bei der Installation bisweilen Paketabhängigkeiten zu Problemen führen können. Die BuildService-Pakete werden in der Regel nur bis zur Fertigstellung der nächsten openSUSE-Version aktiv gewartet. Wenn Sie weiter auf dem aktuellen Stand bleiben möchten, sollten Sie spätestens jetzt die neue openSUSE-Version installieren. Weitere Informationen zum BuildService finden Sie hier:

  http://de.opensuse.org/Build_Service

» NVIDIA REPOSITORY: Diese Paketquelle enthält die binären Grafiktreiber der Firma NVIDIA. Sie ermöglichen eine besonders komfortable Installation dieses oft benötigten Treibers. Nach openSUSE-Kernel-Updates enthalten diese Quellen aktualisierte Versionen der Treiber, um sicherzustellen, dass die Grafiktreiber weiterhin funktionieren.

» PACKMAN: Diese Paketquelle ist die beliebteste inoffizielle Paketquelle für openSUSE. Sie enthält Pakete, die openSUSE offiziell nicht anbieten kann oder will, unter anderem Multimedia-Programme und -Bibliotheken (inklusive Codecs). Die Pakete werden von der Community, also von freiwilligen Entwicklern zusammengestellt.

  Zum Teil haben die Packman-Pakete denselben Namen, aber eine höhere Versionsnummer als die entsprechenden openSUSE-Pakete. Das hat zur Folge, dass die Packman-Pakete bei der nächsten Installation eines Programms automatisch mitinstalliert werden. Diese Vorgehensweise ist dann zweckmäßig, wenn bei openSUSE-Paketen manche Funktionen beim Kompilieren gezielt deaktiviert wurden.

  Manche Audio- und Video-Player erkennen selbstständig, wenn Codec-Bibliotheken fehlen, und zeigen einen Dialog zur Installation der entsprechenden Pakete an. Die Installation funktioniert aber nur, wenn vorher die Packman-Paketquelle eingerichtet wurde! Weitere Informationen zur Packman-Paketquelle können Sie hier nachlesen:

  http://packman.links2linux.de/

Für die Paketquellen BUILDSERVICE, NVIDIA, PACKMAN und VIDEOLAN gibt es keine eigene Update-Paketquelle. Bei Updates werden in der Paketquelle einfach neue Versionen der jeweiligen Pakete zur Verfügung gestellt. Die SUSE-Update-Programme berücksichtigen derartige Updates automatisch.

One-Click-Install (*.ymp-Dateien)

Das Verfahren *One-Click-Install* ermöglicht es, dass ein Klick im Webbrowser auf eine YMP-Datei die angeführten Paketquellen bleibend einrichtet und alle angegebenen Pakete installiert. Hinter den Kulissen kümmert sich ein neues YaST-Modul um diese Arbeiten. Vor dem Beginn der Installation müssen Sie natürlich das root-Passwort angeben. Bei den YMP-Dateien handelt es sich um einfache

XML-Dateien, die alle erforderlichen Informationen (Paketquellen, Paketnamen etc.) enthalten. YMP steht dabei für *Yast Meta Package*. One-Click-Links lassen sich von root auch durch das Kommando OCICLI installieren:

```
root# OCICLI "http://opensuse-community.org/codecs-kde.ymp"
```

Achtung

Naturgemäß bieten YMP-Dateien ein erhebliches Missbrauchspotenzial – beispielsweise zur Installation eines Root-Kits per Mausklick. Installieren Sie keine Pakete, deren Herkunft unklar ist bzw. die aus dubiosen Quellen stammen!

Diese Empfehlung gilt natürlich unabhängig vom Installationsverfahren. Aber die Bequemlichkeit von YMP-Dateien erhöht die Missbrauchsgefahr. Bisher war zumindest ein minimales Linux-Wissen erforderlich, um neue Paketquellen einzurichten. Jetzt reicht ein Mausklick ...

36.4 SUSE-spezifische Besonderheiten

Auto-Login SUSE sieht eigene Konfigurationsdateien für den Auto-Login von KDE und Gnome vor. Direkte Veränderungen in KDE oder Gnome sind nicht zu empfehlen, weil SuSEconfig die Änderungen bei der nächsten Gelegenheit wieder überschreibt. Stattdessen tragen Sie die gewünschte Konfiguration in die Datei /etc/sysconfig/displaymanager ein. Um den Auto-Login zu deaktivieren, verwenden Sie eine leere Zeichenkette zur Initialisierung der AUTOLOGIN-Variablen. Die Änderungen werden erst gültig, wenn Sie anschließend das Kommando SuSEconfig ausführen.

```
# /etc/sysconfig/displaymanager
...
DISPLAYMANAGER_AUTOLOGIN="benutzername"
```

groupadd, -del, -mod, useradd, -del, -mod SUSE verwendet eine eigene Implementierung der Kommandos groupadd, -del, -mod sowie useradd, -del und -mod. Zwar sind viele Optionen kompatibel zu den gleichnamigen Kommandos anderer Distributionen, aber eben nicht alle. Lassen Sie daher Vorsicht walten, wenn Sie ein distributionsunabhängiges Script entwickeln möchten, das Benutzer und Gruppen verändert.

Release-Informationen Die Datei /etc/SuSE-release enthält die Versionsnummer der Distribution:

```
openSUSE 12.1 (x86-_64)
VERSION = 12.1
CODENAME = Asparagus
```

KMS Wie die meisten anderen Linux-Distributionen verwendet auch openSUSE den Kernel, um das Grafiksystem einzustellen (*Kernel Mode Setting*, kurz KMS). Sollte das bei Ihrer Grafikkarte nicht funktionieren, müssen Sie beim Hochfahren des Rechners den Boot-Parameter nomodeset angeben.

Sollte auch das nichts nützen, besteht die Möglichkeit, das Laden des *Direct Rendering Modules* (DRM) zu verhindern. Dazu müssen Sie im YaST-Modul SYSTEM|EDITOR FÜR /ETC/SYSCONFIG die Systemvariable NO_KMS_IN_INITRD suchen und auf no setzen. YaST erzeugt dann eine neue Initrd-Datei, die beim nächsten Neustart wirksam wird.

MySQL Als momentan einzige große Linux-Distribution stellt openSUSE neben den offiziellen MySQL-Paketen auch MariaDB zur Wahl. MariaDB ist ein Fork von MySQL und beinhaltet neue bzw. verbesserte Tabellentreiber. MariaDB ist zu MySQL weitestgehend kompatibel und kann MySQL ohne größere Änderungen an der Datenbankanwendung ersetzen.

http://askmonty.org/wiki/MariaDB

Rescue-System Sie können die Installations-DVD auch dazu verwenden, um ein sogenanntes Rescue-System zu starten. Dabei handelt es sich um ein minimales, autonomes Linux-System, mit dem Sie selbst Reparaturarbeiten durchführen können. Zum Start stellen Sie im Startbildschirm der Installations-DVD zuerst mit `F2` die Sprache ein und wählen dann den Menüeintrag RETTUNGSSYSTEM.

Nach dem Bootprozess können Sie sich in einer Linux-Konsole als `root` ohne Passwort einloggen. Sie können nun mit `mount` die Partition Ihres defekten Linux-Systems in das Dateisystem einbinden und gegebenenfalls einzelne Dateien verändern. Das `mount`-Verzeichnis müssen Sie innerhalb von `/tmp` erstellen; der Rest des Dateisystems ist *read-only*. Als Editoren stehen `vi`, `joe` oder `jmacs` (ein Emacs-Klon) zur Auswahl. Um das Rescue-System zu verlassen, drücken Sie `Strg`+`Alt`+`Entf` oder geben das folgende Kommando ein:

```
root#  shutdown -r now
```

SuSEconfig Normalerweise verwenden Sie die verschiedenen YaST-Module zur Veränderung der SUSE-spezifischen Konfigurationsdateien in `/etc/sysconfig`. YaST stellt dann sicher, dass die restlichen Konfigurationsdateien des Rechners damit synchronisiert werden. Wenn Sie Dateien aus `/etc/sysconfig` dagegen mit einem Editor verändern, sollten Sie anschließend unbedingt das Programm `SuSEconfig` ausführen, um eine Synchronisierung sicherzustellen. `SuSEconfig` startet unter anderem alle Script-Dateien aus dem Verzeichnis `/sbin/conf.d`.

systemd Wie Fedora verwendet nun auch openSUSE `systemd` als Init-System. Weitere Informationen zu `systemd` können Sie auf Seite 699 nachlesen.

X neu starten Bei den meisten Distributionen können Sie X mit der Tastenkombination `Strg`+`Alt`+`Backspace` neu starten. Um zu vermeiden, dass das versehentlich passiert, müssen Sie diese Tastenkombination bei openSUSE gleich zweimal drücken.

36.5 Tipps und Tricks

Adobe Flash Das Adobe-Flash-Plugin befindet sich im Paket `flash-plugin` in der Non-OSS-Paketquelle und wird beim ersten Update automatisch installiert (siehe auch Seite 1045).

Adobe Reader Auch der Adobe Reader steht als fertiges Paket `acroread` in der Non-OSS-Paketquelle zur Verfügung. Dieses Paket müssen Sie allerdings selbst installieren.

ATI/AMD-Grafiktreiber Zur Installation des proprietären ATI/AMD-Treibers gibt es drei Möglichkeiten: Am einfachsten ist die Verwendung der inoffiziellen Paketquelle von Bruno Friedmann. Beinahe ebenso simpel ist die Ausführung des Installations-Scripts `makerpm-ati` von Sebastian Siebert, das den Treiber herunterlädt, kompiliert, in ein RPM-Paket verpackt und installiert. Und zu guter Letzt können Sie den Treiber natürlich auch manuell installieren (siehe ab Seite 534). Details, Download-Links und Tipps finden Sie auf der folgenden (ausgezeichneten und stets aktuellen!) Seite:

http://de.opensuse.org/SDB:AMD/ATI-Grafiktreiber

Gnome-Konfiguration Wenn Sie mit openSUSE unter Gnome arbeiten, finden Sie im Wesentlichen ein originales Gnome-3-System vor. Im Gegensatz zu früheren Versionen haben die openSUSE-Entwickler diesmal auf größere Modifikationen verzichtet. Immerhin ist das Menü BENUTZERNAME rechts in der Menüleiste so konfiguriert, dass der Eintrag AUSSCHALTEN ohne Drücken der `Alt`-Taste funktioniert.

Das inoffizielle Konfigurationswerkzeug `gnome-tweak-tool` ist standardmäßig installiert. Sie können es mit `Alt`+`F2` starten und damit grundlegende Fehlentscheidungen der Gnome-Entwickler korrigieren und beispielsweise Ihre Fenster wieder mit einem Minimieren-Button ausstatten.

Java Unter openSUSE ist standardmäßig eine Open-Source-Variante von Java 6 auf der Basis der Projekte OpenJDK und IcedTea installiert.

MP3 und Multimedia Standardmäßig stehen unter openSUSE nur wenige Codecs zur Verfügung. Bei Gnome-Systemen wird immerhin beim ersten Update der MP3-Codec von Fluendo installiert. Wesentlich mehr Multimedia-Codecs finden Sie in der Packman-Paketquelle, die Sie im YaST-Modul SOFTWARE-REPOSITORIES aktivieren müssen.

NVIDIA-Grafiktreiber Wenn Ihr Rechner eine NVIDIA-Grafikkarte enthält, kommt standardmäßig der nouveau-Treiber zum Einsatz. Der Treiber funktioniert mit nahezu allen Modellen gut, bietet aber (noch) keine 3D-Unterstützung.

Zum Glück ist die Installation des proprietären NVIDIA-Treibers ganz einfach: Dazu aktivieren Sie mit YaST die NVIDIA-Paketquelle und installieren dann das Paket `x11-video-nvidiaG02`.

Falls Probleme beim Einrichten des NVIDIA-Treibers auftreten sollten oder wenn Sie die aktuellste Version des Treibers manuell installieren möchten, finden Sie hier weitere Informationen:

http://de.opensuse.org/Proprietäre_NVIDIA-Grafiktreiber
http://www.suse.de/~sndirsch/nvidia-installer-HOWTO.html

Sprache für root SUSE verwendet unabhängig von den sonstigen Spracheinstellungen für root die Sprache Englisch. Das ist in den meisten Fällen zweckmäßig. Wenn Sie auch als root deutschsprachige Fehlermeldungen, YaST-Menüs etc. wünschen, öffnen Sie das YaST-Modul SYSTEM|SPRACHE, öffnen den Dialog DETAILS und stellen LOCALE-EINSTELLUNGEN FÜR ROOT auf JA. Die geänderten Einstellungen werden erst beim nächsten root-Login wirksam.

37. Ubuntu 11.10

Ubuntu ist momentan die populärste und im Privatbereich am weitesten verbreitete Distribution. Das Motto von Ubuntu lautet *Linux for human beings* – also gewissermaßen das menschliche Linux. Das Zulu-Wort *ubuntu* steht denn auch für *Menschlichkeit gegenüber anderen* oder *achtsames Miteinander* oder auch *I am what I am because of who we all are*. Ubuntu Linux ist also nicht nur eine Menge Software-Technik, sondern eine ganze Philosophie.

Hinter Ubuntu steht die Firma Canonical Ltd. des südafrikanischen Millionärs Mark Shuttleworth – ehemals Eigentümer von Thawte Consulting. In dieser Firma sind zahlreiche namhafte Linux-Entwickler angestellt, um die Arbeit an Ubuntu voranzubringen. Im Vergleich zu Red Hat oder Novell ist Canonical allerdings noch sehr viel kleiner und hat wesentlich weniger Mitarbeiter. Ein plausibles Geschäftsmodell hinter Ubuntu ist nicht zu erkennen. Die Ubuntu-Website betont: *Ubuntu will always be free of charge.*

Nun zu den technischen Details: Nach einer Standardinstallation ist Ubuntu ein ausgesprochen schlankes System, das lediglich aus Gnome, Unity, Firefox, Thunderbird, LibreOffice und einigen weiteren Programmen besteht. Deswegen passt die gesamte Distribution auf eine CD!

Punkten kann Ubuntu auch bei der Hardware-Unterstützung: Bei wenigen Distributionen funktionieren derart viele WLAN-Adapter auf Anhieb. Für die binären Treiber für ATI/AMD- und NVIDIA-Grafikkarten gibt es fertige Pakete, die komfortabel aus dem Internet installiert werden können.

Damit wird auch die Zielgruppe von Ubuntu klar: nicht Freaks, sondern Linux-Einsteiger und Büroanwender. Fortgeschrittene Linux-Anwender werden durch dieses schlanke Konzept aber keineswegs eingeschränkt: Im Internet stehen Tausende von Zusatzpaketen zum Download zur Auswahl, die rasch und mühelos nachinstalliert werden können.

Nachteile/Kritik

Ubuntu ist zwar sehr populär, hat aber wie jede andere Distribution auch seine Schwächen:

» Canonical baut den Ubuntu-Desktop seit einigen Jahren radikal um. Die Benutzeroberfläche verwendet nicht die Gnome Shell, sondern die Eigenentwicklung Unity, und diverse Programmfunktionen werden durch sogenannte Indikator-Menüs gesteuert, die ebenfalls Ubuntu-spezifisch sind. Menüs werden nicht mehr im jeweiligen Fenster, sondern zentral am oberen Bildschirmrand angezeigt, die Scroll-Balken sind standardmäßig so schmal, dass sie nur noch umständlich zu nutzen sind, etc. Die Bedienung von Ubuntu unterscheidet sich mittlerweile also stark von der anderer Distributionen.

  Während das Design und Erscheinungsbild von Ubuntu unbestritten schön sind und in manchen Details an Apples OS X erinnern, stoßen sich langjährige Ubuntu- und Linux-Anwender zunehmend an den ständigen Neuerungen, die mit immer geringeren Konfigurationsmöglichkei-

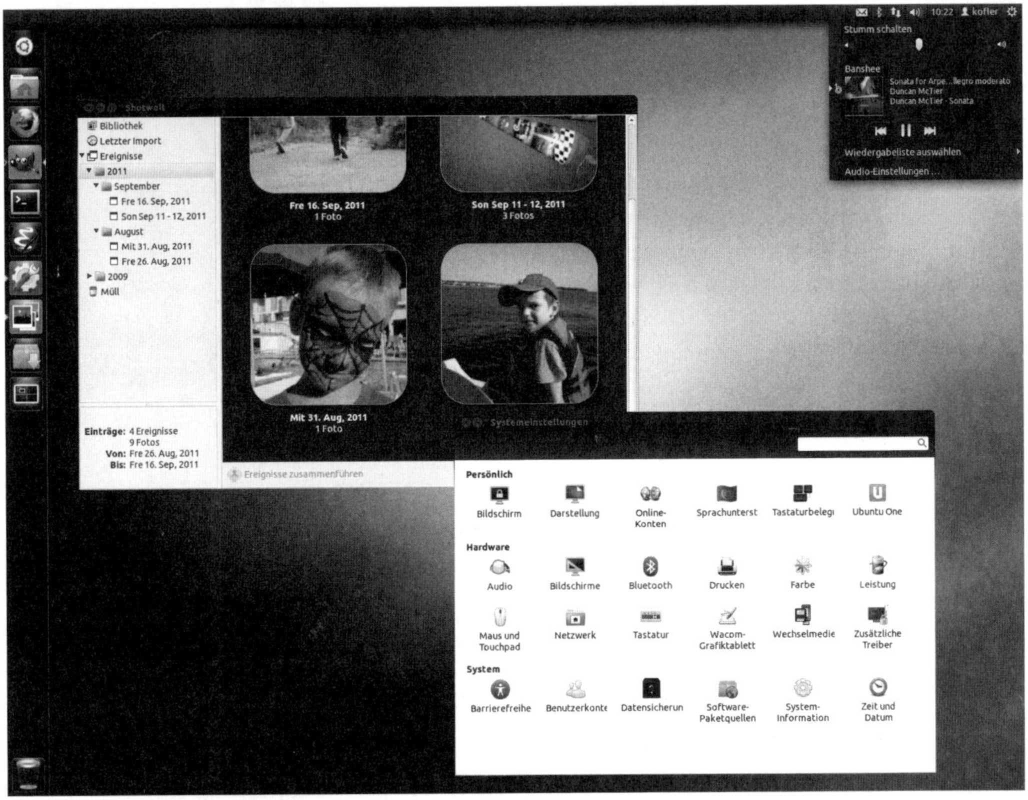

Abbildung 37.1: **Der Ubuntu-Desktop**

ten verbunden sind. Es ist momentan unklar, ob die Strategie von Canonical aufgeht: Einerseits versucht man ganz offensichtlich, Linux-Neueinsteiger für sich zu gewinnen; andererseits wenden sich aber immer mehr fortgeschrittene Linux-Anwender von Ubuntu ab oder steigen auf die Ubuntu-Variante Xubuntu um.

» Einige Open-Source-Entwickler kritisieren, dass sich Ubuntu zwar großzügig im Open-Source-Supermarkt bedient, aber vergleichsweise wenig eigenen Code zurückgibt. Mark Shuttleworth hat diese Argumentation in einem langen Blog-Beitrag als einseitig zurückgewiesen und darauf verwiesen, dass Ubuntu einen nennenswerten Beitrag zur größeren Verbreitung von Linux leistet, gerade weil es sich auf andere Dinge konzentriert (einfache Bedienung, schönes Layout etc.):

  http://www.markshuttleworth.com/archives/517

» Das pünktliche, halbjährliche Erscheinen neuer Ubuntu-Versionen geht zunehmend auf Kosten der Stabilität. Zuletzt ist der Eindruck entstanden, dass das vergleichsweise kleine Entwicklungs-Team von Canonical mit der Wartung der vielen selbst entwickelten Komponenten überfordert ist.

» Standardmäßig richtet Ubuntu keine Firewall ein.

37.1 Versionen und Varianten

Ubuntu hat einen halbjährlichen Release-Zyklus. Aus der Release-Version gehen das Jahr und der Monat hervor, d. h., 11.10 entspricht 2011-Oktober. Neue Versionen erscheinen jeweils im April und im Oktober. Nur einmal, bei Ubuntu 6.06 Dapper Drake, wurde der Entwicklungszeitraum um zwei Monate verlängert, um eine noch höhere Stabilität zu erzielen. Jede Ubuntu-Version hat einen meist schwer auszusprechenden Namen (siehe Tabelle 37.1), der vor allem von den Entwicklern verwendet wird und ideal für Suchanfragen geeignet ist: Eine Suche nach *oneiric nvidia* wird wesentlich spezifischere Ergebnisse liefern als eine Suche nach *ubuntu nvidia* oder gar nach *linux nvidia*.

JAHR	VERSION	NAME	VERSION	NAME
2004			4.10	Warty Warthog
2005	5.04	Hoary Hedgehog	5.10	Breezy Badger
2006	6.06	Dapper Drake (LTS)	6.10	Edgy Eft
2007	7.04	Feisty Fawn	7.10	Gutsy Gibbon
2008	8.04	Hardy Heron (LTS)	8.10	Intrepid Ibex
2009	9.04	Jaunty Jackalope	9.10	Karmic Koala
2010	10.04	Lucid Lynx (LTS)	10.10	Maverick Meerkat
2011	11.04	Natty Narwhal	11.10	Oneiric Ocelot
2012	12.04	Precise Pangolin (LTS)		

Tabelle 37.1: **Ubuntu-Versionen**

Zu jeder Ubuntu-Version gibt es zumindest 18 Monate lang Sicherheits-Updates. Eine Sonderstellung nehmen die sogenannten LTS-Versionen ein (*Long Term Support*), deren Desktop-Pakete für 3 Jahre, die Server-Pakete sogar für 5 Jahre gewartet werden. LTS-Versionen richten sich damit besonders an kommerzielle Anwender, denen ständige Neuinstallationen ein Dorn im Auge sind.

Dieses Kapitel bezieht sich auf die seit Oktober 2011 verfügbare Ubuntu-Version 11.10, wobei ich die meisten Tests mit der 64-Bit-Version durchgeführt habe. Tabelle 37.2 fasst die Versionsnummern der wichtigsten Software-Pakete zusammen.

BASIS	VERSION	DESKTOP	VERSION	SERVER	VERSION
Kernel	3.0	Gnome	3.2	Apache	2.2
gcc	4.6	Unity	4.2	MySQL	5.1
glibc	2.13	Firefox	7.0	OpenSSH	5.8
X-Server	1.10	Gimp	2.6	PHP	5.3
GRUB	1.99	LibreOffice	3.4	Samba	3.5
Upstart	1.3				

Tabelle 37.2: **Software-Versionen in Ubuntu 11.10**

Die folgende Aufzählung listet die wichtigsten Neuerungen gegenüber der Vorgängerversion 11.04 auf:

» Unity wurde in vielen Details optimiert. Die Variante Unity-2D wird nun standardmäßig mitgeliefert und kommt zum Einsatz, wenn kein 3D-Grafiktreiber zur Verfügung steht.

» Als E-Mail-Client wird nun standardmäßig Thunderbird verwendet, nicht mehr Evolution.

» Das Backup-Programm Déjà Dup zählt jetzt zum Standardlieferumfang.

» Das Ubuntu-Software-Center erstrahlt in neuem Glanz und hat immer größere Ähnlichkeiten mit Apples App Store. Auch das Angebot kommerzieller Software im Software-Center wird allmählich größer. Dafür wird das Paketverwaltungsprogramm Synaptic standardmäßig nicht mehr installiert.

» Zum Login verwenden Ubuntu und einige Derivate (Xubuntu, Edubuntu etc.) jetzt das Programm LightDm. Das spart im Vergleich zum Gnome Display Manager (GDM) Speicherplatz und ist mit keinen funktionellen Einschränkungen verbunden.

Ubuntu-Varianten

Es gibt zahlreiche von Ubuntu abgeleitete Distributionen. Tabelle 37.3 fasst die wichtigsten offiziellen (also von der Firma Canonical unterstützten) und inoffiziellen Varianten zusammen. Alle offiziellen Varianten greifen auf dieselben Paketquellen zurück und lassen sich daher beliebig erweitern. Sie können also auch zuerst Xubuntu installieren und später die Gnome-Pakete von Ubuntu hinzufügen. Der Unterschied besteht nur darin, welche Paketauswahl auf dem Datenträger mitgeliefert und erstmalig installiert wird.

VARIANTE	BESCHREIBUNG
Kubuntu	Ubuntu mit KDE
Xubuntu	Ubuntu mit Xfce
Lubuntu	Ubuntu mit LXDE
Edubuntu	Ubuntu-Variante für Schule und Unterricht
Ubuntu Server	Ubuntu für den Server-Einsatz (ohne X)
Ubuntu Studio	Ubuntu für Multimedia-Anwender
Mythbuntu	Ubuntu als Media-Center mit Myth TV
Linux Mint	besonders benutzerfreundliche Ubuntu-Variante (inoffiziell)
Zentyal (ehemals eBox)	kommerzielle Ubuntu-Server-Variante mit webbasierten Konfigurationswerkzeugen (inoffiziell)

Tabelle 37.3: **Ubuntu-Varianten**

Installationsformen

Bei der Installation von Ubuntu haben Sie die Wahl zwischen einer 32- und einer 64-Bit-Variante für Intel-Pentium-kompatible Prozessoren. In Form eines *Technical Preview* werden auch ARM-Prozessoren unterstützt.

Sie können zwischen drei Installationsmedien wählen:

» **Desktop-CD:** Diese CD enthält ein Live-System, aus dem heraus auch die Installation mit einem grafischen Installationsprogramm durchgeführt werden kann. Gleichzeitig kann die Desktop-CD auch als Grundlage für eine WUBI-Installation verwendet werden. WUBI steht für *Windows-based Ubuntu Installation* und ist eine besonders einfache Installationsform, die auf Seite 1058 genauer beschrieben wird.

» **Alternate-CD:** Diese CD enthält ein Installationsprogramm für den Textmodus. Dieser Installationsform sollten Sie den Vorzug geben, wenn die Desktop-CD wegen Hardware-Problemen nicht funktioniert oder wenn Sie spezielle Installationsanforderungen haben (z. B. eine LVM- oder RAID-Installation).

» **DVD:** Die DVD enthält wie die Desktop-CD ein Live-System, das aber etwas umfangreicher ist und diverse Pakete enthält, die bei der Desktop-CD aus Platzgründen fehlen (Sprachpakete, Gimp, zusätzliche LibreOffice-Komponenten etc.). Im Gegensatz zu früher fehlt der DVD nun die Möglichkeit zur Installation im Textmodus. Dafür ist ihre Größe von fast 4 GByte auf 1,5 GByte gesunken.

Weitere Informationen sowie ISO-Images zum Download finden Sie auf den folgenden Seiten: Links

http://www.ubuntu.com/
http://www.ubuntuusers.de/
http://cdimages.ubuntu.com/

37.2 Standardinstallation im Grafikmodus (Desktop-CD)

Um eine Standardinstallation durchzuführen, legen Sie die Desktop-CD oder die Ubuntu-DVD ein und starten den Rechner neu. Bei den meisten Systemen startet das System direkt (ohne Wahlmöglichkeiten) von der CD. Bei DVDs müssen Sie zuerst die Sprache einstellen und wählen dann den Eintrag UBUNTU OHNE INSTALLATION AUSPROBIEREN. Damit gelangen Sie in das Live-System, in dem Sie Ubuntu ausprobieren und anschließend auch installieren können.

Grundeinstellungen

Nach dem Start des Installationsprogramms wählen Sie im ersten Schritt nochmals die gewünschte Sprache aus. Anschließend haben Sie die Wahl, ob während der Installation Updates heruntergeladen werden sollen (das verlängert die Installationsdauer, stellt aber sicher, dass Sie vom ersten Start an ein aktuelles System haben) und ob Pakete von Drittanbietern installiert werden sollen. Das betrifft z. B. diverse WLAN-Treiber, das Adobe-Flash-Plugin, ein Java-Plugin sowie grundlegende Audio- und Video-Codecs. Diese Programme sind zwar kostenlos verfügbar, unterliegen aber nicht alle einer Open-Source-Lizenz.

Partitionierung der Festplatte

Je nachdem, wie die Festplatte momentan partitioniert ist, können Sie zwischen mehreren Optionen wählen:

» UBUNTU NEBEN WINDOWS ... INSTALLIEREN: Bei dieser Variante können Sie im nächsten Dialog eine vorhandene (Windows-)Partition verkleinern und den freien Platz für die Ubuntu-Installation nutzen. Mit dem Schieberegler zwischen den beiden Bereichen bestimmen Sie, wie viel Platz für die bisherige Partition und wie viel für Linux reserviert werden soll. Die Verkleinerung beansprucht geraume Zeit (je nach Größe der Windows-Partition durchaus mehrere Minuten!). Haben Sie Geduld!

» Windows ... mit Ubuntu ersetzen: Das Installationsprogramm löscht Ihr vorhandenes Windows-System und nutzt anschließend die gesamte Festplatte zur Installation von Ubuntu.

» Ubuntu ... auf die Version 11.10 aktualisieren: Das Installationsprogramm aktualisiert eine bereits vorhandene Ubuntu-Installation. Dabei bleiben das /home-Verzeichnis und einige Grundeinstellungen des Systems erhalten. Allerdings funktioniert dieses Update nicht immer problemlos. Führen Sie nach Möglichkeit eine Neuinstallation durch.

» Etwas anderes: Hiermit führen Sie die Partitionierung selbst durch.

Bei den ersten drei Varianten erstellt das Installationsprogramm die Partitionen selbstständig. Wenn Sie die Größe der Partitionen selbst einstellen möchten, eine eigene /home-Partition wünschen etc., wählen Sie Etwas anderes (siehe Abbildung 37.2). Um eine neue Partition zu erzeugen, klicken Sie zuerst den Eintrag Freier Speicherplatz und dann den Button Hinzufügen an. Im nun erscheinenden Dialog geben Sie den Typ der Partition (zumeist Logisch), die Größe in MByte und das Dateisystem an. Falls es auf Ihrer Festplatte bereits eine geeignete Partition gibt, in die Sie Ubuntu installieren möchten, wählen Sie diese Partition aus, ändern mit Partition bearbeiten den Einhängepunkt und aktivieren das Auswahlhäkchen zur Neuformatierung der Partition.

Abbildung 37.2: **Manuelle Partitionierung**

Sie beenden die Partitionierung mit dem Button Jetzt installieren. Das Installationsprogramm beginnt jetzt sofort mit der Installation. Vorsicht: Sie können die Installation nun nicht mehr stoppen! Der Bootloader GRUB wird im Verlauf der Installation ohne weitere Rückfrage in den Bootsektor (MBR) der ersten Festplatte installiert. Wenn Sie einen anderen Ort wünschen, müssen Sie die

Installationsvariante ETWAS ANDERES wählen und können die gewünschte Partition dann durch ein Listenfeld am unteren Rand des Partitionierungsdialogs einstellen.

Zeitzone

Diverse noch ausständige Einstellungen können Sie parallel zur Installation erledigen. Diese neue Abfolge der Installationsschritte spart Zeit. Als Erstes geben Sie die Zeitzone an, in der Sie sich befinden. Das Installationsprogramm nimmt an, dass die Uhr Ihres Rechners auf die lokale Uhrzeit eingestellt ist. Wenn das nicht der Fall ist, müssen Sie die Uhrzeit nach dem Ende der Installation korrigieren.

Tastatur

Als Nächstes stellen Sie das Tastaturlayout ein. Damit sich die Tastatur so verhält, wie Sie es von Windows gewöhnt sind, müssen Sie das Layout DEUTSCH – NUR GRAVE- UND ACUTE-AKZENTTASTE wählen. Das bedeutet, dass das Zeichen ~ direkt eingegeben werden kann, die Zeichen ` und ´ aber zur Komposition von Buchstaben aus Fremdsprachen dienen. [´], [e] ergibt daher é.

Benutzerdaten

Im nächsten Schritt geben Sie den Benutzernamen und das Passwort für den ersten Ubuntu-Nutzer an. Weitere Nutzer können Sie bei Bedarf später im laufenden Betrieb einrichten. (Im Gegensatz zu anderen Linux-Installationsprogrammen müssen Sie kein root-Passwort angeben: Administrative Arbeiten werden unter Ubuntu von einem gewöhnlichen Benutzer mit sudo durchgeführt.)

Sie haben an dieser Stelle die Wahl zwischen drei Sicherheitsoptionen: AUTOMATISCH ANMELDEN bewirkt, dass Sie beim Rechnerstart automatisch eingeloggt werden. Das ist bequem, aber natürlich ein Sicherheitsmangel. PASSWORT ZUM ANMELDEN ABFRAGEN ist die Standardeinstellung und erfordert nach dem Rechnerstart einen gewöhnlichen Login. Noch sicherer ist MEINE PERSÖNLICHEN DATEIEN VERSCHLÜSSELN. Damit wird Ihr gesamtes persönliches Verzeichnis verschlüsselt. Ein Zugriff auf die Daten ist nur nach einem Login möglich. Diese Verschlüsselung ist aber auch mit Nachteilen verbunden! Lesen Sie unbedingt die Anmerkungen auf Seite 1078, bevor Sie diese Option wählen!

Anschließend versucht das Installationsprogramm, Benutzerdaten aus den auf dem Rechner bereits installierten Windows- oder Linux-Systemen zu importieren. Das hat bei meinen Tests allerdings nie zufriedenstellend funktioniert.

Sprachpakete

Auf der CD fehlen aus Platzgründen deutsche Sprachpakete. Sofern es dem Installationsprogramm gelingt, eine Internetverbindung herzustellen, lädt es die fehlenden Pakete nun aus dem Internet herunter und installiert sie.

37.3 USB-Stick-Installation (Desktop-CD)

Grundsätzlich bestehen zwei Möglichkeiten, Ubuntu auf einen USB-Stick oder auf eine externe Festplatte zu installieren: Entweder führen Sie eine gewöhnliche Installation in eine Partition eines USB-Datenträgers durch, oder Sie verwenden das hier beschriebene Programm SYSTEM|SYSTEMVERWALTUNG|USB-STARTMEDIENERSTELLER (`usb-creator-gtk`). Dieses Programm muss auf die Installations-CD oder eine entsprechende ISO-Datei zugreifen können.

Der externe Datenträger muss mindestens 2 GByte groß sein und muss in der Regel neu formatiert werden. Sie verlieren also alle darauf enthaltenen Daten! Sie können auf dem Datenträger einen reservierten Bereich vorsehen, um darin Systemeinstellungen und persönliche Daten zu speichern. Wenn Sie das nicht wollen, wählen Sie die Option BEIM HERUNTERFAHREN VERWERFEN.

Damit Sie vom USB-Stick starten können, müssen Sie das BIOS so einstellen, dass der USB-Stick als Boot-Medium akzeptiert wird. Sehr alte BIOS-Versionen sehen diese Möglichkeit leider nicht vor. Beim Start verhält sich das System genau so, als würden Sie es von einer Live-CD starten. Sie müssen daher bei jedem Start die gewünschte Sprache neuerlich angeben.

`usb-create` führt keine echte Installation durch, sondern kopiert lediglich den Inhalt der Live-CD auf den USB-Stick. Im Vergleich zu einer richtigen Installation ist das Live-System nur bedingt modifizierbar und läuft etwas langsamer. Es eignet sich als »Ubuntu zum Mitnehmen« oder zur Durchführung einer richtigen Ubuntu-Installation auf einem Computer ohne CD/DVD-Laufwerk, aber nicht für den Dauerbetrieb.

37.4 WUBI (Desktop-CD)

WUBI steht für *Windows-based Ubuntu Installation*. Das Installationsprogramm `wubi.exe` wird direkt unter Windows gestartet. Genau genommen führt das Programm lediglich diverse Vorbereitungsarbeiten aus. Die eigentliche Installation erfolgt erst nach einem Neustart des Rechners. Auch zum Start von Ubuntu müssen Sie Windows verlassen – WUBI bietet also keine Möglichkeit, Ubuntu parallel zu Windows auszuführen.

WUBI funktioniert laut Informationen auf wubi-installer.org unter den Windows-Versionen 98, 2000, XP und Vista und 7 (aber nicht unter Windows ME). Meine Tests habe ich mit einer 64-Bit-Version von Windows 7 durchgeführt. Weitere Informationen zu WUBI finden Sie auf den folgenden Websites:

http://www.wubi-installer.org/
https://wiki.ubuntu.com/WubiGuide

Vorteile Zu den Vorteilen von WUBI zählen neben der extrem einfachen Bedienung die Installation von Ubuntu in das Windows-Verzeichnis `ubuntu` und der Start von Ubuntu durch den Windows-Boot-Loader. Die zwei größten Installationsprobleme für Linux-Einsteiger entfallen somit: die Neupartitionierung der Festplatte und die Installation des Linux-Bootloaders in den Bootsektor der Festplatte.

Nachteile WUBI ist leider auch mit Nachteilen verbunden: Ein mit WUBI installiertes Linux hat keine eigene Festplattenpartition. Stattdessen befindet sich das Dateisystem in einer bzw. mehreren Windows-Dateien. Die Folge: Zum einen ist der Dateizugriff etwas langsamer als sonst, was die Desktop-Nutzung zwar kaum beeinträchtigt, den Einsatz festplattenintensiver Anwendungen aber spürbar bremst. Zum anderen reagiert das Dateisystem wesentlich empfindlicher auf Abstürze bzw. Stromausfälle. Während bei einer gewöhnlichen Linux-Installation – wenn überhaupt – höchstens ein paar offene Dateien verloren gehen, kann bei einer WUBI-Installation das gesamte Dateisystem inkonsistent werden! Außerdem ist es unmöglich, ein durch WUBI installiertes System in den Ruhezustand oder Bereitschaftsmodus zu versetzen; Sie müssen Ubuntu jedes Mal vollständig herunterfahren.

Installation

Zur Installation starten Sie unter Windows das Programm `wubi.exe`. Das Programm befindet sich auf der Desktop-CD, aber leider nicht auf der beiliegenden Ubuntu-DVD. Sie können das Programm auch von wubi-installer.org herunterladen (ca. 1 MByte). Nachdem Sie die elementaren Installationseinstellungen durchgeführt haben (siehe Abbildung 37.3), überprüft das Programm, ob die CD die zur Installation erforderlichen Daten enthält. Ist das der Fall, bildet WUBI daraus eine ISO-Image-Datei und speichert diese im Verzeichnis `ubuntu`. Dieser Vorgang beansprucht inklusive der Berechnung einer Prüfsumme mehrere Minuten. Wenn `wubi.exe` nicht von einer Ubuntu-Desktop-CD gestartet wurde bzw. wenn eine andere Installationsvariante ausgewählt wurde (z. B. Kubuntu), lädt WUBI das erforderliche ISO-Image aus dem Internet herunter (ca. 700 MByte).

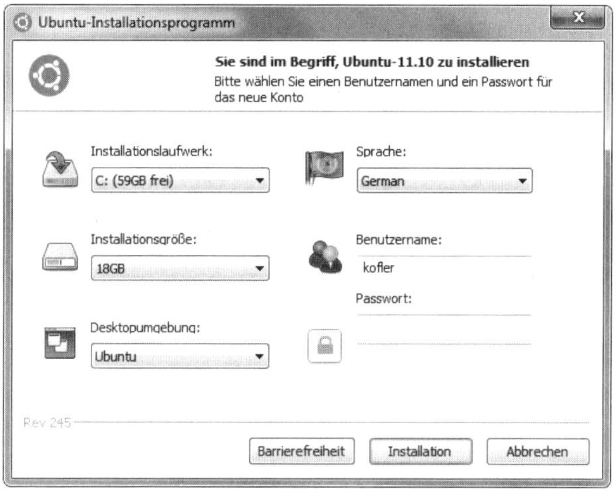

Abbildung 37.3: **WUBI-Installationseinstellungen unter Windows 7**

Noch eine Anmerkung zur Installationsgröße, die Sie in GByte angeben: Dieser Platz geht unter Windows sofort zur Gänze verloren, auch wenn Sie unter Linux anfänglich nur einen Teil davon nutzen. Zu sparsam sollten Sie den Speicherplatz aber nicht bemessen, denn eine nachträgliche Änderung ist nicht möglich.

Nachdem WUBI das virtuelle Dateisystem und die Installationsdateien vorbereitet hat, ergänzt es das Windows-Boot-Menü um einen Eintrag zum Start von Ubuntu. Um Ubuntu nun tatsächlich zu installieren, müssen Sie den Rechner neu starten und den Eintrag UBUNTU auswählen. Die eigentliche Installation erfolgt ohne weitere Eingriffe und dauert ca. 10 Minuten. Falls es dem Installationsprogramm gelingt, eine Verbindung zum Internet herzustellen, lädt es die Pakete für die deutsche Sprachunterstützung automatisch herunter und installiert sie.

Deinstallation

Falls Sie Ubuntu später wieder entfernen möchten, starten Sie den Rechner unter Windows, wählen in der SYSTEMSTEUERUNG den Punkt PROGRAMME UND FUNKTIONEN und deinstallieren dort Ubuntu. Das dauert nicht einmal eine Minute!

Interna

In der Anwendung verhält sich ein mit WUBI installiertes Ubuntu genauso wie ein auf herkömmliche Weise installiertes Linux-System. Der einzige Unterschied: Über das Verzeichnis `/host` können Sie direkt auf die Windows-Partition zugreifen, in die die Ubuntu-Installation erfolgt ist. Hinter den Kulissen gibt es aber natürlich einige Unterschiede, die den Zugriff auf das virtuelle Dateisystem und den Start von Linux betreffen.

Das gesamte Linux-Dateisystem befindet sich in der Datei /host/ubuntu/disks/root.disk. (Da bei VFAT-Partitionen die Dateigröße limitiert ist, wird das Dateisystem in diesem Fall auf mehrere Dateien verteilt.) Linux »sieht« diese Datei wie ein gewöhnliches Linux-Dateisystem im Format ext4. Der Zugriff auf root.disk erfolgt durch das Loopback-Device. Die Datei wird so behandelt, als würde es sich um eine Festplattenpartition bzw. um ein Block Device handeln.

Das ist aber nicht der Fall – root.disk ist ja wiederum eine ganz gewöhnliche Windows-Datei. Deswegen läuft hinter den Kulissen auch ein NTFS- oder VFAT-Treiber, der alle Änderungen an dieser Datei im Windows-Dateisystem speichert. Genau dieser Punkt ist auch die sprichwörtliche Achillesferse der WUBI-Installation: Zwei Dateisystemtreiber, einer für Linux und einer für Windows, sind auf unterschiedlichen Ebenen dafür verantwortlich, dass alle Änderungen physikalisch auf der Festplatte gespeichert werden. Das kostet nicht nur Rechenzeit, sondern führt auch relativ leicht zu einem beschädigten Dateisystem, falls Linux abstürzt oder der Rechner einfach ausgeschaltet wird bzw. der Strom ausfällt.

37.5 Installation im Textmodus (Alternate-CD)

Eine Installation im Textmodus ist dann erforderlich, wenn Sie LVM oder ein Software-RAID einrichten möchten oder wenn Sie Ubuntu Server installieren wollen. Für die Installation benötigen Sie entweder eine Ubuntu-Alternate- oder Ubuntu-Server-CD. Im Installationsmenü stellen Sie die Sprache auf DEUTSCH um. Anschließend starten Sie die Installation mit dem Menüpunkt UBUNTU INSTALLIEREN.

Falls Ubuntu Probleme mit der richtigen Hardware-Erkennung hat, führt F1 zu einigen Hilfeseiten. Diese beschreiben unter anderem, wie Sie durch die zusätzliche Angabe von Optionen Hardware-Probleme umgehen können. Wenn Ubuntu beispielsweise Ihren SCSI-Controller nicht erkennt, müssen Sie eine entsprechende Option angeben. Um die Installation mit solchen Optionen zu starten, geben Sie ein Kommando wie im folgenden Beispiel an:

```
linux noapic nolapic
```

In den ersten Dialogen des Installationsprogramms wählen Sie die Sprache und Ihr Land oder Gebiet aus. Diese Information wird zur Auswahl des nächstgelegenen Mirror-Servers verwendet. Das Installationsprogramm kann das Tastaturlayout selbst erkennen. Wesentlich schneller ist es aber, das gewünschte Layout manuell einzustellen (wählen Sie DEUTSCHLAND – NUR GRAVE- UND ACUTE-AKZENTZEICHEN).

Nach der Hardware-Erkennung versucht das Installationsprogramm, das Netzwerk automatisch zu konfigurieren. Das gelingt nur, wenn sich im lokalen Netzwerk ein Router bzw. DHCP-Server befindet. Andernfalls haben Sie die Wahl, auf die Netzwerkkonfiguration vorerst zu verzichten oder die wichtigsten Parameter manuell einzugeben. Dazu müssen Sie wissen, welche IP-Adresse Ihr Rechner haben soll und welche Netzwerkmaske gelten soll. Außerdem müssen Sie die IP-Adressen des Internet-Gateways und des DNS-Servers angeben. (Ein Netzwerkglossar finden Sie auf Seite 748.)

Partitionierung der Festplatte

Die verschachtelten Dialoge zur Partitionierung der Festplatten sind leider sehr unübersichtlich. Im ersten Dialog stellt das Installationsprogramm verschiedene Kommandos zur Auswahl. Je nachdem, wie viele Festplatten Ihr Rechner hat und welche Partitionen sich darauf bereits befinden, kann das Auswahlmenü zusätzliche Kommandos aufweisen.

» GEFÜHRT – PARTITION *n* VERKLEINERN UND DEN FREIGEWORDENEN SPEICHER NUTZEN: Diese Option erscheint nur, wenn (Windows-)Partitionen auf der Festplatte existieren. Mit dem Kommando können Sie deren Größe reduzieren, um so Platz für Linux-Partitionen zu machen.

» GEFÜHRT – VERWENDE VOLLSTÄNDIGE FESTPLATTE: Das Installationsprogramm erstellt einen Vorschlag, wie die gesamte Festplatte für Linux-Partitionen genutzt werden kann. Diesen Vorschlag können Sie bestätigen (PARTITIONIERUNG BEENDEN UND ÄNDERUNGEN SPEICHERN) oder abbrechen (ÄNDERUNGEN RÜCKGÄNGIG MACHEN).

  Vorsicht: Wenn Sie diese Option wählen und den Vorschlag bestätigen, verlieren Sie alle bisher auf der Festplatte gespeicherten Daten! Die Variante ist somit nur zweckmäßig, wenn Sie die bisher auf der Festplatte installierten Betriebssysteme (z. B. Windows) nicht mehr brauchen oder wenn die Festplatte noch vollkommen leer (noch nicht initialisiert) ist.

» GEFÜHRT – DEN GRÖSSTEN FREIEN SPEICHERBEREICH BENUTZEN: Das Installationsprogramm erstellt einen Vorschlag, wie der freie Platz auf der Festplatte für Linux-Partitionen genutzt werden soll. Sie müssen diesen Vorschlag anschließend bestätigen. Wenn Sie das nicht tun (Antwort NEIN), gelangen Sie in einen Dialog mit der Partitionstabelle (siehe Abbildung 37.4). Dort können Sie die Partitionen manuell verändern oder alle ÄNDERUNGEN RÜCKGÄNGIG MACHEN.

  Diese Option ist nur sinnvoll, wenn es auf der Festplatte partitionsfreien Platz gibt.

» GEFÜHRT – GESAMTE PLATTE VERWENDEN UND LVM EINRICHTEN: Auch mit dieser Option werden alle vorhandenen Daten der Festplatte gelöscht. Anschließend richtet das Installationsprogramm ein LVM-System ein (*Logical Volume Manager*, siehe Seite 633).

» GEFÜHRT – GESAMTE PLATTE MIT VERSCHLÜSSELTEM LVM: Wie oben, allerdings wird das gesamte Dateisystem zusätzlich verschlüsselt. Das ist beispielsweise bei Notebooks zweckmäßig, um auszuschließen, dass ein verlorenes oder gestohlenes Notebook private Daten preisgibt. Für den Server-Einsatz ist diese Option ungeeignet, weil das Verschlüsselungspasswort bei jedem Start manuell eingegeben werden muss und die Verschlüsselung den Festplattenzugriff spürbar verlangsamt.

» MANUELL: Mit diesem Punkt können Sie neue Linux-Partitionen für die Ubuntu-Installation manuell anlegen.

Automatische Partitionierung

Bei allen Partitionierungsvarianten, deren Menüpunkt mit GEFÜHRT beginnt, überlassen Sie die Partitionierung dem Installationsprogramm. Dieses erzeugt eine kleine Swap-Partition und eine Systempartition, die den Rest der Festplatte füllt. Das ist allerdings nicht optimal:

» Erstens ist es sinnvoll, neben der Systempartition auch eine Datenpartition (Verzeichnis /home) einzurichten: Falls Sie später Ubuntu neu installieren oder eine andere Linux-Distribution ausprobieren möchten, sind Ihre eigenen Dateien in der Datenpartition gut aufgehoben.

» Zweitens ist es bei großen Festplatten oft zweckmäßig, die Linux-Partitionen nicht zu groß zu wählen. Damit bleibt ein Teil der Festplatte unpartitioniert und kann später nach Bedarf für weitere Partitionen genutzt werden (sowohl für Windows als auch für Linux).

Manuelle Partitionierung

Das Menükommando MANUELL führt in einen neuen Dialog, der einige Menükommandos sowie eine Liste aller vorhandenen Festplatten bzw. Festplattenpartitionen enthält (siehe Abbildung 37.4).

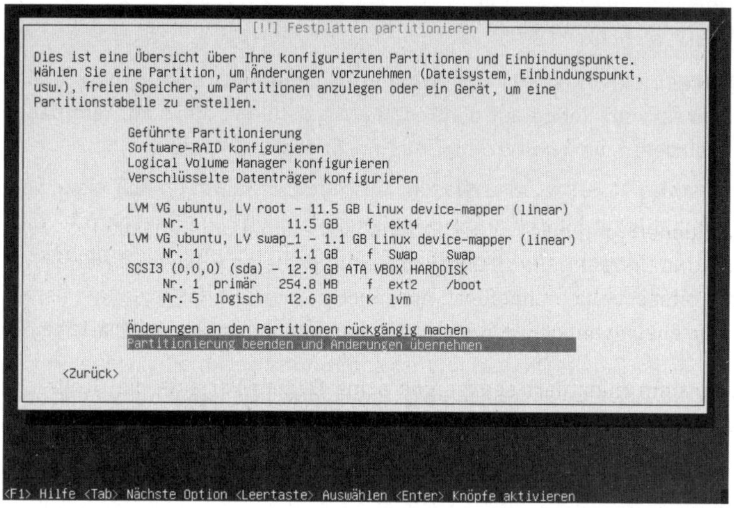

Abbildung 37.4: **Die Partitionstabelle**

In der Partitionstabelle wählen Sie den Eintrag FREIER SPEICHER aus. (Wenn es keinen freien Speicher gibt, müssen Sie eine vorhandene Partition löschen oder ändern.) Im nächsten Dialog entscheiden Sie sich für die Option EINE NEUE PARTITION ERSTELLEN. Anschließend geben Sie die gewünschte Partitionsgröße an und wählen den Partitionstyp. (Die erste Partition der Festplatte muss eine primäre Partition sein. Oft befindet sich darin Windows. Für alle weiteren Partitionen wählen Sie LOGISCH.) Das Installationsprogramm zeigt nun eine Zusammenfassung der Einstellungen für diese Partition an (siehe Abbildung 37.5).

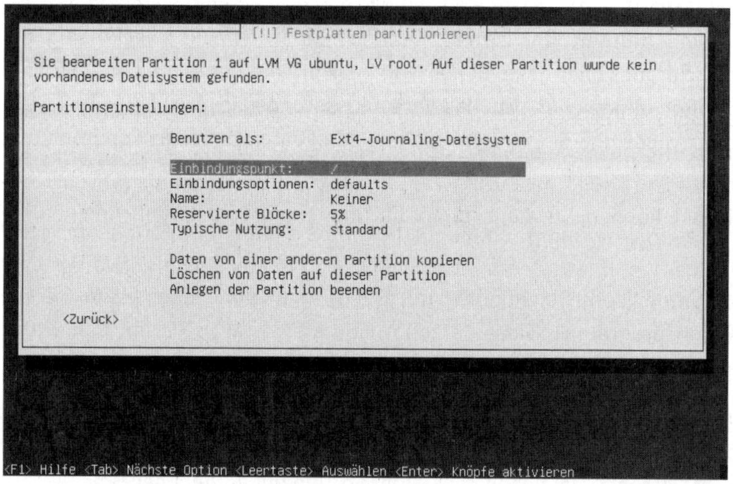

Abbildung 37.5: **Die Einstellungen für die neue Partition**

Für die Systempartition können Sie zumeist alle Einstellungen beibehalten und müssen diese nur noch durch ANLEGEN DER PARTITION BEENDEN bestätigen. Damit gelangen Sie zurück in die Partitionstabelle, die nun eine weitere Partition enthält.

Beim Anlegen der Swap-Partition müssen Sie in den Partitionseinstellungen eine Änderung vornehmen: Den Punkt BENUTZEN ALS stellen Sie auf AUSLAGERUNGSDATEI (SWAP). Auch beim Anlegen zusätzlicher Partitionen (`/home`, `/tmp` etc.) müssen Sie die Partitionseinstellungen ändern: Diesmal wählen Sie den Punkt EINHÄNGEPUNKT aus und stellen dann den gewünschten Verzeichnisnamen für die Partition ein.

Nach der Definition aller Partitionen führen Sie in der Partitionstabelle das Kommando PARTITIONIERUNG BEENDEN UND ÄNDERUNGEN ÜBERNEHMEN aus. Nach einer weiteren Rückfrage werden die Änderungen an der Festplatte tatsächlich durchgeführt. Anschließend kopiert das Installationsprogramm unzählige Dateien in die soeben angelegte Systempartition. Das dauert einige Minuten.

Achtung

Das Ubuntu-Installationsprogramm minimiert ebenso wie seine Debian-Variante die Größe der erweiterten Partition. Das erschwert später die Installation anderer Distributionen. Abhilfe: Legen Sie eine zusätzliche logische Partition in maximaler Größe als Platzhalter an. Diese Partition bleibt vorerst unbenutzt. Wenn Sie später eine andere Linux-Distribution installieren, löschen Sie zuerst die Platzhalterpartition und legen in dem nun freien Platz neue Partitionen an. Im Detail ist die Problematik auf Seite 1006 beschrieben.

Benutzerdaten

Nach dem Abschluss der Partitionierung werden nun zahllose Pakete auf die Festplatte installiert. Anschließend müssen Sie nun den Namen und das Passwort eines Ubuntu-Benutzers angeben. Weitere Benutzer können Sie später im laufenden Betrieb hinzufügen.

Persönliches Verzeichnis verschlüsseln

Das Installationsprogramm fragt nun, ob es Ihr persönliches Verzeichnis verschlüsseln soll. Wenn Sie sich dafür entscheiden, erzeugt das Installationsprogramm selbst ein sicheres Passwort, das über Ihr Login-Passwort freigeschaltet wird. (Die Sicherheit Ihres Systems hängt also ganz von der Qualität Ihres Login-Passworts ab. Details und Interna zum Umgang mit dem verschlüsselten Verzeichnis finden Sie ab Seite 1078.)

Deutsche Sprachunterstützung

Einige Pakete zur deutschen Sprachunterstützung fehlen auf der CD. Das Installationsprogramm versucht, die Dateien aus dem Internet nachzuladen. Gelingt das nicht, können Sie die fehlenden Sprachpakete später mit SYSTEM|SYSTEMVERWALTUNG|SPRACHUNTERSTÜTZUNG installieren.

Hardware-Uhr

Anschließend fragt das Installationsprogramm, ob die Uhrzeit Ihres Computers auf die *Universal Coordinated Time* (UTC) eingestellt ist. Diese Zeit ist auch unter dem Namen *Greenwich Mean Time* (GMT) bekannt. Wenn die Hardware-Uhr die lokale Zeit enthält bzw. wenn Sie Ubuntu in einer virtuellen Maschine ausführen, antworten Sie mit NEIN.

Bootloader

Zuletzt erscheint der Installationsdialog für den Bootloader (es sei denn, Ubuntu ist das einzige Betriebssystem auf der Festplatte). Das Installationsprogramm versucht, alle auf dem Rechner installierten Betriebssysteme zu erkennen und in das Bootmenü einzutragen. Normalerweise bestätigen Sie die Betriebssystemliste durch [↵] und installieren damit den Bootloader in den Startsektor der ersten Festplatte (MBR).

37.6 Unity

Seit Version 11.04 kümmert sich die Compiz-Erweiterung Unity unter Ubuntu um die Verwaltung der Fenster sowie um die Darstellung der Task-Leiste (»Dock«) und des Start-Menüs (»Dash«). Unity übernimmt damit die Funktionen der Gnome Shell. (Unity ersetzt aber keinesfalls das gesamte Gnome-Projekt! Nahezu alle Anwendungsprogramme unter Ubuntu 11.10 basieren weiterhin auf Gnome 3.2 – unter anderem der Dateimanager Nautilus, das Terminal sowie unzählige Konfigurationswerkzeuge und sonstige Hilfsprogramme.)

Das Entwicklungs-Team von Canonical ist der Ansicht, dass Unity schöner aussieht und einfacher zu bedienen ist als die Gnome Shell. Dieser Meinung können sich allerdings nicht alle Ubuntu-Nutzer anschließen, und die entsprechenden Diskussionen in diversen Foren gleichen beinahe schon dem endlosen Streit zwischen Vi- und Emacs-Anhängern.

Sicher ist, dass Unity ebenso wie Gnome 3.*n* von Gnome-2.*n*-Anwendern ein massives Umdenken und Umlernen erfordert. Manche langjährigen Linux-Anwender, die dazu keine Lust haben, suchen ihr Heil zunehmend im Window Manager Xfce, der sich unter Ubuntu besonders bequem mit `apt-get install xubuntu-desktop` installieren lässt. Die Bedienung und die Konfigurationsmöglichkeiten von Xfce ähneln dem alten Gnome-System 2.*n* sehr.

Tipp

Unity läuft unter Ubuntu 11.10 nicht vollkommen rund. Wenn auf dem Bildschirm Darstellungsfehler auftreten, ist es am besten, Unity neu zu starten. Dazu führen Sie `Alt`**+**`F2` `unity --replace` **aus.**

Bedienung

Panel

Es gibt nur noch ein Panel am oberen Bildschirmrand. Dieses Panel, das vielfach auch einfach als »Menüleiste« bezeichnet wird, enthält mehrere Elemente:

» **Programmname und Menü:** Im linken Rand des Panels wird der Name des gerade aktiven Programms angezeigt. Diese reichlich überflüssige Information wird durch das Menü dieses Programms ersetzt, wenn Sie die Maus in das Panel bewegen oder `Alt` drücken. Ubuntu folgt in diesem Punkt also Apple, dessen Betriebssystem OS X ebenfalls keine Menüs in der Fensterleiste vorsieht und stattdessen das Menü des gerade aktiven Programms zentral links oben am Bildschirm anzeigt. Das Zentralmenü funktioniert für die meisten Programme, aber nicht für alle. Die augenscheinlichste Ausnahme ist das Office-Paket LibreOffice: Dessen Fenster zeigen das Menü jeweils direkt im Fenster an.

» **Indikatoren:** Der rechte Rand des Panels ist den sogenannten Indikatoren vorbehalten. Dabei handelt es sich um kleine Programme (ehemals Applets), die diverse Statusinformationen anzeigen: die Uhrzeit, die Netzwerkverbindung, die eingestellte Lautstärke etc. Alle Indikator-Anwendungen sind mit einem Menü ausgestattet, das zur Steuerung diverser Funktionen dient.

Es ist nicht möglich, die Reihenfolge der Indikatoren zu verändern oder sie aus der Menüleiste zu entfernen. Wenn Sie einzelne Indikatoren nicht verwenden möchten, müssen Sie das betreffende Paket deinstallieren. Wenn Sie umgekehrt einen zusätzlichen Indikator wünschen (momentan ist die Auswahl noch klein), müssen Sie dessen Paket suchen, installieren und ausführen (siehe auch Seite 1068). Herkömmliche Applets für das Gnome-Panel können nicht mehr verwendet werden.

Startmenü (Dash)

In das neue Startmenü, das in der englischen Dokumentation auch *Dash* genannt wird, gelangen Sie durch einen Mausklick auf das Ubuntu-Icon oder mit der Windows-Taste. Das Startmenü ist zwar riesig, enthält aber außer einem Suchfeld nur acht vordefinierte Icons:

» Die oberen vier Icons ermöglichen die Auswahl aus weiteren Programmen bzw. die Suche nach Dateien. Wenn Sie bei der Auswahl der Icons mehr Übersicht wünschen, können Sie das Startmenü durch einen Klick auf den Pfeil-Button rechts unten maximieren.

» Die unteren vier Icons starten Firefox, Shotwell, Thunderbird und Banshee. Bei den vier Programmen handelt es sich um die Standardprogramme für den Webbrowser, die Fotoverwaltung, den E-Mail-Client und den Audio-Player. Wenn Sie andere Programme vorziehen, können Sie diese in SYSTEMEINSTELLUNGEN|SYSTEM-INFORMATION|VORGABE-ANWENDUNGEN einstellen. Damit ändern sich auch die Programme im Startmenü.

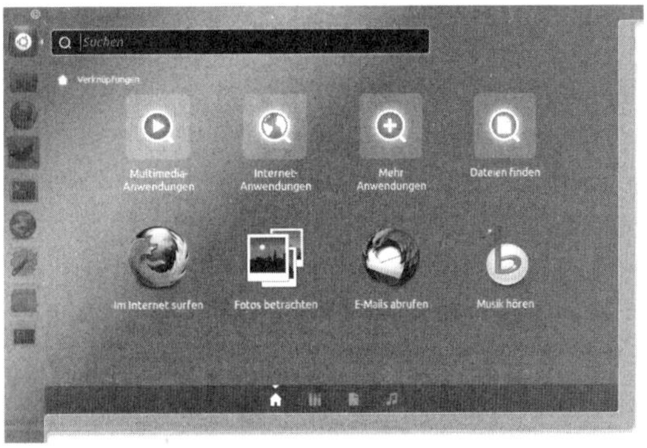

Abbildung 37.6: **Das Startmenü in der Standardansicht**

Die wertvollste Funktion des Startmenüs bietet das Suchfeld. Damit können Sie rasch nach Programmen und Dateien suchen, wobei Sie sowohl den Programm- bzw. Kommandonamen (z. B. `gnome-terminal`) als auch die deutsche Programmbezeichnung (z. B. *Terminal*) eingeben können. Zur Verfeinerung der Suchergebnisse gibt es diverse Filtermöglichkeiten.

Linsen (Lenses)

Innerhalb des Menüs gibt es vier Ansichten, die in der Unity-Nomenklatur als *Lenses* (Linsen) bezeichnet werden. Die Auswahl der Ansicht erfolgt durch die vier kleinen Icons am unteren Rand der Dash.

» Die Standardansicht (HOME) dient zum Start oft benötigter Programme sowie zur Suche nach Dateien (siehe oben).

» Die Ansicht PROGRAMME führt in eine leider recht unübersichtliche Icon-Auflistung aller installierten Programme. Außerdem werden – wie es scheint, recht wahllos – einige Programme zur Installation vorgeschlagen.

» Die Ansicht DOKUMENTE ermöglicht eine rasche Auswahl der zuletzt benutzten Dateien sowie das Öffnen der wichtigsten Verzeichnisse mit dem Dateimanager Nautilus.

» In der Ansicht MUSIK können Sie schließlich Ihre Musiksammlung durchsuchen und direkt den Audio-Player Banshee starten.

Dock (Seitenleiste, Launcher)

Die am linken Bildschirmrand befindliche Seitenleiste hat zwei Funktionen: Sie ermöglicht einerseits einen raschen Start häufig benötigter Programme und hilft andererseits beim Wechsel zwischen den laufenden Programmen. In der offiziellen englischen Dokumentation wird die Seitenleiste *Launcher* genannt, gebräuchlicher ist aber der von Apple geprägte Begriff *Dock*.

Anfänglich enthält das Dock eine von den Ubuntu-Entwicklern vordefinierte Liste von Icons. Wenn Sie die Auswahl oder Reihung der Icons verändern möchten, gehen Sie wie folgt vor:

» **Icon hinzufügen:** Um ein Icon hinzuzufügen, starten Sie zuerst das gewünschte Programm über das Startmenü. Das Icon erscheint nun im Dock, solange das Programm läuft. Damit das Icon im Dock bleibt, auch wenn das Programm nicht mehr läuft, klicken Sie es mit der rechten Maustaste an und wählen das Menükommando IM STARTER BEHALTEN aus. Es ist auch möglich, Icons aus dem Startmenü oder aus dem Dialog ANWENDUNGEN per Drag&Drop hinzuzufügen.

» **Icon entfernen:** Um ein selten benötigtes Icon zu entfernen, klicken Sie es mit der rechten Maustaste an und deaktivieren den Menüeintrag IM STARTER BEHALTEN. Eine andere Möglichkeit besteht darin, das Icon zuerst nach rechts aus dem Dock hinauszuziehen und es dann in den Mülleimer am unteren Ende des Docks zu bewegen.

» **Icon verschieben:** Um die Icon-Reihenfolge zu ändern, ziehen Sie das Icon nach rechts aus dem Dock hinaus und bewegen es dann an der gewünschten neuen Position wieder in das Dock hinein.

Bei laufenden Programmen geben weiße Dreiecke links neben dem Icon an, wie viele Fenster offen sind. (Beachten Sie aber, dass ein Programm auch laufen kann, obwohl kein Fenster offen ist – etwa beim Audio-Player Banshee. In diesem Fall ist im Dock nicht erkennbar, ob das Programm läuft oder nicht.) Das gerade aktive Programm ist im Dock durch ein weißes Dreieck rechts neben dem Icon gekennzeichnet. Wenn ein Programm Ihre Aufmerksamkeit erfordert, wird es im Dock durch einen blauen Indikator hervorgehoben.

Spezial-Icons

Das Dock enthält einige Spezial-Icons, die nicht entfernt werden können:

» **Arbeitsflächenumschalter:** Dieses Icon bewirkt, dass alle Arbeitsflächen in einem Exposé-Effekt nebeneinander angezeigt werden. In dieser Ansicht können Sie nicht nur die aktive Arbeitsfläche wechseln, sondern auch Fenster von einer Arbeitsfläche in eine andere verschieben.

» **Icons für externe Datenträger:** Das Dock enthält Icons für die eingelegte CD oder DVD sowie für jede aktive Partition von externen Festplatten und USB-Sticks.

» **Mülleimer:** Ein Mausklick auf dieses Icon zeigt den Inhalt des Mülleimers.

Tastatur

Zu den Stärken von Unity zählt die Möglichkeit, den Desktop vollständig per Tastatur zu steuern (siehe Tabelle 37.4). Das ermöglicht eine sehr effiziente Bedienung.

Maus

Innerhalb des Docks erfüllt die Maus diverse Zusatzfunktionen:

» Ein Mausklick auf ein Icon startet erwartungsgemäß das betreffende Programm.

» Ein Mausklick auf das Icon eines bereits laufenden Programms aktiviert dieses und bringt seine Fenster in den Vordergrund. Wenn das Programm bereits aktiv ist, bewirkt der Mausklick einen Exposé-Effekt, d. h., alle Fenster des Programms werden in Miniaturansicht nebeneinander dargestellt. Per Mausklick kann dann das gewünschte Fenster aktiviert werden.

Tastenkürzel	Bedeutung
Win	öffnet das Startmenü (Dash) zum Start von Programmen. Wenn Sie die Windows-Taste länger gedrückt halten, werden in den Icons Ziffern angezeigt (siehe den folgenden Punkt).
Win+1, 2 ...	aktiviert das erste, zweite ... Programm im Dock. Wenn Sie zusätzlich ⇧ drücken, wird eine neue Instanz eines bereits laufenden Programms gestartet.
Win+A	öffnet das Dash-Fenster Anwendungen zum Start vorhandener bzw. zur Installation neuer Programme.
Win+D	minimiert alle Fenster bzw. öffnet sie wieder.
Win+F	öffnet das Dash-Fenster Dateien und Verzeichnisse zur Auswahl zuletzt benutzter Dateien.
Win+S	aktiviert den Arbeitsflächenumschalter.
Win+T	öffnet den Papierkorb (Trash).
Win+W	aktiviert die Exposé-Ansicht mit verkleinerten Darstellungen aller offenen Fenster.
Alt	zeigt im Panel das Menü des aktiven Programms an.
Alt+F1	bewegt den Eingabefokus in das Dock.
Alt+F2	öffnet einen Dialog zum raschen Start eines Programms, dessen Namen Sie per Tastatur eingeben.
Alt+F7	ermöglicht es, das aktuelle Fenster mit den Cursortasten nach links, rechts, oben oder unten zu verschieben.
Alt+F8	ermöglicht es, die Größe des aktuellen Fensters mit den Cursortasten zu verändern.
Alt+F9	minimiert das Fenster.
Alt+F10	maximiert das Fenster bzw. stellt seine bisherige Größe wieder her.
F10	bewegt den Eingabefokus in das Panel. Nun können Sie mit den Cursortasten durch alle Menüs sowie durch die im rechten Teil des Panels dargestellten Indikatoren blättern.
Strg+Alt+Cursortaste	wechselt in eine andere Arbeitsfläche.
⇧+Strg+Alt+Cursort.	verschiebt das aktuelle Fenster in eine andere Arbeitsfläche.
Strg+Alt+T	öffnet ein Terminal-Fenster.
Strg+Alt+0 bis +9	verschiebt ein Fenster in eine Ecke bzw. an den Rand des Bildschirms. Die Tasten 0 bis 9 müssen mit dem numerischen Ziffernblock der Tastatur eingegeben werden.

Tabelle 37.4: **Wichtige Unity-Tastenkürzel**

- Mit der rechten Maustaste gelangen Sie in ein Kontextmenü des Icons. Darin können Sie das Programm beenden, die Verankerung im Dock einstellen und bei einigen Programmen auch diverse andere Kommandos ausführen.
- Um eine neue Instanz eines bereits laufenden Programms zu starten (also z. B. ein weiteres Webbrowser- oder Terminal-Fenster), klicken Sie das Icon mit der mittleren Maustaste an.
- Wenn der Platz im Dock nicht ausreicht, um alle Icons vollständig anzuzeigen, können Sie mit der Maus (und besonders gut mit einem Mausrad) durch die Icons scrollen. In solchen Fällen kann es zweckmäßig sein, die Icon-Größe zu vermindern (siehe Seite 1069).
- Bei manchen Programmen ist es möglich, Dateien aus dem Dateimanager per Drag&Drop in das jeweilige Icon zu verschieben, um diese Datei zu öffnen. Wenn Sie beispielsweise eine MP3-Datei über dem Icon des Audio-Players Banshee fallen lassen, spielt Banshee diese Datei ab.

Indikatoren

Das Panel zeigt rechts den Status der Netzwerkverbindung, die Lautstärke des Audio-Systems, den Eingang neuer Nachrichten, die Uhrzeit und den Login-Namen an. Über die zugeordneten Menüs können Sie die Netzwerkverbindung konfigurieren, den Audio-Player Banshee steuern, Chat-, E-Mail- und Social-Messaging-Clients bedienen, Termine verwalten, Ihren Online-Status verändern, sich abmelden oder das Kontrollzentrum mit den Modulen zur Systemeinstellung starten.

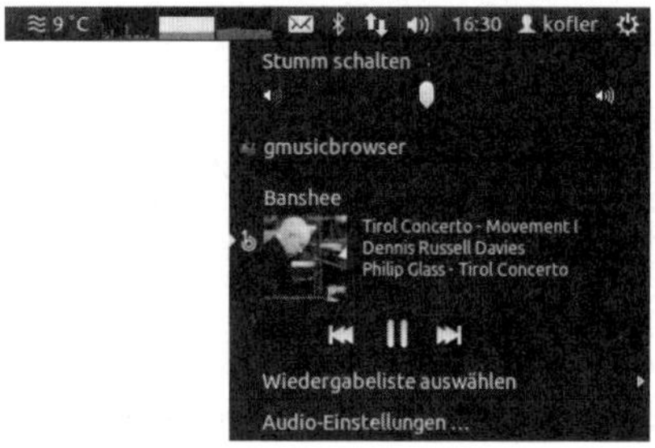

Abbildung 37.7: **Der Indikatorbereich des Panels und der Audio-Indikator**

Die für die Anzeige dieser Statusinformationen und Menüs verantwortlichen Programme heißen Indikator-Programme bzw. Indikator-Menüs. Im Gegensatz zu früheren Ubuntu-Versionen kann ihre Anordnung nicht verändert werden. Das Panel bietet keine Möglichkeit, zusätzliche Indikator-Programme hinzuzufügen. Wenn Sie das möchten, müssen Sie zuerst ein entsprechendes Paket installieren und das darin enthaltene Programm dann starten. Allerdings ist die Auswahl geeigneter Programme recht klein, weil herkömmliche Gnome-Applets inkompatibel zur Unity-Menüleiste sind.

- `indicator-session`: Mit diesem Programm können Sie sich ausloggen, den Rechner herunterfahren und einen Benutzerwechsel durchführen.
- `indicator-messages` (Messaging-Menü): Dieses Miniprogramm informiert über eintreffende E-Mails und ermöglicht einen Start des Micro-Blogging-Clients Gwibber.
- `indicator-sound`: Dieses Miniprogramm ermöglicht nicht nur die Einstellung der Lautstärke, sondern auch die Bedienung des Audio-Players Banshee.
- `indicator-application`: Dieses Miniprogramm zeigt die Menüs von Gnome-Programmen im Panel in Form eines Zentralmenüs an (wie bei Mac OS X).

Der einzige Weg, nicht benötigte Indikatoren zu entfernen, ist die Deinstallation des betreffenden Pakets. Am ehesten besteht dieser Wunsch beim Messages-Menü, das den Thunderbird- und Gwibber-Status anzeigt. Das betreffende Pakete heißt `indicator-messages`.

Indikatoren entfernen

Das originale Gnome-Applet zur Zeitanzeige war in der Lage, auch die aktuelle Temperatur und ein Wettersymbol anzuzeigen. Dem neuen Zeit-Indikator fehlt diese Funktion. Ein neuer Wetter-Indikator steht im Paket `indicator-weather` aber schon zur Installation bereit! Nach der Installation starten Sie das Programm mit [Win] `weather`. Mit WETTER EINRICHTEN gelangen Sie in den Konfigurationsdialog, in dem Sie Ihren Ort suchen und angeben, welche Informationen im Indikator angezeigt werden sollen. Nach diesen Konfigurationsarbeiten steht Ihnen sogar eine Viertageswetterprognose zur Verfügung.

Wetter-Indikator

Viele Linux-Profis möchten jederzeit wissen, was auf ihrem Rechner vor sich geht. In der Vergangenheit lieferte das Systemmonitor-Applet gute Informationen über CPU-, I/O- und Netzwerkaktivitäten sowie über die Speichernutzung. Dazu installieren Sie das Paket `indicator-multiload` und starten es erstmalig mit [Win] `multiload`. In der Zukunft wird das Programm bei jedem Login automatisch gestartet.

Systemmonitor

Unity-Konfiguration

Zu den größten Schwächen von Unity zählt das Fehlen jeglicher Konfigurationswerkzeuge. Im Modul DARSTELLUNG der Systemeinstellungen können Sie den Bildschirmhintergrund und das Thema zur Gestaltung der Fenster verändern – und auch dafür stehen nur drei Varianten zur Auswahl.

Wenn Sie mehr Gestaltungsmöglichkeiten wünschen, sollten Sie als Erstes den *Compiz Config Settings Manager* (CCSM, Paket `compizconfig-settings-manager`) installeren. In dessen UBUNTU UNITY MODUL können Sie einige Unity-Parameter verändern, darunter die Breite des Docks (EXPERIMENTAL| LAUNCHER ICON SIZE). Zweckmäßig ist auch die Einstellung HIDE LAUNCHER = NEVER im Dialogblatt BEHAVIOR: Sie verhindert, dass das Dock ausgeblendet wird, wenn es von einem Fenster überlagert wird. Nicht einstellbar ist der Ort des Docks. Es kann nur am linken Bildschirmrand angezeigt werden.

Unter Ubuntu sind die Fenster-Buttons wie unter OS X links in der Fensterleiste angeordnet. Wenn Sie die Fenster-Buttons wie unter Windows bzw. nahezu allen anderen Linux-Distributionen lieber rechts haben, führen Sie das folgende Kommando aus:

Fenster-Buttons

```
user$  gconftool-2 --set /apps/metacity/general/button_layout \
         --type string "menu:minimize,maximize,close"
```

Auf kleinen Notebook-Displays spart das Zentralmenü zweifellos Platz. Es macht aber die Bedienung vieler Programme umständlicher als notwendig. Um das Zentralmenü zu deaktivieren, führen Sie `apt-get remove indicator-appmenu` aus. Anschließend loggen Sie sich aus und wieder ein.

Zentralmenü

Bei den meisten Ubuntu-Programmen kommen schmale Bildlaufleisten zum Einsatz. Sie sehen elegant aus und sparen Platz, sind mit der Maus aber weniger komfortabel zu bedienen als herkömmliche Bildlaufleisten. Wenn Ihnen die herkömmlichen Scrollbalken sympathischer sind, deinstallieren Sie alle `liboverlay-scrollbar*`-Pakete. Auch diese Änderung wird erst mit dem nächsten Login wirksam.

Scrollbalken

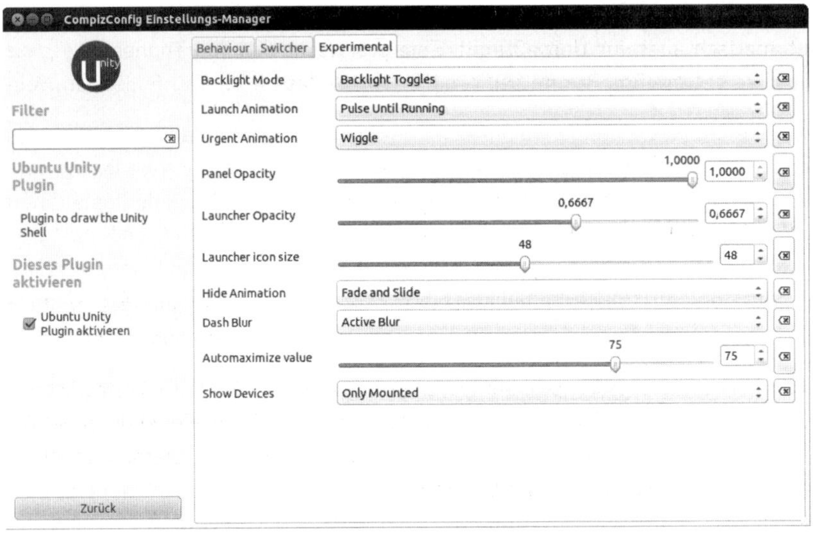

Abbildung 37.8: **Unity-Konfiguration im Compiz Config Settings Manager**

Fensterschatten

Bei einigen Themen können Sie den Fensterschatten im CCSM-Modul FENSTERDEKORATION mit dem Regler SCHATTENRADIUS einstellen. Bei den Themen AMBIANCE und RADIANCE ist der Schatten aber integraler Teil des Themas und nicht mit CCSM veränderbar.

An sich ist an den Fensterschatten nichts auszusetzen – es sei denn, Sie möchten Bildschirmabbildungen (Screenshots) erstellen. Zu den wenigen Programmen, die zumindest einzelne Fenster ohne Schatten aufnehmen können, zählt das Programm Shutter, das Sie bei Bedarf installieren können.

Eine andere Vorgehensweise besteht darin, mit einem Editor die XML-Datei zu verändern, die das Ambiance-Thema beschreibt. Dazu suchen Sie in der Datei `/usr/share/themes/Ambiance/metacity-1/metacity-theme-1.xml` nach Zeilen der folgenden Form:

```
<shadow radius="8.0" opacity="0.5" color="#abde4f" x_offset="1" y_offset="4"/>
```

Um die Schattengröße neu einzustellen, verändern Sie die `radius`-Angabe. Die Einstellung 0.0 deaktiviert den Schatten ganz. Es gibt mehrere `shadow`-Zeilen – für aktive Fenster, nicht aktive Fenster, maximierte Fenster etc.

Nachdem Sie die neuen Einstellungen gespeichert haben, starten Sie SYSTEMEINSTELLUNGEN|DARSTELLUNG und aktivieren dort zuerst ein beliebiges anderes Thema und dann wieder AMBIANCE. Damit werden die Konfigurationsdateien des Themas neu eingelesen.

Unity-2D

Wenn keine 3D-Funktionen zur Verfügung stehen (z. B. in virtuellen Maschinen), kommt anstelle des orginalen Unity die Variante Unity-2D zum Einsatz. Diese Implementierung von Unity ohne den Einsatz hardware-beschleunigter 3D-Funktionen unterscheidet sich nur durch minimale optische Details vom Original.

Unity-2D verwendet andere Konfigurationsdateien als Unity, weswegen eine geänderte Konfiguration für Unity nicht automatisch auch für Unity-2D gilt. Eine praktische Konfigurationshilfe für die wichtigsten Einstellungen bietet das Programm UNITY-2D SETTINGS, das Sie von der folgenden Website herunterladen können:

http://marianochavero.wordpress.com/2011/10/14/unity-2d-settings-ui-for-ubuntu-11-10-oneiric-ocelot/

Gnome Shell

Die Gnome-Shell kann in Ubuntu 11.10 zum Glück problemlos installiert werden (`apt-get install gnome-shell`). Beim nächsten Login können Sie das gewünschte Desktop-System auswählen.

Die Gnome-Shell funktioniert grundsätzlich problemlos, allerdings fehlen die Ubuntu-spezifischen Indikatormenüs, die unter Unity bei der Steuerung von Mail-, Chat- und Audio-Funktionen helfen. Wenn Sie also eine wirklich optimale Konfiguration eines originalen Gnome-3-Systems wünschen, sind Sie mit Fedora 16 oder openSUSE 12.1 besser beraten.

37.7 Systemkonfiguration

Bei den meisten Konfigurationswerkzeugen von Ubuntu handelt es sich um Standardkomponenten des Gnome-Desktops. Zum Start der Werkzeuge führen Sie im Systemmenü (ganz rechts in der Menüleiste beim Zahnradsymbol) das Kommando SYSTEMEINSTELLUNGEN aus. Es führt in ein Kontrollzentrum, das in Abbildung 37.1 auf Seite 1052 abgebildet ist. Bei vielen Modulen der Systemeinstellungen müssen Sie zuerst rechts oben den Button ENTSPERREN anklicken und Ihr Passwort angeben, bevor Sie Veränderungen durchführen können.

Benutzerverwaltung

Standardmäßig gibt es unter Ubuntu nur einen Benutzer, der während der Installation eingerichtet wurde. Zur Definition weiterer Benutzer starten Sie das Modul BENUTZERKONTEN der Systemeinstellungen. Beim Einrichten neuer Benutzer haben Sie die Wahl zwischen zwei Benutzerprofilen:

» Für die tägliche Arbeit ist das Profil STANDARD geeignet. Damit kann der Benutzer alle Ressourcen des Rechners nutzen, aber keine administrativen Aufgaben erledigen.

» SYSTEMVERWALTER gibt dem neuen Benutzer neben allen Desktop-Rechten die Möglichkeit, mit sudo in den root-Modus zu wechseln. Der Benutzer hat somit dieselben Rechte wie der während der Installation eingerichtete Ubuntu-Standardbenutzer.

In Ubuntu gibt es keine grafische Oberfläche zur Verwaltung von Gruppen bzw. Gruppenzugehörigkeiten mehr. Dazu müssen Sie jetzt Kommandos wie addgroup oder groupmod einsetzen.

Firewall

Unbegreiflicherweise ist bei Ubuntu standardmäßig noch immer keine Firewall eingerichtet. Die offizielle Begründung lautet, dass unter Ubuntu ohnedies kaum potenziell gefährdete Netzwerkprogramme laufen. Das stimmt allerdings nur mit Einschränkungen und auch nur, solange Sie nicht selbst z. B. einen Samba- oder NFS-Server einrichten. Generell ist es eine gute Idee, per Firewall jede Netzwerkverbindung zu verbieten, die nicht benötigt wird.

Statt grafischer Konfigurationswerkzeuge gibt es das Ubuntu-spezifische Kommando `ufw` (Uncomplicated Firewall). Es ermöglicht die Definition von Firewall-Regeln in einer wesentlich einfacheren Syntax als `iptables` (siehe Seite 840). Wenn Sie `ufw` einsetzen möchten, können Sie in sehr einfachen Fällen das grafische Konfigurationswerkzeug Gufw verwenden. Im Vergleich zu den Firewall-Werkzeugen von Fedora oder openSUSE bietet Gufw allerdings nur ganz rudimentäre Einstellmöglichkeiten.

`ufw` hat bislang keine weite Verbreitung gefunden, nicht einmal innerhalb von Ubuntu, geschweige denn darüber hinaus. Besser ist es, Sie setzen zur Firewall-Konfiguration eine nicht Ubuntu-spezifische Benutzeroberfläche ein, z. B. Firestarter (siehe Seite 841).

Grafiksystem

Zur Veränderung der Bildschirmauflösung starten Sie das Modul BILDSCHIRME der Systemeinstellungen. Dabei handelt es sich um das Programm `gnome-display-properties` (siehe Seite 548). Tipps zur Konfiguration der binären Grafiktreiber für ATI/AMD- bzw. NVIDIA-Grafikkarten finden Sie auf den Seiten 1079 bzw. 1080.

Netzwerk

Zur LAN- und WLAN-Konfiguration setzt Ubuntu ganz auf den Network Manager (siehe auch Seite 741). Eher trist ist die Lage, wenn Sie den Internetzugang direkt über ein Analog- oder ADSL-Modem einrichten möchten. Zum Betrieb von Analogmodems installieren Sie am besten das Programm `gnome-ppp`. Den ADSL-Zugang über das in Deutschland weit verbreitete Protokoll PPPoE richten Sie mit dem Textkommando `pppoeconf` ein (siehe Seite 747).

37.8 Paketverwaltung

Ubuntu verwendet das auf Seite 487 beschriebene Debian-Paketverwaltungssystem. Ubuntu greift allerdings nicht auf Debians Paketarchive zurück, sondern verwendet eigene Paketarchive. Das ist deswegen notwendig, weil Ubuntu vielfach aktuellere Software-Versionen nutzt als Debian.

Die Paketverwaltung zählt aus zwei Gründen zu den größten Stärken von Ubuntu. Zum einen funktioniert sie problemlos und schnell (das ist eigentlich ein Verdienst der Debian-Entwickler), und zum anderen gibt es derart viele Ubuntu-Mirrors, dass deren Erreichbarkeit und die Download-Geschwindigkeiten trotz der Größe der Ubuntu-Anwendergemeinde hervorragend sind.

Paketquellen

Es gibt vier »offizielle« Ubuntu-Paketgruppen:

» **Uneingeschränkt unterstützt (main):** Diese Pakete sind Bestandteil von Ubuntu, sind frei verfügbar und können ohne Lizenzprobleme frei weitergegeben werden. `main`-Pakete werden vom Ubuntu-Team gewartet. In einer Zeitspanne von 18 Monaten stellt Ubuntu Sicherheits-Updates für diese Pakete zur Verfügung. Bei LTS-Versionen gibt es sogar drei bzw. fünf Jahre lang Updates für Desktop- bzw. Server-Pakete.

» **Eingeschränktes Copyright (restricted):** `restricted`-Pakete enthalten Programme, die für die Funktion von Ubuntu Linux wichtig sind, die aber nicht als Open-Source-Software vorliegen. Dabei handelt es sich insbesondere um Hardware-Treiber für Grafik- und WLAN-Karten. Auch die restricted-Pakete werden offiziell von Ubuntu unterstützt und gewartet. Bei Sicherheits-Updates ist das Ubuntu-Team allerdings auf die Unterstützung der Firmen angewiesen, die die jeweiligen Programme zur Verfügung stellen.

- **Von der Gemeinschaft verwaltet (universe):** universe-Pakete enthalten Open-Source-Programme, die nicht vom Ubuntu-Team gewartet werden. Stattdessen kümmern sich Mitglieder der Ubuntu-Community um diese Pakete. Gerade fortgeschrittene Linux-Anwender werden dort viele Programme finden, die aus Platzgründen nicht zum Ubuntu-Standardsystem gehören.
- **Unfrei (multiverse):** multiverse-Pakete enthalten Programme oder Daten, die nicht unter einer Open-Source-Lizenz stehen bzw. die nicht den Debian-Regeln für eine freie Verbreitung entsprechen. Es liegt in Ihrer Verantwortung, sicherzustellen, dass Sie die Programme rechtmäßig und entsprechend der jeweiligen Lizenz verwenden. Die Pakete werden wie universe-Pakete nicht von Ubuntu gewartet.

Ubuntu-Installations-CDs bzw. -DVDs enthalten aus Platzgründen lediglich eine Auswahl der main- und restricted-Pakete.

Weitere Paketquellen

Neben den offiziellen Ubuntu-Paketquellen gibt es im Internet eine Menge weiterer Paketarchive mit weiteren Programmen oder aktuelleren Versionen:

- **Extras-Pakete:** Die extras-Paketquelle enthält kostenlose Programme von Drittanbietern. Im Modul SOFTWARE-PAKETQUELLEN wird diese Paketquelle als UNABHÄNGIG bezeichnet. Die Paketquelle ist standardmäßig aktiv, war aber zuletzt leer.
- **Partner-Pakete:** Die partner-Paketquelle wird von der Firma Canonical gewartet, also von dem finanziellen Partner von Ubuntu. Sie enthält kommerzielle Programme, die kostenlos weitergegeben werden dürfen. Zuletzt enthielt diese Paketquelle den Adobe Reader, das Flash-Plugin von Adobe und Skype. In der Vergangenheit wurden die Pakete der partner-Paketquelle leider nur sehr schlecht gewartet, d. h., im Laufe der Zeit waren die wenigen verfügbaren Pakete auch noch veraltet. Weitere Informationen finden Sie hier:

  https://help.ubuntu.com/community/Repositories/Ubuntu
  http://archive.canonical.com/ubuntu/dists/oneiric/partner/
- **Rückportierte Pakete (backport):** Als Backport bezeichnet man die Portierung eines neuen Programms für eine ältere Ubuntu-Version. Wenn Sie also die neueste Version des Programms *xy* ausprobieren möchten, die offiziellen Pakete für Ihre Ubuntu-Version aber nur eine ältere (und zumeist stabilere) Version enthalten, können Sie auf backport-Pakete zurückgreifen. Diese an sich nützliche Einrichtung scheitert in der Praxis leider am geringen Paketangebot.

  Vorsicht: Wenn Sie diese Paketquelle einrichten, werden standardmäßig alle installierten Pakete durch backport-Versionen aktualisiert (soweit verfügbar). Aus Stabilitätsgründen ist das nicht immer wünschenswert. Das kann durch sogenanntes Pinning vermieden werden. Details verrät die folgende Seite:

  https://help.ubuntu.com/community/UbuntuBackports
- **PPAs:** PPA steht für *Personal Package Archive* und ist eine Möglichkeit für Ubuntu-Entwickler, aktuelle Versionen von diversen Programmen zur Verfügung zu stellen, ohne diese offiziell in die Ubuntu-Paketquellen zu integrieren. PPAs bieten oft die schnellste Möglichkeit, um neue (Test-)

Versionen von X-Treibern, OpenOffice, Firefox etc. relativ gefahrlos in Ubuntu zu integrieren. Weitere Informationen über PPAs finden Sie hier:

https://launchpad.net/ubuntu/+ppas

Um eine PPA-Paketquelle einzurichten, führen Sie einfach das folgende Kommando aus:

```
user$  sudo add-apt-repository ppa:name
```

» **Sonstige Paketquellen:** Es gibt auch Paketquellen, die vollkommen unabhängig von Ubuntu/Canonical gewartet werden. Sie enthalten zumeist Programme, die der Debian- bzw. Ubuntu-Philosophie widersprechen, bei denen die rechtliche Situation unklar ist (z. B. wegen Software-Patenten) oder deren Weitergabe in einigen Ländern grundsätzlich nicht zulässig ist (z. B. die Bibliothek zum Lesen verschlüsselter DVDs). Die populärste derartige Paketquelle ist Medibuntu. Dort finden Sie Pakete, um die Multimedia-Fähigkeiten von Ubuntu zu verbessern, sowie diverse kostenlose kommerzielle Programme.

  http://medibuntu.org/

Konfiguration der Paketquellen

Die Paketquellen sind in /etc/apt/sources.list bzw. in /etc/apt/sources.list.d/* definiert. Standardmäßig sind Paketquellen für alle verfügbaren main-, restricted-, multiverse- und universe-Pakete sowie deren Updates eingerichtet.

```
# Datei /etc/apt/sources.list für Ubuntu 11.10
deb http://de.archive.ubuntu.com/ubuntu/ oneiric          main restricted universe multiverse
deb http://de.archive.ubuntu.com/ubuntu/ oneiric-updates  main restricted universe multiverse
deb http://de.archive.ubuntu.com/ubuntu/ oneiric-security main restricted universe multiverse
```

Damit stehen Ihnen rund 35.000 Pakete zur Auswahl! Wenn Sie auch partner- oder backports-Pakete installieren möchten, ergänzen Sie sources.list wie folgt:

```
deb http://de.archive.ubuntu.com/ubuntu/ oneiric-backports main restricted universe multiverse
deb http://archive.canonical.com/ubuntu/ oneiric partner
```

Entwickler, die auch die Quellcodepakete brauchen, müssen wie im folgenden Beispiel zusätzlich äquivalente deb-src-Zeilen angeben:

```
deb-src http://de.archive.ubuntu.com/ubuntu/ oneiric main restricted universe multiverse
```

Anstatt die apt-Konfigurationsdateien direkt zu verändern, können Sie dazu auch das Modul SOFTWARE-PAKETQUELLEN der Systemeinstellungen verwenden.

Paketinstallation

Software-Center

Fortgeschrittene Ubuntu-Anwender setzen zur Installation von Paketen apt-get oder Synaptic ein (siehe Kapitel 20). Einsteiger können stattdessen das »Software-Center« verwenden und darin besonders komfortabel nach Programmen suchen und diese installieren (siehe Abbildung 37.9). Dazu führen Sie ANWENDUNGEN|SOFTWARE-CENTER aus, wählen eine Kategorie aus und blättern dann durch die angezeigten Programme. Neben unzähligen Open-Source-Programmen enthält das Software-Center vereinzelt auch kommerzielle Angebote, überwiegend Spiele.

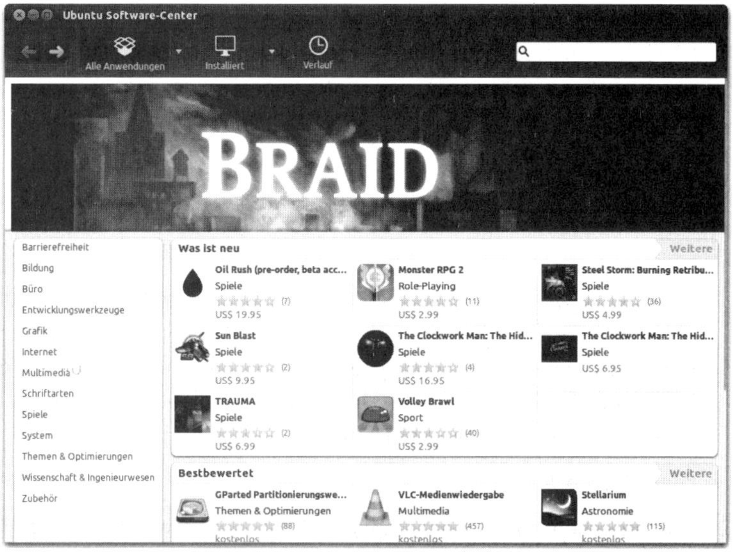

Abbildung 37.9:
Das Ubuntu-Software-Center

Sprachpakete

Während die nachträgliche Installation von Sprachpaketen bei vielen Distributionen eine Geduldsprobe ist, glänzt Ubuntu hier durch ein eigenes Programm: Mit SYSTEM|SYSTEMVERWALTUNG|SPRACHUNTERSTÜTZUNG können Sie Sprachpakete für die aktuelle oder für eine weitere Sprache installieren bzw. vervollständigen und die Standardsprache einstellen. Die Änderung der Standardsprache wird beim nächsten Login wirksam. Das Programm SPRACHUNTERSTÜTZUNG kümmert sich allerdings nur um direkt zu Ubuntu gehörige Programme. Wenn Sie außerdem auch KDE-Programme installiert haben (z. B. Amarok), müssen Sie für dessen Lokalisierung das Paket `kde-l10n-de` installieren.

Updates

Ubuntu verwendet ebenso wie Debian den `update-manager`, um Updates durchzuführen. Anders als bei Debian wird dieses Programm einen Tag nach der Verfügbarkeit von Sicherheits-Updates bzw. eine Woche nach der Verfügbarkeit sonstiger Updates automatisch gestartet, wobei das Fenster aber minimiert bleibt. Es taucht also plötzlich das Icon des Update-Managers im Unity-Dock auf.

Bei den Updates fallen erhebliche Download-Mengen an. Jedes Paket muss komplett heruntergeladen werden. Anders als Fedora und SUSE kennt Ubuntu leider keine Delta-Pakete, die nur die notwendigen Änderungen enthalten.

Distributions-Update

Durch das Ubuntu-Update-System werden normalerweise nur einzelne Programme aktualisiert, nicht aber die ganze Distribution. Sobald das Update-System eine neue Ubuntu-Version erkennt, fragt es, ob es ein vollständiges Distributions-Update durchführen soll. Antworten Sie nicht leichtfertig mit JA! Distributions-Updates dauern relativ lange (mitunter mehrere Stunden) und sind häufig mit Problemen verbunden.

Alternativ können Sie den Update-Prozess auch manuell initiieren. Dazu laden Sie die Datei `/etc/apt/sources.list` mit einem Editor, löschen alle Zeilen, die mit `deb cdrom:` beginnen, und ersetzen oneiric durch precise bzw. den Namen der dann aktuellen Ubuntu-Version. Falls Sie eine aktuelle Alternate-CD besitzen, führen Sie anschließend das folgende Kommando aus:

```
user$   sudo apt-cdrom add
```

Sie erreichen damit, dass die auf der DVD verfügbaren Pakete nicht aus dem Internet heruntergeladen werden müssen. Das eigentliche Update führen Sie mit den beiden folgenden Kommandos durch:

```
user$  sudo apt-get update
user$  sudo apt-get dist-upgrade
```

37.9 Ubuntu-spezifische Besonderheiten

Grundsätzlich ist Ubuntu von Debian abgeleitet. Die meisten Debian-Besonderheiten gelten daher auch für Ubuntu (siehe Seite 1001).

apport Das Programm apport wird bei Programmabstürzen gestartet und kann das Problem (nach einer Rückfrage) bei der Ubuntu-Entwicklungsplattform Launchpad melden – eigentlich also eine nützliche Sache. Wenn die apport-Rückfragen Sie irritieren, deinstallieren Sie einfach das gleichnamige Paket.

Multiarch-Unterstützung Zu den technischen Neuerungen in Ubuntu 11.10 zählt die sogenannte Multiarch-Unterstützung. Sie vereinfacht die Installation von 32-Bit-Programmen auf 64-Bit-Systemen und macht das ia32-libs-Paket in vielen Fällen überflüssig. Weitere Details können Sie hier nachlesen:

https://wiki.ubuntu.com/MultiarchSpec

Release-Informationen Die Datei /etc/lsb-release enthält den Namen und die Versionsnummer der Distribution:

```
DISTRIB_ID=Ubuntu
DISTRIB_RELEASE=11.10
DISTRIB_CODENAME=oneiric
DISTRIB_DESCRIPTION="Ubuntu 11.10"
```

root-Login, sudo Im Gegensatz zu den meisten anderen Linux-Distributionen ist unter Ubuntu der root-Login komplett gesperrt. Aus diesem Grund mussten Sie während der Installation auch kein root-Passwort angeben. Sämtliche Administrationsaufgaben erledigen Sie, indem Sie mit sudo in den root-Modus wechseln (siehe auch Seite 317). Aus Sicherheitsgründen müssen Sie dabei nochmals Ihr eigenes Passwort angeben. Üblicherweise sieht ein Kommandoaufruf so aus:

```
user$  sudo gedit /etc/fstab
Password: *******
```

Wenn Sie mehrere Kommandos als root ausführen möchten, wechseln Sie am besten mit sudo -s in den root-Modus. Strg+D beendet diesen Modus wieder.

Die Datei /etc/sudoers gibt an, welche Benutzer root-Rechte erlangen dürfen. Bei Ubuntu Linux ist die Regel ganz einfach: Alle Benutzer, die Mitglied der Gruppe admin sind, dürfen sudo nutzen.

/run-Verzeichnis

Ubuntu verwendet zur Speicherung der Prozess-IDs und anderer Kontextinformationen laufender Prozesse das Verzeichnis `/run` und nicht mehr `/var/run`. Auch die ehemaligen Verzeichnisse `/var/lock` und `/dev/shm` befinden sich jetzt im `/run`-Verzeichnis. `/run` selbst wird in einer RAM-Disk angelegt und geht bei einem Neustart des Rechners verloren.

Ubuntu One

Ubuntu One ist ein von Canonical entwickelter Dienst, um Daten von Ubuntu-Rechnern auf einem zentralen Server zu speichern und mit anderen Ubuntu-Rechnern auszutauschen bzw. zu synchronisieren. Sie können Ubuntu One zur Speicherung der Dateien im Verzeichnis `~/Ubuntu One` sowie von Tomboy-Notizen und Thunderbird-Kontakten verwenden. Die Datenübertragung zwischen Ihrem Rechner und Ubuntu One erfolgt verschlüsselt, auf Ubuntu One werden Ihre Daten aber unverschlüsselt gespeichert. Für vertrauliche Daten ist Ubuntu One also ungeeignet.

Die Nutzung von Ubuntu One ist bis zu einem Speichervolumen von 5 GByte kostenlos, erfordert aber eine Registrierung bzw. einen Account auf http://launchpad.net. Wenn Sie mehr Speicherplatz wünschen, kosten je 20 weitere GByte ca. 20 EUR pro Jahr (Stand Herbst 2011). Vor der ersten Nutzung von Ubuntu One führen Sie SYSTEMEINSTELLUNGEN|UBUNTU ONE aus. Sie können nun entweder einen neuen Account einrichten (dazu sind lediglich eine E-Mail-Adresse und ein Passwort erforderlich) oder sich bei einem vorhandenen Account anmelden. Von nun an werden alle Dateien im Verzeichnis `~/Ubuntu One` automatisch synchronisiert. Ein kleines, wolkenförmiges Icon im Panel gibt den Synchronisationsstatus an.

Abbildung 37.10: **Ubuntu-One-Konfiguration**

Auf die in Ubuntu One gespeicherten Daten können Sie auch mit Windows-, iOS- und Android-Versionen des Ubuntu-One-Clients zugreifen. Weitere Tipps und Anleitungen zur Nutzung von Ubuntu One finden Sie auf der folgenden Website:

https://one.ubuntu.com/

Achtung

Ubuntu One hat in der Vergangenheit vielfach Probleme bereitet: Der Dienst war langsam, unzuverlässig und beanspruchte unnötig Speicher und CPU-Kapazitäten. Als ich Ubuntu One zuletzt im Herbst 2011 getestet habe, schien der Dienst endlich einigermaßen ausgereift zu sein. Dennoch rate ich Ihnen, sich nicht blind auf Ubuntu One zu verlassen.

Verschlüsseltes Heimatverzeichnis

Seit Ubuntu 9.10 können Sie während der Installation auf Wunsch das gesamte Heimatverzeichnis und die Swap-Partition verschlüsseln (nicht aber das restliche Dateisystem). Das stellt sicher, dass bei einem Verlust oder Diebstahl Ihres Computers bzw. Notebooks keine vertraulichen Daten in fremde Hände geraten. Der Finder bzw. Dieb kann ohne Ihr Passwort die Dateien in /home/name nicht lesen, ja er kann nicht einmal feststellen, welche Dateinamen Sie verwendet haben.

Die Entscheidung, ob das Verzeichnis verschlüsselt werden soll oder nicht, muss während der Installation getroffen werden, und sie ist unwiderruflich. Es gibt momentan keine Werkzeuge, um ein nicht verschlüsseltes Heimatverzeichnis später zu verschlüsseln oder um die vorhandene Verschlüsselung wieder zu deaktivieren. Des Weiteren ist es unmöglich, mit SYSTEM|SYSTEMVERWALTUNG|BENUTZER UND GRUPPEN einen weiteren Benutzer mit einem verschlüsselten Heimatverzeichnis einzurichten. Das gelingt aber immerhin mit dem Kommando adduser, wenn Sie die zusätzliche Option --encrypt-home angeben.

Beachten Sie auch, dass die Verschlüsselung inkompatibel mit der Auto-Login-Funktion von GDM ist. Wenn Sie ein verschlüsseltes Heimatverzeichnis haben, dürfen Sie nicht mit SYSTEM|SYSTEMVERWALTUNG|ANMELDEBILDSCHIRM eine automatische Anmeldung aktivieren.

Hinter den Kulissen sind für die Verschlüsselung diverse Kommandos des Pakets ecryptfs-utils zuständig. Alle Dateien werden physikalisch in verschlüsselter Form im Verzeichnis /home/loginname/.Pxsrivate gespeichert, wobei auch der Dateiname selbst verschlüsselt ist. Werfen Sie einen Blick in dieses Verzeichnis! Dieses Verzeichnis wird am Ort /home/loginname in den Verzeichnisbaum integriert:

```
user$  mount
...
/home/kofler/.Private on /home/kofler type ecryptfs (ecryptfs_sig=...)
```

Wenn jemand unbefugt Ihren Computer in Betrieb nimmt, kann er sich ohne Ihr Passwort nicht einloggen. Wenn er den Rechner mit einem Live-System startet oder Ihre Festplatte ausbaut und an seinen eigenen Computer anschließt, kann er zwar auf das Verzeichnis /home/loginname/.Private zugreifen, die darin enthaltenen Dateien sind aber verschlüsselt und damit unlesbar. Das restliche Verzeichnis /home/loginname ist nahezu leer: Sein Inhalt, so wie Sie ihn bei Ihrer Arbeit sehen, steht nur zur Verfügung, wenn das verschlüsselte Verzeichnis /home/loginname/.Private in das Dateisystem eingebunden ist. Ihre Daten sind also sicher.

Damit das verschlüsselte Heimatverzeichnis bei einem Login automatisch in das Dateisystem eingebunden werden kann, enthält das Verzeichnis ~/.ecryptfs das Verschlüsselungspasswort wiederum in verschlüsselter Form (wobei zur Verschlüsselung das gewöhnliche Login-Passwort verwendet wurde). Bei einem Logout wird das verschlüsselte Verzeichnis wieder aus dem Verzeichnisbaum gelöst. Für diesen Automatismus ist das PAM-Modul ecryptfs verantwortlich (siehe die Konfigurationsdateien /etc/pam.d/common-*).

Die Verschlüsselung des Heimatverzeichnisses erfolgt durch ein Passwort, das beim Einrichten des Verzeichnisses generiert wurde. Notieren Sie sich dieses Passwort unbedingt an einem sicheren Ort! Um das Passwort herauszufinden, führen Sie in einer Konsole ecryptfs-unwrap-passphrase aus:

```
user$ ecryptfs-unwrap-passphrase
Passphrase:  ********                (Hier geben Sie Ihr Login-Passwort an.)
9e340c5fadc97dcfd085603d53d538e2     (Das ist das Verschlüsselungspasswort.)
```

Allerdings ist es auch mit dem Verschlüsselungspasswort schwierig, von einem Live- oder Rescue-System aus auf Ihre Daten zuzugreifen. Eine Anleitung finden Sie hier:

http://blog.dustinkirkland.com/2011/04/introducing-ecryptfs-recover-private.html

Hinweis

Persönlich erscheint mir das Konzept verschlüsselter Heimatverzeichnisse zu handgestrickt und Ubuntu-spezifisch. Es ist unklar, wie lange Ubuntu dieses System pflegen wird und wie kompatibel es mit zukünftigen Ubuntu-Versionen ist. Es besteht die Gefahr, dass Sie sich für eine Insellösung entscheiden. Außerdem ist es in einem Notfall (Ubuntu startet nicht mehr etc.) extrem schwierig, Ihre eigenen Daten zu retten – selbst wenn Sie das Verschlüsselungspasswort aufgeschrieben haben.

Wenn Sie Ihre Daten wirklich verschlüsseln wollen, ist es sicherer, gleich das gesamte Dateisystem auf der Basis von LUKS zu verschlüsseln (siehe auch Seite 640), wie dies bei vielen anderen Distributionen üblich ist. Dazu führen Sie die Ubuntu-Installation mit einer Alternate-CD durch und entscheiden sich bei der Partitionierung für die Variante VERSCHLÜSSELTES LVM-SYSTEM.

37.10 Tipps und Tricks

Adobe Flash

Wenn Sie das Adobe-Flash-Plugin einsetzen möchten, installieren Sie das Paket `flashplugin-installer`. Das Paket enthält ein Script, das Flash von der Adobe-Website herunterlädt und installiert. Bei 64-Bit-Installationen wird die 32-Bit-Version des Flash-Plugins installiert. Die Kompatibilität zum 64-Bit-Browser stellt der `nspluginwrapper` her, der automatisch mitinstalliert wird.

Adobe Reader

Die `partner`-Paketquelle enthält das Paket `adobereader-deu` mit einer deutschen Version des Adobe Readers. Alternativ können Sie den Adobe Reader auch von http://get.adobe.com als Debian-Paket herunterladen und installieren.

ATI/AMD-Grafiktreiber

Zur Installation der binären Treiber für ATI-Grafikkarten führen Sie [Win] ZUSÄTZLICHE TREIBER aus und wählen den gewünschten Treiber aus, installieren ihn und starten den Rechner dann neu.

Java

Standardmäßig ist unter Ubuntu kein Java installiert. Wenn Sie Java benötigen, installieren Sie die Open-Source-Java-6-Implementierung IcedTea (Paket `icedtea-plugin`). In den nicht offiziell unterstützten *universal*-Paketquellen befinden sich bereits IcedTea-Pakete mit einer Java-7-Implementierung.

KDE

Ubuntu-CDs bzw. -DVDs enthalten nur Gnome-, aber keine KDE-Pakete. Eine nachträgliche KDE-Installation ist aber problemlos möglich.

```
user$ sudo apt-get update
user$ sudo apt-get install kubuntu-kde4-desktop kde-l10n-de
```

Ab dem nächsten Login können Sie auswählen, ob Sie unter KDE oder Gnome arbeiten möchten.

MP3 und Multimedia Wenn Sie nicht am Beginn der Installation die Option DRITTANBIETER-SOFTWARE INSTALLIEREN aktiviert haben, stehen unter Ubuntu keine MP3-Decoder und -Encoder zur Verfügung. Abhilfe schafft die Installation des Meta-Pakets `ubuntu-restricted-extras`. Damit werden nicht nur diverse Multimedia-Pakete installiert, sondern auch Java, das Flash-Plugin von Adobe etc. Wenn Sie ausschließlich an den MP3-Funktionen interessiert sind, installieren Sie nur die folgenden Pakete:

`gstreamer0.10-plugins-ugly` und `gstreamer0.10-plugins-ugly-multiverse`

Aufgrund von Lizenz- und Patentproblemen kann Ubuntu für viele Multimedia-Funktionen keine offiziellen Pakete zur Verfügung stellen. Abhilfe schaffen in vielen Fällen die Pakete der inoffiziellen `medibuntu`-Paketquelle. Weitere Informationen finden Sie hier:

http://www.medibuntu.org/
https://help.ubuntu.com/community/RestrictedFormats

NFS-Zugriff Bevor Sie NFS-Verzeichnisse in das Dateisystem einbinden können (Details siehe Seite 618), müssen Sie das Paket `nfs-common` installieren.

NVIDIA-Grafiktreiber Ubuntu stellt fertige Pakete für den NVIDIA-Grafiktreiber zur Verfügung. Die Installation führen Sie am bequemsten mit [Win] `Zusätzliche Treiber` durch. Zur Aktivierung ist ein Neustart des Rechners erforderlich (wegen der notwendigen Kernelmodule).

Ubuntu Tweak Ein zunehmend beliebtes Werkzeug zur Ubuntu-Konfiguration ist das inoffizielle Programm Ubuntu Tweak (siehe http://ubuntu-tweak.com/). Als ich dieses Update verfasst habe, war für Ubuntu 11.10 allerdings erst eine Alpha-Version dieses beliebten Programms verfügbar. Zur Installation führen Sie die folgenden Kommandos aus:

```
root# apt-add-repository ppa:tualatrix/next
root# apt-get update && apt-get install ubuntu-tweak
```

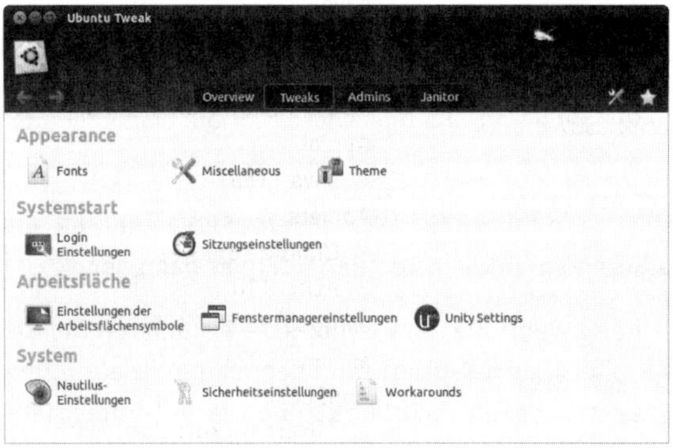

Abbildung 37.11: **Ubuntu Tweak**

X-Updates Ubuntu stellt üblicherweise im Rahmen des normalen Update-Prozesses nur kleinere Fehlerkorrekturen an X zur Verfügung, aber keine grundlegend neuen Versionen. Wenn Ihre Grafikkarte zickt oder wenn Sie aus einem anderen Grund einen aktuelleren X-Treiber wünschen, finden Sie diese in der folgenden PPA-Paketquelle. Naturgemäß ist die Nutzung dieser Paketquelle nur fortgeschrittenen Ubuntu-Anwendern zu empfehlen, die ihr System zur Not auch im Textmodus reparieren können!

https://edge.launchpad.net/~ubuntu-x-swat/+archive/x-updates

Stichwortverzeichnis

E

G

H

J

K

Q

R

V

W

Z